# HISTOIRE UNIVERSELLE

DE

# L'ÉGLISE CATHOLIQUE

IV

# HISTOIRE UNIVERSELLE

DE

# L'ÉGLISE CATHOLIQUE

PAR

## ROHRBACHER

CONTINUÉE JUSQU'A NOS JOURS PAR M. L'ABBÉ GUILLAUME

PROFESSEUR AU GRAND SÉMINAIRE DE VERDUN

NOUVELLE ÉDITION

AVEC DES NOTES ET ÉCLAIRCISSEMENTS D'APRÈS LES DERNIERS TRAVAUX

TOME QUATRIÈME

PARIS

LETOUZEY ET ANÉ, ÉDITEURS

RUE DU VIEUX-COLOMBIER, 17

# HISTOIRE UNIVERSELLE

DE

# L'ÉGLISE CATHOLIQUE.

## LIVRE QUARANTE ET UNIÈME.

L'empire romain meurt en Occident. — Il ne reste plus de société vivante que l'Église catholique.

(De l'an 453 à l'an 480 de l'ère chrétienne.)

Six siècles avant Jésus-Christ, Daniel avait vu à Babylone la statue prophétique aux quatre métaux, aux quatre dynasties successives, finissant par deux pieds et dix doigts moitié de fer et moitié d'argile, frappée enfin à ses pieds par une pierre détachée de la montagne sans main d'homme, et qui bientôt devient une montagne remplissant toute la terre (Dan., 2). Daniel avait revu la quatrième dynastie, le quatrième empire, l'empire de fer, sous la figure d'une bête effroyable, ayant des dents de fer et des ongles d'airain, et sur sa tête dix cornes, c'est-à-dire, comme il lui fut expliqué, dix rois ou dix royaumes qui devaient sortir de cet empire de fer (Ibid., 7). Saint Jean l'Évangéliste, le prophète du Nouveau Testament, a vu à Patmos la même bête, assise sur sept montagnes, avec dix cornes, c'est-à-dire, comme il lui est expliqué, dix rois, qui d'abord donneront leur force et leur puissance à la bête, se mettront à sa solde, mais qui, après tout, la haïront, la réduiront à la dernière désolation, la dépouilleront, dévoreront ses chairs et la feront brûler au feu; car Dieu leur a mis dans le cœur d'exécuter ce qu'il lui plaît (Apoc., 17).

A l'époque où nous en sommes, une dizaine de rois et de peuples s'occupent, sans le savoir, d'accomplir ce que les prophètes avaient écrit d'avance : les Perses en Orient, au pays même où fut Babylone; les Sarrasins en Arabie; les Vandales en Afrique; les Suèves et les Visigoths en Espagne; les Francs, les Alains, les Bourguignons dans les Gaules; les Angles et les Saxons en Bretagne; les Huns, les Ostrogoths en Thrace et en Italie. Alliés ou auxiliaires de Rome et de son empire, ils finiront tous par la désoler, par la dépouiller, par dévorer ses chairs, ses trésors et ses provinces. Attila recevait sa solde comme général romain pendant qu'il mettait à feu et à sang la Thrace, la Germanie, la Gaule, et qu'il faisait trembler Rome. Un chef de Sarrasins recevra de l'empereur de Constantinople, après avoir été assis au sénat devant les patrices mêmes, le titre de commandant romain des Arabes. Les Angles et les Saxons, appelés par les Brétons, sujets de l'empire, contre les Scots et les Pictes, subjuguent bientôt les Bretons et détruisent en Bretagne les derniers vestiges de l'empire romain. Le vandale Genséric, appelé au secours de Rome par une impératrice romaine, saccage Rome, emmène captives, et l'impératrice, et ses filles, et une grande partie du peuple. Le Goth Odoacre, qui anéantit en Occident jusqu'au nom et l'ombre de l'empire romain, obtint de l'empereur de Constantinople la dignité de patrice, à la prière même du sénat et du dernier empereur de Rome.

De cet empire matériel de l'homme, s'écroulant sur lui-même après douze siècles, à partir de la fondation de Rome et de la grandeur contemporaine de Babylone, on voit sortir l'empire spirituel de Dieu, comme une statue sort de l'argile qui lui a servi de moule. C'est cette pierre détachée de la montagne, devenue elle-même cette montagne du Seigneur, vers laquelle va affluer la multitude des nations (Isaïe, 2). Cette pierre mystérieuse, le Seigneur lui-même nous la fait connaître quand il dit au fils de Jona : *Tu es pierre, et sur cette pierre je bâtirai mon Église, et les portes de l'enfer ne prévaudront point contre elle. Et je te donnerai les clés du royaume des cieux, et tout ce que tu lieras sur la terre sera délié dans les cieux, et tout ce que tu délieras sur la terre sera délié dans les cieux* (Matth., 16). Cette pierre détachée de la montagne de Sion est venue frapper à sa base cet empire colossal, dont Babylone était la tête d'or, et Rome païenne les pieds de fer et d'argile. Petite d'abord, déjà dans Léon, 44e successeur du fils de Jona, elle est une montagne qui fixe les regards de toute la terre. D'un même coup, il fait sentir son autorité à l'Égypte, à la Syrie et à la capitale de l'empire grec, en déposant le patriarche d'Alexandrie, en confirmant celui d'Antioche et en réprimant l'ambition de celui de Constantinople. L'empereur et toute l'Église d'Orient, réunie à Chalcédoine, exécutent son jugement à l'égard des deux premiers, et le prient en vain de répandre sur le troisième un rayon de sa primauté apostolique (1). Ce qui a été fait contre les canons, il le casse par l'autorité de saint Pierre. Attila même, qui fait trembler les peuples et les rois, est saisi de respect à sa vue.

Pendant que l'empire se divise contre lui-même et s'anéantit en Occident, l'Église y est unie et ferme, les évêques n'y ont qu'un cœur et qu'une âme avec le Pape; la chute de l'empire, les révolutions politiques semblent ajouter à son calme et à sa force.

Dès le 5 mai 450, le pape saint Léon, qui venait d'apprendre l'ordination d'Anatolius de Constantinople, envoya à Ravennius d'Arles, sa lettre à Flavien, avec la seconde de saint Cyrille à Nestorius, afin qu'il les expédiât l'une et l'autre à tous les évêques de Gaule et d'Espagne, pour les prémunir contre l'erreur (Baller., *Epist.* 67). Les deux fils de saint Eucher de Lyon, Salonius, évêque de Genève, Véranus, évêque de Vence, et un troisième évêque, nommé Cérétius, dont on ne connaît pas le siège, ayant ainsi reçu la lettre du Pape à Flavien, ils lui écrivirent aussitôt avec effusion de cœur, l'appelant leur *saint Seigneur, bienheureux Père, et Pape très-digne du Siége apostolique*. Ils le remercient de sa paternelle sollicitude, qui leur a envoyé le remède avant même qu'ils connussent le mal. Ce qui augmentait leur joie, c'est que sa lettre était louée, admirée dans toutes les Églises; tout le monde déclarait, d'une voix unanime, que la primauté du Siége apostolique avait été établie avec raison, là d'où continuaient à venir les oracles de l'esprit apostolique. Ils lui envoient une copie de sa lettre, pour qu'il daigne la parcourir et y corriger les fautes de copistes, s'il en est, « afin, disent-ils, que non-seulement un grand nombre de nos frères, les saints évêques des Gaules, mais encore une multitude de vos enfants parmi les laïques, qui désirent ardemment cette épître pour la manifestation de la vérité, aient le bonheur de la transcrire, de la lire et de la posséder, corrigée de votre sainte main (*Ibid., Epist.* 68). »

Le Pape condescendit à leur prière, et corrigea la copie avec soin. On en voit la preuve dans l'avis qu'il donna aux évêques de la province de Milan, d'en de-

---

(1) On peut, par un rapprochement tout d'actualité, mettre en regard de ces prétentions de l'ancienne Église d'Antioche, la revendication d'indépendance faite de nos jours, par les Arméniens-unis.

Aujourd'hui comme alors, les secrètes excitations d'une politique ténébreuse essaient en vain d'ébranler le siége de Pierre.

R. R.

---

mander un exemplaire à l'évêque Cérétius. Deux des premiers légats que le Pape avait envoyés à Constantinople, après l'ordination d'Anatolius, étaient Abundius ou Abundantius, évêque de Côme, et Sénateur, prêtre de Milan. Quand ils furent de retour dans leur province, on y tint un concile de dix-neuf ou vingt évêques, parmi lesquels saint Eusèbe de Milan et saint Maxime de Turin, qui écrivirent synodalement au Pape, pour se réjouir avec lui du succès de ses légats, et lui annoncer qu'ils avaient lu et approuvé sa lettre à Flavien, et souscrit à la règle de conduite qu'il avait tracée à l'égard des partisans de l'erreur (Baller., *Epist.* 99).

Les évêques des Gaules ne purent s'assembler que tard, à cause de la distance des lieux et de l'intempérie des saisons, qui fut extraordinaire dans leur pays. S'étant réunis en concile vers la fin de l'année 452, ils adressèrent au Pape une lettre synodale dans laquelle, après lui avoir demandé pardon de leur retard involontaire, ils parlent ainsi:

« En lisant la lettre de votre apostolat, nous avons tressailli de joie, et bientôt nous avons fait tressaillir de même tous ceux des Gaules, en leur communiquant cette instruction. Mais nous nous sommes affligés avec vous sur l'aveuglement de ceux qui abandonnent la lumière de la foi catholique, pour s'engager dans les ténèbres de l'erreur. Quiconque ne néglige pas les mystères de la rédemption, transcrit la lettre de votre apostolat sur les tablettes de son cœur, comme un symbole de la foi, et la grave fidèlement dans sa mémoire, pour être plus en état de confondre les hérétiques. Aussi plusieurs y ont reconnu avec allégresse les sentiments de leur foi, et se réjouissent d'avoir toujours cru, par la tradition de leurs pères, comme votre apostolat enseigne. Quelques-uns, qui avaient été un peu alarmés, se félicitent d'avoir été pleinement instruits par l'admonition de Votre Béatitude, et ils ont une joie sensible de ce que, forts de l'autorité du Siége apostolique, ils peuvent déclarer librement et avec confiance ce qu'ils croient.

» Mais qui pourrait jamais rendre d'assez dignes actions de grâces à votre apostolat, pour l'admirable présent dont il orne, comme d'autant de pierres précieuses, non-seulement les Gaules, mais le monde entier? C'est à votre doctrine, après Dieu, que le fidèle doit sa constance dans la vraie foi. C'est à elle que l'infidèle devra son retour de l'hérésie à la vérité, pour croire et suivre ce que Notre Seigneur Jésus-Christ enseigne par votre bouche touchant le mystère de son Incarnation, plutôt que ce que débite l'ennemi du salut et de la vérité, le démon. Nous aurions encore voulu écrire sur cette affaire à votre fils, le très-fidèle prince, pour le congratuler de sa foi, et lui montrer l'empressement de notre humilité à vous suivre dans le Seigneur; mais les nouvelles d'Orient nous ont fait croire que cela n'était aucunement nécessaire. Considérant les grands biens que notre Dieu a faits à son Église par votre apostolat, nous ne cesserons de le bénir et de le supplier : de le bénir d'avoir donné un pontife de cette sainteté, de cette foi, de cette doctrine, au Siége apostolique, d'où s'est répandue la source de notre religion; de le supplier qu'il veuille nous conserver longtemps la grâce de votre pontificat, pour l'édification de ses églises. Enfin, quoique très-inférieurs en mérite, nous sommes prêts avec Votre Béatitude, Dieu aidant, à sacrifier nos vies pour la vérité de la foi. » Ravennius d'Arles, Rustique de Narbonne, Vénérius de Marseille, à la tête de quarante-quatre évêques, signèrent la lettre en ces termes : « Rustique, évêque, je salue respectueusement dans le Seigneur, votre apostolat, et vous supplie de daigner prier pour moi (Baller., *Epist.* 99). » Cette lettre fut portée à Rome par Ingénuus, évêque d'Embrun.

Le Pape répondit le 27 janvier 452, qu'il aurait beaucoup souhaité recevoir leur lettre dans le temps qu'ils avaient promis, afin que ses légats au concile de Chalcédoine eussent pu porter avec eux ce témoignage de leur foi. Mais, dit-il, puisque des obstacles imprévus vous ont mis en retard, nous avons reçu vos lettres avec bonheur, quoique nous les eussions si longtemps attendues ; et nous y avons reconnu avec joie, comme nous en avions la confiance, qu'instruits par l'Esprit-Saint, vous conservez dans sa pureté la céleste doctrine à laquelle l'ancien ennemi a tâché de donner atteinte dans les Eglises d'Orient. Comme il avait déjà reçu des nouvelles du concile de Chalcédoine, il dit qu'il n'est plus permis d'alléguer aucun prétexte d'ignorance ou d'obscurité sur la foi de l'Incarnation, après la décision d'un concile d'environ six cents évêques ; car nos légats, avec l'aide de Dieu, ont si bien fait dans cette assemblée, que non-seulement les évêques, mais encore les princes et les puissances chrétiennes, tous les ordres du clergé et du peuple, ont vu avec une pleine évidence que la foi vraiment catholique et apostolique est celle que nous prêchons dans toute sa pureté, telle que nous l'avons reçue, et que nous défendons maintenant avec l'approbation de l'univers entier. Ensuite, après avoir exposé en peu de mots les hérésies de Nestorius et d'Eutychès, il ajoute : « Le saint concile, s'accordant avec une religieuse unanimité aux écrits de notre humilité, qui tirent leur force de l'autorité et du mérite de mon bienheureux apôtre Pierre, a rejeté avec abomination ces dogmes diaboliques, et les a retranchés de l'Eglise de Dieu. Rendez donc grâces au Seigneur, nos très-chers frères, et demandez-lui avec nous l'heureux et prompt retour de nos légats. Nous les attendons pour pouvoir mieux vous instruire de ce qui s'est passé. Mais nous ne voulons pas que cette attente retienne ici notre frère Ingénuus. Il est plus à propos qu'il retourne sans délai vous apprendre le sujet de notre joie, dont nous voulons que vous fassiez part aux évêques d'Espagne, afin que personne n'ignore ce qu'a opéré le Seigneur (*Ibid.*, *Epist.* 102).

Quelque temps après, les légats étant de retour de Chalcédoine, saint Léon écrivit une seconde lettre, mais bien courte, à Rustique, à Ravennius, à Vénérius et aux autres évêques des Gaules, où il leur mande que la vérité a triomphé, que l'hérésie a été condamnée tout d'une voix avec ses auteurs. Il y joignit une copie de la sentence des légats contre Dioscore (*Ibid.*, *Epist.* 103).

Ce que l'on pouvait souhaiter, c'est que les Eglises d'Orient fussent aussi unies et aussi calmes que celles de l'Occident. Dans la capitale de l'Egypte, dont la population était si turbulente de son naturel, la déposition de Dioscore et l'élection de son successeur occasionnèrent des troubles. Après quelques premières difficultés, on choisit, par le commun suffrage du concile, Protérius, que Dioscore avait fait archiprêtre, et auquel il avait confié le soin de l'Eglise. Alors le peuple d'Alexandrie se divisa : plusieurs demandaient Dioscore, plusieurs soutenaient Protérius. Les partisans de Dioscore attaquèrent les magistrats et poursuivirent à coups de pierres les soldats qui voulaient apaiser la sédition. Ils les mirent même en fuite ; et comme les soldats s'étaient retirés à l'ancien temple de Sérapis, ils les y assiégèrent et les brûlèrent tout vifs. L'empereur, l'ayant appris, envoya deux mille hommes de nouvelles troupes, qui eurent le vent si favorable, qu'ils arrivèrent le sixième jour à Alexandrie ; mais ces nouveaux soldats traitèrent insolemment les femmes et les filles des habitants, ce qui causa de plus grands désordres. Pour punir ce peuple, on lui ôta la distribution ordinaire de blé, l'usage des bains et les spectacles. Mais Protérius même, à la sollicitation du peuple, intercéda auprès de l'empereur et ramena le calme pour un temps (Evagre, l. 2, c. 5 ; Theophan., p. 73, *aliàs* 92).

Le nouvel évêque, ses ordinateurs, ainsi que le clergé d'Alexandrie, informèrent le Pape de son ordination. Protérius avait mis dans sa lettre sa profession de foi. Saint Léon lui répondit, ainsi qu'à ses ordinateurs et au clergé d'Alexandrie, et il adressa une copie de ses réponses à Julien de Cos, qu'il avait établi son nonce à la cour de Constantinople. Il témoignait à Protérius qu'il aurait voulu une profession de foi plus complète. Protérius lui en envoya une telle qu'il la souhaitait, par Nestorius, évêque de Phagone, un des quatre évêques d'Egypte qui, au concile de Chalcédoine, avaient souscrit d'eux-mêmes à la lettre de saint Léon et à la condamnation de Dioscore.

Le Pape lui en témoigna son entière satisfaction par une lettre du 10 mars 454, où il l'exhorte ensuite à maintenir avec vigueur la pureté de la foi contre les hérétiques, sans permettre qu'on altérât la vérité par le changement d'une seule syllabe, qui peut quelquefois servir de couverture à l'hérésie. Il dit que, si Dioscore eût voulu suivre la doctrine établie dans la lettre à Flavien, et qui est entièrement conforme à celle des Pères, nommément de saint Athanase, Théophile et saint Cyrille, ses prédécesseurs, il serait encore aujourd'hui dans la communion de l'Eglise. Il ajoute : « Je vous avertis donc, mon très-cher frère, par la sollicitude de la foi qui nous est commune, que, comme les ennemis de la croix du Christ examinent jusqu'à nos moindres paroles et syllabes, nous ne leur donnions aucune occasion de nous accuser faussement de nestorianisme. Il est de votre devoir, en exhortant le peuple, le clergé et tous les frères à s'instruire de plus en plus dans la doctrine de la foi, de leur persuader que vous ne leur enseignez rien que ce que tous les saints évêques, vos prédécesseurs, ont enseigné d'une manière uniforme, et avec lesquels ma lettre à Flavien a une entière conformité. Mais il ne suffit pas que vous leur disiez toutes ces choses, il faut les en convaincre par la lecture et l'explication des ouvrages de ces saints évêques, afin que les peuples reconnaissent qu'on ne leur enseigne rien présentement que ce que nos prédécesseurs avaient appris de leurs pères, et ce qu'ils ont enseigné à leurs successeurs. C'est pourquoi je vous prie de leur lire premièrement, les écrits des évêques qui ont été avant nous, et ensuite ma lettre à Flavien, afin qu'ils soient assurés que nous prêchons la même doctrine que nous avons reçue de la tradition. Il l'exhorte enfin à maintenir l'honneur et les droits de son Eglise contre tous ceux qui voudraient y donner atteinte, à contenir sous son autorité tous les évêques et à les obliger de venir à son concile quand il les appellerait, pour consulter en commun ce qui pourrait être utile à l'Eglise, lui promettant de l'appuyer de tout son pouvoir (Baller., *Epist.* 129). »

Comme l'empereur Marcien rendait témoignage à la foi de Protérius, saint Léon lui écrivit le même jour, et le pria d'envoyer à Alexandrie, par une personne sûre et sous le sceau impérial, sa lettre à Flavien, fidèlement traduite en grec par les soins de Julien de Cos, et de l'adresser aux juges d'Alexandrie pour la faire lire publiquement. La raison en était, que les eutychiens se permettaient de falsifier cette lettre, tantôt d'une manière, tantôt d'une autre (*Ibid., Epist.* 130 et 131).

Saint Léon était en peine du jour auquel l'on devait célébrer la Pâque l'année suivante, 445. Selon le calcul de Théophile d'Alexandrie, ce devait être le 24 avril, qui semblait un terme trop reculé; car on avait cru jusque-là que le jour de Pâques ne devait être, ni plutôt que le 22 mars, ni plus tard que le 21 avril. Dès l'année précédente, 453, le pape saint Léon en avait écrit à l'empereur Marcien, le priant de faire examiner cette question par les hommes les plus habiles, afin que la Pâque fût célébrée au même jour dans toutes les églises. Il avait aussi chargé Julien de Cos de solliciter cette affaire, et l'on voit par la quantité de lettres où il en parle, combien il l'estimait importante. L'empereur envoya à Alexandrie un de ses agents avec une lettre à Protérius, qui, pour satisfaire le Pape, lui écrivit une grande lettre où il traite la question à fond.

Il montre que la Pâque doit être célébrée par les chrétiens, non le 14e de la lune du premier mois, comme chez les Juifs; mais le dimanche suivant. Par conséquent, lorsque le 14e arrive un dimanche, il faut reculer la Pâque jusqu'au dimanche suivant, qui est le 21e. De là, par divers calculs, il conclut que la Pâque de l'an 455 doit être célébrée le 24e d'avril. Le comput des Romains était un peu différent. Mais comme les Orientaux s'accordaient à celui d'Alexandrie, le Pape s'y accorda aussi pour le bien de l'unité et de la paix, comme il s'en explique dans sa lettre du 28 juillet 454, aux évêques de Gaule et d'Espagne, auxquels il mande qu'en conséquence, la Pâque de l'année suivante sera le 24 d'avril et non le 17 (*Ibid., Epist.* 133, 137, 138).

Pour prévenir des difficultés pareilles, saint Léon fit travailler à un nouveau canon pascal. Au moins est-il vraisemblable que Victorius ne composa le sien que par son ordre. Ce que nous voyons, c'est qu'Hilaire, alors archidiacre de Rome, et depuis pape, enjoignit à Victorius d'examiner à loisir les opinions diverses qui se trouvaient, sur cette matière, entre les Grecs et les Latins, et de montrer à quoi l'on devait s'en tenir. Victorius était un Gaulois d'Aquitaine, apparemment retiré à Rome à cause des Goths. Il accepta la commission, et entreprit pour travailler plus sûrement, de reprendre toute la suite des lunaisons et des jours, c'est-à-dire des féries depuis le commencement du monde, suivant la *Chronique* d'Eusèbe. Il trouva que le cycle lunaire des dix-neuf ans, dont se servaient les Grecs, était plus sûr que celui des Latins; et, le multipliant par le cycle solaire de vingt-huit ans, il en fit un canon pascal de 522, plus ample que tous ceux que l'on avait faits jusqu'alors. Il le fait commencer au consulat des deux Géminus, qu'il met pour l'année de la passion, et le finit en l'an 559 de l'incarnation, selon notre ère vulgaire. Victorius publia ce canon pascal sous le consulat de Constantin et de Rufus, l'an 457, et il fut depuis le plus suivi par les Latins (Buch., *De doct. temp.*).

Les troubles de la Palestine ne furent pas moins graves que ceux de l'Egypte. La cause première en fut aux variations déplorables de Juvénal de Jérusalem, plus occupé de satisfaire son ambition que de connaître et de soutenir la foi catholique. Au concile d'Ephèse, il fut pour la vérité avec saint Cyrille; mais il voulut profiter de cette occasion pour usurper sur le patriarche d'Antioche la juridiction de la Palestine : à quoi saint Cyrille s'opposa vigoureusement, jusqu'à le dénoncer au Pape. Au brigandage d'Ephèse, il fut un des fauteurs de l'hérésie, un des complices de Dioscore, pour intimider et faire succomber ses collègues. Au concile de Chalcédoine, reçu par grâce au nombre des Pères, ce qu'il fit de plus remarquable, ce fut d'extorquer au patriarche d'Antioche la juridiction des trois Palestines. Une pareille conduite n'était point faite pour lui concilier beaucoup d'estime ni d'autorité.

Au concile de Chalcédoine avaient assisté Etienne, évêque de Jamnia, et Jean, évêque des Sarrasins, tous deux disciples de saint Euthymius. Pierre, évêque des Sarrasins, était mort, et son successeur Auxolaüs, avait assisté au faux concile d'Ephèse et adhéré à Dioscore. C'est pourquoi il mourut dans la disgrâce de saint Euthymius, et Jean lui succéda. Donc, après le concile de Chalcédoine, Etienne et Jean revinrent en diligence en porter la définition à saint Euthymius, leur père spirituel, craignant d'encourir son indignation, comme Auxolaüs. Saint Euthymius l'ayant lue, l'approuva et la reçut comme catholique.

Le bruit s'en étant répandu, tous les moines de Palestine allaient recevoir le concile de Chalcédoine, si ce n'eût été l'opposition de Théodose. C'était un moine qui, étant convaincu de crime par son évêque, avait été chassé de son monastère. Etant venu à Alexandrie, il attaqua Dioscore, fut fouetté comme séditieux, et promené sur un chameau par la ville. Il alla au concile de Chalcédoine, apparemment avec Barsumas, et revint promptement en Palestine, criant avec d'autres, que le concile avait trahi la foi, et composa des lettres où il disait que le concile avait déclaré qu'il y avait deux Fils, deux Christs et deux personnes, qu'il fallait adorer. Il répandit aussi une fausse traduction de la lettre de saint Léon à Flavien. Il séduisit ainsi beaucoup de moines et d'autres personnes simples; mais surtout l'impératrice Eudoxie, veuve de Théodose, qui s'était retirée à Jérusalem, et qui, gagnée par l'eunuque Chrysaphius, avait toujours favorisé Eutychès. Elle attira la plupart des moines et du peuple dans le parti de Théodose. Juvénal étant revenu du concile, ils voulurent l'obliger à se rétracter et à anathématiser la doctrine catholique qu'il avait souscrite. Ils envoyèrent même un assassin pour le tuer : et comme il manqua son coup, il s'en vengea sur Sévérien, évêque de Scythopolis, et le tua. Juvénal s'enfuit à Constantinople. Alors les schismatiques s'assemblèrent dans l'église de la Résurrection, et ordonnèrent Théodose évêque de Jérusalem.

Il en ordonna d'autres pour plusieurs villes de Palestine, particulièrement à la place de ceux qui n'étaient pas encore revenus du concile. Il excita une grande persécution à Jérusalem contre ceux qui n'embrassaient pas sa communion. On fouetta les uns, on ôta les biens à d'autres, ou on brûla leurs maisons. On ouvrit les prisons et on mit en liberté les criminels. On maltraita les femmes de qualité. On contraignait d'anathématiser de vive voix et par écrit le concile de Chalcédoine et le pape saint Léon. Un diacre, nommé Athanase, dit un jour à Théodose au milieu de l'église, comme il était assis sur le trône : « Cesse de faire la guerre à Jésus-Christ et de dissiper son troupeau, et connais enfin l'affection que nous portons à notre vrai pasteur. Nous ne saurions entendre la voix de l'étranger. » Comme il parlait ainsi, il fut tiré dehors par les satellites de Théodose, et, après lui avoir fait souffrir toutes sortes de tourments, on lui coupa la tête : son corps fut traîné par un pied dans toute la ville, et donné en pâture aux chiens. L'Église honore sa mémoire, comme martyr, le 5 juillet.

Dorothée, gouverneur de Palestine, était alors occupé contre les Barbares dans le pays des Moabites. Ayant appris ce qui s'était passé à Jérusalem, il revint en diligence avec de bonnes troupes pour y mettre ordre. Mais les gens de Théodose et d'Eudoxie lui fermèrent les portes, et ne le laissèrent point entrer qu'il n'eût promis d'adhérer au schisme, comme tous les moines et toute la ville. Théodose occupa ainsi pendant vingt mois le siège de Jérusalem.

La controverse entre les deux partis roulait sur la différence de la particule *de* d'avec la particule *en*. Les schismatiques disaient que le Christ, Dieu et homme, est *de* deux natures ; les catholiques disaient que le Christ, étant vrai Dieu et vrai homme, non-seulement est *de* deux natures, mais encore est *en* deux natures. C'est qu'Eutychès et Dioscore, en disant que le Christ est *de* deux natures, sous-entendaient *de* deux natures avant l'incarnation, mais ensuite fondues en une. Voilà pourquoi les catholiques insistaient si fort sur l'expression *en deux natures*. La plupart des moines schismatiques de Palestine n'y entendaient pas autant de malice qu'Eutychès et Dioscore ; car tout en disant anathème au concile de Chalcédoine, qu'ils croyaient nestorien, ils disaient encore anathème à Eutychès (Evagre, l. 2, c. 5).

L'intrus Théodose s'efforça même, par diverses députations, d'attirer à son parti saint Euthymius. Il ne put y réussir. Le saint, voyant son impudence, avertit les abbés des monastères de ne point communiquer au schisme, et se retira au fond du désert, où il demeura jusqu'à l'expulsion de Théodose. Plusieurs anachorètes vinrent l'y trouver, entre autres saint Gérasime, qui s'était d'abord laissé entraîner dans le schisme de l'intrus. Mais il y renonça quand il eut été avec saint Euthymius quelque temps, et embrassa la définition du concile de Chalcédoine.

Gérasime bâtit, à un quart de lieue du Jourdain, une laure et un monastère. La laure était composée de soixante-dix cellules, éloignées les unes des autres ; le monastère était au milieu, destiné pour les novices et les jeunes gens. Les cellules de la laure étaient pour les moines plus avancés dans la perfection. Ils y demeuraient seuls pendant cinq jours de la semaine, depuis le lundi jusqu'au vendredi ; et quand ils en sortaient, ils laissaient la porte ouverte, pour montrer qu'ils n'avaient rien dont les autres ne se pussent servir s'ils voulaient. Le samedi et le dimanche, ils venaient communier au monastère (*Vie de S. Euthym.*, *Acta Sanct.*, 20 jan.).

Un autre abbé, nommé Gélase, résista encore courageusement à Théodose. Cet intrus le manda à Jérusalem, et, usant de caresses et de menaces, il le fit entrer dans le sanctuaire et lui dit : Anathématisez Juvénal. Gélase répondit sans s'étonner : Je ne connais d'autre évêque de Jérusalem que Juvénal. L'intrus craignant que son exemple n'en gagnât d'autres, le fit chasser de l'église. Les schismatiques le prirent et mirent du bois autour de lui, menaçant de le brûler. Mais quand ils virent qu'il ne s'étonnait point, ils craignirent le soulèvement du peuple, à cause de sa grande réputation, et le laissèrent aller.

Le trait suivant achève de nous faire connaître le saint abbé. Il avait un très-beau manuscrit sur parchemin, contenant tout l'Ancien et le Nouveau Testament, qui valait bien 18 pièces d'or, c'est-à-dire 300 francs et davantage. Il l'avait placé dans l'église, afin que tous les frères le pussent lire. Un moine étranger étant venu au monastère, en eut envie et l'emporta. Le bon vieillard s'en aperçut bien, mais ne voulut pas qu'on le poursuivît, craignant qu'à son vol il n'ajoutât le parjure. L'autre étant allé dans la ville, chercha à le vendre, et en demanda seize pièces d'or. Quelqu'un, qui voulait l'acheter, lui demanda permission de l'examiner, et le porta pour cet effet à l'abbé Gélase même, qui lui dit tranquillement : Achetez-le, il est beau et vaut bien ce prix. Cet homme alla dire au moine : Mais je l'ai montré à l'abbé Gélase, et il m'a dit que c'est trop cher, et qu'il ne vaut pas le prix que vous dites. Le moine, bien étonné, demanda : Ne vous a-t-il rien dit de plus ? Non, répondit l'autre. Eh bien, dit le moine, je ne veux plus le vendre ; et il alla le reporter à Gélase, en lui avouant sa faute avec de grands sentiments de pénitence. Le saint vieillard ne voulut pas même reprendre son livre ; mais l'autre l'y contraignit, en disant que, sans cela, il n'aurait jamais de repos. Il le reprit donc ; et le moine étranger, converti par une charité si patiente, demeura avec lui jusqu'à sa mort.

Cependant les abbés et les moines de Jérusalem et des environs adressèrent une requête à l'impératrice Pulchérie, prétendant justifier leur conduite et rejeter les excès qui avaient été commis sur les habitants de Jérusalem et sur les étrangers. Par le conseil de l'évêque Juvénal, qui était à Constantinople, l'empereur Marcien leur écrivit une lettre, où il dit : Qu'ils devaient se tenir en repos et demeurer soumis aux évêques, sans s'ingérer à faire les docteurs. Il marque ensuite qu'il a été bien informé, par des actes authentiques, de tout ce qui s'est passé à Jérusalem, et après avoir raconté leurs violences : « Vous n'avez pas fait cela, dit-il, pour la défense de la foi, mais pour usurper des prélatures dont vous avez été tout à fait indignes. Au reste, nous nous étonnons comment vous anathématisez Eutychès, tout en vous livrant à Théodose, son sectateur et auteur de tous ces désordres. Vous rendrez compte de votre impiété et de vos crimes à Jésus-Christ, notre maître et notre Sauveur, qui ne les laissera pas impunis; mais pour nous, nous ne voulons point exercer de punition sur des moines. Nous avons seulement donné ordre de contenir la ville de Jérusalem, de la pacifier et de punir ceux qui se trouveront coupables de meurtre ou d'incendie. Et parce que l'expression de *deux natures* vous a troublés, comme si c'eût été une nouveauté, sachez que vous ne deviez point examiner ces questions dont vous n'êtes pas capables. Pour nous, suivant la doctrine des Pères, nous croyons que Notre Seigneur Jésus-Christ est vrai Dieu et vrai homme. » Il explique ensuite la foi de l'Incarnation, particulièrement contre l'erreur de Nestorius, que l'on imputait au concile de Chalcédoine, et il le justifie pleinement. Puis, il ajoute : « Nous n'avons ordonné de forcer personne à souscrire ou à consentir, s'il ne veut; car nous ne voulons pas attirer au chemin de la vérité par les menaces ou la violence, comme vous avez fait pour l'erreur.

» Et parce que vous vous êtes plaints que les Samaritains ont insulté les églises et commis des meurtres et d'autres crimes, sachez que nous avons ordonné au comte Dorothée d'en informer exactement, de faire restituer aux églises et aux particuliers ce qui leur a été enlevé, et de punir les coupables; mais cela ne vous regarde pas. Votre profession, c'est de vous tenir tranquilles dans vos monastères et d'y prier Dieu. Nous avons aussi ordonné au comte Dorothée de délivrer vos monastères des logements des hommes et des chevaux destinés à la garde de Jérusalem. Vivez donc en paix, sans vous séparer de la foi catholique ni tenir des assemblées particulières, sachant que les princes chrétiens, nos prédécesseurs, l'ont défendu sous de grosses peines. Nous avons bien voulu vous écrire ceci, à la prière de l'évêque Juvénal, et vous accorder des marques de notre clémence, espérant que vous changerez de conduite. »

L'impératrice Pulchérie écrivit aux mêmes moines une lettre dont la substance est la même, et qui tend principalement à justifier sa foi, ainsi que celle du concile de Chalcédoine, contre les calomnies des schismatiques. Ces deux lettres produisirent un bon effet. Les habitants de Jérusalem reconnurent la vérité, en bénirent Dieu, et demandèrent pardon des désordres dont ils s'étaient rendus coupables. C'est ce que marque l'impératrice dans une seconde lettre qu'elle écrivit en particulier à une abbesse nommée Bassa, qui gouvernait un monastère de religieuses à Jérusalem (Labbe, t. IV).

L'empereur Marcion ne se contenta pas de la douce correction qu'il avait faite aux moines séduits de Palestine; il donna ordre au gouverneur Dorothée de prendre le faux évêque Théodose pour le punir; mais il s'échappa et s'enfuit au mont Sinaï. Plusieurs de ses complices, non-seulement des séculiers, mais des moines, furent châtiés de punition corporelle. L'intrus Théodose étant chassé, Juvénal rentra dans son siège au bout de vingt mois, c'est-à-dire, au plus tôt, en juillet 453. Il déposa aussitôt tous ceux que l'intrus avait ordonnés, et tint un concile, d'où il écrivit une lettre synodale à tous les abbés et moines de Palestine, en ces termes : « Pierre, le plus grand et le premier des apôtres ayant dit : *Tu es le Christ, Fils du Dieu vivant*, le Seigneur lui répondit : *Bienheureux es-tu, fils de Jona, car ce n'est pas la chair et le sang qui t'ont révélé cela, mais mon Père, qui est dans les cieux. Aussi je te dis que tu es Pierre, et que sur cette pierre je bâtirai mon Eglise, et que les portes de l'enfer ne prévaudront point contre elle*. C'est sur cette confession qu'a été affermie l'Eglise de Dieu, et la foi que les saints apôtres nous ont transmise, l'Eglise l'a gardée et la gardera jusqu'à la fin du monde. C'est cette foi qu'a exposée le concile de Nicée et qu'a suivie le concile de Chalcédoine. On ne peut ni y ajouter ni en retrancher. Il faut donc repousser les calomniateurs. » Cette lettre fut souscrite par Juvénal de Jérusalem, Irénée de Césarée et tous les évêques des trois Palestines. L'empereur Marcien écrivit à ce concile, pour déclarer encore sa foi et exhorter les évêques à ramener les peuples, et particulièrement les moines séduits par les calomnies de l'intrus Théodose. Il marque qu'il écrit à l'évêque Macaire, aux abbés et aux moines du mont Sinaï, où il s'était réfugié, pour leur découvrir ses crimes et les précautionner contre ses artifices (Labbe, t. IV).

Les schismatiques publiaient que le pape saint Léon n'approuvait pas le concile de Chalcédoine, sous prétexte qu'il n'avait pas voulu recevoir le canon fait en faveur de l'évêque de Constantinople. L'empereur Marcien pria le Pape de leur ôter ce moyen de séduction. Ce fut alors que saint Léon adressa aux évêques qui avaient assisté au concile de Chalcédoine, sa confirmation expresse de tout ce qu'ils y avaient fait touchant la foi, ainsi que nous l'avons déjà vu dans le livre précédent.

Le plus puissant soutien du schisme en Palestine était l'impératrice Eudoxie, veuve de l'empereur Théodose, retirée à Jérusalem. C'était chose délicate et difficile de lui faire sentir ses torts et de la ramener. L'empereur Marcien pria confidentiellement saint Léon de lui écrire. Le Pape le fit, et de plus obtint que l'empereur Valentinien, qui avait épousé sa fille Eudoxie, lui écrirait de son côté. Nous n'avons pas ces lettres, mais une seconde du Pape en date du 15 juin 453. On ne peut employer plus de ménagement et de délicatesse. Supposant qu'elle ne pouvait penser que bien du mystère de l'Incarnation, à Jérusalem, où elle en avait des preuves sensibles, il la prie de faire tout son possible pour ramener les moines de Palestine, pour leur inspirer le repentir de leurs blasphèmes et de leurs cruautés, et les porter à se soumettre au concile de Chalcédoine. Et comme il n'y a que la foi véritable et une humilité tranquille qui parvienne à comprendre le mystère de notre salut; qu'ils croient ce qu'ils lisent dans l'Evangile, qu'ils confessent dans le Symbole, et qu'ils ne se mêlent plus à des dogmes impies. Car de même que la foi catholique condamne Nestorius, qui, dans un seul Jésus-Christ Notre Seigneur, a osé prêcher deux personnes, de même elle condamne Eutychès avec Dioscore, qui nient que le Verbe-Dieu ait pris une vraie chair humaine dans le sein de la Vierge, sa mère. Si vos exhortations réussissent en quelque chose à convertir ces gens, ce qui vous procurera une gloire éternelle, je prie votre clémence de me le mander par ses lettres, afin que je me réjouisse, pour vous, du fruit de votre bonne œuvre, et pour eux, de ce que la miséricorde du Seigneur les a préservés de leur perte (Baller., *Epist.* 123).

Saint Léon écrivit vers le même temps à ces moines, une de ses lettres les plus éloquentes. Il attribue leur trouble à une mauvaise traduction de sa lettre à Flavien ; chose qu'il reconnaît facile, attendu que, dans sa propre langue, on a souvent beaucoup de peine à trouver l'expression juste de ce qu'on veut dire. De là il conclut que, tout en se trompant, ils se montraient encore plus amis de la vérité que de la fausseté. Pour les mettre à même de bien distinguer l'une de l'autre, il s'étend sur la matière, et leur fait voir qu'il ne faut pas moins détester Eutychès, qui confond les deux natures en Jésus-Christ, que Nestorius, qui le divise en deux personnes. A la fin il leur reproche avec force, mais cependant avec une force toute paternelle, leurs excès, et les presse d'en revenir. Où est la règle de la mansuétude et du calme ? où, la longanimité de la patience? où, la tranquillité de la paix ? où, la constance de la charité et la magnanimité à souffrir ? Quelle persuasion vous a détournés, ou bien quelle persécution vous a séparés de l'Evangile du Christ ? quelle si grande astuce vous a fait oublier les prophètes et les apôtres, oublier le symbole de votre baptême, pour vous soumettre à des illusions diaboliques? qu'auraient donc fait près de vous les ongles de fer, les tourments cruels, si, pour vous enlever l'intégrité de votre foi, il n'a fallu que les vains artifices des hérétiques ? Vous croyez agir pour la foi, et c'est contre la foi que vous allez. Vous vous armez au nom de l'Eglise, et c'est l'Eglise que vous combattez ? Est-ce là ce que vous avez appris des Prophètes, des Evangélistes, des Apôtres (*Epist.* 124).

L'impératrice Eudoxie demeura encore plus d'une année en suspens. Mais lorsqu'en 455, elle apprit la mort violente de l'empereur Valentinien, son gendre, la captivité de sa fille Eudoxie, veuve de Valentinien, et de ses deux petites-filles, Eudoxie et Placidie, emmenées toutes les trois à Carthage par les Vandales, elle y pensa plus sérieusement. D'ailleurs, son frère Valère, et Olybrius, fiancé à sa petite-fille Placidie, et qui devint dans la suite empereur, lui écrivaient souvent de se séparer des eutychiens et de rentrer dans la communion de l'Eglise catholique. Dans la peine où elle se trouvait, elle résolut de consulter les solitaires les plus renommés. Elle envoya Anastase, chorévêque de Jérusalem, à Antioche, vers saint Siméon Stylite, lui écrivit l'état de son âme et lui demanda conseil. Il répondit : « Sachez que le démon, voyant la richesse de vos vertus, a voulu vous cribler comme le froment; le pernicieux Théodose, lui servant d'instrument, a rempli votre âme de ténèbres et de trouble. Mais, courage ! votre foi n'a pas défailli. Au reste, je m'étonne fort qu'étant si près de la source, vous veniez chercher un ruisseau si loin. Vous avez le divin Euthymius, suivez ses instructions, vous serez sauvée. »

Eudoxie ayant reçu cette réponse, et sachant que saint Euthymius n'entrait point dans les villes, fit bâtir une tour au plus haut du désert oriental, à trente stades de sa laure, afin de pouvoir l'y entretenir souvent. Elle envoya le chercher par Cosme, gardien de la croix, avec le chorévêque Anastase. Ils ne le trouvèrent point à sa laure; car, sur cette nouvelle, il s'était retiré ailleurs, au fond du désert. Ils allèrent à sa poursuite avec un de ses disciples, et lui persuadèrent à grand'peine, avec beaucoup de prières, de venir à la tour qu'on venait de bâtir, et où l'on fit depuis un monastère. L'impératrice fut ravie de voir le saint, et, se jetant à ses pieds, elle dit : Je vois maintenant que Dieu m'a visitée par votre présence. Le saint vieillard, après lui avoir donné sa bénédiction, lui dit : Ma fille, prenez garde à vous désormais. Ces malheurs si funestes vous sont arrivés en Italie, parce que vous vous êtes laissé séduire à la malice de Théodose. Quittez donc cette opiniâtreté déraisonnable; et, outre les trois conciles œcuméniques, de Nicée contre Arius, de Constantinople contre Macédonius, d'Ephèse contre Nestorius, recevez aussi la définition de celui de Chalcédoine; retirez-vous de la communion de Dioscore et embrassez celle de Juvénal. Ayant ainsi parlé, il lui donna sa bénédiction, prit congé d'elle et se retira.

Eudoxie, admirant sa vertu, exécuta ce qu'il avait dit, comme si Dieu lui eût parlé de sa bouche. Elle retourna aussitôt à Jérusalem, et, par le moyen des prêtres Cosme et Anastase, elle se réunit à l'archevêque Juvénal et à l'Eglise catholique. Son exemple attira une grande multitude de laïques et de moines, que Théodose avait séduits. Mais il y eut encore une partie considérable des uns et des autres qui s'opiniâtrèrent dans le schisme (*Vita S. Euthym., Acta Sanct.*, 20 *januar.*).

Juvénal étant ainsi rentré dans son siége, écrivit à saint Léon pour lui en faire part. Dans sa lettre, qui fut portée à Rome par un prêtre et un diacre, il parlait de celle de saint Léon à Flavien. Le Pape lui répondit, le 4 septembre 454, pour lui en témoigner sa joie; « mais, ajoute-t-il, en faisant réflexion sur le passé, je vois que vous vous êtes attiré vos malheurs, et que vous avez perdu l'autorité pour résister aux hérétiques, quand vous avez témoigné approuver leur erreur, en condamnant Flavien et en recevant Eutychès au concile d'Ephèse. N'était-ce pas là renier Jésus-Christ selon la chair ? Quoiqu'il ne soit permis à aucun prêtre d'ignorer le mystère de l'Incarnation, il l'est bien moins aux chrétiens qui demeurent à Jérusalem, puisqu'ils n'ont pas besoin de lecture pour connaître la vérité de l'Evangile, voyant de leurs yeux les lieux où les mystères se sont accomplis. C'est là qu'une vierge de la race de David a enfanté, qu'elle a enveloppé de langes son enfant dans une crèche, n'ayant pas trouvé d'hôtellerie où se loger. C'est là que les anges ont annoncé la naissance du Sauveur; qu'il a été adoré des mages; qu'Hérode l'a recherché pour le faire mourir; qu'il a crû en âge et en force; qu'il est devenu homme parfait; qu'il a eu faim et soif; qu'il a pleuré; qu'on l'a attaché à la croix. On y voit la pierre qui lui servit de tombeau et d'où il est sorti par sa puissance divine. Il conclut par ces deux mots, qui suffisent pour détruire l'hérésie d'Eutychès : « La divinité ne peut être passible en son essence, et la vérité ne peut nous tromper en feignant de prendre notre nature (*Epist.* 139). »

Maxime d'Antioche avait également envoyé au

pape, par un prêtre et un diacre, les lettres où il se montrait grandement ami de l'unité et de la paix. Le Pape l'en félicita dans sa réponse du 11 juin 453. Comme il avait appris en même temps, des deux députés, qu'il y avait encore en Orient un certain nombre de nestoriens et d'eutychiens, qui s'anathématisaient les uns les autres, il l'exhorte à tenir ferme dans la foi de saint Pierre, telle que ce prince des apôtres l'avait fondée généralement par tout le monde, mais spécialement dans les villes d'Antioche et de Rome. Il faut donc prendre bien garde que l'hérésie n'y donne aucune atteinte, leur résister avec une autorité sacerdotale, et nous informer souvent, par vos lettres, de ce qui se passe dans les églises. Car il est juste que vous preniez part à la sollicitude du Siège apostolique, et que, pour agir avec confiance, vous vous rappeliez les priviléges du troisième siège, que l'ambition de personne ne diminuera, parce que j'ai un tel respect pour les canons de Nicée, que je ne permettrai jamais qu'on les viole par aucune nouveauté. Les mérites des pontifes peuvent être quelquefois divers, mais les droits des sièges subsistent. Si donc vous avez quelque chose à poursuivre touchant les priviléges de l'Église d'Antioche, expliquez-le par vos lettres, afin que je puisse vous répondre plus précisément. Il suffira pour le moment de prononcer en général que, si un concile quelconque s'est permis quelque chose contre les canons de Nicée, cela ne peut porter aucun préjudice à ces inviolables décrets. L'ambition prend souvent l'occasion de se glisser dans les conciles généraux. Comme dans le concile d'Éphèse, Juvénal crut pouvoir usurper la primauté de la Palestine, et établir sa prétention par des écrits supposés. Cyrille de sainte mémoire s'y opposa, et m'écrivit pour faire connaître cette entreprise et empêcher qu'elle ne fût autorisée. Nous avons trouvé dans nos archives l'original de sa lettre, dont vous nous avez envoyé copie. En attendant, le propre de ma définition est, que ce qu'une multitude d'évêques, si grande qu'elle soit, décrète de contraire aux constitutions des trois cent dix-huit Pères, doit être cassé par la considération de la justice; car il est impossible de maintenir la tranquillité de la paix universelle, si on n'a pour les canons un respect inviolable. Que si mes frères envoyés au concile, qui ne regardait que la foi, ont fait quelque autre chose, il n'aura aucune force, puisqu'ils auront excédé leur pouvoir. Ce qui est contraire aux règlements de Nicée ne pourra jamais obtenir le consentement du Siège apostolique. Vous verrez combien nous y sommes attachés, par les copies de la lettre que nous avons envoyée à l'évêque de Constantinople pour réprimer son ambition, et que vous ferez venir à la connaissance de tous nos frères et collègues.

Le Pape recommande enfin à Maxime de veiller à ce que, hormis les prêtres, nul ne s'arroge le droit d'enseigner et de prêcher, qu'il soit moine ou laïque. Car, bien qu'il soit à souhaiter que tous les enfants de l'Église aient la science de la vraie et saine doctrine, il ne faut cependant pas permettre que quelqu'un qui n'est pas de l'ordre sacerdotal, s'attribue la fonction de prédicateur, attendu que, dans l'Église de Dieu, tout doit se faire avec ordre, de manière que les membres supérieurs du corps de Jésus-Christ remplissent leur office, et que les inférieurs se tiennent dans la subordination (*Epist.* 119). Saint Léon parlait ainsi, à cause des troubles que les moines, qui généralement alors n'étaient pas prêtres, avaient excités en Palestine et ailleurs par leurs discours et leurs écrits.

Le même jour, saint Léon écrivit à Théodoret. Ce savant évêque avait d'abord défendu Nestorius et combattu saint Cyrille. Déposé au faux concile d'Éphèse, mais rétabli par le Pape, il avait assisté au concile de Chalcédoine. Pour s'assurer mieux de ses dispositions, on l'y avait obligé d'anathématiser nommément Nestorius. Lorsque les évêques d'Illyrie firent des difficultés sur un endroit de la lettre de saint Léon à Flavien, Théodoret leur fit voir que saint Cyrille s'exprimait de la même manière. Enfin, il instruisit les légats de certains abus qui avaient lieu en Orient. Informé de toutes ces choses, le Pape lui écrivit une grande lettre, le 11 juin 453, où d'abord il le félicite de ce que, par la grâce de Dieu, il a remporté la victoire avec le Saint-Siège, non moins sur l'impiété de Nestorius que sur l'erreur insensée d'Eutychès. C'est pourquoi nous nous glorifions dans le Seigneur, qui n'a pas permis que nous perdions aucun de nos frères; mais, ce qu'il avait auparavant défini par notre ministère, il l'a confirmé par le consentement irrétractable de toute la fraternité, pour faire voir que c'est vraiment de lui que venait ce qui, décidé d'abord par le premier de tous les sièges, a été reçu par le jugement de tout l'univers chrétien; en sorte qu'en ceci encore, les membres se sont accordés au chef. En quoi nous avons d'autant plus lieu de nous réjouir, que l'ennemi a déployé plus de malice. Car, de peur que le consentement des autres sièges ne parût une flatterie envers celui que le Seigneur a institué pour les présider tous, ou qu'on ne pût former quelqu'autre soupçon fâcheux, il s'en est trouvé qui ont disputé sur notre jugement. Quelques-uns, poussés par l'auteur de la discorde, se lèvent pour commencer une guerre de contradiction; mais l'auteur de toute bonté tourne ce mal à un plus grand bien. Car les dons de Dieu d'autant plus agréables qu'ils ont plus coûté, et une paix continuée dans le repos, parait un bonheur moindre que celle qu'on a regagnée par les travaux. La vérité même, parait plus clairement et s'imprime plus fortement, quand ce que la foi avait enseigné auparavant est ensuite confirmé par l'examen. Enfin, le ministère sacerdotal jette un grand éclat quand les premiers gardent l'autorité de telle sorte, que la liberté des inférieurs ne soit réputée diminuée en rien; et l'examen tourne à une plus grande gloire de Dieu, lorsque la capacité l'entreprend pour vaincre l'opposition de peur que ce qui est convaincu de réprobation par soi-même, ne paraisse opprimé par le préjugé du silence.

Ces paroles sont remarquables, et Fleury n'aurait pas dû les tronquer. On y voit que c'est le Seigneur lui-même qui définit la doctrine par le ministère du Pape, et qui, pour montrer que cette définition émane véritablement de lui, la confirme par l'assentiment irrévocable de l'épiscopat. S'il y a des dissidents, ils sont poussés par l'auteur de la discorde; mais Dieu tourne ce mal à un plus grand bien. L'examen de la définition est utile, quand c'est la capacité qui l'entreprend pour vaincre l'opposition. C'est ainsi que, dans le concile de Chalcédoine, les évêques examinèrent le jugement du Pape, auquel ils avaient déjà souscrit et donné leur irrévocable assentiment. C'est ainsi que nous leur verrons bientôt examiner le jugement même du concile de Chalcédoine.

Saint Léon dit enfin à Théodoret : « Quoique vous n'ayez pas besoin d'instruction, nous croyons devoir vous avertir, dans l'occasion présente, qu'en combattant les ennemis de l'Eglise, nous devons mesurer nos discours avec une extrême précaution. Il ne faut plus disputer, comme de choses douteuses, mais établir avec une entière autorité ce qui a été défini dans le concile de Chalcédoine par la divinité du Saint-Esprit. Il ne faut laisser aux ennemis de l'Eglise aucune occasion de calomnie, comme si, en combattant les nestoriens et les eutychiens, nous avions cédé aux uns ou aux autres. Il faut les condamner également et les frapper d'anathème, sans hésiter et nettement, toutes les fois que l'utilité des auditeurs le demande; de peur que, si nous différons ou que nous le fassions obscurément, on ne pense que nous le faisons malgré nous. Vous venez encore de l'apprendre par expérience. Mais béni soit Dieu, dont la vérité invincible vous a montré net de toute tache d'hérésie, suivant le jugement du Siége apostolique. Vous lui rendrez dignement grâces pour tant de travaux, si, pour la défense de l'Eglise universelle, vous continuez à vous montrer tel que nous vous avons jugé et que nous vous jugeons; car, que Dieu ait dissipé les trames de tous les calomniateurs, nous y reconnaissons l'extrême sollicitude du bienheureux Pierre pour nous tous; après avoir affermi le jugement de son siége dans la définition de la foi, il n'a pas même permis qu'il lui échappât une méprise touchant les personnes. Au demeurant, comme nous avons appris qu'il y a par là quelques restes de l'erreur d'Eutychès et de Nestorius, nous vous exhortons à seconder encore en ceci le Siége apostolique. Car la victoire dont le Christ, Notre Seigneur, a favorisé son Eglise, si elle augmente la confiance, elle n'ôte pas tout à fait la sollicitude; elle nous est accordée, non pas pour que nous dormions, mais pour que nous travaillions avec plus de joie. Nous voulons donc que vous nous aidiez par votre vigilance, et que, par une correspondance assidue, vous informiez promptement le Siége apostolique des progrès de la doctrine du Seigneur dans ces contrées, afin que nous puissions en assister les évêques où besoin sera. Quant à ce qui a été entrepris dans ledit concile contre les canons de Nicée, ainsi qu'à l'insolence de certains moines dont vous nous avez référé par vos vicaires, nous en avons écrit à notre frère et coévêque d'Antioche. Comme nous lui avons commandé d'en donner connaissance à tous, nous n'en joignons point ici de copie, ne doutant pas qu'il ne fasse ce que nous lui avons commandé (*Epist.* 120). »

On voit par cette lettre que le pape saint Léon établit Théodoret comme son vicaire ou son nonce, dans les provinces de l'Euphrate et de l'Arménie. Rien ne pouvait être plus honorable que cette confiance d'un si grand Pape. De son côté, Théodoret, qui mourut peu d'années après, profita de ses avis paternels, et se prononça plus ouvertement contre le nestorianisme. Il finit son quatrième livre *Des hérésies*, par Nestorius et Eutychès, et parle si fortement contre Nestorius, que ce chapitre a paru suspect à quelques critiques, mais à tort; car il est cité, non seulement par Photius, mais encore par Léonce de Byzance, qui écrivait vers l'an 600. C'est donc une gloire du pape saint Léon, d'avoir complètement affermi dans la foi et le langage orthodoxes le plus savant évêque de son temps.

Il eut encore la gloire de réprimer l'ambition d'Anatolius de Constantinople, et de le contenir dans les règles de l'orthodoxie. Il manquait à cet évêque la vigueur d'un catholique, le zèle pour la foi et même le soin de sa propre renommée. Ordonné par les partisans de l'hérésie, son entrée avait été suspecte. Au lieu de purger son église des erreurs qui l'infectaient, il ne songeait qu'à étendre ses priviléges. Même après le concile de Chalcédoine, il sollicita les évêques d'Illyrie de seconder ses prétentions. Nous avons vu avec quelle vigueur le pape saint Léon cassa tout ce qui s'était fait à cet égard, et en fit des reproches à Anatolius même. Comme Anatolius différa de le satisfaire, le Pape cessa de lui écrire. Un nouvel incident lui rendit même sa foi suspecte.

Il apprit de Julien de Cos, son nonce à Constantinople, que les cabales des hérétiques ne cessaient pas, que les défenseurs de la foi catholique étaient vexés; que l'archidiacre Aëtius, toujours catholique et opposé aux nestoriens et aux eutychiens, avait été ôté de sa place, sous prétexte d'avancement, et ordonné prêtre d'une église de cimetière; qu'on avait fait archidiacre un nommé André, ami d'Eutychès et accusateur de Flavien, et déposé précédemment pour cela par Anatolius même. Saint Léon en écrivit, le 10 mars 453, à Marcien et à Pulchérie, se plaignant qu'Anatolius avait dégradé Aëtius, sous prétexte de lui faire honneur. Car n'ayant rien à lui reprocher ni pour la foi ni pour les mœurs, il lui avait ôté la fonction d'archidiacre, qui donnait une grande autorité, parce qu'elle comprenait l'administration de toutes les affaires de l'Eglise, pour le condamner à une espèce d'exil, en l'attachant à un cimetière hors de la ville et en un lieu écarté; et cela, parce que Aëtius avait toujours été attaché à saint Flavien et à la foi orthodoxe. Ainsi Anatolius se rendait suspect de n'avoir pas renoncé de bon cœur aux erreurs d'Eutychès. Il avait même violé la tradition apostolique, en faisant cette ordination un vendredi, au lieu de la faire la nuit du samedi au dimanche. Saint Léon prie l'empereur et l'impératrice de l'obliger à changer de conduite; et en même temps il leur recommande Julien de Cos, qu'il déclare avoir établi son légat ou son nonce pour poursuivre à leur cour tout ce qui regarde la foi et la paix de l'Eglise contre les hérétiques du temps (*Epist.* 111, 112, 113, 117).

L'empereur Marcien, qui dans toutes ces affaires montra un zèle et une sagesse de pontife, réprimanda l'évêque Anatolius, qui promit de satisfaire le Pape, mais en se plaignant qu'il avait cessé de lui écrire. Je n'ai cessé, dit saint Léon à l'empereur, que quand j'ai vu qu'il ne me répondait rien qui témoignât du repentir de sa prétention ambitieuse; principalement après ce qui s'est passé, touchant Aëtius et André; mais je n'ai jamais cessé de désirer sa correction. Après plusieurs lettres de l'empereur, Anatolius écrivit lui-même au Pape que le prêtre Aëtius avait été rétabli au rang d'honneur qui répondait à sa première dignité. « Au contraire, ajoute-t-il, André, qui avait été honoré de la dignité d'archidiacre, a été séparé de l'Eglise avec ceux qui étaient contre saint Flavien et du parti d'Eutychès; quoiqu'ils parussent avoir satisfait en souscrivant à la lettre de Votre Sainteté; et ils demeureront ainsi jusqu'à ce que vous en ayez ordonné. Quant à ce qui a été décidé en faveur du siège de Constantinople au concile de Chalcédoine, soyez sûr qu'il n'y a point de ma faute; j'ai toute ma vie aimé le repos et à me tenir dans ma bassesse. Mais le clergé de Constantinople et les évêques de ces quartiers en ont été d'accord, comme vous le verrez par les actes. D'ailleurs, toute la force et la confirmation de ce qui s'est fait a été réservé à l'autorité de Votre Béatitude (*Ibid.*, 128, 132). »

Anatolius ayant ainsi satisfait, le Pape lui écrivit le 29 mai 454. Il approuve le rétablissement d'Aëtius et la déposition d'André, et ajoute : « Si André et Euphratas, que j'apprends avoir insolemment accusé Flavien de sainte mémoire, condamnent par écrit, authentiquement, l'erreur d'Eutychès, aussi bien que celle de Nestorius, vous les ordonnerez prêtres, après avoir choisi pour archidiacre un homme qui n'ait jamais été soupçonné de ces hérésies. Les autres, qui étaient dans la même faute, seront rétablis, s'ils satisfont de même; mais il ne faut mettre aux premières places que ceux qui, constamment, n'auront jamais été engagés dans aucune erreur. » Quant aux prétentions ambitieuses d'Anatolius, il l'exhorte à y renoncer sincèrement, à se contenir dans les bornes que les saints Pères avaient posées, à renouveler son amitié avec Julien de Cos, et à observer les décrets de Nicée touchant les prééminences et les droits du sacerdoce, attendu que de là dépendait la paix de l'Eglise (*Epist.* 135).

C'est ainsi que saint Léon le Grand, par la douceur, la fermeté, la sagesse, l'autorité réunies, maintenait en Occident la paix et la règle, et y ramenait tout l'Orient. En quoi il était admirablement secondé par l'empereur et l'impératrice de Constantinople. On aurait dit un seul esprit en trois personnes. Aussi, Léon, Marcien, Pulchérie, seront à jamais le modèle de la parfaite harmonie entre l'Eglise et l'empire, pour le plus grand bien de l'une et de l'autre. Au mois de juillet 453, un de ces grands et saints personnages, la sainte impératrice et vierge Pulchérie, alla recevoir sa récompense au ciel. Pendant sa vie, elle avait fondé un grand nombre d'églises, de monastères, d'hospices pour les pauvres, pour les vieillards, pour les étrangers, et même de cimetières pour les enterrer honorablement. A sa mort, elle institua les pauvres ses héritiers. Et l'empereur Marcien exécuta ses charitables intentions avec fidélité et avec joie. L'Eglise honore la mémoire de sainte Pulchérie le 10 septembre.

En Occident, où l'Eglise était ferme et unie, l'empire touchait à sa ruine. Après la mort du terrible Attila, arrivée en 453, on aurait cru qu'il allait reprendre une nouvelle vie. Pour cela, il lui aurait fallu un empereur Marcien. L'efféminé Valentinien III, livré aux plaisirs et aux eunuques, était incapable de se gouverner lui-même. Sur les marches du trône impérial se voyait le patrice Aëtius, grand capitaine, mais Scythe d'origine : de plus, d'une ambition sanguinaire et perfide, pour perdre ses rivaux, il avait fait livrer l'Afrique aux Vandales et était soupçonné d'avoir attiré les Huns d'un autre côté. Il aspirait au trône, si ce n'est pour lui-même, du moins pour ses descendants. Valentinien n'avait point d'enfant mâle, mais seulement deux filles. Aëtius demanda l'aînée, la princesse Eudoxie, pour son fils Gaudens. Valentinien s'en irrita d'abord, mais finit par la promettre; et l'empereur et le patrice se jurèrent une amitié mutuelle. C'était, suivant l'image du prophète, le fer et l'argile qui voulaient s'allier ensemble. Par les artifices du sénateur Maxime et de l'eunuque Héraclius, qui gouvernait l'empereur, cette réconciliation dégénéra bientôt en rupture ouverte. Les choses en vinrent au point que Valentinien se crut perdu, s'il ne faisait périr Aëtius. Il le manda donc au palais. Comme Aëtius demandait avec chaleur l'accomplissement de l'alliance promise, Valentinien, en colère, tire son épée, la lui plonge dans le corps, et les courtisans l'achèvent. Quelque temps après, l'empereur ayant demandé s'il n'avait pas bien fait, un Romain lui répondit : « J'ignore si vous avez fait bien ou mal; ce que je sais bien, c'est que vous vous êtes coupé la main droite avec la main gauche (Procop., *De bell. Vandal.*). ».

Le sénateur Maxime n'avait pas voulu qu'Aëtius montât sur le trône, parce qu'il voulait y monter lui-même. D'après les historiens grecs, à l'ambition de régner, il joignait la soif de la vengeance : Valentinien l'avait cruellement irrité en abusant par force de sa femme; de quoi cependant les auteurs latins ne parlent pas. Il se servit des eunuques de Valentinien contre Aëtius, et des gens d'Aëtius contre Valentinien, qui avait eu l'imprudence de les conserver auprès de sa personne. Le 17 mars 455, comme l'empereur se promenait à Rome dans le Champ-de-Mars, deux d'entre eux se jetèrent sur lui et le tuèrent, sans que pas un de ses courtisans se mît en devoir de le défendre. Ainsi finit Valentinien III, le dernier en tous sens, de la race du grand Théodose. Il était âgé de 36 ans, et en avait régné près de trente.

Maxime fut aussitôt reconnu empereur. Il était sénateur, patrice, avait été deux fois consul, et, suivant quelques historiens, descendait de ce Maxime qui usurpa l'empire au temps du grand Théodose. Sa femme étant morte, il contraignit Eudoxia, veuve de Valentinien, à l'épouser. Mais quand elle eut découvert qu'il était l'auteur de sa mort, elle en eut un tel dépit qu'elle envoya de grands présents à Genséric, roi des Vandales, avec l'invitation de venir à Rome, dont elle l'aiderait à se rendre maître. Genséric n'y manqua pas. Il partit d'Afrique avec une flotte formidable. Sur le bruit de sa venue, plusieurs des nobles et du peuple s'enfuirent de Rome. Maxime pensait à en sortir lui-même, permettant à tout le monde d'en faire autant. Sa lâcheté le rendit tellement méprisable, que des domestiques du dernier empereur le tuèrent, le mirent en pièces, et jetèrent ses membres dans le Tibre, le 77e jour de son règne, 12 juin 455.

L'ambition d'un homme, la vengeance d'une femme, exposaient ainsi la capitale de l'empire à la fureur des Barbares, à l'incendie, à une ruine entière. Le pape saint Léon, qui déjà l'avait sauvée de l'invasion d'Attila, la sauva encore de la férocité de Genséric. Trois jours après qu'on eût tué Maxime, le roi des Vandales arriva, et trouva Rome sans défense. Le Pape alla au devant de lui, hors des portes

# LIVRE XLI. — PONTIFICAT DE SAINT LÉON LE GRAND.

de la ville, et obtint, par ses prières, qu'il se contentât du pillage et s'abstînt des incendies, des meurtres et des supplices. Rome fut donc pillée en pleine liberté pendant quatorze jours. Entre les immenses richesses qui furent enlevées alors, étaient les vases sacrés, que Titus avait autrefois apportés de Jérusalem. Les Vandales emmenèrent plusieurs milliers de captifs : l'impératrice Eudoxia, qui les avait appelés, fut elle-même conduite à Carthage avec ses deux filles Eudoxie et Placidie. Tel fut le fruit de sa vengeance (Tillemont, *Hist. des emp.*, t. VI; Lebeau, *Hist. du Bas-Empire*).

Le Pape avait sauvé la ville de Rome : un évêque sauva les Romains captifs. Ce fut *Deogratias*, ordonné évêque de Carthage en 454, à la prière de l'empereur Valentinien, après une longue vacance. Les Vandales et les Maures, partageant entre eux ces infortunés captifs, séparaient les maris d'avec les femmes, et les enfants d'avec leurs parents. Le saint évêque, voulant empêcher ce malheur, entreprit de les racheter et de les mettre en liberté ; et, pour cet effet, il vendit tous les vases d'or et d'argent qui servaient aux églises. Et parce qu'il n'y avait pas de lieux assez spacieux pour contenir cette multitude, il y destina deux grandes églises, qu'il fit garnir de lits et de paille, ordonnant chaque jour ce dont ils avaient besoin. Il y avait entre eux un grand nombre de malades, soit de la mer, à laquelle ils n'étaient pas accoutumés, soit des mauvais traitements de l'esclavage. Le saint évêque les visitait à tout moment, avec des médecins, suivant l'avis desquels il leur faisait distribuer la nourriture en sa présence. La nuit même il parcourait les lits, demandant à chacun comment il se portait ; car il se donnait tout entier à ce travail, malgré sa faiblesse et sa vieillesse décrépite. Les ariens, envieux de sa vertu, voulurent le faire périr par divers artifices, dont Dieu le délivra. Mais il mourut peu de temps après, n'ayant tenu le siège de Carthage que trois ans. On l'enterra secrètement, pendant qu'on était occupé aux prières accoutumées, de peur que le peuple n'enlevât son corps, tant il était aimé. A sa mort, les captifs romains se croyaient de nouveau retombés en servitude.

Genséric défendit alors d'ordonner des évêques dans la province proconsulaire et dans la Zeugitane, où il y en avait soixante-quatre. Ainsi, manquant peu à peu, ils étaient réduits à trois au bout de trente ans, lorsque Victor, évêque de Vite, écrivit l'histoire de cette persécution. Il y eut plusieurs confesseurs et plusieurs martyrs. Quatre frères, Martinien et trois autres, étaient esclaves d'un chef de Vandales, avec une fille nommée Maxima, d'une rare beauté. Martinien était armurier, et fort aimé de son maître ; Maxima gouvernait toute la maison. Le Vandale, pour se l'attacher davantage, voulut les marier. Martinien en était bien aise ; mais Maxima était déjà consacrée à Dieu. Ainsi, quand on les eut mis ensemble, elle persuada à Martinien de garder la continence. Il gagna lui-même ses frères ; et tous cinq ensemble, ils sortirent de nuit et allèrent à Tabraque, où les quatre frères entrèrent dans un monastère d'hommes, et Maxima dans une communauté de filles qui était proche. Le Vandale chercha tant, qu'il les trouva. Les ayant repris, il les mit aux fers et leur fit souffrir divers tourments, voulant non-seulement que Martinien et Maxima vécussent ensemble comme mari et femme, mais encore qu'ils fussent rebaptisés.

Le roi Genséric en étant informé, ordonna au maître de les tourmenter jusqu'à ce qu'ils obéissent. Il les fit battre avec de gros bâtons taillés en forme de scies, qui les mettaient tout en sang et les déchiraient jusqu'à découvrir leurs entrailles. Et, toutefois, le lendemain on les trouvait guéris : ce qui arriva plusieurs fois. Ensuite on les mit dans une rude prison avec des entraves aux pieds ; mais elles se rompirent en présence d'un grand nombre de fidèles ; ce qui parut un miracle. La vengeance divine s'étendit sur la maison du Vandale. Il mourut, lui et ses enfants, et ce qu'il y avait de meilleur dans ses esclaves et ses bestiaux. Sa veuve donna les serviteurs de Dieu à un parent du roi, nommé Sésaon ; mais le démon tourmenta ses enfants et ses domestiques. Il raconta la chose au roi, qui ordonna d'envoyer les quatre frères enchaînés à un roi maure, païen, nommé Caphar. Pour Maxima, il la laissa en liberté ; elle vivait encore, supérieure de plusieurs vierges, trente ans après, lorsque Victor de Vite, qui la connaissait particulièrement, écrivait son histoire.

Les confesseurs étant arrivés dans le désert où demeurait ce roi maure, et y voyant quantité de sacrifices profanes, commencèrent, par leurs discours et leur manière de vivre, à attirer les Barbares à la connaissance de Dieu, et en gagnèrent une grande multitude, dans un pays où le nom de Jésus-Christ n'avait point encore été porté. Alors ils pensèrent comment ils feraient pour y établir l'Évangile et y faire administrer le baptême. Ils envoyèrent des députés, qui, ayant traversé le désert, arrivèrent à une ville romaine, c'est-à-dire des terres de l'empire. On pria l'évêque d'envoyer des prêtres et des ministres à ce peuple converti. L'évêque le fit avec joie, et on baptisa une grande multitude de Barbares. Genséric l'ayant appris par la relation de Capsar, fit attacher les serviteurs de Dieu par les pieds, derrière des chariots, qui, courant dans des lieux pleins de ronces et de bois, les mirent en pièces. Les maures se lamentaient ; mais les martyrs se regardaient l'un l'autre en passant, et disaient : « Mon frère, priez pour moi ; Dieu a rempli notre désir : c'est ainsi qu'on arrive au royaume des cieux. » Il se fit de grands miracles à leur tombeau.

Après cela, Genséric s'emporta encore plus contre les catholiques. Il envoya dans la province Zeugitane un nommé Proculus, pour contraindre tous les évêques à livrer les vases sacrés et les livres, comme pour les désarmer. Les évêques ayant déclaré qu'ils ne pouvaient le faire, les Vandales les prirent de force et pillèrent tout. L'exécuteur de cette sentence, Proculus, mourut bientôt après, se coupant la langue par morceaux avec ses dents. Dans cette persécution, Valérien, évêque d'Abenze, âgé de plus de quatre-vingts ans, ayant refusé hardiment de livrer les choses sacrées, fut chassé seul hors de la ville, avec défense à personne de le loger dans aucune maison, ni à la ville, ni à la campagne. Ainsi ce saint vieillard demeura longtemps étendu nu sur le grand chemin, exposé aux injures de l'air. L'Église en fait mémoire le 15 décembre.

En un lieu nommé Regia, les catholiques ouvrirent une église fermée pour y célébrer la fête de Pâques. Les ariens le surent, et un de leurs prêtres, ayant assemblé des gens armés, vint attaquer les catholiques. Ils entrent l'épée à la main; d'autres montent sur les toits voisins, et tirent des flèches dans les fenêtres de l'église. Un lecteur, monté sur la tribune, chantait *alleluia*, quand il reçut un coup de flèche dans la gorge; le livre lui échappa des mains, et il tomba mort. Plusieurs furent tués à coups de flèches et de dards sur le marchepied de l'autel. Ceux qui ne moururent pas sur-le-champ furent tourmentés ensuite et presque tous mis à mort, par ordre du roi, principalement les grandes personnes. L'Eglise fait mémoire de ces martyrs le 5 avril.

Genséric avait ordonné, à la persuasion de ses évêques, qu'il n'y eût que des ariens à servir dans sa maison et dans celle de ses enfants. On trouva un catholique distingué, le comte Armogaste, au service de Théodoric, fils du roi. Il fut souvent tourmenté avec des cordes de boyaux, dont on lui serrait les jambes et le front. Après avoir fait le signe de la croix, il regardait le ciel, et les cordes se rompaient. On y employa des cordes plus fortes, et de chanvre; mais elles se rompaient sitôt qu'il invoquait le nom de Jésus-Christ. Etant même pendu par un pied, la tête en bas, on le voyait dormir comme sur un lit de plume. Théodoric, son maître, voulait lui faire couper la tête; mais un prêtre arien, qui était à lui, l'en détourna, disant : Vous pouvez le faire mourir par divers supplices; mais, si vous lui faites couper la tête, les Romains commenceront à le reconnaître pour martyr. Par tout l'empire, les Barbares nommaient *Romains* les anciens habitants des provinces. Théodoric envoya donc Armogaste dans la province Byzacène, travailler à creuser la terre. Puis, pour lui faire plus de honte, il le fit venir auprès de Carthage, et garder des vaches. Le confesseur ayant eu révélation que sa mort était proche, dit à un catholique, nommé Félix, intendant du prince : Mon temps est venu; je vous prie, par la foi qui nous est commune, de m'enterrer sous ce chêne; sinon, vous rendrez compte à Dieu. Félix, qui le vénérait comme un apôtre, répondit : Dieu m'en garde! je vous enterrerai dans une basilique, avec l'honneur que vous méritez. Armogaste insista, et Félix le promit, pour ne pas le contrister. Le saint confesseur mourut peu de jours après. Félix commença à creuser au pied de l'arbre; mais la dureté de la terre et des racines l'arrêtait. Enfin, les ayant coupées et fouillant plus avant, il trouva un cercueil d'un marbre très-fin, qui semblait être mis là exprès.

Satur, intendant de la maison d'Hunéric, fils aîné du roi, parlait souvent avec liberté contre l'arianisme. Un diacre arien l'ayant dénoncé, Hunéric le pressa, par les offres les plus magnifiques, de se faire arien, le menaçant, s'il n'obéissait, de lui ôter sa maison, ses biens, ses esclaves, ses enfants, sa femme même, et de la faire épouser en sa présence à un gardeur de chameaux. Satur, bien loin d'avoir peur, provoquait encore plus hardiment les hérétiques. Mais sa femme, à son insu, demanda du temps. Elle vint le trouver en un lieu où il priait à l'écart; elle avait les vêtements déchirés, les cheveux épars; ses enfants l'accompagnaient, et elle tenait entre ses bras une petite fille qui était à la mamelle. Elle la jeta aux pieds de son mari, sans qu'il s'en aperçût, et, lui embrassant les genoux, lui dit : Ayez pitié de moi et de vous, ayez pitié de nos enfants! ne les réduisez pas à la servitude; nous sommes d'une race noble; ne m'exposez pas moi-même à un mariage infâme, de votre vivant. Dieu voit bien que vous ferez ceci malgré vous. Il lui répondit par ces paroles de Job : Vous parlez comme une femme insensée. Si vous m'aimiez, vous ne me pousseriez pas à une seconde mort. Que l'on fasse ce que l'on voudra; je me souviendrai toujours des paroles du Seigneur : *Quiconque ne quitte pas sa femme, ses enfants, ses terres, sa maison, ne peut être mon disciple.* On le dépouilla donc de tout, et on le réduisit à la mendicité, avec défense même de sortir. L'Eglise honore saint Satur et saint Armogaste le 29 mars.

Ensuite Genséric fit fermer l'église de Carthage, et bannit en divers lieux les prêtres et les ministres; car il n'y avait plus d'évêque. Ce qui dura jusqu'au temps de l'empereur Zénon. Genséric fit même bien des maux aux catholiques de plusieurs provinces hors l'Afrique, en Espagne, en Italie, particulièrement dans la partie méridionale, en Sicile, en Sardaigne, en Grèce, en Epire, en Dalmatie, et jusque dans la Vénétie. Car depuis la prise de Rome, s'étant rendu maître du reste de l'Afrique, c'est-à-dire de la Numidie entière et des deux Mauritanies, il envoyait tous les ans, au printemps, des vaisseaux faire des descentes, tantôt en Italie, tantôt en Sicile, tantôt aux provinces de l'empire d'Orient, brûlant, pillant partout, emmenant une multitude de captifs et ruinant des villes entières. Un jour qu'il sortait du port de Carthage, le pilote lui ayant demandé contre quelle nation il devait diriger la flotte, Genséric répondit : Contre laquelle Dieu est en colère (Victor, *Vit.*, l. 1; Procop., *De bello Vandal.*, l. 1, c. 5).

En effet, nous voyons par les Pères de l'Eglise, que les peuples ne profitaient point assez des châtiments de Dieu. A Rome, par exemple, après le départ de Genséric, on établit une fête pour remercier Dieu, dans l'église des Saints-Apôtres, d'avoir préservé la ville d'une ruine entière. Dans peu, les habitants oublièrent et l'église et la fête pour courir aux jeux du cirque, comme le pape saint Léon s'en plaint dans un de ses discours (Baller., *Sermo* 84, *alias* 81). D'ailleurs, à Rome même, il y avait encore bien des païens et bien des restes de paganisme. Des chrétiens mêmes invoquaient encore Castor et Pollux, pour la navigation; des chrétiens mêmes disaient que, s'il y avait tant de fiévreux et d'autres malades, c'est qu'on n'offrait plus de sacrifice au dieu *Fièvre*; enfin, des chrétiens mêmes célébraient encore publiquement la fête des *Lupercales*, une des plus licencieuses parmi les fêtes païennes. Et le pape Gélase, qui parviendra avec peine à l'abolir vers l'an 490, sera obligé d'écrire contre un sénateur et d'autres habitants de Rome, pour en empêcher le rétablissement; et il attribuera formellement à ces restes d'idolâtrie les calamités et la ruine de l'empire (Labbe, t. IV).

Deux mois et demi après le sac de Rome par Genséric, Avitus fut élu empereur dans les Gaules, où il était préfet du prétoire, et où Maxime l'avait nommé général de l'infanterie et de la cavalerie. Avitus était sénateur romain, issu d'une famille gauloise de l'Auvergne, plus illustrée par les charges que par les richesses. Il comptait entre ses ancêtres des préfets et des patrices. Il avait été élevé avec soin dans l'étude des lettres et dans les exercices du corps. Préfet de la Gaule, il gouverna cette province avec intégrité. Devenu empereur, il vint à Rome, où le sénat et le peuple l'attendaient avec impatience. Il était accompagné de son gendre Sidoine Apollinaire, un des plus illustres personnages de ce siècle, que nous verrons plus tard saint évêque de Clermont en Auvergne. Il envoya une ambassade à l'empereur Marcien, qui le reconnut pour son collègue. Afin de couvrir l'Italie contre les Barbares du Nord, dont les incursions avaient été si funestes, il fit un voyage en Pannonie, où il conclut un traité avec les Ostrogoths, qui s'engagèrent à servir de barrière. Vers le même temps, un de ses généraux, le comte Ricimer, remportait la victoire sur une flotte de Genséric près de la Corse, et sur une armée de Vandales en Sicile. Ricimer était fils d'un prince suève et d'une fille de Vallia, roi des Visigoths. Cette noblesse barbare, mais surtout la victoire qu'il venait de remporter, lui firent mépriser le nouvel empereur qui, en effet, à peine sur le trône, se rendait méprisable par ses dérèglements. Étant donc promptement retourné en Italie, il souleva contre lui le sénat romain, et excita dans Ravenne une sédition furieuse, dans laquelle une partie de la ville fut brûlée et le patrice Ramitus massacré. A la première nouvelle, Avitus avait repassé les Alpes. Il se livra un combat le 16 ou 17 octobre 456. Avitus fut défait et pris. Ricimer voulut bien lui laisser la vie, et il le fit sacrer évêque de Plaisance, dont le siège se trouvait vacant. Mais peu de jours après, Avitus, ayant appris que le sénat voulait le faire mourir, prit le parti de se sauver dans les Gaules. Son dessein était de se retirer à Brioude en Auvergne, dans l'église de Saint-Julien, comme dans un asile inviolable. Il portait avec lui de riches présents, qu'il destinait à l'ornement de cette basilique. Mais il mourut en chemin. Son corps fut porté à Brioude et enterré aux pieds du saint martyr. Il avait régné quatorze mois et quelques jours. Nous verrons son petit-fils, saint Avit, évêque de Vienne. Après la mort d'Avitus, l'empire resta vacant le reste de cette année et la plus grande partie de l'année suivante (Tillemont, Lebeau).

Tandis que l'empire d'Occident entrait ainsi dans les convulsions de l'agonie, l'empire d'Orient voyait son âge d'or sous le vertueux Marcien. De tous les empereurs, ce fut le plus accompli. Au-dessus des empereurs idolâtres, qui n'avaient fait servir leur puissance qu'au maintien de la superstition, il faisait servir la sienne au règne de la vérité et de la vertu. Avec le zèle de Constantin pour la religion, il n'en eut pas les déplorables inconséquences, qui, après avoir abattu l'hérésie, la ranimèrent pour des siècles. Bon et généreux comme le grand Théodose, il n'avait pas les funestes accès de colère. Quoique sorti de l'obscurité, il releva la majesté de l'empire, trop avilie par ses deux derniers prédécesseurs; il répondit avec une fierté toute romaine au terrible Attila, qu'il avait de l'or pour ses amis et du fer pour ses ennemis; il força Gobazès, roi des Lazes, peuple barbare qui s'était emparé de la Colchide, à venir sur les terres de l'empire rendre raison de sa conduite et recevoir les conditions de la paix. Avec cette fierté des premiers Romains, qui imprimait le respect au dehors, il avait un tact, une prudence admirables, pour guérir les plaies intérieures de l'Etat et de l'Eglise, les dissensions religieuses, et ramener tous les esprits à la vérité et à l'unité, source première de la vraie force. Suivant des auteurs, il préparait une expédition contre Genséric, lorsqu'il mourut le 26 janvier 457, à l'âge de 65 ans, après en avoir régné six et demi. Le pape saint Léon, son ami et son admirateur, le déclara de sainte et vénérable mémoire, et l'Eglise grecque en fait la fête, ainsi que de sainte Pulchérie, le 17 février.

Un barbare, le comte Ricimer, disposait de l'empire d'Occident; un barbare, le patrice Aspar, disposa de l'empire d'Orient. Alain de nation, arien de religion, il n'osa le prendre pour lui-même. Il jeta les yeux sur un tribun ou maréchal-de-camp, Léon de Thrace, qui commandait à Sélembrie, et lui fit promettre, qu'élevé à l'empire, il nommerait césar un de ses trois fils, Ardabure, Patrice et Herménaric. Léon fut donc proclamé empereur le 7 février 457, et reçut la couronne des mains du patriarche Anatolius. On remarque que c'est le premier souverain couronné par un évêque. Quant à sa religion, tous les historiens sont d'accord qu'il était sincèrement catholique; pour son caractère, il y en a un qui l'accuse d'avarice et cruauté, mais en convenant qu'il avait laissé une renommée différente. Aspar croyait avoir fabriqué un instrument docile; il se trompait. Comme un jour il pressait le nouvel empereur de remplir sa promesse, il se permit de lui dire, en touchant de la main sa pourpre impériale : « Il ne convient pas, seigneur, que celui qui porte cela manque à sa parole. — Ni non plus, répondit Léon, qu'on veuille le forcer et le traiter en esclave (Tillemont, t. VI; Lebeau, l. 34). »

En Occident, le suève-goth Ricimer fit un second empereur. Ce fut Majorien. Pour y parvenir, Ricimer se fit nommer lui-même patrice, et Majorien, généralissime des troupes, tant par le sénat de Rome que par l'empereur Léon de Constantinople. Enfin, après un petit succès de Majorien contre un corps d'Allemands, qui faisaient des courses dans la Rhétie, il le fit proclamer empereur, près de Ravenne, vers la fin de l'année 457. Majorien parut digne de l'empire par ses talents militaires et ses autres qualités. Il fit plusieurs bonnes lois pour le soulagement des peuples et le bien de l'Eglise, d'après le conseil, comme on croit, du pape saint Léon. Il y en a une, entre autres, contre les parents qui forçaient leurs enfants d'entrer dans l'état religieux ou ecclésiastique. Parmi les bons officiers qu'il sut choisir, il y avait le comte Egidius, qui commandait les troupes romaines dans les Gaules, où il était né. Le caractère d'Egidius inspirait tant de confiance, que les Francs établis dans le nord des Gaules le choisirent pour leur roi, quand ils eurent chassé leur roi national Chidéric, à cause de ses dérèglements de jeune homme. Majorien battit un corps de Vandales qui avaient débarqué en Campanie. Il entreprit même de porter la guerre en Afrique. Quoique cette expédition ne réussît pas, à cause de quelque trahison, elle força néanmoins Genséric à lui demander la paix.

La réputation croissante du nouvel empereur irrita le suève-goth Ricimer; en conséquence, il le fit dépouiller de la pourpre et tuer, vers le mois d'août 461. Pour n'y être plus pris et régner sûrement sous le nom d'un autre, il choisit un lucanien nommé Sévère, qui était aussi propre qu'une statue à porter la pourpre impériale. Sévère fut donc proclamé empereur à Ravenne, le 19 ou 20 novembre de la même année, et, peu de jours après, le sénat de Rome fut obligé de confirmer cette élection (Till.).

Aussitôt après la mort de Marcien, et dès le commencement du règne de Léon, le parti d'Eutychès se releva en Egypte. Il y avait un moine nommé Timothée, surnommé Elure, qui était prêtre, et s'était séparé des catholiques aussitôt après le concile de Chalcédoine. Il s'était joint à quatre ou cinq évêques et à quelques moines infectés de la même erreur, et, pour ce sujet, condamnés par Protérius et par le concile d'Egypte, et exilés par ordre de l'empereur Marcien. Ce Timothée allait de nuit par les cellules des moines, et, leur parlant à travers une canne creuse, les appelait par leur nom, et leur disait qu'il était un ange envoyé du ciel pour les avertir de fuir la communion de Protérius, et d'élire pour archevêque Timothée, qui était lui-même. Peut-être cette manière d'aller de nuit lui fit-elle donner le surnom d'*Ailouros*, qui en grec signifie un chat. La mort de l'empereur Marcien l'enhardit. Il assembla quelques moines de sa faction, qui demeuraient dans le voisinage d'Alexandrie, et remplit la ville d'un si grand tumulte, que les catholiques n'osaient se montrer. Ensuite il ramassa une troupe de séditieux gagnés par argent, et, prenant occasion de l'absence de Denys, qui commandait les troupes de la province et qui était alors occupé dans la haute Egypte, il s'empara de la grande Eglise d'Alexandrie, et se fit ordonner évêque par deux de ces évêques condamnés et exilés, savoir : Pierre de Majume et Eusèbe de Péluse, lequel saint Isidore de Péluse stigmatise dans ses lettres comme un réceptacle de tous les vices. Timothée ainsi ordonné, célébra le baptême et fit toutes les fonctions d'évêque.

Le duc Denys étant de retour à Alexandrie, et ayant trouvé que Timothée en était dehors, l'empêcha d'y rentrer, ce qui mit en fureur ceux de son parti. Ils cherchèrent l'évêque Protérius, qui se retira dans le baptistère, croyant se garantir par la sainteté du lieu et du temps; car c'était le Vendredi saint, 29 mars 457. Mais les séditieux n'y eurent aucun égard, non plus qu'à sa vieillesse et à ses cheveux blancs. Ils entrèrent à main armée dans le baptistère, et, comme Protérius était en oraison, ils le tuèrent d'un coup d'épée dans le ventre, et le percèrent de plusieurs autres coups, puis attachèrent son corps à une corde, l'exposèrent à la vue de tout le peuple, lui insultant et criant avec de grandes huées, que c'était Protérius. Ensuite ils traînèrent ce cadavre par toute la ville, le mirent en pièces, le déchirèrent de mille coups : quelques-uns mêmes de ces hérétiques n'eurent pas horreur de goûter de ses entrailles. Enfin ils brûlèrent les restes de ses membres et en jetèrent les cendres au vent. Six autres furent tués avec l'évêque.

Après cela, Timothée exerça librement à Alexandrie toutes les fonctions du sacerdoce. Il disposait à son gré des biens de cette Eglise, et les distribuait aux gens de sa faction, au préjudice des pauvres, qui en devaient vivre. Il anathématisa le concile de Chalcédoine et tous ceux qui le recevaient, c'est-à-dire le pape saint Léon, Anatolius de Constantinople, Basile d'Antioche, successeur de Maxime, mort depuis peu, enfin tous les évêques catholiques. Il ôta des sacrés diptyques le nom de Protérius, et y mit le sien et celui de Dioscore. Il persécuta les parents de Protérius, et pilla les biens de son patrimoine. Des quatre ou cinq évêques de son parti, il retenait les uns auprès de lui, et envoyait les autres par les villes d'Egypte, pour persécuter les évêques catholiques et leur clergé. Il chassait des vieillards ordonnés par Théophile et par saint Cyrille, et faisait ordonner à leur place des hérétiques; il faisait rompre et brûler les chaires pontificales où Protérius s'était assis, et laver d'eau de mer les autels dressés et consacrés dans les églises. Il troublait les monastères d'hommes et de filles, y mettant des clercs de sa faction, et défendant de recevoir la communion des évêques et des clercs catholiques, et même de les tenir pour clercs. Ainsi, ils étaient réduits à s'enfuir et à se cacher (Labbe, t. IV; Evagre, l. 2, c. 8).

A Constantinople même, les eutychianistes avaient remué après la mort de l'empereur Marcien; mais leurs mouvements furent aussitôt comprimés par le zèle du légat Julien de Cos, et des catholiques de Constantinople, et ensuite par le nouvel empereur Léon. On le voit par une lettre du 1er juin 457, que le pape saint Léon écrivit à son légat, pour le féliciter de son zèle et lui demander des renseignements sur les troubles d'Alexandrie, dont le bruit était déjà venu jusqu'à Rome. Il en reçut bientôt des nouvelles certaines par Anatolius de Constantinople, qui l'informait, en outre, que les hérétiques demandaient hautement un nouveau concile, pour casser celui de Chalcédoine; mais que l'empereur avait rejeté de lui-même cette proposition; que, toutefois, il était à propos que le Pape lui écrivît, pour le soutenir dans ses bons sentiments et le prier de remédier à ces maux. Le pape saint Léon écrivit donc, le 11 juillet, à Anatolius et à l'empereur, auquel il avait déjà écrit pour le féliciter sur son avénement à l'empire. Par cette seconde lettre, il le prie de tenir ferme pour l'autorité inébranlable du concile de Chalcédoine, et de procurer la paix de l'Eglise d'Alexandrie, en y faisant ordonner un évêque par les catholiques. Il recommande en même temps à Anatolius de voir l'empereur en temps opportun, pour le prier de tenir à ces résolutions (Baller., *Epist.* 144, 145, 146).

Le Pape crut aussi devoir exciter les évêques des grands sièges à soutenir la bonne cause par un consentement unanime. Il écrivit donc à Basile d'Antioche une lettre qui commence ainsi : « Nous devions avoir appris votre ordination, suivant la coutume de l'Eglise, par vous, ou par nos frères les évêques de la province; mais parce que vous ne manquiez pas de raisons qui peuvent vous en avoir empêché, l'empereur Marcien, de sainte mémoire, nous a fait savoir par ses lettres votre consécration; et, d'ailleurs, nous vous connaissons assez pour ne pouvoir douter de votre mérite. » Il l'exhorte ensuite à résister aux entreprises criminelles des eutychiens, et à ne pas souffrir que l'on donne atteinte au concile de Chalcédoine; «car on ne l'attaque, dit-il, que pour anéantir le mystère de l'Incarnation. Je suis assuré que l'empereur, le patrice et tous les magistrats n'accorderont rien aux hérétiques au préjudice de l'Eglise, s'ils voient que le courage des pasteurs n'est point ébranlé. » Il charge Basile de faire part de cet avis à tous les évêques. La même lettre fut envoyée à Juvénal de Jérusalem, à Euxithée de Thessalonique, Pierre de Corinthe, Luc de Durazzo. Elle est du 1er septembre 457 (Baller., *Epist.* 149 et 150).

Le Pape en écrivit encore le même jour quatre autres : l'une à Julien de Cos, pour le charger de faire tenir les lettres qu'il avait écrites aux métropolitains, et se plaindre de ce que quelques-uns accusaient d'obscurité sa lettre à Flavien, et voulaient qu'elle fût mieux expliquée. La seconde lettre est au prêtre Aétius, auquel il dit qu'il a écrit au patrice Aspar et à d'autres personnes. « Je vous envoie aussi, dit-il, des copies des lettres que les évêques des Gaules et d'Italie nous ont envoyées, afin que vous voyiez combien nous sommes unis avec eux par la même foi. » La troisième lettre est à l'empereur Léon, pour le fortifier de plus en plus dans la protection du concile de Chalcédoine. Enfin, la quatrième est à Anatolius, qu'il exhorte à purger son Eglise de tout levain d'hérésie ; il lui apprend que, suivant la renommée, le prêtre Atticus y soutenait ouvertement les erreurs d'Eutychès, et lui recommande de s'en informer secrètement, pour le corriger en le rendant catholique, ou bien le chasser par une sévérité nécessaire, de peur de nuire au grand nombre par l'impunité de l'erreur, en voulant ménager un seul par une douceur inutile.(*Ibid.*, *Epist.* 148, 151, 152, 153).

Cependant plusieurs évêques d'Egypte, s'étant sauvés de la persécution de l'intrus Timothée, vinrent à Constantinople et racontèrent à l'évêque Anatolius tout ce qui leur était arrivé. Ils présentèrent à l'empereur Léon une requête au nom de tous les évêques d'Egypte et des clercs d'Alexandrie, où ils rappellent que, dès le commencement de son règne, il avait écrit aux métropolitains pour la foi catholique, en confirmant les ordonnances de tous ses prédécesseurs, et particulièrement de l'empereur Marcien. Ils racontèrent ensuite l'intrusion de Timothée, le massacre de Protérius et les persécutions que souffraient les catholiques ; puis ils ajoutent : « Nous vous supplions donc d'écrire au très-saint archevêque de Rome, ainsi qu'aux évêques d'Antioche, de Jérusalem, de Thessalonique, d'Ephèse, et à tous autres que vous jugerez à propos, afin qu'ils vous rapportent ce qui est réglé par les canons, et que vous ordonniez que l'usurpateur soit chassé de l'église d'Alexandrie et puni comme il mérite. Ensuite, que, suivant les canons et l'ancienne coutume, le concile orthodoxe de toute l'Egypte élise un personnage digne de remplir le siège de Saint-Marc. Que, si après cela, il est encore besoin d'un concile, ce que nous ne croyons pas, nous y viendrons hardiment, non pour la cause de la foi, dont nous ne doutons point, mais pour les entreprises de Timothée. Nous vous supplions aussi de lui défendre de faire aucune ordination d'évêques ou de clercs, de célébrer l'office, ni de rien innover dans nos églises, et d'ordonner que les biens de celle d'Alexandrie soient administrés par le conseil des anciens du clergé, et que tous les clercs catholiques soient maintenus en paix dans leurs églises, et, pour cet effet, d'adresser vos lettres au très-magnifique duc Denys, et aux juges de chaque province. » Cette lettre est souscrite par quatorze évêques, par quatre prêtres, dont deux économes de l'Eglise d'Alexandrie, et par deux diacres (Labbe, t. IV).

L'intrus Timothée envoya aussi de son côté à Constantinople, et ses députés présentèrent à l'empereur des lettres de sa part. Mais avant que d'y répondre, il leur ordonna de déclarer leur foi, et ce qu'ils croyaient des conciles. Ils donnèrent donc un mémoire, par lequel ils déclarent qu'ils tiennent la foi de Nicée, sans y rien ajouter ; qu'ils reçoivent les conciles d'Ephèse, c'est-à-dire tant le faux concile de Dioscore que le légitime de saint Cyrille. Mais ils rejettent le concile de Constantinople et celui de Chalcédoine. Ils demandèrent aussi à l'empereur de vouloir bien faire réponse à leur archevêque Timothée. Cette requête était sans souscription, de peur que l'on ne vit le petit nombre des schismatiques ; car il n'y avait que quatre évêques pour l'intrus. Ce dernier écrivit aussi à l'empereur un mémoire fort artificieux, où il prétendait montrer que saint Léon, le concile de Chalcédoine et tous les évêques orientaux étaient nestoriens (Labbe, t. IV, p. 901).

L'empereur envoya les requêtes de part et d'autre à Anatolius de Constantinople, lui ordonnant d'assembler son clergé, avec les évêques catholiques qui se trouvaient dans la capitale, pour donner leur avis, tant sur l'ordination de Timothée que sur le concile de Chalcédoine. Car les schismatiques prétendaient que, sans y avoir aucun égard, on devait en assembler un autre et examiner la foi de nouveau. Le résultat de cette espèce de concile fut apparemment la lettre que nous avons d'Anatolius à l'empereur, où il marque qu'il a écrit au pape et à tous les métropolitains ; puis, répondant à la consultation de l'empereur, il déclare que l'ordination de Timothée est nulle et contre les canons ; que le concile de Chalcédoine n'a rien défini que de conforme à la foi, et que, vouloir y donner atteinte, c'est chercher à troubler la paix des Eglises.

L'empereur consulta de même, et par des lettres semblables, plus de soixante métropolitains, et de plus, les trois fameux solitaires de l'Orient, saint Jacques le Syrien, saint Baradat et saint Siméon Stylite. Toutes les réponses furent conformes. Il nous en reste jusqu'à trente-cinq ou trente-six, presque toutes le résultat d'autant de conciles. Tous approuvent le concile de Chalcédoine, le tenant pour œcuménique, et le mettant au rang de ceux de Nicée, de Constantinople et d'Ephèse. Tous rejettent l'ordination de Timothée et le nomment *tyran* et *usurpateur*, déclarent qu'ils tiennent Protérius pour martyr, et qu'ils communiquent avec ceux de sa communion. Le concile de la Thrace ou de l'Europe, comme il s'intitule, appelle le pape saint Célestin le successeur de saint Pierre, gardien des clés du royaume des cieux ; le concile de la seconde Arménie l'appelle le successeur du siège et de la sentence de Pierre. Le concile de la seconde Mésie dit que le concile de Chalcédoine a été assemblé par l'ordre de Léon, pontife romain, qui est vraiment le chef des évêques ; le concile de l'ancienne Epire l'appelle le très-saint Léon, après Dieu, notre père (*Ibid.*, p. 907-976).

Le pape saint Léon, lui-même, que, dans sa lettre, l'empereur avait invité spécialement de venir à Constantinople, où il croyait sa présence nécessaire, répondit à ce prince dès le 1er décembre 457, qu'il n'y avait point de raison d'examiner de nouveau ce qui avait été décidé au concile de Chalcédoine. Autrement, dit-il, les troubles des Eglises n'auraient point de fin, si on renouvelait toujours les disputes au gré des hérétiques. Il l'exhorte à ne point les écouter, et à les chasser au contraire du siége d'Alexandrie, qu'ils avaient si indignement usurpé, et où les offices publics de religion étaient interrompus. Il remarqua la différence des requêtes dont l'empereur lui avait envoyé copie : les catholiques avaient souscrit la leur et y avaient mis hardiment leurs noms et leurs qualités; les hérétiques n'avaient point souscrit, de peur qu'on ne vît leur petit nombre et l'indignité de leurs personnes. Enfin il blâme l'incurie d'Anatolius à réprimer certains de ses clercs qui favorisaient l'hérésie, et recommande à l'empereur, comme ses légats ou nonces près de sa personne, l'évêque Julien et le prêtre Aëtius, pour lesquels il témoigne dans toutes ses lettres la plus grande confiance.

Ayant perdu l'espérance d'un concile œcuménique, les sectaires demandaient au moins une conférence pour discuter l'affaire avec l'envoyé du Saint-Siége, comme si rien n'avait été défini. Mais saint Léon tint ferme à soutenir qu'il ne fallait entrer avec eux dans aucun examen de ce genre. Il promit toutefois d'envoyer des légats en Orient, suivant la demande de l'empereur, non pour disputer contre les ennemis de la foi, mais pour instruire ceux qui voudraient simplement être éclairés. Car, dit-il, ce qui a été défini, suivant le bon plaisir de Dieu, à Nicée et à Chalcédoine, nous n'osons aucunement le mettre en question; comme si les choses qu'une si grande autorité a fixées par l'Esprit-Saint, étaient douteuses ou infirmes. A la fin de cette lettre, qui est du 21 mars 458, il compare Protérius à Abel, et Timothée Elure à Caïn, et presse l'empereur de faire cesser la déplorable captivité de l'Eglise d'Alexandrie (Baller., *Epist.* 162).

Il choisit pour ses légats deux évêques, Domitien et Géminien, qui partirent de Rome le 17 août, avec une lettre de créance pour l'empereur. Il y marque qu'il les envoie pour solliciter la paix des Eglises et empêcher qu'on ne remît en question ce qui avait été défini. « Car, dit-il, s'il est toujours libre aux opinions humaines de disputer, jamais on ne cessera d'en voir qui, se confiant dans la loquacité de la sagesse mondaine, osent résister à la vérité : vanité funeste, que la foi et la sagesse chrétienne doivent éviter avec soin : l'exemple de Jésus-Christ en est une preuve. Pour appeler toutes les nations à la lumière de la foi, il n'a pas choisi des philosophes ni des orateurs, mais des humbles, mais des pêcheurs, de peur que la doctrine céleste, qui est pleine de vertu et de force, ne parût avoir besoin du secours des paroles. En effet, les arguments de la rhétorique, les subtilités de la dialectique se glorifient, dans les choses incertaines et confuses, de persuader aux auditeurs ce qu'il plaît à chacun de soutenir par son esprit et son éloquence ; en sorte que l'on suppose plus vrai ce qui est soutenu avec plus de faconde. Mais l'Evangile du Christ n'a pas besoin de cet art ; la doctrine de la vérité s'est manifestée par sa propre lumière ; on ne cherche point ce qui flatte les oreilles, quand il suffit à la vraie foi de savoir qui enseigne. » Parlant des crimes de Timothée Elure, il ajoute : « Nous ne désirons point la vengeance ; mais nous ne pouvons avoir aucune société avec les ministres du démon. Que si nous les voyons venir à pénitence, nous pouvons prier même pour eux, afin qu'ils ne périssent pas éternellement. » Enfin il conjure l'empereur de renvoyer en Egypte les évêques que les sectaires en avaient chassés, et de faire ordonner à l'Eglise d'Alexandrie un pontife qui observe les décrets de Chalcédoine, et qui soit propre à rétablir la paix parmi le peuple (Baller., *Epist.* 164). »

A cette lettre de créance pour ses légats, le Pape joignit pour l'empereur une ample instruction sur la foi, qu'il lui avait promise dès le 1er décembre 457. Cette instruction est comparable en tout à son admirable épître à Flavien. Il y développe à peu près de même le mystère de l'Incarnation et de la Rédemption, et réfute les erreurs opposées de Nestorius et d'Eutychès, insistant principalement sur la nécessité de croire que Jésus-Christ a eu une vraie chair comme la nôtre. Il fait entre autres cette observation remarquable. Tout eutychien qui ne reconnaît dans le Christ qu'une seule nature de la divinité et de l'humanité, doit penser nécessairement, ou avec Apollinaire, que la divinité du Christ a été changée en son corps et en son âme, et qu'ainsi elle est passible et mortelle ; ou bien, avec Valentin et Marcion, que le Christ n'a pris de corps humain qu'en apparence, et que sa vie entière n'a été qu'une feinte. Il joint à cette lettre des extraits des Pères latins et grecs ; savoir, de saint Hilaire, saint Athanase, saint Ambroise, saint Augustin, saint Jean Chrysostome, Théophile d'Alexandrie, saint Grégoire de Nazianze, saint Basile et saint Cyrille (*Ibid.*, *Epist.* 165).

L'empereur Léon ayant reçu ces lettres du Pape, ainsi que les réponses des métropolitains, écrivit à Styla, duc d'Alexandrie, de chasser Timothée Elure : ce qui fut exécuté. Mais à la sollicitation de quelques ennemis de la foi, il eut permission de venir à Constantinople ; et, faisant semblant d'être catholique, il demanda à rentrer dans son siége, comme n'en ayant été chassé qu'à cause de la doctrine. Le Pape l'ayant appris, en écrivit à l'empereur le 17 juin 460. Il le remercie d'abord, au nom de toutes les Eglises, d'avoir chassé l'usurpateur, et le prie de faire élire un évêque d'Alexandrie qui n'ait jamais été soupçonné de l'hérésie en question. Quant à Timothée, il dit que, quand même sa profession de foi serait sincère, l'horreur de ses crimes suffit pour l'exclure à jamais de l'épiscopat, puisque, dans un évêque, et principalement d'un si grand siége, le son des paroles ne suffit pas, à moins qu'on ne soit assuré de sa religion par ses bonnes œuvres (*Ibid.*, *Epist.* 169).

Saint Léon apprit, environ deux mois après, que Timothée Elure avait été relégué dans la Chersonèse, sous bonne garde, et qu'un autre Timothée, surnommé Solofaciole ou le blanc, avait été élu évêque d'Alexandrie, du commun consentement du clergé et du peuple. Il en reçut ses lettres d'avis avec celles de dix évêques d'Egypte et du clergé d'Alexandrie. Le Pape leur répondit par trois lettres, où il les félicite de cette élection, les exhorte à se montrer unis et à ramener avec douceur les hérétiques. Il recommande au nouvel évêque de lui écrire souvent pour l'instruire du progrès que la paix fera dans les Eglises. Ces lettres sont du 18 août 460, et les dernières qui nous restent de ce grand Pape, suivant l'ordre des temps (*Ibid.*, *Epist.* 171-173).

Avant la conclusion de cette affaire, et pour y parvenir, saint Léon écrivit encore beaucoup d'autres lettres : trois aux évêques et aux clercs catholiques d'Egypte réfugiés à Constantinople, pour les consoler dans leurs peines, les exhorter à la persévérance et les assurer de tout son intérêt (Baller., *Epist.* 154, 158, 160); plusieurs à l'évêque Anatolius, tant pour lui recommander ces réfugiés vénérables, que pour stimuler son zèle contre les hérétiques, et pour lui enjoindre de réprimer quelques-uns de ses clercs, nommément les prêtres Atticus et André, qui se permettaient de parler publiquement pour l'hérésie d'Eutychès et contre le concile de Chalcédoine (*Ibid.*, *Epist.* 151, 155, 157). Comme ses avertissements ne faisaient pas grand'chose sur l'esprit un peu léger et indolent d'Anatolius, il écrivit aux prêtres, aux diacres et autres clercs de Constantinople pour les affermir dans la foi, les prémunir contre les hérétiques, et leur dire qu'Atticus et André devaient être déposés, s'ils n'adhéraient de vive voix et par écrit à la foi de Chalcédoine, comme il l'avait déjà marqué à l'évêque Anatolius (*Ibid.*, *Epist.* 161).

Ce dernier écrivit une lettre où il faisait entendre que ce zèle du Pape à l'avertir ne lui plaisait pas trop. Il lui envoyait en même temps un écrit justificatif du prêtre Atticus, qui y protestait qu'Eutychès lui était odieux. Sur quoi le Pape répondit à Anatolius : « Vous ne devez pas trouver mauvais que je vous aie renvoyé l'examen de ce que l'on disait contre vos clercs ; je n'ai point en cela blessé votre dignité, mais pris soin de votre réputation, qui m'est aussi chère que la mienne. Quant au prêtre Atticus, l'ambiguïté de son écrit confirme ce qui nous en a été rapporté ; car autre chose est l'inimitié qui se trouve même entre catholiques, autre chose est l'erreur que la foi condamne. Il faut donc qu'il montre nettement ce qu'il condamne dans Eutychès, qu'il promette de garder en tout la définition du concile de Chalcédoine, que vous avez signée vous-même, et qui a été confirmée par l'autorité du Siège apostolique ; il faut qu'il le fasse par un écrit, signé de sa main, qui soit lu dans l'église en présence du peuple chrétien, sinon il subira la sentence du concile, dont il repousse la définition (*Ibid.*, *Epist.* 163).

Anatolius mourut la même année 458, après huit ans et huit mois d'épiscopat. Son successeur fut Gennade, prêtre de Constantinople, qui tint le siège treize ans et deux mois. Il montra plus de zèle que son prédécesseur. C'était le moment où Timothée Elure se trouvait à Constantinople, faisant le catholique pour rentrer dans le siège qu'il avait usurpé. Gennade en avertit par ses lettres le pape saint Léon, qui lui répondit, le 17 juin 460, qu'il ne fallait laisser à cet intrus aucun espoir de rétablissement, mais faire en sorte que les évêques orthodoxes de l'Egypte ordonnassent un évêque catholique d'Alexandrie d'entre les clercs de cette Eglise (*Ibid.*, *Epist.* 170). Vers le même temps, en l'année 459, Gennade tint un concile, dont il nous reste une lettre circulaire adressée à tous les métropolitains, particulièrement au Pape de Rome, et souscrite par plus de quatre-vingts évêques, entre autres Julien de Cos. Cette lettre condamnait fortement la simonie et tous les artifices que l'on employait pour la déguiser. Elle rapporte le deuxième canon du concile de Chalcédoine et en ordonne l'exécution, déclarant déposés et excommuniés tous clercs ou laïques qui auront voulu acheter ou vendre le ministère sacré. Elle marque la Galatie en particulier, où quelques-uns ont été trouvés coupables de ce crime. Enfin, on recommande à chaque métropolitain d'envoyer copie de cette lettre à ses suffragants, aux visiteurs et à tous les autres (Labbe, t. IV; Baluze).

Juvénal de Jérusalem mourut aussi en 458, après quarante ans d'épiscopat. Anastase, trésorier de l'église du Saint-Sépulcre et chorévêque, lui succéda et fut élu, par le suffrage de tout le peuple, au commencement de juillet, suivant la prophétie qu'en avait faite, quelques années auparavant, saint Euthymius.

Basile d'Antioche mourut encore la même année, après avoir tenu le siège deux ans, et eut pour successeur Acace, qui ne siégea qu'un an, et fut remplacé par Martyrius, en 459. En cette dernière année, la ville d'Antioche éprouva un désastre effroyable.

C'était, au rapport d'un témoin oculaire, dans la nuit du 7 au 8 juin, dans la nuit du dimanche de la Pentecôte au lundi (*Acta Sanct.*, *Siméon Stylite*; Assemani). Le peuple venait de se livrer à des désordres et à des brutalités telles, qu'elles surpassaient de beaucoup la férocité des bêtes, suivant l'expression d'Evagre (l. 2, c. 12). Tout à coup, vers la quatrième heure de la nuit, il se fit un si furieux tremblement de terre, qu'il renversa presque toute la ville d'Antioche, mais surtout la partie la plus riche et la plus peuplée. Plusieurs villes des environs eurent le même sort. Le refuge de tous les malheureux, à cette époque, était le grand saint Siméon Stylite. Il vit donc arriver auprès de sa colonne une infinité de peuple éploré, prêtres et laïques, portant des croix hautes, des flambeaux allumés et des encensoirs fumants. Ce concours dura cinquante et un jours. La terreur était si grande, qu'on n'osait presque entrer dans les maisons ni travailler dans les champs. Ce n'était que deuil et gémissements. Le seul espoir de la multitude était Siméon. Elle était prête à tout ce qu'il commanderait.

Après ces cinquante et un jours de deuil, il y eut, au mois de juillet, une solennité très-grande : ce fut la dernière du bienheureux Siméon. Je ne crois pas, dit l'auteur de sa vie, témoin oculaire, que de mémoire d'homme il y eût assemblée aussi nombreuse ; il semblait que Dieu eût arraché de leur pays toutes les nations de l'univers pour les réunir dans un même lieu, afin de dire un dernier adieu à son bien-aimé serviteur. Lui, comme un père qui lègue ses dernières volontés à des enfants dociles, ayant fait venir les prêtres et les peuples, les consola d'abord, et ensuite les exhorta beaucoup à observer les commandements de Dieu. Il ajouta : « Maintenant, retournez chacun à vos demeures, et célébrez des vigiles chrétiennes pendant trois jours ; puis, au nom de Notre Seigneur Jésus-Christ, allez sans crainte à vos affaires, et que les artisans reprennent chacun son travail : je ne doute pas que Dieu n'ait pitié de vous à l'avenir. » Ayant ainsi parlé, il les congédia tous.

Trente jours après leur départ, le 29 août, qui était un samedi, à la onzième heure, en présence de quelques-uns de ses disciples, le serviteur de Dieu fut pris subitement d'un mal qui, se communiquant à tout le corps, devint bientôt mortel. Du dimanche à la troisième férie, son état fut à peu près le même. Cependant il émanait de son corps une suavité et une variété d'odeurs incomparables. Enfin la quatrième férie, 2 septembre, à la neuvième heure, tous ses disciples étant présents, il en préposa deux aux autres, et les recommanda tous au Seigneur. Ensuite il se prosterna trois fois à genoux, et, s'étant relevé, il regardait le ciel. Comme un peuple nombreux lui criait de toute part : Bénissez-nous, Seigneur ! il porta ses regards vers les quatre parties du monde, et, élevant la main, il les bénit et les recommanda au Seigneur par trois fois, et aussitôt, élevant de nouveau les yeux au ciel et se frappant trois fois la poitrine, il posa la tête sur l'épaule de son premier disciple, et expira. La multitude continuait à regarder son visage, sans savoir s'il était vivant ou mort. Un de ses disciples profita de ce temps d'incertitude pour faire prévenir secrètement l'évêque d'Antioche. On craignait que le peuple n'enlevât son corps. Par le même motif, ses disciples ne le descendirent pas de la colonne pour le mettre dans la châsse, mais montèrent la châsse sur la colonne même, en attendant le jour des funérailles.

La nouvelle de sa mort se répandit aussitôt par tout l'univers. Ce fut tout ensemble du deuil et de la joie. Les orphelins et les veuves demandaient au milieu des larmes et des sanglots : Où vous trouverons-nous désormais, Siméon, vous, après Dieu, notre unique espoir ? Ceux qui se voyaient opprimés par les puissants et privés de leurs biens, s'écriaient avec amertume : Les plus malheureux des mortels, c'est maintenant que nous avons à craindre la rage et la gueule des loups ! Comment nous tirer de ces angoisses ? Quel secours invoquer ? Ah ! qui réveillera de son sommeil ce lion dont la voix formidable faisait trembler toutes les bêtes féroces ? Les malades disaient en pleurant : Où pourrons-nous aller, pour trouver un médecin pareil à vous, Siméon ; vous qui chassiez la maladie avant d'avoir vu le malade ? Le clergé le regrettait, comme le ferme soutien de la foi et de la discipline. En même temps c'était de la joie de penser, qu'après une vie si sainte, il était couronné dans le ciel.

A ses funérailles, il y eut une multitude innombrable. Le patriarche d'Antioche, Martyrius, y vint avec plusieurs évêques. Ardabure, qui gouvernait l'Orient avec une puissance presque souveraine, y vint aussi avec vingt et un comtes, un grand nombre de tribuns ou généraux, suivis des troupes romaines. Les habitants d'Antioche lui avaient demandé d'avoir, dans leur ville, les reliques du saint, pour leur tenir lieu des murailles qui étaient tombées. C'est avec cette pompe que ce corps fut porté, d'abord par les prêtres et les évêques, depuis l'enceinte de la colonne jusqu'au premier village, l'espace de quatre milles ; ensuite, on le posa sur un char escorté par les gardes d'honneur, par les princes, par tous les magistrats de la ville, par les troupes romaines et une multitude infinie de peuple. Au chant des hymnes, à l'éclat des flambeaux, se mêlait l'odeur des parfums que l'on brûlait sur le passage. Hommes et femmes, vieillards et jeunes gens, plébéiens et nobles désertaient les villes pour vénérer les reliques du saint et recevoir de lui comme sa dernière bénédiction. Le convoi dura cinq jours, la distance étant de quinze lieues. La seconde férie ou le lundi, on le sortit de l'enceinte, et la sixième férie ou le vendredi, il entra dans Antioche, où il fut placé dans la grande église. Un énergumène, qui avait été guéri sur son passage, l'y accompagna. Le patriarche et son clergé instituèrent un office quotidien en son honneur. Il se fit encore plus de miracles à son tombeau qu'il n'en avait fait pendant sa vie. L'empereur demanda aux habitants d'Antioche de transporter ses reliques à Constantinople. Mais ils le conjurèrent de les laisser dans leur ville, pour lui tenir lieu des murailles qui étaient tombées par le tremblement de terre : ce qui leur fut accordé. Tel est le récit du prêtre Cosme, témoin oculaire, qui, quinze ans après la mort de Siméon, acheva d'en écrire les actes ou la vie en syriaque. Cette vie a été publiée à Rome, en 1748, par le savant maronite Évode Assémani, archevêque d'Apamée.

Les ravages des Huns et d'autres Barbares dans les Gaules et en Italie, en ruinant l'empire, avaient aussi fait bien des maux à l'Église. Des maris enlevés à leurs femmes, de jeunes enfants enlevés à la maison paternelle, avaient été emmenés captifs, et revenaient quelquefois après plusieurs années dans la Romanie, c'est-à-dire sur les terres des Romains ou citoyens de l'empire. A ce sujet, et au sujet de beaucoup d'aventures semblables, il se présentait bien des cas embarrassants, sur lesquels le pape saint Léon fut consulté la même année 458, par trois évêques : Nicétas d'Aquilée, Néone de Ravenne et Rustique de Narbonne, quoique plusieurs de ces cas eussent déjà été réglés dans quelques conciles des Gaules.

Le Pape répondit au premier le 21 mars, au second le 24 octobre, et au troisième encore plus tard. Il dit au dernier, qui avait proposé le plus de questions. « Le prêtre ou le diacre qui s'est faussement dit évêque, ne doit point passer pour tel, puisqu'on ne peut compter entre les évêques ceux qui n'ont été ni choisis par le clergé, ni demandés par le peuple, ni consacrés par les évêques de la province, du consentement du métropolitain. Les ordinations faites par ces faux évêques sont nulles, si elles n'ont été faites du consentement de ceux qui gouvernent les églises auxquelles ces clercs appartenaient. » Le Pape appelle ici faux évêques, des prêtres et des diacres qui avaient été ordonnés évêques illégitimement, mais toutefois validement : et il y avait de ces exemples dans les Gaules. Si un prêtre ou un diacre demande d'être mis en pénitence, il doit la faire en particulier, parce qu'il est contre la coutume de l'Église de leur imposer la pénitence publique.

La loi de la continence est la même pour les ministres de l'autel que pour les évêques et les prêtres. Ils ont pu, étant laïques ou lecteurs, se marier et avoir des enfants. Étant élevés à un degré supérieur, il ne leur est plus permis. Ils ne doivent pas renvoyer leurs femmes, mais les avoir comme s'ils ne les avaient point. Par les ministres de l'autel obligés à continence, saint Léon entend même les sous-diacres, comme on le voit par sa lettre à Anastase de Thessalonique. Il faut distinguer la concubine de la femme légitime : ainsi, celui qui quitte sa concubine pour se marier, fait bien ; et celle qui épouse un homme qui avait une concubine, ne fait point mal, puisqu'il n'était point marié. Saint Léon ne parle ici que des concubines esclaves, et non de celles qui étaient en effet des femmes légitimes, mais sans en porter le titre suivant les lois.

Ceux qui reçoivent la pénitence publique en maladie, et ne veulent pas l'accomplir quand ils reviennent en santé, ne doivent pas être abandonnés; il faut les exhorter souvent, et ne désespérer du salut de personne tant qu'il est en cette vie. Il faut en user de même à l'égard de ceux qui, pressés de la maladie, demandent la pénitence et la refusent à l'arrivée du prêtre, si le mal leur donne quelque relâche. Leur conduite peut venir, non du mépris du remède, mais de la crainte de pécher plus grièvement. Si donc ils demandent ensuite la pénitence avec plus d'empressement, on ne doit pas la leur refuser. Ceux qui reçoivent la pénitence publique à l'extrémité et meurent avant que d'avoir reçu la communion, c'est-à-dire la réconciliation avec l'Eglise, doivent être laissés au jugement de Dieu, qui pouvait différer leur mort jusque-là. Quant à nous, n'ayant pas communiqué avec eux pendant leur vie, nous ne le pouvons point après leur mort. Les pénitents publics doivent s'abstenir même de plusieurs choses permises. Ils ne doivent point plaider, s'il est possible, et s'adresser plutôt au juge ecclésiastique qu'au séculier; il leur est utile de perdre plutôt que de s'engager dans un négoce où il est difficile d'éviter le péché; il est absolument contraire aux règles ecclésiastiques, après avoir fait la pénitence, de retourner à la milice séculière; après la pénitence, il n'est pas non plus permis de se marier, si ce n'est que le pénitent soit jeune et en péril de tomber dans la débauche; encore ne le lui accorde-t-on que par indulgence.

Le moine qui, après son vœu, se marie ou embrasse la milice séculière, doit être mis en pénitence publique. Saint Léon, d'après le témoignage du *Livre pontifical*, avait ordonné qu'aucune religieuse ne reçût la consécration solennelle avant l'âge de 40 ans. Dans sa décrétale à Rustique, il déclare toutefois que les filles qui, après avoir pris l'habit des vierges, se sont mariées, quoiqu'elles n'eussent pas été solennellement consacrées, ne laissent pas d'être coupables. Il entend celles qui n'auraient fait qu'un vœu simple.

La difficulté qui embarrassait le plus un grand nombre d'évêques, c'était la conduite à tenir à l'égard des jeunes gens, qui, emmenés tout petits parmi les Barbares, en revenaient ensuite sans savoir s'ils avaient été baptisés ou non. Comme il y avait encore des hérétiques qui baptisaient une seconde fois ceux qui leur venaient d'ailleurs, comme si le premier baptême avait été nul, on craignait de paraître autoriser cette erreur. Consulté d'abord à ce sujet par Néone de Ravenne, saint Léon consulta lui-même son concile, comme le pape consulterait aujourd'hui le collège des cardinaux. Après quoi il donna les décisions suivantes : « Ceux qui ont été emmenés en captivité avant l'âge de raison et n'ont aucune mémoire d'avoir été baptisés, doivent être examinés soigneusement, pour voir si on ne découvrira point, par eux ou par d'autres, quelque preuve de leur baptême. Mais enfin, si on n'en trouve rien, on doit les baptiser hardiment, sans craindre le péril de les rebaptiser, de peur de les laisser périr par un vain scrupule. »

A Rustique de Narbonne, comme la difficulté était déjà résolue, il répond plus brièvement : « Ceux qui ont été abandonnés jeunes par leurs parents, qui étaient chrétiens, en sorte qu'on ne trouve aucune preuve de leur baptême, doivent être baptisés, sans crainte de réitérer le sacrement. Ceux qui ont été pris si jeunes par les ennemis, qu'ils ne savent s'ils ont été baptisés, quoiqu'ils se souviennent que leurs parents les ont menés à l'église, il faut leur demander s'ils ont reçu ce qu'on donnait à leurs parents, c'est-à-dire l'Eucharistie. S'ils ne s'en souviennent pas, il faut les baptiser sans scrupule. » Il était venu en Gaule des gens d'Afrique et de Mauritanie, qui savaient bien qu'ils avaient été baptisés, mais ne savaient dans quelle secte : aux diocèses de Ravenne et d'Aquilée, il s'en trouvait qui n'avaient été baptisés qu'une fois, mais par les hérétiques. Le Pape répond aux trois évêques, que, dans ces cas, il ne faut pas les baptiser, puisqu'ils ont déjà reçu la forme du baptême, de quelque manière que ce soit; il faut seulement les réunir à l'Eglise catholique par l'imposition des mains, avec l'invocation du Saint-Esprit, pour recevoir la sanctification que les hérétiques ne donnent pas. Ceux qui se sont laissé rebaptiser par crainte ou par erreur, ne sachant pas qu'il fût défendu, doivent être mis en pénitence et réconciliés par l'imposition des mains de l'évêque; mais on abrégera la pénitence, si la vieillesse, la maladie ou quelque autre péril les presse. Ceux que la crainte ou la faim a obligés à manger des viandes immolées aux idoles, doivent faire pénitence; mais on la mesurera plus sur la véhémence de la douleur que par la longueur du temps. D'autres ayant été baptisés dans l'enfance et pris par les païens, avaient vécu comme eux, et étaient revenus encore jeunes en Romanie, c'est-à-dire en pays romain. Rustique de Narbonne demandait ce qu'on devait faire s'ils demandaient la communion. Le Pape répond : « S'ils ont seulement mangé des viandes immolées, ils peuvent être purifiés par le jeûne et l'imposition des mains; s'ils ont adoré les idoles ou commis des homicides ou des fornications, il faut les mettre en pénitence publique. » Enfin, à l'égard des femmes qui se sont remariées, croyant que leurs premiers maris avaient été tués dans les guerres, ou qu'ils ne reviendraient jamais plus de la captivité, saint Léon décide, dans sa réponse à Nicétas d'Aquilée, que quand ils reviennent, elles doivent retourner avec eux, sous peine d'excommunication, parce que le premier mariage subsiste toujours, quoique le second soit excusable.

Rustique de Narbonne avait témoigné un grand désir de quitter son siège, pour vivre dans le repos et la retraite. On le conçoit, surtout à une époque de révolutions et de guerres continuelles. Saint Léon ne le lui conseille pas, et lui représente que la patience n'est pas moins nécessaire contre les tentations ordinaires de la vie que contre les persécutions pour la foi; que ceux qui sont chargés du gouvernement de l'Eglise doivent courageusement garder leur poste et se confier aux secours de celui qui a promis de ne pas les abandonner (Baller., *Epist.* 159, 166, 167).

Ce que Léon enseignait par la parole, il le montrait par l'exemple. Des temps calamiteux s'étaient rencontrés. Au brigandage d'Ephèse, tous les évêques d'Orient, les patriarches d'Alexandrie, de Jérusalem, d'Antioche, à leur tête, avaient trahi la foi. Un empereur, abusé, avait déclaré loi de l'empire cette prévarication commune. La religion chrétienne allait périr, lorsque Léon, par sa parole seule, réveille l'univers, les empereurs mêmes, relève les pontifes de leur chute, et raffermit ces colonnes ébranlées de l'Eglise et du monde. Ce qu'il fait ainsi pour l'univers entier, il le fait en particulier pour Rome. Une première fois il la sauve de la ruine que lui préparait Attila; une seconde fois il la sauve du meurtre et de l'incendie que lui apportait Genséric. Après le pillage des Vandales, il renouvelle l'argenterie de toutes ses églises, répare la basilique de Saint-Pierre, celle de Saint-Paul, en bâtit une troisième en l'honneur d'un de ses prédécesseurs, le pape saint Corneille, sans compter d'autres monuments publics. Enfin, justement surnommé *le Grand*, il meurt le 10 novembre 461, nous laissant en héritage, d'après l'excellente édition des doctes frères Ballerini, 69 discours d'une éloquence noble et fleurie, où il expose, avec une clarté admirable, les plus hauts mystères de la philosophie chrétienne, ainsi que les bases vivantes de la régénération universelle; de plus, une correspondance de 173 lettres, qui seront à jamais, pour les premiers pasteurs surtout, un modèle achevé du gouvernement spirituel. Voilà ce qu'il fait dans un pontificat de vingt et un ans, au milieu de révolutions incessantes, de trônes brisés, d'empereurs égorgés les uns sur les autres; au milieu d'un monde en ruine, mais qui renaîtra catholique-romain.

Il eut un successeur digne de lui : ce fut son archidiacre Hilaire, le même qui, légat à Ephèse, avait si dignement protesté, au nom de Rome, contre la prévarication universelle. Il fut sacré pape, le dimanche 19 novembre 461, et tint le Saint-Siège environ six ans. On croit que dès qu'il fut pape, il envoya par tout l'Orient une lettre décrétale et circulaire où il confirmait les conciles de Nicée, d'Ephèse et de Chalcédoine, avec la lettre de saint Léon à Flavien; condamnait Nestorius, Eutychès et toutes les autres hérésies, et rappelait l'autorité et la primauté du Siège apostolique.

Le 25 janvier 462, il écrivit à Léonce, évêque d'Arles, avec lequel il était lié d'amitié, pour lui faire part de son élévation au pontificat, afin qu'il se réjouît de ce que Dieu avait bien voulu faire en lui, qu'il en donnât avis aux évêques de sa province, et que tous y unissent leur joie et leurs prières pour toute l'Eglise. Il marque que la coutume et la charité demandaient de lui qu'il leur fît part de cette nouvelle, afin qu'on sût qu'il ne négligeait aucun des devoirs de la fraternité. On croit que cette lettre était circulaire, et qu'il était d'usage que les Papes en écrivissent une semblable aussitôt après leur ordination.

Mais déjà Léonce lui avait adressé la lettre suivante : « Que la mort ait enlevé le très-saint Léon, votre prédécesseur, si vigilant contre les hérésies et contre l'ivraie qui pullule dans le champ du Seigneur, cela nous afflige, mais qu'il nous soit rendu dans Votre Sainteté, nous nous en félicitons; car un fils se réjouit de l'honneur de sa mère; et comme l'Eglise romaine est la mère de tous, il a fallu nous réjouir de ce que, dans cette si grande consternation des choses, dans cette si grande infirmité des siècles, elle vous ait élevé au-dessus pour juger les peuples, dans l'équité et diriger les nations sur la terre. C'est pourquoi, la nouvelle nous en ayant été apportée par un diacre de notre Eglise, qui a été présent à l'exaltation de Votre Sainteté, nous avons rendu grâces à Dieu et résolu de vous saluer au plus tôt par cette épître de notre humilité, afin que l'affection qui existait déjà entre Votre Sainteté et nous, se fortifie dans le Seigneur et s'augmente de toute la vénération que des fils doivent à un père. *Béni soit donc celui qui vient au nom du Seigneur !* Il faut maintenant que votre Sainteté travaille avec vigueur pour achever ce qu'a commencé le très-saint pape Léon; il faut que, comme Gédéon, par les trompettes sonnées de la bouche des braves et les flambeaux agités et secoués de leur robuste main, Votre Sainteté renverse tout à fait les maudites murailles de Jérico, déjà si souvent anathématisées et ébranlées. Au reste, comme notre Eglise d'Arles a toujours été décorée de faveurs et de privilèges par le Siège apostolique, nous prions Votre Sainteté que nous n'en perdions rien, mais que nous en acquérions plutôt, afin que nous puissions travailler avec vous dans la vigne du Dieu des armées, et rompre les efforts des envieux ; car s'il n'y a pas une autorité qui les réprime, ils feront de jour en jour plus de mal : la malice de ceux qui nous haïssent s'élève toujours (Labbe, t. IV). »

Le pape saint Hilaire ayant reçu cette lettre, en écrivit une seconde à Léonce, où, après l'avoir remercié, il l'engage à lui écrire fréquemment. Il loue le conseil qu'il lui avait donné, de faire observer les règles des Pères, disant qu'il n'y avait rien de plus salutaire que de faire régner dans l'Eglise catholique une même discipline. Il ajoute que, pour entretenir partout l'union et la concorde entre les évêques, il fera tout son possible, avec le secours de la grâce, pour que tous s'appliquent à chercher, non leurs propres intérêts, mais ceux de Jésus-Christ. Léonce avait succédé à Ravennius, dans le siège d'Arles, après l'an 454. C'était un homme de beaucoup de réputation, qui s'était acquis l'estime des personnes de piété. Il portait lui-même à la vertu, autant par son exemple que par ses exhortations.

Saint Rustique de Narbonne, ayant ordonné évêque de Béziers son archidiacre Hermès, les habitants ne voulurent point le recevoir, soit parce qu'il n'était point agréable à Frédéric, frère de Théodoric, roi des Goths de Toulouse, soit parce qu'ils ne le croyaient pas digne de l'épiscopat. Hermès, quoique irrité de ce refus, ne songea point à s'en venger; mais saint Rustique étant mort, il fit en sorte que l'Eglise de Narbonne le reçût pour son évêque. Le prince Frédéric se plaignait au pape saint Hilaire de ce qu'Hermès s'était emparé de ce siège par une usurpation très-injuste, et lui députa à cet effet un diacre nommé Jean, pour l'instruire de toute cette affaire. Le Pape, surpris de ce que Léonce d'Arles ne lui en avait rien mandé, lui écrivit, le 3 novembre 462, pour se plaindre de son silence. Il l'exhorte à lui envoyer au plus tôt une relation du fait, souscrite de lui et des évêques voisins, afin qu'il puisse ensuite lui marquer ce qu'il aura jugé à propos d'en ordonner. Comme, dans cette lettre, il dit du prince visigoth, *notre fils*, on peut croire qu'il était catholique.

Il n'y avait pas longtemps qu'elle était écrite, lorsque deux évêques, Fauste de Riez et Auxanius, qu'on croit avoir été évêque d'Aix en Provence, arrivèrent à Rome, députés ou par les évêques des Gaules ou par Léonce d'Arles, qui envoya en même temps au Pape une requête. Plusieurs autres évêques vinrent à Rome dans le même temps pour y célébrer, avec le pape saint Hilaire, l'anniversaire de son ordination, qui tombait le 19 novembre. Le Pape tint avec eux un concile, auquel Fauste et Auxanius assistèrent. L'affaire d'Hermès y fut examinée, et le Pape informa les évêques des provinces de Vienne, de Lyon, de Narbonne et des Alpes, du résultat du concile. Sa lettre, qui est du 3 décembre 462, porte que, pour le bien de la paix et par indulgence pour Hermès, on avait jugé qu'il demeurerait évêque de Narbonne; mais que, dans la crainte que cet exemple ne tirât à conséquence, il avait été résolu qu'il n'aurait point le pouvoir d'ordonner des évêques tant qu'il vivrait, que ce pouvoir serait transféré à Constantius, évêque d'Uzès, comme le plus ancien de la province; mais qu'après la mort d'Hermès, le droit des ordinations retournerait à l'évêque de Narbonne, comme métropolitain. Quoique le Pape parle très-fortement contre l'intronisation d'Hermès, comme contraire aux canons, il ne laisse pas que de parler avantageusement de sa personne. Pour éviter à l'avenir de pareils inconvénients, le Pape ordonne aux évêques des Gaules de tenir tous les ans un concile des provinces dont la convocation sera possible. Il délègue Léonce d'Arles pour marquer le lieu et le temps du concile, et en écrire aux métropolitains, voulant qu'on y examinât les mœurs et les ordinations des évêques et des autres ecclésiastiques; mais que, dans le cas où il se trouverait quelques affaires plus importantes qui ne pourraient être terminées au concile, on consultât le Siège apostolique. Il défend aux évêques de sortir de leur province sans lettre de leur métropolitain, et veut, qu'en cas de refus, ils s'adressent à l'évêque d'Arles, chargé aussi d'empêcher que les ecclésiastiques de quelque rang qu'ils puissent être, ne soient reçus dans un autre diocèse, sans le témoignage de leur évêque. Il défend encore d'aliéner, sans l'approbation du concile, les terres de l'Eglise qui ne sont point désertes et onéreuses, et renvoie aux évêques des Gaules la connaissance de la requête que Léonce lui avait adressée pour être rétabli dans la possession de quelques paroisses, qu'il prétendait avoir été démembrées de son diocèse sans raison, et cédées à d'autres par saint Hilaire d'Arles, son prédécesseur.

Auxanius avait obtenu, dans son voyage de Rome, un décret contraire à celui que saint Léon avait rendu pour l'union des Eglises de Cemèle et de Nice. Le pape saint Hilaire en ayant été averti par Ingénuus, évêque d'Embrun, qui s'était plaint à lui que, dans le concile de Rome de 462, on avait accordé quelque avantage, au préjudice de sa métropole, à l'évêque d'Aix, il écrivit aux évêques Léonce, Véran et Victurus, de prendre connaissance de ce différend. Il déclare, dans cette lettre, qu'il ne veut rien faire contre les canons ni contre les privilèges des Eglises, moins encore favoriser l'ambition des évêques, dont le ministère, dit-il, doit fructifier non par l'étendue du pays, mais par l'acquisition des âmes. Il veut donc qu'Ingénuus demeure en possession de l'Eglise de Nice, et que l'union que saint Léon en avait faite avec l'Eglise de Cemèle ait lieu, en sorte que ces deux Eglises n'aient plus qu'un seul évêque, et qu'il dépendit de la métropole d'Embrun (Labbe, t. IV).

A peine le pape saint Hilaire eut-il terminé cette affaire, qu'il s'en éleva une autre également digne de son zèle. Nous avons vu que saint Léon n'avait attribué que quatre Eglises à la métropole de Vienne. Mais saint Mamert, alors évêque de cette ville, prétendait que sa juridiction s'étendait aussi sur l'Eglise de Die, et il y ordonna un évêque, malgré la résistance des citoyens. Gundéric, roi des Bourguignons et maître de la milice, en écrivit au pape Hilaire. Le zèle de ce prince pour la paix de l'Eglise et la qualité de *fils* que lui donne le Pape, ne permettent guère de douter qu'il ne fût catholique. Hilaire écrivit en conséquence à Léonce d'Arles, le 10 octobre 463, et, après quelques reproches sur ce qu'il ne l'avait pas averti de cette entreprise, il le charge d'examiner l'affaire dans le concile qu'il devait assembler tous les ans; de sommer Mamert d'y rendre compte de sa conduite, et d'envoyer au Saint-Siège la relation de cette cause, signée des évêques du concile.

Léonce, dont les droits étaient lésés par l'entreprise de Mamert, s'acquitta de la commission, tint le concile, et en envoya la relation à Rome par l'évêque Antoine. Le Pape l'ayant reçue, jugea la cause par une lettre du 24 février 464, adressée aux évêques de ce concile, lesquels il nomme au nombre de vingt. Il y relève d'abord en termes assez vifs la faute de Mamert, et dit qu'il aurait mérité d'être déposé; mais que, pour la paix des Eglises, il aime mieux commencer par des remèdes plus doux, et qu'ainsi, il se contente de déléguer l'évêque Véran pour lui faire, de la part du Siège apostolique, la réprimande convenable, et l'avertir que si, dans la suite, lui ou quelqu'un des évêques ses successeurs, ne se contente pas des quatre Eglises que saint Léon a attribuées à celle de Vienne, elles seraient réunies à la métropole d'Arles. Pour l'évêque que saint Mamert avait ordonné à Die, le Pape veut que son ordination soit confirmée par Léonce, auquel il appartenait de la faire.

Pour prévenir des entreprises pareilles à celles qu'on reprochait à saint Mamert, le pape Hilaire écrivit une autre lettre aux évêques des provinces de Vienne, de Lyon, des deux Narbonnaises et des Alpes. Il leur défend d'entreprendre sur les droits les uns des autres, et leur recommande, comme un remède nécessaire, la tenue des conciles, qui devaient être convoqués tous les ans par Léonce d'Arles.

Cette action du Siège de Rome pour maintenir partout la subordination entre les évêques, était surtout nécessaire à une époque de bouleversement où sans cesse les pays changeaient ou pouvaient changer de maîtres temporels. C'est cette unité hiérarchique de l'Eglise romaine qui maintint et propagea même parmi les peuples l'unité chrétienne de l'esprit et du cœur, lorsque l'unité matérielle de la force s'en allait avec l'empire. L'Espagne en est une preuve.

Silvain, évêque de Calahorra, à l'extrémité de la Castille, y avait ordonné un évêque à l'insu et sans le consentement d'Ascagne, évêque de Tarragone, son métropolitain, et sans que le peuple l'eût demandé. Il avait aussi ordonné un curé d'un autre diocèse évêque du lieu dont il était curé, sans même que ce prêtre y eût consenti. On fit à Silvain de douces et charitables remontrances sur de semblables entreprises, qui étaient visiblement contraires aux canons, mais il n'en devint que plus insolent. L'évêque de Sarragosse, alors suffragant de Tarragone, s'en plaignit à ses collègues, et non-seulement les avertit de se séparer de Silvain, mais encore les conjura de ne pas l'assister dans les ordinations qu'il faisait. Silvain continua dans son désordre, et fit seul ce qu'il ne lui était pas même permis de faire avec le nombre d'évêques prescrit par les canons. Ascagne, pour remédier efficacement à un mal qui pouvait avoir de grandes suites, assembla tous les évêques de sa province vers l'an 464. Le résultat de son concile fut que l'on écrirait au Pape pour savoir de lui comment on devait traiter Silvain et celui qu'il avait ordonné seul, afin de tenir ensuite un nouveau concile où l'on exposerait ce qui aurait été résolu par le Saint-Siège sur cette affaire. Les évêques d'Espagne écrivirent donc au pape saint Hilaire, dans les termes que voici : « Encore que ce fût une nécessité de la discipline ecclésiastique, c'était néanmoins, dans la réalité même, une chose bien à souhaiter pour nous que le privilège de votre chaire, par lequel, le bienheureux Pierre, après la résurrection du Sauveur, ayant reçu les clés du royaume, sa prédication singulière a pourvu à l'illumination de tous par tout l'univers ; et autant la primauté de son vicaire est éminente, autant elle est à craindre et à aimer de tous. C'est pourquoi nous, adorant en vous Dieu même, que vous servez sans reproche, nous recourons à la foi qui a été louée par la bouche de l'apôtre, cherchant des réponses là où rien n'est commandé par erreur, rien par présomption, mais tout par délibération pontificale (Labbe, t. IV). »

Ces paroles d'un concile de l'an 464 sont remarquables. C'est une nécessité de la discipline ecclésiastique, aux conciles mêmes, de recourir à Rome : cette nécessité est en soi un avantage des plus désirables ; à Rome, avec la puissance, se trouvent la sagesse et la maturité. Après avoir ensuite exposé l'affaire en question, le concile conclut : « C'est pourquoi, comme il faut obvier promptement à ces entreprises qui divisent l'unité et causent le schisme, nous prions votre Siége de nous instruire, par vos lettres apostoliques, sur ce que vous voulez qu'on observe en ce point, afin que, rassemblant nos frères et produisant les constitutions du vénérable synode, nous puissions, forts de votre autorité contre l'esprit de rébellion, comprendre, avec l'aide de Dieu, ce qu'il faut faire de l'ordinateur et de l'ordonné. Assurément, à vous sera le triomphe, si dans les temps de votre apostolat, ce que la chaire de saint Pierre conserve, l'Eglise catholique l'entend, et que les nouvelles semences des zizanies soient extirpées. »

Comme les évêques de ce concile de Tarragone furent assez longtemps sans recevoir de réponse du Pape, craignant qu'il n'eût pas reçu leur lettre, ils lui en envoyèrent une copie, avec une seconde lettre sur une autre affaire qui regardait l'Eglise de Barcelone. Nundinaire, qui en était évêque, avait déclaré en mourant qu'il souhaitait avoir pour successeur Irénée, déjà évêque d'une autre ville, mais qui dépendait du diocèse de Barcelone. Le mérite d'Irénée était connu de tout le monde, en sorte que tout le clergé et le peuple de Barcelone, avec les personnes les plus considérables de la province, consentirent volontiers à sa translation. Ascagne et ses suffragants eurent aussi égard à la volonté du défunt, jugeant que l'utilité de l'Eglise de Barcelone le demandait. Ils en firent un décret, se fondant sur ce qu'on avait pratiqué la même chose en diverses autres occasions. Ils se résolurent toutefois, de l'avis de Vincent, duc de la Tarragonaise, qui leur apprit la sollicitude du Pape pour leurs provinces, de lui demander la confirmation de ce qu'ils avaient fait.

Les deux lettres des évêques d'Espagne furent lues dans le concile que le pape saint Hilaire tint à Rome, dans la basilique de Sainte-Marie, le 19 novembre 465, à l'occasion de l'anniversaire de son ordination. L'affaire d'Irénée ayant été proposée, le Pape se déclara fortement contre cet évêque ; il fut ordonné qu'il retournerait à son Eglise, sous peine d'excommunication ; qu'Ascagne ferait élire, du clergé de Barcelone, un évêque digne de remplir le siége, et le consacrerait, sans qu'à l'avenir on pût regarder comme héréditaire l'épiscopat, qui n'est conféré que par la grâce de Jésus-Christ. Les évêques du concile interrompirent même par deux fois la lecture de la lettre des évêques d'Espagne au sujet d'Irénée, et se récrièrent contre l'abus de donner les évêchés comme par testament. Quand on eut lu l'autre lettre qui regardait les entreprises de Silvain, les évêques du concile demandèrent que l'on observât l'ancienne discipline, et qu'on en punît les violateurs. Le Pape écrivit donc une lettre décrétale, adressée à Ascagne et à tous les évêques de la province de Tarragone, datée du 30 décembre 465. Il y marque d'abord qu'il avait reçu les lettres des magistrats et des principaux citoyens de plusieurs villes d'Espagne, pour excuser la conduite de Silvain : ce qui fait que, vu la nécessité des temps (sans doute les guerres continuelles des Suèves et des Visigoths), il pardonne le passé, pourvu qu'à l'avenir on observe les canons. Il ordonne, en conséquence, que l'on ne consacrera aucun évêque sans le consentement du métropolitain ; il défend les translations, et enjoint à Irénée de retourner à son ancienne Eglise, et au métropolitain Ascagne d'en faire élire et ordonner un autre à Barcelone. Quant aux évêques ordonnés par Silvain à l'insu d'Ascagne, le Pape les confirme, à condition qu'ils soient exempts d'ailleurs de toute irrégularité canonique. A cette lettre générale aux évêques de la province, il en ajouta une particulière au métropolitain, pour lui en recommander l'exécution. De plus, dans l'une et dans l'autre, il annonce que, pour réaliser plus efficacement ces mesures et veiller à la conservation de la discipline dans les Espagnes, il y envoie, comme délégué de son autorité, le sous-diacre Trajan. Cet envoi en Espagne d'un légat du Pape, au V$^e$ siècle, est remarquable (Labbe, t. IV).

Ce que les papes recommandaient le plus aux évêques d'Espagne et des Gaules, pour conserver la régularité du clergé dans ces temps de troubles, c'était, comme on voit, la tenue des conciles. Saint

# LIVRE XLI. — PONTIFICAT DE SIMPLICIUS.

Perpétue, évêque de Tours, en tint un premier à Tours même, le 18 novembre 461. Il s'y trouva huit évêques. On y recommande particulièrement la continence des clercs. On renouvelle les anciennes défenses aux prêtres et aux diacres mariés, d'avoir commerce avec leurs femmes; mais on modère la rigueur des anciens canons, qui les privait en ce cas de la communion même, et l'on se borne à les suspendre de toute fonction de leur ordre. On les exhorte à éviter les excès de vin et la fréquentation des femmes étrangères, comme des sources d'incontinence. Les clercs inférieurs, à qui le mariage est permis, ne doivent point épouser de veuves. On excommunie les clercs qui quittent leurs fonctions pour embrasser la milice ou retourner à la vie des laïques, et tous ceux qui abandonnent leurs Églises sans permission de leur évêque. On leur défend l'usure, comme contraire aux commandements de Dieu. On réprime les entreprises des évêques sur leurs confrères. On défend de communiquer avec les homicides, les corrupteurs des vierges sacrées et les religieux apostats, jusqu'à ce qu'ils fassent pénitence : de même avec les pénitents déserteurs, c'est-à-dire ceux qui, après avoir reçu la pénitence, en abandonnent les exercices. Il est à croire que les guerres et les incursions des Barbares donnaient occasion aux désordres que réprime ce concile (Labbe, t. IV).

Quelques années après, le même Perpétue en tint un autre à Vannes, où il se trouvait avec quatre autres évêques pour l'ordination de saint Paterne, évêque de cette ville. On y fit treize canons, semblables pour la plupart à ceux de Tours. On étend aux moines la défense faite aux clercs de voyager sans lettres de recommandation de leur évêque; et on les soumet à la punition corporelle, si les paroles ne suffisent. On leur défend d'avoir des cellules particulières, sinon dans l'enclos du monastère, et par permission de l'abbé; et à un abbé d'avoir plusieurs monastères ou diverses demeures, si ce n'est des retraites dans les villes, pour les incursions des ennemis. Il est défendu aux clercs, sous peine d'excommunication, de s'adresser aux tribunaux séculiers, sans la permission de leur évêque; mais si l'évêque leur est suspect, ou si c'est contre lui-même qu'ils ont affaire, ils doivent s'adresser aux autres évêques. Les clercs à qui le mariage est interdit, c'est-à-dire les sous-diacres et au-dessus, ne doivent point assister aux festins des noces ni aux assemblées dans lesquelles on chante des chansons amoureuses, où l'on fait des danses déshonnêtes, pour ne pas faire voir à leurs yeux et leurs oreilles, destinés aux sacrés mystères. Ils doivent aussi éviter de manger avec les Juifs, puisqu'ils ne mangent pas de toutes les viandes que nous croyons permises. Celui qui se sera enivré, sera séparé de la communion pendant trente jours, ou puni corporellement. Un clerc qui, étant dans la ville, aura manqué d'assister à matines sans excuse nécessaire, sera séparé de la communion pendant sept jours. L'ordre des cérémonies saintes et l'usage de la psalmodie seront les mêmes dans toute la province. Il est défendu aux clercs, sous peine d'excommunication, d'exercer la divination que l'on appelle *le sort des saints*, ou de prétendre connaître l'avenir par l'inspection de quelque écriture que ce soit (*Ibid.*).

En 461, le suève-goth Ricimer avait fait un fantôme d'empereur d'un nommé Sévère, afin de régner sous son nom. L'an 465, il s'en dégoûta, le fit mourir par le poison et gouverna seul pendant dix-huit mois (*Chronic. Cassiodor.*). Le sénat et le peuple de Rome, ainsi que le reste de l'Italie, trouvèrent tout cela quelque peu insolent. On murmurait, toutefois en secret, de voir un Suève se jouer de l'empire, faire et défaire à son gré les empereurs. On résolut de s'adresser à l'empereur de Constantinople pour lui en demander un, qu'on lui désigna. C'était Anthémius, gendre de Marcien, illustre lui-même par sa naissance, ses dignités et ses succès militaires. Le suève Ricimer, contre qui l'on faisait cette demande, fut le plus ardent à la favoriser. Avec trois fils, Anthémius avait une fille. Ricimer la demanda lui-même en mariage. La lui refuser eût été se rendre bien difficile l'entrée de l'Italie, où il commandait les armées. Il devint donc le gendre du nouvel empereur, qui fut proclamé le 12 avril 467, et prit le consulat à Rome au commencement de l'année suivante. Sidoine Apollinaire se trouvait à Rome pour les affaires de l'Auvergne, sa patrie. Le 1er janvier 456, il avait fait en vers le panégyrique de son beau-père Avitus, empereur et consul, que Ricimer déposa au mois d'octobre de la même année. Le 1er janvier 458, il prononça en vers le panégyrique de Majorien, empereur et consul, que Ricimer déposa et tua l'an 461. Le 1er janvier 468, il prononça, en vers assez beaux, le panégyrique d'Anthémius, empereur et consul, et de Ricimer, son gendre. A chacun de ces empereurs et consuls, il avait prédit une longue suite de prospérités et de victoires; mais c'étaient prédictions de poète. Cette fois, il fut nommé préfet de Rome : il en était digne par sa naissance, sa capacité et ses vertus (Tillemont, Lebeau).

L'empereur Anthémius avait amené de Constantinople un nommé Philothée, hérétique macédonien, qu'il chérissait beaucoup. Appuyé de la faveur de l'empereur, Philothée voulut introduire à Rome diverses sectes, avec la liberté d'y tenir leurs assemblées. Mais le pape saint Hilaire contraignit l'empereur, publiquement et à haute voix, dans la basilique de Saint-Pierre, d'y mettre obstacle, au point que l'empereur le promit avec serment. C'est ce que rapporte le pape saint Gélase (Labbe, t. IV). Ce fut par cet acte de vigueur apostolique que saint Hilaire termina son pontificat, étant mort le 10 septembre 467. Après dix jours de vacance, on élut, le 20 septembre, Simplicius de Tibur ou Tivoli, qui tint le Saint-Siège quinze ans. Son prédécesseur, pour veiller au maintien de la foi et de la discipline en Espagne, au milieu des guerres des Suèves et des Goths, y avait envoyé comme son délégué le sous-diacre Trajan. Dans le même dessein, le pape Simplicius nomma Zénon, évêque de Séville, vicaire du Siège apostolique dans toutes les Églises d'Espagne, pour qu'il pût, avec autorité, y faire observer exactement les décrets des apôtres et des Pères (*Ibid.*). Ainsi, pendant que tout s'écroule dans le monde, que le trône y devient comme un échafaud ou un coupe-gorge, tout demeure ferme dans l'Église; les Papes s'y succèdent sans trouble, et y maintiennent, avec une vigueur constante, la foi et la discipline, l'unité intellectuelle et morale.

La bonne intelligence de l'empereur Anthémius avec son gendre Ricimer dura peu. Ce dernier, qui, ne pouvant régner, ne pouvait cependant se résoudre à obéir, se brouilla bientôt avec son beau-père. Comme ils avaient chacun leur cour, dès qu'on s'aperçut de leur mésintelligence, les flatteurs qui les environnaient s'empressèrent de souffler le feu de la discorde. Ricimer, laissant Anthémius à Rome, se retira à Milan. Toute l'Italie appréhendait les suites de cette rupture. En effet, on se préparait de part et d'autre à la guerre. Dans ce péril commun, les nobles de Ligurie s'assemblent à Milan et se jettent aux pieds de Ricimer, le suppliant avec larmes de mettre fin à des dissensions si funestes. Il fut touché de tant de pleurs. Mais, dit-il, qui se chargera de la négociation? qui pourra modérer cet emporté de Galate? (ainsi nommait-il l'empereur, son beau-père.) Tous lui répondirent aussitôt : « Nous avons à Pavie un jeune évêque qui persuaderait les bêtes féroces. Le bienfait qu'il vient demander, on le lui offre avant qu'il le demande. Sa physionomie est semblable à la vie même. Tout catholique, tout Romain le vénère, le Grec même ne pourra le voir sans l'aimer. » Ricimer dit alors : « Déjà la renommée m'a vanté cet homme, et ce que je trouve de plus admirable, c'est que tout le monde le loue et qu'il ne semble pas avoir un seul ennemi. Allez donc, et priez l'homme de Dieu qu'il fasse le voyage ; joignez mes prières aux vôtres. »

Ce jeune évêque était saint Epiphane, à peine âgé de trente ans. Arrivés à Pavie, les députés le conjurent de se charger de cette ambassade. Il répondit aussitôt : « Quoiqu'une affaire aussi grave demande un homme consommé, et qu'elle soit au-dessus d'un novice, je ne refuse cependant pas à la patrie l'affection que je lui dois. » Et il alla de suite à Milan trouver le patrice Ricimer, qui l'agréa aussitôt qu'il le vit.

Arrivé à Rome, le saint évêque de Pavie inspira une vénération et une admiration universelles. Ce fut un pieux enthousiasme : les hommes les plus puissants eussent pensé commettre une faute impardonnable, de ne pas embrasser ses genoux ; c'étaient des acclamations qui montaient jusqu'aux nues ; on le voyait si plein des dons célestes, que personne ne le comptait au nombre des mortels. Anthémius dit alors : « Jusque dans ses ambassadeurs, Ricimer use avec moi de ruse et de finesse ; il en envoie qui forcent, par la supplication, ceux qu'il a offensés par ses outrages ; toutefois, amenez l'homme de Dieu : s'il demande des choses possibles, je les accorderai ; sinon, je le prierai d'agréer mes excuses. »

Le vénérable pontife, arrivé à l'audience, attira seul tous les regards, et parla ainsi à l'empereur : « Le Seigneur du ciel, respectable prince, a réglé par ordonnance souveraine, que celui à qui est confié le soin d'une chose publique aussi grande, apprît, par le dogme de la foi catholique, à connaître Dieu, auteur et amateur de la piété et de la clémence. C'est par lui que les armes de la paix brisent la fureur des guerres, et que la concorde, foulant aux pieds la superbe, devient plus puissante que la force. Ainsi, David s'est-il rendu à jamais recommandable, en songeant à épargner son ennemi plutôt qu'à s'en venger. Ainsi, les rois et les maîtres les plus parfaits des siècles ont-ils appris du ciel à faire grâce aux suppliants. Car celui-là possède une domination d'en haut, qui élève son empire par la piété et la clémence. C'est dans cette persuasion que votre Italie et le patrice Ricimer ont envoyé ma petitesse vous prier, ne doutant pas qu'un prince romain n'accorde la paix que demande même un Barbare. Un triomphe qui embellira particulièrement vos annales, ce sera d'avoir vaincu sans verser de sang. Au reste, je ne sache pas qu'il y ait une guerre où il faille plus de grandeur d'âme, que de combattre son ressentiment et d'accabler de bienfaits la honte d'un farouche Goth. Car, s'il obtient ce qu'il demande, il en sera d'autant plus abattu qu'il a eu honte jusqu'alors de supplier. D'ailleurs, il faut considérer l'événement incertain de la guerre ; quel qu'il soit, si elle a lieu à cause de nos péchés, votre empire perdra toujours tout ce que perdra l'un et l'autre parti. Tandis que, Ricimer ami, tout ce qu'il possède, vous le possédez avec Ricimer lui-même. Songez en même temps que c'est bien gouverner sa cause que d'être le premier à offrir la paix. »

L'empereur qui, avec tous les assistants, ne pouvait se lasser d'admirer le saint, lui répondit avec un profond soupir : « Quoique j'aie, très-saint pontife, une indicible cause de douleur contre Ricimer ; quoiqu'il n'ait servi de rien de lui accorder les plus grands bienfaits, jusqu'à l'associer à ma famille pour l'amour de la chose publique ; quoiqu'il se soit montré d'autant plus ennemi qu'il a été plus comblé de faveurs ; quoiqu'il ait encouragé la fureur des nations étrangères, et qu'on ne puisse avoir en ses promesses aucune confiance, puisque l'alliance la plus étroite n'y a rien fait ; toutefois, si vous êtes caution et médiateur, vous qui, par une grâce spirituelle, pouvez découvrir les mauvais desseins et les corriger, je n'ose refuser la paix que vous-même demandez. Que s'il vous trompe, il se punira lui-même. Pour moi, je remets entre vos mains et ma personne et l'empire ; et la grâce que j'étais résolu de refuser à Ricimer, suppliant par lui-même, je l'offre le premier par vous ; car, tout bien considéré, on ne peut mieux gouverner son navire au milieu de la tempête, que d'après les conseils d'un pareil pilote. »

Le saint évêque Epiphane remercia l'empereur, reçut son serment pour la paix et partit aussitôt, afin de célébrer la fête de Pâques, qui était proche. Il avait promis d'y être revenu dans vingt jours ; malgré le jeûne du carême, il y fut dans quatorze. Son arrivée inattendue causa une joie inexprimable dans tout le pays. On se réjouissait d'autant plus de la paix, qu'on l'avait espérée moins.

Saint Epiphane était né à Pavie même, et descendait, par sa mère, de la famille de saint Miroclès, évêque de Milan, au commencement du IVe siècle. Il fut élevé par l'évêque Crispin, qui, le voyant prévenu des grâces du ciel, le fit lecteur à huit ans, sous-diacre à dix-huit, diacre à vingt, l'employant à différents ministères, jusqu'à lui confier tout le bien de l'Eglise, afin de mieux connaître sa capacité, parce qu'il souhaitait l'avoir pour successeur. Aux avantages du corps, aux talents de l'esprit, il joignait une modestie, une humilité, une patience admirables. Battu un jour jusqu'au sang par un homme emporté, il fut le seul qui s'opposa à la justice que tout le monde voulait en faire. Si chaste, qu'il ne se savait homme que par le travail ; lui arrivait-il des illusions dans les songes ? il recourait à de saintes veilles, à des jeûnes continués, restait très-longtemps debout. Son repos était la lecture, ses bijoux les saints livres. Il lui suffisait de les parcourir pour les dire de mémoire, non pas les mots seuls, mais le sens et l'âme; en sorte que, suivant le passage qu'il redisait, on croyait entendre ou Moïse, ou un prophète, ou un apôtre. Et ce qu'il avait lu dans le livre, il le retraçait dans sa vie. Dès lors, il préludait à l'office d'intercesseur. Partout où l'évêque l'envoyait au secours des malheureux, il exigeait les grâces et les bienfaits avec un art de supplier si puissant, que bien des malheureux se félicitèrent que l'évêque ne fût pas venu lui-même. Aussi chaque jour l'affection du peuple augmentait pour Epiphane. Lui ne pensait qu'à soulager son vieil évêque dans ses infirmités. Crispin, sentant que sa fin était proche, se fit conduire à Milan avec son diacre. Là, ayant réuni les personnages les plus considérables de la province, il leur dit ces paroles : « Voilà, mes enfants, que l'âge m'appelle à partir. Déjà la terre revendique la parcelle qui en est originaire. Je vous recommande la cité, je vous recommande l'Eglise, je vous recommande ce jeune homme, au travail et à la grâce duquel je dois d'avoir vécu jusqu'à cette heure, âgé et débile. C'est sa force qui a soutenu ma faiblesse; c'est par ses pieds que j'ai marché, par ses yeux que j'ai vu, par sa parole que j'ai réglé tout : nous paraissions deux à ceux qui nous voyaient, mais des deux la concorde ne faisait qu'un. » Les assistants l'ayant assuré de leurs bonnes dispositions, il revint à Pavie et y mourut de la jaunisse peu de jours après.

Aussitôt toute la ville s'attroupe; tous les vœux se portent sur Epiphane; on l'enlève du milieu des funérailles pour le proclamer évêque. Lui, cependant pleure et résiste tant qu'il peut; il dit tout haut qu'il est indigne; mais dans cette grande multitude, il est seul à le dire. Les habitants des cités voisines se joignent dans leurs acclamations à ceux de Pavie : on eût dit qu'il s'agissait d'inaugurer l'évêque de tout l'univers. On le conduit à Milan, où il est sacré avec une joie universelle. Toutefois, quelques habitants de grandes cités en témoignèrent de la peine; ils étaient jaloux qu'une petite ville comme Pavie eût un aussi grand évêque, tandis que les leurs n'avaient à se vanter que du nom seul de métropolitains.

De retour à Pavie, saint Epiphane assembla son clergé et lui parla en ces termes : « Quoique, mes bien-aimés frères, le poids de votre jugement et de la dignité que j'ai reçue m'ait accablé, lorsque je marchais avec peine, et encore trop tôt, dans les avenues du sacerdoce, je me souviens cependant de ce que je dois à votre bienveillance, puisque vous m'avez conféré ce qu'il y a de plus grand. Et quoique j'aie plus eu la volonté de vous obéir que de vous commander, j'ai néanmoins changé le personnage de serviteur, mais sans en perdre l'esprit. Soyez pacifiques, soyez unanimes; partagez avec moi mon fardeau, il en sera plus facile à porter. Je promets de vous garder ma communion avec toute humilité; nul ne pourra m'offenser s'il n'offense notre Dieu. Conservez la pudeur, source de tous les biens; ne prenez point à injure si un enfant parle de continence et de pureté à des vieillards et à des prêtres. C'est la conduite, non les années, qui ouvre l'adolescence ou la vieillesse. Examinez le secret de ma vie, et si vous y reconnaissez quelque chose d'indigne, réprimez-le. Que personne ne craigne d'avertir le prince de l'Eglise, dès qu'il le voit s'égarer. » Ayant ainsi parlé, il se tut. Aussitôt tous les assistants se levèrent et s'écrièrent d'une voix : « Vive notre excellent père ! vive notre incomparable pontife ! Le choix de tout le monde vous a supposé bon, vos paroles vous montrent très-bon. Vous croissez en mérites dans nos cœurs; vous y êtes plus grand par les œuvres que par la renommée. »

Devenu évêque, saint Epiphane résolut de ne plus user de bain, de ne faire par jour qu'un repas, de vivre d'herbes et de légumes et de boire très-peu de vin. Quelque temps qu'il pût faire, il était le premier à l'office de la nuit. Arrivé près de l'autel, il demeurait tout le temps dans la même attitude. Il avait si à cœur d'intercéder pour les malheureux, qu'il croyait leur avoir fait lui-même le chagrin qu'il n'avait pas empêché les autres de leur faire. Tels sont les détails sur sa vie, que nous devons à saint Ennodius, son ami et son successeur (*Vita S. Epiph.*).

Cependant la cour impériale de Constantinople n'offrait pas plus d'union que la cour impériale d'Italie. L'empereur Léon, déjà vieux, n'avait point de fils; mais sa femme Vérine avait un frère nommé Basilisque, qui avait envie de régner et qui ne le méritait guère; mais Léon lui-même avait marié sa fille aînée, Ariadne, à un Isaurien nommé Trascalissée, qui dès lors se nomma Zénon, qui avait pareillement grande envie de régner, et ne le méritait pas plus que Basilisque; mais le patrice Aspar, alain d'origine et arien de religion, qui avait mis Léon sur le trône, le pressait toujours de nommer césar un de ses fils. Ces trois partis divisaient la cour et l'empire, et commencèrent ces scènes périodiques de trahisons, de meurtres, de débauches, de bassesses, qui composent en grande partie l'*Histoire du Bas-Empire*.

Ainsi Léon avait armé une flotte formidable pour combattre le vandale Genséric, qui, après avoir ravagé l'Occident, se jetait sur l'Orient. Cette flotte avait déjà repris la Sardaigne et remporté en Afrique même des avantages considérables sur les Vandales Tout à coup elle reste dans l'inaction. C'est que Basilisque la commandait, et que l'ambition le rendait traître. Le patrice Aspar et son fils aîné Ardabure, mécontents de Léon, qui s'était affranchi de leur tyrannie, craignaient que la conquête de l'Afrique ne rendît ce prince assez puissant pour oser les punir. Ariens fanatiques, ils étaient portés d'inclination pour le vandale Genséric, qu'ils regardaient comme le protecteur de leur secte. Connaissant l'envie de régner de Basilisque, ils lui avaient promis de l'aider de tout leur pouvoir à monter sur le trône, s'il faisait échouer l'entreprise dont l'empereur lui confiait l'exécution. De là cette inaction surprenante. Genséric, quoiqu'il n'en connût pas le mystère, en profita pour demander à Basilisque une trêve de cinq jours, afin de convenir, disait-il des articles de la paix. Mais c'était pour avoir le temps de lancer parmi la flotte impériale un grand nombre de brûlots qui la mirent en feu. De braves généraux, qui n'étaient pas dans le secret de la trahison, périrent victimes de leur courage, ou même furent assassinés. Basilisque, l'auteur de ce désastre, arrivant à Constantinople, se réfugia dans l'église de Sainte-Sophie, d'où même il sortit bientôt par l'intervention de sa sœur.

Ainsi encore, l'Isaurien Zénon, gendre de l'empereur, fut nommé général des troupes d'Orient et consul en 469. Aspar, jaloux de sa fortune, résolut de le faire périr. Les Barbares ayant fait une incursion dans la Thrace, Léon y envoya son gendre, avec ordre aux gouverneurs de lui fournir des troupes. Les soldats, gagnés par l'argent d'Aspar, formèrent le complot d'assassiner leur général. Ils étaient sur le point de l'exécuter, lorsque Zénon, averti à temps, se sauva à Sardique.

Les soupçons tombèrent sur Aspar, qui était en effet l'auteur de cette trame criminelle. Toutefois, l'empereur Léon tenta encore une fois de regagner cet esprit hautain et intraitable. Il se détermina enfin à lui tenir parole et à donner la qualité de césar à un de ses fils. Ardabure, qui était l'aîné, arien aussi obstiné que son père, ne pouvait espérer de parvenir à l'empire. L'empereur jeta les yeux sur Patrice, second fils d'Aspar. C'était un caractère plus doux et plus flexible. Léon le déclara césar, et, pour lui donner plus de droit à ce titre, lui fiança Léontie, sa seconde fille, qui n'était pas encore nubile. Un choix si peu attendu souleva la ville de Constantinople. Le sénat porta ses plaintes à l'empereur; le peuple insulta Patrice dans le cirque; le clergé et les moines, suivis d'une foule d'habitants, ayant le patriarche à leur tête, vinrent au palais, suppliant à grands cris l'empereur de se désigner un successeur orthodoxe, et de ne pas exposer les catholiques aux traitements cruels qu'ils avaient éprouvés sous les funestes règnes de Constance et de Valens. Léon les apaisa en leur déclarant qu'il n'avait choisi Patrice que parce que celui-ci renonçait à ses erreurs, et que le nouveau césar donnerait bientôt des preuves de la pureté de sa foi à la face de tout l'empire. On le crut sur parole, et les cris séditieux se changèrent en acclamations.

Dès le commencement de cette émeute, Aspar et ses fils s'étaient réfugiés à Chalcédoine, dans l'église de Sainte-Euphémie. Le patriarche fut envoyé pour leur assurer qu'ils n'avaient rien à craindre. Mais ils refusèrent de sortir de cet asile, si l'empereur ne venait en personne pour les ramener en sûreté à Constantinople. Léon voulut bien déférer à leurs désirs. Il les traita magnifiquement dans son palais, et la concorde semblait être rétablie. Mais le fier Aspar, prenant pour un nouvel outrage d'avoir eu besoin de grâce de la part de celui qu'il méprisait comme sa créature, ne fut pas longtemps à renouer ses coupables intrigues. Léon crut devoir frapper alors ce qu'on appelle *un coup d'Etat*. Il manda au palais Aspar et ses fils. Ceux-ci s'y étant rendus sans défiance, Aspar et Ardabure furent massacrés par les eunuques. Patrice, percé de plusieurs coups, s'échappa et ne reparut que sous le règne d'Anastase. Herménaric, troisième fils d'Aspar, le seul qui ne s'était pas trouvé au palais avec son père, s'enfuit en Isaurie. Le massacre d'Aspar excita de grands mouvements dans Constantinople. Chef de la milice, il avait à ses ordres un grand nombre de troupes, la plupart de la nation des Goths, dont les officiers lui étaient dévoués. Ils furent sur le point de forcer le palais, allèrent ensuite camper devant la ville, et ravagèrent la Thrace pendant deux ans. (Tillemont; Lebeau, l. 34).

Non loin de Constantinople et de la cour, où les Grecs et les Barbares se trahissaient et s'égorgeaient pour monter sur le trône ou y rester, s'élevait sur une colonne un nouveau Siméon, un nouveau prodige de l'abnégation et de la pénitence chrétiennes, comme pour condamner de plus haut et de plus près les désordres de la cour et de la ville. C'était saint Daniel Stylite. Il était natif du bourg de Maratha, près de Samosate. A l'âge de douze ans, il se retira dans un monastère voisin. Longtemps après, son abbé, allant à Antioche pour les affaires de l'Eglise, lui dit de l'accompagner. Ils passèrent par le bourg de Télanisse, et allèrent voir saint Siméon sur sa colonne. Ce saint permit à Daniel de monter auprès de lui, lui donna sa bénédiction, et lui prédit qu'il souffrirait beaucoup pour Jésus-Christ. L'abbé étant mort, les moines voulurent mettre Daniel à sa place; mais il prit la fuite et retourna auprès de Siméon. Quand il eut demeuré quatorze jours dans le monastère près de la colonne, il entreprit le pèlerinage de la Terre-Sainte. Mais Siméon lui apparut en chemin, et lui ordonna d'aller à Constantinople. Il obéit, et passa sept jours dans l'église de Saint-Michel, hors des murs de la ville. De là, il alla s'établir dans un vieux temple d'idoles, infesté par les démons; il les en chassa par le signe de la croix et la prière, et y demeura neuf ans. Quelques clercs de l'église de Constantinople voulurent l'inquiéter; mais il fut protégé par l'évêque Anatolius : et l'évêque étant tombé dangereusement malade, Daniel le guérit, et lui demanda, pour toute récompense, le pardon de ceux qui l'avaient calomnié.

Saint Siméon Stylite avait envoyé son disciple Sergius porter à l'empereur son habillement de tête. N'ayant pu avoir accès auprès du prince, il alla trouver Daniel, dont il avait ouï dire de grandes choses, et lui remit le présent qu'il portait à l'empereur. Cette circonstance, jointe à une révélation qu'eut Sergius à cet égard, lui fit prendre la résolution de monter lui-même sur une colonne.

A sa demande, Sergius lui choisit pour le lieu de sa retraite une montagne solitaire peu éloignée, vers l'embouchure du Pont-Euxin : elle était à quatre milles de la mer, et à sept de Constantinople, du côté du nord. Un des amis de Daniel y fit construire deux colonnes unies ensemble par des barres de fer, qui n'en formaient qu'une. On mit au-dessus une autre colonne plus petite, au haut de laquelle était une espèce de tonneau, environnée d'une balustrade. C'était là qu'il demeurait. La situation du pays, sujet à de grands vents et à des froids très-rudes, rendait sa pénitence encore plus étonnante que celle de saint Siméon. Il y eut un hiver où les vents pensèrent l'emporter; ils le dépouillèrent de tous ses habits, et il demeura immobile et transi de froid. Ses disciples montèrent à la colonne, et, avec des éponges, lui appliquèrent de l'eau chaude pour le dégeler. Il ne quitta pas pour cela sa colonne, et ne laissa pas d'y vivre jusqu'à l'âge de quatre-vingts ans.

Sans en descendre, il fut ordonné prêtre, à la prière de l'empereur, par Gennade, évêque de Constantinople, qui, ayant fait en bas les prières, monta sur la colonne pour achever la cérémonie et lui donner la communion. Depuis cette époque, il célébrait les saints mystères sur sa colonne même. Il obtint, par ses prières, un fils à l'empereur Léon, qui le visitait souvent et lui portait un grand respect. Le saint en profitait pour lui donner des instructions salutaires, pour l'exhorter surtout à pardonner avec facilité, et à combattre la dureté qui lui était naturelle. Ce prince fit bâtir près de la colonne de Daniel un petit monastère pour ses disciples, et un hospice pour ceux qui venaient le voir, avec un oratoire pour mettre des reliques de saint Siméon, que Daniel avait fait venir d'Antioche.

L'an 465, il arriva à Constantinople un incendie terrible, qui consuma huit de ses quartiers. Daniel l'avait prédit, et avait conseillé au patriarche et à l'empereur de le prévenir en faisant deux fois la semaine des prières publiques; mais on ne l'avait pas cru. L'événement en fit souvenir, et le peuple courut en grande hâte vers sa colonne. L'un se plaignait d'avoir perdu sa maison, l'autre ses biens, ses amis, sa femme, ses enfants. Le saint, touché de leur affliction, fondait en larmes, et leur conseillait de s'appliquer à la prière et au jeûne. Il étendit les mains vers le ciel, et pria pour eux; puis il les renvoya, disant que l'incendie finirait au bout de sept jours : ce qui arriva. Alors l'empereur vint avec l'impératrice le prier de demander à Dieu de leur pardonner le passé, et de les mettre en sûreté pour l'avenir.

Gobazès, roi des Lazes dans la Colchide, étant venu renouveler son alliance avec les Romains, l'empereur le mena voir Daniel, comme le miracle de son empire. Le roi barbare se prosterna avec larmes devant la colonne, et le saint fut l'arbitre du traité entre ces deux princes. Gobazès étant de retour chez lui, y racontait cette merveille, et n'envoyait jamais à Constantinople, qu'il n'écrivit à Daniel pour se recommander à ses prières. Il lui fit même bâtir une troisième colonne plus haute, à côté des deux autres, pour le mettre un peu à l'abri dans les temps orageux. Daniel consentit enfin aux instances que lui fit l'empereur Léon, de laisser couvrir d'un toit le haut de sa colonne.

Ce prince avait à son service un seigneur barbare nommé Edrane, toujours nourri dans la guerre et le carnage, et qui commandait quelques troupes de sa nation. Le voyant très-brave, il lui avait donné la charge de connétable avec le titre de comte. Comme l'empereur envoyait toutes les personnes considérables voir Daniel et recevoir sa bénédiction, il y envoya aussi Edrane. Ce Barbare fut si touché des instructions que lui donna le saint et de l'exemple de sa vie, qu'il résolut à l'heure même de quitter tout et d'embrasser l'état monastique. Il fit assembler tous les siens, leur représenta la vanité de toutes les choses de la terre, et combien il était indigne de voir des hommes répandre le sang des hommes; que, pour lui, il était résolu de ne plus servir que Jésus-Christ, et de ne plus travailler que pour le salut de son âme; qu'il les exhortait tous à le suivre, mais que ceux qui ne le voudraient pas, pouvaient se retirer où il leur plairait. Ce discours toucha deux Barbares, qui n'avaient jamais entendu parler de Jésus-Christ. Les autres se contentèrent de l'argent qu'il leur donna et se retirèrent. Edrane, ainsi libre de tout, reçut l'habit monastique des mains de Daniel, avec les deux Barbares qui l'avaient suivi, et changea son ancien nom en celui de Tite. L'empereur fut fâché de sa résolution, et lui en fit faire des reproches; mais rien ne put l'ébranler. Bientôt même l'empereur finit par estimer ce qu'il avait condamné d'abord, et, quand il visitait Daniel, il allait aussi voir Tite, et recevait avec joie ses instructions. Daniel, sur sa colonne, était ainsi une prédication continuelle et pour les Grecs, et pour les Barbares (Tillemont, Surius, Fleury).

En Occident, le barbare Ricimer ayant appris le sort d'Aspar, en craignit autant pour lui-même, d'autant plus qu'il le méritait. Il résolut de le prévenir. Étant donc parti de Milan, à la tête d'une armée, il marcha sur Rome et y assiégea l'empereur Anthémius, son beau-père. Pour les réconcilier, Léon de Constantinople envoya en Italie Olybrius, personnage consulaire, de l'illustre famille des Anicius, et qui avait épousé la princesse Placidie, fille de Valentinien III. Ricimer, au lieu de se réconcilier avec le père de sa femme, fit proclamer Olybrius même empereur, s'empara de Rome après un sanglant combat, le 11 juillet 472, et la livra au pillage, à l'exception de deux quartiers, où il cantonna ses troupes et où ses partisans se retirèrent. C'était, depuis soixante-deux ans, la troisième fois que cette ville infortunée devenait la proie d'un vainqueur barbare. Anthémius, qui s'était réfugié dans l'église de Saint-Pierre, fut massacré : il avait régné cinq ans et trois mois. Olybrius demeura maître de l'empire, autant qu'il pouvait l'être sous le glaive de Ricimer, qui, dans son beau-père Anthémius, venait de tuer le quatrième empereur. Enfin, Ricimer lui-même mourut de maladie et dans les plus cruelles douleurs, le 18 août suivant. Olybrius mourut également de mort naturelle, le 23 octobre de la même année; trois mois et douze jours après Anthémius, laissant de sa femme Placidie une fille nommée Julienne. Tant de chutes précipitées n'effrayèrent point Glycérius. Il était commandant de la garde impériale. Gondebaud, neveu de Ricimer, lui persuada de prendre la pourpre, et lui ménagea le suffrage des soldats. Il fut proclamé empereur à Ravenne, le 5 mars 473, sans avoir demandé le consentement de Léon. On ne sait rien de la naissance de Glycérius ni de ses aventures jusqu'à son avénement à l'empire, et tout ce qu'on sait de son règne, c'est qu'il avait quelque probité; qu'il honorait beaucoup le saint évêque Epiphane; qu'à la prière de ce prélat il pardonna aux habitants de Pavie une insulte qu'ils avaient faite à sa mère, et qu'à force d'argent il détourna de l'Italie une armée d'Ostrogoths qui venaient en faire la conquête.

Les doctes Ballerini ont retrouvé de Glycérius un édit curieux contre les ordinations simoniaques, adressé à Himelcon, préfet du prétoire. L'empereur y dit qu'étant encore particulier, il avait remarqué que la plupart des évêchés ne se donnaient point au mérite, mais s'achetaient à prix d'argent, et que les évêques de cette espèce aimaient mieux être les tyrans des cités que les pontifes. Il ordonne qu'ils soient dépouillés de l'épiscopat ainsi que leurs consécrateurs au bout d'une année, comme d'une magistrature séculière, et bannit des villes ceux des habitants qui auraient ainsi vendu leurs suffrages. Cet édit, donné à Ravenne le 10 mars 473, fut affiché à Rome le 28 avril (Baller., *Op. S. Leonis*, t. III).

Léon de Constantinople n'avait reconnu pour empereurs ni Olybrius ni son successeur Glycérius. Se croyant en droit de donner un maître à l'Occident, il envoya en Italie un Julius Népos, après lui avoir fait épouser une nièce de sa femme Vérine. Népos s'étant donc embarqué avec des troupes, entra dans le port de Ravenne, d'où Glycérius, averti de son approche, était sorti pour se sauver du côté de Rome. Le nouvel empereur le poursuivit, et, l'ayant assiégé dans Porto, à l'embouchure du Tibre, le força de se rendre et de renoncer à l'empire. On lui coupa les cheveux, et il fut sur-le-champ ordonné évêque de Salone en Dalmatie, la même ville où, 170 ans auparavant, l'empereur Dioclétien était venu se reposer des fatigues du trône, dans les douceurs de la vie privée.

Léon de Constantinople, qui voulait ainsi régler la succession impériale en Occident, avait de la peine à régler la sienne. Il avait eu un fils, mais il était mort jeune. Il se disposait à nommer pour son successeur Zénon l'Isaurien, son gendre. Ce dessein révolta le peuple de Constantinople. Le nom seul d'*Isaurien* était odieux : ce qui augmentait encore l'aversion publique, c'est que Zénon était d'une difformité repoussante, et que son âme paraissait telle que son corps. Ce sentiment de haine fut porté à un tel excès, que le peuple se souleva dans les jeux du cirque, et massacra un grand nombre d'Isauriens. Léon, n'espérant pas ramener les esprits, nomma empereur son petit-fils, qui portait aussi le nom de Léon. C'était un enfant d'environ quatre ans. Ce choix fut agréable au peuple, qui, dans ce jeune prince, considérait Léon, son aïeul, plutôt que Zénon, son père (Tillemont, Lebeau).

Zénon, d'ailleurs, était suspect aux catholiques sous un autre rapport. Nommé au gouvernement de l'Orient, il avait emmené avec lui à Antioche un moine-prêtre, moine chassé de son monastère, prêtre interdit de ses fonctions pour son attachement opiniâtre à l'hérésie du moine-prêtre Eutychès. Il s'appelait Pierre, surnommé *Foulon*, de son premier métier. Chassé du monastère, interdit du sacerdoce, il vint de Chalcédoine à Constantinople, où il s'attacha à faire la cour aux grands, particulièrement à Zénon : s'insinuant sous prétexte de piété. Étant arrivé avec lui à Antioche, il résolut de s'en faire évêque, et lui persuada de favoriser son entreprise. Il gagna, par argent, quelques apollinaristes, et commença à calomnier l'évêque Martyrius, qui était absent, l'accusant d'être nestorien. Il ajouta, au Trisagion ou *Sanctus* des Grecs, ces paroles : *Vous qui avez été crucifié pour nous, ayez pitié de nous;* attribuant ainsi la passion, non au Fils seul, mais à toutes les trois personnes de la Trinité, et disant anathème à qui ne voulait pas parler ainsi : ce qui mit la division dans le peuple d'Antioche.

Martyrius, patriarche d'Antioche, était à Constantinople, et fut obligé d'y séjourner longtemps par la nécessité des affaires. Mais l'empereur le renvoya avec beaucoup d'honneur, par les soins et les sollicitations du patriarche Gennade. On croit que le voyage de Martyrius fut l'occasion d'une loi du 1er juin 471, adressée à Zénon, qui porte : « Que ceux qui demeurent dans les monastères n'aient point la liberté d'en sortir ni de séjourner à Antioche ou dans les autres villes, excepté les procureurs de communautés, et seulement pour les fonctions de leurs charges. Encore ne doivent-ils point disputer de religion, tenir des assemblées ni exciter aucun trouble. » Toutefois, Martyrius étant de retour à Antioche, et voyant que le peuple aimait la division et que Zénon la favorisait, après avoir vainement essayé de les ramener par ses exhortations, il résolut de se retirer, et dit publiquement dans l'église : Je renonce au clergé peu soumis, au peuple désobéissant et à l'église impure, en me réservant la dignité du sacerdoce. Alors Pierre le Foulon s'empara du siège vacant, et fut reconnu patriarche d'Antioche. Gennade l'ayant appris, en informa l'empereur, qui ordonna que Pierre fût envoyé en exil dans l'Oasis; mais il fut averti, et prévint l'exécution de cet ordre par la fuite. Julien fut élu évêque d'Antioche d'un commun consentement. Tout cela indisposait le peuple catholique contre Zénon, déjà si peu recommandable d'ailleurs (Theod., *Lect.*, l. 1; Niceph., l. 15, c. 28).

Son fils de quatre ans, le petit Léon, fut donc nommé empereur par l'empereur, son grand-père maternel. Il fut même seul consul l'année suivante 474, et se vit bientôt seul empereur. Dès le mois de janvier, son grand-père mourut d'une dyssenterie. Sa grand-mère Vérine et sa mère Ariadne lui firent alors faire ce que n'avait pu son grand-père. Lui ayant fait la leçon, elles le conduisirent dans l'hippodrome, le 9 février, et le placèrent sur un trône, comme pour le montrer au peuple. Zénon s'étant approché pour lui rendre son hommage, le petit prince lui mit le diadème sur la tête, et le déclara son collègue en le nommant empereur. Le petit Léon ne vécut pas longtemps après. Au mois de novembre suivant, il mourut de maladie, et l'on soupçonna son père de l'avoir empoisonné. Plusieurs historiens ont même écrit que Zénon voulant poignarder son fils, Ariadne, qui conservait encore un reste de compassion maternelle, substitua une autre victime, et, qu'ayant tenu caché le jeune enfant, elle l'engagea ensuite dans la cléricature, où il vécut jusqu'au règne de Justinien. C'est peut-être une fable; mais elle montre quelle idée on avait du cœur de Zénon.

Sa conduite justifiait cette idée. Sitôt qu'il se vit le maître, il s'abandonna sans pudeur à tous ses hideux penchants; il ne comptait rien pour honteux ou illégitime, et semblait persuadé qu'il y avait de la bassesse à se cacher pour faire le mal, et qu'il était de la dignité d'un empereur de le faire à découvert. Lâche et fanfaron, il paraissait toujours prêt à marcher en personne contre les Barbares, et, lorsque ses armées n'attendaient plus que sa présence, il se replongeait dans ses débauches. Ignorant et sans expérience, il gouvernait au gré de ses caprices ; colère, défiant, jaloux, n'oubliant jamais les injures qu'il croyait avoir reçues. Ce fut de la disgrâce et de la mort qu'il paya les plus importants services. Plus barbare que les Arabes et les Huns, qui ravageaient l'empire, il acheva de le ruiner par ses impôts. L'Égypte payait avant lui cinquante livres d'or ; il fit tout d'un coup monter cette contribution à cinq cents livres. Tout méchant qu'il était, il voulait être loué, et affectait des vertus qu'il n'avait pas ; comme, tout laid qu'il était, il voulait paraître beau, et pour cela se faisait peindre les sourcils, les cheveux et la barbe. Faisant un bizarre mélange de dévotion apparente et d'impiété réelle, il consultait saint Daniel Stylite, mais plus souvent encore des magiciens qui abusaient de sa stupide crédulité. En un mot, il réunissait tous les vices de la bassesse et de la puissance.

D'une première femme, il avait eu un fils qu'il destinait à lui succéder. Ce fils, quoique tout jeune, égalait son père en dépravation, et promettait de le surpasser, lorsqu'il mourut de dyssenterie. Zénon avait deux frères, dont l'un le surpassait en cruauté et l'autre en débauche. Tous deux abusaient de l'autorité de l'empereur pour ravager les provinces, envahissant les riches possessions et vendant l'impunité aux plus grands criminels. Mais le second, nommé Longin, était le plus odieux par ses débordements. Toujours ivre, il passait sa vie avec des libertins, qui, en même temps qu'ils lui faisaient leur cour, trompaient son incontinence. Après lui avoir promis de lui livrer des femmes distinguées par leur naissance et par les dignités de leurs maris, ils lui amenaient, dans de superbes équipages, des prostituées richement vêtues, qui se paraient des noms les plus illustres. Toutes les fois qu'il sortait en public, il affectait de jeter au peuple des bracelets et d'autres bijoux. Il faisait enlever les femmes et les filles, même des magistrats, lorsqu'elles avaient le malheur de lui plaire. Il ne respectait pas davantage les lois de la religion. Etant près de Corinthe, il apprit qu'il y avait dans le voisinage un monastère de religieuses fort pauvres, mais dont plusieurs étaient très-belles. Il s'y introduisit sous prétexte de leur distribuer des vivres et des habits, et n'en sortit qu'après avoir profané, par ses violences, cette retraite sacrée. Dans une cour aussi corrompue, il y avait cependant un homme de bien : c'était Erythrius, préfet du prétoire. Quand il vit que tout y allait de mal en pis, il demanda sa retraite et l'obtint aisément. Tout l'empire, excepté Zénon et sa cour, fut sensiblement affligé de perdre l'unique magistrat qui s'occupait du bien public. L'indignité de son successeur augmenta encore les regrets. Lorsque l'empereur conférait une charge, le nouveau préfet la rachetait pour la revendre plus cher à un autre; et l'empereur partageait avec lui le profit de ce commerce.

Cependant Vérine, sa belle-mère, qui l'avait placé sur le trône, se croyait en droit de tout obtenir. Irritée d'un refus, elle résolut de le perdre, et trama contre lui une conspiration secrète. Elle promit la couronne à son propre frère Basilisque, bien assurée qu'il tomberait dès qu'elle cesserait de le soutenir. Quand le complot fut prêt, elle en avertit Zénon lui-même, comptant que la peur lui ferait prendre la fuite : elle ne s'y trompa pas; à la première nouvelle, Zénon s'enfuit à Chalcédoine et ensuite en Isaurie. La révolution était faite sans effusion de sang; mais le peuple, indigné contre ce prince, prit les armes et fit un horrible massacre des Isauriens, qui se trouvaient en grand nombre à Constantinople. Au milieu de ce trouble, Basilisque fut proclamé empereur dans une campagne près de la ville. Vérine lui mit elle-même la couronne sur la tête. Il donna aussitôt le nom d'impératrice à sa femme Zénonide, et à Marc, son fils, celui de césar, et même peu après celui d'empereur. Il le prit pour consul pour l'année suivante 476, avec Harmatius, son cousin, qu'il nomma général des armées de Thrace.

Basilisque fit bientôt regretter Zénon. Aussi dissolu et encore plus stupide, loin d'affermir sa puissance par des bienfaits, il souleva d'abord les officiers du palais et les soldats, et enfin tout l'empire, par son insatiable avidité. Il vendait les dispenses des lois les plus sacrées; il exigeait des évêques de grandes sommes d'argent; il imposait des taxes onéreuses sur les plus pauvres artisans. Au lieu de fêtes et de réjouissances, son avènement à l'empire ne fut signalé que par des larmes et la désolation de ses sujets (Tillemont, Lebeau). Telle était la triste situation de l'empire d'Orient.

Celle de l'Occident était, sous un rapport, encore plus déplorable. Depuis bientôt cinquante ans, le vandale Genséric, maître de l'Afrique, s'était fait pirate ou brigand de mer. Chaque année ses flottes allaient porter le ravage tantôt d'un côté, tantôt de l'autre. En 428, le comte Boniface, poussé à la révolte par la perfidie d'Aëtius, l'avait invité à s'emparer de l'Afrique. En 455, l'impératrice Eudoxie, veuve de l'empereur Valentinien III et femme de l'empereur Maxime l'invita à s'emparer de Rome, d'où il l'emmena elle-même captive, avec ses deux filles, Eudoxie et Placidie, dont il maria la première à son fils Hunéric, et renvoya la seconde, avec sa mère, à Léon de Constantinople. Armait-on une flotte contre lui? il se trouvait des traîtres, tel que Basilisque, qui la lui livraient. Enfin, l'an 475, pour arrêter ses ravages, Zénon lui députa un sénateur nommé Sévère, qu'il décora de la dignité de patrice, pour donner plus d'éclat à cette ambassade.

Juste, désintéressé, plein d'honneur, Sévère était l'homme du monde le plus capable de réussir dans cette négociation. Dès que Genséric apprit qu'on songeait à lui envoyer une ambassade, il fit partir une flotte et prit Nicopolis en Épire. Sévère, arrivé à Carthage, se plaignant de cet acte d'hostilité : « J'étais en droit d'agir en ennemi, lui répondit Genséric; maintenant que vous venez faire des propositions de paix, je suis prêt à vous entendre. » Il ne tarda pas à concevoir une haute estime pour Sévère. Charmé de sa sagesse, il prenait plaisir à l'entretenir; et il l'estima encore davantage lorsque le député lui eut fait connaître sa grandeur d'âme. Comme Genséric voulait lui faire accepter des présents considérables, il les refusa, en disant que l'unique présent digne d'un ambassadeur tel que lui, c'était la permission de tirer de l'esclavage les sujets de l'empire. « Eh bien! repartit Genséric, je vous donne gratuitement tous ceux qui m'appartiennent, ainsi qu'à mes fils; pour les autres qui sont tombés en partage à mes soldats, je n'en suis pas le maître, mais je vous permets de les racheter. » Sévère, ayant remercié le roi, fit aussitôt vendre publiquement à l'encan tout ce qu'il avait d'argenterie, d'habits et de meubles, et racheta tous les autres qu'il put. Le fier Vandale, subjugué par tant de générosité, accorda tout à Sévère; il conclut avec l'empire un traité d'amitié perpétuelle, et cette alliance fut fidèlement observée par lui et par ses successeurs, jusqu'au règne de Justinien. Malgré la haine mortelle que Genséric portait à la doctrine catholique, Sévère obtint encore la liberté de religion pour la ville de Carthage; l'église, fermée depuis longtemps, fut ouverte; les ecclésiastiques bannis eurent la permission de reprendre leurs fonctions; et ce que les forces de l'empire n'avaient pu exécuter, fut le fruit de la vertu d'un seul homme (Procop., *De bello Vandal.*, l. 1, c. 7; Victor, *Vit.*; Tillemont, Lebeau).

En Espagne, les Suèves et les Visigoths resserrent de plus en plus la puissance romaine, jusqu'à ce qu'ils l'y éteignent tout à fait l'an 477. Dans les Gaules, les Visigoths, maîtres du Midi, les Bourguignons de l'Est, les Francs du Nord, s'observaient et se faisaient habituellement la guerre. Avec tout cela, le pays possédait de grands et saints évêques. Il en acquit un de plus en 472. Ce fut Sidoine Apollinaire, gendre de l'empereur Avitus, élevé à la dignité de comte par l'empereur Majorien, nommé préfet de Rome, chef du sénat et patrice par l'empereur Anthémius, et de plus, honoré à Rome, comme poète, d'une statue couronnée de lauriers. Étant revenu, l'an 472, dans l'Auvergne, sa patrie, il fut, quoique laïque, élu évêque de Clermont, à la place de saint Eparque, qui venait de mourir.

Saint Loup de Troyes vivait encore dans une grande vieillesse et dans une estime encore plus grande. Son âge, qui rendait sa vertu plus vénérable, n'avait rien diminué de la vivacité de son zèle ni de la beauté de son esprit. La lettre qu'il écrivit à Sidoine, dès qu'il apprit son élection à l'épiscopat, en est une preuve. Elle est conçue en ces termes : « Loup, au seigneur pape Sidoine. Je rends grâces à Notre Seigneur Jésus-Christ par l'Esprit-Saint, de ce que, pour soutenir et consoler l'Eglise, son épouse bien-aimée, au milieu des tribulations qui l'affligent de toutes parts, il vous a appelé à l'épiscopat, afin que vous soyez une lampe dans Israël, et que, comme vous avez rempli avec une souveraine louange les dignités ambitieuses de la milice mondaine, vous parcouriez avec allégresse, le Christ aidant, les fonctions laborieuses et les humbles ministères de la milice céleste, et qu'ayant mis la main à la charrue, vous ne regardiez point derrière, tels que les paresseux agriculteurs. Par vos glorieuses alliances, vous avez touché de près aux sommités impériales, vous avez exercé avec honneur et applaudissement de splendides préfectures, et tout ce que la série inquiète des désirs peut imaginer de plus heureux dans le siècle. L'ordre est changé; vous avez atteint la sommité dans la maison du Seigneur, laquelle réclame, non l'éclat exubérant du faste mondain, mais un profond abaissement de l'esprit et l'humble abjection d'un cœur attéré. Autrefois, à l'éclat de la naissance, vous tâchiez d'ajouter des honneurs plus éclatants encore; vous ne pensiez pas qu'il suffît à l'homme d'être égal aux autres, s'il ne surpasse ses pareils; vous êtes parvenu à un état où, quoique supérieur, vous ne devez vous réputer supérieur à aucun; où, vous mettant au-dessous du dernier de vos inférieurs, vous serez d'autant plus honoré que l'humilité du Christ vous servira de ceinture, et que vous baiserez les pieds de ceux sur la tête desquels vous dédaigniez autrefois de poser les vôtres. Le travail qui maintenant vous incombe, c'est que vous deveniez le serviteur de tous, vous qui paraissiez le premier de tous les seigneurs, et que vous vous courbiez devant les autres, vous qui les fouliez aux pieds; non pas que vous fussiez superbe, mais par la majesté, pour ne pas dire la vanité de vos dignités précédentes, vous étiez obligé de les devancer d'autant plus, que vous êtes obligé maintenant de rester en arrière.

Tournez donc l'esprit aux choses divines, vous qui avez tant pu dans les choses humaines. Que les peuples recueillent de votre bouche les épines de la couronne du Christ, eux qui en recueillaient auparavant les roses d'une pompe mondaine; que, désormais, ils reçoivent, du pontife les paroles de la discipline céleste, eux qui recevaient du commandant la règle de la discipline civile. Moi qui vous ai tant aimé, quand vous suiviez l'aridité du siècle, dans quelle mesure pensez-vous que je vous aime, maintenant que vous suivez l'abondance du Ciel ? Pour moi, le temps de ma décomposition est proche; mais je ne croirai pas mourir, si, quoique mort, je vis en vous et vous laisse dans l'Eglise. Je me réjouis d'être dépouillé, après que vous avez revêtu l'Eglise, et que l'Eglise vous a revêtu comme son ornement. Courage, vieil ami, mais jeune frère. Le dernier titre supprime les anciens; je ne veux plus me souvenir aujourd'hui de l'amitié passée, lorsque la dignité nouvelle rend la charité et plus ferme et plus intime. Oh ! si Dieu voulait que je pusse vous embrasser ! Mais ce que je ne puis de corps, je le fais en esprit et en présence du Christ; je vénère et baise non plus le préfet de la république, mais celui de l'Eglise, mon fils par l'âge, mon frère par la dignité, mon père par les mérites. Priez pour moi, afin que, consommé dans le Seigneur, je consomme l'œuvre qu'il m'a enjointe, et que je remplisse enfin en lui les temps qui restent, moi qui, hélas ! en ai tant remplis de ce que je ne devais pas. Mais il y a miséricorde auprès du Seigneur. Souvenez-vous de moi (D'Acheri, *Spicileg.*, t. V). »

Sidoine fit réponse à saint Loup en des termes, qui marquent bien le respect dont il était pénétré pour son mérite : « Béni soit, dit-il, l'Esprit-Saint et le Père du Christ, Dieu tout-puissant, de ce que vous, qui êtes le père des pères, l'évêque des évêques, daignez jeter les yeux sur tous les membres de l'Eglise, dont votre charité vous rend comme la sentinelle. Vous êtes capable de consoler tous les infirmes, et vous méritez que tout le monde vous consulte. » Sidoine ajoute que saint Loup est sans contredit le premier de tous les évêques du monde; qu'il est la règle des mœurs et la colonne des vertus; que tous ses collègues dans l'épiscopat respectent et craignent sa censure; que les plus âgés ne sont que comme des enfants en comparaison de lui, qui avait déjà passé neuf lustres, c'est-à-dire quarante-cinq ans dans le siége des apôtres.

Le portrait que l'humilité de Sidoine lui fait tracer de lui-même, relève celui qu'il vient de faire de saint Loup. « Je suis, lui dit-il, le plus indigne des mortels; car je me vois obligé de prêcher aux autres ce que je n'ai pas le courage de pratiquer. Je me condamne par mes propres paroles, et, en ne faisant pas ce que je demande, je dicte tous les jours contre moi ma sentence. Mais intercédez pour moi auprès de Jésus-Christ, comme un autre Moïse; moins âgé que moi, vous n'en êtes pas moins grand. Priez le Seigneur qu'il éteigne dans mon cœur l'ardeur de mes passions, afin que je ne porte plus à l'autel un feu étranger et profane. » Sidoine ne tarissait point sur les louanges de saint Loup. Il répète encore, dans une autre lettre, que c'est sans contredit le plus grand évêque des Gaules (Sid., l. 6, *epist.* 1).

Saint Loup méritait cet éloge, autant par ses talents et ses vertus que par son ancienneté dans l'épiscopat. Il avait un goût sûr pour les ouvrages d'esprit, et les auteurs ne redoutaient pas moins sa censure que les pécheurs. Il était surtout versé dans les saintes lettres. Le comte Arbogaste, depuis évêque de Chartres, qui savait aussi bien manier la plume que l'épée, s'étant adressé à Sidoine pour avoir l'explication de quelques endroits de l'Ecriture, ce savant évêque le renvoya à saint Loup de Troyes et à saint Auspice de Toul.

Saint Loup eut la consolation de voir avant sa mort, qui arriva vers l'an 479, que Sidoine remplissait parfaitement les grandes espérances qu'il avait conçues de son épiscopat. Sidoine avait en effet toutes les qualités qui font un grand homme, avec tous les talents et toutes les vertus qui font un grand et saint évêque. On admirait son érudition et son esprit, on aimait sa bonté, on se rassurait sur sa prudence, on respectait son illustre naissance, qui, jointe à sa dignité, lui donnait la plus grande autorité; mais il était rarement obligé de commander : son éloquence persuadait assez. Une insigne piété rehaussait tous ces talents par le saint usage qu'elle lui en faisait faire. Sidoine se distingua surtout par une tendre compassion pour les pauvres. Encore laïque, il donnait souvent aux pauvres des vases d'argent de sa vaisselle, afin que sa femme, venant à l'apprendre, les rachetât d'eux et leur en payât le prix. Il fit particulièrement éclater sa libéralité dans une famine qui affligea le royaume des Bourguignons, ravagé par les Visigoths.

La charité pour les malheureux était comme héréditaire dans cette illustre famille. Ecdicius, un des plus vaillants généraux de son temps, et beau-frère de Sidoine, pour avoir épousé, comme lui, une fille de l'empereur Avitus, porta encore plus loin que lui l'héroïsme de cette vertu dans la même calamité. Non content de recevoir et de nourrir tous les mendiants qui se présentaient, il envoya ses serviteurs avec des chevaux et des chariots par les villes et les bourgades, avec ordre de lui amener tous les pauvres qu'on pourrait y trouver. Il en ramassa ainsi plus de quatre mille, qu'il nourrit pendant tout le temps de la famine; et quand l'abondance fut revenue, il les fit reporter dans les lieux où on les avait pris. Le Seigneur ne se laissa pas vaincre en libéralité, et ce qu'Ecdicius lui avait donné dans la personne des pauvres, il le lui rendit comme au centuple, le comblant, lui et sa famille, des plus abondantes bénédictions. *Donner aux pauvres, c'est prêter à intérêt à Dieu même* (Longueval, *Hist. de l'Eglise gall.*, l. 4; Greg. de Tours, l. 2, c. 24).

Saint Patient, alors évêque de Lyon, ne se distingua guère moins par sa généreuse charité à soulager les indigents dans ces temps de misère. Il étendit ses aumônes aux provinces les plus éloignées, et fit conduire une grande quantité de blé, par la Saône et le Rhône, pour la subsistance des pauvres. Il en envoya à Arles, à Riez, à Avignon, à Orange, à Viviers, à Valence et à Trois-Châteaux. Il en fit même passer dans l'Auvergne, et saint Sidoine en témoigna sa reconnaissance par une lettre qu'il lui écrivit à ce sujet. « D'autres, dit-il, feront consister la félicité en d'autres choses. Pour moi, j'estime que l'homme le plus heureux est celui qui vit pour le bonheur d'autrui, et qui, en compatissant aux calamités des fidèles, fait sur la terre les œuvres du ciel. C'est de vous que je parle, très-heureux pontife. Vous ne vous contentez pas de soulager les misères que vous connaissez; votre charité ingénieuse va les chercher jusqu'aux extrémités des Gaules. Vous essuyez souvent les larmes de ceux dont vous n'avez pas vu les yeux. » Il dit ensuite qu'il passe sous silence la sobriété de saint Patient, son zèle pour la conversion des Bourguignons ariens, et sa magnificence à bâtir des églises, parce que ces vertus peuvent lui être communes avec d'autres évêques; que ce qui lui est propre, c'est d'avoir envoyé dans toutes les Gaules, et même en Italie, des secours pour soulager la misère publique. Il attribue cette famine au ravage des Visigoths, qui avaient brûlé les moissons (Sid., l. 6, *epist*. 12).

En effet, la principale cause de ses calamités fut l'ambition d'Euric ou Evaric, roi des Visigoths de Toulouse, qui le porta à tenter la conquête du reste des Gaules, à quoi la décadence de l'empire romain semblait assez l'inviter. Evaric avait tué son frère Théodoric pour régner à sa place, comme, dans le même but, Théodoric avait tué son frère Thorismond. Déjà il avait ajouté à ses anciens Etats Narbonne et une grande partie de la Provence et de la Touraine. Il voulut y joindre l'Auvergne, et y porta la guerre. Mais Ecdicius, animé par son beau-frère Sidoine, défendit généreusement sa patrie. Ayant levé des troupes à ses dépens, il battit plusieurs fois les Barbares, et, dans une rencontre, il en défit plusieurs mille avec dix-huit de ses plus braves cavaliers. Les habitants de la ville d'Auvergne, animés par l'évêque et le général, soutinrent avec tant de courage les assauts et les extrémités d'un siège pendant l'hiver, qu'ils obligèrent Evaric à le lever (*Ibid.*, l. 3, *epist*. 3; l. 7, *epist*. 7).

Ce prince arien faisait encore de plus grands ravages dans l'Eglise. Passionné pour sa secte, il attribuait la prospérité de ses armes à ce prétendu zèle, et il se faisait un point de religion de persécuter les catholiques de ses Etats. Pour faire plus aisément perdre la foi aux peuples, il commença par leur enlever leurs pasteurs. Il exilait les évêques, ou il les faisait cruellement mourir sous quelque prétexte, et défendait qu'on en ordonnât d'autres à la place de ceux qui étaient morts. Bordeaux, Périgueux, Rodès, Limoges, Mende, Eause, Bazas, Comminges, Auch et plusieurs autres villes étaient sans évêque. Les églises tombaient en ruine : on en avait arraché les portes, et on avait bouché avec des épines l'entrée de plusieurs. Les bestiaux couchaient dans les vestibules des lieux saints, et ils allaient quelquefois brouter l'herbe qui croissait autour des autels abandonnés. Ce n'était pas seulement dans les églises des campagnes qu'on voyait cette solitude; celles des villes n'étaient guère plus fréquentées. Ainsi la foi s'affaiblissait tous les jours, et l'arianisme s'établissait au milieu des Gaules sur les ruines de la catholicité.

C'est Sidoine qui nous fait cette triste peinture des maux dont il était témoin. Grégoire de Tours ajoute qu'Evaric fit mourir dans les tourments plusieurs de ceux qui refusèrent d'embrasser son impiété. On met au nombre de ces martyrs, les saints évêques Valère d'Antibes, Gratien de Toulon, Deutérius de Nice et Léonce de Fréjus (Sid., l. 7, *epist.* 6; Greg. Tur., l. 2, c. 23).

Pendant cette persécution d'Evaric, Euladius, évêque de Bourges, vint à mourir avant que cette ville fût soumise aux Visigoths. Après sa mort, il y eut de grandes brigues et de puissantes factions pour l'élection du successeur. Les citoyens, partagés, appelèrent saint Sidoine, premier suffragant de cette métropole; et comme ils ne pouvaient s'accorder entre eux, ils convinrent de le rendre seul arbitre de l'élection, et ils firent par écrit un compromis de s'en rapporter à son choix.

Les autres évêques de la province ne purent se rendre à Bourges, ou parce qu'ils étaient sous la domination d'Evaric, ou parce qu'en effet, la plupart des villes étaient sans évêques. Saint Sidoine, pour y suppléer, invita des évêques des autres provinces à se rendre à Bourges pour assister à l'élection. Il écrivit à ce sujet à Agrécius de Sens et à saint Euphrone d'Autun.

Il mande à Agrécius qu'il a trouvé la ville pleine de brigues; que plusieurs se présentaient effrontément pour être élus; que tout était fardé et dissimulé, excepté l'impudence, qui se montrait à découvert; plusieurs des prétendants portaient l'effronterie jusqu'à offrir de l'argent pour obtenir cette sainte dignité. « Il y aurait longtemps, dit-il, qu'on aurait mis l'épiscopat à l'encan, si l'on trouvait des vendeurs aussi aisément qu'on trouve des acheteurs. » C'est pourquoi il le conjure de venir le soutenir de son autorité, et de ne point s'excuser sur la diversité des provinces, parce qu'il ne peut être assisté de ses coprovinciaux, qui sont tous soumis aux Goths, excepté l'Auvergne, qui obéit encore aux Romains. « Si vous venez, lui dit-il, vous ferez voir qu'on a pu mettre des bornes à votre province, mais non point à votre charité (Sid., l. 7, *epist.* 5). »

Sidoine prie saint Euphrone, au cas qu'il ne puisse se rendre à Bourges, de lui mander son sentiment touchant Simplicius, que le peuple de cette ville demandait pour son évêque. « Sachez, lui dit-il, que plusieurs personnes vertueuses m'ont dit de lui beaucoup de bien. Ces témoignages m'étaient d'abord suspects, parce qu'ils paraissaient donnés à la faveur: mais quand j'ai vu que ses envieux, la plupart ariens, étaient réduits au silence, j'en ai conclu qu'il fallait que ce fût un homme bien accompli, puisque les méchants ne pouvaient en parler, ni les gens de bien s'en taire.

Agrécius se rendit à Bourges avec quelques autres évêques. Sidoine, ayant pris leur avis, convoqua le peuple dans l'église, et prononça un discours pour déclarer celui qu'il avait choisi évêque, selon le compromis. Il se plaint d'abord de ce qu'on l'a chargé d'une commission si délicate dans les commencements de son épiscopat, et il fait sentir qu'il est impossible de faire un choix agréable à tout le monde. « Si je nomme un moine, dit-il, fût-il comparable aux Paul, aux Antoine, aux Hilarion et aux Macaire, j'entends aussitôt les murmures bruyants d'une foule d'ignobles pygmées, qui se plaindront, disant: Celui qu'on élit est plus propre à faire l'office d'abbé que celui d'évêque; à intercéder auprès de Dieu pour le salut de nos âmes qu'à solliciter pour la vie de nos corps auprès des juges de la terre. Qui ne serait profondément irrité en voyant les plus sincères vertus représentées comme des vices? Si celui que nous choisissons est un homme humble, on dira qu'il manque de courage; s'il est courageux, on croira qu'il est superbe; s'il a peu de connaissance des lettres, on le méprisera pour son ignorance; s'il est savant, on dira qu'il est enflé par la science; s'il est sévère, on le traitera de cruel; s'il est facile, on lui fera un crime de sa bonté. D'ailleurs, l'opiniâtreté des laïques et la licence des clercs ne peuvent souffrir qu'on les soumette à la discipline des monastères.

» Si je nomme un clerc, ceux qui le suivent dans le clergé en sont jaloux; ceux qui le précèdent, refusent de lui obéir. Il y en a même quelques-uns parmi eux (ce qui soit dit sans offenser les autres), qui s'imaginent que la seule durée de la cléricature est la mesure du mérite, et qui veulent en conséquence que, dans le choix d'un évêque, on n'ait égard qu'à l'âge, comme si, avoir longtemps vécu, plutôt qu'avoir bien vécu, était un titre qui seul tînt lieu de toutes les qualités nécessaires pour mériter l'épiscopat. On voudrait gouverner l'Eglise dans un âge où l'on aurait besoin soi-même d'être gouverné par les autres. Si je nomme un homme qui ait servi dans la profession des armes, on s'écriera aussitôt: Sidoine ne agit ainsi, parce qu'il a été lui-même tiré d'entre les laïques pour être élevé à l'épiscopat; il est enflé de ses dignités, il méprise les pauvres de Jésus-Christ. »

Ensuite, après avoir pris le Saint-Esprit à témoin que, dans le choix qu'il va faire, il n'a égard ni à l'argent ni à la faveur, il déclare que Simplicius lui paraît le plus propre à remplir dignement le siège métropolitain de Bourges. Il fait un bel éloge de sa noblesse, de ses talents et de sa piété. « L'esprit, dit-il, dispute en lui avec l'érudition; il a en même temps la vigueur de la jeunesse et la prudence de la vieillesse. » Il ajoute que Simplicius a été délivré miraculeusement de la prison où les Barbares le détenaient; qu'il avait été plusieurs fois député pour les intérêts de la patrie vers les empereurs et vers les rois Goths; qu'étant encore jeune, il avait bâti une église à Bourges, et que le peuple de cette ville l'avait demandé autrefois pour évêque, préférablement à son père et à son beau-père, mais qu'il aima mieux être honoré par la dignité de ses parents : qu'il vous montre que le père et le beau-père de Simplicius avaient été évêques de Bourges. Pallade était son beau-père et Euladius son père et son prédécesseur. Enfin Sidoine fait aussi l'éloge des enfants et de la femme de Simplicius. Après quoi il finit en disant : « Comme vous avez juré de ratifier dans cette élection la sentence de ma petitesse... Au nom du Père, et du Fils, et du Saint-Esprit, Simplicius est celui que je déclare devoir être le métropolitain de notre province et le souverain prêtre de notre cité (Greg. Tur., l. 7, *epist.* 9). » Simplicius justifia parfaitement par sa conduite le choix de Sidoine, il est honoré comme saint le 1er mars, et l'on donne la même qualité à Pallade, son beau-père.

Sainte Perpétue de Tours pria Sidoine de lui envoyer le discours qu'il avait prononcé en cette occasion, afin d'en enrichir sa bibliothèque. Sidoine le fit par une lettre où il parle encore des brigues dont il avait eu à se défendre. « Deux bancs, dit-il, ne pouvaient contenir tous les prétendants à ce siège.

Tous se plaisaient à eux-mêmes, aucun ne plaisait à tous. »

Sidoine nous apprend qu'il y eut aussi de grandes brigues à Châlon-sur-Saône, pour l'élection d'un successeur à l'évêque Paul, surnommé le Jeune. Saint Patient de Lyon s'y étant rendu avec les évêques de sa province, trouva la ville divisée en trois factions, en faveur de trois compétiteurs. Le premier vantait sa noblesse, et prétendait qu'elle devait lui tenir lieu d'une vie sainte et des autres qualités qui lui manquaient. Le second avait toujours une table bien servie, et s'était attaché un grand nombre d'amis par la bonne chère qu'il leur faisait. Le troisième avait acheté les suffrages, en promettant de céder une partie des biens de l'Eglise à ceux qui lui donneraient leur voix.

Saint Patient et saint Euphrone qui s'étaient rendus à Châlons, voyant des hommes si indignes sur les rangs, communiquèrent secrètement leur dessein aux autres évêques, et, sans craindre les murmures d'une populace aveugle, ils prirent le prêtre Jean, qui avait été longtemps archidiacre, lui imposèrent les mains, et l'ordonnèrent évêque aux acclamations de tous les gens de bien, et sans que les méchants osassent se récrier (Sid., l. 4, epist. 25). On voit, par cet exemple, que les Bourguignons, sous la domination desquels était Châlons, laissaient aux évêques la liberté de s'assembler.

Il était cependant arrivé dans ce royaume une révolution peu favorable à la religion. Gondéric, qui paraît avoir été catholique, étant mort en 473, ses quatre fils, Gondebaud, Godégisile, Chilpéric et Godomare, partagèrent son royaume; mais bientôt après, Gondebaud, qui était arien, ayant fait mourir Childéric et Godomare, régna seul avec Godégisile, et il établit le siège de son royaume à Lyon. Saint Patient, évêque de cette ville, gagna par ses vertus l'estime et l'amitié du prince bourguignon, qui lui faisait quelquefois l'honneur de manger à sa table; et le saint évêque, en le traitant splendidement, savait si bien garder les règles de la sobriété, que, tandis que le roi louait la magnificence de sa table, la reine admirait la rigueur de son abstinence (Ibid., l. 6, epist. 12).

Il y avait ainsi dans les Gaules, par l'intermédiaire de l'Eglise catholique et de ses évêques, un commencement de fusion entre les Barbares qui occupaient le pays et les anciens habitants. C'étaient comme les rudiments d'une nation nouvelle, qui allait se former de plusieurs autres. Dans la Norique, qui comprenait la Bavière et l'Autriche actuelles, les choses n'en étaient pas encore là. Ces pays étaient comme la grande route des Barbares pour l'Italie. Attila y avait passé. Près de là, dans la Pannonie, la Hongrie actuelle, ses fils s'étaient exterminés l'un l'autre par des guerres cruelles. Les garnisons romaines sur les frontières du Danube, n'étant plus entretenues dans la décadence de l'empire, disparaissaient peu à peu et laissaient l'entrée libre à qui voulait. Les Rugiens se considéraient à peu près comme alliés de Rome; mais, ainsi que les Romains, ils se voyaient attaqués par de nouveaux peuples, les Hérules, les Turcilinges, les Allemands. C'était une guerre universelle, à laquelle on ne prévoyait pas de fin. Partout des villes prises et ruinées, des populations emmenées en esclavage. Le refuge des peuples dans ces calamités fut un saint personnage nommé Séverin, dont la vie a été écrite avec beaucoup de candeur par Eugippe, un de ses disciples (Acta Sanct., 8 jan.).

Il était venu dans la Norique par un ordre exprès de Dieu. Jamais on ne put savoir de quelle nation il était. Un prêtre d'Italie, d'une grande autorité, avec lequel il était familier, lui demanda un jour : Saint maître, de quelle province Dieu a-t-il daigné vous envoyer à ce pays? Séverin lui dit en riant : « Mais si vous me prenez pour un fugitif, préparez de quoi payer ceux qui viendront me redemander. D'ailleurs, ajouta-t-il en reprenant son sérieux, que sert-il à un serviteur de Dieu de dire de quel pays il est et de quelle famille, puisqu'en se taisant là-dessus, il peut plus saintement éviter la jactance. Si vous croyez que je désire sincèrement la patrie d'en haut, quel besoin y a-t-il que vous connaissiez ma patrie terrestre? Sachez, au reste, que le même Dieu qui vous a fait prêtre, m'a ordonné de venir au milieu de ces hommes en péril. » Après cette réponse, jamais personne n'osa plus l'interroger à cet égard. Seulement, à la pureté de son latin, on jugea qu'il était de Rome ou du moins d'Italie; et de quelques-unes de ses paroles, on conclut que, par le désir de la perfection, il avait quitté sa patrie et s'était retiré dans les solitudes de l'Orient, d'où Dieu lui ordonna de venir au secours des peuples de la Norique. Enfin, au soin qu'il prenait de taire sa naissance, on peut croire légitimement qu'elle était illustre. Sa vie parmi ces pauvres peuples était encore plus pauvre que celle du plus pauvre. Excepté les fêtes, il ne mangeait qu'après le soleil couché, et en carême, une fois la semaine. Il dormait tout vêtu sur un cilice étendu sur le pavé de son oratoire; il marchait toujours nu-pieds, même lorsque le Danube était gelé.

Il parut d'abord dans la ville d'Astures, sur les confins de la Pannonie et de la Norique. Il y fut reçu par un vieillard qui était portier de l'église, et se contenta d'abord de prêcher par l'exemple de sa vie, soutenant la profession de la foi catholique par de saintes œuvres. Mais un jour, s'adressant au prêtre, au clergé et au peuple du lieu, il les conjura, avec beaucoup d'humilité, de travailler par les jeûnes, les prières et les œuvres de miséricorde, à détourner le dessein que les Barbares avaient formé contre eux. Mais ces gens, livrés aux désirs de la chair, se mirent peu en peine de son exhortation. Revenu chez son hôte : « Je sors à l'instant, dit-il, d'une ville impénitente et qui périra bientôt. » Il s'en alla dans la ville la plus proche, nommée Comagène. Elle était remplie de Barbares, qui, sous le titre d'*alliés des Romains*, en étaient néanmoins les maîtres, et y commettaient apparemment bien des violences, de sorte que le peuple se croyait perdu. Le saint étant allé à l'église dès qu'il y fut arrivé, les assura de la protection de Dieu, s'ils voulaient la mériter par les jeûnes, les prières et les aumônes. Au même temps, le vieillard qui avait logé le saint à Astures, vint en courant apporter la nouvelle que la ville était ruinée, et remercier le saint de l'en avoir sauvé par ses mérites.

Ceux de Comagène, touchés par cette nouvelle, crurent ce que le saint leur disait. Ils embrassèrent le jeûne et la pratique des bonnes œuvres. Ils s'assemblèrent durant trois jours dans l'église, où ils purifiaient leurs fautes passées par leurs gémissements et leurs larmes. Mais le troisième jour, comme on célébrait l'office du soir, il se fit tout d'un coup un tremblement de terre; les Barbares qui demeuraient dans la ville en furent tellement épouvantés, qu'ils obligèrent les Romains à leur ouvrir promptement les portes. Ils sortirent ainsi et s'enfuirent, s'imaginant avoir l'ennemi à leurs trousses, prêt à les envelopper. Cette terreur s'augmentant par l'horreur de la nuit, ils tournèrent leurs épées contre eux-mêmes, et se tuèrent les uns les autres. Le peuple étant ainsi délivré de ses ennemis visibles, apprit de saint Séverin à combattre pour le ciel ses ennemis invisibles.

Dans le même temps, la ville de Faviane, que quelques-uns supposent Vienne en Autriche, était affligée de la famine. Les habitants pensèrent que l'unique remède était de faire venir de Comagène l'homme de Dieu. S'y étant rendu à leurs prières, il leur dit : « C'est par les fruits de la pénitence que vous pourrez être délivrés de cette calamité de la faim. » Le peuple se montra docile. Bientôt le saint apprit, par révélation divine, qu'une certaine veuve nommée Procule avait caché beaucoup de blé. Il la fit venir, et lui dit devant tout le monde : « Pourquoi, vous qui êtes de race noble, vous êtes-vous faite l'esclave de l'avarice? Voici que le Seigneur a pitié de ses serviteurs, et vous, vous ne saurez que faire de votre bien mal acquis, si ce n'est de jeter votre blé dans le Danube, et de témoigner aux poissons l'humanité que vous avez refusée aux hommes. C'est pourquoi, secourez-vous vous-même plus encore que les pauvres, avec les biens que vous pensez garder, lorsque Jésus-Christ a faim. » Epouvantée de ces paroles, la femme s'empressa de distribuer ses provisions aux pauvres. Peu après, on vit arriver plusieurs bateaux chargés de grains, venant de la Rhétie ou du Tyrol, mais qui avaient été retenus dans l'Inn par les glaces.

Vers le même temps, une troupe de Barbares pillèrent les environs de la ville. Les habitants vinrent s'en lamenter auprès de l'homme de Dieu. Il demanda au tribun Mamertin, combien il avait de soldats pour poursuivre les brigands. « J'en ai très-peu, répondit le tribun, et c'est pourquoi je n'ose me battre avec une si grande multitude d'ennemis. Mais si votre révérence l'ordonne, quoique nous manquions d'armes, nous espérons vaincre par vos prières. » Le serviteur de Dieu lui dit : « Si vos soldats n'ont pas d'armes, les ennemis les armeront; seulement, partez bien vite au nom de Dieu, partez avec confiance; par la miséricorde du Seigneur, le plus faible sera un héros : c'est le Seigneur qui combattra; du reste, amenez-moi sains et saufs, tous les Barbares que vous prendrez. » A deux mille pas de la ville, ils rencontrèrent les brigands, qui prirent aussitôt la fuite; les soldats ramassèrent leurs armes, en saisirent quelques-uns et les amenèrent enchaînés au serviteur de Dieu. Il les fit délier, leur donna à manger et à boire, et ensuite leur dit : « Allez, annoncez à vos complices de ne plus approcher d'ici; car Dieu combat tellement pour ses serviteurs, que les ennemis leur apportent, non pas des blessures, mais des armes. »

Les vertus et les miracles de Séverin lui attirèrent la confiance et la vénération universelles, même des hérétiques barbares; Flaccitée, roi des Ruges, le consultait souvent, et ne faisait rien sans son avis. Au commencement de son règne, se trouvant fort incommodé par le voisinage des Goths de Pannonie, il leur demanda passage pour se rendre en Italie. Comme ils le lui refusèrent, il resta persuadé qu'ils avaient dessein de le faire mourir. Il en témoigna ses craintes au saint, qui lui dit : « Si la foi catholique nous unissait, vous auriez dû me consulter plutôt sur la vie éternelle; mais puisque vous ne m'interrogez que sur la sécurité présente, qui nous est commune, écoutez. Vous n'avez rien à craindre de la multitude des Goths ni de leur inimitié; car bientôt ils s'en iront, et vous régnerez dans la prospérité. Seulement, n'oubliez pas les avis de mon humilité; recherchez la paix, même avec les plus petits, et ne vous appuyez pas sur vos propres forces. » Tout arriva comme le saint avait dit, et le roi termina tranquillement sa vie.

Son fils et son successeur, Félectée, qui s'appelait aussi Fava, conçut pour le saint la même confiance. Mais il avait une femme cruelle, nommée Gisa, qui faisait tous ses efforts pour le détourner de la clémence. Arienne furieuse, elle voulait faire rebaptiser les catholiques; mais, par respect pour Séverin, son mari n'y consentit pas. Elle maltraitait les Romains, en faisait enlever quelquefois pour les réduire en esclavage. Un jour qu'elle en eut ainsi enlevé d'auprès de Faviane, Séverin la pria de les rendre à la liberté. Elle lui fit répondre en colère : Occupez-vous de prier dans votre cellule, et laissez-nous faire de nos esclaves ce que nous voulons. Il dit aussitôt : J'ai confiance en Notre Seigneur Jésus-Christ, qu'elle fera par nécessité ce qu'elle a refusé par mauvaise volonté. L'accomplissement suivit de près. Il y avait des orfèvres d'entre les Barbares, qu'on tenait étroitement enfermés pour fabriquer les ornements et les bijoux du roi. Or, le jour même que la reine avait méprisé le serviteur de Dieu, le fils du roi, qui était encore tout jeune, entra dans l'atelier des orfèvres. Aussitôt ils lui mirent une épée sur la poitrine et jurèrent que, quiconque essaierait d'entrer avant de leur avoir promis avec serment leur liberté, ils égorgeraient d'abord l'enfant et puis s'égorgeraient eux-mêmes. A cette nouvelle, la méchante reine déchire ses vêtements, reconnaît à haute voix que c'est un châtiment dont Dieu la frappe pour avoir méprisé son serviteur; elle renvoie en toute hâte les Romains qu'elle avait enlevés ce jour-là; elle fait rendre la liberté aux orfèvres qui alors lui rendent son fils. Accompagnée de son mari, elle amène cet enfant à Séverin, reconnaît que c'est à ses prières qu'elle en doit la conservation, et promet de ne plus résister à ses ordres.

Outre la rédemption des captifs, c'était encore lui qui, dans toutes les villes et les châteaux, nourrissait et habillait presque tous les pauvres. Sa charité, à cet égard, était si admirable, que bien des habitants, quoique réduits eux-mêmes aux angoisses de la faim, donnaient cependant volontiers aux pauvres la dîme de leur récolte. Séverin exhorta par ses lettres tous les prêtres de la Norique à payer cette dîme pour les pauvres. Un jour que, par suite de cet usage, on lui eût apporté une grande quantité de vêtements, il demanda si ceux de la ville de Tiburn, qui paraît avoir été dans le Tyrol, en avaient également apporté. On lui répondit qu'ils ne l'avaient pas encore fait, mais qu'ils le feraient bientôt. Le saint prédit que, pour avoir différé leur offrande, ils seraient contraints de l'offrir aux Barbares. En effet, peu après, la ville se trouvant assiégée par les Goths, ils furent réduits à capituler et à livrer entre autres, pour leur rançon, les vêtements qu'ils avaient différé d'envoyer au serviteur de Dieu. De même, les habitants de Lauréac, ville épiscopale située au confluent de l'Ems et du Danube, avaient différé de donner aux pauvres la dîme de leurs fruits, malgré les exhortations de saint Séverin. Tout d'un coup, lorsque les blés commençaient à jaunir, il y tomba une rouille qui menaçait de perdre toute la récolte. Les habitants, effrayés, vinrent confesser aux pieds du saint qu'ils avaient mérité ce châtiment. Quand il les vit ainsi repentants de leur faute, il leur ordonna un jeûne, après lequel une pluie douce sauva la moisson désespérée. Cet événement les rendit plus prompts à payer la dîme aux pauvres.

Saint Séverin avait établi entre autres un petit monastère près de Passau, au confluent de l'Inn et du Danube, les habitants de cette ville l'ayant supplié plusieurs fois de venir chez eux, principalement à cause des courses des Allemands, dont le roi Guibulde l'aimait et le respectait beaucoup. Un jour même, le roi vint exprès pour le voir. Le saint alla au devant de lui, de peur qu'il n'incommodât la ville par sa venue; il lui parla même avec tant de fermeté, que le roi se mit à trembler, et qu'il avoua depuis à ses gens que jamais il n'avait eu si peur. Guibulde lui ayant dit de demander tout ce qu'il voudrait, le saint le pria d'empêcher sa nation de piller les terres des Romains, et de renvoyer gratuitement les captifs. Le roi lui dit d'envoyer quelqu'un, et Séverin envoya un diacre, qui en ramena soixante-dix, le roi ayant promis de renvoyer lui-même les autres qu'il découvrirait dans sa province.

Plus tard, les habitants de Passau le prièrent d'aller trouver le roi des Ruges, pour leur obtenir la liberté du commerce. Il leur répondit : Le temps de cette ville approche, qu'elle sera déserte et privée d'habitants comme tant d'autres. Un mauvais railleur, c'était un prêtre, dit alors : Allez toujours, saint homme, afin qu'en votre absence nous cessions un peu nos jeûnes et nos veilles. A ce propos impie, le saint versa des larmes et s'embarqua sur le Danube, pour descendre à Faviane dans son grand monastère. A peine était-il parti, que Cunimund, roi des Suèves, surprit Passau, tua tout ce qui y était resté, en particulier le prêtre, qui se réfugia vainement dans le baptistère. Il avertit également les habitants de Juvave ou Salzbourg, de quitter leur ville promptement, autrement ils périraient cette nuit-là même : et la même nuit, les Hérules y entrèrent, y mirent tout à feu et à sang, et emmenèrent un grand nombre de captifs.

Les habitants de la ville de Quintane, fatigués des incursions des Allemands, quittèrent leur demeure et se réfugièrent à Passau. Les Barbares vinrent les assiéger. Le pauvre peuple implora l'assistance de Séverin. Il se mit en prière, leur dit de marcher contre l'ennemi, qu'ils mirent en fuite. Après quoi il leur dit : Venez avec moi à Lauréac; quoiqu'il faille un jour abandonner Lauréac même, à cause de l'irruption des Barbares, sortons toutefois d'ici au plus tôt. Plusieurs le suivirent, quelques-uns restèrent; mais dans la même semaine, les Turcilinges ayant surpris Passau, égorgèrent les uns et emmenèrent les autres captifs.

A Lauréac, il avertit pendant trois jours l'évêque saint Constantin et tous les habitants, de rentrer dans la ville tous les vivres, et de monter la garde sur les murs la troisième nuit, attendu que les Barbares préparaient une surprise. Comme les éclaireurs envoyés à la découverte n'avaient pas aperçu d'ennemis, on avait de la peine à croire : on veillait avec négligence. Les Barbares, qui s'étaient cachés dans les bois, en sortirent à la faveur des ténèbres, et s'approchaient de la ville en silence, lorsqu'une meule de foin, à laquelle quelqu'un mit le feu par mégarde, leur fit croire qu'ils étaient découverts; ils se retirèrent, en pillant le peu qu'on avait négligé de rentrer dans la ville, et le lendemain on trouva au pied des murs les échelles qu'ils avaient apportées pour monter à l'assaut. Les habitants demandèrent alors pardon à Séverin, et reconnurent humblement que c'était à ses prières qu'ils devaient leur salut.

Feléthée, le roi des Ruges, ayant appris que les habitants de toutes les villes qui avaient échappé au glaive des Barbares s'étaient réfugiés à Lauréac, sous la conduite du serviteur de Dieu, vint avec une armée pour les transporter dans les villes qui lui étaient tributaires. Cette nouvelle consterna tous les réfugiés : ils avaient à craindre de cette armée presque autant que des Barbares; ils supplièrent Séverin d'aller au devant du roi, pour l'adoucir. Séverin marcha toute la nuit, et le matin rencontra le roi à vingt milles de Lauréac. Le roi, étonné, lui demanda la cause d'un voyage si fatigant. « La paix soit avec vous, excellent prince, répondit le saint. Je viens, ambassadeur du Christ, demander la grâce de vos sujets. Rappelez-vous les bienfaits que votre père reconnaissait avoir reçus du Ciel. Jamais, tout le temps de son règne, il ne fit rien sans me consulter. Docile à mes avis salutaires, il a joui de la prospérité. — Mais, dit le roi, je ne souffrirai point que ce peuple pour lequel vous intercédez devienne la proie des Allemands et des Turcilinges, puisque nous avons des villes et des châteaux où ils peuvent être répartis. — Prince, lui répondit avec assurance le saint, est-ce donc votre glaive qui les a défendus jusqu'à présent contre les ravages des brigands ? N'est-ce pas plutôt la protection de Dieu? Ne rejetez pas mon conseil : confiez-les à ma foi, de peur qu'ils ne soient plutôt ruinés, que transportés, par la marche d'une si grande armée. J'ai confiance que mon Dieu, qui m'a fait assister à leurs calamités, me rendra capable de les transplanter moi-même. » Le roi, touché de ces paroles, se retira avec ses troupes; et les Romains, que Séverin avait reçus en sa foi, sortirent tranquillement de Lauréac, et vécurent en bonne intelligence avec les Ruges. Le saint, retiré dans son ancien monastère de Faviane, ne cessait d'avertir les peuples et de prédire à l'avenir, assurant qu'ils émigreraient tous sur le sol romain sans perdre leur liberté. La prédiction s'accomplit quelque temps après la mort du saint, par les soins d'Odoacre, auquel il avait prédit sa grandeur future.

Un jour que Séverin était retiré dans une cellule

tout à fait solitaire, qu'il affectionnait beaucoup, et qui était à cinq milles de Faviane, quelques Barbares, allant en Italie, y arrivèrent pour lui demander sa bénédiction. Parmi eux se trouvait un jeune homme d'une si grande taille, qu'il ne put se tenir debout dans la cellule. Il était pauvrement vêtu. Le saint le voyant ainsi courbé en sa présence, lui prédit beaucoup de gloire et répondit à ses adieux par ces mots : « Va en Italie, va : vêtu maintenant des plus viles peaux, tu distribueras bientôt des trésors à un grand nombre. » Ce jeune Barbare était Odoacre, que la Providence destinait à mettre fin à l'empire romain en Occident, et à être roi d'Italie (*Acta Sanct.*, 8 *jan.*).

L'empereur Népos voyait son empire de jour en jour plus resserré, il n'avait à peu près que l'Italie, encore était-elle épuisée d'hommes et d'argent par les guerres continuelles, et voyait-elle parmi ses troupes pour le moins autant de Barbares que d'Italiens. Les Vandales tenaient l'Afrique. Evaric ou Euric, roi des Visigoths, était maître de la plus grande partie de l'Espagne, d'une grande partie des Gaules, et s'efforçait de conquérir le reste. Il en voulait surtout à l'Auvergne, qui s'était si vaillamment défendue sous la conduite de saint Sidoine et de son beau-frère Ecdicius. Népos ne se sentait pas assez fort pour soutenir la guerre contre le roi des Visigoths, qui s'y préparait. Il lui envoya le questeur Licinien pour négocier la paix. L'ambassadeur était en même temps chargé de porter à Ecdicius le brevet de patrice, dignité qu'Anthémius lui avait promise autrefois. Licinien avait toutes les qualités d'un habile négociateur; cependant il ne pût réussir. En vain plusieurs évêques de la Gaule se joignirent à lui pour le seconder, Euric ne voulut entendre à aucune proposition si on ne lui cédait l'Auvergne; il menaçait même de passer le Rhône et de pousser ses conquêtes jusqu'aux pieds des Alpes. Les Auvergnats ne craignaient rien tant que de tomber sous la puissance de ce prince cruel et sanguinaire; ils offraient de soutenir encore tous les hasards et tous les maux d'un siège, résolus de mourir sous les remparts de leur patrie, et si l'on se déterminait à livrer l'Auvergne aux Visigoths; ils demandaient en grâce qu'on leur permit de s'exiler eux-mêmes, et d'aller s'établir dans quelque autre contrée de l'empire. L'évêque Sidoine entretenait son peuple dans ces sentiments; il avait surtout en horreur l'arianisme, qui ne tarderait pas d'entrer dans son diocèse avec les Visigoths (Sid., l. 3, *epist.* 7; l. 4, *epist.* 15; l. 7, *epist.* 67).

Népos, touché du désespoir des peuples de l'Auvergne, se voyait cependant hors d'état de les conserver. Il fallait, à quelque prix que ce fût, satisfaire Euric, pour sauver à l'empire ce qui lui restait encore entre le Rhône et les Alpes. Comme dernière ressource, il envoya au roi des Visigoths saint Epiphane de Pavie. La paix fut conclue, mais l'Auvergne cédée. Euric enferma saint Sidoine dans un château près de Carcassonne; puis, à la sollicitation de Léon, son ministre, qui était catholique, lui rendit la liberté, mais le retint longtemps comme en exil à sa cour, qu'il tenait alors à Bordeaux. Il donna le gouvernement de sa nouvelle conquête à Victorius, qu'il garda six ans. Victorius se comporta d'abord avec équité, et mérita de Sidoine les plus grands éloges, mais ensuite, s'étant livré à la débauche, il devint cruel et se rendit odieux à la province. Craignant même pour sa vie, et n'osant retourner à la cour d'Euric, qui était instruit de ses méchancetés, il s'enfuit à Rome, où ses débordements excitèrent tant d'horreur, qu'il fut tué par le peuple à coups de pierres.

La paix conclue avec Euric ne rassurait pas entièrement l'empereur Népos. Il envoya donc ordre au patrice Oreste de rassembler des troupes et de les faire passer en Gaule. Oreste était Romain d'origine, mais né en Pannonie, où il avait été secrétaire d'Attila, que servait également son père. Attila étant mort, il vint en Italie avec de grandes richesses, par lesquelles il s'éleva jusqu'au rang de patrice. Il avait épousé la fille du comte Romulus, que Valentinien III avait envoyé au roi des Huns, l'an 449. Il en avait un fils nommé Romulus-Augustus. Oreste était à Rome, lorsqu'il reçut de Ravenne les ordres de Népos. Ayant donc sous sa conduite et se voyant chef d'une petite armée, il pensa qu'il valait mieux être empereur que général; et marcha vers Ravenne. A cette nouvelle, Népos s'embarqua, le 28 août 475, et s'enfuit à Salone, dans la même ville où Glycérius, auquel il avait ôté l'empire, était évêque. Ainsi maître de l'empire, Oreste fit proclamer empereur son fils Romulus-Augustus, que les Romains appelèrent communément Augustulus, à cause de sa grande jeunesse. Tout ce que l'on sait de son règne, c'est que c'était un bel enfant. Son père régna pour lui et assez mal. L'Italie était épuisée; il l'accabla de nouveaux impôts. Les peuples, mêlés de Barbares, ne connaissaient plus de patrie; l'habitude des révolutions les avait accoutumés à n'en craindre aucune. Ils n'étaient plus Romains, et peu leur importait de quels Barbares ils seraient obligés de prendre le nom.

Dans ce découragement général, le jeune Odoacre, que nous avons vu demander la bénédiction à saint Séverin, acheva de renverser un trône et un empire qui tombaient d'eux-mêmes. Il paraît qu'Odoacre était Ruge ou Rugien d'origine, chef d'une partie des Rugiens, et fils d'un certain Edecon, d'abord attaché au service d'Attila, et ensuite chef indépendant des guerriers barbares. En Italie, des Goths, des Hérules, des Syres, des Turcilinges se joignirent à sa troupe. Ces Barbares voyant Oreste, ci-devant secrétaire d'Attila, disposer de l'empire pour son fils, lui demandèrent qu'il leur abandonnât le tiers des terres d'Italie. Sur son refus, ils proclamèrent Odoacre leur chef, pour lui donner de force ce qu'on ne voulait pas leur donner de gré. Oreste marcha contre eux; mais ne se sentant point assez fort pour leur livrer bataille, il se renferma dans Pavie. Odoacre l'y suivit, emporta la ville d'assaut, y fit un grand carnage, mit le feu aux églises et aux maisons. Oreste fut pris et décapité le 28 août 476, jour auquel, l'année précédente, il avait obligé Népos de prendre la fuite. En reconnaissance, Népos envoya de Salone à Odoacre le titre de patrice. Il se croyait encore un peu empereur, et espérait le redevenir tout à fait, lorsqu'il fut tué l'an 480 par Viator et Ovide, qui étaient auprès de lui en qualité de comtes. Quant au jeune empereur Romulus-Auguste, Odoacre le dépouilla de la pourpre; mais, par compassion pour son âge, il lui laissa la vie et l'envoya dans une ancienne maison de campagne de Lucullus; entre Naples et Pouzzoles, avec une pension de six mille pièces d'or, environ cent vingt mille francs de notre monnaie (*Hist. du Bas-Empire*, l. 35, ann. par S*t*-Martin). Pour lui-même, il se contenta du titre de roi d'Italie, mais sans prendre les insignes de la royauté. Ainsi tomba l'empire romain, 1229 ans après sa fondation par Romulus, et 506 après sa fondation par Auguste. Il tomba sans bruit, tant il était bas. Il y eut même dans sa chute comme un jeu de mots : « Fondé par Romulus et par Auguste, il périt sous Romulus-Auguste. »

---

# LIVRE QUARANTE-DEUXIÈME.

L'Église catholique, désolée en Italie par la guerre des Hérules et des Ostrogoths, déchirée en Orient par les schismes des Grecs, persécutée en Afrique par la cruauté des Vandales, en Arménie par la politique des Perses, enfante dans les Gaules la première des nations chrétiennes, la nation française.

(De l'an 480 à l'an 496 de l'ère chrétienne.)

L'EMPIRE romain avait fini son temps et sa besogne. Comme les Assyriens, les Perses, les Grecs et plus qu'eux tous, il avait contribué à fondre ensemble les divers peuples de la terre, et à les préparer matériellement à l'unité spirituelle, l'empire du Christ. Comme les Assyriens, les Perses et les Grecs, il avait rempli sa tâche sans en avoir l'idée ni l'intention. Tel que la hache du bûcheron ou le marteau du forgeron, il ignorait la main qui le faisait mouvoir. Même quand cette main se fit connaître à lui, il regimba contre elle. Quand l'Éternel manifesta la volonté de donner à son Fils les nations pour héritage, l'empire romain se souleva contre l'Éternel et son Christ. C'est que Rome voulait elle-même être la déesse des terres et des nations; elle voulait que ses empereurs fussent des dieux et qu'on les adorât sous peine de mort. L'ancienne Rome combattit donc contre l'Éternel pour ses idoles, dont elle était la première; la nouvelle Rome, Constantinople, combattit contre le Christ, pour lui ravir sa divinité et la prostituer à ses empereurs. Mais l'Éternel avait dit à son Christ : *Tu les gouverneras avec un sceptre de fer, et tu les briseras comme un vase d'argile, jusqu'à ce que les rois comprennent et que les juges de la terre s'instruisent* (Ps. 2). Et nous voyons les peuples et les rois servir de verges de fer les uns contre les autres; et nous voyons les empereurs romains brisés au moindre choc, comme des vases d'argile : Rome elle-même, dont le nom veut dire force, est là comme un pot de terre, qui, une fois brisé, ne peut plus se remettre.

Pour combattre l'Éternel et son Christ, l'ancienne Rome rendait les peuples de plus en plus idolâtres; la nouvelle Rome les rendait hérétiques. Pour les punir l'une et l'autre, le Christ employera des peuples hérétiques et idolâtres. Les Huns, les Goths, les Vandales, les Hérules, qui ravagent l'Orient et l'Occident, et qui mettent fin à l'empire de Romulus et d'Auguste, sont idolâtres ou ariens; et l'arianisme leur était venu de Constantinople; et Constantinople, avec son empire grec, que nous voyons successivement enfanter contre le Christ, les hérésies d'Arius, de Nestorius, d'Eutychès et des iconoclastes, deviendra finalement la proie d'un peuple arien et iconoclaste, les mahométans. L'événement a été montré d'avance à l'apôtre saint Jean; *il lui a été dit qu'une dizaine de cornes ou puissances, rois et peuples issus de Rome et de son empire, combattraient d'abord avec elle contre l'Agneau ou le Christ, et qu'ensuite ils se tourneraient contre elle pour la mettre à feu et à sang* (Apoc., 17). A la chute de l'empire romain, on voit en effet une dizaine de puissances ou de royaumes, formés ou se formant de ses débris : les Grecs, les Perses, les Sarrasins en Orient, les Vandales en Afrique; les Suèves, les Visigoths, les Bourguignons, les Francs dans les Gaules ; les Anglo-Saxons dans la Grande-Bretagne; les Hérules et bientôt les Ostrogoths en Italie. Il est dit encore que l'Agneau ou le Christ finirait par les vaincre, soit par la force, soit par la douceur. Les premiers qui céderont à la douceur de sa grâce, seront les Francs : premier-né des peuples catholiques, première nation d'un monde nouveau : puisse-t-elle à jamais se montrer digne de son rang!....

La chute de l'empire romain n'étonna point; on s'y attendait. On ne s'inquiéta guère plus : on voyait un autre empire, qui n'est point sujet à tomber, l'Église, où se réfugiaient de toutes parts les plus éminents personnages. Glycérius, à Salone, jouissait, comme évêque, de la sécurité qu'il n'avait pu trouver comme empereur. Sidoine Apollinaire, gendre de l'empereur Avitus, illustrait le trône épiscopal d'Auvergne. Vienne, alors dignement occupée par saint Mamert, comptera bientôt parmi ses évêques un petit-fils du même empereur. Le comte Arbogaste, Franc d'origine, sera évêque de Chartres. Reims avait pour évêque Remi, d'une des plus nobles familles des Gaules, mais plus illustre encore comme apôtre des Francs.

A cette époque, un saint évêque était le refuge des peuples pour le temporel et le spirituel. Nous l'avons vu par saint Germain d'Auxerre, saint Loup de Troyes, saint Epiphane de Pavie, saint Sidoine d'Auvergne, saint Patient de Lyon. Il faut encore nommer saint Mamert de Vienne.

Vers l'an 468, la ville de Vienne fut affligée de plusieurs calamités qui présageaient des calamités plus grandes encore. C'étaient des incendies fréquents, des tremblements de terre presque continuels, des bruits lugubres qu'on entendait pendant la nuit; on voyait des cerfs et d'autres bêtes sauvages paraître en plein jour dans les places les plus fréquentées de la ville. Soit que ce fussent en effet des animaux, ou que ce ne fussent que des spectres, les augures qu'on en tirait n'étaient pas moins sinistres. Plusieurs des principaux de la ville de Vienne crurent devoir en sortir, de peur d'être enveloppés sous ses ruines. Les autres étaient dans de continuelles frayeurs, et ils attendaient avec impatience la fête de Pâques, espérant qu'elle serait pour eux comme une réconciliation solennelle avec le Seigneur, et que la fin de leurs péchés serait celle de leurs maux. Ils ne se trompèrent pas; mais pour les affermir dans ces sentiments de pénitence, Dieu permit que leurs alarmes redoublassent dans le temps même qu'ils se flattaient de les voir finir.

En effet, comme tout le peuple célébrait dans l'Eglise la vigile de Pâques avec un redoublement de ferveur, on entendit un fracas plus terrible encore qu'à l'ordinaire, et l'on vint annoncer que le palais, situé dans le lieu le plus élevé de Vienne, était tout en feu et menaçait la ville d'un embrasement général. Le peuple, alarmé, quitte aussitôt l'église pour tâcher d'arrêter l'incendie ou pour sauver ses effets. Le saint évêque Mamert demeura seul, prosterné devant l'autel; et ses larmes furent plus efficaces pour éteindre les flammes que les efforts des habitants. Ce fut en ces tristes circonstances que ce saint évêque, resté seul en prières, forma la résolution d'instituer des jeûnes et des processions solennelles pour désarmer le bras vengeur de Dieu. Il laissa passer les fêtes de Pâques sans en parler, pour ne pas troubler la joie de cette solennité; mais aussitôt après il communiqua son pieux dessein, qui fut unanimement approuvé. On craignait fort que le sénat de Vienne ne s'opposât à cette nouvelle institution, attendu qu'il souffrait à peine les anciennes; mais la componction qui serrait alors tous les cœurs les rendit aisément dociles (S. Avit, *Hom. ad Rog.*).

On choisit pour le jeûne les trois jours qui précèdent l'Ascension. Saint Mamert, pour éprouver la ferveur de son peuple, marqua, pour la station du premier jour, une église assez proche de la ville; mais le jour suivant, il assigna un terme beaucoup plus éloigné, où l'on devait se rendre en procession, en chantant des psaumes et d'autres prières. Telle fut, dans l'église de Vienne, l'institution des Rogations, qui préserva la ville des malheurs dont elle était menacée. Plusieurs églises eurent recours au même remède; et cette sainte pratique, établie d'abord dans les Gaules, fut reçue dans la suite partout.

L'Eglise d'Auvergne fut une des premières à la recevoir. Saint Sidoine écrivait à saint Mamert : « Le bruit court que les Goths se sont mis en marche contre les Romains. Nous autres, pauvres Auvergnats, sommes toujours la porte par où se font ces irruptions. Nous n'espérons pas que nos murailles à demi-brûlées, nos vieilles palissades et nos autres fortifications, où l'on fait sans cesse la garde, nous préservent de ce danger. Nous ne comptons que sur le secours des Rogations que vous avez instituées. Le peuple d'Auvergne les a commencées, sinon avec le même effet, du moins avec la même affection; et c'est ce qui nous soutient encore contre les terreurs qui nous environnent. » Sidoine dit dans une autre lettre : « Avant les Rogations, l'usage des processions était établi; mais elles étaient rares, et on y voyait peu de dévotion. Elles étaient interrompues par des repas, et on ne les faisait que pour demander du beau temps ou de la pluie. Mais dans celles qu'a instituées ce grand évêque, on jeûne, on prie, on psalmodie, on pleure. C'est qu'en effet les trois jours des Rogations furent longtemps des jours de jeûne dans les Eglises de Gaule (Sid., l. 7, *epist.* 1; l. 5, *epist.* 14). »

Saint Mamert de Vienne avait un frère puîné, Mamert Claudien, que saint Sidoine regardait comme le plus bel esprit de son siècle et le plus grand génie de son pays. Dès sa jeunesse, il avait embrassé la vie monastique, et profité du repos que lui procurait cet état pour lire les auteurs grecs et latins, sacrés et profanes. Par ce genre d'étude il devint géomètre, astronome, musicien, poète, orateur, dialecticien, interprète de l'Ecriture; suffisamment instruit pour répondre à toutes sortes de questions et pour combattre toutes les erreurs. D'où vient qu'on lui donnait le premier rang entre les philosophes chrétiens et les savants de toutes les classes. Sa sagesse, sa prudence et sa modestie ne le rendirent pas moins recommandable que son savoir et son éloquence. Il négligea tous les dehors affectés des philosophes, mais il en conserva l'esprit, sans préjudice à la pureté de sa foi.

Son frère, qui connaissait ses talents, voulant l'attacher à l'Eglise de Vienne, l'en ordonna prêtre, dans le dessein de partager avec lui les travaux de l'épiscopat. Il prenait son conseil dans la décision des procès; il le chargeait du gouvernement des églises, et se reposait sur lui du soin des affaires domestiques. C'était aussi Claudien qui enseignait aux autres ecclésiastiques le chant des psaumes, qui réglait l'office divin, marquant les lectures que l'on devait faire à toutes les fêtes de l'année. Il était comme un second évêque, par le secours qu'il prêtait à son frère.

La réputation de savoir que Claudien s'était acquise attirait un grand nombre de personnes, qui venaient le consulter. Savant, affable et communicatif, il se faisait une joie de faire part aux autres des trésors de son érudition; mais il voulait que, lorsqu'il se trouvait plusieurs personnes près de lui pour le consulter, il n'y en eût qu'une à parler; et que les autres écoutassent jusqu'à ce qu'elles pussent parler à leur tour, afin que la conférence se passât dans l'ordre et sans confusion, et qu'il pût lui-même communiquer ses lumières sur les difficultés proposées. Sidoine, qui s'était souvent trouvé à ces conférences, dit que, dès que Claudien avait avancé quelque chose, on l'accablait d'une foule d'objections; mais, ajoute-t-il, il avait bientôt détruit tous nos vains raisonnements. L'avantage qui nous en revenait, c'est qu'on ne laissait rien passer qui n'eût été bien pesé et bien examiné. Ce qu'il y avait d'admirable en lui, était la facilité de son abord. Accessible aux ignorants comme aux savants, il répondait avec bonté aux questions des uns et des autres. Il avait, outre cela, une tendre compassion pour les malheureux, les soulageant dans leurs besoins et les consolant dans leurs afflictions. Il rachetait les captifs, revêtait les nus, donnait à manger à ceux qui avaient faim. Mais uniquement attentif à transporter ses trésors dans le ciel, où il attendait sa récompense, il avait soin de dérober aux hommes, autant qu'il était en lui, la connaissance de ses charités. Il n'avait pas moins de zèle pour le salut des peuples, auxquels il faisait souvent des discours pour les exhorter à la vertu. Enfin, il soulageait les ecclésiastiques dans leurs fonctions, leur aidant à les remplir lorsqu'ils ne le pouvaient eux-mêmes (Sid., l. 4, epist. 11).

Un auteur qui ne jugea point à propos de se faire connaître, mais que Gennade de Marseille nous apprend être Fauste de Riez, publia un petit écrit pour montrer que Dieu seul est spirituel, et que les anges et les âmes sont des substances corporelles. Claudien trouva cet écrit chez des personnes qui en faisaient beaucoup de cas. Curieux d'en juger par lui-même, il le lut, et crut de son amour pour la vérité de le réfuter. Saint Sidoine et plusieurs autres personnes de mérite l'en pressèrent tellement, qu'il ne put résister. Il écrivit donc trois livres *De la nature de l'âme*. Dans le premier, il démontre la spiritualité de l'âme par la raison; dans le second, par l'autorité; dans le troisième, il réfute les objections de son adversaire. Il soutient entre autres que l'âme pense essentiellement, qu'elle est la pensée même, qu'elle peut varier ses pensées, mais qu'elle ne peut jamais être sans penser; que les puissances de l'âme ne sont autre chose que l'âme même; que les pensées de l'âme ne dépendent pas des images corporelles; que non-seulement il n'y a pas de vide, mais qu'il ne peut y en avoir. On voit ici l'antiquité de quelques sentiments que de modernes philosophes ont donnés comme des fruits de leurs méditations et de leurs recherches.

La méthode et les raisonnements de Claudien ont la netteté et la précision qu'on a nommées depuis *scholastique*. « L'âme qui sent dans le corps, dit-il au livre premier, quoiqu'elle sente par des organes visibles, sent invisiblement. « Autre chose est l'œil, autre chose la vue; autre chose sont les oreilles, autre chose l'ouïe, autre chose les narines, autre l'odorat; autre chose la bouche, autre le goût; autre chose la main, autre le tact. Nous distinguons par le tact ce qui est chaud ou froid, mais nous ne touchons pas la sensation même du tact, et elle n'est ni chaude ni froide. Autre est l'organe par lequel nous sentons, et la sensation même que nous sentons (l. 1, c. 6; *Biblioth. Pat.*, t. V).

Si l'âme est corps, comme vous dites, qu'est-ce donc que l'âme appelle son corps, sinon elle-même? Où l'âme est corps, et dans ce cas elle a tort de dire *mon corps* : elle devrait bien plutôt dire *moi*, puisque c'est là elle-même; ou si l'âme a raison de dire *mon corps*, comme nous le pensons, elle n'est pas corps (l. 1, c. 16). »

« Ce n'est pas sans raison qu'on a dit que la mémoire est la frontière commune de l'homme et de la bête. En effet, les cigognes et les hirondelles reviennent à leur nid, les chevaux à leur écurie ; les chiens reconnaissent leur maître. Mais comme l'âme des animaux, quoiqu'elle retienne l'image des lieux, n'a pas la connaissance de son être propre, ils demeurent bornés au souvenir des objets corporels qu'ils ont connus par le sens du corps, et, privés de l'œil de l'esprit, ils ne sauraient voir, non-seulement ce qui est au-dessus d'eux, mais eux-mêmes. L'homme doit donc tout entier des actions de grâces à son Créateur, qui lui a donné l'existence avec les pierres, la vie séminale avec les plantes et les arbres, la vie sensitive et animale avec les bêtes, enfin la vie raisonnable avec les anges (l. 1, c. 21). »

« Tu dis qu'autre chose est l'âme, autre chose la pensée de l'âme. Tu devrais plutôt dire que les choses auxquelles pense l'âme, ne sont pas l'âme; mais la pensée n'est pas autre chose que l'âme elle-même. L'âme, dis-tu, se repose à ce point qu'elle ne pense rien du tout. Cela n'est pas vrai; l'âme peut changer de pensée, mais non pas ne pas penser du tout. Que signifient nos rêves, sinon que, même lorsque le corps est fatigué et plongé dans le sommeil, l'âme ne cesse pas de penser? Ce qui trompe grandement sur l'état de l'âme, c'est que tu crois qu'autre chose est l'âme, autre chose sont ses facultés. Ce que l'âme pense est un accident, mais ce qui pense est la substance même de l'âme (l. 1, c. 24). »

Dans le second livre, Claudien prouve l'incorporéité de l'âme par l'autorité : d'abord, par celle des philosophes grecs, notamment de Philolaüs, Archytas, Platon, Porphyre; ensuite par celle des philosophes romains, en particulier de Sextius, père et fils, et de Varron, sans parler de Zoroastre et des brahmanes de l'Inde. Il y ajoute les docteurs de l'Eglise, saint Grégoire de Nazianze, saint Ambroise, saint Augustin et saint Eucher, qu'il avait connus particulièrement et dont il fait un grand éloge. Il finit par l'Ecriture sainte, s'arrêtant surtout à saint Paul.

Dans le troisième livre, où il réfute les objections, il dit entre autres : « On nous adresse un syllogisme formidable et qu'on croit insoluble. L'âme, nous dit-on, est où elle est, et n'est pas où elle n'est pas. On espère nous faire dire, soit qu'elle est partout, soit qu'elle n'est nulle part; car alors, pense-t-on, si elle est partout, elle serait Dieu ; si elle n'était nulle part, elle ne serait pas. L'âme n'est pas tout entière dans le monde entier; mais, de même que Dieu est tout entier dans tout l'univers, de même l'âme est tout entière dans tout le corps. Dieu ne remplit point, de la plus petite partie de lui-même, la plus petite partie du monde, et de la plus grande, la plus grande; il est tout entier dans chaque partie, et tout entier dans le tout ; de même l'âme ne réside point, par parties, dans les diverses parties du corps, ce n'est point une partie de l'âme qui sent par l'œil et une autre qui anime le doigt : l'âme tout entière vit dans l'œil et voit par l'œil; l'âme tout entière anime le doigt et sent par le doigt (l. 3, c. 2). »

« L'âme voit par l'entremise du corps, ce qui est

corporel, et par elle-même ce qui est incorporel. Sans l'entremise du corps, elle ne voit rien de ce qui est corporel, coloré, étendu ; mais elle voit la vérité, et la voit d'une vue immatérielle. Si, comme tu prétends, l'âme, corporelle elle-même et enfermée dans un corps extérieur, peut voir par elle-même un objet corporel, rien ne lui est, à coup sûr, plus facile à voir que l'intérieur de ce corps où elle est enfermée. Eh bien! allons, dispose-toi, mets-toi tout entier à l'œuvre ; dirige sur tes entrailles et sur toutes les parties de ton corps, cette vue corporelle de l'âme, comme tu l'appelles ; dis-nous comment est disposé le cerveau, où repose la masse du foie, comment tient la rate, quels sont les détours et les contextures des veines, les origines des nerfs. Quoi donc? tu nies que tu sois obligé de répondre sur de telles choses : et pourquoi le nies-tu? Parce que l'âme ne peut voir directement et par elle-même les choses corporelles. Pourquoi donc ne le peut-elle pas, elle qui n'est jamais sans penser, c'est-à-dire sans voir? Parce que nul ne peut voir, sans l'entremise de la vue corporelle, les objets corporels. Or, l'âme qui voit par elle-même certaines choses, mais non les choses corporelles, voit donc d'une vue incorporelle ; or, un être incorporel peut seul voir d'une vue incorporelle : donc l'âme est incorporelle (l. 3, c. 9). »

Mamert Claudien résume ainsi son travail : « Comme beaucoup des choses que j'ai énoncées dans ce débat sont éparses et pourraient ne pas être retenues facilement, je les veux rapprocher, resserrer et placer, pour ainsi dire, en un seul point, sous les yeux de l'esprit : 1° Dieu est incorporel : l'âme humaine est l'image de Dieu, car l'homme a été fait à l'image et à la ressemblance de Dieu. Or, un corps ne peut être l'image d'un être incorporel : donc l'âme humaine, qui est l'image de Dieu, est incorporelle. 2° Tout ce qui n'occupe pas un lieu déterminé est incorporel. Or, l'âme est la vie du corps, et, dans le corps vivant, chaque partie vit autant que le corps entier. Il y a donc, dans chaque partie du corps, autant de vie que dans le corps entier, et l'âme est cette vie. Ce qui est aussi grand dans la partie que dans le tout, et dans un petit espace que dans un grand, n'occupe point de lieu. Donc l'âme n'occupe point le lieu. Ce qui n'occupe point de lieu n'est pas corporel : donc l'âme n'est pas corporelle. 3° L'âme raisonne, et la faculté de raisonner est inhérente à la substance de l'âme. Or, la raison est incorporelle et ne tient point de place dans l'espace : donc l'âme est incorporelle. 4° La volonté de l'âme est sa substance même, et quand l'âme veut, elle est tout volonté. Or, la volonté n'est pas un corps : donc l'âme n'est pas un corps. 5° De même la mémoire est une capacité qui n'a rien de local : elle ne s'élargit pas pour se souvenir de plus de choses ; elle ne se rétrécit pas quand elle se souvient de moins de choses ; elle se souvient immatériellement même des choses matérielles. Et quand l'âme se souvient, elle se souvient tout entière ; et tout souvenir. Or, le souvenir n'est pas un corps : donc l'âme n'est pas un corps. 6° Le corps sent l'impression du tact dans la partie où il est touché ; l'âme tout entière sent l'impression, non par le corps tout entier, mais par une partie du corps. Une sensation de ce genre n'a rien de local. Or, ce qui n'a rien de local est incorporel : donc l'âme est incorporelle. 7° Le corps ne s'approche ni ne s'éloigne de Dieu ; l'âme s'en approche et s'en éloigne sans changer de place : donc l'âme n'est pas un corps. 8° Le corps se meut à travers l'espace, d'un lieu à un autre ; l'âme n'a point de mouvement semblable : donc l'âme n'est point corps. 9° Le corps a longueur, largeur et profondeur, et ce qui n'a ni longueur, ni largeur, ni profondeur, n'est point corps ; l'âme n'a rien de pareil : donc elle n'est point corps. 10° Il y a, dans tout corps, la droite, la gauche, le haut, le bas, le devant, le derrière ; il n'y a, dans l'âme, rien de semblable ; donc l'âme est incorporelle (l. 3, c. 14). »

Fauste avait succédé, dans l'évêché de Riez, à saint Maxime. Il était originaire de la Bretagne, et s'était acquis de la réputation dans le barreau par son éloquence. Il tâcha d'enfouir tous ses talents dans la solitude ; mais il ne put y réussir. On s'empressa d'autant plus de rendre justice à son mérite, qu'il paraissait seul le méconnaître. Il fut élu troisième abbé de Lérins, l'an 433, et pendant environ vingt-sept ans qu'il gouverna ce monastère, il en soutint la réputation et la régularité par sa vigilance et par ses exemples. On loue surtout son abstinence. Il ne buvait jamais de vin, et ne mangeait le plus souvent que des fruits et des légumes crus. Il porta toutes ces vertus sur le siège épiscopal, et il établit à Riez les prières usitées à Lérins, c'est-à-dire qu'il régla l'office divin sur les usages de cette communauté. Saint Nazaire, qui lui succéda dans la charge d'abbé, fit bâtir à Arluc, sur les côtes de la mer, un monastère pour des religieuses, en l'honneur de saint Etienne. C'était un lieu consacré autrefois à Vénus, et ce fut pour expier les dissolutions qui s'y étaient commises, que le saint abbé y établit un monastère de vierges chrétiennes (Sid., l. 9, *epist.* 3 ; Longueval, l. 4).

Sous la persécution d'Évaric, roi des Visigoths de Toulouse, Fauste de Riez fut exilé dans le Limousin. L'évêque de Limoges était Rurice, ami de saint Sidoine, et fort distingué par sa noblesse et ses grands biens. Il avait épousé Ibérie, fille d'Ommace, et Sidoine, encore laïque, fit un bel épithalame pour ce mariage. Il s'était séparé de sa femme pour vivre en continence, lorsqu'il fut élevé sur le siège de Limoges. Il employa une partie de ses biens à faire bâtir, près de cette ville, une église en l'honneur de saint Augustin : ce qui montre la vénération que l'on avait déjà dans la Gaule pour ce saint docteur, environ 50 ans après sa mort. Il nous reste de Rurice deux livres de lettres à la fois élégantes et pieuses. Il avait une tendre vénération pour Fauste de Riez, qu'il consultait comme son directeur. Aussi ne négligea-t-il rien pour lui adoucir son exil et lui faire retrouver sa patrie dans une terre étrangère.

Fauste de Riez se distingua d'une manière fort honorable dans un concile tenu vers l'an 476, contre le prédestinatianisme. Un prêtre nommé Lucide, apparemment de la province d'Arles, crut pouvoir impunément débiter de nouvelles erreurs, dans un temps où les évêques de cette partie des Gaules paraissaient tout occupés à se défendre contre la persécution d'Évaric et la séduction de l'arianisme. Mais Léonce d'Arles, qui avait été chargé par le pape saint Hilaire d'assembler les conciles de ces provinces, en convoqua un pour ce sujet à Arles, où se trouvèrent trente évêques.

Le concile commença par proscrire les erreurs des prédestinatiens, et songeait à procéder contre Lucide, qui les avait enseignées. Mais Fauste de Riez fit suspendre les procédures du concile, dans l'espérance de convertir ce novateur. Il s'efforça d'abord de le gagner dans des entretiens particuliers, où il tâchait de faire entrer la vérité dans son cœur par les voies de la douceur et de la bonté. Lucide souhaita d'être instruit par quelque écrit. Fauste eut pour lui cette complaisance; et, pendant la tenue du concile, il lui écrivit la lettre suivante :

« C'est l'effet d'une grande charité que de vouloir, avec le secours de la grâce, corriger plutôt l'erreur d'un frère inconsidéré, que de le séparer de l'unité, comme les évêques songent à le faire. Mais que puis-je dire là-dessus par écrit, comme vous souhaitez que je le fasse, après que je n'ai pu de vive voix, par la douceur et l'humilité, vous faire rentrer dans le chemin de la vérité? Quand on parle de la grâce de Dieu et du travail de l'homme, on doit bien prendre garde de ne s'écarter ni à droite ni à gauche; mais il faut tenir le milieu et suivre le grand chemin. Je vous dirai donc en peu de mots quels sont les sentiments que vous devez avoir avec l'Eglise catholique, afin que vous ne sépariez jamais de la grâce de Dieu le travail d'un serviteur fidèle, et que vous ne détestiez pas moins celui qui enseigne la prédestination à l'exclusion du travail de l'homme, que celui qui tient les dogmes de Pélage.

» Anathème donc à celui qui, entre plusieurs impiétés de Pélage, croit que l'homme naît sans péché, et qui, par une damnable présomption, prétend qu'il peut se sauver par son seul travail, et être délivré sans la grâce de Dieu. Anathème à celui qui soutient qu'un homme qui, ayant été baptisé et confessant la foi, vient ensuite à succomber aux plaisirs et aux tentations du monde, périt en Adam et par le péché originel. Anathème à qui dit que l'homme est précipité dans la mort par la prescience de Dieu. Anathème à qui dit que celui qui est damné n'a pas reçu le moyen de se sauver : ce qu'on entend de celui qui a été baptisé, ou d'un païen qui est parvenu à l'âge de pouvoir croire et qui ne l'a pas voulu. Anathème à celui qui dit qu'un vase d'ignominie ne peut parvenir à être un vase d'honneur. Anathème à qui dit que Jésus-Christ n'est pas mort pour tous les hommes, et qu'il ne veut pas que tous les hommes soient sauvés. »

Fauste ajoute : « Quand vous viendrez nous trouver au nom de Jésus-Christ, et que vous serez cité devant les évêques assemblés, alors nous vous produirons des témoignages propres à confirmer le sentiment catholique et à réfuter l'erreur opposée. Pour nous, nous enseignons selon la doctrine de Jésus-Christ, avec vérité et avec confiance, que celui qui a péri par sa faute aurait pu être sauvé par la grâce, s'il n'avait pas refusé de coopérer à cette grâce par son travail, et que celui qui, par la grâce à laquelle il a joint l'obéissance, est parvenu au terme d'une heureuse fin, a pu tomber par sa lâcheté et périr par sa faute. C'est ainsi que, suivant Jésus-Christ pour guide, nous tenons un juste milieu. Après la grâce, sans laquelle nous ne sommes rien, nous établissons le travail d'une servitude officieuse; mais nous excluons en toute manière l'arrogance et la présomption du travail. »

Fauste fait ensuite une pressante exhortation à Lucide, pour le porter à détester ses erreurs, et il finit cette lettre en lui marquant qu'il en conserve une copie pour la produire, s'il est nécessaire dans le concile; qu'il le prie de lui envoyer, signé de sa main, l'exemplaire qu'il lui adresse, que, s'il refuse de le faire, il prendra son silence pour une preuve de son opiniâtreté, et se croira obligé de le dénoncer au concile. Fauste, pour concilier plus d'autorité à sa lettre, la fit signer par onze évêques, parmi lesquels on voit saint Patient de Lyon, saint Euphrone d'Autun, saint Eutrope d'Orange, et Megethe, qu'on croit évêque de Belley (Labbe, t. IV).

Cette lettre de Fauste fit impression sur l'esprit de Lucide, et les décrets du concile achevèrent de le détromper. Il fit une rétractation conforme à ces décrets, et il l'adressa aux Pères du concile. Il les nomme tous au commencement de sa lettre, qui était conçue en ces termes : « Votre réprimande est le salut du public, et votre sentence est un remède qui guérit ceux qu'elle frappe. C'est pourquoi je crois que le meilleur moyen d'excuser mes erreurs passées, c'est de m'en accuser; et ce n'est que par un aveu salutaire que je prétends m'en justifier. Ainsi, me conformant aux nouveaux décrets du concile, je condamne avec vous les opinions exprimées dans les propositions suivantes, savoir : Qu'il ne faut pas joindre à la grâce divine le travail de l'obéissance humaine; qu'après la chute du premier homme, le libre arbitre a été entièrement éteint; que Jésus-Christ, notre Seigneur et Sauveur, n'a pas souffert la mort pour le salut de tous; que la prescience de Dieu fait violence à l'homme pour le précipiter dans la mort, ou que ceux qui périssent, périssent par la volonté de Dieu; que quiconque pèche après avoir reçu le baptême, encourt la mort éternelle à cause du péché d'Adam; que les uns sont prédestinés à la mort et les autres à la vie; que depuis Adam jusqu'à Jésus-Christ, nul des hommes n'a été sauvé par la foi en la venue de Jésus-Christ, avec le secours de la première grâce, qui est la loi naturelle, parce qu'ils avaient perdu le libre arbitre en Adam; que les patriarches, les prophètes et les plus grands saints ont été reçus dans le paradis avant le temps de la rédemption.

» Je condamne tous ces sentiments comme impies et sacrilèges. J'admets tellement la grâce de Dieu que j'y joins les efforts de l'homme; et je dis que le libre arbitre n'a pas été éteint, mais affaibli; que celui qui est sauvé a été en péril, et que celui qui est damné a pu être sauvé; que Jésus-Christ, Dieu et Sauveur, a offert le prix de sa mort pour tous les hommes, selon les richesses de sa bonté; qu'il ne veut point que personne périsse, lui qui est le sauveur de tous les hommes, principalement des fidèles, et qui est riche pour tous ceux qui l'invoquent.

» Et pour décharger entièrement ma conscience dans une affaire si importante, je me souviens d'avoir dit auparavant que Jésus-Christ n'était venu que pour ceux qu'il avait prévus devoir croire en lui, m'autorisant de ces paroles du Seigneur : Le Fils de l'homme n'est pas venu pour être servi, mais pour servir et pour donner sa vie pour plusieurs; et de ces autres : C'est le calice de mon sang qui fait le

Testament nouveau, et qui sera répandu pour le salut de plusieurs. Mais à présent que je suis mieux instruit par l'autorité des témoignages que l'on trouve en grand nombre dans les divines Écritures, selon l'interprétation et la doctrine des anciens, je reconnais volontiers que Jésus-Christ est venu aussi pour ceux qui se sont perdus, parce qu'ils se sont perdus malgré lui, n'étant pas permis de restreindre à ceux qui ont été sauvés les bienfaits de Dieu et les richesses de son immense bonté. Car si nous disons que Jésus-Christ n'a apporté le remède que pour ceux qui ont été sauvés, nous paraîtrons absoudre ceux qui n'ont point été rachetés, quoiqu'il soit constant qu'ils ont été punis pour avoir méprisé la rédemption.

» Je reconnais aussi que, dans le cours des siècles qui se sont écoulés, les uns ont été sauvés par la loi de grâce, les autres sous la loi de Moïse, et d'autres enfin sous la loi naturelle, écrite par le Seigneur au fond des cœurs ; mais qu'ils l'ont tous été par l'espérance de l'avénement de Jésus-Christ, et que, depuis le péché d'origine, personne n'a été délivré que par l'intercession de son sang divin. Je confesse pareillement l'éternité des feux de l'enfer destinés aux crimes capitaux, parce que la justice divine y punit toujours justement les péchés qui subsistent toujours, et je suis persuadé que ceux qui ne croient pas cette vérité de tout leur cœur, encourent avec justice les peines éternelles.

» Priez pour moi, saints évêques. Moi Lucide, je souscris de ma main cette lettre que j'ai écrite ; j'approuve tout ce qui y est approuvé, et je condamne tout ce qui y est condamné (Labbe, t. IV). »

Un acte si authentique, dressé sur les décrets mêmes du concile d'Arles, peut suppléer aux actes de ce concile, qui sont perdus. Il suffit pour nous faire connaître quels dogmes y furent définis contre le prédestinatianisme, et pour convaincre les plus incrédules que cette hérésie n'est pas un fantôme, comme auraient voulu le persuader les jansénistes, qui l'ont renouvelée après Luther et Calvin. Il paraît, par le dernier article de la confession de foi de Lucide, que quelques prédestinatiens avaient pris le parti de nier l'éternité des peines de l'enfer, apparemment pour diminuer l'horreur que donne naturellement l'idée d'un Dieu qui condamnerait ses créatures à des feux éternels pour des péchés personnels qu'ils n'auraient pu éviter.

Les Pères du concile reçurent avec joie la rétractation de Lucide ; et comme, après le Seigneur, ils en attribuèrent la gloire au zèle et à la lettre de Fauste, ils le chargèrent d'écrire contre l'hérésie prédestinatienne, et de rédiger en ordre les raisons qu'on avait apportées dans le concile pour combattre ces erreurs. Fauste s'acquitta avec plaisir d'une commission si honorable. Il composa un ouvrage, divisé en deux livres, sur la grâce et le libre arbitre. Mais avant qu'il l'eût rendu public, il se tint à Lyon un second concile contre les prédestinatiens, et ce concile chargea Fauste d'ajouter à son ouvrage la réfutation de quelques nouvelles erreurs qu'on avait découvertes dans ces sectaires. C'est ce que Fauste nous apprend lui-même.

Il adressa ces deux livres à Léonce d'Arles, par une lettre en forme de préface, qui est à la tête de l'ouvrage, et dans laquelle il dit ces paroles remarquables : « Il est utile et salutaire d'établir la grâce, quand on y joint l'obéissance d'un travail qui en dépend. C'est comme un serviteur qui doit toujours suivre son maître ou son seigneur ; s'il arrive que l'un soit l'autre, alors le maître, sans serviteur, paraît sans honneur, et le serviteur, sans son maître, oubliant sa condition, ose prendre la place du maître. »

Il serait à souhaiter que, dans la suite de l'ouvrage, Fauste n'eût pas oublié cette maxime. Ses écrits n'auraient pas été flétris, comme ils le furent dans la suite, par le décret attribué au pape Gélase. Mais la haine d'une hérésie qu'il combattait, le fit donner dans l'écueil opposé ; et l'on s'aperçoit aisément par la lecture de ces deux livres, qu'il ne reconnaît pas la nécessité d'une grâce prévenante, pour le commencement de la bonne action. Il parle cependant avec éloge de saint Augustin dans le second livre. Ce qui est d'autant plus remarquable, qu'il avait dit dans une lettre à un diacre appelé Grec, et probablement le même qui fut élevé sur le siège de Marseille, qu'il y avait quelque chose dans les écrits de ce saint docteur que les plus savants tenaient pour suspect. Fauste composa un livre touchant le Saint-Esprit, et un contre les ariens et les macédoniens : deux livres qui sont perdus. Enfin, il reste de lui plusieurs lettres, une entre autres, pleine des instructions convenables aux personnes qui embrassent la vie pénitente, adressée à Félix, ancien préfet du prétoire ; quelques homélies qui sont attribuées à Eusèbe d'Émèse, et nommément celle qui contient le panégyrique de saint Maxime (*Bibl. Pat.*, t. VIII).

Saint Sidoine estimait tant les ouvrages de Fauste, qu'ayant appris qu'un abbé nommé Riocate, ayant passé par la ville d'Auvergne, portait en Bretagne un nouvel écrit de cet auteur, il courut lui-même fort loin après le porteur ; puis l'ayant atteint, il lui embrassa les genoux, et ne le quitta pas qu'il ne lui eût montré l'ouvrage, dont il fit sur-le-champ quelques extraits. Après quoi, il revint avec autant de joie que s'il eût été chargé d'un riche butin (Sid., l. 9, *epist.* 9).

Quoique les écrits de Fauste aient été flétris avec justice, sa mémoire ne l'a pas été, parce qu'il écrivait avant que l'Église eût condamné comme une hérésie les sentiments qu'il a enseignés. Il est honoré avec la qualité de saint à Riez, où il y a une église dédiée en son honneur. Aux taches près des dangereuses erreurs, on peut dire des ouvrages de Fauste, qu'on y trouve l'onction de la piété avec la force de l'éloquence et du raisonnement. Sidoine dit de lui, qu'il semblait avoir épousé la philosophie, après l'avoir rendue humble et chrétienne ; qu'il l'avait conduite à son monastère, et fait servir l'académie de Platon à la défense de l'Église de Jésus-Christ. Il ajoute que Fauste parlait mieux qu'il n'avait appris, et qu'il vivait mieux qu'il ne parlait. Le bon cœur de saint Sidoine le rend toujours éloquent sur les louanges de ses amis ; mais, il le servait encore mieux qu'il ne les louait (1).

Ce saint évêque, profitant apparemment de la paix accordée par Évaric, à l'entremise de saint Épiphane de Pavie, fit un voyage à Toulouse, où était la cour

(1) Voir la *France pontificale*, métropole d'Aix, diocèse de Riez, par M. Honoré Fisquet, t. I, p. 301. Paris, Et. Repos, éditeur, 1879.

de ce prince. Il se chargea d'y intercéder auprès d'un de ses anciens amis nommé Maxime, en faveur d'un débiteur moribond, à qui Maxime avait prêté une somme d'argent à intérêt. Sidoine le trouva dans une maison de campagne, mais bien différent de ce qu'il l'avait connu autrefois. Sa démarche, ses habits, son air, ses discours, tout respirait la piété, il portait les cheveux courts et la barbe longue. Ses meubles étaient simples; pour chaises, il avait des escabeaux à trois pieds, et les rideaux des portes étaient d'une étoffe grossière. Il n'y avait point de plume dans son lit, ni de tapis de pourpre sur la table; elle était très-frugale, et l'on y servait plus de légumes que d'autres mets. Sidoine, fort surpris de cette réforme dans la manière de vivre de Maxime, demanda secrètement à ses gens s'il était moine, clerc ou pénitent. On lui répondit que les citoyens l'avaient contraint depuis peu d'accepter l'épiscopat.

Maxime accorda non-seulement le délai du paiement, il remit encore tous les intérêts, qui, depuis dix ans, montaient plus haut que le principal. Car l'intérêt était un centième chaque mois; mais quand les intérêts accumulés surpassaient le capital, on ne payait point le surplus. L'Eglise n'approuvait point ces usures, permises par les lois civiles : ce qui fait dire à Sidoine que Maxime, en agissant si généreusement, n'avait pas moins égard à sa conscience qu'à sa réputation. Maxime avait été un des officiers qu'on nommait *palatins*, chargés du recouvrement des impôts. Il avait été ordonné depuis peu évêque, et sans doute après la paix dont nous avons parlé (Sid., l. 4, *epist.* 24).

Outre ces saints et doctes évêques, on voyait encore d'autres savants personnages dans les Gaules. De ce nombre, Paulin de Périgueux, qui, à la prière de saint Perpétue, évêque de Tours, mit en vers la vie de saint Martin. Pomère, originaire de Mauritanie, mais devenu abbé d'un monastère près d'Arles, publia un dialogue sur la *Nature de l'âme* : il n'est point venu jusqu'à nous, non plus qu'un traité qu'il composa sur l'*Institution des vierges*. Nous avons de lui sur la *Vie contemplative*, trois livres qui ont été longtemps attribués à saint Prosper. L'auteur y répond à dix questions qui lui avaient été proposées par un évêque nommé Julien, principalement sur la vie contemplative, sur les devoirs des évêques et sur la nature des vices et des vertus.

Dans le premier livre, après avoir parlé de la vie contemplative, il fait le portrait des bons et des mauvais évêques. « Les bons évêques, dit-il, sont ceux qui s'efforcent, par leurs exemples et leurs prédications, de porter les pécheurs à la pénitence; qui ne commandent pas avec empire, mais avec douceur et humilité; qui nourrissent les pauvres, rachètent les captifs, reçoivent les étrangers, et qui s'acquittent avec soin de leurs autres devoirs. Ce sont là les ministres capables d'apaiser le Seigneur et de conduire son peuple : voilà les vrais successeurs des apôtres. Un mauvais évêque est celui qui cherche les dignités de l'Eglise, non pour être plus saint, mais pour être plus riche et plus honoré, qui ne paît pas son troupeau, quoiqu'il reçoive tous les jours, par les dîmes et les oblations des fidèles, le lait et la laine de ses ouailles; qui porte le nom de pasteur, et qui en fuit le travail. »

Pomère soutient qu'un évêque ne peut s'excuser de ne pas prêcher son peuple, sur son peu de talent et de capacité, parce qu'un pasteur ne doit enseigner que ce qu'il fait, et que les auditeurs profitent toujours quand ils entendent le prédicateur les exhorter d'une manière simple à pratiquer ce qu'ils le voient pratiquer lui-même. Il dit que le discours d'un évêque doit être simple, grave, clair, et même de mauvais latin, pour être mieux entendu des ignorants : c'est que le latin, qui était encore la langue vulgaire, était déjà fort corrompu. Il ajoute que les prédicateurs qui cherchent les applaudissements des hommes ne sont que de vains déclamateurs, qui font consister tout le fruit de leurs sermons dans les louanges qu'ils en retirent; et qui songent plus à dire de belles choses qu'à en dire de bonnes et d'utiles.

Dans le second livre, Pomère traite de la correction des pécheurs, dans laquelle il faut tantôt employer la vivacité du zèle, et tantôt la douceur et la patience de la charité. Sur quoi il parle de la confession des péchés secrets, qu'on découvre au prêtre, comme des plaies au médecin. Il s'étend sur l'usage des biens de l'Eglise, qui ne sont autre chose, dit-il, que les vœux des fidèles, la rançon des péchés et le patrimoine des pauvres. Il n'approuve pas que les ecclésiastiques qui ont du patrimoine, perçoivent les distributions de l'Eglise, au lieu de les laisser aux pauvres, et il dit que les biens ecclésiastiques étant des biens sacrés, il n'est pas permis de s'en servir pour vivre dans la mollesse et la volupté.

Enfin, dans le troisième livre, il traite des vices et des vertus, dont il fait des portraits ressemblants. Il dit, entre autres choses, que l'envieux a autant de bourreaux que celui auquel il porte envie a de panégyristes, et il montre que la crainte est utile et résiste efficacement au péché (*Inter opera S. Prosperi*).

Tel était l'état de l'Eglise dans les Gaules et en Occident. Au milieu de l'empire qui tombait en ruine, au milieu des Barbares qui s'en disputaient les débris, les évêques, unis entre eux et avec le Pape, étaient fermes dans la foi, veillaient à la pureté de la doctrine, soulageaient les misères spirituelles et temporelles, cultivaient les lettres. Cette conduite inspirait le respect aux Barbares mêmes, et les disposait peu à peu à la civilisation chrétienne.

Il n'en est pas de même en Orient. Là commence ce qu'on appelle à bon droit le *Bas-Empire*; car, à peu d'exceptions près, tout y devient bas, ignoble, perfide, souvent atroce. Ainsi, à Constantinople, des conspirations de femmes donnaient et ôtaient l'empire. L'impératrice Vérine, veuve de Léon, l'avait fait donner par ses intrigues à son gendre Zénon. Mécontente de Zénon, elle avait conspiré pour le lui ôter et le donner à son propre frère Basilisque. Les principaux conjurés avaient été Illius et Harmatius. Le premier était Isaurien, comme Zénon, et de plus son ami; le second était un jeune homme idolâtre de sa beauté et qui vivait dans un commerce criminel avec la femme de Basilisque, nommée Zénonide. Vérine, de son côté, avait un commerce semblable avec Patricius, maître des offices. Basilisque s'en étant aperçu, et craignant qu'elle ne l'épousât un jour pour l'élever sur le trône, le fit assassiner. Vérine, pour se venger, jura de perdre Basilisque et de rappeler Zénon. Cependant Zénonide, aussi peu fidèle à Dieu qu'à son mari, avait inspiré à Basilisque les erreurs d'Eutychès (*Hist. du Bas-Empire*, l. 35 et 36).

Dès qu'il fut sur le trône, il rappela d'exil Timothée Elure, confiné depuis vingt ans dans la Chersonèse taurique. Ce meurtrier de Protérius, cet usurpateur du siége d'Alexandrie entra dans Constantinople comme en triomphe. Pierre le Foulon, qui se tenait depuis huit ans caché dans un monastère, se montra au grand jour avec hardiesse, et, quoiqu'il dût sa fortune à Zénon, sa haine contre les orthodoxes lui ouvrit un favorable accès auprès de Basilisque. Tous les ennemis du concile de Chalcédoine levèrent le masque. Ces deux perturbateurs des Églises engagèrent le prince à publier un édit par lequel il ordonnait à tous les évêques et les clercs, sous peine de déposition, à tous les moines et laïques, sous peine de bannissement, de prononcer anathème contre la lettre du pape saint Léon et contre le concile de Chalcédoine, condamnant toutefois ceux qui ne confessent pas que le Fils de Dieu s'est véritablement fait homme, et qui supposent que sa chair est venue du ciel ou qu'il ne s'est incarné qu'en apparence. Plus de cinq cents évêques succombèrent à la crainte et protestèrent que leur souscription était libre et volontaire : ce qu'ils désavouèrent cependant l'année suivante, lorsque l'édit fut révoqué. Acace, évêque de Constantinople, osa seul résister à l'empereur ; il refusa de souscrire l'édit et d'admettre Elure à sa communion, ayant pour lui les moines et tout le peuple de Constantinople, qui s'assembla dans l'église contre Basilisque. Pour faire connaître le deuil de l'Église et le péril auquel la foi était exposée, Acace s'habilla de noir et couvrit d'un voile de même couleur l'autel et le trône épiscopal (Evagre, l. 3, c. 4 ; Theod., *Lect.*, l. 1).

Dès le premier moment, les prêtres et les archimandrites de Constantinople avaient écrit au pape Simplicius, l'informant du retour de Timothée Elure, des troubles qu'il faisait dans la capitale pour se faire rétablir à Alexandrie, et le priant d'envoyer des légats pour remédier à tous ces maux. Le saint pape Simplicius écrivit, en conséquence, dans la première quinzaine de janvier 476, trois et quatre lettres : l'une à l'empereur, deux aux patriarches, une dernière aux prêtres et aux archimandrites de Constantinople. Il exhorte l'empereur à suivre les exemples de Marcien et de Léon, sous lesquels il avait été élevé ; à maintenir comme eux le concile de Chalcédoine et la lettre de saint Léon, où le mystère de l'Incarnation est si bien expliqué, qu'on ne peut l'y méconnaître sans cesser d'être chrétien ; à rétablir dans le siége d'Alexandrie l'évêque catholique et en chasser bien loin le parricide Elure. Pour que l'empereur pût s'instruire plus facilement de la vraie foi, le Pape lui envoie une copie des lettres de saint Léon ; car, dit-il, la règle de la doctrine apostolique demeure toujours la même dans les successeurs de celui à qui le Seigneur a commis le soin de tout le bercail, à qui il a promis son immanquable assistance jusqu'à la fin du monde, contre qui il a promis que les portes de l'enfer ne prévaudront jamais, et dont il atteste que ce que la sentence aura lié sur la terre, ne saurait être délié dans le ciel même.

Le Pape charge l'évêque Acace même, comme son légat, de se joindre aux prêtres et aux moines qui résistaient à Elure, et de solliciter avec eux l'empereur pour l'exclure d'Alexandrie et empêcher qu'on ne parlât de tenir un nouveau concile. « Car, dit-il, la doctrine de nos prédécesseurs, contre laquelle c'est un crime de disputer, étant publique, les bien pensants n'ont aucun besoin de décisions nouvelles ; tout ce qu'il faut pour instruire, soit les catéchumènes, soit ceux qui auraient été séduits par les hérétiques, est clair et parfait. Jamais d'ailleurs on n'a indiqué de concile, que quand il s'est élevé quelque nouvelle erreur ou quelque nouveau doute dans les dogmes, afin que l'autorité de la discussion sacerdotale éclaircît ce qu'il pouvait y avoir d'obscur. » Enfin, dans sa lettre aux prêtres et aux abbés de Constantinople, le Pape regarde comme inutile de réfuter l'impiété des hérétiques, depuis qu'elle l'avait été dans la lettre de saint Léon à Flavien, répandue par toute la terre. Il s'excuse d'envoyer des légats, comme ils lui en avaient demandé, parce qu'il n'était pas question d'éclaircir aucune difficulté nouvelle, mais de demeurer fermes dans les vérités établies, et de résister avec courage à ceux qui en étaient ennemis. Il les loue de leur résistance aux entreprises d'Elure, et de ce que, par leur opposition, il n'avait pu se faire recevoir dans aucune des églises de Constantinople. Et, afin qu'ils sussent ce qu'il avait écrit à l'empereur pour l'engager à chasser Elure, il leur envoie une copie de sa lettre au prince (Labbe, t. IV, *epist.* 4, 5, 6, 7).

Acace, de concert avec les moines de Constantinople, résolut d'appeler au secours de l'Eglise saint Daniel Stylite, et lui manda ce que faisait l'empereur Basilisque, qui, de son côté, lui envoya des plaintes contre Acace, l'accusant de soulever la ville contre lui, de corrompre les soldats et de le charger d'injures. Daniel répondit à l'empereur que Dieu détruirait son règne ; à quoi il ajouta des reproches si véhéments, que l'envoyé n'osant s'en charger, le saint, à sa prière, les écrivit dans une lettre cachetée, où il traitait Basilisque de nouveau Dioclétien. Le patriarche, de son côté, ayant assemblé plusieurs évêques, les envoya prier Daniel de venir en personne au secours de l'Eglise ; et comme il ne pouvait se résoudre à descendre de sa colonne, Acace les envoya de nouveau avec ordre de faire les derniers efforts. Ils témoignèrent l'excès de leur affliction par leurs gestes, leurs paroles et leurs larmes, et lui proposèrent l'exemple de Jésus-Christ même, qui est descendu du ciel pour notre salut. Daniel descendit enfin, et fut reçu par le patriarche et les évêques avec une joie incroyable. Il se trouva dans les assemblées du peuple qui s'émut jusqu'à menacer de brûler la ville. Basilisque, épouvanté, sortit de Constantinople, après avoir ordonné aux sénateurs de ne point voir Acace. Mais Daniel, suivi des moines et de quantité de peuple, sortit aussi et alla au palais du faubourg, où était l'empereur. Les gardes l'empêchèrent d'entrer. Alors il secoua la poussière de ses pieds, suivant l'Evangile, ordonna à ceux qui l'accompagnaient d'en faire autant, et retourna dans la ville, suivi de plusieurs soldats, étonnés de son habit et de sa manière de vivre. L'empereur l'envoya prier de revenir ; mais il le refusa avec indignation. Enfin, après avoir envoyé plusieurs personnes, l'empereur vint lui-même trouver le saint et se jeta à ses pieds, lui demandant pardon. Mais Daniel lui fit des reproches, et dit aux assistants : « Cette feinte humilité n'est qu'un artifice dont il couvre sa cruauté; vous verrez bientôt le pouvoir de Dieu qui abat les puissants. » Ayant ainsi prédit la chute de Basilisque et fait plusieurs miracles, il retourna sur sa colonne (*Vita S. Dan. Styl.; Apud Sur.*, 11 *decemb.;* Theod., *Lect.*).

Cependant Timothée Elure était rentré dans Alexandrie, obligeant d'anathématiser le concile de Chalcédoine, sans partager cependant tout à fait l'erreur des eutychiens. Car il reconnaissait et leur prouvait dans l'occasion, que la chair du Verbe incarné est consubstantielle à la nôtre, et qu'il est consubstantiel au Père suivant la divinité. A la nouvelle de son arrivée, l'évêque catholique, Timothée Solofaciole, se retira dans les monastères de Canope, dont il avait pratiqué la règle; et il était si aimé de tout le monde, qu'Elure ne put lui faire de mal. Pierre le Foulon retourna aussi à Antioche, par ordre de Basilisque, et trouva le siège vacant; car Julien, l'évêque catholique, voyant ce qui se passait, était mort d'affliction. Pierre excita bien du trouble. Il ordonna évêque d'Apamée un nommé Jean, qui avait été déposé par un concile; mais le peuple d'Apamée ne voulut point le recevoir, et Jean revint à Antioche, où il supplanta Pierre lui-même. Ces mouvements des eutychiens donnèrent occasion à Gélase de Cyzique d'écrire son histoire, d'ailleurs peu exacte, du concile de Nicée (Evagre, l. 3, c. 6; Theophan.).

Les deux principaux appuis de Basilisque pour se maintenir sur le trône impérial, étaient l'isaurien Illus, et Harmatius, l'amant de sa femme Zénonide. Il envoya le premier en Isaurie, assiéger Zénon dans une forteresse où il s'était réfugié. Le siège durait depuis plusieurs mois. Zénon perdait tout espoir, lorsque, tout à coup, Illus se déclare pour lui et s'offre à le rétablir sur le trône. Ce qui avait déterminé Illus, c'étaient les lettres de Vérine et des principaux du sénat, qui le pressaient de renoncer au service de Basilisque. Zénon, suivi de cette armée, à laquelle se joignit un grand nombre d'Isauriens et de Lycaoniens, marcha vers Constantinople. A cette nouvelle, Basilisque vint dans l'église faire publiquement ses excuses; il se rétracta par une ordonnance où il déclare nul ce qu'il avait fait par surprise sous le nom de *circulaire* ou autrement; prononce anathème à Nestorius, à Eutychès et à tous les autres hérétiques; défend de faire pour ce sujet ni concile ni autre recherche. Il ordonne que la foi reçue dès le commencement dans les églises catholiques, demeure ferme et inébranlable; que l'on rende au patriarche Acace les provinces où les ordinations appartiennent au siège de Constantinople, c'est-à-dire le privilège attribué à ce siège par le concile de Chalcédoine, que son édit circulaire avait déclaré nul (Evagre, l. 3, c. 7).

En même temps, il assembla tout ce qui restait de soldats en Thrace, à Constantinople et aux environs; il y joignit les troupes du palais et donna le commandement à Harmatius, après l'avoir engagé par des serments horribles à lui garder une fidélité inviolable. Harmatius, à la tête d'une armée nombreuse, rencontra l'ennemi près de Nicée. Il y eut une action très-vive, où les troupes de Zénon ayant été maltraitées, ce prince sans courage allait fuir de nouveau en Isaurie, s'il n'eût été retenu par Illus. Ce général lui représenta qu'il ne serait pas difficile de gagner Harmatius; qu'il fallait l'éblouir par de magnifiques promesses, et il se chargea de la négociation. Etant donc secrètement passé au camp d'Harmatius, il lui offrit, pour lui-même, le commandement de la garde impériale, avec assurance d'en jouir toute sa vie, et pour son fils, qui se nommait aussi Basilisque, le titre de césar, avec la succession à l'empire. A ces offres, Harmatius oublia ses serments et sa maîtresse Zénonide; mais pour déguiser sa trahison, il prit une route différente de celle que l'ennemi devait tenir, et le laissa passer comme par inadvertance.

L'empereur Zénon et sa femme Ariadne, étant donc arrivés à Constantinople, trouvèrent les portes ouvertes : le sénat et le peuple vinrent au devant d'eux; Vérine, en particulier, s'empressait à leur témoigner son zèle. Basilisque, abandonné de tout le monde, se réfugia dans l'église de Sainte-Irène, avec sa femme et ses enfants, et, ayant déposé sur l'autel la couronne impériale, il s'enferma dans le baptistère. Zénon, n'osant violer cet asile, lui envoya Harmatius, qui n'épargna pas les serments pour l'assurer, de la part de l'empereur, qu'on ne lui couperait pas la tête et qu'on ne verserait pas son sang. Dès qu'il fut sorti, l'empereur fit assembler le sénat et les évêques qui se trouvaient à Constantinople, comme pour le consulter sur le traitement qu'il devait lui faire. Basilisque fut condamné à être relégué, avec Zénonide et leurs enfants, dans le château de Limnes, près de Cucuse en Cappadoce. Ils y furent jetés nus dans une citerne sèche, qui fut ensuite fermée et gardée par des soldats, afin qu'on ne pût leur porter aucune nourriture. On les trouva quelque temps après morts de froid et de faim, se tenant embrassés les uns les autres. Zénon crut n'avoir pas violé les serments qu'il avait faits de ne pas leur couper la tête ni verser leur sang.

Il garda de la même manière ceux qu'il avait faits à Harmatius. Il le nomma effectivement commandant général de la garde impériale, et son fils césar. Ce jeune enfant assista aux jeux du cirque, assis sur un trône à côté de l'empereur, et partagea avec le prince l'honneur de couronner les cochers victorieux. Mais peu après Zénon fit assassiner le père. Le fils allait avoir le même sort. L'impératrice Ariadne en eut compassion, et obtint de Zénon qu'il se contentât de le dépouiller de la qualité de césar et de l'engager dans le clergé. Il fut, dans la suite, évêque de Cyzique, et remplit cette place plus dignement qu'une pareille vocation ne donnait lieu d'espérer. Tout, dans la mort d'Harmatius, portait le caractère de la perfidie : le conseil en fut donné par l'isaurien Illus, qui l'avait engagé à trahir Basilisque; il fut tué de la main d'un Barbare de Thuringe, nommé Onulphe, qui lui devait sa fortune (*Hist. du Bas-Empire*, l. 36).

Comme on voit, l'adversité n'avait pas corrigé Zénon; elle réprima toutefois ses vices pour un temps. Il récompensa par des libéralités le zèle du sénat et du peuple de Constantinople : la ville retentissait d'éloges; on y voyait de toutes parts élever des statues à l'empereur. Son premier soin fut d'aller avec l'impératrice visiter le saint solitaire Daniel, aux prières duquel il attribuait son retour. Il fit bâtir à Séleucie en Isaurie, une magnifique église de Sainte-Thècle, qu'il croyait avoir vue en songe lui annoncer son rétablissement, et il la décora de riches présents. Il écrivit au pape Simplicius, en lui témoignant être persuadé qu'il avait fort souhaité et demandé à Dieu son retour. Il faisait, dans la même lettre, l'éloge de la fermeté avec laquelle Acace s'était opposé à Basilisque, ajoutant qu'il pensait lui-même à abolir entièrement l'erreur d'Eutychès, à exterminer ceux qui la suivaient, à faire observer partout le décret du concile de Chalcédoine, et à rétablir Solofaciole sur le siège d'Alexandrie. Le pape répondit à cette lettre le 8 octobre 477, avec de grands témoignages de joie sur l'heureux rétablissement de Zénon. Il lui fait remarquer que les ennemis de son empire avaient été les ennemis de Dieu, et l'exhorte à témoigner à Dieu sa reconnaissance, en protégeant son Eglise, surtout en maintenant l'autorité du concile de Chalcédoine, en délivrant l'Eglise d'Alexandrie de l'usurpateur Elure, en y rétablissant le pasteur légitime, et en ôtant ceux qu'Elure avait ordonnés, pour rétablir ceux qu'il avait déposés, ou en substituer d'autres dont la foi fût orthodoxe. En conséquence, Zénon cassa toutes les ordonnances rendues par Basilisque au préjudice de la foi et des évêques catholiques (Labbe, t. IV).

Acace, de son côté, envoya au pape Simplicius le diacre Epiphane, avec une ample relation de tout ce que les hérétiques avaient fait contre la foi et les canons; lui demandant comment on pourrait secourir les églises que Timothée Elure avait opprimées à la faveur de la tyrannie de Basilisque. Le pape répondit à Acace que, c'était de l'empereur, après Dieu, qu'il fallait attendre le secours de l'Eglise, et qu'il y avait lieu d'en espérer d'une âme très-chrétienne, puisqu'il s'agissait de la cause de la religion. Il ajoute que ce prince devait publier une ordonnance pour exiler ceux que Timothée Elure avait ordonnés évêques, et rétablir dans leurs sièges les évêques catholiques. « Joignez donc, dit-il, à nos lettres, vos instances et celles de tant d'évêques qui sont venus à Constantinople, afin que Timothée et ses sectateurs soient bannis sans retour. » La même loi devait comprendre Paul d'Ephèse, Pierre d'Antioche et tous ceux qu'il avait ordonnés évêques, de même qu'Antoine, qui avait été le guide de ceux que le tyran avait envoyés contre l'Eglise. Quant à Jean, autrefois prêtre de Constantinople et depuis ordonné évêque d'Apamée par les hérétiques, le Pape dit que, parce qu'après avoir chassé d'Antioche l'usurpateur Pierre le Foulon, il avait usurpé lui-même cette Eglise; il doit être anathématisé et retranché de la société des chrétiens, sans espérance de retour. Il ajoute, en parlant des évêques qui se trouvaient alors à Constantinople, qu'il ne convenait pas qu'ils y séjournassent longtemps, soit parce que leurs Eglises avaient besoin d'eux dans l'agitation où était alors tout l'Orient; soit afin que l'on ne pensât point qu'on voulut tenir un nouveau concile, qui donnât atteinte à celui de Chalcédoine. « Car, dit-il, on tient par tout le monde pour inviolable ce qui a été ordonné par tous les évêques (Labbe, t. IV). »

L'empereur Zénon exécuta ce que le Pape désirait. Il fit déposer dans un concile d'Orient Pierre le Foulon, ainsi que Jean d'Apamée, qui l'avait supplanté pendant trois mois. Etienne, homme pieux, fut ordonné évêque d'Antioche. Il envoya aussitôt des lettres synodales à Acace de Constantinople, pour lui faire part de son ordination et de la condamnation de Pierre et de Jean. Acace assembla le concile des évêques qui se trouvaient à Constantinople, condamna Pierre le Foulon, Jean d'Apamée et Paul d'Ephèse, et en écrivit au pape Simplicius, le priant que, s'ils avaient recours à lui, il ne daignât pas les voir ni les recevoir à pénitence. Le Pape les condamna de son côté, et écrivit à Acace de solliciter l'empereur pour les faire chasser hors des limites de l'empire.

Paul étant chassé d'Ephèse, les évêques d'Asie voulurent apaiser Acace de Constantinople. Ils lui demandèrent pardon et lui envoyèrent une rétractation où ils assuraient avec serment qu'ils n'avaient souscrit que par force à la lettre-circulaire de Basilisque, et qu'ils n'avaient jamais eu d'autre foi que celle du concile de Chalcédoine.

Zénon voulait aussi chasser d'Alexandrie Timothée Elure; mais on lui représenta qu'il était si vieux, qu'il ne pouvait aller loin; et en effet il mourut peu de temps après. On dit même qu'il s'empoisonna, de peur d'être chassé. Ses disciples disaient qu'il avait prédit sa mort : ce qui n'était pas difficile, s'il est vrai qu'il voulût se la donner lui-même. Ils furent nommés *timothéens*, et rejetaient le concile de Chalcédoine, sans être tout à fait eutychiens. A sa place, les évêques hérétiques élurent de leur autorité Pierre Monge ou le Bègue, qui avait été archidiacre : il fut ordonné de nuit par un seul évêque. L'empereur en ayant eu avis, fit chasser Pierre et rétablir dans le siège d'Alexandrie Timothée Solofaciole : ce qui fut exécuté. Il écrivit en même temps aux évêques, aux clercs et aux laïques de toute l'Egypte, de retourner dans deux mois à la communion de Timothée, sous peine de privation de leurs honneurs et de leurs églises, et déclara nulles toutes les ordinations de Timothée Elure et de Pierre Monge (Evagre, l. 3, c. 8, 9 et 11).

Acace, qui savait les inquiétudes du Pape sur l'état de l'Eglise d'Alexandrie, lui manda la mort de Timothée Elure, la fuite de Pierre Monge, qu'il dépeint comme un hérétique, un usurpateur, un enfant de ténèbres, et le rétablissement de Timothée Solofaciole, dont il loue la douceur, la patience et le zèle pour l'observation des canons. Il n'oublie pas d'informer aussi le Pape des soins que l'empereur et lui donnaient pour maintenir la discipline de l'Eglise. Le Pape, dans sa réponse, qui est du 13 mars 478, témoigne sa joie, et de ce que Dieu, aux prières ferventes et réitérées des évêques, avait délivré l'Eglise d'Alexandrie, et de ce que Solofaciole y était retourné; mais il charge Acace de l'avertir de ne plus réciter à l'autel le nom de Dioscore. Solofaciole se corrigea de cette faute, et en demanda pardon au Pape par les députés qu'il lui envoya avec des lettres solennelles, pour lui faire part de son rétablissement, suivant l'ancien usage des Eglises. Il fit rendre au Pape, par les mêmes députés, la copie de l'abjuration de ceux qui avaient été séduits par Timothée Elure et par Pierre Monge, et le pria de demander à l'empereur l'éloignement de ce dernier, qui demeurait caché à Alexandrie, et de remercier en même temps ce prince de l'avoir rétabli dans sa dignité. Solofaciole joignit les requêtes que diverses personnes lui avaient adressées pour être reçues dans la communion de l'Eglise, témoignant lui-même être fort porté à leur accorder leur demande. Le Pape fit ce que Solofaciole souhaitait; il écrivit par Pierre, intendant de la princesse Placidie, qui s'en retournait de Rome en Orient, à Zénon et à Acace, pour les remercier de ce qu'ils avaient déjà fait pour l'Eglise d'Alexandrie, et les exhorter à la délivrer entièrement de la persécution des hérétiques, en bannissant Pierre Monge bien loin de la (Labbe, t. IV, *epist.* 9-13).

Quelque temps après, le pape Simplicius reçut de l'empereur Zénon et du patriarche Acace, des lettres par lesquelles il apprit le désordre arrivé à Antioche. Après qu'Etienne en eut rempli le siège environ un an, les hérétiques s'élevèrent contre lui et le tuèrent dans l'église avec des cannes aiguisées comme des lances, traînèrent le corps par la ville et le jetèrent dans l'Oronte. L'Eglise l'honore comme martyr le 25 avril. L'empereur, l'ayant appris, envoya à Antioche et fit punir les auteurs de la sédition; les citoyens envoyèrent des députés pour demander pardon, et prièrent que, pour éviter de pareils désordres, on leur ordonnât un évêque à Constantinople, ce que l'empereur accorda. Ainsi Acace, par ordre de l'empereur, ordonna évêque d'Antioche un autre Etienne, que l'on nomme Etienne le jeune, recommandable pour sa piété aussi bien que son prédécesseur.

Cette ordination étant contre les règles, attendu qu'elle aurait dû se faire à Antioche même par les évêques de Syrie, l'empereur et le patriarche en écrivirent au Pape, le priant de l'approuver, comme faite par nécessité pour le bien de la paix. Le Pape répondit à l'empereur en ces termes : « Si l'on avait suivi ce que j'avais écrit à mon frère et coévêque Acace, au sujet de Pierre et des autres, on n'aurait pas eu de tels crimes à punir. Car j'avais mandé qu'on vous suppliât de le chasser hors des bornes de votre empire, lui et tous ceux qui avaient usurpé les églises, à l'occasion de la domination du tyran. C'est pourquoi, s'il s'en trouve quelques restes, faites-les chasser dans les pays étrangers. Et parce que vous avez cru ne pouvoir apaiser les séditions d'Antioche qu'en ordonnant un évêque à Constantinople, contre l'ordonnance du concile de Nicée, à la charge de réserver à l'avenir au concile d'Orient l'ordination de l'évêque d'Antioche, l'apôtre saint Pierre conserve votre promesse et votre serment, afin que ce que mon frère Acace a fait par votre ordre ne soit pas à l'avenir tiré en coutume. C'est pourquoi nous ne pouvons désapprouver ce que vous avez fait pour le bien de la paix. » La lettre est du 22 juin 479. Le Pape écrivit à Acace dans le même sens, lui recommandant surtout que cet exemple ne fût pas tiré à conséquence. L'empereur suivit l'avis du Pape, et exila Pierre le Foulon à Pityonte dans le Pont, sur la frontière de l'empire (Labbe, t. IV, *epist.* 14 et 15).

Tandis que les Eglises d'Orient recouvraient la tranquillité par les efforts réunis du Pape et de l'empereur, les Eglises d'Afrique respirèrent un instant, mais pour se préparer à une persécution nouvelle. Genséric était mort le 25 janvier 477, après un règne de trente-sept ans et trois mois. Hunéric, son fils aîné, qui avait épousé la princesse Eudoxie, fut reconnu roi des Vandales. Il témoigna d'abord de la douceur envers tout le monde, principalement envers les catholiques; en sorte qu'ils recommencèrent à tenir leurs assemblées, même dans les lieux où cela leur avait été défendu par Genséric. Il affecta même des dehors de piété, en faisant rechercher avec soin les manichéens; il en fit brûler plusieurs et en envoya d'autres par mer hors de l'Afrique. Ce qui l'anima le plus contre eux, c'est qu'il découvrit qu'ils faisaient presque tous profession de l'arianisme contre lui, et que plusieurs d'entre eux étaient prêtres ou diacres. Il eut honte de voir qu'il leur était uni par les liens d'une même doctrine. Il se trouva qu'un de ces manichéens, moine de profession, avait écrit sur sa cuisse : « Manès, *disciple de Jésus-Christ* (Victor de Vite, l. 2; *Bibl. Pat.,* t. VIII).

L'Eglise de Carthage était sans évêque depuis vingt-quatre ans. Mais enfin, à la prière de l'empereur Zénon et de la princesse Placidie, dont Hunéric avait épousé la sœur, il permit aux catholiques d'y ordonner un évêque. Pour assister à l'élection, Hunéric envoya à l'église, Alexandre, ambassadeur de l'empereur Zénon, et avec lui un de ses notaires, nommé Vitarit, portant un édit qu'il fit lire publiquement en ces termes : « Notre maître, à la prière de l'empereur et de la très-noble Placidie, vous accorde d'ordonner un évêque tel qu'il vous plaira, à condition que les évêques de notre religion, qui sont à Constantinople et dans les autres provinces d'Orient, aient la liberté de prêcher dans leurs églises en telle langue qu'ils voudront, et d'exercer la religion chrétienne, comme vous avez la liberté ici et dans vos autres églises d'Afrique de célébrer les messes, de prêcher et exercer votre religion. Car si cela n'est pas observé, l'évêque qui sera ordonné ici et les autres évêques d'Afrique, avec leur clergé, seront envoyés chez les Maures. » Cet édit ayant été lu dans les églises de Carthage le 18 juin 381, Victor de Vite et les autres évêques catholiques qui étaient présents en gémirent, voyant l'artifice avec lequel on préparait la persécution. Ils dirent au commissaire du roi : « A des conditions si dangereuses, cette Eglise aime mieux n'avoir point d'évêque; Jésus-Christ la gouvernera comme il a fait jusqu'ici. » Mais le commissaire ne voulut point recevoir cette protestation. D'un autre côté, le peuple demandait un évêque avec des cris qu'il était impossible d'apaiser.

Eugène fut donc ordonné évêque de Carthage, avec une joie incroyable du peuple; car il y avait un très-grand nombre de jeunes gens qui n'avaient jamais vu d'évêque assis sur le trône de cette Eglise. Il s'attira bientôt, par ses vertus, le respect et l'affection, non-seulement des catholiques, mais de tout le monde; car il était humble, charitable, plein de compassion, et faisait des aumônes incroyables. Il est vrai que les Barbares possédaient tous les biens de l'Eglise; mais on apportait tous les jours de grandes sommes au saint évêque, et il distribuait tout fidèlement, sans en rien réserver que pour les besoins de chaque jour; car il ne gardait jamais d'argent au lendemain; à moins qu'on ne le lui eût apporté trop tard pour le donner avant la nuit. Sa réputation lui attira bientôt l'envie des évêques ariens, et principalement de Cyrila, le plus puissant de tous. Ils représentèrent au roi qu'il était dangereux de souffrir qu'Eugène continuât de prêcher. Ils voulaient qu'Eugène lui-même empêchât que personne, ni homme ni femme, ne parût dans l'église en habit de Barbare. Il répondit comme il convenait : « La maison de Dieu est ouverte à tout le monde, nul ne peut repousser ceux qui entrent. » Ce qu'il disait principalement à cause des catholiques qui, servant dans la maison du roi, étaient obligés à porter l'habit des Vandales.

Après cette réponse de l'évêque, Hunéric fit mettre à la porte de l'église des bourreaux, qui, voyant un homme ou une femme y entrer avec l'habit de leur nation, leur jetaient sur la tête de petits bâtons dentelés, dont ils leur entortillaient les cheveux, et, les tirant avec force, arrachaient la chevelure avec la peau de la tête. Quelques-uns en perdirent les yeux, d'autres moururent de douleurs, plusieurs survécurent longtemps. On menait par la ville des femmes avec la tête ainsi écorchée, précédées d'un crieur, pour les montrer à tout le peuple; mais cette cruauté ne fit quitter à personne la vraie religion. Alors Hunéric s'avisa d'ôter leurs traitements aux catholiques qui étaient à la cour, et de les envoyer travailler à la campagne. Ainsi, des hommes nés libres et délicats furent conduits dans les plaines d'Utique pour couper du blé à la plus grande ardeur du soleil. Un d'eux avait la main sèche depuis longtemps, et, comme on le forçait à travailler, nonobstant une excuse si légitime, il fut guéri par les prières de tous les autres. Tel fut le commencement de la persécution d'Hunéric.

Sa conduite envers ses proches montrait aux catholiques ce qu'ils avaient à attendre. Genséric avait réglé, par son testament, que la couronne des Vandales passerait toujours à celui de ses descendants qui se trouverait le plus âgé. Hunéric, voulant assurer le royaume à ses enfants seuls, se mit à égorger toute sa famille. Son frère Théodoric avait une femme très-capable, et un fils aîné bien instruit dans les lettres, auquel le trône devait revenir. Il les fit tuer l'un et l'autre, et ensuite bannit Théodoric, dépouillé même de ses vêtements, avec un fils encore enfant et deux filles. Godagise, fils aîné de son frère Genton, fut pareillement banni avec sa femme. Il brûla vifs ou tua par le glaive les nombreux amis de son frère Théodoric : en quoi il imitait son père, qui avait noyé la veuve de son frère dans la rivière de Cirthe et égorgé ses enfants. Bien des personnes que Genséric lui avait recommandées à son lit de mort et sous la foi du serment, périrent par divers supplices. Il trancha la tête à Heldica, vieux ministre de son père, et brûla sa femme au milieu de la ville. Un jour, au milieu de Carthage, en présence du peuple, il fit brûler vif Jocundus, évêque de sa religion, et que les Vandales appelaient leur patriarche, parce qu'il passait pour être l'ami de son frère Théodoric. A cette vue, les catholiques se disaient : S'il est aussi cruel envers un évêque de son parti, comment nous épargnerait-il, nous et notre religion ?

Hunéric, après avoir fait périr les siens pendant cinq ans, se crut bien affermi sur le trône, et tourna toute sa fureur contre l'Eglise catholique. Il ordonna d'abord que personne ne servît dans son palais, qu'il ne fût arien, et il y eut un grand nombre qui renoncèrent à leurs charges pour conserver la foi. Il les chassa ensuite de leurs maisons, les dépouilla de tous leurs biens et les relégua en Sicile et en Sardaigne. Il ordonna aussi que les biens des évêques catholiques appartiendraient au fisc après leur mort, et qu'on ne pourrait leur donner de successeur, qu'il n'eût payé au fisc cinq cents pièces d'or. Mais ses domestiques lui représentèrent que l'on traiterait de même ou plus rigoureusement les évêques ariens en Thrace et ailleurs : ce qui l'obligea à révoquer cette ordonnance. Il fit ensuite assembler les vierges sacrées, les fit visiter honteusement par des matrones de sa nation, et les fit tourmenter pour les contraindre à déposer contre les évêques. On les suspendait avec de grands poids aux pieds, on leur appliquait des lames de fer rouge sur le dos, sur le ventre, le sein, les côtés, les pressant de dire que les évêques et les clercs abusaient d'elles. Plusieurs moururent de ces tourments, d'autres en demeurèrent courbées; mais elles ne donnèrent aucun prétexte de calomnier l'Eglise.

Ensuite Hunéric envoya en exil dans le désert, des évêques, des prêtres, des diacres et d'autres catholiques, au nombre de quatre mille neuf cent soixante-seize, entre lesquels il y avait plusieurs goutteux, plusieurs à qui leur grand âge avait fait perdre la vue. Félix d'Abbirite, évêque depuis quarante-quatre ans, était paralytique; en sorte qu'il avait perdu tout sentiment, et même la parole. Les évêques catholiques, ne sachant comment l'emmener, firent demander au roi qu'on le laissât à Carthage, où il mourrait bientôt. Le roi répondit : « S'il ne peut se tenir à cheval, qu'on l'attache avec des cordes à des bœufs indomptés, pour le mener où j'ai ordonné. » Il fallut le porter sur un mulet, lié en travers comme une pièce de bois. On assembla tous ces confesseurs dans les deux villes de Sicca et de Larée, où les Maures devaient venir les prendre pour les mener dans le désert. Là, deux comtes vinrent leur dire avec de douces paroles : « Pourquoi vous obstiner de la sorte? pourquoi ne pas obéir aux ordres de notre maître, qui vous comblera d'honneurs? » Tous s'écrièrent aussitôt à haute voix : « Nous sommes chrétiens ! nous sommes catholiques ! nous confessons un seul Dieu en trois personnes ! » On les enferma premièrement dans une prison, où leurs confrères avaient permission d'entrer, de prêcher et de célébrer les divins mystères. Il y avait avec eux plusieurs jeunes enfants que leurs mères accompagnaient, les unes joyeuses d'avoir enfanté des martyrs; les autres, tristes de voir les leurs en ce péril, voulaient les en tirer en les faisant rebaptiser; mais aucun des petits ne se laissa séduire.

Les confesseurs furent ensuite resserrés dans une prison plus étroite; on ne permit plus de les visiter, et les gardes furent châtiés rudement. Les prisonniers étaient entassés l'un sur l'autre, sans pouvoir s'écarter pour satisfaire aux nécessités naturelles ; ce qui produisait bientôt une infection et une horreur plus insupportables que tous les tourments. Les autres évêques, entre autres Victor de Vite, qui a écrit toute cette histoire, ayant trouvé moyen, au poids de l'or, d'y entrer secrètement, enfoncèrent dans leur ordure jusqu'aux genoux. Enfin, les Maures leur ordonnèrent, à grand bruit, de se préparer à marcher. Ils sortirent donc un dimanche, sales comme ils étaient, non-seulement par leurs habits,

## LIVRE XLII. — PERSÉCUTION D'HUNÉRIC.

mais par la tête et le visage, et, toutefois, ils chantaient cette parole du psaume : *Telle est la gloire de tous les saints!* Cyprien, évêque d'Unizibe, les consolait et leur donnait tout ce qu'il avait, désirant d'être emmené avec eux. Il souffrit beaucoup dans la suite, et fut envoyé en exil après une rude prison. Le peuple accourait de tous côtés pour voir les saints confesseurs; les chemins étaient trop étroits, et les fidèles couvraient les vallées et les montagnes, portant des cierges à la main, et jetant leurs enfants aux pieds des saints. Ils leur criaient : « A qui nous laissez-vous, en courant au martyre? qui baptisera nos enfants? qui nous donnera la pénitence et la réconciliation? qui nous enterrera après la mort? qui offrira le divin sacrifice avec les cérémonies ordinaires? Que ne nous est-il permis d'aller avec vous! »

L'évêque Victor ajoute : « Un jour que nous marchions ainsi avec l'armée de Dieu, nous apercevons une petite vieille femme, portant un sac et d'autres vêtements, et tenant par la main un petit enfant, qu'elle encourageait par ces mots : Courez, mon seigneur! Voyez tous les saints, comme ils se pressent avec joie d'aller recevoir la couronne! Nous la grondâmes de ce qu'étant femme elle voulait aller avec tant d'hommes et se joindre à l'armée du Christ. Elle répondit : Bénissez-moi, seigneurs, et priez pour moi, ainsi que pour cet enfant, qui est mon petit-fils; car, quoique pécheresse, je suis fille du défunt évêque de Zurite. Mais, lui dîmes-nous, pourquoi marcher dans un si chétif accoutrement et venir de si loin? Elle répondit : Je vais en exil avec ce petit, votre serviteur, de peur que l'ennemi ne le trouve seul et ne l'entraîne de la voie de la vérité à la mort. A ces mots, nous fondîmes en larmes, et ne pûmes dire autre chose, sinon : Que la volonté de Dieu soit faite! Ils marchaient plus de nuit que de jour, à cause de l'ardeur du soleil, et logeaient avec grande incommodité dans des caves qui leur étaient préparées. Pendant la marche, quand les vieillards ou les jeunes gens les plus faibles n'en pouvaient plus, on les piquait avec des dards ou on leur jetait des pierres pour les presser. Ensuite, on commanda aux Maures de lier par les pieds ceux qui ne pouvaient marcher, et de les traîner comme des bêtes mortes, par des lieux rudes et pierreux, où d'abord leurs habits furent déchirés et ensuite leurs membres. L'un avait la tête cassée, l'autre le côté fendu; il en mourut un grand nombre, que l'on enterra comme on put le long des grands chemins. Les plus valides arrivèrent dans le désert où on les menait, et on leur donna pour nourriture de l'orge, comme à des chevaux, encore le leur ôta-t-on à la suite. Ce lieu était plein de scorpions et d'autres bêtes venimeuses, qui toutefois ne firent de mal à aucun des serviteurs de Dieu.

» Hunéric, au contraire, bien loin de s'adoucir, devenait encore plus méchant. Après avoir arraché à l'Eglise de Dieu quelques membres, il entreprit de déchirer et de perdre le corps entier. Le jour de l'Ascension 483, en présence de Reginus, ambassadeur de l'empereur Zénon, il envoya à l'évêque Eugène un édit pour le faire lire dans l'église; il l'envoya dans le même temps par des courriers dans toute l'Afrique. Il y parlait ainsi : « Hunéric, roi des Vandales et des Alains, aux évêques homousiens. Il vous a été souvent défendu de tenir des assemblées dans le partage des Vandales, de peur que vous ne séduisiez les âmes chrétiennes. On a trouvé que plusieurs, au mépris de cette défense, y ont célébré des messes, soutenant qu'ils conservent l'intégrité de la foi chrétienne. C'est pourquoi, ne voulant point souffrir de scandale dans les provinces que Dieu nous a données, sachez que, du consentement de nos saints évêques, nous avons ordonné que vous veniez tous à Carthage, le jour des calendes de février prochain, pour disputer de la foi avec nos évêques, et prouver par les Ecritures la créance des homousiens que vous tenez, afin que l'on puisse connaître si vous avez l'intégrité de la foi. Donné le 13ᵉ des calendes de juin, la 7ᵉ année du règne d'Hunéric, c'est-à-dire le 20 mai 483. » Les évêques qui se trouvèrent présents (de ce nombre était l'historien Victor de Vite) furent étrangement consternés à la lecture de cet édit; il leur parut être le signal de la persécution, particulièrement ces paroles : Ne voulant point souffrir de scandale dans nos provinces, comme s'il disait : Nous n'y voulons point souffrir de catholiques. Après avoir délibéré, ils ne trouvèrent point d'autre remède que de tâcher d'amollir ce cœur barbare, en lui faisant présenter une remontrance dressée par l'évêque Eugène.

» Elle contenait en substance que, comme il s'agissait de la cause commune, il fallait aussi appeler les évêques d'outre-mer. La réponse du roi fut : Soumettez toute la terre à ma puissance, et je ferai ce que vous dites. Eugène répliqua : Il ne faut pas demander l'impossible. J'ai dit que, si le roi veut connaître notre foi, qui est une et véritable, il peut envoyer à ses amis, c'est-à-dire aux princes catholiques; j'écrirai aussi à mes frères, afin qu'il vienne de mes coévêques, pour vous démontrer avec nous notre foi commune, et principalement l'Eglise romaine, qui est la tête de toutes les Eglises. Le ministre d'Hunéric dit à l'évêque : Ainsi vous et le roi, mon maître, vous êtes égaux? Eugène répondit : Je ne suis pas l'égal du roi, mais j'ai dit : S'il désire connaître la foi véritable, qu'il écrive à ses amis, pour qu'ils envoient nos évêques catholiques, j'écrirai de mon côté à mes collègues, parce que c'est la cause de toute l'Eglise catholique. Eugène parlait ainsi, non que l'Afrique manquât de personnages capables de réfuter les objections de leurs adversaires, mais pour faire venir des évêques qui, n'étant point sujets des Vandales, leur parlassent avec plus de liberté, et qui pussent attester à toute la terre l'oppression que souffraient les catholiques. Hunéric n'eut aucun égard à cette remontrance; au contraire, il chercha divers prétextes pour persécuter les évêques qu'il apprenait être les plus savants. Il envoya une seconde fois en exil l'évêque Donatien, après lui avoir fait donner cent cinquante coups de bâton. Il bannit de même Présidius de Suffetule. Il fit battre Mansuétus, Germain, Fusculus et plusieurs autres. Cependant il défendit qu'aucun des siens ne mangeât avec les catholiques, qui, bien loin de s'affliger de cette défense, s'en réjouirent beaucoup.

» Dans le moment que le feu de la persécution allait éclater, Dieu consola ses fidèles par un miracle public. Il y avait à Carthage un aveugle nommé Félix, très-connu dans la ville. La nuit de l'Epiphanie, il lui fut dit en songe : Lève-toi; va trouver mon serviteur l'évêque Eugène, et dis-lui que je t'ai envoyé à lui. Et à l'heure qu'il bénira les fonts baptismaux, il touchera tes yeux et tu recouvreras la vue. L'aveugle, croyant que c'était un songe ordinaire, ne voulut pas se lever; s'étant rendormi, il reçut le même ordre une seconde fois, et enfin une troisième avec de grands reproches. Il éveille le garçon qui lui donnait la main, il va en diligence à la basilique de Fauste, et, après avoir prié avec beaucoup de larmes, il s'adresse à un sous-diacre nommé Pérégrin, le priant d'avertir l'évêque qu'il avait un secret à lui dire. L'évêque dit qu'on le fît entrer. Le peuple chantait déjà par toute l'église les prières nocturnes. L'aveugle déclare à l'évêque sa vision, et lui dit : Je ne vous quitterai point que vous ne m'ayez rendu la vue, comme le Seigneur vous l'a ordonné. Eugène lui dit : Retirez-vous, mon frère; je suis un pécheur et le dernier des hommes, puisque Dieu m'a réservé à ces malheureux temps. L'aveugle, lui tenant les genoux, répétait la même prière. Eugène voyant sa foi et pressé par l'heure de l'office, marche avec lui vers les fonts, accompagné de son clergé. C'était la coutume d'Afrique, comme de quelques autres Eglises, de donner à l'Epiphanie le baptême solennel, comme à Pâques et à la Pentecôte.

» L'évêque Eugène étant arrivé aux fonts, se mit à genoux, et, avec de grands gémissements, fit la bénédiction de l'eau, ayant achevé la prière, il se leva et dit à l'aveugle : Je vous ai déjà dit, mon frère Félix, que je suis un homme pécheur; mais je prie le Seigneur, qui a daigné vous visiter, de vous donner selon votre foi et de vous ouvrir les yeux. En même temps, il fit sur ses yeux le signe de la croix, et l'aveugle recouvra la vue. L'évêque le retint auprès de lui jusqu'à ce que tous fussent baptisés, de peur que le peuple ne l'écrasât en s'empressant de le voir; ensuite on fit connaître le miracle à toute l'Église. Félix accompagna l'évêque, marchant à l'autel, et fit son offrande en action de grâces. L'évêque, l'ayant reçue la mit sur l'autel, et le peuple témoigna sa joie par de grands cris. Aussitôt on en porta la nouvelle au roi, qui fit prendre Félix pour savoir de lui la vérité de la chose. Il raconta tout, comme cela s'était passé. Les évêques des ariens disaient qu'Eugène l'avait fait par maléfice, et s'ils avaient pu, ils auraient fait mourir Félix; car il était si connu qu'on ne pouvait cacher ce miracle.

» Le 1er février, jour marqué pour la conférence, étant proche, les évêques vinrent non-seulement de toute l'Afrique, mais encore des îles sujettes aux Vandales. Ils étaient accablés de douleur. On garda le silence pendant plusieurs jours, jusqu'à ce qu'Hunéric eut séparé les plus habiles pour les faire mourir d'après des calomnies. Il fit brûler un des plus savants, nommé Létus, après l'avoir tenu longtemps en prison, pensant intimider les autres par son exemple. Enfin, on vint à la conférence dans le lieu marqué d'après les ariens. Les catholiques choisirent dix d'entre eux, qui devaient répondre pour tous, afin d'ôter aux ariens le prétexte de dire qu'ils les avaient accablés par leur multitude. Cyrila ou Cyrola était assis avec les siens, en un lieu élevé, sur un trône magnifique, au lieu que les catholiques étaient debout. Ils dirent : On doit garder l'égalité dans une conférence, et il doit y avoir des commissaires pour examiner la vérité. Qui fera ici cette fonction ? Un notaire du roi répondit : Le patriarche Cyrila dit... Les catholiques l'interrompirent, et demandèrent par quelle autorité Cyrila prenait ce titre. Alors les ariens commencèrent à faire du bruit et à calomnier les catholiques, et, parce qu'ils avaient demandé que, s'il n'y avait point de commissaires, du moins les plus sages du peuple fussent spectateurs, on ordonna de donner cent coups de bâton à tous les catholiques qui étaient présents. Alors l'évêque Eugène s'écria : Que Dieu voie la violence qu'on nous fait et la persécution que nous souffrons ! Les évêques catholiques dirent à Cyrila : Faites votre proposition. Il répondit : Je ne sais pas le latin. Son prétexte était que les Vandales, comme les autres Barbares, parlaient la langue tudesque. Les évêques catholiques répondirent : Nous savons certainement que vous avez toujours parlé latin; ainsi vous ne devez pas apporter cette excuse, vu principalement que c'est vous qui avez allumé ce feu. Comme il vit les évêques catholiques mieux préparés au combat qu'il ne pensait, il employa diverses chicanes, voulant absolument éviter la conférence. Les catholiques l'avaient bien prévu, et avaient écrit une profession de foi qu'ils firent lire publiquement.

» Elle est fort ample, et contient d'abord l'explication de l'unité de substance en Dieu, avec la trinité de personnes, la nécessité d'employer le mot grec homoousios. Ensuite, on prouve par l'Ecriture, que le Fils est de même substance que le Père, qu'ils sont égaux, qu'il y a deux natures en Jésus-Christ; comment sa génération est inexplicable, comment le Père non engendré et le Fils engendré sont de même substance, comment la substance de Dieu est indivisible; que le Saint-Esprit est consubstantiel au Père et au Fils, qu'il procède de l'un et de l'autre, et que, sous le seul nom de Dieu, les trois personnes sont comprises. Les évêques s'étendent particulièrement sur la divinité du Saint-Esprit, et la prouvent entre autres par ce texte de saint Jean, déjà cité par saint Cyprien : *Il y en a trois qui rendent témoignage dans le ciel : le Père, le Verbe et l'Esprit-Saint, et ces trois sont une même chose.* Ils concluent en ces mots : Telle est notre foi, appuyée sur l'autorité et les traditions des évangélistes et des apôtres, et fondée sur la société de toutes les Eglises catholiques du monde, dans laquelle, par la grâce de Dieu toutpuissant, nous espérons persévérer jusqu'à la fin de notre vie. » Ce mémoire est daté du 20 avril 484 (Vict. de Vite, l. 3).

A la lecture de cette profession de foi, les ariens s'écrièrent, se plaignant que leurs adversaires prissent le nom de catholiques, et aussitôt ils rapportèrent au roi qu'ils avaient fait du bruit pour éviter la conférence. Alors il envoya secrètement par toutes les provinces, un décret daté du 25 février, qu'il tenait tout prêt, en vertu duquel, tandis que les évêques étaient à Carthage, il fit fermer le jour même toutes les églises d'Afrique, et donna à ses évêques ariens tous les biens des églises et des évêques catholiques. Dans cet édit de persécution, après avoir parlé de sa clémence et de sa mansuétude, le Vandale dit que les évêques homousiens étaient arrivés à Carthage après le jour fixé pour la conférence; qu'après avoir demeuré quelque temps dans la ville, ils avaient encore obtenu un délai de quelques jours. Quand ils ont dit, ajoute-t-il, qu'ils étaient prêts au combat, nos vénérables évêques leur ont proposé qu'ils prouvassent par l'Ecriture l'*homousion*, ou du moins qu'ils condamnassent ce que plus de mille évêques assemblés aux conciles de Rimini et Séleucie ont condamné ; ils n'en ont rien voulu faire, tournant en sédition, par le moyen du peuple qu'ils avaient excité, en sorte qu'on n'a pu en venir à la dispute. En conséquence, nous ordonnons que leurs églises soient fermées, tant qu'ils refuseront d'en venir à la conférence proposée. Et, comme ils s'y refusent par une coupable obstination, il est juste de rétorquer contre eux les lois pénales, rendues contre leurs adversaires, par les empereurs qu'ils ont séduits. Rappelant donc les lois portées contre les hérétiques et y ajoutant du sien, il veut que les évêques catholiques soient chassés des villes, qu'ils ne puissent faire aucune fonction, pas même de baptiser ; que, dans le cas qu'ils auraient ordonné quelqu'un, ils paieraient dix livres d'or, de même que celui qu'ils auraient ordonné ; que les laïques de leur communion ne pourraient ni donner ni recevoir quoi que ce soit, soit entre vifs, soit par testament ; qu'ils seraient privés de leurs charges, condamnés à diverses amendes, dépouillés de tous leurs biens, fouettés et bannis, en cas qu'ils persistassent dans leur religion ; que les livres qui soutenaient la foi de la consubstantialité seraient jetés au feu ; que les juges qui seraient convaincus de n'avoir pas infligé aux homousiens de cruels supplices, les encourraient eux-mêmes ; qu'enfin, il n'y aurait d'exception que pour ceux qui, avant le 1er juin de la même année 484, embrasseraient la religion du prince.

Quand le Vandale hérétique tourne contre le catholicisme les lois faites contre l'hérésie, il agit comme le brigand qui tourne contre le propriétaire et le juge les lois faites contre le vol et l'homicide ; comme le rebelle qui tourne contre l'autorité légitime les lois faites contre la révolte ; comme le révolutionnaire qui tourne contre l'ordre et la paix publics les lois faites contre les troubles et l'anarchie. Car toute hérésie, par son principe même, qui est de ne reconnaître de règle que soi, justifie toutes les révoltes et tous les crimes. Le catholicisme seul peut, sans inconséquence, les condamner tous. Aussi l'édit et le raisonnement d'Hunéric, est-ce un édit et un raisonnement de Vandale. L'exécution le fit bien voir.

Il reprochait aux évêques catholiques d'avoir refusé la conférence. Et aussitôt après son édit, lorsqu'ils étaient encore tous assemblés à Carthage pour cela, il commanda de les en chasser tous, sans leur laisser ni cheval, ni serviteur, ni habit à changer, mais les dépouillant de tout, après leur avoir pris tout ce qu'ils avaient chez eux. Il y avait même défense de les loger ni leur fournir des vivres, sous peine, aux contrevenants, d'être brûlés avec toute leur maison. Les évêques ainsi chassés résolurent de ne point s'éloigner, de peur qu'on ne dît qu'ils avaient fui la conférence ; aussi bien n'avaient-ils plus ni églises ni maisons. Comme ils étaient ainsi, gémissants et exposés à l'air autour des murailles de la ville, le roi sortit par hasard, et ils vinrent tous à lui, disant : « Quel mal avons-nous fait pour être traités ainsi ? Si nous sommes assemblés pour une conférence, pourquoi nous dépouiller, nous chasser, nous faire mourir de faim et de froid ? » Pour toute réponse, le roi, les regardant de travers, et avant d'avoir entendu toute leur remontrance, fit courir sur eux des cavaliers qui en blessèrent plusieurs, principalement des plus vieux et des plus faibles.

Ensuite on leur donna ordre de se trouver dans un lieu nommé *le temple de Mémoire*. Là on leur présenta un papier roulé et on leur dit : « Le roi, notre maître, quoique mécontent de votre désobéissance et de votre refus à être de sa religion, pense toutefois à vous faire du bien. Si vous jurez de faire ce qui est contenu dans ce papier, il vous renverra à vos églises et à vos maisons. » Tous les évêques répondirent : « Nous disons et nous dirons toujours que nous sommes chrétiens et évêques ; nous tenons la foi apostolique, qui est une et véritable. » Comme on les pressait de faire ce serment, Hortulan et Florentien dirent au nom de tous : « Sommes-nous des bêtes, pour jurer au hasard, sans savoir ce que contient ce papier ? » Les émissaires du roi leur dirent : « Jurez qu'après la mort du roi, vous désirez que son fils Hildéric lui succède, et qu'aucun de vous n'enverra des lettres outre-mer. Si vous prêtez ce serment, il vous renverra à vos Églises. » Plusieurs crurent, par simplicité, qu'ils pouvaient prêter ce serment, de peur que le peuple ne leur reprochât qu'il n'avait tenu qu'à eux qu'on ne rendît les églises. Les autres, soupçonnant la fraude, ne voulurent point jurer, et dirent qu'il est défendu dans l'Evangile, par ces paroles de notre Seigneur : *Vous ne jurerez point du tout*. Alors les officiers du roi séparèrent les uns d'avec les autres, et des notaires écrivaient ce que chacun disait, de quelle ville il était, et quel était son nom. Cela fait, ils furent envoyés les uns et les autres en prison.

On reconnut alors l'artifice du Vandale. On vint dire aux premiers : « Parce que vous avez voulu jurer, contre le précepte de l'Evangile, le roi ordonne que vous ne voyiez jamais vos villes ni vos églises ; mais vous serez relégués dans des fermes, où l'on vous donnera des terres à cultiver, à la charge, toutefois, que vous ne chanterez, ni ne prierez, ni ne porterez à la main de livre pour lire ; que vous n'administrerez ni les ordres, ni le baptême, ni la pénitence. » Aux autres on dit : « Vous n'avez pas voulu jurer, parce que vous ne souhaitez pas le règne du fils de notre roi. C'est pourquoi vous serez relégués dans l'île de Corse, et occupés à couper du bois pour la construction des vaisseaux. » Ce même Hildéric, qui servit de prétexte à la persécution, étant parvenu à la couronne quarante ans après, rendit la liberté aux confesseurs.

Avant que les évêques fussent conduits en exil, Hunéric envoya des bourreaux par toute l'Afrique ; il n'y eut aucune maison ni aucun lieu qui ne retentît des lamentations et des pleurs. Car on leur avait donné ordre de n'épargner personne, ni âge, ni sexe, mais ceux-là seulement qui céderaient à la volonté du roi. On faisait mourir les uns à coups de bâton, on pendait les autres ou on les brûlait. On dépouillait les femmes, principalement les nobles, pour les tourmenter en public. Une d'elles, nommée Denyse, plus hardie et plus belle que les autres, leur dit : « Tourmentez-moi comme il vous plaira, épargnez-moi seulement la honte de la nudité. » Mais loin de se laisser toucher par ces paroles, ils l'exposèrent dans le lieu de la place le plus élevé, pour la donner en spectacle à tout le monde. Tandis qu'on la battait de verges et que les ruisseaux de sang coulaient de son corps, elle leur disait : « Ministres du démon, ce que vous faites pour me déshonorer sera ma gloire ! » Comme elle était très-instruite dans les Ecritures, elle exhortait les autres au martyre, et, par son exemple, elle procura le salut à presque toute sa patrie. Elle avait un fils unique, nommé Majoric, encore jeune et délicat. Voyant qu'il tremblait à la vue des tourments qu'il allait endurer, elle jeta sur lui des regards sévères, et employa, pour l'animer à souffrir, toute l'autorité maternelle. Pendant qu'on le frappait de verges, elle lui disait : « Souviens-toi, mon fils, que nous avons été baptisés au nom de la Trinité, dans l'Eglise catholique, notre mère. Ne perdons pas le vêtement de notre salut. La peine qui est à craindre, c'est celle qui ne finit jamais; la vie qui est à désirer, c'est celle qui dure toujours. » Le jeune homme, fortifié par les discours de sa mère, souffrit le martyre avec beaucoup de constance. En l'embrassant après sa mort, elle rendit grâces à Dieu, et ne voulut point l'enterrer ailleurs que dans sa maison, afin de lui être plus intimement unie par la prière. Sa sœur Dative et le médecin Emélius, son parent, souffrirent le martyre après ses exhortations, avec un grand nombre d'autres.

Il y en eut à Clusé une multitude innombrable qui répandirent leur sang pour la foi, entre autres une femme nommée Victoire, que son mari, gagné à l'hérésie, ne put jamais ébranler. Victorien, proconsul ou gouverneur de Carthage, l'homme d'Afrique le plus riche, sollicité par le roi de renoncer au parti des catholiques, avec l'assurance d'être le plus cher de ses confidents, fit cette réponse : « Dites au roi qu'il m'expose au feu ou aux bêtes, qu'il me fasse souffrir toutes sortes de tourments; si je cède, c'est en vain que j'ai été baptisé dans l'Eglise catholique. Car quand il n'y aurait que cette vie, je ne voudrais pas, pour un peu de gloire temporelle être ingrat au Créateur, qui m'a fait la grâce de croire en lui. » Irrité de cette réponse, le roi lui fit souffrir de longs et d'indicibles tourments, pendant lesquels il consomma son martyre. A Tambaise, les bourreaux, après avoir appliqué à deux frères beaucoup de lames ardentes et les avoir déchirés avec les ongles de fer, rebutés par leur patience, et surtout parce qu'on ne voyait en eux ni meurtrissures ni autre vestige de tourments, les chassèrent en disant : « Tout le monde les imite et personne ne se convertit à notre religion. »

A Typase, dans la Mauritanie césarienne, l'Algérie actuelle, les ariens ayant ordonné un évêque de leur secte, les habitants sortirent de leur ville et passèrent en Espagne, excepté un petit nombre qui ne trouvèrent pas le moyen de passer la mer. L'évêque arien usa tantôt de caresses et tantôt de menaces pour les pervertir, mais inutilement. Ils s'assemblaient dans une maison et y célébraient publiquement les mystères. Le roi, informé et irrité de leur conduite, leur fit couper à tous la langue et la main droite, dans la place publique, en présence de toute la province. Mais ils ne laissèrent pas de parler aussi bien qu'auparavant. Victor de Vite, témoin oculaire du miracle, dit à ceux qui en douteraient, qu'ils pouvaient s'en assurer eux-mêmes, en allant à Constantinople, où ils trouveraient un sous-diacre nommé Réparat, du nombre de ceux à qui on avait coupé la langue jusqu'à la racine, qui parlait nettement, sans aucune peine, et qui par cette raison était singulièrement honoré de l'empereur Zénon et de l'impératrice (Vict. de Vite, l. 5). Enée de Gaze, philosophe platonicien, qui était alors à Constantinople, dit dans un dialogue écrit avant l'an 533, qu'il avait vu lui-même ces personnes à la langue coupée, qu'il les avait entendues parler distinctement, et que ne pouvant s'en rapporter à ses oreilles, il leur avait fait ouvrir la bouche et vu toute leur langue arrachée jusqu'à la racine; qu'il était étonné, non de ce qu'ils parlaient encore, mais de ce qu'ils n'étaient pas morts de ce supplice. Procope, qui écrivait quelque temps après, dit qu'il en avait vu se promener à Constantinople, parlant librement, sans se sentir de ce supplice; mais que deux d'entre eux, ayant péché avec des femmes abandonnées, perdirent l'usage de la parole. Le comte Marcellin dans sa *Chronique*, l'empereur Justinien dans une Constitution pour l'Afrique attestent également avoir vu ce miracle (En. Gaz., Procop., Marcell. Com.).

Hunéric n'épargna pas plus les Vandales catholiques, et n'eut aucun égard à l'intercession d'Uranius, ambassadeur de Zénon. Au contraire, pour montrer le mépris qu'il faisait de l'empereur et des Romains, il fit mettre le plus de bourreaux et les plus cruels dans les rues et les places de Carthage, où l'ambassadeur devait passer pour aller au palais. On vit longtemps dans cette ville les marques des cruautés exercées en cette persécution : les uns étaient sans mains ou sans pieds; d'autres sans yeux, sans nez ou sans oreilles; d'autres, à force d'avoir été suspendus, avaient les épaules démises et élevées au-dessus de la tête; car étant attachés au haut des maisons, on les poussait en l'air pour servir de jouet aux barbares, quelquefois la corde se rompait, et ils se cassaient la tête ou les jambes. Victor relève en particulier le courage de Dagila, femme d'un maître-d'hôtel du roi, qui, bien que noble et délicate, avait déjà confessé plusieurs fois Jésus-Christ dans la persécution de Genséric. Après lui avoir donné tant de coups de fouet et de bâton, qu'il ne lui restait plus de force, on la relégua dans un désert stérile, où elle ne pouvait recevoir de consolation de personne. Elle y alla avec joie, laissant sa maison, son mari et ses enfants. On lui offrit depuis de la transférer dans une solitude moins affreuse et plus à portée des consolations humaines; mais elle demanda de rester où elle était.

Saint Eugène de Carthage, voyant qu'on l'emmenait en exil sans lui donner le temps d'exhorter son troupeau, écrivit une lettre où il conjure ses fidèles, par la majesté de Dieu et l'avènement de Jésus-Christ, de demeurer fermes dans la foi de la Trinité et d'un seul baptême, sans souffrir d'être rebaptisés. Il proteste qu'il sera innocent du sang de ceux qui périront, et que cette lettre sera lue contre eux devant le tribunal de Jésus-Christ; il leur recommande la prière, le jeûne et l'aumône, et de ne point craindre ceux qui ne peuvent tuer que le corps. Cette lettre, que Grégoire de Tours nous a conservée, est la seule qui nous reste de saint Eugène (Greg. Tur., l. 2, n. 3). Outre une profession de foi, il avait encore écrit quelques conférences qu'il avait eues avec les évêques ariens, et des requêtes en forme d'apologie, pour obtenir du roi Hunéric la paix de l'Église. Mais ces écrits ne sont pas venus jusqu'à nous. Avec lui était Vindémial, évêque de Capse, dans la province Byzacène, et Longin de Pamare, dans la Mauritanie césarienne. Nous avons le catalogue des évêques de toutes les provinces d'Afrique, qui étaient venus à la conférence, et qui furent envoyés en exil, savoir : 54 de la province proconsulaire, 125 de Numidie, 107 de la province Byzacène, 120 de la Mauritanie césarienne, 44 de celle de Sitifi, 5 de Tripoli, 8 de Sardaigne et des îles voisines; en tout, 466 évêques, dont il mourut 88. Il y en eut 46 relégués en Corse, 302 ailleurs, 28 s'enfuirent. Plusieurs évêques furent relégués près de leur pays; ce qu'Hunéric faisait par malice, afin de les tenter plus violemment de renoncer à la foi (Vict. de Vite, *Post.*, l. 4).

L'évêque Eugène étant en exil, on bannit aussi tout le clergé de Carthage, composé de plus de cinq cents personnes, après leur avoir fait souffrir la faim et toutes sortes d'autres tourments. Un apostat nommé Elpidifore, qui avait reçu le baptême de la main des catholiques, dans l'église de Fauste, fut proposé pour les faire tourmenter. Lorsqu'on vint au diacre Muritta, qui avait été son parrain, et que l'on commençait à le dépouiller, il tira tout d'un coup les linges dont il avait couvert Elpidifore au sortir des fonts, et, les ayant déployés aux yeux de tout le monde, il dit à cet apostat, qui était assis comme son juge : « Voilà les linges qui t'accuseront quand le grand Juge viendra, et qui te précipiteront dans l'abîme de soufre. Ces linges, qui t'ont enveloppé lorsque tu es sorti pur des eaux du baptême, redoubleront ton supplice quand tu seras enseveli dans les flammes éternelles, parce que tu t'es revêtu de malédiction en perdant le sacrement du vrai baptême et de la foi. » A ce spectacle et à ce discours, toute la ville fondit en larmes; l'apostat Elpidifore resta muet de honte. Un autre apostat nommé Theucarius, qui avait été lecteur et avait eu sous sa conduite de jeunes enfants qui apprenaient le chant, conseilla d'en rappeler douze qu'il connaissait pour avoir les plus belles voix. On envoya en diligence pour les ramener; ils ne voulaient pas quitter les saints confesseurs, et s'attachaient à leurs genoux en pleurant; mais les hérétiques les en séparèrent l'épée à la main et les ramenèrent à Carthage. On essaya d'abord de les gagner par des caresses, ensuite on les tourmenta à plusieurs reprises et on les chargea de coups de bâton ; mais ils demeurèrent inébranlables. La persécution étant passée, la ville de Carthage les respectait comme douze apôtres. Ils vivaient encore lorsque Victor écrivait, demeurant ensemble, mangeant à une même table, et chantant ensemble les louanges de Dieu.

Les évêques et les clercs ariens persécutaient plus cruellement les catholiques que les rois et les autres Vandales. Ces évêques marchaient partout l'épée au côté, avec leurs clercs. Le plus cruel de tous était Antoine, voisin du désert de Tripoli. Il détermina le roi Hunéric, qui le connaissait, à reléguer dans ce désert, Eugène, évêque de Carthage. Antoine, ayant ordre de le garder, le mit dans une prison si étroite, qu'il ne le laissait voir à personne. Il chercha même plusieurs inventions pour le faire périr. Saint Eugène, touché des afflictions de son Église, portait un cilice et couchait sur la terre, couvert seulement d'un sac. Cette austérité, jointe à la vieillesse, lui attira une paralysie qui lui embarrassait même la langue. Antoine fit chercher du vinaigre très-fort et lui en fit boire malgré lui, croyant qu'il en perdrait la vie; son mal en augmenta à la vérité, mais il ne laissa pas de guérir.

Ce fut encore ce même Antoine qui, voyant qu'il ne pouvait obliger un saint évêque nommé *Habet-Deum*, à se faire arien, lui fit lier les pieds et les mains avec de grosses cordes, et fermer la bouche pour l'empêcher de crier ; puis, il répandit de l'eau sur lui, prétendant par là qu'il l'avait rebaptisé; ensuite, l'ayant fait délier, il lui dit comme en triomphant : « Vous voilà maintenant chrétien comme nous, mon frère; vous ne sauriez donc, à l'avenir, ne pas vous soumettre à la volonté du roi. » Le saint évêque répondit : « Pour être coupable d'une semblable impiété, il faut que la volonté y consente. J'ai toujours conservé la même foi ; et tandis que vous me teniez lié et la bouche fermée, je faisais dans mon cœur une protestation que les anges écrivaient pour la présenter à Dieu. » Non content de cette protestation, il alla à Carthage présenter une requête à Hunéric, où il se plaignait avec force de la manière basse et indigne dont on traitait les évêques exilés, à qui l'on ne permettait pas de vivre du moins en repos, après les avoir privés de leurs biens, de leur église, de leur patrie, de leur maison. Victor, qui rapporte le précis de cette requête, dit que le roi répondit à *Habet-Deum* : « Allez trouver nos évêques, et suivez ce qu'ils vous diront : parce qu'ils ont tout pouvoir en cette matière. »

Ces évêques, secondés par les Vandales, rebaptisaient tous ceux qu'ils pouvaient faire arrêter sur les grands chemins. Ils allaient souvent eux-mêmes, avec des troupes de gens armés, dans les villes et les bourgades, enfonçaient les portes et entraient dans les maisons; portant de l'eau qu'ils répandaient sur ceux qu'ils trouvaient endormis dans leurs lits : après quoi ils criaient qu'ils les avaient faits chrétiens. Les plus éclairés s'en mettaient peu en peine; mais les plus simples, se croyant souillés par une espèce de rebaptisation, se couvraient aussitôt la tête de cendre et le corps de cilice, ou se frottaient de boue, déchiraient les linges dont on les avait couverts, et les jetaient dans les cloaques. Cyrila, le prétendu patriarche des ariens, fit enlever à Carthage le fils d'un homme noble, âgé seulement de sept ans; puis, lui ayant fermé la bouche, il le plongea dans les fonts. Cet enfant, se voyant enlevé, criait : Je suis chrétien ! et sa mère, les cheveux épars, le suivait par toute la ville. Il usa de la même violence envers les enfants d'un médecin nommé Libérat, déjà condamné au bannissement avec toute sa famille. Les ariens s'étant avisés de séparer ces enfants, Libérat en témoigna beaucoup de douleur; mais sa femme arrêta ses larmes, en lui représentant qu'ils étaient à Jésus-Christ. Quelque temps après, on sépara Libérat de sa femme, et on fit entendre à celle-ci que son mari avait obéi aux ordres du roi. Elle demanda de le voir, et, l'ayant trouvé devant le tribunal, enchaînée, elle lui fit de violents reproches de son apostasie. Son mari, voyant qu'on l'avait trompée, lui répondit : « Qu'avez-vous, ma femme? que vous a-t-on dit de moi? par la grâce de Jésus-Christ, je suis toujours catholique, et jamais je ne pourrai cesser d'être ce que je suis. »

Il y eut dans le même temps, par toute l'Afrique, une sécheresse incroyable qui causa la famine et ensuite la peste. La calamité fut telle, qu'il n'y avait plus de commerce ni même plus de liens de famille. Chacun s'en allait où il pouvait, cherchant de quoi apaiser la faim. Bientôt les montagnes, les collines, les grands chemins, les places des villes furent jonchés de cadavres. Des endroits très-populeux restèrent entièrement déserts. Le fléau se fit particulièrement ressentir aux Vandales, habitués à l'abondance, et à ceux qu'ils avaient séduits. On avait promis à ces derniers, pour prix de leur apostasie, qu'ils ne manqueraient ne rien. Ne trouvant donc plus de quoi vivre dans les provinces, ils arrivèrent en foule à Carthage, d'où Hunéric, les voyant expirer l'un sur l'autre, les expulsa tout d'un coup, de peur qu'ils ne fissent de toute la ville un tombeau. Ils allèrent donc mourir dehors, sans pouvoir retourner chez eux. Hunéric lui-même mourut en 484, d'une maladie de corruption, le corps mangé par les vers et tombant par lambeaux. Il avait régné sept ans et dix mois, et eut pour successeur, non pas son fils Hildéric, pour lequel cependant il avait massacré une partie de sa famille, mais Gontamond, fils de Genton, son frère, que le privilége de l'âge appelait à la royauté.

**Victor**, évêque de Vite, avant de finir l'histoire de cette persécution, dont il avait été témoin oculaire, fait une prière touchante aux saints patriarches, de la race desquels était l'Eglise qui souffrait alors sur la terre; aux saints prophètes, qui avaient annoncé longtemps auparavant les persécutions qu'elle endurait ; aux saints apôtres, qui avaient parcouru toute la terre pour l'établir; à saint Pierre, constitué du Seigneur pour veiller sur elle; à saint Paul, qui avait prêché l'Evangile depuis Jérusalem jusqu'en Illyrie; à saint André, qui avait combattu pour la foi avec tant de force et de courage. Il les presse de présenter à Dieu les prières et les gémissements de l'Afrique, et d'intercéder si puissamment pour elle avec tous les saints, qu'elle obtienne enfin sa délivrance. « Nous savons, leur dit-il, qu'il est indigne à vous de prier pour nous, parce que les maux que nous souffrons, ne sont point comme aux saints, des épreuves, mais des peines dues à nos péchés. Mais priez du moins pour de mauvais enfants, puisque Jésus-Christ a prié même pour les Juifs, ses ennemis. Que les maux que nous avons soufferts jusqu'à présent, et que nous méritons, suffisent pour la punition de nos crimes ! que le pardon que nous demandons nous soit accordé ! et que le Seigneur veuille bien dire à l'ange exterminateur : C'est assez; arrêtez votre bras ! Personne n'ignore que nous n'avons été punis de la sorte que pour nous être éloignés de l'observation des commandements de Dieu et de sa loi; mais, prosternés la face contre terre, nous vous supplions de ne point mépriser vos misérables pêcheurs, mais de prier pour nous celui qui, d'humbles pécheurs, vous a faits glorieux apôtres (Vict. de Vite, l. 5). »

Victor de Vite écrivit son histoire l'an 487 ou 488. Il ne fut pas le seul évêque d'Afrique à se distinguer par ses écrits durant la persécution des Vandales. Genséric ayant vainement essayé de pervertir quatre Espagnols catholiques qu'il avait à la cour, les proscrivit et les bannit. Il paraît même qu'à ces mauvais traitements, il ajouta divers supplices et même une sentence de mort. Antonin, évêque de Cirthe ou Constantine, craignant qu'ils ne succombassent, écrivit à Arcade, le chef de ces confesseurs, une lettre pleine de charité et de vigueur, que nous avons encore, pour le fortifier dans cette carrière où il devait servir d'exemple aux autres.

Céréal, évêque de Castèle dans la Mauritanie césarienne, actuellement l'Algérie, étant venu à Carthage quelque temps après l'embrasement de quelques villes dans le voisinage de son diocèse, Genséric lui envoya demander si ce que l'on disait de ces incendies était véritable. Comme il racontait au roi ce qu'il en savait, un évêque arien entra et lui dit : « Voilà ce que font vos péchés, et comme ils obligent Dieu de vous abandonner. — N'est-ce pas vous-mêmes, lui répondit Céréal, que Dieu abandonne, vous qui, sous le nom de chrétiens, donnez la mort aux âmes et ne suivez point la vraie foi? » Maximin, c'était le nom du prélat arien, lui porta le défi de produire deux ou trois passages des saintes Ecritures sur divers articles de la foi catholique. Il lui en marqua dix-neuf ou vingt, qui regardent toutes les difficultés que les ariens avaient coutume de proposer contre le mystère de la sainte Trinité, pour montrer que le Fils n'est ni Dieu ni égal à son Père, et que le Saint-Esprit n'est pas Dieu. Céréal s'engagea de lui en fournir, non deux ou trois, mais un grand nombre sur chaque article. Il remplit son engagement par un écrit que nous avons encore. On y voit d'abord les propositions de Maximin, ensuite les réponses de Céréal. Ces réponses ne sont qu'un tissu de passages pris de l'Ancien et du Nouveau Testament, dont Céréal tire de temps en temps quelques conséquences en faveur de la doctrine catholique contre les ariens. Il témoigne, dans le dernier chapitre, qu'il lui aurait été facile d'en produire un plus grand nombre, et porte à son tour le défi de répondre aux preuves qu'il avait alléguées. Maximin, se voyant dans l'impossibilité de le faire, différait de jour en jour la réponse qu'on exigeait de lui. Céréal s'en plaignit à une personne avec laquelle ils étaient liés l'un et l'autre. Cet ami commun en parla à Maximin, qui ne lui fit sur cela aucune réponse. De sorte qu'il dit à Céréal : Retournez-vous-en à votre église. Maximin ne veut point vous répondre; ce qui fait voir qu'il ne le peut pas. Dieu sera le juge de votre différend (*Bibl. Pat.*, t. VIII).

Victor, évêque de Cartenne dans la Mauritanie césarienne, écrivit un grand ouvrage contre les ariens, qu'il fit présenter à Genséric ; de plus, un livre de *la Pénitence* et un de *la Consolation*. Asclépius, évêque dans le territoire de Bagaï en Numidie, écrivit contre les ariens et contre les donatistes. Voconius, évêque du Châtelet dans la Mauritanie, composa un excellent ouvrage sur *les Sacrements*, et un *Traité contre les Juifs, les ariens et les hérétiques*. Aucun de ces ouvrages, que nous fait connaître Gennade de Marseille, n'a été retrouvé jusqu'à présent.

De tous les évêques africains, celui qui écrivit le

# LIVRE XLII. — ÉCRITS DE VIGILE DE TAPSE.

plus et le mieux contre l'hérésie dans ces temps difficiles, fut Vigile de Tapse, de la province Byzacène. Il avait assisté à la conférence de Carthage et fut banni avec les autres évêques, sous Hunéric. La forme la plus ordinaire de ses écrits est le dialogue, comme plus populaire. Son interlocuteur catholique est saint Augustin ou saint Athanase : ce qui a fait longtemps attribuer ces écrits à ces deux Pères. Mais il n'est pas prouvé que Vigile n'y ait pas mis son nom dès l'origine, puisqu'enfin on a trouvé d'anciens manuscrits qui le portent en tête. De plus, dans la préface du principal de ses dialogues, il s'exprime en ces mots : « Après avoir cherché longtemps, et en moi-même et dans l'Ecriture, comment réfuter avec brièveté les innombrables questions des hérétiques, répandues dans une foule de longs traités, il m'a paru plus utile et plus commode, pour ne pas accabler le lecteur par des redites interminables, de faire soutenir à chaque hérésiarque son dogme, comme en présence les uns des autres. Et pour que la discussion ne demeurât point dans le vague, j'y ai fait assister, sous le nom de Probus, un arbitre, avec l'autorité du juge. J'ai donc introduit Sabellius, Photin, Arius, et, de notre côté, Athanase ; afin que la vérité, éclaircie par la lutte des combattants, vînt à la connaissance de tout le monde, et que la diversité des personnages et des réponses prévînt l'ennui du lecteur (*Bibl. Pat.*, t. VIII, p. 753, édit. Lugd., 1677). » En outre, dans un ouvrage qu'il composa plus tard contre Eutychès, il déclare de nouveau qu'il a écrit des livres contre Sabellius, Photin et Arius, sous le nom d'Athanase, avec un personnage d'arbitre. Enfin, dans le dialogue contre les trois hérésiarques, il dit qu'il a fait encore un livre contre Marivade, diacre arien, et un autre contre l'arien Pallade. Certainement, un auteur qui se fait ainsi connaître, malgré la tyrannie des Vandales, ne peut, sans injustice, être accusé d'artifice ou de fraude.

Le style de Vigile est grave, simple, clair et naturel ; sa doctrine est pure ; il l'établit par des raisonnements solides et par des autorités sans réplique, tirées de l'Ecriture avec choix, et des anciens Pères de l'Eglise. Il répond avec force aux hérétiques et résout leurs objections avec beaucoup de facilité, et souvent avec une sagacité surprenante. Ses ouvrages sont très-dignes d'être lus, particulièrement son dialogue contre Arius, Sabellius et Photin, et ses cinq livres contre Eutychès. Dans le premier de ces écrits, il réfute Sabellius par Photin, Photin par Arius, et Arius par Athanase, qui établit solidement, contre tous les sophismes de ce dernier, la divinité du Fils et celle du Saint-Esprit ; car les évêques ariens niaient encore plus le second article que le premier.

Ce qui lui fit entreprendre l'ouvrage contre Eutychès, fut de voir les troubles et les incertitudes que la doctrine de cet hérésiarque avait répandus parmi les fidèles de l'Orient. Y attaquait-on Nestorius, on paraissait eutychien ; y attaquait-on Eutychès, on paraissait nestorien. Cela n'était pas nouveau. « Lorsque je démontre à Sabellius que le Père, le Fils, et le Saint-Esprit sont trois personnes réellement distinctes, Arius veut aussitôt en conclure qu'il sont même de trois natures différentes. Quand je prouve à Manès, par l'Evangile, que Jésus-Christ est non-seulement Dieu, mais encore réellement homme, Photin en conclut aussitôt qu'il n'est qu'homme. Ainsi nous arrive-t-il avec Nestorius et Eutychès.

» Parce que nous disons qu'il est en Jésus-Christ deux natures, les eutychiens nous accusent d'admettre, avec l'impie Nestorius, deux Christs : l'un dieu, l'autre homme. Cette accusation est sans fondement. Nous confessons qu'il n'y a qu'un Dieu, et que le même qui est Fils de Dieu est aussi Fils de l'homme. Nous n'admettons pas deux Fils. Nous croyons que le Verbe s'est fait chair dans le sein de la Vierge, sans que la nature du Verbe ait été changée en chair ; nous disons de même que la nature de la chair est tellement passée en la personne du Verbe, par son union avec celui qui s'en est revêtu, qu'elle n'a pas été consumée dans le Verbe. Les deux natures demeurent, celle du Verbe et celle de la chair, et de toutes les deux, qui subsistent encore aujourd'hui, est un seul Christ et une seule personne. » Après avoir exposé la foi catholique en termes si clairs, Vigile combat l'hérésie d'Eutychès par divers raisonnements. S'il n'est plus en Jésus-Christ qu'une seule nature, il faut que l'une des deux qu'il a eues au commencement ait été détruite. Laquelle ? Si c'est l'humaine, il n'est donc plus homme ; si c'est la divine, il n'est donc plus Dieu. L'un et l'autre sont également contraires au bon sens et à l'Ecriture.

Plusieurs craignaient de dire deux natures, de peur d'admettre deux Christs. Vigile leur fait voir, par des exemples, que leur crainte était vaine. Comme, en Dieu, la trinité réelle des personnes ne détruit pas l'unité de nature, de même, dans le Christ, la dualité de natures ne détruit pas l'unité de personne. L'homme a cinq sens, dont chacun a sa fonction propre, qui n'est pas celle des autres, et cependant c'est le même homme qui voit par les yeux, entend par les oreilles, flaire par les narines, savoure par la langue et palpe par les mains. Manger, boire, sont des actions propres du corps ; savoir, oublier, sont des actions propres de l'âme ; cependant on ne dira jamais que l'homme, en qui se rencontrent des propriétés si différentes, soit deux personnes.

La principale cause des hérésies est la fausse interprétation de la parole divine, chacun la tournant à son gré. Une cause plus surprenante, c'est la crainte excessive d'une erreur ; car souvent elle fait tomber dans l'erreur opposée. Ce qui n'est pas moins étonnant, c'est que les différentes erreurs, se combattant l'une l'autre, servent toutes à justifier la doctrine catholique. L'hérésie de Sabellius condamne celle d'Arius ; l'hérésie d'Arius exclut celle de Sabellius ; Sabellius est tellement convaincu que le Père, et le Fils, et le Saint-Esprit n'ont qu'une même nature, qu'il en conclut qu'ils ne sont qu'une même personne ; Arius est tellement convaincu que ce sont trois personnes réellement distinctes, qu'il en conclut que ce sont trois natures différentes. Le Christ résout la controverse quand il dit : *Moi et le Père sommes une même chose*. Par ces paroles, *moi et le Père*, il distingue ce que Sabellius a mal à propos confondu, et par ces autres, *sommes une même chose*, il unit ce qu'Arius a mal à propos séparé. Les termes, *une même chose*, marquent l'unité de la nature ; le mot, *sommes*, la distinction des personnes. Pareillement, à la vue des miracles opérés par le Christ, Manès ne veut pas qu'il soit homme ; à la vue de sa nature corporelle, Photin ne veut pas qu'il soit Dieu.

L'un ne voit que sa puissance, l'autre que ses infirmités. L'un dit : Il est Dieu ; l'autre : Il est homme. Il est si évidemment Dieu, que Manès ne veut pas qu'il soit homme ; il est si évidemment homme, que Photin ne veut pas qu'il soit Dieu. En se combattant ainsi l'un l'autre, ils justifient l'Eglise, qui le reconnaît à la fois Dieu et homme.

Il en est de même de Nestorius et d'Eutychès. Le premier, voyant en Jésus-Christ deux natures, s'imagine qu'il y a deux personnes, deux Christs, l'un passible, l'autre impassible ; le second, y voyant une seule personne, s'imagine qu'il n'y a qu'une seule nature, niant la nature humaine et supposant la divinité passible. Il est si manifeste qu'en Jésus-Christ il n'y a qu'une personne, qu'Eutychès croit qu'il n'y a qu'une nature ; il est si manifeste qu'en Jésus-Christ il y a deux natures, que Nestorius croit qu'il y a deux personnes. La vérité est qu'il n'y a qu'un Christ, à la fois Dieu et homme, ayant, dans ses paroles et ses actions, et ce qui est de la nature humaine et ce qui est de la nature divine, quoique le tout appartienne à sa personne qui est une. Il n'est pas de la même nature, mais de la même personne, de se dire égal au Père et moindre que le Père ; d'avoir un commencement et de n'en avoir point. Lors donc que nous disons : Dieu a souffert et il est mort, que Nestorius n'ait pas peur, car nous le disons selon l'unité de personne. Et quand nous disons : Dieu n'a point souffert, il n'est point mort, parce qu'il est impassible, qu'Eutychès ne s'effraie pas, car nous le disons selon la propriété de sa nature divine. Il est certain que Jésus-Christ fut crucifié le vendredi ; que le même jour il descendit aux enfers, fut mis dans le tombeau et dit au larron : *Vous serez aujourd'hui avec moi dans le paradis.* Son corps ne fut pas ce jour-là dans le ciel, ni dans les enfers, mais demeura trois jours sans vie dans le tombeau, et pendant ces trois jours, son âme fut, non dans le tombeau, mais dans les enfers. Toutefois, nous disons avec vérité que Notre Seigneur Jésus-Christ fut dans le tombeau, quoiqu'il n'y ait été que dans sa chair ; qu'il n'a pas été délaissé dans les enfers, mais en son âme seule. C'est le même Christ qui, quoique partout, est distribué en divers endroits : dans le tombeau, selon son corps ; dans les enfers, selon son âme. Nous disons donc que Dieu a été enseveli dans le tombeau, mais dans la chair seule ; que Dieu est descendu aux enfers, mais dans l'âme seule. Comme on dit d'un homme, qu'il entend la voix, quoiqu'il ne l'entende que par les oreilles ; qu'il voit la lumière, quoiqu'il ne la voie que des yeux. On dit de même de Dieu, qu'il a souffert, mais dans la chair seule ; et qu'il est impassible ; mais selon la divinité seule. C'est que le Christ, qui est en même temps homme et Dieu, a souffert en tant qu'homme, et il est demeuré impassible en tant que Dieu. En un mot, Dieu a souffert à raison de l'union de sa personne avec la nature humaine : il est impassible selon la nature divine. La divinité a souffert les injures de la passion ; mais la chair seule y a été sensible.

Vigile rejette sur une crainte mal fondée la diversité de langage de quelques catholiques, qui néanmoins pensaient de même. La plupart craignaient de dire deux natures, pour ne pas paraître donner dans l'erreur de Nestorius, qui admettait deux personnes ; c'est pourquoi, lorsqu'ils voulaient expliquer leur doctrine sur ce point, ils usaient de circonlocutions, n'osant pas employer le terme de deux natures. D'autres, qui ne laissaient pas de croire qu'en Jésus-Christ il n'y a qu'une seule personne, et qu'il est vraiment Dieu et homme, ne voulaient pas dire que le Seigneur a souffert et qu'il est mort, de peur de passer pour infectés des erreurs d'Apollinaire et d'Eutychès. Le plus grand mal, c'est que, par suite de cette peur, ils se traitaient réciproquement d'hérétiques. Ceux qui n'osaient confesser de bouche une seule personne, tout en la soutenant dans leurs professions de foi, passaient pour eutychiens, tandis qu'ils ne l'étaient pas. Ceux qui, dans un seul et même Christ, confessaient publiquement deux natures, passaient pour nestoriens, tandis qu'ils ne l'étaient pas. « Pourquoi, leur dit Vigile (lib. 2), étant d'accord dans la foi, vous combattez-vous dans les paroles ? Pourquoi craignez-vous de dire deux natures, puisque l'apôtre a dit *deux formes*, l'une par laquelle Jésus-Christ est Dieu, l'autre selon laquelle il est homme ? Saint Athanase a dit deux natures ; tous les Pères grecs et latins ont employé de semblables expressions, entre autres saint Hilaire, saint Eusèbe, saint Ambroise, saint Augustin et saint Jérôme. Pourquoi craignez-vous encore de dire que Dieu a souffert, puisque les écrits apostoliques tiennent partout ce langage ? Confessez de bouche ce que vous croyez de cœur, afin que la divine humanité et l'humaine divinité vous soient propices. »

Les eutychiens disaient non-seulement qu'il n'y avait qu'une seule nature du Verbe et de la chair, mais encore que le Verbe avait apporté cette chair du ciel, et ne l'avait pas prise dans le sein de la Vierge Marie. C'était renouveler l'hérésie de Valentinien et de Marcion, que le Verbe avait passé dans le sein de la Vierge comme dans un canal, sans y rien prendre de notre nature. Vigile les réfute entre autres par cette observation remarquable : « Les eutychiens confessaient, avec le Symbole de Nicée, que le Fils de Dieu ne venait pas du néant, mais que, né du Père, il était de la même nature que le Père. » Vigile leur fait remarquer que, par la même règle, ce même Fils étant né de la Vierge, doit avoir la même nature qu'elle. Autrement, l'hérésie arienne vous enlacera par cette objection insoluble : Si le Fils de Dieu, né d'une mère humaine, n'a rien pris d'elle qui soit de la nature humaine, sans doute, né du Père, il n'en a rien eu qui puisse être de la nature divine. Or, vous assurez que le Fils, né de la Vierge, n'a point pris la nature corporelle de sa mère ; accordez-moi donc aussi que le même Fils, né du Père, ne peut pas avoir la nature du Père. Cette observation, pleine de justesse, indique une pénétration rare dans Vigile (lib. 3). Il presse par là les eutychiens à se mettre d'accord avec eux-mêmes, en embrassant la vérité tout entière.

Il montre aux eutychiens, avec la même pénétration, que dans ce qu'ils avaient écrit contre la lettre de saint Léon à Flavien de Constantinople, ils ne s'accordaient ni avec l'Ecriture, ni avec les Pères, ni avec eux-mêmes. Vous avez dit entre autres, dans votre écrit, que comme le Fils est de la même substance que le Père selon la divinité, il est de la même substance que nous selon l'incarnation. Par cette profession, entendue avec simplicité, vous avouez deux natures dans le Christ ; car si, selon la divinité, il est d'une même substance avec le Père et encore d'une même nature avec nous selon l'incarnation, il est certainement de deux natures. Mais si je vous examine à fond, si je presse plus fort ce que vous pensez, combien d'absurdités ne verrez-vous pas sortir ! Vous avez dit que le Christ a une même substance avec nous, comme avec son Père, et cependant vous ne voulez pas qu'il ait deux natures. Donc la nature de Dieu et la nôtre, c'est la même. Quoi de plus impie ? Que si, comme le disent les Pères et le bon sens, la nature de Dieu n'est pas la même que la nôtre, et que vous ne vouliez cependant point reconnaître dans le Christ deux natures, vous introduisez nécessairement deux Christs : l'un, ayant la même nature que le Père ; l'autre, la même nature que nous. Comme nous disons que le Père et le Fils sont de la même substance, vous dites que le Verbe et la chair sont de la même substance. Par là, vous introduisez encore deux personnes ou deux Christs ; car, d'après le bon sens et le langage commun, participer à une même nature, ne se dit pas d'une seule personne, mais de deux. De plus, si le Verbe et la chair sont d'une même nature, il faut de deux choses l'une, ou que la chair soit incréée, invisible, impalpable et sans commencement ; ou bien, comme disent les ariens, que le Verbe soit créé, palpable et visible, et ayant un commencement. Enfin, si la nature du Verbe et de la chair est une et la même, il s'ensuivra encore, ou que la chair est partout, comme le Verbe ; ou que le Verbe est circonscrit dans un lieu, comme la chair (Vigil., liv. 4).

Les eutychiens formaient contre le concile de Chalcédoine trois chefs d'accusations : 1° d'avoir reçu dans cette assemblée des évêques qui en avaient été chassés auparavant ; 2° d'avoir ajouté au Symbole de Nicée ; 3° d'avoir fait un décret touchant les deux natures. Vigile emploie son cinquième et dernier livre à répondre à ces accusations.

Il dit, sur la première, qu'il est du chrétien, et même des apôtres, de recevoir, pour le bien de la paix et de la concorde, ceux que l'on avait contraints de sortir, peut-être à cause de leur opiniâtreté dans quelque sentiment. Sur la seconde, il leur dit qu'ils ignorent donc la règle et la coutume des conciles catholiques, qui est de faire des décrets à mesure que la nécessité des nouveaux hérétiques les y oblige, mais sans toucher à ce que des conciles plus anciens auraient déjà fait contre les hérétiques de leur temps. Si, après les décrets du concile de Nicée, il n'est plus permis de rien recevoir ; par quelle autorité osons-nous assurer que le Saint-Esprit est de la même substance que le Père, puisqu'il n'en est rien dit dans ce concile ? Saint Athanase, saint Eusèbe de Verceil et plusieurs autres, assemblés à Alexandrie, au retour de leur exil, n'y composèrent-ils pas une règle de foi où ils établissaient la divinité du Saint-Esprit contre l'hérésie de Macédonius ? A l'égard de la question touchant les deux natures, on ne pouvait pas accuser de nouveauté les Pères de Chalcédoine, pour l'avoir agitée, moins encore pour en avoir pris la matière de leurs décrets. La doctrine de l'Eglise sur ce point se trouve bien établie, non-seulement dans les saints Pères qui ont précédé ce concile, comme saint Athanase, saint Hilaire, saint Chrysostome, saint Ambroise, saint Basile et saint Augustin, mais encore dans les divines Ecritures. Pour renverser la foi de l'Eglise sur ce sujet, les eutychiens objectaient qu'il n'y avait point de nature qui n'eût une personne propre, ni de personne qui n'eût une nature propre. Ils posaient cette alternative pour embarrasser les catholiques qui, admettant en Jésus-Christ deux natures, se trouvaient engagés, par ce faux raisonnement, à y admettre aussi deux personnes. Vigile leur demande des exemples de ce qu'ils alléguaient ; et parce qu'ils n'en pouvaient donner, il les presse de répondre à cette question des ariens : Si chaque nature a sa propre personne, et chaque personne sa propre nature, comment n'y a-t-il pas dans la Trinité trois natures comme trois personnes ? S'il y a trois personnes et une seule nature, ce que disent les eutychiens est donc faux ; que chaque personne doit avoir sa nature propre. Il n'y a donc dans l'homme même qu'une seule et même personne, quoique la nature de son âme soit autre que la nature de son corps. C'est avec cette savante et vigoureuse dialectique que Vigile de Tapse poursuit et confond les eutychiens dans leurs calomnies, leurs variations, leurs contradictions et leurs inconséquences.

Ce qui avait porté Vigile à écrire sur ces matières, c'étaient les divisions que l'hérésie d'Eutychès avait fait naître parmi les chrétiens d'Orient. Ces divisions se calmaient peu à peu, grâce aux efforts du Pape, secondés pour le moment par l'empereur et l'évêque de Constantinople, lorsque la susceptibilité ambitieuse de ce dernier les ranima et les augmenta pour bien des années.

Timothée Solofaciole, évêque d'Alexandrie, se voyant à l'extrémité, écrivit à l'empereur Zénon et lui députa, tant en son nom qu'au nom de tout son clergé, Jean Talaïa, prêtre économe, pour le prier d'ordonner qu'on lui donnât après sa mort un successeur catholique et qui fût ordonné par les catholiques. L'empereur accorda au patriarche et au clergé d'Alexandrie ce qu'ils demandaient. Il commit même une légion pour veiller à ce que les eutychiens n'entreprissent rien, ni du vivant de Solofaciole, ni après sa mort. Dans la réponse que ce prince fit au patriarche, il donnait de grandes louanges à Jean Talaïa, en sorte que presque tout le peuple d'Alexandrie le regardait comme désigné pour remplir le siège patriarcal après Timothée, qui mourut peu de temps après, au plus tard en 482. Les évêques, les clercs et les moines de la communion catholique élurent aussitôt pour lui succéder Jean Talaïa, qui, de son côté, avec le concile de la province, écrivit aux évêques des premiers sièges, notamment à Calendion d'Antioche et au pape Simplicius, afin d'en obtenir des lettres de communion ou de confirmation. Il n'oublia pas d'en adresser aussi à Acace de Constantinople. Mais au lieu de la lui faire passer directement, il l'envoya par un courrier public, à Illus, maître des offices, sur l'amitié duquel il comptait beaucoup. Le courrier chargé de cette lettre et de celle que Jean écrivit aussi à l'empereur, n'ayant pas trouvé Illus à Constantinople, alla le chercher à Antioche, où il était en effet. Dans l'intervalle, Acace ayant appris par une autre voie que Jean était évêque, trouva fort mauvais qu'il ne lui eût pas envoyé ses lettres synodales ; il se joignit à Gennade, évêque d'Hermopolis, qui prétendait avoir des sujets de mécontentement contre Jean, et, de concert, ils l'accusèrent auprès de l'empereur, comme coupable de parjure et d'autres fautes qui le rendaient indigne de l'épiscopat. Acace représenta à Zénon que Pierre Monge, chassé par lui-même comme hérétique, étant agréable au peuple d'Alexandrie, on pourrait, en le maintenant dans ce siége, réunir les deux partis qui divisaient depuis longtemps cette Eglise, c'est-à-dire les catholiques et les eutychiens. Monge, sachant ce qui se passait, envoya en même temps des députés par lesquels il s'offrait de faire cette réunion. Acace les reçut et les présenta à l'empereur, qui, en conséquence, écrivit au Pape une lettre où il déclarait Jean Talaïa indigne de l'épiscopat, et que, pour procurer la réunion des Eglises d'Egypte, il lui paraissait plus à propos de rétablir Monge dans le siége d'Alexandrie (Evagre, l. 3, c. 12; Liberat., c. 16 et 17; Labbe, t. IV).

Le saint pape Simplicius ayant reçu cette lettre, en écrivit une à Acace le 15 juillet 482, où il lui témoigne sa surprise et son affliction de ce que, avec la lettre de l'empereur, il n'en avait point reçu de sa part sur une affaire aussi importante, lui qui y était engagé par l'amitié qui l'unissait au Pape. « Une relation qui nous fut envoyée il n'y a pas longtemps, selon l'usage, par un concile d'Egypte très-nombreux et très-attaché à la foi catholique, ainsi que par presque tout le clergé de l'Eglise d'Alexandrie, nous apprit tout ensemble et la mort de notre frère de sainte mémoire et coévêque Timothée, et le choix qu'on avait de Jean pour le remplacer, d'après le vœu unanime des fidèles. Comme on le croyait pourvu de toutes les qualités qu'exige l'épiscopat, il semblait qu'il ne restât plus rien à faire, sinon que, rendant grâce à Dieu, et nous réjouissant de ce qu'un évêque catholique eût succédé sans troubles à l'évêque défunt, le consentement du Siége apostolique lui donnât la solidité désirée. Or, voici que pendant que je m'occupais de cette disposition, selon la coutume, on m'a remis des lettres du prince, où il présente Jean comme indigne de l'épiscopat, à cause du crime de parjure dont votre fraternité même, dit-il, n'ignore pas qu'il est chargé. Revenant donc aussitôt sur mes pas, j'ai révoqué la sentence de confirmation que j'avais portée, de peur qu'on ne me taxât d'avoir agi avec légèreté contre un si grand et si imposant témoignage (Simpl., *Epist.* 17). »

Ces paroles sont remarquables pour le droit des Papes à confirmer les évêques: 1° C'est un concile, et un concile très-nombreux, qui demande au Pape la confirmation d'un évêque élu canoniquement et sans opposition; 2° on a recours au Saint-Siége selon l'usage, et le Saint-Siége lui-même, en confirmant Jean Talaïa, ne fait que se conformer à une ancienne coutume; 3° quoique Jean eût été consacré aussitôt après son élection, son autorité, néanmoins, pour être pleine, entière, inébranlable, devait être affermie par le consentement du Siége apostolique (1). Jusqu'à ce moment la validité de son épiscopat n'était qu'un désir, un vœu, expression qui semble choisie exprès pour mieux faire sentir la force de cette sentence de confirmation sans laquelle on n'était rien, et qui, alors comme aujourd'hui, faisait véritablement les évêques.

(1) *Apostolicæ quoque moderationis assensu votivam sumeret firmitatem.*

Quant au rétablissement de Pierre Monge, le Pape déclarait ne pouvoir y consentir. Il a été, disait-il, complice et même chef des hérétiques, et j'ai demandé plusieurs fois qu'il fût chassé d'Alexandrie. La promesse qu'il fait à présent de professer la vraie foi ne peut servir tout au plus qu'à le faire rentrer dans la communion de l'Eglise, mais non pas à l'élever à la dignité du sacerdoce, de peur que, sous prétexte d'une feinte abjuration, il n'ait la liberté d'enseigner l'erreur. Ce qui est d'autant plus à craindre, que l'on dit qu'il est demandé pour pasteur par ceux mêmes avec lesquels il s'est autrefois séparé de l'Eglise. Le Pape termine par prier Acace, comme une personne qu'il ne soupçonnait encore de rien, de travailler sans cesse à maintenir l'empereur dans la défense de la vérité, et à lui mander ce qu'il apprendrait et même ce qu'il jugerait devoir se faire pour l'unité et la paix de l'Eglise.

Il écrivit dans le même temps à l'empereur, le conjurant, par ce qu'il y a de plus sacré, de ne point souffrir que l'Église d'Alexandrie fût séparée de la doctrine et de la communion de saint Marc. Nous n'avons plus cette lettre. Le Pape y donnait sans doute à Zénon plus d'éloges qu'il ne méritait, comme il avait fait pour Acace. Mais comme il ne pouvait consentir au rétablissement de Pierre Monge, ce prince ne laissa pas de s'en tenir offensé, et ne lui fit point de réponse. Acace ne se mit pas non plus fort en peine de lui répondre, quoiqu'il ne manquât pas d'occasions. De sorte que Simplicius lui en écrivit encore, le 6 de novembre, une lettre courte, mais forte, où il proteste que les efforts que l'on faisait contre l'Eglise d'Alexandrie ne lui laissaient aucun repos, dans la vue du compte qu'il devait en rendre à Jésus-Christ, et dans le sujet qu'ils avaient tous deux de craindre qu'on ne les accusât d'avoir livré au démon ceux qu'ils n'auraient pas empêchés de s'y livrer. C'est pourquoi il le conjure, comme son bien-aimé frère, de faire tous ses efforts pour porter le très-chrétien et très-clément empereur à rendre à l'Eglise d'Alexandrie la paix et le calme. Simplicius eût volontiers réitéré ses instances auprès de Zénon, mais il en fut empêché par une longue maladie, qui l'emporta enfin l'année suivante.

Tandis que le saint Pape travaillait ainsi pour la paix de l'Eglise, Acace achevait de la ruiner. L'isaurien Zénon, fait, défait et refait empereur par une intrigue de femmes, n'en était pas devenu plus habile à gouverner. Sa cour continuait à être un foyer d'intrigues et de révolutions, où les femmes jouaient le principal rôle. Eh bien ! à cet homme incapable de gouverner sa propre famille, l'évêque Acace et les partisans de Pierre Monge persuadèrent de se poser en régulateur suprême de l'Eglise, par son *édit d'union* ou *hénotique*, ainsi nommé parce qu'il devait réunir tous les dissidents.

L'édit est adressé, en forme de lettre, aux évêques, aux clercs, aux moines et aux peuples d'Alexandrie, d'Egypte, de Libye et de la Pentapole. L'empereur commence par célébrer la foi que les 318 Pères avaient exposée à Nicée, et que, depuis, 150 autres évêques avaient confirmée à Constantinople; foi qu'il appelle le principe et le boulevard de son empire. Ensuite, après avoir parlé des soins qu'il avait pris pour que la sainte Eglise catholique et apostolique de Dieu, qui est, dit-il, la mère incorruptible et immortelle de nos sceptres, s'étendit de plus en plus, et que les peuples, unis dans la concorde, offrissent pour son règne des prières agréables à Dieu, il ajoute :

« Or, des archimandrites, des ermites et d'autres personnes vénérables nous ont présenté des requêtes pour demander la réunion des églises et faire cesser les funestes effets de leur division. Car une multitude innombrable de personnes ont été privées soit du baptême, soit de la sainte communion, et il s'est commis une infinité de meurtres, qui ont infecté non-seulement la terre, mais les airs. Qui est-ce qui ne souhaite pas voir changer cet état de choses ? Sachez donc que nous, ainsi que toutes les églises de l'univers, n'avons eu, n'avons point, n'aurons jamais d'autre Symbole ou enseignement, d'autre foi ou définition de foi que celle des 318 Pères de Nicée, confirmée par les 150 de Constantinople; que si quelqu'un en a une autre, nous le déclarons étranger. Car c'est ce seul Symbole qui est le salut de notre empire ; c'est dans ce seul Symbole que sont baptisés tous les peuples. C'est ce Symbole qu'ont suivi les saints Pères qui se sont assemblés à Éphèse, et ont déposé l'impie Nestorius avec ses partisans. Nous l'anathématisons de même, avec Eutychès, pour avoir eu des sentiments contraires à ceux desdits Pères. Nous recevons également les douze chapitres de saint Cyrille d'Alexandrie. Nous confessons que Notre Seigneur Jésus-Christ, Dieu, Fils unique de Dieu, qui s'est incarné en vérité, consubstantiel au Père selon sa divinité, et consubstantiel à nous selon son humanité, le même qui est descendu et s'est incarné du Saint-Esprit et de la vierge Marie, mère de Dieu, est un seul Fils et non deux. Nous disons que c'est le même Fils de Dieu qui a fait des miracles et qui a souffert volontairement en sa chair. Et nous ne recevons aucunement ceux qui divisent ou confondent les natures, ou admettent une simple apparence d'incarnation. Sachant donc que ni les saintes églises de Dieu, ni les pontifes qui les président, ni notre empire, n'ont eu et n'ont d'autre Symbole ou définition de foi que le saint enseignement mentionné plus haut, réunissez-vous sans hésiter. Nous vous écrivons ceci, non pour innover dans la foi, mais pour vous satisfaire. Quiconque croit ou a cru autre chose, soit maintenant, soit autrefois, soit à Chalcédoine, soit dans un autre concile, nous l'anathématisons, mais principalement Nestorius et Eutychès. Réunissez-vous donc à l'Église, notre mère spirituelle, étant dans les mêmes sentiments que nous, suivant la définition de foi des 318 Pères, qui est la seule (Évagre, l. 3, c. 14 ; Liberat, c. 18).

Cet édit d'union, rédigé probablement par Acace même, devait mettre d'accord tous les dissidents, et il n'était pas d'accord avec lui-même; car il est difficile de réunir dans une même pièce plus d'inepties, de contradictions et d'incohérences. L'empereur y déplore la division des Églises; et lui seul la recommençait par son refus à reconnaître l'évêque canoniquement élu d'Alexandrie, pour mettre à sa place l'intrus Pierre Monge, que lui-même avait expulsé comme auteur de tout le trouble. Il avance que toutes les églises ne reconnaissent avec lui d'autre définition de foi que celle de Nicée, et tous les évêques du monde, interrogés par son prédécesseur Léon, venaient de répondre qu'il fallait s'en tenir à la définition de Chalcédoine comme à une règle inviolable. Cette décision avait ramené la paix dans les églises, et lui, par le texte même de son édit, y ramène une confusion plus grande que jamais ; car, après avoir anathématisé quiconque reconnaîtrait une autre définition que celle de Nicée, il déclare aussitôt adhérer à celle d'Éphèse contre Nestorius, aux douze chapitres de saint Cyrille, qui étaient précisément douze définitions contre le même hérésiarque; enfin lui-même, dans son édit, dresse une définition contre Eutychès, qui est en substance celle de Chalcédoine. Peut-on se contredire et se condamner soi-même d'une manière plus inepte ? Était-il d'un prince de bon sens, pour le plaisir d'embrouiller de nouveau une chose éclaircie et décidée, de mettre en trouble et en péril tout son empire ?

Mais Zénon ne voyait pas si loin, ou plutôt il ne voyait ni ne prévoyait rien. Il y avait deux rois de Goths, du nom de Théodoric : l'un surnommé l'Amale, l'autre le Louche. Dans la révolution qui avait élevé Basilisque et détrôné Zénon, Théodoric le Louche avait pris le parti de Basilisque; mais Théodoric l'Amale était resté fidèle à Zénon. En récompense, Zénon l'avait nommé patrice, général des troupes du palais ; il l'avait même adopté pour son fils d'armes. Il l'envoya contre Théodoric le Louche, qui ne s'était pas encore soumis; mais, sous main, il cherchait à le faire périr avec son armée. Théodoric l'Amale s'en étant aperçu, se réunit avec l'autre, et tous deux ils marchèrent sur Constantinople. Après d'inutiles négociations, Zénon annonça qu'il allait les combattre. Cette seule annonce lui valut une armée. Mais bientôt il se replongea dans sa mollesse. Les troupes, indignées, allaient proclamer un autre empereur, lorsqu'il les congédia et fit la paix avec les Goths. Cette lâcheté occasionna une autre révolution.

Marcien, fils de l'empereur d'Occident, Anthémius, et qui avait épousé Léontia, seconde fille de Léon de Constantinople, se laissa persuader d'aspirer à l'empire. Il allait effectivement s'en emparer, lorsqu'il fut vaincu par l'Isaurien Illus, ordonné prêtre par le patriarche, et enfermé avec sa femme Léontia dans le château de Papyrius en Isaurie, où il finit ses jours. Ceci se passait en 479. Peu d'années après, en 484, Illus ayant failli perdre la vie par les intrigues de Vérine, veuve de l'empereur Léon, la fit enfermer dans le même château de Papyrius, où était déjà sa fille Léontia et Marcien, son gendre. Ayant failli une seconde fois perdre la vie par les intrigues de l'impératrice Ariadne, femme de Zénon, à laquelle il avait dit qu'il la savait ennuyée de voir la couronne sur la tête de son mari, Illus rassembla toutes les troupes de l'Orient, et donna le titre d'empereur à Léonce. C'était un Syrien, né à Chalcis, habile dans les lettres et dans le métier de la guerre ; il avait été nommé commandant général des troupes de Thrace. Pour colorer cette usurpation par une forme du moins apparente, ils allèrent chercher Vérine dans sa prison, et, l'ayant gagnée par les plus belles promesses, ils l'amenèrent à Tarse, où, en présence de l'armée, elle plaça elle-même la couronne impériale sur la tête de Léonce, et le proclama empereur. Elle adressa ensuite une lettre-circulaire à tous les gouverneurs et commandants de l'Orient, de l'Égypte et de la Libye; elle était conçue en ces termes :

« Vérina Auguste, à tous nos préfets et nos peuples, salut. Vous savez que l'empire nous appartient, et qu'après le décès de Léon, notre époux, nous avons élevé à la puissance souveraine Trascallissée, qui a pris le nom de Zénon. Nous espérions qu'il rendrait nos peuples heureux; mais voyant que, par son insatiable avarice, il n'est propre qu'à les accabler, nous avons cru nécessaire de vous donner un empereur vraiment chrétien, qui, se conformant aux règles de la religion et de la justice, sût relever l'Etat penchant vers sa ruine, gouverner les peuples et contenir nos ennemis. A ces causes, nous avons couronné le très-pieux Léonce. Ayez à le reconnaître pour empereur des Romains, et que quiconque lui refusera obéissance soit traité comme rebelle. »

Cette proclamation de la belle-mère de Zénon forme un digne pendant du décret d'union de son gendre. Puisque le gendre, au lieu de gouverner l'empire, s'occupait à régenter l'Eglise, il était juste que la belle-mère disposât du trône et régentât l'empire. La lettre de Vérine fut reçue avec de grandes acclamations; la plupart des villes de Syrie se soumirent à Léonce. Vérine eut bientôt le salaire de sa complaisance. Dès qu'Illus n'eut plus besoin de son autorité, il la renferma de nouveau dans le château de Papyrius, où elle mourut quelque temps après.

L'oracle d'Illus et de son empereur Léonce, était un païen, nommé Pamprépius, grand astrologue. Cet imposteur, de concert avec l'isaurien Marius, païen comme lui, avait infecté Illus des impiétés du paganisme; Léonce s'était aussi laissé corrompre : ils avaient formé le projet de rétablir l'idolâtrie. Illus et Léonce, après une première victoire, furent défaits et se renfermèrent dans le château même de Papyrius où avaient été enfermés Léontia, Marcien et Vérine. L'astrologue Pamprépius leur prédisait des succès immanquables, et en même temps les trahissait. S'en étant aperçus, ils lui tranchèrent la tête. Mais ils n'en furent pas moins trahis par un autre, et eurent la tête tranchée à leur tour (*Hist. du Bas-Empire*, l. 36).

C'est au milieu de ces tristes révolutions de l'empire, que Zénon jeta son édit d'union ou plutôt de division de l'Eglise. Il fut envoyé à Alexandrie, avec ordre d'en chasser Jean Talaïa et de mettre à sa place Pierre Monge; mais à condition qu'il souscrirait l'hénotique, qu'il adresserait des lettres synodales à Acace et au pape Simplice, et qu'il recevrait à sa communion ceux de la communion de saint Protérius. Monge promit tout ce qu'on voulut. Ainsi mis en possession de l'Eglise d'Alexandrie, il la tint captive et la gouverna en tyran. Les évêques et les clercs orthodoxes furent maltraités, chassés de leurs sièges et remplacés par des hérétiques. Il ôta des diptyques les noms de Protérius et de Timothée Solofaciole, et y substitua ceux de Dioscore et d'Elure. Il déterra même le corps de Solofaciole, enseveli dans l'église, et le jeta hors de la ville dans un lieu désert. Enfin, aux eutychiens d'Alexandrie, il déclarait condamner le concile de Chalcédoine Ayant reçu à cet égard des plaintes d'Acace, il lui répondit hardiment qu'il n'en était rien; qu'il recevait le concile de Chalcédoine comme entièrement d'accord avec celui de Nicée. Il rejette sur l'envie de quelques moines les accusations portées contre lui. « Ils nous reprochent d'abord, dit-il, d'avoir transféré dans un autre lieu les reliques de notre saint père et bienheureux archevêque Timothée. C'est un attentat qui n'est ni agréable à Dieu ni conforme aux lois. Ensuite ils passent à un autre crime, qui n'est pas plus vraisemblable, mais beaucoup plus grief que le premier. Comment, en effet, aurions-nous pu anathématiser le saint concile de Chalcédoine, nous qui y croyons et qui l'avons confirmé? Il écrivit de même au Pape qu'il approuvait le concile de Chalcédoine, et cependant il l'anathématisait devant d'autres. Voilà comme il se jouait impudemment de la vérité. Acace, dont il était la créature, voulut bien se contenter de ces protestations hypocrites, et lui envoya des lettres de communion. Mais il n'en fut pas ainsi du pape Simplicius (Evagre, l. 3, c. 13, 16 et 17; Liberat., c. 18).

Jean Talaïa s'était retiré d'Alexandrie, lorsqu'arriva l'ordre de l'en chasser. Il se rendit à Antioche, où il raconta à son protecteur Illus tout ce qui s'était passé. Illus lui conseilla de s'adresser à Calendion, patriarche d'Antioche. Calendion lui conseilla d'en appeler au Pape, comme avait fait saint Athanase, le plus illustre de ses prédécesseurs. Il lui donna même des lettres synodales, pour recommander son affaire au pape Simplicius. Il écrivit en même temps à Zénon et Acace contre Pierre Monge, qu'il traitait d'adultère, parce qu'il usurpait une Eglise qui ne lui appartenait pas. Jean Talaïa étant arrivé à Rome vers le commencement de l'an 483, fut très-bien reçu du Pape, qui écrivit pour lui à Acace de Constantinople. On ne sait en quels termes, parce que cette lettre n'est pas venue jusqu'à nous. Acace répondit qu'il ne connaissait pas Jean pour évêque d'Alexandrie; qu'il avait reçu à sa communion Pierre Monge, sur ce qu'il avait signé l'hénotique de Zénon; qu'en cela il avait agi sans doute contre l'avis du Pape, mais par ordre de l'empereur et pour la paix des églises. Le pape, peu satisfait de ces sortes de raisons, récrivit à Acace, qu'ayant l'un et l'autre condamné Monge comme hérétique, il n'avait pas dû seul lever cette condamnation; que, d'ailleurs, il ne suffisait pas à Monge, pour être admis à la communion de l'Eglise, d'avoir reçu l'hénotique de Zénon, s'il ne recevait encore la définition de foi du concile de Chalcédoine et la lettre de saint Léon à Flavien. Pendant qu'Acace délibérait sur la réponse qu'il ferait, ou sur le prétexte qu'il prendrait pour n'en point faire du tout, le pape saint Simplicius mourut et fut enterré à Saint-Pierre, le 2 mars 483 (Liberat., 18; *Gesta de nomin. Acacii*).

Sa conduite dans les affaires si embrouillées de l'Orient, où il ne connaissait pas encore toutes les variations d'Acace, présente un heureux mélange de douceur, de condescendance et de fermeté. Une preuve de sa vigueur se voit dans une lettre à Jean, évêque de Ravenne, en date du 30 mai 482. Il le reprend sévèrement de ce que, par envie, il avait ordonné évêque un nommé Grégoire, malgré lui et par violence. « Celui, dit-il, qui abuse de sa puissance, mérite de perdre son privilège. C'est pourquoi mon frère Grégoire gouvernera l'Eglise de Modène, à la charge de n'avoir rien à démêler avec vous. S'il a quelque affaire, on s'adressera à nous. Et, pour le soulager dans la nécessité où vous l'avez réduit, il aura, près de Bologne, une terre de trente pièces d'or de revenu libre pendant sa vie, la propriété restant à l'Eglise de Ravenne. Au reste, nous vous déclarons que, si à l'avenir vous entreprenez d'ordonner un évêque, un prêtre ou un diacre malgré eux, vous serez privé des ordinations de l'Eglise de Ravenne ou de la province d'Emilie. » Une autre lettre du 19 novembre 475, et adressée aux évêques Florentius, Equitius et Sévère, n'est pas moins vigoureuse. « Nous avons appris, dit-il, par votre relation, que Gaudence, évêque d'Aufflnium, a fait des ordinations illicites. C'est pourquoi nous lui ôtons entièrement la puissance d'ordonner, et nous avons écrit à notre frère, l'évêque Sévère, qu'il exerce cette fonction dans cette Eglise, s'il en est besoin. En sorte que ceux que Gaudence a ordonnés contre les règles, soient privés du ministère ecclésiastique. Il aura seulement la quatrième partie des revenus de l'Eglise et des oblations des fidèles, dont il ne sait pas user. Deux portions seront employées aux réparations et à l'entretien des étrangers et des pauvres, et administrées par le prêtre Onagre, sous peine de déposition, s'il en abuse; la dernière partie sera distribuée aux clercs, selon leur mérite. Les vases sacrés, qui ont été aliénés, seront rétablis à la diligence de Sévère, qui fera aussi rendre les trois parts du revenu que Gaudence s'est appropriées pendant trois ans (Liberat., t. IV; Simpl., *Epist.* 2 et 3). » Ce partage et cet emploi des revenus ecclésiastiques par le Pape, sont à remarquer.

Après la mort de Simplicius, le Siège apostolique ne vaqua que six jours. Cependant le clergé de l'Eglise romaine, avec le peuple et le sénat, étant assemblé à l'église de Saint-Pierre pour l'élection d'un nouveau Pape, il y survint le patrice Basile, préfet du prétoire, et tenant la place du roi Odoacre, qui dit : « Vous vous souvenez que notre bienheureux pape Simplicius nous a recommandé que, pour éviter le tumulte, si Dieu le retirait de ce monde, on ne fît point d'élection sans nous consulter. Ainsi nous nous étonnons que l'on ait entrepris quelque chose sans nous; et, s'il plaît à votre grandeur et à votre sainteté, nous conserverons en entier ce qui regarde l'élection de l'évêque futur, et nous établirons, pour nous et nos successeurs, la loi suivante : Qu'aucun héritage de la ville ou de la campagne, ni les ornements ou les vases sacrés qui appartiennent à l'Eglise ou lui appartiendront à l'avenir, ne puissent être aliénés, à quelque titre ou sous quelque prétexte que ce soit, par celui qui sera maintenant élu évêque, et par ses successeurs. Autrement, que l'aliénation soit nulle, et que celui qui l'aura faite, qui y aura consenti ou reçu la chose, soit anathème. Sans que l'acquéreur puisse se prévaloir de la prescription, au contraire, il sera obligé à la restituer avec les fruits, lui et ses héritiers. Et chacun des clercs aura la faculté de s'opposer à une telle aliénation. Toutefois, les meubles peu utiles à l'église ou de difficile garde, pourront être vendus après une juste estimation, pour être employés en œuvres pies. » Ce mémoire, que le patrice Basile laissa par écrit, fut examiné vingt ans plus tard dans un concile de Rome, qui décida : Quant à la première partie, qui requérait le consentement du préfet du prétoire pour l'élection du Pape, que c'était une prétention contraire aux canons; quant à la seconde, touchant les biens d'église, qu'il n'appartenait pas aux laïques de s'ingérer dans ces matières, surtout quand il est question du Pape, à l'égard duquel leur seul droit est d'obéir (Labbe, t. IV).

Cependant on élut pape Félix III, natif de Rome et prêtre du titre de Faciole. Ses premiers soins furent de travailler à rétablir la foi et la paix dans l'Orient, surtout dans l'Eglise d'Alexandrie. Ne voyant pas qu'il fût possible de rétablir si vite Jean Talaïa sur le siége épiscopal de cette ville, il lui donna l'église de Nole en Campanie, qu'il gouverna plusieurs années, et où il mourut en paix. Les lettres écrites depuis quelques années à Acace et à l'empereur, contre Pierre Monge, avaient été inutiles, et la plupart sans réponse. Félix, obligé de chercher des voies plus efficaces, en délibéra dans un concile qu'il tint dans l'église de Saint-Pierre, et avec l'Eglise romaine. Jean Talaïa y présenta un acte d'accusation contre Acace, dont il dévoila bien des variations que l'on ignorait encore à Rome : comme d'avoir tout récemment fait évêque de Tyr Jean d'Apamée, chassé d'Antioche comme hérétique, et qu'il avait conjuré le Pape de ne jamais recevoir à sa communion. Le résultat du concile fut que l'on enverrait des légats à l'empereur, tant pour lui porter les lettres de l'ordination de Félix, que pour travailler auprès de lui à la conservation de la foi et de la discipline. Le Pape choisit à cet effet les évêques Vital et Misène, avec Félix, défenseur de l'Eglise romaine. Ils étaient chargés de rendre à l'empereur les lettres que le Pape lui écrivait sur sa promotion, mais surtout de lui demander que Pierre Monge fût chassé d'Alexandrie comme hérétique, et que l'on maintînt l'autorité du concile de Chalcédoine; de dénoncer à Acace qu'il eût à répondre à la requête de Jean Talaïa présentée au Pape contre lui, et à prononcer anathème contre Pierre Monge. Félix défendit à ses légats de communiquer avec Acace, s'il refusait de satisfaire à toutes ces demandes.

Dans sa lettre à l'empereur, il marque d'abord qu'il envoie ses légats pour lui faire part de son ordination et s'acquitter de ses premiers devoirs, ensuite il se plaint avec douceur que le prince n'a point fait de réponse aux lettres de son prédécesseur, pour le repos de l'Eglise d'Alexandrie, et qu'il semble vouloir se séparer de la confession de saint Pierre, et par conséquent de la foi de l'Eglise universelle. « Souvenez-vous, dit-il, de ce qui a abattu vos ennemis et vous a rétabli sur le trône. Ils sont tombés en voulant attaquer le concile de Chalcédoine et les écrits du bienheureux pape Léon, et vous avez recouvré la puissance en rejetant leurs erreurs. Il n'y a plus que vous qui portiez le nom d'empereur; cherchez à vous rendre Dieu propice, plutôt que d'attirer son indignation; je vous en prie, je vous en conjure. Regardez vos prédécesseurs Marcien et Léon, d'auguste mémoire; suivez la foi de ceux dont vous êtes le successeur légitime. Suivez celle que vous avez professée vous-même; faites chercher dans les archives de votre palais ce que vous avez écrit à mon prédécesseur quand vous êtes remonté sur le trône. Vous n'y parlez que de conserver le concile de Chalcédoine et de rappeler Timothée le Catholique. Que l'on cherche ce que vous lui avez écrit à lui-même pour le féliciter de son retour à Alexandrie, comme en étant le véritable évêque, et qu'il suit de là, que Pierre, qui en avait été chassé, était un faux évêque et un partisan de l'erreur. Enfin, vous avez menacé par vos lettres tous les évêques et tout le clergé d'Egypte, que si, dans deux mois, ils ne revenaient à la communion de Timothée, ils seraient chassés de tout le pays. Vous avez voulu que ceux qui avaient été ordonnés par Pierre Monge ou par l'hérétique Timothée Elure, déjà mort, fussent reçus à la communion de Timothée le Catholique, s'ils revenaient dans le temps marqué. Mais vous n'avez pas voulu que la cause de Pierre Monge pût être examinée de nouveau, ni qu'il prétendît jamais gouverner des catholiques. Au contraire, vous avez déclaré que, si Timothée Solofaciole venait à mourir, vous ne souffririez point qu'on lui donnât de successeur, qu'il ne fût pris entre les clercs catholiques et consacré par des catholiques. Comment donc souffrez-vous que le troupeau de Jésus-Christ soit encore ravagé par ce loup que vous en avez chassé vous-même? N'est-ce pas lui qui, depuis trente ans, ayant abandonné l'Eglise catholique est le sectateur et le docteur de ses ennemis, et toujours prêt à répandre le sang? Enfin, comme Dieu a délivré l'empire du tyran hérétique, délivrez l'Eglise de ceux qui enseignent l'hérésie, et ramenez le siége de saint Marc à la communion de saint Pierre (Fel., *Epist.* 2; Labbe, t. IV). »

Dans la lettre à Acace, le Pape se plaint de son silence affecté sur l'affaire d'Alexandrie, après avoir été tant de fois pressé de s'expliquer, par les lettres du pape Simplicius. « Vous deviez, dit-il, représenter à l'empereur tout ce qu'il a écrit contre Pierre d'Alexandrie et en faveur de Timothée le Catholique, d'autant plus que vous y avez eu grande part, comme vous l'avez écrit ici. Vous deviez faire tous vos efforts pour l'empêcher de relever l'hérésie qu'il avait abattue, de peur de vous rendre suspect de la favoriser vous-même, car on sait assez le crédit que vous avez auprès du prince. Où est, mon frère Acace, le travail que vous avez employé contre le tyran hérétique (il veut dire contre Basilisque)? Voulez-vous en perdre la récompense? Souffrirez-vous tranquillement que le troupeau du Seigneur soit déchiré? Voulez-vous fuir comme le mercenaire? ou plutôt, puisque vous n'avez rien à craindre, ne pourra-t-on pas dire que vous exposez le troupeau? Ne craignons rien pour l'Eglise, après les promesses de Jésus-Christ; mais craignons de nous perdre nous-mêmes, si nous abandonnons le gouvernail pendant la tempête. C'est pourquoi je vous avertis, je vous conseille et je vous exhorte à corriger le passé et à ne pas souffrir que toute l'Eglise soit remise en péril par l'audace de ceux qui s'élèvent contre le concile. Sans compter qu'au jour du jugement, Dieu nous la redemandera telle que nous l'avons reçue de nos pères; dès cette vie, c'est s'y retrancher que de ne pas pourvoir à sa sûreté. Et comme nous ne voulons pas avoir si mauvaise opinion de vous, nous vous exhortons très-instamment à éviter désormais tout ce qui pourrait le faire penser (Fel., *Epist.* 1).

Dans ces deux lettres il n'est rien dit de la requête de Jean Talaïa contre Acace. Mais le pape Félix l'envoya séparément avec un acte adressé à Acace, où il lui dit « de se défendre promptement contre les accusations formées contre lui, devant l'apôtre saint Pierre, à qui, dans notre personne, la requête a été présentée, et qui, comme vous ne pouvez en disconvenir, a reçu du Seigneur la puissance de lier et de délier; hâtez-vous donc d'y répondre, en présence de nos frères les évêques, afin que, ayant mis un terme à la division des églises et rétabli partout la concorde, nous offrions à Dieu des sacrifices agréables pour tout le peuple chrétien et pour le salut du très-glorieux empereur. » A cet acte, Félix en joignit un autre, qu'il nomma sa plainte. En effet, il s'y plaint à Zénon, à qui cet acte est adressé, de ce que, lorsqu'on croyait l'Eglise victorieuse de ses ennemis, particulièrement de Pierre Monge, on l'avait vu tout d'un coup assis sur le trône de l'Eglise d'Alexandrie. « Si cela est ainsi, dit-il, la crainte de Dieu m'oblige de dire avec liberté à un prince chrétien, qu'il faut expier, par des remèdes salutaires, ce que l'on a fait au mépris de Jésus-Christ. Il fait retomber la faute sur Acace, qu'il dit ne pouvoir se dispenser, suivant les lois ecclésiastiques et civiles, de se purger des choses dont il était accusé dans la requête de Jean Talaïa. » Félix envoya une copie de cette requête à l'empereur. Les légats furent chargés de toutes ces pièces, ainsi que de diverses lettres pour des catholiques de Constantinople (Labbe, t. IV).

Ils étaient encore en chemin pour se rendre en cette ville, lorsque le Pape reçut une lettre de Cyrille, abbé des acémètes de Constantinople, qui se plaignaient à lui-même de ce qu'il agissait si lentement avec Acace, après tant d'attentats contre la foi catholique. Sur cette lettre, Félix écrivit à ses légats de ne rien faire qu'ils n'eussent conféré avec Cyrille, et su de lui comment ils devaient se conduire. Mais ils n'en eurent pas la liberté, car on vit alors, ce qui est rare parmi les sauvages, mais non parmi les Grecs du Bas-Empire, la violation du droit des gens dans la personne des ambassadeurs (Evagre, l. 3, c. 19).

Aussitôt que les légats furent arrivés à Abidos et au détroit des Dardanelles, on les arrêta par ordre de Zénon et d'Acace, et on les mit en prison, après leur avoir ôté les papiers et les lettres qu'ils portaient. Pendant leur détention, Zénon les menaça de mort s'ils ne consentaient à communiquer avec Acace et avec Pierre Monge. Aux menaces, il ajouta les caresses, les présents et même les parjures, promettant avec serment que lui et Acace remettraient le jugement de toute l'affaire au Pape. Les légats cédèrent enfin, et, contre l'ordre de celui qui les avait envoyés, ils promirent de communiquer avec Acace. Alors ils sortirent de prison, parurent en public avec Acace, célébrèrent avec lui les saints mystères et avec les envoyés de Pierre Monge, qu'ils reconnurent pour évêque d'Alexandrie, et dont le nom fut récité tout haut dans les dyptiques, au lieu qu'auparavant on ne le récitait que tout bas. Les hérétiques en tirèrent avantage. Ils dirent que Rome avait reconnu Pierre Monge, et jetèrent ainsi le trouble parmi les fidèles. Les légats ne se mirent point en peine de les détromper, et quoiqu'on leur demandât des éclaircissements sur plusieurs choses, ils n'en voulurent point donner. Les catholiques de Constantinople publièrent alors trois protestations contre leur prévarication; ils en attachèrent une publiquement à l'habit d'un des légats, leur envoyèrent la seconde dans un livre, et la troisième dans un panier de légumes. Les légats n'en eurent pas plus de cœur. Ils ne firent non plus aucune tentative pour se faire rendre les lettres qu'on leur avait prises; mais, pour mettre le comble à leur confusion, ils se chargèrent de celles d'Acace et de l'empereur au Pape. Acace donnait dans la sienne de grandes louanges à Monge, soutenant qu'il n'avait jamais été condamné, et avouant qu'il communiquait avec lui et avec ceux qui le reconnaissaient pour évêque. Il s'y répandait en injures contre Jean Talaïa, n'osant pas toutefois entreprendre de répondre à ses accusations devant le Saint-Siège, et, pour mieux cacher les fautes qu'il avait commises, il en chargeait l'empereur. Celui-ci, au contraire, témoigna dans ses lettres qu'il n'avait rien fait que par le conseil d'Acace. Il y parlait encore du prétendu parjure de Talaïa, assurant le Pape qu'on n'avait reçu Monge à la communion qu'après avoir signé dans l'hénotique l'acceptation du concile de Chalcédoine (Evagre, l. 3, c. 20 et 21; Liberat., c. 18; Labbe, t. IV).

Le troisième légat, nommé Félix, défenseur de l'Eglise romaine, étant tombé malade en route, n'arriva à Constantinople qu'après que Vital et Misène avaient été mis hors de prison. On lui ôta aussi les papiers dont il était chargé, on le retint dans une prison très-rude, et, comme il ne voulut point imiter la lâcheté de ses collègues, Acace refusa même de le voir.

Les deux autres, à leur arrivée à Rome, trouvèrent le Pape bien informé de leur conduite. Ils avaient été précédés par Siméon et par d'autres moines acémètes, que Cyrille, leur abbé, et d'autres abbés de Constantinople avaient envoyés pour instruire le Pape de tout ce qui s'était passé. Il reçut vers le même temps une lettre des évêques et des clercs catholiques de l'Egypte, où, en l'assurant de la pureté de la foi et de la canonicité de l'ordination de Jean Talaïa, ils lui disaient beaucoup de choses contre Pierre Monge et contre ceux qui communiquaient avec lui, nommément contre Acace. Cette lettre, avec celle des moines acémètes, fut lue dans un concile de soixante évêques, que le pape Félix tint dans l'église de Saint-Pierre, vers le printemps 484. Les légats voulurent se justifier, prétendant avoir exécuté les ordres dont on les avait chargés; mais on leur fit voir, par la lettre même d'Acace, qu'ils avaient apportée, qu'ils étaient coupables d'avoir communiqué avec cet évêque, n'ayant pu ignorer qu'il était dans les mêmes sentiments que Monge. Siméon et les autres acémètes leur soutinrent aussi qu'ils avaient communiqué avec les hérétiques, et prononcé à haute voix le nom de Pierre Monge dans les sacrés diptyques, qu'ils n'avaient voulu répondre à aucune des questions qui leur avaient été proposées par des catholiques, ni rendre les lettres dont ils étaient chargés pour eux. On leur confronta encore le prêtre Silvain, qui les avait accompagnés à Constantinople, et qui confirma ce que les acémètes avaient déposé contre eux. Les légats se trouvèrent donc réduits à s'excuser sur la violence qu'ils avaient soufferte de la part d'Acace; mais cette excuse, qui condamnait cet évêque, ne les justifiant pas, le Pape se vit contraint de condamner ses propres légats. Ils furent déposés de l'épiscopat et privés de la communion, jusqu'à ce que l'Eglise d'Alexandrie eût reçu un évêque catholique. Ainsi, ils seraient demeurés excommuniés environ quarante ans. Vital mourut même sans avoir été relevé de cette excommunication, ayant été emporté par une mort subite. Mais Misène,

touché de frayeur par cet accident, demanda et obtint la communion de l'Eglise dans un concile que le pape Gélase assembla en 495.(Labbe, t. IV).

La conduite d'Acace méritait une condamnation. Toutefois, avant de la prononcer, le pape Félix lui écrivit encore une lettre synodale, où il disait entre autres : « Vous avez péché, n'y retournez plus, et demandez pardon du passé. » Mais Acace ayant reçu cette lettre ne changea point de conduite. Il ne quitta point la communion de Pierre Monge, et ne lui conseilla point ouvertement de recevoir le concile de Chalcédoine et la lettre de saint Léon. Le Pape, en étant informé, procéda enfin à la condamnation d'Acace, et donna sa sentence, qui commence ainsi : « Vous êtes trouvé coupable de plusieurs excès. Au mépris des canons de Nicée, vous avez usurpé les droits des autres provinces. Vous avez non-seulement reçu à votre communion des hérétiques usurpateurs que vous aviez vous-même condamnés, mais vous leur avez encore donné le gouvernement d'autres Eglises. Témoin Jean, que vous avez mis à Tyr, après que les catholiques d'Apamée l'avaient refusé, et qu'il avait été chassé d'Antioche; et Himérius, déposé du diaconat et excommunié, que vous avez élevé à la prêtrise. » Il lui reproche ensuite la protection qu'il donne à Pierre Monge, ennemi du concile de Chalcédoine, pour le maintenir dans le siège de saint Marc; les mauvais traitements faits aux évêques et aux clercs orthodoxes, qui d'Egypte s'étaient réfugiés à Constantinople; les violences exercées contre les légats Vital, Misène et Félix, au mépris du droit des gens. « Vous n'avez pas voulu répondre, ajoute-t-il, devant le Siège apostolique, suivant les canons, à la requête de mon frère et coévêque Jean Talaïa, qui a intenté contre vous des accusations très-graves, et, par ce silence, vous les avez confirmées. » Après quoi il conclut ainsi sa lettre : « Ayez donc part avec ceux dont vous embrassez si volontiers les intérêts, et sachez que, par la présente sentence, vous êtes privé de l'honneur du sacerdoce et de la communion catholique, étant condamné par le jugement du Saint-Esprit et l'autorité apostolique, sans pouvoir être jamais absous de cet anathème. » Cette lettre, qui est du 28 juillet 484, fut souscrite par 67 évêques, non compris le Pape. Il y ajoute un acte pour être affiché, où il dit que la sentence du ciel a privé Acace du sacerdoce, pour avoir méprisé les deux monitions qu'on lui avait faites, et pour avoir emprisonné le Pape en la personne de ses légats; qu'en conséquence, il est défendu, sous peine d'anathème, à tout évêque, clerc, moine ou laïque, de communiquer avec Acace après la dénonciation de cette sentence (Fel., *Epist.* 6; Labbe, t. IV).

Tutus, défenseur de l'Eglise romaine, fut chargé d'aller à Constantinople faire à Acace cette dénonciation. Le Pape lui donna aussi deux lettres, l'une pour l'empereur, l'autre pour le clergé et le peuple. La première, qui est du 1er août de la même année 484, est une réponse à celle que l'empereur avait envoyée au Pape par ses deux légats. Le Pape s'y plaint de la violence commise envers eux, disant qu'elle lui faisait craindre autant pour la couronne que pour le salut de l'empereur: qu'au reste cette violence n'ayant pas été une excuse suffisante pour eux, on les avait déposés. Il déclare que le Siapostolique ne communiquera jamais avec Pierre Monge, ne fût-ce que parce qu'il avait été ordonné par des hérétiques. Je vous laisse donc à décider, dit-il à Zénon, laquelle des deux communions il faut choisir, ou celle de saint Pierre l'apôtre, ou celle de Pierre Monge. Pour faire connaître à l'empereur de quelle façon Monge avait usurpé l'épiscopat, il lui renvoie les lettres qu'Acace avait écrites contre lui au pape Simplicius, et dont il joignit les copies à sa lettre. Il déclare ensuite à Zénon la sentence portée contre Acace, en témoignant espérer qu'il n'empêcherait pas l'exécution des lois sacrées de l'Eglise, puisque lui-même voulait bien se soumettre aux lois civiles de son empire. Il le prie de se souvenir que les princes doivent apprendre des évêques quelle est la volonté de Dieu, et non les forcer à suivre leur volonté propre; ajoutant que, pour lui, il ne souffrirait pas que personne s'opposât à l'autorité et à la liberté de l'Eglise, se souvenant que Dieu sera un jour le juge et des évêques et des empereurs (Fel., *Epist.* 9).

Félix, voulant aussi lever le scandale que ses légats avaient donné, par leur prévarication, au clergé et au peuple de Constantinople, leur écrivit que, non-seulement il désavouait ce qu'ils avaient fait, mais qu'il les avait punis de leur faute en les déposant et en les privant de la communion des divins mystères. Il leur déclara dans la même lettre la condamnation d'Acace, dont il leur envoyait copie, afin qu'ils se séparassent de sa communion, s'ils ne voulaient encourir eux-mêmes la sentence d'excommunication. Et parce que Acace, pour plaire aux hérétiques, avait déposé le prêtre Salomon, le Pape veut qu'on le conserve en son rang de prêtre, et tous ceux qu'Acace pouvait avoir traités de même (*Ibid., Epist.* 10).

Le défenseur Tutus parvint heureusement à Constantinople, malgré les gardes qui l'attendaient au passage des Dardanelles. Il se logea dans un monastère d'acémètes. Ne pouvant obliger Acace à recevoir la lettre du Pape, qui portait sa condamnation, il fut contraint de la faire attacher par les moines de ce monastère au manteau du patriarche, le dimanche, lorsqu'il entrait dans l'église pour célébrer l'office. Ceux qui environnaient Acace, irrités de la hardiesse de ces moines, en tuèrent quelques-uns, en blessèrent d'autres et en mirent plusieurs en prison. Mais Tutus, après s'être si bien acquitté de sa commission, se laissa lui-même gagner par une somme d'argent qu'un nommé Maronas lui offrit, pour l'engager à communiquer avec Acace. Le Pape en fut averti par les lettres de Rufin et de Thalassius, prêtres et abbés de Constantinople, apportées par un nommé Basile. C'est pourquoi Tutus, étant de retour et convaincu en plein concile par ses lettres et par sa propre confession, fut privé de la charge de défenseur et excommunié. Le Pape en donna avis aux archimandrites Rufin et Thalassius, ainsi qu'aux autres moines de Constantinople et de Bithynie, en les avertissant de séparer de leur communion ceux d'entre eux qui auraient communiqué volontairement avec les hérétiques, ou qui y auraient été engagés par argent. Mais il veut qu'ils agissent avec plus de douceur envers ceux de leurs frères qui n'auraient cédé qu'à la violence des tourments. Il dit qu'on peut les laisser dans leurs cellules effacer leur faute par la pénitence, jusqu'à ce que l'Eglise catholique se trouve délivrée de ses ennemis (Fel., *Epist.* 11 ; Liberat., c. 18).

Acace, fort de la protection de l'empereur, ne compta pour rien la déposition prononcée contre lui par le pape Félix, et continua jusqu'à sa mort à offrir le saint sacrifice. Il ôta même des diptyques le nom du Pape, et fit déposer par tout l'Orient grand nombre d'évêques catholiques, auxquels il en fit substituer d'hérétiques, ou communiqua avec ceux qui l'étaient. Il fit chasser d'Antioche l'évêque légitime Calendion, qu'il avait lui-même ordonné. Le prétexte de sa déposition fut d'avoir favorisé le parti d'Illus et de Léonce ; mais en effet, ce fut parce que Calendion demeurait dans la communion du pape Félix et de Jean Talaïa, patriarche d'Alexandrie. Calendion fut donc relégué dans l'Oasis, et Pierre Foulon rétabli à Antioche, du consentement d'Acace, qui l'avait tant de fois condamné. Divers autres évêques catholiques furent déposés sans examen ni forme canonique, et envoyés en divers exils. De ce nombre furent Nestor de Tarse, Cyrus d'Hiéraples, Jean de Cyr, Romain de Chalcide, Eusèbe de Samosate, Julien de Mopsueste, Paul de Constantine, Manus d'Hémérie, André de Théodosiople. Acace était l'âme des persécutions qu'on leur faisait souffrir. Il voulut obliger ceux de l'Orient à communiquer avec Pierre Monge ; mais ils s'adressèrent au pape Félix, se plaignant qu'Acace était l'auteur de tous les maux de l'Eglise. Leur plainte occasionna un nouveau concile à Rome, dans l'église de Saint-Pierre.

Il s'y trouva 42 évêques, dont le premier, après le Pape, était Candide de Tibur ou Tivoli. Tous y renouvelèrent, par leur signature, les anathèmes déjà prononcés par le Saint-Siége contre Pierre Monge, Pierre le Foulon, et contre Acace. Voici comme souscrivit Candide, et après lui les autres évêques : « Candide, évêque de la ville de Tibur, suivant la sentence juridique du Siége apostolique, proférée après une catholique délibération, selon l'usage constant de notre Eglise, j'ai souscrit, en disant anathème à Pierre, usurpateur de l'Eglise d'Alexandrie ; à Acace, ci-devant évêque de Constantinople; et à Pierre d'Antioche, retranchés précédemment et avec justice du nombre des évêques et des chrétiens, ainsi qu'à tous leurs adhérents. » Cette souscription termine une lettre de ce concile, en date du 5 octobre 485, et adressée à tous les prêtres et abbés orthodoxes de Constantinople et de Bithynie. Il paraît qu'on avait trouvé étrange que la condamnation d'Acace ne portât que le nom du Pape. En conséquence, le concile en corps en donne la raison que voici, et qui est à remarquer. « Chaque fois qu'en Italie les pontifes du Seigneur se réunissent pour les causes de l'Eglise, principalement de la foi, il est de règle que le successeur du Siége apostolique, au nom de tous les pontifes de l'Italie entière, d'après la sollicitude de toutes les Eglises, qui le regarde, détermine toutes choses, lui qui est le chef de tous, le Seigneur ayant dit à l'apôtre Pierre : *Tu es Pierre, et sur cette pierre je bâtirai mon église, et les portes de l'enfer ne prévaudront point contre elle.* Dociles à cette parole, les trois cent dix-huit Pères de Nicée ont déféré à l'Eglise romaine la confirmation et l'autorité des affaires ; par la grâce du Sauveur, toutes les successions de pontifes ont gardé l'une et l'autre jusqu'à notre âge. Ce qui donc a été trouvé bon par le saint concile assemblé à Saint-Pierre, le bienheureux pape et archevêque Félix, notre chef, l'a jugé et notifié par Tutus, défenseur de l'Eglise. »

Ce second concile, après avoir rapporté comment la chose s'était passée dans le premier, envoie la sentence rendue contre Acace, demandant qu'elle soit exécutée avec courage, et la confirmant par un nouvel anathème. Il faisait dans cette lettre quelque déclaration de sa foi, pour montrer qu'il suivait les dogmes des conciles de Nicée, d'Ephèse et de Chalcédoine. Mais ce passage est perdu. Il la termine en gémissant de ce qu'Acace, au lieu de s'humilier, faisait encore de plus grands crimes qu'auparavant, comme on le voyait par ce qui venait de se passer à Antioche. Mais il ne faut pas s'en étonner, disent les Pères, ni se laisser aller à la crainte, puisque Satan, quoiqu'écrasé par le Sauveur, ne laisse pas de faire tous les jours de nouveaux efforts. Enfin, ils s'adressent à Dieu, pour que cette lettre puisse arriver à Constantinople, malgré les pièges de leurs adversaires. Ils écrivirent de semblables lettres au clergé, au peuple et au sénat de Constantinople. Ils en écrivirent aussi une à l'empereur, et la nomment une supplication. Elle n'est pas venue jusqu'à nous (Labbe, t. IV).

On a retrouvé une longue et éloquente lettre aux Orientaux dans laquelle le pape Félix réfute tout ce qu'on alléguait en faveur d'Acace, et prouve que, comme il a été justement et régulièrement condamné, il ne peut être rétabli que canoniquement (Mansi, *Concil.*, t. VII).

Ces actes de vigueur, partis du centre de l'unité, sous la domination même des Barbares, devaient faire sentir aux Grecs quelle lâcheté il y avait à eux de violer le droit des gens sur les ambassadeurs du chef de la chrétienté, pour soutenir les inepties théologiques d'un empereur, qui prenait la contradiction avec soi-même pour un moyen de réunir les esprits. Ces actes pénétraient avec peine en Orient; mais à mesure qu'on put les y connaître, nous leur verrons produire leur effet et préparer peu à peu le plus beau triomphe de l'unité catholique. Zénon lui-même, quoique plongé habituellement dans la mollesse, dut s'apercevoir bientôt que son édit d'union n'était, dans la réalité, qu'un édit de désunion. L'Orient, désuni d'avec l'Occident, se désunissait de plus en plus d'avec lui-même. Le patriarche légitime d'Alexandrie, réfugié à Rome; le patriarche légitime d'Antioche, relégué dans un désert; d'autres évêques, exilés ailleurs : tels en furent les premiers fruits. L'usurpateur du siège d'Antioche, Pierre le Foulon, était si décrié, qu'Acace lui-même, après avoir favorisé son usurpation, n'osait entretenir de communion avec lui. Cet usurpateur chassa entre autres Cyrus d'Hiéraples, et mit à sa place un Persan nommé Xenaïas ou Philoxène, que le patriarche Calendion avait chassé du pays, voyant qu'il altérait les dogmes de la foi et qu'il soulevait le peuple. Peu de temps après qu'il fut établi à Hiéraples, quelques évêques, venus de Perse, prouvèrent que c'était un esclave fugitif, et qu'il n'était pas même baptisé. Mais l'intrus d'Antioche ne s'en mit pas en peine, et dit que l'ordination épiscopale lui tenait lieu de baptême. Telle était la crasse ignorance du Foulon. Celle de Xenaïas n'était pas moins grossière; car il fut le premier des iconoclastes ou briseurs d'images (Labbe, t. VII).

En Egypte, Pierre Monge attira à sa communion quelques évêques et quelques abbés eutychiens, en anathématisant de nouveau la lettre de saint Léon et le concile de Chalcédoine, ainsi que ceux qui ne recevaient pas les écrits de Dioscore et de Timothée Elure. Mais ne pouvant gagner les autres, il les chassa la plupart de leurs monastères; ce qui obligea l'archimandrite Néphalius d'aller à Constantinople et de porter ces nouvelles à l'empereur. Il en fut irrité, et envoya Cosme, un de ses gardes, avec de grandes menaces contre Pierre Monge, s'il ne cessait d'exciter des troubles par sa dureté. Cosme revint sans rien faire, sinon que les moines chassés furent rétablis dans leurs maisons. L'empereur envoya ensuite Arsène qu'il avait fait gouverneur d'Egypte, et qui, étant arrivé à Alexandrie avec Néphalius, traita de la réunion, mais sans persuader ceux qui étaient séparés de Pierre Monge. Il en envoya quelques-uns à Constantinople, où l'empereur leur parla beaucoup du concile de Chalcédoine, mais sans rien conclure non plus, parce qu'au fond lui-même n'approuvait pas ce concile. Cependant il avait écrit peu auparavant au pape Félix : « Tenez pour certain, et que notre piété, et que le très-saint Pierre d'Alexandrie, et que toutes les très-saintes églises reçoivent et vénèrent le très-saint concile de Chalcédoine, qui est tout à fait d'accord avec celui de Nicée (Evagre, l. 3, c. 20 et 22). » Voilà comme cet empereur unioniste était franc avec les autres et d'accord avec lui-même.

Pierre le Foulon mourut en 488, n'ayant vécu que trois ans depuis qu'il eut, pour la seconde fois, usurpé le siège d'Antioche. Il eut pour successeur un hérétique comme lui, nommé Pallade, prêtre de Séleucie. Acace mourut l'année suivante 489, comme il avait vécu, ni catholique, ni hérétique, mais excommunié. Il avait occupé l'Eglise de Constantinople 17 ans 9 mois. On mit à sa place Fravita ou Flavita, prêtre de Sainte-Thècle, dans un des faubourgs. Il ne voulut point monter sur le siège patriarcal sans la participation du Pape, auquel il envoya une lettre synodale. Cette lettre fut portée à Rome, avec une autre de la part de l'empereur Zénon, par des moines catholiques de Constantinople, qui avaient toujours évité la communion d'Acace et de Monge. Fravita mandait par la sienne des nouvelles de sa promotion au Pape, afin que le consentement qu'il y donnerait affermît entièrement son épiscopat. Il y reconnaissait saint Pierre pour chef des apôtres, la base de la foi, le dispensateur du mystère céleste, en ayant reçu les clés. Zénon témoignait par sa lettre beaucoup d'estime et d'affection pour Fravita, protestant qu'il n'avait travaillé à le mettre sur le siège de Constantinople que parce qu'il l'en croyait digne, et dans la vue de raffermir l'union des églises et l'unité de la foi. Il y témoignait aussi beaucoup d'égards pour le Pape et un grand zèle pour la religion, qui est le fondement des empires, et qu'on doit préférer à toutes choses.

Félix lut ces deux lettres avec joie, et fit lire celle de l'empereur en présence de ceux qui les avaient apportée, ainsi que de tout le clergé de Rome, qui y applaudit par de fréquentes acclamations. Il y avait tout lieu de croire que Fravita, en chargeant de sa lettre des ecclésiastiques et des moines unis de communion avec le Saint-Siège, voulait aussi prendre ce parti; et le Pape était près d'accorder la communion aux députés, lorsqu'il leur demanda si eux et celui qui les avait envoyés promettaient de rejeter les noms d'Acace et de Monge des sacrés diptyques. Sur ce qu'ils répondirent qu'ils n'avaient point reçu d'ordres à cet égard, il différa de les admettre à sa communion, leur faisant voir, par des pièces authentiques, que Timothée Elure et Pierre Monge étant infectés des erreurs d'Eutychès, ils ne pouvaient jamais être reçus dans l'Eglise comme évêques. Cependant, comme il désirait extrêmement l'union et la paix des églises, il se hâta de récrire à l'empereur et à Fravita, afin d'en recevoir des réponses favorables à ses desseins. Ces deux lettres sont éloquentes de charité et de tendresse.

« Je me réjouis, grand prince, dit-il à l'empereur, que celui dont vous vous glorifiez d'avoir procuré l'élévation ait donné déjà une marque des sentiments modérés qui l'animent, en rapportant au Siège de Pierre le principe de sa dignité. Votre propre magnanimité ne brille pas moins dans le désir que vous témoignez de voir régler cette cause par l'autorité pontificale, ainsi qu'il a été divinement ordonné, et que celui qu'on assure avoir été promu au faîte du sacerdoce, soit affermi par le Siège d'où Jésus-Christ a voulu que la plénitude de la grâce coulât sur tous les évêques. » Ensuite, après lui avoir dit comment il se trouvait dans l'inquiétude avec les députés, il ajoute : « Voulant donc faire une concorde bien pure avec celui qu'on assure avoir été créé pontife, nous nous empressons de suggérer à votre gloire de ne pas souffrir qu'il reste la moindre chose qui puisse occasionner une nouvelle dissension. Eutychès et Dioscore ayant été condamnés par le concile de Chalcédoine, que votre clémence assure depuis longtemps révérer; Timothée Elure et Pierre Monge étant convaincus d'être leurs sectateurs, et Acace ayant embrassé leur communion, après les avoir traités dans ses lettres, d'hérétiques condamnés, la sentence du concile les enveloppe tous. Ne favorisons pas dans les successeurs ce qui a été manifestement condamné dans les auteurs. La justification de Pierre Monge ne peut être réputée légitime, puisque le Siège apostolique, qui l'a lié, ne l'a point délié, suivant la coutume des anciens. Car vous savez, vénérable empereur, que la Sagesse d'en haut n'a donné qu'à ses pontifes, dans l'ordre compétent, la puissance de remettre les péchés des mortels; quant à la conscience. Je n'exige point cela de vous par l'autorité du Siège apostolique, et comme tenant la place du bienheureux Pierre, mais je vous en conjure instamment, comme un père qui a vivement à cœur le salut et la prospérité d'un fils bien-aimé. Vous écoutez avec bonté les demandes des nations barbares, lorsqu'il s'agit de la paix de l'empire; combien plus volontiers n'écouterez-vous pas les prières du Siège apostolique pour la paix des Eglises? Car, s'il est rien de convenable, c'est que l'ancienne et la nouvelle Rome soient unies dans la même foi, qui, selon le témoignage de saint Paul, est prêchée par tout le monde; en sorte que ces deux villes n'aient qu'une religion comme elles n'ont qu'un même nom.

» Croyez-vous, vénérable empereur, que je ne répande point de larmes en vous écrivant ceci, et que je ne me prosterne pas, en la manière que je puis, aux pieds de votre piété? Je n'ai point de peine à me rabaisser devant les puissances de l'empire, surtout pour une telle cause, après que l'apôtre a dit qu'il s'était fait le rebut et l'opprobre de tous les hommes. Ne veuillez pas, bien-aimé fils, rejeter mes supplications ni méconnaître ma personne; car, tout indigne que j'en suis, c'est l'apôtre Pierre qui vous prie en moi, et, en lui, c'est Jésus-Christ même, qui ne veut pas que son Eglise soit mise en pièces. A Dieu ne plaise que vous lui préfériez quoi que ce soit, lui dont vous sollicitez si ardemment la miséricorde; d'autant plus que vous avez déjà tant fait pour la foi catholique. En quoi, s'il y a eu quelque omission, c'est la faute du perfide Acace, qui, pendant que vous étiez occupé des affaires publiques, ne songeant qu'à sa coupable ambition, négligeait de vous suggérer ce qui était de l'intérêt de la religion orthodoxe. Comment, en effet, votre piété n'aurait-elle pas cru devoir suivre ce qu'elle voyait faire à un pontife? Aussi, par le jugement de Dieu, n'a-t-il pu être absous, quoique ce fût bien notre désir. Je ne cesserai donc de vous conjurer de plus en plus que cette funeste division disparaisse avec ses auteurs et leurs noms (Fel.; *Epist.* 12). »

Dans sa lettre à Fravita, le pape Félix le félicite du bon témoignage qu'on rendait de lui; mais il le loue surtout de s'être adressé, selon la règle, au Siège apostolique, par qui, conformément à l'ordre établi par Jésus-Christ, tous les évêques sont confirmés dans leur dignité. Il assure que ce n'était qu'avec peine qu'il avait différé d'admettre à la communion ses députés, et le prie de croire qu'en cela il n'agissait point par opiniâtreté, mais par le zèle qu'il était obligé d'avoir pour la foi et la défense des dogmes que les Pères nous ont transmis. En demandant de vous que vous ne récitiez plus à l'avenir les noms d'Acace et de Pierre Monge, je ne vous impose point cette loi par un esprit d'empire et de domination, mais pour satisfaire à mon devoir et décharger ma conscience. Considérez, vous tous qui êtes revêtus de la dignité pastorale, que nous sommes obligés de vivre et de mourir, s'il est nécessaire, pour la foi. Considérez aussi que la durée de cette vie est toujours incertaine, et que nous ne pouvons assez craindre d'être enlevés subitement et présentés au jugement redoutable de Dieu. Aussi, par l'affection que je vous porte, je vous presse, avec les plus vives instances, d'éviter le sort terrible du malheureux Acace, qui, malgré nos efforts, n'a pu être absous. Il ajoute que, si l'on convient de lui accorder ce qui regardait Acace et Monge, il sera aisé d'accommoder, pour le bien de la paix, ce qui concernait ceux qu'Acace avait baptisés et ordonnés. C'est qu'ils craignaient qu'en souscrivant à sa condamnation, on ne les obligeât de regarder nuls les sacrements qu'il avait administrés depuis que Rome l'avait condamné. Le Pape ajoute qu'il s'était déjà expliqué là-dessus. Nous n'avons point cette lettre (*Epist.* 13).

Il en écrivit une à Thalassius et aux autres archimandrites de Constantinople, en ces termes : « Nous avons cru devoir vous avertir que, pour empêcher des fils de perdition tels que Pierre Monge et Acace, d'envahir l'épiscopat, ni vous ni votre monastère ne devez communiquer avec l'Eglise de Constantinople ni avec celui qui lui sera donné pour chef, jusqu'à ce que tout ne soit venu à la connaissance du Siège apostolique, ou par les lettres de celui qui sera créé évêque, ou par vos propres relations. Car, comme vous avez suivi la sentence du Siége apostolique pour suspendre la communion avec ceux qu'il a condamnés, de même vous devez suivre l'exemple du bienheureux Pierre, afin que, la communion étant rétablie par son autorité, vous sachiez que vous devez communiquer avec eux. Ne vous laissez point persuader que nous ayons accordé notre communion à cette Eglise, puisque vous voyez que les choses sont encore douteuses, et que tout ce qui regarde l'évêque élu demeure, dans une entière incertitude. Car on ne peut entretenir de communion avec celui dont il n'est pas prouvé que nous ayons reconnu l'épiscopat, et dont les intentions et la foi ne sont pas suffisamment assurées. Que votre charité attende donc l'ordre du Siége apostolique (Fel., *Epist.* 14). » Cette lettre, qui est datée du 1er mai 490, est une réponse à celle que ces abbés lui avaient écrite par les députés de Fravita.

Le Pape écrivit encore à un évêque nommé Vétranion. Il le savait homme de piété et de zèle, capable de bien défendre la vérité quand il la connaissait. Il lui écrivit donc pour l'instruire de l'affaire d'Acace et de Monge. Après l'avoir fait en très-peu de mots, il le prie en des termes très-polis d'abandonner un parti qu'il ne pouvait plus douter être mauvais, et de faire tous ses efforts pour en retirer les autres ; surtout de porter l'empereur, qu'il appelle le principal fils de la religion, à permettre qu'on ôtât des diptyques de l'Eglise de Constantinople, les noms d'Acace et de Monge qui avaient occasionné toute cette tempête. Il le conjure d'employer à cet effet les prières les plus pressantes, et les accompagner même de larmes pour les rendre plus efficaces (*Epist.* 15).

Il reste encore un fragment d'une lettre que le Pape écrivit à André de Thessalonique. Cet évêque avait demandé la communion du Saint-Siége, mais à d'autres conditions que le Pape prescrivait. « Nous voudrions, lui répondit le Pape, que le désir que vous témoignez de rentrer dans la communion de l'Eglise fût aussi entier que l'intérêt de la vérité orthodoxe le demande (Labbe, t. IV). » Il y a lieu de croire que cela regardait la communion d'Acace, et qu'André fit sur ce point ce que le Pape souhaitait, puisqu'en 492, une lettre de Félix ayant été lue à Thessalonique, tout le monde dit anathème à Acace et à ceux qui s'étaient engagés dans sa communion.

Cependant quelques personnes zélées pour la foi apportèrent à Rome une copie de la lettre que Fravita avait écrite à Monge, pour lui protester qu'il entrait dans sa communion, et même qu'il rejetait celle de Félix. Le Pape, qui en avait reçu une toute contraire, voyant la mauvaise foi de Fravita, renvoya ses députés sans vouloir les entendre davantage. Il ne laissa pas de répondre à la lettre de cet évêque. Mais avant que cette réponse fût arrivée à Constantinople, Fravita mourut subitement, après un épiscopat de 3 mois et 17 jours.

On élut à sa place Euphémius, prêtre catholique très-savant et très-vertueux. Ce fut à lui qu'on remit la réponse de Pierre Monge à Fravita. Voyant que Monge y anathématisait le concile de Chalcédoine, il en eut horreur, se sépara de sa communion et effaça de ses propres mains son nom dans les diptyques. Cette rupture aurait eu des suites, étant tous deux sur le point d'assembler des conciles l'un contre l'autre, si Monge eût vécu plus longtemps ; mais il mourut la même année 490, et eut pour successeur un nommé Athanase, hérétique comme lui. Euphémius ne se contenta pas d'effacer son nom des diptyques ; il y mit celui du pape Félix, auquel il adressa des lettres synodales suivant la coutume. Le Pape les reçut ; l'admit lui-même comme catholique dans la communion ; mais il ne le reconnut pas pour évêque, dit Théophanes, parce qu'Euphémius ne consentit point à ôter des diptyques les noms de Fravita et d'Acace. On voit ici deux sortes de communion. L'une, concernant simplement la foi, appartenait à tous les fidèles, et le Pape l'accorde à Euphémius ; dont la foi n'était pas suspecte ; l'autre était la communion épiscopale, que les sujets élus sollicitaient du Saint-Siége avec tant d'ardeur, parce qu'elle leur était absolument nécessaire pour qu'ils fussent comptés parmi les évêques. Le patriarche Nicéphore marque très-bien la différence de ces communions. « Le Pape, dit-il, reçut les lettres d'Euphémius, et il le favorisa comme orthodoxe ; mais il ne lui accorda point la communion épiscopale. » Il le favorisa comme orthodoxe, c'est ce que Théophanes exprime en disant que le pontife romain l'admit comme catholique dans sa communion ; il lui refusa la communion épiscopale, c'est-à-dire, suivant le même Théophanes, qu'il ne le reconnut pas pour évêque. Il ne l'excommunia point, il le toléra (Théoph., p. 116 ; Niceph., l. 16, c. 19).

Au milieu de cette confusion de l'Orient, les patriarches de Jérusalem se conduisirent en général d'une manière fort honorable. Anastase étant mort au mois de janvier 479, eut pour successeur Martyrius ; natif de Cappadoce, qui avait passé en Egypte et mené quelque temps à Nitrie la vie d'anachorète. Il en sortit à cause des violences de Timothée Elure, après le massacre du saint patriarche Protérius, et se retira avec un autre anachorète, nommé Elie, natif d'Arabie. La réputation de saint Euthymius les attira en Palestine ; ils s'attachèrent à lui ; et il les aima particulièrement, prévoyant qu'ils deviendraient tous deux, en leur temps, évêques de Jérusalem. Il les prenait d'ordinaire, avec saint Gérasime, pour compagnons de la retraite qu'il faisait tous les ans dans le désert, depuis le quatorzième de janvier jusqu'au dimanche des Rameaux. Après la mort de saint Euthymius, le patriarche Anastase les amena tous deux à Jérusalem, les ordonna prêtres, et les agrégea au clergé du Saint-Sépulcre.

Martyrius ayant donc été ordonné patriarche, chercha les moyens de réunir à l'Eglise les moines qui avaient fait schisme par suite de l'hérésie d'Eutychès. Saint Euthymius lui fit connaître, par révélation, que cette réunion aurait lieu sous son pontificat ; sans qu'il eût à s'en inquiéter. En effet, un jour que le nouveau patriarche n'y pensait plus, l'abbé Marcion, chef des schismatiques, comme s'il eût été inspiré de Dieu, les assembla tous en son monastère de Bethléhem, et leur dit : « Mes frères et mes Pères, jusqu'à quand tiendrons-nous en division le corps de l'Eglise ? et cela sans savoir si c'est là la volonté de Dieu, mais nous appuyant sur nos propres raisonnements. Suivons l'exemple des apôtres, et tirons au sort pour les évêques et pour les moines. Si le sort tombe sur les moines, nous demeurerons comme nous sommes; s'il tombe sur les évêques, nous communiquerons avec eux. » Ils approuvèrent tous la proposition, de Marcien. Le sort fut jeté et tomba sur les évêques, et aussitôt ils communiquèrent tous avec eux, croyant que c'était l'ordre de Dieu. Le patriarche les reçut à bras ouverts, et fit une grande fête à cette réunion. Il n'y eut que deux abbés qui demeurèrent opiniâtres. Ils furent chassés pour leurs erreurs, et finirent malheureusement, menant une vie errante (*Vita Euthym.*; *Acta Sanct.*, 20 *Januar.*).

Martyrius étant mort en 485, eut pour successeur Salluste. En 491, le nouveau patriarche ordonna prêtre saint Sabas, qui fut le plus ferme appui de la foi catholique en Palestine. Sabas était né l'an 439, à Mutalasque, bourgade près de Césarée en Cappadoce. Son père, qui suivait la profession des armes, le laissa tout jeune entre les mains de ses proches, qui bientôt se firent des procès pour l'administration de ses biens. Affligé de cette division, le jeune Sabas se retira dès l'âge de huit ans dans un monastère voisin, où il surpassa en humilité et en obéissance tous les moines, qui étaient plus de soixante-dix. Dix ans après, il lui vint en pensée d'aller à Jérusalem et de se retirer dans un désert du voisinage. Il en obtint la permission de son abbé, et y vint en 457. Il passa l'hiver dans le monastère de Saint-Passarion, alors gouverné par l'abbé Elpide. Ensuite, attiré par la réputation de saint Euthymius, il alla le trouver et se mit sous sa conduite.

Ayant fait le voyage d'Alexandrie pour accompagner un moine qui y avait des affaires, il fut reconnu par son père et sa mère, qui y étaient établis depuis plusieurs années. Son père commandait la compagnie des Isaures, et voulut l'engager dans le service militaire; mais Sabas demeura fidèle à sa profession; et comme ses parents le pressaient de prendre au moins vingt pièces d'or pour son voyage, il en prit seulement trois pour les contenter; mais à son retour il les mit entre les mains de son abbé. A l'âge de trente ans, saint Euthymius le trouva si avancé dans la vertu, qu'il lui permit de demeurer seul dans une caverne, c'est-à-dire d'y passer cinq jours de la semaine. Le dimanche au soir il sortait du monastère, portant des branches de palmes pour son travail. Il passait les cinq jours suivants sans prendre aucune nourriture. Le samedi matin, il venait au monastère, apportant son ouvrage, qui se composait de cinquante corbeilles; et il vécut cinq ans de la sorte. Saint Euthymius le nommait le jeune vieillard, et le prenait tous les ans pour faire sa retraite dans le désert de Rouba, où l'on dit que demeura Jésus-Christ pendant son jeûne de quarante jours.

Après la mort de saint Euthymius, saint Sabas voyant que l'observance du monastère s'était relâchée, se retira dans le désert d'Orient, et y surmonta de grandes tentations du démon. Quatre ans après, il apprit par révélation qu'il devait s'établir dans une caverne près le torrent de Cédron; c'était en 478. Il demeura seul pendant cinq ans; mais ensuite il y vint plusieurs disciples : en sorte qu'à l'âge de 45 ans, il commença à prendre le gouvernement des âmes, et à recevoir tous ceux qui s'adressaient à lui. Il eut bientôt une communauté de soixante-dix personnes, dont quelques-unes fondèrent de nouveaux monastères. Au milieu du torrent, il dressa un petit oratoire et un autel consacré; et quand quelque prêtre venait le voir, il le priait d'y offrir le saint sacrifice; car son humilité l'empêchait de recevoir l'ordination.

Le nombre de ses disciples s'étant multiplié jusqu'à cent cinquante, il y eut quelques faux frères qui voulurent se retirer de sa dépendance. Ils allèrent à Jérusalem trouver le patriarche Salluste, et lui demandèrent un abbé. Le patriarche leur dit : De quel lieu êtes-vous? Ils répondirent : Nous habitons dans un torrent désert. En quel torrent, dit le patriarche? Se voyant ainsi pressés, ils dirent : Celui que quelques-uns nomment de l'abbé Sabas. Le patriarche reprit : Et l'abbé Sabas, où est-il? Ils répondirent : Il n'est pas propre à conduire ce monastère, il est trop rustique; et pour vous dire tout, il n'a point reçu les ordres, ni permis qu'on en ordonnât d'autres : comment pourrait-il gouverner une communauté de cent cinquante personnes? Quirice, prêtre et gardien de la croix, était présent et leur dit : Est-ce vous qui l'avez reçu dans ce lieu-là, ou bien lui qui vous y a reçus? Ils répondirent : C'est lui qui nous a reçus; mais il est trop grossier pour nous gouverner, depuis que notre nombre est augmenté. Le patriarche leur dit : Allez, faites-y réflexion, et revenez demain. Dans l'intervalle, il envoya chercher saint Sabas comme pour un autre sujet. Il fit aussi venir ses accusateurs, et l'ordonna prêtre à leurs yeux; puis il leur dit : Voilà votre père, et l'abbé de votre monastère, que Dieu a choisi, et non les hommes. Je me suis procuré mon propre avantage, en confirmant le choix de Dieu. Ensuite, accompagné de saint Sabas, et du prêtre Quirice, il se rendit au monastère, et dédia leur église. Il fit dresser dans la crypte un autel, qu'il consacra et sous lequel il plaça plusieurs reliques de martyrs. C'était le 12 décembre 491.

La même année, un Arménien nommé Jérémie fut reçu dans le monastère ou la laure, avec ses deux disciples, Pierre et Paul. Saint Sabas leur donna un petit oratoire où il leur permit de faire l'office en leur langue le samedi et le dimanche. Ils attirèrent peu à peu plusieurs Arméniens; en sorte que, dix ans après, saint Sabas les transféra dans leur petit oratoire dans la grande église pour y faire leur office; mais à la charge qu'après qu'ils auraient lu l'Evangile en leur langue, ils passeraient dans l'église des Grecs au temps de l'oblation, pour communiquer avec eux aux saints mystères. C'est-à-dire qu'ils célébraient séparément la première partie de la messe, qui est pour l'instruction, et se réunissaient pour le sacrifice. Et comme quelques-uns de ces Arméniens chantaient le trisagion, avec l'addition de Pierre le Foulon, *crucifié pour nous*, saint Sabas leur ordonna de le chanter en grec, suivant l'ancienne tradition de l'Eglise, sans cette addition (*Vita S. Sabæ*).

Saint Sabas ne recevait point de jeunes gens dans sa laure, mais les envoyait à une lieue et demie de là, dans le monastère de Saint-Théodose, avec lequel il vivait dans la plus étroite union. Théodose était également de Cappadoce. Dès sa jeunesse, il fut ordonné lecteur, et, touché de ce qu'il lisait, il résolut de quitter son pays et d'aller en Palestine, dans le temps qu'on tenait le concile de Chalcédoine. Passant par la Syrie, il alla voir saint Siméon Stylite, qui le fit monter sur sa colonne, et lui prédit qu'il serait le père d'un grand troupeau. Après avoir visité les saints lieux, il se mit sous la direction d'un reclus nommé Longin, et fut aussi instruit par deux disciples de saint Euthymius. Ensuite, craignant d'être établi supérieur, il se retira à deux lieues de Jérusalem, dans une caverne où il vécut trente ans, de fruits ou de légumes, sans manger de pain. Il eut d'abord six ou sept disciples; puis, comme ils se multipliaient et que sa grotte ne pouvait plus les contenir, il bâtit aux environs un grand monastère, où on exerçait tous les arts nécessaires à la vie, en sorte qu'il ressemblait à une ville. C'était le refuge de tous les malheureux. On y pratiquait l'hospitalité, on y donnait l'aumône, on y soulageait les malades. Il y avait quatre infirmeries, deux pour les moines, savoir : une pour les malades et une autre pour ceux qui étaient cassés de travail et de vieillesse; deux pour les séculiers, selon leur condition, mettant à part ceux qui étaient plus considérables. Il y avait aussi quatre églises : une pour ceux qui parlaient grec comme lui; une pour les Besses, peuple de Thrace; la troisième pour les Arméniens, afin que les uns et les autres fissent l'office en leur langue; la quatrième pour quelques moines qui, ayant voulu témérairement vivre en anachorètes, avaient perdu l'esprit, et depuis étaient revenus en leur bon sens. Chaque nation faisait donc son office à part, excepté le saint sacrifice; car, après la lecture de l'Evangile, ils s'assemblaient tous dans la grande église, qui était celle des Grecs, et y communiaient ensemble. On tira de ce monastère plusieurs abbés et plusieurs évêques. Saint Théodose, sans avoir aucune teinture des auteurs profanes, ne laissait pas d'être éloquent et persuasif. Il se servait fort des traités ascétiques de saint Basile, et se le proposait pour exemple (*Acta Sanct.*, 11 *jan*.).

Le patriarche Salluste étant mort en 493, eut pour successeur Elie, le même qui, avec Martyrius et saint Sabas, avait été des disciples favoris de saint Euthymius. Il bâtit un monastère près de la cathédrale, et y rassembla les plus vertueux de l'église du Saint-Sépulcre, auparavant dispersés aux environs de la tour de David. Dans la désunion où était l'Orient, Elie ne communiqua point avec les Alexandrins, qui anathématisaient le concile de Chalcédoine, ni avec Pallade d'Antioche, qui rejetait comme eux ce concile. Il ne communiquait qu'avec Euphémius de Constantinople, et, par conséquent, il se trouvait, à l'égard du Pape, dans la même position qu'Euphémius, reçu à la communion comme catholique, mais non pas comme évêque, la communion épiscopale étant suspendue.

Cependant les Eglises d'Afrique respiraient un peu sous Gontamond, successeur d'Hunéric. La troisième année de son règne, l'an 487, il rappela saint Eugène, évêque de Carthage, et rendit aux catholiques de la même ville le cimetière de Saint-Agilée. Mais il ne rappela les autres évêques et ne fit ouvrir les églises qu'en 494. Les évêques d'Afrique ne pouvant donc s'assembler pour remédier aux maux que la persécution avait causés dans leur province, le pape Félix vint à leur secours. Il assembla un concile à Rome, dans la basilique de Constantin, le 14 mars 487. Il s'y trouva 40 évêques d'Italie, 4 évêques d'Afrique, Victor, Donat, Rustique et Pardale, envoyés probablement de la part de leurs collègues, comme saint Cyprien en avait envoyé autrefois consulter le Saint-Siège sur la manière dont ils devaient se conduire dans la réconciliation de ceux qui étaient tombés dans la persécution. Il y eut dans ce concile 76 prêtres, qui sont tous nommés dans les actes. Le Pape y marqua d'abord combien il était affligé de la désolation des Eglises d'Afrique, où non-seulement le simple peuple et les clercs inférieurs, mais des diacres, des prêtres et des évêques s'étaient laissé rebaptiser. Il y a apparence qu'il fit lire, dans cette assemblée, les mémoires qu'on lui avait communiqués sur toutes ces choses, et que le concile ayant dit son avis, le Pape en forma une lettre qu'il fit lire ensuite par le diacre Anastase. Elle est adressée à tous les évêques des différentes provinces, et contient le résultat du concile.

Celle que nous avons n'est datée que du 15 mars 488, ce qui fait croire que le Pape en envoya des copies originales en divers endroits, selon les besoins, et qu'il datait ces copies du temps qu'il les envoyait. Il marque aux évêques, que l'on doit appliquer à ceux qui sont tombés dans la persécution, des remèdes propres à leurs plaies, de peur que si on voulait les fermer avant le temps, non-seulement cela ne servit de rien à des personnes attaquées d'une peste mortelle, mais encore que les médecins ne se rendissent aussi coupables que les malades, pour avoir traité trop superficiellement un mal si pernicieux. Il veut d'abord que l'on distingue la personne et la condition des tombés qui demandent indulgence; que l'on examine s'il est vraiment pénitent, dans le désir de satisfaire à Dieu; s'il a une vraie douleur de s'être laissé rebaptiser, et s'il a commis ce crime par contrainte, parce que la condition de celui qui a été forcé doit être différente de celui qui s'est laissé aller volontairement, et que l'on doit traiter avec plus de sévérité celui qui s'est laissé engager par argent. Ensuite il ordonne de punir la faute par les moyens ordinaires, en sorte que, renonçant à toute honte et à toute délicatesse, les coupables embrassent les jeûnes, les gémissements et les autres pratiques salutaires, dans les temps où elles leur seront imposées et pour tout le temps qu'on leur prescrira, la grâce n'étant accordée qu'aux humbles, et non pas aux superbes.

Descendant ensuite dans le particulier, il ordonne que les évêques, les prêtres et les diacres qui s'étaient laissé rebaptiser volontairement ou même par contrainte, seront soumis à la pénitence jusqu'à la mort, sans assister aux prières, non-seulement des fidèles, mais encore des catéchumènes; car se faire rebaptiser, c'est se reconnaître païen. Il leur accorde néanmoins à tous la communion laïque à la mort, après qu'une personne habile aura examiné avec soin leur disposition. Pour les clercs inférieurs, les moines, les religieuses et les séculiers qui, étant tombés sans y avoir été contraints, témoigneront un véritable désir de se relever, il veut que, conformément à la règle établie dans le concile de Nicée, ils passent trois ans dans le rang des catéchumènes, sept ans dans celui des prosternés ou pénitents, et deux ans assistant à l'oraison avec les fidèles laïques, sans néanmoins offrir aucune oblation. Il ajoute que, si les mêmes personnes sont tombées par la violence des tourments, on les admettra à la participation du sacrement par l'imposition des mains, après une pénitence de trois ans. A l'égard des enfants, clercs ou laïques, le Pape ordonne qu'ils seront tenus quelque temps sous l'imposition des mains, et qu'après cela on leur rendra la communion, de crainte qu'ils ne tombent dans de nouvelles fautes pendant le temps de leur pénitence; mais que ni eux, ni aucun de ceux qui auront été baptisés ou rebaptisés hors de l'Eglise catholique, ne pourra jamais être admis au saint ministère, et que ceux qu'on y aura élevés par surprise seront déposés; que les catéchumènes qui auront reçu le baptême des ariens seront trois ans parmi les auditeurs, puis parmi les catéchumènes, avec lesquels ils auront permission de prier, jusqu'à ce qu'ils reçoivent avec eux la grâce de la communion catholique par l'imposition des mains.

C'était un usage dans l'Eglise, de donner l'eucharistie aux pénitents, lorsqu'ils la demandaient à la mort. C'est pourquoi Félix ordonne que, si quelqu'un de ceux qui ont été mis en pénitence se trouve, à l'extrémité, il recevra le viatique, soit du même évêque qui lui aura imposé la pénitence, soit de tout autre ou même de tout prêtre, après s'être assuré néanmoins que cette personne a été admise à la pénitence. Le Pape défend du reste aux évêques et aux prêtres de recevoir dans leurs villes le pénitent d'un autre évêque, sans son attestation par écrit, soit que ce pénitent s'avoue être lié, soit qu'il prétende être délié. Il ajoute que, s'il arrive quelque cas imprévu, on en demandera la solution au Saint-Siège (Fel., Epist. 7).

Dans ces temps, une nouvelle révolution politique s'opérait en Italie. L'an 476, Odoacre avait mis fin à l'empire romain en Occident, et pris pour lui-même le titre de roi. Il comptait au nombre de ses pensionnaires le dernier empereur, Romulus-Auguste. L'an 478, il lui persuada, et par lui au sénat de Rome, d'envoyer une députation à Zénon, qui venait de remonter sur le trône de Constantinople, pour lui remettre les ornements impériaux et lui dire que Rome n'avait pas besoin d'un empereur particulier; que Zénon suffisait seul pour soutenir ce nom auguste dans les deux empires; que le sénat avait choisi Odoacre pour défendre l'Occident par sa prudence et sa valeur; qu'il priait l'empereur de conférer à ce général la dignité de patrice, et de se reposer sur lui du gouvernement de l'Italie. Par ces belles paroles, le rusé Barbare voulait endormir Zénon et lui faire oublier de rétablir le second empereur qu'il avait envoyé en Occident, Népos, qui vivait encore. Et de fait, dans ce temps-là même, Népos sollicitait son rétablissement auprès de Zénon, dont il avait épousé la nièce. L'adresse d'Odoacre eut un plein succès. Zénon fit aux députés de Népos de belles promesses, qu'il n'exécuta pas; à ceux d'Italie, il refusa de vive voix le titre de patrice pour Odoacre, mais il le lui donna dans sa lettre. Odoacre gouverna donc l'Italie paisiblement.

En 487, il fit une expédition en Allemagne. Les Ruges, qui occupaient une partie de la Norique ou de la Bavière, en désolaient le reste par des incursions continuelles. Odoacre marcha contre eux, les défit dans une sanglante bataille, et emmena en Italie grand nombre de prisonniers, entre lesquels étaient leur roi Féléthée et Gisa, sa femme, arienne, si cruelle envers les catholiques. Le vainqueur entra dans Ravenne avec toute la pompe d'un triomphe. Féléthée, chargé de chaînes, marchait devant le char; il eut ensuite la tête tranchée, selon l'ancien usage des Romains. Gisa fut enfermée dans une prison. Mais Fridéric, leur fils, qui s'était échappé de la défaite, étant revenu dans le pays, Odoacre envoya contre lui, son frère Onulphe, avec une puissante armée; Fridéric prit la fuite, se retira auprès de Théodoric, l'Amale, et Odoacre fit passer en Italie tous les Romains de la Norique, c'est-à-dire tous les sujets de l'empire, pour les soustraire aux vexations des Barbares.

Saint Séverin, qui avait prédit à Odoacre sa grandeur future, avait également prédit ces derniers événements. Il était mort le 8 janvier 482. Tombé malade le 5, il fit assembler ses disciples dans la nuit du 7 au 8 pour les exhorter à la prière, à la pénitence et aux autres vertus chrétiennes; et après les avoir tous embrassés, il reçut le sacrement de l'eucharistie, commença le psaume cent cinquante, et mourut à ce verset : *Louez le Seigneur dans ses saints; que tout esprit loue le Seigneur.* Il avait recommandé à ses disciples, lorsqu'arriverait la transmigration en Italie, de transporter avec eux son corps. Ils le levèrent donc en 488, et le trouvèrent aussi entier que le jour de sa sépulture, quoiqu'il n'eût pas été embaumé. Sa translation fut accompagnée de plusieurs miracles. Elle avait bien plus l'apparence d'un triomphe que d'une retraite, par la pompe religieuse que produisait l'escorte de ceux qui quittaient le pays pour venir s'établir en Italie, et par le concours des villes et des villages par où l'on passait. Le corps fut déposé à Montfeltre en Ombrie, d'où il fut transféré, cinq ou six ans après, à Lucullane, entre Naples et Pouzzoles, par l'autorité du pape Gélase (*Acta Sanct.*, 8 *jan.*).

Après ces exploits, Odoacre pouvait croire sa puissance bien assurée. Ce fut précisément alors qu'elle lui fut enlevée avec la vie, et cela par un homme qui d'abord n'y pensait pas. Cet homme était Théodoric, roi des Ostrogoths, et précédemment surnommé l'Amale, pour le distinguer de Théodoric le Louche, qui venait de mourir par accident. Théodoric l'Amale, fils adoptif de l'empereur Zénon, nommé par lui patrice et consul, honoré de statues à Constantinople, gouverneur de la Thrace, ne pensait point à la guerre. Mais ses Goths, à qui l'on avait donné à cultiver une portion de la Dacie et de la Mésie, s'ennuyaient de la paix et de la charrue, et parlaient de faire la guerre sans leur roi. Théodoric résolut sur-le-champ de rompre avec Zénon, qui d'ailleurs lui en fournissait des prétextes par son peu de loyauté. Il s'avança donc vers Constantinople pour l'assiéger. Dans une entrevue qu'il eut avec Zénon, il lui exposa sans détour les motifs de sa conduite, et lui dit : « Pour remédier à tout cela, il ne vous en coûtera que des paroles. L'Italie appartenait à vos prédécesseurs; c'est le berceau de votre empire. Pourquoi l'abandonnez-vous aux Turcilinges et aux Hérules ? Permettez-moi d'en faire la conquête : si je réussis, vous en partagerez l'honneur, je le tiendrai de vous mon nouveau domaine; si j'y péris, vous y gagnerez la pension annuelle que vous vous êtes engagé à nous payer. Ne vous sera-t-il pas plus glorieux de voir Rome entre les mains de votre fils, que de la laisser en proie à un tyran ? » Cette proposition plut à Zénon, qui aussitôt lui donna l'investiture de l'Italie, en vertu de la souveraineté nominale sur ce pays, que lui valait, dans l'opinion publique, le titre d'empereur.

Théodoric se mit donc en route, vainquit sur son passage, non sans péril, un roi de Gépides et un roi de Bulgares, qui voulaient lui barrer le chemin, et arriva dans la Vénétie au mois de mars 489. Il y eut une bataille sanglante près de Vérone. Odoacre, qui avait fini par y avoir le dessous, courut à Rome, persuadé qu'il s'il conservait cette ville, l'empire de l'Italie n'était pas perdu pour lui; mais il en trouva les portes fermées, et les habitants lui déclarèrent du haut des murs, qu'ils ne reconnaissaient pour maître que celui qui leur était envoyé par l'empereur. Irrité de cet affront, il fit le dégât dans les environs, et regagna Ravenne, l'unique place où il pût se défendre. Cependant Théodoric étendait sa conquête; il marcha vers Milan, où commandait Tufa, général des armées d'Odoacre. Dans la consternation où étaient les habitants, que l'évêque Laurent exhortait à reconnaître le bras de Dieu dans la défaite d'Odoacre, Tufa n'osa soutenir un siège; il se rendit avec ses troupes et offrit de les employer au service de Théodoric. Saint Epiphane, évêque de Pavie, craignant pour son troupeau, vint aussi rendre hommage au vainqueur. Le prince le reçut avec respect, et dit à ses officiers la première fois qu'il le vit : « Voilà un homme à qui tout l'Orient n'a point de semblable : le voir est un bonheur ; habiter avec lui, une sécurité. C'est le boulevard inexpugnable de Pavie. S'il en est besoin, c'est à lui que nous pouvons confier avec assurance nos femmes et nos enfants, pour ne songer qu'à la guerre (*Acta Sanct.*, 21 jan.). »

Cependant Tufa ne s'était donné à Théodoric que pour mieux servir Odoacre. En effet, il profita de la première occasion pour lui livrer les troupes qu'il avait sous ses ordres. Par suite de cet échec, Théodoric se retira dans Pavie. C'était la place la plus forte de cette contrée, et Théodoric y ajouta de nouvelles fortifications. Mais la ville était trop petite pour loger commodément tant de soldats, qui, sans compter leur famille, traînaient avec eux un grand nombre de prisonniers ; en sorte que les habitants éprouvaient tous les jours des insultes et des mauvais traitements. Epiphane remédiait à tous ces maux, il nourrissait les indigents, rachetait les prisonniers, prenait soin des blessés et des malades, adoucissait par ses largesses la dureté des vainqueurs. Tant que dura cette guerre, il sut se maintenir entre les deux princes rivaux, et malgré la haine qui animait les deux partis, il s'en fit également aimer par l'universalité de son zèle et de sa charité épiscopale.

Durant cette guerre, Gondebaud, roi des Bourguignons, sous prétexte d'accourir au secours d'Odoacre, vint en Ligurie, pillant les villes et les campagnes, massacrant une partie des habitants, réduisant l'autre en esclavage. Il entrait en ami dans les villes, et les traitait en ennemi. Enfin, chargé de butin et traînant avec lui une multitude de prisonniers, il repassa les Alpes, ne laissant aux deux princes, qui se disputaient ces contrées, que des villes désertes et des campagnes désolées.

Les évêques, jusqu'à ce temps-là, n'avaient généralement secouru leur troupeau que par les armes spirituelles ; ils ne leur avaient ouvert d'autre asile que les églises. Ils commencèrent alors à bâtir des forteresses et des châteaux, pour mettre leurs peuples à l'abri de la violence. Honorat, évêque de Novare, donna l'exemple. C'était toujours l'ancienne charité ; mais à de nouveaux maux, elle cherchait de nouveaux remèdes ; et le nouveau mal était l'absence d'une force qui protégeât le pauvre peuple. Nous verrons le pape saint Grégoire le Grand, forcé par les circonstances, se charger lui-même de la défense de Rome, et obliger les évêques d'en faire autant dans leurs diocèses (*Hist. du Bas-Empire*, l. 37).

Après une nouvelle bataille livrée sur les bords de l'Adda, et qui fut également opiniâtre et meurtrière, Odoacre, vaincu, s'enfuit à Ravenne, résolu de s'y défendre jusqu'à la mort. Théodoric, laissant à Pavie, sous la garde de saint Epiphane, sa mère, sa femme et sa sœur, avec les femmes, les enfants et les vieillards, y mit une garnison de Ruges. C'était une nation féroce ; mais le saint évêque sut si bien les adoucir, que, trois ans après, ils ne purent le quitter sans verser des larmes. Cependant Théodoric assiégeait Ravenne. Comme la ville était très-forte, le siège dura trois ans. Enfin l'évêque de la ville, nommé Jean, après avoir longtemps exhorté Odoacre, lui persuada de traiter avec Théodoric, et se chargea de la négociation. Après de longs débats, Odoacre consentit à céder Ravenne et toute l'Italie, à condition qu'il partagerait avec Théodoric le titre de roi et les honneurs de la royauté. Il donna son fils Thélane en otage. Cet accord fut conclu le 27 février 493, et confirmé par le serment des deux princes. Le 5 mars suivant, Théodoric entra dans Ravenne, précédé de l'évêque et du clergé, qui étaient venus au devant de lui, portant les reliques des saints. Odoacre fut d'abord traité avec amitié ; il logeait avec Théodoric dans le palais. Mais peu de jours après, Théodoric l'ayant invité à un repas, le tua de sa propre main. Le fils, les parents, les principaux officiers d'Odoacre furent massacrés le même jour avec leurs enfants. Voilà comme le royaume des Ostrogoths s'établit en Italie. Toutefois, ces barbares commencements eurent des suites moins funestes.

Avant la fin de cette guerre, l'empereur Zénon mourut au mois d'avril 491, après avoir commis plusieurs cruautés. Les Grecs modernes le font mourir avec des circonstances épouvantables, savoir : qu'on l'enterra tout vivant, parce qu'on le croyait mort ou qu'on faisait semblant de le croire. Les plus anciens disent seulement qu'il fut attaqué par tout le corps de douleurs très-aiguës, et dont néanmoins on ne pouvait connaître la cause ; qu'il tomba ensuite dans une épilepsie, durant laquelle il avait sans cesse à la bouche le nom du patrice Pélage. C'était un personnage très-estimable, qu'il avait fait mourir peu auparavant. Il aurait voulu laisser l'empire à son frère Longin, qui n'en était guère digne. Sa veuve Ariadne fit élire par le sénat et le peuple un des courtisans chargés de faire faire silence dans le palais ; il se nommait Anastase, et elle l'épousa quarante jours après la mort de Zénon. Mais on rencontra un obstacle dans la fermeté d'Euphémius, patriarche de Constantinople. Cet évêque connaissait l'attachement d'Anastase aux erreurs d'Eutychès; il l'avait même chassé de l'église pour l'empêcher de troubler l'enseignement public en débitant la doctrine hérétique; de plus, il l'avait menacé de lui couper les cheveux, s'il continuait, et de l'exposer à la risée du peuple. Rejetant donc Anastase comme infecté de l'hérésie d'Eutychès et indigne de régner sur des catholiques, il refusait inflexiblement de le couronner; il ne se rendit aux instances pressantes d'Ariadne et du sénat, qu'après qu'Anastase eut déclaré par écrit qu'il recevait comme règle de foi les décrets du concile de Chalcédoine, et qu'il promettait de ne rien innover contre la doctrine de l'Eglise. Cette protestation, signée de sa main, fut confiée à Macédonius, garde du trésor de l'Eglise de Constantinople, et déposée dans les archives. Euphémius, après cette précaution, consentit à le couronner.

Anastase était dévot sans être chrétien; il allait à l'église avant le jour, et n'en sortait que quand le peuple était retiré; il jeûnait, il faisait de grandes aumônes. Aussi la multitude admirait sa vertu; et la première fois qu'il se montra dans le cirque avec les ornements de la dignité impériale, tout retentissait d'acclamations; on s'écriait de toutes parts : « Régnez, prince, comme vous avez vécu ! » On comparait Ariadne à Pulchérie, qui avait élevé Marcien sur le trône par préférence aux personnages les plus illustres; mais Anastase ne ressemblait pas mieux à Narcien, qu'Ariadne à Pulchérie. La joie des manichéens et des ariens était mieux fondée que celle des catholiques; la mère d'Anastase était zélée pour les manichéens, et Cléarque, son oncle maternel, pour l'hérésie arienne (*Hist. du Bas-Empire*, l. 37 et 38).

Le nouvel empereur était âgé de 60 ans et en régna 27. Il était originaire de Durazzo, d'une famille obscure. Quarante jours après son inauguration, il épousa l'impératrice Ariadne, fille de Léon et veuve de Zénon. Ce fut un prince médiocre, sans caractère décidé, sans principe fixe, et si peu d'accord avec lui-même, qu'on ne peut le louer presque d'aucune vertu, sans avoir à le blâmer du vice contraire. Il avait pour maxime qu'un prince peut mentir, et même se parjurer pour raison d'État; maxime détestable, puisée dans la morale perverse des manichéens, que sa mère lui avait enseignée. Il n'était pas plus délicat sur la reconnaissance que sur la vérité. Jean Talaïa l'avait autrefois secouru dans un besoin pressant : Anastase ayant fait naufrage près d'Alexandrie, Talaïa l'avait recueilli avec charité, et n'avait rien épargné pour réparer son infortune. Devenu depuis ce temps-là évêque de cette grande ville, et obligé par la faction hérétique de se réfugier en Italie, lorsqu'il apprit l'élévation d'Anastase, il espéra en obtenir justice, et se mit en chemin pour Constantinople. Dès que l'empereur sut que cet évêque approchait, il lui fit dire de sortir au plus tôt de ses Etats. L'eunuque Amantius, son chambellan, sectateur ardent des erreurs d'Eutychès, avait tout pouvoir sur son esprit, et l'aigrissait sans cesse contre les catholiques.

Le pape saint Félix ayant appris l'élévation d'Anastase, lui écrivit pour le féliciter et l'engager à défendre la foi catholique. Mais ne sachant pas encore quelle conduite il tiendrait dans les affaires de l'Eglise, et s'il ne marcherait pas sur les traces de son prédécesseur, il ne lui offrit point sa communion. Il attendait qu'il fût plus amplement informé. Mais il mourut lui-même peu après, le 25 février 492, ayant tenu le Saint-Siège près de neuf ans. Après cinq jours de vacance, on élut à sa place Gélase, africain de naissance, fils de Valère, qui gouverna l'Eglise romaine 4 ans, 8 mois et 18 jours.

Gélase donna aussitôt avis de son ordination à l'empereur Anastase; mais il n'écrivit point au patriarche Euphémius, parce qu'il le regardait comme n'étant point dans la communion du Saint-Siège. Euphémius, au contraire, lui avait écrit pour lui témoigner sa joie de sa promotion, et son désir pour la paix et la réunion des Eglises. Mais, voyant que Gélase ne lui faisait aucune réponse, il lui écrivit une seconde lettre par le diacre Syncétius. Nous n'avons ni l'une ni l'autre; mais on voit par la réponse de Gélase, qu'Euphémius félicitait l'Eglise de Rome sur le choix d'un pontife qui n'avait besoin des lumières de personne, et qui voyait par les siennes propres tout ce qui était nécessaire à la réunion des Eglises. Il ajoutait que pour lui, il n'était pas le maître de faire à cet égard ce qu'il souhaitait; que le peuple de Constantinople ne pouvait se résoudre à abandonner la communion d'Acace, et que, si l'on persistait à vouloir faire ôter son nom des diptyques, il serait bon que le Pape en écrivît au peuple de cette ville, et qu'il envoyât quelqu'un de sa part pour le disposer à souffrir qu'on en vînt là; qu'Acace n'avait jamais rien avancé contre la foi, et que, s'il s'était uni de communion avec Monge, c'était après que cet évêque avait rendu compte de sa foi. Euphémius faisait aussi une déclaration de la sienne, dans laquelle il rejetait Eutychès et protestait recevoir les décrets du concile de Chalcédoine. Il parait qu'Euphémius parlait, dans la même lettre, de ceux qui avaient été baptisés et ordonnés par Acace depuis la sentence rendue à Rome contre lui, et qu'il représentait au Pape l'embarras où l'on serait à l'égard de ces personnes, s'il fallait condamner la mémoire et le nom d'Acace.

Dans sa réponse, le Pape convient que, suivant l'ancienne règle de l'Eglise, il aurait dû lui donner avis de son élection au pontificat; mais il dit que cette règle ne subsistait qu'entre les évêques qui étaient unis de communion, et non entre ceux qui, comme Euphémius, avaient préféré une société étrangère à celle de saint Pierre. Il convient encore que, dans des troubles semblables à ceux dont l'Eglise d'Orient était agitée, il fallait user de condescendance et se rabaisser, à l'exemple du Sauveur, qui est descendu du ciel pour nous sauver; mais il observe qu'en se penchant pour relever ceux qui sont tombés, on ne doit pas se précipiter avec eux dans la fosse. Pour marque de sa condescendance, il déclare qu'il accorde volontiers à ceux qui avaient été baptisés ou ordonnés par Acace, le remède prescrit par la tradition. « Voulez-vous, ajoute-t-il, que je descende plus bas? que je consente que l'on récite, dans la célébration des mystères, les noms des hérétiques, de ceux que l'on a condamnés et de leurs successeurs? Ce ne serait point se rabaisser pour prêter du secours, mais se précipiter évidemment dans l'abîme. N'avez-vous pas souvent écrit à Rome que vous rejetiez Eutychès avec les autres hérétiques? Rejetez donc aussi ceux qui ont communiqué avec les successeurs d'Eutychès. Acace, dites-vous, n'a rien avancé contre la foi ; mais n'est-ce pas encore pis de connaître la vérité et de communiquer avec ses ennemis ? Vous demandez encore en quel temps Acace a été condamné ? Mais il ne fallait pas une condamnation particulière pour lui. Quoique catholique, il méritait d'être séparé de notre communion, dès le moment qu'il a communiqué à une hérésie ; et, étant mort dans cette disposition, nous ne pouvons souffrir que son nom soit lu parmi ceux des évêques catholiques. Nous ne sommes pas peu surpris de ce que, faisant profession de recevoir le concile de Chalcédoine, vous ne teniez pas pour condamnés, en général et en particulier, ceux qui ont communiqué avec les sectateurs de ceux qu'il a condamnés. Ce concile n'a-t-il pas condamné Eutychès et Dioscore ? Et toutefois Acace a communiqué avec les hérétiques eutychiens : ce qu'il entend de Timothée Elure et de Pierre Monge. Direz-vous que Pierre, avec qui Acace a communiqué, ait été justifié ? Donnez-en des preuves ; montrez comment il s'est purgé de l'hérésie eutychienne, et comment il s'est défendu d'avoir communiqué avec Eutychès. Il a été évidemment convaincu sur ces deux chefs. Ainsi, ne vous flattez point de la déclaration que vous faites de tenir la foi catholique, et d'avoir ôté des diptyques le nom d'Eutychès. Ce n'est pas assez de le dire, vous devez encore le montrer par des effets, en renonçant à la communion des hérétiques et de ceux qui ont communiqué avec leurs successeurs. »

Le Pape témoigne qu'il avait été affligé en trouvant dans les lettres d'Euphémius des choses contraires à ses propres intérêts et à la véritable paix ; et, sur ce qu'Euphémius y semblait dire qu'il y avait des gens qui le contraignaient de faire ce qu'il faisait à l'égard d'Acace et de Monge, il lui répond : « Un évêque ne doit jamais parler ainsi quand il est question de publier la vérité, pour laquelle, comme ministre de Jésus-Christ, il doit donner sa vie. Il se défend d'envoyer quelqu'un à Constantinople pour apaiser le peuple et le dissuader de la communion d'Acace, disant que c'est au pasteur à conduire le troupeau, plutôt que d'en suivre les égarements, et qu'il y avait tout lieu de croire, qu'étant suspect à ce peuple, il n'écouterait point ceux qu'il enverrait, vu qu'il n'écoutait pas même son propre pasteur. Nous viendrons, mon frère Euphémius, nous viendrons à redoutable tribunal de Jésus-Christ, où les chicanes, les délais et les subterfuges ne seront point d'usage. On y verra manifestement si c'est moi qui suis aigre et dur, comme vous m'en accusez, ou vous, qui refusez le remède salutaire, et qui témoignez de l'éloignement pour les médecins qui veulent vous procurer le remède, et qui voulez même obliger les médecins à être malades avec vous, plutôt que de recevoir la santé par leur ministère (Gélas, *Epist.* 1). »

Après la prise de Ravenne, Théodoric envoya aussitôt une ambassade à l'empereur Anastase, composée de Fauste, maître des offices, et d'Irénée, qui portait, de même que Fauste, le titre d'*illustre*. Le pape Gélase ne leur donna point de lettres pour l'empereur, ce qui surprit ce prince ; il ne se souvenait apparemment pas qu'il avait défendu à des envoyés à Rome de voir le Pape et de lui parler ; mais il paraît qu'il leur mit en main diverses instructions touchant le schisme auquel la condamnation d'Acace avait servi de prétexte. Il nous en reste deux fragments considérables. Dans le premier, le Pape s'attache à prouver l'invalidité du jugement par lequel les Orientaux prétendaient qu'Acace avait absous Pierre Monge. Voici entre autres quelques-unes de ses paroles :

Qu'on dise ce qu'on voudra sur la manière dont Pierre Monge a été absous, qu'on soutienne qu'il s'est repenti de ses crimes, toujours est-il qu'il a été hérétique, infidèle, et justement retranché de l'Eglise et de l'ordre ecclésiastique. Mais accordons pour un moment qu'il se soit repenti, ce qui n'est pas vrai, il faut voir si celui qui avait été coupé, arraché par une sévérité conforme aux règles, revenu à la pénitence, a été ensuite reçu selon ces mêmes règles, c'est-à-dire par une autorité compétente. Or, on ne montrera jamais, on ne prouvera jamais que son absolution, qui n'a point été prononcée dans une forme régulière, soit légitime ; car l'évêque du second siège n'a pu ni dû être déposé ou rétabli par qui que ce soit, sans le consentement du premier siège, à moins, peut-être, que tout ordre étant renversé, on ne reconnaisse plus la distinction consacrée par les antiques statuts de nos pères, entre le premier, le second et le troisième siège, et que le corps étant privé de son chef, tous les membres ne se livrent un mutuel combat, et qu'il n'arrive ce qui est écrit du peuple d'Israël : *En ce temps-là, il n'y avait point de chef en Israël, et chacun faisait ce qui lui semblait bon.* Par quelle raison, en effet, et sur quel fondement se croirait-on obligé de déférer aux autres sièges, si l'on s'affranchit de l'ancienne révérence due au Siége de Pierre, à ce premier Siége, par qui toute dignité sacerdotale a toujours été fortifiée et affermie, et dont l'antique honneur a été défendu par l'unanime et invincible jugement des 318 Pères, qui se rappelaient ces paroles du Seigneur : *Tu es Pierre. — Voilà que j'ai prié pour toi. — Pais mes brebis.* Le second fragment est d'une lettre aux évêques orientaux, où le Pape développe le même fond d'idées (Gélas., *Epist.* 14 et 15).

Par ces fragments, ainsi que par les autres pièces, on voit que, dans cette grande affaire, les Papes défendaient et qu'ils avaient la conscience de défendre la cause de toute l'Eglise, et par là même de l'humanité entière. D'après l'Ecriture et la tradition, la Chaire apostolique est l'autorité la plus grande et la plus sainte qu'il y ait sur la terre. S'il est permis de la méconnaître ou de la mépriser, il est permis, à plus forte raison, de méconnaître et de mépriser toute autorité quelconque : il n'y a plus d'ordre ni de société ; l'état légitime du genre humain sera le chaos et l'anarchie. Il est donc utile, il est donc nécessaire, pour le salut de l'Eglise et de l'humanité, que, dans tous les siècles, les Papes conservent leur autorité pleine et entière. Voilà ce qu'on n'a jamais bien compris en Orient, ni même quelquefois en Occident.

Les deux ambassadeurs ayant mandé au Pape les plaintes particulières des Grecs, il fit passer à Fauste une nouvelle instruction pour y répondre. « J'ai bien compris, dit-il, que les Grecs demeureront dans leur obstination, et qu'ils ne cherchent qu'à renverser la foi catholique, à l'occasion de l'ambassade du roi.

Mais que veut dire l'empereur, quand il se plaint que nous l'avons condamné? puisque mon prédécesseur lui a écrit sur son avènement à l'empire, et que je lui ai fait aussi mes compliments par lettre, sans en avoir jamais reçu de lui. Ils disent qu'il faut leur pardonner. Qu'on produise un exemple, depuis le commencement du christianisme, que des évêques, que les apôtres, que le Sauveur lui-même ait pardonné, sinon à ceux qui se corrigeaient. Nous lisons que Jésus-Christ a ressuscité des morts; mais non pas qu'il ait absous des gens morts dans l'erreur. Quant à la menace qu'ils nous font de se séparer de l'Eglise romaine, il y a longtemps qu'ils paraissent l'avoir mise à exécution.

» Je m'étonne comment Euphémius a pu dire qu'Acace n'a pu être condamné par un seul. Ne voit-il pas qu'Acace a été condamné en vertu du concile de Chalcédoine, comme on a toujours usé à l'égard de toutes les hérésies, et que mon prédécesseur n'a fait qu'exécuter un ancien décret, sans rien prononcer de nouveau? Non-seulement le prélat apostolique, mais tout évêque pouvait le faire; car Acace n'a pas inventé une nouvelle erreur, pour avoir besoin d'un nouveau jugement. Ils nous opposent les canons, et ils y contreviennent en refusant d'obéir au premier Siége, qui ne leur demande que la raison. Ce sont les canons eux-mêmes qui ont voulu que les appellations de toute l'Eglise fussent portées à ce Siége, et qui ont décidé qu'on ne doit aucunement en appeler nulle part, en sorte qu'il jugeât de toute l'Eglise, sans être jugé par personne, et que jamais on ne jugeât son jugement, mais que sa sentence soit irréformable et mise en exécution. En cette même affaire, Timothée Elure, Pierre le Foulon, Pierre Monge, Jean d'Apamée et les autres qui se prétendaient évêques, ont été déposés par la seule autorité du Siége apostolique; et Acace lui-même en est témoin, puisqu'il a été l'exécuteur de ce jugement. Etant donc retombé dans la communion des condamnés, il a été condamné de même.

» Ils osent nous citer les canons, et ce sont eux qui sans cesse les violent par leur coupable ambition. Par exemple, en vertu de quel concile ont-ils chassé de son église Jean d'Alexandrie, sans qu'il ait été convaincu ni avant ni après? Que s'ils disent : C'est l'empereur qui l'a fait; mais cela même, quels canons, quelles règles l'autorisent? Pourquoi Acace a-t-il consenti à cette entreprise illégitime, lorsque Dieu dit que c'est se rendre coupable, non-seulement de faire le mal, mais encore d'approuver ceux qui le font? En vertu de quels canons ou de quelles règles a-t-on chassé Calendion et plusieurs autres évêques? En vertu de quelle tradition des ancêtres appellent-ils en jugement le Siége apostolique? Quoi! on a dû chasser les évêques du second et du troisième, et tant d'autres évêques innocents; et l'évêque de Constantinople, à qui les canons ne donnent aucun rang, retombant dans la communion des hérétiques, n'a pas dû être déposé! Au reste, c'est une grande impudence de supposer qu'Acace a demandé pardon, et que c'est nous qui avons été difficiles. Témoin votre frère, l'illustre Andromaque, à qui nous avions donné d'amples instructions pour exhorter Acace à rentrer dans la communion du Siége apostolique, et qui nous a protesté avec serment y avoir fait de grands, mais de vains efforts. »

Le pape Gélase s'attribue en commun ce qu'avait fait son prédécesseur, qui survécut à Acace. »

Il continue : « Après des assertions si étranges et si incohérentes, il n'est pas étonnant qu'ils osent blasphémer le Siége de l'apôtre Pierre, qu'ils nous accusent d'être superbes, et qu'ils se flattent de pouvoir subjuguer le premier Siége qui ne cesse de leur offrir tout ce qui est de la piété. C'est ainsi que des malades en délire maltraitent leurs médecins. Cependant, je leur demande, où prétendent-ils que s'exerce le jugement qu'ils proposent? Chez eux? en sorte qu'ils soient les parties, les témoins et les juges. Mais à un pareil tribunal on ne confierait pas même les choses humaines, combien même l'intégrité de la loi divine? S'il s'agit de la religion, la souveraine autorité de juger n'est due, selon les canons, qu'au Siége apostolique. S'il s'agit de la puissance du siècle, c'est des pontifes, et principalement du vicaire de saint Pierre, qu'elle doit apprendre les choses divines et non pas les juger. Personne, quelque puissant qu'il soit dans le siècle, pourvu qu'il soit chrétien, ne s'attribue ce droit, à moins qu'il ne persécute la religion. Qu'ils considèrent plutôt que ce n'est pas vainement que le Christ assure que jamais les portes de l'enfer ne prévaudront contre la confession du bienheureux apôtre Pierre. Aussi nous ne craignons pas de voir infirmer la sentence apostolique, appuyée qu'elle est sur la parole du Christ, la tradition des ancêtres et l'autorité des canons, de telle sorte que c'est plutôt elle qui toujours juge toute l'Eglise (Gelas., *Epist.* 4). »

Dans toute cette affaire, on ne voit, du côté des Grecs, ni suite ni franchise. Acace sollicite et exécute les jugements du Pape : plus tard il y contrevient et s'en moque, viole le droit des gens pour corrompre les légats; son successeur, Fravita, écrit à Rome dans un sens, et à Alexandrie dans le sens contraire; Euphémius avance des assertions incohérentes, cite les canons en l'air contre le Pape, tandis que dans tout l'Orient, contrairement à tous les canons, contrairement à la nature même de l'Eglise, quand il plaît à l'empereur de chasser un évêque, on met servilement un autre en sa place, sans songer que c'est là asservir l'Eglise à la cour. Euphémius lui-même en sera bientôt un exemple. Les Eglises grecques en sont un autre, asservies qu'elles se voient avec leurs peuples au cimeterre du sultan de Stamboul et au knout du czar moscovite. Du côté des Papes, au contraire, on voit des principes fixes et certains : l'Ecriture, la tradition, les canons, interprétés par l'usage; on voit de l'ensemble et de la fermeté dans les idées et la conduite; on voit une conscience courageuse de son devoir, conscience et courage qui, en assurant la liberté de l'Eglise catholique, ont préparé la liberté légitime de ses peuples.

La sage fermeté des Papes commença dès lors à produire d'heureux fruits; car voici en quels termes les évêques de Dardanie écrivirent à saint Gélase : « Au seigneur saint apôtre et bienheureux Père des Pères, Gélase, pape de la ville de Rome, les humbles évêques de Dardanie. Nous avons reçu, avec toute la dévotion qui leur est due, les très-salutaires ordonnances de votre apostolat, et nous rendons de très-grandes actions de grâces au Dieu tout-puissant et à votre Béatitude, de ce que vous avez daigné nous visiter par une admonition pastorale et un enseignement évangélique; car notre désir et notre vœu, c'est d'obéir à vos ordres en toutes choses, et, comme nous avons appris de nos pères, d'observer inviolablement les commandements du Siége apostolique, et de garder autant qu'il nous sera possible, avec un dévouement fidèle et irrépréhensible, la foi orthodoxe dont vous êtes le prédicateur. Quant à Eutychès, Pierre, Acace, leurs sectateurs ou partisans quelconques, déjà, avant d'avoir reçu vos ordres, nous les avons évités, comme une contagion pestilentielle; maintenant donc, après l'avertissement du Siége apostolique, ce sera pour nous, qui, selon les divins préceptes et les statuts des Pères, désirons le servir sans reproche, ce sera pour nous une beaucoup plus grande nécessité encore, et de nous éloigner de la même pestilence, et de fuir en toute manière quiconque a suivi ou suivrait la secte d'Eutychès, ou de Pierre et Acace, ou voudrait communiquer avec leurs partisans. Et si quelques-uns (ce que nous ne pensons ni ne souhaitons), dans une mauvaise intention, croyaient devoir se séparer du Siége apostolique, nous protestons dès à présent que nous nous séparons d'eux, parce que, comme il a déjà été dit, suivant et observant en tout les préceptes des Pères et les règlements inviolables des saints conciles, nous voulons obéir à votre Siége apostolique et unique, avec une foi et une dévotion communes. Enfin, comme votre Béatitude, avec sa bonté ordinaire, nous invite à lui adresser quelque demande, nous supplions votre Apostolat de nous accorder la grâce d'envoyer sans délai quelqu'un de la part de votre chaire angélique, afin que nous puissions régler en sa présence, tout ce qu'exige la foi orthodoxe et le parfait accomplissement de vos ordres (Labbe, t. IV).

Vers le même temps, Laurent, évêque de Lignide en Illyrie, manda au Pape, par une grande lettre, qu'on avait lue dans l'église de Thessalonique et dans les autres de la province la lettre du pape Félix touchant les excès d'Acace; qu'ensuite tous lui avaient dit anathème et s'étaient séparés de sa communion. Il avait prié en même temps le Pape d'envoyer aux évêques d'Illyrie une profession de foi qui pût servir d'antidote contre l'hérésie. Gélase fit dans sa réponse une déclaration abrégée de sa foi, reconnaissant que c'était la coutume que l'évêque nouvellement établi dans l'Eglise romaine envoyât le formulaire de sa foi aux autres Eglises pour leur servir de règle. « Nous avions, ajoute-t-il, résolu de vous envoyer quelques-uns des nôtres, si l'état des affaires nous l'eût permis; mais nous espérons le faire dans quelque temps, lorsqu'on nous aura mandé, par une députation solennelle, comme nous nous y attendons, que l'on se sera rangé à son devoir dans ces quartiers-là. » En réponse aux évêques de Dardanie, il leur envoya un, nommé Ursicin, avec une lettre où il marque qu'il n'a pu leur faire part, suivant la coutume, de son entrée au pontificat, aussitôt qu'il aurait désiré, à cause des troubles de guerre, ce qui marque la révolution d'Italie et la conquête de Théodoric. Il s'attache à les confirmer dans leurs bonnes dispositions, et les charge de faire part de sa lettre aux évêques des provinces voisines (Gélas., Epist. 2 et 3).

Le roi Théodoric, pour affermir sa domination, fit une loi par laquelle il ne laissait la liberté entière qu'à ceux qui avaient suivi son parti, déclarant ceux qui avaient suivi le parti d'Odoacre et des Hérules, incapables de tester ni de disposer de leurs biens. Cette loi jeta la consternation dans toute l'Italie, et les peuples, affligés, s'adressèrent à saint Epiphane de Pavie, pour être leur intercesseur auprès du roi. Epiphane était leur refuge ordinaire dans toutes les calamités. Lorsque la ville de Pavie fut prise par Odoacre, il se fit respecter des Barbares, au milieu même du pillage et de l'incendie, et sauva la vie et la liberté à un grand nombre d'habitants. Il travailla ensuite à rebâtir la ville, lui obtint d'Odoacre une exemption d'impôts pour cinq ans, et protégea par son intercession toute la Ligurie contre la rapacité du préfet du prétoire. Quant à la députation auprès de Théodoric, il refusa de s'en charger seul. On pria Laurent, évêque de Milan, de vouloir en être. Comme Epiphane, il travaillait à rétablir les villes ruinées en partie, et à y rappeler leurs peuples dispersés. Ils allèrent donc ensemble à Ravenne, où Théodoric faisait sa résidence. Saint Epiphane porta la parole, et obtint la grâce des coupables, à l'exception de quelques-uns qui étaient les auteurs du mal, qu'il se contenta encore d'éloigner de leur domicile habituel.

Ensuite le roi le fit appeler en particulier, et lui dit : « Glorieux pontife, jugez de l'estime que nous faisons de votre mérite, par la commission importante que nous vous confions préférablement à tant d'autres évêques. Vous voyez toute l'Italie déserte, et les plus fertiles campagnes incultes faute de laboureurs; je ne puis soutenir les reproches que me fait ce triste spectacle. A la vérité, c'est l'ouvrage du cruel Bourguignon; mais si nous n'apportons pas remède à ces maux, nous en devenons les auteurs. Nous avons de l'or dans nos trésors, et nous différons de réparer les maux de notre patrie? Qu'importe que nous vainquions nos ennemis par le fer ou par l'or? Chargez-vous donc, avec l'aide du Seigneur, de cette commission. Leur roi Gondebaud est plein de vénération pour vous, et il désire depuis longtemps de vous voir. Croyez-moi, votre présence seule sera le prix de la rançon de l'Italie. »

Epiphane loua le dessein de Théodoric plus encore par ses larmes que par ses paroles, et le pria de lui donner pour adjoint dans cette légation le saint évêque Victor de Turin. Le pape Gélase profita de cette occasion pour écrire à Rusticius, évêque de Lyon, successeur de saint Patient, et le remercier du secours qu'il lui avait envoyé, aussi bien qu'Eonius d'Arles, pour soulager la misère des peuples d'Italie. Comme Lyon était la résidence du roi des Bourguignons, il prie Rusticius d'aider Epiphane dans sa négociation, et en même temps de lui mander ce que pensaient les évêques des Gaules de l'affaire d'Acace, dont Epiphane était chargé de les instruire (Epist. 12 et 15). Les deux évêques partirent sur la fin de l'hiver, l'an 494, et passèrent, au mois de mars, les Alpes encore couvertes de neiges et de glaces. Les peuples accouraient partout sur leur passage et leur apportaient des rafraîchissements, que saint Epiphane distribuait aux pauvres. Rusticius de Lyon alla au-devant d'eux au delà du Rhône, et les instruisit du caractère artificieux de Gondebaud; mais la vertu des ambassadeurs parut faire oublier au prince son naturel. Aussitôt qu'ils furent arrivés à Lyon, il envoya les saluer et leur offrir une audience. Saint Epiphane ne différa pas de l'accepter. La sainteté qui brillait sur son visage donna une nouvelle force aux traits de son éloquence.

« Grand prince, dit-il à Gondebaud, c'est pour l'amour de vous que j'ai entrepris un voyage si rude. Je n'ai pas craint la mort pour vous apporter le prix de la vie éternelle. Je suis venu comme pour servir de témoin devant Dieu entre deux grands rois, si la bonté vous fait accorder ce que la miséricorde fait demander à celui qui m'envoie. Partagez également la récompense que Dieu promet, ou, plutôt, disputez-la entre vous, princes invincibles; mais, dans ce combat, le victorieux emportera tellement le prix, que le vaincu ne le perdra pas. Suivez mon conseil, et vous serez l'un et l'autre vainqueurs. Le roi Théodoric veut racheter les captifs : rendez-les sans rançon. Croyez-moi, personne ne gagnera plus que celui qui ne recevra rien, et l'argent que vous aurez méprisé enrichira plus votre armée que si vous l'aviez reçu. »

Saint Epiphane, faisant ensuite parler l'Italie, continua ainsi : « Ecoutez, prince, les justes plaintes de l'Italie, votre fidèle alliée. Si elle pouvait parler, elle vous dirait : Grand roi, combien de fois, s'il vous en souvient, n'avez-vous pas pris les armes pour ma défense et pour ma liberté? C'est vous qui avez nourri ceux que maintenant vous retenez dans les fers. Ne m'avez-vous rendu ces services que pour me surprendre plus facilement? Personne de ceux qui ont été faits prisonniers ne songeait à fuir à la vue de vos troupes. Les dames qu'on traînait en captivité se promettaient que vous seriez leur vengeur; les vierges ne défendaient leur pudeur qu'en vous réclamant; les laboureurs disaient à ceux qui les chargeaient de chaînes : N'êtes-vous donc pas Bourguignons? combien de fois ces mains que vous liez n'ont-elles pas payé le tribut à notre commun maître? Rendez, prince, rendez tous ces malheureux à leur patrie; rendez-les à votre gloire. C'est à Dieu que vous accorderez cette grâce; mais vous ne la ferez pas à des hommes qui vous soient étrangers. Le maître de l'Italie donne sa fille à votre fils; que cette princesse soit le prix de la rançon des prisonniers; que leur délivrance soit le présent des noces que le mari offre à son épouse : ce sera Jésus-Christ qui le recevra et qui vous en tiendra compte. »

Ce discours, accompagné des larmes des deux saints évêques, toucha Gondebaud. Il répondit cependant avec assez de fierté : « Vous qui me parlez de paix, vous ignorez le droit de la guerre. La loi des combattants, c'est que tout ce qui n'est pas permis le devient alors. Cependant je ne fais que repousser l'injure que votre roi m'a faite en voulant me jouer sous le prétexte d'un traité. Mais s'il veut une paix solide, il me trouvera fidèle à la garder. Pour vous, saints pontifes, retournez à votre logis; je délibérerai sur ce qui convient au bien de mon âme et à celui de mon royaume, et je vous le ferai savoir. » Il consulta Laconius, son ministre, et consentit à n'exiger de rançon que pour ceux qui avaient été pris les armes à la main; et qui appartenaient aux soldats qui les avaient pris.

Cette heureuse nouvelle fit accourir un si grand nombre de ces captifs délivrés, qu'il semblait que cette partie de la Gaule allait demeurer déserte. Il en partit de Lyon seul quatre cents en un jour, et en tout, il y en eut six mille de renvoyés sans rançon. Tout l'argent que Théodoric avait envoyé fut employé à racheter les autres. Et comme il ne suffisait pas, une sainte dame nommée Syagria, qui était, dit Ennodius, comme le trésor de l'Église, fournit le reste avec saint Avit, évêque de Vienne. Saint Epiphane, craignant que les captifs plus éloignés ne fussent retenus par la dureté de leurs maîtres, alla jusqu'à Genève, où résidait Godegisile, frère du roi Gondebaud, qui suivit son exemple pour la délivrance des captifs. Ainsi, saint Epiphane revint comme en triomphe au milieu des troupes de ces affranchis, qui retournaient en Italie, le comblant de bénédictions. Il arriva à Pavie beaucoup plus tôt qu'on ne l'attendait, et écrivit au roi Théodoric, pour lui rendre compte de son ambassade et lui demander la restitution des biens de ceux qu'il avait délivrés : ce qu'il obtint. Saint Ennodius, Gaulois d'origine, et depuis évêque de Pavie, qui a écrit l'histoire de cette légation, était à la suite de saint Epiphane, et avait été témoin oculaire de ce qu'il raconte (S. Ennod., *Vita S. Epiph.*).

Saint Avit, originaire d'Auvergne, était de la première noblesse de Rome, petit-fils (1) de l'empereur Avitus et fils du sénateur Hésychius, qui, ayant embrassé la continence avec sa femme, avait succédé à saint Mamert sur le siége de Vienne. Son père étant mort en 490, Avit fut choisi pour son successeur; son frère aîné Apollinaire, devint évêque de Valence. A l'illustration de la naissance, Avit joignit celle des vertus et des talents. Il s'est en particulier distingué comme poète, et nous avons de lui deux recueils de poésies remarquables. Le premier et le plus long est divisé en cinq livres : 1º la création, 2º la chute de l'homme; 3º son expulsion du paradis; 4º le déluge; 5º le passage de la mer Rouge. Les trois premiers, la création, le péché de l'homme, le jugement de Dieu, font une sorte d'ensemble, et peuvent être considérés comme trois chants du même poème, qu'on peut appeler le *Paradis perdu*. L'autre poème de saint Avit est intitulé : *De la louange de la virginité*, pour la consolation de Fuscine, sa sœur, consacrée à Dieu. Nous ignorons pourquoi ces poèmes, où il y a de véritables beautés poétiques, ne sont pas plus connus, du moins dans les écoles chrétiennes.

Dans le temps que Théodoric l'Amale fondait le royaume des Ostrogoths en Italie, par la défaite et le meurtre d'Odoacre; que Gondebaud et Godegisile régnaient sur les Burgondes à Lyon et à Genève, après le meurtre de leurs deux frères Chilpéric et Godomare; qu'à Toulouse, Evaric, devenu roi des Visigoths par le meurtre de son frère Théodoric, laissait à son fils Alaric le midi de la Gaule et presque toute l'Espagne; qu'à Soissons, Syagrius, fils du comte Egidius, était roi ou chef des Romains, c'est-à-dire des anciens habitants du pays; une tribu de Francs, qui devait donner le nom de *France* à toute la Gaule, s'y avançait de plus en plus par le nord. C'étaient les Francs-Saliens, sous la conduite de leur jeune roi nommé Chlodwig, Ludovic, autrement Louis, mais plus connu sous le nom de Clovis. Voici ce que nous apprend à cet égard l'historien

(1) Cette opinion ne paraît pas fondée (Cf. Bolland., p. 660, n. 1.)

le plus proche de l'évènement, saint Grégoire de Tours.

« On rapporte qu'alors Chlodion (Clodion), homme puissant et distingué dans son pays, fut roi des Francs; il habitait *Dispargum*, sur la frontière du pays des Thuringiens de Tongres. Les Romains occupaient aussi ces pays, c'est-à-dire vers le Midi jusqu'à la Loire. Au delà de la Loire, le pays était aux Goths. Les Burgondes, attachés aussi à la secte des ariens, habitaient au delà du Rhône qui coule auprès de la ville de Lyon. Chlodion, ayant envoyé des espions dans la ville de Cambrai, et fait examiner tout le pays, défit les Romains et s'empara de cette ville. Après y être demeuré quelque temps, il conquit le pays jusqu'à la Somme. Quelques-uns prétendent que le roi Mérovée, qui eut pour fils Childéric, était né de sa race (Grég., l. 2, n. 9). » Voilà en quels termes le plus ancien historien des Francs parle de leurs premiers pas dans la Gaule.

« Or, Childéric, régnant sur la nation des Francs, abusait de leurs filles. Indignés de cela, ils le chassèrent de la royauté, et prirent unanimement pour roi Egidius, maître de la milice pour les Romains, qui régna huit ans sur eux. Childéric, qui s'était réfugié chez le roi des Thuringiens, ayant appris que les Francs avaient oublié ses torts et le regrettaient, s'en revint et fut rétabli dans la royauté; mais de telle sorte qu'il régna conjointement avec Egidius (*Ibid.*, l. 2, c. 12). » Quelque temps après, Basine, femme du roi des Thuringiens, quitta son mari et vint trouver Childéric, qui l'épousa et en eut un fils qu'il nomma Chlovig ou Clovis.

Ainsi donc, au commencement de la première dynastie, la royauté des Francs n'était ni héréditaire ni inamissible. Les Francs expulsent du trône et du royaume Childéric, parce qu'il se conduit mal, et ils élisent à sa place, non pas un homme de sa famille, non pas un homme de la nation, mais un étranger, mais un Romain qui commandait dans ces quartiers les troupes impériales; et quand, après huit ans de déposition et de bannissement, ils veulent bien rappeler Childéric, ils partagent la royauté entre les deux : *His ergo regnantibus simul* (*Ibid.*).

D'après deux *Vies* très-anciennes de sainte Geneviève, plus anciennes même que Grégoire de Tours, les Francs assiégèrent ou bloquèrent pendant des années, dix ans, dit-on, la ville de Paris : ce qui causa une famine extrême; tous les environs étant ravagés. La ville ouvrit enfin ses portes, et Childéric ou Hildéric, comme l'appellent ces *Vies*, y fit, du moins quelque temps, sa demeure. La sauvegarde des Parisiens durant ces calamités fut sainte Geneviève. Dans la famine, elle leur procura des vivres qu'elle alla chercher elle-même avec des bateaux sur la Seine. Ensuite, plus d'une fois elle obtint de Hildéric la grâce de ceux qu'il avait condamnés à mort. Ce roi, tout barbare et païen qu'il était, ne pouvait s'empêcher de la respecter. Du reste, la renommée de Geneviève était si grande, que, du fond de la Syrie, saint Siméon Stylite demandait de ses nouvelles et se recommandait à ses prières (*Acta Sanct.*, 3 jan.).

Childéric étant mort à Tournai, où on a retrouvé son tombeau au dix-septième siècle, Clovis lui succéda l'an 481. La cinquième année de son règne, secondé par son parent Ragnacaire, roi des Francs de Cambrai, il déclara la guerre à Syagrius, fils d'Egidius, qui régnait sur les Romains à Soissons, et lui fit dire de fixer le jour et le lieu de la bataille. Syagrius est défait et se réfugie à Toulouse, près du jeune Alaric, roi des Visigoths. Clovis envoie le réclamer, menaçant de la guerre. Alaric, ou plutôt ses ministres, car il était encore mineur, livrent Syagrius à Clovis, qui le fait mettre en prison, puis tuer secrètement.

Les Francs, encore païens, pillèrent beaucoup d'églises, entre autres celle de Reims, d'où ils enlevèrent un vase d'argent d'une beauté et d'une grandeur extraordinaires. Saint Remi, évêque de Reims, envoya prier le roi de lui rendre au moins celui-là. Clovis dit à l'envoyé : Suivez-nous jusqu'à Soissons, car c'est là que se fera le partage de tout le butin. Si le sort me donne le vase, je ferai ce que le Pape demande. Arrivé à Soissons, il dit à ses soldats : Je vous prie, braves guerriers, de m'accorder ce vase hors de partage. Les plus sensés répondirent tous : Glorieux roi, tout cela est à vous, ainsi que nos personnes mêmes; faites ce qu'il vous plaira : nul ne saurait résister à votre puissance. Mais un autre, plus audacieux, fendit le vase avec sa hache ou franscique, en s'écriant : Tu n'auras que ce que le sort te donnera. Tous les autres restèrent stupéfaits. Le roi, dissimulant son indignation, prit tranquillement le vase brisé et le remit à l'envoyé de l'Église ; mais il en garda le ressentiment dans son cœur. A la fin de l'année, faisant la revue de ses troupes au Champ-de-Mars, il vint au briseur du vase et lui dit : Nul n'a les armes si malpropres que toi. En même temps, lui prenant sa hache, il la jette par terre. L'autre se baissant pour la ramasser, le roi lève la sienne et la lui enfonce dans la tête en disant : C'est ainsi que tu as fait au vase de Soissons! Cette exécution inspira de la crainte aux autres. Clovis fit bien des guerres et remporta bien des victoires; notamment, la dixième année de son règne, il subjugua la Tongrie, pays actuel de Liége (Greg., l. 2, n. 27).

Cependant le roi des Burgondes, Gondebaud, après avoir tué son frère Chilpéric, avec sa femme et ses deux fils, tenait ses deux filles en exil à Genève. L'une se nommait Chrone, et embrassa la vie religieuse; l'autre se nommait Chrotilde ou Clotilde. La politique de leur oncle était qu'elles restassent inconnues; mais les ambassadeurs que Clovis envoyait fréquemment à Gondebaud, finirent par les découvrir et par offrir à Clotilde la main de leur jeune roi, auquel ils avaient raconté ses malheurs, sa beauté et sa vertu. Ils la demandèrent enfin solennellement en mariage. Gondebaud, déconcerté, n'osa longtemps ni refuser ni consentir. Enfin il consentit, et les ambassadeurs, au nom de Clovis, épousèrent Clotilde, en offrant à Gondebaud, suivant la coutume, un sou et un denier. Aussitôt ils la mirent sur un char pour la conduire à Soissons. Au milieu de la route, craignant que Gondebaud ne vînt à changer de résolution, elle monta à cheval avec son cortège pour sortir plus vite de la domination des Burgondes. Sa crainte n'était pas mal fondée. Gondebaud changea de résolution à l'arrivée d'un de ses ministres qui revenait d'une ambassade à Constantinople, et envoya une troupe de cavaliers pour ramener Clotilde. Ils rattrapèrent le char, qui allait à petites journées, mais ils le trouvèrent vide. Clotilde arriva ainsi heureusement à Soissons, où Clovis l'épousa solennellement et la prit en grande affection. La jeune reine était catholique; les Gaulois soumis à Clovis l'étaient presque tous : ils conçurent naturellement de ce mariage de grandes espérances.

Clotilde ayant eu un fils, elle souhaitait le consacrer par le baptême. Elle disait donc souvent à son époux : « Les dieux que vous adorez ne sont rien; ils ne peuvent aider ni à eux ni aux autres, puisqu'ils sont faits de bois, de pierre ou de métal. Ceux dont on leur a donné les noms n'étaient que des hommes, et des hommes criminels. Il faut plutôt adorer le Créateur de l'univers, qui a fait luire le soleil, orné le ciel d'étoiles, rempli la terre d'animaux, et formé de sa main l'homme, auquel il a soumis toutes les créatures. » Mais ces paroles de la reine ne persuadaient aucunement le roi, qui répondait toujours : « C'est par l'ordre de nos dieux que tout se fait; quant au vôtre, il est clair qu'il ne peut rien; ce qui est encore bien plus fort, il n'est pas même de la race des dieux. » Cependant la reine préparait le baptême de son fils; elle fit orner l'église des plus riches tapisseries, pour attirer au moins le roi par cet extérieur. L'enfant fut baptisé et nommé *Ingomer*, mais il mourut portant encore l'habit blanc, c'est-à-dire dans la semaine de son baptême. Le roi en fit des reproches amers à la reine et lui dit : « S'il avait été consacré au nom de mes dieux, il ne serait pas mort; mais étant baptisé au nom du vôtre, il ne pouvait vivre. » La reine répondit : « Je rends grâces à Dieu, qui ne m'a pas jugée indigne de porter un enfant qu'il a appelé à son royaume. » Elle eut ensuite un autre fils, qu'elle fit également baptiser, et qu'elle nomma *Clodomer*. Il tomba aussi malade; et le roi dit : « Il ne peut en arriver autrement, il mourra comme son frère, ayant été baptisé au nom de votre Christ. » Il guérit toutefois par la volonté de Dieu et les prières de la mère (Grég., l. 2, c. 28, 29 30).

Les inquiétudes que causait au pape Gélase le schisme des Grecs, ne l'empêchaient pas de veiller sur les autres Eglises, d'après la sollicitude universelle qui lui avait été imposée en saint Pierre. Informé que l'on semait de nouveau l'hérésie de Pélage en Dalmatie, il écrivit à un évêque de la province, nommé Honorius, de précautionner ses collègues contre ceux qui osaient faire revivre une erreur que le Siège apostolique avait condamnée depuis longtemps par les pontifes Innocent, Zosime, Boniface, Célestin, Sixte et Léon, de bienheureuse mémoire; une erreur condamnée non-seulement par les lois de l'Eglise catholique, mais encore par les édits des princes romains. L'évêque Honorius répondit au Pape par une lettre que nous n'avons plus, et qu'il envoya par des députés; il s'étonnait du soin qu'il prenait des Eglises de Dalmatie, ajoutant qu'il avait toujours eu des sentiments orthodoxes sur cet article. Gélase lui fit entendre par une seconde lettre qu'il ne devait point être surpris de sa vigilance pastorale, puisque, de tout temps, le Saint-Siège avait pris soin de toutes les Eglises du monde. Il chargea les députés d'Honorius des réponses à quelques articles qu'ils lui avaient apparemment proposés, ou de la part de cet évêque, ou d'eux-mêmes. Il ne nous en reste aucune (Gélas., *Epist.* 5 et 6).

L'hérésie pélagienne s'était aussi répandue dans le *Picénum*, autrement la Marche-d'Ancône, où un vieillard, nommé Sénèque, enseignait hautement qu'il n'y avait point de péché originel, que les enfants morts sans baptême ne pouvaient être condamnés; et que l'homme, par le seul usage de son libre arbitre, pouvait devenir heureux. Passant de là à la pratique, il permettait aux clercs et aux moines d'habiter avec des filles consacrées à Dieu, comme n'ayant rien à craindre, s'ils ne voulaient. Il parlait, même en présence des évêques, avec beaucoup de mépris de saint Jérôme et de saint Augustin, les lumières des maîtres ecclésiastiques. Il avait, outre cela, excommunié un prêtre qui s'opposait à ses erreurs. Ce malheureux vieillard fut amené devant le pape Gélase, qui ne trouva en lui que de l'entêtement et de l'ignorance, un esprit bas, grossier et si épais qu'il ne put jamais donner aucune raison de la doctrine empoisonnée dont il était imbu, ni comprendre ce qu'on lui disait. Le Pape ayant essayé inutilement de le convaincre et de le ramener, laissa à Dieu, à qui tout est possible, d'amollir le cœur de cet endurci; mais il écrivit une lettre assez longue aux évêques de la Marche-d'Ancône, où il réfute les erreurs de ce vieillard, et réprimande ces évêques de ne s'y être point opposés. Cette lettre est du 1er novembre 493 (Gélas., *Epist.* 7).

Il y avait aussi quelques Gaulois qui favorisaient le pélagianisme, ou du moins n'approuvaient point la doctrine de saint Augustin touchant la grâce. Tel était Gennade (1), prêtre de Marseille, qui, dans 'Catalogue des auteurs ecclésiastiques, loue extrêmement Fauste de Riez Au contraire, il blâme saint Prosper d'avoir attaqué Cassien, et ne laisse pas même saint Augustin sans atteinte (2). Il écrivit cet ouvrage vers l'an 493, et le dernier dont il parle est saint Honorat, évêque de Marseille, dont il nous reste la vie de saint Hilaire d'Arles. Gennade parle aussi de Sidoine Apollinaire, mort quelque temps auparavant, et qui, comme il l'avait prédit lui-même, eut pour successeur dans le siége de Clermont, Aprunculus, qui, étant évêque de Langres, avait été obligé d'en sortir, comme suspect aux Bourguignons de souhaiter la domination des Francs.

Sous le pontificat de Gélase, l'Italie se trouva tellement désolée par la guerre et par la famine, qu'en plusieurs endroits on manquait de clercs pour le service des églises et l'administration des sacrements. Dans cette extrémité, on fut souvent obligé de passer sur les formalités ordinaires, et de dispenser de la rigueur des anciens canons. Mais dans la crainte que cette condescendance ne tournât en abus, le

---

(1) On ne s'accorde pas unanimement sur la catholicité de la doctrine de Gennade, quoiqu'on le regarde communément comme ayant été engagé dans les erreurs des semi-pélagiens. Vossius ne craint pas de soutenir qu'il n'y a point de raisons assez fortes ni assez précises pour appuyer cette accusation. Le pape Adrien Ier dans une lettre à Charlemagne, est allé encore beaucoup plus loin que Vossius, en mettant Gennade au nombre des plus saints personnages.

Au contraire, au Xe siècle, l'Eglise de Lyon, et après elle Bellarmin, Mendoza, l'Université de Louvain, ont cru n'être pas exempt d'erreurs sur la foi (Cf. *Histoire littéraire de la France*, par les Bénédictins de Saint-Maur, t. II, p. 632).  B. H.

(2) Gennade parle désavantageusement de saint Augustin affectant de lui appliquer ces paroles de l'Ecriture : *Qui parle beaucoup, ne manquera pas de pécher*. Il est vrai que cet article se trouve corrigé et tourné à la louange de ce saint Docteur dans l'ancien manuscrit de Corbie. Mais il n'y a pas lieu de douter que la correction a été faite après la mort de Gennade par quelque partisan de la doctrine de saint Augustin.  B. H.

Pape, que Jean, évêque de Ravenne, avait souvent informé de tous ces troubles, fit divers règlements, qu'il adressa aux évêques de Lucanie et des Brutiens, ainsi qu'à ceux de Sicile, chez qui le mal était apparemment plus grand que dans les autres parties de l'Italie.

Il ordonna 1° que les anciens canons demeurant en vigueur dans les lieux où il n'y avait aucune nécessité d'en dispenser, il sera permis de faire prêtre dans un an celui qui sera tiré de la vie monastique, pourvu qu'il n'y ait aucun empêchement canonique; qu'il ne soit pas coupable de grands crimes; qu'il n'ait point été marié deux fois ni épousé de veuve; qu'il n'ait point de défaut corporel; qu'il ne soit point de condition servile ni obligé à quelque charge publique ou particulière; et qu'il ne soit pas dans l'ignorance des lettres; car celui qui ne sait pas lire pourrait à peine être portier. A ces conditions, le moine qu'on voudra ordonner sera d'abord lecteur, notaire ou défenseur; trois mois après, acolyte; six mois après, sous-diacre, s'il en a l'âge; le neuvième mois, diacre, s'il s'en rend digne par sa conduite; et prêtre, au bout d'un an. 2° Mais si c'est un laïque que l'on veut mettre dans le clergé, on doit l'examiner à proportion de la différence qu'il y a de la vie mondaine à la vie régulière, de peur que, sous prétexte du besoin de ministres, on ne remplisse le clergé de personnes vicieuses. Celui donc qui sera ordonné étant simple laïque, sera éprouvé six mois de plus; et ne pourra être prêtre qu'après dix-huit mois. 3° Défense aux évêques de consacrer de nouvelles églises sans en avoir demandé les pouvoirs, suivant la coutume, et de rien entreprendre sur les clercs d'un autre diocèse. 4° Il leur est aussi défendu de rien exiger pour le baptême ou pour la confirmation, ni de rien demander aux nouveaux baptisés, parce qu'on doit donner gratuitement ce qu'on a reçu gratuitement.

5° Les prêtres ne doivent point s'élever au-dessus de leur rang ni entreprendre de faire le saint chrême, de confirmer, de faire aucune bénédiction ni fonction en présence de l'évêque, ni de s'asseoir ou de célébrer en sa présence, sans sa permission. Ils doivent encore se souvenir qu'ils n'ont pas le pouvoir d'ordonner un sous-diacre ou un acolyte sans le souverain pontife, ni de faire d'eux-mêmes aucune fonction du ministère épiscopal, sous peine d'être privés de leur dignité et de la sainte communion. 6° Les diacres se tiendront aussi dans les bornes de leur ministère, sans faire aucune des fonctions qui n'appartiennent qu'aux prêtres, ni même baptiser sans le prêtre et l'évêque, hors le cas de nécessité, où on le permet même souvent aux chrétiens laïques. Il est encore défendu aux diacres de se mettre au rang des prêtres lorsqu'on célèbre les divins mystères, ou dans des assemblées ecclésiastiques, et de distribuer le corps de Jésus-Christ en présence de l'évêque ou des prêtres. 7° Défense de baptiser qu'à Pâques et à la Pentecôte, sinon dans le cas de nécessité, où l'on doit avoir soin que le moribond ne sorte point de cette vie sans ce remède salutaire. 8° Les ordinations ne doivent se faire qu'aux jours solennels, c'est-à-dire aux jeûnes du quatrième, du septième et du dixième mois, et au commencement du carême, c'est-à-dire aux quatre-temps et à la mi-carême, le samedi, sur le soir. 9° A l'égard des vierges, on ne doit leur donner le voile qu'à l'Epiphanie, à Pâques et aux fêtes des apôtres, si ce n'est qu'étant dangereusement malades, elles demandent de ne pas mourir sans cette consolation. 10° Mais on ne doit donner aux veuves ni voile ni bénédiction. Il faut seulement les exhorter à demeurer fermes dans leurs bonnes résolutions. 11° Comme il est défendu d'ordonner des hommes de condition servile, il l'est aussi de les recevoir dans les monastères, si ce n'est du consentement de leurs maîtres, qui les aient affranchis ou cédés par écrit. 12° Il est pareillement aux clercs de faire aucun trafic ni de chercher des gains sordides; et cela sous peine d'être privés des fonctions de leur ministère, en quelque degré qu'ils soient constitués.

Le Pape renouvelle ensuite les anciens canons touchant les qualités de ceux que l'on peut admettre dans le clergé. Il veut qu'ils soient lettrés; qu'ils n'aient aucun défaut de corps; qu'ils ne se soient pas mutilés eux-mêmes; qu'ils n'aient été soupçonnés d'aucun crime; qu'ils aient l'esprit sain et n'aient point été possédés du démon; qu'ils ne se soient pas mariés deux fois. Il défend aussi de promouvoir les clercs déserteurs qui passent d'une église à l'autre. Il ordonne de mettre en pénitence publique ceux qui auront épousé des vierges consacrées à Dieu, en leur accordant toutefois le viatique à la mort, s'ils ont témoigné du repentir de leur faute. Il traite moins sévèrement les veuves qui se marient après avoir fait profession de garder le célibat; il ne les condamne pas à la pénitence publique, mais il veut qu'on se contente de leur remontrer la faute qu'elles ont faite. Il déclare qu'on doit chasser du clergé ceux qui auront été convaincus d'y être entrés pour de l'argent, la simonie n'étant pas moins condamnée dans celui qui donne que dans celui qui reçoit. Quelques femmes s'étaient ingérées de servir à l'autel et d'y faire des fonctions qui n'appartiennent qu'aux hommes. Le Pape défend cet abus. Il se plaint aussi de ce que, dans quelques endroits, on avait consacré des églises sans la permission du Saint-Siège, et de ce qu'on leur avait donné des noms de morts qui n'étaient pas même du nombre des fidèles. Ensuite il passe à la dispensation des revenus et des oblations de l'Eglise, voulant que, suivant l'ancienne règle, on en fasse quatre parts : la première pour l'évêque, la seconde pour les clercs, la troisième pour les pauvres, la quatrième pour les fabriques, c'est-à-dire les bâtiments. Il ajoute que cette distribution doit s'observer si fidèlement, que l'évêque ne s'attribue rien de la part du clergé, ni le clergé rien de la part de l'évêque, et que celle qui est destinée pour les bâtiments y soit employée de manière que leur restauration en soit une preuve; car il n'est pas permis à l'évêque de négliger les édifices sacrés pour détourner à son profit les revenus destinés à les réparer; que pour ce qui est de la part des pauvres, outre que l'évêque en doit rendre compte à Dieu, il doit en justifier l'emploi devant les hommes. Gélase finit sa lettre en chargeant les clercs de l'avertir de tous les abus qu'ils verront commettre, soit par l'évêque, soit par les prêtres ou les autres ecclésiastiques. Elle est datée du 11 mars 494 (Gélas., *Epist*., 9 et 10).

On a encore des fragments de dix lettres du pape Gélase. Dans la 1re, qui était adressée à l'évêque Célestin, le Pape lui donne la commission d'établir un prêtre dans une nouvelle église, bâtie sous le nom de Saint-Eleuthère, martyr, et d'élever à cet effet à la prêtrise le diacre Julien, pourvu qu'il n'en eut aucun empêchement canonique. L'évêque Célestin est appelé visiteur dans cette lettre, parce qu'il ne gouvernait que par commission, pour le distinguer de l'évêque propre, qui y est appelé évêque cardinal. Il prescrit dans la 2e, à l'évêque Sabin, d'ordonner diacre un nommé Quartus, pour le besoin d'une autre église qui le demandait. La 3e, aux évêques Quinigésius et Constantin, regarde l'affaire des clercs de Nole désobéissants à leur évêque. Ces clercs, nommés Félix et Pierre, s'étaient pourvus devant le roi Théodoric. Sérénus, évêque de Nole, fit voir à ce prince qu'ils l'avaient trompé, ce qui l'engagea à renvoyer l'affaire au Pape. La 4e, à l'évêque Victor, est pour le charger de rétablir le service divin dans l'église de Sainte-Agathe, tombée en ruine par la perte des fonds, mais qui depuis avaient été réintégrés par les libéralités de plusieurs personnes. Le Pape charge dans la 5e les évêques Respectus et Léoninus, de s'informer du mauvais ménage d'un évêque accusé de s'être approprié les biens de son église et même ceux que son prédécesseur avait légués pour la subsistance des clercs.

La 6e est une commission aux évêques Juste et Etienne, de s'informer d'un meurtre commis en la personne d'un esclave de l'Eglise, par un homme puissant, et d'une insulte faite par le même à l'évêque Proficuus. Le Pape est d'avis que les faits étant bien constatés, l'évêque lésé se pourvoie devant le juge de la province pour faire punir le coupable. Il donne ordre dans la 7e aux évêques Majoric, Sévère et Jean, de priver de la communion certaines personnes qui avaient usurpé les biens de l'église et du patrimoine des pauvres, et d'employer même contre eux l'autorité des lois civiles, jusqu'à ce qu'ils aient réparé leur tort. Il veut aussi qu'on prive de ses fonctions le prêtre Célestin, qui, depuis la sentence et contre la défense du Siége apostolique, leur avait administré la sainte communion. Par la 8e, il ordonne à l'évêque Jean de restituer à une certaine église un calice que son prédécesseur lui avait enlevé. La 9e est contre les évêques qui entreprenaient sur les droits de leurs collègues. Le Pape y renouvelle les anciens décrets, qui portent que le métropolitain ordonnera tous les évêques de la province, et que les évêques de la province ordonneront le métropolitain. La 10e, qui est au clergé et au peuple de Brindes, contient les mêmes règlements que celle aux évêques de Lucanie, touchant les qualités de ceux que l'on doit ordonner; le temps de l'ordination; celui du baptême et la distribution des revenus et oblations de l'Eglise en quatre parts. Il y répète que les ordinations doivent se faire le samedi des quatre-temps, sur le soir (Labbe, t. IV). Voilà comme le pape Gélase maintenait, jusque dans les moindres détails, le nerf de la discipline et du gouvernement ecclésiastiques, au milieu de la dissolution de l'empire.

Ces détails ne l'empêchaient pas de porter des regards attentifs sur tout l'ensemble. L'an 494, il tint à Rome un concile de soixante-dix évêques, qui fut comme une congrégation de l'Index; car le Pape y dressa un catalogue officiel des livres canoniques et des livres apocryphes. Ce décret contient d'abord le catalogue des livres de l'Ancien et du Nouveau Testament, semblable à celui du concile de Trente, si ce n'est que celui de Gélase ne compte qu'un livre des Machabées, au lieu que nous en comptons deux; mais dans la plupart des anciens exemplaires, nos deux n'en font qu'un. Du reste, il met au rang des divines Ecritures les livres de la Sagesse, de l'Ecclésiastique, de Job, de Tobie, de Judith, d'Esdras, de l'Apocalypse de saint Jean et des sept épîtres canoniques. Après quoi il continue en ces termes :

« C'est sur les écrits des prophètes, des évangélistes et des apôtres que l'Eglise catholique a été fondée par la grâce de Dieu. Mais, encore que toutes les Eglises catholiques répandues par toute la terre ne fassent qu'une épouse de Jésus-Christ, toutefois l'Eglise romaine a été préférée à toutes les autres, non par aucun décret de concile, mais par la parole de Notre Seigneur et Sauveur, quand il a dit : *Tu es Pierre, et sur cette pierre je bâtirai mon Eglise*, etc. A saint Pierre a été associé le bienheureux Paul, qui a souffert comme lui le martyre à Rome, sous Néron, le même jour, et non pas en un autre temps, comme disent les hérétiques. C'est par leur mort glorieuse qu'ils ont l'un et l'autre consacré l'Eglise romaine à Jésus-Christ, et par leur présence et le triomphe de leur martyre, qu'ils lui ont donné la prééminence sur toutes les Eglises.

» L'Eglise romaine, sans rides ni taches, ni rien de semblable, est donc le premier et le principal siége de Pierre. Le second est le siége d'Alexandrie, consacré au nom de Pierre par saint Marc, son disciple et son évangéliste, qu'il envoya en Egypte, où, après avoir prêché la parole de vérité, il consomma son glorieux martyre. Le troisième siége, établi à Antioche, tient aussi un rang honorable, à cause du nom du même apôtre, qui habita dans cette ville avant de venir à Rome, et parce que c'est en ce lieu que prit naissance le nom du nouveau peuple des chrétiens.

» Et quoique personne ne puisse poser d'autre fondement que celui qui est posé, c'est-à-dire Jésus-Christ, toutefois, pour notre édification, l'Eglise romaine, après les écritures de l'Ancien et du Nouveau Testament, reçoit aussi les quatre conciles de Nicée, de Constantinople, d'Ephèse et de Chalcédoine, et les autres conciles autorisés par les Pères. Dans celui de Nicée, 318 Pères, par l'entremise du grand Constantin, condamnèrent l'hérétique Arius. Macédonius reçut la sentence de condamnation qu'il méritait dans celui de Constantinople, par l'entremise de Théodose l'Ancien. Le concile d'Ephèse, avec le consentement du bienheureux pape Célestin, et par le ministère de saint Cyrille et d'Arcade, député d'Italie, condamna Nestorius. Son hérésie, avec celle d'Eutychès, fut encore condamnée avec Dioscore et ses complices, dans le concile de Chalcédoine, par l'entremise de l'empereur Marcien et d'Anatolius, évêque de Constantinople. »

Après cette déclaration, le concile de Rome marque en détail les ouvrages des Pères dont l'Eglise romaine admet l'autorité. De ce nombre sont les écrits de saint Cyprien, de saint Grégoire de Nazianze, de saint Basile de Cappadoce, de saint Athanase, de saint Cyrille, de saint Chrysostome, de Théophile d'Alexandrie, de saint Hilaire de Poitiers, de saint Ambroise, de saint Augustin, de saint Jérome, de saint Prosper; la lettre de saint Léon à Flavien, sans en retrancher un seul mot; les ouvrages de tous les autres Pères qui sont morts dans la communion de l'Eglise romaine; les décrétales des Papes et les actes des martyrs. Le concile ou plutôt le Pape, ajoute : « Quant à ces actes, l'ancienne coutume de l'Eglise romaine est de ne point les lire par précaution, parce que les noms de ceux qui les ont écrits sont entièrement inconnus, et qu'ils ont été altérés par des infidèles ou des ignorants; comme ceux de saint Cyrique, de sainte Julitte, de saint Georges et de plusieurs autres que l'on dit composés par des hérétiques. C'est pourquoi, pour éviter la moindre occasion de raillerie, on ne les lit point dans l'Eglise romaine, quoiqu'elle honore avec une entière dévotion tous les martyrs et leurs combats, plus connus à Dieu qu'aux hommes. Mais le concile reçoit avec honneur les *Vies* des Pères, savoir : de saint Paul, de saint Antoine, de saint Hilarion, et les autres, écrites par saint Jérôme. Il permet la lecture des actes de saint Silvestre, ceux de l'invention de la Croix, et les nouvelles relations de l'invention du chef de saint Jean-Baptiste; mais avec la précaution que prescrit saint Paul aux Thessaloniciens : *Eprouvez tout et gardez ce qui est bon.* » Il permet encore de lire les ouvrages de Rufin et d'Origène, pourvu qu'on ne s'écarte point du jugement qu'en a porté saint Jérôme, et l'*Histoire* d'Eusèbe de Césarée, avec sa *Chronique,* à cause des faits importants que cette histoire contient; mais le concile condamne les louanges que cet historien a données à Origène. Il approuve sans réserve l'histoire d'Orose et les poèmes de Sédulius et de Juvencus.

Le concile déclare ensuite que l'Eglise romaine ne reçoit point les livres composés par les hérétiques ou par les schismatiques. Il défend en particulier de lire les suivants : le concile de Rimini assemblé par l'empereur Constance; l'itinéraire de saint Pierre sous le nom de saint Clément; les actes de saint André, de saint Thomas, de saint Pierre, de saint Philippe; les Evangiles de saint Thaddée, de saint Mathias, de saint Pierre, de saint Jacques, de saint Barnabé, de saint Thomas, de saint Barthélémi, de saint André : ceux que Lucien et Hésychius avaient falsifiés; le livre de l'enfance du Sauveur et plusieurs autres, dont les plus connus sont le *Fondement* et le *Trésor* des manichéens; les centons de Jésus-Christ, composés des vers de Virgile; les actes de sainte Thècle et de saint Paul; le passage ou l'assomption de sainte Marie, la pénitence d'Adam, la pénitence d'Origène, les canons des Apôtres, le livre du Pasteur; la lettre de Jésus-Christ à Abgar et celle d'Abgar à Jésus-Christ. Aux livres apocryphes, le concile ajoute ceux qui ont été composés par quelques hérétiques, ou même par des catholiques, mais qui se sont écartés en quelques points des sentiments de l'Eglise catholique, savoir : Tertullien, Eusèbe de Césarée, Lactance, Africain, Posthumien, Gallus, Montan, Priscille, Maximille, Fauste le manichéen, Commodien, Clément d'Alexandrie, Tatius Cyprien, Arnobe, Tyconius, Cassien, Victorin, Fauste de Riez, Frumentius l'aveugle. Enfin, il condamne tous les caractères ou billets préservatifs qui portent le nom des anges; et en général tous les écrits des hérétiques et des schismatiques ou de leurs adhérents, dont il marque les noms, depuis Simon le Magicien jusqu'à Acace de Constantinople, leur disant à tous anathème (Labbe, t. IV).

Il est aisé de voir par la liste des ouvrages déclarés apocryphes dans ce concile, qu'ils ne sont pas tous condamnés également, et que quelques-uns ne le sont qu'à certains égards; par exemple, l'*Histoire* d'Eusèbe, à cause des louanges qu'il y donne à Origène; les écrits de Clément d'Alexandrie, à cause des erreurs dont les hérétiques avaient rempli ses livres des *Hypotyposes;* ceux de Cassien, parce que, dans la treizième conférence, il favorise les semi-pélagiens; ceux de saint Cyprien, parce qu'il y prend la défense de la rebaptisation contre le pape saint Etienne. Ce qu'il y a surtout à remarquer dans ce décret, c'est que l'Eglise romaine, bien loin de favoriser la supposition d'écrits sous de faux noms, n'autorisait pas même la lecture publique des actes de martyrs, quand ils ne portaient pas le nom de l'auteur.

Non content de veiller ainsi à la pureté de la doctrine par la censure des livres, le pape saint Gélase veilla encore à la régularité et à la pompe de la liturgie. Il composa des hymnes à l'imitation de saint Ambroise, des préfaces et des oraisons pour le saint sacrifice et l'administration des sacrements. Enfin on lui attribue avec raison un ancien *Sacramentaire* de l'Eglise romaine, divisé en trois livres, dont le 1er est intitulé : *Du Cours de l'Année;* le 2e : *Des Fêtes des Saints;* et le 3e : *Des Dimanches de l'Année,* surtout depuis la Pentecôte. Il contient les messes de toute l'année, et les formules de tous les sacrements. Nous n'en citerons que l'office du jeudi saint et du vendredi saint.

Le jeudi saint on ne chantait pas, et l'évêque ne saluait point le peuple, c'est-à-dire qu'il ne disait pas : *Le Seigneur soit avec vous.* La première des cérémonies que l'on faisait en ce jour, était la réconciliation des pénitents; la seconde, la consécration des saintes huiles. Le pénitent sortait de l'endroit où on l'avait enfermé pour faire pénitence, et se présentait à l'église prosterné en terre. Alors le diacre, s'adressant à l'évêque, lui représentait que le temps et le jour de propitiation étaient arrivés, et que le pénitent avait pratiqué tous les exercices de pénitence qui lui avaient été prescrits, pour obtenir la rémission de ses fautes et la grâce de la réconciliation. L'évêque, ou un prêtre nommé de sa part, avertissait le pénitent de ne plus retomber dans les péchés qu'il venait d'effacer par la pénitence. On prononçait sur lui les prières de la réconciliation, et on en disait encore d'autres après l'avoir réconcilié. Le peuple faisait ensuite l'offrande et l'on célébrait la messe. Il y en a trois pour ce jour : une pour la réconciliation des pénitents, une autre pour la consécration du saint chrême, et une troisième pour l'office du soir ou de la férie. La bénédiction des saintes huiles était précédée de la messe; et cette bénédiction se faisait à peu près de la même manière qu'aujourd'hui, excepté qu'on n'y saluait point le peuple et qu'on n'y faisait point de génuflexions. A la fin de cette bénédiction, qui était suivie de la communion, on réservait une partie du sacrifice, c'est-à-dire le corps et le sang de Jésus-Christ, pour la communion du lendemain. Ce jour-là, qui était le vendredi, nommé de la Passion du Seigneur, tout le monde venait à l'église à l'heure de none, et l'on mettait la sainte croix sur l'autel. L'évêque sortait de la sacristie avec les ministres sacrés, en silence, sans rien chanter, et s'approchait de l'autel. L'évêque récitait une prière et demandait qu'on priât pour lui. Le diacre l'annonçait en disant : *Fléchissons les genoux* : à quoi il répondait peu de temps après : *Levez-vous !* L'office de ce jour était le même qu'aujourd'hui, avec cette différence que dans la même monition et la même oraison, on joignait le Pape et l'évêque, et qu'on fléchissait les genoux avant l'oraison pour les Juifs, de même qu'avant les autres. Tous les assistants, après avoir adoré la croix, communiaient de l'eucharistie qui avait été réservée la veille.

Les mœurs du pape saint Gélase répondaient à sa doctrine. Il regardait sa dignité, non pas comme une domination, mais comme une servitude. Toute son occupation était la prière et la lecture, si ce n'est qu'il fût obligé d'écrire. Il se plaisait en la compagnie des serviteurs de Dieu, et aimait à s'entretenir avec eux de choses spirituelles. Il fuyait la bonne chère et l'oisiveté, pratiquait le jeûne et vivait dans la pauvreté, nourrissant tous les pauvres. Il regardait la moindre négligence d'un évêque comme un grand péril pour les âmes. Il se gouverna avec beaucoup de prudence et de patience dans les temps difficiles où se rencontra son pontificat. C'est le portrait qu'en fait Denys le Petit, sur le rapport du prêtre Julien, qui avait été son disciple.

L'an 495, le 13 mai, Gélase tint un concile à Rome, où se trouvèrent 45 évêques, qui sont tous nommés à la tête des actes du concile. Il s'y trouva aussi 58 prêtres, deux magistrats séculiers, avec des diacres dont le nombre n'est pas marqué. Misène, un des légats qui avaient trahi la cause de l'Eglise à Constantinople en 483, présenta une requête au concile, datée du 8 du même mois, mais adressée nommément au Pape, auquel il demandait grâce en des termes très-soumis. Elle fut lue le même jour en plein concile. Mais, soit qu'on n'eût pas le loisir de l'examiner, soit qu'on eût renvoyé l'affaire à une seconde délibération, le Pape, dans la séance du 13 mai, fit relire la requête de Misène par le diacre Anastase. Il lui permit ensuite d'entrer lui-même. Misène se prosterna, et, demeurant à terre, il présenta une seconde requête datée du 13 mai, où il rejetait, condamnait, anathématisait l'hérésie et la personne d'Eutychès, avec tous ses sectateurs, nommément Dioscore, Timothée Elure, les deux Pierre, Foulon et Monge, et Acace, avec tous leurs complices et ceux qui communiquaient avec eux. Après qu'on eut fait lecture de cette seconde requête, Gélase demanda l'avis des évêques, qui, se levant avec les prêtres, le prièrent avec de grandes acclamations d'user de la puissance que Dieu lui avait donnée, et d'accorder l'indulgence qu'on lui demandait. Les évêques et les prêtres s'étant rassis, le Pape fit un assez long discours où après avoir montré que les Grecs, qui voulaient que l'on pardonnât à Acace, même après sa mort, ne pourraient pas trouver mauvais qu'on eût accordé le pardon à Misène, dit que le Saint-Siège, en le condamnant avec Vital, ne leur avait point ôté l'espérance du pardon; que Vital, enlevé par une mort précipitée sans avoir pu être rétabli dans la communion, quelque effort qu'on eût fait pour le secourir, avait subi le jugement de Dieu; mais qu'on ne devait point différer de recevoir Misène, tandis qu'il était encore en vie, et que son avis était qu'il rentrât dans la communion de l'Eglise et dans la dignité sacerdotale, puisqu'il avait dit anathème contre Eutychès, les deux Pierre et Acace. Les évêques et les prêtres se levèrent et applaudirent par leurs acclamations à ce que le Pape avait dit, le reconnaissant pour vicaire de Jésus-Christ, et lui souhaitant les années de saint Pierre. Sixte, notaire de Rome, dressa, par ordre de Gélase, les actes de tout ce qui s'était fait dans ce concile. Nous verrons Misène assister à un concile de Rome, en 499, en qualité d'évêque de Cumes (Labbe, t. IV).

La même année 495, le 1er février, le pape Gélase écrivit une troisième lettre aux évêques de Dardanie, où il répond aux difficultés qu'ils lui avaient proposées par l'évêque Tryphon, qu'il leur avait envoyé. Ces évêques paraissaient touchés de cette objection des partisans d'Acace : « Il n'a pas été légitimement condamné, puisqu'il ne l'a point été dans un concile tenu exprès, vu surtout qu'il était l'évêque de la ville impériale. » Ces difficultés, que saint Gélase avait déjà résolues bien des fois, notamment dans ses instructions aux ambassadeurs de Théodoric, Fauste et Irénée, il les réfute de nouveau et fort au long, recommandant aux évêques de Dardanie de communiquer sa lettre, non-seulement aux catholiques, mais encore aux autres. L'affaire d'Acace y est discutée à fond et de main de maître. Ce docte et saint Pape y dit entre autres :

« Toute l'Eglise sait que le Siège du bienheureux Pierre a droit d'absoudre des jugements de tous les évêques, puisqu'il a celui de juger de toute l'Eglise, sans que personne puisse juger son jugement; car les canons veulent que l'on puisse y appeler de toutes les parties du monde, et qu'il n'est permis à personne d'appeler de lui. Acace n'a donc eu aucun pouvoir d'absoudre Pierre d'Alexandrie sans la participation du Siège apostolique, qui l'avait condamné. Qu'on dise par quel concile il l'a fait, lui qui n'était qu'un simple évêque, dépendant de la métropole d'Héraclée? Souvent même, sans concile précédent, le Siège apostolique, suivant la coutume des ancêtres, a absous ceux qu'un concile avait condamnés injustement, et condamné ceux qui le méritaient : témoin saint Athanase, saint Chrysostome, saint Flavien. » En somme, le Pape fait voir que le Saint-Siège, qui confirme les conciles, est aussi le fidèle gardien de leurs canons, et que, dans l'affaire d'Acace, il n'a fait qu'exécuter ceux de Chalcédoine.

« Nous avons ri, ajouté-t-il, de la prérogative qu'ils veulent attribuer à Acace, pour avoir été évêque de la ville impériale. L'empereur n'a-t-il pas demeuré longtemps à Ravenne, à Milan, à Sirmium, à Trèves? Les évêques de ces villes ont-ils excédé pour cela les bornes que l'antiquité leur a prescrites? S'il s'agit de la dignité des villes, les évêques du second et du troisième siège ont plus de dignité que l'évêque d'une ville qui n'a pas même le droit de métropole. Autre est la puissance de l'empire séculier, autre la distribution des dignités ecclésiastiques. Pour petite que soit une ville, elle ne diminue point la grandeur du prince qui s'y trouve présent; mais aussi la présence de l'empereur ne change point l'ordre de la religion, et cette ville doit plutôt profiter d'un tel avantage pour conserver la liberté de la religion, en demeurant tranquillement dans ses bornes. Qu'ils écoutent l'empereur Marcien, qui, n'ayant pu rien obtenir quant à l'élévation de l'évêque de Constantinople, donna de grandes louanges au pape Léon de sainte mémoire, pour avoir défendu les canons. Qu'ils écoutent l'évêque Anatolius, qui disait que cette entreprise venait plutôt du clergé et du peuple de Constantinople que de lui, et que le Pape en était le maître. Saint Léon lui-même, ayant confirmé le concile de Chalcédoine, cassa tout ce qui s'y était fait de nouveau contre les canons de Nicée, et au delà des pouvoirs qu'il avait donnés à ses légats. Sous le pape Simplicius de sainte mémoire, Probus, évêque de Canuse, légat du Siège apostolique, soutint, en présence de l'empereur Léon, à sa demande, que cette prétention était destituée de tout fondement. »

Enfin, pour lever tout scrupule, le pape Gélase déclare que la sentence prononcée contre Acace a été rendue dans un concile d'Italie, quoiqu'elle ne porte que le nom du Pape, parce qu'elle devait être envoyée secrètement, à cause des gardes que l'on avait mis partout, et qu'on ne pouvait assembler les évêques d'Orient, chassés de leurs sièges ou privés de liberté. Ainsi le Siège apostolique a tenu le concile où il pouvait et comme il pouvait (Gelas., *Epist.* 13).

Fauste et Irénée, ambassadeurs de Théodoric, étant revenus de Constantinople à Rome, rapportèrent à Gélase que l'empereur Anastase se plaignait de ce qu'il ne lui avait point écrit par eux. Le Pape lui écrivit là-dessus en ces termes : « Ce n'est pas de mon choix, mais comme ceux que vous avez envoyés à Rome ont dit par toute la ville que vos ordres ne leur permettaient pas même de me voir, j'ai cru devoir m'abstenir de vous écrire, pour ne pas me rendre importun. Aussi, depuis que je connais la bienveillance de votre sérénité, et avec quelle clémence elle a désiré de mon humilité quelque lettre, je me croirais coupable de me taire encore ; car, ô glorieux fils ! né Romain, j'aime et je révère en vous le prince romain, et, comme chrétien, je souhaite que celui qui a le zèle de Dieu, l'ait selon la science de la vérité ; enfin, pontife tel que du Siège apostolique, là où je vois manquer quelque chose à la plénitude de la foi catholique, je tâche d'y suppléer selon mes faibles moyens, par mes remontrances faites à propos. Car la dispensation de la divine parole m'ayant été enjointe, malheur à moi, plus encore qu'à saint Paul, si je n'annonce pas l'Évangile. Je supplie donc votre piété de ne pas prendre pour une arrogance, un devoir dont Dieu me demandera compte. Qu'il ne soit pas dit qu'un prince romain regarde comme une injure la vérité qu'on lui dit.

» Il est deux choses, ô empereur auguste ! par lesquelles ce monde est gouverné d'une manière souveraine : l'autorité sacrée des pontifes et la puissance royale. En quoi la charge des pontifes est d'autant plus pesante, qu'au jugement de Dieu ils doivent au Seigneur rendre compte des rois mêmes. Vous le savez, fils très-clément, quoique vous présidiez au genre humain par la dignité, vous êtes néanmoins soumis aux ministres des choses sacrées ; vous attendez d'eux les causes de votre salut, et, quant aux célestes mystères, vous savez que votre devoir est l'obéissance plutôt que le commandement. Vous savez que pour ces choses vous dépendez de leur jugement, bien loin de vouloir les assujétir à votre volonté. Car si, en ce qui regarde l'ordre de l'administration publique, les pontifes de la religion, parce qu'ils savent que l'empire vous a été donné par une dispensation d'en haut, obéissent à vos lois, afin de conserver l'harmonie jusque dans les choses de ce monde, avec quelle affection ne devez-vous pas obéir à ceux qui sont établis pour dispenser les sacrés mystères ? Ce n'est pas une légère responsabilité aux pontifes d'avoir gardé le silence, lorsque le culte de la divinité demandait qu'ils parlassent ; de même ce n'est pas un médiocre péril aux autres, qui, lorsqu'ils doivent obéir, méprisent de le faire. Et si les cœurs des fidèles se doivent soumettre généralement à tous les prêtres, quand ils traitent convenablement les choses de Dieu, combien plus cette soumission ne se doit-elle pas à ce pontife que la Divinité suprême a daigné élever au-dessus de tous les autres pontifes, et que la piété de l'Église a célébré comme son primat ? Les institutions divines peuvent être attaquées par la présomption humaine ; mais elles ne peuvent être vaincues par la puissance de qui que ce soit. Encore serait-il à souhaiter que pour les adversaires, que leur audace ne leur fût pas plus funeste à eux-mêmes qu'elle est impuissante contre la religion. »

Ensuite, avec toute l'éloquence et la tendresse de l'amitié chrétienne, le Pape conjure l'empereur, par la piété qu'il avait montrée étant simple particulier, et par le désir qu'il lui connaissait pour les biens éternels, de prendre la défense de la foi de l'Église avec autant de zèle qu'il défendait les droits de son empire, et de suivre en cela le Siège apostolique, qui s'occupait surtout de conserver pur et exempt de toute corruption le dépôt de la foi. Il dit que c'est l'unique moyen d'avoir une paix véritable. Il ajoute que si l'on veut défendre l'eutychianisme, on doit le faire ouvertement et en toutes manières qu'on pourrait ; mais si on le condamne comme il le mérite et comme il a été condamné en effet dans le concile de Chalcédoine, il faut rejeter aussi ceux qui sont infectés de cette hérésie ou qui communiquent avec eux, et dès lors effacer le nom d'Acace des diptyques, afin de faire cesser la division des églises et de rétablir la paix sincère et l'unité de la foi. Comme il savait qu'on objectait la résistance du peuple de Constantinople, il répond qu'il y a lieu d'espérer que ce peuple, qui, après avoir été attaché à Nestorius et à Macédonius, les avait enfin rejetés, en userait de même à l'égard d'Acace ; que ceux de cette ville, après avoir reçu le baptême de la main de ces deux évêques, n'en avaient souffert aucun reproche de la part des catholiques ; que l'empereur lui-même avait bien su réprimer ce peuple, quand il avait voulu remuer à l'occasion des jeux publics ; et que si l'on craignait d'irriter le peuple d'une seule ville au préjudice de la cause de Dieu, on devait beaucoup plus appréhender de blesser la foi de tous les peuples du monde, qui, ce qu'à Dieu ne plaise, seraient scandalisés de notre prévarication (Gel., *Epist.* 8).

Nous avons encore de saint Gélase, sur la même affaire, un traité inachevé *De l'Anathème*. Il s'y fait d'abord cette objection : Si l'on reçoit le concile de Chalcédoine, on doit le recevoir en tout, et dès lors admettre le privilège du second rang, qu'il a accordé à l'évêque de Constantinople par son vingt-huitième canon. Gélase répond : Toute l'Eglise reçoit sans difficulté ce que le concile a décidé conformément à l'Ecriture, à la tradition et aux canons, pour la foi catholique, le Siége apostolique n'ayant ordonné la tenue de ce concile que pour ce sujet, et ne l'ayant confirmé qu'à cet égard. Mais ce qui a été avancé sans l'autorité et sans l'ordre du Saint-Siége, a été aussitôt contredit par ses légats, et le Saint-Siége ne l'a jamais approuvé, quelque instance que lui en fit l'empereur Marcien. Anatolius lui-même s'en est défendu et a confessé que tout dépendait du pontife romain. Il explique ensuite cette clause de la sentence contre Acace, qu'il ne devait jamais être absous; c'est-à-dire tant qu'il demeurerait obstiné, et cette clause n'ajoute rien à sa condamnation.

Voici comme le Pape s'explique sur la distinction des deux puissances, l'ecclésiastique et la séculière. « Je veux croire qu'avant la venue de Jésus-Christ, quelques-uns aient été en figure rois et prêtres en même temps, comme l'Ecriture le dit de Melchisédech, ce que le démon a imité dans les siens, parmi lesquels les empereurs païens prenaient aussi le nom de souverains pontifes. Mais depuis la venue de celui qui est véritablement roi et pontife tout ensemble, l'empereur n'a plus pris le nom de pontife, et le pontife ne s'est plus attribué la dignité royale. Car quoique tous les membres de Jésus-Christ soient nommés une race royale et sacerdotale, néanmoins, Dieu, connaissant la faiblesse humaine et voulant sauver les siens par l'humilité, a séparé les fonctions de l'une et de l'autre puissance, en sorte que les empereurs chrétiens eussent besoin des pontifes pour la vie éternelle, et que les pontifes usassent des ordonnances des empereurs pour le cours des affaires temporelles, afin que celui qui sert Dieu ne s'embarrassât point du soin des choses temporelles, et que celui qui est engagé dans les affaires séculières ne fût pas chargé du gouvernement des choses divines. De cette manière, l'un et l'autre ordre sont contenus dans la modération, et chaque profession est appliquée aux actions qui lui conviennent. » Cette distinction des deux puissances établie, on voit clairement qu'un évêque ne peut être ni lié ni délié par une puissance séculière, qu'ainsi Pierre Monge n'a point été légitimement absous, n'ayant pu l'être par l'autorité de l'empereur Zénon (Labbe, t. IV).

Nous avons encore un autre écrit du pape Gélase. Jusqu'à son pontificat, on avait continué à Rome une des fêtes païennes les plus obscènes, les *Lupercales*, où des jeunes gens couraient nus dans les rues. Le saint Pape parvint à l'abolir. Mais quelque temps après, un sénateur nommé Andromaque et quelques autres personnes voulurent la rétablir, sous le prétexte que les maladies dont cette ville était affligée venaient de la suppression de cette fête, et de ce qu'on n'offrait plus de sacrifice au dieu-fièvre. En même temps ils accusaient le Pape de manquer de zèle pour punir les désordres, en particulier les adultères. Gélase leur fait voir, par un discours, qu'ils étaient eux-mêmes indignes du nom de chrétiens qu'ils portaient; qu'en voulant allier avec la profession du christianisme le culte superstitieux des faux dieux, ils commettaient un adultère spirituel; et que pour ce crime, que les évêques avaient droit de punir, comme ils ont droit de punir l'adultère corporel, ils méritaient, vu les blasphèmes qu'ils avaient proférés en public, d'être séparés du corps de l'Eglise.

Il leur fit voir encore qu'ils ne savaient pas même ce que c'étaient que les *Lupercales*, puisque, selon Tite-Live, elles avaient été établies, non pour détourner les maladies, mais pour remédier à la stérilité des femmes; qu'aussi les maladies n'avaient pas été moins communes dans les temps qu'on célébrait les *Lupercales*, qu'en d'autres où on ne les célébrait pas, que les fléaux publics dont Rome était affligée devaient s'attribuer aux mœurs déréglées de ses habitants. « Ne sacrifiait-on pas à votre dieu-fièvre, ne célébrait-on pas les *Lupercales* quand les Gaulois prirent Rome? dans le temps des guerres civiles? lorsque Alaric, Anthémius, Ricimer saccageaient cette ville? Pourquoi Castor et Pollux, dont vous n'avez pas voulu quitter le culte, n'ont-ils pas rendu la mer favorable, afin que Rome eût des blés en abondance? Dites-moi, vous qui n'êtes ni chrétiens ni païens, défenseurs des *Lupercales* et des chansons infâmes, dignes d'une religion dont le culte est si honteux, quel bien peut-elle vous faire, tandis qu'elle attire une telle corruption de mœurs? Sacrifiez donc aussi dans les temples des démons et au Capitole. Pourquoi voulez-vous conserver une partie de la superstition en abandonnant le principal? Mais, dites-vous, on a souffert les *Lupercales* depuis le christianisme. On a aussi souffert quelque temps les sacrifices : s'ensuit-il qu'on n'ait pas dû les abolir depuis? Chaque évêque a aboli en divers temps plusieurs superstitions méprisables et criminelles. On ne guérit pas toutes les maladies à la fois; on commence par les plus dangereuses, de peur que le corps n'ait pas la force de supporter les remèdes. Enfin, pour ce qui me regarde, je défends à tout homme baptisé, à tout chrétien de le faire; que les païens seuls le pratiquent. Je dois déclarer aux chrétiens que ces superstitions leur sont pernicieuses et funestes. J'agirai en conscience; c'est à ceux qui n'obéiront pas à mes justes avis à penser à eux. Je ne doute pas que mes prédécesseurs n'en aient fait autant, et qu'ils n'aient sollicité les empereurs d'abolir ces abus : on ne les a pas écoutés, et c'est ce qui a fait périr l'empire. Je n'ose pas les accuser de négligence; mais chacun de nous rendra compte de sa conduite (Labbe, t. IV). »

Tandis que le pape saint Gélase s'efforçait par ses lettres de ramener l'empereur Anastase, l'évêque Euphémius de Constantinople lui donna lieu, par son indiscrétion, de le persécuter et de le chasser de son siége. Depuis cinq ans l'empereur faisait la guerre aux Isauriens, qu'il avait fait sortir de Constantinople à cause de leur turbulence, et qui ensuite, fiers de la puissance que leur avait procurée leur compatriote Zénon, prirent les armes. Fatigué enfin de cette guerre, Anastase cherchait un moyen honnête de la finir. Il s'en ouvrit à Euphémius, et lui dit : « Pour sauver l'honneur de l'empire, engagez comme vous-même les évêques qui se trouvent à Constantinople à venir ensemble me prier de pardonner aux Isauriens et de leur accorder la paix. » Euphémius, dépositaire de ce secret, eut l'imprudence de le révéler au patrice Jean, beau-père d'Athénodore, un des chefs des Isauriens. Le dessein d'Euphémius était seulement de calmer les inquiétudes du beau-père, en lui faisant connaître les intentions pacifiques de l'empereur à l'égard de son gendre. Mais Jean, par une noire perfidie, alla sur-le-champ découvrir à l'empereur la confidence qu'on venait de lui faire. Le prince en fut extrêmement irrité, et ne douta plus ou du moins fit semblant de ne plus douter que le patriarche n'entretînt des liaisons avec les rebelles. Quelque temps après, ayant remporté sur eux quelque avantage, il lui fit dire que ses prières pour ses amis n'avaient pas été exaucées. Il poussa plus loin la vengeance. Soit par son ordre, soit dans le dessein de lui plaire, un assassin, gagné pour tuer Euphémius, l'ayant rencontré au sortir de la sacristie, tira l'épée pour le frapper. Mais un défenseur de l'Église, nommé Paul, qui dépassait le patriarche de toutes les épaules, reçut le coup, et tua sur-le-champ le meurtrier. Euphémius évita encore une fois la mort : un jour qu'il assistait à une assemblée ecclésiastique, on vint l'avertir que des hommes apostés l'attendaient à la porte pour le tuer quand il sortirait; il prit l'habit d'un laïque et sortit sans être reconnu.

Pour s'en défaire par d'autres voies, l'empereur assembla les évêques qui se trouvaient à Constantinople, et l'accusa devant eux, mais sans preuves, d'entretenir des intelligences avec les ennemis. Ces évêques, comme la plupart de ceux de l'Orient, ne connaissaient d'autre règle que la volonté de l'empereur. Ils déclarèrent donc Euphémius privé du sacerdoce et de la communion. L'empereur lui ordonner à sa place Macédonius, prêtre et trésorier de l'Église de Constantinople, neveu du patriarche Gennade, le même à qui Euphémius avait confié la promesse par laquelle Anastase s'était engagé de maintenir la foi de l'Église et l'autorité du concile de Chalcédoine. Macédonius se laissa faire. En pareil cas, les Orientaux ont toujours été d'une extrême complaisance. Il souscrivit même l'hénotique de Zénon. Le peuple, au contraire, ayant appris ce qui venait de se passer, courut à l'hippodrome, en implorant le secours de Dieu, et forma une espèce de sédition en faveur d'Euphémius; mais l'empereur fut inexorable. Euphémius, craignant pour sa vie, se retira dans le baptistère, d'où il ne voulut point sortir que Macédonius ne lui eût donné parole, au nom de l'empereur, qu'on n'userait d'aucune violence envers lui lorsqu'on le mènerait en exil. Macédonius, ayant la parole d'Anastase, vint trouver Euphémius dans le baptistère; mais, par un reste de pudeur, avant d'y entrer, il se fit ôter son *pallium* par un diacre, n'osant encore le porter en présence d'Euphémius, injustement dépouillé. Après lui avoir parlé, il lui donna de l'argent pour sa dépense et celle de ses compagnons d'exil. Euphémius fut conduit à Eucaïtes, en 495, et mourut en 515 à Ancyre, où l'on croit que la crainte des Huns l'avait obligé de se retirer (*Hist. du Bas-Empire*, l. 38, n. 14 et 15; Évagre, l. 3, c. 30; Théod., *Lect.*, l. 2, c. 9-15; Théoph.).

Euphémius et Macédonius étaient pieux et catholiques, mais ce n'étaient pas des évêques complets. Ils n'avaient pas cette fermeté sacerdotale, unie à l'humilité chrétienne, que nous admirons dans saint Gélase. Ce grand Pape mourut lui-même, en 496, après avoir illustré la chaire apostolique quatre ans huit mois, et par sa sainteté et par sa doctrine. Après sept jours d'interrègne, il eut pour successeur, le 28 novembre 496, Anastase, second du nom, Romain de naissance, qui tint le Saint-Siége un peu moins de deux ans.

Au milieu des douleurs qu'éprouvait alors l'Église de Dieu en Orient, par la désunion des Grecs; en Afrique, en Italie, en Espagne, en Gaules, par l'invasion des peuples barbares, infectés d'arianisme ou d'idolâtrie, elle recevait deux grandes consolations. L'une était la persévérance héroïque de la première nation chrétienne de l'Orient, les Arméniens; l'autre, la conversion de la première nation chrétienne de l'Occident, les Francs.

Dès l'an 300, les Arméniens, avec leur roi Tiridate II, avaient embrassé le christianisme en corps de nation. Dès l'an 312, ils le professèrent et le défendirent en corps de nation, les armes à la main, contre l'empereur romain Maximin Daïa, qui, comme leur suzerain, voulait les ramener par la force des armes à l'idolâtrie. Depuis ce temps, ils tinrent la même conduite sous la suzeraineté des rois de Perse.

En 465, Gioud, autrement Jude, disciple de saint Sahag et de saint Mesrob, avait été nommé patriarche d'Arménie. Tout le temps de son pontificat fut pénible. Les rois de Perse avaient renoncé à persécuter ouvertement les chrétiens. La violence avait fait place à la ruse. Les officiers chargés de l'administration du pays laissaient bien au clergé la faculté entière de s'acquitter de ses fonctions; mais ils accordaient une égale liberté aux mages persans et aux Arméniens apostats, pour pratiquer leur culte étranger et pour répandre partout leurs erreurs. L'Arménie se couvrait de pyrées et de temples consacrés à la religion des Perses, et les fidèles étaient continuellement en butte aux insultes de leurs ennemis. Les princes qui continuaient de professer la loi chrétienne, ou les captifs revenus de Perse, et soumis à une surveillance inquiète, étaient fatigués par une multitude de vexations qui devaient à la fin devenir intolérables. Le patriarche ne cessait de gémir sur des misères qu'il ne pouvait soulager. Les princes, poussés à bout, formèrent secrètement le projet d'implorer l'assistance de l'empereur Léon, pour les affranchir du joug trop pesant des Perses, ou en obtenir un asile dans l'Arménie romaine. L'empereur Léon ne demandait pas mieux; mais les circonstances critiques où il se trouvait lui-même l'empêchèrent d'intervenir en leur faveur. Beaucoup d'Arméniens prirent alors le parti d'émigrer, et ils passèrent au service de l'empire, où ils occupèrent bientôt les places les plus distinguées : leurs descendants parviendront même plus d'une fois à s'asseoir sur le trône impérial (Lazare de Pharbe, c. 54; Cedrenius).

Le patriarche était désolé de voir les progrès que l'idolâtrie persane faisait dans l'Arménie, il ne cessait de la combattre par ses discours et par ses écrits. Ses efforts n'étaient pas toujours sans succès : il préservait les uns de l'erreur, repoussait les séductions et les sophismes des autres, et ramenait souvent ceux qui s'étaient égarés. Ce zèle et ces succès irritèrent un apostat, qui était en Arménie le chef des sectateurs de Zoroastre. Il dénonça le patriarche au roi de Perse, qui était Firouz ou Pérosès, l'accusant d'entretenir des relations criminelles avec les Romains et d'avoir reçu des présents de l'empereur. Mandé à la cour de Ctésiphon, Gioud s'y rendit sans délai. Il y fut reçu avec les plus grands honneurs par le clergé syrien de la Perse. Il ne nia point la plupart des faits qu'on lui imputait, mais il fit voir qu'ils n'avaient rien de criminel, les relations qu'il entretenait avec l'empire n'ayant pour objet que les sciences, les lettres et la religion. Le roi, à l'instigation du même apostat, chercha un autre prétexte pour le tourmenter, et prétendit qu'il s'était mis en possession du patriarcat sans sa permission. S'imaginant qu'il tenait beaucoup à cette charge, il lui promit d'assurer pour jamais à sa famille l'administration spirituelle de l'Arménie, s'il voulait embrasser la loi de Zoroastre. Le patriarche, qui avait environ 90 ans, repoussa cette proposition avec mépris. Le roi le priva de son titre, et donna ordre de mettre à sa place un certain Christaphor ou Christophe, de la famille princière des Ardzrouniens, qui descendait de l'ancien roi d'Assyrie, Sennachérib. Ceci arriva l'an 475. Gioud mourut un an après. Il avait été dix ans patriarche (Laz. de Pharbe, c. 55 et 56).

Un autre danger menaçait l'Arménie : c'était le nestorianisme. La plupart des chrétiens de la Perse se rendaient depuis longtemps à Edesse en Mésopotamie pour s'instruire dans les lettres divines et humaines. On y trouvait pour cet objet une école célèbre, nommée l'*école des Perses*. Comme elle se trouva infectée de l'hérésie de Nestorius, elle fut détruite en l'an 489 par les ordres de l'empereur Zénon et d'après les conseils de Cyrus, évêque d'Edesse. Jusqu'alors, l'Arménie s'était assez bien préservée de cette hérésie. Les rois de Perse y virent un utile auxiliaire de leur politique; ils tentèrent de la répandre parmi leurs sujets chrétiens, et ils soutinrent les novateurs de toute leur puissance. Parmi les élèves de l'école persane d'Edesse, on distinguait un certain Barsuma, qui devint évêque de Nisibe. C'était un homme adroit. Il parvint à capter la confiance de Pérosès. Il lui fit accroire que les chrétiens de son royaume, unis de communion avec ceux de l'empire, ne pouvaient être de fidèles sujets, tandis que l'intérêt de sa secte était celui de sa couronne. L'hérésie et la fausse politique sont sœurs. Les persécutions changèrent d'objet; on ne voulut plus forcer les chrétiens à embrasser la loi de Zoroastre, mais la doctrine de Nestorius. Homme pour homme, erreur pour erreur, la différence n'est pas grande. Il ne s'agissait donc plus de renoncer à la foi chrétienne, mais il fallait être chrétien comme le roi l'entendait. Pour rendre l'erreur plus attrayante, Barsuma fit décréter dans un conciliabule qu'il serait permis aux clercs, aux évêques, même au patriarche, d'avoir des femmes, et il en donna lui-même l'exemple. Le métropolitain ou patriarche de Séleucie sur le Tigre, bâtie non loin et avec les débris de l'ancienne Babylone, se nommait Babou, converti d'entre les mages. Les évêques Occidentaux lui reprochaient, par leurs lettres, de souffrir de pareilles erreurs et de pareils désordres en Orient. Il leur répondit : Comme nous vivons dans un royaume impie, nous ne pouvons punir les coupables; voilà pourquoi il s'introduit bien des abus contre les sacrés canons. Toutefois il excommunia Barsuma. Mais celui-ci, ayant intercepté sa lettre, la dénonça au roi, qui fit pendre le patriarche par le doigt annulaire, et frapper jusqu'à mort. Barsuma obtint alors le pouvoir de maltraiter les Romains, c'est-à-dire les catholiques. Il en fit périr sept mille sept cents, parmi lesquels Barsohed, évêque de Ninive, avec douze moines. C'est ainsi qu'il propagea le nestorianisme par toute la Perse.

Le patriarche d'Arménie, Christaphor, informé des progrès de l'hérésie, se hâta d'écrire des circulaires dans tous les pays de sa juridiction, et même dans l'Arménie romaine, pour prémunir contre la contagion, l'esprit des princes et des évêques. Barsuma présenta sous les couleurs de la rébellion la démarche du patriarche, et il obtint des ordres du roi pour qu'il lui fût permis de prêcher et de répandre sa doctrine dans l'Arménie. Il parcourut plusieurs provinces; et y fit quelques prosélytes. Mais les menaces de Ner-Sapor, prince des Ardzrouniens descendants de Sennachérib, le contraignirent de s'éloigner, après un assez court séjour (Assemani, *Bibl. orientale*, t. I, c. 15 et 29, et t. II, p. 403).

Les princes chrétiens d'Arménie voyaient avec douleur le péril, la ruine prochaine de leur foi et de leur nation. Une révolution qui éclata dans un pays limitrophe, l'Ibérie, les détermina à y porter remède. Uzden, roi d'Ibérie, avait embrassé le culte de Zoroastre, et il était devenu si odieux à ses sujets, par les persécutions dont il les accablait, qu'ils se soulevèrent. Il fut tué par un de ses parents, qui s'était mis à la tête des insurgés, et qui se fit déclarer roi. Sans perdre de temps, le nouveau souverain rassembla des forces et se procura un corps auxiliaire de Huns pour se défendre contre les Perses, dont il devait redouter la vengeance.

Le roi de Perse ordonna aux Arméniens de marcher contre l'Ibérie. Les troupes persanes et les Arméniens apostats campaient séparés des Arméniens restés chrétiens. Dans cet isolement, ceux-ci se demandèrent s'il ne vaudrait pas mieux se joindre aux Ibériens, appeler les Romains, et, de concert avec eux, affranchir l'Arménie du joug des infidèles. Ils consultèrent Vahan pour se décider. C'était le chef des Mamigoniens, cette famille impériale de la Chine réfugiée en Arménie. Lui-même avait eu la faiblesse de céder aux caresses du roi de Perse, et d'abandonner la religion de ses pères. Mais depuis longtemps il pleurait sa faute. Il exprima donc aux princes, en termes très-vifs, toute l'amertume des regrets que lui inspirait le crime qu'il avait commis en abandonnant sa religion, il leur fit voir qu'il ne désirait plus rien que de pouvoir rétablir son honneur et mériter la miséricorde divine, en se dévouant pour la foi et en se délivrant d'une vie qui était odieuse. Cependant, tout bien considéré, ajoutait-il, il ne pouvait engager ses amis à entreprendre de lutter contre les Perses, dont il appréciait mieux que personne la puissance. Les princes ne furent point dissuadés par ses représentations; ils protestèrent que ce n'était ni dans l'alliance des Romains ni dans le secours des Ibériens et des Huns qu'ils plaçaient leur confiance, mais que toute leur espérance était dans la miséricorde de Dieu et dans l'intercession des glorieux martyrs qui avaient donné autrefois leur sang pour l'Arménie, et dont ils brûlaient d'égaler la gloire, protestant qu'ils préféraient tous périr en un seul jour sur le champ de bataille que d'être plus longtemps témoins des humiliations continuelles que l'Eglise essuyait. Vahan et ses frères ne purent résister à un si ardent enthousiasme, et, sans calculer davantage, ils se déclarèrent ouvertement et jurèrent sur les Évangiles, de combattre jusqu'à la mort pour la religion chrétienne et l'indépendance de leur pays (Laz. de Pharbe, c. 50-58).

Un traître se trouvait parmi eux. Il s'empressa d'informer l'autre parti de ce qui venait de se passer. A cette nouvelle, le général persan et les princes apostats, saisis d'une terreur panique, s'enfuirent au milieu de la nuit. Les chrétiens en profitèrent pour régulariser le gouvernement du pays. Le mamigonien Vahan fut nommé connétable, ou commandant général des troupes; Sahag, prince des Pagratides (les Bagrations modernes), ancienne famille issue d'un Juif emmené à Babylone par Nabuchodonosor, après la prise de Jérusalem, fut nommé marzban ou gouverneur civil. C'était l'an 481 (*Hist. du Bas-Empire*, l. 38, n. 39, etc., addit. de St-Martin). Le général persan, honteux de sa fuite, revint avec de plus grandes forces; mais il fut battu, tué sur le champ de bataille, et son armée mise en pleine déroute par quatre cents Arméniens, qui s'étaient dévoués pour leur patrie, en recevant la bénédiction du patriarche Jean Mantakouni.

Ce patriarche, qui avait succédé, l'an 480, à Christaphor, appartenait à une famille de princes très-puissante en Arménie, et avait été disciple de saint Sahag et de saint Mesrob. Il avait 75 ans. Malgré son grand âge, il s'acquittait avec zèle et activité de ses fonctions sacerdotales. Pendant son pontificat, il fit une révision des rituels adoptés dans les Églises d'Arménie, et il en fit faire une rédaction qui est restée en usage jusqu'à présent. Il mourut en 487, et eut pour successeur son disciple Babken (Combef., *Auctuar. Bibl. Pat.*, t. II).

Au printemps de l'année 482, le roi de Perse envoya une nouvelle armée. Elle fut encore battue et mise en fuite, laissant sur le champ de bataille deux de ses généraux. Les Arméniens avaient été encouragés par la présence de leur patriarche, qui se trouvait lui-même au milieu des combattants, et ne cessait de les exhorter au martyre. Mais quelque temps après, ils éprouvèrent un grand revers par la perfidie de quelques traîtres. Le marzban Sahag et un frère de Vahan restèrent sur le champ de bataille. Vahan lui-même se vit poursuivi de montagne en montagne par le général persan, qui employait tous les moyens de la force et de la ruse pour le prendre. Mais inopinément le roi de Perse rappela son armée d'Arménie pour l'opposer aux Huns. Pendant sa retraite, le général persan se fit amener un prisonnier arménien, Iazd, prince de Siounie, et le menaça de le faire mettre sur-le-champ à mort, s'il ne consentait pas à embrasser la religion de Zoroastre. Ce prince ne balança pas un instant; il fit sans hésiter le sacrifice de sa vie, et reçut la couronne du martyre le 25 septembre 482. L'Arménie étant encore une fois délivrée, le connétable Vahan, de concert avec les princes et le patriarche, s'occupa des moyens de rétablir les affaires du pays, pour résister aux Perses (Laz. de Pharbe, c. 59-64).

En effet, au printemps de l'année 483, une nouvelle armée persane se mit en campagne. Par la perfidie des traîtres et des apostats, les Arméniens essuyèrent encore un revers. Vahan fut encore réduit à faire la guerre de partisan. Il la fit avec une vigilance, une activité, un courage et des succès incroyables. Un jour qu'il attaquait un corps de quatre mille Persans, sa petite troupe, après un premier choc, qui fut terrible, eut peur et prit la fuite. Il ne lui resta que vingt-neuf hommes. Ces trente braves ne furent point effrayés de l'abandon des autres; ils s'avancèrent lances baissées contre les Perses, dans l'espérance de se faire jour à travers leurs bataillons. Ils y réussirent. Quatre Arméniens fidèles, avec un Grec nommé Hipparque, se jettent au milieu des Arméniens infidèles, attaquent le prince apostat qui les commande, le renversent au milieu des siens, et périssent eux-mêmes après avoir immolé une multitude d'ennemis. Vahan et ses autres compagnons se couvrent également de gloire, et méritent par leurs exploits les éloges du général persan et de son armée. Ils s'arrêtent, après le combat, à peu de distance du champ de bataille, et s'y reposent en présence de l'ennemi qu'ils viennent d'humilier, et dont ils défient la puissance. Le général persan, qui sentait qu'après des événements pareils toute l'Arménie allait se soulever, prit le parti de se retirer. Bientôt il reçut la nouvelle de la mort du roi Pérosès; avec l'ordre de venir promptement en Perse pour régler avec les grands du royaume la succession au trône (Laz. de Pharbe, c. 65-73).

Pérosès ou Firouz avait misérablement péri dans une embuscade des Huns, avec ses vingt-neuf fils et toute son armée. La Perse, épuisée d'hommes et d'argent, se trouvait dans un état déplorable. Les grands se réunirent à Ctésiphon, pour proclamer un nouveau roi. Cabad, le seul qui restait des trente fils de Pérosès, parut trop jeune pour lui succéder. On proclama Obalas ou Balascès, frère de Pérosès. On lui remontra que c'était la violence, l'injustice, la tyrannie et l'aveuglement du roi défunt qui avaient produit les malheurs de la Perse. Le nouveau monarque était d'un caractère doux et pacifique. Un de ses premiers soins fut d'apaiser la guerre d'Arménie. Les généraux persans qui y avaient commandé, lui parlèrent avec admiration du prince mamigonien Vahan, et lui exposèrent les vraies causes de l'insurrection, la tyrannie et les persécutions de Pérosès. Balas envoya un nouveau gouverneur, avec une lettre pour Vahan, où il l'invitait à rentrer dans l'obéissance et à traiter de la paix à des conditions raisonnables. Vahan convoqua un grand conseil des princes, pour discuter les propositions du roi de Perse. Ils répondirent d'un commun accord, qu'ils ne refusaient point de traiter avec les Perses et de se soumettre à l'autorité du roi, mais qu'il fallait avant tout leur accorder trois conditions essentielles, garanties par la signature et le cachet du monarque, sans lesquelles ils ne pouvaient entendre à aucun arrangement, étant résolus de combattre jusqu'à la mort. La première était de leur accorder le plein et entier exercice de la religion chrétienne, la destruction de tous les pyrées et temples du Feu construits en Arménie, ainsi que l'engagement de ne plus tenter de faire parmi eux des prosélytes au culte persan, et de ne conférer aucun honneur ou dignité à des Arméniens pour fait d'apostasie. La seconde condition était que dorénavant on rendit la justice et que l'on distribuât les récompenses selon les règles de la plus stricte équité et selon le mérite réel de chacun. Enfin, en troisième lieu, que le roi consentit à s'occuper lui-même de l'administration de affaires de l'Arménie, et à n'en plus donner la direction à des étrangers.

Ces conditions préliminaires furent trouvées justes par le gouverneur et son conseil. L'acte de pacification fut conclu sur ces bases, et envoyé au roi pour la ratification définitive. Balas faillit en ce moment être renversé du trône par la révolte de son frère Zareh. Un corps d'Arméniens marcha à son secours, et fit des merveilles. La révolte ayant été comprimée, Vahan lui-même, accompagné de ses amis, se rendit à la cour du roi, qui en eut une joie extrême, et lui dit en plein conseil que ses demandes étaient justes, et qu'il n'était que trop vrai que son frère Pérosès avait été, par sa tyrannie, la seule cause de l'insurrection des Arméniens et des malheurs de la Perse. Une paix perpétuelle fut conclue, signée aussitôt et scellée par le roi, qui nomma Vahan connétable d'Arménie. Quand ce dernier revint avec ses amis à Dovin, capitale du pays, le clergé tout entier et le vénérable patriarche Jean Mantakouni, allèrent à leur rencontre, portant processionnellement les reliques de saint Grégoire, l'apôtre de l'Arménie.

Quelque temps après, la joie publique fut encore augmentée. Le roi, d'après le conseil de ses ministres, nomma le Machabée arménien, l'héroïque Vahan, gouverneur général de l'Arménie entière, avec la dignité de marzban. A cette nouvelle, le peuple tout entier, ne se possédant plus de joie, se porta dans la grande église de Dovin, qui retentit longtemps de ses bruyantes actions de grâces. Vahan se transporta au palais, accompagné du patriarche et des princes, et y prit solennellement possession de sa dignité. L'un de ses premiers soins fut de faire la visite générale du pays pour y faire détruire tous les édifices consacrés au culte des Perses, et pour relever les églises et les monastères qui avaient été détruits. La plupart des Arméniens qui, soit par crainte, soit par d'autres motifs, avaient professé jusqu'alors le culte du Feu, y renoncèrent volontairement, et firent publiquement profession de la religion chrétienne (Laz. de Pharbe, c. 73-87).

Le patriarche Jean Mantakouni étant mort en 487, eut pour successeur Babken, son disciple, qui, en 492, eut pour successeur Samuël, remplacé lui-même par Mousché en 502. Babken eut le zèle et la vigilance de son prédécesseur. Les nestoriens, qui, pendant les troubles, avaient augmenté le nombre de leurs partisans, s'étaient joints aux ennemis du concile de Chalcédoine, et ils s'efforçaient, de concert, d'entraîner les Arméniens dans l'hérésie. Babken convoqua un concile pour arrêter les progrès des novateurs. Il réunit tous les évêques de l'Arménie à Vagarsabad, ancienne capitale du royaume. Gabriel, patriarche de l'Ibérie, y vint avec ses évêques, aussi bien que le patriarche de l'Albanie et plusieurs des évêques de l'Arménie romaine. Ils prononcèrent d'un commun accord anathème contre les nestoriens, contre Barsuma et ses disciples, et ils adhérèrent à toutes les décisions du concile de Chalcédoine (Assem., Bibl. Orient., t. I, p. 265; Hist. du Bas-Empire, l. 38, c. 65).

En Perse, les révolutions se succédaient l'une à l'autre. L'an 488, Balas fut détrôné et privé de la vue par les mages. Son neveu Cabad, qui lui succéda, fut détrôné l'an 498, et remplacé par son oncle Zamaspe, qui lui recéda volontiers le trône en 502. Dans son premier règne, Cabad fut cruel, turbulent, et traita ses sujets en esclaves. Il bouleversa son royaume, abolissant les coutumes anciennes, établissant des lois bizarres, ou plutôt ne reconnaissant d'autres lois que ses passions et ses caprices. Entêté des systèmes extravagants d'un manichéen nommé Mazdak, il commença par rompre le lien primordial de la société humaine, en détruisant l'union conjugale; il déclara, par une loi, que les femmes seraient communes, et il permit aux femmes les plus distinguées de se prostituer. Sa conduite cruelle et extravagante souleva tous ses peuples contre lui, les Perses comme les autres. Sa disgrâce lui fut utile : dans son second règne il fut plus sage, et l'Arménie continua de jouir de la liberté religieuse qui lui avait été garantie comme condition fondamentale de sa soumission.

C'est ainsi que la vaillante nation des Arméniens consolait l'Eglise de Dieu par son héroïque persévérance. Dans le même temps, cette Eglise recevait une autre consolation : elle vit entrer dans son sein, pour n'en sortir jamais, la première nation chrétienne de l'Occident, cette nation qui, après quatorze siècles de révolutions de toute espèce, est encore sa consolation et sa gloire. Nous voulons parler de la conversion de Clovis et des Francs, que le premier acte du pape Anastase fut de féliciter au nom de l'Eglise catholique.

La reine Clotilde ne cessait d'exhorter le roi à quitter les idoles et à reconnaître le vrai Dieu. Mais elle ne put le persuader. Une bataille en vint à bout. Les Allemands, la plus féroce des tribus de la Germanie, qui s'étaient établis dans les provinces modernes d'Alsace et de Lorraine, attaquèrent en 496 les Francs-Ripuaires, possesseurs du territoire de Cologne et alliés de Clovis. Le roi des Francs-Saliens marcha aussitôt contre les agresseurs. Une grande bataille se livra dans les plaines de Tolbiac, aujourd'hui Zulpich, au pays de Juliers. Clovis commença par invoquer ses dieux. Mais son allié Sigebert, roi des Francs de Cologne, ayant été blessé au genou, ses troupes prirent la fuite; celles de Clovis même commençaient à plier et à se rompre; les Allemands se tenaient assurés de la victoire. Dans cette extrémité, Clovis se souvint des leçons de Clotilde. Il leva les mains au ciel, et dit avec larmes : « Jésus-Christ, vous que Clotilde assure être le Fils du Dieu vivant, si, comme on le publie, vous donnez secours aux malheureux et la victoire à ceux qui espèrent en vous, j'implore instamment votre assistance. Si vous me faites triompher de mes ennemis, je croirai en vous et je me ferai baptiser en votre nom. Car j'ai invoqué mes dieux en vain; il faut bien qu'ils n'aient aucun pouvoir, puisqu'ils ne secourent pas ceux qui les adorent. C'est pourquoi je vous invoque, et je désire croire en vous; seulement, délivrez-moi de mes ennemis. » A peine a-t-il achevé cette prière, que les Allemands commencent à tourner le dos et à fuir; peu après, voyant leur roi tué, ils se rendent à Clovis, en disant : « Qu'on cesse de faire périr le peuple; car dès maintenant nous sommes à vous! » Clovis fit cesser le combat; réunit les deux peuples et s'en revint en paix (Greg. Turon., l. 2, n. 30).

Fidèle à son vœu d'embrasser la religion chrétienne, il s'empressa de se faire instruire, même

# LIVRE XLII. — CONVERSION DE CLOVIS.

pendant la marche, afin de se disposer mieux au baptême. Il prit pour ce sujet, en passant à Toul, un saint prêtre nommé Vedast ou Vaast, qui y vivait dans la retraite et dans une grande réputation de vertu. Ce saint homme le confirma encore mieux dans la foi par ses miracles que par ses leçons. Car comme il passait avec le roi dans le pays de Vouziers, sur le pont de la rivière d'Aisne, un aveugle s'écria : Homme de Dieu, ayez pitié de moi ; je ne demande ni or ni argent, rendez-moi la vue !... L'homme de Dieu, se sentant assisté d'en-haut, non-seulement pour le salut de cet infortuné, mais encore de tout le peuple qui était présent, se mit en prière et fit le signe de la croix sur les yeux de l'aveugle, en disant : « Seigneur Jésus, vous qui êtes la lumière véritable, vous qui avez ouvert les yeux de l'aveugle-né, ouvrez encore les yeux de celui-ci, afin que le peuple ici présent connaisse que vous êtes le seul Dieu faisant des prodiges au ciel et sur la terre. » A l'instant, l'aveugle recouvra la vue ; et, pour conserver la mémoire du miracle, on bâtit une église en ce lieu (*Acta Sanct.*, 6 *febr.*).

Cependant la reine avait fait venir secrètement saint Remi, qui acheva de faire connaître au roi le vrai Dieu, créateur du ciel et de la terre, et la vanité des idoles, dont lui-même avait éprouvé l'impuissance. « Très-saint Père, dit Clovis, je vous écouterai volontiers ; mais il reste une difficulté : le peuple qui me suit ne voudra point quitter ses dieux. Je vais leur parler suivant vos instructions. » Il assembla donc les Francs. Mais avant qu'il leur parlât, tout le peuple, touché de Dieu, s'écria d'une voix : « Seigneur, nous rejetons les dieux mortels, et nous sommes prêts à suivre le Dieu immortel que prêche Remi. » L'évêque, au comble de la joie, prépara tout pour le baptême du roi et des Francs. Secondé de saint Vaast, il continua de les instruire, et leur faisait observer, suivant les canons, quelques jours de jeûne et de pénitence. En même temps, plusieurs évêques se rendirent à Reims pour cette solennité, qui se fit le jour de Noël 496.

On avait tapissé les rues depuis la demeure du roi jusqu'à l'église ; l'église elle-même était éclairée de cierges parfumés, et le baptistère rempli d'odeurs exquises. On marcha en procession avec les évangiles et la croix, en chantant des hymnes et des litanies. Saint Remi tenait le roi par la main ; la reine suivait avec les deux princesses, sœurs de Clovis, et plus de trois mille hommes de son armée, la plupart officiers, que son exemple avait gagnés à Jésus-Christ. Au milieu de cette pompe, le roi dit à l'évêque : « Mon Père, est-ce là le royaume de Jésus-Christ que vous m'avez promis ? — Non, répondit-il, ce n'est que le commencement du chemin pour y arriver. »

Le roi, étant arrivé au baptistère, demanda le baptême. Le saint évêque lui dit alors : « Sicambre, baisse docilement la tête ; brûle ce que tu as adoré, et adore ce que tu as brûlé. » Ensuite, lui ayant fait confesser la foi de la Trinité, il le baptisa et l'oignit du saint chrême. Les trois mille officiers ou soldats qui l'accompagnaient, sans compter les femmes et les enfants, furent baptisés en même temps par les évêques et les autres ministres. Les deux princesses, sœurs de Clovis, étaient Alboflède et Lanthilde. Alboflède reçut le baptême, et Lanthilde, qui était déjà chrétienne, mais qui professait l'arianisme, fut réconciliée par l'onction du saint chrême.

Clovis ne voulut pas que les réjouissances d'une si heureuse fête fussent troublées par les larmes des malheureux. Il fit mettre en liberté tous les prisonniers, et fit de grandes libéralités aux églises. Il porta pendant huit jours l'habit blanc des néophytes ; et comme saint Remi, qui continuait de l'instruire pendant ce temps-là, lui lisait un jour la passion de Jésus-Christ, il s'écria tout à coup : « Ah ! si j'avais été là avec mes Francs, je l'aurais bien vengé (Frédég., *Epit.*, c. 21 ; Greg. Tur., l. 2, n. 31 ; *Vita S. Remig.*, *Act. Sanct.*, 1 oct.). » Ce mot annonçait dès lors l'épée chrétienne de Charles Martel, de Charlemagne, de Godefroi et de Tancrède.

La princesse Alboflède, en renonçant aux idoles, renonça aux plaisirs et aux grandeurs du siècle. Elle consacra sa virginité à Dieu, qui, peu après, la retira de ce monde. Clovis fut sensiblement affligé de sa mort. Saint Remi lui écrivit en ces termes, pour le consoler : « Je prends beaucoup de part à la douleur que vous ressentez du décès de votre sœur Alboflède, de glorieuse mémoire ; mais sa sainte vie et la sainte mort qui l'a couronnée doivent faire notre consolation. Jésus-Christ lui a fait la grâce de recevoir la bénédiction des vierges ; il ne faut point pleurer celle qui a été consacrée au Seigneur, et qui a reçu dans le ciel la couronne de la virginité. Chassez donc, mon seigneur, la tristesse de votre cœur. Souvenez-vous que vous avez un royaume à gouverner, avec l'aide de Dieu. Vous êtes le chef des peuples, et c'est vous qui portez le gouvernement (Labbe, t. IV). »

La nouvelle de la conversion de Clovis répandit la joie dans tout le monde chrétien. Le pape Anastase y fut d'autant plus sensible, qu'il espéra trouver en ce prince un puissant protecteur de l'Eglise. C'était, en effet, le seul souverain qui fût alors vraiment catholique. L'empereur Anastase était livré aux eutychiens, qu'il protégeait ; Théodoric, roi des Ostrogoths, en Italie ; Alaric, roi des Visigoths, dans l'Espagne et l'Aquitaine ; Gondebaud, roi des Burgondes, dans la Gaule ; Trasamond, roi des Vandales, en Afrique : tous ces princes faisaient profession de l'arianisme.

Le Pape écrivit donc à Clovis en ces termes : « Nous nous félicitons, très-glorieux fils, de ce que votre entrée dans la foi chrétienne concourt avec notre entrée dans le pontificat. Car la chaire de saint Pierre pourrait-elle ne pas tressaillir de joie, quand elle voit la plénitude des nations accourir vers elle ; quand elle voit le filet que ce pêcheur d'hommes, ce portier du ciel a reçu ordre de jeter, se remplir à travers les siècles ? C'est ce que nous avons voulu faire savoir à Votre Sérénité par le prêtre Eumérius, afin que, connaissant la joie de votre Père, vous croissiez en bonnes œuvres, vous mettiez le comble à notre consolation, vous soyez notre couronne ; et que l'Eglise, votre mère, se réjouisse des progrès d'un si grand roi, qu'elle vient d'enfanter à Dieu. Glorieux et illustre fils, soyez donc la consolation de votre mère ; soyez-lui, pour la soutenir, une colonne de fer. Car la charité d'un grand nombre se refroidit, et, par la ruse des méchants, notre barque est battue d'une furieuse tempête. Mais nous espérons, contre toute espérance, et nous louons le

Seigneur de ce qu'il vous a tiré de la puissance des ténèbres pour donner à son Eglise, dans la personne d'un si grand prince, un protecteur capable de la défendre contre tous ses ennemis. Daigne aussi le Dieu tout-puissant continuer de vous accorder, à vous et à votre royaume, sa céleste protection ! Qu'il ordonne à ses anges de vous garder dans toutes vos voies, et qu'il vous donne la victoire sur tous les ennemis qui vous entourent (Labbe, t. IV). »

Ce qui révèle encore mieux la joie universelle que causa parmi les catholiques la conversion et le baptême de Clovis, c'est la lettre de saint Avit, évêque de Vienne. Il était sujet du roi des Burgondes, qui avait en lui beaucoup de confiance. On pourrait croire que dès lors les Burgondes étaient tributaires des Francs, puisque, dans cette lettre, Gondebaud est appelé soldat ou vassal de Clovis. Ce dernier avait recommandé à l'évêque de Vienne la délivrance d'un captif, fils d'un de ses serviteurs. Saint Avit en profita pour le féliciter de sa conversion.

Il lui dit d'abord que le choix qu'il a fait de la religion catholique, préférablement à tant de sectes hérétiques, est un préjugé favorable pour elle, et comme un rayon par lequel la lumière de la vérité se manifeste. « Votre choix règle le jugement des autres ; vous jugez pour eux, tandis que vous choisissez pour vous, et votre foi devient notre victoire. La plupart de ceux que nous pressons d'embrasser la vraie foi nous opposent les coutumes et les usages de leurs ancêtres, qu'ils ont honte de condamner, et, par un prétendu respect pour leurs pères, ils demeurent dans leur infidélité. Mais, après le miracle que nous venons de voir, que cette honte et ce prétexte disparaissent ! Vous n'avez voulu hériter de vos ancêtres que la noblesse, tout le reste de ce qui fait la gloire d'un grand prince vient de vous-même et rejaillit de vous sur vos pères. S'ils ont fait de grandes choses, vous en faites de plus grandes. Vous avez appris de vos aïeux à régner sur la terre ; vous apprenez à vos descendants à régner dans le ciel. Que la Grèce se félicite d'avoir un prince de notre sainte loi ; elle n'est plus la seule qui ait ce bonheur. Voici une nouvelle lumière qui s'élève dans la personne d'un ancien roi de notre Occident. Et certes, ce n'est pas sans mystère qu'elle a commencé à luire le jour de la naissance du Rédempteur. Il était convenable que vous fussiez régénéré dans l'eau, le même jour que le Seigneur du ciel était né sur la terre pour le salut du monde.

»Que dirai-je de la solennité de votre baptême ? quoique je n'y aie pas assisté, j'y ai été présent en esprit, et j'ai pris part à la joie commune. Car la bonté divine avait voulu que votre très-sublime humilité nous fît savoir auparavant cette heureuse nouvelle. Oh! que cette nuit sacrée nous a remplis de consolation à votre sujet ! qu'elle a fourni de matière à nos réflexions et à nos entretiens ! Quel spectacle, disions-nous, de voir une troupe de pontifes assemblés, servir avec empressement au baptême de ce grand roi, de voir cette tête redoutée des nations se courber devant les serviteurs de Dieu ; cette chevelure nourrie sous le casque militaire, recevoir, par l'onction sainte, un casque de salut ; ce guerrier quitter pour un temps la cuirasse pour se revêtir d'habits blancs ! N'en doutez pas, ô le plus florissant des rois, la mollesse de ces nouveaux habits donnera une nouvelle force à vos armes ; et ce que votre bonheur a fait jusqu'à présent, votre piété le fera encore mieux.

» Je voudrais mêler à vos éloges quelques mots d'avis et d'exhortation, s'il y avait quelque chose que vous fussiez à ignorer ou à ne pratiquer pas. Mais prêcherai-je la foi à qui a été confirmé dans cette foi, et qui l'a connue auparavant sans le secours des prédicateurs ? Prêcherai-je l'humilité à qui nous en a donné tant de marques, avant même que de nous les devoir par la profession du christianisme ? Exhorterai-je à la clémence celui dont un peuple de captifs mis en liberté, annonce la miséricorde à Dieu et aux hommes par les larmes que la joie fait couler ? Il n'y a qu'une chose que je voudrais voir augmenter encore : c'est que, puisque Dieu fera, par vous votre nation tout à fait sienne, vous procuriez, du bon trésor de votre cœur, les semences de la foi aux nations plus lointaines, plongées encore dans leur naturelle ignorance, mais non encore corrompues par des dogmes pervers. Ne dédaignez pas de leur envoyer des ambassadeurs, pour les intérêts d'un Dieu qui a eu tant soin des vôtres. Soumis à la religion, les peuples païens vous serviront au loin par reconnaissance, et vous regarderont comme leur prince. Vous êtes comme le soleil. Tout jouit de sa lumière : ce qui est plus près s'en réjouit davantage ; mais ce qui est plus loin n'est pas privé de son éclat. Tout retentit de vos triomphes. Quoique d'un autre pays, cette félicité nous touche aussi nous-mêmes, chaque fois que vous combattez, c'est à nous la victoire. Mais au comble de la gloire et de la souveraine puissance, vous ne faites pas moins éclater votre piété que votre pouvoir. C'est ce qui vous a porté à vous intéresser à la délivrance du fils d'un de vos serviteurs. Je l'ai obtenue de mon prince, qui, quoique roi de sa nation, est votre soldat. J'envie à ce jeune homme le bonheur qu'il aura de vous voir. Il lui sera moins avantageux d'être rendu à son père propre, que d'être présenté au père commun de tous (Labbe, t. IV). »

Cette joie de l'Eglise catholique à la conversion des Francs avait été prédite et même commandée par le prophète Isaïe, quand il dit douze siècles d'avance : « Réjouis-toi, stérile qui n'enfantais point ; chante des cantiques et pousse des cris de joie, toi qui n'engendrais pas, parce que celle qui était abandonnée a plus d'enfants que celle qui a un mari, dit l'Eternel. Dilate l'enceinte de ta tente, élargis les peaux de tes pavillons, ne crains pas ; allonge tes cordages et affermis tes pieux ; car tu pénétreras à droite et à gauche : ta postérité héritera les nations et habitera les villes désertes (Is., 54). »

Les espérances du pape Anastase et de saint Avit de Vienne, dans la nation des Francs, n'ont pas été vaines ; les vœux qu'ils ont formés pour sa gloire n'ont pas été stériles. C'est l'épée des Francs, sous Charles-Martel, qui sauve l'Europe chrétienne de la barbarie mahométane ; c'est l'épée des Francs, sous Charlemagne, qui consolide l'indépendance, même temporelle, de l'Eglise romaine, et, avec elle et par elle, la liberté et l'indépendance de tous les rois et peuples chrétiens ; c'est l'épée des Francs, sous la conduite de Godefroi et de Tancrède, qui prépare de loin la délivrance de l'humanité entière, dont nous commençons à voir les préludes ; c'est la piété des Francs, plus invincible encore que leur épée, qui, dans la personne de saint Louis, le plus fier des chrétiens, triomphe de ses vainqueurs par le malheur même. Le zèle des Francs et de leurs princes pour la propagation de la vraie foi a rendu leur nom illustre par toute la terre. En Asie et en Afrique, le nom des Francs est synonyme d'Européens : la France et l'Europe sont à leurs yeux une même chose. Au Tonquin, à la Chine, en Corée, la religion des Francs, la religion d'Europe, est le nom de la religion catholique. Aujourd'hui encore, c'est parmi les Francs qu'a pris naissance cette *Œuvre de la Propagation de la foi*, qui étend les dons de sa charité jusqu'aux îles les plus lointaines du Grand-Océan. Et dans le moment même où nous écrivons ces lignes (janvier 1839), c'est par les Francs que le Christ va faire de nouveau la conquête de l'Afrique, mais une conquête pacifique. Il n'y a pas dix ans, Alger était un repaire de brigands uniquement occupés à réduire les chrétiens en esclavage. Aujourd'hui (1), par la valeur des Francs, Alger est une cité libre et bientôt chrétienne ; un évêque, pris d'entre eux, vient de partir de Rome, avec les bénédictions du Pape et du monde, pour relever les antiques églises de Césarée, d'Hippone, de Cirthe et de Carthage.

---

# LIVRE QUARANTE-TROISIÈME.

Les Églises d'Occident, unies au Pontife romain, adoucissent les mœurs et les révolutions des peuples barbares ; les Églises d'Orient, désunies et désolées par leur servilisme politique, retrouvent l'union et la paix dans leur soumission au même Pontife.

(De l'an 496 à l'an 519 de l'ère chrétienne.)

Le *royaume des cieux*, a dit le Christ, *est semblable à un levain que prend une femme, et qu'elle cache en trois mesures de farine, jusqu'à ce que le tout soit levé* (Matth., 13). Ce levain est le christianisme ; cette femme est l'Église de Dieu ; cette farine, c'est la pâte qui doit lever pour former un pain, c'est l'humanité entière ; les trois mesures de cette farine sont les trois races du genre humain, Sem, Cham et Japhet ; ou bien les trois classes des principales populations, les Romains, les Grecs, les Barbares. Chacune de ces classes a son bien et son mal : le Romain, l'unité, la dignité, la majesté, mais qui touche à la domination ; le Grec, la vivacité, la souplesse, la finesse, mais qui dégénère en astuce et inconsistance ; le Barbare, la vigueur native, mais brutale. Et le fond de tout cela, c'est la même farine, la même humanité : humanité fragile, inconstante, plus portée au mal qu'au bien. C'est cette masse du genre humain qu'il faut que le levain du christianisme fasse lever et fermenter, jusqu'à ce qu'elle devienne toute chrétienne. Le levain s'écrase, se disperse et se cache dans la pâte pour la transformer en lui-même ; le christianisme a été broyé, dispersé et caché dans l'humanité, pour la transformer en lui-même. Pour bien faire lever la pâte du pain, on la travaille, on la secoue, on la tourmente ; pour bien faire lever la pâte de la nouvelle humanité, la Providence la travaille, la secoue, la tourmente par des révolutions. On ne s'étonne pas que la pâte du pain fermente dans le pétrin ; il ne faut pas s'étonner non plus que la pâte de l'humanité fermente dans l'univers : la Providence y a caché un levain de vie. Le pain ne sera parfait que dans l'éternité ; mais dès le temps, on voit le progrès dans la pâte.

L'élément romain se montre dans les Papes et dans l'Église romaine ; l'élément grec, dans les empereurs et la cour de Constantinople ; l'élément barbare, dans les Ostrogoths d'Italie, les Francs, les Burgondes et les Visigoths de la Gaule et de l'Espagne. L'élément humain se voit partout et toujours.

Dans l'Italie, l'élément barbare et l'élément romain apparaissent l'un et l'autre avec gloire.

---

(1) Depuis quarante ans que la main de la France s'étend en souveraine, des limites du Kiff tunisien à la frontière du Maroc, des recherches savantes et bien dirigées nous ont fait connaître l'histoire, les richesses naturelles, la constitution organique du sol, sur lequel rayonnèrent pendant des siècles, les splendeurs de Carthage unies aux tributs Lybiennes, la civilisation romaine, la puissance vandale, celle des Gréco-Byzantins et enfin la domination arabe, aujourd'hui remplacés par les bienfaits de notre civilisation moins encore que par les miracles de la charité chrétienne. L'Église romaine compte aujourd'hui plus de trois cent mille adhérents en Algérie.

N'oublions pas, pour apprécier les conquêtes de la religion en cette contrée, que sur cette même terre d'Alger, à des époques diverses, s'élevèrent opiniâtres et longtemps invincibles, Jugurtha, Tacfarinas, Firmus, Abd-el-Kader, dont l'esprit d'indépendance est encore vivant tout entier parmi les tribus insoumises.

Autrefois, sous les paroles enflammées de Lactance, les écrits de Tertullien, le génie philosophique et chrétien de l'évêque d'Hippone, les idoles païennes tombèrent brisées en éclat, bientôt les austérités du nouveau culte se substituèrent aux ivresses énervantes de la foi polythéiste.

Aujourd'hui comme alors, la religion a ses apôtres éloquents et dévoués, et toute la population, chrétienne ou arabe d'Algérie, est là pour attester que les orphelinats, les séminaires, les maisons de refuge ou d'éducation, les hospices, les mai ons d'adoption se multiplient comme sans effort, grâce au zèle tout apostolique de Mgr de Lavigerie.

L'Église de Nancy est heureuse d'avoir pu donner à sa sœur l'Église d'Alger, un évêque selon le cœur de Dieu  B. H

Le roi Théodoric, quoique barbare et ostrogoth, régnait avec plus de sagesse et de succès que les empereurs de Byzance. Son royaume s'étendit, avec le temps, de la Sicile à l'extrémité de la Pannonie (la Hongrie actuelle); et du fond de la Dalmatie au fond de l'Espagne. Il s'unit par des alliances à tous les princes voisins, en mariant sa sœur Amalafride à Thrasamond, roi des Vandales; sa nièce Amalaberge à Hermanfroi, roi de Thuringe; sa fille Theudigothe à Alaric, roi des Visigoths; sa fille Ostrogothe à Sigismond, fils de Gondebaud, roi des Burgondes, et en épousant lui-même en secondes noces Audeflède, sœur de Clovis, roi des Francs. Suivant le dire bien suspect de Procope (*De bello Goth.*, l. 1, c. 2), il ne connut jamais les lettres, pas même pour en avoir entendu parler. Au contraire, suivant le témoignage plus croyable de Théophane, il en était fort instruit, et pendant les dix années qu'il avait passées à Constantinople dans sa première jeunesse, il avait pris les leçons des plus habiles maîtres (Théop., p. 112). Et de fait, il remit les arts en vigueur; il fonda des prix pour ceux qui s'y distinguaient. Comme il savait faire de grandes choses, il honorait ceux qui savaient les écrire et les transmettre à la postérité. Il prit soin de faire instruire sa fille Amalasonte et sa nièce Amalaberge. Son neveu Théodat se livra sous ses yeux à l'étude des lettres et de la philosophie. Ses principaux ministres étaient les hommes les plus distingués pour la science.

Le mauvais gouvernement des derniers empereurs avait fait de l'Italie un théâtre de sanglantes révolutions. On peut dire que les Barbares, en s'en rendant les maîtres, en avaient été les libérateurs. L'Italie commençait à respirer sous Odoacre; sa tranquillité devint plus assurée sous le règne de Théodoric. Les Goths ne traitèrent pas l'Italie comme les autres Barbares avaient traité leurs conquêtes; ils ne touchèrent point à la condition des personnes. Il honora le sénat; les charges furent données aux plus dignes. Il déclara que les naturels du pays lui seraient aussi chers que ses anciens sujets, et qu'il ne donnerait de préférence qu'à ceux qui seraient plus fidèles à observer les lois. Les Goths, après avoir reçu le tiers des fonds de terre, prétendaient être exempts, et rejetaient les taxes sur les Romains. Théodoric les obligea de payer leur quote-part. « Ils ont mauvaise grâce, disait-il, de vouloir s'affranchir des tributs; j'en paie plus qu'eux, car je regarde comme un tribut les soulagements que je dois à ceux qui sont dans l'indigence (Cassiod., l. 7, *epist.* 3; l. 4, *epist.* 14). »

Les lois romaines n'éprouvèrent d'autre changement que d'être mieux exécutées. « Ceux, dit-il, que nous désirons conquérir par les armes, nous aimons qu'ils vivent selon le droit romain; nous n'avons pas un moindre soin des mœurs que de la guerre. Car quel profit d'avoir repoussé une troupe confuse de Barbares, s'il n'est pas donné de vivre selon les lois ! Lors donc que, par la grâce de Dieu; notre armée sera entrée dans les Gaules, nous ordonnons qu'on rende les esclaves fugitifs, s'il en est, à leurs premiers maîtres; car, sous le règne de la justice, les droits ne doivent point être confondus, et le défenseur de la liberté ne doit pas favoriser la fuite des esclaves. Peut-être les guerres des autres rois ont pour but de piller les villes qu'ils prennent ou de les ruiner; pour nous, avec l'aide de Dieu, notre intention est de vaincre de manière que nos sujets regrettent de ne nous avoir pas eu pour maître plus tôt (Cassiod., l. 3, *epist.* 43). » Dans ces principes, il laissa subsister les dispositions du droit romain; l'édit qu'il publia, en cent cinquante articles, y est presque entièrement conforme. Il prit l'habillement romain; il conserva les mêmes magistrats, et ne fit aucun changement à la police ni à la division des provinces; elles continuèrent d'avoir leurs gouverneurs, qui étaient choisis d'entre les Romains.

Il ne pardonnait pas aux juges qui, soit par négligence, soit par une collusion criminelle, différaient de rendre justice aux opprimés, et favorisaient ainsi les injustes prétentions des personnes puissantes. On en rapporte cet exemple. Pendant qu'il était à Rome, une veuve vint se plaindre à lui de ce qu'ayant depuis trois ans un procès contre un sénateur, elle n'avait pu encore obtenir de jugement. Il fit aussitôt appeler les juges : Si vous ne terminez demain cette affaire, dit-il, je vous jugerai vous-mêmes. Le lendemain la sentence fut rendue. La veuve étant venue le remercier, un cierge allumé à la main, selon la coutume de ce temps-là : — Où sont les juges? dit Théodoric. On les amena devant lui. — Et pourquoi, leur dit-il avec indignation, avez-vous prolongé pendant trois ans une affaire qui ne vous a coûté qu'un jour de discussion? Après quoi, il leur fit trancher la tête. Cette sévérité un peu barbare mit en activité tous les tribunaux.

La fureur des duels régnait en Pannonie; les diverses colonies de Huns, de Suèves, de Gépides, qui depuis longtemps se répandaient dans ce pays, y avaient introduit cette coutume barbare, et les procès civils se décidaient souvent par l'épée. Théodoric s'efforça d'étouffer cette monstruosité naissante. Envoyant un gouverneur dans la Pannonie de Sirmium, dont il venait de se rendre maître, il lui ordonna de détruire cet usage qu'il nomme *abominable*, et de montrer que les Goths joignaient l'humanité romaine à la valeur des nations barbares. Qu'ils plaident leur cause, dit-il, par la parole et non par les armes; que les contestations civiles ne nous soient pas aussi ou même plus funestes que les guerres; qu'ils s'arment contre l'ennemi, non contre des parents; que la perte d'un procès ne soit plus un outrage; que si, par suite de cette perte, l'indigence allait pousser quelqu'un à la mort, payez vous-même généreusement l'amende : nous vous en dédommagerons amplement, si vous pouviez ainsi leur implanter la civilisation. Il est digne d'un juge de perdre quelque chose pour conserver la vie à un homme. C'est pourquoi, inculquez nos mœurs à ces âmes féroces, jusqu'à ce qu'elles s'habituent à penser et à vouloir d'elles-mêmes. Il écrivit dans le même sens aux peuples de la Pannonie (Cassiod., l. 3, *epist.* 23 et 24).

Nous avons vu comment il se servit du ministère de saint Epiphane, évêque de Pavie, pour racheter les captifs, et comment, à sa prière, il soulagea plus d'une fois la misère des peuples. Pour être un modèle de grand prince, il ne lui manquait que d'être catholique comme sa mère (Anon., *Vales. post.*; Amm. Marcell., t. II, édit. bip.). Ce n'est pas que, pendant bien des années, il fût persécuteur. L'histoire rapporte même une preuve du contraire. Il

# LIVRE XLIII. — CASSIODORE ET BOÈCE.

avait à son service un diacre catholique, qu'il affectionnait beaucoup. Cet homme, pour lui faire mieux sa cour, se fit arien. Théodoric l'ayant su, lui fit couper la tête, en disant : Si tu n'as pas été fidèle à Dieu, comment le serais-tu à un homme (Théod., Lect., l. 2). Mais, vers la fin de ses jours, l'arianisme dont il était infecté lui fit commettre des actes d'injustice, de cruauté et de barbarie, qui ont entaché sa renommée et qui empoisonnèrent ses derniers moments. Toute hérésie, d'ailleurs, ne renferme-t-elle pas nécessairement en soi des principes d'anarchie qui, poussés à leurs dernières conséquences, mènent à la destruction de toute société ? Est-il d'un grand prince, est-il d'un homme d'État, de ne pas comprendre une vérité aussi simple ?

Les deux hommes qui firent le plus d'honneur au règne de Théodoric, furent deux catholiques illustres : Cassiodore et Boèce. Le premier naquit à Squillace, vers l'an 470, d'une famille considérée en Italie par son rang et par ses richesses. Son aïeul avait sauvé la Sicile de l'invasion des Vandales, et son père avait été secrétaire de Valentinien III, et ambassadeur de ce prince près d'Attila. Cassiodore était un esprit profond et universel. Il sortit de ses études avec les talents de tous les grands hommes dont il avait lu l'histoire, et capable de les remplacer. Il n'avait pas encore dix-huit ans lorsque Odoacre le fit intendant de son domaine : sa sagesse, sa probité, son intelligence l'élevèrent bientôt à la charge d'intendant des finances. Ses vertus croissaient avec les honneurs. Après la mort d'Odoacre, il se retira dans son pays natal pour se livrer entièrement à l'étude. Sa prudente éloquence détourna ses compatriotes et les Siciliens, de la résistance inutile à laquelle ils se préparaient contre Théodoric. Ce prince, reconnaissant, le nomma aussitôt gouverneur de la Lucanie et du pays des Brutiens. Ce fut un bonheur pour ces provinces : Cassiodore leur obtint une diminution d'impôts, et rendit la perception du reste plus douce et plus légère. Ses jugements étaient dictés par la plus exacte justice. Sa réputation croissant tous les jours, Théodoric l'appela auprès de sa personne, le nomma son secrétaire et lui donna toute sa confiance. Dans ce poste élevé, Cassiodore devint l'appui de son prince, le bienfaiteur de l'Italie et le modèle des grands ministres.

Les règlements fameux qu'il publia, au nom de Théodoric, les lettres qu'il écrivit pour ce prince, attestent l'étendue de ses vues, la sagesse de son administration, et, à quelques déclamations près, la beauté de son génie. Théodoric le fit bientôt questeur : c'était alors la première place de l'État. Cassiodore, sous un prince ardent, vigilant, infatigable, remplit toutes ses vues, exécuta tous ses projets, prévint toutes ses volontés et sut encore charmer les loisirs de son maître par une conversation aussi agréable qu'instructive. Néanmoins, tant d'occupations n'épuisaient pas les forces de Cassiodore et ne remplissaient pas tous ses moments. Il en trouvait encore pour étudier l'Écriture sainte, où il puisait ses maximes de politique. Sa faveur s'accrut avec ses services. Il fut consul en 515, il était en outre maître des offices et patrice. Mais quand il vit Théodoric, dominé par des courtisans ariens, se livrer à des actes de tyrannie, il se démit de toutes ses charges et se retira de la cour en 524. Théodoric étant mort, il servit avec le même zèle son petit-fils, qui lui succédait. Tant qu'Athalaric fut gouverné par sa mère Amalasonte, il écouta les conseils de ce sage ministre : il lui conféra la dignité suprême de préfet du prétoire ; il lui donna même le commandement des troupes qui gardaient les côtes de l'Italie, et le nouveau général, supérieur à tous les emplois, porta dans celui-ci la capacité d'un homme de guerre et la générosité d'un homme d'État ; il soulagea le prince et le peuple, en faisant subsister les troupes à ses propres dépens. Enfin, vers l'an 540, à l'âge de 70 ans, après 50 ans de travaux continuels, mais désormais inutiles, il se retira dans sa patrie, et fonda le monastère de Viviers, dans la Calabre, où nous le verrons, au milieu des exercices de piété, recueillir les trésors scientifiques de l'antiquité, et prendre les moyens pour les transmettre aux générations futures. On croit qu'il vécut plus de cent ans ; au moins il vivait encore l'an 562.

Son ami Boèce, connu dans l'antiquité sous les noms d'Anitius-Manlius-Torquatus-Severinus Boetius, était né la même année que lui, 470, à Rome. Le nom de la famille Anicienne était si illustre, que les empereurs se faisaient gloire de le porter. Son père, qui avait été trois fois consul, lui ayant reconnu dès ses premières années les plus heureuses dispositions pour les sciences et pour la vertu, n'omit rien de ce qui pouvait les développer. Après lui avoir donné une première éducation à Rome, sous d'habiles maîtres, il l'envoya, de l'avis du pape Simplice, perfectionner ses études à Athènes. Il y parut moins comme un disciple que comme un maître déjà consommé. Son âme fut comme une bibliothèque vivante. Il se fit un choix substantiel et chrétien de toute la philosophie ancienne. Pour l'instruction des Latins, il soumit son génie à une étude minutieuse des arts et des sciences de la Grèce. Sa plume infatigable traduisit et éclaircit la géométrie d'Euclide, la musique de Pythagore, l'arithmétique de Nicomaque, la mécanique d'Archimède, l'astronomie de Ptolémée, la théologie de Platon et la logique d'Aristote, avec le commentaire de Porphyre. Cassiodore, qui avait lu ces traductions, les trouvait si parfaites, qu'il n'a pas craint de les préférer aux originaux. Il s'était proposé de traduire les ouvrages entiers de Platon, d'Aristote, et de montrer la concordance de ces deux philosophes ; mais il ne put qu'ébaucher un si vaste dessein. C'est à lui et à Cassiodore que l'Occident fut redevable, au moyen-âge, de connaître la philosophie de Platon et d'Aristote. Il défendit avec profondeur la foi orthodoxe contre les hérésies d'Arius, de Nestorius et d'Eutychès. Il fut, ainsi que Cassiodore, l'ami et souvent le conseil des Papes de son temps. Enfin, nous le verrons terminer sa vie par le martyre.

La mort de son père, arrivée l'an 490, l'avait obligé de revenir à Rome. Il y fut, peu de temps après, déclaré patrice : il n'avait pas encore trente ans. Par considération pour sa famille, il s'engagea dans le mariage. Sa première femme, nommée Elpis, mourut en peu de temps ; également distinguée par son esprit, sa beauté et sa piété ; elle passe pour l'auteur des hymnes que l'Église chante encore à la fête de saint Pierre et de saint Paul. Il épousa en secondes noces Rusticienne, fille de Symmaque, sénateur romain. Dieu bénit cette union par une nombreuse postérité. Théodoric nomma Boëce maître du palais et des offices, les deux charges de la cour qui donnaient le plus d'autorité dans l'Etat et le plus d'accès auprès du trône. Boëce fut longtemps l'oracle de Théodoric et l'idole de la nation des Goths. Les plus grands honneurs ne paraissaient pas suffire à récompenser son mérite et ses vertus. Trois fois on l'éleva au consulat, et, par une distinction unique, il posséda, en 510, cette auguste dignité sans collègue. Ses deux fils, jeunes encore, furent désignés consuls pour l'année 522 : c'était un privilége réservé aux fils des empereurs. Il les vit tous les deux portés sur un char par toute la ville, accompagnés du sénat et suivis d'un concours prodigieux ; il eut lui-même, une place distinguée au cirque, au milieu des deux consuls, reçut les compliments du roi, aux acclamations de tout le peuple ; ce jour-là même, il prononça le panégyrique de Théodoric dans le sénat, après quoi on lui mit une couronne sur la tête, et il fut proclamé prince de l'éloquence.

Au milieu des affaires et des honneurs, Boëce trouvait du temps pour l'étude des sciences divines et humaines. C'était là tout ensemble et sa grande affaire et son délassement. Jamais on ne le vit au cirque, ni au théâtre, ni au bain, ni à aucune de ces assemblées de plaisir qui étaient si fort en usage à Rome ; souvent même il prenait sur son repos. Tels étaient Cassiodore et Boëce ; tels étaient ces deux hommes à qui Théodoric doit peut-être toute la gloire de son règne.

Théodoric employait encore un autre sénateur de Rome, nommé Festus. Il était catholique et pieux, mais encore plus politique ; non de cette politique grande et généreuse de Boëce et de Cassiodore, mais de la politique équivoque ou fausse des Grecs. Car nous le verrons, pour complaire à l'empereur de Constantinople, causer un schisme dans l'Eglise romaine. Voici à quelle occasion. Théodoric l'envoyait en ambassade à Constantinople pour obtenir de l'empereur Anastase le titre de roi. Le pape Anastase profita de la circonstance pour y envoyer deux légats, les évêques Cresconius et Germain, avec une lettre à l'empereur. Le Pape l'y exhortait, en termes très-humbles et très-affectueux, à procurer la paix de l'Eglise. Comme ils avaient tous deux le même nom, il convenait qu'ils eussent aussi tous deux le même zèle pour réunir les catholiques les uns avec les autres, et ramener à la saine doctrine les hérétiques ; d'autant plus qu'Acace, l'auteur du mal, et le pape Félix, qui l'avait condamné, étaient morts tous les deux. Il prie donc l'empereur, pour mettre fin au scandale, de faire supprimer dans les diptyques le nom d'Acace, première cause de la division, rassurant d'ailleurs ceux qui auraient reçu de lui le baptême ou les ordres. Il le prie en particulier de remédier à l'état déplorable de l'Eglise d'Alexandrie. Les légats étaient chargés de lui donner, au cas qu'il en eût le désir, de plus amples renseignements sur toute l'affaire d'Acace (Labbe, t. IV).

Le bruit s'étant répandu par tout l'Orient que les légats du Pape étaient venus à Constantinople pour y traiter de la paix, deux apocrisiaires de l'Eglise d'Alexandrie, Dioscore, prêtre, et Chérémon, lecteur, leur présentèrent une requête par laquelle ils demandaient, au nom de leur Eglise, d'être reçus à la communion du Pape. Cette requête est adressée non-seulement aux légats Cresconius et Germain, mais encore au patrice Festus. Les Alexandrins y exposent que l'Eglise de Rome et celle d'Alexandrie ayant eu un même fondateur, c'est-à-dire saint Pierre, que saint Marc avait imité en tout, elles ont toujours eu une même foi et une même doctrine ; qu'il y a eu entre elles une si grande union que, quand il s'est agi de tenir en Orient des conciles pour décider quelques difficultés, l'évêque de Rome a choisi celui d'Alexandrie pour agir en son nom dans ces assemblées ; que la division de ces deux Eglises a été occasionnée par une mauvaise traduction de la lettre de saint Léon au concile de Chalcédoine, qui rendait cette lettre pleine d'erreurs nestoriennes. Ils accusent Théodoret et les autres évêques du parti de Nestorius d'être les auteurs de cette mauvaise traduction qui avait donné lieu à l'Eglise d'Alexandrie de croire que l'Eglise de Rome était dans des sentiments erronés, et de se séparer de sa communion. Ils disent que, d'un autre côté, l'évêque de Rome, persuadé que les Alexandrins combattaient la doctrine des apôtres, les avait en conséquence séparés aussi de sa communion. «Voulant toutefois, ajoutent-ils, donner des preuves à Sa Sainteté que nous tenons la même foi que le prince des apôtres, son disciple saint Marc et les Pères de Nicée ont tenue, notre Eglise a envoyé des députés à Rome. Mais un homme chassé de notre ville pour sa mauvaise doctrine et pour d'autres raisons (ils entendaient apparemment Jean Talaïa) s'étant rencontré alors à Rome, empêcha qu'on n'écoutât ces députés, qui furent obligés de s'en revenir sans avoir pu même être admis à l'audience du Pape.» Ils disent ensuite que le diacre Photin, qui avait été envoyé par l'évêque de Thessalonique vers le pape Anastase, étant venu de Rome à Constantinople, les assura que ce Pape n'approuvait point les changements ni les additions faites à la lettre de saint Léon. Ils témoignent souhaiter une conférence avec Cresconius et Germain.

Les députés y consentirent et les satisfirent, à l'égard de la lettre de saint Léon. C'est pourquoi Dioscore et Chérémon leur présentèrent une confession de foi, afin que si elle se trouvait conforme à celle de l'Eglise de Rome, celle d'Alexandrie pût s'y réunir. Cette confession de foi est orthodoxe, sauf qu'ils ne parlent pas du concile de Chalcédoine, et qu'ils supposent que le fameux Dioscore, Timothée Elure et Pierre Monge n'ont jamais eu d'autre doctrine. Ils s'expriment sur l'Incarnation d'une manière catholique, disent également anathème à Nestorius et à Eutychès, ainsi qu'à tous leurs adhérents. Ils conjurent les légats, à leur retour à Rome, de présenter cette confession de foi au Pape, afin qu'il l'approuve et les reçoive à sa communion. Les légats, sans approuver cette confession, la reçurent et promirent de la porter au Pape, qui serait, disaient-ils, toujours prêt à écouter ceux que les Alexandrins lui députeraient, et éclaircir leurs doutes. Ils ajoutèrent qu'on ne les avait point chargés d'entrer dans la difficulté qu'ils faisaient au sujet de Dioscore, d'Elure et de Monge ; mais que, pour avoir la paix, il fallait que l'Eglise d'Alexandrie ôtât leurs noms des diptyques. Tel est le contenu de la requête des deux apocrisiaires, qui en retirèrent une copie, pour la présenter, dirent-ils, au dernier jugement, en cas que le Saint-Siége négligeât de contribuer à la paix (Labbe, t. IV).

On ne sait point quelles furent les suites de cette démarche. Elle ne suffisait point à la réunion des Eglises, mais elle y était un acheminement. Le grand obstacle était la triste politique de l'empereur Anastase. Le patriarche Macédonius avait résolu de profiter de cette ambassade pour envoyer des lettres synodales au Pape : il en fut empêché par l'empereur. Peut-être que les humbles expressions du pape Anastase, bien différentes du langage plein d'autorité de son prédécesseur, avaient fait concevoir à ce prince peu généreux l'espérance de circonvenir le Pape lui-même. Suivant un historien, c'était un bruit public; suivant un autre, c'était une chose certaine, que l'ambassadeur Festus avait secrètement promis à l'empereur de persuader au Pape de signer l'hénotique de Zénon (Théod., *Lect.*, l. 2; Théophan., p. 98, *aliàs* 123). Plus politique que religieux, Festus négociait pour son maître le titre de roi aux dépens de l'honneur du Saint-Siége. On eut à Constantinople plus d'égards pour lui que pour les légats du Pape. Il obtint qu'on y célébrerait la fête de saint Pierre et de saint Paul avec plus de solennité qu'auparavant. C'est par lui que Macédonius comptait envoyer ses lettres au Pape. Dans l'inscription de leur requête, les apocrisiaires d'Alexandrie le nomment avant les deux légats. Mais quand il vint à Rome pour y faire le rôle de séducteur, le pape Anastase était mort le 16 novembre 498, après avoir tenu le Saint-Siége un peu moins de deux ans. Il nous reste encore de lui quelques fragments d'une lettre sur la doctrine de l'Incarnation, qu'il écrivit à Ursicin, légat du pape saint Gélase en Dardanie (Baluz., *Conc.*).

On élut pour son successeur le diacre Symmaque, fils de Fortunat, et natif de Sardaigne, suivant certains manuscrits; de Rome, suivant d'autres. Mais le patrice Festus, voulant parvenir à son but de faire souscrire l'hénotique au futur pontife, gagna par argent plusieurs personnes et fit élire en même temps l'archiprêtre Laurent. C'est ce que nous attestent les historiens grecs Théodore, anagoste ou lecteur, et saint Théophane (Théod., *Lect.*, l. 2; Théophan., p. 123, *aliàs* 98). Ainsi le déplorable édit d'union, qui avait déjà désuni l'Orient d'avec l'Occident, et l'Orient d'avec lui-même, allait encore, par les intrigues d'un sénateur plus grec que romain, désunir l'Eglise romaine. Les deux élus furent ordonnés le même jour : Symmaque, dans la basilique de Constantin; Laurent, dans la basilique de Sainte-Marie. Ce schisme, ainsi importé de Constantinople, occasionna comme une guerre civile à Rome. Il fallut y porter un prompt remède : le plus légitime et le seul canonique eût été un concile des évêques d'Italie; mais il eût demandé plusieurs mois. On fut donc réduit à s'accommoder à la nécessité du temps, et l'on convint que Symmaque et Laurent iraient à Ravenne subir le jugement du roi Théodoric, tout arien qu'il était; mais qui avait pour oracle le sage et vertueux Cassiodore. Il décida que celui-là demeurerait dans le Saint-Siége, qui avait été ordonné le premier, ou qui avait pour lui le plus grand nombre. Il se trouva que c'était Symmaque : ainsi il fut reconnu pour Pape légitime, et tint le Saint-Siége plus de 15 ans.

Au commencement de son pontificat, le 1er mars 499, il assembla à Rome et y présida un concile dans la basilique de Saint-Pierre. Le but était de prévenir les brigues des évêques et les émeutes populaires, comme on en avait excité à son ordination. Il se trouva à ce concile soixante-douze évêques, soixante-sept prêtres et cinq diacres. L'archidiacre Fulgence ouvrit la séance, en priant le Pape de régler, avec les évêques assemblés, ce qui regardait la sûreté et la paix de l'Eglise; et, après quelques acclamations de la part des assistants, le Pape exposa en peu de mots les motifs de la convocation du concile, et demanda que l'on prescrivît ce qui devait s'observer à l'ordination de l'évêque de Rome. Tous les évêques et les prêtres répondirent : Nous prions qu'on le fasse! qu'on retranche les scandales, qu'on éteigne les brigues! On fit donc trois canons ou règlements, que le Pape fit lire par le notaire Émilien. Il est dit dans le 1er que si quelque prêtre, diacre ou clerc, du vivant du Pape et sans sa participation, est convaincu d'avoir donné ou promis son suffrage pour la papauté, à quelqu'un, il sera déposé, qu'il ait promis son suffrage par billet ou par serment. La même peine est décernée contre ceux qui auraient délibéré sur le même sujet en quelques assemblées particulières. Outre la déposition, où les menaces encore d'excommunication. Le 2e porte que, si le Pape meurt subitement sans avoir pu pourvoir à l'élection de son successeur, celui-là sera consacré évêque, qui aura les suffrages de tout le clergé, et que, s'il y a partage, on aura égard au plus grand nombre. Le 3e ordonne que, lorsque quelqu'un découvrira les brigues qu'on aura faites, et qu'il en donnera des preuves, non-seulement il sera absous, s'il est complice, mais encore récompensé convenablement. Le Pape souscrivit à ces décrets, et après lui tous les évêques, les prêtres et les diacres présents. Parmi les prêtres signataires, le premier est l'archiprêtre Laurent, du titre de Saint-Praxède, le même qui avait été élu antipape. Par commisération, le pape Symmaque le fit évêque de Nocéra (*Liber pontif.*; Théod., *Lect.*).

La paix ayant été ainsi rétablie à Rome, le roi Théodoric s'y rendit en personne, l'an 500. Son entrée fut un triomphe. Comme s'il eût été catholique, il se porta tout droit à la basilique du Vatican, pour y vénérer le sépulcre du prince des apôtres. Le pape Symmaque, le sénat et le peuple romain allèrent à sa rencontre hors de la ville, comme s'il eût été empereur. La basilique de Saint-Pierre étant alors hors de Rome, le Pape dut naturellement s'y transporter. Entré dans la ville, Théodoric se rendit au sénat. Le sénateur Boèce y prononça l'éloge du prince. Théodoric y répondit avec les grâces qui lui étaient naturelles, en assurant cette illustre compagnie qu'il se ferait toujours un devoir de maintenir sa dignité et ses priviléges. Il alla ensuite au lieu nommé *la Palme*, et qui était propablement une salle du palais impérial, où il harangua le peuple, lui promettant d'observer inviolablement les lois et les ordonnances des empereurs : il fit graver cette promesse sur une table d'airain qui fut affichée en public (Muratori, *Annali d'Italia, an.* 500; Anonym., Vales. *post.*; Amm. Marcel., t. II, édit. bip.).

C'était un ancien usage que les conquérants et les empereurs, lorsqu'on leur décernait les honneurs du triomphe, faisaient au peuple et à toute l'armée un magnifique festin. Soit que Théodoric ne fût point au fait de la coutume des Romains à cet égard, soit pour quelque autre raison, il n'avait donné aucun ordre de régaler le peuple ni ses soldats. Boëce s'en étant aperçu, fit à l'instant dresser à ses frais des tables partout, qui furent servies avec autant de somptuosité que d'abondance. Mais pour en laisser toute la gloire au sénat, il engagea les consuls ordinaires d'en faire les honneurs, se contentant de les suivre partout où il croyait sa présence nécessaire. Théodoric ayant su le procédé délicat et magnanime de Boëce, conçut pour lui la plus haute estime, lui donna place dans son conseil, et le fit dès lors maître du palais et des offices.

Saint Fulgence se trouvait à Rome dans ce temps. Il vit l'entrée triomphale de Théodoric; il entendit sa harangue et les accamations du peuple; il considéra la noblesse, la majesté du sénat romain, distingué suivant l'ordre des dignités, et dit aux frères qui l'accompagnaient : « Combien belle doit être la Jérusalem céleste, puisque tel est l'éclat de la Rome terrestre! Et si dans ce siècle on accorde tant d'honneurs à ceux qui aiment la vanité, quel honneur et quelle gloire ne sera-t-il pas donné aux saints qui contemplent la Vérité! »

Saint Fulgence était de la première noblesse de Carthage. Le sénateur Gordien, son aïeul, chassé avec les autres par Genséric, passa en Italie et y mourut. Deux de ses fils revinrent en Afrique, dans l'espérance de recouvrer sa succession. Mais ils ne purent demeurer à Carthage, où leur maison avait été donnée aux prêtres ariens, et s'établirent à Telepte dans la Byzacène, où le roi leur fit rendre quelques terres. L'un d'eux, nommé Claude, épousa Marianne, femme chrétienne, dont, en 468, il eut ce fils, qu'il nomma Fulgence, et mourut peu de temps après. Sa mère lui fit d'abord apprendre le grec, afin qu'il le prononçât mieux, et, en effet, il le parla toute sa vie comme un Grec naturel. Il fut obligé de bonne heure à prendre le gouvernement des affaires domestiques; mais il se dégoûta bientôt de la vie du monde, et prenant plaisir à visiter souvent des moines, il fut touché d'un ardent désir de les imiter. Il cacha quelque temps son dessein, s'exerçant, dans la maison de sa mère, à la retraite, au jeûne et à la prière; mais enfin, touché d'un sermon de saint Augustin sur le trente-sixième psaume, il résolut de se déclarer.

Un évêque nommé Fauste, relégué par ordre d'Hunéric près de son diocèse, avait bâti un monastère dans le lieu de son exil, et y vivait si saintement, qu'il se faisait respecter de tous les chrétiens. Saint Fulgence, qui en était fort connu, lui ouvrit son cœur; mais le saint évêque, voyant un jeune homme noble, riche et élevé dans les délices, le rebuta d'abord, et ne le reçut qu'après l'avoir bien éprouvé. Sa mère, quoique pieuse, fut fort troublée de sa retraite; elle vint au monastère, criant et se lamentant comme si son fils avait été mort; elle chargeait d'injures l'évêque Fauste, et le sommait de le lui rendre. Saint Fulgence, qui aimait tendrement sa mère, fut sensiblement touché de ses cris, mais il demeura ferme; et, après une telle épreuve, le saint évêque ne fit plus de difficulté de l'admettre dans sa communauté. Plusieurs de ses amis quittèrent le monde à son exemple, et entrèrent dans des monastères. Il laissa tous ses biens à sa mère, quoiqu'il eût un frère nommé Claude, plus jeune que lui; mais il aima mieux que son frère, s'il se conduisait bien, les tînt de la libéralité de sa mère.

La persécution ayant recommencé sous le roi Trasamond, l'évêque Fauste fut obligé de changer souvent de place pour se cacher : ce qui obligea saint Fulgence, de l'avis de Fauste même, de passer à un monastère voisin, dont l'abbé, nommé Félix, était son ami dès la première jeunesse. Il voulut céder à Fulgence le gouvernement du monastère, l'en jugeant plus capable que lui; et enfin, du consentement de la communauté, ils convinrent de la gouverner ensemble. Fulgence était chargé particulièrement de l'instruction des frères et des hôtes; Félix, du temporel et de l'hospitalité. L'incursion des Barbares les obligea de quitter le monastère pour chercher du repos plus loin. Ils sortirent avec toute leur communauté, et, après un assez grand voyage, ils s'arrêtèrent au territoire de Sicque, attirés par la fertilité du lieu et par la charité de quelques fidèles. Un prêtre arien gouvernait une paroisse dans le voisinage; il était riche, Barbare de naissance, cruel et très-animé contre les catholiques. Il prit saint Fulgence pour un évêque déguisé en moine, et craignit qu'il ne réconciliât secrètement plusieurs de ceux qu'il avait séduits; et, en effet, saint Fulgence travaillait autant qu'il pouvait à les convertir. Le prêtre arien mit donc des sentinelles sur la route pour arrêter les deux amis, et, en effet, ils furent pris. L'abbé Félix portait quelques pièces d'or, pour la subsistance des frères; il les jeta où il put, sans que les gardes s'en aperçussent.

On les mena tous deux liés au prêtre arien, qui leur demanda d'une voix terrible : Pourquoi êtes-vous venus en cachette de votre pays, contre le service des rois chrétiens? Et, sans attendre leur réponse, il commanda qu'on les frappât. Alors l'abbé Félix dit : Epargnez mon frère Fulgence; il n'a pas la force de souffrir les tourments, et mourra peut-être entre vos mains. Tournez votre colère contre moi; je sais que répondre, je suis cause de tout. Le prêtre arien, étonné de cette charité, fit un peu éloigner saint Fulgence, et commanda à ses gens de frapper rudement l'abbé Félix, qui était ravi de souffrir pour le délivrer. Mais l'arien ne laissa pas de faire ensuite frapper saint Fulgence, qui, étant beaucoup plus délicat, ne put longtemps souffrir les coups de bâton. Pour avoir donc quelque relâche, il s'écria : J'ai quelque chose à dire, si on me le permet. Alors il commença à raconter l'histoire de son voyage d'une manière si agréable, que le prêtre arien en était dans l'admiration. Toutefois, pour ne pas paraître vaincu, il dit : Frappez encore et fort, je pense qu'il veut me séduire moi-même. Enfin, il leur fit raser la tête et ôter leurs habits, et les renvoya ainsi dépouillés de tout; mais en retournant par la plaine où ils avaient été pris, ils retrouvèrent tout l'or que l'abbé Félix avait jeté, et, louant Dieu, ils s'en retournèrent chez eux.

Le bruit de cette cruauté vint à Carthage; car la ville de Sicque était dans la province proconsulaire, et l'évêque des ariens, qui connaissait saint Fulgence et sa famille, était prêt à châtier son prêtre. Mais saint Fulgence ne voulut jamais lui porter ses plaintes, et dit à ceux qui l'y excitaient : Il n'est pas permis à un chrétien de chercher vengeance en ce monde. Dieu sait comment il doit défendre ses serviteurs, et plusieurs seraient scandalisés de voir un catholique et un moine demander justice à un évêque arien. Ils sortirent toutefois de cette province, aimant mieux s'exposer aux Maures qu'aux ariens. Ils retournèrent au voisinage de leur pays, et fondèrent un nouveau monastère.

Peu de temps après, saint Fulgence, admirant les vies des moines d'Égypte qu'il avait lues dans les *Institutions* et les *Conférences* de Cassien, résolut d'aller dans leur pays, tant pour renoncer à la charge d'abbé et vivre sous l'obéissance, que pour pratiquer une abstinence plus rigoureuse. Il alla donc à Carthage et s'embarqua pour passer à Alexandrie. Étant arrivé à Syracuse, il fut reçu par l'évêque Eulalius, qui, entre ses autres vertus, chérissait la profession monastique et avait un monastère particulier, où il passait tout le temps que ses fonctions lui laissaient de libre. Il reçut saint Fulgence avec beaucoup de charité, comme un simple étranger; mais pendant le repas, quand on commença à parler des choses de Dieu, suivant la coutume des évêques, Eulalius connut bientôt, aux discours de saint Fulgence, que c'était un grand docteur, sous l'apparence d'un simple moine.

Après le dîner, il le fit venir, et, ayant appris son dessein, il lui dit : « Vous avez raison de chercher la perfection. Mais il est impossible de plaire à Dieu sans la foi : le pays où vous allez est séparé de la communion de saint Pierre, et tous ces moines, dont on admire l'abstinence, ne communiqueront point avec vous. Retournez, mon fils, de peur de mettre votre foi en danger : moi-même, dans ma jeunesse, avant que d'être évêque, j'ai eu le même dessein; mais cette raison m'en a détourné. » Saint Fulgence se rendit, et consentit de demeurer quelque temps à Syracuse; mais dans le petit logement que saint Eulalius lui avait donné, il commença à exercer lui-même l'hospitalité envers d'autres étrangers avec le peu qu'on lui fournissait : ce qui remplit Eulalius d'admiration et de joie.

Quand l'hiver fut passé, saint Fulgence traversa par terre la Sicile, pour aller voir un évêque africain, nommé Rufinien, qui, fuyant la persécution, s'était retiré dans une petite île, où il pratiquait la vie monastique. L'ayant trouvé, il le consulta encore sur son dessein, et il en reçut le même conseil, de ne point aller en Égypte. Mais avant de retourner, il voulut profiter de l'occasion, et aller à Rome visiter les sanctuaires des martyrs et faire connaissance avec les serviteurs de Dieu. C'est dans cette rencontre qu'il vit l'entrée du roi Théodoric.

La persécution dont il est parlé eut lieu de cette manière. Gontamond, roi des Vandales, qui avait rappelé les évêques exilés, étant mort après deux ans de règne, son frère Trasamond lui succéda le 24 septembre 496. Le nouveau roi des Vandales persécuta les catholiques, moins par la violence, comme ses prédécesseurs, qu'en leur promettant des charges, des dignités, de l'argent, ou l'impunité des crimes. Toutefois, il exila de nouveau Eugène de Carthage, qui mourut, l'an 505, à Albi dans les Gaules, ville alors sous la domination des ariens visigoths. Il défendit surtout d'ordonner des évêques aux églises qui en manquaient. Mais après quelque temps, les évêques qui restaient, résolurent de concert, de ne point obéir à cet ordre. Ils pensèrent que la colère du roi s'apaiserait, ou que, si la persécution s'allumait, les nouveaux évêques consoleraient les peuples et gagneraient la couronne du martyre. On élut donc promptement plusieurs prêtres et plusieurs diacres, que l'on enlevait aussitôt et que l'on consacrait évêques : chaque ville s'empressait pour n'être pas la dernière à remplir son siège. La province Byzacène fut bientôt pleine d'évêques, et le roi, irrité, avait déjà résolu de les envoyer tous en exil, et premièrement le primat Victor, qui les avait ordonnés. Il fut pris et mené à Carthage; en sorte que la joie des nouvelles ordinations fut suivie d'une plus grande tristesse.

Saint Fulgence, de retour en Afrique, avait fondé dans la même province de Byzacène un nouveau monastère, par la libéralité d'un nommé Silvestre, et y était devenu le père d'une grande communauté. Mais l'amour d'une plus grande retraite le porta à s'aller cacher dans une île en un autre monastère, s'occupant à écrire de sa main et à faire des éventails de feuilles de palmes, nécessaires en ces pays chauds. Mais l'abbé Félix et ses religieux, ayant appris où était Fulgence, obligèrent l'évêque Fauste à le revendiquer comme son moine; et, à son retour, il l'ordonna prêtre tout d'un coup, afin qu'il ne pût quitter le monastère ni être ordonné dans une autre église; car sa réputation s'étendait par toute l'Afrique, et on l'aurait demandé pour évêque, si on avait pu en ordonner. Mais c'était le temps où le roi Trasamond empêchait les ordinations, et cette défense mettait l'esprit en repos à saint Fulgence, qui n'ignorait pas le désir des peuples. Ensuite, voyant que les évêques avaient résolu de faire des ordinations, malgré la défense du Vandale, il se cacha si bien qu'on ne put le trouver, et qu'après l'avoir élu en plusieurs lieux, on fut obligé d'en élire d'autres. Mais quand il vit la plupart des églises remplies, et les nouveaux évêques condamnés à l'exil, il crut le péril passé et revint à son monastère.

La ville de Ruspe était demeurée sans évêque, par l'ambition d'un diacre nommé Félix, qui avait assez de crédit pour empêcher l'élection d'un autre, et trop peu de mérite pour se faire élire lui-même. Les plus honnêtes gens de la ville, sachant que saint Fulgence était demeuré prêtre, s'adressèrent au primat Victor, comme on le menait à Carthage, et obtinrent permission de faire ordonner saint Fulgence par les évêques voisins. Alors on assembla une troupe nombreuse, et on alla surprendre dans sa cellule saint Fulgence, ayant mal aux yeux; on le prit, on l'amena, on le força d'être évêque, le conduisant à celui qui devait l'ordonner, et qui était averti. Quoique saint Fulgence ne fût point connu en ce lieu-là, il ne laissa pas d'attirer dès l'abord tous les cœurs par la modestie de son visage et de sa démarche, et la pauvreté de ses habits. C'était l'an 508, et il avait 40 ans. Le diacre ambitieux assembla une grosse troupe et se mit en embuscade sur le chemin par où on devait amener saint Fulgence à Ruspe après sa consécration; mais le peuple, sans dessein, l'amena par un autre chemin : il fut mis dans la chaire, célébra les saints mystères et donna la communion à tout le peuple. Le diacre céda à la volonté de Dieu, et se soumit. Saint Fulgence le reçut avec bonté, et l'ordonna prêtre ensuite; mais il mourut dans l'année, et le procurateur qui avait soutenu sa brigue tomba dans la misère.

Saint Fulgence conserva dans l'épiscopat les pratiques de la vie monastique. Il ne porta jamais d'habits précieux, et continua ses jeûnes accoutumés. Hiver et été, il n'était vêtu que d'une tunique fort pauvre, qu'il ceignait avec une ceinture de peau, à la manière des moines, sans porter l'*orarium*, suivant la coutume des évêques : c'était une écharpe de toile autour du cou, dont est venue notre étole. Il ne portait point la chaussure des clercs, mais celle des moines, et marchait souvent nu-pieds. Jamais il ne porta de chasuble précieuse ou de couleur éclatante; il n'en permit point de telle à ses religieux : c'était un habillement ordinaire qui lui couvrait tout le corps. Il n'ôtait pas même sa ceinture pour dormir, et il offrait le sacrifice avec la même tunique dans laquelle il couchait, disant que, pour cette sainte action, il fallait plutôt changer de cœur que d'habits. Jamais personne ne put l'obliger à manger de la chair, de quelque espèce qu'elle fût. Il se nourrissait d'herbes, de grains et d'œufs, sans les assaisonner d'huile, tant qu'il fut jeune; dans sa vieillesse, on lui persuada d'en user, de peur que sa vue venant à s'affaiblir, il ne pût plus lire. Jamais il ne but de vin que par raison de santé, encore le trempait-il de tant d'eau qu'il ne sentait point le goût du vin. Avant qu'on avertît les frères pour l'office de la nuit, il veillait pour prier, lire, dicter ou méditer, parce qu'il n'en avait pas le loisir pendant le jour, étant occupé pour les affaires de son peuple. Avec ce travail, il descendait encore quelquefois pour célébrer les vigiles avec les autres. Jusque-là on ne l'avait vu en aucun endroit, sans demeurer avec des moines; c'est pourquoi, la première grâce qu'il demanda aux citoyens de Ruspe, depuis qu'il en fut fait évêque, fut de lui donner une place pour bâtir un monastère. Plusieurs s'empressèrent de seconder ses désirs. Un homme noble, appelé Postumien, lui donna un petit héritage qui n'était pas éloigné de l'Eglise, où des pins très-élevés formaient un bois dont la verdure rendait l'endroit agréable. Saint Fulgence l'accepta d'autant plus volontiers qu'il trouvait sur les lieux mêmes les bois nécessaires à l'édifice. Il fit venir aussitôt l'abbé Félix avec la plus grande partie de sa communauté : l'autre demeura sous la conduite d'un des frères nommé Vital, mais avec la même union entre les deux monastères que si ce n'en eût été qu'un seul.

Pendant que saint Fulgence était occupé à ces œuvres de piété, le roi Trasamond l'envoya prendre par ses satellites pour le conduire en Sardaigne avec les autres évêques. Quelle que fût la douleur du saint d'abandonner son Eglise avant qu'il eût eu le temps de l'instruire, il témoigna néanmoins sa joie de participer à la glorieuse confession de ses collègues. Il sortit de Ruspe, accompagné de moines et de clercs, laissant tous les laïques en pleurs. La ville de Carthage le reçut avec honneur; on lui fit des présents, qu'il envoya au monastère qu'il faisait bâtir, et s'embarqua sans rien emporter que les richesses d'une science singulière, dont il faisait part à tous ceux chez lesquels il allait. Quoique saint Fulgence fût, par l'ordination, le dernier de tous les évêques exilés, qui se trouvaient là plus de soixante, ils le reconnaissaient pour le premier, à cause de sa science et de sa vertu. Dans les choses douteuses, le primat et tous les autres évêques voulaient toujours l'entendre pour savoir son avis, et le chargeaient d'expliquer les résolutions communes. Lorsqu'il s'agissait aussi de répondre au nom de tous, aux évêques d'outre-mer, soit sur la foi, soit sur d'autres matières, on lui en donnait la commission. Outre les lettres publiques qu'il écrivait au nom des soixante évêques, il en écrivait encore de particulières pour tous ceux qui l'en priaient, lorsqu'ils avaient quelque avis à donner à leur peuple, ou à corriger quelqu'un. C'était encore à saint Fulgence que s'adressaient ceux qui avaient été punis de quelques censures par leurs évêques absents, afin qu'il intercédât pour eux.

Dans les commencements de cet exil, il ne put former de monastères, ayant emmené trop peu de moines avec lui; toutefois, ne pouvant se passer de vivre en communauté, il persuada à deux évêques de demeurer avec lui, et, rassemblant des moines et des clercs, il fit une image d'un grand monastère. Ils avaient même table, ils priaient et lisaient ensemble; seulement les moines se distinguaient par une plus grande austérité que les clercs, et ne possédaient rien en propre. Cette maison était l'oracle de la ville de Cagliari; les affligés y cherchaient la consolation; on y accordait les différends; on y expliquait l'Ecriture; on y faisait l'aumône. Souvent saint Fulgence, par ses exhortations, attirait à la vie monastique ceux dont il avait soulagé les besoins. Ces bonnes nouvelles venaient de jour en jour à Carthage, et réjouissaient le peuple fidèle (*Vita S. Fulg., Acta Sanct.*, 1 *januar.*).

Outre les 60 évêques de Byzacène, le roi Trasamond en bannit encore plusieurs autres du reste de l'Afrique; en sorte que l'on en compte jusqu'à 220. Ils apportèrent avec eux plusieurs reliques d'Afrique en Sardaigne, entre autres le corps de saint Augustin, qui y demeura deux cents ans. Le pape Symmaque fournissait chaque année à ces exilés les aliments et les vêtements nécessaires; le roi Théodoric lui-même contribuait à ces charités. Le Pape crut devoir encore les consoler par lettres, et se servit à cet effet de la plume d'Ennodius. Il leur envoya en même temps des reliques de saint Nazaire et de saint Romain, qu'ils lui avaient demandées dans leur lettre au diacre Hormisdas. Il racheta encore les captifs dans la Ligurie, le Milanais et diverses autres provinces; leur faisant en outre des dons considérables et les renvoyant chez eux (Anast. Bibl.).

Mais le saint pape Symmaque, qui déployait une si grande charité envers les captifs et les confesseurs exilés, eut lui-même à souffrir une persécution. Le patrice Festus, qui avait promis à l'empereur de Constantinople d'amener le pontife romain à ses vues, était piqué de n'avoir pu faire nommer, en 498, un pape de cette complaisance. Quatre ans après, il ralluma le feu de la discorde. De concert avec Probin, qui, comme lui, avait été consul, et secondés de quelques membres du sénat et du clergé, ils accusèrent Symmaque d'adultères et d'avoir aliéné les biens de l'Eglise; ils subornèrent de faux témoins qu'ils envoyèrent à Ravenne au roi Théodoric. En même temps, ils rappelèrent secrètement Laurent et renouvelèrent le schisme. Car une partie du clergé communiquait avec Symmaque, une partie avec Laurent. Festus et Probin prièrent Théodoric d'envoyer à Rome un évêque visiteur, comme il était de coutume d'en envoyer aux Églises vacantes. Le roi y envoya Pierre, évêque d'Altino, avec ordre exprès d'aller d'abord à la basilique de Saint-Pierre, d'y saluer le pape Symmaque, et de lui demander les esclaves que l'on voulait produire comme témoins contre lui, afin qu'ils fussent interrogés par les évêques, mais sans les mettre à la question. L'évêque d'Altino, n'ayant aucun égard à cet ordre, ne voulut ni saluer Symmaque, ni aller à la basilique de Saint-Pierre, et il se joignit aux schismatiques. Les catholiques ne purent voir qu'avec indignation qu'on eût envoyé à Rome un évêque visiteur, soutenant que cela était défendu par les canons et contre l'usage (Ennod., *Apolog.*, p. 1635).

Ces disputes sur la visite s'exaspérèrent encore par l'étrange conduite du visiteur et par son union avec les schismatiques, qui, sous sa protection, devenaient chaque jour plus insolents, au point que Symmaque fut réduit à se tenir comme prisonnier dans la basilique de Saint-Pierre. Les choses étant dans cet état, les catholiques, pour se délivrer de l'oppression, eurent recours au roi Théodoric, et lui suggérèrent de faire décider cette contestation par un nombreux concile des évêques de son royaume. Ils ne firent pas cette démarche sans le consentement de Symmaque; au contraire, lui-même écrivit au prince, en le priant d'écrire aux évêques qu'ils vinssent sans délai à Rome. Les évêques ayant reçu ces ordres, ceux de l'Émilie, de la Ligurie et de la Vénétie, qui, pour aller à Rome, devaient passer par Ravenne, demandèrent au roi le sujet de cette assemblée. Il répondit que c'était pour examiner les crimes dont Symmaque était accusé par ses ennemis. Les évêques dirent que c'était au Pape lui-même à convoquer ce concile ; que le Saint-Siége avait ce droit ; d'abord par le mérite et la primauté de saint Pierre, ensuite par l'autorité des conciles, et que l'on ne trouvait aucun exemple qu'il eût été soumis au jugement de ses inférieurs. Le roi dit que le Pape lui-même avait manifesté, par ses lettres, sa volonté pour la convocation du concile. Les évêques demandèrent à lire ces lettres, et le roi les leur fit donner, ainsi que toutes les pièces du procès. Des cent quinze évêques qui s'assemblèrent à Rome, les premiers, en leur qualité de métropolitains, étant Laurent de Milan et Pierre de Ravenne, comme ils devaient présider au jugement, ils s'abstinrent de voir le pape Symmaque, pour ne donner aucune occasion de murmure aux schismatiques ; mais ils ne se séparèrent point pour cela de sa communion ; car ils ne cessèrent jamais de réciter son nom au saint sacrifice.

Le concile s'assembla d'abord dans la basilique de Jules, au mois de juillet 501, sous le consulat de Faustus Avienus, qui descendait de l'illustre famille des Scipion, et qui tenait le parti du pape Symmaque et de la bonne cause. Là, les évêques qui avaient passé par Ravenne, firent le récit de ce qu'ils avaient dit au roi. Malgré cela, il restait une inquiétude générale sur la légitimité du concile. Ensuite, comme ils parlaient de commencer l'affaire principale, le pape Symmaque entra dans l'église, témoigna sa reconnaissance envers le roi pour la convocation du concile, déclara qu'il l'avait désiré lui-même, et, en présence de tous les évêques, il leur donna l'autorité de juger cette cause. Ce sont les termes du concile. Ainsi, les évêques n'eurent plus aucune inquiétude sur ce sujet. Mais le Pape demanda, avant toutes choses, que l'on fît retirer le visiteur, qui avait été demandé contre les règles, par une partie du clergé et par quelques laïques, et qu'on lui restituât tout ce qu'il avait perdu. Après quoi il répondrait aux accusations, si on le jugeait à propos. Le très-grand nombre des évêques trouva la demande juste. Toutefois, le concile ne voulut rien ordonner sans consulter le roi. Mais, ce sont les termes du concile, par la négligence des envoyés, une demande aussi juste ne reçut point la réponse que l'on souhaitait. Car le roi ordonna que le pape Symmaque répondrait à ses accusateurs avant la restitution de son patrimoine et des églises qu'on lui avait ôtées. Et le Pape, qui avait déjà, ce sont les termes du concile, abaissé les priviléges de sa puissance, ne voulut pas les reprendre, même cette fois (Labbe, t. IV).

Cependant les schismatiques, soutenus par les sénateurs Festus et Probin, remplissaient la ville de Rome de confusion et de tumulte. Plusieurs évêques, effrayés ou découragés, se retirèrent ; les autres prièrent le roi Théodoric de transférer le concile. Il leur envoya, par les évêques Germain et Carose, une réponse du 8 août, dans laquelle il loue leur constance, mais n'approuve pas la translation du concile ; il leur ordonna de s'assembler de nouveau le 1er septembre, ajoutant que, si dans une nouvelle réunion ils ne pouvaient terminer l'affaire, il viendrait lui-même à Rome, pour leur épargner la peine de venir à Ravenne. Symmaque ne refusait pas de comparaître au concile, malgré l'injustice qu'on lui avait faite de ne pas le réintégrer dans ses droits ; mais, attendu la puissance et l'audace de ses ennemis, il y avait du danger de s'y rendre. Pour ôter encore cet obstacle, Théodoric envoya à Rome trois des principaux seigneurs de sa cour, le comte Arigerne et les majordomes Gudile et Bedulphe, avec une lettre du 27 août, aux évêques, dans laquelle il leur recommande vivement de trouver quelque moyen pour réconcilier les esprits et terminer cette cause, ajoutant que les trois seigneurs étaient autorisés à prêter serment à Symmaque pour sa sûreté, afin qu'il pût se présenter au concile sans craindre aucune violence (*Ibid.*).

Le concile s'assembla donc de nouveau le 1er septembre, à l'église de la Sainte-Croix de Jérusalem, autrement la basilique du palais de Sessorius. Quelques évêques furent d'avis de recevoir la requête des accusateurs. Mais on y trouva deux défauts : l'un, qu'ils disaient que les crimes de Symmaque avaient été prouvés devant le roi, ce qui parut être faux; puisqu'il avait renvoyé la cause aux évêques comme entière ; l'autre défaut est que les accusateurs prétendaient convaincre Symmaque par ses esclaves, et demandaient qu'il les livrât pour cet effet. Ce qui était contraire aux lois civiles, et par conséquent aux canons, qui ne recevaient point en jugement ceux qui en étaient exclus par les lois (*Ibid.*).

Pendant que le concile était ainsi à délibérer, le Pape s'était mis en marche pour s'y rendre, suivi

d'un grand peuple de l'un et de l'autre sexe, qui témoignait son affection et ses craintes par ses larmes. Ces craintes n'étaient pas mal fondées; car le Pape fut attaqué en chemin par une troupe de ses ennemis, qui lui jetèrent une grêle de pierres, blessèrent plusieurs des prêtres qui l'accompagnaient, et les auraient tués, sans les trois officiers du roi qui arrêtèrent les schismatiques et reconduisirent le Pape à Saint-Pierre, d'où il était parti. Les évêques envoyèrent au roi une relation de ce qui s'était passé. Ils y disent : « Nous avons envoyé au Pape jusqu'à quatre fois des évêques, pour lui demander s'il voulait encore se présenter au jugement du concile. Il a répondu qu'il ne le pouvait plus. D'abord, quand vous êtes venus à Rome, je me suis présenté sans difficulté, j'ai fait céder mes priviléges à la volonté du roi, j'ai donné l'autorité au concile pour ainsi dire contre moi-même, j'ai demandé, conformément aux canons, d'être réintégré dans mes Eglises. Vous n'y avez rien fait. Enfin, lorsque malgré tout cela je venais avec mon clergé, j'ai failli être cruellement égorgé. Je ne me soumets plus à votre examen : je suis entre les mains de Dieu et au pouvoir du roi; qu'ils disposent de moi suivant leur conseil. »
Les évêques du concile ajoutent : « Nous sommes dans l'impuissance de faire autre chose; nous ne pouvons le faire venir en jugement malgré lui; les canons lui accordent les appellations de tous les évêques; et que faire, quand c'est lui qui appelle, c'est-à-dire qui refuse de se soumettre au jugement d'autrui? Nous ne pouvons prononcer de sentence contre un absent, ni le condamner comme contumace, puisqu'il n'a pas refusé de comparaître devant les juges; d'autant plus que c'est une chose nouvelle que le pontife de ce Siége soit ouï en jugement, et qu'il n'y en a pas d'exemple. » Ils ajoutent encore « qu'ils ont exhorté à plusieurs reprises, mais sans fruit, le sénat et le clergé à la paix. C'est donc à votre puissance, avec la crainte de Dieu, à pourvoir au repos de l'Eglise et de la ville de Rome, ainsi que des provinces. La simplicité des évêques ne saurait vaincre la ruse séculière. Nous ne pouvons supporter plus longtemps la mort des nôtres et les périls que nous courons nous-mêmes à Rome. Qu'il nous soit donc permis de retourner à nos Eglises; car il nous est impossible de rien faire de plus (Labbe, t. IV).

En effet, Festus et Probin, qui avaient été consuls tous les deux, se battaient au milieu de Rome contre d'autres sénateurs, principalement contre Fauste, consul de l'an 501, et champion de l'Eglise. Ils commirent beaucoup de meurtres sur les ecclésiastiques du parti de Symmaque, tuèrent un grand nombre de prêtres et de fidèles; ils tirèrent même les vierges des monastères, les dépouillèrent honteusement et les accablèrent de coups. On se battait ainsi journellement; il n'y avait plus de sûreté pour le clergé de paraître ni le jour ni la nuit (Anast. Bibl.). C'est ce que valut à Rome l'intrigue de Constantinople.

Le 1er octobre, le roi Théodoric écrivit et fit parler aux évêques du concile en ces termes : « S'il m'avait paru à propos, ou que la justice m'eût permis de juger moi-même cette affaire avec les grands de mon palais, je crois que j'aurais pu la terminer à la satisfaction de Dieu et des hommes. Mais comme c'est une cause de Dieu et des clercs, je vous ai rassemblés de différentes villes, à la demande du sénat et du clergé; car je n'ai pas cru qu'il m'appartînt de décider les affaires ecclésiastiques. C'est à vous à juger comme vous estimerez à propos, soit en examinant la cause, soit sans l'examiner, pourvu que vous rétablissiez la paix dans le sénat, le clergé et le peuple de Rome (Labbe, t. IV).

Les évêques ayant reçu cette réponse, jugèrent que c'était la volonté de Dieu qu'on rendît à l'Italie son pasteur, et qu'il ne leur restait plus qu'à exhorter les dissidents à la concorde. La question n'était plus de savoir si Symmaque avait été canoniquement élu : il n'y avait plus de doute à cet égard; mais si les choses dont l'accusaient ses ennemis, ne le rendaient pas indigne de l'épiscopat. Comme ses ennemis n'en offraient aucune preuve canonique ni légale, et que d'autres obstacles encore rendaient un jugement impossible; les évêques convinrent de réserver le tout au jugement de Dieu. Ils envoyèrent donc des députés au sénat, pour lui déclarer que les causes de Dieu doivent être laissées au jugement de Dieu, à qui rien n'est caché; qu'il fallait en agir ainsi surtout dans le cas présent, où il s'agissait du successeur de saint Pierre; que presque tout le peuple communiquait avec Symmaque, et qu'il était pressant de remédier au mal que pouvait causer la division. Ils firent plusieurs fois au sénat des remontrances semblables, l'exhortant à se rendre, comme il convenait à des enfants de l'Eglise, à ce qui avait été fait dans le concile selon l'inspiration de Dieu. C'est que la cause première de la discorde était non dans le clergé ni dans le peuple, mais dans le sénat, ou plutôt dans un de ses chefs, le patrice Festus, qui en avait apporté le germe funeste de Constantinople.

Enfin, dans la troisième et dernière séance, qui fut tenue le 23 octobre, le concile, après avoir rapporté tout ce qui s'était passé, tant à Ravenne entre les évêques d'Italie et le roi Théodoric, qu'à Rome dans les basiliques de Jules et de Sainte-Croix, prononça la sentence en ces termes : « Nous déclarons le pape Symmaque, évêque du Siége apostolique, déchargé, quant aux hommes, des accusations formées contre lui, laissant le tout au jugement de Dieu. Nous ordonnons qu'il célébrera les divins mystères dans toutes les églises qui sont du ressort de son Siége. Nous lui rendons, en vertu des ordres du prince qui nous en donne le pouvoir, tout ce qui appartient à son Eglise, soit au dedans soit au dehors de Rome, c'est-à-dire le temporel que les schismatiques avaient usurpé. Nous exhortons tous les fidèles à recevoir de lui la sainte communion, sous peine d'en rendre compte au jugement de Dieu. Quant aux clercs du même Pape qui se sont séparés de lui avant un certain temps, contre les règles, et ont fait schisme, nous ordonnons qu'en lui faisant satisfaction, ils obtiendront miséricorde et seront rétablis dans les fonctions du ministère ecclésiastique. Mais quiconque des clercs, après ce jugement, osera célébrer des messes en quelqu'un des lieux consacrés à Dieu, de l'Eglise romaine, sans le consentement du pape, Symmaque, tandis qu'il vivra, celui-là sera puni canoniquement comme schismatique. » Cette sentence fut souscrite par soixante-seize évêques, dont les deux premiers sont Laurent de Milan et Pierre de Ravenne (Labbe, t. IV). Cette dernière session, que l'on compte quelquefois pour la quatrième, en mettant pour la première l'entrevue des évêques d'Italie avec le roi Théodoric, est appelée le *synode de la Palme*, dans un concile tenu sous le pape Symmaque en 503, peut-être à cause du lieu où elle fut tenue.

En 502, le 6 novembre, il se tint un autre concile à Rome, dans la basilique de Saint-Pierre, où le pape Symmaque présida. Il s'y trouva 80 évêques, 37 prêtres et 4 diacres, dont l'un était Hormisdas, qui fut depuis pape. On examina un statut présenté après la mort du pape saint Simplice par le patrice Basile, préfet du prétoire, touchant l'élection du Pape, qui, disait-il, ne devait pas se faire sans le consentement du roi d'Italie, et puis touchant les aliénations des biens de l'Eglise romaine. Symmaque remercia d'abord les Pères d'avoir offert le pardon aux clercs schismatiques; puis il ajouta que ceux-ci avaient voulu prendre avantage de l'écrit du patrice Basile, qui toutefois ne pouvait avoir aucune force légitime, attendu qu'aucun pontife romain n'y avait adhéré. Le diacre Hormisdas en fit la lecture; Cresconius, évêque de Tudertum, l'interrompit pour faire remarquer au concile comment, dans cette pièce, les laïques cherchaient à s'emparer exclusivement de l'élection du Pape, ce qui était manifestement contre les canons. La lecture continuant sur la seconde partie, Maxime, évêque de Bléda, l'interrompit encore pour faire remarquer au concile combien il était contraire aux canons, que des laïques prétendissent décréter, ainsi qu'on le faisait dans cette pièce, des anathèmes contre les clercs.

La lecture achevée, Laurent, évêque de Milan, qui tenait la première place après le Pape, parla en ces termes : Cet écrit n'a pu obliger aucun pontife romain, parce que, sans le Pape de Rome, il n'était point permis à un laïque de rien statuer dans l'Eglise; son partage est la nécessité d'obéir et non pas l'autorité de commander, d'autant plus qu'aucun Pape n'y a souscrit ni aucun métropolitain. Pierre de Ravenne parla dans le même sens; Eulalius de Syracuse dit : Cet écrit est très-évidemment nul. D'abord parce que, contre les règles des Pères, il a été fait par des laïques, à qui jamais on ne voit attribuée aucune autorité pour disposer des biens de l'Eglise. Ensuite, parce qu'il a été confirmé par la souscription d'aucun Pape. Que si les saints Pères ont déclaré nul ce que les évêques d'une province tenteraient de faire sans l'autorité de leur métropolitain, à combien plus forte raison sera nul ce que des laïques auraient présumé de faire dans la chaire apostolique, même avec le consentement de quelques évêques, sans le concours de ce pontife, qui, par la prérogative du bienheureux Pierre, possède la primauté du sacerdoce par tout l'univers, et en conséquence est accoutumé à donner la fermeté aux décrets des conciles. Enfin, le concile tout entier fut du même avis, que cet écrit était nul, et que, eût-il quelque force, il devait être annulé par la sentence du Pape, afin que les laïques, si pieux et si puissants qu'ils pussent être, ne vinssent point à prétendre, dans d'autres villes, disposer des biens de l'Eglise, dont Dieu a commis le soin aux seuls évêques.

Toutefois le Pape, afin de pourvoir à l'avenir, d'autant plus qu'une des accusations, ou plutôt une des calomnies des schismatiques, c'est qu'il avait dilapidé les biens de l'Eglise, prononça le décret suivant (*Anonym. Veron. apud Muratori*, *Scriptores rerum Italic.*, t. III). Il ne sera permis à aucun Pape d'aliéner à perpétuité aucun héritage de la campagne ni de le donner en usufruit, si ce n'est aux clercs, aux captifs et aux étrangers. Les maisons des villes, qui ne pourraient être entretenues qu'à grands frais, pourront être laissées à bail portant rente. Les prêtres des titres de la ville de Rome seront tenus à la même loi, de même que tous les autres clercs, car il n'est pas permis de dire que celui qui ne tient que le second rang dans l'Eglise, ne sera pas soumis à une loi à laquelle le souverain Pontife s'est astreint lui-même par la charité de Jésus-Christ. Les contrevenants seront déposés; celui qui aura reçu la chose aliénée sera frappé d'anathème; le contrat sera nul. Tout ecclésiastique pourra réclamer les choses aliénées avec les fruits. Cette ordonnance n'est que pour le Siége apostolique; dans les provinces, chaque évêque suivra, selon sa conscience, la coutume de son Eglise. Le Pape souscrivit en ces termes : « Cœlius Symmaque, évêque de l'Eglise romaine; j'ai souscrit à cette ordonnance, faite par nous. » Les autres évêques souscrivirent en cette façon : « Eulalius, évêque de Syracuse, j'ai souscrit à cette ordonnance, faite par le vénérable pape Symmaque (Labbe, t. IV). »

L'année suivante, 503, il se tint encore un concile à Rome, que l'on compte pour le cinquième sous le pape Symmaque. Les évêques étant assis devant la confession de saint Pierre, le Pape dit : « Qu'on apporte l'écrit composé par Ennodius contre ceux qui ont osé attaquer notre quatrième concile tenu à Rome, à la Palme, et qu'on le lise devant tout le monde. » Saint Ennodius, alors diacre et depuis évêque de Pavie, avait composé cette apologie pour répondre à un écrit publié par les schismatiques sous ce titre : *Contre le synode de l'absolution irrégulière*.

Leur principale objection était qu'en disant que le Pape ne pouvait être jugé, on semblait dire que saint Pierre et ses successeurs avaient reçu de Dieu, avec les prérogatives de leur Siége, la licence de pécher. Saint Ennodius nie cette conséquence, et dit, en parlant de Pierre : « Il a transmis à ses successeurs une dot perpétuelle de mérites avec l'héritage de l'innocence. Ce qui lui a été accordé pour la gloire de ses actions s'étend à ceux dont la vie ne brille pas moins; car qui peut douter que celui-là ne soit saint, qui est élevé à une si haute dignité? S'il manque des avantages acquis à son mérite, ceux de son prédécesseur lui suffisent. Jésus-Christ élève des hommes illustres à cette place si éminente, ou rend illustres ceux qu'il y élève; lui, sur qui l'Eglise est appuyée, prévoit ce qui est propre à lui servir de fondement. »

Les schismatiques disaient encore : S'il est vrai que le Pape n'ait jamais subi le jugement de ses inférieurs, pourquoi a-t-il été cité et emmené en jugement? A quoi saint Ennodius répond qu'il l'a fait par humilité et sans y être obligé, et que ce sont leurs violences qui l'ont contraint de se retirer.

Pourquoi, objectaient-ils encore, le pape Symmaque a-t-il refusé de recevoir un évêque visiteur, comme il en donne lui-même aux autres Eglises? N'a-t-il pas, en cela, contrevenu aux règles ecclésias tiques? Saint Ennodius nie que Symmaque ait rien fait, par ce refus, contre les lois de l'Eglise, et soutient que, comme il est libre à un législateur de s'astreindre ou non à la rigueur de ses propres lois, le Pape a pu donner des visiteurs aux autres évêques sans en recevoir lui-même. Il ajoute : « Dieu a voulu peut-être terminer par des hommes les causes des autres hommes, mais il a réservé à son jugement l'Evêque de ce siége. Il a voulu que les successeurs du bienheureux Pierre n'eussent à prouver leur innocence qu'au ciel, devant Celui qui peut en connaître parfaitement. Et si vous dites que toutes les âmes sont pareillement sujettes à ce jugement, je répondrai qu'il n'a été dit qu'à un seul : *Tu es Pierre, et sur cette pierre je bâtirai mon Eglise, et tout ce que tu délieras sur la terre sera délié dans le ciel.* »

Quand cet écrit de saint Ennodius, que nous avons encore, eut été lu dans le concile de Rome, les évêques l'approuvèrent d'une voix unanime : et dirent : « Que cet écrit soit reçu de tout le monde et transmis à la postérité entre les actes de notre concile, comme ayant été composé par son autorité. » Le pape Symmaque, de l'avis de tous, ordonna qu'il fût mis au nombre des décrets apostoliques. Après quoi tous les évêques demandèrent à haute voix, ainsi que tous les prêtres qui étaient présents, que l'on condamnât ceux qui avaient accusé le Pape et parlé ou écrit contre lui ou contre le concile. Mais le Pape demanda, au contraire, que ses persécuteurs fussent traités avec plus de douceur, déclarant qu'il leur pardonnait. Néanmoins, pour prévenir de semblables accusations, il voulut que l'on renouvelât les anciens canons qui défendent aux ouailles d'accuser leur pasteur, si ce n'est quand il erre contre la foi, ou qu'il leur a fait un tort en particulier, parce que, encore que l'on croie les actions des pasteurs répréhensibles, on ne doit pas en parler mal. Il demanda de plus qu'il fût ordonné que l'évêque, dépouillé de son bien ou chassé de son siége, serait réintégré et que toutes choses seraient rétablies en leur entier, avant qu'il pût être appelé en jugement. Le concile confirma tous ces statuts, sous peine de déposition pour les clercs et d'excommunication pour les moines et les laïques, avec menace, s'ils ne se corrigent, d'être frappés d'anathème (Labbe, t. IV).

Comme une des accusations que les schismatiques avaient élevées contre le Pape regardait les mœurs, on croit que cette calomnie lui donna occasion de faire ordonnance qui porte que les évêques, les prêtres et les diacres seront obligés d'avoir toujours une personne de probité connue pour témoin de leurs actions, et que ceux qui n'auront point assez de bien pour entretenir une personne de cette sorte serviront de compagnons à d'autres, afin que la vie des ecclésiastiques soit à couvert, non-seulement du mal, mais du soupçon. Nous avons un règlement dressé au nom d'un évêque par saint Ennodius, en exécution de cette ordonnance, et c'étaient ces compagnons inséparables que l'on appelait *syncelles*.

Par ces divers conciles, particulièrement par le dernier, qui approuva et fit sienne l'apologie de saint Ennodius, on voit ce que les catholiques pensaient alors de l'autorité et des prérogatives du pontife romain. Ce qui ne le montre pas moins, c'est la sensation que cette affaire produisit dans les Gaules.

Quand on y apprit qu'un concile d'Italie avait entrepris de juger le Pape, tous les évêques en furent alarmés, et chargèrent saint Avit, évêque de Vienne, d'en écrire au nom de tous. Il adressa sa lettre aux deux premiers du sénat, Fauste et Symmaque, tous deux patrices et tous deux anciens consuls, Fauste de l'an 483, Symmaque de 485 ; le premier, descendant des Scipion ; le second, beau-père de Boëce. Saint Avit dit d'abord qu'il serait à souhaiter que les malheurs du temps n'empêchassent pas les évêques des Gaules d'aller librement à Rome pour les affaires spirituelles et temporelles, ou que la diversité des royaumes ne fût pas un obstacle à la convocation d'un concile de toute la nation ; que si cela eût été possible, il leur aurait envoyé sur l'affaire présente, qui est commune à tous, une relation commune, contenant le sentiment de tous les évêques des Gaules assemblés ; que, cependant, il les prie de ne pas regarder sa lettre comme la lettre particulière d'un évêque, puisqu'il n'écrit que par ordre de tous ses frères, les évêques des Gaules, qui lui en ont donné commission par leurs lettres.

Après cet exorde, il entre ainsi en matière : « Nous étions dans de grandes alarmes et de cruelles inquiétudes touchant l'affaire de l'Eglise romaine, sentant bien que notre état même, l'épiscopat, est chancelant quand le chef est attaqué, et que la même accusation, si elle avait renversé l'état du prince, nous aurait frappés tous : nous étions dans ces anxiétés, lorsque nous avons reçu d'Italie le décret porté par les évêques italiens assemblés à Rome au sujet du pape Symmaque. Quoiqu'un nombreux concile rende ce décret respectable, nous comprenons cependant que le saint pape Symmaque, s'il a été accusé d'abord devant le siècle, aurait dû trouver dans ses collègues des consolateurs plutôt que des juges. Car si l'Arbitre du ciel nous ordonne d'être soumis aux puissances de la terre, en nous prédisant que nous paraîtrons devant les rois et les princes en toute sorte d'accusation, il n'est pas aisé de concevoir par quelle raison, ou en vertu de quelle loi, le supérieur est jugé par les inférieurs. En effet, l'apôtre nous ayant fait un précepte de ne pas recevoir d'accusation contre un simple prêtre, de quel droit a-t-on pu en recevoir contre la principauté de l'Eglise universelle ? Le concile lui-même l'a bien entrevu dans son louable décret, lorsqu'il a réservé au jugement de Dieu une cause, que (cela soit dit sans l'offenser) il avait consenti presque témérairement à examiner, et lorsqu'il y a rendu cependant témoignage, en peu de mots, comme il a pu, que ni lui ni le roi Théodoric n'avaient trouvé aucune preuve des crimes dont le Pape était accusé.

» C'est pourquoi, en qualité de sénateur romain et d'évêque chrétien, je vous conjure de n'avoir pas moins à cœur la gloire de l'Eglise que celle de la république, d'employer pour nous le pouvoir que Dieu vous a donné, et de n'aimer pas moins dans l'Eglise romaine la chaire de Pierre, que vous n'aimez dans Rome la capitale de l'univers. Si vous y pensez avec la profondeur qui vous est propre, vous n'y verrez pas uniquement l'affaire actuelle de Rome. Dans les autres pontifes, si quelque chose vient à branler, on peut le réformer ; mais si le Pape de Rome est mis en doute, ce n'est plus un évêque, c'est l'épiscopat même qu'on verra vaciller. Vous n'ignorez point parmi quelles tempêtes des hérésies nous conduisons le vaisseau de la foi ; si vous craignez avec nous ces dangers, il faut que vous travailliez avec nous à défendre votre pilote. Quand les nautoniers se révoltent contre celui qui tient le gouvernail, serait-il de la prudence de céder à leur fureur, en les exposant eux-mêmes au danger pour les punir? Celui qui est à la tête du troupeau du Seigneur rendra compte de la manière dont il le conduit ; mais ce n'est pas au troupeau à demander ce compte à son pasteur, c'est au juge (Labbe, t. IV). »

Cette magnifique lettre est encore moins honorable pour le pape Symmaque que pour les évêques des Gaules, au nom desquels elle fut écrite. C'est le plus beau monument de l'Église gallicane.

Le zèle des évêques des Gaules ne démentait pas cette lettre. Non content de travailler au salut des Francs, saint Remi engagea les évêques de la domination de Gondebaud, roi des Burgondes ou Bourguignons, de travailler de concert à la réunion des ariens. Ces prélats jugèrent que, pour faire mieux réussir leur pieux dessein, il fallait le cacher, et s'assembler à Lyon sous un autre prétexte. La fête de saint Just, qui était proche, leur en fournit un fort plausible. Saint Étienne, qui avait succédé à saint Rusticius dans le siège de Lyon, invita donc à cette solennité les évêques les plus distingués, saint Éone d'Arles, Honorat de Marseille, saint Avit de Vienne, saint Apollinaire de Valence, son frère, et plusieurs autres.

Tous ces évêques s'étant donc rendus à Lyon, ils allèrent ensemble, avec l'évêque Étienne, saluer le roi Gondebaud à Sarbiniac, maison de plaisance auprès de Lyon. Les chefs des ariens auraient bien voulu empêcher le prince de leur donner audience. Mais Dieu, qui voulait en tirer sa gloire, ne le permit pas. Après que les évêques eurent salué le roi, Avit, à qui les autres avaient déféré l'honneur de porter la parole, quoiqu'il ne l'emportât ni par la dignité ni par l'âge, lui dit : « Si Votre Excellence voulait procurer la paix de l'Église, nous sommes prêts à montrer si clairement la vérité de notre foi par l'autorité de l'Évangile et des Épîtres des apôtres, qu'il demeurera hors de doute que votre créance n'est ni selon Dieu ni selon l'Église. Vous avez ici les plus habiles de votre parti; commandez-leur de conférer avec nous. Qu'ils éprouvent s'ils pourront répondre à nos raisons, comme nous sommes prêts à répondre aux leurs. »

Le roi répondit : « Si votre foi est véritable, pourquoi vos évêques n'empêchent-ils pas le roi des Francs de me déclarer la guerre et de s'unir à mes ennemis pour me détruire ? car la vraie foi ne s'accorde pas avec la convoitise du bien d'autrui, ni avec la soif du sang des peuples; qu'il montre sa foi par ses œuvres. » Avit répondit avec un air humble et modeste : « Nous ignorons pourquoi le roi des Francs entreprend la guerre dont vous vous plaignez; mais l'Écriture nous apprend que les royaumes sont souvent détruits pour avoir abandonné la foi, et que le Seigneur suscite de toutes parts des ennemis à ceux qui se déclarent les siens. Embrassez, vous et votre peuple, la loi de Dieu, et il vous donnera la paix. Car si vous avez la paix avec lui, vous l'aurez avec les autres, ou vos ennemis au moins ne prévaudront pas. »

« Est-ce donc que je ne professe pas la loi de Dieu, dit le roi? Quoi ! parce que je ne reconnais pas trois dieux, vous prétendez, vous autres, que je ne professe pas la loi de Dieu? Je n'ai point lu dans l'Écriture qu'il y ait trois dieux, mais un seul. Avit répliqua : « Dieu nous garde, ô roi, d'adorer plusieurs dieux. Ton Dieu, ô Israël, est un ; mais ce Dieu, un en essence, est trine en personnes. Il expliqua ensuite plus en détail la foi de la Trinité; et, voyant que le prince l'écoutait favorablement, il ajouta : Oh ! si vous vouliez connaître combien notre foi est bien fondée, quels avantages ne vous en reviendraient-ils pas, à vous et à votre peuple ! Commandez à vos évêques de conférer avec nous en votre présence, pour vous faire connaître que le Seigneur Jésus est le Fils éternel du Père, que le Saint-Esprit est coéternel à l'un et à l'autre, et que ces trois personnes sont un seul Dieu avant tous les temps, et sans commencement comme sans fin. Ayant dit cela, lui et les autres évêques se jetèrent aux pieds du roi, et, les tenant étroitement embrassés, ils versaient des larmes amères. Gondebaud se sentit ému, et les releva en leur disant qu'il leur rendrait réponse sur ce qu'ils avaient demandé. »

Le lendemain le roi revenant à la ville par la Saône, envoya chercher Étienne et Avit, et leur dit : « Je vous accorde ce que vous demandez; car mes évêques sont prêts à vous montrer que personne ne peut être coéternel et consubstantiel à Dieu. Mais je ne veux pas que la conférence se fasse devant tout le peuple, de peur que cela n'excite du trouble; elle se fera seulement en présence de mes sénateurs et des autres que je choisirai, comme vous choisirez, de votre côté, ceux qu'il vous plaira, mais en petit nombre; et ce sera demain que commencera la dispute. » Les deux évêques remercièrent humblement le prince, et se retirèrent pour aller avertir leurs confrères. C'était la veille de saint Just, c'est-à-dire le 1er septembre. Les évêques eussent bien souhaité que la conférence eût été remise après la fête; mais ils n'osèrent le proposer, et ils allèrent tous passer la nuit en prières au tombeau du saint. A l'office de la nuit, le lecteur, récitant une leçon de Moïse, lut ces paroles : *J'endurcirai son cœur, je multiplierai mes prodiges et mes miracles dans l'Égypte; et il ne vous écoutera pas.* Il en récita aussi une des Prophètes, une autre de l'Évangile, et une quatrième des Épîtres; et l'on trouva dans toutes des textes formels sur l'endurcissement du cœur. Les évêques, qui crurent y voir un présage de l'opiniâtreté de Gondebaud, en furent sensiblement affligés. Ils ne laissèrent pourtant pas de se préparer avec soin à la défense de la foi.

Les évêques catholiques se trouvèrent le lendemain, à l'heure marquée, au palais de Gondebaud, avec plusieurs prêtres et diacres et quelques laïques, parmi lesquels étaient Placide et Lucain, deux des principaux officiers de l'armée. Les ariens y vinrent avec les leurs. Avit portait la parole pour les catholiques, et Boniface pour les ariens. Avit, naturellement éloquent, et à qui le Seigneur donnait une nouvelle grâce, commença à proposer notre créance et à la justifier par les témoignages de l'Écriture, avec tant de force, que les ariens en parurent consternés. Boniface, qui l'avait écouté assez tranquillement, ne pouvant rien opposer à ses raisons, voulut faire diversion, en proposant les objections les plus difficiles. Saint Avit ne prit pas le change; il pressa son adversaire de répondre à ses preuves, lui promettant de satisfaire à ses difficultés. Boniface ne put détruire un seul des arguments d'Avit, et ne répondit que par des invectives, en traitant les catholiques d'enchanteurs et d'adorateurs de plusieurs dieux. Le roi, voyant la confusion de son parti, se leva, et dit que Boniface répondrait le lendemain. Les évêques se retirèrent; et comme il n'était pas encore tard, ils allèrent de ce pas, avec les autres catholiques, à la basilique de Saint-Just, dont on célébrait la fête ce jour-là, pour y remercier le Seigneur de la victoire qu'il leur avait accordée sur ses ennemis.

Le lendemain ils revinrent au palais, où ils trouvèrent en entrant Arédius, qui voulut leur persuader de s'en retourner, en disant que toutes ces disputes ne servaient qu'à aigrir les esprits de la multitude, et qu'il n'en pouvait résulter aucun bien. L'évêque Etienne, qui savait qu'Arédius, quoique catholique, favorisait les ariens pour faire sa cour au roi, lui répondit qu'il ne fallait pas craindre que le zèle pour le salut de ses frères et la recherche de la vérité produisissent la division; qu'au contraire il n'y avait rien de plus propre à entretenir l'union d'une sainte amitié, que de connaître où était la vérité, parce qu'elle est aimable partout où elle est, et fait aimer ceux qui la professent; qu'au reste ils ne venaient que par ordre du roi. A ce dernier mot, Arédius n'osa plus rien dire. Le roi, voyant venir les évêques catholiques, s'avança au devant d'eux, et, s'étant assis entre Etienne et Avit, il leur fit de nouvelles plaintes contre le roi des Francs; qu'il accusait de solliciter son frère contre lui. Les évêques répondirent que l'unité de la foi était le meilleur moyen de procurer la paix, et que, s'il l'avait pour agréable, ils lui promettaient leur médiation.

Chacun ayant pris sa place comme le jour précédent, Avit fit un discours pour répondre aux objections proposées par Boniface à la dernière conférence. Il montra si clairement que les catholiques n'adoraient pas plusieurs dieux, que ses adversaires mêmes en demeurèrent frappés d'étonnement. Boniface, qui voulut répliquer, ne fit que répéter les injures et les calomnies qu'il avait vomies le jour précédent. Mais il le fit avec tant de violence et d'emportement, qu'il contracta un enrouement, ne put continuer son discours, et pensa suffoquer. Le roi, ayant attendu longtemps inutilement que la parole lui fût revenue, se leva plein d'indignation contre Boniface. Mais Avit lui dit, en montrant les autres évêques ariens: « Prince, si vous vouliez ordonner à ceux-ci de répondre à nos raisons, on pourrait juger à quoi s'en tenir. » Le roi et les autres ariens ne répondaient rien, tant ils étaient interdits et confus. Avit ajouta: « Si vos évêques ne peuvent nous répondre, à quoi tient-il que nous ne nous réunissions tous dans la même foi? » Cette proposition excita les murmures des ariens. Alors Avit, sûr de la vérité de sa foi et plein de confiance dans le Seigneur, dit : « Si nos raisons ne peuvent les convaincre, je ne doute pas que Dieu ne fasse un miracle pour confirmer notre créance. Prince, ordonnez qu'eux et nous allions ensemble au tombeau de saint Just, que nous l'interrogions sur notre foi, et Boniface sur la sienne : le Seigneur décidera par la bouche de son serviteur. » Le roi, surpris de la proposition, semblait l'accepter; mais les ariens s'écrièrent que pour eux ils ne voulaient pas, pour prouver leur foi, avoir recours à des enchantements et à des sortilèges, comme Saül, qui avait été maudit de Dieu, mais qu'ils se contentaient d'avoir l'Ecriture, plus forte que tous les prestiges : ce qu'ils répétèrent plusieurs fois avec de grandes vociférations. Le roi, qui s'était déjà levé de son siège, prit Etienne et Avit par la main, et les conduisit jusqu'à son appartement, où il les embrassa tendrement en leur disant de prier Dieu pour lui. C'est tout le fruit que ce prince retira de la conférence (1). Mais plusieurs ariens se convertirent et furent baptisés quelques jours après : ce qui marque qu'ils étaient sectateurs de Photin ou de Paul de Samosate (Labbe., t. IV).

La dispute contre les ariens, en donnant lieu à saint Avit de faire paraître ses talents, augmenta l'amitié et l'estime dont Gondebaud honorait ce grand évêque. C'était comme l'oracle qu'il consultait sur les textes les plus obscurs de l'Ecriture, sur divers articles de la foi, et même sur la divinité de Jésus-Christ. Pour répondre à ces difficultés, le saint évêque lui écrivit plusieurs lettres, où il combat toujours avec un nouvel avantage les erreurs des ariens, des bonosiens et des photiniens. Dans la première de ces lettres (2), il dit que le nom *Missa* est un terme commun aux églises, aux palais et aux prétoires, où l'on disait également, *Ite missa est*, pour congédier le peuple.

Gondebaud le chargea d'écrire contre l'hérésie d'Eutychès, qui commençait à se répandre sourdement dans les Gaules. Avit le fit avec zèle; mais en expliquant les dogmes de cette hérésie, il paraît la confondre avec celle de Nestorius. Au fond de l'Occident, on avait de la peine à concevoir toutes les chicanes des Grecs.

Gondebaud paraissait s'approcher du royaume de Dieu, et l'on concevait de nouvelles espérances de l'arracher à l'erreur. Un célèbre orateur de ce temps-là, le sénateur Héraclius fit servir son éloquence à la défense de la foi catholique, et confondit les ariens et le roi même dans une nouvelle dispute. Saint Avit félicita cet orateur du courage qu'il avait eu de soutenir les intérêts de la vérité contre ce prince. « Autrefois, lui dit-il, en prononçant le panégyrique du roi, vous avez rendu à César ce qui était à César; et aujourd'hui, pour rendre à Dieu ce qui est à Dieu, vous n'avez pas cru devoir épargner César. Mais vous donnez par là même un nouveau prix aux éloges que vous en avez faits; car votre résistance au roi est une marque que vous ne savez pas flatter (Avit., *Epist.* 47). »

Ce saint évêque de Vienne continuait lui-même d'avoir souvent des entretiens sur la religion avec Gondebaud. Un jour il le pressa si vivement, que ce

---

(1) Dieu ne voulut pas que saint Avit eût la douleur de voir entièrement inutiles les peines qu'il avait prises pour la conversion de Gondebaud. Il en consola en transférant à Sigismond, son fils et son successeur, la grâce que ce prince trop timide avait rejetée, et en le retirant de l'arianisme par le ministère de notre pieux évêque. Ce fut donc par ses soins que Sigismond embrassa la foi catholique, et par ses soins qu'il rétablit le monastère d'Agaune ou Saint-Maurice en Valais (Cf. *France littéraire*, tome III, p. 118).

E. H.

(2) *Epist.* 1-5. — Dans cette même lettre on trouve aussi des vestiges de la prière pour les morts.

roi arien ne pouvant plus résister à l'évidence de la vérité, le pria de le réconcilier secrètement par l'onction du saint chrême. Mais saint Avit lui répondit : « Si vous croyez véritablement, pourquoi craignez-vous de confesser Jésus-Christ devant les hommes, comme il nous l'a commandé ? La crainte de quelque sédition de la part de vos sujets vous arrête, quand il s'agit d'obéir au Créateur de toutes choses ? Vous êtes roi, et vous craignez vos sujets! Ne savez-vous pas que c'est plutôt à eux de vous suivre qu'à vous de vous conformer à leur faiblesse ? C'est vous qui êtes le chef du peuple, et non pas le peuple qui est votre chef. Quand vous allez à la guerre, vous marchez le premier, et vos soldats vous suivent. Faites de même dans le chemin de la vérité; montrez-le à vos sujets en y entrant le premier, plutôt que de vous égarer à leur suite dans les routes de l'erreur (Greg. Tur., l. 2, n. 34). »

Ce discours était pressant; Gondebaud n'eut pas le courage de s'y rendre. Il voyait toutefois à sa cour une sainte princesse nommée Carétêné, vraisemblablement sa femme, qui faisait une profession publique de la vraie foi, et l'honorait plus encore par sa piété que par son rang. Elle vivait dans le palais comme dans un cloître, portait le cilice sous la pourpre, s'adonnait aux jeûnes, faisait de grandes aumônes, et exhortait souvent ses enfants et ses petits-fils à embrasser la foi catholique. Elle mourut pleine de mérites, âgée de plus de cinquante ans, le 16 septembre 506, et fut enterrée à Lyon, dans l'église de Saint-Michel, qu'elle avait fait bâtir : c'est ce que nous apprend son épitaphe (*Apud Duchen.*, t. I).

L'élément barbare réunissait généralement la cruauté et la perfidie politique. Gondebaud en tenait sa part. Il avait tué deux de ses frères, Gondemar et Chilpéric, ainsi que la femme de ce dernier, mère de Clotilde; dans la suite il pleura leur mort avec de grandes marques d'afflictions (Avit, *Epist.* 5).

Son troisième frère, Godégisile, ne s'y fiait pas trop. Apprenant les victoires de Clovis, il lui envoya dire secrètement : « Si vous m'aidez à détrôner mon frère Gondebaud, je vous céderai une partie du royaume, et vous paierai le tribut que vous voudrez. » Le roi des Francs ne demanda pas mieux, d'autant plus qu'il vengeait ainsi le meurtre des parents de sa femme. Il s'avança donc avec une armée. Gondebaud, qui ne se doutait pas de la ruse de son frère, l'appela à son secours contre les Francs. Godégisile y vint; mais au milieu de la bataille, qui se donna près de Dijon, il se tourna contre Gondebaud, qui prit la fuite et alla s'enfermer dans Avignon. Clovis l'y assiégea, et allait le forcer de se rendre, quand Arédius, courtisan de Gondebaud, vint trouver le roi des Francs comme transfuge, gagna sa confiance par son agréable conversation, et lui persuada que la ville était imprenable et qu'il valait mieux offrir la paix au roi des Burgondes, à condition de payer tribut. Echappé par cette ruse, Gondebaud rassembla bientôt ses troupes, surprit son frère dans la ville de Vienne, et le tua dans une église d'ariens où il s'était réfugié (Greg. Tur., l. 2, n. 32 et 33). C'est des premiers commencements de ces guerres, que Gondebaud se plaignait dans la conférence de Lyon.

Devenu ainsi maître de toute la Bourgogne, Gondebaud montra quelque amour de la justice. Il fit pour les Romains ou les Gaulois de sa domination, des lois plus favorables que les précédentes, afin qu'ils désirassent moins la domination des Francs. C'est que, sans compter la différence de religion, les Bourguignons leur avaient pris la moitié des terres et le tiers des esclaves (*Lex Burgundion.*, titul. 54).

Il publia donc, en 501 ou 502, un nouveau code, qui commence : *Au nom de Dieu*. Il y dit que, comme c'est l'amour de la justice qui rend Dieu favorable et qui fait la prospérité des empires; il défend avant tout aux juges de recevoir aucun présent des plaideurs; s'ils sont convaincus d'en avoir reçu, ils seront punis de mort. Les meurtriers d'un homme libre et d'un esclave du roi, les adultères, les voleurs des bestiaux les plus considérables, sont également punis de mort. Si une fille libre pèche avec un esclave, ils seront mis à mort l'un et l'autre. Une femme qui abandonne son mari sera étouffée dans la boue. Le Juif qui portera la main sur un chrétien aura le poing coupé; s'il veut racheter sa main, il paiera septante-cinq pièces d'or, et douze d'amende. S'il a frappé un prêtre, on le fera mourir, et ses biens seront confisqués. Les filles qui se sont consacrées à Dieu pour garder la chasteté, auront leur part à la succession paternelle, mais à condition qu'à leur mort cette part retourne à leurs plus proches parents. Ceux qui n'ont pas de bois, pourront librement en aller couper dans les forêts des autres, sauf les arbres fruitiers et les sapins. Accusé d'un crime, un homme libre en était quitte pour jurer son innocence avec douze de ses proches (Titul. 8). Bientôt on prit l'habitude de jurer ce qu'on ne savait pas, et même de jurer le contraire de ce qu'on savait. Gondebaud y appliqua un remède qui était pire que le mal. Quand une des parties ne voulait pas recevoir le serment de l'autre, il ordonnait un duel; si celui qui avait offert le serment était tué, tous ses témoins payaient chacun trois cents pièces d'or (*Ibid.*, 45). C'est précisément ce que le roi Théodoric appelait une coutume abominable, contraire à l'humanité des Goths et des Romains.

Le vrai remède était de s'en tenir à la loi de Dieu, qui défend de condamner personne, si ce n'est sur la déposition de deux ou trois témoins. Ainsi, ce n'est point à l'accusé à prouver son innocence, mais à l'accusateur à prouver son accusation. Saint Avit fit là-dessus à Gondebaud les représentations les plus sages, mais il n'en put rien obtenir (*S. Agobardi, liber contra judicium Dei*, n. 5; *Bibl. Pat.*, t. XIV). Le Barbare, habitué à chercher tout à la pointe de l'épée, crut que c'était encore le meilleur moyen de trouver la justice.

L'exemple de son beau-père Théodoric, roi d'Italie, de Gondebaud, roi de Bourgogne, le voisinage des Francs, peut-être aussi un caractère moins cruel que celui de son père Evaric, firent tenir à Alaric, roi des Visigoths, une conduite plus humaine que celle de son père. Il publia, l'an 506, pour servir de loi à ses sujets romains, qui la plupart étaient catholiques, une édition du *Code Théodosien* avec quelques changements et quelques additions qu'il fit approuver par les évêques et les seigneurs de ses Etats.

Les évêques de son royaume profitèrent de ses bonnes dispositions, et obtinrent la permission de tenir un concile dans la ville d'Agde en Languedoc. Ils s'y trouvèrent au nombre de trente-cinq, y compris les députés de dix absents. Ils s'assemblèrent le 11 septembre 506, dans l'église de Saint-André, où l'on conservait les reliques de cet apôtre. Leur premier acte fut de faire à genoux des prières pour la longue vie du roi Alaric, la prospérité de son règne et pour tout le peuple. Ensuite, s'étant assis, sous la présidence de saint Césaire, évêque d'Arles, ils firent lire par ordre les canons qui avaient été faits dans les conciles précédents, puis les résumèrent au nombre de quarante-sept.

Par compassion pour les bigames qui ont été ordonnés, on leur laisse le nom de prêtres et de diacres, mais on leur défend de faire les fonctions. Les clercs qui négligent de se trouver souvent à l'église, seront réduits à la communion étrangère, c'est-à-dire traités comme des clercs étrangers. S'ils se corrigent, on leur rendra de nouveau leur rang. Les évêques qui excommunient sans sujet, ou pour des fautes légères, seront avertis par les évêques voisins, et s'ils continuent de refuser leur communion à ceux qu'ils auront ainsi excommuniés, les autres évêques, en attendant le concile, accorderont la leur à ces personnes. Les clercs ou les laïques qui retiennent les legs pieux, sont excommuniés comme meurtriers des pauvres, ainsi que l'a ordonné le concile de Vaison, en 442. Le clerc qui aura volé l'Eglise, sera réduit à la communion étrangère. Ce que les particuliers donnent à l'évêque pour le salut de leur âme, appartiendra à l'Eglise et non à l'évêque. Les évêques ne pourront vendre les vases de l'Eglise ni en aliéner les maisons, les esclaves et autres biens qui font subsister les pauvres. Si la nécessité ou l'utilité de l'Eglise oblige de vendre quelque chose ou d'en céder l'usufruit, l'affaire sera examinée par deux ou trois évêques voisins, qui autoriseront de leur signature l'acte d'aliénation. L'évêque pourra néanmoins mettre en liberté les esclaves qui auront bien servi l'Eglise; mais, en les affranchissant, il ne pourra leur donner en terres, vignes ou maisons, plus de la valeur de vingt pièces d'or. Le clerc qui, pour éviter la punition, aura recours à un laïque, et le laïque qui lui donnera protection, seront excommuniés. On recommande l'observation des décrets des papes Innocent et Sirice contre les prêtres et les diacres qui, après leur ordination, ne vivent pas en continence avec leurs femmes. On défend à tous les clercs d'avoir chez eux d'autres femmes que leurs mères, leurs sœurs, leurs filles ou leurs nièces, et d'avoir des servantes ou des affranchies qui demeurent dans la même maison.

Il est ordonné très-expressément à tous les fidèles de jeûner, excepté le dimanche, tout le carême, même les samedis. On expliquera publiquement le Symbole à qui de droit, dans toutes les églises, le même jour, avant la semaine qui précède la Pâque. On ordonne de consacrer les autels, non-seulement par l'onction du saint chrême, mais encore par la bénédiction pontificale. Ceux qui demandent la pénitence publique, doivent recevoir du pontife l'imposition des mains et le cilice sur la tête, ainsi qu'il a été ordonné partout. On ne doit pas admettre au nombre des pénitents ceux qui ne se sont pas coupé les cheveux ou qui n'ont pas changé d'habits, ni accorder facilement la pénitence aux jeunes gens, à cause de leur inconstance. Il faut néanmoins accorder le viatique à tous ceux qui sont en danger de mort. On ne doit pas ordonner diacre celui qui n'a pas atteint l'âge de 25 ans, ni prêtre ou évêque celui qui n'en a pas 30 ; avant d'ordonner ceux qui sont mariés, il faut avoir le consentement de leurs femmes, et ne les ordonner qu'après qu'ils s'en seront séparés de demeure et qu'ils auront promis la continence aussi bien qu'elles. Les laïques qui ne communient pas à Noël, à Pâques et à la Pentecôte, ne doivent pas être réputés catholiques. On ne donnera pas le voile aux religieuses avant l'âge de 40 ans. L'archidiacre doit tonsurer malgré eux les clercs qui portent les cheveux longs : il s'agit de la tonsure cléricale. Ils ne doivent non plus porter que des habits et des chaussures convenables à la sainteté de leur état.

Si quelqu'un veut avoir un oratoire particulier dans sa terre, on lui permet d'y faire dire la messe pour la commodité de sa famille; mais il faut célébrer Pâques, Noël, l'Epiphanie, l'Ascension, la Pentecôte et les autres jours solennels dans les villes ou dans les paroisses, et ceux qui, ces jours solennels, diront la messe ou feront l'office dans ces oratoires particuliers, sans la permission de l'évêque, seront excommuniés. On renouvelle les anciens canons qui défendent aux clercs d'aliéner en quelque manière que ce soit les biens de l'Eglise dont on leur a accordé l'usufruit. Ces biens ecclésiastiques, dont on cédait l'usufruit à des clercs, étaient ce qu'on a depuis nommé *bénéfices*. L'évêque ne doit pas sans raison préférer, pour les dignités ecclésiastiques, les jeunes clercs aux anciens. On observera, touchant les enfants exposés, les règlements du concile de Vaison. C'est au concile de la province à juger des causes de divorce, et ceux qui quittent leurs femmes avant ce jugement, seront excommuniés. Les clercs qui suppriment ou qui livrent les titres des biens de l'Eglise sont excommuniés, avec ceux qui les ont sollicités de les leur livrer.

On ne bâtira pas de nouveaux monastères sans la permission de l'évêque. Les moines vagabonds ne seront ordonnés clercs, ni pour les villes ni pour la campagne, à moins que leur abbé n'en rende témoignage. Aucun abbé ne recevra un moine qui passe d'un monastère à un autre, sans la permission de son premier abbé. S'il est nécessaire d'ordonner quelque moine, l'évêque ne le fera pas, sans que l'abbé n'y consente. Les monastères de filles doivent être éloignés de ceux des hommes, pour ne pas donner lieu aux embûches du démon et aux discours des hommes. L'Eglise doit prendre, s'il est nécessaire, la défense de ceux qui ont été légitimement affranchis par leurs maîtres, et excommunier ceux qui, avant la sentence juridique, oseraient attenter à leur liberté ou à leurs propriétés.

Comme il est à propos de garder l'uniformité dans la célébration de l'office divin, que les évêques et les prêtres disent les collectes après les antiennes ou psaumes chantés en chœur, ainsi qu'il se pratique partout ; qu'on chante chaque jour les hymnes du matin et du soir; qu'à la fin de l'office du matin et du soir, après les hymnes, on récite les capitules tirés des psaumes ; qu'après la collecte de l'office du soir, le peuple soit congédié avec la bénédiction de l'évêque.

Les ennemis qui refusent de se réconcilier, doivent d'abord être avertis par les prêtres; s'ils ne suivent pas leurs avis, ils seront excommuniés. Un clerc ne peut citer personne devant un juge laïque sans permission de l'évêque; s'il y est cité, il peut répondre, mais il ne doit pas intenter d'accusation en matière criminelle. Le laïque qui, injustement et calomnieusement, oblige un clerc de plaider devant un juge laïque, sera excommunié. Si un évêque qui n'a point d'enfants, institue d'autres héritiers que l'Eglise, au cas qu'il ait dépensé quelque bien de l'Eglise pour ses affaires particulières, l'aliénation ou la donation sera nulle; mais s'il a des enfants, on prendra avant toutes choses, sur les biens qu'il leur laisse, de quoi indemniser l'Eglise. On doit éprouver les Juifs pendant huit mois, parmi les catéchumènes, avant que de leur conférer le baptême, hors le cas de nécessité. Les évêques qui, étant invités par le métropolitain au concile ou à l'ordination d'un évêque, refuseront de s'y trouver sans raison de maladie ou d'un ordre du roi, seront, jusqu'au premier concile, privés de la communion de leurs frères. Tous les clercs qui servent fidèlement doivent, selon les canons, recevoir des évêques le salaire de leurs travaux.

Tels sont les trente-six premiers canons du concile d'Agde. Les cinq qui suivent sont tirés, presque mot à mot, du concile de Vannes. On y excommunie les homicides et les faux témoins; on renouvelle les défenses aux clercs et aux moines de voyager sans la permission et les lettres de leurs évêques; aux prêtres, aux diacres et aux sous-diacres de se trouver aux festins des noces, et à tous clercs ou laïques de manger avec les Juifs. On recommande surtout aux ecclésiastiques d'éviter l'ivrognerie, sous peine de punition corporelle ou d'être excommuniés trente jours.

Dans les six derniers canons, il y a défense aux clercs et aux laïques de s'adonner aux augures et à ce qu'on nomme le sort des saints, qui s'insinuait sous prétexte de religion. C'était d'ouvrir quelque livre de l'Ecriture et de prendre pour présage de l'avenir les premières paroles que l'on rencontrait à l'ouverture du livre. Défense d'ordonner des pénitents. Les prêtres et les diacres qui ont été ainsi ordonnés par ignorance, ne feront pas les fonctions de leur ministère. Il n'est nullement permis au prêtre de bénir le peuple ou un pénitent dans l'église. Cette bénédiction était encore réservée à l'évêque. Il est permis aux évêques d'aliéner, pour de bonnes raisons et sans le consentement des autres évêques, les petites terres, les petits vignobles et autres biens moins considérables de leurs Eglises. Ils pourront aussi disposer des esclaves fugitifs. Il est ordonné très-expressément à tous les laïques d'assister le dimanche à la messe entière, et de n'en sortir qu'après que l'évêque aura béni le peuple. Les autres canons qu'on trouve dans les éditions des Conciles à la suite des quarante-sept, y ont été ajoutés de quelques conciles postérieurs, et particulièrement de celui d'Epaone (Labbe, t. IV, *Hist. de l'Egl. gallic.*).

Saint Césaire souscrivit le premier au concile d'Agde; ensuite les métropolitains Cyprien de Bordeaux, Clair d'Eause et Tétradius de Bourges. Parmi les autres évêques qui assistèrent en personne, les plus remarquables sont : Héraclius de Toulouse, saint Quintien de Rhodez, saint Galactoire de Béarn ou de Lescar, où il est révéré comme martyr, ayant été mis à mort par les ariens; Gratus d'Oléron, à qui l'on donne la qualité de *bienheureux*; Pierre, qui prend le titre d'*évêque du palais*, peut-être pour les catholiques de la cour; saint Glicerius ou Lizier de Conserans, dont on fait la fête le 7 août. Parmi les évêques qui assistèrent par députés, on voit Capraise de Narbonne, saint Euphraise d'Auvergne, Marcel d'Aire; enfin Vérus de Tours, exilé par le roi Alaric, ainsi que son prédécesseur saint Volusien, mort en exil l'an 498. La ville de Tours étant sur la frontière de la domination des Francs, ses évêques devenaient facilement suspects au prince arien de Toulouse.

Mais de tous ces évêques, le plus illustre sans contredit, était saint Césaire, qui avait succédé, sur le siège d'Arles, à saint Eonius, l'an 502. Il était né, vers l'an 470, dans le territoire de Châlon-sur-Saône, de parents également distingués par leur piété et par leur noblesse. Le fils ne dégénéra point. On vit presque en même temps en lui les semences et les fruits des plus belles vertus. Il n'avait encore que sept ans, qu'il se dépouillait souvent de ses habits pour en revêtir les pauvres, et revenait à demi-nu à la maison. Quand on lui demandait ce qu'il avait fait de ses vêtements, il se contentait de répondre que des passants l'avaient dépouillé. A l'âge d'environ 18 ans, il se déroba de la maison paternelle et alla se jeter aux pieds de saint Silvestre, évêque de Châlon, le conjurant de lui donner la tonsure cléricale et de l'attacher au service de l'Eglise. Le saint évêque ne put résister à des vœux si empressés, et Césaire demeura deux ou trois ans auprès de lui. Après quoi, le désir d'une plus grande perfection le porta à se retirer au monastère de Lérins.

Saint Porcaire, qui en était alors abbé, l'y reçut avec joie, et il s'aperçut bientôt que le jeune novice avait déjà toutes les vertus des plus anciens et des plus fervents religieux. Il lui donna la charge de cellérier. La charité et l'amour de la pauvreté furent les règles que suivit Césaire dans les fonctions de cet emploi. Chargé de subvenir aux nécessités de ses frères, il prévenait ceux dont il connaissait les besoins, et qui par mortification ne demandaient rien; mais il refusait tout à la sensualité, quelques instances qu'on lui fît. Les moines, mécontents, murmurèrent bientôt, et l'abbé se vit obligé de lui ôter sa charge, dont il s'acquittait trop bien.

Césaire, rendu pour ainsi dire à lui-même, s'appliqua avec plus de soin à sa perfection; mais il porta si loin ses austérités et ses abstinences, qu'il en tomba malade. Comme on désespéra de sa convalescence tandis qu'il demeurerait dans le monastère, son saint abbé, qui l'aimait tendrement, l'obligea d'aller passer quelque temps à Arles pour y rétablir sa santé. Un homme de qualité nommé Firmin, et une dame nommée Grégorie, fort charitables envers les pauvres, le retirèrent chez eux. Le rhéteur Pomérius fréquentait fort cette maison : Firmin l'engagea à donner des leçons de son art au jeune moine, qui y consentit d'abord; mais un songe miraculeux lui fit connaître que Dieu n'approuvait pas son application à ces études profanes. Ses hôtes furent si édifiés de ses vertus, qu'ils en parlèrent à saint Eonius d'Arles, en des termes qui lui firent naître l'envie de le connaître par lui-même. Le saint évèque l'ayant fait venir quelques jours après, et s'étant informé de son nom et de sa famille, fut ravi d'apprendre qu'il était son parent. Il le prit en affection, et, ayant obtenu avec peine de son abbé qu'il le lui cédât, il l'ordonna diacre et ensuite prêtre. Césaire observa dans le clergé toutes les pratiques de la vie monastique, selon la règle de Lérins, et ne se dispensa en rien de la psalmodie qui y était en usage.

L'abbé d'un monastère situé dans une île voisine d'Arles, étant mort, Eonius mit Césaire en sa place. Il s'acquitta de cette charge avec une grande édification, et rétablit la régularité parmi ces moines, qu'il gouverna trois ans. Pendant ce temps-là, saint Eonius, qui était fort infirme, disait souvent à son clergé, aux principaux citoyens, et même, par des messages, aux souverains du pays, qu'on ne devait pas lui chercher d'autre successeur que Césaire; qu'il était seul capable de remettre en vigueur la discipline, au maintien de laquelle ses infirmités ne lui avaient pas permis de veiller. Aussi, après sa mort, on ne délibéra pas sur le choix du successeur. Césaire ayant appris son élection, alla se cacher dans des tombeaux; mais on le tira du sépulcre, où son humilité l'avait enseveli, pour le placer sur le chandelier, comme une lumière qui devait éclairer la maison du Seigneur. C'était l'an 502, dans la 33ᵉ année de son âge.

Césaire signala les commencements de son épiscopat par plusieurs saints établissements. Il ordonna que les clercs réciteraient tous les jours dans la basilique de Saint-Etienne l'office de tierce, de sexte et de none, avec les hymnes convenables, afin que les pénitents et les autres laïques qui voudraient y assister le pussent faire commodément. Et pour ôter aux laïques l'occasion de s'entretenir dans l'église, il voulut qu'ils chantassent aussi des psaumes comme les clercs, les uns en latin et les autres en grec; car cette langue était fort en usage dans cette province, dont la plupart des villes étaient des colonies grecques. Il laissa aux diacres tout le soin du temporel de l'église, afin de s'appliquer entièrement au spirituel, et particulièrement à la prédication de la parole de Dieu pour laquelle il avait du talent, quoique son éloquence n'eût pas été cultivée par l'art. La piété et le zèle y suppléaient. Il prêchait tous les dimanches et toutes les fêtes; il donnait de ses sermons à ceux qui venaient le voir; il en envoyait aux évêques éloignés, non-seulement dans les Gaules, mais en Italie et en Espagne. Quand il ne pouvait prêcher lui-même, il faisait lire par des prêtres ou par des diacres ses sermons ou ceux de saint Augustin. Et comme quelques évêques se plaignaient que c'était leur confier la prédication, contre l'usage de ce temps-là, il disait : « S'ils peuvent lire les paroles des prophètes, des apôtres et de Notre Seigneur, ils peuvent bien lire les nôtres. » Souvent il faisait lire des homélies à matines et à vêpres, afin que personne ne fût privé d'instruction. Son style était simple et à la portée de ses auditeurs. Il entrait dans un grand détail et prêchait contre les vices qui régnaient le plus; surtout il reprenait ceux qui observaient les augures, qui honoraient des arbres ou des fontaines, ou gardaient quelque autre reste de paganisme.

Comme rien n'est plus digne de compassion que l'indigence jointe à l'infirmité, Césaire fut surtout sensible à la misère des pauvres malades. Il établit pour eux un hôpital, où ils étaient servis avec le plus grand soin. On y récitait tout l'office divin comme dans l'église cathédrale, mais à voix basse, pour ne pas incommoder les malades. Il s'occupait en même temps de procurer la liberté aux captifs. Toujours il disait à son serviteur : « Allez voir s'il n'y a pas quelque pauvre devant la porte qui craigne de nous interrompre, et dont la souffrance nous serait imputée à péché. »

Quoique saint Césaire priât jour et nuit pour la paix et la tranquillité des peuples, il fut accusé par un de ses secrétaires de vouloir livrer la ville d'Arles aux Bourguignons, dont il était né sujet. Il n'en fallut pas davantage au soupçonneux Alaric. Césaire fut aussitôt relégué à Bordeaux; mais il eut bientôt une occasion qui fit éclater son innocence. Peu de jours après son arrivée, le feu ayant pris à la ville, les habitants, alarmés, coururent à son logis, le conjurant d'arrêter l'incendie. Aussitôt le saint évèque, plein d'une foi vive, s'avance au devant des flammes, se prosterne en prières, et le feu s'éteint à l'instant. Ce miracle, en augmentant la vénération que l'on avait conçue pour sa vertu, rendit son zèle plus utile. Car il ne demeura pas oisif dans son exil. Il y prêchait souvent, et, dans ses discours, il recommandait à ses auditeurs d'obéir au prince dans les choses justes; mais il les exhortait avec une sainte liberté de résister à l'hérésie qu'il professait. Le roi Alaric, ayant reconnu son innocence, ordonna qu'il revînt à son Eglise, et condamna son délateur à être lapidé. Le peuple accourait déjà avec des pierres; mais saint Césaire, l'ayant appris, alla promptement trouver le roi, et obtint sa grâce pour lui donner le moyen de faire pénitence. A son retour, tout le peuple vint au devant de lui avec des cierges et des croix, en chantant des psaumes, et crut lui être redevable d'une grande pluie qui tomba alors après une longue sécheresse (*Vita S. Cæsar., Acta Sanct.*, 27 august.).

Plusieurs évêques des Gaules furent chassés de leurs siéges, sur des soupçons semblables, de favoriser une domination étrangère. Ainsi Apruncule, évêque de Langres, devint suspect aux Bourguignons, parce que la terreur des Francs était répandue dans le pays, et que tous les habitants désiraient les avoir pour maîtres. La haine des Bourguignons pour le saint évèque alla si loin, qu'il fut ordonné de le tuer secrètement. Ce qu'ayant appris à Dijon, sa patrie, il se fit descendre de nuit par-dessus la muraille et se sauva en Auvergne, où il succéda à saint Sidoine, et fut le onzième évèque de Clermont. Son successeur, Euphrasius, reçut saint Quintien, évêque de Rhodez, chassé sous le même prétexte. Car depuis la conversion de Clovis, les Francs étaient encore bien plus désirés. Ainsi, les citoyens de Rhodez, ayant eu un différend avec leur évèque, lui reprochèrent de vouloir se soumettre aux Francs. Les Goths qui demeuraient dans la ville se le persuadèrent et résolurent de le tuer. Mais il en fut averti, et partit de nuit avec les plus fidèles de ses serviteurs, pour se retirer en Auvergne, où l'évêque Euphrasius le reçut avec beaucoup d'humanité, et lui donna des maisons, des terres

## LIVRE XLIII. — SAINT SÉVÉRIN A LA COUR DE CLOVIS.

et des vignes, disant que les biens de cette Église suffisaient pour les entretenir tous les deux. L'évêque de Lyon lui donna aussi quelque bien que son Église avait en Auvergne. Saint Quintien, fut ensuite évêque de Clermont, et vécut jusqu'à une extrême vieillesse (Greg. Tur., l. 2, c. 23).

Ces persécutions des Goths furent un motif de plus aux Francs de leur porter la guerre. Cependant le roi Clovis était malade depuis deux ans d'une fièvre quarte, sans que l'art des médecins pût y apporter aucun remède. Enfin l'un d'entre eux, nommé Tranquillin, lui conseilla d'avoir recours à saint Séverin, abbé du monastère d'Agaune dans le Valais. Clovis lui députa aussitôt Transvaire, son chambellan, pour le prier de venir lui rendre la santé. Le saint abbé consentit à faire le voyage. Il dit adieu à ses frères, comme ne devant plus les revoir en ce monde, et se mit en chemin avec l'envoyé du roi. En passant par Nevers, il trouva le saint évêque Eulalius malade depuis un an, sans aucun usage de l'ouïe ni de la parole; il le guérit par ses prières, et l'évêque se leva le même jour, célébra la messe et bénit le peuple.

En entrant dans Paris, Séverin trouva à la porte de la ville un lépreux, auquel il rendit une parfaite santé, en le baisant et en le frottant de sa salive. Il alla d'abord faire sa prière à l'église; après quoi s'étant rendu chez le roi, il se prosterna en prières au pied de son lit, et se dépouillant de sa robe extérieure, il en couvrit le malade. Le roi, qui se sentit guéri à l'instant, se leva de son lit; et se jetant aux pieds de son libérateur, lui dit : « Mon père, prenez, je vous en conjure, pour les pauvres, de l'argent de mon trésor, autant qu'il vous en plaira ; j'accorde, à votre considération, la liberté à tous les prisonniers que vous en jugerez dignes. » Séverin fit plusieurs autres miracles à la cour de Clovis et dans la ville de Paris. Après quoi il se remit en chemin, et arriva à Château-Landon en Gâtinois, où Dieu lui avait fait connaître qu'il devait finir sa carrière. Il y mourut en effet peu de jours après son arrivée, et fût enterré dans l'oratoire du lieu. Il se fit un grand nombre de miracles à son tombeau; et dans la suite, Childebert, fils de Clovis, y fit bâtir une église (*Acta Sanct.*, 11 *febr.*).

Déjà précédemment, Alaric roi des Goths, voyant Clovis qui subjuguait une nation après l'autre, lui avait fait dire par des ambassadeurs : « Si mon frère voulait, le vœu de mon cœur serait que nous puissions nous voir. » Clovis ne s'y refusa pas. Ils se réunirent dans une île de la Loire, près d'Amboise, au territoire de Tours; et après avoir conféré, bu et mangé ensemble, et s'être promis une amitié réciproque, ils s'étaient séparés en paix (Greg. Tur., l. 2, c. 35). Mais ils étaient rois et jeunes; mais les populations des Gaules souhaitaient les Francs ; les persécutions qu'elles voyaient souffrir à leurs évêques, de la part des ariens, ne rendaient leur désir que plus vif. Ayant donc été guéri de sa longue fièvre, Clovis dit aux Francs : « Je ne puis voir sans douleur ces ariens occuper une partie des Gaules. Allons les vaincre, avec l'aide de Dieu, et réduire leur pays en notre puissance. » Tous les Francs applaudirent, et on se prépara à la guerre. Théodoric, roi d'Italie, beau-père d'Alaric et beau-frère de Clovis, n'avait rien omis pour éteindre les premières étincelles de division entre ces deux princes; il leur avait envoyé des lettres et des ambassadeurs; il en avait envoyé au roi Gondebaud; ainsi qu'aux rois des Hérules, des Guardes et des Thuringiens, afin de contenir les deux rivaux par une coalition commune. Mais rien n'y fit. Le roi des Francs déclara la guerre (Cassiod., l. 3, *ep.* 2, 3, 4).

Saint Remi l'ayant appris, crut devoir lui donner quelques avis paternels, et lui écrivit en ces termes : « Il s'est répandu jusqu'à nous un grand bruit, que vous entreprenez une seconde expédition militaire. Ce n'est pas chose nouvelle que vous soyez tel que vos ancêtres ont été. Mais vous devez surtout faire en sorte que vous ne vous écartiez pas de la loi du Seigneur; car c'est par la fin qu'on juge de l'action. Choisissez des conseillers dont la sagesse donne un nouvel éclat à votre gloire. Honorez vos évêques, et recourez en tout à leurs conseils. Si vous êtes en bonne intelligence avec eux, votre royaume en sera plus heureux et plus ferme. Soulagez vos peuples, consolez les affligés, protégez les veuves et nourrissez les orphelins. Faites en sorte que tous vous craignent et vous aiment. Rendez exactement la justice; ne recevez rien des pauvres ni des étrangers. Que votre palais soit ouvert à tous, et que personne n'en sorte la tristesse dans le cœur. Employez au rachat des captifs les biens de votre domaine paternel. Qu'aucun de ceux qui paraissent en votre présence ne s'aperçoive qu'il est étranger. En un mot, si vous voulez régner avec gloire, montrez-vous agréable avec les jeunes gens; mais ne traitez d'affaires qu'avec les vieillards (Labbe, t. IV). »

Pour attirer de plus en plus les bénédictions du ciel sur son entreprise, Clovis fonda à Paris une grande église en l'honneur de saint Pierre et de saint Paul, sur le tombeau de sainte Geneviève, décédée peu d'années auparavant. Il publia de plus, une ordonnance par laquelle il défendit à tous les soldats de piller les lieux saints, de faire aucune insulte ni aucun tort aux vierges consacrées à Dieu, aux veuves, aux clercs, aux enfants des clercs et des veuves, ou aux esclaves des églises.

Clovis marchait droit à Poitiers, où Alaric l'attendait. En entrant dans la Touraine, qui était soumise aux Visigoths, il voulut marquer son respect pour saint Martin et tâcher de mériter sa protection. Il fit publier un ban dans son armée, portant défense, sous les peines les plus rigoureuses, de rien prendre que de l'eau et de l'herbe, dans toute l'étendue de cette province. Un soldat ayant trouvé du foin, l'enleva de force à un pauvre paysan, en disant que ce n'était que de l'herbe. Le roi l'ayant appris, fit aussitôt mourir le coupable, en disant : « Et où sera l'espérance de la victoire, si nous offensons saint Martin ? » En même temps il envoya des députés au tombeau du saint avec de riches présents, pour tâcher d'obtenir, par son intercession, quelque présage de la victoire. Comme ces députés entraient dans l'église de Saint-Martin, ils entendirent le prémicier entonner cette antienne du psaume 17ᵉ : *Seigneur, vous m'avez revêtu de force pour la guerre, vous avez abattu sous mes pieds ceux qui s'élevaient contre moi; vous avez fait tourner le dos à mes ennemis, et fait périr ceux que la haine avait armés contre moi.* Après avoir fait leurs présents et leurs prières au tombeau du saint évêque, ils revinrent en diligence rapporter de si heureux pronostics au roi, qui s'avança plein de confiance sur les bords de la Vienne.

Cette rivière, qui sépare la Touraine du Poitou, était considérablement enflée par les pluies, et l'on désespérait d'y trouver un gué. Clovis, d'après le récit de Grégoire de Tours, passa la nuit en prières, et le matin une biche d'une grandeur extraordinaire traversa la rivière à gué, à la vue de toute l'armée, qui la passa ensuite au même endroit. Clovis fit aussi conserver avec grand soin les biens de l'Eglise de Poitiers, par respect pour saint Hilaire. Il espérait sa protection contre une nation arienne, avec d'autant plus de confiance que ce saint évêque avait toujours été le fléau et l'ennemi irréconciliable de cette hérésie. L'espérance du roi ne fut pas confondue; une lumière éclatante, qui parut sortir de l'église de Saint-Hilaire, donna un nouveau présage de la victoire. Cependant Alaric, qui attendait du secours, ne sortait pas de Poitiers. Clovis, pour l'attirer au combat, fit faire le dégât dans le pays; et ce stratagème, qui ne tarda pas à lui réussir, lui donna occasion d'honorer la vertu d'un saint abbé de ces cantons.

Il y avait dans les environs de Poitiers un monastère gouverné par saint Maixent, originaire d'Agde, qui vivait en reclus. Ses moines voyant venir une troupe de soldats francs, le tirèrent malgré lui de sa cellule, afin de l'opposer comme un bouclier à leur fureur. Il s'avança hardiment au devant d'eux, et les pria d'épargner son monastère. Pour toute réponse, un soldat brutal tira l'épée et leva le bras pour frapper le saint homme; mais à l'instant son bras étant devenu immobile, il se jeta à ses pieds. Saint Maixent ne se vengea qu'en rendant la santé à celui qui voulait lui ôter la vie. Clovis ayant ouï parler de ce double miracle, rendit de grands honneurs au saint abbé, et lui donna la terre de Milon (Greg. Tur., l. 2, c. 37).

Alaric sortit enfin de Poitiers, où il se tenait enfermé; et, s'avançant dans les plaines de Vouillé, il vint présenter la bataille à l'ennemi qui le cherchait. D'abord on se battit avec vigueur de part et d'autre. Mais la partie n'était pas égale. Les Francs ne connaissaient encore que la guerre; et les Visigoths l'avaient désapprise, amollis par un long repos dans la Gaule méridionale (Cassiod., l. 3, epist. 1). Ils plièrent donc et s'enfuirent suivant leur coutume, dit Grégoire de Tours. Leur déroute devint complète, lorsque Clovis, ayant aperçu Alaric, courut à lui et le tua de sa main. Mais Clovis lui-même faillit périr en ce moment. Deux Goths fondent sur lui à l'improviste et l'attaquent de chaque côté. Il ne dut son salut qu'à la bonté de sa cuirasse et à la vigueur de son cheval.

Après la mort d'Alaric, une partie des seigneurs Visigoths reconnurent pour leur roi Gésalic, son fils naturel, et firent de nouveaux efforts pour se défendre. Mais Clovis ne leur en donna pas le temps, et se rendit maître de l'Aquitaine, prit Toulouse et s'empara des trésors d'Alaric qui étaient en cette ville; tandis que son fils Theudéric ou Thierri, qu'il avait eu d'une concubine avant son mariage avec Clotilde, lui soumettait le Rouergue, l'Albigeois et l'Auvergne jusqu'aux frontières de Bourgogne.

Clovis, après avoir passé l'hiver à Bordeaux et pris en route Angoulême, revint triomphant à Tours, où de nouveaux honneurs l'attendaient. Il y reçut une ambassade de l'empereur Anastase, qui lui envoyait le titre de consul, avec une robe de pourpre; en sorte que ce jour-là, dit Grégoire de Tours, on lui donna le nom de *consul* et *d'auguste*. Ce que les modernes entendent généralement du consulat honoraire ou plutôt du patriciat. Clovis se revêtit de ces ornements devant le tombeau de saint Martin, qui était hors de la ville; et, étant monté à cheval, le diadème sur la tête, il alla comme en triomphe jusqu'à la cathédrale de Tours, jetant pendant la marche une grande quantité de pièces d'argent au peuple accouru à ce spectacle. Anastase le Bibliothécaire dit que Clovis envoya une couronne d'or au Pape : ce fut peut-être celle qu'il porta dans cette solennité romaine (Anast., *In Hormisd.*).

Sans compter les riches présents qu'il fit à l'église de Saint-Hilaire de Poitiers et à celle de Saint-Martin de Tours, le victorieux roi des Francs écrivit une lettre-circulaire aux évêques d'Aquitaine, pour les avertir de réclamer tout ce qui aurait été enlevé par ses soldats aux églises, aux clercs, aux vierges consacrées à Dieu, et aux veuves, contre les ordres qu'il avait donnés en commençant la guerre. Il permet aussi de réclamer les esclaves qui n'avaient pas été pris en guerre, et il promet de faire rendre le tout, pourvu que les évêques attestent avec serment la vérité de ce qu'ils avanceront; précaution que les Francs avaient demandée, de peur qu'on ne se servît du nom de l'Eglise pour priver le soldat d'un légitime butin.

Cependant la guerre continuait dans la Gaule-Narbonnaise. Les Francs et les Bourguignons, alors alliés, assiégeaient la ville d'Arles, soumise aux Visigoths. Pendant le siège, qui fut long, un jeune clerc qui craignait d'être pris avec la ville, descendit de nuit par le mur avec une corde, et se rendit aux assiégeants. Le jeune homme était parent de saint Césaire, comme lui originaire de Bourgogne. Il n'en fallut pas davantage aux Visigoths qui étaient dans la ville pour faire le procès au saint évêque. On publia qu'il avait envoyé son clerc aux ennemis pour concerter quelque trahison; on souleva le peuple contre lui, et, sans lui donner le temps de se justifier, on l'enleva de la maison de l'église, qui fut pillée, et on le resserra en prison, à dessein de le jeter dans le Rhône la nuit suivante, ou du moins de l'enfermer dans un certain château, jusqu'à ce qu'on pût, après le siège, déterminer ce qu'on aurait à faire. Les Juifs qui étaient dans la ville étaient ceux qui, pour insulter aux catholiques, criaient plus haut à la trahison; mais Dieu les couvrit eux-mêmes de confusion. Un d'eux jeta aux assiégeants, du haut des murailles, une lettre attachée à une pierre, pour les avertir de planter la nuit des échelles à l'endroit où ils étaient de garde, promettant de livrer la ville, à condition qu'on conservât la vie et les biens à tous les Juifs. Mais les assiégeants s'étant un peu écartés de la muraille, la lettre fut trouvée le lendemain par les assiégés, et la trahison découverte dans ceux qui en accusaient le saint évêque, fut sa justification.

Une armée que Théodoric, roi des Ostrogoths d'Italie et grand-père d'Amalaric, le nouveau roi de la grande partie des Visigoths, envoya au secours d'Arles, obligea les Francs et les Bourguignons de lever le siège. Les Goths, qui les battirent dans leur retraite, ramenèrent à Arles un si grand nombre de prisonniers, que les églises en furent toutes remplies. Ces captifs étaient réduits à la dernière misère par la dureté des Goths; mais la charité de saint Césaire, qui avait été mis en liberté, futila ressource de tant de malheureux. Il leur fournit d'abord abondamment des vivres et des habits. Ensuite il employa à les racheter, tout l'argent que saint Eonius, son prédécesseur, avait laissé dans le trésor de l'Eglise. Et, comme cet argent ne suffisait pas, il vendit les encensoirs, les calices, les patènes et les ornements d'argent qui étaient aux colonnes de l'église. Il disait qu'il en agissait ainsi, de peur qu'un dur esclavage n'obligeât des hommes rachetés du sang de Jésus-Christ à se faire ariens ou Juifs. Ce qui fait juger que le grand nombre de ces prisonniers était catholique. « Je ne crois pas, ajoutait-il, que ce puisse être une chose désagréable à Dieu, que d'employer les vases de ses autels à racheter des hommes qu'il a aimés jusqu'à se donner lui-même pour les racheter. Je voudrais bien savoir si ceux qui trouvent mauvais que l'on achète les serviteurs de Jésus-Christ aux dépens de ses vases, ne voudraient pas eux-mêmes être rachetés à ce prix, si le même malheur leur arrivait. (*Vita S. Cæs.; Acta Sanct.*, 27 *aug.*) ! »

Saint Césaire avait commencé, avant le siège d'Arles, de faire bâtir un monastère de filles pour sa sœur sainte Césarie. L'édifice était avancé, et le saint évêque ne dédaignait pas d'y travailler de ses mains; mais il eut le chagrin de le voir ruiner par les assiégeants, qui en enlevèrent les matériaux pour leurs travaux. Ce contre-temps ne le rebuta point. Il reprit son premier dessein aussitôt après la levée du siège, et bâtit pour ce monastère une grande église avec deux ailes aux côtés. Le milieu était dédié à la sainte Vierge; un des côtés à saint Jean, l'autre à saint Martin. Aussitôt que les bâtiments furent achevés, il rappela sa sœur Césarie de Marseille, où il l'avait envoyée pour pratiquer dans un monastère de filles, ce qu'elle devait enseigner aux autres. Césarie entra dans le nouveau monastère avec deux ou trois compagnes; mais elle eut bientôt une grande communauté.

La clôture y était exacte, et c'est le premier article de la règle que saint Césaire donna à cette maison, et qui fut reçue depuis dans plusieurs autres. Non-seulement ces religieuses ne sortaient jamais, mais personne n'entrait dans l'intérieur du monastère, ni homme, ni femme, non pas même dans l'église, si ce n'étaient des évêques, des abbés ou des religieux de vertu connue, pour y faire leurs prières; un prêtre, un diacre, un sous-diacre avec un ou deux lecteurs, pour célébrer quelquefois la messe. Au dedans pouvaient entrer, en cas de nécessité, les évêques, le proviseur ou les ouvriers, pour la réparation des bâtiments. Le proviseur était comme un intendant pour les affaires du dehors. Il y avait un parloir pour recevoir les visites; mais l'abbesse ne devait y aller qu'accompagnée de deux ou trois sœurs, les autres avec une ancienne. Il était défendu de donner à manger à personne, pas même aux évêques; il n'y avait d'exception que pour les mères des religieuses, qui, n'étant pas de la ville, viendraient voir leurs filles.

On éprouvait les religieuses pendant un an avant que de leur donner l'habit; on recevait des veuves et des filles mineures; ce qui montre que le canon du concile d'Agde, de ne donner le voile qu'à quarante ans, ne regardait pas les religieuses cloîtrées. On pouvait recevoir de petites filles de six à sept ans, mais on ne prenait point de pensionnaires. Il était surtout défendu d'avoir rien en propre, et l'abbesse même ne pouvait avoir de servante. On ne pouvait rien recevoir de dehors ni rien donner. Aucune religieuse n'avait ni chambre, ni armoire, ni rien qui fermât. Elles couchaient en différents lits, mais dans une même chambre. Les vieilles et les infirmes avaient une autre chambre commune. Les lits étaient simples, sans aucun ornement aux couvertures, leurs habits blancs, leur coiffure ne pouvait excéder en hauteur la mesure marquée dans la règle, qui est d'un pouce et deux lignes. Elles faisaient elles-mêmes leurs habits, et s'occupaient ordinairement à travailler la laine. On leur donnait chaque jour la tâche qu'elles devaient remplir; mais il ne leur était point permis de travailler en broderie, ni de blanchir ou raccommoder des habits pour des personnes du dehors. Les ornements de leur église n'étaient que de laine ou de toile, et sans broderies ni fleurs. Il y avait des religieuses qui s'occupaient à transcrire en beaux caractères les livres saints. Elles apprenaient toutes à lire, et faisaient tous les jours deux heures de lecture, depuis six heures du matin jusqu'à huit : on lisait encore pendant une partie du travail.

Elles jeûnaient pendant les mois de septembre et d'octobre, le lundi, le mercredi et le vendredi; depuis le 1er. novembre jusqu'à Noël, tous les jours, hors les fêtes et le samedi; avant l'Epiphanie, sept jours; depuis l'Epiphanie jusqu'au carême, le lundi, le mercredi et le vendredi. Les jours de jeûne on leur servait trois plats, et deux seulement les autres jours; jamais de grosse viande, mais de la volaille aux infirmes. Elles n'usaient de bain que par l'ordonnance du médecin. Les corrections étaient les réprimandes, l'excommunication, c'est-à-dire la flagellation. Les évêques usaient de cette espèce de correction, non-seulement sur les esclaves, mais sur les hommes libres de leur dépendance; et on remarque comme une preuve singulière de la douceur de saint Césaire, qu'il ne faisait jamais donner plus de trente-neuf coups de fouet, suivant la loi de Moïse.

Le roi Clovis, après avoir réglé ses nouveaux Etats, donna ordre aux évêques de travailler au rétablissement de la discipline. Il fit assembler pour ce sujet, par le conseil de saint Remi de Reims, et de saint Mélaine de Rennes, un concile à Orléans au mois de juillet 511, et il marqua aux évêques les articles sur lesquels il convenait de faire des règlements. On y fit les canons suivants. Les homicides, les adultères, les voleurs, les ravisseurs, les esclaves qui se réfugient dans l'église, ou dans la maison de l'évêque, n'en seront tirés qu'après que celui à qui on les livrera aura juré sur les saints Evangiles qu'il ne leur sera fait aucun mal. On satisfera cependant les parties; et celui qui aura enlevé une femme malgré elle, sera fait esclave, mais il pourra se racheter. On voit, par la loi salique, qui consiste presque tout entière dans un tarif de compensation pour les meurtres et les mutilations, que ces violences étaient fort communes parmi les Francs : le droit d'asile devait y porter remède.

On ne recevra les laïques dans le clergé que par ordre du roi, ou avec la permission du juge ; mais les fils, les petits-fils et les arrière-petits-fils des clercs seront sous la puissance des évêques. Comme les laïques de condition libre devaient au roi le service de guerre, on ne les engageait pas sans son agrément dans la cléricature, qui les exemptait de ces charges. Les revenus des terres que le roi aura données ou pourra dans la suite donner avec exemption, seront employés aux réparations des églises, à la subsistance des évêques et des pauvres, et au rachat des captifs. Si quelque évêque en fait un autre usage, il sera réprimandé publiquement par ses comprovinciaux ; et s'il ne se corrige pas, les évêques se sépareront de sa communion.

Défense d'excommunier ceux qui croient pouvoir poursuivre leurs droits contre l'évêque ou contre l'Eglise, à moins qu'ils ne le fassent d'une manière outrageante et calomnieuse. Défense, sous peine d'excommunication, aux abbés, aux prêtres et aux autres clercs d'aller à la cour solliciter des grâces, sans le consentement et la recommandation de leurs évêques. L'évêque qui ordonnera prêtre ou diacre un esclave qu'il connaît pour tel, en l'absence ou à l'insu de son maître, dédommagera le maître au double, et l'esclave conservera l'ordre sacré qu'il aura reçu. Si l'évêque ne savait pas qu'il fût esclave, ceux qui le lui ont présenté et qui en ont rendu témoignage, seront tenus au même dédommagement. Le diacre ou le prêtre qui aura commis un crime capital, sera dégradé et excommunié. Les clercs hérétiques qui se convertissent sincèrement à la foi, seront reçus par l'imposition des mains dans l'office, dont l'évêque les aura jugés dignes ; et les églises des Goths seront purifiées par une nouvelle dédicace. Ceux qui, après avoir reçu la pénitence, l'abandonnent, sont excommuniés, aussi bien que ceux qui mangeraient avec eux. Les prêtres et les diacres qui se retirent de la communion de l'autel, pour faire pénitence, pourront baptiser en cas de nécessité. La veuve d'un prêtre ou d'un diacre ne pourra se remarier.

Suivant les anciens canons, l'évêque aura la moitié des offrandes que les fidèles feront à l'autel (dans la cathédrale) ; l'autre moitié sera partagée aux clercs selon leurs degrés. Il n'aura que la troisième partie des offrandes qui seront faites à l'autel dans les paroisses. Mais les terres, les vignes, les esclaves et même l'argent que les fidèles donnent aux paroisses, seront sous la puissance de l'évêque. L'évêque doit nourrir et vêtir, autant qu'il pourra, tous les pauvres et les infirmes qui ne pourront pas travailler. Toutes les églises dépendront de l'évêque dans le territoire duquel elles seront situées.

Un homme ne pourra épouser la sœur de sa femme ni la veuve de son frère. Les abbés demeureront soumis aux évêques, et ils en seront corrigés s'ils font quelque chose contre la règle. Ils s'assembleront tous les ans dans le lieu que l'évêque leur aura marqué. Les moines obéiront aux abbés, et n'auront rien en propre. Les moines vagabonds seront pris avec le secours de l'évêque, et renfermés comme fugitifs. Il n'est pas permis aux moines de porter dans le monastère, l'*orarium*, c'est-à-dire l'étole, et des chaussures semblables à des cothurnes. Un moine qui se marie après avoir pris le manteau (c'était l'habit monastique), ne pourra pas être promu aux ordres. Défense à un moine de se séparer de la communauté pour se bâtir une cellule particulière, sans la permission de l'évêque et l'agrément de l'abbé. Si un évêque donne à des clercs ou à des moines quelques morceaux de terre ou de vigne à cultiver ou à posséder pour un temps, ces biens reviendront à l'Eglise, quelque espace de temps qui se soit écoulé ; et la prescription qui est en usage selon les lois civiles, n'aura pas lieu pour les biens ecclésiastiques. Tous les évêques ont ordonné que le carême soit de quarante jours, et non de cinquante.

Défense aux habitants des villes de célébrer à leurs maisons de campagne la fête de Pâques, de Noël et de la Pentecôte, à moins que quelque infirmité ne les y retienne. Le peuple ne sortira pas avant la fin de la messe, et sans avoir reçu la bénédiction de l'évêque, s'il y est présent. Les Rogations ou Litanies seront célébrées par toutes les Églises, les trois jours qui précèdent l'Ascension ; on jeûnera ces trois jours, et l'on n'usera que de viandes de carême : les esclaves mêmes ne travailleront pas. Les clercs qui refuseront d'assister aux Rogations, recevront la correction selon la volonté de l'évêque. On renouvelle les canons qui recommandent aux évêques, aux prêtres et aux diacres d'éviter toute familiarité avec des femmes étrangères. On excommunie ceux qui exercent les augures, ou ce qu'on nomme faussement *les sorts des saints*. L'évêque se trouvera le dimanche à l'église dont il est le plus proche, à moins que la maladie ne l'en empêche.

Les évêques souscrivirent ces canons le 10 juillet 511. Parmi les 32 signataires, il y en a 13, entre autres ceux de Bordeaux, de Bourges, d'Auch, de Tours, qui, lors du concile d'Agde, en 506, étaient encore soumis aux Visigoths. Après saint Remi, qui d'ailleurs n'assista point à ce concile, le plus célèbre de tous est saint Mélaine, évêque de Rennes. Il était né dans le territoire de Vannes, et ne songeait qu'à pratiquer la pénitence dans les exercices de la vie monastique qu'il avait embrassée, lorsque les principaux citoyens de Rennes vinrent le conjurer d'être leur pasteur après la mort de saint Amand, qui l'avait désigné pour son successeur. Clovis ayant soumis l'Armorique à sa domination, appela Mélaine auprès de lui, et l'honora de sa confiance. C'était son conseil, particulièrement dans les affaires de la religion ; et ce fut surtout par ses avis et par ceux de saint Remi que ce prince assembla le concile d'Orléans. Mélaine ne fut l'âme par son érudition à combattre les erreurs des hérétiques. C'est ce qu'on pouvait connaître, selon l'auteur de sa vie, par les actes de ce concile. Mais nous ne les avons plus. Il ne nous reste que les canons que les évêques envoyèrent au roi avec la lettre suivante :

« A leur seigneur, le très-glorieux roi Clovis, fils de l'Eglise catholique, tous les évêques assemblés au concile par son ordre. Comme c'est l'ardeur de votre zèle pour le culte de la religion catholique et de la foi qui vous a porté à faire assembler ce concile où nous puissions traiter ensemble, comme il convient à des évêques, de plusieurs points nécessaires, nous vous envoyons les réponses que nous avons jugé à propos de faire aux articles que vous nous avez proposés. Si vous jugez ces règlements dignes de votre approbation, l'accord d'un si grand roi avec tant d'évêques en assurera l'observation avec une plus grande autorité (Labbe, t. IV). »

L'évêque d'Orléans se nommait Eusèbe. Il dédia, peut-être vers ce temps, l'église du monastère que Clovis fonda dans son diocèse en faveur de saint Euspice et de saint Maximin; voici à quelle occasion. Les habitants de Verdun s'étant révoltés, Clovis assiégea leur ville et était sur le point de la prendre, lorsqu'ils lui députèrent un saint prêtre nommé Euspice, à la place de saint Firmin, leur évêque, qui venait de mourir. Euspice était également recommandable par son grand âge et par ses vertus. Il se prosterna devant Clovis, qui lui ordonna respectueusement de se lever et d'exposer la cause de sa venue. Euspice le supplia de pardonner aux habitants en vue de Dieu, et pour remporter sur lui-même une victoire plus glorieuse que toute autre. L'aspect et les paroles du saint vieillard désarment Clovis; il accorde une amnistie générale. Aussitôt, au commandement d'Euspice, qui tenait le roi par la main, les portes s'ouvrent, le clergé s'avance en procession pour recevoir le monarque, qui entre dans la ville aux acclamations du peuple.

Clovis, charmé de la sagesse et de la vertu d'Euspice, voulut le faire ordonner évêque de Verdun; mais le saint homme s'en excusa sur son grand âge, et fit tomber le choix du prince sur saint Viton ou saint Vannes, un de ses neveux. Il en avait encore deux autres, savoir : Loup, qui fut depuis évêque de Troyes, second du nom, et Maximin, qui était sa consolation et le bâton de sa vieillesse. Il souhaita qu'Euspice et Maximin le suivissent jusqu'à Orléans, où il leur donna la terre de Mici pour y bâtir un monastère. En voici l'acte. « Clovis, roi des Francs, homme illustre. Nous vous donnons, vénérable vieillard Euspice, à vous et à Maximin, votre neveu, la terre de Mici et tout ce qui appartient à notre fisc entre les deux rivières, avec la chênaie, la saussaie et les deux moulins, le tout exempt de charge et de péage, tant au-dessous qu'au-dessus de la Loire et du Loiret, afin que vous et ceux qui vous succéderont, implorez la divine Miséricorde pour notre conservation, pour celle de notre chère épouse et de nos enfants. Et vous, saint évêque Eusèbe (c'était l'évêque d'Orléans), ayez soin de la vieillesse d'Euspice, protégez Maximin. Défendez-les, eux et leurs biens, de toute injure dans l'étendue de votre diocèse; car on ne doit faire aucun tort à des personnes que le roi honore de son affection. Vous tous, évêques de la religion catholique, agissez de la même manière à leur égard. Vous donc, Euspice, et vous, Maximin, cessez de vous regarder comme étrangers parmi les Francs. Habitez comme votre patrie les terres que nous vous donnons au nom de la sainte, indivisible, égale et consubstantielle Trinité. Qu'il soit fait ainsi que moi, Clovis, l'ai voulu. Moi, Eusèbe, l'ai confirmé (*Spicileg.*, t. V). »

Voici donc quel était, d'après ce que nous avons vu, le gouvernement du premier roi chrétien des Francs. Les évêques, pasteurs et pères de leurs peuples, et alors leur unique conseil, lui conseillent de gouverner de manière à s'en faire aimer, protégeant les faibles, soulageant les pauvres, rachetant les captifs, accueillant bien les étrangers. Clovis écoute des conseils aussi sages, qui deviennent ainsi les premiers fondements du royaume de France. Sa bonne intelligence avec les évêques en rend l'exécution facile et durable. L'effet en fut prodigieux. Toutes les populations des Gaules gravitèrent dès lors à devenir France, et obligèrent par contre-coup les Burgondes et les Visigoths à devenir eux-mêmes plus humains. C'est à cet ensemble du gouvernement de Clovis qu'on peut, avec Grégoire de Tours, appliquer ces expressions empruntées à l'Écriture sainte : *Que Dieu lui abattait chaque jour ses ennemis sous la main, et agrandissait son royaume, parce qu'il marchait devant lui avec un cœur droit et faisait ce qui était agréable à ses yeux.*

Cependant il ne faut pas s'imaginer que, dans le roi des Francs, l'élément barbare fût absorbé dès lors par l'élément chrétien. La barbarie lui fit encore commettre des actes étranges, non pas sur les peuples, mais sur des membres de sa famille qui régnaient ailleurs, ou dont il pensait avoir quelque chose à craindre. Nous avons vu Attila tuer Bléda, son frère, pour régner seul; Genséric, tuer son frère, avec sa femme et ses enfants, pour régner seul; Hunéric, tuer ou exiler ses frères et ses neveux pour laisser le royaume à son fils seul; trois frères Visigoths se succéder par le meurtre l'un de l'autre; le grand Théodoric lui-même, tuer de sa main Odoacre, après lui avoir assuré la vie; enfin Gondebaud, tuer ses trois frères pour régner seul sur les Burgondes. C'était ainsi une chose commune à tous les Barbares. D'ailleurs, nous l'avons vue aussi fréquente chez les rois grecs de Syrie et chez les rois grecs d'Égypte. Au commencement de l'histoire romaine, nous voyons un frère tuer son frère. Et même au commencement de l'histoire humaine, nous voyons le premier frère tuer son frère dans les champs. Or, l'élément barbare fit commettre à Clovis plusieurs actes de cette nature.

Il engagea insidieusement le fils de Sigisbert, roi des Francs-Ripuaires de Cologne, à tuer son père, et puis le fit tuer lui-même. Après quoi il assembla le peuple et dit : Pendant que je remontais l'Escaut, Clodéric a tué son père, et ensuite a été tué lui-même par je ne sais qui. Pour moi, je n'en suis nullement coupable; car je ne puis verser le sang de mes proches, attendu que c'est un crime. Mais puisque la chose est faite, je vous conseille de vous joindre à moi et de vous mettre sous ma protection. Les Francs-Ripuaires répondent par des acclamations, l'élèvent sur un bouclier et le proclament roi. Après s'être ainsi emparé des États et des trésors de Sigisbert, il s'empara de ceux de son parent Cararic, roi de Térouanne, en le faisant d'abord ordonner prêtre et son fils diacre, et puis, sur quelques paroles menaçantes de ce dernier, mettre à mort l'un et l'autre, sous prétexte que le père était resté neutre lors de son expédition contre Syagrius. Un autre de ses parents, Ragnacaire, roi de Cambrai, s'étant rendu méprisable par son inconduite, il séduisit par des présents plusieurs de ses officiers, qui, dans une rencontre, le lui livrèrent les mains liées derrière le dos, avec son frère Richar. Clovis dit à Ragnacaire : Pourquoi as-tu déshonoré notre race, en te laissant garrotter? il valait mieux mourir. En même temps, levant sa hache, il lui en fendit la tête. Puis se tournant vers Richar : Si tu avais soutenu ton frère, on ne l'aurait pas lié ; et en disant cela, il l'abattit pareillement d'un coup de hache. Il en agit de même avec un autre de leurs frères, nommé Rignomer, qui régnait au Mans. Enfin, dit saint Grégoire de Tours, de qui nous tenons ces détails, après avoir fait mourir beaucoup d'autres rois ou de ses principaux parents et s'être emparé de leurs domaines et de leurs trésors, on rapporte qu'il dit un jour aux siens : Je suis bien malheureux ! me voici délaissé au milieu des étrangers ; je n'ai plus de parent qui puisse venir à mon aide, au cas qu'il m'arrive malheur. Mais, ajoute Grégoire, il parlait ainsi, non pas qu'il fût affligé de leur mort, mais par malice, pour voir s'il trouverait encore quelqu'un à tuer. Après avoir fait ces choses, conclut l'historien des Francs, il mourut à Paris et fut enseveli dans la basilique des Apôtres, qu'il avait fondée avec la reine Clotilde. Il trépassa la 5ᵉ année après la bataille de Vouillé, la 30ᵉ de son règne, et la 45ᵉ de son âge (511) (Greg. Tur., l. 2, c. 40-43).

Au commencement de son *Histoire des Francs*, Grégoire de Tours déplore la décadence de la belle littérature, et confesse humblement qu'il ne s'y entendait guère lui-même. La manière dont il raconte la conduite de Clovis envers ceux de sa famille, le fait assez voir.

Si les Francs, comme les Grecs, avaient eu pour premiers historiens des poètes, leur histoire serait sans doute plus belle, mais moins vraie. Leur principal conquérant, Clovis, eût été métamorphosé en une espèce de dieu Chronos ou Saturne ; ses trois fils légitimes eussent été Jupiter, Neptune et Pluton ; certaines de leurs actions, qui nous paraissent un peu barbares, eussent été comme divinisées par une mythologie riante. Avec la rude franchise de Grégoire de Tours, Clovis est demeuré à tout jamais Clovis ; ses enfants seront à tout jamais Clodomir, Childebert et Clotaire, avec son bâtard Théodoric. Au lieu d'une agréable poésie, nous n'avons que la vérité.

Mais que parlons-nous de poètes ?. Tite-Live eût transformé les rudes commencements de l'histoire franque, comme il a fait de ceux de l'histoire romaine, en un drame poétique. Un Hérodote, ne relevant que le bien et dissimulant le mal, eût montré les Francs, comme il a fait les Grecs, supérieurs à tous les peuples. Encore Hérodote a-t-il été accusé par Plutarque comme d'une méchanceté insigne, d'avoir dit du bien d'autres peuples que des Grecs. Si seulement Grégoire de Tours eût été historien moderne, il eût voilé certaines choses, excusé les autres par ce qu'on appelle des raisons d'Etat ou de haute politique. Mais non ; il raconte le tout avec une naïveté désespérante, il nous montre à nu le Barbare, à la fois cruel et fourbe.

On voit quelle terrible tâche c'était que d'humaniser, de civiliser, de christianiser complètement cette barbarie originelle ; on conçoit surtout, quand on y joint le fond corrompu de l'humanité même, que cela ne pouvait être l'œuvre d'un jour, et que même avec les siècles, elle ne serait jamais parfaite, quoique se perfectionnant toujours. Du moins Clovis avait reconnu le vrai principe de toute civilisation, la foi chrétienne ; il en avait reconnu la règle vivante, l'Eglise catholique. Avec cela, si le bien ne se fait pas toujours vite, au moins il se fait.

Il n'en était pas de même avec l'empereur Anastase de Constantinople. A son couronnement, il avait assuré avec serment et par écrit qu'il recevait le concile de Chalcédoine, et qu'il n'innoverait rien dans la religion ; et, pendant tout son règne, il ne cessa de brouiller l'empire et l'Eglise, pour manquer à sa parole. Il fit déposer et exila le patriarche Euphémius, qui l'avait couronné. Il espérait plus de complaisance du nouveau patriarche Macédonius, qui, en effet, eut la faiblesse, le jour de son ordination, de souscrire à l'hénotique de Zénon. Il lui redemanda la promesse écrite par laquelle il s'était engagé, à son couronnement, de maintenir le concile de Chalcédoine, et qui avait été remise entre ses mains. Le nouveau patriarche s'y refusa constamment. Il assembla même un concile, où la foi du concile de Chalcédoine fut confirmée par écrit. Anastase dissimula son ressentiment. D'autres soins l'occupaient.

Cabad, roi de Perse, après être remonté sur le trône, était entré avec une puissante armée dans l'Arménie romaine et dans la Mésopotamie. Il prit la forte ville d'Amid, après un siège long et meurtrier. Tous les habitants devaient être passés au fil de l'épée, et l'ordre s'exécutait, lorsque Cabad, faisant son entrée dans la ville, un vieux prêtre alla au devant et lui représenta qu'il n'était pas digne d'un roi d'égorger des vaincus. — « Et pourquoi, dit Cabad en colère, m'avez-vous si opiniâtrement résisté ? — C'est que Dieu voulait, répondit aussitôt le vieux prêtre, que vous dussiez cette conquête à votre valeur, et non à notre volonté. » Cette réponse flatta le monarque persan ; il fit aussitôt cesser le massacre (Procop., *De bello Persic.*, l. 1, c. 7). Les historiens de Syrie rapportent encore qu'au moment de la prise d'Amid, un roi chrétien des Sarrasins obtint de Cabad qu'on ne fit aucun mal à ceux qui se seraient réfugiés dans l'église principale dédiée à Dieu, sous l'invocation de quarante martyrs. Cabad étant entré dans cette église, y aperçut une image de Jésus-Christ, et demanda ce que c'était ; ses gens lui répondirent que c'était l'image du Dieu des Nazaréens. C'est ainsi que les chrétiens sont appelés par les Perses et les Arabes. Le roi la salua en disant : « C'est vraiment celui-là qui m'a apparu, et qui m'a dit : Reste, et reçois de moi la ville et les habitants, parce qu'ils m'ont offensé. Il ne laissa pas de piller l'église ; mais il épargna ceux qui s'y étaient retirés (*Hist. du Bas-Empire*, l. 38, n. 76).

Pendant cette guerre, des officiers huns qui se trouvaient dans son armée, racontèrent à Cabad qu'à une journée d'Amid il y avait un homme extraordinaire, n'ayant pour demeure qu'une espèce de cage, couverte d'un petit toit soutenu de pièces de bois plantées en terre, et assez écartées l'une de l'autre pour le laisser voir de tous côtés ; qu'il n'avait d'autre siège ni d'autre lit que la terre ; qu'il ne vivait que de légumes, et ne mangeait que rarement ; que plusieurs de leurs soldats, courant le pays, avaient voulu lui tirer des flèches pour essayer leur adresse, mais qu'ils avaient senti leur bras s'engourdir. Celui dont ils parlaient était Jacques le solitaire, qui s'était retiré depuis longtemps près du bourg d'Eudièles, où il passait les jours et les nuits dans la méditation des choses divines. Cabad, qui voulut le voir par lui-même, admira sa manière de vie, et lui demanda la grâce des coupables, que Jacques renvoya aussitôt guéris. Le roi, satisfait, lui offrit telle faveur qu'il désirerait, s'imaginant qu'il allait lui demander de grandes sommes d'argent. Le solitaire lui demanda tous ceux qui, pendant cette guerre, viendraient se réfugier auprès de sa cabane. Le roi y consentit, et, pour assurer ce privilége, il lui en fit sur-le-champ expédier des lettres. Bien des gens profitèrent de cet asile; et, pendant le cours de la guerre, la chaumière de Jacques fut comme une forteresse, à l'abri de laquelle un grand nombre trouva sa sûreté (Procop., *De bello Persic.*, l. 1, c. 7).

Cette guerre avec les Perses, après avoir duré trois ans, ayant fini au mois d'avril 505, l'empereur Anastase s'occupa uniquement de faire la guerre à l'Eglise. Comme il joignait les erreurs de Manès à celles d'Eutychès, il fit peindre dans la chapelle de son palais quelques-unes de ces figures bizarres et monstrueuses qu'on voit encore aujourd'hui sur les pierres nommées *abraxas*, et qui ne sont que des allégories extravagantes inventées par les gnostiques et renouvelées par les manichéens. Ces peintures soulevèrent le peuple, accoutumé à ne voir dans les églises que des images édifiantes. Tout était en trouble à Constantinople. Les hérétiques, fiers de la faveur du prince, insultaient les catholiques dans leurs assemblées; les catholiques se défendaient avec animosité. Les empereurs avaient jusqu'alors assisté à l'office de l'église et aux processions publiques comme les autres fidèles; Anastase, craignant pour sa personne, se fit escorter par le préfet du prétoire à la tête de ses gardes. Cette précaution passa en coutume. Pour accroître encore l'agitation et le tumulte, il fit venir à Constantinople Xénaïas le manichéen, que Pierre le Foulon avait fait évêque d'Hiéraple, et qui soulevait toute la Syrie contre le patriarche Flavien d'Antioche. L'empereur comptait beaucoup sur l'audace de ce furieux; mais son arrivée révolta tellement le clergé, les moines et le peuple entier, qu'il fallut, peu de jours après, les faire évader secrètement. Il n'était pas difficile à l'empereur de trouver des prélats courtisans, mais il lui fut impossible de faire plier Macédonius. Il résolut de s'en défaire. On suborna pour l'assassiner un scélérat nommé Acholius, qui manqua son coup et fut découvert. Le patriarche, loin de poursuivre la punition de ce crime, prit le criminel sous sa protection et lui fit une pension alimentaire. Il en agit de même avec des misérables qui avaient pillé l'église (Théophan., an. 499).

Cette merveilleuse charité ne toucha point l'empereur; il continua de chercher les moyens de perdre Macédonius. Il avait, malgré le serment de son couronnement, entrepris d'anéantir le concile de Chalcédoine. Flavien d'Antioche déguisait ses sentiments par une lâche complaisance; Jean Nicéote, patriarche d'Alexandrie, prélat violent et séditieux, était hautement déclaré pour l'hérésie; il promettait même à l'empereur deux mille livres d'or, s'il venait à bout de faire généralement condamner le concile. Anastase pressait Macédonius de prononcer cette condamnation. Il répondit qu'il ne pouvait le faire sans un concile œcuménique, présidé par l'évêque de Rome. L'empereur, irrité, ôta le droit d'asile à son église, et le transféra aux églises des hérétiques. Toutefois Macédonius demeura ferme, anathématisa tous ceux qui osaient parler contre le concile de Chalcédoine, même Falvien d'Antioche, et chassa avec anathème ses apocrisiaires qui étaient venus le trouver pour quelques affaires.

Mais ce qui augmenta le plus la confusion et fortifia le plus le parti d'Eutychès, fut l'arrivée d'une troupe de moines syriens, qui vinrent à Constantinople à dessein d'en chasser le patriarche. Ils avaient pour chef un moine audacieux et turbulent, nommé Sévère, qui fit un grand rôle dans ces troubles. Il était de Sozopolis en Pisidie, et avait exercé à Béryte la profession d'avocat. Païen de naissance, il le fut toujours dans le cœur, et n'embrassa en apparence la religion chrétienne, que pour éviter le châtiment qu'il avait mérité par ses crimes. Il se fit moine, et fut chassé du monastère à cause de son opiniâtreté à défendre les erreurs d'Eutychès. S'étant retiré à Alexandrie, il devint secrétaire de Pierre Monge, et troubla toute la ville, semant la division contre les hérétiques mêmes, ce qui produisit de sanglantes querelles. Enfin, les magistrats voulant faire arrêter ce perturbateur, il prit la fuite et se rendit à Constantinople à la tête de deux cents moines, hérétiques furieux et meurtriers comme lui. L'empereur les reçut avec joie, comme un renfort propre à servir ses desseins.

Les esprits s'aigrissaient donc de plus en plus. Les schismatiques, au milieu de l'office divin, mêlaient aux prières de l'Eglise des paroles qui renfermaient le venin de leur hérésie; les catholiques, irrités, n'ayant pu leur imposer silence, les chassèrent de l'église. Alors l'empereur ne garda plus de mesure. Il ameuta contre le patriarche la troupe hérétique. Mais le peuple dont la multitude était infinie, ayant à sa tête les abbés catholiques, criait par la ville : Chrétiens, c'est le temps du martyre! N'abandonnons pas notre père! Ils disaient même des injures à l'empereur, l'appelant manichéen et indigne de régner. Il en fut épouvanté, et, ayant fermé toutes les portes du palais, il tenait des vaisseaux prêts pour s'enfuir. Quoiqu'il eût juré la veille de ne jamais voir Macédonius, il l'envoya prier de venir le trouver. Comme il y entrait, le peuple recommandait aux abbés de leur conserver leur père, et les soldats eux-mêmes l'encourageaient et le comblaient de bénédictions sur son passage. Il parla avec fermeté à l'empereur, lui reprochant d'être ennemi de l'Eglise. Et l'empereur, dissimulant, feignit de s'y réunir. Peu de temps après, il envoya au patriarche un écrit captieux, où il professait recevoir les deux premiers conciles, de Nicée et de Constantinople, sans parler des deux autres, d'Ephèse et de Chalcédoine. Macédonius se laissa prendre à cet artifice, et souscrivit à cette confession de foi; ce qui lui attira de grands reproches, car c'était recevoir l'hénotique de Zénon. Il alla au monastère de saint Dalmace, et là, pour se justifier aux yeux du clergé et des moines qu'il avait scandalisés, il publia une apologie, déclarant qu'il recevait le concile de Chalcédoine, et qu'il tenait pour hérétiques ceux qui ne le recevaient pas. Après cette déclaration, ils célébrèrent la liturgie avec lui.

Le concile de Chalcédoine était le fléau des sectateurs d'Eutychès et de Dioscore. Anastase voulut se saisir des actes originaux déposés dans le trésor de l'église de Constantinople. Céler, maître des offices, alla les demander de la part de l'empereur, et comme, sur le refus de l'évêque, il menaçait de les enlever de force, Macédonius, après avoir enveloppé ce sacré dépôt, le scella de son sceau et le plaça sur l'autel, le mettant ainsi sous la garde de Dieu même. Céler n'osa y porter la main; mais l'eunuque Calépodius, économe de l'église, les enleva la nuit suivante et les porta à l'empereur, qui les mit en pièces et les jeta au feu. Croyant par cet exploit avoir anéanti le concile même, il ne songea plus qu'à se défaire de Macédonius. Deux imposteurs subornés accusèrent le prélat d'avoir commis avec eux des crimes infâmes. Ce fut en vain que l'accusé confondit la calomnie, en prouvant qu'il était eunuque. Le peuple, le sénat, l'impératrice Ariadne s'intéressaient vivement pour le patriarche, à cause de la pureté de sa foi et de la sainteté de ses mœurs; mais nulle considération ne put arrêter Anastase. Comme il craignait la sédition, il le fit enlever pendant la nuit et conduire à Euchaïtes, où était son prédécesseur Euphémius (*Apud Baron.*).

Timothée, trésorier de l'église, fut placé le lendemain sur le siége de Constantinople. C'était un prêtre décrié pour ses débauches, qui lui avaient même attiré des surnoms infâmes; mais il était d'un caractère très-propre à s'élever dans des temps de troubles. Sans foi comme sans honneur, tantôt il admettait, tantôt il rejetait le concile de Chalcédoine, et niait hardiment, selon ses intérêts présents, qu'il eût jamais fait l'un ou l'autre. La plupart des ecclésiastiques orthodoxes, ou furent jetés dans les prisons, ou prirent la fuite; les uns allèrent en Phénicie, d'autres jusqu'à Rome. On fit le procès à Macédonius, déjà exilé; il fut condamné, sans être entendu, par les évêques courtisans, tout à la fois accusateurs, témoins et juges. Voilà comme l'inepte Anastase employa tout son règne à brouiller l'Église et l'empire, le bon sens et la justice dans tout l'Orient, comme pour le préparer mieux à l'abrutissant despotisme de Mahomet.

Il aurait voulu brouiller de même l'Occident. Le patrice Festus lui avait promis d'y amener l'évêque de Rome. Pour y réussir, il suscita un schisme dans l'Église romaine. Anastase, de son côté, lança contre le saint pape Symmaque un manifeste, ou plutôt un libelle diffamatoire, où il l'accusait d'être manichéen et d'avoir été ordonné Pape contre les canons. Mais le Pape y répondit avec une fermeté et une dignité toute romaine. Comme il prévoyait que sa réponse était plus longue que le libelle de l'empereur, il remarque que saint Ambroise n'avait pas cru devoir mesurer sa réponse à l'empereur Gratien à la lettre qu'il en avait reçue, puisqu'il avait employé huit livres entiers pour répondre à une simple lettre. Puis, s'adressant à l'empereur :

« Si j'avais à défendre la foi catholique devant des rois étrangers et qui n'eussent aucune idée de Dieu, je ne laisserais pas, même au péril de ma vie, de dire tout ce que la vérité et la raison conseilleraient; car malheur à moi, si je n'annonce pas l'Évangile. Mais vous, si vous êtes empereur romain, vous devez admettre avec clémence les légations mêmes des nations barbares. Si vous êtes prince chrétien, vous devez écouter avec patience la voix du pontife apostolique. Je ne puis dissimuler vos injures, ni pour moi ni pour vous; pour moi, elles sont trop honorables; pour vous, elles vous rendent trop coupable devant Dieu. On a dit du Seigneur lui-même qu'il était possédé du démon, que c'était un homme de bonne chère; et vous pensez que je doive m'affliger de tout cela ? Les lois divines et humaines n'y ont-elles pas pourvu, en ordonnant que toute affaire se terminerait sur la déposition de deux ou trois témoins ? Déjà le jugement des hommes a démontré la fausseté de vos accusations : que ferez-vous donc au jugement de Dieu ? ou bien, parce que vous êtes empereur, croyez-vous qu'il n'y en a point ? D'ailleurs, convient-il à un empereur de se faire accusateur ? D'après les lois divines et humaines, est-il possible que le même soit tout ensemble accusateur et juge ?

» Vous dites que je suis manichéen. Mais suis-je donc eutychien ou protecteur des eutychiens, dont la fureur favorise souverainement l'erreur des manichéens ? Rome m'est témoin, ses archives l'attestent. Si je me suis écarté en rien de la foi catholique que j'ai reçue de la chaire du bienheureux apôtre Pierre, en sortant du paganisme, que quelqu'un s'avance et qu'il me convainque; autrement, il n'y a que des injures et point de preuves. J'ignore sur quel fondement vous dites que je n'ai pas été ordonné canoniquement. J'ai échappé sain et sauf à travers des grêles de pierres; Dieu a jugé. Ou bien, pour être empereur, croyez-vous pouvoir mépriser le jugement divin ? Vous direz peut-être que Dieu permet souvent des choses funestes dans sa colère. Mais il est écrit : *C'est à leurs fruits que vous les reconnaîtrez.* Montrez donc pourquoi vous pensez que Dieu, dans sa colère, a permis des choses qui ne convenaient pas. Est-ce parce que je ne fraternise point avec les eutychiens ? Mais cela ne me fait aucun tort à moi; cela montre seulement au grand jour que vous avez cherché à m'enlever la charge que le bienheureux Pierre m'a imposée par son intervention. Ou bien, parce que vous êtes empereur, entreprenez-vous contre la puissance de Pierre ? Et parce que vous recevez l'hérétique Pierre Monge d'Alexandrie, prétendez-vous fouler aux pieds le bienheureux apôtre Pierre, dans son vicaire ? Est-ce que j'aurais été bien ordonné si je favorisais les eutychiens ? si je communiquais avec le nom d'Acace ? On ne saurait méconnaître pourquoi vous prétendez tout cela.

» Mais comparons la dignité de l'empereur avec la dignité du pontife. Il y a cette énorme différence, que l'un gouverne les choses humaines, l'autre les choses divines. Empereur, c'est du pontife que vous recevez le baptême et les sacrements, que vous sollicitez la prière et que vous espérez la bénédiction ; c'est au pontife que vous demandez la pénitence. Vous administrez les choses humaines, lui vous dispense les choses divines. Sa dignité est donc certainement égale, pour ne pas dire supérieure. Ne vous imaginez pas l'emporter par la pompe du siècle; car ce qu'il y a de plus faible du côté de Dieu est plus fort que les hommes. Voyez donc ce qu'il vous sied de faire. Dès que vous m'accusez, les lois divines et humaines vous mettent sur le même pied que moi. Si je suis convaincu par suite de votre accusation, je perdrai ma dignité ; mais par la même raison, si vous ne pouvez me convaincre, vous perdrez la vôtre.

» De grâce, ô empereur, permettez-moi de vous

le dire, souvenez-vous que vous êtes homme, afin que vous puissiez user du pouvoir que Dieu vous a accordé ; car quoique les hommes aient déjà jugé ces affaires, elles seront nécessairement examinées au tribunal de Dieu. Peut-être direz-vous qu'il est écrit que nous devons être soumis à toute puissance. Nous recevons les puissances humaines en leur rang, tant qu'elles n'érigent pas leurs volontés contre Dieu. Au reste, si toute puissance est de Dieu, à plus forte raison celle qui est préposée aux choses divines. Déférez à Dieu en nous, et nous déférerons à Dieu en vous. Que si vous ne déférez pas à Dieu, vous ne pouvez user du privilége de celui dont vous méprisez les droits.

» Vous dites que, de concert avec le sénat, je vous ai excommunié. Soit. En cela, je ne fais que suivre ce que mes prédécesseurs ont eu raison de faire. Vous dites que le sénat romain vous maltraite. Si nous vous traitons mal en vous exhortant à quitter les hérétiques, nous traitez-vous bien en voulant de force nous associer à eux ? Que me fait à moi, dites-vous, ce qu'a fait Acace ? Si cela ne vous fait rien, abandonnez-le donc ; si vous ne l'abandonnez pas c'est que cela vous fait quelque chose. Ce n'est pas vous, ô empereur, que nous avons excommunié, mais Acace : retirez-vous d'Acace, et vous vous retirez de son excommunication. Si vous vous joignez à lui, ce n'est pas nous qui vous excommunions, c'est vous-même. De manière que, soit que vous vous sépariez de lui, soit que vous ne vous en sépariez pas, nous n'aurons pas été excommunié de nous.

— » Le bruit s'est répandu que vous contraigniez, par la force militaire, de retourner à la contagion de l'hérésie, ceux qui s'en étaient détachés depuis longtemps. Quelle que soit votre puissance, souvenez-vous que vous êtes homme, et considérez ceux qui, depuis l'origine du christianisme, ont persécuté la foi catholique ; ils sont tombés là, tandis que la vérité orthodoxe est devenue d'autant plus ferme qu'elle a été plus opprimée. C'est être persécuteur que d'accorder la liberté à toutes les hérésies, et de la refuser à la seule communion catholique. Si on la regarde comme une erreur, il faut la tolérer avec les autres erreurs ; si on la regarde comme la vérité entière, il faut la suivre et non la persécuter. Tous les princes catholiques, soit lorsqu'ils arrivent au gouvernement de l'empire, soit lorsqu'ils apprennent l'élévation d'un nouveau pontife sur la Chaire apostolique, lui écrivent aussitôt pour se montrer de sa communion. Ceux-là donc qui ne le font pas s'y déclarent étrangers, comme nous pourrions vous le prouver par vos lettres mêmes, si nous n'évitions en vous le rival, le coupable, l'ennemi et le juge. Il n'est pas étonnant que les patrons des manichéens persécutent les catholiques, la fausseté ne pouvant que persécuter la vérité. Il n'est pas étonnant qu'ils se montrent cruels envers les orthodoxes, ceux qui peuvent s'accommoder avec toutes les hérésies ; les amis de toutes les erreurs ne peuvent être ennemis que de ceux qui n'errent pas (Labbe, t. IV). »

Le 1er octobre 504, le pape saint Symmaque avait tenu à Rome un concile dont les décrets respirent la même vigueur apostolique. Il s'agissait de remédier aux maux que les Eglises souffraient de la part de ceux qui envahissaient les biens, soit meubles, soit immeubles, que les fidèles avaient laissés par testament aux églises, pour la rémission de leurs péchés et pour acquérir la vie éternelle. Les conciles précédents avaient déjà fait divers règlements sur ce sujet ; mais le pape Symmaque, de l'avis des évêques, qui firent plusieurs acclamations à sa louange, crut qu'il fallait les renouveler, pour tâcher de déraciner les abus qui se multipliaient par l'invasion des biens de l'Eglise. Il fut donc résolu de traiter comme des hérétiques manifestes, les usurpateurs de ces biens, et de les anathématiser, s'ils refusaient de les restituer ; et on défendit de les admettre à la communion, jusqu'à ce qu'ils eussent satisfait par une restitution entière. Le concile rapporte deux décrets de celui de Gangres, qui défend, sous peine d'anathème, de recevoir ou de donner les oblations des fidèles à l'insu de l'évêque ou de l'administrateur des biens de l'Eglise. Après quoi il décide en ces termes :

« C'est donc un grand sacrilége à ceux qui devraient y veiller particulièrement, c'est-à-dire aux chrétiens, mais surtout aux princes et aux principaux de chaque pays, d'ôter à l'Eglise ce que les fidèles lui ont donné pour la rémission de leurs péchés et le salut de leur âme, ou de le convertir à d'autres usages. C'est pourquoi quiconque demandera, ou recevra, ou retiendra, ou contestera injustement les fonds de terre donnés ou laissés à l'Eglise, s'il ne les restitue au plus tôt, qu'il soit anathème. Oui, anathème à qui reçoit, ou donne, ou possède de ces biens. En général, qu'il soit frappé d'un perpétuel anathème, quiconque se permet de confisquer, de contester ou envahir méchamment les biens de l'Eglise, à moins qu'il ne le satisfasse au plus tôt. Qu'ils soient pareillement frappés d'un perpétuel anathème, ceux qui retiennent les biens de l'Eglise par l'ordre ou la libéralité des princes ou de quelques puissants, ou par un envahissement et pouvoir tyranniques, et les transmettent à leurs enfants comme des héritages. Car il n'est pas juste que nous soyons plutôt les gardiens des papiers que les défenseurs des choses mêmes qui nous sont confiées. Il n'est donc pas permis à l'empereur ni à aucun chrétien de rien attenter contre les commandements divins, ni de rien faire qui s'oppose aux règles des Evangiles, des prophètes et des apôtres. Car un jugement injuste, une décision injuste, que rendent des juges par ordre ou par crainte du roi, est invalide. Aucun acte contraire à la doctrine de l'Evangile, des prophètes et des apôtres, à l'ordonnance des apôtres ou des saints Pères, ne subsistera ; et ce qui aura été fait par les infidèles ou les hérétiques, sera entièrement cassé. »

Après ces décrets si remarquables, tout le concile se levant, s'écria huit fois : *Toutes ces choses nous plaisent, nous demandons qu'elles soient affermies à jamais !* — huit fois : *Jésus-Christ, exaucez-nous ! Vive Symmaque !* — quinze fois : *Quiconque violera sciemment ces choses, qu'il soit frappé d'un perpétuel anathème !* — enfin dix-huit fois : *Nous vous prions de confirmer nos décrets* (Labbe, t. IV) !

La fermeté de ce langage, au commencement du VIe siècle, sous un roi arien, étonnera peut-être. Ce qui n'étonnera pas moins, c'est que ce roi arien se conformait à ces décrets. Théodoric ayant su par la requête d'Eustorge, évêque de Milan, que l'on avait enlevé à cette Eglise des biens et des droits qu'elle avait dans la Sicile, ordonna qu'ils lui seraient rendus, avec défense de les usurper à l'avenir. « Notre volonté est, disait-il, que personne n'ait à souffrir aucun tort ; car la gloire du souverain, c'est la sécurité des sujets. Mais nous désirons spécialement garantir de toute injustice les églises ; car leur assurer ce qui est de l'équité, c'est s'attirer la miséricorde divine. » Le même Théodoric ordonna au duc Ibas, son général, commandant dans les Gaules, de faire restituer à l'Eglise de Narbonne ses possessions, n'importe par qui elles eussent été envahies. « Car nous ne voulons pas que l'Eglise soit victime de ces usurpations. Opposez-vous-y donc avec soin, afin de vous rendre illustre dans la paix, comme vous l'êtes déjà dans la guerre. Le moyen de fortifier vos armes du secours de Dieu, c'est d'assurer la justice aux faibles. » Ainsi parlait Théodoric (Cassiod., l. 2, *epist.* 29 ; l. 4, *epist.* 17 et 20 ; l. 2, *epist.* 8). Enfin il envoya à un évêque de Provence, nommé Sévère, quinze cents pièces d'or, afin qu'il les distribuât à ceux qu'il jugerait avoir été lésés par le passage de son armée. En vérité, ce Barbare, cet Ostrogoth pourrait servir de modèle à plus d'un gouvernement qui ne se croit ni Ostrogoth ni Barbare.

C'est le duc Ibas, dont il est ici parlé, qui avait fait lever aux Francs le siège d'Arles, battu Thierri, fils de Clovis, et envoyé à Ravenne un grand nombre de prisonniers francs. Il se mit en possession de tout le pays entre les Alpes et le Rhône, s'empara de Narbonne, d'où il chassa Gondebaud, qui s'y était établi à la faveur des troubles. Il reprit Toulouse et toute la Septimanie, fit lever le siège de Carcassonne, et, par ses conquêtes, qu'il étendit jusqu'aux Pyrénées, il s'ouvrit un passage en Espagne, qu'il finit encore par soumettre. Théodoric gouverna ces pays comme tuteur de son petit-fils Amalaric.

Au milieu de ces révolutions, saint Césaire d'Arles fut accusé ou plutôt calomnié auprès de Théodoric, au point qu'il fut arrêté et emmené en Italie sous bonne garde. Quand il fut arrivé à Ravenne, il entra dans le palais et salua le roi. Théodoric, voyant un homme si intrépide et si vénérable, se leva, se découvrit, et lui rendit son salut avec beaucoup d'honnêteté. Puis il lui demanda d'une manière affectueuse, s'il était fatigué du voyage, et comment allaient les habitants d'Arles, ainsi que les Goths qui se trouvaient parmi eux. Quand le saint fut sorti de l'audience, le roi dit aux siens : « Dieu punisse ceux qui ont fait faire inutilement un si long voyage à ce saint homme ! J'ai tremblé à son entrée ; il a un visage d'ange : c'est un homme apostolique, et il n'est pas permis de penser mal d'un personnage si vénérable. »

Il lui envoya ensuite à son logis un bassin d'argent du poids de soixante livres, avec trois cents pièces d'or, et lui fit dire : « Recevez ce présent, saint évêque. Le roi, votre fils, vous prie de réserver ce vase pour votre usage, et pour vous souvenir de lui. » Mais Césaire, qui, à l'exception des cuillers, ne se servait point d'argent à table, fit vendre le vase publiquement trois jours après, et du prix il racheta un grand nombre de captifs. On en informa le roi, ainsi que de la multitude de pauvres qui affluaient à la porte du saint évêque, et qui laissaient à peine le moyen d'en approcher. Le roi le loua si hautement, que tous les sénateurs et les grands du palais voulurent à l'envi l'un de l'autre que leurs aumônes fussent distribuées par les mains du saint homme, disant publiquement que Dieu leur avait fait une grande grâce de voir un tel pontife, un homme aussi apostolique. Il délivra ainsi tous ceux qui avaient été faits captifs au delà de la Durance, principalement ceux de la ville d'Orange, dont tous les habitants avaient été emmenés prisonniers dans la dernière guerre ; il leur donna même des voitures et de quoi retourner chez eux.

A Ravenne même, il y avait une veuve dont le fils encore jeune servait sous le préfet du prétoire, et la faisait vivre sur ses gages. Il tomba subitement malade et resta sans vie. La mère courut se jeter aux pieds du saint évêque, et lui dit, au milieu des pleurs et des sanglots : « Je crois, ô saint homme, que la miséricorde divine vous a conduit ici pour que vous rendiez le fils à la mère. » Après avoir fait quelque difficulté, Césaire, ne pouvant résister à tant de larmes, alla secrètement à la cabane de la veuve, et, après s'y être prosterné en terre, il y laissa le prêtre Messien, alors son secrétaire, avec ordre de l'avertir sitôt que le jeune homme reviendrait à lui. Il revint au bout d'une heure, ouvrit les yeux et dit à sa mère : Allez remercier le serviteur de Dieu, dont les prières m'ont rendu la vie... Elle y courut, s'expliquant plus par ses larmes que par ses paroles, et pria le saint d'emmener son fils avec lui dans les Gaules, pour s'attacher à son service. Ce miracle se répandit non-seulement dans toute la ville, mais dans toute la province ; et la renommée de saint Césaire s'étendit jusqu'à Rome, où il était déjà chéri et désiré de tout le monde, du Pape, du clergé, des grands et du peuple.

Y étant allé en effet, le pape Symmaque et les sénateurs romains lui rendirent les plus grands honneurs. Le Pape lui accorda l'usage du *pallium*, et voulut que les diacres de l'Eglise d'Arles portassent des dalmatiques comme ceux de Rome. Saint Césaire, de son côté, consulta le Pape sur divers points de discipline, exposés dans un mémoire qu'il lui présenta, et qui était conçu en ces termes : « Comme l'épiscopat commence dans la personne de saint Pierre, il est nécessaire que Votre Sainteté, par des règlements convenables, fasse connaître à toutes les Eglises ce qu'elles doivent observer. Il y a des personnes dans les Gaules, qui, sous divers prétextes, aliènent les terres de l'Eglise : d'où il arrive que des biens qui n'ont été donnés que pour les besoins des pauvres, sont dissipés mal à propos, si ce n'est qu'il s'agisse de faire quelque donation aux monastères. Nous demandons aussi que les laïques qui ont exercé des charges de judicature, et qui ont eu part au gouvernement des provinces, ne soient reçus dans le clergé ou promus à l'épiscopat qu'après de longues épreuves d'une conduite régulière ; et que les veuves qui ont porté longtemps l'habit de viduité, ou les religieuses qui demeurent depuis un temps considérable dans des monastères, ne puissent se marier, quand même elles le voudraient, et que personne ne puisse les y forcer. Nous vous supplions encore très-humblement qu'on ne parvienne point à l'épiscopat par brigue, ou en achetant à prix d'argent le suffrage des hommes puissants ; et que pour obvier à ces abus, le clergé et les citoyens ne puissent souscrire le décret d'élection à l'insu et sans le consentement du métropolitain. »

Le pape Symmaque répondit à ce mémoire par un rescrit du 6 novembre 513. Il déclare, sur le premier article, qu'on peut aliéner les biens de l'Eglise en faveur des monastères et des hôpitaux de pèlerins, ou en faveur des clercs qui ont bien mérité de l'Eglise, à condition cependant que ces biens retourneront à l'Eglise après la mort de ceux à qui on les aura cédés; et il recommande de ne point accorder des grâces à ceux qui aspirent au sacerdoce en vue des biens de l'Eglise. On voit encore ici l'origine des bénéfices ecclésiastiques, aussi bien que les qualités et les services que doivent avoir ceux à qui on les confère.

Sur les articles suivants, le Pape ordonne de ne pas promouvoir facilement les laïques au sacerdoce, mais de les faire passer par les divers degrés de la cléricature, où ils doivent demeurer le temps prescrit. Il excommunie ceux qui enlèvent des veuves ou des vierges, et surtout ceux qui se marient à des vierges consacrées. Enfin, pour réprimer l'ambition et les brigues, il ordonne que le décret d'élection ne soit souscrit qu'en présence du visiteur, et il veut que ces règlements soient notifiés à tous les évêques. Le visiteur était un évêque nommé par le métropolitain pour visiter l'Eglise vacante et présider à l'élection (Labbe, t. IV).

Ce fut encore à ce voyage de Rome que saint Césaire fit enfin terminer la contestation qui durait depuis si longtemps entre l'Eglise d'Arles et celle de Vienne, et qu'entretenaient plus que tout le reste les révolutions politiques. Vienne était alors aux Bourguignons et Arles aux Goths. Saint Avit avait obtenu du pape Anastase, pour l'Eglise de Vienne, un règlement plus favorable que celui de saint Léon. Mais saint Eonius d'Arles s'en étant plaint à Symmaque, celui-ci ordonna aux parties de lui envoyer des députés pour soutenir leurs prétentions respectives. Saint Avit n'ayant envoyé personne, Symmaque jugea par provision, le 29 septembre 500, qu'il fallait s'en tenir à ce qui avait été anciennement réglé là-dessus par le Saint-Siège, parce qu'il ne convenait pas que les décrets d'un Pape fussent annulés par ceux qui lui succèdent. « Quel respect, dit-il, portera-t-on aux successeurs de saint Pierre, si ce qu'ils ont réglé pendant leur pontificat perd sa force dès qu'ils sont morts (Ibid.)? » Saint Avit se plaignit d'avoir été condamné sans avoir été entendu.

Le Pape lui répondit, le 13 octobre 501, qu'il ne devait pas s'offenser de ce qu'il avait mandé à Eonius, qu'il ne voulait en aucune manière préjudicier à ses droits, et qu'il lui était encore libre de proposer ses défenses. « Quoique nous ayons mandé, dit-il, que notre prédécesseur Anastase de sainte mémoire avait mis la confusion dans votre province contre les anciens règlements des autres souverains pontifes, et que l'on ne devait pas souffrir cette innovation, cependant, si vous nous faites connaître qu'il a eu de bonnes raisons d'en agir ainsi, nous serons bien aise de trouver qu'il n'ait rien fait en cela contre les canons. Car, quoiqu'il faille garder exactement les anciens décrets, il faut aussi relâcher de la rigueur de la loi en vue d'un bien, comme la loi l'aurait marqué, si elle l'avait prévu (Spicileg., t. V). »

Cette affaire traîna ainsi jusqu'au voyage de saint Césaire à Rome. Le pape ayant ouï ses raisons, confirma de nouveau le jugement de saint Léon, par une lettre du 13 novembre 513, adressée à tous les évêques des Gaules. C'est au Siége apostolique, dit-il, à maintenir la paix et l'union dans l'Eglise universelle, et le moyen le plus efficace pour le faire, c'est de s'en tenir aux anciens règlements. C'est pourquoi le Pape déclare qu'à la requête de Césaire, il ordonne que le règlement fait par saint Léon soit observé; c'est-à-dire que l'évêque de Vienne n'ait juridiction que sur les Eglises de Valence, de Tarentaise, de Genève et de Grenoble, et que les droits dont l'Eglise d'Arles est en possession sur les autres Eglises soient conservés.

Saint Césaire demanda encore, mais plus tard, que l'évêque d'Aix fût tenu de venir à son ordre, soit aux ordinations, soit aux conciles. Le Pape lui répondit, par une lettre du 11 juin 514, que, sans donner atteinte aux priviléges des autres Eglises, il lui ordonnait de veiller à toutes les affaires de la religion qui s'élèveraient dans les provinces de la Gaule et de l'Espagne, et que, s'il était nécessaire d'assembler un concile, ce serait à lui à le convoquer, et à référer l'affaire au Saint-Siége, si le concile ne l'avait pas entièrement terminée; c'est-à-dire que le Pape l'établissait son vicaire pour la Gaule et l'Espagne. Il veut même qu'aucun ecclésiastique de ces pays ne puisse venir à Rome sans avoir pris l'attache de Césaire (Labbe, t. IV).

Ce saint évêque, qui avait été conduit en Italie en criminel d'Etat, en revint comblé d'honneurs et de présents. Il en rapporta huit mille pièces d'or, sans compter les sommes qu'il avait déjà employées au rachat des captifs. Il fut reçu au chant des cantiques, et entra de suite dans l'église pour donner la bénédiction à son peuple. Sa principale sollicitude était de racheter les prisonniers. Il envoyait pour cela, de côté et d'autre, des abbés, des diacres et d'autres clercs. Lui-même fit dans cette vue le voyage de Carcassonne. Un jour que, n'ayant pas d'argent, il fut sollicité par un pauvre : Que vous ferai-je, mon pauvre homme? dit-il; je vous donne ce que j'ai; et, entrant dans son cabinet, il lui donna la chasuble qui lui servait aux processions, avec l'aube qu'il mettait aux fêtes de Pâques, disant : Allez, vendez-les à quelque clerc, et du prix rachetez votre captif (Vita Cæs., n. 32; Acta Sanct., 27 aug.).

Vers le même temps, saint Avit de Vienne reçut une grande consolation, et avec lui toute l'Eglise. Le prince Sigismond, fils de Gondebaud, roi de Bourgogne, abjura publiquement l'hérésie d'Arius, et se réunit à l'Eglise catholique. Sigéric, son fils, et petit-fils de Gondebaud, imita bientôt cet exemple, et saint Avit fit au peuple une homélie à ce sujet. Le seul titre qui nous en reste, nous apprend qu'une princesse, fille de Sigismond, avait été réconciliée à l'Eglise le jour précédent; c'est apparemment celle qui fut mariée à Thierri, roi d'Austrasie. Dès que Sigismond eut abjuré l'hérésie, il entreprit le voyage de Rome, pour révérer les tombeaux des saints apôtres et rendre ses respects au chef visible de l'Eglise, à laquelle il avait eu le bonheur de se réunir. Le pape Symmaque reçut ce prince avec des honneurs proportionnés à la joie que lui causait sa conversion. Il lui fit présent de plusieurs reliques, et lui parlant avec la bonté et l'autorité d'un père, il lui donna de salutaires avis, qui ne furent pas moins bien reçus que les présents. Sigismond, à son retour, en témoigna sa reconnaissance au Pape dans une lettre, qui fut dictée par saint Avit, et portée par le diacre Julien. Il y nomme Symmaque le *prélat de l'Eglise universelle;* il attribue sa conversion aux prières de ce saint pontife, le remercie des avis paternels qu'il lui avait donnés de vive voix, et le prie de lui envoyer des reliques de saint Pierre, parce qu'il n'avait pu refuser à diverses églises une bonne partie de celles qu'il avait apportées de Rome (*Inter Avit., epist.* 27). Quoique Gondebaud demeurât dans son hérésie, il ne paraît pas avoir désapprouvé la conversion de son fils; du moins elle ne l'empêcha pas de l'associer à son royaume de son vivant. Sigismond tenait sa cour à Genève. Il donna ses premiers soins à purger cette ville, qui était dès lors comme un asile, non-seulement pour les ariens, mais encore pour les autres hérétiques et schismatiques, ainsi que nous l'apprenons d'une lettre de saint Avit. Saint Maxime, évêque de Genève, anima et soutint le zèle de ce prince; il lui conseilla de faire rebâtir et augmenter le monastère d'Agaune en l'honneur des saints martyrs de la légion thébaine.

Ainsi donc, en Occident, par l'union vivante des évêques avec le Pape et du Pape avec les évêques, l'Eglise tempérait les maux des révolutions politiques, rachetait les captifs, adoucissait et gagnait enfin les Barbares eux-mêmes. En Orient, divisée d'avec elle-même, perdue dans des disputes par la rage théologique de l'empereur Anastase, elle commençait à tourner ses regards vers le centre de l'unité, pour y puiser la force de se réunir avec elle-même. Les sièges de Constantinople et d'Alexandrie étaient envahis par deux artisans de troubles. Mais Flavien d'Antioche et Elie de Jérusalem, quoiqu'ils n'eussent pas toujours eu, spécialement le premier, soit la connaissance assez nette de la doctrine orthodoxe, soit assez de courage pour la professer nettement, paraissaient toutefois catholiques dans le cœur. Ils n'approuvaient pas la déposition de Macédonius de Constantinople. L'empereur en fut extrêmement irrité contre l'un et l'autre, et fit assembler un concile à Sidon, l'an 511, pour les forcer de s'expliquer, et pour abolir le concile de Chalcédoine. Ils s'expliquèrent en des termes qui ne satisfirent point les chefs du parti schismatique. L'empereur Anastase en fut si en colère, qu'il résolut de les faire chasser l'un et l'autre.

Mais Elie de Jérusalem, prévoyant la tempête, avait envoyé un saint personnage pour la conjurer. C'était saint Sabas, le plus illustre des abbés de la Palestine, accompagné de plusieurs autres. Ils devaient résister au moine Sévère et aux autres hérétiques orientaux qui dominaient à Constantinople. Saint Sabas y étant donc arrivé avec les autres abbés de la Palestine, demandèrent audience à l'empereur, qui ordonna de les faire entrer tous. Quand ils furent dans l'antichambre, les officiers qui gardaient la porte les laissèrent tous passer, hormis saint Sabas, qu'ils prirent pour un mendiant, le voyant couvert d'un habit crasseux et recousu de plusieurs pièces. L'empereur reçut avec bonté les autres, car il aimait les moines, et lut la lettre du patriarche Elie, qu'ils lui présentèrent, conçue en ces termes : « Je vous envoie l'élite des bons et fidèles serviteurs de Dieu, des supérieurs de tout le désert, entre autres le seigneur Sabas, la lumière de toute la Palestine. » L'empereur demanda où il était, et les abbés regardaient de côté et d'autre, ne sachant comment il les avait quittés. L'empereur ordonna de le chercher avec soin; les chambellans firent du bruit, et les officiers de la porte étant sortis, le trouvèrent debout, dans un coin, qui récitait des psaumes. Ils l'emmenèrent au dedans du voile : l'empereur crut voir un ange devant lui, et les fit tous asseoir.

Après quelques discours, chacun recommanda les intérêts de son monastère. L'un demanda les terres qui l'environnaient, l'autre quelque autre grâce de l'empereur. Il les satisfit tous, puis il dit à saint Sabas : « Bon vieillard, pourquoi avez-vous entrepris un si grand voyage sans vouloir rien demander? » Saint Sabas répondit : « Je suis venu premièrement pour baiser les pieds de Votre Piété pendant que je suis encore en ce monde; ensuite pour vous supplier, au nom de la sainte cité de Jérusalem et de notre saint archevêque, de donner la paix à nos Eglises et de ne point troubler le sacerdoce, afin que nous puissions prier tranquillement jour et nuit pour votre sérénité. » L'empereur fit apporter mille pièces d'or et lui dit : « Prenez cela, mon Père, et priez pour nous; car j'ai ouï dire que vous gouvernez plusieurs monastères dans le désert. » Saint Sabas dit : « Je veux passer ici l'hiver et vous rendre encore mes respects. » L'empereur renvoya les autres abbés en Palestine et ordonna que saint Sabas entrât au palais, toutes les fois qu'il voudrait, sans se faire annoncer.

Quelques jours après, il l'envoya chercher et lui dit : « Votre archevêque s'est déclaré défenseur du concile de Chalcédoine, qui a autorisé la doctrine de Nestorius. De plus, il a perverti Flavien d'Antioche, il l'a attiré à lui; en sorte que, comme les décrets de Chalcédoine allaient être anathématisés généralement au concile actuellement assemblé à Sidon, il l'a seul empêché, de concert avec Flavien, et croit s'être moqué de moi, m'écrivant en ces propres termes : « Nous rejetons toute hérésie qui a introduit » quelque nouveauté contre la foi orthodoxe, sans » recevoir ce qui a été fait à Chalcédoine, à cause des scandales qui en sont arrivés. » Il croit par là nous avoir trompé; mais nous voyons bien qu'il est le défenseur du concile de Chalcédoine et de toute l'hérésie de Nestorius; et nous l'avons vu auparavant, quand il a refusé de consentir à la déposition d'Euphémius et de Macédonius, tous deux nestoriens. C'est pourquoi nous voulons qu'il soit chassé, et que l'on mette en ce siège apostolique un homme digne et orthodoxe, afin que les lieux saints ne soient pas profanés par les dogmes de Nestorius. »

Saint Sabas répondit : « Soyez persuadé, seigneur, que notre archevêque, instruit par nos anciens faiseurs de miracles et les lumières du désert, rejette également la division de Nestorius et la confusion d'Eutychès, marchant au milieu, par le chemin de la foi catholique. Nous savons qu'il ne respire que la doctrine de saint Cyrille d'Alexandrie. Nous vous supplions donc de conserver sans trouble la sainte cité de Jérusalem, où le mystère de notre salut a été manifesté, et de ne point y ébranler le sacerdoce. » L'empereur touché de la sainteté et de la simplicité du vieillard, lui dit : « L'Ecriture a bien dit, que *celui qui marche avec simplicité, marche avec confiance*. Priez pour moi, et n'ayez point d'inquiétude; à votre considération, je n'ordonne rien contre votre archevêque, et je veux que vous retourniez pleinement satisfait. » Saint Sabas étant ainsi sorti de chez l'empereur, entra chez l'impératrice Ariadne, et après lui avoir donné sa bénédiction, il l'exhorta à maintenir la foi de l'empereur Léon, son père; elle lui dit : « Vous dites bien, saint vieillard; si on voulait l'entendre ! » Ayant ainsi quitté l'impératrice et voulant éviter le tumulte, il sortit de la ville et demeura dans le faubourg de Rufin.

L'empereur ayant encore envoyé chercher saint Sabas peu de jours après, le pria de remettre à la ville de Jérusalem quelques restes d'un tribut très-odieux nommé *chrysargire*, qu'il avait eu la gloire d'abolir pour tout l'empire treize ans auparavant, en 499, mais qu'il remplaça bientôt par un autre non moins vexatoire, où chacun était obligé de payer pour son voisin insolvable. L'empereur y consentait; mais un courtisan, nommé Marin, l'en détourna, disant que les habitants de Jérusalem étaient des nestoriens et des Juifs, indignes de cette grâce. Saint Sabas lui dit : « Ne vous opposez pas à la bonne volonté de l'empereur pour les églises, renoncez à l'avarice et prenez garde à vous; autrement vous vous attirerez dans de grands maux. Vous perdrez tous vos biens en un instant, votre maison sera brûlée, vous mettrez l'empire même en péril. » Saint Sabas repartit pour la Palestine, après avoir encore reçu de l'empereur mille pièces d'or, mais sans obtenir la remise des restes du chrysargire. C'était en mois de mai 512. Quelques mois après, Marin s'étant trouvé dans une sédition, sa maison fut brûlée, et le reste de la prédiction accompli (*Vita S. Sabæ apud Surium*, 5 dec.).

Pendant son séjour à Constantinople, saint Sabas était souvent visité par Julienne et Anastasie, dames très-catholiques et très-vertueuses. Julienne était petite-fille de l'empereur Valentinien III et veuve de l'empereur Olybrius. Elle avait fait bâtir une église à la Mère de Dieu à Constantinople, du côté de l'Asie. L'empereur Anastase ne put jamais l'obliger à communiquer avec le patriarche Timothée, quelque artifice qu'il employât, quelque soin que prit Timothée lui-même de lui rendre des visites. Anastasie était femme du patrice Pompée, neveu de l'empereur Anastase, qui les maltraita de plusieurs manières, comme partisans du concile de Chalcédoine et du patriarche Macédonius, auquel ils envoyaient de quoi subsister pendant son exil.

Dans cette affliction, les évêques orientaux écrivirent au Pape en ces termes :

« L'Eglise d'Orient à Symmaque, évêque de Rome. Notre Seigneur Jésus-Christ, qui, dans sa bonté pour nous, abaissant les cieux, est descendu sur la terre, proclame encore tous les jours dans les saints évangiles : Ce ne sont pas ceux qui se portent bien qui ont besoin du médecin, mais ceux qui sont malades; je ne suis pas venu appeler les justes, mais les pécheurs à pénitence. Et pour nous découvrir encore plus l'étendue de sa clémence, il ajoute : Qui d'entre vous, ayant cent brebis, s'il en perd une, ne laisse pas les quatre-vingt-dix-neuf dans le désert pour courir après celle qu'il a perdue, jusqu'à ce qu'il la retrouve? Enfin, pour expliquer encore plus clairement ce qu'il veut dire, il y joint la parabole de la femme qui retrouve la drachme qu'elle avait perdue, et il dit après l'une et après l'autre : En vérité, je vous déclare, ainsi on se réjouira dans le ciel pour un seul pécheur qui fait pénitence.

» Voilà ce que nous disons, très-saint Père, en osant vous supplier, non pour la perte d'une brebis, non pour la perte d'une seule drachme, mais pour le salut si précieux, non-seulement de tout l'Orient, mais de presque toutes les trois parties du monde habitable; salut qui a été acheté, non par un or ou un argent corruptible, mais par le précieux sang de l'Agneau de Dieu, selon la doctrine du bienheureux prince des glorieux apôtres, dont la chaire a été confiée à Votre Béatitude, par le bon pasteur par excellence, Jésus-Christ, qui est venu chercher et délivrer ce qui avait péri, et donner sa vie pour la rédemption de plusieurs. A son exemple, très-saint Père, hâtez-vous de nous secourir, de même que le bienheureux Paul, votre docteur, averti en vision que les Macédoniens étaient en danger, se hâta de les secourir en réalité.

» Quant à nous, Père plein de tendresse envers vos enfants, en nous voyant, non pas en vision, mais en réalité, périr par la prévarication de notre père Acace, ne tardez pas, mais hâtez-vous de venir à notre secours; car il vous a été donné la puissance, non-seulement de lier, mais encore, à l'exemple du maître, de délier ceux qui sont depuis longtemps dans les fers; non-seulement d'arracher, de renverser, mais encore de planter et d'édifier, comme Jérémie, ou plutôt comme Jésus-Christ, dont Jérémie était la figure; non-seulement de livrer à Satan pour la perte de la chair, mais encore de ranimer par la charité, ceux qui sont rejetés depuis longtemps, de peur, ce qu'à Dieu ne plaise, que Satan venant à nous plonger dans un excès de tristesse, ne paraisse remporter la victoire sur vous. Vous n'ignorez pas sa malice, vous que Pierre, votre docteur sacré, enseigne tous les jours à paître, non par la violence, mais par une autorité qu'elles aiment à prévenir, les brebis de Jésus-Christ qui vous sont confiées partout le monde habitable. Nous vous conjurons donc de déchirer ce nouvel arrêt qui pèse sur nous, comme notre Sauveur Jésus-Christ a déchiré l'ancien sur la croix.

» Si Acace a été anathématisé à cause de son amitié pour les alexandrins ou plutôt les eutychiens, qui rejettent et anathématisent le très-saint pape Léon ou le concile de Chalcédoine, pourquoi passons-nous à vos yeux pour des hérétiques, pourquoi sommes-nous sous l'anathème, nous qui ne recevons que l'épître de Léon et ce qui a été dit dans le saint concile? nous qui, parce que nous prêchons votre dogme orthodoxe, sommes attaqués tous les jours et anathématisés comme des hérétiques par les partisans d'Eutychès? Ne perdez pas le juste avec l'impie; ne confondez pas dans votre jugement, les orthodoxes et les hérétiques; ceux qui anathématisent la sainte épître en question et votre saint et orthodoxe concile, avec ceux qui anathématisent avec vous, et qui demandent à mourir chaque jour pour la vraie foi que vous prêchez.

» Ne dédaignez donc pas de nous secourir, et ne

nous haïssez pas, parce qu'il en est qui communiquent avec les adversaires. Il y en a beaucoup qui, le pouvant, s'en sont abstenus. D'autres, chargés du soin des âmes, ne l'ont pas fait, non par attachement à la vie, mais pour le salut des âmes qui leur étaient confiées. S'il plaît à Dieu, Votre Paternité en aura plus tard des preuves. Quelques-uns, voyant exiler les prêtres orthodoxes, voulaient d'eux-mêmes abandonner leurs églises. Mais leurs collègues les ont conjurés de demeurer, leur disant comme Rebecca à Jacob : Nous prenons sur nous le péché de votre condescendance; seulement n'abandonnez pas sans nécessité les brebis de Jésus-Christ aux loups, ne permettez pas que les hérétiques prennent vos places et déchirent le troupeau.

» Ainsi donc, tous tant que nous sommes d'orthodoxes, et ceux qui paraissent communiquer avec les adversaires, et ceux qui s'en abstiennent, nous attendons, après Dieu, la lumière de votre visite et de votre assistance. Hâtez-vous de secourir l'Orient, d'où le Sauveur vous a fait sortir deux grands astres, Pierre et Paul, pour éclairer toute la terre. Rendez-lui ce que vous en avez reçu; éclairez-le de la vraie lumière de la foi, comme il vous a éclairés dans le temps de la connaissance de Dieu. Lorsque l'univers, par le crime d'un seul, périssait dans l'iniquité, les saints prophètes, pour le guérir, appelaient le souverain médecin et prince des pasteurs : O vous qui gouvernez Israël, hâtez-vous; vous qui êtes assis sur les chérubins, paraissez; réveillez votre puissance, et venez pour nous délivrer. De même nous aujourd'hui, frappés d'une nouvelle plaie par la prévarication d'un autre père, nous élevons nos cris vers Votre Béatitude, afin qu'à l'exemple du Fils de Dieu, vous veniez à notre aide, vous rappelant, très-saint Père, ce qui a déjà été dit, que ce n'est pas les bien portants qui ont besoin du médecin, mais ceux qui sont malades.

» Si le mal n'était que médiocre, nous nous empresserions sans doute d'aller nous-mêmes trouver notre médecin spirituel, et là, honorer les souffrances des glorieux apôtres, vos docteurs, adorer vos pieds sacrés, et recevoir de la bouche même de Votre Sainteté le remède de notre prévarication, la délivrance de nos liens et le pardon de notre faute. Mais comme depuis la plante des pieds jusqu'au sommet de la tête, tout n'est qu'une plaie, c'est à vous, médecin charitable, de voler vous-même à notre secours, pour guérir les membres défaillants du corps de l'Église, ranimer la main qui n'a plus de force, affermir les genoux qui fléchissent, et redresser nos pieds dans les sentiers de la vérité, de peur que ce qui est déjà boiteux ne se rompe tout à fait, mais qu'au contraire tout se répare par votre zèle et vos soins.

» De même que le Seigneur dit autrefois à saint Paul, en parlant de Corinthe : Parlez et ne vous taisez point, car j'ai un grand peuple dans cette ville; de même sa bonté dit aujourd'hui à Votre Béatitude : Hâte-toi, va sans délai au secours de l'Orient, ou plutôt des principales parties de l'univers; car non-seulement une multitude de cent vingt mille, comme à Ninive, mais de beaucoup plus grandes encore, attendent, après Dieu, leur guérison de toi. Sans doute, Votre Béatitude s'empressera, comme saint Paul, d'écouter la voix du Seigneur. Car si votre prédécesseur, le saint archevêque Léon, n'a pas cru indigne de lui de courir au devant du farouche et barbare Attila pour arracher à la captivité corporelle, non-seulement les chrétiens, mais encore les Juifs et les païens; combien plus Votre Sainteté ne s'empressera-t-elle pas d'arracher à une captivité beaucoup plus funeste, tant d'âmes qui déjà y gémissent ou y tombent tous les jours, et de nous montrer d'une manière plus expresse la voie droite de la vraie foi, entre les deux voies trompeuses et diaboliques d'Eutychès et de Nestorius.

» Ce sont nos péchés qui ont répandu des doutes là-dessus, quelques-uns s'imaginant qu'entre Nestorius et Eutychès, il est impossible de trouver une troisième voie intermédiaire de salut, et qu'on est nécessairement à l'un ou à l'autre. C'est pourquoi, hâtez-vous, après Dieu, de nous secourir; et, comme entre Arius, qui divisait la nature divine, et Sabellius, qui confondait les personnes, les saints Pères ont montré la voie intermédiaire de la vérité dans l'unité de nature et la trinité de personnes : vous de même, entre Eutychès, qui, à l'imitation de Sabellius, confond les natures, et Nestorius, qui, à l'imitation d'Arius, les divise, montrez-nous quelle est la vraie confession de la foi orthodoxe, que nous a transmise le pape saint Léon et les disciples des saints Pères à Chalcédoine, touchant les deux natures unies dans la même personne de notre Sauveur et grand Dieu, Jésus-Christ. Pour nous, très-saint et bienheureux Symmaque, nous croyons que le même Christ est de deux natures et en deux natures, et non pas d'une seule des deux après l'union, comme disent les autres (Labbe, t. IV). »

Voilà comme, dans les premières années du VIe siècle, même après deux conciles œcuméniques à ce sujet, toute l'Église d'Orient suppliait le Pape de lui indiquer la voie droite; voilà comme, il y a quatorze siècles, toute l'Église d'Orient reconnaissait solennellement qu'après Dieu, son unique salut était le Pape. De pareils monuments sont bien dignes d'être connus et médités, surtout de nos jours; mais pour cela il faut recourir, non pas à l'histoire de Fleury, qui se contente de dire à peu près que la lettre des évêques d'Orient au Pape était fort longue, non pas à Bérault-Bercastel, qui n'en fait pas même mention, mais au texte original, qui se trouve dans toutes les collections de conciles.

On ne sait par qui cette lettre fut portée à Rome, mais dans les souscriptions des conciles romains, sous le pape Symmaque, on trouve les noms de plusieurs évêques d'Orient, et l'on sait que, lors des accusations calomnieuses intentées contre Symmaque par les schismatiques, Dioscore, diacre d'Alexandrie, se trouvait à Rome et fut même envoyé par ce Pape au roi Théodoric (Muratori, *Script. rer. Ital.*, t. III, pars 2, col. 47).

La lettre que nous avons du pape Symmaque aux Orientaux, en date du 8 octobre 512, semble être la réponse à celle-ci, quoiqu'elle n'en fasse pas mention. Il y rapporte en peu de mots les ravages que les hérésies de Nestorius, d'Eutychès et de leurs sectateurs avaient causés dans les Églises d'Orient. Il exhorte les Orientaux à s'en tenir fermement à ce qui avait été décidé une fois contre Eutychès; car si on permet de revenir sur les décisions précédentes, que deviendra l'autorité des Pères? que deviendra la majesté de la foi catholique; que deviendra la doctrine consacrée par le sang des martyrs? Ils ont, avec une admirable patience, enduré la perte de leurs biens et toute sorte de tourments, pour ne pas perdre l'héritage éternel. A leur exemple, que chacun de vous regarde l'exil et la déportation comme sa patrie. Voici le temps où la foi redemande ses soldats. Voici l'occasion favorable, dit-elle, pour amasser les fruits de vie, et, par un peu de souffrance, mériter de grandes récompenses. Il les exhorte à professer la vérité nettement et courageusement; car si on veut y associer le mensonge, elle en souffrira nécessairement, et le corps entier de l'Eglise en restera languissant et débile. Il faut donc fuir également, et l'erreur sacrilège d'Eutychès, et la communion de ceux qui la partagent. Je vous y engage parce que je vous aime; je ne vous accuse pas comme quelqu'un qui vous hait. C'est pourquoi, mes frères, désirant tous l'unité de l'Eglise et admirant la céleste beauté de la sainte concorde, disons avec David : *Qu'il est bon, qu'il est heureux de demeurer unis en frères!* Demandons l'accomplissement de ce qu'a dit saint Paul : *Vous êtes tous frères en un seul Christ.* Car jusqu'à ce que l'unité revienne, il ne faut pas douter qu'il n'arrive les mêmes calamités que dernièrement dans l'Eglise de Constantinople, calamités dont je suis forcé tout à la fois de gémir et de me taire. Car ceux qui ont cru devoir négliger l'admonition du Siège apostolique sont tombés dans ce qui arrive d'ordinaire à ceux qui n'ont point de soutien. Si donc quelqu'un, pensant à son propre salut, veut observer les jugements apostoliques, dès qu'il se sera séparé de la contagion de ceux dont il a été parlé, il ne doit douter en aucune manière qu'il ne soit participant de notre communion. Que s'il ne se sépare de la société de ceux que le Siège apostolique a condamnés, qu'il sache que, sous aucune couleur, par aucune feinte, par aucune ruse, il ne pourra surprendre la vigilance de l'Eglise. Car de même que nous embrassons de grand cœur ceux qui s'éloignent du venin desdits individus, savoir : Eutychès, Dioscore, Timothée Elure, Pierre Monge et Acace; de même notre sollicitude veille toujours pour que leurs sectateurs ne puissent entrer par surprise. Que Dieu vous conserve sains et saufs, bien-aimés frères (Labbe, t. IV).

Le pape saint Symmaque n'eut pas la consolation de voir cette réunion si désirée. Il mourut le 19 juillet 514, ayant tenu le Saint-Siège quinze ans et près de huit mois. Le 26 du même mois de juillet, il eut pour successeur le diacre Hormisda, fils de Juste, né à Frosinone en Campanie, qui tint le Saint-Siège neuf ans.

A peine l'élection du nouveau Pape eut-elle été connue à Constantinople, que l'empereur Anastase implora son secours pour calmer la tempête qu'il s'était suscitée à lui-même par son imprudence. A son couronnement, il avait promis, avec serment et par écrit, de conserver intacte la foi catholique et de maintenir l'autorité du concile de Chalcédoine. Or, la grande affaire de sa vie fut de manquer à son serment, de renverser le concile de Chalcédoine, de persécuter les catholiques, d'exiler leurs évêques, de corrompre leur foi. Par ses tromperies, ses parjures, ses caprices tyranniques, il réussit à mettre le trouble partout, à exciter des collisions, souvent sanglantes, à Constantinople, Antioche, Jérusalem, Alexandrie, et enfin à soulever contre lui les populations de la Thrace et des provinces environnantes, qui ne pouvaient plus supporter son gouvernement de persécution. Voici quelques détails de ces événements.

L'empereur Anastase ayant donc exilé le patriarche Macédonius, l'avait fait remplacer par Timothée. Le caractère de celui-ci se fait assez connaître dans l'histoire qui suit. Le supérieur du monastère des Studites, à Constantinople, étant mort, Timothée y vint pour ordonner un autre à sa place. Mais celui qui avait été élu pour cette charge, lui déclara qu'il ne pouvait recevoir l'ordination d'un homme qui anathématisait le concile de Chalcédoine. Alors Timothée dit : « Anathème à quiconque rejette ou anathématise le concile de Chalcédoine. » Sur quoi le nouveau supérieur se laissa ordonner de sa main. Mais Jean l'archidiacre, qui était manichéen, se mit à dire des injures au patriarche, et courut au palais en informer l'empereur. Anastase fit aussitôt chercher Timothée, et l'accabla de reproches. Mais Timothée nia effrontément la chose, et dit : « Anathème à quiconque reçoit le concile de Chalcédoine. » Telle était la probité de ce patriarche de Constantinople. Celle de l'empereur pouvait lui servir de modèle; car il disait impudemment qu'il y avait une loi qui ordonnait au souverain de mentir et de se parjurer, quand cela était nécessaire (Théophan., 505 et 506).

Dans son incurable démangeaison de tout brouiller, l'empereur Anastase entreprit de réformer les saints Evangiles, disant qu'ils avaient été composés par des gens sans lettres : il entreprit de réformer la liturgie et l'office divin. Le 4 novembre 511, qui était un dimanche, plusieurs magistrats, parmi eux le préfet actuel de Constantinople, Platon, et le préfet sorti de charge, Marinus, allèrent par son ordre à la grande église, et, montant à l'ambon ou au lutrin, entonnèrent le Trisagion avec l'addition hérétique, *crucifié pour nous.* Les catholiques se récrièrent contre, et voulurent chanter comme à leur ordinaire; mais une troupe de soldats fondirent sur eux, en tuèrent plusieurs dans l'église même, et en traînèrent d'autres dans les prisons, où on les laissa mourir de faim et de misère. Le lendemain, 5 novembre, on en fit encore un plus grand carnage dans l'église de Saint-Théodore. Le surlendemain, 6, devait avoir lieu une procession solennelle en mémoire d'une nuée de cendres qui, l'an 472, avait failli accabler la ville. L'évêque Timothée, bien loin de retenir l'empereur, le poussait à ces extravagances tyranniques; il envoya ordre à toutes les églises d'y chanter le Trisagion avec l'addition impériale. Plusieurs le firent par crainte. Mais la masse du peuple, indignée, quitta la procession; puis, apercevant les moines qui chantaient le Trisagion sa forme ordinaire, elle se mit à crier de joie : Vivent les orthodoxes! Dès lors, il n'y eut plus moyen de la retenir : ce fut une sédition terrible. On courut de toutes parts à la place de Constantin; on en fit comme la place d'armes et le camp de la religion. Les uns y chantaient jour et nuit des cantiques en l'honneur de la Trinité et de Jésus-Christ; mais les autres, courant par toute la ville, y tuaient par le fer et le feu les flatteurs d'Anastase, qui portaient l'habit de moines. Il y eut plusieurs maisons de pillées et de brûlées, entre autres celles de Marinus et de Platon. Ces deux magistrats, qui les premiers avaient donné lieu à la sédition, eussent été mis en pièces eux-mêmes, s'ils n'avaient trouvé moyen d'échapper. On apporta les clés de la ville et les enseignes militaires dans la place où le peuple campait. On jeta à terre les images et les statues d'Anastase; on cria qu'il fallait faire un autre empereur : les uns demandaient Vitalien, qui était maître de la milice, fils de Patriciole et petit-fils d'Aspar; d'autres, à cause de Julienne, petite-fille de Valentinien III, demandaient pour empereur Aréobinde, son mari.

Les sénateurs Céler et Patrice, envoyés pour apaiser le tumulte, furent repoussés par une grêle de pierres. L'empereur Anastase s'enfuit et se cacha dans le faubourg de Blaquernes, accablé des justes reproches que lui faisait l'impératrice Ariadne, et de tous les maux qu'il causait aux chrétiens. Et, de fait, lui seul avait provoqué cette insurrection. Enfin, le troisième jour, forcé de céder au peuple, il vint à l'hippodrome, sans couronne, pour faire pitié. Quand on sut qu'il était là, une grande multitude s'y rendit de la place de Constantin, portant la croix et l'Evangile élevés. Ils parurent en cet état devant le trône impérial où il était, chantant l'hymne de la Trinité ou le Trisagion, comme les catholiques avaient accoutumé de le chanter. Anastase fit crier par des hérauts qu'il était prêt à quitter l'empire, mais que tous ne pouvant être empereurs, il fallait en choisir un autre. Le peuple lui demanda, avec de grands cris, que Marinus et Platon, comme les auteurs de tout le mal, fussent exposés aux bêtes. Il promit et jura tout ce qu'on voulut, pour se parjurer aussitôt à son ordinaire; le peuple, se laissant apaiser à cette douceur apparente, le pria de reprendre le diadème, et chacun s'en retourna chez soi sans avoir rien obtenu (1).

Après ces funestes événements, l'empereur Anastase ne fut guère plus raisonnable. S'il évita de recommencer aussitôt à Constantinople, il s'en dédommagea sur Antioche et Jérusalem. Irrité contre Flavien d'Antioche et contre Elie de Jérusalem, à cause du peu de succès de son concile de Sidon, il avait résolu de les chasser l'un et l'autre. Il commença par Flavien. Le manichéen Xenaïas, évêque intrus d'Hiéraple, assembla les moines schismatiques de la première Syrie, qui vinrent à Antioche avec beaucoup de tumulte et d'insolence, pour contraindre Flavien à anathématiser le concile de Chalcédoine et la lettre de saint Léon. Flavien en fut indigné; et comme les moines le pressaient avec grande violence, le peuple de la ville se souleva, en tua un grand nombre, et jeta les corps dans l'Oronte. D'un autre côté, les moines de la seconde Syrie prirent le parti de Flavien, parce qu'il avait pratiqué la vie monastique dans une de leurs communautés. Ils vinrent donc à Antioche pour le défendre, et y firent encore beaucoup de maux, qui servirent de prétexte pour le chasser et le reléguer à Péra, sur la frontière de Palestine et d'Arabie. On mit en sa place le moine Sévère, ce chef des schismatiques qui avait causé tant de maux à Constantinople.

Afin de l'établir à Antioche, Anastase y envoya

(1) Marcell., *Chron.*; Tillem., *Hist. eccl.*, t. XVI. Lebeau y ajoute plusieurs circonstances de son invention.

des officiers avec beaucoup d'argent à distribuer au peuple. Ces officiers persuadèrent à Flavien de sortir de la ville pour céder un peu à la sédition; mais aussitôt ils firent ordonner Sévère évêque d'Antioche, et envoyèrent Flavien en exil avec un grand nombre d'autres, tant évêques que clercs et moines. C'était au mois de novembre 512. Sévère envoya aussitôt partout ses lettres synodiques, où il anathématisait expressément le concile de Chalcédoine. Mais elles ne furent point reçues en Palestine; au contraire, ceux qui les avaient apportées furent chassés honteusement. Quant aux évêques qui dépendaient d'Antioche, les uns se laissèrent séduire, les autres cédèrent à la force, et quelques-uns d'entre eux se rétractèrent, comme les évêques dépendants d'Apamée. D'autres refusèrent absolument de recevoir les *synodiques* de Sévère, comme Julien de Bosre, Epiphane de Tyr et quelques autres. Il y en eut même qui abandonnèrent leurs Eglises, comme ce même Julien de Bosre et Pierre de Damas, et ils se retirèrent dans les monastères de Palestine; car Julien était disciple de saint Théodose. L'abbé Mamas, un des chefs des schismatiques, choqué de l'insolence de Sévère, fut ramené à la communion de l'Eglise catholique par saint Sabas. Cosme, évêque d'Epiphanie sur l'Oronte, et Sévérien d'Aréthuse, son voisin, passèrent plus avant : non contents de se séparer de la communion de Sévère, ils lui envoyèrent, à Antioche, un décret de déposition. Un diacre, déguisé en femme, pour échapper à la vengeance de Sévère, la lui remit en main propre, et disparut aussitôt dans la foule. L'empereur l'ayant appris, ordonna au gouverneur de Phénicie de chasser Cosme et Sévérien de leurs sièges. Mais le gouverneur, voyant que leurs villes les soutenaient, remontra qu'on ne pouvait les chasser sans effusion de sang; à quoi l'empereur répondit qu'il ne voulait pas qu'on en versât une goutte : belle parole, mais qui, dans sa bouche, n'était qu'une parole; car de tout le sang versé dans ces émeutes, la principale cause était lui-même (Evagre, l. 3, c. 34).

Sévère voyant qu'Elie de Jérusalem n'avait pas voulu recevoir ses lettres synodiques, les lui renvoya au mois de mai 513, avec quelques clercs et des officiers de l'empereur pour leur prêter main-forte. Mais saint Sabas l'ayant appris, vint à Jérusalem avec les autres abbés du désert, chassa de la ville ceux qui avaient apporté les lettres de Sévère, et, ayant assemblé de tous côtés une grande multitude de moines devant le Calvaire, avec le peuple de Jérusalem, ils criaient : Anathème à Sévère et à ceux qui communiquent avec lui! et cela en présence des capitaines et des soldats que l'empereur avait envoyés (*Vita S. Sabæ*).

Sévère voulut aussi attirer à son parti Almondar, qui commandait les Sarrasins ou Arabes, sujets des Perses, et qui fit de grands ravages sur les Romains en Arabie et en Palestine; mais il est à croire qu'il fut touché des miracles de saint Sabas et des autres saints solitaires qui y demeuraient, car il se convertit et fut baptisé par des catholiques. Sévère lui envoya donc deux évêques pour le pervertir. Mais Almondar les confondit par cette finesse; il leur dit tout d'un coup : Je viens de recevoir des lettres qui portent que l'archange Michel est mort. Cela est impossible, dirent les deux évêques. Almondar répondit :

Et comment donc Jésus-Christ, étant purement Dieu, sans avoir la nature humaine, comme vous dites, a-t-il été crucifié pour nous, puisqu'un ange ne peut mourir? A cette repartie spirituelle du prince arabe, ils restèrent confondus et s'en allèrent confus.

Si l'empereur Anastase avait eu le bon sens d'Almondar, il se serait épargné, il aurait épargné à l'empire et à l'Eglise bien des maux. Les populations catholiques de la Scythie romaine, de la Mésie et des autres provinces, se lassèrent enfin de ses parjures et de sa tyrannie, et sollicitèrent Vitalien, maître de la milice, de se mettre à leur tête. Vitalien s'étant rendu à leurs vœux, assembla dans trois jours plus de soixante mille hommes, tant infanterie que cavalerie, auxquels se joignit une multitude de Huns et de Bulgares. Il prit un convoi considérable de vivres, d'argent, d'armes et de toutes sortes de munitions, que l'empereur envoyait aux armées de Thrace et d'Illyrie, et marcha vers Constantinople. Hypatius, neveu de l'empereur, vint au devant de lui à la tête de soixante-cinq mille hommes. Cette armée fut mise en déroute. Hypatius fut pris, chargé de chaînes, et enfermé par dérision dans une cage de fer qu'on portait à la suite des troupes victorieuses. Vitalien força la longue muraille et vint camper aux faubourgs de Constantinople. Il y demeura huit jours, pendant lesquels Anastase ne cessa de lui faire porter des paroles qu'il n'avait pas dessein de garder, quoiqu'il les confirmât par des serments. Vitalien s'y laissa tromper, et reprit la route de Mésie. Mais bientôt Anastase l'envoya poursuivre par un nommé Cyrille, avec les troupes qu'il put rallier. Il y eut dans la Thrace une bataille sanglante, dont le succès fut douteux. Cyrille était plus fait pour la débauche que pour la guerre. Peu après la bataille, Vitalien le surprit de nuit dans la ville d'Odessus, couché entre deux prostituées, et lui plongea l'épée dans le corps. Les troupes de Cyrille se donnèrent à Vitalien, qui vint de nouveau camper devant Constantinople. Alors l'empereur Anastase, voyant ses affaires désespérées, lui députa des sénateurs pour demander la paix, promettant de rappeler les évêques exilés. Vitalien demanda surtout que Macédonius de Constantinople et Flavien d'Antioche fussent remis sur leurs sièges, et que l'on assemblât un concile, où se trouvât le Pape, pour examiner les excès commis contre les catholiques. L'empereur, le sénat, les magistrats et les peuples le jurèrent. La paix s'étant faite à ces conditions, Vitalien se retira et mit en liberté Hypatius, neveu d'Anastase (Marcell., *Chron.*; Théophan.).

Ce fut en exécution de ce traité que l'empereur Anastase écrivit au pape Hormisda, le 12 janvier 515. D'abord il tâche d'excuser la longueur de son silence, le rejetant sur la dureté des Papes précédents. Puis il prie le Pape de se rendre médiateur pour apaiser les mouvements de Scythie, qui obligeront d'assembler un concile. La lettre fut reçue à Rome de la main de Patrice, le 27 mars. Par une autre lettre, Anastase marquait que le concile devait se tenir à Héraclée en Europe ou en Thrace, priant le Pape de s'y rendre le 1er juillet de la même année 515. Le Pape répondit à l'empereur le 4 avril, lui témoignant sa joie de ce qu'il avait enfin rompu le silence, et promettant de lui répondre plus amplement quand il saurait le sujet de la convocation du concile. Par une autre lettre du 8 juillet, il promit de lui envoyer bientôt des évêques chargés de ses ordres. Vitalien, de son côté, avait envoyé des députés au Pape; et Théodoric, roi d'Italie, le sollicitait aussi d'envoyer à Constantinople. Ainsi, par délibération d'un concile, il envoya saint Ennodius, depuis quelque temps évêque de Pavie; un autre évêque nommé Fortunat; Venance, prêtre; Vital, diacre, et Hilarus, notaire. Le Pape leur donna une instruction, la plus ancienne de ce genre qui nous reste, et qui est un modèle de prudence et d'urbanité, ou, si l'on veut, de diplomatie chrétienne et pontificale. Elle commence ainsi :

« Quand, avec l'aide de Dieu, vous arriverez en Grèce, si les évêques viennent au devant de vous, recevez-les avec le respect convenable; et s'ils vous préparent un logement, ne le refusez pas, de peur qu'il ne semble aux laïques que vous ne voulez point de réunion. S'ils vous prient à manger, excusez-vous en honnêtement en disant : Priez Dieu que nous communiquions auparavant à la table mystique, et alors celle-ci nous sera plus agréable. Ne recevez point les autres choses qu'ils pourront vous offrir, si ce n'est les voitures en cas de besoin. Dites que vous ne manquez de rien, et que vous espérez qu'ils vous donneront même leurs cœurs. Lorsque vous serez à Constantinople, prenez le logement que l'empereur aura ordonné; et avant que de le voir, ne recevez personne que ceux qu'il vous enverra; après que vous l'aurez vu, s'il est des orthodoxes ou des personnes zélées pour l'union qui veuillent vous voir, recevez-les avec toute sorte de précaution, et pour vous instruire de ce qui se passe.

» Etant présentés à l'empereur, rendez-lui nos lettres en disant : Votre père vous salue, priant Dieu tous les jours pour la prospérité de votre empire, par les intercessions de saint Pierre et de saint Paul, afin que comme il vous a donné le désir de consulter Sa Béatitude pour l'unité de l'Eglise, il vous donne la perfection de la volonté. Si l'empereur veut, avant de recevoir les papiers, connaître l'ordre de la légation, vous userez de ces paroles : Ordonnez qu'on reçoive les lettres. S'il demande : Que contiennent-elles? Répondez : Elles contiennent des salutations pour Votre Piété, et rendent grâces à Dieu de ce que les Eglises connaissent votre sollicitude pour l'unité; lisez et vous le reconnaîtrez. Ne lui parlez absolument de rien, avant qu'on ait reçu et lu vos lettres. Après qu'elles auront été lues, ajoutez : Votre père le saint Pape a aussi écrit à votre serviteur Vitalien, qui lui a envoyé des gens de sa part, avec votre permission, dit-il, mais il a ordonné que les lettres que nous lui portons ne lui soient rendues que par ordre. Si l'empereur demande les lettres que nous envoyons à Vitalien, il faut répondre : Le saint Pape, votre père, ne nous l'a pas ordonné; mais afin que vous connaissiez la simplicité de ces lettres et qu'elles ne tendent qu'à porter Votre Piété à la réunion de l'Eglise, envoyez quelqu'un avec nous, en présence de qui on les lise. S'il dit : Vous pouvez encore avoir d'autres ordres; vous répondrez : Dieu nous en garde, ce n'est pas notre coutume; nous venons pour la cause de Dieu, et nous offenserions Dieu ? La légation du saint Pape est toute simple, et tout le monde sait ce qu'il demande : c'est qu'on n'altère point les constitutions des Pères, et qu'on chasse de l'Eglise les hérétiques; notre légation ne contient rien de plus.

» Si l'empereur dit : C'est pour cela que j'ai invité le saint Pape au concile, afin que, s'il y a quelque chose d'ambigu, on le fasse disparaître; il faut répondre : Nous rendons grâces à Dieu, de ce que votre intention est que la généralité observe ce qui a été statué par les Pères; car alors il pourra y avoir une vraie et sainte unité entre les Eglises du Christ, quand vous vous déterminerez à observer ce qu'ont observé vos prédécesseurs Marcien et Léon. S'il demande ce que c'est; vous direz que l'on ne donne aucune atteinte au concile de Chalcédoine et aux lettres du pape saint Léon, écrites contre Nestorius, Eutychès et Dioscore. S'il dit : Nous recevons et nous gardons le concile de Chalcédoine et les lettres du pape Léon; vous lui rendrez grâces et vous lui baiserez la poitrine en disant : C'est maintenant que nous voyons que Dieu vous favorise, puisque vous vous empressez de faire ces choses; car c'est la foi catholique, celle qu'ont prêchée les apôtres, et sans laquelle personne ne peut être orthodoxe; c'est celle que la généralité des pontifes doit tenir et prêcher. S'il dit : Les évêques sont orthodoxes et ne s'écartent point des constitutions des Pères; vous répondrez : Pourquoi a-t-il donc tant de divisions entre les Eglises de ces pays? ou pourquoi les évêques d'Orient ne sont-ils pas d'accord? S'il dit : Les évêques étaient en repos, il n'y avait point de discorde parmi eux; c'est le prédécesseur du saint Pape qui les a troublés par ses lettres; vous direz : Nous avons en main les lettres de Symmaque de sainte mémoire. Si elles ne contiennent autre chose que ce dont Votre Piété convient, le concile de Chalcédoine, les lettres du pape Léon et des exhortations pour les observer, que peut-on y trouver à reprendre? Ajoutez à ce discours, des prières et des larmes en disant : Seigneur empereur, regardez Dieu, mettez devant vos yeux son jugement. Les saints Pères qui ont fait ces décisions ont suivi la foi du bienheureux apôtre Pierre, par laquelle a été bâtie l'Eglise du Christ.

» Si l'empereur dit : Eh bien! communiquez avec moi, puisque je reçois le concile de Chalcédoine et les lettres du pape Léon; vous répondrez : En quel ordre Votre Piété désire-t-elle que cette communication se fasse? Nous n'évitons pas Votre Piété, se prononçant ainsi; nous savons qu'elle craint Dieu, et nous nous réjouissons de ce qu'il vous plaise observer les constitutions des Pères. Nous vous supplions donc avec confiance que l'Eglise retourne par vous à l'unité. Que les évêques sachent votre intention, que vous observez le concile de Chalcédoine et les lettres du pape Léon, autrement, les constitutions apostoliques. S'il demande en quel ordre cela doit se faire; priez-le de nouveau avec humilité, disant : Votre père a écrit aux évêques en général. Joignez-y vos lettres, déclarant que vous soutenez ce qu'enseigne le Siège apostolique; alors on connaîtra ceux qui sont orthodoxes, ceux qui ne sont pas séparés de l'unité du Siège apostolique, et ceux qui leur sont contraires. Cela fait, votre père est prêt à venir en personne, s'il est besoin, et, sauf les constitutions des Pères, il ne refusera rien pour la réunion de l'Eglise.

» Si l'empereur dit : Cela va bien; en attendant recevez l'évêque de cette ville; vous le prierez de nouveau, en disant humblement : Seigneur empereur, nous sommes venus pour, avec l'aide de Dieu et la vôtre, faire la paix et éteindre la division en cette cité. Il s'agit de deux personnes; c'est une affaire particulière. Il faut auparavant régler la généralité des évêques, et faire une communion catholique. Ensuite on pourra mieux examiner l'affaire de ceux-ci, ou des autres qui sont hors de leurs Eglises. » Les deux personnes dont parle ici l'instruction, étaient Macédonius et Timothée. L'instruction continue : « Si l'empereur dit : Vous parlez de Macédonius : j'entends votre finesse; c'est un hérétique, il ne peut être rappelé en aucune manière; vous répondrez : Nous ne marquons personne en particulier, nous parlons pour l'intérêt de votre conscience et de votre réputation, afin que si Macédonius est hérétique, on le connaisse, et qu'on ne dise pas qu'étant orthodoxe, il a été opprimé injustement. Si l'empereur dit : L'évêque de cette ville reçoit le concile de Chalcédoine et les lettres du pape Léon; vous répondrez : Sa cause en sera plus favorable; mais puisque vous avez permis à votre serviteur Vitalien, maître de la milice, d'examiner ces sortes d'affaires devant le Pape, laissez-les en leur entier. Si l'empereur dit : Ma ville sera-t-elle sans évêque? il faut répondre : Il y a plusieurs remèdes pour faire que vous ne soyez pas sans communion, en conservant la forme des jugements. On peut tenir en suspens la cause des autres évêques, et cependant, par provision, laisser en la place d'évêque de Constantinople celui qui s'accordera à la confession de foi de Votre Piété et aux décrets du Siège apostolique. Vous avez dans les archives de l'Eglise le texte du formulaire, suivant lequel ils doivent faire leur profession. »

L'instruction continue : « Si cependant on vous présente des requêtes contre d'autres évêques catholiques, principalement contre ceux qui ne rougissent pas d'anathématiser le concile de Chalcédoine et de rejeter les lettres de saint Léon, recevez les requêtes, mais réservez la cause au jugement du Siège apostolique, afin qu'ils aient l'espérance d'être entendus, et que vous nous réserviez l'autorité qui nous est due. Si l'empereur promet tout, pourvu que nous venions en personne, il faut absolument envoyer auparavant sa lettre par les provinces, et qu'un des vôtres accompagne ceux qu'il enverra, afin que tout le monde connaisse qu'il reçoive le concile de Chalcédoine et les lettres de saint Léon : alors vous nous manderez de venir. De plus, c'est la coutume que tous les évêques sont présentés à l'empereur par l'évêque de Constantinople. S'ils veulent s'en prévaloir pour vous obliger à voir Timothée, et que vous puissiez le prévoir, vous direz : Les ordres que le père de Votre Piété nous a donnés portent que nous voyions Votre Clémence, sans aucun évêque; et vous tiendrez ferme, jusqu'à ce qu'il renonce à cette coutume. S'il ne veut pas, ou si par adresse on veut vous faire voir Timothée devant l'empereur, vous direz : Que Votre Piété nous donne une audience secrète, pour exposer les causes de notre légation. S'il ordonne de les dire devant lui, vous répondrez : Nous ne prétendons pas l'offenser; mais nous avons des ordres qui le regardent lui-même, et nous ne pouvons parler en sa présence. Enfin ne proposez rien devant lui, en quelque manière que ce soit (Labbe, t. IV). »

Après cette admirable instruction du Pape à ses légats, se trouvent quelques articles qui en marquent les principaux points, et ajoutent : Que les évêques qui voudront se réunir doivent déclarer dans l'église, devant le peuple, qu'ils reçoivent la foi de Chalcédoine et les lettres de saint Léon contre Nestorius, Eutychès, Dioscore et leurs sectateurs, Timothée Elure, Pierre Monge et leurs complices; anathématisant aussi Acace de Constantinople et Pierre le Foulon d'Antioche avec leurs compagnons. Ils doivent l'écrire de leur main, en présence de personnes choisies, suivant le formulaire tiré des archives de l'Eglise romaine, dont le notaire Hilarus était porteur. Ceux qui ont été déportés en exil pour une cause ecclésiastique, doivent être réservés au jugement du Siège apostolique; mais ceux qui ont été chassés de leurs églises, étant en sa communion et prêchant la foi catholique, doivent être rappelés avant toutes choses. Le Pape chargea ses légats d'une lettre pour l'empereur, contenant en substance les mêmes conditions pour la réunion des Églises, et l'offre d'aller en personne au concile pour un si grand bien, quoique la chose fût sans exemple. Cette lettre est du 11 août 515 (Labbe, t. IV).

L'empereur Anastase, qui ne voulait que gagner du temps pour se jouer de tout le monde, renvoya les légats du Pape avec une lettre où il fait leur éloge, expose sa propre foi sur l'Incarnation, condamne Nestorius et Eutychès. Quant au concile de Chalcédoine, il se montre fort étonné que le Pape lui en ait écrit quelque chose, attendu que les décrets de ce concile ont été confirmés par plusieurs ordonnances de ses prédécesseurs, et qu'aucun concile postérieur, aucune loi nouvelle n'y a dérogé. Comme l'empereur Anastase bouleversait l'Eglise et l'empire uniquement pour abolir la doctrine et l'autorité du concile de Chalcédoine, ce langage de sa part n'était qu'une insigne fourberie. On peut en dire autant de ce qu'il ajoute : Quant au dernier article, d'ôter le nom d'Acace des dyptiques, nous y aurions peut-être consenti pour l'union des Eglises, si nous n'avions cru qu'il en résulterait pour elles d'autres scandales; d'ailleurs, il semble dur à notre clémence de chasser de l'Eglise les vivants à cause des morts, et nous savons qu'on ne pourrait faire ce que vous ordonnez, sans une grande effusion de sang. Les désordres qu'il feint ici de craindre s'il accomplissait les ordres du Pape, arrivaient précisément parce qu'il ne les accomplissait pas. L'empire était dans le trouble et la confusion, les principales villes étaient ensanglantées par des émeutes; des provinces entières en insurrection étaient ensanglantées par de grandes batailles, uniquement parce que l'hypocrite empereur, pour quelques hérétiques morts, chassait de leurs églises les catholiques vivants, et qu'au lieu de s'en tenir aux décrets des Papes et des conciles, il voulait qu'on adorât les caprices variables de son impériale extravagance. Il ajoute, dans sa lettre, que tout se fera mieux par le concile, et qu'il enverra des ambassadeurs pour faire connaître au Pape la pureté de ses intentions. Mais c'était encore une tromperie (Ibid.).

Il avait promis à saint Ennodius d'envoyer des évêques; mais il n'envoya que des laïques, comme pour une affaire de peu d'importance, savoir : Théopompe, capitaine des gardes, et Sévérien, conseiller d'Etat. Encore ne les envoya-t-il qu'au milieu de l'année suivante, sous prétexte de l'hiver et de la longueur du chemin, comme porte la lettre au Pape dont ils furent chargés, et qui est du 16 juillet 516. Il les chargea aussi d'une lettre pour le sénat de Rome, qu'il prie de solliciter le roi Théodoric et le Pape de travailler à la paix de l'Eglise. Le sénat répondit à l'empereur que le Pape demandait instamment la paix, mais qu'il ne pouvait y en avoir tant que l'on voudrait conserver le nom d'Acace. Le Pape, sans nommer Acace, répondit la même chose, et que, loin d'avoir besoin d'être exhorté par le sénat, il se jetait lui-même aux pieds de l'empereur pour l'intérêt de l'Eglise (Labbe, t. IV).

Mais l'empereur Anastase ne pensait qu'à brouiller de plus en plus et l'Eglise et l'empire. Dans le temps même que saint Ennodius et les autres légats du Pape étaient à Constantinople, il s'y trouvait aussi plusieurs évêques catholiques d'Illyrie. L'empereur fit amener devant lui les quatre principaux, Laurent de Lignide, Alcyson de Nicopolis, Gaïen de Naïsse, et Evangèle de Paulitale, et les condamna à l'exil. Alcyson avait quitté le schisme et était revenu à la communion de l'Eglise romaine et à la foi catholique, pour laquelle il était des plus zélés, comme on le voit par une lettre que les moines catholiques de Palestine lui écrivirent, vers cette même époque, touchant les troubles de l'Eglise d'Orient. Evangèle et un autre évêque nommé Domnion furent aussitôt renvoyés chez eux, par la crainte qu'avait l'empereur des soldats catholiques d'Illyrie; mais il retint à Constantinople Laurent de Lignide, comme en exil, et le faisait souvent venir au palais, où cet évêque, soutenant la foi catholique, convainquit plusieurs fois l'empereur devant sa propre cour. Il finit par être renvoyé chez lui, où il mourut âgé de plus de 80 ans. Alcyson et Gaïen moururent à Constantinople (Marcell., *Chron.*, an. 516).

Dorothée, évêque de Thessalonique, embrassa la communion de Timothée de Constantinople par la crainte de l'empereur; mais quarante évêques d'Illyrie et de Grèce s'étant assemblés, déclarèrent par écrit qu'ils se séparaient de lui, quoique leur métropolitain, et envoyèrent à Rome pour embrasser la communion du Pape. De tous ces évêques d'Illyrie, nous n'avons les lettres que de ceux de l'ancienne Epire et de leur métropolitain, Jean de Nicopolis, successeur d'Alcyson. Il y a premièrement la lettre synodale, souscrite par huit évêques, pour faire part au Pape de l'ordination de Jean, puis une lettre particulière de celui-ci, où il déclare qu'il reçoit les quatre conciles généraux, et anathématise Dioscore, Timothée Elure, Pierre Monge, Acace, Pierre le Foulon, et reçoit les lettres de saint Léon, demandant au Pape de l'instruire plus amplement de ce qu'il doit observer. Voici comme s'expriment les huit évêques :

« A notre seigneur en tout, très-saint Père des Pères, collègue et prince des évêques, Hormisda, le concile de l'ancienne Epire. Nous étions, par la mort de notre père et archevêque Alcyson, plongés dans le deuil et dans les larmes, pour savoir quel pasteur orthodoxe pourrait paître à sa place les brebis de Jésus-Christ, lorsque ce Dieu de bonté, qui console les humbles, nous a consolés dans cette tristesse par vos saintes oraisons, en signalant à cette métropole, Jean, très-saint en toutes choses, qui, élevé dans cette Église depuis son enfance, y a vécu non-seulement sans reproche, mais encore d'une manière si exemplaire, que personne ne l'emporte sur lui ni pour la sainteté de la vie ni pour le zèle de la foi orthodoxe, conformément à vos instructions apostoliques. Nous l'avons donc, par la providence de Dieu, ordonné évêque de la très-sainte Église de Nicopolis, et nous vous prions de vouloir bien, suivant l'ancienne coutume, lui donner une place dans vos entrailles paternelles, et en même temps devenir vous-même pour nous, par vos avertissements et doctrines, comme un rempart inexpugnable. Daignez exaucer cette prière, et qu'en récompense le Seigneur vous accorde la consolation de réunir, par une prudence apostolique et inspirée d'en haut, toutes les saintes Églises dans la paix de Jésus-Christ, afin qu'elles deviennent pour vous une couronne d'immortalité. Nous vous supplions aussi de recevoir favorablement le vénérable diacre Rufin, et de nous le renvoyer au plus vite, chargé de vos enseignements apostoliques. Priez pour nous, très-saint Père des Pères. »

Le Pape répondit à Jean de Nicopolis et à son concile avec une grande affection. Il se montre parfaitement satisfait de la profession de foi de Jean; mais comme les autres évêques avaient oublié dans leur lettre la condamnation expresse des hérétiques, il leur recommande de le faire par écrit, suivant le formulaire qu'il leur envoie par Pollion, sous-diacre de l'Église romaine, auquel il donna aussi cette instruction : « Quand vous serez arrivé à Nicopolis, et que l'évêque aura reçu vos lettres, faites qu'il assemble les évêques de sa province et leur fasse souscrire le formulaire joint à ces lettres. S'il dit qu'il est difficile de les assembler, qu'il envoie avec vous des personnes à chaque évêque, afin qu'ils souscrivent en votre présence. Vous devez faire lire publiquement nos lettres, ou, si les évêques n'osent le faire, qu'ils les lisent au moins à leur clergé. Laissez-leur-en le choix, et rapportez-nous leurs souscriptions avec celle de Jean, leur métropolitain, sans vous arrêter ensuite sur les lieux, à cause des artifices des ennemis. » Ces lettres aux évêques d'Épire sont du mois de novembre 516 (Labbe, t. IV).

L'année suivante 517, le pape saint Hormisda fit partir une seconde légation pour Constantinople. Il en chargea encore saint Ennodius de Pavie, avec Pérégrin de Misène, et leur donna six lettres avec le formulaire de réunion pour les schismatiques; et dix-neuf copies de la protestation qu'ils devaient faire répandre par les villes, si on ne recevait pas leurs lettres. La première lettre est adressée à l'empereur Anastase, que le Pape exhorte à exécuter ce qu'il a promis, lui déclarant qu'il ne suffit point de condamner Nestorius et Eutychès, s'il ne condamne encore Acace, qui est cause que l'Église d'Alexandrie demeure dans le schisme, où le reste de l'Orient est tombé depuis. La seconde lettre est à Timothée, évêque de Constantinople. Quoique intrus et excommunié, le Pape ne laisse pas de lui écrire et de le traiter d'évêque pour l'exhorter à revenir à l'union et à supplier l'empereur de la procurer. Peut-être aussi qu'on avait appris à Rome la mort de son prédécesseur Macédonius, qui mourut vers ce temps dans son exil, à Gangres en Galatie. Le Pape écrivit aussi aux évêques schismatiques d'Orient, supposant que la plupart étaient dans la vraie foi, et leur représentant la nécessité de se déclarer et de la professer courageusement. Il écrit aux évêques orthodoxes pour les consoler dans leurs souffrances; et en particulier à un évêque africain nommé Possessor, qui, étant banni de chez lui pour la foi, par les ariens, s'était retiré à Constantinople, d'où il avait envoyé au Pape, par les premiers légats, sa confession de foi, et où il soutenait vigoureusement la cause de la religion. Enfin le Pape écrit au peuple et aux moines de Constantinople pour les consoler et les encourager. Toutes ces lettres sont du même jour, 3 avril 517 (*Epist.* 11-16).

Incontinent après que les légats furent partis, arriva à Rome un diacre de Nicopolis qui les avait rencontrés en route. Le Pape lui donna aussitôt audience, jugeant bien qu'il serait obligé d'ajouter à l'instruction de ses légats. Ce diacre présenta au Pape des lettres de Jean de Nicopolis et du concile de sa province, par lesquelles ils se plaignaient que Dorothée de Thessalonique excitait contre eux les juges ordinaires et les officiers de l'empereur, et qu'il les accablait de concussions et de frais, irrité qu'il était de ce que Jean ne lui avait pas donné avis de son ordination, suivant l'usage ancien. Comme Dorothée était schismatique, les évêques de l'Épire, qui étaient catholiques, ne pouvaient pas le reconnaître pour vicaire du Saint-Siège en Illyrie, ce qu'étaient ordinairement ses prédécesseurs; mais ils demandaient au Pape la permission de lui écrire en cette conjoncture, pour se délivrer de ses mauvais traitements.

Sur cet avis, le Pape envoya à ses légats quatre lettres du 12 avril 517. La première, à l'empereur Anastase, où il le prie de faire cesser la persécution contre ces évêques, afin d'encourager les autres à se réunir comme eux. Dans la seconde, qui est à Jean de Nicopolis et aux évêques de son concile, il les reprend de la permission qu'ils lui avaient demandée d'écrire à l'évêque de Thessalonique, puisqu'en se soumettant à ce schismatique, c'était retourner au schisme qu'ils venaient de quitter, et y engager le Pape même, qui communiquait avec eux. Le Pape écrivit en particulier à Jean de Nicopolis, pour l'exhorter à souffrir avec patience et à confirmer dans la foi orthodoxe les évêques de sa province qui avaient quitté le schisme. La quatrième lettre est à Dorothée de Thessalonique. Après lui avoir fait part des plaintes des évêques de l'ancienne Épire, il avoue qu'il aurait sujet de se plaindre de Jean de Nicopolis, s'ils avaient été l'un et l'autre unis par la charité; mais que ne l'étant pas, Jean n'avait pas négligé l'ancienne coutume, qui donnait à l'évêque de Thessalonique la juridiction sur toute l'Illyrie occidentale, comme vicaire du Saint-Siège, mais qu'il avait seulement évité le schisme. « De quel front, lui dit ensuite le Pape, prétendez-vous conserver les privilèges que vous ont accordés ceux dont vous n'observez point les ordres? Comment osez-vous exiger une soumission que vous ne rendez pas même à la foi? Observez ce qui est dû à Dieu, et vous obtiendrez facilement des hommes ce que vous en exigez. Prenez soin de votre salut, et cessez de persécuter ceux qui reviennent à l'Église, de peur que vous ne soyez compris dans le nombre de ceux qui sont nommément condamnés par sentence apostolique. »

Enfin le Pape écrit à ses légats et leur donne une instruction en ces termes : « Quand vous serez arrivés à Thessalonique, rendez nos lettres à l'évêque, observant dans la manière de le saluer ce que nous vous avons prescrit touchant ceux qui ne communiquent point avec le Siége apostolique, c'est-à-dire avec l'Eglise catholique. Après lui avoir rendu nos lettres, vous le presserez instamment de faire cesser ses persécutions contre l'évêque de Nicopolis, lui représentant que l'évêque, étant revenu à la communion de l'Eglise, n'a pu communiquer avec ceux qui n'y sont pas; et que si Dorothée veut y entrer, loin de révoquer ses priviléges, nous en poursuivrons avec lui la conservation. Si, avec l'aide de Dieu, vous pouvez terminer l'affaire à Thessalonique, donnez-en avis à Jean de Nicopolis, par lettre. Si Dorothée demeure obstiné, vous poursuivrez cette affaire auprès de l'empereur, suivant les lettres que nous lui en écrivons, et vous lui direz : Alcyson, évêque de Nicopolis, a satisfait à l'Eglise catholique, qui, en conséquence, l'a reçu à sa communion ; Jean, son successeur, a suivi son exemple. Présentement, l'évêque de Thessalonique le persécute. C'est pourquoi votre Père et tous les orthodoxes vous supplient d'arrêter cette vexation par vos ordres, de peur que les hommes ne viennent à penser que Jean n'est ainsi persécuté que pour être revenu à la communion du Siége apostolique, et que ceux qui s'attendent à ce que vous procuriez l'union, ne commencent à croire le contraire, en vous voyant dissimuler ou négliger ceci. Nous croyons expédient, ajoute le Pape à ses légats, que vous rendiez publiques en divers lieux nos lettres à l'évêque de Thessalonique, et principalement dans sa ville. Cela pourra arrêter la persécution et le corriger lui-même (*Ep.* 17-22). »

Cette seconde légation eut encore moins d'effet que la première. L'empereur Anastase, n'ayant plus à craindre pour le moment les armes de Vitalien, refusa le formulaire de réunion, attaché qu'il était à l'hérésie eutychienne. La première fois, il avait traité les légats honorablement, parce qu'il avait besoin d'eux pour calmer les soulèvements des provinces ; la seconde fois, il s'efforça de les corrompre par des offres d'argent. Comme ils se refusèrent à rien recevoir, à moins qu'il ne travaillât à satisfaire le Siége apostolique, il se mit en colère, les renvoya d'une manière offensante, et les fit embarquer dans un navire peu sûr, avec des gardes et deux préfets, auxquels il défendit de les laisser entrer dans aucune ville. Les légats trouvèrent toutefois le moyen de répandre leurs dix-neuf protestations, par les moines et les orthodoxes, qui les exposèrent dans toutes les villes. Mais les évêques complices de l'empereur Anastase les lui envoyèrent toutes à Constantinople. Il en fut extrêmement irrité, et écrivit, le 11 juillet de la même année 517, une lettre au Pape, où, après un grand lieu commun sur la douceur de Jésus-Christ, il conclut en ces mots : « Nous ne croyons pas raisonnable de prier ceux qui rejettent opiniâtrement les prières ; car nous pouvons souffrir qu'on nous insulte et qu'on nous méprise, mais non pas qu'on nous commande. » Comme si, dans les choses de la foi, l'empereur n'était pas soumis aux décrets de l'Eglise. C'est à quoi aboutirent les paroles qu'il avait données, les serments qu'il avait jurés de procurer la réunion des Eglises; et il renvoya sans rien faire, et, après s'être joué d'eux, environ deux cents évêques, venus de différents côtés pour le concile qui devait se tenir à Héraclée. Aussi tout le peuple et le sénat lui reprochèrent-ils publiquement son parjure ; mais il répondit impudemment qu'il y avait une loi qui ordonnait à l'empereur de se parjurer et de mentir au besoin. Tel était l'empereur Anastase, que l'on regardait, non sans raison, comme un disciple des manichéens (*Lib. Pont. in Hormisd.*, Labbe, t. IV; Théophan.; p. 110, *aliàs* 138).

Tandis que cet indigne prince, avec son indigne patriarche de Constantinople, se jouait ainsi des négociations pour la réunion des Eglises, les évêques des Gaules y prenaient l'intérêt le plus vif. Dès l'an 515, le Pape avait écrit à saint Avit de Vienne, pour lui apprendre la conversion des provinces de Dardanie, d'Illyrie et de Thrace, et le précautionner contre les artifices des schismatiques, qui étaient en grand nombre, non-seulement à Constantinople, mais aussi à Antioche et à Alexandrie. Avit était encore informé que le Pape avait envoyé saint Ennodius en Orient, et croyait que, cette première légation ayant été sans succès, il y en avait eu une seconde, sur ce qu'en effet elle était prête à partir. Pour en apprendre le résultat, il écrivit au Pape une lettre, où, après l'avoir loué de sa vigilance sur le troupeau qui lui était confié dans toute l'étendue de l'Eglise universelle, il témoigne son inquiétude sur ce qu'il n'a pas instruit les évêques des Gaules, comme il l'avait promis, de l'issue de la seconde légation, ce qui lui fait craindre qu'elle n'ait pas été heureuse. Il ajoute : « Nous apprenons de plusieurs endroits que la Grèce se vante d'un accommodement et d'une réconciliation avec l'Eglise romaine. Si cela est vrai, on doit s'en réjouir ; mais il faut craindre que ce ne soit une paix simulée. Je vous supplie donc de m'instruire de ce que je dois répondre à vos fils, mes frères, les évêques des Gaules, s'ils me consultent, parce que je puis le dire hardiment, non-seulement de la province de Vienne, mais de toute la Gaule, tous s'en rapportent à votre décision dans ce qui concerne l'état de la foi. Priez le Seigneur que, puisque la vérité connue nous attache à l'unité que vous gouvernez, nous ne soyons pas trompés par la profession de foi artificieuse de ces gens-là. » Cette lettre fut portée à Rome par le prêtre Alexis et le diacre Venant, et reçue le 30 janvier 517.

Le Pape répondit, le 15 février, qu'il n'avait envoyé qu'une légation, et encore sans effet, parce que les Grecs désiraient la paix plus de bouche que de cœur : leurs paroles disent qu'ils la veulent, leurs actions disent qu'ils ne la veulent pas ; ce qu'ils ont professé, ils le négligent ; ce qu'ils ont condamné, ils le suivent. Une preuve de cela, c'est qu'après avoir promis d'envoyer des évêques en députation à Rome, ils n'y avaient envoyé, comme pour une affaire de peu d'importance, que des laïques, qui encore étaient étrangers au corps de l'Eglise. Tel est, ajoute-t-il, la cause de mon silence ; car que pouvais-je vous mander, voyant qu'ils persistent dans leur obstination ? C'est pourquoi je vous avertis, et, par vous, tous les évêques des Gaules, de demeurer fermes dans la foi, et de vous garder des artifices des séducteurs. Mais afin que vous sachiez la disposition de ces quartiers-là, plusieurs des Thraces, quoique persécutés, demeurent dans notre communion. La Dardanie et l'Illyrie, voisine de la Pannonie, nous ont demandé qu'on leur ordonnât des évêques, et nous l'avons fait où il a été nécessaire. L'évêque de Nicopolis, métropolitain d'Epire, s'est joint à notre communion avec son concile. Ce que nous vous mandons, afin que, comme il nous convient de plaindre le sort de ceux qui périssent, nous nous réjouissions du salut de ceux qui retournent à l'unité. Nous sommes obligés d'envoyer une seconde légation, afin de ne rien omettre et de rendre les schismatiques inexcusables. Joignez vos prières aux nôtres, afin que, par la miséricorde de Dieu, nous nous unissions avec eux, s'ils se corrigent, ou que nous méritions d'être préservés du poison de leurs erreurs. Nous vous envoyons les pièces qui vous instruiront de la manière dont ceux de Nicopolis et de Dardanie se sont réunis. Plus tard, le Pape écrivit sur le même sujet à saint Césaire d'Arles, et, par lui, aux évêques des Gaules (*Epist.* 10 et 30).

Le pape saint Hormisda, au zèle de qui rien n'échappait, avait écrit plusieurs fois aux évêques du royaume de Bourgogne, pour les presser d'assembler un concile. Ils n'osèrent peut-être le faire du vivant du roi Gondebaud ; mais dès qu'il fut mort, saint Avit de Vienne, et saint Viventiole de Lyon, convoquèrent le concile par des lettres-circulaires adressées à tous les évêques du royaume. Saint Avit leur marque dans la sienne qu'il a essuyé plusieurs fois de vifs reproches du Pape sur la rareté des conciles dans leurs provinces, quoique les canons ordonnassent d'en tenir deux chaque année. Pour réparer donc le passé, il indique, au 6 septembre 517, un concile à Epaone, que l'on croit être la ville d'Yenne dans le diocèse de Belley (1). Il recommande instamment que personne ne se dispense de s'y trouver, et que ceux que quelque maladie en empêcherait, y envoient deux prêtres d'une vertu et d'une capacité reconnues, avec procuration de leur part. (Labbe, t. IV).

Saint Viventiole marque, dans sa lettre de convocation, qui est du 10 juin 517, qu'il oblige tous les clercs de se rendre au concile, et qu'il permet à tous les laïques d'y assister, afin, dit-il, que le peuple ait connaissance de ce qui doit y être réglé par les seuls évêques. Et comme il est juste que tous les catholiques désirent avoir des clercs de bonne vie, nous donnons la liberté à chacun de les accuser de ce qu'il jugera être répréhensible dans leur conduite, pourvu qu'on le fasse sans disputes et sans murmures, et que l'accusateur puisse prouver ce qu'il dénoncera au concile (Hardouini, *Conc.*, t. II).

Le concile s'assembla au temps et au lieu marqués ; il s'y trouva vingt-quatre évêques avec le député d'un absent. Saint Avit et saint Viventiole y présidèrent, et l'on y fit quarante canons. On commença par ordonner que les évêques mandés par leur métropolitain pour venir ou au concile ou à l'ordination d'un évêque, ne pourraient s'en dispenser qu'en cas de maladie. Quoique saint Paul eût clairement exclus de la prêtrise et du diaconat ceux qui avaient été mariés deux fois, il était néanmoins arrivé que quelques évêques avaient, par simplicité, ordonné des bigames ; c'est pourquoi on en fit une nouvelle défense, en excluant aussi de la cléricature ceux qui avaient fait pénitence publique. On défendit aux évêques, aux prêtres et aux diacres d'avoir des chiens et des oiseaux de chasse : ce qui montre que le clergé commençait à se laisser aller aux mœurs des Barbares qui dominaient en Bourgogne. Il fut aussi défendu aux prêtres d'un diocèse de desservir une église d'un autre diocèse, sans la permission de l'évêque diocésain, à moins que l'évêque de qui ces prêtres dépendent ne les aient cédés à celui dans le diocèse duquel se trouve cette église. Défense de recevoir à la communion un prêtre ou un diacre qui voyage sans avoir des lettres de son évêque. Les ventes des biens de l'Eglise faites par les prêtres qui desservent les paroisses sont déclarées nulles. Ils devaient aussi dresser des actes par écrit des choses qu'ils avaient achetées, ou pour eux-mêmes, ou au nom de l'église. La même chose est ordonnée à l'égard des abbés ; ils ne pouvaient rien vendre sans la permission de l'évêque, ni même affranchir les esclaves qui avaient été donnés aux moines, parce qu'il n'était pas juste que, pendant que les moines s'occupaient tous les jours des travaux de la campagne, leurs esclaves jouissent du loisir et du repos de la liberté. Un même abbé ne peut gouverner deux monastères, ni en établir de nouveaux à l'insu de l'évêque.

Les clercs peuvent plaider devant les juges séculiers, en défendant, non en demandant, si ce n'est par l'ordre de l'évêque. Celui-ci n'avait pas le pouvoir de vendre quelque chose des biens de l'église sans l'agrément du métropolitain ; mais il lui était permis de faire des échanges utiles. Un clerc, vaincu de faux témoignage, était tenu pour coupable de crime capital ; en conséquence, il devait être déposé et mis dans un monastère pour le reste de ses jours, et n'être admis à la communion que dans cet endroit seul. Lorsque le clerc d'une église est fait évêque d'une autre, il doit laisser à l'église qu'il a servie d'abord tout ce qu'il a reçu en forme de don, et ne retenir que ce qu'il a acheté pour son usage, selon qu'il en constatera par écrit. Ceux d'entre les clercs qui auraient été convaincus d'avoir mangé avec des hérétiques, devaient être séparés de la communion de l'Eglise pendant un an ; mais cette peine ne regardait que les clercs d'un rang supérieur, et l'on se contentait de quelques châtiments corporels envers les jeunes clercs qui étaient tombés dans cette faute. S'il arrivait que des laïques eussent assisté aux festins des Juifs, il leur était défendu de manger ensuite avec aucun clerc. Le concile permet aux prêtres de donner l'onction du chrême aux hérétiques malades en extrémité, lorsqu'ils demandent en cet état à se convertir ; mais, en santé, ils doivent demander cette onction à l'évêque. Il déclare nulles les donations que l'évêque fait des biens de l'Eglise, à moins qu'il n'ait indemnisée d'autant de son propre bien, et ne veut qu'aucun clerc ne puisse acquérir le droit de prescription sur les biens de l'Eglise par le laps de temps qu'il les aura possédés. Il déclare que si un

---

(1) Cette supposition de l'auteur est toute gratuite. Epaone est aujourd'hui un lieu presque absolument inconnu. De là tant de divers sentiments pour en fixer la situation. Mais quelque chose qu'on en puisse dire, un diplôme de Louis le Débonnaire ne permet pas de le placer hors du diocèse de Vienne (Cf. *Histoire littér. de la France*, t. III, p. 91.) s. u.

abbé trouvé en faute ou en fraude, quoiqu'il se prétende innocent, ne veut pas recevoir un successeur de la part de son évêque, l'affaire sera portée devant le métropolitain. Il défend aux évêques, aux prêtres, aux diacres et à tous autres clercs d'aller voir des femmes à des heures indues; ajoutant que, s'il y a nécessité de les aller voir, ils le pourront accompagnés d'autres clercs.

On abolit dans ce concile la consécration des veuves appelées *diaconesses*; seulement on permet, au cas qu'elles voulussent mener une vie religieuse, de leur donner la bénédiction de la pénitence. Celui qui, ayant reçu la pénitence, la quitte en oubliant son bon propos pour mener une vie séculière, ne pourra être admis à la communion, qu'il ne reprenne son premier état. Permis aux laïques d'accuser les clercs, de quelque rang qu'ils soient, pourvu qu'ils ne leur objectent rien que de vrai. Défense de mettre des reliques dans les oratoires de la campagne, s'il n'y a des clercs dans le voisinage pour venir y faire l'office et rendre honneur à ces cendres précieuses par le chant des psaumes; que, s'il n'y en a pas d'assez proche, on n'en ordonnera aucun pour ces oratoires, qu'auparavant on n'ait fait une fondation suffisante pour son vêtement et sa nourriture. Il est défendu de consacrer, avec l'onction du chrême, d'autres autels que de pierre : ce qui marque qu'il y en avait encore quelques-uns de bois. Dans la célébration des divins offices, les évêques de la province doivent se conformer au rit de l'église métropolitaine. S'il arrive qu'un évêque meure avant que d'avoir absous une personne condamnée, son successeur pourra l'absoudre, en cas qu'elle se soit corrigée de sa faute et qu'elle en ait fait pénitence. Le concile réduit la pénitence des apostats à deux ans, pendant lesquels ils devaient jeûner tous les trois jours, fréquenter l'église, s'y tenir à la place des pénitents, et sortir avec les catéchumènes; que, s'ils s'en plaignaient, on les obligeait d'observer la pénitence plus longue des anciens canons. Défense de recevoir à pénitence ceux qui auront contracté des mariages incestueux, s'ils ne se séparent : on appelle ainsi les mariages avec la belle-sœur, la belle-mère, la belle-fille, la veuve de l'oncle, la cousine-germaine ou issue de germaine. Les homicides qui auront évité la peine portée par les lois, feront la pénitence marquée par le concile d'Ancyre. La veuve d'un prêtre ou d'un diacre ne pourra se remarier ; si elle le fait, elle sera chassée de l'église, de même que son mari, jusqu'à ce qu'ils se séparent. Les églises des hérétiques seront regardées comme impures et exécrables, et on ne pourra les appliquer à de saints usages, puisqu'il n'est pas possible de les purifier; mais on pourra reprendre celles qu'ils auront ôtées par violence aux catholiques. Victorius, évêque de Grenoble, l'un des Pères du concile, avait consulté sur ce sujet saint Avit de Vienne, quelque temps après la conversion du roi Sigismond. La réponse de saint Avit fut qu'on ne devait se servir ni des églises des hérétiques ni de leurs vases sacrés, et il y a apparence que ce fut le même saint qui fit faire là-dessus le canon dont nous venons de parler. Le dixième canon du premier concile d'Orléans porte, au contraire, qu'il faut consacrer les églises des hérétiques, et c'est l'usage général de l'Église.

Le maître qui, de son autorité, aura fait mourir son esclave, sera privé pendant deux ans de la communion de l'Église. Les citoyens nobles célébreront la nuit de Pâques et de Noël avec leur évêque, en quelque lieu qu'il se trouve, afin de recevoir sa bénédiction. On ne doit ôter à aucun pécheur l'espérance du pardon, s'il fait pénitence et se corrige; que, s'il se trouve à l'article de la mort, on doit lui remettre le temps de la pénitence prescrit par les canons, à condition qu'il la fera, s'il revient en santé, après avoir reçu l'absolution de ses péchés. Il n'est pas permis d'ordonner clerc un laïque, qu'il n'ait donné auparavant des marques de piété. Il ne l'est pas non plus d'accorder l'entrée des monastères de filles, sinon aux personnes âgées et d'une vertu éprouvée, lorsque les besoins du monastère le demandent. Ceux mêmes qui y entrent pour dire la messe doivent sortir aussitôt que le service est fini. Ce qui montre qu'elles n'avaient alors que des chapelles dans l'intérieur de leur maison. Le concile défend particulièrement aux clercs et aux jeunes moines d'y entrer, si ce n'est qu'ils y aient des parentes. Si un esclave, coupable de quelque crime atroce, se réfugie dans l'église, il ne sera exempt que des peines corporelles, et l'on n'obligera pas son maître à prêter serment de ne lui point imposer de travail extraordinaire, ou de ne lui point couper les cheveux pour le faire connaître. Comme tous les évêques devaient veiller à l'exécution de ces canons, le concile déclare que ceux qui négligeront de le faire seront coupables et devant Dieu et devant leurs collègues (Labbe, t. IV).

Tels sont les canons du concile d'Epaone. Après les souscriptions des deux métropolitains, saint Avit de Vienne et saint Viventiole de Lyon, on voit celles de saint Silvestre de Châlon-sur-Saône, de saint Apollinaire de Valence, frère de saint Avit, de saint Claude de Besançon, de saint Grégoire de Langres, de saint Pragmace d'Autun, de saint Maxime de Genève et de saint Florent d'Orange.

Saint Grégoire de Langres était issu d'une famille de sénateurs, et avait été comté d'Autun pendant quarante ans. Après la mort de sa femme il fut élu évêque de Langres, et se rendit surtout recommandable par son abstinence et ses veilles. Il ne buvait que de l'eau, ne mangeait que du pain d'orge et se levait secrètement la nuit pour aller prier dans l'église. Il demeurait à Dijon, où saint Bénigne était enterré. Mais le tombeau de cet illustre martyr n'y était connu que par un reste de tradition populaire, ce qui faisait craindre au saint évêque que ce ne fût le tombeau de quelque gentil. Dans cette incertitude, il défendit qu'on lui rendît aucun culte. Mais saint Bénigne lui étant apparu, il fit la translation de ses reliques, et bâtit en son honneur une église et un monastère qu'il dota de ses biens, et dont il fit confirmer la fondation par le pape Hormisda.

Saint Viventiole, évêque de Lyon, avait embrassé la vie religieuse dans les monastères du mont Jura, où il fut élevé à la prêtrise. Il était fort ami de saint Avit, auquel il envoya de son désert une sellette de bois fort bien travaillée. Saint Avit, en l'en remerciant, lui souhaita une chaire épiscopale et l'exhorta à prendre le gouvernement du monastère de Saint-Eugend, depuis la ville de Saint-Claude, pour se disposer à l'épiscopat. Les souhaits de saint Avit furent accomplis; car Viventiole fut désigné évêque de Lyon, par saint Avit même, après la mort de saint Etienne.

Saint Eugend, dont il est ici parlé, fut reçu dès l'âge de sept ans, par saint Romain, dans le monastère de Condat, depuis de Saint-Claude. Minause, successeur de Lupicin, se voyant infirme, l'associa au gouvernement de cette communauté. Il ne tarda pas à en être élu abbé malgré sa jeunesse. Sa prudence suppléa à l'expérience qui lui manquait, et l'éclat de sa vertu lui donna toute l'autorité de la vieillesse la plus respectable. Il fit abattre les cellules séparées des moines, et les fit coucher dans le même dortoir, mais en des lits séparés. Pour mieux conserver l'esprit de pauvreté, il ne souffrit point qu'aucun de ses religieux eût de coffre ni d'armoire. Du reste, il se distingua par une tendre charité pour les malades et pour les vieillards. Il était si maître de ses passions, qu'on ne le vit jamais triste et qu'on ne le vit jamais rire. Toujours le premier à l'office, il en sortait le dernier. Il ne faisait qu'un repas par jour; et depuis l'âge de sept ans qu'il entra dans le monastère, jusqu'à soixante qu'il mourut, il n'en sortit jamais. Quoiqu'il eût appris le latin et le grec, il ne put jamais le résoudre à recevoir l'ordre de prêtrise.

Ce saint abbé étant tombé malade à l'âge de 60 ans et près de 6 mois, manqua pour la première fois de sa vie de se trouver à l'office avec ses frères. Dès le commencement de sa maladie, il eut un pressentiment de sa mort, et il se fit donner l'extrême-onction par un de ses religieux auquel il avait donné la charge d'administrer ce sacrement aux malades; ce qui montre l'usage de ce siècle, et confirme en ce point la tradition de l'Eglise. Le lendemain matin ses moines étant venus savoir comment il avait passé la nuit, il leur dit en versant des larmes : « Que le Seigneur vous le pardonne, mes frères! c'est vous qui me retenez dans la prison de ce corps mortel; j'ai vu cette nuit les saints abbés Romain et Lupicin apporter une bière devant mon lit pour m'emporter, et vous les en avez empêchés. Mais, si vous avez quelque compassion d'un vieillard, si vous aimez un père qui vous aime, ne me retenez pas plus longtemps et laissez-moi aller me réunir à mes pères. » Les religieux ne répondant que par leurs gémissements, il ajouta : « Je vous en conjure, mes chers enfants, persévérez avec tant de constance dans la pratique des observances de nos pères, que vous remportiez la palme de la victoire. C'est ce que je vous demande pour ma consolation, pour la vôtre et pour celle de tous les saints. » Et il expira doucement en prononçant ces dernières paroles. L'auteur qui rapporte ces circonstances était présent à sa mort (*Acta Sanct.*, 1 januar.).

Onze évêques de ceux qui avaient assisté au concile d'Epaone en tinrent un autre à Lyon, la même année ou l'année suivante, au sujet d'Etienne, préfet du fisc du roi Sigismond. Ce seigneur avait épousé Palladie, sa parente, ou, comme le marque la vie de saint Apollinaire, la sœur de sa première femme. C'est pourquoi les évêques, sans avoir égard à sa puissance, l'avaient excommunié selon les canons qu'ils venaient de renouveler à Epaone. Sigismond, qui se crut offensé dans la personne de son ministre, prit hautement la défense du coupable et menaça les prélats de sa colère. Mais ils firent bien voir qu'ils craignaient plus le Seigneur du ciel que les puissances de la terre. Ils s'assemblèrent donc à Lyon, et, après avoir confirmé la sentence qu'ils avaient portée contre le mariage incestueux d'Etienne et de Palladie, ils se promirent réciproquement que, si quelqu'un d'entre eux souffrait à ce sujet quelque violence, tous les autres y prendraient part et le dédommageraient de toutes les pertes qu'il pourrait faire; que si le roi continuait à s'abstenir de la communion des évêques et à ne plus se trouver avec eux à l'église, ils se retireraient dans des monastères, d'où aucun ne sortirait que la paix ne fût rendue à tous les autres; que cependant personne n'aurait la témérité d'usurper l'église d'un autre ou d'y faire l'office en son absence, ou quelque autre acte de juridiction que ce fût, sous peine, non-seulement d'en être repris dans le prochain concile, mais encore d'être privé de la communion de ses frères. De plus, ils renouvelèrent la défense d'aspirer à l'évêché d'un évêque vivant, et déclarèrent excommuniés pour toujours ceux qui se seraient fait ordonner à leur place, de même que ceux qui auraient pris part à ces ordinations. Il semble, par le dernier canon de ce concile, que le roi avait enfin reconnu l'équité du jugement rendu contre les deux coupables, puisque les évêques y disent que, suivant l'avis de ce prince, ils avaient accordé à Etienne et à Palladie d'assister aux prières de l'Eglise jusqu'à l'oraison qui se dit après l'évangile (Labbe, t. IV).

Saint Apollinaire de Valence fut un des évêques qui firent paraître le plus de fermeté dans cette affaire. Aussi l'orage tomba-t-il sur lui, et Sigismond l'exila, à l'instigation d'Etienne. Mais peu après le roi tomba lui-même si dangereusement malade de la fièvre, qu'il paraissait plus près de la mort que de la vie. La reine, animée d'une foi vive, courut tout de suite au lieu où le saint pontife était exilé, et le supplia avec larmes de venir rendre la santé à son mari. Il refusa d'y aller de sa personne; seulement, sur les vives instances de la reine, il lui donna sa cuculle, qui était une espèce de camail. Ce vêtement ayant été étendu sur le malade, il se trouva subitement guéri. Profondément touché de ce miracle, Sigismond, qui, lui-même, mérita dans la suite d'être compté parmi les saints, se rappela sa faute, se rendit auprès du saint évêque, se jeta à ses pieds et lui demanda pardon en disant : « J'ai péché, j'ai mal fait de causer si souvent à des justes des tribulations qu'ils ne méritent pas (*Act. Sanct.*, 5 oct.).

Il paraît, par d'autres exemples, que les mariages incestueux étaient fréquents, ou du moins l'avaient été parmi les Bourguignons nouvellement convertis à la foi catholique. Victorius de Grenoble consulta saint Avit sur la manière dont il devait agir avec un nommé Vincamale, qui, depuis bien des années, avait épousé sa belle-sœur. Saint Avit répondit qu'il jugeait à propos d'user de ménagement, et que pourvu que cet homme se résolût à quitter sa femme, on devait seulement l'exhorter à faire pénitence, sans l'y obliger. On voit ici les saints évêques, sévères pour la règle même, sont indulgents pour l'application (Avit, *Epist.* 14, 15, 16).

Vers le même temps, la 6ᵉ année du règne de Théodoric, l'an 516, le 6 novembre, il se tint en Espagne, dans la ville de Tarragone, un concile de dix évêques, dont le premier était Jean de Tarragone, métropolitain. Ils y firent 13 canons, tant pour maintenir l'ancienne discipline, que pour prévenir certains abus. Il est ordonné dans le 1er, que les ecclésiastiques et les moines à qui l'on permet d'assister leurs parents, leur fourniront le nécessaire; qu'ils pourront les aller voir, mais qu'ils ne feront pas une longue demeure chez eux, et qu'ils mèneront avec eux une personne d'âge et de probité connue, pour être témoin de leurs actions; que si quelqu'un contrevient à ce règlement, si c'est un clerc, il sera privé de sa dignité; si c'est un moine, il sera enfermé dans une cellule du monastère, où il sera mis en pénitence au pain et à l'eau, en la manière que l'abbé ordonnera. Le 2e défend aux clercs d'acheter à trop vil prix ou de vendre trop cher, voulant que ceux qui se mêleront de semblable commerce, en soient empêchés par le clergé. Il est dit dans le 3e, qu'un clerc qui aura prêté de l'argent à un homme, dans sa nécessité, pourra prendre pour son argent du vin ou du blé, dans le temps, sur le pied qu'il voudra; mais si celui auquel il a prêté n'a ni l'une ni l'autre de ces espèces, le clerc se contentera de recevoir la même somme sans aucune augmentation. Par le 4e, il est défendu aux évêques et à tous les autres clercs d'exercer aucun jugement le dimanche, ce jour devant être occupé au service de Dieu. Ils pourront néanmoins rendre des jugements les autres jours, mais jamais en matière criminelle. Le 5e porte, qu'un évêque qui n'a pas été ordonné par le métropolitain même, bien qu'avec sa permission, doit se présenter dans deux mois au métropolitain, pour recevoir de lui les instructions et les avis nécessaires. S'il en est empêché par quelque infirmité, il en avertira par lettre le métropolitain. Mais s'il néglige de le faire ou de se présenter, il en sera repris par les autres évêques au premier synode. Le 6e prive de la communion de ses frères, jusqu'au futur concile, l'évêque qui ne s'est pas trouvé à celui qui avait été indiqué, supposé qu'il n'ait pas été retenu par quelque maladie. Le 7e est un règlement pour les paroisses de la campagne. Lorsqu'elles étaient desservies par un prêtre et un diacre, ils y demeuraient tour à tour chacun leur samedi. Le samedi, tout le clergé de ces églises se tenait prêt pour y faire l'office le dimanche; mais chaque jour on disait dans ces paroisses les matines et les vêpres. Ceux qui manquaient de se trouver aux offices, devaient en être punis suivant la rigueur des canons. On voit par celui-ci qu'il arrivait quelquefois, par la négligence des clercs, que l'on ne fournissait pas même des lampes pour l'usage des églises. Il se trouvait aussi à la campagne plusieurs églises qui étaient comme abandonnées; c'est pourquoi le 8e canon ordonne à l'évêque de les visiter tous les ans, et d'y faire les réparations nécessaires sur le tiers de tous les fruits qui lui est attribué, suivant l'ancienne coutume.

Le 9e ordonne de chasser du clergé un lecteur ou un portier qui voudra se marier ou demeurer avec une femme adultère. Par le 10e, il est défendu aux clercs de prendre aucun salaire, à la manière des juges séculiers, pour avoir procuré la justice, si ce n'est qu'on leur fasse des offrandes gratuites dans l'église, sans rapport aux services qu'ils auront rendus. Ceux qui feront le contraire doivent être dégradés comme le seraient des usuriers. Le 11e défend aux moines qui vont dehors, de s'employer au ministère ecclésiastique, s'ils n'en reçoivent l'ordre de leur abbé, sans le commandement duquel ils ne doivent pas non plus se mêler des affaires séculières, à moins que l'utilité du monastère ne le demande, et en gardant, avant toutes choses, les canons des Eglises des Gaules touchant les moines. Il est ordonné dans le 12e, qu'après la mort de l'évêque qui n'aura point fait de testament, les prêtres et les diacres feront un inventaire de tous les biens, et que, s'il se trouve quelqu'un qui en ait pris quelque chose, on l'oblige de restituer. Suivant le 13e, il est du devoir du métropolitain d'appeler au concile, non-seulement les prêtres de la cathédrale, mais aussi ceux de la campagne, avec quelques séculiers du nombre des enfants de l'Eglise. Il semble que ce canon ne parle que du concile que l'on assemblait ordinairement pour l'ordination d'un évêque. Gratien rapporte un fragment du concile de Tarragone, où il dit que, comme il n'est pas permis de réitérer le baptême, on ne doit non plus conférer qu'une fois la confirmation (Labbe, t. IV).

L'année suivante 517, il assembla un autre concile à Gironne, le 18 juin. Il était composé du métropolitain de Tarragone, qui y présida, et de six évêques de la même province. On n'y fit que dix canons, par lesquels il est ordonné que, dans la célébration de la messe et de l'office divin, toute la province suivra le rite de la métropole; que l'on fera chaque année deux litanies ou rogations, de trois jours chacune, avec abstinence de chair et de vin : la première, dans la semaine d'après la Pentecôte, depuis le jeudi jusqu'au samedi inclusivement; la seconde, le premier jour de novembre, à condition que, si c'est un jour de dimanche, on remettra cette litanie au jeudi suivant, pour finir le samedi; que le baptême solennel ne s'administrera qu'à Pâques et à la Pentecôte, et que, dans les autres fêtes de l'année, on baptisera seulement les malades, auxquels il n'est pas permis de refuser le baptême, en quelque temps que ce soit; que les enfants étant ordinairement malades lorsqu'ils viennent au monde, on les baptisera aussitôt, particulièrement s'ils sont réellement malades; que les clercs qui ont été ordonnés étant mariés, à commencer par les évêques jusqu'aux sous-diacres, habiteront séparés de leurs femmes, ou qu'ils auront avec eux, s'ils ne logent pas à part, un de leurs confrères pour être témoin de leur vie; que les clercs qui ont été ordonnés dans le célibat n'auront point de femmes pour conduire leur ménage, si ce n'est leur mère ou leur sœur; que l'on pourra admettre dans le clergé une personne qui, étant tombée malade, a demandé et reçu la bénédiction de la pénitence appelée *viatique*, et qui se donne par la communion, pourvu qu'étant revenue en santé, elle n'ait pas été soumise à la pénitence publique, ni convaincue de crimes qui y sont soumis; enfin le concile ordonne que l'évêque ou le prêtre prononcera tous les jours l'Oraison dominicale après matines et vêpres (*Ibid.*).

Le métropolitain Jean de Tarragone, étant venu en Italie dans le dessein de demander quelques règlements pour les Eglises d'Espagne, écrivit à cet effet au Pape par le diacre Cassien. Hormisda aurait fort souhaité de parler à Jean et de le voir; mais ne l'ayant pu, il lui envoya des règlements généraux qui prescrivaient ce qu'il fallait observer conformément aux canons, et quelle précaution il fallait prendre contre les ecclésiastiques qui venaient des Églises grecques. Il le déclara en même temps son vicaire en Espagne, pour y faire exécuter les canons et faire son rapport au Saint-Siège des affaires ecclésiastiques de ce royaume, sans toutefois déroger aux droits des métropolitains. Ces règlements sont contenus dans une lettre-circulaire adressée aux évêques d'Espagne. Le 1er porte : Que l'on n'ordonnera point évêques des laïques sans les avoir fait passer par les degrés du ministère ecclésiastique, et sans avoir éprouvé leurs mœurs pendant un long temps, celui-là devant être d'une conduite plus réglée que le peuple, qui doit prier pour le peuple. Il défend aussi d'élever au sacerdoce ceux qui sont en pénitence publique, car il est juste qu'ils se contentent du pardon qu'on leur accorde; avec quelle conscience pourraient-ils se charger d'absoudre les coupables, sachant bien qu'ils ont confessé eux-mêmes leurs péchés devant le peuple? Respecteront-ils comme évêque celui qu'ils ont vu peu de temps auparavant prosterné comme pénitent? Il est dit, dans le 2e, que l'on n'achètera ni ne vendra les ordinations, soit à prix d'argent, soit autrement, comme en rendant ou en exigeant des services équivalant à l'argent. Le 3e veut que l'on tienne chaque année deux conciles provinciaux, ou du moins un, si les circonstances des temps ne permettent pas d'en tenir deux. Le motif de ces assemblées est que les évêques traitent librement entre eux des affaires de leurs Églises, et qu'au cas que tout y fût bien réglé, ils en louent Dieu ensemble. Le pape Hormisda établit aussi son vicaire pour la Bétique et la Lusitanie, Salluste, évêque de Séville, avec le pouvoir de convoquer les évêques de ces provinces, quand il serait nécessaire; de juger leurs différends et de veiller à l'observation des canons, à la charge de lui rendre compte de tout ce qu'il aurait fait, tant pour le maintien de la foi et des anciens décrets, que pour des affaires particulières (Hormisd., Epist. 24-26).

Tandis que le pape saint Hormisda réglait ainsi, de concert avec les évêques, les affaires de l'Église en Gaule et en Espagne, il reçut de l'extrémité de l'Orient une requête souscrite de plus de deux cents personnes, avec cette inscription :

« Au très-saint et bienheureux patriarche de toute la terre, Hormisda, occupant le Siége du prince des apôtres, Pierre; prière et supplique des humbles archimandrites et autres moines de la seconde Syrie. Averti par la grâce de notre Sauveur à tous, de recourir à Votre Béatitude comme à un port dans la tempête, nous croyons déjà être hors du péril. Car, encore que nous souffrions, nous le supportons avec joie. Mais comme le Christ, notre Dieu, vous a constitué le prince des pasteurs, le docteur et le médecin des âmes, vous et votre saint ange, il est juste de vous exposer les souffrances qui nous sont arrivées, et de vous signaler les loups cruels qui ravagent le troupeau du Christ, afin qu'il les chasse du bercail par la houlette de l'autorité, qu'il guérisse les âmes par la parole de la doctrine, et calme les plaies par l'onction de la prière. Ces persécuteurs, armés contre nous, sont Sévère et Pierre, hommes qui n'ont jamais été comptés au nombre des chrétiens; qui chaque jour anathématisent en public le saint concile de Chalcédoine et notre très-saint père Léon; qui ne comptent pour rien le jugement de Dieu, qui foulent aux pieds les canons des Pères, qui font des évêques par la puissance du prince, et qui, pour nous contraindre à outrager ledit saint concile, nous ont affligés de supplices inexprimables. Aussi quelques-uns, succombant à leurs coups, sont morts; et parmi les nôtres, il en a été tué un grand nombre. Car comme nous allions au monastère du seigneur Siméon, pour la cause de l'Église (c'est saint Siméon Stylite), ces méchants nous ont dressé une embuscade sur le chemin, et, venant fondre sur nous, ont tué trois cent cinquante hommes et blessé plusieurs. Ils ont tué même près des autels ceux qui s'y étaient réfugiés. Ils ont brûlé les monastères, envoyant de nuit une multitude de gens séditieux et gagnés par argent, qui ont enlevé le peu qu'il y avait. Votre Béatitude sera instruite de tout par les mémoires que lui rendront nos vénérables frères, Jean et Sergius. Nous les avions envoyés à Constantinople, espérant avoir justice de cet excès; mais l'empereur, sans daigner leur dire une parole, les a chassés honteusement. Ce qui nous a fait connaître, quoique bien tard, qu'il est lui-même auteur de ces maux.

» Nous vous supplions donc, très-saint Père de compatir aux blessures du corps, car vous êtes le chef de tous, et de venger le mépris de la foi, des canons, des Pères et du concile. La puissance de lier et de délier vous a été donnée de Dieu. Levez-vous, saint Père, pour venir nous sauver; soyez les imitateurs de notre Seigneur, qui est descendu du ciel sur la terre pour chercher la brebis errante; regardez ce Pierre, prince des apôtres, dont vous illustrez la Chaire, et Paul, ce vase d'élection : ils ont parcouru l'univers pour l'éclairer. De grandes plaies demandent de plus grands remèdes. Des mercenaires, quand ils voient arriver les loups, leur abandonnent leurs brebis; mais vous, vrais pasteurs et docteurs, à qui le soin des brebis a été confié, le troupeau, délivré des bêtes cruelles, court au devant de vous, reconnaissant son pasteur et suivant sa voix, comme le Seigneur a dit : *Mes brebis entendent ma voix, et je les connais, et elles me suivent.* Ne nous méprisez donc pas, très-saint Père, nous qui sommes blessés chaque jour par des bêtes féroces. Pour une parfaite information de votre saint ange, nous anathématisons dans cette supplique, comme dans un formulaire, tous ceux que votre Siége apostolique a rejetés et excommuniés, savoir : Nestorius, Eutychès, Dioscore, Pierre Monge, Pierre le Foulon, Acace et tous ceux qui défendent quelqu'un de ces hérétiques. »

Cette requête, si remarquable sous plus d'un rapport, a ceci de particulier que ces archimandrites de l'Orient, dont la plupart étaient prêtres, s'adressent à la fois au Pape et à son saint ange (Labbe, t. IV), ce qui explique tout naturellement le pluriel qu'ils employaient, sans qu'on ait besoin de recourir avec Fleury aux évêques d'Occident, dont il n'est pas question.

Le Pape leur répondit par une lettre du 10 février 518. Elle est adressée, non-seulement aux prêtres, aux diacres et aux archimandrites de la seconde Syrie, mais généralement encore à tous les orthodoxes de l'Orient. Il les encourage à la persévérance, par la vue des récompenses éternelles; par l'exemple de Jésus-Christ, qui, de plus, les soutient de sa grâce;

par l'exemple des Machabées ; s'ils ont tant souffert pour l'ombre de la vérité, que ne devons-nous pas souffrir pour la vérité même ? Les Orientaux devaient se montrer d'autant plus fermes, qu'ils étaient revenus à l'unité plus tard. Il leur fallait pour cela se garder de tout contact avec l'erreur, s'en tenir fidèlement aux décrets de Chalcédoine et aux lettres de saint Léon, condamner non-seulement les fauteurs des hérésies, mais encore ceux qui les ont embrassées. Il dit, en faisant allusion à l'empereur Anastase : « Autre est la puissance des hommes, autre le ministère des pontifes. Le téméraire qui porta un feu étranger dans le sanctuaire, irrita plutôt le Seigneur qu'il ne l'apaisa. Ozias eût conservé l'administration du royaume, s'il avait profité de cet exemple. Mais ayant voulu, malgré les remontrances des ministres du temple, joindre le sacerdoce à la royauté, il perdit à la fois l'un et l'autre, frappé qu'il fut de la lèpre. De notre part, nous n'avons rien négligé. En deux ambassades, nous avons employé tout ce qu'il y a d'humble dans la prière, de raisonnable dans les allégations, de salutaire dans les commandements. Faut-il pour cela négliger la voie de la justice ? L'obstination ne doit point être confondue avec la faiblesse. Périssent, sans nous infecter nous-mêmes, ceux qui ne renoncent point à leurs impiétés, même après en avoir été repris (Labbe, t. V). »

Sévère, qui persécutait si cruellement les catholiques de Syrie, était le patriarche intrus d'Antioche. Elie, patriarche de Jérusalem, rejetait sa communion. Lorsque l'empereur Anastase l'apprit, il entra dans une grande colère et envoya Olympius, duc de Palestine, qui, ayant employé plusieurs artifices, chassa Elie de son siége, l'envoya en exil, et mit en sa place Jean, fils de Marcien, qui avait été gardien de la croix, et qui promit d'embrasser la communion de Sévère. Il fut fait évêque de Jérusalem le 3 septembre 517. Saint Sabas et les autres Pères du désert, ayant appris que Jean avait fait cette promesse, le conjurèrent de ne point recevoir Sévère à sa communion, et de s'exposer plutôt à toute sorte d'extrémités pour le concile de Chalcédoine, offrant tous de le soutenir de tout leur pouvoir. Jean eut tant de respect pour eux, qu'il retira la parole qu'il avait donnée au duc Olympius.

Sur cette nouvelle, la colère de l'empereur monta jusqu'à la fureur, et, pour en profiter, un nommé Anastase, fils de Pamphile, promit trois cents livres d'or, s'il n'obligeait Jean à recevoir Sévère à sa communion et à prononcer anathème contre le concile de Chalcédoine. Il fut donc envoyé à la place d'Olympius. Etant arrivé à Jérusalem, il surprit le patriarche Jean et le mit dans la prison publique. Tous les habitants s'en réjouirent, regardant Jean comme un traître qui avait supplanté le patriarche Elie. Mais un nommé Zacharie, magistrat de Césarée, étant entré dans la prison en cachette, parla ainsi à Jean : « Si vous voulez conserver l'épiscopat, vous ne laissez pas persuader de recevoir Sévère à votre communion ; mais faites semblant de consentir à ce que veut le duc, et dites-lui : Je ne refuse pas de faire ce que j'ai promis ; mais de peur qu'on ne dise que je l'ai fait par force, tirez-moi d'ici, et dimanche je ferai ce que vous ordonnez. » Le duc, persuadé par ce discours, le fit sortir de prison.

Aussitôt Jean envoya de nuit à tous les moines pour les faire venir à Jérusalem. Ils s'y rendirent de tous côtés, et on prétendit en avoir compté jusqu'à dix mille. Mais comme l'église cathédrale ne pouvait contenir une telle multitude, on résolut de s'assembler dans celle de Saint-Etienne, qui était beaucoup plus grande. Tous y étant donc assemblés, tant les moines que les habitants, le duc Anastase et le consulaire Zacharie s'y rendirent. Hypatius, neveu de l'empereur, s'y trouva aussi ; car, étant délivré de la prison de Vitalien, il était venu à Jérusalem accomplir un vœu. Comme le duc Anastase s'attendait à voir exécuter la volonté de l'empereur, le patriarche monta sur l'ambon, ayant à ses côtés saint Théodose et saint Sabas, chefs de tous les moines. A leur vue, le peuple cria pendant plusieurs heures : Anathématisez les hérétiques ! confirmez le concile !... Aussitôt ils anathématisèrent tout d'une voix Nestorius, Eutychès, Sévère d'Antioche, Sotéric de Césarée en Cappadoce, et quiconque ne recevait pas le concile de Chalcédoine. Après qu'ils eurent ainsi parlé, ils descendirent. Mais saint Théodose remonta, et dit à haute voix : Si quelqu'un ne reçoit pas les quatre conciles, comme les quatre évangiles, qu'il soit anathème ! Le duc fut fort surpris, et, craignant la multitude des moines, s'enfuit à Césarée. Mais Hypatius protesta aux abbés, avec serment, qu'il était venu à Jérusalem pour entrer dans leur communion, sans avoir jamais pris part à celle de Sévère. Il offrit cent livres d'or pour le saint sépulcre, le calvaire et la sainte croix, et en donna autant à saint Théodose et à saint Sabas, pour distribuer aux moines du pays.

L'empereur ayant appris ce qui s'était passé, se préparait à employer la force pour envoyer en exil le patriarche Jean, saint Théodose et saint Sabas. Mais les saints abbés, en ayant reçu la nouvelle, assemblèrent tous les moines, et, d'un commun accord, écrivirent une protestation qu'ils envoyèrent à l'empereur. Elle était conçue en forme de requête, au nom de Théodose et de Sabas, archimandrites, des autres abbés et de tous les moines qui habitaient la sainte cité, le désert d'alentour et le Jourdain, et disait en substance :

« Dieu vous a confié l'empire pour procurer la paix à toutes les Eglises, mais particulièrement à la mère des Eglises, en laquelle a été accompli le mystère du salut. Habitant cette terre sainte, nous avons reçu la foi de ce mystère, non par imagination, mais réellement, par la croix de Jésus-Christ, son sépulcre et tous les saints lieux que l'on y adore. Nous l'avons reçue, dès le commencement, de la bouche des prophètes et des apôtres ; nous la conservons entière, et nous la conserverons toujours par la grâce de Dieu, sans être épouvantés par ses adversaires, ni emportés par tout vent de doctrine. Et comme c'est dans cette sainte créance que vous avez été nourri et que vous avez reçu l'empire, nous nous étonnons comment, sous votre règne, il s'est élevé un si grand orage contre la sainte cité, en sorte que les évêques, les ministres sacrés, les solitaires en aient été chassés avec violence, en présence des païens, des Juifs et des Samaritains, et traînés au milieu des villes, en des lieux profanes et impurs, pour les obliger à faire des choses qui blessent la foi. De manière que ceux qui viennent ici par dévotion, au lieu d'y être édifiés, s'en retournent scandalisés dans leur pays.

» Si c'est à cause de la foi que l'on attaque ainsi la sainte cité, comment prétend-on nous apprendre notre créance cinq cents et tant d'années après la venue de Jésus-Christ? Il paraît clairement que la réformation que l'on veut maintenant introduire dans la foi, est la doctrine de l'antechrist, qui veut troubler la paix des Eglises. L'auteur de tous ces maux est Sévère, acéphale et schismatique de tout temps, dont Dieu a permis pour nos péchés l'élévation sur le siège d'Antioche. Nous rejetons sa communion, et vous supplions d'avoir pitié de Sion, la mère de toutes les Eglises; car, en matière de foi, s'il faut choisir entre la vie et la mort, la mort nous sera plus chère. Nous ne communiquerons jamais en aucune manière avec les ennemis de Dieu et de l'Eglise, et nous recevons, comme les Evangiles, les quatre saints conciles, qui expriment le même sens en différentes paroles. On ne pourra jamais nous unir à ceux qui n'obéissent point à ces conciles, quand on nous menacerait de mille morts. Et pour vous en assurer, nous disons anathème et à Nestorius qui divise Jésus-Christ, et à Eutychès qui confond la divinité et l'humanité. Après cette déclaration par écrit de notre part, faites cesser les maux qui se commettent tous les jours contre la sainte cité et contre notre saint archevêque Jean; autrement nous vous protestons, devant la sainte Trinité, que nous souffrirons plutôt que l'on répande notre sang et que l'on brûle les saints lieux. Car, à quoi servent leurs noms, si on les profane de fait? Que la grâce de Dieu, qui surpasse toute intelligence, conserve son Eglise et fasse cesser tous les scandales par vos ordres, à sa gloire et à l'honneur de votre règne! »

On fit quatre copies de cette déclaration; on en garda deux dans le pays, une pour les gouverneurs, l'autre pour Jean, patriarche de Jérusalem. On envoya les deux autres à Constantinople, pour l'empereur et le patriarche. L'empereur Anastase ayant reçu cette requête, fut conseillé de se tenir pour le moment en repos, à cause de Vitalien qui, irrité de ses parjures, avait recommencé la guerre et faisait un si grand nombre de prisonniers que, par mépris, il les vendait une obole chacun (Théoph., 110).

Cependant le temps approchait où les auteurs de tant de maux devaient aller en rendre compte à Dieu. Timothée, le patriarche intrus de Constantinople, mourut le 5 avril 517, et fut remplacé, le 24 du même mois, par le prêtre Jean de Cappadoce, son syncelle. Jean était catholique dans le cœur; mais avant son ordination, l'empereur lui fit condamner le concile de Chalcédoine, tandis que le peuple lui demanda à grand bruit qu'il anathématisât Sévère. A quoi que touchât ce triste empereur, il y imprimait toujours, comme son cachet, soit une bassesse, soit une calamité.

La même année 517, mourut Jean Nicéote, patriarche hérétique d'Alexandrie. Les magistrats, par ordre d'Anastase, placèrent sur le siège épiscopal Dioscore le jeune, neveu de Timothée Elure. Une ordination si peu régulière révolta les habitants de la campagne: ils accoururent en grand nombre, criant qu'on foulait aux pieds les saints canons; qu'ils ne pouvaient reconnaître pour patriarche qu'un homme élu dans la ville par les évêques d'Egypte. Pour apaiser ces clameurs, Dioscore se fit élire et ordonner de nouveau par le clergé d'Alexandrie; Théodose, préfet d'Egypte, fils du patrice Calliopius, et Acacius, commandant des troupes, assistaient à cette cérémonie. Le préfet, voulant haranguer l'assemblée, débuta par un éloge de l'empereur: aussitôt une foule de peuple l'interrompt, on l'accable d'injures; les plus audacieux montent à la tribune où il était, se saisissent de son fils, qui était assis auprès de lui, le jettent en bas et le massacrent. Acacius, à la tête des soldats, dissipe les séditieux, arrête les plus mutins et les fait punir de mort. L'empereur informé de ce désordre, se préparait à châtier sévèrement toute la ville: Dioscore s'étant transporté à Constantinople, se fit un mérite d'apaiser sa colère; mais bientôt le peuple, aigri par le châtiment, s'en vengea sur Théodose même. L'huile manqua dans la ville: c'était alors une des nécessités de la vie, parce que l'huile était d'un grand usage pour les bains. La fureur se ralluma: Théodose fut massacré, et cette sédition se termina, comme la première, par la mort des plus coupables (Théophan.; Malala, part. 2, *Hist. du Bas-Empire*, l. 39).

Ces troubles de l'empire attiraient les Barbares. Des cavaliers gètes ou goths passèrent le Danube, ravagèrent la Macédoine et pénétrèrent dans la Thessalie, d'un côté, jusqu'aux Thermopyles; de l'autre, jusqu'aux frontières de l'Epire. Comme ils traînaient à leur suite une multitude de prisonniers, Anastase envoya mille livres d'or à Jean, préfet d'Illyrie, pour les racheter; mais cette somme ne suffisant pas, les Barbares en retinrent un grand nombre qui ne revirent jamais leur patrie; ils en égorgèrent plusieurs à la vue des villes qui refusaient de leur ouvrir leurs portes. Les campagnes ayant été ainsi désolées l'an 517 par les Barbares, l'année suivante, 518, les villes qui avaient servi de retraite aux habitants furent détruites par un tremblement de terre, le plus effroyable dont parle l'histoire. De vingt-quatre, tant villes que bourgades ou forteresses de la Dardanie, deux furent entièrement abîmées, et les autres ruinées en grande partie; Scupes, capitale de la province, fut détruite tout entière: il n'y périt personne, parce qu'elle était abandonnée dès l'année précédente. La terre s'ouvrit, et il en sortit des étincelles et des flammes comme d'une fournaise ardente. Ce gouffre, large de douze pieds et d'une immense profondeur, s'étendait à dix lieues. Sur toute cette lisière, les montagnes se fendirent, les rochers, les arbres des forêts, les édifices furent engloutis dans cet abîme, qui ne se referma qu'après plusieurs jours (Marc., *Chron.*, 517 et 518; *Hist. du Bas-Empire*, l. 39).

La même année 518, mourut l'empereur Anastase. La nuit du 1er juillet il y eut autour de son palais des tonnerres et des éclairs dont il fut épouvanté; fuyant de place en place, il fut enfin trouvé mort subitement dans une petite chambre, et on crut qu'il avait été frappé de la foudre. Il était âgé de 80 ans, et en avait régné 27. Sa mort fut révélée à Elie, patriarche de Jérusalem. Car saint Sabas, alors âgé de 80 ans, étant allé le voir à Aïla dans son exil, le 9 juillet, il ne parut point pour manger, à none, et dire vêpres ensemble. Mais il dit à saint Sabas et à ceux qui étaient avec lui: Mangez, vous autres; pour moi, je n'en ai pas le loisir. Et comme saint Sabas voulut le retenir, il lui dit en pleurant: L'empereur Anascase vient de mourir, et je dois partir dans dix jours et être jugé avec lui. Il mit ordre ensuite au gouvernement de ses monastères, et, pendant huit jours, il ne vécut que de la sainte communion et de vin trempé; puis il tomba dans une petite maladie, et le 20 juillet, après avoir communié, fait les prières et répondu *amen*, il mourut âgé de 88 ans. Saint Sabas marqua le jour, et, étant revenu à Jérusalem, il apprit la mort de l'empereur. Le patriarche Macédonius de Constantinople était mort l'année précédente, dans son exil à Gangres; on rapporte qu'il fit dire à l'empereur Anastase ces paroles : Je m'en vais à mes pères, dont j'ai gardé la foi, mais je ne cesserai d'interpeller le Seigneur, jusqu'à ce que vous veniez vous-même et que nous soyons jugés ensemble (Théoph). L'Eglise honore la mémoire d'Elie de Jérusalem le 4 juillet, avec celle de Flavien d'Antioche, exilé pour la même cause et mort dans le même temps. Il semble que Dieu voulût tenir comme un lit de justice, y faire comparaître ensemble les coupables et les témoins principaux, pour terminer enfin ce procès qui, depuis des années, mettait dans le trouble l'Eglise et l'empire.

Il y avait environ 48 ans que, sur les confins de la Thrace et de l'Illyrie, à Bédériane, se trouvaient trois jeunes paysans, Zémarque, Ditybiste et Justin. Ils passèrent leurs premières années à labourer la terre. Enfin, accablés de misère, ils quittèrent la charrue pour aller chercher fortune ailleurs. Ils partirent à pied, portant leurs habits sur leurs épaules, sans argent et sans autre provision qu'un pain bis dans leur besace. Arrivés à Constantinople, ils s'enrôlèrent. Ils étaient âgés de vingt ans et bien faits de leur personne, ce qui attira sur eux les regards de l'empereur Léon, qui vivait encore; il les fit entrer dans ses gardes. Dans la guerre d'Isaurie, Justin servit en qualité de capitaine, fût condamné à mort par son général, on ne sait pour quelle faute; il allait être exécuté le lendemain, lorsque le général en fut détourné par une apparition nocturne : c'est du moins ce que dit Procope. Sous Anastase il parvint à la dignité de sénateur, de patrice et de commandant de la garde impériale. Anastase étant mort, l'eunuque Amantius, préfet de la chambre, qui jusqu'alors avait eu tout le pouvoir, fit venir Justin, lui confia de grandes sommes d'argent pour acheter les suffrages des soldats et du peuple à une de ses créatures nommée Théocrite, sous le nom duquel il comptait régner. Mais Justin distribua cet argent en son nom propre, gagna ainsi les soldats et le peuple, et fut proclamé empereur le 9 juillet. Il était âgé de soixante-huit ans, et, s'il faut en croire Procope, ne savait pas même écrire son nom, du moins en latin. Sa femme se nommait Lupicine; elle était née chez les Barbares. Justin, dans les premières années de son service, l'avait achetée comme esclave et en avait fait sa femme. Devenu empereur, il la fit couronner impératrice, et, dans les acclamations du peuple, on lui donna le nom d'Euphémie. Il avait un neveu, natif de Taurésium, bourgade de Dardanie voisine de Bédériane. Ce neveu portait dans son pays le nom d'Uprauda. Son père se nommait Istok et sa mère Bigléniza, noms barbares que les Romains traduisirent par ceux de Justinien, de Sabbatius et de Vigilantia. Ce neveu fut plus tard l'empereur Justinien.

Justin était d'un esprit droit, d'un cœur généreux et sincèrement catholique. On raconte de lui ce trait. Un nommé Eulalius, après avoir été fort riche, était devenu extrêmement pauvre. Se voyant près de mourir, il institua l'empereur son héritier ; il laissait trois filles en bas âge. Outre qu'il chargeait le prince de les faire élever et doter, il le priait encore d'acquitter ses dettes. Justin accepta la succession et remplit avec fidélité toutes les conditions du testament. On admira également la confiance naïve du sujet et la noble générosité du prince (*Hist. du Bas-Empire*).

Le dimanche qui suivit l'élection de l'empereur Justin, et qui était le 15 juillet 518, le patriarche Jean étant entré, suivant sa coutume, avec son clergé, dans la grande église de Constantinople, et se trouvant près de l'ambon, le peuple s'écria : Longues années à l'empereur! Longues années à l'impératrice! Longues années au patriarche! Pourquoi demeurerons-nous excommuniés ? Pourquoi ne communions-nous point depuis tant d'années ? Nous voulons communier de votre main. Eh! montez sur l'ambon! Eh! persuadez votre peuple! Il y a plusieurs années que nous voulons communier. Vous êtes orthodoxe; qui craignez-vous? Chassez Sévère le manichéen! Qu'on déterre les os des manichéens! Publiez tout à l'heure le saint concile! Sainte Marie est mère de Dieu. Celui qui ne parle pas est manichéen. La foi de la Trinité est victorieuse. C'est un orthodoxe qui règne; qui craignez-vous? Longues années au nouveau Constantin! Longues années à la nouvelle Hélène! Victoire à l'empereur Justin! Ou sortez, ou publiez tout à l'heure le concile de Chalcédoine! Anathème à Sévère le manichéen, le nouveau Judas!

Après qu'ils eurent ainsi crié très-longtemps, et répété les mêmes acclamations, le patriarche Jean leur dit : Mes frères, ayez patience que nous ayons adoré le saint autel, ensuite je vous ferai réponse. Le patriarche entra donc dans le sanctuaire avec son clergé, et le peuple continua de crier : Eh ! je vous conjure, vous ne sortirez point que vous n'ayez anathématisé Sévère ! Anathème à Sévère ! dites-le nettement. Alors le patriarche monta sur l'ambon, et dit : Vous savez, mes chers frères, les combats que j'ai soutenus, étant prêtre, pour la foi catholique, et que je soutiens encore jusqu'à la mort. Il ne faut donc point de bruit ni de tumulte : on n'a rien fait contre la foi, personne n'ose anathématiser le saint concile. Nous reconnaissons pour orthodoxes tous les conciles qui ont confirmé le Symbole de Nicée, et principalement ces trois, le concile de Constantinople, le concile d'Ephèse et le grand concile de Chalcédoine.

Après cette réponse, ils continuèrent les mêmes acclamations pendant plusieurs heures, et ajoutèrent : La fête du concile de Chalcédoine, prononcez-la sur l'heure même ! Je ne me retire point si vous ne l'annoncez : nous serons ici jusqu'au soir; annoncez la fête pour demain ! Le patriarche proposa d'attendre le consentement de l'empereur. Mais le peuple insista pour que la fête fût annoncée sur-le-champ, et le diacre Samuël le fit en ces termes : Nous faisons savoir à votre charité que demain nous célébrerons la mémoire de nos saints Pères, les évêques qui ont été assemblés à Chalcédoine, et qui, avec ceux de Constantinople et d'Ephèse, ont confirmé le Symbole de Nicée, et nous nous assemblerons ici. Le peuple continua de crier longtemps tout d'une voix : Qu'on anathématise sur l'heure même Sévère, l'ennemi de la Trinité, l'ennemi des Pères, qui a anathématisé le concile de Chalcédoine! Je ne sortirai point que je n'aie réponse. Alors le patriarche, du consentement de tous les évêques présents, fit prononcer l'anathème contre Sévère, en ces termes : Tout le monde sait que Sévère s'est rendu coupable en se séparant de cette sainte Eglise. Nous donc, suivant les canons et les Pères, le tenons pour étranger et pour condamné, à cause de ses blasphèmes, et nous l'anathémisons.

Le lendemain, lundi, 16 juillet, on célébra la fête des Pères de Chalcédoine, que les Grecs célèbrent encore maintenant, le dimanche le plus proche du 16 de ce mois. Quand le patriarche eut fait son entrée et qu'il fut près de l'ambon, tout le peuple s'écria : Longues années au patriarche! Longues années à l'empereur! Longues années à l'impératrice! Rendez à l'Eglise les reliques de Macédonius! Victoire à l'empereur Justin! Victoire à l'impératrice Euphémie! Rendez à l'église ceux qui ont été exilés pour la foi! Qu'on déterre les os des nestoriens! Qu'on déterre les os des eutychianistes! Qui est Nestorius? Je ne le connais point. Anathème à lui et à Eutychès! Chassez les manichéens! Chassez Sévère le Judas! Apportez les reliques de Macédonius! remettez le nom de Macédonius! De grâce, rapportez nos acclamations à l'empereur. Chassez Amantius! chassez l'opprobre du palais! Rendez Euphémius et Macédonius à l'Eglise! Envoyez les lettres synodales à Rome! Remettez les noms d'Euphémius et de Macédonius! Rendez la fête complète! Chassez les faux témoins de Macédonius! Mettez les quatre conciles dans les diptyques! Léon, l'évêque de Rome dans les diptyques! Apportez les diptyques sur l'ambon!

Le patriarche répondit : Nous fîmes hier ce qu'il fallait pour vous contenter, et nous le ferons encore aujourd'hui. Nous devons mettre la foi pour fondement inébranlable : elle nous servira à réunir les Eglises. Glorifions donc tous, d'une bouche, la sainte et consubstantielle Trinité. Mais le peuple continua à crier : Sur l'heure même! personne ne sortira. Je vous conjure! je ferme les portes! Frères orthodoxes, nous n'avons qu'une âme. Vous ne craignez plus Amantius le manichéen. Justin règne; pourquoi craindre Amantius ?... Ils firent encore plusieurs acclamations semblables, et on leur répondit : Vous savez que nous avons toujours cherché à vous satisfaire; mais, pour agir canoniquement, permettez-nous d'assembler les évêques et de recevoir l'ordre de l'empereur; car nous lui rapporterons toutes vos acclamations... Le peuple ferma les portes et continua à crier. Ce qui obligea enfin le patriarche à prendre les diptyques, où il fit mettre les quatre conciles de Nicée, de Constantinople, d'Ephèse et de Chalcédoine, ainsi que les noms d'Euphémius et de Macédonius, patriarches de Constantinople, et du pape saint Léon. Alors le peuple s'écria tout d'une voix : Béni soit le Seigneur, Dieu d'Israël, qui a visité et délivré son peuple!... ce qu'ils continuèrent très longtemps, chantant à deux chœurs. Puis on fit monter sur l'ambon les chantres, qui entonnèrent le Trisagion ou le *Sanctus* grec, et tout le peuple s'arrêta pour l'écouter.

Car, suivant la liturgie grecque, on le chante au commencement de la messe, avant l'épître. Après la lecture de l'Evangile, la messe des catéchumènes étant finie et les portes fermées, le Symbole fut récité à l'ordinaire. Mais quand le moment des diptyques fut venu, tout le peuple accourut en grand silence autour de l'autel pour écouter. Sitôt que le diacre eut dit les noms des quatre conciles et des archevêques Euphémius, Macédonius et Léon, ils crièrent tous à haute voix : Gloire à vous, Seigneur!... Ensuite on acheva la messe tranquillement. Ceci se passa dans la grande église de Constantinople, le 15 et le 16 juillet 518, et les actes en furent dressés (Labbe, t. V).

Pour confirmer authentiquement ce que le peuple avait ainsi exigé, le patriarche Jean assembla en concile quarante évêques, qui se trouvaient à Constantinople; et les abbés de la ville présentèrent au concile une requête tendant à même fin. Cette requête était souscrite par cinquante-quatre abbés ou archimandrites, tous prêtres, à la réserve d'un seul. Le concile, assemblé le 20 juillet 518, fit droit sur tous les chefs contenus dans cette requête, savoir : le rétablissement d'Euphémius et de Macédonius dans les diptyques; le rappel de ceux qui avaient été exilés à leur occasion; le rétablissement dans les diptyques des quatre conciles généraux et du pape saint Léon; et enfin la condamnation de Sévère, faux patriarche d'Antioche, dont on rappela les principaux blasphèmes. Le concile ayant ainsi statué sur la requête des moines, en écrivit une lettre synodale au patriarche Jean, qui n'y avait point assisté, afin qu'il en fit son rapport à l'empereur, à l'impératrice et au sénat (*Ibid.*).

Le patriarche Jean de Constantinople écrivit à Jean, patriarche de Jérusalem, et à tous les métropolitains qui s'y trouvaient assemblés, pour leur faire part de cette bonne nouvelle; c'est-à-dire des acclamations du peuple de Constantinople, de la requête des moines et du décret du concile, dont il leur envoie les actes en diligence, les priant de les confirmer. Jean de Constantinople écrivit de même à Epiphane, évêque de Tyr; et ses lettres furent accompagnées des ordres de l'empereur Justin pour rappeler tous ceux qui avaient été bannis sous Anastase, et mettre le concile de Chalcédoine dans les diptyques.

Ces ordres étant venus à Jérusalem, saint Sabas y accourut. Il s'y assembla une multitude infinie de moines et de laïques; les évêques y tinrent un concile, et on célébra une fête le sixième jour du mois d'août. On publia les ordres de l'empereur, et on mit les quatre conciles dans les diptyques. Jean de Jérusalem en écrivit une lettre synodale à Jean de Constantinople, tant en son nom qu'au nom de tous les évêques des trois Palestines, qui souscrivirent au nombre de trente-trois. La lettre se termine ainsi : « Priez avec nous la sainte et glorieuse vierge Marie, mère de Dieu, qu'elle intercède pour la paix des Eglises, la victoire et la prospérité de notre pieux et sérénissime empereur (*Ibid.*).

A Tyr, le peuple était particulièrement animé contre un moine nommé Jean, desservant d'une église de la Sainte-Vierge, qui, ayant traité secrètement avec les schismatiques, se rendit à Antioche, se donna à Sévère, et souscrivit de sa main l'anathème du concile de Chalcédoine et de la lettre de saint Léon. Puis, étant revenu à Tyr, il livra aux schismatiques l'église de la Sainte-Vierge, où il tint des assemblées illicites, jusqu'à y célébrer le baptême, au grand scandale du peuple, qui voyait de nouveaux baptisés sortir de deux endroits : chose jusqu'alors inouïe. On en vint à des séditions, où des schismatiques jetèrent des pierres contre les croix : il y eut des clercs et des laïques blessés, et l'évêque Epiphane faillit perdre la vie.

Les lettres de Constantinople furent apportées dans l'ancienne église, le dimanche 16 septembre 518. Le diacre Sergius les ayant lues après l'Evangile, tout le peuple s'écria : Longues années à l'empereur ! Longues années à l'impératrice ! Longues années au sénat, aux préfets, au comte Jean, au patriarche Epiphane ! Ils qualifient ainsi leur évêque. C'est Dieu seul qui a fait ceci. Voilà la foi ! Un Dieu, une foi ! Et, s'adressant à Epiphane : Faites ce que le concile a fait ! Qui ne parle pas, n'est pas fidèle. Longues années au patrice Vitalien, à Vitalien orthodoxe ! Montez, anathématisez Sévère et le moine Jean.

L'évêque Epiphane étant monté sur l'ambon, le peuple continua de crier : C'est Dieu qui vous y a mis ! Un Dieu, une foi ! C'est Dieu seul qui a fait ceci ! Faites monter les évêques... Ils y montèrent en effet, savoir : Jean de Ptolémaïde, Théodore de Porphyréone et Elie de Rachlène ; et le peuple continua de crier : Longues années au patriarche Epiphane ! Vous avez souffert le martyre comme les saints, et votre foi a vaincu ! La Mère de Dieu a chassé Sévère, qui a troublé les églises : chassez les schismatiques de la ville, chassez les Egyptiens ; l'empereur est orthodoxe ! Otez la caverne des voleurs ; ôtez, brûlez la caverne des hérétiques ! Chassez les évêques hérétiques ! Justin règne, il n'y a rien à craindre. Longues années à l'empereur ! Longues années au patrice Vitalien ! Longues années à tout le sénat ! Chassez les acéphales ! S'ils avaient vaincu, nous étions morts. Prenez la Mère de Dieu !... Ils veulent dire que l'évêque doit reprendre possession de l'église de la Sainte-Vierge, occupée par les schismatiques. C'est pourquoi ils continuent : Entrez, purifiez la sainte maison. Allons à la Mère de Dieu. Faites apporter les reliques de Flavien... C'est Flavien, patriarche d'Antioche, chassé par Sévère et mort en exil. Le peuple continue : Allons à sainte Marie ! Donnez-nous la croix ! Ils ont lapidé la croix : la croix a vaincu ! Allons, entrons : annoncez la fête !

L'archevêque Epiphane dit : Je vous prie, ayez patience ; et permettez que nous anathématisions l'acéphale ; puis il ajouta : La foi que nous ont enseignée les apôtres, et que nos Pères ont reçue d'eux, tant ceux de Nicée que ceux de Constantinople, d'Ephèse et de Chalcédoine, c'est celle que nous vous enseignons ; et nous anathématisons tous les hérétiques. Il nomme tous ceux qui ont attaqué l'Incarnation ; puis il ajoute : Nous anathématisons également l'impie Sévère, l'acéphale et le schismatique, comme ayant anathématisé nos saints Pères et causé des schismes dans l'Eglise. Le peuple l'interrompit en criant : Dieu seul a fait ceci ! Un Dieu, une foi ; pour la paix des Eglises ! Longue vie à l'archevêque Epiphane ! Anathématisez le Mandrite ! L'archevêque continua, en disant : Nous anathématisons aussi Jean, moine apostat, depuis qu'il a reçu la doctrine impie de Sévère : Qu'ils soient, l'un et l'autre, anathème et malédiction, de par le Père, et le Fils, et le Saint-Esprit, au ciel et sur la terre, en ce monde et en l'autre ; *Amen !* Et le peuple cria : *Amen ! amen ! amen !* et ajouta plusieurs autres acclamations, entre autres celles-ci : Anastase n'est plus ; c'est Justin qui règne ! Il n'est pas manichéen comme Anastase. Amantius est mort, cet ennemi de la Trinité... C'est que l'eunuque Amantius et son empereur avorté Théocrite venaient d'être mis à mort, pour motif de conspiration.

Ensuite Jean, évêque de Ptolémaïde, dit au peuple : Nous anathématisons tous ceux que le très-saint archevêque a anathématisés ; et particulièrement Sévère et Jean Mandrite, ajoutant le reste de la formule comme l'archevêque. Théodose, évêque de Porphyréone, en dit autant ; puis Elie de Rachlène. Le peuple répondit par ses acclamations, pressant toujours qu'on fît l'office dans l'église de la Sainte-Vierge. Alors l'archevêque leur dit : Il est tard ; il faut faire la divine liturgie. C'est assez ; car il nous reste beaucoup de choses à lire. Dimanche prochain, s'il plaît à Dieu, nous lirons le reste dans l'église de Notre-Dame, et nous anathématiserons de nouveau l'acéphale et ses sectateurs : Ensuite l'archidiacre Zacharie annonça la fête en ces mots : Nous faisons savoir à votre charité, que dimanche prochain, à la gloire de Notre Seigneur Jésus-Christ et de Notre Dame, la Mère de Dieu, pour le salut et la prospérité de l'empereur Justin, de l'impératrice Euphémie, des hautes puissances, du saint archevêque de Constantinople, et du concile qui y est assemblé, nous ferons la sainte assemblée dans la maison de sainte Marie. Nous nous assemblerons ici le matin, pour y aller en chantant, avec des cierges et l'encens ; tout le monde, hommes et femmes, auront soin de s'y trouver. L'archevêque ajouta : Samedi au soir nous ferons l'office des vêpres dans la même église de la Mère de Dieu, Marie, toujours vierge. Après quoi on fit silence, et on acheva la messe (Labbe, t. V).

L'archevêque Epiphane et les évêques de sa dépendance écrivirent ensuite au concile de Constantinople, en réponse à la lettre qu'ils en avaient reçue, approuvant la condamnation de Sévère, dont ils racontent les crimes assez au long. Le clergé d'Antioche écrivit également au patriarche de Constantinople et à son concile, pour se plaindre des crimes du même Sévère, usurpateur du siége d'Antioche et tyran de toute la Syrie. Ils disent entre autres : Personne n'ignore combien de moines il a tués par les mains des Juifs. C'était un spectacle horrible, de voir des hommes qui avaient blanchi dans les travaux de la vie ascétique, nus et sans sépulture, au nombre de plus de trois cents, exposés aux chiens et aux oiseaux. Ce qu'il a fait dans les hôpitaux n'est pas moins déplorable ; car maintenant encore, il y bâtit des prisons où il jette un grand nombre de fidèles, qu'il fait mourir à coups de fouets dans les ténèbres. Toute la ville sait ce qu'il a fait aux fontaines de Daphné ; employant la magie et offrant de l'encens aux démons. Il n'a pas épargné les saints autels, ni les vases sacrés, dont il a brisé les uns et fondu les autres, pour les distribuer à ses semblables. Il a pris entre autres les colombes d'or et d'argent suspendues sur les fonts sacrés et sur les autels, disant qu'il ne faut pas représenter le Saint-Esprit en forme de colombe. Il a dépensé tous les revenus de l'église, engagé les maisons et les plus belles terres, et l'a accablée de dettes. Nous vous prions donc de nous délivrer de ce méchant homme, le punissant selon les canons et selon les lois civiles, et de pourvoir à la conservation du peu qui reste, persuadant à l'empereur d'envoyer en diligence des gens de probité pour arrêter ceux qui administrent ces biens et qui en ont beaucoup détourné à leur profit, leur faire rendre compte et mettre le surplus en sûreté. Nous vous prions aussi d'intercéder pour nos frères, évêques, clercs, moines et laïques qui ont été exilés, afin qu'ils soient rétablis dans leurs villes et dans leur rang (Labbe, t. V).

Enfin les évêques de la seconde Syrie écrivirent, de leur côté, au patriarche et au concile permanent de Constantinople, contre Sévère d'Antioche et contre Pierre, évêque d'Apamée, déclarant qu'ils les ont anathématisés, déposés et excommuniés, et demandant d'être délivrés de leur vexation par l'autorité de l'empereur. Cette lettre était souscrite par plusieurs évêques, dont il n'y a que cinq de nommés. Pour preuve des crimes de Pierre d'Apamée, ils envoient à Constantinople les procédures faites contre lui, devant le comte Jean, gouverneur de la province, où, par la déposition de plusieurs prêtres et autres clercs de l'Eglise d'Apamée, il fut convaincu : d'injustice et de violence, de familiarités scandaleuses avec une femme suspecte, au milieu du baptistère et au moment de l'administration solennelle du baptême; enfin, de blasphème envers Jésus-Christ, envers saint Paul et le concile de Chalcédoine (*Ibid.*) Les archimandrites et les moines de la seconde Syrie, dans leur requête aux évêques de la province, racontent de Pierre d'Apamée des scandales, des blasphèmes, des violences semblables, et le supplient d'en délivrer les Eglises.

Mais pour rendre aux Eglises d'Orient leur antique splendeur, ce n'était point assez de les délivrer de l'oppression des hérétiques, il fallait encore les réunir avec l'Eglise romaine, centre de l'unité catholique et fondement de la foi. Aussi était-ce la grande affaire du nouvel empereur, et par suite de Jean de Constantinople et de son concile. Dès le 1er août, Justin avait écrit au pape saint Hormisda, pour lui faire part de son élévation à l'empire et se recommander à ses prières. Le Pape lui répondit qu'il ne doutait point que Dieu ne l'eût élevé à l'empire, afin que, sous son règne, les troubles de l'Eglise en Orient fussent dissipés; qu'en lui faisant part de son élection, il avait donné, comme il le devait, les prémices de son empire à saint Pierre, et qu'il espérait que, ayant été choisi de Dieu, il emploierait le pouvoir qu'il en avait reçu à soulager l'Eglise dans ses peines, et à réduire au silence ceux qui, sous la forme de pasteurs, dispersaient le troupeau et s'opposaient à la paix.

Mais dès le 7 septembre, par conséquent avant d'avoir reçu cette lettre, Justin lui avait écrit de nouveau, afin d'appuyer auprès de Sa Sainteté les vœux et les prières de Jean de Constantinople et des autres évêques de l'Orient, qui recouraient à lui pour la concorde et l'unité des Eglises. En conséquence, il lui avait demandé d'envoyer à la cour quelques évêques animés du même désir de procurer l'union.

Jean de Constantinople, pour ne laisser aucun soupçon sur la sincérité de sa foi, disait, dans sa lettre au Pape, qu'il professait la doctrine des apôtres suivant la tradition des Pères; qu'il glorifiait la très-sainte et consubstantielle Trinité, conformément à la décision des quatre conciles de Nicée, de Constantinople, d'Ephèse et de Chalcédoine; qu'enfin, on récitait dans les diptyques, au temps de la consécration, le nom vénérable de saint Léon, et le nom béni de Sa Sainteté. Le comte Justinien, neveu de l'empereur, voulut aussi avoir part à l'affaire de la réunion, comme il en avait à toutes celles de l'empire. Il demanda au Pape que, avec le secours de Dieu, les disputes sur la foi étaient presque entièrement finies; qu'il n'y avait plus de difficulté que sur le nom d'Acace; et que l'empereur souhaitait ardemment que le Pape vînt lui-même pour cet effet à Constantinople le plus tôt qu'il pourrait, ou qu'il envoyât des évêques capables, parce que tout le monde à Constantinople et en Orient étant revenu à l'unité, on n'y supportait plus de retard. Ces lettres furent portées à Rome par Gratus, comte du consistoire, dont elles louent beaucoup la piété et la sagesse.

Le pape saint Hormisda, ayant reçu ces lettres le 20 décembre 518, se rendit à Ravenne, et, de l'avis du roi Théodoric, il se résolut à envoyer une troisième légation à Constantinople. Il y destina Germain, évêque de Capoue, qui y avait été la première fois avec saint Ennodius; un autre évêque nommé Jean, dont nous ignorons le siège; Blandus, prêtre; Félix et Dioscore, diacres. Nous avons un grand nombre de lettres écrites par le Pape à cette occasion; car, outre les trois qui servirent de réponse à celles qu'il avait reçues de l'empereur, du patriarche et du comte Justinien, par l'entremise de Gratus, et que celui-ci reporta en Orient, il en consigna d'autres nouvelles aux légats, savoir : une autre à Justin, deux autres à l'évêque Jean, une autre à Justinien, une à l'archidiacre et au clergé de Constantinople, une à Céler et à Patrice, deux illustres personnages, et qui faisaient grande figure à la cour; une à l'impératrice Euphémie, une au préfet du prétoire de Thessalonique, et une à Anastasie et à Palmatia, deux dames illustres, qui, du temps de l'empereur Anastase, avaient été persécutées pour la foi. Toutes ces lettres traitent de la même affaire, la réunion des Eglises, moyennant certaines conditions, spécialement d'anathématiser Acace et d'ôter son nom des diptyques; recevoir le concile de Chalcédoine, dit-il dans celle à Jean, suivre les lettres de saint Léon, et dans le même temps défendre le nom d'Acace, sont deux choses qui ne s'accordent point ensemble. Qui jamais, condamnant Dioscore et Eutychès, pourra tenir Acace innocent? qui jamais, fuyant la communion de Pierre Monge, de Timothée Elure et de Pierre le Foulon, n'abhorrera la même d'Acace, qui embrassa la leur? Mais, par la grâce de Dieu, nous espérons mieux de Votre Charité, d'après vos lettres. Après cela, que reste-t-il, sinon que vous suiviez sans crainte les jugements du Siége apostolique dont vous dites que vous embrassez la foi? Montrez donc à l'Orient l'exemple qu'il doit suivre, afin que le mérite de tous ceux qui se corrigent appartienne à vos travaux. Comme vous annoncez de grandes choses et que vous tenez à l'honneur d'embrasser la foi du bienheureux apôtre Pierre, envoyez-nous, souscrit de votre charité, le formulaire ci-joint, afin que nous puissions, sans aucun remords de conscience, avoir une même communion ensemble (*Epist.* 29).

Dans la lettre à l'impératrice, après avoir loué sa piété, il l'engage à aider son époux dans la réunion des Églises. Vous avez entrepris une grande œuvre; une grande cause vous a été confiée. Les peuples que le Christ a voulu racheter par lui-même au prix de sa mort, il veut les rappeler par vous à l'unité de l'Église. Une grande occasion de louange est réservée à votre sexe, si, par votre sollicitude, le Christ réunit au corps de son Église les membres qui en étaient séparés. Elle n'aura pas eu une gloire plus grande, celle qui a cherché le bois du salut des hommes, celle qui a trouvé la croix que tout le monde vénère. Vous la surpasserez même en mérite; car, si l'Église a trouvé par elle le signe de l'unité, elle en aura par vous le remède. Fasse donc la pieuse clémence de votre époux, que nos frères et coévêques veuillent déclarer leur foi, suivant le formulaire que nous avons envoyé depuis longtemps, afin que la correction qui est commencée puisse devenir parfaite; car où manque la plénitude de la foi, toute confession religieuse est vaine. D'ailleurs, ce que nous demandons aux autres, un grand nombre de pontifes l'ont déjà fait; en sorte que, pour l'unité complète dans la communion, il faut la garder dans le retour (*Epist.* 33).

Outre ces lettres, le Pape donna à ses légats une instruction à peu près semblable à celle de la première légation sous l'empereur Anastase, mais beaucoup moins longue et avec beaucoup moins de précautions, parce qu'il savait que les choses avaient changé de face, et que l'empereur Justin désirait sincèrement la paix. Il leur dit donc de recevoir à leur communion les évêques d'Orient qui souscriraient le formulaire. Quant à ceux qui ne le voudront pas, ils les traiteront toujours avec une affection sacerdotale, mais ils ne mangeront point avec eux, n'en recevront pas de vivres; si ce n'est, au besoin, des voitures ou le logement; de peur qu'ils ne se crussent tout à fait méprisés. Arrivés à Constantinople, ils logeront dans la maison que l'empereur aura ordonné, et ne verront personne avant de le voir lui-même, excepté ceux qui leur viendraient de sa part ou qu'ils sauraient être dans la communion du Saint-Siège. Présentés à l'empereur, vous le saluerez de notre part, lui offrirez nos lettres en lui témoignant la grande joie que nous avons ressentie de son élévation à l'empire, et combien nous nous félicitons que Dieu l'ait ainsi favorisé pour procurer la paix des Églises, suivant les décrets des pontifes du Siège apostolique. S'il vous exhorte à voir l'évêque de Constantinople, représentez-lui que vous avez des instructions, lesquelles on a eu lieu plus d'une fois de connaître, savoir : une profession de foi que doivent donner tous les évêques qui embrassent la communion catholique. Si l'évêque de Constantinople est prêt à le faire, nous irons avec joie au devant de lui; mais s'il dédaigne de suivre l'exhortation de la Chaire apostolique, qu'est-il besoin que nous allions le saluer pour occasionner des disputes, nous n'avons pas à disputer. Si l'empereur veut savoir au juste ce que vous demandez à l'évêque, montrez-lui le formulaire dont vous êtes porteurs.

Mais, ajoute l'instruction, si consentant à l'anathème d'Acace, il croit qu'on doit laisser dans les diptyques les noms de ses successeurs, parce qu'il y en a quelques-uns qui ont été exilés pour la défense du concile de Chalcédoine, savoir Euphémius et Macédonius, vous lui représenterez que vous ne pouvez rien ôter du formulaire qui contient les sectateurs des condamnés. Que si vous ne pouvez en faire revenir l'empereur, tenez-vous-en au moins à ceci : Qu'Acace étant nommément condamné, on passe sous silence les noms de ses successeurs, les effaçant des diptyques. Cela fait, vous recevrez à votre communion l'évêque de Constantinople. Vous ferez lire devant le peuple le formulaire que lui et les autres, que Dieu vous fera la grâce de recevoir, auront donné. Si cela ne se peut, vous le ferez lire au moins dans la salle secrète, en présence du clergé et des archimandrites. Ensuite vous prierez l'empereur d'envoyer des lettres aux métropolitains, avec celles de l'évêque de Constantinople, pour leur faire savoir que cet évêque, ayant fait la profession de foi envoyée par la Chaire apostolique, a été reçu à sa communion, et pour les exhorter à en faire autant. Si l'empereur y apporte quelque difficulté, l'évêque de Constantinople enverra des ordres à ses comprovinciaux et aux autres métropolitains, pour leur déclarer ce qu'il en aura fait, en présence de ceux que vous enverrez de votre côté. Ce que vous exigerez de lui en toute manière, afin que les plus éloignés en soient instruits (Labbe, t. IV).

Au sortir d'Italie, les légats arrivèrent d'abord à Aulone, qui est le premier port de Macédoine. Ils y furent bien reçus par l'évêque, qui promit de donner, avec son métropolitain, le formulaire que les légats demandaient. De là, continuant leur chemin par la Macédoine, ils arrivèrent à Scampis. L'évêque Troïlus vint au devant d'eux avec son clergé et son peuple, les hommes et les femmes portant des cierges, et les soldats portant des croix. L'évêque souscrivit le formulaire envoyé par le Pape, en présence de son clergé et des plus nobles de la ville, les légats le firent lire publiquement par Pierre, notaire de l'Église romaine. L'assemblée se tenait dans la basilique de Saint-Pierre. Il est difficile, écrivirent les légats au Pape, de voir dans un peuple autant de dévotion, autant d'effusion à louer Dieu, autant de larmes et autant de joie. L'évêque Germain, un des légats, célébra la messe. On lut dans les diptyques le nom du pape Hormisda; mais aucun non suspect n'y fut récité, on en promit de n'y plus faire mention de ceux qui auraient été reçus par le Siège apostolique. Après la messe, à l'heure du souper, les légats reçurent la visite de deux comtes, Étienne et Léonce, que l'empereur envoyait au devant d'eux, et qui devaient passer jusqu'en Italie, ne sachant pas qu'ils fussent déjà en Grèce. Étienne était parent de Vitalien (Labbe, t. IV).

Ensuite les légats arrivèrent à Lignide, où l'évêque Théodoret les reçut comme celui de Scampis, donna son formulaire, qui fut lu dans l'église, et tout se passa suivant les ordres du Pape, à qui les légats en donnèrent avis le 7 mars 519. Mais à Thessalonique, ils eurent de grands combats à soutenir contre l'évêque Dorothée, qui avait toujours eu la réputation d'être attaché au schisme. Il parut toutefois convaincu de leurs raisons, et demeura d'accord de souscrire le formulaire; mais il en différa l'exécution, sous prétexte que les évêques de sa dépendance n'étaient pas tous présents, et promit de les assembler après la fête de Pâques, qui était proche et se rencontrait cette année le 31 mars. Il promit donc qu'après les fêtes il assemblerait son concile, où ils souscriraient tous ensemble, en présence d'un des légats, qui reviendrait exprès de Constantinople.

Enfin les légats arrivèrent à Constantinople même, le lundi de la semaine sainte, 25 mars. A dix milles, ou près de trois lieues de la ville, un grand nombre de personnes du plus haut rang vinrent au devant d'eux, entre autres Vitalien, maître de la milice, Pompée, Justinien et beaucoup de sénateurs, qui témoignèrent tous désirer ardemment la paix de l'Eglise. Dans la ville même, il y avait une si grande joie, que la plus grande partie du peuple attendait leur arrivée avec des flambeaux, et en poussant des acclamations à la louange du Pape. Le lendemain, mardi 26, ils eurent audience de l'empereur Justin, en présence de tout le sénat et de quatre évêques députés par le patriarche de Constantinople. L'empereur reçut avec beaucoup de respect les lettres du Pape, puis il dit aux légats : Voyez l'évêque de cette ville, et expliquez-vous ensemble paisiblement. Les légats répondirent : Qu'irions-nous chez l'évêque faire des disputes? Notre Seigneur, le bienheureux pape Hormisda, ne nous a point ordonné de disputer; mais nous avons un formulaire souscrit par tous les évêques qui ont voulu se réconcilier avec le Siége apostolique. Si Votre Piété l'ordonne, on le lira; si l'on y trouve quelque difficulté, c'est à nous de répondre. Le formulaire fut lu en présence de l'empereur et du sénat. Les légats dirent aussitôt : Que les quatre évêques qui sont ici de la part de l'évêque de Constantinople, disent si le contenu de ce formulaire ne se trouve pas dans les actes ecclésiastiques. Ils répondirent que tout était vrai. Les légats ajoutèrent : Seigneur empereur, ils nous ont déchargés d'une grande peine et ont fait une chose digne d'eux, en reconnaissant la vérité. L'empereur dit aux évêques : Et si cela est vrai, que ne le faites-vous ? Quelques-uns des sénateurs ajoutèrent : Nous sommes des laïques : vous dites que cela est vrai; exécutez-le, et nous vous imiterons.

Le surlendemain, qui était le jeudi saint, 28 mars, le patriarche de Constantinople vint au palais, où se tint une assemblée générale. Il reçut le formulaire des légats, et voulut d'abord faire une lettre plutôt qu'un formulaire; mais après un peu de contestation, il convint de faire une petite préface, et de mettre ensuite le formulaire tel que le Pape l'avait dicté, et qui commence par ces mots : *La première condition du salut*. Voici cette pièce, une des plus importantes de toute l'histoire de l'Eglise, mais qu'on chercherait vainement dans plus d'un historien.

« A mon seigneur, en tout très-saint et bienheureux frère et collègue Hormisda, Jean, évêque, salut dans le Seigneur. Ayant reçu les lettres de Votre Sainteté, bien-aimé frère dans le Christ, par l'illustre comte Gratus, les révérendissimes évêques Germain et Jean, les très-saints diacres Félix et Dioscore, et le prêtre Blandus, je me suis réjoui de la charité spirituelle de Votre Sainteté, de ce que vous cherchez l'unité des très-saintes Eglises de Dieu, suivant l'antique tradition des Pères, et de ce que vous vous empressez de repousser avec courage ceux qui déchirent le troupeau du Christ. Sachez donc avec certitude, ô très-saint! que, comme je vous l'ai écrit, sincèrement d'accord avec vous et aimant la paix, je rejette tous les hérétiques que vous rejetez. Car je regarde les très-saintes Eglises de Dieu, celle de votre ancienne Rome et celle de cette Rome nouvelle, comme la même; le Siége de l'apôtre Pierre et celui de cette ville impériale, comme le même. J'adhère à tous les actes des quatre conciles de Nicée, de Constantinople, d'Ephèse et de Chalcédoine, touchant la confirmation de la foi et l'état de l'Eglise, et je ne souffre pas qu'on ébranle quoi que ce soit de ce qui a été bien jugé; au contraire, ceux qui s'efforcent d'en altérer un seul point, je sais qu'ils sont déchus de la sainte, catholique et apostolique Eglise de Dieu; enfin, me servant de vos expressions très-justes, je dis par les présentes ce qui suit :

» La première condition du salut, c'est de garder la règle de la vraie foi, et de ne s'écarter en rien de la tradition des Pères. Et parce qu'il est impossible que la sentence de Notre Seigneur ne s'accomplisse point, quand il a dit : *Tu es Pierre, et sur cette pierre je bâtirai mon Eglise;* l'événement a justifié ces paroles; car la religion catholique est toujours demeurée inviolable dans le Siége apostolique. Ne voulant donc pas déchoir de cette foi, suivant au contraire en toutes choses les règlements des Pères, nous anathématisons toutes les hérésies, principalement l'hérétique Nestorius, jadis évêque de Constantinople, condamné au concile d'Ephèse par le bienheureux Célestin, pape de Rome, et par le vénérable Cyrille, évêque d'Alexandrie; et avec lui nous anathématisons Eutychès et Dioscore, évêque d'Alexandrie, condamnés au saint concile de Chalcédoine, lequel nous suivons et embrassons, et qui, suivant lui-même le saint concile de Nicée, a prêché la foi des apôtres. Nous leur joignons, dans le même anathème et dans la même condamnation, le parricide Timothée surnommé Elure, son disciple en tout, Pierre Monge d'Alexandrie. Nous anathématisons pareillement Acace, autrefois évêque de Constantinople, devenu leur complice et leur partisan, ainsi que ceux qui persévèrent dans leur communion; car, embrasser la communion de quelqu'un, c'est mériter un sort semblable. De même nous condamnons et anathématisons Pierre le Foulon d'Antioche, avec tous les siens. Aussi, approuvons et embrassons-nous toutes les épîtres que le bienheureux Léon, pape de Rome, a écrites de la vraie foi. C'est pourquoi, comme il a déjà été dit, suivant en toutes choses le Siége apostolique, et publiant tout ce qui a été décrété par lui, j'espère mériter d'être avec vous dans une même communion, qui est celle de la Chaire apostolique, dans laquelle réside la vraie et entière solidité de la religion chrétienne, promettant aussi de ne point réciter dans les saints mystères les noms de ceux qui sont séparés de la communion de l'Eglise catholique, c'est-à-dire qui ne sont pas d'accord en toutes choses avec le Siége apostolique. Que si je me permets de m'écarter moi-même en quelque chose de la profession que je viens de faire, je me déclare, par ma propre sentence, au nombre de ceux que je viens de condamner. J'ai souscrit de ma main à cette profession, et je l'ai envoyée par écrit à vous, Hormisda, saint et bienheureux frère et Pape de la grande Rome, par les susdits Germain et Jean, vénérables évêques, Félix et Dioscore, diacres, et Blandus, prêtre. Jean, par la miséricorde de Dieu, évêque de Constantinople, la nouvelle Rome, j'adhère à tout ce que dessus, et j'ai souscrit le 28 mars, sous le consulat de l'empereur Justin et du clarissime Eutharic, qui est l'an 519 (Labbe, t. IV). »

Tel est le formulaire de réunion que souscrivit le patriarche de Constantinople. Quand il l'eut fait, l'empereur, le sénat, tous les assistants en ressentirent une si grande joie, qu'ils en versèrent des larmes ; tout retentissait d'acclamations à la louange de l'empereur et du Pape. Les légats envoyèrent à Rome deux exemplaires du formulaire souscrit par le patriarche, l'un en grec, l'autre en latin. On effaça des diptyques les noms d'Acace et de ses successeurs, Fravitta, Euphémius, Macédonius et Timothée, ainsi que ceux des empereurs Zénon et Anastase. Tous les évêques qui se trouvèrent à Constantinople donnèrent aussi leur formulaire, et les légats eurent grand soin de ne communiquer avec aucun qui ne l'eût donné auparavant. Tous les archimandrites en firent autant, quoique quelques-uns fissent difficulté, disant qu'il suffisait que l'archevêque l'eût fait. Enfin, après bien des disputes, ils se rendirent et donnèrent leurs formulaires.

Tout cela fait, on se rendit en procession du palais à l'église pour y célébrer solennellement la réunion. L'affluence des peuples fut infinie, l'allégresse encore plus grande ; la multitude pleurait de joie, elle s'étonnait elle-même d'être si émue et si heureuse. Il parut évident que la main de Dieu avait touché et réuni les cœurs. Dans l'église même, tout retentissait d'acclamations à la louange de Dieu, de saint Pierre et du Pape. Rien n'arriva de ce que les ennemis de la paix avaient annoncé, ni sédition ni tumulte. Les ecclésiastiques de Constantinople en étaient dans l'admiration, et, rendant grâces à Dieu, ils disaient n'avoir aucune mémoire qu'une si grande multitude de peuple eût communié. L'empereur en envoya des lettres dans toutes les provinces. Les légats, de leur côté, envoyèrent au Pape une ample relation, lui marquant qu'il ne restait que de travailler à la réunion de l'Église d'Antioche. Ainsi fut terminé le schisme de Constantinople, qui avait duré trente-cinq ans, depuis la condamnation d'Acace.

Le sous-diacre Pollion fut désigné pour porter à Rome les lettres de l'empereur, de l'évêque de Constantinople et des légats ; avec ces lettres, il y en avait de Justinien, de Pompée, d'Anastasie et de Julienne Anicie, fille de l'empereur Olybrius. Toutes félicitaient le Pape sur la réunion de l'Orient. Jean de Constantinople attribuait à ses prières et à celles des saints apôtres, que l'empire avait pour chef un prince aussi religieux que Justin. Julienne le priait de ne pas permettre que ses légats, dont la présence avait mis fin aux troubles de l'Église, s'en retournassent en Occident avant que la paix fût bien affermie. Anastasie le priait de s'intéresser auprès de Dieu pour obtenir à l'empereur Justin, non-seulement un règne heureux, mais aussi la béatitude dans la vie future ; elle lui recommandait aussi ses propres enfants. Le sous-diacre Pollion, chargé de toutes ces lettres, arriva à Rome le 19 juin 519. Le Pape, avant de les recevoir, en avait écrit trois à ses légats, pour savoir des nouvelles et de leur santé et de la tournure que prenaient les affaires d'Orient. L'ayant appris, il en témoigna sa joie à tous ceux qui lui avaient écrit sur la réunion : à l'empereur Justin, à Jean de Constantinople, au comte Justinien, au sénateur Pompée, à Julienne et à Anastasie. Les six lettres sont du 9 juillet 519. Il exhorte l'empereur à faire pour les Eglises d'Antioche et d'Alexandrie ce qu'il avait fait pour celle de Constantinople, afin que ses légats ne retournent à Rome qu'avec des nouvelles de la pacification générale de toutes les Églises. Il presse également Jean de Constantinople de s'employer pour la réunion des Eglises d'Alexandrie et d'Antioche, et lui donne de grands éloges pour être lui-même revenu à l'unité. Il en donne aussi au comte Justinien, qui avait travaillé avec zèle auprès de l'empereur, pour la paix. Le Pape écrivit encore aux évêques d'Espagne pour leur apprendre ce qui venait de se passer à Constantinople, sous quelles conditions les évêques de Thrace, d'Illyrie, de Scythie, de Syrie et de l'ancienne Epire avaient été admis à la communion du Siège apostolique. Il leur envoya les actes de tout cela, avec la copie du formulaire de réunion, auquel Jean de Constantinople et les autres évêques avaient souscrit, afin qu'ils sussent comment ils devaient se comporter envers les Orientaux qui demanderaient de communiquer avec eux.

Voici les réflexions de Bossuet sur le formulaire de cette réunion, à laquelle, sous le règne de Justin, adhérèrent environ deux mille cinq cents évêques, d'après l'estimation du diacre Rustique, qui écrivait sous le règne de Justinien (Rust., *Cont. Ascephal. disp. in fine*, t. X, *Bibl. Pat.*).

« Toutes les Églises, en signant cette formule, professaient que la foi romaine, la foi du Siège apostolique et de l'Église romaine, était assurée d'une entière et parfaite solidité, et que, pour qu'elle ne manquât jamais, elle a été affermie par une promesse certaine du Seigneur. Car c'est cette promesse de foi que les évêques étaient obligés d'envoyer aux métropolitains, ceux-ci aux patriarches, et les patriarches au Pape, afin que lui seul recevant la profession de tous, leur donnât à tous, en retour, la communion et l'unité. Nous savons que dans les siècles suivants on se servit de la même profession de foi, avec le même exorde et la même conclusion, en y ajoutant les hérésies et les hérétiques qui, aux diverses époques, troublèrent l'Eglise. De même que tous les évêques l'avaient adressée au saint pape Hormisda, à saint Agapet et à Nicolas Ier, de même nous lisons qu'au VIIIe concile on l'adressa, dans les mêmes termes, à Adrien II, successeur de Nicolas. Or, ce qui a été répandu partout, propagé dans tous les siècles et consacré par un concile œcuménique, quel chrétien le rejettera (*Defensio*, l. 10, c. 7) ? »

# LIVRE QUARANTE-QUATRIÈME.

Autorité du Pape en Orient. — Grand nombre de saints dans la Grande-Bretagne et dans l'Irlande. — Une foule d'illustres Arabes souffrent la mort pour Jésus-Christ dans l'Arabie Heureuse. — L'Église respire en Afrique. — Ouvrages et martyre de Boëce. — Législation de Justinien, qui l'énerve par son exemple et ses variations. — Saint Benoît : sa législation plus parfaite que celle de Justinien.

(De l'an 519 à l'an 536 de l'ère chrétienne.)

Nous avons vu le Fils de Dieu dire au chef de ses apôtres : *Tu es Pierre, et sur cette pierre je bâtirai mon Eglise, et les portes de l'enfer ne prévaudront pas contre elle. Et je te donnerai les clés du royaume des cieux ; et tout ce que tu lieras sur la terre sera lié dans les cieux, et tout ce que tu délieras sur la terre sera délié dans les cieux* (1). Tel est l'éternel fondement de l'Eglise catholique, de sa perpétuelle unité dans la doctrine et dans le gouvernement, et de son invincible fermeté contre toutes les attaques du monde et de l'enfer. Tous les siècles chrétiens l'ont reconnu.

Tertullien écrivait dès le second siècle : « Le Seigneur a donné les clés à Pierre, et par lui à l'Eglise (2). » Saint Cyprien dit après Tertullien : « Notre Seigneur, en établissant l'honneur de l'épiscopat, dit à Pierre dans l'Evangile : *Tu es Pierre,* etc., *et je te donnerai les clés du royaume des cieux.* C'est de là que, par suite des temps et des successions, découle l'ordination des évêques et la forme de l'Eglise, afin qu'elle soit établie sur les évêques (3). » Saint Optat de Milève dit après saint Cyprien : « Saint Pierre a reçu seul les clés du royaume des cieux pour les communiquer aux autres pasteurs (4). » Saint Augustin dit après saint Optat de Milève : « Le Seigneur nous a confié ses brebis, parce qu'il les a confiées à Pierre (5). » Saint Ambroise disait avant saint Augustin : « Où est Pierre, là est l'Eglise. » Vers le même temps, saint Grégoire, évêque de Nysse, disait en Orient : « Jésus-Christ a donné, par Pierre, aux évêques les clés du royaume céleste (6). »

En parlant ainsi, les Pères de l'Eglise ne font que professer la foi de la Chaire apostolique, qui prononce, par la bouche de saint Léon, que tout ce que Jésus-Christ a donné aux autres évêques, il le leur a donné par Pierre. Et encore : « Le Seigneur a voulu que le ministère de la prédication appartînt à tous les apôtres ; mais il l'a néanmoins confié principalement au bienheureux Pierre, le plus élevé de tous les apôtres, afin que de lui, comme du chef, ses dons se répandissent dans tout le corps (1). » Avant saint Léon, Innocent Ier écrivait aux évêques d'Afrique : « Vous n'ignorez pas ce qui est dû au Siège apostolique, d'où découle l'épiscopat et toute son autorité. » Et un peu plus loin : « Quand on agite des matières qui intéressent la foi, je pense que nos frères et coévêques ne doivent en référer qu'à Pierre, c'est-à-dire l'auteur de leur nom et de leur dignité. » Et dans une lettre de Victrice de Rouen : « Je commencerai avec le secours de l'apôtre Pierre, par qui l'apostolat et l'épiscopat ont pris leur commencement en Jésus-Christ (Constant). »

Mais à aucune époque, ni sous aucune forme, cette vérité fondamentale de l'Eglise de Dieu ne fut proclamée d'une manière plus solennelle que sous le pape saint Hormisda et dans la formule juridique de réunion avec l'Eglise romaine. Orient et Occident, empereurs et sénats, pontifes et peuple y reconnaissent avec des larmes de joie que cette parole du Christ : *Tu es Pierre, et sur cette pierre je bâtirai mon Eglise*, a eu son entier accomplissement, et qu'il était impossible qu'elle ne l'eût pas ; qu'en conséquence, la religion catholique est toujours demeurée inviolable dans la Chaire de saint Pierre ; que dans cette Chaire réside la vraie et entière solidité de la religion chrétienne ; que ceux-là sont séparés de la communion de l'Eglise catholique, qui ne sont pas d'accord en toutes choses avec cette Chaire ; qu'enfin, pour mériter d'être dans cette communion, il faut suivre cette Chaire en toutes choses, et condamner toutes les hérésies et tous les hérétiques qu'elle condamne. Voilà ce que professent solennellement les pontifes et les peuples de l'Orient et de l'Occident ; voilà ce que souscriront et ce que proclameront des conciles œcuméniques. Ce n'est pas

---

(1) Matth. 16 : *Tu es Petrus, et super hanc petram ædificabo Ecclesiam meam. Et tibi dabo claves regni cœlorum ; et quodcumque ligaveris super terram, erit ligatum et in cœlis ; et quodcumque solveris super terram, erit solutum et in cœlis.*
(2) Tert., *Scorp.*, n. 10 : *Si adhuc clausum putas cœlum, memento claves ejus hic Dominum Petro, et, per eum Ecclesiæ reliquisse.*
(3) *Dominus noster... episcopi honorem et Ecclesiæ suæ rationem disponens, in evangelio loquitur et dicit Petro : Ego tibi dico*, etc. *Inde per temporum et successionum vices, episcoporum ordinatio et Ecclesiæ ratio decurrit, ut Ecclesia super episcopos constituatur* (Cyp., Epist. 33, alias 27).
(4) S. Opt., *Cont. Parmen.*, l. 7, n. 3 : *Bono unitatis, Beatus Petrus... et præferri apostolis omnibus meruit et claves regni cælorum, communicandas cæteris, solus accepit.*
(5) Aug., *Serm.* 296, n. 11 : *Commendavit nobis Dominus oves suas, quia Petro commendavit.*
(6) Greg. Nyss., t. III, p. 314, Paris : *Per Petrum episcopis dedit (Christus) claves cœlestium bonorum.*

(1) S. Leo., t. I, col. 16 et 633, édit. Ballerini.

qu'on observera toujours fidèlement cette règle si solennellement proclamée. Mais toujours est-il qu'elle a été proclamée à la face de l'univers, pour diriger les peuples et les pontifes, et servir à les juger dans le temps et dans l'éternité. Toujours est-il que c'est cette unité fondamentale de l'Eglise romaine, qui, malgré les révolutions des siècles et des empires, maintient l'ordre et l'union dans la chrétienté, et par suite dans l'humanité entière.

A Constantinople, la grande affaire de la réunion se consolidait de plus en plus. Le patriarche Jean et l'empereur Justin y mettaient l'un et l'autre de la bonne volonté et du zèle. Le patriarche étant mort après trois ans d'épiscopat, il eut, le 25 février 520, pour successeur, le prêtre Epiphane, son syncelle. Quatre jours après, le légat Dioscore en informa le Pape par une lettre où il fait l'éloge de Jean et donne de bonnes espérances de son successeur, qui témoignait vouloir se conformer en tout aux règles des Pères, et cimenter la paix et l'unité. Le nouveau patriarche, on ne sait pourquoi, omit d'envoyer, suivant la coutume, des députés au Pape, pour lui notifier son élection, et se contenta d'une simple lettre, qui encore ne fut reçue à Rome que le 17 septembre. La lettre en soi ne pouvait que plaire au Pape. Après avoir parlé de son élection par l'empereur et l'impératrice, avec le consentement des grands, des évêques, des moines et du peuple, Epiphane témoigne une grande dévotion pour la Chaire apostolique, un ardent désir d'embrasser et de garder avec amour comme son plus précieux trésor, les dogmes divins que les apôtres de Dieu ont spécialement confiés à la Chaire de Pierre, leur chef. Il a été nourri dans cette foi dès ses plus tendres années; il en a nourri les catéchumènes qu'il a eus à instruire. Il adore et il prêche, comme il a toujours fait, le Symbole de Nicée, les décrets des trois autres conciles, de Constantinople, d'Ephèse et de Chalcédoine, ainsi que les lettres de saint Léon. Autant il aime ceux qui sont dans ces sentiments, autant il rejette ceux d'une doctrine opposée. Il cite en preuve de son amour pour le Pape, qu'il ne fait point réciter, dans les saints mystères, ceux qu'il a ordonné d'effacer des diptyques. Enfin il prend à témoin de tout ce qu'il dit, les cinq légats d'Hormisda, Germain, Jean, Félix, Dioscore et Blandus (Labbe, t. IV).

Le Pape lui répondit par la lettre suivante : « Nous avons été longtemps suspendus dans l'attente que votre élévation nous fût annoncée, et, au milieu des félicitations et de la commune allégresse, ce n'est pas sans un profond étonnement que nous avons vu négliger l'usage antique; car la concorde des Eglises, heureusement rétablie par le secours de Dieu, demandait que ce devoir de paix fraternelle fût pleinement rempli, d'autant plus que ce n'est pas l'orgueil qui s'arroge un droit nouveau, mais les règles qui réclament leur propre observance. Il était donc dans l'ordre que vous eussiez envoyé des députés au Siége apostolique dans les commencements de votre pontificat, afin que d'un côté vous connussiez sans aucun doute les sentiments que nous vous devons, et de l'autre pour remplir régulièrement les formes prescrites par l'ancienne coutume. Mais quoique vous ayez omis de vous y conformer, jugeant qu'il suffisait de nous informer à l'occasion et par écrit de ce qui nous concerne, néanmoins, pressés par l'Esprit Saint, nous rompons la barrière que nous imposait une si juste attente, pour vous rendre les paroles de charité que vous nous adressez. L'impatience pleine d'amour de notre propre cœur, joint au rapport de nos légats, mettant un terme au silence que nous commandait une telle cause, nous a porté à cette démarche de douceur, par laquelle nous vous témoignons aujourd'hui notre joie, et nous acquittons des devoirs d'une amitié en quelque sorte particulière. Mais appuyé sur les constitutions antiques, et en vertu de l'autorité dont nous soutenons, avec l'aide de la grâce, depuis longtemps le fardeau, nous exigeons de vous une légation, pour vous exprimer plus manifestement le zèle que nous ressentons de l'honneur où vous avez été élevé, et notre satisfaction des soins que vous prenez, ainsi que nous l'ont attesté plusieurs fois nos légats, pour la propagation de l'unité (Labbe, t. IV). »

La légation que réclamait le Pape arriva finalement à Rome le 30 novembre, avec des lettres synodales, tant du patriarche que d'un grand nombre de métropolitains et d'évêques : la lettre de ces derniers porte dans l'inscription : « A notre Seigneur, saint et bienheureux Père des Pères, l'archevêque et patriarche Hormisda; Théophile, Basilisque, Isaïe et le reste du concile assemblé à Constantinople. » Après avoir exprimé leur joie et remercié le Très-Haut de la réunion des Eglises, ils font un grand éloge du nouvel évêque, assurent le Pape de leur obéissance canonique, et le prient de leur faire sentir de plus en plus son affection paternelle. La lettre est souscrite de 20 évêques, dont 10 métropolitains, parmi lesquels Théophile d'Héraclée tient le premier rang. Pour porter et présenter cette lettre, on envoya, suivant la coutume, un évêque, un prêtre et un diacre. Le premier fut Jean, évêque de Claudiopolis en Isaurie, dont une longue maladie avait retardé le départ; le second fut Héraclien, prêtre de la grande église et syncelle du patriarche; et le troisième fut Constantin, diacre de la même église. Les évêques parlent de tous les trois avec beaucoup d'éloge, et prient le Pape de vouloir bien les écouter favorablement sur ce qu'ils auraient à lui dire de vive voix touchant la complète réunion de toutes les Eglises (Ibid.). Le patriarche parlait de la même affaire dans sa lettre. C'est que les Eglises du Pont, de l'Asie et surtout de l'Orient, voulaient bien accepter la réunion et souscrire le formulaire; mais elles ne pouvaient se résoudre à effacer des diptyques les noms de leurs évêques, qui étaient morts pendant la division. Le patriarche suppliait le Pape d'user de condescendance envers ces multitudes de fidèles. Le comte Justinien et l'empereur Justin lui écrivirent dans le même sens. Par ces mêmes députés, le patriarche envoyait à l'Eglise romaine, en signe de charité, un calice d'or entouré de pierreries, une patène d'or, un calice d'argent et deux voiles de soie (Ibid.).

Les députés de Constantinople ayant passé l'hiver à Rome, le Pape les renvoya, vers la fin du mois de mars 521, chargés de plusieurs lettres : une au concile de Constantinople, deux à l'empereur Justin, deux au patriarche Epiphane, dont l'une marque la réception des députés et des présents pour l'église de Saint-Pierre; l'autre, beaucoup plus ample, contient la résolution du Pape sur l'attachement de tant d'Églises aux noms de leurs évêques. Cette résolution consistait principalement à nommer le patriarche légat du Saint-Siége pour cette affaire. « Vous devez, lui dit le Pape, vous mettre en ceci à ma place, et vous souvenir que vous rendrez compte à Dieu de votre conduite. Vous nous déclarerez, par vos lettres, ceux qui vous seront unis de communion, et, par vous, au Siége apostolique, y insérant la teneur des formulaires qu'ils auront donnés. Ainsi pourront être absous Sévère et ses complices. Mais en usant d'humanité envers ceux qui se soumettent, rejetez ceux qui demeurent dans l'hérésie, ou qui feignent d'être catholiques, et ne sont d'accord avec nous que de parole. Quant à ceux de Jérusalem, dont vous nous avez aussi écrit, et de la part desquels il nous a été envoyé une confession de foi, ils doivent s'en tenir à ce que les Pères ont défini, particulièrement au concile de Chalcédoine. Si donc ils désirent la communion du Siége apostolique, qu'ils nous envoient la profession de foi qu'ils ont présentée à nos légats, à Constantinople, ou qu'ils vous la donnent pour nous la faire tenir (Labbe, t. V). » C'est ainsi que se consomma pacifiquement la grande affaire de la réunion des Eglises.

Sévère, dont parle ici le Pape, était l'évêque intrus d'Antioche. Après la réunion si heureuse accomplie à Constantinople, on s'occupa de donner à Antioche un évêque catholique. Ce ne fut pas sans de grandes difficultés, suscitées par ceux qui s'opposaient à la réunion des Eglises, principalement quelques moines scythes, de la maison de Vitalien, dont, suivant le témoignage des légats, toute l'Eglise déplorait la conduite dans cette occasion. L'empereur voulait mettre à Antioche le diacre Dioscore, un des légats du Pape; mais comme il était Alexandrin, le Pape jugea qu'il serait plus utile de l'ordonner évêque d'Alexandrie, que de l'envoyer dans un pays éloigné et inconnu. Les légats voulaient que l'évêque d'Antioche fût élu d'entre ceux de cette Eglise qui s'étaient abstenus de l'anathème prononcé par Sévère contre le concile de Chalcédoine. Les autres, c'est-à-dire les moines scythes soutenus par Vitalien, s'y opposaient en disant : Tous ceux qui étaient dans la communion du Siége apostolique sont nestoriens, et il faut plutôt se fier à ceux qui y reviennent maintenant. Après plusieurs disputes, qui durèrent plus de trois mois, l'empereur, de son autorité, choisit un prêtre de l'Eglise de Constantinople, nommé Paul, disant entre autres choses, qu'étant à Antioche, pendant deux ans, il avait fortement résisté à l'hérétique Sévère, et tous les catholiques lui rendaient même témoignage. On voulait l'ordonner à Constantinople; mais le légat Dioscore l'empêcha, soutenant que le Pape voulait qu'il fût ordonné sur les lieux, suivant l'ancienne coutume (Ibid., t. IV).

Les légats donnèrent avis de cette élection au Pape, par leur relation du 29 juin 519. L'empereur Justin envoya ordre au comte d'Orient, d'arrêter le faux patriarche Sévère et de le faire mener à Constantinople, rendre compte de sa conduite. Mais Sévère se sauva de nuit, au mois de septembre 519, et se réfugia près de Timothée, évêque d'Alexandrie, qui avait succédé à Dioscore le jeune. L'empereur envoya aussi en exil Xenaïas d'Hiéraple, Pierre d'Apamée et tous leurs complices. Paul, le nouvel évêque d'Antioche, n'y fut pas longtemps tranquille. Accusé par son peuple et son clergé, il renonça volontairement à l'épiscopat, demandant permission de se retirer et de vivre en repos. L'empereur et le patriarche de Constantinople en donnèrent avis au Pape, le 1er mai 521 (Labbe, t. IV). Paul mourut peu de temps après, ayant tenu le siège d'Antioche environ deux ans, et Euphrasius lui succéda. Il était de Jérusalem, et occupa le siége cinq ans.

Au milieu de ces graves circonstances, la conduite de Dorothée de Thessalonique fut aussi indigne et odieuse que celle du pape Hormisda fut grande et généreuse. Dorothée avait promis aux légats d'assembler son concile après Pâques, et de souscrire le formulaire de réunion. Le concile se tint, le formulaire y fut souscrit, en présence du comte Licinius, envoyé à Thessalonique pour une autre affaire. Le comte y apposa même son cachet; et, de retour à Constantinople, en informa les légats. Ceux-ci envoyèrent l'évêque Jean, l'un d'entre eux, avec un prêtre nommé Epiphane, pour recevoir les formulaires, comme il était convenu; et l'empereur, à leur prière, renvoya avec eux le comte Licinius. Mais dans l'intervalle, Dorothée avait ameuté tout le peuple, en lui faisant croire que l'Eglise allait être persécutée. En conséquence, deux jours avant l'arrivée du légat, il baptisa plus de deux mille personnes, quoique hors le temps pascal, comme s'il eût été à craindre que les enfants ne mourussent sans baptême; et il fit distribuer au peuple l'eucharistie à pleines corbeilles, et en si grande quantité; qu'ils avaient de quoi communier longtemps.

L'évêque Jean et le prêtre Epiphane étant arrivés à Thessalonique, le comte Licinius en avertit Dorothée, qui envoya un prêtre nommé Aristide avec deux évêques, les seuls opposés à la réunion. Ils voulurent d'abord disputer, en disant qu'il y avait des articles à corriger. Jean et Epiphane répondirent : « Cela n'est pas en notre pouvoir. Si vous voulez faire la réunion, Dieu soit loué; sinon, nous vous avons salués, nous passerons outre. » Ils se séparèrent et revinrent le lendemain tenir les mêmes discours. Mais avant même que l'on fût entré en dispute, le peuple, furieux, se jeta sur l'évêque Jean, légat du Pape, tua deux de ses domestiques et le blessa lui-même. Ils auraient été tués tous, s'ils ne se fussent sauvés dans le baptistère de l'église de Saint-Marc, et s'ils n'avaient été secourus par la force publique. Après cette violence, Dorothée déchira devant le peuple le formulaire de réunion qu'il avait souscrit avec ses évêques, en disant : « Je n'en ferai rien tant que je vivrai, et ne consentirai point qu'on en fasse. » Comme le légat Jean et les siens étaient cachés dans le baptistère, les schismatiques, ayant délibéré entre eux, voulurent les faire embarquer de nuit, sous prétexte de les délivrer de ce péril, mais, en effet, pour les jeter dans la mer. Jean et les siens répondirent : « Tout le monde sait que nous sommes chez vous. Si vous voulez véritablement nous sauver, faites-nous appeler demain secrètement par cinq ou six sénateurs et le comte Candide, dont les biens et les vies répondront de nous; qu'ils sachent où l'on nous emmène, et nous ferons ce qu'ils voudront. » Les schismatiques ne répondirent rien pour lors; mais le lendemain ils excitèrent encore une sédition, dont le légat et les siens se sauvèrent à grand'peine (Labbe, t. IV).

Le pape saint Hormisda ayant appris ces fâcheuses nouvelles par une autre voie que de ses légats, leur écrivit avec une modération et un calme dignes du premier pontife : « Je ne me plains pas tant du peuple; il sera au pouvoir de l'empereur de punir, comme il voudra, l'injure faite à son règne et à un évêque catholique. Mais ce qui nous regarde et à quoi vous devez travailler, c'est que personne ne se convertisse sans connaissance de cause, ou ne se plaigne que le prince l'oblige à faire une profession de foi, sans en être persuadé. Donc, puisque l'évêque de Thessalonique, qui, sous prétexte d'interroger, s'efforce d'empêcher par des longueurs, la paix de l'Eglise, n'a pas voulu recevoir votre instruction, demandez que l'empereur l'envoie à Rome, pour recevoir celle du Siège apostolique et apprendre de nous la résolution de ses doutes. Que, s'il ne veut pas s'instruire, il fait voir clairement par quel esprit il résiste à l'ordre de notre Dieu et méprise l'exemple du prince orthodoxe (*Ibid.*).

Les nouvelles de Thessalonique ayant été portées à Constantinople, les catholiques en furent tous profondément affligés. L'empereur promit d'en faire justice, et donna ordre d'emmener à Constantinople Dorothée et les autres évêques coupables. Car les légats lui déclarèrent que le Pape ne pouvait compter Dorothée pour évêque, ni le recevoir à sa communion, ni ceux qui communiqueraient avec lui. En attendant qu'on jugeât l'affaire, Dorothée fut conduit à Héraclée. Les légats du Pape demandèrent, suivant ses ordres, qu'il fût mené à Rome, avec le prêtre Aristide, pour y être instruit de la doctrine catholique. Mais l'empereur répondit qu'il n'était pas raisonnable de les y envoyer, parce que leurs accusateurs n'y étant pas, il leur serait plus aisé de se tirer d'affaire. Au lieu de cela, il obligea Dorothée d'envoyer à Rome des députés, au nom de son Eglise, pour faire satisfaction au Pape. Dorothée écrivit à saint Hormisda, qu'il appelle son très-saint et bienheureux Père, une lettre qui ne parle que d'affection et de dévouement; il y soutient qu'il a exposé sa vie pour l'évêque Jean, et qu'on le voit par des informations faites en son absence. Le Pape lui fit connaître, par sa réponse, qu'il ne se payait pas de ses beaux discours, et qu'il ne pouvait se justifier qu'en revenant comme les autres à l'unité de l'Eglise, d'autant plus que l'Eglise de Thessalonique, ayant toujours été étroitement unie à l'Eglise romaine, aurait dû donner en ceci l'exemple, au lieu de tant tarder à le suivre (*Ibid.*). Enfin, dans la même lettre où le pape saint Hormisda établit le patriarche Epiphane de Constantinople son légat pour achever la réunion des Eglises, il le charge aussi de terminer l'affaire de Thessalonique, si l'on faisait ce qu'il fallait (*Ibid.*, t. V).

Dans leurs négociations pour la réunion des Eglises, les légats du Pape rencontrèrent à Constantinople un obstacle inattendu, dans cinq ou six moines de Scythie, que protégait Vitalien. Ces moines brouillons, non contents de tout ce que les quatre conciles œcuméniques avaient décidé, voulaient à toute force qu'on y ajoutât cette proposition : *Un de la Trinité a souffert*; et traitaient de nestorien quiconque n'entrait pas dans leur idée. Entendue dans ce sens : *Une personne de la Trinité a souffert*, cette proposition n'avait rien que de catholique, mais ce n'était pas une raison d'en compliquer l'affaire de la réunion, déjà si difficile par elle-même. Les moines entêtés ne voulaient pas même qu'on dît une personne au lieu d'*un*, et prétendaient qu'on ajoutât textuellement leur phrase aux formulaires de réunion. Pour les calmer et les instruire, on tint des conférences chez le patriarche, chez Vitalien, et même chez l'empereur. Mais au moment où l'empereur les faisait chercher, pour les réconcilier avec leur évêque, Paterne de Tomi, ils se sauvèrent de Constantinople à Rome, où ils se mirent de même à brouiller, jusqu'à se présenter dans l'assemblée du peuple et crier auprès des statues des empereurs; en sorte que si le peuple fidèle ne leur eût résisté, ils y auraient excité de la division. Le pape saint Hormisda les supporta longtemps, espérant les guérir par sa patience; mais le peuple de Rome finit par les chasser (Labbe, t. IV; *Bibl. Pat.*, t. IV). Vitalien, leur protecteur, consul de l'an 520, fut assassiné au mois de juillet par la cabale du comte Justinien, au moment où il entrait dans le palais impérial.

Les moines de Scythie, étant encore à Rome, écrivirent une lettre aux évêques d'Afrique relégués en Sardaigne par les Vandales. Elle contenait deux parties : la première sur l'Incarnation, la seconde sur la grâce. Saint Fulgence fut chargé par ses collègues d'y répondre. Il y avait environ douze ans que ces saints évêques avaient été exilés par Trasamond, roi des Vandales, ennemi implacable de la religion catholique. Ce prince artificieux employait les menaces, les promesses et les disputes, feignant de vouloir s'instruire et écouter patiemment les réponses à ses objections. Ce qui donna occasion à plusieurs catholiques de le réfuter solidement. Quelques-uns aussi, embarrassés par les objections des ariens, écrivaient aux évêques exilés, particulièrement à saint Fulgence; et c'est le sujet de plusieurs de ses ouvrages. Ainsi un jeune homme, nommé Danat, très-fidèle à la religion catholique, mais plus instruit des lettres humaines que de la théologie, consulta saint Fulgence sur l'égalité du Père et du Fils; et le saint évêque lui répondit par le livre intitulé : *De la foi orthodoxe*, où il lui explique le mystère de la Trinité. C'est aussi le sujet du livre adressé au notaire Félix, pour lui donner moyen de se défendre contre les artifices des hérétiques.

Cependant le roi Trasamond s'informa qui était le plus puissant défenseur de la doctrine catholique. On lui nomma Fulgence entre les évêques exilés. Aussitôt le roi le fit venir à Carthage. Le saint évêque, profitant de l'occasion, instruisait soigneusement du mystère de la Trinité les catholiques qui venaient le trouver à son logis, leur enseignant comment le Père, le Fils et le Saint-Esprit ne sont qu'un seul Dieu, quoique la différence des personnes subsiste. Tous les fidèles s'empressaient à le venir entendre; car il parlait avec une grâce particulière. Il répondait à tous ceux qui l'interrogeaient, sans en mépriser aucun, toujours prêts à écouter lui-même les autres, et à apprendre d'eux, s'il se trouvait que Dieu leur eût révélé quelque chose de meilleur. Il enseignait à ceux qui s'étaient laissé rebaptiser, à pleurer leur faute, et les réconciliait ensuite à l'Eglise. Il soutenait les autres prêts à tomber, qui, à leur tour, se trouvant fortifiés par ses discours, attaquaient avec confiance les ariens. Le roi, averti des progrès que la foi catholique faisait dans Carthage, par le ministère de saint Fulgence, lui envoya un écrit rempli du venin de l'hérésie arienne, avec ordre d'y répondre au plus tôt. Comme cet écrit était fort long, le saint évêque le réduisit à quelques objections divisées par articles, auxquelles il joignit des réponses nettes et solides. Avant de les envoyer à Trasamond, il les examina longtemps avec plusieurs personnes habiles, les fit même connaître au peuple, puis il les donna au roi, qui les attendait avec impatience. Trasamond les lut attentivement, admira l'éloquence de leur auteur, loua son humilité, mais n'en profita pas mieux pour lui-même. Le peuple de Carthage, sachant que les propositions du roi avaient été réfutées, se réjouit secrètement de la victoire que la foi catholique avait remportée sur l'arianisme.

Pour éprouver encore la science du saint évêque, le roi lui envoya d'autres questions, enjoignant au porteur de les lire seulement une fois devant lui, sans lui permettre d'en tirer copie. Ce prince craignait que saint Fulgence n'insérât dans sa réponse les paroles de l'écrit, comme la première fois, et que toute la ville ne connût une seconde fois qu'il avait été vaincu. Saint Fulgence ne voulait point répondre; mais le roi le pressa tant, qu'il composa trois livres adressés au roi Trasamond lui-même. Voici comme il les commence : « Je pense que vous vous souvenez, roi très-pieux, que vous m'envoyâtes dernièrement un volume par Félix, m'ordonnant d'y répondre aussitôt. Comme il était long et que le jour était près de finir, à peine en put-on lire à la hâte le commencement. C'est pourquoi je demandai qu'on me donnât une nuit pour le lire tout entier. Votre Clémence le refusa absolument. J'attendais vos ordres pendant quelques jours; mais vous ne me demandâtes que la réponse, sans me donner les questions. Ainsi, je vous envoie le peu que je puis dire, sur ce que j'ai entendu légèrement du commencement de l'écrit, de peur que vous ne m'accusiez d'un dédain superbe ou de défiance de ma foi. »

Avec un exorde si sage, si humble et si poli, le saint trouve encore le moyen de louer le persécuteur vandale de son application à s'instruire de la religion. « Il est rare, dit-il, de voir qu'un roi barbare, occupé continuellement des soins de son royaume, soit touché d'un désir si ardent d'apprendre la sagesse : il n'y a d'ordinaire que des gens de loisir ou des Romains qui s'y appliquent si fortement; les Barbares se piquent d'ignorance, comme de leur propriété naturelle. » Ensuite saint Fulgence entre en matière, et traite, dans le 1er livre, des deux natures de Jésus-Christ en une personne, montrant principalement qu'il a une âme raisonnable, outre la divinité; dans le 2e, il traite de l'immensité du Fils de Dieu; dans le 3e, de sa passion, pour montrer principalement que ce n'est pas la divinité qui a souffert. Le roi, étonné de cette réponse, n'osa plus faire de questions à saint Fulgence; mais un des évêques ariens, nommé Pinta, fut plus hardi. Il composa un écrit que le saint réfuta comme les précédents.

Le roi Trasamond voulait retenir saint Fulgence plus longtemps à Carthage. Mais les ariens lui dirent : « Seigneur, il rend votre zèle inutile; il a déjà perverti quelques-uns de nos évêques, et si vous n'y donnez ordre promptement, notre religion périra. » Le roi céda à cette remontrance, et renvoya Fulgence en Sardaigne. Pour dérober au peuple le départ du saint, il le fit embarquer de nuit; mais les vents contraires arrêtèrent le vaisseau sur la côte pendant plusieurs jours : ce qui donna lieu à presque toute la ville de s'y assembler pour lui dire adieu, et de communier de sa main. Voyant un homme vertueux, nommé Juliatée, qui s'affligeait extrêmement, il lui dit : « Ne pleurez point; nous reviendrons bientôt, et l'Eglise catholique recouvrera sa liberté. » Mais il lui recommanda le secret, craignant de passer pour prophète; et il en usait ainsi à l'égard de tous les dons surnaturels. Il ne demanda jamais à Dieu de faire des miracles; et si on recommandait à ses prières des malades ou d'autres affligés, il disait : « Vous savez, Seigneur, ce qui convient au salut de nos âmes; que votre volonté soit premièrement accomplie! Les miracles, disait-il, ne donnent pas la justice, mais la renommée, qui, sans la justice, ne sert qu'à notre condamnation. »

Arrivé en Sardaigne, il bâtit un nouveau monastère, avec la permission de Brumas, évêque de Cagliari, près de l'église du martyr saint Saturnin, loin du bruit de la ville. Il assembla en ce lieu plus de quarante moines, auxquels il faisait observer exactement la règle de leur profession, surtout de n'avoir rien en propre, mais tout en commun; ce qu'il regardait comme l'essentiel de la vie monastique. Il disait qu'un moine pouvait quelquefois être obligé par l'infirmité de son corps à prendre une nourriture plus délicate; mais que de s'attribuer la propriété même de petites choses, c'était un signe d'orgueil et d'avarice. Il distribuait lui-même avec une grande discrétion aux serviteurs de Dieu ce qui leur était nécessaire, faisant attention aux forces ou à la faiblesse de chacun, avertissant ceux auxquels il donnait davantage, de s'en humilier à cause de leur faiblesse. Comme il avait grand soin de prévenir les demandes de ses religieux, aussi ne voulait-il pas qu'ils le prévinssent, mais qu'ils attendissent avec une entière résignation. C'était assez, pour être refusé, que de lui demander. Il regardait comme de véritables moines ceux qui, en mortifiant leurs volontés, étaient toujours prêts à se conformer en tout aux avis et aux préceptes de l'abbé. C'est pourquoi il ne permettait pas que celui qu'il avait préposé au gouvernement de son monastère fît quelque chose sans l'avoir consulté auparavant. Il préférait ceux en qui il voyait un grand amour pour la lecture et la science spirituelle, quand même la faiblesse de leur corps les eût absolument empêchés de travailler de leurs mains, à ceux qui ne s'occupaient qu'au travail corporel.

Pendant ce temps, il écrivit aux Carthaginois une lettre d'exhortation, où il découvrait tous les artifices dont on usait pour les séduire. Nous n'avons plus cette lettre; mais nous avons les deux livres *De la rémission des péchés*, écrits dans le même temps, pour répondre à la consultation d'un homme vertueux, nommé Euthymius. On rapporte au même temps ses trois livres à Monime, son ami, qui l'avait consulté par plusieurs lettres. Monime s'était imaginé que, d'après les principes de saint Augustin, Dieu prédestinait également au mal et au bien, à la vertu et au péché, à la mort et à la vie. Saint Fulgence lui montre, dans son premier livre, que Dieu ne prédestine point les hommes au péché, mais seulement à la peine, parce qu'il ne prédestine que ce qu'il veut faire; or, il ne fait point le mal; et la peine n'en est point un, étant l'effet de sa justice. Le péché est donc seulement compris dans la prescience de Dieu, mais non dans sa prédestination. Dans le second et le troisième livre, il répond à plusieurs objections des ariens sur l'égalité du Père et du Fils.

Pendant ce second exil encore, saint Fulgence écrivit plusieurs lettres d'édification à des personnes qui demeuraient en Sardaigne même, en Afrique et à Rome, à des sénateurs, des veuves et des vierges de grande réputation. Telles sont les lettres à Proba, à Galla et à Théodore. Proba était une fille de grande naissance à Rome, qui avait embrassé la virginité. Saint Fulgence lui écrivit deux grandes lettres, ou plutôt deux traités, pour la confirmer dans la vertu; le premier est de la virginité et de l'humilité; le second, de la prière. Galla était sœur de Proba, fille du consul Symmaque et veuve d'un consul qui n'avait pas vécu un an avec elle. Elle embrassa la continence, et saint Fulgence l'instruisit des devoirs d'une veuve chrétienne. Saint Grégoire, pape, a écrit depuis ses vertus et son heureuse mort. Théodore était un sénateur qui fut consul en 505; ensuite il se donna tout à Dieu et embrassa la continence avec sa femme. Saint Fulgence le félicite de cet heureux changement, et marque combien importe l'exemple des grands, qui perdent ou sauvent avec eux plusieurs personnes.

Ce fut dans ce même temps que les évêques relégués en Sardaigne reçurent la lettre des moines de Scythie, sur l'incarnation et la grâce. Saint Fulgence y répondit au nom de tous, par le *Traité de l'Incarnation et de la Grâce*, qui porte les noms de quinze évêques. Saint Fulgence y approuve la foi des moines scythes. Toutefois il dit qu'une personne de la Trinité, c'est-à-dire Jésus-Christ, est né de la Vierge Ce que ne voulaient pas les moines; car ils soutenaient qu'il fallait dire simplement : un de la Trinité, et non pas une personne. La seconde partie du traité est contre ceux qui niaient le péché originel dans les enfants, et contre ceux qui attribuaient à l'homme le commencement de la foi. Les moines avaient nommé et anathématisé en particulier Fauste de Riez. Saint Fulgence ne le nomme pas, et se contente d'établir la vraie doctrine. Pour éclaircir le fond de la difficulté de part et d'autre, il ne lui a manqué que de distinguer nettement, comme on a fait plus tard, le bien de l'ordre naturel, où l'homme déchu peut encore quelque chose, d'avec le bien de l'ordre surnaturel, où l'homme ne peut absolument rien sans la grâce. Il est à croire que ce furent encore les moines scythes qui lui envoyèrent de Constantinople les deux livres de Fauste de Riez. Il y répondit par sept livres, que nous n'avons plus, où il travaillait à expliquer la doctrine catholique, plutôt qu'à convaincre Fauste (*Bibl. Pat.*, t. IX et XXVII; *Acta Sanct.*, 1 jan.).

Quelque temps auparavant, un évêque africain, nommé Possessor, retiré à Constantinople, avait écrit au pape saint Hormisda, pour le consulter sur les écrits de ce même Fauste de Riez. Il faut, disait-il, recourir au chef, quand il s'agit de la santé des membres. Quelques-uns de nos frères sont scandalisés des écrits de Fauste sur la grâce; d'autres les soutiennent. Ils m'ont consulté. Je leur ai dit que les écrits des évêques ne devaient pas être tenus pour loi, comme les écritures canoniques ou les décrets des conciles; mais qu'on devait les estimer ce qu'ils valaient, sans préjudice de la foi. Ils ont pris cela pour une excuse. C'est pourquoi je vous envoie mon diacre Justin, vous priant de déclarer, par l'autorité apostolique, ce que vous croyez des écrits de cet auteur, vu principalement que vos fils Vitalien, maître de la milice, et Justinien, désirent aussi d'en être instruits par votre réponse.

Le Pape, après s'être plaint de la conduite turbulente des moines scythes à Rome, dit à Possessor sur le dernier article : « Quant à ceux qui vous ont consulté sur les écrits d'un certain évêque de Gaule, nous leur répondons que nous ne le recevons point, et qu'aucun de ceux que l'Eglise catholique ne reçoit point entre les Pères, ne peut causer de l'ambiguïté dans la discipline, ni porter préjudice à la religion. Les Pères ont déterminé ce que les fidèles doivent croire. Tout ce qui s'accorde avec la vraie foi doit être reçu, et on doit rejeter tout ce qui y est contraire, soit que cela se trouve dans des discours consacrés à l'édification du peuple, soit dans tout autre écrit. Le Pape ne blâme point ceux qui lisent des livres où il y a quelque chose à reprendre, mais ceux qui en suivent les erreurs, car il n'est point défendu de connaître ce que l'on doit éviter; autrement le docteur des nations n'aurait point dit aux fidèles : *Eprouvez tout, et gardez ce qui est bon*. Pour ce qui est de la doctrine de l'Eglise romaine, touchant le libre arbitre et la grâce de Dieu, quoique on puisse la voir en divers écrits de saint Augustin, et surtout dans ceux qu'il a adressés à Hilaire et à Prosper, il y a néanmoins des articles exprès dans les archives de l'Eglise, que je vous enverrai, si vous ne les avez pas, et si vous le jugez nécessaire (Labbe, t. IV). »

Cette réponse du pape saint Hormisda échauffa la bile de Jean Maxence, un des moines scythes. Supposant ou feignant de supposer qu'elle n'était pas du Pape, il y fit une réponse des plus emportées et des plus virulentes. La première partie consiste tout entière à traiter d'hérétique et de nestorien quiconque ne disait pas littéralement : *Un de la Trinité a souffert, mais une personne de la Trinité*, par où il traitait implicitement d'hérétiques et saint Fulgence et tous les évêques d'Afrique exilés en Sardaigne. Dans la seconde partie, il cite quelques phrases de Fauste de Riez qui ne sont pas exactes; mais le Pape n'avait pas dit le contraire. Quand il ajoute que le Pape et l'évêque Possessor déclaraient ces phrases catholiques, c'est une calomnie manifeste. Enfin cette réponse de Jean Maxence prouve mieux que tout le reste le caractère brouillon et turbulent des moines scythes (*Bibl. Pat.*, t. IX).

Saint Fulgence finissait ses sept livres sur la grâce, contre les deux de Fauste de Riez, lorsque vint à finir son exil. Le roi Trasamond mourut le 27 mai 523, après avoir régné de vingt-sept ans. Son successeur fut Hildéric, fils d'Hunéric et d'Eudoxie, fille de l'empereur Valentinien et petite-fille du grand Théodose, que Genséric avait emmenée quand il pilla Rome. Trasamond, à ce que rapporte Victor de Tunnus, avait fait jurer à Hildéric que, pendand son règne, il n'ouvrirait point les églises aux catholiques, et ne leur rendrait point leurs priviléges. Mais Hildéric crut ne pas fausser ce serment, en donnant ces ordres avant que d'être roi. Il rappela donc les évêques catholiques et fit ouvrir les églises, sans professer pour cela la religion catholique. Il était doux, affable, bienfaisant; sa bonté dégénérait même en faiblesse. Ayant rendu la liberté à l'Eglise d'Afrique, il permit d'ordonner partout des évêques, et premièrement à Carthage, où l'on élut Boniface, recommandable pour sa doctrine. Ainsi l'Afrique recouvra le libre exercice de la religion catholique, après soixante ans d'interruption, à compter depuis la persécution de Genséric, en 457.

Saint Fulgence retourna donc en Afrique avec les autres évêques exilés sous le règne de Trasamond. Ils furent reçus à Carthage comme des confesseurs de Jésus-Christ, surtout saint Fulgence, qui était plus connu que les autres dans cette ville, d'où il était sorti seul. Le peuple, assemblé sur le rivage, ne l'eut pas plus tôt aperçu, qu'il s'éleva un grand cri de joie, et on entendit chanter les louanges de Dieu en toutes sortes de langues. C'était à qui recevrait la première sa bénédiction, et tous s'efforçaient de le toucher au moins du bout des doigts. Les évêques allèrent d'abord à l'église de Saint-Agilée, précédés et suivis du peuple, qui les conduisait comme en triomphe. Les plus zélés environnèrent saint Fulgence, pour le soulager dans la chaleur et lui faire un passage libre. Dieu, pour montrer la charité de ces peuples, permit qu'il survint une grande pluie; ils n'en furent pas dérangés. Comme saint Fulgence marchait la tête nue, les plus nobles étendirent sur lui leurs manteaux pour le garantir de la pluie. Le saint, après avoir visité ses amis à Carthage, en sortit pour se rendre à Ruspe. Pendant tout le chemin, qui était long les peuples vinrent au devant de lui de tous côtés, portant des lampes, des flambeaux et des branches d'arbres, en bénissant Dieu de ce qu'il leur faisait voir un si saint personnage.

Arrivé à Ruspe, il continua de vivre avec les moines. Mais pour ne pas diminuer l'autorité de l'abbé Félix, il voulut lui-même être soumis à un autre, ne faisant rien dans son propre monastère, sans avoir consulté l'abbé Félix auparavant. Il ne voulut pas même s'attribuer rien en propre dans le monastère, ni user d'aucune autorité sur les moines. Et afin que ses successeurs ne pussent rien prétendre au préjudice des religieux de son monastère, il déclara, par écrit, qu'il n'y prétendait rien lui-même, et que, s'il y demeurait, ce n'était pas qu'il en eût le droit, mais parce qu'on voulait bien le lui permettre. Il poussa plus loin ses précautions; car il acheta une maison dans le voisinage de l'église, et la bâtit commodément, pour qu'elle servît de demeure à l'évêque de Ruspe. Il pourvut encore aux logements des clercs et au règlement de leurs mœurs; voulant qu'ils fussent tous proches de l'église; que chacun d'eux cultivât un jardin de ses propres mains; qu'ils s'étudiassent à psalmodier avec grâce et à bien prononcer; qu'ils évitassent le faste dans leurs habits, et qu'ils ne s'ingérassent pas dans le maniement des affaires séculières, de peur que cette occupation ne les détournât trop souvent des fonctions de leur ministère. Il les choisit presque tous d'entre ses moines. Il prescrivit deux jours de jeûne la semaine, le mercredi et le vendredi, à tous les clercs, aux veuves et à ceux des laïques qui le pouvaient, leur ordonnant en outre de se trouver aux offices et aux prières du jour et de la nuit.

Sur la fin de l'année 524, il se tint un concile à Junque, dans la province Byzacène, où saint Fulgence assista comme évêque de Ruspe. Un évêque, nommé *Quod-vult-Deus*, lui disputa la préséance; mais tout le concile jugea en sa faveur. Saint Fulgence ne dit mot pour le moment, pour ne point préjudicier à l'autorité du concile. Mais dans le concile qui se tint ensuite à Suffète, voyant l'autre évêque affligé de ce jugement et craignant d'altérer la charité, il supplia publiquement les évêques de placer *Quod-vult-Deus* avant lui: ce que les évêques lui accordèrent, en admirant son humilité (*Act. Sanct.*, 1 *jan.*).

Boniface, évêque de Carthage, y convoqua un concile général de toutes les provinces d'Afrique. Il en marque le sujet dans sa lettre à Missor, primat de Numidie, en disant: « Que la paix qui venait d'être rendue à l'Eglise d'Afrique, après une si longue et si rude persécution, était troublée au dedans par quelques évêques qui ne voulaient point déférer à leurs supérieurs. Il le prie donc d'envoyer de sa province trois de ses collègues, pour lui aider à conserver les priviléges de l'Eglise de Carthage. Il ne lui demande pas d'y venir lui-même, à cause de son grand âge. Il l'avertit, suivant l'ancienne coutume, que la Pâque doit être le 30 mars, comme elle fut en effet l'an 525. Il lui envoie aussi la liste des évêques morts et de leurs successeurs.

Les députés des provinces étant arrivés, il se trouva en tout soixante évêques, qui s'assemblèrent à Carthage, dans la salle secrète de l'église de Saint Agilée, martyr, le 5 février 525, seconde année du règne de Hildéric. Boniface prit la parole et rendit grâces à Dieu de la liberté de l'Eglise, et de cette nombreuse assemblée. Les évêques témoignèrent leur joie, de voir le siège de Carthage si dignement rempli, après une si longue vacance, et l'exhortèrent à maintenir les canons, à l'imitation d'Aurélius, son prédécesseur. Ensuite Boniface fit lire ses lettres aux évêques de la province proconsulaire, de celles de Tripoli et de Numidie. Les députés de ces trois provinces étaient présents. Il n'y en avait qu'un de la Mauritanie césarienne; mais la guerre des Maures avec les Vandales, avait empêché les autres de venir. Pour la province de Sitifi, Optat avait été à Carthage, et n'était absent que par ordre du roi. Ainsi Boniface témoigna être content de toutes les provinces, excepté de la Byzacène, dont le primat Libérat ne paraissait point, quoique Boniface lui eût écrit deux fois. Les évêques le prièrent de l'attendre jusqu'au lendemain. Cependant Boniface fit lire les canons qui marquaient l'ordre des provinces d'Afrique. On lut un extrait du concile tenu le 1er mai 418, où l'on voyait que la première province était la proconsulaire ou carthaginoise; la seconde, la Numidie; la troisième, la Byzacène.

Pour établir premièrement la foi, on lut le Symbole de Nicée, suivant l'exemplaire envoyé par Atticus de Constantinople; et tous les évêques déclarèrent que quiconque refuserait d'y souscrire, ne serait pas tenu pour catholique. On se rappelle que les Vandales étaient généralement ariens. Ensuite, pour l'instruction des nouveaux évêques, on fit lire les canons de plusieurs conciles d'Afrique sur divers points de discipline. On y compte jusqu'à vingt conciles, sous Aurélius. On vint en particulier aux priviléges de l'Eglise de Carthage, sur quoi Boniface fit lire les canons, premièrement celui de Nicée, touchant les priviléges des grandes Eglises en général; puis ceux de plusieurs conciles, qui montraient la primauté de Carthage sur toutes les Eglises africaines; entre autres, un du concile d'Hippone, où il est permis à chaque province d'avoir son primat, à la charge de reconnaître la supériorité de Carthage. Comme il était tard, le reste des affaires fut remis au lendemain, et les 60 évêques souscrivirent aux actes de cette journée.

La séance du lendemain fut employée à régler une affaire particulière. Plusieurs moines de diverses provinces d'Afrique, et quelques-uns même d'outremer, s'étant assemblés pour former un monastère dans la province Byzacène, le bâtirent par le secours de leurs parents et d'autres personnes de piété. Ils le soumirent immédiatement à l'Eglise de Carthage. Mais comme pendant la longue vacance de ce siége, ils eurent besoin de prêtres, ils eurent recours à Boniface, évêque de Gratiane et primat de la Byzacène, qui ordonna quelques moines. Après sa mort, Libérat, son successeur dans la primatie, prétendit que le monastère dépendait de lui; et comme l'abbé, qui se nommait Pierre, ne voulait pas le reconnaître, il l'excommunia, lui et tous ses moines. L'Eglise de Carthage ayant recouvré sa liberté, et Boniface étant ordonné évêque, l'abbé Pierre lui présenta requête pour demander sa protection et justifier, par des raisons et des exemples, l'exemption qu'il prétendait. Le concile, trouvant les raisons bonnes et les exemples avérés, décida en faveur de Pierre, et ordonna en général que tous les monastères seraient libres, comme ils l'avaient toujours été (Labbe, t. IV).

En 524, il se tint trois conciles dans les pays qui obéissaient au roi Théodoric. Le 1$^{er}$ est le 4$^e$ d'Arles, assemblé le 6 juin, à l'occasion de la dédicace d'une église. Saint Césaire y présida, assisté de 12 évêques et de 4 prêtres pour les absents. On y dressa 4 canons, qui ne font que renouveler ceux qui avaient déjà été établis en divers conciles, savoir : que personne ne pourrait être ordonné diacre avant l'âge de 25 ans, ni élevé au sacerdoce ou à l'épiscopat avant 30; et que l'on ne conférerait l'ordre de la prêtrise ou du diaconat à un laïque qu'un an après sa conversion. Défense de recevoir des clercs vagabonds, des bigames ou ceux qui auraient fait pénitence publique.

Le 2$^e$ concile se tint à Lérida. Les évêques, qui s'y trouvèrent au nombre de huit, firent 16 canons, dont le 1$^{er}$ ordonne que ceux qui servent à l'autel, qui distribuent le sang de Jésus-Christ, ou qui touchent les vases sacrés, s'abstiendront de répandre le sang humain sous quelque prétexte que ce soit, même de défendre une ville assiégée. Il veut que ceux qui feront le contraire soient privés pendant deux ans, tant de la communion que des fonctions de leur ministère; qu'ils expient leur faute par des veilles, des jeûnes et des prières, et qu'après avoir satisfait, ils puissent être rétablis de telle sorte, qu'on ne leur accorde pas d'être promus à des ordres supérieurs. S'il arrive que pendant les deux années de leur pénitence, ils s'en acquittent négligemment, il sera au pouvoir de l'évêque de la leur prolonger. Le 2$^e$, prescrit sept ans de pénitence à ceux ou à celles qui font périr, en quelque manière que ce soit, les enfants conçus ou nés d'un adultère, défendant de leur donner la communion avant ce terme. Il ajoute que les coupables, après le terme de sept ans expiré, continueront de faire pénitence le reste de leur vie; et que s'ils sont clercs, après être rentrés dans la communion, ils ne serviront plus, mais qu'ils pourront seulement assister au chœur avec les chantres. Quant aux empoisonneurs, ils ne recevront la communion qu'à la fin de leur vie, s'ils ont pleuré continuellement leur faute depuis qu'ils l'ont commise.

On renouvelle dans le 3$^e$ ce qui avait été ordonné touchant les moines dans les conciles d'Agde et d'Orléans, en y ajoutant que l'évêque aura le pouvoir, du consentement de l'abbé et pour l'unité de l'Eglise, d'ordonner clercs ceux qu'il en trouvera capables. Mais ce canon lui défend de toucher aux donations faites aux monastères; voulant toutefois que si quelque laïque désire de faire consacrer une église qu'il aurait bâtie, il ne le puisse sous le titre de monastère, dans le dessein d'empêcher qu'elle ne soit en la disposition de l'évêque, à moins que cette église ne soit pour une communauté de moines. Il est dit dans le 4$^e$ que les incestueux, jusqu'à ce qu'ils se séparent, seront excommuniés; en sorte qu'aucun chrétien ne pourra manger avec eux, mais qu'ils seront admis à la messe des catéchumènes. Le 5$^e$ porte que, si un des ministres de l'autel tombe dans un péché de la chair par fragilité, et qu'il donne, avec la grâce de Dieu, des marques d'une sincère pénitence, il sera au pouvoir de l'évêque de le rétablir bientôt, ou de le laisser plus longtemps séparé de l'Eglise, suivant qu'il le trouvera exact ou paresseux à faire pénitence de son crime, à condition néanmoins qu'en le rétablissant, il lui ôtera toute espérance d'être promu à des grades supérieurs. Que si ce clerc retombe, non-seulement il sera privé de la dignité de son office, mais encore il ne recevra la communion qu'à la mort. Il est ordonné, dans le 6$^e$, que celui qui a violé une veuve ou une religieuse sera excommunié; et que la religieuse le sera aussi, si elle ne se sépare d'avec lui; auquel cas seul, c'est-à-dire si elle retourne à son devoir, elle sera mise en pénitence publique, la sentence d'excommunication tenant jusqu'à ce qu'elle ait satisfait. Le 7$^e$ sépare pour un an de la communion du corps et du sang de Notre Seigneur, celui qui a fait serment de ne jamais se réconcilier avec celui contre lequel il plaide, et lui conseille d'effacer plutôt son péché par des aumônes, des pleurs et des jeûnes. Dans le 8$^e$, il est défendu à tout clerc de tirer son esclave ou son disciple, de l'église où il s'est réfugié, pour le fouetter, et cela sous peine d'être exclu de l'église jusqu'à une satisfaction convenable.

Le 9$^e$ veut que ceux qui se sont laissé rebaptiser par les hérétiques ou les ariens, sans y avoir été contraints par les tourments, subissent la pénitence marquée dans les canons de Nicée, c'est-à-dire qu'ils soient sept ans en prières parmi les catéchumènes et deux ans parmi les catholiques; qu'ensuite, par la clémence et la bonté de l'évêque, ils participent à l'oblation et à l'eucharistie avec les fidèles. Il est ordonné, dans le 10e, qu'à ceux qui ne se seront pas retirés de l'église lorsque l'évêque le leur aura ordonné pour les punir de quelques fautes, le pardon ne sera accordé que plus longtemps après, en punition de leur contumace. Il est aussi chargé, par le 11e, de punir, selon la qualité des personnes, les clercs qui en seraient venus aux mains. Il paraît, par le 12e, qu'il s'était fait plusieurs ordinations contre les canons : le concile veut bien les tolérer pour le passé, avec défense néanmoins d'élever à de plus hauts degrés ceux qui ont été ainsi ordonnés. Mais il déclare que ceux qui, à l'avenir, auront été ordonnés contre les canons, seront déposés, avec défense, à ceux qui auront fait de semblables ordinations, d'en faire aucune dans la suite. On rejette, dans le 13e, les oblations des catholiques convaincus d'avoir fait baptiser leurs enfants par des hérétiques. Le 14e défend aux fidèles de manger avec ceux qui se sont fait rebaptiser. Le 15e ordonne l'exécution des anciens règlements touchant la familiarité des clercs avec des femmes étrangères, en ajoutant que ceux qui y contreviendront seront privés de leurs bénéfices après une première et seconde monition. Le 16e est un règlement pour empêcher qu'on n'enlève et ne dissipe les biens des évêques après leur mort (Labbe, t. IV).

Le concile de Valence, auquel n'assistèrent que six évêques, et qui ne fit que 6 canons, insiste encore plus expressément sur ce dernier article du concile de Lérida, et s'occupe principalement à régler ce qui doit être observé pendant la vacance du siége. Quand Dieu aura appelé à lui un évêque, les clercs ne prendront rien de ce qui se trouvera dans sa maison ou dans celle de l'église. S'ils ont pris quelque chose, ils seront contraints de le rendre, par l'autorité du métropolitain et des comprovinciaux. Pour cet effet, on observera le canon du concile de Riez, suivant lequel, à la mort d'un évêque, l'évêque le plus proche viendra faire ses funérailles et prendre soin de son Église jusqu'à l'ordination du successeur. Il fera faire un inventaire dans la huitaine, et l'enverra au métropolitain, afin qu'il commette une personne capable pour payer aux clercs leurs pensions, à la charge de rendre compte au métropolitain, si la vacance dure longtemps. Les parents du défunt évêque seront aussi avertis de ne rien prendre de ses biens à l'insu du métropolitain et des comprovinciaux, de peur qu'ils ne confondent les biens de l'Église avec ceux de sa succession. Mais si quelqu'un demande modestement ce qui lui est dû, le métropolitain, ou celui qu'il a commis, doit lui faire raison.

Il arrivait quelquefois que les funérailles d'un évêque étaient différées avec indécence, par l'absence de l'évêque visiteur qui devait prendre soin de l'Église vacante. Pour obvier à cet inconvénient, le concile ordonne que l'évêque qui est dans la coutume d'être invité aux funérailles, viendra visiter le malade, pour l'avertir de mettre ordre à ses affaires, et pour exécuter sa dernière volonté. Sitôt qu'il sera mort, il offrira pour lui le sacrifice, le fera enterrer, et observera ce qui a été réglé ci-dessus. Que si un évêque meurt subitement, on gardera son corps un jour et une nuit, en récitant des psaumes; puis les prêtres le mettront dans un cercueil, sans l'enterrer, jusqu'à la venue de l'évêque invité, pour l'ensevelir solennellement.

Le concile de Valence ordonne encore que les clercs vagabonds seront privés de leurs fonctions, et que les évêques n'en ordonneront aucun qui ne promette d'être local, c'est-à-dire stable dans le lieu de son service. On ordonne aussi qu'à la messe on lira l'Évangile avant l'offrande et le renvoi des catéchumènes, afin que les préceptes de Notre Seigneur et l'instruction de l'évêque puissent être entendus, nonseulement des fidèles, mais des catéchumènes, des pénitents et de tous ceux qui sont séparés de l'Église. Car on en voit qui se convertissent par ce moyen (Labbe, t. IV).

La Grande-Bretagne et l'Irlande voyaient alors plusieurs saints personnages; le plus illustre est saint David, archevêque et patron du pays de Galles. Il était fils de Xantus, prince de la Cérétique, aujourd'hui le Cardiganshire. Il reçut une éducation très-chrétienne, qui influa sur toute la suite de sa vie. Après avoir été ordonné prêtre, il se retira dans l'île de Wight, où il vécut sous la conduite du pieux et savant Paulin, qui avait été disciple de saint Germain d'Auxerre. On dit que Dieu récompensa les éminentes vertus de David par le don des miracles, et qu'en faisant le signe de la croix, il rendit la vue à son maître devenu aveugle, soit par son grand âge, soit par un effet des larmes abondantes qu'il versait dans la prière. Lorsqu'il se fut bien préparé aux fonctions du saint ministère, il quitta sa solitude, et, comme un autre Jean-Baptiste sorti du désert, il alla prêcher aux Bretons les paroles de la vie éternelle. Il bâtit une chapelle à Glastembury, lieu que les premiers apôtres de la Grande-Bretagne avaient consacré au culte du vrai Dieu. Il fonda aussi douze monastères, dont le principal était dans la vallée de Ross, près de Ménévie. On vit se former dans ce monastère un grand nombre de saints, dont plusieurs gouvernèrent l'Église en qualité de premiers pasteurs.

La règle que David donna à ses moines était fort austère. Ils travaillaient continuellement des mains, en esprit de pénitence, sans jamais faire usage des animaux propres au labourage, et cela pour que leur travail fût plus pénible. La nécessité seule pouvait les autoriser à rompre le silence. Une prière non interrompue, au moins mentalement, sanctifiait toutes leurs actions extérieures. Vers la fin du jour, ils rentraient dans le monastère pour vaquer à la lecture et à la prière vocale. Du pain et des racines, dont le sel était le seul assaisonnement, faisaient toute leur nourriture, et ils n'avaient d'autre boisson que de l'eau mêlée avec un peu de lait. Après leur repas, ils passaient trois heures en oraison, ils donnaient ensuite quelque temps au sommeil. Ils se levaient au chant du coq, et se remettaient à prier jusqu'à ce que le moment du travail fût arrivé. Leurs vêtements étaient grossiers et faits de peau de bêtes. Quand quelqu'un demandait à être reçu dans le monastère, il demeurait dix jours à la porte, et pendant ce temps on l'éprouvait par des paroles rudes, par des refus réitérés et par des travaux pénibles ; afin de l'accoutumer à mourir à lui-même. S'il souffrait cette épreuve avec constance et avec humilité, il était admis dans la maison. Quant à ses biens, il les laissait dans le monde, la règle des monastères défendant de rien recevoir pour l'entrée en religion. Tous les frères étaient obligés de faire connaître leur intérieur à l'abbé, et de lui découvrir leurs pensées et leurs tentations les plus secrètes.

Le pélagianisme s'étant montré une seconde fois dans la Grande-Bretagne, les évêques, pour le déraciner, s'assemblèrent en 512, ou plutôt en 519, à Brevy dans le comté de Cardigan. Saint David fut invité à se trouver au concile. Il y parut avec éclat et confondit l'hérésie par la force réunie de son savoir, de son éloquence et de ses miracles. Saint Dubrice, archevêque de Caërléon, profita de cette circonstance pour lui résigner le gouvernement de son Eglise. David, alarmé de la proposition qui lui en fut faite, fondit en larmes et protesta qu'il ne se chargerait jamais d'un fardeau si au-dessus de ses forces. En vain on allégua les raisons les plus pressantes pour l'y déterminer, jamais il ne se fût rendu, si les Pères du concile ne lui eussent ordonné expressément d'acquiescer au choix de Dubrice. Il obtint cependant de transférer le siège de Caërléon, ville alors très-peuplée, à Ménévie, aujourd'hui Saint-David, lieu retiré et solitaire. Peu de temps après, il assembla un concile à Victoria, où les actes du concile précédent furent confirmés. On y fit aussi plusieurs canons de discipline, auxquels l'Eglise romaine imprima depuis le sceau de son approbation. C'était dans ces deux conciles que les Eglises de la Grande-Bretagne puisaient autrefois des règles de conduite.

Cependant la réputation de notre saint augmentait de jour en jour; il était tout à la fois l'ornement et le modèle des pasteurs de son siècle. Il possédait le talent de la parole dans un degré éminent; mais son éloquence avait encore moins d'efficace que la force de ses exemples. Aussi a-t-il été regardé de tout temps comme une des plus brillantes lumières de l'Eglise britannique. Il fut, par la fondation de divers monastères, le père spirituel d'un grand nombre de saints qui illustrèrent l'Angleterre et l'Irlande, leur patrie. Enfin, après un épiscopat long et laborieux, il mourut en paix vers l'an 544, dans un âge fort avancé. Son corps fut enterré dans l'église de Saint-André, qui, depuis, a pris le nom de Saint-David (*Acta Sanct.*, 1 mart.; Godescard; Mansi, *Conc.*, t. VIII). L'Eglise honore la mémoire de saint David le 1er mars.

Saint Dubrice, né dans une île, se fit d'abord connaître dans la province appelée aujourd'hui Warwick; il y expliqua pendant sept ans les saintes Ecritures, et ouvrit ensuite ailleurs une seconde école. Il lui vint des disciples de toutes les parties de la Bretagne, et il en compta jusqu'à mille. De ce nombre furent saint Samson, saint Théliau et un grand nombre d'autres qui, s'étant rendus célèbres par leurs vertus et leur science, méritèrent d'être élevés à l'épiscopat. Les soins qu'il donnait à ses disciples ne l'empêchaient pas de s'occuper de sa propre sanctification et d'écouter le Saint-Esprit dans l'oraison et la solitude. Il fut sacré évêque de Landaff, par saint Germain, dans un concile tenu vers l'an 446. Lorsqu'on le transféra au siège archiépiscopal de Caërléon, en 495, il eut saint Théliau pour successeur à Landaff.

S'étant démis de son archevêché en faveur de saint David, il se retira dans l'île de Bardzey, sur la côte de la province de Caërnarvon. Il y mourut peu de temps après, et y fut enterré. On lit dans Camden et dans d'autres auteurs, que vingt mille saints, c'est-à-dire vingt mille ermites ou religieux furent enterrés dans la même île (Godescard, 14 nov.).

Saint Théliau naquit près de Monmouth dans le pays de Galles; il était frère d'Anaumède, qui épousa, en 490, Budic, roi des Bretons-Armoricains. Il fut élevé sous la conduite de saint Dubrice. Quelque temps après 500, il fit un pèlerinage à Jérusalem avec saint David et saint Palern, deux de ses condisciples. Il refusa l'évêché de Dole, que le clergé de cette ville et le roi Budic voulaient absolument lui donner. De retour en Angleterre, on l'éleva, malgré lui, au siège de Landaff, après la translation de saint Dubrice à celui de Caërléon. Il fit fleurir son Eglise par sa science, sa piété, son zèle et son attention à ne recevoir dans le clergé que des hommes éclairés et vertueux. Son autorité seule suffisait pour décider sans appel tous les différends. Il donna des preuves de la charité la plus généreuse durant une maladie contagieuse qui désola le pays de Galles. Il mourut vers l'an 580, dans une solitude où il s'était retiré pour se préparer au passage de l'éternité. Les archives de Landaff comptent parmi ses plus célèbres disciples saint Oudocée, son neveu et son successeur, saint Ismaël qu'il sacra évêque, saint Tifhei, martyr (*Ibid.*, 9 fév.).

Un autre saint évêque du pays de Galles, fut saint Daniel. Il florissait au commencement du VIe siècle. En 516, il fonda un collège ou monastère, près du canal de la mer qui sépare l'île d'Anglesey du pays de Galles. Peu de temps après une ville fut bâtie en cet endroit par le roi Mailgo, qui avait fourni aux frais du tombeau de saint David. On l'appela Bancor ou Bangor, à cause de la beauté du chœur du monastère. Saint Daniel, premier évêque du lieu, fut sacré par saint Dubrice. Il mourut en 545, et fut enterré dans l'île de Berdsey. La cathédrale de Bangor est dédiée sous l'invocation de saint Daniel (*Ibid.*, 23 nov.).

La même contrée admirait alors le saint abbé Cadoc. Il était fils de saint Gontlée ou Gondèle, prince de la partie méridionale du pays de Galles. Ses parents étaient aussi recommandables par leurs vertus que par la noblesse de leur sang. Son père, après avoir régné en chrétien, quitta le monde pour se renfermer dans un petit ermitage auprès d'une église qu'il avait fait bâtir. Là, son genre de vie était fort austère; il portait le cilice, ne buvait que de l'eau et ne mangeait que de mauvais pain, sur lequel il mettait ordinairement de la cendre; encore gagnait-il, par le travail de ses mains, ce qui était nécessaire pour sa subsistance. Il consacrait à la prière et à la contemplation les jours entiers et une grande partie de la nuit. Quelques jours avant sa mort, il fit venir saint Dubrice et saint Cadoc, son fils, afin qu'ils lui aidassent à bien se disposer à son heure dernière. Saint Gondèle, que Dieu glorifia par un grand nombre de miracles, est honoré dans le pays de Galles, le 29 mars (*Ibid.*, 29 mars, *et Acta Sanct.*).

A l'abdication du prince son père, saint Cadoc lui succéda, comme l'aîné de ses fils. Mais il quitta bientôt le gouvernement de son pays pour embrasser la vie monastique. Il se mit sous la conduite de saint Tathaï, moine irlandais, qui avait ouvert une école célèbre à Gwent. Notre saint y fit des progrès si rapides dans les saintes lettres et dans la vertu, qu'étant retourné dans le comté de Clamorgan, sa patrie, il répandit partout la bonne odeur de Jésus-Christ par son savoir et sa sainteté. Il fit bâtir, à trois milles de Cowbridge, l'église et le monastère de Lan-Carvan, où il établit une école qui fut une pépinière de grands hommes et de saints (Godescard et *Acta Sanct.*, 24 jan.).

De ce nombre fut saint Iltut, issu d'une famille noble, dans le comté de Clamorgan. Il servit quelque temps dans les armées du roi Arthur, dont il était parent, et s'y acquit une grande réputation par sa valeur. Saint Cadoc lui inspira le mépris du monde et l'amour de la vraie sagesse. Ayant reçu la tonsure, il passa plusieurs années sous la conduite de celui qui l'avait fait entrer dans les voies de la perfection, et se rendit fort habile dans les sciences ecclésiastiques. Il fonda depuis, dans le voisinage de Lan-Carvan, du côté de la mer, un monastère qui devint célèbre par son école, et qui prit le nom de Lan-Iltut ou église d'Iltut. On compte parmi ses disciples saint David, saint Gildas l'Albanien, saint Tamson, saint Magloire et plusieurs autres saints, dont quelques-uns furent élevés à l'épiscopat. Iltut joignait le travail des mains aux veilles, au jeûne et à la prière. Il remit, à la fin, la conduite de son école à Isham, un de ses disciples, afin de suivre plus librement l'attrait qu'il se sentait pour la retraite. Il passa trois ans dans une entière solitude, et y pratiqua des austérités extraordinaires. Le désir de visiter ses disciples et ses amis le fit passer dans la Bretagne armoricaine quelque temps avant sa mort. Il était à Dole, lorsque le Seigneur l'appela à lui, dans le VI<sup>e</sup> siècle. Il est encore patron titulaire d'une église du comté de Clamorgan, qu'il avait originairement fondée. Quelques auteurs font mention de deux lettres doctrinales qu'il avait écrites; mais nous n'avons plus la plupart des ouvrages des anciens docteurs bretons (Godescard, 6 nov.).

Un autre disciple de saint Cadoc fut saint Gildas l'Albanien, qu'il ne faut pas confondre avec saint Gildas le Sage, abbé de Burys, sur les côtes de l'Armorique. Saint Gildas l'Albanien ou l'Ecossais était fils de Caunus, un des rois bretons. Il passa quelque temps en Irlande, et, à son retour, entra dans le monastère de saint Cadoc; il y enseigna un an, et y copia le livre des saints Evangiles. On a longtemps conservé ce manuscrit dans l'église de Saint-Cadoc; et les Gallois lui portaient un tel respect, qu'ils s'en servaient dans leurs traités et dans leurs serments les plus solennels. Saint Gildas et saint Cadoc quittèrent Lan-Carvan pour aller vivre dans des îles désertes. Des pirates les ayant obligés tous d'en sortir, ils passèrent quelque temps dans les îles de Ronec et d'Ecni, d'où Gildas alla prêcher la pénitence aux pêcheurs, afin d'étendre le royaume de Jésus-Christ. Quelques années après, il quitta les fonctions de l'apostolat pour se retirer dans l'abbaye de Glastenbury, où il mourut en 512. On ne sait point en quelle année précise mourut saint Cadoc (*Ibid.*, 29 janv.).

La Grande-Bretagne ayant été ravagée vers ce temps par une irruption des Saxons et des Anglais, plusieurs disciples des saints personnages que nous venons de voir se retirèrent dans la Petite-Bretagne, en deçà de la mer. Les principaux furent saint Samson, saint Malo, saint Magloire, saint Brieuc, saint Paul de Léon, et saint Méen, que nous retrouverons dans le livre suivant.

L'Ecosse produisait des saints comme le pays de Galles. Le plus illustre est saint Kentigern, autrement saint Mungho, évêque de Glascow. Issu du sang royal des Pictes, il naquit vers l'an 516. On le mit dès sa plus tendre jeunesse sous la conduite de saint Servan, évêque et abbé de Culros, lequel lui inspira de grands sentiments de douceur et de piété. La pureté de ses mœurs et ses autres vertus le rendirent extrêmement cher à son maître et à tous ceux qui le connaissaient, ce qui lui fit donner le surnom de Mungho, qui, dans la langue du pays, signifiait *le bien-aimé*, et c'est sous ce nom que les Ecossais l'honorent aujourd'hui. Il se retira ensuite dans un lieu appelé Glascow, où il mena une vie fort austère; mais il fut obligé de sortir de sa solitude, parce que le clergé et le peuple le demandèrent instamment pour évêque. Après son sacre, il établit son siège à Glascow, dans le lieu même de sa retraite; il y assembla un grand nombre de personnes pieuses, qui rétracèrent la vie des premiers chrétiens de Jérusalem. Son diocèse, fort vaste et en même temps peu instruit, donna beaucoup d'exercice à son zèle et à sa patience; afin d'y répandre de plus en plus la lumière de l'Evangile, il en faisait souvent la visite, et toujours à pied. Les païens, éclairés, renonçaient en foule à leurs superstitions et venaient demander le baptême. Le saint pasteur ne se borna pas à la ruine de l'idolâtrie; il sut encore préserver son troupeau du venin du pélagianisme, qui avait déjà jeté de profondes racines en Ecosse.

On ne sera pas surpris du succès prodigieux qu'eurent les travaux apostoliques de Kentigern, si l'on pense qu'il était homme de prière. Non content de réciter chaque jour tout le psautier, il avait encore plusieurs autres pratiques de piété, de manière que son âme n'était jamais distraite de la présence de Dieu. Sans cesse il mortifiait sa chair par les jeûnes rigoureux et par mille autres austérités extraordinaires. Il s'éloignait du commerce des hommes pendant le carême, et allait passer ce saint temps dans la solitude, où il ne s'entretenait qu'avec le ciel. Enfin, on voyait revivre en lui toutes les vertus des apôtres : aussi Dieu le favorisait-il, comme eux, du don des miracles.

Kentigern, qui brûlait du désir d'étendre le royaume de Jésus-Christ, inspira les sentiments dont il était animé à plusieurs de ses disciples. Il envoya prêcher la foi au nord de l'Ecosse, dans les îles d'Orkney, dans la Norwège et l'Islande.

L'ancien gouvernement des Pictes méridionaux tenait en quelque chose de l'aristocratie. Le pays était partagé entre plusieurs petits seigneurs, qui avaient droit de se faire la guerre les uns aux autres; ils obéissaient pourtant tous à un monarque souverain, qui faisait ordinairement sa résidence dans la ville d'Alcluid, aujourd'hui Dunbriton. Les Etats de ce monarque comprenaient non-seulement le pays des Pictes méridionaux, mais encore celui des Cumbres ou Cumbriens.

Le pieux roi Rydderck Haël ou *le Généreux*, parent et protecteur du saint évêque, ayant été détrôné par l'impie Morcant, Kentigern fut obligé de se réfugier chez les Bretons du pays de Galles. Il se fixa quelque temps auprès de saint David, à Ménevie; il le quitta quelque temps après pour aller fonder un monastère au confluent des rivières d'Elwy et de Cluid. L'école qu'il y établit devint fort célèbre ; il s'y forma un grand nombre de sujets aussi recommandables par leurs vertus que par leurs sciences.

Cependant Rydderck fut rétabli sur le trône après la mort de l'usurpateur Morcant. Le saint évêque profita de cette circonstance pour retourner dans son diocèse, vers l'an 560. Cinq ans après, il eut une conférence avec saint Colomb, qui commençait à prêcher l'Evangile aux Pictes septentrionaux. Ces peuples avaient déjà quelque connaissance de Jésus-Christ, parce que Kentigern leur avait envoyé des missionnaires tirés du nombre de ses disciples. Le roi Rydderck et deux de ses successeurs eurent une entière confiance en notre saint. Ils n'entreprenaient rien sans le consulter; ils l'aidaient de toute leur autorité, dans les pieux projets qu'il formait pour la propagation de l'Evangile et pour la réformation des mœurs : aussi méritèrent-ils que le Ciel préservât leurs Etats de la fureur des Saxons.

Saint Kentigern mourut en 601, à l'âge de 80 ans, et fut enterré dans la cathédrale de Glascow, dont il était le premier patron. Son tombeau y a toujours été en grande vénération jusqu'à l'établissement du calvinisme en Ecosse (Godesc. et *Acta Sanct.*, 13 jan).

Saint Colomb ou Colom-Kille, autrement encore saint Colon, est un des plus célèbres patriarches des moines en Irlande. Pour le distinguer des autres saints du même nom, on l'a surnommé *Colom-Kille*, du grand nombre de *cellules* monastiques qu'il fonda, et que les Irlandais appellent *killes*.

Ce saint était issu de l'illustre maison de Neil, en 521, à Cartan, dans le comté de Tyrconnel. Il comprit dès son enfance qu'il n'y a de grand et d'estimable que ce qui nous embrase d'amour pour Dieu; et cet amour, il tâcha de l'allumer dans son âme par un entier détachement du monde, ainsi que par une parfaite pureté de corps et d'esprit. Il étudia la sainte Ecriture et les maximes de la vie ascétique sous le saint évêque Finian ou Finien, qui avait établi une école à Bluain-Irard.

Ayant été élevé au sacerdoce en 546, il donna lui-même d'admirables leçons de piété et d'Ecriture sainte, et forma en très-peu de temps plusieurs disciples. Environ quatre ans après, il fonda le grand monastère de Dair-Magh, appelé aujourd'hui Durrogh; il fut aussi le fondateur de quelques monastères moins considérables. En même temps il composa, pour l'usage de ses religieux, une règle qui était principalement tirée de celle des anciens moines d'Orient.

Son zèle à reprendre les vices publics lui ayant fait encourir l'indignation du roi Dermot ou Dermitius, il quitta l'Irlande et passa dans la partie septentrionale de la Grande-Bretagne, connue aujourd'hui sous le nom d'Ecosse. Il amena avec lui douze de ses disciples. C'était vers l'an 565 de Jésus-Christ.

Les Pictes méridionaux avaient reçu l'Evangile longtemps auparavant, par la prédication de saint Ninien ou Ninyas. Cet apôtre eut pour père un prince des Bretons-Cumbriens qui habitaient les comtés de Cumberland et de Gollaway. Il parut dès son enfance uniquement né pour la vertu. Rien ne lui semblait difficile lorsqu'il s'agissait de se perfectionner dans l'amour de Dieu. Afin de s'affranchir de tous les embarras du monde qui auraient pu le distraire, il quitta sa patrie pour faire un pèlerinage à Rome. Il passa plusieurs années dans cette ville, s'y appliqua tout à la fois à l'étude et à la pratique de la religion. Ses progrès furent rapides dans l'une et dans l'autre. Se sentant de plus en plus animé de zèle pour la gloire de Dieu, il résolut de retourner dans son pays où l'on n'avait encore qu'une connaissance bien imparfaite du christianisme. Il paraît qu'il fut sacré évêque à Rome avant son départ de cette ville.

Arrivé dans sa patrie, il acheva d'instruire ceux qui avaient déjà quelque teinture des vérités de l'Evangile. Il retira de l'idolâtrie ceux qui y étaient plongés, adoucit la férocité de Tudoval, roi des Pictes, et bâtit une église de pierre dans le pays connu aujourd'hui sous le nom de Galloway. Jusque-là les Bretons septentrionaux n'avaient point vu d'édifices de pierre, et ils appelèrent *Maison-blanche* la ville où était celui dont nous parlons. On la nomme présentement *Whitehern*. Le saint y fixa son siège épiscopal et dédia l'église sous l'invocation de saint Martin. On croit qu'il avait visité le tombeau de ce saint dans le cours de ses voyages. Il porta la lumière de la foi dans le pays des Cumbriens, dans tous les pays habités par les Pictes méridionaux, jusqu'au mont Grampus. L'Église de Whitehern devint une école de saints et d'hommes apostoliques. Saint Ninien mourut le 16 septembre 432. Il s'opéra un grand nombre de miracles par son intercession. Ses reliques ont été gardées à Whitehern jusqu'à la prétendue réforme (Godescard, et *Acta Sanct.*, 16 sept.; Beda, l. 3, c. 4).

Quant aux Pictes septentrionaux, ce fut principalement saint Colomb qui les convertit au christianisme par ses prédications, ses vertus et ses miracles. En reconnaissance, ils lui donnèrent la petite île de Hy ou de Iona, qui est à douze milles de la terre ferme, et qui, de son nom, fut depuis appelée Y-Colom-Kille. Il y bâtit un grand monastère qui, durant plusieurs siècles, fut comme le séminaire des Bretons du Nord. Les rois d'Ecosse y eurent leur sépulture. On y enterra aussi les corps d'une multitude presque innombrable de saints. Ce monastère donna naissance à plusieurs autres, que saint Colomb fonda en Ecosse. Ce fut là que se formèrent les célèbres Aïdan, Finian et Colman, qui convertirent à la foi les Anglais-Northumbres. Dans la suite, le monastère de Hy embrassa la règle de saint Benoit.

Le genre de vie que suivait saint Colomb était fort austère. Il couchait sur la terre nue et n'avait qu'une pierre pour oreiller. Ses jeûnes étaient rigoureux et continuels. La piété cependant ne le rendait ni sombre ni mélancolique. Une aimable gaîté paraissait toujours peinte sur son visage, et annonçait à tous ceux qui le voyaient, que son âme jouissait d'un calme inaltérable et de cette joie pure que produit la présence de l'Esprit-Saint. Sa ferveur était si grande que, dans toutes ses actions, il paraissait être plus qu'un homme. Autant qu'il était en lui, il ne laissait échapper aucun moment sans le consacrer à quelque chose qui eût la gloire de Dieu pour objet, comme à prier, à lire, à écrire ou à prêcher. Sa douceur et sa charité, qui ne se démentaient en aucune occasion, lui gagnaient les cœurs de tous ceux avec lesquels il conversait. Ses vertus, relevées encore par le don de prophétie et par celui des miracles, lui attiraient une vénération universelle. Il avait une telle autorité, que les rois mêmes ne faisaient rien sans le consulter. Edhan, qui, en 570, succéda à Kinatel, son parent, voulut recevoir de sa main les ornements royaux.

Quatre ans avant sa mort, le saint eut une vision qui lui fit verser beaucoup de larmes. Il pleurait, parce que des anges lui avaient appris que Dieu, touché par les prières des Églises de Bretagne et d'Écosse, prolongerait encore sa vie de quatre années.

Sentant approcher sa dernière heure, il dit un dimanche à Diermit, son disciple : Ce jour est appelé le sabbat, c'est-à-dire le jour du repos; il sera véritablement tel à mon égard, puisqu'il mettra fin à mes travaux. Il se trouva le premier dans l'église à minuit, qui était le temps où se disaient matines. S'étant mis à genoux devant l'autel, il reçut le saint viatique, puis, après avoir donné sa bénédiction à ses frères, il s'endormit tranquillement dans le Seigneur, en 597. Il était âgé de 77 ans. Son corps fut ensuite transporté à Down en Ultonie, et déposé dans un caveau avec ceux de saint Patrice et de sainte Brigite (Godescard, et *Acta Sanct.*, 9 *junii*).

Saint Finien fut, après saint Patrice, un des plus illustres évêques d'Irlande. Il était né dans la province de Leinster. Il dut la connaissance de la religion chrétienne aux disciples de saint Patrice, dont les deux principaux furent saint Benen ou Bénigne, qui lui succéda dans le siège d'Armagh, et saint Kiaran ou Kenerin, que les Irlandais appellent le *premier-né* de leurs saints (Godescard, 9 nov. et 5 mars).

Animé d'un ardent désir de faire le plus grand progrès dans la vertu, Finien passa dans le pays de Galles, où il eut le bonheur de vivre avec saint David, saint Gildas et saint Cathmaël. Il revint dans sa patrie trente ans après, c'est-à-dire vers l'an 520. Ses vertus et sa science le mirent en état de ranimer, parmi ses compatriotes, l'esprit de piété qui s'affaiblissait de jour en jour. Il prit les moyens les plus efficaces pour assurer le succès de ses travaux apostoliques ; il établit en différents endroits, des monastères et des écoles. Il faisait sa principale résidence à Clonard; c'était là qu'il avait formé sa principale école. Il en sortit un grand nombre de saints recommandables par leur savoir; tels que les deux Kiéran, Colom-Kille, Colom, fils de Craimthaïn, les deux Brendan et d'autres.

Notre saint fut sacré dans la suite, évêque de Clonard. Le monastère qu'il y avait fait bâtir devint très-célèbre, et on y venait de toute part pour s'y former aux sciences et à la piété. Le saint pasteur prenait pour modèle les Basile et les Chrysostome ; il aimait tendrement son troupeau, et travaillait avec un zèle infatigable au salut des âmes qui lui étaient confiées. Il ne vivait que de pain et d'herbes, et ne buvait que de l'eau. Il couchait sur la terre nue, et n'avait qu'une pierre pour oreiller. Il mourut le 12 décembre 552.

Saint Colomb, fils de Craimthaïn, qui fut disciple de saint Finien, était aussi de la province de Leinster. Il se montra fidèle imitateur de son bienheureux maître. Il eut le gouvernement du monastère de Tyrdaglas, dans la province de Munster, dont il avait été le fondateur. Il mourut peu de temps après le milieu du VIe siècle.

Les calendriers d'Irlande nomment aussi en ce jour, c'est-à-dire au 12 décembre, saint Cormac, abbé d'une éminente sainteté (Godescard).

Saint Endée ou Enna, était fils d'un riche seigneur d'Ergall dans l'Ulster. Touché des pieuses exhortations de sainte Faine, sa sœur, qui était abbesse de Kill-Aine, sur les frontières du comté de Méath, quitta le monde pour embrasser la vie religieuse. Il vécut quelque temps dans le monastère de Rosnat, sous la conduite de l'abbé Mansénus; il retourna ensuite dans son pays, et fonda un grand monastère dans l'île d'Arn. On y vit accourir plusieurs personnes recommandables par leurs vertus; c'est pour cela que l'île d'Arn a été appelée l'*île des Saints*. Saint Endée mourut vers le commencement du VIe siècle. La principale église de l'île d'Arn est appelée du nom de *Kill-Enda*. On voit son tombeau dans le cimetière d'une autre église de la même île (Godescard et *Acta Sanct.*, 21 *mart.*).

Saint Nennie aurait pu goûter toutes les vaines satisfactions qu'offre le monde, puisqu'il était de la famille des rois d'Irlande ; mais il y renonça pour entrer dans la voie pénible de la croix. S'étant perfectionné dans la science des saints, sous la conduite des plus habiles maîtres de la vie spirituelle, il se retira dans une île du lac formé par la rivière d'Erne.

Sa réputation attira bientôt auprès de lui un grand nombre de disciples, ce qui le porta à bâtir un monastère. Il a mérité d'être compté, après sa mort, parmi les douze apôtres de l'Irlande. Il florissait dans le VIe siècle. Il y a une église de son nom dans l'île dont nous venons de parler (*Ibid.*, et *Acta Sanct.*, 17 *jan.*).

Saint Tigernake reçut le baptême des mains de Conlathe, évêque de Kildare. Il fut enlevé, dans sa jeunesse, par des pirates, qui le conduisirent en Bretagne. Un roi de cette île, dans les mains duquel il tomba, s'attendrit sur son sort, l'aima pour sa vertu et le mit dans le monastère de Rosnat. Tigernake, instruit à l'école des afflictions, comprit tout le néant des biens du monde et résolut de chercher le vrai bonheur dans le service de Dieu. Etant retourné en Irlande, il y fut sacré évêque malgré lui; mais il ne voulut point se charger du gouvernement de l'Eglise de Clogher, dont on l'élut pasteur en 506, après la mort de Maccartin. Il fonda l'abbaye de Clones, au comté de Monagan, et y fixa son siège épiscopal. Il devint aveugle dans sa vieillesse, et passa le reste de sa vie dans une petite cellule, uniquement occupée de la prière et de la contemplation. On met sa mort en 550 (*Ibid.*, et *Acta Sanct.*, 5 *april.*).

Saint Albée, que la province de Munster honore comme son principal patron, fut converti par des missionnaires bretons. Il avait fait un voyage à Rome lorsque saint Patrice vint en Irlande. S'étant attaché à ce célèbre apôtre de son pays, il fut sacré archevêque de Munster, et fixa son siège à Emely. Il prêchait l'Evangile avec tant d'onction, ses miracles étaient si éclatants et sa vie si sainte, qu'il convertit une multitude incroyable d'infidèles, et qu'il en engagea un grand nombre à marcher dans les voies de la perfection. Le roi Engus lui ayant donné l'île d'Arran, il y fonda un monastère nombreux. Cette maison devint depuis si célèbre par la sainteté de ceux qui l'habitaient, qu'on l'appela longtemps l'*Arran des saints*. On assure que la règle que l'on y suivait se lit encore en vieil irlandais.

Quoique saint Albée fût retenu dans le monde par son zèle pour la gloire de Dieu et pour le salut des âmes, il n'en désirait pas moins la solitude et la retraite. Il suppléait à l'impossibilité où il était de suivre son goût, par le recueillement, par de fréquents retours sur soi-même et par la méditation des vérités célestes. Inutilement il voulut se décharger du fardeau de l'épiscopat, pour ne plus penser qu'à la mort. Le roi fit garder les ports de mer pour l'empêcher d'exécuter le projet qu'il avait formé de prendre la fuite; ce saint homme mourut en 525 (Godescard, et *Acta Sanct.*, 12 *sept.*).

Sainte Brigitte, vierge, abbesse et patronne d'Irlande, naquit à Fochard en Ultonie. Etant encore fort jeune, elle reçut le voile des mains de saint Mel, neveu et disciple de saint Patrice. Elle se construisit, sur un gros chêne, une cellule, qui fut depuis appelée *Kill-Dara*, ou *cellule du chêne;* mais plusieurs personnes de son sexe venant se ranger tous les jours sous sa conduite, elle les réunit en corps de communauté. Ce fut comme une pépinière sainte, qui donna naissance à plusieurs autres monastères d'Irlande, lesquels reconnaissaient sainte Brigitte pour mère et pour fondatrice. Nous n'avons aucun détail sur les vertus de cette sainte, les cinq auteurs qui ont donné sa vie n'ayant guère parlé que de ses miracles. Elle florissait au commencement du VIe siècle (*Ibid.*, et *Acta Sanct.*, 1 *feb.*).

Bragan, prince d'une partie du pays de Galles, fut la tige d'une famille qui produisit plusieurs saints. Les plus célèbres furent saint Canoc, qui fonda plusieurs monastères en Irlande, et sainte Keyne, que les Gallois surnomment *la vierge* par excellence. Celle-ci mena la vie d'une recluse dans un bois de la province de Sommerset, qui n'était pas éloigné de Bristol. Plusieurs endroits du pays de Galles offrent des monuments qui prouvent qu'on l'honorait anciennement avec beaucoup de vivacité.

Sainte Triduane florissait en Ecosse dans le VIe siècle, et il y a un grand nombre d'églises et de chapelles dans le nord de l'Angleterre qui portent son nom. Tout ce que l'on sait de sa vie, c'est qu'elle méprisa une illustre naissance et des richesses considérables pour devenir l'épouse de Jésus-Christ; qu'elle se distingua par son humilité et son amour pour la pénitence; qu'elle parvint à un haut degré de vertu, et qu'elle fut favorisée du don des miracles (Godescard, et *Acta Sanct.*, 8 *octob.*).

Tels furent les principaux saints, car on pourrait en nommer plusieurs autres, qui illustrèrent la Grande-Bretagne, l'Ecosse, mais surtout l'Irlande, vers la fin du Ve et au commencement du VIe siècle.

Dans la partie des Gaules qui obéissait aux Francs et aux Burgondes, et que l'on commença dès lors à nommer France et Burgondie ou Bourgogne, on voyait, parmi ces Barbares nouvellement convertis, des accès de barbarie suivis de regrets et d'expiations. Sigismond, roi des Burgondes, avait eu de sa première femme, fille de Théodoric, roi d'Italie, un fils nommé Sigéric. Cette première femme étant morte, il en épousa une seconde, qui ne paraît pas avoir été d'une naissance égale. La mésintelligence se mit bientôt entre le beau-fils et la belle-mère. Un jour de fête, Sigéric, reconnaissant sur sa marâtre les vêtements de sa mère, lui dit avec aigreur : Vous n'étiez pas digne de porter ces vêtements de votre maîtresse, c'est-à-dire de ma mère. La marâtre fut outrée de ce reproche. Afin de se venger, elle mit tout en œuvre pour faire croire à son mari que son fils, comptant sur l'appui de son aïeul, Théodoric, complotait contre sa couronne et sa vie. Sigismond, trop crédule, donna ordre d'étrangler son fils, après l'avoir fait enivrer dans un repas. A peine l'ordre est-il exécuté, que le père s'en repent et se jette sur le cadavre de son fils, versant des larmes amères. Un vieillard de sa cour lui dit : « Ce n'est pas sur votre fils que vous devez pleurer : son innocence est connue; c'est sur vous-même, qui vous êtes souillé du plus cruel parricide. » Sigismond suivit ce conseil; il se retira au monastère d'Agaune, pour expier son péché par les larmes et les jeûnes dans cette sainte solitude. Prosterné devant les tombeaux des saints martyrs de la légion thébaine, il demanda instamment à Dieu qu'il ne remît point après sa mort à le punir de son crime, mais qu'il lui en fît porter la peine en cette vie plutôt qu'en l'autre. Il parut bientôt qu'il avait été exaucé.

Après la mort de Clovis, en 511, ses quatre fils partagèrent ainsi son royaume. Theuderic ou Thierri outre l'Auvergne et les alentours qu'il avait conquis lui-même, eut l'Austrasie, autrement la France de l'Est ou de l'Ost, dont Metz était la capitale; Clodomir fut roi d'Orléans; Childebert, de Paris; et Clotaire, de Soissons. Clotilde, mère des trois derniers princes, s'était retirée à Tours, près du tombeau de saint Martin. Elle était sincèrement chrétienne; mais elle était femme et Barbare de naissance; elle se ressouvenait, peut-être un peu trop, du meurtre de son père, de sa mère et de ses frères, par son oncle Gondebaud, père de Sigismond. Elle dit donc à ses trois fils : « Mes chers enfants, que je ne me repente pas de vous avoir élevés avec tant de soin. Montrez-vous sensibles à l'injure qui m'a été faite, et vengez la mort cruelle de mon père et de ma mère. » Les trois princes marchèrent aussitôt contre Sigismond, qui fut entièrement défait. Dans la déroute, il se sauva sur une montagne, où il vécut quelque temps caché, adorant la main qui le frappait. Ayant appris que les Francs étaient maîtres de la Bourgogne et le faisaient chercher de toutes parts, il se coupa les cheveux et prit l'habit de moine. Il voulait se retirer au monastère d'Agaune; mais, afin que rien ne manquât de ce qui pouvait rendre sa disgrâce plus sensible, il fut trahi par quelques-uns de ses sujets et livré à Clodomir, qui l'emmena prisonnier à Orléans, avec sa femme et deux jeunes princes, Gisclades et Gondebaud.

Aussitôt après la retraite des fils de Clovis, Godemar, frère de Sigismond, ramassa les débris de l'armée bourguignonne et reprit sans peine la Bourgogne. A cette nouvelle, Clodomir se disposa à marcher pour la reconquérir, et, dans la colère qui le transportait, il forma le dessein de faire mourir Sigismond, sa femme et les deux princes, ses enfants, avant que quitter Orléans. Un saint, Avit, qui était alors abbé de Mici, après saint Maximin, ayant appris cette cruelle résolution du roi, alla le trouver et lui dit : « Si, par égard pour Dieu, vous changez votre dessein et que vous ne laissiez pas mettre à mort ces personnes, Dieu sera avec vous et vous remporterez la victoire; mais si vous les faites mourir, vous serez livré à vos ennemis et périrez de même; il vous sera fait à vous, à votre femme et à vos enfants, ce que vous aurez fait à Sigismond, à sa femme et à ses enfants. » Clodomir méprisa cet avertissement et répondit que c'était une sottise de laisser des ennemis derrière soi pour aller en combattre d'autres, de manière à être pris entre les deux. Le plus sûr moyen de vaincre était de tuer d'abord l'un, pour accabler l'autre plus facilement. Il fit donc mourir aussitôt Sigismond, sa femme et les deux enfants. L'exécution se fit l'an 524, à Columelle, sur les confins de l'Orléanais et de la Beauce, et les corps furent jetés dans un puits, qui fut nommé le *puits de Saint-Sigismond*, et par contraction *Saint-Simond*.

La vie pénitente que mena ce prince depuis son péché, la foi avec laquelle il osa s'adresser à Dieu, et la soumission avec laquelle il accepta, pour l'expier, les plus humiliantes tribulations, et surtout la mort injuste qu'il souffrit, l'ont fait honorer dans l'Eglise comme un martyr, suivant l'usage assez ordinaire de ce temps-là, de donner cette qualité aux personnes vertueuses mises à mort injustement. Il y avait trois ans que son corps, celui de sa femme et de ses enfants étaient dans le puits où ils avaient été jetés, lorsque l'abbé d'Agaune pria un seigneur bourguignon de les demander au prince Théodebert, fils du roi Thierri. Il les obtint, et on les porta, en chantant des psaumes, depuis Orléans jusqu'à Agaune, où ils furent enterrés dans l'église de Saint-Jean l'Evangéliste. Les miracles que Dieu opéra au tombeau de saint Sigismond le rendirent de jour en jour plus célèbre. L'Eglise fait la fête de ce saint roi le 1er mai (Greg. Tur., l. 3; *Acta Sanct.*, 1 *maii*).

La prédiction que le saint abbé de Mici avait faite à Clodomir, pour le détourner de verser le sang innocent, ne tarda guère à se vérifier sur ce prince. Il fut tué la même année, à la bataille de Véseronce, en tâchant de reconquérir la Bourgogne sur Godemar. Mais cette prophétie se vérifia d'une manière plus tragique sur ses enfants, comme nous le verrons dans la suite. Il fallait de ces châtiments exemplaires pour apprendre à ces princes barbares à devenir plus humains.

En Orient, le christianisme pénétrait peu à peu chez d'autres barbares. Sous le règne de l'empereur Léon, nous avons vu Gobazès, roi des Lazes qui occupaient l'ancienne Colchide, venir à Constantinople, d'après les ordres de feu l'empereur Marcien, et témoigner beaucoup de respect pour la religion chrétienne, et en particulier pour saint Daniel Stylite. Les rois des Lazes étaient vassaux de l'empire; quand il en mourait un, l'empereur envoyait au successeur les ornements de la royauté : c'était une sorte d'investiture. Sous le règne d'Anastase, le roi des Perses, auxquels avait appartenu autrefois la Colchide, traita avec les Lazes, et se mit à la place des empereurs; il exigea même que le nouveau roi vînt recevoir la couronne en Perse. Cette inauguration était accompagnée de cérémonies profanes. Après la mort du dernier roi Damnazès, son fils Tzathius, qui voulait embrasser le christianisme, au lieu de se rendre en Perse, vint à Constantinople prier Justin de lui faire donner le baptême et de le couronner, afin qu'il ne fût pas obligé de prendre part à des cérémonies païennes, en recevant la couronne des mains du roi de Perse. Justin l'accueillit avec joie, se rendit à tous ses désirs, et l'adopta même pour son fils. Pour l'attacher davantage aux Romains, il lui fit épouser Valériane, fille du patrice Nomus, et, avec d'autres présents, lui donna les insignes mêmes de la royauté. C'était un diadème à la mode romaine, une chlamyde blanche de pure soie, avec une bordure en or, surmontant une autre bordure de pourpre; on voyait de plus sur cette chlamyde, l'image de l'empereur, qui était très-ressemblante. On y ajouta encore une tunique de couleur blanche ornée de broderies en or, et portant également l'image de l'empereur. Il avait de plus des bottines rouges à la mode de son pays; elles étaient ornées de perles, selon l'usage des Perses. Il en était de même de sa ceinture. Cela se passait l'an 522, sous le consulat des deux fils du célèbre Boèce.

Cabad, roi de Perse, irrité de ce procédé de Justin, lui fit dire qu'apparemment il s'ennuyait de la paix, puisqu'il la rompait en débauchant ses vassaux; qu'il devait savoir que les rois des Lazes étaient sujets des Perses et non pas des Romains. Justin, sans entamer le fond de l'affaire, répondit simplement qu'il n'avait pu s'empêcher de recevoir un homme qui voulait renoncer aux superstitions du paganisme pour embrasser la religion chrétienne. Cabad ne fut point satisfait de cette réponse, et on se prépara de côté et d'autre à la guerre. Justin se procura l'alliance de Zilidgès, roi des Huns, qui s'engagea par serment à servir l'empereur contre les Perses. Mais bientôt il apprit que le même Zilidgès avait pris le même engagement avec le roi de Perse contre l'empire. Là-dessus il écrivit à Cabad une lettre confidentielle pour l'avertir de cette double trahison, ajoutant ces mots : « Etant frères comme nous sommes, ne vaut-il pas mieux demeurer unis, que de nous exposer à servir de jouet à ces misérables ? » Sur cet avis, Cabad manda Zilidgès, et, l'ayant convaincu par son propre aveu, il le tua sur-le-champ. La franchise de Justin plut tellement au roi de Perse, qu'il lui envoya une ambassade, non-seulement pour renouveler le traité de paix entre les deux empires, mais encore pour le prier d'adopter son troisième fils, Chosroès, afin de lui assurer le trône de Perse à l'exclusion des deux premiers. Une proposition si brillante éblouit d'abord Justin et Justinien. Ils allaient l'accepter avec joie et dresser l'acte d'adoption, lorsque Proclus, un des ministres de l'empereur, leur fit ouvrir les yeux en leur représentant qu'adopter Chosroès, c'était l'admettre à la succession impériale et déshériter Justinien; car le fils de Justin aurait plus de droits à l'empire que son neveu. Ces réflexions firent changer d'avis. Au lieu de l'adoption légale, on proposa l'adoption par les armes, qui ne conférait aucun droit à l'hérédité, et qui, au fond, n'engageait à rien.

L'Ibérie, voisine du pays des Lazes, était peuplée de chrétiens très-zélés, qui avaient constamment conservé leur religion sous la domination des Perses. Cabad, naturellement dur et intolérant, envoya ordre à Gurgénès, roi d'Ibérie, de se conformer au culte reçu dans la Perse, lui défendant expressément d'enterrer les morts, dont il fallait, disait-il, abandonner les cadavres aux chiens et aux oiseaux de proie, pour ne pas souiller un des éléments. Gurgénès, attaché à la religion chrétienne, implora la protection de Justin, qui lui promit de le secourir. Mais le secours ne fut point assez puissant pour résister à l'armée des Perses : en sorte que Gurgénès, accompagné de ses frères, de sa femme et de ses enfants, ainsi que de toute la noblesse de ses Etats, se retira sur les terres des Lazes, et ensuite à Constantinople. C'est dans cette guerre contre les Perses que commença à se faire connaître le général Bélisaire, à qui l'empereur donna pour secrétaire l'historien Procope (Lebeau, *Hist. du Bas-Empire*, l. 40, avec les notes de St-Martin; Procop., *De bello Persico*; Théoph., etc.).

Parmi les Arabes de l'Yémen, connus des Orientaux sous le nom d'Hamiar, et appelés Homérites par les Grecs, il y avait un grand nombre de chrétiens. Mais le judaïsme reprenait le dessus, et le roi des Homérites, nommé Dimion, était juif. Sous prétexte de venger sa religion proscrite dans l'empire, il fit massacrer une caravane de marchands romains qui, selon leur coutume, traversaient ses Etats pour aller trafiquer en Ethiopie. Cette action barbare fit cesser le commerce. Le roi d'Ethiopie en fut irrité. Il s'appelait Elisbaan, surnom qui veut dire *le béni*. Selon ce qu'assure Jean, évêque d'Asie, il était païen. Excité par l'empereur Justin, il se mit à la tête d'une armée, traversa la mer Rouge, alla chercher Dimion, le tua dans une bataille, pilla le pays, et plaça sur le trône un nouveau roi qui était chrétien. Il avait promis à Dieu, avant le combat, de se faire chrétien lui-même, s'il était vainqueur. Fidèle à sa promesse, il députa vers Justin deux des principaux seigneurs d'Ethiopie, pour le prier de lui envoyer un évêque et des clercs. Ce qui fait voir que la hiérarchie ne s'y était pas conservée sans interruption depuis saint Frumentius. Justin en fut informé par les lettres de Licinius, préfet de l'Egypte, et il leur permit de choisir ceux qu'ils jugeraient à propos. Ils s'adressèrent au patriarche orthodoxe d'Alexandrie, qui, d'après les doctes renseignements d'Assemani (*Bibl. orient.*, t. I), se nommait Astérius, et qui leur donna un nommé Jean, après l'avoir sacré évêque d'Axoum, capitale de l'Ethiopie. Elisbaan reçut le baptême des mains de ce pontife, avec les principaux de son empire, fit instruire ses sujets et bâtir un grand nombre d'églises. Le christianisme reprit en peu de temps dans toute l'Ethiopie.

Mais le nouveau roi des Homérites n'ayant pas survécu longtemps, les Juifs reprirent l'avantage. Profitant de l'hiver de l'année 523 à 524, qui empêchait les Ethiopiens de passer la mer pour venir mettre sur le trône un autre chef chrétien, ils firent un roi de leur secte, nommé Dunaan, se rendirent maîtres de tout le royaume des Homérites, massacrèrent un grand nombre de chrétiens, et changèrent les églises en synagogues. Dunaan fit ensuite égorger deux cent quatre-vingts prêtres, et massacrer tous les Ethiopiens qui étaient restés dans le pays.

Au nord de l'Yémen, était une ville grande et puissante, nommée Nagra ou Nadiran, peuplée de chrétiens. Aréthas, prince de cette ville, payait tribut au roi des Homérites. Dunaan, suivi de cent vingt mille hommes, alla faire le siège de Nagra. L'ayant inutilement attaquée pendant plusieurs jours, il jura aux habitants de ne leur faire aucun mal, s'ils lui ouvraient leurs portes. Mais il n'y fut pas plus tôt entré, qu'il leur enleva toutes leurs richesses, brûla l'église avec les prêtres et le peuple qui s'y était réfugié, déterra les os du saint évêque Paul, mort depuis deux ans, et les jeta dans un bûcher, pour les ravir à la piété des fidèles. Les habitants qui refusèrent de renoncer à la foi furent mis à mort avec leurs femmes et leurs enfants. Comme Dunaan les faisait précipiter dans des fosses remplies de feu, les Arabes lui donnèrent le surnom de *seigneur des fosses*. Le prince Aréthas, alors âgé de 95 ans, sa femme Rehoumy, ses filles et trois cent quarante des principaux citoyens souffrirent le martyre avec une constance héroïque.

C'est Dunaan lui-même, ce roi persécuteur, qui nous apprend ces faits dans la lettre qu'il en écrivit à un chef d'Arabes, pour l'engager à traiter de même les chrétiens de son royaume. Comme elle est un témoignage infiniment glorieux pour les martyrs arabes, nous la donnerons tout entière; d'autant plus que ces illustres martyrs, dont l'Eglise honore la mémoire le 24 octobre, ont été complètement oubliés par Godescard. Voici la lettre du roi des Juifs au prince Almondar :

« Sachez, mon frère le roi Mondar, que le roi que les Ethiopiens avaient préposé à notre contrée a cessé de vivre. Comme, à l'approche de l'hiver, les Ethiopiens ne pouvaient passer dans notre pays pour y établir un roi chrétien suivant la coutume, j'ai occupé, moi, tout le royaume des Homérites.

» Et d'abord j'ai saisi tous les chrétiens qui croyaient au Christ, les menaçant de mort, s'ils ne se faisaient Juifs comme nous. J'ai fait mourir tous ceux que j'ai trouvés, notamment deux cent quatre-vingts prêtres; j'ai exterminé avec eux les Ethiopiens qui gardaient l'église, et j'ai changé leur église en synagogue pour nous.

» Après cela, je suis allé camper devant Nagra, leur ville royale, avec cent vingt mille hommes. L'ayant assiégée vainement durant quelques jours, je leur promis avec serment la vie, mais avec le dessein de ne pas garder la foi donnée aux chrétiens, mes ennemis. La place s'étant donc rendue, j'ordonnai qu'ils m'apportassent leur or, leur argent et toutes leurs richesses. Ces richesses apportées, je m'en emparai. Je demandai ensuite leur évêque Paul. Comme ils m'assuraient qu'il était mort, je ne les crus point qu'ils ne m'eussent fait voir son tombeau; j'en tirai les ossements et les brûlai. Quant à leur église, les prêtres et tous ceux qui s'y étaient réfugiés, je les consumai dans les flammes. Pour les autres, je les contraignais d'abjurer le Christ et la croix. Mais ils s'y refusèrent, confessant que le Christ est Dieu et Fils de Dieu béni, et affirmant que la mort, soufferte pour cela, était préférable à la vie. Leur prince surtout parla beaucoup, et ne craignit point de m'attaquer par des outrages. Je fis donc conduire tous les grands au supplice.

» Cependant nous exhortions les femmes à considérer le sort de leurs maris et à venir à récipiscence, si elles voulaient se sauver elles-mêmes avec leurs enfants. Mais elles furent si peu sensibles à nos exhortations, qu'elles se plaignaient, au contraire, d'avoir été prévenues par les vierges que nous avions déjà condamnées à mort, et s'élancèrent au milieu d'elles, en s'affligeant d'avoir été séparées de leurs époux.

» Celles-là donc ayant péri du dernier supplice, nous crûmes devoir renvoyer Ruma, la femme dudit roi, pour voir si, touchée de commisération pour ses filles, elle ne répudierait pas la religion chrétienne pour embrasser la judaïque, et récupérer ainsi ses filles, ses richesses et toute sa fortune. Mais, dès qu'elle est sortie de notre présence, elle ôte le voile de sa tête, et, le visage découvert, elle s'avance en public, au grand étonnement du peuple; car personne n'avait jamais vu sa face en public depuis qu'elle avait commencé à grandir. Elle se mit à courir par les rues et les places de la ville, et à crier comme il suit :

» Femmes de Nagra, vous toutes mes compagnes, chrétiennes, juives et païennes, écoutez. Vous savez que je suis chrétienne, vous connaissez ma famille et mes ancêtres. Vous savez que j'ai à ma disposition une quantité immense d'or et d'argent, un patrimoine considérable et des troupes d'esclaves; et maintenant, que mon mari est mort pour le Christ; si je voulais agréer des noces nouvelles, je ne manquerais pas, outre les richesses qui me sont laissées, d'une dot de quarante mille pièces d'or, avec une multitude presque infinie de joyaux, de perles et de vêtements précieux. Vous savez bien que ceci n'est pas une vaine jactance ; vous n'ignorez pas non plus que le jour le plus désirable pour une femme est celui des noces, mais qu'ensuite viennent les peines, les douleurs de l'enfantement, et, à la mort des enfants, d'inconsolables afflictions. J'ai donc résolu de mettre fin à tout cela. Dans mon premier mariage, j'ai coulé les jours les plus heureux ; et maintenant, avec une joie égale, je fiance et consacre mes cinq filles à Jésus-Christ.

» Portez donc ici vos regards, chères amies ; regardez votre compagne s'avançant pour la seconde fois. Dans la première pompe de mes noces, vous m'avez vue toutes entrer dans la maison de mon premier époux : aujourd'hui de même, j'ai hâte d'arriver au Christ-Dieu, mon Seigneur et mon Epoux, ainsi que celui de mes filles, comme le Christ lui-même, pour notre amour, est descendu à nous et a souffert pour notre salut. Marchez donc sur mes traces, et ne vous laissez point égarer pour une beauté périssable. Je ne suis pas moins belle que vous ; mais cette beauté telle quelle, je la porterai au Christ tout entière et exempte de la perfidie judaïque, afin que cette beauté même du visage prouve à mon Seigneur qu'elle ne m'a pu entraîner au crime d'infidélité; d'une autre part, l'or, l'argent et les immenses richesses feront voir que rien ne m'est plus cher que lui. Car ce roi ennemi m'a promis la vie et la sûreté, si j'abjurais le Christ. De quoi me préserve Dieu! chères compagnes : oui, que Dieu me préserve d'abandonner maintenant le Christ-Dieu, en qui j'ai cru. Quand j'ai été baptisée, ainsi que mes filles, au nom de la Trinité, nous avons résolu ensemble d'adorer la croix du Christ, et de souffrir la mort pour lui, puisque le Christ lui-même a souffert pour nous les tourments et la mort, dans sa chair. C'est pourquoi, ces choses périssables, quoique pour le moment elles attirent les yeux et flattent le corps, mais qui enfin doivent périr, je les résigne spontanément pour recevoir du Seigneur des richesses impérissables et éternelles. O que vous serez bienheureuses, chères compagnes, si vous écoutez mes paroles et vous rendez dociles à la vérité, et si vous aimez le Christ-Dieu, pour lequel, moi et mes filles, nous mourons.

» Maintenant donc, je demande la paix et des jours tranquilles pour le peuple de Dieu. Puisse le sang des frères et des sœurs mis à mort pour le Christ dans cette ville, devenir pour elle un rempart, si toutefois elle s'attache pour toujours à mon Seigneur Jésus-Christ ! Je sors avec confiance de cette ville, où nous avons demeuré comme dans une hôtellerie temporaire, mes filles et moi, pensant à cette cité éternelle où elles trouveront l'époux auquel je les ai consacrées. Priez pour moi, chères compagnes, afin que mon Seigneur Jésus-Christ me reçoive et qu'il me pardonne d'avoir survécu de trois jours à mon mari.

» Emus par ces cris qui se propageaient par la ville, nous demandions aux messagers que nous y avions envoyés quelle était donc la cause de ces lamentations insolites. Ils nous rapportèrent que c'était Ruma qui, par ses cris, avait mis en mouvement la multitude. En effet, c'était par la négligence des gardes que cette femme avait tant osé. Nous pensions punir ceux-ci du dernier supplice, si les prières de certaines personnes ne nous avaient fait prendre un parti plus doux.

» Mais voilà que cette femme revient de la ville, pareille à une bacchante, la tête découverte, menant avec elle ses filles élégamment ornées, comme pour des noces, et arrive en notre présence, le front haut; à l'instant, dénouant ses cheveux et les tenant à la main, elle présente le cou dégarni, en criant : Nous sommes chrétiennes, nous mourrons pour le Christ; coupez-nous la tête et envoyez-nous au plus vite à nos frères, à nos sœurs et au père de mes filles. Moi, après tout l'emportement de cette femme, je cherchais encore à la persuader de renoncer au Christ, ou du moins de ne plus dire qu'il fût Dieu. Mais je n'en vins point à bout ; au contraire, la seconde des filles nous outragea de ce que nous leur suggérions de pareilles choses. Persuadé donc que, par aucune violence, par aucun moyen, je ne pouvais amener cette femme à renier le Christ, j'ordonnai, pour épouvanter les autres chrétiens, de les étendre par terre; je fis aussitôt égorger les filles devant la mère, de telle sorte qu'à mesure qu'on leur coupait le cou, le sang lui en jaillissait dans la bouche; elle eut ensuite le même sort. J'en jure par le dieu Adonaï, j'en eus un incroyable chagrin, considérant combien elle était belle, ainsi que ses filles.

» Mais comme il paraissait injuste à nos prêtres et à moi de punir les enfants innocents avec les parents coupables, car nos lois le défendent, j'ai ordonné par une loi que les impubères soient élevés par nos soldats; afin que, parvenus à l'âge de puberté, ou ils embrassent la religion judaïque, ou bien, s'ils préfèrent la religion chrétienne, qu'ils périssent.

» J'ai cru, ô roi, devoir vous écrire ces choses

## LIVRE XLIV. — MARTYRE DE SAINT ARÉTHAS.

pour vous engager à ne laisser aucun chrétien dans votre royaume, à moins qu'il n'abandonne sa religion pour la vôtre. Quant aux Juifs, mes frères, continuez à les favoriser avec votre bienveillance accoutumée, mon frère ; je vous en rendrai telles actions de grâces que vous me témoignerez désirer par vos lettres (Assemani, *Biblioth. orient.*, t. I). »

Cette lettre du roi des Juifs fut remise au prince Almondar, en présence de l'ambassadeur de l'empereur Justin, le prêtre Abraham, qui venait d'arriver au camp du prince arabe, pour l'engager à faire un traité de paix avec les Sarrasins tributaires de l'empire. C'était l'an 524. L'ambassadeur était accompagné de Siméon, évêque de Beth-Arsam, dans la Perse, qui convertit plusieurs mages et écrivit avec zèle contre le nestorianisme : A mesure qu'ils approchaient du camp d'Almondar, les Arabes païens leur disaient : Que vous reste-t-il à faire, après que votre Christ a été expulsé du pays des Romains, des Perses et des Homérites ? Abraham et Siméon étaient sensiblement affligés de ces reproches, d'autant plus que l'envoyé du roi juif des Homérites était déjà arrivé avec sa lettre.

Almondar ou Mondar, successeur de ce prince sarrasin dont nous avons parlé, et qui fit une réponse si spirituelle aux émissaires de l'hérétique Sévère, n'avait pas, ainsi que son prédécesseur, embrassé la religion chrétienne. Voilà pourquoi le juif Dunaan lui envoya la relation du massacre qu'il avait fait des chrétiens, avec invitation de suivre son exemple. Mondar y était assez disposé. Ayant donc convoqué son armée, il fit lire publiquement la lettre du roi juif, dont l'ambassadeur confirma le tout de vive voix, y ajoutant plusieurs circonstances sur le massacre des chrétiens et leur fuite du pays. Mondar, se tournant alors vers les chrétiens, qui étaient en grand nombre sous ses drapeaux : Vous avez entendu, leur dit-il, ce qu'on a fait et décrété contre les hommes de votre secte. Que n'abjurez-vous aussi le Christ sur-le-champ ? car je ne suis pas meilleur que ceux qui ont jugé à propos de chasser les chrétiens. Alors un militaire chrétien de son armée, rempli de zèle, lui dit hardiment : Ce n'est pas sous votre règne, ô roi, que nous sommes devenus chrétiens, pour que nous devions maintenant abjurer le Christ. — Comment ? lui dit Almondar en colère, tu oses parler ainsi devant moi ? — Quand il faut parler pour la piété, répliqua le guerrier, je suis habitué à ne craindre personne, et ce n'est pas aujourd'hui que la crainte des hommes me fera taire en cette cause. Car mon épée n'est pas plus courte que celle des autres, prêt que je suis à toute extrémité. — Almondar garda le silence, craignant la famille de cet homme, lequel était très-noble, très-illustre parmi les grands du royaume, et distingué par sa bravoure.

C'est ce que nous apprenons d'une relation que l'évêque Siméon, alors au camp d'Almondar, écrivit à un autre Siméon, abbé de Gabule, sur le martyre des chrétiens homérites. Il ajoute :

« Partis de là, nous arrivâmes le premier samedi du jeûne sur les terres de Naaman, où nous rencontrâmes un ambassadeur du roi défunt des Homérites. Quand il eut appris de nous le massacre exécuté par le tyran des Juifs, il envoya aussitôt un Naamanite à la ville de Nagra, pour explorer avec tout le soin possible tout ce qui s'y était passé. Après quelques jours, le messager raconta devant nous à l'ambassadeur ce que nous avons rapporté plus haut. Il ajouta qu'à cette occasion trois cent quarante des plus notables avaient été mis à mort ; de plus, que le tyran juif insulta leur prince Aréthas, fils de Caleb et mari de Ruma, en ces termes :

» Vois-tu où t'a conduit ta confiance dans le Christ, en voulant me faire la guerre ? Reconnais enfin ton erreur, misérable, et, abjurant le Christ, apprends à songer à ta vieillesse, de peur que tu ne sois enveloppé dans la même peine que tes compagnons. Aréthas répondit : C'est d'eux que je me plains à bon droit, parce qu'ils n'ont pas écouté les salutaires avis que je leur donnais ; car je leur disais qu'on ne devait avoir aucune foi en tes paroles, mais demeurer dans la ville, et de là décider l'affaire par les armes et non par des mots ; que le Christ terminerait la guerre en la manière que nous pouvions souhaiter ; que jamais cette ville ne serait forcée, surtout dans une si grande abondance de toutes choses. Mais eux en ont décidé autrement, séduits par tes artifices. C'est pourquoi je te juge indigne du nom de roi ; je t'appellerai plutôt un imposteur. Car les rois, et j'en ai vu beaucoup, observent les conventions et abhorrent les tromperies et les fraudes. Mais, ce qui est le capital, je ne change point la foi que j'ai donnée au Christ mon Dieu, et je ne deviendrai jamais un apostat juif comme toi. Je sais bien qu'il dépend de moi de vivre et d'échapper à la mort. Mais j'ai assez vécu ; je laisse un grand nombre d'enfants, de petits-fils et d'autres parents ; par la faveur du Christ, j'ai acquis une réputation non médiocre et dans la paix et dans la guerre. Pour l'avenir, j'ai une espérance, non pas douteuse, mais certaine, que comme la vigne dégagée des branches superflues abonde en raisins, de même notre peuple chrétien sera très-nombreux dans cette ville, et que l'église que vous avez incendiée sera rebâtie sous peu avec plus de magnificence ; que, de plus, reprenant des forces, la religion chrétienne régnera, commandera aux rois, tandis que la secte des Juifs sera enveloppée de ténèbres, ton règne détruit et ta puissance anéantie. Dépose ainsi ton faste, et ne t'imagine pas avoir rien fait de grand, car lorsque tu paraîtras au plus haut de ta gloire, tu t'éclipseras soudain.

» Voilà comme parlait le grand et vénérable vieillard Aréthas ; il avait 95 ans. Se tournant ensuite vers les chrétiens qui l'environnaient, il les interpella de cette manière : Mes frères, avez-vous entendu ce que j'ai dit à ce Juif ? — Oui, père ! — Ce que j'ai dit, est-il vrai ou non ? — C'est vrai. — Si donc quelqu'un, dominé par la crainte, pense à se dédire de la foi qu'il a donnée au Christ, qu'il s'éloigne au plus vite. — Tous s'écrièrent : Dieu nous préserve de craindre, ô père ! nous sommes tous déterminés à mourir avec vous pour le Christ, et à ne jamais nous séparer de vous. Alors, se tournant vers la multitude environnante des chrétiens, des Juifs et des païens : Écoutez, leur dit-il, vous tous qui êtes ici présents, si quelqu'un de ma famille ou de ma parenté se détache du Christ pour s'attacher à ce Juif, je le désavoue pour mien, je le renie pour héritier, et je veux que mes biens soient employés à la construction de l'église. Mais si quelqu'un des miens garde la foi au Christ et qu'il me survive, je veux qu'il me succède dans mes biens, et je l'institue mon héritier. Quant à l'église, elle choisira celle de mes trois campagnes patrimoniales qu'elle voudra pour les frais de construction.

» Aussitôt après, adressant la parole au roi : Toi, dit-il, et vous tous qui avez renoncé le Christ, je vous renonce, je vous abjure, je vous renie. Nous voici livrés à ta puissance. Enflammés par ces paroles d'Aréthas, les autres chrétiens dirent : Voici qu'Abraham, le prince des pères, vous attend, et nous avec vous, prêt à nous recevoir. Quiconque vous quitte et renie le Christ, nous le renions tous.

» Irrité au dernier point de tout cela, le tyran les condamna tous à mort, et ordonna de les conduire au supplice, sur le bord d'un torrent, de les égorger et de jeter leurs cadavres dans les flots. Cependant Aréthas, levant les mains au ciel, priait en cette manière : Jésus-Christ, mon Dieu, assistez-nous, affermissez-nous et recevez nos âmes; puisse vous être agréable le sang de vos serviteurs répandu pour vous, et rendez-nous dignes de vous voir ! Confessez-nous devant votre Père, comme vous avez promis; faites que cette église soit édifiée, et qu'à votre serviteur, dont la flamme a consumé les ossements, succède un autre évêque.

» Après donc qu'ils se furent salués par le baiser de paix, et que le vieillard Aréthas les eût bénis par le signe de la croix, il tendit de lui-même la tête à l'exécuteur et reçut le coup. Aussitôt ses compagnons accouraient avec tant d'empressement, qu'ils marchaient les uns sur les autres, et se trouvaient arrosés du sang d'Aréthas, qui jaillissait encore. Ils furent ainsi tous couronnés du martyre.

» Il y avait un petit garçon de trois ou quatre ans, que sa mère conduisait par la main, pendant qu'on la menait au supplice. L'enfant, ayant aperçu le roi assis sur son trône et vêtu avec une royale magnificence, s'échappa d'auprès de sa mère, courut à lui et lui baisait les genoux. Charmé de cette simplicité de l'enfant, le roi se mit à l'embrasser, et lui dit enfin : Qu'aimes-tu mieux, mon petit ami, de mourir avec ta mère ou de vivre avec moi ? — Par Notre Seigneur, dit l'enfant, j'aime mieux mourir avec ma mère; et c'est pourquoi je vais avec elle; car elle m'a dit : Viens, mon fils, allons mourir pour Jésus-Christ. Mais laisse-moi, je te prie, afin que je coure auprès de ma mère, de peur que je ne la voie pas mourir, car elle m'a appris que le roi des Juifs a ordonné de mettre à mort tous ceux qui ne voudraient pas renier le Christ; or je ne veux pas renier le Christ, moi. — Mais, enfin, d'où connais-tu le Christ? — C'est que je vais tous les jours à l'église avec ma mère, et je l'y vois. — Le roi ajouta : Qui aimes-tu de moi ou du Christ? — J'aime mieux le Christ que toi, répliqua l'enfant. — Pourquoi donc, ajouta le roi, es-tu accouru ici tout à l'heure, et m'as-tu embrassé les genoux? — Ah! répondit l'enfant, je croyais que tu étais le roi chrétien que je voyais à l'église, et je ne savais pas jusqu'à présent que tu étais le juif. — Le roi continua : Je te donnerai des noix, et des amandes, et des figues. — Jamais, dit l'enfant, jamais, par le Christ! je ne mangerai de noix de Juifs. Mais laisse-moi, je t'en prie, aller à ma mère. — Le roi insista : Demeure plutôt avec moi, et deviens mon fils. — Non, par le Christ! s'é-

cria l'enfant, je ne resterai pas; car tu pues et tu ne sens pas bon comme ma mère.

» Le roi dit aux assistants : Avez-vous vu cette méchante race, que le Christ a séduite dès l'enfance pour la perdre! Cependant un des grands seigneurs dit au petit garçon : Viens avec moi, je te conduirai à la reine pour devenir son fils. L'enfant répondit : O bouche digne d'être souffletée! que parles-tu de la reine? j'aime mieux ma mère, qui me conduit à l'église. Enfin, quand il sentit qu'on le retenait malgré lui, il se mit à mordre la cuisse du roi, en criant : Méchant Juif, laisse-moi! que j'aille à ma mère, et que je meure avec elle. Finalement le roi remit l'enfant à un des grands seigneurs, avec ordre de l'élever avec soin jusqu'à ce que, devenu adulte, ou il abjurât le Christ pour échapper au supplice, ou il fût mis à mort, s'il persévérait dans la foi du Christ. Comme un serviteur l'emmenait, il se débattait de toutes ses forces, et, appelant sa mère : Secourez-moi, ô ma mère! prenez-moi; et emmenez-moi à l'église. La mère lui dit : Va maintenant, mon fils, pense que tu es recommandé à Jésus-Christ; ne pleure pas, mais attends-moi auprès de Jésus-Christ dans l'église; je serai bientôt à toi. Ayant ainsi parlé, elle tendit le cou et fut décapitée.

» Ces choses, continue la relation de l'évêque Siméon, ayant été connues tant par ces lettres que par la renommée, tous les chrétiens de ces pays en furent dans l'affliction. Nous avons cru aussi devoir vous les écrire, afin que les saints et fidèles pontifes, connaissant ce qui s'est passé dans le pays des Homérites, fassent mémoire des saints martyrs. Nous conjurons enfin votre charité de faire connaître tout cela le plus tôt possible aux supérieurs des monastères et aux évêques, principalement à celui d'Alexandrie, pour qu'il exhorte le roi d'Ethiopie à venir au secours des Homérites. Ayez aussi soin qu'on oblige les pontifes des Juifs qui demeurent à Tibériade à écrire à ce roi juif, qu'il cesse de faire la guerre aux Homérites et de les persécuter (Assémani, t. I). »

L'empereur Justin ayant appris le massacre des chrétiens dans le pays des Homérites, écrivit aussitôt à Astérius, patriarche d'Alexandrie, de presser le roi des Ethiopiens, de marcher à leur secours. Dès le printemps, Elisbaan se met à la tête d'une armée considérable. Malgré les désastres d'une navigation difficile, il traverse la mer; marche à la rencontre de Dunaan, taille en pièces les Juifs, qui, au nombre de trente mille combattants armés de toutes pièces, s'opposaient à la descente. Il se rend droit à la capitale, nommée Taphar, autrement Zhafar chez les Arabes, et Séphar dans la Genèse (10, 30), s'empare de toutes les richesses; fait la reine prisonnière; et, laissant une garnison dans la ville, il va combattre Dunaan, défait son armée dans une bataille longtemps disputée, et le tue avec tous ses parents. Après cette victoire, il revint à Taphar; où il fit mettre à mort tous ceux qu'il trouva dans le palais et qui avaient partagé les crimes du roi juif. Il y construisit une église, dont il posa lui-même les fondements. Il fit ensuite connaître les succès qu'il avait obtenus, par les lettres qu'il adressa au patriarche orthodoxe d'Alexandrie, Astérius, et celui-ci s'empressa de transmettre ces nouvelles à l'empereur Justin, et d'envoyer un évêque dans le pays des Homérites, pour y affermir le christianisme qui ve-

## LIVRE XLIV. — LÉGISLATION DU ROI ABRAHAM.

haît d'y être si heureusement rétabli. Ce pontife, qui fut saint Grégentius, procéda à la consécration de l'église que le roi avait fondée, baptisa tous les Homérites des villes et des campagnes, ordonna des prêtres et des diacres, et assura l'existence des églises qui se trouvaient déjà dans le pays.

Elisbaan se rendit ensuite à Nagra ou Nagran, la ville des martyrs, et y éleva une église où il réunit les ossements de tous ceux qui étaient morts pour la foi. Il lui donna le droit d'asile, et assigna pour son entretien cinq domaines royaux. Il y joignit encore une partie des biens du martyr Aréthas, dont le fils fut investi de la souveraineté de son père. Il revint ensuite dans la capitale, où il s'occupa de régler le sort des Homérites. Il leur donna pour roi un homme de leur nation, qui était chrétien et se nommait Esimiphée. Il lui imposa un tribut annuel, et lui laissa un corps de dix mille chrétiens d'Ethiopie pour sa garde. Plusieurs autres de ses sujets, séduits par la beauté du pays, se fixèrent encore pour jamais parmi les Homérites.

Elisbaan repassa enfin la mer, et rentra à Axoum avec un butin immense dont il fit part à son armée. Des révolutions subséquentes firent perdre la couronne à Esimiphée. Les troupes qu'Elisbaan avait laissées après la défaite du roi juif, s'insurgèrent pour proclamer roi Abraham, chrétien d'Adulis, principal port de mer. Cet homme, renommé pour sa piété, et que les auteurs arabes appellent Abrahah, se maintint sur le trône malgré tous les efforts du roi d'Ethiopie, qui fut contraint de l'y laisser tranquille. Longtemps après, Elisbaan lui-même, fort avancé en âge et fatigué des soins du gouvernement, prit le parti de renoncer à la couronne et de passer le reste de ses jours dans un monastère. Il envoya donc à Jérusalem sa couronne d'or enrichie de pierreries, comme un hommage de sa piété, et pour témoigner à Dieu sa reconnaissance des victoires et de la gloire qu'il lui avait accordées; puis, vêtu d'un cilice, il sortit de nuit de son palais et de sa capitale, se retira dans un monastère de religieux, situé sur une haute montagne, et il y passa la fin de sa vie dans les actes de la plus austère pénitence. L'Église honore sa mémoire le 27 octobre (*Martyrol. rom.*).

Abraham, ce roi éthiopien qui s'était rendu maître du pays des Homérites, ne montrait pas moins de zèle pour la religion chrétienne. Il fut puissamment secondé par l'évêque que lui avait donné le patriarche d'Alexandrie. Ce pontife, que l'Eglise a mis au nombre des saints, se nommait Grégentius; il était né à Milan. Il donna aux habitants du pays des lois qui furent publiées au nom du nouveau roi. L'original de ce code, divisé en trois sections et écrit en grec, est encore inédit; et se trouve parmi les manuscrits de la bibliothèque impériale de Vienne. On possède encore d'autres monuments de la piété active de saint Grégentius et du roi éthiopien des Homérites : ce sont les actes d'une conférence ou d'une dispute publique, que l'évêque soutint à Taphar contre le juif Herbanus, docteur de la loi, en présence du roi, du sénat et de tout le peuple. Cette conférence qui dura quatre jours, fut suivie de la conversion de cinquante-cinq mille Juifs; ce qui comprenait à peu près tous ceux du royaume. Herbanus fut du nombre. Le roi, qui voulut être son parrain, lui donna le nom de Léon; le fit membre de son conseil, avec une dignité qui répondait à celle de patrice. Pour éteindre entièrement le judaïsme, on abolit parmi les Juifs la distinction des tribus, puis on les mêla avec les autres chrétiens, et on leur défendit, sous peine de mort, de donner pour époux à leurs filles des hommes de race juive; on leur enjoignit, au contraire, de les marier à des chrétiens, ce qui amena la prompte confusion des deux peuples (*Hist. du Bas-Empire*, l. 40, édit. de St-Martin).

Quant à ce petit garçon qui avait résisté si courageusement au roi des Homérites ou des Arabes de l'Yémen, voici comme un auteur du temps, le patriarche Jacobite Denys, nous apprend la suite de son histoire. Les Ethiopiens ayant tué le roi juif, l'enfant échappa à la mort dont il était menacé. Sa renommée étant venue au roi chrétien qui avait été placé sur le trône, il le fit venir à sa cour et élever jusqu'à l'âge de puberté. Alors il l'embrassa comme un martyr du Christ, le créa prince des patriciens, et voulut qu'il fût initié à ses conseils les plus secrets. Il s'appelait Baïsar. Enfin, le roi l'envoya ambassadeur à l'empereur Justinien, et nous avons eu longtemps des rapports avec lui. Nous admirions surtout sa bonne volonté, sa mansuétude, son humilité, son ingénuité, qui paraissait sur son visage même; de plus, son assidue componction et sa continuelle élévation d'esprit à Dieu; car, depuis le matin jusqu'au soir, il visitait les Eglises de la capitale, en priant et distribuant en aumônes aux pauvres, ce que l'empereur lui donnait. Il jeûnait tous les jours jusqu'au soir. Enfin, comme tout le monde admirait la probité de cet homme et qu'on en racontait tantôt une chose, tantôt une autre, on finit par découvrir que c'était lui ce petit garçon qui renia le Juif, qui même l'insulta et le mordit à la cuisse. Pour lui, il voyait avec peine que l'on divulguât ces choses (Assemani, *Biblioth. orient.*, t. I).

Ces faits sont aussi remarquables qu'ils ont été peu remarqués. Souvent on s'imagine, des livres même ne cessent de répéter que, dans les temps antérieurs à Mahomet, le christianisme n'avait pas pénétré parmi les Arabes, et que c'est Mahomet le premier qui les a tirés de l'idolâtrie. Nous voyons ici, au contraire, un siècle avant l'apparition de Mahomet, le christianisme dominer parmi les Arabes de l'Yémen ou de l'Arabie Heureuse, après y avoir produit une foule d'héroïques martyrs. On a même trouvé des poèmes et des chansons arabes, antérieurs à Mahomet, dans lesquels les poètes parlent de la croix, de la fête de Pâques, de la messe, de la communion, de l'office pontifical, des monastères de vierges; tout comme les poètes d'Occident au moyen-âge. On y remarque même pour la femme cette vénération de la chevalerie chrétienne que Mahomet a remplacée par le mépris et la servitude (*Nouv. journal asiatique*, 2e série, t. XVI; 3e série, t. VI; 2e série, t. XII). Les missionnaires feront bien de rappeler ou d'apprendre aux Arabes de nos jours, que leurs ancêtres de l'Yémen ou de l'Arabie Heureuse étaient d'illustres chrétiens catholiques, avant que Mahomet parût : ils pourront même citer le poëte arabe chrétien Akhtal (*Ibid.*, 2e série, t. XIII).

L'évêque Siméon, qui écrivit sur les lieux mêmes l'*Histoire des martyrs arabes*, gouverna l'Eglise de Beth-Arsam en Perse, de l'an 510 à l'an 252. Il convertit et baptisa trois des principaux d'entre les mages, qui de plus étaient distingués par leur noblesse. Les autres mages, l'ayant su, les accusèrent auprès du roi, qui leur ordonna de les mettre à mort, s'ils n'abjuraient la religion chrétienne. Encouragés par le bienheureux Siméon, ils répondirent tous les trois : Loin de nous que nous abjurions le Dieu vivant et son Fils Notre Seigneur Jésus-Christ, qui nous a appelés et attirés par sa grâce ! Loin de nous que nous le renoncions pour adorer à sa place une créature ! En conséquence, six jours après leur régénération spirituelle, ils reçurent par le tranchant du glaive la couronne du martyre (Assemani, *Biblioth. orient.*, t. I).

Siméon de Beth-Arsam n'était pas le seul évêque illustre de l'Orient chrétien.

Alors encore florissait saint Jacques, surnommé le Docteur, évêque de Batné, dans la province de Sarug en Mésopotamie, non loin de Haran. On pense que la province de Sarug tient son nom de Sarug, grand-père d'Abraham. Saint Jacques de Sarug naquit l'an 450, à Curtam, village sur l'Euphrate, de parents chrétiens mais stériles. Ils l'obtinrent par un vœu. A l'âge de trois ans, sa mère le conduisit un jour de fête, c'était l'Epiphanie, à la messe pontificale. Au moment le plus solennel du sacrifice, lorsque l'évêque conjurait l'Esprit-Saint de descendre sur les offrandes sacrées, le petit enfant s'échappe d'auprès de sa mère, traverse la foule étonnée, se prosterne trois fois devant l'autel, et prend trois fois de l'eau bénite avec sa main. Il commença dès lors à se distinguer par l'éloquence et la doctrine. A l'âge d'une vingtaine d'années, sa renommée de science s'étant répandue partout, plusieurs venaient à lui de tous côtés, pour participer aux trésors de lumière que lui communiquait l'Esprit-Saint. Il arriva entre autres cinq évêques pour examiner sa doctrine et le mettre à l'épreuve; ils étaient dans la persuasion que Jacques parlait ainsi, non par une grâce particulière du Saint-Esprit, mais par une science séculière, comme ils faisaient eux-mêmes. Ils demandèrent donc qu'il leur fît un discours sur-le-champ. Car telle était leur résolution : S'il avance quelque chose de contraire à la foi orthodoxe transmise par les Pères, non-seulement nous proscrirons son enseignement, mais nous l'excommunierons, après lui avoir absolument défendu d'écrire sur les matières ecclésiastiques. Obligé de parler ainsi sans préparation, il les pria de lui indiquer au moins sur quel sujet.

Or, à l'entrée du sanctuaire de l'église où l'on était assemblé, il y avait l'image du char mystérieux que vit autrefois le prophète Ezéchiel : Parlez-nous de ce char, si vous pouvez, lui dirent les évêques. Jacques, ayant demandé et reçu leur bénédiction, s'avança au milieu du peuple, commença ainsi, mais en vers : « Très-Haut, qui êtes assis sur le char des intelligences célestes, donnez-moi de parler dignement de votre majesté. » Il continua, toujours en vers, à parler magnifiquement de l'immensité et de la puissance de Dieu, décrivit également le char et les quatre animaux mystérieux, appliquant à la lettre toute cette vision à l'incarnation du Verbe divin, à la prédication des Apôtres et des Evangélistes; et, allégoriquement, à l'église, à l'autel et à l'auguste sacrement de l'eucharistie. Les évêques, émerveillés des dons que lui avait communiqués l'Esprit-Saint, approuvèrent sa doctrine et lui commandèrent de donner par écrit à l'Eglise ce qu'il enseignait, afin qu'il fût utile à un plus grand nombre. C'était en 472. Jacques commença donc à l'âge de 22 ans à composer dans l'église ses sermons et ses homélies. Ordonné prêtre l'an 503, il écrivit des lettres d'exhortations aux chrétiens sur l'Euphrate, et pleura la ruine d'Amid dans un lugubre poème. A l'âge de 67 ans et demi, en 519, il fut fait évêque de Batné ou de Sarug. Après avoir éclairé l'Eglise par la doctrine de sa vie, répandu ses excellents écrits et commentaires par tout le monde, il passa au Seigneur, et fut inhumé solennellement dans sa ville, le 29 novembre 522. Les Marcionites en font la fête le 5 avril; tous les jours même ils en font mémoire dans l'office divin avec saint Ephrem.

Saint Jacques de Sarug a laissé un grand nombre d'écrits, les uns en vers, les autres en prose. Voici comme il parle de la sainte Trinité dans une lettre à Samuel, abbé du monastère de Saint-Isaac de Gabula : « Il est un Père saint, un Fils saint, un Esprit-Saint; Père non engendré, Fils engendré, Esprit procédant du Père et recevant du Fils (1). » Ces paroles expriment la commune théologie des Orientaux, qui ajoutent quelquefois dans leurs liturgies : « Et il reçoit du Fils ce qui est de l'essence ou de la substance (2). » On trouve même le canon suivant d'un concile de Séleucie, sous saint Maruthas : « Nous confessons un Esprit vivant et saint Paraclet, qui est du Père et du Fils (3). »

Quant au mystère de l'Incarnation, le même docteur, dans plusieurs de ses écrits, soit en prose soit en vers, expose et défend très-bien la doctrine de l'Eglise contre les erreurs opposées de Nestorius et d'Eutychès (Assémani, *Biblioth. orient.*, t. I).

Un contemporain de saint Jacques de Sarug, mais qui lui survécut longtemps, fut Isaac, évêque de Ninive. Il était originaire de la Syrie orientale. Il embrassa la vie monastique avec son frère, dans le monastère de Saint-Matthieu. Comme ils se distinguaient tous deux par leur doctrine et leur exactitude religieuse, le frère fut élu supérieur de la communauté. Quant à Isaac, ayant mené assez longtemps la vie cénobitique, il se retira dans une cellule éloignée du monastère, pour vaquer plus parfaitement au silence et à la solitude. Son frère insistait pour qu'il revînt, mais il demeura inébranlable. Cependant la réputation de sa science et de sa sainteté le fit élever au siège épiscopal de la grande Ninive. Mais le jour même de sa consécration, deux plaideurs entrèrent dans son cabinet : l'un réclamait le paiement d'une créance; l'autre convenait de la dette, mais demandait quelque délai. Le riche insista : Si tu ne me paies à l'instant, je te traduis en justice. Le saint évêque dit : L'Evangile ordonne de ne pas redemander ce qu'on vous a pris; à plus forte raison d'accorder un délai à qui vous le demande. Le méchant répliqua : Ne me parlez pas de l'Evangile maintenant. Isaac se dit alors en lui-même : Si ces gens n'obéissent point à l'Evangile, qu'est-ce que je

---

(1) *Spiritus ex Patre procedens, et a Filio accipiens* (P. 302, col. 2, t. I, d'Assémani).
(2) *Et à Filio, quæ ad essentiam seu substantiam pertinent, accipit.*
(3) *Confitemur unum Spiritum vivum et sanctum Paracletum, qui est ex Patre et Filio* (ibid.).

suis venu faire ici? De plus, il vit bientôt que la vie solitaire, qu'il affectionnait par-dessus tout, était sans cesse troublée par la charge épiscopale. Il abdiqua donc l'épiscopat et se retira dans le désert de Scétis en Egypte, où il fut regardé comme le modèle et le docteur de tous les moines, et écrivit entre autres, d'un style très-élégant, quatre livres de l'institution monastique. Il y avait une lettre d'Isaac de Ninive à saint Siméon Stylite le jeune, qui, mourut l'an 593 (Assémani, *Biblioth. orient.*, t. I.).

L'évêque Isaac de Ninive ne doit pas être confondu avec saint Isaac, surnommé le Grand, originaire d'Edesse, prêtre et abbé d'Antioche, disciple de saint Siméon Stylite l'ancien, et de Zénobius, lui-même disciple de saint Ephrem. Ce saint Isaac mourut vers l'an 459, laissant beaucoup d'écrits en prose et en vers, entre autres une élégie sur la prise et les malheurs de Rome (*Ibid.*).

Un autre personnage distingué, originaire d'Edesse, fut Josué le Stylite. Il embrassa la vie religieuse dans le monastère de Zucnim, près d'Amid. Le désir d'une plus grande perfection le porta, comme saint Siméon, à demeurer sur une colonne, d'où lui vint le surnom de Stylite. Il écrivit une chronique de la guerre persane sous Cabad, de l'an 495 à l'an 507, sous le titre : *Histoire des calamités qui sont arrivées à Edesse, Amid et dans toute la Mésopotamie* (*Ibid.*).

Dans ce même temps vivait l'auteur anonyme, mais orthodoxe, de la *Chronique d'Edesse*, qui commence à l'établissement du royaume d'Edesse, cent trente ans avant l'ère chrétienne, et se termine en 540, où s'alluma la guerre entre l'empereur Justinien et Chosroès, roi de Perse (*Ibid.*).

La ville de Ninive produisit dans le même siècle un pieux et élégant écrivain, nommé Jean, et surnommé Saba le vieillard. Né à Ninive même, il mena la vie ascétique dans un monastère au delà du Tigre, vers le milieu du VIe siècle, et fut ainsi contemporain du saint évêque Isaac. Les Syriens en font mémoire le 15 mars. Voici comme il fut porté à écrire. Il avait un frère de même nom, qui l'aimait beaucoup, et qui, ne pouvant se consoler d'être séparé de lui, allait fréquemment le voir dans le désert sauvage où il menait la vie d'anachorète. Jean s'entretenait saintement avec lui, et, à sa prière, mettait par écrit le sujet de leur entretien; d'autres fois, pour le consoler de son absence, il lui écrivait des lettres d'une piété affectueuse. Le bon et tendre frère réunit enfin ces lettres et ces instructions en un volume, et les rendit publiques (*Ibid.*).

Le refus que l'empereur Justin avait fait d'adopter le troisième fils du roi de Perse autrement que par les armes, devait amener la guerre. Cabad s'y préparait, et Justin se disposait à la soutenir. Un incident vint la détourner. Les manichéens, probablement la secte de Mazdak dont il a été parlé, avaient fait de grands progrès dans la Perse. Ils avaient des prosélytes parmi les plus grands seigneurs : Phthasouarsan, quatrième fils de Cabad, était dès l'enfance infecté de leurs erreurs. Votre père, disaient-ils, est vieux; s'il vient à mourir, les mages feront roi un de vos frères, pour accréditer leur secte. Mais nous pouvons faire en sorte, par certaines prières, que votre père renonce à l'empire en votre faveur, afin que notre doctrine s'établisse partout. Le jeune prince le leur promit, s'ils le faisaient roi. Cabad, informé de ce complot, feignit d'y donner les mains. Il convoqua une assemblée générale des Etats de la Perse, pour assister au couronnement de son fils. Il ordonna en particulier aux manichéens de s'y rendre tous avec leur évêque, nommé Indazar, leurs femmes et leurs enfants. Il donna le même ordre aux mages, à leur chef Glonazès, et à Banazès, évêque des chrétiens, qu'il aimait, parce qu'il le croyait excellent médecin. Lorsqu'on fut assemblé, il dit aux manichéens qu'il approuvait leurs dogmes, et qu'il savait bon gré à son fils de les avoir embrassés; qu'en conséquence, il allait lui transmettre la couronne. Séparez-vous donc des profanes, ajouta-t-il, c'est par vous que je veux qu'il soit proclamé. A ces paroles, les manichéens, transportés de joie, se réunirent ensemble, laissant un grand intervalle entre eux et le reste des Perses. Aussitôt Cabad fait avancer un corps de troupes qu'il tenait toutes prêtes, et qui, se jetant l'épée à la main sur les manichéens, les taillant en pièces à la vue des mages et de l'évêque chrétien. Cabad envoya sur-le-champ dans toute la Perse ordre d'arrêter les manichéens qu'on pourrait découvrir, de les brûler vifs avec leurs livres et de confisquer leurs biens (Malala, Théophan., Cedr.; Zon., *Hist. misc.*).

Comme nous l'avons vu, les sectateurs de Mazdak ou les manichéens les plus influents de cette époque enseignaient crûment l'abolition de tout morale, en particulier de tout lien conjugal : ce que les manichéens des autres époques n'enseignaient que sous le voile du mystère. L'empereur Anastase, plus ou moins imbu de leur exécrable doctrine, les avait protégés. L'empereur Justin, au contraire, voulut en purger ses Etats. Il les bannit par un édit, qui portait que ceux qu'on découvrirait dans la suite auraient la tête tranchée. Les autres hérétiques, les païens, les Juifs, les Samaritains furent exclus des charges et de tout service, soit dans les armées, soit dans le palais. On en excepta les Goths, sans doute par ménagement pour Théodoric, roi d'Italie.

Malgré cette exception, Théodoric fut extrêmement irrité de la mesure. L'élément barbare se réveilla chez lui dans toute sa fureur. Le sage Cassiodore se retira de sa cour. Privé de ce conseil, Théodoric menaça d'exterminer tous les catholiques d'Italie. Il défendit aux Romains d'avoir aucune arme. Le pape saint Hormisda, avec lequel il avait vécu en bonne intelligence, était mort le 6 août 523, après la consolation de voir la réunion des Eglises d'Orient et le rappel des évêques d'Afrique. Il avait trouvé également des manichéens à Rome, et, les ayant convaincus, il les fit fouetter et bannir. Après que le Saint-Siège eut vaqué sept jours, on élut pour lui succéder, Jean, natif de Toscane suivant les uns, de Rome suivant les autres, fils de Constantius, qui occupa le Siège apostolique deux ans et neuf mois, et finit par le martyre.

Dans son irritation, le roi Théodoric, pensant faire peur à l'empereur Justin, fit venir à Ravenne le nouveau Pape, et lui dit : Allez à Constantinople trouver l'empereur Justin, et dites-lui, entre autres choses, qu'il ait à rendre les hérétiques que la religion catholique a réconciliés, c'est-à-dire qu'il ait à faire retourner à l'arianisme ceux des ariens qui s'étaient réunis à l'Eglise catholique. Le pape Jean, qui semblait prévoir dès lors où cette affaire aboutirait, répondit en ces termes : Prince, ce que vous voulez faire, faites-le bientôt; me voici en votre présence. Pour moi, je ne vous promets point de faire ceci ni même de le lui dire. Quant aux autres affaires dont vous voudrez me charger, je pourrai en obtenir le succès avec l'aide de Dieu. Le roi, en colère, fit préparer un navire et l'y fit embarquer avec cinq évêques et quatre sénateurs, dont trois avaient été consuls et le quatrième était patrice. Parmi les cinq évêques qui accompagnaient le Pape, il y en a trois dont on connaît les noms : Ecclesius de Ravenne, Eusèbe de Fano et Sabin de Capoue.

Le pape Jean étant arrivé à douze milles ou quatre lieues de Constantinople, tout le peuple sortit à sa rencontre avec des croix et des cierges. C'était une joie universelle de voir, ce que les siècles précédents n'avaient jamais vu, le Pontife romain dans ces contrées. Tout le monde l'accueillit, comme ils auraient fait pour le prince des apôtres. L'empereur Justin se prosterna devant lui et lui rendit les mêmes hommages qu'il eût rendus à saint Pierre; déjà couronné par le patriarche, il voulut encore être couronné par la main du Pape. Ce qui augmenta la joie et la vénération publiques, c'est qu'en entrant à Constantinople, le saint Pape rendit la vue à un aveugle. Le patriarche Epiphane l'invita à faire l'office le jour de Pâques; il ne l'accepta qu'à la condition qu'il aurait dans l'église la place d'honneur au-dessus du patriarche. Ce qui lui fut accordé. Il célébra donc l'office solennellement en latin, le jour de Pâques, 30 mars 525. Quant à sa légation, il s'en acquitta comme il avait annoncé au roi Théodoric. Les ariens qui l'étaient encore, et les temples qu'ils avaient encore furent laissés dans l'état où ils se trouvaient; mais pour ceux des ariens et de leurs temples que l'Eglise catholique avait réconciliés, le Pape ne demanda point, l'empereur n'accorda pas qu'ils fussent rendus à l'hérésie. Le Pape avait annoncé formellement au roi que, dût-il y perdre la vie, jamais il ne ferait une pareille demande, et il ne la fit pas. Telle est, au milieu des récits divers et incomplets de quelques chroniques, la solution et la conciliation naturelle que présente le précieux fragment d'un auteur contemporain, publié par le docte Valois (*Anonym. Vales. ou excerpta;* Amm. Marc., t. II). Suivant les uns, le Pape se serait acquitté de bonne foi de son ambassade; suivant d'autres, il aurait fait tout le contraire. La vérité est qu'il fit loyalement, ni plus ni moins, ce qu'il avait loyalement annoncé à Théodoric qu'il ferait.

Dans l'intervalle, le roi goth, une fois rentré dans la carrière de la cruauté et de la barbarie, avait fait mourir le plus savant et le plus vertueux des Romains, l'illustre sénateur Boëce, consul en 510, et dont les deux fils venaient d'être consuls ensemble, l'année 522. Son intrépide probité fut cause de sa perte. Protecteur déclaré de l'innocence, il s'attira la haine des oppresseurs. Cyprien, grand référendaire ou garde des sceaux, Conigaste et Trigulla, devenus puissants auprès du roi depuis qu'il prêtait l'oreille à la calomnie, se liguèrent ensemble pour se défaire d'un censeur incommode qui s'opposait à leurs concussions. Le préfet du prétoire voulait, dans un temps de disette, surcharger la Campanie déjà trop foulée; Boëce plaida devant le roi la cause de cette malheureuse province et l'emporta sur le préfet, qui, par vengeance, se joignit à ses ennemis. Il sauva Paulinus, personnage consulaire, dont ces calomniateurs espéraient envahir les biens. Enfin Boëce, après avoir tant de fois fait triompher la justice, succomba lui-même sous les efforts de la cabale.

Cyprien accusa le patrice Albinus, consul en 493, d'entretenir de secrètes intelligences avec Justin pour le rendre maître de l'Italie. Albinus nia que cela fût, et Boëce, alors patrice et maître des offices, dit en présence du roi : L'accusation de Cyprien est fausse; que si Albinus l'a fait, et moi et tout le sénat nous l'avons fait de même; mais, seigneur, c'est une fausseté. Cyprien, après avoir hésité quelque temps, enveloppa dans la même accusation Albinus et Boëce, et suborna contre eux, comme faux témoins, trois scélérats nommés Basile, Opilion et Gaudentius. Basile, officier du palais, en avait été chassé pour ses débauches : on lui promit de payer ses dettes. Les deux autres avaient été condamnés à l'exil pour différents crimes, et comme ils différaient de s'y rendre, Théodoric leur prescrivit un terme au delà duquel, s'ils se trouvaient dans Ravenne, ils seraient marqués au front et chassés de la ville. Le jour même que cet ordre leur fut signifié, on leur promit leur grâce et l'on admit leur requête contre Boëce. Ils l'accusèrent de trahison et produisirent en preuve des lettres contrefaites, sur lesquelles Théodoric le condamna sans l'avoir entendu. Boëce fut enfermé dans le château de Calventiane, entre Milan et Pavie. Quelque temps après, Théodoric le fit appliquer à la torture : on lui serra si violemment le crâne avec des cordes, que les yeux lui sortirent de la tête; et comme il persistait à nier le crime imaginaire dont on l'accusait, on l'étendit sur une poutre, où deux bourreaux le frappèrent longtemps avec des bâtons sur toutes les parties du corps, depuis le cou jusqu'à la plante des pieds. Mais il paraît qu'il n'expira point dans ce tourment et qu'il finit par la hache ou par l'épée. C'est au moins ce qui est marqué dans diverses épitaphes qu'on lui a faites.

Modèle d'un vrai Romain, Boëce l'était d'un vrai catholique. Ami des saints papes Symmaque, Hormisda et Jean, il prenait une vive part à tous les intérêts de l'Eglise. Quand il apprit la persécution cruelle que le juif Dunaan exerçait contre les chrétiens d'Arabie, il demanda à Dieu de mettre fin à ces maux, ou bien de le retirer de ce monde, pour ne pas voir son Eglise en proie aux ennemis de son saint nom. Le pape saint Hormisda l'invita aux conférences qui se tinrent à Rome dans l'affaire des moines de Scythie. On y admira son érudition et son éloquence; et les assistants ne purent disconvenir qu'il ne possédât mieux les matières de théologie que la plupart de ceux qui en font une étude particulière.

Non content de soutenir l'Eglise catholique et sa doctrine, de vive voix, il la défendit par ses écrits. Au milieu des hérésies et des schismes qui la déchiraient de son temps, il crut devoir exposer sa propre croyance dans une profession de foi, qui est venue jusqu'à nous, et qui est une des plus suivies, des plus exactes et des plus complètes que nous ayons dans l'antiquité. Il exposa un traité : *Des deux Natures et d'une Personne en Jésus-Christ*, contre les erreurs d'Eutychès et de Nestorius; voici à quelle occasion. L'Église d'Orient, dans la fameuse lettre qu'elle écrivit au pape Symmaque, pour le conjurer d'avoir pitié d'elle, le priait aussi de marquer, dans les termes les plus précis, de quelle manière on devait s'expliquer sur les deux natures, et répondre à une chicane des eutychiens, savoir : que Jésus-Christ est de deux natures, mais non pas en deux natures. C'était vers l'an 513. Symmaque assembla les évêques qui se trouvaient alors à Rome, avec les principaux du clergé et du sénat. Boëce fut du nombre, avec Jean, archidiacre de Rome, le même qui fut depuis pape. La lettre des évêques d'Orient fut lue dans le concile, et la chicane des eutychiens débattue avec beaucoup de bruit. Boëce, ne croyant pas devoir se commettre dans ce tumulte, prit le parti de se taire, résolu d'examiner cette proposition à loisir. Il communiqua son dessein à l'archidiacre Jean, le priant de venir le voir le lendemain, pour l'examiner ensemble. Jean n'en ayant pas eu le temps, Boëce travailla seul sur cette matière, et, ayant mis par écrit ce qu'il en pensait, il l'envoya à l'archidiacre, pour en retrancher, y ajouter ou changer ce qu'il jugerait à propos. Ce traité est d'une concision extrême.

Les difficultés qui s'élevaient de jour en jour sur la religion, surtout à l'égard de certains termes que l'on inventait pour rapprocher notre foi des idées ordinaires et de la portée commune des hommes, engagèrent Boëce à composer deux autres traités. Le premier a pour but de montrer comment la Trinité est un seul Dieu et non pas trois dieux. Il l'adressa au chef du sénat, son beau-père Symmaque, voulant qu'il en fût le juge et le censeur, protestant qu'il l'avait entreprise, non pour donner plus d'autorité à la foi, qui n'en peut recevoir par aucune raison humaine, mais pour appuyer par la raison ce que la foi enseigne, et montrer que si elle s'élève au-dessus de la raison, elle ne la détruit pas et ne propose rien qui lui soit contraire. Ce traité est conçu en des termes très-abstraits, qui marquent combien Boëce était versé dans ce que la philosophie d'Aristote a de plus subtil. Il déclare assez nettement dans son prologue, qu'il avait choisi cette manière d'écrire tout exprès, pour ne se rendre intelligible qu'à un certain nombre de personnes, à qui les termes nouveaux qu'il emploie étaient connus, et que c'est dans le même dessein qu'il affecte un style très-concis.

Dans le traité suivant, qui est adressé à Jean, diacre, depuis pape, Boëce examine si l'on peut dire, comme le disaient quelques-uns, que le Père, le Fils et le Saint-Esprit peuvent être affirmés substantiellement de la divinité. Ce traité est en forme de lettre. Boëce, après s'y être expliqué sur cette proposition de la manière qu'il croyait la plus conforme aux principes de la foi, prie Jean de lui marquer ce qu'il en pensait, de lui apprendre ce qu'il devait croire pour être bon catholique, et de soutenir le dogme par des raisonnements humains, afin que la foi et la raison se prêtant mutuellement secours, la vérité s'affermît davantage. Ce fut encore au diacre Jean qu'il adressa le traité où il examine si tout ce qui existe est bon. Jean lui-même l'avait prié d'écrire sur cette matière, s'étant trouvé embarrassé dans une question où un philosophe manichéen lui avait demandé comment il était possible que tout être fût bon, et que la bonté, qui n'est pas un être substantiel, pût convenir à toutes les substances en vertu de leur être.

Ce qui fait surtout voir quels étaient la foi et le zèle de Boëce, c'est que ce fut des horreurs de sa prison qu'il écrivit à son beau-père le *Traité de la Trinité*. Ce fut encore dans la même prison et dans l'intervalle de sa condamnation à son supplice, qu'il composa son fameux ouvrage : *De la consolation de la philosophie*. Il y poursuit, comme ailleurs, ou plutôt il y achève le grand œuvre de sa vie entière : concilier la raison et la foi, la philosophie et la religion du Christ. Cet ouvrage, en cinq livres mêlés de prose et de vers, est un entretien de Boëce en prison, avec la sagesse incréée, c'est-à-dire avec Jésus-Christ, en tant qu'il est cette sagesse, cette raison, cette lumière véritable qui éclaire tout homme venant en ce monde. Cette sagesse lui apparaît sous la figure d'une vierge d'une beauté admirable, qui, s'approchant de lui, essuie ses larmes, dissipe les ténèbres dont son esprit était offusqué, et lui fait voir, par des raisons naturelles, qu'il n'a point à se plaindre de la Providence, et que les méchants, même dans la prospérité, sont plus dignes de compassion que d'envie. Elle s'élève de temps en temps aux considérations les plus sublimes et les plus ravissantes. Elle fait surtout ce que n'avait jamais pu faire la philosophie païenne, elle concilie avec une admirable simplicité la prescience de Dieu et le libre arbitre de l'homme. Boëce, en un mot, est le Platon chrétien, qui, dans la prison et dans l'attente du supplice, s'élève, par la seule raison, à la morale parfaite de la foi.

Le grand œuvre de sa vie entière, nous l'avons dit, fut de concilier la raison et la foi, la philosophie et la religion chrétienne, et faire voir que l'une ne détruisait pas l'autre, mais que tout au contraire elles se fortifiaient réciproquement. Il voyait que la plupart des hérésies qui déchiraient le christianisme, surtout en Orient, venaient de principes mal compris ou mal appliqués de l'ancienne philosophie. Il voyait que les rares sectateurs de cette philosophie ancienne, tels que Plotin, Jamblique, Porphyre, Proclus, pour n'en avoir pas saisi l'ensemble avec netteté ou ne l'avoir pas exposé avec franchise, se perdaient dans le vague et dans les brouillards, entre le paganisme grossier et le christianisme véritable. Pour ôter la cause de ces égarements et ramener à l'unité toutes les pensées humaines, il entreprit de résumer nettement toute l'ancienne philosophie, et de la transsubstancier en la foi catholique. Entreprise gigantesque; mais Boëce était un géant. Platon et Aristote peuvent être regardés comme la raison ancienne élevée à sa plus haute puissance. Boëce les étudia, les pénétra l'un et l'autre avec un regard auquel rien n'échappe; en résuma, en christianisa la substance commune avec une netteté et une précision dont jamais n'approcha disciple de Platon ni d'Aristote.

Parmi les ouvrages philosophiques qu'il composa dans ce dessein, et qui sont venus jusqu'à nous, il y a l'*Introduction de Porphyre à la philosophie d'Aristote*. Victorin déjà l'avait traduite en latin. Boëce, ayant remarqué que cette traduction n'était pas littérale, en donna une plus fidèle, après avoir parcouru avec un de ses amis, nommé Fabius, tous les endroits défectueux de celle de Victorin, dans deux conversations qu'il a rapportées lui-même sous le nom de *dialogue*. A cette traduction, il ajouta un commentaire en cinq livres, que nous avons encore. Nous avons aussi ses quatre livres de l'*Interprétation d'Aristote*, avec deux sortes de commentaires. Il traduisit également les quatre livres des *Analytiques du même philosophe*. Il traita à fond du syllogisme, de la définition et de la division, dans sept livres, précédés d'une introduction où il donne les premiers éléments de l'art de raisonner. Il traduisit encore les huit livres d'Aristote, intitulés *Topiques*, et ses deux livres *Des Sophismes ou des Arguments captieux*. Il commenta ceux que Cicéron avait faits sur la même matière, et qui portaient aussi le nom de *Topiques*. Il fit de plus un ouvrage en quatre livres, pour montrer la différence qu'il y a entre les *Topiques* d'Aristote et ceux de Cicéron. Son but était de faire voir quelles sont les sources d'où un philosophe doit tirer ses arguments probables, et celles où un orateur peut puiser les siens. Il composa un opuscule sur l'*un* et sur l'*unité*. Il avait traité les quatres parties des mathématiques, savoir: l'arithmétique, la musique, la géométrie et l'astrologie. Cette dernière partie n'est pas venue jusqu'à nous; mais nous avons de lui deux livres de l'arithmétique, cinq de la musique et deux de la géométrie. Son dessein était de traduire tout Aristote et tout Platon; et il l'aurait probablement exécuté si le goth Théodoric l'avait laissé vivre; car, quand il fut mis à mort, il n'avait que 55 ans (Ceillier, t. XV).

Toujours est-ce à lui primitivement que l'étude de la doctrine chrétienne doit, et cet ordre dans l'ensemble et cette précision dans les détails, qui constituent le fond de ce qu'on appelle *la méthode scolastique*. Toujours est-ce à lui que l'Eglise et l'humanité doivent le commencement de ce grand œuvre, la conciliation de la raison et de la foi, qui fortifiera l'une par l'autre, mettra l'harmonie dans toutes les facultés humaines et l'ordre dans leur activité. Plaise à la Providence, pour achever l'œuvre qu'elle a inspiré à Boëce, de susciter un homme de son génie et de sa vertu, qui, comme lui, résume nettement toutes les connaissances humaines, en montre l'accord avec les connaissances divines, et, comme lui, offre ainsi à l'Eglise et au monde le modèle accompli d'un vrai catholique et d'un vrai philosophe.

Boëce étant mort le 23 octobre 524, les catholiques emportèrent son corps et l'inhumèrent à Pavie, auprès de celui d'Elpis, sa première femme. L'épitaphe que l'on grava sur son tombeau contient en peu de mots l'éloge de son savoir et de sa vertu. Elle parle de l'accusation formée contre lui auprès du roi Théodoric, de son exil à Pavie, du genre de sa mort. L'auteur de cette épitaphe ne doutait pas que Boëce n'eût déjà reçu dans le ciel la récompense due à sa piété, à son zèle pour la foi, à ses souffrances pour la justice. Il fut transporté, environ deux siècles après, dans l'église de Saint-Augustin de la même ville, par Luitprand, roi des Lombards, qui lui fit dresser un mausolée que l'on voit encore. Il est placé au pied du grand autel et posé sur quatre colonnes, avec une inscription qui rend témoignage à l'érudition, à la probité et à la grande réputation de Boëce. Dans le Xe siècle, l'empereur Othon III lui fit élever un autre mausolée de marbre, sur lequel il mit son éloge en vers héroïques, composés par Gerbert, depuis pape sous le nom de Sylvestre II. Boëce y est appelé le père et la lumière de la patrie, et représenté comme allant de pair avec les plus beaux génies de la Grèce, comme capable de contenir les empires dans leurs bornes et de maintenir la liberté romaine. Finalement, les Bollandistes lui donnent le titre de saint. Son nom a été inséré sous ce titre dans le calendrier de Ferrarius et dans ceux de quelques Eglises d'Italie, qui l'honorent le 23 octobre (Ceillier, t. XV; *Act. S. Joan., pape et mart.*, 27 *maii*).

D'après le témoignage unanime des contemporains, Symmaque, beau-père de Boëce, n'était pas moins distingué que son gendre par le savoir et la vertu. Versé, comme lui, dans toutes les doctrines divines et humaines, il était, comme lui, l'ami et le conseil des Papes, même dans des questions de théologie. Sa fille Galla est honorée comme sainte le 5 octobre. Il était le prince du sénat par son âge et sa renommée. Il eut le même sort que Boëce. Le goth Théodoric, engagé dans la carrière de la tyrannie, le fit venir à Ravenne, et, sous prétexte de quelque crime, lui fit trancher la tête l'année suivante.

Le saint pape Jean, ami intime de Boëce et de Symmaque, apprit avec une extrême douleur la mort de l'un et l'emprisonnement de l'autre. Un sort pareil l'attendait lui-même. Quand il fut débarqué à Ravenne, Théodoric le fit jeter en prison, irrité de ce qu'il n'avait pas obtenu ce que ce Pape lui avait formellement déclaré qu'il ne demanderait pas. Le saint pontife y mourut de faim et de soif, le 27 mai 526. Les peuples s'étant assemblés pour ses funérailles, un possédé se trouva subitement guéri à l'approche du cercueil, et se mit à le précéder. A cette vue, les peuples et les sénateurs commencèrent à tirer des reliques des vêtements du pontife. Son corps fut ainsi transporté, avec la pompe la plus solennelle, de Ravenne à Rome (*Anon. Vales.*). Il eut pour successeur Félix IV, du pays des Samnites, fils de Castor, appuyé de la recommandation de Théodoric. Le nouveau Pape fut ordonné le 12 juillet 526, et tint le Saint-Siège 3 ans et 2 mois.

Théodoric lui-même ne survécut que trois mois au pape Jean. Après s'être privé des sages conseils de Cassiodore et de Boëce, après avoir égorgé sans forme de procès les hommes les plus illustres du sénat, il donna sa confiance à un avocat juif, et lui dicta, le mercredi 26 août 526, un décret qui portait que, le dimanche suivant, 30 août, les ariens envahiraient les églises catholiques. Mais aussitôt il fut frappé, comme Arius, l'auteur de sa religion: atteint d'un flux de ventre qui l'épuisa pendant trois jours, il perdit et le royaume et la vie le jour même qu'il se réjouissait d'envahir les églises. C'est ce que dit, en finissant son histoire, l'auteur contemporain publié par Valois. L'historien Procope ajoute cette anecdote: Un jour les officiers de Théodoric ayant servi sur sa table la tête d'un grand poisson, il crut voir, dans le plat, la tête de Symmaque, fraîchement coupée, qui se mordait la lèvre et le regardait d'un œil furieux. Il en fut si épouvanté, qu'il lui prit un grand frisson; il se mit au lit et conta ce qu'il avait vu à son médecin, pleurant son crime d'avoir fait mourir Symmaque et Boëce sur des calomnies. Se voyant près de mourir, il appela les principaux de la nation des Goths, et fit reconnaître pour roi Athalaric, son petit-fils, âgé de 18 ans, fils de sa fille Amalasonte et d'Eutharic, déjà mort; Amalaric, son petit-fils par une autre fille, fut reconnu roi des Visigoths, en Espagne et dans la Gaule méridionale (*Anon. Vales.*; Procop., l. 1; Goth., c. 1; Jornand.).

En Orient, pendant l'année 525, plusieurs villes furent ruinées par des inondations et des tremblements de terre; on cite dans le nombre, Edesse en Mésopotamie, Anazarbe en Cilicie, Durazzo dans l'Epire, Corinthe dans la Grèce; Constantinople même s'en ressentit. L'empereur Justin répara tous ces malheurs par ses libéralités. L'année suivante 526, un désastre plus épouvantable encore détruisit pour la cinquième fois Antioche. Un incendie terrible s'y manifesta sans qu'on pût jamais en découvrir ni la cause ni l'origine. Il éclata d'abord dans l'église de Saint-Etienne; les flammes s'élevèrent presque aussitôt en d'autres endroits éloignés; c'était à la fois plusieurs incendies, qui dévorèrent un grand nombre de maisons. Justin, à la prière du patriarche Euphrasius, envoya deux mille livres d'or pour réparer le dommage.

A peine ce travail était-il commencé, qu'un désastre beaucoup plus affreux fit de la ville entière un monceau de pierres et de cendres. Le 29 mai, lendemain de l'Ascension, à l'heure de midi, la terre, par de violentes secousses, renversa les édifices de la partie occidentale; et le tremblement, se communiquant avec rapidité de proche en proche, tout s'écroula, hormis les bâtiments soutenus par la montagne, qui ne fut point ébranlée. Comme les foyers des cuisines étaient alors allumés dans toutes les maisons, les flammes se répandirent de toutes parts; en même temps une fournaise souterraine, qui faisait bouillonner le sol de la ville, exhalait de brûlantes vapeurs. Les cendres ardentes, emportées en l'air par un vent furieux, retombaient en pluie de feu et enflammaient le toit des maisons, tandis qu'un autre incendie s'élevait des parties inférieures. La grande église, bâtie par Constantin, résista pendant deux jours à la violence du feu qui dévorait tous les édifices d'alentour; enfin, enveloppée de flammes et comme calcinée, elle tomba avec un horrible fracas. Le mal fut si subit et si imprévu, que peu de personnes purent échapper par la fuite. La plupart périrent par la chute des édifices; d'autres furent consumés par le feu. Le plus horrible de tout, c'est qu'une foule innombrable de malheureux, courant éperdus à travers les rues et les places, rencontraient des meurtriers qui leur arrachaient, avec la vie, les misérables restes de leur fortune. On parle surtout d'un officier du palais, du corps des silentiaires, qui, ayant fait de ses domestiques autant d'assassins, s'était établi à une lieue de la ville, et les envoyait de là piller et massacrer ceux qui fuyaient d'Antioche, dont on lui apportait les dépouilles. Ce monstre ne vécut que quatre jours dans ce brigandage; il fut frappé de mort subite au milieu de son magasin, qui fut aussitôt pillé par le peuple.

Quelques habitants furent assez heureux pour se trouver ensevelis dans leurs demeures, sans en être écrasés. On retira, au bout de vingt et même de trente jours, de dessous les décombres, des hommes qui vivaient encore, et dont plusieurs expirèrent dès qu'ils furent en plein air : des femmes qui, étant enceintes, avaient accouché sous les ruines et y avaient même allaité leurs enfants. Ces infortunés, abîmés avec leurs maisons, s'étaient nourris des provisions qui s'y trouvaient. Ce tremblement, le cinquième depuis la fondation d'Antioche, et le plus funeste de tous, dura six jours avec la même violence; il se renouvela pendant six mois à plusieurs reprises, quoique avec moins de furie; mais pendant dix-huit mois le terrain ne fut pas entièrement raffermi. On ressentit de temps en temps diverses secousses dans l'étendue de sept lieues aux environs d'Antioche. Daphné et Séleucie furent renversées.

L'empereur Justin, profondément affligé, fit cesser tous les spectacles à Constantinople; il quitta le diadème et la pourpre, pour se revêtir d'un sac, et se couvrit de cendres; il aimait Antioche, où il avait séjourné autrefois comme simple soldat. Pendant la semaine de la Pentecôte, il alla tous les jours en procession à l'Hedomon, à la tête du sénat et du peuple en habits de deuil, fondant en larmes et implorant la miséricorde du Tout-Puissant. Il ne se borna point à ces témoignages d'une profonde douleur; il envoya d'abord le comte Carinus, avec cinq mille livres d'or, pour subvenir aux besoins les plus urgents; il le chargea de faire enlever les décombres, fouiller dans les ruines, et rendre aux possesseurs tout ce qu'on pourrait retrouver de leurs effets. Il fit partir ensuite les patrices Phocas et Astérius, avec des sommes beaucoup plus grandes, pour rétablir les édifices, les aqueducs et les ponts de l'Oronte. Quelques auteurs disent qu'il y employa cinquante millions de livres d'or, ce qui, à vingt francs la livre ferait un milliard de francs. Il s'agissait de bâtir une nouvelle ville. Les soins paternels de l'empereur furent dignement secondés par le comte d'Orient : c'était Ephrem, syrien de naissance, magistrat savant et pieux, animé de cette charité active qui descend à tous les besoins de l'humanité. Le patriarche Euphrasius avait été écrasé sous les ruines de son église, d'où ses plaintes s'étaient fait entendre un jour entier, sans qu'il eût été possible de le secourir. Le clergé et le peuple, pleins de reconnaissance pour Ephrem, le choisirent pour évêque, avec l'agrément de l'empereur. Après avoir été un magistrat accompli, Ephrem fut un excellent pontife, édifiant l'Eglise par sa piété, la défendant par ses écrits, et se montrant le père de ce peuple qu'il avait sauvé de la mort (Evagr., l. 4, c. 5 et 6; Procop., *Pers.*, l. 2, c. 14; Théophan.; Malala, *Hist. du Bas-Empire*, l. 40).

L'empereur Justin mourut lui-même l'année suivante, 527, le dimanche 1er août, âgé de soixante-dix-sept ans, après en avoir régné neuf. Quatre mois auparavant, il avait déclaré empereur son neveu Justinien, et l'avait fait couronner avec sa femme Théodora, le 1er avril, qui était le jeudi saint.

Justinien, âgé d'environ quarante-cinq ans, était d'une taille au-dessus de la médiocre; il avait les traits réguliers, le teint haut en couleur, la poitrine large, l'air serein et gracieux. Instruit par les soins de son oncle, il avait acquis la facilité de parler et d'écrire. Il était versé dans la jurisprudence, dans l'architecture, dans la musique et même dans la théologie. Sa piété se montrait avec éclat. Dès qu'il fut empereur, il fit présent à des églises de tous les biens qu'il possédait auparavant, et fonda dans sa maison un monastère. Pendant le carême, l'austérité de sa vie égalait celle des anachorètes ; il ne mangeait point de pain, ne buvait que de l'eau, et se contentait, pour unique nourriture, de prendre, de deux jours l'un, une petite quantité d'herbes sauvages assaisonnées de sel et de vinaigre. Ses veilles et ses abstinences sont très-authentiques ; car il a pris soin lui-même d'en instruire l'univers dans ses dernières lois ou *Novelles*.

L'an 528, Grétès, roi des Hérules établis par Anastase sur les bords du Danube, vint à Constantinople offrir ses services et ceux de ses sujets. Pour cimenter plus fortement cette alliance, il demanda le baptême, et le reçut le jour de l'Epiphanie, avec douze de ses parents et toute sa cour. L'empereur voulut être son parrain et le combla de présents. A l'exemple du roi, le reste de la nation embrassa le christianisme ; mais Procope, qui vivait alors, observe que la religion ne corrigea tout de suite ni la perfidie naturelle des Hérules, ni leur inclination aux plus brutales débauches : ce qui n'est pas surprenant dans une nation barbare. Dans la même année, les Tzanes, peuple féroce du mont Taurus, embrassèrent la religion chrétienne, et, s'étant enrôlés dans l'armée des Romains, ils les servirent depuis ce temps-là avec autant de fidélité que de bravoure. Justinien acheva de les civiliser, en faisant bâtir plusieurs villes dans leur pays. Vers le même temps, Gordas, roi des Huns qui habitait la Chersonèse-Taurique, vint lui-même à Constantinople faire alliance avec l'empereur et recevoir le baptême. Justinien, qui voulait être son parrain, lui fit de riches présents et le chargea de veiller à la sûreté de la frontière. De retour dans son pays, Gordas voulut, peut-être trop brusquement, disposer ses sujets au christianisme : il fit fondre les statues d'or et d'argent de leurs fausses divinités. Les Huns idolâtres se révoltèrent, tuèrent Gordas et mirent sur le trône son frère Moager, avec lequel ils se retirèrent dans l'intérieur des contrées septentrionales. A la même époque, plusieurs Perses d'un rang distingué passèrent au service de Justinien. De ce nombre furent Narsès et son frère Aratius, braves généraux, qui vinrent à Constantinople avec leur famille. L'eunuque Narsès, leur compatriote, qui devint depuis si fameux, les reçut avec joie et les combla de présents. Cet eunuque, pris dans la guerre de Perse, était alors garde des trésors de l'empereur (*Hist. du Bas-Empire*, l. 41).

Une des grandes occupations de Justinien était de bâtir. Outre les embellissements considérables qu'il fit faire à Constantinople, il reconstruisit ou fortifia une vingtaine de villes dans la Mésopotamie et sur l'Euphrate. La réparation la plus célèbre que fit cet empereur, fut celle de Palmyre, bâtie autrefois par Salomon, sous le nom de Tadmor, et détruite par Nabuchodonosor, lorsqu'il vint assiéger Jérusalem. Après avoir été relevée et détruite plusieurs fois, elle n'était plus que ruines. Justinien la releva pour la dernière fois avec une magnificence vraiment royale.

Ce qui n'occupa pas moins Justinien toute sa vie, ce fut de faire des lois. Sans parler ici des lois particulières qu'il publia sans nombre, il entreprit de faire composer ou compiler un corps entier de législation. Dans une constitution du 13 février 528, adressée au sénat de Constantinople, il déclare qu'il se propose de rassembler dans un seul volume, non-seulement les lois contenues dans les trois Codes de Grégoire, d'Hermogénien et de Théodose, mais encore celles qui, depuis la publication du *Code Théodosien*, sont émanées de l'autorité impériale. Pour composer ce recueil, il choisit le jurisconsulte Tribonien, secondé de neuf personnes consommées dans la science du droit romain. Il leur permit de supprimer les lois répétées, contradictoires, hors d'usage ; de retrancher les préambules et tout ce qui leur paraîtrait superflu ; d'ajouter ce qu'ils croiraient nécessaire, soit pour l'exactitude, soit pour l'éclaircissement ; de changer les termes, de réunir dans une seule loi ce qui se trouverait épars dans plusieurs. Le travail fut pressé avec tant de diligence, qu'au mois d'avril de l'année suivante le nouveau Code, renfermant en douze livres les lois impériales depuis le commencement d'Adrien, fut en état de paraître. Justinien y imprima le sceau de son autorité par une constitution du 7 avril 529. Cinq ans plus tard, il en publia une seconde édition, qui abrogea la première ; cette édition est celle que nous avons.

Restait d'un ouvrage plus étendu et plus difficile : c'était de recueillir les monuments de l'ancienne jurisprudence. L'empereur chargea encore Tribonien de ce travail, et lui laissa le choix de ses collaborateurs. Tribonien choisit un des magistrats qui avaient déjà travaillé à la rédaction du Code, quatre professeurs en droit, deux de Constantinople, deux de Béryte, et onze avocats. Ces dix-sept commissaires reçurent ordre de rechercher, rassembler et mettre en ordre ce qu'il y avait d'utile dans les livres des jurisconsultes qui avaient été autorisés par les princes, à faire ou à interpréter les lois, sans avoir égard aux ouvrages qui n'étaient revêtus d'aucune autorité. L'empereur même leur donna le pouvoir de changer, d'ajouter, de retrancher, qu'il avait donné pour le Code, et de fixer, par une décision précise, les points douteux et contestés jusqu'alors (1). De ces extraits, ils devaient composer cinquante livres. Il voulut que tout ce qu'ils adopteraient fût censé sorti de la bouche du prince. Ce recueil devait porter le nom latin de *Digeste*, parce que les matières y seraient digérées, c'est-à-dire rangées chacune sous son titre ; ou bien le nom grec de *Pandectes*, c'est-à-dire *qui contient tout*, comme renfermant toute l'ancienne jurisprudence. Dix ans paraissaient nécessaires pour ce travail ; il fut achevé dans trois ans. C'est un immense répertoire de cas de conscience judiciaire, où les jurisconsultes romains s'efforcent d'appliquer, aux cas particuliers, la règle commune des lois générales ou de l'équité naturelle. Il s'y trouve quelquefois des décisions surprenantes de justesse. Justinien y donna son approbation le 16 décembre 533.

---

(1) Le but de Justinien en composant son *Digeste* et son *Code* fut, non de détruire cette législation romaine, fruit du temps et de l'expérience, mais de la mettre en harmonie avec les besoins d'une société chrétienne. On doit le croire, la véritable cause de ces mutilations, de ces altérations de textes, et aussi de ces additions qui lui ont été si sévèrement reprochées, et qu'on a faussement attribuées à son ignorance et à son orgueil. R. H.

Pendant qu'on travaillait au *Digeste*, l'empereur chargea encore Tribonien et deux des commissaires, Théophile et Dorothée, professeurs en droit, l'un à Constantinople, l'autre à Béryte, d'extraire des anciens jurisconsultes, et de recueillir en quatre livres les premiers éléments de la jurisprudence, pour servir d'introduction à cette étude. Sous le nom d'*Institutes*, c'est la partie du corps de droit la mieux exécutée. Elle fut achevée avant le *Digeste*, et publiée le 21 novembre de la même année. L'édit de publication donne à ces *Institutes* la forme et l'autorité des lois impériales.

Et le *Code*, et les *Pandectes*, et les *Institutes* de Justinien portent en tête ces paroles solennelles (1) : *In nomine Domini nostri Jesu Christi* (Au nom de notre Seigneur Jésus-Christ). C'est commencer par le nom du vrai souverain, du vrai législateur, de celui qui a dit : *C'est par moi que les rois règnent et que les législateurs décrètent des lois justes*; et encore : *Toute puissance m'a été donnée au ciel et sur la terre*. C'est annoncer juridiquement à l'univers la venue de ce temps où, suivant Confucius, Platon et Cicéron, le *Saint* par excellence, le Verbe, la raison même de Dieu, se manifestant d'une manière sensible, donnerait à tous les peuples la même loi, et ferait de tout le genre humain un seul empire, dont Dieu serait le seul maître commun et le souverain monarque. C'est reconnaître implicitement, avec les mêmes sages et avec les chrétiens, que Dieu seul ou son Christ est le vrai souverain des hommes; qu'il n'est point de puissance qu'elle ne vienne de lui; que sa raison est la loi souveraine et normale de toutes les autres; que ce que les princes, les juges, les peuples décrètent de contraire à cette règle suprême, n'est rien moins qu'une loi (Livre sixième de cette histoire).

Qui reconnaît Notre Seigneur Jésus-Christ pour vrai souverain et vrai législateur, doit aussi reconnaître son Eglise pour l'interprète infaillible de sa divine législation. Autrement le Christ serait venu en vain, en vain il aurait dit à ses apôtres : *Toute puissance m'a été donnée au ciel et sur la terre. Allez donc, enseignez toutes les nations, leur apprenant à observer tout ce que je vous ai recommandé, et voici que je suis avec vous tous les jours jusqu'à la consommation des siècles*. Aussi le Code de Justinien, de même que celui de Théodose, commence-t-il par poser comme première loi de l'empire, la foi catholique sur l'unité de Dieu, la Trinité des personnes divines, la divinité du Verbe, la réalité de son incarnation, l'unité de sa personne, la dualité de ses natures, d'après les décisions des conciles œcuméniques et l'enseignement des successeurs de saint Pierre, contre les manichéens et les autres hérétiques.

(1) L'esprit religieux qui animait Justinien, se trouve jusque dans le préambule de ses lois : ainsi, l'allocution à la jeunesse studieuse, qu'il a laissée à la tête de ses *Institutes*, est placée sous l'invocation des trois personnes de la sainte Trinité. Dans cette préface, des principes respectés jusqu'alors à l'égal des oracles, sont traités de fables antiques : *fabulæ antiquæ*, le nouveau législateur annonce qu'il ira puiser à une source plus pure, dans les constitutions des empereurs : *ab imperiali splendore* Il proclame aussi que ce n'est qu'à l'aide de Dieu qu'il est parvenu à achever son grand ouvrage : *Deo propitio peractum est*. La nymphe Egérie avait inspiré le premier législateur des Romains, et c'est du vrai Dieu, que le dernier reçoit ses inspirations. Les souverains ont toujours besoin, pour se faire obéir des peuples, d'aller chercher jusque dans le ciel, des auxiliaires et des amis.

B. H.

Qui reconnaît le Christ pour le vrai souverain et le vrai législateur, et son Eglise pour l'interprète infaillible de sa loi, doit reconnaître pareillement pour chef de cette Eglise, l'apôtre auquel le Christ a dit : *Tu es Pierre, et sur cette pierre je bâtirai mon Eglise, et les portes de l'enfer ne prévaudront point contre elle. Et je te donnerai les clés du royaume des cieux, et tout ce que tu lieras sur la terre sera lié dans les cieux; et tout ce que tu délieras sur la terre sera délié dans les cieux*. Aussi la première loi proprement émanée de Justinien qui paraisse dans son *Code*, est une profession de foi qu'il adresse au successeur de saint Pierre, à l'évêque de Rome, comme à son père : il y proclame le chef de toutes les Eglises; il se glorifie d'avoir contribué à lui soumettre et à lui réunir tous les évêques de tout l'Orient; il s'empresse de porter à sa connaissance tout ce qui intéresse les Eglises de Dieu, afin de conserver l'unité du Siège apostolique et de maintenir les Eglises dans l'état où elles doivent être. Il lui envoie donc sa profession de foi dans laquelle il applique à Jésus-Christ cette expression : *Un de la Trinité*. Il ajoute : « Tous les évêques, suivant la doctrine de votre Chaire apostolique, croient, professent et prêchent ainsi. Nous prions donc votre affection paternelle de nous mander par vos lettres, que Votre Sainteté reçoit tous ceux qui adhèrent à cette profession de foi, et qu'elle condamne ceux qui la repoussent (*Cod.*, l. 1, tit. 1, lex 4). »

Avec ces principes de christianisme, la législation romaine devait nécessairement s'adoucir et se perfectionner avec le temps. Et de fait, il est deux points principaux qui, dans la législation de Justinien, tiennent encore une place très-considérable, l'esclavage (1) et le divorce, qui ont été changés depuis par la législation de l'Eglise. Comme dans tous les temps l'Eglise catholique a professé l'égalité de tous les hommes devant Dieu et son Christ, et que dans tous les temps elle a élevé aux plus hautes dignités ceux qui en étaient dignes, eussent-ils été esclaves ou libres, l'esclavage y a dû graduellement diminuer

(1) On sait que d'après l'ancien droit romain, l'esclave était considéré comme une chose. Le maître pouvait en user et en abuser à son gré, comme de toute autre propriété. La loi *Aquilia* le mettait sur le même rang que les animaux. Adrien et Antonin le Pieux ont, les premiers, amélioré la condition de l'esclave et enlevèrent au maître le droit de vie et de mort. Constantin, Théodore, Justinien surtout, attaquant l'esclavage dans son principe et proclamant la liberté une chose inestimable (*rem inestimabilem*), s'attachèrent à multiplier les chances et les modes d'affranchissement. Ainsi une institution d'héritier, un testament fait par un enfant de seize ans, une adoption, un mot prononcé au pied des autels, suffirent pour conférer à la générosité d'odieuses entraves la loi *Fusia caninia* qui imposait à la générosité d'odieuses entraves. L'esclavage ainsi modifié, ne fut bientôt plus qu'une espèce de service personnel qui assurait à l'esclave une protection et un asile, et au maître, des droits limités et définis, au lieu de ce despotisme révoltant qu'il exerçait autrefois.

Signalons encore ici, le nouveau système de succession substitué par Justinien à celui des douze Tables. D'après cette ancienne loi, il fallait nécessairement, pour être appelé à succéder, être dans la famille, c'est-à-dire sous la puissance immédiate du chef. Justinien s'appuyant, non sur une vaine théorie, mais sur la connaissance du cœur humain et de ses affections, fit une révolution complète dans cette partie de la législation. Au lieu de cette classification arbitraire d'héritiers *siens*, d'*agnats* et de *cognats*, il établit trois ordres d'héritiers, les descendants, les ascendants et les collatéraux, sans distinction d'âge, de sexe ou de position, non dans le but unique, comme on l'a prétendu, de se délivrer des embarras de l'ancienne jurisprudence, mais dans la vue de suivre le vœu de la nature dont le christianisme avait stipulé et consacré tous les droits légitimes. Ce qui le prouve, c'est que le système de succession créé par Justinien, a été adopté par presque tous les peuples modernes (Cf. Bonnetty, *Annales de philosophie chrétienne*, t. I, p. 81).

B. H.

et enfin disparaître. Il en est de même du divorce. Le mariage, dit saint Paul, *est un grand mystère dans le Christ et dans l'Eglise.* Il n'y a qu'une Eglise, comme il n'y a qu'un Christ. L'Eglise catholique, ayant la conscience d'être l'épouse unique et indissoluble du Verbe-Dieu qui s'est éternellement uni à la nature humaine, a rétabli et maintenu avec une invincible fermeté l'unité et l'indissolubilité du mariage. Les sectes diverses, n'ayant pas cette conscience, admettent le divorce plus ou moins, par un secret instinct de leur propre nature.

Il y a, dans le Code de Justinien, une loi sur le mariage qui a de quoi surprendre dans un empereur romain. Pour conserver la majesté de l'empire et du sénat, il avait toujours été défendu aux sénateurs de s'allier à des femmes de condition vile. Les derniers empereurs avaient renouvelé expressément ces défenses, particulièrement à l'égard des comédiennes et des prostituées. Or, l'empereur Justinien fit une loi expresse pour lever cette défense et permettre aux sénateurs d'épouser même des prostituées et des comédiennes (*Cod.*, l. 5, tit. 4, lex 23). Quelle était la cause véritable d'une loi si étrange ? C'est que la femme de Justinien, l'impératrice Théodora, avait été comédienne et prostituée tout le temps de sa jeunesse. C'est pour elle que Justinien dégrada ainsi la majesté du sénat et de l'empire.

De son vivant, le père de Théodora avait été gardien des ours de l'amphithéâtre de Constantinople. Il mourut, laissant une veuve avec trois filles en bas âge, Comito, Théodora et Anastasie : l'aînée n'avait pas plus de sept ans. A mesure que ces filles devenaient grandes, la mère les prostituait au théâtre et ailleurs. Théodora servit d'abord de suivante ou de domestique à sa sœur aînée. Elle parut ensuite elle-même sur la scène, y joua des rôles bouffons, où elle se montra quelquefois dans un état de nudité presque complète, s'abandonnant d'ailleurs à tous les allants et venants. Les personnes honnêtes évitaient sa rencontre dans les rues. Elle suivit quelque temps en Afrique le gouverneur de la Pentapole, pour servir à ses plaisirs ; revenue de là par Alexandrie à Constantinople, elle continua sur la route son infâme commerce. Après tout cela, le comte Justinien fut épris de sa beauté ; il la combla de richesses : déjà sénateur et patrice, il sollicita la permission de l'épouser. Sa mère, Vigilance, et sa tante, l'impératrice Euphémie, s'opposèrent à ce mariage honteux tant qu'elles vécurent : dès qu'elles eurent cessé de vivre, il extorqua cette permission du vieil empereur, et son premier soin, devenu empereur lui-même, fut d'abolir les lois qui prohibaient ces alliances contraires à l'honnêteté publique. L'empire et la capitale durent donc vénérer sur le trône celle que la populace avait vue naguère se prostituer dans les lieux infâmes et figurer dans les farces les plus ignobles du théâtre. Tous les magistrats furent obligés, par une loi, de prêter serment de fidélité, non-seulement à Justinien, mais encore à Théodora. Justinien lui-même, pour recommander une loi nouvelle, apprend à ses sujets qu'il l'a faite d'après les conseils de sa respectable épouse. Elle rassembla autour d'elle plusieurs de ses anciennes compagnes de débauche, qui firent du palais impérial comme un lieu de prostitution. Justinien força Sittas, un de ses meilleurs généraux, d'épouser la sœur aînée de Théodora, et pour récompense il le fit duc d'Arménie. Bélisaire épousa, de son côté, Antonine, fille d'un cocher du cirque et d'une prostituée, dont elle avait imité la vie jusqu'alors (Procop., *Hist. arc.*).

Pour peu que l'on y réfléchisse, on concevra aisément quelle funeste influence de pareils exemples durent exercer sur les mœurs privées et publiques. On y trouvera peut-être la cause secrète de certains faits qui étonnent. Nous avons vu, par les philosophes de la Grèce, que chez les Grecs, les plaisirs de Sodome étaient une habitude si commune et si peu déshonorante, que certains philosophes voulaient en faire le privilège des seuls philosophes (Livre XX de cette histoire). Hérodote nous apprend que ce furent les Grecs qui enseignèrent aux Perses ce crime exécrable (Herod., l. 1, c. 135). Il paraît que du temps de Justinien, les Grecs n'en étaient pas tout à fait corrigés ; car, par les ordres de cet empereur, on découvrit des personnages d'un haut rang, des sénateurs, même deux évêques, qui s'en étaient rendus coupables. Ils furent punis d'une manière qui augmenta peut-être le scandale. On les mutila et on les promena publiquement dans les rues de Constantinople, précédés d'un crieur qui publiait leur crime. Procope ajoute que, dans ces rencontres, pour poursuivre ou pour condamner, on se contentait du témoignage d'une seule personne, libre ou esclave, et même d'un enfant (Procop., *Hist. arc.*, c. 11). Ce qui n'est pas incroyable ; car le caractère général de Justinien était de ne pas savoir garder de mesure, même dans le bien qu'il entreprenait de faire. Après avoir appelé une prostituée sur le trône, il ne devait pas s'étonner du progrès de l'immoralité publique ; il ne devait pas trop s'étonner de voir qu'une si monstrueuse débauche ne cédait ni aux punitions les plus effrayantes ni aux lois les plus sévères ; car quinze ans après ces premières exécutions, il fit une autre loi dans laquelle il attribue à la colère du ciel, irrité de ces abominations, la peste qui désolait alors tout l'empire. En quoi sans doute il avait raison ; car on ne peut expliquer autrement ces effroyables tremblements de terre qui renversèrent tant de villes, en particulier Antioche.

Cette capitale de l'Orient n'avait pas eu le temps de se relever de l'horrible destruction qu'elle avait soufferte en 526, lorsqu'un nouvel incendie, dont la cause demeura pareillement inconnue, commença le 15 novembre 528, avec la même violence que le premier, et fut encore suivi, quatorze jours après, d'un furieux tremblement de terre. Le mercredi 29 novembre, trois heures après le lever du soleil, l'air retentit tout à coup d'un bruit épouvantable, et la terre trembla pendant une heure. Les édifices s'écroulèrent avec ceux qui avaient résisté au tremblement précédent ; les murs de la ville furent renversés ; il semblait que le ciel s'obstinât à combattre les efforts que faisaient les hommes pour relever cette malheureuse ville. Quatre mille huit cent soixante-dix personnes furent écrasées sous les débris ; on ne sait combien se sauvèrent dans les îles d'alentour ou sur les montagnes. Ce désastre fut suivi d'un froid excessif, qui n'empêcha point les habitants échappés au péril de marcher les pieds nus en procession autour de la ville, se prosternant au milieu des neiges et implorant la miséricorde divine. Enfin, suivant le récit de Théophane, il fut révélé à un pieux habitant de dire à tous les autres d'écrire ces mots au-dessus des portes des maisons : *Le Christ est avec nous, demeurez debout.* Cela fait, la colère de Dieu s'arrêta.

Laodicée et Séleucie subirent le même sort : la moitié de chacune de ces villes fut détruite, mais les églises catholiques restèrent debout. Il périt, tant à Laodicée qu'à Séleucie, sept mille cinq cents personnes. La nouvelle de tant de malheurs porta la consternation dans Constantinople; on y fit des prières publiques, et l'empereur envoya de grandes sommes d'argent pour réparer ces villes. Il remit les impôts pour trois ans. Par le conseil d'un saint solitaire, nommé Siméon le Thaumaturge, il changea le nom d'Antioche en celui de Théopolis, c'est-à-dire ville de Dieu. Ce nouveau nom fut adopté avec joie par les habitants, qui le regardèrent comme un heureux augure pour l'avenir. (Théoph., p. 121 *aliàs* 151; Malala).

Trois ans après, au mois de septembre 531, on aperçut dans le ciel une comète flamboyante. La même année, commença une peste qui, pendant cinquante ans, désola successivement la plus grande partie du monde alors connu. Elle parut d'abord en Éthiopie, et de là, se répandant de proche en proche, elle réduisit en solitudes des provinces entières. Les observations les plus exactes ne purent apercevoir rien de réglé dans ses périodes, dans ses progrès, dans ses symptômes. Elle semblait confondre toutes les saisons; meurtrière dans un pays au même temps qu'elle disparaissait dans un autre. On eût dit qu'elle choisissait les familles, attaquant dans la même ville certaines maisons, tandis qu'elle n'entrait pas dans les maisons voisines. Après une trêve de quelque temps, elle revenait comme pour achever ses ravages, saisissant ceux qu'elle avait la première fois épargnés. Quelques-uns étaient attaqués à plusieurs reprises; les plus robustes ne résistaient d'ordinaire que jusqu'au cinquième jour. Les habitants qui se sauvaient sains des villes infectées, périssaient seuls dans d'autres villes où le mal n'avait pas pénétré. Plusieurs l'apportaient aux autres, sans en être infectés eux-mêmes; et qu'ils touchassent les malades, qu'ils respirassent un air empesté, et que, dans le désespoir où les jetait la mort de leurs proches, ils souhaitassent de les suivre, il semblait que la mort se refusât à leurs désirs. La maladie se manifestait sous des formes diverses. Dans les uns, elle affectait la tête : les yeux se remplissaient de sang, le visage se couvrait de tumeurs, et le mal, descendant à la gorge, les étouffait. Les autres mouraient d'un flux de ventre; dans quelques-uns on voyait sortir des charbons, accompagnés d'une fièvre ardente. Ces charbons se formaient aux aines, sur les cuisses, sous les aisselles, derrière les oreilles. S'ils venaient à suppuration, on guérissait; s'ils conservaient leur dureté, c'était un signe infaillible de mort. D'autres perdaient l'esprit; ils croyaient voir des fantômes qui les poursuivaient et les battaient rudement; frappés de cette imagination, ils se barricadaient dans leurs maisons, ou allaient se précipiter dans la mer. Plusieurs étaient accablés d'une profonde léthargie. On en voyait qui, sans aucun signe de maladie, tombaient morts dans les rues et dans les places. On remarqua que les jeunes gens, et surtout les mâles, périrent en plus grand nombre; les femmes paraissaient moins susceptibles de ce mal funeste (Procop., *Pers.*, l. 2, c. 22; Agath., l. 5; Théoph., p. 154).

Au commencement de l'année suivante 532, l'empereur Justinien se vit sur le point de perdre la couronne et la vie; presque toute la ville de Constantinople fut réduite en cendres, et cela pour une querelle de théâtre. Le peuple, qui assistait aux jeux du cirque, s'était partagé en deux factions ennemies, les Bleus et les Verts. Au lieu de calmer leur animosité mutuelle, l'empereur ne fit que l'augmenter, en favorisant de tout son pouvoir la faction bleue, tandis que sa femme Théodora se déclarait pour la faction verte. La 5e année de son règne, Justinien célébra la fête des ides de janvier; les clameurs des Verts, mécontents, ne cessaient de troubler les jeux. L'empereur, jusqu'à la 22e course de chars, sut se contenir dans une silencieuse gravité. A la fin, n'étant plus maître de son impatience, il commença, par l'organe d'un crieur et par quelques mots dits avec violence, le plus étrange dialogue qui ait jamais eu lieu entre un prince et ses sujets. Les premiers cris furent respectueux et modestes; les chefs accusèrent d'oppression les ministres subalternes, et souhaitèrent à l'empereur une longue vie et des victoires. Insolents, s'écria Justinien, soyez patients et attentifs; Juifs, Samaritains et manichéens, gardez le silence.

Les Verts essayèrent encore d'exciter sa compassion : Nous sommes pauvres, s'écrièrent-ils; nous sommes innocents, nous sommes opprimés; nous n'osons nous montrer dans les rues; une persécution générale accable notre parti et notre couleur; nous consentons à mourir, ô empereur! mais nous voulons mourir par vos ordres et à votre service. Comme l'empereur ne leur répondait que par des invectives violentes et partiales, ils perdirent enfin le respect pour la majesté impériale, ils abjurèrent leur serment de fidélité, ils regrettèrent que le père de Justinien eût reçu le jour, ils chargèrent son fils des noms insultants d'homicide, d'âne, de tyran perfide! Méprisez-vous la vie? s'écria l'empereur indigné. A ces mots, les Bleus se levèrent avec fureur; l'hippodrome retentit de leurs voix menaçantes; et les Verts, abandonnant une lutte inégale, remplirent les rues de Constantinople de terreur et de désespoir.

Dans cet instant de crise, sept assassins des deux factions, condamnés par le préfet, étaient promenés dans les rues de la ville, pour être conduits ensuite dans le faubourg de Péra, où on devait les exécuter. Quatre d'entre eux furent décapités sur-le-champ : on en pendit un cinquième; mais la corde qui attachait au gibet les deux autres, rompit, et ils tombèrent à terre. La populace applaudit à leur délivrance; les moines de Saint-Conon sortirent d'un couvent voisin, et, les plaçant dans un bateau, les conduisirent dans l'asile de leur église. L'un de ces criminels appartenant aux Verts et l'autre aux Bleus, les deux factions se réunirent pour mettre en sûreté les deux victimes et satisfaire leur vengeance. Le préfet voulut arrêter ce torrent séditieux; on réduisit son palais en cendres, on massacra ses officiers et ses gardes, on força les prisons et on rendit la liberté à tous les détenus. Des troupes envoyées au secours du magistrat civil eurent à combattre une multitude d'hommes armés, dont le nombre et l'audace augmentaient d'un moment à l'autre; et les Hérules, les plus farouches des Barbares à la solde de l'empire, renversèrent les prêtres et les reliques qu'on avait fait intervenir pour séparer les combattants. Le peuple, irrité par ce sacrilège, se battit avec fureur : les femmes, placées aux fenêtres et sur les toits, lançaient des pierres sur la tête des soldats; ceux-ci jetaient contre les maisons des tisons enflammés, et l'incendie allumé, soit par les mains des citoyens, soit par celles des étrangers, s'étendit sans obstacle sur toute la ville. Le feu dévora la cathédrale, appelée Sainte-Sophie, les bains de Zeuxippe, une partie du palais, plusieurs portiques, les dépôts des registres publics et des archives. Un immense hôpital fut réduit en cendres avec tous ses malades; une multitude d'églises et de beaux édifices furent entièrement détruits, et une quantité considérable d'or et d'argent se trouva réduite en fusion ou devint la proie des voleurs. Les principaux citoyens, abandonnant leur fortune pour sauver leur vie, s'enfuirent au delà du détroit. Durant cinq jours, Constantinople fut abandonnée aux factions, dont le mot de ralliement, *Nika* (sois vainqueur), est devenu le nom de cette terrible sédition.

Parmi les ministres de l'empereur auxquels le peuple ameuté en voulait le plus, était le jurisconsulte Tribonien. Tout savant qu'il était dans les lois, il ne les observait guère : d'un côté, flatteur de Justinien jusqu'à l'idolâtrie; de l'autre, il changeait les lois et vendait la justice pour de l'argent. Sur les clameurs de la multitude, Justinien le priva de sa charge, ainsi que les autres. Lui-même songeait à s'enfuir, et avait fait transporter dans un navire tout ce qu'il avait d'argent. Sa femme Théodora le fit rougir de son peu de courage. Enfin, il osa sortir de son palais et se présenter à la multitude. Il s'avance donc, escorté de ses gardes et d'un grand nombre d'autres soldats, auxquels il avait défendu de faire aucune violence. Il tenait entre ses mains le livre des Évangiles, comme pour lui servir de sauvegarde, et, dans un moment, il se vit environné d'un peuple innombrable. Alors, élevant sa voix : « Par ce livre sacré, leur dit-il, je proteste que je vous pardonne l'offense que vous me faites, et qu'aucun de vous ne sera recherché, si vous rentrez dans le devoir. Vous êtes innocents; je suis le seul coupable. Ce sont mes péchés qui m'ont attiré ce malheur, en fermant mes oreilles à vos plaintes légitimes. » Ce ton dévot, plus capable d'animer l'insolence que de la désarmer, ne lui attira que du mépris; on l'accablait d'injures; et déjà les plus audacieux le menaçaient des dernières violences; lorsqu'il prit le parti de se retirer dans le palais. Mais peu après, Bélisaire en sortit avec des troupes dévouées, tomba sur la multitude réunie dans le cirque, et massacra trente mille personnes. La sédition finit alors, étouffée dans le sang (Procop., *Pers.*, l. 1, c. 24, 25; *Hist. arc.*, c. 12, 18, 20, 21, 29; *Chron. Alex.*; Théoph., *Hist. du Bas-Empire*, l. 41).

Tandis qu'en Orient l'empereur Justinien s'occupait ainsi à faire et à défaire des lois, des mœurs, des bâtiments, des séditions, un individu pauvre, sorti depuis peu d'une caverne, établissait en Occident une législation et une société nouvelle, pour quiconque voulait bien s'y soumettre; une législation et une société ayant pour but de pratiquer la perfection du christianisme; une législation et une société qui, de fait, civilisera les nations barbares, leur apprendra tout à la fois et à cultiver les terres et à cultiver les sciences et les arts, et réalisera ainsi les vœux de Boëce et de Cassiodore, en transmettant aux siècles futurs les trésors littéraires de l'antiquité soit ecclésiastique, soit profane. Le nom de cet homme était *Benedictus* ou *Béni*, dont nous avons fait Benoit. Béni de nom; il l'a été surtout dans ses œuvres. Il était né, vers l'an 480, d'une famille considérable, aux environs de Norsie, dans le duché de Spolète. Son père se nommait Eutrope, sa mère, Abundantia. Jeune encore, il avait été envoyé à Rome pour faire ses études. Mais voyant la corruption de la jeunesse des écoles, il se retira secrètement de cette ville, et, s'étant dérobé même de sa nourrice qui l'avait suivi, il vint à un lieu nommé Sublac, à quarante milles de Rome, où il s'enferma dans une caverne fort étroite. Il était dans sa 14e ou 15e année. Il demeura trois ans dans cette caverne, sans que personne en sut rien, excepté un moine qui, l'ayant rencontré près de cette solitude et ayant appris son dessein, lui promit le secret; le revêtit de l'habit monastique et lui donna tous les secours qui dépendaient de lui. Romain, c'était le nom du moine, demeurait dans un monastère du voisinage, dont un abbé nommé Théodat, mais il se dérobait quelquefois et portait, à certains jours, ce qu'il se retranchait de sa portion, à saint Benoit. Comme il n'y avait point de chemin pour arriver à sa caverne du côté du monastère de Théodat, Romain attachait la corde à un arbre à une longue corde, avec une clochette, pour avertir Benoit de la prendre.

Vivant ainsi dans sa grotte, sans aucun commerce avec les hommes, il ne savait pas même quel jour il était. Le jour de Pâques 497, un prêtre d'un lieu assez éloigné, ayant préparé à manger pour lui-même, Dieu lui fit connaître, par révélation, le lieu où était son serviteur qui mourait de faim. Il se mit aussitôt en route, à travers les vallons et les rochers, jusqu'à ce qu'il le trouvât dans sa caverne. La première chose qu'ils firent tous deux, fut de prier ensemble et de s'entretenir ensuite des choses divines. A la fin, le prêtre lui dit : Levez-vous et mangeons, car c'est aujourd'hui la fête de Pâques. Benoit répondit : Je sais bien que c'est la fête de Pâques, puisque j'ai mérité de vous voir. Le prêtre lui dit de nouveau : C'est vraiment la solennité pascale, le jour de la résurrection du Seigneur, auquel il ne vous convient pas de jeûner, et j'ai été expressément envoyé pour que nous prenions ensemble les dons de Dieu. Ils mangèrent donc ensemble, en bénissant le Seigneur, et, le repas fini, le prêtre revint à son église.

Vers le même temps, des pâtres le trouvèrent caché dans sa caverne, et, le voyant couvert d'une peau de brebis, à travers les broussailles, ils le prirent pour une bête. Mais quand ils connurent que c'était un serviteur de Dieu, ils concurent pour lui de la vénération. Plusieurs même, gagnés par ses discours, quittèrent leurs mœurs brutales et se convertirent. Depuis ce temps, il commença à être connu de tout le voisinage. Plusieurs venaient le voir et lui apportaient de la nourriture; lui, pour les remercier, nourrissait leurs âmes de diverses instructions salutaires. Le démon en fut envieux. Un jour, Benoit étant seul, le souvenir d'une femme qu'il avait vue autrefois, excita en lui une tentation si violente, qu'il fut près de quitter sa solitude. Mais aussitôt, illuminé de la grâce divine et revenu à lui-même, il se jette dans un buisson d'orties et d'épines, et s'y roule si longtemps à nu, qu'il en sortit tout en sang. Les plaies du corps prévinrent celles de l'âme, et la douleur éteignit la volupté. Le fruit qu'il retira de cette victoire, fut que depuis il n'eut plus de pareilles tentations à combattre.

Son nom étant devenu fort célèbre, plusieurs quittèrent le monde et se rangèrent sous sa conduite. A quelque distance de Sublac il y avait un monastère, dont l'abbé était mort; tous les suffrages de la communauté se réunirent à lui donner Benoît pour successeur. Les religieux vinrent le trouver et le pressèrent, avec beaucoup d'instances, de se charger de leur direction. Il refusa longtemps, disant que leurs manières ne pourraient s'accorder avec les siennes; mais fatigué par leurs importunités, il consentit enfin à être leur abbé. Comme il voulait les corriger et les obliger de vivre conformément à leur état, ils se repentirent bientôt du choix qu'ils avaient fait de lui, le regardant comme un homme sans expérience, dur et sans miséricorde, peu propre à conduire les autres. Ils dissimulèrent néanmoins leur colère dans les commencements. Mais voyant qu'il ne relâchait rien de sa sévérité, et trouvant insupportable de quitter leurs anciennes habitudes, ils prirent unanimement le parti de se défaire de lui, en lui donnant du vin empoisonné. Lorsqu'il était à table, on lui présenta à bénir le premier verre qui était pour lui; tous, suivant la coutume du monastère, tenant en main leurs verres pour être bénis en même temps: Benoît étendit la main et fit le signe de la croix; aussitôt le verre, dans lequel se trouva le breuvage de mort, se cassa comme s'il y eût jeté une pierre. L'homme de Dieu comprit aussitôt ce que c'était, et, se levant de table, il dit aux moines d'un visage tranquille : « Que le Dieu tout-puissant ait pitié de vous, mes frères! Pourquoi avez-vous voulu me traiter de la sorte? Ne vous avais-je pas prédit que vos mœurs et les miennes ne pourraient s'accorder? Allez chercher un supérieur qui vous convienne; vous ne m'aurez plus à l'avenir. » Leur ayant ainsi parlé, il retourna dans sa chère solitude. C'était vers l'an 510.

Ses vertus et ses miracles lui attirèrent tant de disciples dans sa solitude de Sublac; qu'il bâtit alentour douze monastères, en chacun desquels il mit douze moines sous la conduite d'un abbé soumis à sa correction. On connaît encore les lieux et les noms de ces monastères. La réputation de saint Benoît passa d'abord à Rome, d'où elle s'étendit dans les provinces les plus éloignées. Les plus nobles de cette ville et les personnes de piété venaient le voir dans sa solitude. Quelques-uns même lui donnèrent leurs enfants, non pour les élever dans la science des arts vains et inutiles, mais pour les former dans la vertu et dans la piété. Equitius lui donna son fils Maur, âgé de douze ans, et le patrice Tertullus, son fils Placide; encore enfant, deux sujets de grande espérance. Les actes de saint Placide rapportent ceci à l'an 522.

Dans cette année et pendant les suivantes, saint Benoît opéra plusieurs merveilles, que les auteurs de sa vie ont eu soin de rapporter. Parmi ces auteurs, le principal est le pape saint Grégoire le Grand, qui a écrit la vie du saint, sur le témoignage de ses disciples immédiats. Benoît demeurait en 528 dans un de ses douze monastères, peu éloigné du lac de Sublac, lorsque le jeune Placide, y allant puiser de l'eau, tomba lui-même dans le lac, dont l'eau l'emporta loin de terre environ la portée d'un trait. Benoît, l'ayant connu aussitôt, appela Maur et lui dit : « Mon frère, courez vite, cet enfant est tombé dans le lac, et l'eau l'entraîne. » Maur lui ayant demandé sa bénédiction, ainsi qu'il était dès lors de coutume, courut jusqu'à l'endroit où l'eau emportait Placide, et, l'ayant pris par les cheveux, il revint avec la même diligence. Sitôt qu'il fut à terre, il regarda derrière lui, et, voyant qu'il avait marché sur l'eau, il en fut épouvanté. Il raconta la chose à saint Benoît, qui attribua ce miracle à son obéissance; mais saint Maur l'attribuait au commandement de son maître, soutenant qu'il ne pouvait avoir de part à une chose qu'il avait faite sans s'en apercevoir. Placide décida la contestation en disant : « Lorsqu'on me tirait de l'eau, je voyais sur ma tête la melote de l'abbé, et lui-même qui me tirait. » La melote était une peau de mouton, que les moines portaient sur leurs épaules.

Comme la ferveur allait croissant dans ces monastères, et que toujours un plus grand nombre abandonnait la vie du siècle pour embrasser le joug du Sauveur, le prêtre d'une église du voisinage devint jaloux de saint Benoît. Il se nommait Florentius, et son petit-fils fut plus tard sous-diacre du pape saint Grégoire, qui rapporte la chose. Ce prêtre, jaloux du saint, se mit donc à critiquer sa manière de vie, et à détourner de l'aller voir tous ceux qu'il pouvait. Voyant, au contraire, que sa manière de vie lui attirait beaucoup de louanges et convertissait toujours un plus grand nombre d'âmes, il se laissa aveugler par l'envie. Il aurait voulu être loué comme Benoît, sans vivre de même. Il envoya donc au serviteur de Dieu, comme une aumône, un pain où il y avait du poison. Saint Benoît en eut connaissance et n'y toucha point. Florentius, n'ayant pu tuer le corps du maître, chercha à corrompre les âmes des disciples; il introduisit dans le jardin du monastère où demeurait Benoît, sept filles nues, pour solliciter, par leurs yeux lascifs, l'imagination des moines. Saint Benoît, voyant que tout cela se faisait à cause de lui personnellement, laissa toute sa place à ses monastères sous la conduite des supérieurs qu'il leur avait donnés, et partit avec quelques religieux pour aller s'établir ailleurs. Florentius était sur la terrasse de sa maison, lorsqu'il apprit le départ de Benoît. Comme il était à s'en réjouir, la terrasse s'écroula tout à coup et l'écrasa sous ses ruines. Saint Benoît n'était encore éloigné que de trois lieues. Maur, son disciple, courut aussitôt lui dire : Revenez, revenez! parce que le prêtre qui vous persécutait vient de périr. Mais l'homme de Dieu se mit à pleurer amèrement, et de ce que son ennemi avait péri, et de ce que son disciple osait s'en réjouir; et il imposa une pénitence à celui-ci pour cette faute.

Parti de cette manière, de Sublac, saint Benoît vint à Cassin, petite ville sur le penchant d'une haute montagne dans le pays des Samnites. Il y avait sur le sommet de cette montagne un ancien temple d'Apollon, que les paysans adoraient encore, et tout autour, des bois consacrés à l'idole, où ils faisaient des sacrifices. Ce fut là que Benoît fixa sa demeure. Il brisa l'idole, renversa l'autel, coupa les bois, bâtit un oratoire de saint Martin dans le temple même d'Apollon, et un de saint Jean à l'endroit où était l'autel des idoles, et se mit à instruire de la vraie religion tout le peuple d'alentour. Il travailla après cela au logement des religieux, n'ayant d'autre architecte que lui-même, ni d'autres ouvriers que ses moines. On rapporte la fondation de ce monastère vers l'an 529. Mais tout cela ne se fit pas sans essuyer, comme autrefois saint Antoine, bien des assauts du malin esprit. Souvent il apparaissait au saint, non point en songe, mais aux yeux mêmes de son corps, sous des formes horribles, avec des yeux flamboyants, lui disant des injures, se plaignant à grands cris de la violence qu'il lui faisait, en ajoutant, par allusion à son nom de Bénédictus : *Maudit*, et non pas *béni*, qu'as-tu à faire avec moi ? pourquoi me persécutes-tu ? Les religieux mêmes entendaient la voix et les paroles, mais Benoît seul voyait la figure. Un jour que les moines travaillaient à rehausser un mur, le saint leur envoya dire de sa cellule : Soyez bien sur vos gardes ; car le malin esprit vient à vous dans ce moment. A peine le messager eut-il achevé ces paroles, que le mur, ébranlé, tomba sur un enfant du monastère et l'écrasa de manière à lui briser les os. Les moines, affligés, le portèrent à saint Benoît, qui le fit placer sur sa natte, puis ayant fermé sa cellule et prié avec ferveur, il le renvoya sur l'heure même travailler au mur, aussi bien portant que jamais (S. Greg., *Vita S. Bened.*, c. 11).

Le nombre de ses disciples augmentant de jour en jour, saint Benoît leur donna une règle, qui fut trouvée si sage, qu'avec le temps elle a été reçue dans tous les monastères de l'Occident, comme celle de saint Basile l'a été dans ceux de l'Orient.

La vie monastique a pour fin d'observer, non-seulement les préceptes de l'Evangile, mais encore les conseils, savoir : la continence parfaite, la pauvreté volontaire, l'obéissance religieuse. Les préceptes obligent tous les chrétiens ; les conseils de perfection ne sont que pour ceux qui veulent et que Dieu y appelle. Jésus-Christ dit à tout le monde : « Si quelqu'un veut venir après moi, il faut qu'il se renonce soi-même, qu'il porte sa croix et qu'il me suive. Si quelqu'un veut renoncer point à la famille, à tout ce qu'il possède, et de plus à soi-même, il ne saurait être mon disciple. » Ainsi, pour être vraiment disciple de Jésus-Christ, il faut renoncer à tout, au moins de cœur et d'affection. Mais il dit de plus au jeune homme : « Si vous voulez être parfait, vendez tout ce que vous avez, donnez-en le prix aux pauvres, et ensuite venez et suivez-moi. » C'est à pratiquer ce conseil de perfection et à suivre en tout Jésus-Christ, que tend la vie monastique. Jésus-Christ, la pureté même, est né d'une vierge, a vécu vierge, est mort vierge, et, dans le ciel, s'entoure d'une troupe élue de vierges ; Jésus-Christ, le Seigneur du ciel et de la terre, est né pauvre, dans une étable ; il a vécu pauvre, n'ayant pas où poser sa tête ; il est mort pauvre, dépouillé de ses vêtements mêmes, et n'ayant pas à lui un sépulcre ; Jésus-Christ, le souverain maître de l'univers, a été obéissant jusqu'à la mort et jusqu'à la mort de la croix. Voilà le modèle, voilà la règle vivante de la vie monastique.

Sans nous arrêter aux mots, allons au fond des choses. Quand les philosophes de l'antiquité nous tracent d'imagination le portrait de leur sage ; quand ils nous le montrent supérieur au plaisir et à la douleur du corps, supérieur aux honneurs et aux richesses du monde, supérieur à l'inconstance naturelle de l'homme, et suivant en tout la raison et la sagesse, ne nous font-ils pas le portrait du vrai moine, qui, par les vœux de religion, s'élève pour jamais au-dessus des plaisirs et des richesses, au-dessus de sa propre inconstance, en se mettant dans l'heureuse nécessité de faire toujours, dans la volonté de son supérieur, la volonté de Dieu, c'est-à-dire ce qui est parfait ? Les efforts des philosophes pour mettre leurs idées en pratique n'ont-ils pas été des essais informes et avortés de vie monastique ? Les Pères de l'Eglise n'ont-ils pas eu raison de dire que la vie monastique était la vraie philosophie ?

Nous en voyons des traces dans l'Ancien Testament. Les enfants des prophètes, qui, sous la direction d'Elie et d'Elisée, vivaient en commun dans les déserts ou sur les bords du Jourdain, étaient les moines et les cénobites d'Israël. Dans l'Eglise chrétienne, cette tendance à se retirer du monde pour vivre dans le calme de la solitude, s'est manifestée dans tous les temps. Dès les premiers siècles, sous le nom d'*ascètes*, les âmes d'élite se réunissaient en plus ou moins grand nombre, soit à la ville, soit à la campagne, pour vaquer plus efficacement à la perfection. Cette tendance, augmentée par la persécution des idolâtres et peut-être aussi par la vie peu édifiante de bien des chrétiens du monde, peupla plus tard les déserts d'Egypte, de Palestine et de Syrie. L'Occident s'en ressentit à son tour. Nous avons vu, en Italie, le monastère de Saint-Eusèbe de Verceil ; en Afrique, ceux de Saint-Augustin et de Saint-Fulgence ; en Gaule, ceux de Saint-Martin, de Saint-Germain d'Auxerre, de Lérins, de Condat ; en Norique, ceux de Saint-Séverin, sans compter une foule d'autres. Mais presque chaque monastère avait sa règle particulière ; quelquefois même on en changeait. De plus, outre les ermites qui vivaient seuls, peut-être souvent sans aucune règle ou direction certaine, il y avait des moines vagabonds qui, sans observer aucune règle, couraient le monde ou se réunissaient quelque temps pour vivre à leur fantaisie, à peu près comme Lucien nous représente les philosophes de son temps, en particulier les philosophes cyniques. Ce fut pour remédier à tous ces inconvénients, prévenir tous ces écarts et porter constamment tous ses disciples à la perfection religieuse, que saint Benoît écrivit sa règle de la vie monastique.

Elle admet sans distinction les enfants, les jeunes gens et les adultes, les pauvres et les riches, les nobles et ceux qui sont de basse extraction, les esclaves et les hommes libres, les doctes et les ignorants, les laïques et les clercs.

Celui qui se présentait pour entrer dans le monastère, n'était reçu qu'après de grandes épreuves. D'abord on le laissait pendant quatre ou cinq jours frapper à la porte ; on lui en refusait l'entrée avec mépris, et on ne la lui accordait que lorsqu'il persévérait dans sa demande. Puis on le mettait pour quelques jours dans le logement des hôtes, ensuite dans celui des novices, où il méditait, prenait son repas et son sommeil. On confiait sa direction à quelque ancien propre à gagner les âmes, qui examinait avec soin toutes ses actions, pour savoir s'il cherchait Dieu avec sincérité, s'il se portait avec zèle à l'office divin, à l'obéissance et aux autres mortifications humiliantes. L'ancien l'avertissait aussi de toutes les peines qui se rencontrent dans le chemin du ciel. Si, après deux mois, le novice persévérait, on lui lisait la règle par ordre et de suite, en lui disant : Voilà la loi sous laquelle vous voulez combattre; si vous pouvez la garder, entrez; si vous ne le pouvez, retirez-vous librement. Au bout de six autres mois, on lui lisait encore la règle, et une troisième fois au bout de quatre mois.

Après un an de persévérance, on le recevait, s'il promettait d'observer tout ce que la règle ordonne. Il faisait sa profession dans l'oratoire, en présence de toute la communauté, promettant la stabilité, la conversion de ses mœurs et l'obéissance. Il rédigeait par écrit sa promesse, ou, s'il ne savait écrire, quelqu'un, à sa prière, l'écrivait pour lui; mais il la signait de sa main et la mettait sur l'autel. S'il avait quelques biens, il les distribuait aux pauvres avant de faire profession, ou les donnait au monastère par un acte solennel, sans se réserver rien du tout. Alors on le revêtait des habits du monastère, et on gardait les siens pour les lui rendre, s'il arrivait qu'un jour il en sortît. Néanmoins on ne lui rendait pas sa promesse, que l'abbé avait soin de retirer de dessus l'autel; elle devait être gardée dans le monastère. Si quelque personne noble offrait son fils à Dieu dans le monastère, et que l'enfant fût en bas âge, le père et la mère faisaient une semblable promesse, qu'ils enveloppaient de la nappe de l'autel, avec leur offrande et la main de l'enfant. Il ne leur était pas permis de lui rien donner, mais seulement au monastère, en forme d'aumône ou de reconnaissance. En ce cas, ils en faisaient une donation authentique, en se réservant, s'ils voulaient, l'usufruit pendant leur vie. A l'égard de ceux qui étaient pauvres, ils faisaient simplement leur promesse par écrit, et présentaient leur enfant et leur offrande en présence de témoins.

Si quelqu'un de l'ordre des prêtres demandait à être reçu, on ne le recevait qu'après l'avoir mis aux épreuves; s'il persévérait et promettait de garder la règle, on l'admettait dans la communauté, où on lui donnait la première place après l'abbé, par respect pour le sacerdoce. Alors il faisait les bénédictions et célébrait la messe, mais toujours avec dépendance de l'abbé, étant sujet, comme les autres, à la discipline régulière. On accordait un moindre rang aux autres ecclésiastiques, quand, après leurs épreuves, ils avaient promis de garder la règle et la stabilité. Du reste, chacun tenait dans le monastère le rang de sa réception, à moins que l'abbé n'en disposât autrement, eu égard au mérite de la personne. Ainsi, celui qui était venu au monastère à la seconde heure du jour, tenait un rang inférieur à celui qui était venu à la première, de quelque qualité et de quelque âge que ce fût. Les plus jeunes rendaient honneur aux plus anciens, en les appelant *nonnes*, c'est-à-dire oncles, du grec *nennos*, oncle, se levant devant eux,

leur cédant la place et leur demandant la bénédiction. Les anciens appelaient les jeunes leurs frères. Les petits enfants et ceux qui étaient un peu plus âgés se tenaient aussi, selon leur rang, dans l'oratoire. Si un religieux étranger demandait l'hospitalité, on le gardait en qualité d'hôte autant de temps qu'il souhaitait, pourvu qu'il se contentât de l'ordinaire qu'il y trouvait, et qu'il ne troublât point le monastère par ses superfluités. S'il reprenait ou remontrait quelque chose, l'abbé recevait ses avis, et si l'on était édifié de sa conduite, on le priait de demeurer dans le monastère, et il était au pouvoir de l'abbé de lui donner un rang un peu plus élevé, s'il l'en trouvait digne. Mais l'abbé ne devait jamais admettre un moine d'un autre monastère connu, sans le consentement de son abbé ou sans lettre de recommandation.

On donnait des habits aux moines suivant la qualité du pays plus chaud ou plus froid. Saint Benoît estime que, dans les lieux tempérés, il suffisait que chacun eût une cuculle et une tunique; la cuculle plus épaisse pour l'hiver, plus rase pour l'été, et un scapulaire pour le travail. C'était depuis longtemps l'habit ordinaire des pauvres et des gens de la campagne. Il ne marque point la couleur de ces vêtements; mais l'usage ancien est que la cuculle et le scapulaire soient de noir, et la tunique de blanc. Elle se mettait immédiatement sur la chair. La cuculle avait un capuce, et enveloppait les épaules, descendant sur le reste du corps. Cet habillement, pour sa commodité, devint commun à tout le monde dans les siècles suivants, et il a duré dans l'Europe jusque vers le XVe siècle. Non-seulement les clercs et les gens de lettres, mais les nobles mêmes et les courtisans portaient des capuces et des chaperons de diverses sortes. Le scapulaire avait aussi un capuce. Les moines s'en servaient pendant le travail, parce que, dans ce temps, ils ôtaient leur cuculle qu'ils reprenaient aussitôt pour le reste du jour. Chacun avait deux tuniques et deux cuculles, soit pour changer pendant la nuit, soit pour les laver. Ils les prenaient au vestiaire commun, et y remettaient les vieilles. Ils y en prenaient aussi de meilleures que celles qu'ils prenaient ordinairement, lorsqu'il leur arrivait de sortir du monastère; mais ils étaient obligés, après leur retour, de les remettre au vestiaire après les avoir lavées. On donnait aux pauvres les habits que les moines rendaient lorsqu'ils en recevaient de neufs. Les étoffes dont on les habillait étaient celles qui se trouvaient dans le pays, à meilleur prix.

L'abbé était chargé de veiller à ce que les habits ne fussent pas trop courts pour ceux qui devaient s'en servir, mais d'une juste longueur. Pour ôter tout sujet de propriété, il donnait à chacun toutes les choses nécessaires, c'est-à-dire, outre les habits et les chaussures, un mouchoir, une ceinture, un couteau, une aiguille, des tablettes et un poinçon à écrire. La garniture des lits consistait en une paillasse, une couverture de laine et un chevet. Chacun avait son lit; mais les moines couchaient tous en un même lieu, au moins dix ou vingt ensemble, si la communauté était nombreuse. Une lampe brûlait toute la nuit dans le dortoir, et il y avait toujours quelque ancien pour observer la conduite des autres. Ils dormaient tout vêtus, même avec leur ceinture, afin d'être toujours prêts à se lever pour l'office. Les jeunes n'avaient pas leurs lits proches l'un de l'autre, mais ils étaient mêlés avec ceux des anciens; et, se levant pour aller à l'office, ils s'éveillaient doucement l'un l'autre pour ôter toute excuse aux paresseux.

La règle ordonne pour chaque repas deux portions cuites, afin que celui qui ne pourrait manger de l'une mangeât de l'autre. S'il se trouvait des fruits ou des herbes nouvelles, on ajoutait une troisième portion. On ne donnait qu'une livre de pain par jour, soit qu'on fît un repas ou deux. Lorsque l'on devait souper, le cellerier réservait la troisième partie de cette livre pour la servir au souper; mais il était au pouvoir de l'abbé d'augmenter la portion, s'il y avait quelque travail extraordinaire. Pour la boisson, on donnait une hémine de vin, que l'on croit de dix-huit onces. On en donnait douze à dîner et six à souper; et, lorsqu'on ne faisait qu'un repas, on la servait tout entière. Si le travail ou la chaleur l'exigeait, on augmentait cette mesure. Au reste, saint Benoît n'accorda l'usage du vin que dans les lieux où il en croissait, ou bien dans les monastères qui avaient le moyen d'en acheter. Il défend la chair des animaux à quatre pieds, hormis à ceux qui seraient très-faibles ou malades. Il défend aussi de donner aux enfants une aussi grande quantité de nourriture qu'aux personnes âgées, voulant que tous évitent les excès.

Depuis le jour de Pâques jusqu'à la Pentecôte, ils dînaient à sexte et soupaient le soir. Mais depuis la Pentecôte, durant tout l'été, ils jeûnaient le mercredi et le vendredi jusqu'à none, à moins que le travail de la campagne ou la chaleur excessive ne les en empêchât. Les autres jours, ils dînaient à sexte, comme dans la cinquantaine de Pâques. Depuis le 3 septembre jusqu'au commencement du carême, ils mangeaient toujours à none, et, pendant le carême, ils ne mangeaient qu'à l'heure de vêpres, qui devait tellement être réglée qu'on n'eût pas besoin de lumière pendant le repas. En carême, chacun offrait, de son propre mouvement et avec la joie du Saint-Esprit, quelque chose de sa portion accoutumée, c'est-à-dire qu'il refusait à son corps quelque partie du boire, du manger, du sommeil et de ses entretiens; mais il devait déclarer à son abbé ce qu'il se proposait d'offrir à Dieu, afin que sa mortification fût réglée par son ordonnance et aidée de ses prières. On faisait toujours la lecture pendant le repas, et le lecteur était choisi chaque semaine dans la communauté, en sorte que les religieux ne lisaient point chacun à son tour, mais ceux-là seulement qui pouvaient édifier ceux qui les écoutaient. Le lecteur semainier prenait un coup à boire et un peu de pain avant de lire, soit par respect pour la sainte communion qu'il avait reçue à la messe, soit de peur qu'il n'eût trop de peine à soutenir le jeûne. La lecture finie, il prenait son repas avec les semainiers de cuisine et les servants de table; car les moines se servaient les uns les autres, et aucun n'était dispensé de servir à la cuisine, s'il n'en était empêché par maladie ou par quelque occupation plus utile. Une heure avant le repas, les semainiers prenaient chacun un coup à boire et du pain sur leur portion ordinaire, afin qu'ils eussent moins de peine à servir les religieux pendant le repas. Mais aux jours solennels, ils différaient cette petite réfection jusqu'à la messe, parce qu'ils y recevaient avec les autres la sainte Eucharistie. Celui qui sortait de semaine, nettoyait toutes choses le samedi, et, prenant avec lui celui qui devait entrer en semaine, ils lavaient eux deux les pieds à tous les religieux, et rapportaient au cellerier les vases de leur office nets et entiers, que le même cellerier mettait de nouveau entre les mains de celui qui entrait en semaine.

Saint Benoît veut qu'on serve les malades comme si c'était Jésus-Christ même en personne; mais aussi que les malades, considérant que c'est pour l'honneur de Jésus-Christ qu'on leur rend service, n'attristent point les frères en leur demandant des choses non nécessaires. Il y avait une chambre particulière pour les malades, et un religieux craignant Dieu, diligent et soigneux, pour les servir. On leur permettait l'usage de la viande et des bains toutes les fois qu'il était à propos; mais on n'accordait que rarement le bain à ceux qui étaient en santé, principalement aux jeunes. Lorsqu'on était averti de l'arrivée de quelque hôte, le prieur ou quelques religieux venaient le recevoir avec toute sorte de charité et de respect. On le menait ensuite à l'oratoire, puis on lui donnait le baiser de paix. On faisait en sa présence quelque lecture pour son édification. Le supérieur rompait le jeûne, si ce n'en était un qui fût ordonné par l'Église. L'abbé donnait à laver les mains à l'hôte, et tant lui que toute la communauté, lui lavaient les pieds. Après quoi l'abbé mangeait avec lui, appelant tels frères qu'il lui plaisait, pourvu qu'il laissât toujours à la communauté un ou deux des anciens pour maintenir la discipline. L'abbé avait sa cuisine et sa table à part, pour être en état de recevoir les hôtes à toute heure, sans déranger la communauté, et, tous les ans, on donnait la charge de cette cuisine à deux frères en état de se bien acquitter de cet office. Il y avait aussi un religieux chargé du soin de la chambre des hôtes, où l'on montait des lits en suffisance et proprement accommodés. Mais personne ne leur parlait sans ordre, excepté celui qui était destiné à les recevoir.

Quant aux offices divins, saint Benoît les règle ainsi: l'hiver, c'est-à-dire depuis le 1er novembre jusqu'à Pâques, on se lèvera à la huitième heure de la nuit, c'est-à-dire à deux heures. L'abbé lui-même aura soin de sonner l'office divin, ou de commettre cette charge à un religieux si exact, que toute chose se fasse à son heure. Ce qui restera de temps après les veilles de la nuit, c'est-à-dire après l'office nocturne que nous appelons matines, sera employé par les religieux à apprendre les psaumes, ou à les méditer, ou à quelque lecture nécessaire. Depuis Pâques jusqu'au 1er novembre, c'est-à-dire pendant l'été, on disposera l'heure des matines en telle sorte, qu'on puisse commencer les laudes au point du jour. Les jours de dimanche, on se lèvera plus matin. Saint Benoît marque dans un grand détail les psaumes, les leçons et autres prières à dire à matines, à laudes, à prime, tierce, sexte, none, vêpres et complies. Il avertit que, si la distribution qu'il a faite des psaumes, pour les offices, tant de la nuit que du jour, ne plaît pas à quelqu'un, il peut les distribuer autrement, pourvu que, chaque semaine, on dise tout le psautier, contenant cent cinquante psaumes, et que, tous les dimanches, on le recommence à matines; c'est le moins, dit-il, que nous puissions faire, puisque nos pères le disaient tout entier tous les jours, selon que nous l'apprenons de l'histoire de leur vie. Quoiqu'il ne prescrive point d'autres prières, il suppose clairement que les religieux s'appliquaient d'eux-mêmes, en certaines heures, à l'oraison mentale, lorsqu'il dit qu'elle doit être courte et pure, si ce n'est qu'on la prolonge par les mouvements d'une inspiration particulière et de la grâce divine; mais, ajoute-t-il, en communauté, on fera toujours l'oraison courte; le supérieur ayant donné le signal, tous se lèveront ensemble en silence; après avoir fait la révérence à Dieu. Il était toutefois permis, hors le temps de l'office, d'entrer dans l'oratoire et d'y prier, non à voix haute, mais avec larmes et pureté de cœur. C'est la disposition qu'ils demandent dans ceux qui prient.

Après les offices divins, le reste de la journée devait être employé au travail des mains et à la lecture des bons livres. Depuis Pâques jusqu'au 1er octobre, les religieux, sortant le matin, travaillaient à ce qui était nécessaire depuis la première heure jusqu'à la quatrième, c'est-à-dire depuis les six heures jusqu'à dix; après ces quatre heures de travail, ils s'occupaient à la lecture jusqu'à sexte. Après sexte, se levant de table, ils reposaient sur leurs lits en silence. Mais, si quelqu'un voulait lire, on ne l'empêchait pas, pourvu qu'il le fît sans troubler les autres. On disait none plus tôt que de coutume, au milieu de la huitième heure, c'est-à-dire à une heure et demie, puis on travaillait jusqu'à vêpres; ce qui faisait environ sept heures de travail par jour, avec deux heures de lecture. Que si, ajoute saint Benoît, la nécessité du lieu ou la pauvreté oblige les religieux à recueillir eux-mêmes leurs fruits, qu'ils ne s'en attristent point, parce qu'ils seront véritablement moines, lorsqu'ils vivront du travail de leurs mains, comme ont fait nos pères et nos apôtres. Que tout se fasse néanmoins avec mesure, à cause des faibles. Mais depuis le 1er octobre jusqu'au commencement du carême, ils s'occupaient à la lecture jusqu'à la seconde heure complète, c'est-à-dire jusqu'à huit heures du matin. Alors on disait tierce, puis tous travaillaient jusqu'à none; ce qui faisait sept heures de travail tout de suite. Au premier coup de none, chacun quittait son ouvrage pour se tenir prêt au second coup. Après le repas, on s'appliquait à la lecture ou à l'étude des psaumes. En carême, la lecture durait depuis le matin jusqu'à tierce, et le travail depuis neuf heures jusqu'à quatre heures après midi. Au commencement du carême, chacun prenait un livre à la bibliothèque pour le lire de suite.

Pendant les heures de la lecture, un ou deux des anciens, choisis à cet effet, faisaient la revue du monastère, pour voir si quelqu'un dormait ou s'amusait à causer et interrompre les autres. Aux jours où l'on ne jeûnait pas, les religieux, aussitôt après le souper, s'asseyaient tous en un même lieu, où l'un d'eux lisait les conférences, ou les *Vies des Pères*, ou quelque autre livre d'édification; mais non pas les livres de Moïse, ceux de Josué et des Juges, ni les livres des Rois, dont la lecture n'aurait point été utile à cette heure-là. Si c'était un jour de jeûne, on faisait cette assemblée un peu après les vêpres, et on lisait quatre ou cinq feuillets, autant qu'il en fallait pour donner à ceux qui étaient occupés à différents exercices le temps de se trouver à complies, après lesquelles il n'était plus permis à personne de parler, sinon pour quelque nécessité ou par l'ordre de l'abbé. Le dimanche, tous vaquaient à la lecture, excepté ceux qui étaient chargés de divers offices. S'il s'en trouvait qui ne pussent ni méditer ni lire, on les obligeait de faire quelque autre ouvrage, afin qu'ils ne demeurassent point oisifs. On prescrivait aussi des travaux plus faciles à ceux qui étaient faibles et délicats.

Ceux qui travaillaient trop loin du monastère pour revenir à l'oratoire aux heures accoutumées, se mettaient à genoux au lieu du travail et récitaient leur office avec crainte. Ceux qui étaient en voyage, le disaient aussi en particulier aux heures prescrites, comme ils le pouvaient. Personne ne choisissait son travail, il était imposé par le supérieur; et ceux qui savaient des métiers ne pouvaient les exercer qu'avec la permission de l'abbé et en toute humilité. Si quelqu'un d'eux s'élevait de vanité, prétendant être habile dans son art et s'imaginant apporter quelque utilité au monastère, on lui interdisait l'exercice de son art, qu'il ne pouvait reprendre, si l'abbé ne le lui ordonnait de nouveau, après avoir reconnu plus humble qu'auparavant. Si l'on vendait quelque chose de l'ouvrage des artisans du monastère, ceux qui en étaient chargés ne pouvaient rien retenir du prix pour eux, ni l'augmenter au delà de la valeur par un esprit d'avarice; mais ils étaient obligés de donner ces ouvrages un peu meilleur marché que les séculiers, afin que Dieu fût glorifié en tout. La distinction que saint Benoît fait des artisans d'avec ceux qui ne l'étaient pas, montre que le commun des moines n'était que de simples ouvriers, et que les nobles se réduisaient au rang du plus bas peuple, qui n'avait pas besoin d'étude pour entendre la langue latine, parce qu'elle était encore vulgaire. Ces artisans étaient simples laïques; il paraît même qu'il y en avait peu d'eux qui fussent initiés dans les ordres sacrés. Si l'abbé voulait faire ordonner un prêtre ou un diacre, il choisissait, d'entre les siens, celui qu'il en croyait digne. Mais le nouveau prêtre n'en était pas moins soumis à la discipline régulière et aux supérieurs. Que s'il était rebelle, il pouvait être châtié et même chassé du monastère, toutefois avec la participation de l'évêque.

Il était défendu à tous les religieux de recevoir, sans l'ordre de l'abbé, ni lettres ni présents de personne, pas même de leurs parents, ainsi que de sortir, sans sa permission, de l'enclos du monastère. Les moines qu'il envoyait dehors se recommandaient à ses prières et à celles de tous les frères. On faisait toujours commémoration des absents, après la dernière oraison de l'office; et lorsqu'ils étaient de retour, ils demeuraient prosternés en l'oratoire, sur la fin de chaque heure de l'office, demandant à tous les frères leurs prières, pour obtenir de Dieu le pardon des fautes qu'ils pouvaient avoir faites durant leur voyage. Il leur était étroitement défendu de rien dire de ce qu'ils avaient vu ou entendu au dehors, ces sortes de rapports causant beaucoup de mal. Pour ôter aux moines un prétexte de sortir du monastère, il devait être bâti de telle sorte, qu'on eût au dedans, s'il était possible, toutes les choses nécessaires, l'eau, le jardin, le moulin, la boulangerie et des endroits commodes pour les métiers différents. La porte était gardée par quelque sage vieillard qui sût parler et répondre à propos. Sa chambre était proche, afin que les survenants le trouvassent toujours présent. S'il avait besoin d'aide, il prenait avec lui quelque jeune frère. On donnait aussi des aides aux autres officiers du monastère qui en avaient besoin.

Il n'était pas permis à un religieux d'en défendre un autre ou de le prendre sous sa protection, fut-il son proche parent; ni de frapper ou d'excommunier quelqu'un de sa propre autorité. Cela regardait l'abbé ou celui auquel il en avait donné le pouvoir. Mais tous avaient soin de veiller sur la conduite des enfants, et de les tenir sous une bonne discipline jusqu'à l'âge de quinze ans. Au delà de cet âge, personne ne pouvait les châtier sans le commandement de l'abbé. S'il se trouvait quelque moine désobéissant ou violateur de la règle, les anciens l'avertissaient en secret une ou deux fois, selon le précepte du Seigneur. S'il ne se corrigeait point, on le reprenait publiquement devant tous. Si après tout cela il demeurait incorrigible, on l'excommuniait, si l'on jugeait qu'il comprît la grandeur de cette peine. Mais s'il était endurci, on le punissait de peines corporelles, c'est-à-dire de jeûnes ou de verges. Les moindres fautes, comme étaient celles de manquer en quelque psaume ou autre partie de l'office, étaient châtiées légèrement, lorsque le coupable en faisait satisfaction devant tous.

La règle appelle *excommunication* toute séparation de la communauté; et cette séparation était proportionnée, par le jugement de l'abbé, aux fautes commises. Celui qui, pour quelque faute légère, était privé de la table commune, ne commençait point de psaume ni d'antienne dans l'église, et ne récitait point de leçon, jusqu'à ce qu'il eût satisfait. Il ne prenait non plus son repas qu'après les religieux, à l'heure et en la quantité que l'abbé ordonnait. Mais celui qui était tombé en de grandes fautes, devait être privé tant de la table commune que de l'office du chœur. Personne ne lui parlait, et il était séparé de tous, même dans le travail, persistant dans les larmes de la pénitence, considérant cette parole terrible de l'apôtre : *Celui qui est coupable de ce crime est livré à Satan pour mortifier sa chair, afin que son âme soit sauvée au jour du Seigneur.* L'application que fait ici saint Benoît de ces paroles de saint Paul, donne lieu de croire qu'il parle d'une véritable censure ecclésiastique.

Il ajoute que le moine qui est excommunié de la sorte, prendra seul son repas, en la quantité et à l'heure que l'abbé aura jugées à propos; qu'il ne sera point béni de ses frères, et qu'on ne lui bénira point la portion qu'on lui donnera. Il n'était permis à aucun religieux de parler ni d'écrire à l'excommunié, sans un ordre exprès. Celui qui faisait le contraire subissait la même peine d'excommunication. L'abbé devait avoir un grand soin des excommuniés, et envoyer, comme en secret, de sages anciens pour les exciter à une humble satisfaction. S'ils ne se corrigeaient point, on les châtiait avec des verges, et enfin on les chassait du monastère, de peur qu'ils ne corrompissent les autres. Celui qui était excommunié de l'oratoire et de la table commune pour quelque grande faute, satisfaisait en cette manière. Prosterné en terre devant la porte de l'oratoire, durant la célébration du service divin, il gardait un profond silence; mais, se tenant la tête contre terre et le corps étendu, il se jetait aux pieds de tous ceux qui en sortaient : ce qu'il continuait jusqu'à ce que l'abbé jugeât qu'il avait satisfait. Lorsque l'abbé lui commandait de venir, il se jetait à ses pieds et aux pieds de tous les frères, afin qu'ils priassent pour lui. Alors, si l'abbé l'ordonnait, on le recevait dans le chœur, sans néanmoins qu'il lui fût permis d'entonner aucun psaume, de lire aucune leçon ou de faire quelque autre fonction, jusqu'à ce que l'abbé le lui eût permis. A la fin de toutes les heures de l'office, il se prosternait à la place où il était, et satisfaisait de la sorte, jusqu'à ce que l'abbé lui ordonnât de ne plus continuer. C'était aussi à l'abbé de prescrire le temps de la peine imposée à ceux qui n'étaient excommuniés que de la table commune. On recevait de nouveau le religieux qui était sorti du monastère ou qui en avait été chassé par sa faute, pourvu qu'auparavant il promît de n'y plus retomber. Ayant été ainsi reçu, on le plaçait au dernier rang, pour éprouver son humilité. S'il sortait encore, on pouvait le recevoir jusqu'à une troisième fois; mais après cela, la porte ne lui était plus ouverte.

L'abbé qui devait gouverner le monastère et dont le pouvoir y devait être si grand pour l'exécution de la règle, était choisi par toute la communauté ou par la plus saine partie, eu égard au seul mérite, sans considérer son rang d'antiquité. Que si la communauté choisissait une personne qui dissimulât ses vices, l'évêque diocésain, les autres abbés, ou même les chrétiens du voisinage devaient empêcher ce désordre et procurer à la maison de Dieu un digne pasteur, assurés de recevoir une grande récompense, s'ils le font avec une intention pure, mais aussi de se rendre coupables, s'ils le négligent. L'abbé, étant choisi, était ordonné par l'évêque ou par d'autres abbés. Il devait être instruit de la loi de Dieu, charitable, prudent, discret; montrer en tout l'exemple et n'être que l'exécuteur de la règle, pour la faire garder fidèlement. Qu'il se souvienne toujours, dit saint Benoît, qu'il est chargé du gouvernement des âmes, et qu'il se garde bien de les négliger, pour s'appliquer davantage aux choses temporelles; mais qu'il ait grande foi en la Providence. Il doit tout faire avec conseil. Dans les moindres choses, il consultera seulement les anciens; mais dans les plus importantes, il assemblera toute la communauté, proposera le sujet et demandera l'avis de chacun, même des plus jeunes, parce que Dieu révèle souvent aux jeunes ce qui est mieux; mais après avoir mûrement examiné leurs avis, la décision doit dépendre de lui, et tous sont obligés de lui obéir.

Au-dessous de l'abbé, il y avait d'ordinaire un prieur ou prévôt et plusieurs doyens. En quelques monastères, le prévôt était ordonné par l'évêque ou par les abbés, comme l'abbé même : ce qui lui donnait sujet de se regarder comme un second abbé et de n'être pas assez soumis. C'est pourquoi saint Benoît rejette cet usage, et veut que le monastère ne soit gouverné, sous l'abbé, que par des doyens, dont l'autorité, étant partagée, sera moindre. Que si l'on juge à propos d'avoir un prévôt, il sera établi par l'abbé et lui demeurera soumis. Ces doyens étaient établis pour veiller sur dix moines, au travail et à leurs autres exercices, et soulager l'abbé, qui ne pouvait être partout. On les choisissait, non pour l'antiquité, mais pour le mérite, et on pouvait les déposer après trois admonitions. Voilà les officiers pour le gouvernement du monastère.

Il y en avait d'autres pour le service : comme le cellerier, l'infirmier, l'hôtelier, le portier. Le cellerier avait la garde de toutes les provisions et de tous les ustensiles, et distribuait à chacun, suivant l'ordre de l'abbé, ce qui lui était nécessaire pour les besoins de la vie ou pour le travail. L'abbé avait un état de tous les meubles et habits du monastère, afin que rien ne se perdit. La propriété était défendue à tous, jusque dans les moindres choses, un livre, des tablettes, un poinçon à écrire ; mais on leur accordait l'usage de tout cela.

Saint Benoit finit sa règle en disant qu'il l'avait dressée pour donner, à ceux qui la pratiqueraient, des principes d'une vie honnête et quelques commencements des vertus religieuses : qu'à l'égard de ceux qui tendaient à la perfection, ils en trouveraient les règles dans les *Conférences de Cassien*, les *Vies des Pères* et dans la *Règle de saint Basile*. On voit bien qu'il avait puisé lui-même à ces sources, pour se perfectionner et pour former la législation qu'il a léguée à ses disciples. Le pape saint Grégoire le Grand l'a trouvait écrite avec beaucoup de netteté et de prudence. On raconte d'un prince illustre, Cosme de Médicis, qu'il la lisait assidûment, et, qu'interrogé à ce sujet, il répondit que les préceptes lui en paraissaient très-propres par leur sagesse pour lui aider à bien gouverner ses Etats (Ceillier, t. XVI, art. *S. Benoît*).

C'est une vérité première de la foi chrétienne, que Dieu nous a créés et mis au monde pour le connaître, l'aimer, le servir et, par ce moyen, mériter la vie éternelle, qui consiste à le voir, à l'admirer, à l'aimer, à le posséder immédiatement en lui-même, tel qu'il est, et non plus tel qu'il nous apparaît à travers le voile des créatures ou les mystères de la foi. Cette destination, infiniment glorieuse, mérite infiniment que l'homme y tende de toutes les puissances de son âme et de son corps. Car de là dépend sa grandeur, sa félicité, sa gloire pour l'éternité entière. Mais souvent le cœur de l'homme se laisse partager entre Dieu et la créature, entre Dieu et des riens qui l'arrêtent et le dégradent. La vie religieuse, la règle de saint Benoît en particulier, a pour but de déprendre le cœur humain de ces bagatelles, afin qu'il s'élève sans obstacle, avec une liberté toujours plus heureuse et une activité toujours plus calme, à sa destination immortelle.

Mais voilà ce que le monde ne comprend pas et ne saurait comprendre ; autrement il ne serait plus le monde. Son plus haut point de mire, c'est le bonheur d'ici-bas. Il le cherche partout, sans le trouver : le vrai moine le trouve partout sans le chercher.

En effet, qu'est-ce que le bonheur ? N'est-ce pas le repos du cœur, le contentement de l'âme ? Or, le religieux fidèle, dont le cœur et l'âme s'élèvent sans cesse vers Dieu pour lui plaire, n'y trouve-t-il pas dès maintenant ce contentement et ce repos ? De plus, pourquoi l'homme est-il malheureux ? C'est qu'il a des passions qui le tourmentent ; c'est qu'il a des querelles avec les autres ; c'est qu'il n'est pas d'accord avec lui-même, et que, dévoré par l'ennui, il ne sait que faire de son temps et de sa personne. Or la vie monastique coupe racine à tout cela. Elle fait mourir dans l'homme toutes les passions mauvaises ou inutiles, afin de tourner toutes les puissances de son âme à la pratique des vertus les plus parfaites ; elle extirpe de son cœur jusqu'à l'idée de propriété individuelle, et par là elle retranche la cause principale de toutes les querelles avec autrui ; elle prescrit pour chaque instant de la nuit et du jour une occupation chrétienne et méritoire, et par là elle ne laisse aucune entrée à la tristesse intérieure de l'homme qui ne sait que faire. Ainsi la vie monastique, qui ne se propose directement que le bonheur du ciel, procure encore dès maintenant le vrai bonheur ici-bas.

En lisant la règle de saint Benoît, un homme du monde s'étonnera peut-être qu'il proscrive avec tant de soin, dans ses religieux, la propriété de la moindre chose ; il s'étonnera surtout qu'il défende à un religieux d'en défendre ou protéger un autre dans le monastère. En y regardant de plus près, son étonnement cessera. Les querelles qui divisent les hommes ne viennent pas toujours de l'importance de la chose en soi, mais du prix et de l'affection que chacun y attache. Les hommes peuvent discuter, se haïr et même se tuer pour une bagatelle, comme pour la première chose du monde. Pour extirper ces querelles dans leur racine même, il faut extirper la propriété individuelle dans la sienne. Comme dans le monastère il y avait des supérieurs pour réprimer les violences, c'était naturellement à eux qu'il fallait s'adresser. S'il avait été permis à chaque religieux d'en défendre ou venger un autre dans la maison même sous prétexte que c'était son ami ou son parent, le monastère tout entier eût été bientôt divisé en partis et en cabale. Ainsi cette défense qui, au premier coup d'œil, peut paraître étrange, n'est que le résultat de l'expérience et du bon sens. Il en sera de même pour tous les autres détails, si on veut bien les approfondir et les comparer aux détails correspondants de la législation civile.

Par exemple, une grande partie du *Code* de Justinien et du *Digeste* s'occupe de la propriété et de ses conséquences, des difficultés et des procès innombrables qui en naissent, et elle s'en occupe, non pas pour tarir la source du mal, mais simplement pour guider le magistrat dans le labyrinthe. Avec un petit mot de la règle monastique, qui proscrit la propriété individuelle, tout cet amas de lois et de tribunaux devient superflu, et le mal est guéri dans sa cause même.

Pareillement, dans la législation séculière, le Code pénal tient une grande place ; chez les peuples barbares du moyen-âge, d'où sont sorties les nations modernes, il n'y avait presque pas d'autre loi. Or, toute cette législation pénale se propose directement, non pas de convertir, mais seulement de punir, et même il est aujourd'hui d'expérience que les punitions légales, dans les bagnes et les prisons, bien loin de corriger les criminels, les renvoient dans la société plus dépravés encore. Avec la législation monastique, c'est tout le contraire. Elle se propose directement, non pas de punir le coupable, mais de le convertir ; sous sa main, la punition devient un simple châtiment; ce n'est plus une peine, mais une pénitence : son châtiment corporel le plus sévère, est celui qu'emploie le père avec l'enfant qu'il aime, les verges; du reste, et ces moyens et tous les autres, réprimandes publiques, exhortations particulières, ont pour but manifeste et unique de faire rentrer le coupable en lui-même, de le rendre plus humble et plus docile, et de lui faire retrouver la paix et le bonheur dans l'union avec Dieu et avec ses frères. Est-il étonnant qu'avec un gouvernement pareil, la règle de saint Benoît ait attiré les pauvres et les riches, les petits et les grands, les particuliers et les rois? Au milieu des révolutions et des guerres, n'est-ce pas là qu'on trouvait le calme et la paix?

L'exemple de ce gouvernement paternel et de cette société vraiment chrétienne au milieu des nations barbares, n'aura-t-il pas une puissante influence sur les mœurs privées et publiques, et même sur l'esprit des gouvernements temporels?

Nous verrons un illustre prince des Francs, Carloman, frère de Pépin le Bref, après s'être signalé par ses victoires et par la sagesse de son règne, se retirer secrètement au Mont-Cassin, et servir, inconnu, dans les cuisines du monastère.

Nous verrons des colonies de bénédictins, à la fois laboureurs et prédicateurs, s'établir au milieu de peuplades souvent encore païennes, et leur apprendre au même temps à cultiver leurs landes et leurs marais, à bâtir des maisons plus commodes, à connaître Dieu et sa loi, et à mériter le ciel. En un mot, les siècles nous diront l'un après l'autre, que c'est saint Benoît qui, par ses disciples, a défriché et les terres et les intelligences de l'Europe.

Dans le même temps que saint Benoît, mais dans une autre partie de l'Italie, nommée alors la province Valérie, aujourd'hui l'Abruzze-Ultérieure, vivait saint Equice, père de plusieurs monastères. Fatigué dans sa jeunesse de rudes tentations de la chair, il s'appliqua à l'oraison avec plus d'assiduité. La nuit, un ange lui apparut, en présence duquel il lui sembla qu'on retranchait la source de ce mal, et, depuis ce temps, il ne sentit plus aucune tentation semblable. Ainsi fortifié du secours de Dieu, outre les hommes qu'il gouvernait déjà, il commença à conduire des filles, avertissant toutefois ses disciples de ne pas se fier à son exemple. Outre le soin de ses monastères, il s'appliquait encore à l'instruction des peuples, allant dans les villes, dans les bourgades et les maisons particulières. Ses habits étaient si pauvres et son extérieur si méprisable, qu'à moins de le connaître, on ne lui aurait pas rendu son salut. Il montait le plus méchant cheval du monastère; ce cheval n'avait pour bride qu'un licou, et que des peaux de mouton pour selle. Il portait sur lui, dans des sacs de peau, les Ecritures saintes, qu'il expliquait partout où il arrivait.

Félix, homme noble de la province de Nursie, lui dit un jour dans la familiarité : Comment osez-vous prêcher sans avoir d'ordre sacré ni de permission du pontife romain sous qui vous vivez? Saint Equice lui répondit : Je m'en disais autant à moi-même; mais une nuit un jeune homme très-beau m'est apparu et m'a appliqué une lancette sur la langue, en disant : J'ai mis mes paroles en ta bouche; va prêcher. Depuis ce jour-là, je ne puis m'empêcher de parler de Dieu. Le bruit de ses prédications étant venu jusqu'à Rome, les clercs de l'Eglise romaine dirent au Pape : Qui est cet homme rustique qui se donne l'autorité de prêcher et d'usurper l'office de notre Seigneur apostolique, tout ignorant qu'il est? Il faut l'envoyer prendre, afin qu'il connaisse la vigueur de la discipline. Le Pape y consentit, et envoya Julien, alors défenseur de l'Eglise romaine, et depuis évêque de Sabine, lui ordonnant, toutefois, d'amener le serviteur de Dieu avec beaucoup d'honneur.

Julien alla promptement au monastère, où il trouva les moines occupés à transcrire des livres. Il leur demanda où était l'abbé. Il est, dirent-ils, dans ce vallon, qui fauche du foin. Julien avait un valet insolent, qu'il avait de la peine à dominer lui-même : il l'envoya pour lui amener l'abbé. Il entra promptement dans le pré, et, regardant tous les faucheurs, il demanda qui était Equice. Mais quand on le lui eut montré, quoiqu'il ne le vît que de loin, il commença à trembler, en sorte qu'il pouvait à peine se soutenir. Il embrassa les genoux du saint abbé, et lui dit que son maître était venu le trouver. Saint Equice lui dit : Prenez du foin pour vos chevaux; je vous suis, quand j'aurai achevé le peu d'ouvrage qui me reste. Julien, étonné de ce que son valet tardait, le fut encore plus quand il le vit revenir chargé de foin. Je ne t'ai pas envoyé chercher du foin, lui dit-il, mais m'amener un homme. Le voici qui vient, dit le valet. En effet, saint Equice arriva, ayant des bottines garnies de clous, et portant sa faulx sur son épaule. Julien le méprisa, et se préparait à lui parler rudement. Mais quand il le vit de près, il fut saisi d'un tel tremblement, qu'à peine put-il lui parler pour s'acquitter de sa commission. Il courut lui embrasser les genoux, se recommanda à ses prières, et lui dit que son Père, le pontife apostolique, désirait le voir.

Saint Equice rendit grâces à Dieu, de ce qu'il le visitait par le souverain Pontife, et, ayant appelé ses frères, il commanda de préparer les chevaux, et pressa fortement Julien de partir à l'instant. Il est impossible, dit Julien, je suis trop las pour partir aujourd'hui. Saint Equice lui dit : Vous m'affligez, mon fils; car si nous ne partons pas aujourd'hui, nous ne partirons point. En effet, le lendemain, au point du jour, arriva un courrier en diligence avec une lettre à Julien, portant ordre de ne point tirer le serviteur de Dieu de son monastère. Et comme Julien demanda la cause de ce changement, il apprit que le Pape avait été fort épouvanté en une vision, pour avoir voulu faire amener l'homme de Dieu. Saint Equice retint Julien quelque temps, pour exercer envers lui la charité, et le contraignit à recevoir le salaire de son voyage (Greg., *Dial.*, l. 1, c. 4; *Acta Sanct. Bened.*, t. I). C'est de saint Grégoire, pape, que nous tenons ces détails. On croit que saint Equice mourut vers l'an 540, et son tombeau servit de refuge aux moines pendant les incursions des Lombards.

Le pape Félix IV mourut le 12 octobre 529, après trois ans et deux mois de pontificat. Le roi Théodoric ayant fait mourir en prison le pape Jean Ier, avait désigné Félix pour lui succéder. C'était une usurpation du prince goth, devenu tyran. Comme Félix était néanmoins recommandable sous tous les rapports, le clergé, le sénat et le peuple de Rome l'avaient agréé. Et de fait, on voit par son épitaphe qu'il était chéri pour son humilité, sa simplicité, sa charité envers les pauvres et sa libéralité envers l'Eglise.

Mais cette usurpation d'un Ostrogoth arien, redevenu barbare et cruel à la fin de ses jours, fut un antécédent funeste pour la liberté de l'Eglise romaine. Ses successeurs barbares eurent les mêmes prétentions. Les empereurs de Constantinople, devenus maîtres de Rome ou d'une partie de l'Italie, et après eux bien des empereurs teutoniques, profitant de l'exemple que leur avait donné le premier un arien et un barbare, s'arrogèrent le droit, sinon d'élire le Pape, du moins de confirmer son élection. Et ce n'est qu'avec bien du temps et des peines, que l'Eglise romaine a recouvré sa première liberté, la liberté dont elle jouissait sous les empereurs idolâtres.

Les inconvénients de cette usurpation séculière se font déjà sentir à la mort de Félix IV. On élut pour lui succéder Boniface II, romain de naissance, fils de Sigisvult, qui était de la race des Goths. Il fut ordonné le 15 du même mois, dans la basilique de Jules; mais en même temps un autre parti choisit un nommé Dioscore, que quelques-uns supposent l'ancien légat du pape Hormisda à Constantinople, et qui se fit ordonner dans la basilique de Constantin. On pense que le roi Athalaric donna occasion à ce schisme, en voulant, à l'imitation de Théodoric, avoir part à l'élection du pontife romain. Heureusement le schisme ne dura que vingt-neuf jours, Dioscore étant mort le 12 novembre suivant. Mais il eut d'autres suites fâcheuses. Par un excès de zèle, Boniface fit anathématiser Dioscore après sa mort, comme ayant été élu par simonie. Ensuite, ayant assemblé un concile, il y fit passer un décret qui l'autorisait à se désigner un successeur. En vertu de ce décret, signé des évêques, il les obligea de reconnaître pour son successeur le diacre Vigile. Il voulait probablement soustraire l'élection du Pape à l'usurpation du roi; mais en même temps il l'ôtait à l'Eglise. Aussi ce décret fut-il cassé dans un concile qui se tint quelque temps après, comme étant au déshonneur du Saint-Siège et contraire aux saints canons. Boniface s'avoua même coupable de ce qu'il s'était nommé pour successeur Vigile, et brûla, en présence de tous les évêques, du clergé et du sénat, le décret qu'il avait fait passer pour s'autoriser à ce sujet.

Le pape Boniface tint un 3º concile à Rome, sur l'appel fait au Siége apostolique par Etienne de Larisse, métropole de Thessalie. Depuis que les évêques de Constantinople, abusant des décrets du concile des cent cinquante Pères et de celui de Chalcédoine, avaient commencé d'usurper les ordinations des évêques, spécialement des métropolitains d'Orient; ils étaient attentifs à profiter de toutes les conjonctures pour étendre leur prétendu droit sur les évêques mêmes de l'Illyrie occidentale, particulièrement depuis que Valentinien III l'eut cédée au jeune Théodose. Suivant l'exemple de ses prédécesseurs, Epiphane lui-même, qui était alors assis sur le siège de la ville impériale, ne voulut point laisser passer l'occasion que lui donnèrent deux évêques de Thessalie, d'y exercer son autorité. C'était Probien

de Démétriade et Démétrius de Sciate, dégoûtés l'un et l'autre, on ne sait pourquoi, d'Etienne de Larisse, leur métropolitain, qui avait été ordonné après la mort de Proclus, son prédécesseur, avec le consentement unanime, et d'eux, et des autres évêques de la province, et de tout le clergé et le peuple de la ville. Probien même, le jour de l'ordination d'Etienne, avait fait publiquement son éloge.

Toutefois ces deux évêques, étant allés peu après à Constantinople, formèrent contre lui des accusations et les présentèrent à Epiphane pour prouver que son ordination avait été illégitime. Leur dessein était de le faire déposer, afin de procéder à l'élection d'un nouvel évêque de Larisse. Epiphane, sans le citer et sans entendre les défenses, le suspendit des fonctions de l'épiscopat, de la communion des évêques de sa province et du clergé de son Eglise, lui défendant même d'en tirer sa subsistance, et lui ordonnant de venir à Constantinople avec les évêques qui l'avaient ordonné, afin d'intervenir en personne au jugement final de sa cause. Cette sentence lui ayant été signifiée de la part d'Epiphane par un diacre nommé André, Etienne déclara, par un acte public, que, s'il devait être jugé sur son ordination, ce n'était pas à Constantinople, mais à Rome, devant le Siége apostolique et le Pontife romain. Ce nonobstant, il fut conduit malgré lui à Constantinople, où, devant Epiphane et son concile, il se mit de nouveau à répéter et à protester que, d'après les canons et l'ancienne coutume, ce n'était point à eux, mais au Siége de Rome, qu'appartenait l'inspection des Eglises et des évêques d'Illyrie; et par conséquent le jugement de sa cause. Mais plus il nommait le Pape, plus Epiphane s'irritait, persuadé que le recours de l'évêque de Larisse au Saint-Siége était contraire et préjudiciable aux droits de son Eglise. C'est pourquoi, au lieu d'avoir aucun égard à ses protestations, pour prévenir, au contraire, un ordre quelconque qui eût pu venir de Rome, ils se hâtèrent de prononcer la sentence; et quoiqu'il n'eût été convaincu d'aucun crime, mais par la seule ambition d'exercer leur prétendue juridiction sur les évêques d'Illyrie, ils le suspendirent de nouveau de toutes les fonctions du sacerdoce. Et parce qu'il persistait dans son appel au Saint-Siège, de crainte qu'il ne prît le parti de s'en aller à Rome, il fut donné en garde aux défenseurs de l'Eglise, qui même l'auraient mis en prison, si des personnes de piété, compatissant à sa misère, n'eussent promis, sous de grosses amendes, qu'il ne sortirait point de Constantinople sans de nouveaux ordres.

Tandis qu'Etienne avait Constantinople pour prison, arriva à Rome Théodose, évêque d'Echine dans la Thessalie, pour implorer, au nom de son métropolitain, les secours du Saint-Siège contre l'oppression et la puissance de ses ennemis. Boniface, pour entendre ses plaintes et examiner sa cause, assembla un concile dans le consistoire de Saint-André, près de la basilique de Saint-Pierre. Il y assista quatre évêques, trente-neuf prêtres et quatre diacres. Les évêques furent Sabin de Canosse, Abundantius de Démétriade, dont Probien avait usurpé le siège, Corose de Centumcelle et Félix de Nomente. Théodose, introduit dans le concile, présenta deux requêtes ou lettres d'Etienne à Boniface, auquel il donne les titres de *son seigneur*, *de saint*, de *bienheureux*, de *vénérable Père des Pères* et de *patriarche universel*. Ensuite, après un ample et lugubre récit des faits, des violences qu'il avait déjà souffertes, de celles qu'il souffrait encore et de celles plus graves qu'il avait à craindre, y compris l'exil et la mort, il apporte à Sa Sainteté les plus puissants motifs pour prendre sa défense; comment il avait soutenu en face, à Epiphane et à son concile, les droits du Siége apostolique, non-seulement ceux qui lui appartenaient, à raison de sa primauté sur toutes les Eglises de l'univers, mais encore ceux dont le Pontife romain était plus spécialement en possession sur les provinces illyriennes, comme unique et universel patriarche de l'Occident. A la demande de Théodose, évêque d'Echine, les deux requêtes d'Etienne furent lues dans le concile, et cette lecture remplit toute la première session, si ce n'est qu'à la fin de la première, Abundantius de Démétriade représenta que Probien, le principal accusateur d'Etienne et le principal auteur de ses maux, avait envahi son église à lui-même, et, pendant qu'il venait à Rome, profita de son absence pour se mettre à sa place. Par conséquent, suivant les canons, il n'était pas même digne du nom d'évêque; et il demanda que, suivant les mêmes canons on lui fît justice. Boniface, après avoir ordonné d'enregistrer dans les annales ecclésiastiques tout ce qu'on avait lu, termina cette première session, parce qu'il était tard.

A deux jours de là, savoir le 9 décembre, le concile s'étant de nouveau réuni dans le consistoire de Saint-André, le même Théodose d'Echine demanda qu'on lût une autre requête que trois évêques de Thessalie, Epide, Etienne et Timothée, adressaient à Boniface, et qu'ils présentaient au Siége apostolique et au concile, par ses mains. Ils s'y plaignaient des attentats de l'évêque de Constantinople pour s'assujétir indûment l'Illyrie, et de la sentence qu'il avait rendue, au mépris de l'antiquité et des canons, contre l'évêque de Larisse. Ils en appelaient à Sa Béatitude et à la Chaire apostolique, disant que par elle ils croyaient entendre et honorer le bienheureux Pierre et Notre Seigneur Jésus-Christ, le premier pasteur de l'Eglise. Ils suppliaient donc Sa Sainteté de rétablir dans son poste l'évêque de Larisse, qui, pour soutenir les droits du Saint-Siége, s'était exposé à tant de périls, et de prendre les mesures convenables pour qu'à l'avenir on ne renversât pas dans leur province la coutume des Eglises.

Après la lecture de cette troisième requête, le Pape demanda s'il y avait encore quelque chose à dire. L'évêque Théodose dit, par son interprète : Votre Béatitude a vu, par la lecture des requêtes, ce qui a été fait contre les saints canons et les ordonnances de vos prédécesseurs. Car il est certain qu'encore que le Siége apostolique s'attribue à bon droit la principauté sur toutes les Eglises du monde, et que toute appellation dans les causes ecclésiastiques doive nécessairement être adressée à lui seul, il s'est néanmoins spécialement réservé le gouvernement des Eglises d'Illyrie. Ces paroles d'un évêque grec, au commencement du VI° siècle, sont extrêmement remarquables, et Fleury n'aurait pas dû les tronquer. Théodose ajouta : Vous connaissez bien les lettres de tous les Pontifes qui vous ont précédé, toutefois, en ayant sous la main quelques copies, je vous prie de vouloir bien les confronter avec les originaux que vous avez dans les archives. Boniface ayant consenti à cette demande, le notaire Menas lut, dans les registres du Siége apostolique, les lettres suivantes des Papes antérieurs. Deux de saint Damase à Ascole de Thessalonique; une de Sirice à Anysius; deux d'Innocent, une au même Anysius, et l'autre à Rufus; cinq de Boniface I°r, savoir : trois au même Rufus et deux aux évêques de Thessalie; une lettre de l'empereur Honorius, avec la réponse du jeune Théodose; une de saint Célestin aux évêques d'Illyrie; quatre de Sixte III, une à Périgène, l'autre au concile de Thessalonique, la troisième à Proclus de Constantinople, et la quatrième à tous les évêques illyriens; une de l'empereur Marcien à saint Léon, et sept du même Pape, soit au même empereur, soit à Anatolius de Constantinople, soit à divers évêques de l'Illyrie et de l'Achaïe. On en lut encore d'autres que nous ne connaissons pas, parce que nous n'avons qu'une copie imparfaite des actes de ce concile; pour la même raison, on ignore quelle fut l'issue de cette affaire d'Etienne de Larisse (Labbe, t. IV).

Boniface n'était pas encore pape, lorsqu'il reçut une lettre de son ami saint Césaire d'Arles, le priant de presser auprès du pape Félix IV la confirmation des canons du concile d'Orange sur la grâce. Déjà précédemment, saint Césaire ayant envoyé à Félix les actes du quatrième concile d'Arles, ce Pape lui avait répondu par une lettre du 3 février 528, dans laquelle il loue son zèle et l'exhorte particulièrement à veiller à l'observation des règlements faits contre les ordinations prématurées des laïques. Sur quoi il lui rappelle ce précepte de saint Paul à Timothée : « N'imposez promptement les mains à personne; car, ajoute-t-il, qu'est-ce qu'un maître qui ne sait point les premiers éléments, et qu'un pilote qui n'a point servi parmi les nautonniers? Quiconque n'a point appris à obéir, ne sait pas commander. »

Saint Césaire écrivit encore au pape Félix d'autres lettres, qui ne sont pas venues jusqu'à nous, sur les contestations qui continuaient dans les Gaules touchant la grâce et le libre arbitre. C'étaient les semi-pélagiens, qui, faute de distinguer nettement le bien naturel, dont il se trouve encore quelque chose dans l'homme déchu, d'avec le bien surnaturel, qui ne peut lui venir que de la grâce, attribuaient à l'homme le commencement de la foi. Le pape Félix lui envoya plusieurs articles de règle sur les points contestés. Césaire les proposa et les fit souscrire dans un concile qui se tint à Orange, au commencement de juillet 529, à l'occasion de la dédicace d'une église que le patrice Libère, préfet du prétoire dans les Gaules, avait fait bâtir. Les évêques des villes voisines, au nombre de quatorze, et les seigneurs laïques les plus distingués se rendirent à cette solennité. Saint Césaire, ami particulier de Libère, qu'il avait guéri miraculeusement d'une blessure mortelle, ne manqua pas de s'y trouver, et il profita de cette occasion pour faire condamner les erreurs du semi-pélagianisme. Hincmar assure même que ce fut en qualité de légat du Saint-Siége qu'il présida à ce concile.

Les évêques disent, dans la préface des actes, que, s'étant assemblés pour la dédicace de l'église que Libère a fait bâtir, et ayant conféré entre eux de la foi, ils ont appris qu'il y a des personnes qui, par là simplicité, n'ont pas sur la grâce et le libre arbitre, des sentiments conformes à la règle de la foi catholique. « C'est pourquoi, ajoutent-ils, de l'avis et par l'autorité du Siége apostolique, nous avons jugé à propos de faire observer et de souscrire de notre main quelques articles, que le Siége apostolique nous a transmis, et qui ont été recueillis sur ces matières par les saints Pères, et tirés des saintes Ecritures, pour servir à l'instruction de ceux qui n'ont pas les sentiments qu'ils doivent avoir. »

Viennent ensuite 25 articles, dont les 8 premiers sont conçus en forme de canons, mais sans anathème, et prouvés chacun par des passages de l'Ecriture. Ils portent en substance que le péché d'Adam n'a pas seulement nui au corps, mais à l'âme; qu'il n'a pas nui à lui seul, mais qu'il a passé à tout le genre humain; que la grâce n'est pas donnée à l'invocation humaine; mais qu'elle fait qu'on l'invoque; que la purification du péché et le commencement de la foi ne viennent pas de nous, mais de la grâce; en somme, que, par les forces de la nature, nous ne pouvons rien faire ni penser qui tende au salut. Les 17 autres articles ne sont pas tant des canons que des sentences tirées de saint Augustin et de saint Prosper, tendant à prouver la nécessité de la grâce prévenante. Après ces 25 articles, le concile d'Orange continue : « Nous devons donc enseigner et croire que, par le péché du premier homme, le libre arbitre a été tellement affaibli, que personne n'a pu aimer Dieu comme il faut, croire en lui, ou faire le bien pour lui, s'il n'a été prévenu par la grâce. C'est pourquoi nous croyons qu'Abel, Noé, Abraham et les autres Pères n'ont pas eu par la nature, cette foi que saint Paul loue en eux, mais par la grâce. »

Les Pères du concile d'Orange craignaient que l'hérésie prédestinatienne ne se prévalût, quoique sans raison, des articles arrêtés contre les semi-pélagiens. C'est pourquoi, afin de frapper en même temps une erreur encore plus dangereuse, ils ajoutèrent : « Nous croyons aussi, selon la foi catholique, qu'après avoir reçu la grâce du baptême, tous ceux qui ont été baptisés peuvent et doivent, avec le secours de Jésus-Christ, s'ils le veulent, travailler fidèlement à remplir tous les devoirs du salut. Et non-seulement nous ne croyons pas qu'il y ait des hommes qui soient prédestinés au mal par la divine puissance, mais même s'il y en a qui soient infectés de cette erreur, nous leur disons anathème. » Saint Césaire et 13 autres évêques souscrivirent ces articles le 3 juillet, et les firent souscrire par les seigneurs laïques que la solennité de la dédicace avait attirés à Orange (Labbe, t. IV).

Après ce concile, saint Césaire écrivit donc à Boniface, avant qu'il le sût élevé au pontificat, pour le prier d'agir auprès du pape Félix, et d'en obtenir les décrets qu'il avait sollicités pour l'affermissement de la foi catholique. Boniface ne différa pas de les donner lui-même, en confirmant ce qui avait été décidé à Orange, touchant la nécessité de la grâce prévenante pour les bonnes œuvres et même pour le commencement de la foi. « Vous me marquez, dit-il dans sa réponse, que quelques évêques des Gaules reconnaissent, à la vérité, que tous les autres biens viennent de la grâce, mais qu'ils attribuent à la nature, et non à la grâce, la foi par laquelle nous croyons en Jésus-Christ; et vous souhaitez que, pour ôter tout sujet de doute, nous confirmions, par l'autorité du Siége apostolique, la confession de foi que vous leur avez opposée, et par laquelle vous définissez, selon la foi catholique, que la vraie foi en Jésus-Christ et le commencement de la bonne œuvre sont inspirés par la grâce prévenante de Dieu. Plusieurs Pères, et surtout l'évêque Augustin d'heureuse mémoire, et nos prédécesseurs les pontifes romains ont démontré suffisamment cette vérité. C'est pourquoi nous n'avons pas cru qu'il fût nécessaire de vous faire une réponse plus étendue. Nous avons bien de la joie, continue le Pape, que dans la conférence que vous avez eue avec quelques évêques des Gaules, on ait suivi la foi catholique, en définissant, comme vous le marquez, d'un commun consentement, que la foi par laquelle nous croyons en Jésus-Christ nous est donnée par la grâce divine, qui nous prévient, et en ajoutant qu'il n'y a aucun bien selon Dieu, qu'on puisse vouloir, commencer, faire ou achever, sans la grâce de Dieu; suivant ces paroles du Sauveur : *Sans moi, vous ne pouvez rien faire.* C'est pourquoi, recevant votre confession de foi avec l'affection convenable, nous l'approuvons comme étant conforme aux règles catholiques des Pères (Labbe, t. IV). » Cette approbation du Saint-Siége a concilié tant d'autorité au 2º concile d'Orange, que les décisions de quatorze évêques ont été reçues de toute l'Eglise, et sont devenues des règles de foi contre lesquelles il n'a plus été permis de s'élever sans se déclarer hérétique.

Le concile de Vaison, indiqué deux ans auparavant pour le 528, ne s'y tint que le 6 novembre 529. Il s'y trouva 12 évêques, à la tête desquels était saint Césaire. Ils relurent les canons des conciles précédents, et eurent la consolation de reconnaître que les évêques présents les avaient fait observer. Cependant, pour ne pas se séparer, comme ils le disent, sans faire quelques règlements, ils firent les canons suivants : 1º Les prêtres qui sont dans les paroisses auront soin, comme il se pratique en Italie, d'élever chez eux et d'instruire de jeunes lecteurs qui puissent leur succéder; on laissera cependant la liberté de se marier à ceux qui seront en âge (On voit ici un petit commencement de séminaires). 2º Pour l'édification des Eglises et l'utilité du peuple, les prêtres auront le pouvoir de prêcher, non-seulement dans les villes, mais dans toutes les paroisses; et quand le prêtre ne pourra pas le faire, on fera lire quelques homélies des saints Pères par les diacres, puisque ceux qui sont dignes de lire l'Evangile de Jésus-Christ ne peuvent pas être indignes de lire les expositions qu'en ont faites les saints Pères. 3º Selon l'usage du Siége apostolique, des provinces d'Italie et d'Orient, où l'on dit souvent *Kyrie eleison* avec grande dévotion, on le dira dans toutes nos églises, à matines, à la messe et à vêpres; et à toutes les messes, même du carême et des morts, on dira trois fois *Sanctus,* comme aux messes publiques. 4º On récitera dans nos églises le nom du seigneur Pape qui préside au Siége apostolique. 5º Pour confondre les chicanes et les blasphèmes des hérétiques, qui prétendent qu'il y a eu un temps que le Fils n'existait pas, on ajoutera dans toutes les églises, au *Gloria Patri,* ces paroles : *Sicut erat in principio,* selon la coutume reçue, non-seulement par le Siége apostolique, mais encore par l'Orient, l'Afrique et l'Italie (Labbe, t. IV). Comme la province d'Arles était soumise aux Goths, il était plus nécessaire qu'ailleurs d'y précautionner les fidèles contre les erreurs des ariens.

On voit une forme plus avancée de séminaire au concile de Tolède, du 17 mai 531. On y fit 5 canons, dont le 1er porte : Ceux que leurs parents destineront dès leur enfance à la cléricature, seront d'abord tonsurés et mis au rang des lecteurs pour être instruits dans la maison de l'église, sous les yeux de l'évêque, par celui qui leur sera préposé. Quand ils auront 18 ans accomplis, l'évêque leur demandera, en présence du clergé et du peuple, s'ils veulent se marier; car nous ne pouvons leur ôter la liberté accordée par l'apôtre. S'ils promettent librement de garder la continence, on les ordonnera sous-diacres à 20 ans. A 25 ans accomplis, s'ils se sont conduits sagement, on les ordonnera diacres, mais en veillant sur eux, afin qu'ils ne se marient point et qu'ils n'aient aucun commerce secret avec des femmes. S'ils sont convaincus de cette faute, ils seront regardés comme sacriléges et chassés de l'Eglise; que si, étant mariés et en âge mûr, ils promettent de garder la chasteté, du consentement de leurs femmes, ils pourront aspirer aux ordres sacrés. Il est dit dans le 2e canon que ceux qui auront été ainsi élevés dans leur jeunesse, ne pourront, en quelque occasion que ce soit, quitter leur propre Eglise pour passer à une autre, et que l'évêque qui les recevra sans l'agrément de celui sous les yeux duquel ils auront été instruits, se rendra coupable envers tous ses confrères; car il est dur qu'un évêque enlève à son confrère un jeune homme qu'il a tiré de la rusticité et de la crasse de l'enfance. Les autres canons de ce concile confirment les anciens, touchant la continence des clercs, la conservation des biens de l'Eglise et les mariages entre parents, dont ils étendent la défense tant que la parenté peut se connaître.

Montan, évêque de Tolède, qui présidait, écrivit de plus, aux chrétiens du territoire de Palencia, une lettre contre les prêtres qui s'étaient donné la liberté de consacrer le saint chrême, contrairement à l'usage de l'Eglise, qui réserve ce droit aux évêques. Il renvoie ces prêtres au livre des *Nombres*, pour y apprendre l'origine de leurs prérogatives et de leur honneur, dans l'établissement des soixante-dix vieillards que Dieu donna à Moïse pour lui aider dans le ministère et dans le gouvernement, et leur dit que le Seigneur, en les donnant pour aides dans le travail qu'il a imposé aux évêques, a voulu qu'ils leur fussent inférieurs en dignité et qu'ils s'abstinssent de certaines fonctions sacrées. Sur quoi il leur met devant les yeux les châtiments dont Dieu punit Coré, Dathan, Abiron, Ozias et Asa, pour avoir entrepris de faire ce qui n'était pas de leur office. « Ignorez-vous, ajoute-t-il, les règles des anciens Pères et les décrets des conciles, où il est ordonné que les prêtres des paroisses iront eux-mêmes chercher tous les ans le saint chrême, ou qu'ils y enverront leurs sacristains, et non pas des personnes viles, pour les recevoir de la main de l'évêque? Il me semble qu'en vous ordonnant de le venir chercher, ils vous ont ôté le pouvoir de le consacrer. » Il les menace d'anathème, si à l'avenir ils entreprennent quelque chose de semblable, consentant de les laisser jouir de tous les priviléges de leur ordre, pourvu qu'ils n'entreprennent pas sur les fonctions épiscopales; voulant bien encore, au cas qu'ils se trouvassent malades dans le temps pascal, leur envoyer le saint chrême, sur la demande qu'ils lui en feront par lettres.

Ces prêtres avaient aussi appelé des évêques étrangers pour la consécration des églises de leurs paroisses. Montan leur défend d'en user ainsi dans la suite; car, encore que tous les évêques soient unis en Jésus-Christ par un même lien, il fallait conserver les priviléges et l'ordre des provinces. C'est pourquoi, continue-t-il, nous avons ordonné que, lorsqu'il y aura quelque église à consacrer, vous nous en donneriez avis par lettres, afin que cette consécration se fasse ou par nous ou par celui des évêques que nous aurons choisi. Il traite de folie l'attachement qu'ils avaient aux priscillianistes, qu'il accuse de plusieurs infamies, et qu'il dit avoir été condamnés et par les saints évêques et par les princes du monde; et afin qu'ils pussent se convaincre par eux-mêmes des erreurs de cette secte et les réfuter, il leur conseille de lire les livres que l'évêque Turibius avait composés sur cette matière, et envoyés au pape saint Léon.

Montan écrivit une seconde lettre adressée au gouverneur de la province, nommé Turibius également. C'était un homme zélé pour la foi catholique, qui, dès les premières années de sa magistrature, avait su rendre à César ce qui était à César, et à Dieu ce qui était à Dieu; par ses soins, les idoles se trouvaient sans adorateurs, et la secte des priscillianistes presque confondue. Il avait aussi, par ses travaux infatigables, fait rendre par des peuples féroces l'obéissance due aux princes. Montan lui fait part de ce qu'il avait appris des dérèglements des prêtres du territoire de Palencia, dans la consécration du saint chrême et des églises, et le prie d'employer son autorité pour maintenir les évêques chacun dans leurs droits, sans permettre qu'il se fasse rien dans l'Eglise contre les anciennes coutumes (Labbe, t. IV).

Pour saint Fulgence, évêque de Ruspe en Afrique, son séminaire d'ecclésiastiques était le monastère où il demeurait lui-même et où il continuait d'écrire pour la défense de la foi. Depuis son dernier exil, il composa, entre autres, dix livres contre un arien fameux, nommé Fabien, qui, ayant eu une conférence avec lui, en avait publié une fausse relation. Il écrivit contre Fastidiosus, qui, ayant été moine et prêtre catholique, s'était rendu arien et avait composé un sermon où il prétendait montrer que, si les trois personnes divines étaient de même nature et inséparables, il s'ensuivait que toutes les trois s'étaient incarnées. Saint Fulgence fit un traité de la foi pour un nommé Pierre, qui, allant à Jérusalem et craignant d'être surpris par les hérétiques dont l'Orient était rempli, le pria de lui donner une règle à cet égard. Il y enseigne et y prouve expressément, ce qu'il fait encore ailleurs, que le Saint-Esprit procède tout ensemble du Père et du Fils. Nous avons encore du saint évêque un traité de la Trinité, contre les ariens, adressé au notaire Félix, et un de l'Incarnation, à Scarila. Son dernier ouvrage fut une lettre au comte Régin, mais qu'il n'eut pas le temps d'achever (*Bibl. Pat.*, t. IX et XXVII).

Un an avant sa mort, il quitta secrètement son église et son monastère pour se retirer en un autre qu'il avait fait bâtir sur un petit rocher, dans l'île de Circiné ; là, il redouble ses mortifications et ses larmes, vaquant continuellement à la prière ou à la lecture, comme s'il eût senti approcher son dernier jour. Mais la charité l'obligea de retourner à Ruspe pour faire cesser les plaintes que l'on faisait de son absence. Il y tomba malade, et, pendant plus de deux mois qu'il fut attaqué de douleurs très-aiguës, il disait sans cesse à Dieu : Donnez-moi maintenant la patience, et ensuite le pardon. Ses médecins étaient d'avis de lui faire prendre les bains. Pourront-ils, leur répondit-il, empêcher qu'un homme ne meure après avoir accompli le temps de sa vie ? S'ils ne le peuvent, pourquoi voulez-vous qu'étant près de mourir, je relâche quelque chose de la rigueur de la profession que j'ai observée si longtemps ? Se voyant près de sa fin, il assembla tous ses clercs et ses moines, et, après leur avoir demandé pardon de la sévérité dont il craignait d'avoir usé envers eux, il distribua l'argent qui lui restait aux veuves, aux orphelins et aux étrangers, les nommant chacun par son nom. Il n'oublia pas ses clercs dans cette distribution, sachant leurs besoins. A l'égard de ceux qui le venaient voir, il leur donnait sa bénédiction.

Il mourut le 1er jour de janvier 533, la 25e année de son épiscopat et la 65e de son âge. On ne put point lui donner la sépulture le même jour, mais on porta son corps dans l'oratoire du monastère, où les clercs et les moines passèrent toute la nuit à chanter des psaumes, des hymnes et des cantiques. Le matin, lorsque les peuples du voisinage furent arrivés pour ses funérailles, il fut porté par les mains des prêtres à l'église de la ville, que l'on nommait la seconde et où le saint évêque avait mis des reliques des apôtres. Il fut le premier qui mérita d'être enterré dans cette basilique, aucun prêtre ni laïque n'y ayant eu jusque-là sa sépulture, suivant l'ancienne coutume. Mais on passa par-dessus l'usage, à cause de l'amour qu'on portait au saint évêque. Les habitants de Ruspe éprouvèrent en plus d'une occasion les effets de l'intercession de saint Fulgence, particulièrement dans l'incursion des Maures. Toute la province eût à souffrir de leur part des maux infinis et une horrible captivité. Le saint, servant comme de mur aux habitants de Ruspe, la préserva de la cruauté de ces Barbares. Les laïques et les clercs ne s'accordant point pour l'élection d'un successeur, le siège vaqua presque un an entier, après quoi on élut Félicien, qui fut installé le même jour que saint Fulgence était mort. C'est que dit l'auteur de sa vie, qui était un de ses disciples (*Acta Sanct.*, 1 *jan.*).

Quelques-uns croient que c'est Ferrand, diacre de l'Eglise de Carthage ; mais cela n'est pas tout à fait certain. Ce qui l'est sans aucun doute, c'est que Ferrand était ami de saint Fulgence et habitait, comme lui, un monastère. Ils étaient en correspondance de lettres. Nous avons deux traités de saint Fulgence, en réponse à des questions que lui avait adressées Ferrand, les unes relatives au baptême, les autres au mystère de la Trinité. Saint Fulgence, prévenu par la mort, n'ayant pas eu le temps de répondre à une question du comte Régin ou Réginon, celui-ci pria Ferrand de le faire. Régin était commandant des troupes et gouverneur d'une province. Sa vie était chrétienne, mais il aspirait à quelque chose de plus parfait. Il avait prié saint Fulgence de lui apprendre comment devait vivre un homme de guerre. Dans sa réponse, Ferrand lui donne sept règles qu'il regarde comme suffisantes pour rendre un homme de guerre spirituel et bon chrétien. La 1re est de croire que le secours de la grâce de Dieu est nécessaire pour chaque action, comme l'apôtre le reconnaît lui-même, en disant : « C'est par la grâce de Dieu que je suis ce que je suis. » La 2e, de faire en sorte que sa vie soit un miroir où les soldats voient ce qu'ils doivent faire eux-mêmes. La 3e, de ne pas souhaiter de commander aux autres, mais de leur être utile. La 4e, d'aimer la république comme soi-même. La 5e, de préférer les choses divines aux choses humaines. La 6e, de n'être pas trop juste, c'est-à-dire de ne pas exercer la justice avec trop de sévérité, mais de la tempérer par la douceur et par la miséricorde. La 7e, de se souvenir qu'il est chrétien. Quoique ces règles soient claires par elles-mêmes, Ferrand ne laisse pas de les développer avec une certaine étendue dans un style aisé, simple et concis. Cet opuscule mériterait d'être répandu parmi les hommes de guerre.

Le diacre Ferrand était si renommé pour sa doctrine, qu'Anatolius, diacre de l'Eglise romaine, le consulta sur cette expression : *Un de la Trinité a souffert*. Ferrand l'approuve, pourvu qu'auparavant on explique bien la foi de la Trinité et de l'Incarnation, afin qu'il ne semble pas que le Père ou le Saint-Esprit est celui qui a souffert ; et il veut qu'on ajoute, ou du moins que l'on sous-entende qu'*il a souffert dans la chair*. Il écrivit sur le même sujet et dans le même sens, à Sévère, avocat de Constantinople, qui l'avait également consulté. « Qui suis-je, dit-il, pour décider sur les choses douteuses ? Si vous voulez entendre la vérité, interrogez principalement le pontife du Siège apostolique, dont l'enseignement réunit la vérité et l'autorité. Interrogez aussi plusieurs évêques en divers endroits du monde, que leur doctrine a rendus fameux. Pour nous, il nous suffit de répondre que nous croyons en un seul Dieu, Père, Fils et Saint-Esprit ; Père non engendré, Fils unique engendré du Père, Esprit-Saint procédant toujours du Père et du Fils. » Tous les écrits de Ferrand méritent d'être connus. Avec la saine doctrine, ils respirent une sincère humilité. Nous avons encore de lui une collection de canons tirés des conciles tant d'Orient que d'Occident, ainsi que des décrétales des Papes. C'est une des plus anciennes que l'on connaisse parmi les Latins. Elle est composée de cent trente-deux canons, dont toutefois il ne donne pas le texte entier, mais seulement le sommaire et l'extrait, marquant, à la fin de chacun, de quels conciles ils sont tirés, et s'ils se trouvent dans un seul ou dans plusieurs. Il cite nommément les canons de Sardique sous les appellations à Rome, que les évêques d'Afrique avaient oubliés au temps de saint Augustin (*Bibl. Pat.*, t. IX, n. 59).

Tandis que le diacre Ferrand se distinguait ainsi à Carthage, un Scythe florissait à Rome même, par le savoir et la piété. Nous voulons parler de Denys, surnommé Petit à cause de sa taille. Il était moine de profession et prêtre de l'Eglise romaine. Quoique Scythe de nation, dit son ami Cassiodore (*Inst. di-*

*vin. lect.*, c. 23), il avait les mœurs et la politesse des Romains. Il savait le grec et le latin, possédait si parfaitement ces deux langues, qu'il traduisait également, en lisant, le grec en latin, et le latin en grec. Son application à l'étude de l'Ecriture sainte lui en avait acquis une si grande intelligence, que lorsqu'on lui demandait l'éclaircissement de quelque difficulté, il répondait sur-le-champ, quelque embarrassée que fût la question. Mais ce qui lui faisait de plus d'honneur, c'est qu'il représentait dans sa vie toute la perfection qu'il avait apprise dans les livres saints. Parmi ses vertus on remarquait surtout son affabilité à l'égard de tout le monde, ne refusant point de se trouver dans les conversations des personnes du siècle; mais il s'y faisait admirer par sa modestie, par sa retenue et par sa douceur. Son humilité était telle, qu'il aurait cru faire un crime de se préférer aux derniers des serviteurs, quoiqu'il fût digne d'être honoré de la familiarité des princes. Il avait coutume de verser des larmes lorsqu'il voyait les gens du monde s'abandonner à des joies indiscrètes; mais il était mortifié sans singularité, jeûnant sans faire de reproches à ceux qui ne jeûnaient point. Lorsqu'il mangeait, c'était toujours avec sobriété, usant des mets les plus communs. Sa doctrine était pure et conforme en tout aux règles des Pères. Cassiodore, qui connaissait son mérite, l'engagea à enseigner avec lui la dialectique, à quoi ils employèrent l'un et l'autre plusieurs années. Mais cette occupation n'empêcha pas Denys de travailler à divers ouvrages, qui ont été très-utiles à l'Eglise. Il mourut en odeur de sainteté vers l'an 540. Cassiodore, de qui nous tenons ces détails, espérait d'être aidé de ses mérites et de ses prières auprès de Dieu.

L'ouvrage le plus considérable de Denys le Petit, est le *Recueil des canons* qu'il composa, tant des conciles d'Orient que d'Occident. On avait déjà quelques traductions des conciles tenus chez les Grecs, mais elles étaient fort défectueuses. Pressé par un de ses amis, nommé Laurent, mais surtout par les instances d'Etienne, évêque de Salone, il en fit une nouvelle, commençant par les canons apostoliques, mais en avertissant que plusieurs ne convenaient pas de leur authenticité. Il mit ensuite ceux des conciles que l'on avait insérés dans le *Code de l'Eglise grecque*, qui comprenait 165 chapitres. Il y joignit les canons du concile de Chalcédoine, qu'il traduisit d'un autre exemplaire grec, et enfin les canons des conciles de Sardique et d'Afrique, qui se trouvaient dans des collections latines. Ce recueil fut reçu aux applaudissements de tout le monde, en particulier de Julien, prêtre du titre de Sainte-Anastasie, disciple du pape saint Gélase. Julien le pressa d'y ajouter une seconde partie, comprenant les décrétales des Papes, qui, dans d'autres collections, se trouvent mêlées avec les canons des conciles. Denys l'exécuta, avec tout le soin qu'il lui fut possible, en commençant par les décrétales de saint Sirice. Les deux parties de cet ouvrage furent également bien reçues. L'Eglise romaine s'en servit beaucoup, sans toutefois lui donner une autorité publique. Quant au recueil de canons que le janséniste Quesnel a publié comme le code authentique de l'Eglise romaine, ce n'est qu'une collection particulière, usitée principalement dans les Gaules. Enfin, malgré tous ses soins, Denys omit dans la sienne plusieurs décrétales célèbres de Papes, soit antérieurs, soit postérieurs à saint Sirice; comme les deux lettres de saint Clément, celles de saint Corneille, de saint Etienne et de saint Denys, que nous avons ou dans saint Cyprien ou dans l'histoire d'Eusèbe; celles de saint Jules et de saint Damase, qui sont parmi les œuvres de saint Jérôme, ou dans les histoires de Socrate et de Théodoret; enfin plusieurs décrétales importantes de saint Léon.

Denys le Petit traduisit encore en latin plusieurs ouvrages des Pères grecs. Ce qui a surtout rendu son nom célèbre, c'est qu'il est le premier qui ait employé l'ère chrétienne, c'est-à-dire qui ait compté les années depuis la naissance de Jésus-Christ. Voici à quelle occasion. Il n'était pas moins savant en astronomie que dans la littérature. Voyant donc le cycle pascal de saint Cyrille près de finir en l'année 248 de Dioclétien, c'est-à-dire 531 de Jésus-Christ, il en fit un de 95 ans pour continuer celui de saint Cyrille. Mais, au lieu du nom odieux de Dioclétien, que Cyrille avait mis suivant la coutume de son temps et de son pays, Denys aima mieux mettre le nom de Jésus-Christ, et compter les années de l'Incarnation, depuis laquelle il trouva que la première de son cycle était 532. Les chronologistes des derniers temps ont trouvé qu'il s'était trompé dans son calcul, et l'opinion la plus commune est qu'il a reculé de quatre ans la véritable année de l'Incarnation.

Cassiodore, l'ami et le collaborateur de Denys pour les sciences, était alors un des principaux ministres du roi Athalaric, qui, à sa sollicitation, fit plusieurs actions de piété, de justice et de sagesse. Sur les plaintes qu'on lui fit de ce qu'un juge séculier avait cité à son tribunal un diacre et un prêtre, il ordonna que toutes les affaires qui regardaient les clercs de l'Eglise romaine fussent portées devant le Pape, qui serait chargé de donner des commissaires, ou de juger lui-même le procès. Ce n'est que sur le refus du Pape, que le plaideur pouvait s'adresser au roi. Les paroles de ce rescrit sont remarquables de la part d'un prince arien. « Nous sommes, dit-il, d'autant plus redevable à la divine Majesté, que nous avons reçu d'elle de plus grands biens que le reste des hommes. Il est vrai que nous ne pouvons rendre à Dieu rien qui égale ses bienfaits. Cependant, il veut bien nous tenir compte de ce que nous faisons en faveur de ceux qui le servent. C'est pourquoi, ayant mûrement considéré l'honneur qui est dû au Siège apostolique, nous ordonnons que, quiconque est demandeur contre un clerc de l'Eglise romaine, se pourvoie d'abord devant le bienheureux Pape, afin que Sa Sainteté en ordonne (Cassiod., l. 8, *epist.* 24). » Il fit une autre ordonnance pour les appointements des professeurs de grammaire, de rhétorique et de droit, dans laquelle il disait : « Si nous enrichissons les comédiens, qui ne servent qu'au divertissement, que ne devons-nous pas faire pour ceux à qui nous sommes redevables de l'honnêteté des mœurs, et par qui sont formés les esprits qui servent d'ornement à la cour (*Ibid., Epist.* 21)? »

Le pape Boniface II était mort vers la fin de l'année 531. Peu avant sa mort, les évêques d'Afrique lui avaient envoyé une députation, pour obtenir de lui une constitution qui obligeât l'évêque de Carthage de faire toutes choses avec le conseil du Siège apostolique (*Lib. Pontif.*). L'évêque de Carthage était alors Réparatus. Boniface eut pour successeur Jean II, surnommé Mercure, Romain de naissance, fils de Projectus et prêtre du titre de Saint-Clément, qui fut ordonné le 22 janvier 532. Il paraît qu'il y eut à cette occasion bien des brigues. Comme, par le malheur des temps, cette élection dépendait en grande partie de l'agrément du prince, des ambitieux mettaient tout en œuvre pour s'élever à cette dignité suprême. Jusqu'à quels excès se portaient leurs cabales, on le voit par une lettre d'Athalaric au pape Jean lui-même, qui, par le moyen d'un défenseur de l'Eglise romaine, avait imploré contre eux l'autorité royale, les censures de l'Eglise ne suffisant plus pour les réprimer.

Pendant qu'on cherchait un pontife au Siège apostolique, quelques-uns, profitant de l'embarras des circonstances, avaient extorqué des promesses sur les biens de l'Eglise, pour l'accomplissement desquelles on avait exposé publiquement en vente jusqu'aux vases sacrés. Pour remédier à cet abus, le roi écrivit au pape Jean une lettre qui devait être commune à tous les patriarches ou métropolitains, portant que son intention était qu'on observât un décret du sénat, fait au temps du pape Boniface, par lequel il était dit que, quiconque aurait promis quelque chose, par lui-même ou par une personne interposée, pour obtenir un évêché, le contrat serait déclaré nul, avec restitution de ce qui aurait été donné. Athalaric permet néanmoins aux officiers de son palais de prendre jusqu'à trois mille sous d'or pour l'expédition des lettres, lorsqu'il y aura de la difficulté touchant l'élection du Pape, à condition que les officiers riches n'en prendront rien du tout, puisque c'est du bien des pauvres. A l'égard des autres métropolitains, lorsqu'il sera nécessaire aussi d'expédier dans le palais des lettres pour leur élection, les officiers pourront prendre jusqu'à deux mille sous; mais pour les simples évêques, on se contentera de distribuer au petit peuple cinq cents sous. Il permet encore à toutes sortes de personnes, pourvu qu'elles soient de probité connue, de citer devant les juges des lieux ceux qui auront reçu de l'argent pour une élection, accordant au délateur la troisième partie de la somme qu'on pourra recouvrer. Par une autre lettre adressée au préfet de Rome, le roi ordonna que son édit et le décret du sénat contre la simonie seraient gravés sur des tables de marbre que l'on placerait à l'entrée du parvis de Saint-Pierre (Cassiod., l. 9, *epist.* 15 et 16).

Cette ordonnance, toute favorable qu'elle paraît, établissait une contribution assez forte sur l'Eglise romaine et les Eglises métropolitaines au profit des officiers du roi. Car, si le sou d'or valait encore une vingtaine de francs, comme autrefois, ils avaient à espérer soixante mille francs ou quarante mille, s'ils venaient à embrouiller l'élection d'un pape ou d'un métropolitain. Ce que, sans doute, ils n'auront pas manqué de faire dans l'occasion.

Tous les peuples souhaitaient depuis longtemps la préfecture du prétoire à Cassiodore. Athalaric l'éleva à cette dignité en 534, en lui faisant par lettres des excuses obligeantes de ce qu'il avait été si longtemps à satisfaire là-dessus les empressements de ses peuples. Il écrivit en même temps au sénat de Rome, en ces termes : « Il semble que nous ayons comblé de bienfaits ce grand sénateur qui possède toutes les vertus dans un souverain degré, qui est si riche par l'innocence et l'intégrité de ses mœurs, et qui est déjà rassasié d'honneurs. Cependant, si nous pesons son mérite, nous jugerons que nous demeurons encore redevables de toutes les dettes dont il semble que nous nous soyons acquittés. Car, que peut-on donner en échange de toutes les obligations qu'on lui a, puisqu'il est la gloire de nos jours, et qu'il a procuré tant de louanges à son prince. »

Mais tandis que les peuples et les rois mettaient leur confiance en la sagesse et l'expérience de Cassiodore, lui seul, se défiant de ses forces, écrivait au Pape et aux évêques pour demander le secours de leurs prières et leur recommander les besoins de l'Etat. Sa lettre au pape Jean est d'un fils à son père. « Avertissez-moi, dit-il, de ce qui est à faire. Je souhaite faire le bien, même réprimandé. Une brebis s'égare difficilement, quand elle désire entendre la voix du pasteur; et on ne devient pas facilement vicieux, quand on a un moniteur assidu. Je suis, à la vérité, le juge du palais; mais je ne cesserai point d'être votre disciple. Car alors nous administrons bien, quand nous ne nous écartons pas de vos règles. Ainsi comme je désire être averti par vos conseils et aidé par vos prières, c'est à vous qu'il faudra s'en prendre, s'il se trouve en moi quelque chose qui soit autrement qu'on ne voudrait. Ce siège, que tout l'univers admire, doit protéger avec une affection spéciale ceux qui lui sont spécialement affectionnés : quoiqu'il ait été donné généralement au monde, il nous est cependant attribué par le lieu même. »

Ce que Cassiodore dit aux évêques n'est ni moins chrétien ni moins poli. « Comme vous êtes les vrais pères de mon âme, je vous prie d'indiquer un jeûne et de supplier le Seigneur qu'il prolonge la vie de nos princes avec un règne florissant, qu'il diminue les ennemis de la république, qu'il donne des temps tranquilles et propres à louer son nom, afin qu'à vous il daigne me rendre aimable. Mais pour que votre prière soit plus facilement exaucée, soyez attentifs à ceux que nous envoyons dans les charges. Ce que nous ignorons, ne doit pas nous être imputé. Que vos témoignages suivent leurs actions, afin que chacun puisse trouver la faveur ou la disgrâce, selon qu'il aura été loué ou accusé près de vous. Que l'évêque enseigne de manière que le juge ne puisse trouver de quoi punir. A vous est confiée l'administration de l'innocence. Car si votre prédication ne cesse pas, il faudra bien que l'action pénale vienne à cesser. Je vous recommande donc ma dignité sous tous les rapports, afin que nos actes soient aidés par les oraisons des saints ; enfin comme nous présumons peu de la puissance humaine, conseillez-moi familièrement ce qui est juste (Cassiod., l. 11, *epist.* 2 et 3). »

Nous avons déjà vu dans le portrait général de Cassiodore, qu'il se montra encore supérieur à la dignité suprême de préfet du prétoire, et que, par une générosité au-dessus de tout éloge, il soulagea tout à la fois, dans un temps de disette, et le prince et les peuples, en faisant subsister les armées à ses propres dépens.

Au mois de juin 533, l'empereur Justinien envoya au pape Jean II une ambassade, avec sa profession de foi, qu'il le priait de vouloir bien approuver. Dans sa réponse, qui est du 25 mars 534, le Pape donne de grands éloges au zèle que Justinien témoignait pour la foi, et à son respect pour le Saint-Siège. Il approuve sa confession de foi, qu'il insère même dans sa réponse, disant que la doctrine qu'elle renfermait était celle que tous les Pères et les Pontifes romains ont enseignée, et que quiconque en professe une contraire, se déclare lui-même séparé de la sainte communion et de l'Eglise catholique. Cette réponse du Pape, y compris la profession de l'empereur, a été insérée comme une loi de l'empire dans le premier livre du *Code Justinien*, ainsi que nous l'avons déjà vu.

Outre le désir général de réprimer les hérésies qui troublaient l'Orient, l'empereur avait à sa démarche une raison particulière : c'était l'obstination de quelques moines acémètes de Constantinople. Nous avons vu quelques moines de Scythie vouloir forcer le pape Hormisda d'imposer brusquement à tous les fidèles, comme absolument nécessaire, cette proposition : *Un de la Trinité a souffert*. Sans se prononcer sur la proposition même, saint Hormisda blâma fortement le zèle intempestif et la turbulence des moines scythes. Il craignait qu'une décision précipitée n'augmentât les disputes au lieu de les calmer. Ses craintes n'étaient pas sans fondement. L'insistance des moines de Scythie poussa dans un excès opposé les moines acémètes de Constantinople. Ceux-ci allèrent jusqu'à soutenir que Jésus-Christ n'est pas un de la Trinité, et que Marie n'est pas proprement mère de Dieu. Justinien réfute expressément leur erreur dans sa confession de foi; il envoya même quelques-uns de ces moines à Rome. Le Pape fit tout son possible pour les ramener à la saine doctrine; mais les voyant opiniâtres dans l'erreur, il refusa de les admettre à sa communion, et les sépara de l'Eglise catholique, jusqu'à ce qu'ils en eussent embrassé la foi et condamné leurs égarements; il pria toutefois l'empereur de leur accorder sa communion et sa bienveillance, si à l'avenir ils voulaient revenir à l'unité de l'Eglise. A la fin de sa lettre, le pape Jean fait l'éloge des deux ambassadeurs, Hypace, archevêque d'Ephèse, et Démétrius, évêque de Philippes (Labbe, t. IV).

Après leur départ, Cassiodore et dix autres sénateurs prièrent le Pape de vouloir bien les instruire de ces difficultés qui troublaient l'Orient. Le Pape, le fit par une lettre, où il leur communique la réponse qu'il avait faite à l'empereur. « Justinien, notre fils, nous a marqué, dit-il, qu'il s'était élevé une dispute sur ces trois questions, savoir : si Jésus-Christ, notre Dieu, peut être appelé *un de la Trinité*, c'est-à-dire une des trois personnes divines; s'il a souffert en sa chair, la divinité demeurant impassible, et si la sainte Vierge doit être nommée proprement et véritablement *mère de Dieu*. Nous avons approuvé la foi de l'empereur catholique, et montré que ce qu'il a dit sur chacune de ces propositions est conforme à l'Ecriture et aux Pères. » Le Pape rapporte ensuite les passages de l'Ecriture et des Pères, qui autorisaient ces propositions. Saint Augustin est le premier Père qu'il cite, disant que l'Eglise romaine en suit et observe la doctrine suivant les décrets de ses prédécesseurs. Après quoi il rapporte les témoignages de plusieurs anciens docteurs de l'Eglise, des deux saints Grégoire de Nazianze et de Nysse, de Proclus de Constantinople, de saint Cyprien, de saint Cyrille, de saint Léon, de Léporius et de Gélase. Il déclare ensuite que l'Eglise romaine a condamné les moines acémètes, qui ont paru évidemment dans l'erreur de Nestorius. C'est pourquoi, conformément au canon qui défend à un chrétien de parler ni de communiquer avec un excommunié, il avertit les sénateurs de ne pas leur parler et de n'avoir rien de commun avec eux (Labbe, t. IV).

C'est un beau spectacle de voir les plus illustres sénateurs de Rome consulter le Pape comme leur père, et le Pape leur répondre comme à ses fils, et toutes les disputes se terminer ainsi en Occident.

En Orient, les choses ne se passaient point d'une manière aussi simple ni aussi calme. L'an 530, l'empereur Justinien, qui gardait rarement la mesure convenable dans ce qu'il entreprenait, signifia aux païens et aux hérétiques, qu'ils eussent à se convertir dans l'espace de trois mois, sous peine, après ce délai, d'être exclus des charges publiques, de voir tous leurs biens confisqués, et d'être personnellement passibles de la peine capitale. Ce dernier point n'était au fond qu'une menace; mais les deux autres, surtout le second, s'exécutèrent à la rigueur. Ce qui fit soupçonner que le zèle de Justinien n'était pas tout à fait désintéressé, puisqu'il devait profiter de la dépouille des récalcitrants. Quant aux églises qu'il ôtait aux hérétiques, il les rendait aux catholiques.

Le résultat de cette mesure fut assez varié. Parmi les hérétiques et les païens, plusieurs se convertirent tout de bon, d'autres ne firent que semblant; quelques-uns émigrèrent en pays étranger; des montanistes de Phrygie se brûlèrent de désespoir dans leurs églises : il y eut quelques séditions. Parmi les Samaritains, ceux de la campagne se révoltèrent ouvertement, prirent les armes au nombre de cinquante mille, choisirent pour roi un brigand nommé Julien, entrèrent dans Scythopolis, dont ils brûlèrent les églises, s'emparèrent de Néapolis ou Samarie, où ils firent un horrible massacre, tuèrent l'évêque, mirent les prêtres en pièces et désolèrent tous les environs. Julien ayant pris possession de cette ville, y fit célébrer en sa présence les jeux du cirque. Un cocher nommé Nicéas, qui l'avait emporté sur ses concurrents, se présenta pour recevoir la couronne selon la coutume; mais Julien, apprenant qu'il était chrétien, au lieu de le couronner, lui fit trancher la tête au milieu du cirque. Théodore, qui commandait les troupes de la Palestine, envoya des courriers à Constantinople et rassembla ce qu'il avait de soldats. Un chef de Sarrasins ou d'Arabes se joignit à lui; ils marchèrent contre Julien, qui abandonna Néapolis ou Naplouse. L'ayant poursuivi avec ardeur, ils lui livrèrent bataille, défirent entièrement son armée, le prirent et lui firent trancher la tête, qu'ils envoyèrent à l'empereur avec son diadème. Vingt mille Samaritains périrent dans ce combat. Les autres se sauvèrent sur le mont Garizim ou dans les montagnes de la Trachonite. Le chef sarrasin reçut pour récompense vingt mille prisonniers, qu'il envoya vendre en Perse et en Ethiopie.

La nouvelle de la victoire arriva à Constantinople presque en même temps que celle de la révolte. L'empereur, irrité contre Bassus, gouverneur de Palestine, de ce qu'il n'avait pas prévenu ce désordre, le dépouilla de sa charge et le fit décapiter. Il envoya à sa place le comte Irénée, qui poursuivit les Samaritains dans les montagnes, en fit un grand carnage et condamna les autres à des supplices rigoureux. Les habitants de Scythopolis se vengèrent eux-mêmes; ils brûlèrent dans leur place publique un de leurs citoyens les plus distingués, nommé Sylvain, ennemi mortel des chrétiens, et qui avait eu la plus grande part aux cruautés exercées contre eux. Mais ils faillirent le payer cher. Le comte Arsène, fils de Sylvain, se rendit à Constantinople avec sa femme, qui, s'étant insinuée dans l'amitié de l'impératrice, lui persuada que les chrétiens de Palestine avaient été les agresseurs, et qu'ils s'étaient attirés eux-mêmes les maux qu'ils avaient soufferts. Théodora, toujours favorable au mauvais parti, agissait fortement sur l'esprit de Justinien, et l'inclinait à punir les chrétiens de Palestine des maux qu'on leur avait faits.

Les choses en étaient là, quand l'empereur reçut une lettre de Pierre, patriarche de Jérusalem, lui annonçant que l'illustre saint Sabas, la merveille du désert, venait de partir pour Constantinople. Il avait alors 93 ans. Il venait, au nom du patriarche et des évêques, demander à l'empereur une remise des impositions pour la première et la seconde Palestine, à cause du ravage des Samaritains. L'empereur, ravi d'apprendre l'arrivée du saint vieillard, envoya au devant de lui ses galères, avec lesquelles sortirent le patriarche Epiphane de Constantinople, Hypace, métropolitain d'Éphèse, et un autre évêque nommé Eusèbe. L'ayant reçu dans son palais, il crut voir sur sa tête une couronne de lumière; il courut se prosterner devant lui, lui baisa la tête et reçut sa bénédiction. Puis il le fit entrer chez l'impératrice Théodora, qui se prosterna de même et lui dit : Mon Père, priez pour moi, afin que Dieu me donne un fils. Le bon vieillard lui répondit : Que le Dieu de gloire conserve votre empire dans la piété et dans la gloire! L'impératrice fut affligée qu'il ne lui eût point accordé sa demande; et quand il fut sorti, les Pères qui l'accompagnaient lui en demandèrent la raison. Il leur dit : Croyez-moi, mes Pères, il ne sortira point de fruit de ce ventre, de peur qu'il ne soit nourri de la doctrine de Sévère, et qu'il ne trouble l'Eglise encore plus que n'a fait Anastase.

Les saints abbés furent logés dans le palais; et saint Sabas, ayant rendu à l'empereur les requêtes des Eglises de Palestine, sa colère se tourna contre les Samaritains, et il fit une constitution par laquelle il leur défendit d'avoir des synagogues, d'exercer aucune charge publique, de succéder les uns aux autres, ni de se faire des donations. Il ordonna même d'en faire mourir plusieurs, principalement les chefs et les séditieux. Arsène était du nombre; mais il se cacha quelque temps, puis il eut recours à saint Sabas, qui était encore à Constantinople, et se fit baptiser avec tous les siens.

Quelques jours après, l'empereur envoya chercher le saint vieillard et lui dit : Mon père, j'ai ouï dire que vous avez fondé plusieurs monastères dans le désert; demandez tel revenu que vous voudrez pour la subsistance des moines, afin qu'ils prient pour nous et pour notre empire. Le saint répondit : Ils n'ont pas besoin d'un tel revenu; leur partage est le Seigneur, qui, dans le désert, a fait pleuvoir le pain du ciel sur le peuple rebelle. Nous vous demandons seulement, pour les fidèles de Palestine, la décharge des impositions et le rétablissement des églises brûlées par les Samaritains; un secours pour les chrétiens, qui ont été pillés et réduits à un petit nombre; d'établir un hôpital à Jérusalem pour les malades étrangers; d'achever l'église de la Mère de Dieu, commencée par le patriarche Elie; enfin, à cause des incursions des Sarrasins, de faire bâtir une forteresse dans le désert, au-dessous des monastères que j'ai fondés. Je crois qu'en récompense de ces cinq œuvres, Dieu ajoutera à vos Etats l'Afrique, Rome et le reste de l'empire d'Honorius, que vos prédécesseurs ont perdu. Justinien lui accorda tout ce qu'il avait demandé et le fit mettre à exécution. De retour en Palestine au mois de septembre 531, saint Sabas y mourut paisiblement dans sa laure le 5 décembre de la même année (*Vita S. Sab. apud Sur.*).

Quant à l'Eglise d'Alexandrie, l'histoire de ses évêques est bien embrouillée à cette époque. Nous avons vu que l'empereur Justin chassa l'hérétique Sévère d'Antioche, et le fit remplacer par un évêque catholique. Comme l'Eglise d'Alexandrie se trouvait absolument dans la même position, naturellement il dut y faire la même chose. Or, on ne trouve point de renseignements précis à cet égard. Seulement les actes du martyr saint Aréthas nomment Astérius, le patriarche catholique d'Alexandrie sous Justin. Les chroniques égyptiennes ou coptes disent que l'empereur ayant éloigné Timothée, ennemi du concile de Chalcédoine, lui substitua Apollinaire, à qui succédèrent Paul, Zoïle et un autre Apollinaire, tous catholiques. Maintenant, le premier Apollinaire et Astérius sont-ils deux personnages, ou le même sous deux noms différents ? On ne sait encore (Assemani, *Bibl. orient.*, t. I; *Acta Sanct.*, t. V, *junii*; *Hist. chron. patr. Alex.*).

Que si à cette époque il y a de l'incertitude dans l'histoire des évêques d'Alexandrie, il y avait encore plus de confusion dans cette Eglise même. Outre les catholiques, il y avait les eutychiens. Ceux-ci paraissent avoir été en plus grand nombre; mais ils étaient divisés en deux sectes, dont voici l'origine. Sévère, le faux patriarche d'Antioche, étant réfugié à Alexandrie, un moine lui demanda s'il on devait dire que le corps de Jésus-Christ fût corruptible ou incorruptible. Sévère répondit que les Pères l'avaient reconnu corruptible : autrement ce serait nier la vérité de sa passion et lui donner un corps fantastique et imaginaire, comme les manichéens. Le raisonnement était juste. On proposa la même question à Julien d'Halicarnasse, réfugié en un autre lieu d'Egypte; et lui, suivant les principes d'Eutychès, dit : Le corps de Jésus-Christ a toujours été incorruptible; car, si nous disons qu'il est corruptible, nous admettons une distinction entre le corps de Jésus-Christ et le Verbe de Dieu, et par conséquent deux natures dans le Christ. Et pourquoi donc alors combattons-nous le concile de Chalcédoine ? Ce raisonnement était également juste, également sans réplique. La conclusion naturelle de tous les deux, c'est que, pour éviter l'erreur des manichéens, il faut embrasser la vérité catholique et confesser en Jésus-Christ deux natures.

Ni Sévère ni Julien ne tirèrent une conclusion aussi simple. Mais chacun voulant soutenir son opinion, ils écrivirent l'un contre l'autre, et leurs écrits divisèrent de plus en plus le peuple d'Alexandrie. On nomma les sectateurs de Sévère *corrupticoles*, c'est-à-dire adorateurs du corruptible, et ceux de Julien *incorruptibles* ou *phantasiastes*. Un diacre d'Alexandrie, nommé Thémistius, fit un schisme particulier, se séparant de la communion même du patriarche eutychien, Timothée, qui favorisait tantôt un parti, tantôt l'autre. Timothée étant mort, il y eut deux évêques eutychiens, un de chaque secte. L'impératrice Théodora, qui tenait secrètement à ces erreurs, fit bannir l'un et maintenir l'autre. Mais le grand nombre était pour le banni, qui se nommait Gaïen, de là secte des phantasiastes. Les deux partis en vinrent plusieurs fois aux mains, et il y eut beaucoup de personnes tuées de part et d'autre. Enfin le protégé de Théodora, qui se nommait Théodose, du parti des corrupticoles, fatigué de ces séditions, vint à Constantinople, où l'impératrice le fit traiter avec honneur, promettant à l'empereur qu'il recevrait le concile de Chalcédoine. Mais comme il persistait à le refuser, il eut ordre de sortir de Constantinople, et demeura comme exilé à deux lieues de la ville (Libérat, c. 20).

Cependant l'empereur Justinien, voulant ramener à l'unité de l'Église les partisans de Sévère, fit venir à Constantinople six évêques de son parti et six évêques catholiques pour entrer amiablement en conférence. Ils s'assemblèrent dans une salle du palais, avec un petit nombre de prêtres; Hypace, métropolitain d'Éphèse, le même que l'empereur envoya peu après à Rome, porta la parole au nom des évêques catholiques, qui se trouvèrent réduits à cinq, le sixième étant tombé malade.

Profitant d'un écrit que les sévériens avaient présenté à l'empereur, Hypace leur demanda : Dites-nous donc quelle opinion vous avez d'Eutychès ? Les sévériens répondirent : Nous le tenons pour hérétique, ou plutôt pour hérésiarque. — Et quelle opinion avez-vous de Dioscore et du second concile d'Éphèse, qu'il a assemblé? — Nous les tenons pour orthodoxes. — Mais si vous condamnez Eutychès, comment justifiez-vous Dioscore et son concile, qui ont justifié Eutychès ? — Peut-être qu'ils l'ont justifié comme ayant fait pénitence. — Mais, s'il a fait pénitence, pourquoi l'anathématisez-vous? — Comme cette réplique embarrassait les sévériens et qu'ils ne savaient que répondre, l'évêque Hypace ajouta : Il s'est si peu repenti, qu'avant même qu'on eût achevé de lire les actes faits contre lui à Constantinople, ils l'ont justifié, et condamné Flavien et Eusèbe.

A la fin, Hypace résuma la discussion en ces termes : Dites-vous qu'Eutychès fût catholique ou hérétique? Ils répondirent : Hérétique. — Donc, ajouta-t-il, Eusèbe eut raison de l'accuser, et Flavien de le condamner. Ils en convinrent. Hypace continua : Dioscore et son concile eurent donc tort de le recevoir? Ils en convinrent encore; et il poursuivit : Il fallait donc un autre concile universel pour corriger les injustices de celui de Dioscore? Ils reconnurent qu'il le fallait. D'où Hypace conclut qu'il était donc juste d'assembler le concile de Chalcédoine. Les sévériens dirent : Il était juste et nécessaire de l'assembler; la question est de savoir si la fin a été aussi juste. On remit à l'examiner dans la conférence du second jour.

Les sévériens y objectèrent que le concile de Chalcédoine avait innové dans la foi, en décidant que les deux natures étaient distinctes en Jésus-Christ après l'union, soutenant qu'il fallait dire, avec saint Cyrille d'Alexandrie et les évêques, ses prédécesseurs, que de deux natures il s'était fait, après l'union, une nature du Verbe de Dieu incarné. A ce propos, ils alléguèrent un grand nombre de pièces, dont les unes étaient fausses, les autres interpolées, d'autres d'une autorité incertaine, comme les écrits de saint Denys l'Aréopagite. L'évêque Hypace leur opposa les écrits authentiques et sûrs de Pères bien connus, particulièrement de saint Cyrille, qui, en disant une nature du Verbe incarné, n'a pas moins distingué les deux natures, la divine et l'humaine. Hypace aurait pu ajouter cette comparaison : De même que la nature de l'homme est une, et que cependant il y subsiste deux natures distinctes et qui jamais ne se confondent, savoir, la nature spirituelle de l'âme et la nature matérielle du corps.

Les sévériens incidentèrent beaucoup sur l'admission de Théodoret et d'Ibas au concile de Chalcédoine, et sur la lettre d'Ibas à Maris. Hypace répondit, après autres choses : Encore que cette lettre ait été publiée du vivant de saint Cyrille, elle ne l'a point empêché de travailler à la paix, comme il le témoigne dans sa lettre à Valérien d'Icône. Et toutefois, le concile de Chalcédoine n'a reçu Ibas qu'après qu'il eût anathématisé Nestorius et sa doctrine. Nestorius et Eutychès eux-mêmes eussent été reçus, s'ils avaient renoncé à leurs erreurs. Le concile de Chalcédoine a donc traité Ibas et Théodoret plus rigoureusement que n'avait fait saint Cyrille pour se réconcilier avec eux; car cet évêque avait seulement exigé qu'ils consentissent à la condamnation de Nestorius et à l'ordination de Maximien de Constantinople, tandis que le concile les a obligés d'anathématiser publiquement Nestorius. Les sévériens ayant paru satisfaits de cette réponse, on leva la séance.

Le troisième jour, l'empereur assista à la conférence avec le sénat et le patriarche Epiphane. Ayant fait asseoir les évêques, il les exhorta à la paix avec une douceur dont ils furent charmés. Les sévériens lui firent entendre secrètement que les catholiques ne confessaient pas que Dieu eût souffert dans sa chair, ni que celui qui a souffert fût un de la Trinité, ni que les miracles et les souffrances fussent de la même personne. L'empereur ayant interrogé sur cela les évêques, Hypace répondit : Seigneur, nous confessons, ou plutôt l'Église catholique et apostolique, votre mère, confesse que les souffrances et les miracles appartiennent à la même personne de Jésus-Christ, mais non à la même nature. Selon la doctrine des saints Pères, la chair est passible, la divinité impassible. Il est un de la Trinité selon la nature divine, et un d'entre nous selon la chair; il est consubstantiel au Père selon la divinité, et à nous selon l'humanité.

Après la conférence du troisième jour, l'empereur fit venir une quatrième fois les évêques dans son palais. Il leur parla à tous, leur témoignant avec quelle ardeur il désirait leur réunion. Mais des six évêques sévériens, il n'y eut que Philoxène de Dulichium qui se laissa persuader. Il fut suivi d'un bon nombre de clercs et de moines qui les avaient accompagnés, et qui s'en retournèrent avec joie à leurs églises et à leurs monastères, après avoir été admis à la communion de l'Église catholique. Quelques-uns, parlant en syriaque, disaient aux évêques orthodoxes : Les sévériens nous ont séduits, et nous en avons séduit plusieurs autres; car ils nous disaient que le Saint-Esprit s'était retiré des églises et du baptême des catholiques, comme aussi de leur communion. Mais nous espérons, par la grâce de Dieu, ramener la plupart de ceux que nous avons trompés. Telle fut la fin de la conférence de Constantinople, dont nous n'avons pas les actes, mais une relation abrégée et fidèle dans une lettre d'Innocent, évêque de Maronie, un des six évêques catholiques, à un prêtre nommé Thomas (Labbe, t. IV).

Tandis que l'Orient voyait multiplier les disputes, l'Occident voyait multiplier les saints. La Gaule, en particulier, devenue France, voyait fleurir presque partout de saints évêques et de saints moines qui laissaient après eux des imitateurs de leurs vertus. Saint Remi, l'apôtre des Francs, mourut le 13 janvier 533, âgé de 96 ans, et après 74 ans d'épiscopat. Étant encore en pleine santé, il fit un testament que nous avons, et où il institue ses héritiers l'Église de Reims, Loup, évêque de Soissons, et le prêtre Agricole, ses neveux. Entre autres choses, il lègue à l'Église de Reims et à celle de Laon un grand vase d'argent pesant 18 livres, pour en faire des calices et des patènes. Il ajoute, parlant à l'Église de Reims : « Je vous lègue aussi un autre vase que m'a donné le roi Klodovic (Clovis) de glorieuse mémoire, que j'ai levé des sacrés fonts, et je veux qu'on en fasse un ciboire et un calice sculptés : ce que je ferai exécuter par moi-même, si le Seigneur me conserve la vie. « Comme ce calice devait servir pour la communion du peuple, il ordonna qu'on y gravât trois vers latins, qu'il avait fait mettre sur un vase de l'église de Laon, et qui expriment la foi en la présence réelle, et la transsubstantiation. Ce calice se conserva dans l'église de Reims jusqu'au temps d'Hincmar, où il fut fondu pour payer aux Normands la rançon des captifs. Saint Remi donne au prêtre Agricole, son neveu, une vigne, à la charge de faire pour lui une offrande à l'autel les fêtes et les dimanches, et de donner tous les ans un festin aux prêtres et aux diacres de l'Église de Reims. Il charge un autre de ses neveux d'en donner aussi un tous les ans aux prêtres et aux diacres de l'Église de Laon. Cette dévotion de fonder des festins à certains jours pour les chanoines et pour les moines, devint fort au goût des siècles suivants. On voit, par le nombre des legs, que saint Remi était fort riche en terres et en esclaves; car il nomme de ces derniers jusqu'à quatre-vingt-quatre, dont il affranchit un grand nombre (*Ibid.*, *Bibl. nov.*).

Un jour le saint évêque de Reims fut invité à un concile, malgré son grand âge, pour y confondre un évêque arien, fort versé dans la dispute et dans les subtilités de la dialectique. Remi ne manqua pas de s'y rendre, et, dès qu'on le vit entrer, tous les Pères du concile se levèrent pour lui faire honneur. L'évêque arien fut le seul qui resta sur son siège par mépris; mais Dieu lui réservait une humiliation proportionnée à son orgueil. Saint Remi ayant fait un beau discours contre l'erreur, tout le monde était dans l'attente de ce que l'évêque arien allait répondre; mais il perdit à l'instant l'usage de la parole, et, sans pouvoir proférer un seul mot, il se vit jeter aux pieds du saint évêque pour confesser son péché et ses erreurs par ses gémissements et ses larmes. Alors le saint lui dit : « Au nom de Jésus-Christ, Notre Seigneur, vrai Fils de Dieu, si vous croyez ainsi, parlez et confessez ce que l'Église catholique croit de lui. » Aussitôt le superbe hérétique, devenu humble et fidèle, recouvra l'usage de la parole et confessa distinctement la foi de la Trinité et de l'Incarnation. Saint Remi, au lieu de s'applaudir, ne fit servir cet événement qu'à montrer aux évêques qu'on ne doit jamais rebuter les plus grands pécheurs, puisque le Seigneur avait autorisé par un miracle la pénitence de cet arien (Flodoard, l. 1, c. 16).

Peu de temps après que saint Remi eut fait son testament, il perdit la vue. Cette affliction redoubla sa ferveur et acheva de le détacher de la terre; mais il eut la consolation de recouvrer l'usage des yeux avant sa mort. Saint Sidoine et saint Grégoire de Tours font un grand éloge de son éloquence et de son érudition. Il avait de dignes amis. L'histoire en cite un, nommé Anatole, qui fonda de ses biens jusqu'à douze hôpitaux. Il eut pour successeur dans le siège de Reims, saint Romain, abbé de Mantenai près de Troyes. Il avait formé plusieurs disciples qui se distinguèrent par la sainteté de leur vie. Le saint abbé Thierri fut le plus célèbre. C'était le fils d'un voleur, mais tellement prévenu de la grâce divine, qu'ayant été engagé malgré lui dans les liens du mariage, il persuada à sa femme de garder l'un et l'autre la continence. Il se retira dès lors auprès de saint Remi, et, sous sa direction, bâtit auprès de Reims un monastère où il assembla en peu de temps une fervente communauté. Ayant reçu l'ordre de la prêtrise, il travailla avec zèle à la conversion des âmes, et particulièrement à celle de son père, qui, de voleur, se fit moine.

Un jour que le saint abbé passait hors de la ville avec saint Remi, en chantant des psaumes, près d'un lieu de débauche, plein de femmes prostituées, la voix lui manqua tout à coup. La même chose lui étant arrivée au retour, saint Remi lui en demanda la cause. Il répondit que c'était la douleur de voir des âmes se perdre ainsi presque sous les yeux de leur évêque, et il lui conseilla de changer ce lieu infâme en un monastère de veuves et de repenties, où ces malheureuses pourraient se retirer. Saint Remi exécuta ce conseil (Flod., l. 1, c. 24; *Hist. de l'Église gallic.*, l. 5).

Le disciple ne survécut pas longtemps au maître. Saint Thierri mourut le 1er jour de juillet, vers l'an 533, après s'être rendu célèbre dans le royaume d'Austrasie par un grand nombre de miracles. Le roi de Metz, Thierri ou Théodoric, ayant appris sa mort, se rendit en diligence à son monastère et voulut lui-même porter le corps jusqu'au lieu de la sépulture. Ce n'était pas moins un acte de reconnaissance que de piété. Ce prince, qui était en danger de perdre un œil, avait été guéri par cet abbé, et il donna pour ce sujet la terre de Germigny à son monastère.

Une princesse du sang de Clovis se distinguait à cette époque par sa constance dans la foi catholique. Amalaric, roi des Visigoths, qui régnait dans la Septimanie et en Espagne, avait épousé une fille du roi des Francs, nommée Clotilde comme sa mère. Le roi goth n'oublia rien pour l'engager dans l'arianisme. Elle résista à ses caresses et à ses menaces. Il en vint aux mauvais traitements : il permettait ou plutôt il commandait de lui jeter de la boue et des ordures lorsqu'elle allait à l'église. Enfin il la frappa lui-même plusieurs fois jusqu'au sang. Alors elle envoya un mouchoir teint de son sang à son frère Childebert, roi de Paris, qui se mit aussitôt en marche pour aller la délivrer (Greg. Tur., l. 3, c. 10).

En passant par le Berri, il visita un saint ermite nommé Eusice, et lui offrit cinquante pièces d'or. Le saint homme refusa de les recevoir, et dit au roi : Pourquoi me les offrir? donnez-les à quelqu'un qui les distribue aux pauvres. Pour moi je n'en ai pas besoin; il me suffit de prier le Seigneur pour la rémission de mes péchés. Il ajouta : Allez, vous remporterez la victoire et ferez à votre volonté. Childebert fit donner l'argent aux pauvres, et il promit que, s'il revenait vainqueur, il ferait bâtir en ce lieu une église pour la sépulture du saint vieillard. La prédiction fut accomplie. Childebert fut partout victorieux et pilla les trésors d'Amalaric, qui fut tué en fuyant, apparemment par Theudis, son successeur; car ce nouveau roi des Visigoths, ayant été assassiné quelques années après, recommanda instamment qu'on ne vengeât pas sa mort, parce qu'il avait tué lui-même le chef de son peuple (Greg. Tur., *De glor. conf.*, c. 82). Childebert revint triomphant et distribua aux églises de son royaume les vases sacrés qui se trouvèrent dans le butin, savoir : soixante calices, quinze patènes, vingt couvertures de livres d'Evangiles, le tout d'or pur et garni de pierres précieuses. Mais sa sœur Clotilde mourut en chemin, sans doute par suite des mauvais traitements qu'elle avait soufferts pour la religion. Son corps fut porté à Paris et enterré auprès de celui de Clovis, son père.

A son retour, le roi Childebert fit bâtir un monastère à saint Eusice : c'est celui de Celle en Berri. Eusice était originaire de Périgueux. La pauvreté avait obligé ses parents de le vendre à l'abbé de Percy. Il servit quelque temps le monastère, où, ayant été reçu au nombre des moines, il fut élevé à la prêtrise, et obtint la permission de se retirer dans quelque lieu solitaire; mais sa vertu et ses miracles lui attirèrent des disciples. Un jour il guérit un de ses voisins de la fièvre quarte. Celui-ci, s'en retournant, aperçut deux ruches d'abeilles que les clercs du saint homme avaient placées sur un arbre. Il lui prit envie de les voler. Il vint donc de nuit avec un complice, et monta sur l'arbre pour lui descendre les paniers. Mais, dans ce moment, le complice vit arriver le saint même, et prit la fuite sans rien dire. Le voisin, qui était sur l'arbre, descendit un panier, que saint Eusice prit de ses mains et posa par terre. Mais quand il voulut descendre le second, le bon vieillard lui dit : En voilà assez pour le coup, mon fils ; réservez l'autre pour qui l'a fait. A ces mots, le voleur épouvanté, se jette en bas. Eusice l'ayant conduit à sa cellule : Pourquoi, dit-il, avez-vous écouté les suggestions du démon? n'avez-vous pas reçu hier chez moi la bénédiction du Seigneur ? Si vous m'aviez demandé du miel, je vous en aurais donné sans peine. Enfin il lui en donna un rayon, et le laissa aller, en disant : Prenez garde de recommencer, car le vol est l'argent de Satan. Saint Léonard fut le successeur de saint Eusice dans le gouvernement du monastère de Celle (*De glor. conf.*, c. 82; Isid., *Hist. goth.*).

Les fils de Clovis, Theuderic ou Thierri, roi de Metz, Clotaire, roi de Soissons, et Childebert, roi de Paris, professaient la vraie religion et honoraient généralement ceux qui la pratiquaient, mais ils ne la pratiquaient pas toujours eux-mêmes : leur politique n'avait guère d'autre règle que leur intérêt, et plus d'une fois la férocité et la perfidie du Barbare l'emportèrent sur la justice et l'humanité. En cela, au reste, ils ne différaient pas des rois de leurs temps. Ainsi, trois frères s'étaient partagé le royaume de Thuringe : Baderic, Hermanfride et Berthaire. Hermanfride tua Berthaire, qui laissa une jeune orpheline nommée Radegonde. Pour se défaire également de Baderic, il fit dire à Thierri de Metz : Si vous le tuez, vous aurez la moitié du pays. Ravi de cette nouvelle, Thierri joignit Hermanfride avec une armée. Baderic fut défait et tué; mais Hermanfride ne tint pas sa promesse. Pour se venger, Thierri appelé Clotaire à son secours, et rentre en Thuringe, où l'armée d'Hermanfride est complètement défaite. Clotaire eut parmi ses captifs Radegonde, fille de Berthaire. Mais Thierri chercha, sans y réussir, à tuer Clotaire lui-même. De retour dans son domaine, il invita Hermanfride à venir le voir en toute assurance; et de fait il le combla d'honneurs et de présents. Mais un jour qu'ils étaient à causer ensemble sur les remparts de Tolbiac, Hermanfride fut jeté par-dessus la muraille, et mourut de sa chute. Qui le jeta ainsi, dit Grégoire de Tours, nous l'ignorons; mais plusieurs assurent que c'était une fourberie manifeste de Theuderic; car il était très-rusé à faire de ces tours. Il faillit lui-même perdre l'Auvergne, qu'il avait conquise du vivant de son père. Pendant qu'il était en Thuringe, le bruit ayant couru qu'il était mort, un sénateur d'Auvergne, nommé Arcade, invita Childebert, roi de Paris, à venir s'emparer du pays, et de fait lui ouvrit par trahison une porte de la ville. Mais à peine Childebert y fut-il entré, qu'il apprit que son frère Theuderic était revenu bien vivant de Thuringe : il quitta donc l'Auvergne, et marcha contre Amalaric, au secours de sa sœur Clotilde, ainsi que nous l'avons vu (Greg. Turg. l. 3, c. 4, 7, 8 et 9).

Peu après, Childebert et Clotaire entreprirent de reconquérir la Bourgogne, dont Gondemare, frère de saint Sigismond, avait repris et occupait la meilleure partie; et ils allèrent mettre le siège devant Autun. Thierri de Metz, qu'ils avaient appelé à leur secours, refusa d'y aller. Mais les Francs, qui étaient de son côté, lui dirent : Si tu ne veux pas aller avec tes frères en Bourgogne, nous t'abandonnons, et nous aimons mieux les suivre. Les voyant si peu fidèles, il leur répondit : Suivez-moi en Auvergne; c'est là que je vous ferai avoir de l'or et de l'argent, et tout ce que vous pouvez désirer : seulement n'allez pas avec eux. Gagnés par ces promesses, ils promirent de faire sa volonté. Ainsi, pendant que ses deux frères s'emparent de toute la Bourgogne, après avoir mis en fuite Gondemare, il entra en Auvergne, ravagea tout le pays, et mit le siège devant la capitale, avec la résolution d'en raser les murailles, et de bannir l'évêque, qui était saint Quintien. Ce bon pasteur, plus alarmé du danger de son troupeau, que de la disgrâce dont il était menacé lui-même, eut recours aux jeûnes et à la prière. Il passait les nuits avec son clergé à faire des processions autour des remparts, en chantant des psaumes. On reconnut bientôt l'effet de son intercession. Le roi Thierri fut tellement épouvanté d'un songe, qu'il sauta de son lit et courut tout éperdu le long du grand chemin. Hilpingue, un de ses officiers, en prit occasion de le porter à la clémence, et lui dit : Prince, les murailles de cette ville sont bien fortes; elles sont défendues des deux côtés par des boulevards inexpugnables; je veux lire les églises des saints qui les entourent : de plus, l'évêque de cette ville passe pour avoir un grand pouvoir auprès de Dieu Changez de résolution, et promettez de ne point faire d'injure à l'évêque et de ne point renverser la ville. Le roi suivit ce conseil, et publia une défense de faire aucun mal à personne dans un rayon de près de trois lieues.

Dans le cours de ces guerres et de ces révolutions, Theuderic et Childebert, ayant fait alliance, se donnèrent réciproquement des otages. C'étaient des fils de sénateurs. La mésintelligence ayant éclaté de nouveau entre les deux rois, les jeunes hommes furent retenus comme esclaves par ceux qui les avaient en leur garde. Plusieurs s'échappèrent, mais plusieurs aussi ne le purent. De ces derniers fut Attale, petit-fils de saint Grégoire, évêque de Langres, car il avait été marié avant son entrée dans le sacerdoce. Après bien des recherches, il apprit que son petit-fils était réduit à garder les chevaux d'un seigneur franc dans le territoire de Trèves. Le Franc, ayant su de quelle race noble il était, demandait une rançon exorbitante.

A cette nouvelle, le cuisinier du saint évêque lui dit : Si vous me laissez faire, peut-être pourrais-je le tirer de captivité. Léon, c'était le nom du domestique, ayant obtenu sans peine toute permission, s'en alla dans le pays de Trèves, et s'efforça d'enlever secrètement le jeune Attale; mais en vain. Alors il dit à un particulier : Vendez-moi comme esclave à ce Barbare; le prix sera pour vous; je ne demande que d'avoir accès dans sa maison. Le Franc, l'ayant acheté, lui demanda ce qu'il savait faire. Je suis excellent cuisinier, dit-il, je n'ai pas mon pareil; eussiez-vous à traiter le roi, nul ne ferait mieux. C'est bien rencontré, dit l'autre, j'ai à traiter dimanche mes parents et mes voisins : fais si bien, que tous en soient dans l'admiration et qu'ils disent n'avoir pas trouvé mieux à la table du roi. Léon le fit, et tous les convives s'extasièrent sur le repas. Dès ce moment le maître le prit en grande affection et lui confia tout ce qui regardait la nourriture de ses gens.

Au bout d'une année, lorsque le maître n'avait plus aucune défiance, il s'en alla dans la prairie avec Attale, se coucha au loin avec lui sur l'herbe, dos contre dos, pour qu'on ne soupçonnât pas qu'ils fussent à se parler, et il dit au jeune homme : Il est temps que nous songions à retourner dans notre patrie. Cette nuit donc, quand vous aurez renfermé les chevaux, gardez-vous bien de vous endormir; mais sitôt que je vous appellerai, soyez prêt, et partons.

Le Barbare avait invité ce jour-là un grand nombre de ses parents, entre autres son gendre. A minuit, quand on se leva de table, Léon reconduisit le gendre de son maître, et lui offrit un dernier coup à boire. Mais, dit le gendre en plaisantant, dis-moi donc, favori de mon beau-père, quand est-ce que tu penses lui prendre quelques chevaux et t'en retourner dans ton pays ? — Mais, répondit Léon, en continuant la plaisanterie, si c'est la volonté de Dieu, je pense le faire cette nuit même. — Pourvu, répliqua l'autre, que mes domestiques fassent si bonne garde, que tu ne me prennes rien à moi. Et ils se quittèrent en riant.

Lorsque tout le monde est endormi, Léon appelle Attale, et après avoir sellé les chevaux, il lui demande s'il avait une épée. Attale ayant répondu qu'il n'avait qu'une petite lance, Léon entre dans l'appartement de son maître, et prend son bouclier avec sa framée. Le maître demanda : Qui est-ce? et que veut-on ? — Je suis votre serviteur Léon, répondit l'autre, et je réveille Attale, pour qu'il mène promptement les chevaux au pâturage; car il dort comme s'il était ivre. — C'est bien, dit le maître, fais comme tu voudras.

Etant donc montés à cheval, ils arrivèrent à la Meuse, qu'ils passèrent à la nage sur des boucliers, laissant à l'autre bord les chevaux et leur équipage. Ils s'enfoncèrent dans la forêt. C'était la troisième nuit qu'ils étaient en route, sans avoir mangé. Ils trouvèrent heureusement un arbre chargé de prunes. S'étant un peu restaurés, ils prirent la route de Champagne.

Bientôt ils entendirent des pas de chevaux. Pour n'être pas vus des passants, ils se couchèrent derrière un buisson d'épines, l'épée nue, résolus à se défendre, si on venait à les découvrir. Près du buisson, les chevaux s'étant arrêtés pour uriner, un des cavaliers dit : Quel malheur que ces scélérats nous échappent ! si je les trouve, sur mon âme, je ferai pendre l'un et je hacherai l'autre en morceaux. Celui qui parlait était leur maître, qui venait de Reims, et qui les cherchait. Il allait infailliblement les découvrir, si la nuit n'y eût mis obstacle. Les cavaliers étant partis, les deux fugitifs entrèrent cette nuit-là même dans Reims.

On sonnait les matines du dimanche, quand ils frappèrent à la porte du prêtre Paulel, ancien ami de saint Grégoire. Ce prêtre ayant entendu le récit de leurs aventures, dit : Elle est donc véritable la vision que j'ai eue; car cette nuit même j'ai vu deux colombes voler vers moi et se reposer sur ma main. Les jeunes hommes le prièrent de leur donner quelque chose à manger, quoique ce fût avant l'office du dimanche, parce qu'ils n'avaient pas goûté de pain depuis quatre jours. Il leur donna du pain trempé dans du vin, et, les ayant cachés avec soin, il s'en alla à matines. En sortant, il rencontra le maître qui les cherchait, et qui lui en demanda des nouvelles. Le prêtre lui donna le change, en sorte qu'il repartit. Les jeunes gens s'étant restaurés chez le prêtre pendant deux jours, s'en allèrent à Langres. Quand saint Grégoire les vit, il pleura de joie. Il donna la liberté à Léon ainsi qu'à toute sa famille, avec une terre en propriété (Greg. Tur., l. 3, c. 15).

A la suite de la guerre d'Auvergne, le sénateur Hortensius, qui gouvernait la ville au nom du roi, fit arrêter arbitrairement sur la place publique un parent du saint évêque Quintien. Celui-ci le pria d'abord, par des amis, de le rendre à la liberté, après lui avoir donné audience. N'ayant rien obtenu, il se fit porter lui-même sur la place, ne pouvant plus marcher de vieillesse, et pria les soldats de relâcher le détenu ; mais ils n'osèrent obéir au pontife. Aussitôt il se fit porter à la maison d'Hortensius même, et, secouant contre elle la poussière de sa chaussure, il dit : Maudite soit cette maison, et maudits soient à jamais ses habitants ! qu'elle devienne déserte, et qu'il n'y ait personne à y demeurer ! Et tout le peuple répondit : Amen ! L'évêque ajouta : Je vous prie, Seigneur, que de cette race qui n'a point écouté un évêque, jamais personne ne soit élevé à l'épiscopat ! A peine fut-il parti, que tous ceux qui demeuraient dans la maison furent saisis de la fièvre, et commencèrent à expirer l'un après l'autre. Le troisième jour, Hortensius voyant qu'il ne lui resterait bientôt plus de serviteurs et craignant pour lui-même, vint se jeter en larmes aux pieds du saint évêque et lui demander pardon. L'évêque lui pardonna de grand cœur, et fit porter à la maison de l'eau bénite, dont l'aspersion ayant été faite sur les murs, on vit cesser aussitôt toute espèce de maladie. Autant le saint évêque de Clermont était sans respect humain pour les grands, autant il était plein de charité pour les petits. Dès qu'il entendait crier un pauvre, il disait à ses clercs : Allez vite lui porter à manger ; c'est peut-être celui-là même qui nous dit dans l'Évangile que c'est lui qu'on nourrit dans les plus petits (Greg. Tur., *De Vitis Pat.*, c. 4).

Saint Gal fut le successeur de saint Quintien. Il était issu d'une des plus nobles familles de l'Auvergne et même de la Gaule, et il descendait, par sa mère Léocadie, de saint Epagathe, cet illustre martyr de Lyon, dont nous avons parlé. Les parents de Gal, qui fondaient sur lui l'espérance de leur maison, voulurent le marier à la fille d'un sénateur ; mais les charmes et les avantages du monde ne purent le toucher. Il triompha de l'amour de son père, des caresses de sa mère, et se réfugia dans le monastère de Cournon, proche de la ville d'Auvergne, suppliant l'abbé de lui couper les cheveux. L'abbé ayant appris son nom et sa naissance, ne crut pas devoir l'admettre sans le consentement de Georges, son père. Ce vertueux sénateur fut un peu attristé à la proposition qu'on lui en fit : C'était mon premier-né, dit-il ; c'est pourquoi je voulais le marier. Mais si le Seigneur daigne l'appeler à son service, que sa volonté soit faite plutôt que la nôtre. Accomplissez tout ce que Dieu inspirera à l'enfant. Ainsi, l'abbé reçut Gal et le fit clerc, suivant l'expression de Grégoire ; c'est-à-dire qu'il lui donna la tonsure cléricale ou monacale, qui était alors la même.

Gal se distingua dans le monastère par sa régularité et par la beauté singulière de sa voix. Saint Quintien l'ayant entendu chanter, l'attacha à son église ; et comme sa voix devenait de jour en jour plus belle, on en parla au roi Thierri, qui le fit venir à sa cour, et l'aima comme son fils, aussi bien que la reine. Gal accompagna ce prince dans un voyage de Cologne, et il eut occasion d'y exercer son zèle. Il y avait encore dans cette ville un temple des idoles, où l'on venait offrir des vœux et des figures de membres affligés de quelque maladie. Gal y mit le feu et le brûla. Les idolâtres en furent outrés et le poursuivirent pour le mettre à mort, mais le roi les apaisa. Gal regretta toujours de n'avoir pas eu le bonheur de mourir pour une telle cause, comme il le disait à saint Grégoire de Tours, son neveu, qui rapporte ce fait (Greg. Tur., *De Vitis Pat.*, c. 6).

Il était revenu en Auvergne, lorsque saint Quintien mourut. Voyant les mouvements que l'on se donnait pour l'élection d'un évêque : Ils ont beau faire, dit-il à un clerc, c'est moi qui le serai ; c'est à moi que le Seigneur daignera octroyer cet honneur. Grégoire de Tours dit qu'il parlait ainsi par inspiration divine. Le clerc qui l'écoutait ne pensa pas de même ; car il se mit en colère, lui fit beaucoup de reproches, lui donna même un coup dans le côté, et s'en alla brusquement. De son côté, le prêtre Impétrat, chez qui se tenaient les assemblées pour l'élection, conseilla à Gal, qui était son neveu, d'aller promptement donner avis au roi de la mort de l'évêque, disant : Si Dieu lui inspire de vous donner cet évêché, nous en rendrons grâces à Dieu : sinon, vous vous recommanderez du moins à celui qui l'aura. Comme il arrivait donc à Trèves, saint Apruncule, évêque de cette ville, venait également de mourir. Le clergé, qui avait connu Gal pendant son séjour à la cour, alla en corps prier le roi de le leur donner pour évêque. Le prince répondit : Choisissez-en un autre, j'ai destiné Gal ailleurs. Sur ces entrefaites, des clercs d'Auvergne vinrent présenter l'acte d'une élection, qu'ils accompagnèrent de grands présents. Car, dit Grégoire de Tours, cette malheureuse coutume s'était déjà introduite, que les rois vendissent l'épiscopat, et que les clercs l'achetassent. Thierri leur annonça que le diacre Gal serait leur évêque ; et le prince, l'ayant fait ordonner prêtre, donna lui-même un festin au peuple en réjouissance de sa nomination. C'est pourquoi Gal disait souvent, en raillant, que l'épiscopat ne lui avait coûté qu'un tiers de sou d'or, qu'il donna au cuisinier qui avait préparé le repas. Le roi le fit accompagner par deux évêques jusqu'à la ville d'Auvergne. Il y fut reçu au chant des psaumes, et ordonné évêque vers l'an 532. Il gouverna cette Église avec beaucoup d'humilité et de charité, et se distingua surtout par sa patience à souffrir les injures (Greg. Tur., *De Vitis Pat.*, c. 6).

La réflexion de Grégoire de Tours sur la manière dont les évêchés se vendaient et s'achetaient quelquefois à la cour du prince, est d'autant plus remarquable, que Grégoire naquit vers ce temps, qu'il était neveu de saint Gal, et qu'il fut lui-même un saint évêque. Cette prédominance de la cour dans les élections épiscopales nous explique comment tant d'évêques de France, pieux et saints d'ailleurs, n'ont pas eu le courage de reprendre les rois de certains scandales, même publics. Ils voyaient trop en eux les auteurs de leur dignité. Cette disposition, qui tient un peu plus du courtisan que de l'évêque, perce déjà dans une lettre de saint Remi à trois de ses collègues, au sujet d'un prêtre nommé Claude, qui se conduisait mal, et qu'ils lui reprochaient d'avoir ordonné contre les règles. Je ne me suis pas laissé corrompre par argent, leur dit-il, pour donner la prêtrise à Claude ; je l'ai fait sur le témoignage d'un grand roi, qui était non-seulement le prédicateur, mais le protecteur de la foi catholique. Vous écrivez que ce qu'il a ordonné n'était pas canonique : êtes-vous donc revêtu du souverain pontificat ? Le chef des provinces, le défenseur de la patrie, le triomphateur des nations l'a ordonné, et vous vous laissez tellement emporter à votre fiel contre moi, que vous ne déférez pas même à l'auteur de votre épiscopat (Labbe, t. IV). On conviendra sans doute que ces paroles, principalement les dernières, étonneraient prodigieusement dans la bouche de saint Cyprien ou de saint Ambroise.

On vit toutefois, à cette époque-là même, un pontife comparable à saint Ambroise pour sa fermeté à censurer les désordres des grands. Ce fut saint Nicet ou Nicétius, ordonné évêque de Trèves au même temps que saint Gal le fut d'Auvergne. Nicet parut, dès sa naissance, destiné à la cléricature; car il naquit, dit Grégoire de Tours, avec une couronne de petits cheveux autour de la tête : ce qui fait juger que dans ce temps-là, c'est-à-dire au commencement du VIe siècle, la tonsure des clercs était semblable à celle que portent aujourd'hui la plupart des moines. Ses parents eurent grand soin de le faire élever dans la piété et dans l'étude des lettres. Ils le mirent ensuite sous la conduite d'un abbé, et il y fit de si grands progrès, qu'il fut jugé digne de lui succéder dans le gouvernement du monastère. Il joignit dans l'exercice de cette charge une grande fermeté à une rare prudence. Il reprenait même avec une sainte liberté les vices du roi Thierri, et ce prince qui, avec de grands défauts, avait de la droiture, ne s'en offensait pas; ce fut, au contraire, ce qui l'engagea à le faire ordonner évêque de Trèves avec le consentement du peuple. Il envoya même des grands de sa cour pour l'amener de son monastère. En revenant, la nuit les ayant surpris à quelque distance de Trèves, ils dressèrent leurs tentes et lâchèrent leurs chevaux dans les moissons des pauvres. A cette vue, Nicétius leur dit : Chassez bien vite vos chevaux de la moisson du pauvre; autrement je vous retrancherai de ma communion. Mais ils lui répondirent en colère : Que dites-vous là? Comment! vous n'avez pas encore la dignité épiscopale, et déjà vous menacez d'excommunication? Il est vrai, dit-il, que c'est le roi qui me tire du monastère pour me faire sacrer évêque. La volonté de Dieu s'accomplira; mais la volonté du roi, par l'opposition que j'y mettrai, ne s'accomplira point pour toute sorte de mal. Et aussitôt il courut lui-même chasser les chevaux de la moisson. Ce langage et cette conduite inspirèrent l'admiration à toute son escorte. Elle voyait un pontife sans respect humain pour les grands, mais craignant Dieu seul (Greg. Tur., *Vitæ Pat.*, c. 17).

Le roi Thierri ou Théodoric mourut la 23e année de son règne, c'est-à-dire l'an 534. Il avait les qualités d'un grand roi, et des vices d'un méchant homme. Quoiqu'il ne pratiquât pas toujours la vertu, il la respecta toujours et la récompensa souvent. Il eut surtout à cœur qu'on rendît une exacte justice à ses sujets. Il fit à ce dessein composer un corps de droit ou une collection des lois des Francs, des Allemands et des Bavarois; car son royaume d'Austrasie s'étendait sur ces peuples au delà du Rhin. Il ajouta à ces lois les articles qu'il jugea nécessaires, et il en retrancha certains usages qui étaient des restes de paganisme ou de barbarie; mais il ne put pas les abolir tous.

Théodebert, son fils, qui lui succéda, parut avoir hérité des vertus et des vices de son père. Avec un cœur susceptible des plus violentes passions, il avait de la grandeur d'âme et de la noblesse dans les sentiments. On espérait tout de son règne : il le commença par une action qui fit tout craindre, et qui scandalisa son peuple et alarma l'Eglise. Il était fiancé à Wisigarde, fille de Vacon, roi des Lombards; mais en faisant la guerre contre les Goths, il fut épris de la beauté d'une dame nommée Deutérie, sa prisonnière de guerre; et dès qu'il fut sur le trône, se croyant tout permis, parce qu'il pouvait tout, il l'épousa, quoiqu'elle fût mariée. Ce mauvais exemple fut suivi par plusieurs seigneurs qui contractèrent des mariages incestueux. Saint Nicétius employa d'abord les exhortations et les réprimandes, tant à l'égard du roi que des autres coupables. Les voyant sans fruit, il retrancha les seigneurs de la communion des fidèles. Ils méprisèrent la sentence et prétendirent, malgré l'évêque, se trouver à l'office divin; mais ils furent confondus.

Le roi, accompagné de ces courtisans excommuniés, étant entré dans l'église un jour de dimanche pour y assister à la messe, après qu'on eût récité les leçons marquées par l'ancien rituel et fait l'oblation sur l'autel, saint Nicet se tourna vers le peuple et dit à haute voix : Nous ne célèbrerons pas ici la messe aujourd'hui, à moins que les excommuniés ne sortent auparavant de l'église. Le roi Théodebert s'opposait à ce qu'on les fît sortir; mais il eut sa part de la confusion; car un jeune homme, tourmenté du démon, commença à publier dans l'église les vertus de l'évêque et les adultères et les autres crimes du roi. Le prince, épouvanté et confus, ordonna qu'on chassât cet énergumène. L'évêque dit au roi qu'il fallait que les incestueux, les homicides et les adultères sortissent auparavant : ce qui fut exécuté par ordre du roi même. Après quoi l'énergumène, que dix hommes ne pouvaient maîtriser, se trouva guéri par le signe de la croix que fit sur lui l'évêque (Greg. Tur., *Vitæ Pat.*, c. 17).

L'union scandaleuse de Théodebert avec Deutérie dura sept ans. Le saint évêque de Trèves ne cessait ses exhortations et ses réprimandes; mais les Francs, s'étant réunis, témoignèrent au roi leur mécontentement de ce qu'il abandonnait ainsi Wisigarde, sa fiancée. Emu par tout cela, il renvoya Deutérie, quoiqu'il en eût un fils nommé Théodebald, et épousa solennellement Wisigarde. A ces désordres près, qui cessèrent avec le temps, ce prince faisait paraître de grands sentiments de religion et de bonté, dont les habitants de Verdun ressentirent les effets.

Désidérat, évêque de cette ville, avait souffert plusieurs mauvais traitements de la part du roi Thierri, qui l'avait exilé et dépouillé de ses biens. Ayant été rendu à son Eglise après la mort de ce prince, il fut sensiblement affligé de l'extrême indigence où il trouva son peuple réduit. Il s'adressa à Théodebert et lui demanda à emprunter une somme d'argent qui pût mettre les citoyens de Verdun en état de rétablir leur commerce. Le roi lui donna sept mille pièces d'or, qui reviennent à près de cent cinquante mille francs. Quelques années après, l'évêque étant allé lui reporter cette somme, il refusa de la recevoir, en disant qu'il était assez satisfait d'avoir secouru des pauvres. Au temps où Grégoire de Tours écrivait ces détails, les habitants de Verdun étaient très-renommés par leur richesse et leur bien-être, par suite de cette charité de leur évêque et de cette munificence du roi Théodebert. (Greg. Tur. *Hist.*, l. 3, c. 34).

Nous avons vu un saint Avit, abbé de Mici, prédire au roi d'Orléans, Clodomir, que s'il épargnait son prisonnier, le roi Sigismond, avec sa femme et ses deux enfants, il remporterait la victoire et serait heureux; mais que, s'il les faisait mourir, lui et sa famille auraient le même sort. Clodomir les ayant tués, fut tué lui-même peu après dans une bataille. Sa femme fut enlevée par son frère Clotaire, qui en fit sa femme ou plutôt sa concubine, car il était déjà marié à une autre. Clotaire était d'une affreuse luxure, au point qu'il prit pour femmes ou concubines les deux sœurs à la fois. Aussi fut-il excommunié plus d'une fois par le saint évêque de Trèves, Nicet. Il restait cependant de Clodomir trois fils en bas âge, Théodebald, Gonthaire et Clodoald, dont leurs deux oncles s'étaient probablement attribué le royaume paternel. La reine Clotilde, leur aïeule, les faisait élever auprès d'elle, à Paris, et les aimait avec une tendresse unique. Leur oncle Childebert, roi de Paris, en fut jaloux, et, craignant qu'elle ne cherchât à leur procurer la royauté et le royaume de leur père, il fit dire secrètement à son frère Clotaire, de Soissons : Notre mère retient auprès d'elle les fils de notre frère, et veut leur donner le royaume; il faut que vous veniez promptement à Paris, afin que nous délibérions ensemble ce que nous devons en faire, ou leur couper les cheveux pour les réduire à l'état du peuple, ou bien les mettre à mort pour partager le royaume de notre frère. C'était le privilége de la famille royale de porter les cheveux longs. Clotaire, fort réjoui de ces paroles, vint à Paris, où Childebert avait fait courir le bruit qu'ils se réunissaient pour élever ces enfants au royaume. Ils firent donc dire à la reine, leur mère, de les leur envoyer pour ce sujet; et Clotilde, ravie de joie, les fit manger et les envoya, disant : Je ne croirai pas avoir perdu mon fils, si je vous vois régner à sa place.

Quand ils furent arrivés, on se saisit d'eux et on les sépara de leurs gouverneurs et de tous ceux qui étaient à leur service. En même temps, Childebert et Clotaire envoyèrent Arcade, sénateur auvergnat, qui avait soulevé l'Auvergne contre le roi Thierri, pour le livrer à Childebert; ils l'envoyèrent présenter de leur part à leur mère Clotilde, une paire de ciseaux et une épée nue, et lui dire : Vos fils, nos seigneurs, ô très-glorieuse reine, vous demandent ce qu'il vous plaît que l'on fasse de ces deux enfants : si vous voulez qu'on leur coupe les cheveux et qu'on les laisse vivre, ou bien qu'on les égorge tous deux? On n'avait pris que les deux aînés; le troisième, Clodoald, fut sauvé par quelques braves. Clotilde, saisie d'horreur, répondit, dans le premier mouvement de son indignation, sans savoir ce qu'elle disait : Si on ne les fait pas régner, j'aime mieux les voir morts que tondus. Arcade vint promptement dire aux deux rois : Exécutez votre dessein, la reine y consent. Aussitôt Clotaire, qui non-seulement était l'oncle, mais encore le beau-père des deux enfants, pour avoir épousé leur mère, prit par le bras Théodebald, l'aîné des deux, âgé de dix ans, le jeta par terre, lui enfonça un poignard dans la poitrine et le tua cruellement. Aux cris du jeune Théobald, Gonthaire, son frère, âgé de sept ans, se jeta aux pieds de son oncle Childebert, lui embrassa les ge-

noux, et lui disait en pleurant : Secourez-moi, très-doux père, pour que je ne sois pas tué comme mon frère. Childebert, le visage baigné de larmes, dit à Clotaire : Frère bien-aimé, je vous en prie, accordez-moi la vie de cet enfant. Je vous donnerai pour son âme tout ce qu'il vous plaira; seulement ne le tuez point. Mais Clotaire lui répondit en fureur : Tu le laisseras ou tu mourras pour lui. C'est toi qui m'as engagé dans cette affaire, et tu manques si tôt à ta parole? Childebert lui rejeta l'enfant, et Clotaire lui enfonça le poignard dans le cœur, comme il avait fait au premier. Avec les deux enfants, ils égorgèrent encore tous les gens de leur service. Après quoi Clotaire monta à cheval et s'en retourna, comme s'il n'avait rien fait. Childebert se retira de même à la campagne; ensuite ils partagèrent ensemble le royaume de Clodomir (Greg. Tur., l. 3, c. 18).

La reine Clotilde fit mettre dans un cercueil les corps de ses deux petits-fils, et, au chant lugubre des psaumes, les suivit avec une douleur extrême à l'église de Saint-Pierre, plus tard de Sainte-Geneviève, où ils furent enterrés dans un même sépulcre auprès de Clovis, leur aïeul. Elle se retira ensuite à Tours, près du tombeau de saint Martin. Elle y considéra sans doute de quelle manière Dieu avait su la venger et la punir. Elle avait poussé ses trois fils à venger le meurtre de son père, de sa mère et de ses deux frères, tués par son oncle Gondebaud. Ce meurtre fut vengé et puni par la mort de Sigismond, de sa femme et de ses deux fils. Mais ce meurtre, à son tour, fut vengé et puni par la mort de Clodomir et de ses deux enfants. Elle avait mis le glaive de la vengeance aux mains de ses trois fils : elle finit par en avoir elle-même l'âme transpercée, et par se voir ainsi, tout à la fois, et vengée et punie. La punition du péché de Gondebaud acheva de sanctifier son fils Sigismond; la punition du péché de Clodomir acheva de sanctifier sa mère Clotilde. Elle passa le reste de sa vie dans les prières, les aumônes, les veilles et l'exercice de toutes sortes de vertus, donnant libéralement des terres aux églises, aux monastères et à tous les lieux de piété ou de charité. Enfin, pleine d'années et de bonnes œuvres, elle mourut à Tours vers l'an 545. Son corps fut transporté à Paris et enterré, par ses fils Childebert et Clotaire, dans le sanctuaire de la même église de Saint-Pierre ou de Sainte-Geneviève, à côté du roi Clovis, son époux.

Le jeune Clodoald ayant été sauvé du massacre, se coupa les cheveux de sa propre main, et, renonçant au monde, alla trouver saint Séverin qui demeurait près de Paris, enfermé dans une cellule, et reçut de lui l'habit religieux. Il pratiqua toutes les austérités de la vie monastique, et donna aux monastères et aux églises ce qui lui restait ou ce qui lui revint d'héritages quand il fut réconcilié avec ses oncles. Ensuite, pour éviter les louanges et vivre inconnu aux hommes, il alla en Provence, y demeura longtemps et y fit plusieurs miracles. Il revint à Paris, où il fut reçu avec une grande joie, et, à la prière du peuple, l'évêque Eusèbe l'ordonna prêtre vers l'an 551. Enfin saint Cloud, car c'est ainsi que nous nommons Clodoald, bâtit un monastère en un lieu nommé Nogent, à deux lieues au-dessous de Paris, sur la Seine, où il finit saintement ses jours vers l'an 560 (*Acta Sanct.*, 7 sept.). Le monastère fut changé depuis en église collégiale, et le village de

Nogent, ayant pris le nom de Saint-Cloud, devint plus tard une résidence royale, qui, par son nom seul, rappelle tout à la fois et ce que la politique offre de plus barbare : le massacre de deux jeunes princes par leurs oncles, et ce que la religion offre de plus consolant pour les affligés : le bonheur du troisième dans la pauvreté volontaire, qui en fait sur la terre le premier saint de la race des rois francs et leur premier protecteur dans le ciel.

Les rois Childebert et Clotaire voulurent, ce semble, en protégeant la religion, réparer en quelque sorte le scandale qu'ils venaient de donner à leurs sujets. Ils ordonnèrent aux évêques de se rendre à Orléans pour y faire des règlements nécessaires au rétablissement de la discipline. Ceux qui ne gardent pas les lois ont quelquefois du zèle pour les faire observer aux autres. Il se tint donc, au mois de juin 533, un second concile dans cette ville, où l'on fit 21 canons contre la simonie et divers autres abus. Il est défendu d'ordonner un prêtre ou un diacre non lettré ou qui ne sait pas la forme du baptême. Il est défendu de donner à l'avenir, à des femmes, la bénédiction de diaconesse, à cause de la fragilité du sexe. On défend aux abbés, aux reclus et aux prêtres de donner des lettres de communion; les abbés qui méprisent les ordres des évêques seront excommuniés. On excommunie ceux qui retournent à l'idolâtrie ou mangent des viandes immolées, et même ceux qui mangent des animaux tués par les bêtes, étouffés ou morts de maladie. On recevra les oblations de ceux qui ont été tués en quelque crime, pourvu qu'ils ne se soient pas tués eux-mêmes. On défend, sous peine d'anathème, d'épouser sa belle-mère, et, sous peine d'excommunication, les mariages avec les Juifs. L'infirmité quelle qu'elle soit, qui survient après le mariage contracté, n'est pas une raison de le dissoudre. Défense d'accomplir des vœux dans les églises en chantant, en buvant ou en commettant d'autres immodesties plus propres à irriter Dieu qu'à l'apaiser. Ces excès étaient des restes de superstitions païennes, qu'on eut bien de la peine à extirper entièrement (Labbe, t. IV).

Vingt-six évêques assistèrent en personne à ce concile, et cinq par députés. Il paraît qu'Honorat de Bourges, qui souscrivit le premier, y présida. Les autres métropolitains, qui sont saint Flavius ou Flieu de Rouen, successeur de saint Gildart, saint Léon de Sens, Injuriosus de Tours, saint Julien de Vienne, Aspasius d'Ause ne gardent aucun rang dans les souscriptions. Injuriosus était le quinzième évêque de Tours. Il fit bâtir une église de la Sainte-Vierge, institua dans sa cathédrale l'office de tierce et de sexte, et résista avec fermeté au roi Clotaire, quand il ordonna que toutes les églises de son royaume payassent au fisc la troisième partie de leurs revenus. Tous les autres évêques s'y étaient soumis, même par écrit, quoique à regret; mais Injuriosus refusa courageusement de souscrire à cette imposition, et dit au roi : « Si vous voulez enlever ce qui est à Dieu, Dieu vous enlèvera bientôt votre royaume. N'est-ce pas une chose inique? Vous qui devriez nourrir les pauvres de vos greniers, vous voulez remplir vos greniers du bien des pauvres? » Ayant parlé de la sorte, il sortit brusquement de l'assemblée sans prendre congé du roi. Clotaire fut effrayé et craignit de s'attirer l'indignation de saint Martin,

s'il méprisait les remontrances d'un de ses successeurs. Il condamna son entreprise sur les biens de l'Eglise et envoya après Injuriosus des personnes chargées de présents, pour l'engager à implorer pour lui la protection de saint Martin. Ainsi, la fermeté d'un seul évêque mit un frein à la cupidité d'un puissant roi. Cependant, après avoir si bien parlé, l'évêque Injuriosus ne fit peut-être pas aussi bien. Quand il mourut, l'an 548, il laissa dans le trésor de son église plus de vingt mille pièces d'or. Baudin, son successeur, fit mieux : il les distribua aux pauvres (Greg., l. 4, c. 2; l. 10, c. 10, 15 et 16).

Parmi les autres évêques du second concile d'Orléans, les plus distingués sont saint Lo de Coutances, qui, après la mort de Possesseur, fut ordonné évêque de cette ville par saint Gildard ou Godard de Rouen; saint Eleuthère d'Auxerre, Eumérius de Nantes, saint Innocent du Mans, saint Agrippin d'Autun, saint Gal d'Auvergne, et saint Léon de Sens. La ville de Sens était du royaume de Théodebert ou d'Austrasie, et Melun de celui de Childebert, qui voulait la distraire du diocèse de Sens, et y établir un évêché. Il en avait écrit à saint Léon, l'invitant à venir ordonner un évêque à Melun, à la prière du peuple, ou du moins à y donner son consentement. Léon répondit : « Je m'étonne que vous vouliez m'obliger à le faire sans l'ordre du roi Théodebert, votre fils, dont je suis sujet; d'autant plus que c'est une nouveauté. Il semble que vous vouliez me reprocher de négliger cette partie de mon diocèse; c'est pourquoi je proteste qu'aucun évêque n'ait à l'entreprendre contre les canons, sous peine d'en être repris en concile. Vous devez plutôt maintenir pendant votre règne la paix entre les évêques, et entre les peuples et leurs pasteurs. Si ce peuple demande un évêque parce que depuis longtemps je ne l'ai point visité, ni par moi ni par un autre, je réponds que ce n'est pas ma faute, et que ni ma vieillesse ni mes infirmités ne m'en auraient empêché, si les chemins ne m'avaient été fermés de votre part. Que si vous voulez, sans mon consentement, faire ordonner un évêque à Melun, vous devez savoir que celui qui sera ordonné et ceux qui l'ordonneront seront séparés de notre communion jusqu'au jugement du Pape ou du concile. » La remontrance de l'évêque eut son effet, et l'entreprise de Childebert n'eut point d'autres suites (Labbe, t. V).

Au mois de novembre 535, les évêques du royaume de Théodebert ou d'Austrasie, autrement la France orientale, s'assemblèrent en concile à Clermont en Auvergne. Ils commencèrent par prier à genoux pour la personne du roi, qui leur avait permis de s'assembler, et pour la prospérité de son règne. Ensuite, après s'être fait lire les anciens règlements, ils jugèrent à propos de n'en renouveler quelques-uns et d'y en ajouter quelques nouveaux. On fit seize canons. Pour prévenir l'abus qui commençait à s'introduire, d'obtenir les évêchés par la faveur des rois, il est dit : « Que celui qui désire l'épiscopat, sera ordonné par l'élection des clercs et des citoyens, et le consentement du métropolitain, sans employer la protection des personnes puissantes, sans user d'artifice, ni obliger personne, soit par crainte, soit par présents, à écrire un décret d'élection. Autrement, l'aspirant sera privé de la communion de l'Eglise qu'il veut gouverner. Les clercs ne doivent point être soutenus contre leurs évêques par les puissances séculières. Ceux qui demandent aux rois les biens d'une Eglise au préjudice des pauvres, seront privés de la communion de cette Eglise, et la donation nulle. Celui-là aussi sera excommunié, qui privera l'Eglise, en quelque manière que ce soit, de ce qui lui a été donné par écrit, et ne le rendra pas à la première sommation de l'évêque.

Tous les clercs doivent célébrer Noël, Pâques, la Pentecôte et les autres fêtes solennelles avec l'évêque, dans la cité, excepté ceux qui sont attachés à des titres dans la ville ou à la campagne. La même chose est ordonnée aux principaux d'entre les citoyens, sous peine d'être privés de la communion à ces fêtes. Il est défendu d'employer les tapis et les voiles de l'autel pour couvrir les corps des morts, même des prêtres, ni de prêter l'argenterie des églises à des noces. Défense de se marier avec des Juifs; défense de préposer des Juifs pour juges à des peuples chrétiens. On excommunie ceux qui contractent des mariages incestueux, et nommément celui qui épouse la veuve de son frère et la sœur de sa femme. Cette excommunication désignait clairement le roi Clotaire. Les évêques du concile de Clermont, n'étant pas de son royaume, firent ce qu'ils purent pour remédier au scandale de sa polygamie.

Ces canons furent souscrits par quinze évêques : Honorat de Bourges, saint Gal d'Auvergne, saint Grégoire de Langres, saint Hilaire de Gabale ou de Mende, Rurice II de Limoges, Flavius de Reims, successeur de saint Romain, saint Nicet de Trèves, Deutérius de Lodève, saint Dalmace de Rhodez, Loup de Châlons-sur-Marne, Domitien de Cologne, saint Venant de Viviers, saint Hespérius de Metz, Désidérat de Verdun, Gramace de Vindisch, dont le siège a été transféré à Constance.

Pendant que ces évêques étaient assemblés à Clermont, une foule de particuliers au désespoir recoururent à eux comme aux défenseurs naturels des peuples auprès des princes. Comme il y avait trois ou quatre royaumes parmi les Francs des Gaules, il arrivait bien des fois que les habitants de l'un étaient traités comme étrangers ou comme ennemis dans l'autre. Sur leurs plaintes, les évêques du concile de Clermont écrivirent une lettre commune à Théodebert pour le conjurer de ne pas permettre que les sujets d'un roi fussent dépouillés des biens qu'ils possédaient dans un autre royaume. C'est, lui disent-ils, ce que nous attendons de votre piété et de votre justice. Ce sera un moyen d'attirer de nouvelles prospérités sur votre règne, et votre gouvernement en deviendra une image plus parfaite de celui du Seigneur. Nous vous demandons très-humblement que vos sujets et ceux des rois vos oncles, soit évêques, clercs ou laïques, puissent jouir librement des biens qui leur appartiennent, en payant les tributs ordinaires : ce qui sera même plus profitable à votre trésor (Labbe, t. IV). C'est ainsi que les évêques catholiques travaillaient à réunir dans la même justice et la même charité, les peuples et les royaumes que la politique séculière tendait à diviser les uns contre les autres.

Un des évêques les plus illustres parmi les Francs, et d'origine francque lui-même, était alors saint Médard. Il était né à Salenci près de Noyon, d'un seigneur franc, nommé Nectard, et d'une dame romaine, c'est-à-dire gauloise, nommée Protagie. Il montra dès son enfance un amour tendre pour les pauvres. Souvent il leur donnait sa nourriture en cachette et jeûnait le reste du jour. On rapporte même que, gardant un jour les chevaux de son père en l'absence des domestiques, il en donna un à un voyageur fatigué. Sa mère lui avait fait une robe parce qu'il allait à l'école dans la ville de Vermandois, depuis nommée Saint-Quentin; un jour elle la lui donna pour la faire raccommoder par l'ouvrier, mais le saint enfant en revêtit un pauvre. Ses parents, qui connaissaient ses inclinations vertueuses, ne s'y opposaient pas. Son père lui avait dit : Fais comme tu voudras; seulement conservenous de quoi vivre. Il avait pour condisciple un jeune homme nommé Eleuthère, avec lequel il lia une étroite amitié. C'est saint Eleuthère, évêque de Tournai.

Les vertus de Médard croissaient avec l'âge, et sa réputation avec ses vertus. Il était déjà connu dans presque toute la Gaule, lorsqu'après la mort d'Allomère il fut ordonné évêque de Vermandois, par saint Remi, vers l'an 530. Il transféra son siège à Noyon, ville plus fortifiée que l'ancienne Auguste des Vermandois, qui avait été ruinée par les courses des Barbares dans le Ve siècle. Mais rien ne montre mieux l'estime qu'on avait du mérite de ce saint évêque, que ce qu'on crut devoir faire en sa faveur contre les règles ordinaires de la discipline. Saint Eleuthère, évêque de Tournai, étant mort quelque temps après, saint Médard fut élu, du consentement du roi Clotaire, du peuple et du clergé, pour gouverner cette Eglise conjointement avec celle de Noyon; et les deux Eglises, gouvernées par un même évêque, demeurèrent unies pendant plus de six cents ans.

Saint Eleuthère avait succédé à Théodore dans le siège de Tournai. C'était un des plus grands diocèses de toute la Gaule, s'étendant jusqu'à Gand et Anvers, mais peut-être celui où il restait le plus d'idolâtres. Eleuthère cultiva ce vaste champ avec un zèle infatigable. Il fit beaucoup et souffrit encore plus; mais ses miracles convainquirent enfin les esprits, en même temps que sa douceur lui gagnait les cœurs. Il ressuscita la fille d'un tribun, laquelle était déjà enterrée, et il ne se vengea des mauvais traitements qu'il avait reçus des habitants de Tournai, la plupart idolâtres, qu'en les délivrant par ses prières, d'une maladie contagieuse. Un homme si puissant en œuvres ne pouvait manquer de l'être en parole. Il convertit un grand nombre de païens par ses prédications, et l'on assure qu'il eût la consolation d'en baptiser onze mille en une semaine. Saint Eleuthère fit plusieurs fois le pèlerinage de Rome pour exposer aux papes saint Symmaque et saint Hormisda la foi qu'il prêchait, et se renouveler dans l'esprit de l'apostolat aux tombeaux des apôtres.

Vers l'an 520, la 31e année de son épiscopat, la 71e année de son âge, il fut affligé d'apprendre que les enfants de l'Eglise étaient troublés par les hérésies de Nestorius et d'Eutychès. Il ordonna, par l'autorité du Pontife romain, que tous les hérétiques seraient chassés, s'ils ne confessaient Jésus-Christ conformément à la croyance de l'Eglise. On prit donc jour pour assembler le synode : les hérétiques y parurent, aussi bien que les catholiques. Après une discussion assez vive de part et d'autre, le saint évêque se leva, et, faisant silence de la main, il dit : Vous tous qui confessez Dieu le Père et son Fils, avec le Saint-Esprit, écoutez. Après quoi, exposant fort bien le mystère de l'Incarnation, il réfute et repousse avec une égale force les hérésies opposées d'Eutychès et de Nestorius, il déclare et prouve en passant que le Saint-Esprit procède du Fils comme du Père (1), et conclut en ces termes : Si quelqu'un contredit ces décrets, qu'il soit anathème de la part du Père, et du Fils, et du Saint-Esprit. Ayant ainsi parlé, il s'assit; les catholiques en bénissent Dieu à haute voix, et les hérétiques se retirèrent confus (Mansi, *Concil.*, t. VIII).

Saint Eleuthère mourut saintement vers l'an 531, après avoir reçu le corps du Seigneur avec de grands sentiments de piété. Il est honoré le 20 février (*Acta. Sanct.*).

Saint Médard ne s'était rendu à Tournai que pour y faire les funérailles de saint Eleuthère, son ami particulier. Mais la Providence avait sur lui d'autres desseins pour le bien de cette Eglise, dont il fut obligé de prendre le gouvernement sans quitter la sienne. Alors son zèle parut s'accroître avec son troupeau. Saint Médard mourut après quinze ans d'épiscopat, et sa mort ne fut pas moins éclatante que sa vie, par la pompe de ses obsèques et les miracles qui les accompagnèrent. Dès que le roi Clotaire eut appris sa maladie, il alla le visiter et lui demander sa bénédiction. Ce prince n'en demeura pas là. Pour se consoler de la mort de ce saint évêque, qu'il regardait comme un puissant protecteur auprès de Dieu, il fit porter son corps à Soissons, où il tenait sa cour, et promit de faire bâtir une église et un monastère sur son tombeau, dans une de ses terres nommée Crouy. C'est l'origine du célèbre monastère de Saint-Médard de Soissons. Les chaînes de plusieurs prisonniers furent brisées pendant le convoi, et saint Grégoire de Tours les avait vues attachées au tombeau du saint en mémoire du miracle (*Acta Sanct.*, 8 *junii*; Greg. Tur., l. 4, c. 19).

Sainte Radegonde avait encore plus de vénération pour saint Médard que le roi Clotaire, son mari. Elle avait été élevée dans le diocèse du saint évêque. Clotaire, dont elle était prisonnière, comme nous l'avons dit, l'avait épousée malgré elle. Mais l'horreur qu'elle avait de ses concubines et de ses mariages incestueux la faisait gémir en secret des liens qui l'attachaient à ce prince dissolu. Elle se levait souvent la nuit d'auprès de lui pour vaquer à la prière. Ses plus chères délices étaient d'aller servir les malades dans un hôpital qu'elle avait établi à Athies, où elle avait été élevée; elle croyait perdu tout ce qu'elle n'avait pas donné aux pauvres. Pendant tout le carême, elle portait un cilice sous ses habits précieux, et elle trouvait le moyen de pratiquer une exacte abstinence à la table même du roi. Clotaire, qui l'aimait passionnément à cause de sa beauté, se plaignit souvent d'avoir épousée, non pas une reine, mais une religieuse, et lui faisait de fréquents reproches de ses dévotions. Elle, de son côté, lui demandait la permission de se retirer pour se consacrer à Dieu. Ce prince ayant fait mourir, sur de vains soupçons, un frère qu'elle aimait tendrement et qui avait été fait prisonnier avec elle, elle redoubla ses instances et obtint enfin le consentement qu'elle désirait. Elle se retira aussitôt à Noyon et pria saint Médard, qui vivait encore, de la consacrer à Dieu en lui donnant le voile. Des seigneurs francs, qui se trouvaient présents, s'y opposaient et retiraient saint Médard de l'autel pour l'empêcher de lui accorder sa demande. Radegonde, voyant ces oppositions, entra dans la sacristie et s'y revêtit elle-même de l'habit de religieuse; après quoi, revenant à l'autel aux pieds du saint évêque, elle lui dit : Si vous différez davantage de me consacrer à Dieu, vous ferez voir que vous craignez plus les hommes que vous ne craignez le Seigneur. Saint Médard lui imposa donc les mains et l'ordonna diaconesse.

Cette conduite de sainte Radegonde et de saint Médard a fait naître plusieurs questions, auxquelles il n'y a pas encore de solution authentique. Comme le roi Clotaire avait à la fois plusieurs femmes, du moins à une certaine époque, Radegonde était-elle son épouse légitime? L'était-elle d'une manière indubitable? Et, si oui, comment a-t-elle pu se consacrer à Dieu, sans que son mari en fît autant de son côté? Peut-on croire que les règles de l'Eglise sur ces matières n'étaient point assez bien connues alors parmi les évêques des Francs? ou bien sainte Radegonde et saint Médard ont-ils eu une inspiration extraordinaire pour faire ce qu'ils ont fait? Les savants sont fort partagés à cet égard.

Quoi qu'il en soit, Radegonde offrit aussitôt sur l'autel les habits précieux qu'elle venait de quitter, et rompit en morceaux un cercle d'or pour le distribuer aux pauvres. Ensuite elle commença par visiter les plus célèbres solitaires du pays, pour apprendre d'eux les voies de la perfection. Après s'être édifiée de leurs vertus, elle leur fit des présents de plusieurs de ses joyaux, et elle se rendit au tombeau de saint Martin, pour lequel elle avait réservé ce qu'elle avait de plus précieux. Quand elle y eut satisfait sa dévotion, elle se retira dans une terre que le roi lui avait donnée sur les confins du Poitou et de la Touraine; elle y passa plusieurs années dans tous les exercices de la charité chrétienne et de la mortification religieuse, avec de saintes filles qu'elle s'associa. Depuis qu'elle eut été consacrée à Dieu, jusqu'à la fin de sa vie, elle ne mangea ni chair, ni poisson, ni œufs, ni fruits; elle ne but ni vin ni bière. Sa nourriture était du pain bis, des légumes et de l'eau. Pendant le carême elle vivait recluse dans une cellule, et ne prenait sa réfection que de quatre jours en quatre jours, et, à l'exemple de saint Germain d'Auxerre, elle moulait elle-même le grain qui lui était nécessaire pour vivre pendant ce saint temps (*Acta Sanct.*, 13 *aug.*; Longueval, *Hist. de l'Eglise gall.*, l. 6).

Ainsi à la même époque, on voyait trois personnages de la dynastie royale des Francs se sanctifier dans la retraite par la piété et les bonnes œuvres : sainte Radegonde, sainte Clotilde et saint Clodoald. Il n'est pas que leur exemple n'humanisât un peu les mœurs des autres; d'autant plus que cet exemple n'était point isolé. Une foule de saints en formaient d'autres dans des monastères qui se fondaient de toutes parts, et dont plusieurs ont donné naissance à autant de villes. Saint Ebredulfe ou Evroul, seigneur de la cour du roi Childebert, renonça au monde, distribua ses biens aux pauvres, et, devenu

---

(1) *Ipitur à Filio similiter, sicut à Patre, Spiritus sanctus procedit.*

pauvre lui-même, se retira dans la forêt d'Ouche, au diocèse de Lisieux, y convertit plusieurs voleurs qui se firent ses disciples; ce qui lui en attira tant d'autres, qu'il y eut jusqu'à quinze cents cellules autour de la sienne, sans compter treize autres monastères qu'il bâtit ailleurs. Saint Marcou en établit non-seulement dans la même province de Neustrie, mais encore dans le reste de la Gaule et même dans la Grande-Bretagne; saint Fridolin dans l'Austrasie. En Auvergne, saint Pourçain; dans le Maine, saint Carilèfe ou saint Calais; dans le Limousin, saint Junien et saint Léonard, fondèrent entre autres les monastères qui prirent leurs noms, et autour desquels se sont formées les villes de Saint-Léonard, de Saint-Junien, de Saint-Calais et de Saint-Pourçain. En Bourgogne, saint Jean, fils d'un sénateur de Dijon, avait fondé un monastère dans un lieu désert nommé Réomaüs, et qui appartenait à son père. Il eut un grand nombre de disciples, auxquels il donna la règle de saint Macaire d'Egypte, appropriée aux usages des moines d'Occident. Il quitta secrètement son monastère, et vécut dix-huit mois inconnu dans celui de Lérins; mais ayant été reconnu, il fut rappelé par saint Grégoire, évêque de Langres. Malgré ses austérités, il vécut jusqu'à l'âge de 120 ans.

Saint Seine, en latin, *Sequanus*, fut le plus illustre de ses disciples. Sa vertu éclata de si bonne heure, qu'il fut ordonné diacre à 15 ans, et prêtre à 20. Après s'être instruit auprès de saint Jean de Réomaüs, il se retira dans une solitude du même diocèse de Langres, près des sources de la Seine, où il fonda un monastère dans un endroit de la forêt de Segustre, qui appartenait à ses parents. C'est le monastère qu'on nomma depuis Saint-Seine, et qui a donné son nom à la ville qui s'y est formée. Saint Seine vécut aussi jusqu'à une extrême vieillesse (Longueval, *Hist. de l'Eglise gall.*, l. 6).

Parmi le grand nombre de saints évêques qui honoraient les Eglises des Gaules, il y eut cependant un scandale, mais qui fut promptement réprimé. Contuméliosus de Riez fut accusé de plusieurs crimes, entre autres d'impudicité. Saint Césaire et les autres évêques de la province instruisirent au plus tôt son procès, et, lui ayant fait confesser ses crimes, ils en envoyèrent la relation au pape Jean II, pour le consulter sur la manière dont ils devaient agir dans cette affaire. Le Pape écrivit trois lettres à ce sujet, dont deux sont datées du 7 avril 534. La première est adressée aux évêques des Gaules. Il leur marque qu'ayant lu leur relation, selon laquelle Contuméliosus est atteint et convaincu de plusieurs crimes, il juge qu'il doit être privé de ses fonctions et enfermé dans un monastère; de plus, qu'il doit présenter une requête aux évêques pour demander la pénitence, et faire par écrit, dans cette requête, l'aveu de ses fautes. Il ordonne aussi d'établir en sa place un évêque visiteur, qui ne pourra cependant pas faire d'ordinations, ni administrer les biens de l'Eglise. Par la seconde lettre, le Pape mande au clergé de Riez, que leur évêque étant convaincu, par sa propre confession, de plusieurs crimes, est indigne de son ministère; qu'ainsi, il leur ordonne d'obéir au visiteur, qui sera nommé par Césaire, évêque d'Arles, et qui n'aura de pouvoir que pour régler ce qui concerne les ministères sacrés. La troisième lettre est adressée à saint Césaire même. Le Pape lui marque qu'il est affligé de la perte de Contuméliosus, mais qu'il faut observer la rigueur des canons. C'est pourquoi, dit-il, nous le suspendons par notre autorité, de l'épiscopat. Ordonnez-lui de se retirer dans un monastère pour y pleurer ses péchés, et établissez un visiteur jusqu'à ce que cette Eglise ait un autre évêque. Le Pape joignit à cette lettre plusieurs autorités tirées des lettres du pape Sirice, des canons des apôtres, des canons d'Antioche et d'autres conciles, touchant la déposition des évêques et des prêtres convaincus de quelques crimes. A quoi se trouve joint un mémoire qui paraît de saint Césaire, et qui cite d'autres autorités dans le même sens, entre autres l'autorité de Fausto de Riez, comme d'un saint évêque (Labbe, t. IV, *Joan.*, *pap.* II, *epist.* 4, 5, 6).

Le pape Jean II mourut le 26 avril 535, après avoir tenu le Siége 3 ans et 4 mois. Son successeur fut Agapet, Romain de naissance, fils du prêtre Gordien, et archidiacre de l'Eglise romaine; il fut ordonné le 4 mai, et tint le Saint-Siége 11 mois et 18 jours. Dès le commencement de son pontificat, il fit brûler au milieu de l'église, en présence de tout le monde, les formules d'anathème que le pape Boniface II avait exigées des évêques et des prêtres contre la mémoire de Dioscore, son compétiteur. De son côté, Contuméliosus de Riez, quoique jugé par les évêques de Gaule, en conséquence des lettres du pape Jean, ne laissa pas d'appeler de leur jugement au Saint-Siége. Sur quoi le pape saint Agapet écrivit à saint Césaire d'Arles, que, comme la cause de Contuméliosus intéressait l'honneur de tout l'épiscopat, il était à souhaiter que cet évêque, qui avait eu recours à l'appel, pût se justifier. « C'est pourquoi, dit-il, nous déléguerons, Dieu aidant, pour examiner, selon les canons et la justice, les procédures que vous avez faites dans cette cause. Quoique le défenseur Emérite, que nous avons blâmé, ait, avec votre agrément, rétabli cet évêque dans son Eglise jusqu'à l'entière décision de cette affaire, pour laquelle nous lui déléguerons des juges, nous voulons néanmoins qu'en attendant il demeure suspendu de l'administration des biens de l'Eglise et de la célébration de la messe, et qu'on lui rende seulement ses biens particuliers. » Cette lettre est du 18 juillet 535. On ne sait pas quelle fut l'issue de cette affaire. Par une autre lettre du même jour, saint Agapet refuse à saint Césaire la permission d'aliéner les fonds de l'Eglise, même en faveur des pauvres. « Nous avons tant d'envie, dit-il, de soulager les pauvres et de vous faire plaisir, que nous vous accorderions volontiers ce que vous demandez; mais nous en sommes empêchés par les canons des Pères, qui défendent, sous quelque titre que ce soit, d'aliéner les terres de l'Eglise. » Sur quoi il cite un décret du pape Symmaque, porté dans un concile de Rome (Labbe, t. IV, *Epist.* 6 et 7).

L'empereur Justinien ayant appris l'ordination de saint Agapet, lui envoya sa confession de foi, avec une lettre par laquelle il le priait de conserver dans les dignités ecclésiastiques les ariens convertis, et de faire son vicaire dans l'Illyrie, l'évêque de Justinianée, ville de Dardanie, que ce prince avait fait bâtir auprès du village où il était né (*Ibid.*). Le Pape répondit à l'empereur par deux lettres différentes. Dans l'une, il approuve sa confession de foi, non pas, dit-il, que nous reconnaissions aux laïques l'autorité de la prédication; mais nous confirmons le zèle de votre foi, attendu qu'il est conforme aux règles de nos Pères. Cette confession, d'ailleurs, était la même que l'empereur avait déjà envoyée au pape Jean, et qui est insérée au Code. Dans l'autre, il remercie Justinien des compliments de congratulation qu'il lui avait faits sur son élévation au pontificat, des présents qu'il avait envoyés à l'Eglise romaine, et le félicite lui-même sur ses victoires et ses conquêtes. Il loue aussi son zèle pour la réunion des ariens. Mais il lui représente qu'il ne doit ni ne peut rien faire contre les canons des Pères et les décrets du Siége apostolique, qui défend de promouvoir aux ordres les hérétiques réconciliés, et de les conserver dans le rang qu'ils occupaient avant leur réconciliation. Il ajoute que s'ils souhaitaient d'embrasser sincèrement la vraie foi, ils doivent se soumettre aux règles de l'Eglise, et que, s'il leur reste de l'ambition, c'est une preuve que leur conversion n'est pas solide.

Justinien avait demandé que l'affaire d'Etienne de Larisse, qui avait imploré la protection du Saint-Siège, sous le pontificat de Boniface, contre un jugement du patriarche Epiphane, fût terminée par les légats du Pape à Constantinople. Agapet promet d'en committre l'exécution à ceux qu'il devait envoyer incessamment en cette ville; mais il déclare qu'il recevait dès lors à sa communion Achille, pour lequel l'empereur s'était employé. « Vous excusez, dit-il, notre frère et coévêque Epiphane de l'avoir ordonné, parce que ç'a été par votre ordre. Mais Epiphane eût vous représenter lui-même ce qui était dû au respect du Siége apostolique, sachant avec quel zèle vous en défendez les privilèges. » Il remet à l'envoi de ses nouveaux légats à Constantinople, de faire savoir sa résolution sur l'ordination d'Achille, qui avait été fait évêque de Larisse, à la place d'Etienne, et sur l'évêque de Justinianée, que l'empereur demandait pour vicaire du Saint-Siége dans l'Illyrie. Cette lettre est du 15 octobre 535. Il envoya en effet à Constantinople, cinq évêques pour ses légats, savoir: Sabin de Canosse, Epiphane d'Eclane, Astère de Salerne, Rustique de Festule et Léon de Nole (Labbe, t. IV; Agap., *Epist.* 1 et 4; *It.*, t. V, p. 11).

Mais il y eut surtout une lettre qui causa au pape saint Agapet une joie sensible : ce fut la lettre synodale des évêques d'Afrique sur le rétablissement de leurs Eglises, délivrées enfin de l'oppression des Vandales. Dès le mois d'août 530, leur roi Hildéric avait été détrôné par Gilimer, qui devait lui succéder, comme le plus âgé de sa famille. Justinien, depuis longtemps lié d'amitié avec Hildéric, en entreprit la vengeance, et rompit l'alliance que l'empereur Zénon avait faite avec le roi Genséric. La 7e année de son règne, l'an 533, il envoya donc en Afrique une flotte de cinq cents vaisseaux, sous la conduite de Bélisaire. Vers le milieu du mois de juin, la flotte étant sur le point de faire voile, l'empereur fit amener au rivage, devant le palais, le vaisseau-amiral. Le patriarche Epiphane y monta; et, après avoir imploré la bénédiction du ciel, il y embarqua un soldat nouvellement baptisé, pour sanctifier cette grande entreprise. L'armée, composée de seize mille hommes choisis, dont six mille cavaliers, débarqua sans obstacle trois mois après son départ de Constantinople. Les Vandales ne s'attendaient à rien. Comme ils avaient démantelé toutes les places fortes, que leur domination ne les avait pas fait aimer des anciens habitants, et que, d'ailleurs, l'armée romaine, qui s'annonçait à ceux-ci comme leurs libérateurs, observait une exacte discipline, la conquête de l'Afrique se fit presque sans résistance. Au premier bruit du débarquement des Romains, Gilimer avait fait mourir Hildéric, qu'il tenait jusqu'alors en prison : il fit avancer des troupes, donna des ordres qui auraient pu être funestes aux Romains; mais ils ne furent point exécutés avec assez d'ensemble, ou bien des circonstances imprévues les déconcertèrent; après quelques échecs, il perdit lui-même courage un des premiers. Enfin, l'armée romaine arriva près de Carthage, la veille de la fête de saint Cyprien, c'est-à-dire le 13 septembre. C'était à l'entrée de la nuit. Ils trouvèrent les portes ouvertes. Les habitants avaient illuminé toutes les rues, pour célébrer leur délivrance, tandis que les Vandales, éperdus, se réfugiaient dans les églises, où, pâles de frayeur, ils tenaient les autels embrassés. Pour recevoir la flotte romaine qu'on commençait à découvrir, on retira la chaîne qui fermait l'entrée du port. Cependant Bélisaire n'entra pas dans la ville, mais passa la nuit avec son armée à quelque distance, auprès d'une église de Saint-Cyprien, dont le lendemain on devait célébrer la fête. Pendant la journée, les prêtres ariens, se tenant assurés de la victoire, avaient paré l'église de ses plus riches ornements. Mais à la nouvelle de la défaite des Vandales, ils avaient pris la fuite, et Bélisaire trouva les catholiques déjà en possession de l'église, et qui achevaient de tout préparer.

Cependant sous le palais de Gilimer était un cachot ténébreux, où il plongeait quiconque lui déplaisait. Là étaient enfermés plusieurs marchands romains, accusés par le tyran d'avoir excité l'empereur à la guerre. Ce jour-là même, il avait prononcé leur sentence de mort. Le geôlier étant donc descendu au cachot, ils s'imaginèrent tous qu'il venait les conduire au supplice. Que me donnerez-vous, leur dit-il, si je vous rends la liberté? Tous lui répondirent qu'ils étaient prêts à lui abandonner ce qu'ils possédaient. Eh bien! ajouta-t-il, je ne vous demande ni or ni argent; jurez-moi seulement que vous m'aiderez de tout votre pouvoir, si je viens moi-même à être en péril. Quand ils lui en eurent fait serment, il leur apprit où en étaient les choses, et, ouvrant une fenêtre, leur fit voir au clair de la lune les vaisseaux romains qui entraient dans le port. Après quoi, il sortit du cachot avec eux (Procop., *Vandal.*, l. 1, c. 20).

Le jour suivant, fête de saint Cyprien, Bélisaire entra dans Carthage avec son armée en ordre de bataille, craignant quelque embuscade. Ne voyant aucune trace d'hostilité, il marcha au palais de Gilimer et s'assit sur son trône. Depuis longtemps les soldats romains s'étaient tellement habitués à la licence, que leur entrée était à craindre même pour une ville romaine. Bélisaire les avait tellement ramenés à la discipline, qu'ils entrèrent dans Carthage comme ils seraient entrés dans Constantinople : on n'y entendit pas une parole outrageante, pas une plainte. Le commerce ne fut point interrompu; les boutiques demeurèrent ouvertes. Les magistrats de la ville distribuèrent tranquillement aux soldats des billets de logement, et les soldats payèrent les vivres qu'ils voulurent acheter. Bélisaire leur partagea les richesses qui furent trouvées dans le palais de Gilimer. Il donna parole de sûreté aux Vandales qui s'étaient réfugiés dans les églises. Deux jours auparavant, on avait fait les apprêts d'un grand festin, qui devait couronner la victoire de Gilimer. Bélisaire, s'étant mis à table avec ses principaux capitaines, se fit servir les mêmes viandes, dans la même vaisselle, par les officiers du roi des Vandales : spectacle frappant de la vicissitude des choses humaines. Il y avait 95 ans que Carthage avait été prise par Genséric.

Cependant Gilimer, après quelques nouvelles tentatives infructueuses, où il perdit même son camp avec toutes ses richesses, s'était réfugié sur une montagne escarpée et presque inaccessible, à l'extrémité de la Numidie. Bientôt il s'y vit assiégé et réduit à la dernière misère. Ses compagnons mouraient de faim à côté de lui. Pharas, commandant des troupes romaines, qui était lui-même d'origine barbare et de la race royale des Hérules, lui écrivit avec politesse pour l'engager à se soumettre, lui assurant, au nom de Bélisaire, non-seulement la vie sauve, mais encore une existence honorable. Gilimer le remercia de ses conseils, sans les accepter toutefois; seulement, à la fin de sa réponse, il le priait de lui envoyer un pain, une éponge et une guitare; un pain, parce que depuis longtemps il n'en avait ni vu ni goûté; une éponge, pour essuyer ses larmes; une guitare, pour chanter ses malheurs. Pharas lui envoya ce qu'il demandait, mais n'en fut pas moins attentif à garder toutes les avenues de la montagne. Gilimer, agité de continuelles alarmes, croyait à tout moment entendre les Romains qui grimpaient sur les roches. Ses neveux expiraient autour de lui de faim et de misère. Ce qui acheva de l'accabler, fut de voir un enfant de sa sœur se battre avec un jeune Maure des plus misérables, pour un morceau de pâte à moitié cuite et pleine de cendres. Il se rendit donc sur la parole de Bélisaire, et vint le trouver à Carthage. A l'aspect du général romain, il poussa un grand éclat de rire, que les uns attribuèrent au dérangement de son esprit, accablé par l'infortune, les autres à une autre cause.

De retour à Constantinople, Bélisaire reçut de l'empereur les honneurs du triomphe. Entouré de sa garde, il traversa la ville depuis sa maison jusqu'au cirque, où l'attendait l'empereur sur un trône élevé. Il marchait à pied, mais tout le reste de la pompe ressemblait à celle des anciens triomphateurs. On portait devant lui les dépouilles des rois vandales. C'étaient en grande partie les richesses que Genséric avait enlevées dans le pillage de Rome. Les vases du temple de Jérusalem attiraient surtout les regards. Un Juif, les ayant vus, dit à un des officiers de l'empereur : « Il n'est pas avantageux, à mon avis, de mettre ces trésors dans le palais de Byzance; ils ne peuvent être qu'au lieu où le roi des Juifs, Salomon, les avait placés d'abord. C'est pour cela que Genséric prit la capitale de l'empire romain, et que les Romains viennent de prendre celle des Vandales. » Ce discours ayant été rapporté à Justinien, il fut saisi de crainte, et envoya promptement tous ces vases aux églises de Jérusalem.

A la suite de Bélisaire marchaient les prisonniers, et à leur tête Gilimer, vêtu d'une robe de pourpre, environné de ses parents, et suivi des autres Vandales, dont on avait choisi les plus grands et les mieux faits. Lorsque le roi captif entra dans le cirque et qu'il vit devant lui l'empereur, à droite et à gauche une foule immense, il ne laissa échapper ni une larme ni un soupir, mais répéta plusieurs fois ces paroles de l'Ecclésiaste : *Vanité des vanités, et tout est vanité*. Dès qu'il fut arrivé aux degrés du trône, on lui ôta sa robe de pourpre et on l'obligea de se prosterner devant l'empereur et l'impératrice, ce que Bélisaire, par un effet de sa bonté naturelle, voulut bien faire avec lui. A la suite des anciens triomphes, la hache du licteur tranchait la tête aux principaux captifs. Gilimer reçut un grand domaine en Galatie, où il vécut dans l'abondance avec sa famille; les autres prisonniers vandales furent incorporés dans l'armée romaine. Justinien et Théodora comblèrent en particulier de richesses les filles d'Hildéric et tous les descendants d'Eudoxie, femme d'Hunéric, fille de Valentinien III et petite-fille du grand Théodose (Procop., l. 1, c. 9).

Après cette conquête, Justinien divisa l'Afrique en sept provinces : la Tingitane, la Mauritanie, la Numidie, la province de Carthage, la Byzacène, la Tripolitaine et la Sardaigne, qui fut jointe aux autres parce qu'elle avait appartenu aux Vandales. Il établit un préfet du prétoire résidant à Carthage, et ayant sous lui les gouverneurs particuliers de chaque province. Justinien leur recommandait de veiller à la conservation du pays, de traiter les habitants avec douceur, et de leur faire sentir la différence de l'humanité romaine et de la dureté vandale. Il répara plusieurs villes, et fit un grand nombre d'édifices considérables, entre autres des églises. Il en bâtit cinq dans la seule ville de Leptis, dont la plus belle était dédiée à la sainte Vierge. Il lui en bâtit aussi une à Septa, aujourd'hui Ceuta, sur le détroit de Gibraltar; une à Carthage et un monastère dans la même ville, à laquelle il donna le nom de Justinienne (Procop., *Ædif.*, l. 6).

Cependant Réparat, qui avait succédé à Boniface dans le siège épiscopal de Carthage, convoqua un concile général d'Afrique, où l'on n'en avait point vu depuis cent ans, parce que la plupart des évêques avaient été réduits en servitude par la violence des persécuteurs. Deux cent dix-sept évêques s'y rendirent, et s'assemblèrent dans la basilique de Fauste, où reposaient les reliques de plusieurs martyrs. Ils voulurent ainsi consacrer les prémices de leur liberté au Seigneur et au rétablissement de la discipline; qui avait beaucoup souffert pendant ces temps de trouble. Ils rendirent à Dieu de grandes actions de grâces; il n'y avait pas un de ces évêques qui ne pleurât de joie de se voir enfin délivrés de l'oppression, et de voir un grand nombre d'hérétiques se convertir. On fit lire ensuite publiquement les canons de Nicée, et l'on examina de quelle manière on devait recevoir les évêques ariens qui embrassaient la foi catholique. S'il fallait les conserver dans leur rang d'honneur, ou leur accorder seulement la communion laïque. L'avis du concile était de ne pas les recevoir comme évêques; toutefois, avant de rien décider, les deux cent dix-sept Pères de cette vénérable assemblée résolurent, unanimement et sans discussion, de consulter d'abord le Siège apostolique. On députa pour cet effet deux évêques, Caïus et Pierre, avec un diacre nommé Libérat, qui avait déjà été à Rome du temps de l'affaire des moines acémètes. On les chargea d'une lettre synodale, adressée au pape Jean, qui vivait encore, et dont elle fait un grand éloge. Le concile y demande de plus, si l'on peut élever à la cléricature ceux qui, dans leur enfance, on été baptisés par les ariens. Enfin, comme plusieurs évêques, pendant la domination des Vandales, avaient passé la mer, le concile prie le Pape de ne point recevoir à sa communion ceux qui ne prouveront point par les lettres des évêques d'Afrique, qu'ils ont été envoyés pour l'utilité des Eglises (Labbe, t. IV).

Cette lettre était écrite, les députés attendaient que l'hiver leur permît de s'embarquer, lorsqu'on apprit la mort de Jean II et l'ordination de saint Agapet. Réparat de Carthage joignit alors à la lettre synodale une seconde lettre particulière au nouveau Pontife, pour le féliciter de son élévation et lui recommander les intérêts de son Eglise. Le pape saint Agapet répondit à l'une et à l'autre le 9 septembre 535. Il témoigna au concile la part que le Siège apostolique avait prise à leurs tribulations. Comme l'Eglise est partout un seul et même corps, les principaux membres y compatissaient chez nous. Votre affliction a toujours été la nôtre, et nous avons soupiré de vos gémissements. Il les loue ensuite de ce que, comme il convenait à de sages et doctes pontifes, ils n'avaient pas oublié la principauté apostolique, mais, pour avoir la solution des difficultés, s'étaient adressés à la Chaire de celui qui a reçu le pouvoir de lier et de délier. Quant au premier acticle de leurs demandes, qui regardait les évêques ariens convertis, il dit qu'il ne fallait point permettre qu'ils demeurassent dans les dignités ecclésiastiques, mais qu'il trouvait bon qu'on leur fît part des revenus de l'Eglise, établis pour la subsistance des clercs. Il répondit, sur le second article, qu'on ne devait élever à aucune dignité du clergé ceux qui quittaient l'arianisme pour s'unir à l'Eglise catholique, en quelque âge qu'ils aient été infectés des erreurs de cette secte. Il trouve bon encore qu'on les aide à subsister des revenus de l'Eglise, et qu'on exerce une prompte miséricorde envers tous ceux qui quittent l'erreur pour embrasser la foi véritable. A l'égard des clercs qui avaient passé la mer, il dit que la précaution du concile devait être observée comme nécessaire, afin de les obliger de demeurer dans leurs églises et de les empêcher d'être vagabonds. Il fit à Réparat une réponse particulière, où il le remercie affectueusement de ses félicitations, et lui rend tous les droits de métropolitain que la méchanceté de ses ennemis avait usurpés : c'est pourquoi, en attendant qu'il puisse envoyer des légats, il lui enjoint de notifier à tous les rescrits de la Chaire apostolique sur l'observation des canons, afin que personne n'en pût ignorer (*Ibid.*). Ces paroles sont remarquables, et méritaient bien d'être consignées dans une histoire de l'Eglise.

Pendant que le concile de Carthage était assemblé, Félicien, évêque de Ruspe, demanda comment il devait se comporter à l'égard du monastère fondé par saint Fulgence, son prédécesseur, et dont Fortunat était alors abbé. Félix, évêque de Zactare, répondit, au nom de l'assemblée, qu'il ne fallait rien changer à ce qui avait été ordonné dans un concile général sous l'archevêque Boniface de sainte mémoire, et que les monastères devaient jouir d'une pleine liberté aux conditions prescrites par les conciles, savoir : que les moines s'adresseraient à l'évêque diocésain pour l'ordination des clercs et la consécration des oratoires, sans qu'il puisse les assujétir à aucune charge ni servitude ecclésiastique, car il n'était pas convenable que l'évêque établisse sa chaire dans aucun monastère; que les moines devaient être sous la conduite et l'autorité de leur abbé; que l'abbé étant mort, ils en éliraient un autre eux-mêmes, sans que l'évêque puisse s'en attribuer le choix; et que, s'il arrivait quelque difficulté à ce sujet, elle serait terminée par le conseil ou le jugement des autres abbés (Labbe, t. IV).

Le même concile envoya à Constantinople un diacre nommé Théodore, pour demander à l'empereur la restitution des biens et des droits des Eglises d'Afrique, que les Vandales avaient usurpés, Justinien donna, à cet effet, une loi du 1er août 535, adressée à Salomon, préfet du prétoire d'Afrique, qui porte : que toutes les terres usurpées sur les Eglises d'Afrique leur seraient restituées, à condition de payer les tributs, et que l'on rendra aussi les maisons et les ornements des Eglises; que l'Eglise de Carthage jouira de tous les droits accordés par les lois précédentes aux Eglises métropolitaines, et qu'il ne sera permis ni aux ariens ni aux donatistes de tenir des assemblées, d'ordonner des évêques ou des clercs, de baptiser et de pervertir personne, ni d'exercer aucune charge publique.

La même année 535, Justinien fit encore plusieurs autres lois pour l'Eglise, sous le titre de *Novelles*, parce qu'elles étaient postérieures à la publication de son Code. Il semblait qu'il voulût transformer en lois impériales tous les règlements des conciles et des Papes. Il y a des lois sur les ordinations et les devoirs des évêques, sur le nombre des clercs, sur les biens des Eglises, sur les fondations et le gouvernement des monastères, sur le noviciat et la profession des moines; enfin, après une loi sur la levée des tributs, il charge les évêques de veiller à son exécution, de signaler les magistrats qui feraient leur devoir et ceux qui ne le feraient pas, voulant que quand cette loi aurait été publiée, elle fût gardée dans l'église avec les vases sacrés, et gravée sur des pierres pour être affichée aux portes des Eglises, afin que tout le monde en eût connaissance (*Novelle* 8). Une chose qui valait mieux que tant de lois nouvelles, les unes dignes de louange, les autres d'excuse, les autres de blâme, eût été de faire observer les anciennes. Ces nouvelles sans nombre sont une preuve qu'on n'en observait bien aucune, et que les abus allaient se multipliant. On pourrait dire aussi que Justinien avait une telle manie de faire des lois, qu'il en faisait souvent, uniquement pour en faire.

Une preuve de tout cela, c'est qu'au milieu de ses professions de foi, au milieu de ses lois contre les hérétiques, Justinien laissait placer un hérétique sur le siège de Constantinople. Le patriarche Epiphane étant mort en 535, l'impératrice Théodora lui fit donner pour successeur Anthime, évêque de Trébisonde. Quoiqu'il passât pour catholique, il était, aussi bien que l'impératrice, ennemi du concile de Chalcédoine. Il trompa l'empereur et les patriarches, en assurant qu'il suivait en tout le Siège apostolique, et qu'il se soumettait d'avance à tout ce qu'ordonnerait le Pape (Labbe, t. V). Son ordination ranima tellement les acéphales ou semi-eutychiens, que les principaux de cette secte, savoir : Sévère, faux patriarche d'Antioche, Pierre, chassé d'Apamée, et le moine Zoara vinrent à Constantinople, où ils tinrent des assemblées particulières et baptisèrent quelques personnes. Les abbés catholiques de cette ville envoyèrent à Rome avertir le pape Agapet de tous ces désordres, ayant parole de l'empereur qu'il ferait exécuter fidèlement ce que le Pape aurait ordonné canoniquement contre les schismatiques (*Ibid.*). Une révolution d'Italie obligea le Pape de se rendre lui-même à Constantinople, et lui donna ainsi occasion de remédier, sur les lieux mêmes, aux maux de cette Eglise.

Les Goths d'Italie n'avaient pas moins dégénéré que les Vandales d'Afrique. Leur roi Athalaric mourut de débauche, le 2 octobre 534, à l'âge de seize ans. Sa mère Amalasonte, fille de Théodoric, lui donna pour successeur son parent Théodat, qui la fit jeter en prison et étrangler l'année suivante. Justinien, avec qui Amalasonte et Théodat négociaient secrètement l'un contre l'autre, s'annonça comme le vengeur de ce meurtre, et Bélisaire, ayant reçu le commandement d'une flotte, s'empara de la Sicile. Théodat avait la perfidie et la rapacité du Barbare; il n'en avait pas la valeur; de l'étude indigeste de Platon et de Cicéron, il n'avait retenu que des rêveries philosophiques. Quand il apprit que la Sicile était au pouvoir de Bélisaire, il montra la peur la plus abjecte. Ayant fait venir en secret l'ambassadeur impérial, il promit de céder à Justinien toute la Sicile; de payer tous les ans trois cents livres d'or; d'envoyer, toutes les fois qu'il en serait requis, un corps de trois mille Goths; de ne jamais condamner à mort, ni même à la confiscation des biens, aucun évêque, aucun sénateur, sans en avoir obtenu la permission; il renonçait au droit de conférer la dignité de patrice ou de sénateur : ce que l'empereur seul pourrait faire à sa requête; dans les acclamations publiques, on devait toujours nommer l'empereur avant Théodat; auquel on n'élèverait jamais de statue sans en ériger une à l'empereur, laquelle serait placée à la droite.

Ce ne fut point assez de bassesse pour l'indigne roi des Goths. A peine l'ambassadeur eut-il quitté Ravenne, qu'il le fit revenir et eut avec lui l'entretien suivant. — Pensez-vous que l'empereur ratifie le traité ? — Peut-être. — S'il ne veut pas le ratifier, qu'en arrivera-t-il ? — La guerre. — Mais une guerre pareille serait-elle juste et raisonnable ? — Assurément, chacun agirait d'après son caractère. — Que voulez-vous dire ? — Vous, vous aimez beaucoup à philosopher, et Justinien à faire l'empereur romain; or, il siérait mal à un philosophe, surtout à un disciple de Platon, de causer la mort de tant d'hommes, au lieu de mener une vie pure d'homicide. Mais rien n'empêche que l'empereur des Romains ne revendique par les armes les anciennes provinces de son empire.

Vaincu par ce raisonnement, Théodat promit avec serment, lui et sa femme, de céder à Justinien le royaume d'Italie, moyennant un revenu en terres de douze cents livres pesant d'or. Il fit même pour Justinien la lettre suivante :

« Je ne suis pas étranger à la cour, ô empereur! étant né dans celle de mon oncle, et y ayant reçu une éducation digne de ma naissance; mais je ne suis pas tout à fait expérimenté à la guerre et à ses tracas. Amoureux des lettres dès mon jeune âge, je n'ai eu de commerce qu'avec elles, et me suis jusqu'alors éloigné du tumulte des batailles. L'envie de régner ne saurait donc me faire embrasser une vie pleine de péril; lorsque je puis me débarrasser de l'une et de l'autre; car aucune n'a pour moi de charmes : ni la royauté, parce que la jouissance de tous les plaisirs engendre la satiété et le dégoût; ni la guerre, parce que de n'y être pas habitué occasionne du trouble. Pourvu donc que j'aie des propriétés rurales qui me rapportent au moins douze cents livres d'or par an, je les estimerai plus que la royauté, et je vous céderai aussitôt l'empire des Goths et des Italiens. J'aime mieux être un paisible laboureur que de vivre dans des sollicitudes royales, qui me jetteraient d'un péril dans un autre. Envoyez donc au plus tôt un homme de confiance pour que je lui remette l'Italie et la souveraineté. » Telle fut la lettre philosophiquement niaise de l'Ostrogoth Théodat. Il prit toutefois la vaine précaution de faire jurer à l'ambassadeur de ne la montrer à l'empereur que dans le cas où il refuserait le premier traité.

Justinien en fut ravi et lui répondit en ces termes : « Je savais déjà par la renommée que vous étiez un homme d'esprit; mais maintenant je le vois par expérience. Vous n'attendez pas l'issue de la guerre, comme quelques-uns qui, par là, ont manqué des affaires les plus importantes. Vous ne vous repentirez pas d'avoir mieux aimé nous avoir pour amis que pour ennemis. Outre ce que vous avez demandé et que nous vous accordons, vous serez inscrit parmi les premières dignités romaines. Pour le moment, j'envoie deux hommes qui arrangeront l'affaire de manière qu'il y ait satisfaction de part et d'autre. Ensuite Bélisaire viendra vous trouver sous peu pour mettre la dernière main à nos conventions (Procop., *Goth.*, l. 1, c. 6). »

Tandis que le roi des Ostrogoths se montrait si bas avec l'empereur de Constantinople, il faisait le fier et le tyran avec le Pape et le sénat de Rome. Il les menaça par ses lettres, que, s'ils ne détournaient l'empereur de porter la guerre en Italie, il ferait mourir par le glaive, non-seulement les sénateurs, mais encore leurs femmes, leurs fils et leurs filles. Le pape saint Agapet fut donc obligé de se charger de cette négociation. Comme il n'avait pas le moyen de faire son voyage, il engagea les vases sacrés de l'église de Saint-Pierre pour une certaine somme d'argent que lui prêtèrent les trésoriers du prince, et dont il leur donna sa promesse. Cassiodore obtint toutefois, plus tard, de l'avarice de Théodat, que les vases sacrés fussent rendus à l'église et le Pape défrayé de son ambassade : ce qu'il relève en ce prince comme une merveille de générosité. Pour un avare, ce l'était en effet. Le saint Pontife partit donc au milieu de l'hiver avec l'ambassadeur impérial, qui portait sur lui l'abdication secrète et honteuse de ce même Théodat qui menaçait de mort les sénateurs et leurs familles, si l'empereur songeait à reprendre l'Italie, que dans ce moment-là même il lui cédait avec tant de lâcheté (Anast., Libérat., c. 21 ; Procop., *Goth.*, l. 1, c. 6).

Quand le Pape fut arrivé dans la Grèce, on lui présenta un homme muet et perclus, qui ne pouvait ni proférer une parole, ni jamais se lever de terre. Ses parents l'environnaient en pleurs. Agapet leur demanda s'ils croyaient qu'il pût guérir. Ils répondirent qu'ils l'espéraient fermement de la puissance de Dieu, par l'autorité de saint Pierre. Le saint Pape, voyant leur confiance, dit la messe, prit ensuite le malade par la main et le fit marcher en présence de tout le monde ; puis, lui ayant mis dans la bouche le corps de Notre Seigneur, il lui rendit l'usage de la parole. Ce miracle, qui fit pleurer de joie tous les assistants, augmenta singulièrement leur vénération pour le successeur de saint Pierre. (S. Greg., *Dial.*, l. 3, c. 3).

Le Pape fit son entrée à Constantinople le 2 février 536, accompagné des cinq évêques, ses légats, qu'il avait envoyés l'année précédente, et de quelques clercs de l'Eglise romaine, qu'il avait amenés avec lui. Il reçut avec honneur les personnages que l'empereur avait envoyés au devant de lui, mais il ne voulut point voir le nouveau patriarche Anthime, qui était du nombre. Le voyage du Pape ne changea rien aux affaires politiques de l'Italie, arrangées d'avance entre Théodat et Justinien ; mais il eut un résultat mémorable pour les affaires de l'Eglise.

L'empereur et l'impératrice pressèrent le Pape de recevoir la visite d'Anthime. Il y consentit, à condition que cet évêque donnerait une confession de foi catholique par écrit, et qu'il retournerait à l'église de Trébisonde, étant impossible, disait-il, qu'un évêque transféré demeurât dans le siège de Constantinople. Ce n'était pas ce que voulaient Anthime, ni l'impératrice, qui le plus souvent menait l'empereur. On revint donc à la charge. L'empereur et l'impératrice employèrent, auprès du Pape, des promesses, des menaces, et jusqu'à des offres d'argent. Agapet, qui cependant avait été obligé d'emprunter pour faire le voyage, demeura inflexible. Comme les discussions traînaient en longueur, l'empereur lui dit un jour : « Accordez-vous avec nous, ou bien je vous ferai déporter en exil. » Le bienheureux Pape répondit aussitôt avec joie : Moi, pécheur, j'ai désiré venir à Justinien comme à un très chrétien empereur, et voilà que je trouve un Dioclétien ! mais je n'en crains pas plus vos menaces. Toutefois, pour vous convaincre que votre évêque n'est pas digne de l'être, faites-le venir, pour qu'il confesse les deux natures dans le Christ. » Anthime fut appelé ; mais jamais il ne voulut répondre d'une manière catholique aux interrogations du Pape, ni confesser deux natures en un seul Seigneur Jésus-Christ. L'empereur reconnut ses torts et se prosterna humblement devant le successeur de saint Pierre. Et le Pape, ayant ainsi convaincu Anthime, le condamna avec ses complices, Sévère d'Antioche, Pierre d'Apamée et le moine Zoaras, les dépouillant de toute dignité et fonctions sacerdotales, de tout épiscopat, du nom même de catholique, jusqu'à ce qu'ils eussent fait pénitence. Ensuite, à la demande de l'empereur, du clergé et du peuple, il proposa à l'Eglise de Constantinople, Mennas, supérieur du grand hôpital de cette ville, connu par sa science et l'intégrité de ses mœurs ; et, après en avoir exigé une profession de foi par écrit, pour la présenter lui-même à Rome, à l'apôtre saint Pierre, il le sacra de sa propre main dans l'église de Sainte-Marie.

Le Pontife romain, dit à ce sujet un des plus doctes théologiens de France, ne pouvait exercer plus glorieusement sa primauté, qu'en déposant un patriarche hérétique et en ordonnant un autre à sa place, sans convoquer aucun concile (1).

D'après d'anciens auteurs, il paraîtrait que, dans leurs entretiens, le pape saint Agapet trouva l'empereur Justinien lui-même infecté des erreurs d'Eutychès, et qu'il le ramena à la saine doctrine. Cet égarement de Justinien n'étonne pas quand on sait jusqu'à quel point il était dominé par sa femme, qui ne travaillait que pour cette hérésie. Ce fut sans doute pour ôter tous les soupçons du Pape, que Justinien lui présenta jusqu'à deux professions de foi : une première, que nous avons rapportée à l'année précédente, mais que d'autres rapportent à cette année et à cette occasion-ci ; une seconde, du mois d'avril 536, qui est la même que celle prescrite à tous les évêques par le pape saint Hormisda. L'empereur la termine par ces mots : « Suivant donc en tout le Siège apostolique, nous publions ce qu'il a statué. Et nous reconnaissons que ce qu'il a statué est inébranlable, et que nous obligerons tous les évêques à agir suivant ce formulaire ; en sorte que les patriarches s'adressent à Votre Sainteté, les métropolitains aux patriarches, et les autres aux métropolitains, et que votre sainte Eglise ait sa fixité partout (2).

Le pape saint Agapet écrivit une lettre encyclique aux évêques, particulièrement à Pierre, patriarche de Jérusalem, pour leur donner avis de ce qu'il avait fait. « Etant arrivé, dit-il, à la cour de l'empereur, nous avons trouvé le siège de Constantinople usurpé, contre les canons, par Anthime, évêque de Trébisonde. Il a même refusé de quitter l'erreur d'Eutychès. C'est pourquoi, après l'avoir attendu à pénitence, nous le déclarons indigne du nom de catholique et d'évêque, jusqu'à ce qu'il reçoive pleinement la doctrine des Pères. Vous devez rejeter de même les autres que la Chaire apostolique a condamnés. Nous nous sommes étonnés qu'au lieu de nous avertir de cette injure faite au siège de Constantinople, vous l'ayez approuvée. Pour nous, avec l'aide de Dieu, par l'autorité apostolique et le secours de l'empereur, nous l'avons réparée par l'ordination de Mennas, qui est le premier de l'Eglise orientale ordonné par les mains de notre Siège (Labbe, t. V).

Les évêques d'Orient et de Palestine, qui se trouvaient alors à Constantinople, présentèrent ensuite une requête au Pape, qu'ils qualifient de *Père des pères* et de *patriarche*, où ils accusent Sévère d'avoir été initié aux mystères des païens, d'avoir enseigné la doctrine d'Eutychès et de Manès, et d'avoir répandu en Orient le sang des saints par les mains des Juifs

---

(1) Anast., *In Agapet.*; Libérat., c. 21 ; Labbe, t. V, p. 14 et 47; Nat. Alex., *Hist., sæc.* 6, c. 2, art. 3 ; Acta Sanct., 20 sept., de S. Agapet. appendix.

(2) Acta Sanct., 20 sept., *de S. Agapet.*, n. 65 et seqq., Paul. diac., l. 17; Aimoin l. 11, c. 6 ; Labbe, t. IV.

séditieux. Ils se plaignent aussi de Pierre d'Apamée et de Zoaras, qu'ils accusent en particulier d'ignorance et de dissolution, et concluent par prier le Pape de les délivrer de ces méchants, de recommander à l'empereur l'exécution des sentences prononcées contre eux par le Trône apostolique; ils le prient enfin d'exécuter complètement la sentence qu'il avait portée lui-même contre Anthime. Cette requête est souscrite par onze évêques, dont les premiers sont : Thalassius de Béryte, Mégas de Béroé et Jean de Gabale. Il y a aussi les signatures de trente-trois prêtres, diacres ou lecteurs, députés de diverses Eglises, dont les premiers sont ceux d'Antioche (Labbe, t. V).

Le Pape reçut une autre requête présentée par Marien, prêtre et exarque des monastères de Constantinople, tant en son nom qu'au nom des autres archimandrites de la même ville, et de ceux de Jérusalem et d'Orient qui se trouvaient présents. Ils donnent au Pape le titre d'*archevêque de l'ancienne Rome*, et de *patriarche œcuménique*. Ils se plaignent que les schismatiques acéphales, sectateurs de Dioscore et d'Eutychès, tiennent des assemblées. « Ils entrent, disent-ils, en plusieurs maisons de personnes constituées en dignité, et y séduisent des femmes par leurs erreurs. Ils élèvent des autels et des baptistères dans des maisons seigneuriales et particulières de la ville et des faubourgs, et méprisent tout le monde à cause de la protection qu'ils reçoivent du palais. Nonobstant les lois de l'empereur, qui défendent aux hérétiques de s'assembler et de baptiser, Zoaras a baptisé le jour de Pâques plusieurs personnes, entre lesquelles sont des enfants de ceux qui demeurent dans le palais même. Usez donc, très-saint Père, de votre courage accoutumé; comme vous vous êtes élevé contre Anthime; que vous avez démasqué ce loup et l'avez chassé du bercail, veillez de nouveau et faites comprendre à l'empereur que son zèle pour les églises ne servira de rien, si l'on permet à ceux-ci de se cacher dans les palais et dans les maisons. Ces maux intolérables, nous les avons supportés jusqu'alors, dans l'espoir que Dieu vous enverrait pour déposer et chasser Sévère, Pierre Zoaras et leurs complices, comme il envoya jadis à Rome le prince des apôtres, Pierre, pour confondre les prestiges de Simon le Magicien. »

Ensuite, après avoir rappelé l'affaire d'Anthime, ils ajoutent : « Comme il a été justement condamné par vous, qu'il a été chassé du siége de cette capitale, que l'empereur approuve votre juste indignation, que cependant vous ne voulez pas qu'il se perde entièrement, mais qu'il se convertisse pour l'accueillir dans vos entrailles paternelles, nous conjurons Votre Béatitude, par la sainte et consubstantielle Trinité, par le prince des apôtres, Pierre, et par le salut de notre empereur, de ne pas négliger les saints canons qu'il foule aux pieds, ni l'Eglise qui lui a été confiée et qu'il dédaigne, mais de suivre en tout vos illustres prédécesseurs et de faire contre lui ce que saint Célestin a fait contre Nestorius, lui assignant un terme au delà duquel, s'il n'a présenté le formulaire voulu à Votre Béatitude et à l'archevêque de la capitale, et n'est retourné à son Eglise de Trébisonde, vous le déclarerez définitivement déchu de toute dignité et puissance pontificales, condamné avec les hérétiques, et ferez ordonner un autre à sa place à Trébisonde. Quant aux autres évêques, clercs et archimandrites qui demeurent dans cette ville, uniquement pour troubler les Eglises, nous demandons qu'on les amène tous devant vous et qu'ils subissent les peines portées par les canons. Accueillant donc notre supplique, et déployant contre eux la puissance que Dieu vous a donnée, purifiez l'Eglise de Dieu et délivrez-la des loups, en leur faisant sentir, non plus la houlette du pasteur, mais la verge de la discipline. C'est pour cela que nous avons envoyé des députés à Rome, annoncé et vu votre arrivée avec tant de joie. Quant à l'empereur, il nous a promis d'exécuter tout ce que vous aurez décrété canoniquement, et de délivrer enfin l'univers de leurs trop longues cabales et séditions (Labbe, t. V). » Cette requête est souscrite par quatre-vingt-seize archimandrites, la plupart de Constantinople et des environs, les autres de Palestine et de Syrie, dont plusieurs souscrivirent en syriaque.

Le pape saint Agapet envoya ces requêtes à l'empereur et convoqua un concile pour terminer toutes ces affaires. Mais avant que le concile fût assemblé, ce grand et saint pontife tomba soudain malade, et mourut le 17 avril 536. Ce fut une fête pour lui, dit un témoin oculaire, mais un immense deuil pour nous. Il n'avait pas encore remis à Dieu son âme, que déjà la renommée appelait tous les peuples de l'univers à ses funérailles. Des évêques en grand nombre de diverses provinces, des chœurs de prêtres et de moines qui remplissaient presque la ville : toute la population de Byzance y était réunie. On aurait cru un sacrilège de ne pas rendre les derniers devoirs à un tel Pontife. Les psaumes, les *alleluia* retentissaient jusqu'aux nues. Là se voyaient des chœurs de jeunes hommes, ici des chœurs de vieillards. Que de poèmes célébraient les louanges et les œuvres du Pontife! Jamais évêque ni empereur n'eut de funérailles pareilles; ni les places, ni les portiques, ni les toits même ne suffisaient pour contenir la multitude. La capitale vit alors tous ses peuples réunis. Et tous se félicitaient les uns les autres de la gloire du Pontife défunt. Ce qu'il y avait de merveilleux, c'est que la pâleur n'avait point altéré son visage : il respirait encore une certaine dignité et gravité; on l'eût dit, non pas mort, mais endormi (*Acta Sanct.*, *de S. Agapet.*, *append.*). C'est ainsi que le pape saint Agapet, enseveli pour ainsi dire dans son triomphe, revint de Constantinople à Rome, où il fut enterré dans l'église de son prédécesseur Pierre, le prince des apôtres.

# LIVRE QUARANTE-CINQUIÈME.

Le vieux monde s'écroule tout à fait en Occident, avec la vieille Rome, sous les coups de Totila; le monde nouveau s'y forme et s'y propage par l'Église romaine et les moines, entre autres par le consul romain Cassiodore, l'un d'eux. — Justinien et les Grecs, par leur manie incurable d'innover et de brouiller, entravent l'Occident dans sa régénération, et préparent l'Orient à une irrémédiable décadence.

(De l'an 536 à l'an 574 de l'ère chrétienne.)

Nous avons vu passer sur la terre un empire universel du glaive. Les Assyriens, les Perses, les Grecs, les Romains en furent successivement les maîtres. Babylone en fut la première capitale, Rome en fut la dernière. Les prophètes annoncèrent d'avance les successions et les destinées de cet empire qui devait préparer les voies puis faire place à un autre empire universel, non plus du glaive, mais de la parole et de la foi. Isaïe, en particulier, annonça le châtiment et la ruine de Babylone; saint Jean, le prophète de la nouvelle alliance, annonce, à peu près dans les mêmes termes, le châtiment et la ruine de Rome. Nous en avons déjà vu l'accomplissement pour le fond; nous allons le voir pour les moindres détails.

Le prophète de Patmos a dit de cette grande ville qui était assise sur sept montagnes, qui s'enivrait du sang des martyrs et enivrait les peuples du vin de sa prostitution, c'est-à-dire du scandale de son idolâtrie: *Elle est tombée, elle est tombée, la grande Babylone! et elle est devenue la demeure des démons et la retraite de tout esprit impur et de tout oiseau impur, et qui donne de l'horreur. Et la voix des joueurs de harpes, des musiciens, des joueurs de flûtes et de trompettes ne s'entendra plus en toi; nul artisan, nul métier ne se trouvera plus en toi, et le bruit de la meule ne s'y entendra plus. Et la lumière des lampes ne luira plus en toi, et la voix de l'époux et de l'épouse ne s'y entendra plus. Et on a trouvé dans cette ville le sang des prophètes et des saints, et de tous ceux qui ont été tués sur la terre* (Apoc., 18).

Les détails de cette prédiction sont étranges; nous les verrons s'accomplir avec une exactitude non moins étonnante. Nous verrons cette ville superbe, dans le moment qu'elle se flattait de reconquérir son ancienne splendeur, perdre entièrement le peu qui lui en restait; nous la verrons, dans l'espace de peu d'années, au milieu de la guerre, de la peste et de la famine, prise et reprise cinq fois; nous la verrons, privée de ses portes et d'une partie de ses murs, et sur le point d'être rasée tout entière; nous la verrons dépouillée de la gloire de ses fastes, la dignité du consulat, qui sera pour jamais abolie; nous verrons son sénat tout entier emmené captif et égorgé en grande partie; nous la verrons enfin dépouillée de toute sa population, qui sera emmenée captive comme le sénat; en sorte que, pendant bien des jours, il ne lui restera pas un seul habitant, si ce n'est les animaux sauvages et les oiseaux de nuit. Sa désolation sera si complète, qu'on interrogera un prophète de ce temps-là, saint Benoît, si jamais elle devait être réhabitée.

Nous avons vu Théodat, roi des Ostrogoths, faire lâchement, à Justinien, cession de la royauté et de l'Italie. Justinien envoya des ambassadeurs chargés de presser l'exécution de cette promesse. Les ambassadeurs venus, Théodat leur rit au nez et les mit en prison. Ses troupes avaient eu un petit avantage en Dalmatie. C'est ce qui le fit passer si promptement de la bassesse à l'insolence. Mais bientôt Bélisaire, déjà maître de la Sicile, assiégea et prit Naples, où ses soldats exercèrent de telles cruautés, non-seulement contre les Goths, mais encore contre les habitants, qu'ils n'épargnèrent ni âge, ni sexe, ni religieuses, ni prêtres, ni églises, égorgeant les hommes en présence de leurs femmes, et réduisant en esclavage les mères et les enfants. Tel fut le prélude de la domination des Grecs en Italie. Plus tard, le pape saint Silvère, qui avait succédé à saint Agapit, en ayant fait d'amers reproches à Bélisaire, celui-ci, pour réparer sa faute, retourna à Naples et tâcha de la repeupler en y faisant venir des habitants de toutes les villes voisines (1). A la nouvelle de la prise et du sac de Naples, les Goths accusent leur roi Théodat d'être l'auteur de la guerre, et proclament roi le général Vitigès, qui le fait tuer, et ensuite, pour s'assurer le secours, ou du moins la neutralité des Francs, leur cède tout ce que les Goths possédaient encore dans les Gaules. Sur ces entrefaites, Bélisaire entra dans Rome; mais bientôt il s'y vit assiégé par l'armée de Vitigès. Il y eut des combats fréquents et meurtriers au pied des murs; au milieu de ces combats, les Goths respectent les églises de Saint-Pierre et de Saint-Paul, quoique hors des murs, et les ecclésiastiques continuent de s'y rendre sans crainte pour l'office divin: c'est le témoignage que leur rend Procope, secrétaire de Bélisaire. Mais la famine se fait sentir dans la ville; Bélisaire renvoie les femmes, les enfants et les vieillards, c'est-à-dire plus de la moitié de la population; malgré cela,

(1) Muratori, *Annali d'Italia*, an. 156; *Historia Miscella*, l. 16; Anast., *In Silver.*; Procop., *De bell. Goth.*

bien tôt il ne se trouve plus de pain pour ceux qui restent; les païens de Rome essaient de rouvrir le temple de Janus pour se rendre ce dieu favorable, par où l'on voit que l'idolâtrie n'y était pas encore morte. Les Goths lèvent le siége pour éviter la peste et pour secourir Ravenne, que voulait livrer aux Grecs Matasonte, fille d'Amalasonte, que Vitigès avait épousée malgré elle, après avoir répudié sa première femme. On ne voit partout que villes assiégées, prises et reprises tour à tour. La famine devient horrible dans toute l'Italie; plusieurs se mangent les uns les autres; cinquante mille périssent de faim dans la seule province d'Ancône. Milan, dont l'évêque Datius avait invoqué le secours de Bélisaire pour se soustraire à la domination des Goths, est reprise et saccagée par ceux-ci en 539; les femmes sont données en esclaves aux Bourguignons qui étaient venus au secours des Goths; le reste des habitants est passé au fil de l'épée, les prêtres sont égorgés dans les églises et sur les autels; la ville enfin est réduite en un monceau de ruines.

Marsès avait été envoyé de Constantinople au secours de Bélisaire; mais ils ne purent s'accorder l'un avec l'autre. Théodebert, roi d'Austrasie, qui avait accepté l'alliance des Goths et des Grecs, entre en Italie avec une puissante armée, tombe inopinément sur les uns et sur les autres, pille les villes et les provinces, et ne se retire que devant les maladies et la famine. Vitigès implore le secours des Lombards, mais surtout de Chosroës, roi de Perse, qui, après avoir tué toute sa famille, commença dès lors contre l'empire d'Orient une longue guerre d'extermination. Bélisaire, à qui les Goths avaient offert secrètement la royauté et l'Italie, surprend Vitigès pendant les négociations de la paix, et l'envoie à Constantinople. Ildibad, successeur de Vitigès, après avoir remporté quelques succès, est tué dans un festin par suite d'une querelle de femme. Eraric, Ruge de nation, qui succède à Ildibad, est également tué; enfin les Goths proclament roi un neveu d'Ildibad, nommé Baduilla et surnommé Totila ou *immortel*, et déjà, malgré sa jeunesse, renommé pour sa valeur et pour sa prudence.

L'année 541 peut être regardée comme la dernière des consulats ordinaires de l'empire romain. Justinien abolit alors cette dignité suprême. Il ne voulait pas qu'un autre que lui eût l'air de commander. Ses successeurs prirent le titre de *consuls perpétuels*.

Cependant les pauvres Italiens, qui s'étaient peut-être réjouis de l'arrivée des Grecs, s'en virent traités un peu plus mal que par les Goths. Bélisaire avait été rappelé en Orient contre les Perses. Les généraux et les soldats grecs laissés en Italie, ne songeaient qu'à dévorer la subsistance des habitants, à se plonger dans la débauche et à commettre toute sorte d'insolences. C'est le portrait qu'en fait Procope, Grec lui-même (Procop., *De bell. Goth.*, l. 3, c. 9). Totila, de son côté, reprenait un grand nombre de villes et relevait la puissance des Goths en Italie. Au milieu de ses combats et de ses marches, il voulut voir saint Benoît, ayant ouï dire qu'il avait le don de prophétie. Il vint donc à son monastère; et, s'étant arrêté assez loin, il manda qu'il allait venir. Rusé comme il était, il voulut éprouver le saint, et envoya un de ses gardes, nommé Riggon, auquel il fit prendre sa chaussure et ses habits de roi, le faisant accompagner de trois seigneurs qui étaient le plus ordinairement auprès de sa personne, avec des gardes et un grand cortège. Riggon étant ainsi entré dans le monastère, saint Benoît, qui était assis, le vit de loin et lui cria dès qu'il put en être entendu : « Mon fils, quittez l'habit que vous portez; il ne vous appartient pas. » Riggon se jeta par terre, épouvanté d'avoir voulu tromper un si grand saint. Tous ceux qui l'accompagnaient en firent autant, et, sans oser approcher de saint Benoît, ils retournèrent trouver le roi, et lui racontèrent en tremblant combien vite ils avaient été découverts. Alors Totila vint lui-même trouver le saint, et, dès qu'il le vit, il se jeta par terre sans oser en approcher. Saint Benoît, qui était assis, lui dit par trois fois de se lever; et comme il n'osait, il vint le relever lui-même et lui dit : « Vous faites beaucoup de mal, vous en avez beaucoup fait; cessez de commettre des injustices. Vous entrerez dans Rome, vous passerez la mer, et, après avoir régné neuf ans, vous mourrez le dixième. » Tout cela fut accompli dans la suite. Le roi, fort épouvanté, se recommanda à ses prières et se retira; et depuis ce temps, il fut beaucoup moins cruel (*Vita S. Benedict.*, c. 14 et 15).

On en vit une preuve à la prise de Naples. Cette ville fut obligée de se rendre par la famine. Totila avait promis aux habitants de les traiter comme des amis et des frères, et, à la garnison, qu'elle pourrait sortir de la ville. Il fit beaucoup plus qu'il n'avait promis. Voyant les soldats de la garnison épuisés par la faim, il craignit qu'ils ne se fissent périr eux-mêmes en mangeant trop à la fois. Il mit donc des gardes aux portes pour les empêcher de sortir, et leur distribua d'abord une ration légère, qu'il augmenta chaque jour. Après avoir rétabli leurs forces par ce sage ménagement, il leur ouvrit les portes et leur fournit des vaisseaux pour se retirer où ils jugeraient à propos. Plusieurs d'entre eux demeurèrent au service d'un Barbare si humain. Ce n'est pas tout. Un habitant de Calabre vint lui demander justice contre un de ses gardes, l'accusant d'avoir fait violence à sa fille. Le coupable, sur son propre aveu, fut condamné à mort. Comme c'était un guerrier renommé pour sa valeur, les principaux officiers se réunirent pour demander sa grâce. Le roi, les ayant écoutés avec calme, leur dit entre autres choses : « Prenez garde, vous avez à choisir de deux choses l'une : ou bien de laisser impuni un criminel, ou bien de sauver la nation des Goths et de lui assurer la victoire. Au commencement de la guerre, nous étions puissants et fortunés; toutes les forteresses de l'Italie étaient entre nos mains. Sous le règne de Théodat, qui aimait plus la richesse que la justice, nous avons irrité Dieu par notre mauvaise vie; vous n'ignorez pas par quels hommes, par quel petit nombre, et à quelle calamité nous avons été réduits. Maintenant, ayant puni nos crimes, Dieu nous est de nouveau favorable; il seconde nos entreprises au-delà de nos espérances. C'est l'observation de la justice qui nous a rendus vainqueurs; ne la violons pas, pour ne pas détruire nous-mêmes notre bonheur. Car la fortune de la guerre se règle sur la vie de chacun. » Les chefs des Goths ayant entendu ces réflexions, y applaudirent; ils abandonnèrent le coupable, qui fut exécuté, et ses biens donnés à la fille qu'il avait outragée. Tels sont les traits d'humanité et de justice que l'historien Procope rapporte de ce roi barbare (Procop., l. 3, c. 8). Le même historien dit encore qu'au milieu de ces guerres, loin de désoler les campagnes, Totila protégeait et encourageait l'agriculture; obligeant seulement les laboureurs de lui payer les impôts; en sorte qu'il ne manqua jamais de vivres.

Cette humanité cependant se démentit plus d'une fois. Ainsi, ayant pris par trahison la ville de Tibur ou Tivoli, proche de Rome, il massacra tous les habitants, y compris l'évêque, avec des circonstances si cruelles, que Procope n'a pas voulu les rapporter. Peut-être que, par cet exemple, il voulait épouvanter Rome et l'obliger de se rendre. Après la prise de Naples, il avait écrit au sénat romain, pour lui rappeler les bienfaits du gouvernement des Goths, les maux du gouvernement des Grecs, et l'engager à lui donner quelque motif d'oublier le passé et d'épargner la ville. Peut-être aussi que le retour de Bélisaire lui montait la tête. Car, après avoir eu peu de succès en Orient contre les Perses, Bélisaire fut renvoyé l'an 544 en Italie, où il eut encore moins de succès contre les Goths. En effet, il ne put empêcher Totila d'assiéger Rome, de la réduire à la dernière extrémité, et enfin de la prendre. La famine fut bientôt excessive parmi les Romains. Deux causes y contribuaient. Au dehors, les Goths interceptaient tous les convois; au dedans, les généraux grecs qui commandaient la garnison avaient accaparé d'immenses amas de vivres dans des souterrains; mais ils n'en vendaient qu'au poids de l'or. Dans cette situation déplorable, les Romains députèrent à Totila le diacre Pélage, pour lui demander une trêve de peu de jours, sous condition qu'ils rendraient la ville si, dans cet intervalle, elle ne recevait aucun secours.

Pélage était en grande estime dans toute l'Italie. Revenu depuis peu de Constantinople, où il s'était fait aimer de l'empereur, il en avait rapporté de grandes richesses, que, pendant le siège, il répandit dans le sein des pauvres. Totila le reçut avec honneur, l'embrassa d'une manière amicale, et lui dit qu'il obtiendrait tout ce qu'il demanderait, excepté trois choses: qu'il pardonnât aux Siciliens; qu'il laissât subsister les murs de Rome, ni qu'il rendît aux Romains les esclaves qui étaient venus se ranger sous ses étendards. Les Siciliens s'étaient rendus indignes de toute grâce, en recevant au premier signal la flotte de Bélisaire, sans avertir les Goths, leurs maîtres, qui les avaient tellement favorisés jusqu'alors, qu'à la prière des Romains, ils n'avaient pas même laissé de garnison dans leur île. La destruction des murs de Rome sera surtout utile aux Romains mêmes. Ils ne seront plus exposés à subir les horreurs d'un siège. On se battra en rase campagne, et Rome sera le prix du vainqueur. Le diacre Pélage répondit au roi des Goths que les effets répondaient mal à ses démonstrations d'honneur et d'amitié. Car n'est-ce pas outrager un ambassadeur, de lui refuser précisément ce qu'il vient demander, et de le lui refuser avant de l'avoir entendu? « Je ne vous supplierai donc point, mais je supplierai Dieu, qui a coutume de punir ceux qui méprisent les suppliants (Procop., l. 3, c. 16). »

Le compte que Pélage rendit de son ambassade mit les Romains au désespoir. Ils s'attroupèrent autour des généraux grecs et leur dirent: « Oubliez, si vous voulez, que nous sommes Romains, que nous sommes vos semblables, et que nous avons reçu spontanément dans notre ville les troupes de l'empereur; mais regardez-nous comme des ennemis que vous avez vaincus à la guerre et faits esclaves. Du moins donnez-nous de quoi vivre, comme à des captifs, ou bien tuez-nous, ou bien ouvrez-nous les portes. » Le général grec Bessas répondit : « Vous donner des vivres est impossible; vous tuer, est impie; vous laisser partir, est périlleux. » La famine augmenta donc de plus en plus. Heureux qui trouvait un cheval mort et qui pouvait s'en emparer. De chiens et de rats, il n'y en avait plus. La plupart des habitants ne se nourrissaient que d'orties, qu'ils arrachaient au pied des murailles et dans les masures. Rome n'était plus peuplée que de fantômes décharnés et livides, qui tombaient morts dans les rues ou se tuaient eux-mêmes. Un jour cinq petits enfants, entourant leur père, le tiraient par ses habits, en lui demandant du pain. Il leur dit: Suivez-moi. Eux le suivirent avec empressement, persuadés qu'ils allaient avoir de quoi manger. Il les conduisit sur un pont du Tibre, et là, s'enveloppant le visage de son manteau, il se précipita dans le fleuve; à la vue de ses enfants et du peuple. Après ce funeste événement, les généraux grecs eurent enfin l'humanité d'accorder, je me trompe, de vendre à prix d'argent, à qui en voulait, la permission de sortir de la ville. Parmi le grand nombre de ceux qui en profitèrent, plusieurs périrent d'inanition en route, d'autres furent pris et tués par les Goths. Voilà où en étaient réduits le sénat et le peuple romains (Procop., l. 3, c. 17).

Enfin, dans la nuit du 16 au 17 décembre 546, d'intelligence avec quelques soldats isauriens de la garnison, Totila entra dans Rome. Pendant toute la nuit, il tint ses troupes sous les armes et fit sonner de la trompette. Les Grecs se sauvèrent avec quelques-uns des principaux habitants qui avaient encore des chevaux; de ce nombre furent les patriciens Décius et Basilius. Les autres, tels que Maximus, Olybrius et Oreste, se réfugièrent dans l'église de Saint-Pierre. Des personnes du peuple, il ne restait que cinq cents. Le lendemain, 17 décembre, Totila se rendit à l'église de Saint-Pierre pour remercier Dieu du succès de ses armes. Le diacre Pélage, tenant entre ses mains le livre des Evangiles, alla au devant de lui et le lui présenta de la manière la plus suppliante, en disant: « Seigneur, épargnez les vôtres! — Ah! lui dit en raillant Totila, vous voilà devenu suppliant! — C'est, répliqua Pélage, c'est que Dieu m'a rendu votre serviteur. Mais vous, seigneur, épargnez ceux qui sont désormais les vôtres. » Totila se rendit à cette prière, et défendit aux Goths de tuer aucun Romain. Ainsi, à l'exception de vingt-six soldats et de soixante habitants qui avaient déjà été massacrés, nul autre ne perdit la vie. Il permit le pillage, avec ordre de lui réserver les choses les plus précieuses. On trouva des monceaux d'or et d'argent dans les maisons des généraux grecs. C'était pour enrichir Totila qu'ils avaient sucé le sang de tant de misérables. On vit alors des sénateurs, couverts de haillons, réduits à mendier leur pain de porte en porte, et à vivre des aumônes qu'ils recevaient des Barbares. Mais personne ne méritait plus de compassion que Rusticiana, fille de Symmaque et veuve de Boëce. Cette dame, plus illustre encore par sa vertu que par sa naissance, après avoir épuisé ses grandes richesses à soulager ses compatriotes pendant le siège, ne rougissait pas de se voir dans le même état que ceux qu'elle avait secourus. Les Goths, au lieu de l'assister, demandaient son supplice, l'accusant d'avoir engagé les commandants impériaux à détruire les statues de Théodoric, pour venger la mort de son père et de son mari. Mais Totila ne souffrit pas qu'on lui fît aucune insulte, non-seulement à elle, mais à aucune fille ni femme. Ce procédé lui fit beaucoup d'honneur (Procop., c. 20).

Le lendemain, ayant assemblé tous les Goths, il leur rappela que dans le temps où ils avaient deux cent mille hommes sous les armes, ils avaient été vaincus par sept mille Grecs, et que depuis, réduits à un petit nombre et à la misère, ils en avaient vaincu vingt mille. C'est que précédemment, foulant aux pieds la justice, ils avaient commis des crimes entre eux et contre les Romains. Dieu combattait alors contre eux avec leurs ennemis. Il dépend donc de vous de conserver les biens que vous avez acquis; c'est d'observer la justice : sinon, vous aurez aussitôt Dieu pour adversaire. Après avoir ainsi parlé aux Goths, il fit venir les sénateurs romains, et leur reprocha leur ingratitude. Les Goths les avaient comblés de bienfaits, leur avaient confié toutes les magistratures; puis, pour toute reconnaissance, traîtres à eux-mêmes, ils avaient introduit les Grecs dans leur patrie. « Quel mal, leur demanda-t-il avec d'amères railleries, quel mal les Goths vous ont-ils fait? quel bien avez-vous reçu de Justinien? ses logothètes, comme il les appelle, ne vous ont-ils pas obligés à coups de fouet de rendre compte des malversations que vous avez commises contre les Goths dans vos magistratures? au plus fort de la guerre n'ont-ils pas exigé les impôts comme en pleine paix? » Leur montrant alors les Isauriens qui lui avaient livré Rome : « Ceux-ci, ajouta-t-il, nous ont mis en possession de Rome et de Spolète; mais vous, élevés avec les Goths, vous nous avez refusé jusqu'à présent la plus chétive retraite. Soyez donc désormais esclaves; tandis qu'eux, devenus amis et alliés des Goths, occuperont vos magistratures. » Les sénateurs restèrent muets; mais Pélage intercéda pour eux avec tant d'instances, que Totila promit de leur pardonner. C'est ainsi qu'un diacre de l'Eglise romaine sauva les derniers débris du sénat romain.

Totila, pendant le siège de Rome, avait déjà dépêché à Justinien, Aventius, évêque d'Assise, pour lui porter des propositions de paix, et n'en avait reçu aucune réponse. Il députa de nouveau Pélage et Théodore, avocat de Rome, et leur fit promettre avec serment qu'ils agiraient de bonne foi, et qu'ils reviendraient au plus tôt en Italie. Il leur recommanda de faire tous leurs efforts pour obtenir un accommodement, afin qu'il ne se vît pas obligé de raser toute la ville de Rome, de faire périr le sénat et de porter la guerre en Illyrie. Les envoyés remirent à l'empereur la lettre de Totila, conçue en ces termes : « Je ne vous parle pas de ce qui s'est passé en Italie; vous en êtes sans doute informé. Je vous envoie ces députés pour vous demander la paix. Vous devez la désirer autant que je la désire. Jetez les yeux sur les règnes d'Anastase et de Théodoric. C'est un exemple de prospérité produite par la concorde. Si vous consentez à ce bonheur réciproque, je vous honorerai comme mon père, et mes armes seront toujours prêtes à seconder les vôtres. » Justinien répondit en deux mots : « J'ai donné pouvoir à Bélisaire de faire la guerre et la paix, c'est à lui que vous devez vous adresser (Procop., c. 20). »

Rome, cette ancienne dominatrice de l'univers, allait donc être détruite de fond en comble. Le roi des Goths avait donné ses ordres. On abattait les murs de toutes parts : déjà la troisième partie était par terre; déjà un certain nombre de maisons et de palais avaient été livrés aux flammes. Totila voulait faire de Rome un lieu de pâturage, lorsqu'il reçut de Bélisaire une lettre qui le détourna de ce dessein barbare. Mais, s'il épargna ce qui était encore debout des murailles et des maisons, il en fit sortir tous les habitants avec leurs femmes et leurs enfants, qu'il dispersa dans la Campanie, et laissa la ville entièrement déserte. En sorte que, suivant l'expression d'un auteur du temps, pendant quarante jours et plus, il ne demeura pas à Rome une seule personne humaine, mais seulement des bêtes sauvages. A la nouvelle de l'entrée de Totila à Rome, l'évêque de Canosse dit à saint Benoit : « Ce roi détruira cette ville, de manière qu'elle ne sera plus habitée à jamais. » Le saint lui répondit : « Rome ne sera point détruite par les nations, mais elle sera battue de tempêtes, de foudres et de tremblements de terre; elle s'affaiblira comme un arbre qui sèche sur sa racine. » Le pape saint Grégoire, qui rapporte cette prédiction, ajoute que, de son temps, on en voyait l'accomplissement plus clair que le jour : Rome présentait partout des murs détruits, des maisons renversées, des églises ruinées par les ouragans, des palais croulant de vétusté (Procop., l. 3, c. 22; Marcellin, *Chronic.*; S. Greg., *Vita S. Bened.*, c. 15). Voilà comme les prophéties de saint Jean s'accomplissaient sur cette reine des nations, assise sur sept montagnes.

Mais Rome et l'Italie n'étaient pas à la fin de leurs malheurs. Bélisaire rentra dans Rome déserte pour y être assiégé par Totila. Mal secouru de Constantinople, mal obéi par ses troupes, Bélisaire quitte l'Italie après cinq ans; il la quitte sans beaucoup de gloire, mais non sans beaucoup d'argent. Car, suivant le témoignage de Procope, son secrétaire, il amassa d'immenses richesses en dépouillant les peuples qu'il était venu défendre (Procop., *Anecd.*, c. 5). Totila reprend la ville de Rome en 549, et, pour la peupler, y établit plusieurs familles de sa nation, et y fait revenir les sénateurs et les autres Romains qu'il avait dispersés en Campanie. Il ravage ensuite la Sicile, s'empare de la Sardaigne et de la Corse; mais, en 552, il meurt dans une bataille qu'il perd contre l'eunuque Narsès, nouveau général grec envoyé de Constantinople. Narsès prit Rome la même année. C'était la quinzième fois que cette ville était prise ou reprise depuis seize ans. Cette victoire de Narsès fut plus funeste au sénat et au peuple romain que la plus sanglante défaite. Les Goths, fuyant de toutes parts, désespérés de ne pouvoir conserver l'Italie, massacraient tout ce qu'ils rencontraient de Romains, sans épargner ni âge ni sexe. Les Barbares mêmes qui servaient dans l'armée impériale, comme s'ils eussent conspiré avec les Goths, se dispersant autour de Rome, tuaient et dépouillaient tous ceux qui revenaient pour rentrer dans leurs anciennes demeures. Un grand nombre de patrices et de sénateurs étaient encore répandus dans la Campanie, où Totila les avait relégués : les Goths en firent une exacte recherche, et pas un ne fut épargné. Lorsque Totila s'était mis en marche pour aller au devant de Narsès, il s'était fait amener, dans toutes les villes de son passage, les fils des principaux habitants, et, choisissant les mieux faits, il les avait emmenés avec lui, sous prétexte de les attacher à sa personne; mais, en effet, pour avoir autant d'otages de la fidélité de leurs pères. On les gardait à Pavie au nombre de trois cents. Téias, successeur de Totila, dans un accès de fureur, les fit tous égorger (Procop., l. 4, c. 34).

Téias meurt dans une bataille l'an 553; mais les malheurs de l'Italie ne finissent point pour cela. Après la défaite des Goths, une armée de Francs et d'Allemands fond sur la Péninsule comme un torrent, et la ravage d'un bout à l'autre. Enfin, l'an 567, lorsqu'elle commençait à se remettre sous le gouvernement de Narsès, s'ouvre pour elle une nouvelle ère de calamités. Narsès s'était prodigieusement enrichi des dépouilles de l'Italie : ses richesses excitèrent l'envie des sénateurs de Rome et des courtisans de Constantinople. L'empereur Justin II, successeur de Justinien, lui ordonne de lui envoyer les revenus de l'Italie. Narsès fait des observations en sens contraire. On lui envoie l'ordre de revenir lui-même. L'impératrice Sophie y ajoute une quenouille avec un fuseau, et lui mande comme à son eunuque: « Revenez incessamment à Constantinople; je vous donne la surintendance des ouvrages de mes femmes. C'est la place qui vous convient : il faut être homme pour avoir droit de manier les armes et de gouverner des provinces. » A la lecture de ce billet, Narsès lance sur le courrier des regards étincelants, et lui dit : Va dire à ta maîtresse que je lui file une fusée qu'elle ne pourra jamais dévider. » Aussitôt il mande à Alboin, roi des Lombards, d'abandonner les pauvres campagnes de la Pannonie, et de venir occuper l'Italie avec toutes ses richesses; et quelques jours après, il meurt (*Hist. du Bas-Empire*, l. 50).

Alboin, qui méditait depuis longtemps la conquête de l'Italie et qui n'y voyait d'obstacle que Narsès, se mit en marche le 2 avril, lundi de Pâques, l'an 568, avec toute sa nation, hommes, femmes, enfants et vieillards. Le 5 septembre de l'année suivante, il entra à Milan et se fit proclamer roi d'Italie. A la fin de 572, il se vit maître de tout le pays, à l'exception de Rome, de Ravenne, et de quelques places maritimes. Les villes qu'il avait conquises se félicitaient de sa domination : quoique arien, il protégeait les évêques et les églises. Quand il entra dans Pavie, après un long siège, son cheval s'abattit sous la porte de Saint-Jean, et, malgré les coups d'éperons, ne voulut jamais se relever. Un de ses officiers, craignant Dieu, lui dit alors : « Seigneur, souvenez-vous du serment que vous avez fait. Révoquez-le, et vous entrerez dans la ville. Car ce pauvre peuple est un peuple chrétien. Le serment qu'Alboin avait fait auparavant dans la colère, c'était de passer au fil de l'épée tous les habitants de Pavie, pour avoir refusé si longtemps de se rendre. Alboin l'ayant révoqué, son cheval se redressa aussitôt de lui-même, et il entra dans la ville sans faire de mal à personne. Le cœur des habitants se trouva en même temps changé : ils accoururent tous au palais pour lui rendre grâces, et le reconnurent pour leur prince (Paul, diac., *De gest.*; Langobard, l. 2, c. 27). Toutefois, les campagnes eurent horriblement à souffrir des courses des Lombards, surtout les campagnes autour des villes qui faisaient résistance.

Le caractère de cette nation tenait de la férocité. Qu'on en juge par cet exemple. Le roi Alboin ayant tué dans une bataille Cunimond, roi des Gépides, en prit le crâne, le fit enchâsser dans de l'or, et s'en servit comme d'une coupe dans les festins; en même temps, il épousa Rosemonde, fille du même Cunimond. Au mois de mars 573, dans un grand festin qu'il donna aux seigneurs de sa cour, après avoir largement bu dans cette coupe exécrable, il la fit présenter à la reine, en l'invitant à boire joyeusement avec son père. Peu de jours après, Rosemonde le fit égorger en sa présence, épousa un de ses complices, et tenta de le faire roi. Mais les Lombards les ayant soupçonnés du meurtre l'un et l'autre, ils se sauvèrent à Ravenne, où le commandant grec ou exarque Longin, devenu amoureux de Rosemonde, qui était aussi belle que méchante, la pressa de se défaire de son nouveau mari, pour l'épouser lui-même. Elle n'eut pas de peine à y consentir. Comme son mari sortait du bain, elle lui présenta un breuvage empoisonné. A peine en eut-il bu une partie, que, sentant la mort dans ses entrailles, il força Rosemonde, l'épée sur la gorge, de boire le reste; et ils expirèrent tous deux en même temps (Paul, diac., l. 2, c. 28).

Cinq mois après la mort d'Alboin, les seigneurs lombards lui donnèrent pour successeur Cleph, des plus nobles de la nation, aussi guerrier qu'Alboin, mais avare et sanguinaire. Il traita cruellement les vaincus, chassant les nobles de leur patrie, faisant mourir les riches pour s'emparer de leurs biens. S'étant rendu odieux à ses propres sujets, il fut tué par un de ses pages, après dix-huit mois de règne. Les Lombards restèrent alors dix ans sans roi. Trente-six ducs régnaient dans les villes dont ils étaient maîtres. Ils tuèrent un grand nombre de nobles romains pour s'emparer de leurs richesses : les autres habitants, partagés entre les vainqueurs, furent obligés de leur abandonner le tiers de leurs revenus. Quatre ans après la mort d'Alboin, ces trente-six ducs eurent subjugué la plus grande partie de l'Italie, dépouillant les églises, tuant les prêtres, ruinant les villes, exterminant les populations, hormis les contrées qu'Alboin avait conquises d'abord. C'est ce que dit l'historien des Lombards, Paul Warnefride, diacre d'Aquilée, et Lombard lui-même (Paul, *De gest.*; Langob., l. 2, c. 32). Un témoin oculaire, le pape saint Grégoire, nous montre également les villes dépeuplées, les forteresses abattues, les églises en cendres, les monastères détruits, les campagnes abandonnées sans culture, le pays réduit en solitude, et les bêtes féroces occupant les lieux qui regorgeaient auparavant d'une multitude d'hommes (S. Greg.; *Dialog.*, l. 3, c. 38). Tel fut pour les Italiens le résultat final de l'entrée des Grecs en Italie.

L'Orient ne s'en trouvait pas mieux. Poussé par Vitigès, roi des Goths d'Italie, Chosroès, roi de Perse, fit aux Romains une guerre de vingt ans.

Faux et cruel, il rançonnait, il pillait les villes de Syrie et de Mésopotamie dans le temps même de la trêve et contre sa parole donnée. La petite ville de Sura sur l'Euphrate, qu'il assiégeait depuis quelques jours, lui envoya son évêque pour capituler et lui abandonner pour la rançon des habitants tout ce qu'ils possédaient. Il traita l'évêque avec bonté, et lui fit espérer sa demande, dès qu'il aurait l'avis de son conseil. A son retour, il le fit accompagner par une troupe de ses meilleurs soldats, comme pour honorer sa personne. Les habitants, voyant revenir leur pasteur avec une escorte qui ne montrait que de l'amitié et de la joie, ouvrirent leurs portes pour le recevoir. Les Perses, s'étant arrêtés au dehors, se séparèrent de lui avec de grandes démonstrations de respect. Mais lorsqu'on voulut fermer les portes, ils l'empêchèrent, en jetant dans l'ouverture une grosse pierre ou une pièce de bois, selon l'ordre secret qu'ils avaient reçu de Chosroès, qui, à l'instant même, survint avec toutes ses troupes, força l'entrée, pilla les maisons, passa au fil de l'épée une partie des habitants, fit l'autre prisonnière, mit le feu à la ville et la détruisit de fond en comble.

Parmi ces prisonniers se trouvait une femme, nommée Euphémie, d'une beauté extraordinaire. Chosroès l'ayant vue, en fut tellement épris, qu'il l'épousa solennellement dans son camp. Aussitôt il voulut montrer sa loyale générosité envers les malheureux compatriotes de sa nouvelle épouse. Ils étaient au nombre de douze mille captifs. Il proposa donc à Candidus, évêque de Sergiopolis, de les lui vendre pour deux cents livres d'or. Candidus s'excusa sur ce qu'il manquait d'argent. Chosroès lui fit dire qu'il se contenterait de sa promesse par écrit, pourvu qu'il jurât d'acquitter cette somme dans l'espace d'une année. L'évêque donna sa promesse, ajoutant même que, s'il manquait à sa parole, il consentait à payer le double et à quitter son évêché. Les prisonniers lui furent délivrés; mais la plupart moururent en peu de jours des blessures et des mauvais traitements qu'ils avaient reçus à la prise de leur ville (Procop., *De bello Persico*, l. 2, c. 5). Telle fut la générosité de Chosroès, le jour de ses noces, envers les compatriotes de sa femme.

L'année d'après, l'évêque Candidus, n'ayant pu remplir la promesse qu'il lui avait faite, alla se jeter à ses pieds, s'excusant sur son indigence et sur la dureté de l'empereur Justinien, qui avait refusé de le secourir. Chosroès le fit mettre aux fers, déchirer à coups de fouet, et le condamna à fournir le double de la somme promise. Candidus le supplia d'envoyer à Sergiopolis pour y prendre tout ce qu'il y avait de richesses dans l'église de cette ville. Chosroès pilla volontiers l'église; mais il n'en retint pas moins l'évêque dans les fers (*Ibid.*, c. 20).

Au mois de juin 640, il assiégea et prit la capitale de l'Orient, la grande Antioche, la pilla et la réduisit en cendres. Une partie de la population périt dans le siège, et, à la prise de la ville, plusieurs parvinrent à s'échapper; mais une multitude innombrable resta prisonnière. Le traité de paix entre les deux empires ayant été renouvelé peu après, Chosroès annonça qu'il allait vendre comme esclaves tous ces captifs. Les habitants d'Edesse, qui tous étaient chrétiens, montrèrent alors une charité vraiment chrétienne. Quoique peu auparavant ils eussent payé deux cents livres d'or à Chosroès, pour sauver leurs terres du pillage, ils entreprirent de racheter tous les captifs d'Antioche. Chacun y contribua selon sa fortune, et même au delà : chacun portait son offrande à la grande église, qui fut bientôt remplie. Même les personnes de mauvaise vie y consacraient leurs parures. Les paysans les plus pauvres, qui n'avaient qu'une chèvre ou qu'une brebis, la donnaient avec joie. Cette charité héroïque produisit une rançon suffisante pour tous les prisonniers. Cependant, pas un ne fut racheté. Un Grec, le commandant impérial de la ville, nommé Buzès, se saisit de toutes ces richesses, sous prétexte de les employer à des besoins plus pressants. Chosroès emmena donc les captifs, et leur bâtit, à quelques lieues de Ctésiphon et de l'ancienne Babylone, une ville nouvelle qu'il nomma l'Antioche de Chosroès (Procop., *De bello Pers.*, l. 2, c. 13 et 14).

Au milieu de ces traités de paix, qu'on renouvelait de temps en temps, et qui n'étaient jamais officiellement rompus, Chosroès continuait presque toujours à rançonner les villes. Enfin, l'an 561, on conclut un traité définitif pour cinquante ans. Justinien, s'engageait à payer une pension annuelle à Chosroès. Il y avait un article séparé en faveur des chrétiens habitants de la Perse; il était stipulé qu'il leur serait permis d'y bâtir des églises et d'y célébrer sans trouble l'office divin; qu'ils ne seraient point forcés à pratiquer aucune cérémonie du culte des mages ni à révérer ce que les Perses regardaient comme des dieux, qu'ils n'entreprendraient pas non plus de détourner les mages de leur religion pour leur faire embrasser le christianisme; qu'ils pourraient enterrer leurs morts selon l'usage établi parmi eux, sans les laisser dévorer par les chiens et les oiseaux, comme les Perses. Les historiens orientaux rapportent qu'Euphémie, cette femme de Sura qu'épousa Chosroès, demeura chrétienne (Menand., *Exc. leg.*, p. 92; *Coll. Byzant.*, edit. Venet. ; *Hist. du Bas-Empire*, l. 49, avec les notes de St-Martin).

La guerre n'était pas le seul fléau qui affligeait l'Orient. Vers l'an 550, l'air fut agité par de fréquents orages. D'affreux tonnerres effrayèrent Constantinople, abattirent des colonnes, et tuèrent plusieurs habitants dans leurs lits. Les tremblements de terre firent périr des milliers d'hommes, et ruinèrent des villes entières en Phénicie, en Palestine, en Syrie, en Arabie, en Mésopotamie. Tyr, Sidon, Béryte, Tripoli, Byblos, Sarepta, Antaradus en souffrirent beaucoup. A Botrys, ville maritime de Phénicie, mais qui n'avait point de port, une masse énorme de rochers se détacha du promontoire voisin, et, tombant dans la mer, forma un port propre à recevoir de grands vaisseaux. Le long de cette côte, la mer se retira avec violence l'espace de mille pas, engloutit plusieurs navires, et revint ensuite au rivage. L'empereur Justinien fit de grandes dépenses pour réparer ces malheurs; mais à peine Béryte était-elle rétablie, qu'un incendie la détruisit de nouveau. A ces fléaux se joignait la rage des factions du cirque, dont les jalousies s'armèrent du fer et du feu. Il y eut des massacres à Constantinople, et quantité d'édifices furent la proie des flammes.

Sur la fin de l'année 551, l'automne amena des chaleurs pareilles à celles du fort de l'été. On vit dans cette saison éclore des roses; les arbres portèrent des fruits pour la seconde fois, et peu de jours après la vendange, la vigne se chargea encore de raisins. Il y eut en Grèce d'horribles tremblements de terre, qui détruisirent une infinité de villages et huit villes entières, entre autres Chéronée, Coronée, Naupacte et Patras. La plupart des habitants furent ensevelis sous les ruines. En plusieurs endroits, la terre ouvrit des abîmes, dont les uns se refermèrent aussitôt, les autres formèrent de profondes vallées.

Le 15 décembre 556, au milieu de la nuit, Constantinople entière fut tout à coup si violemment ébranlée, que les habitants, croyant que leurs maisons étaient prêtes à fondre sur eux, se jetèrent dans les rues et se réfugièrent au centre des places, de peur d'être écrasés par la chute des édifices. Chaque secousse était précédée d'un bruit sourd, qui semblait être l'explosion d'un tonnerre souterrain. Dans l'air s'élevait une vapeur noire, semblable à un nuage de fumée. Il tombait en même temps une neige fort menue; et les hommes, les femmes, les vieillards, mêlés ensemble, demi-nus et transis de froid, n'osaient cependant rentrer dans leurs habitations, et ne cherchaient d'asile que dans les églises, invoquant la miséricorde divine. Le fracas des édifices qui tombaient de toutes parts redoublait leurs cris. Les églises mêmes n'étaient en lieu de sûreté, et plusieurs s'écroulèrent. Un quartier de la ville fut renversé de fond en comble, en sorte qu'il n'y resta pas pierre sur pierre. Les secousses recommencèrent pendant dix jours. Les désordres cessèrent; les magistrats jugeaient suivant les lois; les plus puissants devenaient modestes. Tout retentissait de sanglots, de soupirs et de prières. On accourait en foule aux monastères pour y renoncer au monde. Les plus riches répandaient leurs trésors dans le sein des pauvres. Et cette capitale, remplie de corruption et de débauche, devint comme dans une agonie universelle, une ville pénitente. Mais le danger passé, on vit reparaître tous les vices.

L'année suivante, 557, la peste cruelle qui, depuis vingt-six ans, parcourait toutes les régions du monde, et qui ne cessa pendant un demi-siècle, revint à Constantinople avec plus de fureur que jamais. Elle dura dans toute sa force depuis le mois de février jusqu'à la fin du mois d'août, et emporta un nombre infini de peuple. Les litières publiques employées aux funérailles ne suffisant plus, l'empereur en fit faire encore mille, et donna quantité de chariots et de chevaux pour transporter les corps au bord de la mer. On en chargeait des barques qui les allaient porter loin de la ville; on les enterrait dans des fosses profondes. Malgré ces soins, les rues de Constantinople furent longtemps jonchées de cadavres, les vivants n'étant ni assez vigoureux ni en assez grand nombre pour enlever les morts. Justinien, effrayé de tant de malheurs, s'efforça de les détourner à l'avenir en publiant une nouvelle loi contre deux affreux désordres qui régnaient alors dans la capitale, les abominations de Sodome et les blasphèmes (*Agathias*, l. 5; *Novell.* 77).

Pendant que le vieux monde romain et politique achevait de crouler sous les coups des Barbares et sous les autres fléaux de la vengeance divine, le monde chrétien ou l'Église préparait des asiles à la piété et à l'étude, dans le calme des cloîtres.

Saint Benoit, dont les disciples devaient contribuer si puissamment à illustrer ce monde nouveau, achevait tranquillement ses jours au milieu des guerres et des révolutions d'Italie. Il avait une sœur nommée Scholastique, consacrée à Dieu dès l'enfance, et qui vivait à quelque distance du Mont-Cassin. Elle venait le voir une fois tous les ans; et lui allait la recevoir assez près du monastère, dans une métairie qui en dépendait. Il y vint donc un jour avec ses disciples; et après avoir passé la journée à louer Dieu et à s'entretenir de choses saintes, ils mangèrent ensemble sur le soir. Comme ils étaient encore à table et qu'il se faisait tard, Scholastique lui fit cette prière : De grâce, ne me quittez point cette nuit afin que nous parlions de la joie céleste jusqu'à demain matin. Il répondit : Que dites-vous, ma sœur? Je ne puis en aucune façon demeurer hors du monastère. Le temps était fort serein. La sainte, affligée de ce refus, mit ses mains jointes sur la table, et appuya sa tête dessus; puis, fondant en larmes, elle pria le ciel de s'intéresser en sa faveur. Sa prière était à peine finie, qu'il survint une pluie d'orage accompagnée d'éclairs et de grands coups de tonnerre; en sorte que ni saint Benoit ni ses religieux ne purent sortir de la maison. L'homme de Dieu s'en plaignit, en disant : Que Dieu vous le pardonne, ma sœur ! qu'avez-vous fait ? Elle répondit : Voilà que je vous ai prié, et vous n'avez pas voulu m'entendre, j'ai prié mon Seigneur, et il m'a exaucée. Maintenant, quittez-moi si vous pouvez, et retournez à votre monastère. Saint Benoit fut donc obligé de rester avec sa sœur. Ils veillèrent toute la nuit, uniquement occupés à s'entretenir de la félicité des saints. Ils se séparèrent le lendemain matin, et, trois jours après, notre sainte mourut dans sa retraite. Saint Benoit, qui était alors dans sa cellule, ayant levé les yeux, vit l'âme de sa sœur entrer au ciel en forme de colombe. Ravi de sa gloire, il rendit grâces à Dieu, déclara sa mort aux frères et les envoya pour apporter le corps à son monastère, et le mettre dans le tombeau qu'il avait préparé pour lui-même, afin, dit saint Grégoire, de qui nous tenons ces détails, que la mort ne séparât point les corps de ceux dont les esprits avaient toujours été en Dieu (S. Greg.; *Dial.*; l. 2, c. 33 et 34).

Saint Benoit ne survécut pas longtemps à sa sœur. L'année même de sa mort, qui fut 543, il la prédit à quelques-uns de ses disciples qui demeuraient avec lui, en leur recommandant le secret, et à d'autres plus éloignés, leur donnant des signes pour la connaître. Six jours avant qu'elle arrivât, il fit ouvrir son sépulcre. Aussitôt il fut saisi d'une fièvre violente; et comme elle continuait ses jours en augmentant, le sixième, il se fit porter à l'oratoire, y assura son passage en recevant le Corps et le Sang du Seigneur, et, levant les yeux et les mains au ciel, entre les bras de ses disciples qui le soutenaient, il rendit l'esprit en priant, le samedi 21 mars 543, environ la 63e année de son âge. Il fut enterré dans l'oratoire de Saint-Jean-Baptiste, qu'il avait bâti à la place de l'autel d'Apollon; et il se fit plusieurs miracles dans la caverne de Sublac, qu'il avait habitée (*Ibid.*, c. 37).

Un autre zélé propagateur de la vie monastique, saint Césaire d'Arles, était mort l'année précédente, après avoir gouverné cette Église pendant quarante ans. Il en vécut plus de 72; et ses infirmités le faisaient souvent paraître demi-mort. Voyant que sa fin était proche, au milieu des grandes douleurs qu'il souffrait, il demanda combien il y avait de jours jusqu'à la fête de saint Augustin. Ayant appris qu'elle n'était pas éloignée, il dit : « J'espère en Notre Seigneur, que mon passage ne sera pas éloigné du sien; car vous savez combien j'ai toujours aimé sa doctrine très-catholique. » Il se fit donc porter sur une chaise dans le monastère des religieuses, qu'il avait fondé trente ans auparavant, sachant que la crainte de sa mort leur faisait perdre la nourriture et le sommeil, et qu'elles ne faisaient que gémir, au lieu de chanter les psaumes. Mais ce qu'il leur dit pour les consoler ne fit qu'augmenter leur affliction; car il était aisé de voir qu'il allait mourir. Elles étaient plus de deux cents, et leur supérieure se nommait Césarie, comme la sœur de saint Césaire, à qui elle avait succédé. Le saint les exhorta à garder fidèlement la règle qu'il leur avait donnée; et par son testament et par ses lettres, il les recommanda aux évêques ses successeurs, au clergé, aux gouverneurs et aux citoyens de la ville d'Arles, afin qu'à l'avenir elles ne fussent inquiétées de personne. Leur ayant donné sa bénédiction et dit le dernier adieu, il retourna à l'église métropolitaine, et mourut entre les mains des évêques, des prêtres et des diacres, le 27 août 542, la veille de la fête de saint Augustin. Le peuple en pleurs se jeta sur ses vêtements pour les emporter par une pieuse violence; à peine les prêtres et les diacres purent-ils l'empêcher de les mettre en pièces. Ses reliques guérirent un grand nombre de malades. Ses vertus le firent regretter de tout le monde, des bons et des mauvais chrétiens, et même des Juifs. Sa vie fut aussitôt après écrite en deux livres, dont le premier, qui est adressé à l'abbesse Césarie la jeune, eut pour auteur Cyprien, évêque de Toulon, avec deux autres évêques, Firmin et Viventius. Le prêtre Messien et le diacre Etienne écrivirent le second. Ils avaient tous été disciples de saint Césaire, et témoin de ses vertus et de ses miracles (*Acta Sanct.*, 27 aug.).

A l'époque où saint Benoît mourut, âgé d'environ 63 ans, et saint Césaire d'environ 73, un illustre sénateur romain, consul, préfet du prétoire, après cinquante ans de travaux dans le gouvernement du royaume d'Italie, venait d'embrasser la vie monastique à l'âge de 70 ans, et y travailla encore près de 30 à léguer aux siècles futurs les trésors de l'antiquité littéraire. Nous voulons parler de Cassiodore. Après avoir été longtemps le principal ministre du roi Théodoric, et ensuite préfet du prétoire sous les rois Athalaric, Théodat et Vitigès, il quitta le monde vers l'an 539, et se retira dans un monastère qu'il avait fait bâtir dans une de ses terres, près de Squillace, en Calabre, lieu de sa naissance. Ce monastère en contenait deux : l'un, nommé Viviers, au bas de la montagne, pour les cénobites; l'autre, nommé Castel, sur le sommet, pour les anachorètes ou ermites. Cassiodore y établit parmi ses moines un ensemble d'études divines et humaines, que, dans les siècles suivants, on a nommé *Université*.

Ces projets de science et de religion l'occupaient depuis longtemps. Sous le roi Théodoric, quoique chargé de l'administration du royaume, il avait composé une *Chronique universelle* depuis le commencement du monde jusqu'à son temps; de plus, une *Histoire des Goths*, dont nous n'avons que l'abrégé dans Jornandès. Etant préfet du prétoire, et sur les instances de ses amis, il recueillit et publia en douze livres les lettres qu'il avait écrites depuis le commencement de sa carrière politique. Sur les instances réitérées de ces mêmes amis, et au milieu de ses innombrables occupations, il composa encore un *Traité de l'âme*, de sa nature, de son origine, de ses facultés, de ses destinées futures; il y réunit la substance de ce qu'en disent les philosophes et l'Ecriture sainte. C'est tout ensemble un traité de philosophie et de haute piété, qui finit par une belle et fervente prière à Jésus-Christ. A Rome, il voyait avec peine qu'il n'y avait point de maîtres publics pour enseigner les divines Ecritures, pendant que les auteurs profanes y étaient expliqués par des maîtres très-célèbres. Il fit tout son possible, avec le saint pape Agapet, pour y établir à ses frais des chaires de lettres chrétiennes, à l'imitation de ce qui s'était pratiqué autrefois à Alexandrie, et de ce qui se pratiquait encore à Nisibe pour les Juifs; mais les révolutions et les guerres d'Italie ne lui permirent pas d'exécuter ce dessein. Ce qu'il ne put faire à Rome comme préfet du prétoire, il le fit à Viviers comme supérieur des moines.

A cet effet, il composa un livre *De l'Institution aux lettres divines*. C'est le plan d'une Université chrétienne et catholique. Ce qui domine, c'est la science de Dieu et des choses divines : toutes les sciences humaines et les arts y servent et y conduisent, et méritent pour cela d'être cultivés. Dans cette vue, il assembla une immense bibliothèque dans son monastère; sans cesse, il faisait venir des livres de toutes parts, de l'Afrique même et de l'Orient; il veillait à ce qu'on les transcrivit d'une manière correcte; plusieurs de ses amis, notamment l'avocat Epiphane et le prêtre Bellator, traduisaient en latin les ouvrages grecs, pour la facilité de ceux qui n'entendaient pas cette dernière langue; le tout était classé dans un ordre facile à saisir, avec des indications sommaires de ce qui contenait chaque partie.

L'Ecriture sainte, avec les principaux commentaires, formait neuf volumes, que Cassiodore eut soin de faire relier. Le premier renfermait les cinq livres de Moïse, et les trois de Josué, des Juges et de Ruth, avec les homélies de saint Basile sur la Genèse, traduites par Eustathe, les ouvrages de saint Ambroise, de saint Augustin, de saint Jérôme, de saint Prosper sur les mêmes livres. Cassiodore y joignit les homélies d'Origène, qu'il dit être très-éloquentes; mais parce que ce Père avait été condamné depuis peu par le pape Vigile, ainsi que nous le verrons, il marqua les endroits dangereux et tous ceux qui lui paraissaient suspects, afin que ses religieux ne fussent point exposés à s'égarer en les lisant. N'ayant pu se procurer de commentaire sur le livre de Ruth, il pria le prêtre Bellator d'en composer un, qu'il joignit aux autres. Le second volume contenait les livres des Rois et des Paralipomènes, avec les Homélies d'Origène, et les ouvrages correspondants de saint Augustin, saint Jérôme et saint Ambroise. Cassiodore ayant trouvé les livres des Rois et des Paralipomènes, écrits de suite et sans distinction, les divisa lui-même par chapitres, et mit un titre à chacun. Le troisième volume renfermait tous les Prophètes avec les courtes notes de saint Jérôme, que Cassiodore dit être très-utiles pour les commençants ; elles étaient suivies de dix-huit livres du même Père sur Isaïe, de six sur Jérémie, de quatorze sur Ezéchiel, de trois sur Daniel, et de vingt sur les petits Prophètes. Cassiodore y joignit quatorze Homélies d'Origène, sur Jérémie, traduites par saint Jérôme, sur quarante-cinq qu'Origène avait faites. Il dit que saint Jérôme lui-même avait composé vingt livres sur le même prophète, mais que jusqu'alors il n'en avait pu recouvrer que six, quoiqu'il eût fait chercher les autres avec beaucoup de soin. Il ne s'en donna pas moins pour avoir les commentaires qu'on lui assurait que saint Ambroise avait faits sur les Prophètes ; et, n'ayant pu les découvrir, il recommande à ses frères de les chercher.

Le quatrième volume était composé du Psautier et des commentaires de saint Hilaire, de saint Ambroise, de saint Jérôme, de saint Augustin et de saint Athanase. Mais de tous ces Pères, il n'y avait que saint Augustin qui eût expliqué tous les psaumes. Cassiodore lui-même, depuis sa retraite, avait fait, sur tout le Psautier, un excellent commentaire, où il réunit ce qu'il trouva de mieux, non-seulement dans les écrits de saint Augustin, son principal guide, mais encore dans ceux d'Origène, de saint Cyprien, de saint Athanase, de saint Hilaire, de saint Ambroise, de Didyme, de saint Jérôme, de saint Léon et de quelques autres, y ajoutant ce que la grâce de Dieu lui fit découvrir à lui-même. Il se servit pour ce travail de la version de saint Jérôme. Il eut recours, de plus, aux exemplaires hébreux, et consulta les personnes savantes dans la langue hébraïque, surtout pour régler les versets. Il dédia son commentaire à un personnage, qu'il nomme *Père apostolique*: ce qui semble indiquer le Pape. Quoique ce commentaire fût renfermé dans un seul volume, Cassiodore le partagea en trois pour la commodité de ses religieux, et il voulut que l'on en conservât toujours un exemplaire fort correct dans la bibliothèque, afin que, s'il s'était glissé quelques fautes dans les autres, on pût recourir à celui-ci pour les corriger.

Dans le cinquième volume étaient les ouvrages de Salomon : *Les Proverbes*, avec le commentaire de Didyme, traduit par l'avocat Epiphane ; l'*Ecclésiaste*, avec les commentaires de saint Jérôme et ceux de Victorin, qui d'orateur devint évêque ; le *Cantique des cantiques*, avec deux homélies d'Origène, traduites par saint Jérôme, les explications de Rufin sur les deux premiers chapitres, celles de saint Epiphane sur tout le livre, traduites par l'avocat Epiphane ; le livre *De la Sagesse*, avec le commentaire du prêtre Bellator ; l'*Ecclésiastique* de Jésus, fils de Sirach, qui est si clair, suivant Cassiodore, qu'on n'a pas besoin d'interprète pour l'entendre. « Plaise à Dieu, ajoute-t-il, que les œuvres le reproduisent aussi facilement que l'esprit le comprend vite ! »

Le sixième volume était intitulé : *Des Hagiographes*. On y trouvait d'abord le livre de Job, traduit en latin par saint Jérôme, sur l'hébreu. Cassiodore remarque, après ce Père, que la poésie, devenue le langage de l'Esprit-Saint, et la dialectique la plus exacte sont employées dans ce livre. Il en rapporte un passage pour prouver la résurrection, dans les mêmes termes que nous lisons dans la Vulgate. On avait, de son temps un commentaire anonyme sur Job, qu'il juge, par la ressemblance du style, être de saint Hilaire ; il y avait aussi des notes de saint Augustin sur le même livre. Le prêtre Bellator fit des commentaires sur les livres de Tobie, d'Esther, de Judith, d'Esdras et des Machabées, savoir : cinq livres sur Tobie, six sur Esther, sept sur Judith et dix sur les deux livres des Machabées ; il se contenta de joindre aux deux d'Esdras, deux homélies d'Origène, qu'il traduisit en latin. Dans le septième volume, qui contenait les quatre évangiles, Cassiodore indiquait les auteurs qui les avaient expliqués avec le plus de succès. Il nomme, sur saint Matthieu, saint Jérôme, saint Hilaire et Victorin, le même qu'il dit avoir commenté le livre de l'*Ecclésiaste* ; sur saint Luc, saint Ambroise ; sur saint Jean, saint Augustin, qui, outre ses traités sur cet évangéliste, a fait une concorde des quatre évangiles. Avant lui, Eusèbe de Césarée avait fait quelque chose de semblable dans un ouvrage intitulé : *De la différence ou des variantes des évangiles*. Cassiodore ne désigne aucun interprète sur saint Marc.

Le huitième volume contenait les épîtres des apôtres. Cassiodore avait trouvé des notes sur treize épîtres de saint Paul, qui étaient si estimées, qu'on les attribuait au pape saint Gélase. Mais les ayant lui-même examinées, il remarqua qu'elles étaient infectées de l'hérésie pélagienne. Pour ne point priver ses frères de ce qu'elles avaient de bon, il retrancha tout ce qui lui parut mauvais dans l'explication de l'épître aux Romains, laissant aux plus habiles de ses religieux le soin de corriger l'explication des autres épîtres sur un autre commentaire anonyme qu'il avait trouvé, et qui n'était également que sur treize épîtres de saint Paul. Quant à l'épître aux Hébreux, il ne trouva rien de mieux, pour en faciliter l'intelligence, que de faire traduire les trente-quatre homélies de saint Chrysostome. Il employa à cette traduction son ami Mucien, qui paraît le même contre qui nous verrons Facundus, évêque d'Hermiane, écrire, sur l'affaire des trois chapitres.

Cassiodore fit aussi traduire en latin les explications de Clément d'Alexandrie sur la première épître de saint Pierre, sur les deux premières de saint Jean, et sur celle de saint Jacques. Il y joignit un manuscrit qui contenait ce que saint Augustin a écrit sur la même épître de saint Jacques, et ce qu'il a dit sur la première de saint Jean dans dix sermons où il s'étend particulièrement sur la charité. Ayant trouvé presque en même temps un exemplaire du commentaire de Didyme, sur les sept épîtres canoniques, il les fit encore traduire en latin par l'avocat Epiphane. Il donna encore à ses frères des notes fort courtes sur toutes les épîtres de saint Paul. On attribuait ces notes à saint Jérôme. Il fit venir d'Afrique un autre commentaire sur les mêmes épîtres, que Pierre, abbé dans la province de Tripoli, avait composé des seuls passages de saint Augustin, sans y rien ajouter du sien, mais avec une si grande liaison des passages les uns avec les autres, qu'il semblait que ce fût un ouvrage suivi de ce Père. Il se donna beaucoup de mouvement pour trouver de petites remarques qu'on disait que saint Ambroise avait faites sur ces mêmes épîtres ;

mais il paraît qu'il ne put les découvrir. Comme toutes ces explications n'étaient pas fort étendues, il en fit ramasser de plus amples, savoir : celles qu'Origène avait faites sur l'épître aux Romains, en vingt livres, que Rufin réduisit à dix en les traduisant; celles de saint Augustin sur la même épître, mais qui ne sont point achevées; ses questions à Simplicien sur cette épître; ses commentaires sur celle aux Galates, et ceux de saint Jérôme sur la même épître et sur celle à Philémon. Il fit chercher partout les commentaires qu'on disait que saint Jérôme avait faits sur les autres épîtres de saint Paul, sans pouvoir les déterrer. Il en trouva un de saint Chrysostome sur ces mêmes épîtres, qu'il mit dans une même armoire avec les autres manuscrits grecs, afin qu'on pût y avoir recours lorsque les explications des Latins ne seraient pas assez étendues. Il conseille à ses frères de ne pas négliger les ouvrages des modernes, lorsqu'ils ne trouveront pas de quoi se satisfaire dans ceux des anciens. Telles sont les remarques de Cassiodore sur le huitième volume.

Le neuvième et dernier volume de la Bible, selon le partage qu'il en avait fait, contenait les Actes des apôtres et l'Apocalypse de saint Jean. Pour avoir un commentaire sur les Actes, il avait fait traduire en latin, par ses amis, les cinquante-cinq homélies de saint Chrysostome sur ce livre, qu'il avait trouvées en grec. Il paraît qu'il avait aussi, sur l'Apocalypse, un commentaire de saint Jérôme et une explication courte des endroits les plus difficiles, par Victorin. Il remarque que Vigile, évêque africain, avait écrit sur le règne de mille ans dont il est parlé dans l'Apocalypse, et que Ticonius, donatiste, n'avait pas mal réussi à expliquer certains endroits de ce livre; mais, parce qu'il y avait d'autres endroits de son commentaire infectés de ses erreurs, Cassiodore mit des marques dans cet ouvrage, pour distinguer ce qu'il y avait de bon d'avec ce qui en était mauvais. Il dit aussi que saint Augustin a expliqué plusieurs endroits de l'Apocalypse dans ses livres *De la cité de Dieu*, et que, depuis peu, Primase, évêque d'Adrumet en Afrique, l'avait expliqué en cinq livres, avec exactitude, et qu'il y en avait joint un sixième où il faisait voir ce qui rendait un homme hérétique.

A la suite de l'Ecriture et des Pères, venaient les actes des quatre conciles généraux, savoir : de Nicée, de Constantinople, d'Ephèse et de Chalcédoine, avec le recueil des lettres que les évêques, consultés par l'empereur Léon, avaient écrites en confirmation de ce dernier. Ce recueil avait été traduit par Epiphane. Cassiodore conseille aussi à ses moines, la lecture de diverses histoires qui ont du rapport à la religion, comme sont les *Antiquités judaïques*, par Josèphe, que l'on peut regarder comme un second Tite-Live; celles qu'il a écrites sur la captivité ou la guerre des Juifs; l'*Histoire ecclésiastique* d'Eusèbe, avec la continuation de Rufin; celles de Socrate, de Sozomène, de Théodoret, d'Orose et de Marcellin d'Illyrie; les *Catalogues des hommes illustres*, de saint Jérôme et de Gennade de Marseille. Cassiodore avait mis tous ces livres dans la bibliothèque, avec les traductions latines de ceux qui avaient été écrits originairement en grec. Il reconnaît que ce fut par ses soins que l'on traduisit les *Antiquités judaïques* de Josèphe. Il est encore l'auteur de l'*Histoire Tripartite*, ainsi appelée parce qu'elle est composée de celles des trois auteurs grecs, Socrate, Sozomène et Théodoret. Cassiodore les fit traduire toutes les trois en latin par son ami Epiphane, afin que la Grèce ne se vantât pas de posséder seule un ouvrage si admirable et si nécessaire à tous les chrétiens. Lorsqu'elles furent traduites, il en forma un seul corps d'histoire, en douze livres, choisissant des trois ce qui lui paraissait de meilleur, se servant tantôt de l'une et tantôt de l'autre, sans répéter ce qui est rapporté par plusieurs de ces historiens, mais indiquant au commencement de chaque chapitre d'où il l'avait tiré.

La cosmographie ou la géographie pouvant être très-utile à ceux qui étudient l'Ecriture sainte, parce qu'elle leur donne la facilité de connaître la situation des lieux dont il est parlé dans les livres sacrés, Cassiodore recommande à ses frères de lire les meilleurs géographes dont il leur avait laissé les écrits. Il nomme l'orateur Julius, le même apparemment qui fut précepteur du fils de l'empereur Maximin. L'ouvrage que Cassiodore avait de lui, sur la cosmographie, était si exact, qu'il ne laissait rien à désirer sur cette matière. Les mers, les îles, les montagnes les plus fameuses, les provinces, les villes, les fleuves, les peuples, tout cela y était détaillé. Il nomme encore la description que le comte Marcellin avait faite de Constantinople et de Jérusalem; la table de Denys et la géographie de Ptolémée, qui parle si clairement de tous les lieux du monde, qu'il semble, en la lisant, qu'on n'est étranger nulle part. Ainsi, demeurant toujours dans un même lieu, ce qui est convenable aux moines, comme il est dit par Cassiodore, vous parcourrez en esprit ce que tant de différents auteurs ont recueilli de leurs longs voyages.

Comme la plupart des saints Pères avaient étudié les lettres humaines, et que plusieurs d'entre eux, tels que saint Cyprien, Lactance, Victorin, saint Optat, saint Hilaire, saint Ambroise, saint Augustin, saint Jérôme, en avaient tiré de grands avantages; que Moïse même était très-instruit dans toutes les sciences des Egyptiens; il conseille l'étude des lettres profanes à ses religieux, pourvu qu'ils le fassent avec modération et dans la vue d'en tirer du secours pour l'intelligence des livres saints. Il ajoute que, si un tempérament froid, qui glace le sang dans les veines, comme parle Virgile, empêche quelques-uns des frères de devenir parfaitement savants dans les lettres sacrées ou dans les sciences humaines, il faut qu'après y avoir fait un progrès médiocre qui leur serve de fondement, ils prennent, selon que le dit le même poète, leurs plaisirs dans les champs et dans les ruisseaux qui arrosent les plaines. A ces sortes de religieux, il indique les auteurs qui leur conviennent : Gargilius Martial, qui a écrit fort élégamment sur les jardins, en particulier sur la culture et les propriétés des légumes; Columelle, qui, dans seize livres, traite éloquemment toutes les espèces d'agriculture, y compris la manière d'élever des abeilles, de nourrir des pigeons et même des poissons; enfin Emilianus, qui avait écrit douze livres d'une élégante simplicité sur les jardins, sur la manière d'élever des troupeaux et autres sujets de cette nature. Cassiodore avait mis tous ces ouvrages dans sa bibliothèque. « Ce sont des fruits de la terre, dit-il ; mais si on les prépare pour les pèlerins et les malades, ils deviennent des fruits du ciel. Un verre d'eau froide donné au nom du Seigneur n'est point sans récompense. Que sera-ce donc de procurer aux pauvres une nourriture succulente ? de ranimer, avec la douceur de la pomme et du miel, les malades qui languissent ? de les restaurer avec du poisson ou avec les petits de la colombe ? »

La situation du monastère de Viviers les invitait naturellement à préparer ainsi beaucoup de choses pour les étrangers et les pauvres. Il y avait des jardins arrosés de plusieurs canaux, et le voisinage du petit fleuve Pellène fournissait du poisson en abondance. Il était très-facile d'en pêcher, dans la mer qui était au bas du monastère, et de les conserver dans des viviers que Cassiodore avait fait creuser dans les cavités de la montagne. Il avait aussi fait faire des bains pour l'usage des infirmes, et conduire à cet effet des fontaines d'une eau excellente à boire, et salutaire à tous ceux qui usaient de ces bains. Il trouva le moyen de tirer assez d'eau du fleuve pour faire tourner les moulins du monastère, sans les exposer aux inondations. En sorte que les religieux, ne manquant d'aucune commodité dans l'enceinte de la maison, ne devaient point être tentés d'en sortir.

Aux moines qui étaient chargés du soin des malades, il dit qu'ils doivent les servir avec beaucoup de zèle et d'affection, sachant qu'ils en recevraient la récompense de Celui qui donne les biens éternels pour des biens temporels ; qu'il est donc à propos qu'ils se rendent habiles dans la médecine et dans la pharmacie, en étudiant la nature des plantes médicinales et la manière de les mélanger. Il veut néanmoins qu'ils ne mettent pas leur confiance dans la vertu des herbes ni dans les conseils humains ; car, encore que la médecine soit établie de Dieu, c'est lui qui donne la vie. Il leur conseille de lire l'herbier de Dioscore, où toutes les herbes étaient peintes avec une netteté admirable, et ensuite les ouvrages d'Hippocrate, de Galien, d'Aurélius Cœlius et de plusieurs autres, qu'il leur avait laissés dans sa bibliothèque.

Entre tous les travaux manuels, Cassiodore avoue qu'il donne la préférence à la transcription des livres, pourvu qu'on les transcrive lisiblement et avec exactitude. C'est que les moines, en lisant et en relisant si souvent les saintes Ecritures pour les transcrire, s'en remplissaient l'esprit et s'en instruisaient eux-mêmes, en même temps qu'ils répandaient partout la doctrine sacrée, comme une semence céleste qui fructifie dans les âmes. L'*antiquaire*, c'est ainsi qu'on nommait le copiste, prêche aux hommes de la main seule, et leur annonce le salut en silence ; il fait la guerre au démon par la plume et par l'encre, et Satan reçoit autant de blessures qu'un habile copiste écrit de paroles du Seigneur. Sans sortir de sa place, il court diverses provinces par le moyen de ses ouvrages. Son travail est lu dans les lieux saints. Les peuples en entendent la lecture, et, par là, ils apprennent à se convertir et à servir Dieu avec une conscience pure. L'homme, par le moyen de cet art, multiplie la divine parole.

Mais afin que les religieux occupés à ce travail s'en acquittent avec exactitude et qu'ils puissent même corriger les fautes d'orthographe qui se seraient glissées dans les originaux, il les renvoie à plusieurs anciens auteurs qui avaient écrit sur l'orthographe, et dont il avait ramassé les ouvrages dans sa bibliothèque. De ce nombre était Velléius Longus, Curtius Valerianus, Papirianus, Adamantius, Martyrius, Eutychès, Phocas, Diomède et Théoctistus. Cassiodore avait cet article si fort à cœur, qu'à l'âge de 93 ans il composa lui-même un *Traité de l'orthographe*, où il résume ce que douze auteurs anciens avaient écrit de mieux là-dessus ; ce sont, avec les précédents, Cnéius Cornutus, Cœsellius, Cœcilius Vindex et Priscien. Ils entraient dans les détails les plus minutieux. Par exemple, Adamantius Martyrius avait écrit sur l'emploi du V et du B. Cassiodore ne néglige aucun de ces détails, et dit que, comme la voix articulée nous distingue des animaux, ainsi l'orthographe nous distingue des ignorants, et que l'homme parfait doit avoir l'une et l'autre.

Il ne s'en tint pas là. Il donna encore à ses religieux d'habiles ouvriers pour leur apprendre à relier, à couvrir les livres, à enrichir la couverture, afin que le dehors répondît à la beauté inestimable des écrits sacrés qui étaient renfermés au dedans. Il se donna lui-même la peine de dessiner les différentes manières des couvertures de livres, pour que chacun pût choisir celle qui lui plairait davantage. Il pourvut aussi son monastère de lampes perpétuelles, qui conservaient toujours leur lumière, et se nourrissaient d'elles-mêmes, sans qu'on y touchât ou qu'on les remplît d'huile ; et de diverses horloges, dont les unes marquaient les heures au soleil, les autres par le moyen de l'eau, qui imitaient le cours du soleil et servaient pour la nuit aussi bien que pour le jour.

Après l'*Institution aux lettres divines*, Cassiodore composa son *Traité des sept arts libéraux*, savoir : la grammaire, la rhétorique, la dialectique, l'arithmétique, la musique, la géométrie et l'astronomie. Sur ces arts ou sciences diverses, il ne donne que les principes généraux, et renvoie, pour le développement et l'application, aux auteurs anciens qu'il avait réunis dans sa bibliothèque, et dont plusieurs, notamment la géométrie d'Euclide, avaient été traduits par l'illustre sénateur Boèce. Parmi ceux qui ont écrit le mieux sur la grammaire, il cite Hélénus et Priscien, auteurs grecs ; Palémon, Phocas, Probus, Censorin et Donat, grammairiens latins. Il s'arrête à ce dernier comme plus méthodique et plus propre pour aider les commençants. Il dit qu'il avait fait lui-même deux livres de commentaires sur Donat, et que saint Augustin avait aussi écrit sur la même matière. Ce qui nous reste de Cassiodore est imparfait, et nous n'avons plus le traité de saint Augustin. Cassiodore parle aussi d'un recueil des figures de rhétorique au nombre de quatre-vingt-dix-huit, fait par un nommé Sacerdos. Ce recueil n'est pas venu jusqu'à nous.

La dialectique de Cassiodore, qu'il appelle aussi *logique*, n'est autre que la logique ou l'art de raisonner d'Aristote, qui, le premier, en constata les règles, et les rassembla dans un système scientifique, par différents traités compris sous le nom collectif d'*Organum*. Le premier est le *Traité des catégories ou des Notions générales*, qui a pour but de faire connaître les principes généraux de l'intelligence ou les formes de la pensée. Il en reconnaît dix : la substance, la quantité, la qualité, la relation, le lieu, le temps, la situation, la possession, l'action et la passion. Le second est le *Traité de l'interprétation*, autrement *de la proposition*, où sont exposées les règles générales et les formes du langage, comme expression de l'intelligence. Il définit la parole, le symbole de la pensée. Cassiodore dit que, pour écrire ce livre, Aristote trempait sa plume dans l'esprit, tant il est subtil. Le troisième traité est de la démonstration, sous le nom d'*Analytiques*, où l'on trouve toutes les règles et les formes du syllogisme, ainsi que les principes de la démonstration proprement dite. Le quatrième, sous le nom de *Topiques*, traité de la discussion ou dialectique, autrement l'art d'interroger et de répondre. Le cinquième traité est des *Arguments sophistiques*, où il indique, à la fois, et les principaux sophismes, et les moyens de les résoudre. Tel est l'ensemble de la logique d'Aristote : tout y est si précis et en même temps si complet, qu'après vingt-deux siècles, considérée dans la sphère où se plaçait Aristote, on ne trouve rien à y reprendre. Cassiodore la résume pour ses moines, les renvoyant, pour les développements, aux traités entiers du philosophe grec, que son ami Boëce avait presque tous traduits et commentés. Ce sont ces travaux de Boëce et de Cassiodore qui feront connaître Aristote aux écoles du moyen-âge, et imprimeront à leur enseignement cette marche sévère et rationnelle, nommée de là *méthode scolastique*.

Dans cette espèce d'université ou d'académie de Cassiodore, l'étude ne nuisait point à la piété. Il exhorte ses religieux à lire assidûment les *Conférences* de Cassien. « Cet auteur, dit-il, dépeint si naturellement les mouvements déréglés de l'âme, qu'il force pour ainsi dire les hommes à voir leurs propres défauts et à s'en donner de garde, au lieu qu'auparavant, les ténèbres qui les environnent les empêchent de s'en apercevoir. Toutefois, il a été justement blâmé par saint Prosper, touchant le libre arbitre. Il faut donc le lire avec précaution dans ces endroits. Un évêque africain, Victor de Martyrite, en a donné une édition corrigée. Nous espérons la recevoir bientôt d'Afrique, avec d'autres ouvrages. » À la fin de son *Institution aux lettres divines*, il avertit les abbés de ses deux monastères, Calcédonius et Géronce, de disposer toutes choses avec tant de prudence, qu'ils puissent, avec la grâce de Dieu, conduire leurs religieux à la vie éternelle; d'exercer sur toute chose l'hospitalité; de soulager les pauvres dans tous leurs besoins; d'instruire dans les bonnes mœurs les gens de la campagne; d'éviter eux-mêmes l'oisiveté; de s'appliquer à lire l'Ecriture et les plus célèbres commentaires; de lire aussi les *Vies des Pères* et les *Actes des Martyrs*, afin de s'exciter, par leur exemple, à la pratique de la vertu. Il termine enfin tout l'ouvrage *De l'Institution*, par cette prière à Jésus-Christ : « Donnez, Seigneur, à ceux qui lisent et qui étudient, l'avancement et le progrès. Accordez à ceux qui cherchent l'intelligence de votre loi, la rémission de toutes leurs fautes, afin que, désirant avec une vive ardeur de parvenir à la lumière de vos Ecritures, nous n'en soyons pas empêchés par les ténèbres de nos iniquités (Cassiod., *De Inst. divin. litter.*, c. 29, 32 et 33). »

Cassiodore était comme le dernier débris du sénat romain, qui, après treize siècles d'existence, disparut avec le consulat, que Justinien venait d'abolir. Cassiodore lui-même vécut peut-être plus d'un siècle. Ce qu'il y a surtout d'admirable en lui et en son ami Boëce, c'est cette puissance de génie qui, d'un regard, embrasse tout l'ensemble des sciences divines et humaines, et en éclaircit les moindres détails. Ce qui est peut-être plus admirable encore, c'est cette sagesse de génie qui ne donne dans aucune exagération. Ainsi, au lieu de se passionner pour ou contré l'ancienne philosophie, Boëce et Cassiodore la résument dans ce qu'elle a de substantiel, et la font servir à la foi chrétienne. Ainsi, au lieu de se passionner pour ou contre Origène, Cassiodore y signale ce qui est suspect, et emploie tout le reste au bien de la foi catholique. A ce bon sens du génie, on sent les héritiers légitimes du sénat de l'antique Rome.

Les empereurs de Constantinople auraient eu bien besoin de cette sagesse pratique. Mais il paraît qu'en expirant, le sénat romain la légua tout entière à l'Eglise romaine, en qui seule, perfectionnée qu'elle y est par la grâce divine, elle continue de se manifester depuis dix-huit siècles. Cette Eglise en avait particulièrement besoin alors; car, pas plus que l'Italie, elle n'eut à se féliciter de la conquête et de la domination des Grecs.

Le pape saint Agapet, malgré les efforts de l'empereur et de l'impératrice, avait déposé Anthime du siège de Constantinople, et mis à sa place le patriarche Mennas. Il l'avait même déposé de son évêché de Trébisonde, jusqu'à ce qu'il vînt à pénitence. Ces derniers mots étaient une invitation au coupable à réparer sa faute. Comme il ne profita point de cette invitation, les évêques d'Orient et de Palestine, ainsi que les archimandrites d'Orient, de Palestine et de Constantinople, supplièrent le Pape, dans leurs requêtes, de prononcer, tant contre lui que contre ses complices, une sentence définitive. Le pape saint Agapet indiqua pour cet effet un concile, et mourut peu après. Le patriarche Mennas présida donc au concile indiqué par le Pape, et qui tint sa première séance le 2 mai 536.

On y lut entre autres la requête que les archimandrites et les moines avaient présentée à l'empereur après la mort du pape saint Agapet. Ils y disent à Justinien : « Quoique vous eussiez pu chasser Anthime et les siens, à cause des réclamations de tous les catholiques contre leur intrusion inique et violente, vous avez cependant bien fait de vouloir entendre le jugement canonique du Pontife romain contre ledit Anthime et les autres hérétiques; écoutant, comme vous faites, celui qui dit : *Interrogez votre père, et il vous enseignera*; et l'apôtre : *Obéissez à vos supérieurs, et soyez-leur soumis*. Dieu envoya donc à cette ville Agapet, vraiment Agapet ou chéri de Dieu et des hommes, pontife de l'ancienne Rome, pour déposer Anthime et les autres hérétiques, comme il envoya autrefois le grand apôtre Pierre aux Romains pour déposer Simon le Magicien. Cet homme si vénérable, ayant été instruit par les requêtes que nous lui adressâmes, ne voulut pas même voir Anthime; mais il le déposa justement du trône pontifical de cette ville, et Votre Piété concourant et s'unissant à la foi catholique et aux règles divines, préposa à cette Église le très-saint Mennas. Nous demandâmes de plus que, si Anthime se soumettait au Siège apostolique et se justifiait de toute hérésie, il retournât à son siége de Trébisonde ; sinon, qu'il fût condamné définitivement, et dépouillé de toute dignité sacerdotale. Le très-saint Pape, prévenant nos justes demandes, voyant Anthime ouvertement opiniâtre, le condamna avec les susdits hérétiques, le dépouilla de toute dignité et de tout pouvoir sacerdotal, de tout épiscopat et nom orthodoxe, jusqu'à ce qu'il fît pénitence de ses crimes ; puis il envoya nos requêtes à Votre Piété, afin qu'elle exécutât ce qui y est contenu. Nous conjurons donc Votre Majesté, par le grand Dieu et Sauveur, Notre Seigneur Jésus-Christ, de ne pas mépriser le juste jugement dudit saint homme, mais de l'exécuter, et de délivrer l'Eglise et le monde de la peste d'Anthime et des hérétiques en question (Labbe, t. V, col. 11). »

On voit par cet exposé public, présenté à l'empereur et lu dans le concile, que c'est le Pape qui déposa Anthime et qui mit Mennas à sa place ; et que l'empereur ne fit qu'exécuter la sentence du Pape.

Enfin, le 21 mai, dans la session quatrième, et après trois citations, Anthime fut définitivement dépouillé de l'évêché de Trébisonde et du nom de catholique. Le patriarche Mennas prononça la sentence. Les évêques, dans leurs acclamations, demandaient, qu'avec Anthime, on anathématisât en même temps Sévère d'Antioche, Pierre d'Apamée et le moine Zoaras. Mennas les pria de prendre patience jusqu'à ce qu'il eût informé l'empereur. « Car pour nous, comme Votre Charité le sait, nous suivons le Siège apostolique et nous lui obéissons, ceux qu'il reçoit à sa communion, nous les recevons à la nôtre ; ceux qu'il condamne, nous les condamnons (Ibid., col. 61). »

Dans la session cinquième, le concile prononça solennellement anathème contre Sévère, Pierre et Zoaras, comme déjà condamnés par le pape saint Hormisda, dont on avait lu deux lettres à ce sujet (Ibid., col. 255). Enfin, pour l'exécution civile des jugements du concile, l'empereur Justinien rendit, le 6 août de la même année 536, une constitution où il dit : « Par cette loi, nous ne faisons rien d'insolite ; car chaque fois que le jugement des Pontifes a déposé quelqu'un du trône sacerdotal, l'empire a joint son suffrage à la sentence juridique des Pontifes. De cette manière, la puissance divine et la puissance humaine, étant d'accord, prononcent une même sentence. Ainsi est-il arrivé récemment au sujet d'Anthime, qui a été chassé du trône de cette ville impériale, par le Pontife de la très-sainte Église de l'ancienne Rome, Agapet, de sainte et glorieuse mémoire. En conséquence il confirme la sentence du concile, et défend à Anthime, à Sévère, à Pierre et à Zoaras, d'entrer dans Constantinople ni dans aucune ville considérable. Il veut que les écrits de Sévère soient brûlés, et défend, sous de grandes peines, de les transcrire (Labbe, t. V, col. 263). »

Anthime était ainsi condamné par le Pape, par le concile et par l'empereur. Mais il était protégé par une femme, l'impératrice Théodora ; et, parmi les ecclésiastiques que le pape saint Agapet avait amenés à Constantinople, se trouvait l'archidiacre Vigile, que le pape Boniface II avait déjà précédemment déclaré son successeur, et qui de fait avait grande envie d'être pape. L'impératrice le fit venir et lui dit en secret, que, s'il voulait promettre, au cas qu'il devint pape, d'abolir le concile qui venait de déposer Anthime, d'écrire des lettres de communion à Anthime, à Sévère et à Théodose d'Alexandrie, et d'approuver leur foi par écrit, elle donnerait ordre à Bélisaire de le faire ordonner pape, avec sept cents livres d'or. Vigile, qui aimait à la fois et l'or et l'épiscopat, fit volontiers la promesse, et partit pour Rome. Mais il se vit trompé dans son attente ; car il y trouva un Pape tout fait (Libérat, Brev., c. 22). C'était le sous-diacre Silvère, fils du pape Hormisda ; qui avait été marié avant d'entrer dans l'état clérical.

Nous avons vu comment Théodat, roi des Goths, avait lâchement promis à l'empereur Justinien de lui céder l'Italie ; comment ensuite, ayant eu quelques succès, il se moqua de sa promesse et de l'empereur ; comment enfin Bélisaire, sur les ordres de Justinien, entra en Italie et y prit Naples. Ce fut dans ces circonstances que l'on apprit à Rome la mort du pape saint Agapet à Constantinople. Aussitôt Théodat, qui craignait de voir élire un Pape moins favorable aux Goths qu'aux Grecs, fit ordonner, de son autorité, Silvère, sans aucune liberté de suffrages. Il menaça même de mort tout clerc qui n'y consentirait point. Cependant, avant l'ordination, les prêtres ne souscrivirent point au décret, suivant l'ancien usage. Toutefois, après l'ordination tyrannique de Silvère, ils souscrivirent pour ne point diviser l'Eglise et la religion. C'est ce qui est dit dans la vie du pape Silvère par Anastase. Le diacre Vigile, le trouvant ainsi ordonné pape, retourna à Constantinople, comme son apocrisiaire ou nonce, après avoir vu Bélisaire à Naples. Sur ces entrefaites, Bélisaire entra dans Rome, dont les habitants lui ouvrirent les portes, à la persuasion du pape Silvère ; ils craignaient pour Rome le sort cruel de Naples. Cette conduite du Pape empêcha Bélisaire de rien entreprendre contre lui pour le moment.

Mais quand on sut à Constantinople les succès d'Italie, l'impératrice, de concert avec le diacre Vigile, écrivit des lettres au pape Silvère, où elle le priait de venir à Constantinople, ou du moins de rétablir Anthime. Ayant lu ces lettres, Silvère dit en gémissant : « Je le vois bien, cette affaire va mettre fin à ma vie. » Toutefois, se confiant en Dieu, il répondit à l'impératrice : « Jamais, madame, je ne ferai ce dont vous parlez, de rappeler un homme hérétique, justement condamné pour son opiniâtre malice. » Dans l'intervalle, Bélisaire se vit assiégé dans Rome par l'armée de Vitigès. L'impératrice, irritée de la réponse du Pape, envoya à Bélisaire, par le diacre Vigile, des ordres conçus en ces termes : « Cherchez quelques occasions contre le pape Silvère, pour le déposer de l'épiscopat, ou du moins envoyez-le-nous promptement. Vous avez près de vous l'archidiacre Vigile, notre bien-aimé apocrisiaire, qui nous a promis de rappeler le patriarche Anthime. En recevant cet ordre, Bélisaire dit : » Je ferai ce qui m'est commandé ; mais celui qui poursuit la mort du pape Silvère en rendra compte à Notre Seigneur Jésus-Christ. » D'après des ordres secrets, il se présenta de faux témoins qui dirent : « Nous avons trouvé bien des fois le pape Silvère qui écrivait au roi des Goths :

Venez à la porte près du palais de Latran, et je vous livre la ville et le patrice Bélisaire. » On forgea même des lettres en ce sens. Bélisaire, qui savait bien que c'était une calomnie, mais qui craignait de déplaire à l'impératrice, dont sa femme Antonine était la confidente, manda au Pape de venir le trouver au palais de Pincius, où il faisait sa demeure. Silvère, prévoyant l'orage prêt à fondre sur sa tête, se réfugia dans l'église de Sainte-Sabine. Mais Bélisaire lui ayant promis avec serment qu'on n'attenterait ni à sa vie ni à sa liberté, il vint au palais. Antonine, feignant d'être malade, s'était fait mettre au lit, et Bélisaire était assis à ses pieds. En voyant entrer le Pape, elle s'écria : » Dites-moi, pape Silvère, quel mal vous avons-nous fait, nous et les Romains, pour vouloir nous livrer aux Goths ? » Le Pape, demandant une information juridique sur cette affaire, et offrant de confondre la calomnie, Bélisaire changea de discours, et exhorta le Pape à condamner le concile de Chalcédoine pour apaiser l'impératrice. Voyant qu'il ne pouvait rien gagner sur son esprit, il le laissa retourner dans son asile, à cause du serment qu'il lui avait fait (Anastase, Libérat).

Antonine, femme de Bélisaire, était d'une naissance pareille à celle de Théodora, femme de Justinien. Son père était un cocher du cirque, sa mère une prostituée du théâtre. Elle mena d'abord la vie de sa mère. Plus tard, mariée à Bélisaire en secondes noces, elle le déshonora par ses adultères. Bélisaire la prit un jour sur le fait ; ses domestiques lui en donnèrent d'autres preuves ; un fils, nommé Photius ou Photin, qu'Antonine avait eu de son premier mariage, le suppliait de réprimer de pareils scandales ; Bélisaire, après leur avoir promis avec serment qu'il ne leur en arriverait aucun mal, finit par les abandonner bientôt à la vengeance de sa femme : les domestiques eurent la langue coupée et furent jetés dans la mer ; Photius, qui s'était distingué dans les armes, languit trois ans dans un profond cachot, d'où enfin il se sauva à Jérusalem, où il se fit moine. Telle était Antonine, qui menait Bélisaire, comme Théodora menait Justinien (Procop., *Hist. arcan.*, c. 1, 2 et 3).

Bélisaire avait donc laissé le pape Silvère retourner à son Église, à cause du serment qu'il lui avait fait qu'on n'attenterait ni à sa liberté ni à sa vie. Le lendemain il le rappela une seconde fois ; et comme si le serment de la veille ne l'obligeait plus, il se saisit de sa personne et le fit embarquer secrètement pour être conduit à Patare en Lycie, où Théodora avait fixé son exil. Anastase le bibliothécaire ajoute que le Pape, étant dans le cabinet de Bélisaire, un sous-diacre le dépouilla de son *pallium* et de ses habits pontificaux, et le revêtit de l'habit monastique ; qu'ensuite un autre alla dire au clergé, qui avait été retenu dans les premiers appartements, que le Pape était déposé et devenu moine. Sur quoi, tout le monde s'enfuit. D'après cet indice, on peut croire qu'il y eut une apparence de jugement pour sa déposition, à laquelle son ordination violente offrait quelque prétexte. Mais s'il y eut de sa faute dans son entrée au pontificat, il l'expia bien par le reste de sa vie. Le lendemain, Bélisaire assembla les prêtres, les diacres et tout le clergé de Rome, et leur ordonna d'élire un autre Pape. Ils doutaient de ce qu'ils devaient faire, et quelques-uns résistaient. Aux uns, la déposition de Silvère pouvait paraître juste, à cause de l'irrégularité de son élection ; d'autres, sans doute, pensaient différemment. Enfin, par l'autorité de Bélisaire, l'archidiacre Vigile, né à Rome d'un père consul, fut ordonné pape le 22 novembre 537.

Quand le pape Silvère fut arrivé à Patare, l'évêque de cette ville alla trouver Justinien et le menaça du jugement de Dieu, pour avoir ainsi expulsé l'évêque d'un si grand siège, disant que dans ce monde il y a bien des rois, mais qu'il n'y a qu'un Pape sur l'Église du monde entier. L'empereur, qui ne savait rien ou feignait de ne rien savoir des ordres que l'impératrice avait donnés, commanda que Silvère fût reconduit à Rome, et que l'on informât de la réalité des lettres qu'on l'accusait d'avoir écrites aux Goths ; et que s'il était prouvé qu'elles fussent de lui, il demeurât évêque dans quelque autre ville ; et si elles étaient trouvées fausses, il fût rétabli dans son siège. Si l'on s'en rapporte à l'Africain Libérat, dont nous verrons que le témoignage peut être suspect, le diacre Pélage, que saint Agapet avait laissé son légat à Constantinople, étant gagné par l'impératrice et chargé de ses ordres, courut en diligence pour empêcher que l'ordre de l'empereur ne fut exécuté et que Silvère ne retournât à Rome ; mais l'ordre de l'empereur l'emporta. Vigile, épouvanté du retour de Silvère et craignant d'être chassé, manda à Bélisaire : « Donnez-moi Silvère, autrement je ne puis exécuter ce que vous me demandez. » Silvère fut donc livré à deux défenseurs et à d'autres serviteurs de Vigile, qui le menèrent dans l'île Palmaria, où ils le gardèrent et où il mourut de faim le 20 juillet 538. C'est ainsi que le pape saint Silvère mourut, s'il faut en croire Libérat. Procope, au contraire, qui était sur les lieux, dit qu'il fut assassiné par un nommé Eugène, que la femme de Bélisaire envoya pour ce dessein (Libérat, c. 22 ; Procop., *Hist. arcan.*, c. 1). Il se fit beaucoup de miracles à son tombeau.

Vigile étant ainsi devenu pape, l'impératrice Théodora lui écrivit : Venez, accomplissez-nous ce que vous avez promis de bon cœur touchant notre père Anthime, et rétablissez-le dans sa dignité. Vigile répondit : À Dieu ne plaise, madame, que je fasse une chose pareille. Précédemment, j'ai parlé mal et comme un insensé ; mais, à cette heure, je ne vous accorderai nullement de rappeler un homme hérétique et anathématisé. Quoique je sois le vicaire indigne de l'apôtre saint Pierre, mes très-saints prédécesseurs Agapet et Silvère l'étaient-ils indignement comme moi, eux qui ont condamné Anthime ? Telle est la réponse inattendue que le pape Vigile fit à l'impératrice Théodora, d'après le témoignage d'Anastase le bibliothécaire, qui raconte ensuite tout ce que ce Pape eut à souffrir par suite de cette généreuse rétractation.

Vigile tient le même langage dans ses lettres à Justinien. Dans la position équivoque où il se trouvait, surtout pendant la vie du pape Silvère, il avait différé de lui écrire. L'empereur, qui probablement avait appris quelque chose de la promesse secrète que Vigile avait faite à l'impératrice de rappeler Anthime, trouva fort mauvais ce retard. Il envoya donc à Rome le patrice Dominique avec des lettres qui se ressentaient un peu de ces dispositions et contenaient sa profession de foi. Le Pape, dans sa réponse, loue hautement la piété de l'empereur et son attachement à la foi établie dans les conciles de Nicée, de Constantinople, d'Ephèse et de Chalcédoine. Ensuite il déclare que lui-même n'en avait point d'autre que celle que ces quatre conciles ont professée, et que ses prédécesseurs, Célestin, Léon, Hormisda, Jean, Agapet, ont autorisée par leurs lettres et leurs décrets; en conséquence, il anathématise tous ceux qui tiennent une doctrine contraire, nommément Sévère l'eutychien, Pierre d'Apamée, Anthime, intrus dans l'Eglise de Constantinople, Zouras, Théodose d'Alexandrie, Constantin de Laodicée et autres défenseurs de l'hérésie d'Eutychès, en promettant toutefois d'accorder la pénitence et la communion à ceux d'entre eux qui, se repentant de leurs égarements, embrasseraient la foi établie tant dans ces conciles que dans les lettres des Pontifes de la Chaire apostolique. Il ajoute que, tous ces hérétiques ayant déjà été suffisamment condamnés, il avait cru pouvoir se dispenser de répondre à la déclaration que le patriarche Mennas lui en avait donnée dans sa lettre; déclaration que, du reste, il confirme par l'autorité du Siége apostolique. Comme son silence avait été interprété en mauvaise part, il défie les malveillants, si rusés qu'ils soient, de trouver qu'il ait jamais rien fait ni tenté contre les décrets, soit des conciles, soit des Papes, ses prédécesseurs. Enfin, il supplie l'empereur de ne point souffrir que les priviléges de la Chaire de saint Pierre soient diminués en rien par les artifices des méchants, et de ne lui envoyer que des personnes irréprochables, dans leur foi et dans leurs mœurs. Vigile chargea le patrice et consul Dominique, porteur de sa lettre, de quelques commissions secrètes pour Justinien, et qui, ce semble, regardaient les moyens de pacifier l'Eglise.

Le Pape chargea également d'une lettre pour le patriarche Mennas, où il le félicite de ce qu'en recevant les quatre conciles généraux, il s'était acquitté de la promesse qu'il avait faite, au pape Agapet le jour de son ordination, et de ce qu'il avait reçu de même les lettres de saint Léon, disant que rien ne pouvait lui faire plus d'honneur que de ne s'écarter point de la doctrine des Pontifes romains. Il marque que les archives de l'Eglise de Constantinople étaient remplies des lettres que saint Léon avait écrites à ses évêques, qui, de leur côté, en avaient écrit aux Papes. Ensuite il confirme l'anathême que Mennas avait prononcé contre Sévère d'Antioche, Pierre d'Apamée, Anthime et les autres schismatiques, en offrant néanmoins la pénitence et la communion à ceux qui prendraient le parti de se réunir; attendu que notre Sauveur n'est pas venu pour perdre quelqu'un, mais pour sauver par sa bonté tous les hommes. Ces deux lettres, qui sont datées du 17 septembre 540, étaient souscrites de la main du pape Vigile et de celle du patrice Dominique (Labbe, t. V).

La souscription de ce dernier était peut-être pour garantir mieux l'authenticité de cette lettre; précaution qui n'était pas inutile dans ces conjonctures, spécialement envers les Grecs. Nous trouvons deux lettres, supposées à Silvère, contre Vigile; nous en verrons plusieurs, supposées à Vigile, comme adressées à l'empereur Justinien, à l'impératrice Théodora et au patriarche Mennas; nous verrons même qu'on sollicita le fils d'un de ses domestiques, dont l'écriture ressemblait à la sienne, d'en écrire sous son nom. Outre les fâcheuses circonstances de son élection, Vigile se trouvera impliquée dans des affaires très-embarrassantes, où, même en faisant de son mieux, il indisposera contre lui successivement tout le monde, mais particulièrement les défenseurs de ce qu'on appelle les trois chapitres.

Au nombre de ces pièces fausses, ou du moins très suspectes, nous mettons la lettre que le diacre Libérat de Carthage et l'évêque Victor de Tunnone citent comme écrite par Vigile aux hérétiques Anthime, Sévère, et autres, pour leur dire que leur foi est la sienne et qu'il condamne, comme eux, le concile de Chalcédoine, ainsi que les lettres de saint Léon; mais en leur recommandant de tenir sa lettre secrète, afin qu'il puisse exécuter plus facilement son entreprise. D'abord, les deux auteurs africains, défenseurs opiniâtres, et même schismatiques des trois chapitres condamnés par le pape Vigile et un concile œcuménique, ont pu facilement adopter pour vraies, dès qu'elles étaient favorables à leur cause, les pièces et les rumeurs défavorables à Vigile, que ses ennemis ne cessaient d'inventer et de répandre au milieu de ces disputes. Leur témoignage n'est donc pas hors de suspicion. Ensuite, comment supposer que Vigile écrivît à l'hérétique Anthime que sa foi était la sienne, dans le temps même qu'il écrivait à l'impératrice : Quand je vous ai promis de le rappeler, j'ai eu tort, j'ai parlé comme un insensé; mais à cette heure je ne vous accorderai nullement de rappeler un homme hérétique et anathématisé ? Comment supposer que Vigile, après avoir écrit à Anthime et Sévère qu'il condamnait avec eux le concile de Chalcédoine et les lettres de saint Léon, écrivît publiquement à l'empereur Justinien qu'il n'avait d'autre foi que celle de saint Léon et du concile de Chalcédoine, qu'il anathématisait les hérétiques Sévère et Anthime, et qu'il défiait les plus malveillants de ses adversaires de jamais trouver qu'il eût rien fait ni même tenté contre les décrets des conciles et des Pontifes, ses prédécesseurs ? et cela, sans qu'au milieu des vives contestations qu'il aura successivement avec l'empereur, avec l'impératrice, avec le patriarche, avec le concile même, personne lui objectât jamais une pièce aussi accablante, que l'on ne pouvait pas ignorer à Constantinople, puisque deux Africains en ont eu connaissance? Enfin, l'inspection seule de la pièce en démontre la nullité. Libérat et Victor, qui la donnent chacun textuellement, la donnent chacun d'une manière différente. Dans l'exemplaire de Libérat, qui est le plus long et par conséquent le plus complet, on lit cette inscription : Vigile, à ses seigneurs et ses christs (Libérat, c. 22). Or, à qui persuadera-t-on que jamais Pape écrivît de ce style à des évêques quelconques, encore moins à des évêques décriés ?

Nous avons vu comment, en peu de mots, Cassiodore sut rendre la lecture d'Origène, non-seulement sans danger, mais encore utile, à ses moines; il lui suffit de leur signaler, d'après les décisions de l'Eglise, les principales erreurs et les principaux endroits contre lesquels ils devaient être en garde. Avec une précaution aussi simple, jamais la lecture d'Origène n'a causé de trouble ni d'hérésie parmi les moines d'Occident. Il n'en fut pas de même de ceux d'Orient.

A l'époque où Cassiodore écrivait son *Institution aux lettres divines*, les moines de Palestine se divisèrent au sujet d'Origène avec une telle animosité, que les origénistes attaquaient les catholiques avec des piques, des crocs, des leviers de fer et autres arguments de ce genre. La principale erreur des origénistes de ce temps paraît avoir été la préexistence des âmes dans une autre vie. Quelques moines catholiques vinrent, de Jérusalem à Constantinople, trouver le diacre Pélage, légat du pape Vigile. Pélage avait été naguère en Palestine, avec les patriarches d'Antioche et de Jérusalem, pour déposer Paul d'Alexandrie, exilé à Gaze, accusé, mais non convaincu, d'un meurtre, et lui donner pour successeur le patriarche Zoïle, orthodoxe, aussi bien que son prédécesseur. Ces moines apportaient des articles tirés des livres d'Origène, pour en poursuivre la condamnation auprès de l'empereur. Le légat Pélage et le patriarche Mennas appuyèrent leur requête (1). Justinien, qui ne demandait pas mieux que de trancher du théologien et du docteur, les écouta volontiers et fit dresser un fort long édit où, premièrement, il expose les erreurs attribuées à Origène, les rapportant à six chefs : la Trinité, la création, la préexistence des âmes, l'animation des astres, la résurrection des corps, les peines éternelles des damnés. Ensuite il les réfute très au long par les autorités de l'Ecriture et des Pères, particulièrement la troisième, qui établit la préexistence des âmes dans une autre vie, et la sixième, qui nie l'éternité des peines. Viennent enfin neuf anathèmes contre les erreurs précédentes, avec un dixième contre la personne d'Origène et ses sectateurs.

Les raisonnements de l'empereur théologue ne sont pas toujours bien concluants. Si donc, conclut-il dans sa longue thèse, presque tous les hérétiques ont été chassés de la très-sainte Eglise et frappés d'anathème pour une erreur ou deux, quel chrétien pourra soutenir Origène et ses écrits pervers, lui qui a proféré tant de blasphèmes, qui a fourni des matériaux à presque tous les hérétiques, et que, pour cela, les saints Pères ont anathématisé avec ses dogmes impies (Labbe, t. V) ? A cette argumentation, il était facile de répondre, comme l'observe le savant évêque d'Avranches, Huet : « Si l'erreur seule fait l'hérétique, j'avoue qu'Origène l'est; mais s'il faut l'opiniâtreté, qui osera dire qu'Origène a été attaché opiniâtrement à ses erreurs (Orig., *Opera*, t. IV, édit. Delarue; *P. D. Huetii Origeniana*, p. 280, sect. 3) ? »

Cet édit fut envoyé au patriarche Mennas et aux évêques qui se trouvaient à Constantinople; ensuite à Zoïle, patriarche d'Alexandrie; à Ephrem d'Antioche et à Pierre de Jérusalem, qui tous y souscrivirent. Il fut envoyé au pape Vigile, qui condamna également Origène, mais on ne sait au juste en quels termes. Porté en Palestine, cet édit causa parmi les moines un peu plus de trouble qu'il n'y en avait déjà. Plusieurs y souscrivirent. Les autres devinrent furieux, persécutèrent les premiers à toute outrance, les firent battre par les séculiers et finirent par les chasser de tous les monastères; en sorte qu'à la fin, généralement tous les moines se déclarèrent pour l'origénisme, les uns cédant à la nécessité ou aux flatteries, les autres par ignorance et par crainte.

Ce qui donnait tant de hardiesse aux moines origénistes de Palestine, c'est que deux d'entre eux avaient beaucoup de crédit à la cour. Ils se nommaient Domitien et Théodore. Etant allés à Constantinople quelques années auparavant, ils firent semblant de défendre le concile de Chalcédoine, quoiqu'ils y fussent opposés; ils souscrivirent à la requête que les archimandrites présentèrent au pape saint Agapet; mais surtout ils trouvèrent le moyen de s'insinuer dans les bonnes grâces de l'empereur, et acquirent tant de crédit à la cour, qu'avec le temps ils devinrent tous deux archevêques : Domitien, d'Ancyre en Galatie; Théodore, de Césarée en Cappadoce.

Théodore, qui demeura peu dans son diocèse, mais beaucoup à Constantinople, n'ayant pu empêcher la condamnation d'Origène, à cause de l'influence du légat Pélage, profita du départ de celui-ci pour y faire diversion et sauver en même temps le parti des acéphales ou demi-eutychiens, qui, généralement, condamnaient Eutychès et Dioscore, du moins de parole, mais ne voulaient point admettre le concile de Chalcédoine. Théodore, ainsi que l'impératrice Théodora, tenaient secrètement, mais vivement à ce parti. L'empereur, au contraire, écrivait contre, pour la défense du concile de Chalcédoine; et les acéphales allaient se voir condamner par un long édit, comme les origénistes. Pour détourner ce coup, Théodore, appuyé par l'impératrice, alla trouver l'empereur avec ses partisans, et lui dit : « Il est inutile de vous donner la peine d'écrire, puisque vous avez un moyen bien plus court de ramener tous les acéphales. Ce qui les choque dans le concile de Chalcédoine, c'est qu'il a reçu l'éloge de Théodore de Mopsueste, et qu'il a déclaré orthodoxe la lettre d'Ibas, qui est entièrement nestorienne. Si on condamne Théodore avec ses écrits et la lettre d'Ibas, le concile leur paraîtra corrigé et justifié; et ils le recevront entièrement. Votre Piété les réconciliera sans peine à l'Eglise et en acquerra une gloire immortelle. » Le but de Théodore était de faire condamner indirectement le concile de Chalcédoine en faisant condamner des écrits qu'il semblait avoir approuvés; de semer la division parmi les catholiques, et de faire oublier ainsi la condamnation des origénistes, et encore plus celle des acéphales (Libérat, c. 24).

Justinien ne s'aperçut point de l'artifice, et promit volontiers de faire ce que l'on désirait. Sa grande occupation était dès lors, non pas de répondre aux dépêches de ses généraux et de leur envoyer à temps les secours nécessaires, mais d'argumenter avec des évêques et d'écrire, sous le nom d'édits ou de lois, de longues dissertations théologiques. Il quitta donc celle qu'il avait commencée contre les acéphales, et, d'après ce qu'on lui suggéra, en composa une autre pour la condamnation des trois chapitres, c'est-à-dire des écrits de Théodore de Mopsueste, de la lettre d'Ibas et de l'écrit de Théodoret contre les douze anathèmes de saint Cyrille. Cette loi ou cette dissertation a pour titre : *Profession de foi de l'empereur Justinien contre les trois chapitres*, et elle est adressée à toute l'Eglise catholique. Il y expose en effet sa croyance sur la Trinité et l'Incarnation, déclare qu'il reçoit les quatre conciles généraux, et ajoute

(1) Voir les remarques de Mansi, *Concil.*, t. IX, p. 703. *De synodis in Origenistas dissertatio.*

## LIVRE XLV. — LE PAPE VIGILE A CONSTANTINOPLE.

treize anathèmes, dont les trois derniers portent la condamnation expresse des trois chapitres, en ces termes : « Si quelqu'un défend Théodore de Mopsueste et ne l'anathématise pas, lui, ses écrits et ses sectateurs, qu'il soit anathème ! Si quelqu'un défend les écrits de Théodoret, faits pour Nestorius, contre saint Cyrille et contre ses douze articles; si quelqu'un les loue et ne les anathématise pas, qu'il soit anathème ! Si quelqu'un défend la lettre impie que l'on dit avoir été écrite par Ibas à Maris, Persan, hérétique ; si quelqu'un la défend en tout ou en partie et ne l'anathématise pas, qu'il soit anathème (Labbe, t. V) ! »

Après avoir publié sa nouvelle thèse de théologie, l'empereur obligea tous les évêques d'y souscrire. Mennas de Constantinople en fit d'abord difficulté, disant que c'était contrevenir au concile de Chalcédoine ; il souscrivit toutefois. Le diacre Etienne, légat ou nonce du pape Vigile à Constantinople, après le départ de Pélage, fit des reproches à Mennas d'avoir ainsi varié après avoir promis de ne rien faire sans le Siége apostolique. Mennas lui répondit qu'il n'avait cédé que parce qu'on lui avait promis avec serment de lui rendre sa souscription, si l'évêque de Rome ne l'approuvait pas. Toutefois, le légat Etienne se retira de la communion de Mennas, et ne reçut ceux qui avaient communiqué avec lui qu'après qu'ils en eurent fait satisfaction. Dacius de Milan et plusieurs autres évêques qui se trouvaient à Constantinople, ainsi qu'un grand nombre de catholiques, se séparèrent également de sa communion. Les patriarches Zoïle d'Alexandrie, Ephrem d'Antioche, Pierre de Jérusalem finirent par souscrire comme Mennas. Les évêques des autres villes protestèrent contre les souscriptions que Mennas les contraignait de donner, comme contraires au concile de Chalcédoine, et adressèrent leurs protestations au légat Etienne, pour les transmettre au Siége apostolique. C'est ce que nous apprend Facundus, évêque d'Hermiane en Afrique, dans son ouvrage pour la défense des trois chapitres (Facund., l. 4, c. 3 et 4). Il était alors à Constantinople. Ces réserves et ces protestations sont remarquables : elles nous montrent quel était dans tout l'Orient le respect pour l'autorité du Saint-Siége. Aussi Justinien, sentant que dans cette affaire, qui intéressait l'état des Eglises, il ferait d'inutiles efforts sans le jugement du Pontife romain, appela Vigile à Constantinople. A son départ de Rome, toute l'Eglise romaine, les provinces d'Afrique, de Sardaigne, de Grèce et d'Illyrie le conjurèrent, suivant le témoignage de Facundus, de n'acquiescer aucunement à la nouveauté.

Il est bon d'observer ici avec les papes Vigile, Pélage et saint Grégoire, que, dans cette controverse, on ne disputa point sur la foi, mais sur des personnes. Sur la foi, on était d'accord de part et d'autre; mais on se divisait sur les personnes de Théodore de Mopsueste, d'Ibas et de Théodoret. Leurs écrits méritaient-ils une condamnation posthume ? Etait-il nécessaire, était-il prudent de les condamner avec tant d'éclat ? N'était-ce pas donner atteinte au concile de Chalcédoine, qui ne les avait pas flétris ? Pouvait-on condamner la personne de Théodore de Mopsueste, si longtemps après sa mort ? Quelle conduite la paix et l'unité de l'Eglise demandait-elle de son chef dans ces conjonctures critiques ? Fallait-il s'en tenir toujours à la rigueur du droit, ou bien en relâcher parfois quelque chose, pour concilier plus facilement les esprits ? Questions difficiles, dont les premières n'étaient pas encore bien éclaircies, et dont la dernière dépendait des circonstances, qui pouvaient varier d'un moment à l'autre. Quand on considère toutes ces difficultés, conclut le savant de Marca, on trouve, avec les érudits, que ce qui paraissait inconstance ou légèreté dans Vigile, était, au contraire, de la prudence et de la maturité de conseil (Labbe, t. V, *Dissert. de Vigilis decreto*, col. 603 et 4).

Parti de Rome pour Constantinople, le pape Vigile s'arrêta longtemps en Sicile. Dacius, évêque de Milan, y vint de Constantinople, lui apprit ce qui se passait dans cette capitale, et le scandale que causait la condamnation des trois chapitres. Zoïle, patriarche d'Alexandrie, ayant appris que le Pape était en route, envoya au devant de lui jusqu'en Sicile, pour se plaindre qu'on l'avait contraint de souscrire à cette condamnation. Pendant ce séjour, Vigile donna des preuves de sa charité pour les Romains; il envoya de Sicile un grand nombre de navires chargés de blé, pour secourir Rome assiégée par Totila : malheureusement les navires furent capturés par les Goths, et Rome fut réduite à une famine extrême. Mais si le Pape lui-même n'eut pas la consolation, son archidiacre Pélage le suppléa dignement, ainsi que nous l'avons vu. C'était vers la fin de l'année 546.

Le pape Vigile était encore en route, quand il reçut une lettre de l'empereur, qui l'exhortait à garder la paix avec Mennas et les autres évêques. Ce qui lui donna occasion d'écrire à Mennas, qu'il était prêt à maintenir la paix, pourvu qu'elle fût véritable et utile à l'Eglise; mais en attendant, il blâma la condamnation des trois chapitres, et pria Justinien, par ses légats envoyés d'avance, de souffrir qu'on l'annulât. Enfin, le 25 janvier 547, il fit son entrée à Constantinople. L'empereur Justinien le reçut avec de grands honneurs; il alla au devant de lui; ils s'embrassèrent tous deux en pleurant; le peuple marcha devant eux jusqu'à la grande église de Sainte-Sophie, en chantant un cantique qui commençait par ces mots : *Voici qu'arrive le dominateur, le seigneur*. Toutefois, le Pape suspendit pour cinq mois de sa communion le patriarche Mennas, pour avoir souscrit la condamnation des trois chapitres. Il publia même une sentence de condamnation contre l'impératrice Théodora et les acéphales. Cependant il s'apaisa dans la suite, et, à la prière de l'impératrice, il reçut Mennas à sa communion, le 29 juin, fête des saints apôtres Pierre et Paul. On passa plus avant, et on le pressa de condamner lui-même les trois chapitres; on le pressa même avec tant de violence, qu'il s'écria publiquement dans une assemblée : Je vous déclare que, quoique vous me teniez captif, vous ne tenez pas saint Pierre. Sa répugnance à condamner les trois chapitres venait de la peur qu'il avait qu'en revenant ainsi sur quelque chose de ce qui s'était fait dans un concile œcuménique, on ne donnât lieu aux novateurs de revenir successivement sur tout le reste. (De Marca, *De Vigilii decreto*; Labbe, t. V).

Cependant, quoique Vigile ne pût être amené par aucune violence à souscrire, il consentit enfin, l'an

548, à ce que cette cause fût discutée à Constantinople, dans une assemblée de soixante-dix évêques. Ayant reçu par écrit l'aveu de chacun, il donna lui-même son avis sous le nom de jugement ou *judicatum*, le 11 avril de cette année 548. Il y condamne les trois chapitres, sans préjudice du concile de Chalcédoine, et à la charge que personne ne parlera plus de cette question, ni de vive voix ni par écrit. Il crut devoir user de cette condescendance canonique, pour conserver la paix avec les Orientaux. Lui-même s'en explique ainsi dans la sentence qu'il porta depuis contre Théodore de Césarée en Cappadoce. D'ailleurs, il s'agissait d'une question de fait, où la foi n'était point intéressée. Mais Vigile ne put obtenir des évêques d'Afrique, d'Illyrie et de Dalmatie, qu'ils consentissent à son jugement; au contraire, ils suspendirent la communion avec lui. Il fut même abandonné par deux de ses diacres, en qui il avait le plus de confiance, Rustique et Sébastien, qui l'avaient vivement engagé à publier son *judicatum*, qui l'avaient hautement approuvé, et depuis avaient assisté le Pape à l'autel et mangé avec lui à table. Vers le commencement de l'an 549, ils se déclarèrent contre le *judicatum*, qu'ils avaient provoqué et applaudi, et mandèrent, dans les provinces, que le pape Vigile avait abandonné le concile de Chalcédoine. Ils écrivirent entre autres à Aurélien, évêque d'Arles, qui, pour s'éclaircir de la vérité, envoya à Constantinople un nommé Anastase, avec des lettres au Pape.

Saint Aurélien avait un motif particulier d'écrire au pape Vigile; il était son vicaire dans les Gaules. Ses deux prédécesseurs l'avaient été de même. Ainsi, Vigile ayant été consulté par le roi Théodebert d'Austrasie sur la pénitence que devait faire celui qui avait épousé la sœur de sa femme, écrivit à saint Césaire d'Arles, le 6 mars 538; que c'était aux évêques des lieux à régler la pénitence et à l'abréger, selon que la ferveur du pénitent paraissait le mériter. Il recommande surtout qu'on prenne des mesures pour empêcher les coupables de retomber. C'est pourquoi il ordonne qu'on sépare ceux qui ont contracté ces mariages incestueux, et charge saint Césaire de prier le roi de tenir la main à ce que rien de semblable n'arrive dans la suite (Labbe, t. V).

Auxanius, successeur de saint Césaire en 543, ayant sollicité le *pallium* et les autres priviléges accordés à ses prédécesseurs, Vigile les lui accorda volontiers, mais après avoir jugé à propos de demander à cet égard l'agrément de l'empereur Justinien, à qui Rome obéissait alors. Il établit Auxanius son vicaire dans les Gaules, et lui donna pouvoir d'examiner et de déterminer les différends des évêques, en se faisant assister d'autres évêques en nombre compétent, à la charge toutefois de renvoyer au Siége apostolique les questions de foi et les causes majeures, après les avoir instruites sur les lieux. Enfin, il lui accorda l'usage du *pallium*, en lui recommandant de prier pour l'empereur, pour l'impératrice, pour Bélisaire, et surtout d'employer son crédit pour entretenir la paix entre Justinien et le roi de Paris, Childebert. Il écrivit en même temps aux évêques des Gaules, qui étaient soumis à Childebert, et à ceux qui avaient accoutumé d'être ordonnés par l'évêque d'Arles, pour les avertir qu'il avait établi Auxanius son vicaire, et qu'ainsi tous étaient obligés de se rendre aux conciles qu'il indiquerait, et de prendre de lui des lettres fermées, quand ils feraient des voyages un peu longs (Labbe, t. V, *Epist.* 6, 7, 8 et 9). Ces deux lettres sont du 22 mai 545. Auxanius mourut peu de temps après; et saint Aurélien ayant été ordonné à sa place, le pape Vigile lui accorda le même pouvoir, aux mêmes conditions, sur le témoignage du roi Childebert, et de l'agrément de l'empereur; on le voit par les lettres que le Pape lui en écrit, ainsi qu'aux évêques des Gaules, en date du 23 août 546 (*Epist.* 10 et 11). Lorsque, dans l'état déplorable où se trouvait l'Italie, le Pape juge à propos de demander l'agrément de l'empereur pour établir un vicaire du Saint-Siége dans les Gaules, on peut croire que c'était pour maintenir, autant que possible, la bonne harmonie entre les Grecs et les Francs, et épargner ainsi à l'Italie de plus grands malheurs.

Le pape Vigile ayant donc reçu à Constantinople la lettre de saint Aurélien d'Arles, le 14 juillet 549, lui répondit qu'il n'avait rien fait contre les décrets des Papes, ses prédécesseurs, ni contre les quatre conciles. « Vous donc, continue-t-il, qui êtes vicaire du Siége apostolique, avertissez tous les évêques de ne se troubler ni des fausses lettres ni des fausses nouvelles qu'ils pourront recevoir, et d'être assurés que nous gardons inviolablement la foi de nos pères. Quand l'empereur, notre fils, nous aura congédié, nous vous enverrons un homme, pour vous instruire exactement de tout ce que nous avons pu faire encore, tant pour la rigueur de l'hiver, que pour l'état où est l'Italie, et que vous n'ignorez pas. Comme nous savons que le roi Childebert a une parfaite vénération pour le Siége apostolique, priez-le instamment de prendre soin de l'Église, dans une si grande nécessité; et comme on dit que les Goths sont entrés dans Rome avec leur roi (il parle de la reprise de cette ville par Totila, l'an 549), qu'il lui écrive de ne rien faire au préjudice de notre Église, sous prétexte qu'il est d'une autre religion; car il est digne d'un roi catholique, comme le vôtre, de défendre de tout son pouvoir la foi de l'Église, dans laquelle il a été baptisé. » Cette lettre est du 29 avril 550. Le 18 du mois précédent, le Pape avait écrit à Valentinien, évêque de Tomi en Scythie, sur le même sujet, pour se justifier des calomnies de Rustique et de Sébastien, dont il le prie de ne plus recevoir de lettres, parce qu'il les a déjà séparés de sa communion; et il menace de les juger canoniquement, s'ils ne viennent bientôt à résipiscence. Il tint parole, et condamna Rustique et Sébastien, par une sentence conçue en forme de lettre, et adressée à eux-mêmes. Il y rappelle en détail, mais avec calme, leur conduite coupable, et enfin les dépose du diaconat, ainsi que plusieurs autres clercs, leurs complices (*Epist.* 12, 13, 14).

Cependant le pape Vigile, voyant que le moyen terme qu'il avait pris dans l'affaire des trois chapitres lui avait aliéné une partie des Occidentaux, sans contenter tout à fait tous les Orientaux, convint avec l'empereur, en présence de Mennas, de beaucoup d'évêques et du sénat, que, sans avoir égard à tout ce qui avait été dit de part et d'autre, on assemblerait un concile, où assisteraient spécialement les évêques d'Afrique et d'Illyrie qui avaient été scandalisés; et que, jusqu'à la décision du concile universel, personne n'entreprendrait rien au sujet des trois chapitres, sous peine d'être séparé de la communion du Siége apostolique. Le Pape retira donc son *judicatum* d'entre les mains de l'empereur, ainsi que les souscriptions des évêques grecs; et l'empereur, de son côté, envoya en Afrique et en Illyrie, pour faire venir les évêques. Mais ces évêques eurent peine à venir.

Enfin, les évêques africains, entre autres Réparat de Carthage, étant arrivés, les évêques grecs, par caresses et par menaces, voulurent les obliger à condamner les trois chapitres. Comme ils s'y refusaient, on accusa Réparat d'une conspiration politique, et on l'envoya, sous ce prétexte, en exil. Ce que voyant deux de ses collègues, ils se refugièrent dans l'église de Sainte-Euphémie à Chalcédoine, où ils eurent beaucoup à souffrir de la maladie, ne pouvant pas même obtenir de médecin (Vict. Tunnone). Après cela, au mépris de la parole qu'on lui avait donnée d'attendre au concile universel, on recommença à Constantinople à presser le Pape de condamner les trois chapitres, lui seul avec les Grecs, si les évêques d'Afrique, d'Illyrie et de Dalmatie n'en voulaient rien faire. Comme il s'y refusa, on afficha publiquement l'édit de Justinien touchant la condamnation des trois chapitres. Théodore de Cappadoce était l'instigateur de cet éclat. Vigile menaça les Grecs de les suspendre de sa communion, s'ils acquiesçaient à l'édit; Dacius de Milan parla dans le même sens, au nom de tous les Occidentaux. Comme on vint dans le palais de Placidie, où demeurait le Pape et où se trouvèrent aussi plusieurs évêques grecs et latins, avec les prêtres et les diacres de Constantinople, le pape Vigile dit à haute voix : « Priez l'empereur qu'il fasse ôter les édits qu'il a fait afficher, et qu'il attende, ainsi qu'il a été convenu, que les évêques de la langue latine, qui ont été scandalisés, viennent au concile; ou que du moins ils donnent leur avis par écrit, sans aucune violence. Que s'il n'écoute pas nos prières, ne consentez à rien qui tende à la division de l'Eglise, et ne faites rien contre la convention. Autrement, sachez que dès à présent vous êtes suspendus de la communion du Siége de Saint-Pierre, par le ministère de ma voix, comme prévaricateurs. » Ceci se passait vers la mi-juillet 551. Malgré ces protestations solennelles, Théodore de Césarée, le premier auteur de tous ces maux, avec les évêques de son parti, alla dans l'église où les édits étaient affichés, y célébra la messe, ôta des diptyques le nom de Zoïle, patriarche d'Alexandrie, et mit à sa place le nom d'Apollinaire, intrus dans ce siége. Alors le Pape ne voulut plus communiquer avec les Orientaux ni même les voir.

Cette fermeté du pape Vigile irrita tellement l'empereur contre lui et contre Dacius de Milan, que, pour mettre leur vie en sûreté, ils furent obligés de se réfugier dans des églises. Le Pape se retira à Saint-Pierre, dans le palais d'Hormisda. L'empereur voulut l'en tirer de force, et envoya pour cet effet le préteur destiné à rechercher les voleurs et les meurtriers. On vit alors à Constantinople une scène de barbarie qu'on n'avait pas vue à la prise de Rome par les Goths. Le préteur entra dans l'église, avec quantité de soldats, les épées nues à la main, les arcs bandés. Le Pape se réfugia sous l'autel et embrassa les colonnes qui le soutenaient. A cette vue, le préteur en furie fit d'abord saisir par les cheveux les diacres et les autres clercs, pour les éloigner de l'autel sacré. Ensuite, pour en arracher le Pontife lui-même, ses satellites se mirent à le tirer, les uns par les pieds, les autres par la barbe, les autres par les cheveux. Comme le Pontife, qui était grand et robuste, ne lâchait point les colonnes, plusieurs se rompirent, et l'autel allait tomber sur lui, s'il n'avait été retenu par les clercs. A cet étrange spectacle, le peuple qui était accouru, quelques-uns même des soldats, poussèrent des cris d'indignation; et le préteur, épouvanté, s'enfuit avec ses satellites (Labbe, t. V). C'est ainsi que Justinien, tandis que par sa négligence il laissait dépérir ses armées, l'Italie et Rome, s'occupait à brutaliser le Pontife romain.

Vigile n'en devint que plus ferme. Dans cette espèce de prison, il dressa une sentence contre Théodore de Cappadoce et Mennas de Constantinople, en leur adressant à eux-mêmes la parole. Le premier n'avait pas résidé un an dans son Eglise de Césarée, depuis qu'il en était évêque; il avait employé tout son temps et son crédit à former des cabales et à exciter des troubles; averti, réprimandé plus d'une fois par le Pape, il s'était confondu en excuses, en promesses de se corriger; excuses, promesses, après lesquelles il faisait pis que devant; séparé depuis trente jours de la communion du Siége apostolique, il n'était point venu à résipiscence. C'est pourquoi, en la personne et de l'autorité de l'apôtre saint Pierre, dont nous tenons la place, bien que nous en soyons indigne, par la promulgation de cette sentence, nous le déclarons dépouillé, tant de l'honneur sacerdotal et de la communion catholique, que de tout office et pouvoir épiscopal, vous ordonnant de ne plus vaquer qu'à faire pénitence. A l'égard de Mennas de Constantinople et des autres évêques complices de Théodore, comme ils étaient moins coupables, le Pape les suspend seulement de sa communion, jusqu'à ce qu'ils satisfassent. Cette sentence fut écrite le quatorzième d'août. Le Pape y dit qu'il l'a portée de concert avec treize évêques qui l'accompagnaient, et dont les principaux étaient Dacius de Milan et Primase d'Adrumet (*Ibid.*). Mais, joignant le calme à la fermeté, il ne voulut point la publier encore, pour donner le temps à l'empereur de révoquer ce qu'il avait fait, et aux évêques condamnés de se repentir. Seulement il déposa cette sentence entre les mains d'une personne fidèle, avec ordre, au cas qu'on lui fît violence ou qu'il vînt à mourir, de la publier partout.

Justinien était loin de cette conduite noble et mesurée. Au lieu d'un empereur romain, il semblait un demi-barbare capricieux et tyrannique. Pendant la vie de sa femme Théodora, on pouvait rejeter beaucoup de ses fautes sur elle; mais elle était morte d'un chancre, au mois de juin 548. Ainsi les violences brutales, exercées depuis contre la personne du chef de l'Eglise, appartiennent à Justinien seul. Il y joignit la profanation du serment. Pour tirer le Pape de l'église Saint-Pierre, il envoya lui offrir des sûretés, avec menace, s'il ne s'en contentait, de le tirer de force. Vigile proposa une formule de serment. Justinien en voulut une différente. Les magistrats la mirent sur l'autel, et ensuite jurèrent eux-mêmes sur la vraie croix et sur les clés de saint Pierre, qu'il ne serait fait au Pape aucun mal. Après ce serment,

Vigile retourna au palais de Placidie. On promit de même à Dacius de Milan et à tous ceux qui s'étaient retirés aux lieux saints, qu'on ne leur ferait aucune violence. Mais ces serments si solennels n'en furent pas mieux observés. Le Pape, en particulier, eut à souffrir plusieurs mauvais traitements. Il s'en plaignit aux officiers que l'empereur lui envoyait d'ordinaire, et il les somma, non-seulement de vive voix, mais encore par écrit, et jusqu'à trois fois, d'observer les serments qu'ils lui avaient faits. Mais il se vit plus maltraité de jour en jour. Enfin, deux jours avant Noël, il s'aperçut qu'on gardait toutes les entrées du palais de Placidie, où il demeurait; en sorte qu'il entendait de sa chambre les cris de ses gardes. Dans cette extrémité, il se sauva de nuit, souffrant et malade, avec beaucoup de peine et de péril, par-dessus une petite muraille que l'on bâtissait. Il s'enfuit même de Constantinople et se réfugia dans l'église de Sainte-Euphémie à Chalcédoine (Labbe, t. V, p. 328, *Epist.* 15).

Le bruit de ces persécutions et de ces violences étant parvenu en Occident, y causa une profonde émotion. On le voit par une lettre du clergé d'Italie. L'empereur Justinien avait envoyé un ambassadeur nommé Léonce à Théodebald, roi d'Austrasie, pour l'exciter à joindre ses armes à celles des Grecs contre les Goths. Théodebald renvoya de son côté, avec Léonce, un Franc de nation, nommé Leudard, et trois autres ambassadeurs. Le clergé d'Italie profita de la circonstance, et leur écrivit un long mémoire de tout ce que l'on faisait souffrir à Constantinople au Pape et aux évêques catholiques. Ils comptent six ans depuis que le Pape est à Constantinople, ce qui montre qu'ils écrivaient en 552. Voici comme ils parlent des Orientaux : « Il y a des évêques grecs qui, ayant des églises riches et opulentes, ne supportent pas d'être suspendus deux mois de la domination des choses ecclésiastiques. C'est pourquoi, suivant le temps et la volonté de l'empereur, ils consentent sans difficulté à tout ce qu'on leur demande. » Ensuite, après avoir rapporté tout ce qu'on avait fait contre le Pape et les autres Occidentaux, jusqu'au temps où il sortit de l'église de Saint-Pierre, le clergé d'Italie ajoute : « On a aussi envoyé des gens dans les provinces d'Italie, pour tâcher de rendre odieux le bienheureux Pape et le saint évêque Dacius, et faire ordonner à leur place d'autres évêques. On a été jusqu'à solliciter un notaire d'entre les serviteurs du saint Pape, dont on dit qu'il imite l'écriture, d'écrire des lettres en son nom; et de fait, on a fait écrire en son nom de fausses lettres qu'on a envoyées en Italie par un nommé Étienne, afin d'aigrir les esprits contre le bienheureux Pape, ce qu'à Dieu ne plaise. C'est pourquoi nous vous conjurons de faire savoir promptement tout ceci à vos provinces, de peur que quelqu'un n'y soit surpris par ces émissaires ou par un nommé Anastase, que le saint évêque d'Arles, Aurélien, envoya au bienheureux Pape il y a deux ans. Car ne pouvant autrement sortir de Constantinople, et gagné par présents, il a promis avec serment de persuader à tous les évêques des Gaules de condamner les trois chapitres; mais on n'a pas permis au bienheureux Pape d'écrire par lui à ses frères les évêques des Gaules, ce qui se passe. On ne permet pas même aux Romains de le voir. Avertissez donc les évêques de vos régions d'écrire au bienheureux Pape et au saint évêque Dacius, pour les consoler et les encourager à ne recevoir aucune nouveauté. Et à Constantinople, secourez-les selon votre pouvoir, principalement le saint évêque Dacius; et demandez qu'on lui permette de revenir à son Église, après quinze ou seize ans. Car presque tous les évêques qu'il a coutume d'ordonner sont morts, comme vous savez; en sorte qu'une multitude innombrable de peuple meurt sans baptême. Demandez à le voir et à savoir de lui-même pourquoi, depuis si longtemps, il n'est pas revenu à son Église (Labbe, t. V). » On voit par ce monument, comme les Grecs de cette époque joignaient la fourberie à la violence.

Cependant le pape Vigile, réfugié à Sainte-Euphémie de Chalcédoine, y était grièvement malade. L'empereur Justinien, qui avait si mal tenu ses premiers serments, lui en fit offrir de nouveaux. Le dimanche 28 janvier 552, il lui envoya les patrices Bélisaire, Céthégus et Pierre, Justin Curopalate et depuis empereur, avec le questeur Marcellin, pour lui dire qu'il reçût leurs serments et qu'il sortît de Sainte-Euphémie pour revenir à Constantinople. Le Pape répondit : « Nous ne nous sommes réfugié ici pour aucune cause particulière, mais seulement pour le scandale qui règne dans l'Église, et que tout le monde connaît. C'est pourquoi, si l'empereur veut rendre dès maintenant la paix à l'Église, comme il a fait du temps de son oncle, je n'ai que faire de serments; je sortirai tout à l'heure. Mais si la cause de l'Église n'est pas finie, je n'ai que faire non plus de serments; car je suis résolu à ne sortir de Sainte-Euphémie que quand on aura retranché ce scandale de l'Église de Dieu. » Là-dessus il reprit ce qui s'était passé depuis que l'empereur avait fait afficher ses édits contre les trois chapitres, et conclut en conjurant ces magistrats par le jugement de Dieu, de dire de sa part à l'empereur: « Vous vous chargez d'un grand péché, si vous communiquez avec ceux que j'ai excommuniés, particulièrement avec Théodore de Césarée. »

Enfin, le dimanche 4 février, le référendaire Pierre, qui, dès le 27 janvier, avait apporté au Pape un papier rempli d'injures, sans signature de l'empereur, et que lui-même ne voulut pas signer, vint de nouveau avec les ordres de Justinien, en disant : Quand voulez-vous que les juges viennent vous prêter serment, afin que vous sortiez de cette église et que vous retourniez en sûreté à Constantinople ? Le Pape le chargea de dire à l'empereur : « Nous sommes sorti de Rome, il y a sept ans, pour venir trouver Votre Piété, sans avoir aucune affaire particulière. Nous vous prions seulement de ne point souffrir que la paix, que Dieu a rendue précédemment à l'Église par vous, soit troublée par qui que ce soit, notamment par Théodore, auteur de tout ce scandale; car il y a six mois que nous l'avons excommunié et déposé. Mais nous avons différé de publier la sentence, par respect pour vous et dans l'espérance de sa conversion. » Le Pape offrit ensuite d'envoyer à l'empereur, sous sauf-conduit, Dacius de Milan et quelques autres, pour traiter l'affaire de l'Église, et conclut par ces paroles : « Que si l'on diffère davantage, nous serons dans la nécessité de définir la cause absolument; car il n'y a ni parents ni biens que nous préférions à notre âme et à la réputation du prince. » Il publia tout cela dans un manifeste daté du lendemain, 5 février 552, où il raconte toutes les vexations qu'il a souffertes, et insère sa confession de foi contre les calomnies que ses ennemis travaillaient à répandre (Labbe, t. V, *Epist.* 15). Ce manifeste a pour inscription : Vigile, évêque de l'Eglise catholique, à tout le peuple de Dieu.

Cette constance du pape Vigile eut le résultat suivant. L'empereur Justinien révoqua ses édits et consentit à laisser en son entier au concile futur la discussion des trois chapitres. Les principaux évêques adressèrent au Pape, qui demeurait toujours à Sainte-Euphémie, une lettre où ils déclarent qu'ils reçoivent les quatre conciles généraux, avec les lettres des Papes, et promettent de suivre inviolablement tout ce qui y a été décidé, du consentement des légats et des vicaires du Siége apostolique, par lesquels les Papes y ont présidé, chacun en son temps. Ce sont les expressions mêmes des évêques grecs. Enfin, ils demandent pardon au pape Vigile en ces termes : « Quant aux injures qui ont été faites à Votre Béatitude ou à votre Siége, je ne les ai pas faites; mais, pour la paix de l'Eglise, j'en demande pardon comme si je les avais faites. Et comme au temps de la discorde, j'ai reçu à la communion ceux que Votre Béatitude avait excommuniés ou ne recevait point, j'en demande également pardon. » C'est ainsi que firent leur soumission au Pape, Mennas de Constantinople, Théodore de Césarée en Cappadoce, André d'Ephèse, Théodore d'Antioche en Pisidie, Pierre de Tarse et beaucoup d'autres évêques. Mennas étant mort peu après, son successeur Eutychius donna au Pape une profession de foi à peu près semblable. Il y déclare de même qu'il reçoit les quatre conciles généraux, avec les lettres des Pontifes romains, particulièrement de saint Léon, et il ajoute : « Puisque nous sommes d'accord sur tout cela, nous demandons que, Votre Sainteté nous présidant, et en la présence des saints Evangiles, les trois chapitres soient examinés et la question terminée, pour confirmer la paix des Eglises. » Cette profession de foi fut donnée à Vigile le jour de l'Epiphanie, 6 janvier 553, par le nouveau patriarche de Constantinople, Eutychius; par Apollinaire d'Alexandrie, Domnin d'Antioche, Elie de Thessalonique, et les autres qui n'avaient pas fait la profession de foi précédente (Labbe, t. V).

Le pape Vigile était sorti de Sainte-Euphémie de Chalcédoine et revenu à Constantinople, dès qu'on l'eut satisfait par la première profession de foi. Il répondit à la seconde le 7 janvier, la déclara digne de toute sorte d'éloge, et approuva particulièrement le projet de se réunir dans un concile canonique, avec les frères qui lui étaient unis, pour décider la question des trois chapitres. Mais il demanda à l'empereur que le concile fût tenu en Italie ou du moins en Sicile, et que les évêques d'Afrique et des autres provinces latines y fussent appelés. Rien n'était plus raisonnable; aussi ne put-il l'obtenir. On convint seulement que le Pape donnerait à l'empereur les noms des évêques latins qui délibéreraient avec lui. Enfin, quelques jours avant Pâques, qui, cette année 553, était le 20 avril, il y eut un nouvel arrangement : on convint que les évêques, tant grecs que latins, qui se trouvaient à Constantinople, conféreraient ensemble, en nombre égal, sur les trois chapitres (*Ibid.*).

De toutes ces conventions, l'empereur Justinien n'en respecta aucune ; mais, au mépris de toutes, il convoqua subitement un concile, par un édit adressé aux patriarches et aux évêques qui se rencontraient dans la capitale, pour entreprendre la controverse des trois chapitres. Dans cet édit, il faisait mention du *judicatum* de Vigile, mais en dissimulant que Vigile l'avait révoqué, et qu'on était convenu avec lui d'autres conditions : conduite plus digne d'un sophiste grec que d'un empereur romain.

Le concile s'assembla donc le 4 mai 553. Il s'y trouva cent cinquante et un évêques; entre lesquels cinq Africains, dont l'un, Sextilius, évêque de Tunis, représentait Primase de Carthage, ordonné l'année précédente, malgré le clergé et le peuple, et intronisé, avec grande effusion de sang, à la place de l'archevêque Réparat, envoyé en exil sur une accusation calomnieuse, mais réellement parce qu'il n'avait pas voulu souscrire à la dissertation théologique de Justinien sur les trois chapitres. Telle était la liberté que l'empereur théologue laissait aux évêques pour décider du dogme. D'après ses ordres, le gouverneur d'Afrique envoya, pour soutenir le parti de la cour, les évêques les plus intéressés et les plus ignorants qu'il put réunir ; l'un d'eux avait été convaincu d'adultère six ans auparavant à Constantinople. C'est ce que dit le clergé d'Italie dans son mémoire aux ambassadeurs de Théodebald d'Austrasie (Labbe, t. V). Tels étaient donc les évêques d'Afrique, qui, seuls de tout l'Occident, assistèrent au concile de Constantinople.

Le concile étant donc assemblé, on lut d'abord l'édit impérial de convocation ; ensuite la profession de foi que le patriarche Eutychius avait présentée au pape Vigile, et la réponse approbative que le Pape y avait faite. Après quoi, lui envoyant une députation solennelle, composée des trois patriarches de Constantinople, d'Alexandrie et d'Antioche, et de seize métropolitains, le concile pria le très-saint pape Vigile, ce sont ses termes, de vouloir bien discuter l'affaire des trois chapitres avec les autres évêques, comme il avait promis dans ses lettres à Eutychius. Le Pape répondit qu'il ne pouvait répondre pour le moment, à cause d'une indisposition, mais que le lendemain il ferait connaître sa résolution touchant l'assemblée. Ainsi finit la première conférence ou séance de ce concile.

Pour apprécier la conduite du pape Vigile, il est nécessaire de bien se rappeler l'état des choses. C'était lui principalement qui avait provoqué la convocation d'un concile, pour guérir les esprits des évêques occidentaux scandalisés de la condescendance dont il avait usé pour se concilier les Orientaux. Le but et les conditions avaient été approuvés par l'empereur. D'après cela, une assemblée des seuls Orientaux ne pouvait être regardée par Vigile comme un concile légitime et universel, contraire à ce qui avait été reconnu, savoir : qu'on serait en nombre égal de part et d'autre; elle faussait à la fois et les moyens et le but : au lieu d'apaiser les Occidentaux, elle n'était propre qu'à les aigrir davantage. Aussi, la seconde fois, le Pape répondit nettement aux députés du concile, qu'il ne pouvait se rendre à leur assemblée, parce qu'il s'y trouvait beaucoup d'évêques orientaux, tandis qu'avec lui il y en avait très-peu d'Occident; mais qu'il mettrait son avis par écrit, et le donnerait à l'empereur. Les députés insistèrent sur la promesse qu'il leur avait faite de délibérer en commun avec eux; mais ils omettaient de dire à quelle condition, savoir : que les Occidentaux s'y trouveraient en même nombre que ceux d'Orient. Ils citèrent l'exemple des premiers conciles œcuméniques, où assistèrent très-peu d'Occidentaux; mais ils omettaient de dire que tous y avaient été convoqués, que ceux qui y assistèrent étaient députés du Pontife romain et de tout l'Occident; ils oubliaient surtout que le principal de la difficulté actuelle était de guérir les esprits aigris des Occidentaux, et que, pour cela, il ne fallait pas commencer par leur manquer de parole et faire tout sans eux. C'est pour cette raison que le pape Vigile avait protesté plusieurs fois que, sans le consentement de tous, jamais il ne consentirait à faire seul des choses qui répandaient des doutes sur le concile de Chalcédoine et scandalisaient ses frères. Aussi, pressé de nouveau de venir au concile, et par les patrices que l'empereur lui envoya, et par les évêques de l'assemblée, il promit simplement de transmettre à l'empereur, dans quelques jours, ce qu'il pensait de cette affaire. Les patrices lui répliquèrent : Vous avez seul condamné plusieurs fois les trois chapitres par écrit et de vive voix; mais l'empereur veut que vous en traitiez avec les autres. Cette dernière raison pouvait paraître décisive à des courtisans; mais il n'est pas dit qu'il dût en être de même pour un évêque, encore moins pour un Pape. D'ailleurs, le principal de l'affaire était, non pas précisément de condamner les trois chapitres, mais d'apaiser les Occidentaux. C'est pour cela que Vigile avait demandé, et qu'on lui avait accordé, qu'on fût en égal nombre de part et d'autre. Manquer à cet accord pour plaire au capricieux Justinien, décider l'affaire sans la participation de ceux qu'il importait le plus d'y voir présents, c'était le moyen d'empirer le mal et de séparer peut-être entièrement une partie de l'Église de l'autre. Le pape Vigile fit donc bien de tenir ferme. Primase, évêque d'Adrumet en Afrique, auteur d'un commentaire remarquable sur l'Apocalypse et les Épîtres de saint Paul, répondit aux députés du concile : Si le Pape n'y est pas, je n'irai pas non plus. Trois évêques d'Illyrie déclarèrent qu'ils n'avaient à répondre qu'à leur archevêque, et qu'ils se joindraient à lui. Tel fut l'objet de la deuxième conférence.

Le 9 mai, les évêques de l'assemblée tinrent la troisième, où ils ne firent que déclarer qu'ils tenaient la foi des quatre conciles généraux, et condamnaient tout ce qui pourrait leur être contraire ou injurieux; et qu'ils suivaient aussi tous les Pères orthodoxes, nommément saint Athanase, saint Hilaire, saint Basile, saint Grégoire de Nazianze, saint Grégoire de Nysse, saint Ambroise, saint Augustin, Théophile, saint Jean Chrysostome, saint Cyrille, saint Léon et Proclus. Quant aux trois chapitres, ils en remirent l'examen à un autre jour.

Ce fut le 12 mai, à la quatrième conférence, qu'ils commencèrent l'examen de la doctrine de Théodore de Mopsueste. On fit lire divers extraits de ses écrits, réduits à 71 articles, marquant l'ouvrage d'où chacun était tiré. Le 17 mai, à la cinquième conférence, on examina ce que les Pères, les lois et les histoires avaient dit contre lui. On traita la fameuse question, *s'il est permis de condamner les morts*. On cita, pour l'affirmative, plusieurs passages des Pères et quelques exemples, en particulier l'exemple récent d'Origène. On vint ensuite au second des trois chapitres touchant Théodoret, et on lut plusieurs extraits de ses ouvrages, pour montrer qu'il avait combattu saint Cyrille et défendu Théodore et Nestorius. La lettre d'Ibas, ou le troisième chapitre, fut examiné dans la sixième conférence, qui se tint le 19 mai.

Dans l'intervalle de la sixième conférence à la septième, qui ne se tint que le 26 du même mois, il se passa un incident assez grave qu'on n'a point assez remarqué jusqu'à présent. Le pape Vigile avait souvent été pressé, par les magistrats que lui envoyait l'empereur, de se réunir aux évêques de l'assemblée pour décider des trois chapitres, ou bien de se déclarer ouvertement le défenseur de leur impiété. Ce sont les expressions d'un de ces magistrats, le questeur Constantin (Baluz., *Nova collect.*). Mais, on ne saurait assez le redire, la difficulté n'était pas là; elle était à trouver le moyen d'examiner et de condamner les trois chapitres, de manière à ne pas indisposer de plus en plus les évêques d'Occident, mais à les rassurer pleinement sur leurs inquiétudes, en particulier sur l'autorité du concile de Chalcédoine. L'inconstance et la précipitation de Justinien, la complaisance servile des évêques grecs pouvaient tout perdre et rendre le mal sans remède. Vigile seul cherchait sérieusement à le guérir. Dans cette vue, il rédigea une nouvelle constitution, conçue de telle sorte, qu'elle pouvait raisonnablement satisfaire les uns et les autres; car il y prenait le sage tempérament de condamner les erreurs en épargnant les personnes.

Cette constitution est adressée à l'empereur même, avec cette inscription : « A notre très-glorieux et très-clément fils Justinien auguste, Vigile, évêque. » Après un préambule à la louange de l'empereur, elle commence par les deux professions de foi, qui avaient été données au Pape par le patriarche Mennas et par Eutychius, son successeur. « Cela étant, continue-t-il, nous vous avons supplié bien des fois, ô vénérable empereur, que le concile (demandé par les patriarches et les évêques, dans leur profession de foi) se tînt en Italie ou du moins en Sicile, et qu'on y appelât avec nous les pontifes d'Afrique et des provinces latines, afin de rendre réponse à Votre Piété après une pleine délibération. Votre Sérénité n'y consentit point. Il fut ensuite convenu que nous présenterions à Votre Mansuétude les noms des évêques de ces provinces que nous désirions pour conférer avec nous, et que Votre Clémence les ferait venir; nous consentîmes encore à cet arrangement pour l'amour de la paix de l'Église. Bientôt après, du consentement de nos frères les évêques qui sont avec nous, Votre Piété a réglé que les pontifes qui se trouvent à Constantinople, étant pris en nombre égal de part et d'autre, nous traiterions ensemble des trois chapitres, suivant les professions de foi relatées plus haut. Mais pendant que nous nous empressions de tout préparer pour l'heureux succès de cette conférence et pour la pacification de l'Église, Votre Piété nous fit demander subitement par le décurion du palais, Théodore, de donner notre réponse sur les trois chapitres; elle nous pressa, par les grands de l'empire, de donner cette réponse au plus tôt. Même alors nous ne cessâmes de vouloir plaire à Votre Clémence; seulement nous demandâmes un délai de vingt jours, à cause de notre indisposition, que personne n'ignore, afin que, Dieu aidant, nous puissions prononcer la sentence de notre définition avec maturité au jour convenu. Et comme vous nous informâtes que vous demandiez une réponse semblable à nos frères et coévêques, nous leur envoyâmes notre fils, le diacre Pélage, avec ce mandement : que puisqu'on avait abandonné le mode de conférence adopté précédemment, ils devaient, à cause de notre indisposition bien connue, attendre au moins vingt jours notre réponse définitive sur les trois chapitres; et qu'en conséquence, suivant l'ordre ancien et canonique, avant la promulgation de notre sentence, c'est-à-dire de la sentence du Siège apostolique auquel nous présidons par la grâce de Dieu, ils ne tentassent point de rien proférer qui donnât de nouveau occasion au scandale qu'on venait d'assoupir (Labbe, t. V). »

Après un exposé des faits si calme et si plein d'égards pour l'empereur, le pape Vigile, arrivant à sa constitution, continue : « Nous avons donc examiné les actes des conciles, les décrets de nos prédécesseurs dans le Siège apostolique, et ce que les Pères approuvés ont dit sur la question. Nous avons aussi vu un volume qui nous a été présenté de votre part par notre frère Bénigne, évêque d'Héraclée, plein de blasphèmes exécrables, de dogmes contraires à la foi catholique, que nous avons condamné comme il s'ensuit. » Il rapporte 60 articles tirés des écrits de Théodore de Mopsueste, et qui sont à peu près les mêmes que les 61 premiers qui furent proposés dans le concile. Sur chacun de ces articles, le Pape en explique le mauvais sens et le condamne avec anathème.

Après avoir ainsi rejeté les erreurs attribuées à Théodore, il défend, sous peine d'anathème, d'en prendre occasion d'injurier les Pères et les Docteurs de l'Eglise. « Et parce que ces articles, ajoute-t-il, portent le nom de Théodore de Mopsueste, nous avons examiné ce que les Pères ont dit de lui, et nous avons trouvé que saint Cyrille écrit à Jean d'Antioche que le concile d'Ephèse, en condamnant le Symbole attribué à Théodore, n'a point fait mention de lui par discrétion : ce que nous avons vérifié dans le concile même. Sur quoi saint Cyrille ajoute qu'il ne faut point insulter aux morts. Procus de Constantinople a parlé avec mesure au sujet de Théodore, et a condamné ses erreurs sans le nommer. Nous ne trouvons rien non plus dans le concile de Chalcédoine contre la mémoire de Théodore de Mopsueste, quoique ce concile fasse mention de la lettre de Jean d'Antioche à l'empereur Théodose, où il est dit qu'il ne faut point condamner Théodore après sa mort. Ensuite nous avons examiné si nos prédécesseurs dans le Siège apostolique ont ordonné quelque chose contre les morts qui n'ont point été condamnés de leur vivant, et nous avons trouvé des autorités contraires de Léon et de Gélase. On a aussi observé la même règle à l'égard des saints Jean Chrysostome et Flavien de Constantinople, qui, bien que chassés par la violence, n'ont point été tenus pour condamnés, parce que les Pontifes romains les ont toujours gardés en leur communion d'une manière inviolable, et que ceux-là n'ont pu ni ne pourront être dits retranchés de l'Eglise, que l'autorité apostolique a jugés inviolablement unis à elle. Eusèbe rapporte dans son histoire, que Denys d'Alexandrie ne voulut point condamner Népos, bien que millénaire, parce qu'il était mort. Tout cela considéré, nous n'osons pas condamner Théodore de Mopsueste, et ne permettons à personne de le condamner.

» Quant aux écrits que l'on met en avant sous le nom de Théodoret, nous nous étonnons que l'on puisse avancer quelque reproche contre un évêque qui, s'étant présenté il y a plus de cent ans au jugement de Chalcédoine, y souscrivit sans hésiter, ainsi qu'aux lettres de saint Léon. Quoique Dioscore et les Egyptiens disent alors qu'il était hérétique, nos Pères toutefois, après l'avoir soigneusement examiné, n'exigèrent autre chose de lui, sinon qu'il anathématisât Nestorius et sa doctrine : ce qu'il fit tout haut en présence de tout le concile. Après quoi on ne peut condamner sous son nom des dogmes nestoriens, sans accuser de mensonge ou de dissimulation les Pères de Chalcédoine. Et il ne faut pas croire qu'ils aient ignoré l'injustice qu'il avait faite à saint Cyrille en attaquant ses douze chapitres; mais ils ont suivi l'exemple de saint Cyrille même, qui, pour l'amour de la paix, passa sous silence tout ce que les Orientaux avaient écrit contre lui; vu principalement que Théodoret, ayant reconnu les vrais sentiments de saint Cyrille par ses lettres, lues dans le concile de Chalcédoine, loua la doctrine de celui qu'il avait faussement soupçonné de se tromper. C'est pourquoi nous défendons à qui que ce soit de rien avancer au préjudice de la mémoire de Théodoret. Mais en conservant le respect dû à sa personne, nous condamnons tous les écrits qui portent son nom, et les écrits de qui que ce soit, qui sont conformes aux erreurs de Nestorius ou de quelque autre hérétique. » Ensuite le pape Vigile met cinq anathèmes contre les erreurs qu'on relevait dans les écrits de Théodoret; puis il continue :

« Quant à la lettre d'Ibas, nous voyons, par les actes du concile de Chalcédoine, que, sur la lecture des pièces et particulièrement de cette lettre, Ibas fut déclaré innocent et orthodoxe. La lettre même fut déclarée orthodoxe, parce qu'elle embrasse la foi sur laquelle saint Cyrille se réconcilia avec Jean d'Antioche et les Orientaux. Mais les Pères n'approuvèrent pas pour cela ce que cette lettre contient d'injurieux pour saint Cyrille. Ibas lui-même le rétracta, ayant mieux compris le sens des chapitres de saint Cyrille; et c'est sur cette rétractation qu'il fut jugé orthodoxe, car il déclara nettement qu'il recevait la décision du concile d'Ephèse. Il avait rejeté les douze chapitres de saint Cyrille, parce que, les entendant mal, il croyait qu'ils ôtaient la distinction des natures; quand il en a compris l'explication, il les a reçus. Dioscore et Eutychès louaient saint Cyrille, parce qu'en le prenant mal, ils croyaient y trouver leur hérésie; au contraire, Ibas le blâmait en croyant y trouver la même erreur : en cela il était catholique, et c'est pour cela qu'il fut déposé par Dioscore au faux concile d'Ephèse, et rétabli au concile de Chalcédoine. Ainsi nous ordonnons que le jugement de ce saint concile demeure en son entier à l'égard de la lettre d'Ibas, comme à l'égard de tout le reste. »

Enfin, pour montrer en général combien inviolable doit être l'autorité du concile de Chalcédoine, le pape Vigile rapporte plusieurs extraits des lettres de saint Léon et de saint Simplicius, même de son *judicatum*, qu'il avait retiré et qu'il révoque, au reste, en ce qui regarde les trois chapitres. Il conclut en défendant à qui que ce soit, en quelque dignité ecclésiastique qu'il soit constitué, de rien décider de contraire, sans cependant ajouter à sa défense aucune peine. Telle est la constitution que le pape Vigile dressa sous le nom de *Constitutum*, pour satisfaire aux demandes réitérées et pressantes de l'empereur. Elle est datée du 14 mai 553 (Labbe, t. V).

Le 25 du même mois, le Pape envoya un sous-diacre de l'Eglise romaine inviter les patrices Bélisaire et Céthégus, les consulaires Justin et Constantin, et les évêques Théodore, Bénigne et Phocas, de venir le trouver. Quand ils furent venus, il leur dit qu'il avait fait, touchant les trois chapitres, un écrit adressé à l'empereur, et les pria de le lire et de le lui porter. En ayant pris connaissance, ils répondirent : Nous ne pouvons le recevoir sans ordre de l'empereur. Vous avez vos diacres, par qui vous pouvez l'envoyer. Le Pape envoya donc le même sous-diacre; mais l'empereur, après avoir entendu les magistrats, lui fit faire cette réponse pour le Pape : « Nous vous avons invité de venir à l'assemblée des évêques, vous l'avez refusé; et maintenant vous dites que vous avez écrit séparément sur les trois chapitres. Si c'est pour les condamner, nous n'avons pas besoin d'autre écrit que ceux que nous avons déjà de vous. S'il est différent, comment pouvons-nous recevoir un écrit où vous vous condamnez vous-même? » Telle fut la réponse de Justinien (Baluze).

Quand on pense à la suite des faits, que le pape Vigile rappelle avec tant de calme dans sa constitution, savoir : qu'il s'agissait principalement d'apaiser et de satisfaire les Occidentaux ; que les moyens concertés à cet effet avec l'empereur, avaient toujours avorté par la capricieuse inconstance de ce prince ; que cette même constitution, qu'il refusait d'une manière si insultante de recevoir, il l'avait demandée plusieurs fois : quand on pense à tout cela, on reste stupéfait de ce mélange de violences, de caprices, de sophismes et de mauvaise foi. Aussi le Pape, ayant reçu une telle réponse de l'empereur, n'envoya point son écrit.

La septième conférence du concile, qui se tint le lendemain 26 mai, ne fut pas moins étrange. Le questeur Constantin, commissaire de l'empereur, après le récit de ce qui précède, ajouta : « L'empereur a donc cru nécessaire, vu que vous décidiez sur les trois chapitres, de montrer au concile des écrits que nous avons en main : l'un adressé à l'empereur, de la main de Vigile ; un autre à l'impératrice Théodora, d'heureuse mémoire, d'une autre main, mais souscrit par Vigile. De plus, la condamnation de Rustique, son parent, et de Sébastien, sous-diacre de l'Eglise romaine ; les lettres à Valentinien de Scythie et Aurélien d'Arles. Vous savez aussi qu'il a fait un *judicatum* adressé à l'archevêque Mennas, où il condamne les trois chapitres. Depuis, il l'a retiré, mais sous de terribles serments, de les condamner purement et simplement. L'empereur vous envoie donc encore ce serment, mais à la charge de me le rendre après qu'il aura été lu. Au reste, l'acte en a été reconnu par les évêques occidentaux, les clercs de l'Eglise romaine, et Vincent, évêque de Claudiopolis, qui, étant sous-diacre de Rome, y avait travaillé. »

On lut donc toutes ces pièces, plusieurs desquelles, d'après la promesse de l'empereur, devaient rester secrètes. Mais Justinien avait comme le privilége de manquer à sa parole. Une de ces pièces confidentielles, que lui avait adressées Vigile, était conçue en ces termes : « Au nom du Père, et du Fils, » et du Saint-Esprit. Vigile, évêque de la sainte » Eglise catholique de Rome, écrivant cet acte tout » entier de ma main, je dis que, par la vertu de la » sainte Trinité, jamais nous n'avons été hérétique » ni ne le sommes ; mais je réclame les droits accor- » dés de Dieu à mon siége. Cela ne doit donc pas faire » croire à Votre Piété que je défends les hérétiques. » Car voici que, pour satisfaire Votre Majesté im- » périale, j'anathématise la lettre d'Ibas, les dogmes » de Théodoret et la personne de Théodore de Mop- » suèste. » Le serment confidentiel, qui est du 15 août 550, contenait la promesse de seconder l'empereur de tout son pouvoir pour que les trois chapitres fussent condamnés en ce sens, mais à la condition que l'empereur garderait le secret, qu'il défendrait la personne et l'honneur du Pape, maintiendrait les priviléges de son Eglise et ne montrerait cet acte à personne (Baluz., *Nova collect.*).

Ces pièces secrètes font voir quelle était la conviction personnelle du pape Vigile sur les trois chapitres. Mais, encore une fois, ce n'était pas la question principale. Il s'agissait de les condamner de manière à éviter un schisme dans l'Eglise. C'est pour cela qu'en dernier lieu l'empereur lui-même était convenu que les évêques d'Orient et d'Occident délibéreraient ensemble, en nombre égal, sur cette affaire ; et si son impatience lui eût permis de tenir sa parole, l'affaire s'expliquait à l'amiable. Mais il procédait à tort et à travers, sans suite ni dignité. Par exemple, le serment confidentiel du Pape est sous certaines conditions ; il date du mois d'août 550. Or, depuis cette époque, l'empereur n'avait cessé de manquer à toutes les conditions : au lieu de défendre la personne et l'honneur du Pape, il l'avait outragé d'une manière brutale ; au lieu de maintenir les priviléges de son Eglise, il les violait ; au lieu de ne montrer ce serment à personne, il le fait lire publiquement pour déshonorer le Pape. En vérité, nous ne voyons de honte et de déshonneur dans tout cela que pour le capricieux Justinien et ses ministres.

La lecture de ces pièces avait pour but de montrer aux évêques de l'assemblée que l'absence du Pape ne devait pas les empêcher de condamner les trois chapitres, puisqu'il les avait déjà condamnés. Mais pourquoi refuser alors, d'une manière si insultante, la dernière constitution qu'on lui avait demandée, et dans laquelle il les condamnait de même ? Voici, selon nous, le vrai motif. C'est que dans cette constitution, le Pape rappelait, bien que d'une manière très-douce et très-humble, les variations continuelles et capricieuses de l'empereur, qui au fond causaient tout le mal. Mais voici qui est plus étrange encore.

Après que le questeur Constantin eût fait lire, de la part de l'empereur, jusqu'aux écrits confidentiels du pape Vigile, pour montrer aux évêques que, même en l'absence du Pape, ils pouvaient condamner les trois chapitres, puisque le Pape n'avait cessé de les condamner, le même questeur, de la part du même empereur, fit lire un édit impérial qui ordonnait d'effacer des diptyques le nom du même pape Vigile, parce qu'au lieu de condamner les trois chapitres, il s'en faisait le défenseur. Voici cette pièce curieuse : « Au nom de Notre Seigneur Jésus-Christ. L'empereur César Flavius Justinien, alamanique, gothique, francique, germanique, antique, alanique, vandalique, africain, pieux, fortuné, illustre, vainqueur et triomphateur toujours auguste, aux bienheureux patriarches, archevêques et évêques de diverses provinces, qui se trouvent dans cette cité royale. »

Après ce début, il parle contre les trois chapitres et rappelle que le Pape les a condamnés pendant sept ans. *Ensuite*, continue-t-il, *vous êtes convenus avec lui de vous réunir pour les condamner en concile*; mais il n'ajoute pas à quelles conditions, savoir, que les Occidentaux y seraient en nombre égal avec ceux d'Orient. *Après cela*, ajoute l'empereur, *invité tant par nous que par votre religieux synode, d'y venir, il a refusé* (sans doute, mais parce que l'empereur manquait aux conditions convenues). *Enfin*, reprend l'édit, *devenu contraire à ce qu'il a voulu si longtemps, il soutient les sentiments des partisans de Nestorius et de Théodore*. Mais d'abord cela est dit sans aucune preuve, puisqu'on avait refusé de recevoir la constitution sur laquelle seule on semble vouloir le fonder. En second lieu, c'est absolument faux, puisque, dans cette constitution même, il continue d'improuver les trois chapitres en épargnant seulement les personnes. Après cet exposé sophistique et calomnieux, Justinien conclut : « En soutenant ainsi l'impiété des trois chapitres, il s'est rendu étranger à l'Eglise catholique et s'est séparé lui-même de votre communion. Nous avons donc jugé que son nom ne doit point être récité dans les sacrés diptyques, de peur que nous ne participions à l'impiété de Nestorius et de Théodore. Déjà nous vous l'avons notifié de vive voix. Aujourd'hui, par l'intermédiaire de nos préfets, nous vous notifions par écrit que vous ayez à ôter son nom des sacrés diptyques. Toutefois, nous conservons l'unité avec le Siège apostolique, et nous sommes rassurés que vous ferez de même ; car la perversion de Vigile, non plus que celle de tout autre, ne saurait nuire à la paix des Eglises. » Cet édit est daté du 14 juillet 553 (Baluze).

Fleury fait là-dessus cette remarque : *Cette distinction entre le Saint-Siège et la personne du Pape est remarquable*. Sans doute. Mais ce qui est plus remarquable encore, et que Fleury n'a pas remarqué, c'est que cette distinction est faite par un souverain qui a tort contre un Pape qui a raison ; qu'elle est faite par un despote capricieux à des prélats courtisans et serviles. Car voici leur réponse : « Ce que vient d'ordonner le très-pieux empereur répond aux travaux qu'il a soutenus pour l'unité des Eglises. Conservons donc l'unité avec le Siège apostolique de la très-sainte Eglise de l'ancienne Rome, et faisons tout suivant la teneur de ce qui vient d'être lu (*Ibid.*, *Nova collect.*). »

On tint la huitième conférence le 2 juin. Mais sans prendre les voix des évêques en particulier, comme c'était l'ancien usage, on y lut la sentence qui était toute dressée, et qui porte en substance : « Voyant que les sectateurs de Nestorius s'efforçaient d'attribuer à l'Eglise leur impiété par Théodore de Mopsueste et ses écrits, par les écrits impies de Théodoret et par la détestable lettre que l'on dit avoir été écrite par Ibas à Maris Persan, nous nous sommes assemblés pour réprimer cet abus, par la volonté de Dieu et le commandement de l'empereur.

» Le très-pieux Vigile, se trouvant en cette ville, a assisté à tout ce qui a été agité touchant les trois chapitres, et les a condamnés plusieurs fois de vive voix et par écrit. Ensuite, il est convenu par écrit de venir au concile et de les examiner avec nous, afin d'en faire une définition commune. L'empereur, suivant nos conventions, nous ayant exhortés à nous assembler, nous avons été obligés de prier Vigile d'accomplir sa promesse, lui représentant les exemples des apôtres, qui, bien que remplis du Saint-Esprit, chacun en particulier, en sorte qu'ils n'avaient pas besoin de conseil, ne voulurent toutefois définir la question, s'il fallait circoncire les gentils, qu'après s'être assemblés et avoir autorisé leurs avis par des passages de l'Ecriture. Les Pères, qui ont tenu en leur temps les quatre conciles, ont suivi les anciens exemples et ont décidé en commun les questions des hérétiques ; car il n'y a pas d'autre moyen de connaître la vérité dans les questions de foi. Chacun a besoin du secours de son prochain, suivant l'Ecriture ; et quand deux ou trois sont assemblés au nom de Jésus-Christ, il est au milieu d'eux. Après donc que nous eûmes souvent invité le pape Vigile, et que l'empereur lui eût envoyé des magistrats, il promit de donner en particulier son jugement sur les trois chapitres. Ayant ouï cette réponse, nous avons considéré ce que dit l'apôtre : « *Que chacun rendra compte à Dieu pour soi*; et, d'un autre côté, nous avons craint le jugement dont sont menacés ceux qui scandalisent leurs frères. »

Ce préambule et ces raisonnements font voir combien les évêques de l'assemblée jugeaient nécessaire la présence ou du moins le consentement du Pontife romain ; car ce qu'ils disent tendait uniquement à le faire venir au milieu d'eux. Cette intention est sans doute très-louable. Ce qui ne l'est pas tant, c'est de dissimuler le véritable état des choses. On engage le Pape à tenir sa promesse, après lui avoir manqué plus d'une fois de parole et violé les conditions convenues ; on parle du péril de ceux qui scandalisent leurs frères, et c'est précisément pour ne pas scandaliser davantage ses frères d'Occident, que le Pape refuse de décider seul avec ses frères d'Orient. Une pareille dissimulation sied mal à des évêques, surtout à des évêques qui parlent à leur chef.

Ils rapportent ensuite ce qu'ils ont fait pour l'examen des trois chapitres, et réfutent sommairement ce que l'on disait pour les soutenir ; puis ils concluent en ces termes : « Nous recevons les quatre conciles de Nicée, de Constantinople, d'Ephèse et de Chalcédoine ; nous enseignons ce qu'ils ont défini sur la foi, qui est la même en tous les quatre, et nous jugeons séparés de l'Eglise catholique ceux qui ne les reçoivent pas. Mais nous condamnons Théodore de Mopsueste et ses écrits impies, ainsi que les impiétés écrites par Théodoret contre la vraie foi, contre les douze chapitres de saint Cyrille, contre le concile d'Ephèse, et pour la défense de Théodore et de Nestorius. Nous anathématisons aussi la lettre impie que l'on dit avoir été écrite par Ibas à Maris Persan, qui nie que le Verbe se soit incarné et fait homme de la vierge Marie, qui accuse saint Cyrille d'être hérétique et apollinariste, qui blâme le concile d'Ephèse d'avoir déposé Nestorius sans examen, et défend Théodore et Nestorius avec leurs écrits impies. Nous anathématisons donc ces trois chapitres et leurs défenseurs, qui prétendent les soutenir par l'autorité des Pères ou du concile de Chalcédoine. » A cette sentence, le concile ajoute 14 anathèmes qui renferment sommairement toute la doctrine de l'Incarnation, par rapport aux erreurs de Théodore de Mopsueste et de Nestorius. Ensuite sont les souscriptions des évêques, au nombre de 165. La première est celle d'Eutychius de Constantinople, qui contient le sommaire de la sentence. Ainsi finit cette assemblée d'évêques (Labbe, t. V).

La marche qu'ils avaient suivie ou dans laquelle ils avaient été entraînés, au lieu de leur réconcilier les évêques d'Occident, ne pouvait que les aigrir davantage; car, après leur avoir promis qu'on se réunirait en nombre égal de part et d'autre, pour terminer l'affaire en commun, les Grecs l'avaient décidée seuls. Et l'empereur, après avoir sollicité une dernière constitution du Pape, avait ensuite injurieusement refusé de la recevoir; enfin, pour mettre le comble à l'outrage, il avait fait ôter des diptyques le nom du Pontife romain, comme d'un excommunié, sans que l'assemblée des évêques articulât un mot de réclamation. Aussi le pape Vigile refusa-t-il courageusement d'approuver leur sentence. Il fut jeté en prison, réduit à un peu de pain et d'eau, puis envoyé en exil avec les ecclésiastiques romains, qu'on dispersa en divers lieux, notamment dans l'île de Proconnèse. C'est ce que dit formellement Anastase le Bibliothécaire dans sa biographie de Vigile. Le comte Marcellin mentionne également cet exil du Pape. Et Victor de Tunnone nous apprend en particulier que le diacre Pélage, depuis pape, fut du nombre des exilés.

Cependant l'eunuque Narsès, après la défaite et la mort de Totila, ayant repris Rome et pacifié l'Italie, le clergé romain le supplia d'intercéder auprès de l'empereur pour qu'il laissât revenir le pape Vigile, supposé qu'il vécût encore, ainsi que les prêtres, les diacres et les clercs qui avaient été exilés avec lui. L'empereur, ravi du succès de ses armes, consentit volontiers à la demande de Narsès et de tout le clergé de Rome. Il rappela les exilés et leur dit : « Si vous voulez recevoir Vigile pour votre Pape, j'en serai bien aise; sinon, vous avez ici Pierre et l'archidiacre Pélage, pour lesquels je vous seconderai. » Ils répondirent tous : « Dieu veuille lui-même l'ordonner à Votre Piété! Rendez-nous Vigile! Et quand Dieu voudra qu'il sorte de cette vie, alors nous demanderons l'archidiacre Pélage. » Après cette réponse, il les congédia tous avec Vigile. Tel est le récit d'Anastase (*Liber Pontif. seu Anast.*).

C'était environ six mois après le concile de Constantinople. La constance du pape Vigile à souffrir les plus mauvais traitements, l'exil même, en refusant de donner son approbation à une chose qu'il approuvait pour le fond, mais dont le mode et l'inopportunité pouvaient blesser ses frères d'Occident; cette constance généreuse dut produire, en Occident surtout, une favorable impression. Peu à peu les esprits se calmèrent. On se convainquit avec le temps qu'on pouvait condamner les trois chapitres sans blesser aucunement l'autorité du concile de Chalcédoine. Ce fut alors que Vigile rendit sur toute cette affaire un jugement définitif, qui peut être regardé comme un modèle de dignité, de modestie et de prudence. Il l'adressa au patriarche de Constantinople, en ces termes :

« Au bien-aimé frère Eutychius, Vigile. Personne n'ignore les scandales que l'ennemi du genre humain a excités dans l'univers. Les malintentionnés qui travaillent à renverser l'Eglise de Dieu, non-seulement il les a encouragés par lui-même, mais encore par nous et par les autres, qui avons parlé et écrit diversement. Ainsi, nous-même et les frères, nos coévêques, qui soutenons avec le même respect les quatre conciles, qui persévérons sincèrement dans leur seule et même foi, il s'est efforcé de nous diviser les uns des autres par des chicanes, des ruses et des tromperies. En sorte que, d'accord ensemble sur la foi, nous avons oublié la charité fraternelle et nous sommes laissés aller à la discorde; mais le Christ, notre Dieu, qui est la lumière véritable, dissipant les nuages de nos esprits, a rappelé à la paix l'univers et l'Eglise. Par la révélation du Seigneur et par les recherches pour connaître la vérité, les choses qui doivent être définies par nous sont salutairement accomplies. Toute Votre Fraternité saura donc que nous recevons en tout, que nous vénérons pieusement et gardons unanimement avec nos frères, les quatre conciles de Nicée, de Constantinople, d'Ephèse et de Chalcédoine. Et si quelqu'un ne les suit pas dans tout ce qu'ils ont défini touchant la foi, nous le tenons séparé de la sainte Eglise catholique. Désirant donc que Votre Fraternité sache ce que nous avons fait, nous vous le notifions par ces lettres.

» Il n'est personne à savoir combien de mouvements il y a eu touchant les trois chapitres, c'est-à-dire Théodore, autrefois évêque de Mopsueste, et ses écrits, ainsi que les écrits de Théodoret, et la lettre dite d'Ibas à Maris Persan, et combien on a parlé et écrit diversement sur ces trois chapitres. Or, si dans toute affaire, la raison veut qu'on examine sur ce qu'on examine, et on ne doit pas rougir de trouver plus tard et de rendre public, par zèle pour la vérité, ce qui nous avait échappé d'abord, combien plus ne doit-on pas le faire dans des discussions ecclésiastiques? surtout qu'il est notoire que nos Pères, principalement saint Augustin, est revenu sur ses propres écrits, a corrigé ce qu'il avait dit, et ajouté ce qu'il avait omis d'abord et trouvé ensuite. Guidés par ces exemples dans la controverse des trois chapitres, nous n'avons jamais cessé de chercher ce que nos Pères pouvaient en avoir dit de plus vrai. Par là, il est devenu manifeste que lesdits écrits de Théodore de Mopsueste, contre lesquels on s'élève partout, renferment des choses contraires à la foi orthodoxe et aux enseignements des saints Pères, et que les saints Pères ont écrit contre lui et laissé des traités pour l'instruction de la sainte Eglise. En effet, entre autres blasphèmes, nous trouvons qu'il a dit qu'un autre est le Verbe-Dieu, un autre le Christ passible, qui s'est amélioré peu à peu, jusqu'à devenir irréprochable. Qu'il a été baptisé comme un pur homme, et a reçu, par le baptême la grâce du Saint-Esprit, et mérité l'adoption. Qu'on l'adore en vue du Dieu-Verbe, comme, en vue de l'empereur, on adore son image. Qu'après la résurrection, il est devenu immuable et impeccable. Que l'union du Verbe avec le Christ est pareille à celle de l'homme et de la femme. Que quand, après sa résurrection, il souffla sur ses disciples, en disant : *Recevez le Saint-Esprit*, il ne le leur donna point. Que quand Thomas, après avoir touché ses mains et son côté, s'écria : *Mon Seigneur et mon Dieu*; il ne rapporta point ses paroles au Christ, mais à Dieu en général; pour le louer du miracle de la résurrection. Enfin, ce qui est pire, dans son commentaire sur les Actes des apôtres, Théodore assimile le Christ à Platon, à Manichée, à Epicure et à Marcion, en disant : Comme chacun d'eux, à raison de la doctrine particulière dont il était l'inventeur, appela ses disciples platoniciens, manichéens, épicuriens, marcionites, ainsi le Christ, ayant inventé une doctrine, appela ses disciples chrétiens. Que toute l'Eglise catholique connaisse donc que c'est justement et irrépréhensiblement que nous en sommes venus à cette constitution.

» En conséquence, nous condamnons et anathématisons, avec les autres hérétiques condamnés par les quatre conciles et par l'Eglise catholique, Théodore, jadis évêque de Mopsueste, et ses écrits impies; de plus, ce que Théodoret a écrit contre la foi orthodoxe, contre les douze chapitres de saint Cyrille, contre le concile d'Ephèse, et pour la défense de Théodore et de Nestorius. En outre, nous anathématisons et condamnons la lettre à Maris Persan, hérétique, qu'on dit avoir été écrite par Ibas; lettre qui nie que le Christ-Verbe, incarné de sainte Marie, mère de Dieu et toujours vierge, se soit fait homme, mais qu'il est né d'elle un pur homme, qu'il appelle un temple; de manière à faire conclure qu'autre est Dieu le Verbe, autre le Christ. Avec cela, elle accuse calomnieusement saint Cyrille, le docteur et le héraut de l'orthodoxie, d'être un hérétique et d'avoir écrit dans le sens d'Apollinaire; elle blâme le concile d'Ephèse, comme s'il avait condamné Nestorius sans jugement ni examen; elle appelle impies et contraires à la vraie foi, les douze chapitres de saint Cyrille, et défend, au contraire, Théodore et Nestorius, avec leurs écrits et leurs dogmes impies. Nous anathématisons donc et nous condamnons ces trois impies chapitres, savoir : l'impie Théodore de Mopsueste, avec ses impies écrits; tout ce que Théodoret a écrit d'impie; enfin la lettre qu'on dit avoir été écrite par Ibas, et dans laquelle se trouvent les blasphèmes mentionnés plus haut. Nous soumettons de plus au même anathème, quiconque croira que jamais on doive recevoir ou soutenir ces chapitres, ou tentera de renverser la présente constitution. Tous ceux, au contraire, qui, gardant la foi orthodoxe prêchée par lesdits conciles, ont condamné ou condamnent ces trois chapitres, nous les déclarons frères et collègues. Quant à ce qui a été fait par moi ou par d'autres pour la défense des trois chapitres, nous l'annulons par la présente définition. Car loin à jamais de l'Eglise catholique, que quelqu'un prétende que les quatre conciles ou l'un d'entre eux ait reçu les blasphèmes en question, ou ceux qui pensent de même ! il est, au contraire très-manifeste, que lesdits saints Pères, mais surtout le concile de Chalcédoine, n'ont jamais reçu personne de suspect, à moins qu'il n'eût rejeté les blasphèmes mentionnés plus haut, ou condamné l'hérésie dont il était soupçonné. Que Dieu vous conserve en bonne santé, très-honoré frère (Labbé, t. V). » Telle est la constitution que donna le pape Vigile, le 8 décembre 553.

Cette constitution est bien remarquable, moins encore par ce qu'elle dit que par ce qu'elle ne dit pas. Le Pape avait à se plaindre, et de l'empereur, et des évêques grecs; le Pape n'en dit pas un mot. L'empereur avait porté des édits, les évêques une définition synodale; le Pape n'en dit pas un mot. Le concile est pour lui comme n'étant pas. Seul, il décide l'affaire, condamne définitivement les trois chapitres, approuve quiconque les condamne avec lui; par là, il approuve indirectement la définition du concile, et cette approbation indirecte suffit pour transformer en concile œcuménique une assemblée d'ailleurs assez peu régulière. Et le pape Vigile, naguère exilé, s'élève ainsi au-dessus du concile et de l'empereur, sans blesser ni l'un ni l'autre. Au fond, lui seul avait à se plaindre; et il veut partager les torts communs, ou plutôt les rejette tous sur l'esprit de ténèbres. A l'égard des Occidentaux, sa charité n'est pas moins ingénieuse. Pour guérir leurs préventions et calmer leurs inquiétudes, il se met à leur place, il leur montre, par son exemple, à bien saisir l'état de la question et à reconnaître peu à peu qu'on pouvait condamner les trois chapitres sans blesser l'autorité du concile de Chalcédoine. Comme c'était une querelle de Grecs, les Latins s'y connaissaient peu; plusieurs entendaient parler des trois chapitres pour la première fois, mais tous respectaient souverainement le concile de Chalcédoine, et craignaient qu'on n'y donnât atteinte. De part et d'autre on était d'accord sur la foi; il s'agissait seulement de s'entendre sur trois personnages morts et sur leurs écrits, écrits très-peu connus en Occident. Justinien croyait qu'il fallait les condamner, pour faciliter le retour des semi-eutychiens ou des acéphales; Vigile pensait qu'il fallait les condamner, de manière à ne pas scandaliser et éloigner une partie des catholiques mêmes. Mais il fallait trouver ce juste milieu. Ce qui était difficile en soi, mais surtout avec un homme aussi capricieux que Justinien, et qui savait aussi peu garder de mesure.

Les Grecs joignirent cette constitution pontificale aux actes du concile, comme en étant le complément et la confirmation. Dans les manuscrits grecs, elle est suivie de ces mots : *Fin du livre huit du saint concile de Constantinople*. Le patriarche Photius, si hostile aux Papes, avoue toutefois que Vigile, quoique peu disposé pour le concile, confirma néanmoins la foi des Pères par un écrit. Outre cette constitution du 8 décembre 553, qui ne se trouve plus qu'en grec, nous en avons une autre plus ample du 23 février 554, où le Pape décide au fond la même chose et à peu près dans les mêmes termes. Mais il y examine fort au long l'affaire d'Ibas, et cherche à prouver historiquement qu'il n'a jamais reconnu la lettre justement condamnable, adressée sous son nom au Persan Maris; qu'effectivement elle n'est pas de lui, mais a été fabriquée par les eutychiens pour le calomnier. Ce qu'il y a de surprenant, c'est que, ni dans l'une ni dans l'autre constitution, non plus que dans les actes du concile, il n'est dit un mot de la condamnation d'Origène. On sait cependant d'ailleurs, qu'il y fut condamné à la poursuite de l'empereur, à qui des moines catholiques de Palestine avaient présenté une nouvelle requête contre les moines origénistes du même pays. Cela montre que les actes que nous avons ne sont pas complets. Quant au pape Vigile, s'il n'en parle point dans ses constitutions de 553 et 554, c'est que pour lui c'était une chose faite depuis plusieurs années. Dès le commencement de ses *Institutions aux lettres divines*, Cassiodore dit : « Il est constant qu'Origène, déjà attaqué par tant de Pères, vient d'être condamné à présent par le bienheureux pape Vigile. »

Ce Pape était encore à Constantinople vers la mi-août, qu'il obtint de l'empereur une grande constitution adressée à Narsès, pour régler le gouvernement de Rome et de l'Italie si longtemps agitées. Il partit ensuite pour revenir à Rome; mais il demeura en chemin, et mourut de la pierre à Syracuse en Sicile, l'année suivante, 555, le 10 janvier, suivant les uns, le 7 juin, suivant d'autres, après avoir tenu le Saint-Siège environ 17 ans et avoir expié son entrée peu régulière par bien des années de tribulations, de patience et de courage. Son corps fut rapporté à Rome et enterré dans l'église de Saint-Marcel.

Le Saint-Siège ayant vaqué trois mois, on élut Pélage, Romain de naissance, fils de Jean, qui avait été vicaire du préfet du prétoire. Pélage était archidiacre de l'Eglise romaine, et avait accompagné Vigile à Constantinople et au retour. Mais, suivant sa biographie dans Anastase, il était soupçonné d'avoir eu part aux mauvais traitements que ce Pape avait soufferts, et d'être complice de sa mort. C'est pourquoi il ne se trouva point d'évêques qui voulussent l'ordonner, excepté Jean de Pérouse et Bonus de Férentin, avec André, prêtre d'Ostie. Ils l'ordonnèrent évêque le 16 avril de la même année 555. Mais plusieurs des plus gens de bien, des plus sages et des plus nobles s'étaient séparés de sa communion pour le soupçon de la mort de Vigile. Pour s'en purger, Pélage, de l'avis du patrice Narsès, qui commandait pour l'empereur en Italie, ordonna une procession solennelle de l'église de Saint-Pancrace à celle de Saint-Pierre, où, étant arrivé au chant des psaumes et des cantiques spirituels, il monta sur l'ambon, et, tenant les saints Évangiles et la croix de Notre Seigneur sur sa tête, il jura publiquement qu'il n'était point coupable du crime dont on le soupçonnait, et qu'il n'avait fait aucun mal au pape Vigile. Le peuple parut satisfait. Après quoi, Pélage pria les assistants de concourir avec lui pour bannir la simonie des ordinations, depuis le dernier degré du ministère ecclésiastique jusqu'au premier, afin qu'on ne promût à l'avenir que des personnes de probité, connues et instruites dans le service de Dieu. Il donna en même temps l'intendance des biens de l'Eglise à Valentin, son secrétaire, homme craignant Dieu, qui fit restituer à toutes les églises les vases d'or et d'argent et les voiles qu'on leur avait enlevés.

L'affaire des trois chapitres était canoniquement terminée par la sentence définitive du pape Vigile, jointe à celle du concile de Constantinople; mais la division que cette affaire avait excitée, surtout en Occident, ne l'était pas. Dès auparavant, l'empereur Justinien avait employé la force pour amener les évêques à condamner ces trois chapitres. Tant que la question n'avait pas été définitivement jugée par l'Eglise, seule autorité légitime pour cela, cet emploi de la force par Justinien était une persécution, c'est-à-dire une poursuite injuste et violente. Mais l'Eglise ayant rendu son jugement définitif, l'emploi de la puissance séculière pour en assurer l'exécution cessait d'être une poursuite injuste et violente, c'est-à-dire une persécution, et devenait une poursuite légitime que l'Eglise pouvait réclamer et que l'empereur devait accorder. Mais dans une affaire aussi embrouillée, ceux qui avaient d'abord été persécutés, c'est-à-dire poursuivis injustement avant la sentence définitive, pouvaient facilement, même après la sentence, se croire persécutés encore, lorsqu'ils n'étaient plus que poursuivis légitimement pour leur désobéissance schismatique, et pressés salutairement de remplir leur devoir.

De ce nombre furent plusieurs évêques africains, entre autres, Victor de Tunnes ou Tunnone, auteur d'une *Chronique* qui finit à cette époque; Facundus d'Hermiane, auteur de douze livres pour la défense des trois chapitres, et qui poussa l'opiniâtreté jusqu'à rompre formellement la communion avec ceux qui les avaient condamnés. Ces deux auteurs, ainsi que leurs semblables, à raison de leurs préventions schismatiques, doivent être lus et consultés avec précaution. Facundus, en particulier, dans la chaleur de la dispute, pour excuser et expliquer une locution au moins impropre de Théodore de Mopsueste (l. 9, c. 5), tire du sacrement de l'Eucharistie une comparaison qui, elle-même, a besoin d'explication et d'excuse. Primase d'Adrumet, auteur d'un commentaire sur l'Apocalypse, fut plus sage et plus heureux; après avoir résisté quelque temps, il se soumit à la décision du Pape et du concile, condamna avec eux les trois chapitres, devint primat de la Byzacène, et eut même beaucoup à souffrir des schismatiques de cette province. Il y eut des récalcitrants en Italie, en Gaule, en Hibernie même, mais particulièrement en Illyrie. Ceux de la dernière province exercèrent la sollicitude et la patience des pontifes romains pendant cent ans.

Le pape Pélage s'appliqua fortement à réprimer les schismatiques d'Italie par l'autorité de Narsès. Il le prie, dans une première lettre, de prêter secours à deux de ses légats, Pierre, prêtre, et Project, notaire de l'Eglise romaine, qu'il envoyait pour procéder contre deux évêques qui troublaient l'union des Eglises et s'en appropriaient les revenus (Labbe, t. V). Comme ce patrice était pieux et craignait de pécher contre la religion, Pélage lui fait ces importantes réflexions dans une de ses lettres :

« Ne vous arrêtez point aux vains discours de ceux qui disent que l'Eglise suscite une persécution quand elle réprime les crimes et cherche le salut des âmes. C'est une erreur que de parler de la sorte. On ne persécute pas quand on contraint à faire le mal; mais quand on punit le mal déjà fait, ou qu'on empêche de le faire, on ne persécute pas, on aime. Autrement, si, comme ils supposent, il ne faut point réprimer le mal ni en retirer personne pour le porter au bien, il faut abolir toutes les lois divines et humaines, qui ordonnent de punir les méchants et de récompenser les bons. Or, que le schisme soit un mal et qu'il doive être réprimé, même par la puissance séculière, l'Ecriture et les canons nous l'enseignent. Et quiconque est séparé des Sièges apostoliques, il n'y a pas de doute qu'il est dans le schisme. Faites donc ce que nous vous avons souvent demandé, et envoyez à l'empereur, sous bonne garde, ceux qui font ces entreprises. Car vous devez vous souvenir de ce que Dieu a fait pour vous, lorsque le tyran Totila possédait l'Istrie et la Vénétie, et que les Francs ravageaient tout. Nonobstant ces hostilités, vous ne souffrîtes point que l'on ordonnât l'évêque de Milan, jusqu'à ce que vous en eussiez écrit à l'empereur et reçu ses ordres; et au milieu des ennemis, vous fîtes conduire à Ravenne l'évêque élu et celui qui devait l'ordonner. Que dirai-je des évêques de Ligurie, de Vénétie et d'Istrie, que vous pouvez réprimer, et que vous laissez se glorifier de leur rusticité, au mépris des Sièges apostoliques? S'ils avaient quelque difficulté touchant le jugement du concile universel qui vient d'être tenu à Constantinople, ils devaient, suivant l'usage, choisir quelques-uns d'entre eux capables de proposer leurs raisons et d'entendre les nôtres, et les envoyer au Siége apostolique, et non pas fermer les yeux pour déchirer l'Eglise, qui est le corps de Jésus-Christ. Ne craignez donc rien. Il y a mille exemples et mille constitutions qui montrent que les puissances publiques doivent punir les schismatiques, non-seulement par l'exil, mais par la confiscation des biens et par de rudes prisons. » Une grande partie de cette lettre se trouve répétée dans une au patrice Valérien écrite par conséquent dans le même temps (Labbe, t. V).

Narsès fit ce que le Pape avait demandé. Mais les schismatiques l'excommunièrent. Il en écrivit au Pape, qui lui témoigna, dans sa réponse, combien il était sensible à l'injure qu'on lui avait faite, et d'un autre côté le félicita de ce que la Providence l'avait permis, afin de le préserver de leur schisme. Mais en même temps, il l'exhorte à punir cet attentat et à envoyer les coupables à l'empereur, nommément l'évêque Euphrasius, qui avait commis un homicide et un adultère incestueux; et Paulin, évêque d'Aquilée, qu'il traite d'usurpateur, et qu'il dit devoir être privé du nom et du rang d'évêque, à cause de son schisme. C'était l'évêque de Milan qui avait ordonné Paulin. Comme cette ordination était contraire aux canons, Pélage presse Narsès, dans une autre lettre, de les envoyer tous deux sous bonne garde à l'empereur, parce que celui-ci ne pouvait être évêque, ayant été ordonné contre l'ancienne coutume, et que celui-là devait être puni pour avoir fait une ordination contre les règles. Pélage s'explique plus clairement dans une autre lettre, où il dit que l'évêque de Milan n'avait pu ordonner Paulin, parce qu'il était lui-même schismatique, et que d'ailleurs, pour l'ordonner légitimement, il aurait fallu qu'il l'ordonnât dans sa propre Eglise, c'est-à-dire dans celle d'Aquilée. Car, encore que l'évêque de Milan et celui d'Aquilée eussent dû se faire ordonner par le Pape, néanmoins, à cause de la longueur du chemin, l'ancien usage était qu'ils s'ordonnassent mutuellement; mais à condition que le consécrateur viendrait dans la ville du consacré, soit afin qu'il fût plus assuré du consentement de l'Eglise vacante, soit pour montrer que l'évêque qu'il consacrait ne lui serait point soumis. Le pape Pélage dit encore dans ces lettres qu'il n'a jamais été permis d'assembler un concile particulier pour examiner un concile universel; mais que, si l'on a sur ce sujet quelque difficulté, on doit consulter le Siége apostolique. Il écrivit sur le même sujet à Viator et à Pancrace, hommes illustres, pour les éloigner de la communion des schismatiques, dont l'opiniâtreté ne venait que d'ignorance et d'une crainte mal fondée de contrevenir au concile de Chalcédoine. Dans ces lettres, le Pape allègue souvent l'autorité de saint Augustin (Labbe, t. V).

Sept évêques de Toscane écrivirent au Pape pour lui faire approuver leur schisme à lui-même. Il en fut très-surpris, mais leur répondit néanmoins avec beaucoup de douceur, en les appelant ses bien-aimés frères. « Comment, leur dit-il, ne croyez-vous pas être séparés de la communion de tout l'univers, si vous ne récitez pas mon nom, suivant la coutume, dans les saints mystères? puisque, tout indigne que j'en suis, c'est en moi que subsiste à présent la fermeté du Siége apostolique, par la succession de l'épiscopat. Mais de peur qu'il ne vous reste, à vous ou à vos peuples, quelque soupçon touchant notre foi, tenez pour très-assuré que, par la grâce du Seigneur, je conserve la foi établie par l'enseignement des apôtres, confirmée par le concile de Nicée, expliquée par ceux de Constantinople, d'Ephèse et de Chalcédoine, et que j'anathématise quiconque veut affaiblir en partie ou révoquer en doute la foi de ces quatre conciles, ou l'écrit du bienheureux pape Léon, confirmé dans le concile de Chalcédoine. Munie de cette profession de notre foi, que votre dilection enseigne donc avec un esprit de mansuétude, comme il sied à des pontifes, les hommes qui sont dans l'ignorance, et employez tous les moyens pour les retirer de l'erreur et les rendre à l'unité de l'Eglise. Si après cela il reste encore du scrupule à quelqu'un, qu'il se hâte de venir à nous, afin qu'ayant connu la vérité par nos instructions, il se réunisse à l'Eglise universelle (*Ibid.*). » Cette lettre est datée du 16 février 556. Le pape Pélage fit une pareille profession de foi, adressée à tout le peuple de Dieu, afin que ceux qui avaient le zèle et la science pussent détromper ceux qui n'avaient que le zèle. Après avoir parlé des quatre conciles, il ajoute qu'il reçoit avec respect les canons faits par le Siége apostolique et les lettres des Papes ses prédécesseurs, qu'il énumère depuis Célestin jusqu'à Agapit inclusivement; enfin, qu'il honore comme catholiques les vénérables évêques Théodoret et Ibas. Cette lettre, qu'il adresse à toute la chrétienté, le Pape la termine par ces mots : « Que Dieu vous conserve sains et saufs, mes bien-aimés fils. Amen (*Ibid.*). »

Il envoya une autre confession de foi plus ample à Childebert, roi de Paris, qui, ayant reçu une lettre de lui avec quelques reliques, par des moines de Lérins, lui envoya des ambassadeurs et lui demanda encore des reliques de saint Pierre et de saint Paul, et d'autres martyrs. Le chef de cette ambassade, nommé Rufin, dit au Pape qu'en Gaule quelques-uns se plaignaient que l'on avait donné atteinte à la foi catholique, et le pria de témoigner qu'il recevait en tout la lettre de saint Léon, ou d'envoyer lui-même sa confession de foi. Ces mêmes ambassadeurs demandèrent pour Sapaudus, évêque d'Arles, la qualité de vicaire du Pape dans les Gaules, avec le *pallium*. Le pape Pélage satisfit aussitôt à la première demande de Rufin, touchant la lettre de saint Léon, et écrivit au roi Childebert en ces termes :

« Au très-glorieux et très-excellent seigneur, notre fils le roi Childebert, Pélage évêque. Rufin, l'ambassadeur de Votre Excellence, nous a représenté qu'il s'est répandu des semences de scandale dans les provinces des Gaules, par les discours de ceux qui publient qu'on a donné quelque atteinte à la foi catholique. Quoique depuis la mort de l'impératrice Théodora, l'Eglise n'ait plus à craindre qu'on agite dans l'Orient des questions nuisibles à la foi, et qu'on y ait seulement traité de quelques articles où la foi n'est point intéressée, et qu'il serait trop long de vous expliquer dans une lettre, nous avons cru, suivant l'avis dudit seigneur Rufin, pour calmer votre inquiétude et celle des évêques des Gaules, devoir vous déclarer en peu de mots que nous anathématisons et jugeons indigne de la vie éternelle quiconque s'est écarté ou s'écartera dans la moindre chose, ne fût-ce que dans une syllabe, de la foi que le pape Léon, d'heureuse mémoire, a prêchée dans ses lettres, et que le concile de Chalcédoine a suivie dans sa définition. Cela étant, que Votre Excellence et nos frères les évêques n'écoutent aucunement les fables de ceux qui aiment les scandales. Voici pourquoi. Votre père, le très-clément empereur, a détruit toutes les hérésies, qui, jusqu'à son règne, avaient à Constantinople leurs évêques et leurs églises, avec de grands revenus et quantité de vases précieux, qu'il a donnés aux catholiques. Ceux donc qui sont demeurés dans leurs erreurs, s'unissent entre eux et font de grands efforts pour troubler et diviser l'Eglise. Tant que nous avons été à Constantinople, ils envoyaient ici, en Italie, des lettres sous notre nom, comme si nous avions dit qu'on avait altéré la foi catholique; à présent encore ils font courir ici des lettres anonymes contre nous, sans qu'on en puisse connaître les auteurs. Ce sont principalement les nestoriens, qui prétendent n'être pas éloignés du sentiment du concile de Chalcédoine et du pape Léon, quoiqu'il ait condamné Nestorius en ce qu'il soutenait deux natures séparées. Ici même ils ont alarmé quelques évêques simples, qui n'entendent pas l'état de la question, et ne comprennent pas quel grand bien c'est de ne point s'écarter de la foi catholique. Ce qui nous a fait longtemps souffrir des persécutions à Constantinople, c'est ce que nous avons marqué, que, du vivant de l'impératrice, tout ce que l'on agitait dans les affaires de l'Eglise nous était suspect. Car pour votre père, le très-clément empereur, il ne souffre pas qu'on donne aucune atteinte à la décision du pape Léon ni à la foi du concile de Chalcédoine. Quant aux reliques qu'ont demandées vos ambassadeurs, nous les envoyons par le sous-diacre Homobon, de notre Eglise, qui les portera, Dieu aidant, à notre frère et coévêque Sapaudus. » Cette lettre est du 11 décembre 556 (Labbe, t. V, *Epist.* 10).

Dès le 4 juillet, en écrivant dès lors au roi Childebert, sans doute quand il lui envoya les premières reliques par les moines de Lérins, le pape Pélage avait adressé à Sapaudus une lettre de civilité, en lui faisant sentir toutefois qu'il aurait dû le prévenir et l'envoyer complimenter au sujet de son exaltation sur le Saint-Siège. Sapaudus le fit dans l'intervalle, par une lettre pleine d'éloges de la personne de Pélage, dont il connaissait le mérite et l'érudition. Le Pape reçut ces louanges avec beaucoup de modestie et lui répondit, dans une lettre du 16 septembre : « Ne connaissant rien en nous de ce que vous y trouvez, nous n'avons pu nous empêcher de rougir des éloges que vous nous donnez, et nous nous sommes rappelé ce qu'a dit un savant homme, que la louange qui est vraie est un éloge, mais que celle qui est fausse est une réprimande. Nous souhaitons toutefois que, par les prières des saints et par les vôtres, Dieu nous rende tel que vous nous dépeignez dans votre bienveillance. » Le 14 décembre suivant, Pélage lui écrivit, touchant le *pallium* et le vicariat apostolique dont le roi avait fait pour lui la demande, qu'il était disposé à le lui accorder; mais qu'il convenait que, suivant la coutume de ses prédécesseurs, il écrivît lui-même et envoya quelques personnes de son clergé pour demander ces grâces en son nom. Il lui recommandait en même temps le sous-diacre Homobon, qui portait les reliques des saints apôtres, et il priait Sapaudus de dire au patrice Placide, son père, d'envoyer à Rome ce qu'il pourrait réunir des revenus de l'Eglise romaine dans les Gaules, parce que les terres d'Italie étaient tellement désolées, qu'on ne pouvait rien recueillir. Le Pape demande qu'on emploie l'argent à acheter des tuniques blanches, des cuculles, des sayes et d'autres habits à l'usage des pauvres, et qu'on les envoie par le premier navire à Rome, où le pillage de la ville par Totila avait réduit les personnes les plus aisées à une extrême indigence (Labbe, t. V, *Epist.* 8, 9, 11).

Sapaudus envoya aussitôt à Rome un diacre et un sous-diacre avec des lettres de sa part, et de nouvelles lettres de Childebert pour demander le *pallium*. Le Pape le lui accorda par une lettre du 3 février 557, et le déclara vicaire du Saint-Siège dans les Gaules, avec les mêmes prérogatives que ses prédécesseurs. Il ne paraît pas que Pélage, pour accorder cette grâce, ait demandé le consentement de Justinien, comme le pape Vigile avait cru devoir faire. Il écrivit en même temps à Childebert une lettre où il lui recommande de faire respecter, dans la personne de Sapaudus, la qualité de vicaire du Saint-Siège, qu'il avait accordée à sa recommandation. Il y ajouta une confession de foi très-ample, où il explique les mystères de la Trinité et de l'Incarnation, par rapport aux dernières hérésies, et la doctrine de la résurrection des morts, apparemment à cause des origénistes. Le roi ne lui avait demandé par l'ambassadeur Rufin que l'une de ces deux choses : une adhésion par écrit aux lettres de saint Léon, ou bien une confession de foi proprement dite. Le Pape lui envoya successivement l'une et l'autre. Peu de temps après, savoir le 13 avril de la même année 557, il écrivit par occasion à Sapaudus pour savoir si le roi et les évêques des Gaules étaient contents de sa profession de foi. Il lui recommande en même temps, ainsi qu'à son père le patrice Placide, les Romains que le malheur des guerres avait obligés de se réfugier en Provence, et il les prie d'envoyer au plus tôt, pour les pauvres, les habits qu'il les avait chargés d'acheter des revenus de l'Eglise de Rome. Car, dit-il, la pauvreté et la nudité sont telles dans cette ville, que nous ne pouvons regarder des personnes d'une naissance honnête sans avoir le cœur serré de douleur (Labbe, t. V. 12-16).

Dans sa première lettre au roi Childebert, le Pape lui dit jusqu'à deux fois, en parlant de Justinien, *votre père*. C'est que Justinien l'avait adopté pour son fils. Il avait déjà fait le même honneur à Théodebert, roi d'Austrasie, comme nous le voyons par deux lettres où ce roi franc l'appelle son père (Duchesne, t. I). Cette adoption n'empêcha point Théodebert, dont le royaume s'étendait jusqu'en Pannonie, la Hongrie actuelle, de préparer une formidable expédition contre Justinien pour lui demander raison de ce que, dans ses titres fastueux, il prenait celui de *francique*, comme s'il avait vaincu les Francs; mais il mourut au milieu de ces préparatifs, l'an 548. Son fils Théodebald, qui n'avait que treize ans, lui succéda; il envoya à Justinien des ambassadeurs, qui conclurent la paix; ce fut à eux que le clergé d'Italie donna le mémoire sur les maux que souffrait le pape Vigile à Constantinople. Théodebald mourut de langueur en 555, et laissa pour héritiers de son vaste royaume ses deux grands-oncles, Childebert, roi de Paris, et Clotaire, roi de Soissons. Mais Childebert était vieux, malade et sans enfants mâles qui, d'après la loi du pays, pussent lui succéder après sa mort, tandis que Clotaire, encore robuste, avait quatre fils vigoureux et braves. Ce dernier pensa donc qu'il ne valait pas la peine que Childebert prît sa part de l'héritage de Théodebald, puisque son propre royaume devait, dans peu de temps, passer à lui Clotaire et à ses fils (Agath., l. 2). Childebert lui céda volontairement ses droits. Clotaire joignit donc à son royaume de Soissons le vaste royaume d'Austrasie, qui s'étendait depuis l'Auvergne jusqu'en Pannonie. Avec le royaume de son petit-neveu Théodebald, Clotaire prit aussi sa femme Valdetrade ; mais les évêques lui en ayant fait des reproches, il la quitta et la fit épouser au duc Garivalde, qu'il donna pour ministre à Chramne, son fils aîné, en l'envoyant gouverner l'Auvergne (Greg. Tur., l. 4, c. 9).

Childebert était sincèrement pieux : ce qui le rendait humain et charitable, quelquefois même au milieu des guerres. L'an 542, accompagné de Clotaire, il porta la guerre en Espagne contre les Visigoths. Il entra sans résistance dans ces provinces et alla mettre le siège devant Sarragosse. Les habitants ne comptant pas sur leurs forces pour résister à l'armée franque, s'appliquèrent, par le conseil de leur évêque, à attirer sur eux le secours du Ciel. Ils jeûnèrent, se revêtirent du cilice et firent porter en procession, autour de leurs murailles, la tunique de saint Vincent, diacre, célèbre martyr et patron de la ville. Les femmes, en habits de deuil et les cheveux épars, comme si elles avaient assisté aux funérailles de leurs maris, suivaient la procession en se frappant la poitrine. Les assiégeants, qui de loin ne distinguaient point assez ce qui se passait sur les murailles de la ville, se persuadèrent d'abord qu'on faisait des maléfices contre eux. Ils surprirent un des habitants et lui demandèrent ce que l'on faisait. On porte la tunique de saint Vincent, dit-il, et avec elle on implore la miséricorde du Seigneur. A cette nouvelle, les assiégeants furent saisis de crainte. Childebert manda l'évêque, qui vint avec de riches présents. Mais le roi le pria de lui donner des reliques du saint martyr; et l'évêque lui donna l'étole, gardant la tunique. Ainsi les Francs levèrent le siège, et Childebert, étant de retour à Paris, fit bâtir une église de Saint-Vincent, où il mit son étole, avec quantité de vases précieux, de calices, de croix, de couvertures d'évangiles qu'il avait apportées de son expédition, entre autres une croix d'or, ornée de pierreries, à cause de laquelle il fit bâtir cette église en forme de croix (Greg., Tur., l. 3, c. 20).

L'an 541, 30ᵉ du règne de Childebert, s'était tenu le quatrième concile d'Orléans. On y fit trente-huit canons. Le premier ordonne que la Pâque sera célébrée suivant la table de Victorius; que l'évêque l'annoncera tous les ans au peuple le jour de l'Epiphanie, et que, s'il y trouve quelque difficulté, les métropolitains consulteront le Siége apostolique. Tous les évêques feront observer le carême également, sans le commencer plus tôt ni ôter le jeûne du samedi. L'évêque sera ordonné dans l'église qu'il doit gouverner, du moins en présence du métropolitain et dans la province. Les seigneurs ne mettront dans les oratoires de leurs terres que des clercs approuvés par l'évêque, et ne les empêcheront point de rendre le service qu'ils doivent à l'Eglise. Celui qui voudra avoir une paroisse dans sa terre, doit premièrement lui donner un revenu suffisant et des clercs pour la desservir. Il y a plusieurs canons dans ce concile pour défendre aux laïques d'ôter les biens donnés à l'Eglise, et aux ecclésiastiques de les aliéner : ce qui montre que ces abus devenaient fréquents. On révoquera les aliénations faites par l'évêque contre les canons ; toutefois, les serfs de l'Eglise qu'il aurait affranchis, conserveront leur liberté. Les serfs des Eglises ou des évêques ne doivent point piller ni faire de captifs, puisque leurs maîtres ont accoutumé de les racheter. Les asiles seront conservés ; mais ils ne doivent point servir de prétexte aux serfs pour contracter des mariages illégitimes. Il est défendu aux juges d'imposer aux clercs des charges publiques, particulièrement des tutelles, aux évêques, aux prêtres et aux diacres. Les juges séculiers ne doivent point connaître les causes des clercs, même contre les laïques, ni exercer aucun acte de juridiction sur eux sans la permission de l'évêque ou du supérieur. Mais les clercs, de leur côté, étant cités par leur supérieur ecclésiastique, ne doivent user d'aucune chicane. Si des évêques ont un différend pour quelque intérêt temporel, leurs collègues les avertiront par lettres de s'accommoder ou de choisir des arbitres; que si le différend dure plus d'un an, celui qui sera en demeure sera privé de la communion de ses collègues. On défend les restes de l'idolâtrie, comme de manger des viandes immolées ou de jurer par la tête de certains animaux. Le meurtrier qui s'est mis à couvert de la vengeance publique, ne doit pas moins être mis en pénitence (Labbe, t. V, p. 380).

Léonce de Bordeaux présida ce concile, où se trouvèrent trente-huit évêques présents et douze députés représentant les absents. Les métropolitains Aspais d'Eause, Flavius de Rouen, et Injuriosus de Tours souscrivirent les premiers après Léonce. Saint Gallican d'Embrun souscrivit au rang des simples évêques. Il était successeur de Catulin, qui assista au concile d'Epaone, et fut prédécesseur de saint Pelade. Les plus célèbres des autres évêques sont : saint Cyprien de Toulon, Rurice de Limoges, saint Gal d'Auvergne, saint Dalmace de Rhodez, saint Agricole de Châlon-sur-Saône, saint Firmin d'Uzès, saint Innocent du Mans, saint Eleuthère d'Auxerre, Eumérius de Nantes, saint Arcade de Bourges et saint Lô de Coutances. Ces deux derniers n'y assistèrent que par députés.

On ne convient pas si Léonce de Bordeaux, qui présida au concile, fut le premier ou le second évêque de ce nom qui gouverna cette Eglise. L'un et l'autre illustrèrent l'épiscopat par leurs talents et leurs vertus. Le premier est honoré comme saint de 21 août. Le second l'est, dans son Eglise, le 15 novembre; et quoique les anciens Martyrologes n'en fassent pas mention, il fut un des plus grands et des plus pieux évêques de son temps. Une illustre naissance dont il ne se glorifiait pas, et de grands biens dont il était libéral, donnèrent un nouvel éclat au mérite personnel qui le distinguait. Il épousa dans sa jeunesse Placidine, qui comptait parmi ses aïeux saint Sidoine et l'empereur Avitus, et il acquit de la gloire par sa bravoure dans les guerres contre les Visigoths d'Espagne. Mais dès lors, ce qu'il y avait de plus distingué dans le siècle par la noblesse et le mérite, se croyait honoré par les dignités ecclésiastiques. Léonce fut élu évêque de Bordeaux, le 13e de cette Eglise et le 2e du nom. Il ne regarda plus Placidine, son épouse, que comme sa sœur. C'était une dame d'une grande piété et qui avait des sentiments dignes de sa naissance. Elle ne se sépara pas de son mari pour ce qui concernait les bonnes œuvres, où elle voulait avoir sa part. Léonce n'était pas entré dans l'épiscopat pour s'enrichir des biens de l'Eglise : il voulait plutôt enrichir l'Eglise de ses biens propres. Il employa, du consentement de sa femme, ses grandes richesses à construire et à doter un grand nombre d'églises, non-seulement dans son diocèse, mais encore ailleurs. Le poète Fortunat, qui florissait à cette époque, a fait l'éloge des deux Léonce de Bordeaux (Fortunat, l. 1, *Carm.* 15; l. 4, *Carm.* 9 et 10).

Saint Firmin d'Uzès n'était pas moins distingué par sa piété et sa noblesse. On le dispensa, en considération de son mérite, des règles ordinaires; et après la mort de son oncle Rorice, évêque d'Uzès, qui l'avait élevé, il fut placé sur ce siège, âgé seulement de 22 ans; mais la prudence et la sainteté furent un heureux supplément au défaut des années. La réputation de Firmin ne fut pas renfermée dans la Gaule; la renommée publia ses talents au delà des Alpes, et le poète Arator, qui était si célèbre en Italie, en fit un bel éloge. Il dit que parmi un grand nombre de bons évêques qui faisaient la gloire de l'Eglise gallicane, Firmin se distinguait par son éloquence, et que l'éclat de son mérite se répandait au loin hors de sa patrie.

Arator avait été capitaine des gardes et intendant des domaines de l'empereur; mais ayant renoncé au monde, il avait embrassé l'état ecclésiastique, et était sous-diacre de l'Eglise romaine, lorsqu'en 544, le 6 avril, il présenta au pape Vigile son poème des *Actes des Apôtres* en deux livres, dans le sanctuaire de l'Eglise du Vatican, en présence de la plus grande partie du clergé de Rome. Le Pape, en ayant fait lire une partie sur-le-champ, le donna au primicier des notaires pour le mettre dans les archives de l'Eglise. Mais tout ce qu'il y avait à Rome de gens de lettres prièrent le Pape de le faire réciter publiquement. Il ordonna qu'on le fît dans l'église de Saint-Pierre-aux-Liens, et il s'y trouva une grande assemblée d'ecclésiastiques et de laïques, de noblesse et de peuple. Arator récita lui-même son ouvrage en quatre jours différents, parce que les auditeurs y prenaient tant de plaisir, qu'ils l'obligeaient à répéter souvent les mêmes endroits; en sorte que chaque fois il ne put lire que la moitié d'un livre. Plus tard il en envoya un exemplaire dans les Gaules, au patrice Parthénius, avec une épître en vers, où il fait l'éloge de saint Firmin (*Bibl. Pat.*, t. X; Galland, t. XII).

Saint Innocent du Mans, successeur de saint Principe, soutint la réputation de son Eglise, qui était en possession depuis son établissement d'avoir de saints évêques. Il se montra surtout le père et le protecteur des moines. On croit que ce fut à sa prière que saint Benoît envoya dans les Gaules son disciple saint Maur, qui fonda le monastère de Glanfeuil, en Anjou. Eumérius de Nantes, qui avait d'abord exercé avec une grande intégrité l'office de juge dans le siècle, était aussi un prélat distingué par sa naissance, son éloquence et sa charité envers les pauvres (*Hist. de l'Eglise gallic.*, l. 6).

L'an 549, la 38e du règne de Childebert, au mois d'octobre, il se tint dans la même ville d'Orléans un 5e concile. Il devait juger l'évêque de cette Eglise, nommé Marc, accusé de plusieurs crimes, et provisoirement exilé. L'accusation ayant été trouvée calomnieuse, il fut rétabli sur son siège. Une autre cause avait porté Childebert à convoquer cette assemblée. De concert avec sa femme, la reine Ultrogothe, il avait fondé un hôpital à Lyon pour loger les étrangers et soigner les pauvres malades. Ils souhaitèrent que les évêques du concile autorisassent de leurs souscriptions cet établissement, et les règlements qui avaient été dressés pour le maintenir. Le concile le fit, et ordonna par un canon exprès que l'évêque de Lyon et ses successeurs ne pourraient rien attribuer à leur Eglise des biens qui avaient été donnés, ou qui pourraient être donnés dans la suite à cet hôpital, ni rien changer dans les règlements qu'on y avait établis : qu'ils auraient seulement inspection sur la maison, pour qu'il y eût toujours des supérieurs et des administrateurs soigneux et craignant Dieu. On excommunie comme meurtriers des pauvres, ceux qui contreviennent à ce canon, ou qui usurperaient les biens de cet hôpital.

Parmi les 23 autres canons de ce concile, le 1er condamne également les erreurs d'Eutychès et de Nestorius, comme condamnés par le Siége apostolique. Ce qui fut ordonné sans doute à cause de la dispute des trois chapitres, dont les accusateurs et les défenseurs se reprochaient mutuellement ces hérésies. Pour la discipline : « Pendant la vacance du siège, aucun évêque ne pourra ordonner des clercs, ni consacrer des autels, ou rien prendre des biens de l'Eglise vacante, sous peine d'interdiction pour un an. Il n'est permis à personne d'acheter l'épiscopat; mais celui qui a été élu par le clergé et le peuple, suivant les anciens canons, sera ordonné, avec l'agrément du roi, par le métropolitain et les comprovinciaux. Celui qui aura été ordonné pour de l'argent, sera déposé. On n'ordonnera aucun évêque pour une ville malgré les clercs et les citoyens, et on n'emploiera pas l'autorité des personnes puissantes pour extorquer leur consentement, sous peine de déposition contre ceux qui auront obtenu l'épiscopat par ces voies. Ces canons font voir que la liberté des élections diminuait depuis la domination des Barbares; les évêques tâchent de la rétablir le mieux qu'ils peuvent.

Les causes des évêques devaient être jugées ainsi. Si quelqu'un a quelque affaire contre l'évêque ou contre les agents de l'Eglise, il s'adressera d'abord à l'évêque, afin que le différend soit terminé à l'amiable. Si cette démarche ne réussit pas, il aura recours au métropolitain, qui en écrira à l'évêque, pour faire terminer la cause par arbitrage. Si l'évêque ne veut pas entendre à un accommodement, et que le métropolitain soit obligé de lui écrire une seconde fois, il demeurera privé de la communion du métropolitain jusqu'à ce qu'il soit venu lui rendre compte de l'affaire. Mais s'il est évident que c'est une affaire injuste qu'on suscite à l'évêque, celui qui la lui aura suscitée sera excommunié un an. Si le métropolitain interpellé deux fois par un évêque, diffère de lui rendre justice, l'évêque se pourvoira au concile prochain.

L'évêque qui ordonnera sciemment un esclave ou un affranchi, sans la permission de son maître, sera six mois suspendu de la célébration des saints mystères, et le nouveau clerc demeurera sous la puissance de son maître, qui n'en exigera que des services honnêtes. Si le maître en exige des services qui puissent déshonorer l'ordre sacré, l'évêque qui l'a ordonné donnera, selon les anciens canons, deux esclaves à sa place. Défense de remettre en servitude les esclaves qui ont été affranchis dans l'Eglise, à moins qu'ils ne se soient rendus indignes de ce bienfait par les fautes marquées dans la loi : les Eglises doivent y tenir la main. Tous les dimanches, l'archidiacre ou le prévôt de l'église visitera les détenus en prison, afin de soulager leurs misères. L'évêque nommera une personne fidèle et soigneuse, qui pourvoira à leur nourriture et à leurs autres besoins, aux dépens de l'Eglise. Les évêques auront un soin particulier des lépreux de leur diocèse (Labbe, t. V). On voit ici que les biens de l'Eglise étaient les biens de tous les malheureux, et l'on en doit d'autant moins s'étonner de la libéralité des peuples à l'enrichir.

Ces canons furent arrêtés et souscrits par 50 évêques présents, et par les députés de 21 absents. Sept métropolitains souscrivirent les premiers : saint Sacerdos de Lyon, qui présida, saint Aurélien d'Arles, saint Hésychius de Vienne, saint Nicet de Trèves, saint Désidérat de Bourges, Aspais d'Eause, et Constitut de Sens, successeur de saint Léon. On y voit aussi, mais hors de rang, les souscriptions d'Urbique de Besançon, d'Avole d'Aix et de Mappinius de Reims, qui n'assista au concile que par un député, aussi bien que saint Léonce de Bordeaux, et saint Gallican d'Embrun. Les plus célèbres des autres évêques sont : Saint Firmin d'Uzès, saint Agricole de Châlon-sur-Saône, saint Gal d'Auvergne, saint Eleuthère d'Auxerre, Désidérat de Verdun, Alodius de Toul, saint Tétric de Langres, saint Nectaire d'Autun, saint Domitien de Tongres, saint Arège de Nevers, saint Lô de Coutances, saint Lubin de Chartres, saint Aubin d'Angers, saint Genebaud, premier évêque de Laon. Ces trois derniers n'assistèrent au concile que par députés.

Saint Agricole de Châlon était issu d'une famille de sénateurs : il se rendit recommandable par sa prudence, sa politesse, son abstinence, son rare génie et par son éloquence. Tout était grand en lui, excepté la taille qu'il avait fort petite. Saint Aubin d'Angers était originaire du territoire de Vannes. Il quitta ses parents dès sa jeunesse, pour entrer dans un monastère, dont il fut élu abbé à l'âge de 35 ans. Pendant vingt-cinq ans qu'il le gouverna, il y fit fleurir toutes les vertus religieuses. Mais il en fut tiré malgré son humilité, pour occuper le siège d'Angers. Dans cette nouvelle dignité, il s'appliqua à soulager les pauvres par ses aumônes, à défendre ses concitoyens, à visiter les malades, et à racheter les captifs. Il ressuscita un mort et rendit la vue à trois aveugles, en faisant le signe de la croix sur leurs yeux. Fortunat, qui vivait dans le temps et dans le pays, raconte les circonstances de ces miracles. Il exalte surtout le zèle de ce saint évêque contre les mariages incestueux, et il nous apprend qu'il travailla dans plusieurs conciles à corriger cet abus (*Acta Sanct.*, 1 *mart.*, *Vita Albini*).

Saint Lubin ou Léobin de Chartres était originaire de Poitiers : ses parents étaient laboureurs. Jeune encore et gardant les bœufs de son père, il avait une telle envie de s'instruire, qu'il pria un moine du voisinage qui vint à passer, de lui écrire les lettres, pour qu'il pût les apprendre. Comme il n'avait ni livre ni tablettes, le moine les lui écrivit sur sa ceinture. Son père en ayant eu connaissance, lui procura des tablettes à écrire, et, dès ce moment, il s'appliqua tout ensemble et à la lecture et à l'agriculture. Ensuite il fut reçu dans un monastère, où il passa huit ans. Il en sortit pour aller prendre les leçons des personnes les plus consommées dans la vertu et dans les exercices de la vie monastique. A ce dessein, il alla visiter saint Avite dans les solitudes de Perche, saint Hilaire, évêque de Mende, et saint Loup, depuis évêque de Lyon, et alors abbé de l'Ile-Barbe. Il passa cinq ans dans ce monastère; et il y fut mis à une rude question par les Francs, qui faisaient alors la guerre aux Bourguignons, et qui voulaient lui faire déclarer où était l'argent du monastère. Il revint ensuite auprès de saint Avite, qui lui donna la charge de cellérier. Comme cette fonction l'occupait tout le jour, il employait la nuit à l'étude. Après la mort du saint abbé, il mena la vie érémitique. Ethérius, évêque de Chartres, le promut à la prêtrise, sur la réputation de ses vertus et de ses miracles; et l'ayant établi abbé du monastère de Brou, il lui ordonna, pour s'instruire plus parfaitement, d'aller consulter saint Césaire d'Arles, qui vivait encore. Lubin fit ce voyage avec saint Aubin d'Angers. Césaire leur en ayant demandé le sujet, saint Aubin lui répondit que, pour lui-même, il n'était venu de si loin que pour avoir la consolation de le voir et prendre ses avis sur quelques points de discipline; mais que Lubin avait résolu de quitter le monastère dont il était abbé, pour se faire le dernier de tous à Lérins. Saint Césaire ayant blâmé ce dessein, Lubin retourna prendre le gouvernement de son monastère. Il ne pensait qu'à s'y faire oublier, et qu'à cacher ses vertus dans la retraite, lorsque, Éthérius de Chartres étant mort, le roi Childebert rendit un décret pour le faire élire. Le clergé et le peuple de Chartres y consentirent avec joie; et malgré la résistance de Lubin et la jalousie de quelques évêques, il fut ordonné pontife de cette Église, on ne sait précisément en quelle année (*Acta Sanct.*, 14 *mart.*).

Saffarac, évêque de Paris, qui assista au 5ᵉ concile d'Orléans, avec saint Agricole, saint Aubin et saint Lubin, ne leur ressemblait guère. Quelque temps après, il fut accusé de quelques crimes considérables; et après les informations juridiques, il les confessa devant les évêques Médovée de Meaux, Lubin de Chartres, Aridius de Nevers, et d'autres membres du clergé. Il fut en conséquence enfermé dans un monastère. Mais pour le déposer canoniquement, Childebert convoqua vers l'an 553 un concile de vingt-sept évêques à Paris, où présida Sapaudus d'Arles. On y examina les procédures faites contre Saffarac, et les commissaires devant lesquels il avait fait l'aveu de ses crimes, en rendirent compte au concile, qui les jugea capitaux et suffisamment prouvés. On trouva que les trois évêques avaient bien fait de mettre Saffarac dans un monastère. On chargea le métropolitain, qui était Constitut de Sens, de le déposer, suivant les canons. Ce qui fut exécuté (Labbe, t. V). A sa place, on ordonna évêque de Paris, Eusèbe, le même qui ordonna prêtre saint Cloud ou Clodoald, petit-fils de Clovis, ainsi qu'il a été dit.

Eusèbe étant mort après quelque temps, on élut pour évêque de Paris, un homme semblable aux apôtres en vertu et en miracles. C'était saint Germain, alors abbé de Saint-Symphorien d'Autun. Il était issu d'une honnête famille du territoire d'Autun même. Son père se nommait Éleuthère, sa mère Eusébie. Il faillit mourir avant de naître. Sa mère, honteuse d'avoir si tôt un autre enfant, chercha à le faire périr dans son sein: Dieu ne permit pas qu'elle réussît. Élevé dans son enfance à Avalon, chez une de ses parentes, il courut un danger semblable. Cette méchante femme, pour s'emparer de son héritage, résolut de lui donner du poison. En ayant préparé, elle dit à sa domestique de le donner à Germain, lorsqu'il reviendrait de l'école avec son fils, nommé Stratidius, à qui elle devait donner en même temps un verre de vin. Mais la domestique se méprit, donna le verre de vin à Germain, et le verre de poison à Stratidius, qui n'en mourut pas, mais en contracta une longue maladie.

Germain, échappé à ces périls, se retira à Lazi, chez un saint prêtre de ses parents, qui jeta dans son âme les premières semences de la vertu. Il y avait demeuré quinze ans, lorsque saint Agrippin, évêque d'Autun, l'ordonna diacre, et ensuite prêtre, trois ans après. Enfin saint Nectaire, évêque de la même ville, par estime pour sa sagesse et sa piété, le fit abbé du monastère de Saint-Symphorien. Son abstinence était grande; il passait souvent les nuits en prières; mais sa vertu principale était la compassion pour les malheureux. Un jour il donna aux pauvres tout ce qu'il y avait de pain dans le monastère. Les moines n'en trouvant plus pour eux-mêmes, se mirent à murmurer contre lui. Il s'enferma dans sa cellule, et pleura amèrement. Sa prière n'était point achevée, quand on vit arriver à la porte du monastère deux chevaux chargés de pains, qu'une pieuse dame envoyait en aumône, et qu'elle fit suivre le lendemain d'une voiture de provisions. Dieu lui communiqua dès lors les dons de prophétie et de miracles. A Châlons, où il était allé trouver le roi Théodebert d'Austrasie, en faveur des villages de l'Église d'Autun, il prédit à ce prince qu'il mourrait dans peu et lui en marqua le jour. Et le roi mourut peu après, en retournant à Reims.

Germain se rendait auprès du roi Childebert pour une cause semblable, lorsqu'il fut élu évêque de Paris, vers l'an 555. Dans cette nouvelle dignité, ses miracles augmentèrent ainsi que ses vertus. Les uns et les autres sont attestés par un auteur contemporain, Fortunat, évêque de Poitiers, témoin oculaire d'un grand nombre, et qui a écrit la vie du saint en vers et en prose. Voici comme il parle de sa charité: Quand même les voix de tout le peuple se réuniraient en une seule, on ne saurait dire combien il était prodigue en aumônes; bien des fois, se contentant d'une tunique, il couvrait du reste de ses vêtements quelque pauvre nu; de manière que tandis que l'indigent avait chaud, le bienfaiteur avait froid. Nul ne peut dénombrer en combien de lieux ni en quelle quantité il a racheté des captifs. Les nations voisines, les Espagnols, les Scots, les Bretons, les Gascons, les Saxons, les Bourguignons, peuvent attester de quelle sorte on recourait de toutes parts au nom du bienheureux pour être délivré du joug de l'esclavage. Lorsqu'il ne lui restait plus rien, il demeurait assis, triste et inquiet, d'un visage plus grave et d'une conversation plus sévère. Si par hasard quelqu'un l'invitait alors à un repas, il excitait ses convives ou ses propres serviteurs à se concerter de manière à délivrer un captif, et l'âme de l'évêque sortait un peu de son abattement. Que si le Seigneur envoyait de quelque façon, entre les mains du saint, quelque chose à dépenser, aussitôt, cherchant dans son esprit, il avait coutume de dire: « Rendons grâces à la clémence divine, car il nous arrive de quoi effectuer des rachats, » et sur-le-champ, sans hésiter, l'effet suivait les paroles. Lors donc qu'il avait ainsi reçu quelque chose, les rides de son front se dissipaient; son visage était plus serein, il marchait d'un pas plus léger, ses discours étaient plus abondants et plus gais; si bien qu'on eût cru qu'en rachetant les autres, cet homme se délivrait lui-même du joug de l'esclavage.

Le saint évêque, revenant de Saint-Symphorien par Avalon, trouva en ce dernier lieu un grand nombre d'individus en prison. Invité à dîner par le comte Nicaise, l'homme de Dieu lui parla d'abord de la miséricorde, l'exhortant à leur remettre une partie de la faute, et à recevoir des cautions pour le paiement du reste. Le comte s'y refusa obstinément. Avant la fin du repas, le saint se leva de table, alla se prosterner sur la prison qui était sous terre, y pria longtemps avec larmes, pour obtenir de Dieu ce que lui avait refusé le juge temporel, et exhorta les détenus à prendre confiance. Peu après son départ, les chaînes se rompent, les portes s'ouvrent d'elles-mêmes, la prison est éclairée, les prisonniers en sortent et entrent avec le saint pontife à Paris. Pour achever la bonne œuvre, il leur obtint du roi la remise de ce qu'ils devaient au fisc. Le comte Nicaise ayant fait lui-même une chute mortelle, en fut guéri par le saint, et lui donna aussitôt en présent son baudrier et son épée, qu'il racheta ensuite.

Le roi Childebert secondait dignement la charité de l'évêque. Il lui envoya un jour six mille pièces d'or pour les pauvres. Après en avoir distribué trois mille, Germain vint au palais. Interrogé par le roi s'il avait encore quelque chose, il répondit qu'il en avait encore la moitié, parce qu'il n'avait pas trouvé assez de pauvres. Seigneur, lui dit le roi, donnez le reste : par la faveur du Christ, nous ne manquerons pas de quoi donner. Et aussitôt il fit rompre sa vaisselle d'or et d'argent, et la donna au pontife. Il y avait comme une lutte entre l'évêque et le prince; c'était à qui serait le plus charitable.

Childebert reçut même dès cette vie la récompense des libéralités que Germain lui inspirait de faire aux pauvres et aux églises. Ce prince, étant tombé dangereusement malade, le saint évêque lui rendit miraculeusement la santé; et le roi, par reconnaissance, donna à l'Eglise de Paris la terre où il avait été guéri. Voici comme il en parle dans l'acte de donation, que les savants regardent comme authentique. « Notre père et seigneur Germain, évêque de Paris, homme vraiment apostolique, nous a fait connaître par ses prédications que, tandis que nous sommes en ce monde, nous devons penser à l'autre vie, et il nous a recommandé d'augmenter de plus en plus les biens des Eglises et de soulager la misère des pauvres, comme il nous en a donné lui-même l'exemple. Or, ce saint évêque m'ayant trouvé dangereusement malade dans ma maison de Celles, qui est située dans le territoire de Melun, et, voyant que la médecine avait épuisé en vain tous les secrets de son art, il eut recours à la prière, qui fut plus efficace que tous les remèdes. Car, ayant passé la nuit en oraison, il m'imposa les mains le lendemain matin, et aussitôt je recouvrai la santé, que les plus habiles médecins n'avaient pu me rendre. C'est pourquoi, en reconnaissance de ce miracle que Dieu a opéré par son moyen, pour l'affermissement de notre règne et pour notre salut éternel, nous donnons à notre mère, l'Eglise de Paris, dont le seigneur Germain est évêque, notre dite maison de Celles avec toutes ses appartenances, situées dans le territoire de Melun, sur le bord de la Seine, au confluent de l'Yonne (*Acta Sanct.*, 28 *maii*, *Vita S. Germ. comment. præv.*, n. 11, 12 et 13). »

A la même époque, les Gaules, la Germanie, l'Italie, l'univers entier, comme dit Fortunat, parlait avec admiration de la bonté et de la piété d'un personnage illustre, le duc Chrodin. C'était le père des pauvres, le bienfaiteur des églises et des clercs. Souvent il fondait de nouvelles métairies, faisait cultiver des terres, planter des vignes, bâtir des maisons; puis, il appelait les évêques qui n'étaient pas riches, leur donnait un repas et ensuite la maison même, avec la vaisselle d'argent, les tapisseries, les meubles, les domestiques, les terres et les hommes qui les cultivaient, en disant : « Ceci est à l'Eglise, pour nourrir les pauvres et m'obtenir miséricorde auprès de Dieu (Greg. Tur., l. 6, c. 20; Fortunat, l. 9, *Carm.* 16). »

Sans doute, les seigneurs francs ne ressemblaient point tous à cet excellent duc, comme les princes francs ne ressemblaient pas tous à Childebert, qui ne s'était pas toujours ressemblé à lui-même. Mais toujours est-ce une chose miraculeuse, que des actes, et des mœurs pareilles, chez les chefs d'une nation naguère idolâtre et barbare, et toujours remuante et guerrière.

Il y eut après l'année 555, une guerre entre les Francs eux-mêmes. Le roi Clotaire avait envoyé son fils aîné et de prédilection, gouverner l'Auvergne. Chramne était son nom. N'ayant pas gouverné au gré de son père, il fut rappelé. Mais il refusa d'obéir, épousa la fille d'un seigneur du pays, leva des troupes, repoussa ses deux frères Charibert et Gontram, sur le bruit que leur père était mort en combattant les Saxons. Childebert soutenait secrètement son neveu rebelle, et, sur le bruit que Clotaire était mort, voulut se mettre en possession d'une partie de son royaume. Cet état de guerre et de révolutions favorisait les entreprises sur les biens et les droits ecclésiastiques, à quoi, d'ailleurs, il y a toujours des gens très-disposés. La paix s'étant momentanément rétablie, l'an 557, entre le roi Clotaire et le roi Chramne, son fils, il s'assembla un concile à Paris, pour remédier aux différents désordres. On y fit dix canons. En voici les dispositions principales :

On excommunie ceux qui retiennent les legs pieux; ceux qui usurpent les biens de l'Eglise; ou les biens appartenant aux évêques; ceux qui obtiennent des princes les biens des Eglises, ou qui les envahissent sous prétexte de les défendre. Le concile veut que les biens, qui ont été aliénés du temps de Clovis, soient restitués, quand même ils auraient passé aux héritiers de ceux qui les avaient obtenus. Si l'usurpateur est d'un autre diocèse, l'évêque de l'Eglise dont les biens ont été usurpés, en écrira à son collègue, qui admonestera l'usurpateur, et, s'il ne se corrige pas, on emploiera contre lui les censures. Il n'est pas juste, disent les évêques, que nous soyons les gardiens des papiers de l'Eglise, et que nous ne soyons pas, comme nous le devons, les défenseurs des biens que ces papiers lui donnent. Enfin, l'on excommunie en général quiconque oserait demander au roi le bien d'autrui.

On abusait aussi de l'autorité du prince pour épouser des veuves ou des filles malgré elles et leurs parents; le concile le défend sous peine d'excommunication, et renouvelle les défenses contre toutes les unions illicites, soit entre parents et alliés, soit avec les personnes consacrées à Dieu. Mais il y avait un abus plus important de l'autorité des rois : c'était pour forcer les élections des évêques. Le concile dit donc à cet égard : « Puisqu'en certains points on néglige de se conformer aux anciens usages, et que même on viole les canons, nous avons jugé à propos d'ordonner que ces canons soient observés selon l'ancienne coutume. Ainsi, que personne ne soit ordonné évêque d'une Eglise malgré les citoyens, et sans avoir été élu par les suffrages libres du clergé et du peuple. Que personne n'entre dans l'épiscopat par l'autorité du prince ou par quelque autre moyen que ce soit, contre la volonté du métropolitain et des autres évêques de la province. Si quelqu'un ose usurper cette dignité en vertu d'un ordre du roi, qu'il ne soit pas reçu des évêques comprovinciaux, qui connaissent l'irrégularité de son ordination. Celui qui, malgré cette défense, oserait le recevoir, demeurera séparé de la communion des autres. Pour les ordinations qui ont déjà été faites, il est à propos que le métropolitain assemble ses comprovinciaux et tels autres évêques qu'il voudra, pour en juger selon les anciens canons (Labbe, t. V). »

Il se trouva 15 évêques à ce concile. Les plus connus sont : Probien de Bourges, qui présida, saint Prétextat de Rouen, saint Léonce de Bordeaux, saint Germain de Paris, saint Euphrone de Tours, Félix d'Orléans, saint Paterne d'Avranches, saint Chalétric de Chartres et saint Samson de Dol en Bretagne. Presque tous souscrivirent avec cette formule du saint évêque de Paris : « Germain, pécheur, évêque, j'ai consenti et souscrit. »

Euphrone avait été élu évêque de Tours l'année précédente, 556, d'une façon assez singulière. Gonthaire, son prédécesseur, qui avait été universellement estimé comme moine, mais qui ensuite s'était abruti par le vin dans l'épiscopat même, étant venu à mourir, le roi Clotaire ordonna d'élire à sa place un prêtre d'Auvergne, nommé Caton. Le clergé de Tours l'ayant donc élu, lui envoya des députés en Auvergne pour le prier de consentir à son élection. Caton les tint quelques jours sans leur rendre de réponse précise ; après quoi, ces députés étant venus savoir sa dernière résolution, il fit assembler à sa porte une troupe de pauvres, à qui il fit dire sous main de crier : « Père charitable, pourquoi abandonnez-vous vos enfants ? Si vous nous quittez, qui nous nourrira, comme vous avez fait jusqu'à présent ? » Alors, se tournant vers les députés, il leur dit : Vous voyez, mes chers frères, combien je suis aimé de ces pauvres ; je ne puis me résoudre à les abandonner. « Il parlait ainsi, parce qu'il ambitionnait d'être évêque d'Auvergne même, à la place de Cautin, qui n'en était pas plus digne. Le clergé et le peuple de Tours, voyant son refus, élurent Ephrone, issu d'une famille de sénateurs, et le députèrent à Clotaire pour avoir son agrément. Le roi répondit : « J'avais commandé qu'on ordonnât le prêtre Caton ; pourquoi a-t-on méprisé mes ordres ? » Les députés répondirent qu'il avait refusé ce siège ; et ils étaient encore avec le roi, lorsque Caton arriva lui-même pour le prier de le mettre plutôt à la place de Cautin, Clotaire rejeta sa demande avec mépris. Alors Caton dit qu'il acceptait le siège de Tours ; mais le roi lui répondit que, puisqu'il avait méprisé cette Eglise, il n'aurait jamais l'honneur de la gouverner. Le prince s'informa ensuite de ce que c'était qu'Euphrone, qu'on avait élu au refus de Caton ; et ayant appris qu'il était neveu de saint Grégoire de Langres, il dit : « C'est une grande et illustre famille. Que la volonté de Dieu et de saint Martin soit faite ! Qu'on accomplisse l'élection ! » Euphrone fut ainsi ordonné le 18e évêque après saint Martin (Grég. Turg., l. 4, c. 11 et 15).

La vaine gloire qui fit manquer au prêtre Caton l'évêché de Tours, lui avait déjà fait manquer celui d'Auvergne. En effet, aussitôt que saint Gal, le dernier évêque, eut été enterré, le clergé de la ville alla faire compliment au prêtre Caton sur l'épiscopat, qu'on regardait comme ne pouvant lui échapper. Il se porta lui-même pour évêque, mit sous sa main les biens de l'Eglise, chassa les administrateurs et régla tout avec autorité. Les évêques qui s'étaient assemblés pour les funérailles de saint Gal, lui dirent : « Nous voyons que la plus grande partie du peuple vous a élu ; venez, nous vous ordonnerons évêque. Le roi est enfant (ils parlaient du jeune Théodebald d'Austrasie) ; si l'on vous en fait un crime, nous prendrons la faute sur nous et nous vous soutiendrons. » Caton leur répondit avec un superbe contentement de lui-même : « La renommée ne vous a pas laissé ignorer avec quelle piété j'ai vécu depuis mon enfance. Le jeûne, l'aumône, la prière, la psalmodie font toutes mes délices et toutes mes occupations. Le Seigneur, que j'ai si bien servi, ne permettra pas que je sois privé de cet évêché. J'ai été dix ans lecteur, quinze ans sous-diacre, quinze ans diacre, et il y a vingt ans que je suis prêtre. Que me reste-t-il maintenant, sinon d'être élevé à l'épiscopat que j'ai mérité par mes services ? Retournez dans vos diocèses et faites vos affaires ; quant à moi, je ne veux recevoir cette dignité que selon les canons. » Il entendait l'élection du clergé et le consentement du roi. Ayant donc été élu, il menaça l'archidiacre Cautin de le déposer. Celui-ci eut beau lui demander humblement ses bonnes grâces et s'offrir même d'aller solliciter pour lui le consentement du roi, Caton se moqua de lui. L'autre, pour se venger, feignant d'être malade, alla secrètement trouver le roi Théodebald et lui apprit la mort de saint Gal. Le jeune prince, sans autre examen, lui donna l'évêché d'Auvergne et le fit aussitôt ordonner à Metz ; en sorte qu'il était déjà sacré, quand arrivèrent les députés de Caton. Ce prêtre superbe fut si outré de cette préférence, qu'il ne put se résoudre à se soumettre à Cautin, et il fit un schisme dans l'Eglise d'Auvergne : ce qui obligea le nouvel évêque de lui ôter, à lui et à ses adhérents, ce qu'ils possédaient des biens de l'Eglise. Mais Cautin lui-même n'en fut pas moins, par son ivrognerie et sa cruauté fantasque, un monstre dans l'épiscopat, tandis que Caton, s'il n'avait eu cette impertinente vanité, eût été un évêque passable ou même excellent (Greg. Tur., l. 4, c. 5, 6 et 7 ; l. 10, c. 16) ; car dans une peste effroyable qui désola l'Auvergne, plusieurs s'étant enfuis, notamment l'évêque, il resta constamment à ensevelir les gens du peuple et à dire des messes pour chacun, et il mourut dans cette œuvre de charité (Ibid., l. 4, c. 31).

Samson, évêque de Dol, qui souscrivit le dernier au 3e concile de Paris, rappelle des idées bien différentes. L'invasion des Anglo-Saxons dans la Grande-Bretagne avait fait refluer beaucoup de Bretons dans l'Armorique, qui prit d'eux le nom de Petite-Bretagne ou de Bretagne simplement. Parmi eux étaient plusieurs saints, qui achevèrent de convertir ce qu'il y avait encore d'idolâtres et d'affermir les autres dans la foi. Ce qui était un malheur temporel pour un pays, devint ainsi un avantage spirituel pour un autre. Dans cette sainte colonie de missionnaires, on distingue principalement saint Samson, saint Malo, saint Magloire et saint Méen. Ils étaient parents, d'une famille noble, et s'étaient sanctifiés les uns et les autres, pendant plusieurs années, dans des monastères. Ils avaient été instruits en même temps dans les saintes lettres par saint Eltut, célèbre abbé dans le Clamorgan. Ils abordèrent dans l'île d'Aaron, ainsi nommée d'un saint ermite qui y vivait alors et qui était venu comme eux de la Grande-Bretagne. C'est l'île où a été bâtie depuis la ville de Saint-Malo. Saint Samson convertit un grand nombre d'idolâtres par ses prédications et ses miracles, fonda une abbaye qu'il appela Dol, et y fixa un siége épiscopal. Saint Malo fit la même chose dans la ville d'Aleth, aujourd'hui remplacée par Saint-Servant, qu'il gouverna pendant quarante ans comme évêque, ainsi que le monastère de Saint-Aaron, après la mort de son fondateur. Samson fit plusieurs voyages à Paris et s'employa auprès du roi Childebert en faveur de Judual, prince breton, chassé de ses Etats par Commore. Ce fut dans un de ces voyages qu'il assista au concile dont nous avons parlé (*Acta Sanct.*, 28 *julii*; Godescard, 15 nov.).

Saint Magloire prêcha de même l'Evangile aux Bretons qui habitaient sur les côtes. Il ne quittait point le cilice, mais il le couvrait d'un vêtement fait avec une étoffe convenable, pour ne point rebuter les personnes du monde. Il ne se nourrissait que de pain d'orge et de légumes; il mangeait cependant un peu de poisson les dimanches et les fêtes. Son zèle et sa charité ne lui laissaient presque aucun moment de repos, et il était quelquefois des jours entiers sans pouvoir prendre de nourriture. Saint Méen s'avança dans l'intérieur du pays et y bâtit un monastère, dont il fut établi abbé par saint Samson, vers l'an 550, et autour duquel s'est formée la ville de Saint-Méen. Ses exemples et ses exhortations inspirèrent l'amour de la solitude à un grand nombre de personnes. Ce fut lui qui donna l'habit religieux à saint Judicaël, roi d'une partie de la Bretagne, lorsqu'il quitta le monde dans la 22ᵉ année de son âge (*Ibid.*, 24 octob. et 21 juin).

Vers les mêmes temps, d'autres saints, également partis de la Grande-Bretagne, s'établissaient sur les côtes de l'Armorique, y fondaient des monastères, et achevaient de convertir les habitants. Tel fut saint Brieuc, qui bâtit entre autres un monastère dans le lieu où s'est formée la ville de son nom. Tel fut encore saint Paul, également de la famille de saint Samson, qui vécut d'abord dans une petite île, où, caché aux yeux des hommes, il menait une vie vraiment angélique. Du pain et de l'eau faisaient sa nourriture ordinaire; il y ajoutait un peu de poisson les jours des grandes fêtes. Touché enfin de l'état déplorable où il voyait les habitants de la côte, encore plongés dans les ténèbres de l'idolâtrie, il passa sur le continent pour leur prêcher la foi. Ses prédications eurent les plus heureux succès. Pour assurer tant de bien, le comte ou gouverneur du pays fit en sorte que saint Paul, bien malgré lui, fut ordonné évêque. Il l'envoya, sous un autre prétexte, porter une lettre au roi Childebert, qui, en ayant pris connaissance, lui fit donner aussitôt la consécration épiscopale. Paul fixa son siége dans la ville de Léon, laquelle a pris son nom. Il établit encore dans l'île de Bas un monastère qu'il remplit de fervents religieux sortis avec lui de la Grande-Bretagne (Godescard, 1ᵉʳ mai et 12 mars).

En 527, un autre saint breton arriva sur la côte opposée de l'Armorique et choisit pour le lieu de sa retraite la petite île d'Houat. C'était saint Gildas, surnommé le Sage. Tout son vêtement consistait en un rude cilice et une robe faite d'une étoffe très-grossière. Il couchait sur la terre nue, n'ayant qu'une pierre pour chevet. Enfin sa vie était un martyre prolongé. Dans sa nouvelle solitude, dont le seul aspect faisait horreur, il comptait devoir être totalement inconnu; son espérance fut trompée. Des pêcheurs, édifiés de son genre de vie et de ses discours tout célestes, en parlèrent avec admiration et découvrirent aux habitants des côtes voisines le trésor qu'ils avaient trouvé. On courut de toutes parts à la demeure du saint anachorète, qui expliquait la loi de Dieu avec une onction dont les cœurs les plus endurcis ne pouvaient se défendre. Le nombre de ses disciples augmentait de jour en jour, ainsi que les instances qu'on lui faisait de venir sur le continent; il sortit enfin de sa retraite et bâtit un monastère dans la presqu'île de Rhuis, non loin de Vannes. Il écrivit même deux petits livres, qu'on a encore, pour faire sentir aux Bretons que les malheurs qu'ils avaient éprouvés par l'invasion des Anglo-Saxons, étaient une juste punition de leurs péchés, notamment des péchés des princes et des prêtres. Dans ces livres, saint Gildas est comme le Jérémie de la Bretagne (*Acta Sanct.*, 29 *jan.*; *Bibl. Pat.*, t. VIII).

Cependant le roi Childebert, que nous voyons si bien seconder les apôtres de l'Armorique, achevait, à Paris, de bâtir l'église qu'il avait commencée en l'honneur de saint Vincent, martyr, et que l'on a nommée depuis Saint-Germain-des-Prés. Elle était en forme de croix, soutenues de colonnes de marbre, la voûte ornée de lambris dorés, les murailles de peintures à fond d'or, le pavé de pièces de rapport de différentes couleurs, qui formaient diverses figures. Le tout était couvert de lames de cuivre doré : ce qui donna occasion dans la suite de nommer cette église *Saint-Germain-le-Doré*. Fortunat en loue particulièrement le vitrage. Comme elle était en forme de croix, il y avait quatre autels. Le principal, à l'orient, fut dédié en l'honneur de la Sainte-Croix et de saint Vincent; celui du côté du septentrion, aux saints Ferréol et Ferrution; celui du midi, à saint Julien de Brioude, et celui d'occident, aux saints Gervais et Protais, à saint Celse et à saint Georges. A l'entrée de l'église, au midi, on avait bâti un oratoire en l'honneur de saint Symphorien, et de l'autre côté, au septentrion, un autre en l'honneur de saint Pierre. Il y a lieu de croire qu'on mit à tous ces autels des reliques des saints martyrs en l'honneur desquels ils furent dédiés; et il paraît que ce fut à ce dessein que Childebert en envoya demander au Pape, ainsi qu'il a été dit.

Ce prince donna à la nouvelle église un grand nombre de riches terres et de précieux ornements, et il pria saint Germain d'y établir une communauté de moines. Le saint évêque l'exécuta, donnant lui-même plusieurs terres de son patrimoine, afin de fournir abondamment de l'huile et de la cire pour le luminaire. Il y mit pour abbé saint Droctovée, qui avait été son disciple à Saint-Symphorien d'Autun, et qu'il avait instruit selon la règle de saint Antoine et de saint Basile.

Tout était prêt pour la dédicace de l'église, lorsque Childebert tomba dangereusement malade. C'était vers la fête de Noël, et plusieurs évêques s'étaient déjà rendus à Paris pour la célébrer avec le roi. Mais ce prince mourut le 23 décembre l'an 558, la 48ᵉ année de son règne. Comme saint Germain voulait inhumer Childebert dans la nouvelle église, et qu'il s'était fait à Paris une grande affluence de personnes de toutes conditions, tant pour la fête que pour les funérailles du roi, il crut devoir profiter de l'occasion. Il fit la dédicace, assisté de saint Nicet de Lyon et de cinq autres évêques, et, le même jour, il fit les obsèques de Childebert avec un appareil digne de la grandeur et de la magnificence de ce prince. Il fut enterré dans le chœur de cette église, qu'il sembla n'avoir bâtie que pour lui servir de tombeau (*Vita Droctovœi*, 10 *mart.*; Fort., l. 2, c. 11; Aimoin, l. 2, c. 20).

Childebert étant mort sans enfants mâles, Clotaire devint maître de tout l'empire franc, et commença ce nouveau règne par exiler la reine Ultrogothe, et ses deux filles Crodesinde et Crotberge. Cependant, après quelque temps, la reine et les deux princesses furent rappelées de leur exil et remises en possession des beaux jardins que Fortunat décrit dans ses vers, et où Childebert prenait plaisir à cultiver des arbres fruitiers qu'il avait plantés de sa main. Ultrogothe fut enterrée près de son mari dans l'église Saint-Vincent.

Dès que Clotaire se vit en possession de toute la monarchie française, il voulut rassurer les évêques, qui paraissaient craindre le règne d'un prince débauché jusqu'à s'être fait excommunier par saint Nicet de Trèves. C'est pourquoi il publia une constitution très-favorable à la religion, et qui confirme la plupart des canons du dernier concile de Paris, sans parler néanmoins de ce qu'on y avait décrété touchant les élections des évêques. Clotaire règle d'abord quelques articles touchant le civil. Pour les successions, dit-il, on suivra la disposition des lois, et toutes les grâces obtenues à leur préjudice, seront réputées nulles par les juges. Si quelqu'un est accusé d'un crime, qu'il ne soit pas condamné sans être entendu; mais s'il est convaincu, qu'il soit puni selon la nature du crime. Les causes des Romains seront terminées suivant les lois romaines. Une grâce obtenue de nous par subreption, sera nulle. Si quelque juge condamne quelqu'un injustement, et contre la loi, il sera corrigé en notre absence par les évêques, et obligé de réformer ce qu'il a mal jugé. Personne ne se servira de notre autorité, pour épouser une veuve ou une fille malgré elles, ou pour les enlever. Que personne n'ait la hardiesse d'épouser une religieuse. Les oblations faites aux églises ne pourront leur être enlevées. On voit ici quelle était au fond la constitution de la monarchie des Francs. Les évêques faisaient proprement les lois dans leurs conciles; le prince confirmait ces lois, et, pour les faire observer, il établit les évêques à sa place, surveillants et juges des juges mêmes.

Clotaire continue : Nous remettons à l'Eglise, par dévotion, les tributs imposés sur les terres et les pâturages, et les dîmes des porcs. C'était un tribut en usage parmi les Francs. Il paraît même que d'autres tributs se levaient en espèces sur les fruits des terres; c'est pourquoi le roi défend à ceux qui levaient les dîmes, d'aller sur les terres de l'Eglise. Il déclare exempts de toutes charges publiques les clercs et les églises, à qui Clovis et Childebert en ont accordé l'immunité, et il confirme toutes les donations faites aux églises par ces princes et par quelque autre personne que ce soit. Enfin, il ordonne qu'on ne soit point reçu à revendiquer des biens que les églises, les clercs et ses autres sujets possèdent depuis trente ans, pourvu cependant que le commencement de la possession ait été juste. Ces dernières paroles paraissent avoir été ajoutées en faveur du canon du dernier concile de Paris, qui ordonne de répéter les biens ecclésiastiques usurpés même sous Clovis (Labbe, t. V).

Clotaire ne goûta pas longtemps le plaisir de se voir maître absolu de tant de royaumes. Son fils Chramne se révolta une seconde fois; et se réfugia, avec sa femme et ses filles, auprès de Conobert, comte de Bretagne. Villiacaire, beau-père de Chramne, se réfugia à Tours, dans l'église de Saint-Martin, et, comme il s'y vit gardé, il y mit le feu pour s'échapper à la faveur de l'incendie, qui consuma cette belle église bâtie par saint Perpétue. Clotaire la fit aussitôt réparer et couvrir d'étain, et marcha, à la tête de son armée, contre son fils rebelle, que le comte de Bretagne se mettait en état de soutenir de toutes ses forces. Les armées étant en présence, le comte dit à Chramne : Je ne crois pas qu'il convienne que vous marchiez contre votre père. Laissez-moi tomber sur lui cette nuit, et je me tiens assuré de la victoire. Chramne, que la justice divine semblait poursuivre, n'y voulut point entendre. La bataille se donna le lendemain. Clotaire qui marchait comme un autre David contre un autre Absalom, disait tout haut : « Seigneur, voyez du haut du ciel les outrages que me fait mon fils, et jugez ma cause, comme vous avez jugé autrefois entre Absalom et David, son père. Ayant ainsi parlé, il donna le signal de la bataille, qui fut très-sanglante. Le comte de Bretagne y fut tué. Chramne prit la fuite vers les vaisseaux qu'il avait fait tenir prêts. Il pouvait se sauver sans peine. Il revint sur ses pas pour retirer du péril ses filles et sa femme. Il fut pris avec elles. Son père l'ayant su, ordonna de les brûler, lui, sa femme et ses filles; et l'ordre fut exécuté. Clotaire s'était comparé à David; mais David avait commandé d'épargner son fils Absalom; mais David pleura son fils, tué malgré ses ordres. Clotaire ne ressemblait à David que par ses adultères : encore David n'y tomba-t-il que par surprise, au lieu que Clotaire paraît s'y être plongé presque toute sa vie (Greg. Tur., l. 4, n. 20).

Après cette tragique expédition, le roi des Francs, les mains encore teintes, pour ainsi dire, du sang de son fils, alla à Tours offrir de riches présents au tombeau de saint Martin, dans l'église qu'il venait de faire réparer. La sainteté du lieu lui inspira des sentiments de pénitence. Il y repassa, dans l'amertume de son cœur, les désordres de sa vie passée, et pria saint Martin avec larmes de lui obtenir de la divine miséricorde le pardon de tant de crimes dont il se reconnaissait coupable. Il séjourna quelque temps à Tours avec saint Germain de Paris et quelques autres saints évêques, qui tâchèrent de profiter pour son salut des heureuses dispositions de son cœur (*Ibid.*, n. 21).

Une circonstance, qui semblait faite pour achever sa conversion, faillit la faire manquer; c'était le voisinage de sainte Radegonde, autrefois sa femme. Après avoir passé plusieurs années à Sais, sur les confins du Poitou et de la Touraine, dans une sainte solitude, elle avait obtenu permission de Clotaire de bâtir un monastère à Poitiers : ce qui fut exécuté en peu de temps par le zèle de Pientius, alors évêque de cette ville, et par les soins du duc Austrapius. La naissance et la vertu de la pieuse reine y attirèrent bientôt un grand nombre de filles de la première qualité, qui vinrent pour s'y consacrer à Dieu sous sa conduite. Mais Radegonde n'avait pas renoncé aux grandeurs du siècle, pour se faire une domination dans le cloître. Elle fit élire abbesse une de ses disciples, nommée Agnès, à qui elle fut en tout soumise comme la dernière des religieuses. Le voisinage de Poitiers rappela le souvenir de Radegonde dans le cœur de Clotaire. Les courtisans, qui s'en aperçurent bien vite, lui conseillèrent de la rappeler à la cour, et d'aller même à Poitiers pour la tirer du monastère. Alarmée au premier bruit qui s'en répandit, Radegonde écrivit secrètement à saint Germain, qui accompagnait le roi dans ce voyage, et le conjura instamment de détourner le coup dont elle était menacée. Germain, pour mieux toucher le roi, se jeta à ses pieds devant le tombeau de saint Martin, et le supplia avec larmes de ne pas aller à Poitiers. Clotaire reconnut aisément que c'était Radegonde qui lui faisait faire cette prière. Il fut attendri; il imputa la résolution qu'il avait prise aux mauvais conseils, et, se jetant lui-même aux pieds de Germain, il le conjura de prier la sainte reine de lui pardonner. Il l'envoya même pour ce sujet à Poitiers, et ce fut sans doute en cette occasion que ce saint évêque bénit l'abbesse Agnès (*Acta Sanct.*, 13 *aug.*).

Il sembla que Dieu, par ces sentiments de piété qu'il inspirait à Clotaire, voulait le disposer à la mort et le porter à faire de dignes fruits de pénitence. Car à peine fut-il de retour de ce voyage, qu'il fut pris de la fièvre, étant à la chasse auprès de Compiègne. Il se retira dans la maison royale de cette ville pour rétablir sa santé; mais le mal, plus fort que tous les remèdes, augmentait tous les jours, il sentit bientôt que sa fin était proche. Maître de la France et d'une partie de l'Allemagne, il se voyait contraint de tout quitter. Eh bien ! disait-il à ses courtisans, qu'en pensez-vous? quel est ce roi céleste qui fait ainsi mourir de si grands rois? Il mourut de cette sorte à Compiègne, l'an 561, après en avoir régné cinquante (Greg. Tur., l. 4, n. 21). Ses quatre fils firent porter son corps à Soissons, où il fut enterré avec un magnifique appareil dans l'église qu'il avait commencé de faire bâtir sur le tombeau de saint Médard. Ensuite ils partagèrent entre eux la monarchie des Francs. Charibert eut le royaume de Paris, Gontram celui de Bourgogne, Chilpéric celui de Soissons, et Sigebert celui d'Austrasie.

A Rome, le pape Pélage était mort le 2 mars 559, après avoir tenu le Saint-Siège 3 ans et 10 mois. Son successeur fut Jean III, surnommé Catellin, fils d'Anastase, du rang des illustres. Il acheva l'église des apôtres Saint-Philippe et Saint-Jacques, que son prédécesseur avait commencée, et y fit peindre diverses histoires et de saintes images, partie en mosaïque, partie avec des couleurs, et en fit la dédicace. Il augmenta et rétablit les cimetières des martyrs, et donna ordre que tous les dimanches l'église de Latran y fournirait le pain, le vin et le luminaire (Labbe, t. V).

En Orient, Justinien aussi approchait de la tombe. Bélisaire l'y précéda de huit mois. Pour dernier exploit, ce vieux général avait battu les Huns et sauvé Constantinople, l'an 559. Le 5 décembre 563, il se vit accusé de trahison, dépouillé de ses biens et de ses dignités, jeté en prison, où, pendant 7 mois, il attendait le bourreau d'un jour à l'autre. Au mois de juillet 564, on reconnut son innocence, on lui rendi ses dignités et ses biens; mais au mois de mars 565, la mort lui enleva la vie même. Justinien fut de moitié avec la mort : la tombe eût le cadavre de Bélisaire, Justinien confisqua ses trésors. Antonine, femme du défunt, fonda un monastère avec les débris de sa fortune. Que Bélisaire ait eu les yeux crevés, qu'il ait été réduit à mendier son pain, c'est un conte grec du XIIe siècle, dont on a fait un roman philosophique au XVIIIe. Philosophique ou grec, ce n'en est pas moins un conte (*Hist. du Bas-Empire*, l. 49). Procope, qui avait servi sous les ordres de Bélisaire, a écrit l'histoire de ses exploits.

Justinien suivit Bélisaire au mois de novembre de la même année 565. Il mourut, comme il avai vécu, dans des querelles théologiques. Après avoir si longtemps argumenté contre les eutychiens et les origénistes, il finit par prendre une de leurs erreurs. Il publia donc, sous le nom d'*édit*, une longue dissertation, où il disait que le corps de Jésus-Christ avait toujours été incorruptible; c'est-à-dire que dès qu'il fut formé dans les entrailles de sa sainte mère, il n'était susceptible d'aucun changement ni altération, pas même des sensations naturelles et innocentes, comme la faim et la soif. En sorte qu'avant sa mort même, il mangeait sans besoin comme après sa résurrection : d'où suivait naturellement que les souffrances de sa passion et de sa mort n'avaient point été réelles, mais seulement apparentes. Justinien voulut que tous les évêques approuvassent cette théologie impériale. Le patriarche de Constantinople, saint Eutychius s'y refusa des premiers, en lui remontrant que ce n'était point la doctrine des apôtres. De cette opinion, disait-il, s'ensuit nécessairement que l'Incarnation n'a été qu'imaginaire. Car comment un corps incorruptible a-t-il été circoncis? comment a-t-il pu, sur la croix, être percé par les clous et par la lance ? On ne peut le nommer incorruptible, qu'en ce qu'il n'était souillé d'aucune tache du péché, et ne fut point corrompu dans le sépulcre.

Pour réfuter le patriarche, Justinien le fit arrêter par des soldats, et, avant même de l'avoir fait déposer, le remplaça par un autre, Jean le Scholastique, syrien et apocrisiaire d'Antioche; seulement, huit jours après, il traduisit saint Eutychius devant une assemblée d'évêques courtisans, où il fut accusé de manger des viandes délicates, de prier longtemps à genoux, et d'autres crimes semblables. Il fut cité trois fois, pour observer les règles, et répondit toujours : Si on me juge canoniquement, si on me rend mon clergé et ma dignité, je prendrai mes accusateurs pour témoins. Ils le condamnèrent par défaut; mais lui, de son côté, les prévint, en déclarant qu'ils avaient encouru les peines canoniques. Il fut exilé dans une île de la Propontide, ensuite à Amasée, métropole du Pont, dans le monastère qu'il avait autrefois gouverné. Son exil dura douze ans, et il y fit beaucoup de miracles (Evagr., l. 4, c. 38 et 39; *Vita S. Eutych.*, *Acta Sanct.*, 6 *april.*).

Comme saint Eutychius, tous les patriarches et un grand nombre d'évêques refusèrent de souscrire à l'édit de l'empereur, et lui résistèrent dans les conciles et par des écrits particuliers. Du fond des Gaules, saint Nicet de Trèves l'exhorta fortement à revenir de son erreur. Il lui déclare nettement dans sa lettre, que toute l'Italie, l'Afrique, l'Espagne et les Gaules anathématisaient son nom (Labbe, t. V). Quant aux évêques d'Orient, lorsque l'empereur demanda leur souscription, ils s'en défendirent, en disant qu'ils suivaient l'exemple d'Anastase, évêque d'Antioche. C'était un saint pontife, non moins recommandable par sa vertu que par sa doctrine, qui avait succédé peu de temps auparavant à Domnin. Justinien fit donc tous ses efforts pour le gagner, persuadé qu'il attirerait tous les autres. Le saint patriarche fut inébranlable, réfuta avec force l'hérésie impériale, et se prépara à l'exil. Et de fait, Justinien recourut bientôt à son grand argument, la violence : déjà il dictait la sentence de déportation contre saint Anastase et les autres évêques fidèles, lorsqu'il fut frappé de mort le 14 novembre 566, la quarantième année de son règne, et la quatre-vingt-quatrième de son âge (Evagr., l, 4, c. 41).

Il eut pour successeur à l'empire, Justin, son neveu, fils de sa sœur Vigilance. Justin avait épousé Sophie, nièce de l'impératrice Théodora. Ils furent couronnés l'un et l'autre par le patriarche Jean le Scholastique. Revêtu des ornements impériaux, le nouvel empereur se rendit à l'hippodrome, fit le signe de la croix, dont il portait l'image sur le front, et harangua le peuple, qui était innombrable. A peine eut-il cessé de parler, qu'il se vit environné d'une foule de femmes, qui demandaient à grands cris la délivrance de leurs maris ou de leurs enfants détenus dans les prisons. Touché de leurs larmes, il fit grâce aux criminels, et relâcha tous les prisonniers. Cette action de bonté fit espérer un soulagement général. Aux acclamations de joie se mêlaient de toutes parts des gémissements et des plaintes. Justinien, pour fournir aux frais immenses de ses bâtiments, avait sucé le sang de ses peuples, et ne s'était fait aucun scrupule des exactions les plus injustes. Après avoir épuisé toutes les ressources des impositions, il avait emprunté de grandes sommes à des particuliers sur des obligations signées de sa main. Tout le peuple tendant les bras vers le nouvel empereur, lui présentait ces billets dont il demandait le paiement. Justin, ayant fait faire silence, excusa son prédécesseur sur sa vieillesse, dont ses ministres avaient abusé. Il fit aussitôt dresser des comptoirs et ouvrir le trésor : on vit en un moment dans tout le cirque briller des monceaux d'or et d'argent. L'empereur écoutait les plaintes et recevait les billets, qu'on acquittait sur-le-champ et qu'on jetait dans un grand feu. Les héritiers furent payés de ce qui était dû à leurs pères, et, dès le premier jour, il y eut un grand nombre de torts redressés et de dettes payées ; ce qui fut continué les jours suivants, jusqu'à ce que les injustices du règne précédent eussent été pleinement réparées.

Justin songea ensuite à rétablir la paix dans l'Eglise. Il rappela les évêques exilés, à la réserve toutefois de saint Eutychius de Constantinople. Il publia un édit adressé à tous les chrétiens de l'empire, où il les exhorte à se réunir à l'Eglise, et où il expose sa croyance contre les dernières hérésies. Cet édit, étant orthodoxe, fut bien reçu des catholiques et ne contribua pas peu à réunir les esprits. Enfin il envoya en Egypte l'abbé Photin ou Photius, beau-fils de Bélisaire, avec plein pouvoir de pacifier les Eglises de ces quartiers.

Mais ces beaux commencements ne se soutinrent pas. Justin s'abandonna bientôt aux débauches les plus extravagantes. Par suite de ses mœurs dépravées, dès la première année de son règne il rétablit la liberté du divorce, que Justinien venait d'abolir, et remit aux habitants de plusieurs provinces orientales les peines pécuniaires encourues par des mariages illicites. Il devint avare et rapace, méprisant les pauvres, dépouillant les riches, vendant tout, jusqu'aux dignités de l'Eglise, dont il faisait publiquement un trafic sacrilège. Il avait un parent, nommé Justin comme lui, grand capitaine et homme de mérite, avec lequel il était convenu que celui des deux qui parviendrait à l'empire, donnerait à l'autre le second rang. Il lui témoigna d'abord beaucoup d'amitié ; mais ensuite, à l'instigation de sa femme, il lui ôta ses gardes, l'envoya comme gouverneur d'Egypte à Alexandrie, l'y fit tuer de nuit dans son lit et s'en fit apporter la tête, que lui et sa femme Sophie considérèrent avec satisfaction et frappèrent à coups de pied. Vers le même temps, cette même femme ou impératrice, par ses paroles outrageantes, poussa à bout un autre grand capitaine, le fameux Narsès, et ouvrit l'Italie aux Lombards. L'empereur, de son côté, chassa d'Antioche le patriarche saint Anastase, sous prétexte qu'il dissipait les biens de l'Eglise, mais en effet parce qu'il le haïssait. Quand Anastase fut élu patriarche, il refusa à Justin l'argent qu'il lui demandait pour lui procurer l'agrément de l'empereur Justinien. Etant devenu empereur, il apprit que, comme on demandait à Anastase pourquoi il prodiguait les biens de l'Eglise, il avait répondu : De peur que Justin, la peste du genre humain, ne les enlève (Evagr., l. 5, c. 1-5; *Hist. du Bas-Empire*, l. 50).

Pour comble de malheur, Justin II, qui avait si peu de bon sens, perdit encore ce peu l'an 574, et tomba tout à fait dans la démence, du moins par intervalles. Bien des grands et des magistrats en abusèrent pour opprimer le peuple. Chaque fois que l'empereur sortait, il se voyait entouré d'une foule de malheureux qui lui demandaient justice. Bien des fois, dans ses moments lucides, il assembla les principaux personnages de l'empire pour trouver le remède. A la fin, un sénateur lui dit que, s'il voulait l'établir préfet de la ville, avec l'autorité nécessaire, il y mettrait ordre dans l'espace d'un mois. L'empereur le fit volontiers. Le nouveau préfet étant sur son tribunal, une pauvre veuve porta plainte contre un officier général qui l'avait dépouillée de tous ses biens. Le général, sommé de comparaître, ne répond que par des outrages et s'en va dîner chez l'empereur, qui l'avait invité. Le préfet s'y rend de son côté et dit à l'empereur, devant tous les convives : « Seigneur, si vous me maintenez dans la charge de poursuivre ceux qui oppriment les pauvres, j'accomplirai ma promesse ; si, au contraire, vous les admettez à votre table, comme vos amis, recevez ma démission. » L'empereur répondit : « Fussé-je moi-même le coupable, tirez-moi du trône. » Aussitôt le préfet fait emmener de force l'officier général, et, l'ayant convaincu juridiquement, le fait battre de verges et promener sur un âne par toute la ville, et confisque tous ses biens au profit de la veuve. Avant la fin des trente jours, on n'entendit plus ni plainte ni procès (Zonar., l. 14, t. II; Cedr., t. I).

La même année 574, au mois de décembre, l'empereur fit quelque chose de non moins glorieux. Voyant l'état déplorable où il était réduit, il chercha un successeur, non dans sa famille, mais dans l'empire. Il avait pour commandant de la garde impériale un officier vaillant, pieux, modeste, de grande taille et de bonne mine. Son nom était Tibère, sa patrie la Thrace, sa naissance inconnue. Justin l'adopta pour son fils et le déclara césar. Ayant assemblé le sénat et le clergé, avec le patriarche, dans le portique du palais, il revêtit Tibère des insignes de l'empire et lui dit : « Vous voyez les marques du pouvoir souverain; ce n'est pas de ma main que vous les recevez, mais de la main de Dieu. Rendez-les honorables, et elles vous honoreront. Respectez l'impératrice, votre mère; vous étiez hier son serviteur, vous êtes aujourd'hui son fils. Ne prenez pas plaisir à verser le sang des hommes; ne rendez pas le mal pour le mal; évitez les actions qui ont attiré sur moi la haine publique, et, au lieu d'imiter votre prédécesseur, profitez de son expérience. Homme, j'ai péché; pécheur, j'en ai été puni dès cette vie même. Mais ceux qui ont abusé de ma confiance et échauffé mes passions, paraîtront avec moi devant le tribunal de Jésus-Christ. Ne vous laissez pas éblouir, comme moi, par cet éclat extérieur. Occupez-vous de tous comme de vous-même. N'oubliez pas ce que vous étiez naguère et ce que vous êtes maintenant. Ne soyez point superbe, et vous ne pécherez pas. Vous voyez ce que j'ai été et ce que je suis devenu. Tous ceux-ci sont vos enfants et vos serviteurs. Vous savez que je vous ai aimé plus que mes propres entrailles. En voyant ceux-ci, vous voyez toute la république. Veillez sur vos soldats; fermez l'oreille aux délateurs; ne permettez pas qu'on vous séduise en vous citant l'exemple de votre prédécesseur : je vous le dis, instruit à mes dépens. Ceux qui ont quelque chose, laissez-les en jouir, et donnez à ceux qui n'ont pas. »

Lorsque l'empereur eut cessé de parler, le patriarche prononça une formule de prière, à laquelle tous les assistants répondirent : *Amen*. Alors le césar Tibère se prosterna aux pieds de l'empereur, qui lui dit en le relevant : « Si vous le voulez, je serai encore; si vous ne le voulez pas, je ne serai plus. Que le Dieu du ciel et de la terre mette lui-même dans votre cœur tout ce que j'ai oublié de vous dire! » Ces touchantes paroles furent suivies des plus vives acclamations (Théophylact., *Simoc.*, l. 13, c. 11).

Dans le même temps que Constantinople voyait ainsi avec joie monter sur le trône impérial un homme qui en était digne, Rome contemplait avec amour un autre homme qui devait monter bientôt sur la Chaire apostolique pour le salut commun de l'Eglise et du monde.

## LIVRE QUARANTE-SIXIÈME.

Commencements de saint Grégoire le Grand. — Conversion des Visigoths d'Espagne. — État de la religion parmi les Francs des Gaules, où fleurit saint Grégoire de Tours.

(De l'an 574 à l'an 590 de l'ère chrétienne.)

Un moine traversait un jour le marché de Rome. Il y voit, exposés en vente, des esclaves d'une grande beauté. Il s'informe de leur pays : on lui dit qu'ils sont Anglais et de la Grande-Bretagne. — Les Anglais sont-ils chrétiens ou plongés encore dans les ténèbres du paganisme? — Ils sont encore païens. — Quel malheur, reprit-il, que des créatures aussi belles soient sous la puissance du démon, et qu'un tel extérieur ne soit pas accompagné de la grâce de Dieu! — Aussitôt il va trouver le pape Benoit Ier, successeur de Jean III, le conjure d'envoyer des prédicateurs de l'Evangile dans la Bretagne : il s'offre lui-même, et part.

Que les voies de Dieu sont admirables! C'est à la pitié d'un moine romain pour des esclaves anglais, que l'Angleterre devra sa conversion au christianisme, et, par suite, les lumières et la civilisation dont elle est si glorieuse.

Mais à peine ce moine était-il parti, que le peuple romain s'attroupe autour du Pontife, et lui crie tout d'une voix : « Saint Père, qu'avez-vous fait? Vous avez détruit Rome, vous avez offensé saint Pierre en laissant partir Grégoire. » Le Pontife, étonné de ces cris, envoie des courriers après le missionnaire et le ramène dans la ville. Mais ce que ne peut Grégoire encore moine, il l'exécutera devenu pape (Beda, *Hist.*, l. 2, c. 1).

Le moine Grégoire, à qui le peuple romain tenait comme à sa vie, était le fils d'un sénateur, et, avant d'embrasser l'humilité du cloître, il avait rempli lui-même avec distinction la première magistrature judiciaire de Rome, celle de préteur. Il était né à Rome même, vers l'an 540. Il comptait parmi ses ancêtres le pape saint Félix IV. Son père, le sénateur Gordien, jouissait d'une fortune considérable; mais il renonça au monde après la naissance de son fils, entra dans le clergé, et mourut un des sept diacres qui avaient soin, chacun dans son quartier, des pauvres et des hôpitaux. Sa mère Sylvie, honorée elle-même comme sainte, suivit l'exemple de son mari, et se consacra au service de Dieu dans un petit oratoire. Grégoire, par un effet de sa piété filiale, fit tirer les portraits de son père et de sa mère, que l'on conserve encore à Rome, avec le sien, dans une petite chapelle de Saint-André. Deux de ses tantes paternelles, qui avaient consacré leur virginité à Jésus-Christ, sont également honorées par l'Église : sainte Tharsille, le 24 décembre, et sainte Emilienne, le 5 janvier, jours de leur bienheureuse mort.

Grégoire s'appliqua de bonne heure aux études convenables de son rang, entre autres à la philosophie. Le succès fut tel, qu'il ne le cédait en érudition à aucun de ses compatriotes. Jeune encore, il écoutait avec attention les paroles sentencieuses et anciennes, et les gravait profondément dans sa mémoire. Sa conversation la plus agréable était avec les vieillards, pour profiter de leur sagesse. Il n'avait qu'une trentaine d'années lorsqu'il fut nommé préteur ou premier magistrat judiciaire de Rome. En cette qualité, il avait pouvoir de faire des lois. Quelque éloigné qu'il fût du luxe et du faste, il se crut obligé, pour honorer sa charge, de porter des vêtements de soie tout brillants d'or et de pierreries. Il avait résolu dès lors de se donner entièrement à Dieu. La renommée de saint Benoit et de son institut l'avait ébranlé en sa jeunesse; il en avait conféré avec les abbés du Mont-Cassin, Constantin et Simplicius, qui avaient succédé au saint patriarche : et qui lui en avaient appris la vie et les miracles. Cependant il différait de jour en jour. Il s'imaginait pouvoir mieux, sous l'habit du siècle, donner à Dieu tout son cœur, et au monde les seules apparences. Mais il s'aperçut à la fin que la sollicitude des affaires l'attachait insensiblement au monde, non plus par les dehors seuls, mais par le cœur même. A partir de ce moment, il ne songea plus qu'aux moyens de se réfugier dans la vie monastique, comme dans le port du salut et de la paix.

La Providence lui facilita l'accomplissement de ses désirs, par la mort du sénateur Gordien, son père. Avec les biens qu'il en hérita, il bâtit et dota six monastères en Sicile, où était une grande partie de son patrimoine, et un septième à Rome, dans sa propre maison, sous le nom de Saint-André, qui existe encore. Il se démit ensuite de sa charge, vendit tout le reste de ses biens, qui étaient fort considérables, en distribua le prix aux pauvres, et se retira dans son monastère de Saint-André. Il prit l'habit monastique vers l'an 575, et vécut premièrement sous la discipline de l'abbé Valentin, puis sous l'abbé Maximien, qui devint quelque temps après évêque de Syracuse. Grégoire s'y appliqua tellement au jeûne et à l'étude des livres saints, qu'il s'affaiblit l'estomac, de manière à tomber en syncope, lorsqu'il ne prenait pas fréquemment de la nourriture. Ce qui l'affligeait le plus, était de ne pouvoir jeûner le samedi-saint, jour auquel tout le monde jeûnait, même les petits enfants. D'accord avec un saint moine nommé Eleuthère, il demanda à Dieu, avec larmes, de pouvoir jeûner au moins ce saint jour. Quelque temps après, il se sentit fortifié, et ne pensa plus ni à la nourriture ni à la maladie. Nonobstant ses infirmités, il était continuellement occupé à prier, à lire, à écrire ou à dicter. Sa nourriture ordinaire était des légumes crus, que lui fournissait sainte Sylvie, sa mère : elle les lui envoyait trempés dans une écuelle d'argent, qu'il fit un jour donner à un pauvre, n'ayant plus autre chose dont il pût disposer.

Il avait un grand zèle pour la perfection religieuse. Ayant été élu abbé de son monastère en 584, il veillait avec un soin extrême à l'observation de la règle. Un de ses moines, nommé Juste, avait amassé trois pièces d'or et les avait soigneusement cachées, mais il révéla sa faute, quand il se vit au lit de la mort. Grégoire pour punir d'une manière exemplaire cette infraction de la règle, qui proscrivait l'esprit de propriété, défendit à la communauté de visiter le malade et d'aller prier autour de lui, comme cela se pratiquait ordinairement. Il ne lui envoya qu'un prêtre pour l'assister et l'exhorter à la pénitence. Juste détesta sa faute, et mourut dans les sentiments de la plus vive componction. Le saint abbé ne s'en tint pas là ; son zèle pour maintenir la discipline monastique lui fit faire ce que saint Macaire avait fait dans une semblable circonstance. Il ordonna que Juste fut enterré avec ses trois pièces d'or sous un fumier, et que chaque religieux lui criât sur sa fosse : *Que ton argent périsse avec toi !* Mais comme il était mort pénitent, il ne voulut pas qu'il fût privé des prières de l'Eglise, et il ordonna qu'on offrît pour lui le saint sacrifice de la messe durant trente jours consécutifs. Et saint Grégoire nous apprend, qu'après la messe du trentième jour, Juste apparut à un de ses frères, et lui apprit qu'il venait d'être délivré des peines qu'il avait endurées depuis sa mort (*Dialog.*, l. 4, c. 54).

Ce fut vers l'an 576 que Grégoire, encore simple moine, partit pour convertir les Anglais, et fut rappelé aussitôt par le pape Benoit, surnommé Bonose. Il rentra dans son monastère. Mais peu après, ce Pape, considérant ses progrès dans la vertu, l'ordonna un des sept diacres de l'Eglise romaine, tant pour le servir à l'autel, que pour lui aider dans le gouvernement de l'Eglise. Le pape Benoit étant mort, on lui donna pour successeur Pélage II, aussi Romain de naissance et fils de Vinigilde, et on le consacra sans attendre l'agrément de l'empereur, parce que Rome était assiégée alors par les Lombards. Le nouveau Pape envoya Grégoire à Constantinople, en qualité d'apocrisiaire ou de nonce apostolique. C'était vers l'an 578, lorsque Tibère, après la mort de Justin, gouvernait seul l'empire.

Logé dans le palais de l'empereur, au milieu des courtisans et des affaires, Grégoire continua la même manière de vie. Il avait emmené plusieurs moines de sa communauté ; l'abbé même de son monastère, Maximien, depuis évêque de Syracuse, le rejoignit à Constantinople, accompagné de quelques autres moines ; Grégoire se remettait, en leur compagnie, de l'agitation des affaires temporelles, il priait avec eux, conférait avec eux des choses saintes, et, par ce moyen, il vécut dans le palais de l'empereur comme il aurait fait dans son monastère.

Maximien ayant été rappelé à Rome par le pape Pélage en 584, fut battu d'une furieuse tempête sur la mer Adriatique. Par la violence de l'ouragan, le navire perdit son gouvernail, son mât et ses voiles, puis, crevassé de toutes parts, se remplit d'eau jusqu'au plancher supérieur. Ceux qui se trouvaient avec Maximien, n'attendant plus que la mort, se donnèrent le baiser de paix, reçurent le corps et le sang du Rédempteur, et se recommandèrent chacun à Dieu, afin qu'il reçût leurs âmes dans sa miséricorde, pendant qu'il livrait leurs corps à une mort si épouvantable. Mais, par sa toute-puissance, pas un d'eux ne périt. Le navire, quoique rempli d'eau, continua sa route pendant huit jours. Le neuvième, il entra dans le port de Crotone. Maximien en étant sorti le dernier, aussitôt le navire s'engloutit dans le port même. C'est ce que saint Grégoire lui-même atteste dans le troisième livre de ses *Dialogues* (1).

D'après la voix unanime de tous les historiens anciens et modernes, l'empereur Tibère Constantin fut un prince accompli. D'une taille haute et majestueuse, d'une physionomie pleine de douceur et de noblesse, il passait pour le plus bel homme de l'univers. Humain et affable, il accueillait avec bienveillance tout le monde. Cette bienveillance était non-seulement dans les paroles et dans les manières, mais dans le cœur : il aimait tous ses peuples comme un père, et comptait leur félicité pour son trésor. Quand il devint maître de l'empire, il leur remit les tributs d'une année entière. Il était surtout le père des pauvres et des malheureux ; il était si charitable à leur égard, que l'impératrice Sophie, femme de Justin, lui en fit souvent des reproches. Ce que nous avons amassé pendant bien des années, disait-elle, vous le dissipez en un moment et réduisez l'empire à l'indigence. Tibère, aussi pieux que charitable, lui répondait : Notre fisc ne manquera de rien, pourvu que nous soulagions les pauvres et que nous rachetions les captifs. Car le Seigneur a dit : *Amassez-vous des trésors dans le ciel, où ni la rouille ni les vers ne les corrompent ; où les voleurs ne les déterrent ni les dérobent.* C'est pourquoi, avec ce que Dieu nous a donné, faisons-nous, par les pauvres, des trésors dans le ciel, afin que le Seigneur daigne nous en donner encore plus dans ce monde. » Cette confiance filiale en la Providence divine fut si abondamment récompensée, que le bruit courut jusque dans les Gaules, qu'il avait trouvé des trésors immenses.

Voici ce qu'en dit Grégoire de Tours, qui écrivait à cette époque : « Se promenant un jour dans son palais, il aperçut un pavé de marbre sur lequel était sculptée une croix. « Seigneur, s'écria-t-il, c'est avec votre croix que nous munissons notre front et notre poitrine, et voilà que nous la foulons aux pieds ! » Aussitôt il fit enlever la plaque ou la table de marbre, sous laquelle on en trouva une seconde et une troisième ayant le même signe. Quand il eut fait enlever la dernière, on découvrit un amas de plus de cent mille pièces d'or. Après quoi il fut encore plus libéral envers les pauvres que précédemment. » Voilà ce que dit Grégoire de Tours (l. 5, c. 20).

Un autre trésor de cet excellent prince, était la noble simplicité de sa table, de son cortège, de ses équipages ; mais surtout sa vigilance et sa fermeté à ré-

---

(1) L. 3, c. 36. Voir les trois *Vies de S. Grég.*, t. IV de ses œuvres, édit. des Bénéd. ; Dom Ceillier, t. XVII.

primer les concussions des magistrats, qui, ayant acheté leurs charges, s'en dédommageaient volontiers sur les peuples.

Quelques jours après qu'il eût été couronné empereur, Tibère ayant paru en public pendant les jeux du cirque, le peuple dit entre autres acclamations : De grâce, faites-nous voir l'impératrice! Tibère fit répondre par un héraut : L'impératrice s'appelle comme l'église du quartier de Dagistée. Aussitôt le peuple cria tout d'une voix : Vive l'impératrice Anastasie! Seigneur, conservez ceux que vous avez appelés à l'empire! Tibère fit donc venir sa femme Anastasie, dont il avait deux filles, Carito et Constantine, la couronna impératrice, et fit des largesses au peuple. L'impératrice Sophie, veuve de Justin, était présente. Ignorant que Tibère fût marié, elle comptait l'épouser. Elle fut donc bien surprise quand elle lui vit une femme et des enfants. Voilà ce que disent les historiens grecs (Théophan., Cedr., Zon.).

D'après Grégoire de Tours, elle ne s'en serait point tenue à la surprise, mais aurait été jusqu'à la vengeance. Car il rapporte qu'elle trama un complot pour ôter l'empire à Tibère et le donner au général Justinien, neveu de Justin. Le complot devait éclater pendant que l'empereur se délassait à la campagne. Tibère en ayant été averti, revint sur-le-champ à Constantinople, entra tout droit à l'église pour remercier Dieu de cette découverte, réunit le patriarche et le sénat, et les instruisit de la conjuration. Toute la punition qu'il en fit, fut d'ôter à l'impératrice Sophie une partie de ses trésors et de lui donner d'autres domestiques. Le général Justinien, qui, sous un autre empereur, eût péri du dernier supplice, vint se jeter aux pieds de Tibère et lui offrit une somme considérable pour sa grâce. Tibère, après lui avoir fait quelques reproches, lui rendit son amitié et l'admit dans son palais comme de coutume. Voilà ce que Grégoire de Tours (l. 5, c. 31) écrivit dans le temps même, et après lui, Paul, diacre, dans son *Histoire mêlée*. Mais les historiens grecs n'en parlent pas.

Tibère fut couronné empereur le 26 septembre 578, par le patriarche saint Eutychius, qui avait été rappelé de son exil et rétabli sur le siége de Constantinople, après la mort de Jean le Scholastique, arrivée le 31 août 577. Jean était surnommé *scholastique* ou avocat, parce qu'il avait d'abord fréquenté le barreau comme avocat à Antioche. Devenu prêtre, il fut apocrisiaire ou correspondant du patriarche d'Antioche à Constantinople. Pendant qu'il remplissait ses fonctions d'apocrisiaire, il fit une collection de canons que nous avons encore. Mais au lieu de ranger de suite les décrets de chaque concile, il réduisit sous un même titre ceux des divers conciles qui appartenaient à la même matière, et disposa ainsi presque tous les canons sous cinquante titres. Ce qui mérite surtout d'être remarqué, c'est qu'il emploie les vingt et un canons du concile de Sardique; notamment dans son titre seize, il cite tout au long les canons de ce concile, qui reconnaissent le droit d'appel au Pape, le droit du Pape d'ordonner un nouveau jugement par les évêques des provinces voisines, d'envoyer un légat pour les présider, et la défense d'ordonner un évêque à la place de celui qui appelle, jusqu'à ce que le Pape ait décidé de son appellation. (*Biblioth. juris canonici*, t. II, p. 537 et 358). Jean le Scholastique fit depuis un abrégé de cet ouvrage, intitulé : *Nomocanon*, auquel il ajoute sur chaque titre les *Novelles* correspondantes de l'empereur Justinien. Sur le chapitre seize, il remarque que la 31e constitution de cet empereur, qui taxe ce que le nouvel évêque devait donner à son ordination, est contraire aux canons des apôtres et des conciles. C'était en effet prescrire la simonie, au lieu de la proscrire (*Ibid.*, p. 624).

Jean le Scholastique étant mort le 31 août 577, aussitôt le peuple de Constantinople demanda aux empereurs, avec de grands cris, le retour de saint Eutychius. Justin et Tibère, qui aimaient ce patriarche non moins que le peuple, y consentirent volontiers. Il y avait douze ans qu'il était retiré dans son monastère d'Amasée, métropole du Pont; il y avait opéré, principalement sur les malades, un grand nombre de miracles, dont plusieurs sont rapportés dans sa vie, écrite par un témoin oculaire, le prêtre Eustathe, compagnon de son exil et de sa vie entière. Il soulagea aussi dans la famine le peuple des provinces environnantes, ravagées par les Perses; et la farine de son monastère se multiplia miraculeusement. Son retour d'Amasée à Constantinople fut comme une marche triomphale. Partout les peuples allaient à sa rencontre et lui présentaient des malades; car Dieu honora son voyage par plusieurs miracles. A Nicomédie, les Juifs mêmes criaient : *Béni soit celui qui vient au nom du Seigneur! Vive la foi des chrétiens!* De Chalcédoine à Constantinople, la mer était couverte de barques qui l'attendaient. A son entrée dans la capitale, les rues étaient tapissées et jonchées de fleurs; on brûlait des parfums sur son passage; ce n'était partout que festins et que réjouissances : la nuit même fut transformée en plein jour par les illuminations et les feux de joie. Il revint le même jour qu'il était parti, à la fête de saint Timothée. Il logea dans le même palais d'Hormisda, d'où il avait été envoyé en exil. Le lendemain, qui était un dimanche, il alla, revêtu de ses ornements pontificaux et accompagné de tout son clergé, à l'église de Notre-Dame de Blaquernes, où les empereurs Justin et Tibère le reçurent avec beaucoup d'affection et d'honneur. De là il passa dans la grande église de Sainte-Sophie, où, après avoir célébré le saint sacrifice, il distribua la communion au peuple depuis neuf heures du matin jusqu'à trois heures après midi, parce que tout le monde voulait la recevoir de sa main (*Vita S. Eutych.*, *Acta Sanct.*, 6 april.).

Cependant ce saint homme tomba dans une erreur dont il fut désabusé par un autre saint. Il avait composé sur la résurrection un écrit où il prétendait qu'après la résurrection, notre corps ne serait plus palpable, mais plus subtil que l'air et le vent. Saint Grégoire, nonce apostolique à Constantinople, eut avec lui des conférences sur ce sujet, et lui objecta ces paroles de Jésus-Christ dans l'Évangile : *Palpez et voyez, parce qu'un esprit n'a point de chair et d'os, comme vous voyez que j'en ai*. Eutychius répondit : Notre Seigneur le fit pour ôter à ses disciples le doute de sa résurrection. — Voilà qui est bien étrange, dit Grégoire, que pour ôter le doute à ses disciples, il nous ait donné sujet de douter; car, s'il n'avait pas réellement ce qu'il leur a montré, en confirmant leur foi, il détruit la nôtre.

Eutychius ajouta : Son corps était palpable quand il le montra à ses disciples; mais, après avoir confirmé leur foi, il devint plus subtil. Grégoire opposa ce passage de saint Paul : Jésus-Christ ressuscité ne meurt plus, d'où il conclut qu'il ne lui est arrivé aucun changement après sa résurrection. Eutychius lui objecta ce qui est dit : *Que la chair et le sang ne possèderont pas le royaume de Dieu.* A quoi saint Grégoire répondit : Que la chair et le sang se prennent, dans l'Ecriture, en deux manières, ou pour la nature humaine en elle-même, ou pour la corruption du péché, et il en apporta les preuves, concluant que, dans la gloire céleste, la nature de la chair restera, mais délivrée des infirmités de cette vie. Eutychius en convint aussitôt; mais il ne voulait pas encore convenir que le corps pût ressusciter palpable.

Par suite de cette contestation, ils cessèrent de se voir. L'empereur Tibère en ayant eu connaissance, les fit venir en particulier l'un et l'autre, écouta leurs raisons, réfuta lui-même le sentiment d'Eutychius, et jugea que son écrit devait être jeté au feu. En sortant de cette dernière conférence, Eutychius et Grégoire tombèrent tous deux dangereusement malades; Eutychius même en mourut, mais complètement revenu de son erreur. Car les amis de Grégoire étant allés le saluer de sa part, peu avant sa mort, il se prit la peau en leur présence, et dit ces paroles de Job : *Je confesse que nous ressusciterons tous dans cette chair.* Aussi saint Grégoire cessa-t-il de poursuivre cette erreur, d'autant plus qu'il n'y avait personne qui la suivît (Greg., *Moral.*, l. 14, c. 56, *aliàs* 29). Eutychius mourut le 5 avril 582, et, six jours après, il eut pour successeur Jean, diacre de la grande église de Constantinople, surnommé le Jeûneur, qui tint le siège 13 ans.

Une des affaires principales que devait négocier saint Grégoire, comme nonce apostolique, était d'obtenir de l'empereur qu'il envoyât des troupes contre les Lombards, qui ravageaient l'Italie et assiégeaient Rome. Mais Tibère, occupé en Orient de la longue guerre des Perses, ne put envoyer que des secours insignifiants. Il finit même par conseiller aux Romains de gagner, à force d'argent, les Lombards et de les envoyer contre les Perses; ou bien, s'ils ne pouvaient y réussir, de prendre à leur solde quelques chefs des Francs pour combattre les Lombards. C'était, dans le fond, abandonner le Pape et l'Italie à eux-mêmes, et leur dire à peu près : Tirez-vous-en, comme vous pourrez (Menand., *Ex leg.*, p. 124, *aliàs* 83).

La guerre entre les Romains et les Perses avait recommencé depuis l'an 571; elle se faisait avec des alternatives de succès et de revers pour les uns et pour les autres; d'une bataille à l'autre, et pendant les suspensions d'armes, on négociait la paix sans pouvoir s'entendre; à la fin, le roi de Perse, Chosroës, ayant éprouvé de suite plusieurs défaites et voyant une partie de ses provinces ravagées par Maurice, nouveau général des troupes romaines, consentait à toutes les conditions d'une paix durable, lorsqu'il mourut, en 579, après quarante-huit ans de règne. Son fils Hormisdas recommence la guerre avec fureur; mais Maurice ravage la Perse et en défait les armées dans deux batailles sanglantes. De son côté, l'excellent empereur Tibère ne négligeait aucun moyen de faciliter la paix. Afin de se concilier l'amitié d'Hormisdas, il lui renvoya une multitude considérable de prisonniers persans, qu'il avait rassemblés à Constantinople. Il porta la libéralité jusqu'à leur fournir des habits et toutes les commodités du voyage. Les Perses, surtout les parents des prisonniers, furent émerveillés de cette générosité romaine; Hormisdas la méprisa comme une faiblesse. C'est qu'au lieu d'aimer ses peuples, il fut toujours pour eux un cruel tyran.

Tibère aima les siens jusqu'à la mort : sa dernière pensée fut pour leur bonheur. Comme sa santé dépérissait de jour en jour, il cherchait de tous côtés un successeur digne de l'empire. Après de longues et sérieuses réflexions, il fixa son choix sur Maurice, le vainqueur des Perses, et le nomma césar, le 5 août 582. Il lui fiança en même temps Constantine, sa fille aînée, et donna en mariage la seconde, nommée Carito, au patrice Germain, le plus distingué des sénateurs. Huit jours après, sentant qu'il n'avait plus que peu de moments à vivre, il assembla dans son palais le patriarche avec son clergé, le sénat avec les principaux du peuple, se fit porter en litière sur le trône. Comme sa faiblesse le mettait hors d'état de se faire entendre, un de ses ministres prononça en son nom une allocution fort touchante, avec les avis les plus sages et les plus paternels pour le nouvel empereur. Ensuite, au milieu des larmes et des bénédictions des assistants, Tibère, rappelant ce qui lui restait de force, posa lui-même, de ses mains défaillantes, la couronne sur la tête de Maurice, et le revêtit de la pourpre impériale. Après quoi, s'étant fait reporter dans son lit, il y mourut le lendemain 14 août, regretté et pleuré de tout le monde (Théophyl., *Simoc.*, l. 1, c. 1 et 2). Il avait régné, et comme césar et comme empereur, sept ans, sept mois et neuf jours.

Maurice, d'une famille originaire de Rome, était né à Arabisse en Cappadoce, dont son oncle maternel, Adelphius, était évêque. Il était capitaine des gardes, quand il fut envoyé pour commander les armées d'Orient. Paul, son père, vivait encore, ainsi que Joanna, sa mère, quand il fut élevé à l'empire. Il avait d'excellentes qualités, mais il n'égalait pas Tibère. Il était pieux, chaste, appliqué à ses devoirs, protégeait les sciences; mais il était enclin à l'avarice. Il fut lié d'amitié avec saint Grégoire, le nonce apostolique, au point qu'il le fit parrain d'un de ses enfants.

Au milieu des affaires de sa nonciature, saint Grégoire s'occupait d'un ouvrage de piété : son *Commentaire sur Job*. Il ne l'entreprit pas de lui-même, mais à la prière de saint Léandre, évêque de Séville, et aux instances réitérées des religieux de son monastère de Saint-André, qui l'avaient suivi à Constantinople. Ils le prièrent de leur expliquer ce livre, de leur en découvrir les profonds mystères, le sens allégorique et les applications morales à la vie chrétienne. Il commença par leur expliquer de vive voix les premiers chapitres, puis il dicta des homélies sur le reste. Ayant eu depuis, plus de loisir, il repassa tout l'ouvrage et en fit un commentaire suivi en 35 livres, qu'il partagea en six volumes. Voici comme il expose sa méthode : Nous établissons d'abord l'histoire comme le fondement de notre discours; ensuite, par le sens allégorique, nous élevons l'édifice de la foi, et, par la moralité, nous embellissons cet édifice comme avec des ornements et des peintures. Il suit ordinairement la version de saint Jérôme, qu'il appelle *la nouvelle;* mais, lorsqu'il en est besoin, il cite aussi *l'ancienne.* La raison qu'il en donne, c'est que le Siége apostolique se servait de l'une et de l'autre. Ce commentaire de saint Grégoire fut reçu avec un applaudissement universel. De son vivant, bien des évêques le faisaient lire publiquement dans leurs églises pendant les offices divins.

Saint Léandre, avec qui saint Grégoire se lia d'une amitié intime à Constantinople, était d'une famille illustre de Carthagène en Espagne. Son père se nommait Sévérien, et sa mère Turture ou Théodore. Il était l'aîné d'une famille de saints. Son frère puîné fut saint Isidore, son disciple et son successeur dans le siége épiscopal de Séville. Il avait un autre frère, saint Fulgence, évêque d'Ecija et de Carthagène, et une sœur consacrée à Dieu, sainte Florentine. Plusieurs auteurs supposent qu'une autre sœur de saint Léandre, nommée Théodosie, épousa Lévigilde, roi des Visigoths, et fût mère de saint Herménigilde et du roi Reccarède. Léandre, étant encore fort jeune, se retira dans un monastère, où il passa plusieurs années dans les exercices de la pénitence, dans l'étude des saintes Ecritures et des sciences ecclésiastiques. La renommée de sa vertu, de sa doctrine et de son éloquence, le fit élever sur le siége métropolitain de Séville. Cette haute dignité ne changea rien à sa manière de vivre. Il ne diminua rien de ses austérités, quoiqu'il eût à gouverner un grand peuple et à pourvoir aux besoins de presque toutes les Eglises d'Espagne.

L'Espagne était alors divisée entre trois puissances. Les Romains ou les empereurs y possédaient encore quelques villes : la plus grande partie du pays était occupée par les Visigoths; quelques provinces, en particulier la Galice, par les Suèves. Les Suèves et les Visigoths étaient généralement ariens; mais le temps approchait où ils allaient se réunir à l'Eglise catholique. L'hérésie leur était venue originairement de Constantinople : la foi orthodoxe leur viendra de France. Les Suèves furent les premiers à y revenir.

C'était vers l'an 562, 150 ans depuis que les Suèves étaient établis en Galice. Leur roi, que Grégoire de Tours nomme Chararic, et d'autres historiens Théodemir ou même Ariamir, avait un fils dangereusement malade et qui respirait à peine. Le roi le voyant donc à l'extrémité, dit aux siens : Mais ce Martin, que l'on dit qui fait tant de miracles dans les Gaules, dites-moi, je vous prie, de quelle religion était-il ? Ils lui répondirent : De son vivant, il gouvernait comme évêque un peuple catholique; il enseignait qu'il faut adorer le Fils avec le Père et le Saint-Esprit, comme étant d'une même substance; et maintenant, élevé au ciel, il ne cesse de combler son peuple de bienfaits. S'il en est ainsi, reprit le roi, que quelques-uns de mes fidèles amis aillent jusqu'à son temple avec des présents considérables; et s'ils obtiennent la guérison de mon fils, je m'informerai de la foi catholique, et je croirai ce que Martin a cru. Il fit donc peser de l'or et de l'argent autant que pesait son fils, et l'envoya au sépulcre du saint, à Tours. Les envoyés étant revenus, rapportèrent au roi qu'ils y avaient vu faire plusieurs miracles, et ajoutèrent : Nous ignorons pourquoi votre fils n'est pas guéri. Le roi comprit que son fils ne guérirait point qu'il ne crût Jésus-Christ égal à son Père. C'est pourquoi il commença à bâtir une église magnifique en l'honneur de saint Martin, et, quand elle fut achevée, il dit : Si je suis assez heureux de recevoir des reliques de cet homme juste, je croirai tout ce qu'enseignent les évêques.

Il envoya donc les siens une seconde fois, avec des présents encore plus considérables que la première. Les députés étant arrivés à Tours, demandèrent des reliques. On offrit de leur en donner suivant la coutume, c'est-à-dire des linges ou des pièces d'étoffe qui eussent été quelque temps sur le tombeau ; mais ils dirent : Permettez-nous d'y mettre nous-mêmes ce que nous voulons emporter. Alors ils y mirent un drap de soie après l'avoir pesé, et dirent : Si nous trouvons grâce devant notre saint patron, ce que nous avons mis pèsera demain davantage, et nous le garderons comme une bénédiction. Ils passèrent la nuit en prières au pied du tombeau, et le lendemain l'étoffe ayant été mise une seconde fois dans la balance, elle enleva entièrement le poids qui auparavant lui faisait équilibre. Ils emportèrent alors ces reliques en triomphe et partirent en chantant des psaumes dans les rues de Tours. Les prisonniers de la ville demandèrent ce que c'était; on leur dit : Ce sont les reliques du seigneur Martin que l'on envoie en Galice : c'est pour cela qu'on chante. Aussitôt les prisonniers invoquent le saint avec larmes, leurs chaînes se rompent, la prison s'ouvre d'elle-même, et ils courent, à la vue de tout le peuple, se prosterner devant les reliques et remercier leur libérateur. L'évêque obtint du juge qu'il ratifiât la grâce que saint Martin venait de leur faire.

Les députés de Galice en eurent une extrême joie, ne doutant pas que le saint ne leur fût favorable, et, après une heureuse navigation, ils arrivèrent chez eux. Les reliques furent reçues avec une extrême vénération : le fils du roi, parfaitement guéri, vint au devant; le roi reconnut l'unité du Père, et du Fils, et du Saint-Esprit, et fut oint du saint chrème, avec toute sa maison; et les lépreux, qui étaient en grand nombre dans son peuple, furent tous guéris. Il se fit une multitude de miracles en la nouvelle église de Saint-Martin, et le peuple était si zélé pour la religion catholique, qu'il eût souffert le martyre, s'il en avait eu l'occasion. C'est ainsi que cet événement est rapporté par Grégoire, qui fut évêque de Tours environ douze ans après (Greg. Tur., *De mir. S. Mart.*, l. 1, c. 11).

Cette conversion se fit principalement par les travaux d'un autre saint Martin, que la Providence fit arriver en Galice en même temps que les reliques y arrivaient. Il était de Pannonie, aussi bien que saint Martin de Tours. Etant encore jeune, il fit un voyage en Orient, dans le dessein de visiter les saints lieux. Il se rendit si habile dans les sciences, qu'au jugement de Grégoire de Tours, il surpassait tous ceux de son siècle. Ce fut donc lui qui donna aux Suèves de Galice la règle de la foi, qui affermit les Eglises, fonda des monastères, composa des livres de piété et écrivit un grand nombre de lettres pour exhorter les nouveaux convertis à la pratique de toutes les vertus. Saint Martin fonda entre autres le monastère de Dume, dont il porta depuis le nom; c'est un lieu non loin de Brague, où, par le secours du roi, il établit une communauté sous la règle de saint Benoît, qu'il introduisit par conséquent en Espagne.

Peu de temps après, savoir le 26 décembre 562, le roi Théodemir fit tenir un concile dans la ville de Lugo, pour confirmer la foi catholique et pour les diverses affaires de l'Eglise. Après que les évêques eurent achevé ce qu'ils avaient à régler, le roi leur envoya une lettre par laquelle il leur représentait qu'il y avait trop peu d'évêques dans la Galice, en sorte qu'il y avait des églises que leur évêque ne pouvait visiter chaque année, et qu'il était difficile, n'y ayant qu'un métropolitain, que le concile pût s'assembler tous les ans. Pour y remédier, les évêques érigèrent Lugo en métropole, comme Brague l'était déjà, et firent de nouveaux évêchés, l'un desquels fut le monastère de Dume, dont saint Martin, qui en était abbé, fut le premier évêque. Ils déterminèrent aussi les paroisses de chaque diocèse, pour éviter les disputes entre les évêques voisins.

L'année suivante 563, troisième du règne d'Ariamir ou de Théodemir, il se tint, le 1er mai, un concile à Brague, où assistèrent huit évêques, entre autres, Martin, que l'on croit être l'évêque de Dume. Lucrétius, archevêque de Brague, y présidait. D'abord il proposa d'assurer la foi, particulièrement contre les restes des priscillianistes, et pour cela de faire lire les lettres du pape saint Léon aux évêques de Galice, ainsi que les décrets des conciles que tinrent ces évêques par son ordre. Tous les évêques dirent : Il est très-nécessaire de lire ces monuments, afin que les plus simples, entendant les décrets des saints Pères, apprennent que l'hérésie de Priscillien est condamnée depuis longtemps par le Siège du bienheureux apôtre Pierre. Après avoir, sous ce prince, assuré la foi, Lucrétius proposa de régler l'unité de la discipline et de la liturgie. Les évêques rappelèrent avant tout le même principe général, savoir, la forme que Profuturus, prédécesseur de Lucrétius, avait reçue de Rome; et il fut statué, dans un quatrième et un cinquième canon, qu'on suivrait partout, dans la célébration de la messe et l'administration du baptême, non pas la forme établie par Profuturus, archevêque de Brague, comme dit Fleury, mais l'ordre que Profuturus, ci-devant métropolitain de Brague, avait reçu par écrit de l'autorité même du Siège apostolique (Labbe, t. V). Telles sont les propres paroles du concile, qui les répète même jusqu'à cinq fois.

Le 1er juin 572, 2e année du roi Miron ou Ariamir, que l'on croit être le fils de Théodemir, saint Martin de Dume, devenu archevêque de Brague, tint un concile des deux provinces de Galice, c'est-à-dire de Brague et de Lugo. On le compte pour le second de Brague. Les actes portent en tête cette formule : « Notre Seigneur Jésus-Christ régnant, ère 610, 2e année du roi Miron. Saint Martin présida au concile, qui était composé de douze évêques, six de chaque province. » Il fit lire d'abord ce qui avait été réglé au concile précédent, où il avait assisté en 563, et proposa d'achever ce qu'on n'avait pu faire alors. Cela ne regardait point la foi, n'y ayant à ce sujet aucune difficulté dans ces deux provinces, mais seulement la discipline ecclésiastique, qui devait être réglée suivant l'Ecriture et les canons. De son avis et de celui des évêques, on lut ces paroles de saint Pierre sur les devoirs des pasteurs : « Paissez le troupeau de Dieu, qui vous est commis, le surveillant, non par une espèce de contrainte, mais par une affection volontaire qui soit selon Dieu; non par un honteux désir de gain, mais par une charité désintéressée; non en dominant sur l'héritage du Seigneur, mais en vous rendant les modèles du troupeau, afin que, quand le prince des pasteurs paraîtra, vous remportiez une couronne de gloire qui ne se flétrira pas (1. Petr., 5): » Tous les évêques promirent, avec la grâce de Dieu, d'obéir à ce divin précepte. Après quoi ils dressèrent dix canons pour en faire l'application aux détails de la discipline.

Il est dit dans le 1er : Que les évêques, en visitant leurs Eglises, examineront premièrement les clercs, pour savoir comment ils administrent le baptême, comment ils célèbrent la messe et les autres offices de l'Eglise; qu'après l'examen des clercs, ils assembleront leurs peuples un autre jour pour leur apprendre à fuir les erreurs des païens, l'homicide, l'adultère, le parjure, le faux témoignage et les autres péchés mortels, à croire la résurrection et le jour du jugement, où chacun recevra selon ses œuvres. Le 2e porte : Que l'évêque ne prendra en sa visite, pour son droit honoraire nommé *cathédratique*, que deux sous d'or, et qu'il n'exigera point la troisième partie des offrandes, qui doit être employée pour le luminaire et les réparations; qu'il ne pourra non plus exiger aucune œuvre servile des clercs des paroisses. Il leur est enjoint, par le 3e, de faire gratuitement les ordinations, et de n'ordonner les clercs qu'après un soigneux examen et sur le témoignage de plusieurs. Le 4e défend aux évêques de prendre à l'avenir le tiers du sous d'or que l'on avait exigé jusqu'alors pour le saint chrême, sous prétexte du peu de baume qui y entre, de peur qu'ils ne paraissent vendre les dons du Saint-Esprit. Le 5e défend aussi d'exiger quoi que ce soit des fondateurs pour la consécration des églises; seulement il les charge de prendre garde qu'elles soient suffisamment dotées, et par écrit, n'étant pas raisonnable qu'il n'y ait point de revenus, soit pour ceux qui desservent cette église, soit pour le luminaire.

Il est dit dans le 6e : Que si quelqu'un prétend fonder une église, à condition de partager les offrandes avec les clercs, aucun évêque ne la consacrera, comme étant fondée plutôt par intérêt que par dévotion; cet abus avait lieu en quelques endroits. Il en régnait un autre. Souvent les pauvres n'ayant pas de quoi donner aux ministres pour baptiser leurs enfants, différaient leur baptême, ou ne le leur procuraient point du tout. Pour remédier à un si grand mal, dont la suite était la perte éternelle de ces enfants, le concile déclare, par le 7e canon, qu'il sera permis aux prêtres de prendre ce qui sera offert volontairement pour le baptême; mais il leur défend de rien exiger. Le 8e soumet à la peine d'excommunication celui qui aura accusé de fornication un clerc, et qui n'aura pu le prouver. Le 9e charge le métropolitain d'annoncer aux évêques le jour de la Pâque à la fin du concile, et chaque évêque de l'annoncer au peuple le jour de Noël après l'Evangile, afin que personne n'ignore le commencement du carême. Quelques prêtres infectés de l'erreur des priscillianistes disaient des messes pour les morts, après avoir déjeûné. Le 10ᵉ canon condamne cet abus, et ordonne que si quelque prêtre, à l'avenir, fait quelque chose de semblable, il sera privé de son office et déposé par son évêque.

La même année 572, il se tint à Lugo un concile des évêques de cette province. Le roi y confirma la division des diocèses, établie au concile de 562. Nitigius, archevêque de Lugo, présidait à l'assemblée, où se trouvèrent des légats du Saint-Siége. Nous n'en avons point les actes, mais nous avons une collection de canons, que saint Martin de Dume adresse à Nitigius et à son concile, et qui est comme un manuel canonique à l'usage des évêques. Il remarque, dans la préface, que les canons faits par les anciens Pères dans les conciles d'Orient, ayant d'abord été écrits en grec, ont été altérés dans la suite, tant par la faute des traducteurs latins que par la négligence des copistes : en conséquence, il a travaillé à les rendre plus corrects, soit en mettant dans une plus grande clarté ce que les traducteurs ont rendu obscurément, soit en rétablissant les textes qu'ils avaient changés avec trop peu de précaution. Son recueil est divisé en deux parties, dont la première regarde les évêques et tout le clergé ; la seconde, les laïques. Son dessein dans cette division était de mettre les lecteurs en état de trouver sans peine les canons qui les intéressaient. Ils sont en tout au nombre de 84. On trouve à la tête de chacun l'indication du concile d'où il a été tiré (Labbe, t. V).

Miron, roi de Galice, dans le désir qu'il avait de s'instruire de la véritable sagesse, pressait saint Martin, par ses lettres, de lui écrire souvent, soit pour le consoler, soit pour l'exhorter, soit sur un sujet quelconque. Le saint évêque lui adressa un petit traité fort élégant, des quatre vertus cardinales, qu'il intitula : *Forme d'une vie honnête*. Il l'accompagna d'une épître dédicatoire, où l'on voit les relations les plus amicales entre le prince et l'évêque. Ce n'était pas uniquement pour le roi qu'il avait composé cet opuscule, mais plutôt pour ses officiers : ce n'était pas un manuel de piété pour les chrétiens qui aspiraient à la perfection, mais un abrégé de la morale naturelle pour les laïques qui voulaient vivre honnêtement. Il est écrit avec une élégante simplicité, et avec la concision propre à des maximes. Les instructions qu'il donne au roi sont remarquables. Il lui recommande de ne jamais laisser sortir de sa bouche aucune parole déshonnête, et de mêler de telle sorte l'enjouement au sérieux, qu'il n'en résulte aucun détriment ni pour sa dignité ni pour la pudeur. Il veut aussi que le sel de ses discours n'ait rien de mordant. Soyez gracieux à tous, flatteur à personne ; familier à peu, équitable à tout le monde. Il lui fait remarquer que la justice est une loi divine et le lien de la société humaine ; que pour la pratiquer, il faut non-seulement ne rien prendre à autrui, mais encore lui restituer ce qu'on lui aurait ôté. Il ne met point de différence entre assurer une chose et jurer qu'elle est véritable ; mais il ne s'exprime ainsi que par rapport au roi, dont en effet la parole doit tenir lieu de serment. Il semble encore approuver le mensonge dans des occasions pressantes, pourvu qu'on s'en serve, non pour assurer une chose fausse, mais pour mettre à couvert la vérité.

On voit néanmoins, par la suite, qu'il ne veut dire autre chose, sinon qu'il est permis quelquefois de taire la vérité. Lorsqu'il y a, dit-il ; une cause honnête, le juste ne publie point son secret ; il tait ce qu'il faut taire, il dit ce qu'il faut dire (*Bibl. Pat.*, t. VIII ; d'Acheri, *Spicil.*, t. III).

On a encore de saint Martin un autre opuscule, intitulé : *Des mœurs*. C'est un tissu de maximes morales, également propres à former l'homme à la vertu et aux devoirs de la société civile. En voici quelques-unes. « Avertissez vos amis en secret ; faites leur éloge en public. Ne demandez point ce que vous refuseriez à un autre ; ne refusez point ce que vous demanderiez vous-même. Servez-vous plus souvent des oreilles que de la langue. Lorsque vous voulez dire quelque chose, dites-la d'abord à vous-même, avant de la dire aux autres (*Bibl. Pat.*, t. X). » Saint Martin de Dume mourut vers l'an 580.

Pendant que la foi catholique florissait chez les Suèves d'Espagne, elle éprouvait chez les Visigoths une persécution, mais qui devait être la dernière. La royauté des Visigoths était élective ; la plupart de leurs rois périssaient de mort violente. Amalaric avait été tué en 531 ; son successeur, Theudis, le fut en 548 ; Théudisèle, qui remplaça Theudis, fut égorgé dans un festin, après 18 mois de règne ; Agila, que les grands lui donnèrent pour successeur, se vit bientôt abandonné d'une partie d'entre eux, qui avaient à leur tête Athanagilde, et fut poignardé par ceux mêmes qui lui étaient demeurés fidèles. Athanagilde, pour l'emporter contre Agila, avait appelé à son secours les Romains, qu'il s'efforça ensuite, pendant tout son règne, de chasser d'Espagne. Il avait de sa femme Gosvinde deux filles, Galsuinde, et Brunichilde ou Brunehaut, qu'il maria, Galsuinde à Chilpéric, roi de Paris, et Brunichilde à Sigebert, roi d'Austrasie. Athanagilde mourut, l'an 567, de mort naturelle, après quinze ans et demi de règne. On lui donna pour successeur Liuva, qui, au bout de deux ans, s'associa son frère Lévigilde, et mourut l'an 572. Lévigilde avait épousé Théodosie, sœur de saint Léandre, et en avait deux fils, Herménigilde et Reccarède. Théodosie étant morte, il épousa Gosvinde, veuve d'Athanagilde. Pour perpétuer la royauté dans sa famille, et d'élective la rendre peu à peu héréditaire, Lévigilde déclara rois ses deux fils Herménigilde et Reccarède, et partagea le royaume en trois. Lévigilde garda Tolède pour sa capitale, Herménigilde eut Séville pour la sienne, et Reccarède une ville nouvelle, qui fut appelée de son nom Reccopolis.

Herménigilde avait épousé Ingonde, fille de Sigebert d'Austrasie et de Brunehaut ; par conséquent petite-fille de Gosvinde, seconde femme de Lévigilde. Gosvinde reçut donc Ingonde avec une grande joie ; mais cette joie ne dura guère. La religion les divisa bientôt ; car Ingonde était catholique très-fidèle, et Gosvinde arienne très-passionnée. Elle voulut persuader à sa petite-fille de se faire rebaptiser ; Ingonde résista courageusement, et dit : Il me suffit d'avoir été purifiée une fois du péché originel par le baptême, et d'avoir confessé la sainte Trinité dans une égalité parfaite. Je proteste croire ce mystère de tout mon cœur ; et jamais je ne m'écarterai de cette croyance. A ces mots, Gosvinde entra en fureur, la prit par les cheveux, la jeta par terre, la frappa longtemps à coups de pied ; puis, l'ayant mise en sang, la fit plonger dans une pièce d'eau, pour la rebaptiser par force ; mais Ingonde demeura toujours catholique.

Après avoir résisté avec tant de courage aux caresses et aux violences de son aïeule, elle entreprit de convertir le roi son mari. Herménigilde résista longtemps. Mais à la fin, instruit et persuadé par saint Léandre, évêque de Séville, sa capitale, et de plus son oncle maternel, il abjura l'hérésie arienne, fut réconcilié à l'Eglise par l'onction du saint chrême, et reçut le nom de Jean, quoiqu'il ne soit connu que sous celui d'Herménigilde.

Cette glorieuse conquête coûta aux catholiques d'Espagne bien des travaux et même bien du sang. Lévigilde ayant appris la conversion de son fils, entra dans une étrange colère, et commença contre les catholiques une violente persécution. Plusieurs furent bannis ou dépouillés de leurs biens ; d'autres battus, emprisonnés, mis à mort par la faim ou par divers supplices. Plusieurs évêques furent relégués, les églises privées de leurs revenus et de leurs privilèges. Grand nombre de catholiques furent pervertis par la crainte ou par les libéralités du roi : il en fit rebaptiser quelques-uns, et des évêques mêmes, comme Vincent de Sarragosse, qui d'évêque devint apostat. C'était l'an 580, onzième du règne de Lévigilde. Mais voyant que le plus grand obstacle à l'apostasie des catholiques était l'usage de les rebaptiser, il assembla, l'année suivante 581, à Tolède, un concile de ses évêques ariens, où il fut résolu qu'on ne rebaptiserait plus ceux qui convertiraient de la religion romaine, mais qu'on se contenterait de leur imposer les mains et de leur donner la communion, et que l'on dirait : *Gloire au Père par le Fils dans le Saint-Esprit*. Ces décisions furent cause que plusieurs catholiques se pervertirent.

Trois auteurs contemporains parlent de cette persécution : saint Isidore de Séville, Jean de Biclar, dans leurs chroniques ; et saint Grégoire de Tours dans plusieurs de ses ouvrages. Ce dernier en cite plusieurs faits particuliers. Un clerc, amené devant le roi, confessa généreusement que le Fils et le Saint-Esprit sont égaux au Père. Le roi lui offrit beaucoup de présents pour qu'il consentît à dire que le Fils était moindre que le Père. Le confesseur ayant repoussé cette proposition avec horreur, le roi dit : Tu as l'esprit raide et le corps faible ; si les dons n'ont pu te fléchir, les tourments te soumettront. Plût à Dieu, répondit l'ecclésiastique, que je fusse trouvé digne de mourir dans cette confession ; car, pour vos présents, je les abhorre comme une immondice. Le roi, en colère, ordonna de le mettre à la torture et de le battre. Avant d'en venir aux coups, il lui demanda : Que crois-tu ? Je vous l'ai déjà dit, répondit le confesseur : je crois en Dieu le Père tout-puissant et en son Fils Jésus-Christ. Il fut donc battu cruellement ; mais, d'après ce qu'il raconta lui-même, il ne sentit que les trois premiers coups, et prêcha la foi catholique au milieu des tortures avec plus de hardiesse qu'auparavant. Le roi le bannit ensuite de l'Espagne, et il vint dans les Gaules, où il raconta lui-même son histoire à la personne de qui l'apprit saint Grégoire de Tours (Greg. Tur., *De gl. mart*., l. 1, c. 82).

Mais la colère de Lévigilde et de la reine Gosvinde s'emportait surtout contre Herménigilde et contre sa femme Ingonde, qu'ils avaient résolu de perdre ou de faire apostasier. A cet effet, le vieux roi ne tarda guère à rassembler une armée contre son fils, qui en fit autant pour sa défense : bien des villes prirent le parti d'Herménigilde, dans la crainte qu'on ne les forçât d'abandonner la foi de leurs pères. Fleury dit à ce propos : « Ainsi Herménigilde se révolta ouvertement. » Cette expression n'est point exacte. La révolte est un soulèvement des sujets contre le souverain, ou d'un inférieur contre son supérieur. Or, Herménigilde, déclaré roi depuis plusieurs années, ayant sa capitale et son royaume, n'était plus le sujet ni l'inférieur de son père, mais son égal. Il y avait donc, non point révolte, mais guerre entre deux rois. Encore n'est-ce pas le fils qui commence ; il ne fait que se défendre, et se défendre légitimement. Le succès ne change rien à la nature même de la chose, et Grégoire de Tours raisonne mal, quand il conclut de la non réussite, que l'entreprise n'était pas légitime. D'ailleurs, le résultat final sera la conversion des Visigoths.

Or, pendant que Lévigilde marchait contre son fils, ses troupes, composées peut-être entièrement d'ariens, saccageaient les lieux sacrés et leurs habitants. Sur leur passage se trouvait un monastère de Saint-Martin, entre Sagonte et Carthagène. A leur approche, les moines se sauvèrent dans une île de la mer : il ne demeura que l'abbé, retenu par la vieillesse. Les Goths pillèrent le monastère. Un d'entre eux tire le glaive pour tuer le vieillard ; mais aussitôt il tombe à la renverse et expire. Les autres s'enfuirent d'épouvante. Le roi, l'ayant appris, fit reporter au monastère tout ce qu'on avait enlevé. Ensuite il demanda secrètement à un de ses évêques ariens : Pourquoi vous autres ne faites-vous pas de miracles, pour confirmer votre foi parmi les peuples ? L'évêque lui répondit : Quant à moi, j'ai rendu bien des fois la vue à des aveugles et l'ouïe à des sourds, et je puis faire ce que vous dites. Alors, appelant un des hérétiques, il lui dit à l'oreille : Recevez ces quarante pièces d'or, et asseyez-vous, les yeux fermés, à l'endroit où je passerai avec le roi ; demandez alors tout haut que je vous rende la vue en vertu de ma croyance. L'autre exécuta la chose comme il avait été convenu. L'évêque, qui marchait à la droite du roi, mit les mains sur les yeux du prétendu aveugle, et dit avec un grand air d'assurance : Qu'il vous soit fait suivant ma foi ! Aussitôt cet aveugle soi-disant perdit réellement la vue, et la perdit avec des douleurs si grandes, qu'il dévoila la tromperie devant tout le monde. Grégoire de Tours, qui en écrivit l'histoire dans le temps même, rappelle que pareille aventure était déjà arrivée à Cyrola, évêque arien des Vandales d'Afrique (Greg., *De glor. confess*., c. 12 et 13).

Herménigilde, dont l'armée était de beaucoup inférieure à celle de son père, implora l'assistance des troupes romaines que les empereurs grecs entretenaient encore en Espagne, pour conserver le peu qui y restait de l'empire. Il envoya dans le même but à Constantinople, son oncle maternel saint Léandre, qui s'y lia d'amitié avec le nonce apostolique saint Grégoire. Herménigilde sollicita aussi les secours des rois de France, tous proches parents de sa femme Ingonde. Mais ces rois étaient presque toujours divisés l'un contre l'autre. Lévigilde envoya des ambassades en sens contraire. Il en fut de même pour Miron, roi catholique des Suèves. Il fut sollicité et par le père et par le fils. Grégoire de Tours suppose qu'il se déclara pour le fils ; Jean de Biclar suppose qu'il se déclara pour le père. Les chefs des troupes grecques ou romaines en Espagne, promirent avec serment à Herménigilde de le soutenir, et reçurent en otage sa femme Ingonde et un jeune fils qui venait de lui naître; mais ensuite, au mépris de leur serment, ils se laissèrent corrompre par l'or de Lévigilde, et lui promirent secrètement d'abandonner son fils au moment du péril. Le père l'assiégea donc dans Séville pendant plus d'un an, et envoya en exil saint Léandre, à son retour de Constantinople, avec ce qui restait d'évêques catholiques.

Herménigilde, ne pouvant espérer de se défendre plus longtemps sans secours, sortit secrètement de la place et alla se réfugier dans le camp des Grecs, dont il n'avait pas encore appris la trahison. S'en étant aperçu, il se sauva dans Cordoue, et de là, suivi de trois cents hommes d'élite, dans la ville d'Osset, où il y avait une église célèbre par la dévotion des peuples. La ville fut prise par les troupes de Lévigilde, qui y mirent le feu. Herménigilde, dépourvu de toute autre ressource, se réfugia dans l'église pour ne pas s'exposer à périr de la main de son père, ou à la faire périr de la sienne. Lévigilde l'ayant su, lui envoya son frère Reccarède, qui lui promit avec serment qu'il ne lui serait fait aucune humiliation, et lui dit : Viens te prosterner aux pieds de notre père, et il te pardonnera tout. Herménigilde demanda que le père lui-même vînt dans l'église. A son entrée, il se prosterna à ses pieds. Lévigilde le releva, lui donna le baiser, lui dit des paroles de tendresse et l'emmena dans son camp. Ensuite, oubliant le serment qu'on lui avait fait en son nom, il le fit dépouiller des vêtements royaux et affubler de haillons, et l'envoya en prison. C'était l'année 583.

La prison acheva de sanctifier le roi Herménigilde. Chargé de fers, il apprit de plus en plus à reconnaître la vanité des grandeurs de la terre et à n'aspirer qu'au royaume céleste. Il couchait sur un cilice, et demandait à Dieu, par des prières ferventes, la force qui lui était nécessaire. La fête de Pâques étant venue, son père lui envoya de nuit un évêque arien, offrant de le recevoir en ses bonnes grâces, s'il prenait la communion de la main de ce prélat. Mais Herménigilde le repoussa avec indignation, et lui reprocha son hérésie, comme s'il eût été en pleine liberté. L'évêque retourna vers le roi Lévigilde, qui, frémissant de colère, envoya des officiers pour tuer son fils. Ils entrèrent dans la prison, et l'un d'eux, nommé Sisbert, lui fendit la tête d'un coup de hache. Ainsi mourut le roi Herménigilde, l'an 586, le samedi saint, 13 avril, jour auquel on l'honore comme martyr (Greg. Mag., *Dial.*, l. 3, c. 31).

Cependant saint Léandre ne demeurait point oisif dans son exil. Il y composa contre les ariens deux livres, que nous n'avons plus; mais nous en avons un troisième, écrit avec beaucoup d'élégance et de piété à sa sœur Florentine, et ayant pour titre : *Institution des vierges et du mépris du monde*. Sainte Florentine avait demandé à son frère quelle succession il lui laisserait en mourant. Léandre y ayant fait réflexion, ne trouva rien qui fût digne d'elle dans les biens de la terre, parce qu'ils sont tous périssables. Il fallut donc chercher par-dessus les cieux, d'où lui était venue la grâce de la virginité, et il lui parut que ce qu'il pouvait lui laisser de meilleur, était de lui apprendre à s'attacher entièrement à celui qui est l'héritage des justes et l'époux des vierges. Ce n'est pas penser sagement, lui dit-il, de préférer le monde qui a été racheté du sang de Jésus-Christ, à Jésus-Christ même ; celui qui rachète est plus estimable que ce qu'il rachète. Les vierges ont cet avantage, qu'elles sont telles qu'elles ont été formées des mains de Dieu. Le premier homme ne s'est perdu, et avec lui le genre humain, qu'en ne voulant plus être ce que Dieu l'avait fait. Les vierges sont les prémices de l'Eglise. Quelle gloire n'ont-elles point à espérer dans le siècle futur, pour n'avoir pris conseil ni de la chair ni du sang, et pour s'être conservées pures de toute corruption? Saint Léandre signale en détail les avantages de la virginité, et les dangers où s'exposent celles qui, par de vains ornements, cherchent à plaire aux hommes. Il convient que le mariage a aussi ses prérogatives, ne fût-ce que d'engendrer des vierges et de faire naître des enfants pour le ciel; mais il soutient que les dangers en sont très-grands et en grand nombre, soit pour cette vie, soit pour l'autre. Il en fait la description, après quoi il donne à Florentine et aux vierges qui vivaient avec elle en communauté, une règle de vie qu'il distribue en 21 chapitres, dont voici le précis:

Fuyez la conversation des femmes engagées dans le mariage; elles ne vous parleront que des choses qu'elles aiment et qu'elles désirent : en vain paraîtront-elles approuver votre institut; ce ne sera qu'une feinte de leur part pour vous séduire plus aisément, comme des syrènes. Si vous devez fuir les femmes du siècle, combien plus les hommes. N'ayez donc de familiarité avec aucun, fût-il un saint. De fréquentes visites diffameraient la sainteté de l'un et de l'autre, ou même la feraient périr. C'est un mal de donner lieu aux autres d'en penser de nous. Deux personnes de différent sexe ne sont point ensemble sans péril : c'est mettre le feu près des étoupes. Que si la vierge doit fuir la familiarité même des saints, combien plus celle des jeunes gens, dont la vue ne peut faire sur elle que des impressions dangereuses. A l'égard du boire et du manger, il faut en user modérément et non au delà du besoin, ni rechercher des mets sans lesquels on peut vivre. Si la faiblesse de la santé exige des soulagements, que l'esprit ne se relâche en rien. Daniel n'eut que du mépris pour les mets qu'on lui servit à la table du roi : il vécut de légumes. Quand vous aurez à parler à un homme, que ce soit en présence de deux ou trois de vos sœurs. Jésus-Christ n'eût pas parlé seul à la Samaritaine, si les apôtres n'avaient été obligés de s'absenter pour acheter de quoi manger ; ils n'eussent pas été non plus surpris de le voir seul avec une femme, si la coutume n'avait été contraire.

Partagez votre temps entre la prière et la lecture. Si vous travaillez des mains ou si vous prenez votre repas, qu'un autre vous lise pendant ce temps. Cherchez dans la lecture de l'Ancien Testament un sens spirituel, surtout dans le *Cantique des canti-*

ques, qui est une figure de l'amour de Jésus-Christ pour son Eglise, et dans l'*Heptateuque*, c'est-à-dire dans les cinq livres de Moïse, et dans ceux de Josué, et des Juges et de Ruth, que l'on défendait autrefois aux personnes trop charnelles, comme pouvant leur être plus nuisibles qu'utiles. Proportionnez le jeûne à la force du tempérament et à la violence des passions; le jeûne est un moyen de dompter la chair et de la soumettre à l'esprit. Si vos infirmités ne vous permettent point d'observer un jeûne si rigoureux, vous ne pécherez point, mais vous regarderez comme au-dessus de vous celles que l'infirmité ne dispensera pas de cette loi. Au reste, que celle qui par sa santé est en état de la suivre, ne se scandalise point des égards que l'on doit avoir pour celles qui se portent moins bien; que celles-ci, au contraire, s'humilient de leur infirmité et qu'elles aient de la douleur de ne pouvoir faire ce que font les autres. L'excès dans le vin est un crime mortel : une vierge donc qui est en santé, fera bien de s'en abstenir; celle qui est d'une santé faible ou malade, peut en user avec la modération que saint Paul prescrit à Timothée, elle doit aussi user du bain uniquement pour le rétablissement de sa santé : tout autre motif le rend dangereux, surtout quand on le prend pour avoir la chair plus belle. La joie que donne une bonne conscience, voilà celle qu'elle doit chercher; nulle joie mondaine ne doit être de son goût; la tristesse qui est selon Dieu lui est préférable : c'est celle-là qui rend heureux et qui mérite des consolations.

Saint Léandre veut que sa sœur ait un amour égal pour toutes ses sœurs, sans distinction de personnes, la qualité de servantes de Jésus-Christ étant commune à toutes, toutes étant baptisées et recevant ensemble le corps et le sang de Jésus-Christ; mais à l'égard des besoins, il lui conseille de les proportionner aux infirmités de chacune, donnant plus à celle qui a de plus grandes infirmités, les biens demeurant en commun à toutes. La mère de Jésus-Christ n'était riche que dans le Seigneur, et Joseph, son époux, réduit à gagner sa vie en travaillant à des ouvrages en bois. Il ne permet ni ne défend à Florentine l'usage de la viande, sachant qu'elle était d'une santé faible, mais il ordonne à celles qui se portent bien de s'en abstenir; il est d'avis qu'elle passe le reste de ses jours dans le monastère où elle était entrée, parce que, encore qu'elle y rencontrât quelque sujet de tristesse par la discorde ou les murmures qui pouvaient y naître, elle y trouvait toujours des exemples de vertu à imiter. La vie commune des monastères a pris son origine dans les premiers fidèles, qui avaient tout en commun; cette vie est préférable à la vie privée que mènent certaines vierges qui demeurent seules dans les villes, où elles ne laissent pas d'être occupées de plaire par la propreté de leurs habits et des soins de leur ménage, qui les détournent des choses de Dieu. Il appelle vol ce qu'une religieuse possède en propre à l'insu de la communauté, parce que, tout devant être en commun, une ne doit pas s'approprier ce qui appartient également aux autres. S'il est permis aux hommes charnels de jurer pour ôter tout soupçon de fraude, il ne l'est pas aux personnes spirituelles, lors même qu'elles sont assurées de dire vrai; elles doivent se contenter de dire : cela est, ou cela n'est pas; tout ce qu'elles ajouteraient de plus ne pourrait venir que du malin esprit. N'affectez point de parler à une de vos sœurs en particulier, à l'exclusion des autres; ce qu'il est utile à l'une de savoir, ne l'est pas moins à toutes; si ce que vous lui dites est bon, pourquoi ne pas le communiquer aux autres? s'il est mauvais, vous ne devez ni le penser ni le dire à personne. Saint Léandre finit sa règle en conjurant sa sœur de persévérer dans l'état qu'elle avait embrassé, et, après être sortie de sa famille et de son pays, à l'imitation d'Abraham, de ne pas regarder en arrière, à l'exemple de la femme de Lot, de peur que ses sœurs ne voient en elle ce qu'elles doivent éviter (*Bibl. Pat.*, t. XII).

Jean de Biclar eut part, comme saint Léandre, à la persécution de Lévigilde. Il était de la nation des Goths, né à Scalabe ou Santarem, dans la province de Lusitanie. Etant jeune, il alla à Constantinople, d'où, après s'être rendu habile dans les lettres grecques et les lettres latines, il revint en Espagne, au bout de dix-sept ans, dans le fort de cette persécution. Lévigilde voulut l'obliger à embrasser l'hérésie arienne, et, le trouvant ferme dans la foi catholique, il le relégua à Barcelone. Jean y passa dix années, pendant lesquelles il eut beaucoup à souffrir des artifices et de la violence des ariens. Ensuite il fonda, dans les vallées des Pyrénées, un monastère nommé Biclar, où, ayant assemblé une communauté, il lui donna une règle très-utile, non-seulement à ses moines, mais à toutes les personnes qui craignent Dieu. Nous n'avons plus cette règle. L'abbé Jean fut depuis élu évêque de Girone. L'année de sa mort est incertaine. Il nous reste de lui une *Chronique abrégée*, qu'il composa pour continuer celle de Victor de Tunnone, commençant à la première année de Justin le Jeune, qui est l'an 566, et finissant à la huitième de l'empereur Maurice, c'est-à-dire à l'an 589 (Canisii, *Lect. antiq.*, t. II).

Les Suèves qui habitaient la Galice furent aussi persécutés par Lévigilde. Car leur roi Eboric, fils de Miron, ayant été dépouillé et mis dans un monastère par Andeca, Lévigilde fit la guerre à celui-ci, le prit; le fit tonsurer et ordonner prêtre. Etant ainsi maître de la Galice, il voulut que les Suèves, depuis peu catholiques, revinssent à l'arianisme, et il en pervertit un grand nombre. En sorte que, dans toute l'Espagne, l'hérésie triomphait et semblait affermie pour des siècles. Et toutefois elle approchait de sa fin.

Le roi Lévigilde, qui persécutait si fort les catholiques, ne survécut pas longtemps à son fils saint Herméngilde. Il se repentit bientôt de l'avoir fait mourir, et reconnut la vérité de la religion catholique; toutefois, la crainte de sa nation l'empêcha de la professer publiquement. Etant tombé malade et se voyant à l'extrémité, il fit venir saint Léandre, qu'il avait tant persécuté, et lui recommanda son fils Reccarède, qu'il laissait pour successeur, le priant de lui faire ce qu'il avait fait à son frère par ses exhortations, c'est-à-dire de le rendre catholique. Quelques-uns disaient même que Lévigilde avait passé sept jours dans les larmes à regretter les maux qu'il avait faits contre Dieu, et qu'il était mort catholique. Quoi qu'il en soit, il mourut la 18e année de son règne, l'an 587 de Jésus-Christ.

Son fils Reccarède lui succéda, et suivit l'exemple de son frère saint Herméngilde; car s'étant fait instruire et ayant reconnu la vérité de la religion catholique, il reçut le signe de la croix avec l'onction du saint chrême. Le 10e mois de la 1re année de son règne, il parla avec tant de sagesse aux évêques ariens, qu'il les obligea de se faire catholiques, par raison plutôt que par autorité. En un mot, il convertit toute la nation des Visigoths, ne souffrant pas qu'aucun hérétique servît dans ses armées ou dans les charges. Il ramena aussi tous les Suèves à la religion catholique. Ainsi, le commencement de son règne fut la fin de l'hérésie en Espagne, où elle avait dominé depuis l'entrée des Barbares, c'est-à-dire depuis le commencement du Ve siècle, pendant environ 180 ans. Le roi Reccarède envoya porter des nouvelles de sa conversion dans la province narbonnaise, qui était de son obéissance. Les hérétiques qui y demeuraient se convertirent à son exemple, mais un évêque arien, nommé Athalocus, en mourut de dépit.

La conversion de Reccarède occasionna toutefois quelques mouvements, qu'il fut obligé de réprimer. Dès la seconde année de son règne, un évêque arien, nommé Sunna, avec Seggon et quelques autres d'entre les seigneurs, voulurent se révolter; mais ils furent découverts. On envoya Sunna en exil et on bannit Seggon en Galice, après lui avoir coupé les mains. La troisième année, on découvrit une autre conjuration de l'évêque Uldila et de la reine Gosvinde, belle-mère de Reccarède. Elle avait feint de se joindre à ses intérêts et même d'être catholique, aussi bien qu'Uldila; mais on reconnut qu'à la communion ils faisaient semblant de prendre l'eucharistie et la jetaient par terre. Uldila fut envoyé en exil, et Gosvinde, toujours ennemie des catholiques, mourut dans le même temps.

Pour affermir la conversion des Goths, le roi Reccarède assembla un concile de tous les pays de son obéissance. Il le convoqua à Tolède pour le 6e jour de mai de l'an 589, 4e de son règne. Il s'y trouva 64 évêques et 6 députés pour autant d'évêques absents. Avant de tenir leurs séances, le roi, qui était présent, les exhorta à s'y préparer par les jeûnes, les veilles et les prières. Ils passèrent trois jours entiers dans ces exercices de piété. Quand ils furent assemblés de nouveau, le roi leur demanda de faire lire, d'examiner synodalement, puis de garder, sa profession de foi sur la Trinité, souscrite de sa main et de celle de la reine, son épouse. Les évêques la reçurent de la main du roi et la firent lire par un notaire. Le roi y dit entre autres, que par la grâce de Dieu, il travaillait à ramener tous ses sujets à l'unité de la foi et de l'Eglise catholique. « Vous avez ici, dit-il, toute l'illustre nation des Goths, qui, bien qu'elle ait été jusqu'à présent séparée de l'Eglise universelle par la malice de ses docteurs, y revient maintenant avec moi de tout son cœur. Vous avez aussi la nation très-nombreuse des Suèves, qui, ayant été entraînée par d'autres dans l'hérésie, a été ramenée à la vérité par nos soins. J'offre ces peuples, par vos mains, comme un sacrifice agréable à Dieu; c'est à vous à les instruire dans la doctrine catholique. Ensuite il reprend sa confession de foi, en déclarant qu'il anathématise Arius, sa doctrine et ses complices; qu'il reçoit le concile de Nicée, le concile de Constantinople contre Macédonius, le premier concile d'Ephèse contre Nestorius, le concile de Chalcédoine contre Eutychès et Dioscore, et généralement tous les conciles orthodoxes qui s'accordent avec ces quatre. Recevez en conséquence cette déclaration de nous et de notre nation, écrite et confirmée par nos signatures; et gardez-la parmi les monuments canoniques, pour être un témoignage devant Dieu et devant les hommes, que les peuples, sur lesquels nous avons, au nom de Dieu, la puissance royale, ayant quitté leur ancienne erreur, ont reçu dans l'Eglise le Saint-Esprit par l'onction du saint chrême et par l'imposition des mains, en confessant que cet Esprit consolateur est un et égal en puissance avec le Père et le Fils. Si à l'avenir quelqu'un d'entre eux veut se dédire de cette sainte et vraie foi, que Dieu le frappe d'anathème dans sa colère, et que sa perte soit un sujet de joie aux fidèles et un exemple aux infidèles. » Le roi avait ajouté à sa profession de foi les définitions des quatre conciles généraux, et l'avait souscrite avec la reine Baddo, son épouse.

A la fin de cette lecture, tout le concile s'écria : « Gloire à Dieu, Père, Fils et Saint-Esprit, qui a daigné procurer la paix et l'unité à sa sainte Eglise catholique! Gloire à notre Dieu Jésus-Christ, qui, au prix de son sang, a rassemblé l'Eglise catholique de toutes les nations! Gloire à notre Dieu Jésus-Christ, qui a ramené une nation aussi illustre à l'unité de la vraie foi, et n'a fait de tous qu'un troupeau et qu'un pasteur! Qui a mérité de Dieu une récompense éternelle, sinon le roi vraiment catholique Reccarède? A qui Dieu réserve-t-il une éternelle couronne, si ce n'est au roi vraiment orthodoxe Reccarède? A qui est due la gloire dans le temps et dans l'éternité, si ce n'est au roi Reccarède, qui vraiment aime Dieu? C'est lui qui a conquis à l'Eglise de nouveaux peuples. Il a fait l'office d'apôtre, il en mérite la récompense. Qu'il soit à toujours chéri de Dieu et des hommes, celui qui a si merveilleusement glorifié Dieu sur la terre! »

Après ces acclamations, et par ordre du concile, un des évêques catholiques, adressant la parole aux évêques, aux prêtres et aux plus considérables des Goths convertis, leur demanda ce qu'ils condamnaient dans l'hérésie qu'ils venaient de quitter, et ce qu'ils croyaient dans l'Eglise catholique à laquelle ils s'étaient réunis, afin qu'on vît, par leur confession, qu'ils anathématisaient sincèrement la perfidie arienne, avec tous ses dogmes, ses offices, sa communion, ses livres, et qu'il ne restât aucun doute qu'ils ne fussent véritables membres du corps de Jésus-Christ. Alors tous les évêques, avec les clercs et les autres principaux de cette nation, déclarèrent que, bien qu'ils eussent déjà fait dans le temps de leur conversion ce que l'on exigeait d'eux, ils étaient prêts à le réitérer et à confesser tout ce que les évêques catholiques leur avaient montré être le meilleur.

Là-dessus on prononça vingt-trois articles avec anathème contre les principales erreurs des ariens, et contre tous ceux qui en prenaient la défense. On dit nommément anathème à qui ne croit pas que le Fils soit engendré sans commencement, de la substance du Père, ou qu'il lui soit égal et consubstantiel; anathème à qui nie que le Saint-Esprit soit coéternel et égal au Père et au Fils, et qu'il procède de l'un et de l'autre; anathème à qui reconnaît une autre foi et une autre communion catholique; que celle qui fait profession de suivre les décrets des conciles de Nicée, de Constantinople, d'Ephèse et de Chalcédoine; anathème à qui ne condamne pas de tout son cœur le concile de Rimini. Les évêques Goths convertis protestèrent qu'ils abandonnaient de tout leur cœur l'hérésie arienne; qu'ils ne doutaient pas qu'en la suivant, eux et leurs prédécesseurs n'eussent erré; qu'ils venaient d'apprendre dans l'Eglise catholique, la foi de l'Evangile et des apôtres; qu'ainsi ils promettaient de tenir et de prêcher celle dont leur roi et seigneur avait fait profession en plein concile, avec anathème à qui cette doctrine ne plairait point, étant la seule vraie foi que tient l'Eglise de Dieu répandue par tout le monde et la seule catholique. Ensuite ils souscrivirent, au nombre de huit, tant aux 23 articles, qu'aux formules de foi de Nicée et de Constantinople, ainsi qu'à la définition de Chalcédoine; après eux, les prêtres et les diacres; puis les grands seigneurs et les anciens des Goths.

Cela fait, le roi Reccarède proposa aux évêques de faire des statuts pour le règlement de la discipline ecclésiastique, et pour réparer les brèches que l'hérésie y avait faites. Il demanda en particulier que, dans toutes les Eglises d'Espagne et de Galice, on récitât à voix claire et intelligible le Symbole dans le sacrifice de la messe, avant la communion du Corps et du Sang de Jésus-Christ, suivant la coutume des Orientaux, afin que les peuples sussent auparavant ce qu'ils devaient croire, et qu'ayant purifié leurs cœurs par la foi, ils s'approchassent pour recevoir ces divins mystères. On fit donc 23 canons, dont voici la teneur :

Tous les décrets des anciens conciles et des lettres synodiques des Pontifes romains demeureront en vigueur; aucun ne sera promu aux degrés du ministère ecclésiastique, qui n'en soit pas digne, et on ne fera rien de ce que les saints Pères ont défendu. Pour affermir la foi des peuples, on leur fera chanter à la messe le Symbole du concile de Constantinople avant l'Oraison dominicale, afin qu'après avoir rendu témoignage à la vraie foi, ils soient plus purs pour recevoir le Corps et le Sang de Jésus-Christ. Il ne sera pas permis aux évêques d'aliéner les biens de l'Eglise; mais ce qu'ils auront donné aux monastères ou aux églises de leur diocèse, sans un préjudice notable à leur église propre, demeurera ferme et stable. Ils pourront encore pourvoir aux nécessités des étrangers et des pauvres. Si un évêque veut même destiner une église de son diocèse pour y établir un monastère, il le pourra du consentement de son concile, fallût-il donner à ce monastère quelque partie des biens de l'Eglise pour sa subsistance. Les évêques, les prêtres et les diacres qui s'étaient convertis de l'arianisme, vivaient maritalement avec leurs femmes : le concile veut qu'à l'avenir ils vivent dans la continence, et qu'à cet effet ils se séparent de chambre et de maison, s'il se peut. Quant aux évêques qui ont toujours été catholiques, il leur est défendu, sous les peines canoniques, d'avoir aucune communication avec des femmes d'une conduite suspecte. Ceux qui ont été affranchis par les évêques jouiront de la liberté, sans être privés de la protection particulière de l'Eglise, eux et leurs enfants; et il en sera de même de ceux qui ont été affranchis par d'autres personnes, mais recommandés aux églises.

Pour ôter lieu aux discours inutiles et fabuleux, on fera toujours la lecture de l'Ecriture sainte à la table de l'évêque, afin d'édifier ceux qui y mangent. Les clercs tirés des familles fiscales demeureront attachés à l'église où ils sont immatriculés, sans que personne puisse les revendiquer sous prétexte de donation du prince. Les églises qui d'ariennes sont devenues catholiques, appartiendront aux évêques diocésains. On ne contraindra ni les veuves ni les filles à se marier : et quiconque empêchera une veuve ou une fille de garder le vœu de chasteté, sera privé de la sainte communion et de l'entrée de l'église. En quelques Eglises d'Espagne, les pécheurs faisaient pénitence, non selon les canons, mais d'une manière honteuse, demandant au prêtre de les réconcilier toutes les fois qu'il leur plaisait de pécher. Le concile, pour remédier à cette présomption, qu'il appelle exécrable, ordonne que celui qui se repent de son péché soit premièrement suspendu de la communion, et vienne souvent recevoir l'imposition des mains avec les autres pénitents; et qu'après avoir accompli le temps de la satisfaction, il soit rétabli à la communion, suivant le jugement de l'évêque. Il ajoute que ceux qui retombent dans leurs péchés pendant le temps de la pénitence ou après la réconciliation, seront condamnés selon la sévérité des anciens canons : paroles un peu vagues, que l'on suppose communément signifier que les pénitents relaps ne seront plus reçus à la pénitence publique, qui ne s'accordait qu'une fois. L'évêque ou le prêtre, avant d'accorder la pénitence à qui la demande, même en maladie, commençait par lui couper les cheveux, si c'était un homme, ou à lui faire changer d'habit, si c'était une femme. Cette précaution paraissait nécessaire pour empêcher les rechutes.

La licence était parvenue à un tel degré, que les clercs, sans s'être adressés à leurs évêques, traduisaient leurs confrères devant les tribunaux séculiers. Le concile défend cet abus, sous peine, à l'agresseur, de perdre son procès et d'être privé de la communion. Défense aux Juifs d'avoir des femmes ou des concubines chrétiennes, ni des esclaves chrétiens pour les servir, et d'exercer des charges publiques : les enfants qui pourraient être nés de semblables mariages, seront baptisés; et s'il était arrivé aux Juifs de circoncire leurs esclaves chrétiens ou de les initier à leurs rites, on les leur ôtera sans leur en payer le prix, et on les rétablira dans la profession de la religion chrétienne. Si un serf du fisc a fondé et doté une église de sa pauvreté, l'évêque en procurera la confirmation de la part du prince. Il aura aussi recours à la puissance séculière pour abolir par toute l'Espagne et la Galice tous les restes d'idolâtrie. Il est défendu aux pères et mères de faire mourir les enfants qui sont le fruit de leur débauche, et dont ils se trouvent surchargés. Ce crime, fréquent dans quelques parties de l'Espagne, était un reste des mœurs et des lois païennes, qui, non-seulement autorisaient l'infanticide, mais même le commandaient quelquefois.

Sans préjudice des anciens canons qui ordonnent deux conciles chaque année, celui de Tolède veut que, attendu la longueur du chemin et la pauvreté des Eglises d'Espagne, les évêques s'assemblent seulement une fois l'an, au lieu choisi par le métropolitain, et que les juges des lieux et les intendants des domaines du roi se trouvent à ce concile le 1er novembre, pour apprendre la manière dont ils doivent gouverner les peuples, de la bouche des évêques qui leur sont donnés pour inspecteurs. Ces paroles sont bien remarquables. Plusieurs personnes demandaient que l'on consacrât les églises qu'ils avaient fait bâtir, à la charge de retenir l'administration du bien dont ils les avaient dotées. Cette disposition étant contraire aux anciens canons, il est ordonné que dans la suite cette administration appartiendra à l'évêque; mais en même temps on lui défend de charger les prêtres et les diacres de corvées ou d'impositions nouvelles, au delà des anciens droits des évêques sur les paroisses. Il fut résolu dans le concile que l'on supplierait le roi d'empêcher que les officiers de son domaine ne chargeassent de corvées les serfs des églises, des évêques et des autres clercs, afin qu'ils pussent s'acquitter plus aisément de leurs devoirs envers leurs maîtres. Il fut défendu de chanter des cantiques funèbres ou de se frapper la poitrine aux enterrements des chrétiens, parce que ces marques de deuil sentaient trop le paganisme, et qu'il suffisait de chanter des psaumes pour marquer l'espérance de la résurrection. On défendit encore les danses et les chansons déshonnêtes dans les solennités des saints, ces jours devant être sanctifiés par l'attention aux offices divins. Comme l'abus était commun dans toute l'Espagne, le concile charge les évêques et les juges séculiers de l'abolir chacun dans sa juridiction.

Le roi Reccarède, en la même année 589, 4e de son règne, donna une ordonnance portant confirmation de tout ce qui avait été fait et arrêté dans ce concile, que l'on compte pour le troisième de Tolède, sous peine, aux clercs, d'encourir l'excommunication de la part de tout le concile; aux laïques, de confiscation de leurs biens, ou même d'exil, suivant la qualité des personnes. Il souscrivit le premier, et 72 évêques après lui, y compris les députés des absents. Cinq étaient métropolitains, savoir : Euphémius de Tolède, saint Léandre de Séville, Migetius de Narbonne, Pantard de Brague, Massona d'Émérite ou de Mérida, qui souscrivit le premier (Labbe, t. V).

On voit ici pour la première fois, d'une manière bien expresse, la constitution naturelle d'une nation chrétienne. Chez les Goths d'Espagne, la première loi fondamentale de l'Etat, c'est la foi catholique; les décrets des conciles et les décrétales des Pontifes romains, sont la règle applicative de la croyance et des mœurs; l'Eglise, outre son gouvernement propre, exerce une puissance directive sur le gouvernement temporel : c'est de l'assemblée des évêques que les magistrats apprendront à bien gouverner les peuples; les évêques sont les inspecteurs constitutionnels des magistrats; les pauvres, les affranchis sont sous la protection spéciale de l'Eglise, qui doit veiller à leur subsistance et à leur liberté. Enfin, la nation des Goths, toujours une et distincte des autres, est néanmoins unie à toutes les autres dans un magnifique ensemble; elle est une province de l'Eglise catholique, qui embrasse toutes les nations de la terre, comme les branches diverses d'une même famille, l'humanité chrétienne, dont elle est la mère et le Christ le père.

Saint Léandre célébra dès lors ces merveilles dans un discours qu'il prononça à la fin du concile. Il invite l'Eglise de Dieu à se réjouir, ses douleurs étant changées en allégresse. Il lui dit entre autres : « Sachant combien douce est la charité, combien délectable est l'unité, vous ne prêchez que l'alliance des nations, vous ne soupirez qu'après l'union des peuples, vous ne répandez partout que les biens de la charité et de la paix. Réjouissez-vous dans le Seigneur; vos désirs n'ont pas été trompés; car ceux que depuis longtemps vous avez conçus dans la douleur, voilà que tout d'un coup vous les avez enfantés dans la joie. Et nous aussi, mes frères, réjouissons-nous en Dieu de toute la charité de notre âme. Ce qui est accompli déjà, nous assure ce qui reste à s'accomplir. Le Seigneur a dit : *J'ai encore d'autres brebis qui ne sont pas de ce bercail; il faut que celles-là aussi je les amène, afin qu'il n'y ait qu'un troupeau et qu'un pasteur.* Or, cela, nous le voyons accompli sous nos yeux. C'est pourquoi ne doutons pas que le monde entier ne puisse croire au Christ et se réunir à la même Eglise. L'orgueil a divisé les peuples par la diversité des langues, il faut que la charité les réunisse. Le possesseur de l'univers est un, suivant ces paroles : *Demande-moi, et je te donnerai les nations pour héritage, et pour la possession les confins de la terre* : la possession elle-même doit aussi être une. Issues d'un même homme, unies par l'origine, l'ordre naturel veut que toutes les nations soient pareillement unies par la foi et la charité. L'hérésie, qui ne fait que diviser, est une chose contre nature.

C'est de cette Eglise qui réunit toutes les nations dans le Christ, que le prophète a dit : *Et dans les derniers jours sera fondée sur le sommet des monts, la montagne de la maison du Seigneur, et elle sera élevée par-dessus les collines, et toutes les nations afflueront vers elle. Et les peuples iront en foule, et diront : Venez, montons à la montagne du Seigneur et à la maison du Dieu de Jacob* (Isaïe, 2). Car cette montagne c'est le Christ; cette maison de Dieu de Jacob, c'est son Eglise, qui est une. C'est encore de cette Eglise que le prophète dit ailleurs : *Lève-toi, Jérusalem, sois éclairée; car ta lumière est venue, et la gloire du Seigneur s'est levée sur toi. Et les nations marcheront à ta lumière, et les rois à la splendeur de ton lever. Lève les yeux et regarde autour de toi : tous ceux que tu vois ici se sont assemblés pour venir à toi. Les fils des étrangers bâtiront tes murailles, et leurs rois seront tes ministres. La nation et le royaume qui ne te seront point assujétis périront, et j'en ferai un effroyable désert* (*Ibid.*, 60).

Disons donc tous, conclut saint Léandre, gloire à Dieu dans les hauteurs, et paix sur la terre aux hommes de bonne volonté. Devenus tous un même royaume par l'union de nos âmes, il ne nous reste qu'à prier Dieu, tant pour la stabilité du royaume terrestre, que pour la félicité du royaume céleste, afin que ce royaume et cette nation qui ont glorifié le Christ sur la terre, en soient glorifiés, non-seulement sur la terre, mais encore dans les cieux. Ainsi soit-il (Labbe, t. V).

Voilà comme la nation des Visigoths, c'est-à-dire des Goths de l'Ouest ou Occidentaux, se réunit à l'Eglise catholique. Identifiée par la religion avec les anciens habitants du pays, elle est devenue la nation espagnole, dont la Providence a bien voulu se servir pour faire connaître la vraie foi dans un nouveau monde et dans les îles lointaines du grand Océan.

La nation des Francs, religieusement unie à l'Église catholique depuis bientôt un siècle, était alors politiquement divisée d'avec elle-même par le partage de la royauté. Il y avait quatre rois ou chefs, fils de Clotaire I<sup>er</sup>, qui tirèrent au sort : Charibert eut Paris et l'Aquitaine; Gontram eut Orléans, la Bourgogne, et fit sa capitale de Châlon-sur-Saône; Chilpéric eut la Neustrie, et fut appelé roi de Soissons; Sigebert, le plus jeune, eut l'Austrasie ou la France de l'Est, et fit de Metz sa capitale. Ces quatre royaumes, bornés un peu au hasard, avaient une infinité d'enclaves les uns dans les autres; souvent la même ville appartenait à deux princes, quelquefois même à trois; de sorte que, quand ils étaient en guerre, ce qui arrivait souvent, la guerre se trouvait à peu près partout; et la guerre consistait alors principalement à piller. Ces quatre princes étaient frères; ils étaient chrétiens, mais l'élément barbare l'emportait souvent encore. Charibert et Chilpéric, en particulier, semblent n'avoir regardé la royauté que comme un moyen de satisfaire leurs passions. La reine Ingoberge, femme de Charibert, avait deux servantes, Marcovèfe et Méroflède, filles d'un cardeur de laine. Caribert devint amoureux des deux servantes. Pour le guérir de sa passion, la reine lui montra leur père occupé à carder de la laine. Le roi, en colère, répudia la reine et en épousa la servante Méroflède. Quelque temps après, il épousa encore la fille d'un berger, nommée Théodechilde. Enfin, pour mettre le comble au scandale, il mit aussi au nombre de ses femmes la servante Marcovèfe, quoiqu'elle portât encore l'habit de religieuse et qu'il en eût déjà épousé la sœur Méroflède. Saint Germain, évêque de Paris, employa tous les moyens de persuasion pour faire cesser de pareils excès. N'y ayant pu réussir, il excommunia le roi et la religieuse Marcovèfe. Comme le roi ne voulut pas la quitter, elle mourut, et le roi lui-même peu après elle, l'an 567, après six ans de règne (Greg. Tur., l. 4, c. 26).

Un roi de cette espèce ne songeait guère à soutenir la discipline de l'Église. Saint Léonce de Bordeaux ayant assemblé à Saintes le concile de sa province, y déposa Émérius de Saintes, attendu que son ordination n'était pas légitime, parce qu'elle n'avait été faite qu'en vertu d'un décret de Clotaire, et sans la participation du métropolitain : ce qui était manifestement contre les canons du dernier concile de Paris, où Léonce s'était trouvé. On élut à sa place Héraclius, prêtre de Bordeaux, et l'on envoya le prêtre Nuncupat porter l'acte d'élection à Charibert, de qui dépendait la ville de Saintes, pour obtenir son consentement. Nuncupat s'étant présenté devant le roi, lui dit : « Glorieux prince, le Siège apostolique vous salue. » Charibert répondit : « Etes-vous allé à Rome pour m'apporter des compliments du Pape ? C'est votre père Léonce, répondit Nuncupat, et les évêques de sa province qui m'envoient pour vous faire savoir qu'Émérius a été déposé du siège de Saintes, qu'il avait obtenu contre les canons, et voici le décret d'une autre élection qu'ils vous prient de confirmer. A ces paroles, le roi frémissant de colère contre cet envoyé : Quoi ! penses-tu donc, lui dit-il, qu'il ne reste plus d'enfants de Clotaire pour soutenir ce qu'il a fait ? Et aussitôt, le chassant de sa présence, il le fit mettre sur un chariot plein d'épines et conduire en exil. Il envoya en même temps à Saintes, pour faire rétablir Émérius, et condamna saint Léonce à mille sous d'or, et les autres évêques à proportion. Le prétexte à ces violences était le respect pour son père. Mais ce n'était qu'un prétexte. Le duc Austrapius, qui avait rendu à Clotaire les plus éminents services, ayant renoncé au monde et embrassé l'état ecclésiastique, Clotaire le fit ordonner évêque de Selle, au diocèse de Poitiers, avec promesse de l'évêché de Poitiers, dès qu'il vaquerait par la mort de Pientius. Mais Charibert, oubliant les services d'Austrapius et les promesses de son père, qu'Austrapius toutefois lui rappelait, y nomma un autre (Greg., l. 4, c. 18).

Charibert étant mort sans enfants mâles, ses trois frères partagèrent entre eux son royaume, mais de manière à multiplier encore les enclaves, et par là même, les occasions de guerre et de pillage. Paris, entre autres, fut partagé entre tous les trois, avec cette clause qu'aucun n'y entrerait sans la permission des deux autres, sous peine de perdre la part qu'il y avait. Théodechilde, cette fille de berger, que Charibert avait prise pour une de ses femmes, offrit à Gontram de devenir la sienne. Il répondit qu'elle n'avait qu'à venir avec ses trésors, et qu'il la comblerait de plus d'honneurs que n'avait fait son frère défunt. Quand elle fut venue, il lui ôta presque toutes ses richesses et l'envoya avec le reste dans le monastère d'Arles, où, bien malgré elle, elle se vit retenue, obligée aux veilles et aux jeûnes jusqu'à la fin de sa vie (Ibid., l. 4, c. 26). Gontram lui-même avait d'abord pris pour concubine une nommée Vénérande, servante d'un de ses siens, dont il eut un fils nommé Gondebad. Il épousa ensuite, en mariage légitime, Marcatrude, fille d'un de ses sujets, laquelle ayant eu un fils, empoisonna Gondebad. Mais en punition de ce crime, elle perdit le sien et mourut elle-même bientôt après. Gontram épousa en secondes noces Austréchilde, dont il eut deux fils, Clotaire et Clodomir (Greg., l. 4, c. 25).

Son frère Chilpéric eut une première femme nommée Audovère, dont il eut trois fils, Théodebert, Mérovée et Clovis. Elle accoucha d'une fille pendant que le roi était à une expédition militaire. Elle avait en même temps une servante de très-bas lieu, nommée Frédégonde, qui lui dit à dessein : Madame, voilà que le roi revient victorieux; embrassera-t-il votre fille avec plaisir, si elle n'est pas baptisée ? A cette réflexion, la reine fit préparer le baptistère, et appela un évêque pour donner le baptême. Comme il n'y avait pas de marraine convenable, Frédégonde ajouta : Mais pouvons-nous en trouver une pareille à vous ? Servez-lui-en vous-même. La reine, sans penser plus loin, servit de marraine à sa propre enfant. A l'arrivée du roi, Frédégonde courut à sa rencontre, et lui dit : Grâces à Dieu, le roi revient victorieux et il lui est né une fille; mais avec qui dormira-t-il cette nuit ? car la reine est votre commère, étant la marraine de votre enfant. Chilpéric répondit : Si ce n'est avec elle, ce sera avec toi. La reine s'étant présentée avec sa fille, il lui dit : Par votre simplicité, vous avez fait une chose exécrable; vous ne pouvez plus être ma femme. Et il lui fit prendre le voile dans un monastère, ainsi qu'à sa fille. L'évêque fut exilé, et la servante Frédégonde devint, par cette intrigue, la femme de Chilpéric (*Gesta reg. Franc.*, n. 31).

Des quatre rois des Francs, Sigebert d'Austrasie, le plus jeune, se montra le plus sage et le plus digne. Voyant que ses frères se déshonoraient par des femmes indignes d'eux, et même par des servantes, il envoya une ambassade en Espagne, demander Brunihilde, autrement Brunehaut, fille d'Athanagilde, roi des Visigoths. Car, dit Grégoire de Tours, qui écrivait à cette époque, c'était une jeune personne fort belle et gracieuse, de mœurs honnêtes et bienséantes, prudente dans le conseil, et d'une éloquence insinuante. Son père ne la refusa pas, mais l'envoya au roi d'Austrasie avec de grands trésors. Sigebert, entouré des seigneurs de son royaume, la reçut avec une joie inexprimable, au milieu des festins et des réjouissances publiques. Elle était arienne. Mais par les instructions des évêques et les remontrances du roi, elle crut à la sainte Trinité, fut réconciliée à l'Eglise par l'onction du saint chrême, et depuis ce temps, ajoute saint Grégoire de Tours, elle persévéra, au nom du Christ, à être catholique (Greg., l. 4, c. 27).

Chilpéric, voyant combien cette alliance faisait d'honneur à son frère, envoya lui-même aussi en Espagne, pour demander Galsuinde, sœur aînée de Brunehaut. Il avait déjà plusieurs femmes, dit Grégoire de Tours, mais il promit, par ses ambassadeurs, de les renvoyer toutes, s'il pouvait obtenir une épouse de son rang et fille de roi. Le père, se fiant à ces promesses, la lui accorda pareillement. Chilpéric la reçut avec beaucoup d'honneur et l'épousa. Il la chérissait même beaucoup; car, dit Grégoire de Tours, elle lui avait apporté de grands trésors. Elle s'était également convertie à la foi catholique. Mais la passion de Chilpéric pour Frédégonde le brouilla bientôt avec sa nouvelle épouse. Galsuinde se plaignit des affronts auxquels elle était continuellement exposée, et lui demanda la permission de s'en retourner en Espagne, en lui laissant tous ses trésors. Chilpéric l'amusa quelque temps avec de belles paroles. A la fin, il la fit étrangler par un page, et on la trouva morte dans son lit. Il la pleura, et, peu après, il reprit publiquement Frédégonde, qui alors joua la femme pieuse, de manière à s'attirer les louanges du poète Fortunat (*Ibid.*, l. 4, c. 28).

Sigebert et Gontram, persuadés que Chilpéric avait ordonné le meurtre de la reine Galsuinde, entreprennent de le dépouiller de son royaume. Il y eut des guerres, il y eut des accommodements suivis de guerres nouvelles. Pendant la guerre, les provinces de l'un étaient ravagées par les troupes de l'autre, avec non moins de cruauté que par les Barbares. Enfin, l'an 575, Sigebert marcha contre Chilpéric, qui venait de rompre subitement la paix et de mettre à feu et à sang une de ses provinces. Théodebert, fils aîné de Chilpéric, est tué dans une bataille. Sigebert remporte partout la victoire; il se rend maître de Paris et de Rouen; sa femme Brunehaut vient le rejoindre dans la première de ces deux villes, avec son jeune fils Childebert et ses deux jeunes filles. Le saint évêque Germain écrit à Brunehaut une lettre suppliante, pour lui inspirer des sentiments de paix. « Comme je vous aime sincèrement, dit-il entre autres, je ne puis vous dissimuler les discours du peuple. Si l'on en croit les bruits publics, c'est par votre conseil et à votre instigation, que le très-glorieux seigneur, le roi Sigebert, a résolu de porter la désolation dans cette province. Ce n'est pas que nous ajoutions foi à ces bruits; mais nous vous supplions de n'y donner aucun prétexte. Je vous écris ceci les larmes aux yeux, parce que je vois comment les rois et les peuples courent à leur perte, en courant dans les voies de l'iniquité. Le juge éternel, qui ne se laisse point corrompre par argent, et qui rendra à chacun selon ses œuvres, exerce déjà son jugement. N'est-ce pas en effet une victoire bien funeste que de vaincre son frère, que de ruiner sa propre famille et détruire l'héritage de ses pères? » Saint Germain rappelle ensuite à Brunehaut les châtiments dont Dieu a puni avec éclat, dans l'Ecriture, ceux qui se sont élevés contre leurs propres frères, à commencer par Caïn, et il la conjure de faire, dans la conjoncture présente, l'office de la pieuse Esther, qui sauva son peuple condamné à périr (Labbe, t. V).

Le saint évêque ne s'en tint pas là. Il s'adressa au roi Sigebert lui-même, dans le moment qu'il partait pour assiéger son frère Chilpéric dans Tournai, et il lui dit : « Si vous partez pour cette expédition sans avoir le dessein de tuer votre frère, vous reviendrez vivant et victorieux; mais si vous avez d'autres pensées, vous mourrez vous-même. Car le Seigneur l'a dit par Salomon : *Vous tomberez dans la fosse que vous aurez creusée pour votre frère.* » Sigebert n'y fit aucune attention. Les Francs du parti de Chilpéric venaient de lui envoyer des députés, pour le presser de venir parmi eux recevoir leur hommage. Et de fait, quand Sigebert fut arrivé au bourg de Vitry, entre Douai et Arras, toute leur armée l'éleva sur le bouclier et le proclama son roi. Dans ce moment-là même, deux pages, envoyés par Frédégonde, lui enfoncent de chaque côté une arme empoisonnée : il pousse un cri, tombe et meurt (Greg. Tur., l. 4, c. 52).

Son fils Childebert, à peine âgé de cinq ans, fut enlevé secrètement de Paris par Gondebaud, général de ses troupes, qui le fit proclamer roi d'Austrasie. Pour Brunehaut, elle tomba entre les mains de Chilpéric, qui l'envoya en exil à Rouen, et ses deux filles à Meaux. Mérovée, deuxième fils de Chilpéric, qu'il envoya s'emparer du Poitou, et dont l'armée ne fit que ravager la Touraine, se rendit à Rouen, sous prétexte d'aller voir sa mère enfermée dans un cloître; il vit sa tante Brunehaut, en fut épris, et l'épousa solennellement. Chilpéric accourut aussitôt pour faire rompre ce mariage. Les deux époux se réfugièrent dans une église de Saint-Martin, et ils n'en sortirent que quand le roi leur eut fait serment de ne pas les séparer, si telle était la volonté de Dieu. Il laissa retourner Brunehaut en Austrasie, et emmena Mérovée avec lui à Soissons. Quelque temps après, l'ayant soupçonné de tramer quelque révolte, il le fit tonsurer et ordonner prêtre, et le confina dans le monastère de Saint-Calais, pour s'y instruire des devoirs d'un ecclésiastique. Avec une pareille vocation, le prince se sauva bientôt du monastère et se réfugia dans l'église de Saint-Martin de Tours, où l'avait invité un grand seigneur, le duc Gontram

Boson, qui s'y était également réfugié pour échapper à la vengeance de Chilpéric, son père. A cette nouvelle, Chilpéric fit dire à l'évêque de Tours, qui était Grégoire : « Chassez de l'église cet apostat, sinon je mettrai toute la province en feu. » Il appelait apostat son fils Mérovée, parce qu'il s'était enfui du monastère.

L'évêque lui récrivit qu'on demandait une chose impossible, et qu'il n'était pas croyable que, sous des princes catholiques, on entreprît ce qu'on n'avait jamais osé faire sous le règne des hérétiques ; c'est-à-dire des Visigoths. Chilpéric, poussé par Frédégonde, fit aussitôt marcher une armée vers la Touraine. Mérovée dit alors : « A Dieu ne plaise que pour moi l'église et les terres de Saint-Martin souffrent aucun dommage. » Il résolut de se retirer ailleurs avec le duc Boson. Celui-ci consulta une pythonisse, qui leur promit monts et merveilles. Mérovée consulta le sort des saints, qui ne lui annonça que des malheurs. Mérovée racontait de son père et de sa marâtre beaucoup de crimes, qui généralement étaient vrais ; mais, observe Grégoire de Tours, je pense que Dieu n'avait point pour agréable qu'ils fussent divulgués par le fils. Car, un jour qu'il m'avait invité à un repas et que nous étions assis ensemble, il me pria instamment de lui lire quelque chose pour l'instruction de son âme. J'ouvris le livre de Salomon, et voici le premier verset qui se présenta : *Que les corbeaux du torrent arrachent l'œil qui a élevé ses regards contre son père.* Il ne comprit pas ; mais moi je considérai ce verset comme préparé de Dieu.

Enfin Mérovée se sauva de Tours, se réfugia auprès de Brunehaut, en Austrasie ; mais les seigneurs du pays ne voulurent pas le recevoir. Il se cacha quelque temps en Champagne. Les habitants de Térouanne lui firent dire qu'il n'avait qu'à venir chez eux, et qu'ils se donneraient à lui ; mais c'était pour le livrer à son père. Quand il s'aperçut de la trahison, il se fit tuer, suivant les uns, par un vieil ami ; d'autres assuraient qu'il fut tué par des gens de Frédégonde, et que ce fut elle qui répandit le bruit qu'il s'était tué lui-même ; quelques-uns ajoutaient qu'il fut trahi par le duc Boson, qui avait déjà tué son frère Théodebert dans une bataille, et qui pour cela jouissait secrètement des bonnes grâces de Frédégonde. Le duc Boson fut condamné plus tard au dernier supplice (Greg., l. 5, c. 14 et 19).

Cruel envers ses propres enfants, Chilpéric ne le fut pas moins envers ses peuples. Il en voulait à tout le clergé. Les pauvres, nourris aux dépens de l'Église, et les clercs des ordres inférieurs étaient exempts des charges publiques. Il ne laissa pas de les condamner à une amende, pour n'être pas venus servir dans ses troupes en une expédition contre les Bretons. La haine qu'il témoignait contre les ecclésiastiques ne le rendait pas plus favorable aux laïques. Il fit mourir plusieurs seigneurs, et, entre autres, un nommé Daccon qui, se voyant condamné à mort, reçut secrètement la pénitence d'un prêtre à l'insu du roi. Pour le peuple, Chilpéric le surchargea de tant de nouveaux impôts, qu'il y eut en plusieurs provinces des révoltes contre ses officiers, et qu'une grande partie de la population émigra dans d'autres royaumes. On en fit un nouveau crime au clergé, et l'on appliqua à de cruelles tortures des prêtres et des abbés, accusés calomnieusement d'avoir soufflé le feu de la sédition (Greg., l. 5, c. 26 et 29).

L'an 580, il y eut des tempêtes, des inondations, des incendies, des tremblements de terre, qui furent suivis d'une dyssenterie contagieuse. Chilpéric en fut malade à l'extrémité. Dans ce moment-là même, saint Arédius ou Iriez, abbé d'un monastère près de Limoges, vint lui demander la diminution des impôts pour le pauvre peuple. Le roi se trouva hors de danger, lorsque le plus jeune de ses fils, qui n'avait pas encore reçu le baptême, fut pris du même mal et baptisé à cause du péril. Il paraissait se porter un peu mieux, lorsque Clodobert, l'aîné des enfants de Chilpéric et de Frédégonde, fut frappé de la même maladie.

Alors Frédégonde, voyant ses deux fils en si grand danger, fut enfin touchée de quelque repentir, et dit au roi : « Voilà bien longtemps que la Bonté divine nous supporte à faire le mal ; car bien des fois elle nous a châtiés par des fièvres et d'autres maladies, et il n'y a pas eu d'amendement. Aussi voilà que nous allons perdre nos enfants ; ce qui les tue, ce sont les larmes des pauvres, les plaintes des veuves, les gémissements des orphelins. Nous thésaurisons, et ne savons pour qui. Voilà qu'il ne reste personne pour posséder nos trésors, remplis de rapines et de malédictions. Est-ce que nos celliers ne regorgeront pas toujours de vin ? nos greniers, de blé ? nos trésors, d'or, d'argent, de pierres précieuses et de bijoux ? Voilà que nous perdons ce que nous avions de plus beau et de plus précieux ; mais allons, croyez-moi, brûlons tous les édits injustes que nous avons faits pour lever des taxes, et contentons-nous des revenus qui ont suffi à votre père le roi Clotaire. » En même temps, se frappant la poitrine à grands coups, elle se fit apporter les registres des nouvelles taxes qu'elle avait imposées sur les villes de son apanage, et les jeta au feu en disant au roi : « Qu'attendez-vous ? Faites ce que vous me voyez faire, afin que, si nous perdons nos enfants, nous évitions au moins les peines éternelles. »

Le roi, pénétré de douleur, se fit apporter tous les édits et les rôles des nouveaux impôts, les jeta au feu et envoya défense d'en faire d'autres. Cependant Dagobert, le plus jeune des deux princes, mourut le premier ; le père et la mère le firent porter, avec un grand deuil, du château de Braine à Paris, pour être enterré dans l'église de Saint-Denys. Ensuite ils mirent sur un brancard Clodobert, qui était l'aîné, et le transportèrent tout mourant à Soissons, au tombeau de saint Médard, où ils firent pour lui les vœux les plus ardents. Mais il expira la nuit même, âgé de quinze ans, et fut enterré dans l'église des saints martyrs Crépin et Crépinien. Tout le peuple le pleura. Le poète Fortunat adressa une élégie chrétienne au roi et à la reine. Et après cela, Chilpéric fit de grandes aumônes aux églises et aux pauvres (Greg., l. 5, c. 35).

Il lui restait un fils de sa première femme Audovère, nommé Clovis. A l'instigation de Frédégonde, il l'envoya au château de Braine, où régnait la contagion. Frédégonde espérait l'en voir périr, comme ses deux enfants. Il n'en fut pas même attaqué. Dès lors il ne se gêna pas de dire : « Voici que, par la mort de mes frères, tout le royaume me revient ; je saurai me venger de mes ennemis. » Il ne se gênait pas plus sur l'article de sa marâtre Frédégonde. Celle-ci l'ayant su, trama une intrigue infernale, où il était accusé d'avoir tué, par des maléfices, les deux jeunes princes qu'on pleurait encore. Elle porta cette accusation à Chilpéric, qui fit mettre son fils aux fers et le livra à sa marâtre. Frédégonde le retint quelque temps en prison, et puis le fit poignarder et porter le poignard à son père, en lui disant qu'il s'était tué lui-même. Chilpéric ne donna pas une larme à son malheureux fils. La mère du jeune prince, la reine Audovère, fut égorgée au même temps d'une manière cruelle, sa sœur Basine confinée dans un monastère, et les biens de l'autre confisqués au profit de Frédégonde (Grég., l. 5, c. 40).

En partageant le royaume de Charibert, ses trois frères Gontram, Sigebert et Chilpéric avaient juré solennellement qu'aucun d'eux n'entrerait dans Paris sans le consentement des deux autres, et que, si quelqu'un osait violer ce serment, saint Polyeucte, saint Hilaire et saint Martin seraient les vengeurs du parjure. Chilpéric voulant célébrer les fêtes de Pâques à Paris, s'avisa de ce stratagème. Il fit porter devant lui, en procession, les reliques de beaucoup de saints, et il entra à leur suite dans la ville, se flattant que ces reliques détourneraient la malédiction du parjure. Il passa effectivement les fêtes de Pâques en de grandes réjouissances. Il lui était né un fils qui le consolait de la mort des autres. Il le fit baptiser à Paris. L'évêque en fut le parrain et le nomma Théodoric. Mais le jeune prince mourut quelques mois après de la dyssenterie, comme ses frères, et sa mort replongea Frédégonde dans toutes ses fureurs. Elle l'attribua à des maléfices, et, sous ce prétexte, elle fit mourir dans les supplices plusieurs femmes de Paris, dont les unes furent brûlées et les autres rouées. Le préfet Mummolus lui-même fut appliqué à de cruelles tortures, pour s'être vanté d'avoir un remède spécifique contre la dyssenterie. On lui fit un crime de ne l'avoir pas donné, et c'était particulièrement à lui que Frédégonde s'en prenait de la mort de son dernier fils (*Ibid.*, l. 6, c. 35).

Cependant, au milieu de ce deuil et de ces crimes, Chilpéric s'occupait du mariage de sa fille Rigonthe, que le roi d'Espagne, Lévigilde, demandait pour son fils Reccarède, afin de se fortifier par cette alliance contre Childebert d'Austrasie, qui se préparait à la guerre pour venger sa sœur Ingonde, femme de saint Herménigilde. Les ambassadeurs de Lévigilde pressaient la conclusion de l'affaire. Chilpéric leur fit dire : « Vous voyez ma maison dans le deuil; comment célébrerais-je les noces de ma fille? » Enfin, aux approches du mois de septembre 584, une nouvelle ambassade du roi des Goths étant survenue, Chilpéric revint à Paris, encore une fois contre son serment, et célébra ainsi ces noces fatales, suivant la description de Grégoire de Tours. Il ordonna qu'on prît un grand nombre de familles dans les maisons qui appartenaient au fisc, et qu'on les mît dans des chariots. Beaucoup pleuraient et ne voulaient pas s'en aller; il les fit retenir en prison, afin de les contraindre plus facilement à partir avec sa fille. On rapporte que, dans l'amertume de cette douleur et de crainte d'être arrachés à leurs parents, plusieurs s'ôtèrent la vie au moyen d'un lacet. Le fils était séparé de son père, et la mère de sa fille; ils partaient en sanglotant et en prononçant des malédictions; tant de personnes étaient en larmes dans Paris, que cela pouvait se comparer à la désolation de l'Egypte. Beaucoup de gens des meilleures familles, contraints à partir de force, firent leur testament, donnèrent leurs biens aux églises, et demandèrent qu'au moment où la fiancée entrerait en Espagne, on ouvrit ces testaments, comme si déjà eux-mêmes eussent été mis en terre.

Ce fut au milieu de cette désolation publique, que Chilpéric célébra les noces de sa fille, et qu'il la remit aux ambassadeurs avec de grands trésors. Frédégonde en ajouta de si considérables, qu'elle en remplit cinquante chariots. Elle fit accroire que c'était de son bien particulier. Les principaux d'entre les Francs firent également des dons à la princesse, chacun selon son pouvoir. Enfin, après bien des pleurs, des baisers et des adieux, elle sortait par la porte, lorsque l'essieu de son char se rompit, et fit dire à tout le monde : *A la mal-heure!* ce que quelques-uns regardèrent comme un présage. Enfin, à huit milles de Paris, elle fit dresser les tentes. Cette première nuit, cinquante hommes enlevèrent cent des meilleurs chevaux, avec autant de freins et de chaînes d'or, et s'enfuirent auprès du roi Childebert d'Austrasie. Il en fut de même par tout le chemin. Chacun se sauvait quand il pouvait, et avec ce qu'il pouvait attraper.

Chilpéric, craignant que son frère Gontram ou son neveu Childebert, avec lesquels il était alors en guerre, ne dressassent des embuscades à sa fille pendant la route, lui avait donné une escorte de plus de quatre mille hommes. Mais on ne leur assigna ni solde ni provision. Ils devaient vivre aux dépens des villes et des provinces qu'ils traversaient. Ce fut par tout le chemin un pillage indescriptible à écrire. On dévastait les chaumières des pauvres, on ravageait les vignes, on coupait les ceps avec le raisin, on enlevait les troupeaux, on ne laissait après soi qu'un désert (Greg., l. 6, c. 45). Arrivé ainsi à Toulouse, sur les frontières des Visigoths, la princesse se reposait de ses fatigues, lorsque tout à coup, sur une nouvelle de Paris, elle se vit dépouillée de tous ses trésors et réduite à une chétive nourriture dans l'église de Sainte-Marie, où elle se rencontra avec une femme de haut rang, qui s'y était réfugiée pour échappper à la cruauté de son père Chilpéric (*Ibid.*, l. 7, c. 9).

Voici la nouvelle qui produisit ce changement inattendu. De Paris, Chilpéric était allé à Chelles, maison royale, où il s'adonnait à la chasse. Un soir qu'il faisait déjà un peu sombre, il revenait de cet amusement et descendait de cheval en s'appuyant sur l'épaule d'un page, lorsqu'un individu lui porte un coup de poignard sous l'aisselle, et un autre dans le ventre, dont il expira sur-le-champ. Frédégonde accusa de ce meurtre un chambellan de Chilpéric, nommé Ebérulfe (*Ibid.*, l. 7, c. 21). Un chroniqueur en accuse Frédégonde même, dont Chilpéric avait découvert le commerce criminel avec un de ses courtisans (*Gesta reg. Franc.*, c. 35). Un autre chroniqueur, Frédégaire, le met sur le compte de Brunehaut (Frédég., *Epit.*, c. 93). Grégoire de Tours, contemporain de l'événement, ne parle de personne; mais il fait le portrait de Chilpéric, qu'il appelle le Néron et l'Hérode de son temps.

Il ravagea, dit-il, par le fer et par le feu bien des provinces, et à plusieurs reprises, et, au lieu d'en avoir de la peine, il en ressentait de la joie, semblable à Néron, qui déclamait des tragédies pendant l'incendie de Rome. Bien des fois il punit des hommes, non pour des crimes, mais pour leurs richesses. Continuellement il était à chercher de nouveaux moyens d'outrager et d'opprimer le peuple. S'il trouvait quelqu'un en faute, il lui faisait arracher les yeux. Et, dans les instructions qu'il envoyait à ses intendants, il ajoutait : « Si quelqu'un méprise nos ordres, qu'on lui arrache les yeux pour le punir. » Il haïssait la cause des pauvres. Son dieu, c'était son ventre. Il est impossible d'imaginer un genre de débauche dans lequel il ne se soit plongé. Avec cela, il se disait plus sage et plus savant que personne. Il voulut faire le poète, et fit deux livres de vers latins, à l'imitation du poète Sédulius ; mais il n'observait pas la quantité des syllabes, mettant des longues pour des brèves, et des brèves pour des longues. Il se mêla de liturgie, composa des hymnes et des messes, qu'il fut impossible d'admettre. Il voulut réformer l'alphabet et y ajouter quatre lettres, et il envoya des ordres dans toutes les villes de son royaume, pour faire instruire ainsi les enfants et faire corriger les anciens livres.

Il voulut même faire le théologien et réformer la croyance de l'Eglise ; il fit un écrit pour ordonner que l'on nommât la sainte Trinité simplement Dieu, sans distinction de personnes, et dit à Grégoire de Tours : « Je veux que vous croyiez ainsi, vous, et les autres qui enseignent dans les églises. » Grégoire l'exhortant à quitter une idée pareille, et à s'en tenir à la croyance qu'il avait confessée au baptême, et que les docteurs nous ont enseignée après les apôtres, comme saint Hilaire et saint Eusèbe de Verceil : « Je sais bien, reprit Chilpéric en colère, qu'Hilaire et Eusèbe sont mes plus grands ennemis en cette matière ; mais je m'expliquerai à de plus habiles gens que vous, qui seront de mon avis. » Enfin, il ne quitta son projet que sur la résistance unanime des évêques. Il s'en dédommageait en médisant sur leur compte, en les tournant en ridicule. C'était, dans l'intimité, son plus doux plaisir. Il taxait celui-ci de frivolité, celui-là de débauche, un autre d'arrogance. Il n'est pas incroyable qu'il n'y en eût quelques-uns de cette espèce ; car, méchant comme il était lui-même, il ne dut guère en nommer ou faire nommer de bons. Ce qui le fâchait le plus, c'est qu'il ne lui était pas aussi facile de dépouiller les églises que les particuliers, et que l'autorité des évêques mettait quelque obstacle à sa tyrannie. « Voilà, disait-il souvent, que notre fisc est demeuré pauvre, voilà que nos richesses ont passé aux églises ; il n'y a plus que les évêques qui règnent : nos honneurs ont passé aux évêques. » Et, en répétant ces propos, il cassait presque toujours les testaments en faveur des églises, et foulait aux pieds les ordonnances de son propre père.

Enfin, conclut Grégoire de Tours, il n'aima jamais sincèrement personne, et personne ne l'aima. Aussi, dès qu'il eut expiré, tous les siens l'abandonnèrent. Il n'y eut que le saint évêque Mallulfe de Senlis, qui, depuis trois jours, sollicitait vainement une audience, qui prit soin de ses funérailles. Ayant appris qu'il était tué, il accourut, lava son corps, le revêtit d'habits convenables, passa la nuit à réciter des prières, le fit transporter à Paris sur une barque, et l'enterra dans l'église de Saint-Vincent (l. 6, c. 46 ; l. 5, c. 45).

De tant de fils que Chilpéric avait eus, il ne restait qu'un jeune enfant de quatre mois, Clotaire II, avec sa mère Frédégonde, laquelle se réfugia dans l'église de Paris, sous la protection de l'évêque Ragnemode, successeur de saint Germain. De là, elle envoya dire à Gontram, roi de Bourgogne : « Que mon seigneur vienne et reçoive le royaume de son frère. J'ai un petit enfant que je veux déposer entre ses bras. Quant à moi-même, je me soumets humblement à son autorité. » Gontram ayant appris la mort de son frère, pleura très-amèrement, et vint à Paris avec une armée. Childebert d'Austrasie envoya lui demander Frédégonde, disant : « Livrez-moi cette homicide, qui a étranglé ma tante, tué mon père, mon oncle et mes cousins. » Gontram répondit : « Dans l'assemblée que nous avons à tenir, nous déciderons ce qui est à faire. »

Dans l'intervalle, Gontram s'appliquait à réparer les injustices de son frère défunt. Il fit restituer aux particuliers les biens que Chilpéric leur avait enlevés, ordonna l'exécution des testaments en faveur de l'Eglise, qu'il avait cassés, et fit de grandes libéralités aux pauvres. On l'avertit, toutefois, qu'on en voulait à sa vie. Cela fut cause que, tant qu'il resta à Paris, il marchait toujours environné de gardes, même quand il allait à l'église. Un jour de dimanche qu'il assistait à la messe, le diacre ayant fait faire silence pour la commencer, Gontram se tourna vers le peuple : « Je vous conjure, hommes et femmes qui êtes ici rassemblés, de vouloir bien me garder une fidélité inviolable, et de ne pas me tuer, comme vous avez fait récemment mes frères. Qu'il me soit permis, au moins pendant trois ans, d'élever mes neveux, qui sont mes fils adoptifs, de peur, ce qu'à Dieu ne plaise, que si je venais à mourir, vous ne vinssiez à périr avec ces enfants, n'y ayant aucun homme fait dans notre famille pour vous défendre (Greg., l. 7, c. 8). » A ces mots, tout le peuple adressa des prières à Dieu pour le roi. Ce prince ne demandait que trois ans ; car alors son neveu Childebert d'Austrasie en aurait eu dix-huit, et aurait pu se défendre lui-même, ainsi que le jeune Clotaire.

Cependant il était arrivé dans les Gaules un aventurier nommé Gundevald, qui se disait fils de Clotaire I$^{er}$, et qui demandait, à ce titre, sa part de la succession. En voici l'histoire. Sa mère le présenta dans le temps à Childebert, roi de Paris, comme son neveu, et ce prince le fit élever en cette qualité, lui faisant porter les cheveux longs, comme les princes de la maison royale. Clotaire l'ayant appris, déclara qu'il n'était pas son fils, et le fit tondre. Après la mort de Clotaire, Gundevald laissa croître ses cheveux, avec l'agrément de Charibert, qui le reconnut pour son frère ; mais Sigebert les lui fit encore couper, et l'exila à Cologne. Gundevald se réfugia en Italie, et de là à Constantinople, d'où il fut rappelé en France par le duc Boson et quelques autres seigneurs qui voulaient brouiller. Il débarqua à Marseille, et, fut reconnu par un nombreux parti où entrèrent plusieurs évêques. Il fut même élevé sur le pavois, et proclamé roi à Brives-la-Gaillarde.

L'armée que Gontram fit marcher contre lui,

commit partout de grands désordres, sans aucun respect pour les lieux saints. On remarque entre autres qu'une troupe de soldats pilla l'église de Saint-Vincent d'Agenois, et en enleva jusqu'aux vases sacrés; mais le saint martyr ne tarda point à punir ces sacrilèges, qui périrent tous misérablement et d'une manière qui ne leur permit pas de méconnaître la justice divine qui les poursuivait. Cette punition des soldats n'inspira pas plus de modération aux généraux. Ayant assiégé Comminges, où Gundevald s'était enfermé, ils le firent mourir avec les chefs de son parti, qui le lui avaient livré par trahison. Ensuite, déchargeant leur colère sur cette malheureuse ville, ils en pillèrent les églises, massacrèrent les prêtres au pied des autels, firent passer au fil de l'épée tous les habitants, même les enfants; après quoi, mettant le feu à la ville, ils la réduisirent en cendres (Greg., l. 6, c. 24; l. 7, c. 38).

Au commencement de cette guerre, on tint à Paris l'assemblée générale ou le plaid (*placitum*) des Francs. Les députés du royaume d'Austrasie, demandèrent à Gontram la restitution de certaines villes et l'extradition de Frédégonde. Gontram refusa l'une et l'autre. Il y eut des altercations vives et piquantes. A la fin, l'un des députés dit au roi : « Sire, nous prenons congé de vous. Vous n'avez pas voulu rendre les cités de votre neveu; elle est encore entière, nous le savons, la hache qui a été enfoncée dans les têtes de vos frères : elle vous fera sauter la cervelle plus vite encore. » Et ils partirent ainsi avec scandale. Le roi, irrité de leurs paroles, ordonna de leur jeter à la tête le fumier des chevaux, la paille, le foin pourri et les boues de la ville. Ils se retirèrent donc couverts de saletés et d'affronts (*Ibid.*, l. 7, c. 14).

Toutefois cette scène étrange n'eut pas les suites fâcheuses qu'on pouvait craindre. Avant la fin de la guerre contre Gundevald, il y eut de nouveaux plaids, où le jeune roi d'Austrasie, Childebert, parut en personne. Gontram le reçut avec la tendresse d'un père. Lui ayant mis une lance à la main, il lui dit devant tout le monde : « C'est ici la marque que je vous donne mon royaume. Désormais, soumettez à votre autorité toutes mes villes, comme étant les vôtres. Car, par le fait de nos péchés, il ne reste de notre famille que vous, qui êtes le fils de mon frère. Vous serez donc mon héritier et mon successeur dans tout mon royaume, à l'exclusion des autres. » Puis, le prenant à l'écart et lui recommandant le secret le plus inviolable sur ce qu'il allait lui dire, il lui fit connaître en détail les hommes qu'il devait ou non honorer de sa confiance. Après quoi, au moment de se mettre à table, il dit à tous les chefs de l'armée : « Vous voyez que mon fils Childebert est devenu un homme fait. Gardez-vous donc de le traiter en enfant. Laissez là vos intrigues et vos cabales. Il est roi; votre devoir est de le servir. » En disant ces choses et d'autres, il le traita joyeusement pendant trois jours, lui rendit tout ce que les députés avaient vainement réclamé, et le renvoya comblé de présents (*Ibid.*, c. 33).

A la fin de cette guerre, Gontram résolut de faire le procès selon les règles canoniques à tous les évêques qui avaient favorisé l'entreprise de Gundevald. Le saint évêque Théodore de Marseille se trouvait le plus impliqué dans cette affaire. Gontram, qui lui faisait un crime d'avoir reçu Gundevald à son débarquement, l'avait fait enlever de son église et le retenait prisonnier. Mais la sainteté de ce prélat était sa défense et sa sauvegarde. Gontram la respecta en effet, et il remit le jugement de sa cause, avec celle des autres évêques accusés, à la décision d'un concile qu'il indiqua à Mâcon, pour le 23 octobre de cette même année 585. En attendant, il reprit le chemin de Paris, où il était prié de se rendre, pour être parrain du jeune Clotaire, fils de Chilpéric et de Frédégonde.

Il arriva à Orléans le 4 juillet, jour de la translation de saint Martin. Une foule innombrable de peuple sortit à sa rencontre avec les bannières, en criant : Vive le roi! et en lui donnant mille bénédictions. Les Juifs se distinguèrent; ils disaient à ce prince : Que toutes les nations vous adorent, qu'elles fléchissent le genou devant vous et soient soumises à votre empire! Ces paroles firent impression sur Gontram. Après avoir assisté à la messe, il dit aux évêques avec lesquels il mangeait : Malheur à la nation toujours perfide des Juifs! Ils ne m'ont donné des louanges si outrées, qu'afin que je rétablisse leur synagogue, que les chrétiens ont abattue depuis longtemps; mais avec la grâce de Dieu je ne le ferai jamais. Vers le milieu du repas, il dit aux évêques : Je vous prie de m'accorder demain votre bénédiction chez moi, afin que votre entrée me soit une cause de salut, en faisant descendre sur moi, humble, les paroles de vos prières.

Le lendemain matin, le roi, allant faire sa prière dans les différentes églises d'Orléans, se dirigea vers la demeure de saint Grégoire de Tours, qui logeait dans l'église de Saint-Avit. Grégoire se leva plein de joie à sa rencontre et, après lui avoir donné sa bénédiction, le pria de vouloir bien accepter chez lui quelques eulogies de saint Martin. Gontram ne s'y refusa point; il entra avec beaucoup de bienveillance, but un verre de vin, avertit Grégoire de ne pas manquer au dîner, et se retira joyeux. Ce qu'il faisait pour Grégoire de Tours, il le faisait pour les citoyens d'Orléans. Il acceptait leur invitation, allait dîner chez eux, et les charmait tous par sa bonté. On l'appelait généralement *le bon roi* (Greg., l. 8, c. 1 et 2).

Au moment du festin royal, les évêques Bertram de Bordeaux et Pallade de Saintes y vinrent comme les autres, quoiqu'ils eussent encouru l'indignation de Gontram, pour avoir favorisé le parti de Gundevald. Dès que le roi les aperçut, il leur fit d'assez piquants reproches, aussi bien qu'à Nicaise d'Angoulême et à Antidius d'Agen. Il dit à l'évêque Bertram : Je vous rends grâces de ce que vous avez si bien gardé la fidélité à votre parenté. Car vous deviez savoir, mon cher père, que vous êtes mon parent, par ma mère, et vous n'auriez pas dû conspirer pour perdre votre famille. Puis se tournant vers Pallade : Et vous, évêque Pallade, dit-il, je ne vous ai pas non plus excessivement d'obligation; vous qui vous êtes parjuré trois fois à mon égard : ce qui est bien indigne d'un évêque. Mais Dieu a jugé ma cause. Je vous ai toujours traités en Pères de l'Église; et loin de me traiter en roi, vous n'avez cherché qu'à me tromper par vos artifices. Ces prélats ne répondant rien, le roi se fit donner à laver, reçut la bénédiction des évêques, et se mit à table avec un visage gai et gracieux, comme s'il n'avait dit un mot de plainte. Il pouvait avoir été mal informé touchant Pallade, qui était un saint évêque. D'ailleurs les accusations politiques, dans un moment de révolution, ne prouvent pas toujours beaucoup.

Au milieu du repas, le roi fit chanter au diacre de Grégoire de Tours, un graduel qu'il lui avait entendu chanter à l'église le jour précédent. Il voulut ensuite que les évêques le chantassent chacun à leur tour : ce qu'ils firent comme ils purent. Leur montrant après cela sa vaisselle d'argent, il leur dit que c'était la dépouille du parjure Mummole; qu'il ne s'en était réservé que deux plats, que c'était autant qu'il lui en fallait pour le service ordinaire de sa table. Il ajouta qu'il avait fait briser, pour être distribués aux pauvres, les autres vases, qui pesaient cent soixante-dix livres. Le patrice Nummole était un fameux capitaine romain, qui, après avoir servi Gontram pendant bien des années et avec les plus grands succès, notamment contre les Lombards, qu'il défit en plusieurs rencontres, s'était jeté récemment dans le parti de Gundovald (Greg., l. 8, c. 3).

Le roi dit ensuite aux évêques : Pontifes du Seigneur, je ne vous demande qu'une chose, c'est que vous imploriez la miséricorde du Seigneur pour mon fils Childebert; car c'est un homme sage et utile, au point qu'il serait difficile de trouver, parmi les plus âgés, quelqu'un d'aussi prudent et d'aussi ferme. Si Dieu daigne le conserver à la Gaule, il pourra peut-être relever notre famille et notre nation, qui est bien affaiblie. Je l'espère de la miséricorde divine, à cause du présage qui accompagna sa naissance; car mon frère Sigebert étant à l'église le saint jour de Pâques, on y vint, au moment que le diacre commençait l'évangile, lui annoncer qu'il lui était né un fils; en sorte que le peuple répondit en même temps au diacre et à celui qui apportait la nouvelle : *Gloire à Dieu tout-puissant!* De plus, Childebert a reçu le baptême le saint jour de la Pentecôte, et il a été proclamé roi le saint jour de Noël. C'est pourquoi, si vous priez pour lui, il pourra régner par la grâce de Dieu. Les évêques firent aussitôt une prière tous ensemble pour la conservation des deux rois. Je sais, ajouta Gontram, que sa mère Brunehaut en veut à ma vie; mais je ne la crains point, j'ai confiance que Dieu, qui m'a délivré de mes ennemis, me préservera de ses embûches (*Ibid.*, l. 8, c. 4).

Pendant le repas, Gontram parla encore avec vivacité contre Théodore de Marseille, et il accusa même de la mort de Chilpéric. Grégoire de Tours lui répondit : Mais qui donc a fait mourir Chilpéric, sinon sa méchanceté et vos prières? car il vous a dressé bien des embûches contre la justice; et c'est là ce qui lui a valu la mort. Sur quoi il rapporta une vision qu'il avait eue. Le roi dit qu'il en avait eu une autre, où il avait vu trois saints évêques, Tétricus de Langres, Agricole de Châlons et Nizier de Lyon, qui tenaient Chilpéric enchaîné. Les deux derniers disaient : Déliez-le, de grâce, et, après avoir châtié, laissez-le aller. Tétricus répondait : Il n'en sera point ainsi; mais il brûlera dans le feu pour ses crimes. Ils discutèrent de la sorte pendant longtemps; puis, j'aperçus une chaudière d'airain, posée sur le feu, qui bouillonnait avec force. Tandis que je pleurais, on saisit le malheureux Chilpéric, et, les membres brisés, on le jeta dans la chaudière bouillante. Dans un clin d'œil il fut tellement dissous au milieu des vapeurs enflammées, qu'il n'en resta pas le moindre vestige. Voilà ce que raconta à ses convives le roi Gontram (Greg., l. 5, c. 5).

Grégoire lui avait demandé la grâce de quelques seigneurs impliqués dans l'affaire de Gundovald, et qui s'étaient réfugiés dans l'église de Saint-Martin de Tours; mais il n'avait pu rien obtenir. Il ne se rebuta point; il retourna le lendemain, et dit au roi : Ecoutez, prince, j'ai été envoyé vers vous en ambassade par mon seigneur; quelle réponse voulez-vous que je lui fasse, puisque vous ne daignez pas m'en faire? Le roi, surpris, lui demanda : Quel est donc votre seigneur, qui vous envoie? L'évêque lui dit en souriant : Celui qui m'envoie, c'est saint Martin. A ce nom, Gontram fit venir les coupables, leur reprocha leur perfidie, les appela malins renards, et puis leur rendit ses bonnes grâces, ainsi que les biens qu'on leur avait enlevés (*Ibid.*, l. 8, c. 6).

Le dimanche suivant, Gontram étant allé à la messe et ayant entendu l'évêque Pallade y chanter une prophétie, il se mit en colère, et dit qu'il n'assisterait pas à une messe où son ennemi officiait. Il voulut même sortir de l'église; les évêques l'arrêtèrent et lui dirent qu'ils avaient cru qu'il verrait sans peine à l'autel un évêque qu'il avait reçu à sa table; qu'au reste le concile lui ferait justice de Pallade, s'il se trouvait coupable. Le roi demeura, et l'on fit revenir à l'autel cet évêque, qui s'était déjà retiré dans la sacristie, couvert de confusion. Nous apprenons toutes ces particularités de Grégoire de Tours, qui était présent.

On voit par tout cela que Gontram était cordialement bon et pieux. Cela ne veut pas dire qu'il ne fit point de fautes; car il en fit entre autres deux de très-grandes. La reine Austréchilde, sa seconde femme, lui dit en mourant que les médecins l'avaient tuée, et lui fit promettre avec serment de les faire mourir; il le promit et l'exécuta. Comme il aimait la chasse, il fut outré d'apprendre qu'on eut tué un buffle dans la forêt royale des Vosges. Le garde de la forêt en accusa Chundon, chambellan du roi. Celui-ci s'en défendant, Gontram, pour connaître la vérité, ordonna un duel entre l'accusateur et l'accusé, suivant la loi de Gondebaud. Chundon nomma un de ses neveux pour se battre en sa place. Les deux champions se tuèrent l'un l'autre. Ce que voyant Chundon, il prit la fuite et courut se réfugier dans l'église de Saint-Marcel. Mais Gontram le fit prendre avant qu'il pût y arriver, et le fit lapider. Il se repentit de cet emportement tout le reste de sa vie (*Ibid.*, l. 5, c. 36; l. 10, c. 10).

Ce qui manquait encore à ce prince, c'était assez de force pour maintenir la discipline dans ses armées. Ainsi, l'an 586, pour venger la cause de la princesse Ingonde et de son mari, saint Herménigilde, il fit marcher des troupes vers la province narbonnaise, autrement le Languedoc, qui appartenait aux Visigoths. Une armée partit de la Bourgogne, une autre de l'Auvergne; mais l'une et l'autre ne firent que piller et brûler les propres terres des Francs, dépouillant les églises, tuant le peuple et les clercs mêmes jusque sur les autels;

et puis se laissèrent battre honteusement par les ennemis. Le roi en fut très-irrité contre les chefs, qui, à leur tour, pour éviter sa colère, assez prompte dans le premier mouvement, se réfugièrent à Autun dans la basilique de Saint-Symphorien.

Gontram s'étant rendu en cette ville pour la fête de ce saint martyr, ils eurent permission de paraître devant lui, mais à la charge de se représenter, lorsqu'on examinerait juridiquement leur cause. Le roi ayant donc convoqué à ce sujet quatre évêques, et les principaux seigneurs d'entre les laïques, il fit comparaître les généraux coupables, et leur parla ainsi : « Comment pourrions-nous à présent remporter la victoire, en suivant si mal les exemples de nos pères ? Eux bâtissaient des églises, respectaient les évêques, honoraient les martyrs, et mettaient toute leur espérance en Dieu. Nous, au contraire, non-seulement nous ne craignons pas Dieu, mais nous pillons ses temples, nous tuons ses ministres, nous dispersons les reliques de ses saints. Voilà ce qui rend nos mains faibles et nos armes inutiles. Si la faute en est à moi, que Dieu la fasse retomber sur ma tête ; mais si c'est vous qui méprisez mes ordres, ce sont vos têtes à vous que la hache doit atteindre, pour donner un exemple à toute l'armée. Il vaut mieux faire mourir quelqu'un des chefs, que d'exposer tout le pays aux traits de la colère de Dieu. »

Les généraux répondirent qu'on ne pouvait assez louer la piété du roi, son respect pour les églises et les évêques, sa charité pour les pauvres et les malheureux. Mais que pouvions-nous faire, ajoutaient-ils ? Tout le peuple est livré à l'iniquité, personne ne craint le roi et ne respecte ni duc ni comte. Si quelque seigneur, par zèle pour votre conservation, se met en devoir de corriger les coupables, on excite des séditions contre lui, et sa vie est en péril, s'il ne prend le parti de se taire. Le roi dit : Que celui qui suit la justice, vive ; mais que celui qui méprise nos ordres, périsse, afin de nous laver du blâme de ces actions. Pendant qu'il parlait ainsi, on apporta la nouvelle que le prince Reccarède avait fait une irruption dans les Gaules, surpris Toulouse et fait un grand nombre de captifs. Il fallut courir au plus pressé et envoyer une armée nouvelle, et Gontram se borna, ce semble, à ôter leurs charges à quelques-uns des généraux (Greg., l. 8, c. 30).

Autant le roi Gontram était bon, autant Frédégonde était méchante. L'an 587, elle lui envoya des ambassadeurs, sous prétexte de quelques affaires. Or, Gontram, allant à l'église pour assister à matines, avec un flambeau qu'on portait devant lui, vit comme un homme ivre, mais armé, caché dans un coin de l'église. Il le fit prendre, et cet homme avoua, à la question, qu'il avait été chargé, par les envoyés de Frédégonde, d'assassiner le roi. La même année, Gontram s'étant rendu à Châlons pour y célébrer la fête de saint Marcel, y courut un nouveau danger, dont la Providence le délivra encore. Au moment que ce prince s'approchait de l'autel pour recevoir la communion, un homme, fendant la presse, comme pour lui parler, laissa tomber un poignard. On se saisit aussitôt de lui et on le traîna hors de l'église pour l'appliquer à la question. Il confessa qu'effectivement il avait été envoyé pour poignarder le roi, et qu'il avait cru ne pouvoir y réussir qu'à l'église, le roi étant ailleurs toujours environné de sa garde. Gontram fit mourir les complices ; mais, pour le meurtrier, il craignit de violer l'asile des lieux saints, s'il le punissait de mort, et il lui accorda la vie, parce qu'il avait été pris dans l'église (Greg., l. 8, c. 44 ; l. 9, c. 3).

Pendant que l'armée de Gontram faisait la guerre contre les Visigoths, dans la Septimanie ou le Languedoc, on intercepta une lettre du roi Lévigilde à Frédégonde, qui lui mandait : « Faites mourir ses ennemis Childebert et sa mère, et achetez de Gontram la paix à quelque prix que ce soit. Si vous n'avez point assez d'argent, nous vous en enverrons. » Childebert d'Austrasie, à qui Gontram envoya cette lettre, fut sage et heureux d'être sur ses gardes. Car Frédégonde, qui avait reçu la même dépêche par une autre voie, fit déguiser deux clercs en mendiants, et, les ayant armés de poignards empoisonnés, elle leur commanda d'aller tuer le roi Childebert, ou du moins la reine Brunehaut, leur promettant que, s'ils mouraient dans cette entreprise, elle élèverait leurs parents aux premières charges du royaume. Comme elle s'aperçut que, nonobstant ses promesses, ils craignaient une si périlleuse commission, elle leur fit prendre d'un breuvage préparé qui les fortifia contre la crainte, et elle leur en donna pour en boire encore lorsqu'ils seraient sur le point de faire leur coup. Mais ils furent découverts et conduits à Childebert, lequel, après leur avoir fait tout avouer, les fit mourir dans les supplices qu'ils avaient mérités (Ibid., l. 8, c. 28 et 29).

Frédégonde était encore réfugiée dans l'église de Paris, lorsque les domestiques de la princesse Rigonthe, sa fille, vinrent lui apprendre qu'elle avait été arrêtée à Toulouse et privée de ses trésors. Frédégonde entra en fureur contre ces domestiques, les dépouilla de tout ce qu'ils avaient et les renvoya chargés de coups (Ibid., l. 7, c. 15). Au reste, la fille se montra digne de la mère, et la mère de la fille. Revenue de Toulouse, Rigonthe ne cessait d'insulter à sa mère et de dire : « C'est moi qui suis la maîtresse ; quant à elle, qu'elle retourne à son premier état de servante et d'esclave. » Par suite de ces propos, comme elles se battaient souvent l'une l'autre à coups de poing et de soufflets, la mère lui dit un jour : « Pourquoi me vexer ainsi, ma fille ? Voici les trésors de ton père que j'ai en dépôt ; faisen l'usage que tu voudras. » Aussitôt elle ouvrit un coffre rempli de joyaux, et se mit à en tirer pendant longtemps. A la fin, elle dit à sa fille : « Mais je suis fatiguée ; tire toi-même ce que tu trouveras. » La fille s'étant baissée et ayant mis la main, la mère lui ferma le couvercle sur le cou, et la serrait avec tant de violence, que déjà les yeux lui sortaient de la tête et qu'elle eût étranglé infailliblement, si une domestique, qui s'en aperçut, n'eût crié au secours. Après cette scène horrible, les querelles entre la mère et la fille allèrent jusqu'à des meurtres (Ibid., l. 9, c. 34).

L'évêque de Rouen, séjour ordinaire de Frédégonde, était saint Prétextat, que déjà, du vivant de Chilpéric, elle avait fait envoyer en exil, au sujet du prince Mérovée. Prétextat, parrain du jeune prince, l'avait marié avec sa tante Brunehaut. Chilpéric lui en fit un crime et l'accusa de conspiration. L'évêque nia fortement cette dernière partie, et confondit les faux témoins que Frédégonde avait suscités contre lui dans un concile. Chilpéric, qui faisait le rôle d'accusateur, avoua confidemment à quelques évêques courtisans, que Prétextat avait raison; mais, pour contenter la reine, il les pria d'engager leur confrère accusé à se déclarer coupable, assuré que le roi lui pardonnerait à l'instant. Prétextat eut la faiblesse de consentir à cette feinte. Le fourbe Chilpéric le prit au mot, et l'envoya en exil. Après la mort de ce prince, Prétextat fut rappelé, à la demande et à la grande satisfaction de son peuple. Frédégonde en fut irritée, et dit qu'un temps viendrait où il reverrait l'exil. Il répondit : Exilé ou non, j'ai été, je suis et je serai évêque; mais vous ne jouirez pas toujours de la puissance royale. De l'exil nous passerons, nous, au royaume céleste; vous, au contraire, vous serez, de ce royaume terrestre, précipitée en enfer. Vous feriez mieux d'abandonner ces méchancetés et de vous convertir. Voici comme elle profita de la remontrance.

Le dimanche suivant, Prétextat se rendit de bonne heure à l'église pour l'office, et, après avoir commencé, il s'assit. Dans le même moment un esclave de Frédégonde s'approcha de lui, et ayant tiré un poignard de sa ceinture, l'en frappa sous l'aisselle. Prétextat fit un cri pour appeler le clergé à son secours; mais personne ne bougea. Il étendit sur l'autel ses mains sanglantes, et, après avoir fait sa prière et rendu grâces à Dieu, il fut porté dans sa chambre et mis sur son lit. Frédégonde vint aussitôt le voir, et dit : Nous n'avions pas besoin, saint évêque, ni nous ni votre peuple, que cet accident vous arrivât; mais plût à Dieu qu'on découvrît le coupable, pour lui infliger le supplice qu'il mérite! Et qui a fait ce coup, dit Prétextat, sinon la main qui a tué les rois et répandu tant de fois le sang innocent? Frédégonde lui offrit ses médecins; mais il répondit : Dieu veut me retirer de ce monde; mais toi, cause de tant de maux, tu seras maudite, et Dieu vengera mon sang. Après qu'elle se fut retirée, il disposa de ses affaires et mourut.

Ce meurtre consterna les habitants de Rouen, mais surtout les seigneurs francs établis dans cette ville. Un de ceux-ci alla trouver Frédégonde, et lui dit : Vous avez déjà commis bien des crimes; mais vous n'en avez pas commis de plus grand que de faire assassiner le pontife de Dieu. Que le Seigneur venge au plus tôt le sang innocent. Pour nous, nous prendrons de si bonnes mesures, que vous ne serez plus en état de commettre des attentats pareils. Après ce discours, il voulait se retirer; mais Frédégonde le pressa de rester à dîner. Sur le refus qu'il en fit, elle le pressa de boire au moins un coup, afin qu'il ne fût pas dit qu'il était sorti à jeun d'une maison royale. Il se rendit à ses instances, et on lui présenta, selon l'usage des anciens Francs, du vin d'absinthe assaisonné de miel. Il s'aperçut aussitôt qu'il avait avalé du poison, et, après avoir averti ses gens de n'en point boire, il monta à cheval pour s'enfuir; mais le poison était si violent, qu'il mourut avant d'arriver chez lui.

Leudovald, évêque de Bayeux, premier suffragant de Rouen, écrivit une lettre-circulaire à tous les évêques, sur le scandale arrivé par le meurtre de Prétextat, et, ayant pris conseil, il fit fermer toutes les églises de Rouen, et défendit d'y faire l'office, jusqu'à ce qu'on eût découvert l'auteur du crime. Cet exemple d'un interdit général sur toute une ville, est remarquable. Leudovald fit plus : il fit arrêter quelques personnes suspectes, qui accusèrent Frédégonde, et peu s'en fallut que ce zèle ne lui coûtât la vie à lui-même; mais la fidélité de son peuple le défendit des embûches qu'on lui dressa (Greg., l. 8, c. 31).

Comme le bruit se répandait par toute la terre que l'évêque Prétextat avait été tué par Frédégonde, celle-ci, pour se justifier de ce crime, fit fouetter son esclave et le livra au neveu de l'évêque. Mis à la question, l'esclave dévoila tout; il confessa qu'il avait reçu cent sous d'or de Frédégonde pour faire le coup, cinquante d'Amantius, évêque intrus pendant l'exil de saint Prétextat, et cinquante autres de l'archidiacre de Rouen, et que, de plus, on lui avait promis la liberté ainsi qu'à sa femme. A ces mots, le neveu tira son épée et coupa le criminel en morceaux. Le roi Gontram lui-même envoya des commissaires faire une requête sur le meurtre de l'évêque; mais Frédégonde trouva le moyen d'en arrêter les suites, et même de rétablir l'intrus Amantius sur le siége de Rouen (Ibid., l. 8, c. 41).

Cependant le roi Reccarède, converti à la foi catholique, envoya une seconde ambassade aux rois des Francs, Gontram et Childebert, pour faire alliance avec eux. Quoique jusqu'alors il eût eu l'avantage dans la guerre, il offrait de payer dix mille sous d'or pour acheter la paix, et de se purger par serment du crime qu'on lui imputait, d'avoir trempé dans la mort d'Herménigilde et dans les mauvais traitements faits à la princesse Ingonde, qui venait de mourir en Afrique. Reccarède demandait aussi en mariage Chlodosinde, sœur de Childebert. Brunehaut et son fils goûtaient fort ces dispositions. Mais Gontram croyait de son honneur de venger sa nièce Ingonde; de plus il voulait avoir sa revanche des Goths, qui avaient battu son armée. Ainsi, il paraît que la paix ne fut pas conclue avec Reccarède, non plus que le mariage de Chlodosinde.

En effet, Childebert d'Austrasie ou Childebert II ne faisait rien alors sans le conseil du roi Gontram, son oncle, qu'il regardait comme son père, et qui l'avait adopté pour son fils. Ces deux princes vivaient dans une parfaite intelligence depuis le traité qu'ils avaient fait et juré à Andelot, le 28 novembre 587, par la médiation des évêques et des seigneurs, comme il est dit dans l'acte même. Cependant il s'éleva quelques difficultés imprévues sur l'exécution. Gontram voulait assembler un concile de tous les évêques de ses États et de ceux de son neveu Childebert, tant pour y terminer les difficultés en questions, que pour y traiter plusieurs autres affaires, qu'il estimait ne pouvoir être terminées que dans un concile des deux royaumes. Mais Childebert ne jugeait pas cette assemblée nécessaire, et voulait faire agréer ses raisons au roi, son oncle.

Sur ces entrefaites, Grégoire de Tours s'étant rendu à la cour d'Austrasie, Childebert l'envoya en ambassade vers Gontram, avec un seigneur nommé Félix. Grégoire trouva Gontram à Châlon-sur-Saône, et lui dit en l'abordant : Votre très-glorieux neveu Childebert, ô illustre roi, vous salue beaucoup et rend à Votre Piété d'immenses actions de grâces, de ce que vous continuez à l'avertir de faire ce qui est agréable à Dieu et à vous, et utile au peuple. Il promet d'accomplir fidèlement tout ce dont vous êtes convenu. Et moi, dit Gontram, je ne lui rends pas de pareilles actions de grâces; car on ne garde pas ce qu'on m'a promis : et il cita deux faits dont il avait à se plaindre. Les ambassadeurs répondirent qu'il n'avait qu'à envoyer un commissaire avec une note par écrit, et que tout serait exécuté sans délai. Sur quoi Gontram fit lire le traité d'Andelot, et ajouta : Si jamais je manque à rien de ce qui y est contenu, que j'en sois puni au jugement de Dieu! Puis, se tournant vers Félix, il lui dit : Eh bien! êtes-vous venu à bout d'établir une amitié solide entre ma sœur Brunehaut et Frédégonde, l'ennemie de Dieu et des hommes? Grégoire lui répondit : Ne doutez point que ces deux femmes ne soient amies comme elles l'ont été, je veux dire que la haine qui les anime l'une contre l'autre subsiste toujours. Mais nous souhaiterions, nous, que vous eussiez moins d'amitié pour Frédégonde; car vous faites plus d'honneur à ses ambassadeurs qu'aux nôtres. Gontram dit : Sachez que je ne puis donner mon amitié à une femme qui a envoyé des assassins pour m'ôter la vie.

Après quelques autres éclaircissements sur le mariage de Chlodosinde avec Reccarède, et sur la guerre que Childebert voulait faire aux Lombards, et que Félix proposa à Gontram, Grégoire ajouta : Prince, vous avez souhaité que le roi Childebert, votre neveu, fît assembler un concile de tous les évêques de son royaume, avec ceux du vôtre, pour la discussion de plusieurs articles. Mais il lui paraît plus conforme aux canons, de faire tenir des conciles provinciaux dans chaque métropole, où le métropolitain, de concert avec ses suffragants, pourrait mieux découvrir et corriger les abus de sa province. Qu'est-il besoin, en effet, de faire assembler en un même lieu tant d'évêques, puisque la foi de l'Église n'est point en péril et qu'il ne s'élève aucune nouvelle hérésie? Gontram répondit que le concile aurait à discuter bien des injustices qui s'étaient commises, des mariages incestueux qu'on avait contractés, et les différends commis entre les deux royaumes; mais surtout l'assassinat commis sur la personne de saint Prétextat, qui était l'affaire la plus importante. Ainsi, il persista dans le dessein de faire tenir un concile des deux royaumes, qu'il indiqua pour le premier jour du quatrième mois. Comme on ne trouve point d'acte de ce concile, on doute qu'il se soit tenu.

Après que le roi eût ainsi parlé, dit Grégoire de Tours, nous allâmes à l'église; car c'était la solennité de la résurrection du Seigneur. Après la messe, il nous admit à sa table, qui ne fut pas moins riche en mets qu'en propos gracieux. Car toujours le roi parlait de Dieu, de l'édification des Églises, de la défense des pauvres. De temps en temps il riait d'une joie spirituelle, et ajoutait des mots aimables pour nous; il disait entre autres : « Plaise à Dieu que mon neveu accomplisse ce qu'il m'a promis! car tout ce que j'ai est à lui. Que s'il est offusqué de ce que je reçois les ambassadeurs de mon neveu Clotaire, n'ai-je point assez d'intelligence pour faire en sorte que cela ne produise aucune querelle entre eux? Je m'entends mieux à trancher les affaires qu'à les prolonger. Je donnerai à Clotaire, si je trouve des preuves que c'est mon neveu, deux ou trois villes quelque part, pour n'avoir pas l'air de le déshériter, et afin qu'il ne chicane point Childebert sur ce que je lui laisserai. » Après nous avoir ainsi tenu toute sorte de propos gracieux et nous avoir comblés de présents, il nous congédia, en nous recommandant d'insinuer toujours au roi Childebert tout ce qui lui serait avantageux (Greg., l. 9, c. 20).

Un vaisseau venu d'Espagne apporta la peste à Marseille, pendant que Théodore, évêque de cette ville, était à la cour de Childebert. Le saint évêque retourna aussitôt consoler et soulager son peuple affligé. Il n'omit aucun des secours spirituels et temporels qu'il pouvait lui procurer, et quand la maladie et la désertion eurent réduit les habitants de cette grande ville à un assez petit nombre, il s'enferma dans l'enceinte de l'église de Saint-Victor, avec ceux qui restaient, passant les jours et les nuits en prières, pour désarmer la colère de Dieu. Le mal contagieux ayant gagné de Marseille dans le territoire de Lyon, Gontram fit tout à la fois l'office d'un bon roi et d'un pieux évêque. Il ordonna qu'on célébrât des rogations, et que, pendant les trois jours qu'elles dureraient, on jeûnât au pain d'orge et à l'eau. Il montra le premier l'exemple, en redoublant ses austérités, ses prières et ses aumônes accoutumées. Ses sujets le regardaient avec vénération, et respectaient encore plus en lui la qualité de saint, que celle de roi. On arrachait les franges de ses vêtements, pour les appliquer aux malades : une femme en guérit son fils d'une fièvre quarte. On lui amenait même des possédés, et Grégoire de Tours dit qu'il avait été témoin du pouvoir qu'il avait sur eux. Gontram était surtout le protecteur de l'innocence opprimée par les grands, comme il le fit voir l'année suivante 589, en prenant la défense d'une jeune vierge, à qui l'amour de la pudeur avait inspiré le courage d'une héroïne (Ibid., l. 9, c. 21 et 22).

Le duc Amolon, en l'absence de sa femme, s'éprit d'une passion criminelle pour une jeune fille, et se la fit amener de nuit par ses domestiques, étant ivre. Comme elle résistait de toutes ses forces, les domestiques lui donnèrent des coups de poing, et la mirent en sang. Le duc, pris de vin, la reçut dans cet état. Mais aussitôt elle saisit une épée qu'elle aperçut au chevet du lit, et lui en donna un coup vigoureux à la tête, comme autrefois Judith à Holopherne. Aux cris du duc, ses domestiques accourent et veulent la tuer. Mais il leur dit en expirant : « N'en faites rien; c'est moi qui ai péché en voulant lui ravir l'honneur : ce qu'elle a fait mérite plutôt qu'on lui conserve la vie. » La jeune héroïne, profitant du trouble où était la famille, s'échappa de la maison, arriva de nuit même à Châlon, se réfugia dans l'église de Saint-Marcel, s'y jeta aux pieds du roi Gontram, et lui conta ce qui lui était arrivé. Ce prince la reçut avec bonté, lui accorda non-seulement la vie, mais rendit en sa faveur une ordonnance par laquelle, déclarant qu'il la prenait sous sa protection, il défendit aux parents du duc de l'inquiéter (Ibid., c. 27).

Nous avons entendu dire à Gontram, parlant du jeune Clotaire : « Si je trouve qu'il est mon neveu. » C'est que, comme on ne le lui avait point encore présenté, il avait conçu des doutes sur sa naissance. Pour les dissiper, Frédégonde assembla les personnages les plus considérables du royaume de Neustrie, savoir : trois évêques et trois cents seigneurs francs, qui prêtèrent serment que Clotaire était réellement fils de Chilpéric (Greg., l. 8, c. 9). L'an 591, le jeune prince tomba dangereusement malade. Frédégonde, le voyant à l'extrémité, envoya de grosses sommes d'argent à l'église de Saint-Martin, et donna la liberté à tous les prisonniers, pour obtenir la guérison de son fils (*Ibid.*, l. 10, c. 11). Il guérit en effet. Aussitôt elle envoya une ambassade à Gontram, pour le prier de se rendre le plus tôt possible à Paris et d'y tenir son fils sur les fonts sacrés. Le bon roi s'y rendit avec plusieurs seigneurs et évêques, du nombre desquels étaient saint Ethérius de Lyon, successeur de saint Prisque, saint Siagrius d'Autun et saint Flavius de Châlon-sur-Saône. De là s'étant rendu à Reuil, maison de plaisance proche de Paris, il donna ordre qu'on préparât le baptistère de l'église de Nanterre, qui était sans doute la paroisse la moins éloignée.

Pendant qu'on faisait des préparatifs, arrivèrent des ambassadeurs de Childebert, qui se plaignirent à Gontram de ce qu'il oubliait le traité conclu avec leur maître, pour s'allier avec Frédégonde, son ennemie. Gontram répondit qu'il était toujours dans la résolution de garder inviolablement le traité, mais qu'il n'avait pu refuser de tenir son neveu sur les fonts baptismaux; qu'aucun chrétien ne devait rejeter une pareille demande, et que c'était uniquement la crainte d'offenser le Seigneur qui la lui avait fait accorder. Il présenta donc le jeune roi au baptême et le nomma Clotaire, ajoutant : « Que cet enfant croisse et qu'il égale un jour la puissance de celui dont il porte le nom ! » Le jeune Clotaire avait alors sept ans (*Ibid.*, l. 10, c. 28).

Enfin, le bon roi Gontram, car ainsi le nommaient ses contemporains, mourut le 28 mars 593, à Châlon-sur-Saône, où il fut enseveli dans l'église de Saint-Marcel, que lui-même avait fondée. Par sa mort, son neveu Childebert, roi d'Austrasie, hérita du royaume de Bourgogne. L'Église a mis le roi Gontram au nombre des saints et en fait mémoire le 28 mars. Cela ne veut pas dire que toutes les actions de sa vie fussent saintes ; car il en est quelques-unes qu'il expia par la pénitence. Mais quand on pense qu'il était le chef des Francs, parmi lesquels le meurtre était comme une habitude et se compensait légalement par quelques pièces de monnaie ; quand on se rappelle les cruautés commises par tous les princes barbares que l'histoire nous a fait connaître un peu en détail, entre autres par son père et par son frère Chilpéric, sa bonté, sa piété, sa charité tiennent du prodige. On y voit comme l'élément chrétien travaillant sans cesse à corriger la barbarie originelle. C'est la crainte de Dieu, c'est le culte des saints qui arrêtent le bras et adoucissent le cœur de Gontram ; ce sont les évêques qui le portent à la clémence.

On voit en particulier, par l'étude attentive de son époque, ainsi que des suivantes, quel bonheur c'était pour l'humanité que les églises et les monastères fussent autant d'asiles où l'on pût se dérober à la vengeance de son ennemi. Les Francs étaient si familiarisés avec le meurtre des rois mêmes, qu'ils dirent en face à Gontram : « Elle est encore entière la hache qui a fendu la tête de tes frères, et elle atteindra la tienne plus facilement encore, » et que Gontram pria le peuple, dans l'église, de ne pas le tuer, comme ils avaient tué ses frères, mais de le laisser encore vivre au moins trois ans. Quel bonheur n'était-ce donc pas, au milieu d'une nation aussi meurtrière, que chaque monastère, chaque église fût un asile inviolable où pût se réfugier le malheureux qui avait à craindre pour sa vie? On conçoit le zèle des évêques pour soutenir ces refuges de l'humanité. Aujourd'hui, qu'une justice régulière veille à la sûreté publique, ces mêmes asiles ne sont point nécessaires ; mais alors ils étaient un bienfait immense. Enfin, ce sont ces asiles mêmes de la religion, ce sont les efforts de l'Église et des évêques à les maintenir inviolables, qui peu à peu ont inspiré aux nations modernes plus de respect pour la vie de l'homme.

Le roi Gontram assembla plusieurs conciles, non-seulement pour régler les affaires de l'Église, mais encore pour le bien temporel des peuples, pour concilier les différends d'un royaume à l'autre et prévenir ainsi les guerres civiles entre les Francs. Pour lui, les conciles étaient encore des conseils d'État. Ainsi, en 573, il assembla à Paris tous les évêques de son royaume, pour terminer un différend entre les rois ses frères, Chilpéric et Sigebert ; mais, pour le malheur des peuples, ils ne voulurent point suivre leurs avis (Greg., l. 4, c. 48). Comme les royaumes étaient enclavés les uns dans les autres, Egidius, métropolitain de Reims, du royaume de Sigebert, avait établi un évêché et un évêque à Châteaudun, qui, ecclésiastiquement, était du diocèse de Chartres, et Chartres était du royaume de Chilpéric. Pappolus, évêque de Chartres, se plaignait de cette usurpation d'Egidius : Sigebert la soutenait ; ce concile, où assistèrent trente-deux évêques, la condamna sous peine d'excommunication et d'anathème, et écrivit au roi Sigebert pour l'exhorter à ne pas la soutenir davantage (Labbe, t. V, p. 918).

L'an 581, Gontram assembla un concile à Mâcon pour les affaires publiques et pour les nécessités des pauvres. Ce concile, où assistèrent vingt et un évêques, songea moins à faire de nouveaux canons qu'à renouveler les anciens, touchant la bonne vie des clercs, des moines et des religieuses. Voici ce qui s'y trouve de plus particulier. Défense aux clercs de porter des sayes, des habits ou des chaussures comme les laïques, sous peine d'être enfermés trente jours, pendant lesquels ils jeûneront au pain et à l'eau. Défense, sous peine d'excommunication, aux juges laïques de faire emprisonner des clercs, si ce n'est pour causes criminelles, comme l'homicide, le larcin et le maléfice. Défense aux clercs d'accuser un autre clerc à un tribunal laïque, sous peine de trente-neuf coups de fouet pour les clercs des ordres inférieurs, et d'un mois de prison pour ceux qui sont dans les ordres supérieurs. Défense aux Juifs d'exercer aucune charge de juges parmi les chrétiens, d'être receveurs des impôts ou de sortir de leurs maisons depuis le jour de la Cène jusqu'à la première Pâque, suivant l'ordonnance du roi Childebert, d'heureuse mémoire. Le 3e concile d'Orléans avait fait la même défense, et Childebert Ier avait appuyé de son autorité ce règlement. On ordonne pareillement aux Juifs de porter respect au clergé, avec défense de s'asseoir en présence des évêques sans en avoir reçu l'ordre. On défend aux chrétiens de manger avec les

Juifs, et aux Juifs d'avoir des esclaves chrétiens; on permet de racheter l'esclave chrétien d'un Juif pour douze sous d'or (Labbe, t. V). Le concile de Mâcon ne marque pas pour quelles affaires publiques on l'avait convoqué; mais il y a lieu de croire que c'était pour réconcilier entre eux les rois des Francs, presque toujours divisés. Il est du moins certain que la même année 581, il se tint à Lyon un concile dont les évêques allèrent conférer avec le roi Gontram sur la révolte du duc et patrice Mummol et sur les autres troubles du royaume (Greg. Tur., l. 6, c. 1). L'an 583, un concile de vingt et un évêques, assemblés encore à Lyon, régla entre autres que chaque évêque aurait soin des lépreux de son diocèse, afin que la nécessité ne les rendît pas vagabonds (Labbe, t. V).

Le zèle de Gontram soutenait et animait celui des prélats de son royaume. Ayant perdu ses deux fils, qui devaient être ses héritiers, il s'appliqua plus que jamais à toute sorte de bonnes œuvres. Il paraissait, dit Frédégaire, comme un évêque avec les évêques, tant il avait de zèle pour les intérêts de l'Eglise. Les exemples d'un si bon roi sanctifièrent sa famille. Les deux princesses, ses filles, Clodeberge et Clotilde, renoncèrent aux grandeurs et aux plaisirs du monde, pour consacrer à Dieu leur virginité; et Clodeberge ne tarda pas à en recevoir la récompense dans le ciel.

Gontram se distingua surtout par sa magnificence à fonder et à doter des églises. Il donna plusieurs belles terres au monastère de Saint-Symphorien d'Autun et à celui de Saint-Bénigne de Dijon, et il établit dans ce dernier la psalmodie perpétuelle sur le modèle du monastère d'Agaune, où les moines, divisés en plusieurs troupes, se relevaient les uns les autres pour chanter nuit et jour, sans interruption, les louanges de Dieu. Il fit bâtir une magnifique église et un monastère dans le faubourg de Châlon-sur-Saône, en l'honneur de saint Marcel, martyr, et il y institua aussi un chœur continuel, voulant que l'ordre de la psalmodie fût le même que celui qui était observé dans l'Eglise de Tours. Il fit approuver par quarante évêques les règlements qu'il y établit. Rien n'est plus édifiant que la manière dont ce prince parle dans l'acte de la fondation de ce monastère; il commence ainsi :

« Gontram, par la disposition de la divine Providence, roi sous le règne de Dieu, serviteur des serviteurs du Seigneur, à tous les enfants de notre mère la sainte Eglise, salut. Je vois avec douleur qu'en punition de nos péchés, des Eglises fondées pour le service de Dieu, dépérissent par l'ambition démesurée des princes et par la trop grande négligence des prélats, et je suis pénétré de douleur de ne pouvoir suffire à tout. Cependant, pour ne pas paraître les mains vides devant l'arche du Seigneur, nous avons résolu de doter des plus belles terres la basilique que nous avons fait ériger en l'honneur du glorieux martyr saint Marcel de Châlon. » Il marque ensuite plusieurs lieux, dont il charge les habitants de bâtir les divers édifices nécessaires au monastère, et il termine par ces paroles : « Si quelqu'un viole ces dispositions, qu'il soit effacé du livre de vie (Acta Sanct., 28 mart., n. 2). »

Mais comme ce prince craignit que dans la suite quelqu'un des rois, ses successeurs, ou même des évêques, ne s'emparât des terres qu'il avait données aux Eglises; il souhaita que ces donations fussent confirmées par l'autorité ecclésiastique, afin que la crainte des censures retînt les usurpateurs. Il fit donc assembler un concile à Valence, le 23 mai 584, dont il nous reste le décret suivant. « Nous, étant assemblés, disent les Pères, par ordre du très-glorieux roi Gontram, dans la ville de Valence, pour apporter remède à diverses plaintes des pauvres, nous avons cru d'abord devoir ordonner ce qui nous a paru le plus avantageux pour la conservation du roi, pour le salut de son âme et pour le bien de la religion. Car ce prince a fait écrire au saint concile par Asclépiodote, son référendaire, pour nous enjoindre de confirmer, par l'autorité apostolique et par nos souscriptions, toutes les donations que lui, la reine Austrechilde d'heureuse mémoire, les princesses, leurs filles, consacrées à Dieu, Clodeberge d'heureuse mémoire, et Clotilde, ont faites aux églises ou pourront faire dans la suite. C'est pourquoi, comme nous sommes persuadés que les évêques doivent autoriser une si louable dévotion, qui ne peut manquer d'être agréable à Dieu, le saint concile, Dieu présidant au milieu, a ordonné, d'un commun consentement, par cette présente constitution, que rien de tout ce que ledit seigneur roi, la reine, son épouse, et leurs filles ont donné ou pourront donner dans la suite à la basilique de Saint-Marcel et de Saint-Symphorien, ou autres lieux, ou aux serviteurs de Dieu, en quelque forme et de quelque espèce que soient les donations, ne puisse être usurpé par les évêques des lieux, ou par les rois futurs du consentement des évêques. Si quelqu'un a la témérité de donner atteinte à aucune de ces donations, que, par le jugement de Dieu, il soit frappé d'anathème, comme meurtrier des pauvres et comme sacrilège ! Qu'il soit condamné pour son crime aux feux éternels (Labbe, t. V) ! »

Ce décret fut souscrit par 17 évêques, dont les plus connus sont : Sapaudus d'Arles, saint Prisque de Lyon, saint Evance de Vienne, Martien de Tarentaise, saint Flavius de Châlon-sur-Saône, qui succéda à saint Agricole, après avoir été référendaire du roi Gontram; Urbique de Riez, qui engagea le patrice Dynamius à ajouter à la vie de saint Maxime, évêque de cette ville, plusieurs traits édifiants attestés par d'anciens mémoires, et saint Arige de Gap, qui fut un des plus saints évêques de son temps. Sapaudus, vicaire du Pape dans les Gaules, qui présida ce concile, occupait le siège d'Arles depuis plus de trente ans.

Le 23 octobre 585, Gontram assembla un 2e concile à Mâcon, où se trouvèrent 46 évêques avec les députés de vingt absents. On y instruisit d'abord le procès des évêques qui avaient suivi le parti de Gundevald. On déposa Faustien, qui avait été ordonné évêque d'Acqs, à la nomination de ce prétendant, et l'on condamna Bertram de Bordeaux, Oreste de Bazas et Pallade de Saintes, qui l'avaient ordonné, à le nourrir tour à tour et à lui payer chaque année cent pièces d'or. En sa place, on ordonna évêque d'Acqs, Nicétius, qui, quoique laïque, avait obtenu auparavant un ordre du roi Chilpéric pour cet effet. Ursicin de Cahors, pour avoir reçu Gundevald, comme il l'avoua publiquement, fut excommunié et condamné à une pénitence de trois ans, pendant laquelle il eut défense de se faire la barbe et les cheveux, de manger de la viande et de boire du vin, de célébrer la messe, d'ordonner des clercs, de bénir le chrême et de donner même des eulogies, conservant toutefois l'administration de son Église. Comme ces fautes étaient plus politiques que religieuses, Ursicin ne laissa pas de souscrire au concile, ainsi que Faustien et Théodore de Marseille, chassé deux fois de sa ville par l'ordre du roi Gontram. Saint Prétextat, évêque de Rouen, lut devant les évêques des oraisons qu'il avait composées dans son exil. Quoique le style en fût passable et assez conforme à celui des prières de l'Église, elles ne furent pas du goût de tous les évêques, et l'on trouvait que l'auteur n'avait pas assez observé les règles de l'art. Un autre évêque se leva, et entreprit de prouver, par des syllogismes, que la dénomination d'*homme* ne pouvait convenir à la femme. Mais on lui montra par l'Ecriture, que ce terme est également propre aux deux sexes, puisque le Fils de Dieu est nommé *Fils de l'homme*, quoiqu'il ne soit, par son humanité, que le fils de Marie (Greg. Tur., l. 8, c. 20).

Le concile fit ensuite vingt canons. Le premier commande l'observation du dimanche, qui était fort négligée, défendant ce jour-là de plaider, sous peine de perdre sa cause, et de se mettre en nécessité d'atteler ses bœufs, sous peine, aux paysans et aux esclaves, d'être condamnés à la bastonnade; aux clercs et aux moines, d'être excommuniés pendant six mois. Le concile ajoute : Passons aussi en saintes veilles la nuit qui précède le dimanche; et ne dormons pas cette nuit, comme font ceux qui sont chrétiens que de nom. On doit célébrer la fête de Pâques pendant six jours, et on ne doit baptiser qu'à cette fête, au lieu qu'on le faisait presque à toutes les fêtes des martyrs, et qu'à peine trouvait-on deux ou trois personnes pour être baptisées à Pâques. Il est ordonné à tous les fidèles, tant hommes que femmes, de faire tous les dimanches leur offrande de pain et de vin à l'autel; ordonné de payer les dîmes aux ministres de l'Église, suivant la loi de Dieu et la coutume immémoriale des chrétiens, sous peine d'excommunication.

On voit, dans Grégoire de Tours, plusieurs exemples d'évêques et de prêtres tirés de leurs églises, chargés de chaînes, battus et outragés en diverses manières. C'était un effet des mœurs barbares ainsi que des fréquentes révolutions politiques. Pour y remédier, le concile recommande le respect des asiles. Il défend aux juges séculiers de tirer un évêque par force de l'enceinte de son église. Mais si on a un différend avec lui, on s'adressera au métropolitain, qui jugera seul, ou avec un ou deux évêques, ou en plein concile, suivant l'importance de l'affaire. De même, les prêtres et les clercs seront jugés par leur évêque. Les pauvres serfs qui ont été affranchis dans l'Église, et qui étaient opprimés par les magistrats, ne seront plus jugés que par l'évêque, qui pourra cependant appeler à son audience le juge ordinaire ou quelque autre laïque. Défense aux juges séculiers, sous peine d'excommunication, de juger les causes des veuves et des orphelins, sinon en présence de l'évêque, ou de son archidiacre, ou de quelque prêtre de son clergé. L'Église prenait sous sa protection tous ceux qui étaient sans appui, et les regardait comme ses pupilles. Les évêques exhorteront tout le monde à l'hospitalité, et, pour la mieux pratiquer eux-mêmes, ils n'auront point de chiens dans leurs maisons, de peur que l'accès en soit moins libre aux pauvres. On défend aussi aux évêques les oiseaux de proie. On excommunie les seigneurs et les courtisans qui s'emparent par force des biens des particuliers, ou qui les obtiennent du prince par flatterie. Les laïques honoreront tous les clercs supérieurs; quand ils se rencontrent, si l'un et l'autre est à cheval, le laïque ôtera son chapeau; si le clerc est à pied, le laïque descendra de cheval pour le saluer. Défense aux veuves, même des moindres clercs, de se remarier, et aux clercs, d'assister aux jugements de mort et aux exécutions.

Le roi Gontram confirma les canons de ce concile, par une ordonnance adressée à tous les évêques et à tous les juges de son royaume. « Ayant considéré avec attention, dit-il, ce qui pouvait contribuer à l'affermissement de notre couronne et au bien de nos sujets, nous avons reconnu que ce qui excite la colère de Dieu et attire sur nous tant de guerres et tant de maladies contagieuses, lesquelles enlèvent les hommes et les troupeaux, c'est qu'on commet aujourd'hui impunément tous les crimes que les canons punissaient autrefois. Je m'adresse donc spécialement à vous, saints pontifes, à qui la bonté divine a confié l'office et l'autorité de pères. J'espère que vous vous appliquerez avec tant de soin à gouverner et à corriger, par vos fréquentes prédications, les peuples qui vous sont soumis; que tous s'étudiant à mieux vivre, Dieu, par sa bonté, fera cesser les fléaux qui nous affligent, et nous donnera des jours plus tranquilles et plus sereins.

» Je n'ignore pas qu'indépendamment de nos ordres, vous autres pontifes du Seigneur, êtes particulièrement chargés du soin de prêcher sa loi; mais je ne puis me dispenser de vous faire souvenir que vous vous rendez coupables de tous les péchés des autres, si vous gardez un criminel silence et si vous cessez de vous élever contre les fautes de vos enfants; car nous-même, à qui le roi souverain a commis la faculté de régner, nous ne pourrions échapper à sa colère, si nous ne prenions soin de nos sujets. C'est dans cette vue que, par la teneur de ce présent décret, nous faisons très-expresses défenses de vaquer les dimanches et les fêtes à aucun travail corporel, excepté à ce qui est nécessaire pour préparer à manger, et nous défendons spécialement de plaider en ces saints jours.

» Secondez-nous, saints évêques; unissez-vous à vos prêtres, aux juges des lieux et aux autres personnes de probité et d'autorité; agissez de concert pour la réforme des mœurs, afin que, tous se portant au bien, l'Église ait la consolation de voir ses enfants se purifier des souillures de leurs péchés. Si quelqu'un, soit ecclésiastique, soit laïque, méprise vos avis, il faut qu'il éprouve la sévérité des canons et même celle des lois civiles. Car il est juste que les magistrats répriment, selon les lois, ceux que les évêques ne peuvent corriger. » Gontram ordonne ensuite à tous les juges qui sont dans l'étendue de ses Etats, de rendre la justice avec intégrité, de la rendre par eux-mêmes et non par des substituts qui pourraient se laisser corrompre et la vendre aux pauvres. Il déclare qu'il punira grièvement toutes les malversations en ce genre, même dans les juges ecclésiastiques qui conniveraient aux désordres de ceux qui sont soumis à leur juridiction. Nous voulons, dit-il en finissant, que tous les articles de cet édit soient observés à perpétuité, parce que c'est dans le saint concile de Mâcon que nous les avons arrêtés. Cette ordonnance est du 10 novembre de la 24ᵉ année du règne de Gontram, c'est-à-dire l'an 585 (Labbe, t. V).

Gontram n'était pas la seule personne édifiante dans la royale famille des Francs. On peut lui adjoindre la reine Ingonde, première femme de Charibert. Répudiée par son mari, lorsqu'il épousa successivement la fille d'un cardeur de laine et celle d'un pâtre, elle ne songea plus qu'à se sanctifier dans la retraite. Quand elle sentit sa fin approcher, elle fit prier saint Grégoire de Tours de venir l'y disposer. Il fut édifié des grands sentiments de vertu qu'il remarqua en elle. Cette pieuse reine ayant pris l'avis du saint évêque, appela un notaire et fit un testament par lequel elle légua des terres à l'Eglise de Tours, à la basilique de Saint-Martin et à l'Eglise du Mans. Elle mourut saintement l'an 589, dans la 62ᵉ année de son âge.

Ingoberge avait une fille unique nommée Adelberge ou Berthe, qui fut mariée à Ethelbert, roi de Kent, dans la Grande-Bretagne. C'était un prince encore idolâtre. Mais Berthe, qui avait hérité de la piété de sa mère, n'accepta cette alliance que quand on lui eut donné des assurances qu'elle conserverait le libre exercice de la religion chrétienne (Greg., l. 9, c. 36). Elle mena pour ce sujet avec elle saint Léthard, évêque de Senlis; et ce fut elle qui contribua le plus dans la suite à la conversion du roi, son époux, et à celle de toute la nation anglaise. Saint Léthard est honoré le 24 février, aussi bien que saint Ethelbert.

Sainte Radegonde, veuve de Clotaire Iᵉʳ et fille d'un roi de Thuringe, continuait à pratiquer toutes les vertus d'une parfaite religieuse, dans le monastère qu'elle avait fondé à Poitiers. Elle avait surtout une dévotion particulière pour les reliques des saints, c'étaient ses plus précieux trésors. Elle envoya un prêtre jusqu'à Jérusalem, pour demander au patriarche des reliques de saint Mammès; et elle obtint un doigt de ce saint martyr, qu'elle reçut avec grande solennité. L'amour qu'elle avait pour la croix du Sauveur lui fit souhaiter avec ardeur d'avoir quelque parcelle de cet instrument de notre salut. Elle députa pour ce sujet des clercs à Constantinople. L'empereur Justin II, lui envoya un morceau de la vraie croix, orné de pierreries, et plusieurs reliques des saints les plus illustres de l'Orient. C'était vers l'an 570. Saint Euphronius, évêque de Tours, se rendit à Poitiers, pour en faire la translation dans le monastère de Sainte-Radegonde, qui fut nommé depuis le monastère de Sainte-Croix. Ce fut pour cette cérémonie que Fortunat composa la belle hymne *Vexilla regis*, que l'Eglise chante encore en l'honneur de la croix. Il y cite comme de David, ces paroles : *Dicite in nationibus, Regnavit à ligno Deus*. Ce qui fait juger que ces mots, *à ligno*, que nous ne lisons plus dans la Vulgate du psaume 95ᵉ, se trouvaient alors dans le psautier à l'usage des Eglises gallicanes. Fortunat écrivit aussi une lettre en vers à l'empereur Justin et à l'impératrice Sophie, pour les remercier du précieux don qu'ils avaient fait à sainte Radegonde. Il dit à Justin qu'il mérite de commander à l'empire romain, puisqu'il est uni de créance avec la Chaire de saint Pierre.

Tandis que la trop fameuse Frédégonde, telle que le démon de la discorde, soufflait la haine et la guerre entre les rois et les royaumes, sainte Radegonde, telle que l'ange de la paix, mettait tout en œuvre pour les réconcilier, leur écrivait les lettres les plus pressantes, faisait pour cela des prières et des jeûnes. Si elle ne put pas toujours empêcher la guerre, elle y réussit du moins quelquefois. D'ailleurs, le seul exemple de sa vie dut adoucir quelque peu ces caractères farouches, mais chrétiens. Elle était comme un miracle vivant de pénitence et de mortification. Il n'y avait que l'esprit qui vivait en elle, dit Fortunat; la chair était morte. Elle passait, tous les ans, le carême, enfermée dans une cellule; et, la première année, elle ne mangea pendant ce temps que le dimanche. Mais elle modéra dans la suite cette austérité, en prenant sa réfection le dimanche et le jeudi. Elle portait le cilice toute l'année; couchait sur la cendre; et, tandis que ses sœurs dormaient, elle se levait pour leur rendre les services les plus abjects, jusqu'à nettoyer leurs souliers, porter pour elles le bois à la cuisine, et faire d'autres choses dont le détail paraîtrait bas, mais qui, faites pour l'amour de Jésus-Christ, n'en sont que plus glorieuses. Quand elle n'était pas occupée à la psalmodie ou à des œuvres de charité, elle se faisait lire continuellement quelque livre édifiant, même pendant le peu de repos qu'elle prenait la nuit, afin que, si elle s'éveillait alors, elle pût plus aisément s'occuper l'esprit de saintes pensées. Elle expliquait elle-même la lecture à ses sœurs, et leur disait souvent : « Cherchons Dieu dans la simplicité de notre cœur, afin que nous puissions dire avec confiance : Seigneur, donnez-nous ce que vous avez promis, puisque nous avons fait ce que vous avez commandé. »

Radegonde, voyant sa fin approcher, écrivit, peu de temps avant sa mort, une lettre-circulaire à tous les évêques, pour leur recommander ce qu'elle avait au monde de plus cher, c'est-à-dire son monastère. Elle les conjure, eux et leurs successeurs, par le jour terrible du jugement, de traiter comme persécuteurs des pauvres et des servantes de Jésus-Christ, ceux qui s'efforceraient de troubler la communauté, d'en changer la règle, ou d'en déposer l'abbesse. Elle met particulièrement ce monastère sous la protection de saint Hilaire et de saint Martin; et elle supplie de même, dans les termes les plus pressants, les princes régnants, ou qui régneraient dans la suite, d'en prendre la défense. Enfin, elle prie les évêques, les rois et le peuple chrétien, de la faire enterrer au milieu de ses sœurs, dans l'église qu'elle avait commencé de bâtir en l'honneur de la sainte Vierge. Elle ne prend d'autre qualité, dans la souscription de la lettre, que celle de *Radegonde, pécheresse* (Greg. Tur., l. 9, c. 42).

Cette lettre fut comme le testament de la sainte, qui mourut l'an 587, un mercredi matin, 13 août. Comme Mérovée, évêque de Poitiers, était absent pour la visite de son diocèse, saint Grégoire de Tours, successeur de saint Euphronius, fut invité à venir faire les funérailles. Il trouva le corps de la sainte exposé dans un cercueil ouvert. Son visage surpassait en beauté les lis et les roses. Il assure qu'en la voyant, il n'aurait pu croire qu'elle fut morte s'il n'avait entendu ses religieuses désolées se lamenter comme si chacune d'elles eût perdu sa propre mère. Elles étaient au nombre de 200, la plupart filles de qualité, plusieurs même d'extraction royale. Elles ne cessaient de verser des larmes à la vue du cercueil qu'elles environnaient, elles disaient : « Notre mère, à qui nous laissez-vous comme des orphelines ? Nous avons quitté, pour nous attacher à vous, nos biens ; notre patrie et nos parents : à quoi nous abandonnez-vous, sinon à des regrets éternels ? Quand nous avions le bonheur de vous posséder, l'enceinte de ce monastère nous paraissait plus spacieuse que les villes et les campagnes. Nous ne regrettions pas de ne plus voir les prairies émaillées de fleurs, et les champs couverts de moissons : nous trouvions, en vous voyant, un spectacle plus agréable. Que nous sommes infortunées d'avoir perdu notre sainte mère ! et qu'heureuses sont celles qui sont mortes avant vous ! Nous savons, à la vérité, que vous êtes dans le ciel parmi les chœurs des saintes vierges ; mais cette assurance, qui nous console, ne nous empêche pas de sentir notre perte. »

Le saint évêque de Tours fut touché de ces tendres regrets, et ne pouvant lui-même retenir ses larmes, il se tourna vers l'abbesse et lui dit : « Interrompez ces cris lamentables, et songez plutôt à ce qui est nécessaire pour les funérailles. Notre frère Mérovée est occupé à la visite de son diocèse : délibérez ce que vous avez à faire, et ne différez pas trop d'inhumer le saint corps. » C'était ce qui faisait l'embarras. Sainte Radegonde avait ordonné qu'on l'enterrât dans la basilique de la Sainte-Vierge, qu'elle avait fait bâtir pour la sépulture des religieuses. Mais ce lieu n'était pas encore béni, ni l'autel consacré ; et on ne savait quel parti prendre en l'absence de l'évêque.

Après l'avoir attendu trois jours, les principaux citoyens de Poitiers dirent à Grégoire : Présumez bien de la charité de votre frère, et consacrez l'autel ; nous sommes persuadés qu'il ne le trouvera pas mauvais. Grégoire consacra l'autel, et il fit ensuite l'enterrement avec un nombreux clergé. Les religieuses, à qui la règle de Césaire, qui était la leur, ne permettait pas de sortir du monastère, montèrent sur les tours et sur les murailles, et accompagnèrent le convoi de leurs yeux et de leurs cris lamentables; en sorte, dit la religieuse qui a écrit la vie de la sainte et qui était présente, qu'on ne pouvait distinguer le chant des psaumes, et qu'on n'entendait que des gémissements au lieu des *alleluia*; ce qui marque qu'on chantait ces cantiques d'allégresse aux funérailles des fidèles. Elle ajoute qu'un aveugle, qui vivait encore lorsqu'elle écrivait, recouvra la vue en touchant la bière pendant le convoi. Grégoire se contenta de déposer seulement le cercueil ouvert, réservant à l'évêque de le fermer et d'y célébrer la messe des obsèques (Greg., *Lib. de glor. conf.*, c. 106; *Acta Sanct.*, 13 *aug*.).

La sainte abbesse du monastère de Sainte-Croix, Agnès, ne survécut pas longtemps à sainte Radegonde, qui l'avait élevée. On élut à sa place Leubovère. Parmi les religieuses, il y avait deux filles de rois : Chrodielde, fille de Charibert, et Basine, la fille de Chilpéric, que Frédégonde avait forcée à prendre le voile. Elles furent piquées au vif, Chrodielde surtout, de n'avoir pas été élue abbesse. Ayant formé un parti, elles sortirent du monastère avec une quarantaine de religieuses, en disant : Nous allons trouver les rois, nos parents, pour leur faire connaître les outrages qu'on nous fait. On ne nous traite pas comme des filles de rois, mais comme des filles de misérables esclaves. Elles arrivèrent de Poitiers à Tours, à pied, au milieu de la pluie et par des chemins affreux. C'était pendant l'hiver 589. Grégoire de Tours leur fit vainement des remontrances pour les faire rentrer dans leur cloître ; tout ce qu'il put obtenir, c'est que Chrodielde attendît au printemps pour aller trouver le roi Gontram, son oncle, qui la reçut bien et nomma des évêques pour juger de ses accusations contre la nouvelle abbesse. Revenue à Tours, elle trouva qu'un grand nombre de ses religieuses fugitives s'étaient laissées séduire et s'étaient mariées. Comme les évêques tardaient à venir, Chrodielde retourna à Poitiers avec le reste de ses vierges folles, s'installa dans l'église de Saint-Hilaire, et, pour s'y défendre, prit à sa solde une troupe de voleurs et de scélérats. Les évêques engagèrent les religieuses à rentrer dans le monastère ; et, sur leur refus opiniâtre, prononcèrent contre elles l'excommunication. Aussitôt, sur l'ordre de Chrodielde, la troupe de ses satellites tombe sur les évêques, les foule aux pieds, et ensuite va piller les terres du monastère. Cette rébellion dura toute l'année.

Cependant la plupart de ces religieuses, voyant leur affaire traîner en longueur, se dispersèrent en divers lieux ; et il en resta assez peu avec Chrodielde et Basine, qui ne s'accordaient pas elles-mêmes trop ensemble ; car chacune prétendait l'emporter sur l'autre. Chrodielde n'en devint que plus furieuse. Elle fit enlever l'abbesse par sa troupe de brigands, et la fit garder comme sa prisonnière de guerre, avec ordre de la poignarder au cas qu'on voulût la leur enlever à main armée. Mais un officier du roi vint à bout de la délivrer par adresse. Dès lors ce fut une guerre ouverte entre les gens de Chrodielde et ceux de l'abbesse. Il y eut des meurtres commis jusque sur le tombeau de sainte Radegonde, et même devant la relique de la vraie croix. C'étaient comme deux armées au milieu de la ville, commandées par deux religieuses ; et l'église de Saint-Hilaire et le monastère de Sainte-Croix étaient les champs de bataille. Chrodielde fut victorieuse ; elle fit piller le monastère et s'en rendit ensuite maîtresse, comme d'une place d'armes. Le roi Gontram, sur les instances du roi Childebert d'Austrasie, nomma de nouveaux évêques, entre lesquels Grégoire de Tours, pour juger cette affaire et mettre fin au scandale. Ils acceptèrent, mais à condition qu'on enverrait des troupes pour les soutenir et pour dissiper la sédition. Chrodielde l'ayant appris, fit mettre ses sicaires sous les armes à la porte du monastère. Mais le comte ou gouverneur de Poitiers les força avec ses soldats ; ce que voyant Chrodielde, elle prit en main le bois de la vraie croix, et, s'avançant dans la mêlée, elle cria : Ne me faites aucune violence, car je suis reine, fille de roi et cousine de roi. On respecta sa personne ; mais le peuple se jeta sur ses satellites et leur fit souffrir divers supplices. On coupa aux uns le nez, aux autres le poignet, et à quelques-uns les cheveux seulement, pour indiquer qu'on les réduisait en esclavage.

Alors les évèques procédèrent au jugement dans l'église de Saint-Hilaire. Chrodielde avança contre l'abbesse plusieurs accusations qu'elle ne put prouver, et dont l'abbesse se justifia, déclarant au reste que, si elle avait fait quelque faute, elle se soumettait à la pénitence qu'on jugerait à propos de lui imposer. Les accusations contre Chrodielde et contre Basine n'étant que trop prouvées, les évèques leur ordonnèrent à toutes deux de demander pardon à leur abbesse, pour réparation des fautes dont elles étaient convaincus. Mais, loin de se soumettre, elles portèrent l'insolence jusqu'à la menacer publiquement de la faire assassiner. C'est pourquoi les évèques rendirent une sentence définitive, par laquelle ils ordonnèrent que l'abbesse serait rétablie dans son monastère, et que Chrodielde et Basine demeureraient privées de la communion jusqu'à ce qu'elles eussent fait une pénitence convenable. Ils envoyèrent aux deux rois un acte de ce jugement, où ils firent un précis de toute la procédure. Chrodielde et Basine, se voyant définitivement excommuniées, allèrent implorer la clémence de Childebert et le fatiguer de leurs plaintes. Il eut pitié d'elles; et, ayant fait assembler un concile pour un autre sujet, il pria les évèques de leur être favorables. Basine se jeta à leurs pieds et promit d'obéir dans la suite à son abbesse, avec humilité et charité. Pour Chrodielde, elle protesta qu'elle ne pouvait rentrer dans le monastère tant que Leubovère en serait abbesse. Le concile leva les censures portées contre elles, et Basine retourna à son monastère pour y faire pénitence. Mais le roi donna à Chrodielde une maison de campagne auprès de Poitiers, où elle se retira, ne pouvant plus vivre en princesse et ne voulant plus vivre en religieuse (Greg. Tur., l. 9, c. 39-43; l. 10, c. 15, 16, 17, 20; *Hist. de l'Eglise gallic.*, l. 8).

Saint Grégoire de Tours, à qui nous devons tous ces détails sur l'histoire ecclésiastique des Francs, était né en Auvergne, d'une famille sénatoriale. Son bisaïeul paternel et maternel fut le sénateur saint Grégoire, d'abord comte d'Autun, et ensuite évêque de Langres après la mort de sa femme, dont il eut trois enfants : saint Tétricus, son successeur dans l'évêché de Langres; Georges, grand-père de Grégoire de Tours, et une fille qui en fut la grand'mère maternelle. Georges épousa Léocadie, issue du sénateur Léocadius, qui, le premier de sa famille, embrassa la religion chrétienne, et qui était parent de Vettius-Epagathus, un des illustres martyrs de Lyon sous Marc-Aurèle. Georges eut de Léocadie deux enfants, saint Gal, évèque d'Auvergne, et Florentius, père de notre saint. Florentius épousa sa cousine Armentaria, petite-fille, par sa mère, de saint Grégoire de Langres, et nièce du duc Nicet, évêque de Lyon, et du duc Gondulfe. De Florentius et d'Armentaria naquirent : Pierre, qui fut diacre de l'Eglise de Langres; une fille dont on ignore le nom, et enfin Grégoire de Tours. Il vint au monde le jour de Saint-André, 539. Ses premiers noms furent Georges et Florentius, qui étaient ceux de son aïeul et de son père; il y joignit plus tard celui de Grégoire, en l'honneur de son bisaïeul saint Grégoire de Langres. Ayant perdu son père étant encore jeune, il reçut les premiers germes de la vertu et des sciences, de son oncle saint Gal, évèque de Clermont. Saint Avit, d'abord archidiacre et plus tard évêque de la même Eglise, cultiva de plus en plus ces heureux commencements. Grégoire fit quelque étude de la grammaire et des auteurs profanes; mais son étude principale fut les saintes lettres.

Etant tombé dangereusement malade dans sa jeunesse, il se fit porter sur le tombeau de saint Illidius ou Allyre, quatrième évêque de Clermont, et revint soulagé. La fièvre le reprit quelque temps après, mais si fort, qu'on craignit pour sa vie. Mon cher enfant, lui dit sa mère, voilà une bien triste journée pour moi, de vous voir si malade. Ne vous affligez pas, lui répondit-il, mais renvoyez-moi au tombeau du bienheureux pontife Illidius; j'ai la confiance qu'il vous rendra la joie et à moi la santé. Transporté donc sur le tombeau du saint, il promit d'embrasser l'état ecclésiastique s'il était guéri; et aussitôt il se sentit délivré de la fièvre. (*Vit. Pat.*, c. 2). Il accomplit son vœu, et fut promu au diaconat dès qu'il eut atteint l'âge. Il avait une dévotion particulière à saint Martin. L'an 563, dans une contagion, il tomba si malade, qu'il ne songeait plus lui-même qu'à régler ses funérailles. Prêt à rendre l'âme, il invoqua le nom de saint Martin, et sentit à l'instant son mal diminuer. Il lui vint alors un désir extrême d'aller visiter son tombeau. Encore tout languissant, il se mit en route avec ses amis. Après deux ou trois jours de marche, étant au milieu d'une forêt, la maladie lui reprit avec une telle violence, qu'on le crut à sa dernière heure. Alors ses amis lui dirent : « Retournons chez nous; si Dieu vous appelle, vous mourrez au moins dans votre maison ; que si vous réchappez, vous accomplirez plus facilement votre pèlerinage. Il vaut mieux retourner que de mourir dans un désert. — Mais moi, dit Grégoire, quand je les entendis ainsi parler, je pleurais à chaudes larmes; et, déplorant mon malheur, je leur disais : « Je vous conjure, par le Dieu tout-puissant et par le jour du jugement, si terrible pour tous les coupables, de consentir à ce que je vous demande. N'abandonnons pas le voyage que nous avons commencé. Si je mérite de voir la basilique de saint Martin, j'en rends grâces à mon Dieu ; sinon, portez-y au moins mon cadavre pour l'y ensevelir. Car ma résolution est de ne point retourner à la maison, si je ne mérite pas d'arriver à son sépulcre. Alors, pleurant tous ensemble, nous nous remîmes en chemin, et, par la protection de mon glorieux seigneur, nous arrivâmes à sa basilique ».

Dans la compagnie de Grégoire, il y avait un clerc nommé Armentarius, qui lui était très-affectionné et qui, de plus, était très-habile dans les Ecritures et dans la musique; mais une maladie pestilentielle l'avait réduit à un état complet d'idiotisme, au point qu'il était absolument incapable de rien comprendre ni de rien faire. Quand nous fûmes donc arrivés à la basilique, continue saint Grégoire, nous résolûmes d'y passer la troisième nuit aux vigiles ou aux matines : ce que nous exécutâmes. Au matin, quand on eut donné le signal pour les laudes, nous rentrâmes au logis et dormîmes jusqu'à huit heures. Me réveillant alors, sans aucune langueur ni amertume de cœur, je retrouve ma santé d'autrefois, et, tout réjoui, j'appelle mon domestique pour me servir. A l'instant, Armentarius se lève, vient à moi et dit : Seigneur, je préparerai tout, vous n'avez qu'à ordonner. — Moi, le croyant encore privé de son bon sens, je lui dis : Va, si tu peux, et appelle le garçon. Il reprit : Moi-même je ferai ce que vous commanderez. Étonné, je lui demande ce que c'était. Il répondit : Ce que je sais, c'est que je me porte très bien ; mais ce que je ne sais pas, c'est comment et d'où je suis venu ici. Et il se mit à me servir avec la même adresse qu'avant son accident. Alors je me levai, pleurant de joie, et rendis grâces à Dieu, tant pour moi que pour lui, de ce que, par l'intercession de mon protecteur, il m'avait rendu la santé du corps et à lui celle de l'esprit, dans un temps où il n'était pas même capable de la demander. En retournant, Grégoire emporta trois cierges qui avaient brûlé sur le tombeau du saint, et s'en servit pour opérer plusieurs miracles. C'est Grégoire lui-même qui nous apprend tous ces faits (*De mirac. S. Mart.*, l. 1, c. 32 et 33).

Saint Euphronius, évêque de Tours, étant mort l'an 503, après 17 ans d'épiscopat, le peuple, la noblesse et le clergé de la ville, qui connaissaient les vertus et les talents de Grégoire, l'élurent évêque d'un commun consentement, et ils envoyèrent le décret d'élection au roi Sigebert d'Austrasie, de qui Tours dépendait alors. Grégoire se trouvait précisément à la cour de Sigebert, qui, de concert avec la reine Brunehaut, l'obligea d'accepter, et le fit ordonner à Reims même, par l'évêque Egidius, le vingtième jour après la mort d'Euphrone ; en sorte que le siège de Tours ne fut vacant que dix-neuf jours. Voici comme Grégoire parle de cet événement : « Quelque indigne que je fusse d'être évêque, Dieu voulut que, dans la douzième année de Sigebert, je fusse chargé de ce fardeau (*Ibid.*, l. 2, c. 1). Il était âgé d'environ trente-quatre ans. Tous les évêques de Tours, à l'exception de cinq, avaient été alliés à sa famille. S'étant rendu à son église le second mois après son ordination, il tomba malade d'une dyssenterie accompagnée d'une fièvre qui le réduisit en peu de jours à l'extrémité. Alors il appela son médecin et lui dit : « Vous avez épuisé tous les secrets de votre art, et tout est inutile. Mais j'ai une excellente thériaque dont je veux vous donner la recette ; si elle ne me guérit pas, il n'y a plus d'espérance. Allez prendre de la poussière du tombeau de mon seigneur saint Martin, et faites-m'en une potion. » On le fit, et on délaya cette poussière dans un bouillon qu'il prit à neuf heures du matin. Il se sentit, quelques moments après, si parfaitement guéri, qu'il se leva à midi pour prendre son repas ordinaire. C'est lui-même qui rapporte ce miracle opéré en sa personne (*Ibid.*). Sa mère étant venue le voir à Tours après son ordination, elle y fut pareillement guérie d'une douleur dans les jambes, qu'elle avait depuis trente-quatre ans, et qu'elle avait contractée en le mettant au monde (*Ibid.*, l. 3, c. 10).

En prenant possession de son évêché, il trouva la ville de Tours désolée par un grand incendie arrivé sous son prédécesseur, et par les ravages des guerres civiles. Il s'appliqua dès le commencement à réparer les églises ruinées, et nommément la cathédrale, dédiée sous l'invocation des martyrs d'Agaune, saint Maurice et ses compagnons. Sigebert d'Austrasie ayant été assassiné l'an 575, son frère Chilpéric s'empara de la Touraine, au préjudice du fils de Sigebert, Childebert II. Par suite de cette révolution politique, le duc Boson se réfugia dans l'église de Saint-Martin. Chilpéric envoya le duc Roccolin, avec un corps de troupes, dire à l'évêque Grégoire, qu'il eût à livrer Boson, sans quoi il ferait mettre le feu aux faubourgs et à la ville. L'évêque, affligé, alla répandre des larmes devant le tombeau de saint Martin, et, pendant sa prière, une femme paralytique depuis douze ans fut guérie. Encouragé par ce miracle, il envoya dire le lendemain à Roccolin, qu'il demandait une chose qui ne s'était jamais faite ; qu'on ne pouvait permettre nullement de violer ainsi l'église de Saint-Martin, que s'il le faisait de force, ni lui, ni le roi dont il exécuterait les ordres, ne s'en trouveraient bien ; qu'il devrait plutôt craindre la vertu du saint évêque, qui, encore le jour précédent, avait guéri une femme paralytique.

Peu touché de ces remontrances, Roccolin commença à détruire une maison de l'église, dans laquelle il logeait, au delà de la Loire. Mais il fut aussitôt frappé d'une jaunisse. C'était un avertissement du ciel : Roccolin ne l'entendit point. Il menaça, au contraire, de ravager tous les environs de la ville, si on ne chassait Boson de l'église ce jour-là même. Son mal ne faisant que redoubler, il monta à cheval le jour de l'Épiphanie, et, ayant trouvé dans les rues de Tours le clergé qui allait en procession de la cathédrale à l'église de Saint-Martin, il suivit la procession à cheval, immédiatement après la croix, qui était précédée des bannières, comme il se pratique encore aujourd'hui. Mais, en entrant dans l'église de Saint-Martin, il sentit sa fureur se ralentir et son mal s'augmenter. Il en mourut à la fin du mois suivant (*Greg. Tur.*, l. 5, c. 4).

Le roi Chilpéric fut intimidé de cette mort funeste. Il prit le parti d'écrire une lettre à saint Martin même, par laquelle il priait le saint de lui mander s'il lui était permis de faire enlever Boson de son église, et il dépêcha un diacre à Tours pour porter cette lettre. Le diacre la mit respectueusement sur le tombeau de saint Martin, avec du papier blanc pour servir à la réponse. Mais après avoir attendu trois jours, il ne s'en trouva aucune. Chilpéric envoya d'autres députés, qui firent prêter serment à Boson qu'il ne sortirait pas de l'église à son insu ; ce qu'il jura, touchant de la main la nappe où il couvrait l'autel (*Ibid.*, l. 5, c. 14). On le voit, c'est la puissance miraculeuse de saint Martin et la fermeté des évêques qui forçaient les rois des Francs à respecter encore quelque peu la justice et l'humanité au milieu des guerres civiles.

Saint Germain, évêque de Paris, y contribuait de son côté. Il mourut la même année 576, le 28 mai. Sa pompe funèbre fut changée comme en un triomphe, par le nombre et l'éclat des miracles qui s'opérèrent à ses funérailles. Les prisonniers l'ayant invoqué, comme le convoi passait devant la prison, leurs chaînes furent aussitôt brisées et les portes ouvertes, et ils accompagnèrent le corps de leur libérateur jusqu'au lieu de la sépulture. Un paralytique qui se tenait assis à la porte de l'église de Saint-Vincent, y recouvra la santé par l'intercession de saint Germain. Chilpéric, qui était arrivé à Paris le jour précédent, fut confirmé, par ce miracle, dans la vénération qu'il avait pour ce saint évêque. On prétend même qu'il composa en son honneur, une épitaphe en assez beaux vers latins, où il dit qu'il a été le miroir de l'Eglise, la force de la patrie, l'asile des coupables, le père et le médecin de son troupeau, et que la mort craint encore celui qu'elle a enlevé. Le saint pontife fut enterré dans une chapelle de l'église de Saint-Vincent, qui, à cause des merveilles opérées à son tombeau, reçut dans la suite le nom d'église de Saint-Germain. Il eut pour successeur Ragnemode, qui, dans quelques circonstances, se montra plus courtisan qu'évêque (*Acta Sanct.*, 28 maii; Greg., *De gl. conf.*, c. 60; Aimoin, l. 3, c. 16).

Il n'en fut pas ainsi de Grégoire de Tours : il se montra évêque en tout et partout. Au milieu des querelles de Chilpéric avec son fils Mérovée, saint Prétextat, évêque de Rouen, et parrain du jeune prince, fut accusé de conspiration dans un concile de quarante évêques assemblés à Paris. Chilpéric même fut l'accusateur, mais Frédégonde le poussait. Le saint évêque de Rouen nia une partie des faits et expliqua les autres d'une manière plausible. Le roi s'étant retiré du concile, les évêques conféraient ensemble, quand tout à coup Aëtius, archidiacre de l'Eglise de Paris, vint les trouver et leur dit : « Pontifes du Seigneur, qui êtes assemblés, écoutez-moi. C'est maintenant que vous allez rendre votre nom illustre, ou vous déshonorer à jamais. Personne ne vous regardera plus comme des évêques, si vous manquez de fermeté et si vous laissez périr votre frère. » La remontrance était à propos. Mais la crainte d'une femme, la crainte de Frédégonde ferma la bouche aux évêques; ils demeurèrent dans le silence et se mirent le doigt sur les lèvres, comme pour faire entendre qu'ils ne voulaient point parler.

Alors Grégoire de Tours, prenant la parole, dit : « Très-saints pontifes de Dieu, et vous surtout qui avez le plus de part à la confiance du roi, écoutez-moi. Donnez à ce prince un conseil salutaire et digne des évêques, de peur qu'il ne perde son royaume et ne flétrisse sa gloire en suivant les mouvements de sa colère contre un ministre du Seigneur. » Les évêques gardèrent encore le silence; ce que voyant Grégoire, il reprit : « Mes seigneurs les évêques, rappelez-vous la parole du prophète : *Si la sentinelle voit l'iniquité de l'homme et ne l'en avertit pas, elle sera coupable de la perte de cette âme.* Ne gardez donc point le silence, mais parlez, et représentez au roi ses péchés, de crainte qu'il ne lui arrive malheur et que vous ne soyez coupables de son âme. Ignorez-vous ce qui est arrivé dans ces derniers temps? » Sur quoi il apporte en exemple la punition de Clodomir et celle de l'empereur Maxime, dont l'un avait méprisé les avis de saint Avit d'Orléans, et l'autre ceux de saint Martin. Les évêques demeurèrent interdits et étonnés de ce discours, et personne n'osa répondre. Mais deux évêques adulateurs, Bertram de Bordeaux et Ragnemode de Paris, allèrent de ce pas dire au roi qu'il n'avait pas de plus grand ennemi que Grégoire.

Mandé aussitôt au palais, Grégoire trouva, entre les deux prélats courtisans, le roi Chilpéric tout irrité, qui lui dit : « Evêque, vous devez la justice à tous, et vous me la refusez! Je vois bien que vous êtes complice de l'iniquité; et vous vérifiez le proverbe, que *jamais corbeau n'arrache l'œil du corbeau.* » Grégoire répondit : « Prince, si quelqu'un de nous s'écarte des voies de la justice, vous pouvez le corriger; mais si vous vous en écartez vous-même, qui vous corrigera? Nous vous parlons, il est vrai; mais vous nous écoutez si vous le voulez; si vous ne le voulez pas, qui vous condamnera, si ce n'est celui qui dit qu'il est la justice même ? »

Le roi, que les adulateurs avaient aigri contre Grégoire, reprit avec chaleur : « Tous me rendent justice, il n'y a que vous de qui je ne puis l'obtenir; mais je sais ce que je ferai pour vous démasquer et faire connaître vos injustices. J'assemblerai le peuple de Tours, et je lui dirai de crier contre vous. J'appuierai ses clameurs en disant : Tout roi que je suis, je ne puis trouver justice auprès de cet évêque; comment vous autres la trouverez-vous? — Si je suis injuste, répartit Grégoire, vous n'en savez rien; il n'y a que celui qui pénètre le secret des cœurs, qui le sache. Pour les clameurs du peuple, que vous me menacez d'exciter contre moi, elles vous feraient plus de tort qu'à moi, parce qu'on n'ignorerait pas que vous en auriez été l'instigateur. Mais à quoi bon tant de discours? Vous avez la loi et les canons; étudiez-les bien, et sachez que si vous n'observez pas ce qu'ils ordonnent, la vengeance de Dieu ne tardera pas à éclater contre vous. »

Cette fermeté de Grégoire parut adoucir Chilpéric, qui, dès lors, lui offrit à manger. Car les premiers rois des Francs ne laissaient pas sortir de leur palais les personnes de quelque considération, sans leur faire prendre quelque chose. Grégoire répondit : « Notre nourriture doit être de faire en toutes choses la volonté de Dieu, sans chercher à flatter notre goût par toutes ces délices. Mais vous, prince, qui taxez les autres d'injustice, promettez de ne rien faire contre la loi et les canons, et alors nous croirons que vous ne cherchez que la justice. » Le roi étendit la main et jura par le Dieu tout-puissant qu'il s'en tiendrait à ce que les canons ordonnent. Alors Grégoire prit du pain et du vin et se retira.

La nuit suivante, après qu'on eut chanté l'office de matines, Grégoire entendit frapper rudement à sa porte. C'était des gens de Frédégonde, lesquels l'ayant salué de sa part, le prièrent de ne s'opposer pas à ses desseins, et lui promirent deux cents livres d'argent, s'il voulait se déclarer contre Prétextat. Ils ajoutèrent qu'ils avaient parole de tous les autres évêques, et qu'ils le conjuraient du moins de n'être pas le seul opposant. Grégoire répondit : « Quand vous me donneriez mille livres d'or et d'argent, que pourrais-je faire autre chose que ce que le Seigneur me commande? Tout ce que je puis vous promettre, c'est que je me conformerai à ce que les autres feront selon les canons. » Les gens de Frédégonde ne comprirent pas sa pensée, et se retirèrent en le remerciant. Dès que le jour parut, quelques évêques vinrent de la part de Frédégonde lui faire les mêmes propositions, et ils en reçurent la même réponse

Le concile s'étant assemblé pour la seconde fois, le roi y vint dès le matin, et accusa Prétextat de vol. L'évêque s'en justifia si bien, que Chilpéric, étant sorti de l'assemblée, dit à quelques prélats de ses adulateurs : « J'avoue que les réponses de l'évêque m'ont confondu, et je sais dans ma conscience qu'il dit vrai. Que ferai-je donc maintenant pour contenter la reine à son sujet? « Après y avoir pensé un moment, il ajouta: « Allez, et dites-lui comme de vous-mêmes et par manière de conseil : Vous savez que le roi Chilpéric est plein de bonté et se laisse aisément fléchir : humiliez-vous devant lui, et dites que vous avez fait ce dont on vous accuse. Alors nous nous jetterons tous à ses pieds pour lui demander votre grâce. » Séduit par les suggestions artificieuses de ses indignes collègues, Prétextat se jeta le lendemain aux pieds de Chilpéric en plein concile, et se confessa coupable. Aussitôt le fourbe Chilpéric se jeta lui-même aux pieds des évêques, et leur dit : «Ecoutez, très-pieux pontifes, écoutez un criminel qui confesse un attentat exécrable.» Les évêques, dont le grand nombre ne se doutait point de cette machination d'enfer, furent attendris jusqu'aux larmes, et relevèrent respectueusement le roi, qui s'en retourna à son palais, après avoir donné ordre qu'on fît sortir Prétextat du concile. Chilpéric envoya un recueil de canons, où on lut cet article : « Que l'évêque convaincu d'homicide, d'adultère et de parjure, soit déposé. »

Prétextat, qui reconnut alors trop tard qu'on l'avait joué, demeurait interdit. Un des arrangeurs de ce jeu satanique, Bertram de Bordeaux, lui dit : « Mon frère, puisque vous êtes dans la disgrâce du roi, vous n'aurez pas notre communion qu'il ne vous ait rendu sa bienveillance. » Chilpéric ne voulait pas en rester là; il demanda qu'on déchirât la tunique de Prétextat, ce qui était une marque ignominieuse de déposition, ou bien qu'on récitât sur sa tête le psaume 108e, contenant les malédictions lancées contre Judas; ou du moins qu'on prononçât contre cet évêque une excommunication perpétuelle. Grégoire de Tours s'y opposa avec courage, et somma le roi de la parole qu'il avait donnée de ne rien faire contre les canons. Mais Prétextat fut enlevé du concile et jeté en prison, d'où, ayant voulu s'échapper la nuit, il fut rudement frappé et relégué dans une île près de Coutances, apparemment dans l'île de Jersey. C'est ainsi que Grégoire se montra vraiment évêque. Ce ne fut pas la seule occasion.

L'an 589, il fut accusé lui-même d'avoir parlé mal de la reine Frédégonde. L'auteur de l'accusation était un nommé Leudaste, esclave de naissance, mauvais cuisinier, ensuite mauvais boulanger du roi Charibert, qui lui avait fait couper une oreille pour le punir de ses fréquentes désertions. Après cela, par le crédit d'une des filles du cardeur de laine que Charibert avait épousée, il était devenu comte des étables, et enfin comte ou gouverneur de la Touraine. Comme il ne gouvernait pas mieux la province qu'il n'avait fait la cuisine, il fut révoqué de sa charge. Il s'en prit à saint Grégoire, et l'accusa, près de Chilpéric, d'avoir dit que la reine, son épouse, était en commerce adultère avec l'évêque Bertram. Le roi frappa d'abord Leudaste des pieds et des poings, et le fit mettre en prison, comme calomniateur; ensuite, comme l'autre prétendait avoir des témoins, il fit assembler un concile pour juger l'accusation.

Grégoire, cité pour répondre, s'y rendit des premiers. Le roi, y étant entré, salua les évêques, reçut leur bénédiction et prit séance. Alors Bertram de Bordeaux, qui était accusé d'adultère avec Frédégonde, exposa l'affaire et interpella Grégoire, comme auteur de la calomnie. Grégoire répondit qu'il n'avait jamais dit ce qu'on lui imputait, mais qu'il l'avait entendu dire aux autres, qu'il n'était pas l'auteur de ce bruit. Le roi dit alors : Le crime de ma femme est mon déshonneur; si vous croyez donc qu'on doive ouïr des témoins contre un évêque, les voici; si vous jugez qu'il faille plutôt s'en rapporter à l'évêque, je suivrai volontiers ce que vous ordonnerez. Tout le monde admira la prudence et la modération du roi; et l'on s'écria unanimement qu'on ne devait pas admettre contre l'assertion d'un évêque le témoignage d'une personne inférieure. C'est que le seul témoin de Leudaste était un sous-diacre nommé Riculfe, qu'il avait gagné en lui promettant l'épiscopat. On convint donc que Grégoire, après avoir dit la messe sur trois autels, se purgerait par serment de l'accusation portée contre lui. Cet usage était contre les canons; mais le concile crut devoir passer par-dessus les règles ordinaires, pour donner quelque satisfaction au roi.

La chose ayant été accomplie, les Pères du concile allèrent en corps trouver Chilpéric, et lui dirent : « Prince, l'évêque de Tours a accompli tout ce qui a été ordonné : que reste-t-il maintenant, sinon que vous et Bertram, l'accusateur de son frère, soyez l'un et l'autre séparés de la communion. » C'est que, selon les canons, ceux qui intentaient de fausses accusations, surtout contre leurs frères, étaient excommuniés. Cela n'est pas juste, répondit le roi; je n'ai fait que rapporter ce que j'ai entendu dire; et il nomma Leudaste, qui avait déjà pris la fuite. Le concile déclara excommunié cet auteur de tout le scandale, et en écrivit une lettre circulaire à tous les évêques absents. Le sous-diacre Riculfe fut condamné à mort comme calomniateur. Grégoire lui obtint la vie avec beaucoup de peine, mais il ne put obtenir qu'il ne fût pas appliqué à de cruelles tortures, où il dévoila toute l'intrigue. Pour Leudaste, après s'être réfugié successivement en diverses églises, il fit sa paix avec le roi et avec la plupart des évêques. Mais Frédégonde ne put lui pardonner l'éclat qu'il avait fait à son occasion, et elle le fit mourir (Greg., l. 5, c. 48 et 49).

Grégoire de Tours était un digne pontife, non-seulement par ses vertus, mais encore par sa doctrine. Agilane, ambassadeur de Lévigilde à Chilpéric, passant à Tours, se mit à chicaner le saint évêque sur sa foi. Les anciens n'ont eu tort, disait-il, de décider que le Fils est égal au Père. Car comment pourra-t-être égal au Père en puissance celui qui dit : *Le Père est plus grand que moi?* et qui lui recommandé son âme en mourant? Grégoire lui demanda : Croyez-vous que Jésus-Christ est le Fils de Dieu? qu'il en est la sagesse, la lumière, la vérité, la vie, la justice? Agilane dit : Je crois que le Fils est tout cela. Dites-moi donc alors, reprit Grégoire, quand est-ce que le Père a été sans sagesse? sans lumière? sans vie? sans vérité? sans justice? Car de même que le Père n'a pu être sans tout cela, de même il n'a pu être sans le Fils. Il ne serait pas même Père, s'il n'avait un Fils. Quant à ce que vous rappelez qu'il a dit : *Le Père est plus grand que moi*, il faut vous rappeler aussi ces autres : *Moi et le Père nous sommes une même chose*. Pour ce qui est de craindre la mort et de recommander son âme à son Père, cela se rapporte à la faiblesse du corps, afin qu'on le croie vrai homme, aussi bien que vrai Dieu. C'est avec la même justesse que Grégoire réfute les autres objections d'Agilane. La discussion se termina d'une manière assez vive; mais elle ne demeura pas sans fruit. A son retour en Espagne, étant tombé malade, Agilane abjura l'arianisme et se fit catholique (Greg., l. 5, c. 44). Grégoire eut plus tard une discussion semblable avec un autre ambassadeur de Lévigilde, nommé Oppila, qui se donnait pour catholique et croyait le Père, et le Fils, et le Saint-Esprit, de la même vertu, mais ne voulait pas qu'on leur rendît la même gloire (*Ibid.*, l. 6, c. 40

Un jour Grégoire étant allé voir le roi Chilpéric pour affaires, en fut fort bien reçu. Comme il allait prendre congé de lui avant son départ, il le trouva avec un marchand juif, nommé Prisque. Le roi, voyant venir Grégoire, prit en riant le Juif par la chevelure, et dit à l'évêque : Venez, pontife du Seigneur, imposez-lui les mains. Le Juif faisant de la résistance, le roi s'écria : O cœur endurci ! ô race toujours incrédule, qui s'opiniâtre à ne pas reconnaître le Fils de Dieu, promis par les prophètes, et à ne pas croire les mystères de notre foi, figurés par les sacrifices ! Le Juif répondit : Le mariage ne convient pas à Dieu, et il n'a point d'enfants; il ne souffre personne qui partage avec lui son royaume, lui qui dit par Moïse : *Voyez que je suis le Seigneur; et il n'y a pas d'autre Dieu que moi*. Le roi dit : Dieu a engendré, de son sein spirituel son Fils éternel, aussi ancien et aussi puissant que lui. *Je vous ai engendré*, lui dit-il, *avant l'étoile du matin*. Mais ce Fils né avant les siècles, il l'a envoyé dans le monde en. ces derniers temps, pour remédier à nos maux, comme dit votre prophète : *Il a envoyé son Verbe, et il les a guéris*. Le Juif répliqua : Est-ce que Dieu a pu se faire homme, naître d'une femme, souffrir les fouets, et être condamné à la mort?

Le roi se taisant, Grégoire prit la parole et parla ainsi : Ce sont nos besoins et non pas les siens qui ont engagé Dieu à se faire homme; car s'il n'avait pas pris la nature humaine, il n'aurait pu racheter l'homme de la servitude du démon. Je n'emploierai pas ici l'autorité de l'Evangile et de l'apôtre; vous n'y croyez pas ; je ne vous citerai que des témoignages de vos livres, pour vous percer de votre propre épée, comme David fit Goliath. Il rapporta ensuite les plus belles prophéties de l'Ancien Testament, qui marquent que Dieu devait se faire homme et souffrir la mort; celle de Baruch : *C'est là notre Dieu, on ne reconnaîtra pas d'autre Dieu que lui. C'est lui qui a trouvé toutes les voies de la science; qui l'a donnée à Jacob, son fils, et à Israël, son bien-aimé. Ensuite, il a été vu sur la terre, et il a conversé parmi les hommes*. Celle-ci d'Isaïe : *Voilà que la Vierge concevra dans son sein, et enfantera un fils, et il sera nommé Emmanuel; c'est-à-dire Dieu avec nous*. Celle du psaume 21e, sur la passion du Sauveur : *Ils ont percé mes pieds et mes mains, et ils ont partagé mes vêtements*. Grégoire cita aussi, dans cette dispute, ce texte du psaume 95e : *Le Seigneur a régné du haut d'un bois, Dominus regnavit à ligno*, pour montrer que Jésus-Christ devait être attaché à la croix : ce qui est une nouvelle preuve qu'on lisait ainsi dans la version qui était alors à l'usage des Eglises gallicanes.

Comme le Juif paraissait scandalisé des souffrances d'un Dieu, Grégoire pour lui en faire sentir les causes et les fruits, lui cita le beau chapitre d'Isaïe, où ce prophète, dévoilant l'avenir, décrit si exactement les circonstances de la passion du Sauveur, qu'il semble plutôt avoir fait le récit d'un fait passé, que la prédiction d'un événement futur. Il rapporta aussi la célèbre prophétie de Jacob sur l'avénement du Messie. Grégoire développa ces choses et d'autres; mais le Juif demeura insensible. Le roi mit fin à la controverse, en se tournant vers le saint évêque et en lui disant : Je vous dirai ce que Jacob disait à l'ange : *Je ne vous laisserai pas aller, que vous ne m'ayez donné votre bénédiction*. Aussitôt il fit donner à laver, et, après la prière qui précède le repas, Grégoire prit du pain, le bénit, en donna au roi et en mangea lui-même, but un verre de vin et prit ensuite copie de ce prince (Greg., l. 6, c. 5).

L'obstination de Prisque ne ralentit pas le zèle de Chilpéric pour la conversion des autres Juifs. Il se flatta d'en avoir converti plusieurs, qu'il fit baptiser à Paris, en 582, avec un grand appareil, voulant lui-même en être le parrain. Ce ne fut néanmoins, de la part de quelques-uns, qu'une conversion simulée. Ce prince ayant fait inutilement de nouveaux efforts pour gagner Prisque au christianisme, le fit mettre en prison. Alors, après avoir demandé quelques délais, il promit de faire selon les désirs du roi. Mais un Juif déjà converti, nommé Phatir, avec lequel il était en inimitié, l'ayant surpris qui observait secrètement les cérémonies judaïques, le tua et fut ensuite lui-même tué par les parents de Prisque. (*Ibid.*, l. 6, c. 17; *Hist. de l'Eglise gall.*, l. 7).

Grégoire de Tours fut non-seulement un saint et docte pontife, mais un écrivain utile, à qui particulièrement la nation des Francs doit une reconnaissance éternelle. Lui-même a fait le catalogue de tous ses écrits. Outre dix livres de l'histoire, j'ai composé, dit-il, sept livres de miracles, un livre de *Vies des Pères*, un *commentaire sur les psaumes*, et un *traité de l'office divin* (*Ibid.*, l. 10, c. ultim.). Ces deux derniers ouvrages sont perdus. Les sept livres de miracles sont : un livre de *la gloire des martyrs*, un autre de *la gloire des confesseurs*, un troisième des *miracles de saint Julien*, évêque de Brioude, en particulier, et quatre livres des *miracles de saint Martin*, dont plusieurs s'étaient opérés du temps et sous les yeux de l'auteur. Le livre des *Vies des Pères* contient, en vingt chapitres, l'histoire d'autant de saints évêques ou moines des Gaules, qui fleurirent la plupart du temps de l'historien, et dont il en avait connu plusieurs particulièrement. Ainsi on ne peut guère révoquer en doute ce qu'il en raconte.

Le plus considérable de ses ouvrages est son histoire, divisée en dix livres. Le titre annonce une *Histoire ecclésiastique des Francs*; mais on y trouve également l'histoire civile mêlée avec celle de l'Eglise, et l'histoire étrangère avec celle des Gaules. Aussi, dit-il dans la préface, qu'il se propose d'écrire les combats des rois contre les nations ennemies, ceux des martyrs contre les idolâtres, et ceux de l'Eglise contre les hérétiques. Après avoir demandé pardon au lecteur des fautes de grammaire qui lui seraient échappées, il fait d'abord sa profession de foi, où il confesse que le Saint-Esprit procède du Père et du Fils; ce qui montre que longtemps avant qu'il s'élevât là-dessus des disputes avec les Grecs, on regardait ce dogme dans les Gaules comme un article de foi. Il commence son histoire à la création du monde, et la continue jusqu'à l'an 591 de Jésus-Christ. Le premier livre résume l'histoire sainte, l'histoire ancienne et l'histoire de l'Eglise, jusqu'à l'entrée des Francs dans les Gaules. Quoique le premier historien de cette nation, il ne mêle à son récit aucune fable.

Les chroniqueurs qui vinrent après lui, voulant rattacher l'histoire des Francs à l'histoire poétique des Grecs, diront que Troie ayant été prise par les Grecs, le roi Enée se retira en Italie; mais que Priam et Anténor, avec douze mille Troyens, entrèrent par le Danube dans la Pannonie. Là, ils battirent les Alains ou les Allemands d'une manière si furieuse, que l'empereur Valentinien leur donna le nom de Francs, c'est-à-dire *farouches*. A la mort de Priam et d'Anténor, leurs fils, Marcomir et Sunnon, furent leurs deux chefs. Sunnon étant mort, les Francs résolurent de n'avoir plus qu'un chef unique, et élurent le fils de Marcomir, qui se nommait Pharamond, et qui fut ainsi le premier roi chevelu. A Pharamond succéda son fils Chlodion, à Chlodion son parent Mérovée, à Mérovée son fils Childéric, à Childéric son fils Chlodovée ou Clovis, qui fut le premier roi chrétien. Voilà ce que disent les anciennes chroniques des Francs (*Gesta reg. Franc.*, c. 1-15).

Grégoire de Tours, plus ancien que ces chroniques, n'a pas un mot de ces origines fabuleuses. Il ne parle pas même de Pharamond. Le premier roi franc qu'il nomme, est Chlodion, qui prit Cambrai. Pour les temps antérieurs, il cite Sulpice Alexandre et René Frigéride, deux historiographes que nous ne connaissons que par lui. Depuis l'époque de Chlodion, jusqu'à la fin de son histoire, environ cent soixante-dix ans, il a eu pour guide les écrits de Sidoine Apollinaire, de saint Rémi de Reims et autres contemporains, la tradition vivante, et enfin son propre témoignage. Car il a vu par lui-même les événements des cinquante dernières années. Certes, il n'y a peut-être pas de nation qui ait eu un historien si près de son origine.

Grégoire de Tours écrit, non pas précisément pour écrire, mais pour être utile et parce qu'il n'y avait personne autre qui songea à consigner dans l'histoire les événements de son époque. Il a les qualités les plus désirables dans un historien, la bonne foi, la candeur, et ce courage tranquille, qui dit des princes le mal comme le bien. Son style n'est point de la belle latinité; il le reconnaît lui-même. La faute en est à son siècle, où les études dépérissaient, ou plutôt avaient péri au milieu de l'invasion des Barbares, et des guerres civiles. A cette époque de crise, les personnages les plus capables, les bons évêques, les saints moines, travaillaient bien plus à former des hommes que des phrases. Ils voyaient dans la parole, non pas un vain amusement comme les rhéteurs de la Grèce, mais un instrument de salut pour convertir en peuple chrétien cette multitude confuse, de Francs, de Goths, de Burgondes, de Gaulois, de Romains, qui occupaient les Gaules, multitude confuse, qui comprenait assez le langage du rhéteur, mais fort peu celui du rhéteur, et à qui pourtant il fallait parler un langage qu'elle pût comprendre. Malgré tout cela, l'histoire de Grégoire de Tours est encore mieux écrite que toutes les biographies impériales de Lampride, de Jules Capitolin, de Trebellius Pollion.

Sous le paganisme, la littérature populaire avait pour objet les fables des dieux et des déesses, leurs querelles, leurs amours, leurs adultères, leurs métamorphoses, chantées par les poètes, représentées en action sur les théâtres, rappelées sans cesse à tout venant par les innombrables statues qui remplissaient les villes, les campagnes, les rues, les places, l'intérieur même des maisons. Voilà quelle était l'instruction religieuse et morale du peuple. Il y trouvait l'enseignement et l'exemple de tous les vices. Sous le christianisme, la littérature populaire fut, dès le commencement, l'Evangile, l'Ancien et le Nouveau Testament, les Actes des martyrs qu'on lisait dans les assemblées publiques, les Vies des Pères, écrites par saint Athanase, saint Jérôme, Rufin d'Aquilée, Cassien de Marseille et une foule d'autres. Le peuple y trouvait l'enseignement et l'exemple de toutes les vertus, enseignement et exemple qui lui étaient rappelés sans cesse par les églises des saints, leurs fêtes, leurs hymnes, par les processions et les pèlerinages à leurs tombeaux, par le récit de leurs miracles. Il en voyait des copies vivantes dans bien des églises et des monastères : saints évêques, saints religieux, dont les vies écrites d'un style simple par quelque pieux contemporain, souvent témoin oculaire, allaient sans cesse augmentant les trésors littéraires du peuple chrétien. C'est ainsi que Grégoire de Tours, au lieu de décrire, comme il dit lui-même, la fuite de Saturne, la colère de Junon, les débauches de Jupiter et les autres fables païennes, écrivit les vertus et les miracles de Jésus-Christ et de ses saints, suivant ce qu'il avait, soit appris des autres, soit vu par lui-même. Comme jamais sa candeur et sa bonne foi n'ont été révoquées en doute, son témoignage ne peut être suspecté sous ce rapport.

Dans ce qu'il dit de la sainte Vierge, on voit que dès lors c'était le sentiment commun des chrétiens, qu'après sa mort elle avait été élevée en corps et en âme dans le ciel. Car il raconte sa résurrection et son assomption corporelle, comme une chose dont personne ne doutait (*De gl. mart.*, l. 1, c. 5). Et de fait, longtemps avant lui, l'Eglise romaine faisait profession de le croire, comme on le voit par le Sacramentaire ou le Missel du pape saint Gélase. Car, dans la collecte pour la fête de l'Assomption, cette Eglise disait dès lors, comme elle dit encore maintenant, que la sainte Mère de Dieu a bien subi la mort temporelle, mais n'a pu être abattue par les liens de la mort. Par ce que saint Grégoire dit un peu plus loin, on voit pareillement que dès lors c'était l'usage de placer dans les églises l'image de la sainte Vierge tenant l'enfant Jésus entre ses bras. Voici l'histoire qu'il rapporte, et qui peut être la même que celle qu'on lit dans Evagre (l. 4, c. 36).

C'était la coutume en Orient, que lorsqu'il restait beaucoup de parcelles du corps de Jésus-Christ après la communion, on appelait des petits enfants des écoles pour les leur faire consommer. Il arriva qu'un jour où l'on célébrait la messe dans une église de la Sainte-Vierge, on fit venir avec les autres un enfant juif, fils d'un vitrier. Il participa au Corps et au Sang de Jésus-Christ, s'en retourna fort joyeux, et raconta à son père ce qui s'était passé.

Celui-ci, oubliant sa tendresse paternelle, jeta l'enfant dans sa fournaise, qu'il remplit de bois plus qu'à l'ordinaire, afin que le feu en fût plus violent. La mère l'ayant su, courut pour délivrer son fils. Mais la flamme qui s'élançait de la fournaise ne lui permit pas d'en approcher. Alors, jetant à terre les ornements de sa tête, elle courut les cheveux épars, remplissant la ville de ses cris lamentables. Les chrétiens arrivent en foule, écartent le feu de l'entrée du fourneau, aperçoivent l'enfant mollement couché comme sur des plumes, le retirent promptement, s'étonnent et bénissent Dieu de ne lui voir aucun mal. On jette dans la fournaise l'auteur du crime, qui aussitôt y est consumé et réduit en cendres. On demande à l'enfant comment donc il avait été garanti du feu. Il répondit : La femme qui tient un enfant entre ses bras, et qui est assise dans l'église où j'ai mangé du pain, c'est elle qui m'a couvert de son manteau pour me préserver des flammes. On instruisit la mère de l'enfant dans la foi catholique, et tous deux furent baptisés, avec un grand nombre de Juifs de la ville, qui, d'après Evagre, fut celle de Constantinople (Greg., *De gl. mart.*, l. 1, c. 10).

On suppose assez volontiers que Grégoire de Tours était crédule, c'est-à-dire qu'il croyait facilement et sans preuves tout ce qu'on lui disait. On en jugera par le fait suivant.

En parlant du bois de la vraie croix, il dit : Sa vertu nous a été manifestée de cette manière. Quelqu'un nous présenta un voile de soie très-vieux, qu'il disait avoir enveloppé la croix du Seigneur à Jérusalem. Dans notre rusticité, la chose nous parut incroyable, et nous cherchions à deviner comment il avait pu mériter une pareille faveur; car nous savions que, dans les jours où l'on y adore ce bois sacré, non-seulement personne n'en obtient quoi que ce soit, mais que l'on écarte même à coups de fouet ceux qui s'en approchent trop hardiment. L'homme répondit : Quand j'ai été à Jérusalem, j'y trouvai l'abbé Futen, qui jouissait d'une grande faveur auprès de l'impératrice Sophie; car elle lui avait confié tout l'Orient comme à un préfet. Je m'attachai à lui, et quand je partis de l'Orient, j'en reçus et des reliques de saints, et ce voile qui enveloppait alors la sainte croix. Cet homme m'ayant ainsi raconté la chose, il me remit le voile. Je le lavai dans de l'eau, que je donnai ensuite à boire à des malades qui avaient la fièvre, et aussitôt, par un effet de la vertu divine, ils étaient guéris. J'en coupais souvent des parcelles et je les donnais à des religieux comme une bénédiction. J'en donnai une partie à un certain abbé, qui, étant venu me voir après deux ans, m'assura, avec serment, qu'elle avait guéri douze énergumènes, trois aveugles et deux paralytiques. Il mit un jour le voile même dans la bouche d'un muet; mais à peine eut-il touché les dents et la langue, qu'il lui rendit la voix et la parole. Ce que d'ailleurs la promesse même du Seigneur nous porte à croire fidèlement, quand il dit : *Tout ce que vous demanderez en mon nom, croyez que vous l'obtiendrez, et il vous sera fait* (Greg., *De gl. mart.*, l. 1, c. 6).

Voilà comme Grégoire expose lui-même sa manière d'agir. Il nous semble que ce n'est pas là croire à la légère ni sans preuves. Le récit de son pèlerin est confirmé par l'histoire. Cet abbé Futen, que le docte Ruinart avouait ne pas connaître, est l'abbé Photin ou Photius, beau-fils de Bélisaire, qui, comme nous l'avons vu, fut envoyé en Egypte par l'empereur Justin et l'impératrice Sophie, avec des pleins pouvoirs pour pacifier toutes les Eglises d'Orient.

Tandis que Grégoire de Tours écrivait son *Histoire ecclésiastique des Francs*, Marius, évêque d'Aventique ou Avenche, dont le siège a été transféré depuis à Lausanne, écrivait sa *Chronique abrégée*, pour faire suite à celle de saint Prosper, de l'an 455 à l'an 581. Il s'est particulièrement attaché à ce qui s'est passé dans le royaume de Bourgogne. Un des événements les plus remarquables est le renversement subit d'une grande montagne au territoire du Valais, l'an 563. Non-seulement sa chute causa la ruine du bourg et des villages voisins, mais la montagne s'étant jetée dans le lac de Genève, le fit si prodigieusement déborder, que plusieurs églises et villages, avec leurs habitants, y trouvèrent leur perte. Le pont de Genève et les moulins furent emportés, et les eaux étant entrées dans la ville, surprirent et noyèrent un grand nombre de personnes (Andr. Duch., t. I). On attribue aussi à Marius une *Vie de saint Sigismond*, roi de Bourgogne. Marius lui-même est compté parmi les saints dans quelques Martyrologes.

Dans le même temps, c'est-à-dire la fin du VIe siècle, florissait dans les lettres divines et humaines un écrivain nommé Rotérius. Il était Gaulois, et apparemment de la ville d'Agde. Il écrivit d'un style noble et coulant la domination de diverses nations étrangères, et s'attachait particulièrement à décrire les ravages qu'Attila, roi des Huns ou des Avares, comme il les nommait, avait causés dans les Gaules, et nommément dans la ville d'Agde, qu'il avait entièrement détruite. Il ne nous reste de son histoire que la mention honorable qui en est faite dans la *Vie de saint Sévère*, abbé d'Agde, vers l'an 500 (*Acta Benedict.*).

Un autre contemporain de Grégoire de Tours, mais dont nous avons des écrits en assez grand nombre, c'est son ami Fortunat, longtemps prêtre et à la fin évêque de Poitiers. Venance Fortunat était né vers l'an 530, près de Cédéna, ville du Trévisan en Italie. Ni lui ni ses historiens ne nous apprennent rien sur sa famille ; seulement on conjecture, par ce qu'il en dit lui-même d'une manière aussi modeste qu'enveloppée, qu'elle était considérable dans le pays. Il fit ses études à Ravenne, où alors les lettres florissaient. Il y apprit la grammaire, la rhétorique, la poétique et un peu de jurisprudence ; il y cultiva surtout l'éloquence, et s'exerça à la versification, pour laquelle il avait un goût dominant et une grande facilité. On ignore ce qui lui fit quitter l'Italie pour la France. Peut-être fût-ce les ravages dont la première était le théâtre par l'invasion des Barbares, et plus probablement un vœu fait à saint Martin, pour avoir été guéri d'un mal d'yeux, après s'être frottés de l'huile d'une lampe qui brûlait devant l'image du saint, peinte sur les murs d'une église de Ravenne. Quoi qu'il en soit de la cause de son voyage, partout on accueillit le poète avec de grands égards. Princes, évêques, grands seigneurs, tout ce qu'il y avait d'hommes de distinction, s'empressèrent de lui donner des témoignages d'estime. Arrivé en France sous le règne de Sigebert, roi d'Austrasie, qui le reçut avec bienveillance, il assista à ses noces avec Brunehaut, composa un épithalame pour cette cérémonie, et célébra en beaux vers les grâces et les rares qualités de la nouvelle reine. Ce mariage ayant eu lieu en 566, c'est à ce temps qu'il faut fixer le séjour de Fortunat à la cour de Sigebert. On prétend qu'il donna à ce roi des leçons de politique. L'année suivante, il partit pour Tours, dans le dessein d'accomplir son vœu. Il visita le tombeau de saint Martin, vit saint Euphrone, alors évêque de Tours, et se lia d'amitié avec lui. De là il alla à Poitiers, sans qu'on sache pourquoi, si ce n'est que quelques-uns prétendent que sa famille en était originaire.

Sainte Radegonde ayant appris à connaître son mérite, en fit d'abord son secrétaire et son intendant, et ensuite, quand il eut été ordonné prêtre, son aumônier et son chapelain. Fortunat continua de cultiver les lettres; il ajouta même de nouvelles connaissances à celles qu'il avait déjà acquises, en étudiant la philosophie et les sciences ecclésiastiques, et passa le reste de sa vie à composer des vers et des livres, et à édifier l'Eglise, encore plus par ses vertus que par ses écrits.

Comme sainte Radegonde était en relation avec les plus saints évêques de France, elle envoyait de temps en temps son aumônier les visiter de sa part. Fortunat s'attira bientôt leur estime et leur amitié. Les plus connus d'entre eux sont : saint Germain de Paris, saint Nicet et Magneric de Trèves, saint Airy de Verdun, saint Grégoire de Tours, saint Félix de Nantes, Willicus de Metz, Egidius de Reims, Charentin de Cologne, saint Avit de Clermont, saint Siagrius d'Autun, saint Léonce de Bordeaux, saint Bertichram du Mans, tous célèbres par les écrits de notre poète. Le plus intime de ses amis fut Grégoire de Tours. Ils s'engageaient l'un l'autre à écrire pour la gloire de Dieu et des saints. Grégoire ne l'appelle jamais que prêtre. C'est que ce ne fut qu'après la mort de Grégoire qu'il devint évêque de Poitiers, où il est honoré comme saint le 14 décembre.

Nous avons de Fortunat 11 livres de poésies et de prose, dédiés à saint Grégoire de Tours. Les poèmes, dont plusieurs sont assez courts, roulent sur différents sujets. Il y en a près de 30 en l'honneur de certaines églises, basiliques, oratoires, objets de piété, composés au moment de la construction ou de la dédicace; 30 épitaphes; 31 pièces à Grégoire de Tours ou sur son compte; 27 à sainte Radegonde, qu'il appelle sa mère, ou à sainte Agnès, abbesse du monastère de Poitiers, qu'il appelle sa sœur. Le 5e livre contient presque uniquement des pièces à des évêques, le 6e à des rois, le 7e à des seigneurs. Toutes ces pièces respirent l'aménité et la politesse, mais toutes ne sont pas sérieuses. Dans les petites, à sainte Radegonde et à sainte Agnès, il y en a sur un repas, sur des fleurs, sur des châtaignes, sur des œufs et des prunes, sur du lait et d'autres friandises. Malgré la vertu non équivoque des personnages, on y sent l'aumônier du couvent. Quant au style, il décèle de la verve et de la facilité; châtié un peu plus, il pourrait peut-être servir de modèle en son genre. Des pièces en prose que renferment ces 11 livres, la mieux écrite est une excellente paraphrase de l'Oraison dominicale. En dehors de ces 11 livres de mélanges, nous avons encore de Fortunat 4 livres de la *Vie de saint Martin*, en vers héroïques, composés d'après la prose de Sulpice Sévère. Il témoigne n'avoir employé que deux mois à cet ouvrage, qu'il avoue n'être pas extrêmement poli; et de fait, la prose de Sulpice Sévère est bien au-dessus de ses vers. Une des principales occupations de Fortunat, à Poitiers, avant son épiscopat, fut d'écrire des Vies de Saints. Il écrivit ainsi les Vies de saint Germain de Paris, saint Albin ou Aubin d'Angers, de saint Paterne d'Avranches, de saint Amant de Rhodez, de saint Remi de Reims, de saint Médard de Noyon, de sainte Ragedonde et de plusieurs autres (*Biblioth. Patrum*, t. X; Ceillier, *Hist. litt. de France*).

Un autre saint ami de Grégoire de Tours fut saint Salvius, évêque d'Albi, dont il raconte ainsi la vie merveilleuse. Ayant suivi quelque temps le barreau dans sa jeunesse, sans donner dans les écueils de cette profession ni dans ceux de cet âge, il se retira dans un monastère, où il ne chercha à se distinguer que par son humilité et sa mortification. La grande abstinence et les autres austérités qu'il pratiquait, altérèrent tellement sa santé, qu'il disait lui-même avoir changé neuf fois de peau, pour se dépouiller plus parfaitement du vieil homme. L'abbé étant mort, il fut élu en sa place; mais il aimait trop la solitude, pour s'accommoder d'une charge qui l'exposait à tant de distractions. Après avoir gouverné quelque temps ses moines, il leur dit adieu et s'enferma dans une cellule, résolu de n'en jamais sortir. C'était comme un tombeau, où il s'ensevelissait tout vivant. Il ne laissait pas de répondre aux étrangers qui venaient le voir, de prier pour eux et de leur donner des eulogies, qui souvent guérissaient les malades.

Un jour, épuisé par une grosse fièvre, il était étendu sur son lit. Soudain sa cellule, éclairée d'une grande lumière, se met à trembler, mais lui, élevant les mains vers le ciel, au milieu des actions de grâces, rend l'esprit. Les moines et sa mère poussent des cris lamentables; ils tirent de la cellule le corps du défunt, le lavent et l'habillent, le placent dans un cercueil ouvert, et passent la nuit à pleurer et à dire des psaumes. Le lendemain matin, tout étant prêt pour les funérailles, le corps commença à remuer dans le cercueil. Et voilà que les joues se colorent et que cet homme, comme réveillé d'un profond sommeil, ouvre les yeux, élève les mains et s'écrie : « O Seigneur miséricordieux, que m'avez-vous fait, de me renvoyer dans ce séjour de ténèbres ! Votre miséricorde ne me valait-elle pas mieux dans le ciel, que la vie coupable de ce monde ? » Les assistants, stupéfaits, lui demandèrent quel était ce prodige; mais il ne leur fit aucune réponse. Seulement il se leva du cercueil, sans qu'il ressentît aucune incommodité de sa maladie précédente, et ensuite il passa trois jours sans boire et sans manger.

Le troisième jour, ayant assemblé les moines et sa mère, il leur dit : « Ecoutez, mes bien-aimés, et comprenez que tous les biens de ce monde ne sont rien, mais que tout est vanité, comme l'a dit le prophète Salomon. Heureux qui vit tellement sûr la terre, qu'il mérite de contempler la gloire du ciel ! » Ayant dit cela, il s'arrêta, délibérant s'il en dirait davantage. Mais les frères le supplièrent avec tant d'instance, de leur exposer ce qu'il avait vu, qu'il continua en ces termes : « Il y a quatre jours, quand vous m'avez vu sans vie dans ma cellule ébranlée, je fus saisi par deux anges et transporté dans les hauteurs des cieux ; de manière qu'il me semblait voir sous mes pieds, non-seulement ce monde misérable, mais encore le soleil et la lune, les nuages et les étoiles. Ensuite, par une porte plus éclatante que cette lumière, je fus introduit dans un séjour dont le pavé reluisait comme l'or et l'argent ; la lumière en est ineffable, l'étendue en est inénarrable : une multitude de l'un et l'autre sexe le remplissait, de telle sorte qu'il était impossible d'apercevoir ni la longueur ni la largeur de la foule. Les anges me précédant et me préparant un passage, nous parvînmes à un lieu que nous contemplions déjà de loin, au-dessus duquel était suspendue une nuée plus lumineuse qu'aucune lumière ; on n'y voyait ni soleil, ni lune, ni étoile, mais le lieu était par lui-même plus resplendissant que tout cela ; et une voix sortait de la nuée, comme la voix des grandes eaux. Là, moi pécheur, je fus humblement salué par des hommes en habits de prêtres et en habits de séculiers, que mes guides m'apprirent être les martyrs et les confesseurs que nous honorons ici-bas avec une entière dévotion. M'arrêtant où l'ordre m'en fut donné, je fus enveloppé d'une odeur si suave et qui me nourrit tellement de sa suavité, que jusqu'à présent je ne désire ni manger ni boire. Et j'entendis une voix qui disait : Il faut que celui-ci retourne dans le siècle, parce qu'il est nécessaire à nos Églises. On entendait la voix, mais on ne pouvait voir qui parlait. Et moi, prosterné sur le pavé, je disais avec larmes : Hélas ! hélas ! Seigneur, pourquoi m'avez-vous montré ces choses, si je dois en être frustré ? Voilà qu'aujourd'hui vous me repoussez de devant votre face, pour que je retourne à ce siècle fragile, et que je ne puisse plus jamais revenir ici. Ah ! Seigneur, ne m'ôtez pas votre miséricorde, mais, de grâce, permettez-moi d'habiter ici, de peur que je ne périsse en retombant là-bas. Et la voix qui me parlait, me dit : Va en paix ; car je suis ton gardien jusqu'à ce que je te ramène en ce lieu. Alors, délaissé de mes compagnons, je descendis en pleurant, et je revins ici par la porte où j'étais entré. »

Lorsqu'il eut ainsi parlé, tous les assistants demeurèrent stupéfaits, et le saint de Dieu recommença à dire avec larmes : « Malheur à moi, d'avoir osé révéler un tel mystère ! Car voici que cette odeur si suave, que j'avais aspirée dans le saint lieu, et qui me soutenait depuis trois jours sans manger ni boire, la voilà qui m'a quitté. Ma langue même est couverte de plaies et tellement enflée, qu'elle semble remplir toute ma bouche. Je vois bien qu'il n'a pas été agréable au Seigneur, mon Dieu, que ces secrets aient été divulgués. Mais vous savez, Seigneur, que je l'ai fait dans la simplicité du cœur et sans aucune jactance de l'esprit. Pardonnez-moi, je vous en conjure, et ne m'abandonnez pas suivant votre promesse. » Ayant ainsi parlé, il se tut et prit à manger et à boire.

Mais moi, qui écris ces choses, ajoute Grégoire de Tours, je crains que quelque lecteur ne les trouve incroyables, suivant ce mot de l'historien Salluste, lorsque, parlant de la vertu et de la gloire des hommes de bien, il dit : Ce que chacun pense être facile à lui-même, il le croit volontiers ; mais ce qui est au-dessus, il le tient pour une fausseté et une imposture. Toutefois, j'en prends à témoin le Dieu tout-puissant, tout ce que je viens de rapporter, je l'ai entendu de sa propre bouche.

Longtemps après, vers l'an 574, le saint homme fut tiré de sa cellule, élu et ordonné malgré lui évêque d'Albi. Ce fut un pontife d'une grande sainteté, sans la moindre convoitise, ne voulant jamais avoir d'or. Quand il était forcé d'en recevoir, il le distribuait aussitôt aux pauvres. De son temps, au milieu des guerres civiles, le patrice Mummole ayant emmené de sa ville beaucoup de captifs, il les suivit et les racheta tous. Le Seigneur lui concilia une si grande grâce près des vainqueurs, qu'ils lui quittèrent la rançon et qu'ils le comblèrent de présents lui-même. Et il rendit ainsi à la liberté tous les captifs de sa patrie.

Vers la dixième année de son épiscopat, la peste dont nous avons déjà parlé vint à exercer ses ravages dans la ville d'Albi. Déjà la plus grande partie de la population avait péri : il restait très-peu d'habitants. Le bon pasteur ne voulut jamais les abandonner ; mais il les exhortait sans cesse à s'appliquer à la prière et aux veilles ; à s'occuper de bonnes pensées et de bonnes œuvres, afin que, vous plaît à Dieu de vous retirer de ce monde, vous n'ayez point à craindre le jugement, mais à espérer le repos. Enfin, averti comme je le crois, par une révélation du Seigneur, que le temps de sa vocation était proche, il prépara lui-même son cercueil ; lava son corps, se revêtit d'habits funèbres, et rendit au ciel sa bienheureuse âme, qui aussi bien y aspirait toujours. C'est ainsi que saint Grégoire de Tours raconte la vie et la mort de son saint ami Salvius (Greg. Tur., l. 7, c. 1).

Il y avait dans ce temps beaucoup de saints évêques dans les Gaules ; entre autres saint Domnole du Mans, saint Félix de Bourges et son successeur Sulpice Sévère, saint Dalmace de Rhodez, saint Maurile de Cahors, saint Elaphe de Châlons-sur-Marne, saint Aunaire d'Auxerre, saint Evance de Vienne, saint Ferréol de Limoges, saint Véran de Cavaillon, sans parler de ceux que nous avons déjà vus en détail. Toutefois, il y en avait encore qui n'étaient pas des saints. Au milieu des guerres civiles, on en vit deux qui se montrèrent plus propres à être des chefs de bandes que des évêques. C'étaient deux frères, Sagittaire et Salonius, le premier, évêque de Gap, et l'autre d'Embrun. Ils avaient été élevés ensemble auprès de saint Nicet de Lyon, qui les avait ordonnés diacres. Devenus leurs maîtres par l'épiscopat, ils se livrèrent comme des chefs de bandits à toute sorte de brigandages. Ils furent déposés l'an 567, dans un concile de huit évêques, présidé à Lyon par saint Nicet. Mais comme ils savaient que le roi Gontram ne leur voulait pas de mal, ils lui demandèrent la permission d'aller à Rome s'adresser au pape Jean III, d'où ils rapportèrent des lettres favorables, en vertu desquelles Gontram les rétablit dans leurs sièges, toutefois après leur avoir fait une sévère réprimande. Ils n'en firent guère mieux. Ils portaient les armes contre des laïques ; ils se trouvèrent avec le patrice Mummole en un combat contre les Lombards, armés de casques et de cuirasses, et tuèrent plusieurs hommes de leurs propres mains. Etant irrités contre quelques-uns de leurs citoyens, ils leur donnèrent des coups de bâton, jusqu'à effusion de sang. Les plaintes en ayant été portées au roi, il les fit venir; mais il ne voulut pas les voir qu'ils ne se fussent justifiés. Sagittaire fut si outré de ce refus, qu'il s'emporta à des paroles outrageantes contre le roi et ses enfants. Gontram, en colère, leur fit enlever tout ce qu'ils avaient, et les enferma dans des monastères éloignés l'un de l'autre, pour faire pénitence, commandant, sous de terribles menaces, aux juges des lieux de les faire garder par des gens armés, de peur que personne ne les visitât.

Le roi Gontram avait alors deux fils, dont l'aîné étant tombé malade, ses domestiques lui dirent : Nous vous dirons quelque chose, si vous voulez nous écouter. — Parlez, dit le roi. — Peut-être, dirent-ils, ces évêques condamnés à l'exil sont innocents, et nous craignons que le prince, votre fils, ne porte la peine de ce péché. — Le roi répondit : Allez vite les délivrer et les prier qu'ils prient pour nos enfants. — Sagittaire et Salonius étant ainsi sortis des monastères, s'embrassèrent fraternellement, comme ne s'étant vus de longtemps, et retournèrent à leurs villes. Ils étaient si bien convertis, qu'ils jeûnaient, faisaient des aumônes, récitaient le psautier tous les jours, et passaient les nuits en prières. Mais cette dévotion ne leur dura pas longtemps. Ils retombèrent dans leurs anciens désordres, passant la plupart des nuits dans le vin et la bonne chère; en sorte que, quand les clercs chantaient dans l'église les prières du matin, ils étaient encore à table, sans penser à Dieu, ni tenir compte de réciter leur office. Ils se livraient ensuite au sommeil jusqu'à neuf heures, et à peine étaient-ils levés, qu'ils se remettaient à table jusqu'au soir. Ils avaient plus d'une fois en leur compagnie des femmes de débauche. Enfin, l'an 579, Gontram fit assembler un nouveau concile à Châlon-sur-Saône, où ils furent de nouveau déposés. Outre les crimes d'homicide et d'adultère dont ils étaient convaincus, on y accusa de trahison et de lèse-majesté, et ils furent enfermés dans la basilique de Saint-Marcel, d'où ils trouvèrent encore moyen de s'échapper. Mais ils ne purent recouvrer leurs sièges qu'on avait remplis, celui d'Embrun par Emérit, celui de Gap par Arégius ou Aridius, qui est honoré comme saint dans son Eglise. Le malheureux Sagittaire, s'étant jeté dans le parti politique de Gundovald, fut tué au sortir de Comminge, lorsqu'il venait de se rendre aux généraux de Gontram, sur la promesse d'avoir la vie sauve (Greg., l. 4, c. 43; l. 5, c. 21, 28; l. 7, c. 39).

L'évêque Egidius ou Gilles de Reims fut pareillement déposé l'an 590, dans un concile de Metz; mais uniquement sur des accusations politiques, et sans qu'on lui reprochât rien contre les mœurs. Or, au milieu de trois ou quatre royaumes, bizarrement enclavés les uns dans les autres, et fréquemment en guerre ou en révolution, les condamnations politiques ne prouvent pas beaucoup (Ibid., l. 10, c. 19).

Une histoire plus étrange est celle d'un évêque de Vannes. Un comte de Bretons, nommé Conan, avait fait mourir trois de ses frères. Voulant encore tuer Macliau, le quatrième, il le tenait en prison, chargé de chaînes. Mais le prisonnier fut délivré de la mort par saint Félix, évêque de Nantes, et ensuite fit serment de fidélité à son frère. Quelque temps après, Conan ayant conçu des soupçons, le poursuivit de nouveau. Macliau, ne sachant comment échapper, se réfugia près d'un autre comte. Celui-ci, sentant que les persécuteurs étaient proches, le mit dans un cercueil et l'enterra vivant, en lui ménageant toutefois une ouverture pour la respiration. Les satellites de son frère étant arrivés, on leur dit : Hélas! Macliau n'est plus! voilà où il est enterré! Les satellites, bien contents, burent et mangèrent sur sa tombe en réjouissance de sa mort, et l'annoncèrent à son frère, qui aussitôt s'empara de tout, le royaume paternel. Car, dit Grégoire de Tours, depuis la mort du roi Chlodovée, les Bretons ont toujours été sous la puissance des Francs, et leurs chefs s'appelaient comtes et non pas rois. Macliau, étant sorti de dessous terre, s'en alla dans la ville de Vannes, y reçut la tonsure, et fut ordonné évêque. Mais Conan étant venu à mourir, il se rendit apostat, laissa croître ses cheveux, et, avec le royaume de son frère, reprit la femme qu'il avait quittée depuis sa cléricature. Les évêques l'excommunièrent vers l'an 567. Il ne paraît pas qu'il s'en inquiéta beaucoup, lorsqu'il fut tué par le fils du comte Bodic., dont il avait usurpé le domaine; après avoir fait serment au père de le défendre comme son propre fils (Greg., l. 4, c. 4; l. 5, c. 16).

Saint Félix de Nantes était issu d'une des plus nobles familles d'Aquitaine, et il avait tous les talents que le monde admire et respecte, une illustre naissance, de grandes richesses, et une vive éloquence. L'usage qu'une piété sincère lui fit faire de ces dons, rendit son épiscopat aussi glorieux qu'utile à son Eglise. Une colonie de Saxons, reste d'une de ces armées de Barbares qui avaient tant de fois inondé la Gaule, s'était établi dans le territoire de Nantes, et y vivait encore dans l'idolâtrie. Félix travailla avec tant de succès à leur conversion, que ces hommes, qui paraissaient comme autant de bêtes féroces, devinrent les ouailles de Jésus-Christ, et le saint évêque eut la consolation de les baptiser à la fête de Pâques. Les grands biens de Félix furent ceux des pauvres, et ses libéralités n'eurent d'autre règle que leurs besoins. Son éloquence fit plus d'une fois ce que des armées n'avaient pu faire; il arrêta les ravages des Bretons et adoucit l'esprit de leurs comtes. Mais ce qui rendit son nom plus célèbre, ce fut les grands ouvrages qu'il entreprit et acheva pour le bien public. Il détourna la rivière avec des travaux et des dépenses immenses, comme nous l'apprend, ainsi que tout le reste, son contemporain et ami Fortunat (l. 3, *Carm.* 7, 6, 8); et, on croit communément à Nantes, que le canal de la Loire, qui forme le beau port de la Fosse, est son ouvrage.

A côté de tant de saints évêques, Grégoire de Tours nous fait voir une foule de saints moines, qui, par leurs vertus et leurs miracles, contribuaient pareillement à la propagation de la foi, à l'adoucissement des mœurs, au soulagement des misères humaines. Un des plus célèbres était un reclus nommé Sénoch. Il était né dans le Poitou et Theïfalien d'origine, nation barbare dont une colonie s'était établie dans un bourg du Poitou nommé de la Theïfalie, et aujourd'hui Tiffauge. S'étant converti au Seigneur, et ayant été admis dans le clergé, il passa dans le diocèse de Tours pour chercher une retraite. Il y trouva de vieilles masures dans un endroit qu'on disait avoir autrefois servi d'oratoire à saint Martin : c'en fut assez pour l'y fixer. Il le fit rétablir, et pria saint Euphrone d'en venir bénir l'autel. Euphrone le fit, et ordonna Sénoch diacre, et ensuite prêtre. Ce fut en ce lieu que ce saint renouvela les austérités des anciens solitaires, avec seulement trois moines qu'il s'associa. Il marchait nu-pieds, même dans les plus grands froids de l'hiver, et portait toujours une chaîne de fer aux pieds, aux mains et au cou. Son jeûne était continuel; mais il redoublait ses mortifications et son abstinence en carême, ne mangeant chaque jour qu'une livre de pain d'orge et ne buvant qu'un demi-litre d'eau. Il se sépara ensuite de ses compagnons, pour vivre reclus dans une cellule. Les fidèles venaient en foule l'y visiter, et lui apportaient des aumônes qu'il employait au soulagement des pauvres. On compta plus de deux cents personnes dont il avait payé les dettes ou la rançon, pour les délivrer de l'esclavage.

Cependant l'éclat de ses vertus et de ses miracles lui donna de la vanité. Il sortit de sa cellule pour aller voir ses parents dans le Poitou : il revint avec des sentiments non équivoques de vaine gloire. Le saint évêque de Tours, qui était alors Grégoire lui-même, s'en étant aperçu, lui en fit une sévère réprimande. Sénoch la reçut avec humilité : il eut honte de son égarement, et, pour s'en punir et s'ôter l'occasion d'y retomber, il forma la résolution, non-seulement de ne plus sortir de sa cellule, mais encore de ne se laisser voir à personne. Son évêque lui conseilla de ne garder cette exacte réclusion que depuis la Saint-Martin jusqu'à Noël, et pendant le carême, et de se montrer au peuple dans les autres temps pour la consolation des malades. Il suivit ce conseil, et devint célèbre dans toute la province par l'éclat de ses miracles. Il rendit la vue à plusieurs aveugles et guérit plusieurs paralytiques. Sa charité était surtout compatissante pour les pauvres : non-seulement il leur rendait la santé, mais y ajoutait avec joie la nourriture et le vêtement. Sa sollicitude pour eux alla si loin, qu'il fit faire des ponts sur les rivières, pour n'avoir pas à pleurer leur naufrage dans les inondations.

Il mourut l'an 576, âgé seulement d'environ 40 ans. Dès que Grégoire de Tours eut appris sa maladie, il se rendit à sa cellule; mais il avait déjà perdu l'usage de la parole. Les malades que Sénoch avait guéris, les esclaves qu'il avait rachetés, les pauvres qu'il avait nourris, accoururent de toutes parts à ses obsèques, et disaient en pleurant : « Saint Père, à qui nous laissez-vous ? » Il se fit encore plusieurs miracles à son tombeau (Greg., *Vitæ Pat.*, c. 15; *De gl. conf.*, c. 25). L'Église honore sa mémoire le 24 octobre.

Grégoire de Tours donne des détails analogues sur saint Léobard, solitaire de Marmoutier, qu'il assista à la mort; saint Friard et saint Secondel, solitaires dans une petite île de la Loire, près de Nantes; saint Julien, reclus de Limoges; saint Caluppan, solitaire en Auvergne; saint Patrocle, solitaire dans le Berri; saint Eparchius, vulgairement saint Cibar, abbé et reclus dans le diocèse d'Angoulême. Ce dernier surtout se distingua par une compassion tendre pour tous les malheureux. Il racheta, dit Grégoire, une foule de peuples par les aumônes que lui faisaient les personnes pieuses; il guérissait les malades et délivrait les possédés; il obtint souvent des juges la grâce des coupables; car il était d'une éloquence si douce, qu'on ne pouvait rien lui refuser. Un jour qu'on menait à la potence un voleur, il envoya prier le juge, qui avait le titre de comte, de lui accorder la vie. Mais la populace s'y opposa en criant que, si l'on pardonnait à celui-là, il n'y aurait plus de sûreté pour personne. Il fut donc mis à la torture, frappé de verges et pendu au gibet. Le moine qu'il avait envoyé au juge lui ayant rapporté cette triste nouvelle, il lui dit : Retournez sur vos pas et regardez de loin, parce que celui que l'homme n'a pas voulu nous rendre, Dieu nous en fera présent. Lors donc que vous le verrez tomber, apportez-le aussitôt dans le monastère. Le moine étant parti pour exécuter ces ordres, Eparchius se prosterna en oraison et pria le Seigneur avec larmes, jusqu'à ce que le pendu tomba du gibet avec ses chaînes. Le moine le ramassa et le présenta sain et sauf à l'abbé. Celui-ci ayant rendu grâces à Dieu, fit appeler le comte et lui dit : Vous aviez coutume, très-cher fils, de m'écouter toujours avec bienveillance : pourquoi donc aujourd'hui n'avez-vous pas relâché l'homme pour la vie duquel je vous avais prié? — Je vous écoute volontiers, dit le comte; mais je n'ai pu le faire aujourd'hui par l'opposition du peuple, de la part de qui je craignais une sédition. — Eh bien ! reprit le saint abbé, vous ne m'avez pas écouté, mais Dieu a daigné le faire : celui que vous avez livré à la mort, lui l'a rendu à la vie. Le voilà devant vous bien portant. — A ces mots, l'autre se prosterna aux pieds du comte, bien stupéfait de voir vivant celui qu'il avait laissé mort. Voilà, conclut Grégoire, ce que nous avons appris de la bouche du comte lui-même (Greg., l. 6, c. 8).

Un autre saint, que connut particulièrement Grégoire de Tours, fut saint Aurélius, vulgairement saint Yrieix. Il naquit à Limoges d'une famille fort opulente, et fut élevé à la cour de Théodebert, roi d'Austrasie. Saint Nicet de Trèves, qui l'y connut, eut quelque pressentiment des desseins que Dieu avait sur lui, et s'appliqua à le détromper des vanités du siècle. Arédius fut docile à ses leçons, et quitta la cour pour s'engager dans le clergé de Trèves. Il s'y forma pendant quelques années à la vertu. Après quoi, la mort de son père et de son frère l'ayant obligé de retourner à Limoges, pour consoler sa mère Pélagie, il lui abandonna l'administration de tous ses biens, se réservant le soin de faire bâtir des églises en l'honneur des saints. Il fonda un monastère près de Limoges, dans un lieu nommé alors Atane, aujourd'hui Saint-Yrieix, où la plupart de ses serviteurs ou esclaves embrassèrent la vie religieuse. Il y établit une règle composée de celles de Cassien, de saint Basile et des plus célèbres instituteurs de la vie monastique.

La vertu du saint abbé, et le don des miracles qu'il avait reçu du ciel, le firent respecter des princes de la terre. Sa charité le rendait auprès d'eux l'avocat et le défenseur des peuples opprimés, et il alla deux fois à la cour de Chilpéric pour demander quelque diminution des impôts, ce que ce prince ne put lui refuser. Arédius avait une dévotion particulière à saint Martin, et il allait souvent la satisfaire à son tombeau. Sentant sa fin approcher, il voulut faire encore ce pèlerinage et se trouver à la fête du saint évêque. C'était celle du mois de juillet; car peu de temps après son retour à son monastère, il tomba malade au mois d'août, d'une dyssenterie. Il appela aussitôt un serviteur, et lui dit : Allez dire à Astidius qu'il se presse de venir; car il doit gouverner le monastère après moi. Il fit en même temps assembler ses moines, leur recommanda de se souvenir des avis qu'il leur avait donnés, et surtout de penser souvent aux jugements de Dieu. Après quoi, les ayant embrassés tendrement pour leur dire adieu, il leva les yeux au ciel et dit avec larmes : Seigneur, rédempteur du monde, souvenez-vous de moi, vous qui seul êtes sans péché, et délivrez-moi de ce corps de mort. Vous êtes mon protecteur et mon Dieu; je remets mon âme entre vos mains; recevez-la selon votre grande miséricorde. Il expira en disant ces paroles, âgé de plus de quatre-vingts ans, le 25 août 591. Astidius, qui était son neveu, le trouva mort quand il arriva. Les funérailles furent faites par saint Ferréol, évêque de Limoges.

Saint Yrieix avait fait, du vivant et avec l'agrément de sa mère Pélagie, un testament daté du 31 octobre, et de la 11ᵉ année de Sigebert, c'est-à-dire de l'an 572, par lequel il institue ses héritiers saint Martin de Tours et son monastère d'Atane, qu'il soumet à l'église de Saint-Martin. Ce qu'on y remarque de plus singulier, c'est qu'il conjure le prévôt de Saint-Martin et les moines d'Atane, par le Corps et le Sang de Jésus-Christ et par les mérites de tous les saints, de faire dire tous les jeudis une messe de saint Hilaire et de saint Martin, dans l'oratoire de Saint-Hilaire. On voit, par le nombre des legs, quels grands biens il possédait en terres et en esclaves, dont il affranchit un grand nombre. Pélagie, sa mère, est aussi honorée comme sainte le second jour d'août. Elle pria son fils de ne la faire enterrer que le 4ᵉ jour après sa mort, afin que tous ceux qui avaient été à son service et à qui elle avait fait du bien eussent le temps de se rendre à ses obsèques. Il s'y fit plusieurs miracles (Grég., l. 10, c. 29; *De glor. confess.*, c. 104; *Vita S. Aredii et testam.*).

Saint Yrieix eut un disciple qui renouvela dans les Gaules les vertus et les merveilles des stylites de l'Orient. Il se nommait Vulfilaïc, vulgairement saint Oulfroi ou Valfroi. Il était Lombard de naissance, et, dès sa jeunesse, il se sentit une tendre dévotion pour saint Martin. Il veillait souvent en son honneur dans l'église, et donnait aux pauvres ce qu'il pouvait amasser d'argent. Comme le monastère d'Atane était alors fort renommé, il s'y mit sous la conduite de saint Yrieix. Ce saint abbé conduisit un jour son nouveau disciple à Tours, au tombeau de saint Martin, et en prit un peu de terre qu'il serra dans une boîte; mais, à leur retour au monastère, ils trouvèrent cette terre tellement multipliée, que toute la boîte en était pleine. Ce miracle inspira à Valfroi une nouvelle confiance en saint Martin. Il quitta Atane quelque temps après, et se retira au diocèse de Trèves pour y mener une vie encore plus parfaite et plus solitaire. Il trouva, environ à une lieue d'Yvois, aujourd'hui nommé Carignan, une montagne consacrée à Diane, et où il y avait une statue colossale de cette déesse. Pour purifier ce lieu souillé par ce culte sacrilège, et réparer par un culte saint l'outrage fait à la majesté de Dieu, il y bâtit une église et un monastère en l'honneur de saint Martin, où il mit quelques-unes de ses reliques.

Mais les austérités de la vie monastique ne pouvant encore satisfaire assez la ferveur de Valfroi, il crut pouvoir imiter la merveilleuse pénitence des stylites orientaux. Il érigea donc, au plus haut de la montagne, une colonne sur laquelle il se tint debout, nu-pieds, exposé à toutes les rigueurs de l'hiver, qui est fort rude en ce pays-là; en sorte que souvent des glaçons pendaient à sa barbe, comme des chandelles, et que le froid lui fit tomber plusieurs fois les ongles des pieds. Sa nourriture n'était qu'un peu de pain et d'eau avec quelques herbes. La nouveauté d'une pénitence si extraordinaire frappa les habitants des environs. Ils accouraient en foule au pied de la colonne de Valfroi, et il leur prêchait, de cette chaire, la vanité des idoles et l'indécence des chansons qu'ils chantaient sans pudeur dans leurs festins. Il leur représentait surtout que la Diane qu'ils adoraient n'était rien qu'une idole sourde à leurs vœux et insensible au culte qu'ils lui rendaient. Dieu bénit une prédication que soutenait une vie si austère, et il détrompa ces pauvres idolâtres.

Le nouveau stylite brisa d'abord lui-même les moindres idoles, puis convoqua un certain nombre des nouveaux convertis pour renverser la statue, qui était d'une grandeur prodigieuse. Il ne put d'abord en venir à bout, même avec leur aide; mais dès qu'il fut allé faire sa prière dans l'église, la statue céda aux premiers efforts, et, à coups de marteau, il la réduisit en poussière. A l'instant son corps parut tout couvert de petits ulcères, comme si le démon eut voulu se venger sur lui de l'injure qu'il venait de recevoir; mais le saint s'étant remis en oraison au pied de l'autel, et s'étant frotté avec de l'huile qu'il avait apportée de l'église de Saint-Martin, il s'endormit jusqu'à ce que, sur le minuit, s'étant éveillé pour chanter l'office, il se trouva entièrement guéri; il remonta sur sa colonne.

Cependant on parlait diversement de son genre de vie, et quelques-uns craignaient qu'il n'y eût de l'illusion dans une pénitence qui paraissait si fort au-dessus des forces humaines. Les évêques voisins vinrent le trouver et lui dirent : « La voie que vous suivez n'est pas sûre; vous n'êtes pas en état d'imiter le célèbre Siméon d'Antioche, et le climat où nous sommes ne le permet pas; descendez plutôt et demeurez avec les frères que vous avez rassemblés. Il descendit aussitôt et mangea avec les évêques. Quelque temps après, celui de Trèves l'envoya quérir sous quelque prétexte, et, pendant son absence, il commanda des ouvriers pour aller abattre la colonne. Valfroi, qui n'en vit que les débris à son retour, ne put retenir ses larmes; mais il n'osa la rétablir par respect pour son évêque. Il demeura depuis ce temps-là avec ses frères dans son monastère, où il raconta lui-même à saint Grégoire de Tours tout ce que nous venons de rapporter; il lui fit aussi le récit d'un grand nombre de miracles opérés dans l'église de son monastère par la vertu de saint Martin. Ceux qui étaient accusés de quelque crime venaient s'y purger par serment, prenant saint Martin à témoin de leur innocence.

Un homme était accusé d'avoir mis le feu à la maison de son voisin. La chose paraissait manifeste.

J'irai à la basilique de Saint-Martin, dit-il, et je me justifierai de ce crime par le serment. Quand il se présenta, Valfroi lui dit : D'après la déposition de vos voisins, vous n'êtes pas innocent de ce crime; mais Dieu est partout; sa puissance est la même au dehors qu'au dedans. Si vous avez la vaine confiance que ni Dieu ni ses saints ne punissent le parjure, voici le saint temple : vous pouvez jurer vis à vis, mais je ne vous permets pas d'y mettre les pieds. L'autre leva les mains et dit : Par le Dieu tout-puissant et par la vertu de son pontife saint Martin, je ne suis point l'auteur de cet incendie. Au moment qu'il s'en retournait, il parut environné de feu, et, tombant soudain à terre, il se mit à crier que le bienheureux pontife le brûlait d'une manière terrible. Oui, s'écriait-il, j'en atteste Dieu, j'ai vu tomber du ciel un feu qui m'entoure et me consume de ses vapeurs embrasées. Et, en disant ces mots, il expira (Grég. Tur., l. 8, c. 15 et 16). Voilà un des faits que Valfroi raconta à Grégoire, comme témoin oculaire.

Dans une autre extrémité de la Gaule, près de Nice en Provence, vivait un saint reclus, nommé Hospice, qui était aussi un parfait modèle de la vie solitaire et pénitente. Il était toujours couvert d'un rude cilice, et ceint par-dessous d'une grosse chaîne de fer; il ne mangeait que du pain avec quelques dattes. En carême, il ne vivait que de racines d'herbes d'Egypte, que les marchands lui apportaient : ce qui peut faire juger qu'il était Egyptien. Il fut doué du don de prophétie, et dit un jour à plusieurs personnes qui entouraient sa cellule : « Les Lombards viendront dans les Gaules et y ravageront sept villes, parce que leurs péchés se sont multipliés devant Dieu, et que personne ne cherche à apaiser sa colère. Tout le peuple est infidèle, adonné aux parjures et aux homicides. On ne paye point les dîmes, on ne nourrit point les pauvres, on ne revêt point ceux qui sont nus, on n'exerce point l'hospitalité : c'est ce qui attirera sur vous ce fléau. Ainsi, je vous avertis de sauver vos effets dans l'enceinte des places fortes, et de vous y retirer vous-mêmes. Puis, adressant la parole aux moines, ses disciples : « Prenez aussi la fuite, vous autres, leur dit-il, car voici cette nation barbare qui approche. Et comme ils ne pouvaient se résoudre à le quitter, il ajouta : Ne craignez pas pour moi ; ils m'outrageront, mais ils ne me feront pas mourir.

A peine les moines s'étaient-ils retirés, que les Lombards arrivèrent à la cellule d'Hospice, cherchant partout du butin. Ils s'adressaient bien mal. Le saint homme se montra à eux par la fenêtre de la tour où il était reclus; et, comme ils ne trouvèrent pas de porte pour y entrer, deux d'entre eux grimpèrent sur le toit et le découvrirent. Alors, surpris et effrayés de voir un homme chargé de chaînes et couvert d'un cilice affreux, ils jugèrent que c'était quelque malfaiteur qu'on avait enfermé dans cette espèce de cachot. Ils lui demandèrent donc, par leur interprète, quels crimes il avait commis, pour être traité de la sorte. Il répondit avec humilité qu'il était en effet coupable de toutes sortes de forfaits. Ils le crurent, et un de ces barbares leva le bras pour lui fendre la tête d'un coup de sabre ; mais le bras demeura levé et immobile dans cette situation, sans qu'il pût décharger le coup. Ses compagnons jetèrent un grand cri, implorant le secours du saint. Hospice fit le signe de la croix sur le bras perclus, et le guérit à l'instant, rendant ainsi la santé à celui qui avait voulu lui ôter la vie. Ce miracle en opéra un autre. Le soldat lombard se convertit, et, par reconnaissance, se fit moine et disciple de son bienfaiteur.

Les Lombards firent une première irruption dans les Gaules, l'an 568, l'année même qu'ils s'établirent en Italie. Ils en firent une seconde l'an 573, et ils demeurèrent plusieurs jours dans le monastère d'Agaune; mais ils furent entièrement défaits par les généraux du roi Gontram, surtout par le patrice Mummole. Le miracle dont nous venons de parler se rapporte vraisemblablement à la seconde de ces incursions; car il est dit que deux chefs, qui écoutèrent saint Hospice, retournèrent sains et saufs dans leur patrie; mais que ceux qui le méprisèrent, périrent misérablement dans la Provence.

Quelque temps après, un diacre du diocèse d'Angers, allant à Rome pour en rapporter des reliques des saints apôtres et des autres saints martyrs les plus célèbres, un citoyen d'Angers, qui était devenu sourd et muet, eut la dévotion de faire ce pèlerinage avec lui. En passant par Nice, ils visitèrent saint Hospice, et le diacre lui découvrit le sujet de son voyage et l'infirmité de son compagnon. Le saint reclus fit approcher le malade, et, par la fenêtre de sa tour, le frotta, à la bouche et à la tête, d'huile bénite, en disant : Au nom du Seigneur Jésus-Christ, que vos oreilles soient ouvertes, et que la vertu qui a chassé un démon d'un homme sourd et muet vous délie la langue. Hospice ayant fait cette prière, demanda à l'Angevin quel était son nom, et cet homme, muet auparavant, le prononça aussitôt d'une voix claire et distincte. Alors le diacre s'écria : Je cherchais Pierre ; je cherchais Paul, Laurent et les autres saints qui ont illustré Rome de ... ur sang : je les ai trouvés tous ici. Hospice lui dit : Eh! mon cher frère, ne parlez pas de la sorte ; ce n'est pas moi qui fais cela, c'est Celui qui, d'une parole, a créé le monde de rien. Il guérit de même un aveugle nommé Dominique.

Quand Hospice sentit sa fin approcher, il fit appeler le prévôt de son monastère, et lui dit : Apportez-un pic pour enfoncer la muraille, et mandez à l'évêque de la ville qu'il vienne m'ensevelir, parce que dans trois jours j'irai jouir du repos que le Seigneur m'a préparé. Quand son heure fut venue, il quitta les chaînes dont il était chargé, pria longtemps la face contre terre, puis il se coucha sur un banc, où il expira. Austadius, évêque de Nice et de Cémèle, vint l'enterrer. C'était vers l'an 580; l'Eglise honore sa mémoire le 21 mai. J'ai appris toutes ces choses, dit saint Grégoire de Tours, de la bouche même de l'Angevin, sourd et muet, qui avait été guéri. Il m'a encore raconté beaucoup d'autres choses de ses miracles, ce qui m'empêche de les rapporter, c'est que j'ai appris que sa vie a été écrite par un grand nombre (Grég. Tur., l. 6, c. 6). Aucune de ces vies si nombreuses n'est venue jusqu'à nous.

Les Lombards, qui faisaient des incursions passagères dans les Gaules, en faisaient de continuelles dans les contrées d'Italie qui ne leur étaient point soumises, particulièrement dans le voisinage do

Rome. Le pape Pélage II implorait contre eux et les empereurs de Constantinople et les rois des Francs. Saint Aunachaire où Aunaire, évêque d'Auxerre, qui était avec lui en commerce de lettres, lui écrivit, vers l'an 581, de la part du roi Gontram, pour lui demander des reliques et l'assurer que, sans les troubles dont l'Italie était alors agitée par la nouvelle domination des Lombards, il serait allé lui-même rendre ses respects à Sa Sainteté. Pélage prit cette occasion pour le prier d'intéresser les rois francs aux maux que souffrait l'Italie de la part des Lombards.

« Si vous jugez, lui dit-il dans sa réponse, que cette ville soit vénérable à toute la terre, et que toutes les Eglises doivent souhaiter et procurer la paix du Siége apostolique, pourquoi la compassion de la charité ne vous fait-elle pas gémir sur nos tribulations et nos angoisses temporelles, lorsque tant de sang innocent est répandu presque sous vos yeux, que les autels sont violés et que les idolâtres insultent à la foi catholique? Vous auriez bien dû, vous qui êtes les membres de l'Eglise catholique, unis à un même corps par le gouvernement du même chef, concourir de toutes vos forces pour nous procurer la tranquillité. Car ce n'est pas en vain et sans un dessein particulier de la divine Providence, que vos rois font profession, comme l'empire romain, de la foi catholique. Dieu a voulu par là nous procurer des voisins capables de secourir l'Italie, et surtout la ville de Rome, d'où la foi leur est venue. Il exhorte ensuite Aunaire à se servir de la confiance que les rois francs ont en ses conseils, pour les engager à donner du secours à l'Italie, et pour les détourner de faire aucune alliance avec les Lombards. La lettre est datée du 5 octobre de la 7e année de Tibère. C'est l'an 584, si Pélage compte les années de Tibère depuis qu'il fut associé à l'empire avec le titre d'empereur; mais c'est l'an 580, s'il le compte depuis qu'il fut déclaré césar. (Labbe, t. V).

Aunaire reçut, soit avant, soit après, une autre lettre de Pélage, où ce Pape se félicite de son empressement à lui montrer sa soumission et son respect pour le Saint-Siége; et il lui a marqué la joie qu'il a d'apprendre, par ses lettres, qu'on bâtit dans toutes les Gaules un grand nombre de nouvelles églises. On voit, en effet, par tous les monuments de l'époque, que les rois, les seigneurs et les évêques en bâtissaient comme à l'envi les uns des autres. Saint Aunaire donna à la sienne son patrimoine, consistant en plusieurs belles terres; car il était né à Orléans d'une famille distinguée par sa noblesse. Il se distinguait lui-même à la cour du roi Gontram, lorsqu'il fut pressé intérieurement d'aller visiter le tombeau de saint Martin. C'était la grâce qui l'y conduisait pour l'y appeler plus particulièrement au service de Dieu. Aunaire, au pied de ce saint monument, forma la résolution de renoncer au monde, et se coupa les cheveux, après quoi il se retira auprès de saint Siagrius, évêque d'Autun. Il fit, à son école, tant de progrès dans la vertu et dans les sciences divines, qu'ayant été élu évêque d'Auxerre, il se montra, par son zèle et son érudition, un des plus grands prélats qu'eussent alors les Gaules. Il avait succédé à saint Ethérius, dont le Martyrologe romain fait mention le 17 juillet.

Saint Aunaire eut encore plus soin de bien régler son Eglise que de l'enrichir. Outre les statuts du synode d'Auxerre, tenu en 581, et que nous avons encore, il fit plusieurs autres règlements, pour maintenir une exacte discipline parmi son clergé. Il régla aussi des stations et des processions pour tous les jours du mois, aux diverses Eglises de son diocèse, en sorte que chaque jour il y avait une procession du clergé ou des moines de ces Eglises. Ces processions étaient plus célèbres les premiers jours de chaque mois. Les calamités publiques purent donner lieu à cette institution; car la maladie contagieuse dont nous avons parlé, avait pénétré dans le royaume de Bourgogne, et y faisait de grands ravages, aussi bien que dans les autres provinces des Gaules (*Acta Sanct.*, 25 sept.).

Le pape Pélage II avait envoyé à Constantinople saint Grégoire, diacre de l'Eglise romaine et depuis pape, principalement pour demander à l'empereur Tibère du secours contre les Lombards, qui ravageaient l'Italie. Pendant que Grégoire négociait ce secours, Pélage lui écrivit, le 4 octobre 584, que les Lombards continuaient leurs ravages, au mépris du serment qu'ils avaient fait de s'en abstenir; qu'il fallait donc presser l'empereur de donner, en cette occasion, des marques de sa bonté, et d'envoyer au moins un maître de la milice ou un général d'armée; l'exarque de Ravenne pouvant à peine suffire à la défense du pays qui lui était confié (Labbe, t. V). Tibère envoya des ambassadeurs à Childebert d'Austrasie, lui offrit de grandes sommes d'argent pour l'engager à attaquer les Lombards d'un côté, tandis que les troupes impériales les attaqueraient de l'autre. Childebert entra en Italie avec une puissante armée; mais les Lombards lui donnèrent encore beaucoup plus d'argent, lui firent encore de bien plus belles promesses que l'empereur, pour obtenir la paix; et ils l'obtinrent; et Childebert revint en Austrasie avec l'argent et de l'empereur et des Lombards. Tibère s'en étant plaint, Childebert envoya successivement deux ou trois armées en Italie; mais tantôt elles furent défaites, tantôt, après quelques succès, elles se virent décimées par la peste. Et après de pareils secours, la pauvre Italie n'en était probablement que plus malheureuse.

Ce malheur lui était venu originairement de Constantinople. L'empereur Justin II, mais surtout l'impératrice Sophie, ayant poussé à bout, par des injonctions insultantes, le patrice Narsès, qui commandait en Italie, celui-ci, pour se venger, y appela les Lombards. Un autre malheur était venu de Constantinople à l'Eglise romaine, savoir : le schisme ou la division au sujet des trois chapitres, occasionnée par l'intempérance théologique et les manques de paroles de l'empereur Justinien. Elie, patriarche d'Aquilée, qui faisait sa résidence à Grade, et les autres évêques d'Istrie avaient donné dans ce schisme. Pélage II souhaitait ardemment de les en retirer, et il leur aurait écrit sur ce sujet dès le commencement de son pontificat, si les hostilités des Lombards ne l'en eussent empêché. Aussitôt donc que l'exarque Smaragde eût fait la paix et rendu la tranquillité à l'Italie, Pélage écrivit successivement trois lettres à ces évêques, pour les exhorter à se réunir à l'Eglise et pour éclaircir toutes leurs difficultés. Il se servit, pour les écrire, du diacre Grégoire, qui était revenu de sa légation de Constantinople.

Dans la première, il pose le principe divin de son devoir et du leur. « Conformément à la parole de l'Evangile, et autant que le comporte notre fragilité, dit-il, nous nous appliquons, dans la sincérité du cœur, à rappeler humblement à Votre Fraternité et à Votre Dilection les choses qui nous ont été commandées. Car vous savez ce que le Seigneur a dit : *Simon, Simon, voici que Satan a demandé à vous cribler comme du froment; mais moi j'ai prié le Père pour toi, afin que ta foi ne défaille point, et toi, étant converti, affermis tes frères*. Considérez, mes bien-aimés, que la vérité ne peut mentir, ni la foi de Pierre être jamais ébranlée ou changée. Car Satan ayant demandé à cribler tous les disciples, le Seigneur atteste avoir prié pour Pierre seul, et il a voulu que les autres fussent confirmés par lui. De plus, parce qu'il a aimé le Seigneur plus que les autres, c'est à lui qu'a été commise la sollicitude de paître les brebis. Le Seigneur lui a encore donné les clés du royaume des cieux; il a promis de bâtir sur lui son Eglise, avec l'assurance que les portes de l'enfer ne prévaudront point contre elle. Mais jusqu'à la fin du monde, l'ennemi du genre humain ne cesse de semer la zizanie parmi le bon grain. C'est pourquoi, de peur que quelqu'un d'entre vous, par l'instigation du démon, ne suspecte l'intégrité de notre foi et ne s'en trouble, nous avons jugé nécessaire, par notre présente épître, de vous exhorter avec larmes à revenir aux entrailles de l'Eglise, notre mère, et ensuite de vous rassurer pleinement sur l'intégrité de notre foi, afin qu'il ne puisse rester dans vos cœurs aucun soupçon par rapport à nous, et que moi-même je ne puisse être condamné au redoutable jugement de Dieu, pour avoir gardé le silence. »

Après cet exorde paternel et affectueux, il déclare qu'il n'a d'autre foi que celle des quatre conciles généraux, auxquels ses prédécesseurs avaient présidé par leurs légats, et qu'il recevait en tout la lettre de saint Léon à Flavien, disant anathème à quiconque enseignait une autre doctrine. Il les presse de lui envoyer des députés de leur part, pour lui exposer leurs doutes, avec promesse de leur témoigner toute sorte de bonté, et de les renvoyer quand ils le désireraient. Cette lettre fut portée en Istrie par un évêque et un abbé. Tout l'effet qu'elle produisit, fut qu'Elie et ceux de son parti envoyèrent des députés, avec un écrit où ils ne répondaient point à ce que Pélage leur avait dit sur la réunion et sur les moyens d'éclaircir leurs doutes, en sorte qu'il paraît que leurs députés n'avaient d'autre commission que de porter leurs lettres.

Le Pape leur en écrivit une seconde, où il se plaint de leur procédé, principalement de ce que leurs lettres étaient infectées de diverses erreurs, et de ce qu'ils y avaient allégué plusieurs passages des Pères qui ne faisaient rien à la question, et dont on voyait qu'ils n'avaient pas compris le sens. Il s'agissait surtout des passages de saint Léon, où il avait approuvé le concile de Chalcédoine. « Ce Pape, disaient les Istriens, a trouvé bon tout ce qui s'est fait dans ce concile; il a donc aussi approuvé tout ce qui s'y est dit en faveur des trois chapitres. » Pélage répond que saint Léon n'a approuvé que ce que les Pères de Chalcédoine avaient décidé sur la foi, et qu'il a été persuadé que ce qui regardait les personnes de Théodore, d'Ibas et de Théodoret, pouvait être examiné de nouveau. Il rapporte sur cela un passage de la lettre de ce saint Pape, où il confirme les décrets de Chalcédoine, et un autre de sa lettre à Maxime d'Antioche. Il en allègue ensuite de saint Augustin et de saint Cyprien, pour les convaincre qu'étant hors de l'Eglise par le schisme, ils étaient hors de la voie du salut. C'est pourquoi il les exhorte de revenir au plus tôt à l'unité de l'Eglise catholique, et d'envoyer à Rome de nouveaux députés pour s'éclaircir et traiter de leur réunion, ou bien de s'assembler à Ravenne, pour y entrer en conférence avec les autres évêques, promettant d'y envoyer quelqu'un de sa part pour y tenir sa place.

Cette seconde lettre n'eut pas plus d'effet que la première. Les évêques d'Istrie prétendirent même imposer leurs préventions au Pape, comme une chose décidée. Pélage, par la plume du diacre Grégoire, leur écrivit, toujours comme à ses bien-aimés frères, une troisième lettre beaucoup plus ample, mais non moins humble et affectueuse que les précédentes. Il leur fait voir que, dans leur réponse, ils étaient continuellement à côté de la question. Dans le grand nombre de phrases qu'ils alléguaient de saint Léon sans aucun ordre, ce pontife ne parlait que de la question de foi décidée au concile de Chalcédoine, et exceptait formellement de son approbation les affaires particulières; tandis qu'eux voulaient continuellement appliquer cette approbation à des questions particulières de personnes. Les évêques d'Istrie disaient : « Nous avons appris du Siége apostolique et des archives de l'Eglise romaine, à ne point recevoir ce qui s'est fait sous Justinien. Car, dès le commencement, le pape Vigile et les premiers évêques des provinces latines résistèrent fortement à la condamnation des trois chapitres. » Pélage répond : « Ces latins, n'entendant pas le grec, ont connu tard les erreurs dont il était question; mais plus ils ont eu de fermeté à résister jusqu'à ce qu'ils connussent la vérité, plus vous devez avoir de facilité à les croire quand ils se sont rendus. Vous auriez raison de mépriser leur acquiescement, s'ils l'avaient donné précipitamment, avant que d'être bien éclaircis; mais après avoir tant souffert, et combattu jusqu'à se faire maltraiter, vous pouvez croire qu'ils n'auraient pas cédé tout à coup, s'ils n'avaient reconnu la vérité. Il n'est pas blâmable de changer d'avis, mais de le faire par inconstance; quand on cherche constamment la vérité, sitôt qu'on cesse de l'ignorer, on doit changer de langage. » Le Pape explique ensuite en détail, l'une après l'autre, les affaires de Théodore de Mopsueste, d'Ibas et de Théodoret, et finit sa lettre par exhorter les évêques schismatiques à se réunir aux orthodoxes. Il leur rappelle que saint Cyprien, encore qu'il fût dans l'erreur sur la rebaptisation, ne s'était point séparé de la communion de toute l'Eglise, et prie le Seigneur de leur inspirer le désir et l'amour de la paix (Labbe, Mansi).

On ne sait point au juste quel fut le résultat final de ces lettres. Le diacre Paul Varnefride en parle dans son *Histoire des Lombards*, composée deux siècles après; mais il en parle de manière à faire voir qu'il n'était pas au fait de la question; car il suppose qu'Elie d'Aquilée ne voulait pas admettre les trois chapitres, et que ce fut pour les lui faire approuver que le pape Pélage lui écrivit sa grande lettre. Il ajoute qu'Elie étant mort et ayant eu pour successeur Sévère, l'exarque Smaragde emmena celui-ci de son église de Grade, ainsi que trois autres évêques d'Istrie, Jean, un autre Sévère et Vindemius, qu'il les conduisit à Ravenne, et les ayant menacés de l'exil, les obligea de communiquer avec Jean de Ravenne, qui condamnait les trois chapitres et s'était retiré de la communion de l'Eglise romaine au temps des papes Vigile et Pélage. Paul Varnefride, par une grossière méprise, suppose constamment que ceux qui condamnaient les trois chapitres étaient les schismatiques, et que ceux qui les approuvaient étaient les orthodoxes. Tout ce qu'on peut conclure d'un récit si peu exact, c'est qu'après les trois lettres du pape Pélage, l'exarque Smaragde obligea quatre évêques d'Istrie de venir à Ravenne; qu'ils y eurent des conférences avec les évêques catholiques, comme le Pape l'avait demandé, qu'ils se réunirent à l'Eglise; mais que, de retour dans leur pays, ils y éprouvèrent des oppositions que nous verrons plus tard (Paul, *De gest. Langob.*, l. 3, c. 20 et 27).

Grégoire, patriarche d'Antioche, à la place d'Anastase, exilé par l'empereur Justin II, ayant eu une querelle avec Astérius, comte d'Orient, celui-ci l'accusa de plusieurs crimes. Grégoire en appela au jugement de l'empereur et du concile. Le concile se tint à Constantinople, au mois de juin 589. Grégoire fut reconnu innocent, et son accusateur fouetté par la ville et banni. Quatre mois après, le 31 octobre, il arriva un tremblement de terre à Antioche, où il périt environ soixante mille personnes, entre autres le comte Astérius; mais l'évêque Grégoire se sauva.

Ce concile de Constantinople servit de prétexte au patriarche de cette capitale, Jean le Jeûneur, pour s'arroger le titre d'*évêque universel*. Mais sitôt que le pape Pélage en fut informé, il envoya des lettres par lesquelles, de l'autorité de saint Pierre, il cassa les actes de ce concile, et défendit à son nonce près de l'empereur d'assister à la messe avec Jean. Voilà ce qu'atteste saint Grégoire, alors son diacre. Mais il paraît que la lettre que le Pape écrivit en cette occasion s'est perdue; car celle qu'on trouve dans la collection des conciles passe pour apocryphe aux yeux de la plupart des savants. Je dis la plupart, attendu que le savant bénédictin Ceillier la donne comme authentique, ainsi que Baronius. D'ailleurs, elle ne fait que résumer, presque toujours dans leurs propres termes, ce que les saints papes Jules, Célestin, Innocent, Léon, et même les historiens grecs Socrate et Sozomène, ont dit de plus important sur l'autorité du pontife romain, sur la nécessité de lui réserver les causes majeures et de ne tenir aucun concile ni décider rien de grave sans son aveu (Greg., *Epist.*, l. 4, 36 et 38; *Epist. Pelag. II*; Labbe, t. V).

L'année 590, l'Italie, ravagée par les guerres, se vit encore affligée par des pluies excessives et des inondations. Le Tibre débordé inonda Rome, fit crouler un grand nombre d'édifices, corrompit le blé dans les magasins, laissa après lui une multitude de serpents, dont plusieurs d'une grosseur énorme. Cette calamité fut suivie de cette grande peste, que nous avons déjà vue dans les Gaules. Elle emporta une infinité de personnes de tout rang. Le pape Pélage II fut une de ses premières victimes. Il mourut le 8 février, après avoir gouverné l'Eglise onze ans et dix mois, et fut enterré à Saint-Pierre. Un mot achève de nous faire connaître ce pontife de sainte mémoire, comme l'appelle son successeur : il avait fait de sa maison un hôpital pour les pauvres vieillards (Greg., l. 4, *Epist.* 36 et 38; Anast., *In Pel. II*).

# LIVRE QUARANTE-SEPTIÈME.

Pontificat du pape saint Grégoire le Grand, l'apôtre et le civilisateur de la nation anglaise.

(De l'an 590 à l'an 604 de l'ère chrétienne.)

Le pape Pélage II venait de mourir : la guerre était aux portes de Rome, la peste et la famine au dedans, l'empereur de Constantinople trop loin pour venir au secours. Cependant Rome est tranquille et pleine d'espérance : elle voit dans ses murs le diacre Grégoire; autrefois son premier magistrat, il sera désormais son premier pasteur, et le premier pasteur du monde. D'une voix unanime, le clergé, le sénat et le peuple romain le choisissent pour évêque. Lui seul s'y oppose, mais en vain. Un moyen lui reste d'échapper, il l'emploie:

Les empereurs de Constantinople, continuant l'usurpation des rois goths et ariens d'Italie, s'arrogeaient le droit de confirmer l'élection des Papes. L'empereur Maurice est son ami particulier, il a tenu un de ses enfants sur les fonts de baptême; il lui écrit donc secrètement pour le conjurer de ne point approuver son élection. Mais Germain, préfet de Rome, ou, suivant une autre manière de lire le texte de Grégoire de Tours, le préfet de Rome qui était son frère, prévint son courrier, et l'ayant fait arrêter et ouvrir ses lettres, il envoya le décret d'élection à l'empereur. Maurice rendit grâces à Dieu d'avoir trouvé l'occasion d'honorer un homme qu'il aimait, et donna ses ordres pour l'instituer au plus tôt. Nous verrons toutefois que ces ordres ne furent pas gratuits, et que l'Eglise romaine fut obligée de payer la taxe assez forte que l'empereur Justinien avait fixée en faveur de ses ministres, pour les ordinations des principaux évêques.

Avant qu'on eût la réponse de Constantinople, il se passa plusieurs mois. Cependant la peste continuait à Rome avec une grande violence. Grégoire, qui était comme l'unique espérance du peuple, lui fit un sermon sur la pénitence, et parla de la sorte : « Il faut, bien-aimés frères, craindre au moins les fléaux de Dieu quand nous les sentons, puisque nous n'avons pas su les prévenir. Vous voyez que tout le peuple est frappé du glaive de sa colère; la mort n'attend pas la maladie, et enlève le pécheur avant qu'il songe à faire pénitence. Considérez en quel état il paraît devant le juge terrible. Ce n'est pas une partie des habitants qui périt; tout tombe à la fois : les maisons demeurent vides, et les pères voient mourir les enfants. Rappelons donc le souvenir de nos fautes, et expions-les par nos larmes. Que personne ne désespère à cause de l'énormité de ses crimes : les Ninivites effacèrent les leurs par une pénitence de trois jours, et le larron, à l'heure même de sa mort. Celui qui nous avertit de l'invoquer, montre bien qu'il veut pardonner à ceux qui l'invoquent. » Grégoire conclut ce sermon en indiquant une procession solennelle pendant trois jours consécutifs. Les fidèles, divisés en sept chœurs, devaient sortir au point du jour de sept églises différentes, pour se rendre tous à Sainte-Marie-Majeure. Le premier chœur était composé du clergé, le second des abbés avec leurs moines, le troisième des abbesses avec leurs religieuses, le quatrième des enfants, le cinquième des hommes laïques, le sixième des veuves, le septième des femmes mariées. Chacun de ces chœurs était conduit par les prêtres de l'église d'où il sortait : ils chantaient les litanies en se rendant à la grande basilique. Pendant une de ces processions, il mourut en une heure quatre-vingts personnes; mais Grégoire ne cessa point d'exhorter le peuple et de prier, jusqu'à ce que la maladie fût éteinte (Greg. Tur., l. 1, c. 1).

Cependant il apprit que ses lettres avaient été interceptées; qu'on en avait écrit à l'empereur de toutes contraires, et que son élection était confirmée. Les gardes placés aux portes de la ville ne lui permettant pas de prendre la fuite, comme il aurait désiré, il se fit enlever par des marchands, déguisé et enfermé dans un panier d'osier, puis il alla se cacher dans les bois et dans des cavernes. Les Romains, inconsolables de sa fuite, passèrent trois jours dans la prière et dans le jeûne, pour mériter de connaître le lieu de sa retraite. Ils furent exaucés : une colonne de lumière découvrit le lieu où il était caché. Grégoire ne crut pas pouvoir résister davantage, comme il le dit lui-même, lorsqu'il vit la volonté de Dieu se manifester si visiblement; il se laissa donc mener à Rome, où il fut reçu avec les plus grandes acclamations, et sacré le 3 septembre 590. On le conduisit, selon la coutume, *à la confession*, c'est-à-dire au tombeau de saint Pierre, où il fit la profession de foi suivante :

» Je crois en un Dieu tout-puissant, Père, Fils et Saint-Esprit, trois personnes, une substance : le Père non-engendré, le Fils engendré, le Saint-Esprit ni engendré ni non-engendré, mais coéternel, procédant du Père et du Fils. Je confesse le Fils unique, consubstantiel, et né intemporellement du Père : créateur de toutes les choses visibles et des invisibles, lumière de lumière, vrai Dieu de vrai Dieu, splendeur de la gloire, figure de la substance; qui, demeurant Verbe avant les siècles, a été créé homme parfait vers la fin des siècles, a été conçu et est né du Saint-Esprit et de la vierge Marie; qui a pris notre nature sans le péché, a été crucifié sous Ponce-Pilate, et a été enseveli ; qui est ressuscité des morts le troisième jour, et le quarantième est monté au ciel, où il est assis à la droite du Père, d'où il viendra juger les vivants et les morts; qui manifestera aux yeux de tous les péchés de chacun ; qui donnera aux saints les récompenses éternelles du royaume céleste, mais aux méchants les supplices du feu éternel, et renouvellera l'univers par le feu. Je confesse une foi, un baptême; une Église une, apostolique et universelle, dans laquelle seule peuvent être remis les péchés. Au nom du Père, et du Fils, et du Saint-Esprit (Jean, diacre, l. 2, n. 2; Paul, diacre, n. 11). »

Après son installation, le nouveau Pape envoya sa lettre synodale à Jean, évêque de Constantinople, et aux autres patriarches, avec cette inscription : « Grégoire, à Jean de Constantinople, Euloge d'Alexandrie, Grégoire d'Antioche, Jean de Jérusalem, et Anastase, ex-patriarche d'Antioche. — Quand je considère, dit-il, avec combien peu de capacité et combien malgré moi j'ai été forcé de subir le fardeau de la sollicitude pastorale, l'affliction obscurcit mon âme, et mon triste cœur ne voit que des ténèbres qui empêchent de rien voir. » Après ce début, il expose la charge formidable du pasteur, les vertus et les talents qu'il doit avoir, les devoirs qu'il doit remplir, et termine par cette profession de foi : « Enfin, comme on croit de cœur pour la justice, et que l'on confesse de bouche pour le salut, je proteste recevoir et vénérer les quatre conciles, comme les quatre livres du saint Évangile, savoir : le concile de Nicée, où est détruit le dogme pervers d'Arius ; celui de Constantinople, où est convaincue l'erreur d'Eunomius et de Macédonius ; le premier d'Éphèse, où est jugée l'impiété de Nestorius ; celui de Chalcédoine, où est réprouvée la perversité d'Eutychès et de Dioscore. Je les embrasse tous les quatre avec une entière dévotion, je les garde avec une approbation complète; car c'est sur eux, comme sur une base quadrangulaire, que s'élève l'édifice de la sainte foi. Quelque vie que l'on mène, quelques œuvres que l'on fasse, si l'on ne tient point à la solidité de ces quatre conciles, parût-on une pierre, on gît hors de l'édifice. Je vénère de même le cinquième, où est réprouvée la lettre pleine d'erreurs, que l'on dit être d'Ibas; où Théodore de Mopsueste est convaincu d'être tombé dans la perfidie de l'impiété, en séparant en deux la personne du médiateur de Dieu et des hommes; où sont réfutés les écrits insensément audacieux de Théodoret, dans lesquels il blâme la foi du bienheureux Cyrille. Toutes les personnes que rejettent ces vénérables conciles, je les rejette ; toutes celles qu'ils vénèrent, je les embrasse. Car ces conciles ayant été confirmés par le consentement universel, celui-là se détruit soi-même en ne pas eux, qui entreprend d'absoudre ceux qu'ils ont liés, ou de lier ceux qu'ils ont absous. Quiconque pense autrement, qu'il soit anathème ! Mais quiconque tient la foi desdits conciles, que la paix soit sur lui de la part de Dieu le Père, par Jésus-Christ, son fils, qui vit et règne consubstantiellement, Dieu avec lui dans l'unité de l'Esprit-Saint, pendant tous les siècles des siècles. Amen (S. Grég., l. 1, Epist. 20). »

Comme on faisait des compliments à Grégoire sur sa nouvelle dignité, il s'en plaignit sérieusement à ses amis. Voici comme il en parle à Paul, gouverneur de Sicile : « Que les étrangers me félicitent de l'honneur du sacerdoce, je ne m'en mets pas beaucoup en peine ; mais que ceux qui, comme vous, connaissent parfaitement mon inclination, croient que j'y trouve quelque avantage, voilà de quoi je suis sensiblement affligé. Rien ne m'était plus utile que d'obtenir le repos que je désirais. » Et à Jean, patriarche de Constantinople : « Je sais avec quelle ardeur vous avez voulu fuir la charge de l'épiscopat, et cependant vous n'avez pas empêché qu'on me l'ait imposée. Vous ne m'aimez donc pas comme vous-même, suivant la règle de la charité. » Et à Théoctiste, sœur de l'empereur : « On m'a ramené dans le siècle, sous prétexte de l'épiscopat. J'y suis chargé de plus de soins temporels que je n'en avais étant laïque. J'ai perdu la joie de mon repos, et en paraissant monter au dehors, je suis tombé au dedans. Je m'efforçais tous les jours de me tirer hors du monde, hors de la chair, d'éloigner de mon esprit toutes les images corporelles, pour voir spirituellement la joie céleste. Et je disais du fond du cœur : Je cherche, Seigneur, votre visage. Ne désirant et ne craignant rien en ce monde, j'étais, ce me semblait, au-dessus de tout. Mais l'orage de la tentation m'a jeté tout à coup dans les alarmes et les frayeurs; car, encore que je ne craigne rien pour moi, je crains beaucoup pour ceux dont je suis chargé. Je suis battu des flots de toutes parts, et, quand après les affaires je veux rentrer en moi-même, le tumulte des vaines pensées m'en empêche, et je trouve mon intérieur loin de moi. » Et ensuite : « L'empereur doit s'imputer toutes mes fautes et mes négligences, d'avoir confié un si grand ministère à une personne si faible. » Il dit encore au patrice Narsès : « Je suis tellement accablé de douleur, qu'à peine puis-je parler ; j'ai l'esprit environné de ténèbres ; je ne vois rien que de triste, et tout ce que l'on croit agréable me paraît affligeant; car je pense de quel comble de tranquillité je suis tombé, et en quelles occupations je suis relégué, loin de la face du Seigneur. » Et à Anastase, patriarche d'Antioche : « Vous qui m'aimiez spirituellement, il me semble que vous ne m'aimez plus que temporellement, en me chargeant d'un fardeau qui m'abat jusqu'à terre et ne me permet plus d'élever mes pensées du ciel. Mais quand vous me nommez *la bouche* et *le flambeau du Seigneur*, mais quand vous dites que je puis être utile à un grand nombre, c'est le comble de mes iniquités de recevoir des louanges au lieu des châtiments que je mérite. » Et à André, du rang des illustres : « Sur la nouvelle de mon épiscopat, pleurez, si vous m'aimez ; car il y a ici tant d'occupations temporelles, que je me trouve par cette dignité presque séparé de l'amour de Dieu. » Et au patrice Jean, qui avait contribué à son élévation : « Je me plains de votre amitié, de m'avoir tiré du repos que vous saviez que je cherchais. Dieu vous rende les biens éternels pour votre bonne intention, mais qu'il me délivre, comme il lui plaira, de tant de périls ; car, comme mes péchés le méritaient, je suis moins l'évêque des Romains que des Lombards; dont les alliances sont des épées, et la grâce une peine. Voilà où votre protection m'a conduit (Greg., l. 1, *Epist.* 3, 4, 5, 6, 7, 27, 30, 31, édit. Bénéd.). »

Jean, évêque de Ravenne, au milieu de ses compliments, avait repris Grégoire, avec amitié et modestie, de s'être caché pour éviter l'épiscopat, lui qui en était si capable. Ce reproche lui donna occasion de composer un ouvrage sur le devoir des évêques, où, en expliquant ce qu'il pensait sur la grandeur et l'importance de sa charge, il justifie sa résistance à l'accepter. C'est la *Règle pastorale*, ou simplement le *Pastoral*, si célèbre depuis dans toutes les Eglises d'Orient et d'Occident. Saint Léandre, évêque de Séville, à qui Grégoire l'envoya, le baisa en le recevant et le rendit public dans toute l'Espagne. L'empereur Maurice en demanda une copie à Anatolius, diacre de l'Eglise romaine, nonce à Constantinople, et le fit traduire en grec par Anastase, patriarche d'Antioche : ce qui le rendit commun dans l'Orient. Alfred, roi d'Angleterre, sacré à Rome en 872, le traduisit en langue saxonne pour l'unité de son royaume. On le proposa dans le concile de Mayence, en 813, après les saintes Ecritures et les canons des conciles, à tous les évêques, pour y apprendre la manière de conduire leurs Eglises et leurs peuples. Celui de Reims, de la même année, fit lire à haute voix plusieurs endroits du *Pastoral*, afin que les pasteurs de l'Eglise sussent comment ils devaient vivre et avertir ceux qui étaient sous leur conduite. Les évêques du troisième concile de Tours ne croyaient pas qu'il leur fût plus permis d'ignorer le *Pastoral* que les canons. Aussi Hincmar, archevêque de Reims, dit que, de son temps, lorsqu'on ordonnait les évêques, on leur mettait ce livre entre les mains, ainsi que le code des canons sacrés, et qu'on leur faisait promettre de l'observer. Saint Grégoire l'écrivit au commencement de son pontificat, c'est-à-dire en 590.

Il le divise en quatre parties, dont la première est sur la vocation à l'épiscopat, afin que celui qui y est appelé examine avec quelles dispositions il y vient; la seconde, sur les devoirs d'un pasteur appelé légitimement au sacerdoce ; la troisième, sur les instructions qu'il doit donner à son peuple, et la quatrième, sur les fréquentes réflexions qu'il doit faire sur sa propre conduite, pour s'humilier des fautes qu'il peut avoir commises dans le gouvernement des âmes. Voici l'analyse de la première :

S'il n'est point permis à un homme d'enseigner un art qu'il n'a point appris, quelle témérité ne serait-ce point à un ignorant, de se charger du ministère pastoral, vu que le gouvernement des âmes est l'art des arts et la science des sciences. Les pasteurs sont les yeux du peuple. Si ceux qui gouvernent manquent de lumière, ceux qui leur sont soumis ne peuvent que tomber dans l'égarement. Il y en a qui étudient avec pénétration les préceptes spirituels ; mais leur vie dément leur doctrine : ce qu'ils enseignent subitement par leurs paroles, ils le détruisent par leurs mœurs. C'est d'eux que le Seigneur dit par un prophète : Un piège de ruine pour mon peuple, ce sont les mauvais prêtres ; car personne ne nuit plus dans l'Eglise que qui, vivant mal, retient le nom et le rang des saints. Jésus-Christ étant venu, non-seulement pour nous racheter, mais encore pour nous instruire par son exemple, n'a pas voulu devenir roi, mais il s'est présenté de lui-même au gibet de la croix ; il a fui la gloire de la souveraineté qui lui était offerte, et a désiré la peine d'une mort ignominieuse, afin que ces membres apprissent à fuir les faveurs du siècle, à ne pas craindre ses terreurs, à aimer les disgrâces pour la vérité et la justice, à redouter et à fuir les prospérités. Dans les unes, l'homme s'oublie ; dans les autres, il revient à lui-même. Saül se juge d'abord indigne d'être roi ; à peine l'est-il, qu'il s'enfle d'orgueil. David, si bon, si généreux dans l'affliction, devient ensuite adultère et homicide ; il était effacé du nombre des élus, si le châtiment ne l'eût rappelé à la pénitence et au pardon. Souvent la multitude des occupations distrait de telle sorte, qu'on se trouve hors d'état d'en bien faire chacune ; trop en dehors, on pense à tout, excepté à soi-même : on oublie en chemin le terme où l'on allait, on ne considère plus ni ses pertes ni ses fautes. Nous le disons, non pour blâmer la puissance, mais pour empêcher les faibles de la convoiter, mais pour que les imparfaits, qui chancellent sur le sol le plus uni, n'aillent pas mettre le pied au milieu des précipices.

Mais il y en a d'autres à qui l'amour du repos fait fuir la conduite des âmes, dont toutefois ils sont capables par leurs talents et par la pureté de leur vie. Ceux-là, s'ils s'y refusent quant ils sont appelés, se privent le plus souvent eux-mêmes des dons qu'ils ont reçus, non pour eux seuls, mais encore pour les autres. La Vérité même demande à Pierre, pour preuve de son amour, qu'il paisse ses brebis. Ainsi, quiconque, ayant les vertus nécessaires, refuse de paître le troupeau de Dieu, est convaincu par là même de ne pas aimer le souverain Pasteur. Des personnes de ce caractère se rendent aussi coupables en refusant le saint ministère, qu'elles auraient pu être utiles en l'acceptant. Ceux qui refusent d'y entrer par un sentiment d'humilité, s'ils sont vraiment humbles aux yeux de Dieu, n'iront pas jusqu'à refuser opiniâtrément les charges dont ils peuvent s'acquitter avec succès ; car on ne doit point regarder comme vraiment humble celui qui, connaissant que Dieu l'appelle à la conduite des âmes, méprise son ordre en refusant de s'y soumettre. Il y en a même qui font bien de désirer le ministère de la prédication, et d'autres que l'on fait bien d'y contraindre : on le voit par deux prophètes. Isaïe, voyant le Seigneur en peine de trouver qui envoyer, se présenta de lui-même, en disant : *Me voici, envoyez-moi.* Jérémie, au contraire, étant envoyé, s'excuse humblement sur la difficulté de parler et sur ce qu'il n'était encore qu'un enfant. La parole est diverse, mais le principe en est le même, la charité ; car la charité a deux préceptes : l'amour de Dieu et l'amour du prochain. Isaïe, désirant servir ses frères par la vie active, souhaite l'office de la prédication ; Jérémie s'y refuse, désirant s'attacher à l'amour du Créateur par la vie contemplative. Mais il y a ceci de remarquable : Celui qui refuse ne résiste pas tout à fait, et celui qui désire être envoyé s'est vu purifié auparavant par le charbon ardent de l'autel. Moïse refuse d'abord la conduite du peuple de Dieu, ne considérant que sa propre faiblesse ; mais, s'appuyant ensuite sur le secours de celui qui commande, il se soumet avec humilité.

La maxime générale, c'est que celui qui a les vertus nécessaires pour le gouvernement des âmes, se rende quand on le force d'accepter, et que celui qui ne les a pas ne s'y laisse jamais engager, quand même on voudrait l'y contraindre. Mais quel est celui que l'on peut forcer à se charger de la conduite des autres? Il faut que ce soit un homme mort à toutes les passions de la chair, élevé à la vie spirituelle, au-dessus des avantages et des disgrâces du siècle, d'une complexion assez forte pour soutenir le poids de sa charge, libéral envers les pauvres, porté à l'indulgence, sans toutefois passer les bornes, compatissant envers les faibles et exempt de toutes les imperfections figurées par les défauts corporels qui, suivant la loi de Moïse, excluaient du sacerdoce.

Quant à la seconde partie du *Pastoral*, en voici la substance. Le premier devoir de celui qui est appelé par des voies légitimes au gouvernement des âmes, est de dégager son cœur et son esprit des créatures. *Purifiez-vous*, dit un prophète, *vous qui portez les vases du Seigneur; car ceux-là proprement portent les vases du Seigneur, qui, en vivant saintement, se chargent de conduire jusqu'aux tabernacles éternels les âmes de leurs frères.* Il doit, en second lieu, exceller au-dessus de tous les autres dans la pratique des vertus, afin que sa vie toute sainte soit comme une voix continuelle qui enseigne aux autres à bien vivre. Comme il ne doit se proposer dans ses discours que l'édification et l'utilité des autres, la prudence et la discrétion doivent régler ses paroles et son silence; non-seulement il ne doit rien dire de mauvais, mais ce qu'il dit de bon, il doit le dire avec ordre et mesure, sans ennuyer ses auditeurs par la longueur indiscrète de ses discours. Proche de chacun par la compassion, il doit être élevé au-dessus de tous par la contemplation. Ainsi Paul, ravi par-dessus les cieux, s'abaisse néanmoins par la charité à régler la conduite secrète des personnes encore charnelles et faibles. Que le pasteur regarde comme ses égaux tous ceux qui font bien, et qu'il s'élève avec le zèle de la justice contre les vices de ceux qui font mal; qu'il se réjouisse, non pas d'être le premier parmi les hommes, mais de leur profiter. Il doit se faire craindre de ses inférieurs, mais quand il les voit qui ne craignent pas Dieu. Pierre, tenant de Dieu la principauté de la sainte Église, ne permet point à Corneille de se jeter à ses pieds, parce qu'il le savait bon; mais quand il trouve en faute Ananie et Saphire, il déploie contre eux sa puissance. Le pasteur doit dominer les vices, plutôt que les frères. Mère de son peuple par la tendresse, et son père par la discipline, il doit l'aimer, mais sans mollesse; il doit le reprendre, mais sans aigreur; il doit avoir du zèle, mais sans emportement; il doit avoir de la douceur, mais sans trop d'indulgence.

C'est aux séculiers à régler les affaires du siècle; l'occupation du pasteur a un objet plus relevé, le salut des âmes. Il peut néanmoins s'engager quelquefois, par charité et par compassion, dans les affaires séculières, mais ne jamais témoigner d'ardeur pour les rechercher, de peur que cet empressement ne le détourne de la contemplation des choses les plus relevées à l'affection des plus basses. Il est même certaines occasions où les pasteurs doivent se jeter au dehors, pour procurer à leurs peuples les nécessités de la vie présente : ils travaillent alors avec plus de succès à leur avancement; au lieu que les peuples auraient quelque droit de se dégoûter de la parole de leur pasteur, s'il négligeait le soin qu'il doit avoir de les secourir. Mais en s'acquittant de ses fonctions, il ne doit pas avoir pour fin dernière de plaire aux hommes, autrement il se portera bientôt à de basses condescendances envers les uns, et à des rigueurs injustes envers les autres. Il doit désirer de leur plaire et d'en être aimé, non pour lui-même, mais pour leur faire aimer plus facilement la vérité. C'est ce qu'insinue saint Paul, quand il dit d'une part : *Je tâche de plaire à tous en toutes choses*, et de l'autre : *Si je voulais encore plaire aux hommes, je ne serais plus serviteur du Christ.*

Pour ce qui est de la correction, il y a des fautes qu'il faut dissimuler par prudence, mais en faisant connaître qu'on a bien voulu les dissimuler, afin que ceux qui en sont coupables, se voyant découverts, aient honte d'y retomber. Dieu dissimula ainsi les crimes de la Judée, mais en lui faisant connaître qu'il les avait vus. Il y a d'autres fautes, même toutes visibles, qu'il faut tolérer patiemment, lorsque la correction serait inopportune. Une plaie que l'on ouvre avant qu'elle soit mûre, devient plus dangereuse par l'inflammation que cette incision y cause. Un remède appliqué à contre-temps, devient inutile : il perd toute sa force et sa vertu. Il y a des fautes secrètes qu'il faut découvrir avec adresse, en jugeant de ce qui est caché dans le cœur par les dehors de la conduite; c'est percer la muraille, suivant le prophète, pour découvrir les abominations qui se commettent au dedans; il y a d'autres fautes que l'on doit corriger avec douceur, parce qu'elles sont d'ignorance ou de faiblesse. Celles qui sont de malice demandent des corrections rudes et fortes, afin que le coupable comprenne l'énormité de son péché par la véhémence de sa correction; mais, parce qu'il est difficile de tenir un juste milieu, et que la chaleur de l'invective porte quelquefois à l'excès, il est nécessaire, dans ces occasions, que le pasteur lui-même recoure au remède de la pénitence, pour obtenir de Dieu, par ses larmes, le pardon des fautes que le zèle de sa gloire lui a occasionnées. Tous ses devoirs étant marqués en détail dans les livres saints, il ne saurait trop les lire et les méditer.

Dans la troisième partie de son *Pastoral*, saint Grégoire montre, dans un grand et intéressant détail, comment le pasteur doit proportionner ses instructions à la diversité des personnes, suivant le sexe, l'âge, les conditions, les inclinations, les dispositions permanentes ou passagères. Par exemple, autre est l'instruction qu'il faut donner aux hommes, autre celle qu'il faut donner aux femmes. On doit prescrire aux hommes quelque chose d'assez grand pour exercer leur vertu, et aux femmes quelque chose de facile, pour les gagner à Dieu par la douceur. Une correction sévère remet les jeunes gens dans le bon chemin; un avis donné avec humilité aux vieillards, les fait rentrer dans le devoir. Les pauvres, n'étant que trop affligés de leur misère, méritent d'être consolés; mais les riches étant ordinairement superbes, il faut les rabaisser, en leur donnant de la crainte et de la frayeur. Ce n'est pas qu'on ne doive user quelquefois de douceur envers eux, pour les faire revenir de leur emportement, comme on emploie les lénitifs pour attendrir une plaie trop dure. On peut encore, lorsqu'on veut les reprendre, commencer par quelques paraboles éloignées; convaincus souvent par le jugement qu'ils rendent eux-mêmes, ils se trouvent engagés à changer de conduite. Ainsi en usa le prophète Nathan avec David.

La quatrième partie du *Pastoral* expose en peu de mots, que le pasteur doit surtout veiller avec grand soin sur lui-même, de crainte qu'après avoir instruit et édifié les autres par ses paroles et par ses actions, il n'en prenne sujet de s'élever. Au premier mouvement de vaine complaisance, il doit s'appliquer à considérer ses imperfections et ses faiblesses; à regarder, non le bien qu'il a fait, mais celui qu'il a négligé de faire. Saint Grégoire termine tout l'ouvrage par ces mots à Jean de Ravenne : « Voilà, brave homme, que, forcé par vos reproches à me défendre, pendant que je m'applique à montrer quel doit être le pasteur, j'ai dépeint un beau personnage, étant moi-même un peintre fort laid. Je dirige les autres vers le rivage de la perfection, moi encore ballotté parmi les flots des péchés. Mais dans ce naufrage de la vie, soutenez-moi par votre prière comme par une planche, et tandis que j'enfonce par mon propre poids, que la main de votre miséricorde me soulève. (T. II, édit. Bénéd.). »

Voilà comme Grégoire pensait et parlait de lui-même; mais dans la réalité, ce qu'il enseignait si bien dans son livre, il le pratiquait encore mieux dans sa vie. Son premier soin fut de réformer la maison du Pape. Il en retrancha les laïques, et ne voulut avoir auprès de lui que des clercs et des moines, soit pour le servir, soit pour en former son conseil. De ce nombre furent : Pierre, diacre, avec lequel il composa ses *dialogues*; Emilien, notaire ou sténographe, qui transcrivit quarante de ses homélies sur l'Évangile; saint Patérius, autre notaire, qui fit depuis de ses ouvrages un résumé que nous avons encore; Jean, défenseur de l'Eglise romaine, qu'il envoya en Espagne, pour rétablir Janvier dans le siège épiscopal de Malaga; Maximien, abbé de son monastère, qu'il fit depuis évêque de Syracuse et son légat en Sicile; Augustin et Mélitus, du même monastère, par lesquels il convertit la nation des Anglais; Marinien, qu'il fit archevêque de Ravenne; Probus, qu'après avoir fait abbé, il envoya à Jérusalem, pour y construire un hôpital pour les étrangers; Claude, abbé de Classe, et plusieurs autres dont il connaissait la vertu et le savoir. Entouré de ces hommes d'élite, Grégoire ne manquait, dans son palais, à rien de ce qui est de la perfection religieuse, et dans l'Eglise, à rien de ce qui est de la sollicitude pastorale. Son palais était à la fois un monastère et une académie. Nul de ses serviteurs n'avait rien de barbare ni dans son langage ni dans son vêtement : tous parlaient la langue et portaient la toge des Romains. La sainteté et la sagesse osaient seules paraître devant le pontife; la richesse ignorante demeurait à la porte. Ainsi s'exprime un des anciens auteurs de la vie de Grégoire (Jean, diacre, l. 2, c. 11-14).

Les séculiers se voyant ainsi exclus de la maison pontificale et même de l'administration des patrimoines de l'Eglise, et réduits à la seule profession des armes ou à la culture des terres, plusieurs des plus considérables commencèrent à demander la tonsure cléricale. Saint Grégoire exigea qu'on les mît quelque temps à l'épreuve dans un monastère, et qu'on ne les admît dans le clergé que quand ils s'en seraient montrés dignes par leur fidélité à observer la règle. « Celui qui, en déposant l'habit séculier, disait-il, aspire aussitôt aux fonctions ecclésiastiques, ne songe point à quitter le monde, mais à en changer (Jean, diacre, c. 14 et 15). »

Les guerres qui désolaient l'Italie avaient fait affluer dans Rome une multitude de personnes sans ressources, entre autres, trois mille religieuses. Par suite de ces mêmes guerres, les pauvres habitants de la ville étaient plus nombreux que jamais. La misère était grande; la charité de Grégoire fut plus grande encore. Outre le blé que l'Eglise romaine tirait annuellement de ses patrimoines ou terres de Sicile, il en fit encore acheter une quantité considérable. Chaque jour, et dans tous les quartiers de la ville, il faisait porter des aliments cuits aux malades et aux infirmes. Quant à ceux qui auraient eu honte d'en recevoir sous le nom *d'aumône*, il en envoyait de sa table sous le nom de *bénédiction apostolique*. Le premier jour de chaque mois, il distribuait aux pauvres des choses en nature, sur les revenus de l'Eglise : un mois c'était du blé, un autre du vin, un autre du fromage, un autre des légumes, un autre du lard, un autre des animaux comestibles, un autre du poisson ou de l'huile. Aux personnes d'un certain rang, il offrait, d'une manière honorable, des choses plus délicates. En sorte que l'Eglise paraissait le grenier de tout le monde. Quatre fois par an, le jour de Pâques, la fête de saint Pierre et de saint Paul, la fête de saint André, la fête de sa propre ordination, étant assis pour donner le baiser de paix, il distribuait des pièces d'or aux évêques, aux prêtres, aux diacres et aux autres personnes de dignité, les trois dernières fêtes, il y ajoutait différentes espèces de vêtements. De plus, chaque jour il invitait à sa table des pèlerins ou étrangers, ordinairement douze, qu'il servait lui-même, et parmi lesquels la tradition rapporte que se trouva une fois Notre Seigneur en personne, et une autre fois un ange. La même tradition rapporte encore, que les gardes de nuit ayant trouvé une personne morte dans un coin de rue, le charitable pontife, pensant qu'elle était morte d'inanition, en fut si affligé, qu'il s'abstint de célébrer la messe pendant plusieurs jours, comme s'il l'avait tuée de ses propres mains.

Lorsque, dans le IXe siècle, Jean, diacre, à la demande du pape Jean VIII, écrivit sa *Vie de saint Grégoire* en quatre livres, sur les archives de l'Eglise romaine, on conservait encore, dans le palais de Latran, un immense registre, où étaient marqués exactement le nom, l'âge, le sexe, la profession de toutes les personnes que secourait le saint Pontife, non-seulement à Rome et dans les villes du voisinage, mais encore au loin dans les villes maritimes, avec l'indication précise de l'époque et de la quantité qu'il fallait les secourir (Jean, diacre, n. 23-30). Et de fait, parmi les lettres de Grégoire, il en est au moins une vingtaine où il entre à cet égard dans les plus petits détails. Il y en a particulièrement deux, dont une très-longue, où il ordonne aux ecclésiastiques qui régissent les patrimoines de saint Pierre, de protéger les paysans et les colons, de leur faire rendre ce que les entrepreneurs et les collecteurs avaient exigé de trop, indiquant pour cela les lieux, les personnes, la quantité, les circonstances. Un marchand de Syrie, ne pouvant plus payer ses dettes, les créanciers retinrent son fils. Grégoire écrit à un de ses clercs de donner au père soixante sous d'or, de faire en sorte que les créanciers le quittent à moins, afin qu'il ait le reste avec son fils, qu'ils retenaient contre les lois. Au prêtre Philippe de Jérusalem, il envoie cinquante sous d'or, pour achever l'hôpital que l'abbé Probus y avait commencé par son ordre. A Jean, abbé du Mont-Sinaï, il envoie, port payé, les couchages qui manquaient à l'hospice récemment construit pour les vieillards (Jean, diacre, n. 55, etc.).

La manière dont il faisait ces aumônes leur donnait un nouveau prix. Elie, prêtre et abbé dans la province d'Isaurie, lui demanda des Evangiles pour son monastère, avec cinquante sous d'or, qu'il réduisit de dix et puis de vingt, pensant en avoir demandé trop. Grégoire lui répondit : « Nous vous envoyons les Evangiles, comme vous avez mandé. Quant aux cinquante sous d'or que vous avez voulu qu'on vous envoyât pour les besoins de votre monastère, croyant que c'était beaucoup, vous nous avez fait cadeau de dix, et vous êtes contenté de quarante. Ensuite, de peur que cela même ne fût encore trop, vous avez daigné nous gratifier de dix autres. Puisque vous êtes si généreux, nous le serons de même. Nous vous envoyons donc les cinquante, et, de crainte que ce ne soit trop peu, nous y en ajoutons dix. Et, de peur que cela même ne soit encore trop peu, nous y en avons fait ajouter douze autres. Ce qui nous a fait connaître votre charité, c'est que vous avez en nous une confiance telle que vous devez avoir (L. 5, *Epist.* 38). »

A un ancien préteur, tombé dans l'infortune, il disait, après plusieurs paroles de consolation : « Je vous prie de ne point prendre à injure, si nous avons écrit à Romain, défenseur de notre Eglise, de fournir vingt habillements pour nos jeunes gens ; car ce qui est offert des biens du bienheureux apôtre Pierre, quelque peu que cela soit, doit être reçu comme une grande bénédiction, attendu qu'il pourra vous donner encore plus dès ici-bas, et vous procurer auprès de Dieu les biens éternels (L. 10, *Epist.* 31). » A un autre, personnage également considérable, mais qui, pendant longtemps, n'avait osé lui faire connaître son état de gêne, il écrivait : « J'ai été affligé outre mesure, de voir que j'étais moins aimé de vous que je ne pensais, car, de n'oser pas, c'est aimer moins. Je viens, en conséquence, d'ordonner au régisseur du patrimoine de Catane de donner annuellement dix sous d'or au monastère que vous avez fondé dans cette ville. Nous vous prions de les recevoir sans vous offenser, car ce n'est pas une offrande que moi je vous fais, mais une bénédiction de saint Pierre, prince des apôtres (L. 13, *Epist.* 19). »

Les patrimoines ou domaines de saint Pierre, qui fournissaient à ces immenses charités, étaient nombreux et considérables. Par les lettres et la vie de Grégoire, on en compte vingt-trois ; à savoir : trois en Sicile ; onze en Italie ; un dans l'Istrie, dans la Dalmatie, dans l'Illyrie, dans la Sardaigne, dans la Corse, dans la Ligurie ; un qui comprenait les Alpes Cottiennes, c'est-à-dire la ville de Gênes et la côte maritime jusqu'à la frontière des Gaules ; un de Germanicie, peut-être en Afrique ; un dans les Gaules, mais qui paraît avoir été peu de chose en comparaison des autres, puisque saint Grégoire l'appelle un *patrimoniole* (Orsi et Cenni, *Del Dominio-Roma*, 1754, p. 306 et seqq.). Nous avons vu que l'empereur Constantin seul donna au pape saint Silvestre, pour neuf églises de Rome, des patrimoines en fonds de terres d'un revenu annuel de plus de cinq cent mille francs. Comme plusieurs de ces anciens patrimoines étaient situés en Afrique, en Egypte, en Phénicie, à Antioche et même dans la province de l'Euphrate, que l'administration et la perception en étaient difficiles, surtout depuis l'invasion des Barbares, les empereurs de Constantinople payèrent annuellement à l'Eglise romaine, sous le titre de *patrimoine des princes des apôtres*, comme nous l'apprend l'historien grec Théophane (*In Leon. Is.*, p. 273), la somme ronde d'un talent et demi d'or, autrement trois cent cinquante livres ou quatre mille deux cents onces d'or, qui reviennent à quatre cent mille francs de notre monnaie.

Saint Grégoire ne voulait pas que les évêques confiassent à des séculiers l'administration de ces domaines ecclésiastiques. L'expérience lui avait fait sentir plus d'un inconvénient. Presque toujours les séculiers opprimaient les colons, fraudaient l'Eglise, refusaient de rendre compte à l'évêque, et finissaient par se regarder comme propriétaires (L. 9, *Epist.* 65). Pour administrer les patrimoines de l'Eglise romaine, le saint Pape nommait que des ecclésiastiques, avec le titre de *recteurs* ou de *défenseurs*. Il leur enjoignait dans leur diplôme, et leur faisait promettre devant le tombeau de saint Pierre, d'avoir un soin particulier des pauvres.

Mais, avec la défense des pauvres et de leur patrimoine, le saint Pape confiait aux défenseurs un nombre infini d'autres causes, qui se rencontraient dans leurs provinces. Ils étaient les ministres et les exécuteurs universels de ses ordres. En voici quelques exemples. Basile, évêque sicilien, s'embarrassait de procès, perdait le temps et laissait avilir sa dignité dans les tribunaux des magistrats séculiers. Grégoire écrit à Romain, défenseur en Sicile, de l'obliger à retourner dans son diocèse, sans lui donner seulement cinq jours de répit, sous peine de se rendre lui-même coupable (L. 8, *Epist.* 11). Dans une autre lettre à Boniface, défenseur en l'île de Corse, il le blâme d'avoir souffert qu'il y eût dans cette île deux évêchés vacants, lui ordonne de faire élire au plus tôt des évêques et de les envoyer à Rome. Il lui commande encore de s'opposer vigoureusement à ceux qui oppriment les pauvres et à ceux qui traînent les ecclésiastiques devant les juges séculiers ; de ne plus souffrir cet abus, de forcer ceux qui ont quelque différend avec les clercs, de recourir au jugement de l'évêque, ou, si l'évêque leur est suspect, à l'arbitre que l'évêque ou que lui-même nommera, du jugement duquel l'évêque et lui seront exécuteurs (L. 9, *Epist.* 74). Mais voici un fait qui montre encore mieux de quelle importance était la défense des défenseurs de l'Eglise romaine. Les évêques d'Espagne avaient déposé l'évêque de Malaga, qui en fit ses plaintes à Rome. Grégoire y envoya le défenseur Jean, qui, ayant jugé de nouveau la chose, rétablit l'évêque déposé, déposa celui qu'on avait mis à sa place, et condamna les premiers juges à faire pénitence dans un monastère (Jean, diacre, l. 2, c. 11). Nous avons trois pièces sur cette dernière cause : une instruction détaillée du Pape à

Jean, sur la manière dont il doit conduire la procédure; un recueil des lois d'après lesquelles il doit juger; enfin la sentence même que le défenseur prononça comme délégué du Seigneur apostolique, le pape Grégoire (L. 13, *Epist.* 45 et seqq.).

L'an 590, le 4 novembre, il se tint à Séville un concile de huit évêques, dont saint Léandre, ami particulier du pape Grégoire, était le premier. Comme ils furent assemblés dans l'église, les diacres de Pégase, évêque d'Astigi, leur présentèrent un état des esclaves de la même Eglise, que Gaudens, son prédécesseur, avait affranchis ou donnés à ses parents. Ils consultèrent les canons et trouvèrent que les donations ou aliénations des biens de l'Eglise faites par l'évêque, étaient nulles, à moins qu'il n'eût donné ses biens propres à l'Eglise; car alors on faisait compensation. Ils décidèrent donc que, hors ce cas, les aliénations et les affranchissements faits par Gaudens ne devaient point subsister. Toutefois, par un sentiment d'humanité, ils ordonnèrent que les serfs ainsi affranchis demeureraient libres, mais sujets de l'Eglise, et qu'ils ne pourraient laisser leur pécule qu'à leurs enfants, qui demeureraient à perpétuité sujets de l'Eglise comme eux et aux mêmes conditions. Ils déclarèrent que cette décision aurait force de loi dans toute la province Bétique. Ils ordonnèrent encore, en exécution du concile de Tolède, que si les prêtres et les autres clercs, étant avertis par leur évêque, n'éloignaient pas d'eux les femmes étrangères, les juges, avec la permission des évêques, s'attribueraient ces femmes comme esclaves, avec serment de ne point les rendre aux clercs, sous peine d'être eux-mêmes excommuniés (Labbe, t. V).

Saint Léandre ayant appris l'élection de Grégoire, lui écrivit pour le féliciter. Il lui mandait la solide conversion et la piété du roi Reccarède. Il le consultait en même temps sur les trois immersions du baptême, dont les ariens abusaient, pour savoir si on devait les continuer, puisque les coutumes des Eglises étaient diverses, sans préjudice de la foi. De plus il lui demandait plusieurs livres, et entre autres ses *Expositions sur Job.*

Saint Grégoire ne put répondre que longtemps après, au mois de mai de l'année suivante 591. « J'aurais voulu de tout mon cœur, dit-il, répondre à vos lettres, mais le travail de la sollicitude pastorale m'accable de sorte, que j'ai plus envie de pleurer que de parler. Vous le voyez vous-même, puisque je mets tant de négligence à vous écrire, à vous que j'aime si ardemment. Je ne saurais exprimer ma joie, d'apprendre que notre commun fils, le très-glorieux roi Reccarède, s'est converti avec une entière dévotion à la foi catholique. Ce que vous me dites de ses mœurs me le fait aimer sans le connaître. Mais vous savez les ruses de l'antique ennemi et l'acharnement avec lequel il attaque les vainqueurs. Que Votre Sainteté veille donc sur lui avec plus de sollicitude, afin qu'il achève ce qu'il a bien commencé, qu'il ne s'enfle point de ses bonnes œuvres, que la pureté de sa vie réponde à la pureté de sa foi; qu'il se montre par les œuvres citoyen du royaume éternel, afin qu'après une longue carrière, il passe d'un royaume à un autre. Quant aux trois immersions du baptême, on ne peut rien dire de mieux que ce que vous avez pensé vous-même. Nous les pratiquons pour exprimer les trois jours de sépulture, ou, si l'on veut, les trois personnes de la Trinité, comme l'immersion unique peut signifier l'unité de la nature divine. Mais parce que jusqu'à présent les hérétiques plongeaient trois fois, je suis d'avis qu'on ne le fasse point chez vous, de peur qu'il ne leur semble que nous divisons comme eux la divinité, et qu'ils ne se vantent que leur coutume l'a emporté sur la nôtre. J'envoie à votre très-chérie fraternité les livres dont le mémoire est ci-joint. Quant à l'*Explication sur Job*, que j'avais faite par homélies, j'ai tâché de la transformer en livres continus, et les libraires sont à les transcrire. Si le porteur des présentes n'avait pas été si pressé, j'aurais voulu vous envoyer le tout sans délai, pour montrer à celui que j'aime par-dessus les autres, que j'y ai travaillé de ma personne (L. 1, *Epist.* 43).

Licinien, évêque de Carthagène, ayant lu le *Pastoral* de saint Grégoire, lui écrivit pour l'en remercier avec une grande effusion de cœur, et en même temps pour le consulter à ce sujet. « Je vous supplie, par la grâce de Dieu qui surabonde en vous, de ne point rejeter ma prière, mais de vouloir bien m'apprendre ce que je confesse ignorer. Car ce que vous enseignez, nous sommes dans la nécessité de le faire. Lorsqu'on ne trouve point d'homme savant et expérimenté pour l'office sacerdotal, que reste-t-il à faire, sinon d'ordonner un ignorant comme moi? Or, vous ne voulez pas qu'on ordonne d'ignorant. » Licinien expose avec la même modestie filiale des cas embarrassants sur les bigames, et ajoute : « Consolez-nous par votre réponse, afin que nous n'ayons lieu d'être punis ni de notre péché ni de celui des autres, car nous craignons beaucoup de faire par nécessité ce que nous ne devons pas faire. » Ensuite, après avoir parlé de sa lettre à saint Léandre, il conclut : « Daigne Votre Béatitude envoyer à notre exiguité, et l'ouvrage sur Job, et les autres livres que vous rappelez dans votre *Pastoral;* car nous sommes à vous, et nous aimons à lire ce qui vient de vous. Mon bonheur serait, comme dit celui dont vous portez le nom, d'apprendre jusqu'à la dernière vieillesse. Nous faisons des vœux, bienheureux Père, pour que la Trinité sainte conserve en bonne santé Votre Couronne, pour l'instruction de son Eglise (L. 2, *Epist.* 54). » La réponse du Pape à cette lettre n'est pas venue jusqu'à nous.

Le roi Reccarède régnait paisible et glorieux, après avoir ramené son peuple à la religion catholique. Il était doux et humain, et l'aménité de son visage attirait l'affection même des méchants. Il rendit aux Églises et aux particuliers les terres que son père avait usurpées et appliquées au fisc, et remit souvent les tributs au peuple, outre ses libéralités et ses aumônes. Dès le premier temps de sa conversion, il désirait en donner une connaissance officielle au Pape. Les affaires de son royaume l'empêchèrent pendant trois ans. La 4e année, il envoya trois ambassadeurs, avec des présents pour saint Pierre. Ils approchaient des côtes d'Italie, lorsqu'une tempête les rejeta du côté de Marseille, où ils firent naufrage et sauvèrent à peine leurs personnes. Alors il envoya par le légat Jean un calice d'or orné de pierreries, en priant le Pape, dans sa lettre, de vouloir bien l'offrir au prince des apôtres. « Nous prions aussi Votre Altesse, ajoute-t-il, de nous honorer de ses saintes lettres, quand vous en aurez l'occasion. Car, comme le Seigneur inspire votre cœur, vous n'ignorez pas, je le pense, avec quelle sincérité je vous aime. Ceux que les distances séparent, la grâce du Christ les unit, comme s'ils se voyaient. Ceux-là mêmes qui ne vous contemplent pas de près, savent par la renommée combien vous êtes bon. Nous recommandons beaucoup à Votre Sainteté le pontife Léandre de Séville, parce que c'est lui qui nous a fait connaître votre bienveillance. Je vous conjure enfin, très-saint homme, de nous recommander souvent au Seigneur dans vos oraisons, nous et nos peuples (L. 9, *Epist.* 61). »

Le Pape répondit au roi en ces termes : « Je ne saurais exprimer en paroles, très-excellent fils, combien je suis charmé de vos actions et de votre vie. Lorsqu'on apprend que, de nos jours, par un miracle nouveau, toute la nation des Goths a été convertie par Votre Excellence, de l'hérésie arienne à la foi sainte, on s'écrie volontiers avec le prophète : *Ce changement est de la droite du Très-Haut.* Quel est le cœur, fût-il de pierre, qui, en apprenant ces choses, ne s'attendrisse aussitôt de reconnaissance pour Dieu et d'amour pour Votre Excellence? Voilà, je l'avoue, ce que je dis souvent à mes fils, quand ils s'assemblent autour de moi; voilà ce que j'aime à admirer en eux. Mais voilà ce qui bien souvent aussi m'anime contre moi-même; paresseux et inutile, je croupis dans une inerte oisiveté, tandis que des rois travaillent à rassembler des multitudes d'âmes pour gagner la patrie céleste. Que dirai-je donc dans cet examen redoutable au juge, à venir, si je m'y présente les mains vides, tandis que Votre Excellence y paraîtra suivie de ces troupes de fidèles, qu'elle vient d'attirer à la grâce de la foi par une fervente et continuelle prédication? Toutefois, par la miséricorde de Dieu, une chose me console grandement, c'est que l'œuvre sainte que je n'ai point en moi, je l'aime en vous. Et, pendant que je me réjouis de vos actions avec une grande allégresse, ce qui est à vous par le travail, devient à moi par la charité. Quant au bienheureux Pierre, prince des apôtres, qu'il ait agréé les présents de Votre Excellence, votre vie l'atteste clairement à tout le monde. Car il est écrit : *Les vœux des justes sont agréables.* En effet, au jugement de Dieu, on ne regarde point à ce qui est donné, mais à qui donne. Aussi est-il écrit : *Le Seigneur regarde Abel et son offrande;* Abel d'abord, l'offrande ensuite, pour bien faire entendre que ce n'est point à cause des présents que Dieu agrée celui qui les offre, mais que c'est à cause de celui qui les offre qu'il agrée les présents. Vous montrez donc vous-même combien votre offrande est agréable, puisque, avant de donner de l'or, vous avez présenté une offrande d'âmes, en convertissant la nation qui vous est soumise. »

Il bénit ensuite Dieu et félicite le roi, de ce qu'ayant fait une constitution contre les Juifs, il avait refusé une grande somme d'argent, qu'ils offraient pour en obtenir la révocation. « Mais, ajoute-t-il, au milieu de ces grandes choses, il faut se précautionner avec soin contre les embûches de l'antique ennemi, qui cherche d'autant plus insidieusement à dépouiller les hommes, qu'il voit en eux des dons plus excellents. Les voleurs n'en veulent guère aux voyageurs qui n'ont rien, mais à ceux qui portent des trésors. Le voyage est la vie présente. Il faut donc que Votre Excellence, après avoir reçu un don si grand par la conversion de ses sujets, conserve d'abord l'humilité du cœur et ensuite la pureté du corps. Car il est écrit : *Quiconque s'élève, sera humilié; et quiconque s'humilie, sera élevé.* D'où il suit que celui-là aime l'élévation véritable, qui ne retranche point de son âme la racine de l'humilité. Lors donc que, pour nous élever l'esprit, le malin esprit nous rappelle le bien que nous avons fait, qu'y a-t-il à faire, si ce n'est de nous rappeler sans cesse nos fautes, afin de bien reconnaître que c'est à nous le mal que nous avons fait, et que, si nous l'avons évité, nous le devons à la grâce de Dieu seul? Il faut aussi conserver la pureté du corps; car, suivant la parole de l'apôtre : *Le temple de Dieu est saint, et c'est vous-mêmes.* Et encore : *La volonté de Dieu, c'est votre sanctification.* Ce qu'il explique en ajoutant aussitôt : *En sorte que vous vous absteniez de la fornication, et que chacun de vous sache posséder le vase de son corps dans la sainteté et dans l'honneur, et non point dans les passions de la convoitise.*

» Il faut aussi qu'à l'égard de vos sujets, votre gouvernement soit tempéré par une grande modération, de peur que la puissance n'aveugle l'esprit. Car alors un royaume est bien gouverné, quand la gloire de gouverner ne domine point l'âme. Il faut encore se précautionner contre la colère, et ne pas faire promptement tout ce qui est permis; car la colère, lors même qu'elle punit les fautes des coupables, ne doit point précéder la raison comme la maîtresse, mais la suivre comme la servante, et ne se présenter en face que quand elle en reçoit l'ordre. Et de fait, si elle s'empare une fois de l'âme, elle tient pour juste cela même qu'elle fait de cruel. Aussi est-il écrit : *La colère de l'homme n'opère point la justice de Dieu.* Et encore : *Que tout homme soit prompt à écouter, mais lent à parler et lent à se mettre en colère.* Je ne doute pas que, par la grâce de Dieu, vous n'observiez tout cela. Mais ayant l'occasion de vous présenter quelques avis, je m'associe furtivement à vos bonnes actions, afin que dorénavant vous ne soyez plus seul à les faire.

» Nous vous envoyons d'auprès du très-saint corps du bienheureux apôtre Pierre, et comme une bénédiction de sa part, une petite clé contenant du fer de ses chaînes, afin que ce qui enchaîna autrefois son cou pour le martyre, délie le vôtre de tous ses péchés. Nous y joignons une croix où il y a du bois de la croix du Seigneur, et des cheveux de saint Jean-Baptiste, afin que vous sentiez toujours l'aide du Sauveur, par l'intercession de son précurseur. Nous transmettons enfin à notre frère et coévêque Léandre, le *pallium*, de la part du Siége du bienheureux apôtre Pierre, chose que nous devons tout à la fois et à l'ancienne coutume, et à vos mœurs, et à son mérite (L. 9, *Epist.* 122). »

Hincmar de Reims trouva cette lettre si belle, qu'il l'envoya à l'empereur Charles le Chauve, comme un digne présent, avec un ample commentaire que nous avons encore (Hincm., t. II).

Le pape répondit en même temps à Léandre de Séville : « J'ai reçu la lettre de Votre Sainteté, écrite avec la plume de la charité seule. C'est que la langue puisait dans le cœur ce qu'elle répandait sur le papier. Les hommes de bien qui l'ont entendu lire étaient attendris. Il leur semblait, non pas entendre la douceur de votre âme, mais la voir. Aussi chacun vous mettait-il dans son cœur. » Grégoire se plaint ensuite d'avoir perdu le repos délicieux du cloître, et d'être accablé d'une infinité de soins temporels qui ne lui laissent plus le temps de reprendre haleine. « Votre Sainteté écrit, ajoute-t-il, qu'elle est affligée de la goutte aux pieds; moi aussi, j'en suis continuellement et violemment meurtri. Mais la consolation sera facile, si, au milieu de ce que nous souffrons, nous nous rappelons à la mémoire les fautes que nous avons commises; car nous verrons alors que c'est, non pas un châtiment, mais une grâce, de pouvoir expier par les douleurs de la chair les péchés commis par les délices de la chair. Enfin, de la bénédiction du bienheureux Pierre, prince des apôtres, nous vous envoyons le *pallium*, pour vous en servir dans les messes solennelles. Je devais y joindre une instruction sur la manière dont vous avez à vivre; mais je la supprime, parce que vous avez prévenu mes paroles par vos mœurs Hincm., *Epist.* 121). » Le Pape écrivit d'un style semblable à Claude, grand capitaine et confident du roi Reccarède, pour lui recommander le légat Cyriaque. Et voilà de quelle manière cordiale s'établit l'union intime entre l'Eglise romaine et la nation des Visigoths, devenue depuis la nation espagnole.

La sollicitude pastorale de saint Grégoire n'était pas moins active pour le bien des Églises d'Afrique. Parmi ses lettres, il y en a quarante pour les intérêts de ce pays : sept à Gennade, exarque ou gouverneur d'Afrique; huit à Dominique, évêque de Carthage; neuf à Columbus, évêque de Numidie. Le patrice Gennade se distinguait par ses succès militaires, par son zèle pour la religion et pour les pauvres. Ayant trouvé le patrimoine ou domaine que l'Eglise romaine avait en Afrique, dépeuplé par suite des guerres, il le repeupla de son propre mouvement. Le Pape l'en remercia affectueusement, quand il envoya, pour gouverner ce patrimoine, le cartulaire ou archiviste Hilarius. Il lui écrit avec beaucoup de confiance, et lui recommande successivement plusieurs affaires. Une lettre de Grégoire à Pierre, évêque de Barca, entre l'Egypte et la grande Syrte, fait connaître de plus en plus à quoi servaient les grandes richesses de l'Eglise romaine. Grégoire lui recommande le prêtre Valérien, qui s'y rendait pour la rédemption des captifs (L. 3, *Epist.* 36); car la ville de Barca était un marché d'esclaves.

Dominique, évêque de Carthage, ayant appris l'élection de saint Grégoire, lui envoya une députation de deux évêques, d'un diacre et d'un notaire, avec une lettre de félicitation très-affectueuse, où il le priait, à la fin, de confirmer les priviléges de son Eglise. Le Pape lui répondit avec une égale affection, et dit en finissant : « Quant aux priviléges ecclésiastiques, dont Votre Fraternité m'écrit, tenez pour certain que, comme nous défendons les nôtres, nous conservons aussi à chaque Eglise les siens (L. 2, *Epist.* 47). » Ces deux lettres furent le commencement d'une correspondance et d'une amitié toujours plus intimes. Une amitié pareille unissait Grégoire à Colombe, simple évêque de Numidie, mais distingué par ses vertus et par son dévouement au Siége apostolique.

Ce qui excitait particulièrement la sollicitude du Pape; c'est que d'après une foule de relations écrites et verbales qu'il recevait d'Afrique, les donatistes y reprenaient des forces; on n'exécutait plus les lois à leur égard; ils y agissaient avec autant de hardiesse que s'il n'y avait pas eu d'épiscopat pour leur tenir tête, ils chassaient les prêtres catholiques de leurs églises; ils rebaptisaient les enfants des catholiques mêmes; enfin, on accusait un évêque catholique de leur avoir permis, pour de l'argent, d'ordonner un évêque de leur secte dans sa ville. Là-dessus, Grégoire écrivit à Colombe d'assembler un concile à l'arrivée du cartulaire Hilarius, et de déposer l'évêque accusé, s'il était convaincu. Il écrivit à l'exarque Gennade et au préfet Pantaléon de seconder les efforts du concile et de réprimer l'audace des donatistes. Nul ne montra plus de zèle que l'évêque de Carthage. Il tint un concile de sa province, qui décréta privation de biens et de dignités contre les évêques qui négligeraient de résister à ces hérétiques. Le Pape, auquel il envoya les actes, approuva son zèle, mais non pas le décret; il le regardait comme propre à offenser les primats des autres provinces. Il lui paraissait plus important de conserver la charité entre les évêques, afin de les mettre plus en état, par leur union, de s'opposer à l'erreur (L. 5, *Epist.* 5).

Ce qui ne contribuait pas peu à énerver la vigueur du gouvernement de l'Eglise en Afrique, c'était le système de primatie dans les provinces autres que celle de Carthage. L'autorité de primat, au lieu d'être attachée à tel ou tel siége principal, passait à l'évêque le plus ancien d'ordination. En sorte que le centre de la province ecclésiastique, ou la métropole, voyageait sans cesse d'un lieu à un autre, et que les rênes de son gouvernement tombaient très-souvent, au hasard, entre les mains d'un vieillard impotent ou incapable. Le pape Pélage II avait entrepris de remédier à ce fâcheux inconvénient. Saint Grégoire fit des efforts dans le même but. Il écrivit au patrice Gennade de recommander au concile de chaque province de ne plus prendre ainsi leur primat à l'aventure, mais de le choisir pour sa capacité et son mérite, et de faire en sorte qu'il résidât, non plus dans des villages ou des hameaux, comme il arrivait le plus souvent, mais dans une ville à leur choix, afin qu'il fût plus en état de résister aux donatistes (L. 1, *Epist.* 73). Toutefois, les évêques de Numidie ayant demandé au pape Pélage de conserver leurs anciennes coutumes, établies dès le temps de saint Pierre, le pape saint Grégoire le leur accorda; mais il leur défendit en même temps d'élever à la dignité de primat les évêques qui avaient été donatistes (*Ibid.*, *Epist.* 77). Il avait aussi recommandé à l'exarque Gennade de veiller à ce que les évêques de Numidie qui voudraient venir vers le Siége apostolique n'en fussent point empêchés.

Adéodat, primat de Numidie, aurait fait volontiers le voyage de Rome, si son âge et ses forces le lui eussent permis, comme il le témoigna au Pape dans une lettre affectueuse, dont Victorin, diacre de l'évêque Colombe, fut le porteur. Dans sa réponse, saint Grégoire, après une salutation très-amicale et très-pieuse, l'exhorte à bien remplir ses devoirs de primat, surtout à n'admettre aux ordres que des hommes d'un âge mûr et de bonne vie, et à ne souffrir dans les ordinations aucune vénalité. Il l'exhorte en particulier à consulter sur toutes choses l'évêque

Colombe. Car ce que vous ferez avec son conseil nous sera aussi agréable que si vous l'aviez fait avec le nôtre, et j'ai la confiance que nul ne trouvera à redire à ce que vous aurez fait. Enfin il lui recommande de lui faire connaître le résultat du concile qu'ils allaient tenir (L. 3; *Epist.* 49). Adéodat se montra digne de sa place. Malgré son grand âge, il déploya de la vigilance et de la fermeté. Le Pape l'en félicita par une autre lettre, où il lui recommande instamment l'évêque Paul, qui en était le porteur (L. 8, *Epist.* 12).

Paul était un vertueux évêque de Numidie; mais il avait beaucoup à souffrir des donatistes et même de quelques catholiques. On répandit contre lui des plaintes et des accusations calomnieuses. Comme il ne trouvait point en Afrique de soutien assez puissant pour déjouer ces complots, il désira d'aller à Rome, pour exposer au Pape l'état des choses. Grégoire écrivit donc à Pantaléon, préfet d'Afrique, ainsi qu'aux évêques Victor et Colombe, de le lui envoyer sans délai, afin que, connaissant à fond l'état des affaires, il pût y apporter un remède efficace (L. 4, *Epist.* 34 et 35).

Pendant deux ans, on empêcha Paul, sous divers prétextes, de faire sans danger ce voyage. L'exarque Gennade s'étant laissé prévenir, écrivit au Pape, entre autres choses, que Paul avait été excommunié. Le Pape, qui était dans ce moment très-malade, témoigna sa surprise à l'exarque, d'apprendre une nouvelle pareille, non du primat ecclésiastique, mais du gouverneur civil; il se plaignit des obstacles qu'on avait mis si longtemps au voyage de Paul, qui alors était à Rome; il dit que cet évêque assurait tout le contraire de la lettre de Son Excellence, et promet d'examiner cette affaire avec toute l'attention possible, dès que Dieu lui aura redonné assez de santé (L. 6, *Epist.* 63). L'exarque Gennade envoya au Pape son chancelier, avec trois personnes du diocèse de l'évêque Paul, pour témoigner contre lui. Mais le chancelier, interpellé par le Pape, refusa de se porter pour accusateur, et les témoins n'étaient point de caractère à pouvoir canoniquement déposer contre un évêque. Dans cet état de choses, Paul demanda plusieurs fois au Pape la permission d'aller à Constantinople, pour se justifier devant l'empereur. Grégoire lui permit enfin d'y aller, accompagné de deux autres évêques. Ils étaient partis, lorsque Colombe de Numidie envoya les actes du concile de sa province touchant cette affaire: le Pape lui reprocha paternellement ce retard (L. 7, *Epist.* 2). Enfin, l'évêque Paul, revenu de Constantinople à Rome, demanda et obtint du Pape que son affaire fût juridiquement examinée au concile de Numidie, où il espérait faire voir clairement la fausseté des accusations et des plaintes qu'on avait formées contre lui. C'est sur quoi le Pape le recommanda vivement au primat de sa province, Adéodat, et aux évêques Maurentius et Colombe (L. 8, *Epist.* 12 et 13).

Un autre évêque de Numidie, Crisconius, étant venu se plaindre à Rome que son coévêque, Valention, lui avait enlevé depuis quinze ans plusieurs Eglises de son diocèse, et s'était approprié les biens de son prédécesseur, saint Grégoire écrivit aux évêques Victor et Colombe, de prendre connaissance de la plainte et d'obliger Valention à restituer, si l'accusation était trouvée vraie (*Ibid.*; c. 28).

Ce n'étaient pas les évêques seuls qui d'Afrique recouraient à Rome pour y trouver justice et protection. Un prêtre, nommé Adéodat, avait obtenu de Quintien, son évêque, de s'absenter de son église pour régler quelques affaires; il tomba malade et fut absent deux mois: l'évêque ordonna, dans l'intervalle un autre prêtre à sa place. Adéodat vint à Rome et se plaignit au Pape, qui écrivit à l'évêque Clémentius, primat de la Byzacène, de prendre connaissance de cette affaire et de rétablir Adéodat dans son Eglise, si ses dires étaient vrais; ensuite de procurer une Eglise vacante au prêtre qu'on avait mis en sa place, si toutefois son ordination était trouvée canonique et qu'il n'y eût pas eu de simonie (L. 4, *Epist.* 13). Le primat Clémentius ayant été lui-même accusé d'un crime, l'empereur ordonna jusqu'à deux fois que, suivant les canons, il fût jugé par le Pape. Mais Théodore, maître de la milice, gagné par dix livres d'or, empêcha l'exécution de cet ordre. Cependant le primat protestait qu'il était soumis au Saint-Siége. Sur quoi saint Grégoire fait cette réflexion: « Quant à ce qu'il dit qu'il est soumis au Siége apostolique, je ne sais quel évêque n'y est pas soumis, lorsqu'il se trouve en faute; quoique, hors de ce cas, tous les évêques soient égaux selon les lois de l'humilité (L. 9, *Epist.* 52). » Ces belles paroles signalent merveilleusement bien le caractère de la puissance pontificale et l'esprit de son gouvernement. Le saint Pape, voyant l'opposition de Théodore et de quelques autres personnes, ne voulut point terminer cette affaire lui-même, mais il écrivit au concile de la Byzacène de l'examiner sans délai, afin de punir canoniquement le primat, s'il était trouvé coupable, ou bien de le justifier contre la calomnie, s'il était innocent (L. 12, *Epist.* 32).

Un évêque de Numidie, Paulin de Tégessis, ayant été accusé à Rome, par son clergé, d'user de sévices corporels envers ses ecclésiastiques et de vendre les ordinations, Grégoire écrivit à l'évêque Colombe et à Victor, alors primat, d'examiner ces deux chefs d'accusation, d'appeler à leur aide le cartulaire Hilarius, s'il en était besoin, afin d'apporter au mal un remède canonique (*Ibid.*; *Epist.* 28 et 29). Un diacre de la même province de Numidie, Donadieu, porta plainte au Pape contre son évêque; mais on disait, d'un autre côté, qu'il avait été déposé pour un péché corporel. Saint Grégoire renvoya la plainte et le plaignant à l'évêque Colombe, pour examiner la chose en concile: si Donadieu était coupable de ce dont on l'accusait, il fallait l'enfermer pour faire pénitence; si l'évêque était coupable, il fallait l'obliger, suivant les canons, à réparer sa faute (*Ibid.*; *Epist.* 8). Telles étaient, à la fin du VIe siècle, les relations assidues de l'Afrique avec l'Eglise romaine.

Quant à la Sardaigne et à la Corse, qui dépendaient du gouverneur d'Afrique, le saint Pape Grégoire en fut le père et le sauveur, et au spirituel et au temporel. L'un n'y était pas mieux soigné que l'autre. En Sardaigne, les nobles et les propriétaires étaient chrétiens; mais la masse du peuple, les paysans, étaient idolâtres, même ceux des terres de l'Eglise, tant les évêques s'en mettaient peu en peine. Les magistrats civils, les juges impériaux étaient souvent plus à craindre pour les pauvres habitants que les Barbares. A mesure que le saint Pape vint à connaître l'état déplorable de ces îles, il travailla de tout son pouvoir à y porter remède. Pour convertir et civiliser le pauvre peuple de Sardaigne, il envoya Félix, évêque en Italie, et Cyriaque, abbé de Saint-André de Rome. Ils en convertirent un grand nombre; mais ils découvrirent en même temps des abus si énormes, que le pape saint Grégoire en écrivit à l'impératrice Constantine en ces termes :

« Comme je sais que Votre Sérénissime Seigneurie pense à la patrie céleste et à la vie de son âme, je croirais commettre un crime de taire des choses que la crainte de Dieu doit faire connaître. Ayant appris que dans l'île de Sardaigne il y avait un grand nombre de païens qui sacrifiaient encore aux idoles, et que les évêques du pays négligeaient de leur prêcher notre Rédempteur, j'y ai envoyé un évêque d'Italie, qui, par la coopération du Seigneur, en a amené un grand nombre à la foi. Mais il m'annonce un fait bien sacrilège. Ceux qui, dans cette île, immolent aux idoles, paient au juge un prix pour en avoir la permission. Quelques-uns ayant reçu le baptême et cessé de sacrifier aux idoles, le juge de l'île n'en continue pas moins d'exiger d'eux ce prix d'idolâtrie. Ledit évêque lui en ayant fait des reproches, il répondit qu'il avait promis tant d'argent pour sa charge, que, sans des revenus pareils, il ne pourrait y suffire. Dans l'île de Corse, les habitants sont tellement écrasés par l'énormité des impôts et par la dureté de ceux qui les exigent, qu'ils peuvent à peine s'en acquitter en vendant leurs propres enfants. D'où il arrive que les propriétaires de cette île, abandonnant les terres de l'empire où se professe la vraie religion, se réfugient forcément auprès de l'abominable nation des Lombards. Car que peuvent-ils souffrir de plus cruel des Barbares, si ce n'est d'être contraints à vendre leurs enfants? Dans la Sicile, on dit qu'un Stephanus, receveur des impôts maritimes, commet tant d'injustices et d'oppressions, en confisquant sans forme de procès les biens des particuliers, que si je voulais énumérer tous les faits qui sont venus à ma connaissance, un grand volume suffirait à peine.

» Que Votre Sérénissime Seigneurie considère bien tout cela, et qu'elle apaise les gémissements des opprimés. Car je ne soupçonne pas que ces choses soient parvenues à vos pieuses oreilles. Si elles avaient pu y parvenir, elles n'auraient pas duré jusqu'à présent. Il faut, en temps convenable, les suggérer au très-pieux empereur, afin qu'il détourne de son âme, de son empire et de ses enfants, ce poids épouvantable d'iniquités. Je sais qu'il dira que tout ce qui provient de ces îles est dépensé en Italie. Je répondrai par cette observation : Qu'il donne moins à l'Italie, mais avant tout qu'il empêche les larmes des opprimés d'accuser son empire. Peut-être que si ces dépenses profitent si peu, c'est qu'on les recueille mêlées au crime. Que les Sérénissimes Seigneurs défendent donc de rien amasser d'une manière coupable. Peu d'impôts justes profiteront plus à la république. En fût-il autrement, il vaudrait encore mieux perdre la vie temporelle que de vous exposer à ne pas trouver la vie éternelle. Car songez-y bien, quelles peuvent être les âmes, quelles peuvent être les entrailles des parents, lorsqu'ils vendent leurs enfants pour n'être pas mis à la torture. Comment il faut avoir pitié des enfants des autres, ceux-là le savent bien, qui en ont de propres. C'est pourquoi il me suffit d'avoir brièvement indiqué ces choses, de peur que, si Votre Piété ne connaissait point ce qui se passe dans nos quartiers, mon silence ne me rendît coupable au tribunal du souverain Juge (L. 5, *Epist.* 41). »

Par cette lettre confidentielle du pape saint Grégoire, et par d'autres semblables, on entrevoit le vrai caractère de l'empereur Maurice et de son gouvernement. Comme particulier, Maurice était pieux et charitable, au moins d'une charité intermittente; mais il n'avait pas cette piété et cette charité magnanimes qui conviennent à un souverain, et dont son prédécesseur lui avait donné l'exemple. Comme empereur, il était mesquin et avare. Ses ministres, soit principaux, soit subalternes, le prenaient naturellement pour modèle. De là l'oppression et la ruine des provinces, surtout des provinces occidentales, que la cupidité des fonctionnaires impériaux regardait comme une proie prête à échapper et qu'il fallait exploiter au plus vite. Maurice ne devait ni ne pouvait ignorer ces calamités. Le Pape ne le suppose point dans sa lettre; au contraire, puisqu'il connaissait d'avance sa réponse, il le savait donc instruit. Et de fait, avant d'écrire les choses en détail à l'impératrice, saint Grégoire en avait déjà écrit le fond au diacre Honorat, nonce apostolique à Constantinople, avec ordre d'en instruire l'empereur (L. 1, *Epist.* 49).

D'ailleurs, puisque nous voyons le préfet d'Afrique, Innocentius, en écrire au Pape, à plus forte raison en écrivait-il à l'empereur même (L. 10, *Epist.* 38). Mais dans le moment que le Pape mandait à l'impératrice l'oppression de la Sardaigne et de la Corse, Maurice traitait le Pape d'homme simple, qui n'entendait rien au gouvernement; et cela, parce qu'il était venu à bout, comme nous le verrons, de faire la paix avec les Lombards, tandis que les gouverneurs impériaux d'Italie ne savaient faire ni la guerre ni la paix (L. 5, *Epist.* 40). Toutefois, cet homme, qu'il appelait *simple*, lui faisait une terrible prédiction, lorsqu'il l'exhortait à détourner de son âme, de son empire et de ses enfants ce poids épouvantable d'iniquités qui se commettaient dans les provinces; car, pour avoir négligé cet avertissement, nous le verrons perdre et l'empire, et ses enfants, et la vie.

Au milieu de ce déplorable état des choses, le pape saint Grégoire fit tout ce qu'il put. Le principal auteur de l'oppression de la Sardaigne était son duc ou gouverneur Théodore, ce maître de la milice, dont il a déjà été question. Le Pape lui écrivit, non pour lui reprocher ses propres injustices, mais simplement pour le prier de réprimer les usurpations d'un de ses officiers, qui, fier de sa protection, refusait même de paraître en justice. Pour réprimer les vexations de Théodore même, il écrivit à son nonce à Constantinople d'en informer l'empereur (L. 1, *Epist.* 48); il écrivit à l'exarque d'Afrique, Gennade, dont la Sardaigne dépendait, les maux qu'y souffraient les pauvres et les églises de la part de Théodore et de ses gens, et le pria d'y faire régner la justice avec la liberté (*Ibid., Epist.* 49 et 61).

Il réussit dans ses efforts. La Sardaigne reçut un

duc ou gouverneur plus humain, nommé Zabardas. Des anciens habitants de cette île, nommés Barbaricins, étaient encore idolâtres. Le nouveau gouverneur leur offrit la paix, en cas qu'ils voulussent se faire chrétiens. Leur chef, nommé Hostiton, l'était déjà. Saint Grégoire lui écrivit pour l'exhorter à procurer le même bonheur à toute sa nation et à seconder dans cette vue les misssionnaires apostoliques, l'évêque Félix et l'abbé Cyriaque; il joignit à sa lettre une bénédiction, c'est-à-dire un présent de saint Pierre. Il écrivit également au duc Zabardas, pour le féliciter de son zèle et l'assurer qu'il en rendrait bon témoignage à l'empereur. Il écrivit à tous les nobles et propriétaires de l'île, pour leur témoigner sa douleur de ce qu'ils avaient encore presque tous des idolâtres dans leurs terres, et pour les presser instamment de travailler à les convertir. « Je prie donc Votre Grandeur, conclut-il, de vous animer de zèle pour Dieu et de m'écrire combien chacun en aura amenés au Christ; que si, par hasard, vous ne pouvez y travailler vous-mêmes, secondez au moins, dans l'œuvre de Dieu, mon frère Félix et mon fils Cyriaque, afin que vous puissiez un jour participer à la récompense, après avoir contribué à la bonne œuvre (L. 4, *Epist.* 23, 24 et 25). »

Il écrivit surtout à Janvier, évêque de Cagliari, métropolitain de la Sardaigne. C'était ce qu'on appelle familièrement un assez bon homme, mais peu zélé, mais faible, colère et déjà vieux. Il y avait dans les terres de son Eglise des paysans idolâtres, sans qu'il pensât à les convertir; il y avait des hôpitaux, aux administrateurs desquels il négligeait de faire rendre des comptes; il se laissait aller quelquefois à des actes d'avarice et de violence, par suite de mauvais conseils; d'un côté, il se rendait méprisable à son clergé par son peu de tenue, et de l'autre, il excommuniait un laïque pour une offense personnelle; un dimanche, il se laissa tellement aller à la colère, qu'avant de célébrer la messe solennelle, il fit renverser par la charrue la moisson d'un particulier contre lequel il avait de la rancune, et qu'après avoir célébré la messe, il alla lui-même arracher les bornes du champ; enfin, au milieu des inégalités de sa conduite, il fut même accusé de crimes. Sur ces causes et d'autres, le Pape écrivit un grand nombre de lettres, dont vingt à Janvier même. Au sujet des paysans idolâtres qui se trouvaient encore dans les terres de l'Eglise, il lui dit : « Que me sert de vous exhorter à convertir les étrangers, si vous négligez de convertir les vôtres ? Il faut absolument vous y appliquer; car si je puis trouver que quelque évêque de Sardaigne ait un paysan idolâtre, je punirai cet évêque sévèrement; que si le paysan s'obstine dans son infidélité, il faut le charger d'une imposition si forte, qu'elle l'oblige à entendre raison (*Ibid.*, *Epist.* 26). » Quant à l'accusation de crime, il ordonne à Sabin, défenseur de la Sardaigne, d'envoyer sans délai l'évêque Janvier à Rome, afin que l'accusation soit examinée en sa présence; il lui ordonne d'y envoyer également, avec les témoins nécessaires, le prêtre Epiphane, pareillement accusé (L. 3, *Epist.*, 36). On ne sait si l'évêque y alla effectivement.

Pour ce qui est du prêtre Epiphane, le Pape ayant examiné sa cause, ne trouva point de preuve convaincante et le renvoya à son poste, avec une lettre où il enjoint à l'évêque Janvier de citer les accusateurs et de les excommunier, s'ils ne donnent des preuves canoniques de leur accusation. Dans la même lettre, il recommande à l'évêque de faire rendre compte aux administrateurs des hôpitaux, et de ne mettre dans ces places que des hommes de mérite, et seulement des religieux, que les juges n'aient aucun pouvoir de vexer; car, si l'on y met des personnes justiciables de leur tribunal, ils en prendront occasion de piller le bien des pauvres (L. 4, *Epist.* 27).

L'évêque Janvier était incapable de l'énergie nécessaire en pareil cas. Aussi le Pape écrivit-il plus tard à Vital, défenseur de Sardaigne : « D'après ce que vous avez fait connaître, les hôpitaux de Sardaigne sont extrêmement négligés. C'est pourquoi notre révérendissime frère et coévêque mériterait de vifs reproches, s'il n'en était exempt par sa vieillesse, sa simplicité et la maladie qui lui est survenue. Comme dans sa position il est hors d'état d'y mettre quelque ordre, avertissez, de notre part et de notre expresse autorité, l'économe de son Eglise et l'archiprêtre Epiphane, qu'ils ont à répondre des hôpitaux et qu'ils doivent y veiller avec grand soin; car s'il s'y trouve désormais encore quelque négligence, ils n'auront aucune excuse auprès de nous. » Le Pape ajoute : « Les propriétaires de la Sardaigne, accablés de diverses charges, nous ont prié de vous envoyer à Constantinople pour agir en leur faveur. Nous vous permettons d'y aller. Déjà même nous avons écrit à notre bien-aimé fils Boniface [c'était un défenseur de l'Eglise romaine qui se trouvait à Constantinople] d'unir ses efforts aux vôtres pour remédier aux maux de cette province (L. 14, *Epist.*, 2). »

Quant à l'étrange équipée de l'évêque, faisant labourer une moisson avant la messe du dimanche, et arracher les bornes après la messe, le Pape, qui avait eu de la peine à y croire, le réprimanda vivement. « Nous épargnons encore vos cheveux blancs, dit-il, mais nous vous exhortons, vieillard que vous êtes, à rentrer enfin en vous-même et à vous corriger d'une pareille légèreté. Plus vous êtes près de la mort, plus vous devez craindre. Vous méritiez une sévère condamnation, si la connaissance que nous avons de votre simplicité et de votre vieillesse ne nous faisait dissimuler quant à présent; mais pour ceux dont vous avez suivi le conseil, nous les déclarons excommuniés pour deux mois. » Le Pape, par une autre lettre, chargea le défenseur Vital de l'exécution de la sentence (L. 9, *Epist.* 1 et 2).

Dans le fond, l'évêque Janvier n'était pas mauvais, mais faible. Il écrivit au Pape qu'on portait bien des plaintes à Rome contre lui, et qu'il le priait en conséquence d'envoyer un légat *à latere*, pour qu'il pût lui expliquer toutes ses affaires, afin d'en informer ensuite exactement Sa Sainteté. Grégoire lui répondit, qu'effectivement on lui portait bien des plaintes, mais que rien ne l'avait si fort affligé que la moisson labourée et les bornes arrachées du dimanche. Puis, remontant à la source du mal, il lui dit : « Je vous exhorte à bien considérer la charge que vous avez à remplir, et à n'en jamais rien faire, à l'instigation de qui que ce soit, qui puisse blesser votre réputation ou votre âme. Souvenez-vous que vous êtes chargé, non du soin des choses terrestres, mais de la conduite des âmes. C'est là qu'il faut attacher votre cœur et appliquer votre sollicitude. Sachez bien, au reste, que ces reproches ne viennent d'aucune aigreur, mais de la charité fraternelle; car je désire que vous ne portiez pas devant Dieu le seul nom d'évêque, qui ne servirait qu'à votre condamnation, mais que vous soyez évêque par vos mérites, afin d'avoir part à la récompense. Quant à ce que vous voulez que nous députions une personne d'auprès de nous, pour lui expliquer toutes vos affaires, et ensuite nous en informer exactement, écrivez tout ce que vous jugez à propos à notre bien-aimé fils Pierre et au conseiller Théodore, pour qu'ils nous en rendent compte et que nous décidions ce que Dieu nous inspirera (L. 9, *Epist.* 4). »

Dans la même lettre, le saint Pape témoigne sa compassion des maux qu'une incursion des Lombards avait causés en Sardaigne. Il ajoute : « Si, d'après l'avis que nous avions donné d'avance, tant à vous qu'à notre fils Gennade, que cette incursion aurait lieu, on avait pris des précautions, ou les ennemis ne seraient point descendus dans l'île, ou bien ils y auraient souffert le mal qu'ils y ont fait. Que du moins, l'expérience du passé excite votre vigilance pour l'avenir. Quant à nous, par la grâce de Dieu, nous n'omettons rien de ce qui peut être utile. » Il lui annonce ensuite qu'il est sur le point de conclure la paix avec les Lombards, mais que, pour prévenir une nouvelle surprise, il fera bien de veiller à ce qu'il y ait des sentinelles sur les murailles, et à ce que partout on soit sur ses gardes (*Ibid.*, *Epist.* 4). Dans une lettre suivante, prévoyant que cette paix ne serait qu'une trêve, il lui recommande de profiter du moment pour fortifier davantage sa ville épiscopale et les autres lieux, et d'insister pour qu'on y amassât d'abondantes provisions, afin que, si par malheur l'ennemi y revenait il ne trouvât rien à détruire, mais qu'il fût obligé de se retirer avec honte. « Quant à ce qui nous regarde, nous songeons à vous autant que possible, et nous insistons près de ceux que cela intéresse, pour qu'ils préparent les moyens de résister avec l'aide de Dieu; car, comme vous partagez nos tribulations, ainsi nous partageons les vôtres (L. 9, *Epist.* 6). »

Dans cette même lettre, qui est de l'an 598, le Pape donne des éloges à Janvier sur sa conduite dans la conjoncture suivante. Un des Juifs de Cagliari, nommé Pierre, s'était fait chrétien. Le lendemain de son baptême, c'est-à-dire le jour de Pâques, il s'empara de leur synagogue par violence, s'étant fait accompagner d'une troupe d'insolents, et y mit une image de la sainte Vierge, avec une croix, ainsi que l'habit blanc qu'il avait reçu au baptême. Les Juifs portèrent leurs plaintes à Rome. Saint Grégoire en écrivit à l'évêque Janvier, le louant beaucoup de ce que, comme un vrai pontife, il n'avait point consenti à cette violence, et l'exhortant à faire ôter l'image et la croix, avec la vénération qui leur est due, et à rétablir les choses comme auparavant. « Car, ajoute-t-il, comme les lois ne permettent pas aux Juifs de bâtir de nouvelles synagogues, aussi leur permettent-elles de posséder sans trouble les anciennes. Il faut user avec eux d'une telle modération, qu'ils ne nous résistent pas; mais il ne faut pas les amener malgré eux, puisqu'il est écrit : *Je vous offrirai un sacrifice volontaire.* Votre Sainteté, s'entourant de ses fils à qui ces choses déplaisent, doit donc faire en sorte, par ses exhortations sacerdotales, de rétablir l'union parmi les habitants de sa ville; car c'est surtout dans un temps où l'on a un ennemi à craindre, qu'il importe de n'avoir point de division parmi le peuple (Lib. 9, *Epist.* 6). » C'est ainsi que le pape saint Grégoire veillait au salut spirituel et temporel de la Sardaigne.

La Corse n'avait pas une moindre part à sa paternelle sollicitude. Nous l'avons déjà vu par sa lettre à l'impératrice Constantine. Il y avait aussi dans cette île plusieurs moines, mais point de monastère. Il leur envoya l'abbé Orose avec une lettre où il leur ordonnait de lui obéir et d'observer la règle qu'il leur prescrirait. En même temps, il écrivit au défenseur Symmaque d'y faire bâtir un monastère sur le bord de la mer, dans un endroit naturellement fortifié ou qui pût l'être facilement, afin que les moines que l'on y enverrait fussent à l'abri des incursions des Lombards, et que leur bon exemple contribuât à rendre meilleure toute l'île. Il l'autorise à faire pour cela les dépenses nécessaires. Il lui ordonne de défendre aux prêtres de Corse d'avoir chez eux des femmes suspectes. Et, comme trois d'entre eux se trouvaient dans une grande pénurie, il l'autorise à leur donner ce qu'il croirait leur suffire (L. 1, *Epist.* 51 et 52). Il écrivit à l'évêque Pierre pour le féliciter de son zèle et de ses succès dans la conversion des âmes, et l'exhorter à continuer ses travaux apostoliques. Il avait ramené plusieurs fidèles, qui, par le malheur des temps, étaient retombés dans le paganisme, et convertissait un grand nombre qui avaient toujours été idolâtres. Le Pape lui recommande de mettre les premiers quelques jours en pénitence pour leur faire pleurer leur faute, et lui envoie cinquante sous d'or pour procurer aux seconds des vêtements convenables à leur baptême (L. 8, *Epist.* 1). A Boniface, défenseur de la Corse, il enjoint d'avertir de sa part le clergé et le peuple des villes d'Alérie et d'Ajaccio d'élire au plus tôt des évêques, et de les envoyer à Rome, afin que leurs Églises ne restent pas plus longtemps sans pasteurs. Il lui ordonne d'avoir soin que les pauvres ne fussent plus opprimés, comme on disait qu'ils l'étaient ni les clercs arrêtés et jugés par des laïques. « Si vous étiez un homme, dit-il, cela n'aurait pas eu lieu (L. 11, *Epist.* 77). »

En voyant la charité de Grégoire pour les régions les plus lointaines, on sent combien elle dut être grande pour ce qui le touchait encore de plus près, l'Italie et la Sicile. Nous avons au moins deux cents lettres écrites en ce dernier pays seul. La première de toutes est aux évêques de Sicile, pour leur annoncer qu'il a nommé le sous-diacre Pierre son vicaire dans leur province, et que tous les ans ils doivent s'assembler avec lui en concile, soit à Syracuse, soit à Catane, afin de pourvoir au soulagement des pauvres et au secours des opprimés, avertir et corriger les coupables (L. 1, *Epist.* 1). Il conjure le préteur de Sicile, son ami Justin, de conserver la bonne intelligence avec les ecclésiastiques, et d'envoyer exactement à Rome les provisions de blé nécessaire ; car si l'on y manque, ce n'est pas un individu quelconque que l'on tue, mais tout un peuple (*Epist.* 2). Au sous-diacre Pierre, il donne des instructions pleines de sagesse sur la conduite qu'il doit tenir et les avis qu'il doit donner (*Epist.* 36). Il lui signale, dans une longue lettre, diverses injustices qu'on avait faites aux paysans de l'Eglise, et lui enjoint de les réparer. « Relisez assidûment tout cela, et mettez de côté cette négligence qui vous est familière. Faites relire dans toutes les métairies les écrits que j'ai adressés aux paysans, afin qu'ils sachent ce que, d'après notre autorité, ils doivent défendre contre les violences; qu'on leur en donne, soit l'original, soit une copie. Prenez garde de tout accomplir sans manquer à rien; quant à ce que je vous écris touchant l'observation de la justice, j'en suis déchargé : c'est vous qui en répondez, si vous êtes négligent. Considérez le terrible juge à venir, et que votre conscience tremble dès maintenant, de peur qu'elle ne tremble sans fruit, lorsque le ciel et la terre trembleront en sa présence. Vous savez ce que je veux, voyez ce que vous avez à faire (*Epist.* 44). »

Dans une autre lettre au même, parmi une foule d'affaires qu'il lui enjoint de terminer et d'aumônes qu'il lui ordonne de distribuer, il dit : « J'ai appris que vous connaissiez des fonds de terre qui appartiennent à autrui, mais que, par respect humain, vous n'osez les rendre à leurs propriétaires. Si vous étiez vraiment chrétien, vous craindriez plus le jugement de Dieu que les discours des hommes. Faites attention que je vous avertis continuellement à cet égard. Si vous négligez de le faire, mes paroles mêmes rendront témoignage contre vous. » Au milieu des affaires aussi graves que rappelle le saint Pontife, il en est une qui l'est un peu moins. « Vous nous avez envoyé, dit-il, un mauvais cheval et cinq bons ânes. Je ne puis monter le cheval, parce qu'il est mauvais, ni les ânes, parce que ce sont des ânes. Si vous voulez nous faire plaisir, envoyez-nous quelque chose qui vaille la peine (L. 2, *Epist.* 32). »

Saint Maximien, abbé du monastère de Saint-Grégoire de Romè, étant devenu évêque de Syracuse, le Pape, qui l'aimait beaucoup, l'établit vicaire dans toute la Sicile, au mois de décembre 592, lui donnant pouvoir de terminer sur les lieux les moindres causes, et se réservant la connaissance des plus difficiles; mais il déclare que cette prérogative est attachée à sa personne et non à sa place (*Ibid.*, *Epist.* 7). Les évêques de Sicile étaient dans l'usage de venir chaque année à Rome pour la fête du Pape. Dès le 1er avril 591, Grégoire avait écrit au sous-diacre Pierre : « Empêchez-les de venir à l'anniversaire de mon ordination, parce que je n'aime point une sotte et vaine superfluité. Mais s'il faut qu'ils s'assemblent, qu'ils viennent à la fête du bienheureux Pierre, prince des apôtres, afin de rendre leurs actions de grâces à celui par la grâce duquel ils sont pasteurs (L. 1, *Epist.* 36). Les mêmes évêques étaient obligés, par la coutume, de se présenter à Rome tous les trois ans. Saint Grégoire, pour leur épargner les fatigues du voyage, surtout dans un temps de révolutions politiques, ne les oblige à se présenter que tous les cinq ans (L. 7, *Epist.* 22).

Maximien mourut le 9 juin 594, au grand regret de saint Grégoire, qui en fait partout un grand éloge. Les nobles de Syracuse en jugèrent comme Grégoire, et prièrent le Pape, auquel ils s'en remirent de l'élection, de leur donner un pasteur semblable. Grégoire leur répondit qu'il n'en avait point de pareil; et commanda de lui envoyer les deux candidats entre lesquels s'étaient partagés les suffrages du clergé et du peuple, afin d'ordonner lui-même celui qu'il croirait le plus utile (L. 5, *Epist.* 22). Il ordonna effectivement évêque de Syracuse Jean, archidiacre de Catane, qui imita les vertus de son prédécesseur. Sa charité était si grande, qu'il envoya des aumônes considérables aux pauvres de Rome, quoiqu'il eût lui-même à Syracuse des pauvres sans nombre. Il faisait lire à sa table, même devant les étrangers, les écrits de saint Grégoire. Il ne me semble pas que vous deviez le faire, lui dit le Pape; car ce que vous faites par affection, d'autres pourraient me l'imputer à vaine gloire (L. 7, *Epist.* 9). Jean mourut saintement l'an 609. L'Eglise de Syracuse célèbre sa fête le 28 octobre (L. 6, *Epist.* 18, note).

Dans les nombreuses lettres que ce saint Pape lui écrivit, il en est une qui peut surprendre. Grégoire ayant appris que les diacres de l'Eglise de Catane osaient officier avec des sandales d'une certaine forme, que les Papes, ses prédécesseurs, n'avaient accordées dans toute la Sicile qu'aux seuls diacres de l'Eglise de Messine, il charge l'évêque de s'en informer et de lui en faire le rapport, afin qu'il prît des mesures convenables. « Car si nous dissimulons les usurpations de cette nature, nous ouvrons la porte à d'autres (L. 8, *Epist.* 27). » On voit jusqu'où se portait la vigilance du saint Pontife.

Dans ses autres lettres, relatives à la Sicile, il ordonne d'enfermer dans des monastères les clercs, les prêtres et même les évêques déposés (L. 1, *Epist.* 4; L. 3, *Epist.* 26 et 50; L. 9, *Epist.* 63). Le pape Pélage II avait obligé des sous-diacres de Sicile à s'abstenir de leurs femmes, suivant l'usage de l'Eglise romaine. Saint Grégoire jugea trop dur de leur imposer la continence à ces hommes qui ne l'avaient point promise. Il modéra donc ainsi la constitution de son prédécesseur. Il défendit aux évêques d'ordonner, à l'avenir, aucun sous-diacre, qu'il n'eût promis la chasteté; mais il n'y obligea point ceux qui avaient été faits sous-diacres jusqu'alors sans cette promesse; seulement, il défendit de les promouvoir à aucun ordre supérieur (*Ibid.*, *Epist.* 44). Par suite de la guerre des Lombards, plusieurs moines s'étaient réfugiés d'Italie en Sicile, où ils vivaient isolés et sans règle. Grégoire ordonne de les réunir dans des monastères (*Ibid.*, *Epist.* 41). Comme il y avait des Juifs dans les terres mêmes de l'Eglise, le saint Pape promit, par écrit, une diminution de leurs redevances à ceux qui se convertiraient. « Nous n'y perdrons pas, disait-il, si, par cette diminution, nous les attirons au christianisme. Car, y vinssent-ils, eux, avec une foi imparfaite, leurs enfants recevront le baptême avec une foi plus entière. Ainsi nous les gagnons, soit eux, soit leurs enfants (L. 5, *Epist.* 8). » Il ne voulait pas que les Juifs eussent des esclaves chrétiens, surtout dans leurs maisons. Cependant il ne souffrait pas qu'on usât envers les Juifs d'aucune violence. Ainsi l'évêque de Palerme leur ayant enlevé leur synagogue pour en faire une église, il l'obligea, non point à la leur rendre, attendu qu'elle était déjà consacrée, mais à leur payer une indemnité suivant l'estimation de deux experts (L. 9, *Epist.* 55).

La charité et la justice étaient le fond de son âme. Libertinus, préfet de Sicile, étant tombé dans la disgrâce au point d'être mis à la torture par l'ex-consul Léonce, Grégoire lui envoya des secours de la part de saint Pierre, avec les attentions délicates que nous avons vues : d'un autre côté, il s'intéressa pour lui près de Léonce, qui lui envoya les chefs d'accusation. A quoi le Pape répondit : « Vous devez vous souvenir que jamais je ne vous ai demandé pour qui que ce soit, sinon de lui accorder votre protection suivant la justice. Je vous ai marqué de plus, que toute la province rendait grâces à l'administration de Libertinus. J'ignore s'il est coupable sur le chef que vous dites; j'ignore ce qu'il allègue sur les autres; mais il est une chose que je sais fort bien, c'est que s'il a commis quelque fraude dans les deniers publics, il fallait donner atteinte à son avoir, non à sa liberté. Car quand on frappe des hommes libres, outre que Dieu est offensé, outre que votre renommée en souffre, cela ternit le gouvernement de notre très-pieux empereur. Telle est en effet la différence entre les rois des nations et les empereurs des Romains : les rois des nations sont des maîtres d'esclaves, l'empereur des Romains est le souverain d'hommes libres. Par conséquent, quoi que vous fassiez, il faut d'abord observer la justice, ensuite respecter en tout la liberté. Il est écrit : *Ce que tu ne veux pas qu'on te fasse, prends garde de le faire à autrui.* Et la Vérité dit par elle-même : *Ce que vous voulez que les hommes vous fassent, faites cela même à eux.* Lors donc qu'on vous renvoie quelqu'un à juger, vous devez respecter sa liberté comme la vôtre; si vous ne voulez pas que votre liberté soit outragée par vos supérieurs, honorez et gardez vous-même celle de vos inférieurs. Nous savons qui a dit : *Le ciel et la terre passeront, mais mes paroles ne passeront point.* Puis donc que ses paroles ne doivent point passer, mais s'accomplir en tout, craignons ce qu'il dit encore : *On se servira envers vous de la même mesure dont vous vous serez servis envers les autres.* Pensez-vous donc qu'en agissant avec orgueil et cruauté, au mépris de Dieu, nous nous concilierons la faveur de l'homme? Nullement. Car Dieu, qu'on méprise, irrite contre nous l'homme que nous voulons gagner par là. Ayons donc soin en toutes choses de plaire à Dieu, qui peut ramener à la douceur les hommes mêmes irrités; tandis que, quand Dieu s'irrite, les hommes même les plus doux sont portés à la colère (L. 10, *Epist.* 51). » C'est ainsi que Grégoire, par les principes les plus élevés, défendait, parmi les grands et les petits, les droits de la justice et de la liberté.

Enfin, sachant que les Lombards se préparaient à envahir et à ravager la Sicile, comme ils faisaient l'Italie, il écrivit à tous les évêques siciliens, pour les exhorter à détourner cette calamité par leurs prières et leurs larmes. Il leur recommande de faire deux fois chaque semaine, le mercredi et le vendredi, des litanies ou des processions pour implorer le secours du ciel, et d'engager leurs peuples à une conversion sincère. « Car ce que vous avez à prévenir et à craindre, vous le voyez par la désolation de notre province (L. 11, *Epist.* 51). »

En effet, la pauvre Italie était ravagée par les Lombards, épuisée par les Grecs, auxquels se joignaient souvent la peste et la famine. Voici comme le saint Pontife en parle dans une lettre à Sébastien, évêque de Sirmium, ami particulier de Romanus, exarque impérial de Ravenne. « Ce que nous souffrons dans ce pays de la part de votre ami Romanus, il est impossible de le dire. Je dirai seulement que sa méchanceté envers nous l'emporte sur le glaive des Lombards, au point que les ennemis qui nous égorgent paraissent plus humains que les juges de la république, qui, par leur malice, leurs rapines et leurs fraudes, nous consument d'inquiétudes. Prendre soin tout à la fois des évêques et des clercs, des monastères et du peuple, veiller avec sollicitude contre les embûches des ennemis, être toujours en garde contre les tromperies et les malices des commandants, quelle occupation, quelle douleur c'est, Votre Fraternité le comprendra d'autant mieux qu'elle m'aime plus purement, moi qui endure tout cela (L. 5, *Epist.* 42). »

L'an 594, le saint Pape eut occasion de proclamer l'innocence d'un saint évêque de Sicile, et de le renvoyer à son siège.

Nous voulons parler de saint Grégoire d'Agrigente. Il était né près de cette ville, l'an 559. Son père s'appelait Chariton et sa mère Théodote. Ils étaient très-riches, mais non moins charitables. A l'âge de huit ans, son père le conduisit à la ville et l'offrit au saint évêque Potamion, comme à son père spirituel. L'évêque, en présence de ses parents mêmes, le mit sous la direction d'un pieux et savant prêtre, nommé Damien, pour l'instruire dans les saintes lettres. Le jeune Grégoire y fit tant de progrès, qu'il surpassait tous ses condisciples et semblait même égaler son maître. A l'âge de douze ans, sur la demande de son père et de sa mère, l'évêque Potamion lui conféra la tonsure cléricale et le remit à l'archidiacre Donat, préfet de la bibliothèque, afin de le perfectionner dans la littérature ecclésiastique et sacrée.

Grégoire demandait continuellement à Dieu la grâce de connaître et de faire son bon plaisir, et de mériter son royaume. Ayant lu la vie de saint Basile, il conçut un grand désir de mener une vie semblable et de visiter les saints lieux de Jérusalem. A l'âge de 18 ans, il lui fut révélé que Dieu avait exaucé sa prière. Aussitôt il s'embarqua secrètement. Le maître du navire, qui allait à Carthage, le reçut très-volontiers, espérant le vendre comme esclave. Mais lorsque, pendant la traversée, il le vit si appliqué à la prière et à la lecture, il changea de sentiment, et le fit connaître à l'évêque de Carthage, qui, ayant appris de lui-même son dessein d'aller à Jérusalem, l'y encouragea avec beaucoup de bienveillance.

Il y alla effectivement avec trois religieux d'un monastère de Rome, visita les monastères de Palestine et embrassa la vie religieuse près de la ville sainte. Tout le monde était merveilleusement édifié de sa piété tendre, de sa science et de son humilité. Les trois religieux, retournant de Jérusalem à Rome, passèrent fortuitement par Agrigente et allèrent saluer le saint évêque Potamion, qui les reçut avec beaucoup de charité. Pendant qu'ils étaient là, ils entendirent un homme et une femme, parlant à de jeunes ecclésiastiques, pleurer à haute voix. En ayant demandé la cause, l'évêque leur dit que c'était le père et la mère d'un pieux jeune homme qui avait disparu depuis deux ans, et dont ils pleuraient la mort. Les religieux, ayant demandé à les voir, reconnurent sans peine à leurs traits les parents de leur pieux compagnon qu'ils avaient laissé à Jérusalem. Ils leur annoncèrent donc que leur fils vivait encore, qu'il était dans la cité sainte et priait sans cesse pour eux. Leur joie fut extrême, aussi bien que la joie de toute la ville.

La même année 579, il fut ordonné diacre par l'archevêque de Jérusalem, qui l'avait pris en affection, et dont il s'étudiait à retracer toutes les vertus. Il passa ensuite quatre ans dans un désert avec un saint moine, qui lui apprit la grammaire, la rhétorique, la philosophie et l'astronomie. Il séjourna une année dans Antioche, deux à Constantinople, où le patriarche et l'empereur le firent assister à un concile et y parler. Venu à Rome en 590, il y demeura un an dans le monastère grec de Saint-Sabas. Les nonces du pape saint Grégoire le Grand, qui avaient assisté à ce concile, étant revenus à leur tour, lui parlèrent du diacre Grégoire qu'ils y avaient entendu avec admiration.

Cependant l'évêché d'Agrigente vint à vaquer. Il y eut une double élection. Les deux compétiteurs vinrent à Rome devant le Pape, avec une députation de leur parti respectif. Chariton, père de Grégoire, était du nombre. Le Pape, n'ayant pu les mettre d'accord, demanda à Chariton et aux autres députés ce qu'en conscience ils pensaient de cette affaire. Ils se prosternèrent à ses pieds et dirent : « Très-saint Père, nous pensons que nul ne doit s'attribuer cet honneur, s'il n'est appelé de Dieu. Celui donc que, de sa part, vous nous donnerez pour évêque, nous le recevrons avec reconnaissance. »

Le Pape étant fortement occupé de cette affaire, il lui fut révélé en songe que, dans le monastère de Saint-Sabas, il y avait un certain Grégoire qui était l'homme choisi de Dieu pour cette place, quoiqu'il se fût sauvé de ce monastère dans un autre. Le Pape, ayant raconté cette vision aux principaux de son clergé, on fit venir le diacre Grégoire. Les nonces, qui l'avaient vu à Constantinople, le reconnurent ; l'abbé Marc, un de ces trois religieux qui l'avaient conduit à Jérusalem, raconta toute son histoire. Le Pape le déclara donc évêque d'Agrigente, et le sacra lui-même dans l'église de Saint-Pierre, en présence de son père, Chariton, qui ne le reconnut qu'après. C'était en 590, 13 ans depuis qu'il avait disparu.

Le nouvel évêque fut reçu dans Agrigente avec la joie la plus vive. Il guérit un sourd-muet en entrant dans son église, et fit d'autres miracles. Il servait lui-même les pauvres et les malades. Sa pieuse mère suivait son exemple. Son père s'appliquait nuit et jour au jeûne et à la prière, ainsi qu'à la méditation des saintes Ecritures, que son fils lui expliquait verset par verset.

Cependant un des compétiteurs déchus, jaloux des succès du nouvel évêque, trama contre lui un complot, dans lequel il fit entrer quelques clercs et même le gouverneur du pays. Saint Grégoire d'Agrigente fut accusé d'un commerce criminel avec une personne de mauvaise vie, que les conspirateurs avaient introduite clandestinement dans sa maison. Il fut mis en prison, et, sur son appel, conduit à Rome, pour être jugé par le Pape. Comme ses accusateurs tardaient à se présenter, le Pape saint Grégoire écrivit à saint Maximien de Syracuse de les faire venir. (L. 3, *Epist.* 12). Enfin, l'année 594, son innocence fut reconnue, ses accusateurs condamnés et lui-même comblé de faveurs par le Pape. Il fit alors un voyage à Constantinople, dont l'empereur et le patriarche, qui le connaissaient et l'affectionnaient, le comblèrent d'honneurs. Il revint par Rome à Agrigente, où il transforma un vieux temple d'idoles en église, sous l'invocation de saint Pierre et de saint Paul. L'an 598, le Pape Grégoire lui envoya le défenseur Fantin, pour lui parler de plusieurs Juifs d'Agrigente qui voulaient devenir chrétiens (L. 8, *Epist.* 23).

Saint Grégoire d'Agrigente laissa plusieurs écrits. Un seul a vu le jour : c'est un *Commentaire sur l'Ecclésiaste*. L'époque même de sa vie était incertaine jusqu'en 1791, où Etienne-Antoine Morcel puplia à Venise son commentaire et sa vie, avec de savantes notes qui mettent à peu près hors de doute les époques que nous avons suivies (*S. Gregorii II pontificis Agrigentinorum, etc. Venetiis*, 1791).

Après un interrègne de dix ans, pendant lequel ils avaient été gouvernés par trente ducs, les Lombards élurent roi Autharis, fils de leur dernier roi. En 589, il épousa Théodelinde, princesse catholique, fille de Garibald, duc de Bavière. Ce qui détermina les Lombards à se donner un roi l'an 584, fut une invasion des Francs d'Austrasie, qui la recommencèrent en 588. L'empereur Maurice avait fait alliance avec le roi d'Austrasie, Childebert, pour chasser les Lombards d'Italie. L'an 590, Childebert envoya contre eux une nouvelle armée par l'Helvétie, tandis que les Grecs les attaquaient du côté de l'Adriatique. Autharis, trop faible pour tenir tête à deux ennemis si puissants, prit le parti de se renfermer dans les villes fortes. Romanus, exarque de Ravenne, en prit quelques-unes. Les Francs s'emparèrent de plusieurs autres, dont ils emmenèrent en captivité tous les habitants, à l'exception de ceux d'une forteresse, qui, au nombre de six cents, par l'intervention des évêques de Brixen et de Trente, obtinrent de se racheter moyennant un sou d'or par tête. Ils avaient cependant stipulé dans le traité d'alliance, qu'ils épargneraient les habitants. C'en était fait de la puissance des Lombards en Italie, si les Francs s'étaient entendu avec les Grecs jusqu'à la fin. Mais la dyssenterie s'étant mise parmi eux, ils firent une trêve de dix mois avec les Lombards, et repassèrent les monts avec la multitude de leurs captifs. Autharis profita de cet intervalle pour envoyer des ambassadeurs aux rois des Francs, afin de les détacher de l'alliance des Grecs. Mais il mourut pendant les négociations, le 5 septembre 590. Il était arien. Vers le temps de Pâques de la même année, il avait défendu de baptiser les enfants des Lombards dans la foi catholique. Saint Grégoire regarda sa mort comme une punition divine de cette faute.

Sa femme Théodelinde, quoiqu'elle fût étrangère et catholique, s'était tellement concilié le respect et la confiance des Lombards, par sa sagesse, sa piété et ses autres vertus, qu'ils lui permirent de choisir pour son époux et pour leur roi celui des Lombards qu'elle voudrait. Après y avoir pensé quelque temps, elle manda le duc de Turin, Agilulfe, se fit apporter une coupe de vin, en but la moitié et lui donna à boire le reste. Agilulfe ayant vidé la coupe, la lui rendit, en lui baisant respectueusement la main. La reine, souriant avec une modeste rougeur, lui dit que celui qui avait droit de la baiser au visage, ne devait pas se borner à lui baiser la main. En même temps elle lui apprit qu'elle le choisissait pour son époux et pour roi des Lombards. Les noces se célébrèrent avec une grande joie au mois de novembre de la même année 590. Cependant Agilulfe, qui se nommait aussi Ago, et qui était parent d'Autharis, ne fut solennellement proclamé roi qu'au mois de mai 591 (Paul, diac., l. 3, c. 34). Un de ses premiers soins fut d'envoyer en France, au roi Childebert d'Austrasie, l'évêque Agnellus de Trente, pour délivrer les Italiens que les Francs y avaient emmenés esclaves : pensée vraiment digne d'un roi, père de son peuple. L'évêque trouva que Brunichilde ou Brunehaut, mère du roi d'Austrasie, avait déjà racheté de ses propres deniers un grand nombre de ces malheureux; il en racheta lui-même beaucoup d'autres avec l'argent d'Agilulfe, et les ramena tous en Italie. Agilulfe conclut en même temps la paix avec les Francs d'une part, et de l'autre avec les Avares, qui pénétraient du côté de la Pannonie (*Ibid.*, l. 4, c. 1 et 4). Il paraît même qu'il avait conclu une trêve avec les Grecs.

Mais il eut à dompter plusieurs des propres ducs, qui se révoltèrent au commencement de son règne. L'exarque Romanus de Ravenne, ayant gagné le duc de Pérouse, surprit cette ville, ainsi que plusieurs autres. Sur ces fâcheuses nouvelles, Agilulfe manda au duc de Spolète, Ariulfe, vaillant homme de guerre, de se mettre en campagne. Saint Grégoire l'ayant su, écrivit aux généraux Vélox, Maurilius et Vitalien, de surveiller ses mouvements et de l'attaquer en queue, soit qu'il tournât du côté de Rome ou de Ravenne (L. 2, *Epist.* 3, 29 et 30). C'était dans le mois de juin 592, et le bruit courait qu'Ariulfe serait sous les murs de Rome pour la fête de saint Pierre. Il y vint en effet, tua beaucoup de monde, en mutila beaucoup d'autres. Le saint pontife en tomba malade de chagrin. Il aurait pu faire la paix avec Ariulfe à force d'argent; mais l'exarque Romanus ne voulait ni combattre les Lombards, ni permettre qu'on fît la paix avec eux. C'est de quoi le Pape se plaint amèrement dans une lettre à l'évêque Jean de Ravenne, qu'il prie d'engager l'exarque à permettre qu'on fasse la paix, attendu qu'il avait dégarni Rome pour occuper Pérouse, et que le peu de troupes qui s'y trouvaient encore, n'étant pas payées, consentaient à peine à monter la garde sur les murailles. De plus, à l'instigation d'Ariulfe, le duc de Bénévent, Arigis, rompant les capitulations précédentes, marchait sur Naples et menaçait cette ville; en sorte que si l'on n'allait promptement à son secours, on pouvait dès lors la regarder comme perdue (*Ibid., Epist.* 46). Le saint pontife la secourut suivant son pouvoir. Il envoya pour y commander, le tribun Constantius, et écrivit la lettre suivante aux troupes de la garnison.

« Grégoire, à tous les militaires de Naples. La gloire de l'armée, entre autres mérites excellents, c'est d'obéir pour le bien de la sainte république, et d'exécuter ce qui lui est utilement commandé (1). C'est ce que vous avez fait avec un dévouement digne de vrais guerriers, en obéissant aux lettres par lesquelles nous avons nommé le tribun Constantius au commandement et à la défense de la ville. C'est pourquoi nous vous engageons, par le présent écrit, de lui témoigner, comme vous avez fait, une entière obéissance, pour le bien de nos sérénissimes seigneurs et pour la conservation de la cité, afin que, par votre vigilance et votre sollicitude actuelles, vous augmentiez tout ce que l'on sait que vous avez déjà montré de bravoure (L. 2, *Epist.* 31).

Plus tard, écrivant au clergé et à la noblesse de Naples, touchant le candidat qu'ils lui présentaient pour l'évêché de cette ville, il fait cette réflexion : « On dit qu'il est trop simple; car vous savez que, dans le temps où nous sommes, celui qu'on met à la tête du gouvernement doit savoir veiller, non-seulement au salut des âmes, mais encore à l'utilité et à la défense extérieure de ceux qui lui sont soumis (L. 10, *Epist.* 62). » On voit, dans ces paroles, quel motif portait ce grand Pontife à se mêler du gouvernement temporel; le salut du pauvre peuple, qui n'avait d'autre défenseur. C'est le même motif qui lui faisait écrire à l'évêque de Terracine : « Nous avons appris qu'un grand nombre s'excusent de monter la garde sur les murailles. Votre Fraternité aura soin que pas un ne soit dispensé de veiller à son tour, sous prétexte qu'il est de notre église ou d'une autre, ni sous un autre prétexte quelconque, mais que tous y soient obligés généralement, afin que, tous veillant à leur tour, on puisse mieux garder la ville, avec l'aide du Seigneur (L. 8, *Epist.* 18). »

Outre ce motif général d'utilité, ou plutôt de nécessité publique, il y en avait encore de particuliers. Dès lors il y avait des villes mêmes qui appartenaient en propre à l'Église romaine. Ainsi, saint Grégoire écrivit à Sibien, évêque de Callipolis, dans l'Italie méridionale : « On nous informe que les hommes du fort de Callipolis, où, par la grâce du Seigneur, nous vous avons institué évêque, sont affligés par plusieurs de graves vexations, et ruinés par des corvées lointaines et par de grandes dépenses. Comme ce lieu est à notre Église, ainsi que tout le monde sait, nous exhortons Votre Fraternité à prendre avec zèle leur défense et à ne pas permettre qu'on leur impose des charges auxquelles ils ne sont pas tenus. Nous vous faisons expédier de nos archives une copie des privilèges de votre Église, afin que vous sachiez comment défendre les habitants de ce lieu (L. 9, *Epist.* 100). » Il écrivit en même temps à Occilien, tribun d'Otrante, de réparer judiciairement les torts que son prédécesseur Viator était accusé d'avoir faits aux citoyens de cette ville. « Car vous savez que ce lieu appartient en propre à notre Église : si donc le peu de paysans qui y restent sont affligés par des corvées indues ou des oppressions, ils abandonneront ce lieu, et donneront occasion aux ennemis de l'envahir, ce que nous ne souhaitons pas. En conséquence, nous vous recommandons d'une manière spéciale l'évêque et les habitants de cet endroit, de telle sorte que, non-seulement ils ne soient point chargés d'impositions illicites, mais qu'ils sentent que notre recommandation leur est en tout profitable, afin que le bienheureux Pierre, prince des apôtres, de qui c'est la propriété, vous en récompense et que nous songions nous-mêmes avec plus de plaisir à vos intérêts (L. 9, *Epist.* 99). »

D'une autre part, le roi des Lombards, Agilulfe ou Ago, s'étant mis en campagne avec une armée

---
(1) *Summa militiæ laus inter alia bona merita hæc est, obedientiam sanciæ reipublicæ utilitatibus exhibere, quodque sibi utiliter imperatum fuerit, obtemperare.*

puissante, reprit Pérouse, fit trancher la tête au duc qui l'avait livrée aux Grecs, et s'avança sur Rome. Le bruit seul de sa marche y avait jeté l'épouvante, et ôtait à saint Grégoire le calme nécessaire pour expliquer à son peuple les prophéties d'Ezéchiel. Il en était au 40ᵉ chapitre, quand il apprit qu'Agilulfe avait passé le Pô pour venir assiéger Rome (*Præf.*, l. 2, *in Ezech.*).

Il vint en effet, et les Romains eurent beaucoup à souffrir, comme on le voit par ces paroles du saint Pontife : « Partout nous voyons le deuil, partout nous entendons des gémissements. Les villes sont ruinées, les forteresses détruites, les campagnes dépeuplées, la terre réduite en solitude. Nul laboureur dans les champs, presque nul habitant dans les villes, et encore ce petit reste du genre humain est-il frappé chaque jour et sans relâche. Les fléaux de la justice céleste n'ont point de fin, parce que, au milieu des fléaux mêmes, on ne se corrige point. Nous voyons les uns emmenés captifs, les autres mutilés, les autres mis à mort. Qu'y a-t-il donc encore dans la vie qui puisse nous plaire ? En vérité, si nous aimons encore un monde pareil, ce ne sont plus les joies, mais les plaies que nous aimons. Rome elle-même, qui paraissait autrefois la maîtresse du monde, nous voyons à quel état elle est réduite. Accablée par d'immenses et innombrables douleurs, la désolation des citoyens, l'oppression des ennemis, la fréquence des ruines, nous voyons accompli en elle ce que notre prophète a prédit contre Samarie. Il n'y a plus de sénat, le peuple a péri, et encore, dans le peu qui reste, les douleurs et les gémissements se multiplient chaque jour. Telle qu'une victime consumée dans la chaudière, au point qu'il ne lui demeure ni chair ni os, Rome est brûlée à vide. Et ce que nous disons du dépérissement de la ville de Rome, nous le voyons dans toutes les villes du monde. Car les unes sont désolées par la peste, les autres consumées par le glaive, les autres tourmentées par la faim, les autres englouties par la terre entr'ouverte (*Ibid.*, l. 2, homil. 6). Que personne ne me blâme donc, si, après ce discours, je cesse de parler; car, comme vous le voyez tous, nos tribulations se sont accrues; de toutes parts nous sommes environnés de glaives, de toutes parts nous sommes menacés de la mort. Les uns reviennent à nous les mains coupées, et nous annoncent que les autres ont été tués ou emmenés captifs. Je suis forcé de suspendre l'explication du prophète, parce que mon âme est ennuyée de ma vie (L. 2, hom. 10).

Au milieu de ces calamités, saint Grégoire insinue plusieurs fois dans ses écrits, que la fin du monde, ou du moins une fin du monde était proche. En quoi il y avait du vrai. La fin du vieux monde, du monde de Babylone et de Rome païenne, était proche, elle était même venue ; de ses débris devait sortir un monde nouveau, l'univers chrétien, avec des nations constituées chrétiennement et ayant pour centre spirituel Rome chrétienne; transformation difficile qui était comme une nouvelle création, et, dans les vues de la Providence, Grégoire devait y contribuer puissamment.

Cependant Rome, avec sa faible garnison, se défendit vaillamment, dans cette extrémité, contre Agilulfe. Le roi lombard, voyant la difficulté de l'entreprise, touché peut-être des prières et des présents que le généreux Pontife savait employer à propos pour le bien de son peuple, se retira de la contrée et laissa les Romains en paix. Au milieu de ces guerres, le saint Pape entretenait un commerce pacifique de lettres avec la pieuse reine Théodelinde, ce qui ne servit pas peu à rendre son époux Agilulfe, bien qu'il fût arien, favorable aux catholiques de ses États, et à lui faire embrasser finalement la foi orthodoxe. L'an 593, leur évêque Laurent étant mort, le clergé et le peuple de Milan, d'une voix unanime, choisirent pour lui succéder le prêtre Constantius. Le Pape, qui le connaissait et l'aimait beaucoup, approuva son choix. Mais trois évêques de la province en prirent occasion de se séparer du nouveau métropolitain, et entraînèrent dans leur parti la reine Théodelinde. Leur prétexte était que Constantius avait souscrit à la condamnation des trois chapitres, et, par là, donné atteinte au concile de Chalcédoine. Le Pape adressa plusieurs lettres à Constantius, tant pour lui que pour les trois évêques et la reine, afin de les tranquilliser sur l'autorité inviolable des quatre premiers conciles, notamment de celui de Chalcédoine, et les exhorter à se réunir à leur métropolitain. Il était persuadé que tel serait le résultat de ses lettres (L. 4, *Epist.* 1, 2, 3, 4, 38, 39).

Et de fait, d'autres lettres nous font voir que la bonne princesse s'était rendue à ses exhortations. Le Pape lui envoya ses *Dialogues*, qu'il écrivit vers l'an 593 ou 594. Théodelinde s'en servit pour persuader la foi catholique tant au roi qu'à ses sujets. Les Lombards, encore païens, avaient dépouillé les églises de presque tout ce qu'elles possédaient. Mais le roi, touché des salutaires supplications de la reine, embrassa la foi catholique, donna beaucoup de propriétés aux Eglises du Christ, et fit rendre l'honneur convenable aux évêques, qui étaient dans la dépression et l'abjection. C'est ce que dit Paul, diacre, lui-même Lombard d'origine (*De gest. Langob.*, l. 4, c. 5 et 6).

Les *Dialogues* de saint Grégoire sont un recueil en quatre livres des vies et des miracles des Pères d'Italie. Il n'y rapporte que des faits, qui avaient pour eux des témoignages certains et respectables. Il en avait vu quelques-uns lui-même, il avait appris les autres, ou de saints évêques, ou de saints religieux, ou de supérieurs de monastères, ou de gens de condition : il n'en raconte point sur des bruits populaires. La plupart des miracles qu'il rapporte avaient été opérés, ou sur des Lombards ou en leur présence. Comme cette nation n'était entrée en Italie que depuis vingt-cinq à trente ans, il leur était facile de savoir si ces faits étaient véritables. Certes, il fallait que Grégoire en fût bien sûr, pour les leur rappeler ainsi publiquement.

Ce qu'il avait surtout en vue, spécialement dans le quatrième livre, c'était de fortifier la foi des faibles à l'immortalité de l'âme et à la résurrection des corps, plusieurs en doutaient, même dans le sein de l'Eglise. Il avoue, dans un de ses sermons, qu'il avait eu lui-même autrefois des doutes sur la résurrection (*Hom.* 26, *in Ev.*). Or, pour fortifier la foi sur l'une et l'autre vérité, il n'y avait rien de plus propre que les miracles opérés aux tombeaux des saints, d'autant plus que les païens qui restaient à convertir, surtout en Italie, n'étaient, pour la plupart, que des serfs rustiques ou des soldats barbares. A ces âmes simples et grossières, Dieu envoyait plus volontiers qu'à d'autres des miracles, comme moyen plus court et plus efficace pour les convertir.

Saint Grégoire explique lui-même en ces termes l'occasion :

« Un jour, étant accablé de l'importunité de quelques gens du monde, qui exigent de nous en leurs affaires ce que nous ne leur devons point, je me retirai dans un lieu écarté, où je pusse considérer librement tout ce qui me déplaisait dans mes occupations. [Ce lieu de retraite était son monastère de Saint-André.] Comme j'y étais assis, très-affligé et gardant un long silence, j'avais auprès de moi le diacre Pierre, mon ami depuis la première jeunesse et le compagnon de mes études sur l'Ecriture sainte. Me voyant dans cette affliction, il me demanda si j'en avais quelque nouveau sujet. Je lui répondis : Ma douleur est vieille par l'habitude que j'en ai formée, et nouvelle en ce qu'elle augmente tous les jours. Je me souviens de ce que mon âme était dans le monastère, au-dessus de toutes les choses périssables, uniquement occupée des biens célestes, sortant de cette prison de son corps par la contemplation, désirant la mort que la plupart regardent comme un supplice, et l'aimant comme l'entrée de la vie et la récompense de son travail. Maintenant, à l'occasion du soin des âmes, je suis chargé des affaires séculières, et, après m'être répandu au dehors par condescendance, je reviens plus faible à mon intérieur. Le poids de mes souffrances augmente par le souvenir de ce que j'ai perdu; mais à peine m'en souvient-il; car, à force de déchoir, l'âme en vient jusqu'à oublier le bien qu'elle pratiquait auparavant. Pour surcroît de douleur, je me souviens de la vie de quelques saints personnages qui ont entièrement quitté le monde, et leur élévation me fait mieux connaître la profondeur de ma chute.

Je ne sais, répondit Pierre, de qui vous voulez parler; car je n'ai pas ouï dire qu'il y ait eu en Italie des hommes d'une vertu extraordinaire, du moins qui aient fait des miracles. Grégoire dit « : Si je voulais raconter seulement ce que j'en sais, soit par moi-même, soit par des témoins d'une probité et d'une fidélité reconnues, le jour ne me suffirait pas. » Pierre le pria de lui raconter quelques-uns de ces faits, pour l'édification de ceux qui sont plus touchés des exemples que de la doctrine. Grégoire y consentit, et ajouta : « Pour ôter tout sujet de doute, je marquerai, sur chaque fait, de qui je l'ai appris : en quelques-uns, je rapporterai leurs propres paroles; en d'autres, je me contenterai d'en rendre le sens, parce que leur langage serait par trop rustique (*Prolog. in Dial.*). »

Les *Dialogues* de saint Grégoire furent reçus avec tant d'applaudissement dans l'Eglise, que le pape saint Zacharie les traduisit en grec avant l'année 752, pour que les Eglises d'Orient n'en fussent pas plus longtemps privées. Cette version fut traduite en arabe avant l'an 800. Au IX<sup>e</sup> siècle, Alfred le Grand, roi d'Angleterre, les fit traduire en saxon (Ceillier, *Grég.*, t. XVII).

Une des choses que l'infatigable Pontife avait le plus à cœur au milieu de ses immenses travaux, c'était d'établir la paix avec les Lombards. Dans une lettre de l'an 594, il remercie l'évêque de Milan, Constantius, des nouvelles qu'il lui avait données du roi Agon ou Agilulfe et des rois des Francs, et il lo prie de l'informer bien exactement de tout ce qu'il pourrait encore apprendre. Il ajoute ces paroles, qui méritent attention : « Si vous voyez que le roi des Lombards ne fait rien avec le patrice, c'est-à-dire avec l'exarque Romanus, promettez-lui mieux de notre part; car je suis prêt à faire pour lui des sacrifices, s'il veut se prêter à un arrangement utile avec la république (L. 4, *Epist.* 2). » Grégoire désirait une paix générale, et, pour y parvenir, s'offrait à payer; mais, au cas qu'elle ne pût se conclure, il proposait de la faire au moins avec le duché de Rome, afin de ne plus voir exposé aux calamités de la guerre le peuple qu'il était tenu d'aimer par-dessus les autres.

Un évêque de Dalmatie, nommé Malchus, ayant longtemps régi le patrimoine de l'Eglise romaine en cette province, fut mandé à Rome pour rendre ses comptes. L'affaire terminée au jour convenu, il dîna tranquillement chez le notaire Boniface, qui l'avait invité au sortir de l'audience; mais il mourut subitement la nuit suivante. Un évêque schismatique de Dalmatie fit répandre le bruit à Constantinople que Malchus avait été mis à mort, en prison pour dettes. Pour démentir cette calomnie, le Pape écrivit au diacre Sabinien, nonce apostolique à Constantinople, de quelle manière les choses s'étaient passées. Il ajouta ces paroles mémorables : « Il est à ce propos une chose que je vous prie de faire entendre brièvement à nos sérénissimes seigneurs : c'est que, si moi, leur serviteur, j'avais voulu me mêler de la mort des Lombards, la nation des Lombards n'aurait aujourd'hui ni roi, ni ducs, ni comtes, et que, divisée contre elle-même, elle serait dans la plus grande confusion; mais parce que je crains Dieu, je redoute de me mêler de la mort d'aucun homme (*Ibid., Epist.* 47). »

En ce peu de mots, on voit quel était le gouvernement des Lombards et combien il était peu solide; on y voit surtout la sainteté de Grégoire et de sa politique ou de sa manière de gouverner. Par la crainte de Dieu, il fait le plus grand bien, il conserve l'existence à la nation qui lui faisait le plus de mal.

Le saint Pontife ne cessait d'insister pour la paix entre l'empire et les Lombards. Dans cette vue, il écrivit, en l'an 595, à Sévère, scholastique ou conseiller de l'exarque, pour lui faire savoir qu'Agilulfe, roi des Lombards, ne refusait pas de faire une paix générale, pourvu que l'exarque voulût réparer les torts qu'on lui avait faits avant la dernière rupture, se montrant prêt à faire la même chose, si les siens, pendant la paix, avaient causé des dégâts sur les terre de l'empire. Il le priait donc de faire en sorte que l'exarque consentît à la paix; laquelle, au reste, Agilulfe était disposé à faire avec le Pape et les Romains seuls. Il devait en outre avertir l'exarque que bien des lieux et des îles seraient infailliblement perdus, si on ne se hâtait d'embrasser la paix proposée, pour pouvoir prendre un peu de repos et se préparer à résister mieux (L. 5, *Epist.* 36). Mais l'exarque Romanus était de la race de ceux qui préfèrent leur propre avantage à celui du public. Si la guerre ruinait la pauvre Italie, elle remplissait sa bourse, à lui. C'est pourquoi, non-seulement il repoussait la paix, mais il alla jusqu'à calomnier le saint Pontife à la cour de Constantinople, de manière que, vers le mois de juin, l'empereur Maurice écrivant au Pape même et à d'autres, le traita d'*homme simple et peu avisé*, comme s'il s'était laissé duper aux fallacieuses promesses de paix d'Ariulfe, duc de Spolète, et comme s'il avait représenté à la cour et à l'exarque des choses qui n'étaient pas vraies. L'incomparable Pontife répondit à l'empereur par la lettre suivante, où l'on ne peut qu'admirer son humilité singulière, ainsi que l'adresse avec laquelle il sait soutenir sa dignité sans manquer de respect à qui était le prince temporel de Rome.

« Grégoire, à Maurice Auguste. Dans leurs ordres sérénissimes, la piété de mes seigneurs [c'était l'empereur Maurice et son fils Théodose, associé à l'empire], tout en m'épargnant, ne m'a pas épargné du tout ; car, sous le nom de simplicité, elle m'y appelle poliment un sot. Dans l'Ecriture sainte, quand la simplicité se prend en bonne part, elle est presque toujours associée à la prudence et à la droiture. Il est écrit de Job : *C'était un homme simple et droit*. Saint Paul nous donne cet avis : « *Soyez simples dans le mal, et prudents dans le bien*. La vérité elle-même nous dit : *Soyez prudents comme des serpents, et simples comme des colombes*, nous faisant entendre que c'est une chose très-inutile que la simplicité sans la prudence, ou la prudence sans la simplicité. Lors donc que, dans les ordres sérénissimes de mes seigneurs, on me représente comme la dupe d'Ariulfe et qu'on m'appelle simple, sans y joindre la prudence, il est hors de doute que c'est m'appeler un sot : ce qu'au reste moi-même j'avoue être ; car, lors même que Votre Piété ne le dirait pas, les choses mêmes le crient tout haut. En effet, si je n'avais été un sot, jamais je ne me serais exposé à souffrir ce que j'endure en ce lieu parmi les glaives des Lombards. Quant au témoignage que j'ai rendu d'Ariulfe, qu'il a été prêt à s'arranger de tout cœur avec la république, ne pas m'en croire, c'est me reprocher d'avoir menti ; mais, ne fussé-je pas Pontife, je sais que c'est faire à un Pontife une grave injure de le croire menteur, quand il dit la vérité. Au reste, je sais depuis longtemps qu'on en croit plus Nordulphe que moi [c'était un Lombard qui avait passé du côté des Grecs]. On a plus de confiance dans le premier venu que dans mes assertions.

» Si encore la captivité de mon pays n'augmentait pas chaque jour et chaque instant, je tairais le mépris et les risées que l'on fait de moi ; mais ce qui m'afflige sensiblement, c'est que ce qui me fait imputer le crime de fausseté, est précisément ce qui jette tous les jours l'Italie captive sous le joug des Lombards. Faute d'en croire mes avis, on laisse augmenter successivement les forces des ennemis. Je dirai toutefois au très-pieux seigneur : Pensez de moi tout le mal qu'il vous plaira, mais ne prêtez pas facilement l'oreille à tout le monde sur l'intérêt de la république et la perte de l'Italie, et croyez aux effets plus qu'aux paroles. »

Il insiste ensuite sur le respect dû aux évêques, même par les princes, qui sont maîtres temporels, et se plaint des afflictions qu'il venait d'éprouver de sa part coup sur coup. « D'abord, on m'a dérobé la paix que j'avais faite avec les Lombards de la Toscane sans qu'il en coûtât rien à la république ; ensuite, la paix rompue, on a dégarni Rome de soldats. Les uns ont été tués par les ennemis, les autres ont été placés à Narni et à Pérouse ; pour garder Pérouse, on abandonna Rome. Une affliction plus grande, fut l'arrivée d'Agilulfe : de mes yeux je voyais des Romains, liés avec des cordes par le cou, comme des chiens, conduits en France pour être vendus. Et parce que nous avons échappé à ses mains, par la protection de Dieu, nous qui étions dans la ville, on a cherché à nous faire paraître coupables, sous prétexte que le blé y avait manqué ; comme si, dans cette ville, on pouvait en garder longtemps une quantité considérable, ainsi que je l'ai marqué en détail dans un autre mémoire. Quant à moi, je ne suis nullement troublé ; car, ma conscience m'en est témoin, je suis prêt à souffrir toutes les adversités, pourvu que ce soit avec le salut de mon âme. Mais je n'ai pas été médiocrement affligé pour le préfet Grégoire et pour le maître de la milice, Castorius, qui ont fait avec zèle tout ce qui était possible, et ont enduré des fatigues excessives pour veiller à la garde de la ville, et qui, après tout cela, se sont vu punir grièvement par l'indignation des maîtres. Je vois clairement en ceci que ce n'est pas leur conduite, mais ma personne qui leur fait tort. Ayant travaillé avec moi dans l'affliction, ils sont affligés avec moi après le travail.

» Quant à ce que la piété de nos maîtres me menace du redoutable jugement de Dieu, je les prie, par ce même Seigneur tout-puissant, de ne pas faire ceci davantage ; car nous ignorons encore ce que chacun y sera. Et l'apôtre nous dit : *Ne jugez pas avant le temps, mais attendez que le Seigneur vienne qui illuminera les secrets des ténèbres et manifestera les pensées des cœurs*. Je vous dirai cependant que moi, pécheur et indigne, je présume plus de la miséricorde de Jésus à venir, que de la justice de votre piété. Il y a bien des choses que les hommes ignorent sur son jugement : peut-être qu'il blâmera ce que vous louez, et qu'il louera ce que vous blâmez. Dans cette complète incertitude, je retourne aux seules larmes, et je prie ce Dieu tout-puissant qu'il vous régisse lui-même de telle sorte, qu'à ce terrible jugement il vous trouve exempt de tous péchés, et qu'il me donne à moi de plaire aux hommes, si cela est nécessaire, de manière à ne pas perdre son éternelle grâce (L. 5, *Epist*. 40). »

Voilà comme se conduisaient les affaires d'Italie sous un prince qui vendait les charges, qui en croyait les mauvais conseillers plus que les bons, et choisissait de mauvais ministres, lesquels venaient en Italie, non pour le bien des peuples, mais pour leur sucer le sang. Nous en avons la preuve dans une lettre de saint Grégoire même à l'impératrice Constantine, où il signale les vexations criantes que les gouverneurs impériaux commettaient en Sicile, en Sardaigne, en Corse ; au point que, dans la dernière de ces îles, les habitants étaient réduits, comme nous l'avons déjà vu, à vendre leurs enfants pour payer les impôts, et qu'un grand nombre se réfugiaient sous la domination des Lombards (*Ibid.*, *Epist*. 41). Romanus, exarque de Ravenne, était encore pire ; car, comme nous l'avons déjà vu, sa malveillance envers le Pape et les Romains l'emportait sur les glaives des Lombards mêmes (*Ibid.*, *Epist*. 42).

Dans une autre lettre de la même année 595, à la même impératrice, sur l'ambition de Jean le Jeûneur, évêque de Constantinople, qui s'arrogeait le titre fastueux de patriarche œcuménique, Grégoire dit encore : « Voici déjà 27 ans que nous vivons à Rome parmi les glaives des Lombards. De dire combien chaque jour cette Eglise leur donne pour que nous puissions vivre parmi eux, c'est chose impossible. Je dirai seulement que, comme les empereurs ont à Ravenne un trésorier pour payer l'armée, je suis leur trésorier à Rome pour payer les Lombards, sans compter que cette Eglise sustente en même temps les clercs, les monastères, les pauvres et le peuple (L. 5, *Epist.* 21). »

La paix se négociait toujours entre le roi Agilulfe et l'exarque de Ravenne. Mais comme il ne manquait pas de personnes qui, pour des intérêts privés, traversaient le bien public, saint Grégoire donna ordre à Castorius, son notaire, résidant à Ravenne, de presser cet arrangement, sans lequel de grands dangers menaçaient Rome et différentes îles, nommément la Sardaigne. Mais à Ravenne même, on afficha de nuit un libelle diffamatoire, non-seulement contre Castorius, mais même contre le Pape, comme si l'un et l'autre ils ne sollicitaient la paix que par de mauvais motifs. Saint Grégoire en écrivit à Martinien, archevêque, au clergé, à la noblesse, aux soldats et au peuple de cette ville, ordonnant de publier l'excommunication contre l'auteur et le complice du libelle, à moins qu'il ne se fît connaître et ne donnât des preuves de ce qu'il avançait. Que si l'auteur ou le complice était de ces personnes auxquelles il écrivait, le Pape retranchait, à son égard, les vœux et les prières qu'il faisait pour tous. La lettre est du mois d'avril 596 (L. 6, *Epist.* 31).

La guerre continuait en Campanie, et beaucoup de Napolitains furent pris par les Lombards. Le charitable Pontife s'empressa d'écrire au sous-diacre Anthémius, son agent à Naples, et de lui envoyer une bonne somme d'argent pour racheter tous ceux qui ne pouvaient pas d'eux-mêmes récupérer leur liberté (*Ibid., Epist.* 35). La même année, les Lombards, conduits par Arigis, duc de Bénévent, prirent la ville de Crotone et firent un grand nombre de captifs, séparant les enfants des parents et les maris des femmes. Saint Grégoire mit encore tout en œuvre pour briser leurs fers (L. 7, *Epist.* 26). Comme l'exarque Romanus s'obstinait à ne pas vouloir la paix, Rome elle-même eut beaucoup à souffrir; chaque jour son saint Pontife voyait quelques-uns de ses citoyens pillés, mutilés ou tués par les Lombards (*Ibid., Epist.* 60).

Enfin, on ne sait si ce fut l'an 597 ou 598, l'exarque Romanus eut pour successeur Callinique, qui avait des maximes plus saines et aussi plus de respect pour le chef de l'Eglise. La paix devenait dès lors possible. Les courses des Lombards continuaient toujours. Ce fut l'an 598 que le Pape écrivit à l'évêque de Terracine, de n'exempter personne de monter la garde sur les murailles. Ce fut encore la même année qu'il écrivit à l'évêque Janvier de Cagliari, de veiller à ce que les Lombards, qui venaient de faire une descente en Sardaigne, n'y en fissent pas une seconde, en attendant la ratification du traité de paix (L. 9, *Epist.* 4). Car l'abbé Probus, que le Pape avait envoyé depuis longtemps au roi Agilulfe, en avait enfin réglé avec lui les conditions. La paix, si longtemps désirée, qui au fond n'était qu'une trêve, ayant donc été conclue et ratifiée l'an 599, entre le roi des Lombards et l'exarque de Ravenne, Callinicus, le pape saint Grégoire écrivit au roi Agilulfe et à la reine Théodelinde, pour les remercier l'un et l'autre d'avoir procuré la paix, et pour prier le roi d'ordonner à ses ducs de la bien observer et de ne pas chercher de prétexte pour la rompre (L. 9, *Epist.* 42 et 43).

Le Pape écrivit vers le même temps à Théodore, curateur de Ravenne, pour le remercier du zèle qu'il avait mis à seconder l'abbé Probus dans la conclusion de la paix. Mais il l'avertit qu'Ariulfe, duc de Spolète, n'avait pas voulu y souscrire purement et simplement, comme le roi Agilulfe, mais avait mis pour condition à son serment, que les Romains ne lui feraient aucune insulte et n'enverraient personne contre l'armée d'Arigis, duc de Bénévent, son collègue. Cette manière de jurer la paix avec de telles réserves parut suspecte et insidieuse à saint Grégoire; il y voyait une porte toujours ouverte à de nouvelles ruptures, les prétextes pour faire la guerre ne manquant jamais à qui n'aime point la paix. Le saint Pape s'en défiait d'autant plus que Warnilfride, d'après les conseils de qui Ariulfe se conduisait en tout, n'avait voulu jurer la paix d'aucune manière. D'un autre côté, les envoyés du roi Agilulfe insistaient pour que le Pape y souscrivît lui-même. Grégoire répugnait à le faire. D'abord, on rapportait qu'Agilulfe avait dit à un homme du rang des clarissimes des paroles injurieuses contre le Pape et contre le Siége apostolique, quoique Agilulfe niât, sur son épée, les avoir dites. Mais surtout, comme le saint Pontife avait été médiateur entre le roi et l'exarque, il craignait que, s'il souscrivait lui-même, on ne s'en prît ensuite à lui si l'une ou l'autre partie venait à manquer au traité. Il pria donc Théodore de faire en sorte qu'il fût dispensé de souscrire; que si l'on y tenait absolument, il ferait souscrire son frère, ou un évêque, ou bien l'archidiacre de l'Eglise romaine (*Ibid., Epist.* 98).

Et pourtant cette paix, si lentement et si péniblement élaborée, n'était qu'une trêve; car le même Pontife manda, l'an 600, à Innocentius, préfet d'Afrique, que la paix que l'on venait de conclure avec le roi des Lombards devait durer jusqu'au mois de mars de la quatrième indiction prochaine, c'est-à-dire jusqu'au mois de mars de l'année suivante, 601. Encore doutait-il dans ce moment qu'elle pût durer jusque-là, parce qu'on annonçait que le roi venait de mourir : ce qui heureusement se trouva faux (L. 10, *Epist.* 37).

Voilà ce que fit le pape saint Grégoire pour le salut temporel de l'Italie; il n'en fit pas moins pour son salut spirituel. Par suite des guerres et des révolutions, bien des Eglises étaient sans évêques, et quelquefois sans prêtres. Il y en faisait mettre, ou bien il unissait ces Eglises à d'autres, soit pour un temps, soit pour toujours. Quelquefois il transportait le siége épiscopal d'une ville ruinée ou trop ouverte, dans une autre fermée de murs, où le pasteur et le troupeau fussent à l'abri des Lombards. Il en agit de même avec quelques monastères. Sa charité savait découvrir et soulager toutes les souffrances.

Ayant appris que l'évêque de Clusium avait été très-malade et qu'il était encore bien faible, il lui écrivit, pour compatir à ses peines, et lui envoya un cheval de la part de saint Pierre, pour qu'il s'en aidât dans sa convalescence (L. 10, *Epist.* 45). Apprenant qu'un autre évêque manquait de vêtements d'hiver dans la froide saison, il lui en envoya, sans délai, par l'évêque de Pérouse, auquel il recommande de l'informer bien vite, par ses lettres, quand la commission serait faite (L. 12, *Epist.* 47).

Dans ces temps de révolutions, il n'était pas rare de voir les plus hauts personnages tomber dans l'infortune. Ainsi Maurilion, préfet de Ravenne, fut réduit, en sortant de charge, à se réfugier dans l'Eglise, quoiqu'il fût très-innocent. Le Pape l'ayant su, écrivit à l'évêque Jean, de cette ville, de le protéger de tout son pouvoir, non qu'il se défiât de la justice du préfet actuel, nommé George, mais afin que Maurilion pût rendre ses comptes, sans aucune crainte d'être opprimé, et l'autre les recevoir, sans s'exposer à aucun blâme (L. 1, *Epist.* 37).

C'est à Jean de Ravenne, comme nous l'avons vu, que saint Grégoire adressa son *Pastoral*. Il avait pour cet évêque de l'amitié et de la confiance : il le chargea de plusieurs affaires. Mais comme il l'aimait en chrétien et en pontife, il ne manquait pas de le reprendre de ses défauts. Sous prétexte du séjour que les empereurs avaient fait à Ravenne, et de la résidence que les exarques y faisaient encore, Jean voulut se distinguer, non-seulement des autres évêques, mais des métropolitains; il portait aussi le *pallium*, non-seulement aux messes solennelles, suivant l'usage général, mais encore dans les processions, au milieu des places publiques, ou bien assis dans le secrétariat ou la sacristie. Le Pape l'ayant su, lui en fit des observations par Castorius, notaire de l'Eglise romaine. Jean les reçut avec humeur, et écrivit au Pape que, s'il portait le *pallium* dans le secrétariat et dans les processions, c'était par un privilège du pape Jean, dont il envoya copie. Mais ce privilège n'était qu'une confirmation générale des anciens privilèges et usages octroyés par les Pontifes romains à l'Eglise de Ravenne. Saint Grégoire, dans sa réponse, fait sentir à Jean qu'il aurait dû recevoir ses observations avec plus de calme, et même avec reconnaissance, et que, pour l'usage du *pallium*, il devait s'en tenir à la coutume générale des métropolitains, qui ne le portaient qu'aux messes solennelles, ou bien montrer une concession spéciale du Siège apostolique, dont jusqu'alors on n'avait pas trouvé la moindre trace dans les archives de l'Eglise romaine. Il ajoute que le clergé de Rome s'opposait encore formellement à ce que les diacres de Ravenne portassent certains manipules, qui n'étaient accordés à aucune autre Eglise. Mais le Pape, pour l'honneur de Jean, en accorde l'usage au premier de ses diacres (L. 3, *Epist.* 56). Jean s'était aussi plaint de quelques prêtres dyscoles de Ravenne. Le Pape le laisse libre, ou de les juger lui-même, ou bien de les envoyer à Rome, si les circonstances le permettent.

L'évêque Jean répondit à saint Grégoire par une lettre très-humble et très-soumise, du moins dans les termes. Il proteste de son obéissance et de son dévouement pour le Siège apostolique. « Je me souviens que, par la grâce de Dieu, j'ai été nourri et élevé dans le sein de votre très-sainte Eglise romaine. Comment oserais-je résister à ce très-saint Siège, qui a transmis ses droits à l'Eglise universelle, moi qui, pour conserver son autorité, Dieu le sait, ai soulevé contre moi l'envie de bien des ennemis? Il prie le Pape de vouloir bien croire qu'il n'a rien innové, et enfin, comme l'Eglise de Ravenne était dans la dépendance spéciale du Siège apostolique, d'augmenter ses privilèges plutôt que de les diminuer. Après tout, conclut-il, il est au pouvoir de Dieu et au vôtre de faire ce que vous jugerez à propos, après avoir connu la vérité; car, désirant obéir aux ordres de votre apostolat; quoique la coutume fût ancienne, j'ai eu soin de m'abstenir jusqu'à nouvel ordre (L. 3, *Epist.* 57). »

Comme Jean de Ravenne n'avait pour lui aucune raison solide, il fit solliciter le Pape par l'exarque, par le préfet d'Italie et par les autres personnes considérables qui demeuraient dans la ville. Un de ses anciens diacres disait que ses prédécesseurs portaient le *pallium* aux processions solennelles de saint Jean-Baptiste, de saint Pierre et de saint Apollinaire. Mais les correspondants ou nonces des Papes à Ravenne soutenaient qu'ils n'y avaient jamais rien vu de semblable. Toutefois saint Grégoire, pour ne pas contrister Jean, lui permit provisoirement de porter le *pallium* aux processions solennelles des fêtes de saint Jean-Baptiste, de l'apôtre saint Pierre, de saint Apollinaire, martyr, et de sa propre ordination (L. 5, *Epist.* 11). Cette lettre est du mois d'octobre 593.

Sans être mauvais, Jean de Ravenne n'était point assez sincère ni assez grave. Aussi le Pape lui écrivit-il sur un ton plus ferme :

« La première chose qui m'afflige est que vous m'écrivez d'un cœur double des lettres pleines de flatteries, qui ne s'accordent pas avec vos discours ordinaires. En second lieu, de ce que vous usez de railleries qui ne conviennent qu'à de jeunes écoliers; de discours mordants dont vous vous savez bon gré, et de médisances contre ceux que vous louez en leur présence. En troisième lieu, que quand vous êtes en colère, vous dites à vos domestiques les injures les plus infâmes. De plus, vous ne vous appliquez point à régler les mœurs de votre clergé, et vous ne le traitez qu'en maître. Enfin, ce qui montre plus de hauteur, que vous portez le *pallium*, hors de l'église : ce que jamais aucun de vos prédécesseurs n'a fait, si ce n'est pour des translations de reliques; encore ce fait, assuré par un seul témoin, est-il nié par les autres. Tout cela fait voir que vous mettez l'honneur de l'épiscopat dans l'ostentation extérieure, et non dans l'intérieur. Je rends grâces à Dieu de ce que, quand j'ai appris cela, les Lombards étaient postés entre moi et Ravenne. J'aurais peut-être montré aux hommes combien je sais être sévère. Pour que vous ne vous imaginiez pas que je veuille rabaisser votre Eglise, rappelez-vous où se tenait autrefois le diacre de Ravenne aux messes solennelles de Rome, et où il se tient maintenant, et vous connaîtrez que je désire honorer l'Eglise de Ravenne. Mais je ne puis tolérer que quiconque s'arroge quoi que ce soit par orgueil. Au reste, j'ai écrit à notre diacre de Constantinople, qu'il s'informe de tous les métropolitains qui ont sous eux trente ou quarante évêques. Si c'est l'usage que dans les processions ils marchent avec le *pallium*, à Dieu ne plaise que je veuille diminuer en rien l'honneur de l'Eglise de Ravenne.

» Méditez bien, très-cher frère, tout ce que je viens de dire : pensez au jour où vous serez appelé ; considérez le compte que vous rendrez du fardeau de l'épiscopat. Corrigez ces mœurs d'écolier. Voyez ce qu'il convient à un évêque de dire et de faire. Soyez complètement sincère avec vos frères. Ne dites pas de bouche le contraire de ce que vous avez dans le cœur. Ne désirez pas de paraître plus que vous n'êtes, afin que vous puissiez être plus que vous ne paraissez. Croyez-moi, quand je suis arrivé à cette place, j'avais pour vous une telle affection, que si vous aviez voulu la conserver, jamais vous n'auriez trouvé un frère pareil, qui vous aimât aussi sincèrement et vous fût aussi complètement dévoué ; mais quand j'ai connu vos paroles et vos actions, j'ai reculé, je l'avoue. Je vous conjure donc par le Dieu tout-puissant, corrigez tout ce que je viens de dire, surtout le vice de la duplicité. Permettez que je vous aime, et il pourra vous être utile, et pour la vie présente et pour la vie future, d'être aimé de vos frères. Répondez-moi, non par des paroles, mais par vos mœurs (L. 5, *Epist.* 15). »

Ce langage affectueux et solennel était comme un avertissement ; car ce fut la dernière lettre de saint Grégoire à Jean de Ravenne, qui mourut quelque temps après. Le Pape nomma un évêque pour visiter l'Eglise vacante, et écrivit à Castorius, son agent, d'avoir soin que l'élection se fît selon les règles. C'était l'an 595. L'exarque souhaitait de faire élire l'archidiacre Donat ; mais saint Grégoire, ayant examiné sa vie et trouvé plusieurs fautes qui le rendaient indigne de l'épiscopat, refusa de l'ordonner et en écrivit les raisons à l'exarque. Il refusa aussi le prêtre Jean, parce qu'il ne savait pas les psaumes, et que cette négligence marquait peu de soin de son âme. Enfin tous s'accordèrent à choisir le prêtre Marinien, qu'ils savaient avoir vécu longtemps dans le monastère avec saint Grégoire. Il chercha divers moyens de s'en excuser ; et on eut bien de la peine à lui persuader de consentir. Saint Grégoire, qui connaissait sa vertu et son zèle pour le salut des âmes, l'ordonna sans délai et lui donna quelque temps après le *pallium*, mais à la charge de ne s'en servir qu'à la messe et aux quatre processions solennelles (*Ibid.*, *Epist.* 23, 25, 48, 56).

Plus saint Grégoire aimait Marinien, plus il avait à cœur qu'il fût un évêque accompli. Dès l'année suivante il lui donna des avis importants. Au lieu de protéger les monastères, il les laissait asservir par certains de ses ecclésiastiques. Ce n'était point à dessein, mais il écoutait trop facilement de mauvais conseils. « Parce que je vous aime beaucoup, dit le saint Pape, je vous exhorte instamment à n'avoir pas plus soin de l'argent que des âmes. C'est à quoi il faut s'appliquer entièrement, puisque c'est la seule chose dont Notre Seigneur demandera compte à un évêque. » Et, écrivant à l'abbé Secondin, qui était à Ravenne, il dit : « Eveillez notre frère Marinien ; car je crois qu'il est endormi. Il est venu des gens me trouver, entre lesquels étaient des vieillards mendiants. Comme je les ai interrogés, ils m'ont dit en détail de qui et combien ils avaient reçu par le chemin. Je leur ai demandé avec empressement ce que Marinien leur avait donné. Ils m'ont dit qu'ils lui avaient demandé, mais qu'ils n'en avaient rien reçu, pas même du pain, quoiqu'il soit ordinaire à son Eglise d'en donner à tout le monde. Il nous a répondu, disaient-ils : Je n'ai pas de quoi pouvoir vous donner. Je m'étonne que celui qui a des habits, qui a de la vaisselle d'argent, qui a des celliers remplis, n'ait rien à donner aux pauvres. Dites-lui donc qu'il change d'esprit. Qu'il ne croie pas qu'il lui suffise de lire, de prier et de se tenir en retraite, s'il n'est libéral aux pauvres, ne fait de bonnes œuvres de ses mains, et ne regarde la misère d'autrui comme la sienne propre : autrement il n'a qu'un vain nom d'évêque. Je lui ai donné par lettre quelques avis pour le salut de son âme, mais il ne m'a rien répondu, d'où je présume qu'il n'a pas daigné les lire. Aussi depuis ce temps ne lui ai-je écrit que comme un conseiller peut le faire en des affaires temporelles. Il est inutile de me fatiguer à dicter des choses pour un homme qui ne les lit pas. Que Votre Charité lui dise donc tout en secret, et le presse de se conduire de telle sorte que, par sa négligence présente, il ne perde point, ce qu'à Dieu ne plaise, le mérite de sa vie passée (L. 6, *Epist.* 29 et 30 ; L. 7, *Epist.* 43). »

De fait, dans le grand nombre de lettres que le saint Pape lui écrivit encore pour différentes personnes ou affaires, on ne voit plus rien de cette intimité religieuse qui fait remarquer à un ami les moindres taches de son âme. Cependant l'ancienne amitié subsistait toujours. On le voit par une lettre que lui écrivit saint Grégoire, au mois de février 601.

« J'ai appris avec une bien sensible douleur que vous êtes malade d'un vomissement de sang. J'ai fait consulter les médecins que nous connaissons ici pour les plus savants, et je vous envoie leur avis par écrit. Ils ordonnent tous, et avant tout, le silence et la retraite ; mais je doute fort que vous puissiez le garder dans votre Eglise. C'est pourquoi je suis d'avis que vous commettiez des personnes qui puissent célébrer les messes, prendre soin de l'évêché, exercer l'hospitalité et gouverner les monastères ; et que vous veniez ici avant l'été, afin que, autant j'en suis capable, je prenne moi-même soin de vous et vous conserve le repos. Car les médecins disent que l'été est fort contraire à cette maladie. Il est très-important que vous retourniez en santé à votre Eglise : ou si Dieu vous appelle à lui, que ce soit entre les mains de vos amis. Et moi, qui me vois proche de la mort, si Dieu m'appelle avant vous, il est bon que ce soit entre vos mains. Si vous venez, amenez peu de gens ; car vous demeurerez avec moi dans l'évêché, et cette Eglise vous fournira les secours nécessaires. Au reste, je ne vous exhorte point, mais je vous ordonne expressément de ne pas entreprendre de jeûner ; car les médecins disent que le jeûne est très-contraire à ce mal ; je vous le permets seulement cinq fois l'année, à l'approche des grandes solennités. Vous devez aussi vous abstenir des veilles, et faire prononcer par un autre la bénédiction du cierge et les explications de l'Evangile, que les évêques font à Pâques. Enfin, que votre dilection ne s'impose aucun travail au-dessus de ses forces. Je vous dis ces choses, afin que si vous allez mieux et que vous différiez de venir, vous sachiez ce que vous devez observer par mon commandement (L. 11, *Epist.* 33). »

Le pape saint Grégoire prenait un soin non moins paternel de l'Eglise de Naples. L'an 592, Démétrius, évêque de cette ville, fut déposé pour des crimes qui, en rigueur de justice, méritaient la mort, suivant les lois divines et humaines. Cette Eglise étant ainsi vacante, saint Grégoire écrivit au clergé, à la noblesse, aux magistrats et au peuple d'élire incessamment un évêque; et cependant il envoya à Naples, pour visiteur, Paul, évêque de Népi. Le peuple de Naples en fut si content, qu'il pria le Pape de le leur donner pour évêque titulaire; mais le Pape voulut délibérer plus longtemps sur un choix de cette importance. En attendant, il recommanda à Paul l'instruction du peuple et du clergé, lui permit d'ordonner des clercs et de recevoir dans l'église les affranchissements des serfs, lui ordonnant aussi de payer au clergé ce que l'on avait accoutumé. Paul, après avoir été quelques mois à Naples, priait le Pape de disposer promptement de cette Eglise, ayant impatience de revenir à son petit siège de Népi. Mais saint Grégoire demanda encore du temps, pour rétablir solidement l'Eglise de Naples. Et ensuite, voyant approcher la fête de Pâques, il recommanda l'Eglise de Népi à un évêque nommé Jean, afin qu'il y célébrât la fête en qualité de visiteur, pendant l'absence de Paul (L. 2, *Epist.* 6, 9, 10, 15).

Au mois de décembre de la même année 592, les Napolitains envoyèrent au Pape un décret d'élection en faveur de Florentius, sous-diacre de l'Eglise romaine; mais il le refusa avec beaucoup de larmes, ne pouvant se résoudre d'aller à Naples. Ce qui donna autant d'affliction à saint Grégoire que cette élection l'avait consolé. Il renvoya donc ceux qui avaient apporté le décret avec une lettre à Scholastique, duc de Campanie, par laquelle il le prie d'assembler les principaux et le peuple de Naples, pour choisir un autre évêque. « Que si, ajoute-t-il, vous ne trouvez personne dont vous puissiez convenir, choisissez au moins trois hommes dont la droiture et la sagesse soient connues, et envoyez-les ici au nom de toute la communauté. Peut-être trouveront-ils à Rome quelqu'un capable d'être votre évêque (L. 3, *Epist.* 15). »

Cet ordre du Pape n'ayant point eu d'effet, il en donna encore un semblable au mois de mai 595, écrivant à Pierre, sous-diacre de Campanie, apparemment recteur du patrimoine, d'exciter le clergé de Naples à députer deux ou trois d'entre eux, et à les envoyer à Rome pour y choisir un évêque au nom de toute la ville. Avertissez-les, ajoute-t-il, d'apporter tout le vestiaire de l'évêque, et l'argent qui sera nécessaire pour sa dépense. C'est qu'il devait être consacré à Rome, et en partir pour Naples. Cependant l'évêque Paul demandait toujours à saint Grégoire de le renvoyer à son Eglise de Népi, dont il était absent depuis environ dix-huit mois; ce que le Pape jugea raisonnable, et il ordonna au sous-diacre Pierre de lui faire donner, aux dépens de l'Eglise de Naples, cent sous d'or et un petit orphelin à son choix, c'est-à-dire un esclave. Enfin Fortunat fut ordonné évêque de Naples avant le mois de septembre 593, comme on le voit par une lettre où saint Grégoire le félicite sur la manière dont il a été reçu par son peuple, et lui donne des avis pour bien répondre à son affection (*Ibid.*, *Epist.* 35 et 61).

Cette bonne intelligence ne dura pas toujours. En 599, Fortunat fut accusé, devant le Pape, d'empiéter sur les priviléges de la ville et sur les droits de Théodore, maire du peuple; il s'était notamment emparé des portes de la ville et des aqueducs : cette conduite divisa toute la population. Saint Grégoire écrivit à Maurentius, maître de la milice, pour lui reprocher de n'avoir point empêché cette usurpation (L. 9 *Epist.* 69). Il écrivit à l'évêque pour le rappeler à son devoir et lui enjoindre d'envoyer à Rome une personne de confiance qui pût défendre sa cause, afin que le Pape, par sa sentence, mît fin à cette division déplorable (*Ibid.*, *Epist.* 104). Comme l'évêque n'envoya qu'une lettre évasive, saint Grégoire le condamna préliminairement à rendre les portes au maire Théodore, et l'aqueduc au seigneur ou sénateur Rustique (L. 16, *Epist.* 24, 2). Ailleurs il lui reproche de la négligence à l'égard des monastères. En quoi il le loue, c'est de son zèle pour les esclaves chrétiens, que les Juifs allaient acheter dans les Gaules. Le Pape veut que, quand ils en amènent, ils les remettent à ceux qui leur ont donné commission de les acheter, ou qu'ils les vendent à des chrétiens dans l'espace de quarante jours (L. 9, *Epist.* 36). Il lui avait rappelé dans une autre lettre que, quand un esclave juif ou païen désire embrasser la foi chrétienne, il fallait lui procurer la liberté et ne pas le laisser entre les mains des Juifs (L. 6, *Epist.* 32). Il avait écrit dans le même sens à l'évêque de Catane, que, si les Samaritains se permettaient de circoncire des esclaves païens, il fallait rendre ceux-ci à la liberté, sans en payer le prix à ceux-là (*Ibid.*, *Epist.* 33).

L'évêque Fortunat étant mort l'an 600, le peuple de Naples se partagea entre deux diacres, Jean et Pierre. Quand ils en eurent écrit au pape saint Grégoire, il leur répondit : « Ce partage n'est ni nouveau ni répréhensible; mais j'ai appris que le diacre Jean a une fille encore petite : ainsi il ne devait ni être élu ni consentir à son élection, puisqu'il ne s'est pas encore assez longtemps exercé à la continence. Pour le diacre Pierre, on dit qu'il est fort simple, et vous savez qu'en ce temps on a besoin, dans la première place, d'un homme qui ait soin, non-seulement du salut des âmes, mais encore de la sûreté et de l'utilité extérieures de son troupeau. J'ai encore ouï dire qu'il a donné de l'argent à usure : de quoi je vous prie de vous informer exactement, et, s'il en est ainsi, d'en élire un autre, car nous n'imposons point les mains aux usuriers. Si ce reproche est faux, qu'il vienne avec le décret de votre élection, afin qu'en nous informant de sa vie et de ses mœurs, nous puissions aussi connaître sa capacité. Mais préparez-en encore un autre; car ce serait une grande honte pour votre clergé de n'avoir personne que vous puissiez élire, en cas que celui-ci fût refusé (L. 10, *Epist.* 62). »

Les deux diacres Jean et Pierre ayant été exclus, Pascase fut consacré évêque de Naples, et saint Grégoire ordonna que l'argent de cette Eglise, que son prédécesseur Fortunat n'avait point distribué aux clercs et aux pauvres, comme il devait, montant à quatre cents sous d'or, serait mis à part pour leur être distribué. Quelque temps après, il lui envoya l'état de cette distribution, à laquelle devait être appelé le sous-diacre Anthémius, recteur du patrimoine de Campanie (L. 11, *Epist.* 34). La lettre est de

601. Pascase se montra peu zélé pour la discipline ecclésiastique et les fonctions épiscopales. Un de ses sous-diacres, nommé Hilarus, avait calomnié le diacre Jean. Les juges s'étaient assemblés avec Anthémius pour punir ce délit, lorsque Pascase seul fit différer le jugement. Le Pape l'ayant su, blâma sévèrement Anthémius de son peu de vigueur, et lui commanda d'avertir Pascase qu'il eût à priver Hilarus de l'office dont il était indigne, qu'il le fît publiquement battre de verges et déporter en exil, afin de corriger le grand nombre par la punition d'un seul; que, si Pascase négligeait de le faire, Anthémius devait le faire lui-même et avertir le Pape de sa négligence. Il lui enjoint aussi de l'exhorter à être plus vigilant et plus zélé pour la discipline de son Église. « Nous voulons, conclut-il, que notre dit frère Pascase se donne un vidame et un majordome, afin que, si des hôtes arrivent ou que des affaires se présentent, il y ait quelqu'un pour en avoir soin; que si vous le voyez négligent à exécuter ce que je viens de dire, vous assemblerez tout son clergé, afin qu'ils élisent des hommes à qui l'on puisse confier ces fonctions. » C'était en 601 (*Ib.*, *Epist.* 71).

Pascase ne profita guère de ces avertissements. Au lieu de prendre soin de son Église, des monastères, des pauvres et des opprimés, tel qu'il convenait à un évêque, il s'occupait uniquement et inutilement à fabriquer des navires. Il avait perdu dans ce négoce plus de quatre cents sous d'or. Il allait tous les jours sur la mer, avec un ou deux de ses ecclésiastiques : ce qui le faisait mépriser de tout le monde. Saint Grégoire en fit des reproches à Anthémius, recteur du patrimoine de Campanie, avec ordre d'avertir de nouveau Pascase, en présence d'autres prêtres ou évêques et de quelques personnes de la noblesse, qu'il sortît enfin de sa torpeur, qu'il veillât avec soin sur son Église et sur les monastères, qu'il exerçât la charité envers les siens, qu'il se montrât le défenseur des pauvres, qu'il prêtât l'oreille aux conseils des sages, afin de consoler sa ville et de réparer sa négligence passée. Dans le cas qu'il ne se corrigeât point, Anthémius aura ordre de l'envoyer à Rome, pour y apprendre de quelle manière un évêque devait se conduire. Cette lettre est du mois de mars 603. Les autres évêques de Campanie se rendaient coupables des mêmes négligences. Par une autre lettre, le Pape charge Anthémius de leur faire des reproches sévères de sa part, et, s'ils ne se corrigent, de les envoyer à Rome sans différer, afin qu'ils y apprennent, par un châtiment canonique, quel mal c'est de ne pas se corriger de choses aussi blâmables (L. 13, *Epist.* 26 et 27). Nous voyons, par tous ces faits, que le nerf de la discipline ecclésiastique, c'est la vigilance et l'autorité du Pontife romain : nous disons l'autorité et la vigilance, car l'une sans l'autre ne suffit pas.

Le saint pape Grégoire reçut plus de consolation de l'Église de Milan. Laurent, évêque de cette ville, étant mort au mois de mars 593, un prêtre de la même Église, nommé Magnus, se plaignit au Pape que Laurent l'avait excommunié injustement. Le Pape ayant reconnu qu'il en était ainsi, permit à Magnus d'exercer ses fonctions et de communier, laissant à sa conscience, s'il se sentait coupable de quelque faute, de l'expier en secret. En même temps, il le charge d'avertir le clergé et le peuple de procéder unanimement à l'élection d'un évêque (L. 3, *Epist.* 26). Ils choisirent en effet Constantius, diacre de la même Église de Milan, et le clergé envoya le décret d'élection à saint Grégoire, par le même prêtre Magnus et un clerc nommé Hippolyte. Mais, parce que ce décret n'était pas souscrit, le Pape craignit qu'il n'y eût de la surprise, et envoya Jean, sous-diacre de l'Église romaine, avec ordre d'aller à Gênes, où plusieurs Milanais s'étaient retirés pour éviter les hostilités des Lombards. « Vous les assemblerez, dit saint Grégoire, et, si vous voyez que tous unanimement s'accordent à l'élection de Constantius, vous le ferez consacrer, de notre consentement, par les évêques de la province, suivant l'ancienne coutume; en sorte que le Siège apostolique conserve son autorité sans diminuer les droits des autres (*Ibid.*, *Epist.* 30). » Dans le reste de l'Italie, les évêques, élus sur les lieux, venaient à Rome pour être sacrés par le Pape, comme nous avons vu par l'exemple de Naples. Dans la province de Milan, c'était l'archevêque qui les consacrait, et eux qui consacraient l'archevêque, mais avec le consentement du Pape.

Saint Grégoire chargea le sous-diacre Jean de deux lettres : l'une pour le clergé de Milan, l'autre pour Romanus, exarque d'Italie, auquel il recommande Constantius. Dans la première, il dit : « Je connais bien notre fils le diacre Constantius, que vous avez choisi d'un consentement unanime. Il a été longtemps avec moi quand j'étais nonce à Constantinople, et je n'ai rien connu en lui de répréhensible; mais parce que j'ai formé la résolution, depuis longtemps, de ne procurer l'épiscopat à personne, je me contenterai de joindre à votre élection mes prières à Dieu, afin qu'il vous donne un digne pasteur. Jugez à présent celui qui vous convient, avec d'autant plus de circonspection; que, quand il sera une fois consacré, il ne vous sera plus permis de le juger, mais seulement de lui obéir avec une entière soumission, ou plutôt à Dieu qui vous l'aura donné. » Ce que saint Grégoire dit ici, qu'il ne procure à personne l'épiscopat, se doit entendre des Églises qui ne dépendaient pas immédiatement de lui; car, en celles-là, il ne faisait pas difficulté de nommer des évêques quand le clergé et le peuple avaient peine à s'accorder. Constantius fut élu et consacré évêque de Milan, d'un commun consentement; saint Grégoire le félicita sur son élection, lui donnant les avis convenables et lui envoyant le *pallium* (L. 3, *Epist.* 29, 31; L. 4, *Epist.* 1). La lettre est du mois de septembre 593.

Constantius avait envoyé au Pape sa confession de foi, selon la coutume et, quoiqu'il n'y fût point parlé des trois chapitres, trois évêques de sa province, ainsi que nous l'avons déjà vu, ne laissaient pas de faire courir le bruit qu'il s'était obligé par écrit à les condamner, et par là même, suivant eux, à condamner le concile de Chalcédoine. Sous ce prétexte, ils se séparèrent de sa communion et persuadèrent à la reine Théodelinde de s'en séparer aussi. Saint Grégoire l'ayant appris, écrivit en même temps deux lettres à Constantius : la première pour lui seul, où il lui dit : « Vous savez s'il a été parlé entre nous des trois chapitres, quoique Laurent, votre prédécesseur, en eût envoyé au Siège apostolique une condamnation très-expresse, à laquelle souscrivirent les personnes les plus nobles, et moi entre elles, comme étant alors préteur de Rome. » La seconde lettre était pour être montrée aux évêques qui s'étaient séparés. Le Pape y déclare encore qu'il n'a point été fait mention des trois chapitres entre lui et Constantius, et proteste, en sa conscience, qu'il conserve la foi du concile de Chalcédoine, et n'ose rien ôter ni ajouter à sa définition, anathématisant quiconque croit plus ou moins. Puis il conclut : « Celui qui n'est pas content de cette déclaration, n'aime pas tant le concile de Chalcédoine qu'il hait l'Eglise, notre mère (L. 4, *Epist.* 2 et 3). »

Avec ces lettres, saint Grégoire en envoya une troisième à Constantius, pour la reine Théodelinde; mais comme il y parlait, quoique sans la nommer, du 5ᵉ concile, Constantius ne jugea point à propos de la rendre à cette princesse, de peur de la scandaliser, parce qu'elle connaissait mal l'histoire assez embrouillée de ce concile. Saint Grégoire approuva sa conduite, et lui envoya une autre lettre pour elle, où il se contente de louer les quatre premiers conciles généraux, sans parler du cinquième, et exhorte la reine à écrire sans délai à Constantius, pour lui témoigner qu'elle agrée son ordination et qu'elle embrasse sa communion. Saint Grégoire, écrivant en même temps à Constantius, lui dit (*Ibid.*, *Epist.* 38) : « Quant au concile de Constantinople, que plusieurs nomment le cinquième, vous devez savoir qu'il n'a rien décidé contre les quatre précédents ; car on n'y a point traité de la foi, mais seulement de quelques personnes, dont il n'y a rien dans le concile de Chalcédoine. Seulement, après avoir fait les canons, on émit quelque dispute sur ces personnes, et on l'examina dans la dernière action. » On voit ici que le pape saint Grégoire ne comptait pour actes du concile de Chalcédoine que les sept premières actions, comprenant la définition de foi et les canons, et qu'il regardait tout le reste comme des affaires particulières et sans conséquence pour l'Église universelle. On voit surtout avec quelle prudente charité il ménage les préventions des personnes bien intentionnées, mais peu instruites de certains détails longs et compliqués.

Dans la même lettre, saint Grégoire répond à Constantius sur plusieurs autres articles. L'évêque et les citoyens de Bresse voulaient que Constantius leur déclarât, avec serment, qu'il n'avait point condamné les trois chapitres. Sur quoi saint Grégoire dit : « Si votre prédécesseur ne l'a pas fait, on ne doit pas vous le demander ; s'il l'a fait, il a faussé son serment et s'est séparé de l'Église catholique, ce que je ne crois pas. Mais pour ne pas scandaliser ceux qui vous ont écrit, envoyez-leur une lettre, où vous déclariez avec anathème que vous n'affaiblissez en rien la foi du concile de Chalcédoine, ni ne recevez ceux qui l'affaiblissent ; que vous condamnez tous ceux qu'il a condamnés, et justifiez tous ceux qu'il a justifiés. Quant au scandale qu'ils prennent, de ce que vous ne nommez point à la messe notre frère et coévêque Jean de Ravenne, il faut vous informer de l'ancienne coutume, et la suivre. Sachez aussi s'il vous nomme à l'autel ; car, s'il ne le fait pas, je ne vois rien qui vous oblige à le nommer (*Ibid.*, *Epist.* 39). » On voit qu'il était d'usage alors de nommer à l'autel les évêques vivants des grands sièges, comme nous y nommons le Pape.

Constantius se montra digne de l'amitié de saint Grégoire, par son zèle et sa vigilance. L'ayant consulté au commencement de son épiscopat, sur ce qu'il devait faire des prêtres, diacres et sous-diacres qui étaient tombés dans le crime, le Pape lui répondit, au mois de septembre 595, qu'il fallait les déposer irrévocablement, et, en cas qu'ils fissent pénitence, ne les admettre qu'à la communion laïque. Le Pape joignit à cette décision des avis confidentiels pour sa propre conduite (L. 5, *Epist.* 4). Constantius en profita si bien, que, quand il mourut, l'an 600, saint Grégoire écrivit au peuple et au clergé de Milan : « Il nous est impossible d'exprimer en paroles combien la mort de notre frère et coévêque Constantius nous afflige. Plaise à Dieu que les provinces de ces quartiers ne ressentent point, par quelque calamité soudaine, quels biens elles ont perdus dans un seul homme. Car nous n'ignorons pas combien il était vigilant, et à maintenir la discipline ecclésiastique, et à défendre votre cité. »

Il ajoute que l'élection qu'ils ont faite unanimement du diacre Deusdedit, lui est fort agréable. « Mais, continue-t-il, je ne connais que son visage, et non pas ses mœurs. C'est pourquoi, tant pour l'intérêt de Dieu que pour le vôtre, examinez soigneusement s'il n'y a point dans sa vie passée quelque reproche qui le puisse exclure selon les canons, et s'il est propre pour le gouvernement et le maintien de la discipline, auquel cas nous voulons qu'il soit ordonné en vertu de cette lettre. Quant à ce que vous a écrit Agilulfe [c'était le roi des Lombards], n'en soyez point en peine ; car nous ne consentirons jamais à l'ordination d'un homme élu par d'autres que par des catholiques, et principalement par des Lombards ; il serait trop indigne d'être successeur de saint Ambroise. Et vous n'avez rien à craindre, puisque les terres de l'Église de Milan ne sont point, Dieu merci, sous la domination des ennemis ; mais en Sicile et en d'autres pays sujets de l'empire. Afin donc qu'il n'y ait point de retardement, nous avons envoyé notre notaire, Pantaléon, pour faire sacrer Deusdedit, de notre consentement, selon la coutume (L. 11, *Epist.* 4). »

L'histoire mal comprise des trois chapitres avait jeté des semences de schisme dans la province d'Istrie, dont Aquilée était la métropole. Sévère ayant succédé à Elie comme métropolitain, l'exarque Smaragde le fit venir à Ravenne, où il embrassa la communion de l'évêque Jean et souscrivit à la condamnation des trois chapitres. De retour dans sa province, ses suffragants lui firent rétracter ce qu'il venait de faire, et l'engagèrent de nouveau dans le schisme. Le pape saint Grégoire, dès le commencement de son pontificat, lui témoigna sa peine d'une conduite pareille, et, d'après le commandement de l'empereur, lui ordonna de se présenter avec les siens au concile de Rome, qui devait juger leur affaire. C'était au mois de novembre, 590. Suivant la coutume de ceux qui ont une mauvaise cause, les évêques d'Istrie, redoutant le jugement canonique de l'Église, implorèrent l'appui de la puissance séculière. Ils prièrent l'empereur de suspendre cette affaire jusqu'à l'entière pacification de l'Italie, afin qu'il pût en prendre connaissance lui-même. Ils y intéressèrent sa politique, en lui disant que, sans cela, l'Église d'Aquilée se détacherait vraisemblablement de l'empire, pour recourir aux archevêques gaulois, ainsi qu'avaient déjà fait trois autres Eglises de la même province; car la domination des Francs s'étendait alors jusqu'à l'Istrie. D'après leurs insinuations, soutenues de présents considérables aux courtisans, l'empereur Maurice écrivit au Pape, et, suivant son expression plus tyrannique que chrétienne, lui ordonna de les laisser tranquilles jusqu'à la pacification de l'Italie. Saint Grégoire ne laissa pas de répondre à l'empereur avec le zèle et la liberté d'un pontife (*Act. Sanct.*, 5 *febr.*, *de S. Ingen.*; Greg., l. 1, *Epist.* 16; l. 2, *Epist.* 46).

Les évêques d'Istrie écrivirent également au Pape. Ils parlaient de la persécution qu'ils avaient à souffrir; ils disaient que, depuis la condamnation des trois chapitres, l'Italie éprouvait plus de calamités qu'aucune autre province. Saint Grégoire leur répondit avec beaucoup de charité, qu'il avait reçu leur lettre avec une grande joie, mais que sa joie serait encore bien plus grande, s'il apprenait leur retour à l'unité. Il leur fait observer que les persécutions ou plutôt les poursuites que l'on endure par sa faute, ne profitent point au salut et ne donnent droit à aucune récompense. Car vous devez savoir, comme dit le bienheureux Cyprien, que ce n'est pas la peine, mais la cause qui fait le martyr. Si l'Italie était si fort affligée depuis quelque temps, on ne pouvait pas lui en faire un opprobre; car il est écrit: *Le Seigneur châtie qui il aime.* Pour les désabuser de leurs préventions, il leur envoie le mémoire de son prédécesseur, le pape Pélage II, sur la condamnation des trois chapitres, afin que, déposant tout esprit d'orgueil, ils revinssent d'autant plus vite à l'Eglise, leur mère, qui les attendait chaque jour (L. 2, *Epist.* 51).

Dans le temps que le saint Pape écrivait cette lettre aux évêques d'Istrie, Aquilée, leur métropole, fut réduite en cendres, et Sévère, leur métropolitain, obligé de transporter son siége à Grade. A la nouvelle de cette calamité, Jean de Ravenne proposa au Pape d'envoyer des aumônes à l'Eglise de Sévère. Le Pape lui répondit : « Votre Fraternité pense de la sorte, parce qu'elle ignore combien de présents Sévère envoie contre nous à la cour. Mais cela ne fût-il pas, il y a une autre considération, c'est qu'il faut faire la charité, d'abord aux fidèles, et ensuite aux ennemis de l'Eglise. Près de vous est la ville de Fanum, d'où il a été emmené beaucoup de captifs ; dès l'année dernière, j'ai voulu y envoyer des secours; mais je n'ai osé, à cause des ennemis qui occupent tout l'intervalle. Vous ferez bien d'y envoyer l'abbé Claude avec quelque argent pour racheter les captifs : j'approuve d'avance tout ce que vous dépenserez (*Ibid.*, *Epist.* 46). »

Le saint Pape ayant appris que deux évêques d'Istrie, Pierre et Providentius, désiraient venir le trouver pour lui demander des explications, si on leur promettait de ne leur faire aucune peine, il leur écrivit, au mois d'août 595, une lettre pleine de charité, où il les presse de venir à lui avec toute confiance, eux et tous ceux qui voudraient, promettant de les satisfaire pleinement, et, soit que Dieu leur fît la grâce de se réunir à lui, soit que, par malheur, ils continuassent dans leur dissension, de les renvoyer chez eux sans qu'il leur soit fait aucun mal (L. 5, *Epist.* 51).

Avec le temps et ces efforts de la charité pontificale, un grand nombre d'Istriens quittèrent le schisme et se réunirent à l'Eglise romaine. Vers l'an 598, l'évêque de Caprite, aujourd'hui Caorla, petite île au fond du golfe de Venise, voulut s'y réunir avec tout son peuple, et présenta, pour cet effet, une requête à l'exarque Callinique. Mais l'exarque avait un majordome nommé Justin, qui favorisait le schisme, et qui mit à la réunion toutes les entraves qu'il put. Saisi de la requête de l'évêque, il la vendit aux schismatiques, disant ensuite qu'il l'avait perdue. Par son conseil, l'exarque envoya au Pape copie de l'ordre que l'empereur avait donné, dès le commencement de son pontificat, pour laisser en repos les schismatiques d'Istrie. Par les menées de Justin, l'évêque de Caprite, qui avait demandé la réunion, finit par n'en plus vouloir. Mais son peuple, persévérant toujours dans le même désir, envoya demander au Pape un autre évêque. Sur quoi saint Grégoire écrivit à l'exarque Callinique en ces termes : « Votre Excellence a dû considérer que cet ordre, outre qu'il a été surpris, ne vous ordonne pas de rejeter ceux qui veulent se réunir à l'Eglise, mais de ne pas y forcer ceux qui ne le veulent pas. » Il le prie d'instruire les empereurs de cette réunion de schismatiques. Il le prie enfin d'éloigner Justin de ses conseils, s'il ne quitte le schisme. Il écrivit en même temps à Marinien, évêque de Ravenne, d'exhorter l'évêque de Caprite à se réunir à l'Eglise catholique et à son peuple; « s'il refuse, ajoute saint Grégoire, ordonnez-y un évêque, et comptez cette île dans votre province, jusqu'à ce que les évêques d'Istrie reviennent à l'union. » Le Pape écrit en même temps à Anatolius, son nonce à Constantinople. C'était vers le mois d'octobre 598 (L. 9, *Epist.* 9, 10).

Vers le mois de juin de l'année suivante 599, saint Grégoire écrivit au même Anatolius de favoriser, en tout ce qu'il pourrait, quelques personnes qui allaient de Rome à Constantinople, après avoir quitté le schisme d'Istrie, et qui se plaignaient d'avoir beaucoup à souffrir des évêques de ces quartiers (*Ibid.*, *Epist.* 66). Il écrivit aussi à plusieurs personnes puissantes qui s'employaient avec zèle pour la réunion des schismatiques, entre autres à Gulfar, lombard et duc de Trévise. Il écrivit à Romanus, défenseur de l'Eglise romaine en Sicile, de donner les secours nécessaires à quelques Istriens pour aller trouver leur évêque qui désirait aussi se réunir, et d'aider en tout l'évêque lui-même, jusqu'à le défrayer, s'il voulait venir à Rome. D'autres étant venus et ayant renoncé à leur schisme, le Pape, en les renvoyant, les recommanda à l'exarque Callinique et à Marinien, évêque de Ravenne, afin que leur conversion ne leur attirât aucun mauvais traitement, et que la protection qu'ils recevraient invitât les autres à se réunir de même. Nous voyons, deux ans auparavant, une pension accordée par saint Grégoire à un nommé Jean, qui avait quitté le schisme d'Istrie (*Ibid.*, *Epist.* 93, 94, 95, 96; L. 6, *Epist.* 39).

Constantius, évêque de Milan et ami de saint Grégoire, exhortait les clercs de Côme à se réunir à l'Eglise. Ils répondirent que la manière dont on les traitait ne les y attirait pas, que plusieurs catholiques retenaient leur bien injustement, entre autres l'Eglise romaine, qui avait usurpé sur eux une certaine terre. Le saint Pape en ayant été informé par Constantius, lui fit cette réponse : « Si cette terre leur appartient, nous voulons qu'elle leur soit rendue, quand même ils ne se réuniraient pas à l'Eglise, et, s'ils se réunissent, nous sommes prêts à la leur abandonner, quand même ils n'y auraient aucun droit; car nous voulons ne leur laisser aucun prétexte de demeurer dans le schisme (L. 9, *Epist.* 53). » Certes, il était difficile qu'une charité aussi magnanime ne touchât point les cœurs.

Une province voisine, la Dalmatie, donna des occupations semblables au saint pape Grégoire. Dès le temps du pape Pélage II, Honorat, archidiacre de Salone, métropole de cette province, s'était plaint que l'évêque Natalis le traitait mal, parce que, disait-il, je l'empêche de donner à ses parents les vases de l'église, desquels je suis chargé. Le pape Pélage avait défendu à Natalis de garder du ressentiment contre Honorat, ni de le faire prêtre malgré lui. Toutefois, Natalis assembla un concile de la province dont il était métropolitain, où il déposa Honorat et ordonna à sa place un autre archidiacre plus complaisant pour lui; puis il ordonna prêtre Honorat, contre son gré. Ils en écrivirent de part et d'autre à saint Grégoire, dès la première année de son pontificat. Sur quoi, il ordonna à Honorat de continuer ses fonctions d'archidiacre. « Si vous pouvez finir ce scandale, ajoute-t-il, vous gagnerez beaucoup pour votre âme; sinon, venez incessamment devant nous, et que l'évêque y envoie pour lui une personne bien instruite. Sachez cependant que nous vous ferons rendre un compte exact des meubles précieux, tant de votre église que des autres, qu'on y a rassemblés d'églises diverses. » Pour Natalis, il lui écrivit en ces termes : « Les actes que vous m'avez envoyés de votre concile, touchant la condamnation de l'archidiacre Honorat, ne sont propres qu'à fomenter vos différends, puisqu'en même temps vous le déposez du diaconat, comme indigne, et vous l'élevez malgré lui à la prêtrise. C'est pourquoi nous vous avertissons de le rétablir dans sa fonction, et, s'il reste encore entre vous quelque différend, qu'il vienne ici, et quelqu'un pour vous (L. 1, *Epist.* 19, 20). »

Natalis n'ayant point satisfait à cette lettre, saint Grégoire lui écrivit au mois de mars 592. « J'apprends, dit-il, par plusieurs personnes qui viennent de chez vous, que vous abandonnez le soin de votre troupeau et que vous êtes occupé à tenir une grande table. Au reste, votre conduite fait voir que vous ne vous appliquez ni à la lecture ni à l'exhortation. » Il en donne pour preuve son peu d'obéissance à ses supérieurs, le pape Pélage, de sainte mémoire, et lui-même. Il ajoute : « Après tant d'avertissements, rétablissez Honorat en sa place, sitôt que vous aurez reçu cette lettre. Si vous différez encore, sachez que vous êtes privé de l'usage du *pallium*, qui vous a été accordé par ce Siége. Et si vous continuez dans votre opiniâtreté, vous serez privé de la participation au Corps et au Sang de Notre Seigneur. Après quoi, nous examinerons juridiquement si vous devez demeurer dans l'épiscopat. Quant à celui qui s'est laissé ordonner archidiacre au préjudice d'Honorat, nous le déposons de cette dignité, et, s'il continue d'en faire les fonctions, il sera privé de la sainte communion. » Saint Grégoire chargea de cette lettre et de l'exécution des ordres qu'elle contenait, le sous-diacre Antonin, qu'il envoyait pour administrer le patrimoine de l'Eglise romaine en Dalmatie. Il le chargea aussi de deux autres lettres : une aux évêques de la province, pour leur donner part de cette affaire; l'autre au préfet Jobin, pour lui recommander Antonin et le prier de ne point donner à Natalis de protection contre la justice (L. 2, *Epist.* 18, 19, 20, 21).

Natalis se rendit enfin. Il se soumit aux ordres du Pape et corrigea ses mœurs. Toutefois, il lui écrivit une lettre où il prétendait se justifier, alléguant, pour autoriser ses festins, plusieurs passages de l'Ecriture mal appliqués, entre autres celui-ci : *Que celui qui ne mange point ne juge point celui qui mange.* « Ce passage, dit saint Grégoire, ne convient point du tout; car il n'est pas vrai que je ne mange point et saint Paul ne parle ainsi que pour ceux qui jugent les autres dont ils ne sont point chargés. Vous souffrez avec peine que je vous aie repris de vos grands repas; et moi, qui suis au-dessus de vous par ma place, quoique non par mes mœurs, je suis prêt à recevoir la correction de tout le monde; et je ne compte pour amis que ceux dont les discours me font effacer les taches de mon âme avant la venue du juge terrible. » Il remet à l'arrivée de ses députés, à juger son différend avec Honorat (*Ibid.*, *Epist.* 52). Mais Natalis mourut environ six mois après.

Saint Grégoire en ayant eu nouvelle, écrivit ainsi au sous-diacre Antonin, au mois de mars 593 : « Avertissez incessamment le clergé et le peuple de la ville d'élire unanimement un évêque, et envoyez-nous le décret d'élection, afin que l'évêque soit ordonné de notre consentement, comme dans les anciens temps. Prenez garde surtout qu'il n'y ait, dans cette action, ni présents donnés ni protection de personnes puissantes; car celui qui est élu par cette voie est obligé d'obéir à ses protecteurs, aux dépens des biens de l'Eglise et de la discipline. Faites faire devant vous un inventaire fidèle des biens et des ornements de cette Eglise, et donnez-en la garde au diacre Respectus et à Etienne, primicier des notaires, à la charge d'en répondre sur leurs propres biens. La dépense nécessaire sera fournie par l'économe qui s'est trouvé en charge à la mort de l'évêque, et il en rendra compte au successeur (L. 3, *Epist.* 22). »

Cependant, comme Natalis était mort avant que d'avoir fait juger à Rome son différend avec l'archidiacre Honorat, qu'il avait déposé, saint Grégoire écrivit à Honorat, le déclarant absous, ou plutôt confirmant son absolution précédente, et lui ordonnant de continuer ses fonctions (*Ibid.*, *Epist.* 32): Il fut élu lui-même par le clergé de Salone, et le Pape approuvait extrêmement cette élection (*Ibid.*, *Epist.* 47); mais plusieurs s'y opposèrent, et les évêques de la province préférèrent à Honorat un nommé Maxime, qu'ils regardaient comme plus traitable et plus favorable à leurs passions. Sitôt que saint Grégoire eut avis de cette entreprise, il écrivit aux évêques de Dalmatie pour leur défendre, par l'autorité de saint Pierre, d'ordonner un évêque à Salone sans son consentement, sous peine d'être privés de la participation au Corps et au Sang de Notre Seigneur, et de nullité de l'élection, excluant nommément la personne de Maxime, mais leur permettant de consacrer tout autre qui serait élu unanimement (L. 4, *Epist.* 10).

Maxime, n'espérant rien du côté de l'Eglise, se tourna du côté de la cour. Il fut trompé quelque peu dans son attente. La réponse de l'empereur, au lieu de lui être favorable, défendait absolument de l'ordonner (1). Maxime n'en devint que plus audacieux. Il gagna par des présents les officiers de Romanus, exarque de Ravenne, qui le firent ordonner à main armée, disant que tels étaient les ordres de l'empereur. Des prêtres, des diacres et d'autres ecclésiastiques furent battus en cette occasion, et le sous-diacre Antonin, recteur du patrimoine, eût été tué, s'il n'eût pris la fuite. Saint Grégoire informé de ces violences, écrivit, au mois de mai 594, à Maxime lui-même, déclarant d'abord qu'il tient pour subreptice ou faux le prétendu ordre de l'empereur. « Car, dit-il, nous n'ignorons pas votre vie et votre âge, et nous savons l'intention de l'empereur, qui n'a pas accoutumé de se mêler des affaires sacerdotales, pour ne pas se charger de nos péchés. Nous ne pouvons donc nommer ordination une cérémonie célébrée par des excommuniés, et jusqu'à ce que nous sachions, par les lettres de l'empereur ou de notre nonce, que vous avez été véritablement ordonné par son commandement, nous vous défendons, à vous et à vos consécrateurs, de faire aucune fonction sacerdotale ni d'approcher du saint autel, jusqu'à notre réponse : le tout sous peine d'anathème (L. 4, *Epist.* 20). »

Cette lettre ayant été affichée publiquement à Salone, Maxime la fit déchirer publiquement, et affecta plus ouvertement de mépriser le Siége apostolique. Saint Grégoire, mandant ces nouvelles à Sabinien, son nonce à Constantinople, ajoute : « Vous savez comme je ressens ceci, moi qui suis prêt à mourir plutôt que de voir l'Eglise du bienheureux apôtre Pierre abaissée en mes jours. Vous connaissez mon caractère. Je souffre longtemps ; mais quand j'ai une fois résolu de ne plus souffrir, j'affronte gaîment tous les périls (L. 4, *Epist.* 47). »

Avec tout cela, l'empereur Maurice approuva l'ordination de Maxime, poussé, sans doute, par ses ministres en Dalmatie, auxquels ce faux évêque prodiguait les biens de son Eglise. Le Pape réprouvait cette ordination pour trois causes : d'abord, parce qu'il avait été ordonné à l'insu du Pontife romain et de son nonce : ce qui n'avait jamais eu lieu sous les empereurs précédents ; ensuite, il avait eu la sacrilège présomption de célébrer la messe et d'exercer les autres fonctions sacerdotales, quoiqu'il fût excommunié ; enfin, il était accusé d'incontinence et de simonie, crimes qui le rendaient incapable de l'épiscopat. Sur le premier point, saint Grégoire voulut bien se relâcher par égard pour l'empereur, comme si cette ordination avait été faite par son autorité pontificale ; mais il fut inflexible sur les deux autres chefs, et exigea que Maxime vînt à Rome pour y rendre compte de sa conduite. L'empereur lui en envoya l'ordre, mais il écrivit en même temps au Pape de le recevoir avec honneur. Sur quoi saint Grégoire, se plaignant de tout ceci à l'impératrice Constantine, lui dit : « Il est bien dur de recevoir avec honneur un homme accusé de choses aussi graves, lorsqu'il faudrait le juger auparavant. Si

(1) Fleury dit : Il obtint un ordre de l'empereur qui confirmait son élection: La lettre que cite Fleury (L. 7, *Epist.* 1 ; Num. l. 4, *Epist.* 47), dit au contraire : *Imperator jussiones transmisit ut ordinari minime debuisset.*

les causes des évêques qui me sont commis se règlent auprès de l'empereur par l'intervention d'autrui, que fais-je, malheureux, dans cette Eglise ? Mais si mes évêques me méprisent, s'ils recourent contre moi aux juges séculiers, j'en rends grâces au Dieu tout-puissant, je l'impute à mes péchés. Je dirai seulement que je l'attendrai encore quelque peu ; s'il diffère longtemps à venir, je ne manquerai pas de le punir selon la rigueur des canons (L. 5, *Epist.* 21). »

Maxime ayant donc été plusieurs fois averti par le Pape de venir à Rome rendre compte de sa conduite, chercha diverses excuses, et enfin demanda que le Pape envoyât quelqu'un à Salone, devant qui il pût se justifier, soutenant même que l'empereur l'avait ordonné. A quoi saint Grégoire répond : « Nous n'avons reçu d'ordres ou de lettres, que de vous faire venir ici ; mais quand on en aurait surpris quelque autre, nous connaissons si bien le zèle de l'empereur, son amour pour la discipline, son respect pour les canons, que nous ne laisserions pas de faire notre devoir. Quant à ce que vous craignez si fort que nous ne vous punissions d'avoir été ordonné sans notre consentement, quoique ce soit une faute intolérable, nous vous la remettons, suivant les ordres ou les lettres de l'empereur, pourvu que vous ne demeuriez pas davantage dans la désobéissance. Mais on nous a dit d'autres choses que nous ne pouvons nous empêcher d'examiner. » Il lui réitère ensuite la défense de célébrer la messe, et l'ordre de venir à Rome dans le terme de trente jours, prévenant les excuses qu'il pouvait alléguer, d'être retenu par les magistrats, les soldats ou le peuple ; il lui défend, à la fin, de molester davantage l'évêque Paulin et l'archidiacre, qui n'avaient point consenti à son usurpation (*Ibid.*, *Epist.* 25).

Saint Grégoire écrivit en même temps au clergé et aux nobles de Salone, à qui l'on cherchait à persuader qu'il agissait ainsi, non point par zèle de la discipline, mais par quelque haine contre Maxime. Le saint Pape leur proteste que son unique désir est de leur donner un pasteur sans reproche ; c'est pour cela qu'il appelle Maxime à Rome, afin qu'il se justifie des accusations portées contre lui. « Pressez-le donc de venir, afin que, si nous pouvons le trouver innocent, nous le confirmions ; ou bien, s'il est convaincu des choses dont on l'accuse, que votre dilection ne soit pas plus longtemps délaissée à cause de lui. Je m'étonne, ajoute-t-il, que dans un si grand peuple, il se soit à peine trouvé deux personnages des ordres sacrés qui aient refusé de communiquer avec Maxime, et se soient souvenus qu'ils sont chrétiens ; savoir, l'évêque Paulin et l'archidiacre Honorat. Car vous devez, très-chers fils, considérer les ordres dans lesquels vous êtes, et repousser celui qui repousse le Siège apostolique, jusqu'à ce qu'il se soit justifié : de peur de participer à sa faute et à sa peine. Toutefois, parce que nous avons pour vous des entrailles de miséricorde, et que nous savons que quelques-uns d'entre vous ont été contraints par la violence de communiquer avec lui, nous prions le Seigneur tout-puissant de vous absoudre et de tous vos péchés propres et de tous les péchés d'autrui. » Ces deux lettres sont du mois de mars 596 (*Ibid.*, *Epist.* 25 et 26).

Au mois de juillet suivant, saint Grégoire écrivit

dans le même sens, au clergé, à la noblesse et au peuple de Jadera ou Zara en Dalmatie, dont une partie avait rejeté la communion de Maxime, une partie l'avait embrassée. Sabinien, leur évêque, était de ces derniers ; mais enfin il abandonna Maxime, étant touché d'un tel repentir, qu'il s'enferma dans un monastère pour faire pénitence, et qu'il voulut même renoncer à l'épiscopat. Saint Grégoire lui écrivit qu'il le recevait en sa communion et en ses bonnes grâces, et l'exhorta à reprendre la conduite de son troupeau, et à travailler à faire rentrer dans la communion de l'Eglise tous ceux qui s'en étaient séparés (L. 5, *Epist.* 27; L. 7, *Epist.* 17; L. 8, *Epist.* 10, 24).

Maxime lui-même recourait à bien des moyens pour apaiser et contenter le Pape. Il lui avait fait écrire par l'empereur même de le recevoir avec honneur. Le Pape avait répondu que c'était une chose fort étrange, que le juge dût recevoir avec honneur l'accusé qui paraissait à son tribunal. Il lui fit écrire par Marcel ou Marcellin, proconsul de Dalmatie. Le Pape répondit au proconsul Marcel : « Vous vous plaignez d'avoir encouru notre disgrâce et déclarez vouloir nous satisfaire pour recouvrer notre bienveillance. Il est vrai, on nous a rapporté de Votre Grandeur bien des choses qu'un fidèle chrétien n'aurait pas dû faire. Tout le monde dit que vous êtes l'auteur de tout le mal qui s'est fait dans la cause de Maxime, de la spoliation de son Eglise, de la perte de tant d'âmes, de l'audacieuse présomption de cet intrus. Si maintenant vous voulez avoir notre bienveillance, il faut avant tout satisfaire le Rédempteur par les prières et les larmes : sinon, à quoi servirait notre indulgence? Vous satisferez Dieu et les hommes, quand vous ramènerez au droit chemin ceux qui s'égarent, et à l'humilité ceux qui s'enflent de présomption (L. 9, *Epist.* 5). » Cette lettre, qui est de la fin de l'année 598, produisit un effet salutaire. Pour réparer sa faute, le proconsul Marcel s'employa avec tant de zèle à procurer la soumission de Maxime et des Istriens, que l'année suivante le Pape le recommanda avec beaucoup de bienveillance à Constantinople (*Ibid.*, *Epist.* 82).

Après avoir ainsi employé les hautes puissances du siècle, sans rien pouvoir obtenir, Maxime eut recours aux puissances subalternes et s'efforça de fléchir le Pape tant par le nombre et l'humilité de ses supplications, que par des attestations de bonnes œuvres. C'est ce que dit le Pape lui-même (*Ibid.*, *Epist.* 67). Maxime lui fit écrire entre autres par un juge, nommé Julien Scribon, qui lui parla de charité et de concorde. Le Pape répondit que c'était bien d'aimer l'une et l'autre ; mais que le devoir de sa charge l'obligeait avant tout de juger suivant les canons la justice, ce qu'il promit de faire sans acception de personnes. Julien disait que la volonté de la cour et le vœu du peuple étaient pour Maxime. Le Pape répondit que cela ne le détournerait point du zèle de la justice, et que chacun devait avant tout s'assurer l'amour de Dieu (L. 9, *Epist.* 41).

Maxime lui fit surtout écrire par le nouvel exarque de Ravenne, Callinique, témoignant une crainte extrême d'être jugé par le Pape en personne. Saint Grégoire écrivit donc à Marinien, évêque de Ravenne, vers le mois de novembre 598 : « Mon fils, l'exarque Callinique m'écrit continuellement pour Maxime. Vaincu par son importunité, je n'ai pu faire autre chose que de vous renvoyer cette affaire. Si donc Maxime vient devant vous, Honorat, archidiacre de la même Eglise, y doit aussi être amené, afin que vous connaissiez si Maxime a été ordonné légitimement, s'il ne s'est point rendu coupable de simonie ou d'incontinence ; s'il n'a pas su qu'il était excommunié, quand il a célébré la messe : et vous ordonnerez ce que vous jugerez à propos devant Dieu, afin que nous puissions consentir à votre jugement. Que si vous êtes suspect à l'exarque, il faut que notre vénérable frère Constantius, évêque de Milan, vienne à Ravenne, pour juger avec vous ; et soyez assurés que le jugement que vous aurez prononcé ensemble, sera le mien. Car de même que nous ne devons pas être inflexibles à l'égard des humbles, ainsi nous devons être sévères à l'égard des superbes. » Il en écrivit dans le même sens à Constantius de Milan (L. 9, *Epist.* 10, 67).

Maxime se rendit enfin à Ravenne, et saint Grégoire y envoya Castorius, cartulaire de l'Eglise romaine, avec cette commission : Si Maxime déclare par serment qu'il n'est point coupable de simonie ni des autres crimes, lui en étant simplement requis devant le corps de saint Apollinaire, et s'il fait pénitence de sa désobéissance, vous lui donnerez, pour le consoler, la lettre que nous lui avons écrite. Vous prendrez aussi grand soin qu'il ne garde aucun ressentiment contre Sabinien, évêque de Zara, contre l'archidiacre Honorat et les autres qui ont eu recours au Siège apostolique. Le Pape laisse à Marinien le jugement de la pénitence que Maxime devait faire, pour avoir célébré la messe étant excommunié. Ces lettres sont du mois de juillet 599 (*Ibid.*, *Epist.* 79, 80).

Castorius étant arrivé à Ravenne et ayant déclaré sa commission, Maxime de Salone se prosterna sur le pavé au milieu de la ville, en criant : « J'ai péché contre Dieu et contre le bienheureux pape Grégoire, » et demeura ainsi en posture de pénitent pendant trois heures. L'exarque Callinique, le cartulaire Castorius et l'évêque Marinien y accoururent ; et Maxime, s'étant relevé, témoigna encore devant eux de plus grands sentiments de pénitence. On le mena au corps de saint Apollinaire, où il jure qu'il était innocent de tout ce qu'on lui avait reproché touchant les femmes ou la simonie. Alors Castorius lui donna la lettre du Pape, par laquelle il lui rendait sa communion et ses bonnes grâces, et lui accordait le *pallium*, à la charge d'envoyer quelqu'un pour le recevoir, suivant la coutume, lui déclarant l'obligation particulière qu'il avait à l'exarque Callinique. Castorius revint à Rome, amenant un diacre de Maxime, qui fit au Pape la relation de tout ce qui s'était passé, et reçut le *pallium* le 26 août 599, avec une lettre pour Maxime, où le Pape témoigne être pleinement satisfait, et l'exhorte à une parfaite réconciliation avec l'évêque Sabinien, l'archidiacre Honorat et un clerc nommé Messien, qui s'était réfugié à Rome.

C'est ainsi que, par sa fermeté et sa patience, le pape saint Grégoire maintenait la vigueur de la discipline ecclésiastique, et y ramenait les récalcitrants. On voit, par deux autres lettres qu'il écrivit depuis à Maxime, que le retour de ce dernier fut sincère (L. 9, *Epist.* 81 et 125; *Apendix*, édit. Bénéd.).

Le reste de l'Illyrie, savoir : la Grèce, la Macédoine, l'Epire, la Mésie, n'éprouva pas moins que la Dalmatie les heureux effets de la vigilance et de l'autorité de saint Grégoire. Dès le début de son pontificat, il se recommanda aux prières d'Anastase, archevêque de Corinthe (L. 1, *Epist.* 27). Plusieurs évêques d'Illyrie ayant été chassés de leurs sièges par la guerre, l'empereur Maurice ordonna qu'ils se retireraient chez les évêques qui étaient demeurés en place, et que ceux-ci se chargeraient de leur subsistance. Saint Grégoire en ayant été averti par le gouverneur de la province, écrivit à tous les évêques d'Illyrie de s'acquitter de ce devoir, non-seulement pour obéir à l'empereur, mais encore plus pour obéir à Dieu, qui nous oblige de donner des secours temporels, même à nos ennemis, quand l'occasion s'en présnte. Il déclare toutefois que ces évêques dépouillés n'auront aucune autorité dans les Eglises qui leur donneront retraite, et se contenteront d'y recevoir la subsistance. La lettre est du mois de juin 591 (*Ibid.*, *Epist.* 45).

L'année suivante 592, les évêques d'Illyrie ayant élu Jean à l'unanimité pour évêque de la première Justinienne, avec l'agrément de l'empereur Maurice, ils en demandèrent la confirmation au pape saint Grégoire. La première Justinienne était une ville de Macédoine, nommée anciennement Achride et maintenant Locride, où était né l'empereur Justinien, qui l'agrandit singulièrement, l'enrichit de beaucoup de priviléges, et lui obtint du pape Vigile d'être, à la place de Thessalonique, le siège du vicariat apostolique en Illyrie. Saint Grégoire les félicita de leur unanimité, confirma leur choix, et écrivit de même à Jean pour lui accorder l'usage du *pallium*, l'établir vicaire dans l'Illyrie, lui exposer ses devoirs et les engager à les bien remplir (L. 2, *Epist.* 22, 23).

Jean y ayant manqué dans un point considérable l'année suivante, le Pape l'en reprit sévèrement et même l'en punit. Adrien de Thèbes ayant déposé pour de bonnes raisons deux diacres de son Eglise, ils le poursuivirent devant l'empereur pour des causes civiles et criminelles. L'empereur, suivant les canons, renvoya Adrien devant Jean de Larisse, son métropolitain, pour juger définitivement le civil, et informer du criminel, puis en faire son rapport à l'empereur. Les accusateurs ne purent prouver aucune de leurs accusations. Toutefois Jean, archevêque de Larisse, ne laissa pas de condamner Adrien, qui appela de cette sentence à l'empereur; mais nonobstant son appel, Jean de Larisse le fit mettre dans une étroite prison, où il le contraignit de lui donner un écrit par lequel il acquiesçait à sa sentence, tant pour le criminel que pour le civil. Toutefois il n'avouait ses prétendus crimes que par des paroles ambiguës, qui lui laissaient ouverture à s'en justifier. Cependant il fit poursuivre son appel devant l'empereur, et porter tous les actes de la procédure faite par Jean de Larisse. L'empereur commit, pour examiner cet appel, Honorat, diacre de l'Eglise romaine et nonce à Constantinople, avec un de ses principaux secrétaires, nommé Sébastien; et le procès ayant été soigneusement examiné, Adrien de Thèbes fut renvoyé absous.

Mais on obtint ensuite un autre ordre de l'empereur, par lequel la cause fut renvoyée à Jean, évêque de la première Justinienne, et vicaire du Siège apostolique en Illyrie. Dans ce nouvel examen, Adrien de Thèbes ne se trouva convaincu ni par les dépositions des témoins ni par sa confession, et néanmoins Jean de Justinienne ne laissa pas de le condamner et de le déposer de l'épiscopat. Adrien de Thèbes appela au Pape et signifia son appel à Jean, qui, par ses nonces, promit au diacre Honorat, nonce du Pape à Constantinople, d'envoyer des gens à Rome pour soutenir son jugement. Adrien s'y rendit lui-même, et se plaignit au Pape des injustices qu'il avait souffertes de son métropolitain et de son primat. Le pape saint Grégoire attendit longtemps s'ils enverraient quelqu'un pour soutenir leurs sentences; mais enfin ne voyant paraître personne de leur part, et ne voulant pas toutefois juger sans connaissance de cause, il examina les actes de procédures faits tant devant Jean de Larisse que devant Jean de Justinienne, et trouva leurs sentences irrégulières dans la forme et injustes dans le fond. C'est pourquoi, par l'autorité de l'apôtre saint Pierre, il cassa la sentence du primat et le condamna à trente jours de pénitence, pendant lesquels il serait privé de la sainte communion, sous peine d'être puni plus sévèrement, s'il n'obéissait. Le Pape rétablit en même temps Adrien dans son siège, et se réserve à examiner plus amplement ce qu'il devait ordonner contre Jean de Justinienne, qui avait aussi abusé du pouvoir qu'il avait dans l'Illyrie comme vicaire du Siège apostolique.

Quant au métropolitain Jean de Larisse, saint Grégoire lui parle ainsi : « Vous méritez d'être privé de la communion du corps de Notre Seigneur, pour avoir méprisé l'admonition de mon prédécesseur, par laquelle il exemptait de votre juridiction, Adrien et son Eglise de Thèbes : toutefois nous nous contentons d'ordonner l'exécution de cet ordre; en sorte que, si vous avez quelque prétention civile ou criminelle contre Adrien, elle soit décidée par nos nonces à Constantinople, au cas qu'elle soit médiocre, ou renvoyée ici au Siège apostolique, au cas qu'elle soit considérable. Le tout sous peine d'excommunication dont vous ne pourrez être absous que par ordre du Pontife romain, excepté à l'article de la mort. Vous restituerez aussi sans délai tous les biens sacrés ou profanes, meubles ou immeubles de l'Eglise de Thèbes, que l'on vous accuse de retenir et dont l'état est ci-joint : sur quoi, s'il y a quelque différend, nous voulons que notre nonce à Constantinople en prenne connaissance. » C'est ainsi que le pape saint Grégoire termina cette affaire, où nous voyons un exemple notable de l'autorité du Saint-Siège parmi les Grecs. Saint Grégoire ayant appris ensuite par les évêques de la province de Corinthe, qu'Adrien s'était réconcilié avec ses accusateurs, envoya sur les lieux un diacre de l'Eglise romaine, pour savoir s'il n'y avait point de prévarication dans cet accord (L. 2, *Epist.* 67, 39).

Le saint Pape avait puni Jean de Justinienne pour avoir manqué à la règle : lorsqu'il n'y manquait pas, il le soutenait avec vigueur. Ainsi, ayant appris que Félix, évêque de Sardique, refusait de lui obéir, Grégoire lui écrivit une lettre sévère, pour lui enjoindre d'obéir à Jean, suivant la coutume, sous peine d'éprouver la rigueur des canons (L. 5, *Epist.* 10). Plus tard, Jean ayant à souffrir de fréquents maux de tête, l'empereur ordonna de lui donner un successeur, de peur que la ville, n'ayant pas d'évêque, ne fût surprise et ruinée par les ennemis. Le Pape répondit au diacre Anatolius, son nonce à Constantinople, « que la chose était contraire aux canons, et qu'il ne pourrait y consentir sans péché. Il fallait suggérer à l'empereur que, quand un évêque est infirme, on peut lui donner un coadjuteur. Si Jean demande un successeur lui-même, il faut le lui accorder; autrement, nous ne pouvons le faire, par la crainte que nous avons de Dieu. Si l'empereur commande, cela le regarde, pourvu qu'il ne nous mêle point à la déposition de cet homme. S'il fait quelque chose de canonique, nous le suivrons, sinon, nous le supporterons autant que nous pourrons sans pécher nous-même (L. 9, *Epist.* 47). » Ces paroles sont remarquables.

Anastase, archevêque de Corinthe, étant tombé dans quelques crimes, le Pape commit l'évêque Secondin pour examiner cette affaire et la juger. Secondin y procéda avec beaucoup de sagesse, et déposa Anastase, réservant au jugement du Pape quelques complices. On élut un nommé Jean pour nouvel archevêque. Saint Grégoire loua beaucoup la procédure et le jugement de Secondin, régla le sort des complices, confirma l'ordination de Jean, lui accorda l'usage du *pallium*, écrivit à tous les évêques de l'Hellade ou de la Grèce de lui obéir, et recommanda aux uns et aux autres de ne souffrir aucune ordination faite par simonie ou par faveur (L. 5, *Epist.* 32, 57, 58). C'était au mois d'août 595. Quelque temps après, les évêques de l'ancienne Epire écrivirent au Pape qu'ils venaient d'ordonner André pour évêque de Nicopolis, leur métropolitain. Saint Grégoire approuva de même cette ordination, envoya le *pallium* au nouvel archevêque, exhorta ses suffragants à imiter les vertus qu'ils avaient louées en lui, et les pressa tous de n'ordonner aucun clerc pour argent ou par complaisance, sous quelque prétexte que ce fût (L. 6, *Epist.* 8). L'an 600, il écrivit à Eusèbe, archevêque de Thessalonique, de ramener à la soumission ou bien de retrancher de l'Eglise deux prêtres qui passaient pour ne pas recevoir le concile de Chalcédoine (L. 10, *Epist.* 42).

Trois ans après, saint Grégoire reçut des plaintes d'Alcyson, évêque de Corcyre, aujourd'hui Corfou, contre Jean, évêque d'Eurie ou Evorie en Epire, qui, ayant été contraint de quitter son siège par les courses des Barbares, s'était retiré avec son clergé dans la ville de Cassiope, en l'île de Corfou. Il y avait même apporté le corps de saint Donat, évêque d'Eurie, sous Théodose le Grand, illustre par ses miracles. Ensuite, non content de la retraite qu'on lui avait donnée, il voulut soustraire Cassiope à la juridiction d'Alcyson, et y exercer l'autorité épiscopale; il surprit même un ordre de l'empereur Maurice, qui autorisait sa prétention. Quoique cet ordre n'eût point eu d'effet, parce qu'il était contre les lois et les canons, Alcyson s'en plaignit à l'empereur, qui renvoya l'affaire à André, archevêque de Nicopolis, métropolitain de l'un et de l'autre, et celui-ci, avec connaissance de cause, maintenant Alcyson dans sa juridiction sur la ville de Cassiope. Saint Grégoire confirma ce jugement, et, quoique l'ingratitude de Jean dût le faire chasser de Cassiope, il voulut qu'Alcyson en usât plus humainement et qu'il y laissât demeurer Jean, à condition qu'il renoncerait par écrit à sa vaine prétention, et que, quand la paix serait rétablie, il retournerait à son Eglise. Mais sur ces entrefaites, Phocas ayant succédé dans l'empire à Maurice, Jean surprit au nouvel empereur un ordre contraire à la sentence du métropolitain. Dans cette conjoncture délicate, saint Grégoire ne publia point sa propre sentence, de peur qu'il ne parût mépriser l'ordre du nouveau souverain, mais il envoya toutes les pièces de l'affaire au diacre Boniface, son nonce à Constantinople, afin qu'il en instruisît exactement l'empereur, et que celui-ci donnât ordre de publier sur les lieux la sentence du Pape (L. 14, *Epist.* 7 et 8). Dans cette lettre, qui est de la fin de l'année 604, on ne peut qu'admirer la haute prudence de saint Grégoire au milieu des révolutions politiques, et ses ménagements délicats pour ceux qu'elles amenaient sur le trône.

Sa vigilance pastorale se portait spécialement sur Constantinople. Au mois de juillet 593, il y envoya pour nonce le diacre Sabinien, qui fut depuis son successeur sur le siège de saint Pierre. Avec plusieurs lettres de recommandation pour les personnes puissantes, qui étaient de ses amis, il lui en donna une pour Jean le Jeûneur, évêque de Constantinople, où l'on voit quelques avertissements sérieux. Le Pape lui avait écrit deux fois, touchant l'affaire d'un prêtre, nommé Jean, et de quelques moines isauriens accusés d'hérésie, dont l'un, qui était prêtre et se nommait Anastase, avait reçu des coups de bâton dans l'église de Constantinople. L'évêque Jean répondit enfin à saint Grégoire, qu'il ne savait ce que c'était. Sur quoi saint Grégoire lui dit : « J'ai été fort surpris de cette réponse, car, si vous dites vrai, qu'y a-t-il de pire que de voir les serviteurs de Dieu ainsi traités, et que le pasteur, qui est présent ne le sache pas? Mais, si vous le savez, que répondrai-je à l'Ecriture, qui dit : *La bouche qui ment, tue l'âme*. Est-ce donc là que se termine cette grande abstinence? Et ne vaudrait-il pas mieux qu'il entrât de la chair dans votre bouche, que d'en vous sortir un discours faux pour vous moquer du prochain? Dieu me garde d'avoir de vous cette pensée. Ces lettres portent votre nom; mais je ne crois pas qu'elles soient de vous. Elles sont plutôt de ce jeune homme qui est auprès de vous, qui ne sait encore rien des choses de Dieu, qui ne connaît point les entrailles de la charité; que tout le monde accuse de plusieurs crimes; qui tous les jours, dit-on, cherche à profiter de la mort de quelqu'un par des testaments secrets, n'ayant ni crainte de Dieu ni crainte des hommes qui le retienne. Croyez-moi, mon vénérable frère, vous devez commencer par le corriger; car si vous continuez à l'écouter, vous ne pourrez avoir la paix avec vos frères. Je vous le dis en conscience, je ne veux avoir de scandale avec personne, et je l'évite autant que je peux. Je désire souverainement avoir la paix avec tout le monde, principalement avec vous, que j'aime si fort; si toutefois vous êtes encore ce que je vous ai connu. Car si vous ne gardez pas les canons, si vous voulez renverser les ordonnances des Pères, je ne sais qui vous êtes. » Il s'en remet au diacre Sabinien, pour traiter plus amplement cette affaire des prêtres offensés, et conclut en disant : « Je souhaite qu'il vous trouve tel que je vous ai connu autrefois à Constantinople (L. 3, *Epist.* 53).

Il écrivit de cette même affaire au patrice Narsès en ces termes : « Je vous déclare que je suis résolu de la poursuivre de tout mon pouvoir, et je vois qu'on ne garde pas les canons du Siége apostolique, Dieu m'inspirera ce que je dois faire contre ceux qui les méprisent. Je vous prie de me pardonner, si je vous fais une réponse si courte. Je suis si accablé d'affliction, que je n'ai le courage ni de lire ni d'écrire de longues lettres (L. 4, *Epist.* 32). »

Une affaire plus grave, et dont dépendait le sort de toutes les Eglises d'Orient, occupait l'attention du saint pontife : c'était l'ambition des évêques de Constantinople. L'évêque Jean, de cette ville, lui avait envoyé les actes d'un jugement qu'il avait rendu contre un prêtre accusé d'hérésie, dans lequel il prenait, presque à chaque ligne, le titre de *patriarche œcuménique*, autrement, *universel*. Que d'autres eussent donné ce titre à ses prédécesseurs, la chose pouvait paraître sans conséquence; mais qu'il le prît lui-même avec tant d'affectation, on pouvait y voir un système d'ambition calculée. Le pape saint Grégoire, son supérieur comme chef de toute l'Eglise, voulant garder l'ordre de la correction fraternelle, lui en fit parler deux fois par son nonce, et ensuite lui en écrivit lui-même le 1ᵉʳ janvier 595.

La lettre commence ainsi : « Votre Fraternité sait quelle paix et quelle concorde elle a trouvée dans les Eglises, quand elle a été promue à l'épiscopat. Mais je ne sais pas, moi, par quelle hardiesse et quel orgueil elle a tenté un nouveau nom, capable de scandaliser tous les frères. Ce qui m'étonne, c'est que vous avez voulu fuir l'épiscopat, et maintenant vous voulez en user comme si vous l'aviez recherché avec ambition. Vous vous dècliez indigne du nom d'évêque, et maintenant vous voulez le porter vous seul. Pélage, mon prédécesseur de sainte mémoire, en écrivit à Votre Sainteté des lettres très-fortes, où il cassa les actes du concile que vous aviez tenu en la cause de notre frère l'évêque Grégoire, et défendit à l'archidiacre, qui était son nonce auprès de l'empereur, d'assister à la messe avec vous. Depuis que moi, indigne, j'ai été appelé au gouvernement de l'Eglise, je vous en ai fait parler par mes autres nonces, et maintenant par le diacre Sabinien. Et, parce qu'il faut toucher les plaies doucement avec la main avant que d'y porter le fer, je vous prie, je vous conjure, je vous demande, avec toute la douceur possible, de résister à ceux qui vous flattent et vous attribuent ce nom plein d'extravagance et d'orgueil; car qui vous y propose-t-on à imiter? sinon celui qui, méprisant les légions des anges, ses semblables, ambitionna de n'obéir à personne et de commander à tous? celui qui dit : *Je monterai au ciel, je placerai mon trône au-dessus des astres, et je serai pareil au Très-Haut?*

» En effet, que sont tous les évêques de l'Eglise universelle, sinon les astres du ciel? En ambitionnant de vous mettre au-dessus d'eux par un nom superbe, ne dites-vous pas : Je monterai au ciel, j'élèverai mon trône au-dessus des astres? Certes, Pierre, le premier des apôtres, membre de la sainte et universelle Eglise, Paul, André, Jean, que sont-ils, sinon les chefs de peuples particuliers? Et pour tout dire, en un mot, les saints avant la loi, les saints sous la loi, les saints sous la grâce, qui tous forment le corps du Seigneur, sont des membres de l'Eglise, et nul n'a jamais voulu s'appeler *universel*. Que Votre Sainteté comprenne quelle présomption c'est de vouloir s'appeler d'un nom que jamais vrai saint n'a osé s'attribuer. Votre Fraternité ne sait-elle pas que le concile de Chalcédoine offrit cet honneur aux évêques de Rome, en les nommant *universels?* Mais pas un n'a voulu le recevoir, de peur qu'il ne semblât s'attribuer l'épiscopat à lui seul et l'ôter à tous ses frères. » Le reste de la lettre est une exhortation véhémente à l'humilité (L. 5, *Epist.* 18).

Saint Grégoire écrivit en même temps à son nonce Fabien, lui découvrant l'artifice de Jean, qui faisait écrire l'empereur pour lui. « Il espère, dit-il, autoriser sa vaine prétention si j'écoute l'empereur, ou l'irriter contre moi si je ne l'écoute pas. Mais je marche dans le droit chemin, ne craignant en cette affaire que Dieu seul. Ne craignez rien non plus; méprisez, pour la vérité, tout ce qui paraît grand en ce monde, et, vous confiant en la grâce de Dieu et au secours de saint Pierre, agissez avec une souveraine autorité. Puisqu'ils ne peuvent nous défendre des glaives de nos ennemis, et nous ont fait perdre nos biens pour sauver la république, c'est une trop grande honte qu'ils nous fassent encore perdre la foi, en consentant à ce titre criminel (*Ibid., Epist.* 19). » Saint Grégoire traite cette contestation de question de foi, parce qu'en effet la foi ne permet pas de ne reconnaître qu'un seul évêque, dont les autres ne seraient que les vicaires; et il prévoyait les suites funestes de l'ambition des évêques de Constantinople, qui n'a que trop éclaté dans les siècles suivants, et qui, dès lors, préparait les voies à l'empire antichrétien de Mahomet. Saint Grégoire semble pressentir cette dernière calamité, quand il dit dans sa lettre précédente : « C'est la dernière heure, comme l'a dit saint Jean. Le roi de la superbe est proche, et l'orgueil lui prépare une armée de prêtres. »

Il répondit dans le même sens à la lettre que l'empereur lui avait écrite en faveur du patriarche. Il le loue d'abord de son zèle pour la paix, et y reconnaît la vraie sagesse du gouvernement, attendu que la paix de la république dépendait de la paix de l'Eglise universelle. « En effet, si les évêques unis entre eux imploraient pour vous le Sauveur du monde, et par leurs prières et par leurs mérites, quelle puissance humaine, quel bras de chair oserait lever la main contre votre empire très-chrétien? Quelle nation féroce pourrait, de son glaive, égorger les fidèles, si notre vie, à nous qui nous appelons prêtres et ne le sommes pas, n'était chargée d'œuvres mauvaises? Mais pendant que nous négligeons ce qui nous regarde et que nous convoitons ce qui ne nous regarde pas, nous joignons nos péchés aux forces des Barbares, et notre vie coupable aiguise les glaives des ennemis. Qu'aurions-nous à dire, nous qui accablons du poids de nos iniquités le peuple de Dieu, auquel nous présidons indignement? nous qui détruisons par nos exemples ce que nous prêchons de paroles? Nos os sont consumés de jeûnes, et notre esprit enflé d'orgueil; notre corps est couvert d'habits méprisables, et nous surpassons la pourpre par l'élévation du cœur; couchés sur la cendre, nous prétendons à la grandeur, et nous cachons des dents de loups sous des faces de brebis. » Tout ceci regarde l'extérieur mortifié de Jean de Constantinople, qui lui attira le surnom de *Jeûneur*.

Saint Grégoire continue : « Saint Pierre, le prince des apôtres, a reçu du Seigneur les clés du royaume des cieux, la puissance de lier et de délier, la conduite et la principauté de toute l'Eglise, et toutefois on ne l'appelle pas *apôtre universel*; et le très-saint homme Jean, mon collègue, prétend être appelé évêque universel! Comment ne pas s'écrier: O temps, ô mœurs! Voici toute l'Europe livrée aux Barbares, les villes détruites, les forteresses ruinées, les provinces ravagées, les terres incultes, les idolâtres devenus maîtres de la vie des fidèles, et les évêques, qui devraient pleurer, prosternés sur la cendre, cherchent de nouveaux titres pour contenter leur vanité. Est-ce ma cause particulière que je défends? N'est-ce pas celle de Dieu et de l'Eglise universelle? Nous savons que plusieurs évêques de Constantinople ont été, non-seulement hérétiques, mais hérésiarques, comme Nestorius et Macédonius. Si donc celui qui remplit ce siège était évêque universel, toute l'Eglise tomberait avec lui. Pour moi, je suis le serviteur de tous les évêques, tant qu'ils vivent en évêques; mais si quelqu'un élève sa tête contre Dieu, j'espère qu'il n'abaissera pas la mienne, même avec le glaive. Ayez donc la bonté de juger vous-même cette affaire, ou d'obliger l'évêque Jean à quitter sa prétention. Pour obéir à vos ordres, je lui ai écrit avec douceur et humilité. S'il veut m'écouter, il a en moi un frère entièrement dévoué; sinon, il aura pour adversaire celui qui résiste aux superbes (L. 5, *Epist.* 20). »

Saint Grégoire écrivit à l'impératrice Constantine sur le même sujet, et avec plus de liberté encore. « Il est triste, dit-il, qu'on souffre patiemment celui qui veut être appelé seul évêque, au mépris de tous les autres. Cet orgueil n'annonce-t-il pas que les temps de l'antechrist sont proches? Car il imite celui qui, méprisant les autres anges, s'est écrié : *J'élèverai mon trône par-dessus les astres du ciel, et je serai pareil au Très-Haut*. Je vous conjure donc, par le Dieu tout-puissant, de ne pas permettre que votre règne soit déshonoré par l'arrogance d'un seul homme, et de ne pas me mépriser en cette cause. Il est vrai que les péchés de Grégoire le méritent; mais saint Pierre n'a point de péchés pour lui attirer un traitement pareil de votre temps (*Ibid.*, *Epist.* 21). »

Comme tous les patriarches étaient intéressés à réprimer la prétention de Jean de Constantinople, saint Grégoire en écrivit une lettre commune à saint Euloge d'Alexandrie et à saint Anastase d'Antioche. Il y reprend le commencement de la contestation, qui durait depuis huit ans, à compter de ce concile de Jean de Constantinople, qui fut cassé par le pape Pélage. Saint Grégoire répète les mêmes raisons qu'il avait employées dans les autres lettres, et ajoute : « Ne donnez donc jamais à personne le titre d'*universel*, et n'ayez sur ce sujet aucun mauvais soupçon de l'empereur. Il craint Dieu, et ne fera rien contre l'Evangile et les canons. » Et ensuite : « Si on permet d'user de ce titre, on dégrade tous les patriarches, et quand celui qu'on nomme *évêque universel* tombera dans l'erreur, il ne se trouvera plus d'évêque qui soit demeuré dans la vérité. Je vous conjure donc d'être constants à garder vos Eglises telles que vous les avez reçues. Préservez de cette corruption tous les évêques qui vous sont soumis, et montrez que vous êtes vraiment patriarches de l'Eglise universelle. S'il survient quelque adversité, demeurons unanimes, et montrons, même en mourant, que ce n'est pas notre intérêt particulier qui nous fait condamner ce titre. Croyez-moi, comme nous n'avons reçu notre rang que pour prêcher la vérité, il est plus sûr de l'abandonner pour elle, s'il est besoin, que de le garder. Priez pour moi, afin que je montre par mes œuvres ce que je prends la liberté de vous dire (L. 5, *Epist.* 43).

Il est à croire que Jean de Constantinople profita de ces graves admonitions. Il est du moins sûr que, dans ce temps-là même, il ne cessa de reconnaître l'autorité du Pape et de lui renvoyer le jugement définitif des causes ecclésiastiques, même de celles qui ne regardaient que de simples prêtres. Ainsi, l'an 595, il envoya à Rome ses députés, chargés de lettres, où il prétendait montrer que le prêtre Athanase, moine d'Isaurie, et les moines, ses confrères, avaient parlé contre la définition du concile d'Ephèse; il y joignit certains articles, comme extraits du même concile, portant, entre autres, anathème à qui dirait que l'âme d'Adam mourut par son péché; et que le diable entra dans le cœur de l'homme; il envoya aussi un livre, trouvé dans la cellule d'Athanase, et contenant des hérésies. Saint Grégoire l'ayant examiné, y remarqua des dogmes manichéens; mais il découvrit aussi que celui qui avait fait des notes, pour en montrer les erreurs, était lui-même tombé dans l'hérésie pélagienne, et reprenait, comme hérétiques, des propositions orthodoxes : par exemple, que l'âme d'Adam mourut par son péché. Saint Grégoire, ayant examiné le concile d'Ephèse, n'y trouva rien de semblable, et fit apporter de Ravenne un exemplaire très-ancien, qui se trouva entièrement conforme à celui de Rome. Il expliqua fort au long aux députés de Jean de Constantinople, comment ces propositions, faussement attribuées au concile d'Ephèse, étaient hérétiques, et les satisfit pleinement sur ce sujet. Il en écrivit depuis au comte Narsès en ces termes : « J'ai examiné le concile d'Ephèse, et n'y ai rien trouvé touchant Adelphius, Sava et les autres, que l'on dit avoir été condamnés, et nous croyons que, comme le concile de Chalcédoine a été falsifié en un endroit par l'Eglise de Constantinople, on a fait une altération semblable au concile d'Ephèse. Cherchez donc les plus anciens exemplaires de ce concile; mais ne croyez pas aisément aux nouveaux. Les Latins sont bien plus véritables que les Grecs; car nos gens, qui n'ont pas tant d'esprit, n'usent point d'impostures (L. 6, *Epist.* 14). » Ces paroles sont remarquables : on y trouve, avec leur application, les règles fondamentales d'une bonne critique.

Jean, prêtre de Chalcédoine, fut accusé de l'hérésie des marcianistes, et le patriarche de Constantinople lui donna des juges. Ceux-ci ayant interrogé ses accusateurs quelle était cette hérésie, ils avouèrent qu'ils n'en savaient rien. Le prêtre Jean, de son côté, déclarait qu'il était catholique, et présenta aux juges sa confession de foi; mais ils ne laissèrent pas de le condamner. Tout cela ayant été prouvé au concile de Rome par les actes mêmes du procès, et la profession de foi ayant été trouvée orthodoxe, le pape saint Grégoire cassa le jugement rendu par les juges que l'évêque de Constantinople avait commis, et renvoya le prêtre Jean absous. C'est ce qui se voit par les lettres écrites en sa faveur au patriarche, à l'empereur et à Théoctiste, parent de l'empereur. Dans la lettre à l'empereur, ces paroles sont remarquables : Ne pas croire celui qui professe la vérité, ce n'est pas détruire une hérésie, mais l'établir (L. 6, *Epist.* 15, 16, 17). Il faut aussi remarquer cet acte de juridiction du Pape sur le patriarche de Constantinople, dans le temps où il se disait évêque universel; car le patriarche s'y soumettait, puisqu'il envoyait ses députés avec les lettres et les pièces du procès.

Dans le temps même que le pape saint Grégoire lui écrivit sa dernière lettre, Jean le Jeûneur mourut vers le 2 septembre 595. Les Grecs l'honorent comme saint en ce jour. Saint Grégoire même après sa mort, l'appelle *saint, très-saint* et de *sainte mémoire*, tout en lui reprochant d'avoir négligé ses remontrances. Les Grecs lui attribuent un *Pénitentiel* ou instruction sur l'administration du sacrement de pénitence. On y trouve un examen de conscience à l'usage des confesseurs pour interroger les pénitents, examen qui donne à conclure que des péchés très-énormes n'étaient pas rares parmi les Grecs. Le *Pénitentiel* tout entier est une preuve palpable du fréquent usage de la confession secrète en Orient.

L'empereur Maurice ayant délibéré longtemps sur le choix d'un patriarche de Constantinople, fit ordonner enfin Cyriaque, qui, étant depuis longtemps économe de cette Eglise, avait toujours conservé une grande tranquillité de cœur au milieu de tant d'affaires. Il envoya au Pape, suivant la coutume, sa lettre synodale, contenant sa profession de foi, et elle fut accompagnée d'une lettre de l'empereur et d'une des évêques qui avaient ordonné Cyriaque. Georges, prêtre, et Théodore, diacre, furent chargés de ces lettres. Saint Grégoire les reçut très-bien, et mieux que l'on avait accoutumé en pareille occasion; car, encore que Cyriaque prît déjà le titre d'*évêque universel*, saint Grégoire ne voulut pas pour ce sujet rompre l'unité de l'Eglise, en rejetant sa lettre et ses nonces. Il les eût même retenus plus longtemps, s'ils n'eussent pressé leur retour, à cause de l'hiver qui approchait; car c'était au mois de septembre 596. Saint Grégoire écrivit deux lettres à Cyriaque : une publique, pour répondre à la lettre synodale, où il approuve sa profession de foi; mais il ajoute que, pour conserver la paix, Cyriaque doit renoncer au nom profane et superbe, c'est-à-dire au titre d'*évêque universel*. L'autre est une lettre familière, remplie de témoignages d'amitié; car, étant à Constantinople, il avait connu particulièrement le mérite de Cyriaque. Il écrivit aussi à l'empereur et aux évêques, et, dans cette dernière lettre, il se plaint de ce qu'à l'ordination de Cyriaque, on avait crié ces paroles du psaume : *Réjouissons-nous en ce jour qu'a fait le Seigneur.* Il blâme cette application de l'Ecriture à la louange d'un homme encore vivant sur la terre, mais il l'excuse par le transport de joie qui l'avait produite (L. 7, *Epist.* 5, 6, 7).

Quelque temps après que les nonces de Constantinople furent partis, saint Grégoire apprit qu'ils avaient dit : « Que Jésus-Christ, descendant aux enfers, avait délivré des peines tous ceux qui l'avaient reconnu pour Dieu. » Il crut devoir les tirer de cette erreur, et leur en écrivit au mois de mai 597. « Notre Seigneur, dit-il, descendant aux enfers, n'a délivré par sa grâce que ceux qui avaient cru qu'il devait venir et avaient vécu selon ses commandements. » Il les renvoie à Philastre et à saint Augustin, qui ont mis cette opinion au rang des hérésies (L. 7, *Epist.* 15).

Vers le même temps, saint Grégoire rappela de Constantinople le diacre Sabinien, son nonce, qui y était depuis quatre ans, et envoya à sa place Anatolius, aussi diacre de l'Eglise romaine; mais il lui défendit de célébrer la messe avec Cyriaque, jusqu'à ce qu'il eût renoncé au titre d'évêque universel. Il rendit raison de sa conduite à Cyriaque, à l'empereur et aux patriarches d'Alexandrie et d'Antioche. Il en écrivit premièrement, en particulier, à Anastase d'Antioche, qui l'exhortait, comme l'empereur, à ne pas faire de scandale pour une cause de néant. Mais saint Grégoire lui répond qu'il ne faut pas traiter ainsi une affaire qui tend à corrompre la foi de l'Eglise universelle, puisqu'il était sorti plusieurs hérésiarques de l'Eglise de Constantinople. Il dit à l'empereur : « J'aurais été bien indiscret, si je n'avais pas su distinguer ce qui était nécessaire pour conserver l'unité de foi et la concorde ecclésiastique d'avec ce que je devais faire pour réprimer la hauteur. Ainsi, j'ai reçu les députés de mon frère avec une grande affection et leur ai fait célébrer la messe avec moi. Mon diacre à Constantinople ne doit point servir, dans les saints mystères, celui qui s'élève ou ne corrige pas la hauteur de ses prédécesseurs; mais ses diacres ont dû assister à la messe avec moi, qui, par la grâce de Dieu, ne suis point tombé dans une faute pareille. Il y a des titres frivoles qui ne laissent pas d'être pernicieux. L'antechrist se dira dieu : ce n'est qu'une syllabe, et c'est le comble de l'impiété. Or, je dis hardiment que quiconque se dit *évêque universel*, est un précurseur de l'antechrist, en s'élevant au-dessus de tous les autres. »

La lettre commune à Euloge d'Alexandrie et à Anastase d'Antioche, contient la même distinction entre les légats et ceux de Cyriaque. Mais où saint Grégoire élève cette question à toute sa hauteur, c'est dans une lettre particulière qu'il écrivit peu après au saint évêque d'Alexandrie, en ces termes : « Votre délicieuse Sainteté, dans ses épîtres, m'a beaucoup parlé de la Chaire de saint Pierre, prince des apôtres, disant qu'il y siège jusqu'à présent dans ses successeurs. Pour moi, je me reconnais indigne, non-seulement de présider, mais encore d'être du nombre des assistants. Toutefois, vos paroles m'ont fait plaisir, en ce que celui qui me parlait de la Chaire de Pierre, tient lui-même la Chaire de Pierre. Un honneur spécial ne m'est aucunement agréable; cependant j'ai lu avec beaucoup de joie ce que vous m'avez écrit, parce que vous vous l'êtes dit à vous-même. Car qui ne sait que la sainte Eglise a été affermie sur la solidité du prince des apôtres, à qui la fermeté d'âme a été garantie par son nom même de Pierre? lui auquel la Vérité même a dit : *Je te donnerai les clés du royaume des cieux*; et encore : *Et quand tu seras converti, affermis tes frères*; et enfin : *Simon, fils de Jean, m'aimes-tu? pais mes brebis.* Ainsi, quoiqu'il y ait plusieurs apôtres, il n'y a pourtant que le Siége du prince des apôtres qui, à cause de sa principauté, ait prévalu pour l'autorité, et c'est le Siège du même en trois lieux. Car c'est Pierre qui a élevé le Siège où il repose et où il a fini la vie présente, savoir Rome ; c'est lui qui a illustré le siège où il envoya l'évangéliste, son disciple, savoir Alexandrie ; c'est lui encore qui établit le siège qu'il devait abandonner après l'avoir occupé sept ans, savoir Antioche. Comme ce n'est donc qu'un même siège et du même, dans lequel trois évêques président maintenant par l'autorité divine, tout ce que j'entends dire de bien de vous, je me l'attribue à moi-même. Et si vous croyez qu'il y ait quelque chose de bon en moi, attribuez-le à vos mérites ; car nous sommes un dans celui qui dit : *Qu'ils soient tous une même chose ; comme vous, mon père, vous êtes en moi, et moi en vous*, qu'ils soient, eux aussi, une même chose en nous (L. 7, *Epist*. 40). »

Précédemment déjà, saint Grégoire avait écrit au même saint Euloge : « Il y a quelque chose qui m'attache d'une manière plus étroite à l'Église d'Alexandrie, et me fait une obligation de l'aimer davantage, car tout le monde sait que le bienheureux évangéliste Marc fut envoyé à Alexandrie par saint Pierre, son maître. Ainsi, nous sommes tellement liés par l'unité du maître et du disciple, que nous paraissons présider, moi au siège du disciple, à cause du maître, et vous au siège du maître, à cause du disciple (L. 6, *Epist*. 60).

Dans ces passages mémorables, dont le saint Pape rappelle la substance dans plusieurs autres lettres (L. 5, *Epist*. 39 ; L. 6, *Epist*. 40 ; L. 8, *Epist*. 2 et 30 ; L. 10, *Epist*. 35 et 39 ; L. 13, *Epist*. 41), on voit quels sont le principe, le modèle, le moyen, le but de l'Église catholique et de son unité. Son principe, c'est un seul Dieu en trois personnes ; le modèle de son unité, c'est l'union de ces trois personnes divines dans la même essence ; le médiateur qui l'unit au ciel et dans le ciel à la Trinité une, c'est Jésus-Christ donnant à Pierre les clés du royaume des cieux ; le moyen de cette unité parmi les hommes, c'est l'union des trois patriarches et des autres évêques dans l'unité du même Pierre, de qui leur autorité procède ; la fin dernière, c'est la consommation de cette unité dans les trois personnes divines. Les prétentions des évêques de Constantinople étaient directement contraires à cet ensemble divin. Elles s'appuyaient, non sur Dieu, ni sur Jésus-Christ, ni sur saint Pierre, mais sur le séjour des empereurs dans leur ville. Voilà pourquoi ils s'appelleront *évêque universel*. Et les Grecs concluront plus tard que ce titre d'*universel* ne convient plus au Pontife romain, depuis que l'empire a passé de Rome à Byzance. Ce qui suppose que l'autorité et la hiérarchie de l'Église viennent, non pas de Jésus-Christ, mais des césars. Voilà comme ce titre frivole, qui paraissait à l'empereur Maurice un mot de néant, cachait tout le système de l'antechrist. Le Pape seul s'en apercevait. Il semblait y prévoir dès lors la chute du christianisme en Orient et la domination antichrétienne de Mahomet.

Dans plusieurs de ces lettres, après les considérations les plus élevées sur l'unité et l'union de l'Église, on voit des traits naïfs de la plus cordiale amitié. Saint Grégoire et saint Euloge s'écrivaient souvent l'un à l'autre, et toujours leurs lettres étaient accompagnées de quelque présent. Ainsi, comme saint Grégoire était presque toujours malade, saint Euloge lui envoya, comme bénédiction de saint Marc, des vins ou des sirops les plus renommés de l'Égypte. Saint Grégoire, de son côté, lui envoyait, comme bénédiction de saint Pierre, différentes espèces de vêtements, mais surtout des bois de construction pour les navires. Euloge ayant parlé de lui en payer le prix, Grégoire lui répond : « Nous vous remercions de votre largesse ; mais comme nous n'achetons pas les bois que nous vous envoyons, comment pourrions-nous en accepter le prix, lorsqu'on lit dans l'Écriture : *Ce que vous avez reçu gratuitement, donnez-le gratuitement*. Aujourd'hui donc nous vous expédions des bois suivant la longueur du navire que vous avez envoyé ; vous en trouverez la note ci-jointe. Pour l'année prochaine, s'il plaît à Dieu, nous vous en préparerons de plus grands (L. 7, *Epist*. 40 ; L. 8, *Epist*. 29). »

Une particularité non moins singulière, c'est une lettre de saint Grégoire au duc lombard de Bénévent, nommé Arogis, où il le prie d'envoyer des hommes avec leurs bœufs au sous-diacre Savin, pour lui aider à transporter, des Apennins jusqu'au bord de la mer, des bois qu'on avait coupés dans les montagnes pour les églises de Saint-Pierre et de Saint-Paul. Outre que ce service profiterait à son âme, il promet de l'en récompenser en temps et lieu d'une manière convenable (L. 12, *Epist*. 21).

Cette correspondance amicale de saint Grégoire et de saint Euloge avait encore pour but de s'instruire mutuellement. « Vous m'avez demandé de vous envoyer les actes de tous les martyrs, recueillis par Eusèbe de Césarée, écrit saint Grégoire, l'an 598 ; mais avant la lettre de Votre Béatitude, je ne savais pas même s'ils avaient été recueillis ou non, et je vous rends grâces de m'avoir instruit. Car, excepté les actes des martyrs contenus dans les livres du même Eusèbe, je ne sache point qu'il y en ait ni dans les archives de notre Église ni dans les bibliothèques de Rome, sinon quelque peu recueillis en un volume. Nous avons les noms de presque tous les martyrs, distribués par chaque jour et rassemblés en un livre ; et nous célébrons tous les jours des messes en leur honneur. Mais ce volume ne nous apprend pas le détail de leurs souffrances. Nous pensons que vous l'avez. Quant à ce que vous avez demandé et que nous n'avons pu trouver encore, nous vous l'enverrons si nous parvenons à le découvrir. » Dans une autre lettre, le Pape le remercie des renseignements qu'il lui avait donnés sur Eudoxe, évêque arien de Constantinople, que Cyriaque, dans sa profession de foi, avait mis parmi les hérétiques, et sur l'erreur de qui Grégoire ne trouvait rien chez les Latins. Euloge lui lui fit connaître en détail, par les témoignages des saints Basile, Grégoire et Épiphane (L. 8, *Epist*. 29 et 30).

Dans cette dernière lettre, le saint Pape reprend son saint ami de deux choses : de l'avoir appelé *Pape universel*, et d'avoir dit : *Ainsi que vous l'avez commandé*, je ne donne plus à certaines gens de titre superbe. Voici comme Grégoire le réprimande. « Ne me dites plus, je vous en prie, *ainsi que vous l'avez commandé*. Je sais qui je suis et qui vous êtes. Par la place, vous êtes mon frère ; par les mœurs, vous êtes mon père. Je n'ai donc point commandé, mais j'ai suggéré ce que je croyais utile. Et toutefois, je trouve que Votre Béatitude ne l'a pas bien retenu.

J'ai dit que vous ne devez donner de titre pareil ni à moi ni à personne. Et voilà que, dans la préface de votre lettre, vous m'appelez Pape universel ! de grâce, ne le faites plus. Car, attribuer à un autre plus que la raison n'exige, c'est vous l'ôter à vous-même. Je désire prospérer, non dans les mots, mais dans les mœurs. Je ne regarde pas comme un honneur pour moi ce que je sais porter atteinte à l'honneur de mes frères. Mon honneur, à moi, c'est l'honneur de l'Église universelle. Mon honneur, à moi, c'est la solide vigueur de mes frères. C'est alors que je me trouve vraiment honoré, quand on rend à chacun l'honneur qui lui est dû. »

Saint Euloge composa plusieurs écrits contre les diverses sectes d'hérétiques dont son Église était affligée. Mais il ne nous en reste que de grands extraits dans la bibliothèque de Photius. Il avait particulièrement combattu les agnoïtes, qui attribuaient l'ignorance à Jésus-Christ, abusant des passages de l'Évangile, où il parle comme ignorant quelque chose; et il envoya ces écrits au pape saint Grégoire, qui lui répondit : « Je n'y ai rien trouvé qu'à admirer; car votre doctrine est tellement conforme aux Pères latins, que je ne m'étonne point que le Saint-Esprit ait été le même dans la diversité des langues. » Il confirme ensuite les réponses de saint Euloge, par des réponses semblables de saint Augustin. « Mais, ajoute-t-il, je vous avertis que nous manquons fort ici de bons interprètes. Nous n'en avons point qui sachent rendre le sens; ils veulent toujours traduire mot à mot; en sorte que nous avons bien de la peine à entendre leurs traductions (L. 10, *Epist.* 39). » Cette lettre est du mois de février 600.

Saint Anastase d'Antioche avait traduit en grec le *Pastoral* de saint Grégoire. Chassé de son siège par l'empereur Justin II, l'an 572, il y fut rétabli en 593, et mourut vers la fin de l'an 598. Il laissa plusieurs sermons, dont quelques-uns se trouvent encore. Il eut pour successeur un autre saint Anastase, surnommé le Jeune et honoré comme martyr. Le nouveau patriarche envoya sa profession de foi au Pape, qui l'en félicita par une lettre de 599, où il bénit Dieu de ce qu'il n'ordonnait que des orthodoxes. Il l'avertit de prendre garde si ses actes du concile d'Éphèse n'avaient point été altérés par des hérétiques, comme il l'avait remarqué pour un exemplaire envoyé à Constantinople. Il l'exhorte surtout, pour première offrande de son sacerdoce, à purger les Églises de sa dépendance de la simonie dont elles étaient infectées (L. 9, *Epist.* 49).

Le pape saint Grégoire entretenait des relations semblables avec les patriarches de Jérusalem. Sa lettre encyclique aux quatre patriarches, au commencement de son pontificat, est adressée au patriarche de Jérusalem, Jean III (L. 1, *Epist.* 25; L. 8, *Epist.* 6). Il y en a une autre à Amos, successeur de Jean ; enfin une troisième de 601, à Isaac, successeur d'Amos. Isaac lui ayant envoyé sa profession de foi, saint Grégoire l'approuva très-fort, le félicita comme il avait fait le patriarche d'Antioche, de ce qu'on n'ordonnait que des orthodoxes; mais il lui dit comme à l'autre : « Il nous est revenu que, dans les Églises d'Orient, nul ne parvient aux ordres sacrés qu'en donnant un prix. Si Votre Fraternité trouve qu'il en est ainsi, elle doit offrir à Dieu pour sa première oblation, d'écarter l'hérésie simoniaque des Églises qui lui sont soumises (L. 11, *Epist.* 46). » On voit, par ces deux recommandations, combien la simonie était répandue en Orient.

De l'an 572 à l'an 593, pendant l'absence forcée du premier saint Anastase, le siège d'Antioche fut occupé par Grégoire, qui avait été quelque temps abbé du Mont-Sinaï. Le pape saint Grégoire lui adressa sa lettre encyclique comme aux autres patriarches, et en parle toujours en bien, soit pendant sa vie, soit après sa mort. Et de fait, Grégoire d'Antioche était un homme de grande vertu. Il avait une grande force d'esprit, l'âme très-ferme, et une industrie singulière pour réussir en toutes ses entreprises. Ses libéralités étaient si grandes, que toutes les fois qu'il sortait, il était suivi d'une grande multitude. Il avait tout ce qui fait aimer, et faisait plaisir à voir et à entendre. Quoique d'un naturel ardent, il ne laissait pas d'avoir beaucoup de douceur et de modestie.

L'an 589, il fut accusé par le comte d'Orient, et jugé dans un concile de Constantinople, qui reconnut juridiquement son innocence. Le pape Pélage II approuva cette décision, quoiqu'il cassât les actes du concile, à cause du titre d'évêque universel qu'y prenait Jean le Jeûneur. Quelques mois après ce jugement, le 31 octobre de la même année 589, il arriva un tremblement de terre à Antioche, où il périt environ soixante mille personnes, entre autres le comte Astérius, accusateur de l'évêque ; ce dernier échappa contre toute espérance. Peu après, l'empereur Maurice eut recours à lui pour une affaire assez remarquable.

A la suite d'une sédition, l'armée entière d'Orient avait fait serment de ne plus recevoir Philippicus, son ancien général. L'empereur employa divers moyens pour le lui faire accepter : aucun ne réussit. A la fin, il envoya l'évêque d'Antioche, Grégoire, singulièrement aimé des soldats, parce qu'il avait donné de l'argent aux uns, aux autres des habits et des vivres, lorsqu'ils passaient chez lui, étant nouvellement enrôlés. Il assembla donc les principaux à Litarbe, à quinze lieues d'Antioche, et quoiqu'il fût incommodé, il leur parla de son lit avec tant d'éloquence, accompagnant son discours de beaucoup de larmes, qu'il les changea en un moment. Ils demandèrent à sortir pour délibérer ensemble, puis ils vinrent lui dire qu'ils se mettaient entre ses mains. Il leur proposa de recevoir Philippicus pour général, suivant l'intention de l'empereur ; mais ils dirent que toute l'armée était engagée par de grands serments à ne pas le recevoir. Grégoire leur dit sans hésiter : Je suis évêque par la miséricorde de Dieu, j'ai le pouvoir de lier et de délier sur la terre et au ciel ; et il leur cita les paroles de Jésus-Christ, voulant dire qu'il pouvait les absoudre de leur serment. Les soldats y consentirent ; il fit des prières pour les réconcilier à Dieu, puis il leur donna le corps de Notre Seigneur ; et ayant fait étendre sur l'herbe des nattes où ils s'assirent, il les traita tous à souper, quoiqu'ils fussent au nombre de deux mille. C'était le lundi de la semaine sainte 590, et il s'en retourna le lendemain. Il fit aussitôt venir Philippicus, qui était à Tarse. Quand il fut arrivé à Antioche, les soldats se mirent à genoux devant lui, prenant pour intercesseurs les néophytes qui venaient de recevoir le baptême. Le général leur présenta la main en signe d'amnistie, et ils marchèrent aussitôt, sous sa conduite, contre les Perses. Mais l'empereur voulut que l'évêque Grégoire accompagnât l'armée (Evagr., l. 6, c. 5-13).

Dans ce fait si remarquable, on voit la doctrine et l'autorité de l'Église sur le serment. Le serment est de sa nature une action religieuse; la connaissance en appartient nécessairement aux pontifes de la religion. Cette vérité était si vulgaire chez les Romains, qu'elle était proclamée jusque sur le théâtre. Dans une des comédies de Plaute, un personnage réplique à l'autre : Il me plaît de jurer, moi; est-ce que par hasard tu serais pontife pour juger mon parjure (Rudent., act. 5, scèn. 3) ? Lors donc qu'il est question de savoir si, à raison de certaines circonstances, on est tenu à ce qu'on a promis avec serment, c'est au pontife à décider. Depuis Jésus-Christ, son Église ayant reçu de lui, et elle seule, le pouvoir de connaître et de juger des choses religieuses, avec l'assurance divine que ce qu'elle liera ou déliera sur la terre sera lié ou délié dans le ciel : l'Église, et elle seule, a le pouvoir de connaître et de juger du serment et de l'obligation qui en résulte, ainsi que d'en relever, le cas échéant.

Une révolution venait d'éclater en Perse, sous Hormisdas, fils de Chosroès et petit-fils de Cabad. C'était un prince orgueilleux et cruel. Bahram, un de ses généraux, jusque-là victorieux, ayant été battu par les Romains, Hormisdas lui envoya des habits de femme, avec une lettre outrageante, qui le dépouillait de son commandement. Bahram lui répondit par une lettre pareille, avec cette adresse : A Hormisdas, fille de Chosroès; et puis, à la tête de son armée, il annonce qu'il va délivrer la Perse de son tyran : d'autres troupes se joignent aux siennes; celles qu'on envoie contre lui reviennent sur la capitale; leurs chefs marchent au palais; Hormisdas est arraché du trône; on égorge sous ses yeux celui de ses fils qu'il proposait de mettre à sa place; on scie en deux la mère du jeune homme, puis on crève les yeux à Hormisdas et on le jette en prison. Chosroès, un autre de ses fils, monte sur le trône et, quelque temps après, fait égorger son père.

Après quelques tentatives inutiles de la part de Chosroès pour gagner Bahram, la guerre éclata entre eux. Chosroès ayant été défait, quitta Ctésiphon, traversa le Tigre, invoqua le Dieu des chrétiens et laissa aller son cheval, qui le conduisit sur les terres de l'empire. Dès le lendemain, il écrivit à l'empereur Maurice pour lui faire part de sa disgrâce et implorer son assistance. Mais bientôt arrivèrent aussi à Constantinople les ambassadeurs de Bahram, qui avait fini par prendre le titre de roi. L'un et l'autre promettaient de rendre aux Romains des villes et des provinces entières. Le sénat, consulté par l'empereur, décida en faveur de Chosroès. Maurice en envoya le décret à celui-ci, avec tous les prisonniers persans qu'on avait faits dans la guerre. Il lui envoya de plus, des secours de troupes et d'argent, Domitien, évêque de Mélitène, et Grégoire, évêque d'Antioche, pour le consoler dans sa disgrâce et l'aider de leurs conseils. Domitien était parent de l'empereur. Avec le secours des Romains, des Arméniens et des Persans fidèles, Chosroès rentra dans ses États, l'an 594. Pour témoigner sa reconnaissance à l'empereur, il lui céda la ville de Dara,

conquise par Chosroès, son bisaïeul; de plus, la ville importante de Nisipe, que les Romains avaient été contraints de céder à l'ancien Sapor, par suite de la malheureuse expédition de Julien l'Apostat; enfin, il donna encore à l'empereur une portion considérable de l'Arménie (*Hist. du Bas-Empire*, l. 53, édit. S¹-Martin; Théophyl. Simoc., l. 4 et 5).

Chosroès témoigna encore sa reconnaissance au martyr saint Sergius, si fameux dans ces contrées, que les Barbares mêmes l'honoraient et l'invoquaient. Chosroès lui envoya donc, c'est-à-dire à son église, une croix d'or ornée de pierreries, avec la lettre suivante : « Moi Chosroès, roi des rois, fils d'Hormisdas, m'étant retiré chez les Romains à cause de la révolte de Bahram, et sachant que le malheureux Zadesprates voulait soulever contre nous la cavalerie de Nisibe, nous envoyâmes des cavaliers contre lui. En même temps, ayant appris que le très-vénérable et illustre saint Sergius accorde ce qu'on lui demande, nous lui promîmes, le 7 janvier, première année de notre règne, que si nos gens tuaient ou prenaient Zadesprates, nous enverrions à son temple, en l'honneur de son auguste nom, une croix d'or ornée de pierreries. Or, le 19 février, on nous apporta la tête de Zadesprates. Ayant donc été exaucé, afin que personne n'en doute, nous lui envoyons cette croix que nous avons fait faire, et de plus, la croix qui avait été envoyée à son temple par l'empereur Justinien, et enlevée par Chosroès, roi des rois, fils de Cabad, mon aïeul, et qui a été retrouvée dans nos trésors (*Ibid.*, l. 5, c. 13). »

Quelque temps après, il envoya à l'église du même saint d'autres présents, savoir : une patène et un calice à l'usage des mystères sacrés, une croix pour y être dressée sur la sainte table, et un encensoir, le tout d'or, avec des rideaux ornés d'or pour la porte de l'église. Ces présents étaient accompagnés d'une lettre ayant cette inscription : *Au grand martyr Sergius, Chosroès, roi des rois.* Pour témoigner sa reconnaissance, Chosroès y raconte les nouveaux bienfaits qu'il a reçus. Il avait épousé une femme chrétienne, nommée Sira, quoique la chose fût contraire à la loi des Perses; mais, par affection pour le saint martyr, il s'était mis au-dessus de cette loi. Ils le prièrent ensuite tous deux, elle qui était chrétienne et lui qui était païen, d'obtenir qu'elle devînt mère. Ils promirent d'abord d'envoyer à son temple la croix d'or que Sira portait à son cou. Ils pensèrent ensuite garder la croix en souvenir du saint, et envoyer en place une grande somme d'argent. Se voyant exaucés dans leur demande, ils donnèrent la croix et la somme promise, dont une partie fut employée à confectionner les objets précieux indiqués plus haut, et l'autre partie laissée au temple, afin, dit Chosroès au saint martyr, afin que vous nous assistiez en tout, mais particulièrement en ce qui regarde Sira; et que, suivant nos vœux, vous acheviez ce qui nous a été accordé par votre miséricordieuse intercession, et que moi et Sira, ainsi que tout le monde, nous croyions en vous et espérions en votre puissance (Théophyl., l. 5, c. 14).

Ces dispositions de Chosroès et les conversations qu'il avait eues avec les évêques Domitien de Mélitine et Grégoire d'Antioche, avaient fait espérer qu'il se ferait chrétien lui-même, et on avait cru en Espagne qu'il l'était, comme il paraît par la Chronique de Jean de Biclar. Mais une lettre du pape saint Grégoire à l'évêque Domitien, fait voir le contraire : « Quoique je sois affligé de ce que l'empereur des Perses ne s'est pas converti, je ne laisse pas d'avoir une grande joie que vous lui ayez prêché la foi chrétienne, puisque vous en aurez la récompense; car, encore que l'Ethiopien sorte du bain aussi noir qu'il y est entré, le baigneur ne laisse pas d'être payé (L. 3, *Epist.* 67). »

Vers ce temps-là se convertit Naaman, chef des Sarrasins ou Arabes du désert. C'était un païen très-cruel, jusqu'à immoler de sa main des hommes à ses faux dieux. Il reçut le baptême, convertit tous les siens, fondit une idole d'or de Vénus et la distribua aux pauvres (Evag., l. 6, c. 22).

A l'époque même où Chosroès éprouvait les vicissitudes des choses humaines, vivait une sainte Persane nommée Golindouche, surnommée la Martyre vivante. Etant de la race des mages et attachée à toutes leurs superstitions, elle fut mariée à un des premiers du sénat et en eut deux fils. Trois ans après, étant ravie en extase, elle apprit d'un ange le mystère de la religion chrétienne. On la livra aux mages, qui lui firent souffrir plusieurs tourments ; mais elle les surmonta tous et fit de très-grands miracles. Elle découvrait les choses cachées et prédisait l'avenir. Elle vint sur les terres des Romains, à Circésum, à Daras et jusqu'à Jérusalem. L'empereur voulut la faire venir à Constantinople; mais elle s'en excusa. Après avoir converti à Jésus-Christ tous ceux de sa famille et plusieurs autres, elle mourut à Hiéraple, dont l'évêque Etienne écrivit sa vie, sur ce qu'il avait appris de sa propre bouche (*Ibid.*, c. 20; Théophyl., l. 5, c. 12; Nicéph., l. 18, c. 25).

Ce fut l'évêque Grégoire d'Antioche qui, d'après l'ordre de l'empereur, reçut les pieux présents de Chosroès, et les déposa solennellement dans l'église de Saint-Sergius. Il visita ensuite les solitudes de la frontière, où les erreurs de l'eutychien Sévère avaient grand cours. Il ramena à l'Eglise plusieurs bourgs, villages et monastères, et même des tribus entières. Il alla pour assister à la mort de saint Siméon Stylite le jeune, qui était disciple d'un autre Stylite, et passa soixante-huit ans sur deux colonnes, l'une après l'autre. Il faisait quantité de miracles, principalement sur les malades, prédisait l'avenir et connaissait les pensées secrètes. L'historien Evagre dit l'avoir éprouvé lui-même, et ajoute qu'il y avait, pour le voir, un concours de toutes les nations, romaines et barbares. Le patriarche Grégoire ayant donc appris du même Evagre que Siméon était malade à la mort, courut pour lui dire le dernier adieu; mais il arriva trop tard. Grégoire mourut lui-même quelque temps après, vers l'an 503. C'est à cette année, douzième de l'empereur Maurice, que l'avocat Evagre finit son *Histoire ecclésiastique*, qui commence où finit celle de Socrate et de Théodoret.

Grégoire d'Antioche avait eu pour successeur, dans le monastère de Sinaï, saint Jean Climaque, qui avait passé sa jeunesse dans les environs. Jean était très-instruit des sciences humaines. A l'âge de seize ans, il renonça au monde pour entrer dans le monastère; mais il n'y fit profession que quatre ans après. Il eut pour maître dans la discipline monastique un saint vieillard nommé Martyrius. Celui-ci étant mort, il sentit le désir d'embrasser la vie des anachorètes. Il descendit donc de la montagne de Sinaï, et se retira dans la solitude qui est au bas dans la plaine. La cellule où il se logea était éloignée de l'église environ deux lieues. Il y venait les samedis et les dimanches, avec les autres solitaires, pour entendre l'office et communier suivant la coutume de l'Orient. Il s'occupait de la prière, du travail des mains, de la méditation, surtout la méditation de la mort, qu'il regardait comme l'ennemie de l'ennui et de la paresse. Il mangeait sans distinction de toutes les choses que la règle lui permettait de manger ; mais en très-petite quantité. De cette manière, il domptait l'intempérance, en mangeant peu, et la vaine gloire, en mangeant de tout. Dieu lui accorda le don des larmes : il les répandait en secret, et, dans la crainte que les autres solitaires ne l'entendissent gémir, il se retirait à l'écart dans une petite grotte qu'on voit encore au pied de la montagne. Là, il faisait retentir jusqu'au ciel ses soupirs, ses gémissements et ses cris. Il employait aussi une partie de son temps à lire les livres saints et les Pères, principalement saint Grégoire de Nazianze, saint Basile, saint Cassien et saint Nil.

Quelque désir qu'il eût de vivre seul, il ne put se refuser aux instances que lui fit un solitaire nommé Moïse, de le prendre sous sa discipline. L'éclat de ses vertus lui suscita des envieux. Il ne pouvait souffrir qu'on allât le consulter dans sa cellule. Pour ôter tout prétexte de scandale, il fut un an sans parler à personne. Ses ennemis, admirant son humilité, furent les premiers à le conjurer de reprendre sa première conduite et de les instruire comme les autres. Etant donc admiré de tous pour l'éminence de ses vertus, ils le choisirent, d'une commune voix, pour être leur conducteur dans la vie spirituelle. Il remonta dans le monastère de Sinaï, âgé de 75 ans, dont il en avait passé près de 40 dans le désert.

Cependant un autre Jean, abbé de Raïthe, monastère assis près de la mer Rouge, à quelques lieues de Sinaï, le pria, tant en son nom qu'au nom de sa communauté, de mettre par écrit les pensées que l'Esprit de Dieu lui dicterait touchant la pratique des vertus, et de leur faire part de sa grande expérience dans la vie spirituelle. Nous les recevrons, lui dit cet abbé, comme de nouvelles tables écrites de la propre main de Dieu, envoyées par votre ministère à de nouveaux et spirituels Israélites sortis des agitations du monde comme des abîmes de la mer Rouge. Par esprit d'obéissance, saint Jean Climaque composa un ouvrage en deux parties. La première, qui lui a fait donner le surnom de *Climax* ou Echelle, est son *Echelle du Paradis*, qu'il dressa sur le modèle de celle que Jacob vit autrefois en songe, appliquant, comme saint Grégoire de Nazianze et saint Chrysostome avaient fait avant lui, cette échelle mystérieuse de l'Ecriture à celle des vertus chrétiennes et religieuses. Elle est composée de trente degrés ou échelons, en honneur des trente années de la vie cachée de Jésus Christ, parce que c'est l'image de la vie des vrais chrétiens, qui est cachée en Jésus-Christ, suivant le langage de saint Paul. Ces trente degrés contiennent tout le progrès de la vie intérieure, depuis le renoncement au monde jusqu'à l'oraison la plus sublime et la plus parfaite tranquillité de l'âme. La seconde partie est sa *Lettre au Pasteur*, qu'il écrivit principalement pour l'abbé de Raïthe, tandis que son

*Echelle du Paradis* s'adressait aux religieux du monastère plutôt qu'à l'abbé. Elle renferme les instructions les plus utiles pour le gouvernement des âmes. Non-seulement il y enseigne comment les supérieurs doivent se conduire envers les religieux, il expose encore en détail les qualités principales que doivent avoir ceux que l'on veut charger du soin des monastères (*Bibl. Pat.*, t. X; Ceillier, t. XVII). L'abbé de Raïthe fit un commentaire de cet ouvrage si célèbre de saint Jean Climaque.

Le 1er septembre de l'an 600, le pape saint Grégoire écrivit à l'abbé du mont Sinaï, pour se recommander à ses prières, lui souhaiter les biens éternels, et lui envoyer en même temps quinze lits avec leurs garnitures, pour un hospice de vieillards, qu'un Isaurien venait de bâtir sur la montagne (L. 11, *Epist.* 1).

Après avoir gouverné quelque temps son monastère, saint Jean Climaque retourna dans la solitude d'où on l'avait tiré pour le faire abbé. Il établit pour son successeur un frère qu'il avait, nommé Georges, solitaire de la même montagne de Sinaï, et qui avait passé 70 ans dans la pratique de toutes les vertus. Lorsque saint Jean approcha de sa dernière heure, son frère vint le voir, fondant en larmes et se plaignant qu'il le laissait après lui sans secours. Ne vous affligez pas, répondit le saint; si j'ai quelque pouvoir auprès de Dieu, il ne vous laissera pas un an dans le monde. Georges mourut en effet dans l'année, dix mois après son frère.

A la même époque, florissait en Orient un autre saint, illustre par ses vertus ainsi que par le don des miracles et de prophétie. C'était saint Théodore Sicéote. Sa vie a été écrite, et très-bien, par un de ses disciples, qui vécut avec lui douze ans, qui avait vu de ses yeux la plupart des faits qu'il raconte, et avait appris les autres de témoins oculaires. Théodore était né dans un bourg de Galatie, nommé Sicéon, à deux milles d'Anastasiople. Sa mère, qui s'était prostituée jusqu'alors, ayant eu cet enfant d'un officier qui passait pour aller gouverner une province, elle le fit baptiser aussitôt, prit grand soin de son éducation, et se réduisit elle-même à une vie réglée, ainsi que sa mère et sa sœur. Leur maison était une hôtellerie. Elles avaient un cuisinier très-habile, mais très-pieux, nommé Etienne, qui donnait aux églises tout ce qu'il recevait, soit de ses maîtresses, soit de leurs hôtes, il vaquait à la prière le matin et le soir, et ne mangeait pendant le carême qu'un morceau de pain à la fin du jour.

Dès l'âge de 8 ans, le jeune Théodore, qui fréquentait les écoles, prit le pieux Etienne pour modèle; il priait avec lui, fréquentait avec lui les églises, y recevait avec lui le Corps et le Sang de Jésus-Christ, et ne mangeait comme lui qu'un morceau de pain au soir. Il avait une particulière dévotion au martyr saint Georges, qui lui apparut plusieurs fois, et dont il visitait souvent l'église, placée sur une montagne voisine. Sa petite sœur, qui l'affectionnait beaucoup, y allait souvent avec lui pendant le jour, car lui-même y allait fréquemment tout seul pendant la nuit. Il apprit par cœur tous les psaumes, afin de pouvoir chanter les louanges de Dieu dans toutes les églises où il se trouverait. Partout où il apprenait qu'il y avait un homme juste, il allait le voir pour étudier sa manière de vie. Un saint anachorète, nommé Glycérius, qu'il était ainsi allé trouver, lui demanda en souriant : Mon fils, aimes-tu bien l'habit des moines? — Je l'aime beaucoup, mon père, répondit-il, et je voudrais bien en devenir digne. Or, il y avait dans ce temps une grande sécheresse. Le vieillard, sortant de sa cellule et se tenant en plein air, dit à l'enfant : Mettons-nous à genoux, mon fils, et prions le Seigneur de donner de la pluie à la terre; nous saurons par là si nous sommes du nombre des justes. Pendant qu'ils priaient, le ciel se couvrit de nuages, et, lorsqu'ils se levèrent, Dieu fit tomber une grande pluie. Le vieillard, plein de joie, dit en souriant au jeune homme : Désormais, tout ce que vous demanderez au Seigneur, il vous l'accordera; faites avec confiance ce que vous désirez de faire, le Seigneur est avec vous (*Vita S. Theod.*, c. 1 et 2; *Acta Sanct.*, 22 *april.*).

A l'âge de 14 ans, il résolut de quitter la maison et de demeurer dans une chapelle ou oratoire. Sa mère et ses autres parentes lui apportaient du pain blanc et différentes espèces de viandes légères; il recevait le tout pour ne pas les désobliger, mais après leur départ, il le plaçait en dehors, sur une pierre, pour servir de nourriture aux passants. Pour lui, il ne mangeait que de ce qu'on offrait dans l'oratoire, et, quand on n'y offrait rien, un morceau de pain lui suffisait. Ayant appris qu'un certain lieu, à huit milles de là, était hanté par Diane et beaucoup d'autres démons, en sorte que personne, surtout à midi, ne pouvait en approcher sans un péril certain de mort, il y alla les jours de juillet et d'août, après les prières de la troisième heure, et y resta tout le temps de midi, sans éprouver aucun mal. Il se creusa ensuite une cellule sous l'autel de son oratoire, et y vécut près de deux ans; sa grand'mère Elpidie, qui l'aimait beaucoup, lui apportait des fruits et des légumes, mais seulement le samedi et le dimanche; car les autres jours de la semaine il ne mangeait absolument rien. Cette austérité ne lui suffisant pas encore, il s'enferma pendant deux ans dans un antre de la montagne, vêtu d'une étoffe extrêmement rude, et sans que personne en sût rien, sinon un diacre, qui, de temps à autre, lui portait, pour sa subsistance, un peu de légumes et d'eau.

Sa mère et ses autres parentes le croyant mort, en avaient fait un long deuil. Enfin, les allées et les venues du diacre leur ayant fait soupçonner quelque chose, elles le conjurèrent avec serment de leur dire ce qu'il savait de leur enfant. Il leur indiqua le lieu où il était caché. Elles y courent, mais le trouvent presque mort, plein de vermine et d'ulcères; il paraissait un autre Job. Elles voulaient le transporter à la maison pour le soigner et le rétablir; il s'y refusa et descendit dans son oratoire. Théodose, évêque d'Anastasiople, qui l'admirait déjà précédemment, ayant appris tout cela, vint le voir, le déclara lecteur et ensuite l'ordonna sous-diacre, diacre et prêtre. Comme Théodore n'était que dans sa 19e année, beaucoup d'évêques blâmaient Théodose, de l'avoir ordonné prêtre avant l'âge canonique. Mais Théodose leur ayant appris la vie du jeune homme, assurant, de plus, avoir su de Dieu qu'il en était digne, tous les évêques y donnèrent leur approbation (*Vita S. Theod.*, c. 3).

La lecture de l'Evangile et le désir de voir les lieux sanctifiés par la vie et la mort de Notre Seigneur, lui fit entreprendre, jusqu'à trois fois dans sa vie, le pèlerinage de Jérusalem. La première fois, peu après son ordination de prêtre, il visita non-seulement les lieux saints, mais encore les monastères et les anachorètes les plus reculés du désert, afin de recevoir leur bénédiction, avec quelques lumières nouvelles pour s'avancer dans la piété. Il demeura quelque temps au monastère de Chusoba, près du Jourdain, et y reçut l'habit monastique des mains de l'abbé. De retour dans son pays, il se fit faire deux cages ou cellules : l'une de bois, où il demeurait depuis Noël jusqu'au dimanche des Rameaux; l'autre de fer, où il demeurait depuis la semaine sainte jusqu'à Pâques. L'autre cellule était en plein air et sans toit. Il n'y mangeait que le samedi et le dimanche, et seulement des fruits et des herbes; de plus, il portait une cuirasse de fer de dix-huit livres, une croix de fer longue de dix-huit palmes, une ceinture de fer, des souliers de fer et des gants de fer. Il fit des miracles sans nombre : ce qui lui attira beaucoup de disciples, tant de ceux qu'il avait guéris et qui ne voulaient point le quitter, que de ceux qui lui étaient amenés par sa réputation.

Son premier oratoire de Saint-Georges étant donc trop petit, il fit bâtir une belle église en l'honneur de saint Michel, accompagnée de deux oratoires : un à droite, de la sainte Vierge; l'autre à gauche, de saint Jean-Baptiste. Les moines faisaient l'office dans le premier, parce que les malades et les possédés, qui venaient pour être guéris, demeuraient dans l'église de Saint-Michel, ouverte nuit et jour. Le plus cher disciple de saint Théodore était Philumène, que sa mère lui avait donné en reconnaissance de la santé qu'il lui avait rendue. Il le fit ordonner prêtre et l'établit supérieur des frères. Il envoya son archidiacre à Constantinople acheter des vases d'argent pour le service de l'autel, parce qu'il n'en avait que de marbre. Ensuite il fit encore bâtir une grande église en l'honneur du martyr saint Georges, ayant à droite l'ancien oratoire de ce saint, et à gauche un autre de saint Sergius.

La famille de saint Théodore profita plus ou moins de son exemple. Sa mère, qui s'appelait Marie, épousa un homme considérable d'Ancyre, et vécut chrétiennement; quand elle mourut, Théodore pria pour la rémission de ses péchés. Sa tante Despenie, son aïeule Elpidie et sa sœur Blatta firent mieux : jamais elles ne voulurent se séparer de lui, et tâchaient de l'imiter, selon leur pouvoir, par leur modestie, leur chasteté, leurs prières et leurs aumônes. Sa tante lui laissa tous ses biens en mourant. Il conduisit sa sœur dans un monastère de vierges, à Ancyre, où elle mourut saintement trois ans après. Son aïeule Elpidie ne souhaitait rien tant que de le servir en personne; mais il ne voulut jamais y consentir et la pria de demeurer dans l'oratoire de Saint-Christophe, pour y avoir soin des filles possédées, soit avant, soit après leur guérison. Elle termina saintement sa vie en dirigeant cette communauté (*Vita S. Theod.*, c. 4 et 5).

Timothée, évêque d'Anastasiople, étant mort, les citoyens et le clergé s'allèrent trouver l'évêque d'Ancyre, métropolitain de la province, et lui demandèrent pour évêque l'abbé Théodore. Il le leur accorda avec joie et donna ordre qu'on l'amenât. C'était le temps de sa retraite, et il fallut le tirer de force de sa caverne. Il fut donc conduit à Ancyre et ordonné évêque d'Anastasiople, où il continua de pratiquer les mêmes vertus et de faire les mêmes miracles.

Dans le cours de son épiscopat, qui fut de dix ans, il fit son troisième pèlerinage à Jérusalem. Il avait même résolu de demeurer dans la laure de saint Sabas, tant il était fatigué de l'épiscopat. Mais saint Georges lui apparut en songe, lui annonçant qu'il serait déchargé de ce fardeau, mais qu'il devait toutefois retourner en sa patrie. Ce qui le faisait souffrir étrangement, c'est qu'il ne pouvait se résoudre à quitter la contemplation pour les affaires temporelles. Il avait affermé un jour des terres de l'Eglise à un citoyen nommé Théodose. Les laboureurs vinrent se plaindre, avec larmes, qu'il les maltraitait. Le saint exhorta Théodose à se corriger; mais il fit encore pis; en sorte que les paysans s'assemblèrent, armés d'épées et de frondes, menaçant de le tuer. Il revint à la ville chercher du secours. L'évêque l'ayant appris, passa le jour en prières et en larmes, craignant qu'il n'arrivât quelque meurtre; et, ayant fait venir Théodose, il lui défendit de retourner en ce lieu-là. Théodose se plaignit que c'était l'évêque qui rendait les paysans insolents, lui dit beaucoup d'injures et poussa du pied si rudement son siége, qu'il le fit tomber à la renverse; ajoutant qu'il lui demanderait deux livres d'or d'indemnité, pour n'avoir pas achevé le temps de son bail. Le saint évêque se releva, et, sans s'émouvoir, fit serment qu'il ne serait plus leur évêque et qu'il retournerait à son monastère. Il fut même empoisonné, et demeura trois jours comme mort. Mais la sainte Vierge lui apparut, lui donna trois grains qui le guérirent, et lui découvrit les auteurs du crime, qu'il ne déclara jamais : même il pria Dieu pour eux. On l'accusait de s'appliquer trop à son monastère et de lui donner au préjudice de son Eglise; et toutefois, de 365 sous d'or qu'il avait par an pour sa table, il n'en dépensait que 40, et donnait le reste à l'Eglise. Il voyait que les citoyens ne profitaient point de ses instructions et demeuraient dans leur vie corrompue; et que d'ailleurs ses moines, se relâchant par son absence, pensaient à quitter les monastères.

Enfin, après avoir consulté un saint ermite, après avoir beaucoup prié et s'être assuré que sa retraite était agréable à Dieu, il assembla son clergé et son peuple, et leur dit : « Vous savez, mes frères, que vous m'avez imposé ce joug malgré moi; et quoi que je pusse dire de mon incapacité, vous avez voulu vous satisfaire. Voici la onzième année que je vous fatigue et que vous me fatiguez. C'est pourquoi je vous prie de vous chercher un autre pasteur. Pour moi, je ne veux plus l'être; mais je retournerai à mon couvent, comme un pauvre moine, pour y servir Dieu toute ma vie. » Ayant ainsi parlé, il prit avec lui Jean, archidiacre de son monastère, et s'en alla à Ancyre, où il pria l'évêque Paul, son métropolitain, de lui donner un successeur. Paul ne pouvait s'y résoudre; et, après une grande contestation, ils convinrent de s'en rapporter à Cyriaque, patriarche de Constantinople. Saint Théodore supplia donc l'empereur et le patriarche de lui donner un successeur. Paul d'Ancyre expliqua les motifs de son opposition. Mais Cyriaque lui répondit, par ordre de l'empereur, qu'il devait accepter la démission de Théodore, lui laissant toutefois les marques de l'épiscopat en considération de sa vertu. Ce qui fut exécuté. C'était l'an 599.

L'empereur Maurice connaissait depuis longtemps saint Théodore. Vers l'an 582, n'étant encore que général, il revenait d'une expédition victorieuse contre les Perses. Passant en Galatie, et touché de la réputation du saint, il vint le trouver dans la caverne où il demeurait, se prosterna à ses pieds et le pria de demander à Dieu que son voyage auprès de l'empereur Tibère fût heureux. Le saint, après avoir prié, lui dit : Mon fils, si vous vous souvenez du martyr saint Georges, vous connaîtrez bientôt que vous serez élevé à l'empire, et alors je vous prie de nourrir les pauvres. Comme Maurice avait peine à le croire, saint Théodore le tira à part et lui dit nettement qu'il serait empereur. La prédiction étant accomplie, il lui écrivit, se recommandant à ses prières et l'exhortant à lui demander ce qu'il voudrait. Saint Théodore le pria de donner à son monastère du blé pour les pauvres. Maurice en accorda six cents boisseaux par an, et envoya une coupe à saint Théodore. Peu après son premier voyage à Constantinople, l'empereur, le patriarche et les grands le prièrent par lettres, d'y revenir pour leur donner sa bénédiction. Dans le peu de temps qu'il y demeura, il opéra de grands miracles : entre autres, il guérit de la lèpre un des enfants de l'empereur. Il obtint de grands priviléges pour ses monastères, et ils furent exemptés de la juridiction de tout autre évêque, et soumis seulement à l'évêque de Constantinople.

Saint Théodore, qui avait prédit à Maurice son élévation à l'empire, eut aussi la révélation de la manière dont il perdrait l'empire et la vie. Voici comme son disciple et son biographe raconte la chose. « Un jour que l'homme de Dieu était à réciter ses psaumes dans un nouveau sanctuaire, la lampe qui y brûle toujours s'éteignit tout à coup. Il fit signe à un des frères, qui ralluma la lampe jusqu'à deux fois, et toujours elle s'éteignait. Le saint, lui reprochant sa maladresse, se mit en devoir de la rallumer lui-même; elle s'éteignit encore. Alors, y reconnaissant un signe extraordinaire, il ordonna à tous les religieux d'examiner leur conscience et de confesser leurs péchés. Ils lui protestèrent qu'ils ne se sentaient coupables de rien. Le saint se mit aussitôt en prières, pour en demander à Dieu l'explication. Bientôt il parut triste, et s'écria en gémissant : Vraiment, ô Isaïe, vous avez bien apprécié la nature de l'homme, quand vous avez dit : *Tout homme est de l'herbe, toute la gloire de l'homme est pareille à la fleur de l'herbe : l'herbe s'est desséchée, et sa fleur est tombée.* Ses frères, l'entendant ainsi parler, lui demandèrent ce que cela voulait dire. Après leur avoir défendu d'en parler à personne, il leur prédit de quelle mort périrait l'empereur Maurice. Comme les frères répondirent que ce malheur lui arriverait avec justice, à cause du mal qu'il avait fait, lui, ajouta saint Théodore, mourra de cette sorte; mais après lui il arrivera des calamités bien plus grandes, auxquelles la génération présente ne s'attend pas (C. 13). On voit par la réflexion de ses religieux, que les plus grands serviteurs de Dieu en Orient, aussi bien que le pape saint Grégoire en Occident, trouvaient bien des choses condamnables dans le gouvernement de l'empereur Maurice.

Cet empereur, on ne sait au juste en quelle année, avait fait une ordonnance qui renfermait trois articles. Le premier défendait à ceux qui étaient actuellement employés dans les charges publiques d'entrer dans la cléricature; le second défendait aux mêmes d'embrasser la vie monastique; le troisième défendait cette même chose aux militaires.

Le pape saint Grégoire, à qui cette loi fut apportée par un écuyer de l'empereur, approuva le premier article, modifia le second dans ce sens. « Qu'on ne devait admettre les employés publics à la vie religieuse qu'après qu'ils eussent rendu leurs comptes; mais il rejeta tout à fait le troisième, comme contraire à la loi de Dieu et au salut des âmes. L'ordonnance impériale ainsi réformée, le saint Pape l'adressa, avec la lettre suivante, datée du mois de décembre 598, à Eusèbe de Thessalonique, Urbitius de Durazzo, Constantius de Milan, André de Nicopolis, Jean de Corinthe, Jean de la première Justinienne, Jean de Crète, Jean de Larisse, Marinien de Ravenne, Janvier de Sardaigne et à tous les évêques de Sicile. « La loi que le très-pieux empereur a rendue, afin d'empêcher que ceux qui sont engagés dans la milice ou les administrations publiques, ne viennent à l'état ecclésiastique ou ne fassent profession dans les monastères, pour se dérober à la responsabilité de leurs fonctions, cette loi, je m'empresse de l'envoyer à Votre Fraternité, vous exhortant surtout à ne pas recevoir précipitamment dans le clergé de votre Eglise ceux qui sont impliqués dans les charges du siècle; car, comme les gens reçus de la sorte ne vivent pas autrement sous l'habit ecclésiastique qu'ils n'avaient fait auparavant, ce n'est pas à quitter le monde qu'ils aspirent, mais seulement à y changer de position. Que s'il s'en présente à des monastères, il ne faut aucunement les recevoir qu'ils n'aient été déchargés des comptes publics. Que s'il s'y présente des militaires, il ne faut pas les recevoir sans précaution et sans avoir soigneusement examiné leur vie. Conformément à la règle, on doit les éprouver trois ans, puis, par l'autorité de Dieu, les admettre à l'habit monastique. Ceux qui, éprouvés de la sorte, travaillent à faire pénitence de leurs fautes passées, on ne doit point, pour leur salut éternel, les refuser à la profession. Le très-chrétien empereur lui-même, croyez-moi, ne fait point de difficulté là-dessus, et consent volontiers à la profession de ceux qu'il saura n'être point impliqués en des comptes publics (L. 8, *Epist.* 5).

Voilà comme le Pape parla aux métropolitains et aux évêques. Quant à l'empereur, il lui écrivit, avant ou après, car cette lettre n'a point de date, non comme pontife, mais comme particulier, mais comme son ami, pour lui faire sentir les torts de sa loi, accompagnant ses remontrances des témoignages de la plus profonde humilité, rappelant à Maurice que, même avant qu'il fût arrivé à l'empire, lui, Grégoire, l'honorait déjà comme son seigneur et son maître. Après avoir dit qu'il approuvait fort le premier article, il ajoute : « Mais j'ai été fort étonné de ce que vous défendez à ceux qui ont administré les affaires publiques d'embrasser la vie religieuse ; car le monastère peut rendre leurs comptes et payer leurs dettes. La défense que la même loi fait aux soldats d'embrasser la vie monastique, m'épouvante pour vous, je le confesse. C'est fermer à plusieurs le chemin du ciel; car, encore que l'on puisse vivre saintement dans le siècle, il y en a beaucoup qui ne peuvent être sauvés sans tout quitter. Moi, qui parle ainsi à mes maîtres, qui suis-je, sinon un ver de terre? Toutefois, je ne puis m'empêcher de leur parler, voyant cette loi opposée à Dieu. Car la puissance vous a été donnée d'en haut sur tous les hommes, pour aider les bons désirs, élargir la voie du ciel et faire servir le royaume terrestre au royaume céleste. Et cependant on dit tout haut que quiconque sera enrôlé une fois au service de la terre, ne pourra servir Jésus-Christ avant que son temps soit expiré, ou qu'il n'ait reçu son congé, comme invalide.

» Voici ce que Jésus-Christ vous répond à cela par ma bouche : De secrétaire, je vous ai fait capitaine des gardes, puis césar, puis empereur et père d'empereurs. J'ai soumis à votre puissance mes prêtres, et vous retirez de mon service vos soldats? De grâce, seigneur, répondez à votre serviteur, ce que vous répondrez à votre maître, quand il viendra vous juger et vous parler ainsi? Peut-être croit-on que nul de ces hommes ne se convertit sincèrement. Moi, votre indigne serviteur, je sais que, de mon temps, des soldats entrés dans ces monastères ont fait des prodiges et des miracles. Et cette loi défend qu'aucun d'eux se convertisse! Que mon seigneur s'informe exactement quel est le premier empereur qui a porté une loi pareille, et qu'il examine lui-même si elle devait être portée. Et encore quand est-ce qu'on défend de quitter le monde? C'est quand la fin du monde est proche. Ah! je vous conjure par ce juge terrible, qui est prêt à venir, de ne pas rendre inutiles devant Dieu tant de larmes que vous répandez, tant de prières, de jeûnes et d'aumônes que vous faites; mais d'adoucir ou de changer cette loi. Pour moi, soumis à vos ordres, je l'ai envoyée dans les diverses parties du monde, et je vous ai représenté qu'elle ne s'accorde pas avec la loi de Dieu. J'ai donc rempli mon devoir et d'autre, puisque j'ai obéi à l'empereur et déclaré mes sentiments pour l'intérêt de Dieu (L. 3, *Epist.* 65). »

Saint Grégoire adressa cette lettre à Théodore, son ami particulier, médecin de l'empereur, auprès duquel il avait beaucoup de crédit, et qui l'employa depuis à négocier la paix avec le khan des Avares. Saint Grégoire lui représente que Julien l'Apostat est le premier qui rendit une loi pareille. Il ajoute : « Si le motif en est que les conversions des soldats diminuent les armées, l'empereur doit songer que c'est moins par la force de ses troupes que par celle de ses prières, qu'il a vaincu les Perses. Or, il me semble dur qu'il détourne ses soldats du service de celui qui l'a rendu le maître, non-seulement des soldats, mais des évêques. Que si on avait l'intention de conserver les choses, est-ce que les monastères qui reçoivent des soldats n'auraient pas pu rendre les choses étrangères, et ne garder que les hommes pour la conversion? Je vous prie de présenter ma remontrance à l'empereur en secret et dans un temps favorable. Je ne veux pas qu'elle lui soit rendue publiquement par mon nonce. Comme vous le servez avec plus de familiarité, vous pouvez lui parler plus librement de l'intérêt de sa conscience, au milieu de tant d'occupations qui le détournent. Si vous êtes écouté, vous procurerez le bien de son âme et de la vôtre; si vous ne l'êtes pas, vous aurez toujours travaillé pour la vôtre (*Ibid., Epist.* 65). » Cette lettre, non plus que la précédente, ne porte point de date.

Pour bien comprendre pourquoi saint Grégoire s'intéressait si vivement à la cause des pauvres soldats, c'est que, chez les Romains, leur service était au moins de vingt ans, ce qui emportait presque toujours la vie entière. Voici comme le docte P. Thomassin conclut les explications historiques qu'il donne de cette loi. « Il paraît par là que, quoique saint Grégoire gardât au dehors les apparences du respect dû à l'empire, il empêcha en effet l'exécution de la loi de Maurice, en ce qu'il ordonna qu'on continuât de recevoir les soldats dans les monastères, après les avoir bien éprouvés. Le savant Hincmar avait bien pénétré le sens des lettres de saint Grégoire sur ce sujet, quand il écrivit au roi Charles le Chauve, que ce saint Pape, que les empereurs suivants, que les évêques, que l'Église et toute la république chrétienne avaient annulé la loi de Maurice, dans le point où elle était contraire aux libertés de l'Église et aux intérêts de la religion. Au reste, saint Grégoire fait voir dans une de ses épîtres, que les commandements des empereurs n'étaient point mis à exécution, lorsqu'ils étaient contraires aux lois et aux canons, parce qu'on en concluait qu'ils n'avaient pu être obtenus que par surprise (Hinc., l. 12, *Epist.* 3; S. Greg., l. 14, *Epist.* 8; Thomass., *Discipl.*, part. 1, l. 2, c. 61). »

Dans le grand nombre de lettres de saint Grégoire, il y en a plusieurs de piété ou de direction à l'impératrice Constantine, à Théoctiste, sœur de l'empereur, et à d'autres personnes considérables de la cour, desquelles il recevait quelquefois des aumônes pour la rédemption des captifs. Théoctiste était gouvernante des enfants de l'empereur, son frère. Le Pape lui recommande de leur inspirer la charité entre eux et la douceur envers leurs sujets (L. 7, *Epist.* 26).

L'impératrice lui ayant demandé le chef de saint Paul, ou quelque autre partie de son corps pour mettre dans l'église que l'on bâtissait en l'honneur de cet apôtre au palais de Constantinople, saint Grégoire lui répondit : « Vous m'ordonnez ce que je ne puis ni n'ose faire; les corps des apôtres saint Pierre et saint Paul sont si terribles par leurs miracles, que l'on ne peut en approcher, même pour prier, sans être saisi d'une grande crainte. » Il cite en preuve plusieurs prodiges, et conclut : « Sachez donc, madame, que quand les Romains donnent des reliques de saints, ils ne touchent pas au corps; ils mettent seulement dans une boîte un linge que l'on dépose auprès du corps saint, puis on l'en retire non à l'enferme avec la vénération convenable dans l'église que l'on doit dédier, et il s'y fait autant de miracles que si l'on y avait transféré le corps. Afin donc de ne pas frustrer votre pieux désir, je vous enverrai incessamment quelque particule des chaînes que saint Paul a portées au cou et aux mains, et qui font beaucoup de miracles, si toutefois je puis en emporter quelque chose avec la lime. On vient souvent demander cette limaille : l'évêque prend la lime, et quelquefois il en tire des particules en un moment, quelquefois il lime longtemps sans rien tirer (L. 4, *Epist.* 30). » Cette lettre est du mois de juin 594.

Cette limaille des chaînes de saint Pierre et de saint

Paul s'enfermait dans des croix ou des clés d'or. Il y a un très-grand nombre de lettres de saint Grégoire où il est parlé de ces clés et des miracles qu'elles opéraient.

Au mois de juillet 595, saint Grégoire tint un concile devant le corps de saint Pierre. Il y fit, pour le bon ordre de l'Eglise romaine, six canons, que les vingt-trois évêques du concile approuvèrent, en répétant l'anathème que le Pape prononçait contre ceux qui les violeraient. Défense aux diacres de Rome de faire davantage les fonctions de chantres; ils s'appliqueront uniquement à la prédication et à la distribution des aumônes. Le pontife romain n'aura désormais que des clercs ou des moines pour le servir dans sa chambre. Les recteurs des patrimoines de l'Eglise n'imiteront pas les officiers du fisc, et n'useront pas de voies de fait pour défendre le bien des pauvres. Quand on portera les corps des Papes en terre, le peuple n'y jettera plus de dalmatiques pour se les partager ensuite comme des reliques. Défense de rien prendre pour les ordinations, le *pallium* et les lettres, sous quelque prétexte que ce soit. Le sixième canon est un règlement pour la réception des serfs, soit des églises, soit des séculiers, dans les monastères. Il ne faut pas les recevoir indifféremment, mais bien les éprouver dans leur habit du siècle (*Appendix* 1288).

Dans un autre concile, dont la date n'est point marquée, le même Pape prononça seize anathèmes, répétés par les évêques et les prêtres, principalement contre les mariages incestueux, parmi lesquels il compte les mariages entre cousins (*Ibid.*, 1293). Dans un 3e concile, tenu le 5 avril 601, pour pourvoir au repos des monastères et de les mettre à l'abri des vexations des évêques, le pape saint Grégoire, au nom de Jésus-Christ et par l'autorité de saint Pierre, défend à aucun évêque de diminuer en rien les biens, les terres, les revenus ou titres des monastères; s'ils ont quelque différend à ce sujet, il sera terminé par des arbitres. Après la mort de l'abbé, le successeur sera choisi par le consentement libre et unanime de la communauté, et tiré de son corps, s'il s'en trouve de capable; sinon, on en prendra un dans d'autres monastères. L'élu sera ordonné sans fraude ni vénalité; il aura seul le gouvernement de son monastère, si ce n'est qu'il se rende coupable de quelques fautes contre les canons; on ne pourra lui ôter aucun de ses moines sans son consentement, soit pour gouverner d'autres monastères, soit pour entrer dans le clergé; il pourra de lui-même en offrir pour le service de l'Eglise, au cas qu'il en ait suffisamment pour l'office divin et le service du monastère; celui des moines qui aura passé à l'état ecclésiastique, ne pourra plus demeurer dans le monastère. Le Pape défendit encore aux évêques de faire inventaire des biens ou des titres du monastère, même après la mort de l'abbé; d'y célébrer des messes publiques, d'y mettre sa chaire et d'y faire le moindre règlement, sinon à la prière de l'abbé, sous la puissance duquel les moines doivent toujours être. Vingt et un évêques avec seize prêtres souscrivirent à ces décrets (*Appendix* 1294; Labbe, t. V).

Le pape saint Grégoire prenait un soin particulier de bien régler l'office divin. Le pape saint Gélase avait fait un recueil de l'office des messes en plusieurs livres. Saint Grégoire en fit comme une édition nouvelle, avec quelques retranchements et quelques additions, et recueillit le tout en un volume intitulé : *Livre des sacrements* ou *Sacramentaire*, parce qu'il contenait les prières que le prêtre devait lire dans l'administration des sacrements, et principalement dans la célébration des divins mystères. On y trouve d'abord l'ordre de la messe en général : elle commence par ce que nous appelons *Introït*. C'était une antienne que l'on chantait pendant qu'on entrait à l'église et que chacun y prenait sa place. Cette antienne variait suivant la différence des fêtes. On en trouve dans l'*Antiphonaire* de saint Grégoire pour toutes les fêtes et dimanches de l'année, avec le commencement du psaume que l'on chantait après cette antienne. On disait ensuite *Kyrie eleison*; puis, si c'était un évêque qui célébrait, il disait le *Gloria in excelsis*, encore n'était-ce que les dimanches et les fêtes : les prêtres ne le disaient qu'à Pâques. On ne disait ni le *Gloria in excelsis* ni *Alleluia* les jours où il y avait des litanies ou des processions, comme étant des jours de deuil. Ensuite, le célébrant récitait l'oraison ou la collecte, puis il lisait l'épître nommée aussi l'*apôtre*, parce qu'elle est généralement tirée de saint Paul, et enfin le graduel ou *Alleluia*. Ce qui, étant achevé, il lisait l'évangile, l'offertoire et l'oraison sur les offrandes ou la secrète, après quoi il disait à haute voix la préface, suivie du *Sanctus*, qu'il répétait trois fois, suivant le canon, tel que nous le disons encore; lequel, étant fini, il récitait l'oraison dominicale, saluait le peuple en lui souhaitant la paix; enfin il disait l'*Agnus Dei*. Tel est l'ordre de la messe dans le *Sacramentaire* de saint Grégoire. Il n'y est parlé ni d'acolytes, ni de sous-diacres, ni de diacres, ni des autres officiers qui assistaient le Pape dans la célébration des mystères aux jours solennels. Leur nombre et leurs fonctions étaient marqués dans un volume à part, nommé l'*Ordo* ou l'ordre romain.

Après l'ordre de la messe en général, saint Grégoire met les oraisons ou collectes que l'on devait dire pendant toute l'année, avec une préface particulière presque pour chaque messe. Nous n'en avons gardé que neuf. La première messe est pour la veille de Noël. Il y en a trois pour le jour de la fête, parce qu'on en disait trois ce jour-là, mais en des églises différentes. Après la messe du dimanche de l'octave de la Pentecôte, on trouve de suite celles de tous les saints marqués dans le calendrier romain, depuis le 1er juin jusqu'au 21 décembre. La veille et la fête de l'Assomption de la sainte Vierge n'y sont point oubliées. Il s'y trouve des messes pour les veilles des autres fêtes, pour le commun des martyrs, des confesseurs, des vierges; pour la consécration d'une religieuse et d'une abbesse; vingt-six pour autant de dimanches après la Pentecôte, et cinq pour les cinq dimanches avant Noël. Ces messes sont suivies d'oraisons pour tous les jours dans le cours de l'Avent, pour le matin, pour le soir; de plusieurs messes votives pour toutes sortes de nécessités; des rites de l'ordination, de la bénédiction de l'eau, de celle d'une maison neuve, des nouveaux fruits; des prières pour l'onction des infirmes; des messes quotidiennes pour le roi, pour l'évêque et pour d'autres.

Il était d'usage dans les messes solennelles de bénir le peuple avant de lui donner la sainte communion. Les formules de ces bénédictions varient suivant les fêtes, et en résument très-bien le but sous forme de prières. Voici la bénédiction particulière du 3e jour de Pâques : « Que Dieu, qui vous a lavés par l'eau de son côté ouvert, confirme lui-même en vous la grâce de la rédemption que vous avez reçue. Ainsi soit-il. — Que celui par lequel vous avez été régénérés de l'eau et du Saint-Esprit, vous associe lui-même au royaume céleste. Ainsi soit-il. — Que celui qui vous a donné les commencements de la sainte foi, vous accorde aussi et la perfection des œuvres et la plénitude de la charité. Ainsi soit-il. — Que celui-là daigne vous l'accorder, dont le règne et l'empire demeurent sans fin dans les siècles des siècles. Bénédiction à Dieu le Père, le Fils et le Saint-Esprit. Et que la paix du Seigneur soit toujours avec vous. » Ces bénédictions, avec les préfaces particulières à chaque messe principale, renferment un trésor d'instructions très-belles sur la fête ou le mystère. Ainsi, pour la Chaire de saint Pierre, la préface chante le corps mystique du Christ, l'Église, que Dieu même a fondée dans les patriarches, préparée dans les prophètes, édifiée dans les apôtres, sur Pierre, leur chef, intendant et gardien des portes célestes, en sorte que, par droit divin, ce qu'il statue sur la terre est observé dans les cieux. On a pu remarquer plus haut, dans l'ordinaire de la messe, que l'Église romaine n'y disait point le Symbole; c'est que cette Église, n'ayant été infectée d'aucune hérésie, n'avait pas besoin de faire sa profession de foi.

Saint Grégoire ne se contenta pas de fixer les prières que l'on devait dire ou chanter; il en régla aussi le chant; il composa dans cette vue un *Antiphonaire* où il renferma tout ce qui devait se chanter en notes à la messe, savoir : l'introït, le graduel, l'offertoire, la postcommunion. Pour conserver le chant qu'il avait réglé, il établit à Rome une école de chantres, qui subsistait encore trois cents ans après, du temps de Jean, diacre. Il lui avait donné quelques terres avec deux maisons, l'une auprès de saint Pierre, l'autre auprès de Saint-Jean de Latran. Là, du temps de Jean, diacre, on gardait avec respect l'original de son *Antiphonaire*, avec le fouet dont il menaçait les petits écoliers, et le lit sur lequel il se reposait pendant la leçon, à cause de sa goutte et de ses autres infirmités. Il fut près de deux ans sans pouvoir se lever à peine trois heures les jours de grandes fêtes, pour célébrer la messe (L. 10, *Epist.* 35).

Au reste, saint Grégoire ne veillait pas moins à réprimer les superstitions qu'à conserver les saintes cérémonies. On le voit par le mandement ou la lettre suivante :

« Grégoire, serviteur des serviteurs de Dieu, à ses bien-aimés fils, les citoyens romains. Il m'est parvenu que quelques-uns sèment parmi vous des erreurs, et défendent de travailler le samedi. Qu'en dirai-je, si ce n'est que ce sont des prédicateurs de l'antechrist? Car, à son arrivée, il défendra de travailler et le samedi et le dimanche. Comme il feindra de mourir et de ressusciter, il voudra que le dimanche soit honoré, et il fera judaïser le peuple pour ramener le culte extérieur de la loi et se soumettre la perfidie des Juifs, il voudra qu'on observe le samedi. S'il faut garder à la lettre le précepte du sabbat, il faut donc également offrir les sacrifices charnels et pratiquer la circoncision contre la défense de saint Paul. Mais l'un et l'autre ne sont plus observés que spirituellement. Ils prétendent aussi qu'il n'est pas permis de prendre un bain le dimanche. Si on veut le faire par volupté, nous ne le permettons en aucun jour; mais si c'est par nécessité, nous ne le défendons pas même le dimanche; autrement il ne faudrait pas en ce jour se laver même le visage. Il faut donc, pendant le dimanche, s'abstenir du travail corporel et s'appliquer à la prière pour expier les négligences des six autres jours de la semaine (L. 13, *Epist.* 1). »

Au milieu de ses innombrables occupations, saint Grégoire n'oubliait point les Églises des Gaules et la nation des Francs. L'an 585, saint Virgile, évêque d'Arles, lui écrivit et lui fit écrire par le roi d'Austrasie, Childebert II, pour demander le *pallium*, ainsi que la dignité de vicaire du Siége apostolique, dont la plupart de ses prédécesseurs avaient été honorés. Le Pape lui accorda sa demande par une lettre du mois d'août de la même année 595. Après y avoir fait un grand éloge de la charité, « je trouve, lui dit-il, que le portrait de cette vertu est le vôtre. Tout ce que nous apprennent de vous ceux qui viennent des Gaules, nous en convainc, et vos lettres en sont de nouvelles preuves. Ainsi je n'ai garde de soupçonner qu'en demandant l'usage du *pallium* et le vicariat du Siége apostolique, vous ne songiez qu'à vous procurer par là un pouvoir passager et un ornement extérieur. J'aime mieux croire que, sachant, comme personne ne l'ignore, d'où la foi s'est répandue dans les Gaules, vous avez voulu, en vous adressant au Siége apostolique, selon l'ancienne coutume, faire comme un bon fils qui a recours au sein de l'Église, sa mère. C'est pourquoi nous vous accordons très-volontiers ce que vous nous demandez, de peur que nous ne paraissions vous priver d'un honneur qui vous soit dû, ou mépriser la demande de notre très-excellent fils, le roi Childebert. »

Le Pape l'avertit ensuite que cette nouvelle dignité doit être pour lui un motif de redoubler de vigilance; et il excite particulièrement son zèle contre deux abus. « On nous a rapporté, dit-il, que dans la Gaule et la Germanie on ne donne l'ordre sacré qu'à ceux qui l'achètent par des présents. Si cela est, je le dis avec larmes et gémissements, l'ordre sacerdotal est déjà tombé intérieurement, et il ne pourra longtemps se soutenir à l'extérieur. On nous a aussi parlé d'une autre chose bien détestable. Des laïques, après la mort des évêques, reçoivent la tonsure, et sont aussitôt ordonnés évêques. Mais comment celui qui n'a jamais été soldat, peut-il devenir chef dans la sainte milice? Comment pourra-t-il prêcher, celui qui n'a peut-être jamais entendu la prédication? Comment pourra corriger les péchés des autres, celui qui n'a pas encore pleuré les siens? C'est pourquoi il est nécessaire que nous vous avertissiez notre très-excellent fils, le roi Childebert, d'extirper ces abus de son royaume, afin que le Seigneur le comble de plus grands bienfaits, à proportion du soin qu'il aura d'éviter ce qui lui déplaît et de pratiquer ce qui lui est agréable. » Il conclut ainsi sa lettre : « Nous établissons donc Votre Fraternité notre vicaire dans les Églises du royaume de notre très-excellent fils Childebert, sans préjudice du droit des métropolitains. Nous vous envoyons aussi le *pallium*, dont vous ne vous servirez qu'à l'église et pendant la messe. Si quelque évêque veut faire un grand voyage, il ne le pourra sans la permission de Votre Sainteté. S'il survient quelque question de foi ou quelque autre affaire difficile, vous assemblerez douze évêques pour la juger. Si elle ne peut être décidée, vous nous en renverrez le jugement (L. 5, *Epist.* 53). »

A la même date, le Pape écrivit dans le même sens aux évêques, les exhortant à se soumettre au nouveau vicaire du Siége apostolique, comme les anges du ciel, quoique sans péché, sont subordonnés les uns aux autres. Il écrivit en même temps au roi Childebert, pour le prier d'appuyer de son autorité ce qu'il avait réglé en faveur de Virgile, et de faire observer pour Dieu et pour saint Pierre, les décrets du Siége apostolique dans tous ses Etats (*Ibid.*, *Epist.* 54 et 55).

Le roi d'Austrasie publia, la même année 595, à Cologne, dans l'assemblée des seigneurs, peut-être par suite des exhortations du Pape, une constitution ou un recueil de divers articles arrêtés dans les assemblées précédentes. Il y défend à tous ses sujets, même aux seigneurs francs, qu'il nomme les *chevelus*, de contracter des mariages incestueux, sous peine de bannissement de confiscation de leurs biens, s'ils obéissent en cela aux évêques; et il veut que ceux de ses officiers qui se feraient excommunier à ce sujet, soient chassés de son palais. Il défend le rapt, sous peine de mort, et renouvelle les défenses de travailler le dimanche, excepté pour préparer à manger, sous peine de quinze sous d'or d'amende pour les Saliens ou les Francs, de sept et demi pour les Romains, et de trois pour les esclaves ou de punition corporelle. Chez les Barbares, les plus grands crimes n'étaient punis que d'une amende : encore y avait-il une cérémonie dérisoire, nommé *Chrenecrude*, pour s'exempter de la payer et la faire retomber sur un de ses proches. Childebert ne se contenta pas d'abolir cette coutume; il ordonna que les homicides seraient punis de mort, et que si les parents de celui qui avait été tué voulaient se contenter d'une amende, personne ne la paierait que le coupable. Il régla aussi que, dans la suite, les voleurs seraient condamnés à mort sur le témoignage de sept personnes de probité, ou au moins de cinq. (Baluz., *Capit. reg. Fr.*, t. I).

Au mois de septembre de la même année 595, le pape saint Grégoire écrivit au roi Childebert et à la reine Brunehaut, sa mère, pour leur recommander le prêtre Candide, qu'il envoyait en Gaule gouverner le patrimoine de saint Pierre, dont le patrice Dynamius avait pris soin jusqu'alors. Il loue Brunehaut de la bonne éducation qu'elle avait donnée à son fils, et dit au roi ces paroles remarquables : « Autant la dignité royale est élevée au-dessus des autres hommes, autant votre royaume l'est-il au-dessus des autres royaumes. D'être roi, il n'y a pas merveille; car il y en a d'autres qui le sont; mais d'être roi catholique, ce que les autres n'ont pas mérité d'être, voilà un privilége; car la splendeur de votre foi brille au milieu des nations infidèles comme la lumière d'un grand flambeau dans les ténèbres d'une nuit obscure. Tout ce que les autres princes peuvent se glorifier d'avoir, vous l'avez; mais ils n'ont pas le bien principal que vous possédez. Afin donc de les surpasser par les œuvres comme par la foi, que Votre Excellence se montre toujours débonnaire à ses sujets. S'il y a des choses qui vous offensent, ne les punissez point sans discussion. Le moyen de plaire au Roi des rois, c'est-à-dire au Seigneur tout-puissant, c'est de mettre des bornes à votre puissance et de bien vous persuader que tout ce que vous pouvez, ne vous est pas permis pour cela (L. 6, *Epist.* 5 et 6).

Childebert II se montrait digne et capable d'entendre de si sages conseils, lorsqu'il mourut l'année suivante 596, dans la 21e année de son règne, et la 26e de son âge. Il laissait ses vastes Etats à deux enfants : Théodebert, son fils aîné, âgé à peine de 10 ans, et Théodoric ou Thierri, âgé de moins de 9. Théodebert eut le royaume d'Austrasie, et Théodoric celui de Bourgogne. Clotaire II, roi de Neustrie, n'avait que 12 ans. La France entière obéissait ainsi à trois enfants, sous la tutelle de deux femmes, Frédégonde et Brunehaut, qu'une haine implacable armait l'une contre l'autre. Frédégonde mourut l'an 597, et fut enterrée à Paris dans l'église de Saint-Vincent, autrement Saint-Germain-des-Prés, dans le même tombeau que son mari Chilpéric; ce tombeau subsiste encore. Les grands et surtout les maires du palais profitèrent de ces minorités pour saisir le pouvoir. De là bien des intrigues de cour et des guerres civiles. Ainsi, l'an 599, Brunehaut fut expulsée de la cour d'Austrasie, et se retira à celle de Bourgogne.

A travers toutes ces mutations politiques, le pape saint Grégoire poursuivait invariablement l'exécution d'un dessein qui devait créer une nouvelle nation chrétienne. Quand il envoya le prêtre Candide dans les Gaules y administrer le patrimoine de saint Pierre, il lui ordonna d'en employer les revenus à acheter des habits pour les pauvres ou de jeunes esclaves anglais d'environ dix-sept à dix-huit ans. Il voulait les placer dans des monastères d'Italie, pour les faire instruire de la religion, et les employer ensuite à la conversion de leur nation entière. Le saint Pape trouvait en cet achat un autre avantage. « C'est, dit-il, que par là les sous d'or des Gaules, qui ne peuvent être employés en Italie, seront dépensés sur les lieux. Par où l'on voit, ainsi que par une loi de l'empereur Majorien, que la monnaie de France n'avait pas cours en Italie, ou qu'elle y perdait beaucoup de sa valeur. Saint Grégoire portait si loin les attentions de sa charité, qu'il voulut qu'on envoyât avec ces jeunes esclaves un prêtre pour les accompagner pendant le voyage de France en Italie, afin qu'il fût à portée de baptiser ceux qu'il verrait en danger de mort. (L. 6, *Epist.* 7). »

L'arrivée des jeunes Anglais à Rome détermina tout à fait le saint Pontife à entreprendre la conversion de leurs compatriotes. Il choisit pour chef de cette expédition apostolique, Augustin, prévôt de son monastère de Saint-André de Rome, auquel il associa quelques autres moines dont la vertu et la sagesse lui étaient connues. Ils partirent de Rome au commencement de l'an 596. Mais à peine furent-ils arrivés dans la Provence, qu'ils résolurent de ne point passer plus avant, découragés par ce qu'ils avaient entendu dire de la difficulté du voyage et de l'état de la nation anglaise, incrédule et barbare, dont ils n'entendaient pas même la langue. Ils résolurent donc, d'un commun accord, de retourner à Rome, et y renvoyèrent Augustin, pour prier le Pape de ne point les obliger à un voyage si dangereux, si pénible et d'un succès si incertain. Mais le saint Pontife le renvoya de son côté, chargé d'une petite lettre avec cette inscription : *Grégoire, serviteur des serviteurs de Dieu, aux serviteurs de Notre Seigneur Jésus-Christ.* Il leur ordonne en cette lettre d'exécuter avec zèle et avec confiance en Dieu leur entreprise, sans se laisser abattre par la fatigue ni s'arrêter aux discours des gens malintentionnés, assurant qu'il voudrait pouvoir lui-même travailler avec eux à cette bonne œuvre (L. 6, *Epist.* 51 ; Beda, *Hist.*, l. 1, c. 23).

En même temps, pour leur aplanir une partie des difficultés dont on leur avait fait peur, il leur envoya diverses lettres de recommandation pour les princes et les évêques des Gaules. Il y en avait pour Virgile d'Arles, pour Pallade de Saintes, pour Sérénus de Marseille, pour Pélage de Tours, successeur de saint Grégoire, pour Didier de Vienne, successeur de saint Evance, et pour Siagrius d'Autun. Il écrivit pour la même fin au patrice Arigius, à la reine Brunehaut et à ses petits-fils Théodebert, roi d'Austrasie, et Théodoric, roi de Bourgogne (L. 6, *Epist.* 52-59). Toutes ces lettres sont du mois de juillet 596. Dans ses lettres à Brunehaut et aux deux rois, il dit avoir appris que la nation des Anglais désirait se convertir à la foi chrétienne, mais que les évêques du voisinage, c'est-à-dire les évêques bretons, négligeaient de seconder leurs bons désirs. Déjà le breton saint Gildas reprochait, entre autres crimes, à ses compatriotes, de n'avoir jamais voulu prêcher la parole de la foi à la nation des Saxons et des Anglais, qui habitait avec eux la Bretagne (Beda, l. 1, c. 22).

Pallade de Saintes reçut par la même voie une lettre particulière de saint Grégoire. Il avait fait bâtir une belle église, où il y avait treize autels, dont neuf étaient déjà consacrés. Pour consacrer les quatre autres, il avait envoyé un prêtre à Rome demander des reliques des saints sous l'invocation desquels ils devaient être dédiés. Saint Grégoire, en les lui envoyant, lui recommande de les placer avec respect et de pourvoir à la subsistance des ministres qui devaient desservir ces autels : ce qui montre que les divers autels d'une même église avaient chacun son prêtre, ou du moins un clerc en titre pour les desservir, et il paraît que c'est l'origine des chapellenies (L. 6, *Epist.* 49).

Le Pape écrivit par la même occasion à Protais, évêque d'Aix, pour le prier d'exciter Virgile d'Arles à restituer au patrimoine de Saint-Pierre et à envoyer à Rome les revenus que son prédécesseur avait perçus pendant plusieurs années. Il en écrivit aussi à Virgile, lui marquant qu'il serait bien honteux que des évêques usurpassent un bien à quoi les rois même barbares n'avaient osé toucher (*Epist.* 55, 53). Quant au bon saint Grégoire de Tours, il était mort le 17 novembre 595, la 56ᵉ année de son âge et la 23ᵉ de son épiscopat. Il venait de faire un pèlerinage à Rome, où il avait été reçu avec beaucoup d'honneur par le pape saint Grégoire, qui même, pour honorer l'Eglise de Tours, lui donna une chaire d'or (*Vit. Greg. ab Odon.*)

Le missionnaire apostolique, saint Augustin, ayant traversé toute la Gaule, arriva dans la Grande-Bretagne, aux côtes de la province de Kant, et prit terre en l'île de Tanet, avec ses compagnons, au nombre d'environ quarante. Ainsi que nous l'avons vu déjà, les Anglais et les Saxons, peuples de Germanie, étaient venus en Bretagne, environ un siècle et demi auparavant, appelés par les Bretons, pour les défendre contre les Ecossais et les Pictes. S'étant rendus maîtres, sur les Bretons mêmes, de la plus grande partie de l'île, ils y établirent de sept à huit royaumes, qui formaient une espèce de confédération nationale, dont un des rois était le chef ou le suzerain. Ce chef, le 3ᵉ depuis leur établissement, était alors Ethelbert ou plutôt Edilbert, autrement, Albert, roi de Kant, qui avait épousé Berthe, fille de Charibert, roi de Paris. Chrétienne et catholique, la princesse franque n'avait épousé Ethelbert qu'à condition de conserver le libre exercice de sa religion, et, pour cet effet, elle avait amené avec elle un évêque nommé Luidard.

Augustin étant donc arrivé en l'île de Tanet, envoya à Ethelbert des interprètes de la nation des Francs, qu'il avait pris suivant l'ordre du pape saint Grégoire ; car les Francs et les Anglais, étant tous Germains d'origine, parlaient à peu près la même langue, tandis qu'Augustin ne parlait que latin. Il manda au roi qu'il était venu de Rome pour lui apporter une bonne nouvelle, savoir, la promesse certaine d'une joie éternelle et d'un règne sans fin avec le Dieu vivant et véritable. Le roi, qui avait déjà ouï parler de la religion chrétienne à la reine, son épouse, ordonna que les Romains demeurassent dans l'île où ils étaient jusqu'à ce qu'il vit ce qu'il devait faire pour eux; il commanda en même temps de leur procurer tout ce qui leur était nécessaire. Quelque temps après, il vint à l'île de Tanet et manda Augustin avec ses compagnons; mais il voulut les recevoir en plein air; car un ancien augure lui faisait craindre que, s'il les écoutait dans une maison, ils ne le surprissent par quelque opération magique. Mais eux, s'appuyant sur la vertu, non pas des démons, mais de Dieu, arrivèrent en procession, portant pour étendard une croix d'argent et l'image du Sauveur peinte sur un tableau, et chantant des litanies pour demander à Dieu leur salut et le salut du peuple pour lequel ils étaient venus.

Le roi les fit asseoir, et ils commencèrent à lui annoncer l'Evangile, ainsi qu'à tous les assistants. Il répondit : « Vos paroles et vos promesses sont fort belles ; mais comme elles sont nouvelles et incertaines, je ne puis point y acquiescer et laisser ce que j'ai observé depuis si longtemps avec toute la nation des Anglais. Toutefois, parce que vous êtes venus de loin et qu'il me semble avoir reconnu que vous désirez nous faire part de ce que vous croyez le plus vrai et le meilleur, bien loin de vous faire de la peine, nous voulons vous bien recevoir et vous faire donner ce qui sera nécessaire pour votre subsistance, et nous ne vous empêchons point d'attirer à votre religion tous ceux que vous pourrez persuader. » Il leur donna donc un logement dans la ville de Doroverne, qui était sa capitale, depuis nommée, cette raison, Cantuaria ou Cantorbéry, comme qui dirait capitale du royaume de Kant. Ils y entrèrent en procession, suivant leur coutume, avec la croix

# LIVRE XLVII. — PONTIFICAT DE SAINT GRÉGOIRE LE GRAND.

et l'image du grand Dieu, Notre Seigneur Jésus-Christ, et chantaient de concert : « Nous vous prions, Seigneur, par votre infinie miséricorde, de détourner votre colère de dessus cette ville et de dessus votre maison sainte, parce que nous avons péché. *Alleluia* (Beda, *Hist.*, l. 1, c. 25). »

Etant établis en leur nouvelle demeure, ils commencèrent à imiter la vie apostolique de la primitive Eglise, s'appliquant continuellement à la prière, aux veilles et aux jeûnes, et méprisant tous les biens de ce monde. Ils pratiquaient tout ce qu'ils enseignaient, ne prenant de ceux qu'ils instruisaient que les choses nécessaires à la vie, et disposés à tout souffrir, même la mort, pour la vérité qu'ils annonçaient.

Près de la ville, à l'orient, était une église bâtie en l'honneur de saint Martin, du temps que les Romains habitaient encore la Grande-Bretagne. La reine y faisait ses prières, et les missionnaires s'y assemblaient aussi, dans ces commencements, pour chanter les psaumes, prier, célébrer la messe, prêcher et baptiser; car plusieurs Anglais embrassèrent la foi, touchés de la vie simple et innocente des missionnaires, et de la douceur de leur doctrine. Le roi lui-même, ravi de la pureté de leur vie et de la beauté de leurs promesses, confirmées par plusieurs miracles, crut et fut baptisé; après quoi le nombre de ceux qui venaient aux instructions s'accrut de jour en jour, et les conversions furent fréquentes. Le roi saint Ethelbert, car l'Eglise le compte au nombre des saints, en ressentait une grande joie, mais il ne contraignait personne. Il se contentait de témoigner plus d'amitié à ceux qui se faisaient chrétiens, comme associés avec lui au royaume céleste; car il avait appris des missionnaires romains que le service de Jésus-Christ doit être volontaire. Alors il leur donna, dans sa capitale, un lieu convenable pour établir un siége épiscopal, avec des biens suffisants (Beda, l. 2, c. 26).

Cependant Augustin passa en France et vint à Arles, où il fut ordonné évêque, pour la nation des Anglais, par l'archevêque Virgile. Il retourna aussitôt en Angleterre et y baptisa plus de dix mille Anglais à la fête de Noël de la même année 597. Il envoya à Rome le prêtre Laurent, avec le moine Pierre, pour porter au pape saint Grégoire les heureuses nouvelles de tout ce qui s'était passé, et en même temps plusieurs articles sur lesquels il le consultait (*Ibid.*, c. 27).

Le saint Pontife fit part de ces heureuses nouvelles à son ami saint Euloge, patriarche d'Alexandrie, qui lui écrivait de temps en temps. La lettre, qui est de l'an 598, commence ainsi : « Notre commun fils, le porteur de la présente, en me donnant les écrits de Votre Sainteté, m'a trouvé malade et m'a laissé malade en partant. Mais le plus grand adoucissement à mes douleurs a été de recevoir les écrits de Votre Sainteté bien-aimée, qui m'ont grandement réjoui et de la conversion des hérétiques d'Alexandrie et de l'union des fidèles. Pour vous rendre la pareille, je vous dirai que la nation des Anglais était demeurée jusqu'à présent dans l'infidélité, adorant du bois et des pierres. Par le secours de vos oraisons, j'y ai envoyé un moine de mon monastère. Les évêques des Germanies l'ayant ordonné évêque par ma permission, ils l'ont fait conduire chez cette nation, à l'extrémité du monde, et nous venons de recevoir des nouvelles de l'heureux succès de ses travaux; car il fait tant de miracles, lui et ceux qui l'ont accompagné, qu'ils semblent approcher de ceux des apôtres. Et nous avons appris qu'à la dernière fête de Noël, notre frère et coévêque a baptisé plus de dix mille Anglais. Ce que je vous écris, afin que vous voyiez les effets de vos prières. Saint Grégoire appelle ici Germanies les royaumes des Francs, soit parce que le royaume d'Austrasie comprenait en effet une portion considérable de la Germanie proprement dite, soit parce que la nation des Francs était germanique d'origine.

L'an 601, le pape saint Grégoire renvoya en Angleterre, pour soutenir cette mission, le prêtre Laurent, avec plusieurs autres moines, dont les principaux étaient : Mellitus, Juste, Paulin et Rufinien. Il écrivit en France un grand nombre de lettres en leur faveur. Il les recommanda à saint Virgile d'Arles, à saint Ethérius de Lyon, à saint Didier de Vienne, à saint Arige de Gap, aux rois Clotaire, Théodoric et Théodebert, ainsi qu'à la reine Brunehaut; à Ménas de Toulon, à Sérénus de Marseille, à Loup de Châlon-sur-Saône, à Agilulfe de Metz; à Simplicius de Paris, successeur de Faramode, à Mélantius de Rouen, à Licinius, dont saint Grégoire ne marque point le siége, mais il était évêque d'Angers et fort puissant à la cour de Clotaire II.

Saint Ethérius de Lyon mourut l'année suivante 602. Ce fut un saint évêque. Après s'être rendu recommandable par sa sagesse et par sa probité à la cour du roi Gontram, dont il était conseiller, il lo fut encore plus dans l'épiscopat par sa piété et par son zèle, qui lui méritèrent de grands éloges de la part de saint Grégoire. Il avait écrit à ce saint Pape pour le prier de renouveler d'anciens priviléges de son Eglise, et de lui envoyer les ouvrages de saint Irénée. Grégoire lui répondit qu'il n'avait rien trouvé dans les archives de l'Eglise romaine, touchant les priviléges qu'il assurait avoir été accordés à celle de Lyon; qu'ainsi il devait envoyer à Rome les actes qu'il prétendait en avoir; que, pour les ouvrages et la vie de saint Irénée, il les avait fait chercher avec soin depuis longtemps sans avoir pu en rien recouvrer. Il est étonnant qu'on n'eût pas à Rome, et plus encore qu'on n'eût pas à Lyon les ouvrages d'un Père si célèbre dans l'Eglise, et le second évêque de Lyon même (L. 11, *Epist.* 56).

Saint Didier de Vienne, qui était originaire d'Autun, avait aussi fait demander le *pallium* à saint Grégoire, comme une prérogative accordée anciennement à son siège. Le Pape lui répondit également qu'il n'en avait trouvé aucun vestige dans les archives romaines, et que, si lui en trouvait des preuves dans celles de Vienne, il le priait de les lui communiquer. On ne sait si Didier en put fournir. Mais le saint Pape était sur le point de lui accorder le *pallium*, lorsqu'on lui rapporta que cet évêque s'occupait d'études profanes et qu'il enseignait la grammaire. Il lui en écrivit en ces termes : « Les témoignages avantageux qu'on m'avait rendus de votre conduite, m'avaient donné une joie si sensible, que je ne pouvais vous refuser la grâce que vous me demandiez; mais il m'est revenu, ce que je ne puis rapporter sans honte, que Votre Fraternité explique la grammaire à quelques personnes.

Cette dernière nouvelle nous a tellement chagrinés, que la joie des premières s'est changée en tristesse. En effet, les louanges de Jupiter sont peu séantes dans une même bouche avec celles de Jésus-Christ. Considérez vous-même combien il est honteux et criminel à un évêque, de chanter ce qu'il ne conviendrait pas même que chantât un laïque qui a de la piété. » Il paraît qu'on accusait Didier de s'occuper à la lecture et à l'enseignement des poètes profanes ; mais le fait n'était pas certain (L. 11, *Epist.* 54). C'est pourquoi, saint Grégoire ajoute que, « s'il se trouve faux, il en remerciera le Seigneur, et traitera ensuite de l'affaire du *pallium.* »

Quelque nécessaire que soit à la défense de la foi l'étude de la grammaire et de la mythologie païenne, un évêque qui s'occuperait à l'enseigner, au préjudice des devoirs et de la dignité de l'épiscopat, serait justement répréhensible. C'est le cas particulier que désapprouve ici saint Grégoire. Ce saint docteur était bien éloigné de blâmer en général ceux qui enseignaient ou qui étudiaient les lettres humaines. Il établit ailleurs, fort au long que la connaissance en est une préparation très-utile à l'intelligence des lettres divines. Il le prouve par l'exemple de Moïse, d'Isaïe et de saint Paul. Il ajoute que cette connaissance est utile, non-seulement aux prédicateurs, mais encore aux particuliers. Il conclut enfin : « Si nous ignorons la science séculière, nous sommes incapables de pénétrer la profondeur de la parole sacrée (L. 5, *in 1 reg.*, c. 3, n. 30-32). » C'est donc une grande calomnie de supposer que ce grand Pape fut ennemi des sciences et des lettres.

Sérénus de Marseille avait été réprimandé pour un autre écart.

Cet évêque avait brisé et jeté hors de l'église des images, parce qu'il avait remarqué que quelques personnes grossières les adoraient. « Nous vous louons, lui écrivit le saint Pape, d'avoir eu du zèle pour empêcher qu'on n'adore les ouvrages de la main des hommes ; mais nous jugeons que vous n'auriez pas dû briser ces images. Car on expose des tableaux dans les églises, afin que ceux qui ne savent pas les premiers éléments des lettres, puissent lire sur des murailles ce qu'ils ne peuvent apprendre dans les livres. Votre Fraternité devait donc conserver ces images et empêcher le peuple de les adorer (L. 9, *Epist.* 55). »

Sérénus répondit à saint Grégoire par une lettre où il faisait d'abord paraître beaucoup de soumission ; mais il tâchait ensuite de justifier son procédé à l'égard des images, et paraissait même révoquer en doute que la lettre qui blâmait sa conduite fût véritablement de saint Grégoire. Le saint Pape lui récrivit que la fin de sa lettre l'avait autant affligé que le commencement lui avait donné de consolation, et, après quelques reproches, venant à l'affaire des images brisées, il lui parle ainsi : « Dites-moi, mon frère, a-t-on jamais entendu qu'un évêque en ait agi comme vous avez fait ? Cette seule considération aurait dû vous arrêter ; car vous ne devez pas vous croire le seul sage et le seul saint au mépris de vos frères. Autre chose est d'adorer la peinture, autre chose est d'apprendre par la peinture ce qu'il faut adorer ; car ce que l'Ecriture est pour ceux qui lisent, la peinture l'est pour les ignorants qui regardent. Aussi est-ce principalement pour les nations barbares que la peinture sert de lecture. Comme vous demeurez parmi ces nations, vous deviez plus que personne prendre garde de les scandaliser par un zèle irréfléchi. Vous ne deviez donc pas briser ce qui a été placé dans les églises, non pour être adoré, mais pour instruire les ignorants. Ce n'est pas sans raison que l'antiquité a reçu l'usage de peindre dans nos temples les histoires des saints. Aussi assure-t-on que vous avez tellement scandalisé votre peuple en suivant mal à propos les mouvements irréfléchis de votre humeur, que la plus grande partie s'est séparée de votre communion. Rappelez-les avec une douceur paternelle. Dites-leur : Si vous voulez avoir des images dans les églises pour votre instruction, comme l'usage en a été anciennement introduit à ce dessein, je vous le permets. Dites-leur que ce n'est pas l'histoire représentée dans le tableau qui vous a choqué, mais l'adoration rendue mal à propos à des peintures. » Le saint Pape recommande encore à Sérénus, dans la même lettre, d'éloigner de sa familiarité, s'ils ne se corrigent, certains hommes peu exemplaires (L. 11, *Epist.* 13).

Tandis que l'évêque de Marseille se voyait ainsi réprimandé par le Pontife romain, l'évêque de Gap, saint Arige, n'en recevait que des éloges et des consolations. Le Pape ayant appris qu'il avait perdu quelques-uns de ses proches, lui écrivit dans les termes suivants :

« Comme la charité n'a fait qu'une âme de la vôtre et de la mienne, mon cœur a ressenti vivement tout ce qui afflige le vôtre. Je ne me suis consolé qu'en me rappelant la discrétion de Votre Sainteté. La patience doit adoucir la douleur, et l'espérance d'une autre vie doit bientôt sécher les larmes que la mort des personnes chères vous fait verser. Que ceux-là pleurent longtemps, qui n'espèrent pas une meilleure vie après la mort ; mais nous qui l'espérons, qui la croyons, qui l'enseignons, nous ne devons pas nous abandonner à la tristesse touchant les morts, de peur que ce qui, à dans les autres l'apparence d'un devoir de tendresse, ne soit une faute en nous. Appliquons-nous donc, mon bien-aimé frère, non à pleurer les morts, mais à montrer que nous aimons les vivants. Tâchons d'être utiles à ceux à qui nous le pourrons, en reprenant, en exhortant, en conseillant, en caressant même et en consolant. Que notre langue anime les bons, qu'elle reprenne les méchants, qu'elle excite les paresseux, qu'elle réprime les superbes et console ceux qui se laissent aller au désespoir. On nous nomme des guides ; montrons à tous la voie du salut. Soyons toujours en sentinelle pour découvrir les embûches de l'ennemi, et lui fermer toutes les avenues. Si l'erreur égare dans ses routes écartées quelqu'une de nos ouailles, n'omettons rien pour la rappeler à la bergerie, afin que le nom de pasteur que nous avons l'honneur de porter, devienne le titre de notre récompense et non le sujet de notre supplice. Mais parce que, pour remplir tous ces devoirs, nous avons besoin du secours de la grâce, prions sans cesse la Bonté divine de nous accorder la volonté et le pouvoir de les accomplir (L. 9, *Epist.* 107). »

Le père de saint Arige, qui était un seigneur franc nommé Aprocaise, et sa mère Sempronia, l'offrirent à Dieu à l'âge de deux ans, devant l'autel de Saint-Vincent de Châlon-sur-Saône. Saint Didier, alors évêque de cette ville, l'y reçut avec joie, le baptisa et l'éleva soigneusement dans les lettres et dans la piété. Arige ayant desservi quelque temps une église de la campagne, fut élevé sur le siége de Gap après la déposition de Sagittaire, et, pendant un épiscopat de plus de vingt ans, il fut constamment l'exemple et les délices de son peuple.

Sur la fin de sa vie, il fit un pèlerinage à Rome, et augmenta, par sa présence, l'estime dont nous avons vu que saint Grégoire était prévenu pour lui. Ce grand Pape ne craignit pas de dire qu'il n'y avait point d'évêque en Occident comparable à celui de Gap. Ces deux saints, que la plus tendre amitié unissait, ne purent se séparer sans verser bien des larmes. Mais Grégoire consola Arige, en lui prédisant que Dieu ne tarderait pas de les réunir dans le ciel. La prophétie se vérifia bientôt. Arige étant tombé malade quelque temps après son retour de Rome, n'était affligé que de ne pouvoir pas célébrer la messe pour se nourrir du pain des anges. Il tâchait d'y suppléer par l'ardeur de ses vœux. Il répétait souvent avec une sainte confiance la prière suivante : *O bon Jésus, mon Sauveur, ne livrez pas aux démons une âme qui vous confesse et qui vous a toujours prié, depuis qu'elle est dans ce corps mortel.* Sentant son heure approcher, il se fit dépouiller de ses habits et porter à l'église, devant l'autel de saint Eusèbe. Là, sur la cendre et le cilice, il reçut le viatique du corps de Jésus-Christ, des mains d'Esychius, évêque de Grenoble, et son sang adorable de celles du prêtre Diconcius. Après quoi, rempli de la plus douce consolation, il s'écria : « Seigneur Jésus, je vous rends grâces de ce que le temps de ma mort est arrivé. Je suis sorti nu du sein de ma mère, je retournerai nu dans celui de la terre. » Il mourut ainsi le 1er mai, jour auquel son Eglise honore sa mémoire (*Acta Sanct.*, 1 *maii*; *Histoire de l'Eglise gallicane*, l. 8).

Saint Licinius, évêque d'Angers, vulgairement saint Lezin, était parent du roi de Neustrie, Clotaire II, qui le fit son connétable ou comte de ses écuries, et ensuite comte et duc d'Angers. Tout semblait l'attacher au monde, et il était sur le point de s'engager dans les liens du mariage, comme sa famille l'en pressait, lorsque la personne qu'il devait épouser parut tout à coup couverte d'une lèpre très-difforme. Il comprit que Dieu n'approuvait pas qu'il prît cet état, et qu'il l'appelait à son service. Il s'engagea donc dans le clergé, sans autre vue que de travailler à sa perfection et à celle des autres. Il parut oublier le rang qu'il avait tenu dans le monde, et mena une vie pauvre et commune avec les autres clercs, s'appliquant sans relâche à se rendre habile dans la science des saintes Ecritures et dans la connaissance des canons.

Après la mort d'Audovée ou Audoin, évêque d'Angers, le clergé et les citoyens élurent Licinius d'un commun consentement. Il s'en défendit, versa même des larmes; mais il ne put résister à l'empressement du peuple, qui voulait avoir pour évêque celui qu'il avait eu pour premier magistrat. Il ne trompa point les espérances qu'on avait conçues de lui. Toujours appliqué à l'étude des saintes lettres, à la prière ou à la prédication, il ne prit de l'épiscopat que ce qu'il a d'onéreux. Dans les visites qu'il faisait des monastères et des églises de son diocèse, l'aumône accompagnait toujours ses prédications. Il marchait sans faste et ne portait que des habits grossiers, ornant assez sa dignité par ses vertus.

Sa douceur, plus efficace que la sévérité, gagnait les pécheurs les plus endurcis dans le crime; car la bonté était son caractère. On remarqua même que dans les conciles où il se trouva, il se déclara toujours pour le parti de la clémence, et qu'il ne voulut jamais assister à la déposition d'aucun évêque : qu'au contraire il prit toujours, autant que la raison le permettait, la défense de ceux qu'on voulait déposer. Autant il avait d'indulgence pour les autres, autant il était dur à lui-même. Souvent, après avoir prolongé son jeûne jusqu'au troisième jour, il ne prenait pour sa réfection qu'un morceau de pain d'orge avec un verre d'eau. Il portait continuellement un cilice sous ses habits. Il célébrait tous les jours la messe avec de grands sentiments de piété, et il conseillait à son peuple la fréquente communion, répétant souvent, dans ses exhortations, ces paroles du Sauveur : *Celui qui mange ma chair et boit mon sang, demeure en moi et moi en lui.*

Clotaire II, en accordant Licinius à l'Eglise, ne crut pas devoir priver l'Etat de ses services. Malgré son épiscopat, il le fit maire de son palais. Quoique cette charge ne fût pas encore aussi considérable qu'elle le devint dans la suite, les soins qu'elle exigeait firent soupirer le saint évêque après la retraite. Il forma même la résolution d'abdiquer le gouvernement de son Eglise, pour se retirer dans quelque solitude. Mais il ne put obtenir l'agrément ni du roi ni des évêques, qui lui représentèrent qu'ayant été appelé canoniquement à l'épiscopat, il ne devait songer qu'à continuer d'en remplir les devoirs. Il suivit ce conseil et redoubla ses travaux apostoliques, en attendant la récompense, qui ne fût pas différée longtemps.

Il tomba dangereusement malade pendant les chaleurs du mois d'août, et quand il commença à se mieux porter, il s'écria, les larmes aux yeux : Hélas ! pourquoi mon exil s'est-il prolongé ? Il y a trop longtemps que je suis dans cette terre étrangère. Je souhaite d'être dégagé des liens qui m'attachent à la vie, et de m'unir à Jésus-Christ. Il languit encore quelques mois et mourut saintement le 1er novembre, une des premières années du VIIe siècle (*Acta Sanct.*, 13 *febr.*; *Histoire de l'Eglise gallicane*, l. 8).

Dans les mêmes lettres où le pape saint Grégoire recommandait aux évêques des Gaules les moines qu'il envoyait en Angleterre, il leur recommandait aussi de s'assembler en concile pour réprimer l'incontinence des clercs et les ordinations simoniaques. Il renouvelait cette même recommandation aux rois Théodoric, Théodebert et Clotaire, ainsi qu'à la reine Brunehaut. Voici en quels termes il remercie cette princesse du zèle qu'elle montrait pour la conversion des Anglais. « Nous rendons grâces au Dieu tout-puissant de ce qu'entre plusieurs dons de sa bonté dont il a orné Votre Excellence, il vous a rempli d'un si grand amour de la religion, que vous vous portez avec ardeur à tout ce qui peut contribuer au salut des âmes et à la propagation de la foi. La renommée ne nous a pas laissé ignorer les grands secours que vous avez procurés à notre frère Augustin. Ceux qui ne connaissaient pas votre piété en seront dans l'admiration; mais pour nous, qui en avons vu tant de preuves, il n'y a plus à admirer, il ne reste que de nous en conjouir avec vous. Vous avez su quels miracles éclatants le Sauveur a opérés pour la conversion des Anglais, et ce doit être pour Votre Excellence un grand sujet de consolation puisque personne n'a eu plus de part qu'elle à cette bonne œuvre. Car si cette nation a eu le bonheur d'entendre la prédication de l'Evangile, c'est à vous, après Dieu, qu'elle en est redevable (L. 11, *Epist.* 62). »

Le saint pape Grégoire ne manqua pas, surtout en cette occasion, d'écrire au roi des Anglais, Ethelbert, et à la reine Berthe, son épouse. Dans la lettre à celle-ci, il commence à la remercier de la protection qu'elle a donnée à Augustin. Il la compare à sainte Hélène, mère de Constantin, dont Dieu s'est servi, dit-il, pour exciter les Romains à la foi chrétienne : comme nous avons la confiance qu'il se servira du zèle de votre gloire pour faire sentir à la nation des Anglais les effets de sa miséricorde. Il ajoute néanmoins que, pieuse et instruite comme elle était, elle aurait dû travailler depuis longtemps à convertir son mari, et que, pour réparer cette négligence, elle devait travailler avec d'autant plus d'ardeur à le confirmer dans le zèle de la religion et à convertir tous ses sujets. «Vos bonnes œuvres, dit-il, sont connues, non-seulement à Rome, où l'on prie avec ardeur pour votre conservation, mais en divers lieux, même à Constantinople; où la renommée les a portées jusqu'aux oreilles de l'empereur (*Ib., Epist.* 29).

Quant au roi Ethelbert, qu'il nomme plus correctement Edilberth, il l'exhorte à conserver fidèlement la grâce qu'il a reçue, à étendre la foi parmi ses peuples, à ruiner le culte des idoles, à détruire leurs temples et à rétablir les bonnes mœurs par les exhortations, les caresses, les menaces, mais principalement par son exemple; sur quoi il lui propose celui de Constantin. Il l'exhorte à suivre en tout les instructions de l'évêque Augustin, et à s'unir étroitement à lui; enfin il lui envoie des présents de la part de saint Pierre, qu'il nomme *petits*, quoiqu'ils fussent magnifiques. Cette lettre datée du 22 juin 601, se termine par ces mots : « Que la grâce d'en haut conserve saine et sauve Votre Excellence, seigneur fils (L. 11, *Epist.* 66). »

Ecrivant à saint Augustin d'Angleterre, le bienheureux Pape s'écrie, dans les transports de sa joie : « Gloire à Dieu dans les hauteurs, et paix sur la terre aux hommes de bonne volonté; car le grain de froment est mort en terre, afin de ne pas régner seul dans le ciel. C'est par sa mort que nous vivons, par sa faiblesse que nous avons des forces; c'est par son amour que nous cherchons en Bretagne des frères que nous ne connaissions pas, c'est par sa grâce que nous trouvons ceux que nous cherchions sans les connaître. Mais qui pourra dire quelle joie s'est levée ici dans le cœur de tous les fidèles, de ce que, par la grâce de Dieu et le travail de Votre Fraternité, la nation des Anglais, dégagée des ténèbres de l'erreur, éclairée des lumières de la sainte foi, foule aux pieds les idoles, obéit avec un cœur pur au Dieu tout-puissant, et se soumet sincèrement à ses divins préceptes. Mais, mon bien-aimé frère, dans cette grande joie, il y a un grand sujet de crainte. Car je sais que, par votre dilection, Dieu a fait de grands miracles au milieu de cette nation qu'il veut bien élire.

Il faut donc vous réjouir avec crainte, et craindre en vous réjouissant. Il faut vous réjouir de ce que, par ces merveilles extérieures, les âmes des Anglais sont attirées à la grâce intérieure; il faut craindre qu'au milieu de ces prodiges, l'esprit ne s'élève par la présomption.

» Souvenons-nous que, quand les disciples disaient avec joie à leur maître : *Seigneur, en votre nom les démons mêmes nous sont soumis*, il leur répondit : *Ne vous réjouissez point de cela; réjouissez-vous plutôt de ce que vos noms sont écrits au ciel.* Les noms de tous les élus y sont écrits, et toutefois ils ne font pas tous des miracles. Or, les disciples de la vérité ne doivent pas se réjouir d'un bien passager et particulier pour eux, mais du bien qui leur est commun avec tous, et dont ils se réjouissent éternellement. Tandis que Dieu agit ainsi par vous au dehors, vous devez mon bien-aimé frère, vous juger sévèrement au dedans et bien connaître qui vous êtes. Si vous vous souvenez d'avoir offensé Dieu par la langue ou par les œuvres, ayez toujours ces fautes présentes à l'esprit pour réprimer la gloire qui s'élèverait dans votre cœur, et songez que ce don des miracles ne vous est pas donné pour vous, mais pour ceux dont vous devez procurer le salut. Moïse, ce grand serviteur de Dieu, après tant de miracles, étant arrivé à la terre promise, Dieu lui reprocha la faute qu'il avait faite trente-huit ans auparavant, en doutant s'il pourrait tirer l'eau de la roche. Combien donc devons-nous trembler, nous qui ne savons pas encore si nous sommes élus? Vous savez ce que dit la Vérité même dans l'Evangile : *Plusieurs viendront me dire en ce jour-là : Seigneur, nous avons prophétisé en votre nom; nous avons chassé les démons et fait plusieurs miracles; et je leur dirai que je ne les ai jamais connus.* Je vous parle ainsi pour vous humilier; mais votre humilité doit être accompagnée de confiance. Car, tout pécheur que je suis, j'ai une espérance certaine que vos péchés vous sont remis, puisque vous avez été choisi pour procurer la rémission aux autres, et donner au ciel la joie de la conversion d'un si grand peuple (L. 11, *Epist.* 28). » Rien ne prouve mieux la vérité des miracles d'Augustin, observe judicieusement Fleury, que ces avis si sérieux de saint Grégoire.

Une seconde lettre que le Pape écrivit à saint Augustin, et qui devait être publique, pour l'établissement des évêchés en Angleterre. « Nous vous accordons, dit-il, l'usage du *pallium*, seulement pour la messe, à charge d'établir douze évêques qui vous seront soumis, en sorte que l'évêque de Londres soit toujours à l'avenir, consacré par son propre concile, et reçoive le *pallium* du Saint-Siége. Vous enverrez pour évêque à York, celui que vous jugerez à propos, à condition que, si cette ville et les lieux voisins reçoivent la parole de Dieu, il ordonnera aussi douze évêques et sera métropolitain. Nous nous proposons de lui donner le *pallium*, et nous voulons qu'il soit soumis à votre conduite; mais, après votre mort, il sera le supérieur des évêques qu'il aura ordonnés, sans qu'il dépende en aucune manière de l'évêque de Londres. Le rang entre l'évêque de Londres et celui d'York se réglera suivant l'ordination, et ils agiront de concert pour le bien de la religion. Outre les évêques ordonnés par vous et par celui d'York, nous voulons aussi que tous les évêques de Bretagne vous soient soumis (L. 11, *Epist.* 65). »

Outre ces lettres, le pape saint Grégoire envoya un mémoire considérable pour répondre à onze articles de difficultés proposées par Augustin. En voici la substance. « De tout le revenu de l'Eglise, on doit faire quatre portions : la première pour l'évêque et sa famille, à cause de l'hospitalité ; la seconde pour le clergé, la troisième pour les pauvres, la quatrième pour les réparations. Pour vous, qui êtes instruit dans la vie monastique, vous ne devez pas vivre séparé de vos clercs, mais établir dans la nouvelle Eglise des Anglais la vie commune, à l'exemple de l'Eglise naissante.

» Les clercs qui ne sont pas dans les ordres sacrés et qui ne peuvent garder la continence, doivent se marier et recevoir leurs gages hors de la communauté, comme il est écrit de la primitive Eglise, que l'on distribuait à chacun selon ses besoins. Mais il faut veiller à ce qu'ils vivent suivant la règle de l'Eglise, qu'ils chantent les psaumes et pratiquent les bonnes mœurs. Quant à ceux qui vivent en commun, il n'y a point de portions à faire pour l'hospitalité ou pour les pauvres; mais tout ce qui reste, après avoir pris le nécessaire, doit être employé en œuvres pies.

» Dans l'Eglise des Anglais, où vous êtes encore seul évêque, il faut bien que vous en ordonniez sans être assisté d'autres évêques. Mais quand il viendra des évêques des Gaules, ils assisteront comme témoins de l'ordination. Pour les évêques que vous ordonnerez en Angleterre, nous voulons qu'ils ne soient point éloignés les uns des autres, afin que rien ne les empêche de s'assembler au nombre de trois ou quatre, pour en ordonner de nouveaux, comme dans le monde on assemble les personnes déjà mariées pour prendre part à la joie des noces.

» Nous ne vous attribuons aucune autorité sur les évêques des Gaules au préjudice de l'évêque d'Arles qui, depuis longtemps, a reçu le *pallium* de nos prédécesseurs. Si donc il vous arrive de passer en Gaule, vous devez agir auprès de lui pour corriger les évêques, et l'exciter, s'il n'était pas assez fervent. Nous lui avons écrit de concourir avec vous pour cet effet. Mais vous n'avez point de juridiction sur les évêques de Gaule, et ne pouvez les réformer que par la persuasion et le bon exemple ; car il est écrit dans la loi, que *celui qui passe dans la moisson d'autrui ne doit pas y mettre la faucille.* Quant aux évêques bretons, nous vous en commettons entièrement le soin pour instruire les ignorants, fortifier les faibles et corriger les mauvais. »

« La foi étant une, disait Augustin, pourquoi les coutumes des Eglises sont-elles si différentes, comme celles de l'Eglise romaine et des Eglises des Gaules dans la célébration des messes? Saint Grégoire répondit : « Vous savez la coutume de l'Eglise romaine, où vous avez été nourri. Mais je suis d'avis que si vous trouvez, soit dans l'Eglise romaine, soit dans celles des Gaules, soit dans quelque autre, quelque chose qui soit plus agréable à Dieu, vous le choisissiez avec soin pour l'établir dans la nouvelle Eglise des Anglais; car nous ne devons pas aimer les choses à cause des lieux, mais les lieux à cause des choses.

» Celui qui aura dérobé quelque chose à l'Eglise, doit être puni selon la qualité de la personne, mais toujours avec une charité paternelle, qui ait pour but de corriger le coupable et de lui faire éviter les peines de l'enfer. Il faut qu'il restitue la chose dérobée, mais sans augmentation, afin qu'il ne semble pas que l'Eglise veuille profiter de sa perte. » Saint Grégoire ajoute ceci, à cause de la restitution du double ou du quadruple, ordonnée par les lois romaines et même par la loi de Dieu.

Touchant les degrés de parenté ou d'affinité qui empêchent le mariage, saint Grégoire décide que deux frères peuvent épouser les deux sœurs. « C'est un crime d'épouser la femme de son père ou de son frère. La loi romaine permet les mariages des cousins-germains ; mais l'Eglise les défend, comptant ce degré pour le second, et permet de se marier au troisième et au quatrième. Les nouveaux chrétiens, qui, avant leur conversion, ont contracté des mariages illicites, doivent être avertis de se séparer, par la crainte du jugement de Dieu, sans toutefois les priver de la communion du Corps et du Sang de Notre Seigneur, de peur qu'on ne semble les punir de ce qu'ils ont fait par ignorance ; car l'Eglise dissimule quelques abus pour les corriger plus facilement. Mais il faut avertir tous ceux qui se convertissent de s'abstenir de ces conjonctions illicites, et, s'ils y tombent ensuite avec connaissance de cause, les priver de la communion.

» Rien n'empêche de baptiser une femme enceinte, puisque la fécondité est un don de Dieu. On peut aussi la baptiser sitôt qu'elle est délivrée, et l'enfant sitôt qu'il est né, s'il y a péril de mort. Il n'y a point de temps réglé après les couches, où la femme doive s'abstenir d'entrer dans l'église, et ce qui en est dit dans l'ancienne loi, doit être pris dans un sens mystérieux. Les maris doivent s'abstenir de leurs femmes tant qu'elles sont nourrices, et elles ne doivent pas se dispenser de nourrir elles-mêmes leurs enfants. » Saint Grégoire ajoute quelques décisions sur l'usage du mariage et sur certains accidents de l'un et de l'autre sexe, par rapport à l'entrée de l'église et à la sainte communion, parce qu'il était nécessaire d'instruire sur tous ces points l'Eglise naissante des Anglais (L. 11, *Epist.* 64).

Après que Mellitus et ses compagnons furent partis de Rome, et pendant qu'ils étaient encore en chemin, saint Grégoire lui écrivit en ces termes : « Quand vous serez arrivés auprès de notre frère Augustin, dites-lui qu'après avoir longtemps examiné en moi-même l'affaire des Anglais, j'ai pensé qu'il ne faut pas abattre leurs temples, mais seulement les idoles qui y sont. Il faut faire de l'eau bénite, les arroser, dresser des autels et y mettre des reliques. Car si ces temples sont bien bâtis, il faut les faire passer du culte des démons au service du vrai Dieu, afin que cette nation, voyant que l'on conserve les lieux auxquels elle est accoutumée, y vienne plus volontiers. Et, parce qu'ils sont accoutumés à tuer beaucoup de bœufs en sacrifiant aux démons, il faut leur établir quelque solennité, comme de la dédicace ou des martyrs, dont on y met les reliques. Qu'ils fassent des tentes de feuillages autour des temples transformés en églises, qu'ils célèbrent la fête par des repas modestes. Au lieu d'immoler des animaux au démon, qu'ils les tuent pour les manger et rendre grâces à Dieu qui les rassasie de ces viandes, afin que, leur laissant quelques réjouissances sensibles, on puisse leur insinuer plus aisément les joies intérieures. Car il est impossible d'ôter à des esprits durs toutes leurs coutumes à la fois : on ne s'élève pas d'un seul bond à un lieu élevé, on y monte pas à pas (L. 11, *Epist.* 76). »

Saint Grégoire avait chargé Mellitus et ses compagnons de porter en Angleterre généralement tout ce qui était nécessaire pour le service des églises : des vases sacrés, des tapis d'autel, des ornements d'église, des habits pour les évêques et pour les clercs, des reliques des apôtres et des martyrs, et quantité de livres (Bed., l. 1, c. 29). Augustin, de son côté, ayant établi son siége épiscopal dans la capitale du royaume de Kant, nommée alors Doroverne, et depuis Cantuaria ou Cantorbéry, se mit, par la protection du roi, en possession d'une église que les Romains y avaient autrefois bâtie, la dédia au nom du saint Sauveur et y établit son habitation pour lui et ses successeurs. Ainsi le projet de saint Grégoire ne fut point complétement exécuté. Ce ne fut pas l'évêque de Londres, mais celui de Cantorbéry, qui fut métropolitain de la partie méridionale d'Angleterre. Augustin fit aussi un monastère près de Cantorbéry, à l'orient, où, à sa sollicitation, le roi Ethelbert bâtit de fond en comble une église en l'honneur des apôtres saint Pierre et saint Paul, et l'enrichit de grands dons. Elle était destinée à la sépulture d'Augustin et des évêques de Doroverne, ses successeurs, comme aussi à celle des rois de Kant. Toutefois ce ne fut point Augustin, mais Laurent, son successeur, qui dédia cette église. Le premier abbé de ce monastère fut le prêtre Pierre, qui avait fait le voyage de Rome avec Laurent. Mais la cathédrale de saint Augustin était une espèce de monastère elle-même, puisqu'il y vivait en communauté avec son clergé, composé de moines comme lui (Bed., l. 1, c. 33).

Suivant les intentions du Pape, saint Augustin ordonna deux évêques, saint Mellitus et saint Just. Il envoya saint Mellitus prêcher dans la province des Saxons orientaux, séparée de celle de Kant par la Tamise. Londres en était la capitale, et il s'y faisait dès lors un très-grand commerce par terre et par mer. Mellitus ayant rétabli la religion dans ce pays, le roi saint Ethelbert fit bâtir à Londres l'église de l'apôtre Saint-Paul, pour en être la cathédrale, comme elle l'est encore. Saint Juste fut évêque dans la province de Kant, et son siége fut la ville de Rochester, à vingt milles de Cantorbéry, vers le couchant. Le roi Ethelbert y fit également bâtir une église de Saint-André, et donna de grands biens à ces deux Eglises, aussi bien qu'à celle de Doroverne ou Cantorbéry (*Ibid.*, l. 2, c. 3).

Comme saint Augustin avait reçu du pape saint Grégoire l'autorité de primat sur les évêques bretons et la charge de corriger les abus qui s'étaient glissés parmi eux, il profita de l'influence du roi saint Ethelbert pour les faire venir à une conférence. Elle se tint sur la frontière des deux peuples, dans un lieu qui, au temps du premier historien de la nation anglaise, le vénérable Bède, s'appelait le *Chêne-d'Augustin*. Il s'y trouva des évêques et des docteurs bretons. Augustin employa les exhortations et les prières pour obtenir d'eux ces trois choses :

1° qu'ils aidassent à prêcher l'Evangile aux Anglais encore idolâtres ; 2° qu'ils célébrassent la Pâque le même jour où elle se célébrait chez les autres catholiques ; 3° qu'ils se conformassent, dans l'administration du baptême, à la pratique de l'Eglise universelle. Après une longue dispute, voyant qu'ils ne se rendaient ni aux prières, ni aux exhortations, ni aux reproches, et qu'ils préféraient toujours leurs traditions particulières à celles de toute l'Eglise, il leur dit enfin : « Prions Dieu, qui fait habiter ensemble ceux qui sont unanimes, qu'il nous montre, par des signes célestes, quelles traditions on doit suivre. Qu'on amène un malade, et celui dont les prières l'auront guéri, on croira qu'il faut suivre sa foi. » Les Bretons y consentirent, bien qu'à regret, et on amena un Anglais aveugle, que l'on présenta d'abord à leurs évêques, mais ils ne purent le guérir. Alors Augustin se mit à genoux, et pria Dieu qu'en rendant la vue à cet homme, il éclairât les cœurs de plusieurs fidèles. Aussitôt l'aveugle recouvra la vue, et tous les assistants reconnurent qu'Augustin enseignait la vérité. Les Bretons mêmes le confessèrent, mais ils dirent qu'ils ne pouvaient renoncer à leurs anciennes coutumes sans la permission des leurs, et demandèrent que l'on assemblât un second concile plus nombreux. On en convint de part et d'autre.

Voilà ce que le premier historien des Anglais raconte comme un fait positif. Ce qui va suivre, il ne le donne que comme un *on dit*.

On disait donc, au temps du vénérable Bède, qu'à ce concile se trouvèrent sept évêques bretons et plusieurs hommes très-savants de leur fameux monastère nommé Bancor, duquel Dinoth était alors abbé. On disait qu'avant de venir au concile les Bretons allèrent consulter un anachorète, qui était parmi eux en grande réputation de sagesse et de sainteté, et lui demandèrent s'ils devaient écouter Augustin et quitter leurs traditions. Il répondit : Si c'est un homme de Dieu, suivez-le. — Et comment le reconnaîtrons-nous, dirent-ils ? — S'il est humble, répondit l'anachorète, il est de Dieu ; s'il est superbe, il n'en est pas. — Mais comment le distinguerons-nous, reprirent les autres ? — Faites en sorte, répliqua le solitaire, qu'il vienne le premier avec les siens au lieu du concile ; s'il se lève quand vous approcherez, sachez que c'est un serviteur de Jésus-Christ, et obéissez-lui ; s'il ne se lève pas, quoique vous soyez en plus grand nombre, méprisez-le comme il vous méprisera. En arrivant au concile, ils trouvèrent Augustin assis. Dès lors, emportés de colère, ils le jugèrent orgueilleux, suivant le discours de leur anachorète, et s'étudièrent à le contredire en tout. Il leur dit : Quoique vous ayez bien des pratiques contraires à notre usage, qui est celui de l'Eglise universelle, je serai content si vous voulez me croire sur ces trois points : de célébrer la Pâque en son temps, d'administrer le baptême suivant l'usage de l'Eglise romaine, et de prêcher avec nous aux Anglais la parole de Dieu ; à ces conditions, nous tolérerons tout le reste. Les Bretons répondirent qu'ils n'en feraient rien et ne le reconnaîtraient jamais pour archevêque, disant entre eux : Si maintenant il n'a daigné se lever devant nous, quand nous lui serons une fois soumis, il nous comptera pour rien. Saint Augustin leur dit : Vous n'avez pas voulu avoir la paix avec vos frères, vous aurez la guerre avec vos ennemis et vous recevrez la mort par les mains des Anglais, à qui vous n'avez pas voulu enseigner le chemin de la vie. La prophétie fut accomplie longtemps après la mort de saint Augustin ; car Edilfrid, roi des Anglais, marcha avec une grande armée contre la ville de Carléon, et fit des Bretons un grand carnage, commençant par les évêques et les moines, qui priaient pour les combattants, et dont il y eut environ douze cents de tués (Bed., l. 2, c. 2).

Voilà ce qu'on racontait au temps du vénérable Bède. Ce qu'il y a de plus certain dans tout ceci, c'est l'entêtement des Bretons du VI° et du VII° siècle. Leurs évêques se seraient montrés tout à la fois et plus sages et plus chrétiens, si, comme les évêques des Gaules avec les Francs, ils s'étaient appliqués dès l'origine à gagner au christianisme les Anglais et les Saxons, et à ne faire de ces deux peuples et des Bretons qu'un seul peuple chrétien. Par là, ils auraient épargné bien des déchirements et des guerres, surtout à leur propre nation.

Le pape saint Grégoire qui venait, pour ainsi dire, d'enfanter l'Angleterre à la civilisation chrétienne, veillait en même temps à l'éducation chrétienne de la France. Déjà plusieurs fois il avait écrit aux princes et aux évêques de tenir des conciles pour empêcher la simonie et les ordinations précipitées. A cet effet, il envoya, l'an 598, Cyriaque, abbé de son monastère de Rome, avec une lettre adressée à Siagrius d'Autun, à Ethérius de Lyon, à Virgile d'Arles et à Didier de Vienne, c'est-à-dire aux plus célèbres évêques du royaume de Bourgogne. Comme Siagrius, qui d'ailleurs était un évêque recommandable, jouissait de la confiance des rois Francs et de la reine Brunehaut, le Pape, sur leur demande et sur la sienne, lui accorda le *pallium* et le chargea de la tenue du concile. Cependant, lui écrivait le vigilant Pontife, nous avons résolu de ne vous le faire remettre qu'après que vous aurez promis de le faire corriger, par l'autorité d'un synode, tous les abus dont nous vous avons écrit (L. 9, *Epist.* 105-110).

En 600, le concile n'ayant pas encore été tenu, le pape saint Grégoire redoubla ses instances. Il en écrivit à saint Virgile d'Arles, à saint Ethérius de Lyon, à saint Arige de Gap, à la reine Brunehaut et aux rois Théodebert, Théodoric et Clotaire. « Ayez du zèle pour les intérêts de Dieu, disait-il à Brunehaut et il aura soin des vôtres. Faites assembler un concile pour exterminer la simonie, ainsi que nous vous l'avons recommandé. Immolez à Dieu cet ennemi domestique, afin que vous puissiez vaincre les ennemis étrangers et que Dieu veille avec d'autant de soin à votre défense, que vous montrerez d'ardeur pour combattre ses ennemis (L. 11, *Epist.* 63). » Il mandait en même temps à Théodebert, roi d'Austrasie, et à Théodoric, roi de Bourgogne, que, s'ils souffraient que dans leurs royaumes on aimât plus l'or que Dieu, ils devaient craindre que le Seigneur, qui tolérait alors avec patience le mépris de ses commandements, ne s'en vengeât bientôt avec éclat (*Ibid., Epist.* 59, 60). Il semble que le saint Pape prévit la funeste révolution qui se fit quelques années après dans les royaumes d'Austrasie et de Bourgogne. En attendant, les trois jeunes rois, Clotaire, Théodoric et Théodebert, continuaient à se faire une guerre cruelle, avec une alternative de bonne et de mauvaise fortune qui ne servait qu'à redoubler leur acharnement.

Peu après, le pape saint Grégoire disait à la reine Brunehaut, dans une nouvelle lettre : « Comme il est écrit que la justice fait la gloire des nations, et le péché la misère des peuples, un royaume n'est jamais bien stable que quand les rois s'appliquent à réprimer les crimes qui viennent à leur connaissance. C'est pourquoi nous croyons devoir vous avertir, dans l'amertume de notre cœur, de ce que nous avons su par le témoignage de plusieurs personnes. Il y a dans vos Etats des prêtres qui mènent une vie si scandaleuse et si impudique, que nous ne pouvons le dire sans douleur, comme vous ne devriez pas l'entendre sans confusion. De peur donc que les péchés des autres n'attirent la colère de Dieu sur nous-mêmes, aussi bien que sur votre royaume, nous sommes obligés de nous élever avec zèle pour les corriger; de peur que le crime de quelques-uns ne devienne la perdition de la multitude. Ce sont, en effet, les mauvais prêtres qui causent la ruine des peuples ; car qui intercédera pour les crimes des laïques, si les prêtres, qui sont obligés de le faire, en commettent de plus grands. Mais puisque ceux qui sont chargés de veiller contre ces scandaleux abus ne se mettent pas en devoir de les retrancher, ayez la bonté de nous en écrire, afin qu'avec votre agrément et par vos ordres, nous envoyions une personne sur les lieux, qui puisse, de concert avec les évêques, rechercher et punir les coupables. Pourvoyez par là au salut de votre âme et au bien des peuples que vous gouvernez ; pourvoyez à celui des rois, vos petits-fils, auxquels vous désirez un règne heureux ! Retranchez ce scandale avant que le Seigneur appesantisse sa main, de peur qu'il ne frappe enfin d'autant plus rudement, qu'il a plus longtemps suspendu ses coups (L. 11, *Epist.* 69). »

La reine Brunehaut consentit à la tenue d'un concile, et l'on voit, par la *Vie de saint Colomban*, qu'il s'en tint au moins un l'an 602. Colomban était né en Irlande, vers l'an 560, dans la province de Leinster. Il apprit dès sa jeunesse les arts libéraux, la grammaire, la rhétorique, la géométrie ; mais comme il était fort bien fait, craignant de succomber aux attaques de la volupté, il quitta son pays, malgré la résistance de sa mère, et, passant dans une autre province d'Irlande, il se mit sous la conduite d'un saint et savant homme nommé Silène, qui l'instruisait si bien dans les saintes lettres, qu'étant encore jeune, il composa un traité sur les psaumes et quelques autres ouvrages. Ensuite il entra dans le monastère de Bancor, le plus fameux d'Irlande, où le saint abbé Comgal gouvernait alors près de trois mille moines. Colomban y vécut plusieurs années, s'exerçant à la mortification. Pour se détacher du monde de plus en plus, il se proposa de passer dans une terre étrangère, à l'exemple d'Abraham. Il communiqua son dessein à l'abbé, qui eut grande peine à se priver d'un tel secours ; mais enfin, croyant que c'était la volonté de Dieu, il y consentit. Colomban ayant reçu sa bénédiction, sortit de Bancor, avec douze autres moines, étant âgé de trente ans. Ils passèrent dans la Grande-Bretagne, et de là dans les Gaules. La foi y était entière, dit son biographe contemporain, mais la discipline fort déchue, soit par les incursions des ennemis étrangers soit par la négligence des prélats. Il y avait peu d'endroits où l'on pratiquât la pénitence et où l'on aimât la mortification.

Colomban prêchait partout où il passait, et ses vertus donnaient un grand poids à ses instructions. Les moines qui l'accompagnaient n'avaient tous ensemble qu'une volonté; leur modestie, leur sobriété, leur douceur, leur patience, leur charité les faisaient admirer de tous. Personne n'avait rien en propre; il n'y avait entre eux ni contradiction ni paroles dures, quelque part qu'ils s'arrêtassent, ils inspiraient la piété à tout le monde. La réputation de Colomban vint jusqu'à la cour du roi de Bourgogne (c'était Gontram), qui, l'ayant ouï parler, le pria de s'arrêter dans ses États et lui offrit tout ce qu'il demandait. Colomban le remercia, disant qu'il ne cherchait qu'à porter sa croix après Jésus-Christ, et choisit pour sa retraite un désert de la montagne des Vosges, où il trouva, au milieu des rochers et à l'endroit le plus rude, un vieux château ruiné, nommé Angrates, à présent Anegray, et s'y établit. Leur nourriture y était aussi austère que le lieu, car ils ne vivaient que d'herbes et d'écorces d'arbres.

Sa communauté étant déjà nombreuse, Colomban chercha un lieu plus commode dans la même solitude, pour y bâtir un monastère. Il le trouva non loin d'Anegray, dans un autre château en ruines, nommé Luxeuil. On y voyait des restes magnifiques de bains, et, dans les bois des environs, des idoles de pierre que les païens avaient adorées. Saint Colomban commença à y bâtir un monastère, qui fut bientôt rempli, en sorte qu'il fut obligé d'en bâtir un troisième, qu'il nomma *Fontaines*, à cause de l'abondance des eaux. Il gouverna, dans ces trois monastères, jusqu'à six cents moines, auxquels il donna une règle que nous avons encore.

Un moine qui vit en communauté, y dit-il, doit apprendre de l'un l'humilité, de l'autre la patience, le silence de celui-ci et la douceur de celui-là. Qu'il ne fasse pas ce qui plaît, qu'il ne mange que ce qui lui est servi, qu'il n'ait que ce qu'on lui donne, qu'il fasse le travail qu'on lui prescrit; qu'il aille au lit si fatigué qu'il dorme en y allant, et qu'il se lève avant d'avoir dormi suffisamment. Quand il croit avoir reçu une injure, qu'il se taise. Qu'il craigne le préposé du monastère comme son maître, qu'il l'aime comme son père, et qu'il juge que tout ce qu'on lui commande lui est salutaire, sans examiner les raisons des supérieurs : son devoir est d'obéir (C. 10).

La règle de saint Colomban est suivie de son *Pénitentiel*. C'est un recueil des pénitences qu'on imposait aux moines pour les différentes fautes où ils tombaient, si légères qu'elles fussent. Quiconque manquait de répondre *amen* aux prières qui se disaient avant et après le repas, recevait six coups de fouet. On faisait subir la même pénitence à celui qui rompait le silence au réfectoire, qui souriait à l'office. On recevait cinquante coups de fouet pour avoir parlé avec humeur ou répliqué au supérieur. Il y avait des fautes qui étaient punies de deux cents coups; mais on n'en donnait pas plus de vingt-cinq à la fois. On imposait une pénitence aux moines qui, après avoir fini leur tâche, ne demandaient pas de travail ou qui faisaient quelque chose sans l'ordre du supérieur. Outre ces pénitences, il y avait encore des jeûnes, des austérités, des humiliations extraordinaires. Lorsque les moines sortaient de la maison ou y entraient, ils demandaient la bénédiction du supérieur et se présentaient devant la croix : ils faisaient le signe de la croix sur tout ce qui était à leur usage avant d'y toucher et l'omission de cette pratique était punie de six coups de fouet.

Mais avec l'exemple de la régularité et de la ferveur monastiques, Colomban introduisait aussi en France un rite nouveau pour la célébration de la Pâque. Suivant un comput particulier, il croyait, avec ses compatriotes d'Irlande, devoir célébrer cette fête le 14e de la lune, quand ce jour tombait un dimanche; en quoi il s'éloignait et de l'erreur des quartodécimans, qui la célébraient toujours le 14e de la lune, et de la pratique de l'Église, qui ne la célébrait que le dimanche après le 14e. Les évêques des Gaules, et avec raison, ne crurent pas devoir souffrir dans des moines étrangers une nouveauté que leur réputation pouvait rendre plus dangereuse. Colomban, de son côté, entreprit de justifier l'usage des Irlandais avec une opiniâtreté qui ne convenait ni à l'humilité de sa profession ni à la sainteté de sa vie. Il commença par faire des tentatives pour obtenir l'approbation du Saint-Siège. Il écrivit à ce sujet plusieurs lettres au pape saint Grégoire, qu'il pria de décider, et auquel il promet de se soumettre, pourvu que la décision soit conforme à ses préjugés d'Irlande. Le Pape ne répondit point à ces lettres, soit qu'elles ne lui eussent pas été rendues, soit qu'il ne trouvât point à propos d'y faire de réponse. L'an 602, Colomban écrivit dans le même sens aux évêques des Gaules réunis en concile pour traiter cette affaire (*Bibl. Pat.*, t. XII). On ne sait pas quel effet produisit sa lettre ni quelle fut la détermination des évêques. Au lieu de s'entêter pour une mauvaise cause, Colomban eût beaucoup mieux fait de suivre tout bonnement l'usage universel de l'Église : son zèle en eût été bien autrement efficace pour la correction des abus et pour la conversion des âmes.

L'an 602, la reine Brunehaut et son petit-fils Théodoric, roi de Bourgogne, envoyèrent une ambassade solennelle à Rome. C'était, entre autres, pour demander au pape saint Grégoire de confirmer et de rendre inviolables, par son autorité apostolique, certains établissements que la reine venait de fonder. Elle avait fait bâtir à Autun, de concert avec l'évêque Siagrius, un hôpital en l'honneur de saint Andoche, et deux monastères, un de filles, dédié en l'honneur de la sainte Vierge et de saint Jean, dans la ville, et l'autre d'hommes, dans les faubourgs en l'honneur de saint Martin. L'hôpital même était un monastère de religieux, dont l'abbé se nommait Sénateur.

Ce fut pour rendre ces établissements plus inviolables et plus sacrés, que Brunehaut chargea ses ambassadeurs à Rome de demander ces privilèges à saint Grégoire. Ce grand Pape, après l'avoir louée de ce qu'au milieu des troubles et des affaires inséparables d'une régence, elle s'appliquait à ce qui pouvait procurer le bien de la religion avec autant de zèle que si elle n'avait pas eu d'autres soins, ajoute : Comme les pieuses actions de ceux qui gouvernent font la sûreté des sujets, nous estimons heureuse entre toutes les nations, la nation des Francs, d'avoir une reine douée de tant de vertus. Après quoi il marque qu'il lui accorde avec plaisir les priviléges qu'elle a demandés pour les établissements en question.

Le privilége pour l'hôpital est adressé à Sénateur, qui en était abbé ou supérieur. Saint Grégoire y marque qu'à la prière de la reine Brunehaut et du roi Théodoric, son petit-fils, il ordonne 1° qu'aucun roi ou évêque, ou quelque autre personne que ce soit, ne puisse usurper ou s'approprier, sous aucun prétexte, les biens qui ont été appliqués à cet hôpital par Brunehaut ou par Théodoric, ou qui pourront dans la suite lui être donnés par d'autres; 2° qu'à la mort de l'abbé de l'hôpital, on ne pourra en ordonner d'autre que celui que le roi aura nommé du consentement des moines; 3° que les rois ne pourront jamais recevoir aucun présent pour la nomination de cet abbé; 4° qu'on ne pourra le déposer si ce n'est pour cause de crime, et qu'alors l'évêque d'Autun ne pourra le juger seul, mais qu'il appellera six autres évêques avec lui; 5° que, suivant l'intention des fondateurs, l'abbé lui-même ne pourra être promu à l'épiscopat avant qu'il soit remplacé dans sa charge, de peur qu'il ne détourne les biens de l'hôpital; 6° enfin qu'aucun religieux ne pourra être tiré du monastère pour être fait évêque, sans le consentement de l'abbé. Le tout sous la peine suivante : « Si quelqu'un des rois, des évêques, des juges ou autres personnes séculières ayant connaissance de cette constitution, ose y donner atteinte, qu'il soit privé de la dignité de sa puissance et de son honneur, et sache qu'il s'est rendu coupable au tribunal de Dieu. Et s'il ne restitue ce qu'il aura méchamment enlevé, ou ne déplore par une digne pénitence ce qu'il aura fait d'illicite, qu'il soit éloigné du très-sacré Corps et Sang de notre Dieu et Seigneur Jésus-Christ, et qu'il demeure assujéti dans l'examen éternel à la sévère vengeance (1). »

Le privilége du monastère de Saint-Martin était adressé à l'abbé Lupon, et celui du monastère de Sainte-Marie à l'abbesse Thessalie. Ils sont conçus presque dans les mêmes termes et sous les mêmes peines que celui de l'hôpital, et datés du mois de novembre 602 (L. 13, *Epist.* 9 et 10; L. 11, *Epist.* 11 et 12).

Launoy est le seul auteur connu qui ait contesté l'authenticité de ce monument. Sa prédilection pour toutes les opinions téméraires et hétérodoxes rend la chose toute simple. Les Pères Bénédictins ont établi, par des preuves sans réplique, que cette pièce est tout entière de saint Grégoire. Les éditeurs parisiens des œuvres de Bossuet en conviennent. En effet, comme l'atteste le P. Mabillon, ce privilége, avec la clause entière, se trouve dans des manuscrits qui remontent pour le moins au IV° siècle. Au X°, il en est fait mention dans la Vie de saint Hugues, moine d'Autun. Flodoard en parle également (1). Enfin, dans un privilége de l'Église de Beauvais par les évêques de quatre provinces, et confirmé par le consentement de l'empereur Charles, ainsi que le dit Hincmar, se trouvent absolument les mêmes paroles.

Mais, dit-on, comment a-t-il pu entrer dans la pensée d'un Pape aussi éclairé et aussi sage, de prononcer la déchéance d'un prince pour le seul fait de la violation de quelque privilége? Le Pape lui-même nous l'explique. La reine Brunehaut et le roi son petit-fils l'avaient ainsi demandé. Il le dit et dans le privilége et dans les réponses qu'il écrivit au roi et à la reine. Mabillon observe que le Pape, laissé à lui-même, ne l'aurait pas fait, mais qu'il fallait accorder quelque chose à l'autorité royale, qui demandait à l'Église des peines plus sévères contre les violateurs de ses donations.

On dit : *Cette formule n'est qu'une imprécation.* On le dit, sans doute. Mais la fin pour laquelle ce privilége fut demandé et accordé, suppose nécessairement le contraire. Le roi et la reine voulaient rendre leurs donations inviolables; c'est pour cela qu'ils s'adressent au Pape, c'est pour cela qu'ils lui demandent cette clause. « Pour la sûreté des lieux dont nous a écrit Votre Excellence, dit le Pape à la reine, nous nous sommes empressé de porter les sanctions qu'elle a souhaitées. » S'il ne s'agissait que d'une imprécation, d'une vaine menace, telle que chaque particulier peut en mettre dans son testament, que pouvait-elle pour la sûreté d'aucun lieu? quel besoin le roi et la reine avaient-ils d'envoyer une ambassade à Rome pour demander au Pape une vaine formule? ne pouvaient-ils pas eux-mêmes mettre dans un privilége civil des imprécations plus terribles encore? Non, à moins de supposer que ni le roi, ni la reine, ni le Pape n'avaient le sens commun, il faut croire qu'ils voyaient dans tout ceci la légitime sanction d'une autorité supérieure.

C'est d'ailleurs le sens naturel que présente la clause. Elle a deux parties distinctes. La première prononce la peine de déchéance contre tout roi, évêque, juge ou autre personne séculière qui, sciemment, donnerait atteinte à cette constitution; la seconde excommunie celle de ces mêmes personnes qui ne restituerait pas le bien qu'elle aurait enlevé à ces monastères privilégiés. Il y a distinction pour les délits et les peines, mais point pour les personnes. Le roi et le juge sont soumis à la déchéance et à l'excommunication, tout comme l'évêque et le prêtre.

Pour bien apprécier des actes de cette nature, il faut se reporter au temps où ils ont eu lieu. Les rois du VI° et du VII° siècle ne se respectaient guère les uns les autres, et les peuples ne respectaient guère plus les rois. Nous en avons vu, nous en verrons encore de tristes exemples. Malgré leurs liens de parenté, les jeunes rois Clotaire, Théodebert et Théodoric se faisaient la guerre et cherchaient à se détruire. Nous avons entendu les Francs d'Austrasie dire au roi Gontram : « La hache qui a plongé dans la tête de tes frères subsiste encore; elle pourfendra plus vite encore la tienne. » « Nous avons vu ce bon roi prier le peuple, à l'église, de ne pas le tuer comme ils avaient fait de ses frères

---

(1) L. 13, *Epist.* 8, édit. Bénéd.; *alias*, L. 11, *Epist.* 10 : Si quis verò regum, sacerdotum, judicum personarumque saecularium, hanc constitutionis nostrae paginam agnoscens, contra eam venire tentaverit, potestatis honoriae sui dignitate careat, reumque se divino judicio de perpetratâ iniquitate cognoscat. Et nisi vel ea quae ab illo malè ablata sunt restituerit, vel dignâ pœnitentiâ illicita acta defleverit, à sacratissimo corpore ac sanguine Dei et Domini nostri redemptoris Jesu Christi alienus fiat, atque in æterno examine districtæ ultioni subjaceat. »

(1) *Œuvr. de Bossuet*, t. XXXI, p. 446, édit. Vers.; Mabill., *De Re diplom.*, l. 2, c. 9.

(Greg. Tur.; l. 7, c. 8 et 14). Or, dans un pareil état de choses, n'était-ce pas un bonheur pour les rois et les peuples, que Dieu eût établi une autorité spirituelle, respectée des peuples et des rois, devant laquelle leurs différends pussent se terminer d'une manière plus pacifique? Au fond, c'est ce que demandaient Brunehaut et Théodoric, et ce que le pape saint Grégoire leur accordait. Et de fait, à mesure que nous verrons la conscience des peuples et des rois porter leurs différends à ce tribunal spirituel, nous verrons diminuer et les meurtres des rois et les guerres civiles, c'est-à-dire les meurtres des peuples.

Les ambassadeurs de Brunehaut et de Théodoric devaient encore de vive voix traiter avec le Pape d'une affaire secrète : c'était de négocier un traité d'alliance entre l'empereur des Francs, pour résister aux Avares, qui menaçaient à la fois et l'empire et les Gaules. Les Avares étaient une nation scythique qui, pour échapper à la domination des Turcs, devenus très-puissants vers les frontières de la Chine, avait quitté l'Asie centrale et s'était jetée en Europe. Leur chef portait le titre de *khakan*, contracté par les modernes en celui de *khan*. Le Pape promit de faire son possible; mais il n'en eut pas le temps; car, au même mois de novembre 602, où il écrivit ces lettres, l'empereur de Constantinople perdit et l'empire et la vie.

Grand capitaine avant de régner, Maurice fut un prince médiocre. Nous avons vu les peuples d'Occident préférer la domination des Barbares à l'administration tyrannique de ses gouverneurs. Le saint pape Grégoire en fit des plaintes, en avertissant que la Providence ne laisserait point impunies de pareilles choses. Ses avis ne furent point écoutés : on le regarda comme un homme qui n'entendait rien au gouvernement. Ses nonces à la cour impériale se virent traités à la fin avec si peu d'égards, que nul n'osa plus en faire l'office, et, dans les dernières années, le Siège apostolique n'y eut point de représentant. Cependant le saint Pontife recommandait au nouveau patriarche d'Antioche, Anastase le Jeune, de prier sans cesse pour la vie de l'empereur et pour sa famille. Il semblait prévoir quelque catastrophe (L. 9, *Epist.* 49).

Cette catastrophe fut sanglante. Maurice la provoqua par son avarice. Comme particulier, il était charitable, du moins d'une charité intermittente, mais comme empereur, il était d'une avarice aveugle. Priscus, son meilleur général, ayant fait un butin considérable, au lieu de le distribuer à son armée, suivant la coutume, en destina une partie à l'empereur, une autre à son fils aîné, et le reste aux autres enfants du prince. Maurice en fut si content, qu'il fit rendre des actions de grâces dans la principale église de Constantinople, et prier Dieu de lui accorder des trophées encore plus illustres. Mais l'armée, déçue dans son attente, se mutina, et le général eut bien de la peine à l'apaiser (Théoph., *Simoc.*, l. 6, c. 7 et 8). Priscus ayant été remplacé par un frère de l'empereur, nommé Pierre, qui se montra peu capable, reçut de nouveau le commandement de l'armée du Danube. Le khan des Avares assiégeait la ville de Tomi : Priscus marcha au secours de la ville. Le siège fut long. Aux fêtes de Pâques 600, les Romains souffraient de la disette dans leur camp.

Le chef des Avares l'ayant su, offrit à Priscus des vivres. On prit des sûretés de part et d'autre, et on conclut une trêve de cinq jours. Aussitôt, à leur grand étonnement, les Romains virent arriver quatre cents voitures chargées de comestibles. Le quatrième jour seulement, le chef des Barbares pria le général de lui envoyer des épices et des aromates. Les Romains et les Avares passèrent ainsi les fêtes de Pâques dans la paix et dans la joie, confondus sous les mêmes tentes (Théoph.; *Simoc.*, l. 7, c. 13).

Cependant Maurice envoyait le général Coméntiole, avec une nouvelle armée. Le khan quitta Tomi pour marcher à sa rencontre. Coméntiole lui envoya, de nuit un messager secret, dit à ses troupes de prendre les armes, mais de manière à leur faire penser que ce n'était que pour une revue. Le lendemain, à leur grande surprise, elles virent arriver l'ennemi en bon ordre. Elles formèrent leurs rangs en tumulte. Coméntiole augmenta la confusion, en changeant à tous moments l'ordre de bataille. Il ordonne secrètement à l'aile droite de s'enfuir; il en donne à la fin lui-même l'exemple et s'en revient à la cour de Constantinople. L'armée romaine, ainsi abandonnée et trahie par son chef, se sauve en déroute, et, à l'exception d'un petit nombre, finit par être prise ou tuée (*Ibid.*, c. 13 et 14). La nouvelle de ce désastre répandit à Constantinople une si grande terreur, que l'on parlait d'abandonner la ville et de se retirer à Chalcédoine, pour mettre le Bosphore entre les Romains et les Avares. Le sénat pressa Maurice de traiter avec le khan, pour sauver du moins la capitale. Pendant onze jours, le khan refusa d'écouter l'ambassadeur, répétant sans cesse cette parole : Que Dieu juge entre Maurice et le khan, entre les Avares et les Romains, accusant l'empereur d'avoir rompu la paix. Ce que l'historien Théophylacte, qui vivait dans ce temps, confesse être véritable (*Ibid.*, c. 15).

Le douzième jour, le khan proposa lui-même de rendre les douze mille prisonniers pour une pièce d'or par tête; Maurice s'y refusa. Le khan rabattit la moitié de la somme, Maurice s'y refusa encore. Le khan se réduisit à quatre siliques par tête, ce qui ne faisait pour chacun que quarante sous de notre monnaie; Maurice s'y refusa encore. Alors le khan, outré de colère, fit égorger tous les prisonniers, au nombre de douze mille. Après quoi la paix fut conclue, à la condition que les Romains, c'est-à-dire les Grecs, ajouteraient encore cinquante mille pièces d'or au tribut annuel qu'ils payaient aux Avares, et que le Danube serait la limite des deux Etats. Ainsi, le même empereur, qui, par avarice, refusa vingt-sept mille francs pour douze mille soldats trahis par leur général, accordait à l'ennemi une augmentation de près d'un million de tribut annuel. Cette inhumanité excita contre lui une haine générale. Quelques-uns supposèrent même que c'était par son ordre secret que Coméntiole avait livré ses troupes aux Barbares pour les punir de quelques mutineries précédentes. Et l'empereur donna quelque sujet de le croire, puisque, Coméntiole étant accusé en plein sénat par les officiers de l'armée, entre lesquels se trouvait le centurion Phocas, il mit tout en œuvre pour étouffer l'affaire (Théoph., p. 186 et 7; *alias* 234 et 235; Théophylact., l. 8, c. 1).

L'an 601, Maurice rompit la paix avec les Avares,

et envoya Comentiole avec une nouvelle armée pour soutenir Priscus. Comentiole resta dans l'inaction, sous prétexte de maladie. Priscus battit les Avares cinq fois et leur fit une multitude de prisonniers. Ces victoires réveillèrent Comentiole. Voulant se distinguer à son tour, il s'engagea imprudemment dans des lieux difficiles, où il perdit une grande partie de son armée, après quoi il se retira de nouveau à la cour (Théophyl., l. 8, c. 2, 3, 4). Priscus s'était rendu redoutable aux Avares; il était estimé des troupes. L'an 602, l'empereur lui en ôta le commandement et le donna à son propre frère, qui ne s'était fait connaître que par de mauvais succès. Après une campagne insignifiante, l'empereur, toujours par avarice, envoya ordre à son frère de faire passer l'hiver à son armée au delà du Danube, en pays ennemi. Pierre pressentit aussitôt les suites de pareils ordres. Il appela un des plus sages officiers, et lui dit avec l'accent du désespoir : « De deux côtés il y a péril; il est difficile d'exécuter les ordres de l'empereur, il est impossible de lui résister. L'amour de l'argent ne produit rien de bon; l'avarice est la source de tous les maux. C'est la maladie de l'empereur; il y perdra la vie. Ce jour sera pour les Romains le commencement de bien des calamités. Je le sais, et je m'y attends. » Il parlait ainsi, le visage inondé de larmes. Et de fait, les soldats ayant appris les ordres de l'empereur et la résolution de son frère à les exécuter, se révoltent ouvertement et choisissent pour les commander le centurion Phocas : ils l'élèvent sur un bouclier et le proclament général (*Ibid.*, l. 8, c. 7). A cette nouvelle, Maurice dissimula d'abord; mais bientôt, apprenant que Phocas marchait sur Constantinople, il lui envoya des députés. Phocas n'en devint que plus insolent et ne fit point de réponse. Théodose, fils aîné de l'empereur, avec le patrice Germain, dont il avait épousé la fille, s'amusait tranquillement à la chasse dans les environs de la capitale, quand une députation de l'armée lui présenta une lettre par laquelle on le priait, ou bien de prendre lui-même l'empire, ou bien de céder à son beau-père Germain, attendu que l'armée ne supporterait plus le commandement de Maurice. Théodose était déjà associé à l'empire. Maurice le rappela aussitôt à Constantinople, et, le jour suivant, accusa Germain d'être la cause de ces maux. Comme Germain s'en défendait, il lui dit : Pas tant de discours, rien n'est plus doux que de mourir par le glaive. Le jeune Théodose, touché de compassion pour son beau-père, lui dit à l'oreille : Sauvez-vous, ou bien vous êtes mort. Maurice, s'en étant aperçu, donna des coups de bâton à son fils pour avoir révélé son secret. Germain s'était réfugié dans la grande église. L'empereur envoie pour l'en tirer. Mais le peuple s'ameute dans toute la ville; il dit des injures à l'empereur et met le feu au palais d'un de ses confidents, le préfet du prétoire. Alors, au milieu de la nuit, Maurice dépose la pourpre impériale, revêt un habit de particulier, court au rivage et se jette dans une barque avec sa femme, ses enfants et ce qu'il peut emporter de trésors. Une tempête le fit échouer à six lieues de Constantinople, près de l'église de saint Autonome, du côté de Nicomédie. De là il envoya son fils Théodose vers le roi des Perses, Chosroès, pour réclamer le même service qu'il lui avait rendu (Théophyl., l. 8, c. 9).

Cependant Germain sollicita la faveur du peuple pour être fait empereur : n'y ayant pas réussi, il se joignit au parti de Phocas. Arrivé à l'Hebdomon, faubourg de Constantinople où l'on couronnait les empereurs, Phocas envoya un de ses secrétaires, avec un ordre adressé au patriarche, au sénat et au peuple, de se rendre auprès de lui. Le secrétaire assemble toute la ville dans la grande église de Sainte-Sophie, et, du haut de la tribune, il fait la lecture de l'ordre de Phocas. Aussitôt tous obéissent, accourent à l'Hebdomon et invitent Phocas à se revêtir de la pourpre. Mais Phocas, par une feinte générosité, offrait la couronne à Germain, et Germain, par une modestie aussi sincère, la remettait à Phocas. Le peuple mit fin à la contestation, en proclamant Phocas empereur, et le patriarche Cyriaque, après lui avoir fait promettre de conserver la foi orthodoxe et la paix de l'Eglise, lui met la couronne sur la tête dans l'église de Saint-Jean-Baptiste. C'était le 23 novembre 602 (Théophyl., l. 8, c. 10; Théophan., p. 193). Jusque-là, comme il n'y avait ni loi ni règle certaine pour l'élection ou la succession des empereurs, l'élection de Phocas par l'armée, le sénat, le peuple et le patriarche, ne présente peut-être pas plus d'irrégularité que beaucoup d'autres.

Deux jours après, qui était un dimanche, le nouvel empereur entre dans Constantinople, comme en triomphe; il marche au palais dans un char attelé de quatre chevaux blancs, au milieu des acclamations du peuple, parmi lequel il répand une pluie d'or et d'argent. Le cinquième jour depuis son arrivée, il couronna sa femme Léontie, et la déclara Auguste. Mais les deux factions des Bleus et des Verts se disputèrent la place qu'elles voulaient occuper à cette fête, pour honorer la nouvelle impératrice. L'empereur envoya un officier pour les mettre d'accord. Dans la chaleur de la dispute, le chef des Bleus dit à l'officier : Retirez-vous, connaissez mieux l'état des choses; Maurice n'est pas mort. Cette parole fut un arrêt de mort pour l'infortuné Maurice. Phocas ordonna aussitôt de l'amener à Chalcédoine et de l'y faire mourir avec sa famille. Traîné au bord du rivage, d'où il apercevait les tours de son palais, Maurice vit donc trancher la tête à ses cinq fils, Tibère, Pierre, Paul, Justin, Justinien; il répétait à chaque coup ces paroles du psaume : *Vous êtes juste, Seigneur, et vos jugements sont équitables.* Enfin il eut lui-même la tête tranchée. On dit que la nourrice du plus jeune de ses fils, voulant le sauver et lui substituer le sien, Maurice l'empêcha et découvrit son fils aux meurtriers. Il mourut ainsi le 27 novembre 602, âgé de 63 ans, après en avoir régné 20 et quelques mois (Théophyl., l. 8, c. 10 et 11).

On fit mourir avec lui son frère, et plusieurs autres personnes considérables. On jeta les corps dans la mer; mais les têtes furent portées à Constantinople, et exposées dans une place près de la ville. Théodose, fils aîné de Maurice, fut aussi pris quelque temps après et mis à mort. L'Eglise honore entre les saintes, Sopatra, fille de Maurice; sa sœur Damiène se retira à Jérusalem, où elle fut abbesse, et passa saintement sa vie avec ses nièces.

L'image de l'empereur Phocas et celle de l'impératrice Léontie furent apportées à Rome le 25 avril 603. Le clergé et le sénat leur firent les acclamations ordinaires, et saint Grégoire les fit mettre dans l'oratoire de Saint-Césaire, au palais. Au mois de juin suivant, il écrivit à l'empereur Phocas, en ces termes :

« Gloire à Dieu, dans les hauteurs, à lui qui, comme il est écrit, change les temps et transfère les royaumes, et qui a fait voir à tous ce qu'il dit par son prophète : *Que le Très-Haut domine sur l'empire des hommes, et qu'il le donne à qui il lui plaît.* C'est dans l'incompréhensible dispensation du Tout-Puissant que les vicissitudes de la vie mortelle ont leur cause. Quand il faut punir les péchés du grand nombre, il en suscite un dont la dureté les accable : c'est ce que nous avons longtemps éprouvé dans notre affliction. D'autres fois, quand il veut consoler les cœurs abattus de la multitude, il en élève un autre dont la miséricorde les remplit de joie : c'est ce que nous espérons de votre piété. Que les cieux se réjouissent et que la terre tressaille, et que les actes de votre bonté rendent l'allégresse à tout le peuple de la république, jusqu'ici profondément affligé ! Que votre domination abatte l'orgueil des ennemis. Que votre miséricorde relève les cœurs brisés de vos sujets. Que la force d'en-haut vous rende terrible aux premiers, et la piété débonnaire aux seconds. Que de votre temps la république soit tranquille et qu'on ne voie plus, sous le nom d'affaires, le brigandage de la paix. Qu'il n'y ait plus de testaments suggérés par l'artifice, ni de donations extorquées par la violence. Que chacun jouisse paisiblement de son bien et de sa liberté. Car il y a cette différence entre les rois des nations et les empereurs de la république, que les rois des nations commandent à des esclaves, et les empereurs de la république à des hommes libres (1). » Mais nous dirons ceci mieux en priant. « Que Dieu, par sa grâce, dirige votre cœur dans toutes ses pensées et ses œuvres, et que son Esprit-Saint vous porte à tout ce qui est de la justice et de la clémence, afin qu'après vous être illustré par là sur la terre, vous parveniez après un long règne au royaume du ciel (L. 13, *Epist.* 31). »

C'est ainsi que le chef de l'Eglise universelle, le chef de l'univers chrétien juge l'empereur qui n'est plus, et admoneste celui qui le remplace.

Quelque temps après, le nouvel empereur de Constantinople lui ayant écrit qu'il s'étonnait de n'avoir point trouvé à la cour impériale de nonce de sa part, saint Grégoire répondit : « Ce n'est pas l'effet de ma négligence, mais d'une dure nécessité. Tous les ministres de notre Eglise fuyaient avec terreur une si rude domination; en sorte qu'il n'était pas possible d'en obliger aucun d'aller à Constantinople pour demeurer dans le palais. Il lui recommande le diacre Boniface, qu'il lui envoie, et lui demande instamment du secours contre les Lombards, qui nous tourmentent, dit-il, depuis trente-cinq ans, au delà de ce qu'on peut exprimer. » Il écrivit aussi à l'impératrice Léontie, l'exhortant à imiter sainte Pulchérie et sainte Hélène, et à prendre la protection de l'Eglise de Saint-Pierre. Enfin il écrivit au patriarche, pour lui recommander le diacre Boniface; mais il n'oublie pas de l'exhorter à renoncer au titre superbe d'*évêque œcuménique* (L. 13, *Epist.* 38, 39 et 40). »

Le chef de l'Eglise voyait encore autre chose à blâmer dans les empereurs de Constantinople, en particulier dans Maurice. Comme l'Eglise romaine est la maîtresse et la règle de tous les peuples chrétiens, c'est sur sa liberté que s'appuie la leur : son asservissement à une puissance temporelle entraînerait plus ou moins leur servitude. Or, jusqu'à l'invasion de l'Italie par les Goths, on ne voit pas que nul empereur eût gêné l'élection du Pontife romain. Le roi des Ostrogoths, Théodoric, après qu'il eût laissé mourir ou fait mourir en prison le pape Jean, fut le premier qui s'arrogea l'élection du Pape. Le clergé de Rome résista longtemps. Toutefois, comme le sujet désigné par le roi en était digne sous tous les rapports, il consentit enfin, pour éviter de plus grands malheurs. Cette usurpation tyrannique du roi goth fut imitée par les empereurs grecs. Devenus maîtres de Rome, il fallut leur permis pour introniser le nouveau Pontife. L'avarice se joignant à la tyrannie, cette permission ne se donnait point sans argent. Justinien fit un tarif à cet égard pour les principaux évêchés de l'empire. Voici donc les plaintes que fait le pape saint Grégoire en parlant de la simonie.

« C'est cette hérésie qui tenta de corrompre les éléments de l'Eglise naissante, et apparut la première des hérésies. Quoique condamnée dès lors, cette exécrable erreur n'en a pas moins reproduit plus tard dans l'Eglise son germe pestilentiel. C'est surtout dans nos temples qu'elle a mis en œuvre tout le venin de sa malice, et, par la contagion du schisme, troublé la paix de toute l'Eglise. Elle a soulevé contre l'Eglise de Dieu, non-seulement la multitude innombrable du peuple, mais encore la puissance royale, si royale on peut l'appeler. Car nulle raison ne permet de compter parmi les rois celui qui détruit l'empire plus qu'il ne le gouverne, et qui sépare de la société du Christ tous ceux qu'il peut associer à sa propre perversité; celui qui, séduit par la passion d'un lucre infâme, cherche à emmener captive l'épouse du Christ, et, par une audace téméraire, prétend rendre inutile le mystère de la passion du Seigneur. Car celui-là outrepasse les droits de la puissance royale, qui s'efforce de rendre esclave cette même Eglise à qui notre Sauveur a rendu la liberté, en la rachetant de son sang. Qu'il vaudrait bien mieux la reconnaître pour sa maîtresse; et, à l'exemple des princes religieux, lui faire hommage de son dévouement, sans élever le faste de la domination contre Dieu, dont il a reçu le domaine de sa puissance! Car c'est lui qui dit : *C'est par moi que les rois règnent.* Mais, aveuglé par une ambition démesurée, méconnaissant, comme on voit, le bienfait divin, fastueux contre Dieu même, il outrepasse, au mépris de toute crainte religieuse, les bornes qu'ont fixées nos pères, et déchaîne contre la vérité catholique la fureur de sa tyrannie. Son extravagante témérité en est venue au point de s'arroger la tête de toutes les Eglises, l'Eglise romaine, et d'usurper une puissance terrestre sur la maîtresse des nations : ce qu'a défendu absolument Celui qui l'a spécialement commise au bienheureux

---

(1) Quiescat felicissimis temporibus vestris universa respublica, prolatâ sub causarum imagine prædâ pacis. Cessent testamentorum insidiæ, donationum gratiæ violenter exactæ. Redeat cunctis in rebus propriis secura possessio, ut sine timore habere se gaudeant, quæ non sunt eis fraudibus acquisita. Reformetur jam singulis sub jugo imperii pii libertas sua. Hoc namque inter reges gentium et reipublicæ imperatores distat, quod reges gentium domini servorum sunt, imperatores verò reipublicæ, domini liberorum.

apôtre Pierre, disant : *C'est à toi que je donnerai mon Eglise* (1).

La guerre s'était renouvelée en Italie entre les Romains et les Lombards, qui faisaient cause commune avec les Avares et les Esclavons. Et, au mois de novembre 603, ils avaient fait une trêve jusqu'au 1er avril 605. Quelque temps après, le Pape reçut des lettres de la reine Théodelinde, par lesquelles elle lui faisait part de la naissance et du baptême de son fils Adaloalde. Elle l'avait fait baptiser dans l'église de Saint-Jean-de-Modèce, le jour de Pâques, 7 avril de la même année 603 ; elle lui avait donné pour parrain l'abbé Second, dont elle honorait la piété. Elle envoyait au Pape quelques écrits qu'avait faits cet abbé sur le cinquième concile, et le priait d'y répondre.

Saint Grégoire la félicite d'avoir fait baptiser dans l'Eglise catholique ce petit prince, destiné à régner sur les Lombards. Quant aux écrits de Second, il s'excuse d'y répondre sur le moment, à cause de sa maladie. « Je suis tellement affligé de la goutte, dit-il, que je ne puis même parler, comme l'ont vu vos ambassadeurs. Ils m'ont trouvé malade en arrivant, et en partant ils m'ont laissé dans un péril extrême. Si Dieu me rend la santé, je répondrai exactement à tout ce que m'a écrit mon bien-aimé fils. En attendant, je vous envoie le concile qui fut tenu du temps de l'empereur Justinien, afin qu'en le lisant il puisse reconnaître la fausseté de tout ce qu'il a ouï dire contre le Saint-Siège et contre l'Eglise catholique. Dieu nous garde de recevoir les sentiments d'aucun hérétique ou de nous écarter en quoi que ce soit de la lettre de saint Léon et des quatre conciles. J'envoie à notre excellentissime fils, le roi Adaloalde, une croix avec du bois de la sainte croix du Seigneur, et un Evangile dans une boîte de Perse ; et à ma fille, sa sœur, trois bagues que je vous prie de leur donner de votre main, afin que notre charité leur soit plus agréable. Nous vous prions aussi, en vous saluant tous deux avec une affection paternelle, de rendre grâces pour nous à notre excellentissime fils, le roi, votre époux, de la paix qu'il a faite, et de l'exciter à la conserver, comme vous avez coutume de faire ; afin que, parmi le grand nombre de bonnes œuvres que vous faites, vous soyez encore récompensée devant Dieu d'avoir sauvé un peuple innocent, qui pouvait périr en cas d'hostilité. » Cette lettre, que l'on croit du mois de janvier 604, fut une des dernières du saint pape Grégoire (L. 14, *Epist.* 12). Car il mourut deux mois après, le 12 mars 604, après avoir régné 13 ans 6 mois et 10 jours. Son corps fut inhumé dans Saint-Pierre, à côté de Léon Ier, de Gélase et d'autres de ses illustres prédécesseurs. Une partie de ses reliques fut envoyée au couvent de Saint-Médard, à Soissons ; son chef fut porté dans un couvent de Sens (Cf. Goschler, t. X, p. 57).

Son ami, saint Léandre, archevêque de Séville et apôtre des Visigoths, était mort dès le 27 février 596. Le roi Reccarède l'avait suivi l'an 601, la 15e année de son règne. Pour finir saintement sa vie, après un règne paisible et glorieux, il fit sa confession publique en esprit de pénitence. C'est ainsi qu'en parle saint Isidore, qui venait de succéder à saint Léandre, son frère, dans le siège de Séville. Le roi Reccarède eut pour successeur son frère Liuba, qui, bien que jeune, promettait beaucoup, par son beau naturel. Mais il ne régna que deux ans, et Vitéric s'étant révolté, le dépouilla du royaume, lui coupa la main droite et le fit mourir à l'âge de 22 ans (Isid., *Chron.*).

Un autre ami et disciple de saint Grégoire, saint Augustin, apôtre des Anglais, mourut le 26 mai 605. Craignant pour son Eglise naissante de Cantorbéry, si elle demeurait un moment sans pasteur, il s'était donné un successeur avant sa mort. Ce fut Laurent, un des premiers compagnons de son expédition apostolique. Son corps fut déposé à l'écart jusqu'à l'entière construction de l'église de Saint-Pierre et de Saint-Paul, que le roi saint Ethelbert faisait bâtir hors des murs de la ville pour servir de sépulture aux rois et aux archevêques. Il fut enterré dans la galerie du septentrion, et on mit sur son tombeau l'épitaphe suivante : « Ici repose le seigneur Augustin, premier archevêque de Doroverne, qui, ayant été envoyé par le bienheureux Grégoire, pontife de Rome, et soutenu de Dieu par l'opération des miracles, convertit le roi Ethelbert et son peuple, du culte des idoles à la foi du Christ, et, ayant achevé en paix les jours de son ministère, décéda le 7 des calendes de juin, sous le règne du même roi (Bed., l. 2, c. 3). »

Le pape saint Grégoire lui-même avait, de deux mois, précédé au ciel son ami saint Augustin ; car il mourut, consumé de travaux et d'infirmités, le 12 mars de la même année 604, vers la 64e année de son âge, et après avoir occupé le Siége de saint Pierre 13 ans 6 mois et 10 jours. Avant sa mort, il donna plusieurs fonds de terre pour entretenir le luminaire dans l'église de Saint-Paul, et on lit encore, sur un marbre de cette église, l'acte de donation, qui est daté du 25 janvier 604. Saint Grégoire fut inhumé dans la basilique de Saint-Pierre, devant une salle où étaient enterrés saint Léon et quelques autres Papes. On conserva son *pallium*, sa ceinture et le reliquaire qu'il portait au cou ; ce reliquaire, que l'on croit avoir été la croix pectorale, était d'argent et fort mince. Il s'était fait peindre dans le monastère de Saint-André, avec son père Gordien et sa mère Silvie. On voyait d'un côté saint Pierre assis, qui tenait par la main Gordien debout, revêtu d'une chasuble couleur de châtaigne, avec une dal-

---

(1) Hæc est, inquam, hæresis, quæ ipsa nascentis Ecclesiæ rudimenta tentavit, et ante alias hæreses prima apparuit. Cujus erroris vesania licet ex tunc damnata fuerit, postea tamen in Ecclesiâ germine pestifero pullulavit. Nostris vero maximè temporibus malitiæ suæ virus exercuit, et totius Ecclesiæ pacem schismatica infestatione turbavit. Concitavit enim adversus Ecclesiam Dei non ipsum pestiferæ populi multitudinem, verumtamen regiam, si fas est dicere, potestatem. Nulla enim ratio sinit, ut inter reges habeatur, qui destruit potiùs quàm regat imperium, et quotcumque habere potest perversitatis suæ socios, eos à consortio Christi efficit alienos ; qui turpissimi lucri cupiditate illectus sponsam Christi captivam cupit abducere, et passionis Dominicæ sacramentum ausu temerario concitat evacuare. Ecclesiam quippe, quam sui sanguinis pretio redemptam Salvator noster voluit esse liberam, hanc iste, potestatis regiæ jura transcendens, facere conatur ancillam. Quanto melius foret sibi, dominam suam esse gnoscere, suæ ; religiosorum principum exemplo, devotionis obsequium exhibere ; nec contra Deum fastum extendere dominationis, à quo suæ dominium accepit potestatis. Ipse enim est qui ait : *Per me reges regnant.* Sed immensæ cæcitatis perfusus caligine, et divino, ut patet, ingratus beneficio, et contra Deum fastuosus, terminos suos posuerunt patres nostri, contempto divino timere, transgreditur, et contra catholicam veritatem suæ furore tyrannidis efferatur. In tantam autem suæ temeritatem extendit vesaniæ, ut caput omnium ecclesiarum Romanam Ecclesiam sibi vindicet, et in dominâ gentium terrenæ suæ potestatis usurpet : quod omninò fieri prohibuit, qui hanc beato Petro specialiter commisit, dicens : *Tibi dabo ecclesiam meam* (Exposit. in 5 psalm. pœnit. n. 13, c. 518, t. III, part. 2, édit. Bénéd.).

matique par-dessous. Il était de grande taille, le visage long, d'une physionomie grave, la barbe médiocre, les cheveux épais. De l'autre côté était Silvie assise; un voile blanc la couvrait, prenant depuis l'épaule droite et enveloppant le côté gauche, où la main était arrêtée sous le manteau; par-dessous, elle portait une grande tunique d'un blanc moins vif. Elle avait le visage rond, et, dans sa vieillesse, des restes d'une grande beauté. Sur sa tête était une mitre de femme. Elle étendait deux doigts de la main droite, comme pour faire sur elle le signe de la croix, et, de la main gauche, elle tenait un psautier ouvert. Dans un autre endroit du monastère, saint Grégoire était peint de la main du même maître. Il était de belle taille, son visage tenait de la longueur du père et de la rondeur de la mère, la barbe était médiocre, les cheveux assez noirs et frisés, chauve sur le devant, avec deux petits toupets; la couronne grande. Il avait un beau front, la physionomie noble et douce, les mains belles; son habit était, comme celui de son père, une chasuble couleur de châtaigne sur une dalmatique; mais il portait de plus le *pallium* entortillé simplement autour des épaules et pendant sur le côté. De la main gauche il tenait l'Evangile, et de la droite il faisait le signe de la croix. Saint Grégoire s'était ainsi fait peindre dans son monastère, pour retenir les moines dans la ferveur de l'observance par la vue de son image. On voyait encore ces peintures au IXe siècle, lorsque Jean, diacre, biographe de saint Grégoire, en fit la description exacte. Il témoigne aussi que l'on avait coutume de peindre le Saint-Esprit, en forme de colombe, sur la tête de saint Grégoire écrivant (*Vit. S. Greg., arct. Joan., diac*, t. IV, édit. Bénéd.).

Plus occupé à agir qu'à faire des phrases, à ranger à l'ordre les évêques et les Eglises, les rois et les peuples, que des mots et des syllabes, le pape saint Grégoire le Grand négligeait un peu les règles grammaticales, du moins dans ses commentaires sur l'Ecriture, jugeant indigne, disait-il, d'astreindre les oracles du Ciel aux règles du grammairien Donat. A cela près, sa manière d'écrire, surtout dans ses lettres, est naturelle, solide et pleine à la fois d'énergie, de tact et de sentiments nobles. Ces lettres peuvent être regardées comme un code pratique de gouvernement chrétien et sacerdotal.

Les Grecs et les Latins célèbrent avec une égale vénération la mémoire de ce grand Pape, dont les reliques se conservent dans l'église du Vatican. En Angleterre, le concile de Clif, tenu en 747, ordonna à tous les monastères du pays de fêter le jour auquel l'Eglise honore saint Grégoire. La fête devint d'obligation pour tout le royaume, en vertu d'une ordonnance portée, en 1222, par le concile d'Oxford, et cette ordonnance a été observée jusqu'à la prétendue réforme. Puisse la nation anglaise revenir tout entière à la foi et au culte de son apôtre!

# LIVRE QUARANTE-HUITIÈME.

Accomplissement progressif des prophéties de Daniel sur les empires de la terre. — Hérésie et empire antichrétien de Mahomet, enfant naturel des hérésies grecques. — Saint Jean l'Aumônier. — Saint Anastase Persan. — Saint Anastase le Sinaïte. — Le pape Honorius. — Saint Sophrone de Jérusalem. — Saint Isidore de Séville et autres saints d'Espagne. — Grand nombre de saints en France. — La nation anglaise continue à se civiliser par de saints moines. — L'Occident grandit par la foi, l'Orient déchoit de plus en plus par l'hérésie.

(De la mort du pape saint Grégoire le Grand [604], à la mort de l'empereur Héraclius [641].)

Le prophète Daniel avait dit au roi de Babylone que la grande statue qui lui avait été montrée en songe, et qui était composée de quatre métaux successifs, l'or, l'argent, l'airain, le fer, finissait par dix doigts de pieds moitié de fer et moitié d'argile, c'est-à-dire que cet empire colossal, qui devait passer successivement à quatre dynasties ou nations, les Assyriens, les Perses, les Grecs, les Romains, finirait par une dixaine de royaumes moitié romains et moitié barbares (Dan., 2, 41-44). Le prophète vit ensuite plus distinctement la quatrième nation souveraine, la quatrième bête, la bête aux dents de fer et aux ongles d'airain, ayant sur sa tête dix cornes; et il lui fut dit que ces dix cornes étaient dix rois ou royaumes qui devaient s'élever du quatrième empire, de l'empire romain (*Ibid.*, 7, 20-24). Sept siècles après Daniel, l'apôtre saint Jean, le prophète de la nouvelle alliance, vit la même bête avec dix cornes, et il lui fut également dit que ces dix cornes étaient dix rois. Il vit de plus, assise sur cette bête, une femme vêtue de pourpre et d'écarlate, enivrée du sang des saints et du sang des martyrs; et il lui fut dit que cette femme était la ville assise sur sept montagnes, la grande ville qui régnait sur les rois de la terre, et que les dix cornes ou rois, après avoir combattu pour elle, finiraient par la haïr, par la réduire à la dernière désolation, par la dépouiller, par dévorer ses chairs et par la brûler au feu (Apocal., 17). Et nous avons vu une dixaine de rois et de peuples barbares, d'abord à la solde de Rome et de son empire, la prendre en haine, la dépouiller de sa gloire et de ses richesses, dévorer ses chairs ou ses provinces, et la livrer elle-même aux flammes.

Le prophète Daniel avait vu quelque chose de plus. « Pendant que je considérais ces dix cornes, dit-il, voilà qu'une autre petite corne s'éleva parmi les autres, et trois des premières cornes furent arrachées de devant elle; et voilà que cette corne avait des yeux comme les yeux d'un homme, et une bouche qui parlait grandement. Et comme je regardais attentivement, voilà que cette corne faisait la guerre aux saints, et qu'elle prévalait contre eux. Sur quoi l'un des assistants me dit : La quatrième bête sera le quatrième empire sur la terre. Les dix cornes sont dix rois qui s'élèveront de cet empire; il s'en élèvera après eux un autre, qui différera des premiers et sera plus puissant, et il abaissera trois rois. Et il dira des discours contre le Très-Haut, et il foulera aux pieds les saints du Très-Haut; et il s'imaginera qu'il pourra changer les temps et la loi, et ils seront livrés en sa main jusqu'à un temps, deux temps et la moitié d'un temps. Et le jugement se tiendra, et ils lui ôteront la puissance [littéralement, la *sultanie*], pour la détruire et l'anéantir jusqu'à la fin (Dan., 7, 8-26). » Saint Jérôme dit sur cette prédiction : « Tous les écrivains ecclésiastiques ont enseigné qu'à la consommation du monde, lorsque l'empire romain sera à détruire, il y aura dix rois qui partageront entre eux l'univers romain, et qu'il s'élèvera un onzième petit roi qui vaincra trois des dix (Hier., *in Dan.*, 7).

Or, tout ceci, nous allons le voir s'accomplir. Nous allons voir s'élever au fond de l'Arabie, parmi les descendants d'Ismaël, un nouveau roi, un nouveau sultan, qui, faible d'abord, humiliera, dans l'espace d'un siècle, trois des dix rois qui se sont partagé le monde romain. Nous verrons, dans l'espace d'un siècle, l'empire naissant de Mahomet anéantir le royaume des Perses en Orient, abattre celui des Visigoths en Espagne, et humilier profondément l'empire de Constantinople, en attendant qu'il le détruise tout à fait. Cette nouvelle corne aura des yeux; ce roi, ce sultan nouveau, fera le voyant, le prophète; mais ses yeux ne seront que des yeux d'homme, sa prophétie sera de l'homme et non pas de Dieu. Il parlera pompeusement pour, sur et contre le Très-Haut; car l'expression originale présente ces trois sens, mais surtout le dernier. Il parlera pompeusement pour le Très-Haut, contre les idolâtres; sur le Très-Haut, avec les Juifs, et contre le Très-Haut, en niant la divinité de son Christ et en attaquant, sur cet article fondamental, la foi des chrétiens. *Cette corne, cette puissance, fera la guerre aux saints du Très-Haut et prévaudra sur eux.* Le mahométisme ne cessera pas de faire la guerre aux chrétiens, appelés saints dans le langage de l'Écriture, et prévaudra sur eux dans tout l'Orient et dans toute l'Afrique. *Cette* nouvelle *corne,* ce nouveau roi, *s'imaginera pouvoir changer les temps et la loi*. Le mahométisme introduira une nouvelle manière de compter les années : au lieu de célébrer, ou le samedi avec les Juifs, ou le dimanche avec les chrétiens, il célébrera le vendredi; à la loi de Moïse et à la loi de Jésus-Christ, il substituera l'Alcoran. Cette corne, cet empire, aura ainsi la puissance *jusqu'à un temps, deux temps et la moitié d'un temps*, c'est-à-dire, dans le langage prophétique, un an, deux ans et la moitié d'une année, ou, comme dit l'apôtre saint Jean, quarante-deux mois ou douze cent soixante jours (Apoc., c. 11, 12 et 13). Or, pour se retrouver dans leurs années lunaires avec les années solaires, les mahométans ont une manière de compter par mois d'années ou cycles de trente ans. Sur ce pied, les quarante-deux mois que doit durer cet empire antichrétien, seraient donc de douze cent soixante ans; et, comme il a commencé vers l'an 622, il finirait en 1882.

Ainsi que nous l'avons déjà remarqué, on pourrait même, dans ces expressions de Daniel et de saint Jean, *un temps, deux temps et la moitié d'un temps*, découvrir pour la puissance mahométane, comme trois périodes : une première d'accroissement, une seconde de lutte, une troisième de décadence. Pendant *un temps*, douze mois d'années ou trois cent soixante ans, depuis 622 jusqu'à 992, vers la fin du X⁰ siècle, le mahométisme triompha presque partout sans beaucoup d'obstacles. Pendant *deux temps*, deux ans d'années ou sept cent vingt ans, depuis la fin du X⁰ siècle, où les chrétiens d'Espagne commencèrent à repousser les mahométans et firent naître les croisades, jusqu'à la fin du XVII⁰ siècle, il y eut une lutte à peu près égale entre le mahométisme et la chrétienté. Depuis la fin du XVII⁰ siècle, où Charles de Lorraine et Sobieski de Pologne, achevant ce que Pie V avait commencé à la journée de Lépante, brisèrent tout à fait la prépondérance des sultans, le mahométisme est en décadence. Enfin, il est non-seulement possible, mais très-probable, qu'à dater de cette dernière époque, le commencement du XVIII⁰ siècle, après *la moitié d'un temps*, six mois d'années, ou cent quatre-vingts ans, vers 1882, ce soit fait de cet empire antichrétien.

Enfin se tiendra le jugement. Déjà, en Daniel, nous avons vu le Très-Haut, avec ses veillants et ses saints, juger le roi de Babylone. Nous l'avons vu pareillement, dans l'Apocalypse, juger, avec les anges et les saints, Rome idolâtre et ivre du sang des martyrs. Ici nous le voyons jugeant l'empire antichrétien. Lorsque la sentence contre Rome idolâtre s'exécuta par les Barbares, la puissance fut donnée aux saints du Très-Haut, aux chrétiens, qui formèrent dès lors de nouveaux royaumes, un nouveau genre humain nommé chrétienté. Lorsque la sentence finale s'exécutera contre l'empire antichrétien de Mahomet, *alors seront données au peuple des saints la souveraineté, la puissance, la grandeur de tous les royaumes qui sont sous le ciel* (Dan., 7, 27).

En attendant, Dieu se servira de l'hérésie et de la puissance mahométane, pour punir les autres hérésies et puissances, en particulier celles de l'Orient, de l'abus de ses dons et de ses grâces. Pour réconcilier l'homme avec Dieu et les hommes entre eux, le Fils de Dieu se fait homme, expie en sa personne toutes les inimitiés, et établit sur la terre une société spirituelle de foi, d'espérance et de charité, avec un chef visible qui le remplace, et auquel il donne les clés du royaume des cieux. Pendant trois siècles, Rome idolâtre repousse par le fer et le feu l'empire de Dieu et de son Christ, pour se faire adorer elle-même avec ses idoles et ses empereurs : Rome idolâtre, avec ses empereurs et les idoles, sera punie et détruite par le fer et le feu des nations qu'elle était habituée à dominer et à séduire. Pendant trois siècles, les nouveaux rois de Perse, avec leurs mages, au lieu d'adorer dans sa gloire celui que des mages avaient adoré dans son berceau, persécutaient ses adorateurs pour leur faire adorer le feu et d'autres créatures : les rois de Perse et leurs mages seront exterminés par le fer et le feu des Arabes. Pendant trois siècles, les empereurs de Constantinople et les chrétiens de l'Orient, au lieu de professer avec amour la divinité du Christ et l'unité de son Eglise, sont presque toujours à attaquer l'une et à déchirer l'autre par des hérésies et des schismes sans cesse renaissants. Arius nie directement la divinité du Christ, en niant celle du Verbe divin; Nestorius nie la divinité du Christ, en distinguant sa personne d'avec celle du Verbe; Eutychès nie implicitement et la divinité et l'humanité du Christ, en confondant l'une avec l'autre. Au milieu de ces disputes, les empereurs de Constantinople, au lieu de suivre fidèlement les décisions de l'Eglise et de son chef, prétendent bien souvent décider eux-mêmes par l'autorité du glaive. Les empereurs de Constantinople et les chrétiens de l'Orient seront punis par leurs schismes et leurs hérésies mêmes, par leurs schismes et leurs hérésies devenues homme et empire dans la personne de Mahomet; car, dans le fond, le mahométisme consiste à nier la divinité du Christ et à reconnaître au glaive la suprématie de la doctrine.

Cependant l'empereur de Constantinople et les chrétiens d'Orient étaient avertis des calamités qui les menaçaient. Voici ce qu'on lit dans la vie de saint Théodore Sicéote, écrite par un témoin oculaire. « L'an 609, on fit des processions dans plusieurs villes de Galatie. Les croix que l'on y portait, suivant la coutume, s'agitèrent d'elles-mêmes d'une manière étrange et sinistre. Le nouveau patriarche de Constantinople en fut alarmé. C'était saint Thomas, qui avait succédé, le 23 janvier 607, à Cyriaque, mort le 29 octobre de l'année précédente. Il fit donc venir à Constantinople saint Théodore Sicéote, et le pria de lui dire si ce mouvement extraordinaire des croix était véritable. Le saint homme l'en ayant assuré, le patriarche le pressa de lui découvrir ce que signifiait ce prodige. Comme il en faisait difficulté, il se jeta à ses pieds, protestant de ne point se relever qu'il ne l'eût satisfait. Alors saint Théodore lui dit en versant des larmes : « Je ne voulais point vous affliger, car il ne vous est point avantageux de savoir ces choses; mais puisque vous le voulez ainsi, sachez que cette agitation des croix nous prédit de grandes et nombreuses calamités. Plusieurs abandonneront notre religion; il y aura des incursions de Barbares, une grande effusion de sang, une grande destruction et des séditions par tout le monde. Les églises seront abandonnées; la ruine du culte divin et de l'empire approche, ainsi que la venue de l'adversaire ou de Satan.

» Le patriarche, fondant en larmes, pria le saint de demander à Dieu qu'il l'ôtât de ce monde avant ces désastres. Et comme saint Théodore voulait retourner en son pays, parce que le temps de sa retraite annuelle approchait, il l'obligea à passer l'hiver à Constantinople, parce que le bruit courait que la ville allait bientôt être abîmée : il espérait que le saint homme obtiendrait quelque délai. Comme il désira de loger à part, le patriarche lui fit dans un monastère, où il lui passa les fêtes de Noël en retraite. Cependant le saint patriarche tomba malade, et envoya prier saint Théodore de demander à Dieu qu'il lui accordât la fin de sa vie. Le saint répondit qu'il prierait plutôt que Dieu le conservât pour le bien de son peuple. Mais le patriarche renvoya lui dire : « Je vous conjure, mon père, si vous m'aimez comme je vous aime, de prier Dieu qu'il me retire de ce monde et me préserve des périls qui nous menacent; car il m'est impossible de voir les choses que vous avez annoncées. » Alors le saint, s'étant mis en prière, lui fit dire par son diacre Epiphane : « Puisque vous désirez si ardemment d'être délivré et d'aller à Jésus-Christ, je le lui ai demandé et je l'ai obtenu. Si donc vous voulez que j'aille vous voir, j'irai aussitôt; sinon, nous nous verrons avec Jésus-Christ. » Le patriarche, comblé de joie, ne voulut pas le tirer de sa retraite, et remit à se revoir au ciel. L'empereur Phocas l'ayant appris, vint visiter le patriarche malade, qui, après avoir donné sa bénédiction à tout le monde, mourut plein de confiance le 20 mars 610 (*Acta Sanct.*, 20 mart. et 22 april.). »

Lorsque saint Théodore Sicéote vint à Constantinople, l'empereur Phocas avait la goutte aux mains et aux pieds. Il fit venir le saint homme, qui lui imposa les mains et pria pour lui. L'empereur fut soulagé, et lui recommanda de prier pour lui et pour l'empire. Saint Théodore l'avertit que, s'il voulait que ses prières fussent exaucées, il devait cesser d'affliger les hommes et de verser leur sang (*Ibid.*). Phocas avait bien besoin de cette remontrance, et en profita peu. Contrairement à sa parole, il avait fait brûler vif le général Narsès, le plus brave et le plus habile qu'il eût pu opposer aux Perses. Cette horrible exécution réveilla dans le patrice Germain l'espoir et le désir de régner; il trame une conspiration avec Constantine, la veuve de Maurice, qui se transporte dans l'église de Sainte-Sophie avec ses filles. C'était en 606. A leur vue, le peuple s'attroupe et prend les armes. Phocas envoie à l'église pour enlever Constantine et ses filles. Le patriarche Cyriaque s'y oppose, et ne les laisse sortir qu'après avoir obligé Phocas de jurer qu'il ne leur serait fait aucun mal. Phocas tient parole et se contente de les renfermer dans un monastère. L'eunuque qui avait servi d'entremetteur pour la conspiration, périt dans les supplices. Le patrice Germain est obligé de se faire prêtre, et Philippe, beau-frère de Maurice, de se faire moine. L'année suivante, 607, Germain et Constantine, avec plusieurs autres personnages considérables, tramèrent une nouvelle conspiration. Elle fut découverte. Germain fut décapité avec sa fille, veuve du prince Théodose. Constantine eut la tête tranchée avec ses filles, à Chalcédoine, dans le même lieu où Maurice et ses cinq fils avaient perdu la vie.

D'autres conjurés périrent dans les supplices les plus affreux. Ces exécutions terribles provoquèrent de nouveaux complots, qui provoquèrent de nouvelles exécutions. Enfin, Crispus, le gendre même de Phocas, conspira contre lui, et invita Héraclius, gouverneur d'Afrique, à venir le détrôner. Héraclius envoya une flotte, sous le commandement de son fils, qui portait le même nom que son père. Phocas ne fut instruit du complot que quand la flotte fut près de Constantinople. Il prit des mesures pour se défendre; mais son gendre Crispus, en feignant de le seconder, rompait secrètement toutes ses mesures. La flotte, après un combat sanglant, parut sous les murs de la capitale. C'était le dimanche 4 octobre 610. Le lendemain matin, un sénateur dont Phocas avait déshonoré la femme, courut au palais avec une troupe de soldats. On saisit Phocas, on le dépouille de la pourpre, on lui lie les mains derrière le dos, et, à travers la ville et la flotte, on le conduit au jeune Héraclius, qui était encore sur son vaisseau. Malheureux ! lui dit Héraclius, est-ce donc ainsi que tu as gouverné l'empire? Et toi, répliqua Phocas, le gouverneras-tu mieux ? Héraclius, en colère, lui donna des coups de pied et lui fit couper les mains, les pieds, les parties viriles et enfin la tête, à la vue d'un peuple innombrable qui bordait le rivage. La tête et les autres membres, plantés sur des piques, furent portés à travers la ville, et le reste du cadavre traîné dans les rues, et le tout livré ensuite aux flammes. C'est ainsi que, parmi les Grecs de Constantinople, presque tous les empereurs se succéderont désormais l'un à l'autre.

Héraclius descendit alors sur le rivage, accompagné de Crispus, le gendre de Phocas, qu'il pressait d'accepter la pourpre impériale, disant qu'il n'était pas venu pour s'en revêtir, mais pour venger Maurice et ses enfants. Sur le refus de Crispus, Héraclius voulut donc se laisser couronner empereur par le patriarche Sergius, qui avait succédé à Thomas dès le 18 avril de cette année. Crispus fut nommé gouverneur de Cappadoce; mais, quelques années après, ayant été convaincu de n'avoir pas été plus fidèle à Héraclius qu'il ne l'avait été à Phocas, son beau-père, il fut condamné à recevoir la tonsure cléricale et à passer le reste de sa vie en exil (1).

Des trois cornes ou puissances qui, suivant la prophétie de Daniel, devaient être abaissées par la corne ou la puissance nouvelle, les deux premières, les Perses et les Grecs, s'acharnaient plus que jamais à s'affaiblir et même à se détruire l'une l'autre. Dès son avènement à l'empire, Phocas envoya une ambassade à Chosroès pour maintenir la paix. Mais Chosroès, sous prétexte de venger Maurice, son bienfaiteur, commença aussitôt contre les Romains, c'est-à-dire contre les Grecs, une guerre sanglante qui dura vingt-quatre ans, et dont les dix-huit premiers furent pour les Grecs une suite continuelle de désastres. Dans tout l'Orient, depuis les ruines de l'ancienne Babylone jusqu'au détroit de Constantinople, les villes furent brûlées et renversées, les campagnes ravagées et abandonnées sans culture, les habitants égorgés ou emmenés captifs. Les Perses envahirent successivement l'Arménie, la Mésopotamie, la Cappadoce, et arrivèrent, en 610, jusqu'aux

(1) Théophan., *Chroniq. pascale;* Zonare; Cédrène; Nicéphore; *Hist. du Bas-Empire*, l. 55 et 57.

portes de Chalcédoine. L'avénement d'Héraclius ne suspendit point leurs ravages. L'an 611, ils prirent Édesse, Apamée, Antioche. L'an 615, ils saccagèrent la Palestine et prirent Jérusalem. Les églises, même celle du Saint-Sépulcre, furent livrées aux flammes : les habitants, avec le patriarche Zacharie, emmenés captifs : les Perses emportèrent tout ce qu'il y avait de plus précieux, entre autres le bois de la vraie croix. Le patrice Nicétas racheta d'un officier persan, pour une somme considérable, la sainte éponge et la sainte lance, qui furent transportées à Constantinople et exposées à la vénération des fidèles.

Au milieu de ces guerres, les Juifs se distinguèrent à leur façon. L'an 610, ils firent une émeute à Antioche, où ils massacrèrent un grand nombre des principaux habitants. Ils saisirent entre autres, le patriarche saint Anastase le Jeune, lui coupèrent les parties honteuses et les lui mirent dans la bouche, le traînèrent ensuite par les pieds dans toute la ville, et le jetèrent enfin dans un bûcher (Nicéph., l. 18, c. 44; Théoph., Zon., etc.). L'an 615, à la prise de Jérusalem, les Juifs de Palestine rachetèrent des Perses le plus qu'ils purent de chrétiens : c'était pour le plaisir de les égorger. On dit qu'ils en massacrèrent ainsi 90 mille. (Théoph., Cédr., Zonar.).

Huit jours avant la prise de Jérusalem, la laure de Saint-Sabas fut attaquée par les Arabes. La plupart des moines s'enfuirent aussitôt. Il en demeura seulement quarante-quatre des plus anciens et des plus vertueux. Ayant embrassé la vie monastique depuis la jeunesse, ils avaient blanchi dans ces exercices ; quelques-uns n'étaient point sortis de la laure depuis cinquante ou soixante ans ; quelques-uns, depuis leur entrée dans le monastère, n'avaient point vu la ville. Ainsi ils ne voulurent point abandonner la laure en cette occasion. Les Barbares en ayant pillé l'église, prirent ces saints vieillards et les tourmentèrent sans miséricorde pendant plusieurs jours, croyant qu'ils leur découvriraient quelques richesses ; mais enfin, se voyant frustrés dans leur espérance, ils entrèrent en fureur et les mirent en pièces. Ces saints reçurent la mort d'un visage gai et avec actions de grâces, comme désirant depuis longtemps d'être délivrés de cette vie et d'aller à Jésus-Christ.

Leurs corps demeurèrent plusieurs jours sans sépulture ; mais les autres moines de la laure, étant revenus d'Arabie, où ils s'étaient réfugiés, en prirent soin. Modeste, abbé du monastère de Saint-Théodose, rassembla tous les corps de ces saints et les lava, en répandant beaucoup de larmes ; puis, les ayant baisés, il les mit dans les sépulcres de leurs pères, et fit sur eux les prières accoutumées. L'Église honore ces quarante-quatre saints le 16 mai (*Acta Sanct.*, 16 *maii*). L'abbé Modeste gouverna l'Église de Jérusalem en l'absence du patriarche Zacharie, et prit soin, non-seulement de la ville, où il fit rétablir depuis les églises brûlées, mais encore du diocèse et de tous les monastères du désert.

Il reçut de grands secours du patriarche d'Alexandrie, saint Jean, surnommé l'*Aumônier* à cause de sa charité et de ses aumônes extraordinaires. Il avait succédé, l'an 609, à Théodore, surnommé Scribon, qui fut égorgé par les hérétiques, et qui lui-même avait succédé à saint Euloge, mort l'an 606. Jean était natif de Chypre, fils d'Epipnane, gouverneur de l'île. Il avait été marié ; mais ayant perdu ses enfants et ensuite sa femme, il se donna tout à Dieu et faisait de très-grandes aumônes. Ainsi, quoiqu'il n'eut ni mené la vie monastique, ni demeuré dans le clergé, il fut jugé digne de l'épiscopat.

Les Perses ayant donc ravagé toute la Syrie, ceux qui purent échapper de leurs mains, clercs, laïques, magistrats, particuliers, évêques même, se réfugièrent à Alexandrie. Jean les reçut tous et leur donna tous les jours libéralement ce qui leur était nécessaire, sans regarder à leur multitude. Ayant su la prise de Jérusalem, il y envoya un homme pieux nommé Césippe, avec beaucoup d'argent, de blé, d'autres vivres et d'habits, tant pour voir cette désolation que pour assister ceux qui étaient demeurés. Il envoya de plus Théodore, évêque d'Amathonte, Anastase, abbé du mont Saint-Antoine, et Grégoire, évêque de Rinocorure, avec de très-grandes sommes, pour racheter ceux qui avaient été emmenés captifs. Le saint patriarche recevait tous ceux qui venaient à lui, et les consolait comme ses frères. Il fit mettre les blessés et les malades dans les hôpitaux, où ils étaient traités gratuitement, et d'où ils ne sortaient que quand ils voulaient, et il les visitait deux ou trois fois la semaine. Quant à ceux qui se portaient bien et qui venaient recevoir l'aumône, il donnait aux hommes une silique, valant environ dix sous de notre monnaie : aux femmes, comme plus faibles, il donnait le double. Quelques-uns portant des bracelets et des ornements d'or, ne laissaient pas de demander l'aumône. Ceux qui étaient chargés de la distribution s'en plaignirent au patriarche ; mais, contre sa coutume, il leur dit d'un ton et d'un regard sévères : « Si vous voulez être mes économes, ou plutôt ceux de Jésus-Christ, obéissez simplement à son précepte, *de donner à quiconque nous demande*. Il n'a pas besoin, ni moi non plus, de ministres curieux. Si ce que je donne était à moi, j'aurais quelques raisons de le ménager ; mais, s'il est à Dieu, il veut que l'on exécute ses ordres dans la distribution de ses biens. Je ne veux pas prendre part à votre peu de foi ; car, quand tout le monde s'assemblerait à Alexandrie, il n'épuiserait pas les trésors immenses de Dieu. »

L'année se trouva stérile, parce que le Nil n'était pas monté à l'ordinaire. Ainsi la cherté des vivres et la multitude de ceux qui fuyaient les Perses ayant épuisé tout le trésor de l'Église, le saint patriarche emprunta, près de plusieurs bons chrétiens, environ mille livres d'or. Comme il les eut consumées et que la cherté durait toujours, personne ne voulait plus lui rien prêter, parce que chacun craignait pour soi. Pressé par le besoin des pauvres qu'il nourrissait, il était dans une grande inquiétude et redoublait ses prières. Alors un habitant de la ville, qui désirait être diacre, quoiqu'il eût été marié deux fois, voulut profiter de l'occasion, et, n'osant faire la proposition en face, il lui présenta une requête par laquelle il lui offrait, pour les besoins des pauvres, deux cents boisseaux de blé et cent quatre-vingts livres d'or, s'il voulait l'ordonner diacre, alléguant un passage de saint Paul, pour prouver que la nécessité doit faire passer par-dessus la loi. Le saint patriarche le fit venir, et lui dit en particulier : « Votre offrande est grande et vient fort à propos, mais elle n'est pas pure. Quant à mes frères, les pauvres, Dieu qui les a nourris avant que nous fussions nés, vous et moi, les nourrira bien encore à présent, pourvu que nous observions ses commandements; comme il a multiplié les cinq pains, il peut bénir les dix boisseaux de mon grenier. » Ainsi il le renvoya confus. Aussitôt on vint lui dire qu'il venait d'arriver deux grands navires de l'Eglise, qu'il avait envoyés en Sicile chercher du blé. Il se prosterna et dit : « Je vous rends grâces, Seigneur, de n'avoir pas permis que votre serviteur vendît votre grâce pour de l'argent. » Ayant appris que l'abbé Modeste était dans un grand besoin des choses nécessaires pour le rétablissement des saints lieux, il lui envoya mille pièces d'or, mille sacs de froment, mille sacs de légumes, mille livres de fer, mille charges de poisson sec, mille vases de vin et mille ouvriers d'Egypte, avec une lettre où il disait : « Pardonnez-moi si je ne vous envoie rien qui soit digne des temples du Christ ; je voudrais aller moi-même travailler à la maison de sa sainte résurrection. » Avec ces secours, le saint abbé Modeste rétablit l'église du Calvaire, celle de la Résurrection, celle de la Croix et celle de l'Ascension. Il rétablit de fond en comble cette dernière, que l'on nommait *la mère des Eglises*.

Dès que saint Jean l'Aumônier fut assis sur la chaire d'Alexandrie, il assembla les économes de l'Eglise, et leur dit : Allez par toute la ville, et inscrivez-moi tous mes seigneurs, jusqu'au dernier. Ils lui demandèrent avec étonnement qui étaient ses seigneurs et ses maîtres. Ce sont, dit-il, ceux que vous appelez les pauvres. Il s'en trouva plus de sept mille cinq cents, auxquels il faisait donner l'aumône tous les jours. Il eut soin d'empêcher que, par toute la ville d'Alexandrie, on n'usât ni de faux poids ni de fausses mesures, et on publia une ordonnance en son nom, portant confiscation de tous les biens des contrevenants au profit des pauvres ; par où l'on voit quelle était l'autorité du patriarche d'Alexandrie, même sur le temporel. Ayant appris que les officiers de l'Eglise recevaient des présents pour donner la préférence à quelques personnes dans le rachat des captifs, il les assembla, et, sans leur faire de reproches, il augmenta leurs gages, avec défense de rien prendre de qui que ce fût. Ils s'en trouvèrent si bien, que quelques-uns mêmes remirent cette augmentation de gages.

Il sut que plusieurs personnes n'osaient lui porter leurs plaintes, par la crainte qu'elles avaient des secrétaires, des défenseurs de l'Eglise et des autres officiers qui l'environnaient. Il prit alors la résolution de donner deux fois par semaine audience publique, le mercredi et le vendredi. On lui mettait un siége devant la porte de l'église, avec deux bancs pour les hommes de mérite, avec lesquels il s'entretenait ayant l'Evangile entre les mains, et il ne laissait approcher de lui aucun de ses officiers, si ce n'est un seul défenseur, afin que les particuliers se présentassent avec plus de confiance. Mais il faisait exécuter ses ordres par les défenseurs, voulant qu'ils s'en acquittassent avant que de manger ; car, disait-il, si Dieu nous donne la liberté d'entrer à toute heure dans sa maison et de lui offrir nos prières, et si nous voulons qu'il nous exauce promptement, comment devons-nous en user avec nos frères ? Un jour comme il sortait de la ville pour aller à une église des martyrs, une femme se prosterna devant lui, demandant justice de son gendre. Ceux qui accompagnaient le saint patriarche lui conseillaient d'attendre au retour. Mais il répondit : Et comment Dieu recevra-t-il notre prière, si je remets à écouter cette femme ? qui m'a promis que je serai en vie demain ? Et il l'expédia sur-le-champ. Une autre fois, ayant attendu jusqu'à onze heures du matin, sans que personne se présentât à son audience, il se retira versant des larmes. Saint Sophrone lui en demanda tout bas la cause. C'est, dit-il, que je n'ai rien à offrir à Jésus-Christ pour mes péchés. Au contraire, dit Sophrone, vous devez vous réjouir d'avoir si bien pacifié votre troupeau, qu'ils vivent ensemble sans différend, comme des anges.

Il étudiait continuellement l'Ecriture, non pour l'ostentation, mais pour la pratique, et, dans ses conversations particulières, il n'y avait point de discours inutiles. Mais, ou l'on parlait d'affaires nécessaires, ou l'on racontait quelque histoire des saints, ou l'on traitait, soit quelque passage de l'Ecriture, soit quelque dogme, à cause de la multitude des hérétiques dont le pays était infecté. Si quelqu'un médisait d'un autre, le saint patriarche détournait adroitement le discours ; s'il continuait, il ne lui disait rien ; mais défendait à l'officier de semaine de le laisser entrer une autre fois. Les histoires qu'il aimait le plus, étaient les exemples de charité envers les pauvres.

Ses confidents les plus intimes étaient deux moines de grand mérite, Jean Mochus et Sophrone. Jean avait embrassé la vie monastique dans la communauté de saint Théodose de Palestine. Après plusieurs voyages pour visiter les monastères les plus renommés et par suite les ravages des Perses, il s'était arrêté à Alexandrie. Sophrone, qui l'accompagnait partout, était natif de Damas, et avait si bien étudié les lettres humaines, qu'on lui donnait le titre de *sophiste*. Le saint patriarche les respectait tous les deux comme ses pères, et leur obéissait sans réserve. Comme ils étaient très-doctes, il s'en servait utilement pour combattre les sévériens et les autres hérétiques, et ils y travaillèrent avec tant de fruit, qu'ils retirèrent de l'hérésie grand nombre de bourgades, d'églises et de monastères. Le saint patriarche recommandait soigneusement à son peuple de ne communiquer jamais avec les hérétiques, quand même ils se trouveraient privés toute leur vie de la communion catholique. C'est, disait-il, comme un mari longtemps absent de sa femme, à laquelle il n'est pas permis pour cela d'en épouser un autre. Par cette recommandation, on peut juger combien les hérétiques avaient infecté toute l'Egypte, et qu'ils y étaient les maîtres en bien des endroits, puisque des catholiques étaient exposés à ne trouver jamais le libre exercice de leur religion.

Un jour, voyant que plusieurs sortaient de l'église après la lecture de l'Evangile, le saint patriarche sortit aussi et s'assit au milieu d'eux. Comme ils en étaient fort surpris, il leur dit : Mes enfants, où sont les brebis, là doit être le pasteur. C'est pour vous que je descends à l'église, car je pourrais dire la messe pour moi à l'évêché. En ayant usé de la sorte deux fois, il les corrigea.

Il honorait particulièrement les moines. Il bâtit

un hospice particulier pour les moines étrangers, et fonda deux monastères auprès de deux oratoires qu'il avait bâtis, l'un de la sainte Vierge, l'autre de saint Jean. Il leur donna des terres de son patrimoine, et leur dit : Je pourvoirai à vos besoins corporels, ayez soin de mon salut. Vos prières du soir et de la nuit seront pour moi ; celles que vous ferez le jour dans vos cellules seront pour vous. Il voulait ainsi réparer ce qui lui manquait, n'ayant pas pratiqué lui-même la vie monastique. Il avait aussi bâti des hôpitaux pour les étrangers, les vieillards et les malades.

Malgré les richesses de son Eglise, il vivait pauvrement et couchait sur un petit lit, avec une mauvaise couverture de laine déchirée. Un homme riche lui en ayant donné une précieuse, il la prit pour l'amour de lui ; mais elle l'empêcha de dormir ; il songeait aux pauvres qui, dans le même temps, mouraient de froid et de misère. Il l'envoya vendre le lendemain ; le riche la racheta et la lui rendit. Le saint homme la vendit encore, et, à la troisième fois, il lui dit : Nous verrons qui s'en lassera le premier. Il faisait travailler à son tombeau, le laissant toujours imparfait, afin qu'aux grandes fêtes on vînt l'avertir de le faire achever, à cause de l'incertitude de la mort.

Saint Jean l'Aumônier, après avoir si charitablement recueilli et assisté les fugitifs de la Syrie et de la Palestine, fut obligé, l'année suivante 616, de fuir lui-même pour échapper au glaive des Perses. Il résolut de se retirer chez lui en Chypre. Le patrice Nicétas, son ami, voulant profiter de l'occasion, le pria de venir jusqu'à Constantinople prier pour les empereurs, c'est-à-dire Héraclius et son fils. Le saint patriarche y consentit. Mais étant arrivé à Rhodes, il eut une vision dans laquelle un personnage éclatant de lumière et tenant un sceptre d'or, lui dit : Venez, le Roi des rois vous demande. Alors il dit au patrice Nicétas : Vous m'appelez à l'empereur de la terre, mais l'empereur du ciel vous a prévenu, et, après lui avoir raconté sa vision, il se sépara de lui, passa en Chypre et vint à Amathonte, ville de sa naissance. Là, il dicta son testament en ces termes : « Je vous rends grâces, mon Dieu, de ce que vous avez exaucé ma prière, et qu'il ne me reste qu'un tiers de sou, quoiqu'à mon ordination j'aie trouvé dans la maison épiscopale d'Alexandrie environ quatre mille livres d'or, outre les sommes innombrables que j'ai reçues des amis du Christ. C'est pourquoi j'ordonne que le peu qui reste soit donné à vos serviteurs. »

Il mourut ensuite et fut enterré dans l'oratoire de saint Tychon, qui avait été évêque de la même ville d'Amathonte, et dont l'Eglise honore la mémoire le 16 juin. On mit le corps de saint Jean l'Aumônier entre ceux de deux évêques, qui, à la vue de tous les assistants, se retirèrent de part et d'autre pour lui faire place. Il se fit plusieurs miracles à son tombeau, et sa vie fut écrite aussitôt après par Léonce, évêque de Néapolis, dans la même île de Chypre. Léonce l'avait apprise principalement de Mennas, vidame ou économe de l'Eglise d'Alexandrie. Jean Moschus et Sophrone en avaient écrit auparavant une autre, que nous n'avons plus. Saint Jean l'Aumônier mourut le 11 novembre ; mais l'Eglise honore sa mémoire le jour de sa translation, 23 janvier. Il avait tenu dix ans le siége d'Alexandrie, et eut Georges pour successeur. Mais depuis son temps on ne connaît plus guère l'histoire de cette Eglise, à cause de l'invasion des Perses, et ensuite de la domination des Sarrasins (*Acta Sanct.*, 23 jan.).

Plusieurs années auparavant, mais sans qu'on sache précisément l'époque, était mort en Palestine le saint abbé Dorothée, ainsi que le bienheureux Dosithée, son disciple.

Dosithée passa les premières années de sa vie d'une manière toute mondaine et dans une ignorance profonde des vérités du christianisme. Comme il avait beaucoup entendu parler de Jérusalem, il en fit le voyage par curiosité. C'était là où la miséricorde de Dieu l'attendait. Elle se servit, pour le toucher, d'un tableau qui représentait les supplices de l'enfer. Dosithée en ayant demandé l'explication à une personne inconnue qui se trouvait là, fut tellement frappé des choses nouvelles et terribles qu'on lui dit, qu'à l'heure même il quitta le monde pour aller vivre dans la retraite. Il s'adressa à l'abbé Séridon, qui lui donna l'habit monastique et le remit entre les mains de Dorothée, un de ses disciples, qu'il chargea du soin de l'instruire.

Saint Dorothée, qui avait beaucoup d'expérience dans les voies de Dieu, et qui savait combien il est difficile de passer tout à coup d'une extrémité à l'autre, permit d'abord à son élève de manger tout ce qu'il voudrait ; mais par des retranchements insensibles, il le réduisit à huit onces de pain par jour. Ce fut aussi par degré qu'il le disposa à remplir les autres devoirs de la vie monastique. Il lui apprit surtout à mortifier sa volonté dans les petites comme dans les grandes choses, et il le plia tellement à l'obéissance, qu'il n'agissait plus que par l'impulsion de ses supérieurs.

Dosithée ayant passé cinq ans dans le monastère, fut chargé du soin de l'infirmerie ; il remplit cette fonction avec une vigilance, une charité et une douceur qui le firent universellement estimer et aimer. Sa présence seule suffisait pour que les malades se crussent soulagés. Mais sa santé ne tarda point à se déranger. Il fut pris d'un crachement de sang et d'une langueur qui le minaient insensiblement, ce qui, toutefois, ne porta aucune atteinte aux premières dispositions de son cœur ; il en ferma toutes les entrées à cette délicatesse dont les personnes consacrées à Dieu ne se défendent pas toujours. Il n'eut garde de s'imaginer que tout lui était permis, sous prétexte que la maladie exige des adoucissement. Ses forces cependant l'abandonnaient entièrement ; il ne lui en restait plus que pour vaquer à la prière, encore ne pouvait-il y vaquer longtemps de suite. Il en eut une sorte de peine, sur laquelle il consulta saint Dorothée avec sa simplicité ordinaire. Le saint lui dit de ne point s'inquiéter, parce qu'il suffisait que Jésus-Christ fût présent à son cœur. Dosithée ayant conjuré un respectable vieillard du monastère de prier Dieu pour qu'il le retirât de ce monde, celui-ci lui répondit : Ayez un peu de patience, la miséricorde de Dieu est proche. Et, un instant après, il lui dit : Allez en paix, et lorsque vous serez en la présence de l'adorable Trinité, priez Dieu pour nous. Le même vieillard déclara, après la mort de Dosithée, qu'il avait surpassé tous les frères en vertu, quoiqu'il n'eût point pratiqué d'austérités extraordinaires (*Acta Sanct.*, et Godescard, 23 *febr.*).

Dans le même monastère, qui était près de Gaza, vivait saint Dorothée, surnommé l'Archimandrite, pour le distinguer de plusieurs personnages de même nom. Il florissait vers la fin du VIe siècle. Il composa 24 *instructions* ou *discours ascétiques*, que nous avons encore, et dont le docte Galland de Venise a donné, en grec et en latin, la première édition bien complète et bien correcte (Galland, *Biblioth. vet. Pat.*, t. XII). La préface qui est à la tête de ces instructions, et qui a pour auteur un moine de Stude, contient un bel éloge de saint Dorothée. Il y est dit qu'il montra beaucoup de zèle contre l'hérésie de Sévère, eutychien, laquelle avait été adoptée par un autre Dorothée et par un nommé Barsanuphe, qu'il ne faut pas confondre avec le saint de ce nom; il y est dit encore qu'il possédait éminemment l'esprit de prière, d'humilité, de douceur et de mortification. La vérité de cet éloge est confirmée par ses ouvrages.

Les discours ascétiques de Dorothée contiennent d'excellentes maximes sur la vie spirituelle. C'est un recueil d'instructions, tiré de ce qu'avaient dit les plus habiles directeurs des anciens ermites. Les préceptes y sont accompagnés d'exemples. Rien n'y est plus fortement inculqué que le renoncement, l'humilité, l'obéissance et l'assiduité à la prière. L'abbé de Rancé, réformateur de la Trappe, le jugeait si utile, qu'il le traduisit en français pour l'usage de ses religieux (*Acta Sanct.*, et Godescard, 5 *junii*).

On ne peut pas dire autant de bien de tous les écrits de Jean, surnommé *Philoponus* ou ami du travail. Originaire d'Alexandrie, il y enseigna la grammaire. De plus, il se rendit habile dans la philosophie de Platon et d'Aristote. Poussant encore plus loin son désir de savoir, il étudia la théologie chrétienne; car il faisait profession de christianisme. Mais voulant mesurer les mystères divins sur des idées philosophiques, qui n'étaient ni élevées ni profondes, il devint le chef d'une nouvelle secte qu'on appela des *trithéites*, parce que, admettant dans la sainte Trinité trois natures particulières, outre la nature commune, ils admettaient nécessairement trois dieux. Philoponus commença d'enseigner cette erreur vers l'an 540. Il vivait encore du temps de Sergius, patriarche de Constantinople, en 610, et lui dédia quelques ouvrages. Le plus considérable est un commentaire sur l'ouvrage des six jours. Il y suit habituellement saint Basile, et s'applique à montrer que Moïse raconte l'histoire de la création d'une manière conforme à ce qui se voit dans la nature (Galland, t. XII). L'erreur de Jean Philopon sur le trithéisme fut réfutée de son vivant par plusieurs auteurs, mais dont nous ne connaissons les écrits que par la mention que Photius en fait dans sa bibliothèque.

Vers le même temps écrivait Léon de Byzance, d'abord avocat à Constantinople, ensuite moine en Palestine, du moins à ce qu'il paraît. Jeune encore, il fut engagé dans les erreurs de Nestorius; mais, par la grâce de Dieu, il s'en retira et écrivit pour les réfuter, aussi bien que celles d'Eutychès et d'Apollinaire. Il composa une histoire et réfutation des principales sectes, ainsi que d'autres écrits. En faisant le catalogue des patriarches d'Alexandrie, il finit par saint Euloge, qui mourut en 607 (Galland, t. XII).

L'an 616, les Perses, sous le commandement de Sarbas, pénétrèrent en Egypte, prirent et pillèrent Alexandrie, et poussèrent leurs ravages jusqu'aux frontières d'Ethiopie. Dans le même temps, une autre de leurs armées, sous le commandement de Saës, assiégeait Chalcédoine, vis-à-vis de Constantinople. Depuis six ans qu'il était monté sur le trône, l'empereur Héraclius demeurait dans l'inaction. Il se bornait à envoyer des ambassades à Chosroès. En 616, il lui en députa une nouvelle, avec une lettre suppliante au nom du sénat. Chosroès répondit aux ambassadeurs : J'épargnerai les Romains, quand ils auront abjuré leur Crucifié pour adorer le Soleil. Il ne se souvenait plus, le malheureux! que c'était aux Romains qu'il devait sa couronne, et que, dans son adversité, il n'avait trouvé d'autre secours que dans le Dieu des chrétiens. A cette réponse, Héraclius perdit courage. Depuis la perte de l'Egypte, le manque des vivres se faisait sentir à Constantinople, que ravageait de plus une peste horrible. Il résolut donc d'abandonner cette capitale et de se retirer en Afrique auprès de son père. Dans ce dessein, il fit embarquer ce qu'il avait de plus précieux, avec ordre aux pilotes de tourner vers Carthage. Une tempête fit périr la plupart des vaisseaux. Les habitants de Constantinople, consternés, supplièrent l'empereur, par leurs cris et leurs larmes, de ne pas les abandonner. Le patriarche Sergius, étant entré dans le palais, conduit Héraclius à la grande église de Sainte-Sophie, et l'oblige à jurer hautement, à la face des autels, qu'il n'abandonnera pas sa ville impériale. Héraclius prêta le serment, bien que malgré lui. Peu après, il fut parrain d'un chef de Huns, qui vint embrasser le christianisme et demander le baptême à Constantinople (Théoph., Céd., Zon.; Nicéph., *Chron. pascale*; *Hist. du Bas-Empire*, l. 56).

L'empereur Héraclius resta dix ans dans l'inaction, livré au repos et au plaisir, pendant que l'empire était ravagé par les Perses. Il faillit même, l'an 619, être pris par le khan des Avares, qui lui avait demandé une entrevue, sous prétexte de consolider la paix, mais, dans la réalité, pour s'emparer de sa personne, de ses richesses, et surprendre Constantinople. Et peu s'en fallut que l'artifice du Barbare ne réussît complètement. L'empereur, qui s'avançait en grande pompe, eut à peine le temps de se sauver sous un déguisement. Les Avares firent un butin immense, et, suivant le patriarche Nicéphore (p. 8), emmenèrent deux cent soixante-dix mille captifs, hommes, femmes et enfants, au delà du Danube. La 10e année (621), il parut se réveiller, et résolut d'aller attaquer les Perses dans leur pays même. Pour mettre en sûreté la ville de Constantinople, il fit la paix avec le khan des Avares, et, pour tenir celui-ci en échec, il céda quelques provinces à trois nouveaux peuples barbares, les Slaves, les Croates et les Serviens. Comme il ne trouvait point d'argent à emprunter d'ailleurs, il emprunta, disent Cédrénus et Zonare (1), aux monastères et aux églises; il prit ainsi jusqu'aux chandeliers et aux vases de Sainte-Sophie pour en faire de la monnaie.

(1) Cédr., p. 323, édit. Venet.; p. 409, édit. Paris; Zonare, p. 60, édit. Venet., et p. 83, édit. Paris.

Tout étant prêt pour le départ, il déclara son fils Héraclius Constantin, âgé de dix ans, régent de l'empire, sous la direction du patriarche Sergius et du patrice Bonose. Puis, ayant célébré la fête de Pâques le 4 avril 622, la 12e année de son règne, il se rendit le lendemain à l'église de Sainte-Sophie, et se prosternant au pied de l'autel : « Seigneur, s'écria-t-il, ne nous livrez point à vos ennemis en punition de nos crimes, mais jetez sur nous des regards de miséricorde et accordez-nous la victoire, afin que les méchants cessent de s'enorgueillir et d'insulter à votre héritage. » Se tournant alors vers le patriarche : « Je laisse, dit-il, ma capitale et mon fils à la garde de Dieu, de la sainte Vierge et à la vôtre. » Prenant ensuite entre ses mains une image du Sauveur, qu'on disait n'avoir pas été faite de main d'homme, il marcha vers le Bosphore et s'embarqua pour l'Asie.

Son armée se composait de troupes auxiliaires et de troupes romaines ou grecques. Parmi les auxiliaires, il y avait un corps de Turcs. Les Romains ou les Grecs, habitués depuis longtemps à être battus par les Perses, n'avaient plus ni courage ni discipline. Héraclius employa les premiers mois à leur redonner l'un et l'autre. « Voyez, mes frères et mes enfants, leur disait-il, voyez comme les ennemis de Dieu ont foulé aux pieds notre pays, rendu nos villes désertes, brûlé les sanctuaires, profané les autels, et souillé par les plus sales voluptés la pureté des églises. Les ayant ainsi transformés en vrais guerriers, il les assembla tous, et, prenant en main l'image du Sauveur, leur fit serment de combattre comme eux et avec eux jusqu'à la mort, de partager tous leurs dangers et de leur être inséparablement uni comme un père à ses enfants. Ce qui fut encore plus merveilleux, c'est qu'il tint parole (Théophan., Cédr.).

Toujours à la tête de ses troupes, joignant la prudence à la valeur, il entra en Arménie, battit les Perses en plusieurs rencontres, puis, ayant fait semblant de prendre ses quartiers d'hiver dans le Pont, il pénétra subitement dans la Perse même, y défit entièrement une armée considérable, prit le camp ennemi avec des richesses immenses, et fit passer l'hiver en Arménie à ses troupes étonnées de leurs victoires. La campagne suivante ne fut pas moins glorieuse. Ayant célébré la fête de Pâques à Nicomédie avec sa famille, le 27 mars 623, Héraclius était dans la Perse le 20 avril. Il avait écrit à Chosroès pour lui proposer la paix : non content de repousser ses offres, Chosroès fit mourir ses ambassadeurs. Héraclius se servit de tout cela pour enflammer le courage et la confiance de son armée. Il pénétra dans l'intérieur de la Perse, mettant le feu aux villes et aux villages sur sa route, marcha sur Ganzac, actuellement Tauris, où Chosroès était campé avec quarante mille hommes. Après un premier échec, Chosroès prit la fuite; ses troupes furent tuées, prises ou dispersées. Ganzac était la capitale de l'Atropatène. Les rois de Perse y avaient un trésor, qu'on disait être celui de Crésus, roi de Lydie, que Cyrus y avait transporté. Il y avait dans cette ville le temple le plus célèbre du Feu, divinité principale des Perses. Zoroastre, le fondateur de ce culte, était né et avait vécu dans le pays. On y voyait surtout le colosse de Chosroès. Il était assis au milieu du palais, sous un dôme qui représentait le ciel; autour de lui étaient le soleil, la lune et les étoiles, avec des anges qui portaient des sceptres. Au moyen de certaines machines, le colosse versait des pluies et faisait gronder le tonnerre. En un mot, Chosroès s'y faisait adorer comme un dieu. Héraclius fit renverser et mettre en poudre la statue, livra aux flammes et le palais, et le temple du Feu, et une partie de la ville. Ensuite, arrivé en Albanie pour y passer l'hiver, il délivra par compassion, cinquante mille prisonniers persans, et leur donna tous les secours nécessaires. Cette humanité lui gagna tellement les cœurs, que, fondant en larmes, ils faisaient tous des vœux pour qu'il fût le libérateur de la Perse, et qu'il fît périr Chosroès, appelé par eux le destructeur du genre humain, tant il s'était rendu odieux par ses exactions et ses cruautés.

Dans la campagne de 624, où Chosroès fit marcher contre lui trois armées, Héraclius les défit dans trois grandes batailles, et surprit le reste au milieu de la nuit et tellement à l'improviste, que le généralissime Sarbar, réveillé par le bruit des armes, eût à peine le temps de s'élancer de son lit sur un cheval et de se sauver à toute bride, abandonnant au vainqueur son bouclier d'or et ses habits mêmes. La campagne de 625, qui était la quatrième, fut encore heureuse. Chosroès se vengea de la défaite de ses troupes sur les églises de la Perse, dont il enleva tous les ornements, et, pour faire dépit à l'empereur, il força les chrétiens de ses États d'embrasser la secte de Nestorius. Quinze ans auparavant, par complaisance pour son médecin, il avait contraint les habitants d'Édesse d'adopter l'hérésie contraire. Pour la campagne de 626, Chosroès, par un dernier effort, leva trois grandes armées composées sans distinction de libres et d'esclaves, d'indigènes et d'étrangers. L'une de ces armées, sous le commandement de Sarabar, vint à Chalcédoine pour assiéger Constantinople de ce côté, tandis que le khan des Avares, traître à sa parole, l'assiégeait de l'autre. Mais les habitants de la capitale se défendirent avec tant de bravoure, qu'ils repoussèrent et les Avares et les Perses. La seconde armée de Chosroès, sous le commandement de Saïs, fut défaite en Arménie par Théodore, frère de l'empereur Héraclius. Héraclius lui-même défit la troisième près de Ninive, le 12 décembre 627. Elle était commandée par Rhazatès. La bataille commença le matin et ne finit qu'au soir. Les Perses y perdirent, avec leur général en chef, les trois généraux qui commandaient sous ses ordres, presque tous leurs officiers et plus de la moitié de leurs soldats. Du côté des Romains, il n'y eut que cinquante hommes de tués; mais il y eut plusieurs milliers de blessés. L'empereur en prit un si grand soin, que, sur ce grand nombre, il n'en mourut que dix.

De Ninive, qui n'était plus qu'une bourgade bâtie sur les ruines de l'antique Ninive, Héraclius se dirigea vers Ctésiphon, capitale de la Perse, bâtie à quelque distance et avec les débris de l'antique Babylone. Sur la route étaient un grand nombre de palais, de maisons de plaisance, de parcs peuplés de bêtes fauves, où les monarques persans se donnaient le divertissement de la chasse. Héraclius abandonna tout au pillage de ses soldats, et ensuite aux flammes. Chosroès fuyait de ville en ville. Au commencement de l'année 628, Héraclius lui offrit de nouveau la paix. Chosroès s'y refusa encore, et acheva de s'attirer la haine des Persans. Il ne pensait point à ce que lui réservait la justice du ciel. Il y avait trente-huit ans qu'il avait fait mourir son père, Hormisdas, pour régner à sa place. Ce qu'il a fait à son père, il le souffrira de son fils aîné. Attaqué d'une cruelle dyssenterie, il voulut se donner pour successeur son fils Médarsès ou Médarsas, qu'il avait eu de Sira, son épouse de prédilection, quoique chrétienne. Mais Siroès, l'aîné de ses fils, irrité de cette préférence, gagna les grands et l'armée, se fait proclamer roi, et envoie une ambassade à Héraclius. Le malheureux Chosroès fut arrêté dans sa fuite et amené à Ctésiphon le 24 février 628. On le chargea de chaînes ; on l'enferma dans la Tour-des-Ténèbres, qu'il avait fait bâtir pour y serrer ses trésors. Siroès se fit couronner dès le lendemain, et la première action de son règne fut de condamner son père à mourir de faim. Il disait : Qu'il mange cet or, pour lequel il a désolé l'univers et fait mourir de faim tant de monde ! Il envoya les satrapes et tous ses ennemis lui insulter et lui cracher au visage. Il fit égorger devant lui Médarsas, qu'il avait voulu faire couronner, et tous ses autres enfants. Comme le malheureux vieillard respirait encore le cinquième jour, Siroès le fit tuer à coup de flèches. Ainsi périt Chosroès, roi de Perse, par les ordres de son propre fils, comme il avait fait périr lui-même son propre père. Il put reconnaître, dans ses derniers moments, la puissance du Crucifié, qu'il avait outragé de ses blasphèmes et qu'il avait voulu faire renier aux Romains.

L'empereur Héraclius écrivit ces nouvelles à Constantinople, y joignant la lettre que Siroès lui avait adressée, pour lui faire part de son couronnement et lui témoigner le désir de la paix. La lettre de l'empereur fut lue à Constantinople, sur l'ambon de la grande église, le jour de la Pentecôte, 15 mai de la même année 638, la 18e de son règne.

Siroès fit en effet une paix solide avec Héraclius, et lui rendit tous les chrétiens, qui étaient captifs en Perse, entre autres Zacharie, patriarche de Jérusalem, avec la vraie croix, que Sarbar en avait enlevée, quand la ville fut prise, 14 ans auparavant. Elle fut d'abord apportée à Constantinople ; mais l'année suivante 629, l'empereur Héraclius s'embarqua pour la reporter à Jérusalem et rendre grâces à Dieu de ses victoires. Etant arrivé, il remit la croix à sa place. Elle était demeurée dans son étui, comme elle avait été emportée : le patriarche, avec son clergé, en reconnut les sceaux entiers, l'ouvrit avec la clé, l'adora et la montra au peuple. L'Eglise célèbre la fête de cet événement le 14 septembre, où déjà auparavant elle célébrait l'apparition de la croix à Constantin, sous le nom d'Exaltation de la Sainte-Croix. Héraclius chassa les Juifs de Jérusalem, et leur défendit d'en approcher de trois milles. Etant à Edesse, il rendit aux catholiques l'église que Chosroès avait donnée aux nestoriens. Il fit à la grande Eglise de Constantinople et à son clergé une rente annuelle, en paiement des sommes qu'il en avait empruntées pour les frais de cette guerre.

Siroès ne jouit pas longtemps du fruit de son parricide. Après six mois de règne, il mourut de la peste, suivant les uns ; de remords de ses crimes,

suivant d'autres. Après lui, le trône de Perse ne parut plus qu'un coupe-gorge. Son fils, en bas âge, Ardeschir ou Artaxerces, après un règne de sept mois, est tué par le général Sarbar, son oncle, qui n'en règne que deux. Sarbar est tué et remplacé par Diévanschir ; qui l'est lui-même par une fille de Chosroès, nommée Borane ; après elle parurent successivement sur le trône : un certain Tchaschinendeh ; Azermidsekt, sœur de Borane ; un certain Kesra ou Chosroès ; Ferokzad ; Iezdedjerd, petit-fils du dernier Chosroès, qui fut couronné l'an 632. En sorte que, dans l'espace de quatre ans, la Perse vit à peu près neuf personnages se remplacer sur le trône par le meurtre. Tout ceci annonçait la fin de cet empire. En effet, Izdegerd III, que Théophane appelle Hormisdas, sera le dernier roi de Perse ; il périra l'an 651, sous le fer des Arabes, et son fils Pérosès ira mourir sans postérité à Siganfou, en Chine, capitaine des gardes de l'empereur chinois (1).

Cette longue guerre des Grecs et des Perses, si désastreuse pour les deux empires, leur fut encore plus fatale, en ce qu'elle donna naissance à l'empire des Arabes, qui devait les anéantir l'un et l'autre. Parmi les Arabes de la péninsule, nommée proprement Arabie, il y avait des tribus juives, des tribus chrétiennes, des tribus idolâtres. Vers l'an 522, ainsi que nous l'avons vu, les Arabes juifs et les Arabes chrétiens se disputèrent la royauté de l'Yémen ou de l'Arabie Heureuse. Par le secours des rois d'Ethiopie, et des empereurs de Constantinople, les Arabes chrétiens, connus des Orientaux sous le nom d'Hamiar, et appelés Homérites par les Grecs, eurent le dessus, et régnèrent près d'un siècle dans l'Yémen (*Hist. du Bas-Emp.*, l. 40). Au commencement du VIIe siècle, dans le temps que Chosroès II faisait une si rude guerre à l'empire de Constantinople, l'Yémen fut envahi par les Perses, et régi dès lors par des princes ou gouverneurs persans (*Hist. du Bas-Emp.*, l. 5, n. 34). Les tribus arabes, divisées de religion et de gouvernement, ressentaient ainsi tour à tour les coups que se portaient les deux empires des Perses et des Grecs. Un homme se rencontra, qui, par la ruse et la force, réunit toutes les tribus sous un même empire religieux et politique : cet homme fut Mahomet. Et, dans l'espace d'un siècle, le nouvel empire aura envahi la Perse, la Syrie, l'Afrique, l'Espagne ; il ne reculera que devant l'épée des Francs.

Mahomet, ou suivant l'orthographe et la prononciation des Orientaux, Mohammed, qui signifie *loué, glorifié*, naquit à la Mecque, ville de l'Arabie Pétrée, le 10 novembre 530, suivant l'opinion la plus probable (2). Son origine n'était point obscure ; il était de la tribu des Coraïchites, la plus illustre parmi les Arabes, puisqu'elle descendait en ligne directe d'Ismaël, fils d'Abraham, et qu'elle possédait, depuis cinq générations, la souveraineté de la Mecque et l'intendance de la Caaba. C'est le temple de la Mecque, bâtiment carré pour lequel les Arabes ont toujours eu la plus grande vénération. Car, disent-ils, il a été bâti par Abraham et Ismaël, à la place même d'un

---

(1) Théophan., Cédren., Zon.; Nicéph. *Chronique pascale*, etc.; *Histoire du Bas-Empire*, l. 57, n. 42 ; l. 25, notes, édit. de Saint Martin.

(2) D'autres auteurs font naître Mahomet en 569 ou 571 (Cf. Weil, *Vie de Mahomet*, et Hammer, *Galerie des grands hommes*, I).

B. H.

temple pareil, fondé par Seth et par Adam, mais qui avait été renversé par le déluge. Ils montrent en preuve une pierre où Abraham a laissé l'empreinte de son pied jusqu'à la cheville. Ce que ce temple a de plus merveilleux, c'est une pierre noire enchâssée à un de ses angles. Suivant les Arabes, c'était originairement une des pierres précieuses du paradis, et elle est tombée du ciel avec Adam. Les pèlerins la baisent avec une grande dévotion, bien que devenue noire comme le charbon, par le contact d'une femme impure. Près du temple est le puits de Zemzem, le même que l'ange découvrit à Agar et à Ismaël, quand ils furent chassés de la maison d'Abraham. Le sépulcre d'Ismaël est auprès. L'eau de ce puits est si admirable, toujours suivant les Arabes, que, bue copieusement, elle remédie à tous les désordres de l'âme et procure une entière rémission des péchés. Aussi les pèlerins ne manquent-ils pas d'en boire, et beaucoup. Pour toutes ces raisons, les Arabes venaient, de temps immémorial, en pèlerinage à la Mecque et à la Caaba. La possession de la ville et de son temple était d'une importance considérable. Les Coraïchites, qui en étaient les maîtres à la naissance de Mahomet, étaient devenus idolâtres : la Caaba était un temple d'idoles; il y en avait quelques-unes au dedans, et trois cent soixante au dehors. Les Arabes leur immolaient leurs filles. Mahomet lui-même fut idolâtre jusqu'à l'âge de quarante ans (*Hist. univ. des Anglais*, t. XLI).

Il perdit son père à l'âge de deux mois, sa mère à l'âge de six ans, et fut élevé par son oncle paternel Abou-Thaleb, qui avait la principale autorité à la Mecque, comme chef de Coraïchites. Mahomet avait 12 à 13 ans, lorsque son oncle le mena en Syrie, dans un voyage pour les affaires de son négoce. Ils descendirent à Bostra, dans un monastère où un moine nestorien, nommé Félix, surnommé Boheira, et que l'on croit avoir porté chez les Grecs le nom de Sergius, leur donna cordialement l'hospitalité et se lia d'amitié avec eux. A l'âge de quatorze ans, suivant Aboulféda, ou de vingt, suivant d'autres écrivains arabes, Mahomet fit ses premières armes, sous son oncle Abou-Thaleb, dans une guerre que les Coraïchites soutinrent contre une autre tribu qui avait violé le territoire de la Mecque. Marchands et voleurs de leur naturel, les Arabes ou Bédouins ont souvent de ces guerres les uns avec les autres. Celle-ci fut appelée *guerre impie*, parce que les deux partis la poussèrent avec toute la fureur possible, pendant les quatre mois sacrés où il était défendu de combattre. A l'âge de vingt-cinq ans, Mahomet entra comme facteur au service d'une riche marchande, nommée Kadidja, veuve de deux maris; celle-ci l'épousa quelque temps après, quoiqu'elle fut âgée de quarante ans. Il venait de faire, par son ordre et avec succès, un second voyage commercial en Syrie. Un parent de cette femme, nommé Warrakah, d'abord juif, puis chrétien, était redevenu idolâtre (Pocock., *Specim. hist. arab.*, p. 157; Kerz, t. XXII, p. 80). Dans la suite, Mahomet prit encore une vingtaine de femmes ou concubines, parmi lesquelles deux juives et une chrétienne, appelée Marie (*Hist. univ.*, t. XLI, p. 351 et seqq.). Son mariage avec la riche Kadidja fit de lui un des personnages notables de sa tribu. Une rencontre fortuite vint encore ajouter à sa considération. Il avait 35 ans,

lorsque les Coraïchites ayant rebâti avec plus d'étendue et d'élévation le temple de la Caaba, qu'une femme avait incendié en y brûlant imprudemment des parfums, une contestation s'éleva sur la prééminence entre les diverses tribus arabes, quand il fallut placer la pierre noire. On convint de s'en rapporter à la décision du premier citoyen qui se présenterait à la porte du temple. Mahomet parut; on le prit pour arbitre. Il ordonna que la pierre, mise sur un tapis, fut élevée ainsi par des hommes de chaque tribu, jusqu'à la hauteur où elle devait être placée : alors, il la prit lui-même et la posa de ses mains.

Cette circonstance acheva probablement d'éveiller en lui l'ambition et l'idée de fonder un empire religieux et politique. Pour s'insinuer plus aisément dans les esprits, il affecta longtemps une vie austère et retirée. Il prit l'habitude, pendant quelques années, d'aller s'enfermer tout un mois dans les cavernes du mont Héra, à une lieue de la Mecque. La 44e année de son âge, il y passa près de six mois de suite. De temps en temps, il faisait venir sa femme, ses enfants, ses domestiques, et leur parlait en termes obscurs de visions nocturnes et d'apparitions (1). Enfin, au mois de Ramadan, dans la nuit du 23 au 24, il eut, dit-il à sa femme, l'apparition suivante : Une voix l'appela par son nom; une lumière céleste éclaira la contrée, et l'Alcoran, c'est-à-dire l'Ecriture, la lecture par excellence, la dernière révélation de Dieu, descendit du ciel, complète dans toutes ses parties. Le porteur en était l'archange Gabriel, dont la splendeur naturelle était si grande, que Mahomet le supplia de ne lui apparaître désormais que sous une forme humaine. Gabriel le lui promit, et lui commanda de lire dans l'Alcoran : ce que Mahomet fit très-couramment, quoiqu'il protestât n'avoir jamais appris à lire. Alors Gabriel le salua comme le prophète de Dieu, et remporta l'Alcoran au ciel, mais en lui donnant l'assurance qu'il le lui apporterait partiellement, chapitre par chapitre, suivant que les circonstances le demanderaient. Voilà ce que Mahomet dit à sa femme, d'après le récit unanime des auteurs mahométans. Sur quoi l'on peut faire cette remarque : Ou bien Mahomet n'avait rien vu de ce qu'il dit, et alors c'est un vil imposteur; ou bien il l'avait vu, et alors il est une preuve de plus de ce que nous dit saint Paul, que Satan lui-même se transfigure en ange de lumière. On peut remarquer encore la précaution satanique de poser en principe que l'Alcoran complet est au ciel et qu'il en descenda par chapitre, suivant les circonstances. Nous verrons comme Mahomet en profitera, pour autoriser, pour consacrer au nom du Ciel son ambition et sa luxure.

Kadidja, ravie d'être la femme d'un prophète, jura par celui qui tenait son âme entre ses mains, qu'elle croyait à sa mission. Elle courut informer son cousin Warrakah, qui, de juif devenu chrétien, était de chrétien redevenu idolâtre. Cet apostat

---

(1) Mahomet qui se recueillait souvent en lui-même pour méditer, et qui était épileptique si nous en croyons Zonare, devint peu à peu visionnaire. Les visions involontaires, les hallucinations maladives auxquelles il était sujet, devinrent pour lui des réalités, et expliquent quelque peu sa conduite ultérieure. Malgré les turpitudes de sa doctrine, il montra trop de désintéressement, d'enthousiasme et de patience dans ses traverses, pour qu'on ne puisse voir en lui qu'un simple imposteur (Cf. Haneberg, XIV, 117).

E. H.

fit le même serment, que Mahomet était le prophète annoncé par Moïse. Comme, au dire de Mahomet, l'ange Gabriel lui apparaissait plus fréquemment que jusqu'alors; il fut encore reconnu pour prophète par son cousin Ali, âgé de 10 à 11 ans, qu'il avait pris à la maison depuis quelques années ; et par un de ses esclaves nommé Zaïd, auquel il donna la liberté en récompense. Une conquête plus importante pour Mahomet fut celle d'Aboubècre, homme fort considéré, dont l'exemple attira plusieurs autres, et qui fut dans la suite le premier calife ou vicaire de Mahomet. Cependant, au bout de trois ans, tout son parti ne consistait qu'en 40 personnes. Il essaya, dans deux repas, de gagner tous ceux de sa famille : il ne réussit pas pour un moment; mais il gagna plus tard Hamza, un de ses oncles, et le fameux Omar, qui fut le deuxième calife. Sous la protection de son oncle Abou-Taleb, chef de sa tribu, il se produisit comme prophète devant le peuple, et lui prêcha publiquement sa doctrine ; qu'il appela dès lors *Islam*. Ce mot veut dire, abandon, résignation complète à Dieu ; et le mot *musulman*, en persan *Muslim*, formé de la même racine, veut dire un homme résigné à Dieu de cette manière. Mais comme Mahomet se donnait pour le suprême envoyé de Dieu, le sens de ces mots est proprement, soumission aveugle, absolue à tous les ordres, à tous les désirs de Mahomet.

La prédication de la nouvelle doctrine divisa la tribu des Coraïchites. Les opposants, qui étaient les plus nombreux, commençaient à recourir à la violence. Mahomet, qui ne se sentait pas encore le plus fort, permit aux siens de se retirer en Abyssinie. Cette première *hégire* ou fuite des Musulmans arriva la cinquième année de la prétendue mission de Mahomet. Le nombre des réfugiés monta successivement à 83 hommes, 18 femmes et quelques enfants. Comme l'empereur d'Abyssinie était chrétien, il leur demanda ce qu'ils pensaient de Jésus-Christ. Ils répondirent par quelques versets de l'Alcoran, qui en parlent d'une manière fort honorable : ce qui empêcha de les livrer aux Coraïchites, qui avaient envoyé les réclamer. Au milieu de divers incidents, qui augmentèrent l'animosité des partis à la Mecque, Mahomet faisait toujours quelques prosélytes, particulièrement parmi les pèlerins étrangers. Il gagna surtout six juifs des plus considérés de la ville d'Yatreb, appelée depuis Médine, qui firent serment de le défendre contre ses ennemis et d'être ses prédicateurs parmi leurs compatriotes, dont en effet ils lui attirèrent bientôt un grand nombre. Ce fut le fanatisme de cette demi-douzaine de juifs arabes, qui, ainsi que nous le verrons, posa le premier fondement de la puissance temporelle de Mahomet, décida le sort de l'Arabie et donna une direction nouvelle à l'histoire du monde. Ayant rejeté le Christ, les Juifs sont les premiers à soutenir l'antechrist.

Jusqu'alors c'était simplement Gabriel qui avait érigé Mahomet en prophète, et qui lui enseignait sa doctrine. L'an 621, 12e année de sa prétendue mission, il voulut placer son trône prophétique au-dessus de tous les prophètes et de tous les anges, et, dans un voyage nocturne, traversant tous les cieux, s'élever infiniment au-dessus, et s'entretenir avec Dieu même face à face. Voici le résumé de ce voyage, tel qu'il est rapporté au long dans les auteurs arabes,

dans la *Sonna* ou la tradition orale des Musulmans, et tel que l'*Alcoran* le rappelle en substance.

Mahomet dormait une nuit entre deux collines, lorsque l'ange Gabriel lui ouvrit le cœur, en exprima la goutte noire ou le principe du péché originel, le lava, le remplit de foi et de science, et ensuite le remit à sa place. Après quoi, l'ayant éveillé, il lui annonça que le Très-Haut le mandait et voulait l'entrenir face à face. En même temps, il lui présenta la jument El-Borac, comme qui dirait la foudroyante. Elle était sellée et bridée. C'était la monture ordinaire des prophètes. Comme elle n'en avait pas porté depuis longtemps, elle se montrait fort revêche. Mahomet la rendit docile, en lui promettant, sur sa demande, de lui obtenir une belle étable dans le paradis. Elle le transporta donc en un clin d'œil à la porte du temple de Jérusalem. Mahomet y trouva une multitude de patriarches et de prophètes, qui tous l'accueillirent avec respect, se recommandèrent à ses prières, et lui souhaitèrent un heureux voyage.

Une échelle de lumière se trouvait là, qui allait directement de la terre au premier ciel. La distance était de cinq siècles de marche ordinaire; Mahomet et El-Borac la franchirent en peu d'instants; la jument El-Borac resta sur la terre, attachée à un rocher, suivant les auteurs arabes; car un Français, traducteur admiratif de l'Alcoran, la fait galoper le long de l'échelle, ayant Mahomet en croupe (1). Arrivés au premier ciel, ils frappèrent à la porte. Qui est là? demanda le portier. On lui répondit : Gabriel et son compagnon Mahomet, le favori de Dieu. Aussitôt les portes s'ouvrirent, et un vieillard vénérable vint au devant du prophète, lui fit plusieurs révérences très-profondes, et se recommanda à ses prières. C'était le vieux Adam, père du genre humain. Leur voyage continua de même du premier au second ciel, du second au troisième, au quatrième, et enfin au septième. Chaque ciel était distant de l'autre de cinq siècles de marche ordinaire: Ces cieux divers étaient d'une magnificence variée, mais croissante. Le premier était d'argent, tapissé toutefois de pierres précieuses; le second était d'or; le septième et le plus haut, n'était que splendeur et lumière divine. Dans chaque ciel se trouvaient des patriarches et des prophètes, selon le rang que Mahomet veut bien leur assigner. Il y vit entre autres Issa ou Jésus; mais il ne dit pas nettement dans quel ciel. Dans le premier, il vit une multitude d'anges de toutes sortes de formes ; un entre autres sous la forme d'un coq blanc comme la neige et d'une grandeur si prodigieuse, que sa tête touchait au second ciel. « C'était, dit Mahomet, le principal ange des coqs; il s'unit chaque jour à Dieu pour chanter une hymne : son chant est si éclatant que tous ceux qui sont au ciel et sur la terre l'entendent, excepté les hommes et les fées, et aussitôt tous les autres coqs qui sont au ciel et sur la terre chantent aussi. » Dans le troisième ciel, il vit une merveille non moins étonnante : un ange d'une taille tellement énorme, que l'espace entre ses deux yeux égalait soixante-dix mille journées de chemin. Mais ici, comme l'ont remarqué de savants Anglais, Mahomet avait oublié son arithmétique ; car l'espace entre les yeux d'un homme n'étant, par rapport à sa hauteur totale, que d'un à soixante-douze, la hauteur totale

(1) Le Coran, avec la *Vie de Mahomet*, par Savari, t. 1, p. 50.

de cet ange a dû être d'environ cent quarante mille ans de chemin, c'est-à-dire de quatre fois la hauteur de tous ses sept cieux ensemble, et par conséquent cet ange n'aurait pu se tenir dans aucun d'eux.

Dans le septième ciel, Mahomet s'entretint avec Abraham, admira l'arbre Sédra, sur les rameaux duquel une multitude d'oiseaux des plus charmants, qui étaient des anges transformés, chantaient de la manière la plus ravissante. Près de là était la source de quatre grands fleuves, dont deux sont le Nil et l'Euphrate. Après qu'il eût contemplé les indicibles merveilles de cet arbre, Gabriel lui dit qu'il devait maintenant poursuivre tout seul son voyage, attendu qu'à lui-même il n'était pas permis de pénétrer au delà du septième ciel. Mahomet monta donc sur l'arbre Sédra, et s'éleva de là, à travers un espace incommensurable et un immense océan de lumière, jusqu'au trône de Dieu. En approchant, il lut sur les degrés du trône ces paroles : *La Allak illa Allah, va Mahommed rasoul Allah*, c'est-à-dire : « Il n'y a de Dieu que Dieu, et Mohammed est l'apôtre de Dieu. » Admis en la présence du Très-Haut, Mahomet le vit sur son trône. En signe de sa faveur, Dieu lui mit une main sur la poitrine, l'autre sur l'épaule, et s'entretint longuement et familièrement avec lui. Dans cette conversation, il lui révéla un grand nombre de mystères cachés, lui fit entendre toute sa loi, lui accorda plusieurs grands priviléges; entre autres, qu'il serait la plus parfaite des créatures; qu'il serait honoré et élevé au-dessus de tout le reste des hommes; qu'il serait le rédempteur de tous ceux qui croiraient en lui; qu'il aurait la connaissance de toutes les langues, et que les dépouilles de tous ceux qu'il vaincrait à la guerre appartiendraient à lui seul. Enfin, il lui ordonna de prescrire à ses disciples cinquante prières par jour; mais, sur ses remontrances, il les réduisit à cinq. Après quoi Mahomet étant descendu au septième ciel, y trouva Gabriel, qui l'accompagna jusque sur la terre, à Jérusalem, d'où la jument El-Borac le transporta dans un clin d'œil à la Mecque. Le voyage tout entier ne dura pas une heure.

Le lendemain il en raconta les merveilles à ses disciples. Plusieurs eurent de la peine à y croire; quelques-uns pensèrent même l'abandonner, comme un visionnaire. Mais Aboubècre, dont Mahomet avait épousé la fille, assura avec serment que tout ce que racontait son gendre était vrai. En récompense, Mahomet lui donna le nom de *témoin fidèle*. Il osa bien plus : pour consacrer cette imposture satanique par l'autorité de Dieu même, il lui fait dire, dans un chapitre de l'Alcoran : « J'en jure par l'étoile qui disparaît ! votre compatriote n'est point dans l'erreur, il ne dit rien du sien, il ne dit que ce qui lui a été inspiré par le Dieu tout-puissant. Il dit ce qu'il a vu. Il a vu l'ange au ciel, près de l'arbre qui est au côté droit du trône de Dieu, et sa vue n'a pas été éblouie. Certainement, il a vu les merveilles de son Seigneur (Alcoran, c. 53).

Cet audacieux blasphème, qui fait jurer à Dieu l'imposture la fois la plus impie et la plus ridicule, décèle évidemment ce vieux serpent qui disait à la première femme, contrairement à la parole expresse de Dieu : « Non, vous ne mourrez point de mort, car Dieu sait qu'aussitôt que vous en mangerez, vos yeux s'ouvriront, et que vous serez comme des dieux. » Et quand nous voyons Mahomet, dans cette imposture satanique, s'élever au-dessus de tous les patriarches et de tous les prophètes, au-dessus de tous les anges, au-dessus de Jésus-Christ et s'approcher seul du trône de Dieu, comme son pareil, peut-on méconnaître cet ange de l'orgueil, qui disait par un autre : « Je monterai aux cieux, je placerai mon trône par-dessus les astres, et je serai semblable au Très-Haut ? » Quant à ce voyage ou cette vision nocturne, il n'est pas impossible que Satan ait fait voir à Mahomet quelque chose de cette nature, et qu'il soit même ce dieu faux et menteur dont Mahomet est réellement l'apôtre, puisqu'il a bien osé transporter Jésus-Christ sur le pinacle du temple, ensuite, sur une haute montagne, lui montrer tous les royaumes de la terre avec leur gloire, et lui dire : « Je te donnerai tout cela, si tu te prosternes devant moi et m'adores. » Si le tout est entremêlé de circonstances ridicules, n'est-ce pas encore une ruse de Satan pour déverser le ridicule sur l'Écriture sainte, dont il contrefait les récits et les miracles, comme le singe de Dieu, ainsi que l'appelle un Père de l'Église ? Enfin son dogme principal : « Il n'y a de Dieu que Dieu, et Mahomet est son prophète, » est encore, même dans sa première partie, une équivoque satanique; car quand il dit : « Il n'y a de Dieu que Dieu, » c'est pour exclure Jésus-Christ de la divinité et pour se mettre au-dessus de lui. C'est là le cachet propre de l'antechrist.

Mahomet ayant raconté l'histoire ou la fable de son voyage nocturne, devant le peuple et dans le temple de la Mecque, tous les auditeurs se moquèrent de lui et le sifflèrent. En présence du peuple et dans le temple même, les Coraïchites le convainquirent de mensonge et d'imposture, et toute la Mecque jura que leur compatriote avait perdu la tête, ou qu'il était un infâme menteur. Mais il n'en fut pas de même à Médine, ville rivale de la Mecque. Le bruit du voyage nocturne de Mahomet y fit une impression profonde; le nombre de ses partisans y augmentait de jour en jour; il n'y avait pas une maison où il n'y en eût deux ou trois, et leur fanatisme augmentait avec leur nombre. Enfin ils lui députèrent soixante-quinze notables, pour lui jurer fidélité et obéissance au nom de leurs concitoyens. Dans une entrevue nocturne sur une colline, près de la Mecque, ils conclurent une alliance offensive et défensive. Mahomet choisit parmi eux douze hommes qui devaient avoir la même autorité que les douze apôtres de Jésus parmi ses disciples. Mais, lui dirent les députés, si nous mourons pour votre cause, ô apôtre de Dieu, quelle sera notre récompense ? — Le paradis, répondit Mahomet. — C'est assez, dirent-ils; et à l'instant ils prêtèrent serment de fidélité entre ses mains.

Et quel est ce paradis que Mahomet promet à ceux qui se font tuer pour sa cause ? Voici le tableau que lui-même nous en fait dans plusieurs chapitres de son Alcoran. « Ils seront introduits dans des jardins de délices, où coulent des fleuves d'une eau incorruptible, des fleuves d'un lait inaltérable, des fleuves du miel le plus pur, des fleuves d'un vin qui flatte agréablement le gosier (Ch. 47). Ils y reposeront sur des lits de soie brochés d'or; ils auront à leur disposition des fruits magnifiques, des viandes, des oiseaux; se lèvent-ils de table ? ils expirent comme un parfum ce qu'ils ont mangé, et peuvent se remettre à un nouveau festin avec plus d'appétit encore. Ils y auront chacun pour compagnes quatre-vingt-dix houris aux grands yeux noirs, belles comme des rubis et des perles, fraîches comme la rosée du matin; elles seront leurs épouses et ne cesseront pas d'être filles. » C'est-à-dire que le paradis de Mahomet n'est au fond qu'une honnête maison de débauche, et qu'il consiste dans les sales voluptés du libertinage, exemptes des devoirs de la paternité : ce qui est quelque chose au-dessous de la brute. Voilà ce que Mahomet fait jurer à Dieu, par l'Alcoran, de donner à ses élus (1). A ce trait, comment ne pas reconnaître l'œuvre de ces esprits immondes qui demandaient au Christ la permission d'entrer dans des pourceaux?

Cependant les Coraïchites, alarmés de la ligue que Mahomet venait de former avec ceux de Médine, résolurent de se défaire de lui. Il échappa au danger et se réfugia lui-même à Yatreb, où il fut reçu comme un triomphateur. Sa résidence en cette ville lui a fait donner le nom de Médinat-al-Nabi, ville du prophète, où simplement Médine, qu'elle conserve encore. Cette fuite de Mahomet est devenue pour tous les mahométans le commencement de l'ère dont ils se servent, et qui est connue sous le nom d'*hégire*, qui veut dire fuite. Cette ère commence avec le premier jour de Moharrem, premier mois de l'année musulmane, jour qui correspond au vendredi 16 juillet 622; mais il faut observer que, dans le fait, Mahomet ne s'enfuit de la Mecque que le 12 septembre 622, et n'arriva à Médine que le 28 du même mois. Il entrait alors dans la 54e année de son âge et la 14e de sa mission.

Un de ses premiers soins fut d'y bâtir une mosquée pour la prière, une maison pour lui-même et d'autres pour ses femmes; car, après la mort de Kadidja, il en épousa successivement quinze et plus, sans compter les concubines et les esclaves. A l'âge de 54 ans, il consomma son mariage avec Aïcha, qui n'en avait que neuf, et qui était fille d'Aboubècre; il n'accordait à ses disciples que quatre femmes. Pour lui, huit ou neuf femmes, du rang d'épouses, ne suffisaient point à sa luxure. Il devint amoureux de la femme de son fils adoptif, Zaïd, son ancien esclave. Pour lui complaire, Zaïd répudia sa femme, et Mahomet l'épousa avec une solennité extraordinaire. Quelques-uns murmuraient d'un pareil inceste. Aussitôt Mahomet fait descendre du ciel un chapitre de l'Alcoran, où Dieu lui fait un reproche d'avoir caché, par respect humain, la passion qu'il avait pour la femme de son fils, tandis que le Ciel lui-même en était l'auteur; il lui apprend que l'adoption n'est plus un obstacle au mariage, et que, par un privilège spécial, il peut épouser toute femme qui se donnerait à lui (Ch. 33); il défend enfin à tout musulman d'entrer dans la maison du prophète sans sa permission; de parler à aucune de ses femmes, si ce n'est à travers un voile; d'épouser jamais aucune femme ou fille avec laquelle il aurait eu commerce : ce serait un crime énorme. Comme le paradis du mahométan n'est dans le fond qu'un lieu de débauche, monté avec un luxe oriental, il était juste que l'inventeur Mahomet en eût un avant-goût notable en ce monde :

(1) Ch. 18, 44, 55, 78, avec les commentaires de la *Sonna* et des docteurs musulmans.

cela est de l'homme, cela est du libertin; mais faire dire à Dieu que c'est lui-même qui le commande, voilà qui passe l'homme, qui est de Satan.

Mahomet se trouvant un peu en force à Médine, commença à faire la guerre à sa patrie et à sa tribu. Tel qu'un chef de Bédouins, il surprenait et détroussait les caravanes des Coraïchites, ses compatriotes. Le 14 mars 626, à la tête de trois cent treize hommes, il en attaqua une en personne dans un lieu nommé Bèdre. Il eut l'avantage, pilla une partie de la caravane, tandis que l'autre se retira en bon ordre à la Mecque. Ce coup de main est célébré dans l'Alcoran comme une victoire incomparable, remportée par le secours de Gabriel et d'un millier d'anges. Mahomet fit jeter dans un puits les cadavres des ennemis. Parmi les prisonniers, il fit couper la tête à deux, parce que précédemment ils avaient traité ses révélations de contes de vieilles. C'est ainsi qu'il réfutait ses adversaires. Ce ne fut pas la seule fois. Il fit assassiner un poëte de Médine, nommé Caab, parce qu'il ne le ménageait pas dans ses vers; il fit assassiner Sofian, chef de tribu, parce qu'il faisait des préparatifs de défense, et, en témoignage de satisfaction, il donna sa canne à l'assassin; il fit assassiner également le juif Salam; il envoya assassiner Abou-sofian, général des Coraïchites; mais l'assassin manqua son coup. Une autre tribu, les Coréïdites, assiégés dans leur forteresse, se rendirent à discrétion, promirent tous d'embrasser l'islamisme, d'observer tous les préceptes de l'Alcoran; ils demandaient seulement la vie. Mahomet fait creuser des fosses larges et profondes, fait descendre les vaincus dix à dix dans ces fosses, où des bourreaux leur coupent la tête; et Mahomet contemple ce massacre, d'un bout à l'autre, avec un visage impassible. Et à chacune de ces atrocités, il fait descendre du ciel un chapitre de l'Alcoran, pour les justifier par l'ordre de son dieu. Qui ne voit ici cet autre caractère de l'esprit de ténèbres : il fut homicide dès le commencement.

Ce caractère se révèle et dans l'Alcoran (Ch. 8, 9, 22), et dans la *Sonna*, et dans toute l'histoire du mahométisme. Partout c'est une guerre implacable contre les infidèles, c'est-à-dire contre tous ceux qui ne croiront point à la parole de Mahomet. « Il m'a été ordonné, dit-il dans la *Sonna*, de tuer tous les hommes, jusqu'à ce qu'ils confessent qu'il n'y a de Dieu que Dieu, et que Mahomet est son prophète. S'ils le font, abstenez-vous du meurtre et du pillage, à moins qu'on ne fasse le contraire pour le salut de l'islamisme. Vous devez attaquer les villes et les maisons des peuples, jusqu'à ce qu'ils prient comme ils doivent prier. La véritable clé du paradis, c'est le glaive. Une nuit passée sous les armes et dans le camp a plus de mérite que toutes les œuvres de la piété et de la dévotion (Kerz, p. 119). » Et afin qu'aucun traité de paix ne les arrête, il fit descendre du ciel un chapitre de l'Alcoran, où il est dit : Dieu vous a permis de délier vos serments (Ch. 66, trad. de Savari).

Tant qu'il ne se sentait point en force, son langage était pacifique et modeste. « Ne disputez avec les juifs et les chrétiens qu'en termes honnêtes et modérés, se faisait-il dire par Dieu. Confondez ceux d'entre eux qui sont impies. Dites : Nous croyons au livre qui nous a été envoyé, et à vos écritures; notre Dieu et le vôtre ne sont qu'un; nous sommes musulmans. Nous avons fait descendre le Coran du ciel. Ceux qui ont reçu la loi écrite croient en lui. Des signes frappants le caractérisent. Ils sont gravés dans le cœur de ceux qui ont la sagesse. Les méchants seuls en nient l'évidence. Ils ne veulent, disent-ils, y ajouter foi, que lorsqu'ils seront autorisés par des miracles. Réponds-leur : Les miracles sont dans les mains de Dieu, je ne suis chargé que de la prédication (Ch. 29). » Ailleurs : « Les infidèles ont dit : Nous ne croirons point au prophète, si nous ne voyons paraître quelque miracle; dis-leur : Je ne suis envoyé que pour prêcher la parole de Dieu (Ch. 18). » Et encore : « Ils diront que tu as controuvé l'Alcoran et qu'il est de ton invention. Réponds-leur : Apportez dix chapitres semblables en éloquence à ceux qu'il renferme; appelez à votre aide les idoles que vous adorez : si elles n'exaucent pas vos prières, sachez que l'Alcoran est descendu du ciel par la permission de Dieu (Ch. 11). » Voilà comme parlait Mahomet dans les commencements. On lui demandait des miracles pour preuve de sa mission. Il répondait par de vaines défaites, et puis se jetait dans une longue et fastidieuse énumération des prodiges que Dieu a opérés, soit dans la nature, soit en faveur des patriarches, des prophètes, entre autres de Jésus, fils de Marie; et puis, au milieu de ses ennuyeuses répétitions, il concluait en sophiste : Donc Dieu a fait descendre l'Alcoran du ciel; et ceux qui n'y croient pas sont des infidèles et méritent l'enfer.

Plus tard, il donna pour preuve de sa mission la petite victoire de Bèdre, son voyage nocturne en paradis (Ch. 3, 8, 11, 53), et le miracle de la lune fendue en deux. Voici comme il parle de ce dernier prodige dans le chapitre 54, intitulé : *La Lune*. « L'heure approche, et la lune s'est fendue : mais les infidèles, à la vue des prodiges, détournent la tête et disent : C'est de la magie. Entraînés par le torrent de leurs passions, ils nient le miracle; mais tout sera gravé en caractères ineffaçables (Ch. 54, trad. de Savari). »

Voici plus en détail, d'après les auteurs musulmans, l'histoire du miracle mentionné dans ce chapitre. Sommé publiquement, pour prouver sa mission, de couvrir le ciel de ténèbres, de faire paraître la lune en son plein et de la forcer à descendre sur la Caaba, Mahomet accepta la proposition. Le soleil était au plus haut de son cours; aucun nuage n'interceptait ses rayons. Mahomet commande aux ténèbres, et elles voilent la face des cieux. Il commande à la lune, et elle paraît au firmament. Elle quitte sa route accoutumée, et, bondissant dans les airs, elle va se reposer sur le faîte de la Caaba. Elle en fait sept fois le tour, et vient se placer sur la montagne d'Abu-Cobaïs, où elle prononce un discours à la louange de Mahomet. Elle entre par la manche droite de son manteau, et sort par la gauche, puis, prenant son essor dans les airs, elle se partage en deux. L'une des moitiés vole vers l'Orient, l'autre vers l'Occident; elles se réunissent dans les cieux, et l'astre continue d'éclairer la terre. Tel est le commentaire que nous font de ce chapitre de l'Alcoran, les docteurs de l'islamisme. N'est-ce point ici l'accomplissement de ce que saint Paul disait : *Il y aura un temps où ils détourneront leurs oreilles de la vérité et s'appliqueront à des fables* (2. Tim., 4-4)? Ces fables amplifiées par l'imagination romanesque des Arabes, auront peut-être eu pour fondement quelqu'un de ces faux prodiges ou prestiges, que le même saint Paul a dit que *ferait l'antechrist à son avénement, pour séduire ceux qui périssent, parce qu'ils n'ont pas aimé la vérité* (2. Thess., 2, 9).

Le 23 mars 625, Mahomet ayant perdu une bataille contre les habitants de la Mecque, plusieurs de ses partisans conçurent des doutes sur sa mission; d'autres lui reprochaient la mort de leurs parents et de leurs amis. Aussitôt il fit descendre du ciel un très-long chapitre de l'Alcoran, où il disait aux premiers que ce revers ne devait être attribué qu'aux péchés de plusieurs d'entre eux; il calma les seconds en leur disant que Dieu, ayant immuablement réglé la dernière heure des hommes, les musulmans dont on pleurait la perte n'avaient fait qu'accomplir leur destinée. « Quand vous auriez été au sein de vos maisons, dit-il, ceux pour qui le combat était écrit, seraient venus tomber au lieu où ils sont morts (Ch. 3). » Cette doctrine du fatalisme n'a pas peu contribué, parmi les mahométans, au fanatisme de la guerre et du carnage. Mahomet poussa cette doctrine encore plus loin. Il attribue à Dieu les mauvaises actions des hommes, non moins que les bonnes; en sorte qu'il punit dans les méchants les crimes qu'il a opérés lui-même en eux. A ceux qui se récriaient contre ce blasphème, Mahomet disait pour toute réponse : « C'est un mystère, c'est un secret. » Oui, le mystère de Satan, l'auteur de tout le mal, qui veut faire retomber tous les crimes sur Dieu même, l'auteur de tout bien.

La même année 625, pour prévenir les dissensions parmi ses sectaires, Mahomet leur défendit l'usage du vin, mais encore par un blasphème, en faisant dire à son dieu, que le vin est une abomination inventée par Satan (Ch. 5). Ce qui est une invention de Satan, c'est plutôt cette doctrine; car elle a pour but de flétrir, de rendre odieux et d'empêcher le sacrifice adorable des chrétiens.

Enfin, l'an 628, après plusieurs expéditions qui réussirent, se croyant assez fort, Mahomet partit à la tête de quatorze cents hommes, pour aller surprendre la Mecque, sa patrie. Mais les Coraïchites, préparés à la résistance, lui défendirent d'avancer. Alors il assura qu'il ne venait que comme pèlerin. On négocia une trêve de dix ans. Le négociateur des Coraïchites fut témoin du respect superstitieux que les musulmans avaient pour Mahomet. Quand il faisait son ablution avant la prière, ils accouraient pour recevoir l'eau dont il s'était lavé. S'il crachait, ils léchaient avidement sa salive; et s'il tombait quelqu'un de ses cheveux, ils le serraient comme un trésor. Dans la rédaction du traité, Mahomet fit écrire par Ali ces mots : *Mahomet, apôtre de Dieu*. Le négociateur de la Mecque observa qu'il ne lui reconnaissait point ce titre, et qu'il fallait simplement mettre son nom et celui de son père. Mahomet céda, et dit à Ali d'effacer *apôtre de Dieu*. Ali jura qu'il ne commettrait jamais une semblable profanation. Mahomet, prenant la plume, raya ces mots, et écrivit à leur place : *Mahomet, fils d'Abdallah*. Il oublia dans ce moment qu'il ne savait ni lire ni écrire; c'est du moins ce que content ou racontent les auteurs arabes.

Cependant les soldats de Mahomet murmuraient contre la trêve. Il leur avait promis, au nom du ciel, de les conduire à la victoire et au pillage; et ils étaient obligés de s'en retourner, sans avoir même pu faire leur pèlerinage à la Caaba. La permission ne leur en était accordée par le traité que pour l'année suivante. Pour apaiser leurs murmures, Mahomet, qui avait déjà exterminé deux tribus de Juifs, les conduisit contre une troisième, qu'il détruisit pareillement; mais il faillit lui-même y trouver la mort. Une fille juive, dont le frère avait été tué, et chez le père de laquelle Mahomet prenait son repas, lui servit une épaule de mouton empoisonnée. Mahomet rejeta le morceau qu'il avait dans la bouche, dès qu'il vit tomber un de ses officiers qui en avait mangé; mais il fut toujours valétudinaire depuis cet accident. Interrogée sur le motif qui avait pu la porter à cette action : « J'ai voulu, répondit la fille, m'assurer si tu es véritablement prophète, et si tu saurais te préserver du poison; dans le cas contraire, délivrer mon pays d'un imposteur et d'un tyran. » Une autre fois, Mahomet fut ensorcelé par d'autres filles juives, qui le lièrent avec une corde invisible où étaient formés onze nœuds. Pour rompre ce charme, il fit descendre du ciel les deux derniers chapitres de l'Alcoran, qui forment tout juste onze versets. La récitation d'un verset déliait un de ces nœuds magiques; en sorte qu'après la lecture du onzième, Mahomet se trouva entièrement libre. On pense qu'il inventa cette fable ou ces fables pour rendre les Juifs plus odieux. Peut-être encore voulait-il dissimuler de cette sorte le mal caduc auquel des auteurs chrétiens disent qu'il était sujet.

Mahomet ayant subjugué une partie des Arabes et anéanti la nation juive, envoya des ambassadeurs aux souverains étrangers, pour les engager à embrasser l'islamisme. Ses lettres étaient scellées d'un cachet avec cette légende : *Mahomet, apôtre de Dieu.* Il adressa de ces lettres au roi de Perse, Chosroès; à l'empereur de Constantinople, Héraclius; au roi d'Abyssinie et à d'autres princes ou gouverneurs. Voici celle qu'il écrivit au roi d'Abyssinie, qui était chrétien. « Au nom de Dieu, clément et miséricordieux, Mahomet, apôtre de Dieu, à Najashi Ashama, empereur d'Abyssinie, salut. Gloire à Dieu! au Dieu unique, saint, pacifique, fidèle et protecteur. J'atteste que Jésus, fils de Marie, est l'Esprit de Dieu et son Verbe. Il le fit descendre dans Marie, vierge bienheureuse et immaculée, et elle le conçut. Il créa Jésus de son Esprit et l'anima de son souffle, ainsi qu'il anima Adam. Pour moi, je t'appelle au culte d'un Dieu unique; d'un Dieu qui n'a point d'égal et qui commande aux puissances du ciel et de la terre. Crois à ma mission. Suis-moi. Sois au nombre de mes disciples. Je suis l'apôtre de Dieu. J'ai envoyé dans tes États mon cousin Jafar, avec quelques Musulmans. Prends-les sous ta protection et préviens leurs besoins. Dépose l'orgueil du trône. Je t'invite, toi et tes légions, à embrasser le culte de l'Être suprême. Mon ministère est rempli. J'ai exhorté. Fasse le ciel que mes conseils soient salutaires! La paix soit avec celui qui marche au flambeau de la vraie foi (1). »

L'auteur arabe qui rapporte cette lettre semi-chrétienne, ajoute que le roi d'Abyssinie l'ayant reçue, se l'appliqua sur les yeux, descendit de son trône, s'assit à terre et prononça la profession de foi musulmane. Mais comme la suite de l'histoire nous montre le souverain et le peuple d'Abyssinie toujours chrétiens, il paraît que la conversion du roi au mahométisme n'est qu'un conte arabe.

L'an 629, Mahomet, suivi d'une armée, fit le pèlerinage de la Mecque, et remplit dévotement toutes les pratiques des pèlerins, comme de faire sept fois le tour de la Caaba, de baiser sept fois la pierre noire, de boire de l'eau du puits de Zemzem, d'enterrer les rognures de ses ongles, de courir sept fois entre les collines de Safa et de Merva, et d'offrir un sacrifice de chameaux. Sa dévotion exemplaire lui ayant gagné de nouveaux partisans à la Mecque, il y revint à l'improviste l'année suivante (630), non plus en pèlerin, mais à la tête de dix mille hommes, sous prétexte qu'on avait violé la trêve. La ville fut prise; de force suivant les uns, par composition suivant d'autres. Mahomet y entra en vainqueur, le vendredi 12 janvier 630, et reçut le serment de fidélité de tout le peuple, comme souverain spirituel et temporel. Après quoi il marcha vers la Caaba, dont il fit sept fois le tour; il toucha et baisa la pierre noire, puis, entrant dans le temple, il en détruisit toutes les idoles, au nombre de trois cent soixante, sans épargner les statues d'Abraham et d'Ismaël, que les païens adoraient. Enfin, pour purifier le temple, il se tourna de tous côtés, en criant et en répétant à haute voix : *Allah akbar,* Dieu est grand (1).

Mahomet acheva ainsi de briser par le sabre les idoles que le christianisme avait fait tomber par la persuasion; car l'idolâtrie était déjà éteinte dans tout l'empire romain et décriée par tout le monde. Cependant le culte rendu à la pierre noire n'est-il pas une espèce d'idolâtrie, du moins une très-vaine superstition? Mahomet lui-même enseigne que son Dieu est le Dieu des Juifs et des chrétiens, le Créateur du ciel et de la terre, l'Auteur de la loi de Moïse et de l'Évangile ; mais il le travestit en faux dieu, quand il le représente qui opère dans l'homme le mal comme le bien, et qui n'a de paradis à offrir aux justes, qu'une vie d'épicurien. Mahomet n'avait pas une idée bien claire de l'idolâtrie ; car il dit et répète que, dans l'origine de la création, Dieu ordonna aux anges d'adorer Adam; que les bons anges l'adorèrent en effet, mais qu'Eblis ou Satan s'y refusa. Ce qui, à prendre les choses à la rigueur, voudrait dire que Dieu et ses anges sont coupables d'idolâtrie, et que Satan seul en est exempt.

En général, Mahomet a de Dieu une idée basse et grossière. Les chrétiens croient, d'après les divines Écritures, que Dieu engendre éternellement, de sa propre substance, son Verbe, son Fils unique, comme la lumière engendre ou produit naturellement son rayon, et que c'est là son premier-né que les anges doivent adorer. Mahomet, plongé dans la chair comme la brute, crie à l'impiété, disant que si Dieu avait un fils, il aurait aussi une femme. En quoi il reste bien au-dessous des sages païens, Platon et Socrate, qui entrevoyaient en Dieu une génération spirituelle du *Logos* ou du Verbe. Mais Mahomet

(1) Traduit d'Abd-Elbaki par Savari, qui tâche d'embellir par sa rhétorique, le style de Mahomet, p. 422, *Vie de Mahomet.*

(1) *Hist. univ.*, t. XLI ; Kerz, t. XX; *Biographie universelle*, art. MAHOMET; Doellinger, *Religion de Mahomet*, d'après son développement intérieur et son influence sur la vie des peuples (En allemand ; Ratisbonne, 1838.)

n'est point d'accord avec lui-même. Il reconnaît Jésus-Christ pour le Verbe et l'Esprit de Dieu, pour le Messie; il reconnaît qu'il a fait des miracles, ressuscité des morts; mais, d'après l'Ancien Testament, le Messie doit être Dieu et fils de Dieu, et le Nouveau Testament a pour but de le faire voir. Dira-t-il que les Juifs ont corrompu leurs livres ? Mais les auraient-ils corrompus en faveur des chrétiens, leurs ennemis? De plus, Mahomet reconnaît (Ch. 3 et 19) que, par la vertu de Dieu, la vierge Marie, conçue elle-même sans péché, a conçu et enfanté Jésus-Christ d'une manière immaculée et sans cesser d'être vierge. Mais si, par la vertu de Dieu, Marie a pu engendrer un fils sans l'intervention d'aucun homme, à plus forte raison Dieu même a-t-il pu engendrer un fils sans l'intervention d'aucune femme. Il prétend que les Juifs n'ont ni tué ni crucifié Jésus-Christ, mais un d'entre eux qui lui ressemblait, et que Dieu lui substitua adroitement pour les tromper. Mais faire de Dieu un trompeur, c'est se convaincre soi-même d'impiété et d'imposture; mais, avec l'Évangile, trois peuples témoins contemporains et toujours vivants, les Juifs, les chrétiens, les païens, attestaient depuis six siècles que Jésus-Christ était mort, et mort sur la croix. N'opposer à un pareil témoignage qu'une parole en l'air, c'est montrer qu'il est inattaquable.

Mahomet accuse les Juifs et les chrétiens d'avoir corrompu leurs Écritures (Ch. 2, 4, 5, 7). Quiconque accuse, doit fournir des preuves de son accusation, sans quoi c'est un calomniateur. Or, Mahomet ne fournit aucune preuve. Son accusation est même réfutée par le seul caractère de ceux qu'il accuse. Toujours les Juifs et les chrétiens ont été ennemis; depuis six siècles, les livres des uns étaient entré les mains des autres. Comment ceux-ci auraient-ils pu les corrompre, sans qu'il y eût réclamation de la part de ceux-là, et réciproquement? Comment surtout auraient-ils pensé à les corrompre les uns en faveur des autres? « Mais, dit Mahomet, Moïse et Jésus ne m'ont-ils pas prédit nominativement? Or, ces prédictions ne se trouvent plus dans la Loi et l'Évangile. Donc les Juifs et les chrétiens les en ont effacées. » Plaisante argumentation! C'est celle d'un plaideur qui actionnerait un homme en justice, pour lui faire payer mille francs en vertu d'un billet où il n'en est pas question, et qui raisonnerait ainsi : Cet homme est mon débiteur, car c'était écrit sur ce billet; il est un faussaire; car il a effacé ce qui était écrit. Et la preuve que cela était écrit et qu'il l'a effacé, c'est que cela n'y est plus. Tel est le raisonnement de Mahomet. Il fait dire à Dieu, dans le 61ᵉ chapitre de l'Alcoran : « Souviens-toi que Jésus, fils de Marie, disait aux enfants d'Israël : Je suis l'apôtre de Dieu; il m'a envoyé pour confirmer l'Ancien Testament et pour vous annoncer qu'il viendra un prophète après moi, qui aura nom Ahmed ou Mahomet. » Un mot altéré de l'Évangile paraît avoir donné lieu à Mahomet d'inventer ce texte. En parlant de la descente du Saint-Esprit, Jésus-Christ disait à ses apôtres : *Je vous enverrai un autre Paraclet*. Du mot *Paracletos*, qui signifie *consolateur*, Mahomet ou celui qui lui aidait à composer son Alcoran, aura fait *Périclytus*, qui signifie *illustre*, de même que le nom arabe Ahmed est Mahomet. C'est sur un pareil fondement qu'il prétend avoir été annoncé par Jésus-Christ, et qu'il menace du glaive en ce monde et de l'enfer en l'autre, ceux qui en douteraient. Jésus-Christ a parlé d'une manière assez claire, quand il a dit que *la Loi et les Prophètes devaient durer jusqu'au Christ; mais que, dans la suite des temps, il y aurait beaucoup de faux prophètes.* Ces paroles nous apprennent qu'après le Christ, il ne paraîtra plus de prophète véritable, mais plus d'un faux.

Ce qui jetait Mahomet dans ces misérables subterfuges, c'est qu'on lui demandait des preuves de sa mission. Tout le monde sentait, il sentait lui-même qu'un vrai prophète doit avoir été prédit par un autre, ou bien prouver sa mission par des miracles. Aussi rappelle-t-il sans cesse, dans son Alcoran, les miracles que Moïse et Jésus-Christ ont faits pour prouver la leur; et il voudrait en conclure sophistiquement que, puisque malgré tant de miracles, on a eu de la peine à les croire, on devait l'en croire, lui, sans qu'il en fît aucun. C'est comme un prétendu ambassadeur qui, sommé d'exhiber ses lettres de créance, dirait au roi : « Mais les ambassadeurs qui m'ont précédé et dont je viens refaire l'ouvrage, vous ont présenté des lettres très-authentiques, et encore vous avez eu de la peine à les admettre; donc vous devez m'admettre sur parole et sans que je vous présente aucune lettre quelconque. »

En désespoir de cause, Mahomet présente comme le miracle des miracles, son Alcoran même, c'est-à-dire une rapsodie fastidieuse, en prose rimée, qu'il est impossible à un homme sensé de lire d'un bout à l'autre. Tout y est décousu, sans suite, sans liaison, plein de redites et de lieux communs : c'est un chaos où se trouvent pêle-mêle des histoires plus ou moins altérées de l'Ancien et du Nouveau Testament, des fables de Locmann, l'Ésope de l'Inde, des contes arabes, des fables talmudiques, des contradictions manifestes, des ignorances grossières; comme quand il confond la vierge Marie avec Marie, fille d'Amram et sœur d'Aron (C. 19); il fait d'Aman un ministre de Pharaon, qui lui ordonne de bâtir une tour si haute, que du sommet il puisse atteindre jusqu'au Dieu de Moïse et le tuer à coups de flèches (Ch. 28, 40). Et c'est cette rapsodie que Mahomet donne pour un miracle évident! Et, pour le prouver il défie tous les Mecquois, avec leurs idoles, de composer seulement un chapitre de ce style (Ch. 2). Défi puéril, digne d'un écolier, qui se croit un prodige parce qu'il connaît depuis hier les premiers éléments des lettres; défi peut-être redoutable pour les Arabes de la Mecque, qui ne connaissaient d'alphabet que depuis très-peu, et parmi lesquels il n'y avait encore qu'un seul homme qui sût écrire; mais, en vérité, si on le compare aux écrivains classiques des Grecs et des Romains, l'Alcoran, ce miracle littéraire des Arabes, n'est qu'un inepte fatras excitant la risée et le dégoût.

Mahomet lui-même nous apprend, dans plusieurs chapitres, que les habitants de la Mecque disaient : « L'Alcoran est un amas confus de fables; c'est une invention de Mahomet, qui est lui-même un imposteur et un possédé; ce livre n'est qu'une imposture : Mahomet en est l'auteur; d'autres hommes l'ont aidé : un tel le lui a dicté; les discours qu'il y fait ne sont appuyés que sur l'iniquité et le mensonge; ce n'est, ajoutaient-ils, qu'un amas de fables de l'antiquité, qu'il a recueillies, et qu'on lui lit le matin et le soir (Ch. 25, 21, 16). » Et de fait, les historiens arabes nomment plusieurs individus, qu'on soupçonnait d'instruire Mahomet. Gelaleddin pense que c'était Caïn, chrétien que Mahomet visitait de temps en temps. Jahia croit que c'était un esclave chrétien, qui était libraire. Zamchascar dit que c'était un jeune homme nommé Aïch, qui travaillait dans la librairie, et qui était fervent musulman. D'autres prétendent que deux esclaves nommés Haber et Jaser, armuriers de la Mecque, l'instruisaient. En effet, lorsque Mahomet passait devant leur maison, il entrait chez eux, et ils lui lisaient le Pentateuque et l'Evangile. Plusieurs croient que c'était un Persan, nommé Salman, dans lequel il avait beaucoup de confiance (Le Coran; trad. par Savari, p. 21, t. II, note). Le plus probable est que Mahomet se servit de tous ces hommes pour s'instruire et pour composer ensuite son Alcoran.

Maintenant, que répondait-il à ces accusations de ses contemporains et de ses compatriotes? Il proteste et fait protester Dieu qu'il n'en est rien, que nul homme ne lui aide à faire son livre; il en donne pour preuve, que celui qu'on soupçonnait le plus de la lui dicter, parlait une langue étrangère, tandis que le livre était en arabe pur; comme si l'autre ne pouvait pas le lui dicter en persan, et lui-même le rédiger en arabe. Il proteste et fait protester Dieu, que l'Acoran n'est pas l'œuvre d'un homme, mais de Dieu même; qu'il n'a pas été inventé sur la terre, mais qu'il est descendu du ciel, que c'est l'ange Gabriel qui le lui a apporté. Et de tout cela, il donne pour garant et pour témoin unique, qui? lui-même, et lui seul, attendu qu'il a vu l'ange Gabriel en personne; déclarant, au reste, que tous ceux qui ne l'en croiraient pas, sont des impies et des infidèles, dévoués au glaive en ce monde et à l'enfer dans l'autre. C'est-à-dire à travers ses longs et fastidieux chapitres (Ch. 16, 21, 25, etc.), comme par autant de tours de passe-passe, il veut nous faire abjurer les plus simples notions du bon sens, pour l'en croire imbécilement lui seul sur parole. Et lorsque, dans ces tours de passe-passe, il fait intervenir sacrilégement Dieu et les anges, les patriarches et les prophètes, l'Ancien et le Nouveau Testament, le ciel et l'enfer; lorsqu'il fait jurer Dieu, par l'Alcoran même, que l'Alcoran descend du ciel (Ch. 43, 44, etc.), un homme de sens et d'honneur peut-il voir en lui autre chose qu'un misérable, un scélérat qui se joue tout à la fois et de Dieu et des hommes.

Quant à la morale de Mahomet, comme son paradis même n'est au fond qu'un lieu de débauche, sa morale propre ne peut être qu'immorale. Le christianisme avait réhabilité et affranchi la femme, c'est-à-dire la moitié du genre humain, en ramenant l'unité et l'indissolubilité primitive du mariage : il triomphait des obstacles parmi les nations orientales comme parmi les autres; partout la femme cessait d'être l'esclave et la victime de l'homme, pour devenir sa compagne unique et inséparable par le mariage, ou bien quelque chose d'au-dessus de l'homme même par le célibat religieux. Mahomet, en ramenant la polygamie et le divorce, dégrade et asservit la femme, c'est-à-dire la moitié du genre humain; et il la dégrade même au-dessous de ce qu'elle était sous le paganisme de la Grèce et de Rome. Pour Mahomet, la femme n'est plus la compagne unique et inséparable que Dieu même donne à l'homme; ce n'est plus cet autre lui-même, avec lequel il se voit identifié et revivre dans ses enfants; ce n'est plus qu'un instrument temporaire de brutales voluptés, ce n'est plus qu'une esclave, une victime, et en ce monde et en l'autre. Car si Mahomet introduit des femmes dans son paradis, ce ne sont pas des mères de famille, mais des courtisanes; ce n'est pas pour qu'elles y soient enfin libres et heureuses, mais pour qu'elles servent éternellement et, par troupeaux à l'insatiable convoitise d'un homme.

Et avec cela Mahomet se vantait de réformer le christianisme et de le ramener à la perfection primitive d'Abraham, de Noé et d'Adam! Mais dans l'origine des choses, lorsque Dieu créa l'homme innocent, pour être heureux en ce monde et en l'autre, il ne lui créa qu'une seule femme, et ajouta que les deux seraient une même chair. Donc, d'après Dieu même, il est non-seulement plus parfait, mais encore plus heureux pour l'homme, même en ce monde, de n'avoir qu'une seule femme, que d'en avoir plusieurs. Mais Mahomet ne pensait guère à la perfection. Prenant ses propres passions pour la règle des mœurs, il voulut asservir les femmes à la luxure de quelques riches, et les peuples au glaive de quelques ambitieux. Tel se montre le mahométisme dans l'histoire humaine. Et pour garder ces troupeaux de femmes, il faudra mutiler des troupeaux d'hommes, et les forcer ainsi, par le couteau, à un célibat ignominieux.

Mahomet punit de la même peine la femme et l'homme adultères, savoir : coups de fouets. Cette loi paraît d'abord juste. Mais il permet à l'homme, qui est plus fort, d'avoir quatre femmes, et puis des concubines sans nombre; tandis qu'il ordonne à la femme, qui est plus fragile, de se contenter du quart d'un homme, et souvent de beaucoup moins encore. Mahomet n'a donc pas fait la partie égale, et sa justice même est injuste. Au surplus, Mahomet se jouait de la justice comme de tout le reste. Après le combat de Bèdre, il avait fait descendre du ciel un chapitre de l'Alcoran, qui allouait la cinquième partie des dépouilles de l'ennemi à Dieu, à son prophète et aux pauvres, et qui ordonnait un partage égal des quatre autres cinquièmes entre les troupes qui avaient pris part à l'action. Mais plus d'une fois il s'adjugea la plus forte partie et même la totalité du butin, ou il en disposa arbitrairement en faveur de ceux qu'il voulait récompenser; et presque à chaque fois il faisait descendre du ciel un nouveau chapitre, pour autoriser par ce jeu sacrilége l'arbitraire de sa justice.

Entre les choses diverses que Mahomet a empruntées au christianisme, telles que la prière à certaines heures, le jeûne, l'aumône, la croyance du purgatoire et de l'enfer, il n'y en a peut-être pas une qu'il ne dégrade et n'altère. Il commande la prière cinq fois par jour; mais sa prière est une prière d'esclaves, une vaine formule sans vie et sans amour; nulle part on n'y donne à Dieu le doux nom de Père; nulle part on ne dit qu'on l'aime, ni qu'il faut l'aimer. C'est comme une religion de l'enfer. Car les démons mêmes croient en Dieu, tremblent de sa puissance et lui adressent quelquefois des prières; témoin ceux qui prièrent Jésus-Christ de ne pas les envoyer en enfer avant le temps, mais de leur permettre d'entrer dans des pourceaux; mais, les malheureux! ils n'aiment pas Dieu. Au lieu que le grand commandement du christianisme, c'est d'aimer Dieu de tout notre cœur, de toute notre âme et de toutes nos forces, et notre prochain comme nous-mêmes. De là le précepte de l'aumône chrétienne, qui nous oblige, en temps et lieu, de donner pour nos frères, non-seulement une partie de notre bien, mais même notre vie; à l'exemple de Jésus-Christ, qui s'est donné et se donne encore tous les jours pour nous et à nous, et qui regarde comme fait à lui-même ce que nous faisons au dernier de nos frères, ou plutôt des siens. Pour Mahomet, l'aumône qu'il recommandait à ses disciples, n'était en grande partie qu'un tribut qu'il levait sur eux pour lui-même. Quant au jeûne du mois de Ramadan, qui consiste à s'abstenir de manger pendant le jour, sauf à passer la nuit dans les plaisirs et la bonne chère, on voit que ce n'est encore qu'une contrefaçon, une singerie du véritable jeûne des chrétiens. Par rapport au jugement dernier et à ses suites, les musulmans croient, d'après la parole de Mahomet, que Dieu a dressé au-dessus de l'enfer le pont Sirath, plus affilé qu'une épée; que tous les hommes doivent passer sur ce pont; que les uns, à la suite de Mahomet, le franchiront comme l'éclair, les autres comme un cheval qui court, ceux-ci comme un cheval qui marche, ceux-là se traînant, le dos chargé de leurs péchés, d'autres enfin tomberont et iront immanquablement en enfer.

Finalement, et ceci est à remarquer, tous les chapitres de l'Alcoran, toutes les histoires et toutes les fables qu'ils renferment, toutes les pratiques et toutes les prières qu'ils prescrivent, ont pour but commun d'inculquer ces deux dogmes : « Il n'y a de Dieu que Dieu, et Mahomet est son prophète; » c'est-à-dire de nier indirectement la divinité du Christ et de lui préférer Mahomet; ce qui est le caractère propre d'un antechrist. Pour des peuples ignorants, comme les Arabes et les Turcs, l'incohérence même et la confusion de l'Alcoran servent à ce but; car cette incohérence les empêche d'en saisir jamais l'ensemble et d'en voir le faux et le ridicule. Leur ignorance les empêche de voir l'incohérence de l'Alcoran, et l'incohérence de l'Alcoran entretient et augmente leur ignorance.

Comme la ville et le temple de la Mecque étaient, depuis un temps immémorial, un centre de pèlerinage pour les tribus arabes, Mahomet, s'en étant rendu maître l'an 630, eut un moyen de plus de gagner ou de soumettre les tribus qui résistaient encore. Dans cette vue, il publia l'année suivante un règlement qui interdisait ce pèlerinage à quiconque ne professait pas ouvertement la doctrine musulmane. Bientôt les tribus les plus éloignées reconnurent volontairement son autorité spirituelle et temporelle. Alors il publia que dans l'année même il ferait le pèlerinage de la Mecque, car son séjour habituel était Médine. Il partit en effet de cette dernière ville le 22 février 632, accompagné de toute sa maison et suivi de cent quatorze mille pèlerins accourus de tous les coins de l'Arabie. Après avoir rempli dans ce dernier pèlerinage les fonctions d'iman ou de pontife, plutôt que de souverain, il le termina par la réforme informe de l'ancien calendrier arabe. Afin de rendre leur année lunaire égale à l'année solaire, les anciens Arabes, à l'exemple des Juifs, ajoutaient tous les trois ans un 13e mois aux douze mois lunaires. Mahomet abrogea cette intercalation, la déclara même impie par un passage de l'Alcoran, et rétablit l'année purement lunaire, vague et incertaine, que les musulmans suivent encore aujourd'hui. Quant à sa religion, dans ce qu'elle est a de propre, elle consiste : à professer qu'il n'y a de Dieu que Dieu, et que Mahomet est son prophète; à se laver les mains et le corps dans certaines occasions; à prier cinq fois le jour, en se tournant vers le temple de la Mecque; à jeûner le mois de Ramadan; à faire le pèlerinage de la Mecque, au moins une fois dans sa vie. La circoncision n'est point de précepte formel, mais seulement un usage hérité d'Ismaël. Deux mois après son retour à Médine, Mahomet fut attaqué d'un violent mal de tête, et, après quinze jours de cruelles souffrances et d'agonie, il expira le 8 juin 632, âgé d'environ 63 ans.

Sa mort causa un grand tumulte à Médine. Le peuple, qui assiégeait sa porte, ne pouvait croire qu'il fût mortel, et prétendait qu'il avait été enlevé au ciel comme Jésus-Christ. Omar se déclara pour ce sentiment, et menaça de couper la tête à quiconque soutiendrait le contraire. Cependant le cadavre, resté depuis trois jours sans funérailles, commençait à tomber en putréfaction. Enfin Aboubècre rétablit le calme en assurant que Mahomet, sujet à la mort comme les autres hommes, avait rempli sa destinée. Mais il s'éleva une autre querelle : les uns voulaient qu'il fût enterré à Médine, les autres à la Mecque, d'autres enfin à Jérusalem. Aboubècre mit enfin à cette contestation, en affirmant avoir ouï dire à Mahomet, qu'un prophète devait être enterré où il était mort. On creusa donc à Médine, dans l'appartement et sous le lit même où il avait expiré, une fosse où son corps fut déposé, et sur laquelle un de ses successeurs bâtit une grande mosquée.

Cependant, de ses quinze femmes, et de ses onze concubines, Mahomet ne laissait après lui qu'une fille, Fatime, épouse d'Ali. Tous les garçons qu'il avait eus étaient morts depuis plus ou moins longtemps. Cette privation de postérité masculine l'exposa de son vivant à bien des railleries; ses envieux lui donnaient le sobriquet de *Abtar*, c'est-à-dire quelqu'un à qui l'on a coupé la queue. Il s'en consola, suivant un auteur arabe, en faisant descendre du ciel le chapitre 108 de l'Alcoran. Après sa mort, cette absence de postérité masculine causa de grandes difficultés pour l'élection de son successeur. Dès le commencement de sa réforme religieuse et politique, Mahomet avait nommé son cousin Ali, son calife ou lieutenant général, et commandé de lui obéir et de le respecter. Depuis, il lui avait donné sa fille chérie, Fatime, la seule qui lui survécut. Ali, qui d'ailleurs s'était montré un héros à la guerre, paraissait naturellement devoir succéder à son beau-père. Mais il avait encouru le ressentiment d'Aïcha, l'épouse favorite de Mahomet. Cette femme, accompagnant son mari dans une expédition militaire, fut accusée d'adultère avec un jeune officier. Les apparences étaient contre elles; Ali conseillait, dit-on, de la punir. Mahomet n'était pas peu embarrassé d'une aventure si peu édifiante dans la famille d'un prophète. Il s'en tira, suivant sa coutume, en faisant descendre du ciel un chapitre de l'Alcoran, qui exigeait quatre témoins pour convaincre une femme d'adultère (Ch. 24). Aïcha fut donc innocentée par l'absence des quatre témoins ; mais elle en garda rancune à Ali. A la mort de Mahomet, elle intrigua pour le faire écarter de la succession. Comme elle seule avait été témoin des derniers moments de Mahomet, elle conserva toujours beaucoup d'influence. Les candidats principaux étaient Omar et Aboubècre, père d'Aïcha. Aboubècre était un surnom qui veut dire, *père de la pucelle*, parce que sa fille Aïcha fut la seule femme que Mahomet épousa vierge : toutes les autres étaient ou veuves ou répudiées. La contestation entre les partis rivaux fut longue et animée : ils faillirent en venir aux armes. Omar y mit fin, en proclamant de lui-même Aboubècre calife, c'est-à-dire vicaire ou lieutenant de Mahomet, et en lui prêtant serment de fidélité. Ali se plaignit de la manière dont l'élection s'était faite. Aboubècre s'excusa sur la nécessité des circonstances, et, pour l'en convaincre encore mieux, envoya investir sa maison, avec ordre de l'y brûler avec ses amis, s'il ne donnait son consentement.

Un des premiers soins du nouveau calife fut de rassembler en un volume les chapitres épars de l'Alcoran ; car jusque-là il n'en existait pas de recueil. Il y avait des fragments écrits sur des omoplates de brebis, sur des pierres blanches, sur des feuilles de palmier, sur des morceaux de cuir ou d'étoffe ; d'autres n'étaient conservés que dans la mémoire des personnes qui disaient les avoir entendus médiatement ou immédiatement du prophète. Le collecteur, nommé Zaïd, fils de Tabet, recueillit donc pêle-mêle tous ces fragments et chapitres, sans indication, ni de date, ni d'époque, ni de circonstances ; le seul ordre qu'il y mit, fut de commencer par les plus longs et de finir par les plus courts, comme un marchand qui mesure tout à l'aune.

Du vivant de Mahomet, il s'était élevé dans l'Arabie plusieurs autres imposteurs, qui se donnaient comme lui, et avec autant de droit, le titre de prophètes. Les deux principaux étaient Alawsad et Moseilamah. Mahomet eut l'adresse de faire assassiner le premier dans son lit, peu de jours avant de mourir lui-même (*Hist. univ.*, t. XLI, p. 331, in-8°). Le second se maintint plus longtemps et se rendit même redoutable, d'autant plus qu'à la mort de Mahomet, un grand nombre d'Arabes abandonnèrent sa religion. L'historien arabe Abulféda dit même que tous les musulmans, à l'exception des villes de Nardine, de la Mecque et de Tayef, abandonnèrent dans ce moment l'islamisme. Aboubècre fit marcher contre Moseilamah une armée de quarante mille hommes, sous le commandement de Kaled. Après un combat acharné, Moseilamah fut défait et périt sur le champ de bataille avec dix mille des siens. D'autres insurrections furent étouffées de la même manière. Kaled fit ensuite la conquête de l'Irac, qui est l'ancienne Babylonie. Ce fut le commencement de la ruine de l'empire des Perses.

Mais déjà la guerre entre les Musulmans et les Grecs s'était allumée du vivant de Mahomet et par ses ordres, le 1er septembre 629, pour durer pendant plus de huit siècles, jusqu'à la ruine entière de l'empire grec par la prise de Constantinople, le 29 mai 1453. L'an 629, Mahomet choisit quatre capitaines, Zaïd, Jafar, Abdallah et Kaled, auxquels il donna le nom d'*émirs* ou de commandants, et il les envoya, avec un corps de troupes, pour subjuguer les Arabes chrétiens qui servaient l'empire des Grecs. Les Arabes ajoutent que c'était pour venger le meurtre d'un député, assassiné par ordre du gouverneur de Bosra. Ils marchèrent vers un bourg nommé Moucha, où Théodore, lieutenant du gouverneur de Palestine, se trouvait alors. Théodore fut averti de leur marche par un Coraïchite qui trahissait son parti. Ayant aussitôt rassemblé toutes les troupes des environs, il prévint les ennemis, fondit sur eux, les tailla en pièces, et, des quatre émirs, il ne resta que le seul Kaled, qui échappa de la défaite. Les Grecs l'en dédommagèrent bientôt. Les Arabes employés à la garde des frontières du désert, recevaient une solde modique. A l'arrivée du trésorier impérial, qui était un eunuque du palais, ils se présentèrent pour le recevoir. L'eunuque leur dit avec insulte : Notre maître trouve à peine de quoi payer des soldats ; comment paierait-il des chiens ? Les Arabes outragés abandonnèrent aussitôt le service des Grecs, et se retirèrent près de leurs compatriotes, auxquels ils servirent de guides pour envahir les terres de l'empire (Théophan., *Hist. du Bas-Empire*, l. 56).

L'an 633, pendant que l'empereur Héraclius, retiré à Emèse, se rendormait dans le sein des plaisirs, le calife Aboubècre s'occupait de conquérir la Syrie. Il envoya d'abord quelques troupes y faire une incursion : elles ne rencontrèrent aucun obstacle. Les Arabes de la frontière, qui jusqu'alors avaient servi l'empire, indignés du refus des trente livres d'or qu'on avait coutume de leur payer tous les ans, favorisèrent leur passage et leur servirent de guide. Les musulmans ravagèrent donc tout le pays et revinrent sans aucune perte, après s'être rendus maîtres de tout le territoire de Gaza, qui donne entrée dans le désert, voisin du mont Sinaï. Aboubècre envoya alors une armée de vingt mille hommes. Leur approche réveilla l'empereur, qui vint à Damas. Il détacha Sergius, gouverneur de Césarée, avec cinq mille hommes, pour observer la marche des Sarrasins, et les combattre s'il en trouvait l'occasion. *Sarrasins* vient d'un mot arabe qui veut dire *Orientaux*. Sergius les rencontra près de Gaza, ne put éviter de les combattre, fut défait, blessé et pris. Les Sarrasins l'enfermèrent dans une peau de chameau fraîchement écorché ; cette peau se rétrécissant à mesure qu'elle se desséchait, le fit mourir dans des tourments horribles. C'était une vengeance. Sergius avait empêché l'empereur de permettre aux Sarrasins alliés d'employer les trente livres d'or qu'ils recevaient tous les ans, à commercer avec les autres Arabes (Nicéph., *Brev. hist.*, p. 16).

Dans la même campagne, Bosra fut pris par la trahison de son gouverneur, ensuite Gaza, Tadmor ou Palmyre et plusieurs autres villes. Damas même est assiégé, l'armée grecque est battue en plusieurs rencontres : Damas est pris l'an 634. A cette nouvelle, Héraclius s'écrie : Adieu la Syrie ! et se dispose à abandonner le pays et à retourner à Constantinople. Aboubècre meurt ; mais il est remplacé par Omar.

Héraclius assembla son conseil et demanda quelle

pouvait être la cause des succès étonnants des Arabes, si inférieurs aux Romains pour le nombre, pour la science militaire, pour la manière de s'armer. Après quelques moments de silence, un vieillard se leva et dit qu'on ne pouvait attribuer les victoires des Sarrasins qu'à la colère de Dieu irrité contre les Romains, qui, foulant aux pieds les lois de l'Evangile, s'abandonnaient aux plus honteux désordres et se faisaient une guerre intestine plus opiniâtre que celle des Sarrasins, par leurs concussions, leurs violences, leurs injustices et leurs usures. L'empereur convint de la vérité de ces reproches, et déclara qu'il allait quitter la Syrie et se retirer à Constantinople. Il partit en effet pour Jérusalem, et, persuadé que cette ville serait bientôt la proie des musulmans, il en emporta la sainte croix, et prit par terre le chemin de Constantinople, avec l'impératrice Martine, sa seconde femme, qui semblait l'occuper un peu plus que le salut de l'empire. Martine était même sa nièce. Ce mariage incestueux causa un grand scandale : on y voyait quelque chose de sinistre. Le patriarche Sergius en écrivit à l'empereur pour l'engager à rompre cette union. Héraclius répondit : « Vous avez parlé en patriarche et en ami ; c'est à nous à voir maintenant si nous voulons vous obéir. » Ce prince était devenu timide et craignait la mer. Arrivé au Bosphore, il n'osa se montrer, vaincu et fugitif, à cette même capitale, où, vainqueur des Perses, il avait fait naguère une entrée triomphale. Il s'arrêta dans un palais sur la côte d'Asie, et y séjourna longtemps, malgré les instances des magistrats et du sénat, qui le pressaient de se rendre aux vœux du peuple qui le chérissait toujours. Il se contentait d'envoyer ses fils les jours de fêtes et de réjouissances publiques, pour assister, selon l'usage, à l'office solennel et pour présider aux jeux du cirque. Pendant ce séjour, il découvrit ou crut découvrir une conjuration formée contre sa personne. On en accusait Athalaric, son fils naturel, Théodore, son neveu, et plusieurs autres de moindre considération. Sa mélancolie lui fit croire aisément qu'ils étaient coupables, et, sans beaucoup d'examen, il leur fit couper le nez, les mains et le pied droit. Enfin il consentit à entrer dans Constantinople ; mais, pour ménager sa faiblesse, il fallut jeter sur le Bosphore un pont de bateaux que l'on recouvrit de terre, et dont les côtés, garnis de branches d'arbres et de feuillages, dérobaient la vue de la mer (Nicéph., *Brev. hist.*, p. 15, 17, 18).

Cependant les Sarrasins continuaient à soumettre et à prendre des villes, notamment Balbec et Emèse. Héraclius faisant un dernier effort, envoya une nouvelle armée ; mais elle était, ou peu s'en faut, autant à craindre pour le pays que les Sarrasins. Des officiers grecs violèrent la femme de leur hôte et coupèrent la tête à un petit enfant qui troublait par ses cris la violence qu'ils faisaient à sa mère. Cette femme prit la tête de son enfant, la présenta au général et lui demanda justice. Le général ne l'écouta point. Alors son mari alla secrètement trouver le chef des Sarrasins, et prit avec lui des mesures pour se venger de toute l'armée des Grecs, qui perdirent en cette campagne plus de cent mille hommes, tant tués que prisonniers.

La sainte cité de Jérusalem fut prise elle-même par les musulmans, l'an 636, après avoir soutenu un siège de deux ans. Elle se rendit enfin, par composition, au calife Omar, présent en personne. Il y entra, vêtu, comme par dévotion, d'un manteau crasseux de poil de chameau, et, s'étant fait montrer la place du temple de Salomon, il commença lui-même à transporter les immondices dont elle était pleine, et résolut d'y bâtir un lieu de prière pour ceux de sa secte. Saint Sophrone, patriarche de Jérusalem, qui avait succédé, l'an 634, à saint Modeste, successeur lui-même de saint Zacharie, crut voir alors, suivant la prophétie de Daniel, l'abomination de la désolation dans le lieu saint. Voici le texte de la capitulation, suivant les auteurs arabes. « Au nom de Dieu clément et miséricordieux, de la part d'Omar, fils de Hittab, aux habitants d'Ælia. Ils seront protégés ; ils conserveront leur vie et leurs biens. Leurs églises ne seront pas démolies, eux seuls en auront l'usage ; mais ils n'empêcheront pas les musulmans d'y entrer ni jour ni nuit ; ils en ouvriront les portes aux passants et aux voyageurs ; ils n'érigeront point de croix au-dessus ; ils ne sonneront point les cloches, et se contenteront de tinter ; ils ne bâtiront de nouvelles églises ni dans la ville ni dans son territoire. Si quelque voyageur musulman passe par leur ville, ils seront obligés de le loger et de le nourrir gratuitement pendant trois jours. On ne les obligera point d'enseigner l'Alcoran à leurs enfants ; mais ils ne parleront point ouvertement de leur religion aux musulmans, ne solliciteront personne à l'embrasser et n'empêcheront point leurs parents de la quitter pour faire profession du musulmanisme. Ils ne montreront pas publiquement dans les rues leurs croix et leurs livres. Ils témoigneront du respect aux musulmans, et céderont leur place lorsque ceux-ci voudront s'asseoir. Ils ne seront pas vêtus comme eux ; ils ne porteront ni leurs bonnets, ni leurs turbans, ni leur chaussure ; ils garderont partout un habillement distinctif, et ne quitteront jamais la ceinture. Ils ne partageront pas les cheveux comme les vrais fidèles. Ils ne parleront pas la même langue, ne prendront pas les mêmes noms, et ne se serviront pas de la langue arabe dans les devises de leurs cachets. Ils n'iront point à cheval avec des selles. Ils ne porteront aucune sorte d'armes. Ils ne vendront point de vin. Ils ne prendront chez eux aucun domestique qui ait servi un musulman. Ils paieront ponctuellement le tribut. Ils reconnaîtront le calife pour leur souverain, et ne feront jamais, ni directement ni indirectement, rien de contraire à son service. »

Cependant la mosquée que le calife Omar faisait bâtir sur l'emplacement du temple de Salomon, commençait à s'élever, lorsqu'elle s'écroula tout à coup. Les Juifs, plus ennemis des chrétiens que les musulmans mêmes, persuadèrent au calife que cet édifice ne pourrait subsister tant qu'il y aurait une croix élevée sur le mont des Olives ; il la fit abattre, et à cette occasion, les musulmans détruisirent toutes les croix. Omar se rendit à Bethléhem, et y fit sa prière. Mais pour empêcher que les Sarrasins entrant dans l'église se rendissent les maîtres du lieu même où était né le Sauveur, il donna au patriarche une sauvegarde signée de sa main, portant défense aux musulmans de prier dans cette église plus d'un seul à la fois. Malgré ces précautions, les musulmans s'en emparèrent dans la suite, ainsi que de la moitié du portique de Constantin à Jérusalem, et ils bâtirent une mosquée dans ces deux endroits (Théophan., *Hist. du Bas-Empire*, l. 58).

La prise de Jérusalem fut suivie de la soumission de Césarée, de Sébaste, l'antique Samarie, de Naplouse, l'antique Sichem ou Sichar, de Lydda ou Diospolis, de Jaffa où Joppé et de toute la Palestine. La ville d'Alep en Syrie se soumit également; mais le commandant du château, nommé Youkinna, se défendit pendant quatre mois avec une valeur incroyable. Mais enfin, les Sarrasins ayant escaladé le château pendant la nuit, il donna aux siens l'exemple de l'apostasie et se déclara musulman. De ce jour, il fut l'ennemi le plus dangereux et le plus perfide des chrétiens. Il engagea les deux fils de son cousin Théodore, qui commandait la forteresse d'Azaz, à égorger leur père dans son lit, en promettant au parricide la main de sa fille, dont il était éperdument amoureux. Azaz était située entre Alep et Antioche, et facilitait les moyens d'attaquer et de prendre cette dernière ville. Héraclius, croyant toujours régner en Syrie tant qu'il en conserverait la capitale, envoya son fils, l'empereur Héraclius Constantin, avec une flotte pour secourir Antioche. Plusieurs auteurs ajoutent qu'Héraclius s'y rendit lui-même. Le perfide Youkinna s'étant concerté avec deux cents autres renégats, se laissa prendre et conduire au jeune empereur, disant que c'était pour rentrer dans la vraie religion et expier son apostasie. Constantin le crut sur ses belles paroles et lui confia le commandement des renégats, qui arrivaient l'un après l'autre. Peut-être à l'instigation de ce traître, Constantin envoya quelqu'un pour tuer Omar; l'assassin fut découvert, et il n'en revint aux Grecs que la honte. Cependant les deux armées se battaient sous les murs d'Antioche. Les Grecs eurent l'avantage en deux rencontres; mais dans une troisième, par la perfidie d'Youkinna, ils furent mis dans une déroute complète. La ville se rendit : c'était l'an 638. Constantin ayant perdu une dernière bataille près de Césarée, se rembarqua pour Constantinople, et la Syrie entière tomba au pouvoir des Sarrasins, à qui la peste, venue à la suite de la guerre, fit perdre, la même année, vingt-cinq mille hommes, avec la plupart de leurs généraux (*Hist. du Bas-Empire*, l. 58).

Pendant la même année 638, les Sarrasins commencèrent et achevèrent la conquête de la Mésopotamie par la prise des antiques cités d'Edesse, de Haran, de Nisibe, de Résen et d'Amid. Dès l'année 637, le gouverneur impérial de la province, sans l'aveu de l'empereur, était convenu avec les Sarrasins de leur payer tous les ans cent mille pièces d'or, à condition qu'ils ne passeraient pas l'Euphrate. L'empereur irrité, l'envoya en exil et le remplaça par un autre, mais qui ne put empêcher la conquête des Sarrasins. Ceux-ci, pendant les années 638 et 639, bâtirent dans la Chaldée les villes de Koufa et de Bassora, qui, devenues bientôt considérables, leur ouvraient l'empire des Perses, dont la conquête se fit six ans plus tard.

Le calife Omar avait chargé Amrou, l'un de ses généraux, d'aller conquérir l'Egypte aussitôt qu'on aurait achevé la conquête de la Syrie. Cyrus, patriarche d'Alexandrie, lui fournissait un prétexte qui donnait à cette invasion une apparence de justice. Dès l'an 635, prévoyant bien que les Sarrasins se jetteraient sur l'Egypte dès qu'ils seraient en possession de la Syrie, le patriarche avait lié une intrigue secrète avec Omar, ou plutôt avec Amrou, son lieutenant; et, sans consulter l'empereur, il promettait au calife deux cent mille pièces d'or de tribut annuel, s'il s'abstenait d'attaquer l'Egypte. Le gouverneur impérial, Mocaucas, était d'intelligence avec lui. Tous les deux étaient fauteurs ardents d'une hérésie : le gouverneur, d'une hérésie ancienne, celle d'Eutychès sous le nom de *jacobites*; le patriarche, d'une hérésie nouvelle, le *monothélisme*, enfant naturel de la précédente. Déjà ils avaient envoyé à Médine une partie de la somme stipulée. Mais ne pouvant la recueillir tout entière sans l'autorité du prince, Cyrus se vit obligé d'en demander la permission à l'empereur.

Il ajoutait que, outre ce premier service rendu à l'empire, il avait en tête un projet plus merveilleux encore et qui devait faire tomber les armes des mains aux Sarrasins, mais qu'il ne voulait s'en ouvrir à l'empereur que sur un ordre spécial de sa part. Héraclius fut très-surpris et très-indigné que le patriarche eût osé de son chef rendre une province de l'empire tributaire des Sarrasins; mais, dissimulant pour le moment sa colère, il envoya des troupes pour s'opposer à l'entrée des Barbares. Il en était temps : Amrou était déjà sur les frontières de l'Egypte. Le général des troupes impériales, l'arménien Manuel, de la famille chinoise des Mamigoniens, lui envoya demander ce qu'il venait chercher. « Je viens, dit Amrou, chercher le tribut qu'on s'est engagé à nous payer. » Manuel répondit : « Je ne suis pas un Cyrus désarmé, pour vous payer tribut, mais un homme armé de toutes pièces. » La réponse était belle, mais l'effet ne répondit point à la réponse. L'armée impériale fut défaite et Manuel, contraint de se réfugier dans Alexandrie avec un petit nombre des siens. Héraclius envoya un nouveau général avec de nouvelles troupes; elles furent également défaites et le général tué sur le champ de bataille. Amrou assiégea et prit la ville et la forteresse de Misr, actuellement le vieux Caire, par la trahison du gouverneur Mocaucas, qui obtint une capitulation pour tous les Coptes ou anciens habitants du pays, de race égyptienne. Il fut convenu qu'ils paieraient chaque année deux pièces d'or par tête, à l'exception des vieillards, des femmes et des enfants au-dessous de 16 ans. Suivant les *Annales* d'Eutychius, patriarche d'Alexandrie au Xe siècle, le nombre des Coptes qui furent alors enregistrés pour le tribut se trouva de six millions : ce qui, en y joignant ceux qu'on n'inscrivait pas, fait plus de douze millions d'habitants, pour la population totale des Egyptiens, sans y compter les Grecs. Aujourd'hui elle n'est pas du tiers. Il ne restait aux Sarrasins qu'à prendre Alexandrie pour être maîtres de toute l'Egypte. Ils l'assiégèrent dès la même année 640.

Cependant Héraclius avait fait demander au patriarche Cyrus son merveilleux projet pour désarmer les Sarrasins. Cyrus lui apprit que c'était de donner en mariage une des princesses ses filles au général musulman Amrou, qui ne manquerait pas de se faire baptiser pour parvenir à une alliance si honorable. L'historien Nicéphore ajoute que le général musulman et son armée avaient une grande confiance dans le patriarche Cyrus et qu'ils l'aimaient beaucoup. Héraclius fit venir ce dernier à Constantinople, le conduisit sur la grande place, devant tout le peuple, et l'accusa vivement d'avoir livré l'Egypte aux Sarrasins. Cyrus dit pour sa justification que si, comme il l'avait conseillé, on avait payé tribut aux Sarrasins, on serait encore tranquille, et rejeta le crime de trahison sur d'autres. Héraclius, en colère, l'appela un païen, un ennemi de Dieu, qui avait conspiré contre les chrétiens et conseillé de marier la fille de l'empereur au chef des Sarrasins. Il s'emporta jusqu'à le menacer de la mort, et le livra au préfet de la ville pour le mettre à la torture : tout cela en présence du peuple.

Peu après, ayant su la prise de Misr et le siége d'Alexandrie, il envoya ce même Cyrus aux mêmes Sarrasins, pour négocier et renouveler avec eux, au nom de l'empereur, le même traité dont il venait de lui faire publiquement un crime, et pour leur offrir le tribut stipulé, pourvu qu'ils voulussent sortir de l'Egypte. Amrou ayant entendu les propositions du patriarche, lui montra une grande colonne qui était devant eux, et lui demanda : Peux-tu avaler cette colonne? Non, répondit le patriarche. Eh bien! répliqua le musulman, nous ne pouvons pas davantage sortir de l'Egypte. Et il continua d'assiéger Alexandrie pendant 14 mois (Théophan., p. 223; Nicéph., p. 14, édit. Venet.).

La dévastation de l'Orient et de l'Egypte par les Perses et les Musulmans, ébranla la foi d'un grand nombre, mais aussi couronna la persévérance de plusieurs. Une multitude de chrétiens souffrirent la mort plutôt que d'abjurer la foi du Christ. Ce qui est encore plus merveilleux, c'est que ces calamités des chrétiens servirent à la conversion de plusieurs Persans idolâtres. Nous en avons un illustre exemple dans le saint martyr Anastase. Il était non-seulement Persan d'origine, mais mage de profession, comme son père, qui lui avait enseigné la magie dès sa première enfance. Son nom persan était Magundat. Il servait dans la cavalerie, lorsqu'après la prise de Jérusalem, la sainte croix fut transportée à Ctésiphon, capitale de la Perse. A l'approche de la sainte relique, les infidèles étaient saisis de crainte et les fidèles remplis de joie. On en parlait dans tout le royaume. Magundat voulut savoir quel était ce mystère. Les uns lui dirent : C'est le Dieu des chrétiens qui arrive. Mais, se disait-il en lui-même, comment ce grand Dieu qui habite le ciel et que les chrétiens adorent, peut-il arriver ici ? A force de s'enquérir, il apprit que c'était la croix sur laquelle le Fils de Dieu, le Christ, que les chrétiens adorent, avait été attaché pour le salut du genre humain. Dès lors il s'informa curieusement de tout ce qui regardait la religion chrétienne. Plus il apprenait à la connaître, plus il se sentait attiré vers elle. Les illusions de la magie disparaissaient comme les ténèbres devant la lumière.

Ayant quitté la milice, il se retira dans la ville d'Hiéraple, chez un orfèvre persan, qui était chrétien, et y apprit son art. Ce qu'il désirait surtout, c'était de recevoir le baptême. L'orfèvre, qui craignait les Perses, alors du pays, différait toujours. Cependant il le menait avec lui dans les églises. Magundat y ayant vu peintes les histoires des martyrs, lui demandait ce que tout cela voulait dire. Apprenant alors les souffrances et les miracles des saints, leur constance devant les tyrans le ravissait d'admiration.

Après avoir ainsi passé quelque temps à Hiéraple, il se rendit à Jérusalem, dans le désir de se faire chrétien. Il y logea également chez un orfèvre, qui, voyant sa ferveur, le mena chez Elie, prêtre de l'église de la Résurrection. Celui-ci, l'ayant embrassé comme son fils, le conduisit au saint prêtre Modeste, qui gouvernait l'Eglise de Jérusalem en qualité de vicaire du patriarche Zacharie, prisonnier en Perse. Magundat reçut donc le baptême avec d'autres Persans, qui souffrirent depuis le martyre à Edesse, et il prit alors le nom d'Anastase. Il demeura huit jours chez le prêtre Elie. Quand il eut déposé les habits blancs, Elie lui demanda quel genre de vie il comptait embrasser. Anastase le pria de le faire moine. Elie le recommanda au monastère de Saint-Anastase, près de Jérusalem, où l'abbé Justin le reçut sous sa discipline, le fit instruire dans les lettres grecques et élever comme son propre fils. C'était l'an 620.

Anastase vécut sept ans dans ce monastère, occupé aux humbles travaux de la cuisine et du jardin, obéissant volontiers à tous les frères, mais appliqué surtout à entendre lire les Ecritures saintes. Quand il se rencontrait quelque chose qu'il ne comprenait pas, il interrogeait son maître, qui avait de tout une parfaite intelligence. Dans sa cellule, il lisait en particulier les combats des principaux martyrs, qui le faisaient fondre en larmes. Il priait Dieu, dans le secret de son cœur, de lui faire la grâce de combattre comme eux pour sa gloire. Le démon le tracassa par le souvenir des formules et des opérations magiques. Il fut délivré de ces embûches, par sa fidélité à les découvrir au supérieur du monastère, et par les prières de la communauté. Peu après, il eut un songe, où, étant sur une haute montagne, un personnage lui présenta une coupe d'or remplie de vin, en disant : Prenez et buvez. Il comprit que Jésus-Christ l'appelait à la participation de son calice par le martyre. Il s'en ouvrit secrètement à son abbé, se recommanda à ses prières, sortit du monastère, alla visiter les divers sanctuaires de la Palestine, et se rendit enfin à Césarée, où il demeura deux jours dans l'église de la Sainte-Vierge.

Le troisième jour, comme il allait à l'oratoire de Sainte-Euphémie, il vit en passant des mages qui s'appliquaient à des prestiges de magie. Animé du zèle de Dieu, il s'approcha et leur dit : Pourquoi vous tromper et tromper les autres par vos maléfices? Surpris de sa liberté : Qui êtes-vous? demandèrent-ils, et de quel pays, pour nous parler de la sorte? Il répondit : J'ai été moi-même avec vous autrefois, et je connais vos impostures. Comme il commençait à les réfuter, ils gardèrent le silence; seulement ils le prièrent de ne pas divulguer leurs mystères dans le public, et le laissèrent aller. A quelques pas plus loin, des cavaliers persans qui stationnaient devant le logis de leur chef, se dirent en leur langue : Voilà un espion, un délateur. Anastase les regarda et dit : Je ne suis pas un délateur, mais serviteur de Jésus-Christ; et j'ai été ce que vous êtes. Ils l'arrêtèrent aussitôt, et leur chef, l'ayant interrogé, le mit en prison pendant trois jours, sans qu'il voulût rien manger de leurs aliments, y soupçonnant des maléfices. Un chrétien ayant pénétré dans la prison, le félicita de ses chaînes et l'encouragea beaucoup à ne pas craindre les tourments et la mort pour le nom de Jésus-Christ, mais à répondre avec confiance au marzban ou gouverneur, qui venait d'arriver à Césarée.

Introduit au tribunal du marzban, il ne se prosterna point, suivant l'usage des Perses. Interrogé sur son nom et sur son origine, il répondit : Je suis chrétien, Persan de nation, de la province de Rasec, du village de Rasnuni ; j'ai été cavalier et mage, mais j'ai abandonné les ténèbres pour venir à la lumière ; mon premier nom était Magundat, mon nom de chrétien est Anastase. Le myrzban dit : Quitte cette erreur et reviens à ta première religion. A Dieu ne plaise, répondit Anastase, que je renie le Christ! Est-ce que l'habit que tu portes te plaît si fort, demanda le gouverneur? Cet habit est ma gloire, fut la réponse. Le gouverneur dit : C'est le démon qui t'inspire. Le démon m'inspirait, dit Anastase, lorsque j'étais imbu de mon ancienne erreur ; celui qui m'inspire maintenant, c'est le Christ qui poursuit les démons. Est-ce que tu ne crains pas le roi? dit le gouverneur ; est-ce que tu ne crains pas qu'il te fasse crucifier, s'il apprend à te connaître? Pourquoi le craindrais-je? répliqua le saint. N'est-il pas un homme sujet à la pourriture, aussi bien que vous? Le gouverneur, en colère, le fit conduire en prison, chargé de chaînes, et le condamna à porter de grosses pierres. Quelques-uns de sa province, le voyant en cet état, lui disaient : A quoi penses-tu? jamais personne de notre pays ne s'est fait chrétien. Tu fais rire le monde à notre sujet. Comme il ne voulait pas les écouter, ils le maltraitèrent de plus en plus. Mais le généreux athlète souffrait tout avec joie.

Le gouverneur le fit comparaître une seconde fois, et lui dit : Si tu es fils de mage et si tu sais la magie, dis-m'en quelque chose. A Dieu ne plaise, répondit Anastase, que je dise un mot de ces matières. Après quelques autres réponses, le gouverneur le fit étendre par terre et battre de verges, jusqu'à ce qu'il se rendit. Le saint fit l'observation qu'on n'avait pas besoin de le lier, et pria seulement qu'on lui ôtât son habit, pour ne pas le déchirer, et qu'on le frappât sur la chair ; car, dit-il, ce que vous faites n'est qu'un jeu. Et quand vous me couperiez en morceaux, jamais je ne renierai mon Seigneur Jésus-Christ. Le gouverneur, émerveillé de sa constance, le fit revenir une troisième fois, et lui dit : Souviens-toi de l'art magique, et sacrifie, pour ne pas périr misérablement. Le serviteur de Dieu répondit : A quels dieux m'ordonnez-vous de sacrifier? au soleil, à la lune, au feu, à la mer, aux montagnes, aux collines, aux autres éléments et aux métaux? Me préserve Dieu d'adorer jamais vos idoles! C'est le Christ, Fils de Dieu, qui a fait toutes ces choses pour notre service. Mais vous vous abusez en servant les démons et les quadrupèdes. Hommes faits à l'image de Dieu, vous ignorez le Dieu qui vous a faits. Le saint développa ces pensées avec une éloquence qui étonnait tous les assistants, et fut reconduit en prison.

L'abbé de son monastère ayant appris ses glorieux combats, lui envoya des lettres, avec deux religieux, pour le féliciter et l'encourager à la persévérance. C'est l'un de ses religieux qui a écrit l'histoire de sa vie et de ses miracles. Le saint, non content de souffrir le jour, employait encore les nuits à prier et à louer Dieu. Comme il était enchaîné avec un autre prisonnier, il avait grand soin de ne pas le déranger. Un Juif qui le voyait pendant le jour portant de grosses pierres et priant toute la nuit, se demandait avec étonnement quel était cet homme. Une certaine nuit, comme il observait le saint qui disait les prières matutinales, il vit la prison éclairée tout d'un coup d'une grande lumière ; des personnages vêtus de blanc y entrèrent, qui entourèrent le martyr. Ravi d'admiration, le Juif disait en lui-même : Ce sont des anges! Il les vit ensuite revêtus du *pallium* ou de manteaux parsemés de croix, et il se dit : Ce sont des évêques! Le saint martyr Anastase paraissait lui-même vêtu de blanc et resplendissant de lumière. Un jeune homme éclatant se tenait devant lui avec un encensoir d'or, et y mettait de l'encens. A la vue de ces merveilles, le Juif s'efforça d'éveiller son voisin, qui était un juge chrétien de Scythopolis ; mais il dormait si profondément, qu'il ne s'éveilla qu'à la longue. Regarde, lui dit le Juif. Ils regardèrent tous deux, mais ne virent plus rien. Le Juif lui ayant raconté tout ce qu'il avait vu, ils glorifièrent tous deux Notre Seigneur Jésus-Christ.

Cependant le gouverneur, ayant reçu les ordres du roi Chosroès, envoya dire à saint Anastase : Le roi demande seulement que vous disiez cette parole : Je ne suis pas chrétien. Après quoi vous serez libre d'agir comme bon vous semblera. Le martyr répondit : A Dieu ne plaise que je renonce le Christ! Le gouverneur lui fit dire une seconde fois : Je sais que vous avez honte de le renoncer devant vos compatriotes ; mais comme les ordres du roi sont pressants, dites seulement cette parole devant moi et deux autres, et je vous laisserai aller. Le martyr lui fit répondre : A Dieu ne plaise que je renonce jamais mon Seigneur, ni devant vous, ni devant personne! Alors le gouverneur lui déclara que le roi ordonnait de l'envoyer en Perse, chargé de chaînes. Le saint répondit : Si vous voulez, j'irai tout seul trouver votre roi. Le gouverneur lui adjoignit deux autres chrétiens, pour partir cinq jours après.

Dans l'intervalle arriva la fête de l'Exaltation de la Sainte-Croix. Le saint martyr, les deux religieux du monastère, les deux chrétiens captifs et plusieurs fidèles de la ville célébrèrent la vigile en prison, par des hymnes, des psaumes et des cantiques, oubliant qu'ils étaient dans les fers. Le matin, un magistrat chrétien demanda au gouverneur la permission d'ôter les fers aux prisonniers pendant la fête et de les conduire à l'église, avec promesse de les ramener en prison. Le gouverneur y consentit. Le saint martyr Anastase se rendit donc de la prison à l'église. Ce fut une grande joie pour tous les fidèles. L'exemple de sa constance ranima le courage des plus faibles. Ceux mêmes qui désespéraient de la foi chrétienne se sentirent fortifiés par sa vue seule ; ils baisaient ses chaînes et lui disaient : Nous sommes prêts à mourir, comme vous, pour Notre Seigneur Jésus-Christ. Après la messe solennelle, le magistrat le conduisit dans sa maison, avec les deux religieux de son monastère, mangea avec eux, et puis le ramena dans la prison.

Les cinq jours étant passés, saint Anastase partit de Césarée, avec les deux chrétiens et un religieux de son monastère, pour l'assister et informer l'abbé de tout ce qui arriverait. C'est le même religieux qui a écrit la vie, le martyre et les miracles du saint. Beaucoup de fidèles l'accompagnèrent hors de la ville, versant des larmes et glorifiant Dieu de son courage à mourir pour Jésus-Christ. Dans tous les lieux où il passait, sa présence répandait la joie parmi les fidèles; tous le recevaient avec de grands honneurs, et l'accompagnaient hors des villes, comme un martyr de Jésus-Christ. Arrivé en Perse, il fut mis en prison dans le bourg de Bethsaloé, à deux lieues du château de Dastagerd, où se tenait le roi Chosroès. Le religieux qui l'accompagnait logea dans la maison de Cortac, fils de Jesdin, un des principaux fonctionnaires du royaume, qui était chrétien, aussi bien que sa famille. L'intendant des prisons était également chrétien.

Quelques jours après son arrivée, Chosroès envoya un juge pour procéder à son interrogatoire, et lui demander entre autres pourquoi il avait quitté la religion des Perses pour se faire chrétien. Le saint martyr répondit par interprète, ne voulant pas s'expliquer en persan, quoiqu'on l'en pressât beaucoup : Vous vous abusez en adorant les démons à la place de Dieu. Moi-même je les adorais autrefois, aveuglé par la même erreur. Maintenant je sers et adore le Dieu tout-puissant, qui a fait le ciel et la terre et tout ce qu'ils renferment; et je me suis convaincu que vos dieux sont une imposture pernicieuse des démons. Misérable! dit le juge, celui que les chrétiens adorent n'a-t-il pas été crucifié par les Juifs? Comment donc as-tu abandonné ta religion pour te faire chrétien? Le martyr répondit : Que celui que les chrétiens adorent, a été crucifié par les Juifs, vous dites vrai; mais pourquoi n'ajoutez-vous pas que c'est parce qu'il l'a bien voulu? Car c'est lui qui a fait le ciel et la terre, la mer et tout ce qu'elle renferme; qui ensuite a daigné descendre sur la terre, prendre la nature humaine, être enfin attaché à la croix, pour délivrer le genre humain de la tromperie de Satan, que vous adorez. Vous rendez un culte au feu et autres éléments, ainsi qu'à des choses qu'il ne convient pas de nommer, adorant la créature plutôt que le Créateur. Le juge dit : Laisse à tous ces discours. Voici que le roi t'offre des dignités, des richesses, des chevaux, pour être de ses principaux officiers; reviens seulement à ta première religion. Le bienheureux Anastase répondit : Jamais je ne renierai mon Seigneur Jésus-Christ; au contraire, je le sers et je l'adore de toutes mes forces. Quant aux dons de votre roi, je les regarde comme de l'ordure.

Le juge ayant fait son rapport au roi, fit battre le saint martyr à coups de bâton, pour le réduire par les tourments, s'il ne voulait céder aux promesses. Le voyant inflexible, il le fit torturer de différentes manières : tantôt il le faisait suspendre d'une main, avec de grosses pierres aux pieds; tantôt il faisait poser de travers, sur ses jambes, une grande pièce de bois, appesantie encore par deux hommes montés sur les deux bouts. Ce supplice, que l'on regardait comme insupportable, le saint martyr le souffrit avec une tranquillité qui épouvanta le juge; en sorte qu'il ne retourna prendre de nouveaux ordres du roi. Dans l'intervalle, l'intendant des prisons et le religieux du monastère s'appliquèrent à le consoler et à l'encourager. Beaucoup d'autres chrétiens, parmi lesquels les fils de Jesdin, venaient se prosterner à ses pieds, baisaient ses chaînes, se recommandaient à ses prières et lui demandaient quelque bénédiction ou pieux souvenir. Comme il s'y refusait par humilité, ils appliquèrent de la cire sur ses chaînes, pour en conserver l'empreinte comme une relique.

Cinq jours après, le roi envoya le même juge pour faire mourir le saint martyr et les autres chrétiens captifs, au nombre de soixante-dix, et parmi eux les deux chrétiens de Césarée. Il furent étranglés sous les yeux du saint, à qui le juge dit ensuite : Eh bien! que penses-tu faire? périr avec ces malheureux? Obéis plutôt au roi et accepte les honneurs qu'il t'offre; tu seras distingué dans le palais, et comme un d'entre nous. Le saint martyr, levant les yeux au ciel, rendit grâces à Dieu de ce qu'il accomplissait ainsi son désir, et répondit au juge : J'espérais être coupé en morceaux pour l'amour de Jésus-Christ. Que si c'est là la mort dont vous me menacez, je rends grâces à Dieu de ce que, par une souffrance si peu considérable, il me rend participant de la gloire de ses martyrs. Et il souffrit avec une grande joie le même supplice. Après qu'ils l'eurent étranglé, ils lui coupèrent la tête et la portèrent au roi. L'intendant des prisons, qui était chrétien, voulut placer son corps à part, pour le reconnaître. Mais les licteurs, qui étaient des Juifs, ne le permirent pas. Toutefois, les fils de Jesdin, qui l'avaient assisté à la mort leur ayant donné une immense somme d'argent, ils y consentirent. Le religieux qui l'avait suivi de Césarée, vint la nuit, avec les serviteurs de Jesdin et quelques moines, enleva le corps et l'inhuma dans le monastère de Saint-Resgius, à un quart de lieue de la ville. Saint Anastase consomma son martyre le 22 janvier, la 18e année de l'empereur Héraclius, c'est-à-dire l'an 628.

La veille de sa mort, il avait dit à d'autres prisonniers emmenés de Palestine : Sachez, mes frères, que demain je finirai par la grâce de Dieu; mais vous-mêmes vous serez délivrés dans peu de jours, et ce roi injuste sera mis à mort. En effet, dix jours après, le 1er février, l'empereur Héraclius arriva avec son armée victorieuse. Le moine qui avait suivi le saint revint au bout d'un an à son monastère, rapportant la tunique du martyr. Il raconta à l'abbé toute son histoire, et l'écrivit dès lors, telle que nous l'avons et telle qu'elle fut lue au septième concile général. Le corps de saint Anastase fut depuis apporté par le même moine à Constantinople, et ensuite en Palestine, à son monastère. La relation des miracles qui se firent pendant cette translation, fut écrite par un témoin oculaire. Enfin, le portrait du saint martyr sa tête même furent apportés à Rome, où on les voit encore au monastère nommé *ad Aquas Salvias*, qui porte le nom de Saint-Vincent et de Saint-Anastase. (*Acta Sanct*., 22 januar.). Car l'Église romaine les honore ensemble, le 22 janvier.

Les actes du saint martyr sont particulièrement remarquables, en ce qu'ils nous apprennent, d'une manière authentique, quelle était la religion des mages et des Perses, vers le milieu du VIIe siècle, lorsqu'ils furent subjugués par les Musulmans et contraints d'embrasser la leur. En résumant son histoire, on voit que cette nation ne peut pas se plaindre de n'avoir pu connaître la vérité. Lorsqu'elle descend de ses montagnes pour succéder aux

Assyriens dans la monarchie universelle, elle rencontre à Babylone le prophète Daniel, chef des mages, commensal de Cyaxare et de Cyrus, qui a prédit leur histoire, présente et future, et qui, de la fosse aux lions, leur prêche le culte du vrai Dieu. Plus tard, elle voit la vérité assise sur le trône, avec Esther et Mardochée. Des mages viennent à Bethléem adorer le Christ nouveau-né, prédit par Daniel, autrefois leur chef. Des Elamites, nom primitif et paternel des Persans, assistent dans Jérusalem, le jour de la Pentecôte, à la promulgation solennelle de la religion chrétienne et de l'Eglise catholique, par la bouche de son chef, l'apôtre saint Pierre. Depuis cette époque jusqu'au moment où ils succombent sous le cimeterre des mahométans, les Perses voient une multitude infinie d'entre eux, mages et autres, souffrir la mort pour la foi chrétienne, dans les persécutions sanglantes des Sapor et des Chosroës. Cependant le corps des mages, avec le peuple de la nation, fermant les yeux à la lumière, continue d'adorer le soleil, la lune, le feu et les autres éléments. Si leur idolâtrie est un peu moins grossière que ne fut celle de l'Egypte et de la Grèce, ils n'en sont pas moins idolâtres; puisqu'ils adorent la créature au lieu du Créateur : leur punition n'en est pas moins juste.

Au milieu des grandes guerres qui désolaient l'Orient, les monastères eurent particulièrement à souffrir. L'an 619, les Perses ayant pris Ancyre, capitale de la Galatie, près de laquelle était le monastère d'Attaline, les moines, avec leur abbé Eustathe, furent obligés d'abandonner le pays et de changer souvent de place, par la crainte des infidèles. Comme ils ne pouvaient, dans ces fréquents voyages, porter avec eux beaucoup de livres, l'abbé Eustathe écrivit à Antiochus, moine de la laure de Saint-Sabas en Palestine, de lui faire un abrégé de toute l'Ecriture sainte, contenant en un seul volume, facile à porter, tout ce qui est nécessaire au salut. En même temps il le pria de lui raconter au vrai la mort et les vertus des quarante-quatre moines de la même laure, tués par les Arabes cinq ans auparavant.

Antiochus fit ce que lui demandait l'abbé Eustathe; mais il ne put le faire avec toute l'exactitude qu'il eût désiré, parce qu'il était lui-même contraint de changer continuellement sa demeure, par la crainte des Barbares. Avec le récit du martyre de ses confrères, il lui envoie un extrait moral de l'Ecriture sainte, distribué en cent trente chapitres ou homélies. C'est comme un corps de théologie morale à l'usage des religieux. Il porte le nom de *Pandectes*, qui signifie à peu près la même chose que le nom théologique de *Somme*. Dans le dernier chapitre, Antiochus met le catalogue des hérétiques, depuis Simon le Magicien jusqu'à ceux de son temps, et finit par les sévériens et les jacobites. Ces derniers avaient pris leur nom d'un certain Jacob, surnommé Zanzale ou Bardaï, moine syrien, disciple de Sévère, et qui prêcha l'hérésie d'Eutychès dans la Mésopotamie et l'Arménie. Antiochus parle d'un certain Athanase, jacobite, qu'il appelle précurseur de l'antechrist, et qui voulait usurper le siège d'Antioche. Quant à lui-même, il proteste qu'il s'en tient, avec l'Eglise catholique, à ce qu'ont enseigné saint Athanase, saint Basile, saint Grégoire de Nazianze, saint Chrysostome et saint Cyrille d'Alexandrie. A la fin de l'ouvrage il y a une grande prière, dans laquelle Antiochus confesse que c'est à cause des péchés des chrétiens que Dieu a permis que les sanctuaires fussent abandonnés, le peuple mené en captivité, les corps des saints jetés sans sépulture, et la croix du Sauveur enlevée par les Barbares (*Biblioth. vet. Patr.*; t. I).

Tandis que l'Orient était ravagé par les guerres, l'Italie jouissait de la paix. Les Grecs, pour avoir la paix avec les Lombards, leur payaient annuellement un tribut de douze mille pièces d'or (Paul, diacre, l. 4; Frédég., c. 69); les Lombards, pour avoir la paix avec les Francs, payaient à ceux-ci chaque année la même somme (*Ibid.*, c. 44 et 45). La tranquillité se maintint de cette manière pendant une trentaine d'années, de 604 à 636, sous les rois Agilulfe, Adaloald et Arioald. Les Lombards mêmes n'abusèrent point du malheur des Grecs. L'an 617, les habitants de Ravenne, excédés de la tyrannie de l'exarque, se soulevèrent et le tuèrent, avec tous les juges qu'il avait amenés avec lui (Anast., *In Deusdedit*); l'an 617, le gouverneur de Naples se révolta et se déclara indépendant; l'an 619, le nouvel exarque de Ravenne, l'eunuque Eleuthère, après avoir réprimé ces deux révoltes, se déclarait lui-même souverain de l'Italie, lorsqu'il fut tué par ses propres soldats (*Ibid.; In Bonif., V*). Les Lombards ne profitèrent point de ces occasions pour faire des conquêtes sur les Grecs. Ceux-ci ne se montrèrent pas toujours aussi délicats.

L'an 611, les Huns ou Avares surprirent les Lombards de la Vénétie et du duché de Frioul. Le duc Gisulfe se défendit vaillamment, mais fut tué dans une bataille. Sa femme, Romilde, se réfugia dans une forteresse avec ses quatre fils, Tason, Cacon, Radoald et Grimoald, et ses quatre filles. Romilde ayant vu du haut des murs le khan des Avares, jeune homme de bonne mine, en devint amoureuse, et lui fit dire secrètement qu'elle lui livrerait la ville, s'il voulait la prendre pour femme. Le Barbare y consentit. Entré ainsi dans la capitale du Frioul, il l'abandonna au pillage et ensuite aux flammes, emmena tous les habitants en esclavage vers la Hongrie, avec Romilde et ses enfants, leur faisant accroire qu'il leur rendrait la liberté sur les frontières. Arrivés là, les Avares résolurent d'égorger tous ces malheureux, à la réserve des femmes et des enfants. Les fils de Gisulfe ayant pénétré ce dessein, montèrent à cheval et prirent la fuite. Grimoald était encore enfant. Son frère aîné, le croyant incapable de se tenir à cheval, leva sa lance pour lui ôter la vie et ne pas le laisser esclave des Barbares. Le petit s'écria, pleurant : Ne me tue pas ! je me tiendrai ferme ! Son frère le prit alors par le bras, le mit sur un cheval sans selle, et ils se sauvèrent tous les quatre. Les Avares s'en étant aperçus, les poursuivirent. Un d'entre eux atteignit le petit Grimoald, et le ramena sans lui faire de mal, à cause de sa grande jeunesse et de sa bonne mine; il comptait en faire son esclave. Mais le petit, profitant d'un instant favorable, saisit l'épée du Barbare, lui en fendit la tête, mit son cheval au galop et rejoignit ses frères. Grimoald devint dans la suite duc de Bénévent, et enfin roi des Lombards ; son frère Radoald lui succéda dans ce duché; ses deux frères aînés, Tason et Cacon, gouvernèrent ensemble le duché de

Frioul. Le patrice Grégoire, exarque de Ravenne, témoignait à ces deux derniers beaucoup d'affection.

Dans ces anciens temps, c'était une grande fête de famille, quand un jeune homme se faisait couper la barbe pour la première fois. Il choisissait ordinairement un personnage considérable pour faire cette cérémonie, qui, pour les chrétiens, avait lieu à l'église. Il y a même, dans le *Sacramentaire* de saint Grégoire, une oraison propre pour ce sujet. L'exarque de Ravenne invita donc les deux frères à célébrer cette fête chez lui, leur promettant avec serment de leur couper lui-même les cheveux et de les adopter pour ses fils. Les deux princes se mirent en route, pleins de confiance, accompagnés de quelques jeunes gens. Mais dès qu'ils furent entrés dans la ville d'Opiterge, l'exarque fit fermer les portes et envoya contre eux des soldats en armes. Les deux frères, se voyant trahis, se firent un dernier adieu, tuèrent tout ce qui se présentait, et furent enfin accablés par le nombre. Pour ne pas manquer à son serment, l'exarque se fit apporter la tête de Tason, et lui rasa la barbe, selon sa promesse. Cette délicatesse de conscience étonne, même dans un Grec (Paul, diac., l. 4, c. 38, 40).

Le chef des Huns accomplit sa parole avec le même scrupule. Il avait promis à Romilde de l'épouser, pour lui avoir livré la ville et le peuple de Frioul. Arrivé en Hongrie, il la prit pour sa femme une nuit durant. Le lendemain, il l'abandonna aux outrages d'une douzaine de Barbares. Enfin, ayant planté une perche très-pointue sur la place publique, il y fit empaler cette malheureuse, en lui disant : « Voilà le mari que méritent tes pareilles. » Les quatre filles se montrèrent bien différentes de leur mère. Pour conserver leur vertu et leur honneur au milieu de tant de périls, elles s'appliquèrent sur la poitrine, sous leur vêtement, de la chair crue de volaille : bientôt la chaleur lui faisait exhaler une odeur fétide. Les Barbares qui voulaient s'approcher d'elles, reculèrent devant l'infection; et s'imaginant que cette odeur leur était naturelle, ils dirent que toutes les femmes lombardes étaient puantes. Voilà comme ces jeunes et nobles personnes surent demeurer chastes au milieu des Barbares. L'une d'elles épousa dans la suite un roi des Allemands (*Ibid.*, c. 38); une autre épousa un prince des Bavarois. Paul, diacre, qui rapporte ces faits, en avait une connaissance particulière. Outre qu'il était Lombard de nation, son bisaïeul avait lui-même été emmené captif dans cette guerre, étant encore enfant, et s'était sauvé de la Hongrie plus tard (*Ibid.*, c. 39).

Pendant ce temps, l'Eglise romaine voyait ses pontifes se succéder assez rapidement sur le Siège de saint Pierre. Six mois et un jour après la mort de saint Grégoire le Grand, le diacre Sabinien fut ordonné pape le 1er septembre 604 (Pagi). Il ne tint le Saint-Siège que jusqu'au 22 février 606. Il était de Toscane, fils de Bonus, et avait été nonce à Constantinople, près de l'empereur Maurice. De son temps, Rome fut affligée d'une grande famine, pendant laquelle il fit ouvrir les greniers de l'Eglise et vendre le blé au peuple, donnant trente boisseaux pour un sou d'or. Il fut enterré le 22 février 606, dans l'église de Saint-Pierre. Le Saint-Siège vaqua plus d'un an; et enfin, le 19 février 607, on ordonna pape le diacre Boniface, troisième du nom, qui gouverna l'Eglise jusqu'au 10 novembre de la même année, où il mourut. Il était natif de Rome, et avait pareillement été nonce à Constantinople au temps de l'empereur Phocas. Devenu pape, il obtint de cet empereur ce que les papes Pélage II et Grégoire le Grand n'avaient pu obtenir de l'empereur Maurice, savoir : une déclaration authentique que le siège apostolique de saint Pierre, c'est-à-dire l'Eglise romaine, était le chef de toutes les Eglises, parce que l'Eglise de Constantinople se disait la première de toutes, depuis que ses évêques affectaient le titre de *patriarche œcuménique* (Anast., *In Bonif.*; Paul, diac.; l. 4, c. 37). C'est du moins ce que rapportent Anastase le Bibliothécaire, et Paul, diacre. Le patriarche Cyriaque était mort dès le 29 octobre de l'année précédente 606.

Le pape Boniface III assembla un concile à Rome dans l'église de Saint-Pierre, où se trouvèrent 72 évêques, 34 prêtres, les diacres et tout le clergé de la ville. Son dessein était de réformer les abus qui se commettaient dans l'élection du Pape et des autres évêques. Il fut donc défendu dans ce concile, sous peine d'anathème, à qui que ce soit, du vivant du Pape ou de quelque autre évêque, de parler de son successeur, et ordonné que, trois jours après ses funérailles, le clergé et les enfants de l'Eglise s'assembleraient pour procéder à l'élection. Boniface III étant mort, suivant Pagi, le 10 novembre 607, il eut pour successeur Boniface IV, qui fut ordonné le 25 août 608, et mourut le 7 mai 615, après un pontificat de six ans huit mois et treize jours. Boniface IV était natif de Valérie, au pays des Marses, et fils d'un médecin nommé Jean. Il obtint de l'empereur Phocas le fameux temple de Rome, nommé Panthéon, parce qu'il était dédié à tous les dieux. Ce temple avait été bâti par Agrippa, gendre de César-Auguste, vingt-cinq ans avant l'ère chrétienne. Le Pape, sans changer l'édifice, en fit une église, qu'il dédia en l'honneur de la sainte Vierge et de tous les martyrs. Elle subsiste encore à Rome, sous le nom de Notre-Dame de la Rotonde. De cette dédicace est venue la fête de tous les saints le premier jour de novembre, qui était auparavant un jour de jeûne, et cette fête fut dès lors observée à Rome.

Le pape saint Boniface IV fit de sa maison un monastère, et lui donna de grands biens. L'an 610, il assembla un concile pour condamner ceux qui, ayant pour principe la jalousie et non la charité, soutenaient que les moines, étant morts au monde et faisant profession de ne vivre que pour Dieu, étaient, par cette raison, indignes du sacerdoce et incapables d'en faire les fonctions; qu'ainsi ils ne pouvaient administrer les sacrements du baptême et de la pénitence. Cette doctrine fut condamnée comme folle, et il fut décidé que les religieux élevés au sacerdoce par une ordination légitime, pouvaient en exercer le ministère et user du pouvoir de lier et de délier : ce que Boniface confirma, tant par l'exemple de saint Grégoire, son prédécesseur, de saint Augustin, apôtre des Anglais, et de saint Martin, que par la conduite de saint Benoît, qui n'interdit point à ses disciples les fonctions sacerdotales (Labbe, t. V). Le pape saint Boniface IV mourut le 7 mai 615, fut enseveli le lendemain dans l'église de Latran, et transféré le 25 du mois à l'église de Saint-

Pierre. C'est ce dernier jour que l'Eglise honore sa mémoire (Cenni, *In Anast.*, t. IV, edit. Romæ).

Il eut pour successeur le pape saint Deusdedit, Romain de naissance, fils du sous-diacre Etienne, qui fut ordonné le 19 octobre 615, après que le Saint-Siège eût vaqué cinq mois et treize jours. Il aima fort le clergé, et y rétablit l'ancien ordre. Ce saint Pape mourut le 7 novembre 618, après un pontificat de trois ans et vingt jours, et fut enterré le lendemain à Saint-Pierre (Pagi et Cenni). Les longues vacances du Saint-Siége avaient lieu pour cause qu'on attendait, pour l'ordination du nouveau Pape, l'agrément de l'empereur de Constantinople. A la mort de saint Deusdedit, on crut devoir s'en dispenser. Effrayées par un grand tremblement de terre, par des inondations, par la révolte et l'usurpation de l'exarque Eleuthère, enfin par une maladie pestilentielle qui défigurait tellement les morts, que leurs parents mêmes ne pouvaient plus les reconnaître, Rome et l'Italie demandaient sans délai un pasteur suprême pour les rassurer. En conséquence, un mois et seize jours après les funérailles de saint Deusdedit, on ordonna, le 24 décembre de la même année 618, Boniface V, natif de Campanie et de la ville de Naples, qui fut effectivement un pontife plein de douceur et de miséricorde. Il occupa le Siège de saint Pierre cinq ans dix mois, et mourut le 24 octobre 624 (Cenni).

Ce fut sous son pontificat que mourut à Rome Jean Mosch, l'ami de saint Jean l'Aumônier. Ayant quitté Alexandrie, il avait passé dans l'île de Chypre, puis dans celle de Samos, et était enfin arrivé à Rome avec douze disciples, dont le principal était Sophrone. Là, il composa son livre appelé le *Pré spirituel*, comme étant mort semé de fleurs, c'est-à-dire de miracles ou d'exemples rares de vertu, qu'il avait appris dans ses divers voyages. Ils sont distribués en deux cent dix-neuf chapitres, et rangés plutôt suivant l'ordre des matières que du temps. Il cite partout les auteurs de la bouche desquels il avait appris ces histoires et de qui eux-mêmes les savaient. Le style en est simple, mais vif et solide, et il rapporte naïvement les faits comme il les avait ouï raconter, laissant aux lecteurs à y faire les réflexions. Tout y tend à l'édification, tout y respire la piété; mais on y peut remarquer plusieurs preuves de la foi et de la discipline de l'Eglise.

Jean Mosch adressa son *Pré spirituel* à Sophrone, son cher disciple, ce qui l'a fait citer sous son nom, et il est à présumer qu'il eut grande part à cet ouvrage. Jean le lui laissa en mourant, et lui recommanda de ne point laisser son corps à Rome, mais de l'emporter dans un coffre de bois, pour l'enterrer au mont Sinaï, avec les moines de cette solitude. Que si les incursions des Barbares ne permettaient pas de l'emporter si loin, qu'il l'enterrât au monastère de Saint-Théodose, où il avait premièrement renoncé au monde. Sophrone exécuta cet ordre, et, étant parti de Rome avec les autres onze disciples de Jean, il arriva à Ascalon, où il apprit qu'il était impossible d'aller au mont Sinaï, à cause de la révolte des Arabes. Il vint à Jérusalem au mois de septembre 619, et, y ayant trouvé l'abbé de Saint-Théodose, il transporta le corps du bienheureux Jean en ce monastère.

Vers ce temps florissait saint Anastase, prêtre et moine du mont Sinaï, d'où lui est venu le nom de Sinaïte. Les Grecs l'appellent le nouveau Moïse. Il fit plusieurs voyages à Alexandrie, en d'autres villes de l'Egypte et dans la Syrie, où il défendit souvent de vive voix la foi catholique contre les différentes sectes de l'hérésie d'Eutychès, les acéphales, les sévériens et les théodosiens. Il composa deux livres contre les Juifs, plusieurs conférences qu'il avait eues avec eux, un tome des dogmes de la foi catholique, sous le nom de Flavien de Constantinople, un tome apologétique adressé au peuple, un traité contre Nestorius ; enfin, son plus fameux ouvrage, qui a pour titre l'*Hodegos*, ou le *Guide*, et qui est le seul que nous ayons de tous ceux qui viennent d'être nommés. C'est une méthode de controverse contre les hérétiques, particulièrement contre les acéphales. L'ouvrage tient beaucoup de la forme serrée et précise que plus tard on a nommée *scolastique*.

Le saint y donne d'abord des règles pour former un théologien ou un homme capable de traiter exactement de la foi divine. Avant tout, il faut qu'il mène une vie pure et innocente, et que son âme soit le sanctuaire de l'Esprit-Saint ; qu'il possède bien les définitions dogmatiques, suivant la tradition de l'Eglise ; qu'il connaisse au plus juste les sentiments et les écrits des adversaires, afin de les battre et de les confondre par eux-mêmes. Il y aurait de l'imprudence à disputer sur les matières de la foi avec toutes sortes de personnes ; il faut les choisir, n'en disputer qu'en temps et lieu et autant qu'il en est besoin. On doit s'appliquer à la lecture de l'Ecriture sainte avec une grande simplicité de cœur, et non avec un esprit de finesse et de subtilité, sans s'opiniâtrer à vouloir approfondir ce qui surpasse l'intelligence humaine, savoir : distinguer ce qui se doit entendre à la lettre, d'avec ce qui est dit métaphoriquement ; croire que l'Eglise a des traditions sur les points de doctrine qui ne sont point exprimés dans les livres saints, comme d'être à jeûn pour recevoir l'eucharistie.

Il y a deux manières de disputer avec les hérétiques : l'une, en proposant des passages de l'Ecriture sainte ; l'autre, en tirant des preuves de la chose même. La dernière est la plus solide et la plus efficace. On peut altérer les paroles de l'Ecriture, opposer un passage à un autre, comme font tous les jours les hérétiques et les Juifs. On fera donc bien, quand on le peut, de réfuter l'adversaire par la nature même de la chose. Le théologien doit savoir la chronologie, en quels temps tels et tels Pères ont vécu, et quand telles et telles hérésies ont pris naissance. Qu'il prenne garde quand l'adversaire est embarrassé et hors d'état de répondre, afin de l'empêcher de passer à une autre question ; qu'il lui fasse même promettre sous serment, avant la dispute, de ne rien dire contre sa conscience ; qu'il se purge lui-même de tous les soupçons que l'adversaire pourrait avoir, en condamnant toutes les erreurs dont il pourrait être soupçonné. Si donc vous avez à disputer avec les Arabes, il veut parler sans doute des mahométans, dites anathème à qui admet deux dieux, ou qui croit que Dieu a engendré de la même manière que les hommes, ou qui adore comme dieu une créature quelconque. Agissez de même avec tous les autres hérétiques, afin que, nous voyant condamner toutes les erreurs dont ils pouvaient nous soupçonner, ils nous écoutent plus attentivement. Si vous entrez en dispute avec un monophysite, c'est-à-dire qui n'admet qu'une seule nature en Jésus-Christ, commencez par lui dire que vous ne vous arrêtez pas aux discours du concile de Chalcédoine, mais que vous argumenterez contre lui par les autorités des Pères, qui ont écrit avant ce concile, et qui sont reconnus pour orthodoxes des deux côtés. Après cette précaution, il faut l'avertir de dire anathème à tous ceux qui ne confessent pas la divinité de Jésus-Christ; puis, prenant le personnage d'un Juif ou de Paul de Samosate, demandez-lui des preuves que Jésus-Christ est le Dieu Très-Haut. C'est la méthode qu'a suivie Ammonius d'Alexandrie contre Julien, évêque réfugié d'Halicarnasse. Saint Anastase ajoute que les monophysites se découvrent par leur oblation même; car ils n'offrent que du vin pur, sans aucun mélange d'eau, pour faire entendre que le Christ n'a ni corps ni âme, mais seulement la divinité.

Après avoir donné la règle, saint Anastase donne l'exemple. Dans un exposé de la foi catholique, sur les points controversés avec les monophysites, il observe qu'il ne faut pas dire indistinctement à tout le monde et sans explication, qu'il est en Jésus-Christ deux natures, deux volontés et deux opérations; car des ignorants qui attachent à ces mots une idée fausse et grossière, seraient scandalisés si on ne les leur explique. Il faut donc dire à ceux qui peuvent l'entendre et qui le désirent, que, sous le nom de nature, vous n'entendez ni une personne ni une partie naturelle de la chair, mais une chose réellement subsistante, savoir : la divinité parfaite et l'humanité parfaite, unies inconfusément, immuablement et indivisiblement dans la personne ou l'hypostase du Christ, qui est une. Dites également, pour ce qui est des deux volontés : Nous n'enseignons aucunement qu'il y ait dans le Christ deux volontés contraires l'une à l'autre, ni une volonté sujette aux mauvaises passions : les démons mêmes n'oseraient le dire; mais comme il a pris tout l'homme, pour sauver tout l'homme, il est homme parfait dans l'humanité. Nous appelons donc volonté divine, cette puissance par laquelle il commande en tant que Seigneur; et, par sa volonté humaine, nous n'entendons autre chose que la faculté de vouloir, qu'a reçue l'âme raisonnable au moment de sa création, étant faite à l'image de Dieu et pour accomplir la volonté divine. Que si l'âme du Christ est privée de la faculté d'entendre et de vouloir, il s'ensuit qu'elle n'est point faite à l'image de Dieu, ni de la même substance que les nôtres, mais une des choses destituées de raison et de volonté. Comment alors pourrait-on dire que le Christ est parfait dans l'humanité. Si l'on ôte la volonté à la sainte âme du Christ, il faudra conclure avec Arius, que, même selon la divinité, le Christ est soumis au Père comme un serviteur, et reconnaître deux volontés dans le Père et dans le Fils. Enfin, si l'âme raisonnable du Christ est privée de volonté, il est manifeste qu'elle aura été soumise au Verbe involontairement et comme une chose privée de raison. Loin de nous de pareils blasphèmes! Il faut raisonner de même des deux opérations dans le Christ; car, de faire des miracles, doit être attribué à l'opération divine, qui seule a produit ces œuvres. Nous appelons opération humaine, cette action pure, sainte, créée, vitale et vivifiante, qui émane de sa sainte âme; en sorte qu'au temps de la passion, cette âme étant séparée et sortie du corps, le corps demeura aussitôt sans âme et sans vie, quoique l'opération divine ne le quittât jamais. C'est avec cette merveilleuse justesse, que saint Anastase Sinaïte explique ces points de doctrine, longtemps avant que l'Eglise eût prononcé là-dessus, et avant même qu'il se fût élevé à ce sujet une controverse spéciale sous le nom de *monothélisme*; car rien n'indique dans son ouvrage, que la dispute eût déjà commencé d'une manière formelle.

Pour éviter toutes les équivoques, il donne, d'après les saints Pères, les définitions dogmatiques des principaux termes, concernant les mystères de la Trinité et de l'Incarnation, tels que Dieu, paternité, filiation, esprit, nature, hypostase, volonté, propriété, opération, consubstantiel, âme, Verbe. Le fort des eutychiens était de poser en principe, que *nature* et *personne* sont absolument la même chose. Ils s'appuyaient pour cela d'un mot d'Aristote, qu'ils ne comprenaient pas mieux que les Ecritures. Au vrai, c'était un héritage des hérésiarques précédents, supposant tous que *personne* et *nature* sont la même chose. Sabellius avait conclu, puisqu'il n'est en Dieu qu'une seule nature, il n'y a non plus qu'une seule personne; Arius, puisqu'il est en Dieu trois personnes, il y a aussi trois natures; Nestorius, puisqu'il est en Jésus-Christ deux natures, il y a aussi deux personnes; Eutychès, puisqu'il n'y a en Jésus-Christ qu'une seule personne, il n'y a non plus qu'une seule nature. Saint Anastase fait voir, et par l'Ecriture, et par les Pères, et par le bon sens, que *nature* et *personne* ne signifient pas la même chose. Lorsque Dieu maudit Caïn, demande-t-il entre autres, a-t-il maudit toute la nature humaine, ou simplement une personne ou hypostase? Lorsque Noé maudit Chanaan, a-t-il maudit la nature commune à ses trois fils, ou simplement une de leurs trois personnes? La personne et la nature ne sont donc pas la même chose.

A beaucoup de pénétration, saint Anastase joignait beaucoup de finesse. Un jour, étant venu à Alexandrie et voyant la suffisance des eutychiens de toute espèce, il usa de ce stratagème pour les confondre tous en public. Il leur dit en particulier : « Il est impossible de concevoir une nature qui ne soit une personne. Mais que faire, si l'usage s'est introduit dans l'Eglise de dire deux natures et une seule personne en Jésus-Christ? Toutefois, si vous ne me forcez pas de dire anathème à quelque pontife ou à quelque concile, confessons ensemble, par un écrit signé de notre main, que partout où l'on trouve le mot de *nature*, il faut y supposer le mot de *personne*, attendu que *nature* et *personne* sont la même chose. C'est peut-être le moyen de réunir les Eglises. » Les eutychiens, ne se doutant pas de la ruse, souscrivirent la convention, dont on garda un exemplaire de part et d'autre. Le lendemain il y eut une grande assemblée de nobles, des magistrats, du clergé, du peuple catholique et d'une foule immense des différentes sectes. On lut d'abord la convention souscrite, qui portait : « Que tout ce qui s'appelle *nature* en Jésus-Christ, signifie *personne*. » Aussitôt Anastase se mit à lire dans un recueil les passages des Pères qu'il avait extraits des livres mêmes que les eutychiens lui avaient prêtés. Dans ces passages divers, saint Cyrille, saint Ambroise, saint Athanase, saint Grégoire de Nazianze, saint Irénée et tous les autres reconnaissaient expressément deux natures en Jésus-Christ. Sur quoi Anastase concluait : « Donc, puisque, d'après la convention que vous avez signée de votre main, *nature* et *personne* sont la même chose, tous les saints Pères sont infectés de nestorianisme, attendu qu'ils reconnaissent en Jésus-Christ deux personnes. » A cette conclusion, tous les eutychiens demeurèrent interdits, sans trouver un mot à répondre. Toute l'assemblée, au contraire, battit des mains et leur cria : « Si *nature* est la même chose que *personne*, ôtez, brûlez les saints Pères, qui reconnaissent deux natures en Jésus-Christ. Si au contraire, la *nature* et la *personne* ne sont pas la même chose, le concile de Chalcédoine n'est donc pas répréhensible pour avoir dit que dans l'hypostase unique du Christ *il y a deux natures unies* (*Odegos*; c. 10).

Ce ne fut pas la seule fois que saint Anastase prit ainsi les sectaires dans leurs propres filets. Ils en voulaient surtout à saint Flavien de Constantinople et au pape saint Léon, parce qu'ils avaient les premiers condamné Eutychès. Ils ne pouvaient entendre prononcer leurs noms sans éclater en anathèmes. Anastase recueillit des plus illustres Pères de l'Église les passages les plus décisifs, et les mit sous le nom de saint Flavien. Ensuite, dans une conférence publique, où les eutychiens avaient réuni leurs plus fameux docteurs, entre autres un moine nommé Jean et un certain Grégoire, il leur dit : « A quoi bon tant de paroles ? Voici un petit recueil qui contient notre foi et celle du concile de Chalcédoine. Prenez et lisez ; et puis approuvez ou désapprouvez. » Quand ce soi-disant écrit de Flavien eut été lu, Jean et Grégoire en témoignèrent la plus grande horreur, et anathématisèrent tout ce qu'il contenait. Aussitôt Anastase leur montra par leurs propres livres, que ce n'était pas Flavien qu'ils venaient d'anathématiser, mais les saints Pères, dont ces passages étaient textuellement tirés. Le peuple voyant cela, se leva contre les hérétiques, les chargea d'opprobres, et faillit même les lapider.

Les eutychiens d'Alexandrie se voyait ainsi confondus, appelèrent à leur secours ceux de leurs évêques d'Égypte, qui passaient pour les plus habiles. Il en vint plusieurs qui demandèrent au gouverneur impérial une conférence publique avec Anastase. Elle eut lieu dans le palais même du gouverneur. Ces évêques commencèrent par accuser Anastase de troubler la ville, le peuple et leurs églises. Anastase leur dit tranquillement : « Mais, mes révérends Pères, est-ce que vous m'avez jamais vu ? Est-ce que vous avez jamais appris de ma bouche quelle est ma foi, quels sont mes sentiments ? Ils dirent que non. Écoutez donc quelle est ma foi, reprit Anastase ; j'espère qu'elle vous plaira et que vous me trouverez sans reproche. » Aussitôt, prenant un papier et une plume des mains d'un des secrétaires du gouverneur, il écrivit ces mots : « Moi, Anastase, moine de la sainte montagne de Sinaï, je professe que le même Verbe de Dieu, né du Père avant tous les siècles, a été crucifié, enseveli, a souffert et est ressuscité. » Les évêques, auxquels il présenta cette déclaration, en firent l'éloge et l'approuvèrent. Ce que voyant Anastase, il leur dit : « Si vous pensez de même, souscrivez-y, et à l'instant je communiquerai avec vous. » Car c'était un dimanche, vers neuf heures du matin. Ils y consentirent volontiers, et souscrivirent. Anastase ayant donc reçu la déclaration souscrite de leurs mains, s'approcha de celui d'entre eux qui paraissait le plus savant, et, lui caressant la barbe, il dit : « Souvenez-vous, ô Théopaschite [c'est-à-dire, ô vous qui supposez la divinité même passible], souvenez-vous de ce que dit l'apôtre Pierre, que le Christ a souffert dans la chair, et non dans la divinité, ainsi que blasphème Sévère, de qui vous venez d'approuver l'impiété par votre souscription. Car si dans ce papier je n'ai mentionné que la divinité du Verbe, sans parler de sa chair ni de son incarnation, c'est pour dévoiler au grand jour le blasphème qui était caché dans votre cœur. » A ces mots, réveillés comme d'une sorte d'ivresse, ils firent tout au monde pour ravoir le papier. Mais Anastase leur criait tout haut : « Je ne vous le rendrai que quand je l'aurai présenté contre vous à Jésus-Christ, au jour du jugement. »

Les eutychiens, plutôt que de reconnaître deux natures en Jésus-Christ, allaient jusqu'à soutenir que la divinité même avait souffert. Aussi ajoutaient-ils au Trisagion ou au *Sanctus* grec, ces paroles : *Qui a été crucifié pour nous.* Saint Anastase, dans une nouvelle conférence, les confondit en cette manière. Il dessina devant tout le monde l'image du Sauveur crucifié, avec cette inscription : *Le Verbe de Dieu sur la croix, son âme raisonnable et son corps.* Puis il demanda à ses adversaires lequel des trois avait souffert la mort ? Ils répondirent : Le corps. Il reprit : N'est-ce donc pas l'âme qui a souffert et qui est morte ? Non, répliquèrent-ils. Sur quoi il conclut : « Comment donc n'avez-vous pas honte d'assurer que Dieu le Verbe a souffert, tandis que vous niez que l'âme raisonnable, qui est sa créature, soit capable de souffrir ? Comment ! vous dites que les anges, que les démons mêmes sont impassibles et immortels, et vous ne rougissez pas d'appeler *passible, et mortel* leur souverain Créateur, qui seul est impassible de sa nature (C. 11). »

Après cette argumentation sans réplique, Anastase répondit aux objections tirées des Pères, que quand ils ont dit que Dieu avait souffert, qu'il était mort, c'était, non pas selon la divinité, mais dans la chair, dans la nature humaine qu'il s'était uni.

La plupart des objections que les eutychiens alléguaient des Pères, étaient controuvées ; car ils ne se faisaient pas scrupule de corrompre leurs écrits. Par exemple, après la mort de saint Euloge, il y eut à Alexandrie un gouverneur impérial de la secte de Sévère, qui employa longtemps quatorze scribes à falsifier les livres des Pères, principalement ceux de saint Cyrille. Ainsi, Anastase étant tombé sur ces paroles : *Nous disons deux natures en Jésus-Christ,* que saint Cyrille écrit dans ses lettres à Successus, il ne les trouva intactes dans aucun exemplaire d'Alexandrie. Les uns avaient : *Nous disons qu'il y a deux natures unies;* les autres : *Nous disons qu'il faut considérer deux natures.* A la fin, Isidore, bibliothécaire du patriarche, lui présenta un exemplaire où le passage se trouva exactement. Les eutychiens avaient tronqué de même les passages les plus importants de saint Ambroise et d'autres Pères,

(C. 10). C'est par de pareils moyens que ces hérétiques pervertirent la foi de l'Egypte et attirèrent sur ce pays la punition qui l'accable depuis douze siècles, la domination des mahométans.

Un fait remarquable pour discerner les vrais ouvrages des Pères, c'est que saint Anastase, si exact à découvrir les fraudes des hérétiques, cite une dizaine de fois, dans son *Guide*, saint Denys l'Aréopagite et ses œuvres, sans émettre jamais le moindre doute sur leur authenticité. Employant une de ses expressions, il dit : « Nous nommons en Jésus-Christ *opération théandrique*, c'est-à-dire *Déivirile*, celle qu'il a faite conformément à la nature divine et à la nature humaine, comme de guérir l'aveugle avec de la boue, de ressusciter la fille de Jaïr en la touchant de la main (C. 1). » Le suffrage d'un esprit aussi distingué est d'un poids considérable. Il est à regretter qu'on n'ait pas des différentes œuvres de saint Anastase le Sinaïte, une édition complète et soignée.

On trouve entre autres, dans ce même *Guide*, un témoignage bien exprès touchant la présence réelle de Jésus-Christ dans l'eucharistie : c'est la dispute d'un orthodoxe avec des gaïanites, secte d'eutychiens qui soutenaient que le corps de Jésus-Christ était naturellement incorruptible. Pour les convaincre que son corps a été incorruptible dès le moment de son union avec la divinité, l'orthodoxe leur parle en ces termes :

« Si, dès le premier moment de l'union, le corps du Christ est immortel, comme la divinité, dites-moi, je vous prie, la communion du très-sacré corps et sang de Jésus-Christ, que vous offrez et à laquelle vous participez, est-elle véritablement le vrai corps et sang du Christ, Fils de Dieu, ou un simple pain tel qu'on en vend dans la rue; ou bien une simple représentation, une simple figure du corps de Jésus-Christ, tel qu'était le sacrifice du bouc offert par les Juifs ? Le gaïanite répond : Dieu nous préserve de dire que la sainte communion est seulement la figure du corps de Jésus-Christ ou un simple pain; mais nous recevons véritablement le corps et le sang même du Christ, Fils de Dieu, qui s'est incarné et qui est né de la sainte Mère de Dieu, Marie toujours vierge ! L'orthodoxe réplique : C'est ce que nous croyons et confessons aussi, selon la parole du Christ à ses disciples, lorsque, dans la cène mystique, il leur donna le pain vivifiant : *Prenez et mangez, ceci est mon Corps.* De même, lorsqu'il leur donna le calice, disant : *Ceci est mon sang.* Il ne dit pas : Ceci est la figure ou le symbole de mon corps et de mon sang. De même, quand il dit en plusieurs autres lieux : *Celui qui mange ma chair et boit mon sang, a la vie éternelle.* Puis donc que le Christ lui-même déclare que c'est vraiment son corps et son sang qui sont reçus par nous autres fidèles, apportez-moi quelque chose de la communion de votre Eglise que vous croyez la plus orthodoxe de toutes, et nous mettrons dans un vase, avec toute sorte de vénération, ce saint corps et ce sang sacré du Christ. Et si, dans l'espace de quelques jours, ils ne reçoivent aucun changement ni altération, il paraîtra que vous avez raison de dire que le corps du Christ a été incorruptible dès le moment de son incarnation; mais s'il est corrompu et altéré, il faudra nécessairement que vous disiez l'une de ces choses; ou que ce que vous prenez n'est pas le vrai corps du Christ, mais une simple figure; ou qu'à cause de votre mauvaise doctrine, le Saint-Esprit n'est pas descendu sur les dons offerts; ou que le corps du Christ, avant la résurrection, était sujet à la corruption, puisqu'il a été immolé, mis à mort, blessé, divisé, mangé; au lieu qu'une nature immortelle ne peut être ni divisée, ni recevoir des plaies dans ses mains et dans son côté, ni être mise à mort, ni être mangée; on ne peut la tenir entre les mains ni la toucher, comme on le voit par les natures incorruptibles de l'âme et de l'ange (C. 13, *Bibl. Pat.*, t. IX).

Voilà ce que dit saint Anastase. Son raisonnement manque de justesse, en ce qu'il suppose que l'altération de l'eucharistie affecte le corps même de Jésus-Christ, tandis qu'elle n'affecte que les espèces ou accidents du pain et du vin. Mais toujours voit-on avec quelle foi expresse on croyait, de part et d'autre, que l'eucharistie est le vrai corps et le vrai sang de Jésus-Christ, et non pas une simple figure.

Nous avons de ce Père deux ou trois excellents sermons : le premier, de la sainte synaxe ou de la sainte messe; les deux autres, sur le psaume sixième. Il commence le premier par l'éloge des psaumes que l'on chantait dans les assemblées chrétiennes. La méditation des divines Ecritures, jointe à l'oraison, est la mère de toutes les vertus. Par cette méditation, on apprend à connaître Dieu; par la prière, on obtient de lui ce qu'on demande. Si l'on emploie des années entières pour apprendre passablement un métier périssable, combien plus, pour connaître Dieu et lui plaire, ne doit-on pas s'y appliquer, même toute sa vie? Le contraire arrive tous les jours. L'envie d'acquérir des richesses, de s'élever à une dignité temporelle, fait qu'on se livre tout entier aux moyens d'y parvenir. Mais on ne prend aucun soin de son âme, on ne pense point à la mort, ni au jugement de Dieu, ni aux supplices de la vie future. On s'ignore et on se trompe soi-même. Encore si le mal n'allait pas plus loin. Mais on se hait mutuellement, on se tend des pièges, on se charge d'opprobres et de calomnies. Attentifs aux fautes d'autrui, nous ne considérons jamais les nôtres. Enfoncés dans la boue jusqu'au cou, nous ne pensons point à nous en tirer. Nous vieillissons dans l'habitude de censurer les autres, et, dans la vieillesse même, nous ne songeons point à nous examiner nous-mêmes. Les plus petits défauts de nos frères nous paraissent grands. Les nôtres, quelque considérables qu'ils soient, nous sont imperceptibles. Nous ne pardonnons à personne. Petits et grands, coupables et innocents, nos évêques, nos maîtres, nos chefs, tous ceux qui nous avertissent de nos défauts, qui prennent soin de nos mœurs, sont également l'objet de nos censures. Nous ne savons ce que c'est que de gémir sur nos désordres; la crainte de Dieu n'est point en nous; nous ne pensons ni à faire pénitence ni à nous corriger. Toute notre âme se porte au mal, à la volupté, à la débauche.

Nous passons les jours entiers aux spectacles, en de vaines conversations, en discours déshonnêtes, sans nous ennuyer; nous négligeons pour cela et la nourriture, et la maison, et les affaires les plus pressantes. Mais pour prier à l'église, nous y appliquer à de saintes lectures, nous ne voulons pas même accorder à Dieu une heure : nous nous en sauvons comme du feu. Si la leçon de l'Evangile est un peu plus longue, on s'impatiente, on regarde de côté et d'autre. Si le prêtre prolonge un peu les prières, on se chagrine, on montre du dédain. Si celui qui offre le sacrifice non sanglant célèbre les divins mystères un peu plus lentement, on s'ennuie, on bâille, on s'endort. Il y en a même qui ne pensent point à purifier leur conscience pour approcher de la sainte table; ils ne songent qu'à se parer de beaux habits. D'autres n'entrent dans l'église qu'après s'être informés si le temps de la communion approche. Ils en sortent aussitôt, après avoir comme enlevé le pain mystique. D'autres ne viennent dans le temple de Dieu que pour se livrer à des conversations inutiles. D'autres, laissant l'office divin et la sainte messe, s'abandonnent aux voluptés de la chair. D'autres, occupés à regarder la beauté des femmes, font de l'église un mauvais lieu. D'autres, occupés de leurs affaires, en font une place de marché. D'autres enfin y médisent pendant la messe, les uns des autres, ou même des prêtres qui offrent le sacrifice. Il y a des femmes qui ne sont pas exemptes de ces reproches; car il en est qui, servant le démon, viennent à l'église moins pour prier que pour être vues et pour séduire les plus simples.

Se peut-il quelque chose de plus criminel ? Pleins de rapines, de méchancetés et de toute sorte de crimes, nous nous lavons les mains avec un peu d'eau; et puis, tout immondes que nous sommes, nous recevons ce corps sacré et ce sang adorable qui a été répandu pour le salut du monde. Ne voyez-vous pas que Judas, pour avoir reçu indignement le corps du Seigneur, fut condamné aussitôt, et qu'il livra au démon une entrée plus grande dans son cœur? Oseriez-vous, avec des mains sales, toucher les vêtements d'un roi? Que dis-je? ceux d'un roi? les vôtres mêmes? Comment donc ne rendez-vous pas au Christ l'honneur que vous faites à un vil vêtement? quel pardon méritez-vous? dites-moi. Ce n'est point assez d'entrer dans l'Eglise de Dieu, d'y révérer les saintes images, d'y honorer et baiser les croix, ce n'est pas se purifier non plus, que de se laver les mains. Il faut fuir le péché, laver ses fautes dans la confession et dans les larmes, et s'approcher des mystères purs et inviolables avec un cœur contrit et humilié (*Bibl. Pat.*, t. IX; Combefis., *auct.*, t. I).

On voit, par ce tableau, quelles étaient en Orient les mœurs de bien des fidèles, et de quelle manière ils recevaient les sacrements de l'Eglise. Quand on pense avec cela, que, depuis six siècles, le même Orient ne cessait de corrompre la foi par des hérésies et de diviser l'Eglise par des schismes, on ne s'étonne plus trop que Dieu le punisse aussi pendant des siècles.

En Occident, le pape Boniface V étant mort le 24 octobre 624, on ordonna Honorius le 27 octobre de l'année suivante 625. Le Saint-Siège vaqua ainsi plus d'un an. Honorius était de Campanie, et fils du consul Pétrone. Il gouverna l'Eglise douze ans, onze mois et seize jours, et mourut le 12 octobre 638. Il fit beaucoup de bonnes œuvres durant son pontificat, instruisit le clergé, envoya des apôtres en Angleterre, qui y prêchèrent l'Evangile avec succès, et réunit à l'Eglise Aquilée et toute l'Istrie

séparées par le schisme des Trois Chapitres depuis environ 70 ans (Anast.).

L'an 695, l'Istrie avait été divisée en deux métropoles : Aquilée, qui obéissait aux Lombards, et Grade, qui obéissait à l'empereur de Constantinople. Vers l'an 628, les Lombards surent faire élire, à Grade même, une de leurs créatures, nommée Fortunat, qui respectait extérieurement le cinquième concile. Mais le clergé de Grade et les évêques de l'Istrie, unis à l'Eglise romaine, ayant découvert qu'il était schismatique dans le cœur, se soulevèrent contre lui; en sorte que, ne se croyant pas en sûreté et craignant d'être mandé un jour par l'exarque de Ravenne pour être mis en prison, il dépouilla cette Eglise de ses trésors et se réfugia sous la domination des Lombards. Le pape Honorius en étant informé, élut aussitôt évêque de Grade Primogénius, sous-diacre de l'Eglise romaine, et l'y envoya avec le *pallium* et une lettre aux évêques de Vénétie et d'Istrie, datée, dans un exemplaire, du 18 février 628. Le Pape leur ordonne d'obéir à Primogénius comme à leur chef. Il les avertit en même temps qu'il avait envoyé des ambassadeurs au roi des Lombards, pour réclamer Fortunat comme un transfuge de la république, c'est-à-dire de l'empire romain, et comme un traité à l'unité de la concorde, et pour lui faire rendre aux Eglises et aux hôpitaux les biens qu'il leur avait enlevés (Labbe, t. V).

Dès l'an 625, où Honorius fut ordonné pape, il y eut une révolution politique chez les Lombards. Adaloald, fils d'Agilulfe, ayant perdu sa mère Théodelinde après dix ans de règne, fut déposé du trône, parce qu'il était tombé en démence, suivant Paul, diacre. Mais ce qui fait douter que ce fut le véritable motif, c'est que le pape Honorius prit fortement à cœur son rétablissement. Adaloald était catholique; son compétiteur et son beau-frère Arioald était arien. Peut-être que cette révolution était l'œuvre de la faction arienne. Toujours est-il que le Pape écrivit la lettre suivante à l'exarque Isaac : « Il nous a été rapporté que les évêques au delà du Pô ont cherché à persuader à Pierre, fils de Paul, d'abandonner le roi Adaloald et de s'attacher au tyran Arioald. Mais Pierre a refusé de suivre leurs mauvais conseils, et il veut garder saintement la fidélité qu'il a jurée au roi Agon, père d'Adaloald. C'est une chose odieuse à Dieu et aux hommes, que ceux qui devaient punir le crime, l'aient eux-mêmes conseillé. C'est pourquoi nous vous prions, quand vous aurez, comme nous l'espérons, rétabli Adaloald dans son royaume, de nous envoyer ces évêques à Rome, afin que nous ne laissions pas impuni un pareil attentat (*Ibid.*). »

Au mois de décembre 626, le même Pape écrivit à Jean, André, Etienne et Donat, évêques d'Epire, qu'il avait envoyé le *pallium* à Hypatius, ordonné par eux évêque de Nicopolis. Mais il ajoute qu'Hypatius étant soupçonné d'avoir eu part à la mort de Sotéricus, son prédécesseur, il voulait que, lorsque la paix le permettrait, il vînt à Rome pour se purger de ce soupçon devant la confession ou le tombeau de saint Pierre (*Ibid.*). Au mois de juin de l'année suivante, il écrivit au sous-diacre Sergius, pour l'affaire que voici. L'archevêque de Cagliari avait un différend avec quelques-uns de ses clercs, qui, pour le mettre dans son tort, s'étaient pourvus à Rome par des mémoires contre lui. Le Pape cita les uns et les autres. L'évêque comparut ; mais les clercs, se sentant coupables, ne comparurent point. Honorius les envoya chercher par un défenseur ; et ils étaient déjà embarqués, lorsqu'un nommé Théodore, gouverneur de Sardaigne, s'en saisit et les envoya en Afrique, pour les soustraire à la juridiction du Pape. Honorius écrivit aussitôt à Georges, préfet du prétoire, de réprimer l'attentat de Théodore et d'envoyer les coupables. Il adressa la lettre au sous-diacre Sergius, en lui recommandant de faire sentir au préfet, que, non-seulement les coupables, mais encore ceux qui les soutenaient, avaient encouru l'excommunication. Il joignit à cette lettre la loi de Valentinien et de Théodose, qui confirmait tous les priviléges du Siége apostolique (Labbe, t. V).

La piété, le zèle du pape Honorius, le bonheur qu'il eut, dès le commencement, de mettre fin au schisme d'Istrie, annonçaient un pontificat glorieux à l'Eglise et à lui-même. Le malheur voulut qu'il eût affaire à des Grecs, et qu'il ne fût point assez sur ses gardes. Cette négligence attira de grands maux à l'Eglise et imprima une éternelle tache à sa propre gloire. Le principal auteur de ces maux fut Sergius, évêque de Constantinople. Cette nouvelle Rome, ainsi qu'elle aimait à s'appeler, semble avoir reçu de l'enfer le privilége et la mission d'enfanter ou du moins d'accréditer toutes les hérésies, comme l'ancienne Rome a reçu du ciel le privilége et la mission de les combattre et de les abattre. C'est Eusèbe de Constantinople, auparavant de Nicomédie, qui y naturalise la grande hérésie d'Arius, pour de là infecter la foule des nations barbares. C'est Macédonius, évêque de Constantinople, qui invente une nouvelle hérésie contre la divinité de l'Esprit-Saint ; c'est Nestorius, évêque de Constantinople, qui divise Jésus-Christ en deux personnes ; c'est Eutychès, archimandrite de Constantinople, qui confond Jésus-Christ en une seule nature ; enfin Sergius, évêque de Constantinople, reproduit frauduleusement l'hérésie d'Eutychès, en insinuant que Jésus-Christ n'a pas deux volontés comme il a deux natures, savoir une volonté divine et une volonté humaine, mais une seule, d'où est venue à cette hérésie le nom grec de *monothélisme*, ou hérésie d'une seule volonté.

D'après les historiens grecs Théophane et Nicéphore, Sergius était syrien d'origine, né de parents jacobites, secte d'eutychiens ; il était lui-même profondément infecté de cette hérésie, et contribua puissamment à la répandre sous le nom de monothélisme (Théoph., Nicéph., l. 18, c. 54). Pour cela, il n'y épargna point la fraude. Il fabriqua une prétendue lettre du patriarche Mennas au pape Vigile, où il insinuait ouvertement la doctrine d'une seule volonté et d'une seule opération en Jésus-Christ. Il envoya cette pièce à un monophysite nommé Georges, de la secte des paulianistes, en le priant de lui envoyer des autorités pour une seule opération, et en lui promettant de les réunir à l'Eglise moyennant cette doctrine. Saint Jean l'Aumônier ayant trouvé cette lettre de Sergius entre les mains de Georges, voulut déposer ce dernier, et l'eût fait, s'il n'en eût été empêché par les Perses, qui envahirent l'Egypte. Sergius adressa pareillement la lettre fabriquée de Mennas à Théodore, évêque de Pharan en Arabie, qui lui répondit qu'il approuvait la doctrine d'une seule volonté et d'une seule opération. C'est ce que dit expressément saint Maxime, dans sa conférence avec Pyrrhus, patriarche de Constantinople et successeur de Sergius (Labbe, t. V). Un prosélyte plus important pour celui-ci, fut l'empereur Héraclius, qui se fit même le principal propagateur de l'hérésie nouvelle. Comme en partant pour la guerre des Perses, Héraclius lui avait confié la tutelle de son fils et le gouvernement de l'empire, il était facile à Sergius de lui faire adopter de confiance ses propres sentiments. L'an 622, la même année que Mahomet jeta les fondements de son empire antichrétien, Héraclius étant donc en Arménie, eut un entretien avec un certain Paul, monophysite de la secte de Sévère, et lui parla d'une seule opération en Jésus-Christ (*Ibid.*, t. VI). Paul en écrivit à Sergius, qui, avec sa réponse, lui adressa la prétendue lettre de Mennas à Vigile, et l'approbation qu'y avait donnée Théodore de Pharan (*Ibid.*, t. V).

Enhardi par une première faute, Héraclius en fit une plus grande. Après avoir disputé témérairement de la foi, il s'arrogea d'en décider plus témérairement encore. Il écrivit une lettre à Arcade, métropolitain de Chypre, pour défendre que l'on parlât de deux opérations en Jésus-Christ après l'union des deux natures. Sergius y donna son approbation par écrit. Mais Arcade, sans avoir égard à cette jussion impériale, conserva toujours la doctrine catholique (*Ibid.*). Quelque temps après, l'empereur se trouvant au pays des Lazes, raconta cette dispute à Cyrus, évêque de Phaside et métropolitain du pays, et lui fit lire sa lettre à Arcade. Cyrus faisait difficulté de ne reconnaître qu'une opération en Jésus-Christ, et produisait la lettre de saint Léon à Flavien, qui enseigne manifestement deux opérations. Etant entrés là-dessus en discours, l'empereur lui fit encore lire la réponse de Sergius de Constantinople, qui approuvait sa lettre à Arcade. Alors Cyrus n'osa plus contredire ; mais il écrivit à Sergius, pour lui demander comment on pouvait soutenir, suivant les Ecritures, qu'après l'union des natures en Jésus-Christ il n'y avait plus en lui deux opérations, mais seulement une opération principale. Cette lettre de Cyrus est de l'an 626.

Sergius lui répondit : « Les conciles œcuméniques n'ont rien défini sur cette question, et elle n'y a pas même été agitée. Mais nous connaissons quelques-uns des Pères, principalement saint Cyrille, qui ont dit, en quelques-uns de leurs écrits, qu'il n'y a en Jésus-Christ qu'une énergie ou opération vivifiante. Mennas, autrefois archevêque de Constantinople, a aussi composé un discours adressé à Vigile, pape de l'ancienne Rome, où il a enseigné une seule volonté et une seule opération en Jésus-Christ ; et afin que vous le voyiez vous-même, je l'ai fait transcrire avec plusieurs passages, pour prouver cette vérité, et je vous les envoie. Et parce que vous dites que saint Léon, en disant que chaque nature opère en Jésus-Christ avec la communication de l'autre, établit deux opérations, vous devez savoir que, comme la lettre de saint Léon, qui est en effet la colonne de la vérité, était combattue par les sévériens, plusieurs docteurs catholiques ont entrepris sa défense, et nous n'en connaissons aucun qui ait dit qu'en ce passage saint Léon ait enseigné deux opérations. Mais afin de ne pas faire cet écrit trop long en vous les rapportant tous, je me contente de vous envoyer un passage de saint Euloge d'Alexandrie, qui a fait un discours entier pour la lettre de saint Léon. Nous ne connaissons aucun des Pères, qui jusqu'ici ait enseigné deux opérations en Jésus-Christ. Si quelqu'un, plus instruit peut montrer qu'ils l'aient dit, il faut absolument les suivre; car il est nécessaire de se conformer à la doctrine des Pères, non-seulement quant au sens, mais encore quant aux paroles, sans innover quoi que ce soit. Sergius finit en demandant à Cyrus une prompte réponse (Labbe, t. VI). »

C'est ainsi que, pareil au serpent, l'évêque de Constantinople, sous l'apparence de la modestie, glisse partout le venin de son erreur. Il élude artificieusement les paroles si claires de saint Léon, comme si elles n'étaient pas assez claires, et il leur oppose, plus frauduleusement encore, la lettre controuvée de Mennas à Vigile, dont l'imposture sera constatée dans un concile œcuménique.

L'empereur Héraclius, son prosélyte ou sa dupe, le secondait puissamment. Comme il était à Hiérapole, dans la haute Syrie, la 20ᵉ année de son règne, c'est-à-dire en 629, Athanase, patriarche des jacobites, vint le trouver. Il était rusé et malin, comme la plupart des Syriens l'étaient alors. Dans un entretien touchant la foi, l'empereur lui promit de le faire patriarche d'Antioche, s'il recevait le concile de Chalcédoine. Athanase feignit de le recevoir, et confessa les deux natures en Jésus-Christ; puis il interrogea l'empereur touchant l'opération et les volontés, et lui demanda s'il fallait en reconnaître une ou deux en Jésus-Christ. L'empereur, embarrassé de cette question, c'est du moins ce que dit Théophane, en écrivit à Sergius de Constantinople, et fit venir Cyrus, évêque de Phaside, qu'il trouva de même avis que Sergius; savoir : qu'il n'y avait en Jésus-Christ qu'une volonté naturelle et une opération ou énergie. Ainsi ils étaient d'accord avec Athanase, qui sentait fort bien qu'en ne reconnaissant qu'une énergie ou opération, on ne reconnaissait qu'une nature (Théoph., p. 274, aliàs). Le perfide Athanase fut donc fait patriarche d'Antioche à la faveur de l'empereur Héraclius. Ce ne fut pas le seul malheur. Georges, patriarche d'Alexandrie, étant mort en 630, Cyrus de Phaside fut envoyé à sa place, et s'unit avec Théodore, évêque de Pharan, qui partageait avec lui les nouvelles erreurs. Voilà comme, par les artifices de Sergius et la connivence d'Héraclius, les trois chaires patriarcales d'Alexandrie, d'Antioche et de Constantinople se trouvaient occupées par des traîtres à la foi orthodoxe et des fauteurs de l'hérésie. C'était dans le temps même que le faux prophète Mahomet léguait à ses successeurs la propagation de son hérésie et de sa puissance antichrétienne. Est-il étonnant alors que l'Orient ait été puni de lui avoir préparé les voies?

Cyrus, étant patriarche d'Alexandrie, travailla à réunir les Théodosiens, espèce d'eutychiens, qui y étaient en grand nombre; ce qui ne fut pas difficile, dès qu'on se contentait qu'ils reconnussent une seule opération en Jésus-Christ. L'acte de réunion fut dressé au 4 mai 633. Il contient neuf articles accompagnés d'anathèmes, qui expriment la doctrine catholique sur la Trinité et l'Incarnation. Mais le venin est dans le septième, qui anathématise quiconque ne dit pas que le même Christ et le même Fils opère les choses divines et les choses humaines par une seule opération théandrique ou déivirile, selon saint Denys, en sorte que la distinction n'est que de la part de notre entendement (Labbe, t. VI). Mais Cyrus falsifiait le texte de saint Denys l'Aréopagite. Ce Père expliquant, dans sa lettre à Caïus, comment en Jésus-Christ aucune des deux natures n'opère sans la participation de l'autre, conclut en ces termes : « Enfin, il n'a fait ni les actions divines en Dieu, ni les humaines en homme, mais en Dieu fait homme, nous montrant une certaine opération nouvelle, qu'on peut appeler *théandrique*. Tel est le texte de saint Denys. Cyrus y supprime les mots *certaine et nouvelle*, et les remplace par le mot *seule* : ce qui était commettre un faux en écriture publique (Labbe, t. VI).

Cependant saint Sophronius, ce moine si célèbre sous saint Jean l'Aumônier, étant venu à Alexandrie, le patriarche Cyrus lui donna à examiner les articles de la réunion. Mais, dès la première lecture, Sophronius se récria contre, en versant beaucoup de larmes, et se jeta aux pieds de Cyrus, le conjurant, avec les plus vives instances, de ne pas les faire publier; attendu qu'ils étaient contraires à la foi de l'Eglise catholique, et qu'ils contenaient clairement la doctrine d'Apollinaire. Mais Cyrus n'eut aucun égard à ses remontrances, et le 3 juin, la réunion se fit solennellement sur ces neuf articles (*Ibid.*, t. V). Les théodosiens vinrent tous dans l'église d'Alexandrie, les clercs, les magistrats, les officiers, le peuple, et y participèrent aux divins mystères. Cyrus envoya à l'empereur une relation détaillée de cette réunion par le diacre Jean, et en écrivit en même temps au patriarche Sergius. Les jacobites et les théodosiens triomphaient, disant que ce n'étaient pas eux qui étaient allés à Chalcédoine, mais Chalcédoine qui était venu à eux, et que, par une seule opération, on reconnaissait une seule nature en Jésus-Christ (Théoph., p. 274). Le téméraire Cyrus servait l'Eglise comme il servait l'empire; dans le même temps, et par des négociations pareilles, il ouvrait l'Eglise aux hérétiques, et l'empire aux mahométans.

Sophronius voyant qu'il n'avait pu rien gagner à Alexandrie, en partit pour aller à Constantinople agir auprès de Sergius. Il y arriva en même temps que les lettres de Cyrus, qui disait de lui à l'évêque de Constantinople : « Quand on vint à cette phrase des articles, qu'il ne faut reconnaître qu'une seule opération en Jésus-Christ, il s'y opposa et soutint qu'il fallait confesser deux opérations, et présenta les témoignages de plusieurs saints Pères (Labbe, t. VI). » Ces paroles sont à remarquer; car Sergius avait dit dans sa lettre précédente à Cyrus : « Nous ne connaissons aucun des Pères, qui jusqu'ici ait enseigné deux opérations en Jésus-Christ. Si quelqu'un, plus instruit peut montrer qu'ils l'aient dit, il faut les suivre; car il est nécessaire de se conformer à la doctrine des Pères, non-seulement quant aux sens, mais encore quant aux paroles, sans innover quoi que ce soit. Or, cet homme plus docte pouvait remplir la condition : c'était saint Sophrone. Il fit donc ses plaintes et remontrances à Sergius, soutenant que l'on devait ôter des articles de Cyrus le mot *d'une opération* après l'union des natures. Mais Sergius, l'auteur principal de cette erreur, n'avait garde de l'écouter, et, prenant prétexte de la réunion des hérétiques d'Egypte, à laquelle il disait qu'il serait dur de donner atteinte, il approuva entièrement la conduite et la doctrine de Cyrus, comme on le voit par sa réponse, où il soutient le monothélisme encore plus expressément. Car voici comme il parle, en tronquant de plus en plus le texte de saint Denys l'Aréopagite : « Vous avez très-bien dit, que le même Jésus-Christ opère les choses divines et les choses humaines par une seule opération ; car toute opération divine et humaine procédait d'un seul et même Verbe incarné. » C'est le sens de saint Léon, quand il dit : Que chaque nature opère avec la participation de l'autre. C'est pourquoi vous avez fort bien enseigné, selon saint Cyrille, une nature du Verbe incarné et une hypostase composée, distinguant seulement, par la pensée, les parties qui entrent dans l'union (Labbe, t. VI). On voit, Cyrus avait falsifié le texte de saint Denys, en mettant *une seule* opération théandrique, au lieu d'une *certaine nouvelle* opération. Sergius va plus loin ; non-seulement il approuve la falsification première, il supprime encore le mot de *théandrique* ou *déivirile* (*Ibid.*). Cette remarque est du pape saint Martin au concile de Latran. Mais où l'impudence de Sergius se montre encore plus effrontée, c'est quand il se vante d'avoir pour lui le pape saint Léon.

Cependant saint Sophrone, étant retourné en Orient, fut élu malgré lui patriarche de Jérusalem après la mort de Modeste, cette même année 633. Presque tous les évêques orientaux et les peuples chrétiens le prièrent d'envoyer un de ses suffragants à Rome, pour informer le Pape de cette nouvelle erreur et le presser d'y porter remède. En attendant, il recueillit en deux volumes six cents passages des Pères, pour convaincre les monothélistes et tâcher de les ramener (*Ibid.*).

Sergius de Constantinople, apprenant ces nouvelles, prit les devants et prévint le Pape, qui était Honorius. Il lui écrivit donc une grande lettre, où il proteste d'abord ne vouloir rien faire qu'en parfaite union avec lui ; puis, entrant en matière, il raconte ainsi l'origine de l'affaire. « Il y a quelque temps que l'empereur étant en Arménie pendant la guerre de Perse, un des chefs du parti de Sévère, nommé Paul, lui présenta un discours pour soutenir son hérésie. L'empereur le réfuta et le confondit, en lui opposant la doctrine de l'Eglise, et, dans cette conférence, il fit mention d'une opération en Jésus-Christ. Quelque temps après, étant au pays des Lazes, l'empereur parla de cette conférence à Cyrus, alors métropolitain du pays, et maintenant patriarche d'Alexandrie. Cyrus répondit qu'il ne savait pas bien s'il fallait enseigner qu'il y eut en Jésus-Christ une opération ou deux, et, par ordre de l'empereur, il m'écrivit pour me consulter sur cette question et me demander si je connaissais quelques Pères qui eussent parlé d'une opération. Je lui répondis ce que j'en savais, et lui envoyai un discours de Mennas, jadis patriarche de cette ville, à Vigile, votre prédécesseur, qui contient divers passages des Pères touchant une seule opération et une seule volonté en Jésus-Christ. Mais, dans cette réponse, je ne dis absolument rien de moi-même, comme vous pouvez le voir par la copie que je vous envoie. C'est ainsi que parle Sergius ; mais ce que nous avons déjà vu de sa conduite, fait assez voir combien ce récit est peu sincère. »

Il continue ainsi : « Depuis ce temps on ne parla plus de cet article. Mais depuis peu, Cyrus, patriarche d'Alexandrie, excité par la grâce de Dieu et le zèle de l'empereur, a exhorté à la réunion les sectateurs d'Eutychès, de Dioscore, de Sévère et de Julien, qui se trouvaient à Alexandrie ; et après plusieurs conférences, il y a réussi avec bien de la peine. On a dressé entre les deux partis quelques articles dogmatiques, sur lesquels la réunion a été faite, non-seulement à Alexandrie, mais presque par toute l'Egypte, la Thébaïde, la Libye et les autres provinces de la dépendance d'Egypte. Cependant le saint moine Sophrone, maintenant patriarche de Jérusalem, comme j'ai appris seulement par ouï-dire ; car je n'ai pas encore reçu ses lettres synodiques, selon la coutume ; Sophrome, dis-je, se trouvant alors à Alexandrie avec le patriarche Cyrus, s'opposa à un des articles de la réunion, qui parlait d'une opération en Jésus-Christ, soutenant qu'il fallait reconnaître deux opérations. Cyrus lui montra quelques passages des Pères, qui avaient dit *une opération* dans quelques-uns de leurs écrits. Il lui représenta que souvent, pour gagner à Dieu un grand nombre d'âmes, nos Pères ont usé de ménagement et de condescendance, sans rien relâcher de l'exactitude des dogmes ; qu'ainsi, dans l'occasion présente, il ne fallait point chicaner sur cet article, qui ne blessait en rien la foi, puisque quelques-uns des Pères avaient usé de cette expression. Mais Sophrone ne voulut en aucune manière agréer ce ménagement ; et étant venu à Constantinople, il nous a pressés de faire ôter cet article. Ce qui nous a paru dur, comme rompant la réunion de tant de peuples qui jusqu'ici ne pouvaient souffrir le nom de saint Léon, ni du concile de Chalcédoine, et qui maintenant le récitent à haute voix dans les saints mystères.

» Après donc avoir beaucoup parlé sur ce sujet avec Sophrone, nous l'avons enfin pressé de nous rapporter des passages des Pères qui nous enseignassent, expressément et en propres termes, qu'il faut reconnaître deux opérations en Jésus-Christ, ce qu'il n'a pu faire. Ainsi, voyant que cette dispute commençait à s'échauffer, et sachant que tels sont ordinairement les commencements des hérésies, nous avons cru nécessaire d'appliquer tous nos soins pour faire cesser ces combats inutiles de paroles. Nous avons donc écrit au patriarche d'Alexandrie, que, la réunion des schismatiques étant exécutée, il ne permît plus à personne de parler d'une ou de deux opérations en Jésus-Christ ; mais qu'il ordonnât de dire plutôt, comme les conciles œcuméniques, qu'un seul et même Jésus-Christ opère les choses divines et les choses humaines, et que toutes ses opérations procèdent invisiblement du même Verbe incarné, et se rapportent à lui seul. Car l'expression d'une opération, quoiqu'elle se trouve dans quelques-uns des Pères, semble toutefois étrange à quelques-uns, qui craignent qu'elle ne tende à la suppression des deux natures ; ce qu'à Dieu ne plaise ! Et plusieurs sont scandalisés du terme de deux opérations, parce qu'il ne se trouve dans aucun des Pères, et qu'il s'ensuit qu'on doit reconnaître deux volontés contraires, en sorte que le Verbe voulût l'accomplissement de la passion, et que l'humanité s'y opposât, et qu'il eût en lui deux individus ou principes voulant le contraire l'un de l'autre : ce qui est impie. Car il est impossible que le même sujet ait tout ensemble, à l'égard du même objet, deux volontés contraires. Or, les Pères nous enseignent que la chair du Seigneur, intellectuellement animée, n'a jamais eu aucun mouvement naturel, séparément ou contrairement à l'ordre du Dieu-Verbe, qui lui est uni selon l'hypostase ; et pour le dire plus clairement, comme notre corps est gouverné et réglé par l'âme raisonnable, ainsi, dans Notre Seigneur, tout le composé humain était mu toujours et en tout par la divinité du Verbe, et conduit de Dieu.

» Enfin nous sommes convenus que Sophrone ne parlerait plus d'une ni de deux volontés, mais qu'il se contenterait de suivre le chemin battu et la doctrine sûre des Pères. Nous ayant donc permis d'en user de la sorte, il nous a demandé sur ce sujet notre réponse par écrit, afin qu'il pût la montrer à ceux qui l'interrogeraient sur cette question ; ce que nous lui avons accordé de grand cœur. Sur quoi il s'est embarqué. Depuis peu, l'empereur étant à Édesse, nous a écrit d'extraire des passages des Pères contenus dans l'écrit dogmatique de Mennas à Vigile, et de les lui envoyer : ce que nous avons exécuté. Nous avons aussi écrit à l'empereur et à son sacellaire tout le détail de ce que nous avons fait sur ce sujet, et l'importance de ne point approfondir cette question, mais de s'en tenir à la doctrine constante des Pères, savoir : que c'est le même Fils de Dieu, Dieu et homme tout ensemble, qui opère et les choses divines et les choses humaines, et que toute opération et divine et humaine procède indivisiblement du même Verbe incarné. Car voilà ce que nous enseigne saint Léon, quand il dit : Chaque nature opère ce qui lui est propre, avec la participation de l'autre. Sur quoi nous avons reçu de l'empereur une réponse digne de lui. Nous avons cru nécessaire de vous donner connaissance de tout ceci par les copies que nous vous envoyons. Nous vous prions de les lire toutes ; si quelque chose manque à nos discours, d'y suppléer et de nous faire réponse pour déclarer votre sentiment (Labbe, t. VI). »

Telle est la lettre de Sergius de Constantinople au pape Honorius, toute remplie d'artifice et de déguisement. Il ne parle point de ses écrits à Théodore de Pharan, à Georges le Paulianiste, ni de la décision téméraire de l'empereur au métropolitain de Chypre, et de l'approbation que lui-même y avait donnée. Il fait l'ignorant sur la question des deux volontés, avant que Cyrus lui écrivît de Phaside, tandis que c'était lui qui poussait l'empereur à toutes ces fausses démarches, comme l'empereur même le reconnaîtra plus tard. Il appuie toujours sur le prétendu écrit de Mennas à Vigile, fabriqué exprès pour soutenir le monothélisme. Il trompe, en disant que quelques-uns des Pères ont enseigné une seule opération, et qu'aucun n'a parlé de deux ; car nous verrons dans la suite, et nous avons déjà vu la preuve du contraire ; nous le voyons même dans les paroles qu'il cite de saint Léon. Car si chacune des deux natures en Jésus-Christ opère ce qui lui est propre, il y a donc en Jésus-Christ deux opérations naturelles, une opération divine et une opération humaine. Il ment, en disant que saint Sophrone ne put produire aucun témoignage des Pères pour les deux volontés, puisque Cyrus même venait de lui écrire qu'il en présentait de plusieurs Pères. Enfin il ment, en disant que saint Sophrone était convenu de garder le silence sur cette question.

Depuis onze ans que ces perfides manœuvres se tramaient en Orient et qu'elles s'y trahissaient par des actes, le pape Honorius aurait dû en être instruit par ses nonces à Constantinople. Mais, soit qu'il n'en eût point à la cour impériale, soit que ces nonces n'y fissent pas leur devoir, Honorius ne se doutait de rien. Ne soupçonnant donc pas même les artifices de Sergius, il répondit à sa longue lettre par une lettre non moins longue, et qui n'en est en partie que la répétition. Nous disons, en partie ; car il y a des passages importants, comme celui qui parle des lettres de Mennas et de Vigile, auxquels Honorius ne répond pas un mot. Ce qui fait soupçonner que la lettre de Sergius ne lui fut pas envoyée telle que nous l'avons maintenant (Sommier, Petit-Didier).

Quoi qu'il en soit, il lui dit en substance : « Nous avons reçu votre lettre, par laquelle nous avons appris qu'il y a eu quelques disputes et quelques nouvelles questions de mots, introduites par un certain Sophrone, alors moine, et maintenant, selon ce que nous entendons dire, évêque de Jérusalem, contre notre frère Cyrus, évêque d'Alexandrie, qui enseigne aux hérétiques convertis qu'il n'y a qu'une opération en Jésus-Christ. Que Sophrone étant venu vers vous, a renoncé à ses plaintes par vos instructions, et vous les a demandées par écrit. Considérant la copie de cette lettre à Soprone, nous voyons que vous lui avez écrit avec beaucoup de prévoyance et de circonspection ; et nous vous louons d'avoir ôté cette nouveauté de paroles qui pouvait scandaliser les simples. Il nous faut marcher, comme nous l'avons reçu, confessant que le Seigneur Jésus-Christ, médiateur de Dieu et des hommes, opère les choses divines par l'intermédiaire de l'humanité qui lui est hypostatiquement unie, et les choses humaines par la chair qu'il a prise d'une manière ineffable et unique, et qu'il les opère sans division, sans confusion et sans transmutation, la divinité demeurant parfaite. La divinité n'a pu aucunement souffrir les passions humaines ; mais la chair passible lui est unie d'une manière ineffable, de telle sorte que les différences de l'une et l'autre nature subsistent. Nous confessons donc une volonté en Jésus-Christ, parce que la divinité a pris, non pas notre péché, mais notre nature, telle qu'elle a été créée, avant que le péché l'eût corrompue. Aussi le mot chair se prend-il quelquefois en bonne part, comme en Job : *Je verrai Dieu dans ma chair*. Le Sauveur n'ayant donc pas pris notre nature pécheresse, mais étant venu la sauver, il n'y a point en lui une autre loi des membres, une volonté différente ou contraire, attendu qu'il est né au-dessus de la nature humaine. Et quand il est écrit : *Je ne suis pas venu pour faire ma volonté, mais celle de mon Père*, ces paroles ne sont pas d'une volonté différente, mais de l'humanité qu'il a prise. Il voulait nous montrer l'exemple, afin que nous marchions sur ces traces. Suivons la route royale, pour éviter les pièges cachés à droite et à gauche, et arriver à la patrie sur les pas de nos chefs. Si quelques-uns, comme en bégayant et pour s'accommoder aux faibles, ont dit une ou deux opérations, il ne faut pas en faire un dogme de l'Eglise; car ni l'Ecriture ni les conciles ne paraissent l'avoir défini. Que Jésus-Christ soit le même qui opère les choses divines et les choses humaines, les Ecritures le montrent clairement. Mais de savoir si, à cause des œuvres de la divinité et de l'humanité, on doit dire ou entendre une opération ou deux, c'est ce qui ne doit pas nous importer; et nous le laissons aux grammairiens, qui ont coutume de vendre aux enfants les mots qu'ils ont inventés. Nous savons, par les Ecritures, que Jésus-Christ et son Esprit-Saint ont opéré dans les autres, non-seulement d'une ou de deux manières, mais de plusieurs. Combien plus ne faut-il pas confesser que le Médiateur opère de plusieurs manières ineffables en lui-même; par la communion de ses deux natures? Mais nous devons rejeter ces mots nouveaux qui scandalisent les Eglises, de peur que les simples, choqués du terme de deux opérations, ne nous croient nestoriens, ou qu'ils ne nous croient eutychiens, si nous ne reconnaissons en Jésus-Christ qu'une seule opération. Pour ne pas rallumer le feu des disputes à peine assoupies, confessons avec simplicité que le même Jésus-Christ opère et dans la nature divine et dans la nature humaine. Il vaut mieux laisser crier contre nous les vains éplucheurs des natures, les boursouflés philosophes à voix de grenouilles, que de laisser à jeûn le pauvre peuple. Nous vous exhortons, en conséquence, à éviter l'expression nouvelle d'une ou *de deux opérations*, et de prêcher avec nous, dans la foi orthodoxe et dans l'unité catholique, un seul Jésus-Christ opérant dans les deux natures et ce qui est de la divinité et ce qui est de l'humanité (Labbe, t. VI). » Telle est la fameuse lettre du pape Honorius sur la consultation du patriarche Sergius.

Comme nous l'avons dit, le malheur de ce Pape fut d'avoir affaire à un Grec, qui de plus était Syrien, c'est-à-dire à un homme doublement astucieux. Sergius, dans sa lettre, ne voulait pas des deux opérations, sous prétexte qu'il faudrait admettre deux volontés contraires; et il laissait insidieusement à conclure que l'humanité du Christ n'avait point de volonté propre, mais qu'elle était mue par la volonté divine. Honorius n'y regarda point d'assez près. A ce mot de *deux volontés contraires*, il pensa aux deux volontés opposées de la concupiscence et de la raison, qui se font sentir dans l'homme déchu, et il répondit d'après cela qu'il n'y a qu'une volonté en Jésus-Christ. Tel est le sens de ses paroles. La raison qu'il en donne le prouve évidemment : c'est que Jésus-Christ a pris notre nature et non pas notre péché, et qu'il n'y a pas en lui cette volonté des membres qui s'oppose à la volonté divine. Nous verrons de plus son secrétaire protester publiquement que tel était le sens qu'il avait en vue. Le tort de ce Pape fut de traiter toute cette question à la légère et de n'y voir qu'une question grammaticale. Il oubliait ce précepte de l'apôtre : *Ayez un type de paroles saines*. Il oubliait que les travaux et les combats de l'Eglise ont pour but d'apprendre à tous les peuples à penser juste et à parler correctement sur Dieu, sur l'homme, sur les rapports de l'un avec l'autre. Il oubliait que, sans l'Eglise ou hors de l'Eglise, c'est partout la confusion des langues et des idées, et que, dans l'origine, elle a reçu le don des langues pour réunir tous les peuples dans la même pensée.

Saint Sophrone montra bien plus de pénétration et de vigueur. A peine assis sur le siége de Jérusalem, il assembla son concile et écrivit une lettre synodale, suivant la coutume, pour rendre compte de sa foi aux évêques des grands siéges. D'où vient que dans quelques exemplaires elle est adressée au pape Honorius, et en d'autres à Sergius, patriarche de Constantinople. Elle, changeait d'inscription selon les personnes à qui elle était envoyée. Saint Sophrone la commence par se plaindre de la violence que le clergé, les moines et le peuple de Jérusalem lui avaient faite pour lui imposer le fardeau de l'épiscopat. Il fait ensuite sa profession de foi. Il y explique le mystère de la Trinité et réfute les hérésies contraires avec beaucoup d'étendue, mais en même temps avec beaucoup de pénétration et de justesse. Il explique non moins bien le mystère de l'Incarnation, s'appliquant particulièrement à prouver l'unité de personne contre Nestorius, et la distinction des natures contre Eutychès. Ces deux vérités établies, il en conclut :

Le Christ demeurant donc inséparablement un et le même dans les deux natures, opérait naturellement ce qui est de l'une et de l'autre, suivant la qualité et la propriété naturelle de chacune. Ce qu'il n'aurait pas fait s'il n'avait eu qu'une nature, non plus qu'une personne; car la divinité, n'ayant point de corps, eût-elle jamais fait naturellement ce qui est du corps? Et le corps, sans la divinité, eût-il jamais opéré des actions essentiellement divines? A la vérité, ce n'est pas un autre qui a fait les miracles, un autre qui a souffert; mais suivant une autre chose, et une autre. Comme en Jésus-Christ chaque nature conserve sa propriété sans aucune diminution, ainsi chacune opère ce qui lui est propre, avec la participation de l'autre nature. Que Nestorius n'en triomphe pas; car nous disons qu'un seul et même Christ opère naturellement et ce qu'il y a de merveilleux et ce qu'il y a d'humble; suivant la qualité naturelle et essentielle de ces deux natures. Eutychès ne peut pas non plus s'en réjouir; car chaque nature conserve sa différence d'avec l'autre, quoiqu'elle agisse avec sa participation. Les opérations propres de chaque nature sont réelles, naturelles et correspondantes, et procèdent indivisiblement de l'essence de chacune d'elles, quoique l'une n'opère point sans l'autre, étant unies sans confusion en une même personne. C'est pourquoi nous ne disons point qu'elles aient une seule opération réelle, naturelle et indistincte, pour ne pas les réduire à une seule substance et une seule nature, suivant l'erreur des acéphales. Car, au jugement des habiles, on ne connaît les natures que par les opérations.

Pour rendre plus sensible la distinction des opérations de chaque nature, Sophrone les rapporte en détail, et premièrement celles de la nature humaine. Jésus-Christ naît comme nous, il est nourri de lait, il grandit, il passe par les différents âges jusqu'à ce qu'il soit homme parfait. Il souffre la faim, la soif, la fatigue des voyages, la douleur des tourments, la mort. Il donnait, quand il voulait, à la nature humaine l'occasion de faire ou de souffrir ce qui lui est propre, de peur que son incarnation ne parût une imagination et un vain spectacle. Car aucune de ces actions ou de ces souffrances n'était involontaire, quoiqu'elle fût humaine et naturelle : Dieu nous garde d'une pensée si détestable! C'était un Dieu qui voulait bien souffrir ainsi par sa chair, pour nous sauver et nous mériter l'impassibilité. Il était revêtu d'un corps passible, mortel et incorruptible, sujet à nos passions naturelles et innocentes; et il lui permettait d'agir et de souffrir jusqu'à sa résurrection, où il s'affranchit de tout ce qui est en nous de corruptible, pour nous en délivrer nous-mêmes. Comme il s'était fait homme volontairement, aussi était-ce volontairement qu'il souffrait : non pas, comme nous, involontairement, par nécessité et par une espèce de tyrannie; mais au moment et en la mesure qu'il voulait.

Quant aux opérations divines, c'est premièrement sa conception miraculeuse; le tressaillement de saint Jean dans le sein de sa mère; la naissance de Jésus, pendant laquelle et après laquelle sa sainte mère est demeurée vierge comme avant; les bergers instruits par une voie céleste; les mages attirés par l'étoile, leurs présents, leur adoration; d'avoir su les lettres sans les avoir apprises; l'eau changée en vin; la guérison des malades, des aveugles, des paralytiques, des lépreux; tous les autres miracles qui, bien qu'exécutés par le corps, sont des preuves de la nature divine. Comme saint Anastase Sinaïte, saint Sophrone ajoute qu'il y a en Jésus-Christ des opérations d'un moyen ordre, qui sont à la foi divines et humaines; et, comme saint Anastase, il les appelle *théandriques* ou *déiviriles*, suivant le langage de saint Denys l'Aréopagite.

Saint Sophrone condamne enfin l'erreur d'Origène, de Didyme et d'Evagre, touchant la préexistence des âmes, ainsi que tout ce qu'ils avaient enseigné de contraire à la tradition apostolique. Puis il déclare qu'il reçoit les quatre premiers conciles généraux, de Nicée, de Constantinople, d'Ephèse et de Chalcédoine. Il y joint le cinquième, comme étant d'une égale autorité, approuvant tout ce qu'il avait reçu, et rejetant tout ce qu'il avait condamné, soit par rapport aux dogmes, soit par rapport aux personnes. Il reçoit aussi les écrits de saint Cyrille contre Nestorius, et la lettre de saint Léon, comme les décisions de saint Pierre et de saint Marc. Ensuite, après avoir rapporté les noms de tous les hérétiques, depuis Simon le Magicien jusqu'à ceux de son temps, il les anathématise tous. Dans la crainte qu'il ne lui soit échappé quelque chose qui méritât d'être corrigé, il soumet sa lettre synodale à la correction d'Honorius et de Sergius, et sans doute de tous ceux auxquels il l'avait envoyée, et se recommande à leurs prières, de même que ceux qui l'avaient aidé à la composer, entre autres Laurent, diacre, et Polyeucte. Priez aussi, ajoute-t-il, pour nos empereurs, afin que Dieu leur donne la victoire sur tous les Barbares, mais principalement qu'il abaisse l'orgueil des Sarrasins, qui, pour nos péchés, viennent de s'élever inopinément contre nous et ravagent tout avec cruauté (Labbe, t. VI).

Cette lettre n'empêcha pas que le pape Honorius ne persistât dans sa première résolution, d'imposer silence aux deux parties. Il écrivit dans ce sens à Cyrus d'Alexandrie, à Sophrone de Jérusalem, à Sergius de Constantinople. De ces trois lettres, nous n'avons que quelques fragments de celle à Sergius. Le Pape y disait après l'exorde : Nous avons aussi écrit à notre frère Cyrus d'Alexandrie qu'il fallait rejeter la nouvelle invention de ce terme, d'une ou de deux opérations, et ne point obscurcir la doctrine de l'Eglise par les nuages de ces disputes, mais bannir de l'explication de la foi ces mots nouvellement introduits; car ceux qui parlent de la sorte, ne s'imaginent-ils pas que, suivant que l'on attribue à Jésus-Christ une ou deux natures, on reconnaît aussi une ou deux opérations? Sur quoi les témoignages de l'Ecriture sont clairs. Mais que le médiateur soit d'une ou de deux opérations, c'est ce qu'il est fort inepte de penser et de dire. Vers la fin de la lettre, Honorius disait : « Quant au dogme ecclésiastique que nous devons tenir et prêcher, à cause de la simplicité des hommes et pour couper court à d'inextricables disputes, il ne faut point définir qu'il y ait en Jésus-Christ une ou deux opérations, mais confesser que les deux natures opèrent et agissent chacune avec la participation de l'autre, la nature divine opérant ce qui est de Dieu, la nature humaine exécutant ce qui est de la chair, sans division, sans confusion, sans que la nature divine soit changée en l'homme, ni la nature humaine en Dieu, mais les différences des natures demeurant entières; car c'est le même qui est humble et sublime, égal au Père et moindre que le Père, avant les temps et né dans le temps. Ecartant donc le scandale de l'invention nouvelle, il ne nous faut ni définir ni prêcher une opération ou deux, mais, au lieu d'une opération, comme disent quelques-uns, confesser sincèrement un seul Seigneur opérant dans l'une et l'autre nature; et, au lieu de deux opérations, il faut plutôt prêcher avec nous que les deux natures, la divinité et l'humanité, dans la seule et même personne du Fils unique, opèrent, sans confusion, sans division, sans altération, chacune ce qui lui est propre. Nous avons cru devoir vous déclarer ces choses pour vous montrer la conformité de notre foi avec la vôtre, afin que nous soyons animés d'un même esprit. Nous avons aussi écrit à nos frères Cyrus et Sophrone qu'ils n'insistent point sur ce nouveau terme d'une ou de deux opérations, mais qu'ils disent avec nous que c'est un seul Jésus-Christ, qui, dans les deux natures, opère et ce qui est divin et ce qui est humain. Nous avons même instruit ceux que Sophrone nous a envoyés, de ne point parler à l'avenir de deux opérations; et ils ont promis très-expressément qu'il le ferait, pourvu que Cyrus s'abstînt aussi de parler d'une opération (Labbe, t. VI). »

Telle est la seconde lettre d'Honorius à Sergius, d'après la partie qui nous en reste. On y voit que, sauf le terme de deux opérations, qu'il croyait devoir supprimer, pour ne pas scandaliser les simples, le pape Honorius pensait et s'exprimait absolument comme saint Sophrone de Jérusalem. Il suppose que Sergius de Constantinople pensait tout à fait de même; en quoi sans doute il se trompe. Ce qui était d'autant plus facile, que, comme nous l'apprend saint Maxime, Sergius changeait aisément de langage (Labbe, t. V; *Disp. S. Max. cum Pyrr.*). Ce furent même ces variations qui détachèrent le plus de lui le saint abbé. Enfin, des deux lettres d'Honorius, bien considérées, il résulte évidemment

1° qu'il n'a rien défini, comme chef de l'Eglise, sur les termes d'une ou de deux opérations, puisqu'il dit et répète qu'il ne fallait rien définir là-dessus; 2° que, pour le reste, il n'a pas même erré comme particulier, puisque le sens naturel de ses paroles, prises dans leur contexte, est catholique.

Cela ne veut pas dire qu'il ait fait tout son devoir de Pape et qu'il n'ait pas traité une affaire aussi grave d'une manière trop légère et trop superficielle. Il a supposé trop légèrement qu'il n'était pas question de la chose, mais seulement du mot. Quoique ses paroles présentent un sens catholique, elles n'ont pas la clarté et la fermeté que l'Eglise attend de son chef. Il assurait trop légèrement que les Pères n'avaient jamais parlé de deux volontés, si ce n'est en bégayant et par condescendance pour les simples. Il lui était facile de lire dans saint Athanase ces paroles rappelées par saint Maxime : « Lorsque Jésus-Christ dit : *Mon Père, s'il est possible; que ce calice s'en aille; cependant, que votre volonté soit faite et non pas la mienne*; et encore : *L'Esprit est prompt, mais la chair est faible*, il montre ici deux volontés : la volonté humaine, qui est de la chair, et la volonté divine, qui est de la Divinité (Athan., *In Serm. cont. Apollin.*). » Enfin, par ses ménagements et par ses louanges pour Sergius de Constantinople, Honorius a, non pas approuvé, mais favorisé l'erreur.

Ce qui lui faisait peut-être illusion, c'est que l'Occident ne s'occupait point de cette controverse; il se flattait peut-être de pouvoir ramener l'Orient au même calme. Mais le mal augmentait, bien loin de diminuer. Les remontrances de saint Sophrone, les deux volumes où il avait rassemblé les témoignages des Pères, au lieu de ramener les monothélites, ne faisaient que les aigrir et lui attirer leurs calomnies. Dans cette extrémité, il employa le grand remède : ce fut d'envoyer à Rome. Il prit le premier de ses suffragants, Etienne de Dore, le mena sur le Calvaire et lui dit : « Vous rendrez compte au Dieu qui, en ce lieu saint, a été volontairement crucifié pour nous dans la chair; vous lui rendrez compte à son avénement glorieux et terrible, lorsqu'il viendra juger les vivants et les morts, si vous négligez le péril où la foi se trouve. Faites donc ce que je ne puis faire en personne, à cause de l'incursion des Sarrasins. Allez promptement, de cette extrémité de la terre, vous présenter au trône apostolique, où sont les fondements de la saine doctrine. Faites connaître, non pas une fois ou deux, mais plusieurs fois, aux saints personnages qui y sont, tout ce qui se passe ici; et ne cessez point de les prier jusqu'à ce que, dans leur apostolique sagesse, ils prononcent un jugement victorieux, et que, suivant les canons, ils détruisent complètement les nouveaux dogmes, de peur que, comme dit l'apôtre, ils ne gagnent comme la gangrène, et ne perdent de plus en plus les âmes des simples. » Etienne, effrayé de cette conjuration et pressé par les prières de la plupart des évêques et des peuples d'Orient, se mit aussitôt en chemin. Mais les monothélites l'ayant appris, lui suscitèrent de grandes traverses et envoyèrent des ordres en divers lieux pour le prendre et le renvoyer chargé de chaînes (Labbe, t. VI). Toutefois, il évita ces périls et arriva à Rome, peut-être après la mort du pape Honorius.

Tandis que l'Orient était en proie aux hérésies, particulièrement à l'hérésie armée de Mahomet, l'Occident s'unissait de plus en plus dans la même foi catholique et dans une même soumission à l'Eglise romaine. Des peuples naguère barbares, les Goths d'Espagne, les Francs des Gaules, les Anglo-Saxons de la Bretagne, voyaient généralement leurs rois et leurs pontifes travailler de concert à établir des mœurs et une législation chrétiennes. L'Espagne en particulier donnait l'exemple de cette précieuse harmonie.

Le 23 octobre 610, il se tint un concile à Tolède, où les évêques de la province de Carthagène, au nombre de quinze, reconnurent celui de Tolède pour leur métropolitain, déclarant qu'il l'avait toujours été. Le roi Gondemar confirma ce décret par une ordonnance à laquelle il souscrivit le premier, et, après lui, saint Isidore, évêque de Séville, ainsi que vingt-cinq autres évêques (*Ibid.*, t. V). Gondemar avait succédé la même année à Vittéric, qui, après un règne odieux de sept ans, avait été tué au milieu d'un repas, comme il avait lui-même, en 603, fait mourir Liuba, fils de Reccarède. Zélé pour la foi catholique et pour la justice, Gondemar mourut dès l'an 612. Il eut pour successeur, la même année, Sisebut, recommandable par toutes sortes de bonnes qualités, par la piété, par la valeur, par la clémence, par l'amour de la justice et même des lettres et de l'éloquence, dans lesquelles il ne se distingua pas peu. Il avait beaucoup de zèle; mais, dit saint Isidore de Séville, ce zèle ne fut pas toujours selon la science; car, au commencement de son règne, il publia une loi pour contraindre les Juifs à recevoir le baptême (S. Isid., *Chron. goth.*).

Le 13 novembre 619, sous le roi Sisebut et le pape Boniface V, saint Isidore de Séville et quelques autres évêques, qui étaient venus en cette ville pour les affaires de leurs Eglises, s'assemblèrent dans la salle secrète de l'église nommée Jérusalem. Le clergé de Séville y était présent, avec deux séculiers qui portaient le titre d'*illustres*. Les décrets de ce concile furent divisés en treize chapitres, selon les matières différentes qui y furent traitées. Mais on ne tint en tout que trois séances. Théodulfe, évêque de Malaga, se plaignit de ce que son diocèse ayant été ravagé par la guerre; trois évêques voisins en avaient pris occasion pour empiéter sur son territoire. Le concile ordonna que l'on rendrait à chaque Eglise ce qu'elle avait possédé avant les hostilités, sans qu'on pût alléguer de prescription, puisque la guerre avait empêché d'agir. Hors ce cas, les évêques déclarèrent que la prescription de trente ans aurait lieu, suivant les édits des princes et les décrets des Pontifes romains, et ce fut sur ce principe qu'ils décidèrent le différend qui existait entre Fulgence d'Astigite et Honorius de Cordoue, touchant les limites de leur diocèse. On nomma des commissaires pour faire la visite des lieux contestés.

Un évêque, ayant mal aux yeux, avait ordonné un prêtre et deux diacres, en leur imposant seulement les mains et faisant prononcer par un prêtre la formule de l'ordination. Ces ordinations furent déclarées nulles. Un autre évêque, celui de Cordoue, avait, seul et sans raison, déposé et exilé un de ses prêtres. Le concile le rétablit dans son rang, et rappela que les canons défendent à aucun évêque de déposer un prêtre ou un diacre sans l'examen d'un concile; car il en est beaucoup, dit-il, qui condamnent sans discussion, par une puissance tyrannique et non par une autorité canonique, et de même qu'ils en élèvent quelques-uns par faveur, ils en humilient d'autres par envie, sur le moindre soupçon et sans aucune preuve de crime. L'évêque peut seul conférer les ordres au prêtre et au diacre, mais il ne peut pas seul en ôter l'honneur.

Ce n'était pas la seule fois que l'évêque de Cordoue avait agi contre les règles de l'Eglise. Comme il ne les savait pas, étant monté tout d'un coup à l'épiscopat, il avait permis à des prêtres d'ériger des autels et de consacrer des églises en l'absence de l'évêque. Pour prévenir de semblables abus, le concile déclare que les prêtres ne peuvent consacrer des autels ou des églises, ni ordonner des prêtres ou des diacres, consacrer des vierges, imposer les mains aux fidèles baptisés ou convertis de l'hérésie, et leur donner l'Esprit-Saint, faire le saint chrême ou en marquer les baptisés sur le front, réconcilier publiquement un pénitent à la messe, donner des lettres fermées ou ecclésiastiques, toutes ces fonctions étant réservées aux évêques par l'autorité des canons, et défendues aux prêtres, comme n'ayant pas la souveraineté du sacerdoce. Il ne leur est permis, en présence de l'évêque, ni d'entrer dans le baptistère, ni de donner le baptême, ni de faire un catéchumène, ni de réconcilier les pénitents, ni de consacrer l'eucharistie, ni d'instruire, de bénir ou de saluer le peuple. Mais l'évêque peut leur permettre quelques-unes de ces fonctions.

Chaque évêque doit se choisir un économe du corps du clergé, suivant le concile de Chalcédoine, et il est défendu d'employer des laïques à cette charge, qui rendait en quelque manière vicaire de l'évêque et donnait juridiction. Il est aussi défendu aux évêques d'administrer les biens de l'Eglise, sans avoir un économe pour témoin de leur conduite. Il est marqué dans ce règlement, que les clercs étaient distingués des laïques par leur habit.

Comme il y avait plusieurs monastères dans la province, le concile, à la prière des abbés, ordonne que les nouveaux seront maintenus comme les anciens, sans qu'il soit permis aux évêques d'en supprimer aucun ou de les dépouiller de leurs biens. Les monastères de vierges seront gouvernés par des moines; mais à la charge que leurs demeures seront éloignées, que les moines ne viendront pas même au vestibule des religieuses, hors l'abbé ou celui qui sera leur supérieur; encore ne pourra-t-il parler qu'à la supérieure, et en présence de deux ou trois sœurs, en sorte que les visites soient rares et les conversations courtes. On choisira un moine très-éprouvé, au jugement de l'évêque, pour avoir soin des terres, des maisons, des bâtiments et de tout ce qui regarde le monastère des religieuses, en sorte qu'elles n'aient soin que de leurs âmes et ne s'occupent que du service de Dieu et de leurs ouvrages, entre lesquels on compte de faire les habits des religieux qui leur rendent service.

A ce concile se présenta un évêque syrien, de la secte des acéphales, qui niait la distinction des natures en Jésus-Christ, et soutenait que la divinité était passible. Il résista longtemps aux instructions des évêques catholiques; mais enfin il se convertit et fut reçu à la communion. Ce qui les obligea d'ajouter à leurs décrets une ample réfutation de cette hérésie, par l'Ecriture et les Pères. Ce concile est compté pour le second de Séville (Labbe, t. V).

Il y avait près de Tolède un fameux monastère, nommé Agali, dont on tira plusieurs évêques pour ce grand siège, entre autres saint Hellade. Il fut d'abord un grand seigneur à la cour des rois goths, dont la résidence était à Tolède, et il y avait le gouvernement des affaires publiques. Dès lors toutefois il pratiquait la vie monastique, autant qu'il pouvait, sous l'habit séculier. Car, quand les affaires lui laissaient le loisir de passer au monastère d'Agali, il écartait toute sa suite pour se joindre aux troupes des moines et prendre part à quelqu'un de leurs travaux, comme de porter au four des bottes de paille. Enfin il quitta entièrement le monde et se retira dans cette sainte communauté, dont il fut élu abbé, qu'il édifia de ses vertus et combla de ses richesses. Il fut tiré dans sa vieillesse, malgré lui, pour gouverner l'Eglise de Tolède, après Aurasius, successeur d'Adelphius. Saint Hellade entra dans ce siège sous le roi Sisebut, vers l'an 614, et y demeura dix-huit ans, jusqu'à l'an 632. Etant évêque, il donna encore plus d'exemples de vertu qu'étant moine, et se distingua particulièrement par sa charité pour les pauvres. Mais il ne voulut point écrire, aimant mieux instruire par ses actions (*Acta Sanct.*, 18 *febr.*).

Le 9 décembre 633, sous le pape Honorius, la 3ᵉ année du roi Sisénand, s'assembla le 4ᵉ concile de Tolède. Il s'y trouva 62 évêques, auxquels présidait saint Isidore de Séville; ensuite étaient 6 autres métropolitains, de Narbonne, de Mérida, de Brague, de Tolède et de Tarragone. Car ce concile était national et comprenait toute l'Espagne et la partie de la Gaule soumise aux Goths. Le roi Sisénand avait succédé, l'an 631, à Suintila, qui avait succédé lui-même, l'an 621, à Reccarède II, fils de Sisebut, qui n'avait survécu que de quelques mois à son père. Suintila s'était rendu célèbre par ses victoires, et avait contraint les Grecs ou les impériaux de sortir d'Espagne. Mais ayant associé au trône son fils Ricimer en 625, les Visigoths l'obligèrent, en 631, d'en descendre lui-même, pour avoir voulu rendre la royauté héréditaire. Il vécut encore quatre ans comme particulier, et fut remplacé sur le trône par Sisénand, sous qui se tint le 4ᵉ concile de Tolède.

L'archevêque de cette ville était alors saint Just, auparavant abbé du monastère d'Agali, où il avait été élevé dès l'enfance, sous la conduite de saint Hellade, son prédécesseur. Il était très-bien fait de corps, d'un grand esprit et fort éloquent. Mais il ne vécut que trois ans dans l'épiscopat. Les autres évêques les plus illustres de ce concile étaient saint Braulion, évêque de Sarragosse, successeur de son frère Jean : il tint ce siège environ vingt ans, était grand ami de saint Isidore de Séville, et laissa quelques écrits; Nonnit de Gironne, qui avait été moine, et fut élu évêque comme par inspiration : il était d'une grande simplicité, et gouvernait son Eglise par son exemple plus que par ses paroles; Conantrus de Palencia, qui remplit ce siège plus de trente ans : il avait beaucoup de gravité dans son extérieur et dans ses discours, et s'appliquait spécialement à régler l'office et le chant ecclésiastique. Nous devons ces renseignements à saint Ildefonse, disciple de saint Hellade, et un de ses successeurs dans le monastère d'Agali et sur le siége de Tolède. (Idelf., *De Vir. illust.*). Outre les 62 évêques, il y eut à ce concile 7 députés d'évêques absents.

Quand ils furent tous assemblés dans l'église de Sainte-Léocadie, le roi Sisénand y entra avec quelques seigneurs, et, s'étant prosterné à terre devant les évêques, il leur demanda, avec larmes et gémissements, de prier Dieu pour lui; ensuite il les exhorta à conserver les droits de l'Église et à corriger les abus. Ils firent soixante et quinze canons, dont le premier est une profession de foi, où les mystères de la Trinité et de l'Incarnation sont expliqués distinctement contre les principales hérésies. Il y est dit expressément que le Saint-Esprit procède du Père et du Fils. La négligence des évêques à tenir des conciles est blâmée, comme la principale cause du relâchement de la discipline, et il est ordonné de les tenir au moins une fois l'année. S'il s'agit de la foi ou d'une affaire commune, le concile sera général de toute l'Espagne et de la Gaule. Pour les affaires particulières, on tiendra les conciles en chaque province, au lieu désigné par le métropolitain, vers la mi-mai.

La forme de tenir les conciles est prescrite ici en détail. A la première heure du jour, avant le lever du soleil, on fera sortir tout le monde de l'église, et on en fermera les portes. Tous les portiers se tiendront à celle par où doivent entrer les évêques, qui entreront tous ensemble et prendront séance suivant leur rang d'ordination. Après les évêques, on appellera les prêtres que quelque raison obligera de faire entrer; puis les diacres, avec le même choix. Les évêques seront assis en cercle, les prêtres assis derrière eux, et les diacres debout devant les évêques. Puis entreront les laïques que le concile en jugera dignes. On fera aussi entrer les notaires ou sténographes, pour lire et écrire ce qui sera nécessaire, et l'on gardera les portes. Après que les évêques auront été assis longtemps en silence et appliqués à Dieu, l'archidiacre dira : Priez! Aussitôt ils se prosterneront tous à terre, prieront longtemps en silence avec larmes et gémissements, et un des plus anciens évêques se lèvera pour faire tout haut une prière, les autres demeurant prosternés. Après qu'il aura fini l'oraison et que tous auront répondu *amen*, l'archidiacre dira : Levez-vous! Tous se lèveront, les évêques et les prêtres s'asseoiront avec crainte de Dieu et modestie.

Tous garderont le silence. Un diacre, revêtu de l'aube, apportera au milieu de l'assemblée le livre des canons, et lira ceux qui parlent de la tenue des conciles. Puis l'évêque métropolitain prendra la parole et exhortera ceux qui auront quelque affaire, à la proposer. Si quelqu'un forme quelque plainte, on ne passera point à une autre affaire que la première ne soit expédiée. Si quelqu'un du dehors, prêtre, clerc ou laïque, veut s'adresser au concile pour quelque affaire, il la déclarera à l'archidiacre de la métropole, qui la dénoncera au concile. Alors on permettra à la partie d'entrer et de proposer son affaire. Aucun évêque ne sortira de la séance avant l'heure de la finir; aucun ne quittera le concile que tout ne soit terminé, afin de pouvoir souscrire aux décisions. Car on doit croire que Dieu est présent au milieu de ses prêtres, quand les affaires ecclésiastiques se terminent sans tumulte, avec application et tranquillité.

Viennent ensuite un grand nombre de canons pour établir l'uniformité dans la célébration de la Pâque et des offices divins, pour maintenir la régularité des clercs et des moines. Le concile règle jusqu'à la forme de la tonsure cléricale. Jusqu'alors les lecteurs, en Galice, portaient les cheveux longs, comme les séculiers, se contentant de raser un petit rond sur le sommet de la tête. Le concile traite ceci de faute contre la foi, attendu que les hérétiques d'Espagne portaient des tonsures de cette forme; et il ordonna que tous les clercs, soit lecteurs, soit diacres ou prêtres, suivent l'usage général, et qu'ils se rasent tout le sommet de la tête, ne laissant qu'une couronne de cheveux dans la partie inférieure (Can. 41).

Quant aux Juifs, le concile, à la demande du roi, fit plusieurs règlements. On ne contraindra plus les Juifs à professer la foi, qui doit être embrassée volontairement et par la seule persuasion. Mais ceux qui ont été contraints de se faire chrétiens au temps du roi Sisebut, attendu qu'ils ont déjà reçu les sacrements, savoir : le baptême, l'onction du saint chrême, le Corps et le Sang de Notre Seigneur, il faut les contraindre à garder la foi qu'ils ont reçue par force, de peur qu'elle ne soit exposée au mépris, et le nom de Dieu blasphémé. Personne, ni clerc ni laïque, ne donnera protection aux Juifs contre les intérêts de la foi, sous peine d'excommunication. C'est qu'il y avait même des évêques qui se laissaient corrompre par leurs présents. Les Juifs apostats perdront les esclaves qu'ils auront circoncis, et on les mettra en liberté. Tous les enfants des Juifs seront séparés de leurs parents et mis dans des monastères ou avec des personnes de piété, pour être instruits dans la religion chrétienne. Les Juifs convertis n'auront plus aucun rapport avec ceux qui demeurent opiniâtres. Un Juif apostat ne sera plus reçu comme témoin. Défense à tout Juif d'avoir des esclaves chrétiens; si, malgré cette défense, il ose en garder, le prince les lui enlèvera et leur donnera la liberté (Can. 57-66).

A la suite de ces règlements et autres, les Pères disent dans le dernier canon : « Notre avis unanime, à tout ce que nous sommes d'évêques, c'est de proférer un dernier décret pontifical, sous le jugement de Dieu, pour l'affermissement de nos rois et la stabilité de la nation des Goths. » Puis, après avoir détesté l'impiété et signalé les malheurs de ces peuples qui violent le serment qu'ils ont juré à leurs princes, ils continuent : « Que nul parmi nous n'usurpe le royaume, ni n'excite de sédition, ni n'attente à la vie des rois; mais quand le prince sera mort en paix, les principaux de toute la nation, de concert avec les évêques, lui donneront un successeur. Que si cette admonition ne suffit point, écoutez notre sentence : Quiconque d'entre nous, ou des peuples de toute l'Espagne, aura, soit par conjuration, soit par esprit de parti, violé le serment de fidélité qu'il aura prêté pour le salut de la patrie et de la nation des Goths, ou pour la conservation du roi; quiconque attenté à la vie du prince, ou l'aura dépouillé de la puissance du royaume, ou aura usurpé tyranniquement la royauté; qu'il soit anathème en la présence de Dieu le Père et des anges, proscrit de l'Eglise catholique qu'il a profanée par son parjure, et banni de tout commerce avec les chrétiens! » Cet anathème fut répété jusqu'à trois fois, et le peuple répondait : « Anathème, Maranatha, et que son partage soit avec Judas Iscariote! »

Après avoir ainsi pourvu à la sûreté des rois, le concile leur rappelle aussi leurs devoirs. Il conjure Sisénand et ses successeurs de régner avec justice et clémence, et de s'acquitter ainsi de ce qu'ils doivent au Christ, qui les a faits rois. « Que nul d'entre vous, ajoute-t-il, ne prononce seul dans les causes qui intéressent la vie ou la propriété; mais que le crime des accusés soit démontré dans une séance publique avec les gouverneurs, et par un jugement manifeste. Gardez la modération dans les peines que vous infligerez. De cette manière, les rois seront contents des peuples, les peuples des rois, et Dieu des uns et des autres. Quant aux rois futurs, voici la sentence que nous prononçons : Que si quelqu'un d'entre nous, contre le respect des lois, exerce une puissance tyrannique sur les peuples, qu'il soit anathématisé par Notre Seigneur Jésus-Christ, et séparé de Dieu! »

Enfin, parlant du roi précédent qui, après avoir régné quelque temps avec gloire, s'était ensuite rendu odieux et avait été déposé, le concile dit : « Quant à Suintila, qui s'est lui-même privé du royaume par la crainte de ses crimes, nous déclarons, de l'avis de la nation, que nous n'aurons jamais de société avec lui, sa femme, ses enfants, ni son frère ; que nous ne les élèverons à aucun honneur, et qu'ils perdront même leurs biens, excepté ce que la bonté du roi leur en laissera (Labbe, t. V). »

L'an 636, fut tenu le 5e concile de Tolède. Il y assista 24 évêques. C'était la première année du roi Cinthila, qui avait succédé à son frère Sisénand, et qui assista au concile avec les principaux seigneurs de sa cour. On y fit neuf canons, qui presque tous regardent la sûreté de sa personne et l'affermissement de sa puissance. On y recommande l'exécution du concile précédent, qui est nommé *grand et universel*, et l'on ordonne que son décret touchant la sûreté du prince, sera lu dans tous les conciles d'Espagne. Il est dit que toute la postérité du roi Cinthila sera chérie et honorée, sans que personne ose attenter à ses biens. C'est que le royaume étant électif, les enfants du roi défunt étaient souvent maltraités par le successeur. Il est aussi défendu de révoquer les donations du prédécesseur. Défense à tout autre qu'aux nobles goths d'aspirer à la couronne. Défense, pendant la vie du roi, de rechercher superstitieusement qui sera son successeur, ou de le charger de malédiction. Toutes ces défenses sont sous peine d'anathème ; mais il est permis au roi de faire grâce. Le roi Cinthila confirma tous les décrets de ce concile, par un édit du dernier de juin de la même année (*Ibid.*).

Le 9 janvier 638, ce prince convoqua le 6e concile de Tolède, où l'on fit dix-neuf canons. Ils commencent par une profession de foi, où les évêques, au nombre de 47 et 5 députés d'absents, Silva, évêque de Narbonne, le premier, reconnaissent que le Saint-Esprit procède du Père et du Fils ; que le Fils seul s'est incarné pour nous délivrer des peines dues au péché que nous avons contracté originairement par la désobéissance d'Adam, et à ceux que nous avons commis par notre volonté propre. Les évêques ordonnent ensuite que l'on continuera les litanies ou prières publiques prescrites par le concile précédent ; que l'on rendra grâces au roi d'avoir chassé les Juifs de son royaume, et de n'y souffrir que des catholiques ; qu'à l'avenir, aucun roi ne montera sur le trône, qu'il ne promette de conserver la foi catholique, de manière à ne point souffrir de Juifs dans ses Etats. Si le roi viole son serment, qu'il soit anathème et condamné au feu éternel. Ce canon fut fait du consentement du roi Cinthila et des grands du royaume, qui étaient présents. Le suivant déclare les simoniaques indignes d'être élevés aux dignités ecclésiastiques ; ceux qui se trouvent ordonnés par simonie, déchus de leur grade, de même que ceux qui les auront ordonnés.

— Pour empêcher ceux qui possèdent des biens de l'Eglise de se les approprier sous le titre de *prescription*, ils déclareront par écrit qu'ils ne les tiennent que par précaire. Les moines, les religieuses et les veuves qui quittent l'habit de religion pour retourner dans le siècle, seront contraints de reprendre leur premier état et enfermés dans des monastères. On en usera de même à l'égard de ceux qui, après avoir reçu la pénitence publique, la quittent et reprennent l'habit séculier. S'il se trouve de la difficulté à les soumettre de nouveau aux lois de la pénitence ou à les enfermer dans les monastères, ils seront excommuniés jusqu'à ce qu'ils se soumettent. Si une femme, dont le mari a été mis en pénitence, survit, elle pourra se remarier. Si elle meurt la première, son mari sera obligé de vivre le reste de ses jours dans la continence. Il en sera de même de la femme ; si c'est elle qui a été mise en pénitence, elle ne pourra se remarier au cas qu'elle survive à son mari ; mais, si elle meurt la première, son mari pourra épouser une seconde femme. L'évêque doit néanmoins avoir égard à l'âge de ceux ou de celles à qui il accorde la pénitence, pour ne les obliger pas les obliger point à la continence, suivant le sentiment de saint Léon dans sa lettre à Rustique de Narbonne. A chaque mutation d'évêque, les affranchis de l'Eglise renouvelleront leur déclaration qu'ils sont sous la dépendance de cette Eglise. Mais, en reconnaissance des services qu'ils continueront à lui rendre, leurs enfants seront instruits et élevés par l'évêque. Défense de recevoir des accusations, qu'on n'ait examiné auparavant si les accusateurs sont recevables ; de peur que l'innocent ne soit flétri par la mauvaise volonté de l'accusateur. Comme on doit punir ceux qui manquent de fidélité à leur prince ou à leur patrie, il est juste de récompenser et de traiter avec honneur ceux qui servent avec fidélité. Les donations faites aux Eglises, soit par les princes, soit par d'autres, étant devenues le patrimoine des pauvres, doivent être fermes et stables, en sorte qu'on ne puisse les en frustrer en aucun temps ni par aucune raison. Les derniers canons pourvoient à la sûreté de la personne du roi, de ses enfants et de ses biens (Labbe, t. V).

Saint Isidore de Séville, frère et successeur de saint Léandre, de saint Fulgence, évêque d'Astigite, de sainte Florentine, abbesse de religieuses, était mort l'an 636, après avoir gouverné son Eglise près de quarante ans. Comme il voyait approcher sa fin, il redoubla tellement ses aumônes, que, pendant six mois environ, on voyait une foule de pauvres chez lui depuis le matin jusqu'au soir. Sentant augmenter son mal, il fit venir deux évêques, pour recevoir d'eux la pénitence publique. Il se fit transporter de sa cellule dans la basilique du martyr saint Vincent, suivi d'une grande multitude de clercs, de religieux et de peuple, qui jetaient des cris capables de fendre les cœurs. Arrivé dans la basilique et déposé au milieu du chœur devant la balustrade de l'autel, il fit retirer les femmes, afin qu'il n'y eût que des hommes présents lorsqu'il recevrait la pénitence. Alors un des évêques mit sur lui le cilice, un autre la cendre; puis, étendant les mains au ciel, il fit tout haut sa prière pour demander le pardon de ses péchés. Après quoi il reçut, de la main des évêques, le Corps et le Sang de Notre Seigneur, se recommanda aux prières de tous les assistants, leur demanda pardon de la manière la plus humble, remit les obligations à ses débiteurs, recommanda à tous la charité réciproque, et fit distribuer aux pauvres ce qui lui restait d'argent. A la fin, et sur sa demande, tous les assistants lui donnèrent le baiser, comme un éternel témoignage qu'ils lui avaient pardonné de tout leur cœur. C'était le samedi saint. Étant retourné à son logis, il mourut en paix quatre jours après, le jeudi 4 avril, jour auquel l'Église honore sa mémoire. C'est Rédemptus, un de ses disciples, qui nous décrit ainsi ses derniers moments (*Acta Sanct.*, 4 *april.*).

Saint Braulion, évêque de Sarragosse, dit dans un éloge de saint Isidore : « Je crois bien que Dieu l'a suscité dans ces derniers temps, pour relever l'Espagne déchue, rétablir les monuments des anciens, et nous empêcher de vieillir dans la rusticité. » Cet éloge dit beaucoup ; mais il est justifié par les œuvres. Ce que Boèce et Cassiodore avaient fait en Italie, saint Isidore le fit en Espagne ; il résuma toutes les connaissances humaines d'une manière nette et succincte, telle qu'il la fallait pour initier les nouveaux peuples de l'Occident à tout ce que l'antiquité laissait de bon et d'utile.

Son principal ouvrage en ce genre est celui des *Origines* ou *Etymologies*, composé à la prière de son ami Braulion, qui le divisa en vingt livres, saint Isidore n'ayant pu y mettre la dernière main. C'est une véritable *Encyclopédie*, qui renferme en substance tout ce que l'on savait au VIIe siècle. Dans le 1er livre, il traite de la grammaire et de l'histoire ; dans le 2e, de la rhétorique et de la dialectique ou l'art de bien raisonner ; dans le 3e, de l'arithmétique, de la géométrie, de la musique, de l'astronomie ; dans le 4e, de la médecine ; dans le 5e, de la législation et de la chronologie ; dans le 6e, de la librairie et des offices ecclésiastiques ; dans le 7e, de Dieu, des anges et des divers ordres de fidèles ; dans le 8e, de l'Eglise et des différentes sectes ; dans le 9e, des langues et des sociétés, dans le 10e, de l'étymologie et du sens de certains mots, en forme de dictionnaire ; dans le 11e, de l'homme ; dans le 12e, des animaux ; dans le 13e, du monde et de ses parties ; dans le 14e, de la terre et de ses parties ; dans le 15e, des édifices et des champs ; dans le 16e, des pierres et des métaux ; dans le 17e, de l'agriculture ; dans le 18e, de la guerre et des jeux ; dans le 19e, des navires, de l'architecture et des vêtements ; dans le 20e, du ménage.

A ce grand ouvrage de saint Isidore, il faut joindre ses trois opuscules *Des différences et des propriétés des mots*, comme qui dirait un dictionnaire de synonymes ; son livre *De la nature des choses*, traité d'astronomie et de cosmographie, adressé au roi Sisebut, qui le lui avait demandé ; sa *Chronique*, ou son abrégé d'histoire universelle, depuis le commencement du monde jusqu'à l'an 626 de Jésus-Christ ; son *Histoire des rois goths, vandales et suèves* ; son *Catalogue des écrivains ecclésiastiques*, faisant suite à ceux de saint Jérôme et de Gennade de Marseille ; son livre *De la vie et de la mort des saints* de l'un et de l'autre Testament ; divers traités de morale, où règne beaucoup d'onction et de piété ; des *Commentaires sur l'Ecriture sainte* ; trois livres de *Sentences*, recueillies dans les écrits des anciens docteurs, et surtout de saint Grégoire le Grand ; deux livres contre les Juifs, adressés à sa sœur sainte Florentine ; sa règle pour les moines du monastère d'Honori, qu'il avait fondé ; ses deux livres des *Offices ecclésiastiques*, adressés à son frère saint Fulgence, qui, pour avoir un ouvrage de sa main, l'avait prié de lui développer l'origine des divers offices et des diverses cérémonies de l'Eglise.

Saint Isidore y fait voir que tout cela est fondé ou sur les divines Écritures, ou sur la tradition des apôtres, ou sur la coutume de l'Eglise universelle. « Il y avait des autels et des temples dans la loi ancienne. La foi en a établi dans tout le monde en l'honneur de Jésus-Christ. On chanta des cantiques à deux chœurs, après le passage de la mer Rouge. Nous en chantons dans l'Eglise, et, à l'imitation de David, nous chantons aussi des psaumes. Dans la primitive Eglise, on psalmodiait avec une simple inflexion de voix, qui approchait plus de la prononciation que du chant. On les chanta ensuite à cause des hommes charnels, afin qu'ils fussent excités à la componction par la douceur du chant, s'ils ne l'étaient par la beauté des paroles. Il y a deux sortes d'hymnes : les unes sont tirées de l'Ecriture, les autres ont été composées par des hommes. Saint Hilaire de Poitiers est le premier qui en ait fait. Saint Ambroise en fit ensuite, qui furent d'abord chantées dans l'Eglise de Milan, de son vivant même, puis dans toutes les Églises d'Occident. On doit aussi à saint Ambroise l'institution des antiennes pour l'Occident ; car déjà elles étaient en usage chez les Grecs. Avant son épiscopat, les répons avaient lieu dans les Eglises d'Italie. On les appelait *répons*, parce qu'après qu'un chantre avait chanté, le chœur répondait. C'est Jésus-Christ qui apprit aux apôtres à prier, et qui leur fit un précepte de la prière. De là est venue la coutume de l'Eglise, d'adresser à Dieu des prières dans les besoins. Les Grecs ont les premiers composé des formules de prières. A l'imitation des saintes lectures qui se faisaient en certains jours dans les synagogues des Juifs, nous en faisons dans nos églises, surtout des livres de l'Ecriture (L. 1, c. 1-12). »

L'*Alleluia*, c'est-à-dire louanges de Dieu, était d'un ancien usage chez les Hébreux ; saint Jean l'entendit aussi chanter par les anges. En Afrique, on ne le chantait pas en tout temps, mais seulement les dimanches et pendant la cinquantaine de Pâques. Au contraire, les Eglises d'Espagne le chantent en tout temps, hors les jours de jeûne et du carème. Les antiennes, appelées *offertoires*, ne sont point d'institution nouvelle. Les Juifs en chantaient lorsqu'ils immolaient des victimes. Voici l'ordre des oraisons de la messe, établi, comme l'on croit, par saint Pierre. Les oraisons sont au nombre de sept. La 1re est pour avertir le peuple et l'exciter à prier. La 2e est une invocation, afin que Dieu reçoive favorablement les prières et l'oblation des fidèles. La 3e est pour ceux qui offrent et pour les défunts, afin qu'ils obtiennent le pardon par ce sacrifice. La 4e, pour le baiser de paix et de charité, afin que tous étant réconciliés, s'unissent dignement par la participation du Corps et du Sang de Jésus-Christ. La 5e nous prépare à sanctifier l'oblation, en invitant les créatures terrestres et les troupes célestes des anges à louer Dieu : c'est ce que nous appelons la *préface*. La 6e est la confirmation de l'oblation sanctifiée par le Saint-Esprit. La 7e est l'Oraison dominicale.

Après ces sept oraisons, saint Isidore met le Symbole de Nicée, puis la bénédiction du peuple, figurée par celle que Moïse donna aux Israélites par ordre de Dieu. Il remarque que, bien que les apôtres ne fussent pas à jeûn quand ils communièrent, parce qu'il leur fallait manger l'agneau pascal avant que de recevoir le vrai sacrement dont cet agneau n'était que la figure, l'usage de l'Eglise universelle est que nous recevions à jeûn le Corps et le Sang de Jésus-Christ; car le pain que nous rompons est le corps de Jésus-Christ, qui a dit : *Je suis le pain de vie*; et le vin est son sang. Le pain et le vin sont deux choses visibles; mais étant sanctifiées par le Saint-Esprit, ils deviennent le sacrement du corps divin. Saint Isidore cite le passage de saint Cyprien, où nous lisons qu'il est nécessaire de mêler l'eau avec le vin, pour marquer l'union du peuple avec Jésus-Christ, puis il ajoute : « Il y en a qui disent que l'on doit recevoir l'eucharistie chaque jour, à moins qu'il n'intervienne quelque péché. Il disent vrai, s'ils la reçoivent avec dévotion et humilité, sans présumer orgueilleusement de leur justice; mais s'il y en a qui aient commis des péchés qui les retranchent de l'autel, comme étant morts dans leur âme, il faut qu'ils fassent pénitence, avant toutes choses, pour recevoir ensuite le remède qui donne le salut et la vie; car celui qui le mange et le boit indignement, mange et boit sa propre condamnation. Or, c'est le recevoir indignement que de le recevoir dans le temps auquel on doit faire pénitence. Que si ses péchés ne sont pas tels qu'ils méritent l'excommunication, il ne doit pas se priver du remède qui se trouve dans la participation au corps du Seigneur. Saint Isidore donne pour maxime générale, que celui qui a cessé de pécher ne doit pas cesser de communier. « Nous croyons, ajoute-t-il, que la coutume d'offrir le sacrifice pour le repos des fidèles défunts et de prier pour eux, étant observée par toute la terre, a été instituée par les apôtres. C'est ce que l'Eglise catholique observe partout; et si elle ne croyait pas que les péchés peuvent être remis aux fidèles après leur mort, elle ne ferait point d'aumônes pour leurs âmes, et n'offrirait point le sacrifice à Dieu; car lorsque le Seigneur dit : *Si quelqu'un pèche contre l'Esprit-Saint, son péché ne lui sera pardonné ni en ce monde ni en l'autre*, il fait voir qu'il y en a qui sont pardonnés en l'autre monde et qui sont purifiés par un certain feu purgatoire (C. 13-18) »

Saint Isidore trouve dans l'Ancien Testament l'institution des offices de tierce, de sexte, de none, de vêpres, des complies, des vigiles, des matines, et remarque en passant qu'il y a eu des hérétiques nommés *nyctages* ou *dormeurs*, parce qu'ils regardaient les veilles de l'Eglise comme inutiles et comme contraires à l'ordre de Dieu, qui a établi la nuit pour le repos et le sommeil. Il dit, d'après Cassien, que l'office de matines a été établi dans le monastère de Bethléhem, d'où il est passé dans toutes les Eglises du monde. Après quoi il parle des fêtes principales de l'Eglise, savoir : du dimanche de Noël, de l'Epiphanie, du jour des Palmes, de la Cène, jour auquel on lavait les autels, les murailles et le pavé de l'église, on purifiait les vases sacrés et on faisait le saint chrême; du vendredi saint, du samedi saint, de Pâques, de l'Ascension, de la Pentecôte, des Martyrs et de la Dédicace. Nous célébrons, ajoute-t-il, les fêtes des martyrs pour nous exciter à les imiter et nous recommander à leurs prières; mais nous ne les honorons point du culte de latrie, qui ne convient qu'à Dieu. C'est pourquoi nous ne leur offrons point le sacrifice. Nous leur rendons des honneurs de charité, non de servitude. Les jeûnes en usage dans l'Eglise étaient celui du carême, dont Moïse, Elie et Jésus-Christ ont donné l'exemple; ceux de la Pentecôte, de septembre, c'est-à-dire les Quatre-Temps. Il ne dit rien de ceux de décembre, qui étaient en usage dès le pontificat de saint Léon, mais il marque des jeûnes que nous ne pratiquons plus, celui du 1er novembre et du 1er janvier. « Nous jeûnons quelquefois, ajoute-t-il, trois jours consécutifs, à l'imitation des Ninivites. On jeûnait universellement tous les vendredis de l'année; plusieurs y ajoutaient les samedis. A l'égard des autres pratiques, elles n'étaient pas généralement observées. Dans certaines églises, on offrait le sacrifice tous les jours; dans les autres, on ne l'offrait que le samedi et le dimanche, et dans quelques-unes, seulement le dimanche. Comme il n'y avait en cela rien contre la foi et les bonnes mœurs, chacun pouvait suivre en sûreté les usages de son église (C. 19-44). »

Dans le second livre, saint Isidore traite de tous les différents degrés du ministère ecclésiastique. Tous ceux qui en font quelque fonction sont appelés *clercs*, parce que le Seigneur est leur sort et leur héritage. Ils doivent mener une vie éloignée de celle des séculiers, s'abstenir des plaisirs du siècle, des spectacles, des festins publics, de l'usure, du commerce, de la fréquentation des veuves et des vierges, s'appliquer à la lecture, à la prière, à la psalmodie. Tous les clercs portaient une tonsure, ayant le haut de la tête rasé, et seulement une couronne de cheveux autour, à la façon du cercle d'or que les rois mettaient sur leur tête. Le sacerdoce, dans la loi ancienne, a commencé par Aaron; dans la nouvelle, il a commencé par saint Pierre, le premier à qui le pontificat ait été accordé dans l'Eglise du Christ. Les apôtres reçurent depuis un degré pareil d'honneur et de pouvoir. Les évêques leur ont succédé. Ils sont ordonnés par l'imposition des mains, non par un seul évêque, mais par les évêques de la province. L'âge requis pour l'épiscopat est de trente ans. Il faut, pour être évêque, avoir vécu dans le célibat ou n'avoir été marié qu'une fois, encore avec une vierge. En ordonnant un évêque, on lui donnait un bâton et un anneau ; le bâton, pour marquer qu'il devait corriger son peuple et soutenir les faibles ; l'anneau, en signe de l'honneur pontifical. Lire l'Ecriture sainte, étudier les canons, instruire les peuples, leur donner l'exemple d'une sainte vie, faire l'aumône, exercer l'hospitalité envers les étrangers, voilà les devoirs d'un évêque. Ils avaient des vicaires pour faire à leur place diverses fonctions dans les bourgs et les villages. On les nommait chorévêques. Ils avaient pouvoir d'ordonner des lecteurs, des sous-diacres, des exorcistes, mais non des prêtres, à moins que ce ne fût de l'agrément de l'évêque du diocèse. Les prêtres ont commencé dans les fils d'Aaron ; ils président aux Eglises, consacrent le Corps et le Sang de Jésus-Christ, et prêchent la parole de Dieu. L'ordination seule est réservée aux évêques (L. 2, c. 1-7).

L'ordre des diacres a commencé par la tribu de Lévi. Ils sont les dispensateurs des mystères consacrés par les prêtres. Figurés par les sept anges sonnant de la trompette et par les sept chandeliers d'or, ce sont eux qui avertissent du temps de fléchir les genoux, de chanter les psaumes, d'écouter les lectures. Les sous-diacres sont mentionnés dans Esdras, qui les appelle *nathinéens*. On ne leur imposait pas les mains, comme aux prêtres et aux diacres, mais ils recevaient de l'évêque la patène et le calice, et de l'archidiacre un vase d'eau avec un linge pour essuyer les mains. On les obligeait toutefois à la continence, parce qu'ils touchaient les vases sacrés. L'ordre des lecteurs a commencé par les prophètes, dont ils proclament les paroles. Obligés de lire à haute voix dans l'église, ils devaient prononcer exactement, mettre les accents sur les syllabes, lire d'une voix claire et grave, sans l'élever trop ni trop l'abaisser. Dans le choix des psalmistes, dont les premiers furent David et Asaph, et qui devaient chanter les psaumes, on faisait beaucoup d'attention à la mélodie, à la force et à la netteté de la voix, qui devait ressentir, non l'art théâtral, mais la simplicité chrétienne. Ce choix était ordinairement confié aux prêtres. Les exorcistes, dont le nom et les fonctions sont également mentionnés dans l'Ecriture, devant imposer les mains sur les énergumènes et les exorciser, reçoivent à leur ordination, des mains de l'évêque le livre des exorcismes. Les portiers, connus dès l'Ancien Testament, ne doivent laisser entrer dans l'église que ceux qu'il était dans l'usage d'y laisser entrer.

Les moines ont eu pour instituteurs Elie, Elisée et les autres prophètes, ainsi que saint Jean-Baptiste. Les pénitents ont leurs modèles dans Job, David, les habitants de Ninive et autres. On leur coupait les cheveux, on les couvrait d'un cilice, on répandait des cendres sur leur tête. Les clercs faisaient leur pénitence devant Dieu ; les laïques, en présence de l'évêque, qui leur imposait solennellement les travaux et les marques de la pénitence. Les vierges ont pour modèles dans l'Ancien Testament, Elie, Jérémie, Daniel, et, dans le Nouveau, Jésus-Christ même et Marie. Les veuves ont, dans l'ancienne Loi, Noémi, la veuve de Sarepta, l'admirable Judith, et, dans la nouvelle, Anne la prophétesse, qui la première reconnut le Seigneur enfant. Les époux ont pour règle la loi originelle de la nature. Dieu, ayant créé Adam, lui donna Eve pour compagne ; un seul homme et une seule femme, comme il n'y a qu'un Christ et qu'une Eglise ; un homme et une femme qui ne peuvent être séparés l'un de l'autre, comme l'Eglise ne peut être séparée du Christ. Le prêtre bénit leur union, comme Dieu a béni la première (C. 8-19).

Après avoir parlé des différents ordres de l'Eglise, saint Isidore explique ce qui regarde la foi et les sacrements. Il distingue trois sortes de baptêmes : le baptême d'eau, le baptême de sang et le baptême de larmes. Comme c'est Dieu qui baptise, il n'importe que ce soit un hérétique qui le confère, pourvu qu'il l'administre au nom du Père, et du Fils, et du Saint-Esprit (C. 20-26). Les prières et les cérémonies expliquées dans cet ouvrage, se trouvent les mêmes dans la liturgie mozarabe ou mixtarabe, dont le principal auteur fut saint Isidore, qui y mit la main après la mort de son frère saint Léandre.

Un ouvrage non moins précieux de saint Isidore de Séville, quoiqu'il ne soit point encore publié dans son entier, c'est une collection des anciens canons de l'Eglise, à l'usage des Eglises d'Espagne. Elle est plus connue sous le nom de *Collection espagnole*. Mais les meilleurs critiques ont trouvé qu'elle est de saint Isidore, en ce sens du moins qu'il la revit, l'augmenta et la mit dans un meilleur ordre. C'est ce livre de canons que le quatrième concile de Tolède ordonne de lire dans les Eglises d'Espagne. Cette collection a deux parties : la première renferme les canons des conciles ; la seconde, les décrétales des Pontifes romains. On voit d'abord les conciles tenus en Grèce, savoir : les quatre premiers conciles généraux, avec les conciles d'Ancyre, de Néocésarée, de Gangres, de Sardique, d'Antioche, de Laodicée ; viennent ensuite les conciles d'Afrique, de Gaule, d'Espagne. Le dernier de ceux-ci est le deuxième concile de Séville, auquel nous avons vu présider saint Isidore. Les décrétales des Papes commencent à saint Damase et finissent à saint Grégoire le Grand, dont la *Collection* ne cite que les lettres à saint Léandre et au roi Reccarède. Ce qui fait bien voir en quel temps et pour quel pays cette collection a été faite et terminée. Parmi les nombreuses pièces qu'elle contient, il n'y en a pas une qui ne soit authentique.

Ce qui n'est pas moins remarquable, c'est que, parmi le grand nombre d'exemplaires manuscrits conservés en Espagne, il n'y en a pas un qui contienne des pièces fausses. La collection interpolée sous le nom d'Isidore Mercator, a été inconnue en Espagne jusqu'à l'invention de l'imprimerie. Ce qui ne mérite pas moins d'être remarqué, c'est ce qu'on lit dans la préface de cette antique collection : « Aux canons des conciles, nous ajoutons les décrets des Pontifes romains, attendu que leur autorité n'est pas moindre, à cause de la suprématie du Siége apostolique. Quant aux canons dits des apôtres, comme le Siége apostolique ne les reçoit point et que les saints Pères n'y ont point donné d'adhésion, encore qu'on y trouve quelques choses utiles, ils n'ont point d'autorité canonique et sont rangés parmi les apocryphes (1). »

(1) Ballerini, *Opera S. Leon.*, t. III, pars. 3, cap. 4 ; *De Collec. Hisp.*; *Biogr. univ.*, art. S. ISIDORE ; *Biogr. de Feller*, art. BURIEL et S. ISIDORE ; Godescard, 4 avril ; *S. Isidore*, note.

## LIVRE XLVIII. — LES REINES FRÉDÉGONDE ET BRUNEHAUT.

En France, les rois, encore barbares les uns envers les autres, apprenaient de l'Eglise à être plus humains envers les peuples. Le glaive avec lequel leur ancêtre Clovis avait fait mourir ses proches ne sortait point de sa maison. Ses descendants semblaient avoir reçu pour héritage de se détruire mutuellement. Au commencement du VIIe siècle, la France était partagée entre trois jeunes princes : dans la Neustrie, c'était Clotaire II, fils de Frédégonde; dans l'Austrasie et dans la Bourgogne, Théodebert et Théodoric, petits-fils de Brunehaut. Frédégonde était morte l'an 597. Ce fut, dit un historien connu, la princesse la plus ambitieuse, la plus vindicative, la plus cruelle qu'on eût vue de longtemps, et la plus digne de la haine de tout le genre humain; mais la plus habile à s'attacher l'amitié, l'estime et le respect de ceux dont elle avait besoin pour se maintenir. Elle régna trente ans sous le nom de son mari et de son fils; elle fit périr un roi, deux reines, deux fils de roi et une infinité de personnes de condition, dont elle crut la perte nécessaire à sa grandeur ou à sa sûreté. Deux batailles gagnées en personne, son fils élevé et affermi sur le trône, de grandes et promptes conquêtes avaient presque effacé l'idée de ses crimes, pour ne laisser plus penser qu'à sa gloire : digne en même temps et de l'exécration et de l'admiration de la postérité (Daniel, *Hist. de Fr.*).

Brunehaut, de qui jusqu'alors aucun crime certain n'avait flétri la renommée, n'était pas moins capable que Frédégonde de gouverner un royaume, et elle en était peut-être aussi avide que capable. La jeunesse de ses deux petits-fils lui en offrait l'occasion. A Metz, elle voulut régner sous le nom de Théodebert, à qui elle fit épouser une esclave nommée Bilichilde. Mais les Austrasiens, bientôt las d'obéir à une femme, l'enlevèrent du palais et la transportèrent au delà des frontières. Retirée en Bourgogne, Brunehaut y régna sous le nom de Théodoric : elle y faisait et défaisait les maires du palais, dont elle est accusée d'avoir fait mourir quelques-uns. Pour retenir plus sûrement en tutelle son petit-fils, au lieu de lui faire épouser une reine, elle lui laissa prendre des concubines. Théodoric, à peine âgé de quinze ans, eut ainsi, l'an 602, un fils qui fut nommé Sigebert; un second en 603, un troisième en 604, auxquels on donna les noms de Childebert et de Corbus. Brunehaut est accusée, dans les chroniques, de n'avoir pas donné un exemple plus édifiant.

Cependant Théodoric avait un grand respect pour saint Colomban, dont les monastères étaient dans ses Etats; il le visitait souvent et se recommandait humblement à ses prières. Mais le saint lui faisait des reproches de ce qu'il entretenait des concubines, au lieu d'épouser une reine qui lui donnât des enfants légitimes. Touché de ses remontrances, le roi promit de se retirer de ce désordre. Il envoya même, suivant Frédégaire, une ambassade à Vittéric, roi d'Espagne, pour lui demander sa fille Ermenberge. Elle lui fut accordée, sous la promesse qu'il renverrait ses concubines et qu'il ne dégraderait jamais sa nouvelle épouse. Mais Brunehaut, craignant que la jeune reine ne lui fît perdre son crédit, intrigua de telle sorte, que Théodoric ne consomma point son mariage; et qu'au bout d'un an il renvoya la princesse espagnole, sans même lui rendre sa dot (Frédég., c. 30 et 31).

Saint Colomban renouvela ses reproches de différentes manières. Un jour Brunehaut lui ayant présenté à bénir les enfants du roi, il s'y refusa, et dit : « Ils ne succéderont point au royaume, ce sont des fruits de la débauche. » Une autre fois, étant venu pour parler à Théodoric, il refusa de loger dans son palais. Le prince lui envoya des mets les plus recherchés. Colomban les refusa, disant : « Il est écrit que le Très-Haut rejette les présents des impies. » Aussitôt les vases se cassèrent, le vin et la bière se répandirent par terre, les viandes se dispersèrent. Les officiers, épouvantés, en firent leur rapport au roi, qui vint le lendemain avec son aïeule, Brunehaut, demander pardon au saint abbé, lui promettant de se corriger. Mais comme on ne lui tint pas parole, il écrivit au roi des lettres pleines de reproches, et le menaça d'excommunication, s'il ne changeait de vie. Alors Brunehaut, rallumant sa colère, excita de nouveau le roi contre le saint. Elle sollicita tous les courtisans et les évêques même, de trouver à reprendre dans sa règle. Les courtisans lui prêtèrent volontiers l'oreille. Le roi vint donc à Luxeuil et se plaignit de ce que Colomban s'écartait de l'usage des moines de la province, en ne donnant pas libre entrée à tous les chrétiens dans son monastère. Il suffit, répondit le saint abbé, que j'aie des lieux disposés pour y recevoir tous les hôtes. Et comme le roi était entré jusque dans le réfectoire, le saint ajouta : Si vous êtes venu ici pour renverser les communautés des serviteurs de Dieu et la discipline monastique, sachez que nous nous passerons de vos secours et de vos bienfaits, mais que votre royaume sera détruit avec toute votre race. Effrayé de ces paroles, le roi se retira bien vite.

Comme saint Colomban continuait à lui faire des reproches : Vous prétendez, dit-il, que je vous donnerai la gloire du martyre. Je ne suis point assez insensé. Mais puisque vous êtes si éloigné de notre manière de vivre, retournez d'où vous êtes venu. Saint Colomban dit qu'il ne sortirait point de son monastère, s'il n'en était chassé par force. Le roi l'exila à Besançon, où n'étant point gardé, à cause du grand respect qu'on lui portait, il en sortit et revint à son monastère. C'était vers l'an 609. Il n'y demeura pas longtemps en repos. Le roi Théodoric envoya plusieurs fois de ses gens pour l'obliger à sortir de son monastère de Luxeuil et à retourner en son pays. Le saint avait résolu de ne point obéir et de se faire plutôt tirer de force. Toutefois, voyant que sa résistance mettait les autres en péril, il sortit volontairement en 610. Ses frères l'accompagnaient en pleurant, comme s'ils eussent marché à ses funérailles. Encore les gardes que le roi lui avait donnés ne permirent-ils point à tous de le suivre, mais seulement à ceux qu'il avait amenés d'Irlande ou de Bretagne. Tous ceux qui étaient nés dans les Gaules furent contraints de demeurer. Le saint les recommanda à Dieu, et sentit cette séparation comme si on lui eût arraché les membres.

On menait saint Colomban à Nantes pour l'embarquer. Etant à Auxerre, il dit à Ragamond, que le roi avait chargé de sa conduite : « Souvenez-vous que Clotaire, que vous méprisez maintenant, sera votre maître. » Sur cette route, il fit plusieurs miracles. Arrivé à Nevers, on l'embarqua sur la Loire. A Orléans, ses gardes ne lui permirent pas d'entrer dans la ville pour visiter les églises, et il campa sur le rivage. On refusa même dans la ville des vivres à ses disciples, tant on craignait les ordres du roi. Mais une femme syrienne en eut pitié, les mena chez elle et leur donna ce dont ils avaient besoin. En récompense, ils amenèrent son mari, aveugle depuis plusieurs années, à saint Colomban, qui le guérit. A Tours, le saint n'ayant pu obtenir la permission de descendre pour visiter l'église de Saint-Martin, le bateau s'arrêta devant le port, et il satisfit sa dévotion en passant la nuit en prières près des reliques du saint. Le lendemain, l'évêque de Tours, Léoparius, l'ayant prié à dîner, il s'y trouva un seigneur, allié du roi Théodoric, à qui saint Colomban déclara que, dans trois ans, ce roi et ses enfants périraient, et que toute sa race serait éteinte.

De Nantes, où les vents contraires et d'autres incidents ne permirent pas de l'embarquer pour l'Irlande, il alla trouver le roi Clotaire, qui était sur la côte de l'Océan et qui savait la persécution qu'il avait à souffrir de la part de Brunehaut et de Théodoric. Aussi le reçut-il comme un présent du ciel et lui offrit-il toute sorte de secours, s'il voulait demeurer dans son royaume. Colomban ne l'accepta pas, craignant d'augmenter l'inimitié entre les deux princes. Clotaire le retint tant qu'il put et en reçut plusieurs avis salutaires pour la correction de sa cour, dont il promit de profiter. Pendant son séjour, il s'éleva un différend entre les deux frères Théodebert et Théodoric, touchant les limites de leurs états, la même année 610, 15e de leur règne. Ils envoyèrent l'un et l'autre des ambassadeurs à Clotaire pour lui demander du secours. Clotaire consulta saint Colomban, qui lui conseilla de ne point prendre parti, parce que, dans trois ans, leurs deux royaumes tomberaient sous sa puissance. C'est la troisième fois qu'il fit cette prédiction. Clotaire y ajouta foi et en attendit avec patience l'accomplissement.

Ensuite saint Colomban obtint de lui une escorte pour le conduire dans le royaume de Théodebert, d'où il voulait passer en Italie. Entrant à Paris, il trouva à la porte un possédé, qu'il délivra. A Meaux, il fut reçu par Chagneric, homme noble, en qui le roi Théodebert avait beaucoup de confiance, et qui se chargea de le faire conduire à la cour. Le saint bénit sa maison et consacra à Dieu sa fille encore fort jeune, nommée Fare, et depuis illustre par sa vertu. De là il passa à un village nommé Ulciac, où il fut reçu par un seigneur nommé Authaire, et sa femme Aiga, dont il bénit les enfants encore petits, nommés Adon et Dadon, qui devinrent fameux par leur sainteté.

Enfin saint Colomban arriva près du roi Théodebert, qui le reçut avec joie et promit de lui trouver des lieux commodes pour ses disciples, non loin des nations auxquelles il pourrait prêcher la foi ; car c'était ce que le saint désirait le plus dans ses voyages. Il accepta donc cette offre et, s'étant embarqué sur le Rhin, passa à Mayence, et, remontant toujours le fleuve, s'avança jusqu'à l'extrémité du lac de Zurich. Etant venu à Zug, il trouva cette solitude si agréable, qu'il résolut de s'y arrêter. Les habitants étaient cruels et impies, ils adoraient des idoles, leur offraient des sacrifices et observaient les augures et les divinations. Saint Colomban ayant commencé à leur prêcher le vrai Dieu, les trouva un jour qui préparaient un sacrifice et qui avaient dressé, au milieu du peuple assemblé, une grande cuve remplie de bière. Il leur demanda ce qu'ils en voulaient faire. Ils répondirent que c'était pour l'offrir à leur dieu Vodan, que les uns expliquent du latin Mercure, les autres de Mars. Saint Colomban souffla dessus, et aussitôt la cuve se rompit avec fracas et toute la bière se répandit. Les Barbares, étonnés, disaient qu'il avait une puissante haleine. Il les exhorta à quitter ces superstitions et à se retirer chacun chez eux. Plusieurs se convertirent et reçurent le baptême ; d'autres, déjà baptisés, revinrent à la pratique de l'Evangile qu'ils avaient quitté. Saint Gal, disciple de saint Colomban, poussé par son zèle, brûla leurs temples et jeta dans le lac toutes les offrandes qu'il y trouva. Les Barbares, en colère, menacèrent de le tuer et de chasser son maître à coups de fouet.

Saint Colomban, en étant informé, quitta ces endurcis et passa avec les siens à un bourg nommé Arban, sur le lac de Constance. Il y trouva un prêtre vertueux, nommé Villimar, qui lui indiqua un lieu fertile et agréable, environné de montagnes, où étaient les ruines d'une petite ville nommée Bregentz. Saint Colomban, y étant arrivé avec les siens, y trouva un oratoire dédié à sainte Aurélie, auprès duquel ils se firent des logements. Dans cette église ils trouvèrent trois images dorées et attachées à la muraille, que le peuple adorait par des sacrifices, disant que c'étaient les anciens dieux tutélaires de l'endroit. Saint Colomban ordonna à saint Gal, qui savait la langue du pays, d'exhorter le peuple à quitter l'idolâtrie pour adorer le vrai Dieu. Le jour de la fête de cette église étant venu, il y eut un grand nombre de peuple, non-seulement pour la fête, mais par curiosité, pour voir ces étrangers. Alors saint Gal commença à leur prêcher la foi et à les exhorter à se convertir. Puis, prenant les idoles devant tout le monde, il les mit en pièces à coups de pierres, et les jeta dans le lac. Quelques-uns se convertirent, d'autres se retirèrent en colère. Saint Colomban fit apporter de l'eau, la bénit, en aspergea l'église, et, tournant autour avec les siens en chantant des psaumes, il en fit la dédicace. Puis, ayant invoqué le nom de Dieu, il fit les onctions sur l'autel, y mit les reliques de sainte Aurélie, le revêtit d'ornements et y célébra la messe : ce qui étant fait, le peuple s'en retourna avec grande joie (*Vie de S. Colomban et de S. Gal; Acta Sanct., Ord. Bened.*, t. II).

Saint Colomban demeura à Bregentz environ trois ans. Il y bâtit un petit monastère, où ses disciples travaillaient, les uns au jardin potager, d'autres à cultiver des arbres fruitiers : saint Gal faisait des filets pour la pêche, et prenait une si grande quantité de poissons, qu'il en distribuait au peuple et aux voyageurs. Saint Colomban eut la pensée d'aller prêcher la foi aux Venètes ou Sclaves, qui étaient dans le voisinage ; mais un ange lui apparut et l'avertit qu'il n'y ferait aucun progrès. Il demeura donc en repos jusqu'à ce qu'il pût entrer en Italie.

Saint Colomban ne fut pas le seul que persécuta Brunehaut. Saint Didier, évêque de Vienne, qui la reprenait courageusement de ses désordres, avait été exilé par ses intrigues dès l'an 603. Mais Dieu ayant glorifié son exil par plusieurs miracles, elle le fit rappeler après quatre ans. Le calme ne dura guère. Le saint ayant conseillé au roi Théodoric de renvoyer ses concubines et d'épouser une reine digne du trône, Brunehaut envoya trois comtes pour le mettre à mort, quelque part qu'ils le trouvassent. Ils l'atteignirent sur le bord de la Chalaronne, au territoire de Lyon. Didier, se voyant poursuivi par ces assassins, se mit à genoux pour recommander à Dieu son peuple et ses persécuteurs. Dans cette posture, on l'assomma d'une grosse pierre, et, pour l'achever, on lui cassa la tête d'un coup de levier. C'était le 23 mai 617, jour auquel l'Eglise honore sa mémoire, comme d'un martyr (*Act. Sanct.*, 23 maii).

Cependant la justice du ciel allait frapper ses coups. La mésintelligence avait recommencé entre les deux frères, Théodoric et Théodebert. Saint Colomban alla trouver ce dernier et lui conseilla de se faire clerc ou plutôt moine, de peur de perdre la vie éternelle avec son royaume. C'est qu'en 610 il avait fait tuer Bilichilde, sa femme, pour épouser une jeune fille nommée Théodechilde (Frédég., c. 35, 37). La proposition du saint parut ridicule au roi et à tous les assistants, et ils dirent que jamais ils n'avaient ouï parler qu'un roi mérovingien eût été clerc volontairement. Si vous ne le faites de gré, répliqua saint Colomban, vous le ferez bientôt de force. Et il s'en retourna à son monastère. En effet, l'an 613, la 17ᵉ année de leur règne, les deux frères se livrèrent une première bataille dans la plaine de Toul. Il y périt beaucoup de monde de part et d'autre. Théodebert, vaincu, s'enfuit par Metz à Cologne. Une seconde bataille, beaucoup plus acharnée et plus meurtrière, eut lieu dans la fameuse plaine de Tolbiac. Vaincu une seconde fois, Théodebert se sauve au delà du Rhin; mais bientôt il est pris et présenté à son frère Théodoric, qui l'envoie à sa grand'mère Brunehaut; celle-ci le fait ordonner prêtre et ensuite mettre à mort. Il laissait un fils nommé Mérovée, encore enfant. D'après l'ordre de son frère Théodoric, un soldat saisit l'enfant par le pied, et le frappa contre la pierre, jusqu'à ce que sa cervelle sortit de sa tête brisée (Frédég., c. 38, *Chronic. Moisiac.*).

Par ces deux victoires et ces deux meurtres, Théodoric de Bourgogne se voyait encore maître de l'immense royaume d'Austrasie. Il déclare la guerre à son cousin Clotaire. Mais au moment de se mettre à la tête de son armée, il meurt de dyssenterie à Metz, laissant quatre fils, Sigebert, Childebert, Corbus et Mérovée, âgés d'onze, dix, neuf et six ans. Brunehaut s'efforce de faire proclamer roi l'aîné des quatre. Mais, et les grands de Bourgogne et les grands d'Austrasie, également las du gouvernement de cette femme, appellent Clotaire de leurs vœux. Une bataille se livre, où Clotaire a facilement le dessus. On lui amène successivement Brunehaut et ses arrière-petits-fils, Sigebert, Corbus et Mérovée. Childebert, le second, s'était enfui à cheval, sans qu'on pût jamais le découvrir. En voyant Brunehaut, Clotaire lui reprocha d'avoir causé la mort de dix rois de France; il comptait dans ce nombre, tant ceux que sa mère Frédégonde avait fait assassiner, que Théodoric et ses trois fils qu'il voulait faire périr lui-même. Pendant trois jours, il la livra à des tourments divers, la fit promener sur un chameau, à la vue de toute l'armée; puis la fit lier par les cheveux, par un pied et par un bras, à la queue d'un cheval indompté, qui l'eut bientôt mise en pièces. La populace brûla même son cadavre. Clotaire fit aussi tuer deux de ses petits-cousins, Sigebert et Corbus. Quant à Mérovée, comme il l'avait tenu sur les fonts de baptême, il le fit conduire en Neustrie et lui permit de vivre (Frédég., c. 42, etc.).

Ainsi périt Brunehaut, fille, femme, sœur, mère et aïeule de rois. L'estime que lui témoigna toute sa vie le pape saint Grégoire le Grand, la manière atroce dont elle fut mise à mort, rendent fort douteux les crimes que lui reprochent les chroniqueurs venus plus tard. En tout cas, elle laissa dans le souvenir des peuples une telle impression de génie et de puissance, que tout ce qu'on rencontrait de grand, de fort, de durable, chaussées, tours, forteresses, prenait le nom de *Brunehaut*.

Saint Colomban, qui avait eu révélation de la bataille de Tolbiac au moment même où elle se donnait, voyant Théodoric maître de tout le pays, s'était retiré en Italie, et, par la libéralité du roi Agilulfe, bâtit dans le désert de l'Apennin, près de la Trébia, le monastère de Bobio, qui, avec le temps, devint une ville considérable. Il écrivit de là une lettre au pape Boniface IV sur l'affaire des Trois Chapitres; mais ce que l'on y voit de plus remarquable, c'est qu'il ignorait complètement l'état de la question. Clotaire, de son côté, se voyant, en 614, seul roi des Francs, se souvint de la prédiction que saint Colomban lui en avait faite. Il lui envoya une ambassade pour l'engager à venir le trouver. Saint Colomban s'en excusa, mais lui écrivit une lettre pleine d'avis salutaires, et mourut fort âgé le 21 novembre 615, jour auquel l'Eglise honore sa mémoire. Son disciple saint Gal avait voulu le suivre en Italie; mais il en fut empêché par une maladie dangereuse. Après le rétablissement de sa santé il remonta le lac de Bregentz ou de Constance, et bâtit quelques cellules pour lui et pour ceux qui désiraient servir Dieu sous sa conduite. Ce sont ces cellules qui ont donné naissance au monastère et à la ville de Saint-Gal.

A l'égard de Brunehaut, Clotaire II s'était montré cruel : ce qui chez les peuples barbares n'était point extraordinaire. Encore ne le fut-il guère plus que l'empereur Héraclius, qui coupa la tête à son prédécesseur Phocas, et fit traîner son cadavre dans les rues de Constantinople; qui ensuite fit couper le nez, le pied droit et la main droite à un de ses propres fils, soupçonné de conspiration. Sauf ce reste de barbarie dans un premier moment de révolution politique, Clotaire se montra humain, religieux et accessible aux bons conseils.

Vers la mi-octobre 614 ou 615, la 31ᵉ année de son règne, il convoqua à Paris, dans l'église de Saint-Pierre, plus tard de Sainte-Geneviève, un concile de toutes les provinces de Gaule. Il y assista lui-même avec les grands du royaume et avec ses fidèles. Ce qui montre que c'était une espèce d'assemblée nationale ou d'états généraux. Les évêques, au nombre de 79, y firent quinze canons, dont le premier porte : qu'à la place d'un évêque mort, on ordonnera celui qui sera choisi par le métropolitain avec ses comprovinciaux, le clergé et le peuple de la ville, et cela gratuitement. S'il arrive autrement par la puissance de quelqu'un ou par négligence, l'élection sera nulle. Ce canon tend principalement à réprimer l'autorité que les rois s'attribuaient dans l'élection des évêques. Aucun évêque n'élira son successeur, et personne ne cherchera à être mis ou ne sera ordonné à sa place de son vivant, si ce n'est dans le cas où il ne pourrait plus gouverner son Eglise, comme s'il tombe dans une maladie incurable, ou s'il est déposé pour crime. Aucun clerc ne se retirera vers le prince ou une autre personne puissante, au mépris de son évêque. Aucun juge n'entreprendra de punir ou de condamner un clerc, sans la participation de l'évêque. Les évêques prendront la défense de tous les affranchis et ne permettront pas qu'on les rappelle à des servitudes publiques. Si quelqu'un résiste en ceci au pontife, il sera privé de la communion. Défense, sous la même peine, de rien soustraire des legs faits pour l'entretien et la réparation des églises. Après la mort d'un évêque, d'un prêtre ou d'un autre clerc, personne ne touchera aux biens de l'Eglise ou à leurs biens propres, ni par ordre du prince, ni par autorité du juge; mais ils seront conservés par l'archidiacre et le clergé, jusqu'à ce que l'on connaisse comment il en a disposé. Si quelqu'un s'en empare, il sera excommunié comme meurtrier des pauvres. D'ailleurs il est défendu à l'évêque et à l'archidiacre, après la mort d'un abbé, d'un prêtre ou d'un autre titulaire, d'enlever ce qu'ils ont laissé à leur Eglise, sous prétexte d'augmenter le bien du diocèse ou de l'évêque. Toutes les donations faites à l'Eglise par les évêques et les clercs auront leur effet, quand même les formalités des lois séculières n'y seraient pas exactement observées. Les évêques n'usurperont pas les uns sur les autres, et encore moins les séculiers sur les clercs, sous prétexte de la défense ou de la division des royaumes. Depuis un siècle, la France avait presque toujours été divisée en plusieurs royaumes : comme elle était réunie sous Clotaire, on pourvoit à ces inconvénients pour l'avenir. Les différends qui surviennent entre des évêques seront terminés par le métropolitain et non par le juge laïque.

Excommunication contre les religieux et les religieuses qui ne rentrent pas dans leurs monastères; contre les vierges et les veuves qui, après s'être consacrées à Dieu dans leur maison, viennent à se marier; contre les mariages incestueux, savoir : avec la veuve de son frère, la sœur de sa femme, les filles des deux sœurs, la veuve de son oncle, tant du côté paternel que maternel, et avec une fille qui a pris l'habit de religion. Enfin, par le dernier canon, il est défendu aux Juifs d'exercer aucune charge ni fonction publique sur les chrétiens, à moins qu'ils ne reçoivent le baptême de l'évêque du pays, avec toute leur famille (Labbe, t. V).

Clotaire publia le même jour un édit pour recommander l'observation des canons. « Il est hors de doute, dit-il, que le moyen d'augmenter la félicité de notre règne, est d'apporter tous nos soins à faire observer ce qui a été bien défini et sagement ordonné, et à corriger, sous l'autorité du Christ, par cette présente constitution, les abus qui peuvent s'être introduits dans nos Etats. C'est pourquoi nous ordonnons que les canons, et ceux-là mêmes qui ont été négligés depuis longtemps, soient désormais exactement observés. Ainsi, après la mort d'un évêque, que le successeur, qui doit être consacré par le métropolitain assisté des comprovinciaux, soit premièrement élu par les suffrages du clergé et du peuple, puis, s'il est jugé digne, qu'il soit ordonné en vertu d'un ordre du prince; que s'il est choisi d'entre les officiers du palais, son mérite et sa capacité seront une raison suffisante pour l'ordonner. » On voit ici que Clotaire, en confirmant le premier canon du concile de Paris pour la liberté des élections, le modifie en exigeant un commandement du roi pour l'ordination. Les évêques n'en avaient pas fait mention; mais c'était l'ancien usage, autorisé par le 5e concile d'Orléans, qui requiert le consentement du roi.

« Un clerc qui recourt au prince ou à des personnes puissantes avant de recourir à son évêque, ne sera point reçu, à moins que ce ne soit pour demander grâce. S'il revient avec une lettre du prince, l'évêque le recevra avec indulgence. Aucun juge laïque ne jugera les clercs en matière civile, mais seulement en matière criminelle, encore les prêtres et les diacres sont-ils exceptés. Les clercs qui seront convaincus de quelque crime capital, seront punis selon les canons et examinés de concert avec les évêques. Que si le différend est entre un laïque et un homme d'Eglise, le supérieur ecclésiastique et le juge laïque le jugeront ensemble dans une audience publique. Si quelqu'un meurt sans laisser de testament, ses proches lui succéderont suivant la loi et sans que les juges y mettent obstacle. Tous les affranchis seront défendus par les évêques, et on ne les jugera point hors de la présence de l'évêque ou d'un supérieur ecclésiastique. Les nouveaux impôts qu'on a établis d'une manière impie et contre lesquels le peuple réclame, seront modifiés avec une juste miséricorde. Les péages et autres droits sont réduits à ce qu'ils étaient sous les rois Gontram, Chilpéric et Sigebert. Les Juifs n'exerceront aucune action publique sur les chrétiens; s'ils l'osent, ils seront punis très-sévèrement. On réprimera la même sévérité la rébellion des méchants. On n'établira juge dans une province que celui qui est de la province même, afin que, s'il commet quelque injustice, ses biens soient là pour en répondre. Toutes les concessions des princes nos ancêtres demeureront fermes. Ceux de nos fidèles qui ont souffert sous l'interrègne, c'est-à-dire pendant la révolution, seront indemnisés. Défense, sous peine de mort, d'épouser des vierges ou des veuves consacrées à Dieu. Si le mariage s'est fait dans l'église, les parties seront seulement séparées, envoyées en exil, et leurs biens confisqués au profit de leurs proches. Les évêques et les seigneurs qui possèdent des terres dans d'autres provinces, n'y établiront pour juges que des personnes originaires de ces lieux. Défense de faire paître les pourceaux du fisc dans les forêts des Eglises ou des particuliers, sans la permission de ceux à qui ces forêts appartiennent, ou d'exiger du public de quoi les engraisser. Si quelqu'un a la hardiesse de violer cette ordonnance que nous dressons dans les conciles avec les pontifes, avec les grands et avec nos fidèles, il sera puni de la peine capitale, afin que les autres apprennent à ne pas faire de même. Et pour imprimer à cet édit une autorité perpétuelle, nous l'avons confirmé par la souscription de notre main. Clotaire, roi au nom du Christ, j'ai souscrit cette définition. Donné à Paris le 15 des calondes de novembre, la 31e année de notre règne (Labbe, t. V). »

## LIVRE XLVIII. — SAINT ARNULFE, ÉVÊQUE DE METZ.

On le voit, cette ordonnance est une espèce de charte constitutionnelle, proposée par les évêques, consentie par les seigneurs et confirmée par le roi. Le peuple n'y intervient pas, mais on y parle de ses réclamations. D'ailleurs le peuple, tel que nous l'entendons au XIXe siècle, c'est-à-dire la multitude des hommes libres, ne pouvait pas encore y intervenir. La raison en est fort simple : c'est que le peuple n'existait pas encore. L'Eglise était encore occupée à le former; car ces affranchis, ces esclaves d'autrefois, dont les évêques sont les défenseurs constitutionnels, devaient composer avec le temps la masse de ce que nous appelons le peuple français. C'est l'Eglise, c'est l'épiscopat qui a fait ce peuple.

Le roi Clotaire, nommé aussi Lothaire, avait alors à sa cour plusieurs saints personnages, tels que saint Arnulfe ou Arnoul, saint Romaric, saint Didier, saint Faron, saint Goéric. Le plus illustre de tous était saint Arnulfe, qui fut la tige de la seconde race des rois francs, et arrière-trisaïeul de Charlemagne. Il était Franc d'origine, de parents très-nobles et très-riches. Plusieurs chroniques lui donnent pour aïeule une fille du roi Clotaire Ier. Il naquit à Lay, près de Nancy. Ayant bien étudié dans sa première jeunesse, il fut mis à la cour du roi Théodebert, sous la conduite de Gondulfe, maire du palais, et devint si habile dans les affaires, qu'il eut la première place auprès du prince et gouverna seul six provinces. Il n'était pas moins homme de guerre. Mais il ne laissait pas de s'appliquer dès lors à la prière, aux jeûnes et au soulagement des pauvres. Pressé par ses amis, il épousa une fille très-noble nommée Dode, et il en eut deux fils, saint Clodulfe, qui fut évêque de Metz, et Anchise ou Ansegise, qui fut le grand-père de Charles-Martel. Arnulfe était lié d'amitié avec un autre seigneur, nommé Romaric, attaché au service du même roi Théodobert, et ils avaient résolu ensemble de quitter tout pour se retirer au monastère de Lérins. Mais Dieu ne permit pas qu'ils exécutassent ce dessein.

Vers l'an 611, le siége épiscopal de Metz étant venu à vaquer par la mort de Papoul, le peuple demanda tout d'une voix saint Arnulfe, parce qu'il était agréable au prince et d'une fervente piété. Il fut donc contraint, malgré ses larmes, d'accepter l'épiscopat. Sa vertu parut encore plus admirable. Il se sépara aussitôt de sa femme, qui se retira dans un monastère de Trèves, et à laquelle quelques auteurs donnent la qualité de sainte. Il redoubla ses aumônes et ses austérités, prolongeant souvent son jeûne jusqu'au deuxième ou même jusqu'au troisième jour, ne mangeant que du pain d'orge, ne buvant que de l'eau, et portant continuellement un rude cilice sous sa tunique. Le don des miracles donna un nouvel éclat à ses vertus. Le saint évêque guérit un lépreux encore idolâtre, après l'avoir baptisé, et opéra plusieurs autres merveilles qui augmentèrent la grande autorité que sa naissance et ses emplois lui donnaient déjà. Le roi Clotaire, étant devenu maître de l'Austrasie, en 613, donna à saint Arnulfe les marques les plus singulières de sa confiance et de son estime, jusque-là, qu'ayant cédé, l'an 622, le royaume d'Austrasie à son fils Dagobert, il nomma le saint évêque, avec un seigneur laïque nommé Pepin, pour apprendre au jeune roi l'art de gouverner, ou plutôt pour gouverner eux-mêmes sous son nom. Une ambition bien différente travaillait Arnulfe. Il sollicita plusieurs fois du roi Clotaire la permission de se retirer de la cour et d'abdiquer l'épiscopat et le ministère, pour vivre dans la solitude à l'exemple de son ami Romaric. Le roi, qui l'aimait tendrement, lui écrivit plusieurs lettres des plus affectueuses, où il l'appelait son seigneur et son frère, le priant de ne pas l'abandonner (*Acta Sanct.*, 18 *jul.*).

Lorsque saint Colomban eut quitté le monastère de Luxeuil, on y élut pour abbé saint Eustase, qui fut un des ambassadeurs envoyés par le roi Clotaire l'an 613 à Colomban, pour le faire revenir d'Italie. En passant par le monastère d'Agaune, saint Eustase fit connaissance avec saint Amat ou Amé, religieux de cette communauté célèbre, à qui son père Héliodore, noble romain de Grenoble, l'avait offert dès son enfance. Depuis trois ans il menait la vie solitaire dans le creux d'un rocher. Eustase lui persuada de le suivre à Luxeuil. Bientôt ayant connu le rare talent qu'il avait pour annoncer la parole de Dieu, il l'envoya prêcher la foi et la pénitence dans l'Austrasie. Dans le cours de ses missions, il logea chez le seigneur Romaric, qui venait de recouvrer, sous Clotaire, les grands biens qu'il avait perdus sous Théodoric, pour avoir été fidèle à Théodebert. Un jour qu'ils étaient à table, Romaric le pria de lui annoncer la parole du salut. Voyez-vous ce plat d'argent? dit saint Amé. Combien a-t-il déjà eu de maîtres ou plutôt d'esclaves, et combien en aura-t-il dans la suite? N'en êtes-vous pas vous-même plus l'esclave que le maître, puisque vous ne le possédez que pour le conserver? Mais sachez qu'on vous en demandera compte un jour; car il est écrit : *Votre or et votre argent sont rouillés, et la rouille qui les consume servira de témoignage contre vous.* C'est pourquoi le Seigneur dit : *Malheur à vous, riches, qui avez votre consolation!* Saint homme, répondit Romaric, je vous conjure de demeurer quelques jours chez moi et de m'apprendre ce que je dois faire; car je vois s'accomplir en moi ce que j'ai souhaité depuis longtemps. Je suis surpris, reprit Amé, qu'étant aussi noble, aussi riche et aussi éclairé que vous l'êtes, vous ne connaissiez pas ce que le Sauveur répondit à un jeune homme qui voulait se faire son disciple : *Allez, vendez ce que vous avez et donnez-le aux pauvres.* Peu de jours après, Romaric donna la liberté à ses esclaves, une partie de ses biens aux pauvres, le reste au monastère de Luxeuil, où lui-même se fit moine, avec la plupart de ses anciens serviteurs. Romaric y devint leur serviteur à son tour. Les ministères les plus bas étaient ceux qu'il affectionnait le plus. Il cultivait en particulier le jardin, et sans cesse apprenait par cœur les psaumes.

Par le conseil de saint Amé et de saint Eustase, il fit bâtir, dans une terre des Vosges, dont il n'avait pas encore disposé, un double monastère selon la règle de saint Colomban; un de filles, plus considérable, dédié en l'honneur de saint Pierre, dont sainte Macteflède fut la première abbesse, et un autre pour les hommes, gouverné par saint Amé, qui fut aussi chargé, avec saint Romaric, de la direction des religieuses. Comme le monastère de celles-ci devint en peu de temps fort nombreux, le saint abbé y établit la psalmodie perpétuelle; pour cela, il les partagea en sept chœurs, de douze religieuses chacun, afin qu'elles pussent se succéder pour chanter les louanges de Dieu sans interruption. Ce monastère, qui s'appelait alors Habend, a pris dans la suite le nom de son fondateur, aussi bien que la ville qui s'y est formée. On l'appela Remiremont, en allemand Romsberg, c'est-à-dire montagne de Romaric.

Nous avons vu qu'en passant à Meaux, saint Colomban bénit la maison d'un seigneur nommé Chagneric. Cette bénédiction porta bonheur à ses enfants, qui parvinrent tous à une grande sainteté. L'un d'eux, saint Faron, après s'être distingué par ses vertus à la cour de Théodebert et de Clotaire, devint évêque de Meaux, où il fonda le monastère de Sainte-Croix, pour servir d'hospice aux Anglais et aux Irlandais, qui dès lors aimaient fort à voyager. Il reçut entre autres l'Irlandais saint Fiacre, et lui donna un ermitage à deux lieues de la ville. Saint Chagnoald, frère de saint Faron, fut tiré du monastère de Luxeuil pour être fait évêque de Laon. Leur frère, saint Valdebert, fut le troisième abbé de Luxeuil. Leur sœur, sainte Fare, fonda un monastère dont elle fut la première abbesse, et qui subsista jusque dans ces derniers temps sous le nom de Faremoutier ou monastère de Sainte-Fare. Les anciens la nomment Burgondofare, comme qui dirait noble Burgonde.

Le monastère de Luxeuil fut un séminaire de saints évêques, de saints religieux, de saints missionnaires. Outre ceux que nous avons déjà nommés, on en tira saint Donat, évêque de Besançon, saint Ragnacaire, d'Augt et de Basle, saint Achard, de Noyon et de Tournai, saint Odomer ou Omer, de Boulogne et de Térouanne. Parmi les saints missionnaires fut saint Valéri. Il était né en Auvergne, de parents pauvres, et gardait les brebis de son père. Ayant appris que, dans le voisinage, les enfants des nobles apprenaient à lire dans les écoles, il se fabriqua lui-même des tablettes, et alla supplier le maître des enfants de lui écrire l'alphabet là-dessus et de lui enseigner les lettres. Par ce moyen, tout en gardant les brebis, il eut bientôt écrit tout le psautier. Au sortir de l'enfance, il entra dans un monastère du pays, et vint enfin dans celui de Luxeuil, avec un homme riche qu'il avait converti. Saint Colomban l'envoya avec le moine Valdolen, pour aller prêcher la foi et la pénitence dans le diocèse d'Amiens, où il y avait encore des restes d'idolâtrie. Ses miracles et ses vertus convertirent un grand nombre. En passant à Wailli, au territoire d'Amiens, il ressuscita un malheureux que le comte Sigobard venait de faire pendre. Il menait une vie si austère, qu'il ne prenait quelquefois de réfection que le dimanche. Il ne buvait ni vin ni bière, et ne mangeait que du pain d'orge. Par les libéralités du roi Clotaire, et avec l'agrément de l'évêque d'Amiens, il bâtit, à l'embouchure de la Somme, le monastère de Leuconaüs, lequel prit dans la suite le nom de Saint-Valéri, ainsi que la ville qui s'y est formée (*Vita Waltar.*, *Act. Bened.*, t. II).

Vers le même temps, saint Riquier fonda le fameux monastère de Centule, qui prit plus tard son nom. Il était natif de l'endroit même, dans le Ponthieu, d'une famille noble, et fut converti par deux prêtres irlandais, saint Caidoc et saint Fricor, qu'il reçut chez lui comme ils entraient en France. Il embrassa la pénitence si sérieusement, qu'il ne mangeait que deux fois la semaine, et encore du pain d'orge saupoudré de cendre. Il donna la liberté à tous ses esclaves. Ayant été ordonné prêtre, il prêcha avec grand fruit, même dans la Grande-Bretagne. Le roi Dagobert vint le voir pour recevoir ses instructions, et le saint homme lui parla fortement de la vanité des grandeurs humaines et du compte terrible que rendront ceux qui gouvernent (*Acta Sanct.*, 26 *april.*).

L'an 625, sous l'archevêque Sonnace, il y eut à Reims un concile où se trouvèrent plus de quarante évêques de toutes les provinces soumises au roi Clotaire. On y fit 25 canons, dont voici les plus remarquables. « On observera ceux du concile général de Paris. Si l'on soupçonne qu'il y ait encore des hérétiques dans les Gaules, les pasteurs en feront une exacte recherche, pour les ramener à la foi catholique. Le juge qui voudra procéder contre un clerc sans la permission de l'évêque, sera excommunié. Ceux qui sont employés au maniement des deniers publics, ne seront point admis en religion sans la permission du prince ou du juge. Défense, sous peine d'excommunication, de tirer des églises ceux qui s'y seront réfugiés, si ce n'est en leur promettant avec serment de les garantir de la mort, des tortures et de la mutilation. Mais aussi le réfugié que l'Eglise délivre ainsi de la mort, n'aura la permission de sortir qu'après avoir promis d'accomplir la pénitence canonique due à son crime. Ceux qui contractent des mariages incestueux avec des personnes que les canons n'y autorisent pas, non-seulement seront excommuniés, mais ils ne pourront gérer aucune charge dans le palais ni dans le barreau. De plus, les évêques et les clercs les dénonceront aux juges et au roi, afin que leurs biens soient confisqués au profit de leurs proches, sans qu'ils puissent en aucune manière les recouvrer, à moins qu'ils ne se séparent et ne fassent pénitence de leur crime. Celui qui a commis un homicide volontaire, et non à son corps défendant, sera excommunié toute sa vie; s'il fait pénitence, il recevra le viatique à la mort. Défense, sous peine d'excommunication, de vendre des esclaves chrétiens à d'autres qu'à des chrétiens; de plus, la vente sera nulle. Si un Juif maltraite ses esclaves chrétiens, pour leur faire embrasser le judaïsme, les esclaves seront confisqués au profit du roi. Défense d'observer les augures ou les cérémonies des païens, de manger avec eux des viandes superstitieuses, ou d'assister à leurs sacrifices. Ceux qui l'auront fait, après avoir été avertis, seront mis en pénitence. Défense, sous peine d'excommunication, de poursuivre les personnes libres, pour les réduire en servitude. Les juges qui violent l'ordonnance du roi, faite à Paris pour l'observation des canons, sont excommuniés. On n'ordonnera point d'évêque qui ne soit natif du lieu et choisi par tout le peuple du consentement des comprovinciaux. Celui qui s'empare de l'épiscopat d'une autre manière, sera déposé, et ceux qui l'auront ordonné seront suspendus pendant trois ans des fonctions de leur ministère (Labbe, t. V).

Plusieurs de ces canons, qui règlent des choses tout à fait civiles, font voir que le concile de Reims, aussi bien que celui de Paris, qu'il rappelle, était en même temps une assemblée nationale des Francs, où les évêques, comme la partie la plus intelligente, font les règlements nécessaires, y joignent de leur propre autorité la sanction spirituelle, et ensuite, avec le consentement du roi et des chefs de la nation, une sanction temporelle. C'est ainsi que le concile emploie l'excommunication religieuse pour garantir la liberté civile des individus; et l'excommunication à la fois religieuse et civile, pour garantir la sainteté des mariages. Il y assista entre autres onze métropolitains, savoir: Sonnace de Reims, Théodoric de Lyon, successeur d'Arédius; saint Sindulfe de Vienne; saint Sulpice de Bourges, surnommé le Débonnaire; Modegisile de Tours, Senoch d'Eause, saint Modoald de Trèves, saint Cunibert de Cologne, Richer de Sens, successeur de saint Loup; saint Donat de Besançon, et Lapoald de Mayence. Car à cette époque, la domination de Clotaire et des Francs s'étendait des Pyrénées jusqu'aux bords de l'Elbe, et de l'Océan occidental jusqu'à la Bohème et la Hongrie, occupées par les Vénèdes et les Avares.

Arédius de Lyon est honoré comme saint dans son Eglise. Cependant un chroniqueur l'accuse d'avoir été complice de quelques violences de Brunehaut, auprès de laquelle il avait beaucoup de crédit. Mais comme ce chroniqueur, Frédégaire, écrivit un siècle après la révolution de 613, son témoignage isolé n'est pas péremptoire. Par suite de cette même révolution, saint Loup de Sens, plus connu sous le nom de saint Leu, fut exilé par le roi Clotaire, dans le pays d'Eu, sous la conduite d'un duc idolâtre, nommé Landégisile. Mais dans cet exil, le saint, par ses prédications et ses miracles, convertit ce duc même, avec beaucoup d'autres Francs. Le roi Clotaire, ayant découvert qu'on avait calomnié le saint homme, le rappela aussitôt, se jeta à ses pieds pour lui demander pardon, le fit manger à sa table, et le renvoya à son Eglise chargé de présents (*Acta Sanct.*, 1 sept.).

Saint Sulpice de Bourges, second du nom, surnommé le Débonnaire, pour le distinguer d'un autre saint Sulpice de Bourges, surnommé le Sévère, était issu d'une noble famille. Dès sa jeunesse, il montra une tendre affection pour la prière et un grand amour pour la chasteté. Saint Austrégisile de Bourges ne tarda pas à le faire entrer dans son clergé, avec la permission du roi Théodoric. Sur la renommée de ses vertus, Clotaire II lui donna la charge d'abbé dans ses armées. Car les rois des Francs menaient avec eux à la guerre, des clercs ou des moines, pour faire l'office divin dans le camp. Ce prince eut personnellement à s'en féliciter. Car, étant tombé dangereusement malade, on eut recours aux prières de Sulpice, qui garda un jeûne rigoureux pour obtenir sa guérison. Cependant, au bout de cinq jours, comme le mal paraissait empirer et qu'il n'y avait presque plus d'espérance, on pressa Sulpice de prendre quelque nourriture. Il répondit : Je ne mangerai que le 7e jour, et je le ferai avec le roi. En effet, Clotaire ayant été subitement guéri, fit appeler Sulpice et le fit manger à sa table, pour lui témoigner sa reconnaissance.

Saint Austrégisile étant mort le 20 mai 624, il y eut des brigues pour l'élection de son successeur. Un des principaux citoyens de Bourges ayant gagné quelques voix à prix d'argent, se rendit à la cour, pour obtenir, par des présents considérables, le consentement du roi Clotaire. Le roi en fut d'abord ébloui. Mais la reine lui rappela le mérite et les services de Sulpice, en faveur duquel on présentait un acte d'élection d'autant plus canonique qu'il n'était pas accompagné de présents. Ordonné ainsi évêque de Bourges, Sulpice surpassa même la sainteté de ses illustres prédécesseurs. Aux travaux des fonctions épiscopales, il joignait les austérités des solitaires les plus mortifiés, ne couchant qu'avec un cilice, jeûnant continuellement, et donnant à l'instruction de son peuple le temps qu'il n'employait pas à la prière. Il prêchait souvent, ne cherchant que la conversion, et non les applaudissements de ses auditeurs. Ses discours, soutenus de ses exemples et de ses miracles, furent si efficaces, qu'ils convertirent les Juifs établis à Bourges; et il eut la consolation de les baptiser presque tous. Ceux qui demeurèrent opiniâtres se retirèrent ailleurs.

La vertu principale de Sulpice était la charité. Dans un temps de famine et de froid extrêmes, un enfant exténué de faim se jeta à ses pieds, en le priant d'avoir pitié de lui. Le saint le recommande instamment à son maître-d'hôtel, qui promet d'en avoir grand soin. Mais occupé de choses et d'autres, il le perd de vue quelques moments. Transi de froid, le pauvre enfant se traîne près du four aux bains et y expire. Le maître-d'hôtel le cherche inutilement, et, quand Sulpice lui en demande des nouvelles, il avoue, à sa confusion, qu'il l'a perdu. Aussitôt le saint, entré dans sa cellule, se prosterne à terre, verse un torrent de larmes et implore la miséricorde de Dieu, comme s'il était lui-même coupable d'homicide. Dans l'intervalle, le domestique chargé de chauffer le four aux bains, ayant trouvé le cadavre de l'enfant, l'apporte aux pieds du pontife, qui redouble ses prières, ses larmes et ses gémissements, jusqu'à ce qu'il l'ait rendu à la vie. Cet enfant vécut ensuite plusieurs années avec l'auteur qui a écrit la vie de saint Sulpice.

Une autre fois, pendant la nuit, un voleur s'introduisit dans le garde-manger du saint homme. Mais au moment de sortir, il ne trouva plus d'issue. Sulpice envoya deux serviteurs pour le prendre et le lui amener. Mais il leur échappa des mains et se jeta dans un puits très-profond, pour se soustraire aux regards de la multitude qui était accourue. Toutefois, en tombant dans le gouffre, il implora le bienheureux évêque qui accourut aussitôt, et fit descendre un domestique dans le puits. Le voleur, retiré de là sain et sauf, se prosterna aux pieds du saint, implorant le pardon de son crime. Sulpice le lui accorda sur-le-champ, lui donna de plus ce dont il avait besoin, lui recommandant de demander à l'avenir, au lieu de prendre, et disant qu'il aimait mieux lui faire des présents que d'être volé par lui (*Acta Sanct.*, 17 jan.).

Saint Modoald de Trèves était issu d'une famille où la sainteté n'était pas moins héréditaire que la noblesse. Frère de sainte Itte et de saint Sévère, beau-frère de saint Pepin, oncle de sainte Gertrude et de sainte Bègue, il donna à sa famille des exemples de vertu aussi édifiants que ceux qu'il en recevait. Il fut élu évêque de Trèves après la mort de saint Sebaud. Il fit bâtir sur la Moselle un monastère de filles en l'honneur de saint Symphorien; et il y établit pour première abbesse sainte Sévère, sa sœur, honorée le 20 août. On fait la fête de saint Modoald le 12 mai.

Parmi les évêques du concile de Reims, se distinguait particulièrement saint Arnulfe de Metz. Il sollicitait toujours la permission de se retirer dans la solitude. Un jour le jeune roi Dagobert, croyant l'épouvanter par les menaces, lui dit : Si vous ne restez avec nous, je couperai la tête au plus cher de vos enfants. Le saint répondit : La vie de mon fils est en la main de Dieu ; mais vous qui prétendez l'ôter à des innocents, vous n'êtes pas seulement maître de la vôtre. Le roi, en colère, saisit l'épée d'un des assistants, et l'en menaça. L'évêque lui dit : Que faites-vous, malheureux ? Vous voulez rendre le mal pour le bien ? Me voici prêt ; plongez votre arme dans mon sein ! Je ne crains pas de mourir pour Celui qui m'a donné la vie et qui est mort pour moi. Un des seigneurs qui étaient là fit au roi des remontrances sur son emportement. La reine Gomatrude, survenue dans l'intervalle, lui en fit également des reproches, et tous deux, le roi et la reine, se jetèrent aux pieds du saint évêque pour lui demander pardon, disant : Allez, seigneur, dans telle solitude qu'il vous plaira, pourvu que vous nous rendiez votre bienveillance. Au sortir du palais, il trouva une multitude presque innombrable de boiteux, d'aveugles, d'orphelins, de veuves et d'autres pauvres, qui lui criaient en pleurant : Saint pasteur, pourquoi nous abandonnez-vous dans notre misère ? qui aura pitié de nous ? qui nous donnera la nourriture et le vêtement ? Arnulfe pleura avec eux et les consola par l'espoir qu'ils auraient bientôt un pasteur charitable. En effet, peu de jours après, on élut pour lui succéder son parent saint Goéric, surnommé Abbon.

Pendant une nuit, le feu prit aux magasins du prince et menaçait toutes les maisons du voisinage. Arnulfe, qui était à matines, accourut au lieu de l'incendie, se prosterna contre terre, puis, étendant la main contre les flammes, il y jeta une croix. Aussitôt l'incendie se concentra en lui-même et s'éteignit, et nous retournâmes achever matines et nous reposer, dit l'historien de sa vie, qui était présent. Ayant ainsi renoncé à toutes les choses du monde et distribué tous ses biens aux pauvres, Arnulfe s'en alla pauvre lui-même dans la solitude que son ami Romaric lui avait préparée dans les Vosges, non loin de son monastère. Là ce grand seigneur, cet ancêtre de tant de héros et de rois, servait de ses mains les moines et les lépreux, nettoyait leurs chaussures, leur lavait les pieds, faisait leurs lits et leur apprêtait à manger, pendant qu'il souffrait lui-même la faim. Il mourut dans ces exercices d'humilité et de charité, l'an 640, entre les mains de saint Romaric, qui l'enterra dans son monastère. Mais l'année suivante, saint Goéric y vint avec deux autres évêques, Paul de Verdun et Théofroi de Toul, le leva de terre et le transféra à Metz, le 18 juillet, jour auquel l'Eglise honore sa mémoire (*Acta Sanct.*, 18 *julii*).

Les monastères de saint Colomban venaient d'essuyer une tempête causée par un moine brouillon nommé Agrestin. Il avait été secrétaire du roi Théodoric. Touché de la grâce, il se retira à Luxeuil. Mais s'ennuyant bientôt de la solitude, il sollicita la permission d'aller prêcher les idolâtres. Saint Eustase, ne pouvant le retenir par ses remontrances, le laissa aller. Il prêcha dans la Bavière, sans autre fruit que la satisfaction d'être hors de son monastère. Passant par Aquilée, il s'engagea dans le schisme des Trois Chapitres, qu'il avait condamné auparavant. Il voulut y entraîner l'abbé saint Attale, successeur de saint Colomban dans le monastère de Bobbio. N'y ayant pas réussi, il revint à Luxeuil pour séduire saint Eustase, qui, le voyant opiniâtre, le chassa de sa communauté. Alors il se mit à critiquer la règle de saint Colomban, au point d'en occuper les évêques et le roi Clotaire. Un concile fut assemblé pour ce sujet à Mâcon. Les plus grands griefs qu'Agrestin y produisit contre cette règle, étaient les signes de croix que les moines faisaient sur leurs cuillers, les bénédictions qu'ils demandaient à l'abbé chaque fois qu'ils sortaient du monastère ou qu'ils y rentraient, le grand nombre d'oraisons que l'on disait dans les offices divins. Saint Eustase montra sans peine qu'il n'y avait que du bien dans ces pratiques. Alors Agrestin se jeta sur la forme de la tonsure irlandaise, qui était différente de la tonsure romaine. Pour toute réponse, saint Eustase lui dit d'un ton prophétique : « Moi, le disciple et le successeur de celui dont vous blâmez la règle et l'institut, je vous cite, en présence des évêques, à comparaître dans l'espace d'un an au tribunal de Dieu, pour y soutenir vos accusations contre ce saint abbé, et connaître, par un juste jugement, combien est terrible le Dieu dont vous calomniez le serviteur. »

Cette formidable sommation altéra Agrestin et ses partisans. Il fit sa soumission à saint Eustase ; mais elle ne dura guère. Il recommença bientôt à cabaler contre la règle parmi les moines ; il gagna même saint Amé et saint Romaric, qui dans ce moment étaient indisposés contre saint Eustase, parce qu'il leur avait reproché de la négligence. Mais la terrible sommation eut son effet. Agrestin étant au monastère d'Habend ou de Remiremont, vingt moines de ses complices furent frappés de la foudre, qui éclata sur le monastère, quelques-uns furent dévorés par des loups enragés, le plus opiniâtre se pendit lui-même, en sorte que cinquante de ces malheureux périrent misérablement en peu de temps. Agrestin lui-même fut tué d'un coup de hache par un esclave, parce qu'il abusait de sa femme. C'était un mois avant la fin de l'année dans laquelle saint Eustase l'avait cité au jugement de Dieu. Saint Eustase mourut lui-même dans les plus vifs sentiments de piété, l'an 625 ou 626, et eut pour successeur, comme abbé de Luxeuil, saint Valdebert, frère de saint Faron, évêque de Meaux.

Saint Amé et saint Romaric avaient humblement reconnu leur faute ; et, ayant obtenu le pardon de saint Eustase, ils s'appliquèrent à la réparer par une nouvelle ferveur. Saint Amé, un an avant sa mort, fit mettre dans son lit un sac plein de cendres, disant qu'il avait une grande pénitence à faire pour quelques fautes dont il se reconnaissait coupable. Puis s'étant étendu sur cette cendre et couvert d'un cilice, il confessa à haute voix tous ses péchés en présence de ses religieux. Il continua toute l'année ses austérités et plusieurs autres mortifications, qui l'exténuèrent tellement, que les os lui perçaient la peau. Il mourut vers l'an 627, et qu'on grava sur son tombeau; à l'entrée de l'église de la Vierge, l'épitaphe suivante, qu'il avait dictée lui-même : *Homme de Dieu qui entres en ce lieu saint pour prier, implorez la miséricorde divine pour l'âme d'Amé, pénitent, qui est ici enterré, afin que si la tiédeur de ma pénitence m'a laissé quelques dettes de mes péchés, votre charité et vos prières m'en obtiennent l'entière rémission.*

Saint Romaric, qui lui succéda dans la charge d'abbé, gouverna près de 26 ans les moines et les religieuses de Remiremont, selon la règle de Colomban, dont il avait repris les usages. D'un autre côté, les évêques qui s'étaient déclarés contre cet institut par les suggestions d'Agrestin, lui rendirent enfin justice, et travaillèrent à l'établir dans leurs diocèses. La tempête ne servit ainsi qu'à l'affermir de plus en plus (V. les *Vies* des S. Amé, Romaric et Eustase, *Acta S. Benedict.*, t. II).

Après la retraite de saint Arnulfe, Dagobert eut pour principaux ministres Pepin de Landen et saint Cunibert, évêque de Cologne. Pepin, qui, lui-même, est honoré comme bienheureux, eut pour femme sainte Itte, pour fille sainte Gertrude, abbesse du monastère de Nivelle, et sainte Bègue, qui épousa le fils aîné d'Arnulfe, Anchise ou Ansegise, mariage d'où naquit Pepin d'Héristal, père de Charles-Martel, aïeul de Pepin le Bref; et bisaïeul de Charlemagne. Avec les conseils de ces deux hommes d'Austrasie, Dagobert se conduisit avec sagesse, même quelque temps après la mort de son père Clotaire II, arrivée en 628, se faisant aimer de ses peuples d'Austrasie et de Bourgogne par sa vigueur constante à faire justice au plus pauvres comme aux riches. Mais étant venu à résider dans la Neustrie, il écouta d'autres conseils, commença à s'éloigner de la justice qu'il avait observée jusqu'alors, prenant les biens de ses sujets, et même des Eglises, pour en remplir ses trésors. Il s'abandonna sans mesure à l'amour des femmes. Dès l'année 628 il quitta Gomatrude, qu'il avait épousée du vivant de son père, et prit à sa place Nantilde, une des filles qui servaient dans le palais. L'année suivante, 8ᵉ de son règne, il prit encore une autre fille nommée Ragnetrude. Enfin il avait trois femmes à titre de reines, Nantilde, Vulfegonde et Berthilde, et des concubines en si grand nombre, que le chroniqueur Frédégaire n'a pas daigné en mettre les noms.

Saint Amand, plus hardi que tous les autres évêques, reprocha ces crimes au roi Dagobert, qui le fit chasser de son royaume. Le saint évêque s'en alla dans des pays éloignés prêcher la foi aux infidèles. Cependant le roi n'avait point encore d'enfants de tant de femmes, et il en demandait instamment à Dieu, quand il apprit avec une joie extrême qu'il lui était né un fils de Ragnetrude. Songeant en lui-même par qui il le ferait baptiser, il envoya chercher le même saint Amand. Dès qu'il le vit paraître il se jeta à ses pieds, lui demanda pardon, le pria de baptiser l'enfant et de le prendre pour son fils spirituel. Amand refusa d'abord; mais enfin il céda aux instances que le roi lui fit faire par Dadon et Eloi, deux seigneurs de sa cour, d'une grande piété. Ils représentèrent au saint évêque que cette affinité spirituelle avec le roi lui donnerait plus de liberté pour prêcher par tout son royaume et convertir plus d'infidèles. Le baptême se fit à Orléans, où se rendit Aribert ou Charibert, frère du roi, qui régnait sur une partie de l'Aquitaine, et qui fut le parrain de l'enfant. Saint Amand l'ayant pris entre ses mains et lui ayant donné la bénédiction pour le faire catéchumène, comme personne ne répondait, l'enfant, qui n'avait que quarante jours, répondit très-distinctement : *Amen*. Aussitôt il fut baptisé et nommé Sigebert, et devint ensuite plus illustre par sa sainteté que par sa naissance. C'était l'an 630.

Saint Amand était né à Herbauge, près de Nantes. Son père Sérénus et sa mère Amantia étaient d'une condition illustre. Mais Amand, renonçant à tous ces avantages, quitta la maison paternelle dès sa jeunesse, et se retira dans une île près de la Rochelle, où il embrassa la vie religieuse dans un monastère qui y était alors. Son père, qui n'avait sur lui que des vues mondaines, l'y alla trouver et menaça de le déshériter, s'il ne reprenait l'habit du siècle. Il répondit : Mon père, je n'attends rien de votre succession; tout ce que je vous demande, c'est que vous me laissiez servir Jésus-Christ, qui est mon héritage. Dans un pèlerinage au tombeau de saint Martin de Tours, il pria Dieu avec larmes de ne jamais revoir sa patrie, mais de passer sa vie entière à changer de pays comme étranger. Il s'y coupa les cheveux, et fut reçu dans le clergé de cette Eglise. Puis, avec la bénédiction de l'abbé et des frères, il se rendit à Bourges, où saint Austregisile, qui en était évêque, et saint Sulpice, alors archidiacre, le reçurent favorablement et lui firent bâtir une cellule près de l'église. Il y demeura reclus environ quinze ans, couvert d'un cilice et de cendre, jeûnant et vivant seulement de pain d'orge et d'eau.

Au bout de ce temps, il se sentit inspiré de faire le pèlerinage de Rome, pour visiter les tombeaux des saints apôtres. Une nuit qu'il priait avec ferveur à la porte de la basilique de Saint-Pierre, parce qu'on ne lui avait pas permis de la passer dans l'église, le prince des apôtres lui apparut et lui ordonna de retourner incessamment dans les Gaules pour y annoncer aux peuples les vérités du salut. Il obéit; et quelque temps après, vers l'an 626, le roi Clotaire II et les évêques le contraignirent d'accepter l'épiscopat, mais sans résidence déterminée. Entre autres bonnes œuvres, il rachetait autant que possible de jeunes captifs, leur donnait le baptême, les faisait instruire dans les lettres, et, leur ayant accordé la liberté, il les distribuait en diverses Eglises, où plusieurs d'entre eux devinrent dans la suite abbés ou évêques.

Jusque-là, personne n'avait osé prêcher dans le pays de Gand, tant à cause de la stérilité de la terre que de la férocité des habitants. Le saint alla trouver Achaire, évêque de Noyon et de Tournai, dans le diocèse duquel Gand était alors, et il le pria d'obtenir du roi Dagobert des lettres, pour obliger ses sujets idolâtres à se faire instruire du christianisme. Malgré les lettres du roi et la bénédiction de l'évêque, il ne laissa pas de souffrir à Gand des peines incroyables. Souvent il fut repoussé par les femmes ou les paysans; souvent battu ou jeté dans la rivière. Ceux mêmes qui l'avaient accompagné, l'abandonnèrent à cause de la stérilité du lieu; mais lui, continuait à prêcher, vivant du travail de ses mains. Un miracle rendit les Barbares plus traitables.

Saint Amand étant à Tournai, apprit qu'un comte

des Francs, nommé Dotton, venait de condamner un voleur à mort. Il courut aussitôt demander sa grâce, mais il ne put l'obtenir; et ce malheureux fut exécuté. Quand il fut mort, Amand alla détacher le corps du gibet, et, l'ayant fait porter chez lui, il passa la nuit en prières. Le lendemain, il appela ses clercs et leur ordonna de lui apporter de l'eau. Ils crurent que c'était pour laver le cadavre, selon la coutume, avant que de l'enterrer. Mais ils furent bien surpris, lorsqu'étant entrés dans sa chambre, ils y trouvèrent celui qu'ils avaient laissé mort, plein de vie et s'entretenant avec le saint évêque. Il portait encore les cicatrices des plaies qu'on lui avait faites; mais elles disparurent dès qu'Amand les eut lavées avec l'eau qu'il s'était fait apporter. L'historien qui rapporte ce fait, proteste l'avoir appris de la bouche d'un prêtre qui en fut témoin. Le bruit de ce miracle s'étant répandu, les habitants accoururent en foule, priant humblement le saint évêque de les faire chrétiens. Ils détruisirent leurs temples et leurs idoles de leurs propres mains, et, à la place, saint Amand bâtissait des églises et des monastères, avec les libéralités du roi et des personnes de piété.

Le saint évêque, voyant que la foi commençait à s'établir en ces quartiers, alla prêcher aux Sclaves, qui, nouvellement venus du Nord, faisaient de grands progrès en Germanie. Ayant donc passé le Danube, il annonça l'Evangile à ces Barbares, espérant même remporter la couronne du martyre. Mais voyant qu'il y faisait peu de fruit, il revint à son troupeau. Ces Barbares firent souvent des incursions sur les terres des Francs; mais, dans la suite, ils furent presque tous réduits en servitude, en sorte que le nom de *sclave* ou d'*esclave* et celui de *serf* devinrent des noms synonymes.

Des deux seigneurs, Eloi et Dadon, qui persuadèrent saint Amand de baptiser le fils de Dagobert, le premier, nommé en latin *Eligius*, était né à Cadaillac, à deux lieues de Limoges. Son père se nommait Eucher, et sa mère Terrigie. Il montra dès sa jeunesse une adresse singulière pour les ouvrages des mains. C'est ce qui engagea son père à le mettre auprès d'Abbon, préfet de la monnaie de Limoges, et fort habile orfèvre : cet art était alors beaucoup plus honorable qu'il ne l'est aujourd'hui. Eloi s'y étant rendu habile en peu de temps, vint à la cour et s'attacha à Bobbon, qui était trésorier du roi Clotaire II. Il trouva bientôt une occasion favorable, qui le fit connaître et estimer de ce prince.

Clotaire, qui aimait la magnificence, souhaitait qu'on lui fît un siége d'or, orné de pierreries; mais on ne trouvait pas d'ouvrier assez habile pour exécuter le dessein, tel qu'il l'avait conçu. Le trésorier en parla à Eloi, qui promit de faire l'ouvrage, si on voulait l'en charger. Le roi y consentit avec plaisir, et lui donna une quantité d'or. Eloi travailla si délicatement l'ouvrage, et sut si bien ménager la matière, que, sans rien dire à personne, il fit deux siéges au lieu d'un qu'on lui demandait. Il en présenta un au roi, qui admira la beauté de l'ouvrage et ordonna de récompenser dignement l'ouvrier. Mais il fut bien autrement surpris, lorsqu'Eloi fit paraître l'autre siége. On ne sut alors quels éloges donner à son adresse et à sa probité.

Eloi fut en effet le plus célèbre orfèvre de son temps. Il exerça dans la suite, à Paris, la charge de monétaire, et l'on voit encore, sur les monnaies de Dagobert et de Clovis II, son nom exprimé par ce mot abrégé *Eligi*. Mais Eloi se fit encore plus estimer par ses qualités personnelles que par la perfection où il porta son art. Il avait une taille avantageuse, le teint vif, la chevelure belle et frisée. On voyait reluire sur son visage la beauté et la modestie d'un ange, et, dans toutes ses actions, une vertu aimable qui rehaussait le prix de tous ces avantages.

Il avait surtout un grand respect pour toutes les choses saintes. Un jour Clotaire voulut l'obliger à jurer sur les reliques des saints. Eloi s'y refusait avec beaucoup de modestie. Clotaire insista de plus en plus. Alors Eloi, tremblant, fondit en larmes, craignant de déplaire au roi, mais craignant plus encore de profaner les saintes reliques, en les touchant de ses mains. Le roi, voyant sa crainte et admirant sa religion, lui dit avec la plus douce bienveillance, que désormais il le croirait plus sur sa simple parole que sur tous les serments les plus solennels.

Quelque régulière qu'eût été la conduite qu'Eloi avait tenue à la cour dès sa jeunesse, il forma la résolution de mener une vie beaucoup plus parfaite. Il commença par faire à un prêtre une confession générale de tous les péchés de sa vie passée, dans la crainte qu'il ne lui eût échappé quelque faute. De plus, il se condamna lui-même à la plus sévère pénitence, s'appliquant à mortifier sa chair par les veilles, par les jeûnes et par plusieurs autres austérités qu'il avait soin de tenir secrètes, jusqu'à cacher un rude cilice sous l'éclat et la mollesse de ses habits. Car, avant sa conversion, et quelque temps encore après, il porta de riches vêtements, des ceintures tissues d'or et de pierreries précieuses, des bourses pendantes brodées d'or, des manteaux bordés d'or, du linge tissu d'or, et des étoffes de soie. Mais il renonça bientôt à toutes ces parures en faveur des pauvres, et se revêtit des plus humbles habits, ne craignant pas même de paraître en public ceint d'une corde.

Il était pénétré de la plus vive crainte de Dieu. Il méditait souvent sur la mort et sur les peines de l'enfer; il passait les nuits prosterné en prières, se frappant la poitrine et s'écriant de temps en temps avec larmes : Seigneur, ayez pitié de moi, selon votre grande miséricorde ! Inquiet sur son sort éternel, il demanda un jour à Dieu de lui faire connaître par quelque marque sensible que ses péchés lui étaient pardonnés. S'étant endormi après cette prière, il entendit une voix distincte qui lui dit : Eloi, vous êtes exaucé, et l'on vous donne le signe que vous demandez. S'étant éveillé en même temps, il sentit une odeur céleste répandue dans toute sa chambre. Une faveur si singulière le pénétra de la plus sensible consolation. Il en fit confidence au chancelier Dadon ou Ouen, son ami, pour qui il n'avait rien de caché, en lui recommandant cependant le secret, tant que lui, Eloi, vivrait. Cette bonté de Dieu envers son serviteur fit tant d'impression sur le cœur d'Ouen, qu'il résolut sur-le-champ, comme il le dit lui-même dans la *Vie* qu'il a faite de saint Eloi, de suivre son exemple, ainsi que son frère Adon. Tous les trois n'avaient qu'un cœur et qu'une âme.

Eloi se distingua surtout par une grande charité pour les pauvres. Ils affluaient autour de lui, comme les abeilles à un rayon de miel. C'est la comparaison de son ami et de son biographe. Aussi, quand des étrangers demandaient son domicile, on leur disait : Allez dans telle rue, là où vous trouverez une troupe de pauvres, c'est là sûrement qu'il est. Ses plus chères délices étaient d'avoir des pauvres à sa table, et il ne prenait presque jamais son repas qu'il n'y en eût plusieurs. Il les servait de ses propres mains, leur ôtant lui-même leur besace, leur donnant à laver, leur présentant à manger et à boire, et, par respect pour eux, il ne prenait que la dernière place et ne mangeait que de leurs restes.

Il avait une dévotion particulière pour racheter les captifs et les esclaves. Dès qu'il en savait quelqu'un exposé en vente, il y courait : il en achetait quelquefois trente ou cinquante à la fois, ou même davantage, surtout des Saxons, qu'on vendait alors comme des troupeaux de moutons. Il allait les attendre à la descente du bateau qui les amenait à Paris; et si l'argent lui manquait, il donnait ses meubles, sa ceinture, son manteau, et jusqu'à ses souliers. Ensuite il conduisait ces esclaves en présence du roi, et leur faisait jeter par terre chacun un denier pour les affranchir solennellement, et leur donnait à chacun une charte de liberté, suivant l'usage des Francs pour mettre en liberté un esclave. Quand Eloi les avait ainsi affranchis, il leur donnait le choix, ou de retourner dans leur pays, ou de demeurer à son service, ou bien d'entrer dans quelque monastère : il avait un soin spécial de ceux qui prenaient ce dernier parti.

Sa maison était elle-même comme un monastère, et sa chambre comme un oratoire. On y voyait un grand nombre de saintes reliques, devant lesquelles Eloi récitait tous les jours l'office divin avec ses domestiques, qui étaient eux-mêmes d'une grande piété. Après quoi il s'appliquait à la lecture, qu'il interrompait souvent en levant les yeux et son cœur vers le ciel, en arrosant le livre de ses larmes. Souvent même, en travaillant de son art, il se faisait mettre devant lui un volume ouvert pour s'occuper utilement l'esprit. Il ne prenait que quelques heures de repos, couché sur un cilice, et rien n'était capable de lui faire omettre ses pratiques de piété. Quelquefois le roi l'envoyait quérir dès le matin; mais quoique ce prince envoyât message sur message, il ne sortait pas de sa chambre qu'il n'eût donné à la prière et à la lecture le temps qu'il s'était prescrit; et le roi ne trouvait pas mauvais qu'il préférât le service de Dieu au sien.

Quelques courtisans ne pardonnèrent pas à Eloi la tendre affection que le roi Dagobert lui témoignait, parce qu'ils le regardaient non-seulement comme un concurrent, mais encore comme un censeur incommode de leurs vices. Mais Eloi méprisa l'amitié de ceux qui méprisaient celle de Dieu; et l'usage qu'il fit de la faveur du prince, fit bientôt cesser les murmures de l'envie. Dagobert, qui savait qu'en lui donnant il donnait aux pauvres, ne pouvait rien lui refuser. Il le prévenait même souvent; et quand Eloi, après avoir donné ses habits aux pauvres, paraissait à la cour mal vêtu et ceint d'une corde, le roi se dépouillait lui-même de ses habits et de sa ceinture pour l'en revêtir. En vérité, nous confessons, à notre honte, si l'on veut, que dans toute l'histoire nous ne trouvons rien de plus beau.

Un jour Eloi, abordant le roi Dagobert, lui dit : Mon prince, je viens vous demander une grâce. Donnez-moi la terre de Solignac, afin que j'en fasse une échelle par laquelle vous et moi nous méritions de monter au ciel. Le roi y consentit volontiers; et Eloi y fit aussitôt bâtir un beau monastère, où il établit la règle de saint Colomban et de saint Benoit, sous la conduite de saint Remacle, qui en fut le premier abbé. L'acte de fondation est du 22 novembre 631. Cet établissement achevé, Eloi forma le projet de fonder à Paris un hôpital dans la maison que le roi lui avait donnée près de son palais. Mais il changea de résolution, et en fit un monastère de filles, où il assembla jusqu'à trois cents religieuses, auxquelles il donna sainte Aure pour première abbesse. Il fallait, pour achever le bâtiment, empiéter un peu sur une place qui appartenait au fisc. Il alla en demander la permission au roi, lui marquant la quantité de terrain dont il avait besoin; mais, à son retour, il trouva qu'il en fallait un pied davantage. Aussitôt, très-affligé, il retourne au roi, se jette à ses pieds et lui demande pardon de lui avoir dit un mensonge sans le vouloir. Le roi, fort surpris, eut compassion de sa tristesse, et, se tournant vers ses courtisans, il leur dit : Voyez combien la foi de Jésus-Christ est belle et digne de nos respects! mes ducs et mes officiers me volent tous les jours de grands domaines, et ce serviteur de Dieu ne voudrait pas me prendre un pouce de terre.

Dadon et Adon, les deux amis de saint Eloi, l'imitèrent dans l'usage qu'il faisait de ses biens, et fondèrent l'un et l'autre des monastères selon la règle de saint Colomban. Adon, qui était l'aîné, en fit bâtir un de filles à Jouarre en Brie, lequel est devenu très-célèbre. Sainte Théodechilde en fut la première abbesse. Dadon, c'est-à-dire saint Ouen, fonda, dans la même province, le monastère de Rebais. Saint Faron, alors évêque de Meaux, et saint Amand firent la dédicace de l'église le 22 février 635. Saint Agile fut tiré de Luxeuil, par ordre du roi, pour gouverner le nouveau monastère. Saint Filibert, son disciple, y fut son successeur. Saint Ouen était référendaire ou chancelier du roi Dagobert, et l'on a encore plusieurs chartes signées de sa main.

Les Bretons de l'Armorique ayant fait quelques courses sur les terres des Francs, Dagobert envoya saint Eloi en ambassade vers Judicaël, leur roi ou leur comte, pour le porter à faire des satisfactions convenables. Eloi réussit si bien dans la négociation, que le prince breton vint trouver Dagobert avec un nombreux cortège, et promit que lui et ses Etats seraient toujours soumis au domaine de Dagobert et des rois de France. Ce sont les propres termes dont se sert Frédégaire. Content de sa soumission, Dagobert l'invita à manger à sa table. Judicaël s'en excusa et alla prendre son repas chez le référendaire Dadon, autrement saint Ouen. De retour en Bretagne, il offrit la couronne à son frère saint Judoc ou Josse. Celui-ci, non-seulement refusa de l'accepter, mais s'enfuit secrètement et fonda plus tard, au diocèse d'Amiens, un monastère appelé de son nom. Le refus et la fuite de son frère n'empêchèrent point Judicaël de quitter le monde et de se retirer, sous la conduite de l'abbé saint Méen, dans le monastère de Saint-

Jean-de-Gaël, nommé depuis Saint-Méen, ainsi que la ville qui s'y est formée.

Pour se précautionner contre l'air contagieux de la cour, saint Eloi allait de temps en temps respirer l'air de la piété à Luxeuil et s'y édifier de la régularité des moines; car il n'y avait guère que cette communauté et quelques autres du même institut, où la discipline fût bien en vigueur. Saint Ouen nous apprend que les autres monastères plus anciens étaient tombés dans un grand relâchement. Du reste, voici comme Eloi faisait tous ses voyages. Quand il pensait arriver pour le soir à un monastère, à une église, ou simplement chez un homme de piété, il marchait à pied environ une lieue, jeûnait ce jour-là et envoyait devant lui ses domestiques pour assembler les pauvres et les malades dans la maison où il devait loger. Aussitôt qu'il était arrivé, il leur faisait préparer un bon repas, les servait à table et s'asseyait ensuite avec eux pour prendre sa réfection, qui n'était souvent que de pain et d'eau tempérée d'un peu de vinaigre; car il passa huit ou dix ans sans boire de vin ni manger de chair, si ce n'est qu'un jour la charité et la compassion pour un de ses hôtes l'engagèrent à goûter d'une volaille. Après avoir servi les pauvres et leur avoir lavé les pieds, il faisait leurs lits; et quand tout le monde était retiré, au lieu de se coucher lui-même, il sortait secrètement pour aller visiter toutes les églises du lieu, ou, s'il n'y avait pas d'église, il priait dans sa chambre, prosterné contre terre, jusque vers la pointe du jour, qu'il prenait un peu de repos.

Rien n'échappait à la charité d'Eloi. Il vit avec compassion, dans ses voyages, que les corps de ceux qui avaient été condamnés à mort par la justice, demeuraient sans sépulture, pendus à des arbres ou exposés sur la roue. Il obtint du roi la permission de les enterrer, et il députa deux de ses domestiques pour aller exercer cette bonne œuvre dans les diverses provinces. Eloi étant lui-même un jour près de Strasbourg, fit ôter du gibet un homme qu'on venait de pendre, et il était sur le point de l'enterrer, lorsqu'il s'aperçut qu'il n'était pas mort. Il obtint sa grâce du roi et le garda quelque temps à son service pour le soustraire à la vengeance du peuple. Avec une vie aussi sainte, il n'est pas étonnant qu'Eloi, étant encore laïque, ait guéri un paralytique, un aveugle, et fait plusieurs autres miracles rapportés par saint Ouen, qui en fut bien souvent témoin oculaire (*Vita S. Elig., ap.;* d'Achéri, t. II, *inf.*).

Un autre saint personnage, ami des saints dont nous venons de parler, et qui, comme eux passa sa jeunesse à la cour des rois des Francs, fut saint Didier, vulgairement saint Géri. Il était trésorier du roi Dagobert, lorsqu'il fut ordonné évêque de Cahors, après Rustique, son frère, tué par des citoyens impies. Nous avons les lettres que Dagobert écrivit, au sujet de son ordination, à saint Sulpice, archevêque de Bourges, et aux autres évêques de la province, où le roi marque le consentement du peuple. Elles sont de l'an 629. Saint Didier enrichit son Église, lui laissant, par son testament, dix terres dans le Quercy et vingt-quatre dans l'Albigeois, outre une maison magnifique qu'il avait dans la ville d'Albi, sa patrie. Il donna plus de quarante terres à divers monastères dans ces deux provinces, et on tient que l'église cathédrale de Cahors est encore la même qu'il fit bâtir.

Il reste plusieurs de ses lettres à différents personnages. Il y a deux lettres très-belles de sa mère avant qu'il fût évêque, pour l'engager de plus en plus à une vie sainte. Il mourut vers l'an 650.

Environné de tant de saints, si le roi Dagobert n'eut pas la force de vaincre ses passions, il se montra du moins très-charitable envers les pauvres et libéral envers les Eglises. Son zèle pour la justice lui fit publier une nouvelle édition de la législation des Francs, tant Saliens que Ripuaires, des Allemands et des Bavarois, après avoir chargé quatre personnes habiles de revoir ces lois pour les corriger. Clotaire I$^{er}$ et Childébert II avaient ôté de la loi salique plusieurs coutumes qui sentaient le paganisme. Le roi Théodoric I$^{er}$ corrigea de la même manière la loi des Ripuaires, des Allemands et des Bavarois, soumis à sa domination. Dagobert travailla de nouveau à corriger le tout. La législation entière n'est au fond qu'un code pénal, un tarif des amendes, ainsi que des dommages et intérêts pour avoir tué, estropié, blessé, frappé ou simplement injurié. Ainsi la loi salique, titre 33, condamne à une amende de cent vingt deniers, autrement trois sous d'or, celui qui appelle un autre *renard*, et au double celui qui l'appelle un *lièvre*. Le caractère de ces lois nous montre des peuples ayant toujours la main à l'épée. L'article le plus remarquable de la loi salique est conçu en ces termes : « *La femme n'héritera d'aucune portion de la terre salique; mais tout l'héritage appartiendra aux mâles.* C'est le fameux article qui a toujours servi de règle à la nation pour exclure les femmes de la couronne, et l'on ne connaît plus guère la loi salique que par cette disposition.

Quant à ce qui regarde la religion et l'Eglise, la loi salique réprime ainsi les sacrilèges : « Si quelqu'un brûle une église consacrée, ou dans laquelle reposent des reliques, ou s'il a dépouillé l'autel, ou emporté quelque chose de l'église, il paiera deux cents sous d'or, outre la restitution du capital et de l'intérêt pour la demeure. Pour avoir tué un sous-diacre, trois cents sous d'or; pour un diacre, quatre cents; pour un prêtre, six cents; pour un évêque, neuf cents. » La loi des Ripuaires ordonne à peu près les mêmes compositions pour le meurtre des clercs majeurs; mais pour les moindres clercs, la composition est réglée suivant leur naissance comme des autres, libres ou serfs. En cet article, les serfs de l'Eglise sont nommés ecclésiastiques comme en plusieurs autres lieux dans ces lois barbares, qui les assimilent généralement aux serfs du roi. La même loi règle au long les droits des affranchis nommés Tabulaires, parce qu'en leur donnant la liberté dans l'Eglise, on en écrivait l'acte sur des tables, dont l'archidiacre était chargé. Ils étaient, eux et toute leur race, sous la protection de l'Eglise, qui leur succédait au défaut d'enfants.

La loi des Allemands et celle des Bavarois sont assez semblables. Il est permis à un homme libre de donner ses biens ou sa personne à l'Eglise, par un acte qu'il mettra sur l'autel, en présence de six ou sept témoins; après quoi, ni lui, ni ses héritiers, ni qui que ce soit, ne pourra en reprendre quelque chose, à moins que le défenseur de l'Eglise ne l'accorde comme un bienfait. Le droit des asiles est donné aux Eglises en faveur des coupables ou des serfs, dont toutefois les prêtres seront responsables s'ils les laissent fuir. L'asile délivre de la peine de mort; mais celui qui le viole est condamné à une amende envers l'Eglise, outre celle du prince. Les autres sacriléges sont aussi punis par des amendes envers l'Eglise, outre le dédommagement de la partie lésée. Pour les meurtres des sous-diacres, des clercs inférieurs et des moines, la composition est double de celle de leurs parents. Pour un diacre, deux cents sous d'or; pour un prêtre, trois cents, et soixante sous d'or d'amende envers le public. Mais si quelqu'un tue un évêque, on lui fera une tunique de plomb suivant sa taille, et il en paiera le poids en or, ou la valeur sur ses biens; s'ils ne suffisent pas, il se livrera, lui, sa femme et ses enfants, au service de l'Eglise. Cette peine est de la loi des Bavarois. Celle des Allemands punit le meurtre de l'évêque comme celui du duc ou du gouverneur de la province, c'est-à-dire de mort ou de composition arbitraire. Celui qui entre armé dans la cour de l'évêque ou du curé, est condamné à dix-huit sous d'or, et au double s'il entre dans la maison. L'observation du dimanche est recommandée sous peine de punition corporelle pour les serfs, et pour les libres, sous peine, après trois corrections, d'être réduits en servitude. Les mariages entre parents sont défendus, jusqu'aux cousins-germains, sous peine de confiscation des biens; et pour les plus pauvres, de perte de la liberté. Les serfs de l'Eglise travailleront pour elle trois jours de la semaine, et trois jours pour eux. Outre les serfs, l'Eglise avait des sujets libres, nommés colons, qui devaient certain tribut ou certain travail, quand ils étaient commandés (*Capit. reg. Franc.*, t. I).

On voit par tout cela quels terribles hommes c'étaient que nos ancêtres, et combien il en a coûté à l'Eglise pour les adoucir. Comme la guerre était leur élément et qu'ils marchaient toujours en armes, les rixes, les batailles leur paraissaient un jeu, dont ils étaient quittes en payant l'amende. Le comte, le duc même, n'était pas à l'abri d'un coup d'épée. L'Eglise obtient d'abord que la maison de Dieu sera un asile inviolable, et qu'on n'y entrera jamais en armes. Elle obtient à peu près la même chose pour la maison de l'évêque et pour celle du curé de la paroisse. La charité, la douceur, descendues du ciel dans le temple, s'insinuent du temple dans le presbytère, pour de là s'insinuer dans tout le peuple. On aperçoit cette action de l'Eglise jusque dans ce titre de la loi. « Ici commence la loi des Allemands, qui a été établie aux temps du roi Clotaire, de concert avec ses princes, c'est-à-dire 33 évêques, 34 ducs, 72 comtes, et le reste du peuple. » On voit ici une assemblée nationale, le peuple compris, mais dont les évêques sont l'âme.

Au dire de Frédégaire, l'empereur Héraclius, habile astrologue, ayant lu dans les astres que l'empire devait être ravagé par des peuples circoncis, envoya une ambassade au roi Dagobert, pour l'engager à obliger tous les Juifs de son royaume à recevoir le baptême. Dagobert l'exécuta aussitôt, et Héraclius résolut d'en faire autant par tout l'empire (Fréd., c. 65). Quoi qu'il en soit de ce fait, sur lequel on ne trouve aucun renseignement ailleurs, le roi Dagobert mourut le 18 janvier 638, environ la 36e année de son âge, et la 16e de son règne. Il fut enterré dans l'église de Saint-Denys, pour lequel il avait une dévotion particulière, au point qu'il s'y était fait transporter dans ses derniers moments. Il avait enrichi cette église et ce monastère avec une magnificence vraiment royale, lui donnant un grand nombre de métairies, en latin *villa*, dont un historien protestant, par une ignorance crasse ou affectée, a fait autant de villes (Sismondi, *Hist. des Francs*, t. II). Le monastère y étant devenu très-peuplé, Dagobert y avait établi la psalmodie perpétuelle, sur le modèle du monastère d'Agaune. Il est le premier roi de France enterré à Saint-Denys.

Deux ans avant sa mort, lorsqu'il était au plus haut point de sa gloire et de sa puissance, il avait convoqué dans un Champ-de-Mai, ses deux fils, Sigebert, roi d'Austrasie, Clovis II, désigné roi de Neustrie, avec les évêques, les abbés et les seigneurs des deux royaumes. Là, assis sur un trône d'or, il dit : « Ecoutez-moi, ô vous, rois et bien-aimés fils, et vous tous seigneurs et ducs de notre royaume. Avant que la mort nous surprenne, il faut que chacun veille au salut de son âme, de peur que la mort ne le trouve sans qu'il y soit préparé; qu'elle ne lui enlève sans aucun respect la lumière présente, pour le livrer à des ténèbres et à des tourments éternels. C'est pourquoi, discutant notre conscience et l'égarement de notre cœur, considérant l'examen du roi suprême, craignant son jugement, redoutant les peines des réprouvés, mais surtout désirant la gloire infinie des justes, et ne voulant pas que le jour du Seigneur nous trouve avoir été indifférent à la mémoire des saints et au soulagement des pauvres, nous avons cru sage, pour obtenir la récompense éternelle, de faire un testament par lequel nous instituons héritiers de nos donations propres, presque toutes les basiliques des saints de notre royaume, que nous y nommons, et pour rendre la bonne œuvre plus immuable, nous voulons confirmer en votre présence quatre exemplaires de ce testament : un pour Lyon, l'autre pour Paris, le troisième pour Metz, et le quatrième, que nous tenons à la main, pour notre trésorier. » Le roi ajouta qu'une partie de ces legs était destinée aux pauvres, l'autre aux évêques et aux prêtres, pour qu'après sa mort et pendant trois ans, ils célébrassent des messes pour la rémission de ses péchés. A la fin, il ordonna à tous les évêques, abbés et seigneurs présents, de confirmer, par leurs souscriptions et leurs sceaux, les quatre exemplaires du testament : ce qu'ils firent très-volontiers, en souhaitant tous au roi une longue vie (*Gesta Dagoberti*, n. 40).

Par cette action aussi remarquable qu'elle a été peu remarquée, on voit que si le roi Dagobert, du moins à une certaine époque de sa vie, n'a pas eu la force de vaincre toutes ses passions, il reconnaissait au moins sa faute, il en convenait devant les hommes, il en tremblait devant Dieu, et cherchait à la réparer par des œuvres de charité et de piété. On voit en particulier quelle impression salutaire les vérités de la religion faisaient sur les plus puissants des rois barbares, et combien elles ont contribué à les rendre plus humains.

Le moine de Saint-Denys, qui a écrit les *Gestes* ou l'histoire de Dagobert, ajoute que, dans un ancien papier qu'on disait de saint Ouen, il avait trouvé l'anecdote suivante : « Un défenseur de l'Eglise de Poitiers, nommé Ansoald, revenant de la

Sicile, où il avait rempli une ambassade, alla visiter, dans une petite île, un ancien solitaire nommé Jean. Ce vieillard, ayant su qu'il était des Gaules, lui demanda des renseignements sur les mœurs du roi Dagobert, et lui raconta ce qui suit : Un jour que, fatigué par l'âge et par les veilles, je me livrais un peu au repos, je fus réveillé par un personnage vénérable, qui me recommanda de prier pour l'âme du roi Dagobert, attendu qu'il venait de mourir. Pendant que je me hâtais de le faire, je vis au loin sur la mer, des esprits affreux, qui, à coups de fouet, traînaient le roi Dagobert dans une barque vers des volcans, tandis qu'il invoquait à son secours, par des cris continuels, saint Denys, saint Maurice et saint Martin. Aussitôt le ciel se mit à tonner, la foudre à éclater, et les trois saints parurent, vêtus de blanc, qui arrachèrent Dagobert à ses ennemis et le placèrent dans le sein d'Abraham (*Gesta Dagoberti*, n. 45). » Ce récit, conclut le moine, peut paraître plus vrai que vraisemblable. On voit qu'il ne le donne pas pour certain. L'empereur Louis le Débonnaire paraît y avoir cru. On l'a même représenté sur l'ancien tombeau de Dagobert, qui subsiste encore dans les caveaux de Saint-Denys. En tout cas, on y voit quel jugement les contemporains et la postérité ont porté de ce roi.

En Angleterre, après la mort de saint Augustin, premier archevêque de Cantorbéry, son successeur, saint Laurent, continua de travailler avec un grand zèle à l'accroissement de cette nouvelle Eglise. Non content de procurer le salut des Anglais, il prit encore soin des Bretons, anciens habitants du pays, et des Ecossais, habitants de l'Hibernie, nommés depuis Irlandais. Les uns et les autres avaient des usages particuliers, principalement touchant la Pâque. Pour les ramener à la pratique de l'Eglise universelle, il leur écrivit, avec ses collègues, saint Mellit, évêque de Londres, et saint Juste, évêque de Roffe ou Rochester. La lettre était adressée aux évêques et aux abbés de toute l'Ecosse, c'est-à-dire de toute l'Irlande, et commençait ainsi : « Lorsque le Siège apostolique, comme il a coutume de faire pour tout l'univers, nous envoya dans ces régions occidentales pour prêcher les nations païennes, et que nous entrâmes en cette île de Bretagne, nous avions un grand respect pour les Bretons et les Ecossais, croyant qu'ils suivaient l'usage de l'Eglise universelle. Après avoir connu les Bretons, nous pensions que les Ecossais étaient meilleurs ; mais nous avions reconnu ensuite, par la manière de vivre de l'évêque Dagam, qui est venu en cette ville, et de l'abbé Colomban, qui a passé en Gaule, qu'ils ne sont pas différents des Bretons. Car l'évêque Dagam a refusé de manger, non-seulement avec nous, mais dans le logis où nous mangions. » Saint Laurent écrivit de même avec ses collègues aux évêques des Bretons, pour les inviter à l'unité. Mais l'entêtement de ces derniers retarda encore longtemps le parfait accord.

Saint Mellit de Londres fit ensuite le voyage de Rome, pour traiter avec le pape Boniface IV des affaires de l'Eglise d'Angleterre. Le Pape assembla un concile le 27 février 610, huitième année de Phocas. Saint Mellit y prit place entre les évêques d'Italie, et on y régla ce qui regardait la vie et la tranquillité des moines. Mellit en rapporta les décrets en Angleterre, avec des lettres du Pape à l'archevêque saint Laurent, au clergé, au roi saint Edelbert et à toute la nation des Anglais. Saint Mellit fonda près de Londres, à l'ouest de la ville, le fameux monastère nommé depuis Westminster, c'est-à-dire monastère de l'Ouest, dont il dédia l'église en l'honneur de saint Pierre (Bed., l. 2, c. 4).

Cependant la nouvelle Eglise d'Angleterre fut violemment ébranlée. Le roi saint Edelbert mourut l'an 616, la vingt et unième année depuis la mission de saint Augustin, après en avoir régné cinquante-six ans avec gloire. L'Eglise honore sa mémoire le 24 février, jour de sa mort. Il fut enterré dans l'église de Saint-Pierre et de Saint-Paul, à Cantorbéry, ainsi que la reine Berthe sa première épouse. Parmi les biens qu'il fit à son peuple, il publia, avec le conseil des sages et sur le modèle de la jurisprudence romaine, un code de lois pour l'administration de la justice. Il y mit en premier lieu les amendes contre ceux qui avaient dérobé quelque chose à l'église, à l'évêque ou à quelqu'un du clergé. Ayant reçu leur doctrine, il voulait leur assurer protection. Son fils Edbald lui succéda dans le royaume de Kant, mais non dans la suzeraineté nationale. De plus, il était encore païen et déréglé dans ses mœurs, au point d'épouser la seconde femme de son père. Son exemple fut une occasion d'apostasie à ceux qui n'avaient embrassé la religion chrétienne que par complaisance pour son père ou par crainte, et ils retournèrent à l'idolâtrie et à la débauche. En punition de ses crimes, le nouveau roi fut souvent aliéné d'esprit et tourmenté du démon.

Un autre malheur vint grossir la tempête. Sabereth, ou Saba, roi des Saxons orientaux, mourut vers le même temps, laissant trois fils, qui étaient demeurés païens. Ils commencèrent à exercer publiquement l'idolâtrie, qu'ils avaient un peu interrompue de son vivant, et donnèrent pleine liberté à leurs sujets de servir les idoles. Comme ils voyaient l'évêque de Londres, saint Mellit, distribuer l'Eucharistie au peuple dans l'église, à la fin de la messe, ils lui disaient : « Pourquoi ne nous donnez-vous pas aussi à nous ce pain blanc que vous donniez à notre père Saba, et que vous continuez encore de donner au peuple ? » Il leur répondit : « Si vous voulez être lavés dans cette fontaine, où votre père l'a été, vous pourrez, comme lui, participer à ce pain sacré ; autrement, c'est impossible. — Nous ne voulons point, dirent-ils, entrer dans cette fontaine, nous n'en avons que faire ; mais nous voulons manger de ce pain. » Et quoique l'évêque leur pût dire pour leur faire entendre qu'il fallait être purifié avant que de participer au saint sacrifice, ils entrèrent en fureur et lui dirent enfin : « Si vous ne voulez pas nous contenter dans une chose si facile, vous ne demeurerez plus dans notre province. » Et ils lui ordonnèrent de sortir du royaume avec les siens. L'évêque Mellit, ainsi chassé, passa dans le royaume de Kant, pour se consulter avec les évêques Laurent et Juste, sur ce qu'il avait à faire. Ils conclurent tous les trois, qu'il valait mieux retourner en leur pays, pour y servir Dieu en liberté, que de demeurer inutilement chez ces Barbares révoltés contre la foi. Mellit et Juste partirent les premiers, et se retirèrent en Gaule pour attendre l'événement. Quelque temps après, les rois qui avaient chassé saint Mellit périrent tous les trois dans une bataille contre la nation des Gevissés; mais leur peuple ne laissa pas de persévérer dans l'idolâtrie (Béd., l. 2, c. 5).

Laurent, résolu de quitter l'Angleterre le lendemain et de suivre Mellit et Juste, se fit préparer cette nuit-là même un lit dans l'église des apôtres saint Pierre et saint Paul, à Cantorbéry. Là, après avoir répandu beaucoup de larmes en priant pour l'état de cette Église, il se coucha et s'endormit. Alors saint Pierre lui apparut, et, l'ayant frappé longuement et rudement à coups de fouet, lui dit d'un ton sévère : « Pourquoi abandonnes-tu le troupeau que je t'ai confié? à quel pasteur laisses-tu ces brebis exposées au milieu des loups? As-tu oublié mon exemple, à moi, qui, pour les petits que le Christ avait recommandés à mon amour, ai souffert les chaînes, les coups, les prisons et enfin la mort, et la mort de la croix? » L'évêque Laurent, encouragé par cette correction de saint Pierre, alla trouver dès le matin le roi Edbald, et, s'étant découvert, lui montra comme il était déchiré de coups. Le roi, fort étonné, demanda qui avait osé maltraiter ainsi un homme de sa sorte. Mais quand il eut appris que c'était pour son salut que l'apôtre du Christ avait infligé ces plaies à l'évêque, il fut saisi de frayeur, renonça à l'idolâtrie et à son mariage incestueux, reçut la foi de Jésus-Christ et le baptême, et procura tant qu'il put l'avantage de l'Église. Il envoya aussi dans les Gaules rappeler Juste et Mellit, et les renvoya dans leurs Églises pour les rétablir en toute liberté. Ils revinrent donc un an après leur sortie. Saint Juste retourna dans la ville de Rochester, où avait été son siège; mais les habitants de Londres ne voulurent point recevoir saint Mellit, aimant mieux obéir aux pontifes des idoles. Le roi Edbald n'ayant pas la même puissance que son père, n'eut point assez d'autorité pour faire rentrer l'évêque dans son Église malgré les païens. Mais quant à lui-même, depuis sa conversion, il continua de servir Dieu avec son peuple, et bâtit, dans le monastère de Saint-Pierre de Cantorbéry, une église de la Sainte-Vierge, qui fut consacrée par l'archevêque Mellit; car saint Laurent mourut le 2 février 619, et Mellit lui succéda. Pendant qu'ils travaillaient tous les trois avec un nouveau zèle à gouverner et à étendre l'Église des Anglais, le pape Boniface V, successeur de Deusdedit, leur adressa des lettres pour les y encourager de plus en plus (Bed., l. 2, c. 6, 7).

Noble par sa naissance, Mellit l'était encore plus par l'élévation de son âme. La goutte des pieds dont il était tourmenté n'ôtait rien à son zèle ni à sa ferveur. Un jour, que la ville de Cantorbéry était en proie à un incendie terrible, occasionné par la négligence, et qu'il n'y avait nul moyen humain pour l'éteindre, il se fit transporter à l'endroit où les flammes étaient le plus menaçantes. Il s'y mit en prières, et aussitôt le vent prit une autre direction et sauva ce qui restait encore de la ville. Après avoir ainsi rempli ce siège pendant cinq ans, il mourut le 24 avril 624. Il eut pour successeur saint Juste, auparavant évêque de Roffe ou Rochester, où il mit à sa place Romain, suivant le pouvoir qu'il avait reçu du pape Boniface; car ce Pape ayant reçu des lettres de Juste, ainsi que du roi Edbald, lui en écrivit une, par laquelle, après l'avoir félicité du succès de ses travaux apostoliques et exhorté à continuer, il déclare qu'il lui envoie le *pallium* et lui accorde le pouvoir d'ordonner des évêques, pour faciliter la propagation de l'Évangile.

La sœur d'Edbald ou Edelbald, roi de Kant, épousa Edwin, cinquième roi de Northumbre, et alors le plus puissant des Anglais. Cette princesse, nommée Edelburge, fut cause de la conversion de son époux et de ses sujets; car le roi Edwin l'ayant demandée en mariage, on lui répondit qu'il n'était pas permis de donner une vierge chrétienne à un païen. Edwin promit de lui laisser une pleine liberté de pratiquer sa religion, avec tous ceux de sa suite, même les prêtres et les clercs, et déclara que, pour lui-même, il ne refusait pas d'embrasser la religion chrétienne, si, après avoir été examinée par des hommes sages, elle se trouvait la plus sainte et la plus digne de Dieu. Sur cette réponse, on lui envoya la princesse, accompagnée de saint Paulin, qui fut ordonné évêque, pour cet effet, par l'archevêque saint Juste, le 21 janvier 625. Arrivé dans le pays des Northumbres, c'est-à-dire des Anglais fixés au nord de la rivière d'Humbre, il travailla à soutenir dans la foi ceux qui étaient avec lui, et essaya même de convertir des païens; mais ce fut d'abord sans succès.

Cependant le pape Boniface, sachant les bonnes dispositions du roi Edwin, lui écrivit une lettre pour l'exhorter à se faire chrétien, par la considération de la grandeur du vrai Dieu, de la vanité des idoles et l'exemple de tous les autres princes, de l'empereur même et du roi Edbald, son voisin. Il écrivit en même temps à la reine Edelburge pour la féliciter de sa conversion, qu'il avait apprise avec celle du roi, son frère, et pour l'exhorter à s'appliquer fortement à gagner à Dieu le roi, son époux, et à lui en faire savoir des nouvelles. Avec ces lettres, il leur envoie des présents de la part de saint Pierre; qu'il nomme leur protecteur, savoir, au roi, une tunique ornée d'or et un manteau d'Ancyre; à la reine, un miroir d'argent et un peigne d'ivoire garni d'or. Mais le pape Boniface n'eut pas la joie d'apprendre l'effet de ces lettres, étant mort la même année 625, et ayant eu en 626 pour successeur Honorius, sous qui arriva la conversion du roi des Northumbres (Bed., l. 2, c. 9, 10, 11).

Le jour de Pâques, 20 avril 626, un assassin envoyé par le roi des Saxons occidentaux, attaqua le roi Edwin, tua deux de ses gens et le blessa lui-même. La nuit suivante, la reine sa femme, accoucha d'une fille. Le roi rendait grâces à ses dieux de la naissance de l'enfant; mais l'évêque Paulin, qui était présent se mit à en rendre grâces à Jésus-Christ, assurant qu'il en avait obtenu par ses prières l'heureuse délivrance de la reine. Le roi prit plaisir à ce discours et promit de renoncer à ses idoles pour adorer Jésus-Christ, s'il lui donnait la victoire contre ce roi qui avait voulu le faire assassiner; et, pour gage de sa promesse, il permit à l'évêque saint Paulin de baptiser sa fille. Ce qui fut exécuté le jour de la Pentecôte, et cette princesse, nommée Enflède, fut baptisée la première de la nation des Northumbres, avec douze personnes de sa famille.

Le roi Edwin étant guéri de sa blessure, assembla son armée, marcha contre le roi des Saxons occidentaux, le vainquit et prit ou fit mourir tous ceux qui avaient conjuré sa mort. De retour chez lui, il ne voulut pas se faire baptiser sitôt, quoiqu'il eût quitté le culte des idoles dès qu'il eut promis de se faire chrétien ; mais il se faisait instruire exactement par l'évêque Paulin, et consultait sur cette grande affaire ceux qu'il connaissait pour les plus sages entre les grands de son royaume. Lui-même méditait souvent seul sur ce choix de religion. Ce fut vers ce temps qu'il reçut les lettres du pape Boniface, mort dès l'année précédente. L'évêque Paulin ne se contentait pas d'exhorter le roi, il priait beaucoup pour lui et l'on croit qu'il apprit, par révélation, une merveille qui lui était autrefois arrivée.

Edwin, étant jeune, avait été longtemps persécuté par Edelfrid, son prédécesseur, et s'était enfin réfugié chez un autre roi anglais, nommé Redwald. Celui-ci, après l'avoir reçu chez lui, se laissa ébranler par les menaces et les promesses d'Edelfrid, et promit de le livrer. Edwin en étant averti la nuit par un ami fidèle, sortit du palais et s'assit à la porte, sur une pierre, fort embarrassé du parti qu'il devait prendre. Alors il vit un homme, dont le visage et l'habit lui étaient inconnus, qui lui demanda ce qu'il faisait là, seul, à une telle heure, et ajouta : « Que donneriez-vous à celui qui vous délivrerait de cette inquiétude en persuadant à Redwald de ne point vous livrer et de ne vous faire aucun mal ? » Edwin promit de donner tout ce qui dépendrait de lui, et l'inconnu ajouta : Et si on vous promettait de vous délivrer de vos ennemis et de vous faire roi, et roi plus puissant que tous les rois anglais qui vous ont précédé ? Enfin il ajouta par la troisième fois : « Et si celui qui vous aura prédit de si grands biens vous donne des conseils plus utiles pour votre salut et pour la conduite de votre vie, qu'aucun de vos pères ou de vos parents n'en a jamais reçus, promettez-vous de les recevoir ? » Edwin le promit, et aussitôt l'inconnu lui mit la main sur la tête en disant : « Quand ce signe sera arrivée, souvenez-vous de ce que nous disons aujourd'hui, et ne manquez pas d'accomplir votre promesse. » Il disparut aussitôt. Edwin demeura fort consolé, et son ami vint lui dire qu'il était en sûreté, et que le roi Redwald, à la persuasion de la reine, sa femme, avait résolu de le défendre. Il le fit en effet, attaqua même Edelfrid et le défit. Et Edwin parvint ainsi à la couronne.

Le saint évêque Paulin, sachant donc cette prédiction, entra chez le roi Edwin, comme il pensait au parti qu'il devait prendre sur la religion, lui mit la main sur la tête et lui demanda s'il reconnaissait ce signal. Le roi, tremblant, voulut se jeter aux pieds de l'évêque, qui le releva et lui dit doucement : « Vous voyez que Dieu vous a délivré de vos ennemis, et qu'il vous a donné le royaume que vous désirez. Souvenez-vous d'accomplir la troisième chose que vous avez promise, qui est de recevoir la foi du Seigneur et de garder ses commandements. » Le roi demanda encore du temps pour conférer avec ceux de son conseil, afin qu'ils fussent baptisés tous ensemble ; et l'évêque y consentit. Le roi ayant donc assemblé son conseil et demandé les avis, Coiffi, le premier de ses pontifes, dit : « C'est à vous, Seigneur, de voir quelle est cette doctrine qu'on nous prêche maintenant. Pour moi, je puis vous assurer très-certainement que la religion que nous avons suivie jusqu'ici, n'est d'aucune utilité. Car aucun des vôtres n'a servi nos dieux plus exactement que moi, et toutefois il y en a plusieurs qui ont reçu de vous de plus grands bienfaits et de plus grandes dignités, et qui réussissent mieux en toutes leurs affaires. » Un des seigneurs ajouta : « La vie présente me paraît semblable au vol d'un passereau, qui passe un hiver dans une salle, où vous, ô roi ! vous faites bonne chère avec vos ducs et vos ministres près d'un grand feu. Cet oiseau, traversant d'une porte à l'autre, se sent un moment de la chaleur de la salle et disparaît à vos yeux. Il en est ainsi de la vie humaine, et nous ne savons ce qui la précède ni ce qui la suit. Si donc cette nouvelle doctrine nous en apprend quelque chose de plus certain, il est raisonnable de la suivre. »

Le pontife Coiffi dit qu'il voulait apprendre plus exactement de Paulin ce qu'il disait de son Dieu, et, après l'avoir entendu, il s'écria : « Je voyais bien, depuis longtemps, que ce que nous adorions n'était rien ; car plus je cherchais la vérité dans notre culte, moins je la trouvais. Maintenant je la vois briller dans cette doctrine, qui peut nous donner la vie, le salut et la félicité éternelle. C'est pourquoi je suis d'avis, seigneur, que nous brûlions au plus tôt ces temples et ces autels que nous avons consacrés sans utilité. » Le roi déclara publiquement qu'il renonçait à l'idolâtrie pour embrasser la foi de Jésus-Christ. Et comme il demandait au pontife Coiffi, qui serait le premier à profaner les temples et les idoles avec leurs enceintes, Coiffi répondit : « Moi-même ! Qui pourrait mieux que moi donner cet exemple aux autres ? » Aussitôt il pria le roi de lui donner des armes et un cheval entier ; au lieu que, selon leur superstition, le pontife ne devait ni porter les armes ni monter qu'une cavale. Étant donc monté sur ce cheval, l'épée au côté, la lance à la main, il marchait vers les idoles. Le peuple, le voyant passer, croyait qu'il avait perdu le sens. Quand il fut arrivé au temple, il commença à le profaner en y jetant sa lance, et commanda à ceux qui l'accompagnaient de l'abattre et de le brûler avec toute son enceinte.

Le roi Edwin fut donc baptisé la 11ᵉ année de son règne, qui était l'an 627, avec toute sa noblesse et une grande quantité de peuple, à Eborac ou York, le jour de Pâques, 12 avril, dans l'église de Saint-Pierre, qu'il avait fait bâtir de bois à la hâte, pendant qu'on le préparait au baptême. Mais sitôt qu'il fut baptisé, l'évêque Paulin lui persuada de bâtir au même lieu une église de pierre, plus grande et plus auguste, au milieu de laquelle était enfermé ce premier oratoire ; mais elle ne fut achevée qu'après la mort d'Edwin, par Oswals, son successeur. L'évêque saint Paulin établit donc son siège dans la ville d'York, du consentement du roi Edwin, et continua de prêcher librement pendant les six années qu'il régna encore. Il baptisa entre autres les enfants du roi, savoir : quatre fils, une fille et un petit-fils. Il baptisa aussi beaucoup de nobles et de personnes considérables. La ferveur de ce peuple était si grande, que saint Paulin étant venu une fois avec le roi et la reine dans une terre nommée Adregin, il y demeura trente jours occupé à catéchiser et à baptiser, sans faire autre chose depuis le matin jusqu'au soir. En ces commencements, il baptisait dans les rivières, parce qu'on n'avait pas encore pu bâtir des oratoires et des baptistères. Ce qui montre que l'on baptisait par immersion.

Le pape Honorius ayant appris la conversion d'Edwin, par une ambassade de ce prince, lui écrivit pour l'exhorter à la persévérance. « Votre foi est si ardente, lui dit-il, qu'elle resplendit au loin, et que, publiée par tout le monde, elle multiplie partout les fruits de vos bonnes œuvres. Car vous savez que vous êtes roi véritable, en ce que vous croyez, suivant la prédication orthodoxe, que Dieu est votre roi et votre créateur, et en ce que vous le servez avec toute la dévotion que comporte la condition humaine. » Pour conserver cette grâce, il lui recommande la vigilance et la prière, en particulier la lecture des œuvres de saint Grégoire. Il ajoute : « Quant à ce que vous nous avez demandé pour l'ordination de vos évêques, nous vous l'accordons volontiers, et nous envoyons aux deux métropolitains, Honorius et Paulin, à chacun un *pallium*, afin que, quand Dieu retirera l'un des deux, l'autre puisse lui donner un successeur en vertu de cette lettre. Ce que nous accordons, tant à votre affection qu'à la distance des lieux, afin de seconder en tout vos désirs. Que la grâce d'en haut conserve Votre Excellence. » La lettre est du 11 juin 634. Saint Juste, archevêque de Cantorbéry, étant mort, et saint Honorius ayant été élu à sa place, vint trouver saint Paulin d'York, qui le sacra cinquième évêque de Doroverne ou Cantorbéry, depuis saint Augustin. Le pape Honorius écrivit encore aux Ecossais, c'est-à-dire aux Irlandais, pour les exhorter à quitter leur observance singulière touchant la Pâque. Sa lettre fut encore sans effet.

Le roi Edwin était si zélé pour la foi, qu'il persuada à Carpwald, roi des Estangles ou des Anglais orientaux, de l'embrasser avec tout son peuple. Redwald, père de ce roi, avait autrefois reçu le baptême dans le pays de Kant. Mais étant revenu chez lui, il fut séduit par sa femme et par quelques mauvais docteurs, en sorte qu'il joignit le culte de ses anciens dieux à celui de Jésus-Christ, et que, dans le même temple, il avait deux autels, un pour le sacrifice de Jésus-Christ, et un pour les victimes du démon. Son fils Carpwald fut tué peu de temps après sa conversion, et la province demeura trois ans dans l'erreur, jusqu'au règne de Sigebert, son frère, qui s'était fait chrétien dans les Gaules, y étant exilé. Sitôt qu'il fut roi, il travailla à convertir toute la province, en quoi il fut bien secondé par l'évêque saint Félix, né et ordonné en Bourgogne. Etant venu trouver saint Honorius, archevêque de Cantorbéry, et lui ayant découvert le dessein qu'il avait de prêcher aux infidèles, l'archevêque l'envoya aux Anglais orientaux, où il travailla avec tant de succès, qu'il convertit toute la province, établit son siège épiscopal en la ville de Dummoc, et au bout de dix-sept ans y mourut en paix. L'Eglise honore sa mémoire le 8 mars.

Saint Paulin prêcha aussi dans la province de Lindisi, au midi de la rivière d'Humbre, sur la mer, et convertit le gouverneur de Lincoln, où il fit bâtir une église. La paix était si grande dans les Etats du saint roi Edwin, qu'elle passa en proverbe, et l'on disait qu'une femme, avec son enfant nouveau-né, aurait pu voyager avec sécurité d'une mer à l'autre. Auprès des fontaines qui se trouvaient sur les grands chemins, le roi avait fait attacher des coupes de cuivre qui servaient aux passants, et que personne n'osait ôter. Mais ce bon roi, dont l'Eglise honore la mémoire le 4 octobre, ne régna que 17 ans et n'en vécut que 47 ; car le 13 octobre 633, il fut tué en combattant contre Carduella, roi des Bretons, qui s'était révolté et joint à Penda, prince anglais de la nation des Merciens. Leur victoire fut la ruine de l'Eglise naissante des Northumbres ; car Penda était païen, comme tous les Merciens, et Carduella, quoique chrétien de profession, était plus barbare que les païens. Il faisait mourir dans les tourments, jusqu'aux femmes et aux enfants, voulant exterminer de la Bretagne toute la nation des Anglais, sans aucun respect pour la religion chrétienne qu'ils avaient embrassée. Car les Bretons ne la comptaient pour rien, et n'avaient pas plus de commerce avec eux qu'avec des païens ; ce qui durait encore au temps de l'historien Bède, c'est-à-dire cent ans après. La tête du roi Edwin fut apportée à York, et placée depuis dans l'église de Saint-Pierre, qu'il avait commencée.

Dans cette désolation de l'Eglise et du royaume des Northumbres, saint Paulin fut réduit à s'enfuir avec la reine Edelburge, qu'il avait autrefois amenée, et avec ses enfants. Ils retournèrent par mer dans le Kant, et furent reçus avec honneur par l'archevêque saint Honorius et par le roi Edbald. Ils invitèrent saint Paulin à se charger de l'Eglise de Roff ou Rochester, qui se trouvait sans pasteur, l'évêque Romanus étant mort dans une ambassade vers le Pape : il l'accepta et la gouverna jusqu'à sa mort. Il avait laissé à York le diacre Jacques, qui instruisit et baptisa plusieurs personnes ; puis, quand la paix fut rendue à cette Eglise, il y enseigna le chant à la romaine (Bed., l. 2, c. 12-20), dont il était fort instruit, et vécut jusqu'au temps du vénérable Bède, l'estimable historien à qui nous devons tous ces précieux renseignements sur les Eglises naissantes d'Angleterre.

Le pape Honorius envoya en Angleterre saint Birin, qui promettait d'aller dans le fond du pays, où personne n'avait encore prêché l'Evangile. Pour cet effet, il fut ordonné évêque par Astérius, évêque de Gênes. Mais étant arrivé en Bretagne chez les Gevisses, qu'on appelle maintenant les Saxons occidentaux, et les trouvant tous païens, il crut inutile d'aller chercher plus loin d'autres infidèles. Il convertit le roi nommé Cinegisle, et, après l'avoir instruit, il le baptisa avec son peuple. Saint Oswald, roi des Northumbres, se trouva présent, et leva des fonts le roi, dont ensuite il épousa la fille. Les deux rois donnèrent à saint Birin la ville de Dorcinque, aujourd'hui Dorcester, pour y établir son siège épiscopal. Il y bâtit et y dédia plusieurs églises, et y mourut après avoir converti par ses travaux beaucoup de peuples. L'Eglise honore sa mémoire le 3 décembre. De son temps, un pieux et savant solitaire, nommé Meidulfe, fonda le monastère fameux de Malmesbury (*Ibid.*, l. 3, c. 7).

Saint Oswald, roi des Northumbres, était neveu du saint roi Edwin. Mais il ne lui succéda pas immédiatement. D'abord le royaume fut partagé entre deux rois, qui, après avoir reçu le baptême, retombèrent dans l'idolâtrie. Ils régnèrent peu ; car, dans l'année même de leur apostasie, année que les Anglais appelèrent à cause de cela *l'année funeste*, ils furent défaits et tués l'un et l'autre par Cedwalla, roi des Bretons. Saint Oswald, frère d'un de ces rois, vengea sa mort, et, avec une petite armée, défit les troupes immenses de Cedwalla, qui fut tué lui-même. On attribua cette victoire à la piété du roi Oswald. Car, pour se préparer au combat, il planta une croix, et cria dans toute l'armée : « Mettons-nous à genoux et prions Dieu tous ensemble qu'il nous défende contre ce superbe ennemi, puisqu'il sait que nous avons entrepris cette juste guerre pour le salut de notre nation. » Ce lieu se nommait le *Champ-Céleste* : il s'y fit plusieurs miracles ; et l'on coupait de petits brins de cette croix, que l'on mettait dans l'eau, pour guérir et les hommes et les bestiaux (Bed., l. 3, c. 2).

Sitôt que saint Oswad fut établi dans son royaume, il songea à rendre chrétien tout son peuple. Pour cet effet, il envoya aux anciens des Ecossais, c'est-à-dire des Irlandais, chez lesquels il avait reçu le baptême, demander un évêque pour instruire les Anglais, ses sujets. On lui envoya d'abord un homme austère, qui, ayant prêché quelque temps sans fruit, revint dans son pays et dit dans l'assemblée des anciens qu'il n'avait pu rien faire, parce qu'on l'avait envoyé à des Barbares, d'un esprit dur et indomptable. On tint conseil là-dessus, avec un grand désir de procurer le salut de cette nation. Un des assistants, nommé Aïdan, dit au prêtre qui avait été envoyé : « Il me semble, mon frère, que vous avez été plus dur qu'il ne fallait avec ce peuple grossier, et que vous n'avez pas commencé, suivant la doctrine de l'apôtre, par leur donner le lait d'une instruction douce, jusqu'à ce qu'ils fussent capables de préceptes plus parfaits. « Tous les assistants tournèrent les yeux sur Aïdan, et, après avoir bien examiné ses paroles, ils résolurent de l'envoyer pour l'instruction de ces peuples, comme excellent en discrétion, qui est la mère des vertus.

Ces Ecossais, à qui le roi Oswald s'adressa, étaient les moines de l'île de Hi et du monastère fondé par saint Colomb ou Colomban l'ancien, dans le siècle précédent. Le prêtre Ségène en était alors abbé, et ce fut lui qui envoya saint Aïdan au roi Oswald avec quelques autres moines, après l'avoir fait ordonner évêque. Le saint évêque commença donc à prêcher et à établir cette nouvelle Eglise. On vit alors bien des fois un spectacle admirable. Pendant que l'évêque prêchait, comme il ne savait pas bien l'anglais, le roi lui servait d'interprète auprès de ses ducs et de ses officiers, ayant appris parfaitement la langue irlandaise pendant son exil. Depuis ce temps, plusieurs Irlandais venaient de jour en jour prêcher la foi avec un grand zèle, dans les provinces soumises au roi Oswald, et ceux qui étaient prêtres administraient le baptême. On bâtissait des églises en divers lieux, et le roi donnait libéralement des terres pour fonder des monastères, où les jeunes Anglais apprenaient les lettres et la discipline régulière. Car ces missionnaires irlandais étaient moines pour la plupart, aussi bien que saint Aïdan, leur évêque.

Il pratiquait le premier ce qu'il enseignait. Détaché de tous les biens de ce monde, sitôt que les rois ou les riches lui avaient donné quelque chose, il se plaisait à le distribuer aux pauvres qu'il rencontrait. Il allait ordinairement à pied, non-seulement dans les villes, mais par la campagne, et s'arrêtait chez ceux qu'il rencontrait, pauvres ou riches, pour les inviter à recevoir le baptême, s'ils étaient infidèles : ou, s'ils étaient chrétiens, pour les fortifier dans la foi et les exciter à l'aumône et aux bonnes œuvres. Il voulait que tous ceux qui l'accompagnaient, clercs ou laïques, s'appliquassent tous les jours à lire l'Ecriture et à apprendre les psaumes. Si le roi l'invitait à manger, ce qui était rare, il entrait avec un clerc ou deux ; et, après avoir pris un peu de nourriture, il se hâtait de sortir pour vaquer avec les siens à la lecture et à la prière. A son exemple, les personnes pieuses de l'un et l'autre sexe prirent la coutume de jeûner toute l'année, hormis le temps pascal, les mercredis et les vendredis, jusqu'à l'heure de none. Ni le respect ni la crainte n'empêchaient saint Aïdan de reprendre avec vigueur les personnes puissantes ; et, quand il les recevait chez lui, il ne leur faisait point de présents en argent, mais seulement en vivres ; si eux lui donnaient de l'argent, il en rachetait des captifs. Plusieurs de ceux qu'il avait ainsi délivrés furent ses disciples, et il en éleva quelques-uns jusqu'à l'épiscopat. Il n'y avait qu'un point dans lequel le zèle de saint Aïdan n'était point assez éclairé : c'est que, suivant la tradition des Irlandais septentrionaux, il célébrait la Pâque le 14e de la lune, pourvu que ce fût un dimanche. Cette tradition, observe le vénérable Bède, venait originairement de ce que, les Irlandais étant placés comme hors du monde, personne ne leur avait jamais envoyé de lettres pascales (Bed., l. 3, c. 4 et 5).

Saint Oswald était le plus puissant roi d'Angleterre, et commandait aux quatre nations qui habitaient cette île, et qui parlaient chacune sa langue : Bretons, Pictes, Ecossais et Anglais. Toutefois il profita si bien des instructions de saint Aïdan, qu'il devint humble, doux aux pauvres et aux étrangers, et très-libéral. Un jour de Pâques, comme il était à table avec le saint évêque et qu'ils allaient étendre la main pour bénir le pain, l'officier chargé de recevoir les pauvres entra tout à coup et lui dit qu'il en était venu de tous côtés une grande multitude, qui étaient assis dans les rues, attendant son aumône. Oswald commanda aussitôt qu'on leur portât un plat d'argent qu'on avait servi devant lui, et qu'on le mît en pièces pour le leur distribuer. Ravi de cette charité débonnaire, l'évêque le prit par la main droite et dit : Que jamais cette main ne s'altère ! Et l'événement accomplit ce vœu. Car quelques années après, le saint roi ayant succombé dans une bataille, on mit sa main dans une châsse, où elle se conservait encore sans corruption au temps du vénérable Bède (*Ibid.*, l. 3, c. 6).

Le pape Honorius, par les soins duquel la nation anglaise continuait ainsi, malgré ses révolutions politiques, d'entrer dans l'Eglise de Dieu, mourut l'an 638, après avoir tenu le Saint-Siège douze ans onze mois seize jours, à compter du 27 octobre 625 jusqu'au 12 octobre 638, où il fut enterré dans l'église de Saint-Pierre ; heureux, s'il n'eût eu affaire qu'aux Anglais, aux Francs, aux Goths et aux Lombards. Une fois enlacé dans les artifices des évêques grecs de Constantinople, d'Alexandrie et d'Antioche, tous les efforts qu'il put faire avant sa mort pour les ramener à de meilleurs sentiments furent inutiles. Car, qu'il ait fait des efforts pour cela, saint Maxime en est témoin, quand il dit : Quel moyen le divin

## LIVRE XLVIII. — *ECTHÈSE* DE L'EMPEREUR HÉRACLIUS.

Honorius a-t-il négligé pour les détacher de leur hérésie? Après sa mort, le Saint-Siège vaqua un an sept mois et dix-sept jours, par les intrigues des Grecs.

L'an 639, l'évêque Sergius de Constantinople composa, sous le nom de l'empereur Héraclius, un édit nommé *Ecthèse* ou exposition, comme n'étant qu'une explication de la foi catholique, au sujet de la dispute sur une ou deux opérations en Jésus-Christ. Après avoir enlacé par ses artifices le pape Honorius, le perfide Sergius voulut profiter de la vacance du Siége apostolique pour faire de l'hérésie monothélite une loi de l'État et obliger le nouveau Pape à y souscrire, s'il voulait obtenir le consentement de l'empereur à son ordination. Cette bulle impériale commence par une confession de foi sur la Trinité, qui n'a rien que d'orthodoxe. Elle s'explique ensuite sur l'Incarnation, marquant nettement la distinction des deux natures, et insistant sur l'unité de personne, d'où elle conclut : « Nous attribuons donc toutes les opérations divines et humaines au Verbe incarné, et ne permettons aucunement de dire ou d'enseigner une ou deux opérations; mais plutôt, suivant la doctrine des conciles œcuméniques, nous disons que c'est un seul et même Jésus-Christ qui opère les choses divines et les choses humaines, et que les unes et les autres opérations procèdent du même Verbe incarné, sans division et sans confusion. Car l'expression d'une seule opération, quoiqu'elle ait été employée par quelques-uns des Pères, paraît étrange à certaines personnes, qui craignent qu'on ne s'en serve pour détruire les deux natures en Jésus-Christ. De même le terme de deux opérations scandalise plusieurs personnes, comme n'ayant été employé par aucun des principaux docteurs de l'Église, et parce qu'il s'ensuit qu'il faut reconnaître en Jésus-Christ deux volontés contraires; comme si le Verbe avait voulu l'accomplissement de sa passion, et que son humanité s'y fût opposée, en sorte que l'on admit deux personnes voulant des choses contraires, ce qui est impie et éloigné de la doctrine chrétienne. Car si l'infâme Nestorius, quoique divisant l'Incarnation et introduisant deux fils, n'a osé dire qu'ils eussent deux volontés, et, au contraire, a reconnu une même volonté dans les deux personnes qu'il imaginait, comment les catholiques peuvent-ils admettre en lui deux volontés, et même contraires. C'est pourquoi, suivant en tout les saints Pères, nous confessons une seule volonté en Jésus-Christ, et croyons que sa chair intellectuellement animée, n'a jamais fait aucun mouvement naturel, séparément, d'elle-même, contrairement au désir du Verbe qui lui était uni selon l'hypostase, mais toujours un mouvement tel que le voulait le Dieu-Verbe. » L'édit impérial finit par relever l'autorité des cinq conciles généraux, et par condamner, d'après eux, tous les hérétiques, au nombre desquels il met Eutychès, Dioscore et Sévère. Telle est la fameuse *Ecthèse* d'Héraclius ou plutôt de Sergius où, quoiqu'il défende d'abord de dire une ni deux opérations, il soutient ensuite expressément une seule volonté : ce qui est l'hérésie formelle des monothélites (Labbe, t. VI). »

Le patriarche Sergius, qui était le véritable auteur de l'*Ecthèse*, ne manqua pas de la confirmer dans un concile qu'il tint à Constantinople. L'y ayant fait lire, il demanda les avis. Les évêques répondirent en bons courtisans : « L'*Ecthèse* de notre grand et tout sage empereur, qui vient d'être lue, est vraiment conforme à la prédication apostolique. Ce sont les dogmes des Pères, les remparts de l'Église, le soutien de la foi orthodoxe ! c'est ce que disent les symboles des cinq conciles ! Voilà qui consolide l'unité du peuple chrétien, raffermit la faiblesse des simples, soutient les parfaits et les doctes, opère le salut du genre humain ! C'est ainsi que nous croyons ! Nous le confessons et y donnons notre assentiment (Labbe, t. VI). » Sergius, comme on pouvait s'y attendre, donna aussi son approbation solennelle, et ajouta : « Si quelqu'un, au mépris des défenses de l'empereur et de ce saint concile, ose enseigner ou avancer une ou deux volontés en Jésus-Christ, s'il est évêque, prêtre ou clerc, nous ordonnons qu'il soit interdit de toutes fonctions du sacerdoce ou du ministère; s'il est moine ou laïque, nous le séparerons de la communion du Corps et du Sang de Jésus-Christ, jusqu'à ce qu'il rentre dans son devoir (*Ibid.*). »

Cyrus, patriarche d'Alexandrie, approuva pareillement l'*Ecthèse*, comme on le voit par sa lettre à Sergius de Constantinople, qui commençait ainsi : « Comme j'étais prêt à envoyer mes réponses à Constantinople, le maître de la milice est arrivé et m'a apporté vos lettres, contenant la copie de l'exposition de la foi faite si à propos et si prudemment, par notre très-pieux empereur, et envoyée à Isaac, très-excellent patrice et exarque d'Italie, comme devant être approuvée par notre très-saint frère Sévérin, qui doit, Dieu aidant, être ordonné à Rome. Je l'ai lue avec soin, non pas une fois ou deux, mais plusieurs fois; et cette lecture m'a réjoui, ainsi que ceux qui étaient avec moi, voyant une explication resplendissante comme le soleil, et qui enseigne nettement la pureté de notre foi. J'ai rendu grâces à Dieu, de nous avoir donné un conducteur aussi sage. Plaise à celui qui l'a rendu tel dans les choses spirituelles, de lui donner la force contre ses ennemis, afin que nous puissions dire : Il nous a délivrés trois fois, savoir : de la puissance du tyran, c'est Phocas; de l'orgueil des Perses et de l'insolence des Sarrasins. Au reste, vous savez que je tiens votre doctrine, que je m'y conforme entièrement; et, par conséquent, que j'embrasse avec joie l'exposition de l'empereur (*Ibid.*). »

Ce qu'il y a de curieux dans cette machination, c'est que Sergius, en interdisant et en excommuniant celui qui disait une seule opération, comme celui qui en disait deux, ne s'apercevait pas qu'il s'interdisait et s'excommuniait lui-même, ainsi que Cyrus d'Alexandrie. Car ce dernier, dans l'acte même qui servit de base à la réunion des schismatiques de son Église, prononçait anathème contre quiconque ne reconnaîtrait pas en Jésus-Christ une seule opération déivirile; et Sergius, dans l'approbation de cet acte, était même allé plus loin, en ne mentionnant, ainsi que nous l'avons vu, qu'une seule opération pure et simple. Ce qui n'est pas moins curieux, c'est que cette même contradiction se trouve dans l'*Ecthèse* même de l'empereur. Il défend également de dire une opération ni deux : il ne veut pas qu'on dise deux opérations, parce qu'il suit, dit-il, qu'il y a en Jésus-Christ deux volontés. Donc qui dit une seule volonté en Jésus-Christ, dit une seule opération. Donc l'*Ecthèse*, qui le dit formellement, est contraire à l'*Ecthèse*. La cause réelle de cette incohérence, c'est que le but secret de l'*Ecthèse*, but inaperçu de l'empereur, était de faire prévaloir l'hérésie d'une seule volonté.

C'est dans le même dessein que l'*Ecthèse* fut envoyée à l'exarque de Ravenne, avec ordre de la faire souscrire au nouveau Pape avant son ordination. Le Pape élu était Sévérin, fils d'Aviénus, et Romain de naissance. Les envoyés de l'Eglise romaine étaient depuis longtemps à Constantinople, pour obtenir l'autorisation impériale de l'ordonner. Le funeste Sergius y était mort, l'an 639, peu après la publication de son *Ecthèse*, et après avoir tenu le siége de Constantinople près de 30 ans. L'empereur Héraclius lui fit donner pour successeur Pyrrhus, prêtre et moine de Chrysopolis près de Chalcédoine, déjà lié avec Sergius d'une étroite familiarité. L'empereur lui-même le nommait son frère, parce qu'il avait été parrain de sa sœur. Si tôt que Pyrrhus fut patriarche, il ne manqua pas d'approuver l'*Ecthèse* d'Héraclius. Il tint, pour cet effet, à la hâte et sans observer les formalités nécessaires, un concile, où, après avoir donné de grandes louanges à l'empereur, il ordonna que l'*Ecthèse* serait souscrite par tous les évêques, tant présents qu'absents, sous peine d'excommunication (Labbe, t. V et VI).

Cependant les envoyés de Rome continuaient de solliciter à Constantinople la permission de l'empereur, pour consacrer le nouveau Pape. Après bien des discours à ce sujet, les principaux du clergé leur montrèrent un papier dogmatique, c'était la fameuse *Ecthèse*, et leur dirent : « Nous ne vous seconderons dans votre demande, que si vous promettez de persuader au pontife élu de souscrire ce papier et d'approuver, sans réserve, les dogmes qu'il contient. » Les envoyés, ayant compris où tendait cette pièce, et que c'était pour cela que la mère et la maîtresse des Eglises restait si longtemps veuve, répondirent avec beaucoup de calme et de prudence : « Nous ne pouvons donner aucun acte à cet égard; car on nous a confié un ministère et non un ordre de faire une profession de foi. Nous vous assurons néanmoins que nous rapporterons à qui doit être consacré, tout ce que vous venez de dire, que nous lui montrerons ce papier, et, s'il l'approuve, nous le prierons d'y joindre sa souscription. En attendant, ne veuillez pas mettre obstacle au succès de notre mission, ni nous faire violence en nous retenant ici outre mesure. Nul ne peut faire violence à un autre, surtout quand il s'agit de la foi; car, dans ce cas, le plus faible devient très-fort, et le plus pacifique se trouve un héros invincible ; fortifiant son âme dans la parole de Dieu, les plus violentes attaques l'endurcissent, bien loin de l'amollir. Combien plus cela n'est-il pas vrai de l'Eglise et du clergé de Rome, Eglise qui, depuis toujours, étant la plus ancienne de toutes les Eglises qui sont sous le soleil, les préside toutes. Ayant reçu canoniquement cette prérogative et cet héritage, tant des conciles et des apôtres que de leur chef suprême, elle n'est aucunement soumise à aucun écrit touchant l'élection au pontificat ni à aucune charte synodale; au lieu qu'à cet égard tous lui sont également assujétis, suivant le droit sacerdotal. » Les envoyés de Rome ayant ainsi parlé sans respect humain et avec une fermeté digne du Siége apostolique, le clergé de Constantinople, admirant leur piété, cessa de leur parler du papier en question, et promit de leur obtenir l'autorisation impériale qu'ils sollicitaient. Les envoyés, l'ayant enfin reçue, revinrent avec empressement chez eux (Labbe, t. V). Tels sont les précieux renseignements que saint Maxime nous donne sur cette affaire. Nous ignorons pourquoi Fleury, qui ne pouvait les ignorer, n'en a fait aucun usage.

Pendant ce temps, l'exarque de Ravenne, Isaac, ayant reçu l'*Ecthèse* de l'empereur, avec ordre de la faire souscrire au nouveau Pape, chargea un officier, nommé Maurice, d'exécuter cet ordre. Maurice n'ayant pu rien obtenir, excita ses troupes à piller le palais pontifical de Latran. Le trouvant mieux défendu qu'il ne pensait, il y met les scellés et en avertit l'exarque. Sur quoi celui-ci vint lui-même à Rome. Et d'abord, afin de ne point trouver de résistance dans le clergé, il en éloigna les principaux, et les envoya en exil séparément, dans des villes différentes. Quelques jours après, il entra dans le palais de Latran, et y demeura huit jours, jusqu'à ce qu'il en eût enlevé tout le trésor, dont il envoya une partie à Constantinople à l'empereur. Ces persécutions et ces violences ne servirent qu'à montrer dans tout son jour la fermeté apostolique du nouveau Pape et du clergé romain. Car la trop fameuse *Ecthèse*, envoyée exprès pour l'y faire souscrire, ne fut jamais reçue ni admise à Rome, mais, au contraire, condamnée et anathématisée (Labbe, t. VI). C'est ce qu'atteste le concile de Latran peu d'années après. Le pape Sévérin, ordonné le 28 mai 640, n'eut rien de plus à cœur que de condamner le monothélisme, probablement dans un concile. Ce qui est certain, c'est que, jusqu'au sixième concile général, les nouveaux Papes, dans leur profession de foi, promettaient d'observer tous les décrets de leurs prédécesseurs contre le monothélisme, entre autres le décret du pape Sévérin, de sainte mémoire (Pagi, *Ad an.* 639, n. 4).

Le pape Sévérin se fit aimer et estimer par sa vertu, sa douceur extrême, son amour pour les pauvres et le clergé. Mais il n'occupa le siége de saint Pierre que 2 mois 4 jours, et mourut le 1$^{er}$ août de la même année 640. Après sa mort, le Saint-Siége ayant vaqué 4 mois et 24 jours, on ordonna pape Jean IV le 24$^e$ jour de décembre. Il était de Dalmatie, fils du scolastique ou de l'avocat Venanie, et tint le Saint-Siége 1 an 9 mois et 18 jours. Comme la Dalmatie et l'Istrie avaient été ravagées par les Barbares, il y envoya de grandes sommes d'argent pour racheter les captifs, et en fit apporter les reliques d'un grand nombre de martyrs, qu'il déposa dans une église bâtie exprès à Rome (Anast., *cum notis Var.*).

Dans l'intervalle de son élection à son sacre, le clergé de Rome fit réponse à une lettre des Ecossais d'Irlande, adressée au pape Sévérin. Il reprend les Ecossais, de ce que quelques-uns d'entre eux observaient la Pâque le quatorzième de la lune avec les Juifs, et de ce que l'hérésie de Pélage se renouvelait chez eux. Car quelques-uns soutenaient que l'homme pouvait être sans péché par sa propre volonté et non par la grâce de Dieu (Labbe, t. V).

Le pape Jean, ayant assemblé un concile, condamna, de même que son prédécesseur, l'hérésie des monothélites. Il condamna même l'*Ecthèse* dans une lettre à Pyrrhus, patriarche de Constantinople. Ce que voyant l'empereur Héraclius, il écrivit au Pape en ces termes : « L'*Ecthèse* n'est point de moi; je ne l'ai ni dictée ni commandée. Mais le patriarche Sergius l'ayant composée, il y a cinq ans, avant que je revinsse de l'Orient, il me pria, quand je fus à Constantinople, qu'elle fût publiée en mon nom et avec ma souscription, et je me rendis à sa prière. Maintenant donc, voyant que c'est un sujet de dispute, je déclare à tout le monde que je n'en suis pas l'auteur (Pagi, ann. 640).

L'empereur Héraclius mourut d'hydropisie le 11 février 641, après un règne de 30 ans. Inactif pendant les dix premières années, victorieux contre les Perses pendant les dix autres, il perdit contre les mahométans, pendant les dix dernières, la Mésopotamie, la Syrie, l'Egypte. Avec lui parut s'ensevelir dans la tombe le peu de gloire et de force qui restait à l'empire.

# LIVRE QUARANTE-NEUVIÈME.

L'Orient continue à dépérir, l'Occident à se sanctifier : l'un par son peu d'union, l'autre par son union plus intime avec l'Eglise romaine. — Fin du royaume de Perse. — Le christianisme à la Chine. — L'abbé saint Maxime de Constantinople. — L'hérésie grecque du monothélisme condamnée par les papes Théodore et saint Martin. — Le pape saint Martin martyrisé par l'empereur grec. — Saints évêques et conciles en Espagne. — Grand nombre de saints et de monastères en France. — Saints rois et saints évêques en Angleterre.

(De la mort de l'empereur Héraclius [641], à la mort de l'empereur Constant II [668].)

L'EMPEREUR Héraclius laissait une famille de deux empereurs, trois impératrices et deux césars. De son premier mariage avec Eudoxie, il laissait Constantin, alors âgé de 28 ans, qui portait le titre d'empereur presque depuis sa naissance. De son mariage incestueux avec sa nièce Martine, il laissait Héracléonas, déclaré empereur depuis deux ans et âgé de 19 ans; David et Marin, nommés césars, et deux filles, Augustine et Martine, déclarées impératrices, ainsi que leur mère. Il ordonnait, par son testament, que Constantin et Héracléonas régneraient ensemble avec une égale autorité, et qu'ils honoreraient tous deux Martine comme leur mère et comme impératrice. Martine, qui avait dicté le testament, voulut aussi l'exécuter. Seule elle monta sur un tribunal élevé et en fit donner lecture. Le peuple en ayant entendu les dispositions, cria de toutes parts : Où sont nos empereurs ? où sont Constantin et Héracléonas ? Martine fut obligée de les faire venir et de les présenter au peuple, qui les reçut avec de grandes acclamations. Martine cependant voulait faire la souveraine; mais on lui cria du milieu de la foule : « Madame, nous vous honorons comme la mère de nos empereurs, mais ce sont eux nos empereurs et nos maîtres. Prétendez-vous répondre aux ambassadeurs des puissances étrangères ? sera-ce une femme qui commandera nos armées ? A Dieu ne plaise que l'empire romain en vienne là ! » Martine se retira dans son palais, et le peuple fit des vœux pour les deux empereurs, en attribuant toutefois à Constantin l'autorité principale (Théophan., Cedr., Nicéph., Zonar.).

Le pape Jean IV ayant appris l'élévation de Constantin à l'empire, lui écrivit une lettre où il le félicite de ce que Dieu venait de l'appeler à l'intégrité de la foi, et où il espère que, par son aide, la vérité triomphera de tous les nuages de l'erreur; car, « suivant les avis que nous recevons en foule de divers côtés, tout l'Occident est scandalisé par les lettres que répand notre frère le patriarche Pyrrhus, où il enseigne des choses nouvelles contre la foi et prétend tirer à son sentiment notre prédécesseur le pape Honorius, de sainte mémoire : ce qui était entièrement éloigné de l'esprit du Père catholique. Afin donc que vous puissiez connaître toute l'affaire, je vous raconterai, dans la plus exacte vérité, ce qui s'est passé et ce qu'il n'y a pas longtemps.

« Le patriarche Sergius, de vénérable mémoire, écrivit au susdit Pontife, de sainte mémoire, de la ville de Rome, que quelques-uns admettaient en Jésus-Christ deux volontés contraires. A quoi ledit Pape répondit : « Que notre Sauveur, de même qu'il est une seule personne, de même il a été conçu et il est né d'une manière qui surpasse l'humanité : tout ensemble Dieu parfait et homme parfait, afin que, né sans péché, il renouvelât la noble origine de la première image que le premier homme a perdue par sa prévarication. Le second Adam, né sans péché, a pris du premier, suivant la création primitive, la volonté une et naturelle de son humanité, mais non les deux volontés contraires, que l'on sait que nous avons, nous qui sommes engendrés du péché d'Adam; en sorte qu'en nous la chair convoite contre l'esprit, et l'esprit contre la chair; tandis qu'en lui la volonté de sa chair n'a jamais résisté à la volonté de son esprit. Nous disons donc en nous confessons en Jésus-Christ une seule volonté de son humanité sainte, et non les deux volontés contraires de l'esprit et de la chair, comme on sait que disent insensément quelques hérétiques. C'est donc ainsi que notre prédécesseur a répondu à la question du patriarche Sergius : qu'il n'y a pas dans notre Sauveur deux volontés contraires, parce qu'il n'a rien pris de vicieux de la prévarication du premier homme. Et si quelqu'un, peu instruit, voulait lui faire un reproche de n'avoir parlé que de la nature humaine, et non pas aussi de la nature divine, il doit savoir qu'on a fait la réponse suivant la demande. Nous donc, en conséquence du péché d'Adam, nous avons ces deux volontés contraires; en sorte que l'aiguillon de la chair résiste quelquefois à l'esprit, et que quelquefois la volonté de l'esprit s'efforce de combattre celle de la chair. Mais Notre Seigneur n'a pris qu'une volonté naturelle de l'humanité, dont il était absolument le maître comme Dieu, à qui tout obéit. Mon prédécesseur a donc enseigné qu'il n'y a point en Jésus-Christ deux volontés contraires, comme en nous autres pécheurs; ce que quelques-uns tournant à leur sens propre, l'ont soupçonné d'avoir enseigné une seule volonté de sa divinité et de son humanité : ce qui est entièrement contraire à la vérité.

» Je voudrais bien qu'ils me répondissent selon quelle nature ils disent que Jésus-Christ n'a qu'une volonté. Si c'est seulement selon la nature divine, que diront-ils de son humanité? Car il faut reconnaître qu'il est homme parfait, pour n'être pas condamné avec Manès. Si c'est selon l'humanité de Jésus-Christ qu'ils lui attribuent cette unique volonté, qu'ils prennent garde d'être condamnés avec Photin et Ebion. Que, s'ils disent que les deux natures n'ont qu'une volonté, ils confondent non-seulement les volontés naturelles, mais les natures. Car soutenir, comme ils font, une seule volonté et une seule opération de la divinité et de l'humanité de Jésus-Christ, n'est-ce pas lui attribuer une seule nature, comme les eutychiens et les sévériens? Enfin, les Pères orthodoxes, qui ont brillé dans tout l'univers, enseignent, d'un commun accord, deux volontés et deux opérations en Jésus-Christ, aussi bien que deux natures.

» Au reste, nous avons appris que l'on a envoyé un écrit auquel on contraint les évêques de souscrire, contre la lettre de saint Léon et le concile de Chalcédoine. Il parle de l'*Ecthèse* d'Héraclius. C'est pourquoi, ajoute-t-il, nous souhaitons que Dieu vous inspire, comme au gardien de la foi, de faire ôter et déchirer cet écrit, qui a été affiché publiquement. Car tous les Occidentaux et le peuple même de votre capitale en ont été scandalisés. Que cet écrit soit donc mis à néant, et par votre autorité, et par la perfection apostolique. Comme chrétiens et comme gardiens de la foi du Christ, faites ce présent à l'Eglise, votre mère, au commencement de votre règne (Labbe, t. V). »

Cette lettre du pape Jean IV pour la défense du pape Honorius est d'autant plus remarquable, qu'elle fut écrite par le même secrétaire qui avait écrit celle d'Honorius, de laquelle, par conséquent, il connaissait le sens mieux que personne. C'est la réflexion de saint Maxime (*Ibid.*).

Le pape Jean pouvait espérer un résultat heureux de sa lettre. L'empereur Constantin était orthodoxe, et, s'il avait hérité de l'empire de son père, il n'avait pas hérité de ses erreurs. On sait qu'il révoqua l'*Ecthèse* (*Ibid.*). Mais il mourut cent trois jours après son père laissant deux fils, Constant et Théodose. Il mourut, disent les historiens grecs, empoisonné par sa cousine et sa marâtre, l'impératrice Martine, à laquelle quelques-uns donnent pour complice le patriarche monothélite Pyrrhus. Martine régna donc avec son fils Héracléonas; mais cela ne dura guère. Bientôt la révolte de Valentin, commandant des troupes, obligea le fils de Martine à faire couronner par le patriarche, son neveu Constant, et à donner à Valentin même le titre de césar. La révolution n'en finit pas là. Le sénat de Constantinople ayant fait le procès à l'impératrice Martine et à l'empereur Héracléonas, fit couper la langue à l'impératrice et le nez à l'empereur, et les envoya tous deux en exil. Comme on le voit, en fait de barbarie, les Grecs n'ont rien à reprocher aux Barbares. Constant régna donc seul dès le mois d'août de la même année 641, et son règne, qui dura 27 ans, fut digne en tout de ce commencement (Théoph., Cédr., Nicéph., etc.).

Dès le 22 décembre de l'année précédente 640, la ville d'Alexandrie, où était née la grande hérésie de l'arianisme, avait été prise par les mahométans. Amrou les commandait. D'une profonde ignorance comme tous ses compatriotes, il avait toutefois de l'esprit et estimait les sciences et les savants. Il prit du goût pour un homme de lettres nommé Jean et surnommé Philoponus, dont il existe plusieurs ouvrages de philosophie, de théologie et de grammaire, ainsi que des commentaires sur plusieurs livres d'Aristote. Mais, comme nous l'avons déjà vu, plus versé dans les sciences profanes que dans la théologie, cet auteur est peu exact sur la foi. Profitant de la bienveillance d'Amrou, Jean lui demanda les livres qui étaient dans les bibliothèques d'Alexandrie, comme étant inutiles aux musulmans. Amrou répondit qu'il ne pouvait en disposer sans les ordres du calife, qui était Omar. Il lui écrivit donc, et, d'après les historiens musulmans eux-mêmes (*Hist. du Bas-Empire*, l. 59, n. 12), il en reçut cette réponse : « Si ce que ces livres contiennent s'accorde avec le livre de Dieu [il entendait l'Alcoran], le livre de Dieu nous suffit; s'ils contiennent quelque chose qui y soit contraire, nous n'en avons pas besoin. Ainsi il faut s'en défaire. » Amrou fit donc distribuer ces livres dans les bains d'Alexandrie et, d'après quelques historiens, on les en chauffa pendant six mois, quoiqu'il y eût quatre mille bains. C'est ainsi que les disciples de Mahomet brûlaient les livres en Orient, tandis que les disciples de saint Benoît les transcrivaient et les multipliaient en Occident.

Le calife Omar ayant été poignardé dans la mos-

# LIVRE XLIX. — HISTOIRE DU CHRISTIANISME EN CHINE.

quée de Médine, au mois de décembre 644, par un esclave persan qui lui avait inutilement demandé justice contre son maître, il eut pour successeur Othman, sous qui les mahométans achevèrent la conquête de la Perse. Izdegerd III, autrement Hormisdas, dernier roi de cet empire, se sauvait après une dernière bataille qu'il venait de perdre, lorsqu'il arriva près d'un moulin. Il pria le meunier de le cacher, lui offrant en récompense tous ses bijoux. Le meunier, qui ne connaissait pas plus le prince que la valeur de ce qu'il lui offrait, lui répondit : Mon moulin me vaut quatre drachmes, environ un écu, par jour ; si vous me les donnez, j'arrêterai ma meule et je ne m'occuperai aujourd'hui que de votre sûreté. Tandis qu'ils étaient à faire ce marché, survint une troupe de cavaliers ennemis, qui égorgèrent Izdegerd sans le connaître. C'est ainsi que finit, en 651, l'ancien royaume de Perse.

Pour résister aux mahométans, Izdegerd avait envoyé des secours jusque dans la Chine, dont l'empereur était son allié. Son fils Pérosès réussit à s'y sauver. Il y fut même reconnu roi de Perse, et fit hommage à l'empereur chinois de ses États, qu'il ne posséda jamais. L'empereur lui donna l'emploi de capitaine de ses gardes, et fit ensuite passer ce titre à son fils, que les Chinois feignirent de vouloir rétablir dans son royaume. Ils le firent partir avec une armée ; mais leur dessein était de surprendre les peuples du Thibet, chez lesquels il fallait passer. Cette ruse ayant réussi, leur général ramena ce prince, qui mourut à Siang-fou, sans laisser de postérité. D'après les annales chinoises, l'empereur des Grecs envoya pareillement une ambassade à l'empereur de la Chine, pour l'exciter contre les Arabes, qui s'emparaient de plus en plus de tout l'Orient (1).

Un fait plus curieux encore et aussi certain qu'il est curieux, c'est qu'à la même époque le christianisme était florissant à la Chine. Voici de quelle manière inattendue la Providence en découvrit une preuve authentique. L'an 1625, dans une petite ville de la province du Chien-Si, appelée Siang-fou, jadis capitale de l'empire, des ouvriers chinois, creusant les fondements d'une maison, trouvèrent une pierre de dix pieds de haut et cinq de large, sur laquelle étaient gravées une croix et une inscription en ancien chinois, où l'on voyait aussi d'autres caractères tout à fait étrangers à la Chine. La pierre, relevée par ordre du gouvernement, fut placée comme monument dans un temple d'idoles. En examinant cette pierre et en cherchant à expliquer l'inscription, on apprit avec surprise que la religion chrétienne avait été portée en Chine par un prêtre nommé Olopen, et qu'elle y avait été longtemps florissante. Les caractères étrangers se trouvèrent être des caractères stranghelos, dont se servaient les anciens Syriens (2).

Pour bien comprendre cette histoire ecclésiastique de la Chine, ainsi écrite sur la pierre, il est bon de savoir ce que les annales chinoises nous apprennent sur l'empereur de cette époque. Thaitsoung, à l'âge de vingt-trois ans, avait subjugué presque toute la Chine et fait son père empereur ; proclamé lui-même empereur de la Chine, l'an 627, il fut un des plus grands princes de cette époque. Il battit le souverain des Turcs, qui, accompagné de plus d'un million de cavaliers, était venu mettre le siège devant la ville impériale, et même le fit prisonnier. Après avoir détruit cet empire, toute la Tartarie passa sous sa domination, et il la réduisit en provinces. En 629, tous les rois tartares, d'un commun accord, lui déférèrent le titre d'*empereur céleste*. Il mourut, l'an 649, à l'âge de 55 ans, après en avoir régné vingt-trois. On conçoit qu'un empereur pareil, toujours en communication avec les puissances étrangères, permit à la religion chrétienne, comme aux autres, de s'établir à la Chine. Voici donc ce que l'inscription porte :

» L'empereur Thaitsoung a illustré la Chine, y a fondé une nouvelle dynastie ; il a gouverné les hommes sagement et saintement. Sous son règne arriva de Tathsin [nom chinois de l'empire romain], un homme d'une grande vertu, nommé Olopen. Contemplant le ciel pour diriger sa route [à travers les déserts de sable], il apporta avec lui les véritables Ecritures. Ayant égard aux saisons des vents, il traversa d'une course rapide un chemin difficile

---

(1) *Hist. du Bas-Empire*, l. 59, n. 25 et 18, Saint-Martin ; *Mémoires sur l'Arménie*, t. II, p. 17, notes ; Deguignes, *Hist. des Huns*.

(2) M. Abel Rémusat a répondu à ces objections, dans un article de ses *Mélanges* ; nous allons rapporter quelques-unes de ses reflexions... « Je sais que l'authenticité de l'inscription de Siang-fou a été contestée par certains écrivains, lesquels ont été jusqu'à en nier l'existence, et à accuser les missionnaires qui en ont parlé d'avoir supposé ce monument par une fraude pieuse. Quand cette supposition eût été praticable au milieu d'une nation défiante et soupçonneuse, dans un pays où les particuliers et les magistrats sont également mal disposés pour les étrangers, et surtout pour des missionnaires ; où tout le monde a l'œil ouvert sur leurs moindres démarches ; où l'autorité veille avec un soin extrême à tout ce qui tient aux traditions historiques et aux monuments de l'antiquité, il serait encore bien difficile d'expliquer comment des missionnaires auraient été assez hardis pour faire imprimer et publier à la Chine, et en chinois, une inscription de dix-huit cents mots qui n'aurait jamais existé ; comment ils auraient pu imiter le style chinois, contrefaire la manière des écrivains de la dynastie des Thang, rappeler des usages peu connus, des circonstances locales, des dates conçues dans les figures mystérieuses de l'astrologie chinoise, et le tout sans se démentir un seul instant, et de manière à en imposer aux plus habiles lettrés, intéressés, par la singularité même de la découverte, à en discuter l'authenticité. On devrait donc supposer qu'un lettré chinois, un lettré des plus érudits, se serait joint aux missionnaires pour en imposer à ses compatriotes. Mais ce n'est pas tout : les bords de l'inscription sont couverts de noms syriens en beaux caractères stranghelos. Le faussaire savait donc le syriaque, et il était en état de faire graver sous ses yeux, avec exactitude, quatre-vingt-dix lignes de l'écriture syrienne qui était en usage autrefois, et dont la connaissance est aujourd'hui peu répandue. Dans la liste des prêtres syriens qu'on lit sur ce monument, plusieurs portent des noms peu connus encore à l'époque où on en place la découverte, avant la publication des extraits d'Assémani, tels que *Ahad-Gusnasph, Asdaspha, Yeschouadad, Izdbousid*, etc. (V. Chin. illustr., p. 41). Le faussaire était donc un homme qui avait fait une étude approfondie des monuments syriaques dans les originaux. D'ailleurs, il ne suffisait pas d'admettre la supposition de l'inscription dans l'édition chinoise, et dans les copies rapportées par les PP. Semedo, Martini et Boym ; il faut encore rendre raison de la fabrication du monument ; car la pierre existe : elle a dix pieds de haut sur cinq de large ; on en a pris des empreintes en y posant du papier transparent après l'avoir enduite d'encre, et la gravure réduite d'une de ces empreintes est à la bibliothèque du roi. De plus, ce ne sont pas les missionnaires qui l'ont trouvée dans la terre, mais des ouvriers chinois qui creusaient les fondements d'une maison particulière ; c'est le gouvernement chinois qui l'a fait relever et placer sur un piédestal, dans un temple d'idoles du voisinage, et cela sans se douter qu'il était la dupe d'une fraude pieuse. Ainsi il avait fallu faire composer cette inscription en chinois par un lettré gagné à prix d'argent, y faire ajouter des lignes syriaques par un écrivain habile à tracer le stranghelo, faire bien soigneusement graver le tout sur la pierre, enfouir cette pierre sans qu'on s'en aperçût, diriger les fouilles des maçons de la ville, de manière qu'ils la retrouvassent. Que de fourberies, que de soins, que de difficultés, que de risques même, chez un peuple comme les Chinois ! Et dans quel but ? Pour établir d'une manière plausible ce qu'on savait d'ailleurs, qu'aux VII° et VIII° siècles de notre ère, des Syriens avaient construit quelques églises à Siang-fou, et qu'un certain nombre de Chinois avaient embrassé l'hérésie nestorienne ou jacobite. Voilà sans doute un objet peu digne des moyens qu'on attait forcé d'employer ; on ne devine pas ce que le catholicisme avait à gagner dans tout cela, ni comment les Jésuites pouvaient se trouver récompensés de leurs peines, en voyant leur inscription placée dans un temple d'idoles au fond de la province de Chien-si (*Mélanges asiat.*, t. I<sup>er</sup>, p. 35 à 38). » E. R.

et périlleux. La 9ᵉ année de Chimkuan [635 de Jésus-Christ], il arriva à Chamgan, ville impériale, aujourd'hui nommée Siang-fou. L'empereur envoya à sa rencontre, au faubourg oriental, Famhivenlim, ministre de l'empire, avec grand appareil. Il fit traduire en chinois les saintes Ecritures dans la bibliothèque impériale. La cour de l'empereur le questionna beaucoup sur la religion, et comprit à fond qu'elle était véritable et bonne. L'empereur ordonna spécialement qu'elle fût publiée et divulguée. L'an 12ᵉ de Chimkuan [638 de Jésus-Christ], la 7ᵉ lune, en automne, l'empereur fit cet édit.

» La doctrine n'a point de nom déterminé, le saint n'a point de substance déterminée. Il institue les religions selon les pays, et passe en foule tous les hommes dans la barque. Un homme d'une grande vertu, nommé Olopen, originaire du Tathsin, a apporté de loin les Ecritures et les images, et est venu les offrir dans ma suprême cour. Si l'on examine avec soin le but et l'esprit de cette religion, on la trouvera remplie de mystères excellents, et adonnée à la paix et à la tranquillité. Si l'on considère attentivement le premier souverain qu'elle propose d'adorer et de révérer, c'est l'auteur de tout bien et l'instituteur de tout ce qui est nécessaire pour obtenir la félicité. Cette religion bannit entièrement de ses discours tout ennuyeux verbiage et toute affectation de grands mots. Sa doctrine admet toute imperfection, pour la conduire à la perfection ; mais la perfection étant acquise, l'imperfection est oubliée, comme un pêcheur oublie sa nasse après avoir pris le poisson. Elle est profitable aux affaires et utile aux hommes. Il est expédient qu'elle fleurisse dans tout le monde. Que les officiers que ceci regarde, construisent sans différer un temple à la religion du royaume de Tathsin, dans le quartier de la ville Ynimfam, et qu'ils y établissent vingt et un bonzes [ou prêtres]. »

Après avoir rapporté cet édit, l'inscription ajoute : « Quand la vertu de la vénérable dynastie Cheu eut péri, Laokium [ou Laotseu] passa dans l'Occident. Quand la sagesse de la grande dynastie des Tham a brillé, les mœurs admirables de la religion chrétienne sont venues dans l'Orient. Dans le Tathsin il ne se commet, par coutume, ni assassinats, ni vols. Les hommes y vivent dans la joie et dans la paix. Il n'y a point d'autre loi que la loi admirable. On n'y crée roi que celui qui en a les vertus. Les limites du pays sont amples et vastes. Les choses qui regardent l'ornement, y abondent.

» Kootsoung, grand empereur [qui succéda à son père l'an 650], imita respectueusement ses aïeux. Il illustra, par une nouvelle augmentation de lumière, la religion du vénérable et vrai Dieu, et fit élever dans toutes les provinces des temples admirables ou chrétiens. De plus, à l'exemple de son père, il éleva Olopen en dignité et l'honora du titre de pontife de la religion gardienne du royaume. La religion se répandit dans les dix provinces, c'est-à-dire dans toutes les provinces de l'empire. La prospérité de l'Etat fleurit merveilleusement. Les temples remplirent toutes les villes, et les familles furent comblées d'une félicité admirable ou chrétienne. »

L'inscription rapporte ensuite que vers l'an 698, la religion chrétienne fut étrangement calomniée dans une province par les sectateurs de Fo, autrement Bouddha, et l'an 712, par les lettrés inférieurs ; mais que Loban, chef des prêtres chrétiens, et quatre de ses collègues, relevèrent la religion abattue. Enfin Hiventsoung, empereur d'une haute sagesse, ordonna à Nimhue et à quatre autres rois d'aller en personne visiter l'église des chrétiens et d'avoir soin qu'on y fît le service divin. Alors la religion, qui avait été opprimée quelque temps, fut redressée comme auparavant.

Telle est l'histoire de la religion chrétienne en Chine, jusqu'au commencement du VIIIᵉ siècle. Voici le sommaire que cette même inscription nous donne de cette religion même ; sommaire composé par Kimtsim, prêtre de l'Eglise chrétienne.

« Cette substance qui est perpétuellement vraie et seule ; qui de toute éternité existe par elle-même, et n'a point de commencement ; qui est incompréhensiblement intelligente, et exempte de toute erreur et de tout vice ; qui subsiste éternellement par excellence ; qui, par sa puissance ineffable, a créé et fait de rien toutes choses ; qui, par la communication de sa gloire primordiale, confère l'excellence à tous les saints, n'est-ce pas la substance excellente de notre seule unité trine, le véritable Seigneur, sans commencement, Eloha ? Par quatre bandes en forme de croix, il a affermi les quatre parties du monde, et par là le monde entier. Il a fondu le vent primordial, et a engendré deux matières. Le vide ténébreux a été changé, et le ciel et la terre ont paru à découvert. Le soleil et la lune ont fait leurs révolutions, et le jour et la nuit ont été faits. Comme un ouvrier, il a fait toutes choses ; mais quand il forma les premiers hommes, il les gratifia d'une concorde intérieure et intime, et les commit à la garde d'une mer de conversions, c'est-à-dire à tourner leur postérité à toute sorte de vertus. Leur nature parfaite et primitive était vide [de toute erreur et de tout vice] et non pleine [de soi-même ni enflée d'orgueil]. Leur cœur simple et pur était originellement sans désirs et sans convoitise. Mais après que Satan eut semé les mensonges ; il souilla de son fard leur pureté et leur innocence. »

Il introduisit comme véritable l'opinion qui identifie toutes choses et qui les rappelle toutes à une seule. Il voulut qu'on tînt pour fausse la ressemblance cachée. De là trois cent soixante-cinq sectes, s'épaulant et s'enchaînant les unes les autres, commencèrent à se répandre. Toutes à l'envi tissèrent des filets de lois ou de religions pour surprendre les hommes. Les unes mirent les créatures à la place du souverain Dieu ; les autres nièrent qu'il y eût quelque chose d'existant, et anéantirent même les deux matières. D'autres instituèrent toute sorte de sacrifices pour révoquer la félicité. D'autres firent parade du bien pour tromper les hommes. Ils tourmentèrent l'esprit de soins et d'inquiétudes. Ils tinrent toujours captives les affections qui se tournaient aux premiers biens. Toujours flottants, ils n'atteignirent rien. Le mal alla en empirant. Ils augmentèrent les ténèbres, ils perdirent la voie : longtemps égarés, ils ne revenaient point. Alors notre unité trine communiqua sa substance à l'admirable et honorable Messie.

« Or, le Messie cacha profondément sa véritable majesté : il se présenta aux hommes semblable à l'homme. Le ciel, joyeux de sa naissance, publia

## LIVRE XLIX. — L'EMPIRE GREC ENVAHI PAR LES MAHOMÉTANS.

des concerts de félicitation. Une femme vierge enfanta le saint dans le Tathsin. Une constellation admirable annonça le Fortuné. La Perse, contemplant sa splendeur, vint payer le tribut. Le Messie a entièrement accompli les lois anciennes des vingt-quatre livres de l'Ancien Testament, écrits par les saints. Il a réglé par de grands avis les familles et les royaumes. Il a institué, suivant l'esprit pur de l'unité trine, une nouvelle religion qui ne se répand point en paroles. Il a réglé l'exercice de toutes les vertus sur la vraie foi. Il a donné à tout le monde les règles qu'il doit suivre. Il a affiné le monde corrompu et l'a purgé de toute écume. Il a ouvert la porte des trois principaux devoirs, et de tous les devoirs de la vie humaine, pour en laisser l'entrée aux hommes. Il a ouvert le chemin de la vie, et il a éteint la mort. Il a suspendu le soleil admirable de l'intelligence, pour briser la maison de ténèbres. Alors les mensonges des démons furent entièrement détruits. Il a mené, à force de rames, la barque de la miséricorde pour monter au palais de la lumière. Alors seulement le genre humain y fut transporté. Cette grande affaire étant achevée, il monta au ciel en plein midi. Il nous a laissé vingt-sept livres d'Ecritures de l'Evangile. Il a développé la force de sa grâce dans les conversions, afin d'encourager les hommes. Cette religion use du baptême de l'eau et de l'esprit, par lequel toute vanité est effacée, les cœurs sont purifiés et deviennent nets de tous vices et blanchis de vertus. Le sceau est une croix, afin de lier ensemble tous les hommes de la terre, et les unir entre eux sans aucun empêchement. Frappant sur un bois [pour appeler à l'église], elle fait retentir une voix de charité et de bonté. Elle adore Dieu, la face tournée vers l'Orient pour envisager le chemin de la vie et de la gloire. [Ses prêtres] conservent des cheveux autour de la tête, pour donner à connaître qu'ils s'emploient aux devoirs extérieurs; mais ils en rasent le sommet, pour reconnaître eux-mêmes qu'ils doivent retrancher toute mauvaise affection. Elle n'entretient point d'esclaves; elle s'égale en honneur et en bassesse aux hommes. Elle n'accumule ni biens ni richesses; elle nous les abandonne. Le jeûne est parfait lorsqu'il soumet l'esprit, sa vertu principale consiste en ce qu'il apporte le repos et la vigilance. Ils adorent sept fois par jour, et récitent dévotement des prières, qui sont d'un grand secours aux vivants et aux morts. Chaque septième jour ils offrent une seule fois [le sacrifice], et s'étant ainsi purifié le cœur, ils retournent à la simplicité première. On ne peut donner de nom à la véritable et éternelle sagesse, à cause de son excellence. Cependant, eu égard à son mérite à son usage merveilleusement éclatant, on la nomme, par force, la religion admirable. Certes, la véritable sagesse ne s'étend pas bien loin sans le secours du saint, et le saint, sans la véritable sagesse, n'est pas grand. Mais quand la véritable doctrine et le saint s'unissent ensemble, toute la terre brille d'un très-grand éclat (*Annales de philosophie chrétienne*, t. XII). »

Tel est l'abrégé de la doctrine chrétienne, que contient l'inscription de Siang-fou. C'est sans doute une chose curieuse de voir la pierre, le marbre, sortir de terre à la Chine, pour rendre témoignage à l'antique foi du catholique, à sa croyance de la Trinité, de l'Incarnation, de la Rédemption, de la grâce, du péché originel, du baptême, du sacrifice de la messe, de la prière pour les morts; enfin, jusqu'à la tonsure de ses prêtres.

L'an 643, un officier impérial nommé Maurice, le même qui, par les ordres d'Isaac, exarque de Ravenne, avait pillé le palais pontifical de Latran, prit le titre d'empereur en Italie. Mais son complot ne réussit pas. Ayant été pris, Isaac lui fit couper la tête, et mourut lui-même peu après. Vers l'an 647, le patrice Grégoire, gouverneur impérial d'Afrique, s'était pareillement déclaré empereur. Les mahométans, déjà maîtres de l'Egypte et de la Lybie, entrèrent en Afrique jusqu'à Suffétula, dans la Byzacène. Grégoire, qui leur livra plusieurs batailles, fut enfin défait et tué. Les Sarrasins cessèrent pendant quelques années de pousser leur conquête plus loin dans cette partie du monde. D'un autre côté, ils envahissaient et pillaient l'Arménie, que l'hérésie d'Eutychès avait infestée et qu'elle détachait de plus en plus de l'Eglise universelle. Ils ravageaient l'île de Chypre et ruinaient son antique capitale, Salamine. Ils saccagèrent l'île d'Arad, en brûlèrent la ville, et firent de tout un désert. C'était en 648. L'an 651, ils subjuguèrent la Nubie, ravagèrent de nouveau l'Arménie, envahirent les îles de Cos, de Crète, de Rhodes, firent des courses jusque dans la Sicile, emmenant de partout une multitude innombrable de dépouilles et de captifs.

Et pendant ce temps, que faisait donc l'empereur de Constantinople? Pendant ce temps, l'empereur de Constantinople, au lieu de faire la guerre à l'empire antichrétien de Mahomet, la faisait à l'Eglise et au Pape, qui soutenait la foi orthodoxe avec une vigilance et une fermeté d'apôtre.

Le monothélite Pyrrhus, patriarche de Constantinople, se voyant lui-même en péril par la chute de l'impératrice Martine et de l'empereur Héracléonas, en 641, entra de nuit dans l'église et déposa son *pallium* sur l'autel, en disant : Je renonce à un peuple indocile, sans renoncer au sacerdoce. Puis, s'étant caché quelques jours, il passa secrètement à Chalcédoine et de là en Afrique. A sa place, on fit patriarche de Constantinople, l'économe de la grande église, le prêtre Paul, infecté de la même hérésie. Ordonné au mois d'octobre de la même année 641, il tint le siège 13 ans. Un de ses premiers soins fut d'envoyer ses lettres synodales au Pape. Elles arrivèrent à Rome sous le pape Théodore, qui succéda, le 24 novembre 642, au pape Jean IV, mort le 12 octobre de la même année. Théodore était grec de nation, natif de Jérusalem, et fils d'un évêque de même nom. Il tint le Saint-Siège 6 ans 5 mois et 18 jours. Il était très-doux, très-charitable et très-libéral envers les pauvres.

Le pape Théodore ayant reçu les lettres synodales du nouveau patriarche de Constantinople et des évêques qui l'avaient ordonné, écrivit à Paul que ces lettres l'avaient placé entre l'espérance et la crainte. « D'un côté, elles nous font connaître que votre foi est pure et conforme à la nôtre. Mais cela étant, comme les attentats de Pyrrhus contre notre foi ont été anéantis, tant par le décret du Siége apostolique, rendu par notre prédécesseur, que par l'ordre du prince notre fils, d'où vient que vous n'avez point ôté des lieux publics l'écrit qui y était affiché, et qui a été cassé depuis longtemps? écrit qui a si fort scandalisé les Eglises de Dieu. Si vous l'approuvez, ce qu'à Dieu ne plaise, pourquoi ne nous l'avez-vous pas déclaré par vos lettres synodales? Car si la foi confirmée par tant de conciles est corrigée par Pyrrhus, c'est en vain que les Pères l'ont examinée avec tant de soin, et les morts ont été frustrés de la béatitude qu'ils espéraient. » On voit dans ces paroles qu'il est question de l'*Ecthèse* d'Héraclius, révoquée par son fils Constantin. Le Pape continue :

« Au reste, nous sommes étonnés que les évêques qui vous ont consacré, aient accordé à Pyrrhus le titre de *très-saint*, déclarant qu'il avait renoncé à l'Eglise de Constantinople, à cause du trouble et de la haine populaire. Ce qui nous faisait douter si nous ne devions point différer de recevoir vos lettres, jusqu'à ce que Pyrrhus fût déposé. Car le tumulte et la haine du peuple n'ôtent point l'épiscopat. Tant que Pyrrhus est vivant et n'est point condamné, on doit craindre un schisme, et, pour affermir votre ordination, il faut assembler contre lui un concile des évêques les plus proches. Nous avons donné nos ordres pour cet effet à l'archidiacre Séricus et à Martin, diacre et apocrisiaire, que nous avons délégués pour tenir notre place et examiner canoniquement avec vous la cause de Pyrrhus; car sa présence n'est pas nécessaire, puisqu'on a ses écrits et que ses excès sont notoires.

» Premièrement, il a donné de grandes louanges à Héraclius, qui a condamné la foi des Pères; il a approuvé par sa souscription la lettre sophistique, qui contient un prétendu symbole (c'est l'*Ecthèse*); il l'a fait souscrire séparément chez lui par quelques évêques qu'il a surpris; il l'a fait insolemment afficher en public, et n'a pas tenu compte de l'admonition de notre prédécesseur, pour réparer ce scandale. Tout cela étant examiné dans votre concile, vous devez le dépouiller du sacerdoce, non-seulement pour la conservation de la foi, mais pour la sûreté de votre ordination. Que si les partisans de Pyrrhus apportent du retardement à cette affaire et veulent exciter un schisme, on peut rendre vains leurs artifices, en obtenant un ordre de l'empereur pour envoyer Pyrrhus à Rome, comme nous l'en avons déjà prié, afin qu'il y soit jugé par notre concile. »

Le Pape écrivit en substance les mêmes choses aux évêques qui avaient ordonné Paul, et envoya à Constantinople un décret, pour être affiché publiquement, par lequel il rejette toutes les nouveautés que Pyrrhus avait avancées contre la foi, et anathématise l'écrit affiché en public, c'est-à-dire l'*Ecthèse*, que cependant il évite de nommer (Labbe, t. V). Le diacre Martin, son apocrisiaire à Constantinople, est le même qui fut depuis le pape saint Martin.

Le patriarche Paul ne profita guère de ces avis. Sergius, métropolitain de l'île de Chypre, en porta des plaintes. Voici en quels termes ce métropolitain grec parlait au pape Théodore vers le milieu du VIIe siècle. « A mon très-saint et bienheureux seigneur, que Dieu même a rendu ferme, au Père des pères, l'archevêque et Pape universel, le seigneur Théodore, Sergius, le dernier des évêques, salut dans le Seigneur. Une base immuable et affermie de Dieu même, une colonne que le Christ, notre Dieu, lui-même a dressée avec une inscription lumineuse de la foi, c'est votre chaire apostolique, ô chef sacré ! Car, ainsi que l'affirme la parole divine, c'est vous,

Pierre; c'est sur votre fondement qu'ont été affermies les colonnes de l'Eglise. C'est à vous qu'il a commis les clés du royaume des cieux ; à vous qu'il a donné la puissance de lier et de délier, et ce qui est au ciel et ce qui est sur la terre. C'est vous le destructeur des profanes hérésies, comme étant le prince et le docteur de la foi orthodoxe et immaculée. Ne négligez donc point, ô Père des pères! la tempête qu'éprouve la foi de la part de quelques hérétiques; dissipez leurs ténèbres par la lumière de votre science divine. » Après cet exorde, il proteste qu'il confesse et prêche, comme toujours, avec le pape saint Léon, que chaque nature opère avec la communion de l'autre. Si les opposants veulent détruire les écrits qu'ils ont affichés dans la capitale contre cette doctrine, à la bonne heure; sinon, suivant l'exemple du Pape, il les anathémise de vive voix et par écrit. Jusqu'ici nous avons usé de ménagement et gardé le silence, espérant toujours qu'ils reviendraient à de meilleurs sentiments. Mais nous voulons, de tout notre pouvoir, suivre les traces d'Arcade, notre saint oncle, en nous conformant à la doctrine orthodoxe de Votre Sainteté. Ce sont les sentiments de toute notre province (Labbe, t. VI; *Conc. lat.*, act. 2). »

Etienne, évêque de Dore et premier suffragant de Jérusalem, qui avait été envoyé à Rome par saint Sophrone, porta aussi ses plaintes au pape Théodore, du désordre que causait en Palestine le parti de Paul de Constantinople. « Car, disait-il, Sergius, évêque de Joppé, après la retraite des Perses, s'est emparé du vicariat de Jérusalem sans aucune forme ecclésiastique, mais uniquement par la puissance séculière, et il a ordonné contre les canons quelques évêques de la dépendance de Jérusalem, avant d'avoir été lui-même confirmé. Ceux-ci, connaissant bien l'invalidité de leur ordination, se sont attachés à Paul de Constantinople et ont approuvé par écrit la nouvelle doctrine qu'il soutient, afin d'être irrégulièrement confirmés par lui : ce qui est impossible. » Sur cette remontrance d'Etienne de Dore, le Pape le fit lui-même son vicaire en Palestine et lui donna les lettres, portant pouvoir de régler les affaires ecclésiastiques et de déposer les évêques que Sergius de Joppé avait irrégulièrement ordonnés, s'ils ne se corrigeaient. Etienne exécuta sa commission et ne reçut que ceux qui renonçaient à l'erreur. Mais des gens malintentionnés lui cachèrent le pouvoir que le Pape lui donnait de faire élire des évêques à la place de ceux qu'il avait déposés. En sorte que plusieurs Eglises demeurèrent vacantes (Labbe, t. VI).

Les évêques d'Afrique se déclarèrent également contre les monothélites, et ils en condamnèrent l'erreur dans quatre conciles qu'ils assemblèrent l'an 646, en Numidie, en Mauritanie, dans la Byzacène et dans la province proconsulaire. Les trois primats, Colomb de Numidie, Réparat de Mauritanie et Etienne de Byzacène, écrivirent conjointement, au nom de tous les évêques de leurs provinces, une lettre synodale au pape Théodore, conçue en ces termes :

« Au bienheureux seigneur, élevé sur le sommet apostolique, au Père des pères, le très-saint pape Théodore, pontife suprême de tous les pontifes : Colomb, évêque du premier siège du concile de Numidie; Etienne, évêque du premier siège du concile de la Byzacène; Réparat, évêque du premier siége du concile de Mauritanie; et tous les évêques des trois susdits conciles d'Afrique. Personne ne peut mettre en doute que le Siége apostolique ne soit une source grande et inépuisable, d'où coulent de nombreux ruisseaux qui arrosent abondamment tout l'univers chrétien. Aussi, en l'honneur de saint Pierre, les Pères ont-ils décrété que toutes les questions religieuses fussent portées avant tout à l'examen de la Chaire apostolique, dont l'ancienne coutume est de condamner ce qui est mal, comme d'approuver ce qui est louable. Car il a été établi par les règles anciennes que quelque affaire qui se présente, fut-ce dans les provinces les plus éloignées, on ne la traite ni ne la reçoive avant qu'elle ait été portée à la connaissance de votre Siége suprême, afin que son autorité affermisse la sentence à intervenir, et que toutes les Eglises puisent de là, comme de leur source natale, les mystères du salut, pour les conserver dans leur pureté parmi toutes les régions du monde. » Si Fleury avait jugé à propos de citer ces paroles et de se les rappeler toujours, il aurait pu, et dans son histoire et dans ses discours en particulier, s'épargner bien des réflexions et des lamentations inutiles sur l'extension de la puissance papale et la concentration des affaires ecclésiastiques à Rome pendant le moyen-âge. Il aurait pu judicieusement remarquer que tout cela datait de bien plus haut.

Les évêques se plaignirent ensuite de la nouveauté qui avait paru à Constantinople, c'est-à-dire de la publication de l'*Ecthèse*. « Nous pensions, ajoutent-ils, que vous l'aviez abolie; mais nous avons connu qu'on la soutenait opiniâtrement, en lisant la requête que vous a présentée notre frère Pyrrhus. C'est pourquoi nous avons écrit à Paul, qui occupe maintenant le siége de Constantinople, le priant instamment de rejeter cette nouveauté. Et parce que quelques malicieux ont voulu rendre suspecte à Constantinople notre province d'Afrique, nous vous envoyons notre lettre à Paul, et nous vous prions de l'envoyer par vos légats, afin que nous puissions voir s'il reviendra à la foi orthodoxe. Que s'il use de dissimulation, ce sera à votre Siége apostolique de le retrancher d'autorité du corps de l'Eglise. Au reste, nous sommes obligés de vous représenter qu'après avoir assemblé nos conciles en chaque province, nous voulions vous envoyer une pleine députation d'évêques, mais il est arrivé des accidents qui nous en ont empêchés, et nous avons été contraints de vous envoyer cette lettre générale, vous priant d'excuser ce que nous faisons par nécessité. » Ces accidents dont parlent les évêques d'Afrique, sont apparemment la révolte et l'usurpation du patrice Grégoire (Labbe, t. VI).

Dans la province proconsulaire, Victor, ayant été ordonné évêque de Carthage, le 16 juillet de la même année 646; en donna aussitôt avis au pape Théodore, par sa lettre synodique, dont il chargea un évêque, un diacre et un notaire. Il s'y déclare, comme les autres, contre les monothélites; il prie le Pape de remédier à ces maux, protestant d'être toujours uni à lui. Il ajoute : « Nous aurions pu écrire la même chose à notre frère Paul de Constantinople, si nous ne savions que des gens malintentionnés ont calomnié notre province d'Afrique. Nous vous prions d'envoyer à Paul, par vos légats, ce que les évêques de notre province lui ont écrit (Labbe, t. V).

Dans leur lettre à Paul, les évêques de la province proconsulaire condamnent en général toutes les nouveautés qu'on affichait à Constantinople, et font sur la Trinité et l'Incarnation, une profession de foi abrégée qu'ils concluent ainsi : « Nous confessons donc que Notre Seigneur Jésus-Christ est en même temps Dieu et homme; qu'étant Dieu parfait, il a la nature, la volonté et l'opération divine; qu'étant aussi homme, il a la nature, la volonté et l'opération humaine dans sa plénitude; qu'enfin il est en lui deux natures et deux volontés naturelles, comme l'Eglise catholique l'enseigne et l'a toujours enseigné. » Pour prouver cette doctrine, ils ajoutent plusieurs passages de saint Ambroise et de saint Augustin. Cette lettre est souscrite par 68 évêques, entre lesquels on ne voit point l'évêque de Carthage (Labbe, t. VI). Ce qui fait croire que le siége était encore vacant, et que Victor n'était pas encore ordonné. Nous n'avons point la lettre que les évêques des trois autres provinces écrivirent au patriarche de Constantinople; mais nous avons celle que les évêques de la Byzacène adressèrent à l'empereur, par laquelle il est prié de contraindre Paul à se conformer à la foi de toute l'Eglise. Cette lettre est souscrite par le primat Etienne et 42 autres évêques (*Ibid.*).

Un illustre défenseur de la foi orthodoxe contre l'hérésie de ce temps, fut le saint abbé Maxime. Il naquit à Constantinople, vers l'an 580, d'une ancienne noblesse, et ses parents avaient peu de personnes au-dessus d'eux. Ils le firent baptiser dès l'enfance, et l'élevèrent si bien, qu'il devint un des plus savants hommes de son siècle. Sa capacité était d'autant plus remarquable, qu'il la couvrait d'une grande modestie. L'empereur Héraclius l'engagea malgré lui à son service, et le fit le premier de ses secrétaires. Mais l'amour de la retraite et aussi les commencements de la nouvelle hérésie, l'obligèrent à quitter la cour et à se renfermer dans le monastère de Chrysopolis, près de Chalcédoine. Après y avoir pratiqué exactement les observances régulières, il en fut élu abbé. La crainte des Barbares, c'est-à-dire des Perses et des Arabes, qui tenaient l'Orient en des alarmes continuelles, le fit passer en Occident; et il s'arrêta en Afrique.

Il écrivit un grand nombre de lettres, d'opuscules et de traités sur les principaux articles de la foi et de la piété chrétienne; cinq dialogues, longtemps attribués à saint Athanase : les deux premiers, entre un orthodoxe et un anoméen, sur la divinité consubstantielle du Fils; le troisième, entre un orthodoxe et un macédonien, sur la divinité du Saint-Esprit; le quatrième et le cinquième, entre un orthodoxe et un apollinariste, sur ce que le Fils de Dieu s'est réellement fait homme, en prenant une âme raisonnable et un corps humain comme les nôtres.

Quant à la morale et à la piété chrétiennes, voici comme il en expose le fond mystérieux, dans une lettre au prêtre Thalasius, supérieur de moines. Il y a trois choses qui attirent l'homme, ou plutôt vers lesquelles il se porte librement : Dieu, la nature, le monde. Chacune, en l'attirant, le détache des deux autres, le transforme en soi et le fait devenir, par inclination, ce qu'elle-même est par nature. Si c'est

Dieu qui le mène, il le fait devenir dieu par participation, lui accorde par sa grâce une déification surnaturelle, et le détache ainsi parfaitement de la nature et du monde. Si c'est la nature qui le conduit, il ne montre que l'homme de la nature, un certain milieu entre Dieu et le monde, qui ne participe volontairement ni de l'un ni de l'autre. Si c'est le monde qui l'entraîne, il en fait une brute, c'est-à-dire de la chair seule, lui inspirant des convoitises qui l'éloignent de la nature et de Dieu, et lui apprennent à faire des choses contre nature. Les deux extrêmes, savoir Dieu et le monde, détachent donc l'un de l'autre, comme aussi du milieu ou de la nature. Si le milieu ou la nature seule l'emporte, elle éloigne l'homme également des deux extrêmes, ne lui permettant ni de s'élever jusqu'à Dieu, ni de se ravaler jusqu'au monde. Dès que l'homme s'attache volontairement à une de ces trois choses, son action change aussitôt avec lui, et lui-même s'appelle différemment, ou charnel, ou animal, ou spirituel. Le caractère distinctif de l'homme charnel, est de ne savoir faire que le mal; de l'homme animal, de ne vouloir ni faire de mal ni en souffrir; de l'homme spirituel, de ne vouloir faire que le bien et de souffrir courageusement pour la vertu toutes sortes de maux. C'est à quoi saint Maxime engage l'hégumène Thalassius (*Opera S. Maximi*, édit. Combef., in-fol., t. II).

Tous ses ouvrages de piété et de morale ont pour but d'élever ainsi l'homme de la vie charnelle et brutale à la vie humainement raisonnable, et de la vie purement humaine à la vie surnaturelle et divine. Tels sont les soixante-onze chapitres ou extraits dans lesquels, sur divers sujets de théologie, de philosophie, de morale, de littérature, il réunit les sentences les plus remarquables de l'Ecriture sainte, des Pères de l'Eglise, et même des personnages les plus illustres de la gentilité. La sagesse païenne y sert comme d'introduction à la sagesse chrétienne (*Ibid.*).

Dans sa *Mystagogie* ou *Explication symbolique des cérémonies de la messe*, telle qu'on la célèbre encore chez les Grecs, il s'élève continuellement de la cérémonie extérieure à la signification mystérieuse et spirituelle. D'abord l'Eglise elle-même est une image de Dieu. De même que Dieu renferme suréminemment en soi toutes les créatures, qu'il leur a donné l'être à toutes, qu'il les embrasse toutes dans sa providence, et que, par sa puissance, il les ramène toutes à l'unité, sans détruire aucunement leur distinction; de même l'Eglise de Dieu renferme dans son sein une multitude innombrable de fidèles de tout âge, de tout sexe, de toute condition, de toute langue, à qui elle a donné naissance, à qui elle conserve la vie, et qu'elle ramène sans cesse à l'unité de la foi et de l'amour en Jésus-Christ, sans jamais détruire leurs différences personnelles. L'Eglise matérielle est une image de l'univers. L'univers a deux parties : le monde des corps, et le monde des intelligences, qui est comme le sanctuaire. Une Eglise a deux parties : la nef, où se tient la foule du peuple, et le sanctuaire où sont les ministres, choisis d'entre les plus spirituels, et qui doivent l'être. L'univers visible est à lui seul comme une église, où la terre est comme la nef, et le ciel le sanctuaire. Il en est de même de l'homme : le corps est le temple, l'âme le sanctuaire, l'esprit l'autel du sacrifice. L'Eglise est l'homme spirituel, et l'homme une église mystique. On en peut dire autant de l'Ecriture sainte : l'Ancien Testament est le corps, le Nouveau l'âme; ou bien, le corps c'est la lettre, l'âme c'est le sens. Le pontife, qui entre par la nef dans le sanctuaire pour s'asseoir sur le trône, est l'image de Jésus-Christ, pontife éternel, qui entre dans ce monde, se charge de tous ses crimes, les expie par son sacrifice, et ensuite remonte au ciel et s'assied sur le trône de sa gloire (*Opera S. Maximi*, édit. Combef., in-fol., t. II).

C'est avec cette intelligence profonde de la foi et de la piété chrétiennes, que saint Maxime spiritualise toutes les cérémonies de la messe. C'est pour la même cause qu'il écrivit des commentaires sur les œuvres de saint Denys l'Aréopagite, que nous croyons comme lui, être réellement du saint évêque d'Athènes. De nos jours, et depuis plusieurs siècles, par la faute de ceux qui devaient les instruire, beaucoup de chrétiens ont perdu le sens de cette antique spiritualité. Docteurs et disciples ne voient souvent dans les églises que des murailles, ou tout au plus un ordre d'architecture. Un sens plus élevé leur paraît pour le moins étrange. Ils oublient que nos églises, avec leur nef et leur sanctuaire, sont bâties sur le modèle du tabernacle de Moïse, qui avait sa nef et son sanctuaire. Ils oublient que ce tabernacle fut dressé sur le modèle que Dieu lui-même fit voir à Moïse : *Fais le tout suivant le modèle qui t'a été montré sur la montagne*, et qu'ainsi le modèle primitif de nos églises est dans le ciel et de Dieu. Ils oublient que, longtemps avant saint Maxime et même avant saint Denys de l'Aréopage, saint Paul, dans son épître aux Hébreux, emploie tout un chapitre pour expliquer le mystère de ces deux parties du tabernacle, et par là même de nos églises, et qu'il fait un grand reproche aux fidèles de Palestine, de n'être pas plus avancés dans l'intelligence spirituelle de ces choses (Heb., 9 et 15).

Le grand nombre des opuscules de saint Maxime est pour réfuter l'hérésie du monothélisme. Il y traite à fond la question des deux natures, des deux volontés, des deux opérations, définissant exactement les termes, distinguant les divers sens des mots à peu près synonymes, et répondant aux plus subtiles objections des adversaires. Plusieurs de ces opuscules ou lettres sont adressés à Marin, prêtre de l'île de Chypre; quelques-uns à un chambellan de l'empereur, nommé Jean. Il écrivit entre autres à Etienne, évêque de Dore, premier suffragant de Jérusalem, une réfutation dogmatique de l'*Ecthèse* d'Héraclius, où il fait voir qu'elle est contraire à l'Ecriture et aux Pères, tandis qu'elle s'accorde et avec les hérétiques qui confondent les deux natures en Jésus-Christ, et avec ceux qui le divisent en deux personnes (*Opera S. Maximi*, t. II).

Dans une lettre au prêtre Marin, où il fait voir que les Pères reconnaissent en Jésus-Christ deux volontés, saint Maxime dit : Je suis même persuadé que le pape Honorius, en parlant dans sa lettre à Sergius d'une volonté, n'a pas nié les deux volontés naturelles, mais qu'au contraire il les a établies. Car il a seulement nié la volonté charnelle et vicieuse. La raison qu'il en donne le prouve, savoir : que la divinité a pris notre nature, et non pas notre péché,

Saint Maxime cite à l'appui un passage où saint Athanase parle d'une seule volonté d'une manière bien plus formelle, mais dans le même sens. Que tel fût le sens d'Honorius, son secrétaire encore vivant l'attestait. L'abbé Anastase étant allé à Rome, et s'informant pourquoi et comment il se trouvait dans la lettre à Sergius l'expression d'une volonté, les principaux personnages le déploraient et l'excusaient; mais le saint abbé Jean, qui avait dicté la lettre en latin, assura qu'il n'avait aucunement fait mention d'une volonté numériquement une, quoique la chose y ait été interpolée par ceux qui ont rendu la lettre en grec, et qu'enfin on n'avait aucunement pensé exclure la volonté naturelle du Sauveur, en tant qu'homme, mais seulement la volonté vicieuse qui est en nous. Sur quoi saint Maxime admire l'audace et la fourberie des sectaires (*Op. S. Maxim.*, t. II; Labbe, t. V). Ces faits sont d'une haute importance pour juger équitablement le pape Honorius.

La science et les vertus de saint Maxime lui concilièrent une si grande autorité, qu'un personnage du rang des illustres, nommé Pierre, crut devoir lui écrire, pour lui recommander le patriarche Pyrrhus, quand il se fut sauvé de Constantinople. Maxime répondit qu'il avait été sur le point de venir lui-même, pour lui montrer que Pyrrhus et ses partisans joignaient l'impiété à l'ignorance; mais il avait craint d'agir contre les canons, en faisant cette démarche sans la volonté des hommes apostoliques du très-Saint-Siège, qui dirigent, suivant la loi de Dieu, toute la plénitude de l'Eglise catholique. L'*Ecthèse* d'Héraclius est pire que tout ce qui l'a précédée; Sergius l'a conçue, Pyrrhus l'a enfantée, les autres l'élèvent. Ils osent répandre que le divin Sophrone pensait comme eux, lui qui a prêché avec tant d'exactitude les dogmes de l'Eglise. Ils ont mis l'*Ecthèse* sous le nom de l'empereur, comme depuis il le déclara lui-même. Pour la soutenir, ils ont composé des pièces, tenu des assemblées illégitimes d'évêques, venus non pas de gré, mais de force; d'évêques fuyant le glaive des Barbares. Ils ont envoyé de côté et d'autre des ordres et des menaces contre les pieux fidèles. On doit rire, ajoute-t-il, ou pour mieux dire on doit pleurer à la vue de ces malheureux, qui osent citer de prétendues décisions du Siége apostolique, favorables à l'impie *Ecthèse*, essayer de placer dans leurs rangs le grand Honorius, et se parer aux yeux du monde de l'autorité d'un homme éminent dans la cause de la religion. Qui donc a pu inspirer tant d'audace à ces faussaires? Est-ce l'illustre Sophrone? Quel homme pieux et orthodoxe, quel évêque, quelle Eglise ne les a pas conjurés d'abandonner l'hérésie? mais surtout que n'a pas fait le divin Honorius? ensuite son successeur le vieillard Séverin, et après lui le vénérable Jean? Que n'a pas fait le bienheureux Pape qui préside à cette heure? Et l'Orient tout entier, et l'Occident, ont-ils épargné les larmes et les prières, soit pour fléchir Dieu, soit pour les fléchir eux-mêmes.

Saint Maxime conclut sa lettre par ces réflexions: Si la Chaire romaine n'ignore pas que Pyrrhus est à rejeter, qu'il a de mauvais sentiments et une mauvaise croyance, il est évident que quiconque anathématise ceux qui ont rejeté Pyrrhus, anathématise la Chaire romaine, c'est-à-dire l'Eglise catholique. J'omets de dire qu'il s'anathématise lui-même, si toutefois il est en communion avec le Siége de Rome et avec l'Eglise catholique de Dieu. Je vous prie donc, Seigneur, de défendre à tout le monde d'appeler Pyrrhus très-saint; car la sainte règle ne le permet pas. Il est déchu de toute sainteté, celui qui est sorti volontairement de l'Eglise catholique. On ne doit louer d'aucune manière celui qui est condamné et rejeté par le Siége apostolique de Rome, jusqu'à ce qu'il en soit reçu par une conversion sincère et par une confession orthodoxe de la foi. Si donc il ne veut ni être hérétique ni être appelé tel, qu'il satisfasse non à celui-ci ou à celui-là, ce serait superflu et déraisonnable. Il en est un qui une fois scandalisé, tous l'ont été, et qui une fois satisfait, tous le seront indubitablement. Qu'il s'empresse donc de satisfaire à tous, en satisfaisant au Siége de Rome. Ce Siége satisfait, tout le monde l'appellera pieux et orthodoxe. Vouloir persuader et surprendre mes pareils, c'est perdre son temps, s'il ne satisfait et n'implore le bienheureux Pape de la très-sainte Eglise de Rome, c'est-à-dire le Siége apostolique, qui a reçu du Verbe incarné et de tous les saints conciles, suivant les sacrés canons, l'empire absolu (*in omnibus et per omnia imperium*) de toutes les Eglises de l'univers, ainsi que l'autorité et le pouvoir de lier et de délier. Car, avec lui, le Verbe qui commande aux vertus célestes, lie et délie dans le ciel. Si donc il croit devoir satisfaire les autres, et n'implore pas le bienheureux Pape de Rome, il agit comme un individu accusé d'homicide ou d'un autre crime, qui s'efforcerait de prouver son innocence, non pas à celui qui a reçu le pouvoir légitime de juger, mais à des particuliers qui n'ont aucun pouvoir de l'absoudre (*Op. S. Maxim.*, t. II; Labbe, t. V).

Telles sont les paroles de saint Maxime; paroles d'autant plus remarquables, qu'elles sont d'un saint, et d'un saint de Constantinople. Fleury, qui ne pouvait les ignorer, aurait bien pu en dire un mot.

Saint Maxime eut bientôt une occasion solennelle de déployer la merveilleuse connaissance qu'il avait des dogmes chrétiens. Le patriarche Pyrrhus, sorti de Constantinople, étant venu en Afrique, le patrice Grégoire, gouverneur de la province, les engagea tous deux à une conférence publique. Elle se tint au mois de juillet 645, en présence du gouverneur, des évêques et de plusieurs personnes considérables. Pyrrhus commença en ces termes: Quel mal vous avons-nous fait, seigneur abbé Maxime, mon prédécesseur et moi, pour nous décrier partout, en nous rendant suspects d'hérésie? Et qui vous a plus honoré et plus respecté que nous, même sans vous connaître de visage? Maxime répondit: Puisque Dieu nous entend, j'avoue, pour me servir de vos paroles, que personne ne m'a plus honoré ni plus respecté que vous; mais, voyant à cette heure que vous avez rejeté la foi chrétienne, il m'a paru terrible de préférer vos bonnes grâces à la vérité. Et en quoi, dit Pyrrhus, avons-nous rejeté la foi chrétienne? C'est, dit saint Maxime, que vous croyez une seule volonté de la divinité du Christ et de son humanité, et, non contents de le croire, vous l'avez proposée publiquement par une nouvelle *Ecthèse*, au préjudice de toute l'Eglise. Pyrrhus reprit: Quoi donc! en croyant une volonté, trouvez-vous qu'on s'écarte de la doctrine des chrétiens? Sans doute, dit saint Maxime; car y a-t-il une plus grande impiété que de dire : C'est par une seule et même volonté que le même, avant l'incarnation, a tout fait de rien, le conserve et le gouverne, et qu'après l'incarnation, il a désiré de boire et de manger, de passer d'un lieu à un autre et de faire toutes les autres actions innocentes qui prouvaient la réalité de son incarnation.

Pyrrhus demanda : Le Christ est-il un, ou non? Un, sans doute, répondit saint Maxime. Si donc il est un, ajouta Pyrrhus, il voulait comme une seule personne, et par conséquent il n'avait qu'une seule volonté. Saint Maxime répondit : Quand on avance une proposition sans en distinguer le sens, on ne fait que confondre et embrouiller la question : ce qui est indigne d'un homme instruit. Dites-moi donc, le Christ, qui est un, est-il seulement Dieu ou seulement homme, ou Dieu et homme tout ensemble? Assurément, dit Pyrrhus, il est Dieu et homme. Saint Maxime ajouta : Etant donc par nature Dieu et homme, voulait-il comme Dieu et comme homme, ou seulement comme Christ? S'il voulait comme Dieu et comme homme, il est clair qu'il voulait en deux manières et non pas en une seule, quoiqu'il ne fût qu'un ; car si le Christ n'est autre chose que les deux natures dont il est composé, il est évident qu'il voulait et qu'il opérait conformément à ses natures, puisqu'aucune n'était sans volonté ou sans opération. Or, si le Christ voulait et opérait conformément à ses natures, comme elles sont deux, il faut absolument qu'il ait aussi deux volontés naturelles et autant d'opérations essentielles; car, comme le nombre de ses natures, bien entendu, ne le divise point, ainsi le nombre des volontés et des opérations qui conviennent essentiellement à ses natures, n'induit point de division, mais fait voir seulement qu'elles subsistent en leur entier, même étant unies.

Pyrrhus dit : Il est impossible qu'il n'y ait autant de personnes qui veulent que de volontés. Saint Maxime dit : Vous avez mis cette absurdité dans vos écrits et vous l'avez fait dire à Héraclius. Mais si l'on accorde qu'il y a autant de personnes qui veulent que de volontés, réciproquement il y aura autant de volontés que de personnes. Ainsi, selon vous, il n'y aura en Dieu qu'une personne, suivant Sabellius, puisqu'il n'y a qu'une volonté ; ou bien, puisqu'il y a trois personnes, il y aura trois volontés, et par conséquent trois natures, suivant Arius, puisque, selon les règles des Pères, la différence des volontés emporte aussi la différence des natures.

Pyrrhus ajouta : Il est impossible que deux volontés subsistent ensemble en une même personne sans contrariété. Saint Maxime répondit : Elles peuvent donc y être avec contrariété, et nous sommes d'accord sur le nombre des volontés. Il reste à chercher quelle est la cause du combat. Direz-vous que c'est la volonté ou le péché? Mais nous ne connaissons point d'autre auteur de la volonté naturelle que Dieu; il sera donc, selon vous, l'auteur de ce combat. Si vous dites que c'est le péché, le Christ n'en a point fait. Il n'a donc eu aucune contrariété en ses volontés naturelles; car, ôtant la cause, on ôte l'effet.

Pyrrhus dit : Puisque la volonté appartient à la nature, et que les Pères les plus célèbres ont dit que les saints n'ont d'autre volonté que Dieu, ils n'auront donc point non plus d'autre nature. J'ai déjà dit, reprit saint Maxime, que, quand on cherche la vérité, il faut distinguer les significations des mots, afin d'éviter les équivoques. Je vous demande, à mon tour : Quand les Pères ont dit que les saints avaient la même volonté que Dieu, avaient-ils en vue la volonté substantielle et toute-puissante de Dieu, ou l'objet de sa volonté? car il y a une grande différence : l'une est au dedans, l'autre au dehors. S'ils ont eu égard à la volonté substantielle, ils auront fait les saints de même nature que Dieu et créateurs comme lui, et se seront contredits eux-mêmes, puisqu'ils ont dit que les choses de diverse nature ne peuvent avoir une volonté commune; mais s'ils ont parlé de l'objet de la volonté, ils l'ont nommé volonté improprement, comme on donne à l'effet le nom de sa cause.

Après que saint Maxime eût réfuté ces objections et d'autres avec cette admirable justesse, Pyrrhus reprit : Laissons ces subtilités que le commun n'entend point, et disons que le Christ est Dieu parfait et tout ensemble homme parfait, sans nous embarrasser de tout le reste. S'il en est ainsi, dit saint Maxime, il faut anathématiser les conciles et les Pères, qui nous ont ordonné de confesser non-seulement les natures, mais les propriétés de chacune : comme d'être visible et invisible, mortel et immortel, créé et incréé. Ils nous ont enseigné de même qu'il y a deux volontés et qu'elles sont différentes, l'une divine et l'autre humaine. Contentons-nous, dit Pyrrhus, de ce qu'ont dit les conciles, et ne parlons ni d'une ni de deux volontés. Saint Maxime répondit, entre autres choses : Les conciles ont condamné Apollinaire et Arius à cause du terme d'une volonté, dont chacun se servait pour établir son hérésie : Apollinaire, pour montrer que la chair était consubstantielle au Verbe ; Arius, pour montrer que le Fils était d'une autre substance que le Père. Comment donc pouvons-nous être catholiques, si nous ne confessons le contraire de ce qu'ont dit les hérétiques?

Dans le cours de la conférence, Pyrrhus témoigna plusieurs fois que les réponses étaient justes. Ainsi, saint Maxime ayant prouvé par l'Ancien et le Nouveau Testament, qu'il y a deux volontés naturelles en Jésus-Christ, Pyrrhus avoua que rien n'était plus clair. Mais comment alors, ajouta-t-il, le pape Vigile reçut-il l'écrit qui lui fut présenté par Mennas, évêque de Constantinople, contenant une volonté ; et cela dans la salle secrète de l'empereur, et en présence du sénat? Saint Maxime répondit : J'admire comment vous osez dire des mensonges, vous qui êtes des patriarches. Votre prédécesseur, écrivant à Honorius, a dit que ce mémoire fut adressé à l'empereur, mais non pas présenté ni publié. Et vous, dans votre lettre au pape Jean, vous avez dit qu'il fut présenté et publié, après avoir été lu par le questeur Constantin. A qui croirons-nous donc ? A vous, ou à votre prédécesseur? Car vous ne pouvez avoir dit vrai tous deux. Mon prédécesseur l'a-t-il écrit, demanda Pyrrhus? Il l'a écrit, répondit Maxime.

Pyrrhus reprit : Soit pour Vigile ! Qu'avez-vous à dire pour Honorius, qui, en écrivant à mon prédécesseur, a enseigné clairement une volonté en Jésus-Christ? Saint Maxime répondit : A qui faut-il plutôt croire, touchant l'explication de cette lettre, à celui qui l'a composée sous le nom d'Honorius, à lui, dis-je, qui vit encore et qui éclaire tout l'Occident par sa sainte doctrine; ou à ceux qui parlent comme il leur plaît à Constantinople? Pyrrhus dit : Il faut en croire celui qui a composé la lettre. Saint Maxime reprit : Le même donc a écrit à l'empereur Constantin d'heureuse mémoire, au nom du pape Jean : Nous avons dit qu'il y a une volonté du Seigneur, non de sa divinité et de son humanité, mais de son humanité seule. Car Sergius ayant écrit que quelques-uns admettaient dans le Christ deux volontés contraires, nous avons répondu : Que le Christ n'a point eu deux volontés contraires de la chair et de l'esprit, comme nous les avons depuis le péché, mais une seule volonté, qui caractérisait son humanité. Et ce qui le prouve clairement, c'est qu'il parle de membres et de chair, ce qui ne convient point à la divinité. Puis, prévenant l'objection, il dit : Si quelqu'un demande pourquoi, en parlant de l'humanité du Christ, nous n'avons point fait mention de la divinité, nous disons premièrement, que nous avons fait la réponse suivant la question; ensuite, que nous avons suivi la coutume de l'Ecriture, qui parle tantôt de sa divinité et tantôt de son humanité.

Pyrrhus dit : Mon prédécesseur a pris cela trop simplement, en s'attachant aux paroles. Je vous le dis en vérité, reprit saint Maxime, rien ne m'a tant aliéné de votre prédécesseur que ses variations. Tantôt il approuvait que l'on nommât divine cette unique volonté, et faisait ainsi le Verbe incarné seulement Dieu. Tantôt il disait que c'était une volonté consultative, et supposait un pur homme, qui délibérait comme nous, et ne différait en rien de vous et de moi. Tantôt il disait que cette volonté était hypostatique; ainsi, suivant la différence des hypostases, il introduisait différentes volontés entre les personnes consubstantielles. Tantôt, approuvant que l'on nommât cette volonté potestative, il introduisait une union d'habitude. Car la puissance, l'autorité, la liberté viennent du choix, et non pas de la nature. Quelquefois, se joignant à ceux qui disaient que cette volonté est non-seulement libre, mais arbitraire, il faisait du Christ un pur homme, et même un homme changeant et pécheur, puisque le libre arbitre fait juger des contraires, chercher ce que l'on ignore, et délibérer sur ce qui est certain. D'autres fois, trouvant bon que l'on nommât cette volonté économique, il donnait lieu de dire qu'avant l'économie, c'est-à-dire avant l'Incarnation, le Verbe n'avait point de volonté; et d'autres absurdités semblables. Pyrrhus voulut rejeter la faute de ces divisions sur saint Sophrone de Jérusalem. Mais il fut aisé à saint Maxime de faire voir que, bien avant que Sophroue prît aucune part à ces questions, Sergius avait déjà infecté ou troublé bien des Eglises par ses erreurs.

Pyrrhus reconnut que la question des volontés était suffisamment éclaircie; et qu'ensuite, il était inutile d'examiner celle des opérations, qui se trouvait résolue par la première. Mais saint Maxime lui représenta que la charité demandait qu'on examinât quelques passages qui pouvaient tromper les simples. Il commença par les écrits de Pyrrhus lui-même, et montra qu'il ne devait pas dire que Jésus-Christ, considéré comme un tout, avait une seule opération. Pour rendre cette vérité sensible, il employa la comparaison d'un couteau rougi au feu, qui coupe et brûle tout ensemble; ainsi ce sont dans un même sujet deux opérations distinctes, quoique inséparables. Il expliqua ensuite un passage de saint Cyrille, où il dit que Jésus-Christ montrait une seule opération par ses deux natures. Car il fit voir que saint Cyrille ne parle que des opérations divines, comme les miracles, auxquels la nature humaine concourait, puisqu'il parlait, ou touchait les malades, ou faisait quelque mouvement du corps. Venant enfin au fameux passage de saint Denys l'Aréopagite, touchant l'opération nouvelle et théandrique, il montre que le mot de *nouvelle* signifie seulement que la manière dont Jésus-Christ opérait était extraordinaire et au-dessus du cours de la nature; et que le mot de *théandrique*, enfermant les deux natures, enferme aussi les deux opérations réunies en Jésus-Christ. Autrement, dit-il, si cette opération est unique, Jésus-Christ, comme Dieu, aura une opération différente de celle du Père, qui n'est pas théandrique, et par conséquent il sera d'une autre nature.

Enfin Pyrrhus se rendit, et parla ainsi : En vérité, il paraît absurde de n'admettre dans le Christ qu'une opération. Mais je demande grâce, et pour moi et pour ceux qui m'ont précédé. C'est par ignorance que nous sommes tombés dans ces sentiments et ces argumentations absurdes; je prie donc qu'on abolisse cette absurdité, sans flétrir la mémoire de mes prédécesseurs. Il n'y a qu'un moyen, dit saint Maxime, c'est d'anathématiser l'erreur sans parler des personnes. Mais par là, dit Pyrrhus, on condamnera Sergius et mon concile. J'admire, dit saint Maxime, comment vous appelez concile une assemblée faite contre toutes les règles. Car la lettre circulaire n'a point été écrite du consentement des patriarches : ni le jour ni le lieu n'ont été marqués. Il n'y a eu ni promoteur, ni accusateur. Les évêques qui composaient cette assemblée n'avaient point de pouvoirs de leurs métropolitains, ni les métropolitains de leurs patriarches, qui n'avaient envoyé ni lettres ni députés. Pyrrhus dit : S'il n'y a point d'autre moyen, je suis prêt à vous donner là-dessus toute satisfaction; car rien ne m'est plus cher que mon salut. Je vous demande seulement une grâce : premièrement, que j'aille adorer les saints apôtres; ensuite que je voie le visage du très-saint Pape, et que je lui présente le formulaire de ma rétractation. Saint Maxime et le patrice Grégoire lui accordèrent ce qu'il désirait. Ainsi se termina heureusement la conférence (*Op. S. Maxim.*, t. II; Labbe, t. V).

Pyrrhus tint parole, et, accompagné de saint Maxime, il passa d'Afrique à Rome, où il alla faire sa prière dans les églises des apôtres, et présenta au pape Théodore, en présence du clergé et du peuple, un formulaire souscrit de sa main. Il condamnait, avec l'*Ecthèse*, tout ce que lui ou ses prédécesseurs avaient écrit ou fait contre la foi. Aussitôt le Pape lui donna de quoi faire des largesses au peuple, plaça son siége près de l'autel, et l'honora comme patriarche de Constantinople. Car il n'avait pas été légitimement déposé. Il lui fournit également avec générosité, aux dépens de l'Eglise romaine, tout ce qui était nécessaire pour son entretien.

Ce fut en partie cette rétractation de Pyrrhus qui donna occasion aux divers conciles d'Afrique, dont les évêques écrivirent à Paul de Constantinople, successeur de Pyrrhus. D'un autre côté, Paul se voyait continuellement pressé par les instances de Séricus et de Martin, légats du pape Théodore. Ils eurent avec lui plusieurs conférences, et ne cessaient de l'exhorter à expliquer dans quel sens il entendait qu'il n'y a dans Jésus-Christ qu'une volonté. Enfin il écrivit au Pape une lettre dogmatique, où il se vante longuement de garder toujours la charité et de souffrir patiemment les injures et les calomnies. Car il traite ainsi les reproches des catholiques; et c'est le prétexte dont il se sert pour excuser son silence. Mais enfin il s'explique, et au nom, dit-il, de toutes les Eglises de sa dépendance, il déclare sa foi sur l'Incarnation, et ajoute à la fin :

« C'est pourquoi nous croyons qu'en Jésus-Christ il n'y a qu'une volonté, de peur d'attribuer à sa personne unique une contrariété ou différence de volontés; ou enseigner qu'il se combat lui-même, et introduire deux personnes. Non que nous voulions effacer ou confondre ses deux natures, ou en établir une au préjudice de l'autre; mais nous disons seulement que sa chair, raisonnablement et intellectuellement animée (1) et enrichie des dons divins par l'étroite union, avait une volonté divine et inséparable du Verbe, qui la conduisait et la mouvait absolument; en sorte que la chair ne faisait jamais aucun mouvement naturel, séparément et par sa propre impulsion, contre ce signal (νεύματι) du Verbe, mais quand, autant et en la manière que le Verbe voulait. Car nous ne voulons pas proférer cet horrible blasphème, que l'humanité du Christ fût violentée par la nécessité de la nature, et qu'elle méritât la même réprimande que saint Pierre, en rejetant la passion comme lui. Voici comme nous entendons cette parole de l'Evangile : Je suis descendu du ciel, non pour faire ma volonté, mais la volonté de Celui qui m'a envoyé, ainsi que le refus de la passion. Nous n'admettons point dans le Christ, qui est un, des volontés différentes et opposées; mais nous prenons ces mots négativement et nous croyons qu'il dit seulement ce qui n'est pas, comme en ce passage du psaume : Je n'ai commis ni péché ni iniquité.

Paul allègue pour garants de cette explication, saint Grégoire de Nazianze, saint Athanase et saint Cyrille. Il soutient impudemment que tous les Pères enseignent une volonté, et ajoute : Du même sentiment étaient les évêques, d'heureuse mémoire, Sergius et Honorius, l'un de la nouvelle et l'autre de l'ancienne Rome (Labbe, t. VI).

Le pape Théodore pressa de nouveau Paul de Constantinople, et par ses lettres et par ses légats, de corriger sa faute et de revenir à la foi orthodoxe. Paul y ajouta bientôt une faute plus grave. Voyant qu'il avait contre lui le Pape et les évêques, il eut recours au jeune empereur Constant. Il lui persuada de supprimer l'*Ecthèse*, qui, toujours affichée à la porte de la grande église, faisait toujours crier les catholiques; et ensuite de publier un décret pour imposer silence aux deux partis. On le nomma *Type*, c'est-à-dire forme ou formulaire, et il fut publié l'an 648. Le jeune empereur, ou plutôt le patriarche Paul, y expose d'abord l'état de la question, et rapporte sommairement les raisons des deux partis, puis il ajoute : « C'est pourquoi nous défendons à tous nos

(1) Il ne dit point : *animée d'une âme raisonnable*, comme le lui fait dire Fleury, qui n'a point remarqué toute la subtilité sophistique des monothélites.

sujets catholiques de disputer à l'avenir en quelque manière que ce soit, touchant une volonté ou une opération, deux opérations ou deux volontés, sans préjudice de ce qui a été une fois décidé par les Pères approuvés, touchant l'Incarnation du Verbe. Nous voulons que l'on s'en tienne aux saintes Ecritures, aux cinq conciles œcuméniques et aux simples passages des Pères, dont la doctrine est la règle de l'Eglise, sans y ajouter, en ôter ni les expliquer selon des sentiments particuliers; mais que l'on demeure dans l'état où l'on était avant ces disputes, comme si elles ne s'étaient point soulevées. Enfin, pour procurer l'union des Eglises et ne laisser aucun prétexte à ceux qui veulent disputer sans fin, nous avons ordonné d'ôter les papiers affichés au vestibule de la grande église de cette ville impériale, touchant cette question. Ceux qui oseront contrevenir à cette ordonnance seront premièrement soumis au jugement terrible de Dieu, ensuite à notre indignation. En sorte que, s'ils sont évêques ou clercs, ils seront déposés; les moines, excommuniés et chassés de leurs demeures. Les gens constitués en dignité ou en charge en seront privés; les particuliers notables, dépouillés de leurs biens, les autres punis corporellement ou bannis. » Tel est le *Type* de l'empereur Constant ou plutôt de l'évêque Paul de Constantinople (Labbe, t. VI).

Que dans les commencements de la dispute, le pape Honorius témoignât un extrême désir que l'on gardât le silence, non pas sur la chose même, mais sur certaines expressions, cela se conçoit. Chef de l'Eglise universelle, il en avait le droit, se trompât-il dans l'application. Mais quand la dispute a occupé depuis des années et l'Orient et l'Occident; quand il est intervenu deux décrets du Siège apostolique, qu'un empereur de Byzance s'avise de défendre aux catholiques, sous les peines les plus sévères, d'obéir aux décrets du chef de l'Eglise et de soutenir la foi contre l'hérésie, cela est tout à fait différent. Outre que l'empereur byzantin n'y avait aucun droit, l'état des choses n'était plus le même.

Le patriarche Pyrrhus, qui était venu à Rome abjurer ses erreurs, et que le pape Théodore avait traité d'une manière si généreuse, ne persévéra point. Etant allé de Rome à Ravenne, il retourna à son vomissement, professa de nouveau le monothélisme, gagné apparemment par l'exarque Platon. Cette rechute si prompte fait douter que sa rétractation eût été bien sincère. Le pape Théodore l'ayant appris, assembla dans l'église de Saint-Pierre les évêques et le clergé, et prononça contre Pyrrhus la déposition avec anathème. Il se fit même apporter le calice sacré, et, ayant trempé sa plume dans le précieux Sang, il en souscrivit la sentence. (Théoph., Anast., *In Theod.*).

Quelque temps après, le même Pape, voyant que ni ses lettres ni les avertissements canoniques de ses légats n'avaient pu ramener à la foi catholique le patriarche Paul, prononça également contre lui la sentence de déposition. Pour s'en venger, Paul renversa l'autel que le Pape avait à Constantinople dans le palais de Placidie, et défendit aux légats qui y demeuraient d'y célébrer le saint sacrifice. Il les persécuta même, ainsi que plusieurs évêques et d'autres catholiques. Les uns furent mis en prison, d'autres bannis, d'autres déchirés de coups (Labbe, t. VI).

Peu après avoir déployé cette vigueur apostolique contre les deux patriarches coupables, le pape Théodore mourut le 13 mai 649, ayant tenu le Saint-Siège six ans et près de six mois. Le 5 juillet suivant, on élut à sa place saint Martin, qui avait été légat à Constantinople. Il était de *Tudertum* ou Todi en Toscane, et gouverna l'Eglise plus de six ans.

Les difficultés étaient grandes. Les chrétiens de Syrie, de Palestine et d'Egypte, soumis à la domination des mahométans, voyaient la plupart de leurs Eglises sans pasteurs légitimes. A Constantinople, une nouvelle hérésie, enfantée par les patriarches et soutenue par la puissance impériale, menaçait de pervertir de plus en plus l'Orient. La condamner sans retour, c'était s'attirer la vengeance d'un prince qui ne connaissait de loi que son caprice, de politique que la ruse et la violence; c'était s'attirer des persécutions, des outrages, l'exil, peut-être la mort. L'âme du nouveau Pape sera plus grande que les difficultés. Pour sauver les Eglises désolées de l'Orient, il y établira des vicaires apostoliques, avec ordre de les pourvoir d'évêques et de prêtres, en attendant qu'il puisse leur donner un patriarche. Il foudroiera d'un éternel anathème l'hérésie triomphante à Constantinople; il souffrira avec une héroïque patience les persécutions, les outrages, l'exil, et terminera sa pénible mais glorieuse carrière par le martyre.

Aussitôt après son ordination, son zèle pour la foi étant encore excité par saint Maxime, qui était à Rome, le saint pape Martin assembla un concile dans l'église du palais de Latran. Avec le Pape, il y assista cent cinq évêques. De ce nombre était Etienne, évêque de Dore, premier suffragant de Jérusalem et vicaire apostolique du pape Théodore dans cette partie de l'Orient. Les autres évêques étaient d'Italie, de Sicile, de Sardaigne et de Corse. L'archevêque de Ravenne n'assista point en personne, mais il députa Maur, évêque de Césène, et un prêtre nommé Deusdedit. Le concile eut cinq sessions.

La première fut tenue le 5 octobre 649. Le Pape y résuma l'histoire du monothélisme, la part qu'y avaient prise Cyrus d'Alexandrie, Sergius de Constantinople et ses successeurs Pyrrhus et Paul, l'*Ecthèse* d'Héraclius, ouvrage de Sergius, le *Type* de Constant, ouvrage de Paul. Il finit par les violences de ce dernier, l'autel renversé au palais de Placidie, les légats persécutés, et conclut ainsi : « Tout le monde sait ce que lui et ses prédécesseurs ont fait contre la foi catholique. Aussi les orthodoxes en ont-ils porté leurs plaintes, de divers lieux, au Siége apostolique, et par écrit et de vive voix. Nos prédécesseurs n'ont point cessé d'écrire en divers temps à ces évêques de Constantinople, usant de prières et de reproches, et les faisant avertir par leurs légats envoyés exprès; mais ils n'ont voulu rien écouter. C'est pourquoi j'ai cru nécessaire de vous réunir, afin que tous ensemble, en la présence de Dieu qui nous voit et qui nous juge, nous examinions ce qui regarde ces personnes et leurs erreurs, considérant principalement le précepte de l'apôtre, de prendre garde à nous et au troupeau sur lequel le Saint-Esprit nous a établis évêques, et de nous garder des loups et des mauvais ouvriers, puisque nous en rendrons compte à Dieu. Que chacun dise donc, avec le secours de Dieu et pour sa gloire, ce qu'il lui inspirera. »

Après que le pape saint Martin eut ainsi parlé, les députés de l'évêque de Ravenne présentèrent de sa part une lettre, avec cette inscription : « Au saint et bienheureux seigneur, pontife apostolique et universel dans toute la terre, le pape Martin, Maur, évêque et serviteur des serviteurs de Dieu. » Maur s'y excuse de n'être point venu au concile, tant sur les incursions des Barbares que sur l'absence de l'exarque, déclarant au surplus qu'il avait une même foi avec le Saint-Siége, qu'il condamnait l'*Ecthèse* et reconnaissait en Jésus-Christ deux opérations et deux volontés. Maxime d'Aquilée dit qu'il pensait de même, et demanda que, pour éviter la confusion, on se contentât qu'une ou deux personnes accusassent les coupables, savoir : Cyrus, Sergius, Pyrrhus et Paul, dont les écrits suffisaient pour les convaincre. Deusdedit, évêque de Cagliari en Sardaigne, fut du même avis, et tous les évêques ayant témoigné que c'était aussi leur sentiment, on finit la première session (Labbe, t. VI).

La seconde se tint trois jours après, c'est-à-dire le 8 octobre. Le Pape ayant ordonné que la dénonciation contre les accusés serait proposée par les parties intéressées, ou par le primicier et les notaires de l'Eglise romaine, Etienne, évêque de Dore, présenta une requête adressée au concile, dans laquelle il exposait que Sophrone, patriarche de Jérusalem, s'était opposé aux erreurs publiées par Cyrus, Sergius, Pyrrhus et Paul; qu'il lui avait fait un écrit pour les réfuter, et, qu'avant de mourir, il lui avait fait promettre sur le Calvaire d'aller à Rome, où sont les fondements de la foi orthodoxe, pour solliciter la condamnation de la nouvelle hérésie, qu'il avait exécuté l'ordre de Sophrone; que déjà il avait demandé au pape Théodore de la condamner, ainsi qu'au pape Martin, et qu'il réitérait sa demande au concile. Sa requête, qui était datée du 6 octobre, fut insérée aux actes. On fit ensuite entrer plusieurs abbés, prêtres et moines grecs, qui, dans une requête où ils appellent le Pape *Père des pères*, et Rome le *Siége apostolique et suprême*, demandèrent la condamnation non-seulement des dogmes, mais des personnes, disant que telle était la loi de l'Eglise, quand il y avait une accusation par écrit et personnelle. Ils demandèrent aussi qu'on anathématisât le *Type*, que l'on confirmât la doctrine catholique, et que pour leur consolation on fît traduire en grec, avec toute l'exactitude possible, la décision du concile, afin qu'ils pussent y donner leur consentement. Leur requête était souscrite par cinq abbés et trente-deux moines, parmi lesquels il y a plusieurs prêtres et plusieurs diacres. Le premier est Jean, prêtre et abbé du monastère de Saint-Sabas en Palestine; le second, Thalassius, abbé de Saint-André des Arméniens à Rome. Cette requête contenait une accusation formelle contre Cyrus, Sergius, Pyrrhus et Paul, et une profession de foi orthodoxe sur les deux opérations et les deux volontés. Il fut ordonné qu'elle serait insérée aux actes. Après quoi le primicier Théophylacte ayant représenté qu'il y avait dans les archives de l'Eglise romaine plusieurs requêtes données au Saint-Siége contre Cyrus, Sergius, Pyrrhus et Paul, le Pape en ordonna la lecture, et premièrement de Sergius, archevêque de Chypre, présentée, en 643, au pape Théodore, qu'il appelle son *très-saint et bienheureux seigneur, archevêque et*

*Pape universel;* puis des plaintes portées au même Pape, en 646, par les évêques d'Afrique, qui l'appellent Père des pères et souverain pontife de tous les pontifes. On inséra toutes ces pièces aux actes. Ensuite le pape saint Martin, trouvant qu'il y en avait assez de produites contre les personnes des accusés, ordonna que l'on examinerait canoniquement les écrits de chacun. (Labbe, t. VI).

Cela se fit dans la troisième, que l'on tint le 17 octobre. On commença par ceux de Théodore, évêque de Pharan, comme ayant été le premier auteur de cette nouvelle hérésie. Par la lecture que l'on fit de plusieurs passages tirés de ses divers écrits, il fut prouvé clairement qu'il ne reconnaissait en Jésus-Christ, qu'une seule opération, dont le Verbe divin était la source, et l'humanité seulement l'organe ou l'instrument. Le Pape réfuta cette erreur, en lui opposant l'autorité des Pères, dont il rapporte les passages, savoir : de saint Cyrille, de saint Grégoire de Nazianze, de saint Denys, de saint Basile et du concile de Chalcédoine. Ensuite on lut les neuf articles de Cyrus d'Alexandrie, et on s'arrêta au septième, qui porte anathème à quiconque ne reconnaît pas en Jésus-Christ une seule opération théandrique, selon saint Denys. Sergius de Constantinople, dont on lut aussi la lettre, alléguait de même l'autorité de saint Denys, pour établir l'unité d'opération. Ce qui donna occasion à Sergius, évêque de Tempse, de demander qu'on fît lecture du passage de saint Denys d'Athènes, cité par Cyrus, comme étant de la lettre à Caïus. On le lut en ces termes : « Il n'a fait ni les actions divines en Dieu, ni les actions humaines en homme; mais il nous a fait voir une nouvelle espèce d'opération d'un Dieu incarné, que l'on peut nommer *théandrique.* » Le Pape expliqua ces paroles. Il commença par montrer que Cyrus, à l'exemple des anciens hérétiques, avait abusé des passages des Pères, en les falsifiant; qu'au lieu de dire, comme saint Denys, *une nouvelle opération*, Cyrus avait mis dans son septième article, *une seule opération théandrique;* et que Sergius avait supprimé le terme *théandrique*, en disant *une seule opération*. Ensuite, il fit lire cinq passages de Thémistius, hérétique sévérien, où il disait qu'il n'y avait en Jésus-Christ qu'une seule opération, et que c'était pour cela que saint Denys l'avait nommée *théandrique.* Le Pape en inféra que Cyrus et Sergius étaient disciples de Thémistius, puisqu'ils pensaient et parlaient de même que cet hérétique. Puis, venant à l'explication des paroles de saint Denys, il prouva, par divers raisonnements, que le terme de *théandrique* enferme nécessairement deux opérations, et que ce Père ne s'en est servi que pour marquer l'union des deux opérations, comme des deux natures, en une seule personne ; qu'ainsi il a dit sagement que Jésus-Christ ne faisait ni les actions divines en Dieu, ni les actions humaines en homme, parce que le propre de l'union personnelle des deux natures était de faire humainement les actions divines, et divinement les actions humaines. Jésus-Christ faisait des miracles par sa chair, animée d'une âme raisonnable et unie à lui ; et, par sa vertu toute-puissante, il se soumettait volontairement aux souffrances qui nous ont procuré la vie.

Cette explication fut approuvée de Deusdedit, évêque de Cagliari, qui ajouta que Pyrrhus lui-même avait reconnu la falsification du texte de saint Denys par Cyrus. Il est vrai, dit Pyrrhus dans sa réponse à Sophrone, que Cyrus a mis *une seule* au lieu de *une nouvelle;* mais il l'a fait sans malice, croyant qu'on ne pouvait donner un autre sens au mot de *nouvelle*. Le même évêque demanda la lecture de l'*Ecthèse* d'Héraclius. On la lut, et de suite les extraits des deux conciles tenus à Constantinople par Cyrus et par Pyrrhus, ainsi que la lettre de Cyrus à Sergius. Il était dit dans cette lettre, que l'*Ecthèse* avait été envoyée à l'exarque Isaac, pour la faire souscrire au pape Sévérin ; sur quoi le pape saint Martin dit : Ils ont été trompés dans leur espérance, jamais leur *Ecthèse* n'a été ni approuvée ni reçue par l'autorité apostolique. Au contraire, elle l'a condamnée et anathématisée (Labbe, t. VI).

La quatrième session se tint le 19 octobre. Après avoir fait une récapitulation des écrits que Cyrus, Sergius et Pyrrhus avaient composés contre la foi orthodoxe, le saint pape Martin releva les contradictions où ils étaient tombés, en soutenant d'un côté, tous les trois, qu'il n'y avait dans le Christ qu'une seule opération, et en approuvant de l'autre, tous les trois, l'*Ecthèse* d'Héraclius, qui défend de dire une opération ni deux. Il montra la nullité de leurs procédures contre les défenseurs de la vérité, qu'ils avaient condamnés sans faire comparaître ni accusateur ni accusé, et proposa la lecture des décrets des cinq conciles œcuméniques. Mais Benoît, évêque d'Ajaccio en Corse, ainsi que tous les autres évêques, représentèrent qu'il fallait encore discuter ce qui regardait Paul de Constantinople, attendu qu'il ne s'était pas moins déclaré pour l'hérésie que ses prédécesseurs, par les persécutions qu'il avait faites aux catholiques. On lut donc sa lettre au pape Théodore, et le *Type*, dont on savait qu'il était l'auteur. Deusdedit, évêque de Cagliari, observa que cette lettre confirmait les accusations formées contre Paul, et qu'au lieu de profiter des avertissements du Siége apostolique, il avait approuvé l'*Ecthèse*, jusqu'à en insérer les paroles dans ses propres écrits. A l'égard du *Type*, le concile prit en bonne part le motif qui l'avait fait dicter à l'empereur, savoir : de faire cesser les disputes sur la foi. Mais parce qu'on y menaçait également d'anathème et de peines corporelles ceux qui confessaient la vérité comme ceux qui soutenaient l'erreur, le concile trouva que cette manière de procéder était contraire aux règles de l'Eglise, qui ne condamne au silence que ce qui est opposé à sa doctrine. Ensuite, on fit lire les Symboles de Nicée, de Constantinople, la définition de du concile d'Ephèse ou les douze anathèmes de saint Cyrille, celle de Chalcédoine, enfin les quatorze anathèmes du second de Constantinople, cinquième général. Sur quoi Maxime d'Aquilée dit et montra que la calomnie des hérétiques contre ces cinq conciles était évidente, puisque, bien loin d'avoir enseigné les mêmes erreurs qu'eux, ces conciles les avaient au contraire condamnées par avance (*Ibid.*).

Pour achever de convaincre les nouveaux hérétiques, il restait de produire les écrits des Pères, grecs et latins, qui ont enseigné qu'il y a en Jésus-Christ deux volontés et deux opérations, et les livres des hérétiques qui, avant la naissance du monothélisme, ont soutenu qu'il n'y avait en Jésus-Christ qu'une seule volonté et une seule opération. C'est à quoi le concile s'occupa dans la cinquième et dernière session, qui se tint le 31 octobre. Mais avant de procéder à la lecture des Pères, Léonce, évêque de Naples, demanda qu'on relût l'endroit du 5ᵉ concile qui établissait leur autorité. Il est conçu en ces termes : « Outre les quatre conciles, nous suivons en tout les saints Pères et Docteurs de l'Eglise, Athanase, Hilaire, Basile, Grégoire de Nysse, Ambroise, Augustin, Théophile, Jean de Constantinople, Cyrille, Léon et Proclus, qui ont enseigné dans l'Eglise, sans reproche, jusqu'à la fin. » Le premier Père dont on rapporta des passages, fut saint Ambroise, puis saint Augustin, saint Grégoire de Nysse, saint Cyrille, saint Basile, saint Grégoire de Nazianze et saint Amphiloque. Il fut démontré, par toutes ces autorités, que la volonté du Fils de Dieu est la même que celle du Père ; et de l'unité de volonté et d'opération, on conclut l'unité de nature. Puis on cita d'autres passages pour montrer qu'outre la volonté divine, Jésus-Christ avait une volonté humaine : ils étaient tirés des écrits de saint Hippolyte, de saint Léon, de saint Athanase, de saint Chrysostome, de Théophile d'Alexandrie, de Sévérien de Gabale, de saint Denys l'Aréopagite, de saint Ephrem d'Antioche et de plusieurs autres anciens Pères.

Le concile déclara qu'il s'en tenait à la doctrine de ces Pères, qui avaient non-seulement reconnu, mais prouvé, par divers raisonnements, qu'il y a en Jésus-Christ deux volontés et deux opérations. Il ordonna ensuite de lire les passages des hérétiques qui avaient enseigné une seule opération avant Cyrus, Sergius et leurs adhérents. On lut d'abord un endroit d'un discours sur la Pâque, par Lucius, évêque arien d'Alexandrie, puis d'autres passages d'Apollinaire, de Polémon, son disciple, de Sévère, de Thémistius de Colluthe, de Théodore de Mopsueste, de Nestorius, de Julien d'Halicarnasse et de quelques autres, qui ont enseigné qu'il n'y avait en Jésus-Christ qu'une opération et qu'une volonté.

Le pape saint Martin fit observer au concile que les monothélites étaient plus coupables que tous ces anciens hérétiques, en ce qu'ils voulaient persuader aux simples qu'ils suivaient la doctrine des Pères, au lieu que les autres hérétiques avaient fait profession de la combattre. Les monothélites objectaient qu'en admettant deux volontés, on les supposait contraires. Maxime d'Aquilée, pour répondre à cette objection, fit voir que Jésus-Christ, étant Dieu parfait et homme parfait, il devait vouloir et agir et comme Dieu et comme homme, et, qu'étant sans péché, il n'y avait pas en lui, comme en nous, deux volontés contraires. Deusdedit de Cagliari ajouta que, Jésus-Christ ayant agi et comme Dieu et comme homme, c'était à tort que les monothélites rapportaient toutes ses actions et toutes ses volontés à la nature divine. Enfin, le pape saint Martin montra, par deux passages, l'un de saint Cyrille, l'autre de saint Grégoire de Nazianze, que, Jésus-Christ ayant pris la nature humaine tout entière, il avait pris conséquemment la volonté qui est essentielle à l'âme raisonnable.

L'erreur des monothélites, ainsi examinée à fond, avec un calme, mais surtout avec une netteté remarquable dans une matière aussi abstraite, le concile rendit son jugement en vingt canons, qui établissent la foi de l'Eglise sur les mystères de la Trinité et de l'Incarnation. On y condamne tous ceux qui ne confessent pas que les trois personnes de la Trinité sont d'une même nature ; que le Verbe s'est fait homme ; que Marie, toujours vierge, est véritablement mère de Dieu ; que Jésus-Christ est consubstantiel à Dieu selon la divinité, et consubstantiel à l'homme et à sa mère selon l'humanité ; que c'est proprement et véritablement une nature du Verbe incarné ; que les deux natures subsistent en Jésus-Christ, distinctes, mais unies substantiellement, sans confusion et indivisiblement ; en sorte qu'il n'y a qu'un et même Seigneur et Dieu, Jésus-Christ ; qu'en lui les deux natures conservent leur différence et leurs propriétés, sans aucune diminution ; qu'il est en Jésus-Christ deux volontés et deux opérations, la divine et l'humaine, unies indivisiblement, Jésus-Christ ayant, par chacune des deux natures, opéré notre salut.

En conséquence, le concile condamne les hérétiques qui ne reconnaissent en Jésus-Christ qu'une volonté et qu'une opération ; ceux qui rejettent les deux volontés, qui ne veulent dire ni une volonté ni deux ; qui expliquent l'opération théandrique, d'une seule opération, contrairement aux sentiments des Pères, qui en reconnaissaient deux, la divine et l'humaine ; qui soutiennent que les deux volontés induisent de la contrariété et de la division en Jésus-Christ, et qui, en conséquence, n'attribuent pas à la même personne de Notre Seigneur tout ce qui en est dit dans les Evangiles et dans les Apôtres. Le concile condamne encore ceux qui ne reçoivent pas tout ce qui a été enseigné et transmis à l'Eglise catholique par les saints Pères et par les cinq conciles œcuméniques, jusqu'à la moindre syllabe ; ceux qui n'anathématisent pas tous les hérétiques qui ont combattu les mystères de la Trinité et de l'Incarnation, savoir : Sabellius, Arius, Macédonius, Apollinaire, Eutychès, Nestorius, Paul de Samosate, Origène, Didyme, Evagre et autres, rejetés et condamnés par l'Eglise, de même que Théodore de Pharan, Cyrus d'Alexandrie, Sergius de Constantinople, Pyrrhus et Paul, ses successeurs, avec tous leurs écrits ; quiconque reçoit l'*Ecthèse* d'Héraclius et le *Type* de Constant ; quiconque tient pour légitimes les procédures faites par les hérétiques contre les catholiques ; enfin ceux qui osent dire que la doctrine des hérétiques est celle des Pères et des conciles, et ceux qui font de nouvelles professions de foi ou forment de nouvelles questions pour séduire les simples.

Le Pape souscrivit en ces termes : « Martin, par la grâce de Dieu, évêque de la sainte Eglise catholique et apostolique de la ville de Rome, j'ai souscrit, comme juge, à cette définition qui confirme la foi orthodoxe, et à la condamnation de Théodore, jadis évêque de Pharan, de Cyrus d'Alexandrie, de Sergius de Constantinople, de Pyrrhus et de Paul, ses successeurs, avec leurs écrits hérétiques, et de l'impie *Ecthèse* et du *Type* impie qu'ils ont publiés. » Tous les autres évêques souscrivirent de même, au nombre de cent cinq en tout. Jean, évêque de Milan, et quelques autres, qui n'avaient pas assisté au concile, y souscrivirent ensuite, exprimant dans leurs souscriptions la condamnation des cinq personnes, de l'*Ecthèse* et du *Type* (Labbe, t. VI).

Les actes du concile ayant été aussitôt traduits du latin en grec, le Pape les envoya de tous côtés ; en Occident et en Orient, avec une lettre encyclique à tous les fidèles, évêques, prêtres, diacres, abbés, moines, et à toute l'Église catholique, pour les instruire de l'erreur des monothélites, de la nécessité qu'il y avait eu d'assembler ce concile et de ce qui s'y était passé, et pour les exhorter à ne point écouter les novateurs, et à ne pas craindre les hommes dont la vie passe comme l'herbe qui se fane, et dont aucun n'a été crucifié pour nous. Cette lettre, où règne une certaine majesté digne du chef de l'Église, est écrite tant au nom du Pape qu'au nom du concile.

Comme les évêques d'Afrique avaient envoyé au Saint-Siège leur confession de foi, où ils approuvaient la doctrine des deux volontés et des deux opérations, saint Martin leur fit réponse et leur envoya, par Théodore et Léonce, moines de la Sainte-Laure, les actes du concile de Latran, avec sa lettre-circulaire. Il approuve leur confession de foi, les exhorte à y persévérer et leur explique en peu de mots ce qui s'était passé contre les monothélites. Cette lettre, où respire un profond sentiment de l'union de l'Église et du courage nécessaire pour confesser la foi orthodoxe, est tissue presque tout entière, aussi bien que les autres, des paroles mêmes de l'Écriture sainte.

Le Pape avait reçu de saint Amand, évêque de Maëstricht, une lettre où il le consultait sur ce qu'il avait à faire pour réprimer le désordre de quelques-uns de ses clercs, qui étaient tombés dans des péchés d'impureté depuis leur ordination. Il en était si affligé, qu'il pensait à quitter son évêché pour vivre dans la retraite et le silence. Le saint Pape, dans sa réponse, le plaint du dérèglement de son clergé, le détourne du dessein où il était de quitter les fonctions pastorales, et lui conseille de traiter avec toute la rigueur des canons les prêtres, les diacres et les autres clercs qui tombaient dans des péchés honteux. Celui, dit-il, qui est une fois tombé de la sorte après son ordination, doit être déposé sans espérance de promotion aucune, et passer le reste de ses jours en pénitence, puisque nous cherchons pour les ordres, des personnes dont la vie a toujours été pure. Le Pape lui marque ensuite de quelle manière l'hérésie des monothélites s'était établie, ce qu'il avait fait pour en arrêter les progrès, et le charge de faire connaître les actes du concile de Latran et sa lettre encyclique, aux peuples et aux évêques des Gaules, afin que ces derniers, s'étant réunis en concile, confirment par leur consentement ce que nous avons fait pour la foi, et nous envoient leurs souscriptions. Il ajoute : « Priez notre très-excellent fils Sigebert, roi des Francs, de nous envoyer quelques-uns de nos frères les évêques, pour se charger de la légation du Siége apostolique et porter à notre très-clément prince les actes de notre concile et ceux du vôtre. Nous avons fait donner au porteur les reliques des saints qu'il a demandées ; mais à l'égard des livres, il ne nous a pas été possible de lui en donner, parce que notre bibliothèque est vide, et qu'il était si pressé de s'en retourner, qu'il n'a pu en transcrire (Labbe, t. VI). »

Cette lettre était sans doute accccompagnée d'une autre au roi saint Sigebert ; car, pour son frère le roi Clovis II, il est certain que le Pape lui écrivit et le pria de lui envoyer quelques évêques pour travailler avec lui à étouffer l'hérésie. Saint Éloi et saint Ouen, élevés dès lors à l'épiscopat, y seraient allés volontiers ; mais ils furent retenus dans les Gaules (*Vit. S. Elig.*, n. 33).

Le Pape demandait aux rois francs des évêques gaulois pour les envoyer en ambassade à Constantinople. C'est que les Francs n'étant pas soumis aux Grecs et pouvant au besoin leur tenir tête, les évêques des Gaules n'étaient pas si exposés que ceux d'Italie aux violences et aux séductions de la cour de Byzance. Il s'agissait d'ailleurs d'une affaire assez délicate. Le Pape et le concile de Latran venaient de condamner comme impie le *Type* de l'empereur Constant ; il fallait, non-seulement annoncer cette condamnation à l'empereur, mais la lui faire agréer. A la vérité, l'empereur Héraclius, son aïeul, voyant son *Ecthèse* condamnée par le pape Jean, répondit avec une généreuse franchise que l'*Ecthèse*, n'étant pas son œuvre, mais celle du patriarche Sergius, il l'abandonnait de grand cœur. On pouvait toujours demander si le petit-fils serait aussi généreux et aussi franc que l'aïeul. Sans doute, en condamnant le *Type* impérial en lui-même, le Pape et le concile avaient loué l'intention de l'empereur, et rejeté la faute sur le patriarche Paul, qui de fait était le vrai coupable. Mais enfin, comment le jeune prince, une fois entraîné par le patriarche, recevra-t-il cette communication de soi peu flatteuse ? Le pape saint Martin, qui avait été nonce à Constantinople, qui connaissait ainsi mieux que personne l'état des hommes et des choses, savait aussi mieux que personne ce qu'il y avait à espérer ou à craindre. Mais, on le voit par ses lettres et par toute sa conduite, un sentiment dominait chez lui tous les autres : la crainte de Dieu et le sentiment de son devoir. Il envoya donc les actes du concile à l'empereur même, et lui écrivit, en son nom et au nom du concile, une lettre respectueuse, mais qui n'avait rien de l'adulation byzantine.

« Comme les mages offrirent au Christ, Dieu-Homme, de mystérieux présents, ainsi les évêques offrent à l'empereur, qui règne par le Christ et y aspire, de précieux dons, tels qu'il convient à des pontifes, savoir : l'or d'une confession sincère et ferme, l'encens d'une théologie pure, la myrrhe d'une doctrine qui conserve le bien et repousse le contraire. Voilà ce qui sera pour Sa Majesté une couronne de gloire ; car la gloire de l'empire, c'est la connaissance de la vérité. Le concile assemblé à Rome a donc confirmé la foi orthodoxe et infirmé les discours des hérétiques, qui nient que le Christ ait, en tant qu'homme, une volonté et une opération naturelle. Avertis par les évêques de presque toutes les provinces et par les Pontifes romains, ils ne se sont pas corrigés, mais ont fait pire encore. Ce sont Théodore de Pharan, Cyrus d'Alexandrie, Sergius de la capitale, et leurs successeurs Pyrrhus et Paul, qui, non contents de soutenir l'erreur eux-mêmes, l'ont fait approuver insidieusement à Sa Majesté et à son aïeul, de bienheureuse mémoire, en leur surprenant l'*Ecthèse* et le *Type*, pour faire tomber sur autrui leur propre faute. Ce qui les rend doublement coupables ; car ils ont par là, non-seulement scandalisé les peuples fidèles, mais donné sujet aux Barbares de tourner en dérision le mystère de notre foi. Le concile les a donc condamnés, avec l'*Ecthèse* et le *Type*, leur ouvrage, afin de justifier Votre Majesté de leurs inculpations. Car ils ont osé écrire aux évêques d'Afrique, que vous avez publié le *Type* de votre propre mouvement, pour ordonner de se relâcher un peu de la rigueur excessive, sans préjudice de la vérité. Eh quoi ! ils n'ont pas écouté les Pères, qui disent qu'à l'égard des vérités divines, le moindre changement est important. Mais surtout, pour imprimer à Votre Majesté leur propre tache, ils conviennent et écrivent eux-mêmes que le *Type* n'est point exact. Nous donc, détestant une pareille malice, nous avons condamné leur hérésie, et nous vous envoyons les actes de notre concile, avec leur traduction en grec, vous priant de les lire attentivement, et, par vos pieuses lois, de condamner les hérétiques et de maintenir la doctrine des Pères et des conciles pour la prospérité de votre empire. ». Tous les évêques du concile souscrivirent la lettre (Labbe, t. VI).

Dans le même temps, pour sauver les Eglises désolées, de la Syrie, de la Palestine et de l'Egypte, le pape saint Martin, en vertu du pouvoir que le Seigneur lui en avait donné par saint Pierre, établit Jean, évêque de Philadelphie, l'ancienne Rabbat-Ammon, capitale des Ammonites, son vicaire par tout l'Orient, avec ordre de remplir incessamment les Eglises catholiques d'évêques, de prêtres et de diacres; de recevoir ceux des hérétiques qui voudraient se convertir, en leur faisant donner auparavant leur confession de foi par écrit, et de les rétablir chacun dans leur ordre, pourvu qu'il ne se trouvât point d'autre empêchement canonique. « Car nous sommes, dit-il, les défenseurs et les gardiens, non les prévaricateurs des canons. » En conséquence, il défend à Jean de Philadelphie de confirmer ceux qui s'étaient choisis eux-mêmes, ou ceux dont l'élection n'était point canonique. Il met de ce nombre Macédonius d'Antioche, dont l'élection avait été faite dans un pays étranger, sans consentement du peuple et sans décret d'élection, et parce qu'il était uni aux hérétiques, qui l'avaient élu pour récompense de ses crimes, et Pierre, qu'ils n'avaient fait évêque d'Alexandrie que pour fortifier leur parti par le grand nombre. Il veut que ceux qui seront reçus dans l'Eglise catholique condamnent, non-seulement l'hérésie des monothélites, mais encore Théodore de Pharan, Cyrus, Sergius et tous ceux qui sont de leur sentiment; qu'ils rejettent le *Type*, fait à l'instigation de Paul de Constantinople, et qu'ils confessent clairement deux volontés en Jésus-Christ. Il marque qu'il leur envoie les actes du concile de Latran et la lettre encyclique, par l'abbé Théodore, son apocrisiaire ou nonce, et par les moines Jean, Etienne et Léonce, qu'il lui donne Théodore, évêque d'Esbunde, l'ancienne Esébon, capitale des Moabites, et Antoine de Bacate, pour l'aider dans l'exécution de sa commission (*Ibid.*).

Saint Martin écrivit en particulier à chacun de ces deux évêques, pour les exhorter à s'unir à Jean de Philadelphie. Il loue Théodore d'Esbunte, de s'être déclaré hautement contre les monothélites, en publiant sa confession de foi par écrit, et Antoine de Bacate, d'avoir quitté leur parti et envoyé au Saint-Siège sa rétractation. « Se tromper, dit-il, est de la faiblesse humaine ; mais changer en mieux, est l'œuvre de la grâce seule. » Il ajoute, qu'en récompense il lui rend, par l'autorité apostolique, la dignité épiscopale. Sa lettre à Georges, abbé de Saint-Théodose, est pour le remercier d'avoir pris, avec ses moines, la défense d'Etienne, évêque de Dore, légat du Siège apostolique sous le pape Théodore, et pour l'exhorter à se soumettre à Jean de Philadelphie. Ceux qui avaient supprimé les ordres que le Saint-Siège adressait à l'évêque de Dore, pour instituer canoniquement des évêques, des prêtres et des diacres, avaient envoyé à Rome des plaintes contre lui. Après y avoir été examinées, elles se trouvèrent sans fondement. C'est ce que le Pape déclare dans sa lettre à Pantaléon, qui lui en avait envoyé une relation. Il dit que ces ordres avaient été donnés à Etienne, parce que, au milieu de ces temps déplorables, le Siège apostolique n'avait pu *promouvoir* un patriarche pour Jérusalem.

Cette parole est remarquable; elle nous montre que, suivant la règle, les patriarches étaient promus ou confirmés par le Pape. Il ajoute que ses calomniateurs étaient cause qu'il n'y avait plus en ces quartiers-là d'évêques ni de prêtres qui offrissent continuellement des sacrifices pour le peuple ; ce qui faisait pleurer nuit et jour le saint Pape. Dans une lettre à Pierre, qui avait le titre d'*illustre* et qui paraît avoir eu l'autorité temporelle dans le pays, il recommande l'évêque de Philadelphie, son vicaire. Comme son pouvoir s'étendait particulièrement sur les patriarcats de Jérusalem et d'Antioche, le saint Pape écrivit une lettre encyclique à tous les évêques, prêtres, diacres, abbés, moines, ascètes et peuples orthodoxes, soumis sacerdotalement à ces deux métropoles, pour leur déclarer, qu'en vertu du pouvoir que le Seigneur lui en a donné par saint Pierre, il avait nommé son vicaire en Orient, Jean de Philadelphie, et pour les exhorter à lui obéir. Il les conjura en même temps de demeurer fermes dans la foi de l'Eglise romaine, et d'éviter les hérétiques, nommément Macédonius et Pierre ; l'un, usurpateur du siège d'Antioche ; l'autre, d'Alexandrie. Il leur notifia aussi la condamnation du monothélisme dans le concile de Latran, dont il dit qu'il avait envoyé les actes à Jean de Philadelphie, afin qu'il leur en fît part (Labbe, t. VI).

Voilà comme le pape saint Martin sauva d'une ruine entière les Eglises d'Orient. Ces faits méritent une religieuse attention. Le pontife chrétien de la cité de Romulus, ordonnant à son lieutenant, le pontife de la cité des Ammonites, assisté du pontife des Moabites, d'établir en son nom des pontifes et des prêtres du vrai Dieu dans les antiques régions de Mizraïm, de Chanaan, d'Ammon, de Moab, de Madian, d'Edom, d'Emath, d'Aram, d'Assur ; dans les vieilles conquêtes d'Alexandre, de Cyrus, de Nabuchodonosor, de Sésostris, de Nemrod ; certes, voilà un fait capital de l'histoire humaine. De plus, ces faits nous montrent de quelle manière la juridiction sacerdotale se communiquait selon les temps, et quelle en est la source unique. En vertu de leur primauté, les Pontifes romains instituaient immédiatement les patriarches, et en même temps ils leur conféraient le pouvoir de confirmer leurs suffragants, discipline que le concile de Nicée reconnut expressément et consacra pour ses canons. Mais lorsque des événements malheureux venaient bouleverser cet ordre si sage ; lorsqu'il s'élevait des dissensions ; lorsqu'une église patriarcale se trouvait privée de pasteur, et que des motifs graves ne permettaient pas de faire cesser promptement sa viduité, alors il était du devoir, autant que de la prérogative du Saint-Siége, de se ressaisir des droits qu'il n'avait pas perdus en les cédant, et d'exercer par lui-même, pour le bien des Eglises, l'autorité que dans les temps ordinaires il confiait à ses délégués.

C'est ainsi que le pape saint Martin ordonne à son vicaire, l'évêque de Philadelphie, l'ancienne Rabat-Ammon; d'instituer des évêques dans les patriarcats d'Antioche et de Jérusalem. « Hâtez-vous, dit-il, de corriger ce qui a besoin de correction, et d'établir dans toutes les villes dépendantes des siéges de Jérusalem et d'Antioche, des évêques, des prêtres et des diacres. Nous vous l'ordonnons par l'autorité apostolique que Dieu nous a conférée par Pierre, le prince des apôtres (Labbe, t. VI). » On remarquera sans doute qu'en déployant une puissance si étendue le Pape ne s'appuie d'aucune loi, d'aucune concession ecclésiastique. Une si éminente autorité a sa source unique dans la primauté de saint Pierre; c'est un don fait par Dieu même au prince des apôtres, et par celui-ci à ses successeurs, et avec eux et en eux à l'Eglise entière, dont l'unité n'a point de garant plus certain, ni de plus invincible boulevard (Trad. de l'Eglise sur l'institution des évêques t. I).

Paul, nouvellement ordonné évêque de Thessalonique, envoya, selon la coutume, au pape saint Martin, par un évêque et un diacre, ses lettres synodales. Elles contenaient sa profession de foi, mais favorisaient le monothélisme. Le Pape s'en plaignit aux députés de Paul, qui l'assurèrent que l'erreur qui paraissait dans ses lettres s'y était glissée par inadvertance, et que Paul la corrigerait sitôt qu'il en serait averti charitablement. Saint Martin se laissa fléchir et n'usa pas même de son droit, suivant lequel il pouvait obliger Paul, comme particulièrement soumis au Saint-Siége, de venir à Rome se justifier canoniquement. Il se contenta donc de lui faire voir par les légats du Saint-Siége, qui étaient sur les lieux, en quoi il avait failli, lui donnant par écrit la profession de foi qu'il devait suivre. Mais Paul trompa les légats, et leur donna une profession de foi où, en parlant de la volonté et de l'opération de Jésus-Christ, il avait omis le mot de *naturelle*, ainsi que l'anathème contre les monothélites. Les légats, séduits par ses artifices et ses flatteries, se contentèrent de cet écrit; mais le Pape, l'ayant reçu, leur ordonna de faire pénitence dans le sac et la cendre, et prononça anathème contre Paul de Thessalonique.

Il le lui déclara par une lettre du mois de novembre 649, dans laquelle, après lui avoir reproché tous ses mauvais artifices, il dit : « Sachez que vous êtes déposé de toute dignité sacerdotale et de tout ministère dans l'Eglise, jusqu'à ce que vous confirmiez par écrit, sans aucune omission, tout ce que nous avons ici décidé en concile, et que vous anathématisiez tout ce que nous anathématisons, particulièrement les nouveaux hérétiques, avec leur *Ecthèse* et leur *Type*. Vous devez encore réparer la faute que vous avez faite contre les canons, en ne vous reconnaissant pas dans vos lettres pour sujet et vicaire du Siége apostolique. Fleury aurait pu remarquer ici que le Pape anathématise un métropolitain jusqu'à ce qu'il confirme ce qui a été décidé par le concile ; car cela fait voir de quelle nature était la confirmation ou le consentement que le Pape demandait aux évêques. Saint Martin écrivit en même temps à l'Eglise de Thessalonique, de n'avoir plus de communion avec Paul, et de faire célébrer l'office par les prêtres et les diacres catholiques, jusqu'à ce qu'il fût rentré en son devoir, ou qu'on eût fait un autre évêque à sa place (Labbe, t. VI).

Le concile de Latran n'était pas encore terminé, que déjà le pape saint Martin se vit exposé aux embûches et aux poignards des Grecs. Dès le commencement, l'empereur Constant avait employé les lettres et les menaces pour lui faire souscrire son *Type*. N'y ayant pas réussi, il envoya pour exarque en Italie, son chambellan Olympius, avec ordre de faire souscrire le *Type* à tous les évêques et à tous les propriétaires des terres. D'après le conseil du patriarche Paul, il ajouta : « Si vous pouvez vous assurer de l'armée d'Italie, vous arrêterez Martin, qui a été légat ici, à Constantinople. Que si vous trouvez de la résistance dans l'armée, tenez-nous en repos jusqu'à ce que vous soyez maître de la province et que vous ayez gagné les troupes de Rome et de Ravenne pour exécuter nos ordres. »

Olympius, arrivé à Rome, trouva le concile assemblé. Il voulut d'abord exciter un schisme dans l'Eglise, par le moyen des troupes qu'il amenait. Il y travailla longtemps, mais en vain. Ne pouvant réussir par la violence, il eut recours à la trahison. Comme le Pape lui présentait la communion dans l'église de Sainte-Marie-Majeure, il voulut le faire tuer par son écuyer. Ce qui était d'autant plus facile que, suivant la coutume d'alors, le Pape allait communier tout le monde à sa place. Dieu ne permit point l'exécution de cet exécrable dessein. L'écuyer se tenait prêt ; mais, comme il assura depuis avec serment à plusieurs personnes, il fut frappé d'aveuglement et ne vit point le Pape quand il vint donner la communion à l'exarque. Celui-ci voyant la protection de Dieu sur le saint Pontife, lui déclara les ordres qu'il avait reçus, fit la paix avec lui et passa en Sicile avec son armée, pour combattre les Sarrasins qui s'y étaient déjà établis. Mais il y vit périr la plus grande partie de ses troupes, et mourut enfin lui-même.

L'empereur envoya, pour lui succéder, Théodore, surnommé Calliopas, avec ordre d'enlever le Pape, l'accusant d'hérésie, pour avoir condamné le *Type*. On l'accusait encore de ne pas honorer la sainte Vierge comme Mère de Dieu, et enfin d'avoir envoyé des lettres et de l'argent aux Sarrasins. Le saint Pontife, averti des desseins qu'on avait sur lui, s'était retiré avec son clergé dans l'église de Latran. L'exarque vint à Rome le 15 juin 653. Le Pape, qui était grièvement malade depuis le mois d'octobre, envoya au devant quelques personnes de son clergé. L'exarque les reçut dans son palais, croyant que le Pape était avec eux. Mais, voyant qu'il n'y était pas, il dit aux principaux : « Nous voulions l'adorer ; mais demain, qui est dimanche, nous irons le trouver et le saluer ; car aujourd'hui il ne nous a pas été possible. » On voit ici les mots d'*adorer* et de *saluer* employés indifféremment l'un pour l'autre ; et il y avait longtemps que l'on disait, *adorer l'empereur*.

Le lendemain dimanche, 16 juin, la messe fut célébrée dans la même église de Latran. Mais l'exarque, craignant la multitude du peuple, envoya dire au Pape : « Je suis si fatigué du voyage, que je ne puis vous aller voir aujourd'hui; mais j'irai demain sans faute adorer Votre Sainteté. » Le lundi matin il envoya un de ses officiers, accompagné de quelques personnes, lui dire : « Vous avez préparé des armes et amassé des pierres pour vous défendre, et vous avez des gens armés là-dedans. » Le Pape, pour toute réponse, les envoya visiter la maison épiscopale, afin de rendre eux-mêmes témoignage, s'ils y auraient vu des armes ou des pierres. Ils revinrent sans avoir rien trouvé, et il leur dit : « Voilà comme on a toujours agi contre nous, par des faussetés et des calomnies. Quand Olympius vint, il y avait aussi des menteurs qui disaient que je pouvais le repousser à main armée. »

Ils s'en allèrent avec cette réponse. Mais une demi-heure n'était pas encore passée, quand ils revinrent avec des troupes. Le Pape, malade, était couché sur son lit à la porte de l'église. Les soldats entrèrent, armés de boucliers, de lances et d'épées et ayant leurs arcs bandés. Ils brisèrent les cierges de l'église, en jonchèrent le pavé avec un bruit effroyable, joint à celui de leurs armes. En même temps Calliopas présenta aux prêtres et aux diacres un ordre de l'empereur pour déposer le saint Pontife, comme indigne et intrus, et pour l'envoyer à Constantinople, après avoir subrogé un autre évêque à sa place. Tel était l'ordre de l'empereur. Mais la dernière partie, concernant l'élection d'un autre pontife, ne fut point exécutée; car plus d'un an après, le saint Pape écrivit de Constantinople à un de ses amis : « Cela ne s'est jamais fait, et j'espère que cela ne se fera jamais; car en l'absence du pontife, c'est l'archidiacre, l'archiprêtre et le primicier qui le représente (Labbe, t. VI). »

Alors le saint pape Martin sortit de l'église, ou plutôt il en fut tiré. Le clergé s'écria en présence de l'exarque : « Anathème à qui dira ou croira que le pape Martin a changé un seul point dans la foi! Anathème à qui ne persévère pas jusqu'à la mort dans la foi catholique! » Calliopas, voulant se justifier devant les assistants, commença à dire : « Il n'y a point d'autre foi que la vôtre, et je n'en ai pas d'autre moi-même. » Le saint Pape se livra donc sans résistance, pour être mené à l'empereur. Quelques-uns du clergé lui criaient de n'en rien faire. Mais il ne les écouta pas, aimant mieux mourir dix fois, comme il dit lui-même, que d'être cause qu'on répandît le sang de qui que ce fût. Il dit seulement à l'exarque : « Laissez venir vers moi ceux du clergé qui me sont nécessaires, savoir : les évêques, les prêtres et les diacres que je jugerai à propos. » Calliopas répondit : « Tous ceux qui voudront, qu'ils viennent, à la bonne heure; nous ne contraignons personne. — Le clergé est en ma puissance, dit le Pape. » Quelques-uns des évêques s'écrièrent : « Nous vivrons et nous mourrons avec lui. » Alors Calliopas et ceux qui l'accompagnaient commencèrent à dire au Pape : « Venez avec nous au palais. » Le saint ne s'y refusa point, mais y alla avec lui le jour même. Le lendemain, 18 juin, tout le clergé vint le trouver. Il y avait un grand nombre, tant clercs que laïques, qui s'étaient préparés à s'embarquer avec lui, et qui même avaient déjà fait embarquer leurs effets. Mais la nuit suivante, vers minuit, on tira le Pape du palais, et on renferma tous ceux de sa suite, ainsi que diverses choses qui lui étaient nécessaires pour son voyage. On lui laissa seulement six jeunes domestiques et un vase à boire.

On le fit ainsi sortir de Rome, dont on ferma aussitôt les portes, de peur que quelqu'un ne le suivît, et on l'emmena dans une barque sur le Tibre. Ils arrivèrent à Porto le mercredi 19 juin, vers dix heures du matin. Ils en partirent le même jour, et arrivèrent à Misène le 1er juillet. De là ils passèrent en Calabre, ensuite en plusieurs îles, où ils séjournèrent pendant trois mois. Enfin ils arrivèrent à l'île de Naxe, où ils demeurèrent un an. Pendant tout ce voyage, le Pape, déjà malade, fut travaillé d'un cours de ventre qui ne lui laissait de repos ni nuit ni jour, et lui causait un dégoût effroyable pour tout ce qu'on lui présentait à manger. Toutefois, on ne lui accorda aucun soulagement, excepté à Naxe, où on lui permit de prendre un bain deux ou trois fois, et de loger dans une maison de la ville. Hors de là il ne sortit point du navire, qui était sa prison, quoique ceux qui le conduisaient prissent terre à toute occasion pour se reposer (Labbe, t. VI, *Epist.* 15).

Cependant les évêques et les fidèles de l'île de Naxe lui envoyaient souvent et en grande quantité, tout ce qui pouvait lui être nécessaire. Mais aussitôt ses gardes pillaient tout en sa présence, le chargeant lui-même de reproches injurieux. Ils maltraitaient même de paroles et de coups ceux qui apportaient des présents, et les chassaient en disant : Quiconque aime cet homme est ennemi de la république! Le saint Pape sentait plus vivement les injures de ses bienfaiteurs que les douleurs de sa goutte et ses autres incommodités. Étant partis de Naxe et arrivés à Abydos, ses gardes envoyèrent à Constantinople donner avis de son arrivée, le traitant d'hérétique, d'ennemi de Dieu et de rebelle, qui soulevait tout l'empire. Enfin le saint Pontife arriva à Constantinople le 17 septembre 654. On le laissa au port depuis le matin jusqu'à quatre heures après midi, couché dans le navire sur un grabat, exposé en spectacle à tout le monde. Plusieurs insolents, et même des païens, s'approchaient et lui disaient des paroles outrageantes. Vers le coucher du soleil vint un scribe, nommé Sagolève, avec plusieurs gardes. On tira le saint Pape du navire, on l'emporta sur un brancard, et on le mena dans la prison nommée Prandearia, et Sagodève défendit que personne de la ville ne sût qu'il y était. Le saint demeura donc enfermé dans cette prison, sans parler à personne, pendant 93 jours, qui font trois mois, c'est-à-dire depuis le 17 septembre jusqu'au 15 décembre.

Ce fut apparemment de là qu'il écrivit deux lettres à son ami Théodore. Dans la première il se justifie contre les calomnies dont on le chargeait; d'abord, par le témoignage que le clergé de Rome avait rendu de sa foi en présence de l'exarque Calliopas; ensuite par la protestation qu'il fait lui-même de la défendre jusqu'à la mort. Puis il ajoute : « Je n'ai jamais envoyé aux Sarrasins ni argent ni lettres, ni l'écrit que l'on dit pour leur marquer ce qu'ils doivent croire. J'ai seulement donné quelque peu de chose à des serviteurs de Dieu, qui venaient chercher des aumônes; mais ce n'était pas pour les Sarrasins. Quant à la glorieuse vierge Marie, mère de Dieu, ils ont porté faux témoignage contre moi. Car je déclare anathème, et en ce monde et en l'autre, quiconque ne l'honore pas au-dessus de toutes les créatures, excepté son Fils, Notre Seigneur (Labbe, t. VI, *Epist.* 14). »

Dans la seconde lettre il raconte comme il fut enlevé de Rome, et comme l'exarque Calliopas présenta un ordre de l'empereur pour subroger un autre évêque à sa place. Sur quoi il dit : « On ne l'a encore jamais fait, et j'espère qu'on ne le fera jamais; car en l'absence de l'évêque, c'est l'archidiacre, l'archiprêtre et le primicier qui le représentent. Ayant raconté ce qu'il avait souffert dans le voyage, il ajoute à la fin : « Voilà 47 jours que je n'ai pu obtenir de me laver ni avec de l'eau chaude ni avec de l'eau froide. Je suis tout fondu et tout refroidi. Car ce flux de ventre ne m'a point laissé de repos jusqu'à présent, ni sur mer, ni sur terre. J'ai le corps tout brisé; et quand je veux prendre de la nourriture, je manque de celle qui pourrait me fortifier, et je suis entièrement dégoûté de celle que j'ai. Mais j'espère en Dieu qui voit tout, que, quand il m'aura tiré de cette vie, il recherchera ceux qui me persécutent, pour les amener à pénitence (*Ibid.*, *Epist.* 15). »

Le vendredi, 15 décembre 654, le saint Pape fut tiré de sa prison dès le matin, et amené dans la chambre de Boucoléon, sacellaire, autrement grand trésorier. Tout le sénat s'y trouvait réuni d'après un ordre de la veille. Saint Martin, le vicaire du Christ, y fut apporté dans une chaise; car la navigation et la prison avaient augmenté ses maladies. Le sacellaire, le regardant de loin, lui commanda de se lever de la chaise et de se tenir debout. Quelques officiers représentèrent qu'il ne le pouvait. Alors le sacellaire cria, en colère, qu'on le fît lever et se tenir debout, dût-on le soutenir des deux côtés : ce qui fut fait.

Alors le sacellaire, qui présidait l'assemblée ou le tribunal, lui parla ainsi : Dis, misérable, quel mal t'a fait l'empereur? T'a-t-il ôté quelque chose? T'a-t-il opprimé par violence? Le vicaire du Christ ne répondit rien. Le sacellaire lui dit d'un ton d'autorité : Tu ne réponds pas? Tes accusateurs vont entrer. Aussitôt, comme au tribunal de Caïphe, entra une troupe de faux témoins. Leurs paroles étaient concertées d'avance. Cependant quelques-uns, au moment de la déposition, voulurent dire la vérité; mais on les contraignit, par des menaces, à dire ce qu'il fallait pour condamner à mort l'homme juste. Ils étaient au nombre de vingt, la plupart soldats et gens brutaux; quelques-uns avaient été avec l'exarque Olympius, entre autres André, son secrétaire. Le saint pontife les voyant entrer, dit en souriant : Sont-ce là vos témoins? est-ce là votre procédure? Puis comme on les faisait jurer sur les Évangiles, l'homme juste, touché de compassion, dit aux magistrats : Je vous supplie, au nom de Dieu, ne les faites point jurer! Qu'ils disent sans serment ce qu'ils voudront, et faites vous-même ce que vous voudrez! Qu'est-il besoin qu'ils perdent leurs âmes?

Le premier de ses accusateurs fut Dorothée, patrice de Cilicie, qui dit avec serment, parlant du Pape : S'il avait cinquante têtes, il mérite de les perdre pour avoir seul renversé et perdu tout l'Occident. Il était de concert avec Olympius et ennemi mortel de l'empereur et de l'empire. Un autre témoin dit également que le Pape avait conjuré avec Olympius et pris le serment des soldats. On demanda à l'homme de Dieu s'il en était ainsi. Il répondit : Si vous voulez entendre la vérité, je vous la dirai. Quand le *Type* fut fait et envoyé à Rome par l'empereur..... Mais aussitôt le préfet Troïle l'interrompit, en criant : Ne nous parlez point ici de la foi; il est question du crime d'État. Nous sommes tous chrétiens et orthodoxes, les Romains et nous. Plût à Dieu, dit l'homme juste! Toutefois, au jour terrible du jugement, je rendrai témoignage contre vous sur cet article même.

Au milieu des accusations des témoins, le préfet Troïle lui dit : Quel homme es-tu donc pour n'avoir pas empêché, au lieu d'encourager l'exécrable Olympius, le voyant ainsi conspirer contre l'empereur? Le saint Pontife lui répondit aussitôt : Dites-moi, seigneur Troïle, quand Georges, d'abord moine et ensuite magistrat, vint ici du camp, et fit ce que vous savez et que nous avons entendu dire, où étiez-vous et ceux qui sont avec vous? Non-seulement vous ne résistâtes point, mais il vous harangua et chassa du palais qui il voulut. Et quand Valentin se revêtit de la pourpre, avec un ordre de l'empereur, et s'assit avec lui, où étiez-vous? N'étiez-vous point ici? Pourquoi ne l'empêchâtes-vous point? Pourquoi, au contraire, prîtes-vous tous son parti? Et moi, comment pouvais-je résister à Olympius, qui avait toutes les forces de l'Italie? Est-ce moi qui l'ai fait exarque? Mais je vous conjure, au nom de Dieu, faites au plus tôt ce que vous avez résolu de moi; car Dieu sait que vous me procurez une grande récompense, de quelle mort que vous me fassiez périr. Il y avait encore plusieurs témoins à entendre; mais les juges, voyant les réponses du Pape, dirent qu'il y en avait assez. Ce que le Pape disait en latin était interprété en grec par le consul Innocentius. Des réponses si justes, mais si foudroyantes pour les juges, contrariaient tellement le sacellaire, qu'il dit en fureur à Innocentius même : Pourquoi nous interprétez-vous ce qu'il dit! Ne nous dites pas ce qu'il dit! Telle était la justice du tribunal de Byzance. Il en agissait avec le vicaire du Christ comme le tribunal de Caïphe en avait agi avec le Christ même. C'est la réflexion du témoin oculaire qui nous a laissé le récit de cette étrange procédure.

Aussitôt après avoir réprimandé l'interprète de sa fidélité, le sacellaire se leva, entra au palais et rapporta à l'empereur ce qu'il voulut. On fit sortir le saint Pontife de la salle du conseil, toujours porté sur une chaise, et on le mit dans la cour qui était devant, près de l'écurie de l'empereur, où tout le peuple s'assemblait pour attendre l'entrée du sacellaire. L'homme de Dieu était entouré de gardes, et c'était un spectacle formidable à toute la multitude Peu après, on le fit apporter sur une terrasse, afin que l'empereur pût le voir par les jalousies de sa salle à manger. On leva donc le saint vieillard, en présence de tout le sénat, en le soutenant des deux côtés; et il s'amassa autour de lui une si grande foule, qu'elle se prolongeait jusqu'à l'hippodrome. Alors le sacellaire sortit de la chambre de l'empereur, et, fendant la presse, vint dire au saint Pontife : Regarde, comme Dieu t'a livré entre nos mains. Tu faisais des efforts contre l'empereur : avec quelle espérance? Tu as abandonné Dieu, et Dieu t'a abandonné. Aussitôt il commanda à un des gardes de lui déchirer son manteau et la courroie de sa chaussure; puis il le mit entre les mains du préfet de Constantinople, en lui disant : Prenez-le, seigneur préfet, et, dans le moment même, coupez-le en morceaux. En même temps il commanda à tous les assistants de l'anathématiser. Mais, sur cette multitude immense, il n'y eut pas vingt personnes qui crièrent anathème. Tous les autres, sachant qu'il est au ciel un Dieu qui voit tout, baissaient les yeux et se retiraient accablés de tristesse.

Quant au saint Pontife, les bourreaux le prirent, lui ôtèrent son *pallium* sacerdotal et le dépouillèrent de tous ses habits, ne lui laissant qu'une seule tunique sans ceinture, encore la déchirèrent-ils des deux côtés, depuis le haut jusqu'en bas; en sorte que l'on voyait son corps à nu. Ils lui mirent au cou un carcan de fer et le traînèrent ainsi depuis le palais, par le milieu de la ville, enchaîné avec le geôlier, pour montrer qu'il était condamné à mort. On portait devant lui le glaive avec lequel il devait être exécuté. Au milieu de tant de souffrances, il conservait un visage serein. La multitude des peuples gémissait et versait des larmes. Quelques ministres de Satan se réjouissaient et lui insultaient en hochant la tête : Où est son Dieu, disaient-ils en ricanant? où est sa foi? où est sa doctrine? Etant arrivé au prétoire, il fut chargé de chaînes et jeté dans un cachot, avec des meurtriers; mais environ une heure après, on le transféra dans une autre prison appelée de Diomède. On le traînait si violemment, qu'en montant les degrés, qui étaient hauts et rudes, il s'écorcha les jambes et les jarrets, et ensanglanta l'escalier. Il semblait prêt à rendre l'âme, tant il était épuisé, et, en entrant dans la prison, il tomba plusieurs fois. On le mit sur un banc, enchaîné et chargé de fers comme il l'était, et mourant de froid : car c'était le 15 décembre, et l'hiver était intolérable. Il n'avait personne des siens, sinon un jeune clerc qui l'avait suivi jusque dans la prison et qui se lamentait auprès de lui.

Deux femmes qui gardaient les clés de la prison, la mère et la fille, touchées de compassion, auraient bien voulu loger le saint Pontife; mais elles n'osaient, à cause du geôlier qui était attaché avec lui. De plus, elles croyaient que d'un instant à l'autre allait arriver l'ordre de le mettre à mort. Quelques heures après, un officier appela d'en bas le geôlier. Quand il fut descendu, une de ces femmes emporta le Pontife mourant, le mit dans son propre lit et le couvrit de son mieux pour le réchauffer. Mais il resta jusqu'au soir sans pouvoir proférer une parole. Alors l'eunuque Grégoire, qui, de chambellan, était devenu préfet de Constantinople, lui envoya son majordome avec quelque peu de vivres. Lui en ayant fait prendre, il lui dit : Ne succombez pas à vos peines; nous espérons de Dieu que vous n'en mourrez pas. Le saint Pape, qui désirait le martyre, n'en fut que plus affligé. On lui ôta sur-le-champ ses fers.

Le lendemain, l'empereur alla voir le patriarche Paul, qui était malade à la mort, et lui conta tout ce que l'on avait fait au Pape. Paul, le premier auteur de tout cela, se mit à gémir, et, se tournant vers la muraille, il dit : Malheur à moi! c'est encore pour augmenter ma condamnation! L'empereur lui ayant demandé pourquoi il parlait de la sorte, il répondit : Seigneur, n'est-ce pas une chose déplorable de traiter ainsi des pontifes? Ensuite il conjura instamment l'empereur de se contenter de ce que le Pape avait souffert. Ce que saint Martin ayant appris, il s'en affligea beaucoup; car il souhaitait ardemment de consommer son combat par le martyre.

Paul mourut, en effet, après avoir tenu le siège de Constantinople treize ans. Pyrrhus, qui était présent, voulut y rentrer; mais plusieurs s'y opposaient et publiaient dans le palais le libelle de rétractation qu'il avait donné au pape Théodore, soutenant que, par là, il s'était rendu indigne du sacerdoce, et que le patriarche Paul l'avait anathématisé.

Comme le trouble était grand à cette occasion, l'empereur voulut être éclairci de ce que Pyrrhus avait fait à Rome. A cet effet il envoya Démosthène, commis du sacellaire, avec un greffier, pour interroger l'héroïque Pontife dans sa prison. Quand ils furent entrés, ils lui parlèrent en ces termes : Le sublime empereur notre maître nous envoie vous dire : Voyez en quelle gloire vous avez été et en quel état vous êtes réduit! ce n'est pas un autre qui vous y a mis, mais vous-même. Le Pape ne répondit que ces mots : Gloire et actions de grâces pour toutes choses au seul roi immortel! Démosthène dit : Notre maître veut savoir de vous ce qui s'est passé ici et à Rome, à l'égard de Pyrrhus, ci-devant patriarche. Pourquoi alla-t-il à Rome? fut-ce par ordre de quelqu'un ou de son propre mouvement? De son propre mouvement, répondit le Pape. Démosthène demanda : Comment fit-il ce libelle? y fut-il contraint? Non, répondit le Pape, il le fit de lui-même. Mais, reprit Démosthène, quand Pyrrhus vint à Rome, comment le pape Théodore, votre prédécesseur, le reçut-il? est-ce comme évêque? Et comment non? répondit le Pape, puisque avant que Pyrrhus vint à Rome; le bienheureux Théodore avait écrit nettement à Paul qu'il n'avait pas bien fait d'usurper le siège d'un autre. Pyrrhus venant ensuite de lui-même aux pieds de saint Pierre, comment pouvait-il s'empêcher de le recevoir et de l'honorer comme évêque? C'est parfaitement vrai, dit Démosthène. Mais d'où tirait-il sa subsistance? Le Pape répondit : Sans aucun doute, du palais patriarcal de Rome. Mais, demanda Démosthène, quel pain lui donnait-on? Messieurs, répondit le saint Pontife, est-ce que vous ne connaissez donc pas l'Eglise romaine? Car je vous le dis, quiconque y vient demander l'hospitalité, quelque misérable qu'il soit, on lui donne toutes les choses nécessaires. Saint Pierre ne refuse personne. On lui donne du pain très-blanc et des vins de diverses sortes, non-seulement à lui, mais aux siens. Jugez par là comme on doit traiter un évêque.

Mais, reprit Démosthène, on nous a dit que Pyrrhus a fait ce libelle par force, qu'on lui a mis des entraves et fait souffrir beaucoup de maux. On n'a rien fait de semblable, répondit le Pape. Vous avez à Constantinople plusieurs personnes qui étaient alors à Rome, et qui savent ce qui s'y est passé, si pourtant la crainte ne les empêche pas de dire la vérité. Vous avez entre autres le patrice Platon, qui était exarque, et qui envoya de ses gens à Pyrrhus. Mais à quoi bon tant de questions? Me voici entre vos mains, faites de moi ce qu'il vous plaira. Quand vous me feriez hacher en pièces, comme vous avez ordonné au préfet, je ne communique point à l'Eglise de Constantinople. Est-il encore question de Pyrrhus, tant de fois déposé et anathématisé? Démosthène et ceux qui l'accompagnaient, étonnés de la constance du Pape, se retirèrent, après avoir mis par écrit toutes ses réponses.

Le pape saint Martin demeura donc dans la prison de Diomède 85 jours, qui font près de trois mois, et, avec les trois mois de la première prison, près de six, c'est-à-dire depuis le 17 septembre 654 jusqu'au 10 mars 655. Alors le scribe Sagolève vint lui dire : J'ai ordre de vous transférer chez moi et de vous envoyer dans deux jours où le sacellaire commandera. Le Pape demanda où on voulait le mener; mais Sagolève ne voulut pas le lui dire, ni lui permettre de demeurer dans la même prison jusqu'à son exil. Vers le soir, le saint Pontife dit à ceux qui étaient auprès de lui : Venez, mes frères, disons-nous adieu; on va m'enlever d'ici. Alors chacun approcha le verre de ses lèvres. Après quoi, le Pape, se levant avec une grande constance, dit à un des assistants qu'il aimait : Venez, seigneur, mon frère; et donnez-moi la paix. Celui-ci, qui avait déjà le cœur gros, ne put retenir sa douleur, et éclata en cris lamentables; les autres en firent tous autant. Le saint Pape, les regardant d'un visage serein, leur en fit une réprimande, et, mettant les mains sur la tête du premier, il dit en souriant : Seigneur, mon frère, tout ceci est bon, tout ceci est avantageux. Faut-il en user comme vous faites ? Vous devriez plutôt vous réjouir de ma position. Celui-ci répondit : Dieu le sait, serviteur du Christ, je me réjouis de la gloire qu'il vous prépare par ces souffrances; mais je m'afflige de la perte de tant d'autres. Après avoir embrassé tous, ils se retirèrent. Aussitôt vint le scribe, qui l'emmena dans sa maison; et il fut dit qu'on l'envoyait en exil dans la Chersonèse Taurique, la Crimée actuelle (Labbe, t. VI).

En effet, on le fit embarquer secrètement le jeudi saint, 26 mars 655, et après avoir passé en divers lieux, il arriva à Chersone le 15 mai. C'est lui-même qui le dit ainsi dans une lettre qu'il écrivit à un de ses plus chers amis de Constantinople. Il y ajoute : « Le porteur de cette lettre est arrivé un mois après nous, de Byzance à Chersonèse. Je me suis réjoui de son arrivée, croyant que l'on m'aurait envoyé d'Italie quelques secours pour ma subsistance. Je le lui ai demandé; et ayant appris qu'il n'apportait rien, je m'en suis étonné, mais j'en ai loué Dieu, qui mesure nos souffrances comme il lui plaît; vu principalement que la famine et la disette sont telles en ce pays, que l'on y parle seulement de pain, sans jamais en voir. Si on nous envoie du secours d'Italie ou du Pont, nous ne pouvons absolument vivre ici; car, comme vous le savez, *l'esprit est prompt, mais la chair est faible.* Il est impossible de rien trouver dans ce pays : si donc il nous vient de là du blé, du vin, de l'huile ou quelque autre chose, envoyez-les-nous promptement, comme vous pourrez. Je ne crois pas avoir si maltraité les saints qui sont à Rome ou les ecclésiastiques, qu'ils doivent ainsi mépriser à mon égard le commandement du Seigneur. Si saint Pierre y nourrit si bien les étrangers, que dirai-je de nous qui sommes ses serviteurs propres, qui l'avons servi, du moins quelque peu de temps, et qui sommes dans un tel exil et une telle affliction ? Je vous ai spécifié certaines choses que l'on peut acheter par delà, et que je vous prie de m'envoyer avec votre soin ordinaire, à cause de mes grands besoins et de mes fréquentes maladies (Labbe, t. VI, *Epist.* 16). »

Il écrivit encore au même une lettre au mois de septembre. « Je voudrais bien, dit-il, vous consoler par nos lettres, vous et tous nos saints frères qui s'intéressent à nous pour l'amour du Seigneur. Mais voici la vérité : nous sommes non-seulement séparés de tout le reste du monde, mais privés même de la vie. Les habitants du pays sont tous païens; et ceux qui y viennent d'ailleurs en prennent les mœurs, n'ayant aucune charité, pas même la compassion naturelle qui se trouve entre les Barbares. Il ne nous vient rien que de dehors, par les barques qui arrivent pour charger du sel; et je n'ai pu acheter autre chose qu'un boisseau de blé pour quatre sous d'or. J'admire le peu de sensibilité de tous ceux qui m'appartenaient autrefois, ainsi que celle de mes amis et de mes proches. Ils m'ont tellement oublié, qu'ils ne veulent pas seulement savoir, comme il paraît, si je suis encore au monde. J'admire encore plus ceux qui appartiennent à l'Eglise de saint Pierre, du peu de soin qu'ils ont d'un homme qui est de leur corps. Si cette Eglise n'a point d'argent, elle ne manque pas, Dieu merci, de blé, de vin et d'autres provisions, pour nous donner au moins quelque petit secours. Avec quelle conscience paraîtrons-nous au tribunal du Christ, nous qui sommes tous formés de la même terre? Quelle crainte a saisi tous les hommes, pour les empêcher d'accomplir les commandements de Dieu? Ai-je paru si ennemi de toute l'Eglise, et d'eux en particulier? Je prie Dieu, toutefois, par l'intercession de saint Pierre, de les conserver inébranlables dans la foi orthodoxe, principalement le pasteur qui les gouverne à présent, afin qu'ils ne s'écartent en rien de ce qu'ils ont professé par écrit, en présence du Seigneur et de ses anges. Pour ce misérable corps, le Seigneur en aura soin. Il est proche : de quoi suis-je en peine? Car j'espère de sa miséricorde qu'il ne tardera pas à terminer ma carrière (*Ibid., Epist.* 17). »

Les vœux du saint Pape furent exaucés. Il mourut le 16 septembre de la même année 655, après avoir siégé 6 ans 1 mois et 22 jours. On l'enterra dans une église de la sainte Vierge, près de la ville de Chersone. Il y eut depuis, un grand concours de peuple à son tombeau. On porta dans la suite ses reliques à Rome, et on les y déposa dans l'église de Saint-Martin-de-Tours. Les Grecs l'honorent comme confesseur, le 14 avril; les Latins, comme martyr, le 12 novembre, jour de sa translation. Pontife d'une âme grande et supérieure à tous les coups de l'adversité, ses lettres sont bien écrites, pleines de force et de sagesse, aussi bien que ses réponses devant le tribunal de Byzance; le style en est noble, sublime, digne, en un mot, de la majesté du Siège apostolique.

Par les deux lettres qu'il écrivit de la Chersonèse, du mois de juin au mois de septembre 655, on voit que cet admirable Pontife ne se regardait plus alors comme Pontife romain, et que, par conséquent, il avait abdiqué en faveur d'un autre, pour lequel il fait des vœux. Dans la première, il dit, en parlant de saint Pierre : *Que dirons-nous de nous-même, qui sommes son serviteur propre et qui l'avons servi, du moins pour un moment?* D'où il est naturel de conclure : Donc alors il ne le servait plus. Et dans la seconde : *J'admire l'insensibilité de tous ceux qui m'appartenaient autrefois.* Donc ils ne lui appartenaient plus. Enfin, dans cette même lettre : *Je prie Dieu de les rendre inébranlables dans la foi orthodoxe, principalement le pasteur qui les gouverne à présent.* Ce pasteur, dont le saint martyr ratifie ainsi l'élection, était saint Eugène, natif de Rome, engagé dans le clergé depuis son enfance, et qui se montra digne de son prédécesseur par sa douceur, sa libéralité et par son zèle pour la foi. Comme l'année précédente 654, après le 18 septembre, saint Martin écrivait de Constantinople qu'on n'avait point encore élu de Pontife romain jusqu'alors, quoique l'empereur eût ordonné de le faire, avant même de l'enlever de Rome, on voit que l'élection d'Eugène n'eut lieu que la dernière année de son prédécesseur. Le clergé romain éluda les ordres de l'empereur, tant qu'il put; mais enfin, craignant de se voir imposer quelque candidat suspect, il élut Eugène, dont saint Martin agréa l'élection dès qu'il en eut connaissance. Quant à la date précise de ces événements, il n'y a rien d'absolument certain. On place communément l'élection de saint Eugène, au 8 septembre 654.

Le pape saint Martin étant mort l'an 655, dans la Chersonèse, saint Maxime fut arrêté à Rome, par ordre de l'empereur, et conduit à Constantinople avec Anastase, son disciple, et un autre Anastase qui avait été apocrisiaire ou nonce de l'Eglise romaine. Sur le soir du jour qu'ils arrivèrent, il vint deux officiers, avec dix gardes, qui les tirèrent presque nus du vaisseau et les conduisirent en différentes prisons; où ils furent étroitement gardés. Quelques jours après, on les mena au palais et on les fit entrer dans une salle où se trouvait le sénat avec une grande multitude de peuple. Saint Maxime ayant été placé au milieu de l'assemblée, le sacellaire lui dit avec emportement : Etes-vous chrétien? Saint Maxime répondit : Par la grâce de Jésus-Christ, notre Dieu, je le suis. Et comment, si vous êtes chrétien, reprit le sacellaire, haïssez-vous l'empereur? Mais, répondit le saint, d'où le savez-vous? car la haine est une disposition cachée de l'âme, aussi bien que l'amour. Tout le monde voit par vos actions, dit le sacellaire, que vous haïssez l'empereur et son peuple; car c'est vous seul qui avez livré aux Sarrasins l'Egypte, Alexandrie, la Pentapole, Tripoli et l'Afrique.

Pour prouver cette accusation absurde, on produisit des témoins dont les dépositions furent plus absurdes les unes que les autres. Le premier accusa le saint d'avoir écrit vingt ans auparavant une lettre au gouverneur de Numidie, pour le détourner d'envoyer des troupes en Egypte. Sommé par le saint de produire la lettre, le témoin dit qu'il n'en avait point, qu'il ne savait pas même s'il y en avait une d'écrite, mais que tout le monde le disait alors dans le camp. Mais, reprit le saint, si toute l'armée le disait, pourquoi êtes-vous le seul à me calomnier? M'avez-vous jamais vu? Non, répondit l'autre. Alors saint Maxime se tourna vers le sénat et dit : Jugez s'il est juste de produire de tels accusateurs ou de tels témoins. Car le Seigneur dit : *Vous serez jugés comme vous aurez jugé.* La seconde déposition était encore plus absurde. Elle accusait le saint, et encore sans aucune preuve, d'avoir raconté au pape Théodore un songe qui n'était pas favorable à l'empereur. Sur quoi le sacellaire s'écria, comme s'il eût été convaincu du crime de lèse-majesté : Dieu t'a envoyé ici pour être livré aux flammes! Un dernier témoin accusa le saint de n'avoir pas voulu convenir que l'empereur possédât le sacerdoce. Maxime avoua le fait et en donna les motifs, savoir : que l'empereur ne disait pas la messe, ne conférait pas les sacrements, n'ordonnait ni évêques, ni prêtres, ni diacres. Pendant qu'il rapportait un discours aussi simple, un certain abbé Mennas l'interrompit en criant : Mais en parlant ainsi, vous avez déchiré l'Eglise! Le sacellaire cria encore plus fort : Pourquoi a-t-on laissé vivre un pareil homme? On examina ensuite Anastase, disciple du saint. Mais, comme il ne pouvait parler assez haut pour être entendu de tout le monde, les gardes le souffletèrent si cruellement, qu'ils le laissèrent à demi-mort. Les deux confesseurs furent ensuite ramenés en prison.

Le soir même, le patrice Troïle, accompagné de deux officiers du palais, vint voir Maxime, pour lui persuader de communiquer avec l'Eglise de Constantinople. Le saint demanda qu'ils condamnassent auparavant l'hérésie des monothélites condamnés par Rome et par le concile de Latran, et il leur fit voir qu'en approuvant successivement et l'*Ecthèse* et le *Type*; ils avaient changé de doctrine et s'étaient condamnés eux-mêmes. C'est-à-dire, concluent les officiers, que vous seul serez sauvé, et que les autres se damnent. Il dit : Les trois jeunes hommes ne damnèrent personne, en refusant d'adorer la statue que tous adoraient. Je ne condamne personne non plus, Dieu m'en garde; mais j'aime mieux mourir que de m'écarter de la foi dans la moindre chose. Les officiers le pressant de recevoir le *Type* par complaisance pour l'empereur et par amour pour la paix, reconnaissant eux-mêmes deux volontés en Jésus-Christ, il se prosterna par terre, les larmes aux yeux, et dit : L'empereur ne devrait pas se fâcher contre moi; car je ne puis me résoudre à offenser Dieu, en disant pas ce qu'il a ordonné de dire. Comme on l'accusait de détourner les autres de communiquer avec l'Eglise de Constantinople, il demanda : Mais y a-t-il quelqu'un qui soutienne que je lui aie dit de ne pas communiquer avec elle? Dès là que vous n'y communiquez point vous-même, dit un des officiers, vous dites bien haut à tout le monde de ne point le faire. Saint Maxime répondit : Il n'y a ni accusation ni consolation si forte que celle de la conscience. Cependant, sur ce qui avait été dit que tout l'Occident anathématisait le *Type*, Troïle dit : Est-il beau de noircir la réputation de l'empereur? Maxime répondit : Dieu veuille pardonner à ceux qui ont poussé l'empereur à faire le *Type*, et à ceux qui y ont consenti! Qui sont-ils, reprit Troïle? Ce sont les hommes d'église qui y ont poussé, dit Maxime, et les magistrats y ont consenti, et la honte en rejaillit sur l'empereur, qui est innocent de toute hérésie. Mais conseillez-lui de faire comme son aïeul, d'heureuse mémoire. Là-dessus, il leur raconta comme Héraclius avait désavoué l'*Ecthèse*. Ils branlèrent la tête, et, ayant quelque temps gardé le silence, ils dirent : Tout est plein de difficultés insurmontables. Enfin, après s'être salués de part et d'autre, ils se séparèrent honnêtement.

Maxime et son disciple subirent un second interrogatoire dans la chambre du conseil, au palais, en présence du sénat, de Pierre, patriarche de Constantinople, et de Macaire, patriarche d'Antioche, tous deux monothélites. Ils y déclarèrent qu'ils resteraient inviolablement attachés à la foi de leurs pères et aux définitions du concile de Rome. Après plusieurs débats, on les remit en prison. Le jour de la Pentecôte, on vint voir Maxime de la part du patriarche de Constantinople, pour l'engager à obéir. Comme on le menaçait de l'excommunication et d'une mort cruelle, il répondit que tout son désir était que la volonté de Dieu s'accomplît à son égard. Le lendemain de cette conférence, on l'exila en Thrace avec les deux Anastase. Maxime fut envoyé à la forteresse de Bizye, Anastase l'apocrisiaire à Sélymbrie, et l'autre Anastase à Perbère, qui était à l'extrémité de la province et de l'empire. On les emmena tous trois sans aucune provision pour leur subsistance, et sans autres vêtements que quelques haillons qui couvraient à peine leur nudité (Labbe, t. VI, *Op. S. Maxim.*, t. II ; *Acta Sanct.*, 13 *aug.*).

Dans la dernière conférence, celle du jour de la Pentecôte, le patriarche avait fait dire à saint Maxime que les apocrisiaires de Rome venaient de s'accorder avec lui, et qu'ainsi toutes les Églises étaient d'accord. Saint Maxime ayant demandé les termes de cette union, on lui dit : Nous reconnaissons deux opérations à cause de la différence des natures, et une à cause de l'union. Ce qui en faisait trois. Telle est en effet la nouvelle et singulière variation des monothélites. Dans les commencements, ils ordonnèrent, sous peine d'anathème, de dire une seule volonté. Bientôt ils défendirent, sous peine d'anathème, de dire ni une volonté ni deux. Et maintenant les voilà qui ordonnent, sous peine d'anathème, de dire trois. Saint Maxime informa son disciple Anastase de cet étrange accord, et lui recommanda de redoubler ses prières et d'en instruire les autres. Nous avons la lettre qu'Anastase en écrivit aux moines de Cagliari en Sardaigne, où il dit : Nos adversaires ayant résolu de ne pas suivre la doctrine des Pères, sont agités de diverses opinions, et, après avoir soutenu qu'il ne fallait dire ni une ni deux opérations, ils en reconnaissent deux et une, c'est-à-dire trois. Ce que ni les Pères ni les conciles n'ont dit, ce que la raison naturelle ne souffre pas et qu'aucun des anciens ou nouveaux hérétiques n'a avoué. Il montre ensuite l'absurdité de ce système, et ajoute : Ils y ont fait consentir les apocrisiaires de l'ancienne Rome, et, après les avoir séduits, ils les renvoient à celui qui les a envoyés, c'est-à-dire au pape Eugène. Anastase continue : L'Église catholique et apostolique étant donc presque tout entière dans un tel péril, nous vous prions de la secourir. S'il est possible, il faut que vous passiez au plus tôt à Rome, sous quelque autre prétexte, pour vous joindre aux hommes pieux et fermes qui y sont et qui soutiennent vigoureusement avec nous la vérité, les priant avec larmes de conserver la foi orthodoxe sans aucune nouveauté, et de ne rien approuver de ce qui a été défini par les Pères et les conciles. C'est ainsi qu'Anastase, suivant ses propres expressions, espérait,

en vertu de la promesse infaillible faite à saint Pierre, que la semence de piété demeurerait au moins dans l'Église romaine. Son attente ne fut point trompée (*Op. S. Maxim.*, t. I).

Pierre, le nouveau patriarche de Constantinople, envoya, suivant la coutume, au Siége apostolique sa lettre synodale, portant sa confession de foi. Mais cette confession était très-obscure et ne déclarait point les deux opérations et les deux volontés en Jésus-Christ. Le peuple et le clergé de Rome en furent irrités, et la rejetèrent avec grand bruit dans l'église de Sainte-Marie-Majeure ; jusque-là, qu'ils ne permirent point au pape Eugène de célébrer la messe, qu'il n'eut promis de ne jamais recevoir cette lettre (Anast., *In Eug.*). Nous verrons que le Pape se montra fidèle à sa parole et à son devoir.

Cependant on envoya de Constantinople des commissaires pour interroger saint Maxime dans son exil, savoir : Théodose, évêque de Césarée en Bithynie, de la part du patriarche ; et de la part de l'empereur, Paul et Théodose, tous deux consuls, c'est-à-dire consuls honoraires. Ils arrivèrent à Bizye le 24 août 656, et s'associèrent l'évêque de la ville. Après quelques discours de piété, l'évêque Théodose demanda à saint Maxime, au nom de l'empereur et du patriarche, pourquoi il ne communiquait point avec l'Église de Constantinople. Le saint expliqua ses raisons, savoir : le fond même de l'hérésie monothélite, et puis ses variations continuelles, à finir par le *Type*. A propos de ce dernier décret, l'évêque Théodose lui dit : Ne prenez pas comme une décision certaine ce qui a été fait par ménagement. Mais, répliqua saint Maxime, si le *Type*, qui défend d'attribuer à Notre Seigneur aucune volonté ou opération, n'est pas une décision certaine, pourquoi donc m'avez-vous livré honteusement à des nations barbares et infidèles ? Pourquoi m'a-t-on condamné à demeurer à Bizye, et mes compagnons, l'un à Perbère et l'autre à Sélymbrie ? L'évêque Théodose répondit : Par le Dieu qui doit me juger, j'ai dit, quand on fit le *Type*, et je le dis encore, qu'on l'a mal fait et pour la perte d'un grand nombre. Mais le prétexte a été d'apaiser les disputes des catholiques, touchant les volontés et les opérations. Mais, reprit saint Maxime, quel fidèle peut recevoir un ménagement qui supprime les paroles des apôtres, des prophètes et des docteurs que Dieu même a établis, et auxquels il a dit : Qui vous reçoit me reçoit, et qui vous rejette me rejette ? Prenons-y garde. Comme Dieu a suscité des apôtres, des prophètes et des docteurs pour la perfection des saints, de même le diable a ses faux apôtres, et ses faux prophètes et ses faux docteurs, pour pervertir l'Ancien et le Nouveau Testament, et ce sont les hérétiques. De même donc que celui qui reçoit les vrais, reçoit Dieu ; de même aussi quiconque reçoit les faux, reçoit le diable. Celui donc qui rejette les saints avec les hérétiques, souffrez que je dise la vérité, celui-là rejette Dieu avec le diable. Ainsi prenez garde que, sous prétexte de paix, nous ne tombions dans l'apostasie qui, selon l'apôtre, doit précéder l'antechrist. Je vous parle sans réserve, seigneurs, afin que vous ayez pitié de vous et de nous. Voulez-vous qu'ayant de tels sentiments gravés dans le cœur, je communique à une Église où l'on enseigne le contraire ? M'en préserve mon Sauveur ! Puis, se jetant à genoux, il dit :

Pour moi, faites de moi ce qu'il vous plaira je ne communiquerai jamais avec ceux qui reçoivent de telles doctrines.

Les commissaires, consternés de ce discours, baissèrent la tête et gardèrent longtemps le silence. Enfin l'évêque Théodose, se relevant et regardant saint Maxime, lui dit : Nous vous répondons au nom de l'empereur, que si vous communiquez avec nous, il abolira le *Type*. Saint Maxime répliqua : Nous sommes encore bien éloignés les uns des autres. Que fera-t-on de l'écrit rédigé en concile par Sergius et par Pyrrhus, pour bannir toute opération ? Théodose répondit : On a ôté et rejeté ce papier. Oui, dit saint Maxime, on l'a ôté des murailles de pierres, mais non pas des cœurs. Qu'on reçoive la condamnation qui en a été faite canoniquement au concile de Rome, et le mur de séparation sera abattu, et il ne sera plus besoin de nous exhorter. L'évêque Théodose répondit : Le concile de Rome n'est pas valable, puisqu'il a été fait sans ordre de l'empereur. Mais, reprit saint Maxime, si ce sont les ordres des empereurs qui donnent l'autorité aux conciles, il faut donc recevoir ceux que les empereurs ont fait tenir contre le *consubstantiel*; je veux dire ceux de Tyr, d'Antioche, de Séleucie, de Constantinople sous l'arien Eudoxe, de Nice en Thrace, de Sirmium, et, longtemps après, le second d'Éphèse, où présidait Dioscore. Tous ces conciles ont été assemblés par ordre des empereurs; et toutefois on les a tous condamnés, pour l'impiété des dogmes qu'ils autorisaient. Que ne rejetez-vous aussi le concile qui a déposé Paul de Samosate, sous le pape Denys et sous Denys d'Alexandrie, et où présidait Grégoire le Thaumaturge ? car il n'a pas été tenu par ordre de l'empereur. Où est le canon qui défend d'approuver les conciles tenus sans ordre de l'empereur, ou qui ordonne qu'ils soient assemblés par son ordre ? Vous savez que la règle ordonne de tenir deux fois par an le concile en chaque province, sans faire aucune mention de l'ordre de l'empereur.

Il est vrai, dit l'évêque Théodose, que c'est la saine doctrine qui fait approuver les conciles. Mais ne recevez-vous pas l'écrit de Mennas, où il enseigne une volonté et une opération en Jésus-Christ ? A Dieu ne plaise, répondit saint Maxime ! Vous rejetez tous les docteurs qui ont été depuis le concile de Chalcédoine, et qui ont écrit contre l'erreur de Sévère ; et je recevrais le libelle de Mennas, qui est postérieur au concile ? et qui défend ouvertement Sévère, Apollinaire, Macédonius, Arius, tous les hérétiques, et rejette le concile ? Quoi donc, reprit Théodose, vous n'admettez point une seule opération ? Saint Maxime répondit : Et quel est celui des docteurs approuvés qui la soutient ? Alors Théodose rapporta de faux passages du pape Jules, de saint Grégoire Thaumaturge, de saint Athanase, et en fit la lecture. Saint Maxime dit : Craignons Dieu et n'attirons pas sa colère, en reproduisant des passages hérétiques. Personne n'ignore que ceux-ci sont d'Apollinaire. Si vous en avez d'autres, montrez-les. Théodose produisit deux autres passages, sous le nom de saint Chrysostome ; mais saint Maxime, les ayant lus, dit qu'ils étaient de Nestorius. Aussitôt l'évêque Théodose, emporté par la colère, lui dit : Seigneur moine, c'est Satan qui parle par ta bouche. Seigneur, répondit saint Maxime, ne vous fâchez pas contre votre serviteur. Et il lui montra les mêmes paroles dans Nestorius.

Théodose, radouci, dit alors : Dieu sait, mon frère, que c'est le patriarche qui m'a donné ces passages; et voilà que vous dites que les uns sont d'Apollinaire, les autres de Nestorius. Puis il en produisit un de saint Cyrille, qui semblait dire une opération. Sur quoi saint Maxime dit : Quelques-uns montrent qu'il est une addition de Timothée Elure. Mais qu'il soit de saint Cyrille, examinons-en le sens. C'est ce que je ne vous permets pas, dit Théodose ; il faut que vous receviez le texte tout pur. Vous nous donnez là de nouvelles règles, reprit saint Maxime, s'il n'est pas permis d'examiner les paroles de l'Écriture et des Pères. Puis il lui montra, par l'Écriture même, qu'il faut l'examiner pour en pénétrer le sens, et ne pas s'arrêter à la simple lettre, comme les Juifs.

Ils disputèrent encore sur les deux volontés et les deux opérations, et l'évêque Théodose fut réduit à soutenir que les Pères avaient dit : Une volonté et une autre, la divine et l'humaine, double volonté, mais non pas deux volontés. Sur quoi saint Maxime dit : Au nom de Dieu, quand on dit une et une autre, divine et humaine, ou divine, combien en comprenez-vous ? L'évêque Théodose répondit : Je sais ce que je comprends, mais je ne dis pas deux. Saint Maxime se tourna vers les consuls, disant : Au nom de Dieu, quand vous entendez dire une et une, ou l'une et l'autre, ou deux fois deux, ou deux fois cinq, quelle pensée répond en vous à ces paroles ? Ils répondirent : Puisque vous nous avez pris à serment, nous entendons deux par une et une, ainsi que par l'une et l'autre, quatre par deux fois deux, et dix par deux fois cinq. L'évêque Théodose, confus de cette réponse, dit : Je ne dis point ce que les Pères n'ont point dit. Alors saint Maxime prit le livre des actes du concile de Rome, et montra que les Pères disent formellement deux volontés et deux opérations. Le consul Théodose prit le livre et lut lui-même les passages. Sur quoi, l'évêque Théodose dit : Dieu le sait ; si ce concile n'avait pas condamné les personnes, j'aurais été le premier à le recevoir. Mais pour ne pas perdre ici le temps, je dis ce que les Pères ont dit, et je reconnais à l'instant même par écrit deux natures, deux volontés, deux opérations. Venez communiquer avec nous, et faisons l'union.

Saint Maxime dit alors : Seigneur, je n'ose recevoir votre consentement par écrit sur une affaire de cette importance, moi qui ne suis qu'un simple moine. Mais si Dieu vous a touchés de manière à recevoir les paroles des saints Pères, envoyez là-dessus un écrit au Pontife de Rome, comme l'exigent les canons ; je veux dire que l'empereur y envoie, ainsi que le patriarche, avec son concile. En attendant, je ne puis communiquer avec une Église où l'on prononce au saint sacrifice les noms de personnes condamnées ; car je crains la condamnation de l'anathème. Dieu le sait, dit l'évêque Théodose, je ne blâme pas votre crainte. Mais pour l'amour du Seigneur, donnez-nous un conseil, pour que tout cela puisse se faire. Quel conseil puis-je vous donner, répondit saint Maxime, sinon que l'empereur et le patriarche, imitant la condescendance de Dieu à notre égard, adressent au Pape de Rome, l'un une lettre d'exhortation, l'autre une supplique synodale. Et certainement, si la règle de l'Eglise le rend possible, il y donnera les mains et s'accordera avec vous. On le fera, dit l'évêque Théodose; mais donnez-moi parole, que, si on m'envoie, vous viendrez avec moi. Saint Maxime répondit : Seigneur, il vous est plus avantageux de prendre mon compagnon qui est à Sélymbrie, Anastase l'apocrisiaire; car il sait la langue, et il est respecté à Rome, à cause de ce qu'il souffre depuis si longtemps pour la foi orthodoxe qui règne dans ce siége. Théodose dit : Nous avons quelques différends ensemble, et je n'irai pas volontiers avec lui. Seigneur, reprit saint Maxime, puisque vous le voulez, je vous suivrai partout où il vous plaira. Là-dessus ils se levèrent tous, pleurant de joie. Ils se mirent à genoux; on fit une prière, puis chacun baisa l'Evangile, la croix, l'image de Jésus-Christ et celle de la Vierge; et ils les touchèrent de leurs mains pour confirmer ce qui venait de se dire. Ensuite l'évêque Théodose demanda encore quelques éclaircissements à saint Maxime, qui lui montra à fond les conséquences absurdes d'une seule volonté et d'une seule opération, lui expliquant d'une manière très-théologique, l'union des deux natures dans l'incarnation. En se séparant, l'évêque Théodose lui donna quelque peu d'argent qu'on lui envoyait, et deux habits, dont l'évêque de Bizye prit aussitôt une tunique.

Cette réconciliation ne produisit aucun effet. La même année 656, l'empereur envoya le consul Paul à Bizye, avec ordre d'amener Maxime au monastère de Saint-Théodore de Rège, près de Constantinople. Quoique cet ordre portât qu'il serait amené avec beaucoup d'honneur et de soin, tant à cause de sa vieillesse et de ses infirmités, que du rang qu'il avait tenu à la cour, toutefois on lui ôta, à Rège, le peu d'argent qu'on lui avait donné, ses habits et le reste de ses pauvres meubles. Le 13 septembre, veille de l'Exaltation de la Sainte-Croix, les patrices Epiphane et Troïle vinrent en grand cortége, et l'évêque Théodose avec eux. Ils demandèrent à saint Maxime, s'il voulait exécuter les ordres de l'empereur. Avant de répondre, il demanda à connaître ces ordres. Ils insistèrent pour qu'il s'y soumît avant de les connaître. Alors il leur dit : Je vous déclare, en présence de Dieu et de ses anges, que, si l'empereur m'ordonne quelque chose que ce soit, touchant les affaires de ce monde et ce qui doit périr avec lui, je l'exécuterai volontiers. Alors le patrice Troïle se leva et dit : Priez pour moi, je m'en vais; cet homme ne veut rien faire. Il s'éleva un grand bruit et un grand tumulte, l'évêque Théodose dit : Mais dites-lui la réponse de l'empereur, et voyez ce qu'il dira; car, de s'en aller ainsi, sans avoir rien dit ni rien entendu, il n'y a pas de raison. Le patrice Epiphane dit alors : Voici ce que vous mande l'empereur : Puisque tout l'Occident, ainsi que tous ceux qui sont pervertis en Orient, ont les yeux sur vous, je souhaite que vous communiquiez avec nous, suivant le *Type*, et nous irons en personne vous saluer, vous donner la main et vous amener dans la grande église, pour recevoir avec vous le Corps et le Sang de Jésus-Christ et vous proclamer notre père; car nous savons certainement que, si vous communiquez avec le saint siége de Constantinople, tous ceux qui s'en sont séparés se réuniront.

Alors saint Maxime se tourna vers l'évêque Théodose, et lui dit avec larmes : « Seigneur, nous attendons tous le jour du jugement. Vous savez ce dont on est convenu sur les saints Evangiles, la sainte croix, l'image de Notre Seigneur et de sa sainte Mère. » L'évêque, baissant les yeux, dit d'une voix troublée : « Et que puis-je faire, quand l'empereur est d'un autre avis? » Saint Maxime reprit : « Pourquoi donc alors avez-vous touché les saints Evangiles, vous et ceux qui vous accompagnaient, si vous n'aviez pas le pouvoir d'exécuter vos promesses? En vérité, toutes les puissances, même du ciel, ne me persuaderaient pas de faire ce que vous désirez; car que répondrai-je, je ne dis pas à Dieu, mais à ma conscience, si j'abjure la foi pour une chose aussi vaine que la gloire des hommes? » A ces mots, les deux patrices, avec les généraux et les magistrats qui les accompagnaient, se levèrent transportés de fureur, et se mirent à le tirer de côté et d'autre, à lui arracher la barbe, à lui donner des coups de poing et à le couvrir de crachats depuis les pieds jusqu'à la tête; en sorte qu'on en sentit l'infection jusqu'à ce que ses habits eussent été lavés. L'évêque se leva aussi, et dit : « Il ne fallait pas en user de cette façon; il fallait écouter sa réponse et la rapporter à l'empereur. Les affaires ecclésiastiques ne se traitent pas de la sorte. » A peine put-il, avec ces remontrances, les arrêter et les faire rasseoir; mais ils continuèrent à charger le saint abbé d'injures et de malédictions inouïes.

Le patrice Epiphane lui dit en fureur : « Dis, misérable et vieux gourmand, prétends-tu que nous soyons des hérétiques, nous, la ville de Constantinople et l'empereur? Nous sommes meilleurs chrétiens et meilleurs catholiques que toi! Nous confessons que Notre Seigneur a une volonté divine et une volonté humaine, et que toute nature intelligente a naturellement une volonté et une opération; enfin nous ne nions pas les deux volontés et les deux opérations. » Saint Maxime répondit : « Si vous croyez comme l'Eglise de Dieu, pourquoi voulez-vous me contraindre à recevoir le *Type*, qui ne tend qu'à détruire cette créance? » On l'a fait par condescendance, dit le patrice Epiphane, pour ne pas troubler le peuple par ces subtilités. Au contraire, dit saint Maxime, tout le monde est édifié de la confession exacte de la foi. Le patrice Troïle dit alors : « Ayez dans le cœur ce que vous voudrez, personne ne vous en empêche. » Saint Maxime répondit : « Dieu n'a pas renfermé dans le cœur tout ce qui est nécessaire pour le salut. Il a dit : *Quiconque me confesse devant les hommes, je le confesserai devant mon Père*; et l'apôtre : *On croit du cœur pour la justice, et on confesse de la bouche pour le salut.* »

Alors le patrice Epiphane lui demanda d'un ton très-aigre : Avez-vous souscrit au libelle? Il voulait dire le décret du concile de Rome. Oui, répondit saint Maxime, j'y ai souscrit. Et comment, reprit Epiphane, avez-vous osé anathématiser ceux qui croient comme toute l'Eglise? Assurément, si l'on m'en croit, on vous mènera dans la ville, on vous attachera au milieu de la place et on fera venir les comédiens, les comédiennes et les principales courtisanes, avec tout le peuple, afin que chacun vous donne des soufflets et vous crache au visage. J'y consens, dit saint Maxime, s'il est vrai que nous ayons anathématisé ceux qui confessent deux volontés et deux opérations naturelles. Lisez les actes, seigneur, et le décret, et si vous trouvez ce que vous dites, faites ce qu'il vous plaira. Ils dirent : Si nous nous amusons à l'écouter, nous ne boirons ni ne mangerons. Allons dîner, puis nous irons au palais pour rapporter ce que nous avons entendu. Cet homme s'est vendu à Satan. Au reste, ajoutèrent les deux patrices, sachez, seigneur abbé, que, si les infidèles nous donnent un peu de relâche, par la sainte Trinité, nous vous mettrons avec le Pape qui s'élève maintenant, et tous ceux qui discourent en ce pays-là, et tous vos disciples, et nous vous traiterons tous, chacun à votre place, comme Martin a été traité.

Le lendemain, 14 septembre, jour de l'Exaltation de la Sainte-Croix, le consul Théodose vint dès le matin trouver saint Maxime, lui ôta tout ce qu'il avait, et lui dit de la part de l'empereur : Puisque vous n'avez pas voulu d'honneur, vous en serez privé. Allez au lieu dont vous vous êtes jugé digne, avec vos deux compagnons. Le consul Théodose prit donc saint Maxime et le mit entre les mains des soldats, qui le conduisirent à Sélymbrie. Ils y demeurèrent deux jours, jusqu'à ce qu'un des soldats eût été au camp dire à toute l'armée, pour l'exciter contre saint Maxime : Le moine qui blasphème contre la Mère de Dieu, vient ici. Mais le commandant, touché de Dieu, envoya au-devant de lui les chefs des compagnies, les enseignes, les prêtres et les diacres. Saint Maxime, les voyant, se mit à genoux. Eux en firent autant; ensuite ils s'assirent et le firent asseoir. Alors un vénérable vieillard lui dit avec grand respect : Mon Père, on nous a scandalisés, en disant que vous ne nommez pas Mère de Dieu la sainte Vierge. C'est pourquoi, je vous conjure, par la sainte Trinité, de nous dire la vérité, de peur que nous ne soyons scandalisés injustement. Saint Maxime se mit à genoux, se releva, et, étendant les mains au ciel, il dit avec larmes : Quiconque ne dit pas que notre Dame, la très-sainte Vierge, a été véritablement la Mère de Dieu, Créateur du ciel et de la terre, qu'il soit anathème, de par le Père, le Fils et le Saint-Esprit, et de par toutes les vertus célestes, et les apôtres, et les prophètes, et les martyrs, et tous les saints, maintenant et toujours, et dans tous les siècles des siècles; amen ! Alors les assistants dirent en pleurant : Mon Père, Dieu veuille vous donner la force d'achever dignement votre course. Ensuite ils tinrent plusieurs discours si édifiants, que les soldats s'assemblaient en foule pour les entendre. Mais un des gardes du général, voyant que leur nombre croissait toujours et qu'ils blâmaient la manière dont on traitait le saint vieillard, le fit enlever et mettre à deux milles du camp, jusqu'à ce qu'on l'emmenât à Perbère. Les clercs de l'armée le suivirent à pied pendant ces deux milles, et, ayant pris congé de lui, ils le mirent à cheval de leurs propres mains. On le mena à Perbère, où on le mit en prison.

Quelque temps après, on le ramena à Constantinople, avec son disciple, le moine Anastase, et on tint contre eux un concile, où ils furent anathématisés tous les deux, avec le pape saint Martin, saint Sophrone de Jérusalem, et tous leurs adhérents, c'est-à-dire tous les catholiques. On amena ensuite l'autre Anastase, que l'on anathématisa de même. Et le concile, de concert avec le sénat, prononça contre tous les trois une sentence, où il disait : Après avoir porté contre vous le jugement canonique, il restait que vous fussiez soumis à la sévérité des lois pour vos impiétés, quoiqu'il n'y ait point de peine proportionnée à de tels crimes. Toutefois, laissant au juste la plus grande punition, nous vous donnons la vie, en vous relâchant de l'exactitude des lois; et nous ordonnons que le préfet ici présent, vous emmène sur l'heure même dans son prétoire; qu'il vous fasse battre le dos avec des nerfs de bœuf, et couper jusqu'à la racine la langue qui a été l'instrument de vos blasphèmes, et la main droite qui a servi à les écrire. Ensuite vous serez promenés par les douze quartiers de cette ville, et condamnés au bannissement et à la prison perpétuelle, pour y pleurer vos péchés le reste de vos jours. Cette sentence fut aussitôt exécutée : le préfet se saisit de saint Maxime et des deux Anastase, les fit battre de verges, leur fit couper la langue à chacun, et la main droite, les promena par toute la ville de Constantinople, et les envoya en exil dans le pays des Lazes (*Op. S. Maxim.*).

Ils y arrivèrent le 8 juin 662, et furent aussitôt séparés. On leur ôta même le peu qu'ils avaient, jusqu'à du fil et une aiguille. Comme saint Maxime ne pouvait se tenir à cheval ni souffrir les voitures ordinaires, il fallut faire un brancard d'osier pour le porter, comme dans un lit; et on le conduisit dans une forteresse, nommée Schemari, près le pays des Alains. Les deux Anastase furent enfermés dans deux autres forteresses, d'où peu de jours après on les tira, et on mena le moine Anastase à Sumas. Mais il était si affaibli par les tourments qu'il avait soufferts à Constantinople et par les fatigues du voyage, qu'il mourut le 24 juillet suivant. Saint Maxime étant arrivé à Schemari, prédit le jour de sa mort, qui fut le samedi 13 août de la même année, jour auquel l'Église honore sa mémoire (*Op. S. Maxim.*, t. I; *Acta Sanct.*, 13 *aug.*).

C'est ainsi que finirent glorieusement, à sept ans l'un de l'autre, les deux illustres défenseurs de la foi contre l'hérésie : le pape saint Martin en 655, le saint abbé Maxime en 662. Dans leurs actes originaux, écrits par des contemporains, le plus souvent témoins oculaires, on voit au naturel ce qu'étaient l'empereur, la cour et le sénat de Byzance. Au lieu de gouverner l'empire et de le défendre contre les mahométans, empereurs et consuls, commandants d'armée et magistrats se font les geôliers et les bourreaux de deux vieillards infirmes. Au lieu des chefs de Sarrasins vaincus, traînés après le char du triomphateur, on traîne dans les rues de Constantinople, chargé de fers et un carcan au cou, un pontife cassé de vieillesse et d'infirmités, le vicaire du Christ; puis un moine, autrefois grand seigneur, à qui l'on arrache la langue et coupe la main, pour le donner ainsi en spectacle aux courtisans et à la populace. Et pourquoi ? Parce que ces deux hommes ont une conscience, et qu'ils ne veulent pas faire de la religion une comédie. Nous croyons la même chose que vous, disent les consuls byzantins à saint Maxime; nous reconnaissons, comme vous, deux volontés et deux opérations dans le Christ. Mais pour complaire à l'empereur, ayez, comme nous, une chose dans le cœur, une autre chose sur les lèvres. Et parce que le vieillard se refuse à cette lâche hypocrisie, patrices et sénateurs, militaires et magistrats lui donnent des coups de poing, lui crachent au visage, lui coupent la main et la langue! En vérité, il est difficile d'imaginer quelque chose de plus ignoble. En vérité, si un pareil gouvernement avait jamais prévalu dans l'univers, l'humanité eût été bien plus dégradée que sous le mahométisme.

Ce qui la sauve, après Dieu, c'est l'Eglise romaine, ce sont les Pontifes romains. A la cour avilie de Byzance, le pape saint Martin, vieux, cassé, infirme, montre, surtout dans les fers, la constance du héros, le calme du sage, la majesté du Pontife, la sérénité du martyr. Pour sortir de cette confusion, dit et répète saint Maxime, empereur et patriarche doivent s'adresser au Pontife de Rome : telle est la règle ; il n'y en a point d'autre. Que lui répondirent les courtisans byzantins? Si nous n'avions les Sarrasins sur les bras, nous traiterions le Pape comme toi. Ces paroles sont l'éloge du pape saint Eugène, qui mourut le 2 juin 658, et eut pour successeur saint Vitalien, ordonné le 30 juillet suivant.

Saint Anastase l'apocrisiaire, disciple de saint Maxime, ayant été séparé de son maître et de l'autre saint Anastase, fut conduit en diverses forteresses et promené pendant sept mois par tous les pays des Lazes, où il marchait à pied et demi-nu, mourant de faim et de froid. Enfin, celui qui commandait dans le pays ayant été chassé, son successeur, nommé Grégoire, le traita mieux et le mit dans un monastère, où il lui donnait abondamment toutes les choses nécessaires. Saint Anastase y fut visité par Étienne, trésorier de l'Eglise de Jérusalem, qui parcourut tout le pays des Lazes, des Apsiles et des Abasges, publiant partout quelle était la doctrine catholique et quelle est l'hérésie des monothélites, et dissipant les calomnies répandues contre saint Anastase. Etienne mourut dans ces courses apostoliques, le 1er janvier 665, chez le prince des Abasges.

De ce troisième exil, saint Anastase écrivit l'année suivante à Théodose, prêtre de Gangre et moine à Jérusalem, lui racontant ce qui lui était arrivé jusqu'alors, et le priant de lui envoyer les actes du concile tenu à Rome par le pape saint Martin; car il voulait profiter de son exil pour faire connaître la doctrine catholique. Avec cette lettre, il lui envoie, de son côté, des passages de saint Hippolyte, évêque de Porto, près de Rome, et martyr, pour établir les deux volontés et les deux opérations en Jésus-Christ. Saint Anastase écrivit lui-même cette lettre, d'une manière qui fut tenue pour miraculeuse. Car, comme on lui avait coupé la main, il fit attacher au bout de son bras deux petits bâtons, dont il tenait la plume, et il fit de la même manière plusieurs autres écrits. Ce qui était plus merveilleux encore, c'est que quoiqu'on lui eût coupé la langue jusqu'à la racine, il parlait distinctement. Enfin, il mourut dans la forteresse de Thusume, au pied du mont Caucase, le dimanche 11 octobre 666, après avoir fait un grand nombre de miracles et de conversions.

Il laissa deux disciples, Théodore et Euprepius, frères, fils du grand panetier de l'empereur, qui, après le premier exil de saint Anastase à Trébisonde, voulurent se réfugier à Rome; mais ils furent arrêtés près d'Abydos. Et comme ils refusaient de souscrire au *Type* de Constant, ils furent dépouillés de leurs biens et de leurs dignités, battus de verges et envoyés en exil dans la Chersonèse. Euprepius, qui était le plus jeune, y mourut le 20 octobre 670. Théodore lui survécut plusieurs années, et le prêtre Théodose de Gangre étant venu le voir, il lui donna des reliques du pape saint Martin, mort au même lieu, savoir : un morceau de son étole et une de ses sandales. Il lui raconta aussi les miracles qui se faisaient à son tombeau. Le prêtre Théodose, à qui nous devons ces détails, observe encore que les sandales du Pape étaient d'une forme particulière, et que nul homme n'en portait, hormis le Pontife romain (*Op. S. Maxim.*, t. I).

Tandis que les empereurs de Byzance fatiguaient toute l'Eglise par de continuelles controverses et se faisaient les persécuteurs des saints, les rois naguère barbares des Goths, des Francs, des Saxons, contents de l'autorité de la commune croyance et des précédentes décisions de l'Eglise, faisaient entrer le christianisme dans les lois et les mœurs, secondaient les saints et leurs pieuses entreprises, voyaient souvent des saints dans leurs propres familles et quelquefois étaient eux-mêmes du nombre. En Espagne, les rois des Goths admiraient parmi les leurs un illustre exemple de sainteté dans saint Fructueux; car il était de race royale et fils d'un général d'armée. Jeune encore, son père l'emmena un jour dans ses terres. Pendant que le général faisait la revue de ses domaines et de ses troupeaux, son jeune fils considérait les lieux les plus sauvages, et pensait à y fonder des monastères. Ses parents étant morts, il reçut la tonsure de Conantius, évêque de Palencia, qui le forma dans la piété. Fructueux donna ses biens aux églises, aux pauvres, à ses esclaves, qu'il mit en liberté; mais il en employa la meilleure partie à fonder le monastère de Complute, où il assembla une communauté nombreuse. Mais, fatigué des visites que lui attirait sa réputation, il y établit un abbé et alla se cacher dans la solitude. Ses disciples l'en tirèrent par une sainte violence. Mais il les quitta quelque temps après pour aller fonder d'autres monastères, un entre autres dans l'île de Cadix. Il y avait tant de moines, que le gouverneur de la province s'en plaignit au roi, craignant qu'il ne restât personne pour les armées et le service de l'Etat. Les familles entières se donnaient à Dieu ; les pères avec leurs fils entraient dans les monastères d'hommes ; les mères avec leurs filles dans les monastères de femmes. Voici comme il fonda le premier de ces monastères de femmes.

Un jour qu'il était dans une de ses communautés d'hommes, il reçut du désert voisin une lettre par laquelle une fille le priait d'avoir pitié d'elle, comme d'une brebis errante, et de la diriger dans les voies du salut. Elle se nommait Bénédicte, était de race noble et venait d'être fiancée à un grand seigneur de la cour. Mais brûlant de se consacrer à Dieu seul, elle s'enfuit à l'insu de ses parents, erra longtemps dans le désert, et arriva enfin près du monastère de saint Fructueux. N'osant y entrer, elle lui fit dire sa position. Le saint en bénit Dieu, lui fit bâtir dans le désert une petite cellule. L'héroïque détermination de la noble vierge retentit au loin : plusieurs autres suivirent son exemple; bientôt il y en eut jusqu'à quatre-vingts réunies autour d'elle. Alors le saint abbé leur bâtit un monastère dans une autre solitude.

Au milieu de tant de bonnes œuvres, saint Fructueux eut un grand désir de faire le pèlerinage d'Orient. Il en délibéra secrètement avec quelques-uns de ses disciples. Déjà le navire était prêt pour le transporter, lorsqu'il fut inopinément arrêté par ordre du roi. Le secret avait transpiré. Le roi, craignant, ainsi que son conseil, de priver l'Espagne d'un tel personnage, le fit arrêter avec tout le respect possible, et amener à sa cour, où il fut gardé à vue quelque temps, de peur qu'il ne vînt à s'enfuir. On voit combien la cour des Goths différait de la cour de Byzance. Plus tard, saint Fructueux fut ordonné évêque de Dume, et ensuite archevêque de Brague; mais il ne cessa de pratiquer la vie monastique. Il bâtit entre autres l'abbaye de Montel, entre Dume et Brague, et y choisit sa sépulture. Le visage du saint respirait une si grande douceur, qu'elle faisait impression sur les animaux mêmes. Un jour qu'il traversait des forêts, un chevreuil, poursuivi par des chasseurs, vint se réfugier sous son manteau. Le saint prit l'animal sous sa protection et le conduisit au monastère. L'animal reconnaissant ne quitta plus son libérateur : il le suivait pendant le jour et dormait la nuit à ses pieds (*Acta Sanct.*, 19 april.; *Acta ord. Bened.*, t. II).

Nous avons la règle que le saint donna à son monastère de Complute. Elle approche beaucoup de celle de saint Benoît. Il y nomme *convers* ou *convertis*, tous ceux qui entrent pour s'engager dans le monastère. Mais il y a une autre règle de saint Fructueux, nommée la *règle commune*, apparemment parce qu'elle servait à tous ses monastères. Elle contient des particularités remarquables. Il y condamne d'abord deux espèces de faux monastères : ceux que des particuliers érigeaient de leur propre autorité, se renfermant dans leurs maisons de campagne, avec leurs femmes, leurs enfants, leurs serfs et leurs voisins, et s'engageant par serment à vivre en commun, mais sans règle et sans supérieur. C'étaient des gens intéressés, qui, loin de donner aux pauvres, pillaient les autres, sous prétexte de pauvreté. Ils étaient querelleurs, et souvent appelaient leurs parents et leurs amis pour les secourir à main armée. Il y avait aussi des prêtres qui, pour s'attirer la réputation de piété ou pour conserver leurs dîmes et leurs autres profits, s'érigeaient en supérieurs de monastères, sans avoir pratiqué la vie monastique, et recevaient à bras ouverts tous ceux qui sortaient des vrais monastères, dont ils décriaient la discipline.

La règle commune de saint Fructueux montre la manière de gouverner les différentes sortes de personnes qui composaient ses monastères. Si un homme y venait avec sa femme et de petits enfants au-dessous de sept ans, on les recevait tous, à la charge d'être soumis à l'obéissance. On permettait aux enfants, tant qu'ils étaient petits, d'être, quand ils voulaient, auprès du père ou de la mère; mais quand ils avaient atteint l'âge de raison, on leur apprenait la règle et on les menait au monastère, où ils devaient demeurer, comme offerts par leurs parents. On leur choisissait un maître, que l'on déchargeait de tout autre emploi, pour avoir soin de leur nourriture et de leur instruction. On avait une attention particulière à ceux qui entraient vieux dans le monastère, afin de leur procurer les soulagements nécessaires, sans entretenir leurs mauvaises habitudes, et afin de les aider à faire une sérieuse pénitence. On la faisait faire rigoureuse à ceux qui avaient commis de grands crimes avant leur conversion. Ils commençaient par une confession générale de tous leurs péchés; puis on leur faisait observer la pénitence canonique et mener une vie plus austère que la communauté. On recommande avec grand soin la séparation des monastères des filles d'avec ceux des hommes, et il y a de grandes précautions pour les visites et pour les occasions qu'ils pouvaient avoir de se rencontrer ensemble. Tous les frères doivent s'assembler le dimanche pour la messe, avec une grande attention à se réconcilier et à se corriger chacun de ses défauts. Ces monastères avaient des troupeaux de brebis, pour fournir de quoi soulager les enfants et les vieillards, racheter les captifs et exercer l'hospitalité. Un moine était chargé du soin des pâtres. A la fin de cette règle est la formule de la profession des moines, conçue au pluriel et commençant par la profession de foi (*Codex regul.*, t. II). Quand on pense que c'est un prince goth qui fondait et qui dirigeait par son exemple ces asiles de l'humanité et de la piété chrétienne, on ne peut qu'admirer le merveilleux changement opéré par le christianisme chez les nations barbares. Saint Fructueux mourut l'an 665, dans l'église où il s'était fait transporter dans sa dernière maladie, pour y recevoir l'habit de pénitence au pied des autels. Il fut d'abord enterré dans un de ses monastères; mais, depuis, ses reliques ont été transférées à Compostelle, en Galice.

Un contemporain de saint Fructueux de Brague fut saint Eugène de Tolède. Il était d'abord clerc de l'église royale. Par amour de la vie monastique, il s'enfuit à Sarragosse, où il s'attacha aux sépulcres des martyrs, et se fit moine dans l'abbaye de Sainte-Engracia. Le roi Chindasvinthe lui fit violence pour l'en tirer et le faire ordonner archevêque de Tolède, après un autre Eugène, l'an 646. Il était petit et d'une faible complexion, mais d'un grand zèle. Il corrigea le chant et les offices ecclésiastiques. Il écrivit un *Traité de la Trinité*, apparemment à cause des restes d'arianisme en Espagne, et deux petits livres, l'un en vers de différentes mesures, l'autre en prose. Il corrigea et augmenta l'ouvrage en vers de Dracontce sur la création du monde. Il tint le siège de Tolède environ douze ans, et fut enterré à Sainte-Léocadie. L'Église honore sa mémoire le 13 novembre.

Il eut pour successeur saint Ildefonse, né à Tolède même. Ses parents l'avaient mis de bonne heure sous la discipline de saint Isidore de Séville. Ce fut là qu'il apprit à mépriser les vanités du siècle, qu'il quitta en effet pour s'enfermer dans le monastère d'Agali, aux faubourgs de Tolède. Il en fut depuis élu abbé; et nous le verrons assister au huitième concile de Tolède en 653. Saint Eugène étant mort sur la fin de l'an 657, on mit à sa place saint Ildefonse, qui gouverna cette Église neuf ans et deux mois. Sa vie fut écrite par Zixilane et par Julien, qui furent l'un et l'autre ses successeurs. Le dernier remarque que saint Ildefonse avait lui-même divisé ses écrits en quatre parties, dont la première contenait un livre en forme de prosopopée sur sa propre faiblesse, un traité de la virginité perpétuelle de la sainte Vierge contre les trois infidèles, un opuscule sur les propriétés des trois personnes divines; un autre qui contenait des remarques sur les actions de chaque jour, un sur les sacrements, un sur le baptême en particulier, un sur les progrès dans le désert spirituel. La seconde partie contenait ses lettres, avec les réponses qu'on y avait faites. Les siennes ne portaient pas toujours son nom; quelquefois il en empruntait d'étrangers, où il enveloppait le sien de diverses énigmes. Il avait composé la troisième partie, de messes, d'hymnes et de sermons, et la quatrième, de plusieurs petits ouvrages en vers et en prose, parmi lesquels il y avait des épitaphes et des épigrammes. Outre les ouvrages renfermés dans ces quatre parties, il en avait commencé d'autres, que ses occupations ne lui permirent pas d'achever.

De tous ces écrits, il ne nous en reste que trois. Le principal est le livre *De la virginité perpétuelle de la sainte Vierge*. Saint Ildefonse le composa à la prière de Quiricius, évêque de Barcelone, comme on le voit par les lettres que ces deux évêques s'écrivirent mutuellement. Dans l'une, Quiricius admire la clarté avec laquelle saint Ildefonse avait développé les mystères de l'Incarnation et de la naissance du Seigneur, en mettant dans un plein jour les endroits où l'Ecriture parle avec quelque obscurité sur ce sujet; de sorte qu'il ne craint point de dire qu'il avait confondu Jovinien, Helvidius et le Juif perfide et incrédule. C'étaient les trois infidèles contre lesquels Julien de Tolède dit que saint Ildefonse avait entrepris son ouvrage. Il le commence par une prière fervente à la sainte Vierge, où il lui donne toutes les louanges que l'on peut donner à la Mère de Dieu. Ensuite il prouve par plusieurs passages de l'Ecriture, qu'il était nécessaire que sa virginité fût parfaite, étant la maison de Dieu, et celui qui devait naître de ce sein ayant été engendré de Dieu dès avant l'aurore, c'est-à-dire de toute éternité; qu'en attaquant sa virginité, c'est attaquer celui qui est né d'elle; que son Fils est Dieu parfait comme il est homme parfait; qu'il a été aussi facile à Jésus-Christ de conserver la virginité de sa mère que de naître miraculeusement d'elle et de faire tant d'autres miracles; que les anges ont rendu témoignage à la virginité de Marie, en lui disant, lorsqu'elle eut répondu qu'elle ne connaissait point d'homme : *Le Saint-Esprit surviendra en vous, et la vertu du Très-Haut vous couvrira de son ombre; c'est pourquoi la chose sainte qui naîtra de vous sera appelée le Fils de Dieu.* Il invoque enfin la très-sainte Vierge, pour qu'elle lui obtienne la grâce de bien servir son Fils et elle : lui, comme son créateur; elle, comme la mère de son Créateur; lui, comme le Seigneur des armées; elle, comme la servante du Seigneur de tous. L'honneur qu'il rend à la mère se rapporte au Fils, sans se terminer à elle; s'il sert Marie, c'est pour mieux servir Jésus et lui être uni d'une manière plus intime. C'est ainsi, conclut-il, que l'honneur qu'on rend à la mère tourne à l'honneur du roi (*Biblioth. max. Pat.*, t. XII). Tout ce traité, d'un style coupé et sentencieux, respire la dévotion la plus tendre.

Dans son livre *De la connaissance du baptême*, il réunit ce que les anciens ont dit de meilleur sur les instructions qui préparent à ce sacrement, sur les cérémonies qui l'accompagnent, sur les obligations que l'on y contracte. Par les renoncements que l'on y fait au démon, à ses pompes et à ses œuvres, on s'engage à vivre dans le monde comme dans un désert; c'est le sujet de son livre *Du désert spirituel* (Baluz., *Miscel.*, t. VI). Saint Ildefonse continua aussi le catalogue des écrivains illustres, commencé par saint Jérôme et continué par Gennade de Marseille et par saint Isidore de Séville. Il commence par saint Grégoire le Grand, ne trouvant pas que saint Isidore en eût dit assez, et finit à saint Eugène, son prédécesseur, qui avait lui-même succédé à un autre Eugène. Saint Ildefonse mourut l'an 667, le 23 janvier, jour auquel l'Eglise honore sa mémoire. S'il avait vécu plus longtemps, il aurait pu ajouter à son catalogue un de ses contemporains, Taïus ou Taïon, évêque de Sarragosse, qui composa cinq livres de sentences tirées des *Morales* de saint Grégoire et des écrits de saint Augustin. Il fit à cet effet le voyage de Rome, par ordre du roi Chindasvinthe, parce qu'on ne trouvait pas en Espagne tous les livres des *Morales* de ce Pape. Dans ces cinq livres de sentences, qui n'ont pas encore été imprimés, Taïon traite de l'incommutabilité de Dieu, de sa toute-puissance et de son éternité, de l'origine du monde, de la formation de l'homme, du jugement de Dieu, de la gloire des saints, des supplices éternels des méchants (Ceillier, t. XVII; Mabill., *in Analect.*).

Par la vie de saint Fructueux de Brague, de saint Eugène et de saint Ildefonse de Tolède, on voit que les rapports des évêques d'Espagne avec les rois des Visigoths avaient quelque chose de cordial, de bienveillant et même d'intime. On le voit encore mieux par les conciles qui furent tenus à Tolède vers ces temps. La royauté étant élective, la mort de chaque roi devenait comme une révolution politique. Pour en prévenir les inconvénients et avoir un point d'appui au milieu de ces vicissitudes, les Visigoths mirent sous la protection de l'Eglise les lois fondamentales et constitutives de leur royaume. Nous l'avons déjà vu par le quatrième, le cinquième et le sixième concile de Tolède. On le voit également par le septième, tenu l'an 646, sous le roi Chindasvinthe, où assista saint Eugène, avec vingt-sept autres évêques et onze députés d'absents. Il excommunie, pour toute leur vie, ceux qui conspirent contre la patrie ou le roi, sans compter la privation de leurs biens, s'ils sont laïques (Labbe, t. V).

Le huitième, en 653, sur la demande du roi Recesvinthe et des seigneurs qui étaient présents, relève la nation du serment qu'elle avait fait au quatrième, de condamner, sans espérance de pardon, ceux qui avaient conspiré contre le roi ou la patrie; ce qui devenait la source d'un grand nombre de parjures. Puis en son dixième canon, il dit : Le roi sera élu dans la capitale, c'est-à-dire à Tolède, ou dans le lieu où son prédécesseur sera mort, et l'élection se fera du consentement des évêques et des grands du palais. Le roi protégera la foi catholique contre les Juifs et les hérétiques, et ne fera point d'exaction sur ses sujets. Tous ses acquêts passeront à son successeur, et il ne laissera à ses héritiers que les biens qu'il avait avant d'être roi. Il fera serment de tout cela avant de prendre possession du royaume. Quiconque, soit clerc, soit laïque, au lieu de respecter cette loi et ordonnance épiscopale, se permettra de la critiquer, qu'il soit non-seulement frappé de l'excommunication ecclésiastique, mais encore privé de la dignité de son ordre. Ce concile fut souscrit par 52 évêques, parmi lesquels saint Eugène de Tolède, et par 10 abbés, entre lesquels était saint Ildefonse; enfin par 16 comtes d'entre les principaux officiers du roi (Labbe, t. VI).

Le septième concile de Tolède fit encore les règlements qui suivent : Si le célébrant tombe malade en consacrant les saints mystères, un autre évêque ou un prêtre pourra continuer et suppléer à son défaut. L'évêque qui, étant averti, aura tardé à venir faire les funérailles de son confrère, sera privé de la communion pour un an, et les clercs qui auront négligé de l'avertir seront enfermés un an dans des monastères pour faire pénitence. Sur la plainte des prêtres de Galice, il est défendu aux évêques de prendre plus de deux sous d'or de chaque Eglise et rien des monastères; de mener avec eux plus de cinquante, ou, suivant d'autres exemplaires, plus de cinq chevaux, quand ils vont en visite, et de séjourner en chaque Eglise plus d'un jour. On ne souffrira point d'ermites vagabonds ni de reclus ignorants, mais on les enfermera dans les monastères voisins, et à l'avenir on ne permettra de vivre en solitude qu'à ceux qui auront passé du temps dans des monastères pour s'instruire. Par égard pour le roi et pour la consolation du métropolitain, les évêques du voisinage de Tolède viendront y passer un mois chaque année, quand il les en priera (Ibid., t. V).

Le huitième fit encore quelques règlements contre la simonie et contre l'incontinence des clercs. Il défend d'ordonner ceux qui ne savent pas le psautier tout entier, avec les cantiques et les hymnes d'usage, ainsi que la forme du baptême. Ceux qui, sans une évidente nécessité, auront mangé de la chair pendant le carême, n'en mangeront point pendant toute l'année et ne communieront point à Pâques. Ceux que le grand âge ou la maladie oblige à en manger, ne le feront qu'avec la permission de l'évêque. A l'égard des Juifs, on observera les décrets du concile de Tolède sous le roi Sisenand; c'est le quatrième. Deux mois après le huitième, savoir le 18 février 654, les Juifs convertis de toute l'Espagne donnèrent au roi Recésvinthe une déclaration, par laquelle ils promirent de vivre en vrais chrétiens et de renoncer à leurs anciennes superstitions; de brûler eux-mêmes ou de lapider les contrevenants, ou de les abandonner avec leurs biens à la discrétion du roi (Labbe, t. VI).

Le neuvième concile de Tolède, l'an 655, où il n'assista que 16 évêques, fit dix-sept canons, la plupart pour réprimer les abus que les évêques commettaient dans l'administration des biens ecclésiastiques. Aussi disent-ils d'abord qu'ils doivent commencer par se juger eux-mêmes, afin de donner plus d'autorité à leurs jugements. Ils ordonnent donc que, si les évêques ou les autres ecclésiastiques veulent s'approprier les biens des Eglises, ceux qui les ont fondées ou enrichies pourront s'en plaindre à l'évêque, au métropolitain, ou au roi. Ils veilleront aussi aux réparations, afin que les églises et les monastères de leur fondation ne tombent pas en ruine; et ils auront le droit de présenter à l'évêque des prêtres pour les desservir, sans qu'il puisse y en mettre d'autres à leur préjudice. Voilà le patronage bien établi.

L'évêque qui fonde un monastère, ne pourra lui donner plus de la cinquantième partie du bien de son Eglise, ou la centième, s'il fonde une Eglise sans monastère. Si l'évêque avait peu de bien, ce qu'il a acquis depuis son épiscopat appartiendra à l'Eglise; s'il en avait autant ou plus que son Eglise, ses héritiers partageront avec l'Eglise à proportion. L'évêque pourra disposer de ce qui lui aura été donné personnellement; s'il n'en dispose, il appartiendra à l'Eglise. Les parents de l'évêque ou du prêtre ne pourront se mettre en possession de sa succession, sans la participation du métropolitain ou de l'évêque. La prescription de trente ans ne courra contre l'Eglise que du jour de la mort de l'évêque qui a aliéné, et non du jour de l'aliénation. L'évêque qui a pris soin des funérailles de son collègue et de l'inventaire des biens de l'Eglise, ne pourra prendre plus d'une livre d'or, si elle est riche, et une demi-livre, si elle est pauvre.

Les enfants illégitimes des clercs obligés à la continence, seront esclaves de l'Eglise que les pères servaient. Les évêques ne peuvent appeler dans le clergé des serfs de l'Eglise sans les affranchir. Les affranchis de l'Eglise ne peuvent épouser des personnes libres de naissance; autrement ils seront tous traités comme affranchis, et par conséquent engagés, eux et toute leur race, à rendre à l'Eglise les mêmes devoirs que les affranchis doivent à leurs patrons, sans pouvoir disposer de leurs biens, si ce n'est en faveur de leurs enfants ou de leurs parents de même condition. Les Juifs baptisés se rendront aux principales fêtes dans la cité, pour assister à l'office solennel avec l'évêque, afin qu'il puisse juger de la sincérité de leur conversion. Le concile fut souscrit par seize évêques que présidait saint Eugène; par six abbés, entre lesquels saint Ildefonse, et par quatre comtes du palais (Labbe, t. VI).

Le dixième concile de Tolède, tenu l'an 656, fit sept canons qui portent en substance : que la fête de l'Annonciation de la sainte Vierge, qui se célébrait en différents jours dans les Eglises d'Espagne, serait fixée au 18 décembre, huit jours avant Noël; que les clercs qui auront violé les serments faits pour la sûreté du roi et de la patrie, seront privés de leur dignité, avec pouvoir, néanmoins, au prince de la leur rendre; que les évêques ne pourront, sous peine d'un an d'excommunication, donner à leurs parents ou à leurs amis les paroisses ou les monastères pour en tirer les revenus; que les femmes qui embrassent l'état de viduité, feront leur profession par écrit devant l'évêque ou son ministre; celui-ci leur donnera l'habit avec le voile noir ou violet qu'elles seront obligées de porter sur leur tête; celles qui quitteront l'habit de veuve après l'avoir porté, seront excommuniées et renfermées dans les monastères pour le reste de leur vie; que les enfants offerts par leurs parents, ou à qui ils auront fait donner la tonsure, ne pourront plus retourner dans le siècle : mais les parents n'useront de ce droit envers leurs enfants que jusque l'âge de dix ans; que les chrétiens ne pourront vendre leurs esclaves à des Juifs, principalement les clercs, qui doivent plutôt les racheter. Ce dernier canon contient une longue sortie contre cette vente d'esclaves et même contre la vente des esclaves en général, et menace d'excommunication ceux qui s'en rendraient encore coupables.

Les évêques étaient encore assemblés, quand on leur présenta un écrit de Potamius, archevêque de Brague, dans lequel il se reconnaissait coupable d'un péché d'incontinence. On le fit entrer et reconnaître son écrit : on lui demanda si sa confession était libre et contenait la vérité. Il en fit serment et déclara, fondant en larmes, que depuis environ neuf mois il avait quitté le gouvernement de son Eglise, pour se renfermer dans une prison et faire pénitence. Suivant les anciennes règles ecclésiastiques, il devait être déposé de l'épiscopat ; mais le concile, touché de compassion, lui laissa le nom d'évêque, le condamna à une pénitence de toute la vie, et choisit saint Fructueux, évêque de Dume, pour gouverner l'Eglise de Brague. C'était l'évêque le plus voisin, Dume n'étant qu'à une lieue de cette ville. Le même concile annula les dispositions testamentaires de Ricimer, évêque de Dume avant saint Fructueux, comme contraires à celles de saint Martin, son prédécesseur, et préjudiciables à son Eglise. Saint Eugène de Tolède, qui présidait ce concile, mourut peu après, en l'an 657, et eut pour successeur saint Ildefonse, que nous avons déjà appris à connaître (Labbe, t. VI).

Cependant la France, divisée en deux royaumes, l'Austrasie et la Neustrie, se peuplait de saints et de monastères. Le roi d'Austrasie, Sigisbert III, sans être un grand prince, était lui-même un saint homme. Ses deux premiers ministres étaient le bienheureux Pepin de Landen, et saint Cunibert, évêque de Cologne. Son frère Clovis II, roi de Neustrie, avait pour femme sainte Bathilde, pour chancelier saint Ouen, et pour chef de la monnaie saint Eloi. Partout se fondaient des monastères, gouvernés par des saints ; et où les Barbares, avec la douceur et la perfection de l'Evangile, venaient apprendre les lettres humaines. L'épiscopat, de son côté, présentait également des saints personnages. A Metz, capitale de l'Austrasie, saint Goëric, successeur de saint Arnulfe, eut lui-même pour successeur saint Godon, et celui-ci saint Clodulte. Saint Amand venait de reprendre ses courses apostoliques. Le roi saint Sigebert ou Sigisbert d'Austrasie, qui l'aimait comme son père, l'avait obligé, l'an 647, d'accepter l'évêché de Maëstricht, après la mort de saint Jean, surnommé l'Agneau, évêque de cette ville, où le siège de Tongres avait été transféré. Voyant que le succès ne répondait point à son zèle, saint Amand sollicita près du pape saint Martin, ainsi que nous l'avons vu, la permission de quitter son diocèse pour reprendre le cours de ses missions apostoliques, et pour établir de nouveaux monastères. Le Pape l'en dissuada d'abord ; mais, vers l'an 650, saint Amand étant lui-même allé à Rome, c'était son troisième pèlerinage dans cette ville sainte, le pape saint Martin approuva ses raisons. Il quitta donc le siège de Maëstricht, après l'avoir occupé environ trois ans. Saint Rémacle, alors abbé de Stavelo, fut son successeur. Amand visita ses monastères de la Belgique, et puis alla prêcher la foi aux Basques ou Gascons, établis dans la Novempopulanie, qui étaient encore la plupart idolâtres. De là il revint dans la Flandre, où il fit, vers l'an 652, avec saint Aubert, évêque de Cambrai, la dédicace de l'église du monastère de Saint-Ghislain.

C'était un saint abbé qui édifiait, en ce temps-là toute la Gaule-Belgique par ses vertus. Il se fit d'abord une cellule sur les bords de la rivière de Haine, qui donne son nom au Hainaut. Il s'y associa quelques disciples et y bâtit une église dédiée à saint Pierre, et un monastère qui fut nommé la Celle-des-Apôtres, et qui depuis a pris le nom de Saint-Ghislain, avec la ville qui s'y est formée. Ce saint abbé y vivait avec ses religieux dans une si grande pauvreté que saint Amand y étant venu les voir, ils ne trouvèrent rien pour lui donner à dîner et le laissèrent aller à jeun. Mais comme ils le reconduisaient, tristes et confus, ils prirent dans la rivière de Haine un gros poisson qui se présenta. Ils le regardèrent comme un don du Ciel, et ils engagèrent le saint évêque à retourner au monastère pour le manger. Saint Ghislain est honoré le 9 octobre. Saint Amand se retira, les dernières années de sa vie, dans le monastère d'Elnon, et y mourut à l'âge de 90 ans, vers l'an 679. Quelques années auparavant, il avait fait, avec une grande solennité, la dédicace de l'église qu'il avait fait bâtir à Elnon en l'honneur de saint Pierre et de saint Paul. Saint Réole de Reims, successeur de saint Nivard, saint Mommolin de Noyon, saint Vindicien d'Arras et de Cambrai, successeur de saint Aubert, y assistèrent avec trois abbés, saint Bertin de Sithiu, Adalbert de Saint-Bavon, et Jean de Blandin. Sa vie fut écrite par Baudemond, un de ses disciples (*Hist. de l'Eglise gallic.*, l. 10 ; *Acta Sanct.*, 6 *febr.*).

Saint Amand laissa comme une postérité de saints dans ces différents monastères. Il en avait fondé deux dans le territoire de Gand, dédiés en l'honneur de saint Pierre : l'un dans la ville, lequel a pris le nom de Saint-Bavon ; l'autre proche de la ville, sur la montagne Blandin, nommé pour ce sujet Blandinberg. Il en avait bâti un troisième à trois lieues de Tournai, sur la petite rivière d'Elnon, où il mourut. Ce dernier prit plus tard le nom de Saint-Amand.

Saint Bavon était un homme de qualité, qui, dans sa jeunesse, avait mené une vie licencieuse. Après la mort de sa femme, il fut touché des prédications de saint Amand, se jeta à ses pieds et lui confessa tous ses péchés avec larmes. Après quoi, ayant distribué ses biens aux pauvres, il reçut du saint la tonsure cléricale, et le suivit quelque temps dans ses missions pour s'affermir dans le bien et réparer les scandales qu'il avait donnés. Il se retira ensuite à Gand, dans le monastère que le saint évêque y avait établi, et que gouvernait saint Florbert. Pendant qu'il s'y livrait aux austérités de la pénitence, il vit un jour venir à lui un homme qui autrefois avait été son esclave, et qu'il avait lui-même vendu. A son aspect, il se livra à des gémissements lamentables d'avoir commis envers lui un si grand crime, et se jeta à ses genoux, disant : C'est moi qui vous ai vendu, lié de courroies ; ne vous souvenez pas du mal que je vous ai fait, et accordez-moi une prière. Frappez mon corps de verges, rasez-moi la tête ; comme on fait aux voleurs, mettez-moi en prison, les pieds et les mains liés, comme je le mérite ; peut-être, si vous faites cela, la clémence divine m'accordera mon pardon. L'homme, tombé lui-même à ses pieds, dit qu'il n'oserait jamais faire une telle chose à son maître. Mais l'homme de Dieu, qui parlait éloquemment, s'efforça de l'engager à faire ce qu'il demandait. Contraint enfin et malgré lui, l'autre, vaincu par ses prières, fit ce qui lui était ordonné : il lia les mains à l'homme de Dieu, lui rasa la tête, lui attacha les pieds à des entraves, le conduisit à la prison publique, et l'homme de Dieu y resta plusieurs jours, déplorant jour et nuit ces actes d'une vie mondaine qu'il avait toujours devant les yeux comme un lourd fardeau. Ce fait, ainsi raconté par l'auteur contemporain de la vie de saint Bavon, nous montre jusqu'à quel point la piété chrétienne, la profession monastique, changeait les mœurs des Barbares.

Dans le monastère même, le saint, couvert d'un cilice, couchait sur la terre, n'avait pour siège et pour oreiller qu'une pierre, et tenait ses pieds dans des entraves. Sa nourriture n'était que du pain d'orge et de l'eau. Avec ces austérités, la vie cénobitique lui parut encore trop douce. Il s'enfonça dans la forêt voisine, et vécut quelque temps dans le creux d'un gros arbre, qu'il arrosait sans cesse de ses larmes. Il ne rentra dans le monastère qu'à condition qu'on lui bâtirait une cellule pour y vivre en reclus. On voit, par la règle de Grimlaïc, qu'il fallait pour cela la permission de l'évêque; que celui qui voulait être reclus, promettait la stabilité en présence de l'évêque et du clergé assemblés; que la cellule devait être petite, avoir un petit jardin et un oratoire, si le reclus était prêtre, ou, sinon, être attenante à quelque église, d'où, par une fenêtre, le reclus pût entendre la messe, et recevoir la communion. On murait la porte de la cellule, et l'évêque, pour plus grande précaution, y apposait son sceau. Saint Bavon ayant donc demandé cette grâce à saint Amand et à saint Florbert, ils se rendirent à la nouvelle cellule avec le clergé et le peuple, administrèrent l'eucharistie à Bavon, ils l'enfermèrent, ou plutôt ils l'ensevelirent; car la cellule était un vrai tombeau. Peu de temps après, sentant sa fin approcher, saint Bavon manda un de ses amis, reçut le Corps et le Sang du Seigneur, et mourut le 1er octobre 650, après trois ans de pénitence. Il fut enterré dans l'église du monastère de Saint-Pierre de Gand, qui prit dans la suite le nom de Saint-Bavon. C'est aujourd'hui l'église cathédrale.

Un saint évêque irlandais, nommé Livin, qui était passé dans le Brabant pour y prêcher la foi, fit en vers latins une belle épitaphe de saint Bavon, à la prière de l'abbé Florbert, auquel il écrivit aussi une lettre en vers, en la lui adressant. On y voit que Livin était assez bon poète. Il y remercie le saint abbé des rafraîchissements qu'il lui envoyait dans sa mission, et il se plaint éloquemment des persécutions qu'on lui suscitait dans son ministère apostolique. Peuple ingrat, dit-il aux habitants du Brabant, que vous ai-je fait? Je vous porte des paroles de paix, et vous me déclarez la guerre! Mais la palme du martyre me fera triompher de votre férocité. Je ne serai pas trompé dans mon espérance. C'est Dieu même qui m'en assure : qui oserait en douter? Saint Livin obtint en effet la couronne qu'il se promettait avec tant d'assurance. En haine des vérités qu'il prêchait, il fut cruellement mis à mort à Hauthem, dans le territoire d'Alost, avec une sainte femme, nommée Craphaïlde, son hôtesse, et un jeune enfant qu'il venait de baptiser. Ils sont honorés le 12 novembre, et saint Bavon le 1 octobre (*Acta Sanct.* 1 oct.).

Saint Rémacle, qui succéda à saint Amand dans le siège de Maëstricht, était né en Aquitaine, de parents nobles, et avait été quelque temps à la cour avec saint Éloi, qui le fit abbé de son monastère de Solignac. Le roi saint Sigisbert, connaissant son mérite, l'appela auprès de lui et fonda, par son conseil, deux monastères dans les forêts d'Ardennes, savoir : Stavelo et Malmédi. Pendant qu'on les bâtissait, saint Rémacle fut élevé sur le siège de Maëstricht. Il prêchait avec beaucoup de zèle, se montra le père des pauvres, des orphelins, des veuves, le consolateur de tous les affligés, conservant toujours une humilité profonde. Il donna le gouvernement des deux monastères à saint Théodard. Mais au bout de dix ans il quitta l'épiscopat et se retira dans Stavelo, où il finit saintement sa vie, après avoir fait ordonner à sa place saint Théodard dans le siège de Maëstricht.

Vers l'an 646, saint Amand avait encore fondé le monastère de Marchiennes, par les libéralités de saint Adalbald et de sainte Rictrude, son épouse. C'était une famille toute sainte, et en qui la piété n'était pas moins héréditaire que la noblesse. Adalbald était petit-fils d'une pieuse dame nommée Gertrude, qui fut la fondatrice du monastère d'Hamai, et qui est honorée comme sainte le 6 décembre. Il épousa Rictrude, originaire d'Aquitaine, également riche et noble. De ce mariage naquirent quatre enfants, que l'Église a mis tous au nombre des saints, aussi bien que le père et la mère. Ces enfants sont saint Mauronte, fondateur et premier abbé du monastère de Breul, au diocèse de Térouanne; sainte Eusébie, qui devint abbesse d'Hamai; sainte Clothesende, qui le fut de Marchiennes, et sainte Aldesende, morte dans son enfance. Leur père, saint Adalbald, qui était un des principaux seigneurs de la cour de Clovis II, ayant été assassiné dans un voyage, sainte Rictrude se refusa aux instances du roi, qui voulait lui faire épouser un de ses favoris, et se retira à Marchiennes, où saint Amand avait établi saint Jonas pour premier abbé. C'était un monastère d'hommes; mais en considération de la fondatrice, Jonas y joignit une communauté de religieuses, et, après la mort de cet abbé, elles occupèrent seules le monastère de Marchiennes pendant plus de trois cents ans (*Acta Sanct.*, 12 *maii*).

Saint Amand avait encore conseillé de fonder le monastère de Nivelle, en faveur de sainte Gertrude, fille de l'illustre Pepin, maire du palais, mort en 640, qui lui-même est honoré comme saint dans le Brabant, le 21 février. À la mort de son père, Gertrude était âgée de quatorze ans, et avait déjà déclaré qu'elle ne voulait point d'autre époux que Jésus-Christ. Comme elle demeurait chez sa mère, sainte Itte ou Ittuberge, saint Amand y vint dans le cours de ses prédications, et l'exhorta à faire un monastère pour elle et pour sa fille. Quoique cette manière de servir Dieu fût inconnue à cette sainte veuve, elle s'y résolut aussitôt et se consacra à Dieu avec tous ses biens, nonobstant de très-grandes oppositions. Craignant même qu'on ne lui enlevât sa fille, elle lui coupa elle-même les cheveux en forme de couronne, et lui fit donner le voile par les évêques, avec plusieurs autres filles. Sa mère la fit aussitôt déclarer abbesse de Nivelle, quoiqu'elle n'eût guère que vingt ans. Elle s'acquitta parfaitement de cette charge, par ses soins et ses bons exemples. Elle fit venir de Rome des reliques et des livres saints, et attira d'outre-mer de savants hommes, pour instruire la communauté dans le chant des psaumes et la méditation des choses saintes. C'étaient des Irlandais, entre autres saint Foillan et saint Ultan frères, et sainte Gertrude leur bâtit un monastère à Fosse, près de Nivelle. Après la mort de sa mère, elle se déchargea du soin des affaires extérieures sur les moines, et des affaires du dedans sur les religieuses, afin de se donner tout entière à la contemplation. Puis, se sentant épuisée par ses abstinences et ses veilles, elle fit élire à sa place sa nièce Vulfetrude, fille de Grimoald, maire du palais d'Austrasie, à la place de Pepin, son père. Vulfetrude n'avait que vingt ans, mais elle avait été élevée depuis son enfance près de sa tante.

Sainte Gertrude, ainsi dégagée de tout autre soin, ne songea plus qu'à se préparer à une sainte mort. Dès qu'elle sentit sa fin approcher, elle appela un des moines qui servaient le monastère, et lui dit : Allez vite trouver Ultain au monastère de Fosse, et dites-lui : Gertrude m'envoie vous demander quel jour elle mourra; car elle dit qu'elle craint beaucoup l'approche de son dernier terme, et que cependant elle ressent une joie sensible. Ultain répondit : C'est aujourd'hui le 16 mars; Gertrude, la servante du Seigneur, mourra demain pendant la messe. Dites-lui qu'elle ne craigne pas : saint Patrice et les anges sont prêts à la recevoir dans la gloire. Cette nouvelle remplit sainte Gertrude de la plus douce consolation. Elle passa toute la nuit en prière avec ses sœurs. Le lendemain, qui était un dimanche, elle reçut, vers la sixième heure, le viatique du Corps et du Sang de Jésus-Christ, et, au milieu de son action de grâces, elle rendit son âme à Dieu, au moment où le prêtre venait de prononcer les paroles de la consécration. L'auteur qui rapporte les circonstances de cette sainte mort est bien digne de foi, puisqu'il était présent (*Acta Sanct.*, 17 *mart.*; *Acta ord. Bened.*, t. II).

Dans le royaume de Neustrie, saint Eloi et saint Ouen, encore laïques, avaient le zèle et l'autorité d'évêques. Un hérétique chassé d'outre-mer, on croit que c'était un monothélite, vint en Gaule, et, s'étant arrêté à Autun, commença d'y semer artificieusement ses erreurs. La nouvelle en étant venue à la cour, saint Eloi, toujours vigilant dans les causes de cette nature, se concerta aussitôt avec saint Ouen et d'autres personnages catholiques, pour dévoiler à tout le monde cette peste. Il ne cessa donc d'exhorter les évêques et les seigneurs, jusqu'à ce que, par ordre du roi, il s'assembla un concile à Orléans, où cet hérétique fut amené. Il fut interrogé par plusieurs hommes doctes. Mais il répondait avec tant d'artifice, que, lorsqu'on pensait le serrer de plus près, il s'échappait comme un serpent et revenait à la charge avec une nouvelle audace. Enfin, un savant évêque du concile, nommé Salvius, confondit le novateur, et, malgré tous ses artifices, le convainquit d'hérésie en présence de toute l'assemblée. L'hérétique, ainsi convaincu, fut condamné par tous les évêques, et chassé de Gaule honteusement. Saint Eloi fit pareillement chasser de Paris un apostat qui séduisait le peuple, et bannir du royaume, après une longue prison, un autre qui feignait d'être évêque. Il poursuivit avec grande autorité plusieurs autres imposteurs semblables. Car il avait une si grande horreur des hérétiques et des schismatiques, qu'il les poursuivait partout, et ne cessait par ses discours de précautionner les fidèles contre la contagion de la nouveauté.

Il étendait son zèle plus loin et plus haut. La simonie infectait une partie des pasteurs et désolait l'Eglise des Gaules, surtout depuis le règne de Brunehaut. Saint Eloi et saint Ouen, de concert avec les autres personnages catholiques, pour effacer du corps mystique de Jésus-Christ cette tache honteuse, firent encore assembler à ce sujet un concile, qui, appuyé de l'autorité du roi, renouvela les défenses tant de fois réitérées d'acheter ou de vendre l'épiscopat. Les Pères du concile ne s'en tinrent pas là. Pour donner un modèle de sainte élection, ils nommèrent Eloi évêque de Noyon, vacant par la mort de saint Achair, et Ouen ou Dadon, son ami, évêque de Rouen, vacant par la mort de saint Romain. Les diocèses de Noyon et de Tournai étaient unis depuis saint Médard, c'est-à-dire depuis plus de cent ans. La Flandre, avec les pays d'Anvers, de Gand et de Courtrai, en dépendait. Or, une partie de ces peuples étaient encore païens et si farouches, qu'ils ne voulaient point écouter la prédication de l'Evangile. C'était la principale raison de leur donner un pasteur aussi zélé que saint Eloi.

Quand il vit qu'il ne pouvait en aucune manière échapper à l'épiscopat, il voulut au moins observer les règles, et ne se laissa point consacrer qu'il n'eût passé quelque temps à mener la vie cléricale. Saint Ouen en usa de même : il fit un voyage au delà de la Loire, et fut ordonné prêtre par Déodat, évêque de Mâcon. Les deux amis convinrent de recevoir tous deux la bénédiction épiscopale le même jour. En effet, ils furent ordonnés ensemble à Rouen, le dimanche d'avant les Rogations, la 3e année du règne de Clovis II, c'est-à-dire le 21 mai 640. Devenu évêque, saint Eloi ne relâcha rien de ses pratiques de vertu. C'était la même charité : il aimait toujours la compagnie des pauvres, et quittait quelquefois ses clercs et ses domestiques pour s'enfermer avec eux. Il avait un lieu séparé où il les faisait entrer à certains jours les uns après les autres, pour leur laver et leur raser la tête de ses propres mains, les revêtir et leur donner à manger. A certains jours, il en avait douze à sa table. Telle était sa tendresse pour les pauvres et les malades; que les riches et les bien portants leur portaient envie. C'est la réflexion de son ami et de son biographe saint Ouen. Modeste devant les princes, empressé à leur obéir quand ils commandaient quelque chose de bon, il méprisait leurs ordres injustes et les reprenait librement, même avant d'être évêque.

Son zèle éclata principalement dans la conversion des infidèles. Il visitait avec grand soin les villes de son vaste diocèse, et tant de peuples qui n'avaient point encore reçu l'Evangile : les Flamands, ceux d'Anvers, les Frisons, les Suèves qui demeuraient près de Courtrai, et les autres jusqu'à la mer, qui semblaient être à l'extrémité du monde. D'abord c'était comme des bêtes féroces, qui voulaient le mettre en pièces; mais lui ne souhaitait rien tant que le martyre. Ensuite ces Barbares, considérant sa bonté, sa douceur, sa vie frugale, commencèrent à l'admirer et désiraient même l'imiter. Plusieurs se convertissaient, on abattait les temples, on détruisait l'idolâtrie. Le saint évêque excitait par ses discours les esprits paresseux de ces Barbares pour les porter à l'amour des choses célestes et leur inspirer la paix et la douceur. Tous les ans il en baptisait à Pâques de grandes troupes, qu'il avait gagnées à Dieu pendant toute l'année. On y voyait, avec une foule d'enfants, des hommes et des femmes dans la dernière vieillesse, la tête blanche, le corps tremblant, renaître dans les fonts sacrés, et recevoir l'habit blanc de néophytes. On voyait un grand nombre de pécheurs courir à la pénitence par la confession de leurs péchés ; car le saint évêque prenait un très-grand soin de leur conversion. Il exhortait, tant les anciens que les nouveaux chrétiens, à fréquenter les églises, à donner l'aumône, à mettre leurs esclaves en liberté, et à faire toutes sortes de bonnes œuvres. Il persuada à une multitude de personnes, de l'un et de l'autre sexe, d'embrasser la vie monastique.

Saint Éloi, surnaturellement inspiré, comme autrefois saint Ambroise, découvrit les corps des martyrs saint Quentin et saint Platon, et les enferma dans des châsses magnifiques, ainsi que les corps des martyrs saint Lucien de Beauvais, saint Crépin et saint Crépinien de Soissons, que l'on découvrit vers le même temps. Pour former d'autres saints, il bâtit à Tournai un monastère en l'honneur de saint Martin, et deux autres à Noyon.

Saint Ouen, de son côté, attira près de lui les plus saints abbés de son temps, comme saint Germer, saint Vandrille, saint Filibert et quelques autres, qui, par son secours et ses conseils, établirent dans cette partie de la Neustrie plusieurs monastères célèbres. Saint Germer, né près de Beauvais, de parents nobles et riches, servit quelque temps de ses conseils le roi Dagobert, qui l'avait appelé auprès de lui pour sa vertu et sa sagesse. Étant à la cour, il se maria et eut un fils, à qui, par le conseil de saint Ouen, il donna tout son bien pour se retirer dans un monastère. Ayant perdu ce fils unique et étant rentré dans ses biens, il en distribua une partie aux pauvres et employa le reste à fonder un monastère, qui, plus tard, prit de lui le nom de Saint-Germer. Il en fut le premier abbé et mourut le 24 septembre vers l'an 658 (*Act. Sanct.*, 24 sept.).

Saint Vandregisile ou Vandrille était originaire du territoire de Verdun, et parent de Pepin, maire du palais. Une si puissante protection lui fraya une route aisée aux honneurs. Le roi Dagobert voulut se l'attacher, et lui donna une charge importante à sa cour. Mais Vandrille ne soupirait qu'après la retraite ; et, sous le vain éclat des dignités mondaines, il ne découvrait que péril et que misère. Les liens du mariage que ses parents l'avaient obligé de contracter, ne l'arrêtèrent point. Il entretint son épouse du mérite de la continence, et lui découvrit le dessein qu'il avait de renoncer au monde. Seigneur, lui répondit-elle, que ne parliez-vous plus tôt? Sachez que je ne désire rien tant que de me donner à Dieu : je vous prie seulement de ne pas différer ce que vous avez résolu. Vandrille aussitôt se coupa les cheveux, donna le voile à sa femme, la mit dans un monastère, distribua une partie de ses biens aux pauvres, l'autre à diverses communautés, et se retira dans le monastère de Montfaucon, au diocèse de Reims. Mais le roi Dagobert, sans la permission duquel il avait embrassé la vie monastique, lui envoya ordre de revenir à la cour et d'y remplir les fonctions de sa charge. Vandrille obéit ; mais le roi, touché de sa vertu, lui permit de suivre sa vocation. Vandrille fonda un monastère au diocèse de Bâle, fit le pèlerinage de Rome, demeura deux ans dans le monastère de Saint-Romain, sur le Mont-Jura, et revint en Neustrie, où saint Ouen le fit sous-diacre, malgré sa répugnance, puis diacre et enfin prêtre. Vandrille cherchait dans ces cantons un lieu de retraite, lorsque Erchinoald, maire du palais de Neustrie, lui donna dans le pays de Caux la terre de Fontenelle, ainsi nommée à cause d'une fontaine abondante qui donne naissance à un petit ruisseau. Saint Vandrille, aidé de son neveu, saint Godon, y bâtit un des plus fameux monastères qu'on vit alors dans les Gaules. Il renfermait trois belles églises : la première, de Saint-Pierre, était longue de deux cent quatre-vingt-dix pieds et large de trente-sept ; la seconde, de Saint-Paul, était d'une architecture admirable, la troisième était dédiée en l'honneur de saint Laurent. Il y avait encore dans ce monastère trois oratoires : un de saint Pancrace, un autre de saint Saturnin, et un troisième de saint Amant de Rhodez. Saint Vandrille envoya à Rome, pour obtenir des reliques de ces saints, son neveu Godon, qui en rapporta aussi plusieurs exemplaires des saintes Écritures et des écrits de saint Grégoire le Grand. Le monastère de Saint-Vandrille, comme celui de Sainte-Gertrude, à Nivelle, devint ainsi une école des saintes lettres ; et Rome leur fournissait des livres. L'Église romaine était alors la librairie commune et unique de tout l'Occident. Saint Ouen fit la dédicace de ces églises, et y plaça les reliques. Saint Vandrille avait tant de respect pour ce saint évêque, qu'il ne sortait pas de son monastère sans lui en avoir fait demander la permission. L'humilité du saint abbé attira la bénédiction du ciel sur sa communauté, qui devint bientôt si nombreuse, qu'on y vit jusqu'à trois cents moines. Le monastère de Fontenelle prit dans la suite le nom de saint Vandrille, son fondateur. Il le gouverna près de vingt ans ; après quoi il mourut âgé de quatre-vingt-seize ans, le 2 juillet 667, jour auquel l'Église honore sa mémoire (*Acta Sanct.*, 2 julii).

Entre les disciples les plus illustres de saint Vandrille, on compte saint Lambert et saint Ansbert, qui furent tous deux abbés de Fontenelle, et ensuite archevêques, le premier de Lyon, le second de Rouen ; et saint Erembert, qui, ayant été fait évêque de Toulouse, revint douze ans après, cassé de vieillesse, mourir en son monastère, vers l'an 671. Quant à saint Godon, vulgairement saint Gond ou saint Gand, il bâtit lui-même, au diocèse de Troyes, un monastère dont il fut abbé. Il est honoré le 26 mai.

Le monastère de Jumièges, près de Caudebec, au même diocèse de Rouen, fut bâti par saint Filibert quelques années après celui de Fontenelle ; et il devint encore plus célèbre, puisqu'on assure qu'on y compta jusqu'à neuf cents moines. Filibert était natif du territoire d'Eause, et il fut élevé à Aire, dont son père Filobaude était devenu évêque. Les talents de Filibert engagèrent ses parents à le produire à la cour de Dagobert, où il ne tarda pas de lier une étroite amitié avec saint Ouen, alors référendaire. Il fut bientôt détrompé des vanités du monde par les exemples et les leçons de ce pieux courtisan, qui venait de fonder le monastère de Rebais; Filibert s'y retira, et il en fut élu abbé après la mort de saint Aile, vers l'an 650. Mais il se forma bientôt contre lui une faction de moines mécontents, que le Ciel punit la plupart avec éclat. Cependant, comme ces troubles domestiques avaient rendu au saint abbé sa charge plus pesante, il résolut d'y renoncer. Il quitta même Rebais, et après avoir visité les plus célèbres monastères de la Gaule et de l'Italie, il vint à Rouen, dont saint Ouen son ami, était alors évêque. Il espéra être plus heureux dans un nouvel établissement. Ainsi, ayant obtenu du roi Clovis II la terre de Jumièges, il y bâtit le fameux monastère de ce nom en l'honneur de la sainte Vierge.

Ce zèle admirable pour fonder partout des monastères, où la piété et les saintes lettres pussent trouver un asile au milieu des révolutions politiques, était commun à toutes les provinces des Gaules. Le monastère de Montfaucon, où saint Vandrille se retira d'abord, fut fondé dans le diocèse de Reims par un saint prêtre nommé Balderic ou Baudri. Il avait une sœur nommée Bove ou Beuve, qui voulut aussi se consacrer à Dieu. Son frère lui fit bâtir à Reims un monastère de filles en l'honneur de saint Pierre. Sainte Beuve en fut la première abbesse, et sainte Dode, sa nièce, la seconde. Elles sont honorées le 24 avril, et saint Baudri le 16 octobre.

Saint Frodebert établit dans la même province un monastère près de Troyes, sa patrie. Ragnégisile, évêque de cette ville, qui l'avait élevé, ayant connu son attrait pour la vie monastique, l'envoya à Luxeuil, afin qu'il s'y perfectionnât dans la pratique des vertus religieuses. Il y passa plusieurs années, revint ensuite dans son pays, et, dans une terre qu'il obtint du roi Clovis II, bâtit un monastère qui a subsisté jusqu'au XIXe siècle, sous le nom de Moutier-la-Celle (*Acta Sanct.*, 8 *jan.*).

Saint Ciran ou Sigiran fonda deux monastères dans le Berri. Il était né en cette province d'une illustre famille. Ses parents lui ayant donné une éducation convenable à sa naissance, le mirent auprès d'un seigneur nommé Flaocate, qui le produisit à la cour. Ciran s'y fit estimer par sa modestie et par sa sagesse; et il y exerça la charge d'échanson du roi Clovis II. Pendant ce temps-là, Sigilaïc, son père, étant devenu évêque de Tours, voulut le marier avec la fille d'un riche seigneur nommé Adoald; mais le jeune courtisan parut plus détrompé du monde qu'un évêque déjà avancé en âge. Il avait résolu de garder la continence, et il vivait à la cour sans autre ambition que d'en sortir pour se consacrer à Dieu quand la volonté de ses parents ne l'y retiendrait plus. Dès que son père fut mort, il alla à Tours, moins pour en recueillir la succession que pour se donner lui-même à Dieu sous les auspices de saint Martin. Modégisile, qui avait succédé à Sigilaïc dans le siège de Tours, l'adopta dans son clergé et lui donna la charge d'archidiacre. Ciran l'exerça avec une fermeté et une vigilance qui lui attirèrent peut-être les mauvais traitements qu'il eut à souffrir, quoiqu'on les colorât d'un autre prétexte. Etienne, comte de Tours, le fit mettre en prison, l'accusant de folie à cause des saintes profusions qu'il faisait de ses biens en faveur des pauvres. La patience et les autres vertus de Ciran furent sa justification. Ayant été bientôt mis en liberté, il donna le reste de son patrimoine aux pauvres, et fit le pèlerinage de Rome avec un saint évêque irlandais nommé Falvius. A son retour, il alla trouver Flaocate, son ancien protecteur, qui était devenu maire du palais sous le royaume de Bourgogne, l'an 641, et qui lui donna deux terres dans le diocèse de Bourges. Ciran y bâtit deux monastères, savoir : celui de Maubec et celui de Lonrei, qui a pris le nom de Saint-Ciran.

Landelin, né d'une famille noble de Francs, dans le pays de Cambrai, fut d'abord recommandé par ses parents à saint Aubert, son évêque et son parrain, pour l'instruire des lettres. Quand il fut en âge, le saint prélat voulut lui donner la tonsure cléricale; mais le jeune homme en fut détourné par quelques-uns de ses proches. Il quitta le saint, rentra dans le siècle et s'abandonna à ses passions, jusqu'à commettre des meurtres et des brigandages. La mort subite d'un de ses compagnons l'ayant touché, il se convertit, alla trouver saint Aubert, se jeta à ses pieds, lui demandant la pénitence. Le saint évêque le mit dans un monastère, où il demeura en habit séculier. Après avoir travaillé longtemps à expier ses crimes, il résolut de quitter le siècle. Il reçut même la tonsure, fit plusieurs pèlerinages à Rome, et fut enfin promu au diaconat et à la prêtrise. Après quoi, ayant reçu la bénédiction de saint Aubert il se retira à Lobes sur la Sambre, et il y bâtit le monastère de Lobes en l'honneur de saint Pierre, celui d'Aume et celui de Vaslers. Il laissa saint Ursmar à Lobes et saint Dadon à Vaslers; et s'étant retiré dans une forêt du Hainaut avec deux de ses disciples, saint Adelin et saint Domitien, il y fonda le monastère de Crépin, où il mourut, vers l'an 696, dans les pratiques de la plus austère pénitence. Il est honoré le 15 juin (*Acta Sanct.*, 15 *junii*).

La plupart des monastères dont nous venons de parler, suivaient la règle de saint Colomban. Cet institut était plus florissant que jamais sous le gouvernement de saint Valdebert, abbé de Luxeuil, qui eut la consolation de le voir s'étendre dans presque toutes les provinces des Gaules. Saint Théodulfe, surnommé Babolin, établit dans le Berri quatre monastères suivant cette règle : deux d'hommes et deux de femmes. Saint Léobard fonda près de Saverne en Alsace, un monastère qui fut d'abord appelé la Celle-de-Léobard, et quelque temps après Maur-Munster, du nom de Maur qui en fut le cinquième abbé.

Cet ordre, qui avait déjà donné à l'Eglise tant de saints confesseurs, eut la gloire de lui donner des martyrs dans la personne de saint Germain et de saint Randan. Germain était originaire de Trèves, où il fut élevé dans la piété et les lettres, par saint Modoal, évêque de cette ville. Le grand exemple de saint Arnulfe l'attira auprès de lui dans sa solitude. Après s'y être édifié quelque temps, il passa au monastère de saint Romaric, et de là à celui de Luxeuil, où il fut bientôt jugé digne de gouverner les autres. Le duc Gondoin ayant fait bâtir le monastère de Grandfel, au territoire de Bâle, saint Valdebert y envoya de Luxeuil une colonie de moines, auxquels il donna Germain pour abbé. Il chargea aussi du gouvernement du monastère de Werd et de celui de Saint-Ursitz. Le saint abbé jouit d'une paix tranquille et la procura à ses inférieurs pendant la vie de Gondoin. Mais après la mort de ce duc, son successeur Cathicus persécuta les moines de Grandfel et les vassaux du monastère. Il fit même marcher contre eux des soldats. Germain, l'ayant appris, prit en main des reliques et les saints Evangiles, et alla ainsi trouver Cathicus avec Randan, prévôt de son monastère. Armé de la sorte, il se fit craindre et respecter du duc, qui parut avoir honte de ses violences. Mais comme le saint abbé s'en retournait à son monastère, il fut attaqué par une troupe de scélérats, qui le percèrent à coups de lance avec son compagnon; le 21 février, jour auquel il est honoré comme martyr avec saint Randoald ou Randan (*Acta Sanct.*, 21 *febr.*).

Le duc Gondoin, dont nous venons de parler, était père de sainte Salaberge, qui fut successivement le modèle d'une pieuse fille de famille et d'une sainte abbesse. Elle avait été guérie en son enfance par saint Eustase, après qu'elle lui eût promis de se consacrer à Dieu. On la contraignit néanmoins de se marier à un jeune seigneur, qui mourut deux mois après. Se voyant ainsi dégagée des liens du monde, elle ne songeait qu'à se retirer au monastère de Remiremont. On eut recours à l'autorité du roi Dagobert, qui lui fit épouser en secondes noces un seigneur de sa cour, nommé Blandin et surnommé Bason. Jamais alliance ne fut plus heureuse, parce que jamais alliance ne fut plus sainte. Les deux époux n'étaient pas moins unis par la vertu que par la tendresse conjugale. Ils obtinrent de Dieu cinq enfants, trois filles et deux fils, qu'ils offrirent avec joie à Celui qui les leur avait donnés. Après quoi, comme Salaberge avait toujours quelque scrupule de n'avoir pas suivi sa première vocation, elle obtint le consentement de son mari pour se faire religieuse, et l'engagea lui-même à renoncer au monde. Elle fit d'abord bâtir, sous la direction de saint Valdebert, un monastère au territoire de Langres, où elle se retira, et où plus de cent filles, la plupart nobles, vinrent se ranger sous sa conduite. Mais réfléchissant que, sur les frontières des royaumes d'Austrasie et de Bourgogne, son monastère serait bien exposé aux ravages des guerres civiles, si fréquentes alors; elle transféra sa communauté dans la forte ville de Laon, où elle fut reçue processionnellement par l'évêque et son clergé, comme une troupe d'anges tutélaires. On travailla en diligence à leur bâtir un monastère, et la réputation de l'abbesse rendit bientôt très-florissant. On y comptait sept églises et environ trois cents religieuses, qui se relevaient par troupe pour la psalmodie perpétuelle, sur le modèle des monastères d'Agaune et de Remiremont. Salaberge gouverna cette nombreuse communauté avec douceur et fermeté, donnant, par son humilité et sa ferveur, l'exemple de ce qu'elle commandait de plus difficile. Elle mourut saintement le 22 septembre, vers l'an 656, après avoir eu révélation du jour de sa mort.

Elle eut la consolation d'avoir sanctifié presque toute sa famille par ses exemples et ses prières. Gondoin, son père, Bodon, son frère, Blandin, son mari, Austrude, sa fille, et ses deux fils Eustase et Baudoin sont honorés comme saints. Austrude embrassa la vie religieuse, et succéda à sa mère dans le gouvernement du monastère. Eustase, l'aîné, mourut en bas âge; mais Baudouin ou Balduin de-vint archidiacre, et fut assassiné par des scélérats, comme il allait plaider pour sa sœur Austrude. Il est révéré comme martyr le 8 janvier.

Bodon, autrement Leudvin, frère de sainte Salaberge, était un des plus puissants seigneurs de ce temps-là, et il en devint un des plus saints évêques. Ayant renoncé généreusement au monde avec sa femme Odila, qui se fit religieuse dans le monastère de Sainte-Salaberge, il fut élevé sur le siége de Toul, qu'il illustra par ses vertus. Il fonda pour des religieuses, dans les pays des Vosges, le monastère appelé de son nom Bon-Moustier (*Bodonis-Monasterium*), et y établit abbesse sa fille Tiethberge. On lui attribue encore la fondation du monastère d'Etival.

La fondation de tant de monastères en France, dont nous n'avons encore mentionné qu'une partie, fait juger combien l'état monastique était florissant dans le septième siècle. On le connaîtra encore mieux par ce que nous apprend un ancien auteur du nombre de religieux et de religieuses qui étaient dans les monastères de Vienne et des environs. Il y avait, dit-il, trente religieuses dans le monastère de Sainte-Colombe; quatre cents moines dans les monastères de Grigny; près de cinq cents dans celui de Saint-Pierre, situé au midi de la ville; cinquante dans celui des saints Gervais et Protais; cinquante dans celui de Saint-Jean-Baptiste, et un pareil nombre dans celui de Saint-Vincent; trente dans celui de Saint-Marcel; vingt-cinq veuves religieuses dans le monastère de Sainte-Blandine; cent religieuses dans celui de Saint-André, hors l'enceinte de la ville; cent dans un autre monastère de Saint-André; quarante dans celui de Saint-Nicet, et dans le monastère de Saint-Martin, cent cinquante moines. C'est-à-dire qu'il y avait à Vienne et dans les environs plus de douze cents moines et près de trois cents religieuses, sans parler de plusieurs autres communautés de clercs et de personnes de piété qui vivaient ensemble. Ces communautés étaient au nombre de soixante dans le seul diocèse de Vienne. C'est l'auteur de la *Vie de saint Clair* qui nous apprend ce détail.

Clair était un saint abbé de Vienne, qui florissait en ce temps-là. Saint Caldéold, évêque de cette ville, lui donna le gouvernement du monastère de Saint-Marcel; il s'acquitta de cette charge avec édification, et fut renommé pour le don de prophétie dont il fut doué. Se sentant attaqué de la maladie dont il mourut, il alla se promener au jardin, y fit assembler ses moines et leur dit : « Mes frères, je ne vous cacherai point ce que le Seigneur m'a révélé. Cette Eglise aura six évêques qui la gouverneront en paix; mais après leur mort, sous l'épiscopat du septième, il y aura une cruelle persécution de la part des païens, à qui cette ville sera livrée par un juste jugement de Dieu. Les moines et les autres habitants du pays seront en partie massacrés, en partie mis en fuite; les saints lieux seront brûlés ou réduits en une affreuse solitude. » Les ravages que firent les Sarrasins dans le territoire de Vienne et dans plusieurs provinces de la Gaule, ne vérifièrent que trop cette prédiction. Saint Clair est honoré le 1er janvier, et saint Caldéold le 14 du même mois (*Acta Sanct.*, 1 *jan.*; *Act. ord. Ben.*, t. II).

Nous avons vu que le pape saint Martin envoya

dans les Gaules les actes du concile de Rome, afin que les évêques y condamnassent pareillement l'hérésie du monothélisme. Il avait même demandé aux rois des Francs quelques évêques, pour les envoyer comme légats à Constantinople. Saint Eloi et saint Ouen étaient disposés à ce voyage. On ignore ce qui l'empêcha. On n'a non plus aucun détail de ce qui se passa dans les conciles tenus à cette occasion ; seulement Flodoard nous apprend que, vers la même époque, il s'en tint un national, à Nantes, de tous les évêques des Gaules, par ordre du Pontife romain : ce sont les termes exprès de cet auteur, dans son *Histoire de l'Eglise de Reims*. Mais on n'en a point les actes (L. 2, c. 1).

Saint Nivard, évêque de Reims, du royaume d'Austrasie, assista au concile national de Nantes. Après s'être distingué à la cour par sa naissance et par ses talents, il fut élevé sur le siége de Reims après la mort de Landon, successeur d'Anglebert et de Leudégisile, qui le fut de Sonnace. Leudégisile fit de riches présents à diverses Eglises de son diocèse. Saint Nivard, qui était encore plus riche, le surpassa en libéralité. Il sembla n'avoir accepté l'épiscopat que pour enrichir son Eglise et devenir pauvre lui-même. Il rebâtit entre autres le monastère de Haut-Villiers, et y établit pour abbé saint Berçaire. Le saint évêque avait un frère nommé Gombert, qui, quoique engagé dans le mariage, fit le même usage de ses biens. Il avait épousé en secondes noces une pieuse dame nommée Berthe. Ils se séparèrent bientôt d'un commun consentement pour garder la continence et pour s'adonner plus librement aux bonnes œuvres. Saint Gombert fonda un monastère de religieuses à Reims, et sainte Berthe un autre à Avenai.

Vers l'an 650, le 14 octobre, le roi Clovis II fit assembler un concile particulier des évêques de son royaume à Châlon-sur-Saône, où l'on fit vingt canons. Le premier ordonne de s'en tenir à la foi de Nicée, confirmée à Chalcédoine : ce qui semble être une précaution contre les nouveautés des monothélites. Il est défendu aux séculiers de se charger du gouvernement des biens des Eglises, et à toute personne de s'en mettre en possession, avant un jugement légitime. Après la mort d'un prêtre ou d'un abbé, ni l'évêque ni l'archidiacre ne prendront quoi que ce soit des biens de la paroisse, de l'hôpital ou du monastère. L'élection d'un évêque sera faite par les comprovinciaux, le clergé et les citoyens, sous peine de nullité. Il n'y aura ni deux évêques dans une cité, ni deux abbés dans un monastère. Personne ne recevra les ordres pour de l'argent, sous peine de déposition. Défense de vendre des esclaves hors du royaume de Clovis, de peur qu'ils ne demeurent toujours en servitude, ou qu'étant chrétiens, ils ne viennent au pouvoir des Juifs.

On se plaignit au concile de ce que les juges laïques allaient faire des visites dans les paroisses et dans les monastères comme les évêques, et contraignaient les clercs et les abbés de leur préparer des repas ou des logements. On interdit aux magistrats ces sortes de visites, sous peine d'excommunication, à moins qu'ils ne soient invités par l'archiprêtre du lieu, ou par l'abbé. On porta aussi des plaintes au concile contre les seigneurs laïques, lesquels ayant des oratoires dans leurs maisons, trouvaient mauvais que l'évêque eût l'inspection sur la conduite des clercs et sur les revenus de ces oratoires, et qui ne souffraient pas que les clercs en fussent corrigés par l'archidiacre. Le concile déclare que c'est à l'évêque d'ordonner ces clercs et de veiller à ce que les revenus soient employés à desservir ces oratoires et à y faire l'office. Défense sous peine d'excommunication, aux abbés, aux moines et aux procureurs des monastères, de se faire protéger par des laïques et d'aller à la cour sans la permission de leur évêque. Défense aux laïques d'exciter des scandales et des querelles, ou de tirer l'épée dans l'église ou dans le parvis de l'église. Défense aux femmes qui se trouvent à la dédicace des églises ou aux fêtes des martyrs, de danser dans l'enceinte de l'église et dans le parvis, ou d'y chanter des chansons déshonnêtes, au lieu de prier et d'écouter le clergé chantant les psaumes. Le dernier canon regarde Agapius et Bobon, qui se portaient l'un et l'autre pour évêques de Digne. Le concile les déclare l'un et l'autre déchus de l'épiscopat, comme coupables de plusieurs fautes contre les canons. C'est sans doute à leur occasion que le concile défendit qu'il y eût deux évêques d'une même ville (Labbe, t. VI).

Théodose, évêque d'Arles, était aussi accusé de plusieurs crimes, et l'on s'attendait qu'il viendrait s'en justifier au concile. Il se rendit en effet à Châlon, mais il n'osa comparaître, et, pour éluder le jugement, il s'avisa d'un nouveau stratagème. Il donna un écrit signé de sa main et de celle de ses comprovinciaux, par lequel il déclarait qu'il embrassait la pénitence. Mais il ne put parer le coup qu'il craignait. Les Pères du concile ayant vu son écrit, lui répondirent de même, par un autre, que les canons ne permettant pas à ceux qui ont embrassé la pénitence publique de faire les fonctions épiscopales, ils lui ordonnaient de s'en abstenir jusqu'au prochain concile, et de ne rien s'arroger des biens de l'Eglise, jusqu'à ce que l'affaire eût été décidée par les évêques.

Trente-huit évêques des Etats de Clovis assistèrent en personne à ce concile, et six par député. Il s'y trouva six métropolitains : Candéric de Lyon, Landolen de Vienne, saint Ouen de Rouen, Armentaire de Sens, saint Vulfolède ou Florent de Bourges, et saint Donat de Besançon. Latinus de Tours y envoya un député. Les plus remarquables des autres évêques sont : saint Eloi de Noyon, saint Malard de Chartres, saint Chadoind du Mans, saint Gratus de Châlon-sur-Saône, saint Magnus d'Avignon, père et prédécesseur de saint Agricole, alors moine de Lérins.

Saint Vulfolède de Bourges succéda à saint Sulpice le Débonnaire, qui, de son vivant, le choisit pour son coadjuteur, avec l'agrément du roi. Sulpice, ayant gouverné l'Eglise de Bourges treize ans, fut enterré dans le monastère qui prit de lui son nom, et où son tombeau devint célèbre. Saint Eloi, déjà évêque, le visita en allant à Solignac. Et comme il y faisait sa prière, on vint exciter sa compassion envers plusieurs criminels condamnés à mort, qui étaient dans les prisons de Bourges. Il s'y fit conduire aussitôt pour les consoler; mais on lui refusa la porte. A son retour il passa par Bourges. Affligé de n'avoir pu soulager les prisonniers, il se transporta à la prison tout en arrivant, à la faveur d'un brouillard fort épais, qui empêcha qu'on ne le reconnût. Au premier coup qu'il donna à la porte, elle se rompit et les chaînes des prisonniers se brisèrent. Il leur conseilla de se réfugier dans l'église. Éloi étant ensuite allé visiter les églises de la ville, les trouva dans celle de Saint-Sulpice, aux prises avec les soldats qui voulaient les remettre en prison. Il eut beau représenter que la maison de Dieu était un asile inviolable pour tous ceux qui s'y réfugiaient on ne l'écouta point. Il se prosterna donc en prières devant le tombeau de saint Sulpice, et à l'instant les nouvelles chaînes dont on avait chargé ces malheureux se rompirent; les soldats, épouvantés, se jetèrent aux pieds de saint Éloi et lui demandèrent pardon. Il leur pardonna volontiers, fournit des vêtements aux prisonniers et leur recommanda de mener désormais une autre vie. C'est saint Ouen qui rapporte ce miracle également glorieux à saint Éloi et à saint Sulpice.

Candéric de Lyon était successeur de Thierri, qui assista au concile de Reims. Il ordonna sous-diacre saint Valdomer, vulgairement saint Garmier, qui fit voir, par son exemple, que la vertu s'attire des respects dans les conditions les plus humbles. C'était un simple artisan, serrurier de son métier, qui donnait aux pauvres tout ce qu'il pouvait gagner à la sueur de son front. Viventius, abbé de Saint-Just, et depuis évêque de Lyon, charmé de sa vertu, lui offrit une cellule dans son monastère. Garmier acheva de s'y perfectionner dans les exercices de l'humilité et de la prière. Son oraison était simple, mais continuelle; il avait sans cesse dans la bouche ces mots : *Au nom du Seigneur*, ou ces autres : *Grâces à Dieu toujours*. L'Église honore sa mémoire le 27 février.

Saint Vulfolède, métropolitain de Bourges, qui était du royaume de Clovis, indiqua un concile de sa province dans le royaume d'Austrasie, sans avoir demandé l'agrément du roi Sigebert. A la suggestion des grands de son royaume, ce prince, tout saint homme qu'il était, défendit aux évêques de s'y rendre, et il écrivit à saint Didier de Cahors, qui vivait encore, la lettre suivante, et qui était apparemment circulaire pour les autres évêques de la province.

« Nous avons appris par le bruit public et par la relation de plusieurs de nos sujets, que vous avez été convoqué par l'évêque Vulfolède, notre père, pour tenir un concile dans notre royaume, le 1er septembre, avec les autres évêques de la province, mais nous ne savons en quel lieu. Quoique nous désirions de maintenir l'observation des canons, à l'exemple de nos prédécesseurs, cependant, comme on ne nous a pas donné auparavant connaissance de cette assemblée, nous sommes convenu avec nos grands qu'il ne se tiendra point de concile dans notre royaume, à notre insu, et qu'aucun évêque de notre royaume ne se rendra à celui qui est indiqué pour le 1er septembre. Dans la suite, si l'on nous avertit à temps du sujet du concile, que ce soit pour régler la discipline de l'Église, ou pour le bien du royaume, ou pour quelque autre affaire, nous ne refuserons pas qu'on en tienne, mais à condition qu'on nous en donne auparavant connaissance. C'est pourquoi nous vous écrivons cette lettre, pour nous recommander à vos prières et vous défendre de vous trouver à cette assemblée avant que vous sachiez notre volonté, et, afin que vous n'en puissiez prendre cause d'ignorance, nous avons souscrit de notre main. *Sigebert*, roi (*Apud Duchesn.*, t. I). »

Cette lettre mérite quelques réflexions. En principe, les souverains de la terre n'ont aucune autorité sur le royaume du ciel; la religion et l'Église véritable. Cette religion et cette Église, royaume du Christ, n'étant pas de ce monde, n'en tirant ni son origine ni son autorité, les princes de ce monde n'ont rien à y voir. Et de fait, le Christ l'a établie dans ce monde, sans les princes et malgré les princes de ce monde. Pendant les trois premiers siècles, l'Église tenait ses conciles sans en avertir les empereurs. Quand elle ordonna de tenir les conciles provinciaux deux fois par an, elle ne fit aucune mention des empereurs : nous avons vu saint Maxime en faire la remarque. En devenant chrétiens, les empereurs et les rois n'acquirent pas plus de droit sur la religion et l'Église de Dieu qu'ils n'en avaient étant païens. Ainsi, de soi, nul empereur, nul roi, nul prince, nul magistrat, soit-il chrétien ou païen, catholique ou hérétique, n'a le droit d'ordonner ou d'empêcher un concile. Seulement le prince chrétien a le droit et le devoir de faire exécuter ce que le concile a réglé conformément aux règles de l'Église universelle. Les faits contraires prouvent bien le fait, mais non pas le droit. Toutefois, dans un royaume chrétien, où les évêques tiennent un rang considérable, il convient que l'Église agisse de concert avec le prince, comme il est du devoir du prince de seconder l'Église.

Quant à la lettre du roi, Sigebert lui-même nous en indique la vraie cause : les suggestions des grands de sa cour. A cette époque, les grands du royaume, surtout le maire, le *major*, c'est-à-dire le plus grand du palais, étaient un peu plus rois que le roi même. En Neustrie, sous Clovis II, le maire du palais était Erchinoald; en Bourgogne, Flaochat, car les grands du palais de Bourgogne exigèrent de Clovis un maire pour leur pays; en Austrasie, c'était Grimoald, fils et successeur de Pepin. Grimoald songeait à faire monter sur le trône son propre fils nommé Childebert. Dans le temps que Sigebert n'avait point encore d'enfant, il le lui fit adopter. Sigebert eut ensuite lui-même un fils nommé Dagobert. Ce contretemps n'arrêta pas les desseins de Grimoald. Sigebert étant mort après lui avoir recommandé son fils Dagobert en bas âge, Grimoald le fit tonsurer par Didon, évêque de Poitiers, et, l'ayant fait conduire en Écosse ou en Irlande, il proclama roi d'Austrasie son propre fils Childebert. Si les évêques avaient pu s'assembler de toutes les parties de la France, ils auraient pu empêcher cette révolution. C'est peut-être pour cela qu'on le leur fit défendre.

Le roi saint Sigebert ou Sigisbert mourut vers l'an 656, le 1er février, jour auquel l'Église honore sa mémoire. Il fut enterré dans le monastère de Saint-Martin, près de Metz, un des douze qu'il fonda pendant sa vie. Quand ce monastère fut démoli, l'an 1552, par ordre du duc de Guise, qui se préparait à soutenir le siège dans Metz contre l'armée de l'empereur Charles-Quint, les reliques de saint Sigisbert furent transférées dans l'église primatiale, actuellement cathédrale de Nancy, où elles sont encore révérées de nos jours.

Le fils de Grimoald ne fut pas longtemps roi d'Austrasie; une nouvelle révolution le détrôna. Les grands du royaume se saisirent de Grimoald lui-même et le conduisirent dans les prisons de Paris, où il mourut l'an 659. Cependant le jeune Dagobert ne fut point rappelé. Clovis II, qui était déjà roi de Bourgogne et de Neustrie, fut reconnu roi d'Austrasie ; mais il ne jouit pas longtemps de sa nouvelle puissance, car il mourut au mois de novembre 656, après dix-huit ans de règne.

Saint Eloi eut, un mois auparavant, une vision qui lui fit prédire la mort de ce prince, ainsi que l'histoire de sa famille. Je voyais, dit-il, le soleil s'avancer vers la troisième heure du jour et briller d'une grande clarté, lorsqu'il disparut tout à coup. Je vis en sa place une lune, entourée de trois étoiles, tenir la même route ; elle disparut aussi avant le midi. J'aperçus alors les trois étoiles se darder leurs rayons ; mais bientôt la plus brillante ne parut plus. Les deux autres continuèrent quelque temps leur route, mais une d'elles s'éclipsa encore, et celle qui resta devint si lumineuse, qu'elle égalait la clarté du soleil. Tel est donc l'ordre de la vision. Après la mort du roi Clovis, car il mourra sans aucun doute bientôt, la reine sa veuve gouvernera quelque temps le royaume des Francs, avec ses trois fils encore jeunes ; puis elle-même étant retirée du royaume, en y laissant ses trois fils, un des trois succombera ; après un intervalle qui ne sera pas long, un des deux sera privé de sa royauté, et le troisième, obtenant seul la monarchie, s'élèvera au-dessus de tous ses parents et sera maître des trois royaumes. Et ainsi sera consommée la vision. Voilà ce que dit Eloi. Quant à nous, ajoute son historien saint Ouen, nous ne devons pas douter de ses paroles ; car ce que nous en voyons déjà accompli nous assure l'accomplissement à venir du reste. En effet, le roi Clovis est mort tranquillement trente jours après ; la reine, sa veuve, après avoir occupé quelques années le trône, y a laissé ses trois fils ; l'aîné, qui paraissait avoir le droit principal, est mort peu de temps après, laissant ses deux frères. Voilà ce que dit saint Ouen. La reine, veuve de Clovis II, est sainte Bathilde ; leurs trois fils en bas âge étaient Clotaire ou Lothaire, Childéric et Théodoric ou Thierri. L'aîné était déjà mort, lorsque saint Ouen écrivit la vie de saint Eloi. La suite nous montrera Théodoric seul roi des Francs, et accomplissant ainsi le reste de la prédiction.

Sainte Bathilde était née d'une illustre famille d'Anglo-Saxons. Elle fut prise durant les guerres alors si fréquentes dans la Grande-Bretagne, et conduite en France, où, toute jeune encore, elle fut vendue comme esclave à Erchinoald, maire du palais de Neustrie. Sa conduite sage et modeste lui concilia bientôt l'estime et l'affection de son maître ainsi que de toute sa famille. Il lui donna pour office de lui verser à boire. Cette distinction la rendait encore plus humble envers ses compagnes, à qui elle rendit, surtout aux plus avancées en âge, tous les services d'une domestique, comme d'ôter et de nettoyer leur chaussure, de leur donner à laver, de préparer leurs vêtements. Erchinoald ayant perdu sa première femme, résolut de l'épouser. Mais Bathilde, qui souhaitait demeurer vierge, trouva moyen de se cacher jusqu'à ce qu'il en eût épousé une autre. La Providence la réservait à une position plus élevée ; car elle épousa bientôt après le roi Clovis II.

Devenue reine, elle n'usa de son pouvoir que pour faire le bien. Elle chérissait les évêques comme ses pères, les religieux comme ses frères et les pauvres comme ses enfants. Pour lui aider dans la distribution de ses aumônes, le roi lui donna pour aumônier saint Genès, alors abbé et depuis archevêque de Lyon. Après la mort du roi son époux, elle s'appliqua par le conseil de quelques évêques, entre autres saint Eloi, saint Ouen, saint Léger d'Autun et Chrodebert de Paris, à bannir la simonie, qui faisait toujours de grands progrès, et à faire disparaître des exactions qui réduisaient les particuliers à laisser périr leurs enfants.

Elle avait une singulière vénération pour saint Eloi. Pendant sa première grossesse, elle était dans de cruelles inquiétudes, parce qu'elle craignait d'avoir une fille et que par là le royaume ne vînt à succomber. Ce sont les expressions de saint Ouen, qui marquent combien on était persuadé que la couronne de France ne pouvait appartenir aux filles. Saint Eloi consola la reine, en l'assurant qu'elle aurait un fils, qu'il serait son parrain, et il le nomma par avance Clotaire ou plutôt Lothaire, comme il est dit dans la vie de saint Eloi. L'événement justifia la prédiction.

Ce ne fut pas la seule fois que l'évêque prédit l'avenir. Le maire du palais Erchinoald le manda un jour pour l'accompagner dans un voyage. Comme le saint ne paraissait point disposé à quitter son troupeau pour aller faire sa cour au ministre, les abbés et d'autres personnages de Noyon le pressèrent de s'y rendre, de peur qu'il n'encourût l'indignation d'Erchinoald. Eh! mes frères, leur répondit-il, pourquoi voulez-vous que je me donne cette fatigue ? Cet homme va là, mais il n'en reviendra pas en vie. En effet, peu de jours après qu'ils furent arrivés ensemble à une terre qui était le terme du voyage, la prédiction se vérifia. Le saint évêque étant sorti un soir pour se promener dans la cour en récitant quelques psaumes, il vit une colonne de feu tomber du ciel sur la maison et pénétrer dans la chambre d'Erchinoald. Ayant réfléchi un moment sur ce phénomène, il dit à son diacre que c'était un présage de la mort prochaine de ce ministre. Erchinoald fut effectivement frappé à l'instant d'un mal inconnu qui lui brûlait les entrailles. Saint Eloi, qu'il fit appeler aussitôt, lui conseilla de profiter du peu de temps qui lui restait pour faire donner aux pauvres des sacs pleins d'or qu'il avait fait apporter avec lui. Mais aussi avare qu'il avait été rapace, ce mauvais riche différa jusqu'à la mort. Saint Eloi, par pitié, prit soin de sa sépulture. Flaochat ou Flavade, maire du palais de Bourgogne, fit une mort pareille. Il avait fait mourir injustement un homme très-chrétien, le patrice Willebad. Saint Eloi apprenant cette nouvelle, dit aux assistants : Vous dites que Willebad est mort et que Flavade est vivant. Moi je vous dis que celui qui a été tué vit maintenant d'une vie éternelle, et que Flavade, qui paraît avoir longtemps à vivre, périra misérablement, comme il le mérite, avant ces dix jours. En effet, le huitième jour il fut frappé soudain et expira misérablement (*Vit. S. Elig.*, l. 2, c. 26 et 27).

Comme saint Eloi prêchait souvent à ses peuples, il se trouve seize homélies qui portent son nom, mais dont quelques-unes sont révoquées en doute

# LIVRE XLIX. — FONDATIONS DE LA REINE SAINTE BATHILDE.

par les critiques, quoiqu'elles ne soient pas méprisables. Mais on ne saurait douter de l'abrégé de sa doctrine, que saint Ouen nous a conservé dans sa vie. On y voit les plus beaux traits de la morale chrétienne, exposés dans un style simple, mais vif, tendre et paternel. Il insiste particulièrement sur les obligations du baptême; il recommande de donner l'aumône, chacun selon son pouvoir, de payer la dîme aux Eglises, d'apprendre par cœur et de faire apprendre à leurs enfants le Symbole et l'Oraison dominicale, de veiller à l'instruction et à la conduite des enfants dont ils sont les parrains, et de pratiquer les autres devoirs du christianisme. Il ajoute: Si vous observez ces choses, quand, au jour du jugement vous comparaîtrez devant le juge éternel, vous direz avec confiance : Donnez-nous, Seigneur, parce que nous avons donné; faites-nous miséricorde, parce que nous l'avons faite. Nous avons accompli ce que vous nous avez recommandé; donnez-nous ce que vous nous avez promis.

Le saint évêque combat souvent les restes du paganisme. Ainsi il défend de consulter les devins et les sorciers, d'observer les augures, les éternuments, les jours de la semaine ou de la lune pour se mettre en chemin ou pour commencer quelque ouvrage, de se déguiser le premier jour de janvier en vache ou en cerf, ou de prendre d'autres figures infâmes et ridicules; de donner en ce jour-là des étrennes superstitieuses, de faire des danses et des bals à la fête de saint Jean ou des autres saints; d'invoquer Neptune, Pluton, Minerve et Diane ou les génies; de chômer le jeudi en l'honneur de Jupiter; d'allumer des bougies devant des temples ou devant des pierres, devant des fontaines ou des arbres; de pendre au cou d'un homme ou de quelque animal ce qu'on nomme des *amulettes*, quand même elles auraient été faites par des clercs, et quoiqu'on prétendît qu'elles ne renfermassent que des choses saintes, même des paroles de l'Ecriture, parce que ces prétendus préservatifs sont moins un remède de Jésus-Christ qu'un poison du diable.

Saint Eloi défend pareillement de faire des enchantements sur des herbes, de faire passer des bestiaux par un arbre creux ou par un trou fait dans la terre, de crier pendant l'éclipse de lune, de donner au soleil le nom de *seigneur*, et à la lune celui de *dame*; de dire que l'on sera tel que le destin et l'horoscope l'auront marqué, parce que, dit-il, Dieu veut que tous les hommes soient sauvés. Il défend aussi d'avoir recours aux sorciers dans les maladies, d'attacher des bandelettes diaboliques aux arbres et aux fontaines pour recevoir la guérison. Mais si quelqu'un est malade, continue saint Eloi, qu'il ne mette sa confiance que dans la miséricorde de Dieu; qu'il reçoive avec foi le Corps et le Sang de Jésus-Christ; qu'il demande à l'Eglise l'huile sainte, pour en oindre son corps, et la prière de la foi, comme dit l'apôtre, sauvera le malade; et le Seigneur le soulagera; et il recevra non-seulement la santé du corps, mais encore celle de l'âme. Saint Eloi exhortait ses auditeurs à ne pas laisser pourrir les plaies de leurs péchés, mais à recourir sans délai au remède de la confession, dont il parle souvent. Ce qu'il dit des anges gardiens mérite d'être remarqué. « Sachez, dit-il, que chacun de vous a un ange gardien, qui observe continuellement ses actions. S'il fait le bien, il donne de la joie au saint ange à la garde duquel il est confié; s'il fait le mal, il chasse ce bon ange et s'attache au démon. »

Finalement, en lisant les discours de saint Eloi, on voit qu'il possédait bien l'Ecriture sainte et qu'il avait bien lu les écrits de saint Cyprien, de saint Augustin, de saint Césaire d'Arles et de quelques autres Pères latins; qu'il s'était formé sur les grands modèles, qu'il aimait et entendait parfaitement la discipline de l'Eglise; qu'il s'attachait à la tradition, qu'il s'était élevé au-dessus de son siècle, tant pour le goût des choses que pour le style même. Et ce qui est vrai de saint Eloi, l'est de saint Ouen. Sa vie du saint évêque de Noyon, et généralement toutes les vies de saints écrites dans le VIIe siècle, l'emportent de beaucoup, pour l'ordre, le naturel et le style, sur les biographies des empereurs romains écrites par des auteurs profanes trois ou quatre siècles auparavant.

Ce qui conservait et propageait en France et ailleurs le goût des bonnes lettres, c'étaient les monastères que l'on fondait de toutes parts. Ainsi le monastère de Corbie, fondé par la reine sainte Bathilde, fut un des plus renommés de toute la France, tant par ses richesses que par les études monastiques qui y fleurirent sous d'habiles maîtres. Corbie est un ruisseau, lequel perdant son nom en tombant dans la Somme, le monastère et la ville qui ont été bâtis en ce lieu. Le monastère renfermait trois églises et trois oratoires. Nous avons encore l'acte de sa fondation, signé du roi Clotaire III et de la reine Bathilde, sa mère. On y assigne, pour la subsistance des moines, plusieurs belles terres au nombre de dix. On y accorde l'exemption au monastère et aux terres qui en dépendent, avec défense aux juges royaux d'y exercer leur juridiction. Par un autre acte, du 23 décembre 660, le roi exempte de tous droits de douane les moines de Corbie, en quelques lieux du royaume qu'ils aillent pour acheter et faire conduire au monastère les provisions nécessaires (*Conc. gall.*, t. I).

Une autre fondation de sainte Bathilde, le monastère de Chelles, ne fut pas moins célèbre. Chelles était une maison royale à quatre lieues de Paris, où sainte Clotilde avait autrefois établi un monastère de filles en l'honneur de saint Georges. Apparemment qu'il était alors ruiné. Sainte Bathilde le fit rebâtir, ou plutôt en fonda un nouveau, dans le dessein de s'y retirer dès que son fils serait en âge de gouverner par lui-même. Elle y donna un calice d'or fait par saint Eloi; ce calice y fut conservé jusqu'à la destruction du monastère à la révolution française. Dès que les bâtiments furent achevés, Bathilde fit prier sainte Théfthilde, abbesse de Jouarre, de lui donner quelques-unes de ses religieuses d'une grande vertu, pour y établir la règle, et elle demanda nommément sainte Bertile, qui fut conduite à Chelles par saint Genès, à la tête de la nouvelle colonie.

Bertile était née d'une famille noble du Soissonnais. Saint Ouen lui ayant demandé un jour si elle ne voulait pas servir le Seigneur, elle répondit que dès son enfance elle avait formé le dessein de lui consacrer sa virginité. Ses parents consentirent qu'elle l'exécutât, et ils la conduisirent eux-mêmes au monastère de Jouarre, dont elle ne fut tirée que pour être la première abbesse de celui de Chelles.

Sainte Téléchilde, qui mourut peu de temps après, est honorée le 10 octobre; sainte Agliherte, qui lui succéda, l'est le 11 août. Sainte Balde fut la troisième abbesse de Jouarre.

Nous avons vu que le langage de saint Eloi était tendre et paternel. Ceci ne l'empêchait pas de déployer, dans l'occasion, un courage et une puissance d'apôtre. Un jour que dans une bourgade près de Noyon, on célébrait la fête de saint Pierre, il s'y rendit et prêcha fortement contre les superstitions païennes que l'on y pratiquait encore. Les principaux du lieu, dont plusieurs tenaient à la maison d'Erchinoald, irrités de ce que l'évêque venait ainsi troubler leurs fêtes et leurs coutumes, convinrent de le tuer, s'il s'y opposait davantage. Saint Eloi l'ayant appris, défendit à tous les siens de le suivre, hormis deux clercs et un diacre; puis, fendant la presse, il monta sur une éminence devant l'église, et prêcha avec plus de force que jamais contre leurs superstitions diaboliques. La multitude en fureur lui dit des injures, lui fit des menaces, protestant que jamais il ne l'empêcherait de s'amuser comme elle avait toujours fait. Effectivement, les jeux commencèrent de plus belle. Alors le saint Pontife, élevant la voix, dit devant tout le monde : « Seigneur, je vous en conjure, ces audacieux qui osent résister à vos saints avertissements, livrez-les aux démons dont ils préfèrent les séductions à vos préceptes! Qu'ils apprennent par leurs tourments à connaître ceux dont ils font les œuvres, afin que vos fidèles serviteurs glorifient d'autant plus votre saint nom! » Aussitôt plus de cinquante des plus insolents, parmi lesquels plusieurs de la maison d'Erchinoald, furent saisis du démon, et s'agitaient comme des énergumènes. La multitude effrayée, craignant le même sort, se jeta tout entière aux pieds du saint, lui promettant de faire sans le moindre retard tout ce qu'il commanderait. Eloi rassura la multitude; mais il ne voulut point aussitôt prier pour les cinquante. « Laissez-les, en attendant, disait-il, qu'ils apprennent à craindre ceux dont ils suivaient jusqu'alors les volontés. » Ce ne fut qu'au bout de l'année, à l'anniversaire de la même fête, qu'il les fit venir devant tout le peuple, pria sur eux, leur donna pour remède de l'eau exorcisée, qui les délivra aussitôt. Saint Ouen rapporte encore plusieurs faits de ce genre.

Une des dernières actions de saint Eloi, fut de donner le voile de religieuse à sainte Godeberte. C'était une fille noble, du territoire d'Amiens. Ses parents ne voulurent pas la marier sans avoir l'agrément du roi Clotaire III. Comme on s'était as semblé pour traiter de cette affaire, saint Eloi, qui était présent, ayant pressenti les desseins de la jeune vierge, lui mit un anneau au doigt, comme pour l'épouser au nom de Jésus-Christ. Godeberte protesta en même temps qu'elle n'aurait jamais d'autre époux que celui des vierges : ce qui détermina le saint évêque à lui donner le voile, et le roi à lui donner le palais qu'il avait à Noyon, avec l'oratoire de saint Georges, pour y établir une communauté de douze religieuses. Godeberte s'y sanctifia par toutes les vertus propres de son état, et Dieu manifesta sa sainteté par plusieurs miracles. Elle est honorée comme patronne de Noyon, le 11 avril.

Sainte Godeberte n'eut pas longtemps la consolation de profiter des instructions de saint Eloi, qui l'avait consacrée au Seigneur. Ce saint évêque mourut quelque temps après, sur la fin de l'an 659, dans la vingtième année de son épiscopat, et la soixante et onzième de son âge. Le Seigneur, qui lui avait révélé la mort de tant de personnes, ne lui laissa pas ignorer l'heure de la sienne. Se promenant un jour par la ville de Noyon, il remarqua une muraille de l'église de Saint-Médard qui menaçait ruine. Il fit aussitôt appeler l'architecte, et dit que si on n'y remédiait pas incessamment, on ne le ferait pas de son vivant. Quelques jours après, étant tombé malade d'une fièvre lente, il fit assembler ses disciples et ses domestiques, c'était le dernier jour de novembre, et leur dit : « Mes chers enfants, recevez les derniers avertissements de votre père. Si vous m'aimez comme je vous aime, efforcez-vous de garder les commandements de Dieu. Que le Seigneur Jésus sois continuellement l'objet de vos désirs; ne soupirez que pour lui; craignez surtout ses terribles jugements. Pour moi, je vais vous quitter; le Seigneur m'appelle à lui. »

Comme ils ne purent répondre à ces tendres paroles que par leurs larmes, il fit approcher ses domestiques et leur marqua divers monastères où ils devaient se retirer après sa mort pour y travailler à leur salut. Sur le soir du même jour, il se mit à genoux malgré sa faiblesse, et pria affectueusement le Seigneur de donner un bon pasteur à son troupeau. Étant à l'agonie, il recueillit ses forces, dit un dernier adieu à ses amis et à ses disciples, les embrassant l'un après l'autre, et après avoir prié quelque temps à voix basse, il s'écria : « C'est maintenant, Seigneur, que vous laissez aller en paix votre serviteur. Souvenez-vous que vous m'avez formé comme un vase d'argile; n'entrez pas en jugement avec votre serviteur. O Christ, rédempteur du monde, souvenez-vous de moi, vous qui seul êtes sans péché! Je remets mon âme entre vos mains, recevez-la selon votre grande miséricorde. » En disant ces paroles, il expira à la première heure de la nuit, le 1er décembre, jour auquel on célèbre sa fête.

On mit aussitôt son corps dans un cercueil ouvert et on le porta à l'église, où les clercs passèrent le reste de la nuit à chanter des hymnes, et le peuple à pleurer et à gémir. Le lendemain, il s'y fit un concours prodigieux. La reine Bathilde arriva à Noyon avec les princes ses fils et avec une nombreuse cour. Elle s'était mise en chemin à la première nouvelle de la maladie du saint évêque, et elle fut sensiblement affligée de ne plus le trouver en vie. Pour s'en consoler, elle ordonna qu'on transportât son corps à son monastère de Chelles. D'autres étaient d'avis qu'on devait enrichir de ce trésor la capitale du royaume. Mais le clergé et le peuple de Noyon s'opposaient avec courage à ces prétentions, et le Ciel se déclara pour eux; car, comme on se fut mis en devoir de leur enlever le corps de leur pasteur par ordre du roi, on ne put jamais remuer le cercueil.

La reine Bathilde, qui mit elle-même la main à l'œuvre pour s'assurer du miracle, ne se rebuta pas : on ordonna un jeûne de trois jours, après lequel on fit des efforts aussi inutiles que les premiers. La reine, pour soulager sa douleur, découvrit la face du saint évêque et la baisa avec une tendre piété. Alors, quoiqu'il fût mort depuis plusieurs jours et que ce fût en hiver, il coula du sang en abondance de ses narines. La reine et les évêques qui étaient présents en trempèrent des mouchoirs, pour les conserver comme des reliques. Il fut enterré à Noyon dans son monastère de Saint-Loup, qui, dans la suite, prit son nom. La reine voulut suivre le convoi à pied, et, malgré le mauvais chemin, on ne put lui persuader de monter à cheval.

La vie de saint Eloi fut écrite, environ treize ans après sa mort, par saint Ouen, le plus intime de ses amis, et qui avait été témoin de la plupart des faits qu'il raconte. Un écrivain qui faisait lui-même des miracles est bien croyable lorsqu'il rapporte ceux d'un ami qu'il avait connu si particulièrement. Il adressa cet ouvrage à un évêque nommé Chrodobert ou Rodobert, et le pria de le corriger. L'évêque lui répondit qu'il n'y avait rien trouvé à retrancher ni à ajouter, et que l'auteur, en peignant les vertus de saint Eloi, avait fait un portrait naturel des siennes propres. La prière que saint Eloi avait faite au lit de la mort pour obtenir un bon pasteur à son peuple, fut exaucée. Saint Mommolin, premier abbé de Sithiu, fut élu son successeur dans les siéges de Noyon et de Tournai; et il gouverna pendant vingt-six ans ce vaste diocèse.

Saint Eloi, pour qui la reine Bathilde avait témoigné une si tendre dévotion, ne tarda pas à l'en récompenser. Il y avait peu de temps qu'il était mort, lorsqu'il apparut trois nuits consécutives à un courtisan et lui commanda d'aller, de sa part, avertir la reine de quitter l'or et les pierreries qu'elle portait encore sur ses vêtements. Le courtisan, qui craignait pour sa fortune s'il s'acquittait d'une commission qui pouvait déplaire à la régente, différa d'obéir. Il fut aussitôt saisi d'une fièvre ardente, qu'il regarda comme une punition de sa faute, et il eut bientôt occasion de la réparer; car la reine étant venue le visiter dans sa maladie, il lui déclara ce qu'il avait reçu ordre de lui dire, et il recouvra aussitôt la santé.

Bathilde se dépouilla incontinent des pierreries et des autres ornements de prix qu'elle portait, et ne garda que des bracelets d'or. Elle envoya sa ceinture tissue de pierres précieuses aux moines de Corbion, et distribua le reste en aumônes. Mais elle réserva les plus beaux de ses joyaux pour une croix qui serait placée sur le chef de saint Eloi. Elle fit aussi faire un couronnement d'or et d'argent sur son tombeau, disant qu'il était juste d'orner le tombeau de celui qui avait orné ceux de tant de saints. En effet, un an après la mort de saint Eloi, saint Mommolin, de l'avis de la reine, en ayant transféré le corps dans une espèce de chapelle derrière l'autel, il fut trouvé sans aucune corruption. On le revêtit d'habits de soie que donna la reine, et on lui dressa un mausolée magnifique.

Saint Ouen remarque que pendant le carême on mettait un voile sur le tombeau de ce saint évêque pour cacher l'éclat de l'or et des pierreries. On s'aperçut qu'il découlait une liqueur de ce voile, et on s'en servit comme d'un antidote contre une maladie contagieuse, qui ravageait alors plusieurs villes des Gaules. Ingomare, comte de Térouanne, ayant obtenu de cette liqueur, en appliqua à tous ses vassaux, et promit de donner à l'église de saint Eloi la dîme de tous ses biens avec la plus belle de ses terres, si nul de ceux qui lui appartenaient n'étaient atteints de cette espèce de peste. Ils en furent tous préservés, et il accomplit son vœu avec joie.

Cette maladie fit de grands ravages à Paris. Saint Eloi n'en délivra pas ses propres religieuses, mais il les avertit de se tenir prêtes. Il apparut à un jeune homme dans leur église, et lui commanda de dire à Aure, leur abbesse, qu'Eloi l'attendait avec une grande partie de ses sœurs. Sainte Aure comprit ce que signifiait la vision : elle mourut en effet de cette contagion, avec cent soixante de ses religieuses.

Entre autres vertus, sainte Bathilde avait une grande compassion pour les captifs, l'ayant été elle-même. Elle défendit par toute la France d'en envoyer au dehors. Elle en racheta un grand nombre dont elle fit entrer plusieurs dans des monastères, principalement de sa nation. Elle envoya souvent des aumônes jusques à Rome, pour les églises de Saint-Pierre et de Saint-Paul, et pour les pauvres Romains. Childéric, son second fils, fut déclaré roi d'Austrasie par les Francs en 660, et Clotaire, roi de Neustrie et de Bourgogne, se trouva peu après en âge de gouverner. Bathilde exécuta alors le dessein qu'elle avait formé depuis longtemps de se retirer dans le monastère de Chelles. L'ingratitude de quelques seigneurs, qu'elle avait élevés avec une tendresse de mère, augmenta son désir de la retraite. Ils avaient fait mourir, bien malgré elle, l'évêque de Paris Sigebrand, qui s'était attiré leur haine par sa hauteur. Craignant alors qu'elle n'en tirât un jour vengeance, ils donnèrent volontiers à sa retraite le consentement qu'ils avaient refusé jusque-là. Elle se retira donc à Chelles; et afin que rien ne manquât à son sacrifice, elle pardonna, par le conseil des évêques, aux seigneurs qui l'avaient offensée, et les pria aussi de lui pardonner. Elle passa ainsi le reste de ses années dans tous les exercices de la vie monastique, soumise à la règle et à l'abbesse, comme la dernière des religieuses. Elle mourut à Chelles vers l'an 680, le 26 janvier, jour auquel l'Eglise honore sa mémoire (*Acta Sanct.*, 26 jan.; *Act. Benedict.*, sæc. 2).

Il est impossible de dire en détail tous les saints et toutes les saintes qui illustrèrent à cette époque la France, ni tous les monastères que l'on y fonda, et dont plusieurs ont donné naissance à autant de villes. Ainsi deux sœurs, sainte Valdetrude et sainte Aldegonde, fondèrent deux monastères de filles qui devinrent les commencements des villes de Mons et de Maubeuge. Elles étaient filles de saint Valbert et de sainte Bertile, l'un et l'autre d'illustre naissance. Sainte Valdetrude fut mariée fort jeune au comte Maldegaire. L'époux et l'épouse, et quatre enfants qui leur naquirent, Landric, Aldétrude, Madelberte et Dentelin, qui mourut fort jeune, sont tous honorés comme saints. Maldegaire s'étant consacré à Dieu par les conseils de son épouse sainte Valdetrude, fonda le monastère de Soignies; Valdetrude fonda celui de Mons, et Aldegonde, celui de Maubeuge.

La France était alors si renommée pour ses monastères et pour ses saints, qu'on y venait d'Angleterre pour apprendre la sainteté et la vie monastique. Un des premiers qui donna l'exemple de cette pieuse émigration, fut saint Furseus, vulgairement saint Fursi. Il était né en Irlande, d'une famille très-noble, et avait été instruit par des évêques dans les saintes lettres et la discipline monastique. Le désir de la perfection lui fit quitter son pays et passer dans un autre quartier d'Irlande, où il bâtit un monastère et attira plusieurs disciples. Étant retourné chez lui pour convertir ses parents, il tomba malade et fut réduit à un tel état qu'on le crut mort : ce qui arriva plusieurs fois. Il eut dans ces moments des visions merveilleuses, touchant l'état de l'autre vie, et reçut d'excellentes instructions par des anges et de saints évêques qui lui apparurent. Outre sa vie par un contemporain qui rapporte ces visions, le vénérable Bède, dans son *Histoire des Anglais*, dit les avoir apprises d'un ancien moine de son monastère, qui les tenait d'un homme pieux et digne de foi, à qui saint Fursi les avait racontées de sa propre bouche. Il lui fut dit entre autres ; que plusieurs s'attachaient trop au jeûne et aux austères mortifications, et ne faisaient point assez d'attention aux péchés spirituels, comme l'orgueil, l'avarice, l'envie, la médisance. On lui donna pour règle que ceux qui ne font pénitence qu'à la mort doivent toujours être reçus à pénitence, mais qu'il ne faut pas les inhumer en terre sainte ni rien accepter de leurs biens pour l'Église, mais les distribuer aux pauvres. L'effet montra que ces visions n'étaient pas vaines ; car saint Fursi en fut tellement éclairé et fortifié, qu'il prêcha avec grand fruit la pénitence pendant dix ans. Enfin, ne pouvant plus souffrir la foule du peuple qui l'accablait, et voyant même que quelques-uns, par envie, étaient aigris contre lui, il se retira dans une petite île de la mer, d'où quelque temps après il passa dans la Grande-Bretagne. Sigebert, roi des Saxons orientaux, le reçut avec beaucoup d'honneur et lui donna une terre où il bâtit un monastère. Après l'avoir gouverné quelque temps, il en laissa la conduite à saint Foillan, son frère, et se retira dans le désert avec son autre frère saint Ultan. Il passa ensuite par la Gaule pour aller à Rome. Les miracles qu'il opéra sur sa route ne tardèrent pas à le faire connaître. Il ressuscita, dans le diocèse d'Amiens, le fils du duc Aimon, et, sur le bruit de ce miracle, il fut reçu avec honneur par le roi Clovis II et par Erchinoald, maire de son palais, qui le retinrent dans les Gaules. Ce ministre lui donna le choix de celle de ses terres qui lui agréerait le plus, pour y fonder un monastère. Fursi choisit Lagny sur la Marne, et y bâtit un monastère où il y avait trois églises. A peine cet établissement fut-il achevé, que Fursi se mit en chemin pour retourner en Angleterre. Il tomba malade dans un village nommé Mazeroëlles, près de Douriens, et y mourut le 16 janvier, vers l'an 650. Le duc Aimon, à qui cette terre appartenait, voulut avoir son corps; mais Erchinoald le fit porter à Péronne, qui était sa dépendance, et où il faisait alors bâtir une église (*Acta Sanct.*, 16 jan.). On peut compter au nombre des disciples du saint, ses deux frères, saint Foillan et saint Ultan, qui passèrent dans la Gaule ; saint Emmien, qu'il établit abbé de Lagny, et les saints Eloquius et Mumbole, abbés du même lieu; saint Etton et saint Madelgisile, dont l'histoire est peu connue.

Des princesses anglaises donnaient le même exemple que saint Fursi. Comme il y avait alors peu de monastères de religieuses en Angleterre, les filles nobles qui voulaient se consacrer au Seigneur passaient dans les Gaules et se partageaient surtout entre les monastères de Jouarre, de Chelles, de Faremoutier et celui d'Andeli, fondé par sainte Clotilde. Ertongothe, fille d'Ercombert, roi de Kant, avec Edilburge, sa tante maternelle, et Setfride, sa belle-sœur, embrassèrent la vie monastique à Faremoutier, sous la conduite de sainte Fare. Ces religieuses étrangères firent paraître tant de piété et de sagesse, que Setfride mérita de succéder à sainte Fare dans le gouvernement du monastère, et Edilburge à Setfride. Sainte Ertongothe fut aussi fort célèbre par ses vertus et ses miracles. Ayant eu révélation de sa mort, elle alla de cellule en cellule se recommander aux prières de ses sœurs, et elle fut enterrée dans l'église de Saint-Etienne (Bed.; l. 3, c. 8).

La célébrité de ces monastères de filles fit naître à quelques seigneurs le dessein d'en établir d'autres. Saint Vaningue, qui avait été comte du palais sous le roi Clovis II, étant dangereusement malade, eut une vision dans laquelle sainte Eulalie, pour qui il avait une dévotion particulière, lui promit encore vingt années de vie, s'il faisait bâtir un monastère dans sa terre de Fécamp, sous les ordres de saint Ouen. Vaningue ne balança pas à le promettre, et recouvra aussitôt la santé. Il fit prier saint Ouen et saint Vandrille de venir le trouver à Fécamp pour prendre les mesures convenables. Le roi, qui était alors Clotaire III, s'y rendit aussi pour se convaincre par ses yeux de cette guérison miraculeuse. Vaningue, en exécution de sa promesse, donna la terre de Fécamp, dans le pays de Caux, à saint Ouen, qui y établit un monastère, où il assembla plus de trois cents religieuses. Il leur donna pour abbesse une sainte fille nommée Childemarche, et soumit ce monastère à la conduite de saint Vandrille, abbé de Fontenelle. Vaningue est honoré comme saint le 9 janvier. Un autre seigneur, nommé Amalbert, donna à saint Filibert, abbé de Jumièges, la terre de Pavilli, dans le même pays de Caux, pour y ériger aussi un monastère de religieuses. Saint Filibert leur donna pour abbesse sainte Austreberte, né au territoire de Térouanne, d'une sainte famille ; car on donne la qualité de saints à son père Bathefrède et à sa mère Framechilde.

L'Angleterre, divisée en une dizaine de royaumes anglais, saxons, bretons, écossais, était sujette à de fréquentes révolutions politiques, comme la mer qui l'entoure est sujette à de fréquentes tempêtes. L'Église naissante d'Angleterre se ressentait de ces commotions ; toutefois elle se maintenait, elle faisait même de temps à autre quelque progrès, et préparait ainsi lentement la civilisation, l'unité et la force du peuple anglais. Les révolutions mêmes y servaient quelquefois. Ainsi Sigebert, roi des Estangles ou Anglais orientaux, ayant été obligé de se réfugier dans les Gaules, y apprit à connaître le christianisme et reçut le baptême. Devenu roi, il voulut imiter le bon ordre qu'il avait admiré dans les Gaules, et établit une école pour instruire les enfants. L'évêque Félix, qu'on lui avait envoyé du pays de Kant, l'aidait en cette bonne œuvre, et lui procurait des maîtres comme il y en avait à Cantorbéry. L'exemple que le roi donna bientôt lui-même, dut étonner ses sujets barbares et contribuer non médiocrement à les humaniser. Épris du royaume céleste, il laissa son royaume terrestre à son cousin Egeric, entra dans un monastère qu'il avait fait bâtir, reçut la tonsure et s'engagea ainsi à servir pour le royaume éternel. Il le faisait depuis longtemps, lorsque Penda, roi des Merciens, fit la guerre aux Estangles. Ceux-ci, se voyant les plus faibles, prièrent leur ancien roi Sigebert de venir au combat encourager les soldats par sa présence et par le souvenir de son antique valeur. Comme il ne voulait pas, ils le tirèrent malgré lui de sa retraite. Mais pour montrer qu'il ne renonçait point à la profession de religieux, il ne voulut porter au milieu de l'armée qu'une baguette à la main. Les païens eurent l'avantage : Sigebert et Egeric furent tués, et leur armée défaite et mise en déroute. Ils eurent pour successeur sur le trône, Anna, de race royale et très-homme de bien.

Félix, évêque des Estangles, étant mort après dix-sept ans d'épiscopat, Honorius de Cantorbéry ordonna à sa place le diacre Thomas; celui-ci étant mort cinq ans après, il lui substitua Boniface, du pays de Kent. Saint Honorius mourut lui-même l'an 653, le dernier de septembre, jour auquel l'Eglise célèbre sa mémoire. Il avait tenu le siége de Cantorbéry dix-neuf ans, et après dix-huit mois de vacance, il eut pour successeur Deusdedit, sixième évêque de cette métropole. Ithamar, évêque de Rochester, vint l'ordonner le 6 mars 655, et il gouverna cette Eglise neuf ans quatre mois et deux jours. Il était de la nation des Saxons occidentaux, tandis que les cinq archevêques ses prédécesseurs, étaient étrangers et apparemment Italiens (Bed., l. 3, c. 19 et 20).

Le royaume des Northumbres avait déjà eu deux saints rois, saint Edwin et saint Oswald; ils avaient succombé l'un et l'autre en défendant leur royaume contre le redoutable Penda, roi des Merciens. Après la mort de saint Oswald, son frère Oswi, qui avait épousé Enflède, fille de saint Edwin, gouverna cette partie du royaume qu'on appelait Bernicie, tandis que saint Oswin, parent de sa femme, gouvernait l'autre partie qu'on appelait Déir. Oswin, de la famille royale de saint Edwin, était d'une grande taille, d'une physionomie prévenante, d'une affabilité gracieuse, d'une tendre piété; il régna neuf ans, chéri de tout le monde. Les étrangers affluaient à sa cour pour se mettre à son service. Il était singulièrement affectionné à saint Aïdan, évêque de Lindisfarne.

Comme l'évêque était vieux et qu'il lui fallait souvent traverser des rivières pour visiter son diocèse, le roi lui donna un beau cheval, avec un harnais magnifique. Peu de temps après, l'évêque qui était extrêmement charitable, rencontra un pauvre qui lui demanda l'aumône; n'ayant pas autre chose sous la main, il lui donna le cheval avec le harnais. Le roi l'ayant appris, lui dit un jour qu'ils allaient dîner ensemble : A quoi pensez-vous, seigneur évêque, d'avoir donné à un pauvre un cheval de roi, que j'avais choisi exprès pour vous? n'avions-nous pas pour les pauvres des chevaux plus communs ou d'autres choses? — Que dites-vous, prince, reprit aussitôt l'évêque? est-ce que vous aimez plus l'enfant d'une cavale, qu'un enfant de Dieu? En disant ces mots, ils entrèrent tous deux dans la salle. L'évêque se mit à sa place ordinaire, et le roi qui revenait de la chasse, se chauffait avec ses ministres. Tout à coup, se rappelant le mot de l'évêque, il ôte son épée, se jette à ses pieds et lui demande pardon,

disant : Jamais je ne vous dirai plus à cet égard une parole, ni n'examinerai combien vous prendrez de notre argent pour donner aux enfants de Dieu ! L'évêque saisi de crainte, le releva aussitôt et l'assura de toute son affection, pourvu qu'il bannît de son cœur la tristesse. Le roi se mit donc à table de bonne humeur; mais le saint évêque, à son tour, devint triste jusqu'à verser des larmes. Le prêtre qui l'accompagnait lui en ayant demandé la cause, il lui dit en sa langue maternelle, pour n'être pas compris du roi et de ses ministres : Je sais que le roi ne vivra pas longtemps, car jamais je n'ai vu un roi aussi humble. Il sera enlevé bientôt de cette vie, car cette nation n'est pas digne d'avoir un roi pareil. La prédiction ne tarda point à s'accomplir.

La 9e année, Oswi, qui régnait dans la Bernicie, lui déclara la guerre. Les deux armées s'approchèrent de part et d'autre. Saint Oswin voyant les siens, quoique beaucoup moins nombreux, prêts à mourir pour sa cause, les remercia de leur dévouement; mais, ajouta-t-il, je ne veux pas que pour moi seul vous couriez les hasards de la guerre, j'aime mieux aller en exil et même mourir. Il congédia donc son armée, et, accompagné d'un seul soldat, il se retira dans la maison du comte Hunwald, qu'il avait comblé de bienfaits et qu'il croyait son ami. Mais le comte eut la lâcheté de le livrer à Oswi, qui eut la lâcheté de le faire mourir, le 20 août 651, jour auquel l'Eglise honore sa mémoire. Saint Aïdan ne survécut à son bien-aimé roi que douze jours. Oswi ne fut pas longtemps sans éprouver des remords. Pour expier perpétuellement son crime, à la persuasion de sa femme, il fonda un monastère dans le lieu où Oswin avait été tué, le mit sous la conduite de l'abbé Trumhère, parent d'Oswin, et ordonna que les moines prieraient tous les jours pour les âmes des deux rois, le mort et le meurtrier (Bed., l. 3, c. 14; Acta Sanct., 20 aug.).

Au reste, le roi Oswi témoigna toujours beaucoup de zèle pour la religion. Vers l'an 652, il contribua puissamment à la conversion des Middelangles ou des Anglais du milieu des terres, et des Merciens. Le fier et redoutable Penda avait donné une partie de son royaume à son fils, nommé Penda comme son père. Le jeune prince vint trouver Oswi et lui demanda sa fille Alfrède en mariage. Oswi ne la lui accorda qu'à condition qu'il se ferait chrétien avec tout son peuple. Penda s'étant fait instruire et ayant conçu l'espérance de la résurrection et de l'immortalité, déclara qu'il voulait être chrétien, quand même on ne lui donnerait pas la princesse. Il fut principalement persuadé par Alfrid, fils du roi Oswi, qui avait épousé sa sœur Cyneburge. Le prince Penda se fit donc baptiser par Finan, évêque de Lindisfarne, successeur de saint Aïdan, avec tous les seigneurs et soldats, qui l'avaient accompagné et tous leurs domestiques. Ils furent baptisés dans la maison royale, qui était près de la grande muraille bâtie autrefois par les Romains. Le prince Penda s'en retourna avec grande joie, menant avec lui, pour instruire et baptiser ses sujets, trois prêtres anglais et un quatrième écossais, c'est-à-dire irlandais.

Ces quatre prêtres étant arrivés avec le prince dans la province des Middelangles, furent si bien écoutés, que tous les jours un grand nombre, tant des nobles que du petit peuple, renonçaient à l'idolâtrie et recevaient le baptême. Ce qu'il y eut de plus surprenant, le vieux Penda, quoiqu'il restât païen, n'empêchait pas que l'on prêchât l'Evangile, même à sa nation des Merciens. Au contraire, il méprisait ceux qui, après avoir reçu la foi de Jésus-Christ, n'en pratiquaient pas les œuvres, disant que c'étaient des misérables de ne pas obéir à leur Dieu, auquel ils croyaient.

Malgré toutes ces alliances de famille, le terrible Penda qui avait déjà tué cinq rois, ne laissait point Oswi en repos. Fréquemment il envahissait et désolait ses provinces. Pour avoir la paix, Oswi s'offrit à lui donner les présents les plus considérables. Penda, qui avait résolu d'exterminer la nation des Northumbres, ne voulut entendre à rien. Oswi implora alors le secours du ciel. Puisque ce païen, disait-il, ne sait pas recevoir nos présents, offrons-les au Seigneur notre Dieu, qui sera plus traitable. Il fit donc vœu, s'il remportait la victoire, de consacrer à Dieu sa fille qui n'avait qu'un an, et de donner douze terres pour bâtir des monastères. Ayant fait ce vœu, il marcha avec très-peu de troupes contre Penda, qui en avait trente fois autant, et toutefois il défit l'armée des païens et remporta une pleine victoire le 19 de novembre 655. Penda fut tué, et le royaume des Northumbres non-seulement mis en sûreté, mais encore agrandi par celui des Merciens, dont Oswi devint le maître. Il accomplit fidèlement son vœu et donna douze terres dont chacune comprenait dix familles. Sa fille Elflède fut mise sous la conduite de la sainte abbesse Hilde, et, en sa faveur, le roi donna une terre de dix familles au lieu nommé Streneshal, et y fonda un monastère avec une église de Saint-Pierre, qui fut le lieu de sa sépulture, de la reine sa femme et de plusieurs autres princes. Ce monastère était double : et de celui des hommes sortirent plusieurs saints prêtres et plusieurs saints évêques.

Le roi Oswi, après sa victoire, s'appliqua à la conversion des Merciens, ses nouveaux sujets. Leur premier évêque fut Diuma, l'un des quatre prêtres que le prince Penda avait amenés; et Finan, évêque de Lindisfarne, l'ordonna évêque des Middelangles, et des Merciens; car la rareté des évêques obligeait de donner le même à deux peuples. Le roi Oswi procura aussi la conversion des Saxons orientaux, dont la capitale était Londres, et qui avaient autrefois chassé saint Mellit, leur évêque, et renoncé à la foi. Leur roi était alors Sigebert, ami du roi Oswi, qu'il venait souvent voir au pays des Northumbres. Oswi l'exhortait à quitter l'idolâtrie, en lui disant : « On ne peut faire un dieu avec la pierre et le bois dont on fait des ustensiles pour l'usage de la vie et dont on brûle les restes. Il faut plutôt croire que Dieu est d'une majesté incompréhensible, tout-puissant, éternel; qu'il jugera tous les hommes et donnera des récompenses éternelles à ceux qui feront sa volonté. » Ces discours persuadèrent Sigebert, roi d'Essex, et il fut baptisé par l'évêque Finan dans la maison royale, près de la grande muraille. En retournant chez lui, il pria le roi Oswi de lui donner des docteurs capables de convertir et de baptiser sa nation, et Oswi fit venir de Middelangle un saint prêtre nommé Cedde, avec un autre, et les envoya prêcher en Essex. Après avoir parcouru tout le pays et formé une grande Eglise, Cedde retourna chez lui et vint à Lindisfarne voir l'évêque Finan, qui, ayant appris le progrès de l'Evangile chez les Saxons orientaux, l'en ordonna évêque, étant assisté de deux autres.

Saint Cedde, étant évêque, retourna en Essex travailler avec plus d'autorité. Il fonda des Eglises en divers lieux et ordonna des prêtres et des diacres, pour les aider à prêcher et à baptiser. Il assembla même à Tilabourg, sur la Tamise, une communauté, où il faisait pratiquer la vie religieuse, autant que ces nouveaux chrétiens en étaient capables. Il était d'une fermeté apostolique. Un des parents du roi ayant contracté un mariage illicite, l'évêque mit tout en œuvre pour réparer ce scandale; n'y ayant pu réussir, il excommunia le coupable et défendit à qui que ce fût d'entrer dans sa maison, ni de manger avec lui. Le roi Sigebert étant prié à manger chez cet excommunié, qui avait rang de comte, ne laissa pas d'y aller. Mais comme il en sortait, il rencontra le saint évêque. Il fut épouvanté, descendit de son cheval, se jeta à ses pieds et lui demanda pardon. L'évêque, qui était aussi à cheval, mit également pied à terre; mais étant irrité, il toucha le roi d'une baguette qu'il tenait à la main, et lui dit avec l'autorité pontificale : « Parce que vous n'avez pas voulu vous abstenir d'entrer dans la maison de cet homme perdu, vous y mourrez. » En effet, ce même homme et son frère, quoique parent du roi, le tuèrent. Et quand on leur en demanda la cause, ils ne purent rien dire d'autre, sinon qu'ils ne pouvaient souffrir que le roi pardonnât si facilement. Car sitôt qu'ils lui demandaient grâce, il la leur accordait, suivant le précepte de l'Evangile (Bed., l. 3).

Quoique Cedde fût évêque d'Essex, il ne laissait pas de retourner quelquefois en son pays des Northumbres, pour y exhorter les fidèles. Edilward, fils du roi saint Osvald, qui régnait dans la province de Déir après le saint roi Oswin, avait auprès de lui un frère du saint évêque, nommé Celin, qui était prêtre, l'instruisait lui et sa famille, et leur administrait les sacrements. Le roi, par le moyen de ce frère, connaissant la vertu de l'évêque, l'engagea à lui demander quelque terre pour bâtir un monastère, où le roi lui-même pût venir faire ses prières et entendre ses instructions, et où l'on enterrât les morts. Car il croyait, dit le vénérable Bède, qu'ils y seraient puissamment aidés par les prières des moines. L'évêque choisit un lieu dans les montagnes rudes et écartées, et demanda permission au roi d'y demeurer en prière durant le carême qui était proche. Pendant tout ce temps, il jeûnait jusqu'au soir, hors les dimanches, et ne prenait qu'un peu de pain avec un œuf, et un peu de lait mêlé d'eau. C'était l'usage des moines, chez qui le saint évêque avait été élevé, de consacrer par des prières et des jeûnes le lieu où ils devaient bâtir un monastère ou une église. Comme il restait encore dix jours de carême, le roi le fit appeler, et l'évêque pria le prêtre Cymbelle, son frère, d'achever cette préparation du lieu. Car ils étaient quatre frères tous prêtres, Cedde, Cymbelle, Celin et Ceadda, dont le premier et le dernier furent évêques. Ainsi fut fondé le monastère de Lestington, suivant la règle de Lindisfarne, où l'évêque Cedde avait été élevé. Il y mit pour abbé, après lui, son frère Ceadda (Ibid., c. 23).

## LIVRE XLIX. — COMMENCEMENTS DE SAINT WILFRID.

Cependant les chrétiens d'Angleterre, d'accord sur la foi et sur la morale, étaient divisés sur la célébration de la Pâque. La question s'agita plus fortement que jamais sous le roi Oswi. Ceux qui venaient du royaume de Kant et des Gaules, soutenaient que les Irlandais la célébraient contre l'usage de l'Eglise universelle. Un nommé Ronan se distinguait entre les autres pour la défense de la vraie Pâque; car, bien qu'il fût Irlandais, il avait appris les règles de l'Eglise en Gaule et en Italie. En disputant contre Finan, évêque de Lindisfarne, il persuada plusieurs autres, ou du moins les excita à chercher la vérité; mais il ne put ramener Finan, qui était d'un esprit farouche; au contraire, il ne fit que l'aigrir et l'engager à se déclarer ouvertement contre la bonne cause. Jacques, diacre de saint Paulin, archevêque d'York, observait la Pâque suivant l'Eglise catholique, avec ceux qu'il avait pu ramener. La reine de Northumbrie suivait la même observance, ayant avec elle un prêtre nommé Romain, venu de Kant. D'où il arrivait quelquefois qu'on célébrait deux Pâques dans une année, et que, quand le roi faisait la sienne, la reine n'était qu'au dimanche des Rameaux. Tant que saint Aidan vécut, sa charité et ses autres vertus firent tolérer cette diversité d'usages; mais après la mort de Finan, qui lui avait succédé, Colman fut évêque de Lindisfarne, et comme il avait été aussi envoyé d'Irlande, la question de la Pâque et des autres points de discipline se réchauffa. Plusieurs en furent alarmés et craignirent de porter en vain le nom de chrétiens. Le roi Oswi lui-même était divisé, non-seulement d'avec sa femme Enflède, mais avec son fils Alfrid; car le roi instruit et baptisé par les Irlandais, dont il avait même appris la langue, n'estimait rien de meilleur que ce qu'ils enseignaient. Le prince, son fils, avait été instruit par saint Wilfrid, homme très-docte, qui avait étudié à Rome et en Gaule, et le prince était persuadé que sa doctrine était préférable à toutes les traditions des Irlandais.

Saint Wilfrid était né dans le pays même des Northumbres, d'une noble famille, vers l'an 634. A l'âge de 14 ans, il se retira au monastère de Lindisfarne, sans toutefois s'engager; et dès lors il reconnut que la discipline des Irlandais, qui occupaient le monastère, était imparfaite. Il en sortit donc de leur consentement pour aller en France et en Italie s'instruire de l'observance des plus célèbres monastères. Il eut la dévotion d'aller à Rome visiter le Siége de saint Pierre, espérant y obtenir la rémission de ses péchés, et il fut un des premiers Anglais qui entreprit ce pèlerinage. D'abord il passa dans le royaume de Kant, et commença à s'y instruire des usages de l'Eglise romaine, en apprenant le psautier suivant l'ancienne version; au lieu qu'il l'avait appris suivant celle de saint Jérôme. Là Wilfrid s'associa avec un jeune homme noble de son pays, nommé Biscop, et depuis surnommé Benoît, un peu plus âgé que lui, qui allait aussi à Rome.

Etant passés en France, ils arrivèrent à Lyon, où l'archevêque saint Delphin, autrement nommé Annemond, prit Wilfrid tellement en affection, qu'il lui proposa de lui faire épouser sa nièce et de lui procurer un gouvernement considérable. Mais Wilfrid demeura ferme dans le dessein de se donner à Dieu, et continua son voyage. A Rome, il fit connaissance avec l'archidiacre Boniface, homme très-pieux et très-savant, qui, du conseil du Pape, prit plaisir à instruire le jeune Wilfrid comme son enfant, lui expliquant avec soin les quatre évangiles et le calcul de la Pâque, contre l'erreur des Bretons et des Irlandais, ainsi que plusieurs autres règles de la discipline ecclésiastique. Enfin, il le présenta au Pape, qui lui donna sa bénédiction par l'imposition des mains et la prière. Wilfrid sortit de Rome, dont il emporta des reliques, et revint à Lyon trouver l'archevêque, qu'il regardait comme son père.

Il y demeura trois ans et y apprit beaucoup de plusieurs savants hommes. Il reçut de saint Delphin la tonsure à la romaine en forme de couronne, et le saint évêque voulait le faire son héritier, mais il fut tué quelque temps après à Châlon-sur-Saône, par les ordres d'Ebroïn, comme l'on croit, l'an 657. Wilfrid l'accompagna jusqu'au lieu de son supplice, résolu de mourir avec lui; mais il fut épargné. Et après avoir enterré son père spirituel, il retourna en Angleterre, chargé d'un grand nombre de reliques. Saint Delphin est honoré à Lyon comme martyr, le 29 septembre, sous le nom plus connu de saint Chaumond.

Saint Wilfrid étant de retour en Angleterre, le prince Alfrid, qui régnait dans la Northumbrie avec le roi Oswi, son père, entendit dire qu'il était venu de Rome un serviteur de Dieu qui enseignait la vraie Pâque et était instruit dans la doctrine de l'Eglise de saint Pierre. Il le fit donc venir, le reçut comme un ange, se jeta à ses pieds et lui demanda sa bénédiction; puis, l'ayant entretenu sur les divers usages de l'Eglise romaine, il le conjura, au nom de Dieu et de saint Pierre, de demeurer avec lui pour l'instruire, et lui et son peuple. Saint Wilfrid y consentit, et il se forma entre le prince et lui une amitié très-étroite. Le prince lui donna un monastère nommé Ripon, d'où il chassa des moines opiniâtres, qui aimèrent mieux en sortir que de renoncer aux coutumes des Irlandais. Wilfrid se servait des libéralités du prince pour répandre de grandes aumônes : ses vertus le faisaient aimer de tout le monde, et on le regardait comme un prophète.

En ce temps-là Agilbert, évêque des Saxons occidentaux, vint voir le roi Oswi et le prince Alfrid. Cet évêque était Gaulois de naissance; mais étant passé en Irlande pour étudier l'Ecriture, il y demeura longtemps. Ensuite il vint en Wessex, où il s'appliqua à la prédication; et le roi goûta tellement sa doctrine et son esprit, qu'il l'engagea à prendre un siége épiscopal dans ce pays. Ainsi Agilbert y fit un long séjour. Etant donc venu en Northumbrie, le prince lui parla de l'abbé Wilfrid, le priant de l'ordonner prêtre, afin de l'avoir toujours avec soi. Agilbert répondit qu'un homme d'un tel mérite devait être évêque; mais suivant le désir du prince Alfrid, il l'ordonna prêtre dans le monastère de Ripon. Tel était donc l'abbé Wilfrid, dont l'autorité engageait principalement le prince à soutenir la discipline romaine contre les usages des Irlandais.

Pour terminer cette dispute, on convint de tenir une conférence au monastère de Streneshall, dont sainte Hilde était abbesse. Le roi y vint avec le prince son fils; trois évêques s'y trouvèrent: Colman, Agilbert et Cedde. Colman avait avec lui ses clercs irlandais; Agilbert avait les prêtres Agathon, Romain et Wilfrid, et le diacre Jacques. L'évêque Cedde, ordonné par les Irlandais, était pour eux et leur servait d'interprète. Sainte Hilde, avec sa communauté, était du même parti. Le roi Oswi ouvrit la conférence, et dit : Que comme ils servaient tous le même Dieu et attendaient le même royaume céleste, ils devaient suivre la même règle de vie et les mêmes cérémonies; qu'il n'était question que d'examiner quelle était la tradition la plus véritable; enfin il commanda à son évêque Colman de parler le premier. L'usage que j'observe, dit Colman, je l'ai reçu des anciens qui m'ont envoyé ici. Tous nos pères l'ont observé de même. Et afin qu'on ne méprise pas cet usage, nous lisons qu'il a été observé par saint Jean l'évangéliste, le disciple bien-aimé du Seigneur, avec toutes les Eglises qu'il gouvernait. Le roi commanda aussitôt à l'évêque Agilbert de parler; mais il dit : Je vous prie, que mon disciple, le prêtre Wilfrid, parle pour moi; il expliquera mieux nos sentiments dans la langue même des Anglais, que je ne pourrais faire par interprète. Alors Wilfrid commença ainsi par ordre du roi : Nous faisons la Pâque, comme nous l'avons vu observer à Rome, où les apôtres saint Pierre et saint Paul ont vécu, ont enseigné, ont souffert le martyre et sont enterrés. Nous l'avons vu observer de même en Gaule, où nous avons passé pour nous instruire. Nous savons que l'Afrique, l'Asie, l'Egypte, la Grèce et tout l'univers où l'Eglise s'étend l'observent de même, nonobstant la diversité des nations et des langues. Il n'y a que les Pictes et les Bretons, dans une partie de ces deux dernières îles de l'Océan, qui s'obstinent au contraire.

Colman opposait toujours l'autorité de saint Jean. A quoi Wilfrid répondit : Il observait à la lettre la loi de Moïse, parce que l'Eglise judaïsait encore en plusieurs points; et les apôtres ne pouvaient rejeter tout d'un coup toutes les observances de la loi que Dieu même avait instituée. Mais à présent que la lumière de l'Evangile éclate par tout le monde, il n'est plus nécessaire ni même permis aux fidèles de se circoncire ou d'offrir à Dieu des sacrifices charnels. Donc saint Jean, suivant la loi, commençait à célébrer la Pâque le soir du 14e jour du 1er mois, sans se mettre en peine si c'était un samedi ou un autre jour de la semaine. Mais saint Pierre, prêchant à Rome et se souvenant que Notre Seigneur est ressuscité le dimanche, comprit que l'on devait célébrer la Pâque de telle sorte, que l'on attendît toujours, suivant la loi, la 14e lune du 1er mois, commençant au soir, comme faisait saint Jean. Alors, si le jour suivant était un dimanche, il commençait à célébrer la Pâque ce soir même, comme nous faisons encore; mais si le jour qui suivait immédiatement la 14e lune n'était pas un dimanche, il l'attendait jusqu'à la 21e, et commençait la Pâque le soir du samedi précédent. En sorte que le dimanche de Pâques arrivait toujours de la 15e à la 21e lune du 1er mois. Cette observance a été suivie en Asie, après la mort de saint Jean, par tous ses successeurs et par toute l'Eglise universelle, et l'histoire ecclésiastique nous apprend que le concile de Nicée a déclaré que c'était la vraie Pâque la seule que les fidèles devaient célébrer, non que ce concile l'ait ordonné de nouveau, mais parce qu'il a confirmé l'ancien usage. Ainsi, il est constant que vous ne suiviez ni saint Jean ni saint Pierre, ni la Loi, ni l'Evangile. Car saint Jean, s'attachant à la loi, ne s'arrêtait pas au dimanche comme vous faites; et saint Pierre célébrait la Pâque depuis la 15e lune jusqu'à la 21e, au lieu que vous la faites depuis la 14e jusqu'à la 20e, la commençant souvent au soir de la 13e lune, qui n'est marquée ni dans la loi ni dans l'Evangile; et vous excluez entièrement la 20e lune, si recommandée par la loi.

Colman objecta l'autorité du savant Anatolius, de saint Colomban et de ses successeurs, qui avaient fait des miracles. Wilfrid répondit : Qu'avez-vous de commun avec Anatolius, dont vous ne suivez pas les règles et dont vous n'avez point adopté le cycle de dix-neuf ans. Quant à votre père Colomban et ses sectateurs, je pourrais répondre qu'au jour du jugement plusieurs diront à Notre Seigneur qu'ils ont fait des miracles en son nom; et il leur répondra qu'il ne les a jamais connus. Mais Dieu me garde de parler ainsi de vos pères! Il vaut mieux, dans ce que l'on ignore, croire le bien que le mal. Je ne nie donc pas que c'étaient des serviteurs de Dieu, qu'ils lui étaient agréables, et qu'ils l'ont aimé dans leur simplicité rustique, accompagnée de bonne intention. Je ne crois pas que cette observance de la Pâque leur ait beaucoup nui tant que personne ne leur a pas montré les règles plus parfaites; et je crois qu'ils les auraient suivies comme ils ont suivi les commandements de Dieu, qu'ils connaissaient. Mais pour vous, vous péchez sans aucun doute, si, après avoir entendu les décrets du Siége apostolique ou plutôt de l'Eglise universelle, confirmés par les Ecritures, vous les méprisez. Quelque saints qu'aient été vos Pères, sont-ils préférables à l'Eglise universelle répandue par tout le monde? eux qui étaient en si petit nombre dans un coin d'une île écartée. Quelque saint que fût votre Colomban ou plutôt le nôtre, s'il est au Christ, pouvait-il être préféré au bienheureux prince des apôtres, à qui le Seigneur a dit : *Tu es Pierre, et sur cette pierre je bâtirai mon Eglise, et les portes de l'enfer ne prévaudront point contre elle, et je te donnerai les clés du royaume des cieux?*

Pendant que Wilfrid pérorait de la sorte, le roi dit : Est-il vrai, Colman, que le Seigneur ait ainsi parlé à Pierre? Oui, seigneur, répondit-il. Et le roi : Pouvez-vous montrer que votre Colomban ait reçu une pareille puissance? Non, dit Colman. Et le roi continua : Convenez-vous de part et d'autre que cela ait été dit principalement à Pierre, et que c'est à lui que le Seigneur ait donné les clés du royaume des cieux? Oui, répondirent-ils, nous en convenons. Alors il conclut ainsi : Et moi, je vous dis que je ne veux point contredire ce portier du ciel, mais que je souhaite lui obéir en tout et de tout mon pouvoir, de peur que, quand j'arriverai à la porte du royaume des cieux, je ne trouve personne pour me l'ouvrir, si celui qui en tient les clés m'est contraire. Ce discours du roi fut approuvé de tous les assistants, et ils se rangèrent tous à la meilleure observance. En vérité, si les empereurs de Byzance, si les souverains plus modernes de la Russie, de l'Allemagne et de l'Angleterre, avaient toujours eu autant de christianisme et de bon sens que ce roi demi-barbare des Northumbres; en vérité, ils auraient épargné à l'Eglise et à l'humanité bien des déchirements et des révolutions, et à la raison humaine bien des égarements.

La dispute étant finie, l'assemblée se sépara. Agilbert se retira chez lui; Colman, voyant son parti méprisé, se retira en Irlande avec ceux qui voulurent le suivre, résolut de consulter avec les siens ce qu'il devait faire. On fit à sa place évêque de Northumbre, Tuda, qui avait été instruit et ordonné chez les Irlandais méridionaux, et portait la tonsure comme eux; mais il observait la Pâque comme les catholiques. Quant au saint évêque des Saxons orientaux, Cedde, il quitta le parti des Irlandais et retourna à son diocèse, convaincu qu'il fallait suivre les observances de l'Eglise romaine. Cette conférence, si utile pour l'Angleterre, eut lieu l'an 664 (Bed., l. 3, c. 25, 26; *Acta Sanct.*, 24 *april.*).

En Espagne, en France, en Angleterre, la religion, l'Eglise, pénétrant ainsi de plus en plus les lois et les mœurs, tendait de plus en plus à faire des populations diverses de chaque pays un seul et même peuple : en Espagne, des Goths, des Suèves et des anciens Celtibères, le peuple espagnol; en France, des Gaulois, des Francs, des Burgondes, des Armoricains, le peuple français; en Angleterre, des Angles, des Saxons, des Bretons, des Scots, des Pictes, le peuple anglais; de ces trois peuples, par leur union avec l'Eglise romaine, une seule et même humanité européenne, joignant à l'unité dans la foi la diversité dans le caractère. Dans l'Italie, que se disputent les Lombards et les Grecs, et dont les anciens habitants n'aimaient pas plus les uns que les autres, il n'y aura pas un peuple, mais plusieurs peuples italiens, quoique tous pénétrés du christianisme. Dans l'Italie septentrionale, les Lombards, qui avaient tantôt des rois ariens, tantôt des rois catholiques, s'identifiaient trop lentement et trop peu avec les indigènes, catholiques dès l'origine. Ainsi, le roi Rotharis, qui régna de 636 à 652, était brave et justicier, mais arien; presque toutes les villes de son royaume avaient deux évêques, un catholique et un hérétique. A Pavie, la capitale, l'évêque arien, nommé Anastase, résidait à l'église de Saint-Eusèbe et y avait un baptistère; mais il se convertit enfin au catholicisme et gouverna seul toute l'Eglise de Pavie : sa conversion fut si parfaite, qu'il est honoré comme saint.

Jusqu'en l'an 643, 8e de Rotharis, les Lombards n'avaient point de lois écrites : ce qui donnait lieu à beaucoup d'arbitraire. Rotharis les fit écrire, après les avoir modifiées et complétées, du consentement des grands, des juges et de l'armée. Il y avait peut-être excité par l'exemple récent de Dagobert, qui avait fait rédiger par écrit les lois des Francs, des Allemands et des Bavarois. Les lois lombardes, ainsi que généralement toutes les lois des Barbares, ne sont en grande partie qu'un tarif de peines ou de compensations pour la diversité des blessures, des coups et des offenses. On y sent un peuple qui marche toujours l'épée au côté. L'article 176 est singulier. Il porte qu'un lépreux, connu pour tel par le juge ou par le peuple, et qui a été expulsé de la ville et de sa maison pour demeurer à part, ne peut plus aliéner son bien ni en faire donation à personne; car du jour qu'il a été expulsé de sa demeure, il est tenu pour mort. Seulement on le nourrira, par pitié, sur les choses qu'il a laissées. Certes, il fallait que les lépreux fussent bien communs parmi les Lombards, pour qu'on fît contre eux une loi pareille;

loi bien dure, qu'on ne trouve point chez les Goths, les Francs, les Anglais, et qu'on ne trouverait pas non plus chez les Lombards, si les évêques y avaient eu autant d'influence sur la législation que chez ces trois peuples (Muratori, *Script. rer. Ital.*).

Le roi Rotharis recommença la guerre contre les Grecs, et mit fin à la trève qui s'était prolongée, d'une année à l'autre, depuis trente ans. Il leur prit plusieurs villes. Les Grecs de Naples ayant voulu surprendre et piller l'église de Saint-Michel, sur le Mont-Gargan, les Lombards de Bénévent les en empêchèrent. Rotharis étant mort en 652, eut pour successeur son fils Rodoald, qui fut tué quelques mois, et eut pour successeur Aribert, neveu de la bonne reine Théodelinde, et comme elle, bon catholique. Il mourut l'an 661, 9e année de son règne, après avoir partagé le royaume entre ses deux fils encore jeunes, Bertharide, qui régnait à Milan, et Gondebert, qui régnait à Pavie. La guerre éclata bientôt entre les deux rois. Gondebert envoya prier Grimoald, duc de Bénévent, de venir à son secours, lui promettant sa sœur en mariage. L'envoyé pria Grimoald de s'emparer lui-même du royaume sur les deux frères qui le perdaient. Sa proposition fut bien reçue. Pour l'exécuter, il revint dire à Gondebert que Grimoald approchait, mais qu'il devait être sur ses gardes et mettre une cuirasse sous ses habits, attendu que Grimoald avait dessein de le tuer. En même temps il retourna dire à Grimoald que Gondebert avait dessein de le percer de son épée, et que, pour preuve, il aurait une cuirasse sous ses habits. A la première entrevue, Grimoald, en embrassant Gondebert, ayant senti la cuirasse, tira aussitôt son épée, le perça d'outre en outré, et s'empara ainsi de son royaume. Le perfide envoyé, le duc Garibald, fut tué quelque temps après par un serviteur de Gondebert. Bertharide ayant appris à Milan la mort de son frère, eut peur et s'enfuit près du khan des Avares, qui lui promit sûreté, et, malgré les sollicitations de Grimoald, lui tint parole.

Cependant Bertharide prit une résolution étrange. Apprenant que Grimoald, qui avait épousé sa sœur, se montrait généreux et clément, il vint se donner à lui. Flatté de cette confiance, Grimoald l'embrassa, lui jura sûreté entière et lui donna un état de maison convenable. Mais comme l'affection du peuple se portait vers Bertharide, des adulateurs représentèrent bientôt à Grimoald qu'il périrait lui-même s'il ne le faisait périr. Oubliant son serment, Grimoald résolut de le tuer le jour même. Pour mieux cacher son dessein, il lui envoya le soir un grand nombre de mets et de vins exquis, le priant de bien boire à sa santé. Mais un des domestiques qui apportaient les plats, se glissa sous la table et dit secrètement à Bertharide que le roi avait tout disposé pour le tuer. Bertharide ne se déconcerta point. Il continua de boire à la santé du roi dans une coupe d'argent, mais où son échanson ne versait qu'un peu d'eau. Après le festin, Bertharide découvrit le mystère à deux fidèles serviteurs, dont l'un était un personnage considérable nommé Hunulfe, l'autre un valet de chambre. Le sauver n'était pas chose facile : la maison était cernée de tous côtés par les soldats. Hunulfe déguise Bertharide en domestique de campagne, le charge de matelas et de couvertures, le pousse hors la porte, l'accable d'injures et de coups de bâton à le faire tomber par terre. Les gardes lui demandant ce que c'était : Cet imbécille de domestique, s'écria-t-il, ne m'avait-il pas dressé mon lit dans la chambre même de cet ivrogne de Bertharide, qui ronfle là ivre-mort ? Mais, par la vie du roi, je n'y serai plus pris. Les gardes, ravis de l'entendre, les laissèrent passer tous deux. Hunulfe le descendit hors la ville par une corde le long de la muraille ; et, avec le secours d'autres amis, Bertharide se sauva en France.

Cependant le valet de chambre, qui était resté dans la maison, empêcha les soldats d'y entrer le plus longtemps qu'il put, en leur disant que Bertharide dormait, qu'il était fatigué. A la fin ils rompirent les portes et le cherchèrent vainement de toutes parts. Alors ils saisirent le valet de chambre et le conduisirent au roi Grimoald. Le domestique ayant raconté ingénument ce qui s'était passé, Grimoald demanda ce que méritait cet homme. Tous les assistants répondirent qu'il méritait les plus cruels supplices. Eh bien ! s'écria le roi, par celui qui m'a fait naître, cet homme mérite des récompenses, lui qui s'est livré à la mort pour rester fidèle à son maître. Et il le mit au nombre de ses valets de chambre, en lui recommandant à son égard la même fidélité qu'il avait eue pour Bertharide. Ayant su qu'Hunulfe s'était réfugié dans l'église de Saint-Michel, il le fit venir, lui demanda comment il avait sauvé son maître, loua sa fidélité et sa prudence, et lui laissa tous ses biens. Quelque temps après, il leur demanda à tous deux s'ils aimaient mieux vivre avec lui que de rejoindre Bertharide exilé. Ils protestèrent avec serment qu'ils aimaient mieux mourir avec Bertharide que de vivre ailleurs dans les délices. Grimoald loua leur affection héroïque pour leur maître, et leur permit de le rejoindre avec tout ce qu'ils voudraient emporter. Nous verrons Bertharide remonter sur le trône des Lombards en 671 (Paul, diacre, l. 4, c. 50 ; l. 5, c. 2).

Au milieu de ces révolutions, l'Eglise n'eut pas peu à souffrir sous les Lombards, d'autant plus que Grimoald était arien. Deux saints évêques la soutenaient par leur zèle et leur courage. L'un était Jean, surnommé Bon, archevêque de Milan. Né dans le pays de Gênes, le pape saint Grégoire l'avait envoyé autrefois près de la reine Théodelinde. Devenu archevêque, il quitta la ville de Gênes, où ses prédécesseurs s'étaient retirés depuis l'invasion des Lombards, et revint à Milan, pour être plus en état d'empêcher le mal et de faire le bien. Il fut secondé par l'autre saint, également nommé Jean, évêque de Bergame. Par leurs efforts réunis, ils amenèrent à la foi catholique des bourgades entières de Lombards ariens. Le premier est honoré le 10 janvier, et le second le 11 juillet (Acta Sanct.).

Un autre saint travaillait à la conversion des Lombards de Bénévent, où commandait le duc Romuald, fils du roi. C'était le saint prêtre Barbat, qui fut ensuite évêque. Les Lombards de cette ville étaient baptisés ; mais ils avaient bien de la peine à se défaire de leurs coutumes barbares et païennes. Car ils adoraient une vipère d'or sur un arbre. Le saint prêtre travailla longtemps, et par ses prédications et par ses miracles, mais sans beaucoup de fruit, à extirper ces superstitions. Un événement imprévu rendit les Lombards plus dociles : ce fut l'arrivée de l'empereur Constant en Italie et le siège qu'il mit devant Bénévent (Acta Sanct., 19 feb.).

L'empereur Constant était devenu odieux à Constantinople, et cette ville lui était devenue odieuse. L'empereur y était haï comme monothélite ; il y était haï surtout pour avoir fait mourir le pape saint Martin et saint Maxime, le docteur de l'Orient, et pour avoir persécuté les deux Anastase, ses disciples, ainsi qu'un grand nombre de catholiques. Un nouveau crime vint ajouter à la haine antérieure. L'empereur avait un frère nommé Théodose, contre lequel étant irrité, il le fit tonsurer et ordonner diacre par le patriarche Paul. Depuis, il reçut de sa main la communion du calice dans les saints mystères. En 659, la 18e année de son règne, il le fit mourir. Mais ensuite il le vit bien des fois en songe, avec son habit de diacre, qui lui présentait un calice plein de sang, en disant : Bois, mon frère ! Epouvanté de cette vision, il résolut de chercher ailleurs le repos de la conscience. Il annonça qu'il voulait reconquérir l'Italie entière, en expulser les Lombards et rétablir le siège de l'empire à Rome. Il équipa donc une flotte, y rassembla ce qu'il avait de soldats, et, s'étant embarqué vers la fin de l'année 662 avec ses trésors, il envoya ordre à l'impératrice et à ses trois fils, Constantin, Tibère et Héraclius, de venir le joindre dans le port. Mais le peuple de Constantinople se souleva et les retint par force. Le refus qu'on lui faisait de sa famille ne retarda pas d'un instant l'empereur. Monté sur le tillac de son navire, il cracha contre la ville de Constantinople, pour lui témoigner son aversion, et donna aussitôt le signal du départ. Il alla passer dans Athènes le reste de l'hiver, et, dès les premiers jours du printemps, il partit pour l'Italie (Théoph.; Cédr., Hist. miscell.).

Débarqué à Tarente, qui appartenait encore à l'empire, il prit, pilla et détruisit de fond en comble les villes de Lucérie et d'Eclane. Ce n'était guère le moyen de se faire désirer. Il vint camper devant Bénévent, que défendait le duc Romuald avec un petit nombre de braves. Le siége fut long, les attaques fréquentes, la défense opiniâtre. A la fin, les assiégés, se voyant serrés toujours de plus près et craignant le sort d'Eclane et de Lucérie, résolurent de sortir à la fois par toutes les portes, hommes et femmes, et de mourir tous les armes à la main, plutôt que de devenir les esclaves des Grecs. Le saint prêtre Barbat les détourna de cette résolution désespérée et leur promit que, s'ils voulaient sincèrement se convertir et renoncer à leurs superstitions, ils ne tomberaient point aux mains de leurs ennemis. Le duc Romuald s'y engagea le premier, et tous les autres après lui. Dès le jour suivant on vit l'effet des promesses du saint. L'empereur, qui avait refusé jusqu'alors les sommes immenses qu'on lui offrait pour lever le siège, se contenta de prendre pour otage la sœur de Romuald. Au même temps, un homme de confiance que le duc avait dépêché au roi Grimoald, son père, revenait lui annoncer que son père arrivait à son secours. Mais cet homme qui se nommait Sewald et avait été gouverneur du jeune duc, fut pris par les Grecs. L'empereur le fit conduire au pied du mur, avec ordre de dire à Romuald que son père ne pouvant le secourir, lui ordonnait de se rendre. Le prisonnier promit tout ce qu'on voulut; mais, lorsqu'il vit le duc paraître sur la muraille : « Seigneur Romuald, lui cria-t-il, ayez bon courage, votre père est sur le point d'arriver avec une puissante armée; je vous recommande seulement ma femme et mes enfants, car cette nation perfide va m'ôter la vie. » A peine eut-il achevé, que l'empereur lui fit abattre la tête, qui fut jetée dans la ville et vint tomber aux pieds de Romuald. Après cet acte si peu honorable, l'empereur Constant leva le siège et se retira à Naples. Le duc Romuald, dégagé par son père, battit complètement une armée de vingt mille Grecs. Le saint prêtre Barbat fut établi évêque de Bénévent, et acheva, par son zèle et sa persévérance, la conversion de Romuald et de ses Lombards. Le roi Grimoald lui-même fut amené à la foi catholique par saint Jean, évêque de Bergame (Paul, diac., l. 5, c. 6-10; *Vita S. Barbati*, 19 *febr.*).

Pour l'empereur Constant, il marcha de Naples vers Rome, où il arriva le 5 juillet 663. Le pape saint Vitalien, à la tête du clergé romain, alla le recevoir à deux lieues de la ville et le conduisit à l'église de Saint-Pierre, où l'empereur laissa un riche présent. Le samedi suivant, il visita l'église de Sainte-Marie-Majeure et y fit encore une offrande. Le lendemain, il se rendit une seconde fois à Saint-Pierre avec toute son armée. Le clergé vint processionnellement au devant de lui. Il y entendit la messe et mit sur l'autel une pièce d'étoffe d'or. Le samedi, il alla faire sa station dans l'église de Saint-Jean de Latran. Il dîna dans la basilique de Jules. Le dimanche, il entendit la messe à Saint-Pierre, et, après le saint sacrifice, il fit au Pape les plus tendres adieux. C'était le douzième jour depuis son arrivée à Rome. Le reste de la journée et le lendemain avant son départ, il pilla les églises, en enleva tous les ornements et les vases précieux qui avaient échappé aux Goths et aux Vandales. Il enleva jusqu'aux carreaux de bronze dont était couvert le Panthéon, nommé dès lors Notre-Dame de la Rotonde. De retour à Naples, après un pareil exploit, il s'avança jusqu'à Reggio, où, ayant été battu une seconde fois par les Lombards, il passa en Sicile et choisit Syracuse pour sa demeure (Anast., *In Vital.*).

Pour témoigner encore mieux son affection et sa reconnaissance à l'Eglise romaine, l'empereur Constant lui suscita un schisme. Maur, archevêque de Ravenne, fier de ce que sa ville était la résidence de l'exarque impérial, eut l'ambition de vouloir se rendre indépendant du Pontife romain, du moins en tant que son patriarche. Le Pape le cita à Rome, et, sur son refus de venir, le frappa d'excommunication. Maur s'emporta jusqu'à excommunier le Pape, et en appela à l'empereur, auquel il fit écrire en même temps par l'exarque Grégoire, successeur de Calliopas, le persécuteur du pape saint Martin. L'empereur Constant, par un diplôme daté de Syracuse, le 1er mars 666, ordonna, *en vertu de notre divinité* (1), ce sont ses paroles, que les archevêques de Ravenne seraient pour toujours exempts de la dépendance de tout supérieur ecclésiastique, même de celle du patriarche de l'ancienne Rome (Muratori, *Script. rerum Italic.*, t. II, p. 146). L'ambitieux Maur, auteur de tout le scandale, mourut dans l'excommunication et dans le schisme, qui ne finit que sous son successeur Réparat.

Les Siciliens furent d'abord comblés de joie de voir l'empereur Constant fixer dans leur île le siège de l'empire; mais cette joie ne fut pas longue. Ils éprouvèrent bientôt l'insatiable avidité de ce prince, qui ne cessait de multiplier les impôts et les exigeait avec la dernière inhumanité. On séparait les femmes de leurs maris, les enfants de leurs pères. On dépouillait les églises, on enlevait les vases sacrés. Cette île, souvent ravagée par les Barbares, plus souvent encore par l'avarice de ses maîtres, n'avait jamais été si cruellement pillée. Le désespoir des Siciliens fut porté à un tel point, qu'un grand nombre d'entre eux préférèrent vivre sous la domination des Musulmans, et allèrent en Syrie s'établir à Damas.

L'empereur, non content d'épuiser par ses vexations la Sicile, la Calabre et la Sardaigne, porta ses mains avides sur l'Afrique. Les Africains avaient besoin de secours, bien loin d'être en état de supporter de nouvelles charges. Cependant il leur envoya ordre de lui payer une somme pareille à celle qu'ils payaient tous les ans aux Sarrasins. C'était, disait-il, pour les punir d'avoir, sans son consentement, traité dix-sept ans auparavant avec Abdalla; engagement forcé dont il était lui-même la cause, n'ayant alors envoyé aucun secours pour opposer aux armes des Musulmans. Les Africains sont tellement révoltés d'une pareille tyrannie, qu'ils appellent les Sarrasins pour les en délivrer.

Telles étaient les occupations de l'empereur Constant à Syracuse, lorsqu'il fut tué dans le bain par un de ses officiers, le 15 juillet 668, la 27e année de son règne, et la 38e de son âge (Théoph., Céd., Nicéph.).

(1) *Nostræ divinitatis sanctione.*

# LIVRE CINQUANTIÈME.

L'Angleterre catholique, par son union avec l'Église romaine, devient un asile des lettres et des arts, et une pépinière de saints et d'apôtres pour l'Allemagne. — Grand nombre de saints en France, particulièrement dans l'Austrasie. — Saint Léger, mis à mort par Ebroïn, et horriblement calomnié par un écrivain moderne. — Élection et règne de Wamba; conciles et saints d'Espagne. — Formation de la nation des Maronites. — Le monothélisme condamné par le pape saint Agathon et par le sixième concile œcuménique. — Servilité sophistique du concile grec « in Trullo. »

(De la mort de l'empereur Constant II [668] à la fin du VIIe siècle [698].)

En Orient, il se faisait nuit; en Occident, il se faisait jour. Les principales provinces de l'Orient et de l'Afrique, divisées contre elles-mêmes par tant de schismes et d'hérésies, subissent la domination du mahométisme, comme une longue nuit de servitude, où, après douze siècles, nous les voyons plongées encore. Constantinople, cause principale de tant d'hérésies et de schismes, ne profitera guère des calamités qu'ils entraînent. Aujourd'hui orthodoxe, demain hérétique ; aujourd'hui soumise à l'Église romaine, centre de l'unité, demain rompant avec elle, la ville de Constantin ne cessera de passer ainsi de la vérité à l'erreur, de l'unité au schisme, jusqu'à ce qu'elle tombe, elle aussi, sous le joug abrutissant de Mahomet, et devienne la capitale de son empire antichrétien.

En Occident, les nations barbares, une fois chrétiennes et catholiques, le seront avec plus de simplicité et avec plus de constance que les peuples de l'Orient. Malgré les guerres et les invasions, elles se civiliseront les unes les autres ; malgré la corruption inhérente à la nature humaine, elles produiront dans chaque siècle une foule de saints personnages ; malgré leurs diversités d'origine et de gouvernement, elles formeront une république chrétienne, sous la direction spirituelle du Pontife romain; malgré leur originelle barbarie, elles cultiveront les lettres, les sciences et les arts que Rome leur communique avec la foi, et elles leur feront produire avec le temps, les plus étonnantes merveilles; arrivées les dernières dans la région des sciences, elles finiront par y être les premières; attaquées à leur tour par le mahométisme, elles le repousseront de leur sol, elles iront l'attaquer chez lui-même, et quand il s'en ira mourant, elles lui offriront de le ressusciter à une vie meilleure, le christianisme total. Tel est le spectacle grandiose que nous offre l'histoire encore vivante des nations de l'Occident.

Le rôle que la Providence y assigne à l'Angleterre, n'est pas des derniers. C'est chez elle et par ses enfants que les lettres, les sciences et les arts, venus de Rome, iront s'implanter en Allemagne avec la foi et l'unité catholique. Voici le commencement de cette œuvre.

Vers l'an 655, les deux principaux rois des Anglais, Oswi des Northumbres et Egbert des Cantuariens, se consultèrent ensemble sur le meilleur parti à prendre pour l'Église d'Angleterre. Par la conférence de Streneshall, le roi des Northumbres, quoiqu'il eût été élevé par les Irlandais, avait bien compris que l'Église catholique et apostolique était l'Église romaine. Avec l'élection et le consentement de la sainte Église de la nation anglaise, dit l'historien contemporain de cette Église, les deux rois envoyèrent donc à Rome, pour y être ordonné évêque, un vertueux prêtre nommé Vigard, anglais de nation, du clergé de Deusdedit de Cantorbéry, qui venait de mourir, mais bien instruit dans les sciences ecclésiastiques par les Romains, disciples du pape saint Grégoire. Ils demandaient que Vigard ayant été ordonné archevêque de Cantorbéry à Rome, il pût ordonner lui-même des évêques aux Églises catholiques des Anglais par toute la Bretagne. Arrivé à Rome, Vigard remit au pape saint Vitalien les lettres des deux rois ainsi que leurs présents, savoir : des vases d'or et d'argent qui n'étaient pas en petit nombre. Mais avant qu'il pût être sacré évêque, il mourut de la peste, lui et presque tous ceux qu'il avait amenés. Très-affligé de ce contre-temps, le pape saint Vitalien écrivit à Oswi la lettre suivante :

« Au seigneur très-excellent fils Oswi, roi des Saxons, Vitalien, évêque, serviteur des serviteurs de Dieu. Nous avons reçu les lettres désirables de Votre Excellence, et nous y avons vu sa pieuse dévotion, son fervent amour pour la vie bienheureuse, et comment, par la grâce de Dieu, elle a été amenée à la vraie foi des apôtres, espérant de régner éternellement avec le Christ, après avoir régné sur sa nation. Nation bénie, puisqu'elle a mérité d'avoir un roi aussi sage et fidèle adorateur de Dieu ; car, non content de l'adorer lui-même, il cherche nuit et jour à convertir tous ses sujets à la foi catholique pour le salut de leur âme. A ces heureuses nouvelles, qui ne tressaillerait de joie? Car votre nation en croyant au Christ, Dieu tout-puissant, accomplit ce qui est écrit dans le prophète Isaïe : *En ce jour-là, le rejeton de Jessé sera exposé devant les peuples comme un étendard; les nations viendront lui offrir leurs prières* (Is., 11, 10). Et encore : *Ecoutez, îles, et vous, peuples lointains, prêtez l'oreille. Le Seigneur m'a dit : C'est peu que vous me serviez pour ressusciter les tribus de Jacob et pour convertir à moi les restes d'Israël. Voici que je vous ai établi pour être la lumière des nations et le salut que j'envoie jusqu'aux extrémités de la terre. Les rois vous verront, les princes se lèveront et ils vous adoreront. Je vous ai établi pour être l'alliance du peuple, pour ressusciter la terre, et posséder les héritages dissipés, pour dire à ceux qui étaient dans les chaînes : Sortez ! et à ceux qui étaient dans les ténèbres : Paraissez au grand jour* (Ibid., c. 49). Et encore : *Moi, le Seigneur, je vous ai appelé dans la justice, je vous ai pris par la main et vous ai conservé, je vous ai établi pour être l'alliance du peuple et la lumière des nations, pour ouvrir les yeux des aveugles, tirer des fers ceux qui étaient enchaînés et pour faire sortir de prison ceux qui étaient assis dans les ténèbres.*

» Voilà, très-excellent fils, des prophéties plus claires que le jour, non-seulement sur vous, mais encore sur toutes les nations qui croiront au Christ, le créateur de l'univers. Etant donc un de ses membres, Votre Altesse doit suivre en tout et toujours la règle du prince des apôtres, non-seulement pour la célébration de la Pâque, mais encore pour le reste. Quant à un homme docte, un pontife orné de toutes les vertus, suivant la teneur de vos écrits, nous n'avons pas encore pu le trouver, à cause de la distance des lieux. Sitôt que nous aurons trouvé une personne capable, nous l'enverrons à votre patrie, afin que, Dieu aidant, il déracine de votre île, soit de vive voix, soit par les oracles divins, toute l'ivraie de l'ennemi. Nous avons reçu, comme éternel souvenir, les présents de Votre Altesse pour le prince des apôtres, nous vous en rendons grâces et ne cessons avec le clergé du Christ de prier pour votre prospérité. Celui qui les a offerts est passé à une autre vie, ce qui nous a profondément affligés. Nous avons fait donner aux porteurs des présentes, des reliques des saints apôtres Pierre et Paul, des saints martyrs Laurent, Jean et Paul, Grégoire et Pancrace, pour les remettre à Votre Altesse. Nous envoyons aussi à votre épouse, notre fille spirituelle, une croix contenant une clé d'or des chaînes de saint Pierre et de saint Paul; ayant appris quelle est sa piété fervente, toute la Chaire apostolique s'en réjouit avec nous. Puisse Votre Altesse consacrer bientôt toute son île au Christ-Dieu (Bed., l. 3, c. 29) ! »

Le vœu du saint Pape s'accomplira, mais avec le temps. Le grand nombre de petits royaumes, leurs fréquentes révolutions y mettaient quelquefois obstacle. Après la retraite de Colman, on avait fait évêque des Northumbres, Tuda, qui avait été instruit et ordonné évêque chez les Irlandais méridionaux, et portait la tonsure comme eux, mais il observait la Pâque comme les catholiques. Sa vertu le fit bientôt regretter; car il mourut de la peste en la même année 664. Le roi Alfrid, fils d'Oswi, qui régnait sur une partie des Northumbres, voulant faire ordonner à la place de Tuda le prêtre saint Wilfrid, l'envoya au roi de France, qui l'adressa à saint Agilbert, évêque de Paris, le même qui, étant en Angleterre, l'avait déjà ordonné prêtre. Car après la conférence de Streneshall, Agilbert quitta l'Angleterre à cette occasion. Le roi de Wessex, qui l'avait retenu, voulut avoir un autre évêque de sa langue, qui était la saxonne, et en fit venir un, nommé Wini, qui avait aussi été ordonné en Gaule. Il divisa donc sa province de Wessex en deux diocèses, et mit le nouvel évêque dans la ville de Venta, à présent Winchester. Agilbert trouva fort mauvais que le roi eût fait ce changement sans sa participation; c'est pourquoi il revint en Gaule, où on lui donna l'évêché de Paris, vraisemblablement après la mort de Sigobrand. Agilbert reçut donc avec joie le prêtre Wilfrid, et, accompagné de douze autres évêques, il fit à Compiègne la cérémonie de son ordination avec grande solennité. Il fut porté dans un siège d'or par les mains des évêques, suivant l'usage alors pratiqué en Gaule. Wilfrid était âgé de 30 ans, et c'était en 664. Mais comme il était encore en France, le roi Oswi, qui avait consenti à son élection, changea de sentiment et voulut prévenir son fils, en faisant ordonner un autre évêque d'York, qui fût Irlandais et de leur rite. Il choisit pour cet effet Ceadda, frère du saint évêque Cedde, prêtre et abbé de Lestinghen, savant dans les Ecritures et de mœurs exemplaires, et il l'envoya dans le royaume de Kant, pour être ordonné par Deusdedit, archevêque de Cantorbéry. Mais il le trouva mort, et on ne lui avait pas encore donné de successeur. C'est pourquoi Ceadda passa en Wessex, et fut ordonné par Wini, évêque de Winchester, qui se trouvait alors le seul évêque de la Grande-Bretagne canoniquement ordonné. Ceadda était disciple de saint Aïdan et imitateur de ses vertus.

Saint Wilfrid revenait en Angleterre accompagné de cent vingt personnes, que les rois Oswi et Alfrid lui avaient données pour escorte. Le navire fut poussé par la tempête sur les côtes de Sussex ou des Saxons méridionaux, où la mer s'étant retirée, il resta échoué sur le rivage. Aussitôt les habitants du pays, qui étaient encore idolâtres, arrivèrent en foule pour le piller, réduire en esclavage les passagers et tuer ceux qui leur feraient résistance. Saint Wilfrid leur offrit de grandes sommes d'argent pour leur commune rançon. Les Barbares ne voulurent entendre à rien, disant que tout ce que rejetait la mer était à eux. Le pontife de leurs idoles monta sur une éminence pour maudire le navire échoué, et par ses enchantements lier les bras de ceux qui le montaient. Mais à l'instant même, une pierre lancée du navire lui fracassa la tête et le renversa mort. Trois fois les Barbares attaquèrent les naufragés, trois fois ils furent repoussés avec perte. Ils allaient revenir une quatrième fois en plus grand nombre avec le roi à leur tête, lorsque la mer, montant plus tôt qu'à l'ordinaire, remit le navire à flot et le fit aborder heureusement au port de Sandwich (Eddi, c. 13, *Vitâ S. Wilf., Act. Bened.*).

Ainsi de retour, saint Wilfrid ne voulut point disputer l'ordination de Ceadda, tout irrégulière qu'elle était. Il aima mieux retourner à son monastère de Ripon, et y demeura pendant trois ans. Son repos n'y fut pas oisif. Le roi des Merciens l'invitait souvent à venir chez lui pour exercer diverses fonctions épiscopales, et lui donna des terres où il fonda des monastères. Egbert, roi de Kant, le faisait également venir chez lui, où il ordonna plusieurs prêtres et diacres pendant la vacance du siége de Cantorbéry. Ainsi Wilfrid, quoique privé de son siége, ne laissait pas de travailler utilement à rétablir la discipline en Angleterre; en sorte que tout ce qui s'y trouvait d'Irlandais embrassèrent les usages de l'Eglise catholique ou retournèrent en leur pays. Wilfrid avait apporté avec lui la règle de saint Benoît, pour mettre l'uniformité dans tous les monastères. Il avait une autre chose à cœur, c'était la beauté du chant, comme moyen d'adoucir la rudesse de ses compatriotes. Dans cette vue, il amena de Gaule deux chantres distingués, Eddi et Eona, dont le premier a écrit sa vie d'un style qui n'est pas méprisable. Jusqu'alors les églises des Irlandais étaient en planches de chêne, celle des anciens habitants en pierres brutes, et couvertes de chaume les unes et les autres. Saint Wilfrid, qui avait vu les belles églises de Rome, entreprit d'en élever de pareilles en Angleterre, et ramena également des Gaules pour cela des maçons et d'autres ouvriers de toute espèce. C'est ainsi que les arts s'introduisirent dans la Grande-Bretagne (Eddi, c. 44).

Céollach, qui avait succédé à Diuma, premier évêque des Merciens, n'y resta pas longtemps; il retourna à l'île de Hi, chef des monastères irlandais, et eut pour successeur Trumhère, anglais de naissance, mais ordonné par les Irlandais. Les Saxons orientaux étaient alors sujets du roi des Merciens, quoiqu'ils eussent deux petits rois. Mais la grande mortalité de l'an 664 servit de prétexte à l'un d'eux pour renoncer au christianisme, avec la partie du peuple qui lui obéissait. Ils commencèrent à réparer les temples abandonnés et à adorer les idoles, comme s'ils en pouvaient tirer du secours contre cette maladie. L'autre petit roi, qui se nommait Sebbi ou Sebba et qui est honoré comme saint, demeura toujours fidèle avec tout son peuple. Le roi des Merciens, leur suzerain, apprenant la défection de l'autre, envoya l'évêque Jaruman, successeur de Trumhère, pour ramener les apostats; et il y travailla si efficacement, qu'il fit rentrer le roi et son peuple dans le bon chemin. Ils ruinèrent leurs temples et leurs autels, rouvrirent les églises et confessèrent tout de nouveau la foi de Jésus-Christ. Après quoi l'évêque et les prêtres qu'il avait amenés retournèrent chez eux avec joie. Quant au saint roi Sebbi, dont la capitale était Londres, c'était un homme d'une grande piété envers Dieu, fervent dans les actes de religion, assidu à la prière, rempli de charité pour les pauvres. Il régna trente ans. A toutes les richesses et à tous les honneurs de la royauté, il préférait la vie privée et monastique. Son grand désir était d'en prendre l'habit et de renoncer au trône. Mais sa femme n'y consentit que deux ans avant qu'il mourût. Ayant alors abdiqué en faveur de ses deux fils, il reçut l'habit religieux des mains de l'évêque de Londres, auquel il remit pour les pauvres tout ce qui lui restait d'argent (Bed., l. 3, c. 30; l. 4, c. 11).

Cependant le pape saint Vitalien cherchait toujours un homme digne d'être archevêque des Anglais. Il fit venir du monastère de Niridan, près de Naples, l'abbé Adrien, africain de nation, bien instruit dans les saintes lettres, ainsi que dans la discipline tant ecclésiastique que monastique, et qui savait parfaitement le grec et le latin. Adrien dit qu'il était indigne de cet honneur, mais qu'il pouvait indiquer un homme dont la doctrine et l'âge convenaient mieux à l'épiscopat. C'était un moine nommé André, qui effectivement en fut jugé digne par tous ceux qui le connaissaient; mais ses infirmités corporelles empêchèrent qu'on ne l'en chargeât. On recommença de presser Adrien de l'accepter. Il demanda du temps, espérant trouver encore un autre sujet.

Il y avait alors à Rome un nommé Théodore, né à Tarse en Cilicie, d'abord philosophe à Athènes, et ensuite moine. Il était très-instruit des lettres divines et humaines, en grec et en latin, de bonnes mœurs et vénérable par son âge; car il avait soixante-six ans. Adrien, qui le connaissait, le présenta au Pape et obtint qu'il serait ordonné évêque, mais à condition qu'Adrien lui-même le conduirait en Angleterre; car il savait comment il fallait faire ce voyage, ayant déjà deux fois été en Gaule. Le Pape voulait de plus qu'il travaillât avec Théodore à l'instruction des Anglais, et prit garde qu'il n'introduisît rien dans cette Eglise de contraire à la foi, comme faisaient quelquefois les Grecs. Saint Théodore étant ordonné sous-diacre, attendit quatre mois pour laisser croître ses cheveux, afin qu'on pût lui faire la couronne. Car les moines grecs se rasaient entièrement la tête, prétendant imiter en cela les apôtres saint Jacques et saint Paul. Enfin le pape saint Vitalien ordonna Théodore évêque, le dimanche 26 mars 668.

Saint Benoît Biscop se trouvait alors à Rome, où il venait d'arriver pour la troisième fois; car, outre le premier voyage qu'il avait fait avec saint Wilfrid, il en fit un second dans lequel le prince Alfrid voulait l'accompagner, quand il en fut empêché par le roi Oswi, son père. Au retour de ce second voyage, Biscop vint à l'île de Lérins, y reçut la tonsure et embrassa la discipline monastique. Après y avoir demeuré deux ans, il retourna à Rome, et ce fut alors que le pape Vitalien, connaissant à la fois sa noblesse, sa piété et son savoir, lui recommanda le nouvel évêque Théodore, et lui ordonna de quitter, par la considération d'un plus grand bien, le pèlerinage qu'il avait entrepris et de retourner en son pays, d'y conduire Théodore, de lui servir de guide et d'interprète. Biscop obéit à l'ordre du Pape et partit de Rome pour l'Angleterre, avec l'évêque Théodore et le saint abbé Adrien, le 27 mai 668.

Etant arrivés par mer à Marseille, et de là par terre à Arles, ils rendirent les lettres du Pape à l'archevêque Jean, qui les retint chez lui jusqu'à ce qu'Ebroïn, maire du palais, leur eût donné la permission de continuer leur voyage. Quand ils l'eurent reçue, saint Théodore vint à Paris trouver l'évêque saint Agilbert, qui, ayant été longtemps en Angleterre, pouvait lui donner de bons renseignements. Il en fut très-bien reçu et demeura longtemps chez lui. Saint Adrien alla d'abord chez Emmon, archevêque de Sens, puis à Meaux chez saint Faron, et séjourna longtemps auprès d'eux, car l'hiver qui approchait les obligeait à se tenir en repos. Egbert, roi de Kant, ayant appris que l'évêque qu'il avait demandé au Pape était en France, envoya au devant de lui un seigneur de sa cour, qui, ayant obtenu la permission d'Ebroïn, l'emmena au port de Quentavic, plus tard Saint-Josse-sur-Mer. Théodore étant tombé malade, y demeura quelque temps; et, quand il commença de se porter mieux, il passa en Angleterre avec Benoît Biscop, et prit possession de son siége de Cantorbéry la seconde année après son ordination, le dimanche 27 mai 669. Il gouverna cette Eglise 21 ans 3 mois et 26 jours, et donna d'abord à Benoît le gouvernement du monastère de Saint-Pierre.

Adrien fut retenu quelque temps en France par Ebroïn, qui le soupçonnait d'être chargé de quelque commission de l'empereur pour les rois d'Angleterre contre le royaume des Francs. Mais ayant bien vérifié qu'il n'était chargé de rien de semblable, il lui permit de suivre Théodore, qui, peu après, lui donna le monastère de Saint-Pierre, après que Benoît l'eut gouverné deux ans. Car quand ils partirent de Rome, le Pape avait ordonné à Théodore de donner dans son diocèse, à Adrien, un lieu où il pût demeurer commodément avec les siens.

L'archevêque Théodore ayant pris possession de son Eglise, parcourut toutes les provinces anglaises, accompagné de l'abbé Adrien. Il fut très-bien reçu, favorablement écouté, et établit partout un bon ordre de vie et l'usage de l'Eglise catholique dans la célébration de la Pâque. Ce fut le premier archevêque à qui toute l'Eglise des Anglais se soumit, et le principal auteur de cette école célèbre, d'où sortirent depuis tant de grands hommes. Car comme Théodore et Adrien étaient instruits, non-seulement de la science ecclésiastique, mais encore des lettres humaines, ils assemblèrent un grand nombre de disciples qu'ils instruisaient tous les jours. Ils leur expliquaient l'Ecriture sainte, et en même temps leur enseignaient l'astronomie, l'arithmétique ecclésiastique, c'est-à-dire le calcul pour trouver la Pâque, et la composition des vers latins. Plusieurs apprirent le latin et le grec aussi parfaitement que leur langue maternelle. Jamais la Bretagne n'avait vu de temps plus heureux depuis l'entrée des Anglais. Leurs rois étaient si braves qu'ils faisaient trembler toutes les nations barbares, et si chrétiens que tous leurs vœux étaient pour la joie céleste qui venait de leur être annoncée. Ceux qui voulaient s'instruire trouvaient facilement de savants maîtres, et le chant ecclésiastique, connu jusque-là dans le seul pays de Kant, commença à être enseigné dans toutes les églises des Anglais.

Théodore, dans ses visites, ordonnait des évêques aux lieux convenables, et avec leur secours corrigeait les imperfections. Comme il trouva le siége de Rochester vacant depuis longtemps, il y établit Putta, ordonné prêtre par saint Wilfrid. C'était un homme simple, mais bien instruit de la discipline de l'Eglise, et du chant romain, qu'il avait appris des disciples de saint Grégoire (1).

Saint Théodore rétablit Wilfrid lui-même dans son siége d'York, et cassa l'ordination de Ceadda, son compétiteur, comme doublement irrégulière; car il avait été intrus en ce siége au préjudice de Wilfrid, et ordonné par des Anglais schismatiques. Ceadda lui dit : Si mon épiscopat n'est pas légitime, j'y renonce; je n'ai jamais cru en être digne, et ne l'ai accepté que par obéissance. Ainsi il se retira dans son monastère de Lestinghen. Mais Théodore et Wilfrid, touchés de son humilité, lui donnèrent l'évêché des Merciens, vacant par la mort de Jaruman. Saint Wilfrid lui donna même une terre nommée Leichfeld, c'est-à-dire *Champ des corps*, à cause de la multitude des martyrs qui y avaient souffert du temps de Dioclétien. Le roi Wulfère avait donné cette lettre à saint Wilfrid, pour y établir un siége épiscopal, soit pour lui, soit pour un autre. Saint Wilfrid la donna donc à saint Ceadda, et saint Théodore et lui l'ordonnèrent évêque régulièrement par tous les degrés ecclésiastiques.

Saint Wilfrid, étant rétabli dans son siége d'York, répara l'église que saint Paulin y avait autrefois bâtie, et qu'il trouva fort en désordre. Il la fit couvrir de plomb, blanchir les murailles, fermer de vitres les fenêtres, chose nouvelle en ce pays et nécessaire contre la pluie et les oiseaux. Il bâtit aussi l'église de son monastère de Ripon, et la dédia solennellement en présence des deux rois Egfrid et Elwin, qui étaient frères. En cette cérémonie, il se tourna vers le peuple devant l'autel, et fit publiquement l'énumération des terres que les rois avaient données à ce monastère. On regarda comme une merveille un présent qu'il fit à cette église, d'un livre des Evangiles, écrit en lettres d'or, sur du parchemin de pourpre, et couvert de lames d'or avec des pierreries.

Cependant saint Ceadda fut bien reçu par le roi Wulfère, et gouverna tout ensemble les Eglises de Mercie et de Lindisfarne, vivant dans une grande perfection. Il avait accoutumé de faire ses voyages à pied; mais saint Théodore l'obligea de prendre un cheval quand le chemin serait long; et pour vaincre sa résistance, il le mit à cheval lui-même de sa propre main. Ceadda s'était fait une demeure près de l'église, où il se tenait avec sept ou huit moines, quand ses fonctions le lui permettaient, pour s'appliquer à la prière et à la lecture. La crainte de Dieu était si vive en lui, que si, pendant qu'il lisait, il s'élevait un coup de vent, il avait recours à la prière. Si le vent redoublait, il fermait le livre et se prosternait sur le visage. Si la tempête était plus forte ou qu'il vînt des éclairs et des tonnerres, il allait à l'église et disait des psaumes ou d'autres prières, jusqu'à ce que l'orage fût passé. Quand on lui en demandait la raison, il disait : Ces mouvements de l'air sont des avertissements que Dieu nous donne pour nous faire souvenir de son terrible jugement, comme s'il levait la main avant de frapper. Le saint évêque ne gouverna cette Eglise que deux ans, et mourut le 2 mars, l'an 672, auquel l'Eglise honore sa mémoire. Il se fit plusieurs miracles à son tombeau. Vinfrid, qui avait longtemps exercé sous lui la fonction de diacre, fut ordonné à sa place par Théodore pour gouverner les deux Eglises de Mercie et de Lindisfarne. (*Acta Sanct.*, 2 mart.)

Le roi des Northumbres, Oswi, était mort deux ans auparavant, en 670, le 15 février, à l'âge de 58 ans. Il aimait tellement la discipline de l'Eglise romaine, qu'il avait résolu, s'il eût relevé de la maladie dont il mourut, d'aller à Rome visiter les saints lieux et d'y finir ses jours. Il avait même prié saint Wilfrid, évêque d'York, de vouloir bien le conduire en ce voyage. Il laissa pour successeur son fils Egfrid. Trois ans après mourut Egbert, roi de Kant, et eut pour successeur son frère Lothaire.

---

(1) Voir Beda, l. 4, ainsi que les *Vies* de S. Wilfrid, *Act. Bened.*, t. IV, de S. Benoît Biscop, de S. Adrien, de S. Théod., *Ibid.*, t. II, ainsi que les *Acta Sanct.*).

La 1re année de son règne et la 3e d'Egfrid, 673 de Jésus-Christ, le 24 septembre, saint Théodore tint à Herford un concile général de toute l'Angleterre, où toutefois il ne se trouva que quatre évêques avec lui, savoir : Bisi, évêque des Anglais orientaux; Putta, de Rochester; Leuther, des Saxons occidentaux; Winfrid, des Merciens. Saint Wilfrid, évêque d'York ou des Northumbres, y envoya ses députés. Théodore exhorta ces évêques à maintenir entre eux la charité et l'union, puis il leur demanda l'un après l'autre s'ils consentaient à observer les anciens canons. Tous répondirent qu'ils y consentaient très-volontiers. Aussitôt Théodore tira le livre des canons et leur montra dix articles qu'il en avait extraits, comme plus nécessaires pour eux. Ils contenaient ce qui suit :

« Nous observerons tous la Pâque au même jour, le dimanche après le 14e de la lune du 1er mois. Les évêques n'entreprendront point sur les diocèses l'un de l'autre. Ils garderont le rang de leur ordination. On en augmentera le nombre, à mesure que celui des fidèles croîtra. On tiendra le concile tous les ans, le 1er août, au lieu nommé Cloveshœ. Les clercs ne seront point vagabonds, et on ne les recevra nulle part sans les lettres de recommandation de leur évêque. Les évêques et les clercs étrangers se contenteront de l'hospitalité, et ne s'ingéreront à faire aucune fonction sans la permission de l'évêque diocésain. Les évêques ne troubleront point le repos des monastères et ne leur ôteront rien de leurs biens par violence. Les moines ne passeront point d'un monastère à l'autre sans la permission de leur abbé. On ne contractera que des mariages légitimes; il ne sera permis de quitter sa femme que pour cause d'adultère; et en ce cas, celui qui est véritablement chrétien ne doit pas en épouser d'autre. » Le concile prononcera la peine de déposition et d'excommunication contre les contrevenants, et tous les évêques y souscrivirent (Labbe, t. VI).

Quant à saint Benoît Biscop, qui avait accompagné saint Théodore en Angleterre, il contribua plus puissamment que personne à y implanter les lettres, les sciences et les arts. Après avoir cédé au saint abbé Adrien le monastère de Saint-Pierre de Cantorbéry, il fit, vers l'an 670, un quatrième pèlerinage à Rome, et en rapporta un grand nombre de livres ecclésiastiques, qui lui avaient été partie vendus, partie donnés. En repassant à Vienne, il en retira encore plusieurs qu'il avait achetés et laissés chez ses amis.

Revenu en Angleterre, il raconta au roi Egfrid, des Northumbres, tout ce qu'il avait fait dans ses voyages pour le service de la religion, tout ce qu'il avait appris à Rome et ailleurs touchant la discipline ecclésiastique et monastique, et lui montra les livres et les reliques qu'il avait apportés. Le roi le prit en telle affection, qu'il lui donna une terre de 70 familles, c'est-à-dire de 70 charrues, afin d'y bâtir un monastère en l'honneur de saint Pierre. Il le bâtit à l'embouchure de la rivière de Vire, d'où lui vint le nom de Viremouth, autrement bouche de la Vire. C'était l'an 674.

Un an après, Benoît passa en Gaule et en emmena des maçons pour bâtir son église en pierre et la voûter à la romaine. Et comme il n'y avait pas encore en Bretagne d'ouvriers sachant fabriquer le verre, il en fit également venir de Gaule, et mit des vitres aux fenêtres de l'église et des autres bâtiments. C'est ainsi que les Anglais apprirent l'art de la verrerie. Il fit venir aussi d'outre-mer tout ce qui était nécessaire pour le service de l'autel et de l'église, et qu'il ne pouvait trouver dans le pays, soit vases, soit ornements. Enfin, pour avoir ce qui ne se trouvait pas même en Gaule, il retourna une cinquième fois à Rome. Mais, avant ce dernier voyage, il fonda un autre monastère; car le roi Egfrid, voyant le bon usage qu'il avait fait de la première terre, lui en donna une de 40 familles, en un lieu nommé Jarou, à deux lieues de Viremouth, pour y fonder un monastère en l'honneur de saint Paul. Le saint prêtre Ceolfrid en fut le premier abbé, et ces deux monastères de Saint-Pierre et de Saint-Paul étaient tellement unis, que c'était comme une seule communauté. Benoît Biscop mit aussi un abbé à Saint-Pierre, à cause de ses fréquents voyages, et ce fut saint Esterwin, son parent. Etant donc allé à Rome pour la cinquième fois, il en rapporta une multitude innombrable de livres de toutes sortes, et quantité de reliques. Il en apporta aussi plusieurs images des saints pour orner son église de Saint-Pierre. Il obtint du Pape (c'était saint Agathon, 3e successeur de saint Vitalien) un privilége, suivant l'ordre qu'il en avait reçu du roi Egfrid, pour conserver la liberté de son monastère. Enfin, pour y établir le chant et les cérémonies romaines, il pria le Pape d'envoyer avec lui Jean, abbé de Saint-Martin de Rome et chantre de l'église de Saint-Pierre : ce que le Pape lui accorda (Act. Bened., t. II).

Le pape Agathon chargea l'abbé Jean d'une commission plus importante, qui était de s'informer exactement quelle était la foi de l'Eglise d'Angleterre, et d'en faire son rapport à Rome; car le Pape voulait connaître l'état de cette province, aussi bien que des autres, principalement par rapport à l'hérésie des monothélites. L'abbé Jean emporta lui les actes du concile tenu à Rome sous le pape saint Martin. Quand il fut arrivé en Angleterre, il assista à un concile que l'évêque Théodore assembla au sujet de cette même hérésie, le 17 septembre 680. Le lieu de ce concile se nommait Hertfeld. L'Eglise d'Angleterre y fit une profession de foi, et déclara qu'elle recevait les cinq conciles généraux et le concile du pape saint Martin, anathématisant ceux qu'ils condamnaient, et recevant ceux qu'ils recevaient. On donna à l'abbé Jean un exemplaire de ce concile pour le porter à Rome. Lui, de son côté, donna à transcrire, dans le monastère de saint Benoît Biscop, le concile du pape saint Martin (Bède, l. 4, c. 18).

Il y laissa également par écrit, l'ordre de la célébration des fêtes pour toute l'année, dont plusieurs prirent des copies; et y enseigna de vive voix le chant romain. Les plus habiles chantres venaient l'entendre de tous les monastères du pays, et plusieurs l'invitaient à venir chez eux. Enfin l'abbé Jean s'embarqua pour retourner à Rome; mais peu de temps après qu'il eût passé la mer, il tomba malade et mourut. Ses amis firent porter son corps à Saint-Martin de Tours, où il fut enterré honorablement. Il y avait passé en venant; car il avait une dévotion particulière à ce saint, dont son monastère de Rome portait le nom. Les moines l'y avaient reçu avec beaucoup de charité ; ils l'avaient prié d'y repasser à son retour, et lui avaient même donné des personnes pour l'aider dans son voyage. Sa mort n'empêcha pas que la confession de foi des Anglais ne fût portée à Rome et reçue avec grande satisfaction du Pape et de tous ceux qui la virent.

Saint Benoît Biscop orna ses deux monastères des images qu'il avait apportées de Rome. Au fond de l'église de Saint-Pierre, il mit celle de la Vierge et les douze apôtres ; à la muraille méridionale, les historiens de l'Évangile ; au côté septentrional, les visions de l'Apocalypse. De sorte qu'en entrant dans cette église, ceux-là mêmes qui ne savaient pas lire, trouvaient de tous côtés des objets agréables et utiles, voyant Jésus-Christ et ses saints, et rappelant en leur mémoire la grâce de son incarnation où la terreur de son dernier jugement. C'est ainsi qu'en parle un saint, le vénérable Bède, qui avait ces peintures devant les yeux. Benoît Biscop mit dans le monastère de Saint-Paul des images qui marquaient la concorde de l'Ancien et du Nouveau Testament. Par exemple, Isaac portant le bois de son sacrifice, et Jésus-Christ portant sa croix ; le serpent d'airain, et Jésus-Christ crucifié.

C'est ainsi que les trois apôtres de la foi divine et de la civilisation humaine, saint Théodore, saint Adrien et saint Benoît Biscop, popularisaient l'une et l'autre parmi la nation anglaise. Le pape saint Vitalien, qui les y envoya, ne cessa point de les soutenir. Car Théodore lui ayant demandé la confirmation des priviléges de son Eglise, le Pape lui adressa une lettre où, par l'autorité de saint Pierre, il lui reconnaît et lui confirme à perpétuité, sur toutes les Eglises dans l'île de Bretagne, tous les droits que son prédécesseur, saint Grégoire, avait accordés à saint Augustin, avec l'usage du *pallium*. Et, par la même autorité apostolique, il prononce contre les contrevenants la peine de déposition, s'ils sont évêques, prêtres ou clercs, et l'excommunication, s'ils sont laïques, fussent-ils rois ou princes, petits ou grands (*Act. Sanct.*, 19 septemb., *Vit. S. Theod.* ; Malmesb. ; *De gest. Pontif. angl.*, t. I).

Tandis que le pape saint Vitalien établissait ainsi la discipline en Angleterre, il la maintenait en Orient. L'an 667, le 19 décembre, Jean, évêque de Lappé, en l'île de Crète, lui présenta, à Rome, dans l'église de Saint-Pierre, une requête par laquelle il le conjurait de lui rendre justice, en réformant une sentence rendue contre lui par son métropolitain, l'archevêque Paul, et les autres évêques de Crète. Quelques jours après, le Pape assembla un concile pour examiner cette affaire. Les actes du concile de Crète, que Paul avait envoyés, y furent lus et trouvés conformes à la requête de Jean. Le Pape et les évêques ne trouvèrent pas que la sentence rendue contre lui fût selon la crainte de Dieu et les canons. Ils furent surtout indignés de ce qu'on l'avait tenu dans une prison, d'où on l'amenait dans la salle de l'archevêque pour lui faire dire ce que l'archevêque voulait ; après quoi on le remettait en prison. De plus, on voulait l'obliger à donner caution, contre les canons et les lois. Enfin l'évêque Jean avait demandé son renvoi au Pape. D'après les canons, l'archevêque devait le lui adresser avec ses lettres. Non-seulement il s'y refusa, mais répondit impertinemment que la demande n'était pas raisonnable.

Sur quoi le Pape s'écrie dans sa lettre : Quoi donc ! ce que les saints Pères ont ordonné est-il déraisonnable ? N'y a-t-il de raisonnable que ce qui vous plaît ?

Saint Vitalien, avec son concile, cassa donc la procédure et la sentence du concile de Crète contre Jean de Lappé, le déclara innocent et ordonna la réparation de tous les dommages que lui et son Eglise en avaient soufferts. Etant ainsi justifié, il assista à la messe avec le Pape, comme les autres évêques ; puis il écrivit à l'archevêque Paul, pour lui notifier le jugement du Siége apostolique et lui en ordonner l'exécution. « Nous voulons bien croire, dit le saint Pape, que ces choses ont été faites par ignorance plutôt que par ruse. C'est pourquoi, appliquez-vous à exécuter sur-le-champ ce que nous vous ordonnons selon Dieu, à vous et à votre concile, de peur que nous ne soyons contraint d'agir, non plus avec miséricorde, mais selon la rigueur des canons. Car il est écrit : Le Seigneur a dit : *Pierre, j'ai prié pour toi, afin que la foi ne défaille point ; toi donc, quand tu seras converti, affermis tes frères.* Et encore : *Tout ce que tu lieras sur la terre, sera lié dans le ciel ; et tout ce que tu délieras sur la terre, sera délié dans le ciel.* Lors donc que votre charité aura notre ordonnance, elle la rendra au présent porteur de l'évêque Jean, pour sa sûreté et celle de son Eglise. »

Cette lettre est du 27 décembre 667. Le 27 janvier de l'année suivante 668, le Pape écrivit encore à Vaane, chambellan de l'empereur, et à Georges, évêque de Syracuse, pour leur recommander l'évêque Jean et le faire rétablir dans son Eglise. A la même date, il écrivit une seconde lettre à l'archevêque Paul, où il lui ordonne de restituer à l'Eglise de Lappé deux monastères dont il s'était emparé. Il le réprimande d'avoir souffert qu'un diacre se mariât et qu'il servît en même temps dans deux Eglises, et il lui enjoint de corriger et de prévenir de pareils abus. Il lui recommande enfin d'éloigner de ses conseils un certain magistrat, nommé Eulampius, qui abusait de sa confiance pour semer la discorde parmi les frères et amasser ainsi de l'argent (Labbe, t. VI).

Le pape saint Vitalien mourut le 27 ou le 29 janvier 672, après avoir occupé le Siége de saint Pierre 14 ans et 6 mois. Il eut pour successeur Adéodat, romain de naissance, élevé dans le monastère de Saint-Erasme, au mont Cœlius. Il fut ordonné le 11 avril de la même année 672. Il était si bon et si doux, qu'il recevait avec joie quiconque se présentait ; qu'il avait une tendre compassion pour les étrangers, et qu'il ne refusait rien à personne. A sa mort, qui arriva le 17 juin 676, après un pontificat de quatre ans deux mois et cinq jours, il y eut des tonnerres et des pluies si considérables, qu'on ne se souvenait pas d'en avoir vu de pareils, et qu'il périt des hommes et des bestiaux par la foudre. Pour apaiser Dieu, on fit chaque jour des litanies ou des prières publiques. On obtint de pouvoir amasser les récoltes. Il se trouva même que les grandes pluies produisirent une grande abondance de bons légumes : de quoi tout le monde fut émerveillé. Adéodat eut pour successeur Donus, né comme lui à Rome, qui fut ordonné le 2 novembre 676, et occupa le Siége apostolique 2 ans 5 mois et 10 jours. Il découvrit à Rome, dans le monastère de Boèce, des moines syriens et nestoriens; il les distribua en divers monastères, et mit à leur place des moines romains. L'occupation de la Syrie et de l'Egypte par les mahométans faisait affluer à Rome un grand nombre de laïques, de moines et de clercs de ces pays. Du temps du pape Donus, l'Eglise de Ravenne, qui depuis quelques années se prétendait indépendante, en vertu d'un diplôme impérial, revint à l'obéissance immédiate du Saint-Siége. Donus étant mort le 11 avril 679, eut pour successeur saint Agathon, sicilien de naissance, qui fut ordonné le 26 juin de la même année, et tint le Saint-Siége 2 ans 6 mois et 14 jours. Il était si bon et si doux, qu'il charmait tout le monde (Anast., *Cum notis Varior.*).

Sous ces divers Papes, dont il est à regretter que nous ne connaissions pas plus en détail les actions, la nation des Francs entrait dans une de ces crises que, dans le langage moderne, on appelle *révolutions politiques*. Son ancienne dynastie s'en allait mourant d'inertie et de mollesse; il lui fallait enfanter une dynastie nouvelle : enfantement long et pénible. Les descendants de Clovis, connus sous le nom de *rois fainéants*, s'annulaient de plus en plus. Or, quand le chef s'annule, il est naturel que le plus grand après lui se mette à sa place. C'était donc à qui serait le plus grand du palais, en latin *major palatii*. En 664, sous le roi nominal de Neustrie, Clotaire III, le maire du palais était Ebroïn; celui d'Austrasie, sous le roi nominal Childéric II, s'appelait Wulfoad. Clotaire III étant mort en 670, âgé tout au plus de 19 ans, Ebroïn plaça aussitôt sur le trône le troisième fils de Clovis II, Théodoric ou Thierri III, tandis que le second, Childéric II, continuait à régner en Austrasie. Mais les grands de Neustrie et de Bourgogne, qui n'avaient pas été consultés par Ebroïn, se donnent à Childéric et mettent une armée en campagne. Théodoric III et Ebroïn sont réduits à chercher un asile dans les églises, puis à recevoir la tonsure monastique, pour être enfermés, le premier dans le monastère de Saint-Denys, le second dans celui de Luxeuil. En 673, Childéric II, qui s'était rendu odieux aux grands, est massacré avec sa femme et un de ses fils en bas âge. Son frère Théodoric III est élevé sur le trône par ceux-là mêmes qui l'avaient détrôné et enfermé au monastère de Saint-Denys. L'Austrasie rappelle d'Angleterre Dagobert II, fils de saint Sigisbert, auquel saint Wilfrid avait accordé une généreuse hospitalité. En 674, Ebroïn sorti du monastère de Luxeuil, proclame roi un prétendu fils de Clotaire III, qu'il nomme Clovis. A la fin de l'année, il fait disparaître ce fantôme de roi, se réconcilie avec Théodoric, qu'il fait reconnaître dans la Neustrie et la Bourgogne, en réservant pour lui-même la souveraineté. En 679, Dagobert II est mis à mort par la faction d'Ebroïn, qui lui-même est assassiné l'an 681 par un seigneur franc dont il avait résolu la perte. En 687, le duc Pepin d'Austrasie, petit-fils de saint Arnulfe et père de Charles-Martel, remporte une grande victoire sur l'armée de Neustrie, fait prisonnier Théodoric III, le reconnaît pour son souverain, prend pour lui-même le titre de maire du palais, avec la souveraineté réelle, dont Théodoric était incapable.

Ces révolutions n'empêchaient point un grand nombre d'évêques de se sanctifier et de sanctifier les autres. Les principaux étaient saint Léger d'Autun, saint Préject d'Auvergne, saint Lambert de Maëstricht. Léger ou Léodegaire était de la première noblesse; et, dès son enfance, ses parents le mirent à la cour de Clotaire II, qui, peu de temps après, l'envoya à Didon, évêque de Poitiers, son oncle, pour l'instruire dans les lettres. L'évêque lui donna pour maître un prêtre très-habile, et, quelques années après, il le retint auprès de sa personne, pour le conserver dans la pureté des mœurs, par son exemple et ses exhortations; car il souhaitait l'avoir pour successeur. A l'âge de 20 ans, il l'ordonna diacre, et peu de temps après, il le fit archidiacre, lui donnant sous lui tout le gouvernement du diocèse. Léger était de belle taille, bien fait, prudent, éloquent, et s'attirait l'amitié de tout le monde. L'abbé de Saint-Maixent étant mort, l'évêque, son oncle, lui donna le gouvernement de cette abbaye, qu'il conduisit avec beaucoup de sagesse pendant 6 ans, et à laquelle il lui donna de grands biens.

Sa réputation étant venue à la cour du roi Clotaire III et de sainte Bathilde, sa mère, ils le demandèrent à l'évêque de Poitiers, son oncle. En peu de temps il gagna les bonnes grâces du roi, de la reine, des évêques et des grands; et tous le jugeaient digne de l'épiscopat. Saint Ferréol, évêque d'Autun, étant mort, il y eut des prétendants qui se disputèrent ce siége jusqu'à répandre le sang. L'un fut tué, l'autre banni comme auteur de ce crime; et l'Eglise d'Autun demeura vacante près de deux ans. Pour mettre fin à ce scandale, la reine Bathilde fit ordonner évêque saint Léger, vers l'an 659. Il apaisa le trouble par sa présence et réunit les esprits, en persuadant les uns et en intimidant les autres. Il prit grand soin de la nourriture des pauvres et de l'ornement des églises. Il y mit des vases précieux et des lambris dorés; il orna magnifiquement le baptistère et transféra le corps de saint Symphorien; il fit même réparer les murs de la ville. En même temps il instruisait soigneusement son clergé et prêchait assidûment son peuple. Pour rétablir la discipline cléricale et monastique, il assembla un synode à Autun, où il fit divers règlements. Il n'en reste que les suivants, qui regardent les monastères. « Défense aux abbés et aux moines d'avoir quelque chose en particulier. Défense aux mêmes d'avoir des compères, c'est-à-dire d'être parrains. Défense aux moines de voyager en quelque ville sans des lettres de leur abbé, adressées à l'archidiacre du lieu. Défense d'avoir quelque familiarité avec les femmes étrangères, et de permettre aux personnes du sexe l'entrée de leur monastère. On recommande aux abbés et aux moines d'observer dans leur conduite ce que prescrit l'ordre canonique ou la règle de saint Benoît. L'abbé qui violera ces règlements sera excommunié un an, le prévôt deux ans, et le simple moine sera fustigé ou excommunié trois ans (Labbe, t. VI, *Vitæ S. Leod., Act. Sanct.*, 2 oct.). »

A la révolution qui suivit la mort de Clotaire III, Childéric II confina au monastère de Saint-Denys son second frère Théodoric; et soumit toute la France; le maire du palais Ebroïn, qui s'était rendu odieux par son avarice et sa cruauté, courut grand risque d'être mis à mort. Quelques évêques intercédèrent pour lui, principalement saint Léger, quoique Ebroïn se fût déclaré son ennemi, parce qu'il s'opposait à ses injustices. Le ministre déchu obtint donc de se retirer dans le monastère de Luxeuil. Dans ces commencements, Childéric II retint saint Léger à la cour et lui témoigna beaucoup de confiance; mais cela ne dura guère.

D'après les conseils du saint et le vœu général des Francs, Childéric ordonna que les juges garderaient les anciennes lois de chaque province ; que les gouverneurs de l'une n'entreraient point dans l'autre, et qu'ils ne seraient point perpétuels, de peur que quelqu'un d'eux n'usurpât la tyrannie comme Ebroïn. Tant que Childéric écouta saint Léger, son gouvernement fut béni des peuples ; mais la plupart des seigneurs, dont l'ambition ne s'accommodait pas de ces règles, travaillèrent à le rendre suspect à Wulfoad, maire du palais, et au roi même, qui, étant jeune et emporté, croyait aisément ceux qui favorisaient ses plaisirs. Il souffrit que l'on donnât atteinte aux lois qu'il venait de faire, et lui-même épousa la fille de son oncle. Et comme on croyait toujours que Léger le gouvernait, on l'accusait de la mauvaise conduite du roi. Le saint évêque l'avertissait souvent en secret, et il fut enfin obligé de lui faire publiquement des reproches et de le menacer de la vengeance divine, s'il ne se corrigeait promptement. Le roi l'écouta favorablement d'abord ; mais les courtisans, qui craignaient la droiture et la fermeté de Léger, aigrirent tellement le jeune prince contre lui, qu'il résolut de le perdre.

Il y avait trois ans qu'il régnait sur toute la France, quand saint Léger l'invita à venir passer chez lui, à Autun, les fêtes de Pâques. En même temps, Hector, patrice de Marseille, ami de saint Léger, vint demander au roi la restitution des biens de Claudia, sa belle-mère. C'était une femme pieuse d'Auvergne, qui, s'étant consacrée à Dieu, avait donné une partie de ses biens à saint Préject, évêque de Clermont, et aux pauvres de son Eglise. Elle mourut et laissa une fille, qu'Hector enleva et ensuite épousa, ce qui lui donna sujet de revendiquer ces biens donnés à l'Eglise de Clermont, au préjudice de sa femme. Il obtint du roi de faire venir devant lui l'évêque Préject, qui fut obligé de donner caution de se trouver à Autun, quelque répugnance qu'il eût de passer la fête hors de son Eglise. Hector logea chez saint Léger, qui s'était déclaré pour lui, et cette union donna prétexte aux ennemis du maire de persuader au maire du palais Wulfoad, et au roi Childéric, qu'Hector et Léger conspiraient ensemble pour s'attribuer la souveraine puissance. Dès le jeudi saint, un moine nommé Bercaire avertit saint Léger que le roi voulait le faire mourir ; mais il ne laissa pas le lendemain d'aller au palais, voulant bien donner son sang le jour que le Sauveur a donné le sien, et dès lors le roi l'aurait tué de sa main, si quelques seigneurs ne l'en avaient détourné par le respect du jour (*Vitæ S. Leod.*).

Saint Préject étant arrivé à Autun, il entra avec Hector dans la salle d'audience, où leur cause devait être examinée ; mais il remontra qu'il ne devait point être obligé à répondre ce jour-là, qui était le samedi saint, parce que les canons et la loi du royaume défendaient de juger des affaires en ces saints jours. Toutefois, étant pressé de répondre, il dit que les affaires de son Eglise étaient sous la protection de la reine Imnichilde, veuve de saint Sigebert et mère de la reine Blichilde. On ne passa pas plus avant ; au contraire, le roi Childéric et la reine Blichilde, son épouse, firent publiquement des excuses à saint Préject, de la peine qu'on lui avait donnée de venir à Autun. Et comme le roi, irrité contre saint Léger, ne voulait point assister à son office, il pria saint Préject de le célébrer pour lui dans l'église de Saint-Symphorien. Car on était déjà après midi, et l'heure approchait où on devait commencer la solennité de la veille de Pâques. Tous les grands et les évêques qui étaient présents joignirent leurs instances à celles du roi, et saint Préject célébra devant lui l'office de la messe de cette sainte nuit (*Vit. S. Preject., Acta Sanct.*, 25 jan.).

Saint Léger célébra de son côté dans la cathédrale. Comme il allait à l'office, on l'avertit encore de prendre garde à lui, et que le roi avait résolu de le faire tuer après la messe. Il ne laissa pas de passer outre. Il était encore dans le baptistère, quand le roi vint l'appeler à haute voix. L'office que saint Préject avait célébré était déjà fini, et le roi avait mangé et pris beaucoup de vin, tandis que les autres étaient encore à jeun. Il vint donc à l'église, appelant Léger par son nom. Et comme on lui dit qu'il était dans le baptistère, il y entra, et fut si étonné de la grande lumière qu'il y vit et de la bonne odeur du saint chrême que l'on apportait pour les néophytes, qu'encore que saint Léger répondit : Me voici ! il passa sans le reconnaître et se retira à la maison de l'église, où il logeait. Les autres évêques, qui avaient célébré la sainte nuit avec saint Léger, retournèrent à leurs logis. Pour lui, sans rien craindre, il alla trouver le roi et lui demanda doucement pourquoi il n'était pas venu avant l'office, et pourquoi il gardait sa colère dans une si sainte nuit ? Le roi, ne sachant que répondre, dit : J'ai quelque raison de me défier de vous.

Alors saint Léger voyant le roi déterminé à le perdre avec le patrice Hector, résolut de se retirer secrètement. Il craignait moins pour lui-même que pour ce seigneur qui était venu sous sa protection, et il ne voulait pas que le jour de Pâques fût profané par sa mort et son église pillée. Hector s'enfuit dès la nuit même ; saint Léger le suivit de près. Mais le roi fit courir après eux. Hector fut rencontré et tué avec tous les siens après une vigoureuse résistance. Saint Léger fut aussi arrêté et ramené. Le roi, par le conseil des évêques et des seigneurs, l'envoya au monastère de Luxeuil, jusqu'à ce qu'ils délibérassent tous ensemble sur ce que l'on ferait de lui. Quelques évêques, craignant que le roi ne poussât trop loin son indignation, conseillèrent à saint Léger qu'il demandât en grâce de demeurer pour toujours dans ce monastère : ce qui lui fut accordé. Ebroïn y était encore. Saint Léger lui demanda pardon de l'avoir offensé en quelque chose ; Ebroïn en fit autant de son côté. Ils se pardonnèrent l'un à l'autre, et vécurent ensemble comme s'ils n'avaient jamais rien eu à démêler et qu'ils eussent dû passer le reste de leur vie dans ce monastère. Le roi, toutefois, poussé par de mauvais conseils, avait ordonné que saint Léger en fût tiré pour être déposé et mis à mort. Mais Ermenaire l'en empêcha. Il était abbé de Saint-Symphorien d'Autun, et le roi, à la prière du peuple, lui avait recommandé la ville après la retraite de saint Léger. Il se jeta aux pieds du roi et le pria tant, qu'il permit au saint évêque de demeurer à Luxeuil. Ceux qui voyaient Ermenaire aller souvent chez le roi à cette occasion, le soupçonnaient de solliciter contre saint Léger pour avoir son évêché, qu'il obtint effectivement ensuite. Mais il était très-éloigné de ce dessein, et, tant que saint Léger vécut, il l'assista avec une grande affection.

Le roi Childéric, continuant de s'abandonner à ses passions, fit attacher à un poteau et battre de verges un seigneur nommé Bodilon; de quoi les autres furent tellement irrités, qu'ils conspirèrent contre lui. Bodilon le tua dans la forêt de Livry, avec la reine Blichilde, qui était enceinte, et leur fils Dagobert, encore enfant. Ils furent tous trois enterrés dans l'église de Saint-Germain-des-Prés. Mais il resta un autre fils de Childéric, nommé Daniel. Ce roi mourut donc en 673, après en avoir régné onze et vécu vingt-trois. A sa mort, la France fut agitée de nouveaux troubles. Théodoric, son frère, fut tiré du monastère de Saint-Denys et reconnu roi de Neustrie et de Bourgogne : l'Austrasie reconnut Dagobert II, fils de saint Sigisbert, que l'on rappela d'Irlande (*Cont. Frédég.*, n. 95).

Pendant ce désordre un nommé Agricius, regardant saint Préject comme auteur de la mort du patrice Hector, excita contre lui les seigneurs d'Auvergne, et ils s'armèrent pour le perdre. Le saint évêque était parti d'Autun avec les ordres du roi Childéric, pour lui confirmer la possession des terres contestées, et il était en paix chez lui avec l'abbé saint Amarin, qu'il avait autrefois amené du pays des Vosges. Agricius, sachant qu'il était à Volvic, y vint avec une troupe de gens armés. Au son de la trompette, saint Préject et saint Amarin se mirent en prière; mais tous les officiers de l'évêque s'enfuirent dans les bois. Les ennemis entrèrent au nombre de vingt. Ils égorgèrent d'abord le saint abbé, qu'ils prirent pour l'évêque. Ils se retiraient, lorsque saint Préject leur dit : Voici celui que vous cherchez. Aussitôt un d'eux le perça d'un coup de poignard, pendant qu'il priait pour ses persécuteurs. Un de ses serviteurs, nommé Elidius, fut aussi tué avec lui. Ces trois saints sont honorés comme martyrs le 25 janvier. Il se fit plusieurs miracles à leurs tombeaux, et saint Avite, qui succéda à saint Préject, fit bâtir un monastère à Volvic, dans le lieu de leur martyre.

Saint Préject, plus connu sous le nom de saint Prix ou Priest, était originaire d'Auvergne. Saint Genès, évêque de cette province, lui donna le soin de la paroisse d'Yssoire, et Félix, son successeur, le chargea du gouvernement d'un monastère. Après la mort de Félix, la plus saine partie du clergé et du peuple souhaitait Préject pour évêque; mais l'archidiacre Carivalde acheta l'épiscopat à prix d'argent, et mourut quarante jours après. Ensuite on voulut élire un sénateur nommé Genès; mais celui-ci, se croyant indigne de l'épiscopat, fit réunir tous les suffrages en faveur de Préject, et le roi agréa ce choix.

Il n'y avait pas encore de monastère de filles dans la province d'Auvergne : saint Préject engagea Genès, qui n'avait point d'enfants, à en fonder un près de la ville, pour lequel il fit une règle composée de celles de saint Benoît, de saint Césaire et de saint Colomban. Il fit bâtir, près de la même ville d'Auvergne, un second monastère et un hôpital, où il mit des médecins et assigna des revenus pour l'entretien de vingt malades. Saint Préject avait composé l'histoire du martyre des saints Cassi, Victorin, Antholien, et des autres qui souffrirent en grand nombre avec eux dans l'Auvergne, sous Chrocus; mais on n'a pas encore recouvré cet ouvrage.

Saint Théodard, successeur de saint Remacle dans le siège de Maëstricht, eut une mort semblable à celle de saint Préject. Il venait trouver le roi Childéric, qui était encore en Austrasie, pour lui demander la restitution des biens de son Eglise, que quelques particuliers avaient usurpés, quand ces mêmes usurpateurs le tuèrent dans une forêt près de Spire, et mirent son corps en pièces. Toutefois il fut recueilli et reporté à Tongres par saint Lambert, son successeur.

Saint Lambert ou Landebert était natif de Maëstricht même, de parents nobles et riches, et d'une famille chrétienne depuis longtemps. Son père le fit instruire dès l'enfance dans les saintes lettres, puis le recommanda à saint Théodard pour le faire élever avec plus de soin; et ce saint évêque le prit tellement en affection qu'il l'aurait fait élire pour son successeur, si les canons l'eussent permis. Après sa mort, il fut élu, suivant le désir du peuple, avec l'agrément du roi Childéric et de ceux qui gouvernaient à sa cour. Il y fut lui-même en grande considération. Aussi, après la mort de ce roi, fut-il chassé de son siège par la faction d'Ebroïn, qui mit à sa place un nommé Pharamond. Le saint évêque se retira au monastère de Stavelo, où il vécut comme un simple religieux. Il ne se distinguait des autres que par sa ferveur et son humilité. Il avait coutume de se lever avant les moines pour aller prier dans l'église; mais de peur de les éveiller, il marchait nu-pieds dans le dortoir, portant ses sandales dans ses mains. En ayant un jour laissé tomber une, l'abbé, qui entendit le bruit, ordonna à celui qui l'avait fait et qu'il croyait être un de ses moines, d'aller prier à la croix dans le préau du cloître. C'était une pénitence usitée dans les monastères. Ce saint évêque y alla aussitôt, et, malgré le froid et la neige qui tombait, il y demeura jusqu'au matin. L'abbé l'ayant alors reconnu, se jeta à ses pieds pour lui demander pardon. Lambert passa sept ans dans cette retraite, après quoi il fut rétabli dans son siège par le duc d'Austrasie, Pepin d'Héristal (*Acta Sanct.*, 17 sept.).

Saint Léger, au contraire, rentra glorieusement dans le sien dès l'an 674. Le roi Childéric avait envoyé deux ducs pour l'amener de Luxeuil. Un de leurs domestiques résolut de le tuer sitôt qu'il serait hors du monastère; mais quand ce vint à l'exécution, il fut saisi de crainte, se jeta aux pieds du saint évêque et lui demanda pardon. La nouvelle étant venue que Childéric avait été tué, les ducs qui conduisaient saint Léger devinrent ses gardes et lui attirèrent plusieurs personnes pour le défendre pendant les troubles du nouveau règne. Ils le ramenèrent ainsi vers Autun avec une grande escorte, quand ils rencontrèrent Ebroïn, qui, étant sorti de Luxeuil sans quitter l'habit de moine, marchait, de son côté, bien accompagné. Il fut tenté de prendre saint Léger, nonobstant l'amitié qu'il lui avait promise dans le monastère; mais il en fut empêché par saint Genès, archevêque de Lyon, qui survint avec une grosse troupe. Ebroïn, ne se trouvant pas le plus fort, dissimula son mauvais dessein et accompagna saint Léger jusqu'à Autun. Le saint évêque y fut reçu avec une extrême joie. On orna les rues, le clergé vint au devant, portant des flambeaux et chantant des hymnes ; toute la ville était en fête pour le retour de son pasteur. Le jour suivant, saint Léger et Ebroïn sortirent d'Autun pour aller rendre leurs hommages au roi Théodoric. Mais Ebroïn, qui voulait vendre le sien et tâcher de recouvrer la charge de maire du palais, le quitta en route pour aller nouer de nouvelles intrigues avec les siens. Il ne fut pas longtemps sans apprendre que les Francs, par le conseil de saint Léger, avaient choisi pour maire du palais Leudésius, fils d'Erchinoald.

Dans ce moment, Ebroïn ne garda plus de mesure. Il quitta l'habit monastique, reprit sa femme, amassa des troupes et marcha contre le roi Théodoric. Il surprit Leudésius, sous prétexte d'une conférence, et le fit tuer ; puis il s'associa à deux évêques déposés pour leurs crimes, Désiré, surnommé Didon, de Châlon-sur-Saône, et Abbon ou Bobon, de Valence. Ils firent paraître, de concert, un prétendu fils de Clotaire III, qu'ils nommèrent Clovis, publiant que Théodoric était mort. Et sous prétexte de faire reconnaître le nouveau roi, Ebroïn marcha en Neustrie et envoya en Bourgogne les deux évêques déposés, avec Vaimer, duc de Champagne. Ils marchèrent sur Autun pour prendre saint Léger, qui y travaillait à réformer son peuple, après les désordres que son absence avait causés. Ses amis et son clergé lui conseillèrent de se retirer et d'emporter avec lui ses trésors, pour détourner les ennemis, en leur faisant perdre l'espérance d'en profiter. Mais il leur dit : A quoi bon traîner avec moi honteusement ce que je n'emporterai pas au ciel ? Il vaut mieux le donner aux pauvres. Il tira donc sa vaisselle d'argent, qui était nombreuse, et la fit mettre en pièces à coups de marteau, pour la distribuer par les mains de personnes fidèles, réservant seulement les vases qui pouvaient servir aux autels et qu'il envoya sur-le-champ à diverses églises. L'argent servit entre autres au soulagement de plusieurs monastères d'hommes et de femmes. Ensuite il ordonna un jeûne de trois jours et une procession générale, où l'on portait la croix et les reliques des saints autour des murailles de la ville. A chaque porte, il se prosternait et demandait à Dieu avec larmes, que, s'il l'appelait au martyre, il ne permît pas que son troupeau fût réduit en captivité. La crainte des ennemis avait fait accourir le peuple de toutes parts dans la ville, où l'on avait tout mis en état de défense. Alors le saint évêque convoqua tout le monde à l'église, et demanda pardon à ceux qu'il pouvait avoir offensés par des réprimandes trop vives.

Peu de temps après les ennemis approchèrent. Ceux de la ville firent une vigoureuse défense, et l'on combattit jusqu'au soir. Mais saint Léger, voyant le péril où ils s'exposaient, leur dit : De grâce, ne combattez pas davantage. Si c'est pour moi qu'ils sont venus, je suis prêt à les satisfaire ; envoyons un de nos frères savoir ce qu'ils demandent. Un abbé, nommé Méroald, sortit et s'adressa à l'évêque déposé, Didon, le conjurant de se souvenir de cette parole de l'Évangile : *Si vous ne pardonnez pas aux autres, votre Père céleste ne vous pardonnera pas non plus. Comme vous aurez jugé les autres, ainsi vous serez jugés.* Il offrit en même temps telle rançon qu'il voudrait. Didon répondit qu'ils ne cesseraient d'attaquer la ville, si on ne leur livrait Léger, et si celui-ci ne promettait fidélité au roi Clovis, assurant tous avec serment que Théodoric était mort. Saint Léger ayant appris cette réponse, déclara publiquement qu'il aimerait mieux mourir que de manquer à la foi qu'il avait promise devant le Seigneur à Théodoric. Et comme les ennemis pressaient la ville par le fer et par le feu, il dit adieu à tous les frères et, après avoir pris la sainte communion, il marcha hardiment vers la porte, la fit ouvrir et se livra aux ennemis. Ils lui firent arracher les yeux. Ce qu'il souffrit sans se laisser lier les mains et sans pousser aucun gémissement, mais en bénissant Dieu et en chantant des psaumes. Vaimer et Didon donnèrent à Bobon l'évêché d'Autun, pour le dédommager de Valence, dont il avait été chassé ; et le peuple le reçut, pour s'épargner la captivité. Ainsi on n'emmena personne ; mais on prit cinq mille sous d'or de l'argent de l'église, outre ce que donnèrent les citoyens.

Vaimer emmena saint Léger chez lui en Champagne. Didon et Bobon marchèrent avec Adalric, qu'ils voulaient établir patrice en Provence. Ils croyaient enlever en passant saint Genès, archevêque de Lyon ; mais le peuple, rassemblé de toutes parts, défendit si bien cette grande ville, qu'ils furent obligés de se retirer. L'archevêque mourut quelque temps après, le 1$^{er}$ jour de novembre 677, et eut pour successeur saint Lambert, abbé de Fontenelle, après saint Vandrille. Avant que d'embrasser la vie monastique, il avait été en grande considération à la cour de Clotaire III. Saint Ansbert lui succéda à Fontenelle, et en fut le troisième abbé, suivant la prophétie de saint Vandrille, qui avait marqué ses deux premiers successeurs.

Ebroïn avait ordonné au duc Vaimer de conduire saint Léger dans le fond d'une forêt, et après qu'il l'y aurait laissé mourir de faim, de faire courir le bruit qu'il s'était noyé. Vaimer le laissa donc bien des jours sans manger ; mais ensuite, considérant que ses souffrances étaient au-dessus de la nature humaine, il en eut compassion et le fit amener chez lui. Il fut même si frappé, lui et sa femme, des vertus et des discours de Léger, qu'il lui rendit la somme dont il avait rançonné la ville d'Autun ; et le saint évêque l'y renvoya pour être distribuée aux pauvres. Vaimer fut fait ensuite évêque de Troyes par l'artifice d'Ebroïn, qui craignait apparemment sa puissance ; et saint Léger fut mis dans un monastère où il demeura deux ans.

Ebroïn ayant trouvé moyen, en faisant disparaître son prétendu Clovis, de devenir maire du palais de Théodoric et maître absolu en Neustrie et en Bourgogne, feignit de vouloir venger la mort du roi Childéric, et en accusa saint Léger et son frère le comte Guérin. On les amena en la présence du roi et des seigneurs. Ebroïn les chargea de reproches ; mais saint Léger lui répondit : Tu veux te mettre en France au-dessus de tous ; mais tu perdras bientôt cette dignité que tu mérites si peu. Ebroïn fit séparer les deux frères. Comme on emmenait Guérin, Léger lui cria : « Courage, mon cher frère, il faut que nous souffrions tout ceci, parce que les maux de cette vie n'ont aucune proportion avec la gloire future.

Nos péchés sont grands, il est vrai; mais la miséricorde de Dieu, toujours prête à pardonner, est encore plus grande. Le temps de nos souffrances sera court, celui de notre récompense sera éternel, Guérin sans autre forme de procès, fut attaché à un poteau et lapidé. Pendant ce cruel supplice, il disait : « Seigneur Jésus, qui n'êtes pas venu appeler les justes, mais les pécheurs, recevez l'âme de votre serviteur; et puisque vous daignez m'accorder une mort semblable à celle des martyrs, ó Dieu de bonté, couronnez cette grâce par le pardon entier de mes péchés. »

Léger désirait ardemment de mourir avec son frère, et il regardait une prompte mort comme un bienfait; mais la cruauté de ses ennemis le réservait à de plus longs supplices. Ebroïn le fit d'abord marcher nu-pieds dans une pièce d'eau pleine de cailloux aigus, qui lui ensanglantèrent la plante des pieds. Ensuite il lui fit cruellement déchiqueter le visage, couper les lèvres et la langue, pour lui ôter la consolation de chanter les louanges de Dieu. Enfin il le fit dépouiller honteusement, et conduire ainsi par les rues, pour le couvrir de confusion. Après quoi il le donna en garde au comte Vaningue, dont nous avons déjà parlé. Vaningue le mit sur un méchant cheval pour le conduire en sa maison, éloignée de la cour de plusieurs journées.

A la première couchée, l'abbé Winobert, qui avait suivi le saint évêque pour l'assister, fut sensiblement affligé de le trouver étendu sur la paille et couvert de méchants haillons; mais il fut également surpris et consolé de l'entendre parler, quoiqu'on lui eût coupé la langue. Il en versa des larmes de joie, et courut annoncer cette merveille à Ermenaire, abbé de Saint-Symphorien, et depuis évêque d'Autun. Ermenaire obtint de Vaningue la permission de voir Léger; et, s'étant convaincu du miracle, il lui rendit des honneurs comme à un martyr, s'estimant heureux de pouvoir lui procurer quelque soulagement dans l'état malheureux où il était réduit. Il pansa ses plaies et lui fit donner des rafraîchissements et des habits, sans craindre de s'exposer au ressentiment d'Ebroïn. Léger, qui avait quelque mécontentement d'Ermenaire, qu'on accusait de briguer son siége, lui pardonna le passé et lui donna sa bénédiction.

Vaningue, qui avait une grande piété et qui voyait les miracles que Dieu opérait par son prisonnier, ne put se résoudre à exécuter les ordres qu'il avait de le maltraiter. Au contraire, il n'omit rien pour adoucir sa prison. Ce fut dans ce dessein qu'il le fit conduire au monastère qu'il avait fondé à Fécamp. Léger s'y attira la vénération des religieuses. Elles ne pouvaient se lasser de l'entendre, parce qu'elles trouvaient toujours dans ses discours de quoi admirer et de quoi s'édifier. Quoique aveugle, il avait la consolation d'offrir tous les jours le saint sacrifice.

Sigrade, mère de saint Léger, vivait encore, et elle avait part à ses souffrances. Ebroïn, qui persécutait cette famille, ayant confisqué les biens de cette dame, lui ordonna, pour mieux s'assurer d'elle, de se retirer au monastère qu'il avait fondé à Soissons. Sigrade y embrassa la vie religieuse avec une ferveur qui lui laissa moins sentir ses disgrâces que celles de ses enfants. Saint Léger lui écrivit une lettre de consolation, où surabonde cette foi vive que tous les siècles ont admirée dans les lettres de saint Ignace, martyr. En voici quelques traits.

« A madame et très-sainte mère Sigrade, qui était ma mère autrefois selon la chair, mais qui l'est devenue bien plus véritablement selon l'esprit; Léodegaire, serviteur des serviteurs de Jésus-Christ, notre Sauveur : la grâce et la paix de la part de Dieu, notre père, et de Notre Seigneur Jésus-Christ. Je rends grâce à mon Dieu, qui ne m'a point privé de sa miséricorde, mais qui m'a fait entendre la joie et l'allégresse pour la foi et la patience avec laquelle vous avez supporté toutes les tribulations, à l'exemple de celui-là même qui doit nous juger. Nulle langue, madame, nul discours ne peut exprimer la joie que vous devez ressentir dans le Seigneur. Vous avez quitté ce qu'il fallait abandonner, vous avez obtenu ce que désirait votre âme; le Seigneur a exaucé vos prières; il a vu vos larmes. Il vous a retranché ce qui paraissait vous retarder dans la voie du salut, afin que, dégagée des liens qui vous attachaient au monde, vous viviez à Dieu et vous goûtiez combien le Seigneur est doux. O heureuse mort, qui donne la vie ! heureuse perte des biens, qui mérite des richesses éternelles ! heureuse tristesse, qui procure la joie des anges ! Déjà vous avez éprouvé les miséricordes du Seigneur Jésus; il vous a inspiré le mépris du monde, pour vous faire pratiquer les observances d'une sainte règle. Il a délivré vos enfants des misères du siècle, et leur a donné l'espérance d'une vie éternelle, au lieu que vous auriez dû les pleurer comme morts, si en mourant vous les eussiez laissés sur la terre. Suivant ainsi notre roi comme ses soldats, prenons garde qu'il ne trouve rien en nous du vieil homme; si peu qu'il en restât, cela nous causerait un détriment considérable, surtout s'il y avait dans le cœur quelque haine contre les ennemis, de quoi Dieu préserve l'esprit des chrétiens fidèles ! Y a-t-il une vertu plus parfaite que d'aimer ses ennemis pour devenir enfant de Dieu? et en pardonnant, d'obtenir le pardon de tous ses péchés ? Et si l'auteur de la vie, qui a pris une chair sans tache, a prié pour ses ennemis, combien plus, nous qui sommes remplis de péchés, ne devons-nous pas aimer nos ennemis et prier pour eux? Et s'il en est quelques-uns que leur perversité sépare de notre communion, nous ne devons pas les haïr pour cela, mais encore les aimer, suivant le précepte du Seigneur, en tant qu'ils sont ses créatures (Labbe, *Biblioth. nov.*, t. I). »

Voilà comme un grand seigneur des Francs, à qui l'on a ravi ses biens et ses dignités, les yeux et la langue, et qui s'attend à périr d'une mort cruelle, écrit à sa vieille mère, également dépouillée de ses biens et emprisonnée comme lui dans un monastère. Certes, il y a là un ordre d'idées et de sentiments dont les historiens du monde n'ont ni sentiment ni idée, et qui cependant a changé le monde. Aussi leurs histoires ne sont-elles la plupart que des juxtapositions plus ou moins incomplètes de faits et d'évènements dont l'ensemble n'a ni sens ni âme. Sigrade, mère de saint Léger, fut honorée comme sainte au monastère de Notre-Dame de Soissons, où l'on conserva ses reliques avec celles de saint Guérin, son fils.

Pendant les deux années que saint Léger passa dans le monastère de Fécamp, uniquement occupé

## LIVRE L. — SAINT LÉGER, ÉVÊQUE D'AUTUN.

de la prière, il apprit la punition de la plupart de ses persécuteurs, les uns ayant été mis à mort, les autres ayant été condamnés à l'exil pour n'avoir pas été fidèles. Bien loin de s'en réjouir, il pleura de ce qu'ils étaient morts sans pénitence. Le roi Théodoric et Ebroïn convoquèrent entre autres une assemblée générale où plusieurs évêques furent condamnés. Dans ces assemblées générales de la nation, les évêques traitaient à part les affaires de l'Eglise, et en commun avec les seigneurs les affaires du royaume. C'était à la fois un concile ecclésiastique et une assemblée nationale. Dans l'assemblée dont il s'agit, Didon, qui avait été évêque de Châlon, eut la tête rasée, ce qui était un signe de dégradation; ensuite il fut banni et mis à mort. Vaimer, duc de Champagne et puis évêque de Troyes, étant tombé dans la disgrâce d'Ebroïn, fut déposé, frappé de verges et pendu.

Ebroïn restait seul des persécuteurs de saint Léger : c'en était assez pour achever la couronne de son martyre. Il le fit amener au palais pour le faire dégrader dans le concile des évêques, afin qu'il n'eût plus la liberté d'offrir le saint sacrifice. On le pressa de s'avouer complice de la mort du roi Childéric. Il répondit qu'il était pécheur comme tous les hommes, mais que, pour ce crime, il n'en était nullement coupable, et que Dieu le savait encore mieux que les hommes. Alors on le fit venir à l'assemblée générale; mais il n'y entra point, car le roi et Ebroïn le prirent à part et eurent avec lui une conférence dans laquelle il leur prédit beaucoup de choses qui arrivèrent dans la suite. Comme on l'eut pressé longtemps, sans pouvoir tirer de lui autre chose, on lui déchira sa tunique du haut en bas, ce qui était encore une cérémonie de dégradation, et Ebroïn le mit entre les mains de Robert, comte du palais, avec ordre de le faire mourir. Ainsi le saint évêque fut déposé, non dans l'assemblée générale de la nation ni dans le concile régulier des évêques, mais dans la réunion particulière du roi et d'Ebroïn (*Act. Sanct.*, 2 oct., *Vita Leod.*, n. 45 et 46). On peut remarquer ici combien le roi Théodoric était nul, puisque c'était pour lui demeurer fidèle que saint Léger s'était exposé volontairement au ressentiment d'Ebroïn, alors ennemi de Théodoric et ministre du prétendu Clovis.

Saint Léger et saint Guérin, son frère, ont trouvé, de nos jours, un ennemi plus cruel que le cruel Ebroïn; c'est un protestant de Genève, qui, dans une *Histoire des Français*, recommandée officiellement à la jeunesse française, les représente l'un et l'autre comme deux régicides. Il nous faut entrer ici dans quelques détails, afin qu'on voie clairement, par un exemple sur mille, avec quelle légèreté ou quelle mauvaise foi, aujourd'hui encore, certains écrivains se permettent de fausser l'histoire, quand il est question de calomnier l'Eglise ou les saints de Dieu.

Le genevois Simonde de Sismondi dit donc à l'occasion des évènements que nous venons de décrire :

« Childéric s'abandonnait toujours plus à ses passions impétueuses, et il s'attirait la haine et le mépris de ceux qui avaient auparavant contribué à son élévation. Un des seigneurs de Neustrie, nommé Bodilon, éprouva, par ordre du roi, un outrage que tous les Francs ressentirent comme lui. Pour une offense qui ne nous est pas connue, Childéric le fit attacher à un poteau et fustiger comme un esclave. Tous les grands frémirent de l'indignité d'un traitement semblable. Leurs émissaires consultèrent le saint évêque d'Autun, Léger, qui, dans sa captivité, n'avait point perdu son influence sur son parti. Léger ne pouvant marcher avec eux, leur donna du moins son frère Guérin pour partager les dangers de l'entreprise; les ducs Ingobert et Amalbert se chargèrent, avec lui de venger l'outrage fait à tout leur corps dans la personne de Bodilon; ils surprirent Childéric, tandis qu'il chassait dans la forêt de Livry, auprès de Chelles, à peu de distance de Paris, et ils le massacrèrent; ils tuèrent également sa femme Bilichilde, qui était enceinte, et l'un de ses fils en bas âge (*Hist. des Français*, t. II). »

Ainsi, d'après le genevois Simonde de Sismondi, c'est saint Léger qui conseille, et son frère qui exécute le meurtre d'un roi, de sa femme et de son enfant. L'accusation est grave. Les preuves doivent être aussi graves que l'accusation. Le genevois Sismondi indique quatre témoignages : deux *Vies de saint Léger*, le continuateur de Frédégaire et les *Gesta regum Francorum*. Mais aucun de ces monuments ne parle de saint Léger ni de son frère dans l'affaire du régicide. Les deux vies ne nomment que Bodilon; les deux autres pièces ne nomment que les ducs Ingobert et Amalbert. Seulement, après que Théodoric III eut été reconnu roi à la place de Childéric, le continuateur de Frédégaire dit que les Francs élurent pour maire du palais Leudésius, fils d'Erchinoald, par le conseil du bienheureux Léodegaire et de ses amis (1). De même les *Gesta regum Francorum*, après avoir relaté cette élection de Leudésius, ajoutent : Le bienheureux Léodegaire, évêque d'Autun, et son frère Guérin étaient consentants à ce conseil, du côté de la Bourgogne (2). Lors donc que le genevois Sismondi écrit que les émissaires des grands consultèrent le saint évêque d'Autun, et que celui-ci, ne pouvant y aller en personne, leur donna du moins son frère pour partager les dangers du régicide, tout cela nous paraît une addition du genevois Sismondi.

Cet écrivain reproduit la même accusation quelques pages plus loin. Voici dans quelles circonstances.

Ebroïn, voyant qu'on lui avait préféré Leusédius pour maire du palais, quitte son habit de moine, rassemble une armée, proclame roi un prétendu fils de Clotaire, qu'il nomme Clovis, répand le bruit que Théodoric est mort, fait assiéger Autun, jusqu'à ce qu'on lui livre l'évêque, ou que celui-ci reconnaisse le prétendu Clovis III. Saint Léger répond qu'il aime mieux mourir que de manquer à la fidélité qu'il a promise à Théodoric, et pour épargner à sa ville de plus grands maux, il se livre volontairement aux ennemis qui lui crèvent les yeux. Dans le même temps, Ebroïn fait assassiner par trahison le maire Leudésius. Aussitôt il fait disparaître le prétendu Clovis, se réconcilie avec Théodoric, qu'il

---

(1) *Franci vero Leudesium filium Erchinoaldi nobilem in majoris domus dignitatem statuunt per consilium beati Leodegarii et sociorum ejus* (André Duchesne, *Hist. franc. Script.*, t. 1; Frédég., n. 95, p. 768).

(2) *Franci autem Leudesium filium Erchinoaldi nobilem in majorem domus palatii eligunt. Eratque ex Burgundiâ in hoc consilio beatus Leodegarius augustodunensis episcopus, et Gerinus frater consentienies* (*Ibid.*, *Gesta reg. Franc.*, n. 45, p. 717).

avait dit mort, et qui fut bien obligé de l'accepter pour son maire, ou plutôt pour son maître. C'est dans cet état des choses qu'arriva ce que le genevois Sismondi raconte dans l'alinéa suivant.

« Ebroïn, pour avoir un prétexte de persécuter les grands, annonça l'intention de punir les meurtriers de Childéric II, quoique lui-même n'eût jamais été serviteur de ce prince. Saint Léger, évêque d'Autun, et son frère Guérin furent traduits en justice comme ayant conjuré contre ce roi. Guérin, convaincu de complicité, fut immédiatement lapidé; saint Léger, exposé à des tourments cruels, fut cependant réservé en vie, et ses biographes assurent que toutes ses blessures se refermaient aussitôt miraculeusement, et qu'après qu'on lui eût coupé les lèvres et la langue, il n'en parlait qu'avec plus d'éloquence. Privé de ses yeux et mutilé de tous ses membres, saint Léger était déjà vénéré par les peuples comme un martyr. Ebroïn sentait sa colère s'accroître lorsqu'il voyait tout le mal qu'il avait fait à son ennemi tourner à sa gloire. Il voulut faire dégrader saint Léger par les évêques de France, qu'il assembla en concile en 678, et il somma le saint de confesser, au milieu des prélats, qu'il était complice du meurtre de Childéric II. Le bienheureux Léger ne voulut ni souiller la fin de sa vie par un parjure en niant sa participation au régicide, ni cependant attirer de nouveaux malheurs sur lui-même en l'avouant. Il se contenta donc de répondre, à toutes les questions qui lui furent faites, que Dieu seul, et non les hommes, pouvait lire dans le secret de son cœur. Les évêques n'en pouvant tirer d'autre réponse, regardèrent ces paroles comme un aveu; ils déchirèrent sa tunique du haut jusqu'en bas en signe de dégradation, et le livrèrent au comte du palais, qui lui fit trancher la tête. C'est un des martyrs que vénère aujourd'hui l'Eglise. »

D'après ces paroles du genevois Sismondi, saint Léger et son frère Guérin sont incontestablement deux régicides, ni plus ni moins. L'un est *convaincu de complicité*, l'autre ne *veut pas souiller la fin de sa vie par un parjure, en niant sa participation au régicide, ni cependant attirer de nouveaux malheurs sur lui-même en l'avouant*. Et avec cela, l'Eglise honore non-seulement saint Léger, mais encore son frère. L'accusation est des plus graves, et contre les deux personnages et contre l'Eglise catholique. Pour soutenir cette accusation, il faut avoir des preuves bien péremptoires. Pour ces preuves, le genevois Sismondi renvoie le lecteur aux deux *Vies* de saint Léger, qui se trouvent, entre autres, dans le premier tome des *Historiens de France*, par André Duchesne. Or, ces deux *Vies* ne disent pas ce que le genevois Sismondi leur fait dire, et même elles disent le contraire.

D'abord, pour commencer par les circonstances moins importantes:

1° *Les biographes de saint Léger assurent*, dit le genevois Sismondi, *que toutes ses blessures se refermaient aussitôt miraculeusement*. Ces biographes disent, au contraire, que telle et telle personne pénétra dans sa prison pour panser ses plaies (1).

2° Le genevois Sismondi fait dire à ces biographes que, quand on eut coupé les lèvres et la langue

(1) *Ipse (Hermenarius) vulnera ejus studuit diligenter curare (Prima vita S. Leod. apud Duchesne*, t. I, p. 610, n. 13).

à saint Léger, il n'en parlait qu'avec plus d'éloquence. Ces biographes se bornent à dire qu'il parlait aussi bien qu'auparavant (1).

3° Le genevois Sismondi suppose que la cérémonie de la dégradation se fit dans le concile. Les biographes disent formellement que ce ne fut pas dans le concile, mais dans une conférence particulière avec le roi et Ebroïn (2).

Mais venons au point capital, la conviction juridique du régicide. Le genevois Sismondi cite donc en preuve les deux *Vies* de saint Léger. Or, ces deux *Vies* disent qu'Ebroïn, qui avait souhaité la mort de Childéric plus que personne, en accusa les deux frères; que saint Léger lui ayant reproché son ambition, il les sépara l'un de l'autre; que saint Léger cria aussitôt à son frère de souffrir la mort chrétiennement, et qu'à l'instant Guérin fut attaché à un poteau et lapidé (3). Voilà tout ce que les deux *Vies* disent de la procédure à l'égard du frère. Aucune ne dit qu'il fut *convaincu de complicité*. Ceci est encore une addition bénévole du genevois Sismondi.

Quant à saint Léger, celle des deux *Vies* qui rapporte les détails de son interrogatoire dit bien qu'on le pressa de s'avouer complice du régicide; mais, ajoute-t-elle, *il protesta que, sans nier qu'il eût fait des fautes comme tout homme, il n'était aucunement coupable de ce crime-là, et que Dieu le savait mieux que les hommes* (4). Voilà ce que rapporte son biographe contemporain. Or, le genevois Sismondi fait dire équivalemment à ce biographe: *Le bienheureux Léger ne voulut ni souiller la fin de sa vie par un parjure, en niant sa participation au régicide, ni cependant attirer de nouveaux malheurs sur lui-même en l'avouant. Il se contenta donc de répondre, à toutes les questions qui lui furent faites, que Dieu seul, et non les hommes, pouvait lire dans le secret de son cœur*. Que dirait-on d'un témoin, d'un juré, d'un juge qui se permettrait de travestir ainsi le procès-verbal d'un interrogatoire, pour faire dire à un accusé qu'il est coupable, quand il proteste qu'il est innocent?

L'historien est à la fois témoin, juré et juge; son devoir est d'être témoin fidèle, juré consciencieux, juge intègre. Nous demanderions volontiers au genevois Simonde de Sismondi, si, la main sur la conscience, il croit pouvoir dire qu'il a rempli ce triple devoir à l'égard de saint Léger et de son frère, et s'il lui sied bien d'en triompher par ce sarcasme: *C'est un des martyrs que vénère aujourd'hui l'Eglise!*

Finalement, en deux alinéas, voilà sept à huit altérations ou falsifications des faits et des paroles, et cela pour transformer en régicides deux saints que l'Eglise honore. Le genevois Sismondi l'a-t-il fait par ignorance? C'est plus fâcheux. L'a-t-il fait sciemment? C'est plus fâcheux encore.

Ce qui ne l'est pas moins, c'est que, dans son *Histoire de la Civilisation française*, le protestant Guizot, alors professeur d'histoire, depuis grand-

(1) *Nam inter sputamina sanguinum incisa lingua sine labiis solitum reddere cœpit eloquium* (Apud Duch., t. I, p. 609).
(2) *Nec tamen infra concilium confirmatur fuisse, sed seorsim* (Ibid., p. 611, n. 14).
(3) *Ibid.*, n. 12, p. 609.
(4) *Ut de humano se non excusaret delicto, ità de hoc facinore nullatenus dixit fuisse se conscium; sed potius Deum quàm homines hoc est scire professus* (Ibid., n. 14, p. 610 et 611).

maître de l'Université, ambassadeur de France en Angleterre, ministre du roi des Français, ait cru devoir recommander cet ouvrage à la jeunesse française, surtout à la jeunesse universitaire. Voici ses paroles : *De toutes les histoires de France que je pourrais vous indiquer, la meilleure est, sans contredit, celle de M. de Sismondi* (1). Nous disons que cela est fâcheux ; car, après une recommandation pareille, comment veut-on que la jeunesse discerne la vérité dans une histoire qui travestit à ce point les paroles et les faits ? Ce que nous en avons cité n'est pas une exception. C'est le ton général de l'ouvrage. On trouve à peu près partout la même exactitude ou la même bonne foi. Sous ce rapport, le genevois Sismondi, c'est Voltaire, moins son esprit et son style.

Mais revenons à saint Léger, remis par Ebroïn entre les mains de Robert, comte du palais, pour être mis à mort.

Robert partit aussitôt avec son prisonnier pour le conduire chez lui. Le voyant extrêmement fatigué pendant son voyage, il lui fit apporter à boire sur le chemin. Pendant qu'on était en chercher, Dieu qui prenait plaisir à glorifier son serviteur à proportion des outrages qu'il subissait, fit paraître autour de sa tête un cercle éclatant de lumière. Ses gardes, qui le virent, furent saisis d'une frayeur respectueuse, et lui demandèrent ce que c'était. Le saint évêque se prosterna aussitôt en prières, pour remercier Dieu de ce qu'il daignait le consoler et l'animer par ce miracle. Les assistants étaient hors d'eux-mêmes, et s'exhortant à mieux servir le Seigneur dans la suite, ils se disaient les uns aux autres : Cet homme est un véritable serviteur de Dieu. Il sembla que la bénédiction du ciel fût entrée avec Léger dans la maison de Robert, tant on y vit de changements pour les mœurs. Les serviteurs et les maîtres, touchés de la plus vive componction, demandaient avec empressement la pénitence, et confessaient humblement leurs péchés. La seule présence du saint évêque inspirait l'amour de la vertu, qui paraissait d'autant plus respectable, qu'on la voyait en lui plus indignement outragée.

Bientôt arrivèrent des ordres du palais pour le faire mourir sans délai. Le cruel Ebroïn, prévoyant qu'il serait honoré comme martyr, ordonna que l'on cherchât un puits au fond d'un bois, pour y jeter son corps et le couvrir de manière qu'on ne pût le retrouver. Le comte Robert avait déjà commencé à se convertir par les prédications du saint. Ne pouvant donc se résoudre à le voir mourir, il commanda à quatre de ses domestiques d'exécuter l'ordre qu'il avait reçu. La femme du comte en pleura amèrement ; mais saint Léger la consola et lui dit qu'elle s'attirerait la bénédiction de Dieu, si elle prenait soin de sa sépulture.

Les exécuteurs menèrent donc le saint dans une forêt, où ils avaient remarqué un puits; mais ils ne purent le retrouver. Après qu'ils eurent marché longtemps par des routes écartées, saint Léger s'arrêta et leur dit : Mes enfants, qu'est-il nécessaire de vous fatiguer en allant plus loin ? Faites ici ce que vous avez ordre de faire. Des quatre bourreaux, trois se jetèrent à ses pieds, le conjurant de leur donner sa bénédiction et de leur pardonner sa mort. Il leur ac-

(1) *Cours d'Histoire moderne*, par M. Guizot, t. I, p. 40.

corda leur demande, et, s'étant mis à genoux, il dit : « Seigneur Dieu, Père de Jésus-Christ, soyez béni de m'avoir conduit à ce dernier combat. Je vous conjure, ô mon Dieu, de me faire part de votre miséricorde, et de me rendre digne de participer aux mérites des saints dans la vie éternelle. Mais, Seigneur, pardonnez à mes persécuteurs; car j'espère que vous me glorifierez par eux. » Après cette prière, il se leva et tendit le cou. Le quatrième bourreau lui coupa aussitôt la tête. Ce malheureux périt misérablement peu de temps après. L'Église honore la mémoire de saint Léger et celle de son frère Guérin le 2 octobre. La mort du saint évêque eut lieu, comme l'on croit, en 678.

La femme du comte Robert le fit enterrer secrètement dans l'oratoire de sa maison de campagne, nommée alors Sarcin, aujourd'hui Saint-Léger, ainsi que la forêt où il fut mis à mort. Le corps du saint demeura trois ans et demi dans cet oratoire. Il s'y fit un si grand nombre de miracles, qu'on y affluait continuellement de toutes parts. Ebroïn en fut confondu et alarmé. Il dépêcha à son tombeau un de ses affidés, pour s'éclaircir sur les lieux de la vérité des prodiges qu'on publiait. Cet envoyé y vit un homme qui avait été aveugle et qui l'assura y avoir recouvré la vue. Il n'en voulut rien croire, et frappant du pied avec mépris la tombe du saint martyr : Non, dit-il, ce mort ne saurait faire de miracles ! Il fut bientôt puni de son insolence, et il mourut malheureusement avant d'avoir pu raconter ce qu'il avait vu à celui qui l'avait envoyé. Cet événement ne servit qu'à endurcir le cœur d'Ebroïn. Il défendit sous de rigoureuses peines qu'on publiât les vertus et les miracles de saint Léger. Mais s'il put obscurcir pendant quelque temps la gloire du saint évêque, il ne put arrêter le bras de la justice divine qui était levé pour venger le sang innocent. Un seigneur nommé Hermenfroi, ayant su qu'il avait résolu sa perte, le prévint et l'assassina, un dimanche, en 681, comme il sortait de sa maison pour aller à matines. Car Ebroïn n'était pas un homme sans religion ; il avait même fondé un monastère à Soissons : il était réellement capable de gouverner un royaume. L'ambition le rendit cruel et tyran, tyran du royaume et du roi même.

Après la mort d'Ebroïn, saint Léger sembla revivre, et ceux que la crainte ou la complaisance avait retenus dans le silence, devinrent les plus éloquents à publier ses louanges. Le roi Théodoric reconnut lui-même son injustice et l'innocence du saint évêque, et, après avoir fait vérifier juridiquement les miracles qu'on publiait, il honora comme martyr celui que, sur l'accusation d'Ebroïn, il avait cru coupable. Un jour qu'il tenait dans son palais l'assemblée des évêques et des seigneurs, le discours étant tombé sur les vertus et les miracles de saint Léger, Ansoald, évêque de Poitiers, pria le roi de lui permettre d'en transférer les reliques dans son diocèse, disant qu'il était juste de lui donner le corps d'un saint évêque, qui était son parent, et qui avait été élevé dans l'Église de Poitiers. Ermenaire d'Autun soutint qu'il était plus conforme à la justice de le donner à l'Église et au peuple dont il avait été le pasteur. Saint Vindicien, évêque d'Arras et de Cambrai, qui était présent, prétendit que le saint martyr ayant souffert la mort dans son diocèse, on ne devait pas transférer ses reliques d'un lieu où le Seigneur le glorifiait par tant de prodiges.

Le roi et les autres évêques, ne voulant pas décider ce différend, prirent le parti de consulter Dieu. On ordonna un jeûne et des prières. Ensuite on écrivit les noms des trois évêques sur trois billets, qu'on mit sous la nappe qui couvrait l'autel, et l'on convint que celui des prétendants dont on tirerait le billet le premier, aurait les reliques de saint Léger. Le lendemain, après une messe solennelle célébrée à cette intention, les évêques ordonnèrent à un des officiants de tirer un des billets de dessous la nappe de l'autel. Il tira celui de l'évêque de Poitiers.

Aussitôt ce prélat envoya en Artois Audulfe, abbé de Saint-Maixent et ancien disciple de saint Léger, pour lever le saint corps avec le respect convenable. Dès que le sujet de son arrivée à Sarcin fut connu, il s'y fit un concours prodigieux, aussi bien que pendant toute la marche. Le clergé et les moines venaient de toutes parts en procession pour faire honneur aux saintes reliques. Le nombre des miracles qui s'opérèrent à cette translation fut si grand, que l'abbé Audulfe dit que, s'il avait voulu les écrire tous, son ouvrage aurait surpassé en grosseur un psautier. Il se contenta d'en faire une relation abrégée qu'il envoya dans le Querci, à la prière de l'abbesse Ermenane. Voici quelques-uns de ces miracles attestés par les deux auteurs contemporains de la vie de saint Léger.

Au territoire de Chartres, une fille, nommée Radingue, qui depuis sept ans était sourde, muette et paralytique, recouvra la santé en touchant le cercueil du saint. On conduisait au supplice, par les rues de Tours, une femme accusée de la mort de son mari ; comme les reliques y passaient, elle s'écria : Bienheureux Léger, secourez-moi, parce que je meurs innocente ! Aussitôt la chaîne qui lui serrait le cou et les mains, se brisa, et elle la jeta sur le cercueil du saint évêque. On ne chercha point d'autres preuves de son innocence. Robert, évêque de Tours, accompagna par honneur les saintes reliques jusqu'à Ingrande, où un boiteux fut guéri. Ansoald de Poitiers, qui s'était rendu à son église, alla en procession avec son clergé au devant de ces reliques jusqu'à Gilnac. Il les déposa d'abord dans l'église de Sainte-Radegonde, où un paralytique fut guéri, et ensuite dans celle de Saint-Hilaire, où une fille aveugle recouvra la vue.

Après que la dévotion du peuple de Poitiers eut été satisfaite, Ansoald porta ce saint dépôt sur ses épaules avec ses clercs jusque hors de la ville, et il le suivit ensuite jusqu'à un village voisin, où il le remit entre les mains des moines de Saint-Maixent, qui reçurent avec les plus grands honneurs et la plus vive reconnaissance, le corps de leur ancien abbé. Une mère éplorée apporta en ce lieu son fils qui était à l'extrémité ; on crut même qu'il était mort en chemin. Elle le mit devant le corps du saint, en criant : Seigneur, rendez-moi mon fils ! Trois heures après, l'enfant, s'éveillant comme d'un profond sommeil, s'écria : Ma mère, où êtes-vous ? et se trouva entièrement guéri. Comme les moines de Saint-Maixent emportaient les reliques à leur monastère, une pauvre femme aveugle, conduite par son mari, qui était borgne, alla sur le chemin invoquer saint Léger. La femme recouvra la vue ; mais le mari, qui fut incrédule, la perdit entièrement, et sa femme, qu'il conduisait en venant, lui servit de guide à son retour. Cette translation se fit au mois de mars de l'an 682.

Ansoald de Poitiers, qui était parent de saint Léger, n'épargna rien pour orner son tombeau. Il commença par faire bâtir à saint Maixent une fort belle église d'une structure toute différente des autres ; et quand elle fut achevée, il s'y rendit avec son clergé pour y placer le corps du saint martyr dans le mausolée qu'il lui avait fait préparer. Le même prélat et l'abbé Audulfe chargèrent le moine Ursin d'écrire la vie de saint Léger. Ermenaire, évêque d'Autun, et l'abbesse Ermenane la firent pareillement écrire par un autre moine, qui avait été témoin d'une partie de ce qu'il rapporte. Ainsi la vie de saint Léger, écrite par deux auteurs contemporains et dans un temps où les témoins vivaient encore, est aussi authentique qu'on puisse désirer (*Acta Sanct.*, 2 oct.).

Saint Filibert, abbé de Jumièges, ne craignit pas non plus de s'exposer par son zèle au ressentiment d'Ebroïn. Il reprenait avec une généreuse liberté ses violences, et il l'exhortait à rentrer, pour en faire pénitence, dans le monastère d'où il était sorti. Ebroïn, peu accoutumé à recevoir de tels avis, ne lui pardonna pas ; mais pour mieux s'en venger, il eut recours à l'artifice. Il suborna quelques personnes du clergé de Rouen, qui entreprirent, par des calomnies artificieuses, de perdre le saint abbé dans l'esprit de saint Ouen, son évêque. Ce saint prélat s'y laissa surprendre et fit emprisonner Filibert. Mais il reconnut bientôt son innocence et le fit élargir. Filibert, pour ne pas aigrir ses ennemis par sa présence, se retira dans le Poitou, près de l'évêque Ansoald, et il bâtit par ses libéralités le monastère de Noirmoutier. Pendant son absence, saint Ouen donna le gouvernement de Jumièges à Chrodobert, et ensuite à l'archidiacre Ragentram, qui fut depuis évêque d'Avranches. Mais comme cette nombreuse communauté, où l'on assure qu'il y avait jusqu'à neuf cents moines, obéissait avec répugnance à cet abbé et regrettait toujours son père, saint Ouen le fit prier d'y revenir. Filibert y retourna après huit ans d'absence ; et l'on vit alors que, si les saints font quelquefois des fautes, ils savent les réparer. L'évêque et l'abbé se demandèrent mutuellement pardon et s'embrassèrent avec une tendresse que la grâce et leur ancienne amitié firent aisément renaître dans leurs cœurs.

Pendant les troubles qui suivirent la mort d'Ebroïn, saint Ouen s'employa utilement à réunir les esprits des seigneurs. Il fit même le voyage de Cologne pour procurer la paix entre les Francs de Neustrie et ceux d'Austrasie, qui, après la mort de Dagobert II, étaient gouvernés par le duc Pepin. A son retour, il se rendit à Clichy, près de Paris, où se tenait l'assemblée des prélats et des seigneurs, pour instruire le roi Théodoric de l'heureux succès de sa négociation. Il y mourut le 24 août l'an 683, selon l'opinion la plus probable, après quarante-trois ans trois mois et quelques jours d'épiscopat. Toute la cour lui donna des larmes sincères ; et comme on jugea à propos de rendre son corps à son Église, le roi Théodoric, la reine Clotilde, Varatton, maire du palais, et les autres seigneurs accompagnèrent le convoi jusqu'à Pontoise. Un grand nombre d'évêques, d'abbés, de clercs, de moines, le suivirent même jusqu'à Rouen. Dans sa dernière maladie, le saint avait prié le roi de lui donner pour successeur Ansbert, abbé de Fontenelle, souhaité par son clergé et son peuple. Sitôt qu'il fut mort, Théodoric manda saint Ansbert, sous prétexte de le consulter sur quelques affaires, comme il avait accoutumé; car il était même son confesseur. Saint Ansbert, se doutant de la chose, refusa d'abord d'aller à Clichy; mais les ordres ayant été réitérés, il obéit et fut ordonné archevêque de Rouen par saint Lambert, archevêque de Lyon et prédécesseur d'Ansbert dans le gouvernement de Fontenelle.

Saint Ansbert était né dans le Vexin, d'une famille noble; son père lui avait fait promettre d'épouser Angadrème, fille de Robert, chancelier du roi Clotaire III. Mais la fille, voulant se consacrer à Dieu, obtint par ses prières d'avoir le visage couvert de lèpre. Quand elle fut guérie, ses parents et son fiancé consentirent qu'elle suivît sa vocation. Elle reçut le voile des mains de saint Ouen, fut depuis abbesse de Loroer, près de Beauvais, et elle est honorée le 14 octobre comme patronne de cette ville. Saint Ansbert succéda à Robert en la charge de chancelier, et avança toujours dans la piété au milieu de la cour. Enfin il la quitta secrètement et s'en alla seul à Fontenelle, où saint Vandrille le reçut à la profession, après l'avoir éprouvé selon la règle. Il se distingua tellement par sa vertu, que le saint abbé le prit en affection et le fit ordonner prêtre par saint Ouen, ce qui n'empêcha pas Ansbert de pratiquer le travail des mains comme auparavant. Saint Lambert, second abbé de Fontenelle, ayant été ordonné archevêque de Lyon en 678, saint Ansbert, dont il prenait souvent les conseils, fut élu abbé à sa place d'une voix unanime, et instruisit sa communauté par ses exemples encore plus que par ses discours. Sa charité se répandit même au dehors. Il bâtit dans le monastère trois hôpitaux, où il recueillait les pauvres. Plusieurs séculiers venaient le consulter sur leurs besoins spirituels, et lui confesser leurs péchés. Plusieurs se firent moines, plusieurs donnèrent de leurs biens au monastère.

Etant archevêque de Rouen, il prêchait assidûment, il soulageait les pauvres, il se mettait à table avec eux et les servait de ses mains; il réparait les églises, et abandonna pour cet effet les droits qu'il pouvait prétendre sur les cures. L'année 689, cinquième de son pontificat, il tint un concile où assistèrent quinze autres évêques, parmi lesquels étaient les archevêques de Tours et de Reims. Il accorda un privilége à l'abbaye de Fontenelle, portant, entre autres choses, que les moines y observeraient la règle de saint Benoît, et que, s'ils y manquaient, ils seraient réformés par les évêques assemblés (*Acta Sanct.*, 9 febr.; *Act. ord. Bened.*, t. II).

Un autre saint du même monastère était saint Hermeland. Il était né à Noyon, d'une illustre famille, et fut élevé à la cour de Clotaire III, qui le fit son échanson. Ses parents le fiancèrent, comme malgré lui, à une fille de qualité; et le jour était arrivé pour son mariage, lorsque, prenant une généreuse résolution de renoncer aux honneurs et aux plaisirs du monde, il demanda au roi la permission de se retirer. Le prince, qui l'aimait, eut de la peine à la lui accorder, mais il céda à ses instances. Hermeland se rendit aussitôt au monastère de Fontenelle, où saint Lambert, après les épreuves ordinaires, le reçut au nombre de ses religieux, et saint Ouen lui conféra quelque temps après l'ordre de la prêtrise. Le nouveau religieux ne pensait qu'à pratiquer l'humilité et l'obéissance dans la solitude, lorsque saint Pâquier, évêque de Nantes, envoya prier saint Lambert de lui donner de ses disciples pour fonder un monastère dans son diocèse. Lambert destina pour cette colonie douze moines, à la tête desquels il mit Hermeland. En arrivant à Nantes, ils allèrent faire leur prière dans l'église cathédrale. L'évêque les reçut avec une bonté paternelle, et leur donna le choix du lieu qu'ils trouveraient le plus propre pour le monastère. Saint Hermeland choisit une île de la Loire nommée l'Aindre, et y assembla en peu de temps une florissante communauté, où il y avait deux églises, l'une de saint Pierre et l'autre de saint Paul (*Acta Sanct.*, 25 mart.).

A une autre extrémité de la France, en Austrasie, d'autres saints fondaient d'autres monastères. La solitude des Vosges y était comparable à l'ancienne Thébaïde. Trois saints évêques des Gaules se retirèrent presque en même temps dans ces déserts et y bâtirent chacun un monastère. Saint Gondelbert ou Gombert, de Sens, quitta son siége et alla se cacher au monde dans cette retraite. Y ayant obtenu une terre du roi Childéric II, qui régnait alors en Austrasie, il y bâtit un monastère en l'honneur de saint Pierre, et le nomma *Senones*, du nom de son Eglise de Sens. Il est honoré le 21 février.

Saint Déodat ou saint Dié, évêque de Nevers, imita son exemple, et, après avoir essuyé bien des contradictions en divers endroits où il voulait s'établir, il mena quelque temps la vie solitaire dans une caverne des montagnes des Vosges. Ensuite il se bâtit une cellule et un oratoire en l'honneur de saint Martin. Enfin, Childéric lui ayant donné dans ces montagnes un lieu nommé le val Galilée, il y bâtit un monastère, depuis nommé Saint-Dié, et alors *Jointure*, à cause de la jonction du ruisseau de Rothbach avec la rivière de la Meurthe. Saint Dié eut plusieurs disciples célèbres par leur sainteté, entre autres saint Arbogaste et saint Florent, Irlandais, qui furent successivement évêques de Strasbourg, après avoir mené la vie érémitique. Saint Dié mourut le dimanche, 19 juin 679. Son monastère a donné naissance à la ville épiscopale de Saint-Dié.

Saint Hidulfe, évêque de Trèves, abdiqua aussi l'épiscopat et alla se consacrer à Dieu dans la même solitude, où il lia une amitié étroite avec saint Dié. Ayant obtenu des abbés d'Etival et de Senones un terrain entre leurs monastères, il en bâtit un nouveau, qui fut nommé *Moyen-Moutier*, parce qu'il était situé entre les monastères de Senones, d'Etival, de Jointure et celui de Bon-Moutier, bâti par saint Bodon, évêque de Toul, et nommé dans la suite *Saint-Sauveur*. Hidulfe gouverna jusqu'à trois cents moines. On peut comprendre dans ce nombre les religieux de Jointure, que saint Dié lui recommanda en mourant. Saint Dié est honoré le 19 juin, et saint Hidulfe le 11 juillet.

Le royaume d'Austrasie produisit encore d'autres saints. Son roi Dagobert II, fils de saint Sigebert, assassiné par les intrigues d'Ebroïn le 23 décembre 679, est lui-même honoré dans plusieurs endroits comme saint et martyr. Ce fut lui qui plaça successivement sur le siége de Strasbourg saint Arbogaste et saint Florent. Dans le peu de temps qu'il régna, il fonda plusieurs monastères. Deux de ses filles, Irmine et Adèle, s'illustrèrent par leur sainteté. Sainte Irmine avait été fiancée à un seigneur nommé Herman; mais la mort de celui qu'on lui destinait pour époux la porta à en choisir un immortel. Elle consacra sa virginité à Jésus-Christ, et le roi, son père, lui fit bâtir le monastère d'Œren, au diocèse de Trèves, dont elle fut abbesse. Elle est honorée le 24 décembre. Sa sœur Adèle s'engagea dans le mariage; mais après la mort de son mari, elle se retira dans un monastère qu'elle avait fait bâtir sur la Moselle, et dont elle devint pareillement abbesse. Elle fut aïeule de saint Grégoire d'Utrecht (*Acta Sanct.*, t. III, *april.; Diatrib. Dagobert*).

Le duc Pepin, qui gouvernait le royaume d'Austrasie depuis la mort de Dagobert II, en 679, gouverna tous les royaumes des Francs, depuis l'an 687, comme maire du palais de Théodoric III, qu'il avait fait prisonnier après une grande victoire remportée sur les Neustriens, à Textri, entre Saint-Quentin et Péronne. Il était fils du duc Angésise et de sainte Beggue, petit-fils de saint Arnulfe par son père, et du bienheureux Pepin de Landen par sa mère. Il se montra modéré et clément dans la victoire. Un grand nombre de fuyards s'étaient réfugiés dans l'église de Saint-Quentin et dans celle de Saint-Fursi de Péronne. Les abbés de ces deux églises intercédèrent pour eux, et Pepin leur accorda volontiers la vie et la liberté, avec leurs biens. Cependant il se laissa surprendre par des délations contre saint Ansbert de Rouen, et le relégua dans le monastère d'Hautmont en Hainaut. Le saint évêque y reprit sans peine les observances de la vie monastique, qu'il avait quittées malgré lui. Il sanctifia le loisir de la retraite par la composition de quelques ouvrages, et nommément d'un livre de *questions* adressées à un reclus nommé Silvain. Il s'attira bientôt, par son humilité et par sa ferveur, la vénération des moines et des peuples des environs. C'en fut assez pour réveiller la haine de ses envieux, qui tâchèrent de persuader à Pepin de l'envoyer dans un exil plus incommode. Ansbert l'ayant appris, députa l'abbé d'Hautmont avec quelques autres personnes de distinction vers le duc, pour détruire les calomnies dont on l'avait noirci dans son esprit, et pour lui faire connaître que, bien loin d'intriguer pour recouvrer son siége, il avait accepté l'épiscopat malgré lui, par ordre du roi et par l'élection des citoyens. Pepin, qui avait de la droiture, reconnut qu'on l'avait surpris, et, se souvenant de saint Vandrille, son parent, dont Ansbert avait été disciple, il ordonna que le saint évêque fût rétabli avec honneur dans son siége. Mais il tomba malade en apprenant la nouvelle de son rappel, et mourut le 9 février 695 (*Acta Sanct.*, 9 *febr.; Act. Bened.*).

Pepin gouvernait ainsi toute la France avec une sagesse qui le faisait juger digne de sa haute fortune, lorsque sainte Beggue, sa mère, alla à Nivelle, la 33ᵉ année après la mort de sainte Gertrude, sa sœur, c'est-à-dire l'an 692, et pria l'abbesse et sa communauté de l'aider dans le dessein qu'elle avait de fonder un monastère. L'abbesse lui donna des reliques et des exemplaires des saintes Ecritures,

avec une partie du lit où était morte sainte Gertrude. Elle joignit à ces présents quelques religieuses des plus ferventes et des plus anciennes de Nivelle, pour établir la règle dans le monastère que Beggue faisait bâtir à Andenne. Sainte Beggue s'y fit religieuse et y mourut deux ans après que les bâtiments furent achevés. Elle est honorée le 17 décembre.

La princesse Adèle, fille de Dagobert II, de laquelle nous avons parlé, vint quelques années après à Nivelle pour s'assurer de la vérité des miracles qu'on publiait de sainte Gertrude. Elle demanda à une religieuse quel jour venait cette année la fête de cette sainte. On lui répondit que c'était le vendredi de la cinquième semaine de carême: ce qui convient à l'an 696. C'était la coutume, quand il arrivait une fête solennelle pendant le carême, de faire après la messe le repas qu'on ne faisait les autres jours de jeûne qu'après vêpres. Mais Adèle, qui doutait un peu du pouvoir et des miracles de sainte Gertrude, dit : A Dieu ne plaise que pour cette solennité je prenne quelque réfection extraordinaire! La religieuse répondit : Si sainte Gertrude a quelque puissance auprès de Dieu, elle saura bien vous y obliger. Le jour de la fête étant venu, les moines, les religieuses et les séculiers qui s'y étaient rendus firent un bon repas aussitôt après la messe, et mangèrent de tous les mets dont on peut user en carême. Adèle fut la seule qui ne voulut pas prendre sa réfection, dans la crainte de rompre son jeûne.

Elle avait avec elle un fils encore enfant, qui, pendant le diner de la communauté, étant allé jouer autour d'une fontaine placée dans l'enceinte du monastère, s'y laissa tomber et s'y noya. Les religieuses sortant du réfectoire, l'y trouvèrent mort, et leurs cris apprirent bientôt à la mère ce funeste accident. Celle qui avait disputé avec cette princesse sur le pouvoir de cette Gertrude, prit cet enfant, et, après avoir recommandé à la mère d'avoir une foi vive, elle le porta auprès du lit de la sainte; il ressuscita aussitôt en présence des assistants. Alors Adèle, confuse de son incrédulité, reconnut avec joie le pouvoir de sainte Gertrude, et ne se fit plus un scrupule de manger avant l'heure le jour de sa fête. Elle prit aussitôt son repas avec toute sa maison, et le lendemain elle fit chanter une messe d'action de grâces en l'honneur de sainte Gertrude. Afin que personne ne révoque en doute ce miracle, dit l'auteur qui le rapporte, je prends Dieu à témoin que j'ai vu de mes yeux ce que j'ai écrit, et que les circonstances dont je n'ai pas été témoin oculaire, je les ai apprises de personnes dignes de foi (*Act. S. Gertrud. in fine*, 17 *mart.*).

Le roi Théodoric ou Thierri III mourut vers l'an 692, et fut enterré à Saint-Vaast d'Arras, qu'il avait fondé. Ses deux fils, Clovis III et Childebert III, régnèrent successivement après lui et comme lui, c'est-à-dire qu'ils portèrent la couronne et le titre de roi; car c'était toujours Pepin qui régnait en effet. Il fit assembler, l'an 692, un concile où l'on dressa plusieurs règlements fort utiles à l'Eglise et pour la défense des pauvres et des veuves. C'est ce que d'anciens écrivains nous apprennent de ce concile en termes généraux, sans marquer aucun détail des affaires qu'on y traita (*Annal. Met. ad an.* 692).

En Espagne, le roi Recesvinthe étant mort, l'an

672, dans une maison de campagne près de Salamanque, on célébrait ses funérailles. C'était le 1er septembre. Dans le convoi, on remarquait particulièrement un chef des Goths qui versait des larmes sincères. Son nom était Wamba. Tout à coup les assistants l'entourent, le proclament roi d'une voix unanime, protestent qu'ils n'en auront point d'autre, et se jettent à ses pieds pour obtenir son consentement. Touché jusqu'aux pleurs et aux sanglots, Wamba résiste à toutes les prières, criant qu'il était cassé de vieillesse, qu'il ne suffirait jamais à tant de nécessités qui se montraient menaçantes. Comme il refusait opiniâtrément, un des ducs se lève, comme au nom des autres, et lui dit en face : « Si tu ne promets à l'instant de consentir à nos vœux, sache qu'à l'instant tu seras percé de nos épées, et que tu ne sortiras d'ici que roi ou mort. » Ainsi vaincu, non pas tant par leurs prières que par leurs menaces, il céda enfin. Toutefois, il ne voulut accepter définitivement la royauté et recevoir l'onction royale qu'à Tolède, et lorsque le consentement de toute la nation y serait parvenu. En conséquence, ce ne fut que dix-neuf jours après qu'il fut sacré dans cette capitale, avec l'huile bénite répandue sur sa tête par l'archevêque Quirice. C'est le premier exemple que l'on trouve expressément de l'onction des rois chrétiens ; mais la manière dont l'historien de Wamba en parle, non comme d'une chose nouvelle, montre bien que ce n'était pas le premier. A peine sacré, le nouveau roi apprit la révolte des Basques et des Cantabres, qui habitaient la Biscaye et la Navarre. Il se forma aussi dans la Gaule Narbonnaise, à l'instigation des Juifs bannis de l'Espagne, un parti dont le chef fut Ilderic, comte de Nîmes, avec Gumilde, évêque de Maguelonne, et un abbé nommé Ranimir ou Ramir. Ilderic ne pouvant attirer à la révolte Arégius, évêque de Nîmes, le chargea de chaînes et l'envoya chez les Francs, puis il mit à sa place l'abbé Ramir. Mais son élection ne fut confirmée ni par l'autorité du prince ni par celle du métropolitain, et il fut ordonné par deux évêques seulement, encore étaient-ils étrangers. Wamba, averti de cette révolte, envoya pour la réprimer le duc Paul, Grec d'une illustre origine, mais qui, suivant la remarque d'un ancien historien d'Espagne, n'ayant pas oublié la fourberie naturelle à ses compatriotes, se révolta lui-même. Argebade, archevêque de Narbonne, voulut lui fermer les portes de sa ville ; mais Paul le prévint, s'en rendit maître, prit le titre de roi et se déclara chef de tout le parti (Roderic. Tolet, *De reb. Hisp.*, l. 3, c. 2).

Dans un danger aussi pressant, Wamba déploie une activité, une présence d'esprit, un courage qu'on n'attendait pas de son âge avancé. Sept jours lui suffisent pour réduire les Basques et les Cantabres. Il entre dans la Catalogne et la soumet sans éprouver de résistance, tandis qu'une partie de ses troupes, embarquée sur la flotte, en parcourt les côtes. Le reste de son armée, divisé en deux corps, pénètre par deux défilés dans la Septimanie. Wamba arrive devant Narbonne, que Paul avait abandonnée pour se retirer à Nîmes. La place est emportée d'assaut en trois heures. Le gouverneur et les principaux officiers sont dépouillés et battus de verges. Béziers, Agde et Maguelonne se soumettent au vainqueur. Nîmes, après un siège sanglant, implore la clémence du roi. L'archevêque de Narbonne, après avoir offert le saint sacrifice, se présente à lui avec ses habits pontificaux, et se prosterne à ses pieds. Wamba, touché jusqu'aux larmes, le relève, lui accorde la vie des coupables, mais veut que du reste on en fasse justice. Peu après, deux Goths à cheval lui amènent par les cheveux l'usurpateur Paul. A cette vue, Wamba lève les mains au ciel et s'écrie en sanglotant : « Mon Dieu, Roi des rois, je vous rends grâces d'avoir ainsi humilié le superbe et brisé par la force de votre bras mes adversaires ! » D'autres chefs rebelles ayant été amenés, Wamba leur reprocha leur perfidie et leur ingratitude, et dit : Allez, jusqu'à ce qu'on fasse justice de vous. Je vous fais grâce de la vie, quoique vous ne le méritiez pas. Quant aux étrangers, les Francs et les Saxons, il les renvoya libres. Il fit rendre aux églises tous les vases sacrés que Paul en avait enlevés pour soutenir les frais de la guerre, entre autres une couronne d'or que le roi Reccarède avait offerte au tombeau de saint Félix de Girone, et que Paul avait mise sur sa tête.

Le troisième jour après la prise de Nîmes, Paul et ses complices furent jugés. D'après les lois, ils avaient mérité la mort. Aucun n'y fut condamné. Après quoi Wamba retourna en Espagne et fit une entrée triomphante dans Tolède, précédé de Paul et de ses principaux complices, qui, la tête et le menton rasés, les pieds nus et le corps couvert de vêtements grossiers, étaient traînés dans des tombereaux, et furent enfin renfermés dans les prisons à eux destinées. Wamba fit fortifier Tolède d'une nouvelle enceinte de murailles, avec des tours où l'on plaça les statues des saints protecteurs de la ville (*Apud Duchesn.*, t. I).

Le roi Wamba fit aussi tenir un concile de la province carthaginoise d'Espagne, que l'on compte pour le onzième de Tolède. Il s'assembla dans l'église de la Vierge, le 7 novembre 675. Les évêques s'y plaignirent d'abord de la rareté des conciles, interrompus pendant dix-huit ans ; car le dixième concile de Tolède avait été tenu l'an 656. Ensuite ils rapportent leur confession de foi, qu'ils avaient examinée durant trois jours, pendant lesquels ils jeûnaient. Ils y professent, comme dans toutes les autres, que le Saint-Esprit procède du Père et du Fils. Suivent seize canons de discipline. Le premier recommande la modestie et la gravité dans les conciles. On blâme la négligence des évêques à s'instruire et à instruire les autres ; et l'on ordonne que le métropolitain instruira les évêques, et ceux-ci le peuple qui leur est soumis. En chaque province, l'office divin sera conforme à celui de la métropole. Quelques évêques gardaient de l'animosité les uns contre les autres, même pendant plusieurs années. On leur défend d'approcher de l'autel qu'ils ne se soient réconciliés, et on veut qu'ils demeurent en pénitence le double du temps qu'a duré leur division.

On avait commencé depuis quelque temps à ordonner des évêques d'entre les Barbares, en Espagne aussi bien que dans les Gaules, comme on le voit par leurs noms. Mais avec leurs noms, plusieurs retenaient encore les mœurs barbares. On se plaint en ce concile que quelques-uns jugeaient par passion et avec emportement ; qu'ils usurpaient le bien d'autrui ou commettaient des meurtres et d'autres violences. Et comme, suivant les lois barbares, la plupart des crimes se rachetaient par des compositions pécuniaires, on les exigeait des évêques aux dépens de leurs Eglises. Il est donc ordonné que les restitutions ou compositions ne seront point exigées des évêques, s'ils n'ont des biens propres ou s'ils les ont auparavant donnés à l'Eglise. Quant à ceux qui n'ont rien, leur dignité ne permettant pas qu'ils soient réduits en servitude, comme seraient des laïques en cas pareils, la satisfaction sera convertie en pénitence, dont on comptera vingt jours pour dix sous d'or, et ainsi à proportion. Que si un évêque a abusé de la femme, de la fille ou de la parente d'un grand; s'il a commis un homicide volontaire, ou fait injure à une personne noble de l'un ou de l'autre sexe; en tous ces cas, il sera déposé et banni, et ne recevra la communion qu'à la fin de sa vie. On condamne aux mêmes peines, les évêques qui exercent des jugements de sang, c'est-à-dire qui jugent par eux-mêmes les crimes dignes de mort, et ordonnent des mutilations de membres, soit aux serfs de leurs Eglises, soit à d'autres. Quelques évêques suivaient leur ressentiment jusqu'à faire mourir secrètement ceux qu'ils haïssaient, sous prétexte de les mettre en pénitence. C'est pourquoi le concile ordonne de corriger les pécheurs publiquement, ou du moins en présence de deux ou trois témoins; que si on condamne à l'exil ou à la prison, la sentence soit prononcée devant trois témoins, et souscrite de la main de l'évêque. Les évêques condamnaient donc dès lors à ces sortes de peines.

On défend, sous peine d'excommunication, de rien prendre, même de ce qu'on offre volontairement [une autre leçon dit, si ce n'est ce qu'on offre volontairement], pour le baptême, pour le saint chrême ou pour les ordres. Celui qui sera ordonné évêque, prêtera serment devant l'autel, avant son ordination, qu'il n'a rien donné et qu'il ne donnera rien pour être élu évêque. Ceux que l'on aura convaincus d'être parvenus à l'épiscopat par simonie, seront mis en pénitence sans pouvoir faire les fonctions de leur ordre jusqu'à une entière satisfaction. Ceux qui reçoivent les ordres promettront, par écrit, de rester inviolablement attachés à la foi catholique, de ne rien faire contre ses lois et d'obéir à leurs supérieurs. Ce concile fut souscrit par dix-sept évêques, dont le premier est Quirice de Tolède (Labbe, t. VI).

La même année 675, on tint à Brague un concile qui est compté pour le quatrième, où il assista huit évêques. Ce concile remédia à divers abus par les décrets suivants : Défense d'offrir au sacrifice du lait au lieu de vin, ou une grappe de raisin, ou de donner l'eucharistie trempée dans du vin; ce qui est contre l'institution, puisque Notre Seigneur a donné séparément le pain et le calice. On n'offrira donc autre chose au saint sacrifice que du pain et du vin mêlé d'eau, suivant la décision des anciens canons. Il ne sera pas permis non plus de boire ni de manger aux repas ordinaires dans les vases sacrés, ni d'employer à des usages profanes, vendre ou donner les voiles et les ornements de l'église. Défense aux prêtres de célébrer la messe sans avoir l'étole sur les deux épaules et croisée sur la poitrine, en la manière qu'ils l'ont portée au jour de leur ordination, afin de porter sur leur poitrine le signe de la croix. Il est également défendu aux ecclésiastiques, de quel rang ils soient, de demeurer avec des femmes sans témoins de probité, si ce n'est avec leur mère seule. Il est ordonné que les diacres porteront sur leurs épaules les reliques des martyrs enfermées dans une châsse, et que si l'évêque veut les porter lui-même, il marchera de son pied avec le peuple, sans se faire porter par des diacres. Défense aux évêques de faire frapper à coups de fouet les prêtres, les abbés, les diacres, sous peine d'excommunication et d'exil : ces sortes de châtiments ne devant avoir lieu que pour des fautes mortelles. La simonie est défendue sous peine de déposition, tant à l'égard de celui qui a donné les ordres, que de celui qui les a reçus, ainsi qu'il a été ordonné par le deuxième canon de Chalcédoine. Défense aux évêques d'avoir plus de soin de leur patrimoine que de celui de l'Eglise; et s'il arrive qu'ils augmentent leurs propres revenus, soit aux dépens de ceux de l'Eglise, soit en les négligeant, ils seront obligés de l'indemniser à leurs frais. Les deux conciles terminent par des actions de grâces au roi Wamba, qui les avait convoqués, et par des vœux pour la prospérité de son règne (Labbe, t. VI).

L'histoire de l'élection royale de Wamba et de ses victoires sur les rebelles fut écrite par saint Julien, qui succéda, l'an 680, à Quirice, dans l'archevêché de Tolède. Il était né dans cette ville même. Il y reçut le baptême et les premiers principes de la religion sous les yeux de l'archevêque saint Eugène. L'amitié qu'il lia dès sa jeunesse avec Gudila, diacre de cette Eglise, fut si intime, qu'ils n'étaient tous deux qu'un cœur et qu'une âme. Ils avaient conçu le dessein de passer leur vie ensemble dans la retraite et la contemplation. Ayant trouvé des obstacles à la réalisation de ce projet, ils s'employèrent à procurer le salut du prochain. Gudila mourut l'année 680, huitième de Wamba. Saint Julien, après avoir passé par les degrés du diaconat et de la prêtrise, fut élu évêque de Tolède à la place de Quiricé, mort la même année. Rempli de la crainte du Seigneur, il était d'une prudence et d'une discrétion consommée, d'une éloquence admirable, habile à débrouiller les affaires, ferme à réprimer les superbes, prompt à relever les humbles, enfin d'une charité sans bornes pour les malheureux. Tel est le portrait que nous en trace l'évêque Félix, qui lui succéda l'an 690.

Outre son *Histoire de Wamba*, saint Julien composa plusieurs autres ouvrages, dont son biographe nous a conservé le catalogue, mais dont trois ou quatre seulement sont venus jusqu'à nous. Le premier a pour titre : *Des pronostics*, autrement, *De l'avenir*. Il l'adressa à son ami Idalius, évêque de Barcelone, auquel il en rappelle ainsi l'occasion. Comme nous étions ensemble à Tolède, le jour de la passion de Notre Seigneur, nous entrâmes dans un lieu retiré, cherchant le silence convenable à cette fête. Assis chacun sur son lit, nous prîmes en main l'Ecriture sainte, et nous lisions la passion en comparant les Evangiles. Quand nous fûmes arrivés à un certain passage, dont il ne me souvient pas maintenant, nous nous sentîmes touchés; nous soupirâmes, nous fûmes remplis d'une consolation céleste et élevés à une haute contemplation. Nos larmes interrompirent la lecture; nous ne pûmes que nous entretenir. Quelle saveur divine atteignit alors nos âmes, de quelle douceur ineffable la charité d'en haut inonda nos cœurs, qui pourra jamais le dire? Je crois que vous oubliâtes alors la goutte dont vous étiez tourmenté. Nous cherchâmes ce que nous serons après la mort, afin que la pensée vive et sérieuse des choses futures nous éloignât plus sûrement des choses présentes. Il ajoute qu'ils se proposèrent mutuellement des questions sur l'autre vie : qu'il fut convenu entre eux qu'on mettrait par écrit ce que leur mémoire leur rappelait; qu'à cet effet on fît venir un sténographe; mais qu'enfin Idalius chargea son ami de traiter à loisir ce qu'ils n'avaient fait qu'ébaucher dans leur conférence.

Son ouvrage est divisé en trois livres. Le premier est : *De l'origine de la mort des hommes.* On ne peut douter qu'elle ne vienne du péché du premier homme, puisque saint Paul dit : *Le péché est entré dans ce monde par un seul homme, et la mort par le péché.* Il est vrai que le péché originel est effacé par le baptême, mais il ne l'est que quant à la coulpe et non quant à la peine temporelle, qui consiste dans la séparation de l'âme d'avec le corps. S'il en était autrement, beaucoup de personnes recevraient le baptême plutôt pour s'exempter de mourir que pour obtenir le salut de leur âme. L'espérance que nous avons dans ce sacrement n'a point pour objet la vie présente, mais la vie future, qui est éternelle. C'est ce qui fait que la mort corporelle n'est point à craindre pour le juste, parce qu'il vit de la foi, qui lui fait envisager la félicité comme le terme où il atteint en quittant cette vie. Quoique les devoirs funèbres que l'on rend aux morts soient plus pour la consolation des vivants que pour l'utilité des défunts, il est de la piété de ne pas les négliger. C'est même un témoignage qu'on rend à la foi de la résurrection. Il est utile aux morts d'être enterrés dans les églises et auprès des tombeaux des martyrs, parce que les fidèles, venant y faire leurs prières, ne se contentent pas de demander à Dieu le repos de l'âme des défunts, ils emploient encore pour eux le crédit des martyrs auprès de Dieu. D'ailleurs les sacrifices et les oblations que l'on fait dans les églises pour les morts, leur sont profitables. Saint Julien cite souvent saint Augustin dans ce livre comme dans les suivants. Il cite aussi Julien Pomère. Il dit que quand même on ne trouverait rien dans les Ecritures saintes touchant l'utilité de la prière pour les morts, l'usage de l'Eglise universelle suffirait pour l'autoriser.

Il traite, dans le second livre, *de l'état des âmes avant la résurrection,* ce qui lui donne lieu d'examiner ce que c'est que le paradis, ce que c'est que l'enfer, ce que c'est que le purgatoire. Il ne doute point que les âmes, après leur séparation d'avec le corps, ne soient reçues dans l'un de ces trois endroits; que les âmes des justes n'aillent en paradis, celles des méchants en enfer, et qu'il n'y ait un feu purifiant pour celles qui quittent ce monde avec des fautes légères. Sur tous ces points, il examine une foule de questions intéressantes, qu'il résout bien souvent d'une manière plus intéressante encore. Ainsi, les âmes des morts se reconnaissent-elles les unes les autres, même ceux qu'elles n'ont jamais vus? Oui, et l'Evangile en est témoin. Le riche en enfer reconnaît Lazare qu'il a vu en ce monde, et Abraham qu'il n'y a pas vu, et qui le reconnaît de son côté. Les âmes des défunts prient-elles pour le salut de leurs amis qui vivent encore? Sans doute. Car si le riche enseveli dans les enfers prie Abraham pour ses frères vivants; comment les âmes des chrétiens pieux pourraient-elles oublier les leurs? De là l'usage général des bons fidèles, de se recommander au souvenir des âmes d'élite qui partent de ce monde. Comme tous les saints ne forment qu'un corps mystique en Jésus-Christ, et qu'ils sont membres les uns à l'égard des autres, les patriarches, les prophètes, les apôtres et tous les bienheureux attendent avec empressement que nous venions nous réjouir avec eux, parce que leur joie n'est point parfaite, tant qu'ils compâtissent à nos égarements. Mais les morts peuvent-ils apparaître aux yeux des vivants? Oui. Car le livre de l'Ecclésiastique nous atteste que Samuël mort prédit l'avenir à Saül en vie. Moïse, qui meurt dans le Deutéronome, apparaît dans l'Evangile à des vivants, avec Elie qui n'est pas mort.

*La résurrection des morts et l'état des bienheureux* sont la matière du troisième livre. Il n'y a aucun doute que Dieu ne doive juger tous les hommes; mais personne n'en sait ni le temps ni le lieu, moins encore combien de jours le jugement durera. Quoiqu'il soit réservé au Fils de Dieu, le Père n'en sera pas exclus; mais il jugera par le Fils. Le jugement sera précédé de la résurrection générale. Les bons et les méchants ressusciteront, avec cette différence que les méchants ne seront pas changés, et que les bons le seront, parce qu'eux seuls seront glorifiés. Leurs corps seront spirituels, mais sans devenir esprits. Saint Julien imite la modestie de saint Augustin, qui ne voulut point décider si l'état des corps sera le même, quant à la forme et à la hauteur, qu'ils étaient lors de leur séparation d'avec l'âme; seulement il soutient que les corps des bienheureux seront sans aucune difformité; que si ceux des martyrs conservent les cicatrices de leurs plaies, elles ne feront aucune peine à voir, et que la différence des sexes aura lieu, mais sans aucune convoitise. Au jugement dernier, les méchants et les bons verront le Christ : les méchants ne verront que son humanité; les justes seuls verront sa divinité. Après le jugement, il la leur dévoilera tout entière dans la gloire du Père et du Saint-Esprit. Alors cet univers passera; il passera, non par anéantissement, mais par transformation; il passera par le feu, où ses éléments seront dissous, comme l'univers primitif a passé par les eaux du déluge; il prendra des qualités analogues aux corps immortels qu'il y aura de nouveaux cieux et une nouvelle terre. Alors les saints, semblables à Dieu, le verront tel qu'il est; ils le verront en lui-même, ils le verront en eux, ils le verront dans les autres, ils le verront dans le nouveau ciel, ils le verront dans la nouvelle terre, ils le verront dans toutes les créatures, ils le verront par les yeux du corps dans les corps mêmes. Alors ce sera vraiment pour nous le septième jour, le jour du repos dont la fin ne sera pas le soir, mais le jour du Seigneur préparé par la résurrection du Christ. Là, nous nous reposerons et nous verrons, nous verrons et nous aimerons, nous aimerons et nous louerons. Voilà ce qu'il y aura à la fin sans fin. Notre fin peut-elle être autre que de parvenir au royaume qui n'a point de fin (*Biblioth. max. Pat.,* t. XII)?

C'est ainsi que saint Julien de Tolède conclut son troisième et dernier livre, où l'on respire déjà comme un avant-goût des choses du ciel.

Le second ouvrage de saint Julien est un *Traité du sixième âge du monde*. Il le commence par une prière à Dieu pour obtenir la grâce de traiter cette matière convenable, puis il s'adresse au roi Ervige, successeur de Wamba. C'est dans cette lettre que nous apprenons quelle fut l'occasion de cet écrit. Les Juifs, qui, malgré toutes leurs expulsions, étaient fort nombreux en Espagne, s'efforçaient de montrer que le Messie n'était pas encore venu, disant qu'il ne devait venir qu'au sixième millénaire. Ils comptaient pour chaque âge mille ans, et on n'était alors qu'au cinquième millénaire, suivant leur calcul. Le roi Ervige, voyant qu'ils avaient séduit plusieurs des fidèles, ordonna à saint Julien de leur répondre. Il le fit en trois livres, montrant, dans le premier, qu'il n'est dit ni dans la Loi ni dans les Prophètes que le Messie doive venir dans le sixième millénaire; qu'il n'y a dans l'Ecriture aucune supputation qui fixe la naissance temporelle du Messie, en remontant à la création du monde, mais que toutes se prolongent dans l'avenir; que, lorsque les prophètes annoncent sa venue, c'est en disant indéfiniment qu'il naîtra dans les derniers temps, ce que nous prenons pour le sixième âge du monde; que nous avons en cela d'autant plus de raison, que les signes de son avènement, marqués dans l'Ancien Testament, sont arrivés, comme on peut s'en convaincre en faisant le parallèle des prophéties d'Isaïe, de Michée, de Malachie, de Sophonie, des psaumes et des autres prophètes, avec ce que les évangélistes racontent de la naissance de Jésus-Christ, de sa passion, de sa mort; que le temps marqué par Daniel a été accompli sous le règne d'Auguste; que ce que ce même prophète a prédit de la ruine de Jérusalem, étant aussi arrivé sous Vespasien, c'est un aveuglement aux Juifs d'attendre encore le Messie.

Il traite la même matière dans le second livre, mais par des preuves et des témoignages tirés du Nouveau Testament. Le même ange qui avait appris à Daniel la venue du Messie, annonce à Marie qu'elle le concevra dans son sein. A peine est-il né, que les bergers viennent l'adorer dans la ville de Bethléhem, où, de l'aveu des pontifes, il devait naître. Hérode, apprenant sa naissance, en est troublé, et toute la ville de Jérusalem avec lui. Des mages conduits par une étoile viennent aussi l'adorer. Saint Jean-Baptiste annonce sa venue aux Juifs, et, dans le temps qu'il le baptise dans le Jourdain, une voix du ciel se fait entendre : *Celui-ci est mon Fils bien-aimé*. Saint Julien remarque en passant, que, quand Hérode assembla les princes des prêtres et les scribes du peuple pour savoir où devait naître le Christ, ils ne s'avisèrent pas de faire un calcul des années ou des âges auxquels sa venue était fixée; qu'ils s'en tinrent au lieu de sa naissance, qui avait été désigné par le prophète Michée. En général, jamais les Juifs, dans leurs disputes avec Jésus-Christ ou à son sujet, ne s'avisèrent d'opposer les années de la création ou les âges du monde.

Après avoir fait remarquer, dans le troisième livre, que les Hébreux ne distinguaient pas les âges du monde par le nombre des années, mais par les diverses générations, saint Julien fait voir que nous sommes au sixième âge et même au sixième millénaire, suivant le calcul des Septante. Par là, il trouvait cinq mille ans passés depuis le commencement du monde jusqu'à la venue du Messie! à quoi ajoutant 686 ans jusqu'au temps où il écrivait, il était alors au delà de la moitié du sixième millénaire. Voici comme il distingue les six âges du monde : Le premier, depuis Adam jusqu'au déluge; le second, depuis le déluge jusqu'à Abraham; le troisième, depuis Abraham jusqu'à David; le quatrième, depuis David jusqu'à la transmigration de Babylone; le cinquième, depuis la transmigration de Babylone jusqu'à la venue du Christ; le sixième, depuis la venue de Jésus-Christ jusqu'à la fin du monde, laquelle, dit-il, n'est connue que de Dieu seul (*Bibl. max. Pat.*, t. XII).

Les autres ouvrages que Félix de Tolède attribue à son prédécesseur saint Julien, sont : 1° Un livre des *Antilogies*, ou contrariétés apparentes de l'Ecriture. Il y en a un sous ce titre dans la *Bibliothèque des Pères*; mais il paraît qu'il est plutôt de Berthaire, abbé du Mont-Cassin, qui écrivait sur la fin du IXe siècle; 2° un livre de *Réponses*, adressé à Idalius, évêque de Barcelone, dans lequel il justifie les canons et les lois qui défendent aux esclaves chrétiens de servir les infidèles; 3° un *Apologétique de la foi* des évêques d'Espagne adressé au pape Benoît; 4° un autre *Apologétique* qui concernait trois articles, sur lesquels le Pape semblait avoir eu quelque doute; 5° un écrit des *Remèdes contre les blasphèmes*, avec une lettre à l'abbé Adrien; 6° un *Recueil de poésies* qui contenait des hymnes, des épitaphes et des épigrammes en grand nombre; 7° un livre de *Lettres*; 8° un recueil de *Sermons*, parmi lesquels il y avait un petit écrit, de la protection de la maison de Dieu et de ceux qui s'y retirent; 9° un recueil de *Sentences* tirées des *Commentaires* de saint Augustin sur les psaumes; 10° des extraits des livres du même Père contre Julien d'Eclane; 11° un *Traité des jugements de Dieu*, tiré de l'Ecriture sainte, avec une lettre au roi Ervige; 12° un *Traité* contre ceux qui persécutent les personnes qui se retirent dans les églises; 13° un livre des *Messes pour toute l'année*, divisé en quatre parties, dans lequel il en corrigeait quelques-unes, qui étaient ou altérées ou imparfaites, et en faisait de nouvelles, 14° un livre d'*Oraisons* pour les fêtes de l'Eglise de Tolède. Ces oraisons n'étaient pas toutes de lui; il en avait réformé quelques-unes et composé d'autres (*Concil. Hisp. d'Aguirre*, t. IV, p. 84).

Le roi Wamba, dont saint Julien a écrit l'intronisation et les victoires, s'était vu trahi par un Grec, le duc Paul, au commencement de son règne. Un autre Grec, par une autre trahison, mettra fin à son règne, en 680, peu après une grande victoire sur les mahométans. Au temps du roi Chindasvinthe, il arriva un Grec d'une naissance distinguée, nommé Ardabaste, exilé par l'empereur de Constantinople. Chindasvinthe le reçut avec beaucoup de générosité. Son successeur Recesvinthe lui donna même sa cousine en mariage, d'où il eut un fils nommé Ervige, qui fut élevé à la dignité de comte. Jaloux de Wamba, le grec Ardabaste lui fait donner secrètement un breuvage empoisonné pour attirer la couronne à son fils. Wamba en tombe malade et perd la mémoire. L'archevêque Quirice de Tolède, qui ignorait la cause du mal, aussi bien que les grands du palais, lui administre les derniers sacrements, et, suivant la dévotion du temps, lui donne l'habit monastique, comme une marque de pénitence publique. Nous avons vu saint Fructueux pratiquer cette dévotion peu avant sa mort. Wamba, revenu à lui-même, ratifia ce qu'on avait fait, renonça au royaume, déclara Ervige son successeur, entra dans un monastère et y vécut encore sept ans, après en avoir régné neuf. Tel est le récit de deux historiens espagnols du XIIIᵉ siècle, Rodéric, archevêque de Tolède, et Luc, évêque de Tuy.

Ervige voulant s'assurer le royaume par la confirmation des évêques et des seigneurs, les assembla à Tolède la 1ʳᵉ année de son règne, qui était l'an 681. A ce concile, qui commença le 9 janvier et finit le 25, assistèrent trente-cinq évêques, ayant à leur tête saint Julien de Tolède, successeur de Quirice, et les métropolitains de Séville, de Brague et de Mérida, il s'y trouva aussi quatre abbés et quinze seigneurs. Le roi Ervige en commença les séances par une courte harangue aux évêques, auxquels il présenta un écrit par lequel il les priait de lui assurer le royaume qu'il tenait de leurs suffrages, de rétablir la discipline, de renouveler les lois faites contre les Juifs, d'abroger les articles qui privaient de leur dignité et même de leurs droits civils ceux qui avaient refusé de se trouver à l'armée, ou qui avaient quitté les armes, en sorte que, dans bien des campagnes, la moitié des habitants ne pouvaient plus témoigner en justice.

Le concile fit treize canons, dont le 1ᵉʳ renferme une protestation de recevoir les définitions de foi des quatre premiers conciles généraux. Les évêques y approuvent aussi l'élection d'Ervige et la renonciation de Wamba, sur le vu des pièces qui leur avaient été présentées, savoir : l'acte souscrit par les seigneurs du palais, en présence desquels Wamba avait reçu l'habit de religion et la tonsure ; son décret par lequel il déclare Ervige son successeur ; une instruction à Julien de Tolède, auquel il marquait comment devait se faire l'onction d'Ervige, et le procès-verbal du sacre de ce nouveau roi. « Ayant lu toutes ces pièces, conclurent les évêques, nous avons cru devoir y donner notre confirmation. C'est pourquoi nous déclarons que la main du peuple est délivrée de toute obligation du serment par lequel il était engagé à Wamba, et qu'il doit reconnaître pour seul maître le sérénissime prince Ervige, que son prédécesseur a institué, et, ce qui est plus, que tout le peuple a désiré. Quiconque s'élèvera contre lui sera frappé d'anathème. »

Le 2ᵉ canon dit en substance : « Souvent ceux qui, étant en santé, ont désiré la pénitence, se trouvent hors d'état de la demander dans la maladie, ayant perdu la parole et la connaissance. On ne laisse pas, toutefois, de leur donner le dernier viatique, et on ne croit pas leur pénitence infructueuse. Il y en a qui, étant revenus en santé, prétendent quitter la tonsure et l'habit de religion, assurant impudemment qu'ils ne sont point tenus de ce vœu, parce qu'ils n'ont point demandé la pénitence. Mais comme le baptême que les enfants ont reçu sans connaissance ne laisse pas de les engager, ainsi ceux qui ont reçu la pénitence sans le savoir, l'observeront inviolablement, et nous leur interdisons le retour à toute fonction militaire. Nous n'approuvons pas, toutefois, que les évêques donnent la pénitence à ceux qui ne la demandent pas, et nous le leur défendons, sous peine d'être excommuniés une année durant. On voit bien qu'il est ici question de la pénitence publique. Quoi qu'il en soit de l'application que les évêques semblent en faire à Wamba, il est certain que, d'après l'ancienne discipline de l'Occident, la pénitence publique emportait les effets qu'ils lui attribuent. Nous avons vu le pape saint Léon écrire à Rustique de Narbonne : Il est tout à fait contraire aux règles de l'Eglise de retourner à la milice séculière, après avoir fait la pénitence ; et le troisième concile d'Orléans faire ce canon, l'an 535 : « Si quelqu'un, après avoir reçu la bénédic» tion de la pénitence, ne craint pas de retourner à » l'habit séculier et à la milice, qu'il soit excommu» nié jusqu'à la mort, et qu'il ne reçoive la commu» nion qu'à ce dernier moment. »

Dans le 3ᵉ canon, il fut ordonné que la communion ecclésiastique serait rendue à ceux des réfractaires ou des rebelles que le roi aurait reçus en grâce, ou qui auraient eu l'honneur de manger à sa table. Wamba avait contraint l'évêque de Mérida d'établir un évêque dans un village où il n'y en avait jamais eu. On cassa cette érection comme contraire aux canons, et, sans déposer le nouvel évêque, on lui destina par grâce le premier évêché vacant, avec défense d'ordonner à l'avenir des évêques où il n'y en avait point eu. C'est la disposition du 4ᵉ canon. Le 5ᵉ condamne l'usage de quelques prêtres qui, offrant plusieurs fois le sacrifice en un même jour, ne communiaient qu'à leur dernière messe. Il est ordonné que toutes les fois qu'ils immoleront le Corps et le Sang de Jésus-Christ sur l'autel, autant de fois ils y participeront. Pour empêcher que les Eglises ne soient trop longtemps sans pasteur, le 6ᵉ canon permet à l'évêque de Tolède d'ordonner tous les évêques d'Espagne, suivant le choix du roi, sans préjudicier néanmoins aux droits des provinces, sous la condition que l'évêque de Tolède jugera digne de l'épiscopat le nouvel élu, et que celui-ci se présentera dans trois mois à son métropolitain pour recevoir ses instructions. Le 7ᵉ canon relève de l'infamie et réintègre dans le droit de témoigner en justice ceux que Wamba en avait dépouillés pour avoir refusé de prendre les armes, ou pour les avoir quittées. Le 8ᵉ défend aux maris de quitter leurs femmes, excepté le cas de fornication, avec menace de les séparer de la communion de l'Eglise, s'ils ne retournent avec elles. On renouvelle dans le 9ᵉ les lois faites contre les Juifs. Le 10ᵉ accorde le droit d'asile à ceux qui se réfugient dans les églises et à trente pas alentour, à condition toutefois de les rendre à ceux qui jureront de ne les point maltraiter. Le 11ᵉ défend, sous de grièves peines, diverses superstitions païennes qui avaient encore lieu en Espagne. Le 12ᵉ ordonne que l'on tiendra chaque année un concile dans chaque province, le 1ᵉʳ novembre. Le 13ᵉ contient les vœux pour la prospérité du règne d'Ervige, et des actions de grâces de ce qu'il avait assemblé le concile. Ce prince donna un édit pour confirmer les décrets : il est daté du 25 janvier 681 (Labbe, t. VI).

Environ trois ans après, c'est-à-dire en 683, eut lieu le 13ᵉ concile de Tolède, où assistèrent 48 évêques, avec 27 députés d'évêques absents, 5 abbés et 27 seigneurs. On voit que ces conciles de l'Eglise d'Espagne étaient en même temps les conseils généraux de la nation. Saint Julien y présidait. Le roi Ervige y parut à l'ouverture, fit une allocution fort modeste aux évêques, leur remit un mémoire sur lequel il souhaitait qu'ils fissent des règlements, puis se retira. Ce mémoire ayant été lu, le concile commença, comme le précédent, par la confession de foi, c'est-à-dire par la récitation du Symbole de Nicée, que dès lors tout le monde chantait pendant la messe dans les églises d'Espagne, avec l'addition du *Filioque*. Ensuite on dressa divers canons relatifs au mémoire du roi. On rétablit dans leurs droits, leurs biens et leurs dignités, tous ceux qui avaient été condamnés comme complices de la révolte de Paul contre le roi Wamba, que, dans son allocution, le roi Ervige appelle de sainte mémoire. On défend de mettre aux fers ou à la question les officiers du palais et les clercs, quand ils sont accusés, ni de procéder contre eux avec trop de rigueur. On remet tous les arrérages des tributs jusqu'à la première année du roi Ervige. On défend, sous peine d'anathème, de faire aucun mal à la postérité du roi et de la reine, son épouse. On défend aux veuves des rois de se remarier, ni à personne, même à un roi, de les épouser. Comme la royauté était élective, on voulait en prévenir les inconvénients. Ni les serfs, ni les affranchis, excepté ceux du fisc, ne pourront exercer aucune charge dans le palais ou dans les domaines du roi. Dans le 2e canon, après avoir réglé que les officiers du palais, les clercs, et en général les hommes libres ne doivent être jugés pour délits politiques que dans une assemblée publique d'évêques et de seigneurs, le concile prononce anathème contre tout roi qui violerait ce décret synodal, et déclare nul tout ce qui s'y ferait de contraire.

Les canons suivants ont plus de rapport à la discipline de l'Eglise. Ils défendent aux évêques de dépouiller les autels, de les couvrir de cilice, d'éteindre les luminaires, ou de mettre dans l'église d'autres marques de deuil, pour satisfaire leurs ressentiments particuliers, ou de cesser d'offrir le sacrifice par pure malice et sans nécessité. Ils ordonnent aux évêques de se rendre chez leur métropolitain, quand il les mandera, soit pour quelques solennités, comme la Pâque, la Pentecôte et Noël, soit pour des affaires, soit pour la consécration de quelque évêque ou pour l'exécution des ordres du roi. Ils confirment tous les décrets du concile précédent. L'évêque de Valérie fit demander au concile, par son député, si, après s'être soumis aux lois de la pénitence publique pendant une maladie dangereuse, comme c'était alors la dévotion, il lui était permis de reprendre ses fonctions depuis que sa santé était rétablie. La réponse du concile fut qu'il pouvait les reprendre après avoir été réconcilié. A cette occasion, on fit une loi générale portant que les évêques qui, dans une maladie grave, auraient reçu la pénitence par l'imposition des mains, sans avoir confessé de péchés mortels, pourraient, étant réconciliés par leur métropolitain, rentrer dans leurs fonctions; mais que, s'ils avaient été convaincus de crime avant de recevoir la pénitence, ou qu'ils en eussent confessé en la recevant, ils s'abstiendraient de leurs fonctions jusqu'à ce que le métropolitain en disposât autrement. Il fut défendu de retenir ni de recevoir le clerc d'un autre évêque, ni de favoriser sa fuite, ou de lui donner le moyen de se cacher. Ce qui s'entend non-seulement des prêtres, des diacres et autres clercs, mais aussi des abbés et des moines. Mais on distingue des fugitifs ceux qui vont trouver leur métropolitain pour leurs affaires. Le roi Ervige confirma tous ces décrets par deux édits (Labbe, t. VI).

Mais à peine ce concile était-il terminé et les évêques rentrés dans leurs Eglises, qu'un envoyé de Rome apporta en Espagne les lettres du pape Léon II, successeur de saint Agathon, avec les actes du 6e concile général. Pour bien entendre ceci, il faut reprendre les affaires de Constantinople.

L'empereur Constant II ayant été tué à Syracuse, l'an 668, par un de ses officiers, les autres proclamèrent empereur, à cause de sa bonne mine, un Arménien nommé Mizize, qui n'y consentit qu'à regret. Constantin, fils aîné de Constant, et déjà associé à l'empire, assembla d'Italie, de Sardaigne et d'Afrique, tout ce qu'il put de troupes, et, l'année suivante 669, il débarqua en Sicile, où tout plia devant lui. On lui livra les meurtriers de son père ainsi que Mizize, dont il envoya les têtes à Constantinople. Il fut singulièrement secondé dans cette expédition par le pape saint Vitalien. De retour à Constantinople, il reçut le surnom de *Pogonat* ou de *Barbu*, parce qu'étant parti sans barbe quelques mois auparavant, il revint avec une barbe longue et épaisse. Il faisait hautement profession de la foi catholique.

De 672 à 679, c'est-à-dire pendant l'espace de sept ans, sous le calife Moavia, les Musulmans assiégèrent Constantinople sans interruption, si ce n'est qu'ils se retiraient à l'approche de l'hiver. Ils perdirent à ce siège un nombre incalculable d'hommes et de navires. On leur lançait du haut des murs des fusées incendiaires, qui s'attachaient aux navires, aux hommes, aux animaux, aux armes, aux pierres mêmes, et les consumaient jusque dans les eaux, sans qu'on pût les éteindre. C'est ce qu'on appelle communément le *feu grégeois* ou *grec*, inventé alors par un Syrien nommé Callinique. A ce fléau destructeur se joignit plus d'une fois la peste. Enfin, l'an 679, les Sarrasins se rebutèrent et s'éloignèrent de Constantinople. De nouveaux désastres les attendaient. Leur flotte fut brisée et abîmée par une tempête; leurs troupes de terre, épuisées de fatigues et de maladies, furent exterminées par une armée que Constantin envoya à leur poursuite. Le calife Moavia demanda la paix. Elle lui fut accordée pour trente ans, à condition qu'il paierait à l'empire un tribut annuel de trois mille livres d'or, trois cents prisonniers et cinquante chevaux de la plus belle race. Les habitants de Constantinople attribuèrent à la protection de la sainte Vierge l'heureux succès de leur courageuse défense (Théoph.; Cédr.; *Hist. du Bas-Empire*, l. 61).

Une cause trop peu remarquée qui réduisit le fier calife à demander la paix, fut un petit peuple chrétien et catholique, qui venait de se former dans les cavernes du Mont-Liban, pour y maintenir sa foi contre la puissance des Perses et des Musulmans. Ce petit peuple subsiste encore le même. Il se glorifie, non sans quelque raison, d'avoir toujours conservé depuis son origine, du moins pour le corps de la nation, et la croyance orthodoxe et l'union avec l'Eglise romaine. C'est la nation des Maronites. Ce nom leur vient d'un saint personnage. La Syrie étant divisée en un grand nombre de sectes, macédoniens, apollinaristes, nestoriens, eutychiens, jacobites, ces hérétiques donnèrent le nom de *maronites* aux catholiques qui suivaient la doctrine de saint Maron, et les catholiques l'adoptèrent comme un titre d'honneur. Maron avait été un des plus grands adversaires des hérétiques, et l'on croit que c'est le moine nommé Maron, auquel est adressée une lettre de saint Jean Chrysostome. Ses reliques furent déposées dans une grande église, dédiée sous son invocation, et les Grecs célèbrent sa fête le 14 février. Ses disciples bâtirent sous son nom, entre Apamée et Émèse, au bord de l'Oronte, un célèbre monastère, où se rassemblèrent jusqu'à huit cents moines. Les trois cent cinquante moines qui furent massacrés par les hérétiques au temps de Pierre le Foulon, étaient de ce monastère.

Lorsque la puissance des Grecs allait s'éteignant en Syrie, par les invasions des Perses et des Musulmans, en particulier par la retraite de l'empereur Héraclius, quelques chefs chrétiens se maintinrent dans les montagnes du Liban, ainsi que dans les villes de Byblos et de Césarée de Philippes. D'autres chrétiens, qui fuyaient le glaive des Musulmans, vinrent augmenter leur nombre et leur force. Il en arriva ainsi plus de quarante mille hommes, des territoires d'Antioche, d'Apamée et d'Émèse. Telle fut l'origine de la nation des Maronites. Jean, évêque de Philadelphie, que le pape saint Martin avait établi vicaire du Saint-Siège en Orient, apprit avec joie qu'ils avaient secoué le joug des Sarrasins, et qu'ils étaient maîtres du Liban depuis ses prolongements vers Antioche jusque vers Jérusalem. Afin qu'ils ne fussent pas privés de secours spirituels, il leur donna pour évêque Jean Maron, moine dans le monastère de Saint-Maron, sur l'Oronte. C'était un homme savant, qui avait déjà servi l'Eglise par des écrits contre les sectateurs de Nestorius et d'Eutychès. Il fut sacré évêque de Botrys, avec le titre de patriarche des Maronites et le pouvoir de sacrer des évêques dans tout le pays de leur dépendance. Il ramena au sein de l'Eglise grand nombre d'hérétiques. Ses missionnaires se répandirent, d'un côté, jusqu'à Jérusalem, de l'autre, jusque dans la petite Arménie, et, par ses soins charitables, non-seulement accrut le nombre des fidèles, mais augmenta même considérablement les forces du petit État dont il était le pasteur. Quantité de nouveaux convertis, voisins, éloignés, libres, esclaves, vinrent peupler leur retraites du Liban et grossir le nombre des Maronites. Ce nom leur devint d'autant plus cher, qu'ils le voyaient revivre dans leur nouveau pasteur avec les vertus du saint personnage dont ils honoraient la mémoire. Jean et ses successeurs choisirent pour leur résidence le monastère de Canobin, fondé par le grand Théodose dans la vallée de Tripoli, sur les bords du Nahr-Kadès ou *Fleuve-Saint*. Depuis Innocent III, ces prélats ont joint à leur titre celui de *patriarche d'Antioche pour les Maronites*, et ils sont ainsi nommés dans les bulles des Papes.

Le nouveau patriarche n'était pas moins propre à la conduite des affaires séculières qu'au gouvernement ecclésiastique. Il sut allumer dans le cœur des Maronites ces sentiments de courage qui les rendirent le fléau des Sarrasins en Syrie. Ils devinrent soldats intrépides, aussi adroits à tirer de l'arc qu'à manier leurs chevaux, les meilleurs fantassins et les meilleurs cavaliers de tout l'Orient. Ils poussèrent leurs courses, d'un côté, jusqu'à Jérusalem, de l'autre, au delà de Damas jusqu'aux frontières de l'Arabie déserte. Les cavernes du Liban leur servaient de retraite, et les sommets de ces hautes montagnes, de forteresses inaccessibles. Ils bâtirent trois grandes villes : Basconta, dans la vallée d'Aulon; Haddeth, dans la vallée du *Fleuve-Saint*, et Besciarraï, au pied du Liban. Les Maronites étaient dès lors si zélés pour la foi, qu'un de leurs princes, nommé Salem, ayant été excommunié par le patriarche pour avoir permis aux hérétiques de s'établir parmi eux sur le Liban, ils cessèrent de le reconnaître pour leur chef. Les Sarrasins en profitèrent pour assiéger les villes de Tripoli, de Byblos et de Besciarraï, et pour les attaquer jusque dans leurs montagnes. Mais les Maronites, sans être commandés par Salem, leur firent lever le siège de ces trois villes, les battirent et les mirent en fuite. De son côté, pour être relevé de l'excommunication et regagner la confiance du peuple, Salem chassa du Liban, non-seulement ce qui y restait de Sarrasins, mais encore tous les hérétiques auxquels il avait permis auparavant de s'y établir. Ce furent ces attaques et ces courses continuelles des Maronites qui forcèrent le calife Moaviah de demander la paix à l'empereur de Constantinople (1).

En procurant à son empire la paix au dehors, Constantin travaillait aussi à lui procurer la paix au dedans, en se mettant d'accord avec l'Eglise romaine sur la question du monothélisme. En Occident, cette question n'en était plus une : tout le monde était d'accord. A Constantinople, il n'en était pas de même. Le patriarche Pierre y était mort dans l'hérésie, l'an 666. Son successeur, Thomas II, paraît avoir été bon catholique. Il voulait envoyer ses lettres synodales au pape saint Vitalien, mais les courses des Musulmans l'en empêchèrent pendant les deux années que dura son épiscopat. Il mourut l'an 669, et eut pour successeur Jean V, et celui-ci Constantin I$^{er}$, qui mourut ou fut chassé l'an 676. Ces trois patriarches seront proclamés orthodoxes dans le 6$^e$ concile général. Cependant, si l'on peut en croire leur successeur Théodore, leurs lettres synodales n'avaient point été reçues à Rome, peut-être parce qu'elles ne contenaient point la condamnation expresse de leurs prédécesseurs hérétiques Sergius, Pyrrhus, Paul et Pierre.

Théodore ayant donc été nommé patriarche l'an 678, dit à l'empereur qu'il n'osait envoyer sa lettre synodique à Rome, de peur qu'elle n'y fut pas plus reçue que celle de ses prédécesseurs; il y envoya seulement une lettre d'exhortation à la paix. L'empereur lui demanda, ainsi qu'à Macaire d'Antioche, quelle était donc la difficulté entre le Pape ou le Siège apostolique et eux. Il répondirent qu'on avait introduit de nouvelles expressions sur les mystères, soit par ignorance, soit par une curiosité excessive, et que, depuis ces disputes, il n'y avait pas eu

(1) Assémani, *Biblioth. orient.*, t. I, p.501; *Item, Acta Mart. orient.*, t. II, p. 405; Le Quien, *Oriens christ.*, t. III, c. 1 et seq.; *Hist. du Bas-Empire*, l. 61.

d'assemblée de la part des deux siéges pour éclaircir la vérité. En même temps, comme ils étaient monothélites tous deux, ils pressèrent l'empereur de faire ôter des diptyques le nom du pape Vitalien, comme aussi de ses prédécesseurs, jusqu'au pape Honorius exclusivement. Mais l'empereur ne voulut point y consentir : premièrement, pour garder l'égalité et montrer qu'il tenait les uns et les autres pour orthodoxes; ensuite par reconnaissance de l'amitié que Vitalien lui avait témoignée de son vivant. Il fit quelque chose de plus digne d'un empereur chrétien. Jusqu'alors il n'avait pas voulu permettre les discussions particulières, persuadé qu'au lieu d'éteindre la division, elles ne feraient que l'augmenter. Le 10 août 678, il écrivit au pape Donus, qu'il appelle *Pape œcuménique*, le priant d'envoyer, pour conférer avec les deux patriarches, des hommes sages et instruits, avec les livres et les pouvoirs nécessaires, savoir : de la part du Pape, trois hommes ou plus; de la part de son concile, douze métropolitains ou évêques; enfin, quatre religieux de chacun des quatre monastères grecs de Rome. Il leur promettait à tous une entière sûreté pour aller et pour revenir, lors même qu'ils viendraient à ne point tomber d'accord. Après cela, ajoute-t-il, nous serons justifiés au tribunal de Dieu. Car nous pouvons bien exhorter tous les chrétiens à l'union, mais nous ne voulons contraindre personne. Il chargeait l'exarque Théodore de fournir aux envoyés du Pape des vaisseaux et tous les frais du voyage, et même de les faire escorter par des vaisseaux de guerre s'il en était besoin (Labbe, t. VI).

La lettre n'arriva que l'année suivante 679, après la mort de Donus, lorsque saint Agathon occupait déjà le Siége apostolique. Le nouveau Pape fit savoir aux évêques d'Occident les pieuses intentions de l'empereur. Aussitôt il se tint des conciles dans plusieurs provinces. Ceux d'Italie et des Gaules envoyèrent des députés à Rome, où le Pape assembla, le 27 mars 680, un concile de 125 évêques pour nommer les légats qui devaient aller à Constantinople et pour préparer les matières qui seraient agitées devant l'empereur. On remarque ce concile les évêques de la domination des Lombards, saint Mansuet de Milan, saint Jean de Bergame, saint Anastase de Pavie, les évêques d'Istrie avec leur métropolitain Agathon d'Aquilée, ceux de la Pentapole et de la Toscane; ensuite Théodore, archevêque de Ravenne, avec les autres évêques de l'exarchat encore soumis aux Grecs. Il y avait longtemps que les archevêques de Ravenne refusaient au Pape l'obéissance qu'ils lui devaient. Mais Théodore y satisfit et se présenta personnellement à saint Agathon. Après les évêques immédiatement soumis au Pape, on voit dans les souscriptions du concile de Rome celle d'Adéodat, évêque de Toul, de Wilfrid d'York, de Félix d'Arles et de Taurin de Toulon. Adéodat, Félix et Taurin se disent tous les trois légats du concile des Gaules, et saint Wilfrid se dit légat du concile de Bretagne. Nous verrons plus tard quelle affaire avait amené ce saint à Rome.

Dans ce concile, le saint Pape écrivit deux lettres à l'empereur, ou plutôt aux empereurs Constantin, Héraclius et Tibère; car les trois frères avaient le titre d'augustes. La première est en son nom seul; la seconde est en son nom et au nom de toutes les Eglises d'Occident. Celle qu'il écrit en son propre nom est un traité complet et détaillé de la question, et par là même un peu longue. D'une douceur et d'une modestie qui charmaient tout le monde, saint Agathon se montre tel dans sa lettre. Il parle de lui avec beaucoup d'humilité, des empereurs avec beaucoup d'affection, les appelant ses bien-aimés seigneurs et fils. Il les remercie avec effusion de cœur de la consolation qu'ils lui ont fait éprouver dans ses afflictions et ses maladies presque continuelles. Il s'est empressé de satisfaire à leurs pieux désirs. Il leur envoie trois évêques, deux prêtres, un diacre et un sous-diacre de l'Eglise romaine, avec un prêtre de l'Eglise de Ravenne et plusieurs moines. Il les envoie, non pour la confiance qu'il eût en leur savoir, mais pour obéir aux ordres de l'empereur. « Car, dit-il, chez des hommes qui vivent au milieu des nations barbares, et qui gagnent à grand'peine leur nourriture chaque jour par leur travail corporel, comment pourrait-on trouver la science parfaite des Ecritures? Seulement nous gardons avec simplicité de cœur la foi que nos Pères nous ont laissée, demandant à Dieu, comme notre plus grand bien, de conserver et le sens et les paroles de leurs décisions, sans rien ajouter, ni diminuer, ni changer. Nous avons donné à ces députés quelques passages des saints Pères que cette Eglise reçoit, avec leurs livres mêmes, pour vous les présenter quand vous l'ordonnerez, et vous expliquer la foi de cette Eglise apostolique, votre mère spirituelle, non par l'éloquence séculière dont ils sont dépourvus, mais par la sincérité de la foi que nous avons apprise dès le berceau. En conséquence, nous les autorisons à satisfaire Votre Majesté, mais seulement, d'après ce qui leur est enjoint, sans entreprendre de rien ajouter, diminuer ni changer, exposant avec sincérité la tradition de ce Siége apostolique, telle qu'elle a été définie par nos prédécesseurs. Nous supplions Votre Mansuétude de les écouter favorablement, suivant sa bienveillante promesse. »

Quand l'excellent pape Agathon parle si humblement du savoir de ses légats, il ne faut pas oublier qu'à cette époque-là même les Papes envoyaient jusqu'en Angleterre des hommes d'un profond savoir, avec des livres et tout ce qu'il fallait pour exciter, chez les peuples naguère barbares, le goût des lettres, des arts et des sciences. Si les saints Papes de cette époque n'en parlent pas, c'est à l'histoire, c'est à l'Europe reconnaissante d'en parler. La lettre même de saint Agathon, quoique longue, n'est pas d'un style méprisable. Les choses se suivent avec ordre, les raisonnements sont justes, les expressions claires, quoique nous n'en ayons peut-être point le texte original. Il règne partout une modestie, une candeur qui disposent à la persuasion. Il fallait peut-être tout cela pour désarmer la fausse science, la science sophistique et prétentieuse des Grecs, surtout dans un moment où ils allaient voir condamner cinq ou six de leurs patriarches.

Ensuite le saint Pape, suivant la tradition des apôtres, des pontifes apostoliques et des conciles généraux, expose la foi sur la Trinité et sur l'Incarnation, principalement par rapport à la question *des deux volontés*, sur laquelle il dit nettement « que les trois personnes divines n'ayant qu'une nature, n'ont aussi qu'une volonté; mais qu'en Jésus-Christ, comme il y a deux natures, il y a deux volontés et deux opérations. Telle est la doctrine apostolique que votre protecteur le bienheureux Pierre nous a transmise, non pour qu'elle soit renfermée sous le boisseau, mais pour qu'elle retentisse dans tout l'univers avec plus d'éclat qu'une trompette; car la confession que Pierre a faite de la vérité lui a été révélée du Père, et, en récompense, il a été déclaré bienheureux par le Seigneur. Ce même Pierre a reçu du Sauveur de tous, et par une triple recommandation, les brebis spirituelles de l'Église, à paître; et par l'assistance de ce même Pierre, cette Église apostolique, qui est la sienne, ne s'est jamais détournée de la voie de la vérité dans quelque partie d'erreur que ce soit. Aussi toute l'Église catholique et les conciles généraux ont toujours embrassé fidèlement et suivi en tout l'autorité de cette Église apostolique, comme étant l'autorité du prince même des apôtres. Nous vous envoyons donc la règle de la vraie foi, qui, soit dans la prospérité, soit dans l'adversité, a été conservée et défendue courageusement par la mère spirituelle de votre empire, l'Église apostolique du Christ, laquelle, par la grâce du Dieu tout-puissant, ne sera jamais convaincue de s'être écartée du sentier de la tradition apostolique, et n'a jamais succombé à la dépravation des nouveautés hérétiques; mais telle qu'elle a reçu la foi de ses fondateurs, les princes des apôtres, telle elle l'a conservée sans tache, selon la promesse que le Sauveur a faite au prince de ses disciples dans les sacrés Évangiles : *Pierre, Pierre, j'ai prié pour toi afin que ta foi ne vienne point à défaillir; lors donc que tu seras converti, affermis tes frères.* Que Votre Majesté considère donc que c'est le Seigneur et le Sauveur, dont la foi est un don, qui a promis que la foi de Pierre ne défaillira point, et qui lui a recommandé d'y affermir ses frères. C'est ce que tous les Pontifes apostoliques, prédécesseurs de ma faible personne, ont toujours fait courageusement, comme tout le monde sait. Quelque minime que je sois, je veux les imiter pour accomplir mon ministère; car malheur à moi, si je viens à taire la vérité qu'ils ont prêchée? que dirais-je au tribunal du Christ? Que dirais-je pour moi, que dirais-je pour les âmes qui me sont confiées et dont je dois rendre compte? Aussi, du moment que les évêques de Constantinople s'efforcèrent d'introduire la nouveauté hérétique dans l'Église immaculée du Christ, mes prédécesseurs, d'apostolique mémoire, n'ont point cessé de les exhorter, de les avertir, de les conjurer de se désister de ce dogme hérétique, du moins en se taisant. »

Saint Agathon prouve la distinction des deux volontés par les passages de l'Écriture expliqués par les Pères. Il y joint la définition du concile de Chalcédoine et celle du 5ᵉ concile. Il continue sa preuve par la tradition, cite plusieurs passages des Pères grecs en original, et des Pères latins traduits en grec; de saint Grégoire de Nazianze, de saint Grégoire de Nysse, de saint Jean Chrysostome, de saint Cyrille d'Alexandrie, de saint Hilaire, de saint Athanase, de saint Denys l'Aréopagite, de saint Ambroise, de saint Léon. Il fait l'application de tous ces passages et ajoute : « On pourrait y joindre ceux qui ont combattu pour le concile de Chalcédoine, savoir, Jean, évêque de Scythopolis, Euloge d'Alexandrie, Éphrem et Anastase d'Antioche. »

Pour compléter la réfutation de l'erreur, il rapporte les passages des anciens hérétiques, qui ont soutenu qu'il n'y avait en Jésus-Christ qu'une opération et une volonté; d'Apollinaire, de Sévère, chef des acéphales, de Nestorius, de Théodose d'Alexandrie; ensuite ceux des nouveaux hérétiques, c'est-à-dire des monothélites, Cyrus, Théodore de Pharan, Sergius, Pyrrhus, Paul et Pierre de Constantinople, et relève leurs contradictions. « Il faut donc, conclut-il, employer toutes les forces pour délivrer la sainte Église de Dieu, la mère de votre empire, des égarements de pareils docteurs, et faire en sorte que tous les pontifes, tous les prêtres, tous les clercs et tous les peuples confessent unanimement avec nous la foi orthodoxe, fondée sur la pierre ferme de cette Église du bienheureux Pierre; Église qui, par la grâce et le secours du même prince des apôtres, demeure pure de toute erreur (Labbe, t. VI). »

Telle est la première lettre, la lettre propre du pape saint Agathon. La seconde, qui est très-peu longue, porte cette inscription : « Aux très-pieux seigneurs et sérénissimes vainqueurs et triomphateurs, les bien-aimés enfants de Dieu et de Notre Seigneur Jésus-Christ, Constantin, le grand empereur, Héraclius et Tibère, augustes; Agathon, évêque, serviteur des serviteurs de Dieu, avec tous les conciles soumis au concile du Siège apostolique. On peut espérer tous les biens, quand l'empereur cherche sincèrement à connaître et à confesser la vraie foi de qui lui a donné l'empire. Les trois princes ayant manifesté de pareils désirs, tous les évêques de l'Occident et du Septentrion, quoique petits et simples, quant à la science, cependant fermes dans la foi, par la grâce de Dieu, en ont béni le roi suprême avec des larmes de joie. Ils espèrent que Dieu accordera à l'empereur la gloire de faire briller dans toutes les intelligences la lumière de la foi catholique; lumière, puisée à sa source vivifiante et transmise sans tache jusqu'à eux, par les princes des apôtres, Pierre et Paul, par leurs disciples et apostoliques successeurs. Car c'est à la conserver dans sa pureté que les prédécesseurs du Siège apostolique, ainsi que ceux de notre exiguïté, ont travaillé jusqu'à présent, non sans péril. Vous avez ordonné qu'on vous envoie des évêques d'une vie sainte et bien instruits dans toutes les Écritures. Quant à la pureté de la vie, si purement qu'ait vécu quelqu'un, il n'ose pas s'y fier. Quant à la science parfaite, si on la réduit à celle de la vraie piété, elle n'est autre que la connaissance de la vérité. S'il s'agit de l'éloquence séculière, nous ne croyons pas que personne de notre temps puisse se vanter de la posséder parfaitement. Nos pays sont continuellement agités par la fureur de diverses nations; ce ne sont que combats, courses, brigandages. Au milieu de ces peuples, notre vie est pleine d'inquiétudes, et nous subsistons du travail de nos mains, parce que l'ancien patrimoine des Églises a été consumé peu à peu par diverses calamités. Il ne nous reste pour tout bien que la foi; vivre avec elle est notre gloire, mourir pour elle, notre bonheur. Notre science parfaite, c'est de conserver inviolablement les bornes de la foi catholique, que le Siège apostolique garde avec nous. »

Suit une profession de foi sur les dogmes de la Trinité et de l'Incarnation, finissant par la doctrine des deux opérations et des deux volontés. « Telle est la règle de la foi apostolique, que nos prédécesseurs assemblés en concile à Rome, sous le pape Martin d'apostolique mémoire, ont proclamée synodiquement et avec constance. C'est maintenant à votre piété impériale à la faire resplendir d'un plus grand éclat, afin de retrancher de l'Eglise les semences de la zizanie, dont les auteurs ont été Théodore de Pharan, Cyrus d'Alexandrie, Sergius, Pyrrhus, Paul et Pierre de Constantinople. Nous devons nous excuser d'envoyer si tard les députés de notre concile, sur la longueur du chemin et sur ce qu'un grand nombre d'entre nous s'étendent jusque sur les bords de l'Océan. Nous espérions que Théodore le Philosophe, archevêque de la grande île de Bretagne, viendrait avec des évêques du pays, aussi bien que plusieurs autres de divers lieux, afin de vous écrire au nom de tout notre concile, et que les uns et les autres eussent connaissance de ce qui se passerait. Vu principalement que plusieurs de nos collègues sont au milieu des nations, savoir : des Lombards, des Slaves, des Francs, des Goths et des Bretons. Ils sont tous fort curieux de ce qui se fait touchant la foi; et autant qu'ils peuvent nous aider, étant d'accord avec nous, autant nous seraient-ils contraires, s'ils étaient scandalisés sur cet article. Nous vous envoyons des personnes qui vous présenteront la confession de foi de tout ce que nous sommes d'évêques du Septentrion et de l'Occident, non pas pour en disputer comme de choses incertaines, mais pour les proposer comme des vérités certaines et immuables. Ils prient l'empereur de suivre l'exemple de Constantin, de Théodose, de Marcien, de Justinien, et de ramener tout le monde à l'unité et à la foi de l'Eglise romaine. Quant à nous, encore que nous ignorions complètement la sagesse du siècle et la vaine tromperie, comme parle le bienheureux Paul, nous enseignons toutefois et nous défendons avec sincérité la règle de la vraie prédication. Nous recevons donc comme nos frères tous les évêques qui veulent enseigner avec nous tout ce qui est contenu dans cette confession de foi; mais nous condamnons tous ceux qui la rejettent, et ne les souffrirons jamais en notre compagnie, qu'ils ne soient corrigés. » Cette seconde lettre, dont nous n'avons pas plus le texte original que de la première, est souscrite par le Pape et par tous les évêques qui assistèrent au concile de Rome (Labbe, t. VI).

Saint Mansuet, archevêque de Milan, écrivit en outre à l'empereur une lettre particulière au nom du concile de sa province. Il l'exhorte pareillement par l'exemple de Constantin, de Théodose, de Marcien et de Justinien, à maintenir inviolables les décisions des Pères et des conciles. « S'il est des hommes enflés de dialectique, qui, par l'artifice des sophismes ou la pompe des paroles, voudraient altérer la simplicité de la foi, que Votre Majesté ne les écoute point. Mais souvenez-vous de ce que dit le prophète : *Le Seigneur fera une parole abrégée sur la terre* (Isaïe, 10). Ce que nous voyons accompli par les saints apôtres. Car, qu'y a-t-il de plus abrégé que leur symbole de foi, qui renferme cependant tous les mystères? D'ailleurs, si le Seigneur a établi les règles de la foi, non avec des dialecticiens, non avec des rhéteurs, non avec des grammairiens, mais avec des campagnards et des pêcheurs; si ce sont ces derniers qu'il a faits ses confidents et ses princes, avec pouvoir de lier et de délier, n'est-ce pas le comble de la folie de vouloir pervertir les traditions des apôtres? Pour nous, qui vivons sous les heureux et très-chrétiens rois Pertharit et Cunibert, nous embrassons tous avec amour les traditions des apôtres, les décisions des cinq conciles œcuméniques, la lettre du pape saint Léon et la doctrine des autres Pères orthodoxes. » La lettre du concile de Milan finit par une exposition de foi qui reconnaît expressément en Jésus-Christ deux volontés et deux opérations (Labbe, t. VI). Le rédacteur de la lettre fut saint Damien, alors prêtre, et depuis évêque de Pavie. Le roi Pertharit, dont il est ici parlé, est le même que Paul, diacre, nomme Bertharide, qui, à la mort de Grimoald, arrivée en 671, revint de son exil, remonta sur le trône et régna paisiblement 18 ans, et s'associa son fils Cunibert la 7e année de son règne.

Les légats du pape saint Agathon arrivèrent à Constantinople le 10 septembre 680. L'empereur Constantin, auquel ils présentèrent les lettres du Pape, les exhorta à traiter l'affaire de la foi sans contention et sans aigreur, non par des propositions philosophiques, mais par l'Ecriture, les Pères et les conciles. Il leur donna du temps pour repasser leurs instructions, et en attendant les fit loger dans le palais de Placidie, avec ordre de leur fournir toutes les choses nécessaires. Le même jour, il écrivit à Georges, nouveau patriarche de Constantinople; car Théodore ne l'était plus, on ne sait pourquoi. On avait mis à sa place le prêtre Georges, qui tint ce siège six ans, après lesquels Théodore y remonta sans qu'on en sache davantage la raison. L'empereur ordonnait donc au nouveau patriarche, attendu que les légats du Pape étaient arrivés, d'assembler à Constantinople tous les métropolitains et les évêques dépendants de son siège, et d'avertir Macaire, patriarche d'Antioche, qui était à Constantinople, d'en faire autant, pour examiner la question de la foi. Le dimanche, les légats du Pape furent invités à venir en procession à l'église de Notre-Dame de Blaquerne; et, pour leur faire plus d'honneur, l'empereur leur envoya des chevaux avec un cortège (Anast., *In Agath.*; Labbe, t. VI).

Enfin le concile s'assembla pour la première fois le 7 novembre 680, dans la salle du palais nommée en latin *Trullus*, c'est-à-dire Dôme. Il n'y avait à cette première séance qu'environ quarante évêques, dont les légats, savoir, les prêtres Théodore et Georges, et le diacre Jean, sont nommés les premiers. Les légats du concile de Rome, savoir, Jean, évêque de Porto, Abundantius, évêque de Paterne, et Jean de Reggio, sont nommés après les patriarches de Constantinople, d'Alexandrie, d'Antioche et de Jérusalem, ou de leurs députés; car le patriarche d'Alexandrie et celui de Jérusalem ou son vicaire n'avaient pu venir au concile, non plus que les évêques d'Afrique, parce qu'ils étaient sous la domination des mahométans. Après les quarante évêques ou leurs députés, sont nommés six prêtres, tant abbés que moines. L'empereur était placé au milieu, ayant ses officiers à ses côtés. Les légats du Pape et de son concile, avec celui de Jérusalem, étaient à gauche, comme à la place la plus honorable. Les deux patriarches de Constantinople et d'Antioche, avec le député d'Alexandrie, étaient à sa droite. Au milieu de l'assemblée étaient placés les livres des Évangiles.

Tout étant ainsi disposé, les légats du Pape, adressant la parole à l'empereur Constantin, dirent : « Il y a quarante-six ans, plus ou moins, que les prélats de votre capitale, savoir : Sergius, Paul, Pyrrhus, Pierre, ainsi que Cyrus d'Alexandrie, Théodore de Pharan et quelques autres, ont introduit de nouvelles expressions contraires à la foi, enseignant qu'il n'est en Jésus-Christ qu'une volonté et qu'une opération. Le Siége apostolique a rejeté cette erreur et les a exhortés bien des fois à la quitter, mais jusqu'ici inutilement. C'est pourquoi nous demandons à Votre Majesté, que ceux qui sont du côté de l'Église de Constantinople disent d'où est venue cette nouveauté. » L'empereur ordonna à Georges de Constantinople et à Macaire d'Antioche de s'expliquer sur cette proposition. Macaire d'Antioche, avec son disciple Étienne et deux évêques, au nom du siége de Constantinople, Pierre de Nicomédie et Salomon de Clanée, répondirent : « Nous n'avons point proposé d'expressions nouvelles ; mais ce que nous avons appris des conciles œcuméniques et des Pères approuvés, ainsi que de ceux qui ont rempli ce siége de Constantinople, Sergius, Paul, Pyrrhus et Pierre; d'Honorius, pape de l'ancienne Rome, et de Cyrus, pape d'Alexandrie. Nous croyons et enseignons comme eux, touchant la volonté et l'opération, et nous sommes prêts à en donner les preuves. » L'empereur le leur permit, à condition de n'apporter d'autres preuves que des conciles généraux et des Pères approuvés.

Sur cela, Macaire et ceux qui étaient avec lui, prièrent le prince d'ordonner que le garde des chartes de l'Église de Constantinople apportât de la maison patriarcale les livres des conciles. Constantin l'ordonna. Et Macaire ayant pris le premier volume ou rouleau du concile d'Éphèse, lut le discours de saint Cyrille à l'empereur Théodose, et, s'arrêtant sur cette parole : *L'appui de votre empire est le même Jésus-Christ par qui les rois règnent et les princes rendent la justice; car sa volonté est toute-puissante,* il s'écria : Le voilà, seigneur, j'ai prouvé une volonté en Jésus-Christ ! Mais les légats de Rome se levèrent avec quelques évêques de la dépendance de Constantinople, et les magistrats, et ils s'écrièrent : Macaire abuse de ce passage ! saint Cyrille parle de la volonté divine de Jésus-Christ, puisqu'il la nomme toute-puissante; et d'ailleurs il ne dit point une volonté avec la marque du nombre. Après qu'on eût achevé la lecture du premier volume du concile d'Éphèse, l'empereur fit lire aussi le second, puis il leva la séance, disant qu'à la suivante on lirait les actes du concile de Chalcédoine (Labbe, t. VI).

Elle se tint le 10 novembre. Antiochus, lecteur et notaire du patriarche de Constantinople, la commença en lisant, par ordre de l'empereur, les actes du concile de Chalcédoine. Il en vint bientôt à cet endroit de la lettre de saint Léon à Flavien : « Chaque nature fait ce qui lui est propre, avec la participation de l'autre. Le Verbe opère ce qui convient au Verbe, et la chair ce qui convient à la chair ; l'un brille par ses miracles, l'autre succombe aux mauvais traitements. » Alors les légats de Rome se levèrent et s'écrièrent : « Vous voyez, seigneur, que ce très-saint Père enseigne clairement deux opérations naturelles en Jésus-Christ, sans confusion et sans division, et il l'enseigne dans ce même discours que le concile a dit être la colonne de la foi orthodoxe et la condamnation de toutes les hérésies. Que dit à cela le vénérable Macaire et ceux de son parti ? — Pour moi, seigneur, dit Macaire, je ne dis point deux opérations; et je ne vois point que Léon, d'heureuse mémoire, l'ait dit en ce passage. — Croyez-vous donc, dit l'empereur, qu'il ait dit une opération ? Macaire répondit : Je ne parle point du nombre, je dis seulement l'opération théandrique, suivant saint Denys. L'empereur reprit : Et comment entendez-vous cette opération théandrique ? » Macaire n'ayant pas voulu s'expliquer, on acheva de lire les actes du concile de Chalcédoine, et l'on remit à la session suivante la lecture du cinquième concile, c'est-à-dire du second de Constantinople (Labbe, t. VI).

La troisième session se tint le 13 novembre. La première pièce qu'on y lut était intitulée : « Discours de Mennas, archevêque de Constantinople, à Vigile, pape de Rome, sur ce qu'il n'y a qu'une volonté en Jésus-Christ. » A ces mots, les légats du Siége apostolique se levèrent et s'écrièrent : « Seigneur, ce livre est falsifié. Qu'on ne lise point ce prétendu discours de Mennas à Vigile; il est supposé. Mais faites examiner ce volume du cinquième concile, et vous serez convaincu que ce discours n'y a été mis que depuis peu ; car Mennas mourut la 21ᵉ année de Justinien, et le cinquième concile fut assemblé la 27ᵉ, lorsqu'Eutychius était évêque de cette ville. » L'empereur et les magistrats, avec quelques évêques, examinèrent le livre et remarquèrent que l'on avait ajouté au commencement trois cahiers qui n'avaient point le chiffre ou la signature que l'on avait accoutumé d'y mettre ; mais le premier chiffre était au quatrième cahier, le second au suivant et ainsi du reste. D'ailleurs, l'écriture des trois cahiers ajoutés était différente de l'ancienne écriture du même volume. Alors l'empereur dit : « Qu'on ne lise point ce discours, mais qu'on lise la préface du cinquième concile. » Il est bon de se ressouvenir que ce prétendu discours de Mennas à Vigile était la principale autorité dont s'appuyait Sergius de Constantinople pour accréditer son hérésie.

Ce ne fut pas la seule fraude qu'on découvrit dans les actes du cinquième concile. Quand on fut à la lecture de la septième session, on trouva encore deux prétendus écrits du pape Vigile, l'un adressé à l'empereur Justinien, l'autre à l'impératrice Théodora, où étaient ces paroles : « Nous anathématisons aussi Théodore de Mopsueste, qui ne confesse pas que Jésus-Christ soit une hypostase, une personne, une opération. » Les légats de Rome se levèrent encore et s'écrièrent : « A Dieu ne plaise, Seigneur ! Vigile n'a point dit une opération. Ces écrits ne sont pas de lui : on a aussi falsifié ce volume ! Car si Vigile avait enseigné une seule volonté et que le concile l'eût approuvé, on aurait employé ce terme *d'une opération* dans la définition du concile. En la lisant, vous verrez la vérité. » On lut dans son ordre la définition de foi tout entière, et il ne s'y trouva rien touchant une opération. Les légats demandèrent que ce livre fût examiné pour découvrir la supposition ; ce que l'empereur remit à une autre fois, ordonnant de continuer la lecture. Quand on l'eut finie, il demanda au concile et aux magistrats s'il leur paraissait que Macaire d'Antioche eût bien prouvé, comme il avait promis, qu'il n'y a qu'une volonté et qu'une opération en Jésus-Christ. » Ils répondirent que non, et l'empereur ordonna que Macaire et ceux de son parti prouveraient leur doctrine par les passages des Pères, suivant leur promesse. Macaire et les siens demandèrent du temps pour apporter les passages, et l'empereur ordonna que ce serait à la prochaine session. Mais Georges de Constantinople et sa dépendance demandèrent qu'on lût les lettres du pape Agathon et de son concile : ce que l'empereur remit également à la session suivante (Labbe, t. VI).

Ce fut la quatrième, tenue deux jours après, savoir, le 15 novembre. On y lut les deux lettres du Pape et de son concile, traduites en grec par Diogène, secrétaire de l'empereur. Cette lecture remplit la séance tout entière. Dans la cinquième, tenue trois semaines après, savoir, le 7 décembre, Macaire d'Antioche, suivant l'ordre de l'empereur, produisit deux volumes qui contenaient des passages extraits des Pères. Le premier avait pour titre : *Passages des saints Pères*, qui enseignent que Jésus-Christ n'a qu'une volonté, qui est celle du Père et du Saint-Esprit. Après que tous les deux volumes eurent été lus, l'empereur dit : Si Macaire et les siens ont d'autres passages, ils les produiront dans la prochaine session. Il le fit dans la sixième, tenue seulement deux mois après, le 12 février 681. Ce jour il produisit un autre recueil de passages, qui fut aussi lu. Et après que Macaire eut déclaré qu'il n'avait point d'autres passages à produire, l'empereur ordonna que ces trois volumes seraient scellés par les magistrats, les légats de Rome et le siège de Constantinople. Ce qui fut exécuté (*Ibid.*).

Alors les légats du Pape dirent : « Seigneur, par tous ces passages, Macaire d'Antioche, Etienne, son disciple, Pierre, évêque de Nicomédie, et Salomon de Clanée n'ont encore rien montré touchant l'unique volonté et l'unique opération. Ils ont même tronqué les passages qu'ils ont produits. Ceux qui se rapportent à la volonté unique de la Trinité, ils les appliquent à l'incarnation de Jésus-Christ, et ceux qui se rapportent proprement à l'incarnation, ils les tronquent et pour le sens et pour les paroles. C'est pourquoi nous supplions Votre Majesté que l'on apporte du palais patriarcal de cette ville les livres originaux d'où sont tirés les passages qu'ils ont produits, pour les collationner, et nous prouverons la falsification. De plus, nous avons en main un volume contenant plusieurs passages des Pères, qui prouvent clairement les deux volontés et les deux opérations, et plusieurs passages des hérétiques qui soutiennent une volonté, comme Macaire et les siens. Nous vous demandons qu'ils soient lus. » L'empereur remit le tout à la session suivante.

Ce fut la septième, tenue le lendemain, 13 février. On y lut tout entier le volume que les légats avaient présenté la veille. La lecture achevée, l'empereur leur demanda s'ils avaient encore d'autres passages à produire. Ils répondirent qu'ils pourraient en produire encore beaucoup d'autres, mais qu'ils se contentaient de ceux-ci pour ne point l'ennuyer. Ils le supplièrent en même temps de demander aux patriarches de Constantinople et d'Antioche, s'ils convenaient de tout ce qui était contenu dans les deux lettres du pape Agathon et de son concile. Georges et Macaire demandèrent qu'on leur délivrât copie de ces lettres pour en vérifier les passages avant que de faire réponse : ce qui leur fut accordé ; et, par ordre de l'empereur, on scella le recueil des passages produits par les légats, en la même manière qu'on avait scellé ceux de Macaire (Labbe, t. VI).

La huitième session fut tenue trois semaines après, savoir, le 7 mars. L'empereur demanda à Georges de Constantinople, à Macaire d'Antioche et aux évêques de leur dépendance, s'ils s'accordaient au sens des deux lettres du pape Agathon et de son concile. Le patriarche Georges répondit : « Seigneur, les ayant lues et ayant examiné les livres qui sont chez moi dans la bibliothèque patriarcale, j'ai trouvé tous les passages des Pères conformes aux originaux, sans différence aucune. Je m'y accorde ; je le confesse et je le crois ainsi. » Théodore, évêque d'Ephèse, dit : « Seigneur, je confesse et je crois, suivant les lettres du très-saint pape Agathon, qu'il est en Jésus-Christ deux natures, deux volontés et deux opérations. » Sinnius d'Héraclée et plusieurs autres évêques en dirent autant ; Domitius de Prusiade s'exprima en ces termes : « Les lettres adressées à notre seigneur l'empereur, par notre père Agathon, le très-saint archevêque du Siège apostolique et suprême de l'ancienne Rome, je les reçois et je les embrasse comme dictées par l'Esprit-Saint, par la bouche du bienheureux Pierre, prince des apôtres, et écrites par le doigt du trois fois bienheureux pape Agathon. »

Mais Théodore, évêque de Mélitine en Arménie, présenta un mémoire, tant en son nom qu'en celui de trois autres évêques et de quelques clercs de l'Eglise de Constantinople, par lequel il demandait que l'on ne condamnât ni ceux qui avaient enseigné une opération et une volonté, ni ceux qui avaient reconnu deux volontés et deux opérations, attendu que les conciles généraux n'avaient rien ordonné là-dessus. Son mémoire fut désavoué par les trois évêques au nom desquels il l'avait présenté ; et il n'y eut que l'abbé Etienne, disciple du patriarche Macaire, qui ne le désavoua point. Le concile ordonna que les trois évêques, qui étaient ceux de Nicomédie, de Clanée, d'Hypède, pour effacer le soupçon qui venait de s'élever contre eux, donneraient en une autre session leur confession de foi par écrit, en présence des saints Evangiles.

On continua de recevoir les suffrages des évêques dépendants de Constantinople et d'Antioche. Parmi eux, Théodore de Vérisse en Arménie dit : « Ayant entendu les lettres adressées à notre seigneur l'empereur par notre père Agathon de Rome, et ayant pris connaissance des témoignages qu'elles contiennent, je crois comme notre père Agathon de l'ancienne Rome. » Alors tous les évêques de la dépendance de Constantinople se levèrent et crièrent : s'ils étaient du même sentiment, qu'ils croyaient deux volontés et deux opérations, et qu'ils anathématisaient ceux qui n'en admettaient qu'une. Ensuite le patriarche Georges, s'approchant de l'empereur, le pria de faire remettre dans les diptyques le nom du pape Vitalien, qui en avait été ôté depuis peu ; sur une requête de Macaire et de quelques autres, à cause du retardement des légats envoyés de Rome. L'empereur l'ordonna aussitôt, et le concile s'écria : Longues années au grand empereur Constantin ! Longues années à l'empereur catholique, au conservateur de la foi, à l'empereur pacifique, au nouveau Constantin, au nouveau Théodose, au nouveau Marcien, au nouveau Justinien ! Longues années au pape orthodoxe Agathon ! au patriarche Georges, au sénat !

Après ces acclamations et à la prière du concile, l'empereur obligea Macaire d'Antioche de déclarer sa foi sur les deux volontés, et s'il s'accordait aux lettres du pape Agathon. Il répondit : « Qu'il ne disait point deux volontés ni deux opérations, mais une volonté et une opération théandriques. » Sur cette déclaration et sur son refus d'adhérer aux lettres du Pape, on lui ordonna de se lever de sa place pour répondre. Au même temps, cinq évêques de la dépendance d'Antioche l'abandonnèrent, déclarant qu'ils recevaient les lettres d'Agathon et sa doctrine. Ensuite l'empereur, ayant fait venir les trois volumes produits par Macaire, lui demanda à quel dessein il avait extrait les passages contenus dans ces volumes. Macaire avoua que c'était pour prouver la volonté unique, qui est celle du Père, et de Notre Seigneur Jésus-Christ, et du Saint-Esprit. Ce prince l'ayant pressé de s'expliquer sur l'Incarnation, il mentionna une profession de foi qu'il avait donnée à l'empereur. On en fit la lecture, et on y remarqua qu'il soutenait en termes formels qu'il n'est en Jésus-Christ qu'une opération; qu'il y condamnait saint Maxime entre les hérétiques; qu'il y comptait, entre les docteurs dont il s'appuyait, le pape Honorius, avec Sergius et Cyrus. On le pressa de s'expliquer de vive voix sur les deux volontés; il répondit qu'il ne dirait point deux volontés ni deux opérations, dût-on lui couper tous les membres.

On collationna ensuite un volume de saint Athanase, avec le premier des extraits de Macaire, et il se trouva qu'il avait retranché la suite de ce passage qui, dans la réalité, faisait contre lui. On en collationna un second, qui se trouva pareillement tronqué. Sur quoi le concile, le voyant opiniâtre, lui dit anathème, et demanda qu'il fût privé de l'épiscopat et dépouillé de son *pallium*. On le lui ôta en effet. Après quoi, comme il était debout au milieu de l'assemblée, avec Etienne, son disciple, l'abbé Théophane leur demanda si Jésus-Christ avait une volonté humaine. Ils répondirent qu'ils ne lui en connaissaient point, et s'autorisèrent d'un passage de saint Athanase, qui toutefois ne faisait point pour eux, parce que ce Père n'exclut de Jésus-Christ que les volontés charnelles et les pensées humaines et voluptueuses, qui viennent de la suggestion du démon. Théophane les pressa de dire si Adam avait une volonté naturelle. Ils ne voulurent ni en convenir ni le nier, prévoyant bien la conséquence que l'on tirerait de leur réponse. C'est pourquoi cet abbé, à la demande du concile, apporta deux passages, l'un de saint Athanase, l'autre de saint Augustin, qui disaient nettement qu'Adam avait eu une volonté naturelle; d'où les évêques de l'assemblée inférèrent que, si le premier Adam avait une volonté naturelle, le second Adam devait aussi en avoir une dans sa nature humaine. Le reste de la huitième session fut employé à vérifier quelques autres passages du pre-

mier volume de Macaire, un de saint Ambroise, un de saint Denys l'Aréopagite, et un de saint Jean Chrysostome. Mais on trouva qu'il les avait tous tronqués (Labbe, t. VI).

Macaire n'assista point à la neuvième session, qui eut lieu le 8 mars. On ne voit même personne de sa part dans les suivantes, jusqu'à la quatorzième. On admit dans la neuvième les trois évêques qui, dans la précédente, étaient devenus suspects par suite du mémoire de Théodore de Mélitine. Ils étaient accompagnés de Théodore même, et de sept clercs, du nombre desquels était Etienne, disciple de Macaire d'Antioche. On continua l'examen des passages allégués par ce dernier dans son premier volume, et on trouva, ou qu'il les avait tronqués, ou que ceux qu'il n'avait point altérés prouvaient clairement deux volontés en Jésus-Christ. Basile, évêque de Gortyne, le fit remarquer à l'empereur, quand on vint à un passage de saint Athanase sur ces paroles de Jésus-Christ : *Mon Père, s'il est possible, que ce calice s'éloigne de moi!* Car ce Père y dit : Jésus-Christ montre ici deux volontés, l'une humaine, qui est de la chair, et l'autre divine. Macaire, convaincu d'avoir corrompu la doctrine des Pères, fut déclaré déchu de toute dignité et de toute fonction sacerdotale. Il fut, au contraire, ordonné que Théodore de Mélitine et les trois autres évêques, qui s'étaient repentis et avaient confessé la foi orthodoxe, reprendraient leurs places, à la charge de donner leur confession de foi par écrit à la session suivante. Mais Etienne, disciple de Macaire, s'opiniâtrant dans l'erreur de son maître, fut chassé de l'assemblée. On ne jugea pas à propos de vérifier les passages des deux autres volumes de Macaire, parce qu'ils ne faisaient rien à la question présente (*Ibid.*).

Douze évêques, qui n'avaient pu arriver à Constantinople pour les sessions précédentes, s'y rendirent pour la dixième, qui fut tenue le 18 mars. On la commença par la lecture des passages contenus dans le recueil produit par les députés du Pape et de son concile. Le premier passage était de la seconde lettre de saint Léon à l'empereur du même nom. On le collationna avec l'original, tiré du trésor de l'Eglise de Constantinople, écrit sur du parchemin et couvert d'argent. Le second était de saint Ambroise, dans son deuxième livre à Gratien. Il fut collationné avec un livre en papier fort ancien, tiré de la bibliothèque patriarcale. Tous les autres passages, au nombre de trente-neuf, furent collationnés de suite et trouvés conformes aux livres de la même bibliothèque. Ils contenaient tous la doctrine de deux volontés et de deux opérations en Jésus-Christ. Ensuite on vérifia quinze passages rapportés dans le même recueil et tirés des écrits de six hérétiques, qui ne reconnaissaient en Jésus-Christ qu'une seule volonté et qu'une seule opération, savoir : Thémistius, Anthime, Sévère, Paul, Théodose et Théodore. Il n'y en avait point d'Apollinaire, quoiqu'il eût aussi enseigné une volonté et une opération. Les légats demandèrent qu'on en insérât aussi un passage dans leur recueil, ce qui leur fut accordé, après la vérification de ce passage sur un livre en papier, de la bibliothèque patriarcale. Ensuite, Théodore de Mélitine, avec les trois autres évêques et les six clercs qui étaient devenus suspects, présentèrent leurs confessions de foi, ainsi qu'il avait été ordonné dans la neuvième session, et firent serment sur les Evangiles de croire ce qu'elles contenaient. Celle de Pierre de Nicomédie, à laquelle les autres étaient conformes, fut insérée dans les actes (Labbe, t. VI).

La onzième session, tenue le 20 mars, fut encore plus nombreuse que la précédente, par l'arrivée d'environ trente évêques. On lut, à la requête des députés de l'Eglise de Jérusalem, la lettre de saint Sophrone, évêque de cette ville, à Sergius de Constantinople; et, aussitôt après, à la demande des légats du Pape, on lut le mémoire présenté à l'empereur par Macaire d'Antioche, avec un de ses discours au même prince. L'abbé Théophane se plaignit de ce que Macaire, contrairement aux lois de l'Eglise, avait envoyé ce discours en Sardaigne, à Rome et en d'autres lieux, avant qu'il eût été présenté et lu dans le sénat. Sur quoi l'empereur assura qu'il n'en avait eu aucune connaissance. On vit, par la lecture du discours, qu'il était plein d'erreurs, et que Macaire y soutenait manifestement l'unité de volonté et d'opération en Jésus-Christ. On lut encore d'autres écrits de Macaire, auxquels Etienne, son disciple, avait eu part; mais le concile, voyant qu'ils ne contenaient qu'une doctrine contraire à celle des Pères, en interrompit la lecture et ordonna qu'on en extrairait quelques passages conformes à ceux des hérétiques produits par les légats, et qu'ils seraient insérés dans les actes, pour faire la comparaison des uns avec les autres. Sur la fin de cette session, l'empereur déclara que les affaires de l'empire l'appelant ailleurs, il avait ordonné aux patrices Constantin et Anastase et aux ex-consuls Polyeucte et Pierre, de se trouver au concile de sa part. Ainsi il n'assista point en personne aux sessions suivantes, si ce n'est à la dernière, qui est la dix-huitième (Labbe, t. VI).

La douzième est du 22 mars. Quoique l'empereur n'y fût point présent, son siège y était, et, aux deux côtés, les quatre magistrats nommés ci-dessus. Il s'y trouva environ quatre-vingts évêques; mais personne de la part de l'Eglise d'Antioche, parce que Macaire était regardé comme privé de sa dignité. On lut le recueil de pièces qu'il avait donné à l'empereur, et que ce prince avait fait remettre au concile. Ce recueil contenait la lettre de Sergius à Cyrus, les prétendus discours de Mennas à Vigile, et de Vigile à Justinien et à Théodorat; et la lettre de Sergius à Honorius, avec la réponse de ce Pape. Toutes ces pièces furent vérifiées sur les registres et les autres originaux gardés dans le trésor des chartes de l'Eglise de Constantinople. Après quoi le concile députa les notaires avec trois évêques à Macaire, pour lui faire reconnaître ses écrits. Les ayant pris, ouverts et vérifiés, il les reconnut pour ses ouvrages. Ceux qu'on avait députés en ayant fait leur rapport, les magistrats demandèrent de la part de l'empereur si on pourrait rétablir Macaire dans son siège, en cas qu'il se repentît. Les évêques, ayant délibéré sur cela et résumé en peu de mots les crimes dont Macaire était convaincu, répondirent qu'il n'était point possible de le reconnaître jamais pour évêque; ils prièrent, au contraire, les magistrats d'obtenir de l'empereur que Macaire fût banni de Constantinople avec tous ceux qui pensaient comme lui. Alors les évêques et les clercs qui dépendaient du siège d'Antioche, s'approchant des magistrats, leur demandèrent de s'intéresser auprès de l'empereur pour leur faire donner un autre archevêque à la place de Macaire, afin que l'Eglise d'Antioche ne demeurât pas veuve. Les magistrats promirent tout ce qu'on leur avait demandé.

Dans la treizième session, qui est du 28 mars, on fit de nouveau la lecture des lettres de Sergius et d'Honorius; et le concile les ayant trouvées contraires à la doctrine des apôtres, des conciles et des Pères, et conformes aux sentiments des hérétiques, les rejeta et les détesta, comme propres à corrompre les âmes. Il dit anathème, non-seulement à Sergius, à Cyrus, à Pyrrhus, à Paul et à Pierre, tous infectés des erreurs des monothélites, mais encore à Honorius, disant avoir trouvé, dans sa lettre à Sergius, qu'il suivait en tout son erreur et qu'il autorisait sa doctrine impie. A l'égard de la lettre de Sophrone, évêque de Jérusalem, le concile, après l'avoir examinée, trouva qu'elle était conforme à la doctrine orthodoxe et utile à l'Eglise. En conséquence, il ordonna que son nom serait mis dans les diptyques. Les magistrats demandèrent que l'on produisît tous les écrits des personnes qui venaient d'être condamnées. Pendant que le garde des chartes se mettait en devoir de les présenter, les magistrats dirent qu'ayant demandé, de la part des évêques et des clercs de la dépendance d'Antioche, un évêque à la place de Macaire, l'empereur avait ordonné qu'ils feraient un décret d'élection qui lui serait communiqué. Ce qui s'exécuta avant la fin du concile; et Théophane, abbé de Baïe en Sicile, qui avait montré tant de zèle pour la défense de la foi dans la huitième session, fut ordonné patriarche d'Antioche. Cependant le garde des chartes représenta les écrits des évêques qui venaient d'être condamnés, et on lut premièrement la lettre de Cyrus à Sergius, puis celle qu'il écrivit au même Sergius avec les neuf articles de la réunion, dont il a été parlé en son temps; ensuite plusieurs passages du discours de Théodore de Pharan à Sergius; un passage d'un discours de Pyrrhus, un de la lettre de Paul de Constantinople au pape Théodore, et un de la lettre de Pierre, évêque de la même ville, au pape Vitalien. Par la lecture de toutes ces pièces, il parut clairement que leurs auteurs avaient soutenu une opération et une volonté en Jésus-Christ. C'est pourquoi le concile ordonna qu'ils seraient ôtés des sacrés diptyques, frappés d'anathème et leurs écrits supprimés. On examina après cela les lettres synodiques de Thomas, de Jean et de Constantin, successeurs de Pierre dans le siège de Constantinople. Le concile n'y ayant rien trouvé de contraire à la foi, déclara que ces trois patriarches seraient mis dans les diptyques, après avoir toutefois exigé le serment du garde-chartes qu'il ne connaissait personne qui leur eût donné des mémoires où l'on soutînt une seule volonté et une seule opération en Jésus-Christ. Le garde-chartes ayant encore apporté diverses pièces, entre autres une seconde lettre du pape Honorius à Sergius, et une de Pyrrhus au pape Jean, le concile ordonna qu'elles seraient brûlées sur-le-champ, comme tendant à établir l'impiété du monothélisme.

Voilà ce qu'on lit dans les actes tels que nous les avons. Mais ici se présente une observation fort grave. Théodore, successeur de Constantin dans le siége de Constantinople, vivait encore. Déposé de son siége peu avant le concile, on ne sait pourquoi, nous l'y verrons remonter, quelques années après, on ne sait comment. D'accord avec Macaire d'Antioche, il avait vivement pressé l'empereur d'ôter des diptyques le nom du pape Vitalien. C'est l'empereur lui-même qui l'atteste dans sa lettre au pape Donus. Ensuite, comme les légats de Rome tardaient d'arriver, il effaça réellement le nom de saint Vitalien, malgré la résistance précédente de l'empereur. Nous en avons la preuve dans la demande que son successeur le patriarche Georges adresse à ce prince pour que le nom de ce Pape soit replacé dans les diptyques. Enfin, Anastase le Bibliothécaire, dans sa *Vie du pape Agathon*, nous apprend que le recueil de passages tronqués et falsifiés, que Macaire d'Antioche avait présenté à l'empereur, et pour lequel il fut condamné dans le concile, était souscrit, non-seulement de la main de Macaire, mais encore de celle de l'ex-patriarche Théodore. Cet ex-patriarche était donc manifestement connu pour un des arcs-boutants de la nouvelle hérésie. A coup sûr, un concile œcuménique, qui condamne quatre patriarches de Constantinople, qui justifie trois autres, dut examiner avec la même attention la cause de leur successeur, exiger de lui une rétractation par écrit, ou bien le condamner s'il demeurait opiniâtre. Une preuve que ce concile n'aura pas manqué à le faire, c'est qu'il a exigé une profession de foi par écrit, avec serment, sur les saints Evangiles, de trois évêques et de plusieurs clercs de Constantinople, parce qu'ils étaient soupçonnés d'avoir pris part à une requête beaucoup moins criminelle que le mémoire souscrit de Macaire et de Théodore, et pour lequel Macaire fut condamné. Et cependant, dans les actes du sixième concile, tels que nous les avons, il n'y a pas le plus petit mot pour faire entendre que le complice de Macaire ait été ni interrogé, ni condamné, ni absous. Aux yeux de bien des critiques consciencieux, c'est une preuve que les actes, tels que nous les avons, ne sont plus ce qu'ils ont dû être dans l'origine, et qu'ils ont été altérés par des soustractions, peut-être même par des additions. La cause n'est pas définitivement éclaircie : il est de l'impartialité d'en avertir.

La quatorzième session, tenue le 5 avril, fut presque entièrement employée à examiner les trois écrits dont on a parlé déjà plusieurs fois, savoir : le prétendu discours de Mennas au pape Vigile, et ceux de Vigile à Justinien et à Théodora, insérés dans les actes du cinquième concile général. On apporta deux exemplaires des actes de ce concile, l'un en parchemin et l'autre en papier, qui était l'original. Ils se trouvèrent conformes entre eux. Mais les évêques en ayant examiné soigneusement la septième session, ils remarquèrent qu'on y avait ajouté les prétendus discours de Mennas et de Vigile; qu'ils n'avaient été faits ni écrits dans le temps du cinquième concile, mais fabriqués malicieusement depuis par les monothélites. Ayant ensuite collationné les mêmes exemplaires avec plusieurs autres anciens et de la bibliothèque patriarcale, on trouva que celui-ci ne rapportait ni l'écrit de Mennas à Vigile, ni les discours de Vigile à Justinien et à Théodora. C'est pourquoi il fut ordonné que les exemplaires où ils se trouveraient seraient barrés et effacés aux endroits falsifiés, et qu'on dirait anathème aux faussaires. Comme on reconnut, par diverses informations, que c'était le moine Georges qui avait écrit ces trois pièces de sa main, on le fit venir au milieu de l'assemblée, et il avoua qu'il les avait écrits à la demande d'Etienne, disciple de Macaire, patriarche d'Antioche, pour être présentés à l'empereur dans le temps que Macaire et Théodore de Constantinople disputaient de la foi. Paul de Constantinople avait fait faire la même addition à un exemplaire latin du cinquième concile, par Constantin, prêtre de son Eglise. Constantin, interrogé sur ce fait, avoua qu'il avait transcrit ces discours par ordre de Paul, avec le diacre Sergius, sur l'exemplaire en papier qui passait pour l'original. On interrogea le diacre Sergius, qui confirma le même fait. Alors le concile dit anathème aux prétendus discours de Mennas à Vigile, de Vigile à Justinien et à Théodora; anathème à quiconque les avait fabriqués ou écrits, anathème à tous ceux qui avaient falsifié les actes du cinquième concile; anathème enfin à ceux qui ont enseigné, qui enseignent ou enseigneront une seule volonté et une seule opération en Jésus-Christ. Quelques évêques de Chypre ayant ensuite demandé la lecture d'un discours de saint Athanase sur ces paroles du Sauveur : *Mon âme est troublée maintenant*, on en fit la lecture, et on y trouva le dogme des deux volontés clairement établi.

Le concile fut interrompu quelque temps par les fêtes de la Pâque, qui, cette année 681, était le 14 avril. Le dimanche de l'octave, Jean, évêque de Porto, le premier député du Pape et de son concile, célébra la messe solennelle en latin, dans l'église de Sainte-Sophie, en présence de l'empereur et du patriarche. On y fit plusieurs acclamations en latin à la louange de l'empereur. Et cet honneur fait aux députés de Rome et de l'Occident, donna une grande joie au peuple et à tout le concile (Anast., *In Agath*.).

La quinzième session ne se tint donc que le 26 avril, trois semaines après la précédente. Polychrone, prêtre et moine, qui était accusé de soutenir les erreurs de Macaire, fut cité, et on lui ordonna de déclarer sa foi. Il s'offrit de la prouver par les œuvres, en ressuscitant un mort. Les magistrats et le concile voulurent bien y consentir; mais ils ordonnèrent que l'épreuve du mort se ferait en public. Polychrone, prenant sa confession de foi, dans laquelle, au milieu de quelques fables impertinentes, il ne reconnaissait qu'une volonté et une opération théandrique, la posa sur le cadavre qu'il avait cherché lui-même; il lui parla tout bas, pendant plusieurs heures, et dit enfin : Je ne puis ressusciter le mort. Alors le peuple qui était présent s'écria : Anathème au nouveau Simon! Anathème à Polychrone l'imposteur! Le concile, l'ayant trouvé opiniâtre dans son erreur, le déposa de toute dignité et fonction sacerdotales, et lui dit anathème (Labbe, t. VI).

Il y eut trois mois d'intervalle entre cette session et la seizième, qui ne fut tenue que le 9 août. Cet intervalle donna lieu à plusieurs évêques éloignés de Constantinople, de se rendre au concile. Constantin, prêtre de l'Eglise d'Apamée, métropole de la seconde Syrie, fut admis à rendre compte de sa foi. Il dit qu'il reconnaissait deux natures, suivant la décision de Chalcédoine, et deux propriétés; mais que, pour les opérations, il n'en disputait point, et qu'il ne reconnaissait qu'une volonté de la personne du Verbe. On lui demande si cette unique volonté était de la nature divine ou de la nature humaine. C'est, répondit-il, de la divinité. Les évêques lui demandèrent si la nature humaine de Jésus-Christ n'avait pas aussi une volonté. Il avoua que Jésus-Christ avait eu une volonté humaine naturelle, depuis sa naissance jusqu'à la croix; mais il soutint que, depuis sa résurrection, il n'en avait plus, et que, s'étant alors dépouillé de sa chair mortelle et de toutes ses faiblesses, il avait quitté la volonté humaine avec la chair et le sang. A quoi il ajouta qu'il avait appris cette doctrine de Macaire d'Antioche. Le concile, ne pouvant lui persuader de revenir à de meilleurs sentiments, lui dit anathème, à lui et à ses dogmes, et le fit chasser de l'assemblée. Georges, patriarche de Constantinople, et avec lui quelques évêques de sa dépendance, demandèrent que l'on épargnât, s'il était possible, les noms de Sergius, Pyrrhus, Paul et Pierre, ses prédécesseurs, et qu'ils ne fussent pas compris dans les anathèmes. Mais le concile déclara que, puisqu'ils avaient été déclarés coupables et rayés des diptyques par sentence, ils devaient aussi être anathématisés nommément. Georges ayant déclaré qu'il cédait à l'avis du plus grand nombre, on renouvela les anathèmes à Théodore de Pharan, à Cyrus, à Sergius, à Honorius, à Pyrrhus, à Paul, à Pierre, à Macaire et à tous les hérétiques.

On ne fit autre chose dans la dix-septième session, qui est du 11 septembre, que de convenir de la définition de foi, qui fut publiée dans la suivante, le 16 septembre. L'empereur y assista en personne avec plus de cent soixante évêques. Dans sa définition, le concile déclare premièrement, qu'il adhère aux cinq conciles précédents, et rapporte les symboles de Nicée et de Constantinople. Puis il signale les auteurs de l'erreur qu'il condamne, savoir: Théodore de Pharan, Sergius, Pyrrhus, Paul et Pierre de Constantinople, le pape Honorius, Cyrus d'Alexandrie, Macaire d'Antioche et Etienne, son disciple. Il reçoit fidèlement et embrasse des deux mains la lettre du très-saint pape Agathon, laquelle rejette nominativement ceux qui ont enseigné une seule volonté et une seule opération en Jésus-Christ; il embrasse de même la lettre de son concile, l'un et l'autre étant conformes au concile de Chalcédoine, ainsi qu'à la doctrine de saint Léon et de saint Cyrille. Enfin, il explique le mystère de l'Incarnation, prouve et décide qu'il est en Jésus-Christ deux volontés naturelles et deux opérations naturelles, et défend d'enseigner autre chose, sous peine de déposition pour les clercs et d'anathème pour les laïques. Les trois légats du Pape; les prêtres Théodore et Georges et le diacre Jean souscrivirent les premiers; après eux, Georges de Constantinople; Pierre, prêtre, député du patriarche d'Alexandrie; Théophane, patriarche d'Antioche; Georges, prêtre, représentant l'évêque de Jérusalem. Jean de Thessalonique signe *vicaire et légat du Siége apostolique de Rome*. Etienne de Corinthe signe également, *légat du Siége apostolique de l'ancienne Rome*. Outre les trois légats du concile romain, mentionnés dans la lettre du pape saint Agathon, Basile, métropolitain de Gortyne, dans l'île de Crète, et Jean, évêque d'Athènes, prennent encore le même titre.

L'empereur demanda à tous les évêques si la définition de foi avait été faite et publiée de leur consentement. Ils répondirent que oui, et prononcèrent de nouveau des anathèmes contre tous les monothélites. Après quoi on lut un discours adressé à ce prince, où on relevait son zèle pour la foi et sa piété. De même que l'empereur Constantin et le pape saint Silvestre se sont opposés à l'hérésie d'Arius, l'empereur Théodose et le pape saint Damase à celle de Macédonius, le pape saint Célestin et saint Cyrille avec l'empereur de leur temps à celle de Nestorius, le pape saint Léon et l'empereur Marcien à celle d'Eutychès, le pape Vigile et l'empereur Justinien à d'autres erreurs; de même le nouveau Constantin s'est opposé à la nouvelle hérésie, avec le chef suprême de la sommité apostolique (ο, τῆς τς πρεσβυτατῆς και αποστολικῆς ακροπολεως αρχιερατικωτατος προεδρος), le Pontife de l'ancienne Rome. C'est en ces termes que le concile œcuménique désigne le Pape. « C'est pourquoi, concluent les Pères du concile, acquiesçant par l'inspiration de l'Esprit-Saint à la lettre dogmatique de notre très-saint Père et suprême pape Agathon, nous proclamons en Jésus-Christ deux natures, avec deux volontés et deux opérations naturelles, et nous anathématisons Théodore de Pharan, Sergius, Paul, Pyrrhus et Pierre de Constantinople, Cyrus d'Alexandrie, et, avec eux, Honorius, jadis évêque de Rome, qui les a suivis. Nous anathématisons, de plus, Macaire, Etienne, son disciple, et Polychrone. Au reste, pour que nul ne vienne à blâmer le zèle divin du très-saint Pape ni la présente assemblée, nous avons suivi ses traditions, et, avant nous et avec nous, lui-même a suivi les traditions des apôtres et des Pères. Nous n'y avons trouvé aucune différence. Si nous avons battu l'ennemi, ce n'est pas nous qui avons provoqué le combat. Le champion de la fausse science était descendu dans l'arène; mais au lieu de remporter la couronne de la victoire, il a perdu la couronne du sacerdoce. Le chef suprême des apôtres combattait avec nous; car nous avions pour nous encourager son imitateur, le successeur de sa chaire, illustrant par ses lettres le mystère de Dieu. Car, ô prince! l'ancienne Rome vous a offert une confession écrite de Dieu même, et une lettre de l'Occident a ramené le jour de la doctrine. L'encre y paraissait, mais Pierre parlait par Agathon. »

Ce discours fut encore souscrit de tous les évêques et des légats. Ils prièrent l'empereur de souscrire lui-même la définition de foi. Il le promit; mais il demanda auparavant que le concile voulût bien recevoir et faire souscrire Citonat, archevêque de Cagliari en Sardaigne, qui s'était justifié d'un crime d'État dont il avait été accusé. Après donc que Citonat et un autre évêque eurent souscrit, l'empereur souscrivit le dernier. Le concile pria l'empereur que, pour la sûreté de la foi, on donnât à chacune des chaires patriarcales, Rome, Constantinople, Alexandrie, Antioche et Jérusalem, un exemplaire de la définition de foi, ce qu'il accorda et qui fut exécuté.

Enfin le concile écrivit au pape saint Agathon en ces termes : « Les grandes maladies ont besoin de plus grands secours. C'est pourquoi le Christ, notre Dieu, a procuré un sage médecin, Votre vénérable Sainteté, laquelle a repoussé efficacement la contagion de la pestilence hérétique par les remèdes de l'orthodoxie, et rendu une pleine santé aux membres de l'Eglise. Aussi est-ce à vous, comme au premier siége de l'Eglise universelle, siége posé sur la pierre ferme de la foi, que nous remettons ce qui est à faire, acquiesçant de grand cœur aux lettres de la confession véritable, envoyées par votre paternelle Béatitude à notre très-pieux empereur; lettres que nous reconnaissons comme divinement écrites par le chef suprême des apôtres, et par lesquelles nous avons expulsé la multiple erreur de la nouvelle hérésie. Pour en arracher jusqu'aux fondements, nous avons frappé d'anathème les architectes de cette nouvelle tour de Babel, d'après la sentence déjà portée contre eux par vos lettres sacrées, savoir : Théodore, évêque de Pharan, Sergius, Honorius, Cyrus, Paul, Pyrrhus et Pierre. » Le concile ajoute que, d'entre les vivants, il a frappé d'un anathème semblable Macaire, Etienne et Polychrone, les ayant vainement priés de revenir à de meilleurs sentiments. Il dit enfin qu'il a dressé une définition de foi dans laquelle il proclame clairement la doctrine orthodoxe avec le Pape. « Nous prions donc votre paternelle Sainteté, conclut-il, de la confirmer de nouveau, ou, suivant la force du mot grec, d'y mettre le sceau par vos vénérables rescrits. »

Cette lettre est souscrite par les deux patriarches de Constantinople et d'Antioche, par les députés d'Alexandrie et de Jérusalem, par les trois légats du concile romain et par environ cinquante évêques, la plupart métropolitains, qui souscrivirent pour eux et pour le concile de leurs provinces. L'empereur fit un édit pour l'exécution des décrets du concile. Honorius y est encore nommé comme fauteur de l'hérésie et comme en opposition avec lui-même. La doctrine catholique sur les deux volontés et les deux opérations y est expliquée fort au long. Il la termine par ces mots : « Tels sont les enseignements que Pierre, qui est la pierre de la foi et le prince des apôtres, a conservés sans tache. » Il défend d'enseigner une doctrine contraire, sous peine de déposition pour les clercs, de privation de leur dignité et de confiscation de leurs biens pour les laïques, et de bannissement pour les simples particuliers. Macaire, patriarche déposé d'Antioche, Etienne, son disciple, Polychrone, un nommé Anastase et quelques autres présentèrent ensemble une requête à l'empereur, où ils demandaient d'être envoyés au Pape. L'empereur accorda leur demande, laissant au Pape le jugement de leur cause. Ainsi finit le sixième concile œcuménique.

Les légats du pape saint Agathon, étant à Constantinople, obtinrent à sa prière une lettre de l'empereur, par laquelle il modérait ou, suivant d'autres, supprimait entièrement la somme que l'on avait accoutumé de payer pour l'ordination du Pape, à condition, toutefois, que le Pape nouvellement élu ne serait ordonné qu'après que le décret d'élection aurait été porté à Constantinople, et que l'empereur y aurait donné son consentement. Saint Agathon mourut peu après le concile, le 10 janvier 682, jour auquel l'Eglise honore sa mémoire. On élut à sa place Léon, Sicilien de naissance, qui savait le grec et le latin, était éloquent, instruit des saintes Ecritures, aimant les pauvres et la pauvreté. Il est également honoré comme saint.

L'empereur Valentin, ayant appris son élection, lui écrivit une lettre avec cette adresse : « Au très-saint et bienheureux Léon, archevêque de l'ancienne Rome et Pape œcuménique. » Il y dit que la lettre du pape Agathon ayant été lue devant tout le monde, elle fut trouvée parfaitement d'accord avec les Ecritures, les conciles et les Pères. « Nous contemplons des yeux de notre âme, comme le prince même des apôtres, Pierre, pontife de la première chaire, expliquant divinement le mystère de l'Incarnation, et y disant au Seigneur : *Tu es le Christ fils du Dieu vivant*; car ses lettres sacrées nous expliquaient le Christ lui-même tout entier. Aussi les avons-nous tous embrassées du fond de notre cœur, comme Pierre lui-même. Il n'y a eu que le malheureux Macaire qui ait refusé de consentir aux très-saintes lettres d'Agathon, portant sa témérité jusque contre Pierre, le prince et le coryphée. Lui et ses complices nous ont prié de les renvoyer à Votre Béatitude, ce que nous avons fait; et nous laissons tout ce qui les regarde à votre jugement paternel. » Il exhorte le Pape à agir avec courage et à retrancher avec le glaive de la parole tous les rameaux de l'hérésie. Il le prie enfin de lui envoyer au plus tôt un légat pour le représenter dans toutes les affaires ecclésiastiques. L'empereur adressa une autre lettre à tous les conciles dépendants du concile romain, c'est-à-dire à tous les évêques d'Occident. Il se félicite avec eux de la paix qui a été rendue à la république romaine par leur concile. « Car, dit-il, vous y avez assisté avec l'archipasteur œcuménique, expliquant avec lui divinement les choses divines, et par votre esprit, et par vos lettres; car nous en avons reçu non-seulement de sa Béatitude, mais encore de Votre Sainteté. Elles ont été trouvées entièrement conformes aux conciles et aux Pères. Nous les y avons comparées avec soin; nous croyons et nous confessons de cœur et de bouche la même chose. Nous avons admiré surtout la lettre d'Agathon, comme la voix même du divin Pierre. »

Avec ces deux lettres de l'empereur, les légats romains rapportèrent de Constantinople les actes du sixième concile. Ils arrivèrent à Rome au mois de juillet 682. Ils apportaient en même temps des lettres de l'empereur, pour remettre à l'Eglise romaine les contributions de blé que fournissaient les patrimoines de Sicile et de Calabre, et d'autres impositions dont l'Eglise était surchargée. Aussi furent-ils reçus à Rome avec grande joie. Enfin, après que le Saint-Siège eût vaqué sept mois six jours, le pape saint Léon II fut ordonné le 17 août 682, suivant les calculs les plus exacts (Cenni). Un de ses trois consécrateurs fut Jean, évêque de Porto, un des légats au concile.

L'année suivante, il renvoya à Constantinople, en qualité de légat, Constantin, sous-diacre régionnaire du Siége apostolique, qui avait assisté au concile. Il était chargé pour l'empereur d'une lettre datée du 7 mai 683, où le Pape dit, en parlant des actes du sixième concile : « Les ayant soigneusement examinés, nous les avons trouvés conformes à ce que les légats nous avaient rapporté, et nous avons vu que le sixième concile a suivi exactement le concile du Siége apostolique, et qu'il s'accorde avec les définitions des cinq conciles précédents. Nous avons eu aussi très-agréable l'édit de Votre Piété, qui, avec la décision du concile, fait comme un glaive à deux tranchants pour exterminer les hérésies. C'est pourquoi nous consentons à la définition du saint concile sixième, et la confirmons par l'autorité de saint Pierre, le recevant comme les cinq autres conciles universels. Nous anathématisons les inventeurs de la nouvelle erreur, savoir : Théodore de Pharan, Cyrus d'Alexandrie, Sergius, Pyrrhus, Paul et Pierre de Constantinople, et encore Honorius, qui, au lieu de purifier cette Eglise apostolique par la doctrine des apôtres, a permis que l'immaculée fût maculée par une trahison profane. Nous anathématisons aussi Macaire, jadis évêque d'Antioche, Etienne, son disciple ou plutôt son maître, l'imposteur Polychrone et tous leurs semblables. Nous avons fait tous nos efforts, comme vous nous y exhortez par vos lettres, pour les instruire et les ramener à la vraie foi; mais ils sont demeurés opiniâtres (Labbe, t. VI).

Macaire et les autres qui avaient demandé d'être renvoyés au Pape, furent enfermés à Rome en divers monastères. Il y en eut deux à qui le Pape rendit la communion, savoir : Anastase, prêtre, et Léonce, diacre de l'Eglise de Constantinople. Il les y reçut le jour de l'Epiphanie 683, après qu'ils eurent donné leur confession de foi et anathématisé les hérétiques.

Le pape Léon, ayant reçu les actes du sixième concile, se hâta d'en faire part aux évêques d'Espagne, dont aucun n'avait assisté au concile romain. Il leur envoya donc Pierre, notaire de l'Eglise romaine, avec quatre lettres : la première à tous les évêques, la seconde à Quirice de Tolède, qui cependant était remplacé par saint Julien depuis 680, la troisième à un comte nommé Simplicius, et la quatrième au roi Ervige. Toutes ces lettres tendent à même fin, de faire recevoir en Espagne la définition du sixième concile œcuménique. Dans la première il dit, en parlant de ce concile : « La lettre du pape Agathon, notre prédécesseur, et celle de notre concile y ont été examinées et approuvées. On y a condamné Théodore de Pharan, Cyrus d'Alexandrie, Sergius, Pyrrhus, Paul et Pierre de Constantinople, et Honorius qui, au lieu d'éteindre dans sa naissance la flamme de l'hérésie, comme il convenait à l'autorité apostolique, l'a fomentée par sa négligence. » Dans la lettre au roi Ervige, il parle encore d'Honorius en ces termes : « Et Honorius, qui a laissé maculer la règle de la tradition apostolique, qu'il avait reçue immaculée de ses prédécesseurs. » Il ajoute dans sa lettre aux évêques : « Et parce que les actes du concile ne sont pas encore entièrement traduits du grec en latin, nous vous en adressons en attendant la définition, avec le discours à l'empereur et son édit, et nous vous enverrons, si vous le désirez, tous les actes, quand ils seront traduits. Nous vous prions donc de faire connaître cette définition du concile à tous les évêques et à tout le peuple de votre province; d'y faire souscrire tous les évêques et de nous envoyer vos souscriptions, pour les déposer près de la confession de saint Pierre. » Telles sont les lettres du pape saint Léon II, touchant le sixième concile œcuménique (Labbe, t. VI).

Il ne nous est pas permis de dissimuler ici que le cardinal Baronius et d'autres savants regardent comme supposés ou falsifiés tous les endroits des actes du sixième concile où il est parlé de la condamnation du pape Honorius, et qu'ils portent à peu près le même jugement des lettres du pape Léon II ; mais le plus grand nombre des critiques consciencieux s'accordent en ces deux points. Premièrement, ils pensent, avec le pape Jean IV et avec le saint martyr et abbé Maxime, que le pape Honorius ne partageait point l'erreur des monothélites, et que réellement il ne l'enseigne point dans ses lettres. En second lieu, ils pensent toutefois qu'il a été condamné dans le sixième concile comme fauteur de l'hérésie par sa négligence, par sa légèreté dans une matière aussi grave, par la manière peu exacte dont il en parle dans ses lettres, et par les louanges qu'il y donne aux auteurs mêmes de l'hérésie. Nous partageons cette manière de voir. Quant à l'anathème prononcé contre Honorius, pontife d'ailleurs irréprochable, et qui, s'il eût vécu, eût peut-être souhaité, comme saint Paul, d'être anathème pour ses frères, pour la paix de l'Eglise, nous y voyons un avertissement divin à tous ses successeurs, de bien peser les paroles de leurs écrits et de ne jamais traiter légèrement les questions de doctrine.

Mais revenons à saint Wilfrid, que nous avons vu assister au concile romain sous le pape Agathon, et souscrire la lettre de ce concile à l'empereur Constantin. Au même temps que l'empereur de Constantinople envoyait demander au Pape des lettres et des légats apostoliques pour pacifier l'Orient et le ramener à la saine doctrine, saint Wilfrid venait du fond de l'Angleterre lui demander justice et protection. Rétabli sur le siège d'York en 670, il gouverna paisiblement cette Eglise tant que la reine sainte Edilthride demeura avec le roi Egfrid. Cette princesse garda toujours sa virginité, quoique mariée deux fois, d'abord avec le prince Tombert pendant peu de temps, ensuite avec le roi Egfrid pendant douze ans. Comme il n'y avait personne en qui elle eût plus de confiance que saint Wilfrid, le roi offrit à celui-ci des terres et de grandes sommes d'argent, s'il persuadait à la reine d'habiter avec lui. Jamais elle ne voulut y consentir. A la fin le roi lui permit ce qu'elle lui demandait depuis toujours, de se retirer dans un monastère. Elle reçut le voile des mains de saint Wilfrid, qui l'établit plus tard abbesse du monastère d'Ely, où elle mourut saintement l'an 679.

Après sa retraite, le roi Egfrid épousa Ermenburge, qui prit en aversion saint Wilfrid. Elle ne cessait de dire que l'évêque était plus puissant que le roi, que l'évêché de l'un était plus étendu que le royaume de l'autre. D'après ces insinuations, Egfrid résolut de faire diviser l'évêché d'York, qui effectivement était d'une grande étendue. L'occasion était favorable. Le nouvel archevêque de Cantorbéry, saint Théodore, avait la commission expresse du Saint-Siège de multiplier les évêchés à mesure que le nombre des fidèles augmenterait. Il est possible que saint Wilfrid ne se prêta pas volontiers à cette multiplication des sièges. Enfin l'archevêque Théodore, à la persuasion du roi Egfrid, divisa le diocèse d'York en trois, et ordonna, à la place de Wilfrid, trois évêques, savoir : Bosa, pour le pays des Déîres, à Hagulstadt; Eata, pour les Berniciens, à York, et Eadhede, à Lindisfarne. Les deux premiers sont honorés comme saints. C'était l'an 678. Saint Wilfrid, ayant vainement réclamé auprès du roi et de l'archevêque, en appela au Pape et s'embarqua pour Rome. Les vents contraires le jetèrent sur les côtes de la Frise, dont les habitants étaient encore idolâtres. Il se mit à leur prêcher la foi, et le fit avec tant de succès, qu'il baptisa presque tous les seigneurs et plusieurs milliers du peuple. Il fut ainsi le premier apôtre de cette nation, et nous verrons son exemple y en attirer d'autres.

Ebroïn, soit à la sollicitation des ennemis que Wilfrid avait en Angleterre, soit à cause de son ancienne liaison avec saint Delphin de Lyon, ou plus vraisemblablement à cause des services qu'il avait rendus au roi Dagobert II, écrivit à Adalgise, roi des Frisons, pour lui offrir un boisseau de pièces d'or, s'il voulait lui envoyer le saint évêque ou sa tête. Le roi fit lire cette lettre publiquement à son dîner, en présence de Wilfrid, des envoyés d'Ebroïn et d'un grand peuple. Puis la prit, la déchira et la jeta au feu, en disant aux porteurs : « Dites de ma part à votre maître : Ainsi puisse le Créateur détruire le royaume et la vie de qui se parjure et ne garde pas les traités ! »

Saint Wilfrid ayant passé l'hiver en Frise, où il établit quelques pasteurs, en partit au commencement du printemps 679, pour continuer son voyage de Rome. En Austrasie, le roi Dagobert le reçut avec beaucoup d'amitié et de reconnaissance, et lui offrit l'évêché de Strasbourg, le plus grand qu'il eût dans ses Etats. N'ayant pu le lui faire accepter, il lui fit des présents considérables, et lui donna, pour l'accompagner à Rome, Adéodat, évêque de Toul. En Italie, le pieux roi des Lombards, Bertharide, les reçut avec beaucoup d'humanité et dit à saint Wilfrid : « Vos ennemis m'ont envoyé d'Angleterre promettre de grands présents, si je vous retenais et vous empêchais d'aller à Rome ; car ils vous traitent d'évêque fugitif. Je leur ai répondu : Etant banni de mon pays en ma jeunesse, j'ai demeuré chez le roi des Huns, qui était païen, et qui me promit avec serment, au nom de son idole, de ne jamais me livrer à mes ennemis. Quelque temps après, il lui envoyèrent offrir un boisseau de pièces d'or s'il m'abandonnait à eux. Il le refusa, disant que ses dieux le feraient périr s'il faussait son serment. A plus forte raison, moi, qui connais le vrai Dieu, je ne perdrai pas mon âme, quand il s'agirait de gagner tout l'univers. » Il donna donc une escorte honorable au saint évêque pour le conduire jusqu'à Rome. On voit ici combien le christianisme embellissait ce qu'il y avait de franc chez les Barbares.

A Rome, où l'on était déjà instruit de l'affaire par les lettres de l'archevêque Théodore, le pape saint Agathon assembla un concile de plus de cinquante évêques et prêtres, pour délibérer sur l'état général de l'Eglise d'Angleterre et en particulier sur l'affaire de Wilfrid. Sur le premier chef, le Pape, de l'avis du concile, ordonna, par l'autorité de saint Pierre, que les décrets de ses prédécesseurs, notamment de saint Grégoire, concernant l'Eglise d'Angleterre, seraient inviolablement observés : qu'il y aurait dans chaque province douze évêques ; qu'ils seraient ordonnés par l'archevêque à qui le Siège apostolique aura envoyé le *pallium* ; que nul évêque n'entreprendrait sur les droits d'un autre ; que les évêques et les clercs ne porteraient point d'armes, n'entretiendraient point de joueuses de harpe, et n'admettraient point de jongleurs en leur présence ; mais qu'ils s'appliqueraient aux offices divins, au soulagement des pauvres et à l'étude des Ecritures. Enfin le Pape envoya en Angleterre le prêtre Jean, abbé du monastère de Saint-Martin, avec ordre à l'archevêque Théodore d'assembler en concile tous les évêques, les rois, les princes, les seigneurs et les fidèles Saxons, pour examiner avec eux l'état de l'Eglise et de la foi parmi eux, et leur commander à tous, par l'autorité apostolique, d'observer les saints canons (Labbe, t. VI).

Sur la cause particulière de saint Wilfrid, les évêques d'Ostie et de Porto, chargés de faire le rapport, dirent au Pape : « L'ordination de toutes les Eglises dépend de la volonté de votre autorité apostolique, vous qui tenez la place du bienheureux apôtre Pierre. Cependant, d'après vos ordres, nous avons examiné, avec d'autres évêques, les pièces présentées de part et d'autre. Nous ne trouvons Wilfrid canoniquement convaincu d'aucun crime qui méritât la déposition ; au contraire, nous voyons qu'il a gardé la modération convenable, sans exciter de sédition pour se rétablir. Il s'est contenté de protester devant les évêques et de recourir au Siège apostolique, où Jésus-Christ a établi la principauté du souverain sacerdoce. C'est maintenant à l'autorité de votre apostolat à ordonner ce que vous jugerez à propos. » Le Pape fit entrer saint Wilfrid, qui était à la porte de la salle. On lut sa requête. Après l'exposé de son affaire : « Je n'ose, dit-il, accuser le saint archevêque Théodore, parce qu'il a été envoyé par le Siège apostolique. Si maintenant, encore que je n'aie été convaincu d'aucun crime, votre apostolat juge avec les évêques ici présents que je ne sois plus évêque, je me soumets humblement ; si je dois reprendre mon siège, j'exécuterai votre sentence avec joie, seulement je vous prie de chasser, par votre autorité, les usurpateurs de mon diocèse. Si l'archevêque et les évêques, mes frères, trouvent à propos d'augmenter le nombre des évêques, qu'ils les choisissent dans un concile et les tirent du clergé de la même Eglise, afin que cette Eglise ne soit pas dominée par des étrangers ; autrement il en résulte des dissensions inextricables. En tout cas, j'obéirai absolument aux décrets du Siège apostolique, à l'équité duquel je me suis abandonné avec une entière confiance. » Le pape saint Agathon loua beaucoup sa modération, son humilité et sa soumission à l'autorité de saint Pierre ; ensuite, d'accord avec tout le concile, il ordonna que Wilfrid reprendrait son évêché, mais sans préjudice de l'ordonnance portée plus haut sur la multiplication des sièges ; qu'en conséquence, les évêques qu'il choisirait avec le concile assemblé sur les lieux, seraient ordonnés par l'archevêque, et qu'on chasserait ceux qui avaient été envoyés irrégulièrement pendant son absence, le tout, sous peine de déposition et d'anathème contre les évêques, les prêtres et les diacres, et d'excommunication contre les autres, même contre les rois (Eddi, *Vita S. Wilfr. Act. Benedict.*, sec. 4, pars. 1 ; Labbe, t. VI). Saint Wilfrid, ainsi justifié, assista à un autre concile contre les monothélites, et souscrivit sa lettre au nom de toute l'Eglise de Bretagne.

De retour en Angleterre, saint Wilfrid alla trouver Egfrid, roi des Northumbres, qui l'avait chassé, et lui présenta humblement le décret du Saint-Siège souscrit de tout le concile de Rome, avec les bulles et les sceaux. Le roi assembla les grands et le clergé, et fît lire ces lettres en leur présence; mais comme ils y trouvaient des choses qui ne leur plaisaient pas, ils rejetèrent ce décret et dirent qu'il avait été obtenu à prix d'argent. Wilfrid fut même condamné à neuf mois de prison, par ordre du roi et par le conseil des évêques qui occupaient son diocèse. On ne lui laissa que l'habit qu'il portait, on chassa tous ses domestiques et on ne permit pas même à ses amis de le voir. La reine Ermenburge lui ôta son reliquaire et le tint suspendu dans sa chambre ou dans sa voiture quand elle voyageait. Cette persécution ne fit que manifester davantage la vertu du saint et lui donner occasion de sauver plus d'âmes.

Saint Wilfrid fut mis d'abord dans une prison très-obscure; mais ses gardes l'y entendaient chanter des psaumes, et y voyaient une lumière qui les épouvantait et qui leur faisait dire que c'était un saint. Le roi offrait de lui rendre une partie de son évêché, avec des présents considérables, s'il voulait convenir que le décret du Pape était supposé; mais il répondit qu'il perdrait plutôt la tête. Comme il eut guéri avec de l'eau bénite la femme du gouverneur, celui-ci ne voulut pas être son geôlier; et le roi le fit transférer à une autre prison, où il voulut le faire mettre aux fers; mais on ne put jamais en faire de proportionnés : ils étaient toujours ou trop grands ou trop petits. Enfin, la reine fut subitement frappée de maladie dans un monastère gouverné par Ebbe, tante du roi. La sainte abbesse lui présenta l'injustice qu'il faisait à saint Wilfrid, et lui persuada de le laisser en liberté et de lui rendre ses reliques et ses compagnons.

Saint Wilfrid en profita pour aller prêcher l'Evangile dans le pays de Sussex et de Wessex, c'est-à-dire des Saxons du Sud et de l'Ouest. Ethelwald, roi de Sussex, avait été baptisé depuis peu dans le pays des Merciens, à la persuasion du roi Wulfère, qui fut son parrain; mais tout son peuple était encore idolâtre. Il reçut donc avec joie saint Wilfrid, et écouta volontiers ses instructions. Le saint homme étant au milieu de ces infidèles, les exhorta premièrement à la pénitence; ensuite, pendant plusieurs mois, il leur racontait au long les œuvres de Dieu depuis le commencement du monde jusqu'au jour du jugement. Ils quittèrent donc l'idolâtrie, les uns volontairement; les autres contraints par les ordres du roi; et on en baptisait quelquefois plusieurs milliers en un jour. Saint Wilfrid baptisait les seigneurs et les gens de guerre, et quatre prêtres qui l'accompagnaient baptisaient le reste du peuple.

Sa prédication fut soutenue par des grâces sensibles. Depuis trois ans, il n'avait point plu dans le pays, et la famine y était telle, que l'on disait que des quarante à cinquante personnes, poussées de désespoir, se prenaient par la main et se précipitaient dans la mer. Dès le jour qu'ils commencèrent à recevoir le baptême, il vint une pluie douce qui ramena l'abondance. Ces peuples ne savaient pêcher que des anguilles; saint Wilfrid leur apprit à prendre toute sorte de poissons. Le roi lui donna la terre où lui-même faisait son séjour, et qui était de 87 familles : c'est la presqu'île de Selsey. Saint Wilfrid y fonda un monastère et exerça les fonctions épiscopales pendant cinq ans, depuis l'an 680, qu'il revint de Rome, jusqu'en 685, que fut tué Egfrid, roi des Northumbres. Ce monastère de Selsey fut depuis un siège épiscopal. Ainsi fugitif, saint Wilfrid assista puissamment un autre fugitif, c'était Cedwalla, roi de Wessex, chassé de son pays. Y étant rentré la même année 680, il y appela le saint, pour se servir de ses conseils, l'aima comme son père et lui donna la quatrième partie de l'île de Wight, encore toute païenne. Le saint évêque y envoya le clerc Bernwin, son neveu, avec un prêtre, pour travailler à la conversion de ce peuple (Eddi, *Vit. S. Wilfrid*).

La même année que le roi Egfrid mourut, il fit ordonner évêque de Lindisfarne saint Cuthbert, qui menait la vie d'anachorète dans une petite île voisine nommée Farne. Dès sa jeunesse, il fut prévenu de grâces singulières qui l'attirèrent à Dieu. Entre autres, comme il gardait un troupeau, la nuit, étant en prière, il vit monter au ciel l'âme de saint Aïdan, dont il apprit la mort le lendemain; il fut tellement touché de cette vision, qu'il alla se faire moine à l'abbaye de Mailros, dans le pays des Merciens, mais habitée par des Irlandais. Il fut un des moines envoyés pour fonder l'abbaye de Ripon; mais quand on l'eut donné à saint Wilfrid, il s'en retira avec les autres du rite irlandais, et retourna à Mailros, dont il fut prieur quelque temps après. Il sortait quelquefois pour aller dans les lieux écartés ou inaccessibles instruire les paysans, que tous les autres ecclésiastiques négligeaient à cause de leur pauvreté et de leur rusticité; et quelquefois il demeurait avec eux jusqu'à trois semaines et un mois, et baptisait ceux qui n'étaient pas encore chrétiens. Il faisait un grand nombre de miracles. Son abbé l'ayant ensuite envoyé au monastère de Lindisfarne, il y trouva des moines déréglés, qu'il ramena par sa douceur et sa patience. Il versait des larmes lorsqu'il célébrait la messe et qu'il entendait les confessions des pécheurs. Après avoir été douze ans prieur de Lindisfarne, il se retira dans l'île de Farne pour y vivre en solitude. Il y subsistait du travail de ses mains, et négligeait tellement son corps, qu'il ne se déchaussait pendant plusieurs années que le jeudi saint pour le lavement des pieds. Il fit encore là plusieurs miracles.

Saint Cuthbert avait passé plusieurs années dans cette solitude, quand saint Théodore de Cantorbéry tint un concile en présence du roi Egfrid, l'an 684, où il fut élu tout d'une voix évêque de Lindisfarne. On lui envoya plusieurs courriers, sans pouvoir le tirer de son monastère; il fallut que le roi y allât lui-même avec saint Trumwin, évêque des Pictes, et plusieurs personnes considérables; encore eut-on bien de la peine à le déterminer. Son ordination fut différée à l'année suivante, et célébrée à York en présence du roi, le jour de Pâques, 26 mars 685. Sept évêques y assistèrent, et à leur tête saint Théodore. Le nouvel évêque de Lindisfarne continua de garder les observances monastiques, s'appliquant toutefois avec un grand soin à l'instruction de son peuple. Il visitait tout son diocèse, jusqu'aux moindres villages, pour donner des avis salutaires et imposer les mains aux nouveaux baptisés, afin qu'ils reçussent la grâce du Saint-Esprit. Il fit encore plusieurs miracles pendant son épiscopat, principalement pour la guérison des malades. Mais il mourut au bout de deux ans, l'an 687, le 20 mars, jour auquel l'Église honore sa mémoire. La vie de saint Cuthbert a été écrite par un autre saint, le vénérable Bède, qui vivait dès lors et qui prit toutes les précautions pour ne dire que des choses bien attestées (*Acta Sanct.*, 20 *mart.* ; *Act. Bened.*, sec. 2, *Opera Bed.*)

Cependant saint Théodore de Cantorbéry, âgé de plus de 80 ans et attaqué de fréquentes maladies, voulut se réconcilier avec saint Wilfrid. Il le pria de venir le trouver à Londres, avec saint Erconwald, évêque de cette ville, et leur fit une confession de toute sa vie, dans laquelle, adressant la parole à saint Wilfrid, il dit : « Le plus grand remords que je sente, est le consentement que j'ai donné à la volonté des rois, pour vous dépouiller de vos biens et vous envoyer en exil, sans aucune faute de votre part. Je m'en confesse à Dieu et à saint Pierre, et je vous prends tous deux à témoin que je ferai mon possible, en réparation de ce péché, pour vous réconcilier avec tous les rois et les seigneurs mes amis. Dieu m'a révélé que ma vie doit finir avant cette année. C'est pourquoi je vous conjure de consentir que je vous établisse de mon vivant archevêque dans mon siège; car je sais que vous êtes le mieux instruit de votre nation dans toutes les sciences et dans la discipline romaine. » Saint Wilfrid répondit : « Que Dieu et saint Pierre vous pardonnent tous nos différends ! Pour moi, je prierai perpétuellement pour vous comme votre ami. Mais commencez par envoyer à tous vos amis des lettres, afin qu'ils me rendent quelque partie de mes biens, suivant le décret du Siége apostolique. Nous délibérerons ensuite, dans une grande assemblée, sur votre successeur. »

En exécution de cet accord, saint Théodore écrivit à Alfrid, roi de Northumbres, qui avait succédé à son frère Egfrid en 685. Il écrivit aussi à Ethelred, roi des Merciens, à Elflède, abbesse de Streneshall, et à ses autres amis. Sur ces lettres, le roi Alfrid rappela le saint évêque, sur la fin de l'an 686, et lui rendit premièrement son monastère de Hagulstad, et, quelque temps après, son siége épiscopal d'York et le monastère de Ripon, chassant les évêques étrangers que l'on avait mis à sa place. Saint Wilfrid demeura ainsi en repos pendant cinq ans (Bed., l. 4, c. 16; *Vie de S. Wilfrid*).

Cedwall, roi de Wessex, qui l'avait si bien reçu chez lui, quitta son royaume au bout de deux ans; c'est-à-dire l'année 688, pour le pèlerinage de Rome. Il désirait être baptisé auprès des tombeaux des apôtres, et passer aussitôt après à la vie éternelle. Dieu lui accorda l'un et l'autre. Étant arrivé à Rome, il fut baptisé le samedi saint, 10 avril 689, par le pape Sergius, qui le nomma Pierre. Il portait encore l'habit blanc, lorsqu'il tomba malade et mourut, le 20 du même mois, âgé d'environ trente ans. Le Pape lui fit faire deux épitaphes, l'une en vers latins et l'autre en prose. Son successeur dans le royaume de Wessex fut Ina, qui régna vingt-sept ans avec gloire, réprimant les révoltes au dedans et se rendant redoutable au dehors. Dans une assemblée nationale, il fit des lois pleines de sagesse, dont voici la préface : « Moi Ina, par la grâce de Dieu roi des West-Saxons, du conseil de mon père Cenred, de mes évêques Hedde et Erconwald, de tous mes aldermans ou sénateurs, de tous les seigneurs et les sages de mon peuple, dans une assemblée nombreuse des serviteurs de Dieu, cherchant avec soin ce qui est du salut de nos âmes et de la prospérité de mon royaume, j'ai établi des lois pour le règlement des mariages et pour la justice des jugements, avec défense à tout alderman ou tout autre de nos sujets d'y déroger. Entre ces lois, on remarque les suivantes : « On doit baptiser les enfants dans le mois qui suit leur naissance. L'esclave qui aura travaillé le dimanche, par ordre de son maître, sera mis en liberté; l'homme libre sera réduit en servitude. On paiera à l'Église les prémices des fruits à la Saint-Martin. Défense de se battre dans les églises, sous peine de cent vingt sous d'amende; là même peine est imposée à qui porte faux témoignage devant l'évêque, ou qui rompt la paix dans la ville épiscopale. Celui qui tue le filleul ou le parrain, doit l'amende comme d'un parent; » car ces lois, comme celles de tous les Barbares, n'ont que des peines pécuniaires.

Les deux évêques nommés dans le préambule de ces lois, sont saint Hedde de Winchester, honoré le 7 juillet, et saint Erconwald de Londres, honoré le 30 avril. Ina eut deux sœurs, Kineburge et Kutburge, qui sont honorées comme saintes, dans quelques Martyrologes; la première au 12 septembre, la seconde au 31 août. Ina lui-même abdiqua la couronne en 728; fit le pèlerinage de Rome, y prit l'habit monastique avec la reine, sa femme, et ils y passèrent le reste de leur vie dans les exercices de la pénitence et de la prière. C'était alors la coutume de bien des Anglais, clercs et laïques, hommes et femmes, dit le vénérable Bède, d'aller finir leurs jours près du tombeau des apôtres, afin d'en être reçus plus familièrement dans le ciel (Bed., l. 5; c. 7). Ina est honoré comme saint, au 6 février, dans plusieurs Martyrologes. D'anciens auteurs, mais non contemporains, ajoute qu'il fonda à Rome une maison et une église pour les pèlerins anglais, et que, pour les soutenir, il ordonna que toutes les maisons de son royaume paieraient chaque année un denier d'argent, qui fut appelé le *denier de saint Pierre* (*Acta Sanct.*, 6 *febr.*).

Vers le même temps où le roi Cedwall mourut à Rome avec l'innocence de son baptême, mourut saint Benoît Biscop, dans son monastère de Wiremouth, après l'avoir gouverné seize ans. Pendant sa dernière maladie, il exhorta souvent ses frères à garder fidèlement la règle qu'il leur avait donnée, et qui était composée de ce qu'il avait trouvé de meilleur en dix-sept monastères. Il leur recommanda particulièrement de conserver la belle et nombreuse bibliothèque qu'il avait apportée de Rome pour le service de l'église, et de ne pas souffrir qu'elle fût gâtée ni dissipée. Il leur défendit d'avoir égard à la naissance dans le choix d'un abbé, mais seulement aux mœurs, et leur ordonna de s'y conduire suivant la règle du grand saint Benoît. Il leur défendit en particulier d'élire son frère, qu'il en jugeait indigne, ajoutant qu'il aimerait mieux voir son monastère réduit à une éternelle solitude. Il mourut en 690, le 12 janvier, jour auquel l'Église honore sa mémoire (*Ibid.*, 12 *jan.*; *Acta Bened.*; t. II).

La même année mourut saint Théodore, archevêque de Cantorbéry; âgé de 88 ans, après 22 ans d'épiscopat. Il fut enterré dans l'église de Saint-Pierre, avec ses prédécesseurs, et on honore sa mémoire le jour de sa mort, 19 septembre. C'est le premier entre les Latins qui ait composé un *Pénitentiel*, c'est-à-dire un recueil de canons pour régler les pénitences des différents péchés. Plusieurs le copièrent et firent des recueils semblables, qui furent depuis mêlés à celui de Théodore, en sorte qu'il ne se trouve plus dans son état primitif. Ce qui est le plus authentiquement de lui, sont certains chapitres ou articles, au nombre de cent vingt, qui contiennent le sommaire de la discipline des Grecs et des Latins. Voici ce qu'on y trouve de plus remarquable. Les nouveaux baptisés portaient pendant sept jours sur la tête le voile qui leur avait été mis : c'était un prêtre qui l'ôtait. Il n'était pas permis aux baptisés de manger avec les catéchumènes. Le dimanche, on n'allait point en bateau, ni en voiture, ni à cheval, si ce n'est pour se rendre à l'église, et on ne faisait point de pain. On voit, dans la *Vie de saint Cuthbert*, que la reine même n'allait pas en voiture le dimanche. On ne mangeait point de sang ni d'animaux étouffés. Chez les Grecs, les laïques mêmes communiaient tous les dimanches, et on excommuniait ceux qui y manquaient trois fois de suite; chez les Latins, communiait qui voulait : ceux qui ne le faisaient pas n'étaient point excommuniés. Suivant les canons, les pénitents ne devaient point communier avant la fin de leur pénitence; par miséricorde, Théodore le leur permettait au bout d'un an ou de six mois. Les nouveaux mariés étaient un mois sans entrer à l'église, puis ils faisaient quinze jours de pénitence avant de communier. Les femmes n'entraient dans l'église que quarante jours après leurs couches. Les oblations pour les morts étaient accompagnées de jeûnes.

Les enfants qui étaient dans les monastères, mangeaient de la chair jusqu'à 14 ans. Les garçons pouvaient se faire moines à 15 ans, les filles, religieuses à 16. L'abbé devait être élu par les moines, et, à son ordination, on lui donnait le bâton pastoral. Les moines grecs n'avaient point d'esclaves, les Latins en avaient. On a pu remarquer que jamais il n'y a eu de règle universelle ni bien fixe sur la longueur des pénitences; cette longueur variait suivant les Églises, et, pour l'application, dépendait beaucoup de l'évêque. Le *Pénitentiel* de saint Théodore impose un an pour la fornication, trois pour l'adultère, et sept pour l'homicide volontaire : ou bien il fallait renoncer à porter les armes. On permet de prier, mais non de dire la messe pour celui qui s'est tué volontairement; quelques-uns la disaient pour ceux qui s'étaient tués dans un accès de folie. Ceux qui ont été ordonnés par les Irlandais et les Bretons schismatiques, doivent être réhabilités par l'imposition des mains, et leurs églises réconciliées. On ne doit donner aux Bretons le saint chrême et l'eucharistie qu'après qu'ils sont réunis à l'Église (Labbe, t. VI).

Le successeur de saint Théodore dans le siège de Cantorbéry fut saint Britwald, auparavant abbé du monastère de Raculf, dans le pays de Kant. Il était savant dans les Ecritures et bien instruit de la discipline ecclésiastique et monastique, mais nullement comparable à son prédécesseur. Il ne fut élu que deux ans après sa mort, savoir le 1er juillet 692, et sacré, encore un an après, le dimanche 29 juin 693, par Godwin, archevêque de Lyon. C'est le premier anglais naturel qui fût archevêque de Cantorbéry, et il tint ce siège 37 ans (Beda, l. 5, c. 9; *Acta Sanct.*, 9 jan.).

Pendant la vacance du siège de Cantorbéry, saint Swidbert fut ordonné évêque pour la Frise, où il avait été envoyé par saint Egbert. Celui-ci était un noble anglais qui se retira en Irlande et y embrassa la vie monastique. Étant prêtre et plein d'un grand zèle, il entreprit, l'an 686, de passer en Frise pour travailler à la conversion des Germains, dont les Anglais tiraient leur origine. Quoiqu'il en fût détourné par des songes qu'il croyait venir de Dieu, il ne laissa pas de s'embarquer; mais, ayant pensé faire naufrage dès le port, il abandonna l'entreprise et travailla utilement à la réunion des Irlandais schismatiques. Un de ses compagnons, nommé Wigbert, qui avait aussi demeuré longtemps en Irlande, menant la vie d'anachorète dans une grande perfection, s'embarqua, passa en Frise, et, pendant deux ans de suite, prêcha l'Evangile à cette nation et à son roi Radbod ; mais, voyant qu'il n'y faisait aucun fruit, il revint en Irlande servir Dieu en silence et profiter du moins aux siens par son exemple (Bed., l. 5, c. 10; *Act. Bened.*, t. III).

Saint Egbert voyant qu'il n'avait pu passer en Frise et que Wigbert n'y avait rien fait, essaya d'y envoyer encore des hommes zélés et vertueux. Il en choisit douze, dont le principal était saint Willebrod, Anglais, né dans la Northumbrie vers l'an 658. Dès l'âge de six ou sept ans, son père le mit dans le monastère de Ripon, où il fut élevé sous la conduite de saint Wilfrid et embrassa la vie monastique. A l'âge de vingt ans, il en sortit, du consentement de son abbé, pour aller en Irlande se perfectionner auprès de saint Egbert. Il était prêtre et âgé de trente-trois ans quand il fut envoyé en Frise par ce saint, qui vécut jusqu'à l'an 729, et mourut âgé de 90 ans, le 24 avril, jour auquel l'Eglise honore sa mémoire. Les douze missionnaires étant arrivés en Frise l'an 690, furent très-bien reçus par Pepin, duc des Francs et maire du palais, surnommé d'Héristal. Il venait de conquérir sur Radbod la Frise citérieure entre le Rhin et la Meuse. C'est pourquoi il les y envoya prêcher et leur donna sa protection, défendant de leur faire aucun déplaisir, et accordant des grâces à ceux qui embrassaient la foi : ce qui produisit en peu de temps la conversion d'un grand nombre d'idolâtres.

Alors les missionnaires choisirent Swidbert, l'un d'entre eux, pour être ordonné évêque. Avant que de venir en Frise, il était prêtre et abbé du monastère de Dacor, sur les confins de l'Ecosse. Ils le renvoyèrent en Angleterre, où il trouva le siège de Cantorbéry vacant, dans l'intervalle entre la mort de saint Théodore et l'ordination de saint Britwald, c'est-à-dire l'an 692. Saint Swidbert s'adressa donc à saint Wilfrid, archevêque d'York, alors exilé dans le pays des Merciens, qui l'ordonna évêque. A son retour en Germanie, il passa chez les Bructères, peuples des environs de Cologne, et en convertit plusieurs. Mais, peu de temps après, ces peuples ayant été défaits par les Saxons, les nouveaux chrétiens se dispersèrent de toutes parts, et saint Swidbert alla trouver Pepin, qui, à la recommandation de sa femme Plectrude, lui donna, pour s'y retirer, une île du Rhin, où il bâtit un monastère nommé Verden et ensuite Keiserswert, c'est-à-dire île de l'empereur. Saint Swidbert y mourut l'an 713, et l'Eglise honore sa mémoire le 1er mars (*Acta Sanct.*, 1 mart.).

# LIVRE L. — SAINT WILLEBROD EN FRISE.

Saint Wilfrid ayant été rétabli dans son siège, les anciens prétextes de querelles se renouvelèrent ; en sorte qu'il était tantôt bien, tantôt mal avec le roi Alfrid. On voulait priver le monastère de Ripon de ses terres et de ses domaines ; on voulait en faire un siége épiscopal, au préjudice de la liberté accordée par le pape Agathon ; enfin on voulait que le saint évêque se soumît aux règlements que l'archevêque Théodore avait faits pendant leur division. Saint Wilfrid, ne pouvant céder en tous ces points à la volonté du roi, fut encore chassé de la Northumbrie au bout de cinq ans, c'est-à-dire en 691, et se retira chez son ami Ethelrède, roi des Merciens, qui le reçut avec grand honneur et lui donna l'évêché de Lichfeld, vacant par la mort de Sexwulfe.

Saint Willebrod, avec les autres missionnaires anglais, travaillait avec succès à la conversion des Frisons, sous la protection de Pepin. Vers l'an 692, ce prince l'envoya à Rome, pour recevoir du pape Sergius la bénédiction apostolique et apporter des reliques pour mettre dans les églises qu'il fonderait à la place des temples d'idoles. A son retour, il continua de prêcher aux Frisons, sujets des Francs ; puis il retourna à Rome avec des présents et des lettres de Pepin, qui priait le Pape de l'ordonner évêque pour ce peuple. Le pape Sergius le consacra archevêque des Frisons, dans l'église de Sainte-Cécile, le jour de la fête de cette sainte, 22 novembre 696. Il lui donna le *pallium* et le nom de Clément, au lieu de son nom barbare de Willebrod, sous lequel toutefois il est plus connu. Le Pape le renvoya aussitôt à son peuple, et il ne demeura que quatorze jours à Rome. Pepin lui donna la place pour établir son siége épiscopal dans la ville nommée aujourd'hui Utrecht. Saint Willebrod y bâtit une église, sous le titre de Saint-Sauveur, et y établit sa résidence. Comme il convertit un grand nombre d'infidèles de tous côtés pendant cinquante ans qu'il prêcha, il fonda plusieurs autres églises et quelques monastères, et établit de nouveaux évêques.

Il alla prêcher l'Evangile, même dans la partie de Frise qui obéissait à Radbod ; et ce prince le reçut avec honneur, mais il ne profita point de ses instructions. Le saint évêque passa chez les Danois, peuple très-farouche, à qui commandait Ongende, plus cruel que toutes les bêtes ; il ne laissa pas de le traiter avec honneur, mais il demeura endurci, et saint Willebrod voyant qu'il n'y avait rien à espérer en ce pays, se contenta d'en amener trente jeunes enfants, et revint en France. Mais craignant les accidents d'un si long voyage, il les instruisit et les baptisa en chemin. Sur les confins des Danois et des Frisons était une île, à l'embouchure de l'Elbe, qui portait alors le nom de leur dieu Fosite. Les païens la révéraient tellement, qu'ils n'osaient toucher aux animaux qui y paissaient, ni parler en puisant de l'eau d'une fontaine qui l'arrosait. Le saint homme ayant été jeté dans cette île par la tempête, y demeura quelques jours, attendant le temps favorable. Il baptisa trois hommes dans la fontaine et fit tuer quelques animaux pour les manger. Les païens croyaient que ceux qui en avaient mangé mourraient subitement, ou que du moins ils deviendraient furieux ; mais voyant qu'il ne leur en arrivait aucun mal, ils furent étonnés et rapportèrent la chose à leur duc Radbod. Celui-ci, voulant venger ses dieux,

fit jeter le sort trois fois par jour, pendant trois jours, suivant l'ancienne superstition des Germains, sur le saint évêque et ses compagnons ; et il n'y en eut qu'un sur qui le sort tomba et qui souffrit le martyre. Radbod fit venir le saint et lui fit de grands reproches du mépris qu'il faisait de sa religion ; mais, étonné de la fermeté de ses réponses, il le renvoya à Pepin avec honneur. Le saint évêque continua de prêcher dans la Frise soumise aux Francs. On raconte de lui plusieurs miracles. Dans l'île de Valcheren en Zélande, comme il voulait briser une idole, celui qui en avait la garde lui donna un coup d'épée sur la tête sans qu'il en fût blessé. Ceux qui accompagnaient l'évêque voulaient punir de mort cet attentat ; mais le saint homme délivra de leurs mains l'idolâtre, qui, toutefois, mourut misérablement trois jours après (Bed., l. 5, c. 12 ; *Vit. S. Willib.*, *Act. Bened.*, t. III).

La réputation de saint Willebrod attira en Frise saint Vulfran, pour travailler à la même œuvre. Il était né à Maurillac, à présent Milly en Gâtinais, dont son père était seigneur, et il donna cette terre au monastère de Fontenelle, en 685. Il fut élu archevêque de Sens après la mort de Lambert, vers l'an 690, et ayant gouverné cette Eglise pendant quelques années, il fut inspiré d'aller prêcher en Frise. D'abord il alla à Rouen trouver saint Ansbert, qui, ayant été abbé de Fontenelle, était encore comme le père de cette communauté. Saint Vulfran en tira quelques moines pour aller avec lui prêcher en Frise ; et s'étant embarqué au port de ce monastère, il entra par la Seine dans l'Océan. Comme ils étaient près de la côte des Morins, aujourd'hui de Flandre, l'heure étant venue d'offrir le saint sacrifice, on jeta les ancres et on arrêta le vaisseau. Le saint évêque, célébrant la messe et en étant venu à l'endroit où le diacre devait lui présenter la patène, étendit la main pour la recevoir. Le diacre, qui était Vandon, moine de Fontenelle, dont il fut depuis abbé, se prosterna à ses pieds et lui avoua qu'en voulant laver la patène, il l'avait laissée tomber dans la mer. Saint Vulfran se mit à genoux, et, après avoir fait sa prière, il ordonna au diacre de mettre la main à l'endroit où la patène était tombée. Elle revint du fond de l'eau chercher sa main ; tous les assistants en louèrent Dieu, et le saint évêque acheva la messe. La patène fut gardée à Fontenelle ; où il la donna depuis en faisant le vœu monastique. Il y donna aussi son calice et l'autel qu'il portait dans ses voyages, et qui était consacré aux quatre coins, contenant au milieu des reliques.

Étant arrivé en Frise, il fut écouté et convertit plusieurs idolâtres. Il baptisa entre autres le fils du duc Radbod, qui mourut portant encore l'habit blanc. C'était la coutume de ces païens, de faire mourir, en l'honneur de leurs dieux, celui sur qui tombait le sort. Comme on menait à la mort un jeune homme nommé Ovon, saint Vulfran pria le duc Radbod de lui donner la vie ; et il était près du l'obtenir, quand les païens s'y opposèrent en disant : Si ton Christ peut le délivrer de la mort, il sera à toi le reste de ses jours. Le saint accepta la condition ; on pendit Ovon, qui demeura au gibet pendant deux heures, et le saint se mit en prières. Sitôt qu'elle fut finie, la corde se rompit, Ovon tomba à terre, et, par l'ordre du saint, se releva en pleine santé. Il dit depuis que, lorsqu'il était pendu, il s'imaginait être accablé de sommeil et soutenu par la ceinture du saint attachée autour de son corps. Il fut baptisé, devint moine de Fontenelle et prêtre, et laissa dans le monastère plusieurs titres et plusieurs livres écrits de sa main, qu'il avait très-bonne.

Saint Vulfran délivra encore plusieurs autres de la mort. Le sort tomba un jour sur les enfants d'une veuve, dont l'un n'avait que sept ans, l'autre que cinq; et ils devaient être noyés dans la mer, car il y avait diverses manières d'immoler ces victimes. On les exposa en un lieu où la haute marée devait arriver; et comme elle commençait à gagner, le plus grand tenait son petit frère entre ses bras, s'efforçant de le retirer de l'eau. Le duc, avec une multitude infinie de peuple, était présent à cet horrible spectacle, sans avoir pitié de ces innocents. Saint Vulfran les demanda, et le duc lui dit : Si ton Christ peut les délivrer, qu'ils soient à lui ! Le saint évêque ayant fait sa prière, la mer, en s'élevant, laissa à sec le lieu où étaient les enfants prêts à mourir; il alla les prendre à deux mains, les rendit à leur mère désolée et les baptisa. On crut qu'il avait marché sur les eaux, et une grande multitude se convertit (*Acta Sanct.*, 20 *mart.*; *Act. Bened.*, t. III).

Dans l'intérieur de la Germanie, il y avait des chrétiens depuis assez longtemps; mais il restait beaucoup de païens. Les chrétiens mêmes ne l'étaient pas trop. Il fallut que cette terre, pour devenir féconde, fût arrosée, comme toutes les autres, des sueurs et du sang de plus d'un saint. Vers le milieu du VIIe siècle, saint Emméran, né à Poitiers et évêque dans l'Aquitaine, quitta la Gaule pour aller prêcher la foi en Bavière. Ayant appris que les peuples de la Pannonie étaient encore idolâtres, il prit la résolution d'y aller. Il mit donc un évêque à sa place, quitta son pays, sa famille et ses biens, qui étaient grands, passa la Loire et le Rhin et entra dans la Germanie. Comme il ne savait pas la langue, un prêtre nommé Vital lui servait d'interprète. Il alla à Ratisbonne, où résidait Théodon, duc ou gouverneur de Bavière, pour le saint roi d'Austrasie, Sigebert III. Saint Emméran lui communiqua son dessein d'aller prêcher la foi aux Avares, et, s'il était besoin, de souffrir le martyre. Le duc lui représenta qu'on était continuellement en guerre avec ces peuples, que le passage n'était pas sûr, et le pria de rester en Bavière pour en être l'évêque. Saint Emméran se rendit à ces prières, d'autant plus que les habitants, nouvellement convertis, n'avaient pas encore entièrement déraciné l'idolâtrie, et mêlaient le culte des démons avec le christianisme. Il y demeura donc trois ans, prêchant par toutes les villes, les bourgs et les villages. Il instruisait, autant que possible, chaque personne en particulier, et ne gardant que le nécessaire de ce qu'on lui donnait, il distribuait le reste aux pauvres. Au bout de trois ans, il demanda d'aller en pèlerinage à Rome, et partit accompagné de quelques ecclésiastiques.

Il avait fait trois journées, quand Lambert, fils du duc Théodon, le poursuivit et le joignit. Sa sœur, s'étant abandonnée au fils d'un juge du pays, était devenue enceinte, et, ne pouvant plus cacher son crime, en avait accusé le saint évêque. Lambert courut donc après lui pour venger cet affront. Saint Emméran dit qu'il allait à Rome, et que l'on pouvait envoyer quelqu'un pour l'accuser devant le Pape et le juger canoniquement. Lambert ne voulut rien écouter et le fit prendre par ses soldats. Ils l'attachèrent à une échelle, lui coupèrent les doigts l'un après l'autre, lui arrachèrent les yeux, lui coupèrent le nez et les oreilles, puis les pieds et les mains, et, après l'avoir mutilé en toutes manières, ils lui coupèrent enfin la langue et le laissèrent ainsi couvert de sang. Ses clercs, que la peur avait dispersés, étant revenus, on le porta à douze milles de là, dans un lieu où il mourut et fut enterré. Depuis, ses reliques furent transportées à Ratisbonne, et il s'y fit un grand nombre de miracles. L'Église l'honore comme martyr le 22 septembre, et son épitaphe porte qu'il mourut l'an 652 (*Acta Sanct.*, 22 *septemb.*).

D'autres prédicateurs de l'Évangile arrosèrent de leur sang la terre d'Allemagne. A l'exemple des missionnaires de Frise, deux prêtres anglais, qui avaient longtemps demeuré en Irlande, passèrent en Germanie, chez les peuples qu'ils nommaient les anciens Saxons, parce que ceux de la Bretagne en étaient venus. Ces prêtres se nommaient tous deux Evald; mais, pour les distinguer, on nommait l'un le Blanc, l'autre le Noir, suivant la couleur de leurs cheveux. Étant entrés chez un fermier, ils le prièrent de les conduire au seigneur du pays; ce qu'il leur promit, mais en les retenant quelques jours. Dans cet intervalle, les Barbares s'aperçurent que ces étrangers étaient d'une autre religion; car ils s'appliquaient continuellement à la psalmodie et à la prière, et offraient tous les jours à Dieu le saint sacrifice, portant avec eux des vases sacrés et une planche consacrée qui leur servait d'autel. Les Barbares craignirent que, si ces étrangers parlaient à leur seigneur, ils ne le fissent chrétien, et que, peu à peu, tout le pays ne fût contraint de changer de religion. Ils les prirent donc brusquement et les firent mourir. Ils tuèrent Evald le Blanc d'un coup d'épée, et déchirèrent Evald le Noir par de longs et horribles tourments. Le seigneur l'ayant appris, fut tellement irrité de ce qu'on n'avait pas laissé venir vers lui ces étrangers, qu'il fit brûler le village et tuer tous les habitants. Les corps des martyrs, jetés dans le Rhin, furent découverts par une lumière miraculeuse que leurs meurtriers virent eux-mêmes, et le duc Pépin les fit apporter honorablement à Cologne. L'Église honore leur mémoire le 6 octobre, jour de leur martyre (Bed., l. 5, c. 11; *Acta Sanct.*, 5 *oct.*).

Un autre martyr de l'apostolat en Germanie, fut saint Kilien. Il était d'une illustre famille d'Irlande, et très-bien instruit des saintes lettres. Étant évêque, quoiqu'il fût extrêmement aimé de son clergé et de son peuple, le désir d'une plus grande perfection le porta à quitter son pays; et il persuada à quelques-uns de ses disciples de l'accompagner. Ils passèrent en Austrasie et s'arrêtèrent à Wurtzbourg, sur le Mein, où commandait alors un duc nommé Gozbert, encore païen. L'agrément du lieu et le beau naturel des habitants invitèrent Kilien à y demeurer. Il le proposa à ses compagnons. Mais auparavant, dit-il, allons à Rome comme nous avons résolu dans notre pays, visitons les églises des saints apôtres et présentons-nous au pape Jean, et si le Siège apostolique nous en donne la permission, nous reviendrons ici avec confiance prêcher l'Évangile. Ils s'y accordèrent tous. Mais étant arrivés à Rome, ils trouvèrent que le pape Jean était mort. Saint Kilien fut très-bien reçu par le pape Conon, qui, voyant sa foi et sa doctrine, lui donna, de la part de saint Pierre, le pouvoir d'instruire et de convertir les infidèles. Il retourna à Wurtzbourg, accompagné du prêtre Colman et du diacre Totnan. Ils y prêchèrent. Le duc Gozbert les fit venir. Saint Kilien l'entretint, le convertit, le baptisa, et un grand nombre suivit son exemple. Gozbert avait épousé la femme de son frère; mais saint Kilien ne voulut pas lui faire de peine sur ce mariage, jusqu'à ce qu'il le vit bien affermi dans la foi. Alors il lui dit : Mon cher fils, vous serez en tout agréable à Dieu; si vous pouvez encore vous résoudre à quitter votre femme; car votre mariage n'est pas légitime. Gozbert lui répondit : Vous ne m'avez encore rien proposé de si difficile; mais puisque j'ai quitté pour l'amour de Dieu tout ce qui m'était cher, je quitterai encore ma très-chère épouse, s'il ne m'est pas permis de la garder. Il remit à exécuter cette séparation après un voyage de guerre où il était pressé d'aller. Cependant sa femme, nommée Geilane, pensait continuellement à se venger, et, prenant le temps de l'absence du duc, elle envoya de nuit un de ses gens pour égorger le saint et ses compagnons. Ils chantaient ensemble les louanges de Dieu. Saint Kilien les exhorta à soutenir généreusement ce combat qu'ils désiraient depuis si longtemps. On les enterra là même tout à la hâte et en cachette, avec leurs coffres, la croix, l'Évangile et les ornements pontificaux. C'était l'an 689, le 8 juillet, jour auquel l'Église les honore comme martyrs.

Le duc Gozbert étant revenu, demanda où étaient les serviteurs de Dieu. Geilane dit qu'elle ne savait ce qu'ils étaient devenus; mais le meurtrier se découvrit lui-même. Il courait de tous côtés et disait en tremblant que Kilien le brûlait d'un feu très-cruel. Gozbert assembla tous les chrétiens, ses sujets, et demanda ce que l'on devait faire de ce misérable. Mais Geilane suscita un homme plus éloquent que les autres, qui dit : Seigneur, pensez à vous et à tous tant que nous sommes, qui avons reçu le baptême de ces étrangers, et, pour éprouver si leur Dieu est aussi puissant qu'ils disent, faites détacher ce malheureux et laissez-le en liberté; nous verrons si leur Dieu les vengera. Sinon, ne trouvez pas mauvais que je le dise, nous voulons servir la grande Diane, comme nos pères, qui s'en sont bien trouvés. Ainsi fut fait. Mais le meurtrier étant délivré, entra en fureur et se déchira à belles dents jusqu'à la mort. Les chrétiens en louèrent Dieu; mais sa vengeance s'étendit plus loin. Geilane fut saisie du malin esprit, qui l'agita tellement, qu'elle en mourut; le duc Gozbert fut tué par ses domestiques; Hétan, son fils, fut chassé de son État par les Francs orientaux ou les Austrasiens, et il ne resta personne de cette race. Saint Kilien est honoré comme le patron de Wurtzbourg, qui lui doit d'être devenue une ville considérable, et peut-être aussi d'avoir toujours conservé la foi catholique au milieu des hérésies qui ont infecté tant de villes d'Allemagne. Wurtzbourg est la capitale de la France transrhénane, de l'ancienne France, du pays des Francs, Frankenland, comme il s'appelle encore (*Acta Sanct.*, 8 *jul.*).

C'est ainsi que, sous la direction et avec l'autorité du Pontife romain, les Francs, les Scots ou Irlandais, les Anglais et les Saxons, naguère eux-mêmes barbares, travaillaient, au prix de leur sang, à convertir de la barbarie à la civilisation, de l'idolâtrie au christianisme, les peuples encore idolâtres de la Germanie, dont ils tiraient leur origine. On ne voit pas que les Goths d'Espagne, qui sortaient des mêmes contrées, fussent poussés du même zèle. Ils se bornaient à des conciles. Le treizième de Tolède venait de finir au mois de novembre 683, lorsqu'arrivèrent en Espagne, ainsi que nous l'avons vu, les lettres du pape saint Léon II touchant le sixième concile général. Comme on ne pouvait rassembler les évêques pendant l'hiver, on leur envoya des actes venus de Rome, pour les examiner chacun chez eux, et la réception solennelle fut remise au concile qui devait se tenir un an après, suivant la coutume.

Cependant le pape saint Léon mourut le 3 juillet 683, après avoir occupé le Saint-Siège moins d'un an. Pour lui succéder, on élut Benoît, Romain de naissance, bien instruit des saintes Écritures et du chant ecclésiastique. Il avait servi l'Église dès son enfance, et exercé dignement la prêtrise. Il était amateur de la pauvreté, humble, doux, patient et libéral. Il ne fut ordonné que le 24 juin 684. La cause de ce retard fut la nécessité peu canonique où l'on était d'attendre le consentement de l'empereur de Constantinople : nécessité introduite par les rois ariens des Ostrogoths, et ensuite conservée par l'empereur Justinien et ses successeurs. Constantin Pogonat en reconnut les inconvénients. Le pape Benoît reçut de lui des lettres adressées au clergé, au peuple et à l'armée de Rome, portant permission d'ordonner sans retard celui qui aurait été élu Pape (Anast., *In Bened.*). Benoît n'étant encore que pontife élu, écrivit au notaire Pierre, qui était en Espagne, pour le presser d'exécuter la commission de Léon, son prédécesseur.

Pour y satisfaire, le roi Ervige ordonna d'assembler les conciles de chaque province, et premièrement, à Tolède, celui de la province carthaginoise. Tous les dix-sept évêques de la province s'y trouvèrent, et, à leur tête, l'archevêque saint Julien; les cinq autres métropolitains y envoyèrent des députés, savoir : Cyprien de Tarragone, Sunifred de Narbonne, Etienne de Mérida, Liuba de Brague, et Floresind de Séville. On compte ce concile pour le quatorzième de Tolède. Il se tint au mois de novembre 684 (Labbe, t. VI). Les évêques y examinèrent les actes qu'on leur avait envoyés de Rome, les trouvèrent conformes à ceux des quatre conciles généraux, et y donnèrent leur approbation. Ils exposèrent ensuite leur créance sur l'Incarnation, et confessèrent expressément deux volontés. Avec leurs souscriptions à la définition du concile, ils envoyèrent au pape Benoît un livre où ils expliquaient plus au long leur créance. Mais le Pape y trouva quelques expressions qui lui parurent mises là inconsidérément, et qui, en effet, pouvaient donner lieu à des méprises ou à des chicanes, entre autres celles-ci : *La volonté a engendré la volonté*; et cette autre : *En Jésus-Christ il y a trois substances*. Par délicatesse, le Pape n'en dit rien dans sa lettre; il se contenta de faire la remarque de vive voix au député des évêques d'Espagne, qui répondirent la même année pour en expliquer et en justifier le sens.

Le pape Benoit fit son possible pour la conversion de Macaire d'Antioche, qui était toujours en exil à Rome. Il lui donna un terme de six semaines, pendant lequel il lui envoyait tous les jours Boniface, son conseiller, pour lui faire des exhortations. Mais jamais Macaire ne voulut se convertir.

En ce temps, l'empereur Constantin Pogonât envoya à Rome les tresses des cheveux de ses deux fils, Justinien et Héraclius, et elles furent reçues par le Pape, le clergé et l'armée. C'était une espèce d'adoption usitée en ce temps-là; et celui qui recevait les cheveux d'un jeune homme, était regardé comme son père. L'empereur voulut donc faire cet honneur au Pape pour lui recommander ses deux fils, dont l'aîné, qui n'avait que seize ans, était associé à l'empire. Cette recommandation n'était peut-être pas sans quelque motif politique. En 681, Constantin avait ôté le titre d'*augustes* à ses deux frères, qui s'étaient mêlés pour la seconde fois de complots. Quelques autres ajoutent qu'il leur fit couper le nez. D'un autre côté, il avait eu des revers contre les Bulgares, et s'était vu contraint, pour avoir la paix, de leur payer tribut. Il était donc de la prudence d'assurer à ses deux fils le plus d'appui possible. Constantin mourut en effet au mois de septembre 685, après dix-sept ans de règne, eut pour successeur son fils aîné Justinien, qui n'avait que seize ans. Georges, patriarche de Constantinople, était mort l'année précédente, et Théodore était remonté sur ce siège, qu'il occupa encore trois ans (*Hist. du Bas-Empire*, l. 61).

A Rome, le pape Benoit II étant mort le 8 mai 685, on élut à sa place Jean V, qui fut ordonné le 23 juillet de la même année. Il était Syrien de naissance, et de la province d'Antioche. C'est lui qui, étant diacre, avait été légat du pape Agathon au sixième concile. Il était savant, courageux et très-modéré. Son élection, suivant la coutume interrompue depuis longtemps, se fit d'un consentement unanime dans l'église de Latran, d'où il fut mené ensuite au palais épiscopal. Il fut ordonné, comme Léon II, par les trois évêques d'Ostie, de Porto et de Vélitre. Ce Pape remit sous la disposition du Siège apostolique les Eglises de Sardaigne, dont les ordinations lui appartenaient d'antiquité. Mais on les avait accordées pour un temps aux archevêques de Cagliari. Depuis, comme ils abusaient de ce droit, il leur fut enlevé par un décret du pape saint Martin. Citonat, archevêque de Cagliari, ayant donc ordonné Novellus pour l'Eglise de Torres, sans la permission de Jean V, ce Pape tint un concile où Novellus fut remis sous l'obéissance immédiate du Saint-Siège, par un acte authentique, qui fut gardé dans les archives de l'Eglise romaine. Le pape Jean V, presque toujours malade, mourut le 2 août 686. Le Saint-Siège vaqua 2 mois et 18 jours (Anast., *In Joan. V*).

Le clergé de Rome avait de l'inclination pour l'archiprêtre Pierre, l'armée pour le prêtre Théodore. Le clergé assemblé attendait à la porte de l'église de Latran, que l'armée avait envoyé fermer, et où elle ne laissait entrer personne, tandis qu'elle était assemblée dans l'église de Saint-Etienne. Aucun des deux partis ne voulait céder, et l'on porta de part et d'autre plusieurs paroles sans aucun effet. Enfin les évêques et le clergé convinrent d'entrer dans le palais épiscopal de Latran, et de choisir une troisième personne, savoir le prêtre Conon. C'était un vieillard vénérable par sa bonne mine et ses cheveux blancs, vrai dans ses paroles, simple, paisible, qui jamais ne s'était mêlé dans les affaires séculières. Il était né en Sicile, et originaire de Thrace. Aussitôt qu'il fût élu, tous les magistrats, avec les principaux citoyens, vinrent le saluer par des acclamations de louanges. L'armée, voyant que le clergé et le peuple étaient d'accord et avaient souscrit au décret de son élection, se laissa fléchir au bout de quelques jours et y souscrivit aussi. Ainsi les trois corps, le clergé, la milice et le peuple, envoyèrent ensemble des députés à l'exarque Théodore, suivant la coutume.

Le pape Conon reçut la lettre que l'empereur Justinien adressait à son prédécesseur, pour lui mander qu'il avait retrouvé les actes du sixième concile, qu'il les gardait dans son palais et qu'il en ferait observer inviolablement les décisions. Cet empereur donna encore deux lettres en faveur de l'Eglise romaine. Par la première, il remettait la capitation que payaient les patrimoines des Brutiens et de Lucanie; par la seconde, il ordonnait la restitution des serfs de ces patrimoines et de ceux de Sicile, que la milice retenait en gage. Théodore, patriarche de Constantinople, mourut l'année 686, et eut pour successeur un nommé Paul, secrétaire de l'empereur, qui était encore laïque.

Le pape Conon ne tint le Saint-Siège que onze mois, pendant lesquels il fut longtemps malade; en sorte qu'à peine put-il faire les ordinations d'évêques, qu'il consacra toutefois au nombre de seize. Durant sa dernière maladie, l'archidiacre Pascal, voulant s'emparer de l'or qu'il avait légué au clergé et aux monastères, écrivit à Jean, exarque de Ravenne, surnommé Platys, et lui promit de lui donner cet or, afin qu'il le fit élire Pape. L'exarque y consentit, et envoya aussitôt à Rome des officiers de sa part pour gouverner la ville et faire élire Pascal, sitôt que Conon serait mort. Il mourut le 21 septembre 687, et le Saint-Siège vaqua près de trois mois (Anast., *In Conon.*).

Après sa mort, le peuple romain se divisa : une partie élut l'archidiacre Pascal; une autre l'archiprêtre Théodore, et ceux-ci furent les plus diligents à se saisir de la partie intérieure du palais patriarcal de Latran. Le parti de Pascal s'empara de la partie extérieure, depuis l'oratoire de Saint-Silvestre et la basilique de Julie. Comme chacun soutenait opiniâtrement son candidat, les premiers magistrats, la plus grande partie du clergé, de la milice et du peuple, conduits par quelques évêques, se rendirent au palais impérial, et, après avoir longtemps examiné les moyens de finir cette division, ils s'accordèrent à choisir le prêtre Sergius, et, le tirant du milieu du peuple, ils le menèrent à l'oratoire de Saint-Césaire, martyr, qui était dans le même palais. De là ils le conduisirent, avec des acclamations de louanges, qui étaient une espèce de litanies, jusqu'au palais patriarcal de Latran, et, quoique les portes en fussent fermées et barricadées au dedans, le parti de Sergius, étant le plus fort, y entra. L'archiprêtre Théodore se soumit aussitôt et vint saluer et baiser Sergius; mais l'archidiacre Pascal ne voulait point céder, et ne vint le saluer que malgré lui. Sergius était originaire d'Antioche, mais né à Palerme en Sicile. Il vint à Rome, sous le pape Adéodat, et entra dans le clergé. Comme il avait du goût pour le chant, il fut mis sous la conduite d'un des plus habiles chantres et ordonné acolyte; montant ensuite par degrés, il fut ordonné prêtre, du titre de Sainte-Susanne, par le pape Léon II, et il allait soigneusement célébrer la messe en divers cimetières. Enfin, sept ans après, il fut élu Pape.

Cependant l'archidiacre Pascal envoya secrètement à Ravenne, et, par ses promesses, persuada à l'exarque Jean Platys de venir à Rome, accompagné de ses officiers. Il arriva si secrètement, que la milice romaine n'alla point au devant de lui, avec ses enseignes, jusqu'au lieu accoutumé; mais, trouvant Sergius reconnu par tout le monde, il ne put rien faire pour Pascal et ne laissa pas de prétendre que l'église de Saint-Pierre devait lui payer les cent livres d'or que Pascal lui avait promises. Sergius se récriait, disant qu'il n'avait rien promis et qu'il lui était impossible de donner cette somme. Même, pour exciter la compassion publique, il fit descendre les lampes et les couronnes à porter les cierges, suspendues depuis longtemps devant l'autel et la confession de saint Pierre, et les donna pour gages. Mais l'exarque n'en fut point touché, et il fallut lui donner les cent livres d'or. Sergius fut ordonné le 15 décembre 687, et tint le Saint-Siège jusqu'au 8 septembre 701. Quelque temps après l'intronisation du nouveau Pontife, l'archidiacre Pascal fut privé de sa charge pour des enchantements et d'autres superstitions, et enfermé dans un monastère, où, cinq ans après, il mourut impénitent (Anast., *In Serg.*).

En Espagne, l'an 688, le 11 mai, fut tenu le quinzième concile de Tolède, la première année du roi Egica, gendre et successeur d'Ervige. Soixante et un évêques y assistèrent, dont les cinq premiers sont les métropolitains de Tolède, de Narbonne, de Séville, de Brague et de Mérida; de plus, neuf abbés, l'archidiacre et le primicier de Tolède, cinq prêtres pour des évêques absents, et dix-sept comtes. Ils s'assemblèrent dans l'église du palais, dédiée à saint Pierre et à saint Paul. Le roi Egica y était en personne, et, après s'être prosterné devant les évêques, suivant la coutume, il fit lire un mémoire où il demandait conseil touchant deux serments qu'il avait faits au roi Ervige et qui paraissaient contraires. Car, disait-il, quand il me donna sa fille en mariage, il me fit jurer de prendre la défense de ses enfants contre tous ceux qui voudraient les attaquer, et, au temps de sa mort, il me fit promettre de ne me porter pour roi qu'après avoir fait serment de rendre justice à tous les peuples de mon obéissance. Or, je crains de ne pouvoir défendre ses enfants sans refuser la justice à plusieurs qu'il a dépouillés injustement de leurs biens, et à des nobles qu'il a réduits en servitude, soumis à la torture ou opprimés par des jugements injustes.

Le concile commença, suivant la coutume, par la confession de foi; puis on lut un grand discours pour répondre aux observations du pape Benoît sur deux propositions avancées dans le concile précédent : que la volonté a engendré la volonté, et qu'il y a trois substances en Jésus-Christ. Les évêques du concile s'efforcent de justifier ces expressions par la raison et par l'autorité des Pères, convenant toutefois qu'on peut en abuser. Venant ensuite aux deux serments du roi Egica, ils déclarent qu'ils ne sont point contraires, puisqu'il ne faut pas croire qu'il ait promis de soutenir les intérêts de ses beaux-frères autrement que selon la justice; mais, en cas qu'il fallût choisir, le dernier serment fait en faveur du peuple devait l'emporter, puisque le bien public est préférable à tous les intérêts particuliers. Le roi Egica confirma par son ordonnance les décrets du concile. Saint Julien de Tolède, qui le présida, mourut au mois de mars 690 et eut Sisbert pour successeur (Labbe, t. VI).

Sisbert ne ressembla guère à son prédécesseur saint Julien; car dans le seizième concile de Tolède, tenu le 2 mai 693, ayant été convaincu d'avoir conspiré avec quelques autres contre le roi Egica, pour lui faire perdre le royaume et la vie, il fut déposé, privé de tous ses biens et mis en la puissance du roi, qui le condamna à une prison perpétuelle; il fut même ordonné qu'il ne recevrait la communion qu'à la mort, si le roi ne lui faisait grâce. A sa place, le concile fit évêque de Tolède Félix de Séville, dont le siège fut rempli par Faustin de Brague, et l'on donna pour successeur à celui-ci Félix de Portugal. Ainsi on ne faisait pas de scrupule en Espagne de transférer les évêques. Ceux-ci, en souscrivant au concile, prirent tous les titres de leurs nouveaux sièges. Ce fut apparemment cette conjuration qui obligea le concile à renouveler les promesses de protéger la postérité du roi après sa mort, les peines contre les rebelles et les malédictions prononcées au quatrième concile de Tolède. On ordonne en celui-ci que, dans toutes les églises cathédrales et toutes les paroisses de campagne, on dira tous les jours la messe pour le roi et ses enfants, excepté le vendredi saint. On y ordonne aussi que, quand un concile aura été tenu, chaque évêque le publiera dans six mois en son synode, composé des abbés, des prêtres et de tout le clergé, avec le peuple de la ville épiscopale.

Parmi les autres canons de ce concile, l'on ordonne que les Juifs qui se convertiront sincèrement seront exempts des tributs qu'ils payaient au fisc, confirmant, au surplus, les lois précédentes contre ceux qui demeureront endurcis. On proscrit tous les restes d'idolâtrie : d'honorer des pierres, des fontaines ou des arbres, d'observer les augures ou de pratiquer des enchantements. L'exécution en est recommandée aux évêques, aux prêtres ou aux juges. Ceux qui pèchent contre nature sont condamnés à être séparés des chrétiens pour toute leur vie, à recevoir cent coups de fouet, à être rasés par infamie et bannis à perpétuité. Ceux-ci, non plus que les idolâtres, ne recevront la communion qu'à la mort, et encore après une digne pénitence. Celui qui aura voulu se tuer par désespoir, sera privé de la communion pour deux mois.

Il y avait en Espagne plusieurs églises abandonnées, parce qu'elles étaient trop pauvres pour entretenir un prêtre. On y offrait rarement le sacrifice, et elles tombaient en ruine. En sorte que les Juifs s'en moquaient et disaient que l'on n'avait rien gagné à détruire leurs synagogues, puisque les églises des chrétiens étaient en plus mauvais état. Pour y remédier, le concile ordonne aux évêques d'employer en réparations le tiers du revenu des églises de la campagne, que les canons leur accordaient; que s'ils ne prennent point ce tiers, les prêtres qui servent ces églises en feront les réparations. On ne donnera point plusieurs églises à un même prêtre, mais celles qui auront moins de dix serfs seront réunies à d'autres. Quelques prêtres employaient pour le sacrifice le pain ordinaire, dont ils coupaient une croûte ronde qu'ils offraient sur l'autel. Le concile ordonne de ne se servir, pour ce saint usage, que d'un pain entier, qui soit blanc, fait exprès et en petite quantité, puisqu'il ne doit pas charger l'estomac, n'étant que pour la nourriture de l'âme, et qu'il doit être facile à conserver dans une petite boîte. On faisait donc dès lors des hosties, à peu près comme elles sont aujourd'hui (Labbe, t. VI).

L'année suivante, septième d'Egica, 9 novembre 694, fut tenu le dix-septième concile de Tolède dans l'église de Sainte-Léocadie. On y fit huit canons. Premièrement, il est ordonné qu'au commencement de chaque concile on passera trois jours en jeûne, pendant lesquels on traitera de la foi, de la correction des évêques et des autres matières spirituelles, sans qu'aucun séculier y assiste. Depuis le commencement du carême jusqu'au jeudi saint, le baptistère sera fermé et scellé du sceau de l'évêque, et on ne l'ouvrira qu'en cas de grande nécessité. Il est marqué que le jeudi saint on dépouillait les autels, comme on fait encore. Le même jour, chaque évêque observera la cérémonie de laver les pieds. On renouvelle la défense aux prêtres d'employer à leur usage les vases sacrés ou les ornements de l'église, de les vendre ou de les dissiper. Quelques-uns disaient des messes de morts pour des vivants, dans l'intention de leur causer la mort. Le concile défend ce sacrilège, sous peine de déposition pour le prêtre, de prison perpétuelle et d'excommunication jusqu'à la mort; tant contre lui que contre qui l'aura excité à le commettre. On ordonne des litanies ou des prières publiques tous les mois.

Les Juifs d'Espagne étant convaincus d'avoir conspiré contre l'Etat et contre les chrétiens, et d'avoir traité avec ceux d'outre-mer, suivant toute apparence les musulmans d'Afrique, ils sont condamnés à être dépouillés de tous leurs biens, réduits en servitude perpétuelle et distribués aux chrétiens suivant la volonté du roi, à la charge que leurs maîtres ne leur permettront aucun exercice de leurs cérémonies et leur ôteront leurs enfants à l'âge de sept ans pour les faire élever chrétiennement et les marier à des chrétiens. Ce dix-septième concile de Tolède est le dernier dont nous ayons quelques actes, encore n'y a-t-il point de souscriptions qui fassent connaître les évêques qui y assistèrent (Labbe, t. VI). On voit que les Goths d'Espagne avaient quelque raison pour ne pas aimer que les Juifs s'établissent parmi eux, d'autant plus que leur royauté élective était sujette à de fréquentes révolutions. Ce dernier motif avait fait décréter, en 691, au concile de Sarragosse, que les veuves des rois, non-seulement ne pourront se remarier, comme il avait déjà été ordonné au troisième concile de Tolède, mais seront obligées à prendre l'habit de religieuses et à s'enfermer dans un monastère pour le reste de leur vie. La raison qu'en donne le concile, et le manque de respect et même les insultes auxquelles elles s'exposaient en demeurant dans le monde (Ibid.).

Tandis que, sous la direction suprême du Pontife romain, les peuples de l'Occident se convertissaient les uns les autres, et qu'ils prenaient peu à peu une constitution et une législation chrétiennes, un concile de Grecs se tenait à Constantinople, qui, par ses sophismes, par son irréflexion, par son peu d'intelligence et d'amour de l'unité catholique, préparait l'éternel asservissement des Eglises d'Orient et l'irrémédiable avilissement de leur clergé. Nous parlons du concile ou conciliabule assemblé l'an 682, à Constantinople, par l'empereur Justinien II, et plus connu sous le nom de concile *in Trullo*, de la salle du palais où il se tint (Labbe, t. VI). Cette assemblée se donne le titre de concile *œcuménique*; mais un saint de cette époque, le vénérable Bède, le nomme, avec plus de justesse, concile *erratique*. En effet, il enseigne des erreurs déjà condamnées, avance des faussetés nouvelles, qui changent, dans un point capital, toute la discipline de l'Orient. Aussi, verrons-nous le pape Sergius prêt à souffrir la mort plutôt que d'y souscrire.

Le motif que l'on mit en avant pour tenir cette assemblée d'évêques, fut que, le cinquième et le sixième conciles généraux n'ayant pas fait de canons de discipline, il fallait suppléer à cette omission. Comme si ces deux conciles, uniquement convoqués pour décider des questions touchant la foi, n'avaient pas mieux su que d'autres ce qu'il convenait de faire. Quelquefois les Grecs donnent à cette assemblée de 691 ou 692, le nom de sixième concile œcuménique, comme si ces deux assemblées n'en faisaient qu'une, tandis que la seconde ne se tint que dix ans après la clôture de la première, et que, sur deux cent onze évêques dont elle se composait, il n'y en avait que quarante-trois qui eussent assisté à l'autre. D'autres fois il lui donnent le nom de *Pentecte* ou *Quinisexte*, comme étant le complément des cinquième et sixième conciles œcuméniques.

Dans cette persistance des Grecs à faire passer les canons du concile *in Trullo* pour ceux des deux conciles précédents, il y a un dessein. Comme plusieurs de ces canons renversent dans un point capital l'ancienne discipline, que les successeurs de saint Pierre maintenaient sans relâche par tout le monde, mais particulièrement en Occident, les Grecs cherchent tous les moyens de donner à cette assemblée l'air d'un concile général, afin de justifier ainsi leurs innovations et de censurer les Pontifes romains et tout l'Occident, de leur inviolable fidélité aux anciennes règles. C'est dans cette vue encore qu'ils disent et répètent que les légats du Pape souscrivirent à ce concile, tandis que le Pape n'y envoya point de légats; seulement il y avait, dans certaines provinces de l'Orient, des vicaires apostoliques pour les affaires de leurs provinces, comme le métropolitain de Gortyne en Crète, ensuite des nonces apostoliques à Constantinople, avec le seul pouvoir d'y terminer les affaires courantes. Mais ni les uns ni les autres n'avaient la mission spéciale de souscrire, au nom du Pape, à aucun concile. Aussi ne trouve-t-on dans les souscriptions du concile *in Trullo*, que celle de Basile, métropolitain de Gortyne.

Le pape saint Gélase et l'Eglise romaine avaient rangé parmi les écrits apocryphes ou sans autorité par eux-mêmes, les canons dits *des apôtres*, dont l'Occident ne connaissait que cinquante. Le concile ou conciliabule *in Trullo* les déclare authentiques et obligatoires, non-seulement les cinquante premiers, mais encore les trente-cinq qui suivent dans la collection des Grecs, parmi lesquels il y en a deux, le quarante-cinquième et le quarante-sixième, qui enseignent ouvertement l'hérésie des rebaptisants, savoir : que le baptême donné par les hérétiques et les impies est nul. Mais ce que le conciliabule a le plus à cœur, c'est le cinquième canon, qui dit : Que l'évêque, le prêtre, le diacre, ne rejette point sa femme sous prétexte de religion; s'il la rejette, qu'il soit excommunié; s'il persiste, qu'il soit déposé. C'est-à-dire, l'évêque, le prêtre, le diacre, ne doivent point abandonner les femmes qu'ils ont eues avant leur ordination, mais avoir soin de leur conduite et de leur subsistance. Tel est le sens que donne à ces paroles le pape saint Grégoire le Grand, dans la lettre où il rappelle, non-seulement aux évêques, mais à tous ceux qui étaient dans les ordres sacrés, qu'ils devaient garder la continence perpétuelle, et que, pour la garder plus facilement, ils feraient bien, à l'exemple de saint Augustin, de se séparer d'habitation de toute femme, en particulier de leurs épouses, s'ils en avaient (S. Greg., l. 9, *epist.* 60, ed. Bened.). Le conciliabule *in Trullo* y donne un sens bien différent; car il fait dire aux apôtres que les évêques, les prêtres, les diacres ne doivent point refuser de vivre maritalement avec leurs femmes, que s'ils s'y refusent, ils doivent être excommuniés, et, que s'ils persistent dans leur refus, ils doivent être déposés. Doctrine étrange, où, pour consacrer l'incontinence de leur clergé, les Grecs oublient l'enseignement de leurs Pères.

En effet, saint Épiphane, qui florissait trois siècles avant ce conciliabule, assure formellement que ceux qui sont honorés du sacerdoce doivent être vierges ou du moins consacrés le reste de leurs jours à la vie monastique ou à la continence; et qu'il est nécessaire, s'ils ont été mariés, qu'ils ne l'aient été qu'une fois. Enfin il témoigne que les lecteurs sont les seuls qui puissent user du commerce conjugal; mais que les sous-diacres, les diacres, les prêtres et les évêques ne le peuvent en façon quelconque. Ce Père comprend les sous-diacres mêmes dans l'ordre sacerdotal, et il proteste qu'on ne les élit que d'entre les vierges ou les continents. Voilà donc la discipline de l'Église universelle au temps de saint Épiphane, et surtout la discipline de l'Église grecque, dans les lois de laquelle ce Père était beaucoup plus versé. Il dit de plus que Jésus-Christ même est le premier instituteur de cette discipline, et que les apôtres en ont fait des canons et des lois. Il reconnaît, à la vérité, qu'il y avait des églises où les prêtres, les diacres et les sous-diacres n'observaient pas le célibat; mais il répond que c'était un abus qui s'était glissé contre les canons (S. Epiph., *Expositio fidei cath.*, c. 21; *hæres.* 48, n. 7; *hæres.* 59, n. 4. Thomassin, *Discipline*, t. I, part. I). Ainsi donc les évêques du conciliabule *in Trullo* érigent l'abus en règle, et mettent ce renversement scandaleux sur le compte des apôtres.

Ils n'osent toutefois admettre toutes les conséquences de leur principe. Interprété dans leur sens, le 5e canon dit *apostolique* oblige les évêques, non moins que les prêtres et les diacres, à vivre maritalement avec leurs femmes. Et toutefois ils le défendent expressément aux évêques. Ils disent dans leur canon 12e : « Ayant appris qu'en Afrique et en d'autres lieux, les évêques ne font point de difficulté d'habiter avec leurs femmes, après leur ordination, au grand scandale des peuples, nous leur défendons d'en user ainsi à l'avenir, sous peine de déposition. » Et dans leur canon 48e, ils ordonnent que la femme de celui qui est promu à l'épiscopat, s'étant séparée de lui d'un commun consentement après qu'il aura été ordonné, entrera dans un monastère éloigné de l'habitation de l'évêque, qui toutefois pourvoira à sa subsistance. Voilà donc les prélats du conciliabule qui entendent forcément le 5e canon des apôtres dans le même sens que le pape saint Grégoire, savoir, que l'évêque, tout en gardant la continence, ne doit point abandonner sa femme, mais veiller à sa subsistance et à sa conduite.

Ce canon une fois interprété dans ce sens pour les évêques, tout homme raisonnable l'interpréterait dans le même sens pour les prêtres et les diacres. Il n'en est pas ainsi chez les Grecs. Voici comme ils parlent dans leur 30e canon : « Voulant tout faire pour l'édification de l'Église, nous avons résolu d'embrasser dans notre sollicitude les prêtres mêmes qui sont chez les Barbares. S'ils croient devoir s'élever au-dessus du canon des apôtres, qui défendent de chasser sa femme sous prétexte de religion, et faire plus qu'il n'est ordonné, en se séparant de leurs femmes d'un commun consentement, nous leur défendons de plus de demeurer avec elles d'aucune manière que ce soit, pour nous montrer par là que leur promesse est effective. Et nous ne leur donnons cette permission qu'à cause de la petitesse de leur courage et de la légèreté des mœurs étrangères. » C'est-à-dire que le canon qui défend de chasser sa femme, défend de garder la continence avec elle, même de son consentement; que si on le fait, il faut la chasser de la maison; qu'enfin, de vouloir ainsi garder la continence, est une imperfection, une faiblesse pour laquelle il faut la dispense d'un concile soi-disant œcuménique. C'est-à-dire que le conciliabule *in Trullo* se joue du bon sens et du langage humain.

Le soi-disant concile œcuménique n'a pas la même indulgence pour les prêtres des Grecs que pour ceux des Barbares. Voici comme il parle dans son 13e canon. Nous savons que dans l'Église romaine on tient pour règle que ceux qui doivent être ordonnés diacres ou prêtres promettent de ne plus avoir de commerce avec leurs femmes. Mais pour nous, qui suivons la perfection de l'ancien canon apostolique, nous voulons que les mariages des hommes qui sont dans les ordres sacrés, subsistent sans les priver du commerce de leurs femmes dans les temps convenables. En sorte que, si quelqu'un est jugé digne d'être ordonné sous-diacre, diacre ou prêtre, il n'en sera point exclus pour être engagé dans un mariage légitime; et dans le temps de son ordination, on ne lui fera point promettre de s'abstenir du commerce de sa femme; et cela, pour ne pas déshonorer le mariage que Dieu a institué et béni par sa présence. Nous savons aussi que les Pères du concile de Carthage ont ordonné que les sous-diacres, les diacres et les prêtres s'abstinssent de leurs femmes selon les termes prescrits, afin que, suivant la tradition apostolique, nous observions le temps de chaque chose, principalement du jeûne et de la prière. Car il faut que ceux qui approchent de l'autel gardent une parfaite continence dans le temps qu'ils touchent les choses saintes, afin que leurs prières soient exaucées. Donc, quiconque, au mépris des canons apostoliques, osera priver un prêtre, un diacre ou un sous-diacre du commerce légitime avec sa femme, qu'il soit déposé. De même tout prêtre, tout diacre, qui renvoie sa femme sous prétexte de piété, sera excommunié; et s'il persiste, on le déposera.

Ainsi donc, suivant le même conciliabule, que l'évêque garde la continence avec sa femme, ce n'est point contraire au canon apostolique, ce n'est point déshonorer le mariage; bien au contraire, on l'oblige de garder la continence, et pour cela de renvoyer sa femme bien loin dans un monastère. Mais qu'un prêtre ou un diacre garde la continence avec sa femme, c'est contraire tout à fait au canon apostolique; c'est déshonorer le mariage; si pour cela il se sépare de sa femme, on l'excommunie; s'il persiste, on le dépose. En un mot, on dépose l'évêque s'il ne le fait pas; on dépose le prêtre s'il le fait; et tout cela en vertu d'un canon qui commande ou défend la même chose, dans les mêmes termes, au prêtre, au diacre et à l'évêque. De plus, on condamne le prêtre s'il garde la continence tous les jours; et on le condamne s'il ne la garde pas les jours qu'il doit approcher de l'autel, comme si le prêtre chrétien n'était point tous les jours dans le cas de toucher les choses saintes, soit en offrant le saint sacrifice, soit en administrant les sacrements.

La manière dont le conciliabule *in Trullo* s'appuie d'un canon du concile de Carthage n'est pas moins étrange. Le cinquième concile de Carthage, sur la proposition de l'évêque Aurélius, renouvela contre l'incontinence des clercs les règlements déjà établis en plusieurs conciles, savoir : que les sous-diacres, les diacres, les prêtres et les évêques, sous peine de déposition, s'abstiendront de leurs femmes, suivant les statuts antérieurs, et qu'ils seront comme n'en ayant point. La version grecque de ce canon a rendu les mots latins *priora statuta*, par ceux-ci, *idious horous*, qui peuvent signifier soit *règlements*, soit *termes propres;* car le traducteur avait lu *propria* pour *priora*, suivant un autre exemplaire. En sorte que, d'après cette version entendue dans le sens du concile de Carthage, les sous-diacres, les diacres, les prêtres et les évêques devaient s'abstenir de leurs femmes, suivant les statuts propres, suivant les statuts spécialement établis à cet égard, et qui se trouvent effectivement dans les conciles antérieurs. Ce sens est tout naturel et tout simple. Aussi n'est-ce point celui du conciliabule *in Trullo* (Labbe, t. II). Abusant de la signification équivoque du mot *horous*, qui peut dire *termes, limites*, il conclut que, d'après le concile de Carthage, les sous-diacres, les diacres et les prêtres doivent garder la continence à terme, d'une manière intermittente, lorsqu'ils s'approchent de l'autel, c'est-à-dire deux jours sur sept; car ordinairement les prêtres grecs n'offrent le sacrifice de la messe que le samedi et le dimanche.

Ce n'est pas tout. La loi du concile de Carthage est la même pour les évêques que pour les prêtres, les diacres et les sous-diacres. Si donc les Grecs n'obligent ceux-ci qu'à une continence intermittente, pourquoi obligent-ils ceux-là à une continence perpétuelle? Ou s'ils obligent les évêques à une continence perpétuelle, pourquoi n'obligent-ils les autres qu'à une continence intermittente, puisque la loi est la même pour tous? Pour esquiver cette difficulté, le conciliabule tronque la loi et en ôte prudemment le mot *évêques*. Et sur deux cent onze prélats qui composent cette assemblée, pas un n'aperçoit ou ne signale ces grossières ignorances ou ces insignes fourberies! et c'est par de pareils moyens qu'ils renversent l'antique loi de la pureté cléricale, si bien constatée, trois siècles auparavant, par saint Épiphane, un des plus illustres de leurs Pères!

Maintenant, quels peuvent être les résultats de cette discipline au rabais, si ce n'est de tout rabaisser. La même assemblée dit dans son canon 6e : « Comme dans les canons des apôtres, on ne trouve que les lecteurs et les chantres à qui il soit permis de se marier après leur ordination, nous le défendons désormais aux sous-diacres, aux diacres et aux prêtres, sous peine de déposition. Que si quelqu'un d'eux veut se marier, qu'il le fasse avant que d'entrer dans ces ordres. » Ainsi, parmi les Grecs, un mari peut devenir prêtre, mais un prêtre ne peut devenir mari. Si donc un mari-prêtre devient veuf, fût-il jeune, eût-il des passions bouillantes, il est forcé au célibat pour le reste de sa vie et renfermé sans pitié dans un couvent. Or, dans une position aussi chanceuse, quelle est naturellement la préoccupation habituelle de ces maris-prêtres? et presque tous les prêtres grecs sont dans ce cas. N'est-ce point la santé et la vie d'une femme, après laquelle il n'y en a plus pour eux? Et cette préoccupation ne doit-elle pas naturellement tuer tout esprit de zèle et de dévouement pastoral? Aussi ne cite-t-on pas un seul mari-prêtre qui se soit distingué par la sainteté ou la science, qui ait été missionnaire apostolique. Leur ministère est nul, même parmi leurs ouailles. Ce n'est pas à eux que l'on se confesse, mais aux moines qui gardent la continence perpétuelle. Ensuite, comme les évêques doivent la garder aussi bien que les moines, jamais ou rarement un prêtre grec ne devient évêque, c'est toujours un moine ou un laïque. Tout cela place nécessairement le clergé pastoral dans un abaissement toujours plus profond. Tout le monde peut s'en convaincre par les popes russes.

Le concile *in Trullo* déclare, dans son soixante-neuvième canon : Qu'il n'est permis à aucun laïque d'entrer dans le sanctuaire, si ce n'est à l'empereur, d'après l'ancienne coutume. Le canoniste grec Balsamon ajoute, dans son Commentaire, que les empereurs orthodoxes, qui préposent les patriarches par l'invocation de la sainte Trinité et qui sont les oints du Seigneur, entrent dans le sanctuaire quand ils veulent, qu'ils encensent et qu'ils scellent avec le triple sceau, tout comme les pontifes (Théod., Balsam., *in Syn. Trull.*). Sur le canon 38e du même conciliabule, portant que l'ordre ecclésiastique doit suivre, pour le rang des cités, les ordonnances civiles de l'empereur, le même Balsamon conclut : « Par ce canon, il est donné à l'empereur de créer de nouveaux évêchés, d'en ériger d'autres en métropoles, d'en régler les élections et l'administration suivant son bon plaisir (*Ibid.*). Voilà comme les

Grecs asservissent l'épiscopat, le gouvernement de l'Eglise, l'autel même, au caprice des empereurs. Ils vont jusqu'à leur faire un privilége de ce que Dieu a puni comme une impiété dans le roi Ozias, de mettre la main à l'encensoir. Faut-il s'étonner maintenant que, pour les punir de cette adulation sacrilége, Dieu abandonne leurs prêtres, leurs évêques et leurs patriarches au fouet ou au knout des sultans et des pachas?

Dans le même temps que les prélats grecs asservissaient ainsi l'Eglise à un empire, ils consacraient l'ambition des évêques de Byzance, en décrétant que le siége de cette ville aurait les mêmes priviléges que celui de Rome, comme étant le second après lui (Labbe, t. VI). Ce qui tendait à réduire le chef de l'Eglise universelle à la même condition que l'évêque de Byzance, savoir : de fonctionnaire amovible de l'empereur. Ils oubliaient l'infinie différence qui existe entre l'un et l'autre. Ils oubliaient que le Fils de Dieu n'a rien promis à l'un, mais qu'il a dit à l'autre, dans la personne de son prédécesseur : *Tu es Pierre, et sur cette pierre je bâtirai mon Eglise, et les portes de l'enfer ne prévaudront point contre elle. Et à toi je donnerai les clés du royaume des cieux.* L'expérience des siècles, aujourd'hui plus que jamais, leur fait voir cette différence. L'évêque grec de Stamboul, déposé, exilé, étranglé au moindre signe du lieutenant de Mahomet, n'oserait ouvrir la bouche pour défendre un collègue opprimé; tandis que le dernier des évêques catholiques, persécuté, emprisonné, exilé pour avoir fait son devoir, trouve toujours une voix indépendante qui parle pour lui à toute la terre, la grande voix du Pontife romain.

Qu'il sied bien après cela aux imprévoyants et serviles évêques rassemblés *in Trullo*, de dire dans leur canon 55e : Nous avons appris que, dans la ville de Rome, on jeûnait les samedis de carême, contrairement à l'observance traditionnelle de l'Eglise; il a donc plu au saint concile, que, dans l'Eglise romaine, aurait inviolablement sa force le canon qui dit : « Si un clerc est convaincu d'avoir jeûné le dimanche ou le samedi, excepté le samedi saint, qu'il soit déposé; si c'est un laïque, qu'il soit excommunié. » C'est un prétendu canon des apôtres. Voilà comme les Grecs, immolant au pouvoir politique, première et dernière idole, l'honneur et l'indépendance de l'Eglise du vrai Dieu, affectent un zèle excessif, censurent la mère et la maîtresse des Eglises pour une pratique de soi indifférente. Cela rappelle les scribes et les pharisiens, qui avalaient le chameau et épluchaient le moucheron.

Enfin, à la tête de leurs cent deux canons, parmi lesquels il en est quelques-uns d'utiles, les évêques du concile *in Trullo* font un catalogue des anciens recueils de canons; catalogue fautif et incomplet, puisqu'ils y comprennent les 85 prétendus canons des apôtres, et qu'ils n'y disent pas un mot des conciles d'Occident ni des décrets du Saint-Siège. Puis, avec une égale témérité, ils ordonnent d'admettre tous ceux qu'ils viennent de mentionner et défendent d'en admettre d'autres. Bref, dans son ensemble, le concile *in Trullo* est un mélange irréfléchi et sophistique de bien et de mal, de vrai et de faux, propre uniquement à diviser l'Eglise et à l'asservir au caprice des puissances temporelles. Aussi l'empereur Justinien y souscrivit le premier.

On laissa ensuite la place du Pape. Les quatre patriarches souscrivirent ensuite, ainsi que les autres évêques. Anastase ajoute que les légats ou nonces du Pape y souscrivirent par surprise; mais on ne voit rien de leurs souscriptions.

Après tout, malgré qu'ils en eussent, les Grecs sentaient encore trop la puissance de cette vérité, proclamée par leurs historiens Socrate et Sozomène : « C'est une ancienne règle de l'Eglise, qu'on ne puisse tenir aucun concile, établir aucun canon sans l'autorité du Pontife romain. » L'empereur Justinien voulut donc obliger le pape Sergius à souscrire lui-même au concile *in Trullo*. Il lui en envoya donc un exemplaire en six tomes, souscrit de sa main et de la main des trois patriarches d'Alexandrie, de Constantinople et d'Antioche, ainsi que des autres prélats, afin que le Pape le confirmât et y souscrivît à la première place, comme le chef de tous les pontifes. Bien loin de céder à l'empereur, le Pape ne voulut pas même recevoir ses recueils ni souffrir qu'on les lût; mais il les rejeta comme nuls, et répondit qu'il souffrirait plutôt la mort que de consentir à ces nouvelles erreurs. Pour insulter le Pape, l'empereur envoya à Rome un officier, qui emmena à Constantinople Jean, évêque de Porto, et Boniface, conseiller du Siége apostolique. On voit ce que devenait l'Eglise de Dieu, avec les idées serviles des Grecs.

L'empereur ne s'en tint pas là. Il envoya Zacharie, son protospataire ou premier écuyer, homme farouche, pour déporter pareillement le Pape; mais par l'intercession de saint Pierre, Dieu garantit son Eglise de toute violence. Un esprit tout autre animait l'Italie et l'Occident. Les troupes de Ravenne, de la Pentapole et des contrées environnantes ne voulurent point permettre l'enlèvement du Pontife romain. Elles accourent à Rome de toutes parts. Epouvanté à leur approche, et craignant qu'elles ne le missent à mort, le protospataire Zacharie prie le Pape de faire fermer et garder les portes de la ville. Lui-même se réfugie tremblant jusque dans la chambre du Pontife, le suppliant avec larmes d'avoir pitié de lui et de lui sauver la vie. Cependant l'armée de Ravenne entre par la porte de Saint-Pierre et marche tout droit au palais de Latran, demandant avec instance à voir le Pape; car le bruit courait qu'on l'avait enlevé la nuit et jeté dans une barque. Comme les soldats trouvèrent toutes les portes fermées, ils menacèrent de les jeter à bas si on n'ouvrait promptement. Alors le protospataire Zacharie, se croyant perdu sans ressource, se cacha sous le lit du Pontife, tellement hors de lui, qu'il en perdait la raison. Le Pontife le rassura et lui dit de ne rien craindre. Ensuite il sortit hors de la basilique du pape Théodore, et, ayant fait ouvrir les portes, il s'assit sur le siège ou trône nommé *Sous les apôtres*, pour se montrer à tout le monde. Il reçut avec honneur l'armée et le peuple, qui étaient venus en foule pour le voir, et apaisa leurs esprits par la douceur de ses paroles. Mais par amour et par respect, tant pour l'Eglise de Dieu que pour le saint Pontife, ils ne voulurent point se retirer ni cesser de garder le palais patriarcal, qu'ils n'eussent chassé de Rome le protospataire, au milieu des huées et des malédictions (Anast., *in Serg.*; Paul, diac., l. 6, c. 11).

L'empereur qui prétendait ainsi gouverner l'Eglise

de Dieu, ne savait gouverner ni son empire ni sa propre personne. En 686, il fit une paix funeste avec les Sarrasins; car, pour leur complaire, il força traîtreusement une partie des Maronites, que les Sarrasins appelaient Mardaïtes ou rebelles, à leur livrer leurs forteresses, pour se retirer dans l'Arménie et dans la Thrace. En 692, il rompit non moins imprudemment cette paix. En 688, il avait rompu de même la paix avec les Bulgares, qui faillirent l'exterminer peu après avec toute son armée. L'empire était ainsi ravagé d'un côté par les Bulgares, de l'autre par les Sarrasins.

Pour s'en consoler, le jeune empereur élevait de superbes édifices, qui coûtaient encore plus à ses sujets que les incursions des Barbares. Afin d'embellir les dehors de son palais, il fit construire une magnifique fontaine et un lieu de parade où il devait faire la revue de la faction Bleue, qu'il honorait de sa faveur. Il fit bâtir, dans son palais même, une salle de festin d'une étendue extraordinaire, dont le pavé et les murs étaient revêtus des marbres les plus précieux et enrichis de compartiments d'or. Pour exécuter ces desseins, il fallait abattre une église de la Sainte-Vierge. L'empereur s'adressa au patriarche Callinicus, qui avait succédé à Paul, mort l'an 693, et lui ordonna de prononcer les prières en usage, lorsqu'il était besoin de détruire un lieu saint. Le patriarche répondit qu'il avait des formules de prières pour la construction des églises, mais qu'il n'en avait point pour leur destruction. L'empereur insistant jusqu'à la violence, le patriarche dit : « A Dieu, qui supporte tout, gloire et honneur, maintenant et toujours, et dans les siècles des siècles : Amen. » Et aussitôt on abattit l'église. L'empereur était secondé dans ces œuvres de folie par deux ministres principaux. L'un était Étienne, Perse de nation et chef des eunuques. Cet homme sanguinaire, préposé à la construction des nouveaux édifices, traitait inhumainement les ouvriers, et, sur le moindre sujet de plainte, il faisait tuer à coup de pierres et les manœuvres et les inspecteurs. Il porta même l'insolence jusqu'à faire donner le fouet à la mère de l'empereur. L'autre était le grand trésorier Théodote, autrefois moine. Plus cruel qu'Étienne, il inventait tous les jours de nouvelles taxes; ni le rang ni la naissance ne pouvait soustraire à ses persécutions; il se faisait un jeu des confiscations, des proscriptions, des supplices même. Payer lentement, murmurer contre l'imposition, c'était un crime digne de mort. On pendait les contribuables par les pieds à un gibet, et on allumait au-dessous de leur tête un monceau de paille pour les étouffer dans la fumée (Théoph., *Hist. du Bas-Empire*, l. 62).

Tant de cruautés soulevaient tous les esprits. Une révolution était imminente. Pour la prévenir, l'empereur ordonna au général de ses troupes d'égorger pendant la nuit le peuple de Constantinople, à commencer par le patriarche. Cette nuit-là même, le patrice Léonce, emprisonné depuis trois ans, devait s'embarquer pour la Grèce, où l'empereur l'envoyait avec le titre de gouverneur, mais, dans la réalité, pour l'y faire périr. Léonce avait fait la guerre avec succès en Arménie. Deux moines de ses amis lui avaient toujours prédit qu'il serait empereur. Au moment de leur faire ses adieux, il leur représente combien leurs prédictions étaient vaines, puisque la mort l'attendait en Grèce. Ils lui répondent que c'est au contraire le moment favorable pour monter sur le trône, et ils lui en suggèrent les moyens. Léonce les écoute. A l'entrée de la nuit, il arme ses domestiques et marche sans bruit au prétoire, où demeurait le préfet de la ville et où étaient les prisons publiques. On frappe à la porte au nom de l'empereur, le préfet fait ouvrir; aussitôt on lui garrotte les pieds et les mains, on délivre les prisonniers, qui étaient la plupart des hommes de guerre et des personnages considérables. On crie par toutes les rues : Les chrétiens à Sainte-Sophie ! A Sainte-Sophie les chrétiens ! Léonce, suivi de son cortège, va au palais du patriarche, qui, prévenu des ordres secrets de l'empereur, ne s'attendait qu'à la mort. On l'emmena à la grande église pour lui faire entonner l'antienne de Pâques : *Voici le jour qu'a fait le Seigneur !* Le peuple demande la mort de Justinien, et court à l'hippodrome. Justinien y est amené au point du jour. Léonce, par reconnaissance pour son père Constantin, obtient qu'on lui laisse la vie. On se contente donc de lui couper le nez et la langue, et de l'exiler dans la Chersonèse Taurique. Léonce est alors proclamé empereur. En même temps le peuple, malgré le nouveau souverain, saisit l'eunuque Étienne et le trésorier Théodote, les traîne par les pieds dans les rues, et les brûle vivants sur la place. C'était l'année 694, dixième du règne de Justinien II, qui fut surnommé dès lors Rinotmète, c'est-à-dire *nez-coupé*.

En Afrique, la guerre continuait entre les Sarrasins et les Grecs. En 697, les Sarrasins prirent Carthage. Les Grecs la reprirent la même année. L'année suivante, les Sarrasins la prennent pour la dernière fois, en rasent les murailles et les édifices, et l'ensevelissent sous ses ruines. En revenant à Constantinople, les troupes grecques, craignant d'être punies de leur lâcheté, massacrent leur général et proclament empereur un nommé Absimare, et surnommé Tibère. Le nouvel empereur pénètre à Constantinople par trahison, fait couper le nez à son prédécesseur Léonce et l'enferme dans un monastère (Théophan., Nicéph.). C'était l'an 698. C'est de cette manière ignoble que les Grecs terminèrent le VIIe siècle.

# LIVRE CINQUANTE ET UNIÈME.

La foi, l'humanité, le bon sens quittent de plus en plus l'Orient pour se fixer dans l'Occident et lui assurer l'empire du monde. — L'Angleterre catholique, illustrée par la doctrine et la sainteté du vénérable Bède et de ses contemporains, travaille avec succès, secondée par les Francs d'Austrasie, à la conversion et à la civilisation de l'Allemagne, païenne et barbare. — Les Francs d'Austrasie et d'Aquitaine, sous la conduite de l'Austrasien Charles-Martel, sauvent la France, l'Europe et l'humanité de la barbarie mahométane. — Les Pontifes romains maintiennent en Occident, contre les empereurs iconoclastes de Constantinople, le bon sens et la foi catholique, que saint Jean Damascène soutient au milieu des Musulmans.

(Des commencements du VIIIᵉ siècle, à la mort de l'empereur Léon l'Isaurien, de Charles-Martel et du pape saint Grégoire III, 741.)

L'EXCELLENT pape Sergius, dont les armées d'Italie et le peuple de Rome avaient si chaleureusement défendu la liberté contre les embûches de l'empereur de Constantinople, mourut le 8 septembre 701, après un pontificat de 13 ans 8 mois et 23 jours. Il eut pour successeur Jean VI, Grec de nation, qui fut ordonné le 30 octobre 701 et se montra digne de son prédécesseur. L'exarque d'Italie, le patrice Théophylacte, chambellan de l'empereur Tibère Absimare, étant venu de Sicile à Rome, les troupes de toute l'Italie, lui connaissant ou lui supposant quelque mauvais dessein contre le nouveau Pape, marchèrent sur Rome en tumulte pour le maltraiter. Mais le Pontife s'y opposa ; il ferma les portes de la ville, envoya des évêques au camp où les soldats étaient assemblés, et, par ses exhortations salutaires, apaisa la sédition. Quelque temps après, le duc Lombard de Bénévent, nommé Gisulfe, vint avec toute son armée ravager la Campanie sans que personne pût lui résister, pillant, brûlant et enlevant beaucoup de captifs. Alors le pape Jean VI envoya des évêques avec de grandes sommes tirées des trésors de l'Eglise romaine, racheta tous les captifs et fit retirer Gisulfe avec ses troupes (Anast., *Cum notis Var.*). Voilà par quelles circonstances et par quels actes les Pontifes romains sont devenus peu à peu les souverains temporels de Rome et d'une portion de l'Italie. Les pauvres peuples, ne voyant d'amour et de protection qu'en eux, se sont donnés à eux par affection et par reconnaissance. La chose est assez naturelle pour que bien des auteurs modernes ne l'aient pas vue.

Le pape Jean VI mourut le 12 janvier 705 et eut pour successeur Jean VII, Grec de nation, distingué par son savoir et son éloquence. Ordonné le 1ᵉʳ mars de la même année, il mourut le 18 octobre 707. De son temps, dit l'historien des Lombards, Paul, diacre, le roi des Lombards Aribert rendit le patrimoine des Alpes-Cottiennes, lesquelles avaient appartenu autrefois au droit du Siége apostolique, mais avaient été usurpées depuis longtemps par les Lombards ; il envoya à Rome cet acte de donation (ou plutôt de restitution) écrit en lettres d'or (Paul, diac., *De gest. Langob.*, l. 6, c. 28). D'après ce témoignage d'un auteur contemporain et bien instruit, les Alpes-Cottiennes, usurpées depuis longtemps par les Lombards, appartenaient de droit au Siége apostolique. Les Alpes-Cottiennes (1), ainsi nommées du roi Cottius, contemporain d'Auguste et allié des Romains, s'étendaient, suivant le même auteur, du côté de l'Orient, jusqu'à la mer de Toscane, et, du côté de l'Occident, jusqu'à la Gaule, et comprenaient les villes d'Aix, de Dertone, de Bobio, de Gênes et de Savone (*Ibid.*, l. 2, c. 16). Ces faits sont remarquables. Quand avec cela on se rappelle que, sous le pape saint Grégoire le Grand, l'Eglise romaine possédait déjà en propriété les villes de Gallipoli, d'Otrante et de Naples, on voit que la Providence préparait, dès le VIᵉ siècle, la souveraineté ou l'indépendance temporelle de cette Eglise, et que le VIIIᵉ siècle ne fera qu'y mettre la dernière main.

Le pape Jan VII étant mort le 18 octobre 707, on lui donna pour successeur Sisinnius, Syrien de nation, qui ne tint le Saint-Siége que 20 jours et mourut subitement le 7 février 708. Il était affligé de la goutte jusqu'à ne pouvoir porter la main à la bouche ; mais il avait le courage ferme et une telle affection pour son peuple, qu'il entreprit de réparer les murs de Rome. Le 25 mars de la même année 708, il eut pour successeur Constantin, comme lui Syrien de nation, homme d'une extrême douceur, qui tint le Saint-Siége 7 ans et 15 jours (Anast., *Cum notis*

(1) Les Alpes-Cottiennes séparent le Dauphiné de l'ancien Piémont.
Elles ont pris ce nom d'un seigneur de ce pays nommé Cottus ou Cottius, dont Suétone parle dans la vie de Tibère, et à qui Claude donna le titre de roi, l'an 44 de Jésus-Christ. E. H.

*Var.*). C'est le 7e Pape venu de suite de Syrie ou de Grèce. Jean V était Syrien; Conon, de Thrace; Sergius, Syrien; Jean VI et Jean VII, Grecs; Sisinnius et Constantin, Syriens. Ce qu'il y a de plus remarquable dans le pontificat du pape Constantin, est son voyage à Constantinople.

Justinien Rinotmète ou nez-coupé, relégué à Cherson en Crimée depuis l'an 695, s'y vantait publiquement de remonter bientôt sur le trône. Les habitants du pays, craignant que l'empire ne se vengeât sur eux de ces propos, résolurent de le tuer, ou du moins de l'envoyer à l'empereur, qui était pour le moment Tibère Absimare. Justinien en ayant eu vent, se sauva près d'un chef de Kazares, nommés autrement Turcs, qui le reçut avec humanité et lui donna en mariage sa sœur Théodora. L'empereur Absimare l'ayant appris, envoya promettre au Turc des sommes considérables s'il voulait lui livrer Justinien vivant, ou du moins lui envoyer sa tête. Le Turc y consentit et expédia deux officiers pour veiller à la sûreté de Justinien, son beau-frère, mais en réalité pour l'égorger. Justinien, averti par sa femme, qui avait appris le secret d'un domestique de son frère, étrangla les deux officiers l'un après l'autre et s'enfuit pour aller trouver le chef des Bulgares. Embarqué sur le Pont-Euxin, il essuya une furieuse tempête. Au milieu du péril, un de ses serviteurs lui dit : Seigneur, voilà que nous périssons; pour vous sauver, promettez à Dieu que, s'il vous rend l'empire, vous ne vous vengerez d'aucun de vos ennemis. Si j'en épargne un seul, répondit Justinien en colère, que Dieu m'engloutisse à l'instant même! Cette horrible exécration fait voir, jusque dans son cœur, toute l'inhumanité de cet homme.

La tempête s'étant calmée, il entra dans le Danube, envoya au roi de Bulgarie, nommé Trébellis, promettre d'immenses présents, avec sa fille en mariage, s'il voulait lui aider à récupérer l'empire. Trébellis le promit avec serment, et tint parole. Ayant reçu Justinien avec beaucoup d'honneur, il assembla une armée de quinze mille Bulgares et Sclaves, et vint camper avec lui sous les murs de Constantinople, en 705, lorsque Tibère Absimare s'attendait encore à recevoir sa tête du chef des Turcs. Pendant trois jours, ils pressèrent les habitants de le recevoir dans la ville, et leur offrirent des conditions de paix; mais les habitants ne répondirent que par des injures. La nuit suivante, Justinien, entré par un aqueduc, s'empare de la ville et s'établit dans le palais de Blaquernes. Aussitôt il commence une suite effroyable de vengeances.

L'empereur Tibère Absimare et son prédécesseur Léonce sont arrêtés, chargés de fers et jetés en prison. Aux jeux du cirque, Justinien, assis sur son trône, les fait étendre l'un et l'autre devant lui, leur tient pendant une heure les pieds sur la gorge, tandis que le peuple, aussi cruel que son maître, chantait ces paroles : *Tu as marché sur l'aspic et le basilic, et tu as foulé aux pieds le lion et le dragon.* Après ce spectacle, Justinien leur fit couper la tête à l'un et à l'autre. Dans le même temps, un frère de l'empereur Absimare et les généraux de l'empire étaient pendus le long des murailles de la ville. Justinien fit crever les yeux au patriarche Callinicus, pour avoir parlé mal de lui au couronnement de Léonce; et l'envoya en exil à Rome. Il mit à sa place un reclus nommé Cyrus, qui, dit-on, lui avait prédit son rétablissement sur le trône. Une infinité de citoyens et de militaires périrent par divers supplices. Il en fit jeter dans la mer un grand nombre enfermés dans des sacs. Il comblait de caresses ceux qu'il destinait à la mort; il les nommait aux premières charges de l'empire, et, après avoir reçu leurs remercîments, il les faisait massacrer à la porte de son palais. Il en invitait d'autres à souper avec lui; le repas se passait dans la joie, et, au sortir de table, il les faisait pendre ou égorger. Comme on lui avait coupé le nez, il s'était fait faire un nez d'or; chaque fois qu'il le nettoyait, c'était un signal qu'il méditait ou qu'il avait résolu la mort de quelqu'un.

Quant au roi des Bulgares, il le combla de présents, le revêtit de la robe impériale, le proclama césar, le fit asseoir à ses côtés et obligea le peuple à le saluer par la génuflexion, comme lui-même (Théoph.; Nicéph.; Cédr.; *Hist. miscell.*; Agnellus; Muratori, *Annali d'Ital., an.* 705). Justinien envoya ensuite une flotte nombreuse chercher l'impératrice Théodora, qui était demeurée chez son frère, le chef des Kazares ou des Turcs. La plus grande partie de la flotte fut abîmée par la tempête. Sur quoi le Turc lui écrivit en ces termes : « Insensé! ne suffisait-il pas de deux ou trois barques pour transporter ta femme? pourquoi perdre tant d'hommes et de vaisseaux? Pensais-tu donc me l'enlever de force? Elle t'a donné un fils depuis ton départ. Envoie un seul homme; je lui mettrai entre les mains l'enfant et la mère. » Le chambellan Théophylacte, député à cet effet, amena la princesse avec son fils, qui fut nommé Tibère. Ils furent tous deux couronnés à leur arrivée et honorés du titre d'augustes (Théoph., Nicéph.).

Comme Justinien tenait beaucoup à faire confirmer par le successeur de saint Pierre les canons du concile *in Trullo*, il envoya au pape Jean VII deux métropolitains chargés des actes de ce concile et d'une lettre par laquelle l'empereur conjurait le Pape d'assembler un concile de son côté, et lui confirmer ce qu'il approuverait dans ces actes et de rejeter le reste. Le pape Jean VII, par une faiblesse humaine, craignant de déplaire à l'empereur, lui renvoya ces actes sans y avoir rien corrigé (Anast., *in Joan. VII*).

Justinien avait été rétabli sur le trône par les Bulgares. Deux ans après il leur déclare la guerre; son armée est battue, et lui-même s'enfuit honteusement. Une autre armée est battue, l'an 709, près de la ville de Thyane, qu'elle devait secourir, et qui fut prise par les Sarrasins. Justinien s'entendait mieux à faire la guerre à ses sujets qu'aux ennemis de l'empire. Les habitants de Ravenne avaient encouru son inimitié, soit parce qu'ils s'étaient réjouis de sa chute, soit parce que précédemment ils avaient empêché son officier Zacharie de faire prisonnier le pape Sergius. Quoi qu'il en soit, l'an 709, le patrice Théodore, général de l'armée de Sicile, vint, par ses ordres, avec une flotte devant Ravenne. Par de feintes caresses, il attira dans sa tente, sur le rivage de la mer, les principaux habitants de la ville, entre lesquels l'archevêque Félix. Il avait donné ordre de les introduire séparément, deux à deux. Dès qu'ils étaient entrés, on se saisissait d'eux, on leur mettait un bâillon dans la bouche et on les conduisait, par une galerie couverte, au fond de cale d'un vaisseau; en sorte que ceux qui étaient au dehors ne voyaient pas ce qui se passait sous la tente. L'archevêque fut enlevé comme les autres, ainsi que le plus distingué des citoyens, nommé Joannice. Cela fait, les Grecs entrèrent dans Ravenne, la saccagèrent, la remplirent de deuil et en emportèrent les richesses. Après quoi ils remirent à la voile et conduisirent leurs prisonniers à Constantinople, où l'archevêque Félix fut privé de la vue et relégué sur les bords du Pont-Euxin. Et voilà comme les Grecs traitaient le malheureux peuple d'Italie qui restait encore soumis à leur domination. Celle des Lombards était un gouvernement paternel en comparaison. On observe que, l'année précédente, l'archevêque Félix avait été ordonné par le pape Constantin, mais que, soutenu par la puissance séculière, il avait refusé de faire à l'Église romaine les promesses que ses prédécesseurs avaient accoutumé de faire, comme on le voyait dans les archives. Ses malheurs subséquents furent regardés comme une punition divine de sa désobéissance (Anast., *in Const.*; Agnell., *apud Muratori*, *Script. rerum Ital.*, t. II).

Cependant l'empereur envoya ordre au pape Constantin de venir à Constantinople. Le Pape obéit aussitôt, et partit de Rome le 5 octobre 610, prenant la route de la mer. Il était accompagné d'un cortège assez nombreux, composé de clercs, de diacres, de prêtres et de deux évêques, dont l'un mourut en chemin. En arrivant à Naples, il y rencontra Jean Rhizocope, qui allait à Ravenne pour y remplacer l'exarque Théophylacte, mort depuis peu. Le Pape continua sa route par la Sicile, où il fut honorablement reçu du patrice Théodore, qui était retourné après la cruelle expédition de Ravenne. Il était malade quand il vint au devant du Pontife, et se trouva promptement guéri. Le Pape, en quittant la Sicile, passa par Reggio, Crotone, Gallipoli, et séjourna quelque temps à Otrante pour y attendre la fin de l'hiver. Il y reçut un diplôme de l'empereur, qui ordonnait à tous ses officiers établis dans les lieux du passage, de rendre au Pape les mêmes honneurs qu'à l'empereur même.

Constantin trouva dans l'île de Cea ou Ceos le patrice Théophile, envoyé au devant de lui pour le conduire à Constantinople. Tibère, fils de l'empereur et empereur lui-même, accompagné des patrices et de la principale noblesse, ainsi que le patriarche Cyrus, suivi de son clergé et d'une foule de peuple en habits de fête et poussant des cris de joie, vinrent à sa rencontre jusqu'à sept milles ou plus de deux lieues de la ville. Le Pape, revêtu des mêmes ornements qu'il portait à Rome les jours de cérémonie, et les premiers du clergé, montés sur des chevaux de l'empereur, dont les selles, les brides et les housses étaient enrichies de broderies d'or, entrèrent comme en triomphe. Au sortir du palais de l'empereur, où ils se rendirent d'abord, on les conduisit au palais de Placidie, qu'on avait préparé pour les recevoir. L'empereur, qui était alors à Nicée, écrivit au Pape, dès qu'il sut son arrivée, une lettre de félicitation, et le pria de venir à Nicomédie, où il se rendrait lui-même. A leur première entrevue, l'empereur, la couronne sur la tête, se prosterna devant le Pape et lui baisa les pieds. Ils s'embrassèrent ensuite au milieu des acclamations du peuple.

Le pape Constantin était accompagné du diacre Grégoire, qui fut depuis son successeur. L'empereur l'interrogea sur plusieurs chapitres, ce que quelques-uns entendent des canons du concile *in Trullo*. Grégoire satisfit à toutes les questions par d'excellentes réponses; car il était fort instruit de l'Écriture sainte et s'expliquait éloquemment. Ses mœurs étaient pures, son courage ferme, et il soutint vigoureusement les droits de l'Église. Le dimanche suivant, le Pape célébra la messe devant l'empereur, qui communia de sa main, le pria d'intercéder pour ses péchés, et renouvela tous les privilèges de l'Église romaine; après quoi il lui permit de retourner en Italie quand il le jugerait à propos. De fréquentes indispositions retinrent le Pape plusieurs mois. Enfin, s'étant mis en mer, il trouva au port de Gaëte tout son clergé et une très-grande partie du peuple romain, empressé de le revoir, et, après plus d'une année d'absence, il rentra dans Rome le 24 octobre 711, à la grande joie de toute la population. En allant et en revenant, il avait ordonné douze évêques en divers lieux (Anast., *in Constant. et Greg. II*). On ne dit point quel était le sujet de ce voyage. Mais les honneurs suprêmes que le pape Constantin y reçut partout, étaient une réparation publique des outrages qu'on avait faits soixante ans auparavant au pape saint Martin.

La ville de Rome dut se réjouir d'autant plus de son retour, qu'elle avait eu plus lieu de craindre. Le nouvel exarque, Jean Rhizocope, que le Pape avait rencontré à Naples, étant venu à Rome, arrêta et égorgea quatre des principaux du clergé romain : Paul, diacre et vidame ou majordome du Pape; Sergius, abbé et prêtre; Pierre, trésorier, et Sergius, ordonnateur. De là il passa à Ravenne, où, par un juste jugement de Dieu, il mourut d'une mort honteuse. Voilà ce que dit le biographe du pape Constantin.

Ce dernier fait trouvera peut-être son explication dans les détails que nous donne l'historien des évêques de Ravenne, dans la vie de l'archevêque Félix. Le peuple de Ravenne, désespéré du saccagement de la ville et du massacre de la noblesse, secoua le joug du cruel empereur. Il se donna pour chef Georges, fils de Joannice, dont les qualités estimables étaient encore relevées par les grâces de la figure. Les villes de Sarsine, de Cervie, de Forlimpopoli, de Forli, de Faënza, d'Imola et de Bologne se liguèrent avec Ravenne. Georges partagea les habitants sous plusieurs bannières, qu'il distingua par différents noms; et cette division du peuple de Ravenne subsistait encore longtemps après. Rhizocope, qui voulait sévir contre le peuple, fut apparemment mis en pièces. A cette nouvelle, Justinien fit partir l'eunuque Eutychius pour succéder à Rhizocope. Le nouvel exarque, aussi adroit et aussi insinuant que son prédécesseur avait été violent et emporté, vint à bout de calmer les esprits et de les ramener par la douceur à l'obéissance. Cependant Joannice, père de Georges, périssait dans d'affreux supplices à Constantinople, où il avait été emmené, comme on l'a vu. C'était un respectable vieillard, distingué par sa haute capacité, et qui avait été longtemps secrétaire de l'empereur même. Il n'avait pas moins de zèle pour la religion que de capacité; car ce fut lui qui mit dans un bel ordre le Missel, les Heures canoniales, les Antiphonaires et le Rituel, dont se servit depuis l'Eglise de Ravenne. Il était en prison depuis deux ans, lorsque Justinien apprit que Ravenne était soulevée et avait choisi pour chef son fils Georges. Aussitôt il fit souffrir au père les tourments les plus affreux. Le vieillard y expira en protestant de son innocence et en citant l'empereur à comparaître incessamment avec lui au tribunal du souverain Juge (Anast., *in Constant.*; Agnell., *in vit. Felicis*, t. II; *Rer. Italic.*). Telles furent ses dernières paroles, qui ne tardèrent pas d'avoir leur effet.

Justinien, animé d'une haine implacable contre les Chersonites et les peuples environnants, dont il n'avait pas oublié les desseins formés autrefois contre lui, résolut d'en faire un exemple terrible. Il fit contribuer tous ses sujets, depuis les sénateurs jusqu'aux derniers du peuple, pour l'équipement d'une grande flotte. Elle fut composée de bâtiments de toute espèce et chargée d'une armée nombreuse, que les meilleurs historiens grecs, Théophane et Nicéphore, font monter à près de cent mille hommes. Elle était commandée par le patrice Etienne, surnommé le Farouche. Il avait ordre de passer au fil de l'épée tous les Chersonites et les peuples environnants, sans épargner une seule personne. Le Pape, qui était encore à Constantinople, fit de vains efforts pour détourner l'empereur d'un dessein si barbare. La flotte partit avec Elie, écuyer du prince, qui devait rester dans la Chersonèse pour y commander. Il emmenait avec lui l'Arménien Bardane, que l'empereur avait fait revenir de Céphalonie pour le reléguer à Chersone. Etienne et Elie exécutèrent les ordres de l'empereur. Entrés sans résistance dans les villes, ils les remplirent de carnage et égorgèrent tous les habitants sans distinction de rang ni de sexe. Ils n'épargnèrent que les jeunes gens et les enfants, pour en faire des esclaves. Toudoun, qui était comme le lieutenant général du khan ou chef de Kazares, Zoïle, le chef de la noblesse, avec quarante autres personnages des plus illustres, furent envoyés à l'empereur, chargés de chaînes, avec leurs femmes et leurs enfants. Sept autres personnages de Chersone furent enfilés en des broches de bois et rôtis au feu. Les principaux des autres villes, au nombre de vingt, les mains liées derrière le dos, furent jetés dans une barque à laquelle on attacha de grosses pierres pour la faire couler à fond. Justinien fut extrêmement irrité de ce qu'on avait épargné les enfants. Il commanda aussitôt à Etienne de ramener la flotte. Etienne se rembarqua sans délai. C'était au mois d'octobre. Il s'éleva une si furieuse tempête, que la flotte fut submergée presque tout entière. D'après tous les historiens grecs et autres, il périt dans ce naufrage environ soixante-treize mille personnes. La mer rejeta les cadavres, depuis la ville d'Amastris jusqu'à Héraclée. Les mêmes historiens ajoutent que Justinien, bien loin de s'affliger de ce désastre, en témoigna une grande joie; qu'il fit des menaces encore plus terribles, et commanda d'équiper une nouvelle flotte, avec ordre de raser toutes les villes, d'y faire passer la charrue et d'égorger jusqu'au dernier des habitants.

A cette nouvelle, les habitants de la Chersonèse, qui avaient échappé au premier massacre, et les peuples des environs, se fortifient dans les villes. Ils y sont encouragés par l'Arménien Bardane et par l'écuyer Elie, qui craignaient pour eux-mêmes la vengeance de l'empereur. Ils envoient demander du secours au khan des Kazares ou des Turcs, qui leur envoie quelques troupes. Justinien, apprenant cette tournure des affaires, envoie le patrice Georges, trésorier général de l'empire, Jean, préfet de Constantinople, et Christophe, gouverneur de la Thrace, suivi de trois cents soldats. Ils étaient accompagnés de Toudoun et de Zoïle, que l'empereur renvoyait pour ne pas s'attirer la colère du prince kazare. Georges avait ordre de les rétablir dans leurs biens, d'envoyer faire des excuses au khan, et de ramener à Constantinople Elie et Bardane. Lorsque les trois chefs, avec leur escorte, se présentèrent devant la ville de Chersone, et que Georges et Jean, qui marchaient à la tête, furent entrés, on ferma les portes et on les massacra sur-le-champ. En même temps les Kazares sortent de la place, enveloppent les trois cents soldats, et, les ayant faits prisonniers, les conduisirent à leur khan avec Toudoun, Zoïle et Christophe. Toudoun étant mort en chemin, les Kazares, pour honorer ses funérailles, immolèrent sur son tombeau Christophe et les trois cents soldats. Cependant la ville de Chersone retentissait de malédictions contre Justinien. On s'assemble, on renonce à son obéissance et on proclame empereur l'Arménien exilé, Bardane, à qui l'on fait prendre le nom de Philippique. On se souvient que c'est à Chersone que l'empereur Constant II exila le pape saint Martin, qui y consomma son martyre. C'est à Chersone que Justinien, petit-fils de Constant, est exilé à son tour. C'est de Chersone que sortira l'orage qui le précipitera finalement du trône, et lui et sa famille. A ces grands coups on peut reconnaître la justice de Dieu.

La nouvelle de cette révolution étant venue à Constantinople, Justinien, transporté de rage, court à la maison de l'écuyer Elie; il poignarde ses deux fils, encore enfants, sur le sein de leur mère; il la livre elle-même à la brutalité d'un nègre qu'il avait pour cuisinier. Il met en mer une nouvelle flotte, qu'il charge de soldats et de toutes les machines de guerre propres à la destruction des villes. Il en donne le commandement au patrice Maurus, et lui ordonne, sous les plus terribles menaces, de ruiner Chersone de fond en comble, d'y faire passer la charrue et d'égorger jusqu'aux enfants à la mamelle. Il lui recommande de l'instruire de tout par de fréquents messages. Maurus aborde à Chersone, et commence aussitôt les attaques. Ses machines avaient déjà renversé deux tours, et il se disposait à donner l'assaut, lorsqu'il voit arriver une armée de Kazares ou de Turcs, dont les forces supérieures lui font perdre toute espérance de succès. Il se rembarque; mais ni lui ni ses soldats n'osant retourner à Constantinople pour essuyer les emportements d'un prince furieux, ils prirent le parti de se joindre aux Chersonites. Philippique était sorti de la ville avant qu'elle fût attaquée, et s'était retiré auprès du khan des Kazares. On députe au khan pour le prier de renvoyer le prince élu; il exige une pièce d'or par tête, et le serment d'être fidèle au nouvel empereur. Ces deux conditions étant remplies, Philippique revient à Chersone et y est reçu au milieu des vœux et des acclamations.

Cependant Justinien, ne recevant aucune nouvelle de sa flotte, se doute de quelque chose. Il assemble ce qui lui reste de soldats et demande du secours au roi des Bulgares, avec lequel il s'était réconcilié. Terbélis lui envoie trois mille hommes. Justinien passe le détroit et va camper à Damatrys, entre Chalcédoine et Nicomédie. Pour savoir plutôt ce qui se passait à Chersone, il s'avança, avec un détachement de cavalerie, jusque près de Sinope, sur le Pont-Euxin. Dans l'intervalle, l'empereur Bardane-Philippique entrait avec la flotte à Constantinople. L'écuyer Elie est envoyé à Damatrys pour ôter la vie à Justinien. Il exhorte les soldats grecs de ce dernier à reconnaître le nouvel empereur, et promet aux Bulgares un libre retour dans leur pays. Justinien, se voyant abandonné, songe à s'enfuir. Elie ne lui en donna pas le temps : il court à lui, le saisit par les cheveux, lui coupe la tête, qui est envoyée à Constantinople et de là à Rome, comme une médaille inaugurale du nouveau règne. A Constantinople, le fils de Justinien, le jeune empereur Tibère (il n'avait que six ans), s'était réfugié dans l'église de Notre-Dame de Blaquernes. Il embrassait d'une main le pilier qui soutenait la table et l'autel, de l'autre main il tenait le bois de la vraie croix; et, pour rendre sa personne plus inviolable, on lui avait suspendu au cou plusieurs reliques. Sa grand'mère Anastasie, car il avait perdu sa mère, se tenait à la porte du sanctuaire, comme pour en défendre l'entrée. Mais deux patrices, Maurus et Jean, sont envoyés pour le massacrer. A leur approche, Anastasie se jette aux pieds de Maurus avec des cris lamentables, et, les tenant embrassés, les arrosant de ses larmes, elle demande grâce pour un enfant qui n'a point fait de mal. Pendant qu'elle se tenait attachée à Maurus, Jean saute dans le sanctuaire, détache de l'autel le jeune prince, lui arrache le bois de la croix qu'il pose sur la table sacrée, lui enlève les reliquaires qu'il se passe lui-même au cou, et, traînant l'enfant à la porte de l'église, il le dépouille, l'étend sur les degrés, et l'égorge comme un animal de boucherie. Voilà comme les peuples grecs traitaient leurs empereurs, et comme les empereurs grecs traitaient leurs peuples. Dans les annales des nations, que les Grecs nommaient barbares, il est difficile de trouver quelque chose d'aussi atroce. Ces sanglantes nouvelles arrivèrent à Rome vers la fin de janvier 712, trois mois après le retour du pape Constantin (Théoph., Nicéph., Cédr., *Hist. miscell.*).

Pour avoir changé d'empereur, l'empire de Constantinople et les Eglises d'Orient ne s'en trouvèrent pas mieux. L'Arménien Bardane-Philippique, jeune encore, avait été infecté de l'hérésie des monothélites, par l'abbé Etienne, disciple de Macaire d'Antioche. Longtemps avant que d'être empereur, ayant vu en songe un aigle voltiger au-dessus de sa tête, il alla, dit-on, voir un reclus qui faisait le devin, et qui lui dit que l'empire lui était destiné. Le reclus, infecté de monothélisme, ajouta : Or, je vous avertis que l'on a très-mal fait de tenir le sixième concile. Abolissez-le donc quand vous régnerez, et votre règne sera long et heureux. Bardane le promit donc avec serment. Mais quand il vit Léonce empereur à la place de Justinien, il alla trouver le reclus, qui lui dit : Ne vous pressez pas, vous serez empereur. Il y retourna, quand il vit régner Absimare, et le reclus lui dit encore : Ne vous pressez pas, l'empire vous attend. Absimare, l'ayant appris, fit fouetter Bardane, lui fit raser la tête et l'envoya chargé de fers à Céphalonie, d'où nous avons vu que Justinien le fit transférer dans la Chersonèse. Devenu finalement empereur, il ne voulut point entrer dans le palais qu'on n'eût effacé l'image du sixième concile, peint sur les murs du vestibule. Il ne fit usage de son pouvoir que pour rétablir l'hérésie que Constantin Pogonat avait proscrite. Il commença par chasser du siège de Constantinople et par enfermer dans un monastère le patriarche Cyrus, et mit à sa place le diacre Jean, que l'ambition rendit monothélite. Les hérétiques, qui se tenaient cachés depuis le règne de Pogonat, pressaient l'empereur d'abolir la mémoire du sixième concile, qui les avait condamnés; ils étaient secondés par les flatteurs de cour, toujours zélés pour la religion du prince. L'empereur n'eut pas de peine à se rendre à leurs instances. Il assembla les évêques d'Orient, et quoique les actes de ce faux concile aient été ensevelis avec Philippique, en sorte qu'on ne sait ni le nombre des prélats qui le composèrent ni ce qui se passa dans les diverses séances, on peut conjecturer qu'il fut très-nombreux, et nous verrons qu'on n'y épargna aucun moyen pour corrompre ou forcer les suffrages. Tout l'Orient grec devint monothélite, les sièges vacants furent remplis d'hérétiques; la crainte et l'intérêt firent même succomber des orthodoxes. Germain, évêque de Cyzique, et André de Crète, prélats renommés pour leur science et pour leur vertu, et dont on a quelques pieux écrits (Galland., *Biblioth. veter. Patrum*, t. XIII), eurent la faiblesse de céder au torrent et d'anathématiser le sixième concile général : prévarication honteuse qu'ils effacèrent dans la suite par leurs larmes et par leur fermeté à soutenir la doctrine de l'Eglise contre les efforts de Léon l'Isaurien. Il n'y eut qu'un petit nombre de prélats assez courageux pour braver l'exil et toutes les rigueurs de la persécution. L'empereur fit mettre dans les diptyques les noms de Sergius et d'Honorius, anathématisés dans le sixième concile, dont il fit brûler les actes (Théoph., Nicéph., Cédr., Zonar.).

Félix, archevêque de Ravenne, fut le seul prélat orthodoxe qui éprouva, de la part de l'empereur, un traitement équitable. Aveugle par ordre de Justinien et relégué à Chersone, il avait été compagnon d'exil de Bardane. Le prince lui permit de retourner à Ravenne. Il voulut même, par ses libéralités, le consoler des tourments qu'il avait endurés. Entre les présents qu'il lui fit, était une petite couronne ou enrichie de pierreries d'un grand prix. Félix remonta sur son siège, quoiqu'il eût perdu l'usage de la vue. Il obtint du Pape son absolution, en se soumettant à lui rendre les mêmes hommages qu'avaient rendus ses prédécesseurs, et il continua de mériter l'amour et le respect de son peuple, par sa charité et par la sainteté de sa vie (Anast. et Agnell.).

L'empereur Philippique envoya au pape Constantin une lettre qui respirait le monothélisme. Mais, de l'avis de son conseil, le Pape la rejeta. Ce qui excita le zèle du peuple. On éleva dans l'église de Saint-Pierre un tableau qui représentait les six conciles universels. Le peuple alla plus loin : il ne souffrit point que l'image de l'empereur hérétique fût portée dans l'église, ni son nom prononcé à la messe, il ne voulut recevoir ni ses lettres ni sa monnaie. Il refusa de reconnaître Pierre, envoyé de Ravenne, avec des lettres de l'empereur pour avoir le gouvernement de Rome, et Christophe, qui en était en possession, lui résista à main armée. Il y eut un combat où furent tués plus de vingt-cinq hommes, tant de l'un que de l'autre parti. Enfin, le Pape envoya des évêques avec des évangiles et des croix, qui apaisèrent la sédition. Le parti de Pierre était le plus faible, et lui-même désespérait de sa vie. Mais l'autre parti s'étant retiré à l'ordre du Pape, celui de Pierre se releva comme s'il eût été victorieux. Peu de temps après on apprit, par des lettres de Sicile, que Bardane-Philippique avait été déposé, et Anastase, prince catholique, reconnu empereur : ce qui couvrit les hérétiques de confusion. Toutefois, Pierre finit par obtenir le gouvernement de Rome, en promettant de ne nuire à qui que ce fut (Anast., *in Const.*).

Depuis la mort de Justinien Rinotmète, les Burgares ravageaient la Thrace jusqu'aux faubourgs de Constantinople; les Sarrasins ravageaient la Lycaonie et la Pisidie. Cependant Philippique, insensible à tant de pertes, ne s'occupait que de ses plaisirs. Oisif au fond de son palais, livré aux plus infâmes débauches, il enlevait les femmes à leurs maris, il forçait les monastères et arrachait des autels les religieuses dont il entendait vanter la beauté. Sans action, sans mouvement, sinon pour les festins et les fêtes, il dissipa en peu de mois la plus grande partie des meubles précieux et des trésors accumulés par ses prédécesseurs. Il s'énonçait avec facilité et avec grâce; plein d'esprit et de connaissances, ses discours respiraient la politique la plus saine et la plus éclairée; mais ses actions démentaient ses discours, déshonoraient le trône et le rendaient méprisable à ses sujets. Le reclus qui lui avait prédit son élévation, lui avait promis un règne long et heureux, s'il abolissait les décrets du sixième concile. Mais au bout de dix-huit mois, il se forma contre lui un complot qui le plongea dans un état plus triste que n'avait été son exil. Le patrice Georges Buraphe, commandant des troupes de Phrygie, de Mysie et de l'Hellespont, était alors en Thrace pour défendre cette province contre les incursions des Bulgares. De concert avec le patrice Théodore Myacius, il prit la résolution de dépouiller Philippique d'un titre dont il était indigne. Il envoie à Constantinople un de ses officiers, homme hardi et entreprenant, nommé Rufus, avec quelques soldats, et lui ordonne de saisir la première occasion d'exécuter leur dessein. Elle ne tarda pas à se présenter. Le 3 juin 713, veille de la Pentecôte, Philippique célébra le jour de sa naissance par des courses de chars dans le cirque. Il traversa ensuite toute la ville à la tête d'une pompeuse cavalcade, au son de mille instruments de musique. Après avoir pris le bain dans les thermes de Zeuxippe, il alla se mettre à table avec les premiers de sa cour, et but avec excès. Le repas étant fini, pendant qu'il dormait sa méridienne, Rufus accourt au palais, où tout était dans le désordre d'une fête tumultueuse. Chacun, sans songer au prince, ne s'occupait que de ses propres plaisirs. Il pénètre sans obstacle jusqu'à l'appartement de l'empereur, et, le trouvant sans gardes, ivre et enseveli dans le sommeil, il se saisit de lui, l'enveloppe d'un manteau, le transporte à l'hippodrome sans être remarqué de personne : le prince lui-même, plongé dans l'ivresse, ne s'apercevant pas de son enlèvement. Là, Rufus l'ayant enfermé dans le vestiaire de la faction Verte, lui fait crever les yeux.

Le lendemain, jour de la Pentecôte, le peuple s'étant rendu en foule dans l'église de Sainte-Sophie, Artémius, le premier secrétaire d'État, universellement estimé pour son savoir et son expérience dans les affaires, fut proclamé empereur. Il reçut la couronne des mains du patriarche, et prit le nom d'Anastase II. Le samedi suivant, il fit subir aux patrices Georges et Théodore le même traitement qu'ils avaient osé faire à son prédécesseur. Il furent ensuite transportés à Thessalonique pour y vivre en exil.

Le nouvel empereur avait été constamment attaché à la doctrine catholique; son élection rendit la liberté à l'Église. Dans le moment même qu'il fut couronné, les évêques, le clergé et le peuple, assemblés dans Sainte-Sophie, s'écrièrent comme de concert : « Nous embrassons la foi du sixième concile ; il est saint, il est œcuménique. » L'empereur joignit sa voix à ces acclamations : il déclara qu'il soutiendrait de tout son pouvoir l'ancienne croyance. Il rendit compte de ses pieux sentiments au pape Constantin dans une lettre qu'il fit porter par le patrice Scholastique, son chambellan, nommé exarque de Ravenne. Jean, patriarche de Constantinople, écrivit aussi au Pape pour lui demander sa communion, s'excusant de sa faiblesse, témoignant un sincère repentir, et prononçant anathème contre l'erreur des monothélites (Anast., *in Const.*; Agath., diac.; Labbe, t. VI).

La lettre du patriarche commence par une belle comparaison. « Le Créateur ayant proposé la tête à tout le corps, a réuni en elle les organes des principaux sens, voulant que les autres membres reçoivent d'elle seul le mouvement et la perfection, et que, si l'un d'eux vient à souffrir, il ne soit pas privé de leur salutaire assistance, mais que, fût-il le dernier de tous, il ressente la compassion naturelle des autres par le ministère des mains que guident les yeux. C'est ce que nous voyons dans votre prééminence apostolique, très-saint frère et seigneur, vous que nous regardons canoniquement comme la tête du sacerdoce chrétien. Aussi est-ce à vous que nous demandons la guérison du mal qui, de nos côtés, est arrivé au corps de l'Église par la violence du tyran. »

Il s'excuse sur la violence du même tyran, de n'avoir point adressé au Pape, suivant la coutume, ses lettres synodiques. Il voulait mettre dans ce siège, ajoute-t-il, un homme qui n'était point du corps de notre Église et qui avait les mêmes erreurs que lui; mais par les instances de notre clergé, il me fit ordonner malgré ma résistance. Tenant à honneur de déshonorer l'Église, il voulait faire anathématiser publiquement le sixième concile et les Papes qui l'avaient confirmé. Déjà même on disait tout bas qu'il fallait rejeter le concile de Chalcédoine comme étant le fondement du sixième. Je ne dis point combien il m'a tourmenté pour me faire écrire à Votre

# LIVRE LI. — MORT DU PAPE CONSTANTIN. ELECTION DE GRÉGOIRE II.

Béatitude, conformément à son erreur, ni de quel ménagement j'ai eu besoin pour retenir et modérer le mal que je ne pouvais empêcher. L'apocrisiaire de votre Très-Saint-Siège, qui était ici, peut vous en rendre témoignage, lui à qui, dans le fort du mal, j'ai déclaré avec serment la pureté de ma foi.

Le ménagement du patriarche, comme on le devine par la suite embarrassée de sa lettre, et comme le disent expressément les historiens grecs, consistait à rejeter le sixième concile, ainsi que l'expression de deux volontés et deux opérations, et à dire en place que le Christ avait, suivant l'une et l'autre nature, une puissance de vouloir et une puissance d'opérer. Le patriarche demande pardon au Pape de cette faiblesse, et le prie d'y remédier par son indulgence. Vous êtes le successeur de celui auquel le Seigneur a dit : *Simon, Simon, voici que Satan a demandé à vous cribler comme du froment. Mais moi j'ai prié pour toi, afin que ta foi ne défaille point. Lors donc que tu seras converti, affermis tes frères.* Vous devez donc faire avec soin ce qui est de la correction, mais plus volontiers encore ce qui est de la miséricorde. Car le Seigneur engage le chef des apôtres à reconnaître par sa propre expérience, quelle est la faiblesse de la chair, et que ceux qui succombent peuvent être redressés encore. Le reste de la lettre tend uniquement à porter le Pape, par divers exemples, à user d'indulgence (Labbe, t. VI). On ignore quelle réponse le Pape fit à cette lettre, et même s'il en fit une.

Le pape Constantin mourut le 9 avril 715, après un pontificat de 7 ans et 15 jours. Le 19 mai suivant, on ordonna pape saint Grégoire II, natif de Rome, qui tint le Saint-Siège 15 ans 8 mois et 24 jours, sous quatre empereurs, Anastase, Théodose, Léon et Constantin. Il avait été élevé dès sa tendre jeunesse dans la maison patriarcale de Latran, sous le pape Sergius, et fut sous-diacre, sacellaire ou trésorier, bibliothécaire, et enfin diacre. Comme nous l'avons vu, il suivit à Constantinople le pape Constantin, et s'y distingua par la sagesse de ses réponses, l'étendue de son savoir, l'éloquence de ses paroles, la pureté de ses mœurs et la fermeté de son courage. Dès son entrée au pontificat, il commença à réparer les murs de Rome ; mais plusieurs obstacles qui survinrent, l'empêchèrent d'achever l'entreprise. Il répara diverses églises ruinées. Jean, patriarche de Constantinople, lui adressa une lettre synodique à laquelle il fit réponse. Ce qui donne lieu à croire que le pape Constantin avait répondu lui-même d'une manière favorable au patriarche, et qu'il l'avait reçu à sa communion, ainsi que les autres évêques d'Orient qui avaient failli sous l'empereur Philippique.

Peu après avoir écrit sa lettre synodique au pape saint Grégoire II, le patriarche Jean de Constantinople mourut, comme le disent formellement les historiens saint Théophane et saint Nicéphore. On lui donna pour successeur, Germain, évêque de Cyzique, qui fut transféré à Constantinople le 11 août de l'année 715. L'acte de sa translation portait qu'elle était faite par le suffrage et l'approbation des prêtres, des diacres et de tout le clergé, ainsi que du sénat et du peuple de Constantinople, en présence de Michel, prêtre et apocrisiaire du Siége apostolique, et des autres prêtres et évêques, sous l'empereur Artémius. Germain était fils du patrice Justinien, que l'empereur Constantin Pogonat fit mourir pour avoir trempé dans la mort de Constant, son père.

Dans Anastase et dans Germain, les Grecs avaient à la fois un bon empereur et un bon patriarche, ce qui ne leur arrivait pas souvent. On pouvait donc s'attendre à voir les Grecs heureux et tranquilles. Mais ils étaient tellement habitués à avoir de mauvais empereurs, qu'ils semblaient ne vouloir plus en supporter un bon. Les Sarrasins, qui avaient poussé leurs conquêtes d'un côté jusque dans l'Inde, et de l'autre jusqu'en Espagne, préparaient des armements considérables pour attaquer Constantinople même. Anastase voulut les prévenir. Il équipa une flotte qui devait détruire leurs vaisseaux avant qu'ils fussent achevés. La flotte impériale étant réunie à Rhodes, les soldats grecs se mutinent, tuent leur général, qui était Jean, trésorier général de l'empire et diacre de Sainte-Sophie. Les rebelles s'en reviennent sur Constantinople. En chemin ils rencontrent un nommé Théodose, simple receveur des impôts, homme sans talent et sans expérience. Ils lui offrent de le faire empereur. Théodose, effrayé d'une proposition si bizarre, s'échappe de leurs mains et va se cacher dans les montagnes. On le cherche, on découvre sa retraite, on le force de se laisser couronner. Pendant six mois, les Grecs se battent contre les Grecs à la vue de la capitale. Enfin, au mois de janvier 716, les rebelles s'en emparent par surprise et par intelligence, et en livrent aux flammes une grande partie. Anastase s'était renfermé à Nicée. Bientôt on lui présente au pied des murs ses amis et le patriarche dans les fers. Il cède alors, à condition qu'on lui laisserait la vie, qu'on épargnerait ses amis et le patriarche, qu'on les rétablirait dans leurs biens et leurs dignités. Quant à lui-même, il prit l'habit monastique, reçut la prêtrise et fut relégué à Thessalonique. Il avait régné deux ans et demi.

Théodose, particulier pieux et catholique, mais incapable de gouverner, ne régna qu'un an. Léon, commandant général des troupes de l'Orient, refusa de le reconnaître. Il voulait, disait-il, soutenir Anastase ; mais, au fond, c'était pour s'élever lui-même à l'empire. Il était né en Isaurie, de parents pauvres et obscurs, qui le nommèrent Conon. La misère les ayant fait sortir de leur pays, ils allèrent s'établir en Thrace dans la ville de Mésembrie, où ils gagnèrent quelque bien à faire commerce de bestiaux. Conon, ayant pris le parti des armes, se fit appeler Léon. Il servait comme simple soldat dans l'armée de Justinien, lorsque ce prince alla faire la guerre aux Bulgares. Comme l'armée manquait de vivres, il engagea son père à lui envoyer cinq cents moutons, dont il fit présent à l'empereur. Léon était bien fait et d'une taille avantageuse. Justinien, charmé de son zèle et de sa figure, le mit au nombre de ses gardes, et l'avança en peu de temps aux premiers grades de la milice. Léon se distinguait à la fois, et par son adresse et par son audace. Après l'intronisation de Théodose, se mettant donc à la tête de l'armée d'Orient, il marcha sur Constantinople et s'avança jusqu'à Nicomédie. Dans cette marche, il battit et fit prisonnier le fils de Théodose, qui était venu le combattre avec les troupes de la garde. A cette nouvelle et sur la proposition du sénat et du patriarche, Théodose abdique, avec la promesse, de la part de Léon, qu'on lui laisserait la vie, à lui et à sa famille, avec la jouissance des biens qu'il possédait avant d'être empereur. On exigea seulement lui qu'il s'engageât dans le clergé avec son fils. Léon fut donc couronné à Sainte-Sophie, le 25 mars 717, par le patriarche, qui lui fit jurer auparavant de maintenir la foi de l'Eglise. Théodose vécut tranquillement à Ephèse. Parmi ses autres œuvres de piété, il s'occupait à écrire en lettres d'or les livres des Evangiles et des offices de l'Eglise, suivant l'usage de ce temps-là. Il fut enterré dans l'église de Saint-Philippe. Pour toute épitaphe, il fit graver sur son tombeau le mot *santé*, voulant sans doute faire entendre que, pour un chrétien, la mort est la guérison de toutes les maladies du corps et de l'âme. Les Grecs, qui avaient méprisé son gouvernement, honorèrent sa mémoire; ils lui attribuèrent, après sa mort, plusieurs miracles. C'est ainsi que la religion seule adoucissait ce que les révolutions politiques ont de cruel. Mais au milieu de ces continuelles révolutions, le gouvernement dégénérait en tyrannie; l'empire et la capitale, dont personne ne prenait soin, s'affaiblirent extrêmement; les études s'anéantirent, et l'art militaire se perdit; les meurtres, les captivités, les prises de villes furent fréquentes; les ennemis parcouraient impunément les terres de l'empire, et les Musulmans venaient jusqu'aux portes de Constantinople (Nicéph.; Théoph., Cédr., *Hist. miscell.*; Muratori, *Annali d'Ital.*; *Hist. du Bas-Empire*, l. 63).

Tandis que les études périssaient en Orient, elles florissaient à l'extrémité de l'Occident. Les sciences, les lettres et les arts, que les deux saints moines, Théodore de Tarse et Adrien d'Afrique, envoyés par le pape saint Valentin, avaient importées en Angleterre, continuaient d'y prospérer par les monastères et les moines. Le VIII° siècle admira, parmi les Anglo-Saxons, un docteur et un père de l'Eglise; son nom est *Bède*, qui, dans leur langue, veut dire un homme qui prie. Il naquit l'an 673, au pays des Northumbres, sur les confins de l'Ecosse, dans le territoire du double monastère de Wiremouth et de Jarou, qui portait le nom des apôtres saint Pierre et saint Paul. A l'âge de sept ans, ses parents le mirent dans le monastère de Wiremouth, sous la discipline de saint Benoît Biscop; puis sous celle de saint Céolfrid dans le monastère de Jarou, où il passa le reste de sa vie. Parmi les excellents maîtres dont il prit les leçons, il nomme lui-même le moine Trumbert, disciple de saint Ceadda, évêque de Lichtfield, lequel avait établi une école célèbre dans le monastère de Lestinguen, au comté d'York. Le chant ecclésiastique lui fut enseigné par Jean, qui, de grand-chantre de Saint-Pierre du Vatican, était devenu abbé de Saint-Martin de Rome, et que le pape saint Agathon avait envoyé en Angleterre avec saint Benoît Biscop. Il apprit le grec du moine saint Théodore, archevêque de Cantorbéry, et du saint abbé Adrien, qui rendirent cette langue si familière à plusieurs Anglais, qu'on eût dit qu'elle était leur langue maternelle. Bède en donne pour exemple Tobie, évêque de Rochester. S'il eût été moins modeste, il aurait pu se citer lui-même. La science et la piété suppléant en lui au défaut de l'âge, le saint abbé Céolfrid voulut qu'il se préparât aux saints ordres, quoiqu'il n'eût encore que 19 ans. Il fut ordonné diacre, en 691, par saint Jean de Beverley, alors évêque d'Hexham, dans le diocèse duquel l'abbaye de Jarou était située. Il continua ses études jusqu'en 702, qu'il reçut la prêtrise du même pontife. Il est appelé, dans un ancien livre, *le prêtre de la messe*, parce qu'il était chargé de chanter tous les jours la messe conventuelle.

Les moines de Wiremouth et de Jarou, à l'exemple de leur fondateur saint Benoît Biscop, donnaient un certain temps au travail des mains. Bède travaillait avec ses frères; mais sa principale occupation était d'étudier, d'écrire, de prier et de méditer. Souvent il copiait des livres. Aussitôt qu'il eut été ordonné prêtre, il commença d'écrire pour l'honneur de la religion; en même temps il formait dans les sciences les moines de Jarou et de Wiremouth. Il leur faisait des leçons publiques, auxquelles il admettait volontiers les moines des autres monastères. Les moines de son école étaient au nombre de six cents. On compte parmi ses disciples Eusèbe ou Hubert, qui fut depuis abbé de Wiremouth; Cuthbert, son successeur, et Egbert, qui, de moine du monastère de l'Eglise d'York, en devint archevêque. On voit, par une lettre de Bède, qu'il fit le voyage d'York pour rendre visite à Egbert, et qu'il enseigna quelques mois dans cette ville, où il établit une école qui devint très-florissante, et l'on dit qu'il avait formé lui-même le célèbre Alcuin, l'ami et le précepteur de Charlemagne.

Bède nous apprend lui-même qu'il se livrait tout entier à la méditation de l'Ecriture sainte, et qu'après avoir chanté les louanges de Dieu à l'église et rempli ce que la règle prescrivait, son plaisir était d'apprendre, d'enseigner et d'écrire. Depuis le temps où je reçus la prêtrise, dit-il, jusqu'à celui où j'écris ceci (c'était la 59° année de son âge); j'ai composé plusieurs livres pour mon utilité et pour celle des autres. J'ai puisé dans les ouvrages des Pères, et ai fait quelquefois des additions à ce que j'y ai trouvé. Il donne une liste de quarante-cinq ouvrages dont il était pour lors auteur, et dont la plupart avaient pour objet d'éclaircir le texte de l'Ancien et du Nouveau Testament. Il écrivit avec succès sur toutes les parties de la littérature : la philosophie, l'astronomie, la géographie, l'arithmétique, le calendrier, le comput pascal, la grammaire, l'orthographe, la versification, l'histoire. Il était une encyclopédie vivante de tout ce qu'on pouvait savoir de son temps. C'est par lui que l'Angleterre, la France, l'Allemagne furent initiées plus directement aux trésors scientifiques et littéraires de l'antiquité chrétienne et profane. Il traduisait quelquefois du grec en latin. Il composa même des opuscules en anglo-saxon pour l'usage du peuple. Ses traités sur la grammaire, l'orthographe et la versification, répandus en Occident, contribueront, avec ceux de Cassiodore et de saint Isidore de Séville, à imprimer un caractère de régularité et de clarté naturelles aux langues modernes, qui, dans les VIII° et IX° siècles, commencèrent à se former d'un mélange du latin avec les langues tudesques.

L'ensemble de ses ouvrages historiques ne servit pas peu à former la raison chrétienne de l'Occident, et à la former sur la raison de Dieu même. Ses *Chroniques* ou *Sommaires d'histoire universelle* depuis la création du monde jusqu'à son temps, signalent en peu de mots la pensée de Dieu sur l'humanité en général, sur la postérité d'Abraham en particulier, enfin sur la multitude des nations réunies dans le Christ et dans son Eglise. Son *Histoire de l'Eglise d'Angleterre* fait voir en détail comment le Christ, par la charité et le zèle de son vicaire, a fait entrer dans son Eglise, une, sainte, catholique et apostolique, la nation anglaise, qui devait tenir un rang si distingué dans le nouveau genre humain. Son *Martyrologe*, ou sa notice abrégée, jour par jour, des principaux martyrs et des principaux saints, fait voir, en tout temps, en tout lieu, combien il en a coûté aux apôtres, aux martyrs et à leurs successeurs pour désabuser le genre humain des extravagances du paganisme ou de l'hérésie, et pour l'amener et l'affectionner au bon sens de la foi catholique. Ses *Vies* détaillées de quelques saints d'Angleterre nous montrent comme cette foi divine transforme des hommes originellement barbares en des hommes nouveaux, qui ne respirent plus que Dieu et son amour.

Quant à l'*Histoire ecclésiastique des Anglais*, il fut excité à l'entreprendre par l'abbé Albin, homme très-docte, qui avait été disciple du saint abbé Adrien et de saint Théodore, archevêque de Cantorbéry. Albin ne se contenta pas d'exciter Bède à ce travail, il lui fournit encore des mémoires de ce qui s'était passé dans la province de Cantorbéry et dans les pays voisins, sous l'apostolat de saint Augustin et des autres prédicateurs de l'Evangile envoyés en Angleterre par saint Grégoire le Grand. Il envoya ces mémoires à Bède, par Nothelme, prêtre de l'Eglise de Londres, qui lui rapporta aussi plusieurs choses de vive voix. Nothelme étant allé ensuite à Rome, obtint la permission du pape Grégoire III de chercher dans les archives de l'Eglise romaine ce qui pouvait concerner l'*Histoire d'Angleterre*. Il y trouva plusieurs lettres de saint Grégoire le Grand et des autres Papes, qu'il communiqua à Bède à son retour de Londres. Daniel, évêque des Saxons occidentaux, lui fournit des mémoires sur l'histoire ecclésiastique de sa province, ainsi que sur celle des Saxons méridionaux et de l'île de Wight. Bède apprit des moines du monastère de Letsinguen la conversion des Merciens par le ministère de Ceddi et de Ceadda, et les principales actions de ces deux saints évêques. Pour ce qui regardait l'histoire ecclésiastique des Anglais orientaux, il en fut instruit, partie par les écrits qu'on lui communiqua, partie par la tradition des anciens, partie par le récit de l'abbé Eli. L'évêque Cynebert et plusieurs autres personnes fidèles lui firent part de ce qu'ils savaient touchant la propagation de la foi dans la province de Lindissig. A l'égard de celle des Northumbres, où il était né, ce qu'il n'avait pu connaître par lui-même, il l'apprit des moines de Lindisfarne et de plusieurs autres témoins dignes de foi. C'est Bède lui-même qui rend compte de toutes ces choses au roi Céolulfe, à qui il dédia son histoire, et dont il voulut qu'elle fût approuvée avant que de la rendre publique. Elle fut reçue avec de si grands applaudissements, que le roi Alfred le Grand la traduisit plus tard en saxon, afin que le peuple même pût la lire.

Elle est divisée en cinq livres, dont le premier commence par la description de la Bretagne et de l'Hibernie, et des mœurs de leurs anciens habitants; ensuite il marque les empereurs romains qui sont entrés dans la Bretagne, et met Jules-César le premier. Il fixe son entrée dans cette île à la 593e année depuis la fondation de Rome, 60 ans avant la naissance de Jésus-Christ, sous le consulat de Lucius Bibulus. Il ajoute : Lucius, roi des Bretons, écrivit au pape Eleuthère, qui occupait le Saint-Siége sous Marc-Aurèle et Commode, pour le prier d'envoyer des prédicateurs de l'Evangile chez les Bretons; ce Pape en envoya, et les Bretons reçurent la foi de Jésus-Christ; ils la conservèrent inviolablement jusqu'à l'empereur Dioclétien, qui excita contre eux une violente persécution, dans laquelle plusieurs endurèrent le martyre, entre autres saint Alban, dont le prêtre Fortunat, dit-il, a fait l'éloge dans son poème en l'honneur des vierges. Bède donne de suite, mais en peu de mots, ce qui se passa dans l'Eglise d'Angleterre jusqu'à la mission du moine saint Augustin, par saint Grégoire le Grand, mission qu'il raconte fort au long. Il commence son second livre par la mort de ce saint Pape, puis il rapporte, tant dans ce livre que dans les suivants, les conversions faites par saint Augustin, les évêchés qu'il établit en Angleterre, la succession des évêques, la propagation de l'Evangile en diverses provinces, les difficultés qui s'élevèrent sur la célébration de la Pâque et sur quelques autres usages de l'Eglise, les conciles assemblés pour terminer ces disputes, et comment les rois et les évêques se réunirent pour la destruction de l'idolâtrie. Il y parle aussi de l'établissement des monastères et des abbés les plus célèbres. Son cinquième et dernier livre finit à l'an 731 de l'Incarnation, de même que l'abrégé qu'il fit de cette histoire. Il joint à cet abrégé le catalogue de ses ouvrages. Dans ses *Vies de saints* il indique, avec le même soin que dans sa grande histoire, de qui il tenait les diverses particularités qu'il rapporte. On voit partout l'historien consciencieux.

La plupart de ses œuvres sont des œuvres de piété, particulièrement des commentaires sur diverses parties de l'Ecriture sainte. Il les entreprit presque tous à la prière de ses amis, entre lesquels étaient le moine Hubert ou Eusèbe, depuis son abbé de Jarou; le prêtre Nothelme de Londres, depuis archevêque de Cantorbéry; l'évêque Acca d'Hagulstadt, autrement Hexam. Dans ces commentaires, il cherche bien moins à trouver des idées nouvelles qu'à bien résumer ce que les saints Pères ont dit de mieux sur chaque chose. De cette façon, son travail est moins la pensée d'un individu que la pensée commune de l'Eglise. D'ailleurs, l'évêque d'Hagulstadt lui avait même demandé de marquer, en particulier, l'endroit de chaque Père dont il aurait composé son commentaire. Quant au style du vénérable Bède, il est sans recherche, sans prétention, d'une aimable simplicité, d'un calme pieux, d'une candeur diaphane; en un mot, son style est tel que son cœur, tel que sa vie entière.

Car la vie de cet aimable saint ne fut traversée par aucun orage. Sa science et sa modestie lui gagnèrent l'estime de tout le monde, sans exciter la jalousie de personne. Dès le temps qu'il fut ordonné prêtre, le pape Sergius lui écrivit une lettre que nous avons encore. Dans cette lettre il l'invitait, en termes fort honorables, de venir à Rome, afin qu'il eût la satisfaction de le voir et de le consulter sur des affaires importantes. Notre saint, par modestie, ne parle jamais d'une circonstance aussi glorieuse. Au reste, il n'alla point à Rome, sans que l'on sache pourquoi. Il nous assure lui-même qu'il ne sortit jamais de son monastère pour voyager, du moins pour faire des voyages considérables. Sa réputation lui attira des visites de tout ce qu'il y avait de plus grand en Bretagne, entre autres celle du pieux roi Céolulfe, auquel il dédia son *Histoire ecclésiastique des Anglais*, et qui profita si bien de cet ouvrage, que, l'an 737, il quitta son royaume qu'il gouvernait depuis neuf ans, et embrassa la vie monastique à Lindisfarne, sous la conduite de saint Cuthbert.

De tous ses ouvrages, un seul attira quelques désagréments à notre saint; ce fut son livre intitulé: *Des six âges du monde*, ou *Chronique*. Comme saint Julien de Tolède, il partage l'histoire humaine, non pas en six millénaires, mais en six âges. Comme saint Julien de Tolède, il met le 1er âge depuis Adam jusqu'à Noé; le 2e depuis Noé jusqu'à Abraham; le 3e depuis Abraham jusqu'à David; le 4e depuis David jusqu'à la captivité de Babylone, marquant combien il y eut d'années d'intervalle entre ces divers âges suivant le calcul des Hébreux et celui des Septante; le 5e depuis la sortie de Babylone jusqu'à la naissance du Sauveur; et le 6e depuis la naissance de Jésus-Christ jusqu'à la consommation des siècles. Il donne de suite les événements les plus remarquables dans les empires différents, dans la Synagogue et dans l'Eglise; et n'oublie pas le sixième concile tenu à Constantinople en 681. Cette *Chronique* contient ce qui s'est passé pendant le cours de quatre mille six cent quatre-vingts ans, dont le dernier correspond à l'an 725 de l'ère commune. Comme, dans cet ouvrage, le vénérable Bède suit la chronologie plus courte du texte hébreu, qui ne donne qu'environ 4000 ans depuis Adam jusqu'à Jésus-Christ, au lieu de la chronologie plus longue des Septante, qui est de 5 à 6000 ans; comme ensuite, aussi bien que saint Julien de Tolède, il combat l'opinion venue des Juifs, que le monde ne doit durer que 6000 ans, quelques ignorants lui en firent des reproches, jusqu'à le traiter d'hérétique et à faire contre lui des chansons. Sensiblement affligé de cette accusation d'hérésie, le saint docteur écrivit une lettre apologétique à un moine nommé Plegwin, où il justifie doctement sa chronologie et montre qu'il n'y a aucun fondement à l'opinion qui commençait à courir que le monde devait durer 6000 ans; en un mot, qu'on ne doit chercher par aucune conjecture le temps de la fin du monde, que Dieu a voulu nous tenir caché.

L'an 733, saint Bède passa quelque temps à York, dont Egbert, son ancien disciple, frère du roi des Northumbres, venait d'être fait évêque. Egbert le pria de revenir l'année suivante 734, pour achever d'instruire les religieux de son monastère, où il avait établi une école. Le saint en ayant été empêché par une maladie, suppléa, l'an 735, à sa visite par une lettre. Il y exhorte Egbert à éviter les conversations inutiles, à méditer assidûment les saintes Ecritures, principalement les *Epîtres* de saint Paul à Timothée et à Tite, le *Pastoral* de saint Grégoire et ses *Homélies sur les Evangiles*; à avoir toujours auprès de lui des personnes capables de l'aider dans son ministère; à ne pas faire comme certains évêques, qui ne se font accompagner que de gens de plaisir et de bonne chère, capables de les divertir par des entretiens frivoles. « Attendu que votre diocèse est si grand, continue-t-il, que vous ne pouvez seul aller partout, même en une année, il est nécessaire que vous établissiez des prêtres dans chaque village, pour instruire et administrer les sacrements; et ils doivent principalement avoir soin que tout le monde sache par cœur le Symbole et l'Oraison dominicale, et que ceux qui n'entendent pas le latin le chantent en leur langue, soit laïques, soit clercs ou moines. C'est pour cela que je les ai traduits en anglais, en faveur de plusieurs prêtres ignorants. On dit qu'il y a plusieurs villages de notre nation dans les montagnes inaccessibles, où jamais on n'a vu d'évêques exercer aucune fonction spirituelle, ni personne pour instruire, et toutefois aucun de ces villages n'est exempt de payer des redevances à l'évêque. Ainsi, loin de prêcher gratuitement, suivant le précepte de Notre Seigneur, on reçoit, sans prêcher, l'argent qu'il a défendu de prendre, même en prêchant.

» Le meilleur moyen de rétablir notre Eglise, est de multiplier les évêques. Car, qui ne voit combien il vaut mieux partager entre plusieurs ce fardeau immense que d'en accabler un seul? C'est pourquoi le saint pape Grégoire, écrivant à l'archevêque Augustin, avait ordonné d'établir douze évêques, dont celui d'York serait le métropolitain. Je voudrais que vous remplissiez ce nombre avec le secours du roi. Je sais que par la négligence des rois précédents et leurs libéralités inconsidérées, il n'est pas aisé de trouver un lieu vacant pour ériger un évêché. C'est pourquoi j'estimerais à propos de prendre pour cet effet quelque monastère; et, pour obvier à l'opposition de l'abbé et des moines, on pourrait leur permettre de choisir l'évêque parmi eux, ou de le prendre dans le territoire qui ferait le nouveau diocèse. Ce qui rendra l'exécution plus facile, c'est le nombre infini de lieux qui portent très-mal à propos le nom de monastères, quoiqu'il n'y ait point d'observance monastique.

» Car vous savez que de purs séculiers, sans aucune expérience ni aucune affection pour la vie régulière, donnent aux rois de l'argent, et en achètent des terres, sous prétexte d'y fonder des monastères; et qu'ils en font assurer la propriété à leurs héritiers, par les lettres des rois, confirmées par les évêques. Là ils vivent avec toute sorte de licence, gardant leurs femmes et leurs enfants, et y rassemblent, sous le nom de moines, ceux qui, pour leur indocilité, sont chassés des vrais monastères, ou qu'ils en peuvent débaucher, ou qu'ils trouvent vagabonds, ou leurs vassaux, auxquels ils donnent l'habit et se font promettre obéissance. Ils prétendent être tout ensemble abbés et gouverneurs de provinces, ou officiers du roi, et donnent à leurs femmes de semblables monastères à gouverner. Ce serait donc un grand bien d'employer utilement ces terres, occupées par des gens qui ne font que du scandale et sont pour le moins inutiles à l'Eglise et au royaume. » Nous avons vu que, dès le siècle précédent, il y avait en Espagne de ces faux monastères sans discipline, dont se plaignait saint Fructueux de Brague.

Bède dit que cet abus régnait en Angleterre depuis environ trente ans. Et, continuant de donner ses avis à l'évêque Egbert, il l'exhorte à faire instruire soigneusement le peuple sur la foi et les mœurs ; à montrer combien est salutaire la fréquente communion, telle qu'elle se pratique en Italie, en Gaule, en Afrique, en Grèce et par tout l'Orient. Mais, ajoute-t-il, les laïques de notre province sont presque tous si éloignés de cette dévotion, que les plus pieux ne communient qu'à Noël, à l'Épiphanie et à Pâques, quoiqu'il y ait une infinité de personnes d'une vie très-pure, de tout âge et de tout sexe, qui, sans aucune difficulté, pourraient communier tous les dimanches, et les fêtes des apôtres et des martyrs, comme vous avez vu faire à Rome. Même les gens mariés le feraient volontiers, si on leur montrait les bornes de la continence ; c'est-à-dire si on leur enseignait combien de temps ils doivent garder la continence pour se préparer à la communion. Car ce dernier point était anciennement un précepte, comme nous le voyons par plusieurs conciles. Pour le non-usage, il n'est plus que de conseil ; mais c'est un conseil dont saint Charles Borromée voulait que l'on recommandât fortement la pratique aux fidèles (*Op. Bed.*, édit. Paris, 1666, p 46).

Le vénérable Bède mourut la même année 735, âgé de 63 ans, dans son monastère de Jarou. Voici comme un de ses disciples raconte sa mort à un autre. « Cuthbert à Cuthwin, son bien-aimé condisciple en Jésus-Christ, salut éternel en Notre Seigneur. J'ai reçu avec beaucoup de plaisir le petit présent que vous avez bien voulu m'envoyer. Votre lettre m'a causé pareillement une grande satisfaction, en ce que j'y ai trouvé ce que je désirais ardemment, savoir, que vous avez soin de prier et de célébrer des messes pour Bède, ce vrai serviteur de Dieu, notre bien-aimé père et maître. Aussi, pour l'amour de lui, je vous envoie en peu de mots une relation de la manière dont il est sorti de ce monde, relation que j'ai compris que vous désiriez et attendiez de moi.

» Il fut pris d'une très-grande difficulté de respirer, sans toutefois ressentir de douleur, environ deux semaines avant la résurrection du Seigneur. Il resta dans cet état, conservant sa gaîté ordinaire, et rendant grâces la nuit et le jour, même à toutes les heures, jusqu'à la fête de l'Ascension de Notre Seigneur, qui était le 26 mai. Après nous avoir donné des leçons selon la coutume, il employait le reste du jour à chanter des psaumes. Il passait même toutes les nuits dans la joie et les actions de grâces, n'interrompant cet exercice que par un sommeil très-court.

» Lorsqu'il se réveillait, il se remettait à prier, les mains étendues vers le ciel. O l'homme véritablement heureux ! Il chantait ces paroles de saint Paul : *C'est quelque chose d'effroyable que de tomber dans les mains du Dieu vivant*, et plusieurs autres passages de la sainte Écriture. Comme il était fort versé dans notre langue, il récitait certaines choses en vers anglais ; ces paroles, par exemple : « Un homme sage ne saurait trop considérer ce qu'il a fait de bien et de mal avant de sortir de cette vie. » Il chantait des antiennes, conformément à ce qui se pratiquait parmi nous ; celle-ci entre autres : *O roi de gloire, Dieu des armées, qui êtes monté aujourd'hui en triomphe au-dessus de tous les cieux ! ne nous abandonnez pas comme des orphelins sans défense, mais envoyez-nous l'Esprit du Père, l'Esprit de vérité que vous nous avez promis. Alleluia !* En prononçant ces paroles : *Ne nous abandonnez pas comme des orphelins*, il fondit en larmes et pleura beaucoup. Une heure après, il répéta la même antienne, et nous mêlions nos larmes aux siennes. Nous lisions et nous pleurions alternativement, ou plutôt nous ne lisions jamais sans pleurer.

» Nous passâmes ainsi le temps qui s'écoula depuis le commencement de sa maladie jusqu'à la fête de l'Ascension. Pour lui, il était toujours comblé de joie, et ne cessait de remercier Dieu de ce qu'il lui avait envoyé son infirmité. Souvent il répétait ce passage : *Dieu châtie les enfants qu'il aime*, et autres semblables. On lui entendait dire aussi ces paroles de saint Ambroise : Je n'ai point vécu de manière à rougir de vivre parmi vous ; et je ne crains point de mourir, parce que nous avons un bon maître. Avec les leçons qu'il nous donnait et le chant des psaumes, il composait encore deux opuscules dignes de mémoire : il traduisait en notre langue, pour l'utilité de l'Église, l'Évangile de saint Jean ; il faisait un extrait des livres et des notes de saint Isidore, évêque. Je ne veux pas, disait-il au sujet de ce dernier ouvrage, que mes disciples lisent des mensonges après ma mort, ni qu'ils se consument en des travaux inutiles.

» La troisième férie avant l'Ascension du Seigneur, il sentit une difficulté de respirer plus grande qu'à l'ordinaire. On remarqua un peu d'enflure à ses pieds. Il passa cependant le jour avec gaîté ; il dicta dans son école, et disait de temps à autre : Hâtez-vous ! que sais-je si je vivrai encore longtemps, et si celui qui m'a fait ne m'enlèvera pas bientôt du milieu de vous ? Nous ne doutâmes point qu'il ne sût le moment de sa mort. Il passa la nuit en actions de grâces. Le lendemain matin, savoir la quatrième férie, il nous dit d'écrire promptement ce que nous avions commencé. Ensuite, selon ce qui se pratique à pareil jour, nous marchâmes avec les reliques jusqu'à la troisième heure. Alors un d'entre nous lui dit : Maître bien-aimé, il nous manque encore un chapitre. Serait-ce vous incommoder, que de vous faire de nouvelles questions ? Non, répondit-il. Prenez votre plume et écrivez bien vite : ce que fit le disciple.

» A la neuvième heure, il me dit : J'ai quelque chose de précieux dans ma boîte, savoir, du poivre, des mouchoirs et de l'encens. Courez bien vite, et amenez près de moi tous les prêtres de notre monastère, afin que je leur distribue aussi à eux de petits présents, tels que Dieu m'en a donné. Les riches de ce siècle aiment à donner de l'or, de l'argent et d'autres choses précieuses. Moi je donnerai à mes frères, avec beaucoup d'amour et de joie, ce que Dieu m'avait donné. Il adressa la parole à chacun, les priant de célébrer pour lui des messes, avec de ferventes prières ; ce qu'ils lui promirent de grand cœur. Ils pleuraient tous, particulièrement de ce qu'il avait dit qu'ils ne verraient plus sa face en ce monde. Mais ils se réjouissaient, en lui entendant dire : Il est temps que je retourne à celui qui m'a fait, qui m'a créé, qui m'a formé de rien. J'ai vécu longtemps, le juge a prévu ma vie dans sa miséricorde. Le temps de ma délivrance approche ; car je désire d'être délivré et de me réunir à Jésus-Christ.

Oui, mon âme désire contempler Jésus, son roi, dans sa gloire! Il dit ces choses et d'autres, plein de joie.

» Celui de ses disciples dont j'ai parlé plus haut, lui dit le soir : Maître chéri, il y a encore une sentence qui n'est point écrite. Ecrivez-la bien vite, répondit-il. Son disciple lui ayant répliqué que c'était fait, il ajouta : Vous avez dit vrai, c'est consommé! Soutenez ma tête dans vos mains. Je veux avoir la satisfaction de m'asseoir en face de l'oratoire où j'avais coutume de prier, afin d'invoquer ainsi mon Père. S'étant mis sur le plancher de sa cellule, il chanta : Gloire au Père, et au Fils, et à l'Esprit-Saint! Dès qu'il eut nommé l'Esprit-Saint, il rendit lui-même l'esprit et passa dans le royaume céleste. Tous ceux qui virent le trépas du bienheureux Père, disaient n'avoir jamais vu quelqu'un finir sa vie avec autant de dévotion et de tranquillité; car, jusqu'à son dernier soupir, il ne cessa de chanter Gloire au Père, et d'autres oraisons spirituelles. Je pourrais, bien-aimé frère, vous en raconter encore beaucoup de choses, mais mon peu de connaissance de la langue m'oblige d'être court. » C'est avec cette candide modestie que le pieux disciple décrit à son frère la mort de leur aimable maître. Bède mourut ainsi le mercredi, 26 mai 735, au soir, après les premières vêpres de l'Ascension, dont il alla continuer la fête dans le ciel (*Acta Sanct.*, 27 maii; dom Ceillier, t. XVIII; *Act. ord. Bened., Op. Bedæ*; Godescard, 27 mai).

Saint Céolfrid, dont saint Bède a écrit la vie, était disciple et successeur de saint Benoît Biscop. Il gouverna pendant bien des années les monastères unis de Wiremouth et de Jarou. Il avait été à Rome avec son maître; il était très-instruit de tout ce qui regardait sa profession, plein de ferveur et de zèle. Il accrut les revenus de ses monastères, y fit plusieurs oratoires, les pourvut d'ornements et de vases sacrés. Surtout il augmenta la bibliothèque que Benoît avait commencée. Il y ajouta trois Bibles de la nouvelle version, c'est-à-dire de la version de saint Jérôme, qu'il avait apportées de Rome, et un livre de Cosmographie d'une exécution merveilleuse. Il obtint du pape Sergius un privilége semblable à celui que Benoît avait obtenu du pape Agathon, et le dernier fut confirmé dans un concile par les souscriptions des évêques et du roi Alfrède.

Vers l'an 710, Naïton, roi des Pictes qui habitaient la partie septentrionale de la Bretagne nommée à présent l'Ecosse, instruit par la méditation fréquente des saintes Ecritures, renonça à l'erreur qu'il avait suivie jusqu'alors touchant l'observation de la Pâque, et ramena tout son peuple à l'observance catholique. Les Pictes avaient eu pour apôtre saint Colomban l'Ancien, qui, étant Irlandais, leur avait enseigné les traditions de son pays. Pour ramener donc ses sujets aux observances de l'Eglise universelle avec plus de facilité et d'autorité, le roi Naïton chercha du secours chez les Anglais, et envoya des députés à saint Céolfrid, le priant de l'instruire sur ce sujet. Il lui demandait aussi des architectes pour bâtir dans son pays une église de pierre à la manière des Romains, promettant de la faire dédier en l'honneur de saint Pierre, et de suivre avec son peuple l'usage de l'Eglise romaine, autant que l'éloignement et la différence du langage le pourraient permettre. Saint Céolfrid lui envoya des architectes, et lui écrivit une grande lettre, où il prouve doctement que l'on doit célébrer la Pâque comme l'Eglise catholique, la troisième semaine du premier mois, et toujours le dimanche. Il y marque les divers cycles d'Eusèbe, de Théophile, de saint Cyrille, et enfin celui de Denys le Petit, qui durait encore. Quant à la forme de la tonsure, il reconnaît que c'est une chose de soi indifférente; mais il soutient que l'on doit préférer celle de saint Pierre, où la couronne était entière, à celle de Simon le Magicien, qui n'était que par devant. Il parle de cette tradition comme n'étant alors révoquée en doute par personne. Cette lettre ayant été lue en présence du roi Naïton et de plusieurs hommes doctes, et ayant été traduite exactement en sa langue, il se leva du milieu des seigneurs entre lesquels il était assis, se mit à genoux et rendit grâces à Dieu d'avoir été assez heureux pour recevoir d'Angleterre un tel présent. Je savais déjà bien, ajouta-t-il, que c'était la vraie manière de célébrer la Pâque; mais j'en vois maintenant si clairement la raison, qu'il me semble que je n'y entendais rien auparavant. C'est pourquoi je vous déclare que je veux toujours l'observer ainsi avec tout mon peuple; et j'ordonne que tous les clercs de mon royaume prennent aussi cette tonsure. Cet ordre fut aussitôt exécuté; et par tout le pays des Pictes on fit faire, par ordre public, des copies du cycle pascal de 19 ans, au lieu de celui de 84, dont on se servait auparavant.

Le saint abbé Céolfrid, sentant ses forces épuisées par l'âge et les maladies, dit à ses religieux de choisir un autre abbé capable de faire observer la règle, attendu que lui-même voulait aller à Rome pour s'y préparer plus tranquillement à la mort auprès du tombeau des apôtres. Ses religieux le prièrent avec les plus vives instances, de ne point les abandonner. Mais il avait une telle envie de partir, qu'il se mit en route dès le troisième jour. Il craignait, ce qui arriva, de mourir avant de parvenir à Rome; il craignait d'être retardé par ses amis et par les princes, qui avaient pour lui la plus grande vénération; il craignait qu'on ne lui donnât de l'argent, sans qu'il pût témoigner sa reconnaissance; car il avait l'habitude, quand on lui offrait un présent, de payer aussitôt de retour et généreusement. Le troisième jour, de grand matin, on chanta donc une messe solennelle; tous les moines y communièrent; Céolfrid leur fait ses derniers adieux au pied de l'autel, se recommande à leurs prières, pardonne à quiconque croirait l'avoir offensé, demande lui-même pardon à ceux qu'il pouvait avoir réprimandés trop sévèrement; puis, au chant des litanies entremêlées de pleurs, il sort en procession du monastère, arrive sur le bord de la rivière, y donne, au milieu des larmes, le baiser de paix et la bénédiction à tous les moines, adore la croix d'or que lui présentent les diacres, traverse la rivière dans une barque et monte à cheval, laissant dans ses deux monastères environ six cents religieux. Trois jours après, qui était le jour de la Pentecôte, ils élisent pour abbé, d'une voix unanime, le moine Hubert ou Eusèbe, à qui saint Bède avait dédié son *Commentaire de l'Apocalypse*, et qui était lui-même très-instruit du chant, capable d'écrire et d'enseigner. Il était prêtre depuis douze ans, et, dans un voyage à Rome, il avait transcrit plusieurs choses utiles. Ayant été élu par les religieux des deux monastères, il alla trouver Céolfrid, qui attendait un navire pour traverser l'Océan, et lui annonça son élection. Le saint vieillard répondit *Deo gratias*, confirma son élection et reçut de sa main une lettre de recommandation pour le pape saint Grégoire II. Étant en route, Céolfrid ne se contentait pas de dire chaque jour l'office divin; il récitait encore deux fois le psautier tout entier. Il célébrait aussi la messe régulièrement; il n'y manqua qu'une fois sur mer, et les trois derniers jours qui précédèrent sa mort. Comme il traversait la France, il tomba malade à Langres, et y mourut le 25 septembre 716, dans la 74e année de son âge. Il y avait 47 ans qu'il était prêtre, 35 qu'il était abbé, et 27 qu'il gouvernait seul les monastères de Wiremouth et de Jarou (*Acta Sanct.*, 25 septemb.; Bèd., *Hist.*, l. 5, *et de vitis abbat. Wirim.*; *Act. ord. Bened.*, sec. 2).

Un contemporain et compatriote de Céolfrid, fut saint Adhelme ou Athelme, premier évêque de Schirburn, depuis Salisbury. Il était d'une famille noble du royaume de Wessex, et fut d'abord instruit par l'abbé Adrien dans le monastère de Saint-Augustin de Cantorbéry, où il apprit le latin et le grec. Étant retourné dans son pays, il se fit moine au monastère nommé alors Meldun, et depuis Malmesbury, fondé nouvellement par un solitaire irlandais. Maidulfe, c'était le nom du solitaire, vécut d'abord en ermite; mais n'ayant pas de quoi subsister, il se mit à enseigner: plusieurs de ses disciples embrassèrent à son exemple, la profession monastique; ce qui produisit un monastère depuis fort célèbre. Adhelme y ayant étudié quelque temps les arts libéraux, retourna à Cantorbéry pour s'y perfectionner sous l'abbé Adrien, et y demeura jusqu'à ce que sa santé l'obligeât à retourner chez lui. Il fut le premier des Anglais qui apprit les règles de la versification. Il cultiva aussi la poésie anglaise, et fit en sa langue vulgaire des cantiques pour retenir le peuple, qui, étant encore demi-barbare, se sauvait de l'église aussitôt que la messe était dite. Adhelme se mettait sur un pont à la sortie de la ville, et là, chantant lui-même ses cantiques, il retenait agréablement la multitude, et leur insinuait peu à peu les vérités de l'Evangile, qu'ils n'auraient pas goûtées autrement.

Outre la poétique, il étudia aussi les lois romaines, le calcul et l'astronomie. La réputation de sa doctrine fut si grande, qu'il était consulté, non-seulement par ses compatriotes, mais par des étrangers, comme les Écossais, et qu'il venait des Francs s'instruire sous sa direction. Il ne se formait pas moins à la vertu qu'aux sciences, et s'y exerçait lui-même sérieusement. Il ne sortait point du monastère sans nécessité, s'appliquait à la lecture et à l'oraison, et, pour se mortifier, se mettait quelquefois dans une fontaine jusqu'aux épaules, même durant les nuits d'hiver, et y récitait le psautier. Il fut ordonné prêtre par Leuther, évêque de Wessex, qui confirma l'établissement du nouveau monastère de Meldun, et l'en fit abbé, l'an 675, à la prière des autres abbés de son diocèse. Ce monastère s'accrut considérablement sous saint Adhelme, la réputation de sa doctrine et de sa piété lui attirant des disciples de toutes parts. Pendant qu'il en était abbé, il fut chargé, par un concile tenu dans le royaume des Merciens, d'écrire contre les erreurs des Bretons, touchant la forme de la tonsure cléricale et la célébration de la Pâque. Le saint adressa sa lettre, qui est assez bien écrite, au roi Géronce et au clergé de Domnonie, qui faisait partie du royaume des Saxons occidentaux. Il y insiste sur la nécessité de se conformer au règlement du concile de Nicée sur la Pâque, et à l'usage de l'Église romaine sur la forme de la tonsure cléricale. Il cité les cycles d'Anatolius, de Sulpice Sévère et de Victorius. Il termine par ces paroles : « Pour résumer le tout en peu de mots, c'est en vain que se glorifie de la foi catholique, quiconque ne suit pas le dogme et la règle de saint Pierre. Car le fondement de l'Église et l'affermissement de la foi, placés principalement dans le Christ et secondairement dans Pierre, ne vacilleront jamais aux assauts d'aucune tempête. L'apôtre l'a dit : *Personne ne saurait poser un autre fondement que celui qui a été posé, qui est Jésus-Christ. Et c'est à Pierre que la vérité a assuré le privilège de l'Église, en disant : Tu es Pierre, et sur cette pierre je bâtirai mon Église* (*Bibl. Pat.*, t. XIII, *Inter Epist. S. Bonif.*, 44). »

Cette lettre ramena plusieurs Bretons à l'observance légitime de la Pâque.

L'an 705, saint Heddi, évêque de Worchester ou de Wessex, étant mort, le diocèse fut partagé en deux. On en donna un à Daniel, dont le siège fut à Worchester. On mit l'autre siège à Schirburn, et saint Adhelme en fut ordonné évêque, en sa vieillesse, par l'archevêque saint Britwald, son ancien compagnon d'études et de la vie monastique. Après l'avoir consacré, il le tint quelque temps auprès de lui pour profiter de ses conseils. Saint Adhelme ne vécut que quatre ans dans l'épiscopat, et mourut l'an 709, le 25 mai, jour auquel l'Église honore sa mémoire. Outre sa lettre au roi Géronce, nous avons de saint Adhelme un *Traité de la Virginité*, dédié à l'abbesse Maxime. Il est écrit en vers et en prose, à l'imitation de Sédulius, qui écrivit en ces deux manières sur le mystère de la Pâque. La matière des vers de saint Adhelme est la même que celle de sa prose. Ce sont les mêmes preuves, les mêmes exemples, les mêmes autorités. Il relève les avantages de la virginité, sans blâmer le mariage, et fait l'éloge de ceux et de celles qui, dans l'un et l'autre Testament, ont vécu vierges. A l'éloge de la virginité est jointe une description également versifiée de huit principaux vices, que la virginité doit combattre. Ces trois ouvrages ne sont pas si bien écrits que la lettre au roi Géronce. Les vers sont trop souvent hérissés de mots grecs; la prose accumule trop de synonymes et d'épithètes surabondantes. Toutefois, quand on pense que saint Adhelme fut le premier Anglais-Saxon qui écrivit en latin, on ne peut s'empêcher de lui reconnaître du talent et du génie (*Bibl. Pat.*, t. XIII).

La même année 709, que mourut saint Adhelme, mourut aussi saint Wilfrid, évêque d'York. Il avait éprouvé bien des vicissitudes. Vers la fin de l'année 686, il avait été rétabli avec honneur sur son siège. Mais les anciens prétextes de querelles se renouvelèrent; en sorte qu'il était tantôt bien, tantôt mal avec Alfrid, roi des Northumbres. On voulait priver le monastère de Ripon de ses terres et de ses domaines ; on voulait en faire un siège épiscopal, au préjudice de la liberté accordée par le pape Agathon, enfin on voulait que le saint évêque se soumît aux règlements que l'archevêque Théodore avait faits pendant leur division. Saint Wilfrid ne pouvant céder en tous ces points à la volonté du roi, fut encore chassé de la Northumbrie au bout de cinq ans, c'est-à-dire en 691. Il se retira chez son ami Ethelrède, roi des Merciens, qui le reçut avec grand honneur et lui donna l'évêché de Lichfeld, vacant par la mort de Sexwulfe. Saint Wilfrid aurait peut-être prévenu une grande partie de ces difficultés, s'il eût proposé de lui-même de partager son vaste diocèse en plusieurs évêchés moins considérables, et d'en établir les sièges dans les principaux monastères. Nous avons vu le saint et docte Bède le conseiller fortement à son successeur Egbert, comme l'unique moyen de faire fleurir la religion et la piété dans le pays des Northumbres. D'ailleurs le pape saint Grégoire le Grand, l'apôtre de l'Angleterre, l'avait ainsi ordonné dès l'origine.

L'an 703, le roi Alfrid assembla un concile à Nesterfeld, à cinq lieues de Ripon. Presque tous les évêques de Bretagne, s'y trouvèrent ; Britwald ou Bertwald, archevêque de Cantorbéry, y présida. On pria saint Wilfrid de s'y présenter, avec promesse de lui rendre raison suivant les canons. Il y vint ; mais on ne lui tint point parole. Soutenu par le roi, les évêques et les abbés qui avaient usurpé les biens de son monastère, excitèrent de grandes contestations ; ils voulaient l'obliger à se soumettre aux décrets de l'archevêque Théodore. Saint Wilfrid répondit humblement qu'il se soumettrait volontiers à leurs propres décrets, suivant les canons. Ensuite, il leur reprocha fortement leur obstination d'avoir fatigué, pendant vingt-deux ans, la puissance apostolique par leur résistance, et leur demanda de quel droit ils osaient préférer aux décrets apostoliques des papes Agathon, Benoît et Sergius, les décrets que Théodore avait faits pendant la discorde. Ils ne lui répondirent rien de raisonnable. Mais un des serviteurs du roi, que saint Wilfrid avait nourri dès l'enfance et qui lui était très-dévoué, vint le trouver secrètement et l'avertit qu'on voulait le surprendre en exigeant de lui une souscription dont il ne pût se dédire, afin de le dépouiller de ce qu'il avait tant dans le pays des Northumbres que dans celui des Merciens. On le prenait en effet de le faire, et l'archevêque et le roi l'avaient ainsi décidé. Mais ses ennemis mêmes trouvèrent que c'était trop maltraiter un homme si célèbre que de le priver de tous ses biens sans qu'il fût coupable d'aucun crime, et conclurent de le réduire à son monastère de Ripon, à la charge qu'il promît, par écrit, d'y demeurer en repos, de n'en point sortir sans la permission du roi et de n'exercer aucune fonction épiscopale. Saint Wilfrid, élevant la voix, leur répondit hardiment : « Pourquoi voulez-vous me réduire à cette extrémité, que je me condamne moi-même ? Ne scandaliserais-je pas sans sujet ceux qui savent que, depuis près de quarante ans, je porte, tout indigne que je suis, le nom d'évêque ? Après la mort de ces grands hommes envoyés par saint Grégoire, j'ai déraciné le premier l'erreur des Ecossais, en ramenant toute la nation des Northumbres à l'observation de la vraie Pâque

et de la tonsure en forme de couronne. Je leur ai appris les réponses et les chants alternatifs, et j'y ai établi la vie monastique selon la règle du saint père Benoît, que personne n'y avait encore apportée. Quant à cette nouvelle question que vous formez contre moi, j'en appelle hardiment au Siége apostolique, et j'invite quiconque d'entre vous me veut déposer, à venir aujourd'hui avec moi y recevoir le jugement. » L'archevêque et le roi dirent : Il se rend dès-là digne d'être condamné, en préférant le jugement des Romains au nôtre. Le roi offrait de le contraindre à main armée ; mais les évêques le firent souvenir de la sûreté qu'il lui avait promise. Ainsi, le concile se sépara, et saint Wilfrid retourna librement chez Ethelrède, roi des Merciens. Ses ennemis déclarèrent les moines de Ripon excommuniés ; en sorte que, si quelqu'un du peuple leur avait fait bénir les viandes par le signe de la croix, on les jetait, comme si elles eussent été offertes aux idoles.

Cependant saint Wilfrid passa la mer avec quelques-uns des siens et alla à Rome, où ils se présentèrent au pape Jean VI et lui demandèrent à genoux de recevoir leur mémoire, déclarant qu'ils ne venaient accuser personne, mais seulement se défendre contre ceux qui pourraient les accuser. Le Pape et le clergé de Rome les reçurent avec beaucoup de bonté, et tandis qu'ils attendaient la réponse du Saint-Siège, il arriva des députés de la part de Britwald, archevêque de Cantorbéry, chargés d'une accusation par écrit contre saint Wilfrid. Le Pape assembla un concile de plusieurs évêques avec son clergé. Saint Wilfrid s'y présenta, et on y lut sa requête, par laquelle il demandait l'exécution des décrets du pape Agathon et de ses successeurs Benoît et Sergius, pour lui conserver son évêché d'York et ses monastères dans les royaumes des Merciens et des Northumbres, offrant de rendre à l'archevêque de Cantorbéry le respect qui lui était dû suivant les canons. Après la lecture de cette requête, on le renvoya et on fit entrer les députés de l'archevêque Britwald, qui proposèrent leurs accusations, et le concile promit de les entendre à loisir les uns et les autres.

On les fit venir ensemble : d'un côté, saint Wilfrid avec les prêtres et les diacres qui l'accompagnaient ; de l'autre, les députés de l'archevêque Britwald, qui dirent que l'évêque Wilfrid avait méprisé en plein concile les décrets de l'évêque de Cantorbéry, établi par la Chaire apostolique sur toutes les Eglises de Bretagne. Saint Wilfrid se leva, et sa vénérable vieillesse donnant encore du poids à ses paroles, il dit : « Comme j'étais au concile, on envoya un évêque me demander si je voulais me soumettre au jugement de l'archevêque. Je répondis qu'il fallait auparavant savoir quel était ce jugement. Il me dit que l'archevêque ne voulait point le déclarer avant que j'eusse promis par écrit de m'y soumettre. Quelque étrange que fût cette proposition, je promis de me soumettre au jugement de l'archevêque, en tant qu'il serait conforme aux canons et au concile du pape Agathon et de ses successeurs. »

Après cette réponse, le concile de Rome déclara que l'évêque Wilfrid s'était défendu canoniquement ; puis les évêques qui le composaient se mirent à parler grec en souriant, et dirent plusieurs choses entre eux que les Anglais n'entendaient pas. Enfin ils dirent aux accusateurs : « Vous savez, très-chers frères, que, suivant les canons, celui qui ne prouve pas le premier chef d'accusation n'est pas admis à prouver les autres. Toutefois, pour l'honneur du saint archevêque envoyé par le Siége apostolique, et du bienheureux évêque Wilfrid, nous examinerons à loisir tous les articles. » Ils renvoyèrent ainsi les parties; et, continuant à s'assembler, ils tinrent, pendant quatre mois, 70 congrégations. Saint Wilfrid y fut pleinement justifié, et les actes de ce concile furent lus à haute voix devant tout le peuple, suivant la coutume des Romains. Ceux qui avaient vu saint Wilfrid au temps du pape Agathon le reconnaissaient et s'étonnaient avec indignation qu'on l'accusât de nouveau. Enfin le pape Jean le renvoya absous et écrivit une lettre aux deux rois, Ethelrède, des Merciens, et Alfride, des Northumbres, où il parle ainsi : « Nous avertissons notre frère l'évêque Britwald de Cantorbéry, que, par l'autorité du prince des apôtres, nous y avons confirmé archevêque, qu'il ait à convoquer un concile avec l'évêque Wilfrid ; qu'il y fasse venir les évêques Boza et Jean, et qu'après les avoir entendus, il termine leur différend dans son concile ; sinon, qu'il les renvoie au Siége apostolique pour être jugés dans un concile plus nombreux, sous peine, à celui qui refusera de s'y trouver, d'être rejeté, non-seulement de tous les évêques, mais de tous les fidèles. » Le Pape exhorte ensuite les deux rois à procurer l'exécution de ce décret. Boza avait été instruit dans le siége d'York, à la place de saint Wilfrid, et Jean, dans le siége de Hagulstadt, à la place d'Eata, tous deux par l'autorité de l'archevêque Théodore.

Saint Wilfrid, après un jugement si favorable, voulut demeurer à Rome et y finir ses vieux jours dans le détachement de toutes les choses de ce monde. Mais le Pape et tout son concile lui commandèrent, en vertu de l'obéissance qu'il avait promise, de retourner en Angleterre pour la consolation de ses peuples et la joie de ses amis. Il emporta de Rome des reliques et des étoffes de pourpre et de soie pour l'ornement des églises, et repassa en France. Mais il fut attaqué d'une grande maladie, en sorte qu'après avoir marché à cheval pendant quelque temps, on fut obligé de le porter sur un brancard jusqu'à Meaux, où il arriva réduit à l'extrémité. Après qu'il fut resté quatre jours sans pouvoir prendre aucune nourriture, saint Michel lui apparut et lui promit encore quatre ans de vie. Il guérit en effet peu de jours après et repassa heureusement en Angleterre.

Arrivé dans le pays de Kant, il envoya des députés à l'archevêque Britwald, qui promit d'adoucir le jugement prononcé contre lui au concile de Nesterfeld. Epouvanté par les lettres qu'il recevait de ses députés à Rome, et contraint par l'autorité apostolique, il se réconcilia sincèrement avec saint Wilfrid. Ce saint alla trouver son ancien ami Ethelrède, qui, après avoir régné trente et un ans sur les Merciens, s'était fait moine, en 704, dans le monastère de Bradney, dont il fut depuis abbé. Ils s'embrassèrent avec larmes ; saint Wilfrid lui montra la sentence du Pape, et Ethelrède l'ayant lue, promit de l'appuyer de tout son crédit. Il pria aussitôt le roi Coënred, son successeur, de venir le trouver, et lui fit jurer d'obéir aux décrets du Siége apostolique. Ensuite, par le conseil d'Ethelrède, saint Wilfrid envoya un prêtre au roi Alfrid, des Northumbres, pour le prier de trouver bon qu'il lui présentât les lettres du Pape. Mais le roi répondit que, tant qu'il vivrait, il ne changerait point ce qui avait été ordonné par les évêques de presque toute la Bretagne, en particulier par l'archevêque envoyé par le Siége apostolique. Il tomba malade peu après, et, reconnaissant que c'était une punition de sa désobéissance au Saint-Siége, il fit vœu, en présence de plusieurs témoins, d'en exécuter les décrets, s'il revenait en santé, et ordonna à son successeur, s'il venait à mourir, de faire la paix avec l'évêque Wilfrid.

Alfrid mourut l'an 705. Son successeur Edulfe, loin de faire justice à saint Wilfrid, lui ordonna de sortir dans six jours de son royaume, menaçant de faire mourir tous ceux qu'il trouverait de ses compagnons. Mais au bout de deux mois il fut chassé lui-même, et le fils d'Alfrid, encore enfant, reconnu à sa place. La première année de son règne, saint Britwald, archevêque de Cantorbéry, vint au pays des Northumbres avec tous ses évêques et ses abbés, et les premiers du royaume. On tint un concile près de la rivière de Nid. Le jeune roi Osred y assista avec ses princes, les trois évêques de son royaume, les abbés et Elflède, abbesse de Streneshall, dont on estimait fort les conseils. Saint Wilfrid était présent. Quand le roi, les évêques et les seigneurs furent assis, l'archevêque saint Britwald dit : « Prions Dieu que, par son Saint-Esprit il mette la paix dans nos cœurs ! Nous avons, le bienheureux évêque Wilfrid et moi, des lettres du Siége apostolique qui doivent être lues en votre présence. » Après que lecture en eût été faite, Bertefrid, le plus considérable des seigneurs northumbres, en demanda l'interprétation pour lui et pour les autres qui n'entendaient pas le latin. L'archevêque leur en dit la substance, savoir, que la puissance apostolique, donnée d'abord à Pierre, prince des apôtres, pour lier et délier, ordonnait aux évêques anglais de se réconcilier avec le bienheureux Wilfrid, et de lui rendre ses églises, ou, bien d'aller tous à Rome pour y être jugés. Si quelqu'un par mépris, ne veut faire ni l'un ni l'autre, qu'il sache, s'il est roi ou laïque, qu'il est excommunié ; s'il est évêque ou prêtre, qu'il sera dégradé de toute dignité ecclésiastique. Les évêques opposants soutenaient qu'on ne pouvait changer ce qui avait été ordonné par l'archevêque Théodore et le roi Egfrid, ensuite par eux-mêmes avec le roi Alfrid, au concile de Nesterfeld. Mais l'abbesse Elflède rendit témoignage de la dernière volonté du roi Alfrid, pour le rétablissement du saint évêque.

Alors Bertrefrid dit au nom du jeune roi : « La volonté du roi et des princes est que nous obéissions en tout aux ordres du Siége apostolique et du roi Alfrid ; car, quand nous étions assiégés à Bebanbourg et réduits à l'extrémité, nous fîmes vœu d'exécuter les ordres de l'autorité apostolique touchant le saint évêque Wilfrid, si Dieu accordait à notre jeune prince le royaume de son père. Aussitôt les cœurs des ennemis furent changés : ils traitèrent avec nous, et nous fûmes délivrés. » Après ce discours, les évêques consultèrent entre eux, et la conclusion du concile fut que tous les évêques, le roi et les princes feraient de bonne foi la paix avec l'évêque Wilfrid, et lui rendraient ses deux monastères de Ripon et de Hagulstadt, avec tous leurs revenus. Ils s'embrassèrent tous, communièrent ensemble, et, après avoir rendu grâces à Dieu, ils se retirèrent chacun chez eux.

Quelque temps après, saint Wilfrid tomba malade à Hagulstadt, comme il l'avait été à Meaux, et encore plus violemment. Tous les abbés et les anachorètes du pays accoururent et se mirent en prières avec les moines du lieu, pour demander à Dieu de lui rendre la connaissance et la parole, afin qu'il pût donner ordre à ses maisons et partager ses biens. Ils furent exaucés. Le saint évêque revint en santé, et vécut encore un an et demi. Peu de temps avant sa mort, étant à Ripon, en présence de deux abbés et de huit moines de ses plus intimes, il fit ouvrir son trésor par celui qui en gardait les clés, et tirer devant eux tout ce qu'il avait d'or, d'argent et de pierreries, et en fit quatre parts. La première pour les églises de Sainte-Marie et de Saint-Paul de Rome, la seconde pour les pauvres, la troisième pour les prévôts de ses monastères de Ripon et de Hagulstadt, afin qu'ils eussent de quoi faire des présents aux rois et aux évêques, la quatrième pour être partagée à ceux qui l'avaient suivi dans ses voyages. Ensuite il établit le prêtre Tatbert, son parent, prévôt à Ripon; car il en était lui-même toujours abbé.

Ayant ainsi réglé ses affaires, il passa dans le pays des Merciens, à la prière du roi Coënred, qui voulait prendre ses avis sur le règlement de sa vie. Les abbés du pays voulaient aussi l'entretenir sur l'état des monastères qu'il y avait établis. Après les avoir visités et leur avoir fait des libéralités de terres et d'argent comptant, il vint au monastère d'Oundle, aujourd'hui dans le comté de Northampton, où il tomba malade de sa dernière maladie. Peu de temps auparavant, en voyageant à cheval avec le prêtre Tatbert, il lui avait raconté toutes les actions de sa vie, comme prévoyant sa mort. C'était une espèce de confession qui se pratiquait quelquefois par humilité, différente de la confession sacramentelle. Etant donc tombé malade en ce lieu, il donna sa bénédiction à ses disciples et mourut le 24 avril 709. Il était âgé de 76 ans, et en avait passé 45 dans l'épiscopat. Son corps fut reporté à Ripon, revêtu d'habits sacerdotaux, et Tatbert, abbé de ce monastère, fit célébrer tous les jours pour lui une messe particulière, et tous les ans, le jour de son anniversaire, il faisait distribuer aux pauvres la dîme de ses troupeaux, outre les aumônes journalières. Le prêtre Acca fut le successeur de saint Wilfrid dans l'évêché d'Hagulstadt. C'est le même à qui saint Bède dédia plusieurs de ses commentaires sur l'Ecriture (*Act. ord. Bened.*, sec. 4, pars 1). La *Vie de saint Wilfrid* fut écrite par Eddius, un de ses disciples, témoin oculaire de presque tous les faits qu'il rapporte. Quant au style, elle est certainement écrite beaucoup mieux que les *Vies des empereurs* par Spartien et autres.

Un autre contemporain de saint Bède et de saint Adhelme, dont le style n'est pas non plus méprisable, est saint Adamnan, abbé du monastère de l'île de Hi. Ayant été député par sa nation vers Alfrid, roi des Northumbres, il eut occasion d'observer dans ce royaume les usages de l'Eglise d'Angleterre. Les plus savants l'exhortèrent à s'y conformer, puisque c'étaient les usages de l'Eglise universelle, préférables à ceux des Irlandais, qui étaient en si petit nombre et réduits à un petit coin du monde. Saint Céolfrid, abbé de Wiremouth, dont il visita le monastère, fut un de ceux qui entreprirent de le persuader, voyant sa sagesse, son humilité et sa piété. Il lui dit, touchant la tonsure cléricale : Mon frère, vous qui prétendez à la couronne immortelle, pourquoi en portez-vous une imparfaite à votre tête? Si vous cherchez la compagnie de saint Pierre, pourquoi imitez-vous la tonsure de celui qu'il a anathématisé? Adamnan répondit : Sachez, mon frère, que, encore que je porte la tonsure de Simon, je ne laisse pas de détester ses erreurs. Et comme il était vertueux et instruit des Ecritures, il se rendit et préféra aux coutumes de son pays, ce qu'il apprit en Angleterre. De retour à son monastère, il voulut amener ses moines à l'observance de l'Eglise universelle; mais ses efforts furent inutiles. Il fut plus heureux en Irlande même. Presque tous se rendirent à ses exhortations. Ayant célébré la Pâque avec eux, suivant la règle de l'Eglise, il revint à son île, où il renouvela ses instances avec ses moines, mais en vain. Il mourut le 23 septembre de la même année, que l'on croit être 705.

Nous avons de saint Adamnan une *Description* curieuse *de la Terre-Sainte*, qu'il fit à cette occasion. Un évêque Gaulois, nommé Arculfe, ayant entrepris le voyage de la Terre-Sainte, se mit en chemin avec un ermite originaire de Bourgogne, nommé Pierre, qui avait déjà, ce semble, visité les saints lieux. Ils furent pendant neuf mois tant à Jérusalem que dans les environs; après quoi ils parcoururent le reste de la Palestine, et poussèrent jusqu'à Damas et à Tyr, ne demeurant que très-peu de temps en chaque endroit. Arculfe, s'étant embarqué à Joppé, vint à Alexandrie, de là à l'île de Crète, puis à Constantinople, d'où il se rendit par mer en Sicile, ensuite à Rome. Il y séjourna quelque temps, puis il reprit la mer dans le dessein de retourner en France. Mais au lieu d'y aborder, il fut jeté par une tempête sur les côtes occidentales de la Bretagne, d'où, après avoir essuyé plusieurs dangers, il aborda à l'île de Hi où était le monastère d'Adamnan. Ce saint abbé le reçut avec beaucoup d'humanité et de politesse; et, l'ayant engagé à lui raconter ce qu'il avait vu de plus remarquable dans ses voyages, il le mit par écrit, et composa de cette sorte l'ouvrage dont nous parlons, qu'il présenta ensuite au roi Alfrid des Northumbres.

Le vénérable Bède, qui estimait beaucoup cette *Description*, en a donné un précis dans son *Histoire ecclésiastique d'Angleterre*, et il en a fait le fond de son *Traité des Lieux saints*. Elle est divisée en trois livres, dans lesquels on trouve les plans linéaires des principales églises. Adamnan parle, dans le premier livre, de la ville de Jérusalem, de l'église du Saint-Sépulcre, de celle de la Sainte-Vierge dans la vallée de Josaphat, où il dit que l'on voyait son tombeau, mais qu'on ne savait en quel temps, par qui, ni comment son corps en avait été enlevé, ni en quel lieu il attendait la résurrection. Il remarque qu'auprès de la basilique du Calvaire, il y avait un cabinet où l'on permet aux pèlerins de toucher et de baiser le calice que Jésus-Christ bénit le jour de la Cène, et qu'il donna à ses disciples; que ce calice est d'argent et à deux anses; qu'il tient environ un sextier ou chopine de France; qu'au dedans est l'éponge que l'on trempa dans le vinaigre pour en faire boire au Sauveur sur la croix ; que la lance dont on perça son côté se conserve dans le portique de la basilique de Constantin; que l'on montre aussi le suaire dont on couvrit la tête du Christ, lorsqu'on le mit dans le tombeau. Arculfe avait vu tout cela de ses yeux ; il vit encore un linge que l'on disait avoir été travaillé par la sainte Vierge, sur lequel on voyait les figures des douze apôtres et celle du Christ. Une partie de ce linge était de couleur rouge, l'autre de couleur verte. On montrait à Jérusalem les tombeaux de saint Siméon et de saint Joseph, époux de la sainte Vierge; il y avait sur la montagne des Oliviers une église d'une figure ronde, dont le milieu 'tait ouvert par le haut. On l'avait fait ainsi, pour laisser à la postérité le souvenir de la route que Jésus-Christ avait prise en montant au ciel. L'impression de ses pieds subsistait encore; et, quoiqu'on eût tenté souvent de paver cet endroit comme le reste de l'église, on n'y avait pas réussi. Adamnan parle d'un monastère bâti auprès du tombeau de Lazare, frère de Marthe.

On trouve dans le second livre, la description de la ville de Bethléhem, de la grotte où le Fils de Dieu a pris naissance selon la chair, des sépulcres de David, de saint Jérôme et de quelques autres anciens monuments. Il y est aussi parlé du Jourdain et de l'endroit où Jésus-Christ reçut le baptême de saint Jean. A cette occasion, Arculfe observa que, dans le désert où vivait le précurseur, il y avait des sauterelles dont les pauvres se nourrissaient encore, en les faisant cuire avec de l'huile, et des arbres dont les feuilles larges et rondes avaient la couleur de lait et le goût de miel, et que l'on mangeait après les avoir froissées dans la main. Suivant Arculfe, c'est là le miel sauvage dont il est parlé dans l'Evangile. Adamnan, pour donner plus de poids à ce que l'évêque Arculfe lui raconta de Tyr et de la montagne du Thabor, dit qu'il s'accorde avec ce que saint Jérôme en a écrit dans ses *Commentaires*, et après avoir parlé d'Alexandrie et de ce que cette ville a de plus remarquable, particulièrement de son port et du tombeau de saint Marc, il commence son troisième livre par la description de Constantinople. On gardait, dans une église de cette ville, la vraie croix, et on la montrait seulement trois jours de la semaine sainte, élevée sur un autel d'or. Le jour de la Cène du Seigneur, l'empereur, suivi de l'armée, entrait dans l'église qu'on appelait *la Rotonde*, s'approchait de l'autel et baisait la croix salutaire en inclinant la tête. Après lui, tous les assistants le faisaient aussi, chacun en son rang, suivant sa condition. Le vendredi saint, l'impératrice et les princesses, les dames de qualité, les femmes du commun faisaient la même cérémonie et dans le même ordre. Le samedi était réservé aux évêques et à tout le clergé. Après quoi, on la renfermait jusqu'à l'année suivante. Arculfe assure que, quand on ouvrait la boîte où elle était enfermée, il en sortait une odeur admirable. Il parle de deux hommes de la lie du peuple, dont l'un était Juif, qui furent punis miraculeusement pour avoir insulté l'image de la sainte Vierge et une statue de marbre qui représentait saint Georges, martyr. En approchant de la Sicile, il vit les feux que jette le mont Vulcain, et quoiqu'il soit éloigné de douze milles de la Sicile, il assure qu'on y entendait cette montagne gronder avec autant de force que le tonnerre, surtout les jours de vendredi et de samedi (Béda, l. 5, c. 16-18; *Acta ord. Bened.*, sec. 3, pars 2).

Dans ces temps, un grand nombre d'Anglais de tout sexe et de tout rang venaient à Rome par dévotion, même des nobles, des ducs et des rois. Coënred, roi des Merciens, après avoir tenu noblement le sceptre plusieurs années, le quitta encore plus noblement. L'année même que mourut son ami saint Wilfrid, il vint à Rome, y reçut la tonsure et l'habit monastique, et acheva ses jours dans les prières, les jeûnes et les aumônes, près du tombeau des apôtres. Il vint avec lui Offa, fils du roi des Saxons orientaux, jeune prince d'une beauté et d'une amabilité parfaites, chéri de toute la nation, qui le souhaitait ardemment pour roi. Touché de la même dévotion, il quitta sa femme, ses parents, ses domaines, sa patrie pour Jésus-Christ et son Evangile, afin d'en recevoir le centuple en ce monde, et dans l'autre la vie éternelle. Ayant également reçu la tonsure et l'habit de moine, il mérita bientôt ce qu'il avait désiré si longtemps, de voir les bienheureux apôtres dans les cieux. C'est ainsi qu'en parle le vénérable Bède à la fin de son *Histoire* (Bed., l. 5, c. 20).

Un des derniers faits qu'il raconte, est la manière dont les moines de Hi embrassèrent enfin l'observance de l'Eglise catholique, touchant la Pâque et la tonsure cléricale. Ils avaient résisté aux remontrances de leur abbé saint Adamnan ; ils cédèrent enfin à celles de saint Egbert. C'était ce noble Anglais qui, ayant embrassé la vie monastique en Irlande, s'était mis en route pour aller prêcher l'Evangile dans la Frise, mais qui, n'ayant pu y réussir, y avait envoyé saint Willebrod. Il vint d'Irlande à l'île de Hi, l'an 716, peu après que la nation des Pictes eut commencé à célébrer la Pâque au même jour que l'Eglise universelle. Comme c'était un prêtre vénérable par sa science et sa vertu, les moines le reçurent avec beaucoup d'honneur et de joie. Il profita de leur confiance pour les détacher peu à peu de leurs pratiques particulières et leur faire embrasser celles de toute l'Eglise. Cette réunion eut donc lieu environ 80 ans après qu'ils eurent envoyé saint Aidan pour convertir les Anglais. Dieu récompensait ainsi leur charité pour cette nation, en leur faisant connaître par elle la perfection de la discipline. Les Bretons, au contraire, qui n'avaient jamais voulu aider à la convertir, s'entêtèrent dans leur discipline erronée. C'est la réflexion du vénérable Bède. Saint Egbert demeura treize ans dans l'île de Hi, qu'il sanctifia comme par une nouvelle effusion de grâce et de paix. Enfin, l'an 729, le jour de Pâques, 24 avril, après avoir célébré la messe solennelle de la résurrection du Seigneur, il quitta la terre pour aller dans le ciel achever ou plutôt continuer éternellement cette fête avec le Seigneur, les apôtres et tous les saints (*Ibid.*, c. 23).

Le vénérable Bède termine son *Histoire* et le catalogue de ses ouvrages par cette prière : « O bon Jésus, qui m'avez donné, par votre grâce, à puiser avec amour les paroles de votre sagesse et de votre science, ah ! je vous en conjure, donnez-moi aussi, avec la même bonté, d'arriver enfin jusqu'à vous, qui êtes la source de toute sagesse, et d'apparaître à jamais devant votre face, vous qui vivez et régnez,

Dieu dans tous les siècles des siècles. Ainsi soit-il!»

Saint Willebrod, à qui saint Wilfrid avait préparé les voies, continuait en Frise ses travaux apostoliques. Il y était secondé par saint Vulfran, venu de France. Dans la Germanie, au delà du Rhin, le sang des martyrs saint Emméran, saint Kilien et saint Evalde, commençait à produire des fruits de salut. Les peuples s'y convertissaient de plus en plus. Nous le voyons par un capitulaire, autrement une instruction, donné par le pape saint Grégoire II à l'évêque Martinien, au diacre Georges et au sous-diacre Dorothée, tous deux de l'Eglise romaine, qu'il envoyait en Bavière. Ce capitulaire est daté du 15 mars 716.

« Après avoir rendu nos lettres, y dit le Pape, vous délibérerez avec le duc de la province, pour faire une assemblée des prêtres, des juges ainsi que de tous les principaux de la nation; et, après avoir examiné les prêtres et les ministres, vous donnerez le pouvoir de sacrifier, de servir et de chanter à ceux dont vous trouverez l'ordination canonique et la foi pure, et vous leur ferez observer la tradition de l'Eglise romaine. Quant aux autres, vous leur interdirez toute fonction et leur donnerez des successeurs. Vous pourvoirez en chaque église à ce que l'on y célèbre la messe, les offices du jour et de la nuit et la lecture des saintes Ecritures. Vous établirez des évêchés, ayant égard à la distance des lieux et à la juridiction de chacun des ducs, et vous règlerez les dépendances de chaque siège. S'il y en a trois, quatre ou plus, vous réserverez le principal siège pour un archevêque; et, ayant assemblé trois évêques, vous en ordonnerez de nouveaux, par l'autorité de saint Pierre. Si vous trouvez un homme digne de remplir la place d'archevêque, vous nous l'enverrez avec vos lettres, ou bien vous l'amènerez avec vous. Si vous n'en trouvez pas de capable, vous nous le ferez savoir, afin que nous en envoyions d'ici. Vous recommanderez à ceux que vous ordonnerez évêques, de ne point faire d'ordinations illicites, leur marquant en particulier les irrégularités, de conserver les biens de l'Eglise, et d'en faire quatre parts; de ne faire les ordinations que dans les temps marqués, et de n'administrer le baptême qu'à Pâques et à la Pentecôte, hors le cas de nécessité. Au reste, toute la religion est soumise à l'évêque, et tous les chrétiens obligés de lui obéir.

» Touchant le mariage, enseignez qu'on ne doit ni le condamner sous prétexte de continence, ni donner occasion à la débauche sous prétexte de mariage. Défendez le divorce, la polygamie, les conjonctions incestueuses entre parents. Enseignez que la continence est préférable au mariage; ne permettez pas qu'on juge immonde aucune viande, sinon celle qui aura été immolée aux idoles, ou que l'on s'arrête ni aux songes ni aux augures. Défendez les enchantements, les maléfices et les observations de certains jours. Défendez de jeûner le dimanche, et aux fêtes de Noël, de l'Epiphanie et de l'Ascension, ainsi que de recevoir les offrandes de ceux qui sont en division. Enseignez que tous ont besoin de pénitence pour les péchés journaliers. Enseignez la résurrection des corps et l'éternité des peines de l'enfer, rejetant ceux qui prétendent que les démons reviendront à la dignité angélique. » Tel est l'instruction du pape saint Grégoire II pour la Bavière (Labbe, t. VI).

Cette province avait alors deux évêques fameux, saint Rupert de Saltzbourg et saint Corbinien, tous deux de la nation des Francs. Saint Rupert ou Robert était de la race des rois de France et évêque de Worms, la seconde année de Childéric III, l'an 696. Sa réputation étant venue jusqu'à Théodon, duc de Bavière, il lui envoya des députés pour le prier instamment de venir instruire la province du Norique. Le saint évêque y envoya d'abord des missionnaires, puis il y alla lui-même; et le duc, plein de joie, vint au devant de lui jusqu'à Ratisbonne, où il le reçut avec grand honneur. Saint Rupert, l'ayant instruit tant de la morale que de la foi catholique, le baptisa avec plusieurs de sa nation, tant des nobles que du peuple. Il est certain que, dès le temps du roi Théodoric Ier, les Bavarois avaient reçu la religion chrétienne, comme il paraît par leurs lois; mais nous voyons en même temps, surtout par le capitulaire du pape Grégoire, qu'il n'y existait aucune organisation d'évêchés sous une métropole, ni, par conséquent, aucune succession assurée d'évêques. On conçoit que dans cet état de choses, surtout au milieu des révolutions politiques du royaume d'Austrasie, les générations nouvelles de la Bavière, sans être précisément idolâtres, ne fussent pas toujours chrétiennes. C'est à quoi le pape saint Grégoire II cherchait à remédier par ses légats.

Le duc Théodon étant converti, promit à saint Rupert de choisir un lieu pour établir un siège épiscopal, et de bâtir des églises et des logements pour les ecclésiastiques. Le saint évêque s'embarqua sur le Danube et vint jusqu'aux frontières de la Pannonie inférieure, prêchant la foi. En revenant, il passa par Laureac, à présent Lorch, autrefois métropole du Norique, où il guérit plusieurs malades par ses prières et convertit plusieurs personnes. Ensuite, ayant appris qu'en un lieu nommé Juvave, il y avait eu quantité d'édifices merveilleux, mais alors presque ruinés et couverts d'arbres, il y alla lui-même, et demanda ce lieu au duc Théodon. Le duc le lui accorda volontiers avec les terres des environs, dans une étendue de deux lieues. Saint Rupert y établit son siège épiscopal, bâtit une belle église en l'honneur de saint Pierre, avec un cloître et les logements des clercs, pour y célébrer l'office tous les jours. C'est ainsi qu'à la voix de son pontife, l'antique Juvave sortit de ses ruines pour revivre des siècles sous le nom de Saltzbourg.

Ce saint évêque, ayant besoin d'ouvriers pour l'aider à prêcher l'Evangile, retourna en son pays et en amena douze, avec sa nièce Erentrude, qui s'était consacrée à Dieu. Il fonda pour elle un monastère en l'honneur de la sainte Vierge, sur une montagne voisine, et elle en fut la première abbesse. Il continuait à visiter assidument tout le pays, à bâtir des églises et à ordonner des clercs. Enfin, après s'être donné un successeur, il mourut l'an 718, le jour de Pâques, 27 mars, auquel l'Eglise honore sa mémoire (*Acta Sanct.*, 27 *mart.*).

Saint Corbinien était né à Châtres, près de Paris. Dès sa jeunesse, il se donna à Dieu et se retira près de l'Eglise de Saint-Germain de Châtres, où, avec ses domestiques, il forma un petit monastère. Plusieurs personnes venaient recevoir ses instructions et lui faisaient des offrandes, dont il ne prenait que le nécessaire pour vivre et donnait le reste aux pauvres. Sa réputation vint jusqu'à Pepin, maire du palais, qui se recommanda à ses prières. Et comme les plus grands seigneurs venaient le visiter, il quitta sa cellule au bout de quatorze ans de retraite, s'en alla à Rome et se présenta au pape saint Grégoire II (Pagi, an 716, n. 7). C'était l'an 716. Il lui découvrit ses peines intérieures et la crainte qu'il avait que les visites et les offrandes des séculiers ne fussent cause de sa perte. Mais le Pape, ayant pris l'avis de son conseil, crut devoir mettre sur le chandelier une si grande lumière, et l'ordonna évêque. Il lui donna même le *pallium* et le pouvoir de prêcher par tout le monde, avec la bénédiction de saint Pierre. Corbinien se soumit, quoique avec une extrême répugnance, et revint prêcher par toute la Gaule avec un grand succès, tant sur les peuples, que sur les moines et le clergé.

Saint Corbinien allant trouver le maire du palais, qui était non plus Pepin, mais son fils Charles-Martel, et qui l'avait mandé, il rencontra un voleur nommé Adalbert, qu'on allait pendre. N'ayant pu obtenir que l'exécution fût différée jusqu'à ce qu'il eût parlé au prince, il tira à part le voleur, lui fit faire une confession de tous ses péchés, et promettre qu'il changerait de vie et quitterait le siècle; après quoi il fit le signe de la croix sur la tête et sur la poitrine, et le laissa entre les mains des exécuteurs. Enfin il continua sa route et supplia le prince de lui donner Adalbert vif ou mort. L'ayant obtenu, il envoya au lieu du supplice, où il se trouva encore vivant le troisième jour au soir. Adalbert, sincèrement converti, s'attacha à son libérateur et fut un de ses plus fidèles disciples. Cependant saint Corbinien, ne pouvant souffrir les respects qu'on lui rendait, se retira à son ancien monastère de Saint-Germain de Châtres et y demeura encore sept ans. Mais comme sa réputation croissait toujours, il résolut de retourner à Rome et de demander au Pape de le décharger de l'épiscopat et de lui permettre de vivre du travail de ses mains dans un monastère, sous la conduite d'un supérieur.

Pour mieux se cacher, il évita le grand chemin par les Gaules, et passa par la Germanie. Il arriva dans le Norique, où il s'arrêta quelque temps à prêcher, pour fortifier dans la foi ce peuple nouvellement converti par les travaux de saint Rupert. Il fut très-bien reçu par le duc Théodon, par ses enfants et les seigneurs du pays, qui, dans la première ferveur de leur conversion, chérissaient extrêmement les évêques. Le duc le pria de venir chez lui, et, n'ayant pu le retenir, il le renvoya chargé de présents. Théodon lui-même avait fait le pèlerinage de Rome vers l'an 716. Son fils, Grimoald, auquel il avait donné le gouvernement d'une province, reçut aussi saint Corbinien à son passage, et, ayant goûté ses instructions, il le suppliait de ne point le quitter, offrant de lui donner une part dans son domaine avec ses enfants. Enfin il le fit conduire par ses officiers jusqu'en Italie.

Arrivé à Rome, saint Corbinien se présenta au pape saint Grégoire II et se jeta à ses pieds. Le Pape le fit asseoir auprès de lui, et le saint évêque lui ayant offert de grands présents, lui expliqua tout ce qui lui déplaisait dans sa vie, comme on l'accablait d'honneurs et de biens, sans que la clôture ni les murailles pussent le mettre en sûreté, le conjurant avec larmes de le délivrer de la dignité dont le Saint-Siége l'avait chargé, et de lui permettre de s'enfermer dans un monastère, ou de lui donner dans un bois écarté quelque petit champ à cultiver. Le Pape, admirant son humilité, le congédia et assembla un concile, où il fut conclu tout d'une voix que Corbinien devait retourner. Le Pape le fit venir, et le saint homme ne pouvant résister aux raisons des assistants ni à l'autorité du Pape, se retira de Rome fort triste et retourna en Bavière.

Il fut arrêté par les gardes que le duc Grimoald avait mis sur la frontière, avec ordre de ne point le laisser passer qu'il ne promit d'aller trouver le duc. Mais le saint homme étant arrivé à son palais, lui manda qu'il ne le verrait point qu'il n'eût quitté Piltrude, veuve de son frère Théodoald, qu'il avait épousée. Et comme le prince n'obéissait pas, il demeura ferme dans son refus, leur faisant parler continuellement pour les amener à la pénitence. Au bout de quarante jours, ils promirent de se séparer, et le saint évêque les fit venir en sa présence. Ils se prosternèrent tous deux, et, lui embrassant les pieds, confessèrent qu'ils avaient grièvement péché. Saint Corbinien leur mit les mains sur la tête, y fit le signe de la croix, et leur imposa pour pénitence des aumônes, des jeûnes et des prières. Ensuite, il entra dans la maison et mangea avec eux. Il établit son siége à Frisingue, où il fit bâtir une église en l'honneur de la sainte Vierge et de saint Benoît, avec des moines pour y faire l'office. Tels furent les commencements des Églises de Bavière.

Avec toute sa sainteté, Corbinien était un peu vif. Étant un jour à dîner avec le prince, il bénit les mets de sa table. Le prince, sans y faire attention, en jeta un morceau à son chien favori. Aussitôt le saint homme, d'un coup de pied renverse la table et sort de la salle, en disant que celui qui jetait à son chien une bénédiction pareille, n'en était pas digne lui-même, et que, désormais, il ne mangerait plus avec lui. Piltrude, profondément ulcérée de ce que les paroles du saint l'avaient séparée d'avec le prince, profita de l'occasion pour le représenter comme coupable de lèse-majesté et digne de mort. Le duc pensait différemment. Il fit fermer les portes de la ville, de peur que l'homme de Dieu n'en sortît en colère. Il alla lui-même, avec les principaux de sa cour, se jeter à ses pieds, et, à force de prières et de protestations, il obtint avec peine qu'il l'admît au baiser de paix.

Un autre jour, allant à l'office du soir dans l'église de Sainte-Marie, le saint évêque rencontra une femme de la campagne qui s'en allait avec de riches présents. Déjà elle lui avait été signalée comme adonnée à des maléfices. Il lui demande le sujet de son voyage. Elle répondit que le fils du prince étant tourmenté par le démon, elle l'avait guéri par ses enchantements, et que de là venaient les cadeaux qu'elle emportait. L'évêque, épouvanté, descendit de cheval, battit la femme de ses propres mains, lui enleva tout ce qu'elle emportait et le distribua aux pauvres à l'entrée de la ville. Ce qu'il ne cessait surtout de déplorer, c'était l'infidélité du prince. Au fond, Grimoald était plus faible que méchant; mais sa femme incestueuse résolut de tuer l'évêque. Elle en donna l'ordre à son secrétaire Ninus. L'évêque, ayant été averti, se réfugia dans un château. Le duc, apprenant les embûches de sa femme et le départ de l'évêque, fit prier humblement celui-ci de revenir. Mais il s'y refusa, disant qu'il fallait éviter les embûches de Jézabel. Quelque temps après, le jeune prince pour lequel on avait pratiqué des enchantements mourut; le duc Grimoald fut tué par des conspirateurs; Ninus, qui devait assassiner l'évêque, périt d'une mort honteuse; Piltrude fut emmenée captive par Charles-Martel, dépouillée de tous ses biens, et ses enfants privés et du royaume et de la vie. Le duc Hubert, qui succéda à Grimoald, rappela l'homme de Dieu avec les plus grands honneurs, lui témoigna toujours la plus profonde vénération, et voulut même qu'il fût le parrain d'un de ses enfants.

Saint Corbinien ayant connu d'avance le jour de sa mort, en prévint le duc Hubert, afin qu'il permît que son corps fût inhumé dans le lieu qu'il lui indiquait. Ce jour étant venu, il prit un bain, se fit faire les cheveux et la barbe, se revêtit des habits pontificaux, célébra le saint sacrifice, reçut de ses propres mains le saint viatique, rentra à la maison, prit un peu de vin, puis, sans éprouver aucune douleur, fit sur son front le signe de la croix et rendit son âme à Dieu, le 8 septembre 730, jour auquel l'Église honore sa mémoire. Sa vie fut écrite par l'évêque Aribon, son troisième successeur dans le siège de Frisingue (*Acta Sanct.*, 8 *sept.* ; *Act. ord. Bened.*, sec. 3, *pars* 1).

Mais le plus grand apôtre de l'Allemagne fut l'anglo-saxon Winfrid, plus connu sous le nom de saint Boniface. Il naquit vers l'an 680, dans le Wessex, à Kirton, comté de Devonshire. Dès la 5e année de son âge, il prenait un plaisir singulier à entendre parler de Dieu et des choses célestes. Quelques moines, qui faisaient des missions dans le pays, étant venus chez son père, il fut si touché de leur conduite édifiante et de leurs instructions, qu'il conçut un ardent désir d'embrasser l'état monastique. Son père crut d'abord que ce désir s'évanouirait avec l'âge; mais il le vit augmenter de jour en jour. Il employa inutilement toute son autorité pour engager Winfrid à prendre d'autres idées et d'autres sentiments. Frappé d'une maladie dangereuse, il reconnut la volonté de Dieu et ne s'opposa plus à la vocation de son fils, qui, à l'âge de sept ans, entra dans le monastère d'Excester, devenu plus tard la ville de ce nom. Il y sanctifia l'étude de la grammaire par une grande assiduité à la prière et à la méditation. Ayant ensuite été envoyé au monastère de Nutcell, renommé tant pour son école que pour la régularité de sa discipline, il y fit des progrès extraordinaires dans la poésie, la rhétorique, l'histoire et la connaissance de l'Ecriture. Son abbé le chargea depuis d'enseigner aux autres les mêmes sciences, et le fit ordonner prêtre à l'âge de trente ans. A partir de cette époque, il s'appliqua principalement au ministère de la parole et à la sanctification des âmes. Une affaire pressée ayant obligé les évêques de la province à tenir un concile sans attendre les ordres de saint Britwald, archevêque de Cantorbéry, on lui envoya, avec la permission du roi Ina, le prêtre Winfrid pour lui en rendre compte; et depuis ce temps les évêques l'appelèrent souvent à leurs conciles.

Loin de se plaire à l'estime qu'il avait acquise, il résolut de quitter son pays pour travailler à la conversion des infidèles. Ayant donc obtenu avec peine le consentement de son abbé et de sa communauté, il partit accompagné de deux autres moines, et passa en Frise vers l'an 716. Mais il y trouva la guerre allumée entre Charles-Martel, prince des Francs, et le roi Radbod, qui avait rétabli l'idolâtrie dans la Frise, auparavant sujette aux Francs, et persécutait les chrétiens. Winfrid vint à Utrecht lui parler; mais voyant qu'il n'y avait rien à faire pour la religion dans ce pays, il repassa en Angleterre avec ses compagnons, et retourna au monastère de Nutcell.

Le roi des Frisons avait écouté les instructions de saint Vulfran, et était prêt à recevoir le baptême. Il entrait déjà dans les fonts, quand il conjura le saint évêque de lui dire où était le plus grand nombre des rois et des princes de la nation des Frisons; s'ils étaient dans le paradis qu'il lui promettait, ou dans l'enfer dont il le menaçait. « Ne vous y trompez pas, seigneur, dit saint Vulfran, les princes, vos prédécesseurs, qui sont morts sans baptême, sont certainement damnés; mais quiconque croira désormais et sera baptisé, sera dans la joie éternelle avec Jésus-Christ. » Alors Radbod retira le pied des fonts baptismaux, et dit : « Je ne puis me résoudre à quitter la compagnie des princes mes prédécesseurs, pour demeurer avec un petit nombre de pauvres dans ce royaume céleste. Je ne puis croire ces nouveautés, et j'aime mieux suivre les anciens usages de ma nation. » Quoi que pût lui dire saint Vulfran, il demeura dans son opiniâtreté, tandis que plusieurs Frisons se convertissaient (*Acta Sanct.*, 20 *mart.*).

Il ne laissa pas ensuite de demander saint Willibrod, qui prêchait dans le même pays, pour le consulter avec saint Vulfran, et trouver quelque moyen de se faire chrétien sans quitter sa religion. Saint Willebrod répondit à ses envoyés : « Après que votre prince a méprisé les avis de notre frère le saint évêque Vulfran, comment recevra-t-il les miens? Je l'ai vu cette nuit attaché d'une chaîne ardente; c'est pourquoi je suis assuré qu'il est déjà dans la damnation éternelle. » Saint Willebrod, ayant ainsi parlé, ne laissa pas de se mettre en devoir d'aller trouver le roi Radbod; mais il apprit en chemin qu'il était mort sans baptême, et il retourna sur ses pas. C'était l'an 719. Quant à saint Vulfran, après qu'il eut prêché en Frise pendant cinq ans, il ordonna Géric pour son successeur dans l'Église de Sens, et retourna à l'abbaye de Fontenelle, où il acheva saintement sa vie l'an 720, le 20 mars, jour auquel l'Église honore sa mémoire.

Peu de temps après le retour du prêtre Winfrid dans son monastère de Nutcell, l'abbé mourut, et la communauté voulut le mettre à sa place; mais il refusa et s'en alla à Rome avec des lettres de recommandation de son évêque : c'était Daniel, évêque de Winchester, célèbre par sa vertu et sa doctrine. Winfrid étant arrivé à Rome, se présenta au pape saint Grégoire II et lui expliqua le désir qu'il avait de travailler à la conversion des infidèles. Le Pape le regarda d'un visage serein et lui demanda s'il avait des lettres de son évêque. Winfrid tira de dessous son manteau une lettre cachetée pour le Pape, et une autre ouverte, qui était une recommandation générale à tous les chrétiens, suivant la coutume. Le Pape lui fit signe de se retirer; et après avoir lu les lettres de l'évêque Daniel, il eut plusieurs conférences avec Winfrid, en attendant la saison propre pour son voyage, c'est-à-dire le commencement de l'été. Alors il lui donna les reliques qu'il demandait, et, de plus, une ample et honorable commission de prêcher l'Evangile à toutes les nations des infidèles. Après un exorde à la louange de l'homme apostolique, cette commission est conçue en ces termes :

« Au nom de l'indivisible Trinité et par l'inébranlable autorité du bienheureux Pierre, prince des apôtres, dont nous sommes chargé de gouverner le Siége et d'enseigner la doctrine, nous vous commandons et donnons commission d'annoncer les mystères du royaume de Dieu à toutes les nations infidèles où vous pourrez pénétrer, animé du feu sacré que le Seigneur est venu apporter sur la terre, et dont vous paraissez brûler. Au reste, nous voulons que, dans l'administration du sacrement, pour initier à la foi ceux qui croiront, vous suiviez la formule prescrite par les rituels de notre Siége apostolique. Si vous trouvez que quelque chose vous manque pour votre entreprise, vous aurez soin de nous en informer. Portez-vous bien. » La lettre est datée du 15 mai 719. Le Pape prend, dans l'inscription, le titre de *serviteur des serviteurs de Dieu* (Labbe, t. VI).

Avec cette lettre, Winfrid passa d'abord en Lombardie, où il fut reçu honorablement du roi Luitprand; ensuite il traversa la Bavière, vint en Thuringe et commença à exercer sa commission. Il prêcha aux grands et au peuple pour les ramener à la connaissance de la vraie religion, altérée et presque éteinte par de faux docteurs; car bien qu'il trouvât des évêques et des prêtres zélés pour le service de Dieu, il y en avait d'autres qui s'étaient abandonnés à l'incontinence, et il fit son possible, par ses exhortations, pour les ramener à une vie conforme aux canons.

Cependant, ayant appris la mort de Radbod, roi des Frisons, il eut une grande joie de voir la porte de l'Evangile ouverte en ce pays-là pour l'Evangile; et il y passa aussitôt pour seconder les travaux de saint Willebrod, sous la protection du prince Charles, devenu maître de la Frise. Il fit part de ces heureuses nouvelles à Edburge, abbesse dans le pays de Kant, la priant en même temps de lui envoyer des actes des martyrs. Dans sa réponse, l'abbesse le prie d'offrir des messes pour l'âme d'un de ses parents, et lui envoie cinquante sous d'or et un tapis d'autel. Winfrid travailla trois ans en Frise avec saint Willebrod, convertit beaucoup de peuple, ruina des temples d'idoles et bâtit des églises.

Saint Willebrod, se voyant fort âgé, le choisit pour son successeur; mais Winfrid s'en excusa; et comme le saint évêque le pressait fortement, il lui dit enfin que le Pape l'avait destiné aux nations de la Germanie orientale, et le pria de permettre qu'il exécutât sa promesse. Saint Willebrod y consentit et lui donna sa bénédiction. Winfrid partit aussitôt et arriva dans la Hesse, à un lieu nommé *Amenbourg*, appartenant à deux frères, qui, portant le nom de Chrétien, exerçaient l'idolâtrie. Il les convertit avec un grand nombre de peuple, et bâtit un monastère dans ce lieu, que lui donnèrent les deux seigneurs. Ensuite il s'avança aux confins de la Hesse, vers la Saxe, où il convertit et baptisa plusieurs milliers d'infidèles.

En ce voyage, Winfrid avait avec lui un jeune homme nommé Grégoire, qui fut un de ses principaux disciples. Il était Franc d'origine, de race très-noble, fils d'Albéric, dont la mère, Adèle, était fille du roi Dagobert II. Winfrid, passant de Frise en Hesse, arriva à Pfalz, près de Trèves, où Adèle avait fondé un monastère, dont elle était abbesse. Il y fut reçu avec grande charité; et après qu'il eût célébré la messe, comme il faisait presque tous les jours, il se mit à table avec l'abbesse et sa famille. Pendant le repas, on fit lire l'Ecriture sainte par le jeune Grégoire, âgé d'environ quinze ans, revenu depuis peu des écoles et de la cour, et encore laïque. On lui donna le livre, et, après avoir reçu la bénédiction, il commença à lire et s'en acquitta fort bien. Alors le saint prêtre lui dit : Vous lisez bien, mon fils, si vous entendez ce que vous lisez. Le jeune homme dit qu'il le savait bien et recommença à lire. Le prêtre l'arrêta et lui dit : Mon fils, ce n'est pas ce que je demande, mais que vous m'expliquiez, en votre langue maternelle, ce que vous lisez. Il avoua qu'il ne le pouvait; et le saint prêtre lui dit : Voulez-vous que je le fasse ? Je vous en prie, répondit-il. Alors Winfrid lui dit : Recommencez et lisez distinctement; d'où il prit occasion d'instruire l'abbesse et toute sa famille. Ainsi, l'on voit que ces lectures se faisaient en latin. Grégoire fut si touché du discours de Winfrid, qu'aussitôt il alla trouver l'abbesse, son aïeule, et lui dit qu'il voulait aller avec le saint homme pour apprendre l'Ecriture sainte et devenir son disciple. Elle refusa d'abord de lui laisser suivre un homme qu'elle ne connaissait point et qu'elle ne savait où devoir aller. Si vous ne me donnez point de cheval, dit Grégoire, je le suivrai à pied. Enfin, il tint si ferme, qu'elle lui donna des valets et des chevaux, et lui permit d'aller.

Ce voyage fut très-rude, principalement pour un jeune homme nourri dans les délices de la maison paternelle. Car, quand ils entrèrent dans la Thuringe, ils la trouvèrent brûlée et ruinée par les Saxons idolâtres, qui en étaient voisins. Le peuple était si pauvre, qu'à peine avait-il de quoi vivre; encore fallait-il le faire venir de loin. Ainsi, les missionnaires étaient réduits à subsister du travail de leurs mains. Souvent la crainte des païens les obligeait à se réfugier dans la ville avec les gens du pays, et à y vivre longtemps fort à l'étroit, jusqu'à ce qu'on eût assemblé des troupes suffisantes pour les repousser.

Après avoir ainsi travaillé quelque temps, Winfrid envoya à Rome un des siens avec une lettre où il rendait compte au Pape du succès de sa mission et le consultait sur quelques difficultés. Le Pape l'invita, par sa réponse, à venir lui-même. Il obéit; il arriva à Rome pour la seconde fois, accompagné de plusieurs disciples. Le Pape, l'ayant appris, ordonna qu'il fût bien reçu dans la maison des étrangers. Puis, l'ayant fait venir à Saint-Pierre, il l'interrogea sur la foi de l'Eglise. Winfrid lui demanda du temps pour écrire sa confession de foi, et la lui apporta. Le Pape la lui rendit quelques jours après; et l'ayant fait asseoir, il l'exhorta à conserver cette doctrine et à l'enseigner aux autres. Il passa presque tout le jour à conférer avec lui, lui faisant plusieurs questions sur les matières de la religion et sur la conversion des infidèles.

Enfin il lui déclara qu'il voulait le faire évêque pour ces peuples qui n'avaient point de pasteurs. Le saint prêtre se soumit ; et le Pape l'ordonna évêque le 30 novembre 723, et changea son nom de Winfrid en celui de Boniface, sous lequel il est plus connu. Dans la cérémonie de l'ordination, ou immédiatement après, il prêta au Pape le serment suivant, qu'il avait signé de sa main, et qu'il mit ensuite sur le corps de saint Pierre.

« Au nom du Seigneur, notre Dieu et Sauveur Jésus-Christ. La sixième année du règne de l'empereur Léon, la quatrième de son fils Constantin, indiction sixième. Moi Boniface, évêque par la grâce de Dieu, promets à vous, bienheureux Pierre, prince des apôtres, et à votre vicaire, le bienheureux pape Grégoire, aussi bien qu'à ses successeurs, par l'indivisible Trinité, Père, Fils, et Saint-Esprit, et par votre sacré corps ici présent, que je conserverai toujours la pureté de la foi catholique dans l'unité d'une même créance, à laquelle il est hors de doute que le salut de tous les chrétiens est attaché ; que je ne me laisserai jamais aller à rien entreprendre contre l'unité de l'Eglise universelle, mais que j'aurai toujours une entière fidélité, un sincère attachement pour vous et pour les intérêts de votre Eglise, à qui le Seigneur a donné la puissance de lier et de délier, ainsi que pour votre susdit vicaire et ses successeurs ; que je n'aurai jamais aucune communion avec les évêques que je verrai s'écarter des routes anciennes tracées par les saints Pères ; que, si je puis, je les en empêcherai ; sinon, je les dénoncerai au Pape, mon seigneur. Si, à Dieu ne plaise, je fais ou attente quelque chose contre cette promesse, que je sois trouvé coupable au jugement de Dieu, et que je reçoive le châtiment d'Ananie et de Saphire, qui ont voulu en imposer ! Moi Boniface, petit évêque, ai signé de ma main le formulaire de cette promesse, et, la mettant sur le corps sacré du bienheureux Pierre, comme il est prescrit, ai prêté ce serment en la présence de Dieu, qui est témoin et juge, et je promets de le garder (Labbe, t. VI). » Tel est le serment solennel que l'apôtre de l'Allemagne prêta au pape Grégoire II. C'est sur cette base apostolique que sont fondés et l'épiscopat et l'Eglise d'Allemagne. Puissent les évêques et les peuples de l'Allemagne ne l'oublier jamais !

Le pape Grégoire, en congédiant saint Boniface, lui donna un recueil des canons qui devaient lui servir de règle, et deux lettres de recommandation. La première est adressée à Charles, duc des Francs, avec cette inscription : « Au seigneur, notre glorieux fils, le duc Charles. » Le Pape lui donne avis qu'il a ordonné évêque, Boniface, dont il fait l'éloge, et qu'il l'envoie prêcher la foi aux peuples de la Germanie. « C'est pourquoi, dit-il, nous le recommandons très-particulièrement à votre glorieuse bienveillance, et nous vous prions de l'aider dans tous ses besoins et de le défendre contre tous les ennemis sur lesquels le Seigneur vous donne la victoire. »

La seconde lettre était adressée aux évêques, aux prêtres, aux diacres, aux ducs, aux gouverneurs des villes, aux comtes et à tous les chrétiens. Après leur avoir recommandé, dans les termes les plus pressants, de protéger Boniface et de pourvoir à tous ses besoins : « Si quelqu'un, dit le Pape, ce qu'à Dieu ne plaise, vient à s'opposer à ses travaux et à le troubler dans son ministère, lui et ses successeurs dans l'apostolat, qu'il soit frappé d'anathème par la sentence divine, et demeure sujet à la damnation éternelle ! » La lettre est datée du 1er décembre, c'est-à-dire du lendemain de l'ordination de saint Boniface.

Grégoire II écrivit une troisième lettre du même jour au clergé et au peuple de la Thuringe, par laquelle, en leur marquant qu'il a ordonné Boniface pour être leur évêque, suivant leurs désirs, il leur notifie les ordres qu'il a donnés pour le gouvernement de cette Eglise, afin d'autoriser sa conduite sur ces articles. Nous lui avons recommandé, dit-il, de ne pas faire d'ordinations illicites et de ne pas admettre aux sacrés ordres celui qui serait bigame ou qui aurait épousé une femme qui n'était pas vierge, non plus que ceux qui ne seraient pas lettrés, qui auraient fait pénitence publique, qui auraient quelque défaut notable en quelque partie de leur corps, qui seraient attachés à la curie ou administration municipale, ou sujets à quelque servitude et diffamés par quelque endroit. Quant aux Africains, qui prétendraient être promus aux ordres, qu'il se donne de garde de les y admettre, parce que quelques-uns d'eux sont manichéens, et qu'on en a souvent trouvé d'autres qui avaient été rebaptisés. Qu'il ne diminue en rien, mais qu'il tâche plutôt d'augmenter le patrimoine des Eglises, aussi bien que tout ce qui sert au ministère sacré et à l'ornement des autels ; que du revenu de l'Eglise et des oblations des fidèles, il fasse quatre parts ; qu'il en garde une pour lui, qu'il distribue la seconde aux clercs, que la troisième soit pour les pauvres et les pèlerins, et la quatrième pour les réparations des églises. Qu'il fasse les ordinations des prêtres et des diacres seulement aux jeûnes du quatrième, du septième et du dixième mois, au commencement et au milieu du carême, le samedi au soir, et que, hors le cas de nécessité, il n'administre le baptême qu'à Pâques et à la Pentecôte.

On rapporte au même temps trois autres lettres du même Pape, qui sont sans date. Il adresse la première à quelques seigneurs de Thuringe, pour les féliciter de leur constance dans la foi, malgré les sollicitations des idolâtres, et les exhorte à suivre les instructions de Boniface, qu'il envoie pour être leur évêque. La seconde est écrite au peuple de Thuringe. « Nous vous avons envoyé, dit le Pape, notre frère le très-saint évêque Boniface, pour vous baptiser et vous enseigner la foi de Jésus-Christ. Obéissez-lui en tout. Faites bâtir une maison où votre père et votre évêque puisse demeurer, et des églises où vous puissiez prier. » La troisième lettre est adressée aux Altsaxons, c'est-à-dire, en langue tudesque, aux anciens Saxons. Le Pape les exhorte paternellement à renoncer à l'idolâtrie, à demeurer fermes dans la religion chrétienne, que plusieurs d'entre eux avaient embrassée, et il leur marque qu'il leur envoie l'évêque Boniface pour les consulter et pour les instruire de la foi en Jésus-Christ (Labbe, t. VI).

Muni de toutes ces lettres du Pape, saint Boniface revint en France, où Charles-Martel lui en donna une adressée à tous les évêques, ducs, comtes, vicaires, domestiques et autres officiers, pour leur notifier qu'il avait pris l'évêque Boniface sous sa protection; et pour défendre à qui que ce fût de le troubler dans ses fonctions. Il retourna donc dans la Hesse, et y donna la confirmation, par l'imposition des mains, à plusieurs qui avaient déjà reçu la foi. Mais il en trouva qui refusèrent d'écouter ses instructions. Les uns sacrifiaient aux arbres et aux fontaines; d'autres consultaient les auspices et les devins, exerçaient des prestiges et des enchantements, observaient le vol ou le chant des oiseaux. Quelques-uns exerçaient toutes ces superstitions en cachette, quelques-uns à découvert. Les mieux convertis conseillèrent à saint Boniface d'abattre un arbre d'une grandeur énorme qu'ils appelaient *le chêne de Jupiter*, au même lieu où est aujourd'hui la ville de Geismar. Une foule de païens s'assemblèrent à ce spectacle, et ils donnaient des malédictions secrètes à l'ennemi de leurs dieux. Mais l'arbre, ébranlé par quelques coups de cognée, se fendit en quatre parties égales; ce qui parut si miraculeux aux Barbares, qu'ils bénirent Dieu et crurent en lui. Le saint évêque fit bâtir, du bois de cet arbre, un oratoire en l'honneur de saint Pierre, et passa de la Hesse dans la Thuringe.

Cette province était alors désolée par la tyrannie de ses ducs, Théobald et Hédène, en sorte qu'une grande partie s'était soumise aux princes idolâtres des Saxons, et avait embrassé leur culte. Il s'était aussi élevé parmi les chrétiens de faux docteurs, plongés dans tous les désordres de l'impudicité. Boniface les confondit et les discrédita en les démasquant. Par là il fit en peu de temps refleurir la foi dans cette province. Il bâtit même des églises et des monastères en divers endroits. Il eut aussi à se défendre contre la jalousie.

Un évêque du voisinage, qu'on croit être celui de Cologne, après avoir négligé de défricher les terres où travaillait le nouvel apôtre, prétendit, lorsqu'il les vit si bien cultivées, qu'elles étaient de son diocèse. Boniface crut que le bien de la mission l'obligeait de soutenir ses droits. Il eut recours au Pape; et, en lui rendant compte des progrès de l'Evangile, il l'instruisit des contradictions qu'il avait à essuyer. Grégoire lui fit une réponse obligeante, où, après l'avoir félicité du fruit de ses travaux, il l'exhortait à ne point se laisser intimider par les menaces des hommes, mais à mettre toute sa confiance dans le Seigneur, qui ne manque pas de bénir les droites intentions de ses serviteurs. Il ajoutait: « Quant à l'évêque qui a négligé de prêcher la foi à cette nation et qui prétend aujourd'hui qu'une partie de la province est de son diocèse, nous avons écrit des lettres paternelles à notre très-excellent fils le patrice Charles, pour l'engager à le réprimer, et nous sommes persuadé qu'il y donnera ses soins. » La lettre est du 5 décembre 724. Le titre de *patrice* que le Pape y donne à Charles-Martel, est remarquable (Labbe, t. VI). Il prouve que le Pape avait choisi dès lors ce prince pour le défenseur spécial de l'Eglise romaine.

Saint Boniface, animé par la protection du Saint-Siège, redoubla ses soins et ses travaux pour la conversion des nations germaniques. Il eut la consolation de voir les anciens chrétiens, et d'Angleterre et de France, concourir à cette bonne œuvre. Ethelbert, roi de Kant, le duc Charles et Pepin, son fils, lui donnèrent des marques de leur libéralité. De pieuses abbesses avaient soin de le fournir d'habits et de livres. En remerciant l'abbesse Edburge des livres qu'elle lui avait envoyés, il la prie de lui écrire en lettres d'or les épîtres de saint Paul, afin de frapper par cet éclat les yeux des infidèles, et leur inspirer plus de respect pour les saintes Ecritures (Bonif., *Epist.* 28, *Bibl. Patr.*, t. XIII). Le vrai zèle ne néglige rien, et les plus petites choses qui contribuent au salut du prochain, lui paraissent grandes.

Daniel, évêque de Winchester, donna d'autres secours à Boniface, son ancien disciple. Il lui adressa une instruction détaillée et remplie des plus sages avis, sur la manière dont il devait s'y prendre pour détromper les idolâtres. « Ne combattez pas directement, lui dit-il, les généalogies qu'ils font de leurs faux dieux. Accordez-leur qu'ils ont été engendrés comme les hommes; par le commerce ordinaire du mari et de la femme, afin d'en tirer avantage pour montrer que ces dieux et ces déesses étant nés de la même manière que les hommes, ils ont commencé d'être et sont plutôt des hommes que des dieux. Quand ils auront été contraints d'avouer que leurs dieux ont eu un commencement, puisqu'ils ont été engendrés par d'autres, demandez-leur s'ils croient que le monde a commencé dans le temps ou s'il a existé de toute éternité. S'il a eu un commencement, qui l'a créé? Sans doute qu'avant la création du monde ils ne trouveront aucun lieu où leurs dieux engendrés aient pu demeurer; car j'appelle *monde*, non-seulement le ciel et la terre, mais encore tous les espaces que l'imagination peut représenter à l'esprit.

» S'ils disent que le monde est sans commencement, appliquez-vous à réfuter cette opinion par plusieurs raisonnements; et cependant demandez-leur qui commandait au monde, qui le gouvernait avant la naissance des dieux, et comment ils ont pu soumettre à leur puissance ce monde qui existait avant eux? où et quand le premier dieu et la première déesse ont été engendrés et établis? s'ils engendrent encore aujourd'hui d'autres dieux et d'autres déesses? s'ils n'en engendrent plus, quand ont-ils cessé d'engendrer? s'ils engendrent encore, le nombre des dieux doit être infini: or, dans cette multitude, on ne peut connaître qui est le plus grand, et chaque dieu doit craindre d'en rencontrer un plus puissant que lui.

» Il faut aussi leur demander s'ils servent leurs dieux pour une félicité temporelle ou pour un bonheur éternel. Si c'est pour une félicité temporelle, qu'ils disent en quoi les païens sont plus heureux que les chrétiens, et quel avantage ils prétendent procurer par leurs sacrifices à des dieux qui sont maîtres de tous? Pourquoi ces dieux permettent-ils que des hommes, qui dépendent d'eux, aient de quoi leur donner ce qui leur manque? Si leurs dieux ont besoin de quelque chose, que ne se font-ils offrir des présents plus précieux que les victimes qu'on leur immole? S'ils n'ont besoin de rien; à quoi bon tant de sacrifices? Il faut leur faire ces objections et d'autres semblables, non en leur insultant et d'une manière propre à les irriter, mais avec beaucoup de modération et de douceur, et de temps en temps comparer ces superstitions avec la doctrine chrétienne, pour les combattre indirectement, afin que les païens soient plutôt confus qu'aigris; qu'ils rougissent de l'absurdité de leurs opinions et ne croient pas que nous ignorions leurs fables et leurs abominables cérémonies.

» Dites-leur encore : Si les dieux sont tout-puissants et vraiment justes, non-seulement ils récompensent ceux qui les honorent, mais ils punissent ceux qui les méprisent; et s'ils font l'un et l'autre en cette vie, pourquoi épargnent-ils les chrétiens qui renversent leurs idoles et détournent presque le monde entier de leur culte? Pourquoi, tandis que les chrétiens possèdent des terres fertiles en vin et en huile, les dieux n'ont-ils laissé aux païens que des terres glacées, où l'on prétend qu'ils règnent encore, chassés de tout le reste du monde? Il faut leur représenter souvent l'autorité de l'univers chrétien, en comparaison duquel ils sont si peu de chose, eux qui demeurent dans leur ancienne erreur. Et afin qu'ils ne vantent pas l'empire de leurs dieux, comme légitime, parce que leur nation les a toujours reconnus, il faut leur apprendre que l'idolâtrie régnait autrefois par tout le monde, jusqu'à ce qu'il eût été réconcilié à Dieu par la grâce de Jésus-Christ (*Bibl. Pat.*, t. XIII, *Epist.* 67). » Telles sont les instructions de l'évêque Daniel à Boniface. Cette lettre nous paraît un chef-d'œuvre de sagesse, et le style n'est pas indigne du reste.

Saint Boniface sut la mettre à profit pour la conversion de ces peuples, dont il fit en peu de temps une chrétienté florissante. Il députa le prêtre Denval pour en rendre compte au Pape et pour le consulter sur quelques doutes concernant son ministère. Grégoire II après l'avoir félicité des fruits de son apostolat, le loue de ce qu'il a recours au Siége apostolique dans ses doutes. « Comme saint Pierre, dit-il, a été le principe de l'épiscopat et de l'apostolat, vous faites prudemment de vous adresser à son Siége; et nous répondons à vos doutes, non de nous-mêmes, mais par la grâce de celui qui rend disertes les langues des enfants. » Le Pape résout ensuite les questions proposées.

Les deux premières concernent le mariage. Grégoire dit qu'il serait à souhaiter qu'on n'en contractât pas entre parents, à quelque degré que ce fût; mais il veut qu'on use de quelque indulgence envers ces Barbares nouvellement convertis, et il leur permet de se marier dans le cinquième degré. La réponse à la seconde question paraît singulière : la voici. « Si par quelque infirmité, une femme n'a pu rendre le devoir conjugal à son mari, vous demandez ce que fera le mari. Il serait bon qu'il demeurât ainsi et gardât la continence; mais s'il ne peut la garder, qu'il se marie plutôt, sans refuser toutefois l'assistance nécessaire à celle qui a été empêchée par l'infirmité et non par sa faute. » Cette décision n'a paru étrange à quelques théologiens, notamment à Fleury, que parce qu'ils n'ont pas fait réflexion qu'il s'agit d'un empêchement qui a ôté le pouvoir de consommer le mariage; car le Pape ne dit pas : Si la femme ne peut, il dit: Si elle n'a pu, *si non valuerit*. Voici les réponses aux autres questions.

Si un prêtre est accusé par le peuple, et qu'on ne puisse prouver le crime par des témoins certains, il faut s'en rapporter au serment de l'accusé. On ne doit pas réitérer la confirmation donnée par l'évêque. On ne doit pas mettre sur l'autel deux ou trois calices pour la consécration du sang, mais un seul, à l'exemple de Jésus-Christ même. Touchant les viandes immolées, il faut s'en tenir à la règle prescrite par saint Paul. Si quelqu'un vous dit : Voilà qui a été immolé aux idoles, abstenez-vous-en à cause de celui qui vous l'a appris, et par égard pour sa conscience. On ne doit pas permettre à ceux ou à celles qui, dans leur enfance, ont été offerts par leurs parents dans des monastères, de sortir ou de se marier. La discipline a varié sur ce point. Ceux qui ont été baptisés par des prêtres indignes ou adultères, sans avoir été interrogés sur la foi, ne doivent pas être rebaptisés, si le baptême leur a été administré au nom de la Trinité. Mais pour ceux qui, ayant été enlevés à leurs parents dans leur enfance, ne savent s'ils ont été baptisés ou non, il faut les baptiser. On doit accorder aux lépreux la communion du Corps et du Sang du Seigneur; mais il faut les empêcher de manger avec ceux qui sont en santé. Quand il y a une maladie contagieuse dans une église ou dans un monastère, c'est une folie que de vouloir fuir; car personne ne peut éviter la main de Dieu. Enfin, le Pape déclare à saint Boniface qu'il peut manger et converser avec les prêtres et les évêques dont la conduite est scandaleuse, et il lui permet, pour un plus grand bien, d'en user de même avec les seigneurs qui le protégent; car souvent on les ramène plutôt par cette condescendance que par des réprimandes. La lettre est du 22 novembre 726 (Labbe, t. VI).

Avant que de recevoir cette réponse du Pape, saint Boniface avait consulté sur ce dernier article l'évêque Daniel, son ami, dont il connaissait les lumières. Il lui marquait qu'il trouvait en France et en Germanie plusieurs faux évêques qui semaient l'ivraie avec le bon grain et qui enseignaient diverses erreurs. « Quelques-uns, dit-il, s'abstiennent des viandes que Dieu a créées pour la nourriture; d'autres ne se nourrissent que de lait et de miel, et rejettent le pain et les autres mets. Il y en a même qui soutiennent qu'on peut élever au sacerdoce des homicides et des adultères qui persévèrent dans leurs péchés. Quand nous allons au palais des Francs pour demander de la protection dans notre ministère, nous sommes obligés de communiquer avec ces mauvais pasteurs, quoique nous ne le fassions pas au sacrifice de la messe ni à la participation du Corps et du Sang de Jésus-Christ, et que nous évitions aussi de nous trouver à leurs assemblées. Je voudrais savoir ce que vous pensez là-dessus de ma conduite.

» Je ne puis, sans la protection du prince des Francs, gouverner le peuple, défendre les prêtres et les clercs, les moines et les servantes de Dieu, ni empêcher les superstitions païennes, sans son autorité. Or, quand je vais le trouver, je suis contraint de communiquer avec des évêques du caractère de ceux dont je viens de parler, et je crains que cela ne me soit cependant imputé à péché, parce que je me souviens qu'au temps de mon ordination, j'ai juré sur le corps de saint Pierre, que j'éviterais la communion de ces sortes de personnes, si je ne pouvais les faire rentrer dans les voies canoniques; mais, d'un autre côté, je crains encore plus le dommage qui en reviendrait à la mission, si je n'allais plus à la cour du prince des Francs. Je prie Votre Paternité d'avoir la bonté de mander à son fils ce qu'elle en pense. Je vous prie encore de m'envoyer le livre des

# LIVRE LI. — CONQUÊTE DE L'ESPAGNE PAR LES ARABES.

Prophètes, que l'abbé Wimbert, autrefois mon maître, a laissé en mourant, et qui renferme six Prophètes en un même volume écrit en lettres fort distinctes. Vous ne pouvez m'envoyer une plus grande consolation dans ma vieillesse; car je ne puis trouver de livre semblable en ce pays-ci, et, ma vue s'affaiblissant, je ne puis plus distinguer aisément les lettres menues et liées ensemble. En attendant, je vous envoie par le prêtre Forthère de petits présents, savoir : une chasuble, qui n'est pas toute de soie, mais mêlée de poil de chèvre, et une serviette à long poil pour essuyer vos pieds. » Enfin, il le console sur ce qu'il avait perdu la vue.

On voit par la réponse de Daniel, qu'il était versé dans la science ecclésiastique. Il décide que Boniface peut, par nécessité et pour le bien des Églises, communiquer dans les usages de la vie civile avec les mauvais pasteurs au sujet desquels il lui avait écrit. Il apporte là-dessus plusieurs autorités, après quoi il ajoute : « Nous vous avons écrit ceci en tremblant, parce que nous avons appris que vous avez porté cette affaire à des personnes d'un rang plus élevé que nous (*Bibl. Pat.*, t. XIII, *Epist.* 3, *et in not.*). » Il parle du Pape que saint Boniface avait consulté.

A en juger par ces lettres, il y avait alors parmi le clergé de France un grand nombre de pasteurs scandaleux ou de séducteurs hypocrites, et la cour du duc Charles était surtout infectée de ces mauvais évêques. Cela tenait, entre autres causes, à un changement de dynastie qui s'opérait en France, à une révolution politique qui s'accomplissait en Espagne, suite d'une révolution plus grande accomplie en Orient, laquelle n'était elle-même qu'une partie de la révolution plus grande encore prédite par le prophète Daniel et par l'apôtre saint Jean. D'après ces deux prophètes, sur les dix cornes ou puissances qui devaient s'élever de l'empire romain, une des dernières devait en abattre ou humilier trois. Nous avons vu la puissance mahométane, la dernière en date, abattre la corne ou la puissance des Perses, humilier la corne ou la puissance des empereurs de Constantinople; nous allons lui voir abattre la troisième corne ou puissance, celle des Goths en Espagne. Ce qui prépara les voies et facilita les conquêtes au mahométisme en Orient et en Afrique, ce fut la division des esprits par les hérésies et les schismes, et la dissolution des mœurs favorisée par cette division. Ce qu'il n'est pas malaisé de comprendre; car le mahométisme n'est au fond que la principale hérésie, l'arianisme érigé en loi fondamentale, et le principal vice, la lubricité, érigée en privilège de l'homme sur la femme, et en ce monde et en l'autre. C'est cette dernière cause surtout qui va, pour huit siècles, livrer l'Espagne au glaive de Mahomet.

Le roi Egica, petit-fils d'un Grec, étant mort, son fils Vitiza, qu'il avait déjà associé à la couronne, lui succéda l'an 701 et régna neuf ans. Il fit tenir un concile dans l'église de Saint-Pierre, près de Tolède, par les évêques et les seigneurs, pour le règlement du royaume; mais il n'en reste ni actes ni canons. C'est le 18e et dernier concile de Tolède. Vitiza usa de clémence au commencement de son règne, rappela les exilés et soulagea le peuple; mais il ne soutint pas ces heureux commencements. Dans la suite il commit des injustices et s'abandonna à la débauche. Il avait tout à la fois plusieurs femmes et plusieurs concubines; les grands suivirent son exemple : il s'étendit au reste du peuple et même au clergé. L'Espagne devait périr par une race importée de la Grèce. L'archevêque de Tolède était alors Gondéric, illustre par sa sainteté et même par ses miracles. Il eut pour successeur Sinderède, qui, par un zèle mal réglé, traita rudement des hommes anciens et vénérables de son clergé. Le roi Vitiza l'y excitait, craignant la vertu de ces personnages, qui lui résistaient en face et lui reprochaient ses crimes. Se voyant donc maltraités par leur évêque, ils appelèrent au Pape. Mais Vitiza, craignant que leur autorité ne détournât le peuple de son obéissance, non-seulement permit, mais commanda à tous les clercs d'avoir publiquement des femmes et des concubines, même plusieurs s'ils voulaient, et de ne point obéir aux constitutions romaines qui le défendaient. Cette licence produisit une corruption extrême. Enfin Vitiza donna l'archevêché de Tolède à son frère Oppa, déjà archevêque de Séville, du vivant de Sinderède, violant ainsi doublement les canons. Il rappela les Juifs et donna plus de privilèges à leurs synagogues qu'il n'en avaient les Églises. Il s'attira la haine des grands par ses violences; fit mourir le duc de Cantabrie, Favila, père de Pélage; priva de la vue Théodefride, gouverneur de Cordoue. Rodrigue, fils de ce dernier, s'étant mis à la tête d'une insurrection, est proclamé roi l'an 710 ou 711. Suivant les uns, il fait aveugler Vitiza, comme Vitiza avait aveuglé son père; suivant d'autres, il ne lui fait point de mal et le laisse vivre et mourir en paix. Lui-même, ne régna pas avec plus de sagesse. Il fit violence, dit-on, à Florinde, fille du comte Julien, gouverneur de l'Andalousie et de la Mauritanie Tingitane, en Afrique, qui appartenait aux Goths. Pour se venger, Julien se concerta avec d'autres mécontents, en particulier avec deux fils de Vitiza, et appela les Sarrasins et les Maures en Espagne. Le gouverneur d'Afrique pour le calife Valid était un vieillard nommé Mousa ou Moïse. Il envoya des troupes sous le commandement de Tarik, qui aborde le 28 avril 711, sur la côte d'Algéziras, s'empare du Mont-Calpé, appelé depuis, de son nom, Gabel-Tarik, par corruption *Gibraltar*, c'est-à-dire montagne de Tarik.

Les Goths, amollis par un long repos et par la débauche, avaient désappris la guerre : une partie d'entre eux étaient avec l'ennemi. Une bataille se livre près de Xérès, le 17 juillet 711. Les Goths sont défaits; le roi Rodrigue disparaît dans la mêlée, sans qu'on sache ce qu'il devient. Pour embellir leur victoire, les Arabes racontent que la bataille dura neuf jours, et que Rodrigue fut tué de la main de Tarik. Plusieurs villes, entre autres Cordoue, se rendent ou sont prises. Sur ces nouvelles, Mousa passe lui-même en Espagne l'an 712, à la tête de vingt mille hommes. Il s'avance sur Tolède : cette capitale lui est livrée par son évêque intrus Oppa, frère de Vitiza. Les principaux habitants sont mis à mort. Séville est emportée d'assaut; Mérida se rend, après une longue résistance. Le Portugal et la Galice se soumettent également. Dans l'espace de quinze mois, toute l'Espagne est subjuguée. Mousa brûlait les villes, faisait mettre en croix les citoyens les plus puissants, égorgeait les jeunes gens et les enfants, et répandait la terreur partout (Roder., l. 3, c. 19). Un grand nombre d'habitants s'enfuirent dans les montagnes; plusieurs y périrent de faim et de misère. Ainsi finit, par une dynastie grecque, le royaume des Visigoths, après avoir duré près de trois siècles, depuis qu'ils en eurent établi le siége à Toulouse, l'an 419.

Parmi les Goths qui se réfugièrent dans les montagnes des Asturies se trouvait Pélage, fils de Favila, duc de Cantabrie et issu du sang royal. Les réfugiés, accourus de toutes parts, le proclamèrent d'abord leur chef, et enfin leur roi. C'était vers 716. Les Sarrasins, l'ayant appris, lui envoyèrent Alcaman, un de leurs chefs, et l'évêque Oppa, grec de race, qui leur avait livré Tolède. Ils apportaient des présents considérables et amenaient une grande armée. Pélage, averti de leur approche, se retira dans une caverne, qui fut aussitôt environnée de l'armée des Sarrasins. L'évêque Oppa s'avança et dit à Pélage : Vous savez, mon frère, que toutes les forces d'Espagne réunies n'ont pu résister aux Arabes; combien moins le pourrez-vous dans ce trou de montagne? Croyez mon conseil; traitez avec eux, et vous jouirez de tous vos biens. Pélage répondit : Nous espérons que de cette petite montagne que vous voyez viendra le salut de l'Espagne et le rétablissement de la puissance des Goths, et que Dieu, après nous avoir châtiés, ne nous ôtera pas sa miséricorde. C'est pourquoi nous ne craignons pas cette multitude d'infidèles. Alors l'évêque, se tournant vers l'armée des Arabes, dit : Avancez, nous ne réduirons à la paix ces gens-ci que par la force.

On commença donc à les attaquer à coups de frondres et de toutes sortes d'armes. Mais la roche de la caverne, que les chrétiens regardaient comme consacrée à la sainte Vierge, repoussait les traits et les pierres contre les infidèles. Les chrétiens sortirent sur eux, en tuèrent un grand nombre, entre autres Alcaman, leur chef, prirent l'évêque Oppa, et mirent en fuite les autres. Plusieurs de ces derniers, ayant gagné la montagne, furent accablés par un quartier de rocher, qui se détacha et les précipita dans une rivière qui coulait au-dessous. Les chrétiens regardèrent cette victoire comme un miracle. L'année suivante, ils défirent les troupes de Munuza, qui avait été un des quatre principaux chefs arabes dans la conquête d'Espagne, et qui commandait à Gijon, dans la même province des Asturies. Il fut tué, et son armée tellement dissipée, qu'il ne resta pas un seul Arabe dans l'enceinte de ces montagnes. Alors les chrétiens s'y rassemblèrent, repeuplèrent les villes ruinées, rétablirent les églises et rendirent grâces à Dieu. C'est ainsi que la nation des Goths, abâtardie par la mollesse et la débauche, se régénère dans un antre de montagne, sous la protection de la sainte Vierge, pour en sortir nation espagnole, reconquérir l'Espagne par huit siècles de combats, et, au bout de ce temps, conquérir et consacrer au Christ tout un nouveau monde, avec les îles innombrables de l'Océan.

Dans le reste de l'Espagne, sous la domination des Arabes, sauf bien des avanies et des persécutions locales, les chrétiens conservèrent le libre exercice de leur religion. Au temps du roi Pélage, ils eurent parmi eux plusieurs personnages célèbres pour leur vertu et leur doctrine. Tels étaient Frédéric, évêque d'Acca dans la Bétique, Urbain, archevêque de Tolède, et Evantius, archidiacre de la même Eglise, qui soutenaient la religion au milieu des infidèles. Mais un évêque nommé Anambade, jeune et bien fait, fut brûlé par les ordres d'un chef arabe nommé Munuza, autre que celui dont il vient d'être parlé, et qui fit mourir plusieurs autres chrétiens (*Hispaniæ Scriptores*, t. II).

L'univers se trouvait alors dans une des crises les plus formidables. Maîtres de l'Asie, de l'Egypte, de l'Afrique, de l'Espagne, les aveugles sectateurs de l'imposteur Mahomet allaient naturellement envahir les Gaules; une fois maîtres des Gaules, rien ne pouvait plus leur résister, ni l'Italie, divisée entre les Grecs, les Lombards et les anciens habitants; ni la Germanie, divisée en une foule de petits peuples; ni la Grèce, presque toujours divisée contre elle-même, et qui se servait vainement enveloppée de toutes parts. L'univers entier allait donc être asservi à l'empire antichrétien de Mahomet, c'est-à-dire toutes les nations allaient être asservies à la domination brutale d'une secte conquérante et antichrétienne, toutes les femmes asservies aux brutales passions de l'homme, enfin toute la raison humaine asservie à la brutale imposture du cimeterre. En un mot, le genre humain tout entier allait devenir ce que nous voyons que l'Asie et l'Afrique sont devenues depuis douze siècles sous l'empire du mahométisme.

Ce malheur de l'humanité était humainement inévitable. Les rois des Francs, qui, par leur autorité et leur énergie, auraient pu réunir contre l'ennemi commun tous les peuples des Gaules, tombaient de plus en plus dans une irrémédiable nullité. Lors même que rien ne les empêchait de faire quelque chose, ils n'en faisaient pas plus. Les peuples étaient plus ou moins divisés. Il y avait les Francs d'Austrasie; il y avait les Francs de Neustrie; il y avait les Burgondes; il y avait le duché d'Aquitaine, où régnait à peu près indépendant le duc Eude; issu du sang royal des Francs; il y avait enfin la Gaule méridionale, qui avait appartenu aux Goths et que les Sarrasins allaient naturellement revendiquer comme leur domaine.

Un seul homme aurait pu, par son ascendant, réunir tous les peuples des Gaules pour leur défense commune : c'était Pepin le Gros ou Pepin d'Héristal, duc d'Austrasie et maire du palais des Francs; mais il venait de mourir le 16 décembre 714, laissant à sa place, comme maire du palais, son petit-fils Théodoald, âgé tout au plus de six ans, sous la tutelle de sa veuve Plectrude. En sorte que les Francs étaient gouvernés ou devaient l'être par un roi nominal d'environ quinze ans, Dagobert III, qui était sous la tutelle d'un maire du palais ou premier ministre de six ans, et qui tous deux obéissaient à une femme. Et c'est avec un gouvernement pareil que les Francs devaient repousser la puissance colossale des Sarrasins! Avec un gouvernement pareil ils ne purent même rester six mois unis entre eux. Les Francs de Neustrie, prenant Dagobert III, marchèrent à la rencontre des Francs d'Austrasie, qui venaient à Paris avec le jeune Théodoald et son aïeule Plectrude. Il y eut une bataille acharnée. Les Austrasiens sont vaincus. Théodoald s'enfuit et meurt peu après. Dagobert III meurt lui-même à l'âge de 17 ans. Les Neustriens lui donnent pour successeur

## LIVRE LI. — LE MIDI DE LA FRANCE ENVAHI PAR LES MUSULMANS.

un moine, Daniel, qu'ils nomment Chilpéric II, fils de Childéric II, avec le duc Raginfrède pour maire du palais. L'Austrasie est attaquée tout à la fois et par les Neustriens, et par les Frisons, et par les Saxons. Cependant c'est de l'Austrasie que sort en ce moment-là même un homme qui réunira de nouveau tous les peuples des Gaules, qui battra les Frisons, les Saxons et les Sarrasins, qui aura pour successeur un fils aussi grand que son père, et un petit-fils plus grand que tous les deux, et qui changera ainsi le sort des nations, le centre et la direction du monde politique.

Le duc Pepin d'Héristal, dans le cours de sa vie, répudia sa femme Plectrude pour en prendre une autre nommée Alpaïde, dont il eut un fils nommé Charles. Dans ses dernières années, il renvoya Alpaïde, qui passa le reste de ses jours dans un monastère, et il reprit Plectrude, à laquelle, comme nous avons vu, il confia la régence du gouvernement des Francs, sous la minorité de son petit-fils Théodoald, maire du palais, dont le père, nommé Grimoald, venait d'être assassiné. Charles, qu'il avait eu d'Alpaïde, était gardé dans une prison de Cologne. Mais les Austrasiens, ayant été battus par ceux de Neustrie, forcèrent la prison de Charles et le mirent à leur tête. Il avait une vingtaine d'années. Après quelques succès et quelques revers, il marcha contre les Neustriens avec une armée considérable. Le 21 mars 717, à Vincy, non loin de Cambrai, il remporta sur eux une victoire sanglante. Il est proclamé duc d'Austrasie. On proclame en même temps un roi nommé Clotaire IV, qu'on disait issu de la maison royale, sans dire de quel père. En 719, Charles remporte près de Soissons une nouvelle victoire sur les armées combinées de la Neustrie et de l'Aquitaine. Le duc Eude d'Aquitaine, en se retirant, emmène avec lui Chilpéric II et le trésor royal. Le maire du palais Raginfrède se soumet à Charles, qui le nomme plus tard gouverneur de l'Anjou. Clotaire IV étant mort la même année, Charles offre la paix au duc d'Aquitaine, à la condition que Chilpéric, avec son trésor, serait remis entre ses mains, et qu'il continuerait à régner sous son ministère. Les offres sont acceptées. Chilpéric passe au camp de Charles, où il est proclamé roi d'Austrasie, de Neustrie et de Bourgogne. Il meurt l'année suivante 720. Pour le remplacer, on tire du couvent de Chelles un fils de Dagobert III, que l'on couronne sous le nom de Théodoric ou Thierri IV, âgé alors d'environ six ans. La France entière se trouvait réunie de nouveau sous un même chef. Le chef nominal était le roi ; le chef réel était Charles, surnommé Martel. Tandis que Théodoric étalait sa pompe royale tantôt dans une ville, tantôt dans une autre, comme on le voit par les chartes qu'il octroya à plusieurs couvents, Charles gouvernait le royaume au dedans et le défendait au dehors, tantôt contre une nation, tantôt contre une autre.

Au Nord et à l'Est des Gaules il porta ses armes contre les Allemands, les Bavarois, les Frisons et les Saxons. Les trois premiers peuples furent contraints de reconnaître la suprématie de la France ; mais les Saxons furent plus difficiles à dompter. De l'an 718 à 739, Charles-Martel pénétra six fois dans leur pays, mais sans pouvoir jamais les soumettre d'une manière durable. D'un autre côté, la paix qu'il avait faite en 719 avec le duc d'Aquitaine ne s'observa pas toujours. Le duc prétendait à une indépendance absolue ; Charles réclamait l'autorité qu'avaient exercée les rois des Francs. Pour soutenir ces réclamations, il passa deux fois la Loire, en 731, pour ravager l'Aquitaine (André Duchesne, t. II ; Bouquet, t. IV). C'est au milieu de ces guerres continuelles que, sur la recommandation du pape saint Grégoire II, Charles-Martel secondait de son autorité les travaux apostoliques de saint Boniface ; travaux qui, d'ailleurs, devaient naturellement affectionner à la France les nouveaux chrétiens. Mais on conçoit aussi, qu'au milieu de ces guerres sans relâche, il devait s'introduire bien des abus ; que des évêques, plus guerriers que pontifes, qui suivaient le prince dans ses expéditions, ne devaient pas être mal vus ; que les règles et les biens de l'Eglise ne devaient pas toujours être respectés. Les bons évêques du pays n'étaient point assez puissants pour y porter remède. Il fallait une autorité plus grande, indépendante du prince et à qui le prince lui-même eût des motifs de faire plaisir ; il fallait le Pontife romain, que nous avons déjà vu donner à Charles-Martel une marque d'affection, avec le titre de *patrice*.

Enfin, ces guerres des Francs entre eux et avec leurs voisins les aguerrissaient contre les redoutables Sarrasins, qui, de l'Espagne, menaçaient continuellement les Gaules. Pendant sept ans encore, les Visigoths de la Gaule méridionale demeurèrent sous la domination des divers comtes et ducs que les derniers rois d'Espagne leur avaient donnés. De 715 à 717, ils se défendirent avec succès contre Alahor, nouveau lieutenant des califes de Bagdad. Zama, qui lui succéda, franchit le premier les Pyrénées en 716, et, au commencement de l'année suivante, il se rendit maître de Narbonne, capitale de la province, dont il passa les habitants au fil de l'épée ; il les remplaça par une forte colonie de Sarrasins, auxquels il distribua des terres dans le pays. Il soumit ensuite le reste de la Septimanie gothique et obligea les chrétiens à lui payer tribut. En 721, il assiégea Toulouse ; mais Eude ou Odon, duc d'Aquitaine, à qui quelques monuments de l'époque donnent le titre de *roi*, vint au secours de la ville assiégée. Zama fut tué dans la bataille et son armée mise en déroute. Son successeur Ambiza revint en 725 avec une armée nouvelle, prit Nîmes et Carcassonne, ainsi que plusieurs autres villes. Il fut encore battu par Eude, à qui le pape saint Grégoire II avait envoyé trois éponges avec lesquelles on essuyait l'autel de saint Pierre et les vases sacrés qui y servaient à la messe du Pape. Eude, ayant fait découper ces trois éponges en petites parcelles, les distribua à ses soldats, et il assura, dans sa lettre au Pape, que pas un de ceux qui en étaient munis ne fut ni tué ni blessé. C'est ce que disent et le biographe du pape saint Grégoire et l'historien Flodoard (Anast., *in Greg. II* ; Flodoard, *in Greg. II*). Pour se garantir de ces terribles invasions, Eude conclut un traité de paix avec les Sarrasins et donne sa fille en mariage à leur général Munuza. Mais, peu de temps après, le nouveau lieutenant du calife en Espagne, le fameux Abdérame, accuse Munuza de conspiration, le poursuit dans les montagnes, s'en fait apporter la tête et envoie sa femme au sérail du calife de Bagdad.

Ce fut pour les Gaules le prélude de la plus formidable des invasions. Une multitude innombrable de Sarrasins passent les Pyrénées, en 732, sous la conduite d'Abdérame. D'un côté, ils s'avancent le long du Rhône et de la Saône jusqu'à la rivière de l'Yonne; ils prennent Avignon, Viviers, Valence, Vienne, Lyon, Mâcon, Châlon, Besançon, Beaune, Dijon et Auxerre; enfin, ils assiégent Sens. Mais l'évêque Ebbon, après avoir invoqué le secours de Dieu, fit avec les siens une sortie si vigoureuse, qu'il les repoussa et les mit en fuite. Ainsi leurs progrès furent arrêtés de ce côté-là. Saint Ebbon avait été moine, puis abbé de Saint-Pierre-le-Vif. Il succéda à Géric dans le siège de Sens, et, après cette victoire sur les Sarrasins, il se retira et finit ses jours dans la solitude.

A gauche, Abdérame en personne attaqua l'Aquitaine, se fiant à la division qui existait entre les Francs; car, comme nous l'avons déjà vu, Charles-Martel y était venu, l'année précédente, faire la guerre à Eude, qui avait peine à souffrir son autorité. Abdérame entra donc dans cette province désolée, et d'abord, ayant passé la Garonne, il ruina les villes de Béarn, d'Oléron et d'Auch. Il prit Aire, Dax et Lampurde, que l'on croit être Bayonne. Il ravagea le pays de Cominge et de Bigorre. Abdérame avait sans doute grand intérêt de se rendre maître de ce pays et des passages des Pyrénées pour empêcher les Francs d'aller au secours des restes des Goths qui se maintenaient indépendants dans les montagnes des Asturies. Après la Gascogne, les Sarrasins prennent Bordeaux, dont ils brûlent les églises. Ils passent la Garonne et la Dordogne, mettent en déroute le duc Eude, qui voulait s'opposer à eux. Rien ne leur résiste. Ils prennent Agen, Périgueux, Saintes et enfin Poitiers, où ils brûlent l'église de Saint-Hilaire. Ils menacent d'en faire autant à Saint-Martin de Tours.

Dans ce péril extrême, Charles et Eude se réconcilièrent loyalement et s'entendirent pour repousser l'ennemi commun. Eude rassembla les troupes de l'Aquitaine et du centre des Gaules; Charles réunit celles de tous les autres pays qui lui obéissaient : c'était la France depuis la Loire jusqu'au Rhin et à l'Océan, y compris la Belgique et la Frise; c'était, au delà du Rhin, la Saxe, l'Allemagne ou la Souabe, la Bavière et la Suisse. Il venait d'épouser en secondes noces une princesse de Bavière, nommée Sonnichild. D'un autre côté, les Sarrasins qui étaient sortis de l'Espagne avec leurs femmes et leurs enfants pour s'établir définitivement en France, devaient former une effroyable multitude. De plus, il est probable que l'armée qui était venue le long du Rhône et qui venait d'être repoussée de devant la ville de Sens, se réunit alors à celle qui était venue par l'Aquitaine et que commandait Abdérame en personne. Les Francs, commandés par Charles, rencontrèrent les Sarrasins entre Tours et Poitiers. Sept jours se passèrent en escarmouches. Enfin, un samedi d'octobre 732, il y eut une bataille générale qui dura tout le jour. Pendant que Charles attaquait les Sarrasins d'un côté, Eude attaquait leur camp de l'autre. La bataille fut des plus acharnées; la nuit seule y mit fin. D'après le récit de l'historien Paul, qui écrivit sous Charlemagne, petit-fils de Charles-Martel, et d'après le biographe du pape Grégoire II,

il y eut trois cent soixante-quinze mille Sarrasins de tués; de leur nombre était Abdérame (Paul, diac., l. 6, c. 46; Anast., *in Greg. II*; Pagi, an 732). Du côté des Francs, il n'en périt que mille cinq cents. Epouvantés de leur désastre, les Sarrasins décampèrent la nuit, abandonnant leurs tentes et leurs bagages. Le lendemain, voyant leurs tentes dressées comme à l'ordinaire, les Francs s'attendaient à une seconde bataille. Personne ne paraissant au dehors, Charles-Martel envoya des espions et découvrit enfin que les Sarrasins avaient délogé sans bruit, à la faveur des ténèbres. Son armée pilla leur camp et y fit un butin immense.

Cette victoire de Charles-Martel arrêta les progrès des Sarrasins, et, peu après, il reprit sur eux tout ce qu'ils avaient pris dans les Gaules. Mais les églises se sentirent longtemps de leurs ravages. On ignore la suite des évêques de la plupart des villes qu'ils avaient occupées, et, dans les catalogues qui en restent, il y a des lacunes considérables, depuis la fin du VIIe siècle jusqu'au IXe. On compte plusieurs martyrs en ces diverses incursions des Sarrasins. Saint Théofred, vulgairement saint Chaffre, était abbé de Carmeri, au diocèse du Puy en Velai, lorsqu'ils inondèrent ces provinces. Il avertit ses moines que les ennemis viendraient les attaquer dans deux jours, et leur ordonna de se retirer dans la forêt voisine avec tout ce qu'ils pourraient emporter. Pour lui, il crut ne devoir pas abandonner l'église qui lui avait été confiée. Demeuré seul, il se prosterna devant la porte de l'église dédiée à saint Pierre, et y demeura en oraison. Les Barbares, irrités de ce que les moines leur étaient échappés avec ce qu'ils avaient de plus précieux, voulurent obliger le saint à les découvrir; comme il s'y refusa, ils le chargèrent de coups et le laissèrent pour mort. Le lendemain, qui était leur grande fête, ils se préparaient à faire un sacrifice : nous avons vu que les mahométans offraient des sacrifices de chameaux dans leur pèlerinage à la Mecque. Le saint abbé rassembla ses forces et vint à eux pour leur reprocher leur impiété. Ils en furent d'autant plus surpris qu'ils le croyaient mort. Celui qui présidait au sacrifice lui jeta à la tête une grosse pierre, dont il blessa mortellement. Les Sarrasins s'étant retirés par suite d'un grand orage, ses moines le trouvèrent étendu par terre et le portèrent dans sa cellule, où il vécut encore six ou sept jours. L'Église l'honore comme martyr le 19 octobre. On rapporte sa mort à l'an 728 (*Vit. S. Theofred.*).

Mais on rapporte à l'an 731, le martyre de quarante religieuses du monastère de Saint-Sauveur, près de Marseille. Eusébie, qui était leur abbesse, ayant appris l'arrivée des Sarrasins, et craignant que la beauté de plusieurs de ses sœurs ne les exposât à la brutalité de ces barbares, les exhorta à sacrifier cette dangereuse beauté à la conservation de leur pudeur, et à se défigurer le visage d'une manière qui ne fût propre qu'à inspirer de l'horreur. En même temps, pour leur en donner l'exemple, elle se coupa elle-même le nez, et toutes eurent le courage de l'imiter.

Les Sarrasins ayant donc enfoncé le monastère, furent d'abord saisis de ce hideux spectacle. Bientôt leur passion frustrée se change en fureur; ils massacrent ces saintes filles, qui furent enterrées toutes les quarante dans une même chapelle, dite de la *Confession* (*Hist. de l'Eglise gall.*, l. 11).

Les Sarrasins allèrent ensuite exercer leur rage sur le célèbre monastère de Lérins, qui avait alors repris cet esprit de ferveur dont nous avons vu ailleurs qu'il était déchu. Saint Porcaire, deuxième du nom, en était abbé, et il y gouvernait plus de cinq cent quarante moines. Dieu lui ayant révélé que son monastère était sur le point d'être saccagé, il assembla ses religieux et leur proposa le choix, ou de se sauver par la fuite, ou de cueillir la palme du martyre par une mort généreuse. Ils répondirent presque tous qu'ils préféraient la gloire de mourir pour Jésus-Christ. Porcaire, consolé par le courage des siens, commença par cacher les reliques du monastère. Ensuite il fit embarquer pour l'Italie trente-six religieux et seize enfants qui étaient élevés dans la communauté, dans la crainte qu'il eut qu'ils ne pussent résister aux tourments. Tous les autres, qui étaient encore au nombre de plus de cinq cents, se préparèrent au martyre et reçurent le pain des forts, afin de se fortifier pour le combat. Il n'y en eut que deux, savoir : Eleuthère et Colomb, qui, voyant venir les Barbares, furent saisis de frayeur et allèrent se cacher dans un antre du rivage.

Les Sarrasins étant débarqués, pillèrent le monastère, brisèrent les croix et les autels et se saisirent des moines. Comme ils ne trouvèrent pas les trésors dont ils s'étaient flattés, ils tâchèrent, par les tourments, de les leur faire découvrir. On sépara d'abord les plus jeunes des plus âgés, et l'on fit à ceux-là les plus magnifiques promesses, pour les engager à renoncer à la foi. Les vieillards affligés, ne cessaient de prier pour les jeunes. Ils furent exaucés, et les uns et les autres montrèrent un courage à l'épreuve des tourments et des caresses. On commença par faire mourir les vieillards par diverses sortes de supplices, à la vue des jeunes, pour les intimider ; mais le sang de leurs pères n'ayant servi qu'à leur donner un nouveau courage, ils furent tous massacrés pour la foi, à l'exception de quatre jeunes religieux des mieux faits, qui furent embarqués dans le vaisseau du commandant et réservés pour l'esclavage. Colomb, qui était caché avec Eleuthère, eut honte de sa lâcheté. Il sortit de son antre pour avoir part au combat et à la couronne de ses frères, et il reçut avec eux la palme du martyre.

Le vaisseau qui portait les quatre jeunes moines, ayant abordé au port d'Agai en Provence, ils obtinrent la permission de descendre à terre, sous prétexte de quelques besoins ; mais voyant que les Barbares, occupés au pillage, ne les observaient point, ils s'enfoncèrent dans un bois et s'y cachèrent si bien qu'on ne put les découvrir. Echappés ainsi comme par miracle, ils se rendirent à Arluc, monastère de religieuses au diocèse d'Antibes, bâti et gouverné par les abbés de Lérins, et, dès qu'ils surent que les Barbares s'étaient entièrement retirés, ils retournèrent à Lérins même.

Ce fut pour eux un bien triste spectacle que de voir la terre jonchée des corps morts de leurs frères. Après avoir mêlé leurs larmes au sang de ces saints martyrs, dont ils enviaient le sort, ils leur donnèrent la sépulture avec Eleuthère, qui était sorti de sa grotte. Ils allèrent ensuite en Italie chercher les jeunes religieux que saint Porcaire y avait envoyés, réparèrent le monastère et en élurent abbé Eleuthère, que la Providence parut avoir conservé à ce dessein (*Acta Sanct.*, 12 aug., *Act. ord. Bened.*). L'Eglise honore le 12 août la mémoire de saint Porcaire et de ses compagnons, au nombre de cinq cents.

Les Sarrasins pénétrèrent dans le Viennois et dans la Bourgogne, et ravagèrent tout sur leur passage. Ce fut alors que se vérifia sur la ville de Vienne la prédiction de saint Clair, dont nous avons parlé ailleurs. Ils saccagèrent cette place et ruinèrent les monastères de Grigny et les autres, qui étaient en grand nombre aux environs de Vienne. Ils ruinèrent également, au territoire de Lyon, le monastère de l'Ile-Barbe ; ils pillèrent celui de Luxeuil, et y mirent à mort l'abbé Mellin ou Milet, avec un grand nombre de moines. Le monastère demeura quinze ans sans abbé, et la psalmodie perpétuelle y cessa. Ils saccagèrent le monastère de Bèse et celui de Saint-Seine. Ils firent mourir dans ce dernier deux saints moines, nommés Altigien et Hilarin, qui y sont honorés comme martyrs le 13 août (*Chronic. Besuens.*, t. I ; *Spicil.*, p. 527).

Dans leur retraite, après la bataille de Poitiers, les Sarrasins traversèrent le pays de Limoges, brûlant les lieux saints et mettant à mort les chrétiens, comme pour venger le sang de leurs frères. Ils allèrent droit au monastère de Varacte, nommé aujourd'hui Guéret, dans la Marche, dont saint Paradulfe, vulgairement Pardou, était abbé. C'était un vénérable vieillard, plus respectable encore par ses vertus que par son grand âge. Dès que ses moines eurent appris la marche des Barbares, ils préparèrent un chariot couvert pour le conduire dans quelque lieu écarté. Comme ils le pressaient d'y monter pour sauver sa vie, il répondit qu'il avait toujours regardé son monastère comme son tombeau, qu'il y était entré pour n'en jamais sortir. Ses moines ne jugèrent pas à propos de l'imiter ; ils prirent tous la fuite, et saint Pardou demeura seul avec un domestique, plus hardi que les moines. Le saint abbé voyant que les Sarrasins approchaient de son monastère, se mit en oraison ; et à l'instant même les Barbares firent halte, comme si une force invisible les avait arrêtés.

Saint Pardou était fils d'un laboureur du village de Sardène, près Guéret. Comme il jouait avec les enfants de son âge, un accident lui fit perdre la vue pour quelque temps. Il sut si bien mettre à profit cette disgrâce, qu'il parvint à une haute sainteté. Lanthaire, comte de Limoges, ayant bâti un monastère aux sources de la rivière de Gartempe, dans un lieu nommé Varacte, et depuis, par corruption, Guéret, il souhaita d'en établir saint Pardou premier abbé, et lui fit tant d'instances que le saint homme, malgré ses répugnances, accepta cette charge. Il y redoubla les austérités de sa pénitence. Depuis qu'il fut entré dans son monastère, il n'en sortit jamais. Il ne se chauffa jamais, si ce n'est au soleil, par la fenêtre de sa cellule. Il ne mangea ni chair ni volaille, ne porta point de linge et n'usa du bain que pour cause d'infirmité. Il ne prenait souvent sa réfection qu'une fois la semaine. Pour tourmenter sa chair, il se piquait avec un poinçon, et en carême il se faisait frapper de verges par un de ses disciples; ce qui marque que la flagellation volontaire était dès lors en usage. Il mourut âgé de près de 80 ans, vers l'an 737. Il est honoré le 6 octobre. Le monastère de Guéret devint célèbre dans le pays, et il a donné son nom à la ville de Guéret, qui s'est formée en ce lieu (*Acta Sanct.*, 6 oct.).

Ces guerres des Francs entre eux et avec les Sarrasins, à une époque où se préparait encore un changement de dynastie, donnèrent occasion à d'autres saints de se sanctifier de plus en plus par la patience et la modération au milieu des divisions politiques. De ce nombre fut saint Eucher, évêque d'Orléans. Il avait été baptisé par Ansbert, successeur d'Ermenaire dans le siège d'Autun. Il embrassa la vie monastique dans le monastère de Jumièges, sous la conduite de saint Aicadre. Il ne pensait qu'à s'y sanctifier, lorsque Savaric, son oncle, évêque d'Orléans, étant mort, il fut élu d'un commun consentement du clergé et du peuple; et Charles-Martel approuva cette élection. C'était vers l'an 717. Mais la sagesse du saint évêque ne le mit pas à couvert de la calomnie. Il fut accusé de tramer quelque intrigue contre le duc Charles, et on conseilla à ce prince de l'exiler, lui et sa parenté. Charles n'osa d'abord le faire. Il répondit à ceux qui lui en parlaient : Vous savez que c'est une famille fort puissante et toute guerrière. Ce que vous proposez souffre bien des difficultés, et je ne puis l'exécuter.

Mais après sa fameuse victoire sur les Sarrasins, il ne garda plus tant de mesures. En repassant par Orléans, il donna ordre au saint évêque de le suivre à Paris, d'où il l'exila à Cologne, la seizième année de son épiscopat. Il avait résolu de l'y laisser jusqu'à sa mort. Dieu, qui prend souvent plaisir à glorifier ses serviteurs que la calomnie a humiliés, rendit glorieux l'exil d'Eucher. Ce saint évêque y devint si agréable au peuple et au clergé de Cologne, qu'il disposait de leurs biens comme des siens propres. Il n'en fallut pas davantage pour réveiller les défiances de Charles; il craignit qu'Eucher ne se servît de ce crédit pour nouer quelque intrigue contre le gouvernement, dont il avait sujet d'être mécontent. C'est pourquoi il le fit transférer dans le comté d'Hasbaye, et le mit à la garde du duc Chrodebert, qui n'eut pas moins de considération pour son prisonnier que l'on en avait eu à Cologne. Ce seigneur lui permit de se retirer au monastère de Saint-Trudon, vulgairement Saint-Trond. Eucher ne s'y occupa qu'à la prière; il y employait souvent les jours et les nuits. Il y mourut la sixième année de son exil, et fut enterré dans l'église du monastère. Il se fit beaucoup de miracles à son tombeau. L'Eglise honore sa mémoire le 26 février (*Acta Sanct.*, 20 febr.; *Hist. de l'Egl. gall.*).

Saint Rigobert, évêque de Reims, éprouva un semblable traitement. L'an 717, Charles-Martel s'étant mis en campagne pour attaquer les Francs de Neustrie, trouva à son passage les portes de Reims fermées. Il s'approcha d'une porte au-dessus de laquelle demeurait le saint évêque, qui était son parrain, et il le pria de la lui faire ouvrir, disant qu'il voulait seulement aller faire sa prière dans l'église de la Sainte-Vierge, qui était la cathédrale. Saint Rigobert répondit que, puisque lui Charles et Ragonfred se disputaient le gouvernement, il n'ouvrirait les portes de la ville qu'à celui en faveur de qui le Ciel se déclarerait par la victoire. Cette réponse irrita le jeune conquérant, et il jura que, s'il revenait victorieux, il chasserait l'évêque de son siège. Et de fait, à son retour de Vinci, où il avait battu les Neustriens, il chassa de son siège saint Rigobert, quoiqu'il fût son parrain, et il mit en sa place un nommé Milon, qui n'avait que la tonsure cléricale, et qui jouissait déjà des revenus de l'Eglise de Trèves, auxquels il joignit encore ceux de l'Eglise de Reims. Milon était d'autant plus coupable, qu'il était fils d'un saint; car son père, saint Litwin, était mort évêque de Trèves. Mais s'il en occupa le siège, il n'en imita point les vertus.

Saint Rigobert avait succédé à saint Réole dans le siège de Reims, au commencement du VIIIe siècle. Il s'attira, par ses vertus, l'amitié et l'estime de Pepin d'Héristal, et montra particulièrement du zèle pour la réforme des chanoines de sa cathédrale et pour la réparation des lieux saints. Ayant été chassé de son évêché, il se réfugia en Gascogne, hors de la domination du duc Charles. Ses miracles le firent respecter dans cet exil et engagèrent les Gascons à lui restituer deux cloches qu'il reconnut pour avoir été enlevées à son église. L'usurpateur Milon ayant été envoyé en ambassade dans la Gascogne, y trouva ce saint évêque, et lui proposa de revenir à Reims, où il s'engageait à lui rendre l'évêché, à condition qu'il lui cédât ce qu'il possédait de son patrimoine. Rigobert le lui promit d'abord. Mais étant revenu à Reims, il craignit que cette convention ne fût pas assez canonique, quoiqu'il ne l'eût faite que pour rédimer une injuste vexation. Il déclara à Milon qu'il avait donné tout son bien à son Eglise, et qu'il n'était plus en son pouvoir d'en disposer en faveur de quelqu'autre. Ainsi l'usurpateur ne lui rendit pas son siège. Saint Rigobert le pria seulement de lui céder l'autel de la sainte Vierge. Milon, qui se souciait peu du spirituel, l'accorda sans peine, et le saint évêque, qui demeurait à Gernicourt, venait souvent à Reims célébrer les saints mystères sur cet autel. Après quoi il visitait plusieurs autres églises. Il mourut à Gernicourt le 4 janvier après l'an 740, jour auquel l'Eglise honore sa mémoire. Il se fit également un grand nombre de miracles à son tombeau (*Acta Sanct.*, 4 jan.; *Hist. de l'Egl. gall.*).

Saint Lambert, évêque de Maëstricht, était mort dès l'an 707. Par suite du désordre politique où était la France, il avait échappé, comme nous avons vu, aux fureurs du cruel Ebroïn. Son zèle à remplir tous les devoirs d'un bon pasteur lui fit trouver d'autres persécuteurs et lui attira la haine de deux seigneurs qui étaient frères et qui se nommaient Gal et Riold. C'étaient deux hommes violents et emportés, qui ne connaissaient d'autres lois que les caprices de leurs passions. Ils déclarèrent une guerre ouverte au saint évêque, pillèrent ses biens et lui firent mille outrages, à lui et à tous ceux qui lui appartenaient. On tâcha en vain d'adoucir leur brutalité : tout fut inutile. Alors les domestiques de Lambert et surtout ses neveux, outrés des insultes qu'on leur faisait et encore plus de celles qu'on faisait à leur maître et à leur oncle, ne prirent conseil que de leur ressentiment, et, s'étant mis en devoir de réprimer ces injustes violences, ils tuèrent les deux persécuteurs, mais la persécution ne finit pas.

Un parent de ceux qui avaient été mis à mort, nommé Dodon, et qui était fort puissant à la cour de Pepin, résolut la mort du saint évêque, et vint de nuit l'attaquer à Liége, qui n'était alors qu'une maison de campagne. Au bruit des armes, saint Lambert qui s'était couché après avoir récité l'office de nuit avec ses clercs, se jeta hors du lit, et, dans le premier mouvement, il prit une épée pour se défendre; mais il la jeta aussitôt et eut recours à des armes plus convenables à un évêque. Il exhorta ses domestiques et ses neveux à souffrir avec résignation la mort, pour expier le sang qu'ils avaient versé. Après quoi, il se retira dans l'oratoire qui était en sa maison, et prit en main un psautier. Le premier verset qu'il y lut, fut celui-ci : *Le Seigneur vengera la mort de ses serviteurs.* Il se prosterna les bras étendus en forme de croix; et il était encore en cette posture lorsque, les assassins ayant forcé la maison, il fut percé d'un javelot dont il mourut sur la place. Ceux de ses gens qui échappèrent au carnage, portèrent son corps à Maëstricht, où il fut mis à la hâte dans le tombeau de son père, qui se nommait Aper. Il se fit un grand nombre de miracles à Liége, dans l'oratoire de Saint-Cosme et de Saint-Damien, où le saint évêque avait été mis à mort. Il est honoré comme martyr le 17 septembre (*Acta Sanct.*, 17 sept.; *Hist. de l'Egl. gall.*).

Son successeur fut saint Hubert. Il était, à ce que l'on croit, originaire d'Aquitaine. Il fut engagé dans le mariage, dont il eut un fils nommé Flobert, qui lui succéda. On prétend qu'Hubert, poursuivant un cerf à la chasse, vit au milieu de son bois l'image d'un crucifix, et que ce fut la cause de sa conversion. C'est du moins la raison pour laquelle les chasseurs l'ont pris depuis pour leur patron. Il faut cependant convenir que tout ce qu'on raconte de ce saint avant son épiscopat est fort incertain. Il fut disciple de saint Lambert, et consola par ses vertus cette Église désolée de la mort tragique de son pasteur. Il s'appliqua surtout à convertir les habitants des Ardennes, la plupart encore idolâtres, et plus féroces que les bêtes de leurs forêts. Mais son zèle triompha de tous les obstacles. Il abolit aussi les restes de l'idolâtrie dans le Brabant, et sa prédication fut autorisée par de fréquents miracles.

Ce saint évêque ayant été souvent averti en songe de transférer le corps de saint Lambert de Maëstricht, où il était enterré, à Liége, où il avait été mis à mort, indiqua un jeûne au clergé et aux moines de son diocèse pour s'assurer de la volonté de Dieu, et il fit cette translation avec une grande solennité la treizième année de son épiscopat, c'est-à-dire l'an 720, le 28 avril, qui, cette année, était un dimanche. Le concours des peuples qui y vinrent de toutes parts en pèlerinage fut si grand qu'il s'y forma une ville des plus considérables. C'est l'origine de la ville de Liége. Saint Hubert crut devoir y transférer le siége épiscopal, qui avait été placé à Maëstricht après la ruine de Tongres. Ce saint évêque est honoré le 3 novembre (*Apud Surium*).

Voilà comme les bons évêques se sanctifièrent au milieu des guerres et des révolutions. D'autres ne faisaient pas tout à fait si bien. Pendant les incursions des Sarrasins, Haimmare, évêque d'Auxerre, se mit à la tête d'un corps d'armée pour leur résister. Il servit utilement Charles-Martel dans les guerres contre ces barbares et contre Eude, duc d'Aquitaine, sans négliger cependant ses propres intérêts; car il étendit sa domination sur presque tout le duché de Bourgogne. Sa puissance le rendit suspect. Le duc Charles ayant cru avoir sujet de se défier de sa fidélité, le fit conduire prisonnier dans un château de la forêt d'Ardennes. Un neveu de l'évêque l'en tira adroitement. Mais comme ils s'enfuyaient, ils furent poursuivis et mis à mort dans le territoire de Toul. Haimmare tint le siége d'Auxerre quinze ans; mais parce que ses expéditions militaires l'empêchaient de faire les fonctions épiscopales, il avait permis que, de son vivant, on ordonnât évêque d'Auxerre en sa place, un nommé Théodran, lequel le porta à donner plusieurs belles terres à l'Église qu'il avait si mal servie, comme pour la dédommager en quelque sorte par là. Théodran eut pour successeur Quintilien, qui était abbé de Saint-Germain d'Auxerre et fils de saint Quintilien (*Hist. episc. Altiss.*, c. 27).

Vidon ou Gui, abbé de Fontenelle, qui avait les mêmes inclinations qu'Haimmaire d'Auxerre, eut le même sort quelques années après. C'était un homme de qualité, qui n'avait de goût que pour la guerre et pour la chasse, où il était fort adroit. Il marchait toujours l'épée au côté et nourrissait des meutes de chiens aux dépens du monastère. Il était en même temps abbé de Saint-Vaast d'Arras, quoiqu'il ne fût que simple clerc et qu'il n'eût jamais professé la vie monastique. Mais il ne fit pas longtemps un si mauvais usage des biens de l'Église; car un an après qu'il en eût été pourvu, il fut accusé d'être entré dans une conspiration contre le Gouvernement, et, Charles l'ayant mandé à sa cour, lui fit trancher la tête dans le Vermandois, l'an 739 (*Chron. Fontan.*; *Spicil.*, t. III).

Dans cette même période de temps, le pape saint Grégoire II travaillait à rétablir la discipline monastique en Italie. Pour relever le monastère du Mont-Cassin, ruiné par les Lombards environ cent quarante années auparavant, il envoya Pétronax, citoyen de Bresse, qui, étant venu à Rome par piété, y avait embrassé la vie monastique. Avec lui, le Pape envoya quelques religieux du monastère de Latran, fondé au temps du pape Pélage II par les moines du Mont-Cassin, réfugiés à Rome. Pétronax et sa colonie étant arrivés à la montagne, y trouvèrent quelques solitaires qui vivaient en grande simplicité dans les ruines de l'ancien monastère. Ils formèrent avec eux une même communauté, dont ils établirent pour supérieur Pétronax, qui fut ainsi le sixième abbé depuis saint Benoit. Il rétablit le monastère, augmenta l'ancienne église de Saint-Martin et y éleva un autel en l'honneur de la sainte Vierge, ainsi que des martyrs Faustin et Jovite, qui avaient souffert à Bresse, sa patrie, et dont il y était des reliques. Ce rétablissement du Mont-Cassin arriva l'an 718. Depuis ce temps, il fut très-fameux et considéré comme la source d'où l'on devait puiser la pure observance de la règle de saint Benoît (*Act. Bened.*, sect. 3, pars. 1). Nous verrons un roi des Lombards et un fils de Charles-Martel, digne de son père par sa valeur, y entrer en même temps comme simples religieux.

Le saint abbé Pétronax fut particulièrement aidé dans cette entreprise par trois saints qui avaient fondé un monastère à trois milles de là. C'étaient trois hommes nobles de Bénévent, enfants de deux frères, nommés Paldon, Tason et Taton. Il paraîtrait même qu'ils étaient parents du duc lombard de Bénévent, Gisulfe. Jeunes encore, ils conçurent un grand désir de la perfection évangélique; ils résolurent entre eux de quitter leur pays et leurs richesses, d'aller dans les Gaules, et là de se séparer l'un de l'autre pour passer le reste de leur vie dans des monastères, sans que jamais personne sût s'ils étaient nobles ou esclaves. Pour éviter l'opposition de leurs parents, ils leur dirent qu'ils allaient en pèlerinage à Rome, pour se recommander à l'intercession de saint Pierre et baiser son tombeau : ce qu'ils firent en effet. Ils partirent donc de Bénévent avec un grand nombre de chevaux et de domestiques, suivant l'usage des personnes de leur rang. Mais quand ils furent sortis de leur province, ils recommandèrent aux domestiques de s'en retourner avec les chevaux et les provisions, disant que, pour eux, ils avaient fait vœu d'aller à Rome seuls et à pied. Les domestiques se mirent à pleurer et n'obéirent qu'à regret. Poursuivant leur route, les trois cousins rencontrèrent des pauvres; aussitôt ils leur donnèrent leurs riches habits et se revêtirent de leurs haillons : De cette manière, disaient-ils entre eux, le monde ne pensera plus à nous honorer, ni les voleurs à nous dépouiller.

Ils arrivèrent dans le pays des Sabins, au monastère de Farfe, dont l'abbé, nommé Thomas, les reçut charitablement. Il était né en Gaule, dans la Maurienne, et, étant déjà prêtre, il eut la dévotion d'aller à Jérusalem visiter les saints lieux. Il y demeura trois ans, priant Dieu nuit et jour de lui faire connaître sa volonté. Une nuit, la sainte Vierge lui apparut en songe et lui dit qu'en Italie, au pays des Sabins, dans un lieu nommé Acutien, non loin de trois grands cyprès, était une église bâtie en son honneur, qu'elle visitait souvent; que là, il terminerait ses jours, sans manquer de rien et entouré d'une multitude de frères. Le saint gratifié alors du don des larmes, passa trois autres années à Éphèse, près du tombeau de saint Jean l'Évangéliste. Revenu en Italie, il y trouva les choses suivant l'apparition qu'il avait eue. L'endroit était l'ancien monastère de Farfe, fondé dès le VIe siècle par saint Laurent, évêque de Spolète, mais l'église était abandonnée et le monastère ruiné. Thomas restaura l'une et l'autre, avec le secours de Faroald, duc de Spolète, y établit une communauté nombreuse et y mourut l'an 715, le 10 décembre.

Tel était le vénérable Thomas, qui reçut les trois cousins, Paldon, Tason et Taton. En leur lavant les pieds, suivant les règles de l'hospitalité monastique, il reconnut, à la délicatesse de leurs membres et à leur physionomie distinguée, qu'ils n'étaient pas tels que le supposait la pauvreté de leurs habits. Il les questionna le lendemain avec beaucoup de discrétion et de politesse, et leur offrit ses services, s'il en était besoin. Ayant appris leur histoire, il les loua beaucoup de leur résolution, et s'offrit même à les accompagner à Rome pour leur servir de guide. Il espérait les persuader de ne pas aller dans les Gaules; mais de rester en Italie. De Rome, il leur persuada de revenir à son monastère pour y apprendre les pratiques de la vie religieuse, avant d'aller plus loin. Cependant le père et les autres parents de Tason et de Taton, ayant enfin découvert leur retraite,

vinrent leur dire avec beaucoup de larmes : Pourquoi nous avez-vous abandonnés comme des pécheurs déjà morts? pourquoi dédaignez-vous le salut de nos âmes? Est-ce là la piété filiale ? est-ce là la compassion entre proches? Nous vous conjurons par le Dieu tout-puissant, ne nous abandonnez pas ! car nous aussi nous voulons nous convertir à Jésus-Christ et quitter le siècle. Si vous vous refusez à nos prières, Dieu lui-même vous redemandera notre sang! Malgré leurs prières et leurs larmes, les jeunes hommes persistaient à vouloir se retirer dans les Gaules; mais enfin le saint abbé Thomas leur persuada de ne point quitter l'Italie et leur montra dans le voisinage un lieu propre pour leur établissement.

C'était un oratoire de saint Vincent, sur le bord du fleuve Vulturne, à un mille de sa source. Des deux côtés du fleuve étaient des bois qui servaient de retraite à des voleurs. Vous y rendrez, leur dit-il, la sûreté aux voyageurs et la fertilité à la terre, avec le secours de Dieu. Les trois cousins y allèrent sans rien emporter qu'un peu de vivres dans un petit panier. A peine arrivés, ils célèbrent l'office divin dans l'oratoire, et la nuit, pour prendre leur repos, ils se couchent sur la terre, avec une pierre pour chevet. Ils commençaient à s'endormir, lorsqu'on heurte à la porte principale : c'était un homme inconnu qui leur apportait de la farine et du vin. Paldon fut établi le premier abbé de ce monastère, qui devint très-célèbre. Le duc Gisulfe lui accorda les bois des alentours. Paldon, après l'avoir gouverné 17 ans, mourut le 11 octobre 720. Tason, qui lui succéda, mourut l'an 729 ; et Taton, successeur de son frère, en 739 (*Act. Sanct.*, 11 *octobr.*; Murator., *Script. Ital.*, t. I, p. 2; *Act. ord. Bened.*). Leur père finit ses jours dans le même monastère. Ces trois cousins aidèrent donc beaucoup le saint abbé Pétronax, lorsque, par les ordres du pape Grégoire, il entreprit de rétablir le monastère du Mont-Cassin.

Le même saint Pape rétablit encore à Rome les monastères qui étaient près de l'église de Saint-Paul, réduits en solitudes depuis longtemps, et il y établit des moines pour chanter les louanges de Dieu jour et nuit. Il fit encore un monastère d'un hôpital de vieillards qui était derrière l'église de Sainte-Marie-Majeure, et rétablit le monastère de Saint-André, dit de Barbara, tellement abandonné qu'il n'y restait pas un moine. L'une et l'autre communauté venaient chanter l'office tous les jours et toutes les nuits dans l'église de Sainte-Marie. Après la mort d'Honesta, sa mère, le saint Pape donna sa propre maison à Dieu, y bâtit de fond en comble un monastère en l'honneur de sainte Agathe, auquel il assigna des maisons dans la ville et des terres à la campagne (Anast., *In Greg. II*). En rétablissant ainsi les monastères, surtout le monastère du Mont-Cassin, ce grand Pape fondait pour les siècles du moyen âge, non-seulement des retraites à la piété, mais des asiles aux lettres, aux arts et aux sciences. Car, pendant les siècles du moyen âge, les monastères furent les seules écoles en Occident. Sans eux et sans l'épée de Charles-Martel, l'Europe, asservie aux mahométans, en serait, pour les sciences, les lettres et les arts, où en est l'Afrique sous les Maures et les Bédouins.

Non moins vigilant à réprimer les désordres qui

se glissaient parmi les fidèles, qu'à rétablir les monastères, le saint pape Grégoire II tint, le 5 avril 721, un concile à Rome, où assistèrent vingt-deux évêques, avec tout le clergé romain. Le Pape en fit l'ouverture en disant : Que plusieurs chrétiens en Italie contractaient des mariages illicites avec des femmes consacrées à Dieu et avec des parentes. Les évêques répondirent qu'il fallait anathématiser tous ceux qui commettaient de pareils crimes, fussent-ils Romains, Lombards ou d'une autre nation. Après quoi le Pape prononça devant le corps de saint Pierre la sentence comprise en dix-sept canons, dont le premier porte : Si quelqu'un épouse une prêtresse, qu'il soit anathème! Qu'il soit anathème, répondirent par trois fois tous les assistants; ce qu'ils firent pour chaque canon. On nommait prêtresse, celle dont le mari avait été ordonné prêtre : il lui était défendu de se remarier, même après la mort de celui qui avait été son mari. On condamne de même celui qui épouse une diaconesse, une religieuse, sa commère, la femme de son frère, sa nièce, la femme de son père ou de son fils, sa cousine, sa parente ou son alliée, celui qui aura enlevé une veuve ou une fille. On prononce anathème en particulier contre un nommé Adrien, et une diaconesse nommée Epiphanie, qui s'étaient mariés au préjudice de leur serment; et l'anathème s'étend à leurs complices. On condamne pareillement ceux qui consultent les devins ou les auspices, et se servent d'enchantements ou de caractères; ceux qui usurpent des terres au mépris des lettres apostoliques; enfin les clercs qui laissent croître leurs cheveux. Parmi les évêques de ce concile, il y en avait trois d'étrangers : Sedulius, écossais de la Grande-Bretagne; Fergust, Picte d'Ecosse et Sindered d'Espagne, qui avait quitté l'archevêché de Tolède, à l'invasion des Sarrasins. Centre de l'unité, Rome était un asile toujours ouvert aux fugitifs (Labbe, t. VI).

En résumé, les Pontifes romains continuaient à civiliser l'Angleterre; ils commençaient à civiliser l'Allemagne; ils élevaient partout aux sciences, aux lettres et aux arts, des sanctuaires inviolables dans les monastères; ils engageaient les princes à protéger ces foyers de civilisation et à repousser l'invasion sanglante du mahométisme, qui, de fait, devait abrutir le genre humain; en un mot, les Pontifes romains étaient les sauveurs de l'Occident, et par là même du monde. L'Orient lui-même ne leur fut pas moins redevable à cette époque; car il leur dut de conserver, non-seulement la foi chrétienne, mais encore le bon sens, avec le goût des lettres et des arts.

La foi chrétienne et le bon sens nous disent qu'il ne faut adorer ou honorer du culte suprême, en grec, *culte de latrie*, que l'Etre suprême, créateur du ciel et de la terre et souverain Seigneur de toutes choses. La foi chrétienne et le bon sens nous disent qu'après Dieu et pour l'honneur de Dieu même, il est juste d'honorer, dans la mesure convenable, celles de ses créatures auxquelles il a communiqué lui-même quelque chose de sa sainteté, de sa bonté, de sa puissance infinies, tels que ses anges et ses saints dans le ciel, nos parents, nos bienfaiteurs, nos princes sur la terre. La foi chrétienne et le bon sens nous disent que, s'il est juste d'honorer une personne qui le mérite et suivant qu'elle le mérite, il n'est pas non plus mal d'honorer son image ou son portrait; qu'ainsi le chrétien fidèle peut honorer les images de Jésus-Christ, de la sainte Vierge et des saints, comme un fils peut honorer l'image de son père, un malheureux l'image de son bienfaiteur, un sujet l'image de son prince. La foi chrétienne et le bon sens nous disent que les mots, les gestes et les cérémonies qu'on emploie dans ces occasions, doivent être jugés principalement d'après le sens et l'intention de celui qui les emploie; que si quelqu'un pèche en ceci par ignorance ou par excès, il faut l'instruire et le réprimer, mais sans blâmer ni abolir une chose raisonnable et utile de sa nature. Voilà ce que disent la foi chrétienne et le bon sens. Avec cela l'esprit et le cœur sont satisfaits, ainsi que la piété et la reconnaissance. Les sciences, les lettres et les beaux-arts, non moins que la piété, y trouvent un aliment et des inspirations toujours nouvelles.

Mahomet et ses Arabes n'ont jamais rien compris à des idées si simples et si belles. Leur religion, faite à coups de sabre, n'est qu'une ruine informe et pour l'esprit et pour le cœur. Parce que les idolâtres adoraient la créature au lieu du Créateur; parce que les idolâtres adoraient les idoles du culte de latrie, comme l'indique leur nom même d'idolâtres; parce que ces idoles représentaient le plus souvent ou des êtres fantastiques, ou des hommes vicieux, ou des démons : Mahomet et ses Arabes en concluent grossièrement que les chrétiens qui adorent et aiment Dieu par-dessus toutes choses; qui, après Dieu et pour l'honneur de Dieu même, honorent ses amis ou les saints; qui, par respect pour les saints, vénèrent leurs images comme un fils honore l'image de son père : Mahomet et ses Bédouins en concluent que les chrétiens sont des idolâtres et qu'ils ont sur tout cela des idées aussi grossières que les Bédouins! En conséquence, ils feront une guerre irréconciliable au christianisme, brûleront les églises et les images des saints, proscriront, là peinture et la sculpture comme des arts abominables.

Au commencement du VIIIe siècle, il y avait à Constantinople un empereur dont les idées n'étaient pas plus élevées que celles de Mahomet et de ses Bédouins : c'était l'empereur Léon III, surnommé l'Isaurien, qui, après avoir été marchand de bestiaux, puis soldat, monta sur le trône, l'an 716, de la manière que nous avons vue. Les deux années suivantes, Constantinople fut assiégée par les Sarrasins; mais ils furent obligés de se retirer après des pertes énormes. Dans le même temps une révolte éclate en Sicile, on y proclame un nommé Basile empereur : mais la révolte est étouffée, et Basile la paie de sa tête. En 719, Léon eu' un fils nommé Constantin et surnommé Copronyme, parce qu'au moment de son baptême, il salit de ses excréments les fonts baptismaux. La même année, l'empereur Anastase, qu'on avait obligé de se faire prêtre, essaya de remonter sur le trône; mais son entreprise manqua, et il fut décapité dans l'hippodrome. Les Juifs d'Orient s'étant laissé abuser par un faux christ, Léon ordonna, l'an 722, sous peine de mort, à tous ceux de son empire, de recevoir le baptême; ils le reçurent en public, ainsi que les autres sacrements, mais ils les profanaient en secret. Les manichéens, à qui Léon intima les mêmes ordres et sous la même peine, se brûlèrent tous à jour nommé dans leurs églises. L'an 726, le ci-devant marchand de bestiaux, puis heureux soldat et enfin empereur Léon, se mit à copier Mahomet et à faire le réformateur de religion à coups de sabre. Il entreprit de décréter que l'honneur rendu aux images des saints était une idolâtrie, que tous les chrétiens étaient des idolâtres, et que, depuis des siècles, l'Eglise du Christ était retombée dans le paganisme. La première idée lui en était venue des sectateurs de Mahomet; un renégat syrien, nommé Béser, l'y confirma; un évêque dissolu, de Nacolie en Phrygie, nommé Constantin, le pressa de l'exécuter. Les Grecs postérieurs ajoutent encore d'autres causes plus ou moins probables.

Donc l'an 725, 9e de son empire, l'Isaurien Léon commence à parler contre les saintes images; au commencement de l'an 10 de son empire, indiction IXe, mois d'avril 726, il ordonne par un édit d'ôter des églises et des lieux publics les images sacrées qui y étaient exposées à la vénération des fidèles; en particulier, il fait abattre l'image miraculeuse du Sauveur, nommée Antiphonète, et envoie son édit au pape saint Grégoire II pour le faire exécuter en Italie (Théoph., Cédr., etc.).

A Constantinople, ayant donc assemblé dans son palais les principaux du peuple, il dit publiquement que faire des images était une idolâtrie, et par conséquent on ne devait pas les vénérer. Il ajoutait même que, jusqu'à lui, tous les empereurs, tous les patriarches, tous les évêques, tous les chrétiens avaient été idolâtres. Les assistants gémirent à ce discours; il y eut même une émeute dans la ville. Pour atténuer l'effet de ses paroles impies, l'empereur chercha à leur donner un autre sens et protesta qu'il n'entendait pas abolir les images, mais seulement les suspendre plus haut, afin qu'on ne pût pas les toucher des lèvres et leur manquer de respect. C'est que les fidèles s'inclinaient devant les images des saints et les baisaient par dévotion. La réunion de ces deux choses est ce que les Grecs appellent *proskunein*, les Latins, mais pas toujours, *adorare*, et qui consistait principalement à s'incliner profondément devant quelqu'un pour lui baiser les mains ou les pieds. En français, le mot *adorer*, dans son acception stricte, qui est l'acception commune, ne présente pas du tout le même sens; il réveille l'idée de culte suprême et répond au mot grec *latreuein*, que jamais les Grecs n'appliquent au culte des saints, mais uniquement au culte de Dieu. La probité, l'exactitude historique demandent qu'on y prenne garde et qu'on en avertisse, pour ne pas tromper les lecteurs. Bien des écrivains modernes ne font ni l'un ni l'autre. Les protestants surtout abusent volontiers de cette équivoque pour accuser les catholiques d'*adorer* les saints et leurs images. Un témoin, un juré, un juge, qui, dans un procès, emploierait une supercherie semblable pour condamner qui que ce soit, serait un infâme. L'historien est à la fois et juge, et juré, et témoin.

Saint Germain, patriarche de Constantinople, résista fortement à l'empereur, soutenant que les images avaient toujours été en usage dans l'Eglise, et déclarant qu'il était prêt à mourir pour leur défense. Il essaya de ramener quelques évêques courtisans qui pensaient comme l'empereur, notamment Constantin de Nacolie. Nous avons trois lettres que Germain écrivit sur ce sujet : la première, à Jean, évêque de Synnade, métropolitain de Constantin, où il dit : « Le patrice Taraise m'a rendu votre lettre où vous parlez de l'évêque de Nacolie. Je vous déclare donc qu'avant que je l'eusse reçue, cet évêque étant venu ici, nous entrâmes en discours, et j'examinai son sentiment sur ce que j'avais ouï dire de lui. Voici sa défense; car il faut vous dire tout en détail. Ayant ouï, dit-il, ces paroles de l'Ecriture : *Tu ne feras aucune image pour l'adorer, soit de ce qui est au ciel, soit de ce qui est sur la terre*, j'ai dit qu'il ne fallait point adorer les ouvrages des hommes; mais, au reste, nous croyons les saints martyrs dignes de tout honneur, et nous implorons leur intercession. Je lui répondis : La foi chrétienne, son culte et son adoration se rapportent à Dieu seul, comme il est écrit : *Tu adoreras le Seigneur, ton Dieu, et tu le serviras lui seul*. C'est à lui seul que s'adresse notre doxologie et notre latrie ou culte suprême. Nous n'adorons point de créature, à Dieu ne plaise, et nous ne rendons point à des conserviteurs le culte qui n'est dû qu'à Dieu. Quand nous nous prosternons devant les empereurs et les princes de la terre, ce n'est pas pour les adorer comme Dieu. Le prophète Nathan se prosterna jusqu'à terre devant David, qui n'était qu'un homme, et il n'en fut point repris. Et quand nous permettons de faire des images, ce n'est pas pour diminuer la perfection du culte, car nous n'en faisons aucune pour représenter la divinité invisible que les anges mêmes ne peuvent comprendre.

» Mais puisque le Fils de Dieu a bien voulu se faire homme pour notre salut, nous faisons l'image de son humanité pour fortifier notre foi, montrant qu'il a pris notre nature non pas imaginairement, comme ont enseigné quelques anciens hérétiques, mais réellement et véritablement. C'est à cette intention que nous saluons ces images et que nous leur rendons l'honneur et le culte convenables, pour nous rappeler la mémoire de son incarnation. Nous faisons de même l'image de sa sainte Mère pour montrer qu'étant femme et de même nature que nous, elle a conçu et enfanté le Dieu tout-puissant. Nous admirons aussi et nous estimons heureux les martyrs, les apôtres, les prophètes et tous les saints qui ont été vrais serviteurs de Dieu, éprouvés par leurs bonnes œuvres, par la prédication de la vérité et la patience dans les souffrances, qui enfin sont ses amis et ont acquis un grand crédit auprès de lui. Et nous peignons leurs images en mémoire du grand courage qu'ils ont montré et du service agréable qu'ils ont rendu à Dieu; non que nous prétendions qu'ils participent à la nature divine, ni que nous leur rendions l'honneur et l'adoration dus à Dieu, mais pour montrer l'affection que nous leur portons et pour fortifier, par la peinture, la créance des vérités que nous avons apprises par les oreilles; car, étant composés de chair et de sang, nous avons besoin d'assurer notre âme, même par la vue. Nous avons, conclut saint Germain, exposé tout cela à l'évêque de Nacolie, qui l'a reçu et qui a déclaré devant Dieu qu'il le tenait ainsi, et qu'il ne dirait ni ne ferait rien qui pût scandaliser les peuples. Vous ne devez donc point fatiguer les évêques de votre province, ni vous scandaliser vous-même pour ce sujet, mais seulement l'envoyer chercher, lui lire cette lettre et l'obliger à y donner son consentement (Labbe, t. VII). »

Constantin, évêque de Nacolie, qui était porteur de cette lettre, la tint secrète et ne la rendit point à son métropolitain. C'est pourquoi le patriarche Germain écrivit ainsi à Constantin lui-même : « Jean, métropolitain de Synnade, m'a écrit que vous ne lui aviez point rendu ma lettre. Je suis fort affligé que vous ayez été si peu touché de la crainte de Dieu, de la charité et de l'honneur que les membres de Jésus-Christ se doivent les uns aux autres. C'est pourquoi je vous ordonne de rendre vous-même, sans délai, ma précédente lettre à votre métropolitain, de vous soumettre entièrement à lui, suivant l'ordre de l'épiscopat, et de persévérer dans la résolution que vous avez témoignée de suivre nos sentiments sans vous appuyer sur votre propre sens; car vous n'avez pas oublié, je le crois, que vous m'avez prié d'accepter votre renonciation à l'épiscopat, sous prétexte qu'on voulait se soulever contre vous pour un crime dont vous ne vous sentiez point coupable, assurant que vous n'aviez rien dit ni rien fait d'injurieux à Notre Seigneur et à ses saints au sujet de leurs images, mais que seulement vous aviez proposé la doctrine de l'Ecriture, qu'il ne faut rendre à la créature aucun honneur divin. Je vous lus ce que j'écrivais à votre métropolitain; vous déclarâtes que vous en étiez d'accord, et je vous en donnai copie. Ne scandalisez donc pas le peuple innocent, mais souvenez-vous du terrible jugement de Dieu contre les auteurs du scandale, et sachez que, jusqu'à ce que vous ayez rendu ma lettre à votre métropolitain, je vous défends, au nom de la très-sainte Trinité, de faire aucune fonction d'évêque; car j'aime mieux user de quelque rigueur que de me rendre moi-même coupable devant Dieu (*Ibid.*). »

Le patriarche Germain écrivit encore à Thomas, évêque de Claudiopolis, qui s'était déclaré contre les images. Il lui dit entre autres choses : « Vous avez été longtemps avec nous; nous logions ensemble, vous proposiez quelquefois des questions de l'Ecriture, sans que jamais vous nous ayez dit un mot sur les images des saints, de Jésus-Christ ou de sa sainte Mère. Vous avez gardé un profond silence là-dessus. Toutefois, j'apprends que, de retour dans votre ville, vous avez fait ôter les images comme par une commune résolution, un dessein arrêté. J'ai peine à le croire, mais je suis obligé de vous en dire mon sentiment. Souvenez-vous d'abord que nous devons éviter en tout les nouveautés, mais principalement quand ce peut être une occasion de scandale au peuple fidèle et que l'on s'oppose à une coutume établie depuis longtemps dans l'Eglise. D'ailleurs nous devons réfuter les calomnies que les infidèles ramassent contre elle, et montrer sa noble et divine immobilité. Or, ce n'est pas d'aujourd'hui que les Juifs et les vrais idolâtres nous ont fait ce reproche sans autre dessein que de noircir notre foi; car ils ne se soucient pas de nous détourner des ouvrages des hommes, eux dont tout le culte y est attaché, eux qui ne connaissent rien au-dessus des choses sensibles, eux qui ne font qu'abaisser en toute manière la nature divine, l'enfermer dans un lieu et la représenter par des images corporelles. » Quant aux Sarrasins ou Musulmans, il leur reproche la pierre noire de la Mecque, qui est le principal objet de leur pèlerinage, et qu'ils se félicitent d'adorer et de baiser.

Il s'étend ensuite sur la pureté de la religion chrétienne, qui n'a pour objet d'adoration qu'un seul vrai Dieu, invisible et inaccessible dans sa gloire. « Au contraire, dit-il, les idolâtres croient faire un dieu qui n'était point auparavant, et, quand il est détruit, ils croient n'avoir plus de dieu, s'ils n'en font un autre semblable. Les honneurs qu'ils leur rendent sont pleins de dissolution et de toutes sortes d'actions et de paroles déshonnêtes. Au contraire, les images des saints, chez les chrétiens, ne servent qu'à les exciter à la vertu, comme feraient les discours des personnes vertueuses; car, comme dit saint Basile, ce que la parole recommande par l'ouïe, la peinture silencieuse le montre par imitation, et l'homme est ainsi encouragé des deux côtés à bien faire. En effet, la peinture est une histoire abrégée, et tout se rapporte à la gloire du Père céleste.

» Quand nous adorons l'image de Jésus-Christ, nous n'adorons pas les couleurs appliquées sur du bois, c'est le Dieu invisible, qui est dans le sein du Père, que nous adorons en esprit et en vérité. C'est ainsi que les images du Christ et de sa sainte Mère sont comprises et honorées; c'est ainsi qu'elles ont été reçues, sans aucune opposition, par les anciens pontifes des Eglises. Depuis la fin des persécutions, on a tenu plusieurs conciles œcuméniques qui ont fait des canons sur des sujets bien moins importants que celui des images. Certainement, ils n'auraient pas dû le laisser sans examen, si, comme quelques-uns le prétendent, cette ancienne coutume nous conduisait à l'idolâtrie et nous éloignait de Dieu; car celui qui a promis aux apôtres d'être avec eux jusqu'à la fin du monde, l'a promis par là même aux évêques, qui devaient gouverner l'Eglise après eux. Et puisqu'il a dit qu'il serait au milieu de deux ou trois assemblés en son nom, il n'aurait pas abandonné de si grandes multitudes, assemblées par le zèle de sa religion, sans leur communiquer son inspiration et sa conduite, d'autant plus que cette coutume n'est pas seulement établie dans un petit nombre de villes ni dans les moins considérables, mais presque dans tous les pays et dans les premières et les plus illustres des Eglises. »

Il répond ensuite à l'objection tirée de l'Ecriture, où Dieu défend de faire aucune image de ce qui est au ciel ou sur la terre. « Le sens, dit-il, en est manifeste, savoir : que la nature divine est invisible et incompréhensible, et qu'il ne faut pas s'imaginer qu'elle ait rien de semblable aux images corporelles. Car après avoir dit : Vous n'avez vu aucune image lorsque le Seigneur vous a parlé sur le Mont-Horeb, il ajoute aussitôt : Ne vous trompez donc pas, en faisant quelque sculpture, et le reste; tant pour les faire souvenir du veau d'or, que pour les détourner de la coutume des Egyptiens qu'ils connaissaient. C'est ce que dit saint Paul aux Athéniens : *Qu'étant de la race de Dieu, nous ne devons pas croire que la nature divine soit semblable à l'or, à l'argent, ou à l'ouvrage des hommes*. Or, nous ne reconnaissons qu'un Dieu, nous n'adorons que lui, et nous n'offrons qu'à lui le sacrifice par Jésus-Christ. Après tout, c'est moins la chose même qu'il faut considérer que l'intention de qui la fait. Autrement, la loi de Dieu même sera coupable aux yeux des infidèles.

Car, elle qui défend de faire aucune image de fonte, ni de sculpture, fait cependant ainsi deux chérubins pour ombrager le propitiatoire; deux chérubins, dont les archétypes, comme l'observe saint Athanase, sont tout à fait inconnus et immatériels, et dont, par conséquent, les images corporelles ne peuvent être interprétées que d'une manière symbolique.

» Personne ne doit non plus se scandaliser de ce que l'on présente aux images des saints des luminaires ou des parfums. Ce sont des symboles de leurs vertus, pour signifier leur lumière spirituelle et l'inspiration du Saint-Esprit. D'ailleurs, comme dit saint Basile, l'honneur qu'on rend à de bons serviteurs, est une preuve d'affection envers le commun maître. Enfin, ce qui est bien important, c'est que Dieu a fait souvent des miracles par des images. De quoi il y a plusieurs histoires : comme des guérisons de malades, que nous connaissons par nous-mêmes, des charmes rompus, des apparitions en songe. Un fait hors de doute, c'est que l'image de la sainte Vierge, qui était à Sozopolis de Pisidie, a répandu de sa main un parfum liquide : il y en a beaucoup de témoins. Ce qui, au reste, n'est pas incroyable, puisque l'ombre seule de saint Pierre guérissait les malades. Il ne sera pas inutile d'ajouter ce que rapporte saint Eusèbe dans son histoire. A Panéade, autrement Césarée de Philippes, l'hémorrhoïsse, en souvenir de sa guérison miraculeuse, dressa devant sa maison une statue de bronze, représentant le Seigneur avec une femme prosternée à ses pieds et lui tendant des mains suppliantes. Aux pieds de la statue du Seigneur croissait une certaine herbe qui guérissait diverses maladies. C'est ce qu'Eusèbe dit avoir vu de ses propres yeux. Il rapporte encore avoir vu les images peintes de saint Pierre et de saint Paul, ainsi que de Jésus-Christ (Labbe, t. VII). » Voilà ce que saint Germain écrivait à l'évêque de Claudiopolis. Il ne manqua pas surtout, comme nous le verrons, d'informer le pape saint Grégoire II de tout ce qui se passait.

La téméraire entreprise de l'empereur Léon contre les saintes images continuait à troubler tout l'empire. Elle lui attira une insurrection des peuples de la Grèce et des Cyclades. Ils armèrent une flotte sous prétexte de défendre la religion, menant avec eux un nommé Cosme, pour le couronner empereur. Les chefs de cette armée étaient Agallien, qui commandait en Grèce, et Etienne. S'étant approchés de Constantinople, les insurgés livrèrent bataille le 18 avril 727. Ils furent entièrement défaits. Agallien se jeta dans la mer tout armé; Cosme et Etienne furent pris et eurent la tête tranchée. Ce succès acheva de faire de Léon un persécuteur sanguinaire de quiconque n'approuvait pas ses grossières idées (Théoph.). Bien des évêques grecs, plus courtisans qu'évêques, trahirent leur devoir pour plaire au prince. Dans ce péril, la religion se vit défendue, avec beaucoup de force et de courage, d'où l'on ne s'y attendait guère, par un homme qui vivait sous la domination des Sarrasins.

Cet homme était saint Jean, surnommé Damascène, parce qu'il était né à Damas vers la fin du VIIe siècle. Sa famille était illustre et chrétienne. Quoique les chrétiens eussent à souffrir de temps à autre des avanies et des persécutions, surtout quand les Musulmans étaient battus par les Grecs, son père occupait une place de conseiller d'Etat auprès du calife de ces infidèles. Au lieu de dissiper ses grands biens en dépenses inutiles, il les employait en œuvres de charité, principalement à racheter les captifs qu'on amenait à Damas pour être vendus ou égorgés. Un jour, dans une troupe de ces malheureux exposés sur la place publique, on vit ceux qui étaient destinés à la mort se jeter aux pieds de l'un d'entre eux et se recommander humblement à ses prières. C'était un religieux italien, nommé Cosme, pris sur mer avec les autres. Les Barbares, ayant remarqué le respect que lui témoignaient ses compagnons de malheur, lui demandèrent de quelle dignité il avait été revêtu parmi les chrétiens. Il répondit qu'il n'en avait point d'autre que celle de prêtre. Je suis, ajouta-t-il, un inutile moine qui a étudié non-seulement la philosophie chrétienne, mais encore la philosophie étrangère; et, en disant ces mots, ses yeux se remplirent de larmes. Le père de Jean étant survenu, lui demanda la cause de sa tristesse. Cosme lui confessa naïvement qu'il s'affligeait de mourir avant d'avoir pu communiquer à d'autres les sciences qu'il avait acquises. Or, depuis longtemps le prêtre cherchait pour son fils un homme qui pût lui donner une éducation convenable. Ravi de trouver ce trésor dans un captif qu'on allait égorger, il courut le demander au calife, qui le lui accorda sans peine. Cosme non-seulement reçut la liberté, mais devint l'ami du père, le maître du fils, qui, sous sa direction, apprit avec un succès prodigieux la grammaire, la dialectique, l'arithmétique de Diophante ou l'algèbre, la géométrie, la musique, la poésie et l'astronomie, mais surtout la théologie ou la science de la religion. Ses progrès ne furent pas moindres dans la vertu que dans les sciences. Il avait pour compagnon d'études un orphelin de Jérusalem, que son père avait adopté. Quand son éducation fut achevée, Cosme se retira en Palestine, dans la laure de Saint-Sabas, d'où il fut tiré pour être fait évêque de Majume (*Vit. S. Joan. Dam.; Acta Sanct.*, 6 maii). Le mérite de Jean fut bientôt connu du prince des Sarrasins, qui le fit chef de son conseil après la mort de son père.

L'empereur Léon ayant jeté le trouble dans son empire et dans toute la chrétienté par sa folle entreprise contre les saintes images, saint Jean Damascène écrivit pour leur défense un premier discours adressé à ses amis, en les priant de le répandre parmi les fidèles. Il commence avec beaucoup de modestie. « Je devrais plutôt, connaissant mon indignité, garder un perpétuel silence et me contenter de confesser à Dieu mes péchés; mais voyant l'Eglise fondée sur la pierre, agitée d'une violente tempête, je ne crois pas devoir me taire, parce que je crains Dieu plus que je ne crains l'empereur. Au contraire, c'est ce qui m'excite; car l'autorité des princes est d'un grand poids pour séduire les sujets. Quoique l'on sache que les rois de la terre sont soumis au Roi du ciel et que les lois sont au-dessus d'eux, il y en a peu néanmoins qui méprisent leurs commandements injustes. » Saint Jean Damascène pose ensuite pour fondement de son discours, que l'Eglise ne peut errer et qu'il n'est pas permis de la soupçonner d'un aussi grossier abus que l'idolâtrie; il prie enfin le peuple de Constantinople, avec son excellent pasteur, d'accueillir avec bienveillance ses paroles, sans faire attention à sa

## LIVRE LI. — SAINT JEAN DAMASCÈNE ET LES ICONOCLASTES.

dignité, qui était petite, ni à son éloquence, qui était encore moindre ; mais au fond même des idées.

Puis, entrant en matière : « Je sais, dit-il, que Celui qui ne ment point a dit : *Le Seigneur, ton Dieu, est un ; tu adoreras le Seigneur, ton Dieu, et tu le serviras lui seul ; tu ne feras point de sculpture ni d'image de ce qui est au ciel et sur la terre.* Aussi je n'adore qu'un seul Dieu, et je ne rends qu'à lui seul l'adoration de latrie. Je n'adore point la créature à la place du Créateur ; mais le Créateur qui s'est fait créature, pour honorer la nature humaine et me rendre participant de la nature divine. J'adore, avec ce grand roi et ce Dieu, le corps qui est pour ainsi dire sa pourpre. J'ose faire une image du Dieu invisible, non en tant qu'il est invisible, mais en tant qu'il s'est rendu visible pour nous par la chair et le sang. Par cette image, je ne prétends point représenter la divinité, ni la chair qui a été vue. Si je ne puis former une image de l'âme, bien moins pourrais-je en faire une de Dieu, qui a lui-même accordé à l'âme de n'être point matérielle. »

» Mais Dieu a dit à Moïse : *Tu ne feras point d'images.* Apprenez comment Moïse l'explique lui-même dans le Deutéronome : *Le Seigneur nous a parlé du milieu du feu ; vous n'avez vu aucune image, vous avez seulement entendu sa voix, de peur qu'en regardant le ciel, et voyant le soleil, la lune et les étoiles, vous ne vous laissiez séduire pour les adorer et les servir.* Voyez-vous son dessein n'est que de vous détourner d'adorer la créature au lieu du Créateur, et de rendre à quelque autre qu'à lui l'adoration de latrie ? Ce précepte était donc pour les Juifs enclins à l'idolâtrie ; mais pour nous, à qui il est donné de connaître parfaitement la nature divine, et qui avons passé l'enfance, nous savons ce qu'il est possible et ce qu'il est impossible de représenter par des images. Comment pourrait-on faire une image de celui qui n'a ni figure ni bornes ? ou peindre par des couleurs celui qui n'a point de corps ? Mais, depuis qu'il s'est fait homme, vous pouvez faire l'image de sa forme humaine. Vous pouvez peindre sa naissance de la Vierge, son baptême dans le Jourdain, sa transfiguration sur le Thabor, ses tourments, sa croix, sa sépulture, sa résurrection, son ascension. Exprimez tout cela par les couleurs, aussi bien que par les paroles. Ne craignez rien. Je connais la différence des adorations (*proskuneseos*) et des images.

« L'image est une ressemblance qui caractérise l'original, mais avec une certaine différence ; car une image ne saurait être en tout pareille à l'original. Le Fils de Dieu est l'image vivante du Père, image ressemblante en tout, si ce n'est que le Père n'est pas du Fils, mais le Fils du Père. Les idées de Dieu sont les images et les paradigmes des choses qu'il veut faire. Les choses même visibles sont des images des choses invisibles. Ainsi l'Ecriture, pour s'accommoder à notre faiblesse, nous représente quelquefois Dieu sous des figures corporelles. Ainsi, pour représenter la Trinité, nous employons nous-mêmes la comparaison du soleil, de sa lumière et de son rayon. Nous appelons encore *image* le signe des choses futures. Ainsi l'arche d'alliance, la verge d'Aaron et l'urne de la manne signifiaient la sainte Vierge ; le serpent d'airain signifiait Jésus-Christ en croix ; la mer et la nuée signifiaient le baptême. On nomme encore *image* ce qui conserve la mémoire des choses passées, soit par les lettres, comme quand Dieu écrivit sa loi sur des tables et ordonna d'écrire la vie des hommes qui lui étaient chers ; soit par d'autres monuments sensibles, comme l'urne et la verge qu'il fit garder dans l'arche. Otez donc toutes les sortes d'images et déclarez-vous contre celui qui les a fait faire, ou recevez-les toutes, chacune comme il lui convient.

» L'adoration (*proskunesis*), est un signe de soumission et de respect. Nous en connaissons différentes espèces. La première, qui s'appelle *adoration de latrie*, est celle que nous rendons à Dieu, seul adorable par sa nature. Il y en a une autre que nous rendons, à cause de Dieu, à ses amis et à ses serviteurs, comme quand Josué et Daniel adorèrent des anges, ou aux lieux et aux choses consacrées à Dieu, ou aux princes qu'il a établis, comme quand les Israélites adoraient le tabernacle, quand Jacob adora Esaü, son frère aîné, et même Pharaon, et quand Joseph fut adoré par ses frères. Il y a aussi une adoration qui n'est qu'un honneur qu'on se rend l'un à l'autre, comme quand Abraham et les enfants d'Hémor s'adorèrent réciproquement. Otez donc toutes les adorations, ou bien recevez-les toutes, mais avec les différences et dans les occasions convenables.

» Dites-moi : Dieu n'est-il pas un ? le législateur n'est-il pas un ?. Pourquoi donc ordonne-t-il des choses contraires ? Car les chérubins sont du nombre des créatures. Pourquoi donc ordonne-t-il que des chérubins faits de mains d'hommes ombragent le propitiatoire ? N'est-ce pas pour faire entendre que de Dieu même, comme étant infini, on ne peut faire aucune image, afin qu'aucune créature ne reçoive l'adoration de latrie ; mais que les chérubins, étant des êtres limités, sont représentés comme des ministres autour de son trône ? L'arche, l'urne et le propitiatoire, ne sont-ce pas les ouvrages des hommes, faits d'une vile matière, comme vous aimez à le dire ? Qu'est-ce que le tabernacle tout entier ? sinon une image, une ombre, une figure ? La loi même qui, suivant l'apôtre, n'avait que l'ombre des biens futurs, et non leur image réelle, n'est-elle pas la figure d'une image ? et le tabernacle, une figure de figure ? Comment donc la loi défendrait-elle de représenter quelque chose par image ? Il n'en est point ainsi ; mais chaque chose a son temps.

» Autrefois Dieu, n'ayant ni corps ni figure, n'était représenté par aucune image. Mais depuis que Dieu a été vu dans la chair et qu'il a conversé parmi les hommes, je représente en image ce qu'il a rendu visible. Ce n'est pas la matière que j'adore, mais l'auteur de la matière, qui s'est fait matière pour moi, qui a habité dans la matière, et qui, par la matière, a opéré mon salut. Et je ne cesserai point de révérer la matière par qui j'ai été sauvé : non pas que je la révère comme Dieu ; jamais ! mais comme l'instrument de sa grâce. Le bois sacré de la croix n'est-il pas matière ? Et le lieu du Calvaire, et la pierre du saint sépulcre, source de notre résurrection ? et les lettres dont les Evangiles sont écrits, et la sainte Table, et l'or et l'argent dont on fait les vases sacrés, enfin le Corps et le Sang de Notre Seigneur ? Tout cela n'est-il pas matière ? Otez donc le culte et la vénération de toutes ces choses, ou convenez qu'on peut honorer les images de

Dieu et de ses amis. Ne calomniez pas la matière. Ce que Dieu a fait n'est point méprisable. C'est une pensée des manichéens. Il n'y a de méprisable que ce que Dieu n'a pas fait : une seule chose, fruit de notre libre arbitre, le péché.

» Ce qu'est un livre à ceux qui savent lire, une image l'est à ceux qui ne le savent pas ; ce que le discours fait à l'ouïe, l'image le fait à la vue. Les images sont un mémorial des œuvres divines. Dieu commanda de prendre douze pierres dans le Jourdain et d'en faire un monument perpétuel de ce miraculeux passage. Pourquoi ne représenterai-je pas les miracles et les souffrances de Jésus-Christ, afin que, si mon fils m'interroge, je lui réponde : C'est que le Fils de Dieu s'est fait homme, et qu'il a ramené à sa félicité première tout le genre humain. Mais, disent-ils, contentez-vous de faire l'image de Jésus-Christ et de sa mère. Quelle absurdité ! Ne voyez-vous pas que vous vous déclarez ouvertement les ennemis des saints ? Car si vous peignez l'image du Christ, et non des saints, ce n'est donc pas les images que vous défendez, mais c'est aux saints que vous refusez l'honneur. Le temple de Salomon était orné tout à l'entour de chérubins, de palmes, de grenades, de bœufs, de lions. N'est-il pas plus décent d'orner les murailles de la maison de Dieu, d'images des saints que d'animaux sans raison ? Nous ne voulons pas peindre Jésus-Christ sans les saints qui composent sa cour. Que l'empereur de la terre se dépouille de la sienne avant de dépouiller son maître.

» Autrefois on ne bâtissait point de temples aux hommes, et on ne célébrait point la mort des justes par la joie, mais par les larmes. Au contraire, quiconque avait touché un mort, fût-ce le corps de Moïse, était réputé immonde. Otez donc les fêtes instituées en l'honneur des saints, contre les maximes de l'ancienne loi, ou bien recevez leurs images, que vous prétendez contraires à la loi. Mais il vous est impossible d'abolir ces fêtes établies par les Apôtres et les Pères. Car, depuis l'incarnation du Verbe, nous sommes vraiment sanctifiés, délivrés par ses souffrances, immortels par sa résurrection. Depuis ce temps, nous honorons la mort des saints par la joie, et non par le deuil. L'ombre ou la ceinture des apôtres guérissait les malades et chassait les démons : pourquoi leur image ne serait-elle pas honorée ? Ou n'adorez rien de matériel, ou ne soyez point novateur, et n'ébranlez point les bornes séculaires plantées par vos pères, qui ont établi les usages de l'Eglise, non-seulement par leurs écrits, mais par la tradition. »

Saint Jean Damascène répond à l'objection tirée de saint Epiphane, qui déchira un rideau où était peinte une image. Il dit premièrement que l'écrit d'où est tiré ce fait n'est peut-être pas de saint Epiphane, ou que ce saint a pu en user ainsi pour corriger quelques abus, comme saint Athanase ordonna d'enterrer les reliques des saints pour abolir la mauvaise coutume des Egyptiens, qui gardaient leurs morts sur des lits ; car, que saint Epiphane n'ait pas prétendu abolir les images, on le voit par son église, qui en est encore ornée. Enfin, de même que, suivant le proverbe, *une seule hirondelle ne fait pas le printemps*, ainsi l'autorité d'un seul homme ne saurait prévaloir contre la tradition de toute l'Eglise.

A la fin de ce discours, saint Jean Damascène rapporte plusieurs passages des Pères en faveur du culte des images. Premièrement de saint Denys l'Aréopagite ; puis de saint Basile, de saint Grégoire de Nysse, qui dit avoir été touché jusqu'aux larmes de la peinture du sacrifice d'Abraham ; de saint Chrysostome ; de Léonce, évêque en Chypre. Sur ce dernier, il ajoute : Quel est le meilleur interprète de saint Epiphane, ou ce saint évêque qui a prêché dans la même île de Chypre, ou ceux qui parlent selon leur sens particulier ? Enfin, après avoir encore cité Sévérien de Gabales et le *Pré spirituel* de saint Sophrone de Jérusalem, et qui est proprement de son ami Jean Mosch, il conclut : « Il y a eu plusieurs évêques et plusieurs empereurs chrétiens, distingués par leur piété, leur doctrine et leur sainte vie ; on a tenu plusieurs conciles, auxquels ont assisté les saints Pères inspirés de l'Esprit-Saint, d'où vient que personne d'entre eux n'a osé condamner le culte des images ? Nous ne permettrons pas que l'on enseigne une nouvelle foi, ni que nous ayons l'air de varier selon les temps, de peur que les infidèles ne regardent notre foi comme un jeu et une raillerie. Nous ne souffrirons pas que l'on obéisse à l'édit de l'empereur, qui veut renverser la coutume de nos pères. Il n'est pas d'un empereur pieux de prétendre abolir les usages et les décrets de l'Eglise. Ce n'est pas agir en père, mais en brigand, que de commander avec violence, au lieu de persuader par raison. C'est ce qu'on voit dans le deuxième concile d'Ephèse, que l'on appelle jusqu'aujourd'hui *le brigandage*, parce que tout s'y passa avec violence de la part de l'empereur : témoin le martyre de saint Flavien. Décider sur ces sortes de matières, n'appartient pas aux princes, mais aux conciles. Ce n'est point aux rois que Jésus-Christ a donné la puissance de lier et de délier, mais aux apôtres et à leurs successeurs, aux pasteurs et aux docteurs de l'Eglise. *Quand ce serait un ange*, dit l'apôtre saint Paul, *qui vous prêcherait un autre Evangile que celui que vous avez reçu......* N'ajoutons pas ce qui suit, c'est-à-dire *qu'il soit anathème !* pour leur donner lieu de changer de sentiment. Que si, ce qu'à Dieu ne plaise, ils persistent opiniâtrement dans leur erreur, alors nous prononcerons le reste, c'est-à-dire l'anathème (*Opera S. Joan. Damas.*, édit. Le Quien, t. I). »

C'est sans doute bien remarquable de voir un ministre, un visir du calife, du successeur de Mahomet, écrire avec cette profondeur, cette justesse et cette force sur les saintes images, à l'empereur et au peuple de Constantinople. On conçoit qu'un pareil écrit, venant d'une pareille main, dut faire une grande sensation. Nous verrons de quelle manière l'empereur Léon y répondit.

Ce prince reçut de semblables admonitions de Rome. Dès le commencement de son règne, il y avait envoyé, suivant la coutume, ses images couronnées de laurier ; car, s'il ne pouvait souffrir qu'on honorât les images des saints, il voulait bien souffrir, exiger même qu'on honorât les siennes et qu'on se prosternât devant sa personne. On aurait même pu croire qu'il voulait se faire adorer lui seul à leur place. C'est ainsi que, dans les derniers temps, des rois et des reines protestants, tels que Henri et Elisabeth d'Angleterre, dont on ne pouvait aborder la personne, la table ou la couche, sans fléchir le genou, traitaient d'idolâtres et mettaient à mort de pauvres catholiques, pour avoir prié à genoux devant une image de Jésus-Christ ou de la sainte Vierge. Le pape saint Grégoire II avait donc reçu avec honneur les images de l'empereur Léon; il les avait même envoyées aux rois et aux princes de l'Occident, pour lui concilier leur amitié et leur bienveillance. Chaque année, l'empereur lui écrivait des lettres affectueuses, où il promettait avec serment de ne rien changer à la foi chrétienne. Le Pape en gardait l'original dans les archives romaines, mais en adressait des copies aux princes de l'Occident, pour les affectionner de plus en plus au souverain de Constantinople; car le Pontife romain était alors le naturel médiateur entre l'Orient et l'Occident. Ayant donc appris ce qui se passait à Constantinople contre les images des saints, Grégoire II écrivit à l'empereur une lettre dogmatique que nous n'avons point, mais où il lui disait en substance que l'empereur ne devait point parler de la foi, ni violer par la nouveauté des antiques dogmes de l'Eglise catholique, prêchés par les saints Pères (Théophan.).

Le saint Pape répondit en même temps au patriarche Germain par une lettre dont nous n'avons que la traduction grecque. Il le félicite d'abord sur la vigueur avec laquelle il défend les dogmes de l'Eglise. « Elle ne s'est jamais trompée, dit-il, quoiqu'on se l'imagine, et cette tradition n'a rien de commun avec la pratique des païens. Il faut regarder l'intention, et non pas l'action. Si les prophéties n'ont pas été accomplies par l'incarnation du Fils de Dieu, il ne faut pas peindre ce qui n'a pas été. Mais puisque tout s'est passé réellement, qu'il est né, qu'il a fait des miracles, qu'il a souffert, qu'il est ressuscité, plût à Dieu que le ciel, la terre, la mer, tous les animaux, toutes les plantes, pussent raconter ces merveilles, par la parole, par l'écriture ou par la peinture. On appelle *idoles*, les images de ce qui n'est point, et qui ne subsiste que dans les fables et les inventions frivoles des païens. Mais l'Eglise n'a rien de commun avec les idoles; à Dieu ne plaise! Nous n'avons jamais adoré des vaches, ni le veau d'or, ni regardé la créature comme un dieu, ni reçu les mystères de Beelphégor. Que si quelqu'un veut imiter les Juifs, en accusant l'Eglise d'idolâtrie, à cause des vénérables images, nous le regardons comme un chien qui aboie en l'air, et nous lui disons comme aux Juifs : Plût à Dieu qu'Israël eût profité des choses sensibles que Dieu lui avait ordonnées, pour le mener à lui; qu'il eût aimé le saint autel, plutôt que les vaches de Samarie; la verge d'Aaron, plutôt qu'Astarté; et la pierre d'où l'eau était sortie, plutôt que Baal (Labbe, t. VII). »

Ce fut avec ce merveilleux accord que l'Eglise catholique s'expliqua, dès le premier moment, sur les saintes images : à Rome, par la bouche du pape saint Grégoire II; à Constantinople, par le patriarche saint Germain; à Damas, par saint Jean Damascène. Voici maintenant comme l'empereur Léon répondit aux uns et aux autres.

D'abord il tenta plusieurs fois de faire perdre la vie au Pape et d'en faire élire un autre. Un capitaine nommé Basile, Jourdain, cartulaire, et Jean, sous-diacre, surnommé Laurion, ayant résolu ensemble de tuer le pape Grégoire, Marin, écuyer de l'empereur et duc de Rome, envoyé de Constantinople, approuva ce dessein par ordre de l'empereur; mais Marin, étant tombé en paralysie, fut obligé de se retirer : ce qui fit manquer l'entreprise. Le patrice Paul, envoyé ensuite en Italie en qualité d'exarque, reprit le même complot; mais les Romains, le découvrirent et firent mourir Jourdain et Jean Laurion. Basile se fit moine et s'enferma pour le reste de ses jours. Après Marin, l'empereur envoya un autre écuyer pour faire déposer le Pape, et l'exarque Paul ayant tiré quelques troupes, tant de Ravenne que de l'armée qu'il avait dehors, les envoya vers Rome. Mais les Lombards se joignirent aux Romains pour la défense du Pape et empêchèrent les troupes de l'exarque d'approcher de Rome. Convaincu de l'attachement des Romains pour leur pasteur, l'exarque Paul mit tout en œuvre pour soulever contre lui les Vénitiens et la Pentapole; ce pays contenait les villes de Rimini, Fano, Pésaro, Ancône et Humana. Tous ces peuples, de concert, rejetèrent les sollicitations de l'exarque et protestèrent que, loin de se prêter à aucun complot contre le Pape, ils étaient prêts à le défendre de toutes leurs forces. On prononça de toutes parts anathème contre l'exarque, contre celui dont il était le ministre, contre tous leurs partisans, et, au mépris de l'empereur, chaque ville choisit un gouverneur, auquel elle donna le titre de *duc*. Cet exemple mit en mouvement l'Italie entière. On proposait d'élire un empereur et de le conduire à main armée à Constantinople; mais le pape saint Grégoire empêcha l'exécution de ce projet et apaisa les esprits, espérant toujours que l'empereur reviendrait à de meilleurs sentiments.

Cette modération du saint Pontife ne désarma pas les ministres de Léon. Exhilaratus, duc de Naples, ayant séduit les peuples de la Campanie, se mit à leur tête, avec son fils Adrien, pour aller attaquer Rome. Les Romains ne l'attendirent pas; ils sortirent tous en armes, marchèrent à sa rencontre, lui livrèrent bataille et le tuèrent avec son fils. Ayant découvert que leur duc Pierre écrivait à l'empereur contre le Pape, ils le chassèrent de la ville. A Ravenne tout était dans le trouble; les habitants, divisés entre eux, tenaient les uns pour l'empereur, et voulaient détruire les images; les autres pour le Pape, et s'efforçaient de les conserver. On en vint aux mains, et l'exarque Paul fut tué dans le tumulte. Voilà ce que l'empereur Léon gagnait en Italie par ses imprudences.

Luitprand, roi des Lombards, en profita pour s'agrandir. Il assiégea Ravenne et la prit par intelligence. Il s'empara également de Classe, de Bologne, ainsi que de plusieurs autres villes et châteaux. Les Lombards de Spolète agissaient de concert, quoique séparément. Ils prirent Narni, dans leur voisinage, et Sutri, dans le duché de Rome; mais ils ne gardèrent cette dernière place que cent quatre-vingt-trois jours. A la sollicitation du Pape, accompagnée de grands présents, le roi Luitprand en fit sortir les Lombards après l'avoir pillée; il en fit même une donation aux apôtres saint Pierre et saint Paul, c'est-à-dire à l'Eglise romaine.

L'empereur, obstiné dans le dessein de se défaire de Grégoire, n'eut pas plus tôt appris la mort de l'exarque Paul, qu'il envoya, pour remplir sa place, l'eunuque Eutychius, et lui donna les mêmes ordres.

C'était pour la seconde fois qu'Eutychius était revêtu de cette dignité. Dès qu'il fut arrivé à Naples, il dépêcha un courrier aux principaux de Rome, qu'il croyait attachés sans réserve au service de l'empereur. Il les exhortait à faire périr le Pape et ses partisans, et leur promettait des forces suffisantes pour les mettre à couvert de la vengeance du peuple. Ces lettres furent interceptées, et le courrier eût été mis en pièces, si le Pape ne lui eût sauvé la vie. On charge l'exarque de malédictions et d'anathèmes; tous les habitants, grands et petits, s'engagent par serment à défendre, au péril de leur vie, la personne du Pontife. L'exarque prodigue en vain les présents pour détacher le roi et les ducs lombards de la cause du Pape, ils rejettent ses offres avec mépris et se liguent avec les Romains pour mettre à couvert de toute violence le zélé défenseur de l'Église. Quand ils virent, dit le biographe du saint Pontife, quand ils virent, par les lettres de l'exarque Eutychius, qu'il ne cherchait qu'à les détacher du Pape, afin de tuer celui-ci, les Romains et les Lombards se liguèrent ensemble comme des frères, prêts à subir une mort glorieuse pour la défense du Pontife, et résolus à le garantir de toute atteinte, lui qui combattait pour la vraie foi et le salut des chrétiens. Le Pape, de son côté, pour s'attirer un plus grand secours de la part de Dieu, répandait de très-grandes aumônes, s'appliquait à la prière et au jeûne, et faisait tous les jours des litanies ou processions publiques. Et quoiqu'il espérât en Dieu plus qu'aux hommes, il ne laissa pas de remercier le peuple de son dévouement, exhortant tout le monde, par d'affectueuses paroles, à servir Dieu de plus en plus par de bonnes œuvres et à persévérer dans la foi, les engageant en même temps à ne point se départir de l'amour et de la fidélité de l'empire romain. Voilà comme il adoucissait les cœurs de tous, voilà comme il calmait les douleurs continuelles (Anast., *in Greg. II*).

L'admirable Pontife ne s'en tint pas là. Il trouva moyen de faire rentrer la ville de Ravenne sous la puissance de l'empereur. L'exarque Eutychius s'était retiré à Venise; il n'avait aucun secours à espérer de Constantinople. Le Pape écrivit au duc ou doge Ursus et au peuple de Venise, des lettres pressantes, pour les engager à chasser les Lombards de Ravenne et à rétablir l'exarque. A la sollicitation du Pape, les Vénitiens font partir une flotte chargée de troupes, qui débarquent aux portes de la ville. Hildebrand, neveu du roi, en était gouverneur; il présente la bataille, est vaincu et fait prisonnier. Les Lombards abandonnent Ravenne, et Eutychius s'en remet en possession; un grand corps de troupes que Luitprand envoyait au secours de la ville, est taillé en pièces près de Rimini. Ce succès causa dans le pays une révolution générale. Les villes de la Pentapole chassent les garnisons lombardes et rentrent sous l'obéissance de l'empire. Voilà comme le Pontife romain se vengea de l'empereur et de l'exarque.

En reconnaissance de ce bienfait, l'exarque Eutychius s'unit au roi Luitprand pour venir assiéger Rome, s'en rendre maître et exécuter l'ordre qu'il avait reçu de tuer le Pape. Dans cette extrémité, Grégoire II eut recours aux Francs dans la personne de Charles-Martel, à qui déjà précédemment nous lui avons vu donner le titre de *patrice*. D'ailleurs, déjà plus d'un siècle avant, l'empereur Maurice avait conseillé aux Papes de recourir à l'alliance et à l'assistance des Francs, pour se mettre à l'abri des attaques des Lombards (Zonar., l. 15, t. II). On ne sait quelle fut la réponse de Charles-Martel. Cependant, après avoir soumis les ducs de Bénévent et de Spolète, le roi des Lombards et l'exarque Eutychius étaient aux portes de Rome, et les deux armées campaient dans les prairies de Néron, entre le Tibre et l'église de Saint-Pierre. L'admirable Pontife trouva dans son magnanime cœur un secours inattendu. Il sortit de Rome, se fit présenter au roi des Lombards, lui parla avec tant de force et de douceur, que, touché jusqu'au fond de l'âme, le roi se prosterna à ses pieds et promit de ne faire de mal à personne. En vain l'exarque, plus dur et moins généreux, le sommait d'accomplir leur indigne traité, le roi, sans l'écouter, pria le Pape de le conduire à la basilique du Vatican. Là, fondant en larmes, à genoux devant la confession de saint Pierre, il se dépouilla de ses habits royaux et les déposa avec son baudrier, son épée, sa couronne d'or et sa croix d'argent devant le corps du saint apôtre. Après y avoir fait sa prière, il supplia le Pape de vouloir bien recevoir aussi à la paix l'exarque même. Le Pape y consentit, et les deux armées s'étant retirées, Luitprand reprit le chemin de Pavie.

L'exarque Eutychius, enfin réconcilié avec le Pape et le peuple de Rome, y était rentré sans opposition, quand on apprit qu'une partie de la Toscane s'était révoltée. Tibère, surnommé Petase, dont l'histoire ne parle pas jusqu'à ce moment, avait soulevé plusieurs villes; elles lui avaient donné le titre d'empereur et prêté serment de fidélité. L'exarque, qui était un eunuque plus propre à tramer des complots qu'à faire la guerre, fut prodigieusement alarmé de cette nouvelle. L'intrépide Pontife lui redonna du cœur, et envoya avec lui les principaux de l'Église. Ils arrivèrent à Manture, où Pétase fut tué. Sa tête fut envoyée à Constantinople. Nous verrons comme l'empereur Léon sut reconnaître ce service du Pape et des Romains (Anast., *in Greg. II*).

En attendant, voici comment il répondit, d'après des écrivains grecs, aux lettres de saint Jean Damascène en faveur des saintes images. Jean était encore ministre du calife et du gouverneur de la ville de Damas. Ses lettres, car il en fit plusieurs, passant de main en main, furent d'un grand secours à ceux que la crainte de la persécution aurait pu ébranler. L'iconoclaste Léon en fut tellement irrité, qu'ayant trouvé une de ces lettres, il usa de ce moyen pour se venger. Il en fit imiter l'écriture par un habile faussaire, se fit écrire une lettre au nom de Jean, qui l'engageait à marcher sur Damas, promettant de l'en rendre maître. Il envoya cette lettre supposée au calife, comme un gage de son amitié et une preuve du désir sincère qu'il avait, d'entretenir la paix avec lui. Le calife, outré de colère et sans écouter les protestations de Damascène, lui fit couper sur-le-champ la main droite. L'auteur de sa vie, qui est Jean, patriarche de Jérusalem, et que l'on croit Jean IV, brûlé par les Sarrasins l'an 969, rapporte : que Damascène ayant obtenu qu'on lui rendît sa main, il se prosterna devant une image de la sainte Vierge, la suppliant d'intercéder auprès de son fils, afin qu'il la lui remît en état de continuer à défendre la cause des saintes images; que sa main ayant été parfaitement rétablie, le calife, surpris du miracle, reconnut son innocence et le pria de rester à sa cour.

Quoi qu'il en soit, Damascène, aimant mieux renoncer au monde, donna la liberté à ses esclaves, distribua ses biens à ses parents, aux pauvres et aux églises, et s'en alla à Jérusalem, et de là dans la laure de Saint-Sabas, avec le jeune homme qui avait été élevé avec lui sous le moine Cosme. Le supérieur de la laure le mit successivement sous la conduite de quelques anciens des plus sages; mais ils s'excusèrent tous de s'en charger, ne se croyant pas en état de conduire un homme en qui paraissait tant d'érudition. Il y en eut un néanmoins qui accepta la commission, mais qui le traita durement, jusqu'à lui commander les choses les plus répugnantes à la nature, et jusqu'à le punir sans ménagement des moindres fautes. Après diverses épreuves endurées avec une merveilleuse patience, on le laissa maître de son temps, qu'il employa à composer plusieurs ouvrages. Le patriarche de Jérusalem, qui était ou Jean III ou Eusèbe, son successeur, l'obligea à recevoir l'ordre de la prêtrise. Damascène ne s'y soumit que par obéissance; après quoi il retourna dans sa cellule continuer ses exercices de pénitence et ses ouvrages pour l'utilité de l'Eglise. Il y était excité par le moine Cosme, son ancien précepteur, depuis évêque de Majume en Palestine, près de Gaza (*Acta Sanct.*, 6 *maii*).

Mais ce fut principalement à Constantinople que l'empereur Léon déploya toute sa fureur contre les saintes images. Il les faisait brûler dans la place publique, il faisait blanchir les murailles des églises qui étaient ornées de peintures. Jusqu'en 730, il avait usé de quelque ménagement avec le patriarche Germain. Mais sa modération ne put tenir jusqu'au bout. Un jour qu'il était entré en dispute avec lui, après de longs raisonnements que le patriarche détruisait d'un seul mot, réduit à ne pouvoir répliquer, il s'emporta, et, rugissant comme un lion; il frappa au visage et chassa du palais ce prélat âgé pour lors de 95 ans, et plus vénérable encore par sa sainteté que par sa vieillesse. Résolu de le perdre, il faisait observer toutes ses démarches pour y trouver de quoi le condamner comme séditieux, plutôt que de lui procurer, par une violence ouverte, le titre de confesseur de la foi. Mais la sagesse de Germain ne donnait aucune prise à la malignité. L'empereur, impatient de s'en défaire, fit assembler le sénat le 7 janvier 730, et, ayant fait venir le patriarche, lui présenta son édit, avec ordre d'y souscrire sur-le-champ. Germain prit cette occasion de justifier publiquement la pratique de l'Eglise, et après un assez long discours : « Prince, ajouta-t-il, je respecte les ordres de l'empereur; mais sur un point qui intéresse la foi, je ne puis céder qu'à l'autorité d'un concile général. En attendant, rendez la paix à l'Eglise, et si je suis Jonas, jetez-moi dans la mer. » En même temps il se dépouille de son *pallium*, renonce à l'épiscopat et se retire dans sa maison paternelle, où il passa le reste de ses jours dans la prière et le silence. Il avait tenu le siège de Constantinople quatorze ans et demi. L'Eglise honore sa mémoire le 12 mai.

L'empereur, sans observer aucune forme canonique, mit à sa place Anastase, qui fut installé par des soldats. C'était un diacre corrompu, qui avait vendu au prince sa foi et sa conscience. Syncelle du patriarche, mais bien différent de son évêque, il n'aspirait qu'à profiter de ses dépouilles. Germain lui fit sentir un jour que son ambition lui serait funeste. Comme il montait les degrés du palais, Anastase, qui le suivait, ayant marché sur sa robe, le patriarche se retournant vers lui : *Ne vous pressez pas, Anastase,* lui dit-il, *vous n'arriverez que trop tôt à l'hippodrome.* C'était le lieu où il devait un jour subir un châtiment ignominieux, ainsi que nous le verrons dans la suite. Cette prophétie frappa tous ceux qui l'entendirent, excepté Anastase lui-même. Cet intrus ne fut pas plus tôt en possession du trésor de l'Eglise, qu'il le mit entre les mains de l'empereur; celui-ci, moins encore par avarice que par une espèce de fureur, se saisissait des ornements des églises qu'il faisait brûler, des vases sacrés qu'il faisait fondre, parce qu'ils étaient chargés de figures dont il voulait abolir l'usage.

Si la présence de Germain n'avait pu arrêter la violence de l'empereur, elle l'avait du moins retenue dans certaines bornes. Dès qu'il fut éloigné, Léon s'abandonna à des excès inconnus aux plus cruels persécuteurs. Entre le palais et l'église de Sainte-Sophie était une superbe basilique, nommée l'Octogone. Elle était formée de huit portiques réunis. Bâtie autrefois par Constantin, Julien y plaça sa bibliothèque, qu'il rendit publique. Valens y établit sept antiquaires, dont l'emploi était de recopier les manuscrits qui dépérissaient de vétusté. Ce précieux dépôt contenait cent vingt mille volumes, lorsqu'il fut brûlé du temps de Zénon. Ce prince l'avait rétabli; mais jusqu'au règne de Léon, on n'avait pu y rassembler que trente mille volumes. La fondation était devenue encore plus utile par l'établissement de douze professeurs, entretenus aux dépens du trésor et qui enseignaient gratuitement les lettres tant sacrées que profanes. A leur tête était un chef qu'on nommait l'Œcuménique, c'est-à-dire l'Universel, à cause de l'étendue de ses connaissances. Cette compagnie, dont les membres étaient choisis entre les hommes les plus éclairés de l'empire, avait une grande considération. Les empereurs les consultaient dans les affaires importantes. Souvent on tirait d'entre eux les prélats pour remplir les plus grands sièges. L'église annexée à cette illustre maison était desservie par seize religieux, savants eux-mêmes et recommandables par leur vertu. Léon pensa que sa nouvelle doctrine acquerrait beaucoup de crédit, s'il pouvait la faire admettre par cette pieuse et savante académie. Il entreprit de les amener à ses sentiments, et ce fut la matière d'un grand nombre de conférences, où les théologiens de l'empereur furent toujours confondus. Enfin, désespérant de les persuader, il prit le parti de les exterminer sans épargner la bibliothèque, dont sa grossière ignorance ne faisait aucun cas. Ayant fait pendant la nuit environner la basilique d'un grand amas de bois sec et de matières combustibles, il y fit mettre le feu. Des gardes postés à toutes les issues en défendaient le passage, et ce cruel incendie réduisit en cendres et les livres et les professeurs (Théoph.; Cédr.; Zon.; Manass.; Glycas, *Hist. du Bas-Empire*).

Cette étrange barbarie fit horreur à tout l'empire. Peu de temps après, un attentat public contre une image révérée de toute la ville de Constantinople, acheva de soulever les esprits et fit couler le sang d'un grand nombre de citoyens. Sur la porte de Chalcé (c'était le vestibule du palais), s'élevait un grand crucifix de bronze qui passait pour un monument de la piété de Constantin. On attribuait à ce crucifix plusieurs miracles. Léon ne pouvant souffrir la vue de cette image, qui semblait triompher de son édit, donna ordre à Jovin, un de ses officiers, d'aller abattre le Christ, mais de laisser subsister la croix; car telle était l'inconséquence des iconoclastes. Jovin, monté sur une échelle, avait déjà porté trois coups de hache à la figure du Christ, lorsqu'une troupe de femmes assemblées en un moment autour de lui, poussant de grands cris, renversent l'échelle et écrasent Jovin sous leurs pieds. Elles courent aussitôt à l'église, et font pleuvoir une grêle de pierres contre le patriarche Anastase, l'accablant d'injures et menaçant de le tuer, s'il ne va promptement faire des remontrances à l'empereur. Il y alla en effet; mais ce fut pour l'irriter davantage. L'empereur fait sortir ses gardes sur ces femmes attroupées à la porte du palais; elles sont en un instant massacrées. Non content de cette vengeance, il se persuade que l'émeute a été excitée par des personnes plus considérables; il fait arrêter neuf sénateurs et une dame de naissance illustre, sans avoir d'autre fondement de ses soupçons que leur opposition à ses volontés. Mais il crut que ce serait les traiter avec trop de douceur, s'il les faisait mourir sur-le-champ. Ils n'eurent la tête tranchée qu'après avoir langui huit mois dans une prison, où ils recevaient tous les jours cinq cents coups de fouet.

Dès que Léon eut une fois trempé ses mains dans le sang de ses sujets, il n'en devint que plus féroce. Pendant les dix années qu'il vécut encore, ce ne fut que deuil et désolation dans tout l'Orient. Les défenseurs des saintes images étaient proscrits, tourmentés, emprisonnés, consumés de faim et de froid, exposés aux outrages de leurs ennemis, traînés par les rues, écartelés, massacrés, sans compter ceux qui, abandonnant leurs biens pour sauver leur vie, se réfugiaient dans les déserts, sur les montagnes, dans les cavernes. Entre autres supplices, il faisait endurer de poix les cheveux et la barbe des confesseurs, et entasser quantité d'images auxquelles on mettait le feu. Après les avoir traînés par la ville en cet état; on les égorgeait, et on jetait leurs corps aux chiens. Ce fut ainsi qu'il traita Hypatius, évêque d'Éphèse, auquel il donna pour successeur Théodose, fils de Tibère Absimare, prélat hérétique, qui signala son zèle en faveur des iconoclastes. Cependant la plupart de ceux qui refusaient d'obéir à l'édit, n'étaient pas mis à mort. Après plusieurs tourments, ils étaient envoyés en exil. Léon, en faisant des martyrs, craignait de multiplier les images qu'il voulait détruire (*Oriens christ.*, t. I).

Anastase, usurpateur du siége de Constantinople, n'inspirait pas au prince des sentiments d'humanité. Cependant, pour autoriser son intrusion, il aurait voulu vivre en communion avec le Pape. Il lui écrivit une lettre synodique dans laquelle, après une profession de foi orthodoxe, après avoir protesté qu'il était uni de cœur et d'esprit avec l'Église romaine, il s'efforçait de justifier la conduite de l'empereur et ses propres sentiments sur le culte des images. Léon y joignit aussi une lettre pour tâcher d'adoucir le Pape, lui représentant comme des rebelles ceux qu'il était, disait-il, obligé de réprimer. Mais Grégoire, trop bien instruit pour se laisser tromper, répondit au patriarche que, tant qu'il se tiendrait séparé de l'Église, en rejetant le culte qu'elle rendait aux saintes images, il ne pouvait le regarder comme son frère dans l'épiscopat, et qu'il ne devait attendre de sa part que des anathèmes. Sa réponse à Léon n'était pas moins ferme : il lui donnait des avis salutaires, et l'exhortait à se retirer de l'abîme où l'avait plongé son attachement à des opinions erronées. L'empereur fut choqué de ses remontrances. Il y répliqua en menaçant Grégoire de le traiter comme Constant avait traité le pape Martin, et d'envoyer à Rome abattre l'image de saint Pierre (Anast., *in Greg. II;* Paul, diac., l. 6, c. 49; *Hist. du Bas-Empire*, l. 63).

Le pape saint Grégoire II répondit par la lettre suivante. Pour en bien comprendre le commencement, il faut savoir que l'indiction quatorzième se rencontre deux fois sous le règne de Léon l'Isaurien; une première fois, du 1$^{er}$ septembre 715 au 1$^{er}$ septembre 716, intervalle dans lequel Léon fut proclamé empereur; une seconde fois, du 1$^{er}$ septembre 730 au 1$^{er}$ septembre 731, intervalle dans lequel mourut le pape Grégoire II (Cenni, *in Anast.*). Il disait donc à l'empereur : « Nous avons reçu, la quatorzième indiction de votre empire, par un écuyer impérial, la lettre de Votre Majesté et de Votre Fraternité. Pareillement, les lettres de l'indiction 14, 15, 1, 2, 3, 4, 5, 6, 7, 8 et 9, nous les gardons soigneusement dans la sainte Église, près de la confession de saint Pierre, prince des apôtres, avec les lettres de vos pieux prédécesseurs. Dans dix de ces lettres vous avez promis, comme le doit un prince qui gouverne des chrétiens, d'observer fidèlement toutes les instructions de nos Pères et Docteurs. Ce qu'il y a de plus remarquable, ces lettres sont scellées de votre sceau et souscrites de votre main avec du cinnabre : vous y confessez notre sainte foi dans toute sa pureté, et vous y déclarez maudit quiconque ose contrevenir aux décisions des Pères. En les recevant, nous rendions grâces à Dieu de ce qu'il vous avait donné l'empire. Qui donc vous oblige maintenant à regarder en arrière, après avoir si bien marché pendant dix années? Pendant tout ce temps, vous n'avez point parlé des saintes images; et maintenant vous dites qu'elles tiennent la place des idoles, et que ceux qui les vénèrent sont des idolâtres! Vous ordonnez de les abolir entièrement; et vous ne craignez point le jugement de Dieu, en scandalisant non-seulement les fidèles, mais les infidèles? Jésus-Christ vous déclare que, si vous scandalisez un seul des petits, vous serez précipité en enfer; et voilà que vous scandalisez le monde entier! Pourquoi, comme empereur et chef des chrétiens, n'avez-vous pas interrogé les hommes savants et pleins d'expérience? Ils vous auraient appris quels sont ces ouvrages dont Dieu parle, et pourquoi il défend de les adorer; et vous n'auriez pas jeté le trouble parmi les humbles populations. Mais vous avez répudié nos saints Pères et nos Docteurs, après avoir promis par écrit de les suivre. Notre écrit à nous, notre lumière et notre salut, ce sont nos Pères et nos Docteurs guidés de Dieu : les six conciles, nous ont laissé cette tradition, et vous ne recevez pas leur témoignage. Nous sommes obligé, parce que vous êtes grossier et ignorant, de vous écrire des discours grossiers, mais pleins de sens et de la vérité de Dieu. Nous vous conjurons de quitter votre présomption et votre orgueil, et de nous écouter humblement.

» Dieu a ainsi parlé à cause des idolâtres qui habitaient la terre promise et qui adoraient des animaux d'or, d'argent et de bois, des oiseaux et toutes sortes de créatures, et disaient : *Voilà nos dieux, et il n'y en a point d'autres !* Tels sont les ouvrages nuisibles et maudits, inventés par le démon, que Dieu a défendu d'adorer. Car il y a certains ouvrages faits de main d'hommes, pour le service et la gloire de Dieu. Lui-même n'a-t-il pas inspiré deux ouvriers, Bezéléel et Ooliab, pour faire les tables de la Loi, l'arche, les chérubins, l'autel ? Ne sont-ce pas là des ouvrages de mains d'hommes, mais pour la gloire et le service de Dieu ? Et quand Moïse, à qui Dieu montrait le modèle de ces ouvrages, demanda à le contempler lui-même dans sa gloire, il lui fut répondu qu'il ne pouvait le voir en face sans mourir, mais qu'il le verrait par après ; et Dieu lui fit connaître, dans une vision, le mystère caché aux siècles et aux générations. Par après, Dieu s'est manifesté complètement à nous dans son fils, qui s'est incarné, a paru dans Jérusalem, a fait plusieurs actions sensibles. Ceux qui l'avaient vu, l'ont peint comme ils l'avaient vu. On a peint de même saint Jacques, parent du Seigneur, saint Étienne et les autres martyrs. Ces images s'étant répandues par tout le monde, on a cessé d'adorer le démon pour adorer ou vénérer ces images, non d'un culte de latrie, mais d'un culte relatif. » Pour s'en convaincre, le Pape renvoie l'empereur à Édesse, où, de temps immémorial, on honorait une image de Notre Seigneur, que, d'après la tradition des Grecs, Notre Seigneur lui-même avait envoyée au roi Abgare avec une lettre.

» Mais pourquoi ne peignons-nous pas le Père de Notre Seigneur Jésus-Christ ? Parce qu'il est impossible de peindre la nature divine. Si nous l'avions vu comme son Fils, nous le peindrions de même, dussiez-vous encore l'appeler une idole. Vous dites que nous adorons des pierres, des murailles et des planches. Il n'est pas ainsi, seigneur ; c'est pour nous faire souvenir de ceux dont ce sont les noms et les images, et pour élever en haut notre esprit rampant et grossier. Nous ne les regardons pas comme des dieux, ainsi que vous dites ; à Dieu ne plaise ! nous n'y mettons pas non plus notre espérance. Mais si c'est l'image de Notre Seigneur, nous disons : *Seigneur Jésus-Christ, Fils de Dieu, secourez-nous, sauvez-nous !* Si c'est celle de sa sainte Mère, nous disons : *Sainte Mère de Dieu, priez votre Fils qu'il sauve nos âmes !* Si c'est d'un martyr : *Saint Étienne, qui avez répandu votre sang pour Jésus-Christ, et qui avez auprès de lui tant de crédit comme premier martyr, priez pour nous !*

» Nous avions voulu, comme en ayant la puissance et l'autorité de saint Pierre, prononcer des peines contre vous. Mais puisque, dans vos précédentes lettres, signées de votre main, vous vous êtes donné vous-même la malédiction, qu'elle vous demeure, ainsi qu'à ceux dont vous suivez les conseils ! Il vaudrait mieux que l'on vous nommât hérétique que persécuteur et destructeur des saintes images ; cela supposerait une question difficile, et vous seriez moins coupable. Mais vous combattez ouvertement ce qui est clair comme le jour, et vous avez dépouillé les églises que les saints Pères avaient ornées. Ayant un si grand évêque que notre frère le seigneur Germain, vous deviez le consulter comme votre père, lui qui a une si grande expérience des affaires ecclésiastiques et politiques, qui est à présent âgé de 95 ans, et qui a servi tant de patriarches et d'empereurs. Vous l'avez laissé pour écouter ce méchant et insensé Éphésien, fils d'Absimare, et ses semblables. » (C'était Théodose, évêque d'Éphèse, l'un des chefs des iconoclastes.) Le Pape rapporte ensuite l'exemple de Constantin Pogonat, qui assembla le sixième concile œcuménique et le fit exécuter, en s'y soumettant le premier, puis il ajoute : « Vous voyez, seigneur, que les décisions de l'Église n'appartiennent pas aux empereurs, mais aux évêques. C'est pourquoi, comme les évêques qui sont préposés aux Églises s'abstiennent des affaires publiques, les empereurs doivent s'abstenir des affaires ecclésiastiques et se contenter de celles qui leur sont confiées. Mais la concorde des empereurs et des évêques fait une seule puissance, quand on traite les affaires avec paix et charité. Vous nous avez écrit d'assembler un concile œcuménique ; cela ne nous semble point à propos. C'est vous qui persécutez les images. Cessez, faites-nous la grâce de garder le silence ; aussitôt le monde sera en paix et les scandales cesseront. Supposez que le concile est assemblé ; où est l'empereur pieux pour y prendre séance suivant la coutume, récompenser ceux qui parleront bien et poursuivre ceux qui s'écartent de la vérité ? Vous-même êtes rebelle et agissez en barbare. Ne voyez-vous pas que votre entreprise contre les images n'est que révolte et présomption ? Les Églises jouissaient d'une paix profonde, quand vous avez excité les combats et les scandales. Cessez, et il n'est pas besoin de concile.

» Dieu nous en est témoin, toutes les lettres que vous nous avez écrites, nous les avons communiquées aux rois de l'Occident, pour vous concilier leur paix et leur bienveillance ; nous vous louions, nous vous exaltions, en vue de la conduite que vous teniez alors. Aussi recevaient-ils vos images, comme il convient que des rois honorent des rois. Mais quand ils eurent appris par des Romains, des Francs, des Vandales, des Maures, des Goths et d'autres Occidentaux qui étaient à Constantinople, ce que vous avez fait en leur présence à l'image du Sauveur, ils ont foulé aux pieds vos images, ont déchiré votre face ; les Lombards et les Sarmates, avec d'autres peuples du Nord, ont envahi la Pentapole, occupé Ravenne, chassé vos magistrats auxquels ils en ont substitué d'autres. Voilà ce que vous a valu votre imprudence.

» Mais vous nous effrayez et vous dites : J'enverrai à Rome, je briserai l'image de saint Pierre ; je ferai amener dans les chaînes le pontife Grégoire, comme Constant a fait de Martin. Vous devez savoir que les Pontifes de Rome, médiateurs entre l'Orient et l'Occident, sont les arbitres et les modérateurs de la paix. Quant à vos menaces, nous n'avons pas besoin de combat pour nous y soustraire; le Pontife romain n'a qu'à faire une lieue ou deux, et il est hors de vos domaines. Notre prédécesseur Martin travaillait à la paix ; Constant, au contraire, asservi à d'hérétiques prélats, le fit enlever par ses satellites, traîner tyranniquement à Byzance, et, après l'avoir abreuvé d'outrages, l'envoya en exil. Il en fit de même au moine Maxime et à son disciple Anastase. Mais ce même Constant fut tué et mourut dans son péché; l'intendant de la cour ayant su des évêques de Sicile qu'il était hérétique, lui donna la mort; tandis que Martin est proclamé bienheureux par la ville de Chersone, où il a été relégué, et par les peuples du Nord, qui accourent à son tombeau et y trouvent la guérison.

» Plût à Dieu de nous faire marcher dans la voie de Martin, encore que, pour l'utilité publique, nous souhaitions de vivre; car tout l'Occident a les yeux tournés sur notre humilité, et, quoique nous ne le méritions pas, ils ont en nous une grande confiance; et celui dont vous vous vantez de détruire l'image, saint Pierre, tous les royaumes de l'Occident le regardent comme un Dieu terrestre. Si vous voulez en faire l'épreuve, ils sont tout prêts à punir vos outrages, même ceux de l'Orient. Toutefois, nous vous conjurons par le Seigneur, cessez vos extravagances de jeune homme. Ce qui nous afflige, c'est que les Barbares s'adoucissent, et que vous devenez barbare. Tout l'Occident offre au glorieux prince des apôtres les fruits de la foi. Il y a peu, nous avons reçu du fond de l'Occident des lettres de celui qu'on appelle Septet, qui demande à nous voir, pour recevoir de nous le baptême. Et, pour n'être pas un jour accusé de négligence, nous nous disposons à faire le voyage. Dieu veuille que nous recevions au plus tôt de vos lettres, nous annonçant votre conversion (Labbe, t. VII). »

L'empereur Léon écrivit encore au Pape, qui lui répondit en ces termes : « Nous avons reçu la lettre de Votre Majesté et de Votre Fraternité, par Rufin, votre ambassadeur; et la vie m'est devenue insupportable en voyant que, loin de vous repentir et de suivre nos saints Pères et nos Docteurs, vous demeurez dans vos mauvaises dispositions. Vous dites : *Je suis empereur et pontife !* Vos prédécesseurs pouvaient le dire, eux, qui, pleins de zèle pour la foi orthodoxe, ont fondé et orné les églises, et les ont protégées, de concert avec les évêques. Vous, au contraire, vous n'avez point gardé les définitions des Pères : de plus, ayant trouvé les églises magnifiquement décorées, vous les avez dépouillées et défigurées. Car que sont nos églises? sinon des ouvrages d'hommes; des pierres, du bois, de la chaux, du mortier! Ce qui en fait l'ornement, ce sont les peintures et les histoires de Jésus-Christ et des saints. Les chrétiens y emploient leurs biens. Les pères et les mères tenant entre les bras leurs petits enfants nouveau baptisés, leur montrent du doigt les histoires; ils les montrent de même aux jeunes gens ou aux gentils convertis de différentes nations. Ainsi ils les édifient, et élèvent leur esprit et leur cœur à Dieu. Mais vous, vous en avez détourné le simple peuple; et au lieu des actions de grâces et des louanges de Dieu, vous l'avez jeté dans l'oisiveté, les chansons, les fables, le son des lyres et des flûtes, et d'autres balivernes.

» Ecoutez notre humilité, seigneur; cessez de persécuter l'Eglise, suivez-la telle que vous l'avez trouvée. Les dogmes ne regardent pas les empereurs, mais les pontifes; car nous avons l'esprit du Christ. Autre est la constitution de l'Eglise, autre celle du siècle. L'intelligence étroite que vous avez pour la guerre ne saurait administrer les dogmes spirituels. Voici la différence du palais et de l'Eglise, des empereurs et des pontifes. Si on vous dépouillait de vos habits impériaux, de la pourpre, du diadème, de votre cortège et de vos gardes, vous paraîtriez abject aux yeux des hommes : tel est l'état auquel vous avez réduit les églises saintes. Comme il n'est pas permis au pontife de regarder dans le palais et de distribuer les dignités impériales, ainsi l'empereur ne doit pas regarder dans les églises pour faire les élections du clergé, consacrer ou administrer les sacrements, ou même y participer sans le prêtre. Chacun de nous doit demeurer dans sa vocation. Voyez-vous, seigneur, la différence des pontifes et des empereurs? Si quelqu'un vous a offensé, vous confisquez sa maison, vous le dépouillez ou le bannissez, ou même vous lui ôtez la vie. Les pontifes n'en usent point ainsi; mais si quelqu'un a péché et s'en confesse, au lieu de l'étrangler et de lui couper la tête, ils lui mettent au cou l'Evangile et la croix, ils l'emprisonnent dans le trésor de l'église, dans la diaconie ou la salle des catéchumènes; ils lui imposent des jeûnes, des veilles, des prières, et, après l'avoir bien corrigé, ils lui donnent le Corps sacré et le précieux Sang de Notre Seigneur, et l'envoient pur et sans tache devant Dieu. Voyez-vous la différence des églises et des empires?

» Les pieux empereurs ont été soumis aux pontifes des églises et ne les ont point vexés; mais vous, depuis que vous êtes perverti, depuis que vous avez encouru la malédiction que vous avez prononcée vous-même dans vos lettres contre celui qui renverse les règlements des Pères, depuis que vous vous êtes condamné par votre propre jugement et que vous avez éloigné de vous l'Esprit-Saint, vous nous persécutez et nous trahissez par la main de vos soldats et par les armes de la chair. Pour nous, nous sommes nus et sans armes, nous n'avons point d'armées terrestres, mais nous invoquons le généralissime de tout l'univers, le Christ, assis dans les cieux au-dessus de toutes les armées des puissances célestes, afin qu'il vous livre à Satan, comme dit l'apôtre, pour la perte de la chair et le salut de l'âme. » En un mot, le Pape excommunie formellement l'empereur.

« Mais, continue-t-il, vous avez écrit : Comment se fait-il que dans les six conciles on n'ait point parlé des images? Je réponds qu'on n'y a point parlé non plus s'il faut manger du pain et boire de l'eau. Nous avons reçu les images par une ancienne tradition; les évêques eux-mêmes en portaient aux conciles, et aucun de ceux qui aiment Dieu ne voyageait sans images. Nous vous exhortons à être ainsi pontife et empereur, comme vous l'avez écrit. Que si vous ne le voulez pas, écrivez dans tous les pays que vous avez scandalisés, écrivez-leur que le pape Grégoire se trompe sur les images, ainsi que le patriarche Germain de Constantinople : nous prenons sur nous ce péché, comme ayant reçu du Seigneur la puissance et l'autorité de lier et de délier, et ce qui est sur la terre et ce qui est au ciel; nous vous ôtons toute inquiétude à cet égard. Mais vous ne voulez écouter ni notre humilité, ni l'évêque Germain, ni nos saints Pères et Docteurs : vous suivez les corrupteurs de la doctrine, qui s'égarent de la vérité. Ayez votre partage avec eux! Quant à nous, ainsi que nous vous l'avons écrit, nous partons pour l'extrémité de l'Occident, vers ceux qui demandent le saint baptême, Car depuis que j'y ai envoyé des évêques et des clercs de notre Eglise, leurs princes n'ont pu encore être amenés à se laisser baptiser, parce qu'ils désirent que je sois leur parrain. C'est pourquoi nous nous mettons en route, de peur qu'un jour on ne nous demande raison de notre négligence. Dieu veuille vous donner la prudence et le repentir, pour revenir à la vérité dont vous vous êtes écarté, et ramener les peuples à l'unique bercail des églises orthodoxes; et qu'enfin le Seigneur, notre Dieu, accorde à l'univers entier la paix, maintenant et toujours, et dans les siècles des siècles. Ainsi soit-il (Labbe, t. VII). »

Il n'est guère probable que le pape saint Grégoire ait eu la consolation de baptiser les princes d'Occident dont il parle, et qui sans doute avaient été convertis par saint Boniface et ses compagnons; car cet excellent Pape mourut le 11 février 731, après un glorieux pontificat de quinze ans huit mois et vingt-quatre jours, dont il est à regretter que nous ne connaissions pas mieux les détails. Qu'il ait fini par excommunier l'empereur iconoclaste de Constantinople, ni son biographe Anastase, ni Paul, diacre, n'en disent rien; mais la chose est indubitable d'après sa dernière lettre et d'après d'autres monuments, entre autres une lettre du pape Adrien Ier à Charlemagne. Mais une autre question non moins importante, c'est de savoir si le pape saint Grégoire II détacha de l'empire de Constantinople, au moins pour un temps, la ville de Rome et les provinces environnantes, et s'il leur défendit de lui payer les tributs accoutumés. Un auteur qui vécut et écrivit dans le même siècle, saint Théophane, l'atteste, et après lui tous les historiens grecs et latins.

Théophane dit donc sur l'année 13e de Léon : « Cette année, l'irréligieux empereur tint son conciliabule pour ôter et proscrire les saintes et vénérables images; le Pape de Rome, connaissant son dessein, lui avait écrit une lettre décrétale pour lui rappeler qu'il ne lui convenait ni de statuer sur la foi, ni de rien innover ou changer aux anciens canons de l'Eglise : à la fin, il défendit de lui porter les tributs de l'Italie et de Rome. Dans l'ancienne Rome, dit encore le même auteur, florissait, par la science et d'éclatantes vertus, un homme d'une sainteté parfaite, assis sur le même trône que Pierre, le coryphée des apôtres, Grégoire, qui détacha Rome, l'Italie et tout l'Occident de l'obéissance tant civile qu'ecclésiastique de Léon et de son empire (Théoph. Ad an. 13 Leon.) »

Cédrenus : « L'homme apostolique, assis sur le même trône que le coryphée des apôtres, se détacha de Léon à cause de son impiété, et, ayant fait alliance avec les Francs, le saint homme refusa le tribut à Léon. » Zonare : « C'est pourquoi Grégoire, qui gouvernait alors l'Eglise de l'ancienne Rome, ayant rejeté la communion de l'évêque de la Rome nouvelle et de ceux qui la suivaient, la frappa, ainsi que l'empereur, d'un anathème synodal, et arrêta les impôts qu'on lui payait jusqu'à ce temps. » Anastase, en sa Vie de Grégoire II : « L'exarque Paul, par ordre de l'empereur, cherchait à tuer ce même pontife, parce qu'il défendit de payer le cens dans la province. » Michel Glycas, écrivain grec, que Labbe appelle un homme de grande érudition : « Alors le pape Grégoire écrivit à l'empereur Léon touchant les images sacrées; mais, n'ayant pu le convertir, il défendit de payer à l'empereur les tributs de Rome et de l'Italie, et détacha tout ce pays de son empire (Cedr., ibid., Zon., t. III; Annal.; Anast., in Greg. II; Glycas, p. 4). »

Aux historiens grecs attestant que Grégoire II dépouilla Léon l'Isaurien, pour son impiété, de la domination de Rome et de l'Italie, et qu'il lui retira les tributs, se joignent d'un concert unanime tous les historiens latins, soit anciens soit modernes, soit favorables soit contraires aux Papes, tels que l'auteur de l'*Histoire mêlée* que quelques-uns croient Paul, diacre; Sigebert de Gemblours, Othon de Frisingue, Geoffroi de Viterbe; Martinus Polonus, Albert de Stade, Platina, Jean Nauclerc, Onuphre, Papirius Marson, Charles Sigoni, Génébrard, sans parler de Vincent de Beauvais, de saint Antonin de Florence et de beaucoup d'autres (1).

Pour bien apprécier la conduite du pape Grégoire II en cette affaire, plusieurs circonstances sont à remarquer. Nul historien ne dit que Grégoire II dépouilla Léon de l'empire, mais seulement qu'il lui retira Rome et l'Italie; nul ne dit que cette sentence dût regarder son fils; nul ne dit qu'à l'égard même de Léon, cette détermination dût être irrévocable. On voit, au contraire, par la longanimité du Pape, que son unique but était de défendre la foi catholique d'une part, et d'y ramener de l'autre le malheureux prince. Dans ce double dessein, il crut assez de détacher de son empire, ne fût-ce que pour un temps, la capitale du monde chrétien et les provinces environnantes. Et encore comment détacha-t-il de l'empire grec et Rome et l'Italie ? comment leur défendit-il de lui payer les tributs ? Ce fut en déclarant, comme directeur suprême des consciences, que les peuples d'Italie n'étaient point obligés d'envoyer leurs tributs à un empereur de Constantinople, qui ne s'en servait que pour leur faire perdre la foi chrétienne et le bon sens; mais qu'ils pouvaient employer ces tributs en Italie même, pour se défendre tout à la fois et contre les Grecs et contre les Lombards.

Après la mort du pape saint Grégoire II, dont l'Eglise honore la mémoire le 13 février; le Saint-Siège ne vaqua que 35 jours; car dans le moment qu'on faisait ses funérailles, tout le peuple de Rome, depuis le plus petit jusqu'au plus grand, comme par inspiration divine, enleva de force le prêtre Grégoire, qui y assistait, et l'élut Pape. Syrien de nation, il était très-doux, très-sage et bien instruit des saintes Ecritures. Il savait les psaumes par cœur et s'était exercé à en pénétrer le sens caché; versé dans le grec et le latin, il parlait avec élégance, prêchait

(1) Sigeb., *In Chron. ad an.* 731; Otho Fris., l. 5, c. 18; Gottfr., vit., p. 16; Mart. Pol., l. 4, *in vit. Greg. II*; Albert Stad., *ad an.* 732; Platina, *in vit. Greg. II*; Nauclerus, vol. 2, generat. 25; Onuphr., *in vitâ Constantini I*; Pap. Mass., l. I, *in Clodoveo III*; Sigonius, *de regno Italiæ, ad an.* 728; Genebrard, l. 3, *Chronol. ad an.* 730.

avec force, exhortait à toute espèce de bonnes œuvres, défendait avec courage la foi orthodoxe. Il aimait beaucoup les pauvres, rachetait les captifs, assistait généreusement les orphelins et les veuves, et donnait l'exemple de toutes les vertus. Il fut consacré le 18 mars 731 ; il tint le Saint-Siége 18 ans 8 mois et 24 jours, et mourut le 28 novembre 741, jour auquel l'Eglise honore sa mémoire (Anast., *in Greg. III*).

En Allemagne, saint Boniface ayant appris l'ordination du pape saint Grégoire III, lui envoya des députés avec des lettres pour l'assurer de son obéissance, lui rendre compte de sa mission et lui demander la solution de plusieurs difficultés. Le Pape lui accorda, non-seulement la communion et l'amitié du Saint-Siége qu'il demandait, mais encore le *pallium* et le titre d'archevêque. Il lui envoya des reliques et d'autres présents avec une lettre, où, après avoir déclaré la nouvelle dignité qu'il lui donne, il ajoute : « Et parce que vous nous assurez que, par la grâce de Dieu, il s'est converti une si grande quantité de peuple, que vous ne pouvez suffire à leur instruction, nous ordonnons que, suivant les canons et de l'autorité du Siége apostolique, vous établissiez des évêques dans les lieux où le nombre des fidèles sera multiplié, prenant garde toutefois à ne pas avilir l'épiscopat et à ne point faire de consécration d'évêque sans y en appeler deux ou trois autres. Quant au prêtre qui vient nous trouver l'année passée et qui prétend avoir été absous de ses crimes, sachez qu'il ne nous a fait aucune confession et qu'il n'a reçu aucune absolution de nous. Il nous a seulement dit qu'il était prêtre, et nous a demandé des lettres de recommandation pour notre fils le duc Charles. Ceux qui ont été baptisés par les païens doivent être baptisés encore au nom de la sainte Trinité; de même ceux qui ont été baptisés par un prêtre qui sacrifie à Jupiter et mange des viandes immolées, ou qui doute s'ils ont été baptisés. » Il faut croire que le baptême administré par ces païens n'était pas selon la forme de l'Eglise; car nous n'avons pas les questions de saint Boniface, pour savoir les circonstances des cas proposés.

Le Pape continue : « On peut offrir pour les morts véritablement chrétiens, mais non pas pour les impies. On doit observer les degrés de parenté jusqu'à la septième génération. Et, si vous le pouvez, détournez les hommes de se remarier plus de deux fois. Les parricides ne recevront la communion qu'à la mort en viatique, et toute leur vie ils s'abstiendront de chair et de vin, et jeûneront le lundi, le mercredi et le vendredi. Ceux qui vendent leurs esclaves aux infidèles pour les immoler, feront la même pénitence que les homicides. Défendez, autant que vous pourrez, à vos nouveaux chrétiens de manger de la chair de cheval, et imposez-leur une pénitence (Labbe, t. VI). » C'était pour civiliser et adoucir les mœurs des nations barbares de la Germanie, qu'on voulait leur ôter ces usages. On voit que ces mœurs étaient terriblement féroces, puisque les païens immolaient encore des hommes, et que des chrétiens leur vendaient pour cela des esclaves.

Saint Boniface ayant reçu la lettre du Pape, vers l'an 732, fut singulièrement encouragé dans sa mission, et bâtit deux églises, l'une à Fritzlar, en l'honneur de saint Pierre et de saint Paul, une autre à Hamanabourg, en l'honneur de saint Michel : il joignit à chacune un monastère nombreux. Le monastère de Fritzlar était dans la Hesse, sur l'Eder, à l'endroit de la ville qui en porte encore le nom : son premier abbé fut saint Wigbert, moine anglais du pays de Wessex, qui passa en Germanie, étant déjà prêtre, pour travailler avec saint Boniface. Il était fort exact dans l'observance de la règle ; et s'il était appelé pour entendre la confession de quelqu'un, il ne parlait à personne en chemin, ou ne parlait que de choses spirituelles. Il mourut en 747, et l'Eglise honore sa mémoire le 13 août (*Acta Sanct.*, 13 *aug.; Act. Bened.*).

Après la fondation de ces deux monastères, saint Boniface passa en Bavière, où commandait le duc Hubert, et il en visita les églises. Saint Corbinien, évêque de Frisingue, était mort dès l'an 730, le 8 septembre, jour auquel l'Eglise honore sa mémoire ; et saint Boniface trouva la Bavière troublée par un hérétique nommé Eremwolf, qui ramenait le peuple à l'idolâtrie. Il le condamma selon les canons, et en ayant délivré le pays et rétabli la discipline, il retourna à sa mission ordinaire.

Quelque temps après, il écrivit en ces termes à Nothelme, archevêque de Cantorbéry : « Je vous prie de vous souvenir de moi dans vos saintes prières, afin d'affermir mon esprit agité par les différents assauts des nations germaniques, et afin que je ne sois pas moins uni à vous par la communion et la charité fraternelle, que je l'étais à votre prédécesseur Britwald, quand je sortis de mon pays. Je vous prie instamment de m'envoyer copie de la lettre qui contient les questions de l'évêque Augustin, avec les réponses du pape saint Grégoire, où, entre autres articles, il est dit qu'il est permis aux fidèles de se marier à la troisième génération. Examinez soigneusement si cet écrit est de saint Grégoire ; car ceux qui gardent les archives de l'Eglise romaine, disent qu'après l'avoir cherché avec les autres lettres du même Pape, on ne l'y a point trouvé. Je vous demande aussi votre conseil sur une faute que j'ai commise, en permettant un mariage. Un homme ayant tenu un enfant au baptême, a épousé la mère devenue veuve. Les Romains disent que c'est un péché capital : ils ordonnent aux parties de se séparer, et assurent que, sous les empereurs chrétiens, ce mariage serait un crime digne d'une peine capitale, ou du moins d'être expié par un pélerinage perpétuel. Apprenez-moi si vous avez trouvé dans les décrets des Pères, dans les canons ou dans l'Ecriture, que ce soit un si grand crime, car je ne puis comprendre pourquoi, en un certain lieu, la parenté spirituelle rend le mariage si criminel, puisque nous sommes tous frères par le baptême. Apprenez-moi aussi en quelle année de l'Incarnation arrivèrent les premiers missionnaires envoyés par saint Grégoire aux Anglais. » Saint Boniface consulta sur la même question d'affinité spirituelle, Pethelme, premier évêque de Maison-Blanche, en Northumbrie, et l'abbé Duddon, qui avait été son disciple. Il le prie encore de lui envoyer des traités des Pères sur l'Ecriture (*Epist. S. Bonif.*, 15, 11 et 22 ; *Bibl. Patr.*, t. XIII). Ce que dit saint Boniface, que *nous sommes tous frères par le baptême*, est bien vrai ; mais cela n'empêche pas qu'il y ait une affinité particulière entre le parrain et le filleul, ainsi que son père et sa mère; comme, de ce que nous sommes tous frères par la création, cela n'empêche pas qu'il n'y ait des liens particuliers de famille, dont le respect est un empêchement à l'union conjugale.

Le prêtre Eoba était chargé de cette lettre et d'une autre à l'abbesse Edburge, par laquelle saint Boniface la remercie du secours de livres et d'habits qu'elle lui avait envoyés, et la prie de lui écrire en lettres d'or les épîtres de saint Pierre, pour donner plus de respect aux hommes grossiers et pour contenter sa dévotion envers le saint apôtre, qu'il regardait comme le protecteur de sa mission. Dans une autre lettre, il se plaint à la même abbesse des oppositions qu'il rencontre dans cette œuvre; c'est, dit-il, de tous côtés travail et fureur, combats au dehors, crainte au dedans. Les artifices des faux frères sont pires que la malice des païens. Il y a plusieurs lettres de saint Boniface à cette abbesse Edburge, que l'on croit avoir gouverné le monastère de Winburn en Wessex. Mais il y avait une autre Edburge, abbesse de Tanet, nommée plus ordinairement Bugga, parente du roi Edelbert, à laquelle saint Boniface écrivit aussi deux lettres. Le prêtre Eoba, compagnon des travaux de saint Boniface, fut depuis évêque d'Utrecht.

On peut rapporter à ce temps la lettre de l'évêque Torthelme à saint Boniface; puisqu'il lui donne le titre d'archevêque. Il le félicite de la conversion des Saxons, lui témoigne qu'il fait mémoire de lui à la messe et aux prières journalières, et il lui demande la même grâce (*Epist.* 43). Il y a deux lettres de deux rois, qui semblent être du même temps; au moins la première, qui fait mention du prêtre Eoba. Elle est de Sigebald, roi de Wessex, qui demande en grâce à saint Boniface de vouloir bien être son évêque avec l'évêque Daniel. Il dit : « Sachez qu'en célébrant la messe, je fais réciter votre nom avec celui de nos évêques; je ne cesserai de le faire tant que je vivrai; et si je vous survis, je mettrai votre nom avec celui de notre père l'évêque Erconwald. Je vous en informe, non que je présume de moi-même, qui suis un pécheur; mais je m'appuie sur la miséricorde de Dieu et sur la confiance que vous avez en lui. Je vous conjure donc de vous souvenir toujours de ma petitesse, et dans le présent et dans l'avenir. (*Ibid.* 49). » La seconde lettre est d'Ebwald, roi des Estangles, qui écrit en son nom et au nom de tous les monastères de son royaume, témoignant que, suivant le désir de saint Boniface, il prie pour lui aux messes et aux sept heures canoniales. Il ajoute : « Tous les secours extérieurs des biens terrestres que Dieu a mis en notre puissance, nous voulons qu'ils soient à votre disposition. » Il se recommande à ses prières, et dit que l'on enverra de part et d'autre les noms des morts, afin de prier pour eux (*Ibid.* 76).

L'abbesse Bugga étant revenue de Rome, où elle avait été en pèlerinage, apprit au roi de Kant, Edelbert, son parent, que saint Boniface, qu'elle avait rencontré dans la même ville, lui avait promis de prier pour lui. Le roi Edelbert eut une si grande joie de cette nouvelle, qu'il en écrivit à saint Boniface une lettre charmante de remercîment, où il bénit Dieu du grand nombre d'infidèles qu'il lui donne de convertir. Il lui envoie un vase d'argent avec quelques autres cadeaux, se recommandant instamment à ses prières, et le prie enfin de lui procurer deux faucons de Germanie, parce qu'il n'en trouvait pas de si bons en son royaume (*Epist.* 40).

Voilà sans doute un spectacle merveilleux. Dans le temps même que l'empereur de Constantinople brûle les saintes images de l'Eglise, les livres de la bibliothèque publique et les savants qui y donnaient des leçons, à l'extrémité de l'Occident, dans l'Angleterre, naguère encore barbare, mais civilisée par les missionnaires du Pontife romain, les rois, les évêques, les abbesses, de simples religieuses s'intéressent avec une amitié fraternelle au missionnaire apostolique de l'Allemagne; lui envoient des secours, lui écrivent en latin d'aimables lettres, qui montrent à la fois le goût de la bonne piété et le goût de la bonne littérature. Qu'il nous soit permis d'en citer une d'une simple religieuse.

« Au révérendissime seigneur, décoré de la dignité pontificale, Boniface, qui dans le Christ m'est très-cher, et qui de plus m'est uni par les liens de la parenté, Léobguithe, la dernière des servantes qui portent le joug si léger du Christ, salut et santé perpétuelle. Je supplie Votre Clémence de daigner vous souvenir de l'ancienne amitié que vous aviez contractée jadis avec mon père, dont le nom était Tinne, et qui a terminé sa carrière il y a plus de huit ans, afin que vous ne refusiez pas de prier Dieu pour son âme. Je vous recommande aussi le souvenir de ma mère, qui se nomme Ebbe, et qui, vous le savez mieux que moi, vous est unie par les liens du sang; elle mène une vie pénible et se voit depuis longtemps affligée par une infirmité. Moi, je suis la fille unique de l'un et de l'autre. Puissé-je, quoique j'en sois indigne, mériter de vous avoir pour frère; car il n'est aucun de mes proches en qui j'aie autant de confiance qu'en vous. Je vous envoie ce petit cadeau, non qu'il soit digne de Votre Grandeur, mais pour que vous conserviez le souvenir de ma petitesse et que vous ne m'oubliiez point par la longue distance des lieux; qu'au contraire, le lien de la vraie dilection se resserre de plus en plus. Ce que je vous demande avec le plus d'instance, bien-aimé frère, c'est que, par le bouclier de vos oraisons, je sois défendue contre les flèches empoisonnées de l'ennemi occulte. Je vous prie aussi de daigner corriger la rusticité de cette épître, et de ne pas me refuser, pour me servir de modèle, quelques paroles de votre affabilité, que je suis avide d'entendre. Quant aux petits vers qui se trouvent plus bas, j'ai tâché de les composer d'après les règles de la poétique, non par aucune présomption, mais pour faire faire son apprentissage à mon grêle et petit génie, sous votre bienveillante direction. J'ai appris cet art d'Edburge, qui ne cesse de méditer jour et nuit la loi divine. Portez-vous bien, vivez longtemps et heureux, et priez pour moi (*Epist.* 36). » Certainement, une lettre d'un style aussi naturel, d'un ton aussi convenable, prouve à elle seule que la bonne littérature n'était pas ignorée dans les monastères anglais.

Saint Boniface fit un troisième voyage à Rome, l'an 738, tant pour conférer avec le pape saint Grégoire III, qu'il n'avait jamais vu, que pour se recommander aux prières des saints, étant déjà fort avancé en âge. Il fut très-bien reçu par le Pape, comme il l'écrivit aux siens en Allemagne, et extrêmement respecté tant par les Romains que par les étrangers; en sorte qu'il était suivi d'une grande multitude de Francs, de Bavarois, d'Anglais et d'autres nations. Il demeura en Italie pendant la plus grande partie de l'année, et, après avoir visité les tombeaux des saints, il prit congé du Pape, qui le renvoya, l'an 739, chargé de présents et de reliques, avec trois lettres : la première, adressée à tous les évêques et les abbés, pour leur recommander saint Boniface et les exhorter à lui donner des ouvriers pour sa mission. La seconde lettre est adressée aux peuples de Germanie nouvellement convertis. Le Pape y nomme les Thuringiens, les Hessois et plusieurs autres Barbares, et généralement tous ceux qui sont du côté de l'Orient, ce qu'il faut entendre par rapport au Rhin. Il les exhorte à se rendre dociles aux instructions de Boniface, et à recevoir les évêques et les prêtres qu'il leur ordonnera par l'autorité du Siège apostolique; puis il ajoute : « Que s'il veut ramener ceux qui s'écartent du droit chemin de la foi ou de la discipline canonique, ne vous y opposez point, mais faites qu'ils obéissent, sous peine de s'attirer la damnation. Pour vous, qui êtes baptisés au nom de Jésus-Christ, abstenez-vous de tout culte du paganisme, et détournez-en vos sujets. Rejetez les devins et les sorciers, les sacrifices des morts, des bois et des fontaines, les augures, les caractères, les enchantements, les maléfices et toutes les autres superstitions qui avaient cours en votre pays. » La troisième lettre est adressée aux évêques de Bavière et d'Allemagne, savoir : Vigon d'Augsbourg, Luidon de Spire, Rodolf de Constance, Vivilon de Lorch ou de Passau, et Adda ou Heddon de Strasbourg. Le Pape exhorte ces évêques à recevoir favorablement Boniface, à écouter ses instructions, à rejeter les hérétiques et les faux évêques, de quelque part qu'ils viennent, particulièrement les Bretons, à délivrer leurs peuples de tous les restes de superstition, et à célébrer un concile près du Danube, à Augsbourg ou en tel lieu que Boniface jugerait à propos (Labbe, t. VI).

Pendant ce voyage de Rome, saint Boniface invita plusieurs Anglais, principalement des prêtres, à venir travailler à sa mission de Germanie. Il y attira entre autres deux frères, saint Willibald et saint Wunebald, qui étaient ses parents. Willibald naquit en Angleterre, vers l'an 700, et entra dès l'enfance dans un monastère. Vers l'an 720, il quitta son pays pour aller à Rome, avec son père Richard et son frère Wunebald, alors âgé de 19 ans. Le père mourut en chemin et fut enterré à Lucques, où il est honoré comme saint. Tous deux arrivèrent à Rome, où Willibald laissa son frère deux ans après, pour aller visiter la terre sainte avec deux autres jeunes Anglais. Wunebald reçut à Rome la tonsure, y étudia l'Ecriture sainte et y demeura sept ans, après lesquels il retourna en Angleterre, principalement dans le dessein d'attirer à Dieu quelqu'un de sa famille; il en gagna plusieurs. Ensuite il retourna à Rome avec un troisième frère dont on ne sait pas le nom. C'est à ce second voyage que saint Boniface, ayant appris sa présence à Rome, lui parla et l'invita, comme son parent, à venir prendre part à ses travaux. Wunebald se laissa persuader et suivit de près saint Boniface, emmenant avec lui son jeune frère et quelques autres, parmi lesquels saint Sebald, honoré à Nuremberg, comme l'apôtre du pays, le 19 août. En cette compagnie, saint Wunebald se rendit en Thuringe, auprès de saint Boniface.

Cependant Willibald et ses compagnons avaient vu bien du pays. S'étant embarqués à Naples, ils passèrent premièrement dans l'Asie Mineure, puis en Phénicie, et furent quelque temps arrêtés à Emèse par les Sarrasins, qui les prenaient pour des espions. Etant délivrés, ils visitèrent toute la Palestine, puis passèrent à Constantinople, d'où ils revinrent en Italie avec des légats du Pape et des ambassadeurs de l'empereur. On peut voir dans la *Vie de saint Willibald*, écrite peu après sa mort par une religieuse de ses parentes, quel était l'état des saints lieux que l'on visitait alors. On y voit, comme dans la relation de saint Adamnan, que, dans la vallée de Josaphat, on montrait le tombeau de la sainte Vierge, mais que ce tombeau était vide : les uns disant que le corps était ressuscité, les autres qu'il avait été transporté par les anges dans le paradis, les autres autre chose; en sorte qu'il n'y avait pas encore là-dessus de sentiment bien autorisé.

Saint Willibald revint en Italie sept ans après avoir quitté Rome, et dix ans après être sorti de son pays, c'est-à-dire vers l'an 728. Par le conseil d'un évêque, il alla au Mont-Cassin et y demeura dix ans, sous la conduite de l'abbé Pétronax. Les moines y étaient encore en petit nombre; mais l'abbé les instruisait avec un grand zèle et une grande discrétion. La première année, Willibald fut camérier ou sacristain de l'église; la seconde, doyen ou inspecteur de dix moines; il fut huit ans portier, quatre ans au monastère d'en haut, quatre ans à celui d'en bas; car cette charge, suivant la règle de saint Benoit, était regardée comme fort importante, et ne se donnait qu'à des vieillards ou aux moines les plus discrets. Pendant ces dix années, Willibald prit grand soin de s'instruire de toutes les pratiques de la règle de saint Benoit.

Ensuite un prêtre espagnol qui demeurait au Mont-Cassin, ayant pris congé de l'abbé Pétronax pour aller à Rome, emmena Willibald avec lui. Le pape Grégoire III l'ayant appris, le fit venir et l'interrogea sur ses voyages et comment il avait échappé aux insultes des infidèles. Willibald lui raconta tout par ordre, et entre autres, comment il s'était baigné dans le Jourdain. Le Pape lui dit ensuite : « L'évêque Boniface m'a prié de vous faire revenir du Mont-Cassin et de vous envoyer incessamment vers lui chez les Francs, pour travailler à leur conversion. Je vous prie et vous ordonne de l'aller trouver. « Willibald répondit : « Je suis prêt à vous obéir, si vous m'en faites donner la permission par mon abbé, suivant la règle. — Allez, reprit le Pape, sans vous inquiéter : mon commandement vous suffit; l'abbé Pétronax n'a pas droit de me résister, quand je voudrais l'envoyer quelque part lui-même. » Willibald se soumit, offrant d'aller non-seulement là, mais partout où le Pape lui ordonnerait, et il prit le chemin de la Thuringe (*Act. ord. Bened.*, sec. 3, pars 2).

Saint Boniface étant parti de Rome l'an 739, arriva à Pavie, où il fut reçu chez le roi Luitprand, et prit un peu de repos que demandait sa vieillesse. De là il passa en Bavière, tant par inclination qu'à la prière du duc Odilon, et y demeura longtemps, prêchant la parole de Dieu. Il y rétablit la pureté de la foi et chassa des séducteurs, dont les uns se disaient faussement évêques et les autres prêtres, et qui, par divers artifices, avaient perverti une grande multitude, et scandalisaient tout le peuple par leur vie impure. Il arrivait à saint Boniface ce qui était arrivé à saint Paul, qui n'eut rien de plus à combattre que les faux apôtres et les faux frères. Du consentement du duc Odilon, saint Boniface divisa la province de Bavière en quatre diocèses, et y établit quatre évêques. Le premier fut Jean, dans la ville de Saltzbourg, dont il tint le siège pendant sept ans; le second fut Erembert, neveu de saint Corbinien, à Frisingue; le troisième, Gaïbalde, à Regen ou Ratisbonne. Ces trois furent ordonnés par saint Boniface. Le quatrième évêque de Bavière fut Vivilon, déjà ordonné par le Pape, dont le siège fut fixé à Passau.

Saint Boniface rendit compte au pape saint Grégoire III de ce qu'il avait fait en Bavière, et le Pape lui fit réponse par une lettre où il dit : « Nous rendons grâces à Dieu de ce que nous apprenons par vos lettres que vous avez converti en Germanie jusqu'à cent mille âmes, avec le secours de Charles, prince des Francs. » Le Pape approuve l'établissement des nouveaux évêchés en Bavière, et ajoute : « Quant aux prêtres que vous y avez trouvés, si on ne connaît point ceux qui les ont ordonnés et que l'on doute que ce fussent des évêques, ils doivent être ordonnés de nouveau, supposé qu'ils soient catholiques et de bonnes mœurs. Quant à ceux qui sont baptisés suivant les diverses langues de ces peuples, pourvu qu'ils soient baptisés au nom de la sainte Trinité, il faut les confirmer par l'imposition des mains et le saint chrême. Vous avez tout pouvoir de corriger, s'il est besoin, l'évêque Nivil, que nous avons ordonné. Quant au concile que, de notre autorité, vous devez tenir sur le Danube, nous voulons que vous y soyez présent; car l'œuvre que vous avez entreprise ne vous permet pas de demeurer en un lieu. Mais comme les chrétiens sont encore rares en ces pays occidentaux, après les avoir fortifiés, vous devez prêcher partout où Dieu vous ouvrira le chemin ; ordonner, de notre autorité, des évêques dans les lieux que vous trouverez convenables. Ne vous dégoûtez pas, mon cher frère, d'entreprendre des voyages rudes et en divers lieux pour étendre au loin la foi chrétienne, ayant en vue la récompense éternelle (Labbe, t. VI). » Cette lettre est datée du 29 octobre 737, 23e année de l'empereur Léon, que les Papes, suivant la remarque déjà faite, ne cessèrent point de regarder comme empereur de Constantinople.

Au même temps que, par ses missionnaires, le pape saint Grégoire III civilisait les peuples et les princes d'Allemagne, il faisait d'inutiles efforts pour ramener à la paix avec l'Eglise et au bon sens cet empereur iconoclaste. Dès le commencement de son pontificat, marchant sur les traces de son saint prédécesseur, il lui écrivit des lettres pour le désabuser de son erreur et pour qu'il mît fin à la guerre impie qu'il faisait aux saintes images. Le prêtre Georges, porteur de ces lettres, étant arrivé à Constantinople, eut assez de faiblesse pour n'oser pas se présenter à l'empereur. De retour à Rome, il fit au Pape l'aveu de sa faute. Grégoire lui ayant fait, en plein concile, une sévère réprimande, l'aurait dégradé du sacerdoce, si le concile n'eût demandé sa grâce. Il lui imposa une pénitence et le renvoya avec les mêmes lettres ; mais Georges fut arrêté en Sicile et retenu une année entière par ordre de l'empereur.

La détention de son légat ayant fait connaître au Pape que l'empereur s'obstinait à ne rien écouter, assembla un concile dans l'église de Saint-Pierre. Il s'y trouva 93 évêques, dont les principaux étaient, outre le Pape, Antoine, archevêque de Grade, et Jean, archevêque de Ravenne. Les prêtres, les diacres et tout le clergé de Rome y assistaient, avec les nobles, les consuls et le reste du peuple. En ce concile il fut ordonné que quiconque mépriserait l'usage de l'Eglise touchant la vénération des saintes images, quiconque les ôterait, les détruirait, les profanerait ou en parlerait avec mépris, serait privé du Corps et du Sang de Jésus-Christ, et séparé de la communion de l'Eglise. Ce décret fut souscrit solennellement par tous ceux qui assistaient au concile, et on y joignit l'autorité des Papes précédents. Ensuite saint Grégoire envoya, par Constantin, défenseur, des lettres à l'empereur Léon; mais elles furent retenues comme les précédentes, et le porteur Constantin mis dans une étroite prison, où il demeura près d'un an; après quoi on lui ôta ses lettres de force, et, après l'avoir menacé et maltraité, on le renvoya outrageusement. Cette violence excita l'indignation de l'Italie entière. Toutes les provinces, de concert, dressèrent une requête à l'empereur, pour le rétablissement des saintes images, et l'envoyèrent par leurs députés, qui ne furent pas plus épargnés que les envoyés du Pape. Sergius, gouverneur de Sicile, les tint huit mois en prison, et ne les mit en liberté qu'après leur avoir fait essuyer les traitements les plus injurieux. Cependant Pierre, autre défenseur de l'Eglise romaine, eut encore assez de hardiesse pour se charger de la même commission. Il prit une autre route et remit le décret entre les mains de l'empereur, avec une lettre du Pape, qui écrivait aussi au patriarche Anastase (*Anast., in Greg. III*).

Jean, archevêque de Ravenne, avait assisté au concile, et cette ville n'était pas moins opposée que Rome aux entreprises irréligieuses de l'empereur. Ainsi Léon, plus irrité que jamais, résolut de punir l'Italie tout entière. Il mit en mer une puissante armée navale, sous le commandement de Manès, duc de Cibyre. Manès devait saccager Ravenne, traiter comme rebelles les villes de la Pentapole, marcher ensuite à Rome, y détruire les images, ne faire pas plus de grâce aux habitants qui se mettraient en devoir de les conserver, enlever le Pape et le conduire pieds et mains liés à Constantinople. Mais les vents et la mer firent échouer ces projets. La flotte, déjà près de Ravenne, qu'elle regardait comme sa proie, fut attaquée d'un violent orage; des vaisseaux se brisent contre les rochers et sont engloutis avec les soldats; les autres, dispersés sur les côtes, s'étant enfin rassemblés, gagnent avec peine le canal du Pô, le plus proche de Ravenne. Manès fait débarquer ses troupes et marche vers la ville. Le peuple, encouragé par son évêque, avait pris les armes, et tandis que les femmes et les vieillards, revêtus de sacs et de cilices, et prosternés au pied des autels, implorent l'assistance du Très-Haut, la jeunesse sort au devant des Grecs, et, dès que le combat est engagé; elle feint de prendre la fuite et attire l'ennemi dans une embuscade. Les Grecs, attaqués de toutes parts, regagnent leurs vaisseaux. Les troupes de Ravenne se jettent dans des barques, les poursuivent et coulent à fond la plupart de ces navires que l'orage avait mis hors de défense. Cette victoire inespérée fut remportée le 26 juin 733, et ce jour fut dans la suite une fête solennelle à Ravenne. Durant les six années suivantes, les habitants, par haine contre les Grecs, s'abstinrent de manger du poisson de ce bras du Pô. Ces détails sont tirés d'Agnellus, dans son *Histoire des évêques de Ravenne* (Murat.; *Rer. Ital.*, t. II).

Cette défaite mit Léon en fureur. Il redoubla de cruauté contre les catholiques, et, ne pouvant faire d'autre mal à l'Eglise de Rome, il confisqua tous les patrimoines qu'elle possédait dans ses États; de plus, il lui enleva une partie considérable de sa juridiction immédiate. Il en détacha toutes les provinces comprises entre la Sicile et la Thrace, c'est-à-dire la Grèce, l'Illyrie, la Macédoine, et les soumit au patriarcat de Constantinople. Il augmenta d'un tiers la capitation de la Sicile et de la Calabre, et, pour n'en pas exempter les enfants mêmes, il ordonna de les enregistrer dès leur naissance. Pendant tout ce temps-là, l'exarque Eutychius se tenait tranquille à Ravenne (Théoph., Cédr., *Hist. miscell.*). Il paraît qu'il était parfaitement réconcilié avec le Pape et qu'il s'accordait même avec lui pour la défense des saintes images. Il fit à la basilique du Vatican des présents considérables; mais l'autorité des exarques était fort affaiblie à Ravenne, ainsi qu'à Rome. On leur obéissait pour l'administration de la justice et le paiement des tributs, mais ils ne jouissaient d'aucun autre pouvoir. Les peuples étaient bien résolus de ne pas se laisser accabler par les injustes violences d'un empereur impie.

Tout semblait concourir à détacher de l'empire Rome et l'Italie. On n'obéissait qu'à regret à un prince hérésiarque et persécuteur. C'était pour Luitprand, habile à profiter des conjonctures, une occasion de s'agrandir. La révolte de Trasimond, duc de Spolète, qui, se sentant trop faible pour résister, s'était réfugié à Rome, fournissait à Luitprand un prétexte plausible d'attaquer les Romains. Le roi les somma de lui livrer le rebelle, et, sur leur refus, il entra dans le duché de Rome, pilla les terres, se rendit maître de quatre places, et retourna ensuite à Pavie. A peine fut-il retiré, que les Romains se joignirent à Trasimond et le rétablirent dans son duché. La guerre étant déclarée entre Luitprand et les Romains, le Pape craignit que Rome ne succombât aux attaques des Lombards, si elle n'était puissamment secourue. Il ne pouvait avoir recours à l'empereur, dont il avait encore plus à craindre que du roi des Lombards. Dans cette extrémité, il eut recours à Charles-Martel, qui, depuis l'année 737, année de la mort du roi nominal Théodoric ou Thierry IV, régnait en souverain avec le nom de duc ou prince des Francs. Le Pape lui écrivit donc la lettre suivante.

« Au seigneur et très-excellent fils Charles, vice-roi. Nous sommes tellement accablé de douleur, que nous ne cessons jour et nuit de verser des larmes, en voyant la sainte Église de Dieu abandonnée de toutes parts par ceux de ses enfants qui devaient prendre sa défense. Pourrions-nous étouffer nos gémissements? Ce qui nous était resté l'an passé, dans le territoire de Ravenne, pour la nourriture des pauvres et l'entretien du luminaire, nous le voyons consumé par le fer et par le feu de Luitprand et de Hilprand, roi des Lombards. Les armées qu'ils ont envoyées dans les environs de Rome, ont fait et font encore les mêmes ravages. Ils ont détruit toutes les maisons données à saint Pierre, et nous ont enlevé le peu de bien qui restait à notre Église. Quoique dans ces malheurs nous ayons eu recours à vous, très-excellent fils, jusqu'à présent nous n'en avons reçu aucune consolation... Au contraire, ces rois en prennent occasion de nous insulter. Ils disent : Qu'il vienne donc ce Charles, dont vous implorez l'assistance! que les armées des Francs vous tirent de nos mains, si elles peuvent! Oh! quelle douleur pour nous, en entendant ces insultes, de voir de tels enfants de l'Église abandonner leur mère et son peuple!

» Sachez, très-cher fils, que le prince des apôtres a reçu de Dieu une assez grande puissance pour défendre sa maison et son peuple particulier, et se venger de leurs ennemis; mais il veut éprouver et connaître quels sont ses fidèles enfants. Au reste, n'ajoutez pas foi aux faussetés que ces rois font répandre. Ils vous disent que le duc de Spolète et le duc de Bénévent sont coupables. Ce ne sont que des mensonges. Le seul crime pour lequel ils persécutent ces ducs, est de n'avoir pas voulu, l'année passée, nous attaquer de leur côté, comme ont fait les rois. Ils disaient : Nous ne prendrons pas les armes contre la sainte Église de Dieu et contre son peuple particulier, parce que nous avons fait un pacte avec eux et que l'Église même nous a donné sa foi : voilà pourquoi on leur en veut. Au reste, ils étaient disposés, et ils le sont encore, à obéir suivant l'ancienne coutume. Pour vous assurer de la vérité, envoyez ici quelque député fidèle, qu'on ne puisse corrompre par présents, et qui voie de ses yeux la persécution que nous souffrons, l'humiliation et la désolation de l'Église, les larmes des pèlerins, pour rapporter tout à votre dévotion.

» Très-chrétien fils, nous exhortons votre bonté, devant le Seigneur et son terrible jugement : secourez, pour Dieu et pour le salut de votre âme, l'Église de saint Pierre et ceux qui sont spécialement son peuple. Repoussez promptement ces rois, et ordonnez-leur de retourner chez eux. Ne fermez pas l'oreille à ma prière, afin que le prince des apôtres ne vous ferme pas la porte du ciel. Je vous conjure par le Dieu vivant et véritable, et par les clés sacrées de la confession du bienheureux Pierre, que je vous envoie comme une marque de royauté (*ad regnum*), ne préférez pas l'amitié des rois lombards à celle du prince des apôtres. Le porteur de ces lettres, votre fidèle serviteur Anchard, dira de vive voix à Votre Excellence ce qu'il a vu de ses yeux et ce que nous lui avons enjoint. Nous prions Votre Bonté, en présence de Dieu, notre juge, de nous consoler au plus tôt et de nous envoyer d'heureuses nouvelles, afin que, plein de joie, nous priions le Seigneur jour et nuit pour vous et pour vos fidèles, devant les tombeaux des princes des apôtres, Pierre et Paul (Labbe, t. VI).

La demande du Pape était sans doute très-honorable pour le prince des Francs, mais elle présentait des difficultés. Il ne pouvait pas rompre avec les Lombards, à cause du besoin qu'il avait d'eux pour repousser les Sarrasins. Ces derniers entrèrent encore en France l'an 737, remontèrent le Rhône et prirent Avignon. Mais Charles-Martel le reprit, puis ensuite Narbonne, et le reste de ce qui avait appartenu aux Goths, et chassa les Sarrasins. Ils revinrent deux ans après, en 739, prirent Arles, Avignon, Marseille, Orange, Aix, Apt, et plusieurs villes de la même province; ils ravagèrent aussi celles d'Embrun et de Vienne. Alors Charles envoya des ambassadeurs, avec de grands présents au roi des Lombards, pour lui demander du secours. Non-seulement Luitprand le lui accorda, mais, de plus, il adopta Pepin, fils de Charles, et lui coupa les cheveux (Paul, diac., l. 6, c. 54). Assuré du secours de Luitprand, Charles marcha aussitôt avec toute son armée contre les Sarrasins, qui se retirèrent; en sorte qu'il reprit Avignon et toute la province jusqu'à Marseille.

Le Pape, ne recevant pas de réponse aussi promptement qu'il désirait, fit de nouvelles instances par une seconde lettre. « Au milieu des maux qui nous accablent, dit-il, nous avons cru nécessaire de vous écrire une seconde lettre, dans la confiance que nous avons que vous nous aimez, et que vous aimez saint Pierre comme le doit un bon fils, et que, par respect pour lui, vous obéirez à nos ordres pour la défense de l'Eglise de Dieu et de son peuple particulier, qui ne peut plus supporter la persécution et l'oppression des Lombards. Ils ont enlevé tout ce qui était destiné au luminaire de Saint-Pierre, ce qui a été offert par vos parents et par vous. Et parce qu'après Dieu, nous avons recours à vous, les Lombards nous insultent et nous oppriment. L'église de Saint-Pierre est dépouillée et désolée. Nous avons confié nos douleurs plus en détail à votre fidèle ambassadeur, afin qu'il les communique à Votre Excellence. Mais vous, notre fils, puissiez-vous, avec le prince même des apôtres, et en cette vie et en l'autre, devant le Dieu tout-puissant, avoir une récompense proportionnée au zèle que vous mettrez à défendre son Eglise et nous, afin que toutes les nations connaissent votre foi, votre pureté, votre amour pour le prince des apôtres, le bienheureux Pierre, ainsi que pour nous et son peuple particulier (Labbe, t. VI). » Ce langage du Pontife romain suppose que Charles-Martel lui avait déjà donné plus d'une preuve de son zèle et de son affection.

La *Chronique* de Frédégaire, continuée par ordre du comte Childebrand, frère de Charles, ainsi que les *Annales messines des Francs*, racontent cette importante négociation de la manière suivante : « L'an 741, le prince Charles ayant dompté toutes les nations d'alentour, s'occupait à régler les choses de la paix dans les limites de sa domination, lorsque deux fois dans la même année il reçut une ambassade du bienheureux pape Grégoire, ambassade envoyée par le Siége apostolique. Les ambassadeurs lui offrirent les clés du vénérable sépulcre du prince des apôtres Pierre, et ses précieux liens, avec d'immenses présents. Ce qui n'avait jamais été fait par aucun Pontife de Rome à aucun prince des Francs. Le pape Grégoire lui envoyait en même temps, par le décret des princes romains, une lettre portant que le peuple romain, quittant la domination de l'empereur, avait résolu de recourir à sa défense et à sa clémence invincible, et qu'en conséquence il lui conférait le consulat romain. Le prince en ressentit une grande joie, en rendit grâces au Seigneur, reçut les ambassadeurs avec les honneurs les plus magnifiques, et les renvoya avec des présents bien plus considérables qu'il n'en avait reçu. Il leur adjoignit d'entre ses fidèles deux personnages religieux, savoir : Grimon, abbé de Corbie, et Sigebert, alors moine et depuis abbé de Saint-Denys, pour porter au Pape, avec de riches présents, les lettres où il répondait aux siennes (*Chron. Fredeg. cont.*, n. 110; *Annal. Metens. an.* 741, t. III; Duchesne). » On ne sait point le contenu de ces lettres, ni quel en fut le résultat. Il est vraisemblable que le roi Luitprand, qui avait un fonds de piété sincère, eut égard à la recommandation de son puissant ami et allié Charles, et qu'il cessa ses attaques contre les Romains.

Charles-Martel n'avait guère plus de cinquante ans; avec la nouvelle carrière qui s'ouvrait devant lui, comme défenseur titulaire de l'Eglise romaine et par la même de l'Eglise universelle, il pouvait encore espérer bien des années de puissance et de gloire. Il léguera seulement cette gloire future à sa postérité et à sa nation; car la même année 741, il tomba malade, divisa ses Etats entre ses deux fils Carloman et Pepin, donnant au premier l'Austrasie, la Souabe et la Thuringe; au second la Neustrie, la Bourgogne et la Provence. Il alla ensuite faire sa prière à Saint-Denys, où il devait être enterré, et vint mourir au château de Quiercy-sur-Oise, le 22 octobre 741, après avoir gouverné la France pendant 25 ans. Il avait eu pour confesseur un moine de l'abbaye de Corbie, du nom de Martin, qui mourut l'an 726, et qui est honoré comme saint le 26 novembre.

L'empereur de Constantinople, Léon l'Isaurien et l'iconoclaste, était mort dans le mois de juin de la même année 741. Sa mort fut précédée, pour Constantinople, de bien sinistres événements. Le 26 octobre 740, sur les trois heures après midi, la terre s'y souleva par des secousses redoublées, détruisit quantité de maisons, de portiques, d'églises, de monastères, et fit tomber les statues de Constantin, de Théodose le Grand et d'Arcade. Les murs de Constantinople s'écroulèrent du côté du continent; la plus grande partie du peuple s'enfuit de la ville et se logea dans des baraques au milieu de la campagne. La Thrace fut couverte de ruines; Nicomédie et Prénète, en Bithynie, furent renversées; de toute la ville de Nicée, il ne resta qu'une église. Ce tremblement se fit sentir, à diverses reprises, pendant le cours d'une année, et s'étendit jusqu'aux extrémités de l'Orient. En Egypte, des villes entières furent abîmées avec leurs habitants, et la mer, perpétuellement agitée, engloutit quantité de vaisseaux. Ce fléau terrible fit périr une multitude innombrable d'hommes et d'animaux. L'empereur augmenta d'un douzième la capitation du peuple de Constantinople pour la réparation des murailles, et l'impôt subsista toujours, lors même qu'elles furent réparées. Ce fut au milieu de ces désastres que Léon mourut d'une dyssenterie, le 18 juin 741, après un règne de 24 ans 2 mois et 25 jours (Théoph.; Cédr., *Hist. miscell.*; Nicéph.; Zon.). Si, avec ses talents militaires, il avait eu un grain de bon sens ou d'humilité chrétienne de plus, il eût pu faire un des plus grands princes. Faute de ce peu, il se montra despote, insensé et sanguinaire. Pour une idée fixe, aussi contraire au bon sens et aux beaux-arts qu'à la foi catholique, il trouble l'Eglise, il tyrannise ses sujets, il provoque des insurrections, il perd l'Italie, il fait perdre à l'Orient la prépondérance politique, qui passe pour jamais à l'Occident.

Pour clore dignement l'année 741, le pape saint Grégoire III y mourut lui-même, après l'empereur Léon et après Charles-Martel, le 28 novembre, après avoir dignement occupé la chaire de saint Pierre 10 ans 8 mois et 24 jours. Au milieu des conjonctures les plus difficiles, il continua de civiliser l'Allemagne par les travaux de saint Boniface, il releva de ses propres deniers les murs de Rome et de Centumcelle, il racheta du duc de Spolète, par de grandes sommes, un château qui donnait fréquemment occasion d'attaquer le duché de Rome; il profita des malheurs mêmes du temps pour garantir contre le despotisme des empereurs de Byzance, la liberté de l'Eglise catholique et conséquemment la liberté de l'humanité. Il préserva ainsi l'Europe et par là même le monde, ou de s'abâtardir sous l'empire sophistique des Grecs, ou de s'abrutir sous la domination brutale des Sarrasins. C'est un des Papes à qui, pour cette raison, l'univers entier doit une éternelle reconnaissance.

FIN DU TOME QUATRIÈME.

# TABLE DES MATIÈRES DU TOME QUATRIÈME.

#### LIVRE QUARANTE ET UNIÈME.

*L'empire romain meurt en Occident. Il ne reste plus de société vivante que l'Eglise catholique.*

De l'an 453 à l'an 480 de l'ère chrétienne.

Les dix rois du prophète Daniel. Puissance de l'Eglise, 1.
Adhésion de l'Eglise d'Occident à la doctrine formulée dans la lettre de saint Léon à Flavien, 2.
Division dans l'Eglise d'Alexandrie relativement à l'élection de Protérius. Lettres de celui-ci à saint Léon, et réponses du Pape, 3.
Canon pascal de Victorius, 4.
Variations de Juvénal de Jérusalem. Désordres excités par le moine Théodose. Fermeté des saints Euthymius et Gélase. Trait de charité de celui-ci. Requête des moines schismatiques et réponses de la cour. Fuite de Théodose. Lettre synodale du concile de Jérusalem. Lettres de saint Léon aux Pères de Chalcédoine, à l'impératrice Eudoxie et aux moines schismatiques. Conversion d'Eudoxie, 4.
Lettres du Pape à Juvénal, Maxime et Théodoret, 7.
Soumission d'Anatolius, 9.
Mort de Pulchérie, 10.
Ambition et mort d'Aétius. Assassinat de Valentinien. Election et mort de Maxime. Pillage de Rome par Genséric. Dévouement de l'évêque de Carthage, 10.
Persécution en Afrique. Incursions des Vandales. Impénitence des chrétiens, 11.
Election d'Avitus. Révolte de Ricimer. Défaite et mort d'Avitus, 12.
Eloge de Marcien. Sa mort, 13.
Election de Léon en Orient et de Majorien en Occident. Qualités et mort de celui-ci, 13.
Troubles excités en Egypte et à Constantinople par les eutychiens. Félicitations et exhortations du Pape à l'empereur et aux évêques d'Orient. Requêtes des catholiques et des hérétiques d'Egypte à l'empereur. Condamnation de l'intrus Timothée Elure par toute l'Eglise orientale. Lettres du Pape à l'empereur. Exil de Timothée. Autres lettres du Pape aux catholiques d'Egypte et au clergé de Constantinople, 14.
Mort d'Anatolius. Lettre de son successeur Gennade au Pape, 17.
Mort et successeurs de Juvénal de Jérusalem et de Basile d'Antioche, Tremblement de terre à Antioche. Mort et funérailles de saint Siméon Stylite, 17.
Lettres disciplinaires du Pape à des évêques d'Occident. Sa mort, 18.
Election d'Hilaire. Ses lettres et réponses à Léonce d'Arles. Affaires d'Hermès, d'Auxanius, de Mamert, de Silvain, d'Irénée, 20.
Conciles de Tours et de Vannes, 23.
Proclamation et mort de Sévère. Election d'Anthémius. Sidoine Apollinaire, 23.
Fermeté et mort du pape saint Hilaire. Election de Simplicius, 23.
Rupture entre l'empereur et Ricimer. Leur réconciliation par la médiation de saint Epiphane de Pavie. Portrait et histoire de celui-ci, 24.
Divisions à la cour de Constantinople. Trahison de Basilisque. Complot contre Zénon. Emeute contre Aspar. Sa mort, 25.
Saint Daniel Stylite. Sa naissance, sa retraite, son ordination.
Il prédit un incendie à Constantinople, règle l'alliance entre les Lazes et les Grecs, et convertit Edrane, 26.
Pillage de Rome par Ricimer. Proclamation d'Olybrius. Sa mort et celle d'Anthémius et de Ricimer. Proclamation de Glycérius. Il est détrôné par Julius Népos, 27.
Emeute à Constantinople contre les Isauriens. Proclamation de Léon. Intrusion et fuite de Pierre le Foulon. Proclamation de Zénon. Son caractère et celui de sa famille. Sa fuite. Proclamation de Basilisque. Ses vices, 28.
Paix entre l'empire et Genséric par la médiation de Sévère, 29.
Extinction de l'empire en Espagne. Election de Sidoine Apollinaire. Ses lettres à saint Loup. Son éloge. Charité d'Ecdicius et de saint Patient, 30.
Ravages et persécution d'Euric, 31.
Election de Simplicius à Bourges, par l'entremise de Sidoine, et de Jean à Châlon-sur-Saône, par celle de saint Patient. Révolutions politiques chez les Bourguignons, 32.
Saint Séverin. Son origine présumée. Ses prédications et ses miracles en Norique, 33.
Cession de l'Auvergne à Euric. Emprisonnement de Sidoine, 36.
Usurpation d'Oreste. Sa défaite par Odoacre. Mort de Népos. Fin de l'empire d'Occident, 36.

#### LIVRE QUARANTE-DEUXIEME.

*L'Eglise catholique, désolée en Italie par les guerres des Hérules et des Ostrogoths, déchirée en Orient par les schismes des Grecs, persécutée en Afrique par la cruauté des Vandales, en Arménie par la politique des Perses, enfante dans les Gaules la première des nations chrétiennes, la nation française.*

De l'an 480 à l'an 496 de l'ère chrétienne.

Raisons et caractères providentiels de la chute de l'empire romain. L'Eglise, refuge des peuples, 37.
Institution des Rogations par saint Mamert, à Vienne, 38.
Science de Mamert Claudien. Son *Traité de la nature de l'âme*, 39.
Humilité et abstinence de Fauste de Riez. Œuvres de Ruricé de Limoges. Lettre de Fauste à Lucide. Rétractation de celui-ci au concile d'Arles. Traité de Fauste contre le prédestinatianisme et autres ouvrages. Ses erreurs, 40.
Vertus de Maxime de Toulouse. Ecrits de Paulin de Périgueux et de l'abbé Pomère, 43.
Divisions et scandales à la cour de Constantinople. Eutychianisme de Basilisque. Rappel de Timothée Elure et de Pierre le Foulon. Pusillanimité des évêques. Fermeté d'Acace de Constantinople. Lettres du pape Simplicius. Saint Daniel Stylite à Constantinople. Retour de Timothée Elure à Alexandrie et de Pierre à Antioche, 43.
Trahison d'Illus et d'Harmatius. Chute et mort de Basilisque. Rétablissement et perfidie de Zénon. Pacification de l'Eglise d'Orient par les soins de l'empereur et du Pape, 45.
Mort de Genséric et suspension de la persécution en Afrique. Election d'Eugène à Carthage. Ses vertus. Renouvellement de la persécution par Hunéric. Cruautés de ce prince. Exil et martyre des confesseurs. Edits d'Hunéric contre les catholiques. Guérison miraculeuse d'un aveugle par l'évêque Eugène, 47.

Conférence entre les évêques catholiques et les évêques ariens. Nouveau décret du roi et redoublement de la persécution. Les confesseurs de Typase. Lettre de saint Eugène à son troupeau. Martyrs et confesseurs à Carthage. Fureurs des évêques ariens contre les catholiques. Fléaux célestes en Afrique. Mort de Hunéric, 50.

Ecrits de Victor de Vite, d'Antonin de Gériale, de Victor de Castenne, de Vigile de Tapse, 54.

Election de Jean Talaïa à Alexandrie. Causes de l'indisposition d'Acace contre lui. Lettre de l'empereur au Pape et du Pape à Acace et à Zénon à son sujet. Hénotique de Zenon. Son incohérence, 57.

Révolution à Constantinople. Révolte et mort d'Illus et de Léonce, 59.

Tyrannie de Pierre Monge à Alexandrie. Voyage de Jean Talaïa à Rome, 60.

Mort et éloge du pape Simplicius. Election de Félix III. Mémoire présenté par le patrice Basile, 61.

Concile de Rome au sujet de Pierre Monge. Lettre du Pape à l'empereur et à Acacé. Emprisonnement, chute et excommunication des légats. Condamnation d'Acace. Chute et excommunication du légat Tutus. Obstination et tyrannie d'Acace. Condamnation nouvelle des perturbateurs de l'Eglise d'Orient. Triste état de cette Eglise, 62.

Mort de Pierre le Foulon et d'Acace. Election de Fravita à Constantinople. Sa perfidie et sa mort. Lettres du Pape relativement à son ordination. Mort de Pierre Monge. Election d'Euphémius à Constantinople. La communion catholique et la communion épiscopale, 65.

Succession des évêques de Jérusalem. Retour des moines schismatiques sous l'épiscopat de Martyrius, 67.

Naissance et retraite de saint Sabas. Plaintes inutiles de quelques faux frères contre lui. Son ordination. Ses règlements pour ses disciples arméniens. Saint Théodose. Sa retraite. Son monastère. Episcopat d'Elie, 68.

Paix dans l'Eglise d'Afrique sous Gontamond. Concile de Rome et lettre du Pape aux évêques de ce pays, 69.

Ruse d'Odoacre à l'égard de Zénon. Son expédition en Allemagne, 70.

Mort de saint Séverin, 70.

Entrevue de Théodoric avec Zénon. Sa marche sur l'Italie. Défaite d'Odoacre. Trahison de Tufa, 70.

Charité de saint Epiphane. Invasion de Gondebaud. Les évêques commencent à bâtir des forteresses, et pourquoi. Nouvelle défaite d'Odoacre. Siège et reddition de Ravenne. Mort d'Odoacre, 71.

Mort de Zénon. Couronnement d'Anastase. Son caractère, 71. Mort du pape Félix. Election de Gélase. Sa correspondance avec Euphémius, 72.

Ambassade de Théodoric à Anastase. Instructions du Pape à l'empereur. Mauvaise foi des Grecs. Dignité de la conduite du Pape. Heureux fruits qu'elle produit. Lettres que lui écrivent les évêques de Dardanie, etc., 73.

Loi tyrannique de Théodoric, abolie par l'entremise de saint Epiphane. Ambassade du saint auprès du roi Gondebaud, 75.

Saint Avit. Ses poëmes, 76.

Invasion des Francs. Clodion, Mérovée, Childéric. La royauté des Francs n'est ni héréditaire ni inamissible. Dévouement de sainte Geneviève. Clovis. Défaite et mort de Syagrius. Le vase de Soissons. Clotilde. Son mariage avec Clovis. Ses efforts pour le convertir, 76.

Vigilance du pape Gélase contre le pélagianisme. Ses règlements disciplinaires. Ses lettres. Concile de Rome. Catalogue des livres canoniques, des Pères faisant autorité, et des livres prohibés. Œuvres liturgiques du pape Gélase. Son caractère. Concile de Rome. Rétractation et réintégration du légat Misène. Lettres du Pape aux évêques de Dardanie et à l'empereur. Son *Traité de l'anathème*. Sa réponse à ses accusateurs relativement aux *lupercales*, 78.

Indiscrétion et exil d'Euphémius, 84.

Mort du pape Gélase. Election d'Anastase II, 85.

Eglise d'Arménie. Patriarcat de Jude. Vexations essuyées par les catholiques. Destitution de Jude et substitution de Christophe. Intrigues et excommunication du nestorien Barsuma. Martyre de l'évêque Babou. Soulèvement des Arméniens. Défaite des Perses. Patriarcat de Jean Mantakouni. Nouvelle défaite des Perses. Revers des Arméniens. Martyre du prince Iazd. Nouveau revers des Arméniens. Exploits de Vahan. Défaite du roi Pérosés par les Huns. Avénement d'Obalas. Traité de paix entre les Arméniens et les Perses. Honneurs rendus à Vahan par Obalas. Patriarcat de Babken. Son zèle contre les hérétiques. Chute d'Obalas. Tyrannie et déchéance momentanée de son successeur Cabad, 85.

Bataille de Tolbiac. Vœu de Clovis. Son baptême. Saint Vaast et saint Remi. Lettres du Pape et de saint Avit à Clovis. Accomplissement d'une prophétie d'Isaïe. La France et le catholicisme, 88.

# LIVRE QUARANTE-TROISIÈME

*Les Eglises d'Occident, unies au Pontife romain, adoucissent les mœurs et les révolutions des peuples barbares ; les Eglises d'Orient, désunies et désolées par leur servilisme politique, retrouvent l'union et la paix dans leur soumission au même Pontife.*

De l'an 496 à l'an 519 de l'ère chrétienne.

Parabole du levain appliquée au christianisme et à l'humanité, 91.

Règne heureux et administration paternelle de Théodoric. Vices qui deshonorent la fin de sa vie, 92.

Cassiodore. Son origine. Ses qualités. Honneurs auxquels il est élevé. Sa retraite, 93.

Boèce. Son origine. Ses études. Ses ouvrages. Dignités auxquelles il est promu, 93.

Prolongation des troubles de l'Eglise d'Orient par la fausse politique de Festus, 94.

Mort du pape Anastase. Election de Symmaque. Ordination de l'antipape Laurent par les intrigues de Festus, 95.

Concile de Rome relativement à l'élection des Papes, 95.

Voyage de Théodoric à Rome. Magnanimité de Boèce, 95.

Saint Fulgence. Sa famille. Sa retraite. Il est pris et tourmenté par les ariens. Sa douceur envers son persécuteur. Son départ pour l'Egypte. Son séjour en Sicile. Son voyage à Rome, 96.

Persécution de Trasamond. Retour de saint Fulgence en Afrique. Son ordination. Son humilité. Il est ordonné évêque. Sa manière de vivre dans l'épiscopat. Son exil. Considération que lui donne sa science auprès des autres évêques. Travaux des confesseurs exilés dans l'île de Sardaigne. Charité du Pape à leur égard, 97.

Intrigues de Festus contre Symmaque. Violences des schismatiques. Requête des évêques du concile au roi. Réponse de Théodoric. Déclaration du concile, 98.

Autres conciles à Rome, relativement au consentement royal dans l'élection des Papes, et aux objections des schismatiques contre la réhabilitation de Symmaque, 101.

Croyance des catholiques du temps sur les prérogatives du Pontife romain. Lettre de saint Avit, 102.

Assemblée des évêques des Gaules à Lyon pour la réunion des Bourguignons ariens. Leur entrevue avec le roi Gondebaud. Conférence entre les évêques catholiques et les évêques ariens. Résultats de la conférence, 103.

Ecrits de saint Avit contre l'hérésie. Ses entretiens avec le roi Gondebaud. Endurcissement de celui-ci, 104.

La princesse Carétèné, 105.

Gondebaud meurtrier de ses frères. Il est défait par Clovis et sauvé par la ruse d'Arédius. Sa législation, 105.

Promulgation du *Code Théodosien* chez les Visigoths. Concile d'Agde. Evêques qui y assistèrent, 105.

Saint Césaire. Son origine. Sa charité précoce. Sa retraite au monastère de Lérins. Sa convalescence à Arles. Son ordination. Sa promotion au siège d'Arles. Ses institutions. Son exil et son rétablissement, 105.

Exil de plusieurs évêques des Gaules, 108.

Clovis malade fait venir saint Séverin. Voyage et miracles du saint. Sa mort, 109.

Entrevue de Clovis et d'Alaric. Guerre entre les Francs et les Visigoths. Lettre de saint Remi à Clovis. Piété de celui-ci. Saint Maixent. Bataille de Vouillé. Défaite et mort d'Alaric. Danger que court Clovis. Il est créé patrice par l'empereur Anastase. Sa lettre circulaire, 109.

Siège d'Arles. Accusation et justification de saint Césaire. Défaite des Francs par les Ostrogoths. Charité de saint Césaire envers les captifs. Il bâtit un monastère de religieuses. Leur règlement, 110.

Concile d'Orléans. Saint Mélaine. Lettre du concile au roi, 111. Fondation et dédicace d'un monastère à Orléans, 113.

Causes de la fusion rapide des deux races franque et gauloise, 113.

Actes sanguinaires de Clovis. Exemples semblables chez les autres nations. Mort de Clovis, 113.

Grégoire de Tours et les historiens des beaux temps de la littérature, 114.

Fourberie d'Anastase, 114.

Guerre avec les Perses. Prise d'Amid par Cabad. Jacques le solitaire. Troubles excités par les caprices hérétiques d'Anastase. Destruction des actes du concile de Chalcédoine. Exil du patriarche Macédonius. Intrusion du prêtre Timothée. Libelle de l'empereur au pape Symmaque et réponse de celui-ci, 114.

Concile de Rome relativement à l'envahissement des biens de l'Eglise. Correspondance de Théodoric aux canons des conciles, 117.

Saint Césaire d'Arles au tribunal de Théodoric. Sa charité et ses

//TABLE DES MATIÈRES. 573

miracles. Son voyage à Rome. Son mémoire au pape Symmaque et rescrit de celui-ci. Fin de la contestation entre les deux Eglises d'Arles et de Vienne. Retour de saint Césaire en Gaule. Sa charité envers les captifs, 118.

Conversion de Sigismond et de Sigeric. Voyage du premier à Rome et sa lettre au Pape, 119.

Fermeté des évêques Flavien d'Antioche et Elie de Jérusalem. Fureur d'Anastase contre eux. Saint Sabas devant l'empereur. Punition de Marin. Fermeté de Julienne et d'Anastasie, 120.

Lettre mémorable des évêques d'Orient au Pape, et réponse de celui-ci, 121.

Mort de Symmaque. Election d'Hormisda, 123.

Impudence de l'intrus Timothée. Extravagances théologiques d'Anastase. Sédition à Constantinople. Bassesse de l'empereur. Exil de Flavien. Intrusion du moine Sévère. Opposition des évêques. Inutiles tentatives de Sévère auprès d'Elie et du prince Alamundar, 123.

Insurrection de Vitalien. Ses succès. Traité avec l'empereur, 125.

Lettre d'Anastase au Pape. Instructions de celui-ci à ses légats. Réponse de l'empereur. Funestes résultats de la manie impériale. Soumission et lettres des évêques d'Epire au Pape et réponse de celui-ci, 125.

Nouvelle légation du Pape à Constantinople. Instructions nouvelles aux légats relativement à Timothée. Traitement fait aux légats par l'empereur, 128.

Lettre de saint Avit au Pape relativement aux affaires de l'Eglise d'Orient, et réponse de celui-ci, 129.

Concile des évêques de Bourgogne à Epaone, 130.

Saint Grégoire de Langres. Son origine. Sa mortification. Il fait la translation des reliques de saint Bénigne. Relations de saint Viventiole avec saint Avit. Administration et mort de saint Eugend, 131.

Concile de Lyon relativement à l'affaire d'Etienne. Fermeté des Pères du concile. Exil, miracle et rappel de saint Apollinaire, 132.

Concile de Tarragone, 132.

Concile de Gironde, 133.

Règlements envoyés par le Pape à Jean de Tarragone, 133.

Supplique des moines syriens au Pape et réponse de celui-ci, 134.

Exil du patriarche Elie. Intrusion de Jean. Son retour à l'orthodoxie. Requête des saints Sabas et Théodore à l'empereur, 135.

Mort de l'intrus Timothée. Election de Jean de Cappadoce. Mort de Jean d'Alexandrie. Election de Dioscore le Jeune. Sédition à Alexandrie. Invasion des Barbares. Tremblements de terre. Mort de l'empereur Anastase. Vision d'Elie. Sa mort et celle de Macédonius, 136.

Origine et avènement de Justin. Son caractère, 137.

Démonstrations orthodoxes du peuple de Constantinople. Concile à Constantinople à ce sujet. Réceptions des décrets du concile à Jérusalem et à Tyr. Lettres des Eglises de Tyr et d'Antioche à celle de Constantinople, et de l'empereur au Pape, au sujet de la réunion. Légation du Pape à Constantinople, 139.

Réception des légats dans les villes de l'empire. Signature du mémorable formulaire de saint Hormisda par le patriarche Jean de Constantinople. Réunion de toutes les Eglises d'Orient avec l'Eglise romaine, à la même condition, 141.

Réflexions de Bossuet à ce sujet, 143.

### LIVRE QUARANTE-QUATRIÈME.

*Autorité du Pape en Orient. — Grand nombre de saints dans la Grande-Bretagne et dans l'Irlande. — Une foule d'illustres Arabes souffrent la mort pour Jésus-Christ dans l'Arabie-Heureuse. — L'Eglise respire en Afrique. — Ouvrages et martyre de Boèce. — Législation de Justinien, qui énerve par son exemple et ses variations. — Saint Benoît : sa législation plus parfaite que celle de Justinien.*

De l'an 519 à l'an 536 de l'ère chrétienne.

Le Siége de Rome proclamé par toute la tradition comme le fondement de l'Eglise, 144.

Mort du patriarche Jean de Constantinople. Election du prêtre Epiphane. Sa lettre au Pape et réponse de celui-ci. Légation du patriarche à Rome. Promotion de Paul au siége d'Antioche, malgré l'opposition des moines scythes. Exil des évêques hérétiques, 145.

Conduite indigne de l'évêque Dorothée de Thessalonique envers les légats du Pape. Instructions qu'Hormisda leur adresse. Lettre mensongère de Dorothée au Pape, 146.

Obstacles suscités par des moines scythes. Leur lettre aux évêques confesseurs d'Afrique, 147.

Voyage de saint Fulgence à Carthage. Son livre *De la foi orthodoxe*. Il réfute un écrit du roi Trasamond. Son retour en Sardaigne. Manière dont il gouverne son monastère. Sa lettre aux Carthaginois. Son *Traité de la rémission des péchés*. Ses trois livres à Monime. Ses lettres à diverses personnes. Son *Traité de l'Incarnation et de la Grâce*, en réponse aux moines scythes, 147.

Réponse du Pape aux questions de l'évêque Possessor sur les écrits de Fauste. Opposition virulente du moine Maxence à la lettre du Pape, 149.

Traité de saint Fulgence sur la grâce. Rappel des exilés par le roi Hildéric. Institutions de saint Fulgence. Son humilité aux conciles de Junque et de Suffète. Concile de Carthage, 149.

Conciles à Arles, à Lérida et à Valence, 151.

Les saints David, Dubrice, Théliau, Cadoc, Iltut, Gildas et plusieurs autres saints de la Grande-Bretagne, d'Irlande et d'Ecosse, 152.

Sigismond, meurtrier de son fils. Sa pénitence, 157.

Partage du royaume des Francs entre les fils de Clovis. Ils défont Sigismond. Meurtre de ce prince et d'une partie de sa famille par Clodomir. Défaite et mort de celui-ci, 157.

Baptême et couronnement du roi des Lazes à Constantinople. Mécontentement de Cabad. Maintien de la paix par la franchise de Justin. Fuite du roi des Ibériens à Constantinople pour se soustraire à l'intolérance de Cabad, 158.

Victoire de l'éthiopien Elisbaan sur le juif Dimion, et sa conversion, 159.

Horribles représailles des Juifs arabes, 159.

Martyre de saint Aréthas, prince arabe, de sa femme Rehoumy, de leurs enfants et d'un grand nombre d'Arabes chrétiens, 159.

Invasion nouvelle et exploits d'Elisbaan. Sa retraite dans un monastère, 162.

Législation du roi chrétien des Arabes. Abraham. Conversion de cinquante-cinq mille juifs, ses sujets, par le zèle du saint évêque Grégentius, 163.

L'Arabie était chrétienne, même dans sa littérature, un siècle avant Mahomet, 163.

L'évêque Siméon de Beth-Arsam en Perse, 163.

Saint Jacques de Sarug, évêque de Bathné en Mésopotamie, 164.

Isaac, évêque de Ninive. Saint Isaac le Grand, d'Edesse. Josué le stylite. L'auteur de la *Chronique d'Edesse*. Saint Jean de Ninive, 164.

Extermination des manichéens en Perse et exil de ceux de l'empire, 165.

Fureur de Théodoric. Fermeté du pape Jean. Honneurs qu'il reçoit à Constantinople, 165.

Mort de Boèce. Son éloge. Ses ouvrages. Honneurs rendus à sa tombe, 166.

Mort de Symmaque et du pape Jean. Miracle opéré aux funérailles de celui-ci, 168.

Terreur et mort de Théodoric. Avènement d'Athalaric au trône d'Italie, et d'Amalaric à celui d'Espagne et de la Gaule méridionale, 168.

Tremblements de terre, inondations et incendie dans l'empire. Destruction d'Antioche. Douleur de Justin. Ses soins pour la reconstruction de la ville. Election d'Ephrem, 169.

Mort de Justin, 169.

Avènement de Justinien. Son portrait, 169.

Conversion des Hérules, des Tzanes et de Gordas, roi des Huns. Enrôlement de plusieurs Perses de distinction dans les armées impériales, 170.

Travaux et législation de Justinien. Principes logiquement religieux de cette législation. Impossibilité de la permanence de l'esclavage et du divorce sous le regne du catholicisme, 170.

Loi dégradante publiée par Justinien pour l'amour de sa femme Théodora. Sévérité de ce prince à l'égard des crimes contre les mœurs, 172.

Nouveau désastre dans Antioche. Peste dans l'empire, 172.

Justinien est sauvé de la fureur du peuple par Bélisaire, 173.

Saint Benoît. Sa naissance. Sa retraite. Il est nourri par le moine Romain. Un prêtre est envoyé pour lui annoncer la fête de Pâques. Comment il résiste à une tentation de la chair. Sa popularité. Des moines le demandent pour abbé. Il échappe miraculeusement à une mort qu'ils veulent lui donner. Il bâtit un monastère. Il fait marcher sur l'eau un de ses disciples. Punition d'un prêtre, son envieux. Benoît s'établit sur le Mont-Cassin et y fonde un monastère malgré l'opposition du démon, 174.

Sa règle. Son but. Eloge de la vie monastique. Hommages rendus à la règle de saint Benoît par plusieurs grands hommes, 176.

Rapports intimes de la vie religieuse avec le bonheur. Raisons du vœu de pauvreté. La législation criminelle et les punitions monastiques, 181.

Saint Equice. Dieu le délivre des tentations de la chair. Sa manière de vivre. Ses prédications. Son entrevue avec Julien, 182.

Usurpation de Théodoric dans l'élection de Félix IV. Election de Boniface II. Schisme et mort de Dioscore, 182.

Concile à Rome contre les envahissements du siége de Constantinople, 183.
Concile d'Orange contre le semi-pélagianisme. Lettre de saint Césaire au Pape, et réponse de celui-ci, 184.
Conciles de Vaison et de Tolède. Les séminaires. Lettre de Montan aux fidèles de Palentia, 185.
Saint Fulgence. Ses livres contre Fabien, contre Fastidiosus, *De la Foi, de la Trinité*. Sa lettre au comte Régin. Sa maladie. Sa mort. Ses funérailles. Election de Félicien, 186.
Le diacre Ferrand, 187.
Denys le Petit. Sa science et ses vertus. Ses ouvrages, 187.
Cassiodore. Son heureuse influence sur Athalaric, 188.
Mort de Boniface. Election de Jean II. Décret contre les simoniaques, 189.
Cassiodore, préfet du prétoire. Sa lettre au Pape et aux évêques, 189.
Ambassade de Justinien au Pape. Nouvelles discussions en Orient sur la maternité divine de la Vierge. Lettre du Pape à Cassiodore à ce sujet, 189.
Zèle intempéré de Justinien. Révolte des Samaritains. Ambassade de saint Sabas à Constantinople. Sa mort, 190.
Incertitude dans l'histoire des évêques d'Alexandrie. Division des eutychiens. Conférence entre les évêques catholiques et les évêques eutychiens, 191.
Saint Rémi. Son testament. Il convertit un évêque arien. Il perd la vue. Ses disciples. Sa mort, 193.
Expédition de Childebert en Espagne, 193.
Saint Eusice, 194.
Paganisme dans les mœurs des rois germains. Expédition de Thierri en Thuringe et en Auvergne, et de Childebert et de Clotaire en Bourgogne, 194.
Aventures du petit-fils de saint Grégoire de Langres, 195.
Saint Quintien, 195.
Saint Gal. Sa retraite. Sa promotion à l'épiscopat, 196.
Usurpation des rois dans la nomination des évêques. Saint Nicet, 196.
Mort de Thierri. Son caractère. Avénement de Théodebert. Son caractère. Opposition de saint Nicet aux désordres de la cour, 197.
Bienfaisance du roi envers les habitants de Verdun, 197.
Mort de Clodomir. Luxure de Clotaire. Meurtre des enfants de Clodomir. Retraite et mort de sainte Clotilde et de saint Cloud, 198.
Concile à Orléans. Fermeté des évêques Injuriosus et Léon. Concile de Clermont. Lettre des évêques à Théodebert, 199.
Saint Médard. Sa naissance. Sa charité. Son élection, 200.
Apostolat, miracles et doctrine de saint Eleuthère de Tournai, 200.
Mort de saint Médard. Honneurs rendus à son tombeau, 201.
Sainte Radegonde. Ses vertus. Doutes sur la légitimité de sa retraite. Autres saints dans les Gaules, 201.
Déposition de Contuméliosus, 202.
Mort du pape Jean. Election d'Agapit. Ses lettres à saint Césaire et à Justinien, 202.
Lettre synodale des évêques d'Afrique au Pape. Conquête de l'Afrique par Bélisaire. Prise de Gélimer. Triomphe de Bélisaire, 203.
Etablissement de Justinien en Afrique. Concile à Carthage. Réponse du pape aux lettres des évêques, 204.
Loi de Justinien en faveur des Eglises d'Afrique. Les *Novelles*, 205.
Election de l'hérétique Anthime à Constantinople, 206.
Troubles chez les Goths d'Italie. Conquête de la Sicile par Bélisaire. Bassesse du roi Théodat vis-à-vis de Justinien, et sa tyrannie envers saint Agapit, 206.
Voyage de celui-ci à Constantinople. Ses miracles. Sa fermeté et déposition d'Anthime. Election de Mennas, 207.
Nouvelles professions de foi de l'empereur. Lettre encyclique du Pape aux évêques. Requêtes qui lui sont adressées par ceux d'Orient. Sa mort. Gloire de ses funérailles, 207.

## LIVRE QUARANTE-CINQUIÈME.

*Le vieux monde s'écroule tout à fait en Occident, avec la vieille Rome, sous les coups de Totila; le monde nouveau s'y forme et s'y propage par l'Église romaine et les moines, entre autres par le consul romain Cassiodore, l'un d'eux. — Justinien et les Grecs, par leur manie incurable d'innover et de brouiller, entravent l'Occident dans sa régénération; et préparent l'Orient à une irrémédiable décadence.*

De l'an 536 à l'an 574 de l'ère chrétienne.

Accomplissement de la prophétie de saint Jean sur la dévastation de Rome, 209.
Mauvaise foi de Théodat. Prise et sac de Naples par Bélisaire.

Proclamation de Vitigès. Suite de la guerre et malheurs de l'Italie. Prise de Vitigès. Election et mort d'Ildibad et d'Eraric. Proclamation de Totila, 209.
Abolition du consulat, 210.
Ravages des Grecs en Italie. Entrevue de Totila avec saint Benoit. Humanité de ce roi barbare, 210.
Reprise de Rome par les Goths. Abandon et dépérissement de cette ville, 211.
Retraite et avarice de Bélisaire. Succès et mort de Totila, 212.
Reprise de Rome par Narsès. Massacre des Romains par les Goths. Election et mort de Teias. Ravages des Allemands, 212.
Révolte de Narsès. Invasion des Lombards, 213.
Crimes de Rosemonde, 213.
Tyrannie de Cleph. Gouvernement des ducs. Malheurs de l'Italie, 213.
Guerre contre les Perses. Perfidie de Chosroès. Sa cruauté envers l'évêque Candidus. Prise d'Antioche. Charité des habitants d'Edesse. Traité de paix entre les deux empires, 214.
Fléaux en Orient, 214.
Entrevue et mort de saint Benoit et de sainte Scolastique, 215.
Mort de saint Césaire, 215.
Retraite de Cassiodore. Ses ouvrages encyclopédiques. Son zèle pour la science et la piété, 216.
Concile de Constantinople. Condamnation d'Anthime, 220.
Intrigues de Vigile et de Théodora contre le pape Sylvère, 221.
Caractère d'Antonine, femme de Bélisaire. Exil de Sylvère. Election de Vigile. Sa rétractation. Ses lettres à l'empereur et à Mennas. Fausseté ou incertitude de plusieurs lettres qui lui sont attribuées, 222.
Dissensions en Orient à l'occasion d'Origène. Edit de Justinien contre lui. Artifices de Théodore, 224.
Affaire des Trois Chapitres. Caractère de cette discussion, 224.
Le pape Vigile à Constantinople. Opposition soulevée par son *judicatum*. Lettres du Pape à des évêques des Gaules pour différents sujets. Sa lettre à saint Aurélien, et autres relativement à son *judicatum*, 225.
Convocation d'un concile. Mauvaise foi des Grecs. Fermeté du Pape et violences exercées sur sa personne. Sa damnation contre Théodore et Mennas. Mauvaise foi et brutalité de Justinien, 226.
Lettre du clergé d'Italie aux ambassadeurs austrasiens à Constantinople, 228.
Triomphe du Pape. Lettre de soumission des évêques. Fourberie de Justinien, 229.
Concile à Constantinople. Etat de la question. Refus du Pape d'assister au concile, 229.
Constitution du pape Vigile, 230.
Etrange réponse que lui adresse Justinien, 232.
Lecture dans le concile des lettres confidentielles du Pape à l'empereur. Edit sophistique de celui-ci contre Vigile, 232.
Une remarque de Fleury, 233.
Sentence imposée au concile, 233.
Protestation et exil du Pape. Supplique du clergé romain à l'empereur, par l'entremise de Narsès. Retour de Vigile. Son jugement définitif sur les Trois Chapitres, 234.
Remarques sur cette pièce. Mort du pape Vigile, 235.
Election de Pélage. Répression des récalcitrants à la décision du pape Vigile. Lettres de Pélage à ce sujet, 236.
Prérogatives accordées à l'évêque Sapaudus d'Arles, 238.
Partage de la France entre Childebert et Clotaire. Expédition de Childebert en Espagne, 239.
Concile d'Orléans. Léonce de Bordeaux. Saint Firmin d'Uzès. Poésies d'Arator. Saint Innocent du Mans, 239.
Cinquième concile d'Orléans. Saint Agricole de Châlons. Ses miracles. Saint Lubin de Chartres, 240.
Déposition de Saffarac de Paris. Election de saint Germain. Dangers auxquels il échappe dans son enfance. Son ordination. Ses prophéties. Ses miracles. Sa charité. Donations que lui fait le roi Childebert. Charité du duc Chrodin, 242.
Rupture et réconciliation entre Clotaire et son fils Chramme. Concile à Paris, 243.
Saint Euphrone. Son élection au siége de Tours. Orgueil du prêtre Caton, 244.
Prédication des saints Samson, Malo, Magloire, Méen, Brieuc Paul et Gildas, en Bretagne, 244.
Fondation et dédicace de l'église de Saint-Germain-des-Prés, à Paris. Mort de Childebert. Clotaire seul roi des Francs. Sa constitution en faveur de la religion, 245.
Révolte, défaite et mort de Chramme, 246.
Saint Germain détourne Clotaire de ses desseins sur sainte Radegonde. Mort de ce prince. Partage de la France entre ses fils, 247.
Disgrâce passagère et mort de Bélisaire. L'édit de Justinien. Ses violences contre le patriarche saint Eutychius. Fermeté des évêques. Mort de l'empereur, 247.
Avénement de Justin. Adoucissements qu'il apporte aux souf-

# TABLE DES MATIÈRES. 575

frances du peuple et de l'Eglise. Sa perversion et sa tyrannie ultérieures. Il tombe en démence, 248.

Acte de vigueur du gouverneur de Constantinople. Adoption de Tibère, 248.

## LIVRE QUARANTE-SIXIÈME.

*Commencements de saint Grégoire le Grand. — Conversion des Visigoths d'Espagne. — État de la religion parmi les Francs des Gaules, où fleurit saint Grégoire de Tours.*

De l'an 474 à an 590 de l'ère chrétienne.

Saint Grégoire. Sa naissance. Ses rapides progrès dans les sciences. Honneurs auxquels il est élevé. Sa retraite. Ses austérités. Son zèle pour l'observation de la discipline. Sa mission en Angleterre et son rappel. Sa légation à Constantinople. Délivrance miraculeuse de Maximien et de ses moines, 250.

Portrait de Tibère. Complot de l'impératrice Sophie contre lui, 251.

Jean le Scholastique. Ses ouvrages. Sa mort. Retour triomphal de saint Eutychius, 252.

Erreurs dont saint Grégoire le désabuse. Sa mort, 252.

Abandon de l'Italie à elle-même, 253.

Guerre avec les Perses. Élection de Maurice. Mort de Tibère. Portrait du nouvel empereur, 253.

Commentaire de saint Grégoire sur Job, 253.

Saint Léandre. Sa famille. Sa retraite. Son élection au siège de Séville, 254.

État politique de l'Espagne. Conversion des Suèves, à l'occasion de la guérison miraculeuse du fils de leur roi, et par le ministère de saint Martin de Dume, 254.

Conciles à Lugo et à Brague. Forme d'une vie honnête, adressée par saint Martin de Dume au roi Miron, 255.

Succession des rois Visigoths. Persécution de Glasuinde contre Ingonde. Conversion d'Herménigilde. Persécution de Lévigilde contre les catholiques à cette occasion. Il arme contre son fils. Légitimité de la résistance de celui-ci, 256.

Imposture et confusion d'un évêque arien, 257.

Abandon et fuite d'Herménigilde. Sa captivité. Son martyre, 257.

Exil et ouvrages de saint Léandre, 258.

Exil et règle de Jean de Biclar, 259.

Conversion secrète et mort de Lévigilde, 259.

Avénement de Reccarède. Sa conversion et celle des Visigoths. Révolte et exil de quelques ariens, 260.

Concile de Tolède. Confirmation de ses décrets par le roi. Constitution naturelle d'une nation chrétienne. Discours d'action de grâces de saint Léandre, 260.

Turpitudes de Charibert. Sa brutalité dans les affaires ecclésiastiques. Sa mort. Scandales à la cour de Gontram. Intrigues de Frédégonde à celle de Chilpéric, 263.

Sagesse de Sigebert. Son mariage avec Brunehaut, et celui de Chilpéric avec Galsuinde. Meurtre de cette princesse et élévation de Frédégonde, 264.

Expédition de Sigebert et de Gontram contre Chilpéric. Intervention de saint Germain. Assassinat de Sigebert. Proclamation de Childebert. Exil de Brunehaut. Son mariage avec Mérovée. Fuite et mort de celui-ci. Tyrannie de Chilpéric. Vengeances du ciel sur sa famille, 264.

Assassinat de Clovis et d'Andovère. Nouvelles horreurs de Frédégonde à l'occasion de la mort de son troisième fils, 265.

Mariage de Rigonthe avec Lévigilde. Désolation dans Paris. Ravages exercés par le cortège de la princesse. Assassinat de Chilpéric. Odieux caractère de ce prince, 266.

Frédégonde et Clotaire II sous la tutelle de Gontram. Bienfaits de l'administration de celui-ci, 267.

L'aventurier Gundevald, 267.

Altercation entre Gontram et les envoyés de Childebert. Donation que Gontram fait à ce prince de son royaume. Concile de Mâcon. Affabilité de Gontram. Ses fautes. Son manque d'énergie pour le maintien de la discipline militaire. Guerre contre les Visigoths, 268.

Gontram échappe aux émissaires de Frédégonde. Supplice de deux assassins qu'elle envoie pour poignarder Childebert. Querelles de Frédégonde avec sa fille Rigonde. Meurtre de l'évêque Prétextat et empoisonnement d'un seigneur franc. Poursuite de cette affaire par l'évêque Leudovald et Gontram, 270.

Propositions de paix de Reccarède. Union de Childebert et de Gontram. Explications entre les deux rois, 271.

Peste à Marseille et à Lyon. Belle conduite de Gontram, 272.

Fermeté d'une vierge chrétienne, 272.

Reconnaissance de Clotaire comme fils de Chilpéric. Son baptême. Mort et éloge de Gontram 272.

Utilité des asiles à cette époque, 273.

Conciles assemblés par Gontram. Ses fondations, 273.

Vie édifiante de la reine Ingonde. Piété de sa fille Adelbèrge ou Berthe. Saint Léthard, 275.

Vénération de sainte Radegonde pour les reliques des saints. Ses efforts pour le maintien de la paix. Ses mortifications. Sa lettre circulaire aux évêques. Sa mort. Ses funérailles, 276.

Élection de l'abbesse Leubovère. Mécontentement, scandales et condamnation de quelques religieuses nobles, 277.

Famille de saint Grégoire de Tours. Ses études. Sa guérison miraculeuse. Son ordination. Son pèlerinage au tombeau de saint Martin. Sa guérison et celle d'Armentarius. Son élection à Tours. Il guérit de nouveau d'une maladie par la puissance de saint Martin, 278.

Sa fermeté contre Chilpéric. Punition du duc Ruccolin, 279.

Mort et funérailles de saint Germain, 279.

Fermeté de Grégoire dans l'affaire de Prétextat. Excommunication et fuite de son calomniateur Leudasta, 280.

Conversion d'Agilane, 281.

Endurcissement de Prisque, 282.

Ouvrages de saint Grégoire. Jugement sur son *Histoire des Francs*, 282.

La littérature populaire chez les païens et chez les chrétiens, 283.

Croyance du temps sur l'assomption de la Vierge, 283.

Histoire de l'enfant juif miraculeusement conservé dans la fournaise, 284.

De la prétendue crédulité de Grégoire, 284.

Œuvres de Marius et de Rhotérius, 284.

Fortunat. Ses études. Son pèlerinage à Tours. Son séjour près de sainte Radegonde. Ses ouvrages, 284.

Saint Salvius. Sa retraite. Ses mortifications. Sa guérison miraculeuse. Sa vision. Son élection au siège d'Albi. Sa sainteté et sa charité, 285.

Brigandages des évêques Sagittaire et Salonius. Leur emprisonnement. Leur conversion passagère. Leur déposition et celle d'Egidius, 287.

Aventures de Macliau, 287.

Saint Félix de Nantes. Il convertit une colonie de Saxons. Ses autres travaux, 287.

Le reclus Sénoch. Sa retraite. Ses mortifications. Ses miracles. Sa mort, 287.

Saint Cibar. Sa charité. Il délivre miraculeusement un pendu, 288.

Saint Yrieix. Sa retraite. Ses miracles et sa charité. Sa mort. Son testament, 288.

Saint Valfroi. Sa retraite. Ses austérités. Conversions qu'il opère. Son obéissance. Miracle opéré par la puissance de saint Martin, 289.

Saint Hospice. Ses prédictions. Ses miracles. Sa mort, 290.

Le Pape appelle les Francs et les Grecs au secours de Rome. Saint Aunaire. Les Francs en Italie, 291.

Lettres du Pape aux évêques schismatiques d'Istrie. Résultat de ces lettres, 292.

Concile à Constantinople, relativement à l'affaire de l'évêque Grégoire d'Antioche. Prétentions de Jean le Jeûneur. Leur condamnation par le Pape. Nouvelles calamités en Italie. Mort du pape Pélage, 293.

## LIVRE QUARANTE-SEPTIÈME.

*Pontificat du pape saint Grégoire le Grand, l'apôtre et le civilisateur de la nation anglaise.*

De l'an 590 à l'an 604 de l'ère chrétienne.

Élection de saint Grégoire, malgré son opposition. Son exhortation au peuple romain, attaqué de la peste, 294.

Sa profession de foi. Sa lettre synodale. Ses plaintes sur son élévation, 294.

Son *Pastoral*, 296.

Il réforme sa maison, 298.

Sa charité, 298.

Les patrimoines de saint Pierre et leurs défenseurs, 298.

Concile à Séville. Réponses de saint Grégoire aux lettres de saint Léandre, de Licinius et du roi Reccarède, 300.

Ses lettres relatives à l'Église d'Afrique. Son zèle pour la répression des donatistes et l'affermissement de cette Église, 302.

Sa lettre à l'impératrice pour le soulagement de la Sardaigne et de la Corse, 304.

Caractère de Maurice comme particulier et comme empereur, 304.

Autres démarches du Pape relativement à la Sardaigne. L'évêque Janvier. Lettres que saint Grégoire lui adresse, 304.

Sollicitude du même Pape pour la Corse, 306.
Ses lettres relatives à la Sicile, 306.
Tableau que fait saint Grégoire des malheurs de l'Italie, 308.
Saint Grégoire, évêque d'Agrigente, 308.
Election du roi des Lombards, Autharis. Invasion des Francs.
Election d'Agilulfe. Paix avec les Francs, 309.
Précautions de saint Grégoire pour la sûreté des villes d'Italie.
Domaine de l'Eglise de Rome sur plusieurs de ces villes, 310.
Expédition d'Agilulfe contre Rome. Souffrances des peuples, 310.
Election de Constantius à Milan. *Dialogues* de saint Grégoire, 311.
Son zèle pour la paix. Sa justification dans l'affaire de Malchus. Sa lettre à Maurice contre les calomnies de Romanus. Vexations des Grecs, 312.
Grégoire excommunie un de ses détracteurs à Ravenne, 314.
Continuation de la guerre. Paix entre les deux nations, 314.
Zèle de Grégoire pour le salut de l'Italie, 315.
Son opposition aux prétentions de Jean de Ravenne, et leçons qu'il lui donne. Ses conseils à son successeur Marinien, 315.
Ses soins pour l'Eglise de Naples, 317.
Pour celle de Milan. Ses lettres aux évêques schismatiques, à Théodelinde et à Constantius, sur l'affaire des Trois Chapitres. Ses avis à celui-ci, 318.
Continuation du schisme en Istrie. Démarches de Grégoire pour la réunion, 320.
Ses lettres relatives à l'Eglise de Dalmatie. Sa fermeté à l'égard de Maxime de Salone, 321.
Affaires des Eglises d'Illyrie, de Thèbes, de Corinthe, de Corfou, 324.
Sa vigilance sur l'Eglise de Constantinople et contre les prétentions de Jean le Jeûneur. Mort et ouvrages de celui-ci, 325.
Election de Cyriaque et réponse du Pape à sa lettre synodale et son opposition à ses prétentions, 328.
Principe, modèle, moyen et but de l'Eglise catholique et de son unité, 328.
Correspondance amicale de saint Grégoire avec saint Euloge d'Alexandrie, 328.
Ses relations avec les autres patriarches. Grégoire d'Antioche, qui dispense en matière de serment, 329.
Révolutions en Perse. Rétablissement de Chosroès par le secours de l'empire. Ses donations à saint Sergius, 331.
Conversion de Naaman, chef des Sarrasins, 332.
Sainte Golindouche, 332.
Conversions opérées par Grégoire d'Antioche, 332.
Saint Jean Climaque. Sa retraite. Sa manière de vivre. Ses ouvrages ascétiques. Sa mort, 332.
Théodore Sicéote. Sa naissance. Sa piété. Sa visite à saint Glycérius. Sa retraite. Ses austérités. Son ordination. Ses pèlerinages à Jérusalem. Ses miracles. Ses disciples. Son élection au siége d'Ancyre. Il quitte l'épiscopat. Sa prédiction à Maurice. Sa révélation sur la mort de ce prince, 333.
Lettres de Grégoire relativement à une ordonnance de l'empereur, 335.
Ses lettres de piété à diverses personnes de la cour, 336.
Conciles à Rome, 337.
*Sacramentaire* du pape Grégoire, 337.
Son zèle pour la répression de la superstition, 338.
Lettres du Pape à saint Virgile d'Arles et aux évêques des Gaules, 338.
Constitution du roi Childebert. Lettre de saint Grégoire à ce prince et à Brunehaut, 339.
Mort de Childebert, Théodebert, Thierry et Clotaire II. Mort de Frédégonde. Exil de Brunehaut, 339.
Mission de saint Augustin. Sa réception par le roi Ethelbert. Sa promotion à l'épiscopat. Conversions qu'il opère. Lettre du Pape à saint Euloge à cette occasion. Mission du prêtre Laurent, 339.
Lettres du Pape à saint Ethérius de Lyon, saint Didier de Vienne, Sérénus de Marseille, saint Arige de Gap. Amitié de celui-ci avec saint Grégoire, et sa mort, 340.
Saint Licinius d'Angers. Son entrée dans l'état ecclésiastique. Sa promotion à l'épiscopat. Ses vertus. Son élévation à la dignité de maire du palais. Sa mort, 343.
Lettres du Pape à Brunehaut, à Ethelbert, à saint Augustin, 343.
Mission de Mellitus. Lettre que le Pape lui adresse. Son ordination et celle de saint Juste, 345.
Conférence entre saint Augustin et les évêques bretons. Miracle qu'il y opère. Entêtement des Bretons, 346.
Démarches du Pape pour la convocation d'un concile dans les Gaules, 347.
Saint Colomban. Sa naissance. Ses études. Ses prédications en France. Son établissement dans les Vosges. Sa règle. Son *Pénitentiel*. Son erreur sur la célébration de la Pâque, 347.
Confirmation par le pape des établissements de Brunehaut. Authenticité, sens et convenance de ce document, 348.

Les Avares, 350.
Indifférence de Maurice pour les avis du Pape. Son avarice et exemple, 350.
Mécontentement des peuples. Proclamation de Phocas. Fuite de Maurice. Sa mort et celle de sa famille, 351.
Lettre de saint Grégoire à Phocas, 352.
Légation de Boniface à Constantinople, 352.
Plaintes du Pape contre les empereurs, relativement à la simonie, 353.
Sa réponse à Théodelinde, 353.
Mort de saint Léandre, de Reccarède, de saint Augustin de Cantorbéry et du pape saint Grégoire. Son portrait. Ses ouvrages, 353.

## LIVRE QUARANTE-HUITIÈME.

*Accomplissement progressif des prophéties de Daniel sur les empires de la terre. — Hérésie et empire antichrétien de Mahomet, enfant naturel des hérésies grecques. — Saint Jean l'Aumônier. — Saint Anastase le Persan. — Saint Anastase le Sinaïte; — Le pape Honorius. — Saint Sophrone de Jérusalem. — Saint Isidore de Séville et autres saints d'Espagne. — Grand nombre de saints en France. — La nation anglaise continue à se civiliser par de saints moines. — L'Occident grandit par la foi; l'Orient déchoit de plus en plus par l'hérésie.*

De la mort de saint Grégoire le Grand, 604, à la mort de l'empereur Héraclius, 641.

Prophétie de Daniel touchant le mahométisme, 355.
Comment Dieu punit les puissances coupables et les hérésies les unes par les autres, 356.
Saint Théodore Sicéote prédit la prochaine invasion du mahométisme, 356.
Fin tragique de l'empereur Phocas, 356.
Avénement d'Héraclius, 357.
Les Grecs et les Perses se ruinent les uns les autres. Prise de Jérusalem et de la croix par les Perses, 357.
Saint Jean l'Aumônier, 358.
Les saints Dorothée et Dosithée, 360.
Jean Philopon, 361.
Léon de Byzance, 361.
Héraclius, longtemps inactif et découragé, se réveille et remporte d'éclatantes victoires sur Chosroès, roi de Perse, 361.
Il fait la paix avec le fils de Chosroès, 362.
Les Grecs et les Perses, affaiblis les uns par les autres, deviennent une proie facile aux sectateurs de Mahomet, 363.
Origine et premières années de Mahomet, 364.
Ses prétendues visions. Se donne pour prophète, 364.
Ecrit à l'empereur chrétien d'Abyssinie. Gagne quelques juifs de Médine, 365.
Son prétendu voyage nocturne dans le ciel. Traits sataniques de cette imposture, 365.
Nature immonde du paradis de Mahomet, 366.
Sa fuite à Médine. Il y invente un chapitre de l'Alcoran pour justifier son inceste, 367.
Ses cruautés justifiées par autant de chapitres de l'Alcoran, 367.
Son caractère et celui de sa religion, c'est d'être homicide, 368.
Son prétendu miracle de la lune, 368.
Fait Dieu auteur de tous les crimes, 368.
Traite avec les Choraïchites. Est empoisonné par une fille juive. Ecrit aux souverains étrangers, 368.
S'empare de la Mecque. A des idées basses de Dieu. Ses pitoyables raisonnements pour soutenir qu'il a été prédit dans l'Evangile, 369.
Son embarras quand on lui demande des preuves de sa mission. Caractère pitoyable de l'Alcoran et de ce qu'il dit à ce sujet, 370.
Morale immorale de Mahomet, qui ne fait que singer le christianisme, 371.
Sa mort et les suites, 372.
Son premier calife, Aboubècre, réunit les feuillets épars de l'Alcoran, 372.
D'autres séducteurs en Arabie, 373.
Guerre entre les Arabes et les Grecs. Héraclius s'enfuit de Syrie, 373.
Les mahométans se rendent maîtres de Jérusalem, d'Antioche et de la Mésopotamie, 374.
L'Egypte tombe en leur pouvoir. Conduite peu sensée du patriarche Cyrus et de l'empereur Héraclius, 375.
Saint Anastase le Persan, 378.
Considération sur les mages de Perse, 379.
Ecrits du moine Antiochus, 379.

Histoire des quatre fils et des quatre filles de Romilde, duchesse lombarde de Frioul, 379.
Succession rapide de papes, 380.
Écrits de Jean Mosch, 381.
Esprit, methode et écrits de saint Anastase le Sinaïte, 381.
Premiers actes du pape Honorius, 385.
Commencement du monothélisme, 386.
Saint Sophrone, 387.
Le pape Honorius se laisse circonvenir par les artifices de Sergius de Constantinople, et, sans enseigner ni approuver l'erreur, il la favorise par son inconsidération, 387.
Saint Sophrone montre plus de pénétration et plus de zèle, 390.
Le pape Honorius écrit sa seconde lettre aussi inconsidérément que la première, 391.
Dernière ressource de saint Sophrone dans ce péril de la foi, 392.
Tranquillité de l'Occident. Les rois et évêques d'Espagne travaillent de concert à y établir de bonnes lois, dans les conciles de Tolède, 392.
Forme de tenir les conciles, 394
Saint Isidore de Séville et ses œuvres, particulièrement ses *Origines* ou *Etymologies*, 395.
L'Espagne ne connaît point la collection de fausses décrétales, 398.
Frédégonde et Brunehaut, 399.
Zèle, exil, voyages de saint Colomban. Son séjour en Suisse, 399.
Martyre de saint Didier de Vienne, 401.
Mort de Brunehaut et de sa race, 401.
Saint Colomban se retire et meurt en Italie, 401.
Concile ou assemblée nationale de Paris, dans laquelle se dresse une sorte de charte constitutionnelle du royaume, 401.
Saint Arnulfe, tige de la seconde race des rois Francs, 403.
Saint Amé et saint Romaric, 404.
Grand nombre de saints du monastère de Luxeuil, 404.
Saint Riquier, 404.
Concile et conseil national de Reims, 404.
Saint Sulpice de Bourges, surnommé le Débonnaire, 405.
Saint Modoald de Trèves, 405.
Saint Arnulfe quitte la cour du roi Dagobert et se retire dans les Vosges, 406.
Trouble passager dans les monastères de saint Colomban, 406.
Zele de l'évêque saint Amand, 406.
Vertus de saint Eloi et de saint Ouen, 408.
Dagobert publie une nouvelle édition de la législation des Francs. Progrès de la douceur chrétienne qu'on y remarque, 410.
Confession et pénitence de Dagobert, 411.
Saint Laurent de Cantorbéry, saint Mellit de Londres ; peines et consolations qu'ils éprouvent, 412.
L'évêque saint Paulin convertit le roi et le peuple des Northumbres, 413.
Saint Birin y aide, 413.
Le roi saint Oswald et l'évêque saint Aidan achèvent la bonne œuvre, 415.
*Ecthèse* de l'empereur Héraclius, 417.
Conduite honorable de l'Eglise romaine, du pape Sévérin et du pape Jean IV, qui rejettent l'*Ecthèse* et condamnent le monothélisme, 418.
L'empereur Héraclius désavoue l'*Ecthèse* avant sa mort, 419.

### LIVRE QUARANTE-NEUVIÈME.

*L'Orient continue à dépérir, l'Occident à se sanctifier : l'un par son peu d'union, l'autre par son union plus intime avec l'Eglise romaine. — Fin du royaume de Perse. — Le christianisme à la Chine. — L'abbé saint Maxime de Constantinople. L'hérésie grecque du monothélisme condamnée par les papes Théodore et saint Martin. — Le pape saint Martin, martyrisé par l'empereur grec. — Saints évêques et conciles d'Espagne. — Grand nombre de saints et de monastères en France. — Saints rois et saints évêques en Angleterre.*

De la mort de l'empereur Héraclius, 641, à la mort de l'empereur Constant II, 668.

Famille impériale de Constantinople, 419.
Lettre du pape Jean IV pour la défense du pape Honorius, 419.
Famille impériale de Constantinople, exécutée par le sénat de cette ville, 420.
La bibliothèque d'Alexandrie brûlée par ordre du calife Omar, 420.
Fin du royaume de Perse, dont le dernier roi se réfugie à la Chine, 421.
Histoire du christianisme à la Chine, d'après le monument de Siang-fou, 421.

Les mahométans envahissent l'empire grec. L'empereur grec fait la guerre à l'Eglise et au Pape, 423.
Les patriarches monothélites Pyrrhus et Paul. Réponse du pape Théodore à ce dernier, 423.
Lettre du métropolitain de Chypre au même Pape, 424.
Etienne de Dore établi par le Pape son vicaire en Palestine, 424.
En quels termes les évêques d'Afrique écrivent au pape Théodore, 424.
L'abbé saint Maxime de Constantinople. Sa science et ses écrits, ce qu'il dit de sens mystérieux des cérémonies ecclésiastiques et de l'autorité du pape, 425.
Sa conférence avec Pyrrhus, 427.
Rétractation de Pyrrhus, 429.
Lettre de Paul, patriarche monothélite de Constantinople, 430.
*Type* de l'empereur Constant II, 430.
Rechute de Pyrrhus. Vigueur avec laquelle le pape Théodore le condamne, 432.
Le pape saint Martin tient un concile où il condamne le monothélisme et le *Type* de Constant. En quels termes les catholiques d'Orient y parlent au Pape, 431.
Lettres du pape saint Martin en Orient et en Occident, 434.
Sa lettre à l'empereur Constant, 434.
Le pape saint Martin institue des vicaires apostoliques dans tout l'Orient, 435.
Sa lettre au métropolitain de Thessalonique, 436.
Le pape saint Martin arrêté, emprisonné, exilé, martyrisé par l'empereur grec, 436.
Interrogatoires et exils de saint Maxime et de ses disciples, les deux Anastase, 441.
Le peuple et le clergé de Rome rejettent la lettre synodale de Pierre, patriarche monothélite de Constantinople, 442.
Nouvel interrogatoire de saint Maxime, 443.
Son dernier interrogatoire et son martyre, 444.
Fin de ses disciples, les deux saints Anastase, 445.
En Espagne, saint Fructueux de Brague, saint Eugène, saint Ildefonse de Tolède, 446.
Conciles de Tolède, 448.
En France, le roi saint Sigisbert, avec les saints Amand, Bavon, Vandrille, Philibert, Eloi, Ouen, les saintes Gertrude et Salaberge, et une foule d'autres, 450.
Concile de Châlon-sur-Sa ne, 456.
Saint Vulfolède, archevêque de Bourges. Lettre que lui écrit le roi saint Sigisbert d'Austrasie, et reflexion à ce sujet, 456
Dernières actions et mort de saint Eloi. La reine sainte Bathilde, 458.
Autres saints, même d'Angleterre, en France, 461.
Révolutions politiques en Angleterre. Fin de saint Aidan. Commencements de saint Wilfrid. Conférence sur la Pâque, 462.
En Lombardie, le roi Rotharis fait écrire les lois nationales, 464.
Aventures du roi Bertharide, 467.
Arrivée et conduite de l'empereur Constantin en Italie et à Rome, 464.
Ses derniers actes et sa mort, 469.

### LIVRE CINQUANTIÈME.

*L'Angleterre, catholique par son union avec l'Eglise romaine devient un asile des lettres et des arts, et une pépinière de saints et d'apôtres pour l'Allemagne. — Grand nombre de saints en France, particulièrement dans l'Austrasie. — Saint Léger mis à mort par Ebroïn, et horriblement calomnié par un écrivain moderne. — Election et règne de Wamba; conciles et saints d'Espagne. — Formation de la nation des Maronites. — Le monothélisme condamné par le pape saint Agathon et par le sixième concile œcuménique. — Servilité sophistique du concile grec in Trullo.*

De la mort de l'empereur Constant II, 668, à la fin du VIIe siècle, 695.

En Orient, il se fait nuit ; en Occident, il se fait jour, 470.
Lettre du pape saint Vitalien à deux rois d'Angleterre, 470.
Saint Wilfrid est fait évêque d'York, 471.
Le saint moine Théodore de Tarse, établi archevêque de Cantorbéry par le pape saint Vitalien, se rend en Angleterre avec les saints abbés Biscop et Adrien, et rétablit saint Wilfrid sur le siège d'York, 472.
Saint Théodore, dignement secondé, implante en Angleterre les sciences, les lettres et les arts, avec la discipline de l'Eglise, 474.
Le pape saint Vitalien maintient la discipline en Orient. Ses successeurs Adéodat et Donus, 475.
Révolutions politiques en France sur le déclin de la première dynastie, 476.

Saint Léger, évêque d'Autun. Saint Préject ou saint Prix d'Auvergne. Saint Lambert de Maëstricht, 476.
Politique cruelle et perfide d'Ebroïn envers saint Léger, 479.
Horrible calomnie du genevois Sismondi contre le même saint Léger, 481.
Derniers moments et martyre du saint évêque d'Autun, que Dieu honore par des miracles, 483.
Saint Filibert, saint Ouen et son successeur saint Ansbert, ainsi que saint Hermeland, 484.
Saint Dié et saint Hidulfe dans les Vosges, 485.
Le duc Pepin et sa famille, 486.
Miracles de sainte Gertrude, 486.
Election et règne de Wamba en Espagne. Conciles de Tolède et de Brague, 487.
Ecrits de saint Julien de Tolède, 488.
Maladie et abdication de Wamba, occasionnée par l'artifice d'un Grec, 490.
Douzième et treizième conciles de Tolède, 491.
Commencement de l'empereur Constantin Pogonat, 492.
Formation de la nation des Maronites, 493.
L'empereur Constantin Pogonat demande au Pape un concile œcuménique touchant le monothélisme, 493.
Lettres du pape saint Agathon, 494.
Treize premières sessions du sixième concile. Les Grecs convaincus d'avoir ajouté des pièces fausses aux actes du concile précédent, 496.
Remarque sur une omission dans les actes du sixième concile, 500.
Dernière session du concile, 501.
Lettre du concile au pape saint Agathon, 502.
Edits de l'empereur pour l'exécution des décrets du concile, 503.
Saint Léon II succède au pape saint Agathon. Lettre que lui écrit l'empereur. Réponse du Pape, ainsi que ses lettres en Espagne, 503.
Que penser de la condamnation du pape Honorius, 504.
Saint Wilfrid vient demander justice et protection à l'Eglise romaine, et opère partout beaucoup de bien au milieu des persécutions, 504.
Saint Cuthbert, évêque de Lindisfarne, 505.
Saint Théodore de Cantorbéry se réconcilie avec saint Wilfrid, 507.
Les rois Cedwall et Ina se retirent à Rome, 507.
Mort et écrits de saint Théodore de Cantorbéry. Il a pour successeur saint Britwald, 507.
Mission de saint Swidbert et de saint Willebrod en Frise, 508.
Saint Vulfrand vient en aide à saint Willebrod, 509.
Mission de saint Emmérand, de saint Evald, de saint Kilien dans l'intérieur de la Germanie, 510.
Mort de saint Léon II, qui a pour successeur Benoit II, 511.
Conciles d'Espagne au sujet du 6e concile œcuménique, 511.
L'empereur Pogonat envoie les cheveux de ses fils à Rome, 512.
Succession rapide des papes Benoit II, Jean V, Conon et Sergius, 512.
Quinzième, seizième et dix-septième conciles de Tolède, 513.
Servilité sophistique du concile grec *in Trullo*, 514.
Manière dont est accueilli à Rome l'envoyé impérial de Constantinople, qui devait déporter le Pape, 517.
A Constantinople même, Justinien II se voit détrôné et mutilé par Léonce, qui reçoit le même traitement de Tibère-Absimare, 518.

## LIVRE CINQUANTE ET UNIÈME.

*La foi, l'humanité, le bon sens quittent de plus en plus l'Orient pour se fixer dans l'Occident et lui assurer l'empire du monde. — L'Angleterre catholique, illustrée par la doctrine de la sainteté du vénérable Bède et de ses contemporains, travaille avec succès, secondée par les Francs d'Austrasie, à la conversion et la civilisation de l'Allemagne, païenne et barbare. — Les Francs d'Austrasie et d'Aquitaine, sous la conduite de l'Austrasien Charles-Martel, sauvent la France, l'Europe et l'humanité de la barbarie mahométane. — Les Pontifes romains maintiennent en Occident, contre les empereurs iconoclastes de Constantinople, le bon sens et la foi catholiques, que saint Jean Damascène soutient au milieu des Musulmans.*

Des commencements du VIIIe siècle, à la mort de l'empereur Léon l'Isaurien de Charles-Martel et du pape saint Grégoire III, 741.

Succession des papes Sergius, Jean VI, Jean VII, Sisinnius et Constantin. Du temps de Jean VII, le roi des Lombards restitue au Saint-Siège les Alpes-Cotiennes. Conséquence de ce fait, 519.

Aventures de Justinien *nez-coupé*. Echantillon de son gouvernement à Ravenne, 520.
Voyage du pape Constantin à Constantinople. Honneurs avec lesquels il y est reçu, 521.
La haine de Justinien contre les Chersonites est cause de sa ruine et de sa mort, 522.
L'empereur Bardane-Philippique commence une persécution contre le sixième concile. Faiblesse des évêques grecs. Fermeté de l'Eglise romaine et du peuple romain, 523.
Bardane déposé, Anastase II mis à sa place, 524.
Lettres de l'empereur et du patriarche de Constantinople au pape Constantin, 524.
Déposition des empereurs Anastase et Théodose. Commencement de Léon l'Isaurien, 525.
Les bonnes études fleurissent en Angleterre par les soins du saint et savant Bède. Précis de ses travaux et de ses écrits, 526.
Lettre d'un de ses disciples sur sa sainte mort, 529.
Saint Céolfrid, 530.
Saint Adhelme, évêque de Schirburn, fait et chante des cantiques pour retenir et instruire le peuple, 531.
Dernières actions et mort de saint Wilfrid, 531.
Saint Adamnan. Sa description de la Terre-Sainte, 534.
Pèlerinage d'un grand nombre d'Anglais à Rome, 535.
Manière dont le vénérable Bède termine son *Histoire ecclésiastique d'Angleterre*, 535.
Instruction du pape saint Grégoire II à l'évêque Martinien, pour la Bavière, 536.
Saint Rupert de Salzbourg et saint Corbinien de Frisingue, 536.
Saint Boniface, apôtre de l'Allemagne, 538.
Il est fait évêque par le pape saint Grégoire II. Son serment apostolique, 540.
Lettres que le Pape écrit en sa faveur, en France et en Allemagne, 540.
Lettre que lui donne de son côté Charles-Martel, 540.
Belle lettre que lui écrit son ancien maître, l'évêque Daniel de Winchester, sur la manière de convertir les païens, 541.
Réponse décrétale du Pape à sa consultation, 542.
Consultation de saint Boniface et réponse de l'évêque Daniel sur le même objet, 542.
Les Visigoths, amollis par un long repos, gouvernés et corrompus par une dynastie grecque, laissent envahir l'Espagne par les Sarrasins. Leur nationalité se réfugie, sous la protection de la sainte Vierge, dans le creux d'une montagne, 543.
C'est de l'Austrasie que sort le salut de la France, de l'Espagne et du monde, 544.
Grandes, mais insuffisantes victoires du duc Odon ou Eude d'Aquitaine contre les mahométans qui envahissent le midi de la France, 545.
La France envahie par Abdérame, d'un côté jusqu'à Sens, de l'autre jusqu'à Poitiers. Mémorable victoire que Charles-Martel, secondé par Eude, remporte sur les innombrables Sarrasins, 546.
Martyre de saint Chaffre, de sainte Eusébie, de saint Porcaire, de saint Pardou et plusieurs autres, 546.
Saint Eucher, évêque d'Orléans, saint Rigobert de Reims, saint Lambert de Maëstricht et saint Hubert, son successeur, 548.
Le pape saint Grégoire II envoie saint Pétronax rétablir le monastère du Mont-Cassin, 549.
Histoire des trois cousins lombards, les saints Paldon, Tason et Taton, 550.
Le même Pape rétablit d'autres monastères et tient un concile, 550.
Commencement et absurdité de l'erreur des iconoclastes, que Léon l'Isaurien établit chez les Grecs, 552.
Equivoque de certains mots en cette matière, 552.
Lettres catholiques de saint Germain, patriarche de Constantinople sur ce sujet, 552.
Commencement de saint Jean Damascène. Il écrit merveilleusement bien en faveur des saintes images, 554.
Le pape saint Grégoire II écrit dans le même sens et à l'empereur et au patriarche de Constantinople, 557.
Pour se venger du Pape, l'empereur iconoclaste envoie le tuer ou le déposer. Effet que cela produit sur les peuples d'Italie, 557.
Le pape saint Grégoire II recourt au prince des Francs, Charles-Martel, 558.
Comment Léon l'Isaurien ou l'Iconoclaste répond à saint Jean Damascène, 558.
Comment le même Léon en use avec le patriarche saint Germain et avec les savants de Constantinople, 559.
Violence de sa persécution, 559.
Lettres remarquables que lui écrit le pape saint Grégoire II. Ce que le Pape était dès lors en Europe et dans le reste de l'humanité chrétienne, 560.
Si, et en quel sens le pape saint Grégoire II détacha l'Italie de l'empire de Constantinople, 563.

Le pape saint Grégoire III, 563.
Sa réponse à saint Boniface, apôtre de l'Allemagne, 564.
Travaux et correspondance de saint Boniface. Lettre que lui écrit une religieuse de ses parentes, 564.
Son troisième voyage à Rome. Il y enrôle les deux saints frères Willibald et Wunebald. Leur histoire, 565.

Inutiles efforts de saint Grégoire III pour ramener au bon sens l'empereur Léon l'Iconoclaste, 567.
Lettres honorables du saint Pape à Charles-Martel et à la nation des Francs, 568.
Mort de Charles-Martel, de Léon l'Isaurien ou l'Iconoclaste et du pape saint Grégoire III, 569.

FIN DE LA TABLE DES MATIÈRES DU TOME QUATRIÈME.

# NOTES RECTIFICATIVES ET COMPLÉMENTAIRES

#### MORT DE PULCHÉRIE (p. 10).

Sa mort, dit Amédée Thierry, ne fut marquée par aucune circonstance extraordinaire ; elle s'éteignit paisiblement à Constantinople dans la cinquante-quatrième année de son âge, et son corps alla rejoindre ceux de sa famille dans la basilique des Apôtres. Elle laissa de longs regrets après elle, quoique sa tâche principale fût depuis longtemps achevée (1).

« Souveraine politique, elle avait dirigé l'empire avec sagesse; souveraine religieuse, elle avait combattu et triomphé pour l'orthodoxie. Placée par sa rare fortune en face des deux adversaires les plus redoutables qu'eût rencontrés la foi depuis Arius, adversaires opposés entre eux, mais unis pour ébranler l'édifice de la Rédemption dans sa double assise, l'humanité du Christ et sa divinité, elle les avait tous les deux attaqués et terrassés tous les deux. C'est la gloire que lui attribue la chrétienté dans sa représentation la plus élevée, et l'on peut dire que cette petite-fille de Théodose eut pour flatteurs et des conciles et des papes. L'Église, après avoir glorifié sa vie, honora sa mémoire ; le nom de Pulchérie fut inscrit sur le catalogue des saints, ce livre d'or du Christianisme. »

#### L'EUTYCHIANISME (p. 16).

Dans son histoire de l'eutychianisme, qu'il poursuit jusqu'en 460, M. Amédée Thierry commet plus d'une inexactitude. C'est ainsi, entre autres, que, parlant des ouvrages de Cyrille, il dit *qu'ils prêtaient assez aux opinions eutychiennes pour qu'on s'épargnât la peine de les falsifier.* C'est là, sans doute, une inadvertance de l'écrivain, car il est impossible qu'il ait ignoré le zèle ardent de Cyrille à combattre les hérésies en général et celles de Nestorius et d'Eutychès en particulier.

Lorsque Eutychès consentit, en 448, à comparaître devant Flavien, son archevêque, Eusèbe de Darylée, autrefois son ami, et plusieurs autres évêques, il avoua ou plutôt déclara avec hauteur *qu'il ne reconnaissait qu'une nature dans le Sauveur.*

Or voici quelle était la profession de foi faite sur ce point par saint Cyrille, dix-huit ans auparavant. Après le concile d'Alexandrie de 430 et celui de Rome, présidé par saint Célestin, il adressa à Nestorius un troisième et dernier avertissement, par lequel il lui mande qu'il est nécessaire qu'il anathématise par écrit tous ses mauvais sentiments. Cyrille rapporte ensuite en détail les articles de doctrine que Nestorius devait embrasser et enseigner. Il revient longuement sur *la doctrine des deux natures* et fait voir que, bien *qu'elles soient différentes,* comme elles sont unies personnellement en Jésus-Christ, le Fils de Dieu est un et seul et non pas deux. Il corrobore cette doctrine nette et précise, en déclarant à Nestorius, dans les douze anathèmes qui suivent, les erreurs qu'il devait condamner, s'il voulait être tenu pour catholique :

1. Si quelqu'un ne confesse pas que l'Emmanuel est véritablement Dieu et que, par conséquent, la sainte Vierge est mère de Dieu, puisqu'elle a engendré selon la chair le Verbe de Dieu fait chair ; qu'il soit anathème !

2. Si quelqu'un ne confesse pas que le Verbe, qui procède de Dieu le Père, est uni à la chair selon l'hypostase, et qu'avec sa chair il fait un seul Christ, qui est Dieu et homme tout ensemble ; qu'il soit anathème !

3. Si quelqu'un, après l'union, divise les hypostases du seul Christ, les joignant seulement par une connexion de dignité, d'autorité ou de puissance, et non par une union réelle, qu'il soit anathème !

4. Si quelqu'un attribue à deux personnes ou à deux hypostases, les choses que les apôtres et les évangélistes rapportent comme ayant été dites de Jésus-Christ, par les saints ou par lui-même, et applique les unes à l'homme, considéré séparément du Verbe de Dieu, et les autres comme dignes de Dieu, au seul Verbe procédant de Dieu le Père, qu'il soit anathème !

5. Si quelqu'un ose dire que Jésus-Christ est un homme qui porte Dieu, au lieu de dire qu'il est Dieu de vérité, comme Fils unique et par nature, autant que le Verbe a été fait chair et a participé comme nous à la chair et au sang, qu'il soit anathème !

6. Si quelqu'un ose dire que le Verbe, procédant de Dieu le Père, est le Dieu ou le Seigneur de Jésus-Christ, au lieu de confesser que le même est tout ensemble Dieu et homme, en tant que le Verbe a été fait chair, selon les Écritures, qu'il soit anathème !

---

(1) *Nestorius et Eutychès.* Paris, 1878, p. 425.

7. Si quelqu'un dit que Jésus-Christ, en tant qu'homme, a été possédé du Verbe de Dieu et revêtu de la gloire du Fils unique, comme étant un autre que lui, qu'il soit anathème!

8. Si quelqu'un ose dire que l'homme pris par le Verbe doit être adoré, glorifié et nommé Dieu avec lui, comme étant l'un en l'autre; car, y ajoutant le mot *avec*, il donne cette pensée, au lieu d'honorer l'Emmanuel par une seule adoration et lui rendre une seule glorification, en tant que le Verbe a été fait chair, qu'il soit anathème!

9. Si quelqu'un dit que N.-S. Jésus-Christ a été glorifié par le Saint-Esprit, comme ayant reçu de lui une puissance étrangère pour agir contre les esprits immondes et opérer des miracles sur les hommes, au lieu de dire que l'esprit par lequel il les opérait, lui était propre, qu'il soit anathème!

10 L'Ecriture divine dit que Jésus-Christ a été fait le Pontife et l'Apôtre de notre foi, et qu'il s'est offert pour nous à Dieu le Père, en odeur de suavité. Donc, si quelqu'un dit que notre Pontife et notre Apôtre n'est pas le Verbe de Dieu lui-même, depuis qu'il s'est fait chair et homme comme nous, mais un homme né d'une femme, comme si c'était un autre que lui, ou si quelqu'un dit qu'il a offert le sacrifice pour lui-même, au lieu de dire que c'est seulement pour nous, car il n'avait pas besoin de sacrifice, lui qui ne connaissait pas le péché, qu'il soit anathème!

11. Si quelqu'un ne confesse pas que la chair du Seigneur est vivifiante et propre au Verbe même qui procède de Dieu le Père, mais l'attribue à un autre qui lui soit conjoint selon la dignité et en qui la divinité habite seulement, au lieu de dire qu'elle est vivifiante, parce qu'elle est propre au Verbe qui a la force de vivifier toutes choses, qu'il soit anathème!

12. Si quelqu'un ne confesse pas que le Verbe de Dieu a souffert selon la chair, qu'il a été crucifié selon la chair, et qu'il a été le premier-né d'entre les morts, en tant qu'il est vie et vivifiant comme Dieu, qu'il soit anathème!

Du reste, saint Cyrille, loin de favoriser d'une façon quelconque l'hérésie d'Eutychès ou toute autre, déclare formellement regarder le pape comme son seigneur et qualifie ses décrets de *formulaires définis*, et proclame hautement qu'il est résolu de suivre le jugement du souverain pontife et des évêques d'Occident, pour rester en communion avec eux (2).

On ne saurait donc admettre l'opinion d'Amédée Thierry touchant l'esprit des doctrines de saint Cyrille.

Ajoutons quelques mots en ce qui concerne Eutychès. On sait que cet hérésiarque mourut dans l'impénitence, et, malheureusement, dans sa *Palestine*, son erreur lui survécut. « Sa secte, dit M. Guérin, vit encore aujourd'hui et compte de nombreux prosélytes en Orient. Mais, grâce à Dieu, de temps en temps, quelques-unes de ces âmes égarées reviennent à la sainte Église. C'est ainsi que nous avons vu, en 1847, l'évêque d'Orfa, l'ancienne Edesse, renoncer aux erreurs d'Eutychès avec plusieurs des siens et embrasser la vraie foi en union avec l'Église catholique, apostolique et romaine.

« Ce retour est, on peut le dire, un fruit de la douce et salutaire influence que la particulière sollicitude de Pie IX exerçait sur les esprits dans ces contrées d'où la foi nous est venue, et où, nous en avons la pleine espérance, l'Évangile et la lumière catholique ne tarderont pas à reprendre leur ascendant et tout leur éclat. »

---

SAINT HILAIRE AUX ORIENTAUX (p. 20).

Rohrbacher mentionne ainsi l'encyclique de saint Hilaire aux Orientaux : « On dit que, dès qu'il fut pape, il envoya par tout l'Orient une lettre décrétale et circulaire, où il confirmait les conciles, etc., condamnait Nestorius, Eutychès et toutes les autres hérésies. » Nul des anciens monuments ne s'exprime d'une manière dubitative, *fertur*. L'Office de saint Hilaire, sous le propre de Rome, dit : *Encyclicam epistolam scripsit*, etc. Le manuscrit *Fossatensis* du IXe siècle : *Hic fecit decretalem et per universum Orientem direxit, et epistolas de fide catholica*.

Le *Liber pontificalis* ne dit pas non plus que saint Hilaire condamna toutes les hérésies dans son encyclique, mais seulement Eutychès, Nestorius et Dioscore, ainsi que tous leurs partisans et hérésies.

---

SAINT HILAIRE ET SA LETTRE DU 3 DÉCEMBRE 462 (p. 21).

La lettre de saint Hilaire, *Quamquam notitiam*, du 3 décembre 462, contient un précieux témoignage sur l'obligation de consulter le Saint-Siège, relativement aux causes majeures : *In dirimendis sane gravioribus causis et quæ illic non potuerint terminari, apostolicæ sedis sententia consulatur* (1). Il faut par conséquent recourir au Saint-Siège en deux cas distincts : 1° pour les causes majeures en toute hypothèse; 2° pour les affaires non majeures que le concile provincial ne peut terminer. Rohrbacher s'exprime de manière à supprimer le document : « Que, dans le cas où il se trouverait quelques affaires plus importantes, qui ne pourraient être terminées dans le concile, on consultât le Siège apostolique, » ce qui impliquerait seulement l'obligation de référer au Saint-Siège pour les causes majeures que le concile provincial ne parviendrait pas à terminer. *Graviores causæ*, se traduit par *causes majeures* et non par *quelques affaires plus importantes*. Ce qui suit n'est guère plus exact. « Le Pape défend aux évêques de sortir de leur province sans lettre de leur métropolitain, et veut qu'en cas de refus ils s'adressent à l'évêque d'Arles, qu'il charge aussi d'empêcher que les ecclésiastiques, de quelque rang qu'ils puissent être, ne soient reçus dans un autre diocèse sans le témoignage de leur évêque. » Saint Hilaire ne parle pas des évêques en particulier : *Ne præter*

---

(1) Labbe, *Concil.*, tom. III, col. 395.
(2) Id., *ibid.*, col. 387.

(1) Voir Pagi. *Breviarium P. R.*

*metropolitanorum suorum litteras aliqui ad quamlibet provinciam audeant proficisci : quod etiam in omni genere officii clericalis per singulas debet ecclesias custodiri.* Cette disposition comprend tous les membres du clergé. Le Pape ne donne pas à l'évêque d'Arles seul le pouvoir de statuer en cas de refus, ainsi que l'historien le fait entendre, car le délégué apostolique doit s'adjoindre deux métropolitains : *Si hoc impetrare per aliquam non meruerint simultatem, cum duobus metropolitanis provinciarum, quæ congrua sunt Arelatensis episcopus cuncta discutiens, pro causæ qualitate observanda constituat.*

---

SAINT HILAIRE ET LES ÉVÊQUES D'ESPAGNE (p. 22, col. 1).

Dans la lettre des évêques de la province de Terragone, Rohrbacher, trompé par Labbe, qui a supprimé un mot essentiel (*nulla*) traduit d'une façon inintelligible : « Encore que ce fût une nécessité de la discipline ecclésiastique, c'était néanmoins, dans la réalité même, une chose bien à souhaiter pour nous que le privilège de votre Chaire, par lequel, etc. » Le sens est bien différent : « Encore que nulle nécessité de la discipline ecclésiastique n'existât, c'était néanmoins une chose fort désirable pour nous que le privilège de votre siège, etc. » *Sed pontificali totum deliberatione præcipitur,* « tout est commandé par délibération pontificale. » Évidemment les évêques veulent parler d'une sentence synodale, et la demandent au pape, selon la tradition de l'antiquité. Ils expriment la même pensée vers la fin de leur lettre : *Quatenus fraternitate collecta prolatis in medium venerandæ synodi constitutis, contra rebellionis spiritum vestra auctoritate subnixi,* etc. C'est un concile que le Pape convoquera et dont l'autorité vaincra toute résistance. En effet, le Pape assembla un concile de 50 évêques pour juger l'affaire de Terragone, et nous en possédons les actes. Rohrbacher présente ces choses sous un autre aspect; le concile dont l'autorité réprimera l'esprit de rébellion, ce n'est plus le concile du pape, mais un futur concile de Terragone. « Nous prions votre Siège de nous instruire par vos lettres apostoliques, sur ce que vous voulez qu'on observe en ce point, afin que, rassemblant *nos frères (fraternitate collecta)* et produisant (*prolatis*) les constitutions du vénérable synode, nous puissions, forts de votre autorité contre l'esprit de rébellion, comprendre, avec l'aide de Dieu, ce qu'il faut faire, etc. » Notre historien n'a pas saisi le sens. Le Pape fit les deux choses que les évêques demandaient : il réunit un concile et il adressa des lettres apostoliques.

---

SAINT HILAIRE ET LE SOUS-DIACRE TRAJAN, (p. 22).

L'envoi du légat du Pape en Espagne au v° siècle serait en effet remarquable, mais est-ce vrai ? Les deux lettres de saint Hilaire ne contiennent aucune trace d'une délégation quelconque de l'autorité pontificale au sous-diacre Trajan. *Præsentes litteras Trajano subdiacono nostro veniente direximus,* etc. *Directis per Trajanum subdiaconum nostrum litteris admonemus, ut quæ male sunt facta corrigantur.* Sans doute, la mission spéciale de Trajan, pour porter les lettres pontificales, était de nature à montrer aux évêques espagnols l'importance que le Pape mettait à l'exécution de ses ordres, mais on ne peut y voir une légation apostolique et la délégation de l'autorité pontificale pour veiller à la conservation de la discipline dans les Espagnes. Cependant, le zèle de ce Pontife pour l'observation des canons et son attention à maintenir en toutes circonstances la primauté de juridiction du Saint-Siège (1), permettraient de croire à la mission du sous-diacre Trajan, d'autant plus que dès le siècle suivant on voit inconstestablement des légats du Pape.

---

CONCILE DE TOURS (p. 23, col. 1).

Rohrbacher, analysant les treize canons du Concile tenu à Tours en 461, laisse assez indécis le sens de certains de ces canons ; nous les précisons en suivant le texte donné par Labbe (2).

II. — Le deuxième canon modère la rigueur des anciens canons, aux termes desquels tout prêtre et tout lévite ayant commerce avec sa femme, était retranché de la communion. Les Pères réunis à Tours leur interdisent seulement le sacrifice ainsi que le service de l'autel ; de plus ils sont exclus des ordres majeurs.

III. — Le troisième canon défend aux clercs, sous peine d'excommunication, d'avoir chez eux des femmes étrangères, afin d'ôter toute occasion à la médisance et aux embûches du démon.

V et VI. — Par les cinquième et sixième canons sont excommuniés ceux qui renoncent à la cléricature ou à la profession religieuse, les vierges consacrées à Dieu qui se marient et ceux qui les épousent.

VII et VIII. — Aux termes des canons septième et huitième, on ne doit pas avoir de rapports avec les homicides, jusqu'à ce qu'ils aient expié leur crime par la confession et la pénitence, pas plus qu'avec les pénitents qui abandonnent les exercices de leur pénitence.

IX. — D'après le neuvième canon, tout évêque qui étend sa juridiction sur le territoire de ses confrères ou qui ordonne des clercs qui ne sont pas ses diocésains, doit être retranché de la communion des autres évêques.

X. — Par le dixième canon, il est même prescrit que les ordinations illicites seront cassées, à moins que les parties ne s'accordent.

XII. — Le douzième canon défend à tous les clercs de voyager sans lettres de recommandation de leur évêque.

« Nous espérons, disent ensuite les Pères, que l'intercession de saint Martin obtiendra de la divine miséricorde que ces règlements soient observés et confirmés par les autres évêques. »

(1) Voir Pagi, *Brev. P. R., in vita S. Hilari,* P.
(2) *Concilia,* t. IV.

A PROPOS DE SAINT PATERNE DE VANNES (p. 23, col. 1).

Rohrbacher dit que saint Perpétue, évêque de Tours, s'était rendu à Vannes pour l'ordination de Paterne, évêque de cette ville. Il paraît que c'est Sirmond qui, le premier, a émis cette idée, mais les Bollandistes la combattent dans les *Acta sanctorum*. Ils prouvent que saint Paterne de Vannes aurait vécu un siècle après le Concile auquel on le fait souscrire. L'abbé Jager, dans son *Histoire de l'Église catholique en France* (1), avoue que le siège de Paterne est inconnu.

Quoi qu'il en soit, à propos de ce saint Paterne de Vannes, il y a des difficultés sérieuses et une discussion ouverte depuis longtemps, surtout entre les hagiographes normands et bretons. Les auteurs bretons donnent des légendes de leur évêque, en essayant d'expliquer, le moins mal possible, les anachronismes qui s'y rencontrent. Les écrivains normands affirment, pour la plupart, que les actes de saint Paterne de Vannes sont empruntés à ceux de saint Paterne ou Pair d'Avranches, rédigés par Fortunat. Ce seraient les pérégrinations des reliques du pieux évêque d'Avranches, transportées à travers la Bretagne, au temps de l'invasion des Normands, qui auraient fourni à Vannes l'occasion de se créer un évêque, etc., etc.

Au fond, l'existence des deux prélats est hors de doute, mais les gestes du saint évêque de Vannes méritent d'être éclaircis.

---

SIDOINE APOLLINAIRE (p. 23, col. 2; p. 30, col. 1 et 2; p. 32, col. 1 et 2; p. 36, col. 1 et 2).

C. Sollius Apollinaris Sidonius (2) naquit à Lyon. Son aïeul, le premier chrétien de la race, avait été préfet du prétoire dans les Gaules, ainsi que son père. Apollinaire Sidoine parvint lui-même aux plus hautes charges de l'Empire. Il fut successivement préfet de Rome, puis patrice; mais il se lassa des honneurs et rentra en Gaule (469).

Sidoine s'était retiré à Auvergne. Le pieux évêque de cette église, Eparque, ne tarda pas à mourir. Aussitôt, d'une voix unanime, tout le peuple arverne désigna Apollinaire comme son successeur (472), quoique l'ancien patrice fût encore laïque. Il est vrai que le peuple considérait la vertu et le savoir de Sidoine, l'estime personnelle qu'il s'était acquise dans la Gaule romaine, l'ascendant qu'il avait réussi à prendre plusieurs fois sur l'esprit des barbares, enfin son dévouement connu à la cause de la religion et de la patrie. Malgré son humilité, Sidoine dut céder.

A peine monté sur le siège d'Auvergne, on reconnut en lui l'homme de la religion et de l'Église, travaillant comme un cénobite à la réforme des mœurs, se détachant entièrement du monde, devenant austère dans la pénitence de ce qu'il appelait les iniquités de sa vie passée. Les diocèses voisins le chargèrent de leur désigner des pasteurs. En même temps il tournait ses études et dirigeait ses travaux vers la Liturgie, vers l'Ecriture sainte, entretenant avec les plus célèbres évêques d'alors une correspondance suivie.

Au moment où la société romaine périssait étouffée par les Barbares, il forma une des dernières colonnes de résistance, de protection surtout, tant son prestige était considérable. Il eut l'honneur de résister invincible aux innovations des hérétiques qui pullulaient alors dans les Gaules. Il souffrit l'exil et la prison pour la cause de Dieu.

Au fond, c'était un véritable Gallo-Romain qui aurait bien désiré le maintien et l'indépendance de sa patrie, mais qui aimait avant tout son peuple et son église pour lequel il sacrifia volontiers bonheur et repos.

Ce fut surtout par ses écrits que Sidoine Apollinaire exerça une influence considérable sur son époque. Ses vers eurent un retentissement immense. Les personnages les plus en vue du cinquième siècle désiraient qu'il leur adressât des lettres afin de voir leur nom passer à la postérité. Pourtant Sidoine est en général affecté, exagéré, subtil; mais sous ses expressions insolites, sous ses expressions bizarres, on trouve de la facilité, de l'abondance, un éclat plein de richesse, une vive imagination. On sent l'homme cultivé, jaloux de bien dire à un moment où il faut lutter violemment pour rester latin au milieu du courant de la barbarie. Enfin les écrits de Sidoine réfléchissent comme dans un miroir, les faces nombreuses et diverses de la vie romaine qui va disparaître, en même temps qu'ils nous initient à la naissance de l'influence chrétienne qui, à travers les fissures du vieux monde, va s'imposer aux sauvages conquérants et les civiliser à leur tour. Par Sidoine nous apercevons tour à tour le grand monde gallo-romain, l'épiscopat des Gaules et ces peuples qui pullulaient alors à la surface de notre sol.

Avec ses œuvres on possède la clef de l'histoire politique et sociale du Ve siècle.

Les ouvrages divers de Sidoine Apollinaire ont été souvent imprimés. La meilleure édition est celle donnée par Sirmond en 1614 (1).

M. l'abbé Chaix (2) donne la liste des ouvrages perdus, savoir: en vers, plusieurs épigrammes, une satire, un poème en l'honneur de saint Aignan, des hymnes en l'honneur de confesseurs et de martyrs; — en prose, l'ouvrage appelé *Contestatiniculas*, l'*Essai* sur la guerre d'Ottila, la *Traduction* de la vie d'Apollonius de Thyane, les *Commentaires sur les Écritures*. Cave (3) y ajoute le *Liber Causarum*

---

(1) T. II; p. 13, en note.
(2) *Sidoine* forme le nom propre. Dans le Bas-Empire on le plaçait toujours le dernier, contrairement à l'usage suivi au temps de la République romaine où il précédait le *cognomen*.

(1) *C. Sollii Apollinaris Sidonii Arvernorum episcopi Opera, Jac. Sirmondi, S. J. presb., cura et studio recognita, notisque illustrata* Parisiis, 1614. — Il vient d'en paraître une nouvelle par les soins de M. Eugène Baret, où les œuvres de Sidoine sont classées par ordre chronologique. Cette édition est accompagnée d'une étude sur Sidoine Apollinaire avec notes et dissertations. Un vol. gr. in-8. Paris, Ernest Thorin, 1878.
(2) *Saint Sidoine Apollinaire et son Siècle*, par M. l'abbé L.-A. Chaix. — Clermont et Paris, 1867, 2 vol. in-8.
(3) *Hist. litter.*, t. II, p. 567-568.

et une satire contre Péone, mais M. Chaix n'admet pas ces travaux parmi ceux de saint Sidoine.
Le pieux évêque d'Auvergne mourut vers 489.

### LETTRE DU PAPE SIMPLICIUS, DE JANVIER 476 (p. 44).

Rohrbacher dit : « Le pape écrivit, dans la première quinzaine de janvier 476, trois et quatre lettres, l'une à l'empereur, deux aux patriarches, une dernière aux prêtres et aux archimandrites de Constantinople. » Il envoya *quatre* lettres, deux adressées à Acace, patriarche de Constantinople, la seconde postérieure seulement de quelques jours à la première et envoyée par l'intermédiaire du patrice Latinus et de Madusius qui partirent pour Constantinople *pro legatione publica*. Nul autre patriarche n'intervint dans l'affaire. L'historien traduit inexactement et en affaiblissant l'idée et l'autorité des conciles le passage suivant de la première lettre du pape à Acace : *Modis omnibus faciendæ synodi perversorum conatibus resistatur, quæ non alias semper indicta est, nisi quum aliquid in pravis sensibus novum aut in assertione dogmatum emersit ambiguum; ut in commune tractantibus, si quæ esset obscuritas, sacerdotalis deliberationis illuminaret auctoritas*

### SOLOFACIOLE ET LE NOM DE DIOSCORE (p. 46).

Si l'on prend à la lettre les expressions de Rohrbacher, on croira que le patriarche d'Alexandrie continuait à réciter à l'autel le nom de Dioscore : « Le pape dans sa réponse, qui est du 13 mars 478, charge Acace de l'avertir (Timothée) de ne plus réciter à l'autel le nom de Dioscore. Solofaciole se corrigea de cette faute et il demanda pardon au Pape. »
La lettre de Simplicius constate que cette faute avait été commise plusieurs années auparavant : *Meministi hoc, eum jamdudum fidelis præsulis habuisse constantiam, quando ei, ut damnati Dioscori nomen inter alia recitaretur, extortum est.*
Dans la lettre du 17 octobre de la même année, le pape parle de la légation du patriarche d'Alexandrie au Saint-Siège, et de la lettre du patriarche Timothée Solofaciole : *Solemnia scripta direxit, quibus et illud, quod ante perterritus de Dioscori nomine fecerat, se destruxisse memoravit et remissionem ipsius erroris expetiit.* Peut-on supposer que le patriarche, rétabli sur son siège depuis deux ans, eût continué ce qui lui avait été extorqué sous le règne tyrannique de Basilisque ; cette faiblesse ne le sauva pas, il dut prendre la fuite et se tenir caché à Canope jusqu'à la chute du tyran, mais dès que Zénon fut rappelé à l'empire, Timothée revint à Alexandrie et Pierre Monge, usurpateur du siège patriarcal, prit la fuite.

### ORDINATION A CONSTANTINOPLE (p. 47).

Parlant de l'ordination de Calendion à Constantinople, Rohrbacher s'exprime ainsi : « Cette ordination étant contre les règles, attendu qu'elle aurait dû se faire à Antioche même par les évêques de Syrie. » C'est trop vague, car l'élection du patriarche appartenait au concile oriental, comme on le voit dans la lettre pontificale; le diocèse d'*Orient* renfermait bien des provinces en dehors de la Syrie. L'historien donne des extraits de la lettre du pape, avec une foule de lacunes et de passages librement traduits : « Et quoniam seditiones Antiochenas religiosissimo proposito sedandas non aliter existimastis, nisi *præter præjudicium venerandi illius concilii Nicaeni, apud Constantinopolim ipsis petentibus,* ordinaretur antistes, *quod in ejus tantummodo persona.* sic memorastis susceptum, ut deinceps *secundum definitiones patrum* Orientali Synodo creatio Antiocheni pontificis reservetur, etc., *posthac in Antiochena urbe veteri more servato a comprovincialibus suis episcopus ordinetur,* etc. » Les passages en italique sont supprimés par le traducteur.

### QUAND JEAN TALAIA VINT-IL A ROME (p. 60) ?

Rohrbacher dit positivement : « Jean Talaïa étant arrivé à Rome vers le commencement de 483, fut très-bien reçu du pape, qui écrivit pour lui à Acace de Constantinople. »
Il est vraisemblable que le patriarche d'Alexandrie n'arriva à Rome que vers le commencement du pontificat de saint Félix III, comme on le voit dans Théophane, plus exact sur ce point que Liberatus et Évagre, qui placent l'arrivée du patriarche avant la mort de Simplicius. Cette opinion est d'autant plus positive que saint Félix dit expressément que la plainte de Talaïa, préparée pour son prédécesseur, a été présentée à lui-même : donc Simplicius était mort quand le patriarche vint à Rome.

### INTERVENTION DU PATRICE BASILE DANS L'ÉLECTION DU SUCCESSEUR DE SIMPLICIUS (p. 61).

Il y a ici un anachronisme qui doit être signalé « Après la mort de Simplicius, dit Rohrbacher, le siège apostolique ne vaqua que six jours. Cependant le clergé de l'Église romaine, avec le peuple et le sénat, étant assemblé à l'église de Saint-Pierre pour l'élection d'un nouveau pape, il y survint le patrice Basile, préfet du prétoire et tenant la place du roi Odoacre, qui dit : « Vous vous souvenez que notre bienheureux pape Simplicius vous a recommandé que, pour éviter le tumulte, si Dieu le retirait de ce monde, on ne fît point d'élection sans nous consulter. » Ce n'est pas dans l'assemblée qui suivit la mort de Simplicius que l'écrit en question fut produit : on en fit lecture dans le concile célébré en 502, sous le pontificat de saint Symmaque; or les évêques s'accordèrent à regarder comme apocryphe une pièce qui n'offrait aucun caractère d'authenticité. Rohrbacher a le tort d'admettre comme fait certain l'intervention de Basile à l'élection du successeur de Simplicius; puis il ne note pas assez explicitement que le concile de 502, en rejetant et déclarant nul et sans valeur tout le mémoire de Basile, condamna comme apocryphe l'avertissement attribué à saint Simplicius

### EMPLOI DES REVENUS ECCLÉSIASTIQUES (p. 61).

La lettre du 19 novembre 475 est inexactement traduite. « Il aura seulement la quatrième partie des revenus de l'église et des oblations des fidèles, dont il ne sait pas user. »

Les guillemets font croire qu'on a ici la traduction littérale, au lieu que ce n'est en réalité qu'un court résumé. Rohrbacher ajoute : « Ce partage des revenus ecclésiastiques par le pape est à remarquer. » Néanmoins, puisque le pape obligea Gaudence à restituer les trois parts qu'il s'était appropriées pendant trois ans, nous devons supposer que la discipline en vigueur prescrivait dès cette époque de faire quatre portions des revenus ecclésiastiques, deux portions pour les fabriques et les pauvres, la troisième pour le clergé et la quatrième pour l'évêque. La constitution attribuée à saint Sylvestre prescrivait cette division.

### LES DEUX CONCILES DE 484 (p. 63).

La condamnation d'Acace ayant été portée dans le concile même qui prononça la dégradation de Vital et de Misène, Rohrbacher se trompe en supposant deux conciles; l'un *au printemps*, l'autre en juillet 484. Il y a bien quelque discussion entre les savants sur ces deux conciles, mais personne n'a parlé d'un concile tenu au printemps; on est d'accord que ce premier concile fut célébré le 28 juillet, le doute ne subsiste que sur la date du second, à savoir s'il eût lieu le 1er août ou le 5 octobre.

### LETTRE SYNODALE DU 5 OCTOBRE 485 (p. 64).

Dans la lettre synodale du 5 octobre, la souscription de Candide est traduite avec trop de liberté : « Suivant la sentence juridique du siège apostolique, proférée après une catholique délibération, selon l'usage constant de notre église, j'ai souscrit. » Voici le texte : *Sequens auctoritatem sedis apostolicæ, secundum desiderium nostrum juxta ecclesiæ statum catholica deliberatione prolatam, anathema dicens subscripsi.* » C'est une sentence synodale rendue après une délibération faite selon la règle traditionnelle de l'Eglise et à laquelle le concile adhère librement, *secundum desiderium nostrum* : le pape pouvait agir sans le concile, mais ce n'eût pas été une lettre synodale. Dans le corps de la lettre, « consuetudo retinetur » que le pape parle au nom des évêques assemblés au concile; Rohrbacher traduit : « Il est de règle que le successeur (*præsulum* est supprimé) au siège apostolique, au nom de tous les pontifes, etc. » Plus loin, trompé par Labbe, qui écrit *judicavit* pour *indicavit*, l'historien est forcé de surcharger le texte : « Ce qui donc a été trouvé bon par le saint concile assemblé à Saint-Pierre, le bienheureux pape Félix, notre chef, l'a *jugé et notifié* par Titus. » Ce fut un jugement collectif ; le pape ne rendit pas une autre sentence hors du concile.

### LETTRE DE SAINT GÉLASE AUX ORIENTAUX (p. 65).

« On a retrouvé, dit Rohrbacher, une longue et éloquente lettre aux Orientaux dans laquelle le pape Félix réfuté tout ce qu'on alléguait en faveur d'Acace. » Tous les manuscrits attribuent cette lettre à saint Gélase, qui l'écrivit vraisemblablement avant d'être pape, agissant au nom et par l'autorité de saint Félix dont il était en quelque sorte le secrétaire par rapport à l'affaire d'Acace.

### ÉLECTION DE FLAVITA A CONSTANTINOPLE (p. 65).

Est-ce exact de dire que la lettre de Flavita fut portée à Rome par des *moines catholiques* de Constantinople? La lettre *Multa sunt* parle distinctement de la légation patriarcale et des moines : *Accessit ut filii nostri religiosi monachi, rectæ fidei confessione pollentes, pariter huc venirent.* Bien au contraire, ces moines, dévoilant au pape l'hypocrisie de Flavita, qui avait envoyé des lettres de communion à Pierre Monge, firent que le patriarche ne put obtenir la confirmation de son élection. Nicéphore raconte la supercherie employée par Flavita pour devenir évêque de Constantinople. Zénon fit mettre une feuille de papier blanc sur l'autel et prescrivit quarante jours de jeûne, afin d'obtenir de Dieu qu'un ange écrivît le nom du futur patriarche; or Flavita tira parti de cette prétention superstitieuse et donna une forte somme aux gardiens de l'église. Le trait mérite d'être noté.

### LETTRES DE SAINT FÉLIX A FLAVITA (p. 66).

Rohrbacher suppose que saint Félix écrivit deux fois à Flavita; les historiens ne parlent jamais que d'une seule lettre, que le patriarche ne reçut pas, ayant été prévenu par la mort.

## EUPHÉMIUS, SUCCESSEUR DE FLAVITA (p. 67).

Euphenius, qui succéda à Flavita, envoya une lettre synodale au pape, selon l'usage. « Le pape la reçut, l'admit lui-même comme catholique dans sa communion, mais il ne le reconnut pas pour évêque, dit Théophane, parce qu'Euphémius ne consentit pas à ôter des diptyques les noms de Flavita et d'Acace. On voit ici deux sortes de communion : l'une, concernant simplement la foi, appartenait à tous les fidèles, et le pape l'accorde à Euphémius, dont la foi n'était pas suspecte ; l'autre était la communion épiscopale, que les sujets élus sollicitaient du Saint-Siège avec tant d'ardeur parce qu'elle leur était absolument nécessaire pour qu'ils fussent comptés parmi les évêques. » Rohrbacher applique encore ici à tous les évêques la règle traditionnelle relative aux patriarches ; ce qui est plus grave, c'est que le pape ait admis comme catholique (dont la foi n'était pas suspecte) un homme qui conservait dans les diptyques les noms d'Acace et de Flavita. La raison qui obligea le pape de refuser à Euphémius la communion épiscopale dut également empêcher la communion catholique. D'ailleurs, saint Gélase, écrivant au même Euphémius, lui parle comme à un homme qui appartient à une communion étrangère et préfère une société étrangère à l'union du Saint-Siège : *Quum societatem præferre, malitis extraneam, quam ad beati Petri purum redire illibatumque consortium, quomodo cantabimus canticum Domini in terra aliena? Quomodo dispositionis apostolicæ antiqua fædera præbeamus hominibus communionis extraneæ ? Quemadmodum vobis ordinationem renuntiatura est, cui vestro etiam testimonio hæreticos damnatos præponitis ?*( Epist. *Quod plena cupimus*, 492.) — Dans la lettre *Ego quoque mente percepi*, de l'année suivante, saint Gélase dit généralement que ses prédécesseurs ont retranché de la communion du Saint-Siège les prêtres qui ont confessé de leur propre bouche avoir été en communion avec les prévaricateurs, il y parle nommément d'Euphémius comme ne voulant pas reconnaître la condamnation d'Acace. Et l'on voudrait que saint Félix eût reçu Euphémius dans sa communion comme un homme dont la foi n'était pas suspecte ! N'est-ce pas surtout à cause de la communion avec Pierre Monge que saint Félix retrancha Acace du sacerdoce, de la communion et de la société fidèle ? Vital et Misène ne furent-ils pas dégradés par la même raison ?

## L'APPARITION DE SAINT MICHEL AU MONT GARGAN ET AU MONT SAINT-MICHEL (p. 72 à 85).

Les actes du pape Gélase occupent plusieurs pages dans l'*Histoire universelle de l'Église catholique*, et cependant Rohrbracher ne dit rien d'un événement considérable attribué par l'ensemble des écrivains anciens au pontificat de ce pape : nous voulons parler de l'*Apparition de saint Michel au mont Gargan*, apparition dont l'Église célèbre la fête le 8 mai. Cette manifestation de l'esprit céleste protecteur de l'Église et des Souverains Pontifes, mérite qu'on s'y arrête.

Constantin avait vu le *labarum* que Michel lui avait montré dans les airs avec des paroles mystérieuses : *hoc signo vinces*, et il avait vaincu ; ses successeurs devenus hérétiques n'étaient plus dignes de protéger l'Église. Au moment où le pape Gélase occupait le siège de Pierre, la véritable doctrine était grandement menacée par les erreurs de Pélage. Alors Michel apparut au fond du golfe de Manfredonia, sur la montagne du Gargan, *in terra Ecclesiæ Romanæ*.

Un homme riche de Siponte, possesseur d'un nombreux troupeau, s'aperçut un soir qu'un de ses taureaux manquait à l'appel. Les serviteurs le cherchèrent longtemps, on le découvrit enfin sur le sommet du Gargan, mais il semblait comme enchanté à l'entrée d'une caverne et ne voulait pas remuer. L'homme riche de Siponte décocha une flèche à l'animal récalcitrant, le trait rebondit vers la main qui l'avait lancé. Le bruit d'un tel prodige arriva aux oreilles de l'évêque, lequel ordonna un jeûne et des prières. Cependant ledit évêque avait une vision, Michel lui apparaissait et lui tenait ce langage : « Ce qui est arrivé sur le Gargan est de ma volonté. Je suis Michel l'archange qui me tiens toujours en présence du Seigneur ; résolu à protéger et à garder ce pays, j'ai voulu donner une marque de ma vigilance et de la surveillance que j'y aurai (1). » Le sommet de la montagne fut béni et consacré solennellement, et, dès l'année suivante, les pèlerins y venaient en foule remercier l'ange gardien de l'Italie et de l'Église. Il faudrait lire les ouvrages racontant l'histoire du mont Gargan pour bien comprendre le côté providentiel de l'apparition du v<sup>e</sup> siècle. Les papes ne tardèrent pas à inscrire l'anniversaire de la manifestation de Michel (8 mai) au canon de la liturgie ; à Rome, ils transformaient le cirque Flaminius en un temple sous l'invocation du même esprit céleste, reconnu dès lors publiquement *défenseur* et *garde* de l'Église aussi bien que du chef visible de l'Église, selon les termes du docte abbé Rupert qui écrivait : « Par saint Michel, le Pontife romain qui a cure, avant tous, du salut des fidèles, est gardé et défendu. »

Cela continua jusqu'au viii<sup>e</sup> siècle, qui devait se clore par le couronnement fameux de Charlemagne à Rome. Le viii<sup>e</sup> siècle fut en effet comme un siècle d'enfantement : les Mérovingiens périssaient épuisés de langueur, l'Église et la civilisation semblaient devoir sombrer sous le flot des sectateurs farouches de Mahomet. Or, malgré la défection de ces monarques, la France était prédestinée depuis Clovis ; il ne lui restait plus qu'à accomplir les gestes de Dieu, *gesta Dei per Francos*. Saint Michel vola au mont Gargan sur le mont de Tombe. A Avranches vivait un évêque pieux nommé Aubert ; trois fois le saint prélat eut une vision qui lui disait de se rendre sur le mont de Tombe et d'y élever un sanctuaire en l'honneur de l'Archange Michel. Aubert pensant aux paroles de l'apôtre saint Jean : *Probate spiritus si ex Deo sint*, hésitait. Michel lui fit un dernier commandement si impérieux, qu'Aubert dut obéir. Accompagné de ses clercs, il se rendit sur la mon-

(1) *Acta SS*. Bolland., ad diem xxix Sept.

tagne désignée, éleva un oratoire pareil à celui du mont Gargan, oratoire transformé bientôt en basilique merveilleuse et qui devint comme le palladium invincible et imprenable de la monarchie franque.

Les raisons de cette double apparition de l'Archange et de ce double rôle du mont Gargan et du mont Saint-Michel de France, ont été données, il y a plusieurs siècles, par Guillaume Benoît, le maître de plusieurs cardinaux et de divers princes : « La garde et la protection de ce royaume, écrivait-il (1), est attribuée à l'archange Michel, tour à tour prince de la synagogue et de l'Église..... et c'est comme marque de ceci qu'après sa miraculeuse apparition *sur la terre de l'Église romaine,* au mont Gargan d'Apulie, laquelle apparition *était la première,* Michel a fait sa *seconde apparition dans le royaume de France,* au lieu nommé mont Tombe.... »

Quant à cette dernière apparition, Guillaume Benoît a été prophète. Après avoir raconté en quelques mots la manière dont le chef des milices célestes se manifesta à Aubert, il ajoute : « Saint Michel vaincra et enchaînera le dragon pour *mille ans* et le précipitera dans l'abime et l'y enfermera et mettra dessus un sceau jusqu'à ce que les mille ans soient accomplis (2)... Et il confiera aux mains de la nation élue son glaive avec son bouclier, et il la sacrera fille maitresse contre toutes les filles de l'Église pour ces dix siècles dont la lumière éblouira les temps futurs en voilant l'éclat des jours passés..... »

L'apparition de saint Michel avait lieu en l'an 708, *mille ans* après, environ, la Révolution menaçait de faire sombrer la France; le dragon était déchaîné.

---

### A PROPOS DU ROI RAGNACAIRE (p. 77, col. 1).

Rohrbacher dit que Ragnacaire, roi des Francs de Cambrai, aida Clovis dans sa guerre contre Syagrius qui régnait sur les Romains à Soissons. Clovis avait demandé également le secours du roi Chararic. Grégoire de Tours n'indique pas la ville où demeurait Chararic. Il est néanmoins hors de doute que Chararic avait son royaume dans la partie de la Gaule septentrionale la plus anciennement occupée par les Francs. Comme Tournai appartenait alors à Clovis et Cambrai à Ragnacaire, un certain auteur du nom de Malbrancq, qui vivait au XVIIᵉ siècle, dans la Morinie, ne trouva rien de mieux que de donner la ville de Thérouanne, capitale des Morins, comme demeure à Chararic (3). Depuis lors le plus mince traité d'histoire de France ne manque pas de faire de Chararic un roi de Thérouanne, car l'opinion hasardeuse de Malbrancq est devenue un article de foi en matière historique.

---

(1) *Repetitio Guillelmi Benedicti,* etc. — Lugduni, M D LXXV, in-fol., pp. 218 et suiv.
(2) *Apoc.,* xx.
(3) *De Morinis.,* tom. I, p. 192.

### LA MÉDAILLE DE SAINTE GENEVIÈVE (p. 77, c. 1).

A propos de sainte Geneviève, il est intéressant de constater qu'elle reçut de saint Germain, évêque d'Auxerre, une médaille, comme symbole de sa consécration à Dieu par le vœu de virginité.

Voici comment parlent les actes très anciens de la sainte :

« Saint Germain dit à Geneviève : *Je t'en prie,* « n'hésite pas à m'avouer si tu veux, dans l'état de « sainteté et consacrée au Christ, conserver, comme « son époux, ton corps immaculé et intact. — Je « le veux, saint Père,* répondit Geneviève..... Alors « saint Germain, ramassant à terre une monnaie de « bronze marquée du signe de la croix, qui se trou- « vait apportée là par la volonté de Dieu, la lui « donna comme un grand présent, lui disant : *Après « l'avoir percée, porte-la toujours suspendue au « cou en mémoire de moi....* (1) »

Ainsi l'évêque ratifiait solennellement l'hymen virginal de la jeune fille, en suspendant à son cou l'image de son époux divin. Mais quelle image du divin Époux était sur la médaille, se demande M. l'abbé V. Davin (2)? La monnaie de bronze, d'après l'hagiographe, était marquée du *signe de la croix.* Il se pourrait que le mot de croix désignât ici le monogramme du Christ, considéré sous sa forme constantinienne, car des médailles de dévotion, suspendues au cou, nous le montrent de même aux quatrième et cinquième siècles et au delà. Cependant il est probable que la croix de la médaille de Geneviève était une croix proprement dite, une croix latine et non le monogramme... « Une de ces « monnaies si nombreuses de la fin du IVᵉ siècle « et du Vᵉ, au revers desquelles domine la croix, a « dû être trouvée par saint Germain pour être sus- « pendue au cou de la vierge Geneviève, » écrit M. de Rossi 3).

« Le premier historien de la sainte, qui semble l'avoir connue, avait probablement vu à son cou sa fameuse médaille. Il pouvait même avoir sous les yeux cette relique en écrivant. L'abbé Étienne l'avait peut-être encore au XIIᵉ siècle. Or le premier y a vu, *signum crucis,* le symbole de la croix, le second, la marque, le titre de la croix, *nummum œreum titulo crucis insignem....* Mais encore une fois, la croix de la médaille de sainte Geneviève semble avoir été la croix proprement dite... »

### LE TOMBEAU DE CHILDÉRIC (p. 77, col. 1).

Le tombeau de Childéric, comme le dit Rohrbacher, fut retrouvé à Tournai au XVIIᵉ siècle; mais cette découverte archéologique « du plus ancien monument de la monarchie française qui a marqué le point de départ de l'archéologie franque, » n'a été bien connue que par l'ouvrage de M. l'abbé Cochet (4).

---

(1) *Acta Sanctorum,* III januarii, p. 138.
(2) *La Capella Greca,* dans la *Revue de l'Art chrétien,* octobre-décembre 1878, pag. 387-389.
(3. *Bullettino,* 1869, p. 43.
(4) *Le Tombeau de Childéric, roi des Francs, restitué à l'aide de l'Archéologie,* etc., par M. l'abbé Cochet. — Paris, 1859, in-8.

En 1653, des réparations étant devenues indispensables à l'hospice paroissial de Saint-Brice de Tournai, un ouvrier maçon, creusant la terre pour jeter les fondements de l'édifice nouveau, vit tout à coup briller une boucle d'or et une masse de monnaies dont le nombre ne s'élevait pas à moins d'un cent ; sa pioche avait crevé le cercueil de Childéric.

Voici ce que les témoins accourus aux cris du maçon constatèrent dans le tombeau : Cent pièces d'or, deux cents monnaies d'argent, une foule de ferrements usés et corrodés par l'oxyde ; des ossements humains, deux crânes dont un plus fort ; une épée en fer avec sa poignée, sa garde et ses garnitures de fourreau montées d'or et de verroteries ; la monture d'un coffret, un ornement en forme de tête de bœuf, environ trois cents abeilles, une aiguille, des fibules, des agrafes, des boucles, des bagues et des filaments, le tout en or et, en grande partie, monté de verroteries.

La découverte fit grand bruit, si grand bruit que l'archiduc Léopold-Guillaume, gouverneur des Pays-Bas, manifesta l'intention de posséder le trésor archéologique qui venait d'être découvert. La municipalité de Tournai lui fit hommage de ce qu'elle put réunir, car plusieurs objets étaient passés aux mains de particuliers qui ne voulurent pas s'en dessaisir. A la mort de Léopold-Guillaume, les objets provenant du tombeau de Childéric entrèrent dans le cabinet de l'empereur d'Allemagne.

Ce fut un prince-électeur du Saint-Empire, Jean-Philippe de Schouborn, lequel avait de grandes obligations à Louis XIV, qui eut le bonheur de les obtenir de l'empereur et qui s'empressa de les offrir au roi de France, estimant que la vraie place d'un tel trésor était dans le cabinet du monarque français.

Ces objets si précieux eurent à subir plusieurs transports, dans lesquels quelques-uns disparurent. Déposés enfin à la bibliothèque de la rue Richelieu, ils furent volés, avec beaucoup d'autres richesses, en 1831. Les voleurs, poursuivis par la police, jetèrent leur butin dans la Seine. Malgré toutes les recherches des plongeurs, l'anneau sigillaire portant le nom de Childéric a été perdu dans cette triste circonstance.

En 1852, ce qui restait des dépouilles du tombeau du monarque franc a été placé au Louvre dans le *Musée des Souverains*, c'est-à-dire : une épée, une francisque, une lance en fer, une boule de cristal, une fibule, une boucle, cinq petits ornements en verre coloré, deux abeilles, deux monnaies, une dent.

---

CLOVIS ET LE SACRE DES ROIS DE FRANCE
(p. 89, col. 1).

Rohrbacher dit simplement que saint Remi oignit Clovis « du saint chrême. »

De nos jours, la question du sacre du premier roi franc a été longuement et sérieusement étudiée. Nous allons la résumer en disant aussi quelques mots de la sainte Ampoule, qui servit au sacre des rois jusqu'aux derniers temps de la monarchie.

Enfin, un curieux problème historique se rattache également au sacre de nos rois : le toucher des écrouelles. Si les rois de France ont guéri des écrouelleux jusque dans nos temps, il y aurait là un miracle continué pendant plusieurs siècles dans des conditions déterminées, miracle digne de préoccuper l'historien et d'intéresser tous ceux qui aiment la sainte Église dont les rois de France portaient le titre glorieux de *Fils aînés*.

I

CLOVIS A-T-IL ÉTÉ SACRÉ ?

Nous répondrons à cette question avec M. l'abbé Quéant dans son *Étude sur le sacre* (1) :

« Il semble naturel d'admettre que Clovis a reçu l'onction royale en même temps que le baptême ; ce sacre fut admis sans contestation jusqu'au XVIIe siècle et contesté seulement par l'école incrédule de cette époque. Mais pour détruire la certitude d'une tradition qui a subsisté sans contradiction durant plusieurs siècles, il faut autre chose que des arguments négatifs ; il faudrait lui opposer des preuves positives, surtout lorsque cette tradition est consignée elle-même dans des monuments authentiques. Or, jusqu'au XVIIe siècle, le fait du sacre de Clovis n'a été contredit par personne ; et l'on sait le peu de valeur des arguments de Fouchet, du calviniste Jean Le Serre, de Leber et leurs pareils. Bien plus, cette tradition se trouve appuyée par des preuves positives qu'on a essayé en vain de renverser.

« Si nous avions à discuter à fond cette question, nous pourrions apporter l'autorité de saint Thomas d'Aquin, d'Innocent II, de Flodoard, d'Hincmar, de saint Remi lui-même. L'apôtre des Francs déclare dans son testament (dont l'authenticité n'a pas encore été infirmée) que non seulement il a baptisé et confirmé Clovis, mais qu'il l'a placé au rang des rois par l'onction du saint chrême. « Quel « spectacle, dit saint Avit dans sa lettre à Clovis, de « voir... cette chevelure nourrie sous le casque « recevoir par l'onction sainte un casque de salut ! » Cette onction ne désignerait-elle pas l'onction royale du sacre ? « Lorsque le roi, dit Grégoire de Tours, « eut fait profession de croire un seul Dieu..., il fut « baptisé... et ensuite oint du saint chrême sous le « sceau du signe de la croix de Jésus-Christ. » « Pourquoi ne pourrions nous pas admettre que le chroniqueur parle ici de l'onction royale ? Nous sommes donc fondés à croire que Clovis a reçu non seulement l'onction du baptême et l'onction de la confirmation, mais encore l'onction royale. De plus, nous regardons comme certain que cette onction a été faite avec un baume envoyé du ciel. L'auteur de la *Vie de sainte Clotilde*, et Asson dans sa *Vie de saint Berchaire*, parlent de l'ampoule miraculeusement apportée par une colombe. Or ces hagiographes sont antérieurs de plus d'un siècle à l'archevêque Hincmar. Ce dernier, qui a suivi probablement un texte de Grégoire de Tours peut-être même une vie de saint Remy aujourd'hui perdus, dit que la colombe mystérieuse apporta l'ampoule parce que le prêtre qui portait le saint chrême n'avait pu, à cause de la foule, se frayer un passage jusqu'au

(1) *Étude sur le Sacre*, par M. l'abbé Quéant. — Paris, 1868, in-8, pag. 44-47, et 262-266.

baptistère. Vingt auteurs ont confirmé le récit d'Hincmar. De plus, tous ces témoignages sont d'accord avec la statuaire, l'orfèvrerie, l'épigraphie et les prières de la liturgie.

« Les adversaires du miracle de la sainte ampoule objectent seulement le silence de saint Remi dans son testament, celui du pape Anastase, de saint Avit, de saint Nicet, et la préface de la messe gallicane. On peut répondre : D'abord saint Remi parle de plusieurs miracles faits par son intercession pour le salut des Francs....., s'il ne parle pas d'une manière particulière de la sainte Ampoule, n'est-ce pas par modestie? C'est le même motif qui porte le saint évêque à taire le miracle en écrivant à Anastase et à saint Avit, qui, dans ces temps privés de chemins de fer et de télégraphes, ne pouvaient savoir d'ailleurs très rapidement les nouvelles. Saint Nicet de Trèves n'avait nul besoin de dire à Clodosuinthe, petite-fille de Clovis, ce qu'elle devait savoir déjà. Le P. Longueval, Pluche et les Bollandistes citent une préface d'un ancien missel gallican dans laquelle il est question d'ampoules remplies miraculeusement d'une rosée céleste à la prière de saint Remi pour le baptême d'une malade, et ils en concluent le sacre de Clovis avec l'une de ces ampoules. Quant à nous, nous ne voyons pas pourquoi il n'y aurait pas eu deux miracles différents.

À propos de cette question, l'abbé de Solesmes a écrit :

« Quand on est de sang-froid, on ne saurait s'empêcher d'être étonné de l'enthousiasme avec lequel, il y a un siècle et demi, on se mit à battre en brèche mille traditions qui avaient pour elles plus d'un argument, outre la possession qui vaut bien quelque chose. De nos jours, la science s'est renouvelée.... Le système s'en va, et par là même il y a lieu d'espérer que les annales du passé revivront plus sûres et plus complètes. »

## II

### QU'ÉTAIT-CE QUE LA SAINTE AMPOULE?

« La sainte Ampoule (1) conservée dans le tombeau de saint Remi, était une petite fiole de verre ou de cristal d'un pouce et demi de hauteur, remplie aux deux tiers d'un baume brun foncé, congelé à ses parois; son col, qui était bouché avec du taffetas rouge, avait sept lignes de circonférence; et le fond en avait treize : elle se trouvait enchâssée dans une espèce de rose de vermeil, ornée de pierreries : elle s'ouvrait en deux parties : la bordure était artistement travaillée : le dessus était à jour et recouvert d'un cristal à travers lequel on voyait la fiole dans le dos d'une colombe d'or... À côté était une aiguille d'or qui servait pour prendre ou plutôt détacher du baume de la fiole, qu'on mêlait au saint chrême dont on sacrait nos rois. Ce mélange se faisait sur une espèce de patène d'argent rivée au reliquaire et qui n'était détachée qu'au moment même du sacre, sur l'autel de la cathédrale.

« L'abbé de Saint-Remi et le grand prieur avaient seuls le droit de porter la sainte Ampoule de l'église de Saint-Remi à l'église métropolitaine.... On croit

(1) *Recherches historiques sur la sainte Ampoule*, par Lacatte-Joltrois. — Reims, 1825, in-8. — Pag. 18, 19, 27, 34, 35, 38 et 39.

que la sainte Ampoule ne sortit jamais de Reims, si ce n'est en juillet 1483, pour être portée au Plessis-lez-Tours, où Louis XI était dangereusement malade....

« Elle était encore précieusement conservée auprès de la châsse et dans le tombeau de l'apôtre de la France, quand Ruhl, le digne agent d'une assemblée régicide,... le 6 octobre 1793,... proposa au conseil de Reims « de supprimer un reli-
« quaire contenant ce qu'on appelle la sainte
« Ampoule. » Un arrêté fut pris : « le lendemain,
« à deux heures de relevée, le reliquaire devait
« être brisé sur la place Nationale en présence du
« peuple assemblé, et la poussière jetée au vent. »

« .... Ruhl, en brisant la sainte Ampoule l'avait fait voler en éclats, un habitant de Reims en ramassa des morceaux et les conserva... On apprit aussi que des parcelles de baume avaient été soustraites à la main sacrilège du proconsul..... Le 11 juin 1819, tous ces fragments et parcelles ont été réunis dans l'église de Saint-Remi, placés dans une boîte fermée à trois clefs, et procès-verbal a été dressé. »

Mgr de Coucy, archevêque de Reims, fit faire alors un très beau reliquaire destiné à renfermer la susdite boîte

## III

### DU TOUCHER DES ÉCROUELLES (1).

La thèse à traiter ici est simple :

1° Les rois de France ont-ils réellement touché les scrofuleux?

2° Ont-ils réellement guéri plusieurs de ces malades?

3° Par quelle vertu ont-ils opéré ces guérisons?

(1) Comme la bibliographie de la question des écrouelles n'a jamais été faite, nous la donnerons ici assez au complet.
1° *Explicatio totius quæstionis de mirabilium sanitatum gratia in qua præcipue agitur de solemni et sacra curatione strumæ cui reges Angliæ, rite inaugurati, divinitus medicati sunt*; auct. W. Tooker reginæ Elizabethæ capellano. — London, 1597, in-4.
2° *A Treatise for the artificial cure of that malady called in latin Struma curet by kinges and queries of England*; by W. Clowes. — London, 1602, in-4.
3° *De mirabili strumas sanandi vi Galliæ regibus christianissimis divinitus concessa*; Auct. Andrea Laurentio regis medico primario. — Paris, 1609, in-8.
N. B. Cet ouvrage a été traduit en français et il se trouve imprimé dans les œuvres complètes de Du Laurens, publiées à Rouen en 1612, in-folio.
4° *Les miraculeux effets de la sacrée main des rois de France très chrétiens, pour la guérison des malades et conversion des hérétiques*. Dédié au Roi, par J. Barbier, etc. — Paris, 1618, in-8.
5° *De la dignité des rois de France, et du privilège que Dieu leur a donné de guérir les écrouelles*; ensemble la vie de saint Marzoul,... par Simon Faroul. — Paris, 1633, in-8.
6° *Sur les prérogatives surcélestes des rois très chrétiens*, par P. Paulin. — Paris, 1626, in-8.
7° *J. N. D. N. J. C. Disputatio prior de tactu regis Franciæ quo strumis laborantes restituuntur, quam in alma Witteberg publice disputabunt præsente M. Joannes, Joachimus Zentgraff,... et respondens Georgius-Henricus Petri,... d. XXIV Julii, 1667*. — Wittebergæ, 1675, in-4.
8° *Cases of cures of the king's evil performed by the royal touch*; by J. Budger. — London, 1748, in-8.
9° *A free and impartial inquiry into the efficiency of touching for the cure of the King's evil*, by W. Beckett. — London, 1772, in-8.
10° *Die Heilung der Scrofeln durch Kœnigshand*. — Dresde, 1839, in-4.
N. B. L'auteur, L. Chouland, résume et discute toutes les opinions de ses prédécesseurs.
11° *Du toucher des écrouelles par les rois de France. Lecture faite à l'Académie de Reims*, par M. l'abbé Cerf. — Reims, 1867, in-8.
12° *L'attouchement du roi de France guérissait-il des écrouelles?* par le R. P. E. Marquigny, de la Compagnie de Jésus. — (*Études religieuses, historiques et littéraires*, par des Pères de la Compagnie de Jésus. — Paris, 1868, in-8, pag. 374-590.)

Dans la conclusion, nous dirons deux mots de la question en Angleterre.

I. — Il est incontestable que les rois de France ont touché les malades affectés de scrofules. L'histoire abonde en preuves confirmant ce fait. C'est même pour cela que les monarques accomplissaient leur pèlerinage à Corbeny, aussitôt après leur sacre à Reims. « C'est à l'époque du premier roi chrétien qu'il faut assigner l'origine de cette prérogative royale; » écrit M. l'abbé Cerf (1). Il est vrai que des textes péremptoires datant d'une aussi haute antiquité, font défaut. Néanmoins, le docte Robert Cenalis affirme avoir vu des manuscrits de l'abbaye de Saint-Remi, remontant au règne de Philippe I<sup>er</sup>, où se trouvaient des preuves certaines de ce privilège transmis par Clovis à ses successeurs. D'autres érudits, se fondant sur des inductions et des citations qui ne sont pas sans valeur, opinent à croire que ce serait saint Marcoul, abbé de Nanteuil, venu à la cour de Childebert I<sup>er</sup> pour lui demander une faveur, qui aurait accordé au prince ladite prérogative, en retour du bienfait octroyé. Il y aurait eu ainsi entre le moine et le monarque une sorte de stipulation céleste. Les Bollandistes (2), si sévères en fait de critique, font remonter au moins jusqu'à Charles III le grand privilège des rois de France. D'après eux, on expliquerait ainsi l'importance attachée par Charles le Simple à la possession de Corbeny, où il aurait reçu les reliques de saint Marcoul. Mais, pourquoi attacher tant d'importance à Corbeny et aux précieux ossements qui s'y trouvaient, si la faveur obtenue par l'entremise de l'ermite de Nanteuil n'était pas déjà chose connue?

Quoi qu'il en soit, depuis le pieux roi Robert jusqu'à nos jours, la tradition du toucher des écrouelles est facile à suivre. Helgaldus, moine de Fleury, nous montre le bon Robert imposant les mains sur les écrouelleux. Au témoignage de Guibert de Nogent, Louis le Gros et Philippe son père les touchaient aussi. Saint Louis les toucha, il établit même à Corbeny la confrérie de Saint-Marcoul. Philippe le Bel, au témoignage de du Tillet, approchant de sa mort, instruisit Louis le Hutin, son fils aîné, de la manière de toucher lesdits malades. Nous passons Jean le Bon et Charles V. Nous avons encore le cérémonial que Charles VI pratiquait en touchant les écrouelles. Charles VII avait à côté de lui la Pucelle lorsqu'il se rendit à Corbeny. Louis XI toucha également les malades au lendemain de son sacre. Charles VIII dit dans une charte qu' « il alla faire son pèlerinage à monsieur saint Marcoul qui guérit des écrouelles comme le roi. » François I<sup>er</sup>, Henri II, François II imitent leurs ancêtres. Henri IV n'ayant pu se rendre à Reims et par conséquent à Corbeny, voulut néanmoins se faire sacrer : la ville de Chartres fut choisie à cet effet, et ce fut à Saint-Cloud que le roi toucha les écrouelleux. Louis XIII, Louis XIV et Louis XV accomplirent le pèlerinage de Corbeny et y prononcèrent la formule célèbre : — « Le roi te touche, Dieu te guérisse. » A cause des mauvais chemins, Louis XVI accomplit la cérémonie dans le parc de l'abbaye de Saint-Remi à Reims. Louis XVIII n'ayant pas été sacré, ne voulut pas toucher les malades. Malgré tous les efforts tentés dans un intérêt politique pour l'en empêcher, Charles X consentit à imposer les mains sur les scrofuleux à l'hospice de Saint-Marcoul à Reims.

Résumons cette première partie : « La source la plus vraisemblable du pouvoir des rois de France est la concession faite à Clovis par saint Remi, et confirmée par saint Marcoul à Childebert et à tous ses successeurs sacrés. » Quant au toucher des écrouelles, impossible de la révoquer en doute. L'Académie française et M. Henri Martin lui-même en conviennent.

II. — L'Académie française traite la guérison des écrouelles, opérée par le toucher royal, d'*opinion populaire*. D'autres parlent d'*erreur superstitieuse*. M. Henri Martin écrit : « L'amour-propre monarchique et national s'en mêlant, l'on n'entendait pas douter d'une prérogative aussi honorable pour la couronne (1). » Ce sont là des phrases sonores, des échappatoires qui n'expliquent rien.

Oui ou non, les rois de France ont-ils guéri les écrouelleux ? Toute la question est là ! Disons d'abord que tous les malades qui se présentaient n'étaient jamais tous guéris sans distinction : — pour eux, comme pour ceux que les prophètes, les apôtres et les thaumaturges ont guéris, là foi a toujours été une disposition aux miracles : *fides tua te salvum fecit* (2). « Les rois aussi devaient être religieusement disposés à l'exercice de cet auguste ministère : ils se confessaient, communiaient et priaient avant de s'approcher des malades. Guibert de Nogent affirme que Philippe I<sup>er</sup> perdit, à cause de certains péchés, la puissance d'exercer ce glorieux miracle (3). »

Maintenant, arrivons aux guérisons. Guibert de Nogent (1053-1124) que nous venons de citer, « est, pour ce qui touche à la guérison des écrouelles, un témoin de la plus haute valeur, tant par son ancienneté que par la sûreté de ses informations. » Or il écrit (4) : « J'ai vu ceux qui ont les écrouelles à la gorge où ailleurs venir par troupes se faire toucher par le roi Louis VI. Me trouvant à ses côtés, je voulais les empêcher; mais, avec sa bonté naturelle, il leur tendait la main et faisait sur eux le signe de la croix avec beaucoup d'humilité. » C'était pour Louis le Gros « un miracle journalier. » Du Laurens nous apprend d'après Forcatel, auteur de l'ouvrage *De Imperio et Philosophia Gallorum*, que Clovis, sur la parole de saint Remi, ayant touché un de ses écuyers, nommé Lanicet, le guérit des glandes qu'il avait au cou (5). Geoffroy de Beaulieu, le plus ancien des historiens de saint Louis, signale le soin que prenait le monarque, en touchant les écrouelles, de faire le signe de la croix, afin que la guérison fût attribuée à la vertu de la croix, et non à la dignité royale. Le *Journal d'un Bourgeois de Paris* (6) mentionne à plusieurs reprises qu'au retour de sa captivité François I<sup>er</sup> « guarist des écrouelles plusieurs mallades, le jour de la feste de l'Assumption de Nostre-Dame. »

---

(1) *Histoire de France*, 4<sup>e</sup> édit., t. VII, p. 265, not.
(2) Luc., XVII, 42.
(3) Le P. Marquigny, p. 383.
(4) *De pignoribus Sanctorum*, lib. I, cap. I.
(5) *De mirabili strumas sanandi vi*, etc., page 13.
(6) Publié par la Société de l'Histoire de France. — Paris, 1854, in-8. Voy. pag. 283, 288.

---

(1) Page 24.
(2) *Acta maii*, t. I, pp. 70-80, t. VII. App. ad diem 1, p. 531.

André du Laurens, médecin de Henri IV, écrit à son tour : « Ce monarque guérit chaque année plus de quinze cents malades. » Nous ne pouvons citer tous les témoignages réunis par les écrivains spéciaux. M. l'abbé Cerf dit qu'avant la Révolution de 1793, on conservait précieusement les certificats de guérison dans l'hospice des dames de Saint-Marcoul. Le susdit auteur a été assez heureux pour en retrouver plusieurs délivrés après le sacre de Louis XVI, et il les cite dans son travail. Pour l'époque de Charles X, M. l'abbé Cerf a interrogé les religieuses de l'hospice Saint-Marcoul, lesquelles avaient constaté *de visu*, après l'attouchement royal, les guérisons opérées sur des malades qu'avaient visités d'avance très soigneusement M. Dupuytren, premier chirurgien du roi, et M. Noël, médecin de l'hospice. « Or il existe, dans les archives de la communauté, un procès-verbal très authentique, irréfragable, de la guérison « de cinq jeunes enfants présents à l'hospice depuis plusieurs années et qui furent guéris complètement au toucher de Sa Majesté Charles X. On différa exprès du 31 mai au 8 octobre 1825 la clôture du procès-verbal, pour mieux constater l'entière disparition du mal. » M. Noël, le médecin de la maison, y apposa sa signature (1). Beaucoup d'écrivains étrangers, Jansénius, le P. Bouhours, le pape Paul III, le pape Boniface, saint Thomas d'Aquin, etc., etc., admettent la guérison des écrouelles au toucher des rois de France.

Concluons donc en nous servant des paroles du R. P. Marquigny : « Ou il faut dire adieu à la certitude historique, ou il faut se rendre à tant de témoignages. »

III. — Par quelle vertu les rois de France ont-ils opéré ces guérisons ?

« Il est plus facile souvent de constater un fait que de donner la raison de ce fait, » avoue simplement M. l'abbé Cerf. Des médecins espagnols ont trouvé l'explication du miracle dans la douceur du climat de France ; c'est tout simplement ridicule. On ne peut dire que la sainteté du roi était la cause du merveilleux privilège : tous les monarques qui ont guéri du mal ne ressemblaient pas à Louis IX. Beaucoup d'auteurs ont prétendu que la prérogative était la conséquence de la cérémonie du sacre; on ne cite, en effet, aucun prince non sacré qui ait tenté d'user de sa faculté si extraordinaire. Mais alors pourquoi tous les monarques du monde sacrés légitimement n'ont-ils pas reçu le même don céleste? On a répondu que « *l'onction devait être faite avec le baume de la sainte ampoule*, et en vertu d'une prière adressée à Dieu par saint Remi. » Cela ne soutient pas l'examen : Louis VI, Henri IV, Charles X ont guéri des écrouelleux, et pourtant ils n'avaient pas été sacrés avec la sainte ampoule.

« Reste le sentiment de ceux qui prétendent que ce pouvoir vient de la concession faite à Childebert et à ses successeurs par saint Marcoul. Ce sentiment s'appuie sur le pèlerinage de nos rois au tombeau de l'ermite de Nanteuil, le lendemain de leur sacre, pèlerinage rendu obligatoire par saint Louis, mais antérieur à ce prince. Ce sont là deux faits corrélatifs d'une grande valeur. C'est à Corbeny que les rois venaient faire, pour ainsi dire, l'essai de la prérogative extraordinaire dont ils ne jouissaient pas avant leur sacre... S'ils ne pouvaient s'y rendre, on amenait à Reims la châsse de saint Marcoul pour lui rendre hommage et obtenir par lui le don et grâce de Dieu de guérir les écrouelles. »

Cependant on ne doit pas ravir à saint Remi la gloire d'avoir donné le premier ce pouvoir à Clovis. Pour conclure, on peut dire que « la raison la plus vraisemblable du pouvoir des rois de France... serait la concession faite à Clovis par saint Remi et confirmée par saint Marcoul à Childebert et à tous ses successeurs sacrés.... »

IV. — Les Anglais, toujours désireux d'imiter la France, ont essayé, pendant longtemps, de revendiquer pour leurs rois un privilège semblable à celui des monarques français. Guillaume de Malmesbury (1) ayant dit qu'Edouard le Confesseur avait guéri des écrouelleux, ce que la sainteté d'Edouard permet bien de croire, Henri VIII établit « pour cette cérémonie un service spécial et donna une pièce de monnaie aux personnes qu'il touchait (2). » C'était *l'ange d'or*, imité de l'ange de Philippe VI de France, avec la légende : *Per cruce tua salva nos xpe rede* (per crucem tuam salva nos Christe redemptor). Elisabeth changea la devise : *A Domino factum est istud et est mirabile in oculis nostris*. De Jacques I<sup>er</sup> à la reine Anne les pièces commémoratives ne portaient que ces mots : *Soli Deo gloria*, mais il y avait toujours l'effigie de saint Michel.

Les Stuarts exilés firent de même frapper des médailles « en témoignage du privilège qu'ils entendaient conserver. Le musée britannique en possède une » qui montre d'un côté quatre têtes d'hommes ; une main ouverte sort d'un nuage et touche une de ces têtes : HE. TOUCHED. TEM. Au revers, deux fleurs entrelacées, surmontées d'une couronne royale : AND. THEY. WEARE. HEALED (3). »

A propos des privilèges que s'attribuaient les rois d'Angleterre, le R. P. Cahier écrit ce qui suit dans ses *Caractéristiques des saints* (4) : « Les Anglais, qui donnent aux écrouelles le nom de *King's evil*, veulent que saint Edouard les ait guéries dès le XI<sup>e</sup> siècle. Selon d'autres, ce privilège n'aurait été réclamé par les rois d'Angleterre que quand la guerre de Cent ans leur fit prendre les fleurs de lis avec le titre de rois de France. Mais des catholiques anglais ajoutent que les successeurs de Henri VIII, ayant voulu continuer l'ancien cérémonial en cela, gagnèrent eux-mêmes les écrouelles au lieu de les guérir chez autrui...... »

Dans le Roussillon il existe une secte d'origine espagnole, remontant au moyen âge, dont les adeptes s'appellent *Saludadors*, et qui prétendent guérir de la rage et des écrouelles (5).

---

(1) Cf. Léon Aubineau, *les Serviteurs de Dieu* (M. Desgenettes), Paris, 1877, 1 vol. in-8.

(1) *De Gestis Regum Anglorum*. — Francof., 1601. F. lib. III, p. 91.
(2) *Annals of the coinage of Britain*, by Ruding. — London, 1860 — Cf. t V, passim.
(3) *Revue de la Numismatique française*, 1852, pag. 288-299, art. de G. Brunet.
(4) Art. Scrofules.
(5) *Revue des Sociétés savantes des départements*. — 1867, pag. 296-297.

CASSIODORE ET BOËCE (p. 93, col. 1).

Parmi les titres nombreux et incontestables que Cassiodore et Boëce ont acquis à la reconnaissance de l'histoire, il importe d'apprécier leur sollicitude et leurs travaux pour l'instruction de la jeunesse. Malgré leurs constantes occupations dans les affaires publiques, ils étudièrent d'une manière spéciale plusieurs des matières alors enseignées et écrivirent sur chacune d'elles des traités spéciaux qui restèrent classiques. On sait que les anciens divisaient les sciences en deux parties, auxquelles ils donnaient les noms de trivium ou éthique et de quadrivium ou physique, et cette classification prévalut pendant tout le cours du moyen âge. Le trivium comprenait la grammaire, la rhétorique et la dialectique ; le quadrivium embrassait les sciences mathématiques, l'arithmétique, la géométrie, l'astronomie et la musique. Les deux classes formaient les arts libéraux et servaient d'introduction à la théologie, à laquelle elles étaient subordonnées. « Toutes les études, dit Saint-Foix, se rapportaient à la religion qui les sanctifiait; le but de la grammaire était de mieux lire l'Écriture sainte et de la transcrire plus correctement ; celui de la rhétorique et de la dialectique, d'entendre les Pères et de réfuter les hérésies; celui de la musique, de pouvoir chanter dans les églises, car alors on était musicien quand on savait le plaint-chant. On y enseignait encore l'arithmétique, la géométrie et l'astronomie, et toutes ces sciences composaient les arts libéraux (1). »

Cassiodore marchant sur les traces d'Ælius Donatus, qui avait compté saint Jérôme parmi ses élèves, écrivit un traité spécial sur la grammaire qu'il intitula *De Arte grammatica ad Donati mentem*, et un autre *De Orthographia liber*. Dans le quadrivium, il aborda le *Computus Pascalis, seu de indictionibus, cyclis solis et lunæ*, etc.

Boëce est un de ces hommes qui, conjointement avec Marcianus Capella, saint Augustin et Aristote, ont exercé une grande influence sur la didactique du moyen âge. Il fit une étude approfondie des philosophies de Platon et d'Aristote, dont il chercha, sous certains rapports, à fondre les systèmes. C'est principalement par lui que la philosophie d'Aristote s'introduisit dans la science du moyen âge, surtout dans son côté didactique. Elle fut la première et la principale source de la scolastique. Boëce avait étudié à Athènes, pendant dix-huit ans, la philosophie et la littérature grecques. Outre la traduction de l'*Organon* d'Aristote, Boëce traduisit ou composa plusieurs autres ouvrages de logique, dont voici les titres : *In Porphyrii Isagogen de prædicabilibus à Victorino translatum, libri II.* — *Commentarium in Porphyrium a se translatum, libri V.* — *In Topica Ciceronis, libri VI.* — *Introductio ad categoricos syllogismos, liber I.* — *De Syllogismo categorico, libri II.* — *De syllogismo hypothetico, libri II.* — *De Divisione, liber I.* — *De Definitione, liber I.* — *De Differentiis topicis, libri IV.* (Pauly, *Real Encyclop.* — Ch. de Remusat, *Abélard*, t. I, pp. 372 et 373).

(1) (*Essais sur Paris*, t. III, p. 819 ; *Œuvres complètes*, Paris, 1791, ou plutôt 1788.)

Mais l'ouvrage le plus important de Boëce est le *De Consolatione philosophiæ*, en 5 livres, qu'il composa pendant son emprisonnement, peu de temps avant sa mort. Il est conçu en forme de dialogue entre Boëce et la Philosophie. Celle ci lui apparaît dans sa prison et lui apporte des consolations, en lui faisant entrevoir une Providence, une sagesse divine qui régit l'univers ; elle lui démontre qu'il ne convient pas de se plaindre des vicissitudes du sort, que les biens terrestres sont périssables, que l'homme ne doit chercher son bonheur que dans ce qui est immuable ; que le bonheur enfin ne consiste que dans la vertu, et que, par conséquent, le méchant est toujours malheureux et que l'homme vertueux seul doit être réputé heureux. Cet écrit est donc une espèce de théodicée, ayant pour but de concilier la bonté divine avec l'existence du mal, et de prouver la coexistence de la divine Providence et du libre arbitre de l'homme. La Philosophie platonicienne en constitue le fond.

Le *De Consolatione philosophiæ* était généralement répandu au moyen âge ; non seulement on l'expliquait dans les écoles, mais il fut aussi le livre le plus populaire du moyen âge, le livre de la bourgeoisie. Alfred le Grand (871-901) le traduisit en langue anglo-saxonne ; il en existe une imitation en langue romane que M. Raynouard a placée dans la deuxième moitié du $X^e$ siècle ; on en fit une traduction en haut allemand à Saint-Gall, au commencement du $XI^e$ siècle ; nous en connaissons une ancienne traduction flamande en manuscrit à Paris, et il paraît avoir été translaté dans la plupart des langues modernes. (Pauly, *Real Encyclop.*; Baehr, *Boëthius*.)

Dans le domaine des sciences mathématiques, Boëce a laissé divers traités intitulés : *Arithmetica*, en 2 livres, d'après le grec Nicomachus ; — *De Geometria*, en 2 livres, dont le premier n'est qu'une traduction d'Euclide ; — *De Musica*, en 5 livres, rédigé principalement sur des écrits de philosophie pythagoricienne.

---

A PROPOS DES OUVRAGES DE BOËCE (p. 93, c. 2; p. 166, 167 et 168).

Nous venons de parler avec Rohrbacher des ouvrages de Boëce, dont il donne une analyse assez exacte. Cependant nous devons constater que la critique moderne refuse de reconnaître Boëce comme l'auteur des traités *De Sancta Trinitate* (4 livres), *De Unitate et Uno* (1 livr.), *De Disciplina Scholarium* (1 livr.). D'après cette même critique, les traités susindiqués paraissent appartenir à des auteurs plus récents.

Rohrbacher ne mentionne pas le livre *De Mensura Monochordi*. Gerbert le donne pourtant comme une œuvre de Boëce dans son ouvrage *Scriptores ecclesiastici de Musica sacra*, etc. (1).

Quant au traité sur la musique, *De Musica*, il est incomplet. Ce traité sur la musique était fort en

(1) *Typis San-Blasianis*, 1784, 3 vol. in-4. — Le traité *de Mensura Monochordi* se trouve dans le tome I, p. 344-345. Gerbert l'avait transcrit *ex codice Benedictoburano*, ledit manuscrit appartenant au $XII^e$ siècle.

honneur dans les monastères bénédictins où l'accentuation et le chant sont l'objet d'un soin particulier, conformément à la règle de Saint-Benoît. Il est probable que l'œuvre de Boëce fut apportée en France vers le commencement du XIe siècle, par Guillaume de Dijon, l'auteur d'une réforme monastique, ou par quelqu'un des membres de la nombreuse colonie lombarde qui l'accompagnait. L'un des plus anciens exemplaires connus fait aujourd'hui partie de la bibliothèque publique d'Avranches (1). A la suite de la transcription, en caractères lombardiques, on lit ces mots : *Longobardorum invidia non explicit musica, decem enim capitula desunt.* Le manuscrit d'Avranches contient pourtant tout ce qui se trouve imprimé dans les œuvres de Boëce. Quant aux *Lombards* qui ont causé l'interruption de la transcription et par conséquent la perte d'une partie du traité, ce sont les religieux italiens venus au Mont Saint-Michel avec l'abbé Suppon, neveu de Guillaume de Dijon (1033-1048), et qui durent probablement reprendre le chemin d'au delà des Alpes lorsque l'abbé résigna ses fonctions de supérieur qu'il remplissait assez peu honorablement.

Dans son traité de la musique, Boëce émet cette proposition remarquable « que si l'ouïe ne s'aperçoit pas des différences de vibrations ou de l'inégalité des mouvements causée par la percussion d'une corde, l'intelligence peut s'en rendre compte par la science des nombres. » C'est là un fait exact : l'acoustique moderne a démontré que les dissonances, qui déplaisent tant à l'oreille, sont produites par des nombres fractionnaires, tandis que les accords parfaits sont donnés par des multiples de nombres entiers.

Tous les écrits de Boëce ont été réunis en un volume in-folio, et imprimés à Venise en 1491. L'édition la plus complète est de Bâle, 1570, in-fol. Au XVIIe siècle, on en a publié une à Genève ; elle est moins estimée.

LE PAPE SYMMAQUE ET LE CONCILE DE LA PALME
(p. 98 et suiv.) (2).

Les Actes du concile de la Palme (*Synodus Palmaris*) offrent un des premiers exemples d'un Pape jugé par un concile, le prétendu synode de Sinuesse, qui aurait condamné Libère, n'étant qu'une pure invention des hérétiques pour détruire l'autorité des condamnations pontificales. Comme ils sont conservés dans leur texte authentique, il est très important d'y constater les déclarations formelles de l'Église et l'expression des traditions apostoliques. La question était grave, elle n'avait peut-être jamais été posée avec une pareille complication et un pareil conflit de juridictions. Le Pape, le concile et le roi Théodoric délimitaient leurs droits et classaient leurs divers degrés de puissance les uns à l'égard des autres en matière religieuse, à propos d'une accusation capitale portée contre le souverain Pontife. Le Pape Symmaque avait été élu contre le gré d'un parti d'intrigants, qui essayèrent de le faire déposer quatre ans après comme coupable d'adultères et comme ayant aliéné les biens de l'Église. De faux témoins furent subornés. Théodoric saisi de l'affaire et un évêque visiteur envoyé à Rome, par ordre de celui-ci, pour entendre les dépositions des témoins, parmi lesquels on voulait faire figurer les esclaves mêmes du Pape, contre toutes les lois civiles et canoniques. On le voit, la situation n'était pas de nature à surfaire les prérogatives du Pontife, il avait le rôle d'un accusé et presque d'un condamné, dans l'opinion de ses ennemis ecclésiastiques et d'une partie du Sénat et de la cour de Théodoric. Cependant tel était le sentiment bien arrêté de l'Église sur son autorité, que tout accusé qu'il était, il exerçait sans réclamation sa haute suprématie sur le Concile assemblé pour le juger.

Rohrbacher fait bien ressortir l'attitude soumise et respectueuse de ces juges, qui d'abord protestent devant le roi que c'est au Pontife à les convoquer et ne consentent à se réunir qu'après avoir appris qu'il les convoquait réellement par une lettre mise sous leurs yeux, et qui ensuite, s'effrayant de leur mandat, déclarent qu'ils n'ont pas le pouvoir de faire venir Symmaque en jugement malgré lui, puisque, d'après les canons, c'est à lui qu'en appellent tous les évêques. Ils avouent « que c'est une chose nouvelle que le Pontife de ce siège soit ouï en jugement et qu'il n'y en a pas d'exemple (1). » Il faudrait citer toute cette déclaration si noble, si respectueuse du Concile, presque mis en demeure de porter une sentence et n'osant le faire qu'autant qu'il y était autorisé par l'accusé lui-même, lequel posait ses réserves et avait voulu qu'on écartât le visiteur envoyé par le roi. Il y a plus, Symmaque, en butte à la violence, reprenait au Concile la permission qu'il lui avait donnée de s'établir juge contre sa personne. « D'abord, quand vous êtes venus à
« Rome, disait-il, je me suis présenté sans diffi-
« culté, j'ai fait céder mes privilèges à la volonté
« du roi, j'ai donné l'autorité au Concile, pour
« ainsi dire, contre moi-même, j'ai demandé,
« conformément aux canons, d'être réintégré dans
« mes églises. Vous n'y avez rien fait.... J'ai
« failli être cruellement égorgé, je ne me soumets
« plus à votre examen. » Et les évêques se reconnaissent dans l'impuissance d'aller plus loin, ils disent : « Nous sommes hors d'état de faire autre
« chose. »

Enfin dans une dernière session du 23 octobre 501, le Pape fut déclaré absous devant les hommes des accusations formées contre lui. Cette session

(1) No 236. — Ce manuscrit provient de l'ancienne abbaye du Mont Saint-Michel. — Cf. *Catalogue des manuscrits de la bibliothèque d'Avranches*, page 547.
(2) Voir Labbe, *Concil.*, t. IV, — *in Symmachum* ; Anastasius Bibliothecarius, t. II, *in Symmachum*, *Note ex Sommier et Pagio*.

(1) Labbe, *Concil.*, t. IV, — *Synodus Romana III*, anno 501, p. 1323.
« Memorati pontifices suggesserunt ipsum qui dicebatur impetitus, de-
« buisse synodum convocare, scientes quia ejus sedi primam Petri
« apostoli meritum vel principatus, deinde secuta jussione Domini
« conciliorum venerandorum auctoritas in singularis in ecclesiis tra-
« didit potestatem ; nec ante dicta sedis antistitem minorum subjo
« cuisse judicio. Sed potentissimus princeps ipsum quoque papam
« in colligenda synodo voluntatem suam litteris demonstrasse signi-
« ficavit. .. Sanctus papa Symmachus .. de vocatione synodali cle-
« mentissimo regi gratias retulit et rem desiderii sui evenisse testatus
« est... auctoritatem ordinis corrigendi. .. se dare professus est...
« Allegasse (Symmachum) per directos episcopos nominatis canonibus
« se cessisse ; adversus purgationis suæ culmen humilians, qui tantis
« periculis pene fuisset oppressus... sed interim justitia renitentem
« statutis canonibus non posse compelli. »

fut appelée le *synode de la Palme* dans un concile tenu à Rome en 503, sous le Pape Symmaque, pour répondre à un écrit des schismatiques, intitulé : *Contre le synode de l'absolution irrégulière*, dans lequel, exagérant singulièrement les déclarations du Concile, ils lui faisaient émettre l'idée que les Papes avaient reçu de saint Pierre la licence de pécher. Saint Ennodius, diacre et depuis évêque de Pavie, les réfuta par une apologie, qui fut approuvée d'une voix unanime (1). Il est regrettable que par sa diffusion elle ne laisse pas saisir facilement la marche de l'argumentation.

Trois points restent donc solidement établis par ces documents *du synode de la Palme* : 1° que l'autorité du roi, pour convoquer le Concile, était considérée comme non avenue par les évêques, à moins d'être appuyée sur la volonté formelle de Symmaque ; 2° que ce fut le Pape qui donna au Concile le pouvoir de juger sa cause ; 3° que celui-ci, dès la première session, se refusa à citer en jugement le Pape, malgré lui et à le condamner, protestant que c'était une chose nouvelle que le Pontife de ce Siège fût ouï en jugement et qu'il n'y en avait pas d'exemple (2).

---

LA TRADITION DES PREMIERS SIÈCLES SUR L'INFAILLIBILITÉ PONTIFICALE (p. 102, col. 1) (3).

Les accusations portées contre le pape Symmaque avaient fourni au concile de Rome, tenu en 503, l'occasion de faire des déclarations formelles sur le respect dû au pontife romain, qui ne peut être jugé par personne, Dieu seul s'étant réservé de juger les successeurs de saint Pierre. L'ardeur des luttes engagées pour ou contre lui n'avait pas été moins vive dans les siècles précédents; les ennemis de la foi sentant que c'était sur lui qu'il fallait frapper pour atteindre au cœur l'Église véritable de Jésus-Christ; et les docteurs orthodoxes proclamant que c'était à ses décisions qu'il fallait demander la vérité. Eusèbe, partisan reconnu de l'arianisme, affirme dans son histoire que certains hérétiques accusaient les papes d'avoir, depuis saint Corneille, faussé l'enseignement des apôtres ; lui-même n'est point de cet avis ; mais il témoigne çà et là son mauvais vouloir contre le Saint-Siège. A propos de la question de la Pâque, il prétend qu'un grand nombre d'évêques d'Asie avaient sévèrement réprimandé le pape saint Victor, parce qu'il s'efforçait de détruire la coutume des églises de l'Asie (4); mais la lettre de saint Irénée, qu'il cité à l'appui de son assertion, est pleine de déférence envers le pontife et abonde dans le sens de celui-ci au sujet de la Pâque (5). L'auteur grec des *Philosophumena*, adversaire personnel de saint Callixte, et peut-être son ancien compétiteur au souverain pontificat, lui reproche d'avoir enseigné à Rome les erreurs de Sabellius, d'avoir favorisé le concubinage et fait rebaptiser les fidèles (1); autant d'assertions démenties par l'enseignement de l'Église romaine à cette époque. Tertullien, qui poussait à des opinions extrêmes, réprouvées des souverains pontifes, telles que l'obligation de ne pas fuir au temps de persécution, professa hautement son respect pour l'inaltérable pureté de la foi de l'Église romaine, *dans laquelle*, dit-il, *les apôtres saint Pierre et saint Paul ont laissé toute leur doctrine avec leur sang* (2). S'il déclama plus tard contre elle, on sait que c'est la passion qui l'aveuglait. Contre l'autorité infaillible du Souverain Pontife à cette époque on ne trouve que les allégations de ceux qui avaient intérêt à dénigrer le Saint-Siège et à éluder la force de ses condamnations dont ils étaient l'objet. Quoique leurs accusations n'aillent pas jusqu'à lui imputer un enseignement hérétique adressé à toute l'Église, elles jetteraient aisément des nuages sur l'idée qu'on avait de l'autorité infaillible des successeurs de saint Pierre, dans les premiers siècles, si l'on n'avait pas à leur opposer des formelles déclarations des anciens Pères. M<sup>gr</sup> de la Tour d'Auvergne a reproduit ce que l'antiquité chrétienne a laissé de positif à cet égard, sauf un texte précieux de saint Clément, de Rome, nouvellement retrouvé (3).

A ce propos, il convient de noter une remarque importante du savant prélat sur la définition de l'infaillibilité pontificale par le concile du Vatican.

« Le concile, dit-il, n'a pas voulu, définir l'in-
« faillibilité *personnelle*, *séparée* et *absolue* du
« pape, attendu que la première de ces expressions
« renferme une équivoque et que les deux autres
« sont deux inexactitudes (4). Il ne pouvait entrer
« dans la pensée du concile de définir une équivo-
« que, c'est-à-dire une chose vraie dans un sens et
« fausse dans l'autre.

« A plus forte raison n'a-t-il pas défini l'infailli-
« bilité *séparée* ; car, sous ces mots, il y a plus
« qu'une équivoque, il y a une erreur. Quand le pape
« prononce *ex cathedrâ*, il n'est pas séparé de
« l'Église, pas plus que l'Église n'est séparée de
« lui. La doctrine qu'il définit, il la prend dans
« l'Église ; il la reçoit, pour ainsi dire, de l'Église,
« dont il constate la tradition. Il n'est donc pas sé-
« paré de l'Église. L'Église non plus n'est pas sé-
« parée de lui : en droit comme en fait, l'assenti-
« ment de l'Église ne lui fait jamais défaut : autre-
« ment l'Église ne reposerait plus sur son fondement
« nécessaire (5)... »

Les Pères, antérieurs au pape Symmaque, n'avaient rien dit de plus formel à cet égard que les paroles du Sauveur, lesquelles sont la déclaration catégorique de l'infaillibilité : *Ego rogavi pro te ut*

---

(1) Voir Ennodius dans Labbe, *Concil.*, t. IV, *Libellus Apologeticus ro IV Synodo*, p. 1340.
(2) Cf. Baronius, *Ann.*, de Symmacho; *Acta SS.* ad 19 Jul., *in v. S. Symmachi P.*
(3) Voir en particulier : *La Tradition catholique sur l'infaillibilité pontificale*, par Mgr de la Tour d'Auvergne, 2 vol. in-8. Paris, 1875.
(4) Euseb., *Hist.*, lib. V, cap. xxiv.
(5) Saint Irénée parle des anciens, « qui negligentius, ut verisimile est, præsidentes et simplicitate et imperitia ortam consuetudinem posteris tradiderunt. Nihilominus tamen et omnes isti pacem inter se retinuerunt et nos invicem retinuemus. » (*Ibid.*)

(1) *Philosophumena*, à la fin des œuvres d'Origène dans Migne, *Patrol.*, numéros 458 à 461, page 3384; ou édit. Miller.
(2) Habes Romam, unde nobis quoque auctoritas præsto est. Ista quam felix ecclesia ! cui totam doctrinam apostoli cum sanguine suo profuderunt (*De Præscript.*, cap. xxxvi. Migne, tom. XXI, *Patr. lat.*, tom. IV, col. 59.)
(3) Voir l'*Univers* du 17 juin 1877.
(4) *La Tradition sur l'Infaillibilité*, etc., tome I, Notions préliminaires, page 11.
(5) *Ibid.*

*non deficiat fides tua ; tu aliquando conversus confirma fratres tuos* (1).

Les paroles que l'on cite des premiers papes, sont, il est vrai, contestées; la plupart peuvent avoir été supposées par l'auteur des Fausses Décrétales ; mais, outre qu'elles ne sont pas évidemment son œuvre, elles expriment encore les opinions les plus répandues dans l'Église, à une époque très reculée du moyen âge. Plusieurs sont insérées dans les collections des conciles. On remarque, parmi les plus significatives, celles qui sont attribuées à saint Anaclet et à saint Zéphirin (2).

On révoque le texte d'Anaclet du premier siècle, surtout parce qu'il est très explicite et qu'il se ressent déjà d'une organisation complète de l'Église et qu'il témoigne d'une action étendue sur le monde chrétien comme au temps de Charlemagne ; mais il ne fait que paraphraser la déclaration du Sauveur à saint Pierre : *J'ai prié pour toi, afin que ta foi ne défaille pas...*

Saint Zéphirin s'exprime de même sur les causes qui des évêques (3) doivent être déférées au Saint-Siège et décidées souverainement par lui.

En tête des écrivains ecclésiastiques, dont le témoignage est d'une incontestable authenticité, figure saint Irénée, disciple de saint Polycarpe, qui avait lui-même connu l'apôtre saint Jean (4).

En affirmant que chaque église particulière doit conformer sa foi à celle de l'Église romaine, fondée par saint Pierre et saint Paul, saint Irénée affirme implicitement l'infaillibilité de l'Église romaine. On a remarqué que ce passage avait été l'objet des colères des protestants ; on a essayé dernièrement d'en torturer le sens comme si les mots grecs : συμβαίνειν πρός τήν τῶν Ρωμαίων Ἐκκλησίαν, ne signifiaient pas : *convenire* ou *concordare cum Romana ecclesia*.

On avait essayé de revendiquer Origène pour un adversaire de la suprématie pontificale ; mais c'est bien à tort ; il la reconnaît hautement avec l'assistance divine qui ne lui fera pas défaut contre les assauts de l'enfer (5).

Au IVe siècle, ce sont les évêques des différentes parties de la chrétienté qui, sans se concerter, proclament la parole de saint Pierre l'oracle de l'Esprit-Saint.

Saint Pacien, évêque de Barcelone, loué par saint Jérôme pour sa doctrine et la sainteté de sa vie, dit à propos du pouvoir des clefs conféré à saint Pierre : « Le Seigneur parle d'abord à Pierre seul, afin de former l'unité par un seul. » — *Ad Petrum locutus est Dominus ad unum, ideo ut unitatem formaret ex uno* (6). — Saint Hilaire, élevé sur le siège épiscopal de Poitiers, vers 353, appelle Pierre *le premier confesseur du Fils de Dieu, le fondement de l'Église, le portier du royaume céleste, le juge du ciel prononçant des arrêts sur la terre* (7). — Saint Jérôme, dans son livre contre Jovinien, reconnaît en ces termes l'autorité des décisions doctrinales de saint Pierre et de ses successeurs : « Un seul est choisi entre douze, afin que par la constitution d'un chef, toute occasion de schisme soit écartée (1). » *Inter duodecim unus eligitur, ut capite constituto schismatis tollatur occasio.*

Saint Ambroise, qui présida, en 381, le concile d'Aquilée et qui par conséquent représentait une grande partie des évêques d'Occident et était l'interprète de leur pensée, caractérise, par un adage d'une claire et énergique concision, la place que tient toute l'Église romaine en présence des autres églises de l'univers. Après avoir rappelé que Pierre est celui à qui le Christ a dit : « Tu es Pierre et sur cette pierre je bâtirai mon Église, » il ajoute : « Donc là où est Pierre, là est l'Église. » *Ubi ergo Petrus, ibi Ecclesia.* Le jugement des conciles d'où le pape est absent, s'efface pour lui devant la décision des successeurs de Pierre.

De leur côté, les Pères grecs de l'Orient, que l'on a représentés comme peu favorables à la suprématie doctrinale du Saint-Siège, lui apportent d'éclatants hommages.

Saint Athanase, élu patriarche d'Alexandrie en 326, était venu à Rome se placer sous le patronage du pape saint Jules Ier pendant les luttes ardentes soulevées contre lui par les Ariens. Qu'il y vînt spontanément ou sur l'invitation du pontife, peu importe en dernier résultat ; il est certain que le concile d'Alexandrie organe de ses opinions, et les Eusébiens, c'est-à-dire les Ariens, envoyèrent de part et d'autre des légats au pape saint Jules pour soumettre à son jugement les questions débattues entre eux. Ce fait est considérable et implique une reconnaissance de l'autorité souveraine du juge auquel ils en appelaient. D'ailleurs, saint Athanase reproduit une lettre de ce même pontife, laquelle est tout à la fois une déclaration du Saint-Siège et une reconnaissance des droits qu'elle revendique.

Après avoir exhorté le célèbre docteur à mettre fin aux divisions qui déchiraient l'Église d'Alexandrie, le pape saint Jules Ier ajoute : « Pourquoi, du
« reste, en ce qui concerne principalement l'Église
« d'Alexandrie, ne nous a-t-on rien écrit ? Ignorez-
« vous que, d'après la coutume, on doit d'abord
« nous écrire, et que d'ici on décrète ce qui est
« juste ? Assurément, si un soupçon de telle nature
« atteignait l'évêque de la ville d'Alexandrie, il
« fallait écrire à cette Église (de Rome). Or, main-
« tenant, sans nous avoir donné connaissance de la
« chose, et après avoir agi comme il leur plaisait,
« ils veulent que nous, à qui ces crimes ne sont
« nullement démontrés, nous abondions dans leur
« sens. Ce ne sont pas là les statuts de Paul, ni les
« traditions des Pères. C'est une forme toute
« différente ; c'est un procédé nouveau. Souffrez
« que je vous le dise ; ce que nous vous écris, c'est
« pour le bien public. Car ce que nous avons reçu
« du bienheureux apôtre Pierre, nous vous le fai-
« sons connaître (2). »

---

(1) Luc, XXII, 32.
(2) Anacleti, pap. *Epist. III*, num. 3 et 4. — Migne, *Patrol.*, tom. II, col. 813, 814.
(3) Labbe, *Concil.*, t. I, col. 66.
(4) *Contr. hæret.*, l. III, c. III.
(5) *In Math.* (Migne, *Patrol. lat.*, t. III, col. 1003.
(6) Migne, *Patrologie*, tom. XIII, col. 1071. Pacian, *Epist. III*, numéro 11.
(7) Migne, tome IX, col. 780.

(1) Migne, S. Ambrosii, *in Psal. L.*, n. 30.
(2) S. Athanasii *Apol.*, numéros 34 et 35. — Migne, *Patrolog.*, tome XXV, col. 306.

Le pouvoir de reviser les jugements des conciles est hautement réclamé par le pontife et en vertu des traditions des Pères.

Saint Grégoire de Nazianze, mort en 389, célèbre dans un poétique langage les prérogatives de la Rome impériale et de la Rome chrétienne.

« La nature, dit-il, ne nous a pas donné deux
« soleils, mais nous avons deux Romes, les lu-
« mières du monde, puissance ancienne, puissance
« nouvelle : l'une luit sur l'Orient, l'autre sur l'Oc-
« cident ; la beauté de l'une égale la beauté de
« l'autre ; mais, quant à la foi, la Rome antique,
« aujourd'hui comme autrefois, poursuit sa course
« dans la vérité, retenant l'Occident dans les liens
« de la doctrine du salut. Il est juste, en effet, que
« celle qui préside au monde universel, maintienne
« partout l'harmonie divine (1). »

Saint Jean Chrysostome insiste sur le sens profond du nom de Pierre et il caractérise ainsi l'étendue de son autorité. « Le Christ a dit à Pierre : *Pais*
« *mes brebis*. Pourquoi lui dit-il ces choses, laissant
« les autres de côté ? C'est que Pierre était 1. pre-
« mier des apôtres, la bouche des disciples, le
« chef du corps apostolique. C'est aussi pour cette
« raison que Paul viendra voir Pierre, de préfé-
« rence à tous les autres ; par là il voulait aussi
« lui montrer qu'il pouvait désormais être rassuré,
« et qu'oubliant son renoncement, il lui confiait le
« gouvernement de ses frères. Si maintenant quel-
« qu'un demande pourquoi Jacques a occupé le
« siège de Jérusalem, je lui répondrai que Pierre a
« été établi par le Christ le *docteur de l'univers*
« *entier* et non pas de ce siège particulier 2). »

Les conciles mêlent leur voix à celle des docteurs, il n'est pas étonnant que les Pères réunis à la Palme se soient récriés à l'idée de juger le pape Symmaque, et aient déclaré que *l'évêque de Rome n'est jugé par personne*. Ils ne faisaient qu'exprimer l'opinion de saint Augustin, qui fermait ainsi la bouche aux Pélagiens : « On a en-
« voyé au siège apostoli que les actes des deux
« conciles d'Afrique sur cette question ; il est venu
« des rescrits de Rome, la cause est finie (3). »

CONFUSION INVOLONTAIRE PAR SAINT AVIT DE L'HÉRÉSIE D'EUTYCHÈS AVEC CELLE DE NESTORIUS (p. 104).

Il est utile de faire remarquer qu'Avit en confondant l'hérésie d'Eutychès avec celle de Nestorius, commettait une méprise *involontaire*; le contraire a en effet été soutenu par M. Ampère. L'appréciation inexacte de ce dernier historien a été réfutée par l'abbé Gorini, qui fait très bien remarquer que cette duplicité était tout à fait inutile pour saint Avit, s'il voulait combattre les opinions ariennes du roi Gondebaud, et qu'il pouvait employer dans ce but mille moyens loyaux et plus décisifs. Du reste, une thèse contre la doctrine de Nestorius ne don-

nait aucune prise sur l'arianisme. Saint Avit a prouvé contre Nestorius que, dans Jésus-Christ, la nature humaine est unie au Verbe de manière à ne former qu'une seule personne divine. Or l'arianisme admettait tout cela, aussi bien la divinité du Verbe que l'unité de personne résultant de l'entière union des deux natures. L'erreur d'Arius était de croire que le Fils, Dieu seulement par privilège, ne participe point à la substance du Père. Pour que les coups portés à Nestorius par l'évêque de Vienne eussent en même temps frappé Arius, il aurait donc fallu traiter de la substantialité du Verbe ; mais saint Avit n'en a pas parlé et ne pouvait s'en occuper, puisque Nestorius l'admettait et persécutait même les Ariens qui refusaient d'y croire (1).

M. Guizot a mieux apprécié que M. Ampère les controverses du prélat viennois : « Comme Vienne, dit-il, dépendait des Bourguignons ariens, saint Avit eut souvent à lutter en faveur de l'orthodoxie, non seulement contre ses adversaires théologiques, mais contre la puissance civile ; il s'en tira avec sagesse et bonheur, respecté et ménagé des maîtres du pays sans jamais abandonner son opinion (2). »

SAINT AVIT ET LA CONVERSION DU PRINCE SIGISMOND (pp. 105 et 119).

Un auteur a soutenu dans la *Bibliothèque universelle de Genève* (3ᵉ série, t. X, p. 303), que saint Avit permit au prince Sigismond, après sa conversion, de suivre en public les prescriptions de l'arianisme.

M. Naef, qui a lancé cette accusation, se prévaut du texte latin de la 68ᵉ lettre de saint Avit, texte qu'il appelle *quelque peu jésuitique*. M. l'abbé Gorini a parfaitement prouvé que l'opinion de M. Naef n'a d'autre fondement qu'un contresens dans sa traduction. Il n'est pas du tout question, pour le jeune prince, dans cette pièce, de suivre les exemples hétérodoxes de Gondebaud, mais de rester auprès de lui tant qu'il l'exigera : il ne lui est pas conseillé d'attendre une permission pour l'attacher à la religion de son choix, mais pour visiter le temple de son choix, surtout celui de Vienne. En un mot, il n'y a pas la moindre trace de dissimulation dans cette lettre. « Ceci, toutefois, dit M. l'abbé Gorini, ne m'empêche pas d'accepter avec plaisir, pour le vénérable pontife ce titre de *jésuite* que M. Naef lui décerne. Nous l'avons effectivement vu défendre les droits de l'orthodoxie devant Gondebaud, avec autant de fermeté que les fils de saint Ignace défendirent plus tard, à la cour de Louis XV, les droits de la morale contre la Pompadour, qui punit leur courage par la proscription (3). »

LES ŒUVRES DE SAINT CÉSAIRE D'ARLES (pp. 107, 108 et 118).

Rohrbacher ne parle point des œuvres de saint Césaire, elles sont cependant assez nom-

---

(1) S. Gregor. Nazianz., carmen XI, *De Vita sua*, v. 562. Migne, tom. XXVII, col. 1067.
(2) Petrum non throni hujus sed totius orbis doctorem a Christo statutum fuisse. *Homilia*, LXXXVIII. — Migne, tom. LIX, col. 478.
(3) Jam enim de hac causa duo concilia missa sunt ad sedem apostolicam. Inde etiam rescripta venerunt. Causa finita est. S. Augustini. *Serm. CXXXI*.

(1) Fleury, *Hist. eccl.*, l. XXIV, nᵒ 54.
(2) *Hist. litt.*, etc. Tome II. c. vi, p. 202.
(3) Gorini, *Défense de l'Église*, 6ᵉ édit., t. II, p. 56.

breuses. Il est vrai qu'on n'en a pas encore fait d'édition complète. Il y a d'abord ses *Sermons* ou *Homélies*, dont la plupart ont eu l'honneur d'être attribués à saint Augustin, quelques-uns à saint Ambroise, et d'autres à Eusèbe d'Émèse (1). Plusieurs des homélies de saint Césaire furent prononcées, paraît-il, devant les moines de Lérins. Le *Code des règles* en renferme deux sous le nom de Césaire : l'une pour des religieux, l'autre pour des religieuses ; cette dernière est divisée en quarante-trois articles. Nous possédons également plusieurs lettres du saint, soit comme religieux, soit comme évêque. Enfin il faut mettre parmi les écrits de saint Césaire son *Testament*, dont l'authenticité est parfaitement reconnue, et qui est adressée aux prêtres et aux diacres de l'église d'Arles, et à l'abbesse Césarie, qu'il avait lui-même faite supérieure du monastère des filles établies à Arles. D. Ceillier estime que nombre de lettres et d'homélies de Césaire ne sont pas arrivées jusqu'à nous.

Le tome XI de Galland contient quatorze homélies de Césaire, les *Règles* et quelques autres ouvrages. On trouve dans la *Patrologie latine* (tom. LXVII, col. 997 et suiv.), les sermons, les homélies, les opuscules et les épîtres de saint Césaire ; on doit cependant remarquer qu'on renvoie les sermons au tome V de saint Augustin dans l'*Appendice*. Ses sermons ont été traduits en français par l'abbé Dujal de Villeneuve, Paris, 1760, 2 vol. in-12.

---

LES CONSÉQUENCES DE LA BATAILLE DE VOUILLÉ
(p. 110, col. 1 et 2).

L'auteur de l'*Histoire universelle de l'Église* donne comme conséquence de la victoire de Vouillé la conquête par Clovis de l'Aquitaine, du Rouergue, de l'Albigeois et de l'Auvergne jusqu'aux frontières de la Bourgogne, ce qui représentait tout ce qu'Alaric possédait en Gaule, hormis la majeure partie de la Première Narbonnaise et la Provence gothique. Un allemand, M. Bonnell, est d'une opinion contraire (2). Ce savant prétend que le titre XLVII de la loi salique, où la forêt Carbonnière et la Loire semblent indiquées comme la limite extrême du pays soumis aux Francs Saliens, est postérieur à l'année 507, et que le nom de *Liger* ou *Leger* ne désigne pas la Loire, mais bien la Leyre, petit fleuve qui se déverse dans le bassin d'Arcachon après avoir traversé les territoires des cités de Dax et de Bordeaux ; il conclut de cette explication que le royaume des Francs ne dépassa pas la Leyre à la suite des événements de 507 à 508 et que les Wisigoths purent conserver, jusqu'au temps d'Athanagilde, le pays entre la Leyre et les Pyrénées. M. Bonnell aurait peut-être dû commencer par prouver que *Liger* ou *Leger* était la forme originelle du nom actuel de la Leyre, que les géographes historiens pensent pouvoir identifier avec le *Siymates* de Ptolémée et le *Signatius* de

(1) Hist. litter. de la France, t. II, pp. 301 et suiv.
(2) Die Anfænge des Karolingischen Hauses, p. 196.

Martien d'Héraclée (1) ; toujours est-il que son sentiment ne paraît pas avoir chance d'être adopté même par ses compatriotes (2).

---

A PROPOS DU CONCILE D'ORLÉANS DE 511
(p. 112, col. 2.)

Rohrbacher dit que trente-deux évêques souscrivirent les canons du concile d'Orléans. Parmi ces prélats, treize obéissaient peu d'années auparavant au roi des Wisigoths. C'étaient les évêques de Bourges, de Cahors, de Rodez et de Clermont (de la I<sup>re</sup> Aquitaine), de Bordeaux, de Saintes, de Périgueux, d'Angoulême et de Poitiers (de la II<sup>e</sup> Aquitaine), d'Eauze, de Bazas, d'Auch (de la Nevempopulanie), et de Tours (de la III<sup>e</sup> Lyonnaise) ; mais ce dernier prélat obéissait sans doute déjà à Clovis antérieurement à 507, pour la partie de son diocèse comprise en deçà de la Loire.

« Ces noms suffiraient, en l'absence de toutautre texte, écrit M. A. Longnon (3), à montrer l'importance des résultats de la campagne de 507 à 508. Les dix-neuf autres signataires du concile d'Orléans appartenaient aux II<sup>e</sup>, III<sup>e</sup> et IV<sup>e</sup> Lyonnaises, ainsi qu'à la II<sup>e</sup> Belgique, et leurs souscriptions prouvent qu'avant la défaite des Wisigoths le royaume des Francs s'étendait au nord-ouest jusqu'à la mer par les cités d'Amiens, de Rouen, de Coutances et d'Avranches ; qu'il atteignait l'extrémité de la péninsule armoricaine par les évêchés d'*Ossismi* et de Vannes, et la Loire par les diocèses de Nantes, d'Angers, d'Orléans et d'Auxerre ; enfin qu'au sud-est il confinait au royaume de Bourgogne par les cités d'Auxerre et de Troyes. Le concile d'Orléans ne donne cependant aucune idée de l'autorité des Francs sur les pays qui formèrent depuis le royaume d'Austrasie, car on n'y trouve pas l'indication des villes situées à l'est du Soissonnais et du Vermandois ; mais la défaite des Alemans, en 496, et le meurtre de Sigebert, qui régnait à Cologne sur les Francs Ripuaires, ne laissant aucun doute sur l'extension du royaume de Clovis jusqu'au Rhin, nous n'hésitons nullement à attribuer aux Francs tous les pays gaulois situés au nord du royaume de Bourgogne tel que nous le fait connaître le concile d'Épaone. »

---

INSTRUCTION DU CLERGÉ (p. 114) (4).

Aux siècles dont notre auteur s'occupe dans ce volume, l'Église catholique avait une grande mission à remplir, celle de convertir et civiliser les hommes ;

(1) *Géographie historique et administrative de la Gaule romaine*, par E. Desjardins. — Tom. I, IV, 149.
(2) Voy. notamment la notice qui se rapporte à la carte de l'Empire franc. sous les Mérovingiens et jusqu'à Charlemagne, dans l'édition du *Spruner-Menke Hand-Atlas zur Geschichte des Mittelalters und der neueren Zeit*, qui vient d'être publiée.
(3) *Géographie de la Gaule au VI<sup>e</sup> siècle*. — Paris, 1878, p. 88-89.
(4) Cf. Dom. Autisio, *Delle scuole sacre*, Nap., 1793 ; J.-G. Keuffel, *Comment. de histor. originis ac progressus scholarum inter christianos*, Helmst., 1734 ; Theiner, *Geschichte der geistl. Bildungsanstalten*, Mayence, 1835.

et de préparer dans le présent la civilisation des siècles futurs. Devant cette tâche immense, la littérature antique devint nécessairement un accessoire et la science du prêtre fut d'abord strictement limitée aux connaissances indispensables au salut des fidèles. Théodulfe, évêque d'Orléans, estimait qu'il suffisait à un ecclésiastique « de savoir réciter le Symbole et l'Oraison dominicale, administrer le baptême, chanter les hymnes et les Psaumes et d'observer les heures canoniques (1). » Hincmar, archevêque de Reims, exige seulement des prêtres qu'ils sachent dire le *Pater* et les trois Symboles des Apôtres, de Nicée et de saint Athanase, en détachant les paroles et en comprenant le sens; puis les formules du baptême et de l'exorcisme, les liturgies pour la bénédiction de l'eau, pour l'extrême-onction et pour les funérailles; il les invite en outre à faire en sorte de comprendre les quarante homélies de saint Grégoire. — Riculfe, évêque de Soissons, exige d'abord que les curés soient instruits des lettres sacrées, sans quoi ils seraient hors d'état d'instruire les simples fidèles... Il veut de plus qu'ils sachent par cœur les Psaumes, le Symbole *Quicumque*, le canon de la messe, et qu'ils possèdent à fond le comput; qu'ils aient à leur usage le plus qu'ils pourront de livres, tant de l'Écriture que des auteurs ecclésiastiques, sans oublier les livres nécessaires pour le service divin, le missel, le lectionnaire, le livre des Évangiles, le martyrologe, l'antiphonaire, le psautier, le recueil des quarante Homélies de saint Grégoire, le tout corrigé sur des exemplaires de la cathédrale ; qu'ils aient un soin particulier de leurs écoles et qu'ils ne soient pas moins attentifs à former leurs élèves aux bonnes mœurs qu'à la connaissance des lettres (2).

Parmi les ordonnances sur l'instruction émanant des prélats de l'Église, le document le plus important que nous ayons rencontré à cette époque est le capitulaire publié par Rathère de Lobbes, lorsqu'il était évêque de Vérone. Il résume d'une manière si frappante la législation de Charlemagne, qu'il nous a paru intéressant de le mettre en parallèle avec cette dernière.

### CAPITULAIRE DE RATHIUS

1. *Ut unusquisque vesrum, si fieri potest, expositionem symboli et orationis dominicæ juxta traditionem orthodoxam penes le scriptam habeat et eam pleniter intelligat, et inde si novit prædicando populum sibi commissum sedulo instruat, si non, saltem teneat vel credat.*

2. *Orationes Missæ et canonum bene intelligat et si non, saltem memoriter ac distincte proferre valeat.*

3. *Epistolam et evangelium bene legere possit et utinam saltem ad litteram ejus sensum possit manifestare.*

4. *Psalmorum verba et distinctiones regulariter ex corde* cum canticis consuetudinariis *pronuntiare sciaut.*

5. Sermonem, *ut superius dixi,* Athanasii episcopi de fide trinitatis, *cujus initium est « Quicumque vult. » memoriter teneat.*

6. *Exorcismos et orationes ad catechumenum faciendum, ad fontem quoque consecrandum et reliquas preces super masculum et fœminam pluraliter ac singulariter, distincteque proferre valeat, similiter ordinem baptizandi ad succurrendum infirmis, ordinem quoque reconciliandi, juxta modum sibi canonice reservatum, atque ungendi infirmos; orationes quoque eidem necessitati competentes bene saltem sciat legere.*

7. *Similiter ordinem et préces in exequiis agendis defunctorum.*

8. *Similiter exorcismos et benedictiones salis et aquæ memoriter teneat.*

9. *Canticum nocturnum atque diurnum noverit.*

10. *Compostum minorem, id est,* epactas, concurrentes, regulares, terminum paschalem *et reliquos, si possibile est, sapiat.*

11. Martyrologium et pœnitentialem *habeat et cætera.*

### CAPITULAIRES DE CHARLEMAGNE

1. *Ut sacerdos Dei divina scriptura doctus sit, et* fidem trinitatis recte credat, *et* alios doceat, *et suum officium bene possit implere.* Cap. de 804.
*Ut fidem rectam teneat.* 789.
*Ut intelligant dominicam ipsi intelligant et omnibus prædicent intelligendam, ut quisque sciat quid petit a Deo.* 789.
*Symbolum etiam apostolicum.* 802. Pertz, t. III, p. 107.
*Orationem dominicam ad intelligendum pleniter cum expositione sua.* Ibid.

2. *Ut missarum preces bene intelligant.* 789.
*Librum sacramentorum pleniter tam canonem missasque speciales, ad commutandum pleniter.* Pertz, t. III, p. 167.

3. *Presbyter* epistolam et evangelium *bene legere possit atque saltem ad litteram ejus sensum manifestare.* Regino de synod. causis, qu. 84, p. 25. ed. Wasserschleben, cité dans Räumer, p. 220, note 465.
*Evangelium intelligere seu lectiones libri comitis.* Pertz, t. III, p. 167.

4. *Ut totum psalterium memoriter teneat.* 804.
*Ut psalmi digne secundum divisiones versum modulentur.* 789.

5. Fidem catholicam S. Athanasii *et cætera quæcumque de fide.* 802. Pertz, t. III, p. 107

6. *Ut signaculum et baptisterium memoriter teneat.* 801.
*Ut baptisma catholicum bene observet.* 789.
Exorcismos super catecuminum sive super demoniacos. Pertz, t. III, p. 167.
*Commendationem animæ. Ibid.*
*Quomodo catecumipos de fide christiana instruere soleant, ac deinde quomodo missas speciales sive pro defunctis vel etiam pro vivis sciant commutare rationabiliter secundum utrumque sexum sive in singulari numero, sive in plurali.* Pertz, t. III, p. 106. Cap. gen. Karoli, a. 802. Aquisgr., n° 4.

7. Voyez 6.

8. Voyez 6.

9. *Ut canticum et compotum sciat.* 804.
Cantum *Romanorum in nocte.* Pertz, t. III, p. 167.

10. *Ut canticum et compotum sciat.* 804.
Compotum. Pertz, t. III, p. 167.

11. Ut de canonibus doctus sit et suum *pænitentiale bene sciat,* 804.
Pœnitentialem. Pertz, t. III, p. 167.

A ces études qui étaient obligatoires pour le clergé, celui-ci joignait quelquefois l'astronomie et, comme complément de la rhétorique, l'étude des auteurs anciens, *antiquarum disciplinarum.* Nous croyons qu'il faut voir dans cette expression l'étude des auteurs chrétiens, des saints Pères et des poètes, et non pas les anciens auteurs romains comme on serait tenté de le croire d'abord.

Tout ce qui concerne dans les IV<sup>e</sup>, V<sup>e</sup> et VI<sup>e</sup> siècles, la poésie chrétienne, — lyrique et didactique — a été soigneusement étudié par Léon Gautier; nous dirons avec lui : « Comment ne pas ressentir quelque enthousiasme, à la lecture de ces poètes qui sont presque le seul honneur incontestable de toute la poésie latine au moyen âge? Quelles odes que celles des saints Ambroise, Hilaire et Damase, de Claudien-Mamert, d'Ennodius, d'Hel-

---
(1) Cantù, *Hist. univ.*, t. VIII, p. 441
(2) *Hist. litt. de France*, t. VI, pp. 83 et 84.

pidie, de saint Fortunat et de ce géant, de ce génie universel qui me conduit jusqu'aux frontières du VIIe siècle, saint Grégoire le Grand ! Je n'ai pas cité Prudence : je craindrais de ne point passer pour modéré, en le comparant à Horace. Tels sont nos lyriques. Mais l'Église et les peuples nouveaux ont besoin à cette époque d'un enseignement historique qui leur permette de remonter fièrement jusqu'à leurs origines et de les opposer aux derniers païens. Ces historiens ne manquèrent pas aux générations dont nous parlons, et plusieurs dédaignant la prose, écrivirent en vers nos annales religieuses. Juvencus et Sédulius chantèrent l'histoire évangélique. Claudius Marius Victor et saint Avit racontèrent les origines du monde. Marius Victorinus chanta les Machabées, et Paulin de Périgueux célébra le grand thaumaturge de la Gaule, saint Martin. Durant ce temps, le dogme catholique était poétiquement affirmé par l'auteur inconnu du poème sur la Providence, par saint Orient dans son *Commonitorium*, par saint Prosper d'Aquitaine dans son *Carmen de ingratis*. Le monde cependant semblait près de périr, l'Occident était traversé et retraversé par des hordes sauvages, le vieil empire mourait, rien ne paraissait naître. Et tous ces poètes continuaient à chanter dans leurs beaux vers la vérité qui n'avait rien à craindre. Saint Paulin essayait de ramener Ausone à quelque idée sérieuse, Sidoine Apollinaire disait adieu aux badinages poétiques, et un poète presque inconnu, Tyro Prosper, écrivait à sa femme au milieu du bruit et de la poussière des invasions, une incomparable lettre où il la priait d'être la gardienne de son gardien : *Custos esto tui cutodis*. Et toute cette poésie, remarquons-le bien, avait une physionomie profondément classique. Tous ces poëtes étaient des Horaces ou des Virgiles chrétiens. Ils avaient, il est vrai, renoncé aux ineptes centons, à cette ridicule mosaïque faite avec des petits morceaux de Virgile et d'Ovide. Mais ils avaient gardé le souffle antique, ils avaient conservé les vieux mètres, les formes sacrées. Et en touchant à tout, ils avaient tout rajeuni (1). »

SAINT CÉSAIRE ET SAINT GILLES (p. 119, c. 2).

Rohrbacher dit que saint Césaire demanda au pape Symmaque que l'évêque d'Aix fût tenu de venir à son ordre, soit aux ordinations, soit aux conciles. Ceux qui portèrent à Rome la demande de Césaire étaient l'abbé Gilles et le secrétaire Messien. Divers auteurs voient dans ce Gilles le saint abbé dont l'Église honore la mémoire le 1er septembre. Les actes de saint Gilles le font en effet disciple de saint Césaire, mais ces actes, remplis d'anachronismes, n'ont guère d'autorité.

Ce qui paraît probable, c'est que Gilles (Ægidius) était originaire de la Grèce. Venu dans les Gaules, il se serait attaché à saint Césaire et ensuite retiré dans une grotte de la vallée Flavienne, vers les extrémités du diocèse de Nîmes. Là il aurait été nourri miraculeusement par le lait d'une biche, laquelle le fit découvrir au roi qui chassait et qui devait être Amalric, roi des Visigoths. Le nom du saint abbé devint célèbre dans toutes les Gaules. Un monastère fut bâti au lieu de son ermitage, une ville se forma plus tard autour du moutier, une partie même du Languedoc prit le nom de province de Saint-Gilles.

Une difficulté pour cette légende, c'est la présence d'un autre saint Gilles également fort ancien en Normandie. Louis XI, en 1482 (1), fondait une collégiale séculière du titre de Saint-Gilles à Coutances. Or l'ordonnance royale porte que le monarque « avoit toujours eu et encores avoit très-grant et singulière dévocion, affection et amour au très-glorieux saint et amy de Dieu, Monsieur saint Gilles, duquel la principalle et plus grant partie de son corps gist et repose en l'église parrochialle mondit seigneur saint Gilles en Costantin. »

Ce saint Gilles du Cotentin est évidemment différent du saint Gilles auquel on donne la Grèce pour patrie. Est-ce à lui qu'il faudrait attribuer la mission à Rome, ce n'est guère vraisemblable; mais ses actes et ceux de son homonyme ont pu facilement être confondus. Le docte abbé Lebeuf a publié dans le *Journal de Verdun* (2) tout un travail destiné à éclaircir ces questions difficiles.

A PROPOS DU CONCILE D'ÉPAONE (p. 130, c. 1).

Rohrbacher dit que la ville d'Épaone, où se tint le concile convoqué par les lettres circulaires de saint Avit de Vienne et de saint Viventiole de Lyon, se nomme aujourd'hui Yenne, au diocèse de Belley. Une note du premier éditeur contredit bien l'assertion de Rohrbacher, mais elle ne dit pas pourquoi l'auteur de l'*Histoire universelle de l'Église* avait embrassé ce sentiment. Il suivait l'opinion de plusieurs savants, opinion motivée par la découverte, à Yenne, de pierres avec cette inscription : *Deæ Eponæ*. Plusieurs critiques estiment qu'*Epona* est la déesse des chevaux, et qu'*Ep*, en celtique, signifie cheval. On sait que les anciens divinisaient quelquefois les villes, et qu'il y avait des autels érigés en l'honneur de Rome. En ce cas, on pourrait dire que la déesse Epaone est la ville même d'Epaone. Reste à savoir si les pierres trouvées à Yenne appartiennent réellement à cette localité.

LE CONCILE D'ÉPAONE ET LE CÉLIBAT DES PRÊTRES (p. 130).

Le concile d'Epaone se tint le XVII des calendes d'octobre : *Celebratum XVII Kalendis octobr.* (3), ce qui correspond au 17 septembre et non au 6 septembre.

Le texte du canon de ce concile, relatif à l'exclusion de la prêtrise prononcée contre ceux qui avaient été

---

(1) Léon Gautier, *Cours d'histoire de la poésie latine au moyen âge*. Paris, 1866, pp. 34, 35 et 36.

(1) *Extrait des Ordonnances des Rois de France*, tom. XIX, p. 2 et suiv
(2) Tom. LXXIII, pp. 291-298.
(3) Sirmond, *Conc. ant. Gall.*, t. I, Conc., Paonense, pp. 194 et 201.

mariés deux fois, a fait conclure à certains auteurs — à M. Mermet (1) entre autres — que le mariage des prêtres était toléré à cette époque.

Ces auteurs n'ont pas compris le texte sur lequel ils s'appuient. Ils se figurent que le clergé pouvait prendre femme, puisqu'on faisait des règlements sur les veuves des prêtres et des diacres; mais il s'agit ici de femmes épousées avant l'ordination de leurs maris, et qui, depuis cette cérémonie, devaient, comme leurs maris, rester célibataires. Le point est formellement établi par les conciles d'Orange, en 441 (Canon XXII); d'Arles, vers 452 (Canon III); de Tours, en 461 (Canon II); d'Agde, en 506 (Canon III). D'après ces canons il est positif qu'au VIe siècle, dans les Gaules et à Vienne par conséquent, le mariage des prêtres n'était pas toléré.

DE SAINT VIVENTIOLE ET DE L'ÉLECTION DE L'ÉVÊQUE DE LYON (p. 131, col. 2, et p. 132, col. 1).

On ignore la date de la naissance de saint Viventiole ; on sait seulement qu'il était évêque de Lyon en 517, puisqu'il assista en cette qualité à la dédicace de l'église d'Agaune, et qu'il y prononça un discours dont il ne nous reste plus qu'un fragment Au mois de septembre de la même année, il se trouve au concile d'Epaone et, dans cette circonstance, il adresse aux prélats de sa province une lettre de convocation qui se trouve au tome LXVII de la *Patrologie latine*, col. 993, reproduite d'après un manuscrit de Toulouse. Il tint lui-même un concile à Lyon avec dix des évêques assemblés à Epaone et qui l'avaient suivi. Le détail de ses autres actions n'est pas connu, non plus que l'année, ni le jour de sa mort. Nous possédons cinq lettres de saint Avit de Vienne qui lui sont adressées, mais aucune de ses réponses. Il y a seulement parmi les lettres de saint Avit un billet de saint Viventiole, par lequel il l'invite à la solennité de saint Just. Agabard (2), l'un de ses successeurs, témoigne que l'on voyait encore de son temps, c'est-à-dire dans le IXe siècle, quelques-uns de ses écrits qui étaient des preuves de sa doctrine et de son érudition, mais il ne dit point en quoi consistaient ces écrits.

Nous remarquerons à l'occasion de saint Viventiole une coutume singulière rapportée dans les actes de sainte Consortia (3). C'était la coutume de l'Eglise de Lyon d'attendre une révélation du ciel pour choisir le successeur de l'évêque qui venait de mourir. Saint Viventiole étant mort, un jeûne général de trois jours fut ordonné, au bout duquel un ange du Seigneur apparaissant en songe à un enfant, désigna le prélat divinement prédestiné. Florus, sous-diacre de Lyon, note ce passage dans sa *Collection des sentences des Pères* (4).

Il est certain qu'un jeûne de trois jours précédait autrefois l'élection des évêques, et nous en pouvons trouver la preuve çà et là dans les actes des saints.

Ainsi nous lisons dans la *Vie de saint Aignan*, évêque d'Orléans : « Pour que le choix que la volonté divine faisait de lui parût plus évident, il commanda un jeûne de trois jours selon la *coutume de l'Eglise*, puis des tablettes et des livres ayant été mis sur l'autel, il fit amener un enfant qui ne parlait pas encore, pour qu'il enlevât lui-même les tablettes de dessus l'autel. » Mais l'enfant ayant crié Agnan évêque, « pour satisfaire au vœu de tous, on ouvrit le psautier et on lut le premier verset qu'on rencontra : *Beatus quem elegisti*, etc. Le livre des épîtres de saint Paul ayant été apporté, on lut tout en l'ouvrant : *Fundamentum aliud*, etc.; personne ne peut établir un autre fondement, etc. Puis on trouva ce texte à la première page qu'on ouvrit de l'Evangile : *Super hanc petram*, etc. ; sur cette pierre je bâtirai mon Eglise. » Dans l'élection de saint Martin, évêque de Tours, on eut contre Défenseur recours au sort par le psautier, ce que Théodore (1), évêque de Cantorbéry, défend dans son *Pénitencier*. Nous lisons dans la *Vie de saint Ecurce*, aussi évêque d'Orléans ; « Alors ils (les évêques) ordonnèrent, *selon l'usage habituel*, un jeûne de trois jours à tout le peuple, afin de prier Dieu de faire connaître le pontife qu'il choisissait pour remplir les saintes fonctions et lui offrir le divin sacrifice. »

FAUSTE DE RIEZ (p. 149).

Il semble résulter de la manière dont Rohrbacher parle de Fauste de Riez que cet évêque, autrefois abbé de Lérins, était entaché de pélagianisme. Telle est l'opinion du cardinal Noris, qui, dans son histoire de cette hérésie, l'accuse très sévèrement. Cette opinion a été admise par la plupart des historiens de l'Église. Un savant sulpicien du XVIIIe siècle. M. Leclerc. avait entrepris de démontrer contre le cardinal Noris que non seulement Fauste mérita le nom de saint, mais encore qu'il fut irréprochable dans sa doctrine et qu'il fallut interpoler ses œuvres pour y glisser quelques propositions semi-pélagiennes. Ce travail semble perdu aujourd'hui. Une des preuves de M. Leclerc en faveur de l'orthodoxie de Fauste, consistait à montrer qu'entre la théorie de la grâce saint Césaire d'Arles et Fauste de Riez s'étaient rencontrés d'une façon qui ne peut être fortuite sur l'explication du texte de l'Exode : « J'adoucirai le cœur de Pharaon.» Donc, concluait-il, saint Césaire bien loin d'être opposé à la doctrine de saint Fauste, le suivait au contraire comme son maître. D. Rivet n'a pas suffisamment répondu à cet argument en disant que tous les points de ressemblance sont puisés dans Origène, car il resterait à prouver que saint Césaire a puisé directement dans Origène et non dans celui qui l'a suivi le premier (2). D'autres auteurs ont démontré l'orthodoxie de l'évêque de Riez (3).

---

(1) *Hist. de la ville de Vienne*, t. II, pp. 67 et 68.
(2) *De Judan. superst.*, n° 4.
(3) *Act. SS. Ord. S. Benedicti*, t. I, p. 235.
(4) *Bibl. Patrum*, tom. IX.

(1) Apud Burchard, liv. X, c. XXVI.
(2) *Les Ecrits et correspondances littéraires de Laurent Gosse, Leclerc*, par L. Bertrand, prêtre de Saint-Sulpice. Paris, Techner, 1878.
(3) *Apologia pro sancto Fausto, Reg. episc.*, auct. Sim. Bartel. Aix, 1636. Cf. Keller. *Fausti Regiensis fides de gratia Dei*. Pass., 1856.

ÉPOQUES DES FONDATIONS MONASTIQUES DE SAINT CADO ET DE SAINT HILTUTE, DANS LA GRANDE-BRETAGNE (p. 134, col. 1.) (1).

Ce que dit Rohrbacher sur saint Hiltute, d'abord enrôlé dans les armées du roi Arthur, ensuite converti par saint Cado, et devenu son disciple dans l'abbaye de Lan Carvan, n'est guère admissible quand on interroge les plus anciens documents qui nous parlent de lui, et non les Vies légendaires publiées par Capgrave, en 1516, d'après des manuscrits du moyen âge. Tant de fables incohérentes viennent déparer ces vies, qu'on ne peut plus y ressaisir la trace d'une vérité historique, ni par conséquent les prendre pour guide, même dans leurs indications générales. Il est vrai que ces deux légendes sur saint Hiltute et saint Cado sont d'accord entre elles en beaucoup de points; mais elles ne proviennent que d'un fonds commun de traditions populaires, défigurées par le temps et par la crédulité. On avait conservé à chacune d'elles des traits particuliers; mais les marques de ressemblance y sont frappantes et nombreuses. Laquelle des deux a précédé l'autre et lui a servi de modèle ? On ne saurait l'affirmer. Mais il semble que les deux auteurs se soient piqués d'émulation pour se surpasser l'un et l'autre dans le domaine de l'invention. Dans celle de saint Hiltute, la terre s'entr'ouvre trois fois pour engloutir des brigands ou de grands coupables ; dans celle de saint Cado, elle ne s'entr'ouvre que deux fois ; mais c'est dans des circonstances solennelles et pour dévorer des troupes de soldats prêts à tuer ou à dépouiller le saint. En somme, c'est encore le biographe de saint Cado qui l'emporte : il a recueilli tous les genres de merveilleux pour en orner son héros. Il le fait aller à Jérusalem et parler toutes les langues des pays par où il passe; il le fait ressusciter un géant dont les ossements avaient été retrouvés dans les fondations d'un monastère qu'il construisait en Angleterre. Le monstrueux personnage, rendu à la vie, se jette aux pieds de saint Cado, le remercie d'avoir été arraché aux feux de l'enfer par son pouvoir, et lui raconte qu'il était un roi de la contrée voisine, venu autrefois dans ces lieux pour y exercer toute espèce de dévastations, et tué sur le champ de bataille par ses ennemis victorieux.

On pourrait citer d'autres exemples de l'imagination du narrateur. Sa science historique est au même niveau. Il prétend que le saint désirait acheter de saint Gildas une belle clochette apportée d'Hibernie par celui-ci, mais que Gildas voulut aller l'offrir au tombeau de saint Pierre à Rome, et que là il fut impossible d'en tirer aucun son. Le pape Alexandre, s'en étonnant, la bénit et ordonna de la rapporter à saint Cado, en disant que quiconque commettrait sur elle un parjure, serait anathème. Outre qu'il est fort douteux que les clochettes appelées *Nola*, du nom de la ville de Nole en Campanie, où elles se fabriquaient au moyen âge, aient déjà été usitées au v° et même au vi°, comme le suppose le récit, on ne voit sur le trône de saint Pierre aucun pape du nom d'Alexandre entre celui qui régna de 108 à 117 et celui qui mourut en 1073.

La conversion de saint Hiltute attribuée à saint Cado, a peut-être quelque fondement, puisqu'elle est relatée dans les anciens bréviaires de Dol et de Léon; mais elle est loin d'être certaine et l'on a même de fortes raisons de la révoquer en doute. D'ailleurs elle est encore rendue ici plus invraisemblable que dans la légende de saint Hiltute, car c'est à la vue de cinquante soldats engloutis subitement dans les abîmes de la terre, que Hiltute leur chef tombe aux pieds du vénérable abbé et consent à embrasser la vie monastique.

La biographie de saint Cado ne saurait donc apporter aucune lumière ni sur lui, ni sur le bienheureux Hiltute ; celle de saint Hiltute à son tour n'en offre pas davantage. Elle est un mélange des mêmes fables que la précédente, avec d'autres aventures empruntées aux bruits populaires, et que l'on retrouve encore, avec des variantes, dans les relations sur saint Paul de Léon, sur saint David, saint Gildas et d'autres saints. Pour n'en citer que quelques exemples, saint Hiltute, dans sa jeunesse, s'étant retiré dans une solitude et s'y livrant à la prière dans un oratoire construit par ses soins, un cerf poursuivi par les chasseurs du roi vint se réfugier auprès de lui ; le prince arriva bientôt et, très étonné de ce spectacle étrange, demanda avec colère au serviteur de Dieu pourquoi il s'arrogeait le droit de résider dans cette forêt. Après des pourparlers, saint Hiltute l'invita à dîner, et obtint miraculeusement du ciel du pain et du sel pour lui préparer un repas. Dans la Vie de saint Calais, c'est un *bubal* très sauvage qui s'accoutume aux caresses du saint, et qui, un jour chassé par la meute du roi Childebert, se réfugie auprès du cénobite. Le prince, averti de ce qui se passe, s'irrite qu'un inconnu s'établisse dans ses forêts sans sa permission ; il éclate en reproches et finit par accepter un peu de vin dans la cellule du vénérable thaumaturge (1). C'est un même fond brodé diversement dans les deux biographies. Le pouvoir d'opérer des miracles est poussé si loin pour saint Hiltute, qu'à la vue de la mer répandue sur les terres de son abbaye, il s'avança au-devant des flots, les frappa de son bâton et les fit reculer. C'est, en d'autres termes, ce qui est raconté dans la Vie de saint Paul de Léon, un empire semblable sur la mer est attribué à saint Guingalois. L'histoire des oiseaux chassés comme un troupeau de brebis loin de la moisson, qu'ils dévastaient, et amenés prisonniers à la porte du monastère, où le vénérable abbé les délivre en leur commandant de ne plus revenir, est à quelques détails près la même que dans la vie de saint Paul de Léon. De plus, il y a dans la biographie de saint Hiltute des hardiesses d'imagination qui dépassent toutes les bornes, et qu'on ne rencontre, pour ainsi dire, dans aucune légende. Tantôt c'est un malheureux fondu comme la cire, en punition des outrages dont il s'était

---

(1) Capgravius. *Catalogus Sanctorum Angliæ seu Legenda.* — De S. Cadoco eps. et martyre. Fol: 53. — Edit. 1516. — *Ibid.* De Hiltuto. — Pour saint Cado, voir aussi le Bolland. S. 24 janvier. — Mais pour saint Hiltute, voir surtout un passage de la vie de saint Samson (Bibliothèque Mazarine, ms° n° 1318, H, ix° siècle), et un autre de la vie de saint Magloire (Bibliothèque nationale, manuscrits latins n° 15436. — xi° siècle.)

(1) *Vita S. Karilefi.* — Bibliothèque nationale. Manuscrits nouveau fonds latin fol. 8. — x° siècle.

rendu coupable envers le saint abbé (1); tantôt ce sont deux voleurs, qui, ayant tenté de s'introduire dans le monastère, sont l'un et l'autre changés en pierres que l'on montrait dans les siècles suivants (2). C'est encore un berger englouti vivant dans les entrailles de la terre pour avoir injurié le serviteur de Dieu.

Tout s'écroule donc dans ces Vies de saint Cado et de saint Hiltute, qui avaient été poétisées à plaisir et où l'on recherche en vain ce que l'antiquité avait pu transmettre de véritable sur eux. Apparemment les religieux des abbayes de Lan Carvan et de Lan-Hiltute, fondées par ces saints, à peu de distance l'une de l'autre, avaient rivalisé pour leur prêter les miracles les plus étranges et ils avaient cherché à maintenir les bons rapports entre les deux maisons, en montrant qu'à l'origine, Lan Carvan était comme la mère de Lan Hiltute. C'est à des documents plus anciens qu'il faut demander quelque lumière.

La vie de saint Samson en fournit dont il est difficile de récuser la source authentique. Elle avait d'abord été composée par un diacre, proche parent du saint, puis rédigée sous une forme plus oratoire par un auteur qui proteste n'avoir pas changé le fond primitif et n'y avoir ajouté que des faits soigneusement examinés et rapportés principalement par un vieillard, qui avait demeuré longtemps dans une maison bâtie par le saint et qui touchait de près à son époque. Or il assure que saint Hiltute avait été à l'école de saint Germain d'Auxerre et ordonné prêtre par lui dans sa jeunesse (3). La vie de saint Magloire, moins ancienne et moins respectable, mais encore bien antérieure au XIᵉ siècle, parle dans le même sens (4). Il ne s'agit plus d'aventures belliqueuses, à la suite desquelles le futur docteur se convertit par un miracle de saint Cado; même il devient impossible qu'il ait embrassé le christianisme à un âge un peu avancé, puisqu'il fut disciple de saint Germain d'Auxerre et élevé, jeune encore, par lui au sacerdoce. Qu'il soit allé dans la suite au monastère de Lan Carvan, pour s'y placer sous la conduite de saint Cado, avant de fonder lui-même l'abbaye de Lan Hiltute, on pourrait peut-être supposer, puisque des souvenirs de ce genre étaient restés dans les traditions de la contrée; mais tous deux avaient suivi les leçons du grand évêque d'Auxerre, si l'on en croit les anciens offices de saint Cado (5); et, dès lors, ils étaient à peu près du même âge.

L'école tenue par saint Hiltute jouit d'une célébrité qui attira auprès de lui une foule de jeunes gens destinés à une haute sainteté, entre autres saint David, saint Gildas, saint Samson, saint Paul de Léon, ces derniers appelés à évangéliser la Bretagne armoricaine et à établir des sièges épiscopaux. Vint-il de la Grande-Bretagne les visiter sur le continent lorsqu'il apprit leurs importants travaux évangéliques, et y termina-t-il ses jours, comme l'indique sa biographie? Il y aurait des motifs de le penser, car on y vénérait son chef et l'on croit de temps immémorial le posséder à Landebaëron, dans le diocèse de Saint-Brieuc. Le maître, dans sa vieillesse, aima sans doute à revoir ses élèves au milieu de chrétientés florissantes dues à leurs prédications. Mais la Vie de saint Samson, dont l'autorité est tout à fait supérieure à toutes les traditions, insinue que saint Hiltute termina ses jours dans la Grande-Bretagne : « Deux abbés, Isanus et « Atodius, étant venus le voir dans son monastère « de Lan Hiltute, il leur prédit sa fin prochaine. » L'auteur ajoute : « J'ai moi-même été dans ce magnifique monastère. » Comme il avait reçu les ordres sacrés de saint Germain d'Auxerre, il professait avec une éclatante renommée en 460 et dans les années suivantes. Quant à saint Cado, s'il se retira dans une île sur les côtes du Morbihan, entre Vannes et Auray, ainsi que l'indiquent d'anciens documents de l'église de Vannes ; ce fut aussi vers la fin du Vᵉ siècle, puisqu'il paraît avoir été formé à la science et à la vertu par saint Germain. Saint David, saint Gildas, saint Paul de Léon sont aussi entourés de bien des traditions légendaires dans leurs biographies; il est difficile d'écarter toutes les fables et de réserver la part certaine de l'histoire. Saint Gildas a particulièrement fixé l'attention à cause de l'ouvrage *Des Dévastations de la Bretagne* (*De Excidio Britanniæ*), dont il est l'auteur. On pense qu'il y a deux saints de ce nom; Gildas l'Ancien et Gildas de Rhuys, dont les biographies se mêlent et les fondent en beaucoup d'événements qui leur semblent communs, accroissent les obscurités et empêchent d'affirmer positivement leur double existence.

Les documents primitifs de la Grande et de la Petite-Bretagne ont été fort mutilés et travestis, soit à cause des nombreuses invasions qui les avaient fait périr et n'avaient laissé subsister que des souvenirs vagues d'après lesquels on avait essayé de les reconstruire, soit à cause des légendes répandues autour de la mémoire des saints et adoptées comme véritables par les naïfs biographes.

----

A PROPOS DE SAINT HILTUTE (p. 154, col. 1).

D'après Rohrbacher, saint Hiltute serait passé dans la Bretagne armoricaine pour visiter ses disciples. Rohrbacher s'appuyait sur Godescard ; le Rev. W.-J. Rees a publié depuis un manuscrit conservé à Londres dans le British Museum (1), aux termes duquel Hiltute aurait voulu simplement visiter l'église du Mont Saint-Michel *in Monte Tumba*... Hiltute serait mort également en Angleterre et non à Dôle de Bretagne.

Si les actes donnés par Rees sont authentiques, il faudrait reculer l'époque à laquelle aurait vécu

---

(1) Omnipotens igitur Dominus fecit illum quasi ceram mollitam et liquefactam ardore igneo, liquescere, nec usque in mundo comparuit. (*vita S. Hiltuti*.)
(2) Rex celestis, in lapides duos usque hodie in miraculi testimonium.... corpora eorum transmutavit. (*Ibid.*)
(3) Ipse Eltutus de discipulis erat S. Germani et ipse Germanus ordinaverat eum in sua juventute presbiterum. (*Vita S. Samsonis*.) — Bibliothèque Mazarine. Manuscrits latins, nº 1318, H, IXᵉ siècle.
(4) La vie de saint Magloire porte : « A quodam egregii Germani Autissiodorensis ecclesiæ presulis discipulo, nomine Heltuto... (fuerat edocus.) — Bibliothèque nat. Manuscrits, nouveau fonds latin, nº 15436 — XIᵉ siècle.
(5) Le nouveau bréviaire de Vannes ne suit pas cette opinion. — *Breviarium Venetense*, officia propria Sanctorum, XXIᵃ sept.

(1) *Coll. Mss.* — *Vespasian.* A. XIV.

saint Hiltute. puisque le mont Saint-Michel n'eut d'église qu'en l'an 708, après la révélation de l'archange à saint Aubert, d'Avranches.

Voici le titre de l'ouvrage de Rees, indispensable à consulter pour ceux qui voudraient s'occuper des saints de la Grande-Bretagne :

*Lives of the Cambro British Saints*, etc. ; by the Rev. W.-S. Rees,... rector of Cascob, etc. — Published for the Welsh Mss. Society. — London, 1843, gr. in-8.

Le texte est en latin avec une traduction anglaise.

Il existe également à la Bibliothèque nationale de Paris un volume de la plus insigne rareté, renfermant diverses vies de saints français et anglais qu'on ne trouverait pas ailleurs. L'auteur est Capgrave et l'ouvrage porte pour titre : *Vitæ Sanctorum;* il fut imprimé à Londres en 1516. M. de Montalembert regrettait de n'avoir pu le rencontrer pour consulter certaines légendes relatives à ses *Moines d'Occident*. Nous donnons la liste des actes qu'il renferme : *Vita S. Anselmi*, — *S. Andoeni*, — *S. Brendani*, — *S. Clari*, — *S. Edwardi*, — *S. Lanfranci*, — *S. Laurencii Dublinensis*, — *S. Machuti*, — *S. Maglorii*, — *S. Melonis*, — *S. Osmundi*, — *S. Sampsonis*, — *S. Thomæ Herefordiensis*, — *S. Thomæ episcopi Cantuariensis*.

---

ÉPOQUE DES TRAVAUX ÉVANGÉLIQUES DE SAINT SAMSON, DE SAINT BRIEUC, DE SAINT MALO, DANS LA BRETAGNE ARMORICAINE (p. 154, col. 2, ligne 3) (1).

La biographie de saint Samson avait eu un meilleur sort que celle de la plupart des saints qui évangélisèrent la Bretagne et y laissèrent une glorieuse réputation. Composée d'abord par le diacre Hénocus, un de ses proches parents, venu avec lui d'Angleterre, et par conséquent son compagnon dans la plupart de ses travaux apostoliques, elle avait été, peu de temps après, refaite sur le texte original, et augmentée de quelques récits des vieillards qui avaient connu les contemporains, surtout de celui qui avait demeuré de longues années dans une maison bâtie par le bienheureux, au bord de la mer.

L'auteur assure qu'il ne s'en est pas rapporté inconsidérément aux ouï-dire, mais qu'il a prêté une attention scrupuleuse à la vérité. Si l'on ne peut pas prétendre qu'il a échappé à toute exagération, ni à toute erreur, ni surtout au merveilleux légendaire, qui se forma si vite autour des prodiges même les mieux attestés, il a conservé la substance du document de première source, pour lequel il professe un profond respect. Ce qui soulève le plus d'objections, ce sont les particularités du séjour de saint Samson à la cour du roi Childebert I$^{er}$. Le voyage en lui-même n'est point douteux : une notice manuscrite sur Judicaël, duc des Bretons, lequel fut en rapport avec Dagobert I$^{er}$ avant 632, lui donne pour père Judual et pour aïeul Jouas (2), comme le fait la biographie de saint Samson, et reconnaît ainsi Judual pour contemporain du roi Childebert, au milieu du VI$^e$ siècle. L'autorité des rois francs sur la Bretagne armoricaine, souvent contestée et repoussée par des soulèvements populaires, était passée en fait à partir de Clovis I$^{er}$, et les descendants des anciens rois furent généralement appelés comtes et ducs (1). Saint Grégoire de Tours atteste cette dépendance, qui ne fut pas entière, ni définitive, car ces chefs bretons se prétendirent souvent libres et ne fléchirent jamais entièrement sous le joug des rois mérovingiens ; ils conservèrent leurs lois, leurs coutumes et l'espoir de s'affranchir. Une haine opiniâtre pour ces maîtres étrangers, imposés par la force des armes, couvait au fond des cœurs dans toute la contrée et faisait explosion en toute occurrence. Aussi n'est-il pas étonnant qu'on ait fait ici un portrait bien noir de la reine Ultrogothe, épouse de Childebert I$^{er}$; les Bretons ne pouvaient voir sous des couleurs riantes une cour des rois francs, et, comme une certaine pudeur les empêchait d'imputer aux princes de mauvais desseins, ils en supposaient aux reines ou aux officiers du palais. Comme il fallait faire jouer un grand rôle au bienheureux dans cette circonstance solennelle, devant les personnages les plus éminents, l'imagination s'ingéniait à lui créer des difficultés, dont il sortait par enchantement, à la faveur des miracles qui ne lui coûtaient rien. Rien n'était plus loin de la pensée d'Ultrogothe que de chercher à empoisonner le bienheureux, elle serait bien plutôt venue se prosterner à ses pieds et se recommander à ses prières, elle que saint Grégoire de Tours admire pour ses aumônes, sa piété, sa pénitence (2), et que l'auteur de la Vie de sainte Bathilde nomme parmi les plus vertueuses princesses (3) Les traits odieux qu'elle a dans cet épisode sont assurément contraires à la vérité, et ruinent par la base tous ces étranges événements qui s'opposent à la délivrance de Judual et qui finalement les décident; mais ils ont la couleur locale et reflètent les dispositions générales des peuples de l'Armorique au VII$^e$ siècle : c'est encore un indice de l'antiquité de cette relation, car il n'avait pas fallu beaucoup de temps pour inventer des faits merveilleux à l'occasion de ce voyage lointain qui fut couronné d'un succès fort difficile et vivement souhaité dans toute la contrée. Les réserves faites sur ces accumulations de miracles singuliers, le récit porte la marque d'une parfaite sincérité et d'un soin très studieux de la part de l'auteur pour connaître la vérité. Il avait été en Angleterre dans le couvent où saint Samson avait suivi les leçons du savant Hiltute, et où le souvenir de celui-ci était encore vivant, puisqu'on lui nomma les deux abbés Isanus et Atodius, qui, étant venus le voir, entendirent de sa bouche l'annonce de sa fin prochaine. Quoiqu'il ait tenu à enrichir sa relation, il avait tenu davantage à être exact ; les nombreux miracles qu'il avait lus dans le manuscrit fort soigné

---

(1) Pour saint Samson, voir sa vie dans un manuscrit du IX$^e$ siècle, à la bibliothèque Mazarine, H. 1318.
(2) Bibliothèque nationale. Manuscrits, nouveau fonds latin, n° 9889, XVI$^e$ siècle. *De S. Judicaele*.

(1) Semper Britanni sub Francorum potestate post obitum regis Chlodovechi fuerunt, et comites, non reges, appellati sunt.— S. Gregorii Turon. *Hist*., lib. IV, cap. IV.
(2) Nam et Ultrogotha regina.... abstinens se a cibis et somno, occurrentibus etiam largissimis eleemosynis, pervenit ad locum sanctum. (*De miraculis S. Martini*, lib. I, cap. XII.)
(3) De Ultrogotha fertur regina, Childeberti videlicet regis conjuge, quod esset nutrix orphanorum, consolatrix pupillorum.— Saint Fortunat la loue aussi, lib. VI, carm. VIII.

du diacre Hénocus, ne l'avaient pas ébloui ; content d'en recueillir un petit nombre, il avait passé les autres sous silence pour ne pas fatiguer le lecteur (1); mais, pour les faits qui rentrent dans le cadre principal de la biographie, il les a examinés avec l'attention d'un chercheur d'antiquités. Ainsi, non seulement il affirme que le nom du père et de la mère sont consignés par écrit, il rappelle encore qu'il les a plusieurs fois entendu chanter à la messe célébrée à l'autel de saint Samson, indiquant là un usage de l'ancienne liturgie et attestant une fois de plus qu'il appartenait aux temps rapprochés des origines du Christianisme en Bretagne. Ce n'est pas le lettré qui se montre, ni l'amplificateur avide des ornements du langage : c'est l'écrivain consciencieux et bien informé.

Assurément tout n'est pas exempt d'erreur dans les détails : il ne pouvait se rendre compte par lui-même de tout ce qu'il avançait sur la foi d'autrui ; mais il nous apporte le témoignage des contemporains et de la génération suivante. Il faut se défier des noms de pays ; les copistes ont bien pu les défigurer, comme ils ont fait pour différentes phrases presque indéchiffrables. Celui qui a laissé le manuscrit du IXᵉ siècle de la bibliothèque Mazarine, trahit l'embarras qu'il éprouvait pour éviter les fautes. « Nous avons corrigé comme nous avons pu, » dit-il, dans une note finale (2).

II

Plusieurs points de repère dans la Vie de saint Samson servent à déterminer à peu près l'époque où il vint évangéliser la Bretagne armoricaine. Il fut parmi les dernières générations de disciples de saint Hiltute, car il fut amené dans son monastère à l'âge de cinq ans et y fut ordonné diacre par Dubricius, évêque de Caërlon, lequel est mentionné en 507 et couronna le roi Arthur en 516. Or saint Hiltute, attaché à la personne de saint Germain d'Auxerre, et élevé par lui au sacerdoce dans sa jeunesse, n'était pas né après 420, puisque saint Germain cessa d'enseigner les lettres divines et humaines vers 446, peu de temps avant son second départ pour la Grande-Bretagne ; il ne devint célèbre que vers 460 et lui accorder 25 ou 30 ans de renommée brillante, c'est le conduire aux dernières limites de l'âge ; l'on arrive ainsi à fixer la fin de son enseignement à 490 environ. Probablement il n'était déjà plus à la tête de son abbaye quand saint Samson reçut le diaconat. On n'avait pas attendu de le lui conférer après de longues épreuves, car il était déjà le modèle de ses frères à quinze ans par son application au jeûne, aux veilles, et par son intelligence des saintes Écritures. Qu'il ait eu alors 22 ou 23 ans, c'est ce qu'il est raisonnable de supposer. Comme ce fut à la fin du Vᵉ ou au commencement du VIᵉ siècle, il était né vers 480. Sa vie monastique, ses travaux, ses miracles dans sa province, où il ramena sa sœur à la piété, ses courses évangéliques en Hibernie, ses succès contre l'idolâtrie, qui sont longuement racontés, supposent de longues années de prédications, précédées de longues années encore de préparation et de prière. A la veille de s'embarquer pour la Bretagne armoricaine, on le voit entouré de moines avec lesquels il vient bâtir le monastère de Dol. Il est évident que ses vertus et ses miracles lui ont conquis l'estime de ses compagnons, placés sous sa conduite comme sous la conduite d'un envoyé du ciel, ce qui prouve qu'on le connaissait depuis longtemps et qu'on avait foi en son expérience. On ne saurait guère lui donner alors moins de 40 à 45 ans, c'est-à-dire qu'il aurait débarqué sur le continent vers 520, au milieu de sa carrière, quand il avait déjà accompli dans sa patrie beaucoup d'œuvres saintes, et qu'il avait encore assez de temps devant lui pour en entreprendre d'importantes au milieu des peuples armoricains, pour fonder plusieurs monastères, opérer des miracles dans toute la contrée.

Le règne de Childebert ayant duré 47 ans, l'on ne saurait dire à peu près en quelle année il reçut la visite de saint Samson ; il est certain que celui-ci avait déjà gagné la confiance des Bretons et qu'il s'était fait connaître au loin par ses fondations monastiques et par ses prodiges, pour être investi de leur confiance dans une mission d'un intérêt capital. Ce fut vers le milieu du VIᵉ siècle.

III

Saint Brieuc avait précédé saint Samson dans la Bretagne armoricaine (1). Quoiqu'on ne puisse attribuer une entière valeur historique à sa légende, remplie de trop de fables, elle remonte à une époque reculée ; on la trouve déjà dans un manuscrit du XIᵉ siècle, à la bibliothèque d'Angers, et elle repose sur des données primitivement fournies par les contemporains, car on y remarque le nom du père et de la mère du saint, avec des particularités sur leur genre de vie et sur les coutumes encore païennes de leur contrée. Ces premières indications positives furent noyées dans des flots d'inventions fantastiques à travers lesquels on ne peut en ressaisir qu'un petit nombre. Est-il vrai, par exemple, que saint Brieuc fut formé à la science et à la vertu par saint Germain et qu'il ait opéré, pendant qu'il fréquentait son école à Auxerre, différents prodiges qui sont racontés ? Les traditions de la Gaule peuvent, à cet égard, être prises en considération ; saint Germain eut de nombreux disciples : sa réputation extraordinaire dans la Grande-Bretagne lui en amena de cette contrée. Saint Brieuc, sur lequel on insiste, pour lui attribuer des actions merveilleuses dans le cours de son éducation, avait, sans doute, laissé trace de son passage dans la maison épiscopale de saint Germain, et la notice primitive devait le mentionner : elle ne portait probablement que le nom de saint Germain, et les amplificateurs ont ajouté : évêque de Paris. Cela étant, il étudia les saintes lettres et fut prêtre

---

(1) Pro sedulissimis ac pulcherrimis litteris, quæ catholicæ ac indubitanter a supradicto diacono in eodem monasterio conscripta repperi... pauca de multis colligens.... (Vita S. Samsonis. — Bibliothèque mazarine. Manuscrits, H 1318, IXᵉ siècle.)

(2) Usque hic sicut valuimus cor. eximus. (Vita S. Samsonis, à la fin.)

(1) Voir la vie de saint Brieuc. — Vita S. Briemacli, Bibliothèque de la ville d'Angers. — Manuscrits de saint Serge, XIᵉ siècle, — et Bibliothèque nationale de Paris, manuscrits, fonds latin, n° 1149. — XVᵉ siècle.

avant 448. On n'a pas lieu de penser qu'il ait seulement connu le grand évêque d'Auxerre pendant ses prédications contre les Pélagiens d'Angleterre; ni qu'il soit compté parmi ses disciples comme le furent, sans doute quelques autres, pour avoir suivi ses enseignements de missionnaire, fût réellement auprès de lui un certain nombre d'années. Le temps qu'il passa ensuite dans sa patrie pour y évangéliser les infidèles, ne saurait être déterminé; mais il revint sur le continent armoricain dans la vigueur de l'âge, lui qui fonda le monastère florissant d'où est née la ville de Saint-Brieuc, et qui convertit une foule d'idolâtres des alentours. C'était apparemment vers 470, peut-être même un peu plus tôt, puisque l'on prétend qu'il fut ordonné prêtre par saint Germain d'Auxerre avant 448. Il atteignit un âge avancé, sa biographie lui donne 90 ans; alors il vit la fin du règne de Clovis Ier. Quant à son épiscopat, dont ses légendes ne parlent pas, il est positivement affirmé par les nouveaux comme par les anciens bréviaires. On aurait cependant des raisons de le révoquer en doute : un homme d'une si éminente sainteté aurait été convoqué dans les conciles de son temps, s'il avait été revêtu de la dignité épiscopale, et on ne le rencontre dans aucun de ceux qui furent tenus de 450 à 490. En outre, on ne lui connaît point de successeurs jusqu'à Noménoé, au IXe siècle ; raison presque aussi grave que le silence de ses biographes. Cependant un marbre trouvé en 1210, dans sa châsse, lui donne ce titre et l'opinion commune est qu'il l'a porté, quoique ce marbre ait pu ne remonter qu'à l'ère des Carlovingiens, environ à l'année 860, où ses reliques furent transportées par Érispoë à l'abbaye de saint Serge d'Angers; lors de l'incursion des Normands. Il était ordinaire, dans les Ve et VIe siècles, d'appeler du nom de *papa* les abbés de monastères presque autant que les évêques, et si l'on avait ainsi qualifié saint Brieuc dans une vieille inscription, cela aurait suffi pour laisser croire, dans la suite, qu'il était évêque, et, tout considéré, le doute reste fort légitime.

## IV

La vie de saint Malo est encore plus remplie de récits inadmissibles que celle de saint Brieuc. Elle reposait sur des documents écrits peu de temps après sa mort; les noms de ses parents, de sa patrie; de son premier maître; y sont mentionnés et ne purent être indiqués que par la génération contemporaine. Beaucoup de particularités dignes de foi proviennent de la même source ; malheureusement il est impossible de les démêler de ces rêveries, dont la crédulité populaire, les environna, et dont l'amplificateur se servit avec empressement, confondant tout; le vrai et le faux; les bruits populaires et les assertions de l'ancienne notice; et les admettant au même titre dans sa narration fantastique. Après avoir dit que la mère de saint Malo le mit au monde à l'âge de soixante-six ans, dans la vallée de Carvanux, il assure que trente-trois femmes de sa suite eurent le même jour trente-trois enfants mâles. Dans le cours des travaux du saint pour fonder ses abbayes, convertir les idolâtres, il présente de temps en temps de pareilles excentricités. On voit jusqu'à quel point il s'est donné carrière et combien est dénué de fondement tout ce qui provient de son imagination. Seulement comme il puisait à une source authentique où du moins très ancienne, on a essayé de lui en redemander quelque chose. C'est dans ce sens qu'ont travaillé les rédacteurs des leçons de son office, aux différentes époques de la composition et de la revision du bréviaire. On a invoqué la vraisemblance pour faire un choix de faits acceptables.

Il n'est pas même sûr que les noms du père et de la mère de saint Malo n'aient pas servi à ces suppositions légendaires : on lui donne non seulement saint Samson, mais encore saint Magloire pour cousins germains dans la ligne maternelle : cependant saint Magloire, d'après l'auteur de sa vie, fut ordonné diacre par saint Samson (1), et par conséquent il était plus jeune que lui d'une génération. En admettant qu'il soit né presque dans la vieillesse de sa mère, il arriva dans la Bretagne armoricaine après saint Samson, lorsque le VIe siècle était déjà près de son milieu. L'on a d'ailleurs une date approximative pour se fixer. Saint Malo se rendit dans la Saintonge et conféra avec saint Léontius, évêque de Bordeaux, que l'on voit siéger à plusieurs conciles, notamment à Saintes en 553, et à Paris en 555 (2). C'est donc vers 56 qu'eut lieu ce départ du bienheureux pour le pays d'Aquitaine, à la suite d'une persécution suscitée contre lui par son peuple; les esprits s'étant apaisés, il retourna gouverner son diocèse, et, à la fin, mourut dans la Saintonge, très avancé en âge, probablement vers 570. Les leçons de son office rappellent que son corps fut transféré à Paris au Xe siècle; pour être soustrait aux dévastations des Normands.

---

### LES ÉCOLES EN IRLANDE (p. 154).

Dans ce passage, comme dans plusieurs autres, Rohrbacher parle avec des éloges mérités des écoles irlandaises. L'Irlande, comme les autres pays d'Europe, fut tirée de la barbarie par le catholicisme; ici cette mission échut à saint Patrice, évêque et apôtre de ce pays, né en 372 et mort vers 464. Le zèle religieux de ce prélat; non content de convertir les païens de l'île; les initia aux sciences et aux lettres. Aux églises et aux monastères vinrent se joindre les établissements d'instruction publique qui jetèrent tant d'éclat au VIe, au VIIe et au VIIIe siècle. Il est clairement établi par des écrivains d'une autorité irréfragable que, dans ces temps reculés, l'Irlande posséda plusieurs universités célèbres, sources de la littérature, auxquelles s'empressèrent de puiser non seulement les Irlandais et les Bretons, mais même les Francs et les Saxons. On peut consulter à cet égard Bède (3), Alcuin (4), Éric d'Auxerre (5), et la Vie de Sul-

---
(1) Præclaræ consanguinitatis sancti ac beati Samsonis extitit consors (Maglorius).... (S. Samson) sanctissimo Maglorio..., diaconi officium imposuit.... (*Vita S. Maglorii*. — Bibliot. nat. Manuscrits latins, n° 1543, XIe siècle.)
(2) Labbe, *Concil.*, tome V. — Il assistait déjà au concile d'Orléans en 541.
(3) *Eccl. Hist.*, lib. III, c. VII, 27; lib. IV, c. XXVI.
(4) *Vita S. Willebrordi*, lib. II, c. IV (pros.); lib. II, cap. I, 39 vers.
(5) *De miraculis S. Gervani*, lib. I, cap. ult.

genus, écrite en vers par son fils Jean qui florissait en 1089.

L'école d'Armagh était la plus ancienne et la plus renommée des écoles fondées par le catholicisme en Irlande. Voici ce qu'en dit l'auteur de la Vie de saint Patrice, écrite longtemps avant l'arrivée des Anglais dans l'île. « Saint Patrice fonda la ville d'Armagh, où se trouve le siège archiépiscopal de toute l'Irlande ; le saint la chérit beaucoup pendant toute sa vie, et elle forme son principal titre à la gloire des siècles à venir. Depuis lors l'université, ou principale école pour les lettres, n'a cessé d'exister. »

Caradocus de Lhancarvan affirme que Gildas Albanius fut quelque temps recteur de cet établissement. Quoi qu'il en soit, l'ancienne splendeur de l'université d'Armagh est attestée par les noms connus des savants qui y professaient dès le temps de la domination danoise. Et si nous en croyons Florent Carly (1), qui s'appuie sur l'autorité d'un manuscrit d'Oxford, le nombre des étudiants de l'université d'Armagh aurait, à certaines époques, dépassé sept mille.

Il y avait aussi une école à Clonard, non loin de la Boyne. Voici comment son origine est racontée dans la Vie de saint Finian, son fondateur, qui florissait en 530 : « S'étant arrêté dans un endroit appelé Cluanaraird, saint Finian, comme le soleil dans le firmament, éclairait le monde des rayons de ses vertus. La renommée de ses saines doctrines et de ses miracles attira bientôt auprès de lui, comme à une source de toute sagesse, des hommes illustres accourus de divers points d'Europe, pour étudier les saintes Écritures ou pour s'instruire dans la discipline ecclésiastique. On compte parmi eux Kieran, fils de Kieran, appelé Mc. Itœir et Kieran de Saigre; Columb-Kill et Columb Mc. Crinsthaind; Brendan, fils de Findlog, et Bredan de Birr ; Laserian, fils de Naithfraiht ; Sine, fils de Maenac; Cainec, arrière-petit-fils de Daland; Ruadan de Loshra ; Nannyd Lamdere; Mugenoc Killicumuli, et l'évêque Sennach. »

Dans la Vie de saint Molua, nous trouvons un passage où il est dit « que ce saint fréquenta l'école de Finian, établie sur les bords de la Leinster, dans le clan de Neille, et qu'une multitude de saints personnages de l'Irlande avaient étudié la théologie sous la direction de Finian. »

On parle si souvent des ténèbres du moyen âge et de l'ignorance entretenue par le catholicisme; qu'il ne sera pas superflu de citer encore quelques-unes de ces écoles d'Irlande, si célèbres avant l'arrivée des Anglais dans cette île et l'apparition de la réforme en Europe.

Au VIe siècle, saint Fachman fonda une école à Ross en Carbry, appelé anciennement Ross-Ailithri. « Saint Fachman, est-il dit dans la Vie de saint Mochœnog, vivait dans la partie méridionale de l'Irlande, dans un monastère qu'il avait fondé près de la mer ; peu à peu il s'y forma une ville, où il y eût toujours une université : *Magnum studium scholarium*. Meredith-Hanmer assure que ce fut là que saint Brendan fut initié aux arts libéraux. (2).

(1) *Epist. de reb. hib.*
(2) *Chron. of Irel.*

On peut mettre au nombre des universités les écoles de Beg Eri, sous saint Ibar; de Clonfert, sous saint Brendan; de Bangor, sous saint Congall ; de Rathene (en Fercall) et de Lismore, sous saint Laserian. Le nombre de moines qui, au dire unanime des auteurs, fréquentaient ces établissements, était incroyable.

A cette époque reculée, l'Irlande possédait encore beaucoup d'autres écoles scientifiques, telles que celles de Castel et de Dowon.

---

PARTAGE DU ROYAUME DES FRANCS ENTRE LES FILS DE CLOVIS (p. 157, col. 2.)

Il est important pour l'histoire ecclésiastique de France de compléter ce que Rohrbacher dit du partage des états de Clovis entre ses quatre fils : Théoderic ou Thierri, Clodomir, Childebert et Clotaire. Nous étudierons ce premier partage de l'empire franc en nous servant du travail de M. A. Longnon (1).

On n'a que des notions assez vagues sur le partage fait en 511 entre les quatre fils du roi défunt. Chacun des nouveaux royaumes était composé d'un certain nombre de cités, réunies sans aucun souci des anciennes circonscriptions provinciales ou des limites naturelles; et formait même plusieurs groupes séparés les uns des autres par des territoires appartenant à un tétrarque différent. La partie de la Gaule soumise aux Francs antérieurement à la guerre de 507, c'est-à-dire la portion de notre sol désignée spécialement alors sous le nom de France, *Francia*, fut cependant l'objet d'une division plus régulière : c'est dans la *Francia* que chacun des fils de Clovis eut son siège royal, autour duquel s'arrondissait la partie la plus appréciée peut-être de son royaume ; les contrées d'outre Rhin passèrent tout entières, malgré leur importance territoriale, aux mains de Théoderic, l'aîné des fils du conquérant franc. L'Aquitaine récemment conquise sur les Wisigoths, semble avoir été partagée entre les quatre frères, qui auraient ainsi traité la région d'outre-Loire comme un domaine dont chaque roi désirait avoir sa part, surtout sans doute à cause de ses vignobles fameux.

Au fond, l'état de choses créé par le partage de 511 était une menace pour l'avenir de la puissance franque, dans le cas où une étroite union cesserait d'exister entre les nouveaux souverains qui avaient toujours en face d'eux, dans la Gaule, les Bourguignons et les Goths. Il paraît que pendant les treize premières années qui suivirent la mort de Clovis, l'union des quatre rois ne fut point troublée, si bien qu'Amalaric, fils et successeur d'Alaric, recherchait leur alliance.

Mais arrivons à la discussion même du partage. Si l'on en croit Grégoire de Tours, dont l'*Historia Francorum* forme une solide base de discussion pour la question qui nous occupe; le partage de l'empire franc à la mort de Clovis et le partage de la Gaule, 50 ans plus tard, entre les quatre fils de

(1) *Géographie de la Gaule du VIe siècle*. Paris, 1878, pages 90-120.

Clotaire, auraient un grand nombre de points de contact : « Le roi Clovis étant mort, dit notre auteur, ses quatre fils, c'est-à-dire Théoderic, Clodomir, Childebert et Clotaire, prirent possession de son royaume en le partageant entre eux par portions égales (1). » Ailleurs, à propos du partage de 561, le même auteur s'exprime ainsi : « Les quatre fils de Clotaire, c'est-à-dire Charibert, Gontran, Chilpéric et Sigebert, firent entre eux un partage régulier. Le sort donna à Charibert le royaume de Childebert et Paris pour siège principal ; à Gontran, le royaume de Clodomir et Orléans pour siège ; à Chilpéric, le royaume de son père Clotaire et pour capitale Soissons ; à Sigebert, le royaume de Théoderic, et pour siège Reims (2). » Cependant, malgré de si nettes paroles et l'identité à peu près certaine des sièges royaux, il est impossible d'admettre avec dom Vaissete (3), l'abbé Lebeuf et d'autres savants éminents, une correspondance étroite entre les royaumes de 511 et ceux de 561, par la raison bien simple que tout le bassin du Rhône, c'est-à-dire le royaume bourguignon de 511, définitivement soumis par les Francs en 534, dut figurer dans le partage de 561 Il importe donc de traiter séparément les Etats formés par chacun de ces partages.

I — ROYAUME DE CLODOMIR (511-524).

Le royaume de Clodomir ayant disparu le premier, il convient de dire tout d'abord le peu que l'on sait de certain sur son étendue. Frédégaire dans son *Historia epitomata* donne Orléans pour capitale du royaume de Clodomir, et il est d'accord avec Grégoire de Tours. Au reste, la possession de la *civitas Aurelianorum* par Clodomir est prouvée par le fait de la déportation de Sigismond, qui fut mis à mort sur l'emplacement du village actuel de Saint-Sigismond (Loiret). Tours est, après Orléans, la seule ville que l'on puisse avec assurance attribuer au royaume de Clodomir, puisque l'on voit ce prince nommer Ommatius évêque de cette ville. On tire de Grégoire la preuve que Tours appartint ensuite à Clotaire, tandis que les conciles démontrent qu'Orléans passait alors à Childebert, de sorte qu'on pourrait ajouter foi à la réalisation du partage égal du royaume de Clodomir entre ses deux frères germains. C'est là tout ce qu'il y a de positif sur le premier royaume d'Orléans ; mais certaines considérations tirées surtout de la composition des Etats voisins permettent de désigner avec quelque certitude les cités qui formèrent avec Orléans et Tours le gros du royaume de Clodomir.

La Touraine et l'Orléanais représentent un peu plus du tiers de la partie du pays que les Francs possédaient alors sur le cours de la Loire, et, ce qui plus est, le tiers moyen. Il est dès lors permis d'attribuer au royaume d'Orléans tous les pays francs arrosés par la Loire. Ainsi, la cité d'Auxerre devait obéir à Clodomir, sous peine de n'avoir aucun lien direct avec celui des autres royaumes francs dont elle aurait alors dépendu. La cité de Sens a dû faire également partie du royaume d'Orléans. La possession du Blésois, pays placé à cheval sur la Loire, entre Orléans et Tours, doit être nécessairement attribuée à Clodomir, et elle entraîne celle de la *civitas Carnotum*. L'Anjou appartint probablement à Clodomir. Les cités de Nantes et de Poitiers ont dû compléter vers l'ouest le royaume d'Orléans. C'est l'opinion des érudits (1) qui ont le plus récemment étudié les partages de la Gaule au VIe siècle. A ces différentes cités on peut joindre avec quelque raison le Berry. Nous ne voyons aucune autre circonscription qu'on puisse joindre avec quelque vraisemblance aux Etats de Clodomir, quoique l'abbé Lebeuf (2) et M. A. Baillet (3) y joignent Le Mans ou étendent les mêmes États vers la Bourgogne.

Dans le partage du royaume de Clodomir, Childebert aurait eu pour sa part, toujours d'après M. Longnon, une fraction de la cité de Sens, Orléans, Chartres et Bourges que Théoderic aurait bientôt conquis. Clotaire aurait reçu Tours et la cité de Poitiers. Théoderic serait devenu possesseur de la cité de Sens et d'Angers aussi bien que de la cité d'Auxerre. Grégoire de Tours a l'air d'exclure Théoderic du partage ; M. Longnon estime que l'historien des Francs a oublié de le nommer, mais il ne sait à qui attribuer la cité de Nantes.

II. — ROYAUME DE THÉODERIC, DE THÉODEBERT ET DE THÉODEBALD (511-555).

L'aîné des fils de Clovis, Théoderic, eut la meilleure part dans l'héritage paternel. Il paraît être le seul des quatre frères dont le pouvoir s'étendit sur la Germanie, et il put ainsi s'immiscer dans les affaires de la Thuringe qu'il réduisit bientôt en province franque. Le royaume de Théoderic fut successivement gouverné par ce prince, par Théodebert, son fils, et par Théodebald, son petit-fils. Il s'accrut considérablement à la fin du règne de Théoderic et au commencement du règne de Théodebert : les indications éparses dans les historiens anciens, les vies des saints et les conciles paraissent se rattacher surtout au royaume de Metz. En Gaule, la domination du roi de Metz s'étendait sur presque tout le bassin du Rhin ; il possédait Metz, Verdun, Trèves, Zülpich, Cologne, les bouches du Rhin. Théoderic dominait sur une partie de l'ancienne Gothie, sur l'Auvergne, à Cahors à Limoges, et ses Etats confinaient à la Septimanie wisigothe : Lodève, Alais, Uzès furent incorporés à son royaume. Il est constant que Théodebert concourut, en 534, au partage de la Bourgogne conquise par les Bourguignons, et, en 537, à celui de la Provence. Châlons-sur-Marne faisait partie des Etats de Théoderic. Les vies des saints permettent de constater la domination du fils aîné de Clovis sur diverses cités de la Belgique, de la Lyonnaise, de l'Aquitaine. Nommons entre autres : Reims, Troyes, Langres. Le Lassois, Châlon-sur-Saône, Autun auraient appartenu à Théodebert ; Théodebald aurait eu Angers. Les rois de Metz possédèrent le Limousin, puis Rodez. Une lettre de l'évêque de Sens, en date de 538, prouve que

---

(1) *Historia Francorum*, lib. III, ch. I.
(2) *Ibid.*, lib. IV, c. XIII.
(3) *Histoire générale du Languedoc*, t. I, p. 256 et 674.

(1) Bonnell, *Die Anfänge des Karolingischen Hauses*, p. 199. — Baillet, *Histoire du royaume d'Orléans*, p. 267-268
(2) *Dissertation dans laquelle on recherche depuis quel temps le nom de France*... p. 34-35.
(3) Ouvr. cité, p. 264.

Théodebert n'exerçait son autorité que sur la partie de la *civitas Senonum* correspondant au Sénonais et au Provinois.

Vers l'époque de la mort de Théodebert (547), le premier royaume de Metz se divisait en trois groupes isolés dont un seul avait une véritable importance.

Le groupe principal se composait de la réunion des deux tronçons qui, à la mort de Clovis, avaient formé le royaume de Théoderic : 1° le groupe germano-belge, contigu aux possessions d'outre-Rhin et comprenant Cologne, Trèves, Metz, Verdun, Toul, Reims, Châlons-sur-Marne et peut-être Troyes, auxquels on doit évidemment joindre Mayence, Worms, Spire, Strasbourg et Bâle; 2° le groupe aquitain, composé de Clermont, de Limoges, de Cahors, de Rodez, du Gévaudan, du Velay, et sans doute d'Arles, dont la conquête comme celle de l'Auverge et du Rouergue, avait été en 507 l'œuvre de Théoderic. Le partage du royaume de Clodomir rattacha la ville métropolitaine de Sens et sans doute aussi la cité d'Auxerre, au premier de ces tronçons, qui, après la conquête de Bourges sur Childebert, ne fit plus qu'un avec les provinces aquitaniques, s'étendant ainsi des rives du Rhin à celles du Tarn. A la mort de Clodomir, on y doit ajouter les cités de Langres, Besançon, Avenches, Constance, Sion, Autun, Châlon-sur-Saône, Vienne et Viviers, provenant de conquêtes sur les Bourguignons. En 536, Avignon, Cavaillon, Apt, Aix, Riez, Digne, Glandève accroissent encore le royaume d'Austrasie.

Le second groupe aurait compris Eauze, la métropole de la Novempopulanie, et probablement quelque autre portion de cette même province. Cependant Eauze pouvait être reliée au groupe précédent par la cité d'Agen.

Le troisième groupe comprenait tout au moins la cité d'Angers à laquelle on devrait peut-être unir la cité de Nantes.

Il paraîtrait que Théodebald fut dépouillé par ses grands oncles de plusieurs cités qui avaient appartenu à Théodebert; citons : Eauze, Vienne et Uzès.

### III. — ROYAUME DE CHILDEBERT I<sup>er</sup> (511-558).

Les documents historiques qui nous donnent d'une manière à peu près précise l'étendue du royaume de Childebert ne remontent qu'à l'an 534, c'est-à-dire au partage du royaume de Clodomir entre ses frères.

Il est certain que Paris fut la capitale de Childebert pendant la plus grande partie de son long règne; aussi ce souverain est-il désigné parfois sous le titre de *rex Parisiorum*. Avec Grégoire de Tours on peut encore attribuer avec certitude à Childebert les cités d'Orléans, de Bourges, de Bordeaux et de Lyon. Théoderic s'empara plus tard du Berry.

Les hagiographes fournissent quelques faits qui jettent un certain jour sur l'étendue du royaume de Childebert. Par les Vies de saints bretons, neustriens ou du nord de la France, nous pouvons attribuer à ce royaume la ville d'Amiens, Bayeux, Coutances, la péninsule armoricaine, le Maine, la cité de Chartres, sans doute aussi celle de Meaux, peut-être même Château-Landon, au diocèse de Sens, Saintes et Uzès; cette dernière ville aurait été détachée vers 555 du royaume de Metz. L'abbé Lebeuf a voulu comprendre l'Anjou dans le royaume de Paris, mais c'est à tort.

Les documents diplomatiques du règne de Childebert permettent d'ajouter quelques indications nouvelles; il en résulte que la *civitas Forojuliensium* et la *civitas Massiliensium* furent annexées au royaume de Paris en 537, à la suite du partage de la Provence cédée par les Ostrogoths.

Les documents épistolaires révèlent le partage de la *civitas Senonum* entre le royaume de Metz, qui garda Sens, et le royaume de Paris, qui prit Melun. Des lettres du pape Vigile nous montrent l'évêque d'Arles comme sujet de Childebert. Enfin les traditions ecclésiastiques signalent Beauvais comme l'une des cités du premier roi de Paris.

En résumé, le royaume de Paris, après 537, formait au moins quatre groupes isolés, ainsi composés :

Premier groupe limité au nord par la Canche, et s'étendant au delà de la Loire, au sud d'Orléans, en comprenant le territoire de cette ville. A l'est, les cités d'Amiens, de Beauvais, de Meaux et les pays de Melun et du Gâtinais, limitaient le royaume de Paris.

Au second groupe se rattachaient Bordeaux, Saintes et une partie de la Novempopulanie.

Le partage de la Bourgogne formait le troisième groupe, composé de Lyon et des cités de Mâcon, Genève et Tarentaise.

Le quatrième groupe provenait du partage de la Provence; il paraîtrait avoir été formé de sept villes : Arles, Marseille, Fréjus, Toulon, Antibes, Vence, Nice.

### IV. — ROYAUME DE CLOTAIRE I<sup>er</sup> (511-561).

Jusqu'à l'année 555 les indications fournies par Grégoire de Tours sur le royaume de Clotaire sont encore moins précises que celles relatives au royaume de Childebert. On voit seulement que Tours et Soissons lui appartenaient ainsi que Poitiers. Avec les hagiographes nous pouvons y ajouter Noyon, Athies, Arras, Vitry, Tournai. Dans les dernières années de son règne, Clotaire aurait eu la vallée de la Durance.

La charte de fondation du monastère de Saint-André-le-Bas, de Vienne, prouve que Vienne fit partie du royaume de Soissons avant l'année 555. En 555, Clotaire réunit le royaume d'Austrasie à ses Etats, par suite de la mort de Théodebald.

Si l'on en juge par ce que l'on sait de l'état de la Gaule au milieu du VI<sup>e</sup> siècle, le royaume de Soissons se composait, lui aussi, de quatre groupes. Le royaume de Soissons proprement dit, c'est-à-dire les cités de Tournai, de Cambrai, d'Arras, de Noyon, de Soissons, et peut-être celle de Tongres, de Boulogne, de Thérouanne et de Laon, formaient le premier. Tours et Poitiers, provenant de la succession de Clodomir, formaient le second. Le troisième renfermait les cités bourguignonnes de Belley, Grenoble, Valence et Die; il fut accru d'une partie de la Provence : Saint-Paul-Trois-Châteaux, Orange, Carpentras, Vaison, Sisteron, Gap, Embrun. Une partie de la Novempopulanie, partie à laquelle on pourrait adjoindre Toulouse, formait le quatrième

## LE CATHOLICISME DANS L'EMPIRE AXUMITE (p. 159).

Le nom d'Axoum, qui se rencontre incidemment dans le texte, mérite de fixer l'attention. L'empire des Axumites comprenait ce que nous nommons aujourd'hui le Tigré, c'est-à-dire la moitié septentrionale de la région comprise sous le nom d'Abyssinie. Sans nous arrêter aux traditions des Abyssins, ni aux listes de rois conservées en tête des chroniques du pays, nous dirons que ce n'est seulement à dater du I$^{er}$ siècle après Jésus-Christ qu'il prit un véritable rang dans le monde politique. A partir de ce moment, on le voit grandir rapidement en force et en importance; ce développement si rapide et si remarquable à plusieurs égards, fut le résultat, au moins pour une part considérable, des rapports qui s'établirent entre les stations grecques de la côte et les chefs de l'intérieur. L'Abyssinie fut convertie au catholicisme dans le cours du IV$^e$ siècle. Letronne a réuni des matériaux précieux pour l'histoire de la foi chrétienne au nord de l'Afrique dans ce siècle et les suivants, dans son ouvrage intitulé : *Matériaux pour l'histoire du christianisme en Égypte, en Nubie et en Abyssinie* (Paris, 1832). Mais cet ouvrage qui résume tout ce qui a été fait auparavant, doit être complété par de plus récents travaux. L'histoire ecclésiastique de Jean, découverte postérieurement, fournit de nombreux détails sur la conversion de la Nubie au Christianisme sous Justinien (1). Malheureusement, les premiers missionnaires étaient des monophysites qui apportèrent avec eux l'hérésie dans ces contrées.

## LE CATHOLICISME ET LA LÉGISLATION (p. 171).

L'influence du catholicisme sur la législation est un fait historique incontestable. Il y a longtemps qu'on a dit : Les lois ne peuvent rien sans les mœurs; mais on ne s'est peut-être pas assez occupé de l'influence particulière que la religion, qui est la base même des mœurs, a toujours exercée sur la législation. On ne saurait trop admirer surtout quelle force et quelle perfection les lois des peuples modernes ont puisées dans le christianisme. La pureté évangélique, opposée à l'influence corruptrice du paganisme, a profondément modifié les mœurs et les institutions. La fraternité religieuse est devenue le fondement de l'égalité civile et politique. La charité, cette vertu évangélique descendue du ciel et qui semblait n'avoir que le ciel pour objet, est devenue elle-même un principe de législation. Les législations modernes ne sont en un mot que des applications plus ou moins développées des principes religieux. C'est qui a fait dire à Montesquieu que nous devions à la religion chrétienne et dans le gouvernement un certain droit politique et dans la guerre un certain droit des gens que la nature humaine ne saurait assez reconnaître (2).

Le christianisme a également perfectionné le droit public, et surtout le droit civil qui n'est en quelque sorte que l'expression des mœurs et le complément du gouvernement ; il a de plus tempéré la rigueur des lois pénales (1).

## L'IMPÉRATRICE THÉODORA (pp. 172, 221).

Notre auteur parle, comme tous les historiens, de cette comédienne prostituée que Justinien éleva sur le trône et à l'occasion de laquelle il fit une loi qui permettait aux personnes les plus haut placées en dignité d'épouser les femmes que la constitution de Constantin désignait comme abjectes (2). Une réhabilitation de l'impératrice Théodora vient d'être essayée non sans succès, au moins sur plusieurs points, par M. Debidour. De l'exposition des faits et du rapprochement des textes présentés dans cet ouvrage, on est porté à conclure, avec l'auteur, que l'influence de Théodora dans la monarchie byzantine n'a pas été celle que la tradition lui attribue, même dans l'ordre religieux. Sans vouloir défendre l'orthodoxie personnelle de l'impératrice, M. Debidour la disculpe, par des raisons sérieuses, de l'accusation d'avoir fait persécuter l'Église orthodoxe (3).

## SAINT BENOIT A-T-IL ÉCRIT UNE LETTRE A SAINT REMI (pp. 176 et suiv.)?

Rohrbacher parle longuement de la *Règle de saint Benoît*, sans faire mention des autres ouvrages attribués au célèbre fondateur de l'Ordre monastique en Occident. Nous transcrirons ici les observations faites sur ces ouvrages par Dom Mabillon dans la *Préface au premier siècle bénédictin* (4).

« Outre sa règle, quelques-uns attribuent à saint Benoît certains opuscules, savoir un livre intitulé : *De l'Ordre de la vie*, et une lettre écrite à saint Remi, évêque de Reims. Haefténius, qui a reproduit le premier à la fin de ses *Recherches monastiques*, a suffisamment prouvé qu'il n'est point de lui. Nous allons dire quelques mots de la lettre. Un ancien auteur (5) que Hincmar croit être Fortunat, rapporte dans la *Vie de saint Remi*, évêque de Reims, qu'une jeune fille de Toulouse tourmentée par le démon, fut conduite à Rome, au tombeau du bienheureux Pierre, « où un serviteur de Dieu, par le « moyen du corps sacré de Pierre opérait beaucoup « de prodiges, » et que là, le démon déclara qu'il ne pourrait être chassé que par un autre que par Remi.

---

(1) Cf. J.-P. Land, *Johannes, Bischof von Ephesus*. Leyden, 1856, appendice, p. 172 : Cureton, *The third part of the ecclesiastical History of John Biscop of Ephesus*. Oxford, 1853.
(2) *Esprit des lois*.

(1) Voir : Planck, *Geschichte der Christl. Gesellschaftsverfassung*, 1803-9, 2 vol.; Esp. Riffel, *Geschichtliche Darstellung der Verhältnisses zwischen Kirche und Staat bis auf Justinian*. Mainz., 1836 ; C.-G. de Rhoer, *De effectu religionis christianae in jurisprudentiam romanam*. Grœning, 1776; Meysenburg, *De Christiana religionis vi et effectu in jus civile*. Gotting, 1828 ; Troplong, *De l'Influence du Christianisme sur le Droit civil des Romains*. Paris, 1843; Lind Christendommenstydelse pau den sociale foripatning. Copenhague, 1852.
(2) *Nov.* 117, c. vi.
(3) A. Debidour, *De Theodora Justiniani Augusti uxore*. Paris, 1877, in-8.
(4) Voy. *Acta SS. Ordinis S. Benedicti*, sæc. I.
(5) Fortunat ap. Surius, 1. oct.

« Alors, » dit l'auteur, « les parents suivant les
« conseils du béni serviteur de Dieu et d'Alaric, roi
« des Goths, se rendirent avec leur enfant malade
« près de l'évêque saint Remi. » Hincmar avait lu
ce passage, lorsque dans la vie du même saint évêque,
interpolée par lui, il en fit l'application à saint
Benoît, trompé qu'il était, non par le testament
mal compris de saint Remi, mais par ce témoignage
lui-même. Car il changea en un nom propre
d'homme, le mot « béni » (*benedicti*) employé
ici adjectivement, comme il arrive bien des fois.
Quand même nous renoncerions à cet argument,
nous nions que le passage cité puisse s'appliquer à
saint Benoît. Car le serviteur de Dieu qui, d'après le
vieil auteur, « demeurait à Rome, près du tombeau
du bienheureux Pierre, » vivait au temps où Alaric
le Jeune, mort en l'an 507 de Jésus-Christ, régnait
sur les Goths à Toulouse ; or, en cette même
année 507, Benoît, tout jeune encore, était retiré
dans sa caverne de Subiaco, et on ne lit nulle part
qu'il en soit sorti pour venir à Rome. En outre,
Baronius ne prouve point que dans cette lettre saint
Remi soit appelé « frère » par saint Benoît, abbé.
Je crains que cette preuve ne soit point assez forte,
car Friard le Reclus, dans saint Grégoire, évêque de
Tours (1), appelle du nom de « frère » Félix, évêque
de Nantes. Ce que nous avons dit démontre complètement que cette lettre est supposée. Nous n'avons
donc point à nous inquiéter de celle que les moines
de saint Rémi de Reims envoyèrent à leurs frères
du Mont-Cassin, comme étant l'œuvre de saint
Benoît (2). Sa fausseté se reconnaît en ce que ces
moines disent qu'ils envoient à ceux du Mont-Cassin
une lettre de saint Benoît à saint Remi, exacte pour
le sens, mais reproduite en d'autres termes, laquelle avait été jusqu'alors inconnue à ces derniers.
En effet, s'ils avaient véritablement un exemplaire
de cette lettre, pourquoi changeaient-ils les mots
employés par l'auteur ? S'ils ne l'avaient pas, qui
leur en a découvert le sens et non les paroles ?
Comment encore aucun souvenir de cette lettre
n'était-il resté chez les moines du Mont-Cassin ? C'est
trop s'arrêter à des détails de mots : mais les opinions préconçues ne sortent pas facilement des
esprits prévenus. »

SERVICES RENDUS A LA CHRÉTIENTÉ PAR LES
MOINES (pag. 182, col. 1).

L'auteur de l'*Histoire universelle de l'Église*
dit : « Les siècles nous diront l'un après l'autre,
que c'est saint Benoît qui, par ses disciples,
a défriché et les terres et les intelligences de
l'Europe (3). » C'est bien là une des parties de la
mission des moines bénédictins, mais ils ont fait

(1) Greg. de Tours, *Vie des Pères*, c. x.
(2) Elle se trouve dans les *Comment.* d'Haeftenius, *Vie de saint Benoît*, c. x.
(3) M. L. Alliez, *Histoire du Monastère de Lérins*, 2 vol. 1861, 3;
J.-H. Stuss, *De Scholis liberalium artium in cænobiis*, Ilef., 1724,
in-4°; N.-F. Siehr; *De Scholis monasticis*, Saalf. 1737; J. Schiele,
*Quantum monasteria ad eruditionem conservandam et propagandam
contulerint*. Magdb., 1760.; Ben. Braunmüller, *Die Klosterschulen
vor dem heil. Benedikt* ; J. Evelt, *Das Mœnchthum in seiner innern
Entwicklung und seiner kirchlichen Wirksamkeit bis auf den Heiligen
Benedikt von Nursia*. Paderborn, 1868.

davantage et mieux. Pour le prouver, nous em-
prunterons au beau livre : *Les Moines d'Occident*,
par M. de Montalembert (1), le chapitre IV intitulé : *Services rendus à la chrétienté par les
moines*; nous abrégerons seulement (2).

« ... Quand on recherche les raisons qui ont
mérité aux Ordres religieux, dès leur origine et
pendant tout le temps qu'a duré leur ferveur, un
rôle si important dans les destinées de l'Église et
une si belle place dans le cœur de tous les peuples chrétiens, il semble facile de reconnaître dans
les deux grandes fonctions communes à tous les
Ordres et à toutes leurs branches : la *Prière et
l'Aumône* (3).

« Le premier de tous les services que conféraient les moines à la société chrétienne, c'était
donc de prier beaucoup, de prier toujours pour
tous ceux qui prient mal ou qui ne prient point.
La chrétienté honorait et estimait surtout en eux
cette immense force d'intercession... Ils détournaient ainsi la colère de Dieu; ils allégeaient le
poids des iniquités du monde; ils rétablissaient
l'équilibre entre l'empire du ciel et l'empire de la
terre... C'est le maintien de cet équilibre qui a
fait la force et la vie du moyen âge. Quand il est
troublé, tout se trouble dans l'âme, comme dans
la société.

N'examinons pas jusqu'à quel point ce trouble
existe dans notre monde moderne. Il serait trop
triste d'énumérer tous les points du globe où la
prière s'est tue, et où Dieu écoute, sans l'entendre, la voix de l'homme. Sachons seulement que
ce besoin universel de la prière, cette ardente
confiance dans son efficacité, qui caractérisent le
moyen âge, et que ses détracteurs signalent comme
une marque de puérile naïveté, lui avaient été
légués par les deux antiquités dont il acceptait
l'héritage : *l'antiquité sacrée et l'antiquité profane*.

« Saint Jean Chrysostome proclamait ainsi la
souveraine efficacité de la prière monastique :
« La bienfaisance du moine est plus que royale ;
« le roi, s'il est bon, peut soulager l'indigence du
« corps; mais le moine par ses prières affranchit
« les âmes de la tyrannie du démon... » Les paroles de saint Jean Chrysostome devinrent une
vérité historique lorsque la royauté chrétienne
eut remplacé, à la tête des nations nouvelles, la
majesté déshonorée des Césars. Pendant mille
ans, et chez tous les peuples catholiques, on vit
les princes recourir à l'envi aux prières des
moines et se faire gloire de leur confiance en
elles... A l'instar de ses chefs, la société chrétienne, tout entière, pendant toute la durée du
moyen âge, se montra pénétrée de cette confiance
dans la puissance invincible de la prière monastique; et c'est pourquoi elle dotait de son mieux ceux
qui intercédaient le mieux pour elle... Aussi, en recevant de la main des fidèles de périssables richesses,
les moines semblaient à tous en restituer le prix
par le bienfait sans mesure et sans pareil de la
prière... S'il est vrai, comme le dit la sagesse hu-

(1) Paris, 1863, 6 vol. in-8.
(2) Tom. 1, pag. XLVIII LXXV.
(3) Cf. S. Aug. *Epist.* LXXVIII ; id., *De Moribus Eccles.*, I, LXVII;
Cassien, Lib. X, c. XXII, *Instit. Cœnob.*

maine, que celui qui travaille prie, ne peut-on pas dire aussi que celui qui prie travaille, et que ce travail est le plus fécond et le plus méritoire de tous?... Nier cela, ne serait-ce pas nier l'Évangile? Dieu lui-même n'a-t-il pas jugé cette cause et tranché cette question, quand il a pris le parti de Marie contre Marthe?

« Mais les moines se bornaient-ils à ce seul ordre de bienfaits?... Ne savaient-ils pratiquer l'aumône que sous cette forme purement spirituelle? Non, certes : l'histoire tout entière est là pour témoigner du contraire. Tous ses monuments constatent que les Ordres religieux ont pratiqué la charité active et matérielle, comme elle ne l'a jamais été avant eux et comme elle ne le sera jamais par d'autres. Ils ont déployé dans cette tâche tout ce qu'il est donné d'intelligence et de dévouement à l'homme... Après avoir offert une incessante et généreuse hospitalité à la foule indigente qu'ils ne trouvaient jamais trop nombreuse, après l'avoir édifiée et réjouie par le spectacle de leur vie pacifique et douce, ils lui offraient encore en temps de guerre un abri, un asile presque toujours respecté par les vainqueurs catholiques... Leur familiarité habituelle avec les grands a toujours profité aux petits... Ils ont noblement et fidèlement rempli cette mission; et partout, jusqu'au fond de leur décadence moderne, cette vertu suprême de la charité les a spécialement distingués. Dans les siècles récents, l'esprit du monde les a envahis de partout, mais n'a jamais pu extirper de leurs cœurs la prodigalité pieuse de leurs ancêtres. Jamais il n'a réussi à fermer cette porte par où s'écoulait sur la population qui les environnait le courant intarissable de leurs bienfaits, si bien symbolisé par ce guichet de Clairvaux qui, du temps des moines, s'appelait *la Donne*, et que l'on voit encore debout, mais mûré par les profanateurs modernes du monastère de saint Bernard...

« D'ailleurs, ce n'est pas seulement par l'aumône directe et matérielle qu'ils servaient, touchaient et moralisaient la société chrétienne; c'était bien plus encore par l'honneur qu'ils rendaient à la pauvreté. C'est là, comme l'a déjà signalé un de leurs plus courageux et plus regrettables défenseurs parmi nous, c'est là un des principaux avantages que les Ordres religieux offrent au monde, mais c'est aussi un des côtés par lesquels ils répugnent le plus à cet esprit qui a voulu chasser Dieu de la société moderne. L'impie n'aime pas les pauvres; ils lui rappellent trop la nécessité d'une justice rémunératrice, d'un avenir où chacun sera mis à sa place et pour l'éternité. Il n'aime pas qu'on s'occupe d'eux avec complaisance et sympathie comme le faisaient les moines. Il sent bien que la puissance du prêtre est enracinée dans les douleurs de cette vie. Il répéterait volontiers avec Barrère : *L'aumône est une invention de la vanité sacerdotale*... Il n'a pas suffi aux Ordres religieux de soulager la pauvreté; ils l'ont honorée, épousée comme ce qu'il y avait de plus grand et de plus royal ici-bas. *L'amitié des pauvres*, dit saint Bernard, *nous donne l'amitié des rois, mais l'amour de la pauvreté fait de nous des rois*. Aux pauvres mêmes qui n'entraient pas dans ses rangs, l'Ordre monastique présentait un spectacle plus propre qu'aucun autre à les consoler, à les relever à leurs propres yeux; celui de la pauvreté et de l'humiliation volontaire des grands de la terre qui s'enrôlaient en foule sous le froc... Quelle leçon plus éloquente de résignation et d'humilité a-t-on jamais pu imaginer pour les pauvres, que la vue d'une reine, d'un fils de roi, d'un neveu d'empereur, occupé par un effort de son libre choix, à laver la vaisselle ou à huiler les souliers du dernier des paysans devenu novice?... »

---

LE CONCILE DE VAISON (p. 185, 2ᵉ col.).

En parlant du concile de Vaison de 529, Rohrbacher traduit, ou plutôt résume ainsi le texte du premier canon adopté dans cette assemblée : « Les « prêtres qui sont dans les paroisses auront soin, « comme il se pratique en Italie, d'élever chez eux « et d'instruire de jeunes lecteurs qui puissent « leur succéder; *on laissera cependant la liberté « de se marier à ceux qui seront en âge.* » Ces derniers mots laissent un doute qu'il importe de dissiper. La décision du concile de Vaison, remarquable à plus d'un titre, avait déjà été rappelée par Guizot qui la traduisait ainsi : « Ainsi que c'est la « salutaire coutume dans toute l'Italie, que les prê- « tres reçoivent dans leurs maisons de jeunes lec- « teurs, qu'ils instruiront et en qui ils se prépare- « ront de dignes successeurs (1). »

Ces deux traductions sont l'une inexacte, l'autre incomplète. Voici en effet le texte original tel que nous l'a conservé Mabillon :

« Concilii canon 1ᵘˢ nos docet magnam tunc « temporis fuisse scholarum penuriam, nec in ma- « joribus passim ecclesiis hoc institutum viguisse : « quandoquidem patres jubent, ut omnes presbiteri « qui sunt in parochiis constituti, secundum con- « suetudinem quam per totam Italiam salubriter te- « neri cognoverant, juniores lectores, *quantoscum- « que sine uxore habuerint*, secum in domo sua « recipiant, quos ut boni patres, spiritualiter in- « stituant, in psalmis, lectionibus divinis et in lege « Domini, ubi dignos successores provideant. » Non « mirum itaque si in monasteriis, ubi ejusmodi « vigebat institutio, externi etiam nonnumquam « alerentur..... (2). »

On voit que les mots que nous avons soulignés sont formellement contraires à la traduction de Rohrbacher et qu'ils ont été omis dans celle de Guizot.

Le canon cité du concile de Vaison fut confirmé deux ans plus tard par le concile de Tolède qui statua « que les enfants voués à la cléricature seront « instruits près des évêchés jusqu'à l'âge de dix-huit « ans, époque à laquelle ils pourront se consacrer « au célibat ou prendre femme.

« .... Ut hi (pueri) quos voluntas parentum a pri- mis infantiæ annis clericatus officio mancipavit, mox ut detorsi, ac ministerio contradicti fuerint, in domo ecclesiæ, sub episcopali præsentia, a præpo-

---

(1) *Hist. de la civil.*, 4ᵉ tableau.
(2) Mab., *Ann. bened.* L. III, c. LIV, t. I, p. 75, ad. an. 537.

sito sibi erudirentur ad decimum octavum ætatis annum, quo facultatem haberent vel cœlibatum vel conjugium eligendi (1). »

---

LE RECUEIL DES CANONS DE DENYS LE PETIT
(p. 188, c. 1).

Denys le Petit a publié un *Recueil des Canons* que Rohrbacher apprécie assez longuement. Quelques-uns de ces canons n'avaient pas dans les manuscrits connus jusqu'ici une interprétation toujours facile (2). Le R. P. H. de Ferrari, préfet de la bibliothèque Casanate à Rome (3), a découvert en 1843 un manuscrit précieux à plus d'un titre. Si l'on en croit le savant dominicain, le manuscrit de la Casanate, renfermant les canons de Denys le Petit, remonterait au VIIe siècle et par conséquent à une époque assez rapprochée de celle où vécut Denys.

Deux mots sur les Canons, avant d'examiner les différences signalées dans le parchemin de Rome. Les Grecs divisent les canons apostoliques de différentes manières ; tantôt ils en comptent 66, et tantôt 85. Une tradition constante nous apprend que c'est le pape saint Clément qui réunit ces canons écrits en grec. On ne peut douter que les mains téméraires ne leur aient fait souffrir certaines altérations. C'est pourquoi Denys le Petit fut prié de les traduire du grec en latin ; il ne se borna pas à les traduire, avec une critique sûre et profonde, il sépara la doctrine apostolique des interpolations qui s'y étaient glissées, et réduisit ces canons à 50. Catholiques et protestants ont soutenu des opinions différentes au sujet de l'autorité des *Canons Apostoliques* aussi bien qu'au sujet de leur nombre.

Il faut d'abord faire attention au titre des canons, ainsi conçu : *Incipiunt regulæ ecclesiasticæ sanctorum Apostolorum prolatæ per Clementem Ecclesiæ Romanæ pontificem, numero L*. Certains manuscrits ne portent pas ce titre. Noël Alexandre dit que les 85 canons apostoliques commencèrent à être reconnus dans les églises d'Orient sur la fin du VIe siècle ; d'un autre côté, Annat les regarde tous comme apocryphes, et Devoti embrasse son opinion malgré l'autorité du pape Gélase et d'Isidore. La conséquence qu'on peut tirer de ce que les Canons apostoliques ont été regardés comme apocryphes, c'est qu'ils ne sont pas écriture canonique, et non qu'ils ne doivent avoir aucune autorité. Du reste, Rohrbacher élucide fort bien ce point.

Dans le texte des canons donné par Labbe, le 28e est ainsi conçu : *Episcopum aut presbyterum aut diaconum percutientem fideles delinquentes aut infideles inique agentes, et per hujusmodi volentes timeri, dejici ab officio suo præcipimus*. Le manuscrit de la Casanate porte : *Et per hujusmodi violentiam temere agentes*, au lieu de *et per hujusmodi volentes timeri*; il est facile de comprendre l'importance de la correction du manuscrit de Rome. Ici nous transcrivons les propres paroles du P. de Ferrari : — « Toute difficulté disparaît, dit-il, au moyen de la leçon de notre manuscrit. Le canon, ainsi corrigé, *défend aux évêques, prêtres et diacres de frapper les fidèles qui se rendent coupables de quelque faute, non plus pour vouloir se faire craindre, mais en tant qu'ils agissent témérairement dans ces violences*, « per hujusmodi violentiam temere agentes. » Ainsi, ce canon qui semblait ébranler la discipline ecclésiastique en devient au contraire l'appui ; il ne défend que la violence et une précipitation téméraire. C'est le véritable sens du décret apostolique traduit par Denys, lequel corrige ici le texte grec, si toutefois le texte grec n'a pas été lui-même altéré. En effet, le canon 26e qui correspond au 28 des Latins, porte dans Labbe : καὶ διὰ τοιούτων φοβεῖν τέλοντα, « par ces choses voulant effrayer. » En examinant bien ce même canon, nous voyons qu'il est fondé sur les paroles mêmes de saint Paul qui demande que l'évêque ne soit point porté à frapper, *non percussorem*. D'un autre côté, l'histoire ecclésiastique prouve que tel est le véritable sens de ce canon. Certains évêques des Gaules, de la Germanie et d'autres pays furent condamnés par le Souverain Pontife pour la précipitation dont ils usaient dans la punition des coupables.

Le trentième canon offre une variante fort remarquable dans le manuscrit de la Casanate. Ce canon est ainsi conçu dans Labbe : « Si quelque évêque, « prêtre ou diacre, a obtenu sa dignité à prix d'ar- « gent, qu'il soit déposé, lui et celui qui l'a « ordonné, et qu'il soit retranché absolument de la « communion des fidèles comme Simon le Magi- « cien l'a été par Pierre. » Le manuscrit de Rome, au lieu de *sicut Simon Magus Petro*, porte *sicut Simon magus A ME Petro*. Ce *par moi* du parchemin de la Casanate donne plus d'autorité au commandement qu'il met dans la bouche du prince des apôtres. Or cette leçon est aussi celle du texte grec, ὡς Σιμὼν ὁ μάγος ἀπὸ ἐμοῦ Πέτρου ; d'où s'ensuit que notre texte est un des plus anciens. Il y a là une preuve évidente de la vénération que, dès les temps les plus anciens, les Pères, les conciles et l'Eglise entière professèrent pour le pontife de Rome, dans la personne duquel ils voyaient revivre saint Pierre. Si, comme le soutiennent plusieurs auteurs, ces canons sont l'ouvrage des apôtres, Pierre ne peut parler seul parce qu'il fut toujours regardé comme le prince du collège apostolique. Si ces canons ne remontent qu'au IIe ou IIIe siècle, le texte *a me* prouve que les premiers Pères regardaient l'autorité du Souverain Pontife comme nécessaire pour sanctionner toute institution canonique. La preuve serait bien plus forte encore dans l'opinion de ceux qui attribuent aux hérétiques la supposition de ces canons. En effet, que peuvent dire les ennemis modernes de la suprême juridiction du Pape, si les anciens hérétiques l'ont respectée au point de nous montrer Pierre imposant *seul* à ces règles le sceau de son autorité?

Le trente-huitième canon est ainsi conçu : « Que deux fois par an les évêques se réuniront en concile ; ..... une fois, la 4e semaine de la Pentecôte, une seconde fois, le 12e jour du mois hyperbe-

---

(1) Mab., *Ibid.*, c. LV ; Labbe, *Concil. Toletan.* II, tom IV, pp. 17 33.
(2) Cf. Ballerini, *De antiq collect. canon.*; Galland. *Sylloge*, t. I.
(3) Voy. *Annales de Philosophie chrétienne*, 1843, pp. 220-230, et 343-354.

rètes. » Le manuscrit de la Casanate ajoute, « c'est-à-dire, selon les Romains, le 4° des ides d'octobre. » Le concile d'Antioche fait foi dans son vingtième canon de cette coutume qu'il donne comme venant d'une ordonnance apostolique.

Les 46° et 47° canons ont été regardés comme entachés d'erreurs favorables à l'hérésie des anabaptistes, ce qui a donné occasion d'élever des doutes sur la collection entière. Avec le texte du manuscrit de la Casanate on verra que cette hérésie s'y trouve condamnée littéralement. Voici ces fameux canons que ne l'on ne peut séparer l'un de l'autre : « Nous « ordonnons que l'évêque qui admet le baptême « des hérétiques soit condamné. — Si un évêque « ou un prêtre baptise de nouveau celui qui a déjà « reçu le baptême selon la vérité, ou bien s'il ne « rebaptise pas celui qui a reçu un baptême souillé « de la main des impies, qu'il soit déposé. » Jusqu'à la découverte du manuscrit de la Minerve, ces mots *ou bien* si n'étaient pas connus ; la syntaxe grammaticale était bien un peu blessée, et les scolastiques devaient suppléer à ces mots par des raisons théologiques pour ôter toute équivoque.

« Au moyen de cette simple particule, écrit le P de Ferrari, on obtient une victoire décisive, en ramenant les termes à leur simple signification grammaticale et logique. En effet, selon les logiciens, les adverbes conditionnels et disjonctifs indiquent une opposition entre les deux membres de la proposition. Or, ici, l'on distingue deux espèces de baptême, l'un appelé *selon la vérité* (secundum veritatem) ; et l'autre *souillé* (pollutum), qui doivent être en opposition absolue, en vertu de la particule disjonctive, et par conséquent l'un doit exclure l'autre ; car deux choses contradictoires ne peuvent être vraies en même temps. Donc, dans ces canons, le Baptême *secundum veritatem* exclut le *pollutum*, et réciproquement. Donc il est ordonné de déposer celui qui renouvelle le baptême *secundum veritatem*, c'est-à-dire le véritable et valide sacrement, quoique conféré par des hérétiques. La même peine y est prononcée *contre* celui qui ne confère pas de nouveau le baptême à ceux qui en ont reçu un *pollutum*, c'est-à-dire nul et non valide, d'une main sacrilège. La nullité du baptême était un cas qui se présentait alors assez souvent, parce que les hérétiques corrompaient la forme essentielle du sacrement. C'est pourquoi le concile de Nice, dans son 19° canon, ordonna qu'en rentrant dans le véritable bercail de Jésus-Christ, ceux qui avaient été baptisés par les Paulianistes reçussent le vrai sacrement de la régénération.

« C'était donc mal entendre ce mot *pollutum*, que de l'expliquer, comme le faisaient certains auteurs, dans le sens *d'illicite*. Cette interprétation n'établissait pas une opposition réelle entre ce membre de la proposition et le *secundum veritatem* du premier membre. La vérité, en effet, ne consiste pas dans le mode, mais dans l'essence même de la chose qui existe ou n'existe pas, et cela *absolument*. Donc les canons dont il s'agit, bien que pris au pied de la lettre, contiennent évidemment, *du moins avec la variante de notre manuscrit*, un sens catholique et dogmatique. »

L'ANNÉE DE L'INCARNATION DE NOTRE-SEIGNEUR, ET LES ÈRES (p. 188, col. 2.)

A l'occasion de Denys le Petit, le premier qui ait employé l'ère chrétienne, Rohrbacher dit que les chronologistes des derniers temps ont trouvé qu'il s'était trompé dans son calcul, et que l'opinion la plus commune est qu'il a reculé de quatre ans la véritable année de l'Incarnation. D'après d'autres historiens, l'ère Dyonisienne serait de quatre ans en retard (1).

Différents écrivains se sont spécialement occupés. Nous ne parlons pas de l'*Art de vérifier les dates* que tout le monde connaît. M. Natalis de Wailly l'étudie dans son grand travail de paléographie. Kepler a écrit une dissertation *de Jesu Christi vero anno natalitio*. M. Vaillant dans les *Mémoires de l'Académie des inscriptions* (t. II, 1re série, pp. 532 et suiv.), essaye de prouver la date exacte de la naissance du Sauveur au moyen des anciennes médailles. M. H. Wallon, de l'Institut, consacre à cette thèse un chapitre entier de son beau livre *De la croyance due à l'Evangile* (2). Le P. Memain a écrit spécialement à cette occasion les *Etudes chronologiques pour l'histoire de N.-S. Jésus-Christ* (3), et comme il avait été attaqué par M. l'abbé Lecanu dans la *Revue du Monde catholique* (4), il a répondu au moyen d'une brochure intitulée : *Discussion sur la chronologie de l'Evangile* (5).

En recourant à ces publications différentes, les lecteurs de l'*Histoire de l'Eglise* pourront eux-mêmes étudier les éléments de la chronologie aujourd'hui adoptée par le monde chrétien. Nous ne faisons que résumer les propositions affirmées par M. Wallon et le P. Memain, assez généralement d'accord.

I

Saint Luc donnant une date pour la mission de saint Jean-Baptiste, cette date, par ses rapports avec le temps de la naissance et de la mort du Sauveur, est devenue la clef de voûte de tout le système chronologique des Evangiles. Il y a en effet trois grandes époques dans l'histoire évangélique : la naissance, le baptême et la mort du Christ. Elles sont liées entre elles par les textes sacrés et par la tradition, mais non au point que l'une étant établie doive entraîner nécessairement les deux autres. Au contraire, il faut toucher à toutes pour conclure sur chacune. Prenons-les dans leur ordre, la conclusion viendra par la marche de la discussion :

1° Jésus-Christ est né sous Hérode, à la suite d'un recensement ordonné par Auguste. La limite extrême est ici la mort d'Hérode, laquelle se trouve elle-même déterminée par le commencement et la durée de son règne, par la fin et la durée du règne de ses fils et successeurs. Il faut d'abord que l'on sache que les Juifs comptaient les années de leurs rois du premier jour de l'année dans laquelle ils

(1) Voir Ideler, *Chronol.*, II, p. 400 ; Sepp, *Vie de Jésus-Christ* (trad. Charles Sainte-Foy), Ratisb. 1843, t. I, p. 8 ; Chétier, *Inst. hist. eccl.*, t. I, Pesth, 1840-1.
(2) Paris, 1866, in-8, pp. 375-414.
(3) Paris, 1867, in-8.
(4) Année 1868, livr. des 10 avril et 10 juillet.
(5) Paris, 1869, in-8

étaient arrivés au trône, si bien que la même année figuré à la fois comme la dernière du prince mort et la première de son successeur. Or il est établi par le texte de Josèphe, par des calculs astronomiques basés sur les récits de cet historien, qu'Hérode était mort vers le commencement d'avril 750 de Rome (4 av. l' E. V.); donc Jésus-Christ, dont la naissance est rapportée, par une tradition fort ancienne, au 25 décembre, n'a pu naître plus tard que le 25 décembre 749.

Disons maintenant qu'il n'a pu naître plus tôt que le 25 décembre 747. En effet, l'édit de recensement général a dû être postérieur à la pacification du monde, marquée par la fermeture du temple de Janus. Or cela n'arriva qu'au milieu de l'été de l'an 746 de Rome (8 av. l' E. V.). Mais il n'est pas probable, il n'est pas possible que le recensement ordonné ait été commencé cette année-là même en Judée. Il faut le rapporter au plus tôt à l'année suivante. Donc, reste à choisir entre le 25 décembre de l'une des années 747, 748, 749 de Rome (7, 6 ou 5 av. l' E. V.).

On a voulu exclure l'an 749 comme trop rapproché de la mort d'Hérode, entre la naissance du Sauveur et laquelle il faut placer l'adoration des Mages, la fuite en Egypte et le massacre des Innocents. Ce n'est pas sérieux. Les Mages, prévenus par l'étoile, ont pu arriver fort bien treize jours après la naissance du Sauveur. Quant au massacre des Innocents, celui dont Auguste disait qu'il aimerait mieux être le porc que le fils, n'a pu guère tenir compte de la limite d'âge en ordonnant ses massacres barbares. Aussi certains érudits admettent-ils l'année 749, prétendant que le recensement fut fait par Saturninus sorti de charge, Quirinius étant gouverneur en titre, tandis que Varus résidait encore en Syrie.

Sanclemente et d'autres chronologistes veulent au contraire que la naissance du Christ ait lieu en 747, précisément à cause de Saturninus qui était alors gouverneur en titre. On fait remarquer encore que l'Ange, dans saint Matthieu, dit à Joseph : « Ceux-là sont morts qui en voulaient à la vie de l'enfant. » Il faudrait entendre Antipater et Hérode; or Antipater se trouvait à Rome dans l'été de 748. Si l'on veut également chercher le recensement indiqué par l'Evangile dans le serment prêté par toute la nation, ce fait se produisit incontestablement vers la fin de 747. Enfin, ceux qui rattachent l'étoile des Mages à la conjonction de Jupiter et de Saturne seront ramenés aussi à la même année.

2° Saint Luc dit que la mission de Jean-Baptiste commença en la quinzième année de Tibère, et que le Christ se présentant au baptême avait « environ 30 ans ». Ces nombres, rapprochés des précédents, ont donné lieu à divers systèmes. Le baptême du Sauveur ne paraît pas avoir eu lieu plus d'un an après le commencement de la prédication de Jean, la quinzième année de Tibère court du 19 août 781 au 19 août 782 (28-29). Si l'on donne au Christ trente ans le 6 janvier 782, il serait né le 25 décembre 751; or Hérode était mort en 750. Le P. Patrizzi compte alors la quinzième année de Tibère, non de la mort d'Auguste, mais de l'association de Tibère à la puissance tribunitienne, il obtient ainsi l'an 764 (octobre); reportant ensuite le baptême au commencement de la mission de Jean, il arrive pour la naissance au 25 décembre 747 et pour le baptême à l'âge d'environ 31 ans. M. Wallon n'admet pas cette opinion. Se basant sur les lois de Kepler pour les nombres décimaux, il dit qu'un homme d'« environ 30 ans » peut avoir plus de 25 ans et moins de 35. Saint Luc aurait eu en vue d'établir que Jésus, commençant sa mission, avait passé l'âge sacerdotal, fixé à trente ans. Si donc le Sauveur est né le 25 décembre 747, la quinzième année de Tibère (781-782), il avait trente-quatre à trente-cinq ans, et trente-deux à trente-trois ans si on le fait naître l'an de Rome 749.

3° Cette seconde date une fois établie, doit entraîner la détermination de la troisième, celle de la mort de Jésus-Christ. Saint Jean nous donne, en effet, une série d'actes chronologiquement liés entre le baptême et la mort du Sauveur. Il en ressort qu'il y eut une Pâque entre celle qui suivit le baptême du Sauveur et celle qui fut célébrée au temps du miracle de la multiplication des pains. La première Pâque est au plus tôt celle de l'an 782 de Rome (29 de l'E. V.), mais si Jean n'a pas commencé sa prédication aux premiers jours de cette année, si des mois se sont écoulés avant le baptême du Sauveur, le baptême n'a pu avoir lieu qu'après la Pâque. Alors la première Pâque célébrée par Jésus dans l'Evangile serait celle de l'an 783 (30 de l' E. V.), et la dernière, celle de la Passion, correspondrait à l'an 785 ou 786 de Rome (32 ou 33 de l'E. V.). Laquelle choisir?

L'année doit remplir deux conditions : elle doit tomber sous le gouvernement de Pilate, et il faut qu'elle soit telle que le jour de la mort du Sauveur se trouve être un vendredi. Comme Pilate est resté dix ans gouverneur de la Judée, c'est-à-dire jusqu'en 788, peut être 789, la première difficulté se résout facilement. Il n'y a de gêne que pour ceux qui, rapportant la mort du Sauveur au consulat des deux Gemini, en l'an 29, donnent une durée de trois ans et demi à la mission du Fils de Dieu. C'est une question longue à débattre et hors de propos ici. Arrivons à la seconde condition. D'après les données de l'apôtre saint Jean, la mort du Sauveur devrait être rapportée aux années 32 ou 33 de l'Ère vulgaire ; or la date de ce grand événement est fixée par cette circonstance, que le jour de cette mort, qui est le jour même de l'immolation de la Pâque, le 14 Nisan, était un vendredi. Or l'année 33 est la seule, non pas seulement de ces deux années, mais des dix placées en deçà ou en delà, dans les limites de l'an 27 à l'an 38, qui satisfasse à cette condition. C'est donc à l'an 33 qu'il faudrait s'arrêter.

« Par là, continue M. Wallon, se trouve déterminée la durée de la vie de Jésus-Christ. Elle a dû être d'un peu plus de 38 ans, s'il est né, selon l'opinion la plus vraisemblable, l'an 7 avant l'ère vulgaire, ou d'un peu plus de 36 ans, s'il est né l'an 5. » Elle excéderait ainsi les limites de l'opinion commune qui la réduit à 33 ans, mais elle n'arriverait pas à la limite dont saint Irénée s'est fait l'interprète et qui fait mourir Notre-Seigneur à plus de quarante ans. Quant à la date qui fixe la mort de Jésus à l'an 33, elle se trouve concorder exactement avec les soixante-dix semaines d'années dont parle Daniel dans sa célèbre prophétie (IX, 23-27).

Quoi qu'il en soit de ces opinions, nous conclurons avec Bossuet : « On ne convient pas de l'année précise où le Christ vint au monde, et on convient que sa vraie naissance devance de quelques années notre Ère vulgaire..... Sans disputer davantage,... il suffit que nous sachions qu'elle est arrivée environ l'an 4000 du monde (1). »

II

L'ère chrétienne, introduite par Denys le Petit, ne fut adoptée en France que dans le cours du VII<sup>e</sup> siècle au plus tôt. Du reste, même les auteurs qui ont fait usage de l'ère chrétienne, ne se sont pas accordés sur la manière de commencer l'année. Certains commençaient au 1<sup>er</sup> janvier, d'autres au 25 décembre, d'autres au 25 mars, et ces derniers variaient entre eux d'une année entière, selon ce que l'on appelle le *calcul pisan* ou selon ce que l'on appelle le *calcul florentin*.

D'après ces trois systèmes, les années avaient au moins une égale durée. Un nouveau système consistant à ouvrir l'année avec la fête de Pâques, introduisit des années inégales en longueur. Ce quatrième système paraît remonter au VI<sup>e</sup> siècle. En 1563, Charles IX l'abolit par un édit ; en 1567, le Parlement de Paris donna à l'édit force d'usage, c'est-à-dire que depuis cette époque l'année commença au 1<sup>er</sup> janvier. Déjà la Hollande et l'Allemagne avaient adopté un pareil usage. Seule l'église de Beauvais conserva l'ancienne manière de compter l'année, et cela jusqu'en 1580.

En somme, il faut tenir compte des expressions *anno a Nativitate* (25 déc.), *anno Incarnationis* ou *Trabeationis* (25 mars), *anno Circoncisionis* (1<sup>er</sup> janv). Le terme *anno Domini* remonte à l'an 1132. A partir du pape Alexandre II, les pontifes se servent invariablement du terme d'*Incarnation* dans les dates. On a daté aussi de l'*année de la Passion*, la dissertation précédente montre que ce système peut et doit présenter des différences. L'auteur de la *Chronique d'Alexandrie* est le seul à avoir employé l'ère de l'Ascension qui commence avec l'an 39 de Jésus-Christ.

La grande difficulté pour bien se reconnaître dans les dates, tient à ce que les différentes manières de commencer l'année ont été simultanément employées, non-seulement dans un même pays, mais encore dans un même corps d'ouvrage (2).

Il y a beaucoup d'autres ères en dehors de l'ère chrétienne, par exemple l'ère mondaine d'Alexandrie, l'ère mondaine d'Antioche, l'ère mondaine de Constantinople, l'ère actiaque, etc., etc. Nous ne voulons nous occuper que de celles qui ont des rapports avec la nôtre.

L'ère d'Espagne eut cours en Afrique, en Espagne et dans celles des provinces méridionales de la France qui furent soumises aux Wisigoths. Elle date du 1<sup>er</sup> janvier qui suivit la conquête de l'Espagne achevée par Auguste (715 de Rome, 39<sup>e</sup> av. J.-C.). Par conséquent, il faut retrancher 38 d'une année quelconque de l'ère d'Espagne pour trouver l'année correspondante de l'ère chrétienne. Au XIII<sup>e</sup> siècle cessa l'ère d'Espagne en Espagne, certains auteurs veulent qu'elle ait continué jusqu'en 1422 pour le Portugal.

Les années de l'ère des martyrs ou de Dioclétien sont réglées par le calendrier égyptien, lequel a été imité par les démocrates de 1793; *nil sub sole novum*. Le commencement de l'ère dioclétienne répond au 29 août de l'an 284 de l'ère chrétienne.

Tout le monde connaît l'ère de la fondation de Rome et de la période julienne. Pour trouver à quelle année de la fondation de Rome appartient une année de l'ère chrétienne, il suffit d'ajouter à cette dernière année le nombre 753.

D'autres ères sont moins usitées. Eusèbe et Idacius ont fait usage de l'ère d'Abraham. L'an 2017 de l'ère d'Abraham commence au 1<sup>er</sup> octobre de l'an 1<sup>er</sup> de Jésus-Christ.

Quelques conciles ont employé l'ère de Tyr. L'an 127 de cette ère commence le 19 octobre de l'an 1<sup>er</sup> de Jésus-Christ.

L'ère des olympiades qui consistait dans une révolution de quatre années, est employée en 1102 par Philippe I<sup>er</sup>, dans une donation faite à une église de Bourges. On admet généralement que la première année de la 195<sup>e</sup> olympiade commence le 1<sup>er</sup> juillet de l'an 1<sup>er</sup> de l'Incarnation.

L'ère des mahométans, qu'on nomme *hégire*, date du jour où Mahomet s'enfuit de La Mecque à Médine. Les astronomes et nombre d'historiens disent que ce jour correspond au jeudi 15 juillet de l'an de Jésus-Christ 622, mais l'usage civil et l'opinion commune veulent que ce soit le vendredi 16 du même mois. L'hégire se compose d'années lunaires qui ont à peu près onze jours de moins que notre année solaire. Des cycles de trente années divisent son cours, dix-neuf de ces années sont *communes*, elles se composent de 354 jours, onze années sont *intercalaires*, elles comptent 355 jours. Les 1<sup>er</sup>, 3<sup>e</sup>, 5<sup>e</sup>, 7<sup>e</sup>, 9<sup>e</sup> et 11<sup>e</sup> mois de l'année lunaire ont 30 jours, et les 6 autres 29, excepté dans les années intercalaires où le 12<sup>e</sup> en a 30. Les onze années intercalaires sont les 2<sup>e</sup>, 5<sup>e</sup>, 7<sup>e</sup>, 10<sup>e</sup>, 13<sup>e</sup>, 16<sup>e</sup>, 18<sup>e</sup>, 21<sup>e</sup>, 24<sup>e</sup>, 26<sup>e</sup> et 29<sup>e</sup> de chacun de ces cycles. Pour savoir si une année de l'hégire est intercalaire, il faut donc vérifier quel rang elle occupe dans le cycle de 30 ans : on obtient ce résultat en divisant par 30 le chiffre de l'année dont il s'agit.

LE GRAND TESTAMENT DE SAINT REMI (p. 193, c. 1).

Rohrbacher croit à un testament de saint Remi, puisqu'il en relate les principales dispositions, mais il ne dit rien qui laisse voir que la critique rejetait déjà ce document à l'époque où il écrivait.

Examinons donc s'il est vrai que l'apôtre des Francs ait rédigé ses dispositions testamentaires et où nous devons en trouver le texte authentique.

Saint Remi fut archevêque de Reims pendant soixante-quatorze ans (459-533). Il est certain qu'avant de mourir il rédigea des dispositions testamentaires que posséda longtemps l'église de Reims, tout le monde l'admet. Qu'est devenu ce testament ?

L'histoire nous l'a conservé, mais en deux exem-

---

(1) *Discours sur l'Histoire universelle*, I<sup>re</sup> partie, X<sup>e</sup> époque.
(2) Voir Natalis de Wailly, *Éléments de paléographie*, 2 vol. in-f°.

plaires distincts. Ces deux différents exemplaires sont désignés sous le nom de *petit* et de *grand testament*, parce que l'un est beaucoup plus considérable que l'autre.

Jusqu'au milieu du XVIIe siècle, la tradition nationale a été unanime à soutenir l'authenticité du grand testament. A partir de cette époque, au contraire, plusieurs érudits de l'école gallicane en ont nié la valeur, l'ont prétendu supposé et n'ont admis que la réalité du petit. Où se trouve la vérité dans ces opinions différentes ?

M. l'abbé Dessailly (1) répond que le grand Testament est le seul authentique. Voici ses preuves en abrégé :

Le petit Testament n'est que la reproduction incomplète, mutilée du grand, si bien que « des ciseaux pourraient parfaitement opérer sur le grand testament et arriver à produire le petit. » Dans le petit testament, il y a suppression absolue de toutes les donations de domaines ; or, en 846, nous voyons Charles le Chauve et les juges de sa cour rendre à l'église de Reims des propriétés réclamées par Hincmar justement en vertu du testament de saint Remi, par conséquent du grand qui renferme l'énumération détaillée des seigneuries données par le grand pontife à son église. En 875, saint Héric, écrivant son ouvrage des *Miracles de saint Germain d'Auxerre*, cite aussi le testament de saint Remi comme source où il a puisé le renseignement de la construction d'une basilique en l'honneur du bienheureux Germain par le grand apôtre des Francs, et c'est encore le grand testament qui seul fournit le renseignement visé par saint Héric. Dans la longue lutte soutenue par les archevêques de Reims pour la défense et la conservation des biens de leur métropole, c'est toujours la donation de saint Remi qui est invoquée comme titre de revendication. Flodoard, regardé comme un des pères de notre histoire nationale, s'appuie constamment sur le grand testament, il l'insère même textuellement dans son *Histoire de l'Église de Reims*. Le pape Sylvestre II, au concile de Reims de 1092, le pape Eugène II au XIIIe siècle, Sirmond, Baronius, Le Mire et vingt autres écrivains célèbres en admettent l'authenticité jusqu'en 1638.

A cette époque, Jansénius s'en servit comme d'une arme à deux tranchants. Montrant les rois de France envahisseurs des biens de l'Eglise, il demanda ce qu'il devait arriver à eux et à leur race, puisque les anathèmes dudit testament étaient suspendus sur le trône de France. La lutte contre le grand testament commença. Ce furent surtout des étrangers qui la soutinrent, en l'honneur des rois d'Espagne ; jaloux des grandes prérogatives de la monarchie française.

Voici leurs principales objections. — *Le petit testament se trouve dans des manuscrits plus anciens que le grand.* — Cela est faux. On trouve le grand joint au petit dans l'opuscule d'Hincmar, *inter Miscellanea*, mais on ne trouve jamais le petit joint au grand dans l'ouvrage de Flodoard, ce qui prouve que le grand testament était beaucoup plus répandu que le petit. — *Hincmar n'a pas connu le grand testament.* — M. Dessailly prouve le contraire. — *Le grand testament emploie les expressions de Neustrie, d'Austrasie et d'archevêque, alors inusitées.* — Le *Nouveau Traité de Diplomatique* établit au contraire que les désignations *Austrie* ou *Austrasie* et *Neustrie* furent en usage chez les Francs « dès qu'ils eurent fait la conquête des Gaules. » Quant au titre d'*archevêque*, il est employé quatre fois par saint Césaire d'Arles, contemporain de saint Remi et dont le testament n'a jamais été attaqué. — *Le grand testament a le tort de parler du sacre de Clovis.* — Mais non, puisque Clovis a été sacré. C'est là une preuve nouvelle de son authenticité. — *Saint Remi impose à ses successeurs la charge de réprimander les rois, de les excommunier, s'ils s'obstinent. Or une pareille discipline n'existait pas à cette époque dans les Gaules.* — L'Église s'est toujours attribué le droit de faire prédominer parmi les peuples la vie religieuse. Elle a le pouvoir de s'opposer aux corrupteurs de cette vie religieuse, même s'ils sont sur le trône. A l'époque de saint Remi, il y eut de nombreuses excommunications prononcées contre des rois francs. — *Clovis ne doit le trône qu'à lui-même.* — Il faudrait ne pas connaître l'influence des évêques aux IVe et Ve siècles, pour nier le grand appui qu'ils ont prêté aux Francs perdus, vraiment, parmi la population gallo-romaine. La Gaule ne se déclara pour les vainqueurs qu'après leur conversion. Or qui convertit Clovis ? saint Remi. On peut donc affirmer que Remy et ses collègues dans l'épiscopat peuvent revendiquer l'honneur d'avoir contribué à fonder la royauté franque. — *Le chiffre exorbitant de la fortune de saint Remi rend le grand testament inacceptable.* — Saint Remi était fort riche par sa famille, riche par les libéralités des fidèles, riche des dons de Clovis. Sa fortune était en rapport avec les grandes fortunes de cette époque, rien de plus.

Maintenant quelle est l'origine du petit testament ? Il est probable qu'elle remonte à Hincmar. Comme le grand testament lui avait largement servi pour la composition de la vie de l'apôtre des Francs, il y pratiqua des coupures destinées à éviter des redites, des superfétations, et le petit testament, relégué *inter Miscellanea*, devint comme une sorte d'appendice à l'œuvre principale entreprise par Hincmar.

Quant à l'importance du grand testament, elle est capitale. Ce document magistral est le fondement de plusieurs traditions chères à tous ceux qui ne font pas dater la France de l'année 1793 Au point de vue doctrinal, c'est un document qui prouve que la conduite de l'Église a toujours été invariable, et combien l'action de l'épiscopat a été prépondérante dans la fondation de la monarchie française. Les attaques passionnées contre le grand testament de saint Remi s'expliquent, parce que les dispositions qu'il renferme affirment des faits et des doctrines que l'esprit du temps s'est donné pour mission de combattre et de ruiner.

LA DURÉE DE L'ÉPISCOPAT DE SAINT REMI
(p. 193, col. 1).

On a fixé, d'après les soixante-quatorze ans d'épiscopat dont parle Rohrbacher, diverses dates de l'his-

---

(1) *Authenticité du grand testament de saint Remi*, par l'abbé Dessailly, Paris s. d., in-8

toire de l'Eglise et de l'hagiographie ; mais il faut en rabattre une vingtaine pour rester dans le vrai et, pour ne pas se heurter à des contradictions manifestes : les chroniques et les conciles du temps le prouvent avec autorité. Baronius a marqué l'élévation de Remi sur le siège de Reims à l'année 471 ; il s'appuyait sur les anciens catalogues d'évêques, sur la chronique de Sigebert et sur d'autres auteurs (1). Il revient sur ce point à l'occasion du concile d'Avernie (Clermont), tenu en 541 d'après ses calculs, ou en 535 d'après d'autres plus généralement adoptés. Comme il y voit siéger Flavius, second successeur de saint Remi, il se trouve en présence d'une difficulté inextricable, ne songeant pas à révoquer en doute ce long épiscopat de soixante-quatorze ans et ne pouvant l'accorder avec les affirmations des chroniques et des conciles. « Il « aurait fallu, dit-il, marquer avec précision dans nos « annales, s'il avait été possible, le jour et l'année « où le célèbre évêque, apôtre des Francs, passa « de cette vie dans la gloire ; mais ce qu'on a écrit « là-dessus n'est pas tellement solide qu'il ne « puisse être ébranlé, et nous sommes forcé, bien « à regret, de ne pas nous en occuper, si ce n'est « en passant (2). » Les auteurs dont se défiait Baronius et qu'il n'osait pas positivement taxer de faux, étaient surtout saint Grégoire de Tours, Hincmar de Reims et Flodoard. Saint Grégoire de Tours dit, « que saint Remi, évêque de Reims, eut « un épiscopat de plus de soixante-dix ans, si l'on en « croit la tradition (3). » Son affirmation, encore étendue par Hincmar et par Flodoard, a été tenue pour indubitable. Cependant il n'est pas lui-même très positif ; il rapporte les on-dit (*ut ferunt*) ; il n'était pas contemporain et il s'est laissé souvent induire en erreur, principalement lorsqu'il s'en rapportait aux traditions populaires ou qu'il sortait de l'histoire des rois francs, son terrain de prédilection et l'objet principal de ses études. On a recueilli de longues listes de ses inexactitudes et de ses grossières méprises. Il n'a pas été bien renseigné sur saint Remi : on voit qu'il n'avait pas consulté là-dessus des documents authentiques. La chronique de Sigebert et les anciens catalogues d'évêques, produits par Democharis, doivent lui être préférés. Ils sont d'accord avec une vie de saint Gildard et de saint Médard, composée apparemment au vii<sup>e</sup> siècle, et dans laquelle ces deux saints sont représentés comme à peine plus jeunes que saint Remi, et comme ayant reçu la dignité épiscopale presque en même temps que lui, peu d'années avant le baptême de Clovis (4). Quoique cette biographie ne soit pas un document irréfragable, elle est, sur beaucoup de points, l'expression des récits faits par les vieillards très rapprochés des événements. Elle est tout à fait d'accord avec Sigebert de Gembloux sur l'époque de l'élection de saint Remi à l'archevêché de Reims ; ce n'est pas l'année 471, mais l'année 486 que ce chroniqueur assigne pour le temps où l'illustre évêque commença à jeter de l'éclat dans les églises des Gaules (1) ; alors il pouvait déjà être en relation avec Clovis, fréquenter sa cour, l'exhorter à embrasser le christianisme, et il n'était pas loin de voir ses efforts couronnés de succès par le baptême du prince : autant de particularités signalées dans la vie de saint Gildard et de saint Médard. Ces deux derniers saints paraissent aussi être montés, l'un sur le siège de Rouen, l'autre sur celui de Noyon, vers 486. Il y avait quelque temps que saint Remi était en évidence sur le siège de Reims, peut-être sept ou huit ans. Les anciens catalogues, invoqués par Démocharis avaient pu être dressés sur la biographie authentique du saint et non d'après Hincmar, qui n'avait pas réussi à la découvrir et s'était abandonné à des suppositions de tout genre.

La chronique de Sigebert ayant par elle-même de la force et étant appuyée sur d'autres documents sérieux, peut être prise pour point de départ de l'épiscopat du saint ; la fin se détermine approximativement. Son deuxième successeur Flavius assista au concile d'Arvernie (Clermont) en 535, ou peut-être en 541 ; par conséquent, il y avait bien quelques années que le glorieux Remi avait quitté la vie. Il aurait ainsi occupé le siège de Reims depuis 478 à 533 environ, c'est-à-dire à peu près pendant cinquante-cinq ans. Ni Hincmar, ni Flodoard ne donnent de raisons pour appuyer la durée de soixante-quatorze ans, et l'on sait combien leur seul témoignage a peu de valeur : Flodoard rapportant sans hésiter toutes les traditions fabuleuses qu'il trouve consignées par écrit, et Hincmar y ajoutant souvent tout ce que la crédulité populaire avait imaginé. Ils n'ont guère été pris au sérieux par les historiens. L'on n'avait cependant pas contesté cet âge de vingt-deux ans qu'Hincmar assigne à saint Remi lors de son élection à l'évêché de Reims ; mais une si grande jeunesse pour un évêque est invraisemblable dans ces siècles de la primitive Eglise, où l'on passait lentement par tous les degrés de la cléricature, et où l'on exerçait les fonctions de sous-diacre et de diacre pendant un certain temps avant d'être élevé au sacerdoce. Le nom de prêtre signifie vieillard (*presbyter*, πρέσβυς), et il fallait avoir fait ses preuves dans les fonctions ecclésiastiques pour être élevé à l'épiscopat.

Comment un jeune prêtre de vingt-deux ans eût-il été choisi par le clergé et le peuple pour être mis à la tête d'une église aussi importante que celle de Reims ? Un miracle tout à fait caractérisé, expliquerait à peine un pareil choix, fait d'un accord unanime. Mais des miracles, il n'y en eut point ; Hincmar n'en signale aucun : tout se passa régulié-

---

(1) Baronius, *ad annum 471*. (La citation tirée de Democharis ne se trouve pas dans son livre *De Sacrificio missæ*; elle provient probablement d'un autre de ses ouvrages).
(2) Baronius *ad annum 541*.
(3) *De Glor. Conf.*, cap. LXXIX.
(4) Defuncto Remorum archiepiscopo. Remedius in cathedra pontificali levatur presul. Eadem tempestate accidit etiam Veromandensium pontificem obiisse et Rotomagensium archipresulem hominem exuisse. In quorum patriarchio... duæ ecclesiæ statuuntur columnæ Medardus Vero mandensium, Gildardus vero Rotomagensium sedis consecrantur episcopi. Beatus itaque Remedius, qui et Remigius, non destitit cum beatissimo M dardo cæptum fidei christianæ iter regi propalare, donec quirent sepedictum principem sacri fonte baptismatis perfundere. Quod et factum est. Nam in civitatem Remorum venientes, in basilica S. Petri, que nunc dicitur ad Palatium, missas celebravere beatus Remigius, regem baptizavit et de sacro fonte illum beatus Medardus suscepit. — *Vita S. Gildardi eps.* — Bibliothèque Nationale. Manuscrits, Nouveau Fonds latin, n° 13345, fol. 142. — xi<sup>e</sup> siècle.

(1) Anno 486. — Clarens in Galliis Remigius Remensis et Principius, frater ejus Sue-sionum episcopus et Vedas'us post Atrebatensis episcopus. — (Sigeberti Chronicon.) — Il veut parler des commencements de la renommée de saint Remi puisqu'il parle des commencements de celle de saint Vaast.

rement ; le saint était connu, apprécié de tous ; les vieillards du sacerdoce étaient heureux de se placer sous sa conduite. — Vraiment c'était trop peu de vingt-deux ans pour avoir été connu si avantageusement de toute la ville. Il avait dû faire ses preuves, gagner l'estime et l'affection du peuple de Reims, pendant quatre ou cinq années avant d'être promu à cette haute dignité. On sait, en outre, que saint Remi avait consacré beaucoup de temps aux études littéraires ; il était éloquent, versé dans la poésie : témoin ses lettres et quelques vers qu'on a de lui, et qu'il aurait fait graver sur un calice vendu plus tard pour racheter des prisonniers pendant les invasions des Normands (1). Cela suppose un temps considérable passé dans les écoles avant de s'appliquer aux études sacrées, que nécessitait la réception du diaconat et du sacerdoce. On ne saurait accumuler tant de travaux, tant de préparation aux fonctions ecclésiastiques, tant d'interstices à observer entre les saints ordres, dans une jeunesse de vingt-deux ans.

D'ailleurs des quatre lettres qu'on a conservées de lui, aucune ne s'étend hors de l'époque dans laquelle nous circonscrivons son règne épiscopal (de 478 à 533). La première est adressée à Clovis, au sujet de la mort de sa sœur Alboflède ; la seconde, au même prince, peu avant la guerre contre les Visigoths (vers 507) ; la troisième, aux évêques Héraclius, Léon et Théodose ; la quatrième, à l'évêque Falcone (2).

Il n'est pas vraisemblable que s'il eût commencé à gouverner l'église de Reims dès 457, rien ne soit sorti de sa plume pendant plus de vingt ans, ou que rien absolument ne nous soit parvenu, que son nom ne figure ni dans les conciles ni dans aucun acte public de cette époque.

Les trois évêques Héraclius, Léon et Théodose lui avaient répondu dans des termes fort injurieux au sujet d'un certain Claudius auquel il s'intéressait ; ils lui avaient fait entendre brutalement qu'il n'était plus bon à rien, qu'il avait passé l'âge où l'on peut travailler utilement. Ils l'avaient appelé *jubilœus*, par allusion à ses cinquante années d'épiscopat et à l'année jubilaire des Juifs où toutes les dettes étaient périmées et où les propriétés vendues perdaient leur titre de vente pour retourner à l'ancien propriétaire. Flodoard nous fournit un exemple du sens dédaigneux qu'on y attachait quelquefois pour caractériser un vieillard inutile (3). Du Cange dit qu'il signifiait même une espèce de centenaire (*homo grandœvus, centenarius*). Le vénérable archevêque de Reims se relevant dans sa dignité outragée, leur répondit : « Je conviens « que Claudius a commis une faute grave, mais « vous auriez dû avoir égard à mon âge, sinon « à mon mérite. Que Dieu me fasse paix ! Mais « je suis assis depuis cinquante-trois ans sur

(1) Un bréviaire de Châlons, dont l'auteur vivait au milieu du 11e siècle, et avait vu trois vers de saint Remi, gravés sur ce calice, nous les a conservés.
Hauriat hinc populus vitam de sanguine sacro
Injecto, eternus quem fudit vulnere Christus.
Remigius reddi Domino sua vota sacerdos,
(Ex Breviario manuscripto Catalaunensis Ecclesiæ, — Bibliothèque nationale. Manuscrits latins, numéro 1314, fol. 52, v° — xive siècle.)
(2) Voir ces lettres dans Dom Bouquet, *Les Historiens de la France*, tom. IV, pages 51, 52, 53.
(3) Quid ille jubilæus (ita virum sanctum propter ætatis prolixitatem vocitates fuere vellet).—(Flodoardi *Hist. Rem.*; lib. I; cap. xvii.)

« mon siège épiscopal, et jamais personne ne m'a « encore traité avec tant d'insolence (1) » Cette altercation annonce une vieillesse extrême de saint Remi, comme si l'on avait pu le braver impunément ; n'est-il pas invraisemblable qu'il ait encore prolongé sa vie vingt et un ans? Sans doute, Hincmar le fait parvenir jusqu'à quatre-vingt-seize ans, privé de la vue, qu'il recouvre un instant par miracle ; mais il ne faut pas oublier que Hincmar multiplie trop facilement les miracles et qu'il n'avait pas vu la biographie originale du saint, tandis que Sigebert de Gembloux aurait pu la voir encore dans le viiie siècle.

Il faut donc admettre que saint Grégoire de Tours s'est trompé en assignant à saint Remi plus de soixante-dix ans d'épiscopat, et s'en tenir à peu près à cinquante-cinq ans à partir de l'année 478 environ : c'est en 486 que Sigebert de Gembloux le montre brillant dans les Gaules avec saint Vedaste, et c'était le commencement de leur gloire à tous deux puisque celui-ci était encore prêtre. On ne saurait aller au-delà de 533 pour la fin de l'épiscopat de saint Remi, car Flavius, son second successeur, siégeait au concile de Clermont en Auvergne vers 535 ou en 541.

---

LE MAITRE DU PALAIS DE THÉODEBERT (p. 197, col. 1 et 2).

Rohrbacher donne des détails assez précis sur la jeunesse de Théodebert ; il aurait pu parler de saint Valentin, né dans le Lassais, et qui fut quelque temps chargé de la direction de la maison du roi : la vie de saint Valentin est un document utile à consulter pour connaître l'état géographique du royaume d'Austrasie. Valentin embrassa plus tard l'état ecclésiastique, et il reçut de son ancien souverain les marques d'une sincère vénération. Après la mort de Valentin, Théodebert envoya à l'évêque de Langres une somme de 50 sous d'or pour contribuer aux frais de la basilique que l'on élevait sur la sépulture du saint. On a voulu attaquer les actes de saint Valentin, parce que son hagiographe fait de Théodebert le frère et non le neveu des rois francs qui régnèrent en même temps que le fils de Théoderic. C'est une erreur qu'un contemporain pouvait facilement commettre, puisque Théodebert était à peu près du même âge que ses oncles. Aussi nous croyons que la vie de saint Valentin mérite toute confiance et qu'elle peut servir à ceux qui voudront étudier la géographie de l'Austrasie à cette époque.

---

A PROPOS DE SAINTE RADEGONDE (p. 201, col. 1).

Outre les œuvres de Fortunat et de Baudonivie sur sainte Radegonde, on peut également consulter une Vie de la sainte reine écrite par Hildebert, évêque du Mans au xiie siècle. Il y a également des

(1) Quod propitia Divinitate sit dictum, quinquaginta et tribus annis episcopali sede præsideo et me appellavit tam procaciter nemo. — S. Remigii *Epist.* apud D. Bouquet, *Historiens de France*, tome IV, page 52.

renseignements curieux dans le volume rarissime intitulé : *Preuve historique des Litanies de la grande reyne de France saincte Radegonde*, par M° Jean Filleau, docteur et régent de l'Université, avocat du roy, etc. ; Poitiers, 1543, in-folio. Tout le monde connaît les pages que M. Augustin Thierry a consacrées à sainte Radégonde dans ses *Récits mérovingiens*. M. Edouard de Fleury, dans son *Histoire de sainte Radégonde* (1), et surtout le savant abbé Gorini (2), ont très utilement et très doctement redressé les erreurs de M. Augustin Thierry.

### LES ŒUVRES DE CASSIODORE (pp. 216 à 220).

Rohrbacher donne une juste importance aux ouvrages si nombreux et si divers de Cassiodore, auxquels il consacre plusieurs pages de son *Histoire de l'Eglise* ; comme jugement d'ensemble, et comme renseignements sur les éditions des œuvres du docte moine, nous ne pouvons mieux faire que de transcrire ici les réflexions et les notes du nouvel éditeur de l'*Histoire générale des Auteurs sacrés et ecclésiastiques* de D. Ceillier (3).

« Tout est intéressant dans les ouvrages de Cassidore, écrit M. l'abbé Bauzon. Ce sont ou des maximes de la plus sage politique, ou des instructions de la morale la plus pure, ou des leçons pour s'avancer dans la connaissance des arts libéraux, ou des règles pour s'appliquer avec fruit à l'étude des divines Ecritures, ou un narré fidèle d'un grand nombre d'événements considérables de son temps. Il fut tout à la fois grand politique, habile philosophe, savant interprète, excellent orateur, historien exact et bon critique. Ajoutons qu'il fut aussi bon théologien, puisqu'il s'est expliqué sur la plupart de nos mystères, d'une manière qui ne laisse rien à désirer. Son style se ressent toutefois de la barbarie de son siècle, ses lettres surtout sont chargées de cadences, de rimes, de pointes et de termes qu'on ne connaissait point dans la belle latinité Mais la fécondité merveilleuse de pensées qu'on y trouve, leur noblesse, leur élévation, le tour fin et délicat qu'il leur donne effacent en quelque sorte ces défauts. Ses Commentaires en ont moins, parce que le style en est plus naturel et plus coulant ; son traité *de l'Ame* est écrit avec beaucoup de netteté et d'érudition, de même que celui *de l'Institution*, qui sera toujours un monument précieux pour tous ceux qui désirent s'instruire dans la science de l'Ecriture sainte, ou qui ont intérêt de la procurer aux autres.

« Les plus anciennes éditions des lettres et des autres ouvrages de Cassiodore sont celles de Paris en 1589 et 1599 : on les réimprima à Genève en 1609 et 1650. Les éditions de Paris sont de Guillaume Fournier, professeur en droit à Orléans, qui les a enrichies de notes. Brosséus a fait celles qui se trouvent dans les éditions de Genève. Dom Jean Garet en fit une nouvelle édition qui fut imprimée à Rouen en 1679 ; elle a été remise sous presse à Venise en 1729 ; l'éditeur a mis en tête la *Vie* de Cassiodore, tirée de ses propres écrits, et une dissertation où il entreprend de faire voir qu'il a été religieux de l'Ordre de Saint-Benoît Cette dissertation est suivie de divers témoignages que plusieurs auteurs célèbres ont rendus au savoir et à la vertu de Cassiodore. Les douze livres *de l'Histoire tripartite* parurent à la suite de l'*Histoire* d'Eusèbe, traduite et continuée par Ruffin, chez François Régnault, sans date. Panodnius Onuphrius a donné la *Chronique* de Cassiodore ; ses *Commentaires sur les Psaumes* furent imprimés séparément à Paris en 1529. Il y a une édition du traité *de l'Ame* avec les douze livres des lettres à Augsbourg en 1533. Les Commentaires sur les Epîtres des apôtres, sur leurs Actes et sur l'Apocalypse, qui avaient été perdus pendant plusieurs siècles, ont été retrouvés par M. le marquis Maffeï, dans la bibliothèque publique de Vérone, et imprimés en cette ville en 1732. Les tomes LXIX et LXX de la *Patrologie* latine contiennent toutes les œuvres de Cassiodore publiées jusqu'à ce jour. On y retrouve les commentaires publiés par Maffeï, un fragment des auteurs qui existaient à l'époque de Cassiodore, d'après Maï, *Spicileg. roman.* tom. V, pp. 157-160. C'est un supplément au chapitre XVI du livre de *l'Institution* de cet auteur et qui prouve que le chapitre imprimé est rempli de fautes. C'est un service rendu que d'avoir ainsi établi le nom des auteurs et le titre des ouvrages qui existaient au temps de Cassiodore. Ang. Maï a encore publié deux autres fragments qu'on ne trouve point reproduits dans la *Patrologie*, Le premier est un supplément au livre *de Art. et discipl. lib. litt.* ; il se trouve au tom. III des *Classici auctores*, pp. 358-364. Le deuxième fragment est tiré d'un discours qui est attribué à Cassiodore, *Scriptor. veter. collectio*, p. 43. »

### LE PAPE VIGILE (p. 221).

L'élévation du pape Vigile au siège apostolique est rapportée à peu près de la même manière par Fleury et Rohrbacher ; seulement celui-ci met la promesse que Vigile, encore diacre, aurait faite à l'impératrice Théodora, après la mort de saint Agapit et raconte différemment la manière dont Vigile exécuta cette promesse.

Ce fait important de l'histoire de l'Église a été sérieusement examiné par dom Labat, éditeur des *Concilia Galliæ*, dans une *Dissertation sur le pape Vigile* où l'on prouve que l'histoire de son ordination contenue dans les Annales de Baronius et dans l'*Histoire ecclésiastique de l'abbé Fleury* est insoutenable. Nous allons résumer ce remarquable travail qui n'a paru qu'en 1872 (1).

1° Rohrbacher a, semble-t-il, parfaitement raison de passer sous silence la promesse que Vigile aurait faite à Constantinople, car rien n'est moins prouvé que sa présence dans cette ville au moment de la

---

(1) Poitiers, 1843, in-8.
(2) *Defense de l'Eglise catholique contre les erreurs historiques*, etc. — Lyon, 1853, tom. II, chap. xx.
(3) Paris, 1862, plusieurs vol. gr. in-8.

(1) *Analecta iuris Pontificii*. Mars-Avril, p. 910 et suiv

mort du pape Agapit : dom Labat la regarde comme controuvée. 2° « L'impératrice Théodora, dit Fleury, fit appeler Vigile, diacre de l'Église romaine, qui était à Constantinople, et lui fit promettre secrètement qu'il abolirait le concile de Chalcédoine et écrirait à Théodose d'Alexandrie, à Anthime et à Sévère, approuvant leur foi. » 3° Ce secret n'a nécessairement pu être dévoilé que par le fait de l'un ou des deux contractants, par la déposition de témoins oculaires ou par le témoignage de quelque entremetteur. Or aucune de ces trois preuves n'existe, ce qui permet de regarder le fait avancé comme faux. 4° L'abolition du concile de Chalcédoine par un pape eût été une entreprise impossible. Pour peu que l'on soit versé dans l'histoire de l'Église au Vᵉ siècle, on ne peut ignorer avec quelle satisfaction, disons même avec quels transports d'une juste admiration, ce saint concile fut reçu dans tout l'occident surtout à Rome, par le pape saint Léon, et avec quelle fermeté les successeurs de ce grand pape s'étaient opposés à ce qu'il y fût donné la plus légère atteinte en ce qui concerne le dogme. 5° La promesse d'écrire aux trois ex-patriarches et d'approuver leur foi est sujette aux mêmes difficultés que celle d'abolir le concile de Chalcédoine dont ils étaient ennemis déclarés. D'ailleurs, si ces lettres ont été écrites, il est moralement impossible qu'elles soient demeurées secrètes et inconnues à l'empereur, ou il faut supposer, contre toute vraisemblance, qu'aucun de ces patriarches déposés n'aura voulu se prévaloir d'une pièce où sa foi, pour laquelle il avait été déposé, était approuvée par le chef de toute l'Église. 6° Il est impossible de concilier avec l'histoire publique de ce temps-là un commandement donné à Bélisaire de faire ordonner un pape. La ville de Rome était au pouvoir des Goths. On ne pouvait l'ignorer à Constantinople et l'impératrice devait en être informée aussi bien que tout autre sujet de l'empire. Comment donc Bélisaire aurait-il pu y faire ordonner Vigile ? On veut que le diacre Vigile, au lieu d'aller droit à Ravenne, communiquer à Bélisaire les ordres de l'impératrice, soit venu directement à Rome, comme s'il ignorait l'état des choses, et sans qu'il ait appris, en traversant l'Italie, qu'un nouveau pape nommé Silvère était en possession du Saint-Siège. Y a-t-il en tout cela une ombre de vraisemblance ? 7° L'enlèvement de Silvère fut fait sous prétexte d'une intelligence qu'on l'accusait d'avoir avec les Goths qui assiégeaient la ville de Rome. C'est ce que prouve l'ordre qu'on dit avoir été donné par l'empereur, pour que l'on informât de la vérité des lettres qu'il était accusé d'avoir écrites aux assiégeants. Bélisaire n'aura donc pris le parti d'éloigner le pontife que parce qu'il l'aura cru coupable ou fortement soupçonné de trahison. Il est au moins vraisemblable que l'affaire fut portée à un concile et que Silvère, s'étant mal défendu, fut déposé dans les formes accoutumées, et envoyé en exil. C'est visiblement ce qu'insinue le chroniqueur cité par Pagi, de même que la conduite qu'on tint en Occident, où le pape Vigile fut reconnu sans opposition. Autrement les évêques de France auraient-ils reconnu pour pape légitime un envahisseur du Saint-Siège non vacant, eux qui, dans le concile de Lyon tenu

l'an 517, avaient soumis à une excommunication perpétuelle, et l'usurpateur ordonné à la place d'un évêque vivant, et ceux qui avaient prêté leur ministère pour une pareille ordination ?

Au surplus, quels sont les historiens qui nous apprennent la prétendue intrusion de Vigile ? Il y en a trois : Anastase le bibliothécaire (auquel Labat attribuait encore le *Liber pontificalis*),Victor, évêque de Tunone, et le diacre Libérat dans son Abrégé.

A l'égard d'Anastase, loin d'être contemporain, il a écrit au IXᵉ siècle, trois cents ans après la mort de Vigile. Chez lui les inexactitudes dans les faits ne sont pas rares : Noël Alexandre lui en reproche plusieurs même dans l'histoire de Vigile.

Reste les deux chroniqueurs. Et d'abord ils sont tous deux Africains ; ils ont écrit dans un pays fort éloigné de Rome, où ils n'ont peut-être jamais mis le pied ; ils ont écrit plus de trente ans après la mort de Vigile.

Mais ce qu'il y a de plus important à remarquer, c'est qu'ils étaient nécessairement très prévenus contre ce pape, eux défenseurs très ardents des Trois Chapitres. L'excès du zèle de Victor, sur ce point, lui a mérité l'exil. Au moins ni eux, ni tous leurs semblables n'ont osé débiter les faits qu'ils racontent, que trente ans après la mort de Vigile. Cependant la publication de ces faits leur aurait fourni un grand avantage. Elle était très propre à déshonorer Vigile et à discréditer son jugement contre les Trois Chapitres. Ils ont gardé le silence le plus profond sur ce point. Ils ont été forcés de recourir à l'intrigue, en fabriquant de fausses lettres sous le nom de Vigile.

La première règle de la critique, c'est qu'il faut se défier des historiens qui sont nécessairement prévenus. Il y en a une seconde, c'est qu'on doit faire peu de cas des faits qu'ils n'ont pas osé publier du vivant de ceux qu'ils attaquent, lorsqu'ils avaient cependant un intérêt majeur à le faire.

En résumé, les accusations contre Vigile et les auteurs de ces accusations se valent et ne méritent aucune considération au point de vue de l'histoire.

---

LE PAPE VIGILE ET L'AFFAIRE DES TROIS CHAPITRES (pp. 224 et suiv.) (1).

S'il n'est pas vrai que le pape Vigile soit monté sur le trône pontifical par la faveur de l'impératrice Théodora, aidée de Bélisaire, à laquelle il aurait promis de ménager les monophysites (2), son élection n'en a pas moins été d'abord entachée d'irrégularité, puisque son prédécesseur Silvère n'était pas mort, ni déposé dans les formes canoniques ; le docteur Libérat l'accuse d'avoir fait emmener et garder le vénérable pontife dans l'île Palmaria, où il serait mort de faim. Quoique cette accusation soit démentie par Procope, elle laissa peser sur Vigile un odieux soupçon, et l'on crut aussi qu'il s'était engagé secrètement envers

---

(1) Voir les pièces authentiques de ces démêlés dans Labbe, *Concil.*, tome V. *In Vigilium*, pag. 306 et seq. Cf. Anastasius bibliothecarius, t. II, *in Vigilium*, notæ.
(2) J. Punkes *Papst Vigilius und der Dreikapitelstreit*, Münch., 1861, p. 1-12 ; Hergenrœther, *Photius*, etc., 1, p. 163, soutiennent l'opinion commune.

l'impératrice à rappeler de l'exil l'hérétique Anthème, dès qu'il serait arrivé au pouvoir. Ces charges, plus ou moins fondées, ont servi à discréditer les actes de son pontificat et à répandre des nuages sur cette assistance particulière dont l'Esprit-Saint entoure les successeurs de saint Pierre dans l'administration de l'Église. Cependant l'injustice des reproches est manifeste, aussi bien que la protection du ciel est invariable.

Dès que son élection eut été régularisée à la mort de Silvère, et que le clergé l'eut ratifiée par son assentiment, ses dispositions changèrent. Il cessa certainement alors d'être l'instrument docile de l'impératrice Théodora, comme il le lui aurait promis. On voit, à sa nouvelle conduite, qu'il est un homme nouveau. Sa doctrine est pure et il ne tergiverse pas pour enseigner la vérité, telle que l'avaient exposée les conciles généraux de Nicée, de Constantinople, d'Éphèse et de Chalcédoine. D'abord il est faux qu'il ait écrit une lettre aux hérétiques Anthème et Sévère, pour leur affirmer que leur foi était la sienne et qu'il condamnait le concile de Chalcédoine; car comment supposer qu'il ait pu se contredire effrontément, lui qui écrivait, à peu près dans le même temps, à l'empereur Justinien « qu'il n'avait d'autre foi que celle de saint Léon et du concile de Chalcédoine, et qu'il anathématisait les hérétiques Sévère et Anthème. » En outre, les deux auteurs, Libérat, diacre de Carthage, et Victor, évêque de Tunnone, tous deux ses ennemis déclarés, rapportent cette lettre dans des termes fort différents, et, dans le texte de Libérat, qui est le plus long et qui, par conséquent, devrait être le plus exact, se lit cette inscription : *Vigile à ses seigneurs et à ses christs.* N'est-il pas incroyable qu'un pape ait traité avec tant de respect des évêques décriés?

Mais l'affaire la plus épineuse et qui a soulevé le plus de débats contre lui est celle des *Trois chapitres*, ou des trois écrits entachés d'hérésie : l'un de Théodore de Mopsueste, un autre de Théodoret contre saint Cyrille, et une lettre nestorienne d'Ibas. Quand on lit les pièces de ces interminables démêlés, qui troublèrent l'Orient pendant plus de dix années, l'on serait tenté de croire que le pontife ne suivit pas toujours la ligne droite des principes, et qu'il inclina, selon les fluctuations des événements, vers une condamnation ou vers une absolution des *Trois chapitres*. Mais il n'en est rien; il ne prit conseil que de la prudence et des intérêts de l'Église, sacrifiant son repos et foulant aux pieds toutes les considérations humaines pour maintenir la paix des consciences. Il avait d'un côté à tenir en respect l'empereur Justinien qui, fier de sa science théologique, avait condamné les *Trois chapitres* dans une dissertation, qu'il était jaloux de produire aux yeux des évêques : il fallait le mettre à sa place et ne pas le laisser s'immiscer en maître dans les décisions doctrinales; d'un autre côté, qui était le principal, il avait à prévenir une rupture entre les évêques d'Orient et ceux d'Occident; les tendances de désunion allaient s'accentuant de jour en jour : tous devaient consentir aux résolutions définitives qui seraient prises. Voilà les écueils entre lesquels il conduisait la barque de Pierre, et il n'a dégagea au prix d'une patiente et énergique persévérance. Sa foi et la manière dont il l'exposa, n'excitèrent point de soupçons.

D'abord, il condamna les *Trois chapitres* dans son *Judicatum*; puis il refusa d'en condamner les auteurs, se fondant sur le respect qui est dû aux morts et sur la réserve dont avaient usé les conciles d'Éphèse (1) et de Chalcédoine, pour ne pas ternir leur mémoire; mais il déclarait erronés les écrits répandus sous leur nom. Enfin, dans une de ses dernières constitutions, adressée au patriarche de Constantinople pour confirmer le cinquième concile général, il porta l'anathème contre Théodore de Mopsueste, Théodoret et leurs écrits et contre la lettre attribuée à Ibas (8 déc. 553), disant qu'il s'était éclairé de nouvelles lumières et qu'il n'avait pas cessé de rechercher le sentiment des saints Pères à cet égard, et qu'alors il pouvait s'adresser à toute l'Église pour lui faire connaître d'une manière irrévocable la vérité (2).

Ce n'étaient point des contradictions de sa part; il avait paré aux éventualités menaçantes du moment, accordé une certaine satisfaction aux réclamations des partis, et n'avait donné une constitution définitive à toute l'Église que quand la vérité s'était pleinement fait jour. Les esprits se calmèrent, l'empereur Justinien était mort : les redoutables orages étaient conjurés (3).

---

LE DROIT D'ASILE (p. 239).

Le quatrième concile d'Orléans, affirma et consacra aussi une des prérogatives les plus charitables

(1) Il dit dans sa constitution adressée à Justinien (Labbe, *Concil.*, tom. V, p. 364 et seq.) : « Ipsam vero synodum Ephesinam primam sollicite recensentes, nihil de Theodori Mopsuesteni nomine referre comperimus.— Displusatim vero mentionem viri non fecit, neque eum nominatim anathemati addidit neque alios... Grave est enim insultare defunctis, vel si laici fuerint, nedum illis qui in episcopatu hanc vitam deposuerunt... Quomodo igitur per litteras didici, hunc quia Theodori Mopsueteni et aliorum quorumdam nomina præposita sunt capitulis ad anathematizandum cum illi ad Deum jam migraverint.
« Neque in sancto ac venerando Calchedonensi concilio aliquid designati Mopsuesteniti Theodori episcopi nomine invenimus statutum vel dictum esse contrarium... Eum nostra non audemus damnare sententia sed nec ab alio quopiam condemnari concedimus; absit tamen ut supra scripta capitula dogmatum, quæ a nobis constat esse damnata,... non solum sensu, sed aure patiamur admittere.
(2) « Quoniam Christus Deus noster, qui est lux vera... universum orbem, et ecclesiam ad pacem revocavit, ita ut quæ a nobis definiri debent, revelante Domino, et veritate investigata salubriter impleri sint. Idcirco sciat vestrum universi fraternitas quod quatuor synodos, Nicænam, etc. in omnibus suscipimus... neque pudori, esse debet, cum ea quæ ab initio omissa, studio deinde veritatis inveniuntur, in publicum edantur... Nos quoque nunquam destitimus quin investigaremus quid de præedictis tribus capitulis, in patrum nostrorum litteris verum invenire posset... Propterea igitur agnoscat universa ecclesia catholica nos ex hoc et irreprehensibiliter ad ea quæ hoc nostra constitutione comprehenduntur devenisse. Unde, condemnamus et anathematizamus una cum aliis hæreticis... Theodorum olim Mopsuestiæ episcopum ».
Labbe, *Concil.*, tom. V, Epist. decretalis Vigilii, p. 595.
(3) La complexité de cette affaire ne nous permettant pas de l'étudier plus en détail que Rourbacher, nous nous bornerons à indiquer les plus récents et les principaux travaux sur cette importante question.
Héflé, *Concil. Geschichte* (Der Dreikapitelstreit und die fünfte Allgemeine Synode), 2 vol., 1856, t. II, p. 775-899 (traduct. Delarc.)
J. Punkes, *Papst Vigilius und der Dreikapitelstreit*, Münch., 1864 ;
A. Vincenzi, *Vigilii pont. romani, Origenis Adamantii, Justiniani imperatoris triumphus in Syn. œcum. quinta*, t. V, Rom., 1865; Hergenroether dans *Litter.— Blatt*, Bonn, 1866, n. 17); Reiser (dans *Tübing. theol. Quartalschrift*, 1867, p. 352).

de l'Église catholique, en sanctionnant le droit d'asile dans les temples. Ce droit, qui existait déjà chez les Juifs, chez les Grecs et chez les Romains, devint, entre ses mains, un instrument sacré de clémence et de justice, un moyen puissant de garantir l'innocent contre des attaques sans motif et d'adoucir pour le coupable la rigueur des lois de l'époque.

L'Europe était à peine entrée dans la période d'organisation du moyen âge. Les Barbares avaient fini par anéantir la civilisation ancienne, mais ils n'avaient rien mis à sa place ; car leurs propres institutions n'étaient pas de nature à pouvoir servir de point de départ à un nouvel ordre social. L'Église intervint alors en convertissant ces peuples au Christianisme, et elle influa puissamment sur leur organisation politique. Aucune nation puissante n'était encore parvenue à concentrer le pouvoir ; la lutte ne cessait d'un côté que pour reparaître plus vive sur un autre point ; tous les éléments sociaux s'entrechoquaient et les peuples envahis et harcelés ne trouvaient de refuge que dans les bras de la religion. Ce fut alors que le catholicisme qui avait inspiré les lois bienfaisantes des empereurs (1), se chargea de la mission que personne n'était à même de remplir.

Le droit d'asile était plus que jamais une nécessité de l'époque. En effet, des troubles continuels mettaient l'homme paisible à la merci du plus fort ; aucun tribunal régulier ne protégeait l'innocence, et le coupable, qui ne pouvait jeter que des crimes dans la balance de la justice, ne consultait que son épée. Que seraient devenues l'Europe et la civilisation, si le catholicisme fût resté inactif au V$^e$ siècle et dans les siècles suivants ? — Quelques canons de conciles suffiront pour mettre en évidence l'action bienfaisante de l'Église catholique dans cette partie du droit public de l'Europe.

Dès 441, le concile d'Orange décide « qu'il ne faut pas livrer ceux qui se réfugient dans les églises, mais les protéger par la sainteté du lieu et les sauver en intercédant pour eux (2). » Quelque succincte que soit cette décision, elle établit clairement que l'asile ne pouvait favoriser le crime : la sainteté du lieu protégeait d'une manière absolue l'innocent, mais le coupable n'était pas soustrait à la justice, puisqu'il fallait intercéder pour lui. Ici donc encore, d'une part, respect à la divinité dans le respect de ses temples, et, d'autre part, exclusion du crime audacieux et endurci. Le premier concile d'Arles s'occupa du droit d'asile dans ses trois premiers canons, et le quatrième, tenu dans la même ville en 541, défendit, sous les peines les plus sévères, d'arracher, par ruse ou par violence, des églises où des lieux saints ceux qui s'y étaient réfugiés (3).

Au VI$^e$ siècle, les peuples des Gaules regardaient le droit d'asile comme un des droits les plus sacrés : l'asile le plus célèbre était celui de saint Martin, que les Visigoths, bien qu'hérétiques, avaient toujours respecté, lorsqu'ils étaient maîtres de Tours. En 576, un des généraux de Chilpéric, ne tenant aucun compte de l'inviolabilité de ce sanctuaire, fit abattre une maison qui en dépendait. Grégoire, qui était alors évêque de Tours, nous assure que Dieu vengea sur-le-champ l'injure faite à saint Martin, et que dans le moment du pillage, ce général fut frappé du mal caduc. Comme cet homme avait très peu de religion, ce châtiment qu'il ne regardait pas comme tel, ne l'étonna point : il fit continuer le ravage, et enfin passa la rivière, entra dans la ville, marcha à cheval à l'église, pour exécuter lui-même ce que les habitants de Tours avaient refusé de faire par son ordre : mais en entrant dans ce saint lieu, il fut saisi d'une espèce de frayeur qui l'obligea à en sortir, et qui le mit dans un tel état qu'il ne put rien prendre de toute la journée ; il se fit transporter jusqu'à Poitiers, où il mourut peu de jours après (1). Ce furent sans doute des actes de cette sorte qui inspirèrent aux Pères, assemblés à Mâcon en 585, le VIII$^e$ canon de ce concile, ainsi conçu : « Nous avons appris que de faux chrétiens, oublieux de leur religion, ont enlevé des fugitifs des saintes églises. C'est pourquoi, ne voulant pas laisser de telles violences impunies, nous, guidés par la crainte de Dieu, avons décidé que ceux qui, à cause d'une faute par eux commise ou par suite de persécution d'hommes puissants, se réfugieront dans le sein de leur mère la sainte Église, y trouveront un asile inviolable ; nous défendons à tout homme, quelle que soit sa dignité, d'user de violence envers les fugitifs, dans les saints lieux. Les princes de la terre ont décidé dans leurs lois que celui qui se réfugierait aux pieds de leurs statues, serait inviolable ; à combien plus forte raison, doivent être inviolables ceux qui sont sous la sauvegarde du roi céleste et immortel. Si toutefois ceux qui cherchent un refuge dans nos temples sont coupables, qu'ils fassent connaître leur faute au prêtre, afin que celui-ci juge si, en les livrant, l'asile ne sera pas violé (2). » Qu'il soit privé de la communion, porte le VII$^e$ canon du concile de Reims de 630, — celui qui arrache un fugitif de l'église, avant d'avoir fait le serment de lui conserver la vie et de lui épargner les tortures de la mutilation. » Cette décision fut renouvelée, entre autres, au concile de Coyac, en Angleterre, en 1050, et le pape Clément III, écrivant au roi d'Ecosse, s'exprimait dans le même sens (3). — « Qu'il soit donc également privé de la communion celui qui viole un pareil serment. Celui qui est ainsi délivré de la mort, par l'intercession de l'Église, ne peut obtenir la permission de quitter le temple, avant qu'il ait promis de faire pénitence pour son crime et d'accomplir ce qui lui sera canoniquement imposé (4). » C'est par ces décisions, remplies de clémence et de justice, que le catholicisme lutta contre la barbarie, qui menaçait de subjuguer les peuples de l'Europe. Il n'appartient ni à nous ni à qui que ce soit d'apprécier au juste tous les résultats de ces efforts constants de l'Église catholique. Qui pourrait en effet dire le nombre de victimes innocentes que l'asile arracha à leurs persécuteurs ? le nombre de coupables qu'une prudence indulgente ramena à la vertu (5) ?

---

(1) Binterim, *Die vorzüglichsten Denkwurdigkeiten der Christ-kathol. Kirche.* 4$^{er}$ bd. 1$^{er}$ th. bl. 159.
(2) Con. 5. *Concil. Arausican.* Harduini collect., t. II, c. 1783.
(3) Labbe *Concilia*, t. IV, c. 1405, et t. V, c. 885.

(1) Gregor. Tur., l. V, c. 1 et seq. — Daniel, *Hist. de France*, ad annum 576.
(2) Labb., t. V. c. 983 et 984.
(3) Thomassin, *Discip. de l'Église*, t. III, pp. 384 et 385.
(4) Labb., t. V, c. 1690.
(5) Voir *La Vérité historique*, t. I, où se trouve une étude complète sur la matière.

## A PROPOS D'ARATOR (p. 240, col. 1 et 2).

Aux détails que Rohrbacher donne sur Arator, nous croyons devoir ajouter quelque chose. Arator reconnait dans une épître dédicatoire en vers élégiaques, adressée au pape Vigile, que ce pape lui avait servi de maître dans l'étude des dogmes de l'Eglise. Une autre épître dédicatoire est adressée à Florien, abbé de Roman-Moutier ; faisant allusion au nom de Florien, Arator dit à son ami qu'il avait fleuri dès sa jeunesse en donnant aux vieillards des préceptes pour les conduire dans la voie du Ciel.

Dans son poème des *Actes des Apôtres* (Historia Apostolica), où il décrit très fidèlement, dans un langage orné d'images et d'allégories, les faits de l'histoire des Apôtres, Arator semble dire que saint Pierre et saint Paul ne souffrirent pas le martyre le même jour de la même année, mais en deux années différentes (1). Prudence et quelques autres anciens avaient un pareil sentiment ; mais le pape Gélase, dans son décret sur les livres apocryphes, rejeta ce sentiment, déclarant que ces deux apôtres reçurent la couronne du martyre à Rome en même temps et le même jour.

---

## LE CONCILE D'EAUZE (p. 240, col. 2).

« Un concile peu connu, écrit M. A. Longnon, et dont les actes sont datés, suivant les années de règne des rois Childebert et Clotaire, du 1er février 551, *facta institutio kalendas februarii, anno XL regni domni nostri Hildeberthi et Hlotharii regis*, se réunit à Eauze, sans doute sous la présidence d'Aspasius, évêque métropolitain de cette ville (2). »

En effet, Rohrbacher qui vient de parler du concile tenu à Orléans en 549, semble ignorer l'existence du concile tenu à Eauze deux ans après. Pour faire connaître ce concile nous citerons M. A. Longnon.

« Cette assemblée, dit-il, paraît n'avoir été qu'un concile provincial, puisque des neuf prélats qui le composèrent et dont le siège n'est pas indiqué par les souscriptions, six appartenaient certainement à la province ecclésiastique d'Eauze ; son intérêt pour la géographie historique réside dans la formule employée pour la date de ses actes et qui suppose la possession de la Novempopulanie par Childebert et Clotaire, à l'exclusion du roi de Metz, qui, cependant, possédait Eauze en 535.

« Le texte de ce concile n'a encore été imprimé que deux fois. La première édition a été donnée en 1763, à Ferrare, par Eusèbe Amort dans ses *Elementa juris canonici veteris et moderni* (3), d'après un manuscrit du VIIIe siècle appartenant alors au chapitre de Diess et dans lequel ce concile porte le titre fautif de *Concilium Arelatense* que l'éditeur a reproduit sans commentaire. De nos jours, un savant allemand, le docteur Friedrich, a réimprimé ce texte, qu'il croyait inédit ; mais, sa méprise ayant été signalée par M. Maassen, il a retiré son édition du commerce (1).

« Nous ne croyons pas inutile de reproduire ici les souscriptions de ce concile, en ajoutant entre crochets les noms des sièges épiscopaux des prélats connus par leur présence à d'autres synodes de la même époque : « Conditione subscripsi in Dei nomine Aspasius, [*Elusanus*] episcopus, institutiones supra scriptas conditiones subscripsi. - Julianus, peccator, [*Bigorrensis* episcopus], subscripsi. — Proculeianus, [*Auxiensis*] episcopus, s. — Liberius, [*Aquensis*] episcopus, s. — Theodorus, [*Consorannensis*] episcopus, s. — Amelius, [Convenensis] episcopus, s. — Eusepius, episcopus, s. — Marinus, episcopus, s. — Flavius, in Christi nomine presbyter, ad vicem domine mei Thomasi episcopi, subscripsi. »

---

## LA MISSION DE SAINT MAUR EN GAULE (p. 240, col. 2).

Rohrbacher dit que l'on *croit* que ce fut à la prière d'Innocent, évêque du Mans, que saint Benoît envoya dans les Gaules son disciple saint Maur. Aujourd'hui la question semble résolue par l'affirmative. D. Mabillon d'abord (2), D. Ruinart ensuite (3), avaient déjà soutenu cette thèse ; dans sa savante *Histoire des évêques du Mans* (4), D. Piolin, bénédictin de Solesmes, résume et clôt le débat, en même temps qu'il donne les plus précieux détails sur la propagation de la vie claustrale à Glanfeuil et dans les environs pendant le VIe siècle.

Les religieux de Saint-Benoît furent à cette époque un appui tout-puissant pour le haut clergé séculier qui essayait de civiliser les Francs et qui n'aurait pu seul suffire à sa tâche. Pendant que les Francs venus du nord achevaient d'assujettir la Gaule, les Bénédictins l'abordaient par le midi, et ils allaient superposer à la conquête barbare une domination pacifique et bienfaisante. Innocent, évêque du Mans, avait vu pendant son pontificat quarante monastères surgir dans son diocèse ; cela ne lui suffisait pas. Il voulut avoir des moines de Benoît. Celui-ci chargea Maur, patricien d'origine, le plus fervent de ses disciples, de fonder la communauté demandée par Innocent ; il l'envoya avec quatre compagnons, après lui avoir remis un exemplaire de la Règle, écrit de sa main, le poids du pain et la mesure du vin. Mais pendant le voyage du Mont-Cassin au Mans, Innocent était mort, et son successeur ne voulut point accueillir les moines. Maur et ses compagnons se retirèrent vers la Loire ; en Anjou, un vicomte nommé Florus, qui gouvernait alors au nom et sous l'autorité de Théodebert,

---

(1) Non eadem, tamen una dies, annique volato
Tempore sacravit repetitam pascio lucem.
Arat., lib. II, tom. I, *Bibl. Pat*, p. 141.
(2) *Géographie de la Gaule au VIe siècle*, pp. 112-113.
(3) Tom. Ier, pp. 355-357. — Le livre d'Eusèbe Amort n'existe dans aucune des bibliothèques de Paris.

(1) M. Paul Viollet a rendu compte du concile d'Eauze en étudiant l'*Histoire des conciles* de Mgr Héfélé. Le travail de M. Viollet a été inséré dans la *Revue historique*, t. I, p. 594.
(2) *Præf. in sæc.* I, Act. SS. O. S. B.
(3) *Appendix ad sæc.* I, Act. SS. Ord. s. Benedicti.
(4) Le Mans, 1851, 6 vol. in-8. — Voy. t. I, p. 237 et suiv.

accueillit généreusement les religieux étrangers. Il offrit aux disciples de Benoît un de ses domaines pour y établir leur moutier, et après avoir donné un de ses fils pour en faire un moine, il annonça lui-même l'intention de s'y consacrer à Dieu. Ainsi fut fondé le monastère de Glanfeuil, plus tard appelé Saint-Maur-sur-Loire.

La vie de saint Maur nous a été conservée par Faustus (1); par malheur les actes du saint ont subi de fâcheuses interpolations, dès le XI° siècle au moins, si bien que les Bollandistes avaient été jusqu'à les regarder comme mensongers; c'était aller trop loin : on doit regarder l'authenticité de la mission de Maur et les principaux traits de sa biographie comme parfaitement établis. Or cette biographie signale un événement célèbre, l'entrevue de Théodebert avec saint Maur à Glanfeuil.

Florus voulut un jour mettre en pratique la résolution prise par lui de se consacrer à Dieu sous la cuculle monastique : c'était un grand seigneur, Théodebert ne consentit qu'avec peine à s'en séparer, bien plus il résolut d'assister au changement de vie de son ancien officier. Jadis Totila s'était prosterné devant Benoît; arrivé à Glanfeuil, Théodebert se prosterna devant Maur qu'il embrassa ensuite ainsi que ses frères. Le monarque se montra généreux envers la communauté naissante, il voulut que le chef de ses scribes rédigeât et scellât de l'anneau royal la donation d'un domaine au monastère. Au moment de partir, il voulut enfin revoir son ami, revêtu du froc, et il l'exhorta à honorer ce nouvel habit comme il avait honoré la vie séculière : les bénédictions de Maur accompagnèrent Théodebert qui se retirait.

« Voilà comment le *roi franc* et le *bénédictin* firent connaissance, remarque M. de Montalembert (2), et ces deux forces qui vont fonder la France, la diriger et la représenter pendant de longs siècles, les voilà en présence pour la première fois... »

LE CONCILE DE PARIS DE 553 (p. 242, c. 1).

L'auteur de l'*Histoire universelle de l'Église* ne dit pas pourquoi Saffarac, évêque de Paris, fut déposé par le concile tenu dans sa ville épiscopale. On peut conjecturer d'après les termes des actes conciliaires, qu'il s'agissait de simonie. Le concile déclara en effet que le prélat avait mérité la déposition (3), et il ordonna au métropolitain d'y procéder et d'observer en cela ce que les canons du concile tenu peu de temps auparavant à Orléans prescrivaient pour de semblables crimes. Or le dernier concile d'Orléans ne parlait de déposition d'évêque qu'au dixième canon, au sujet de ceux qui auraient acheté l'épiscopat. Saffarac avait souscrit ces canons.

LES SEPT SAINTS DE BRETAGNE (pp. 244 et 245).

Il est assez longuement question dans Rohrbacher des saints d'origine bretonne chassés par l'invasion des Anglo-Saxons et qui refluèrent jusqu'en Armorique. Au congrès de Lorient, en 1848, M. de la Borderie a lu un *Discours sur les saints de Bretagne*, discours publié depuis, où toutes les questions se rattachant à ces pieux personnages sont traitées sérieusement et au moyen des documents nombreux parvenus jusqu'à nous.

On doit remarquer que les légendes bretonnes ont subi parfois des interpolations étranges, de sorte que les Bollandistes ont cru devoir les qualifier avec sévérité : *Ad stuporem magis quam ad imitationem collecta*, ont-ils dit dans leur grand ouvrage des *Acta sanctorum* (1). Les légendes primitives des saints bretons, publiées par Mabillon, offrent seules des caractères d'authenticité; car on ne peut nier qu'Albert de Morlaix admet en général avec assez peu de critique des versions par trop invraisemblables.

On désigne quelquefois saint Samson, évêque de Dol, et ses six suffragants, tous moines, missionnaires et évêques comme lui, savoir : Paul de Léon, Tugdual de Tréguier, Corentin de Quimper, Paterne de Vannes, Brieuc et Malo des deux diocèses qui, depuis, ont pris et gardé leur nom, sous l'appellation des *Sept Saints de Bretagne*.

Chose curieuse, quoique l'Armorique, ainsi convertie et repeuplée par les émigrés bretons, n'eût jamais été entièrement conquise par les Francs et fût gouvernée par des comtes indigènes et indépendants, elle reconnaissait la suprématie partielle de Childebert. Plus tard, nous verrons Dagobert et enfin Louis le Débonnaire, rétablir à grand'peine cette suprématie. A l'époque où nous sommes, au contraire, la suprématie des rois francs semble avoir été surtout invoquée et reconnue par les missionnaires bretons. Ainsi Tugdual, abbé fondateur de Tréguier, n'est élevé à l'épiscopat qu'avec le consentement de Childebert; c'est le comte de la province de Léon qui demande expressément au même roi la reconnaissance de Paul Aurélien comme évêque de Léon; enfin Samson, encore abbé de Dol, intervient auprès de Childebert pour obtenir la délivrance d'un prince indigène. Si l'on en croit la tradition, Childebert professait pour Samson une vénération si profonde, qu'il aurait donné à l'ermite diverses îles de la Manche, notamment Jersey.

CLOTAIRE ET RADEGONDE (p. 247).

La tentative de Clotaire sur Radegonde, que Rohrbacher emprunte aux Bollandistes, est racontée par Baudonivie (2) dont nous traduisons le texte plein de sentiment naïf et religieux. « L'ennemi jaloux du bonheur du genre humain, et dont Radegonde, même dans le siècle, avait eu horreur de faire la volonté, ne cessa point de la persécuter. Car, comme déjà elle l'avait appris par des messagers, et comme toujours elle l'avait craint, le grand roi Clotaire vint à Tours, avec son très excellent fils Sigebert, sous prétexte de dévotion, mais pour s'approcher plus facilement de Poitiers et reprendre la

---

(1) *Acta SS. Ord. sancti Bened.* — Vita sancti Mauri.
(2) *Les Moines d'Occident*, t. II, p. 282.
(3) *Concil. Gall.*, t. I, p 301.

(1) Tom. VI, Junii, p. 572.
(2) *Vita S. Radeg.*, c. I, n°s 6 et 9.

reine. Dès qu'elle le sut, la bienheureuse Radegonde écrivit une lettre où elle réitérait le serment de garder la continence, prenant le ciel à témoin; elle l'envoya secrètement, avec de petits présents et des eulogies, par son intendant Proculus, à l'homme apostolique, le seigneur Germain, évêque de la ville de Paris, et qui se trouvait alors avec le roi. Dès que ce personnage, plein du Seigneur, l'eut vu, il se prosterna tout en pleurs aux pieds du roi, devant le sépulcre de saint Martin, le conjurant au nom de Dieu, comme la lettre l'en avait chargé, de ne point approcher de Poitiers. Alors, navré d'amertume en comprenant bien que c'était la demande de la bienheureuse Radegonde qu'on lui exposait, le roi touché de repentir, rejeta sur ses mauvais conseillers ce qu'il venait de faire, se reconnut indigne, lui qui n'avait pas mérité de garder plus longtemps une pareille reine, se prosterna à son tour devant l'autel de saint Martin, aux pieds de l'homme apostolique Germain, le conjurant de demander à la bienheureuse Radegonde son pardon, et si instamment, qu'elle daignât oublier combien il avait péché contre elle, poussé par des conseillers iniques. »

---

QU'ÉTAIENT LES ANCIENS CARDINAUX (p. 250, c. 1) ?

Rohrbacher analyse assez longuement, en divers endroits, les œuvres de saint Grégoire le Grand et par conséquent les lettres de ce grand pontife. Or, dans les lettres du pape, il est à chaque instant question de cardinaux. Ce ne peut être des cardinaux tels que nous les connaissons aujourd'hui, puisque l'origine du Sacré Collège ne remonte qu'à Léon IX et son organisation définitive à Sixte V (1586). Le P. Lecointe, de l'Oratoire, va nous fournir la réponse à notre question. Nous abrégeons seulement son mémoire qui fut rédigé sur la demande de Colbert (1).

« Il est bien difficile de découvrir l'origine et l'institution des cardinaux. Le passage de l'histoire le plus ancien qu'on allègue en faveur des cardinaux, c'est un texte du second concile de Rome sous le pontificat de saint Silvestre. Mais ce concile n'a point d'autorité. On ne doit pas ajouter plus de créance au décret d'un autre concile tenu à Rome l'an 769, par lequel il est ordonné que pour être élu pape, il faudra premièrement être ou diacre ou prêtre cardinal. Les actes de ce concile ne se trouvent point, il n'en est fait mention qu'en la vie du pape Étienne IV, écrite par Anastase le Bibliothécaire.... Je crois que le mot *cardinalis* s'y est glissé et qu'il y doit être rayé.

« Je ne doute point qu'avant l'an 769 il n'y ait eu des prêtres cardinaux à Rome, et qu'avant ce temps-là saint Grégoire le Grand n'ait parlé de plusieurs cardinaux en ses épistres. Mais les uns et les autres étaient bien différents des cardinaux d'aujourd'hui.

« Il y avait en l'Église de Rome des prêtres cardinaux comme ailleurs en d'autres Églises. L'Église de Paris avait ses prêtres cardinaux.... dont la principale fonction était d'assister l'évêque lorsqu'il officiait aux grandes fêtes, comme en de semblables cérémonies les prêtres cardinaux de l'Église romaine assistaient le Pape en qualité d'évêque de Rome.... Le cinquante-quatrième chapitre du concile de Meaux (845) prouvé qu'il y avait encore des cardinaux de cette sorte en France au IXe siècle.

« Les cardinaux-évêques, les cardinaux-prêtres, les cardinaux-diacres dont saint Grégoire le Grand parle si souvent en ses lettres, sont encore une autre sorte de cardinaux.... Saint Grégoire donne le titre d'évêque-cardinal à l'évêque qui, étant chassé de son diocèse, prend pour un temps le gouvernement d'une autre Église qui est vacante, ou y sert sous l'évêque titulaire du lieu. Il appelle semblablement cardinaux-prêtres et cardinaux-diacres les prêtres et les diacres qui passent d'une église à une autre pour quelque bonne considération...... Cela résulte de l'examen des lettres du pontife.

« Cette sorte de cardinaux subsistait encore dans le IXe siècle. L'on trouve des lettres du pape Jean VIII (876) écrites à l'empereur Charles le Chauve, aux évêques suffragants de l'archevêché de Bourges, au clergé et aux habitants du même diocèse, en faveur de Frothaire, archevêque de Bordeaux, que ce pape fait cardinal de l'Église de Bourges, c'est-à-dire qu'il transfère de l'archevêché de Bordeaux à celui de Bourges, parce que la ville de Bordeaux a été prise par les Normands et que le siège de Bourges est vacant........

« Les anciens prêtres cardinaux qui étaient à Rome, à Paris et en d'autres églises de la chrétienté avaient leurs rangs réglés entre eux, et ils ne prenaient séance que parmi l'ordre des prêtres......

« Les autres cardinaux dont nous avons parlé dans les sentiments des papes saint Grégoire le Grand et Jean VIII avaient aussi leurs rangs réglés. L'évêque cardinal, s'il avait le gouvernement de l'église de laquelle il était fait cardinal, prenait le rang d'évêque et la première place parmi le clergé; mais s'il y servait seulement sous l'évêque titulaire du lieu, il ne prenait que la seconde place...... Les cardinaux-prêtres et les cardinaux-diacres ne prenaient rang parmi les prêtres et les diacres des églises dont ils étaient faits cardinaux, c'est-à-dire du jour qu'ils étaient incorporés à ces églises-là......

« Les anciens prêtres cardinaux qui étaient à Rome et dans les autres églises de la chrétienté étaient appelés prêtres cardinaux seulement durant le temps qu'ils possédaient les bénéfices et les titres qui les constituaient cardinaux....

« Les cardinaux évêques, prêtres et diacres dont les papes saint Grégoire le Grand et Jean VIII parlent en leurs lettres, cessaient d'être cardinaux lorsqu'ils retournaient à leurs anciennes églises.... Lorsqu'on faisait un évêque cardinal, c'est-à-dire lorsqu'on l'attachait à une autre église qu'à celle dont il avait été fait évêque, l'on ajoutait cette clause qu'il retournerait à sa première église aussitôt qu'il pourrait le faire. Quelquefois enfin un évêque, sans abandonner le gouvernement de son église, prenait aussi, par une nécessité quelconque, le soin d'une autre voisine; en ce cas, il était appelé évêque de sa propre église et évêque cardinal de celle dont il n'avait le gouvernement que pour un temps. Saint

---

(1) *Institution et rang des Cardinaux*, dans les *Analecta juris pontificii*. — 1879, pp. 28-34.

Grégoire le Grand nous offre dans Agnellus un personnage placé dans ces conditions : Agnellus était évêque de Fondi et évêque-cardinal de Terracine.... »

---

SAINT MARTIN DE DUME (pp. 255 et 256).

Saint Martin de Dume était originaire de Pannonie. Encore jeune il fit le voyage des Lieux saints. A son retour, passant par la Galice, il fut chargé du gouvernement du monastère de Dume, et ensuite choisi comme évêque de Brague.

Nous avons de saint Martin une *Collection de canons* adressée à Nitigius, évêque de Lugo ; la *Formule d'une vie honnête*, traité des quatre vertus cardinales, adressée à Miron ; le traité *des Mœurs* ; un livre *de l'Orgueil et de l'Humilité* ; un autre *de la Colère* ; un autre *de la Pâque* ; une lettre à l'évêque Boniface sur les trois immersions du baptême ; et une contre les superstitions. Le tome III des *Classici auctores* de Maï, pp. 379-384, contient un fragment d'un ouvrage de saint Martin ; ce fragment est sur l'origine des idoles. Il paraît que saint Martin avait également traduit en latin un grand nombre de sentences des Pères d'Égypte.

Dans une inscription en vers (1) qu'on lisait dans l'église du monastère, on lui fait l'honneur d'avoir donné par son ministère la connaissance du vrai Dieu aux peuples d'Allemagne, de la Saxe, de la Thuringe, de la Pannonie, de la Bourgogne, de la Dacie et de beaucoup d'autres provinces.

Les écrits de saint Martin de Dume sont reproduits au tome LXXII de la *Patrologie latine*, col. 17-52. Outre les ouvrages déjà cités, on trouve là trois petites pièces de vers attribuées à notre saint.

---

LES ÉCRITS DE SAINT GERMAIN DE PARIS (p. 264, col. 1 et 2).

Outre la lettre de saint Germain à Brunehaut, D. Ceillier attribue au pieux évêque de Paris une lettre adressée à Flamir, abbé de Chinon en Touraine. On met encore au rang des écrits de cet évêque le *Privilège* qu'il accorda au célèbre monastère qui a porté son nom jusqu'à la révolution de 1793, monastère dont il ne reste plus que la curieuse église romane dite de Saint-Germain des Prés. Enfin des auteurs très sérieux, notamment D. Martène, attribuent à saint Germain un traité *de la Liturgie*. Ce traité du plus haut intérêt sera analysé dans la note que nous consacrerons à la *Liturgie gallicane*.

On trouve au tome LXXII de la *Patrologie latine* ce qui nous reste des écrits de saint Germain, plus une notice d'après le *Gallia christiana*, enfin sa *Vie* par Fortunat et un appendice contenant différents monuments liturgiques.

---

(1) *Bibl. Patrum*, tom. X, pag. 386.

---

SAINT GRÉGOIRE DE TOURS ET LE TOMBEAU DE SAINT MARTIN (p. 278, col. 1).

La dévotion particulière de saint Grégoire de Tours pour saint Martin, son pèlerinage au tombeau de son illustre prédécesseur, ne sont pas les premières marques publiques du culte rendu au glorieux thaumaturge des Gaules. Il y avait longtemps déjà, à l'époque du premier historien des Francs, que le culte de saint Martin était populaire en France et son tombeau célèbre. Pendant tout le moyen âge, il n'y eut pas de pèlerinage plus suivi que celui de saint Martin. Il en fut ainsi jusqu'à la Révolution. A cette époque néfaste, le tombeau du saint fut profané, et la basilique élevée en dernier lieu à son honneur par le bienheureux Hervé, au x⁰ siècle et complétée par les siècles suivants, fut détruite de fond en comble.

Dès lors, le culte de saint Martin cessa à Tours. Il y fut restauré à l'instigation d'un homme de Dieu, M. Dupont, qui en fit une de ses principales œuvres. C'est à lui surtout que l'on doit la restitution du tombeau de saint Martin, providentiellement retrouvé le 14 novembre 1860 (1).

---

STYLE DE SAINT GRÉGOIRE DE TOURS (p. 283, col. 1).

Si le style de saint Grégoire de Tours n'est pas de la belle latinité, et s'il l'écrivain lui-même le reconnaît, il est vrai aussi qu'il le regretta. S'il eût dédaigné l'art d'écrire, il n'aurait pas si humblement demandé pardon de son ignorance, au commencement de sa notice sur Illidius, et il n'aurait pas réitéré, avec non moins de modestie, cette prière dans le prologue de son *Histoire ecclésiastique des Francs* : « D'abord, dit-il, je supplie ceux qui me liront de me pardonner si, dans les lettres et dans les syllabes, je viole les lois de la grammaire, dont je n'ai jamais été instruit. » En tête de ses quatre livres des *Miracles de saint Martin*, il dit encore : « Mais vous savez que je suis sans littérature, et que je n'ose, ignare et idiot, proclamer de si admirables prodiges. Que n'avons-nous Sulpice ou Paulin, que n'avons-nous Fortunat pour les célébrer (2) ! » Nous trouvons à la fin de son *Hist. eccl.* une autre preuve qu'il ne dédaignait pas l'art d'écrire : « Quoique ces livres, y dit-il, soient d'un style trop grossier, je conjure tous les prêtres qui gouverneront après moi l'humble Église de Tours, je les conjure par la venue de Notre-Seigneur Jésus-Christ et par le jour terrible du jugement... de ne jamais détruire ces écrits, ou de ne les point faire copier en conservant une partie et en omettant le reste... Prêtre du Seigneur, qui que tu sois, si notre Martianus t'a instruit dans les sept arts libéraux ;... si tu y as si bien été exercé que notre langage te semble antique, que ce ne soit pas là non plus, je t'en supplie, une raison de déchirer ces ouvrages. »

---

(1) Voir dans la belle vie de M. Dupont, par M. Léon Aubineau, tous les détails sur l'invention du tombeau de saint Martin et le projet de réédification de la basilique. *Le saint homme de Tours*. Paris, 1879, in-12, pages 253 et suiv.
(2) *De miraculis S. Martini*, l. IV, epistola prævia.

L'INSTRUCTION DU V° AU VIII° SIÈCLE (p. 283, col. 2).

Pour se faire une idée de ce qu'étaient l'instruction et la littérature en général et chez le peuple en particulier, aux v°, vi°, vii° et viii° siècles, il faut se rendre compte de l'état social de l'Europe durant cette période de l'histoire. Au milieu des troubles et des guerres continuelles, au milieu de désordres de tout genre, longuement énumérés par les pieux auteurs de l'*Histoire littéraire de France* et par Mabillon, les lettres étaient insensiblement tombées dans un triste état de décadence; l'ignorance et la barbarie étaient devenues extrêmes. Dans une aussi déplorable situation sociale le catholicisme avait une grande mission à remplir. Il envahissait l'Occident au moment de convulsions formidables; il s'annonçait aux peuples à peine tirés de la barbarie; il s'étendait sur de vastes régions encore couvertes de forêts..... *Informem terris, asperam cœlo, tristem cultu adspectuque, nisi si patria sit* (1). C'est dans ce milieu désastreux qu'il forma d'abord ces civilisateurs — prêtres ou moines — qui, après avoir sacrifié le bien-être de la vie, étaient capables de sacrifier leur vie même; ces hommes qui, dans un enseignement traditionnel, surent conserver des connaissances littéraires suffisantes; des hommes tels que Agrécula, évêque de Châlons « si petit de taille, si grand par son éloquence; » Nicet, qui charmait Trèves par sa piété et l'élégance de ses paroles; Ferréol, qui trouvait à Uzès, au milieu de ses exercices de dévotion, le temps de composer quelques livres d'épîtres sur le modèle de celles de Sidoine Apollinaire; Sulpice, à qui le roi Gontran fit donner le siège de Bourges, « pour le récompenser de ce qu'il maintenait l'éclat sénatorial de sa famille par une grande habileté dans l'art des rhéteurs et par ses poésies qui ne le cédaient à aucun rival; » saint Grégoire de Tours, auquel Guizot et Augustin Thierry ont rendu justice; puis au-dessus de tous, saint Venance Fortunat.

Ces hommes courageux commencèrent par former l'intelligence du peuple en en faisant des chrétiens et laissant à des siècles plus heureux le soin de les initier à une civilisation plus avancée; ils se bornaient à les instruire dans les vérités religieuses, représentées sous mille formes dans les églises, et résumées dans l'Oraison dominicale et le Symbole des Apôtres qui s'expliquaient en langue vulgaire (2).

LES ÉCRITS DE FORTUNAT ET DE BAUDONIVIE (p. 285, c. 1 et 2).

Nous n'aurions que peu de choses à dire sur Venance Fortunat, si des pièces nouvelles à lui attribuées n'avaient été découvertes dans ces derniers temps. D'abord deux mots sur sa naissance; tout ce que nous en savons vient de Paul Diacre (1), qui le fait naître à Cénéra, et non Cédéna comme le dit Rohrbacher. On ignore la durée de son épiscopat et la date exacte de sa mort : ce qui est certain, c'est qu'il était honoré comme saint par l'Eglise de Poitiers dès le viii° siècle. Paul, diacre d'Aquilée, passant par cette ville, alla prier sur son tombeau; et pour ne point laisser ignorer ses vertus à la postérité, il en fit l'éloge dans une épitaphe qu'il composa à Poitiers même, à la prière d'Aper, abbé de Saint-Hilaire, où Fortunat avait été inhumé.

On a mis parmi les œuvres de Fortunat l'hymne *Pange lingua* du Vendredi saint, quoiqu'il y ait plus de raisons de l'attribuer à Claudien Mamert. « Quelques petites pièces adressées à sainte Radegonde et à sainte Agnès sur un repas, sur des fleurs, sur des châtaignes, sur des œufs et des prunes, sur du lait et d'autres friandises, ont fourni à MM. Assyère, Guizot et Thierry l'occasion de calomnier Fortunat, dit M. l'abbé Bauzon (2). Ces historiens ne voient en notre poète qu'un homme adonné aux plaisirs de la table. Rien n'est plus faux que cette assertion. Quand on lit Fortunat, on sait à quoi s'en tenir sur son goût pour les friandises. Il a plus tant d'historiens que je viens de citer de donner ce nom au goût que le poète accuse pour le pain, le lait, le beurre et les autres mets du même genre... Quoi qu'en disent ses critiques, on chercherait en vain dans ses opuscules théologiques de quoi le charger sur le fait de l'incontinence; on y rencontre quelques métaphores en tout temps permises à tous les écrivains.., la malveillance seule a pu entendre au propre ce que Fortunat ne dit qu'au figuré. Enfin, l'erreur capitale de MM. Ampère, Guizot et Thierry est de voir un évêque dans le poète qui adressa des poésies badines à sainte Radegonde et à sainte Agnès; Fortunat n'était pas même prêtre quand il écrivait; il ne le devint vraisemblablement qu'en 587, après la mort des deux saintes... »

La meilleure édition des écrits de saint Fortunat est celle qu'a donnée M. Mich.-Arge Luchi, bénédictin de la congrégation du Mont-Cassin, Rome, 1786-87, en deux parties, in-4, avec préface et prolégomènes. Elle est reproduite dans le tome LXXXVIII de la *Patrologie latine*. La première partie contient l'édition de Browérus, la deuxième donne les *Vies*. On y lit aussi l'*Exposition de la foi catholique*, trouvée sous le nom de Fortunat dans un manuscrit, et publiée par Muratori, *Anecdot.*, tome II, Milan, 1698, pp. 212-217; et réimprimée dans Galland, *Biblioth.*, tome XII, pp. 317-318. Fortunat expose simplement le Symbole connu sous le nom de saint Athanase. Les auteurs de l'*Histoire de la France littéraire* la refusent à Fortunat, à cause de la netteté du style: Luchi partage ce sentiment. (Voyez *Patrolog. latine*, *ibid.*, col. 583 et suiv.)

Un *Appendice* nous donne des vers inconnus aux premiers éditeurs. Il contient des vers adressés à Radegonde et à Agnès; ils ont été trouvés dans un manuscrit de la Bibliothèque de la rue Richelieu, par M. Guérard, et publiés par lui dans le tome XII des *Notices sur les manuscrits*. La seconde pièce

---

(1) Tacit. *Germ.*, c. 11.
(2) *Statuta S. Bonifacii*, n° 25, p. 142. Ed. Wurdtwein. — Voir Léon Maître, *Les écoles épiscopales et monastiques d'Occident*. Paris, 2 vol. in-8.

(1) *Hist. Longob.*, n° 23.
(2) Ap. Dom Ceillier, tom XI, pp. 413-414.

est tirée du tome IX du *Spicileg. rom.* de Maï. C'est une épigramme sur Theudichilde. Les poèmes de Fortunat ont été édités à Cambrai, dans la collection *Poetæ ecclesiastici*, in-12, 1822.

Baudonivie, religieuse du monastère fondé par sainte Radegonde et élevée sous les yeux de la royale moniale, nous a donné un supplément de la *vie* de l'ex-reine. Elle s'y attache surtout à rapporter les faits omis par Venance Fortunat. On voit qu'il était alors d'usage de chanter *Alleluia* dans les obsèques; cet usage subsiste encore parmi les Grecs, surtout dans les funérailles des prêtres. Le supplément à la *Vie* de sainte Radegonde par Baudonivie se trouve au tome LXXII de la *Patrologie latine*, col. 651 et suiv.

---

FORTUNAT ET RADEGONDE (p. 285).

On n'est pas d'accord sur la date à laquelle Fortunat devint prêtre. Gorini, après avoir discuté les opinions diverses émises par plusieurs historiens, regarde comme certain que Venance Fortunat habitait depuis longtemps Poitiers, quand il entra dans les ordres sacrés : il soupçonne que Fortunat prit cette détermination vers 587, après la mort de sainte Radegonde et celle d'Agnès qui survécut peu à la fondation de Sainte-Croix.

M. Guizot, qui est d'ordinaire plus réservé envers les moines, a trouvé texte dans les poésies de Fortunat pour accuser l'auteur et affirmer que la paresse et la gourmandise formaient le fond des mœurs du couvent de sainte Radegonde.

Ces étranges accusations ont été victorieusement réfutées par Gorini (1).

S. *Colomban et la célébration de la Pâque*, p. 348.

La conduite irréfléchie de saint Colomban dans l'affaire de la célébration de la Pâque a donné lieu à des appréciations qui — inconsidérées elles aussi — l'ont vivement attaqué. C'est ainsi que M. de Saint-Priest affirme que saint Colomban, « représentant du christianisme irlandais, qui n'admettait pas le calcul des Latins, pour la célébration de la Pâque, *menaçait Rome d'un schisme*. » Cette assertion est dénuée de fondement. Il n'est d'abord pas certain que Rome eût jamais connaissance de l'affaire. Trois fois le saint abbé écrivit au pape sur ce sujet, mais ses propres paroles, « trois fois Satan empêcha les porteurs de ses lettres d'arriver au pape Grégoire, de bonne mémoire (2)! » prouvent que ses communications ne parvinrent pas à destination. Du reste, quelle qu'eût été la décision du souverain pontife, Colomban se serait soumis : « Accordez-nous — écrivait-il au pape Boniface IV, — accordez à des étrangers dans la peine, la consolation de votre pieuse sentence, pour fortifier la tradition de nos vieillards, *si elle n'est pas contre* la foi (3). » Il n'y eut donc entre l'abbé et le pontife ni menace ni crainte de schisme (4).

(1) *Défense de l'Église*, t. II, chap. sainte Radegonde et saint Fortunat.
(2) Ep. I.
(3) Ep. I.
(4) Cf. sur saint Colomban, de Courson, *Hist. des peuples bretons*, 3ᵉ édition, t. I, pp. 209 et suivantes.

LE PAPE SAINT GRÉGOIRE LE GRAND A-T-IL ÉTÉ BÉNÉDICTIN (pp. 294 et suiv.)?

Notre auteur, qui entre dans de très longs détails sur la vie de saint Grégoire le Grand, ne dit pas qu'il embrassa la règle bénédictine. Il avait sans doute présentes à la mémoire les objections de l'illustre cardinal Baronius qui ne veut pas que saint Grégoire ait été moine. Les objections de Baronius ont été victorieusement réfutées par D. Yepes (1), par D. Mabillon (2) et par les éditeurs bénédictins des œuvres du saint pontife.

Nous allons résumer en peu de mots les raisons apportées par les bénédictins pour montrer que Grégoire le Grand appartient à leur Ordre. Saint Grégoire se fait lui-même un titre de gloire d'avoir embrassé la vie monastique (3). C'est dans le cloître seulement qu'il a pu acquérir l'intelligence admirable et presque divine des Saintes Écritures que l'on reconnaît et que l'on admire dans ses ouvrages. Il paraît avoir embrassé la règle de Benoît à l'instigation de ces religieux qu'il met en scène dans la vie du patriarche des Moines d'Occident : de Constantin, disciple et successeur de saint Benoît au Mont-Cassin; de Simplicius, troisième abbé du Mont-Cassin; de Valentinien, abbé du Latran. Il est probable qu'il passa plusieurs années sous la cuculle bénédictine.

Baronius a voulu faire de Grégoire un disciple de saint Equice; la presque universalité des anciens auteurs : Jean Diacre, Aimoin, saint Thomas d'Aquin, saint Antonin, et tous ceux qui vinrent après eux placent saint Grégoire parmi les religieux bénédictins.

Du reste, saint Grégoire montre clairement dans ses *Dialogues* qu'il est le fils spirituel de saint Benoît. Tout le livre II est consacré à saint Benoît tandis que les autres saints n'ont que des notices beaucoup plus courtes; pour saint Équice notamment n'y a qu'un chapitre et Grégoire renvoie à l'évêque Albin le diacre Pierre qui désirait en savoir davantage. Non seulement saint Grégoire recommande la règle bénédictine, mais il reproche à un certain abbé Urbicus (4) une faute contre cette règle; de la règle de saint Équice, il n'en fait jamais mention. Nous pourrions ajouter d'autres preuves : celles-là suffiront.

---

LA RÈGLE DE SAINT COLOMBAN ET CELLE DE SAINT BENOIT (p. 348, c. 1 et 2).

Pour ceux qui étudient l'histoire ecclésiastique à la fin du VIᵉ siècle et au VIIᵉ, il y a un curieux phénomène à observer : celui de l'élimination de la règle de saint Colomban et son remplacement par celle de saint Benoît. Saint Colomban arrivé à Luxeuil avait eu le plus grand succès; autour de lui les disciples étaient accourus si nombreux, qu'il

(1) *Chroniques générales de l'ordre de Saint-Benoît*.
(2) *Præf. ad sæc. I.* Act. SS. Ord. S. Benedicti.
(3) *Dialogues*, livre I, c. IV.
(4) *Lettre IV* du livre IV.

avait pu organiser le *Laus perennis*, cet office dans lequel jour et nuit les voix des moines se relevaient pour célébrer les louanges de Dieu dans un cantique sans fin. Une popularité aussi grande, aussi légitime, la constante faveur des rois, la généreuse sympathie de la noblesse, les miracles et les vertus des saints sortis de l'abbaye mère ou des monastères affiliés à Luxeuil, tout devait contribuer, semble-t-il, à fixer l'ascendant de la règle de Colomban, à lui faire avoir la préférence sur la règle de Benoît dont les débuts en France sont si obscurs, qu'ils ont presque échappé à l'histoire. Et cependant le contraire arriva : un demi-siècle après la mort de Colomban, les prescriptions bénédictines avaient triomphé. Déjà les disciples de Colomban commencèrent à combiner les règles ; Luxeuil et Bobbio subirent ou acceptèrent l'empire de la règle italienne. Nous savons que saint Éloi spécifiait dans sa charte de donation à son moutier limousin que les religieux devraient suivre à la fois les deux règles. Au fond, on pourrait dire que Colomban semait et que Benoît moissonna.

En 670, dans un concile tenu à Autun, par saint Léger, qui lui-même avait habité Luxeuil, six canons sont rendus dans lesquels on prescrit aux moines d'observer et d'accomplir dans toute leur plénitude les prescriptions des canons de l'Église et de la règle de saint Benoît. Il n'y avait pas cinquante ans que le grand moine irlandais était mort, et déjà, on le voit, il n'était plus question ni de sa personne ni de sa règle.

A quoi attribuer cet accroissement et cette substitution rapide de l'influence bénédictine jusque dans les monastères de Colomban ? Certains pourraient y voir une conséquence de l'esprit national dont Colomban ne voulut ou ne put se dégager absolument ; mais on pourrait répondre que l'individualité du moine irlandais n'inspirait aucune répugnance, puisqu'elle attirait des disciples plus nombreux, plus illustres que ne l'étaient alors ceux de Benoît. « La raison la plus plausible, à coup sûr, écrit M. de Montalembert (1), se découvre dans l'union beaucoup plus intime et plus manifeste de la règle bénédictine avec l'autorité du siège romain.... Au moment même où Colomban s'occupait d'enraciner son œuvre dans la Gaule, Grégoire le Grand avait spontanément imprimé à la règle bénédictine le sceau de l'approbation suprême... Le troisième successeur de Grégoire, Boniface IV, dans un concile tenu à Rome en 610... reconnaît aux religieux légitimement ordonnés, le pouvoir de lier et de délier ; ... il cite l'exemple de saint Grégoire le Grand... ; il invoque surtout l'autorité de Benoît, qu'il qualifie de *vénérable législateur des moines*... C'était proclamer de nouveau.. que la règle de Benoît était la loi monastique par excellence. C'était imprimer une nouvelle sanction à toutes les prescriptions de celui qui était appelé, trente ans plus tard, *l'abbé de la ville de Rome*, par un autre pape, par Jean IV, dont Luxeuil tenait son exemption de l'autorité épiscopale. Ainsi adoptée et glorifiée par la papauté, identifiée en quelque sorte avec l'autorité de Rome elle-même, la règle de saint Benoît put voir son ascendant suivre le même progrès que celui de l'Église romaine...

« Sans affaiblir la valeur de cette explication, on pourrait aussi reconnaître une autre raison du phénomène qui fit, avant un siècle écoulé, s'éclipser la règle et le nom de Colomban, et transforma en monastères bénédictins toutes les fondations dues à la puissante propagande de l'apôtre irlandais. On peut croire que la cause qui a produit en Occident la suprématie de saint Benoît sur son illustre rival, est la même qui avait fait prévaloir la règle de saint Basile sur toutes les autres règles monastiques de l'Orient, savoir : la modération, la prudence, l'esprit plus libéral dans le gouvernement. Lorsque les deux règles du Mont-Cassin et de Luxeuil se sont rencontrées, il a dû être manifeste que la dernière était excessive au triple point de vue du régime alimentaire, de la discipline pénale et du mode de gouvernement. Saint Benoît l'a emporté par la force du sens pratique, qui finit toujours par décider de tout.... »

---

APPLICATION DES PAROLES DE L'APOCALYPSE ET DE DANIEL A LA RUINE DE L'EMPIRE MUSULMAN (1) (p. 356, col. 1).

L'Apocalypse ne peut s'appliquer qu'avec beaucoup de réserve à des événements dont l'issue est encore dans les secrets de l'avenir. Rohrbacher est bien affirmatif en précisant l'époque de la ruine définitive de l'empire musulman. Il est vrai que saint Jean, dans l'Apocalypse, et Daniel en ont probablement parlé, qu'ils ont même fixé une limite d'années à cette puissance formidable, qui devait s'élever au bord de la mer sous la forme d'une bête monstrueuse. Cette opinion s'appuie principalement sur l'interprétation du vénérable Holzhauzer. Daniel dit que ce monstre (2) sorti de celui qui figurait les Romains, proférera de grandes choses de sa bouche pleine de blasphèmes, qu'il s'imaginera pouvoir changer les temps et les lois, et qu'il dominera pendant un an, deux ans et la moitié d'une année : c'est ainsi qu'on explique ses dernières paroles : *usque ad tempus et tempora et dimidium temporis*. Saint Jean, revoyant le même monstre avec des caractères un peu différents, marque aussi que sa bouche proférera de grandes choses, d'horribles blasphèmes, et qu'il aura le pouvoir pendant quarante-deux mois (3) ; ce sont exactement les trois ans et demi de Daniel. — L'accord entre les deux prophètes ne saurait être contesté. — Or, d'après le vénérable Holzhauser, ces trois ans et demi ne doivent être pris à la lettre que pour le temps du triomphe de l'Antéchrist ; appliqués au règne de

---

(1) *Les Moines d'Occident*, tom. II, pp. 632-635.

(1) Voir *interprétation de l'Apocalypse* par le vénérable Holzhauser — Traduction du chanoine Vuilleret. Paris, 1857, tom. II, liv. VI, ch. XIII.

(2) — ... Volui diligenter discere de bestia quarta... dentes et ungues ejus ferrei... et de cornu illo, quod habebat os loquens grandia... cornu illud faciebat bellum adversus sanctos et prævalebat eis... putabit quod possit mutare tempora et leges et tradentur ei usque ad tempus et tempora et demidium temporis. — Daniel, cap. VII, v. 17-19 et seq.

(3) Et vidi de mari bestiam ascendentem, habentem capita septem et cornua decem et super cornua diademata... Et vidi unum de capitibus ejus quasi occisum in mortem, et plaga mortis ejus curata est... Et datum est os loquens magna et blasphemias ; et data est ei potestas facere menses quadraginta duos. — Apocal., cap. XIII.

Mahomet, figure de l'Antéchrist, ils comprennent autant d'années qu'il y a de jours dans trois ans et demi, c'est-à-dire 1277 1|2. « La bête, dit-il, « reçut le pouvoir de faire la guerre pendant 42 « mois. Ces 42 mois sont le temps du règne de la « bête. Si l'on en fait l'application à l'empire turc, « il durera autant d'années qu'il y a de jours dans « 42 mois, depuis son origine jusqu'à l'Antéchrist; « et si on l'applique au seul règne de ce fils de « perdition, on doit compter les jours selon leur « sens naturel, de sorte qu'il s'étendrait à trois « ans et demi. Ainsi l'empire turc durera autant « d'années que celui de l'Antéchrist durera de « jours, en y comprenant le temps où la bête sera « comme blessée à mort. Car bien que la bête « doive être blessée à mort, c'est-à-dire que l'em- « pire turc doive éprouver une grande ruine, il ne « périra cependant pas totalement et il en restera « un germe, jusqu'à ce que vienne le fils de per- « dition pour entrer dans le royaume qui lui est « réservé. » A ce compte-là, on arriverait à l'an 1899 pour la fin de la puissance musulmane, si l'on prend pour point de départ la date de l'Hégire 622.

Mais une particularité de la prophétie de saint Jean, et qui n'est point marquée dans celle de Daniel, c'est que la bête figurant le mahométisme reçoit une grave blessure à la tête, et en guérit pour redevenir plus formidable. Ceci, comme on vient de le voir dans les paroles du vénérable Holzhauser, annonce l'anéantissement, pour ainsi dire complet, de l'islamisme, après quoi il se relève et domine sur le monde plus puissamment qu'auparavant.

Sommes-nous témoins aujourd'hui de cette blessure presque mortelle, qui s'aggrave de jour en jour pour l'empire de Mahomet? Les coups que lui a portés l'Europe seront-ils redoublés bientôt jusqu'à ce qu'il ne reste plus qu'un semblant de royaume qui végétera dans l'abjection, puis reprendra des forces extraordinaires et marchera à de nouvelles conquêtes? Tout semble présager une ruine prochaine et voisine de la mort. L'agonie sera-t-elle longue? Il ne le paraît pas. Ni saint Jean ne l'insinue, ni son interprète si éclairé ne le dit positivement; mais celui-ci en affirmant que la maladie suprême du mahométisme est comprise dans les 1277 1/2 de sa durée, ne laisse plus guère qu'une vingtaine d'années à ses dernières convulsions. Toutefois, cette époque peut être encore prolongée du temps de la jeunesse de l'Antéchrist, et il se peut aussi que le point de départ, pour compter les années, doive être reporté à la promulgation du Coran et non à 622. Mais, dans les deux cas, nous toucherions également aux grandes catastrophes de l'Islamisme.

Voici comment le vénérable Holzhauser les caractérise encore avec la résurrection subséquente de l'empire turc. « Il est dit qu'une des têtes était « comme blessée à mort, c'est-à-dire que la bête « recevra une plaie mortelle, parce qu'il arrivera, « en effet, que l'empire turc ou l'empire de Ma- « homet éprouvera une grande défaite et une ruine « presque complète, au point qu'il sera comme « anéanti, puisqu'il n'en restera qu'une portion « comme un petit royaume. Mais l'Antéchrist re- « lèvera cet empire; car il en occupera le trône et « réparera toutes ses pertes; il l'agrandira même « immensément, beaucoup plus qu'il ne l'aura ja- « mais été auparavant. L'Antéchrist naîtra et ti- « rera son origine des restes de cet empire mis en « ruine. On peut voir dans les prophéties citées « plus haut que Daniel dit la même chose, lors- « que, parlant avec une grande admiration de « cette petite corne qui s'éleva du milieu des dix « autres, il ajoute qu'elle avait des yeux sembla- « bles à ceux d'un homme et une bouche profé- « rant de grandes choses, et que cette corne était « plus grande que les autres (1). » D'après cette explication, l'Antéchrist ne viendrait au monde que quand le royaume des Turcs serait réduit à son dernier lambeau.

Il est prudent, toutefois, de n'admettre qu'avec circonspection des calculs précis sur ces graves événements (2).

LE MAHOMÉTISME (pp. 367, 371 et 420).

Au moment où nous voyons le mahométisme expirant à Constantinople, il n'est pas inopportun de jeter un coup d'œil rétrospectif sur l'histoire de la cruauté et de la barbarie de cette religion qui a été si fatalement funeste aux progrès de la civilisation. Il y a treize siècles, un grand Etat florissait sur les bords de l'Oronte. Par sa situation géographique, il formait un des anneaux indispensables de la chaîne qui rattachait le commerce et l'industrie de l'Occident au commerce et à l'industrie de l'Orient, et l'or de l'étranger y affluait par tous les canaux qu'ouvraient l'intelligence et l'industrie de ses habitants. Mais cette prospérité matérielle ne suffit pas à un peuple qui sut de bonne heure allier l'esprit positif au génie des arts et des sciences, éléments constitutifs de la vraie gloire de toute nation généreuse. La Grèce avait civilisé Rome, les Séleucides civilisèrent la Syrie. Pendant la longue domination de cette dynastie, l'hellénisme se développa rapidement sur le sol propice de la Syrie; le goût des arts jeta les richesses du commerce dans un moule nouveau; il peupla les villes de statues et fit surgir partout d'innombrables et majestueux édifices, entre lesquels brillaient au premier rang les splendides constructions de Balbek et de Palmyre, encore empreintes des souvenirs d'Odénat et de Zénobie. Et si Rome vainquit par les armes la reine d'Orient, elle fut moralement vaincue à son tour, lorsque le sceptre du monde échut aux empereurs syriens, dont le règne commença avec Septime Sévère et finit avec Alexandre Sévère.

Le christianisme n'avait pas tardé à purifier ces gloires mondaines, à renverser ce qu'elles tenaient du paganisme, à rehausser ce qu'elles avaient de réellement grand. Sa vie, dans ces contrées, n'était pas la vie des catacombes, ni l'existence humiliée, timide, souffrante, qu'on se représente généralement; mais une vie large, opulente, artistique, dans

---

(1) Interprétation de l'Apocalypse, tome II, livre VI, chapitre XIII, verset 2, II.
(2) Voir surtout Dechamp (aujourd'hui archevêque de Malines). Le Christ et les Antechrists dans l'Ecriture, l'histoire et la conscience 1 vol. in-8, Tournai, 1858, Appendices.

de grandes maisons, bâties en grosses pierres de taille, parfaitement aménagées, avec galeries et balcons couverts, beaux jardins plantés de vignes, pressoirs pour faire le vin, cuves et tonneaux de pierre pour le conserver, larges cuisines souterraines, écuries pour les chevaux ; — dans des places entourées de portiques, de bains élégants, de magnifiques édifices à colonnes flanqués de tours, entremêlés de splendides tombeaux.

Antioche, cette grande cité chrétienne, dans laquelle saint Jean Chrysostome prononça ses plus éloquents discours, comptait deux cent mille habitants, comme ce prince des orateurs nous l'assure lui-même.

La Syrie ne formait cependant qu'une bien minime partie de l'Orient chrétien. Rome comptait avec bonheur de nombreux fidèles dans le Haouran ; dans la Mésopotamie, où se réunit, au v° siècle, un concile de quarante évêques ; dans la Perse, dont la partie septentrionale était chrétienne et catholique, et dont le roi, Cosroës I°r, fit avec l'empereur Justinien un traité par lequel il était stipulé que les chrétiens de son royaume pourraient bâtir des églises, célébrer l'office divin, avoir leurs cimetières spéciaux et y enterrer leurs morts avec les cérémonies accoutumées ; dans le Khorassan, — qui correspond à une partie de la Perse orientale, à la principauté de Hérat, au Caboul et à une grande partie de la Boukarie, — pays où l'on comptait, au vi° siècle, un grand nombre d'évêques qui prêchaient la foi chrétienne jusqu'aux frontières actuelles de la Chine, du Thibet et du royaume de Lahore ; dans l'Egypte enfin, qui était toute chrétienne et dont la population montait à sept ou huit millions, d'après Diodore de Sicile et Strabon, ou à vingt millions, si l'on pouvait ajouter foi au chiffre des historiens musulmans. Mais il y a longtemps que cette civilisation a disparu sous le souffle de la destruction et le glaive de la barbarie. — Les scribes du Prophète avaient fait avec orgueil le dénombrement de l'Egypte, au moment où Amrou en effectua la conquête : aujourd'hui il reste à peine trois millions d'habitants. Les savants d'Europe ont récemment fait la remarque que dans la description de l'Egypte par Makrizi, publiée à Boulaq près du Caire, en 1854, il manque la VII° partie, où l'historien musulman traite de la dépopulation de l'Egypte depuis la conquête. Le volume doit avoir été supprimé par les Califes, il y a des siècles (1).

On aurait tort de s'étonner de cette déplorable décadence. Le fatalisme et la barbarie, ce double et éternel cachet du mahométisme, opposent une barrière infranchissable à la civilisation : or, en thèse générale, moins celui-ci se développe, moins l'accroissement de la population est rapide. Chez les Mahométans, elle reste stationnaire ou diminue comme chez les nations les plus barbares. Aussi tandis que l'Inde, la Chine et le Japon nourrissent une population relative à peu près aussi forte que celle des États de l'Europe occidentale, l'empire turc en a une dix fois moins nombreuse.

Mais là n'est pas le seul crime qui fera maudire à jamais les dogmes délétères du Coran et les victoires funestes des sectateurs de Mahomet. De quelle profonde amertume notre cœur ne doit-il pas être pénétré, lorsque nous songeons que, sans l'invasion des Mahométans, le Christianisme aurait, depuis dix siècles peut-être, poussé ses paisibles conquêtes bien avant dans l'Inde et la Chine et propagé dans l'extrême Orient les principes civilisateurs qu'il porte dans son sein ! Par l'action funeste du mahométisme, la religion chrétienne, incompatible avec la cruauté et le despotisme, a été étouffée dans toutes ces riches contrées, et il n'en est resté pour tout débris que les petites églises nestorienne et monophysite, qui sont devenues de plus en plus informes au milieu de l'ignorance qui les pousse de toutes parts et qui, depuis tant de siècles, a rompu les rapports établis, dès le temps des Romains, entre l'Orient et l'Occident (1); car, dès le commencement du vii° siècle, les Musulmans ont entouré l'Europe d'une sorte de cordon au sud et au sud-est, et anéanti toute relation commerciale et scientifique avec l'Asie et l'Afrique, jusqu'à la découverte du cap de Bonne-Espérance.

Antioche avait été prise et détruite en 540, par Cosroës-Anouchirvan, qui cependant respecta la vie de ses habitants et leur bâtit une autre ville dans ses États. Sept ans après, elle fut reconstruite avec luxe par l'empereur Justinien ; elle trembla de nouveau devant Alamondar, roi des Sarrazins, et devant Cosroës II, jusqu'à ce qu'enfin l'empereur Héraclius sortit de sa léthargie en 624. Depuis lors les Perses n'obtinrent plus une seule victoire, et Antioche, ainsi que ses environs, vécut en paix jusqu'à ce que en 634, les Arabes, fanatisés par leur Prophète et par Abou-Beckr, son successeur, se jetèrent sur les contrées florissantes de la Syrie. Ces hordes cruelles et sauvages, dix fois plus terribles que les Normands qui se ruèrent sur la France deux siècles plus tard, mirent tout à feu et à sang. Partout où les chrétiens étaient impuissants à repousser la force par la force, il ne leur restait qu'un parti à prendre, celui de fuir devant les envahisseurs, comme le malheureux surpris par les flammes fuit devant un incendie dévorant, ou comme le voyageur sans défense fuit à l'approche de la bête féroce. En 637, les Arabes s'emparèrent d'Antioche, qui n'avait pas perdu son ancienne splendeur, mais qui ne tarda pas à voir sa nombreuse population réduite au chiffre de quelques mille âmes : ce fut alors aussi, il n'en faut pas douter, que furent abandonnées beaucoup de villes environnantes, moins bien défendues, dont M. le comte de Vogüé a retrouvé plus de cent cinquante, renfermées entre quatre montagnes sur un espace de trente à quarante lieues.

Telles sont les ruines morales et matérielles qu'entraîna avec lui le torrent dévastateur des hordes mahométanes : la Syrie florissante et l'Orient marchant à grands pas vers la civilisation disparurent sous une couche épaisse de ténèbres et de barbarie.

Plusieurs volumes suffiraient à peine pour compléter cette rapide esquisse de la cruauté des sectateurs de Mahomet.

Faut-il parler des sept grandes bibliothèques

---

(1) Cf. *Rapport annuel* de JULES MOHL à la Société asiatique de Paris, 1855, et *Ann. de la philos. chrét.*, t. LI, 1855, p. 439.

(1) Cf. REINAUD, *Relations politiques et commerciales de l'empire romain avec l'Asie orientale pendant les cinq premiers siècles de l'ère chrétienne* dans le *Journal asiatique* de Paris. 1863, pp. 93 et suiv., 297 et suiv.

détruites par les successeurs immédiats du fondateur de l'Islamisme, qui ont fait disparaître à jamais des milliers d'auteurs grecs, syriaques, égyptiens, dont les noms ne sont pas même parvenus jusqu'à nous?

Faut-il parler de la condition malheureuse des femmes et de l'esclavage abrutissant auquel elles sont condamnées chez les prosélytes du Prophète, qui eut neuf épouses à la fois, sans compter les concubines (1)?

Que dirons-nous des empereurs mongols qui étaient mahométans et dont le plus fameux, Tamerlan, est représenté par les historiens arabes comme un disciple fervent de Mahomet? Il avait, disent-ils, une attention scrupuleuse à observer les préceptes de sa loi. Il était toujours entouré de pieux musulmans, il les visitait dévotement partout où il en rencontrait, il témoignait un respect sans bornes pour les ministres de sa religion et pour les descendants du Prophète. Or ce même Tamerlan ordonna de massacrer en une seule fois cent mille de ses esclaves qui l'embarrassaient au siège de Dehli; il fit enterrer vivants quatre mille hommes qui formaient la garnison de Césarée; il éleva presque partout, après la prise des villes, ces trophées abominables, inventés par son fils Miran-Chah, et qui n'étaient autres que de colossales pyramides formées de têtes humaines. A Ispahan, soixante-quinze mille têtes servirent à de semblables trophées, qui eurent leurs pendants à Alep, ainsi qu'à Bagdad, où, après huit jours de carnage, quatre-vingt-dix mille têtes furent rassemblées en cent vingt pyramides, chacune de dix coudées de haut et de vingt coudées de circuit.

On croirait peut-être que là est l'extrême limite des atrocités musulmanes. Qu'on se détrompe : après avoir pris Sebzévar, ville du Khorassan qui s'était révoltée, le pieux et dévot Tamerlan en fit périr tous les habitants, à l'exception de deux mille qu'il fit prisonniers. Ces infortunés crurent peut-être un instant avoir échappé au sort cruel de leurs concitoyens ; mais, par un raffinement de barbarie que l'imagination la plus sanguinaire ne saurait concevoir, ils furent entassés tout vivants les uns sur les autres avec du mortier et de la brique, pour servir de matériaux à la construction de plusieurs pyramides nouvelles, qui devaient une fois de plus faire vouer le mahométisme à l'éternelle exécration de l'humanité entière.

---

DE LA MANIÈRE DONT FUT COMPOSÉ LE CORAN (2)
(p 370. col. 2).

Mahomet a toujours affirmé que le Coran lui avait été donné par une révélation du ciel, dans ses entretiens avec l'archange Gabriel. Ses compagnons et ses femmes l'ont vu plusieurs fois dans les accès d'un mal singulier, qui offre tous les symptômes de l'épilepsie, et, c'est au sortir de ces attaques terribles qu'il prétendait avoir eu la visite de l'archange apportant un chapitre du Coran. Le démon s'est-il transfiguré pour lui en ange de lumière, et lui a-t-il, en plusieurs circonstances, inspiré les traits principaux de sa religion ? On peut le penser, quoique la plupart des pages qu'il disait descendues du ciel, soient évidemment le fruit de ses lectures dans les livres juifs et chrétiens ou de ses méditations dans la caverne du mont Héra. Il y a, en effet, de ces sentences, de ces idées capitales, dans cet étrange livre, qui sont si bien les ruses de guerre de Satan, mises en œuvre dès l'origine du christianisme, qu'on ne peut s'empêcher d'y reconnaître le génie diabolique. C'est lui, par exemple, qui a soufflé au cœur du voyant cette devise impie : « Il n'y a de Dieu que Dieu et Mahomet est son prophète ! » Elle était dirigée contre Jésus-Christ, dont elle éliminait la divinité et rabaissait la personnalité, malgré les termes respectueux dont il est qualifié dans le Coran lui-même.

Pour s'en convaincre, il faut se rappeler la part que le démon a toujours prise dans les grandes luttes contre le christianisme, et en particulier dans celle qui fut si ardemment conduite par les musulmans. Le prophète Daniel (1) et saint Jean, dans l'Apocalypse (2), avaient, au dire d'interprètes autorisés, annoncé leur puissance terrible sous l'image d'une bête sortant de la mer, après celle qui figurait l'empire romain, et proférant des blasphèmes pendant qu'elle prévalait contre les serviteurs de Dieu. De l'avis des théologiens, le vénérable Holzhauser a répandu de la lumière sur ces prédictions mystérieuses ; il semble même avoir eu des communications spéciales de l'Esprit-Saint pour en donner l'interprétation. Or, en les appliquant à Mahomet et à son empire, il montre comment les traits principaux s'en sont réalisés dans ce faux prophète, figure de l'Antéchrist (3). Dans sa description du monstre de l'Islamisme et des ravages qu'il doit causer au milieu du peuple chrétien, l'apôtre saint Jean assure, à deux reprises, que son pouvoir lui a été conféré par Satan : *Dedit illi draco virtutem suam* (cap. XIII, v. 2 et 4). C'est donc celui-ci qui a soufflé au cœur du prophète ses idées capitales, c'est lui qui a tracé le plan de la guerre entreprise contre les saints, qui l'anime et la couronne de succès extraordinaire, c'est lui qui, sans doute, fait parler cette bouche pleine de grands mots et de blasphèmes, laquelle avait frappé d'étonnement les deux prophètes : *os loquens magna et blasphemias* (Apocal. XIII, 5).

Dans les persécutions, c'était Satan qui aiguillonnait la cruauté des persécuteurs. Quand il s'aperçut que sa rage ne tournait qu'au profit du christianisme, en multipliant les martyrs, il enga-

---

(1) Barthélemy-Saint-Hilaire, *l'Islamisme*, dans *l'Institut*, 1864, pp. 54, 69 et 70.
(2) Voir le Coran et la Sunna (la tradition mahométane); une dissertation de G. Sale sur le mahométisme publiée en tête du Coran, dans Migne *Les livres sacrés de toutes les religions*, tome I ; — divers articles du *Journal asiatique*, juillet 1842, page 108; mai 1842, page 436; 1843, décembre; — *Vie de Mahomet*, par Savary, 2 vol. Paris, 1783; — id. par Delaporte, 1 vol. Paris, 1878.

(1) Daniel, c. VII, v. 17, 19 et seq. — Hæc bestia magna quatuor sunt quæ consurgent de terra. — Volui diligenter discere de bestia quarta...
(2) *Apocal.*, cap. XIII, v. 2 et seq. Et vidi de mari bestiam ascendentem..... Et dedit illi draco virtutem suam et potestatem magnam....
(3) *Interprétation de l'Apocalypse*, par le vénérable Holzhauser, tome II, livre VI, ch. XIII.

gea un autre combat, celui de l'arianisme pour abattre la divinité du Sauveur. La lutte s'étant, après trois siècles, terminée à sa confusion, il la reprit sous une autre forme; cette fois, il devait avoir un succès formidable. La pensée de haine contre le Sauveur est toujours dominante; il en veut à sa divinité, il déploie toutes ses forces et son astuce pour la faire méconnaître aux hommes et pour s'élever au-dessus de lui dans leurs hommages. Il consent, dans l'Islamisme, à lui laisser une place honorable parmi les prophètes, mais à condition qu'il aura lui-même la primauté. C'est toujours le cri que poussa l'ange rebelle, quand il dit : « Je monterai, j'élèverai mon trône au-dessus « des astres; je serai semblable au Très Haut ! » On reconnaît là les visées de Mahomet; qui se place au-dessus du Fils de Dieu.

Peu importe à Satan de faire des concessions, d'avouer que Jésus est un sage, un esprit supérieur à tous les génies, pourvu qu'il le détrône de son piédestal de Dieu véritable : il dit dans le Coran que *Dieu n'a point de Fils*, mais que Jésus est dans le ciel avec Abraham. C'est l'idée que caresse l'impiété dans son extrême audace; M. Renan l'a revêtue de son style.

A plusieurs reprises, Mahomet revient sur la divinité de Jésus-Christ pour la nier; on sent qu'elle est le principal but des attaques du démon qui le guide. Le premier chapitre du Coran débute ainsi : « Dieu a un fils, disent les chrétiens. Loin « de lui ce blasphème. Tout ce qui est dans les « cieux et sur la terre lui appartient (1). » Le cha-« pitre 112 se compose de ces seules sentences. » « Dis, Dieu est un. — Il est éternel. — Il n'a « point enfanté et n'a point été enfanté. — Il n'a « point d'égal (2). »

Les autres passages du Coran où l'âme de Satan a passé, sont, en particulier, ceux qui relèvent les jouissances de la chair comme la félicité suprême du paradis et légitiment toutes les voluptés sensuelles ici-bas. C'est là le caractère de l'Antéchrist; tel qu'il est annoncé par Daniel : « Il sera livré à la concupiscence des femmes (3). » Son précurseur Mahomet devait lui ressembler; ce sont aussi les termes exaltés de l'orgueil du prophète et ses affreux blasphèmes. Daniel et saint Jean l'avaient vu proférant de grandes choses et des abominations contre Dieu (*os magna loquens... et blasphemias in Deum*).

Voici jusqu'où allait son orgueil : « Dieu, di-« sait-il, a créé tous les hommes et m'a fait « le meilleur des hommes ; il a partagé les « hommes en nations et m'a placé dans la meil-« leure tribu; il a divisé les tribus en familles et « m'a fait naître dans la meilleure des familles. « Oui, ma famille est meilleure que les vôtres et « mes aïeux sont meilleurs que vos aïeux. Je suis « le chef et le modèle des hommes et je n'en tire « pas vanité. Je suis le plus éloquent des Arabes ; « c'est moi qui frapperai le premier à la porte du « paradis; car c'est moi le premier dont le tom-« beau s'ouvrira au grand jour. Abraham m'a de-« mandé à Dieu; Jésus m'a annoncé au monde (1); « et ma mère, quand elle m'a enfanté, a vu une « grande lumière de l'Orient à l'Occident. »

Il y avait encore dans ces marques d'inspiration de l'enfer, la cruauté de Satan qui était érigée en vertu par le prophète. « Tuez vos ennemis, di-« sait-il, partout où vous les trouverez. Chassez-« les des lieux d'où ils vous auront chassés. Le « péril de changer de religion est pire que le « meurtre... S'ils vous attaquent, baignez-vous « dans leur sang (2). »

Ces citations suffisent pour montrer quelle parenté l'âme de Mahomet avait avec l'âme du démon, et combien il est à croire que celui-ci, qui lui donna tant de puissance à la guerre (*draco qui dedit potestatem bestiœ*. Apoc. XIII), lui communiqua aussi de ces instincts de férocité, qui n'avaient pu s'assouvir avec les persécuteurs, et de ces conceptions d'orgueil, de débauche, de haine contre Jésus, lesquelles étant réalisées, feraient de ce monde le royaume à souhait de l'ange rebelle. Mais cette assistance spéciale du démon dans l'œuvre de Mahomet, pour en inspirer les idées dominantes, pour en favoriser l'application et le succès, alla-t-elle jusqu'à des révélations véritables de certains passages du Coran? Il serait difficile de le déterminer.

II

D'abord il est certain que le prophète était atteint d'épilepsie. On avait prétendu que c'était une invention des chrétiens, répandue la première fois par l'historien grec Théophane; mais les écrivains arabes sont là-dessus très catégoriques et ils invoquent des témoignages contemporains. Le *Journal asiatique* en a recueilli, qu'il trouve tout à fait péremptoires. Il s'exprime de la sorte (3) : « Les « passages suivants de la biographie de Mahomet « par Ali Helebi, (n° 285 des manuscrits du duc de « Gotha), composée presque entièrement d'extraits « des ouvrages les plus anciens et les plus dignes « de foi, ne nous permettent plus d'accuser Théo-« phane et ceux qui l'ont suivi, de calomnie, au « sujet de l'épilepsie de Mahomet. — On lit dans « le chapitre concernant la première révélation de « Mahomet :

« Ibn Ishak, auteur du Sirat Arrasûl (4), rap-« porte, d'après ses maîtres, que le prophète, « auquel Dieu veuille être propice ! fut guéri du « mauvais œil, pendant qu'il se trouvait à La « Mecque, avant que le Coran lui fût révélé. Quand « le Coran lui fut révélé, il eut les mêmes accès « dont il était atteint auparavant; cela prouve « qu'avant la révélation du Coran, il avait été saisi « de tremblement ; que ses yeux se fermaient, que « son visage écumait et qu'il mugissait comme un « jeune chameau. Kadidja lui dit alors : « Je veux

---

(1) *Le Coran avec la vie de Mahomet*, par Savary, 1783, tome I, chap. I.
(2) *Ibid.*, tome II, ch. CXII.
(3) Et erit in concupiscentiis feminarum. (Dan. XI, 87.)

(1) Il prétendait que Jésus-Christ l'avait annoncé au monde quand il disait que « Dieu enverrait le Paraclet ! » Il prétendait même que le passage était altéré par les chrétiens, et qu'il y avait son nom au lieu de *Paraclet*. Il faisait lire dans l'Evangile *Périclyte*, c'est-à-dire l'illustre, le fameux, et c'est le sens même de Mahomet en arabe.
(2) *Le Coran avec la vie de Mahomet*, par Savary, ch. II.
(3) *Journal asiatique*, juillet 1842, p. 108.
(4) Voir *Mémoires de l'Académie des Inscriptions*, tome XLVIII, page 490.

« chercher quelqu'un qui te désensorcelle. » Il répondit : « Je n'en ai plus besoin. »

« On lit dans le Khamis (n° 279 des manuscrits de Gotha) : Hareth Ibn Hicham demanda un jour au prophète : De quelle manière te vient la révélation ? Il répondit : Tantôt je vois un ange, sous la forme humaine, qui me parle ; tantôt j'entends seulement un tintement semblable à celui d'une sonnette, et c'est dans cet état que j'éprouve le plus de mal. Quand l'ange me quitte, j'en ai appris ce qu'il venait me révéler. » — Aïscha raconte : « Le prophète devint lourd toutes les fois que l'ange lui apparut ; pendant le plus grand froid, son front fut baigné de sueur, ses yeux devinrent rouges et parfois il mugit comme un jeune chameau. » — Zeid Ibn Thabet raconte : « Quand la révélation descendit sur le prophète, il devint lourd ; un jour sa cuisse tomba sur la mienne et je n'ai jamais vu de cuisse aussi lourde que celle de l'apôtre de Dieu... Quelquefois il eut des révélations quand il se trouva sur son chameau, qui alors commençait à trembler tellement qu'on croyait que ses jambes se briseraient ; mais dans ces cas, il s'agenouillait ordinairement. Aussi souvent que le prophète eut une révélation, on croyait que son âme allait le quitter ; il tombait toujours dans une espèce de défaillance et avait l'air d'un homme ivre. » — Dans le recueil de Moslem, une tradition fondée sur l'autorité d'Abou-Hureïra dit : « Quand la révélation descendait sur le prophète, aucun de nous ne pouvait lever son regard vers lui avant qu'elle fût terminée ; alors son visage écumait, ses yeux se fermaient, quelquefois il mugissait comme un jeune chameau. » — Selon une autre version, il se fâchait d'être regardé.

De ces passages il ressort que Mahomet tombait fréquemment dans des attaques d'épilepsie et qu'il les donnait pour des moments de conversation avec l'archange Gabriel ou de révélation divine. Ses femmes et ses disciples feignirent d'en être persuadés ; quelques-uns le furent peut-être en effet. Lui-même imagina la supercherie pour cacher la honte que lui causait son affreux mal, puisque l'un des siens remarqua qu'il était fâché quand on le regardait dans cet état. Ce n'étaient point des apparitions diaboliques. Pour quiconque a lu le Coran, il est manifeste que son auteur avait étudié les livres des Juifs et des chrétiens, qu'il y avait puisé souvent pour combattre l'idolâtrie, établir l'unité de Dieu, tracer des louanges de la vertu et des prescriptions morales. Il professe la plus grande vénération pour Adam, Abraham, Moïse et Jésus-Christ, dont il fait des prophètes aimés de Dieu et placés bien haut dans le paradis. L'histoire de la chute originelle, de la sortie d'Égypte, de l'alliance conclue avec Abraham, y est présentée avec les développements qu'on dirait parfois empruntés à un rabbin juif (1). Ce qui regarde Jésus et l'Évangile y est presque toujours tiré de l'Évangile apocryphe attribué à saint Barnabé. A des considérations très belles et très élevées sur Dieu, sur la résignation à sa volonté, à des pages pleines d'une éloquence brûlante et qu'on dirait pénétrée d'une sorte de feu sacré d'un poète biblique, il joint des conceptions fades, obscures, des blasphèmes et des provocations à la haine implacable contre les chrétiens. C'est inégal, mouvementé, sans suite et sans cadre déterminé. L'étude et la réflexion y avaient eu beaucoup de part, aussi bien que les fantaisies les plus extravagantes de l'imagination et les explosions de la passion désordonnée. C'est une longue et patiente étude de ces livres qui lui a le plus fécondé l'esprit ; son talent l'a d'ailleurs merveilleusement servi. Est-ce à dire que Satan ne lui ait pas révélé, dicté quelques sentences, quelques expressions, qui trahissent visiblement son intervention ? Non. Il est fort probable qu'il a favorisé son prophète de quelque apparition. Saint Paul nous assure que cet ange de ténèbres se transforme parfois en ange de lumière (*transfigurat se in angelum lucis*). Nous savons que pour tenter le Sauveur, il déroula devant lui un tableau féérique de la richesse et de la gloire du monde, lui promettant tout cela en échange d'un acte d'adoration. Or pouvait-il en moins faire pour son prophète de prédilection, qui devait lui gagner tant d'adorateurs, servir si parfaitement ses jalousies contre le fils de Dieu, et lui conquérir un royaume si parfaitement plongé dans le culte de la chair ? Il était trop content de le voir pour ne pas disposer en sa faveur de tout le pouvoir qui lui est donné, d'autant plus que Daniel et saint Jean affirment qu'il lui communiqua sa force et sa puissance : *dedit illi draco virtutem suam et potestatem magnam* (Apoc. XIII). Jamais les fausses visions et les fausses révélations auxquelles il a souvent recours n'avaient plus de raisons d'être employées, qu'auprès de celui qui devait les invoquer si hautement et avec tant de succès pour remplir une mission de l'enfer.

III

Ce fut au début que Mahomet aurait été probablement visité par Lucifer, transformé en ange de lumière. Il avait médité de longs mois dans la caverne du mont Hérat, où il avait coutume de se retirer seul chaque année à l'époque du Ramadan. L'apparition aurait été des plus fantastiques ; elle aurait surpassé tout ce que les autres saints avaient pu voir, et, selon l'habitude du démon de singer les œuvres de Dieu, c'est l'archange Gabriel qui serait descendu auprès du prophète, comme il était descendu auprès de la sainte Vierge au moment de l'Incarnation ; puis, plus tard, c'est ce glorieux prince de la cour céleste qui l'aurait conduit à travers les régions bienheureuses jusqu'au pied du trône de Dieu. Sans doute, une imagination orientale, douée comme l'était celle de Mahomet, aurait pu concevoir de telles extravagances ; mais elles dépassent les limites que l'homme peut se croire autorisé à franchir pour ne pas être taxé de folie. Lucifer était presque seul capable d'aller jusque-là et de tout faire croire au peuple de l'Islam.

Enhardi par une ou deux de ces apparitions diaboliques, Mahomet se crut tout permis ; il y puisa quelques idées dominantes, qui devaient faire la base de sa religion et exciter le fanatisme. Les mensonges ne lui coûtèrent plus. On n'a pas lieu de

---

(1) Voir en particulier les chapitres II et III du Coran. — Migne, *Les livres sacrés de toutes les religions*, tome I.

penser que l'esprit de Lucifer l'obsédait pendant la composition de ses plus beaux passages du Coran, de ceux qui sont tout pétillants d'une flamme poétique. Il les avait travaillés ; l'inspiration n'était point soudaine, imprévue, comme il s'efforçait de le persuader, en dictant quelques pages au sortir des convulsions de l'épilepsie. Il avait eu le temps d'y songer dans l'intervalle des attaques ; il y mit beaucoup de soins ; les ornements poétiques, la marche cadencée et la rime des versets supposent une grande application aux effets de style. Aussi était-il fier de son éloquence et ne la rapportait-il pas à l'archange Gabriel. « Je suis, disait-il, le plus « éloquent des Arabes, et c'est moi qui frapperai le « premier à la porte du paradis. » Cette intermittence qu'il mettait à produire les chapitres du Coran, outre qu'elle lui laissait le loisir de préparer sa rédaction, paraît aux difficultés qui se présentaient. Avait-il fait un acte répréhensible, était-il pressé par des questions indiscrètes, après quelques jours de réflexion il faisait descendre du ciel des sentences qui le disculpaient et éclaircissaient les obscurités. D'abord il n'autorisait que quatre femmes à tout pieux musulman ; c'était trop peu pour lui ; alors il obtint une dispense motivée du ciel dans une révélation.

Les musulmans sont persuadés que ce style est supérieur à toute éloquence humaine, qu'il est un miracle (1) plus grand que la résurrection d'un mort, et par conséquent à lui seul une preuve irréfragable de la mission divine de Mahomet. Lui-même défie l'homme le plus éloquent de l'Arabie de faire un seul chapitre qui pût être comparé au livre sacré du Coran (2). Il est vrai que la diction passe pour en être tout à fait pure et élégante ; c'est le dialecte des Koreish, qui est le plus joli et le plus noble des Arabes. Un exemple fera sentir en quelle estime est tenue la perfection de style dont le prophète était fier. Peu de temps après sa mort, les poètes jouissaient de la plus haute considération en Arabie. Les meilleurs ouvrages affichés sur la porte du temple de La Mecque, étaient exposés aux regards du public. L'auteur qui, au jugement des maîtres, remportait la palme, était immortalisé. Labid, poète fameux, y avait attaché un poème de sa composition : aucun concurrent n'osait se présenter. On mit à côté de son poème le second chapitre du Coran. Labid, quoique idolâtre, fut saisi d'admiration à la lecture des premiers versets et s'avoua vaincu (3).

Mahomet avait à cœur d'effacer les prophètes de la Bible ; comme l'admiration excitée par leur langage pouvait contribuer à prouver leur mission divine, il s'appliquait à faire circuler dans ses sentences une âme pleine de feu, de poésie, d'idées belles et sublimes, afin que l'on crût y sentir le souffle de Dieu. Il est juste de reconnaître que parfois il y avait réussi, et qui sait si Lucifer ne lui avait pas communiqué quelques inspirations ? Le chapitre II, l'une des plus goûtés des Arabes lettrés, offre des passages qui retiennent encore, dans la traduction, la touche d'un vigoureux talent, soit pour peindre la nature par des images saisissantes et simples à la fois, soit pour subjuguer les esprits par des coups d'autorité. Voici comment il s'exprime sur les infidèles : « Ch. II, v. 15...
« Ceux qui ont acheté l'erreur avec la monnaie de
« la vérité, ne profitent point de leur marché...
« — 16. Ils ressemblent à celui qui a allumé du
« feu ; lorsque le feu a jeté sa clarté sur les objets
« d'alentour et que Dieu l'a enlevé soudain, laissant les hommes dans les ténèbres, ils ne sauraient voir... — 18. Ils ressemblent à ceux qui,
« lorsqu'un gros nuage de ténèbres, de tonnerres
« et d'éclairs, fond du haut des cieux, saisis par
« la frayeur de la mort, se bouchent les oreilles
« de leurs doigts à cause du fracas du tonnerre,
« pendant que le Seigneur enveloppe de tous
« côtés les infidèles... — 19. Peu s'en faut que la
« foudre ne le prive de la vue ; lorsque l'éclair
« brille, ils marchent à sa clarté, et lorsqu'il
« verse l'obscurité sur eux, ils s'arrêtent. Si Dieu
« voulait, il leur ôterait la vue et l'ouïe, car il est
« tout puissant. O hommes ! adorez votre Seigneur,
« celui qui vous a créés et ceux qui vous ont précédés. Croyez-moi... — 20. C'est Dieu qui vous
« a donné la terre pour lit, et élevé la voûte des
« cieux pour abri ; c'est lui qui fait descendre
« l'eau des cieux, qui par elle fait germer les
« fruits destinés à vous nourrir. Ne donnez donc
« point d'associés à Dieu. Vous le savez... — 21.
« Si vous avez des doutes sur le livre que nous
« avons envoyé à votre serviteur, produisez seulement un chapitre au moins pareil à ceux qu'il
« renferme, et appelez, si vous êtes sincères, vos
« témoins que vous invoquez à côté de Dieu... —
« 22. Mais si vous ne le faites pas, et, à coup sûr,
« vous ne le ferez pas, redoutez le feu préparé
« pour les infidèles, le feu dont les hommes et les
« pierres seront l'aliment (1). »

On le voit, au milieu de ses soucis littéraires, Mahomet ne perd pas de vue son but principal, qui était de frapper à la fois l'idolâtrie et le christianisme et de s'imposer comme l'apôtre de Dieu. Quand il disait : « Ne donnez point d'associés à Dieu ! » il visait aussi bien Jésus-Christ que les fausses divinités. Il peint ainsi le jour du jugement :

« Jour des calamités ! jour épouvantable !
« Qui pourrait t'en faire la peinture ?
« Dans ce jour les hommes seront comme des « sauterelles éparses.
« Les montagnes ressembleront à des amas de « laine diversement colorée.
« Celui dont les œuvres seront de poids, jouira de « la félicité.
« Celui dont les œuvres seront légères sera pré- « cipité dans l'abîme.
« Qui nous donnera une idée de l'abîme ?
« C'est le feu le plus dévorant (2).
« On dirait une citation des sibylles annonçant la fin du monde. »

---

(1) Ils expriment cette idée dans leurs commentaires sur le Coran. Voir Ahmed Abd Alhalim, apud Marac, de Alcor., page 438.
(2) Voir le Coran, chap. I-II et XI en particulier.
(3) Le Coran avec la vie de Mahomet, par Savary. Paris, 1783, tome I

(1) Le Koran, traduction de M. Kasiminski, chapitre II (collection Migne.)
(2) Le Coran, etc., par Savary, Paris, 1783, t. II, ch. CI, le Jour des Calamités.

## IV — (1).

C'est pour les mahométans un article de foi que la première copie du Coran a été de toute éternité auprès du trône de Dieu, écrite sur une table d'une vaste étendue, nommée la table conservée, qui contient aussi les décrets de Dieu sur le passé et sur l'avenir; qu'une copie de cette table, écrite dans un volume de papier, fut apportée par l'ange Gabriel dans le ciel le plus bas, au mois du Ramadan, la nuit appelée Alkadr, ou du Pouvoir (Coran, ch. 97); que de ce ciel le plus bas Gabriel l'a communiquée à Mahomet par morceaux, tantôt à la Mecque, tantôt à Médine, durant l'espace de vingt-trois ans, selon que les circonstances le demandaient, lui donnant néanmoins la consolation de lui faire voir une fois par an le volume entier, lequel, à ce qu'ils disent, était relié dans de la soie et orné d'or et de pierres précieuses du paradis. Ils disent que peu de chapitres ont été révélés entiers, la plus grande partie ayant été révélée pêle-mêle et écrite de temps en temps par les secrétaires du prophète; — que les cinq premiers versets du chapitre 96 sont la première portion qui ait été révélée et non le chapitre entier. — Après que les passages nouvellement apportés du ciel avaient été recueillis de la bouche du prophète par son secrétaire, on les communiquait à ses sectateurs qui en prenaient des copies ou les apprenaient par cœur. On enfermait les originaux dans un coffre sans les ranger suivant l'ordre des temps, et c'est pourquoi il est incertain à quelle époque plusieurs passages ont été révélés. Abou-Beckr ordonna qu'on rassemblât le tout, écrit sur des feuilles de palmier ou sur des peaux, et en confia la garde à Hafsa, fille d'Omar, veuve du prophète. Le calife Othman fit faire plusieurs copies de celle d'Abou-Beckr.

Il y a sept principales éditions du Coran : deux ont été publiées à Médine, une à la Mecque, une à Koufa. — Après le titre, chaque chapitre, excepté le neuvième, est précédé de la formule : « Au nom du Dieu très miséricordieux. » Ces chapitres, au nombre de 114, sont de longueur très inégales et ont des titres tirés des matières qui y sont traitées, ou des personnes qui y sont mentionnées, ou le plus souvent du premier mot remarquable qui s'y trouve.

Pour expliquer le Coran, il faut être instruit des circonstances où les chapitres ont été révélés : si c'est à la Mecque ou à Médine; s'ils ont été abrogés; si les expressions renferment quelque chose implicitement, si elles rendent tout ce que Dieu veut dire. Les docteurs musulmans réfutent les contradictions et prétendent que Dieu a jugé à propos de révoquer plusieurs choses.

On n'élève pas de doute sur l'authenticité du Coran, ni sur son intégrale conservation. Seulement les Schyites, ou partisans d'Ali, prétendent qu'un chapitre concernant celui-ci fut supprimé par ses adversaires, et ils le retiennent comme la parole de Dieu au même titre que les autres. On y lit ces passages : « C'est Dieu qui a éclairé les cieux et la terre « comme il l'a voulu, qui a fait son choix parmi les « anges et les prophètes, qui a mis ceux ci du nom-« bre des croyants, au milieu de ses créatures. — « Dieu fait ce qu'il veut; il n'y a de Dieu que lui, le « clément, le miséricordieux.

« Parce que Pharaon agit tyranniquement envers « Moïse et envers son frère Aaron, je le submer-« geai dans les eaux, ainsi que tous ceux qui le sui-« virent.

« .. Ali est du nombre des pieux; nous lui ren-« drons son droit au jour du jugement. Nous n'igno-« rons point qu'on veut le frauder. Nous l'avons « honoré au-dessus de toute sa famille. Lui et sa « race sont du nombre des patients, et, certes, « leur ennemi est l'image des pécheurs (1)... »

On conteste l'authenticité du passage et il fournit une arme contre lui-même, car du vivant de Mahomet l'on n'aurait pu dire d'Ali : « Nous n'ignorons point qu'on veut le frauder. » C'était à lui que la succession du prophète semblait dévolue; les intrigues de Fatime, qui lui était opposée, le firent écarter. Le *Journal asiatique*, en le reproduisant, ne se prononce pas sur sa véritable origine. Les disciples de Mahomet, qui apprenaient par cœur les révélations, surent si l'on avait omis les pages exhumées pour la cause d'Ali; mais il est sûr qu'Abou-Beckr devait les ensevelir dans l'oubli.

Il serait curieux de rechercher en quoi le Coran est une contrefaçon des livres de Moïse et de certains chapitres de l'Évangile.

La dissertation de G. Sale, publiée par Migne, en tête du Coran, offre là-dessus quelques rapprochements.

---

OMAR FAIT BRULER LA BIBLIOTHÈQUE D'ALEXANDRIE (2) (p. 376, col. 1).

Aboul-Faradje, qui mourut évêque jacobite sur le siège d'Alep, vers 1298, a raconté l'incendie de la bibliothèque d'Alexandrie. Amrou, après s'être emparé de la ville, avait écrit au calife. Omar lui répondit : « Tu me parles de livres; s'ils ne con-« tiennent que ce qui est déjà dans le livre de Dieu, « ils sont inutiles; s'ils ne s'accordent pas avec « lui, ils sont pernicieux. Ainsi, fais-les brûler. » On a contesté cette assertion. A la fin du siècle dernier, Sainte-Croix recueillit dans le *Magasin encyclopédique* les objections soulevées principalement par l'école encyclopédique (3). En 1875, la polémique s'est réveillée assez vive et avec un nouveau caractère de malveillance contre le christianisme. Cette fois, c'est l'évêque Théophile que l'on a

---

(1) Voir ici la savante dissertation sur le mahométisme, par G. Sale, en tête du Koran publié par Migne.

(1) *Journal asiatique*, mai 1812, p. 436. Passage inédit du Coran publié par M. Garcin de Tassi.

(2) Aboul-Faradje composa deux chroniques ou histoires universelles, écrites, l'une en arabe, allant jusqu'à l'an 1284 de Jésus-Christ; l'autre en syriaque, allant jusqu'en 1297; il y raconte la destruction de la bibliothèque d'Alexandrie. — Voir sur Omar, *Annales Moslemici* traduites par Reiske, Copenhague, 1790; — Caussin de Perceval, *Histoire des Arabes*.

(3) *Magasin encyclopédique*, année V, tom. IV, page 483, article de Sainte-Croix. — La critique allemande avait aussi contesté le fait.

accusé d'avoir été le véritable Omar. Plusieurs journaux se sont efforcés de prouver cette thèse : « Le « farouche Omar n'avait pas pu brûler au VIIe siècle « de notre ère 500,000 volumes que Théo- « phile, évêque chrétien, avait détruits dans un élan « de zèle fanatique, sous l'empire de Théodose, vers « l'an 390 (1). » C'était sur Paul Orose, prêtre espagnol du Ve siècle, auteur d'un livre contre les Païens, *adversus Paganos*, que l'on prétendait appuyer ce vandalisme de Théophile. Mais il n'en est rien ; Paul Orose établit le contraire en rappelant le premier incendie de la bibliothèque d'Alexandrie par les soldats romains d'Achillas, avant la naissance de Jésus-Christ. Voici ses paroles :
« César ayant pacifié la Thessalie, alla à Alexan- « drie. On lui présenta la tête et l'anneau de « Pompée, et, en les voyant, il pleura.... Achillas, « qui s'était souillé du sang de Pompée, méditait la « mort de César. Ayant reçu ordre de congédier son « armée forte de 20,000 hommes, non seulement « il méprisa cet ordre, mais il livra bataille. On mit « le feu à la flotte ; l'incendie se communiqua à « une partie de la ville et consuma *quarante mille « volumes* réunis dans des édifices rapprochés du « foyer de l'incendie. Cette bibliothèque était un « monument de l'étude et du soin des anciens, qui « avaient rassemblé tant d'ouvrages de si illustres « génies.
« En outre, il existe encore aujourd'hui dans les « temples des armoires pleines de livres. *Je les ai « vues*. On raconte que ces armoires ont été détrui- « tes par les nôtres, de notre temps ; mais il vaut « mieux croire que d'autres livres ont été recher- « chés, à l'exemple de ce que l'amour des études « avait inspiré aux anciens, et que c'est ainsi qu'é- « chappa la nouvelle bibliothèque, qui fut comme « l'ancienne composée de quarante mille vo- « lumes... (2). »

Si Paul Orose avait vu, sous Théodose II, des armoires pleines de livres dans les temples d'Alexandrie, c'est que ces armoires n'avaient pas été pillées ni les livres brûlés sous Théodose Ier. Bien plus, à supposer que les chrétiens aient voulu détruire les ouvrages qui renfermaient les superstitions et les rites du paganisme, c'était principalement sur les collections amassées dans les dépendances des temples, qu'ils auraient trouvé une ample moisson.

Cette nouvelle bibliothèque, dont Orose signale la grandeur, avait dû être recueillie par les soins des chrétiens, qui, depuis plus d'un siècle, étaient en possession de l'autorité dans la ville d'Alexandrie. Elle avait eu apparemment pour premier fonds celle qu'on avait reformée après l'incendie de l'ancienne et qu'on avait portée, disait-on, à deux cent mille volumes, provenant surtout des collections faites par les rois de Pergame, et ensuite livrées à Antoine et à Cléopâtre. Un écrivain fort compétent, Philon, a donné un renseignement sur le local où cette seconde bibliothèque aurait été placée. Il raconte qu'après la défaite d'Antoine et de Cléopâtre, on

(1) Voir E. Chastel, *Destinées de la Bibliothèque d'Alexandrie. Lettres à M. le docteur Léon Le Fort*. Paris, Josse, 1875. Cet opuscule traite complètement la question, avec des preuves nouvelles.
(2) Paul Orose *Adversus Paganos historiarum libri septem*. Nos vidimus armoria librorum ; ea in templis extant.

éleva un temple splendide nommé Sébastion, dédié à Auguste, leur vainqueur, et qu'on y mit des bibliothèques (1). Il n'entend pas, sans doute, des recueils d'ouvrages comme il y en avait dans les armoires des temples, mais de grandes collections dignes d'être appelées la *bibliothèque d'Alexandrie*. Or on accuse Théophile et les chrétiens d'avoir saccagé et brûlé le temple de Sérapis où le Sérapion ; ils n'avaient donc pu ainsi détruire la grande bibliothèque du Sébastion.

II

Omar est bien l'auteur du vandalisme qu'on lui attribue. Outre l'autorité d'Aboul-Faradje, que l'on n'a pas lieu de suspecter, puisqu'il puisait à la source des documents et des traditions arabes, on peut invoquer les assertions positives de plus d'un ancien auteur musulman. Abd-Allatif, médecin de Bagdad, a laissé la relation d'un voyage qu'il fit en Égypte l'an 597 de l'hégire (1200), et il affirme avoir vu à Alexandrie des débris de colonnes et de piliers appartenant jadis à l'Académie qu'avait fait construire Alexandre, au moment de la fondation de la ville, et dans l'endroit où était placée la bibliothèque *que brûla Amron-ben-Alas, avec la permission d'Omar* (2). Mackrisi parle en termes plus exprès ; il est vrai qu'il a peut-être suivi Aboul-Faradje.

Ce n'était pas le seul exploit de ce genre qu'on eût à reprocher à Omar. Hadji-Khalfa, dans son *Dictionnaire bibliographique*, cite, à l'article intitulé *De la Science philosophique*, Ebn-Khaldoun, écrivain arabe du VIIIe siècle de l'hégire, et lui emprunte ce passage : « ...Quand les Musulmans eurent con- « quis les provinces de la Perse, et que plusieurs « des livres de cette nation furent tombés en leur « pouvoir, Saad, fils d'Abou-Wakkas, écrivit à Omar, « pour lui demander la permission de les trans- « porter chez les musulmans. La réponse d'Omar « fut : *Jetez-les dans l'eau* ; car, si ce qu'ils con- « tiennent est capable de diriger (vers la vérité), « Dieu nous a dirigés par quelque chose de bien « supérieur à cela ; si, au contraire, ce qu'ils ren- « ferment est propre à égarer, Dieu nous en a « préservés. On jeta donc ces livres dans l'eau et « dans le feu. »

Personne n'était plus décidé qu'Omar à exterminer jusqu'à la dernière fibre les religions étrangères à l'islamisme. C'était un de ces hommes absolus, qui n'admettent pas les moyens termes, et peut-être l'un des musulmans les plus convaincus de la divinité de la mission du prophète. Sa sévérité pour lui-même n'était pas moindre que pour

(1) Philo. *De Virtut*. Edit. 1742. tome II, pages 567-568.
(2) Le voyage d'Abd-Allatif a été traduit par Silvestre de Sacy, et imprimé à Paris en 1810, sous le titre de *Relation de l'Égypte*, in-4°, chez Treuttel und Wurtz. — On y lit, page 183 : « J'ai vu pareillement « autour de la colonne des piliers (à Alexandrie) des restes assez con- « sidérables de ces colonnes, les uns entiers, les autres brisés ; on « pouvait juger encore par ces restes que ces colonnes avaient été « couvertes d'un toit qu'elles soutenaient. Au-dessus de la colonne « des piliers est une coupole supportée par cette colonne. Je pense « que cet édifice était le portique où enseignaient Aristote et après « lui ses disciples ; et que c'était là l'Académie que fit construire « Alexandre, quand il bâtit cette ville, et où était placée la bibliothèque « que brûla Amrou-ben-Alâs, avec la permission d'Omar. » — M. de Sacy a fait sur ce passage une note importante.

les croyants relâchés. L'historien Tabari raconte avec quelle piété il fit le voyage de Jérusalem. — « Il montait un chameau de couleur sombre et se « couvrait d'un vieux vêtement usé ; il portait avec « lui dans deux sacs ses provisions, consistant en « fruits secs, orge, riz, froment bouilli, et, de plus, « une outre pleine d'eau. Chaque fois qu'il s'arrêtait « pour faire un repas, il permettait à ceux qui « l'accompagnaient d'y prendre part, et mangeait « avec eux au même plat de buis ; s'il prenait du « repos, la terre était sa couche..... A son arrivée « au camp, il ordonna de saisir et de traîner dans « la boue les musulmans qui, contrairement à ses « ordres, s'étaient vêtus de tuniques de soie en- « levées aux Grecs. »

On ne fait aucune injure à un tel homme, en croyant au dilemme qu'il avait adressé à son général Amrou pour lui prouver qu'il était nécessaire de réduire en cendres tous les livres différant du Coran. On n'en était point à l'époque où les lettres et les sciences furent cultivées avec tant de succès par les Arabes, et où ils donnèrent l'impulsion à une renaissance littéraire si glorieuse pour le Califat de Cordoue : c'était le temps des conquêtes et de l'extermination.

### III

Est-il possible de savoir ou du moins de conjecturer, avec une certaine vraisemblance, quelle perte fit la science dans l'incendie de cette bibliothèque ? On trouve peu d'indications précises à cet égard. Ammonius, qui écrivait à la fin du $v^e$ siècle, dit qu'il y avait dans la grande bibliothèque d'Alexandrie, 40 livres des *Analytiques* et 2 des *Catégories* d'Aristote. Quarante ans plus tard, son disciple, Jean Philoponus, remarquait que la bibliothèque du Sébastéum pouvait s'être conservée malgré la destruction du Brukhion par Aurélien, et il parle des bibliothèques anciennes (ἐν ταῖς παλαιαῖς Βιβλιοθήκαις), indiquant par là qu'il y en avait plusieurs et que d'autres plus récentes leur avaient été substituées. Un bon nombre des ouvrages conservés dans celle que l'on refit après l'incendie du quartier Brukhion par les soldats d'Achillas, avaient, sans doute, été transcrits et se retrouvaient dans les collections brûlées par Omar, s'ils n'en étaient pas le noyau primitif. Comme ils provenaient des rois de Pergame et de Cléopâtre, ils devaient renfermer des histoires de l'Egypte, de la Phénicie, de Carthage et de la Chaldée. Ils offriraient apparemment d'importants récits sur des époques dont les inscriptions hiéroglyphiques et cunéiformes ne nous donnent que des particularités. Ce que Sanchoniaton et Bérose nous ont laissé par fragments bien incomplets, serait peut-être largement détaillé. L'existence d'annales phéniciennes et d'historiens écrivant en phénicien, tels que Théodote, Hypsicrate, Mochus, ne saurait être niée. De ce vaste corps d'annales tout a péri. Un seul lambeau de Sanchoniaton a surnagé, encore si misérablement altéré qu'il mérite à peine d'être regardé comme une exception dans ce naufrage universel. Les cosmogonies qu'il retrace paraissent avoir été prises, pour la plupart, sur les stèles des temples, comme l'affirment

Porphyre et Philon ; les traditions de Sidon, de Biblos, de Tyr et de Béryte s'y discernent assez nettement. Suidas parle de trois ouvrages de Sanchoniaton ; ils devaient se trouver à Alexandrie.

A ne s'en tenir qu'aux livres grecs et latins, qui étaient dans la circulation ordinaire du monde intellectuel, et qui étaient copiés et gardés avec soin, par les savants d'Alexandrie, on ne saurait assez regretter tout ce qui fut détruit. Là étaient assurément Tite-Live, dont les 140 livres d'Annales sont maintenant réduits à 35 ; Tacite, dont les Annales, monuments du passé depuis la mort d'Auguste jusqu'à celle de Néron, en 16 livres, ont entièrement péri sauf les 4 premiers livres, la deuxième moitié du $V^e$, le $VI^e$, le $XI^e$ et le $XV^e$ et une partie du $XVI^e$, et dont les histoires, racontant les événements contemporains en 20 livres, depuis la mort de Galba jusqu'à la mort de Domitien, ne contiennent plus que les 4 premiers livres et le commencement du $V^e$ ; Cicéron, dont beaucoup de discours et d'œuvres philosophiques ne nous sont connus que par des lambeaux ou des titres ; Varron et des historiens de son époque, dont on rencontre les noms dans les écrivains de Rome. Chez les Grecs les ravages du temps n'ont pas été moins considérables. Sans parler des poètes, des philosophes, qui nous ont légué seulement quelques pages ; Thucydide, Xénophon, Denys d'Halicarnasse et beaucoup d'historiens ne nous sont parvenus qu'à demi. L'histoire des premiers siècles de l'Église qui possédait des richesses dans les Actes des Martyrs, dans les monuments invoqués par Eusèbe, dans la collection même des Actes des Martyrs qu'il avait recueillie à Rome, nous a laissé des lacunes, des incertitudes, des vides, que rien ne saurait réparer. Les manuscrits d'Alexandrie nous eussent sauvé bien des richesses, qui furent anéanties à Rome et en Occident par ces déluges successifs de barbares Alains, Huns, Goths, Vandales, qui balayèrent presque tous les monuments de la civilisation ancienne dans les provinces qu'ils ravagèrent au $V^e$ et au $VI^e$ siècle. L'Orient eut ses vicissitudes ; bien des destructions suivirent celle qu'avait commandée Omar ; mais dès le $V^e$ et le $VI^e$ siècle les couvents de l'Arménie et du Liban, en particulier, transcrivirent beaucoup de manuscrits, et Alexandrie elle-même était en état de conserver ses trésors. Si des livres des Manichéens, des hérésiarques et des Mages furent heureusement détruits, l'on peut affirmer qu'Omar causa aux lettres profanes et chrétiennes un désastre irréparable.

LA QUESTION D'HONORIUS (1) (p. 386, col. 1).

La question d'Honorius a été le principal champ de bataille des adversaires de l'infaillibilité pontificale. Très compliquée dans ses phases diverses, aggravée encore par la ruse des évêques orientaux jaloux de la suprématie romaine, elle demande à être éclaircie

---

(1) Voir en particulier : *La cause d'Honorius*, documents originaux avec notes et conclusion, par MM. Arthur Loth et Weill, Paris, 1870, in-4 ; *La tradition catholique sur l'Infaillibilité pontificale*, tome II, page 268, et la Bibliographie insérée par M. Loth à la fin de son ouvrage.

d'après les documents originaux; et à l'aide des données de l'histoire, qui révèlent les dispositions des esprits et les manœuvres employées au moment de la condamnation du pontife. MM. Arthur Loth et Weill ont reproduit les documents du procès en grec et en latin. M. Loth les a discutés et en a déduit les conséquences dans un travail très approfondi, *la Cause d'Honorius*, qui fait la part de la faute et laisse absolument intacte l'autorité du pontife parlant *ex cathedra*; Mgr de La Tour d'Auvergne les a étudiés en dernier lieu sous toutes les faces dans son importante exposition de la *Tradition Catholique sur l'Infaillibilité*; il les fait suivre de deux appréciations nouvelles du P. Colombier et de l'abbé Darras, et dégage l'imprudence d'Honorius de tout ce qu'elle aurait de compromettant pour l'enseignement infaillible des papes. — Suivons avec eux les points saillants du débat :

### LES LETTRES D'HONORIUS.

#### I

Sergius, patriarche de Constantinople, avait écrit à Honorius une lettre pleine de déférence dans les termes, et, au fond, pleine de ruse et d'artifice, pour avoir son avis sur une question qui venait, disait-il, de se produire et qui avait déjà, depuis plusieurs années, agité les esprits. Lui-même s'y était engagé, et avait manifestement penché vers l'opinion d'une *seule opération et d'une seule volonté en Jésus-Christ*, opinion professée dès 615 par Théodore de Pharan, dans une écrit communiqué à Sergius. Il prétextait le trouble causé dans les Églises d'Orient par les discussions ardentes, pour insinuer qu'il valait beaucoup mieux garder le silence et ne s'expliquer nettement ni sur *une* ni sur *deux opérations*, ni sur *une* ou *deux volontés en Jésus-Christ*. Des sectes répandues à Alexandrie et dans les provinces de l'Egypte, s'étant réunies à l'Eglise et ayant adhéré au Concile œcuménique de Chalcédoine, c'était, à son avis, compromettre leur retour dans le sein de l'unité, que de perpétuer des controverses où le dogme avait moins de part que les mots. En réalité, il savait mieux que personne combien ce silence profiterait à l'hérésie, et son désir, mal dissimulé, était d'amener le pontife à ne rien décider et à proscrire tout débat sur cette question.

Honorius crut que la prudence lui conseillait d'entrer dans ces vues du patriarche de Constantinople. Dans sa réponse, telle qu'on la lut, plus tard, au VIe concile général, lui fit dit : « Nous avons reçu « la lettre de Votre Fraternité, par laquelle nous « avons appris qu'un certain Sophronius, autrefois « moine, et maintenant, comme nous l'apprenons, « évêque de Jérusalem, a soulevé des querelles et « disputes nouvelles de mots contre notre frère « Cyrus, évêque d'Alexandrie, qui a enseigné aux « hérétiques convertis *une opération* de Notre-Sei- « gneur Jésus-Christ..... Bien que la Divinité « n'ai pu être crucifiée ni rien ressentir des souf- « frances humaines, on dit, à cause des deux natures, « que Dieu a souffert, et que l'humanité est des- « cendue du ciel avec la divinité. De même *nous* « *professons une volonté de Notre-Seigneur Jésus-* « *Christ;* puisque assurément notre nature a été « prise par la divinité sans le péché qui est en elle, « c'est-à-dire notre nature telle qu'elle a été créée « avant le péché et non celle qui a été viciée après « sa chute.....

« Notre Sauveur donc, comme nous l'avons dit, « n'a pas pris la nature qui a péché, qui résiste à la « loi de l'esprit; mais il est venu pour chercher « et sauver ce qui avait péri, c'est-à-dire la nature « humaine qui avait péché. Le Sauveur n'a pas eu « dans ses membres *une loi différente ou une vo-* « *lonté opposée et contraire*, parce que sa naissance « a été au-dessus de la loi de la nature humaine. « Et bien qu'il soit écrit : « Je ne suis pas venu « faire ma volonté, mais celle de mon Père qui m'a « envoyé (Jean. VII) » et encore : « Non pas ce que « je veux, mais ce que vous voulez, ô mon Père « Marc. XXVI) », ces expressions et autres sembla- « bles n'impliquent pas *une volonté contraire*, mais « se rapportent au mystère de l'humanité prise par « le Verbe..... *Il ne faut pas mettre au nombre des* « *dogmes de l'Eglise ces choses qui n'ont pas été* « *décidées par les conciles*, et que les autorités ca- « noniques n'ont pas jugé à propos d'élucider. Ainsi « donc, que personne n'ose prendre sur lui de « publier *une ou deux opérations* en Notre-Seigneur « Jésus-Christ; car ni les Évangiles, ni les écrits des « apôtres, ni les décrets des conciles ne paraissent « avoir rien défini à cet égard. Que si quelques-uns, « comme nous l'avons dit, ont, en balbutiant là- « dessus, enseigné certaines choses par condescen- « dance, pour former l'esprit et les idées de ceux « qui sont encore enfants, *il ne convient pas de* « *transformer en dogmes de l'Eglise ces choses* « *que chacun, selon sa manière de concevoir,* « *exprime comme son opinion particulière*. Que « Notre-Seigneur Jésus-Christ, Fils et Verbe de Dieu, « par qui tout a été fait, soit en tout un seul et « même opérateur, opérant parfaitement les œuvres « divines et les œuvres humaines, c'est ce que les « saintes Ecritures montrent parfaitement. Mais « quant à conclure des œuvres de la divinité et de « celles de l'humanité, qu'il faille dire et concevoir « une ou deux opérations, cela ne nous regarde « nullement; et nous laissons cela aux grammairiens « ou aux rhéteurs.....

« En effet, nous n'avons pas appris dans les « saintes Ecritures qu'il y ait une ou deux opéra- « tions de Notre-Seigneur Jésus-Christ et de son « divin Esprit; mais nous savons qu'il a opéré de « plusieurs manières.....

« Nous devons prendre nos sentiments et nos « inspirations dans les oracles de la divine science, « rejetant, en toute certitude, les choses qui par la « nouveauté des expressions, arrivent à produire du « scandale dans la sainte Eglise de Dieu, de peur « que les simples, *choqués de l'expression de deux* « *énergies, n'aillent croire que nous* adhérons à la « folle opinion de Nestorius; ou que, d'une autre « côté, *si nous estimons qu'il faut confesser une* « *opération en Notre-Seigneur Jésus-Christ*, nous « ne paraissions aux oreilles étonnées, reconnaître « l'erreur insensée d'Eutychès. Gardons-nous de « raviver de nouvelles flammes du milieu des « cendres de ces questions brûlantes, dont les « vains et faibles arguments sont consumés. *Pro-*

« fessons simplement et avec vérité qu'un seul et
« même Jésus-Christ Notre-Seigneur, opère dans
« la nature divine et dans la nature humaine... »
Dans la seconde lettre d'Honorius, lue à la douzième session du VIe concile général, on remarque les passages suivants :
« Nous avons également écrit à notre confrère
« Cyrus, évêque d'Alexandrie, de supprimer l'expres-
« sion nouvellement inventée d'une ou de deux
« opérations ; car il ne faut pas laisser de nuageuses
« disputes se répandre et couvrir l'enseignement
« lumineux des Églises de Dieu, mais bien plutôt
« rejeter de la prédication de la foi l'emploi des
« mots, nouvellement introduits, d'une ou de deux
« opérations. Car que prétendent ceux qui en font
« usage, si ce n'est établir une analogie entre les
« expressions correspondantes une ou deux opéra-
« tions et une ou deux natures? Sur ce dernier
« point la sainte Écriture s'exprime clairement ; mais
« qu'en Notre-Seigneur Jésus-Christ, médiateur
« entre Dieu et les hommes, il y ait une ou deux
« opérations, il est absolument oiseux de le cher-
« cher et de le dire..... Il ne faut ni enseigner ni
« définir une ou deux opérations dans le média-
« teur entre Dieu et les hommes. »
Ces lettres sont-elles authentiques ? — Plusieurs les ont contestées en se fondant principalement sur un écrit du pape saint Agathon, mort le 10 janvier 682... Il y déclare : « Que l'Église romaine n'a
« jamais été détournée par la plus petite erreur de
« la voie de la vérité..... Qu'on ne l'a jamais vue
« s'écarter de la tradition apostolique... Que, par la
« grâce et l'assistance de Pierre, elle demeure à
« jamais exempte d'erreur ! — Il affirme que tous
« les pontifes apostoliques qui l'ont précédé, ont
« toujours rempli en toute liberté, aux yeux de
« tous, le devoir de confirmer leurs frères... Qu'ils
« n'ont jamais cessé de prier, d'exhorter, d'avertir
« les évêques de Constantinople de renoncer, au
« moins par le silence, à la profession coupable d'un
« dogme hérétique (1). » Ce document, adressé aux Pères du VIe concile général à Constantinople, ne souleva aucune réclamation ; bien plus, tous s'écrièrent : Pierre a parlé par la bouche de saint Agathon. Il paraît singulier que ce pape et les Pères assemblés aient ainsi oublié les lettres d'Honorius, si elles avaient été réellement écrites quarante ans auparavant, et ensuite censurées par ce même concile de Constantinople, sur lequel on s'appuie beaucoup pour en garantir la teneur. Mais c'est un argument négatif, ayant seulement la force d'un oubli ou d'une réticence. Les Pères pouvaient prodiguer les marques de déférence à l'égard de saint Agathon, pour adoucir le blâme sévère infligé à la mémoire de son prédécesseur. Quelques-uns pensent que si elles n'ont pas été entièrement supposées, elles ont été du moins falsifiées, et ils invoquent à cet égard le témoignage de l'abbé Jean, secrétaire même d'Honorius. Voici ce que raconte saint Maxime au VIIe siècle : « Un très saint prêtre,
« le seigneur abbé Anastase, un des hommes le
« plus distingués par sa vertu divine et sa grande
« prudence, revenant de Rome l'ancienne, a
« rapporté ceci : Il eut un long entretien avec les
« vénérables prêtres de la grande Église de cette
« ville, à propos de la lettre adressée de chez eux à
« Sergius ; et comme Honorius y avait introduit le
« terme ἕν θέλημα (une seule volonté), ceux-ci en
« furent affligés et prirent sa défense, et parmi eux
« le seigneur abbé Jean, qui fut le pieux secrétaire
« d'Honorius et, d'après son ordre, dicta cette lettre
« en latin, certifia qu'il n'y avait été nullement fait
« mention d'une volonté numériquement et absolu-
« ment une, bien que cette expression se lise dans
« le texte grec, où elle a été mensongèrement intro-
« duite par les traducteurs, et qu'il n'avait pas du
« tout voulu supprimer ou exclure la volonté natu-
« relle de l'humanité du Sauveur ; mais qu'il avait
« seulement éliminé et supprimé la volonté viciée
« qui est en nous (1). »
On allègue, en outre, une falsification des actes du VIe concile général, dans tout ce qui concerne la condamnation d'Honorius. Les Actes du Ve concile général l'ayant été si évidemment que les preuves de la fraude sont palpables, la défiance est assez naturelle à l'égard de ceux du VIe, surtout quand on remarque les suppressions et les mutilations, d'après le récit du Liber pontificalis et d'après la confrontation du texte grec et du texte latin. Mais on répond que s'il y a des altérations de détail, la chose reste dans son fond : les lettres ne seraient donc pas apocryphes. En effet, le pape saint Léon II confirma le 7 mai 683 les décisions des Pères de Constantinople, dans des termes qui ne laissent aucun doute sur la conduite bien connue d'Honorius, ni sur la condamnation prononcée contre ses écrits ; et il est assez difficile de croire que ce document aussi ait été inventé ou interpolé. S'adressant à l'empereur, le pape lui dit : « ...Ce grand et
« œcuménique concile que votre Clémence a réuni
« et auquel, pour le service de Dieu, elle a voulu
« présider, ayant embrassé en tout la doctrine des
« Apôtres et des Pères, ayant reçu avec respect la
« définition dogmatique promulguée par le siège du
« bienheureux apôtre Pierre, dont malgré notre
« indignité nous tenons la place : à notre tour, nous,
« et par notre ministère, le vénérable Siège aposto-
« lique lui-même, nous approuvons le décret du
« concile. Par l'autorité du bienheureux Pierre,
« nous le confirmons comme sur la solidité im-
« muable de la Pierre posée par Jésus-Christ pour
« fondement à son Église..... Nous anathémati-
« sons également les inventeurs de la nouvelle
« hérésie, savoir : Théodore de Pharan, Cyrus
« d'Alexandrie, Sergius, Pyrrhus, Paul et Pierre,
« évêques ou plutôt dévastateurs de l'Église de
« Constantinople, traîtres plutôt que pontifes... et
« aussi Honorius, qui ne s'est pas efforcé de puri-
« fier l'Église apostolique par l'enseignement de
« la tradition des apôtres, mais a laissé souiller
« la foi immaculée par la trahison profane (2). »
Le pontife use de circonspection envers son prédécesseur, on s'aperçoit qu'il ne le traite pas comme les autres ; mais il reconnaît pleinement son erreur. Quant au concile de Constantinople, qui reproduisit toutes les pièces, les discuta et prononça les anathèmes, certaines sessions purent être supprimées

---

(1) Labbe, Concil., tom VI. S. Agathonis epist.

(1) Migne, Patrol. S. Maximini Opera.
(2) Labbe, Concil., tome VI, col. 1109.

dans les Actes, des copies de décrets purent être inexactes; mais il n'est pas probable qu'il y ait eu de falsification proprement dite. En effet, il aurait fallu que tous les évêques présents à Constantinople, les légats du Saint-Siège, le Saint-Siège lui-même et l'empereur, eussent été de connivence pour falsifier les cinq textes, qui furent envoyés aux grandes Églises. Qu'un hérétique, tel que Théodore, ait été condamné par le VIe concile et soit parvenu à effacer ou à faire effacer son nom, l'on a des raisons de le croire ; mais que le nom d'Honorius ait été substitué à sa place avec toutes les conséquences de sa condamnation, c'est ce que nulle assemblée, même très malveillante à l'égard du Saint-Siège, n'eût consenti à confirmer de son autorité. Si des copistes l'avaient tenté, les plus vives réclamations se seraient élevées.

Il n'y aurait donc pas lieu vraisemblablement de récuser les deux lettres d'Honorius, ni la sentence du VIe concile général de Constantinople, qui les frappa d'anathème.

II

Dans quel sens Honorius a-t-il été condamné? — Est-ce comme ayant enseigné l'hérésie dans ses lettres? — Non. — Il ne l'avait pas enseignée; il avait cherché à étouffer la question dès le principe, et il ne la trouvait pas assez élucidée par les conciles et par les anciens Pères, pour être définie. *Il ne faut pas*, disait-il, *mettre au nombre des dogmes de l'Église ces choses qui n'ont pas été décidées par les conciles et que les autorités canoniques n'ont pas jugé à propos d'élucider.* Son tort avait été de ne rien vouloir définir. Assurément c'était un tort considérable et qui laissait croire à un grand nombre qu'Honorius ne voyait pas bien clair dans le fond du débat. Mais il y avait loin de cette abstention à un enseignement hérétique. M. Arthur Loth exprime nettement quelle avait été la pensée du pontife en parlant d'une *seule volonté de Notre-Seigneur.* « On cite une phrase de la première
« lettre d'Honorius où l'on croit, dit-il, reconnaître
« particulièrement la formule hérétique du mono-
« thélisme. La voici : « De même nous professons
« *une volonté de Notre-Seigneur Jésus-Christ,*
« *puisqu'assurément notre nature a été prise par*
« *la divinité sans le péché qui est en elle, c'est-à-*
« *dire notre nature telle qu'elle a été créée avant*
« *le péché, et non celle qui a été viciée après la*
« *chute.* »
« En replaçant cette phrase isolée dans le con-
« texte et en ne la séparant pas de la suite du rai-
« sonnement, il est impossible d'y voir une formule
« ni même une pensée hérétique ; car Honorius n'a
« point voulu exclure par là la volonté humaine
« propre à la nature humaine du Verbe. Quelle est en
« effet la volonté qu'il exclut ici ? Est-ce la volonté
« humaine ? Non, puisqu'il dit que Notre-Seigneur
« a pris notre nature telle qu'elle était avant le
« péché. Le Verbe fait chair a donc pris la volonté
« originelle. Mais ce qu'il n'a pas pris de notre
« nature, c'est la volonté viciée de cette nature déchue,
« dans laquelle le péché a établi deux volontés con-
« traires, l'une de l'esprit, l'autre de la chair, l'une
« qui nous porte au bien, l'autre qui nous porte au
« mal. Et comme en Jésus-Christ il n'y a point
« d'opposition de volontés contraires, puisqu'il n'a
« pas pris notre nature viciée par le péché, on peut
« dire en un sens qu'il n'y a en lui qu'une volonté,
« concordante et identique à elle-même. C'est ainsi
« que l'a manifestement entendu Honorius, comme
« cela résulte de la pensée et du texte de sa lettre.
« Son raisonnement est clair et sa doctrine ortho-
« doxe. Sergius lui avait fait croire astucieusement
« que les prédicateurs des deux volontés en Jésus-
« Christ, en se servant des expressions nouvelles
« dans le langage théologique *de deux opérations*,
« pour marquer l'action des deux volontés, divine
« et humaine, allaient réellement à admettre deux
« volontés indépendantes et contraires en Jésus-
« Christ. Honorius lui répond, en affirmant l'unité
« de volonté, c'est-à-dire en niant l'opposition de
« la volonté humaine à la volonté divine, parce que
« la volonté de la nature du Christ, affranchie de la
« loi du péché, n'est pas double et contraire comme
« en nous, chez qui l'esprit et la chair se com-
« battent (1). » Le P. Papebroch dit, en parlant des théologiens et des historiens de son temps :
« Tous ceux qui sont orthodoxes, nient que la lettre
« d'Honorius soit entachée de la moindre hérésie. (2) »
Tournély, un des théologiens gallicans les plus autorisés, dit, au XVIIIe siècle : « Presque tous les
« théologiens justifient Honorius de l'hérésie. »
Comment alors faut-il entendre la note d'hérésie dont l'a flétri le VIe concile général ? « Le mot héré-
« tique, comme le fait observer M. Loth, avait en
« ce temps-là un sens générique, qui permettait
« de l'appliquer à des cas bien différents ; il était
« employé pour désigner les fautes de diverse
« nature contre la foi et même contre la discipline
« ecclésiastique. Avec cette largeur d'acception
« donnée au mot, et suivant le langage d'alors,
« Honorius a pu être déclaré hérétique par le concile
« de Constantinople comme Sergius, Pyrrhus et les
« autres monothélites, sans être coupable au même
« titre qu'eux ; il lui suffisait pour cela d'avoir failli
« en quelque chose par simple imprudence de lan-
« gage ou négligence de conduite envers les héré-
« tiques (3). » — Les termes mêmes du décret servent à en déterminer la portée. Voici la sentence formulée dans la treizième session :
« Après avoir lu les lettres dogmatiques de
« Sergius, patriarche de Constantinople, à Cyrus,
« évêque de Phases, et à Honorius, autrefois pape
« de l'ancienne Rome, ainsi que la lettre d'Hono-
« rius au même Sergius ; les trouvant tout à fait
« en opposition avec les dogmes apostoliques, les
« définitions des saints conciles et de tous les saints
« Pères autorisés, et en accord avec les fausses
« doctrines des hérétiques, nous les rejetons entiè-
« rement et nous les détestons comme étant perni-
« cieuses pour les âmes.
« Nous avons également décrété de retrancher
« de la sainte Église de Dieu les noms de ceux
« dont nous exécrons les enseignements impies,
« c'est-à-dire de Sergius, autrefois évêque de

---
(1) *Propyl.* I, tome II, page 97.
(2) *La Cause d'Honorius*, page 117.
(3) *Ibidem*, p. 106.

« Constantinople, qui a écrit le premier sur cette
« doctrine impie, et de Cyrus d'Alexandrie, de
« Pyrrhus, de Pierre et de Paul, évêques de Cons-
« tantinople, qui ont aussi embrassé leurs opinions.
« Le très saint et bienheureux Agathon, pape de
« l'ancienne Rome, les a tous mentionnés dans sa
« lettre à l'empereur, les a rejetés comme pro-
« fessant des choses contraires à notre vraie foi ;
« et nous aussi, nous prononçons contre eux
« l'anathème.
« Avec eux, nous avons été d'avis d'exclure
« semblablement de la sainte Église et d'anathé-
« matiser Honorius, autrefois Pape de l'ancienne
« Rome, parce que nous avons reconnu par sa
« lettre à Sergius qu'il s'était entièrement conformé
« à la pensée de celui-ci et avait donné autorité à
« sa doctrine impie. »

Assurément le blâme est sévère : Honorius avait fourni des arguments à la cause des hérétiques et l'on pouvait s'autoriser de son silence pour combattre la saine doctrine ; mais c'était sa manière d'agir qui était surtout réprouvée. Le concile le fait encore mieux sentir dans le discours adressé à l'empereur, à la fin des sessions. « Nous proclamons, disait-il, qu'il y a en Jésus-Christ deux volontés naturelles et deux opérations naturelles, procédant en commun et indivisément. Quant aux nouveautés inutiles de mots et à leurs inventeurs, nous les proscrivons de l'Église, et nous anathématisons justement Théodore de Pharan, Sergius et Paul, Pyrrhus et Pierre, évêques de Constantinople, en outre, Cyrus d'Alexandrie, et avec eux, Honorius, évêque de Rome, pour les avoir assistés en cela (1). ».

On le voit, Honorius est mis à part ; il est condamné comme fauteur de l'hérésie, pour n'avoir pas empêché ce qu'il devait empêcher, pour avoir prescrit le silence quand il devait parler. Au surplus, il est une considération qui atténue encore cette condamnation, c'est que le VI° concile général n'a d'autre portée dans ses décisions que celle que lui a reconnue le pape saint Léon II en le confirmant. Or voici comment s'exprime le pontife à propos d'Honorius :

« Nous anathématisons également les inventeurs
« de la nouvelle erreur, Théodore de Pharan,
« Cyrus d'Alexandrie, Sergius, Pyrrhus, Paul,
« Pierre, intrus plutôt qu'évêques de l'Église de
« Constantinople ; et aussi Honorius, qui ne s'est
« point efforcé de maintenir la pureté de cette
« Église apostolique par l'enseignement de la
« tradition des apôtres, mais qui a permis que cette
« Église sans tache fût souillée par la trahison
« profane (de Sergius) (2). » La lettre qui porte cette déclaration est insérée dans les Actes du VI° concile général sous le titre « d'exemplaire de la lettre
« adressée par le très saint et bienheureux Léon,
« pape de l'ancienne Rome, par laquelle il confirme
« et approuve les actes et les décrets du saint
« VI° concile œcuménique. » La faute d'Honorius y est caractérisée comme une faute d'imprudence. Dans une lettre aux évêques d'Espagne, le même saint Léon II s'exprime dans des termes plus expressifs :

Tous ceux qui se sont rendus coupables envers « la pureté de la tradition apostolique, ont été
« frappés d'une éternelle condamnation, savoir :
« Théodore de Pharan, Cyrus d'Alexandrie, Sergius,
« Pyrrhus, Paul et Pierre de Constantinople, avec
« *Honorius qui n'a pas éteint la flamme naissante*
« *du dogme hérétique, mais l'a favorisée par sa*
« *négligence.* »

Il ressort abondamment de ces citations que le pape Honorius n'a pas été condamné par le concile général de Constantinople ni par ses successeurs, pour avoir enseigné l'hérésie, mais pour l'avoir favorisée.

Divers auteurs et notamment les théologiens de Wurtzbourg, prétendent qu'Honorius a toujours rempli son devoir, que la sentence portée contre lui n'a été que le fait des Orientaux ; et que, sur ce point, le décret du concile n'a jamais eu *la force œcuménique*. Ils disculpent d'abord entièrement Honorius, d'après les témoignages de saint Martin, de saint Maxime, surtout de saint Agathon, déclarant d'une manière formelle, *que ses prédécesseurs n'ont jamais cessé de prier, d'exhorter, d'avertir les évêques de Constantinople de renoncer, au moins par le silence, à la profession d'un dogme hérétique ;* déclaration qui, dans sa forme générale et absolue, concerne Honorius aussi bien que les autres.

Ils observent ensuite que le pape saint Agathon, en écrivant à l'empereur auquel il envoyait des légats pour assister au VI° concile général, avait dit expressément : « Nous donnons à nos légats
« pouvoir et autorité d'exposer sincèrement à Votre
« Clémence, quand ils en seront requis par elle,
« *et uniquement sur les points qui leur ont été*
« *prescrits*, la tradition de ce Siège apostolique,
« telle qu'elle a été instituée par les pontifes nos
« prédécesseurs, sans qu'ils aient la présomption
« de rien ajouter, ni diminuer, ni changer (1). »

Puis il désigne lui-même les hérétiques qu'il a condamnés dans son synode romain, à savoir : Théodore de Pharan, Cyrus d'Alexandrie, Sergius, Pyrrhus, Paul et Pierre de Constantinople... Il n'est pas dit un mot d'Honorius. N'est-ce pas une preuve que les Pères en le condamnant allaient contre les intentions du Souverain Pontife et par conséquent que leur décision n'était point, à cet égard, revêtue de son autorité ? Ici l'on peut citer à l'appui de cette opinion un discours prononcé au concile de Florence par Cariophyle, évêque d'Iconium. Il répondait à Nilus, métropolitain de Thessalonique, à propos d'Honorius :

« Vous dites qu'Honorius a été condamné par un
« concile œcuménique. Non, vous répondrai-je. Le
« concile était bien œcuménique, il était acéphale
« (sans tête). En voulez-vous la preuve ? Lisez les
« instructions du pape saint Agathon à ses légats.
« Agathon savait, et tout l'univers en était instruit par
« les œuvres de saint Maxime, que les patriarches de
« Constantinople s'obstinaient à compter Honorius
« au nombre des monothélites. Il lui était donc
« facile de prévoir les efforts que feraient les
« Orientaux pour comprendre Honorius dans la
« condamnation des hérétiques. Voilà pourquoi
« saint Agathon, trois fois de suite, dans sa lettre

---

(1) Labbe, *Concil.*, tome VI, col. 1053.
(2) Id., *ibid.*, col. 1117.

(1) Labbe, *Conci*'., tom. VI, col. 684.

« à Constantin, restreint le pouvoir des légats aux termes précis de la décision du synode romain. Il ajoute qu'on ne réussira jamais à prouver que, contrairement aux promesses de Jésus-Christ, le successeur de Pierre se soit jamais écarté de la tradition apostolique, ni qu'il ait sanctionné les innovations de l'hérésie... Donc il est pleinement avéré qu'Honorius ne fut point condamné par un concile œcuménique, mais par une faction d'Orientaux (1). »

On objecte, il est vrai, la formule de profession de foi, conservée dans le *Liber diurnus* et dont les papes auraient fait usage en prenant possession du trône pontifical. Dans cette formule Honorius est rangé parmi les hérétiques (2). Mais il est démontré que les papes se servaient d'une autre formule : celle-là ne fut peut-être jamais employée. Yves de Chartres et Gratien citent la véritable, qui ne contient pas le nom d'Honorius (3).

On objecte encore la mention faite autrefois dans le Bréviaire romain de la condamnation d'Honorius : c'est assurément une autorité considérable ; mais ce n'est point un décret émané d'un Souverain Pontife. Le Bréviaire romain a suivi en cela le *Liber pontifcalis*, vraisemblablement interpolé. On sent dans ces nombreux documents la malveillance des Orientaux pour aggraver la censure qu'avait pu mériter un pontife de Rome ; toutefois la culpabilité d'Honorius, sa condamnation par le VI⁰ concile général et par le pape saint Léon II, ne peuvent pas être absolument niées. En les admettant d'ailleurs, on ne porte pas atteinte à l'infaillibilité pontificale, telle que l'ont définie les Pères du Vatican.

## III

Quand même on prétendrait que le pape Honorius ne s'est pas senti suffisamment éclairé pour décider la question, et n'a pas vu tout de suite dans l'Ecriture sainte, ni dans la tradition, des arguments assez péremptoires contre le monothélisme, son infaillibilité reste encore solide ; le concile du Vatican n'a pas déclaré qu'elle doive être miraculeuse, instantanée, et le dispenser d'étudier les questions, d'interroger avec soin les Livres saints, les décrets des conciles et les écrits des saints Pères. En disant dans sa première lettre : « Que personne n'ose prendre sur lui de publier une ou deux opérations en Notre-Seigneur Jésus-Christ, car ni les Evangiles ni les écrits des apôtres, ni les décrets des conciles ne paraissent avoir rien défini à cet égard, » il montrait apparemment qu'il se trouvait jeté sur un terrain qu'il n'avait pas encore eu le temps de bien explorer, et, n'ayant pas l'intention lui-même de donner une définition dogmatique, il ne compromettait pas le docteur parlant *ex cathedrâ* pour enseigner l'Eglise universelle. Il ne s'adressait qu'à Sergius, lui traçant des règles de prudence mal en harmonie avec la situation du moment ; il répondait par des lettres privées à une consultation particulière : nul n'a jamais prétendu que le pape, comme théologien ou directeur privé, soit à l'abri de toute méprise.

On a des preuves manifestes que le pape Honorius n'entendait pas rendre un décret *ex cathedrâ* pour l'Eglise universelle. Dès le VIe siècle et, à plus forte raison, au VIIe, la chancellerie romaine avait ses formules propres selon la nature des actes pontificaux. Les *traités de diplomatique* assignent dans ceux de cette époque plusieurs caractères propres, qui distinguent les simples lettres des décisions émanées de l'autorité du Souverain Pontife sur un point de dogme ou de discipline générale. Ces caractères se trouvent principalement dans la suscription, le préambule, la souscription et la date.

« Une lettre apostolique sur un point de dogme ou de discipline, est-elle adressée à l'Eglise (comme aurait pu l'être celle d'Honorius), la suscription est toujours formulée suivant ce modèle plus ou moins amplifié : « *Ille* (nom du pape) *episcopus urbis Romæ*, ou *sanctæ, catholicæ atque romanæ Ecclesiæ, episcopis omnibus in domino salutem.* »

« La suscription, accompagnée tantôt de la conclusion, *salutem et apostolicam benedictionem*, tantôt de la clause de perpétuité, *in perpetuum, ad perpetuam rei memoriam*, est toujours suivie d'un préambule solennel, où l'on voit que le pape parle en vertu de son souverain magistère.

« Si les papes se contentaient de terminer leurs lettres et leurs privilèges par une salutation écrite de leur propre main, ils ne manquaient pas de signer leur nom à la fin des conciles et autres actes publics. Aux VIe, VIIe, et VIIIe siècles, ils le faisaient en cette forme : « (*Ille*) *episcopus sanctæ Ecclesiæ catholicæ atque apostolicæ urbis Romæ huic constituto a nobis facto subscripsi.* »

« Cette souscription autographe du pape tenait lieu de signature et authentiquait l'acte.

« Enfin les lettres officielles et publiques sont toujours datées, tandis que la plupart des lettres particulières ne le sont pas (1). »

Les lettres d'Honorius à Sergius n'offrent aucun de ces caractères extrinsèques d'un acte officiel de la chancellerie romaine.

La première, qui nous a été conservée intégralement, commence ainsi : « Nous avons reçu la lettre de Votre Fraternité, par laquelle nous avons appris, etc. » C'est une formule analogue à celle du *significavit nobis dilectus filius*. Il n'y a ni préambule ni date, et la souscription est également celle des lettres particulières, indiquée dans le *Liber diurnus* : *Que Dieu vous conserve sain et sauf, mon cher et très vénérable frère.*

La suscription de la seconde lettre, dont les Actes du VIe concile ne contiennent que des extraits, porte : *A notre très cher frère Sergius, Honorius.* C'est également la formule des lettres du pape à un patriarche ou à un évêque donnée par le *Liber diurnus.*

Il est donc évident que les lettres d'Honorius, dépourvues des formules et des clauses des actes

---

(1) Voir la traduction de ce discours par l'abbé Darras, *Histoire générale de l'Église*; tome XVI, page 357.
(2) Auctores, vero novi hæretici dogmatis Sergium, Pyrrhum, Paulum et Petrum Constantinopolitanos, una cum Honorio qui pravis eorum assertionibus fomentum impendit... nexu perpetui anathematis devinxerunt. (Édit. de M. de Rozière, page 198.)
(3) Dist. XVI, can. 8.

(1) Voir *La Cause d'Honorius*, p. 113.

publics, sont des lettres particulières. La cause d'Honorius, en définitive, montre en application les réserves apportées par le concile du Vatican à l'infaillibilité pontificale ; mais elle laisse subsister dans toute sa force le privilège annoncé par les paroles du Sauveur à saint Pierre : « J'ai prié pour « toi afin que ta foi ne défaille pas, mais toi étant « converti, confirme tes frères » *Ego rogavi pro te ut non deficiat fides tua; tu vero aliquando conversus confirma fratres tuos.*

« A sa mort, Honorius reçut les hommages réservés aux saints papes ; son nom fut inscrit sur les diptyques de l'Église, et des inscriptions gravées sur son tombeau perpétuèrent les hommages du clergé et du peuple de Rome. Longtemps même la tradition lui décerna çà et là le titre de saint, comme l'attestent de vieux martyrologes et des calendriers du moyen âge, notamment le Martyrologe d'Usuard (1) et un catalogue des papes conservé dans un manuscrit du $X^e$ siècle (2), à la Bibliothèque nationale de Paris, et transcrit sur une ancienne copie. Cette antique canonisation populaire paraît avoir subsisté en France jusqu'au $XV^e$ siècle (3). »

---

SAINT FARON ET LA TONSURE MONASTIQUE (p. 404, c. 1).

Nous apprenons par Rohrbacher que saint Colomban, passant à Meaux, bénit la maison d'un seigneur nommé Chagneric ou Agneric, dont l'un des fils, Cagnoald, était depuis son enfance religieux à Luxeuil et accompagnait le saint abbé dans son exil.

Agneric avait au moins deux autres enfants, un fils et une fille, qui tous deux ont été depuis vénérés par l'Église. Mais nous ne connaissons le nom ni de l'une ni de l'autre. En effet, l'appellation de *Burgundofare*, qui désigne la fille, et le terme de *Faron*, qui désigne le fils, ne sont pas des noms dans le sens propre. *Burgundofare* indique à la fois la haute noblesse et l'origine bourguignonne de la famille, comme qui dirait : la *noble baronne de Bourgogne* (4). *Faro* vient, selon D. Bouquet (5), du mot *Fara*, qui veut dire *génération* ou *ligne*, dans la loi des Lombards. De là est évidemment venu le terme de *baron*, si longtemps employé pour désigner les chefs de l'aristocratie dans tous les pays occupés par les races germaines.

Hildegaire, évêque de Meaux au $IX^e$ siècle, nous rapporte un trait curieux de la vie de saint Faron. Le saint évêque ayant voulu revoir sa femme, dont il avait dû se séparer pour devenir évêque, et qui observait la vie religieuse dans une villa de son patrimoine, celle-ci, de peur d'exciter des regrets dans l'âme de son époux, *se totondit totam cæsariem capitis, in quâ consistebat ornamentum.. corporis* (1). Il résulte de ce texte que les religieuses n'étaient pas alors toujours astreintes, comme les moines, à faire le sacrifice de leur longue chevelure.

On sait par les *Actes des Apôtres* (2) que dès les premiers temps du Christianisme, la tonsure fut reconnue comme symbole des vœux religieux. Lorsque Colomban introduisit sa règle dans les Gaules, il introduisit en même temps la tonsure à l'irlandaise. Cette tonsure consistait à se raser seulement le devant de la tête, d'une oreille à l'autre, sans toucher aux cheveux sur la partie postérieure (3), tandis que les Grecs se rasaient la tête entière, et que les Romains ne se dépouillaient que le sommet du crâne, en laissant les cheveux en forme de couronne autour du bas de la tête. On sait que c'est ce dernier usage qui a fini par prévaloir chez tous les ordres religieux de l'Occident. Du reste, dès 633, le concile de Tolède régla la forme de la tonsure et de ce cercle de cheveux courts autour de la tête, appelé *corona clericalis*. Quant à la tonsure à l'irlandaise, elle fut dénoncée par un certain Agrestin, moine apostat de Luxeuil, aux évêques réunis en concile à Mâcon en 624, et Eustaise, le successeur de Colomban, dut défendre cet usage étrange et étranger ; mais il n'eut pas de suites, puisque la règle de Colomban disparaissait peu après, éliminée par celle de Benoît, dont les religieux avaient la tonsure romaine.

---

LES SAINTS DE LUXEUIL (p. 404, col. 1).

Dans la *Vie des Saints de Franche-Comté*, par les professeurs du collège de Saint-François-Xavier (4), on trouve une note énumérant les saints sortis de la grande abbaye de Luxeuil ; en voici la liste :

Colomban, — Colomban jeune, — Desle, — Lua, — Gall, — Ragnacaire, — Achaire ou Achard, — Valery, — Waldalène, — Sigisbert, — Eustaise, — Cagnoald, — Hermenfray, — Agile, — Donat, — Attale, — Léobard, — Bobolène, — Ursicin, — Waldalène, — Colombin.

---

L'INSCRIPTION DE SY-NGAN-FOU (p. 421 à 423).

C'est avec raison que Rohrbacher insiste sur l'inscription de Sy-Ngan-Fou, qu'il appelle Siang-Fou, cette inscription étant du plus haut intérêt pour l'histoire de l'introduction du christianisme en Chine et dans l'extrême Orient. Mais elle a soulevé d'assez vives critiques. Certains savants, comme M. Pauthier, n'ont voulu y voir « qu'un mélange confus de toutes les doctrines étrangères au confucianisme, qui se

---

(1) Les Bollandistes ont laissé cette note sur Honorius (13 octobre, tom. VI) :
« Romæ depositio S. Honorii papæ hodie in Vaticano apud Sollerium Usuardi auctorio legitur ; verum, ut ait idem Sollerius, majori auctoritate opus erit de cultu aliquo statuatur. »
(2) Biblioth. nat.. Manuscrits latins, n° 1451.
(3) *La Cause d'Honorius*, page 122 et à la fin.
(4) *Burgundiæ Farones vero, tam episcopi quam cæteri leudes...* FRÉDÉGAIRE, c. 41, ap. D. BOUQUET, II, 429. — Au chap. XLIV, il dit en un seul mot, en parlant des seigneurs bourguignons réunis au concile de Bonneuil : *Burgundæfarones*.
(5) Tom. III, tit. XIV. — Cf. Paul Diacre, lib. II, c.

(1) *Acta SS. Ord. S. Benedicti*, tom. II, p. 572.
(2) XVIII, 18. Il s'agit du prince Aquila, qui fut l'hôte de saint Paul à Corinthe.
(3) Le *Chronicon majus* de Fontenelle, conservé à la bibliothèque du Havre, renferme plusieurs miniatures représentant les saints du monastère de Saint-Wandrille, qui suivait la règle de Luxeuil, avec la tonsure à l'irlandaise.
(4) Tom. II, pag. 499. — Ce second volume contient exclusivement les actes des saints de Luxeuil.

produisirent ouvertement en Chine sous le règne d'indifférence et de tolérance religieuse de l'empereur Taï-Tsong. » D'autres, comme M. l'abbé Huc, dans son *Christianisme en Chine*, affirment que « l'abrégé de la doctrine chrétienne que donne l'inscription syro-chinoise de Sy-Ngan-Fou montre que les propagateurs de la foi dans la haute Asie au VIIIe siècle, professaient les erreurs des Nestoriens. » Un ancien consul de France en Chine, M. P. Dabry de Thiersant, répond que M. Huc se trompe en ce que l'inscription est parfaitement catholique; quant à M. Pauthier, il a commis une erreur d'appréciation, car « au point de vue historique, religieux et littéraire, il n'est pas de monument ancien plus remarquable ni plus intéressant par les souvenirs qu'il rappelle en faveur de la religion du Christ. »

Afin de prouver sa thèse, M. Dabry de Thiersant donne une traduction nouvelle de la fameuse inscription, traduction qui diffère essentiellement de toutes celles qui ont paru jusqu'à ce jour. Outre la connaissance personnelle que l'auteur avait de la langue chinoise, il a voulu se faire aider par le chrétien Yu-Yun-Tchong, lettré du consulat de France à Canton. Voici les passages principaux de la traduction de M. de Thiersant ; nous soulignons les phrases qui ont été critiquées :

« INSCRIPTION (1) GRAVÉE SUR UNE PIERRE ET COMPOSÉE PAR LE PRÊTRE KING-TSING DE L'ÉGLISE DE TA-TSING POUR CONSERVER LE SOUVENIR DE L'INTRODUCTION ET DE LA PROPAGATION EN CHINE DE LA RELIGION LUMINEUSE.....

« En vérité, l'Être qui existe par lui-même, vrai, immuable, ayant précédé les premiers êtres, sans commencement, immense, infiniment parfait et intelligent, incorporel, éternel, est en tout merveilleux. Souverain moteur, il a pris en main le mouvement originel et a opéré la création. Tous les saints (les anges) substances spirituelles, intelligentes, tiennent le premier rang parmi les créatures. Mon un en trois (personnes) substance spirituelle, incorporelle, merveilleuse, le premier des premiers, est le vrai Seigneur Oloó (Uoha). Il a établi les quatre parties du monde sous la forme d'une croix. Donnant le mouvement à l'air primogène, il a produit les deux Ky, c'est-à-dire les deux grands principes actifs de l'univers. Tout ce qui était caché, obscur et vide a été changé en clair et en plein ; le ciel et la terre ont paru ; le soleil et la lune ont accompli leurs révolutions et le jour et la nuit ont été faits. Le souverain architecte, après avoir tout créé, a lui-même formé le premier homme, et, le gratifiant particulièrement de la bonté morale naturelle, de la droiture et de la justice originelle, il lui a ordonné de présider aux quatre mers.

« Sa nature originelle, intelligente, était simple et non remplie d'orgueil ; son cœur était pur, large et sans aucuns désirs déréglés. Puis, est survenu Satan qui, usant de ruses et revêtant des formes séduisantes, a attaqué sa simplicité, sa pureté naturelle et qui, méchamment, est parvenu à diviser ce qui en lui était si large, si grand et en même

temps si calme. Le mal alors et l'erreur ont pu pénétrer insensiblement par une légère ouverture, et la nature de l'homme a succombé. Il s'en est suivi que trois cent soixante-cinq sectes...se sont formées...

« Les unes prétendaient qu'il fallait adorer la créature au lieu du créateur.....; d'autres soutenaient que le vide est et qu'il a deux modes (cachés) d'être ; d'autres sacrifiaient en priant pour demander la fortune ; enfin, il y en avait qui faisaient parade de leurs prétendus mérites pour tromper les autres. Intelligents ou bornés, tous ceux qui appartenaient à ces sectes avançaient et reculaient suivant les mouvements de leurs passions, se pressant sans pouvoir atteindre leur but. Le feu qui les animait n'a pas tardé à les dévorer ; obscurcis par les ténèbres, ils ont perdu la voie droite, et, étant restés trop longtemps en dehors d'elle, ils n'ont pu la retrouver.

« C'est pour cela que mon un en trois personnes *a donné sa propre substance, l'illustre et honorable Messiah* (1) *qui, mettant de côté et voilant sa vraie majesté, s'est fait homme et a paru dans le monde*. Un ange du ciel a été délégué pour annoncer, avec ses félicitations, à une femme vierge qu'elle enfanterait un saint dans le royaume de *Ta-Tsing*.

« Une étoile étincelante ayant fait connaître cet heureux événement, les rois mages de Perse, guidés par sa clarté, sont venus offrir au nouveau-né leurs hommages et des présents. Ainsi se sont trouvées accomplies les anciennes prédictions des vingt-quatre saints (prophètes) (2) qui avaient annoncé qu'une suprême doctrine viendrait gouverner et régénérer les familles ainsi que les royaumes. Ils voulaient, par ces expressions, indiquer la nouvelle religion de l'un en trois, esprit pur, qu'on ne peut définir.

« Façonnant comme dans un moule ce qu'on doit croire et pratiquer, le divin ouvrier a perfectionné les bons usages par la vraie foi et a disposé les huit degrés des fins éternelles (3). Purifiant le monde de la poussière qui le souillait, il a achevé la vérité et l'a rendue parfaite. Il a ouvert les trois portes de l'éternité ; il a découvert la vie ; il a détruit la mort. Comme un soleil brillant, il s'est levé sur nous (du haut du ciel) pour briser et éclairer les demeures ténébreuses. Prenant le gouvernail du navire de la miséricorde, il l'a conduit au palais de la lumière, emportant avec lui les âmes des bons et des justes qui purent aborder au vrai rivage. Après avoir manifesté ainsi sa toute-puissance, il est monté au milieu du jour dans son véritable royaume, laissant sur la terre (4) vingt-sept livres sacrés destinés à

---

(1) *Le Catholicisme en Chine au VIIIe siècle de notre ère, avec une traduction de l'inscription de Sy Ngan Fou*, etc... Paris, 1877, in-8 avec planche.

(1) Ici M. Huc traduisait qu'« une des trois personnes de la Trinité s'est communiquée au très illustre et très honorable Messiah, en *voilant Sa Majesté*, » ce qui, en effet, aurait reproduit la doctrine de Nestorius.
La traduction de M. Dabry de Thiersant fournit au contraire un sens catholique.
(2) Parmi les vingt-quatre prophètes sont les quatre grands, les quatorze petits, plus Abraham, Isaac, Jacob, Moïse, Samuel et David, auxquels il faut ajouter Job et Zacharie. Renaudot a combattu cette opinion du P. Kircher, mais un auteur arménien du XIe siècle, Grégoire Magistros écrivant à l'émir Ibrahim sur la foi, dit : Quels furent les actes de l'Incarnation ? Les *vingt-quatre prophètes* ont-ils dit la même chose « que Mahomet ? »
(3) Les huit béatitudes.
(4) Les vingt-sept livres sacrés déclarés canoniques par le concile de Trente étaient déjà admis comme livres sacrés par les églises de Syrie immédiatement après le temps des apôtres ; ils sont reçus comme tels par les Syriens maronites, par les jacobites, les eutychiens, les chrétiens cophtes d'Égypte, par les éthiopiens et les nestoriens.

développer les anciens enseignements et à éclairer l'esprit (ou à élever l'âme). Comme première initiation de la loi, il a établi le baptême, qui, par la purification de l'eau et par l'Esprit-Saint, embellit le corps et lave l'âme de la tache du péché originel, ainsi que de toutes ses souillures. Le sceau de la religion est une croix s'étendant avec quatre pointes brillantes et qui unit sans qu'il puisse être enlevé ou effacé.

« Pour faire appel à charité publique, on frappe (1) sur une tablette de bois. En priant, on se tourne vers l'Orient, regardant le chemin de la gloire des vivants. Les prêtres conservent toute leur barbe pour l'effet extérieur; ils se rasent le sommet de la tête pour montrer qu'à l'intérieur ils n'ont plus de passions;..... sept fois par jour, ils prient pour l'avantage des vivants et des morts. Une fois tous les sept jours, ils font un sacrifice, purifient leur cœur (par la pénitence) et redeviennent blancs (comme neige). La doctrine du vrai, de l'éternel est mystérieuse et difficile à nommer. Mais comme son effet méritoire est d'éclairer, d'illuminer, elle a été appelée KING-KIAO, religion lumineuse ou de la lumière.

« La doctrine (ou la loi divine) seule, sans le saint (l'empereur), ne peut être vaste ni exercer un grand empire. Le saint (l'empereur), sans la doctrine, ne peut être grand. Quand la doctrine et le saint s'accordent et sont unis intimement, tout ce qui est sous le ciel est brillamment éclairé.

« Sous le règne si florissant de Tai-Tsong (2), l'intelligent et sage empereur, est venu du royaume de Ta-Tsing un homme d'une vertu supérieure nommé Olopen, qui a apporté dans cet empire les vrais livres sacrés.

« Se guidant sur les nuages azurés et suivant les lois des vents, Olopen a pu faire un voyage rapide, mais plein de fatigues et de dangers. C'est dans la neuvième année de Tchen-Kouan (636 ap. J.-C.) qu'il a fait son entrée dans Tchang-Ngan..... »

Suivent des détails donnés dans Rohrbacher. Quant à la traduction de l'édit impérial, elle est différente chez M. Dabry de Thiersant, c'est pourquoi nous la reproduisons :

« La vraie loi (religieuse) n'a pas de nom déter-
« miné. Les saints n'ont pas de résidence fixe; ils
« courent le monde, répandant la religion, exhor-
« tant les peuples et secourant en secret la multi-
« tude. Olepen, homme d'une grande vertu, est
« venu du royaume éloigné de Ta-Tsing pour nous
« offrir des livres sacrés contenant une nouvelle
« doctrine dont il nous a expliqué le vrai sens, ainsi
« que des images (se rapportant à cette doctrine).
« En parcourant ces livres, en examinant attentive-
« ment cette doctrine, on reconnaît qu'elle est pro-
« fonde, merveilleuse, parfaite, que son principe
« fondamental est la production et l'achèvement de
« tout ce qui est utile et nécessaire. On constate,
« en outre, que le langage de cette doctrine est
« simple, concis, qu'elle fait oublier (3) l'instru-

« ment en bambou avec lequel on prend le poisson
« pour ne songer qu'au poisson ; enfin que, d'une
« utilité incontestable pour tous les êtres, elle est
« particulièrement profitable à l'homme. Il convient
« de la propager dans tout l'empire. Les magistrats
« de cette ville devront désigner, dans le quartier
« de Yn-Yn-Fang (quartier de la paix et de la
« justice), un endroit pour la construction d'une
« église de Ta-Tsing qui sera desservie par vingt
« et un prêtres.

« Sous la dynastie des Tsong-Tcheou, la vertu
« s'étant éteinte, Lao-Tsée montant sur un kia (char),
« est parti pour les pays d'Occident. Sous cette
« grande dynastie des Tang, le vent de la religion a
« soufflé de l'Occident et est parvenu jusqu'à
« nous...... ».

Viennent ensuite de très curieux et très longs renseignements sur la propagation de la vraie foi. L'empereur Kao-Tsong (650-684) voulut qu'une église de la religion de Ta-Tsing fût construite dans chaque Tchoou (arrondissement). L'empereur Hiuen-Tsong (713-742) ordonna que les cinq princes de la famille impériale se rendissent « personnellement à l'église du bonheur ». L'empereur Sou-Tsong (756-768) « fit bâtir des églises de la religion lumineuse dans la ville de Ling-Vou et autres lieux. » L'empereur Taï-Tsong (763-766) s'efforça « d'étendre les limites du domaine sacré. » L'empereur Te-Tsong ou Kien-Tchong conféra de grands honneurs au prêtre Y-sse..... Voici comment se termine l'inscription de Sy Ngan-Fou :

« Cette inscription a été faite sous la grande dynastie des Tang, en la deuxième année kientchong (781 ap. J.-C.), Te-Tsong étant empereur; le septième jour du mois Tai-tsou, jour férié du grand Yao-San (hosannah, le dimanche).

« Sous l'administration du prêtre-évêque Ning-Tchou, chef de la loi lumineuse pour le Tong-fang (la région orientale).

« Le nommé Lieou-Sieou ayant le titre de Tchao-y-lan, et précédemment celui de Tay-chen-sse-sse-tsan-kin, a écrit l'inscription et l'a gravée. »

Au bas de l'inscription, à droite, on lit, en chinois : « L'examinateur existant, président du tribunal des rites, le prêtre, chef des temples et églises, décoré par l'empereur du Kia-cha : Y-li. »

A droite et au-dessous des caractères chinois, se trouvent des caractères syriaques disant :

« En l'an de l'ère des Grecs 1092, Hanan Jesua, étant père des pères, patriarche catholique, Isdbusaïde, prêtre évêque de Kumden, la capitale de l'empire, fils de Milis, de sainte mémoire, prêtre de la ville de Balch (Tokharestan), a érigé cette table de pierre sur laquelle sont inscrits les actes de notre souverain Rédempteur et ceux de nos pères qui sont venus en Chine pour prêcher la sainte doctrine... »

La liste renferme soixante-six noms.

Il est probable qu'Olopen, dont le nom syriaque Alopeno signifie *retour à Dieu*, était de Damas : c'est du moins la tradition consignée dans plusieurs anciens ouvrages chinois (1).

Pour tout ce qui touche à l'introduction du christianisme dans l'extrême Orient, il faut consulter

---

(1) Allusion à un usage de l'époque.
(2) Taï-Tsong a régné de 627 à 650.
(3) Dans son ouvrage intitulé *Man-hoa-King*, Tchouang-Tsée (338 N. S. J.-C.) dit en se moquant des disciples de Confucius, qui parlaient et écrivaient beaucoup trop sans raison : « Quand on connaît la doctrine, pourquoi parler et écrire inutilement. *Quand l'homme a pris un poisson avec un instrument en bambou et l'a apporté dans sa maison, il ne s'occupe plus de l'instrument, mais du poisson.* »

(1) Vid. Dabry de Thiersant, pag. 23 et 24.

la *Bibliothèque orientale* du docte Assemani. Quant à l'inscription de Sy-Ngan-Fou, elle a été très savamment étudiée par le P. Kircher dans la *China illustrata*.

LA RÈGLE DE SAINT FRUCTUEUX (p. 447, col. 1 et 2).

Les deux Règles composées par saint Fructueux méritent quelques explications.
La première, formée de vingt-cinq chapitres, est pour les moines. Bien qu'elle offre nombre de points de ressemblance avec celle de saint Benoît, elle a toutefois plusieurs statuts particuliers.
La règle commune est destinée aux communautés d'hommes et de femmes, particulièrement pour les maisons qui servaient de retraites, ou à des pères qui s'y retiraient avec leurs fils, ou à des mères qui y venaient avec leurs filles, pour vivre sous sa discipline. Au reste, quoique saint Fructueux reçût des hommes et des femmes dans ces monastères, tous n'étaient pas ensemble dans un même monastère (1). Les hommes étaient seuls, les femmes seules aussi. Il y avait même pour chaque sexe un oratoire particulier. Le tome LXXXVII de la *Patrologie latine* reproduit une notice sur saint Fructueux, d'après Antoine, *Biblioth. vet. Hisp.*, col. 1087; la Règle des moines, et la règle monastique commune, d'après Brockies, *Cod. Regularum*. La lettre à Braulion se trouve au tome LXXX de la *Patrologie latine*, col. 690. Dans le tome LXXXVII, on trouve des vers attribués par quelques-uns à saint Fructueux et qui paraissent plutôt composés à sa louange que par lui; ils sont reproduits d'après Florez *Espagna sagrada*.

SAINT SIGEBERT III, ROI D'AUSTRASIE (p. 450, col. 1).

Nous possédons de Sigebert ou Sigisbert III, roi d'Austrasie, deux lettres à saint Didier et quatre diplômes pour des églises ou des abbayes. On dit que la troisième charte n'est pas authentique. Migne a inséré ces pièces, en les empruntant à Bréquigny, dans le tome LXXXVIII de sa *Patrologie latine*, col. 319.

LES ŒUVRES DE SAINT ÉLOI ET DE SAINT OUEN (pp. 452, 453 et 458).

Ajoutons ici quelques détails sur les écrits de saint Éloi et de saint Ouen ou Audoen. Ce que l'on sait de plus clair sur les discours nombreux prononcés par saint Éloi, vient de la *Vie* du saint écrite par saint Ouen son ami. En effet, saint Ouen y donne en abrégé la doctrine des discours qu'Éloi faisait à ses peuples; Ouen remarque que chaque jour Éloi assemblait les fidèles et qu'il les exhortait avec un zèle infatigable, mais avec beaucoup de précision, à la pratique des vertus chrétiennes. Éloi faisait volontiers usage des sermons de Césaire d'Arles en les adaptant à ses auditeurs. D. Ceillier lui refuse les dix-sept homélies imprimées avec son nom dans la *Bibliothèque des Pères*, d'abord parce que saint Ouen n'en parle pas, ensuite parce que le style des susdites homélies est affecté et mystérieux, tandis que celui d'Éloi est simple et naturel. Le même auteur veut que la sixième lettre parmi celles de saint Didier, dans la collection de Canisius, soit de saint Éloi. Le saint dit au commencement qu'il ne laissait échapper aucune occasion d'écrire à Didier: ce qui fait voir qu'il nous manque d'autres lettres de saint Éloi. On conserve encore la charte que le pieux évêque fit dresser pour la fondation du monastère de Solignac.
Sous le nom de Dadon, Ouen, alors garde du sceau de Dagobert, souscrivit la charte de Solignac. Après la mort de son ami, il voulut en écrire la vie. Aussitôt que cette œuvre fut achevée, Ouen l'envoya à un évêque de ses amis, nommé Rodobert, avec une lettre ou une prière de la revoir et de la corriger. Rodebert n'y trouva rien qu'à admirer. D. Luc d'Achéri l'a insérée tout entière dans le tome V de son *Spicilège*. En 1693, L'Évêque traduisit en français la *Vie de saint Éloi*. Saint Ouen écrivit une lettre à saint Didier conjointement avec Constance, évêque d'Albi, pour le prier d'écrire à un nommé Flavien. On attribue à saint Ouen une *Vie de saint Remi*, et quelques vers à la louange de saint Médard, et de saint Gildard ou Godard.
Les écrits de saint Éloi et de saint Ouen sont reproduits au tome LXXXVII de la *Patrologie latine*, col. 447 et suiv. On y trouve la *Vie de saint Éloi* par saint Ouen, les homélies de saint Éloi, plus un discours publié par le cardinal Maï dans les *Scrip. vet. nova coll.*, tom. VI, part. II, pp. 3-8. C'est une exhortation à un jeune roi. Maï pense que ce roi est Clovis II, et il attribue cet écrit à saint Éloi ou à saint Ouen. Le manuscrit qui l'a fourni provient du fonds de la reine de Suède. C'est manifestement une pièce du VIIe siècle. Dom Pitra, aujourd'hui le cardinal Pitra, était assez enclin, dans sa *Vie de saint Léger*, à l'attribuer à Leodegar aussi bien qu'à Audoen (1). En tout cas le précepteur appelle le jeune roi son fils et il lui donne des conseils qui jettent un grand jour sur le programme adopté dans la royale école. Citons-en quelques phrases:

« ..... Il te faut, très pieux roi, repasser fréquemment les Ecritures sacrées, afin que tu puisses y apprendre les raisons d'agir des anciens rois qui ont été agréables à Dieu; comment, sous la sauvegarde de l'humilité, ils ont plu au Seigneur; comment, en suivant leurs traces, tu obtiendras un long et durable honneur en ce royaume présent, et par-dessus tout, une vie éternelle....

« Quant aux jeunes hommes qui assistent de plus près à tes côtés, accueille leur parole avec une discrétion défiante, car souvent les chutes viennent par le conseil des jeunes, et l'honneur durable d'un bon conseil subsiste dans les vieillards..... »
Certains exemples rapportés par le précepteur nous peignent divers rois francs.

---

(1) *Prolog.*, in vit. *S. Fructuosi*, ap. *Acta SS. Ord. S. Benedicti*, tom. II, p. ...

(1) *Histoire de saint Léger*, par D. Pitra, p. 120, note 2, et 121.

« Telle fut la sagesse et la douceur de Childebert, qu'il aimait d'un égal et paternel amour les anciens et les plus jeunes ; aussi quiconque se rappelle encore son nom, prêtre ou laïque, élève les mains et recommande son âme, d'autant qu'il fut toujours généreux dans ses largesses pour les lieux saints et les fidèles..... Mais, en toute autres choses, qu'il nous est doux de remémorer ton aïeul Clotaire, qui eut tant de bénignité selon Dieu, qu'il ne semblait pas seulement un juste dans ses œuvres, mais un prêtre vivant au milieu du siècle, en gouvernant les Francs, il édifia des églises. Or donc, très doux Seigneur, puisque tes pères ont eu si grande doctrine, agis en toutes choses comme il convient à un roi... »

Le précepteur revient ensuite aux conseils :

« Crains Dieu, ô illustre roi des Francs, et aime-le toujours..... Sache que tu es le ministre de Dieu établi pour être l'auxiliaire miséricordieux de tous les gens de bien, le vengeur inexorable qui punisse tous ceux qui font le mal, et qui le fasse trembler avant qu'ils le commettent. Pense souvent dans toute la sollicitude de ton âme, comment en toute ta vie tu es le sujet de Dieu, afin de régner heureux et longtemps sur les autres... Prends garde de fouler à pieds nus les œufs des aspics. Pense au dernier jour, pour ne point pécher en ta sécurité ; celui qui se prépare à l'avance est plus sage que celui qui se laisse prendre au dépourvu. Or, maintenant, nourris, élève, forme et sauve le reste des Francs, ou leurs enfants, plutôt avec une paternelle tendresse qu'avec un despotique empire.

« Telles sont les quelques paroles que j'ai osé t'écrire, entraîné au-delà de mes forces par mon amour pour toi et pour tous les Francs..... »

---

A PROPOS DE SAINT CLAIR (p. 455, col. 2).

Rohrbacher parle à la page indiquée ci-dessus, d'un saint Clair abbé de Vienne. Quelques écrivains ont confondu l'abbé de Vienne avec un autre abbé de même nom qui paraît être venu d'Angleterre, avoir vécu dans le Cotentin et avoir subi le martyre dans le Vezin. Relativement à ce dernier saint moine, on peut consulter les ouvrages suivants conservés à la bibliothèque de la rue Richelieu :

— *Vita sancti Clari in pago Wulcassino*; auctore R. Denyaldo. — Paris, 1633, in-4.
— *Officium ecclesiasticum sancti Clari*, auct. R. Denyaldo. — Paris, 1633, in-4.
— *Vie de saint Clair, prêtre et martyr.* — Cherbourg, 1828, in-8.

---

LES ÉNERVÉS DE JUMIÈGES (p. 458, c. 1 et 2).

Rohrbacher ne parle point dans la vie de sainte Bathilde des *Énervés de Jumièges*, fils prétendus de la sainte, et qui ont été au moyen âge l'occasion d'assez nombreux récits (1). Le tombeau de ces enfants royaux se montrait dans l'abbaye de Jumièges où il fut brisé à l'époque de la Révolution de 1793. La légende des énervés a deux sources : 1° les actes de sainte Bathilde, fort discutables ; 2° le *Miracle* à personnages de *Nostre Dame et de Sainte Bautheuch*.

Dans les actes de l'épouse de Clovis II (1), on voit que ce monarque s'étant rendu en Palestine, en laissant à sa femme le gouvernement de ses États, les enfants se révoltèrent contre leur mère. Un pèlerin prévint le roi de ce qui se passait ; aussitôt Clovis rentra en France, « fist assembler tout le menu conseil » et demanda quelle punition devait atteindre « sa royalle lignée. » La reine, qui assistait au conseil, s'écria : « Oyans tous, *MOI JUGE*, « ilz perderont à tousiours l'héritaige telle qu'ilz de- « buraient auoir au royaulme et pour ce qu'ilz por- « terent armes contre leur père, *IE JUGE* qu'ilz « *perderont la force et la vertu du corps.*» Clovis II ayant confirmé le jugement « la saincte Royne « tantost fist admener deuant elle ses deulz enfans, « et leur fist cuire les iarrectz... » Les princes, pénétrés du regret de leur faute, soutinrent avec une sainte résignation cette opération cruelle, et « ilz habandonnèrent leurs corps et leur cueur au « seruice de leur créateur en uigilles, en oraisons, en aulmosnes et en moult manières d'abstinences de leurs corps.... » Bientôt les anciens révoltés convertis demandèrent à entrer en religion ; on les abandonna sur une nef au gré des flots, la nef « prins port ou lyeu que ceulz du pays appeloient Jumyères, » Là ils vécurent saintement, moururent et furent enterrés. D.-T. Duplessis donne une longue description de leur mausolée. Il paraît qu'au XIIe siècle on inscrivit sur le tombeau l'épitaphe suivante :

Hic in honore Dei requiescit stirps Clodovei,
Patris bellica gens, bella salutis agens.
Ad votum matris Bathildis pœnituere
Scelere pro proprio, proque labore patris.

Le *Miracle de Nostre-Dame et de Sainte Bautheuch* existe dans un manuscrit de la bibliothèque nationale, formant 2 volumes in-4 maximo, ornés de miniatures, intitulé : *Mystères de Nostre-Dame*. Il renferme un récit à peu près pareil aux actes de la sainte ; seulement saint Genès, l'aumônier de la reine, y joue un grand rôle et ce sont les archanges Michel et Gabriel qui inspirent à Bathilde l'idée de mettre ses fils sur la nef qui miraculeusement les conduit à Jumièges.

Contrairement à cette tradition, l'histoire dit que Clovis II n'eut d'autres fils que Clotaire, Childéric et Thierry, qui tous trois furent rois après lui. Clovis II n'avait jamais non plus mis le pied hors de son royaume et il serait mort âgé, selon les uns, de 21 à 22 ans, et tout au plus, selon d'autres, de 26 à 27.

---

SAINT LÉGER (pp. 476 à 483).

Dom Pitra, aujourd'hui S. E. le cardinal Pitra, a publié une *Histoire de saint Léger* (2), qui est

---

(1) Vid. *Essai sur les Enervés de Jumièges.... suivi du Miracle de sainte Bautheuch*; par E.-H. Langlois. — Rouen, 1838, in-8.

(1) Bibl. nat. mss. n° 10309, Fonds de Cangé.
(2) Paris, 1846, in-8.

très importante, comme critique et pour la valeur des documents qu'elle renferme. D. Pitra y a publié des pièces inédites qui se trouvent à la fin du volume. Il y a entre autres deux vies de saint Léger : l'une, en vers, a été tirée d'un manuscrit de Saint-Gall ; l'auteur anonyme appartenait probablement au IXᵉ siècle et peut-être au Poitou. La seconde vie, qui est en prose, fut composée par le moine Fruland, de l'abbaye de Murbachen en Alsace, qui vivait dans le XIᵉ siècle ; le manuscrit qui se trouvait à la bibliothèque de Strasbourg est resté inconnu aux Bollandistes : ces deux vies abondent en détails précieux.

Quelque temps avant sa mort, saint Léger écrivit à sa mère Sigrade pour la consoler de la mort de Gairin, son autre fils, qu'Ebroïn avait fait attacher à un poteau, et ensuite mourir à coups de pierres. Saint Léger fit également des statuts ou canons dans un synode qu'il tint à Autun vers l'an 670. Enfin on a de lui un testament par lequel il donne quelques terres à son église. Les fautes qui se trouvent dans les dates avaient d'abord fait rejeter ce testament comme supposé ; mais on l'a depuis regardé comme authentique, parce qu'il est avoué par Jonas, évêque d'Autun dans le IXᵉ siècle, et par le pape Jean VIII, qui vivait en même temps. D. Pitra, pour lever les difficultés tirées du préambule, des notes chronologiques et de la désignation du lieu, distingue trois époques : celle où le testament fut écrit, celle où il fut souscrit et clos, celle où il fut transcrit au cartulaire de l'église d'Autun. La première rédaction remonterait au concile d'Autun, et le saint évêque n'y aurait mis la dernière main que vers l'an 676, c'est-à-dire à la veille de son martyre. D. Pitra estime que le lieu désigné sous le nom de *Christiaco* ou par abréviation *Kaco*, ne serait autre que *Christi civitas*, ou Autun. D. Pitra donne une meilleure copie du testament, d'après Aubert Lemire.

On trouve les écrits de saint Léger dans le tome XCVI de la *Patrologie latine*, col. 329, et dans l'ouvrage de D. Pitra, pag. 445 et suiv.

### LES MARONITES (p. 493).

Les Maronites, qui forment aujourd'hui un des cinq groupes des nations de la communauté latine et catholique de Turquie, sont de race syrienne. Ils furent évangélisés dès le temps des apôtres, surtout par saint Jacques, qui, comme patriarche de Jérusalem pendant trente ans, parcourut les chrétientés naissantes de la Palestine et de la Syrie, où sa liturgie n'a jamais cessé d'être suivie (1). A la suite des révolutions continuelles qui agitèrent le pays, les Maronites allèrent demander un refuge dans les montagnes du Liban. A l'époque de saint Hilarion (320), on comptait dans les solitudes des patriarcats d'Antioche et de Jérusalem plus de 3,000 établissements dont les religieux étaient appelés saints, *Mar* en syriaque : l'un des plus célèbres est saint Maron, dont la vie nous a été laissée par Théodoret (1). Les disciples de saint Maron bâtirent sous son nom entre Apamée et Emèse, au bord de l'Oronte, un célèbre monastère, où se rassemblèrent jusqu'à huit cents moines, dont 305 furent massacrés par les hérétiques au temps de Pierre le Foulon (Vᵉ siècle). Lorsque la puissance des Grecs allait s'éteignant en Syrie, par les invasions des Perses et des musulmans et en particulier par la retraite de l'empereur Héraclius, quelques chefs chrétiens se maintinrent dans les montagnes du Liban, ainsi que dans les villes de Byblos et de Césarée de Philippe. D'autres chrétiens qui fuyaient le glaive des musulmans vinrent augmenter leur nombre et leur force. Il arriva ainsi plus de quarante mille hommes des territoires d'Antioche, d'Apamée et d'Éphèse. Telle fut l'origine de la nation des Maronites. Un légat du Saint-Siège, Jean, évêque de Philadelphie, que le pape saint Martin Iᵉʳ avait établi vicaire du Saint-Siège en Orient, leur vint puissamment en aide. Ayant appris avec joie qu'ils avaient secoué le joug des Sarrasins et qu'ils étaient maîtres du Liban depuis ses prolongements vers Antioche jusque vers Jérusalem, il voulut pourvoir à leurs besoins spirituels. A cet effet, il leur donna pour évêque Jean Maron, moine dans le monastère de Saint-Maron, sur l'Oronte. C'était un homme savant, qui avait déjà servi l'Église par des écrits contre les sectateurs de Nestorius et d'Eutychès. Il fut sacré évêque de Botrys, avec le titre de patriarche des Maronites et le pouvoir de sacrer des évêques dans tout le pays de leur dépendance. Il ramena au sein de l'Église un grand nombre d'hérétiques. Des missionnaires se répandirent, d'un côté, jusqu'à Jérusalem, et de l'autre, jusque dans la petite Arménie, et par ses soins charitables, non seulement il accrut le nombre des fidèles, mais augmenta même considérablement les forces du petit État dont il était pasteur. Quantité de nouveaux convertis, voisins, éloignés, libres, esclaves, vinrent peupler les retraites du Liban et grossir le nombre des Maronites. Ce nom leur devint d'autant plus cher, qu'ils le voyaient revivre dans leur nouveau pasteur avec les vertus du saint personnage dont ils honoraient la mémoire. Jean et ses successeurs choisirent pour leur résidence le monastère de Canobin, fondé par ce grand Théodose dans la vallée de Tripoli, sur les bords du Nahr-Kadès, ou fleuve saint. Depuis Innocent III, ces prélats joint à leur titre celui de patriarche d'Antioche pour les Maronites, et ils sont ainsi nommés dans les bulles des papes. Le nouveau patriarche, qui était aussi habile pour les affaires séculières que pour le gouvernement ecclésiastique, leur servit beaucoup également pour leur organisation politique. Mais ce qui mérite surtout notre attention, c'est que les Maronites étaient dès lors si zélés pour la foi qu'un de leurs princes, nommé Salem, ayant été excommunié par ce patriarche pour avoir permis aux hérétiques de s'établir parmi eux sur le Liban, ils cessèrent de le reconnaître pour leur chef. Les Sarrasins en profitèrent pour assiéger les villes de Tripoli, de Byblos et de Besciarraï, et pour les attaquer jusque dans leurs montagnes. Mais les Maronites, sans être commandés par Salem, leur firent lever le siège de ces trois villes, les battirent et les mirent en fuite. De son côté, pour être relevé de l'excommunication et regagner la confiance du

---

(1) Assemani, *Biblioth. orient.*, t. I, p. 496, note 1.
(2) *Hist.*, c. XV, XXI, XXIV et XXX.

peuple, Salem chassa du Liban, non seulement ce qu'il y restait de Sarrasins, mais encore tous les hérétiques auxquels il avait permis auparavant de s'y établir. Ce furent ces attaques et ces courses continuelles des Maronites qui forcèrent le calife Moawiah de demander la paix à l'empereur de Constantinople (1). L'esprit d'indépendance leur a aussi fait donner le nom de Maradites ou Mardaïtes, c'est-à-dire révoltés, et attira sur eux de violentes tourmentes, sous lesquelles ils eussent fini par succomber sans l'intervention du roi de France qui, en 1659, prit le patriarche et tous les prélats ecclésiastiques et séculiers chrétiens maronites sous sa protection et fit intervenir en leur faveur l'ambassadeur de France à Constantinople. Ce n'est que depuis 1842, c'est-à-dire depuis la nouvelle organisation introduite dans le Liban par Chekib-Effendi, que la nation maronite a été dépouillée de ses anciennes franchises féodales et assimilée aux autres nations catholiques sujettes de la Porte. Avant cette époque, l'émir choisi par l'assemblée des grandes familles, nommait lui-même les cheiks des cantons ; seul il entretenait des rapports avec les agents de la Porte, faisait exécuter leurs ordres et recueillait le tribut ordinairement débattu et convenu d'avance.

Le patriarche maronite est le chef spirituel de tous les Maronites; il est nommé par les évêques et confirmé par le Pape, et a sous sa juridiction les sièges suffragants de Saïda, de Beyrout, de Damas, de Balbek, de Tripoli, d'Alep et de Chypre. Le clergé ordinaire est composé de 1,200 prêtres qui desservent près de 400 églises. Le nombre des convents d'hommes est de 67 et celui des couvents de femmes de 15. Les premiers donnent asile à 1,400 religieux, adonnés la plupart aux travaux des champs. Le nombre des religieuses est de 300 (2). Le rite maronite se rapproche beaucoup du rite latin, et comporte seulement quelques cérémonies additionnelles dans la liturgie et un changement dans les jours de jeûne. La messe et les offices se disent en langue syriaque, à l'exception de l'évangile, de l'épître et de quelques oraisons qui, pour plus d'intelligence, se récitent en arabe, la seule langue connue du peuple, le syriaque n'étant que pour l'Église, comme le latin chez les catholiques d'Europe. La population maronite peut s'élever à 125,000 dans le Liban, et, en y comprenant Chypre, Alep, Damas, etc., à 140,000 âmes (3)

LES JUIFS D'ESPAGNE (p. 514, col. 1).

L'auteur, après avoir cité çà et là les canons de quelques conciles concernant les juifs, après avoir relevé certains faits qui souillent l'histoire de ce peuple maudit, consacre ici trois ou quatre lignes à la trahison politique des juifs d'Espagne.

Que les juifs d'Espagne fussent d'accord avec les Maures d'Afrique, lors de l'invasion de la péninsule, c'est là un fait qui ne doit nullement étonner. Juifs et mahométans ont une relation originelle qui a établi entre les deux races une sympathie, ou plutôt une complicité, que l'on constate aux diverses époques de l'histoire et même de nos jours. Rohrbacher rapporte ici que Mahomet s'attacha six juifs des plus considérés de Médine qui s'engagèrent, par serment, à le défendre contre ses ennemis et à être ses prédicateurs parmi leurs compatriotes, dont ils lui attirèrent un grand nombre. On compta, en effet, un certain nombre de juifs parmi les Ansariens, ou premiers partisans de Mahomet (1). Ce fut le fanatisme de cette demi-douzaine de juifs arabes qui posa le premier fondement de la puissance temporelle de Mahomet décida du sort de l'Arabie et donna une direction nouvelle à l'histoire du monde.

Au point de vue de l'histoire religieuse, le rôle des juifs d'Espagne a été trop important pour que nous n'en donnions pas une idée sommaire.

Les auteurs ne sont pas d'accord sur l'époque de l'arrivée des juifs en Espagne. Si l'on en croit les rabbins, elle remonterait à Nabuchodonosor ; d'après d'autres, elle daterait du temps de Salomon ou seulement du règne d'Adrien. La question importe peu ici ; ce qui est positif, c'est qu'au commencement du IVe siècle, les juifs étaient très nombreux en Espagne. Les uns avaient des établissements sur les côtes de l'Andalousie ; les autres se livraient à l'agriculture. Peu à peu leur industrie, et surtout leur usure, les rendirent influents. Ils se mêlèrent aux chrétiens, vécurent familièrement avec eux et profitèrent bientôt de ces relations pour faire du prosélytisme (2). Ce péril, beaucoup plus grand pour la foi que les sanglantes persécutions des empereurs romains, fixa l'attention des évêques réunis en concile à Eliberis (303-313). Ils s'occupèrent de réprimer l'usure, dont les progrès rapides devaient inévitablement entraîner la ruine du pays ; ils défendirent aux chrétiens de laisser bénir leurs terres par les juifs, et interdirent aux fidèles, sous peine d'excommunication, de prendre leur repas avec les juifs (3).

Il en est qui ont considéré cette peine comme terrible et lancée mal à propos, parce qu'elle avait rapport à des actes civils. Cette observation n'est pas juste. L'acte civil de manger avec les juifs donnait à ceux-ci l'occasion la plus facile d'attirer les chrétiens à la foi judaïque, et l'excommunication avait évidemment pour but de mettre obstacle à cette propagande et non pas d'interrompre des relations qui avaient été tolérées aussi longtemps qu'elles n'avaient pas été dangereuses. Cette réflexion paraît d'autant plus juste que la défense dont il s'agit fut de nouveau édictée par le concile d'Agde de 506 et celui d'Epaone de 517.

En Orient, du reste, comme en Occident, l'in-

----

(1) Assemani, Bibliot. orient., t. I, p. 501 ; Id., Acta MM. orient. t. II, p. 405 ; Léquien, Oriens christ., t. III ; Le Beau, Hist. du Bas-Empire, liv. LXI. Cfr Guérin, Dict. de l'Hi... univ. de l'Église.
(2) A. Laurent, Notice historique sur les Maronites.
(3) A. Ubicini, Les Catholiques de Turquie, dans la Revue de l'Orient, t. XV, pp. 328-330.

(1) Cf. Abulfeda. Annales Muslemici, Arabice et Latine, opera et studiis Reiskii, Hafniœ, 1779.
(2) Jost. Geschichte der Israeliten, Berlin, 1825, Ve partie, p. 17. Le cardinal Ximenes, trad. de l'abbé ***. Tournay, 1856, p. 306. — Bail, État des Juifs en France, en Espagne et en Italie. Paris 1823, p. 62. — Basnage, Hist. des Juifs, t. XII, p. 123.
(3) Carnicero, La inquisicion justamente restablecida. Madrid 1816, t. I, pp. 51 et 52. — Bail, p. 69. — Basnage, pp. 123 à 125, § VII et VI I. d'après Mendoza, Conc. Elib. Can. L. lib. III, c. XXXVII. p. 1274.

fluence des juifs était regardée comme dangereuse et funeste; aussi l'empereur Justin exclut-il, vers cette époque, les juifs des charges et de tout service dans les armées comme dans le palais.

Les canons des conciles espagnols tombèrent néanmoins, paraît-il, en désuétude ; la rapacité et le prosélytisme des juifs allèrent toujours croissant: non seulement ils propageaient leurs principes dans les familles auxquelles ils parvenaient à s'allier (en France le concile d'Orléans de 533 avait défendu, sous peine d'anathème, les mariages avec les juifs), mais ils faisaient aussi le trafic d'esclaves qu'ils circoncisaient en grand nombre.

Ces abus ne semblent pas avoir été réprimés avant que le roi Rancarède le Catholique eût assemblé le 3ᵉ concile national de Tolède, en 589. Il y fut formellement interdit aux juifs d'épouser des femmes catholiques et d'avoir des esclaves professant la même religion; le concile assura même la liberté aux esclaves qu'on avait soumis à la circoncision (1).

Les rois visigoths, instruits sans doute des massacres commis par les juifs à Antioche, en 610, et des cruautés dont ils se souillèrent en Palestine, en 615, envisageaient avec effroi toute l'étendue des dangers que pouvait susciter dans leurs Etats la présence d'un peuple étranger que sa religion mettait en opposition continuelle avec les Espagnols, d'un peuple étranger qui, non content de jouir de l'hospitalité qu'on lui accordait, se faisait un devoir d'éluder les lois et d'entraîner leurs hôtes dans cette funeste désobéissance.

Sisebert, dont le règne fut une ère de prospérité pour le commerce et les lettres (612-621), avait remporté de nombreux avantages sur les Romains et ses armées avaient même envahi le Portugal, lorsqu'Héraclius lui proposa la paix ; mais cet empereur, ennemi des juifs, mit comme condition que ceux-ci recevraient le baptême ou quitteraient l'Espagne. Le roi, de son côté, n'ignorait pas la conduite des juifs dans ses Etats, il souscrivit donc à cette condition et les juifs furent forcés de se faire chrétiens ou de s'exiler (2). Le plus grand nombre, que leurs intérêts retenaient dans le pays, n'hésitèrent pas à se convertir, et, comme cette conversion, pour beaucoup d'entre eux, n'était que feinte, le remède fut pire que le mal (3).

Les juifs convertis, qui en secret blasphémaient et vilipendaient la religion catholique, devinrent plus dangereux que les autres ; à la faveur de leur nouvelle foi, ils se glissèrent dans la confiance d'hommes qui, certes, auparavant les auraient repoussés, ils parvinrent à obtenir la protection de personnages haut placés et même de quelques prêtres et de quelques évêques.

Le concile de Tolède de 633 tenta de réprimer ces scandales. Il ordonna que les juifs baptisés observeraient strictement les lois de la religion qu'ils avaient embrassée, et que ceux qui n'avaient pas renoncé à la pratique cachée des rites mosaïques devaient être ramenés à leurs devoirs. La tolérance et la bonté des Pères de ce concile, loin de ramener les enfants de Juda, les enhardit à tel point qu'ils soulevèrent contre eux l'indignation publique, sans doute à cause des bénéfices usuraires qu'ils tiraient de leurs richesses.

Suintila avait succédé à Sisenand (638). Ce nouveau roi se montra rigoureux à l'égard des juifs, qu'aucun moyen de douceur ou de force ne paraissait devoir assouplir. Il publia une loi qui les chassait de ses Etats. Cette loi fut confirmée par un nouveau concile réuni à Tolède, qui déclara la religion catholique, non seulement dominante, mais encore comme la seule tolérée, à l'exclusion de toutes les autres. D'après le 6ᵉ canon de ce concile, le roi devait, avant de monter sur le trône, prêter le serment solennel de ne tolérer dans ses Etats aucun sujet qui ne professât pas la religion catholique. Ce décret se trouve reproduit dans les autres conciles de Tolède qui tous, on le sait, étaient regardés comme des Cortès décidant légalement en matières politiques et temporelles (1).

Suintila sanctionna la loi d'expulsion prononcée contre les juifs, en condamnant ceux qui refuseraient le baptême à des peines corporelles et à la confiscation de leurs biens (2).

Beaucoup de juifs, préférant le bien-être dont ils jouissaient à l'exil qui devait être le prix de leur attachement aux rites mosaïques, abjurèrent extérieurement et feignirent une soumission que les circonstances exigeaient ; la conséquence fut qu'ils judaïsèrent de nouveau dès qu'ils crurent pouvoir le faire impunément.

« Recusuinthe, dit Basnage, assembla divers conciles à Tolède... il semble que la démarche du roi et les décrets des conciles produisirent un effet consolant; car les principaux de la nation (juive) s'assemblèrent et ils écrivirent au roi, au nom de ceux de Tolède et de toute l'Espagne qui étaient dans le même cas, pour lui protester que s'ils avaient dissimulé jusque-là, n'étant ni tout à fait juifs, ni tout à fait chrétiens, ils étaient résolus de changer de conduite en embrassant sincèrement la religion chrétienne. Ils assuraient au prince qu'ils n'auraient plus aucun commerce avec ceux de la nation qui n'étaient pas baptisés; qu'ils ne se marieraient plus avec eux ; qu'ils n'observeraient ni le sabbat, ni la circoncision, et que s'ils ne pouvaient se résoudre à manger du lard à cause d'une longue abstinence, du moins, ils ne feraient aucun scrupule de prendre ce qui serait cuit avec de la chair de pourceau. Enfin ils promettaient de lapider ou de brûler celui qui violerait cette promesse, et, si le roi voulait faire grâce en lui accordant la vie, ils consentaient qu'il devint esclave, et que ses biens fussent confisqués. Cette lettre est si précise qu'elle en devient suspecte. Il est très apparent qu'on la leur avait dictée, afin d'apaiser le prince irrité, et l'empêcher d'exercer contre eux la rigueur des lois. En effet, les conciles de Tolède qui suivirent celui-ci, furent encore occupés à corriger cette dissimulation (3). »

En effet ces juifs convertis continuaient à pratiquer secrètement les rites qu'ils avaient abjurés;

---

(1) Harduin, t. III, p. 481. Canon 14, ap. Héfélé, p. 301.
(2) Basnage, p. 338, § IV.— Malo, *Hist. des Juifs*. Paris, 1826, pp. 177 et 178.
(3) Carnicero, t. I, p. 53.

(1) Carnicero, t. I, pp. 5 et 6.
(2) Malo, p. 180. — Basnage, p. 395, § IX. (*Legis Visigoth.* lib. XII, tit. III.)
(3) Basnage, pp. 396 et 397, § X.

il y en eût même qui, plus hardis que les autres, jetèrent le masque et attaquèrent ouvertement la religion chrétienne. Le roi Ervige eut recours à la persuasion pour les convaincre ; il chargea de cette difficile mission Julien, archevêque de Tolède. Ce prélat publia, en 686, un savant traité, dans lequel il prouvait par les écrits des prophètes, que Jésus de Nazareth est le Messie (1).

Il est constant que, lors de l'invasion, le succès des armées musulmanes fut en partie dû à la trahison des juifs ; il est constant qu'en Espagne, comme en France, ils ouvrirent aux ennemis les portes de plus d'une ville : à défaut de l'histoire, des traditions que dix siècles n'ont pu effacer des souvenirs populaires, seraient là pour le prouver. Si les juifs espagnols n'avaient pas trahi le pays, les Arabes auraient-ils eu assez de confiance en eux pour leur confier la garde des pays conquis (2)?

Les juifs reçurent la récompense de leur trahison. Tandis que les chrétiens avaient été chassés de Grenade et de Cordoue, Tharik y appela les juifs en même temps que les Maures pour repeupler ces deux villes (3). Les juifs d'Afrique reçurent leur part de faveurs, car, en 715, Tharik et Moussa firent passer d'Afrique en Espagne, 50,000 tant juifs que musulmans, auxquels ils accordèrent des privilèges et des possessions territoriales (4).

Les Israélites furent aussi remuants sous la domination des Arabes que sous celle des chrétiens. En 723, ils s'attirèrent de nouvelles calamités, en prêtant l'oreille aux mensonges d'un certain Sérénus, *qui s'habilla en Moïse*, dit Basnage. Cet imposteur réussit à réunir autour de lui un grand nombre de fanatiques, auxquels il persuada de le suivre en Palestine, où il prétendait relever le royaume de Jérusalem. On ne sait au juste ce que devinrent les crédules partisans de Sérénus ; mais la moindre perte qu'ils essuyèrent fut celle des biens que leur départ avait laissés vacants en Espagne. Ils furent confisqués (5).

Poursuivis à Bagdad, massacrés en Egypte, ils n'en continuèrent pas moins à troubler la péninsule, où Joseph Halevy, docteur célèbre par sa science, s'était avisé de convertir les musulmans. « La traduction du talmud en arabe, faite depuis quelques années, favorisait ce dessein, mais il ne réussit pas. Le roi de Grenade ne put souffrir cet attentat d'une religion tolérée contre la religion dominante. Le convertisseur fut arrêté et pendu. La persécution commença par ordre du roi. Il y avait quinze cents familles dans ce seul royaume qui souffrirent beaucoup. Le malheur fut d'autant plus sensible, que la prospérité les avait rendus riches et puissants : *Celui qui n'a pas entendu parler de leur gloire, de la splendeur et de la prospérité dans laquelle elles vivaient, ignore ce qu'il y a de plus connu* (6). »

Ce furent sans doute des attentats pareils dont les juifs ne cessaient de se rendre coupables, qui forcèrent le roi Ferdinand à sévir contre eux, avant de marcher contre les Maures : leur condamnation était demandée instamment par le peuple, par l'armée, par la reine elle-même. La clémence chrétienne vint à leur secours. Lorsque la nation entière voulait rejeter les juifs de son sein, l'épiscopat espagnol les couvrit de son égide et la conduite des évêques fut hautement approuvée par Alexandre II, un de ces papes qu'on nous dépeint si souvent comme les chefs de l'intolérance. « Ce qu'on dit de vous, écrivait-il aux prélats d'Espagne, nous a beaucoup plu, c'est que vous défendez les juifs, qui sont au milieu de vous, contre la violence de ceux qui voulaient les tuer, en allant faire la guerre aux Sarrasins. Ces gens-là, emportés par une passion aveugle, voulaient ôter la vie à des gens à qui Dieu veut peut-être donner le salut et l'immortalité. » Le même pontife loua également Bérenger, vicomte de Narbonne, de la protection qu'il accordait aux juifs ; l'archevêque de Narbonne, qui avait cru devoir agir différemment, s'attira les reproches d'Alexandre II : « Votre sagesse, lui écrit ce dernier, doit savoir que les lois ecclésiastiques et civiles défendent de verser le sang. »

---

LE CÉLIBAT DU CLERGÉ (p. 515) (1).

Le témoignage de saint Epiphane est précédé de toute une série d'autres témoignages prouvant sans réplique que plus l'on remonte vers les commencements de l'Eglise, plus l'on se convainc que la discipline de la continence des clercs date de l'origine du catholicisme. Commençant par les apôtres, nous trouvons dans le livre de la Monogamie de Tertullien (2) qu'ils avaient renoncé au mariage ou à l'usage du mariage. « Les Apôtres, dit saint Jérôme, furent ou vierges ou continents (3). » Saint Clément d'Alexandrie l'affirme également (4). Origène, comme le grand saint Basile (5), constate la loi de la continence. Avant toutes choses, dit-il, un prêtre qui est sans cesse à l'autel, doit avoir la chasteté en partage (6). Il est certain, ajoute ce Père, que le sacrifice perpétuel ne peut pas être offert par ceux qui sont asservis aux lois du mariage (7). La décence, dit Eusèbe, évêque de Césarée en Palestine, exige que ceux qui sont occupés au saint ministère et au culte de Dieu, s'abstiennent de tout commerce avec leurs femmes. A l'égard de ceux qui ne sont pas élevés à la sublime dignité du sacerdoce, la parole de Dieu leur déclare que le mariage est digne d'honneur et que le lit nuptial est sans tache (8). Le concile d'Elvire, tenu en 305, défendit entièrement et sans distinction, c'est-à-dire, non seulement aux évêques, aux prêtres et aux diacres, mais encore à tous ceux qui sont dans le ministère,

---

(1) Malo, p. 181. — Basnage, pp. 397 à 399, § XI.
(2) De Circourt, p. 9.
(3) Mariana, *Hist. d'Espagne*, Paris, 1725, t. I, p. 729.
(4) *Hist. des deux conquêtes d'Espagne par les Maures*. Trad. de l'arabe de Abulcacin Tarif Abeutarique. Paris, 1708, p. 62, § XLIX ; Jost, *Hist. des Israélites, depuis le temps des Machabées*, t. VI, p. 40.
(5) Fereras, t. II, p. 458.
(6) Salomon Ben Virgœ, p. 8, ap. Basnage, t. XIII, p. 135, § VIII.

(1) Voir Thomassin, *Vetus et nova Eccles. discipl.*, p. I, l. II, c. 60-7 ; Lupus, *Diss. procem. de Latin. episc. et cler. contin*, c. 2, p. 5 ; Phillips *Droit eccles.*, t I. c. 64, n. 9 ; Zaccaria, *Storia polemica del Celibato sacro*, Rome, 1774.
(2) C. VIII.
(3) Epist. ad Pammacum.
(4) Strom., lib. III.
(5) Epist. CXL.
(6) Homil. IV, in Levit.
(7) Homil. XXIII, in lib. Numer.
(8) *De demonstrat. Evang.*, lib. I, c. IX.

d'user de leurs femmes sous peine de déposition (1). Le concile de Néocésarée, tenu entre 313 et 319, prononce la peine de déposition contre les prêtres qui oseraient se marier. Le premier canon est conçu en ces termes : « Si un prêtre se marie, qu'il soit déposé (2). »

Saint Epiphane, spécialement cité par Rohrbacher, naquit en 320 et mourut en 403 : il composa son ouvrage des hérésies en 376. Ce Père de l'Eglise grecque rend en plusieurs endroits de ses écrits témoignage à l'antiquité de la discipline de l'Eglise touchant la continence des clercs. Parlant des montanistes, qui condamnaient le mariage, il dit : Jésus-Christ a approuvé le mariage unique, en montrant par son exemple que le sacerdoce doit être conféré non seulement à ceux qui ont gardé la virginité, mais encore à ceux qui, après un mariage unique, gardent la continence. Ce que les Apôtres ont ensuite saintement et religieusement ordonné en établissant dans l'Eglise la discipline du sacerdoce. Que si quelqu'un, après la mort de sa femme, veut passer, à cause de sa faiblesse, à un second mariage, la règle de la vérité ne le lui défend pas, pourvu qu'il ne soit pas engagé dans le sacerdoce (3). Dans ce peu de paroles, saint Epiphane atteste : 1° que Jésus-Christ n'a élevé à l'apostolat que des hommes vierges ou continents après un mariage unique ; 2° que Jésus-Christ a voulu que son exemple, en cela, servît de règle à ses Apôtres et à ses successeurs ; 3° que les Apôtres érigèrent effectivement cet exemple de Jésus-Christ en loi : 4° que les secondes noces sont une marque de faiblesse. — Parlant de l'hérésie des Cathares, qui condamnaient les secondes noces, saint Epiphane ajoute : « Ces hérétiques étendent à tous les fidèles ce qui n'est propre qu'au sacerdoce, à cause de l'excellence singulière de ce ministère. Ils ont appris de saint Paul que l'évêque doit être irrépréhensible, n'avoir épousé qu'une femme et être continent ; il en est de même des diacres et des prêtres. Et il est vrai que depuis la venue de Jésus-Christ sur la terre, la très sainte discipline de Dieu rejette du sacerdoce ceux qui, après la mort de leur première femme, en ont épousé une seconde : et cela, parce que l'honneur et la dignité du sacerdoce sont au-dessus de toute expression et de toute pensée. La sainte Eglise de Dieu observe cette discipline avec tout le soin possible. Bien plus, elle n'admet ni à l'épiscopat, ni à la prêtrise, ni au diaconat ni au sous-diaconat, les hommes mariés qui ne renoncent pas à l'usage du mariage, quoiqu'ils n'aient été mariés qu'une seule fois, mais seulement celui qui garde la continence avec sa première femme ou qui en a été privé par la mort. Ce qui se pratique principalement dans les lieux où les canons ecclésiastiques sont exactement observés ; si en quelques endroits, les prêtres, les diacres et les sous-diacres ne s'abstiennent pas de leurs femmes, c'est un abus qui se glisse contre l'autorité des saints canons et qui prend sa source dans la lâcheté des hommes (4). Le même saint docteur a terminé son ouvrage des hérésies par une courte exposition de la foi et de la discipline de l'Eglise catholique et apostolique. Dans l'article 21 de cette exposition, après avoir parlé de la virginité, de la vie monastique, de la continence, du mariage, de la viduité, il ajoute : « Le sacerdoce est au-dessus de tous ces états et il en est, pour ainsi dire, la source : il se donne à des vierges pour l'ordinaire, et au défaut de vierges, à des moines, et au défaut de moines, à des hommes mariés qui s'abstiennent de leurs femmes, ou à des hommes veufs après un seul mariage (1). Après saint Epiphane, la discipline de la continence est constatée par saint Ambroise (2), par saint Jérôme (3), par le pape Syrice (4). Le second concile de Carthage, tenu en 390, atteste que la discipline qui interdit aux évêques, aux prêtres et aux diacres l'usage de mariage, vient des apôtres, et a été observée de toute antiquité (5). Tout ministre de Jésus-Christ, dit saint Cyrille de Jérusalem, s'abstient de tout commerce avec toute femme (Catéches. 2). — On s'est plaint dans le cinquième concile de Carthage, tenu en 398 ou 400, que quelques clercs violaient la discipline de la continence, en ne s'abstenant pas des femmes qu'ils avaient épousées avant l'ordination. Il ordonna dans le canon troisième, aux évêques, aux prêtres et aux diacres, de s'abstenir de leurs propres femmes, à peine d'être interdits de leurs fonctions (6).

On consultera aussi avec fruit sur cette matière saint Augustin (7), saint Léon le Grand (8), le concile général de Chalcédoine (9), et même le code Justinien (10).

On voit par ces citations ce qu'il faut penser de l'opinion d'après laquelle Grégoire VII aurait introduit, le premier, l'obligation du célibat, comme moyen de maintenir la hiérarchie.

BÈDE ET L'INSTRUCTION PUBLIQUE (p. 526).

Notre auteur a parfaitement raison de dire que Bède initia l'Angleterre, la France et l'Allemagne aux trésors scientifiques et littéraires de l'antiquité chrétienne et profane : c'est une gloire qu'il partage avec Cassiodore et Boèce. Comme eux il composa de nombreux travaux didactiques, qui furent classiques pendant tout le moyen âge. On a de lui grammaire intitulée : *Cunabula grammaticæ artis Donati restituta*, et trois autres traités sur le même sujet : *De octo partibus orationis*, — *De orthographia*, — *De metrica ratione* (11). On croit aussi pouvoir lui attribuer des *Sententiæ seu Axiomata philosophica*, extraits des philosophes anciens et principalement d'Aristote, et un écrit : *Ex selectis Ciceronis sententiis liber*, tiré des œuvres philosophiques de Cicéron (Pauly, *Real Encycl.*). Ses

---

(1) *Concil. Illiberit.*, can. 33.
(2) Labbe, *Concil.* t. I, col. 1484.
(3) S. epiphan., *Hæres.* 48, n° 9. Edit. Blavil, t. I, p. 410.
(4) *Hæres.* 59, n° 4 ; *Ibid.*, p. 496.

(1) *Hæres.* 59, n° 21 ; *Ibid.*, p. 4.
(2) *Oper.*, t. II, p. 66 ; t. II, in *Append.*, p. 295.
(3) *Oper. nova edit.*, t. IV, p. II up. 175, 234 et 242.
(4) *Epistol.* I, Syricii, c. VII, p. 629.
(5) Labbe. *Concil.*, can. 2, t. II, p. 1159.
(6) Labbe, *Concil.*, t. II, p. 1215 et seq.
(7) *De conjugiis adulterinis*, lib. II, n° 22. Nov. edit., t. VI p. 418.
(8) *Opera.* Epistol. II ad Rustic. Narbonensem. Edit. in-4, t. I p. 405.
(9) Labbe, t. IV, col. 761 et 764.
(10) *Codicis*, lib. I. *De episcopis et clericis.* Tit. III, leg. 44.
(11) Puische, *Samml. der lat. Gramm.*, fol. 2327 ff. 2350 ff. Œuvres de Beda, éd. de Cologne, fol. 1612 et 1688.

écrits sur les sciences du quadrivium sont nombreux, nous en donnons les titres : *De computo ; — De divisionibus temporum ; — De arithmeticis numeris ; — De diversis speciebus numerorum et mensa Pythagorica; — De arithmeticis propositionibus — Libellus de asse et partibus ejus et de ratione calculi; — De numerorum divisione; — De loquela per gestum digitorum et de temporum divisione* (1) (Cet écrit est contesté); — *De ratione computi; — Decem novales circuli ; — De cyclo pascali; — De mundi cœlestis terrestrisque constitutione; — De circulis sphœrœ et polo ; — De planetarum et signorum ratione; — De tonitruis ; — Mensura horlogii ; — De temporibus ratione* (sic); — *De temporum liber* (sic); — *De Paschœ celebratione liber seu de œquinoxio verno* (2).

#### ENVAHISSEMENT DU DIOCÈSE D'UTRECHT (p. 541).

Le projet d'envahissement dont parle ici Rohrbacher était le fait d'un évêque de Cologne qui réclamait le diocèse d'Utrecht. « Et modo vult coloniensis episcopus sedem supra dicti Willibrordi prædicatoris sibi contrahere (3). » C'est par erreur que certains auteurs ont mêlé à cette affaire le nom de Gewibieb, évêque de Mayence. Saint Boniface n'eut pas de démêlé avec ce prélat, au sujet duquel nous lisons dans sa Vie : « Il coula sa vie dans des mœurs honnêtes, sauf qu'il jouait lui-même avec des hérons et des chiens... Après le meurtre de l'assassin de son père, on le mit, tout ignorant prélat, à la tête d'un peuple ignorant, mais il consentit sans répugnance aux sages avis qu'on lui donna. Avant tout débat synodal, il rendit à ceux de qui il les tenait, son siège et son diocèse, abandonna son patrimoine à saint Martin, et passa ensuite quatorze années d'une vie décente dans sa maison, se plaisant surtout à exercer les devoirs de l'hospitalité (4). »

#### LA DÉFAITE DES SARRASINS PRÈS DE POITIERS 546, col. 1 et 2).

A propos de la bataille livrée par les ducs Charles et Eudes entre Tours et Poitiers aux troupes sarrasines d'Aldérame, Anastase le Bibliothécaire attribue un grand rôle au souverain pontife Grégoire II, lequel aurait prié comme Moïse sur la montagne tandis que Josué combattait dans la plaine. Au dire d'Anastase, Grégoire II avait envoyé à Eudes duc d'Aquitaine, des enlogies, c'est-à-dire quelque présent bénit. Avant le combat, Eudes les fit distribuer par petits morceaux à ses soldats ; et on remarqua qu'aucun de ceux qui en avaient mangé ne reçut la moindre blessure. Anastase assure que le duc d'Aquitaine, en remerciant le pape, lui fit le détail de ces particularités, et lui marqua le nombre prodigieux des Sarrasins qui avaient été tués.

Sur l'autorité d'Anastase le Bibliothécaire, certains auteurs ont voulu distinguer deux grandes victoires remportées sur les Sarrasins. La première, tout à l'honneur du duc d'Aquitaine, aurait été celle où périrent les trois cent soixante-quinze mille Maures; la seconde aurait été gagnée par Charles auprès de Poitiers : il n'est guère vraisemblable que les Sarrasins, après la perte terrible qui leur aurait été infligée par Eudes, eussent été en état et en volonté de recommencer à courte distance une lutte contre le duc Charles. Il vaut vraiment mieux ne faire qu'une armée et qu'une bataille avec les deux chefs d'Aquitaine et d'Austrasie pour commander aux guerriers francs. Quoi qu'il en soit, il semble prouvé que Charles emprunta à sa victoire le surnom de *Martel*. Du reste, la victoire de Poitiers ne fut pas la seule gagnée par le puissant duc sur les Maures ; nous savons en effet qu'en 737 Charles leur livra un nouveau et terrible combat sur les bords de la Bère en Languedoc, combat où Amar, chef sarrasin accouru d'Espagne, fut complètement défait avec les renforts qu'il amenait à ses compatriotes établis en Provence.

#### LE CATHOLICISME CHEZ LES SLAVES (p. 570).

Rohrbacher qui suit attentivement et pas à pas l'histoire de l'Église en Orient comme en Occident, n'a pas cru devoir parler de l'origine et de la marche du catholicisme chez les peuples slaves. Dans l'état actuel des connaissances historiques, il y a là une lacune qu'il importe de combler. Nous ajouterons donc ici une courte note sur ce sujet, et s'il y a lieu dans les volumes suivants. Nos principales autorités sont : Jircek, *Geschichte der Bulgaren*, Prague, 1876 ; et surtout Louis Léger, *Cyrille et Méthode*, Paris, 1868.

Les premières traces de catholicisme chez les Slaves remontent au $VI^e$ siècle ; en effet, les officiers slaves que nous voyons à cette époque figurer dans les armées byzantines étaient sans doute chrétiens. Il n'est pas probable que l'empereur grec eût admis des païens à son service. Au $VIII^e$ siècle, de 765 à 780, c'est un Slave, Nikétas, qui occupe le siège patriarcal de Constantinople. En 691, le concile grec *in Trullo* interdit aux chrétiens de la péninsule hellénique les fêtes païennes telles que les *Kalendæ* et les *Roussalia*; c'était le nom de certaines fêtes qu'avaient conservées les Slaves après leur conversion. Les nombreux captifs grecs que les Bulgares avaient faits dans leurs guerres contre Constantinople avaient aussi répandu parmi eux la foi chrétienne. Les chroniques grecques nous apprennent que le prince bulgare Mortagon persécuta vivement ceux de ses compatriotes qui embrassaient le christianisme. Le témoignage du moine Chrabr n'est pas moins positif. « Les Slaves primitifs, dit-il, quand ils eurent été baptisés, écrivirent leur langue inexactement avec des caractères grecs et romains. Ils restèrent ainsi plusieurs années, jusqu'au moment où Dieu suscita Cyrille... » Théophane mentionne aussi la conversion

---

(1) L'art d'exprimer de grands chiffres au moyen des doigts.
(2) Baehr, *Rom. Lit.*, 2ᵉ suppl., pp. 478-479.
(3) *Opera S. Bonifacii*, t. 1, p. 162.
(4) *Vita S. Bonifacii*, p. 473.

d'un prince bulgare appelé Telès, qui fut obligé de s'enfuir à Constantinople où il reçut le titre de patrice ; mais cette conversion isolée n'eut aucune influence sur la nation qui n'embrassa la foi chrétienne qu'au IXᵉ siècle. — Les Serbes et les Croates, dès leur arrivée dans la péninsule hellénique furent évangélisés par l'ordre de l'empereur Héraclius. La politique n'était pas étrangère à cette mesure. Le pape Jean IV, en recevant les nouveaux chrétiens dans le sein de l'Église, leur fit défense d'envahir la terre de l'empire grec, prescription fort politique et qui fut sans doute dictée par l'empereur. Un évêché fut établi chez eux et le christianisme se développa sans obstacle au milieu des Slaves de l'Illyrie. Le prince des Croates s'appelait alors Porga. — Les Slaves s'étaient aussi répandus dans les bassins de la Save et de la Drave, dans les provinces actuelles de Carinthie et de Styrie. Le christianisme leur vint à la fois de l'Italie et de l'Allemagne. Dès le début du VIIᵉ siècle, saint Colomban avait songé à les convertir. Après lui de nouvelles tentatives furent faites par saint Amand, évêque d'Utrecht, par saint Emmeran, aidé du moine Vitalis, versé dans la langue slave, et saint Rupert, le premier évêque de Salzbourg ; mais elles eurent peu de succès. Les Slaves redoutaient les Germains. Virgile, évêque de Salzbourg, à qui son zèle valut le surnom d'apôtre de la Carinthie, fut d'abord plus heureux. Il s'entendit avec le prince Chotimir qui seconda les efforts de ses missionnaires. Plusieurs églises s'élevèrent, mais Chotimir étant venu à mourir, tous les prêtres allemands furent chassés. Ils revinrent un peu plus tard, sous le prince Valtuno. Les Slaves de Carinthie et de Styrie ne se convertirent définitivement que lorsque leur pays eut été conquis par les Francs. Au début du IXᵉ siècle, Arno, successeur de Virgile, secondé par Ingot, un de leurs princes, leur imposa le baptême en même temps que la liturgie latine, qu'ils conservèrent jusqu'à l'époque où Cyrille et Méthode vinrent évangéliser les Moraves. La Styrie et la Carinthie firent partie du diocèse de Salzbourg.

FIN DU TOME QUATRIÈME